编辑委员会

主　　编

雷·哈奇森（Ray Hutchison）
威斯康星大学格林湾分校（University of Wisconsin, Green Bay）

顾问委员会

曼努埃尔·阿尔伯斯（Manuel B. Aalbers）
阿姆斯特丹大学（University of Amsterdam）

罗伯特·博勒加德（Robert A. Beauregard）
哥伦比亚大学（Columbia University）

麦克·克朗（Mike Crang）
杜伦大学（Durham University）

城市研究关键词 1

[美]雷·哈奇森 主编
RAY HUTCHISON

陈恒 王旭 李文硕 等译

ENCYCLOPEDIA
OF URBAN STUDIES

生活·讀書·新知 三联书店

Simplified Chinese Copyright © 2022 by SDX Joint Publishing Company.
All Rights Reserved.
本作品简体中文版权由生活·读书·新知三联书店所有。
未经许可,不得翻印。

图书在版编目(CIP)数据

城市研究关键词/(美)雷·哈奇森主编;陈恒等译.—北京:生活·读书·新知三联书店,2022.7

ISBN 978-7-108-07301-3

Ⅰ.①城… Ⅱ.①雷…②陈… Ⅲ.①城市学-研究 Ⅳ.①C912.81

中国版本图书馆 CIP 数据核字(2021)第 229496 号

ENCYCLOPEDIA OF URBAN
STUDIES edited by RAY HUTCHISON
Copyright © 2010 by SAGE Publications, Inc.

项目规划	王秦伟　成　华
责任编辑	成　华
封面设计	观止堂_未　氓
出版发行	生活·讀書·新知 三联书店
	(北京市东城区美术馆东街 22 号)
邮　编	100010
印　刷	上海雅昌艺术印刷有限公司
版　次	2022 年 7 月第 1 版
	2022 年 7 月第 1 次印刷
开　本	720 毫米×1020 毫米　1/16　印张　69
字　数	1760 千字
定　价	598.00 元

一本巨著的小序

我自幼在战争环境下学习成长,对于战火下家园的破坏有切肤之痛,怀着重建家园的热望进入大学学习建筑,在行将毕业之际,赴滇西参加抗战,更见国土满目疮痍,遂矢志从事城市规划,谋战后复兴。1970年代末,改革开放以后,百废待兴,各界人士以极大的热情和朝气投入到经济、社会、文化等各个领域的探索中。1984年,作为科学领军人物之一的钱三强在中国科协召开的大会上专门做了关于"交叉学科"的报告,我在城市科学研究会成立大会上做了题为《多学科综合发展——城市研究的必由之路》的发言,认为从近代西方城市科学发展历程来看,多学科发展是必然趋势;从中国的城市建设实践来看,多学科城市研究的开展势在必行,因此要积极推动城市科学的多学科综合研究工作。通过进一步的研究、思考,1989年我在《广义建筑学》一书中提出应进行"融贯的综合研究"(trans-disciplinary synthetic research),认为城市与建筑包罗万象,如果仅仅交叉学科研究,可能性极为广泛,数量庞大惊人,应有中心有重点地发展建筑学外围学科,以建筑学为核心对外围学科中与建筑学相关的部分加以融会贯通。1993年,得联合国"人居Ⅱ"之影响,在中国科学院师昌绪院士支持下,我在土建水学组的会议上,提出"中国人居环境学"的学术理念,2001年《人居环境科学导论》正式出版,提出以人居环境为研究对象从学科群的角度进行整体探讨研究。

以上拉杂所述,目的在于记述我作为一个建筑学人走向城市规划,再走向城市研究的学术轨迹,之所以详加叙述,是为了说明城市研究在世界学林的影响力。从这一视角出发,《城市研究关键词》无疑是一本难得的好书。它打破了学科间的壁垒,其辞条类目涵盖了城市人类学、城市经济学、城市地理学、城市史、城市规划、城市政治学、城市心理学、城市社会学等,这种学科跨度是十分大的,具有整体性的视野和布局。正如编者在读者指南中所说,该书面向不同的受众。对于专业的城市研究者来说,它是一本工具书;对于初涉城市研究的学生来说,它是一本指导书;对于一般的普通读者来说,它是一本科普书。虽是各取所需,但它呈现在读者面前的是一个内容丰富并不断发展的领域,不禁让人感叹城市研究有着多么广阔的空间。虽是一本百科全书,但编者在辞条的选择上并非一概收录,而是精挑细选。在内容组织上避免重复交叉,并分主次对相应辞条区别对待。它提供的每个辞条虽是对特定用语的专业界定,但在解读论述方面却务求通俗易懂。进一步阅读书目则拓展了领域深入探讨的路径,显示出了编者的专业与用心。该书的主编雷·哈奇森是著名城市社会学家,编委会团队也大多是知名学者。

优秀的学者团队、严肃的工作态度、谨严的治学模式使得该书具有较高的学术价值和实用性，其中上海师范大学陈恒教授等人译本的出版对中国城市研究领域必有助益。

吴良镛

中国科学院院士、中国工程院院士

2016 年 3 月 22 日

中文版序

对于城市研究者而言,威斯康星大学格林湾分校社会学教授兼城市与区域研究室主任雷·哈奇森(Ray Hutchison)并不是个陌生的名字。作为一位知名的城市研究者,哈奇森与马克·戈特迪纳(Mark Gottdiener)共同编辑出版的《新城市社会学》(*New Urban Sociology*)影响深远,开创了社会空间模型理论,批判以往学者过分强调技术作为社会变迁的主要推动力,试图将更多的因素纳入城市社会学的分析框架内。而这部《城市研究关键词》(原书名为《城市研究百科全书》)是哈奇森教授的另一部重要著作。

今天的世界是城市的世界,人类已有超过半数居住在城市里,而这一数字仍在持续增长。从古至今,城市集中了人口、资源、财富和思想,无论是"孤独的文明"特诺奇蒂特兰,还是"回望绣成堆"的长安,一直到今天以洛杉矶为代表的后现代都会,城市是人类文明的结晶,是政治、经济也是精神、思想的聚居地。然而,城市汇聚的巨大力量,处理得当有利于促进工业发展、科技进步和文化交流,而处理不当则会成为巨大的破坏力量,造成自然资源、人文资源的巨大浪费。合理的城市化可以通过平整土地、修建水利设施、绿化环境等措施改善人居环境,使得环境向着有利于提高人们生活水平和促进社会发展的方向转变,降低人类活动对环境的压力,反之就会造成环境污染、生态破坏。人类面临的许多挑战正是来自城市,环境污染、人口密集、交通拥堵、恐怖袭击等等,城市自古以来就蕴含着危险与未知。气候变化、资源短缺和全球发展不平衡等当代重大的国际性问题亟需解决,而这些问题大多是伴随着城市膨胀而产生的,如果没有依托全球城市网络的战略,这些问题很难得到解决。在21世纪这个新的城市世界里,城市研究(Urban Studies)当然是学术共同体乃至公众舆论中的重要话题。

然而,即使是城市问题专家,也很难为"城市研究"划定其内涵与外延。这是因为城市研究包含着众多研究领域,而每个研究领域又包含着许多分支学科,这些领域与学科并且存在广泛的交叉。城市政治学、城市地理学、城市心理学、城市经济学、城市生态学、城市气象学以及城市史都是城市研究的组成部分,各有其理论体系和学术系谱,而相互之间又有明显的交叉——政治机器是城市政治学的话题,但在城市历史上也有重要影响;城市蔓延既是城市地理学者关注的话题,也对城市人的心理产生影响。如此众多的专业领域和学科交叉,生产出的关于城市研究的知识无可计量。编纂一部以城市研究为主题的百科全书,确乎是一件费力却不讨好的差事。对于这种复杂性,《城市研究关键词》有深入的理解。本书包含近350个词条,涵盖城市研究的学科路径(城市经济学、城市社会学等)、城市主题(建筑、性别等)、城市社会问题(犯罪、毒品等)、城市规划议题(社区发展、区划等)、城市理论(非均衡发展、全球化等)、城市交通(机场、地铁等)、城市文化(波希米亚、涂鸦等)以及城市区域(郊区、修道院等)等类别。除此之外,哈奇森教授也选择了不同时代、不同区域和不同类型的城市列入词条中,以及诸如刘易斯·芒福德(Lewis Mumford,1895—1990)、大卫·哈维(David Harvey,1935—)、萨斯基亚·萨森(Saskia Sassen,1947—)等在城市研究中不可回避的重要人物。涉及领域的广泛性是本书最为突出的优点。2005年劳特里奇出版社(Routledge)曾出版类似主题的《城市百科全书》(*Encyclopedia of the City*,Roger W. Caves主编,2013年再版),同样涵盖多个学科领域,其词条涉及城市问题、城市理论和城市人口。但无论横向比较研究范围,还是纵向比较研究深度,都无法企及《城市研究关键词》的高度。两相对比,读者一定能够发现本书视野广阔的特性。

  21世纪的城市世界并未复制19世纪的殖民帝国模式,欧美发达国家的大城市尽管在全球城市体系中高居顶层,但发展中国家的大城市和新兴城市地区同样在这一体系中发挥着深远影响。根据联合国的评估,未来20年间的人口增长,大部分将出现在上述地区。因此与当代社会科学研究相仿,城市研究亟需走出西方中心论的阴影,将更多的东方城市和发展中国家的城市纳入研究视野,并在此基础上建构不同于西方城市发展道路和特征的理论体系。本书在这一方面做了探索和尝试,它既追踪城市研究的既往历程,又力求体现国际化的研究导向。一方面,哈奇森教授在词条选择时也注意到欧美国家之外的大城市,比如香港、孟买、大马士革和圣保罗,它们在当代国际经济中扮演着重要角色;更重要的是,本书在探讨重要城市现象时,也不忘分析发展中国家的城市,比如在关于城市空间生产的词条中,扎迦利·尼尔(Zachary Neal)既介绍了纽约和伦敦,也涉及孟买和雅加达。这种国际化视野虽未完全突破西方中心论的藩篱,但无论对城市研究还是城市开发实践,都有其重要的学术价值和现实意义。尤其是对于中国而言,作为世界上最大的发展中国家,同时作为历史悠久、文明源远流长的亚洲国家,在借鉴西方城市发展经验的基础上,同样有必要关注发展中国家的城市化。

  在如今这个信息爆炸的年代,百科全书这种古老的参考类书籍要想保持其价值,止步于对学术界研究成果的整理归纳显然是远远不够的,更重要的是启发来者。对于读者来说,阅读百科全书当然不仅仅是为了了解某一"定论",而是能够以百科全书为起点,发现继续探索的道路。出版《城市研究关键词》的世哲出版公司(SAGE)曾在2005年推出马克·戈特迪纳和莱斯利·巴德(Leslie Budd)主编的《城市研究关键词》(*Key Concepts in Urban Studies*,江苏教育出版社2013年,邵文实中译本《城市研究核心概念》),该书收录了40篇城市研究领域的论文,总结了当时的研究进展,并列出参考书目。而《城市研究关键词》无疑做得更好,与前书相比,本书由于在所涉领域广博性和国际化方面的优势,对于读者的启发和指引更胜一筹。如哈奇森教授所言,"本书旨在介绍目前这一领域内著作的概况并为对该领域进一步的了解作指导。"本书的辞条中,既有贫民窟、市中心复兴等传统意义上与城市息息相关的问题,也包括同性恋空间、绅士化等前沿话题,尤其是在城市文化领域,嘻哈文化、虚拟城市等新概念也被收入书中,仅城市空间主题就涉及第四世界、同性恋空间、社会生产空间、差异空间、流动空间等辞条。更重要的是,每个辞条之后都附有"进一步阅读书目",对于研究的深化极有助益。此外,本书在开头部分以字母为序列出了全部辞条,并有长达5页的导读以供读者了解全书,哈奇森教授并且将全部辞条纳入不同门类,大大方便了这样一部大部头百科全书的阅读和检索。因此无论对于相关领域的资深研究者,还是登堂而未入室的入门级学者,《城市研究关键词》都是进一步研究的良好指南。

有人把城市视为是大容器,容纳了世界千奇百怪之物;也有人把城市视为是大舞台,各种戏剧性的事件在其间上演。但我更愿意把城市视为是百科全书的隐喻:现代社会生产的精细分工,生活功能的区域性集聚,在城市空间中得到直观式体现,如同一部打开的百科全书,在分科的条分缕析后又重新聚拢起来。而一部《城市研究关键词》,则是以城市为支撑,把它已然存在的百科全书式特点以及研究者在思想领域的探索,用一种立体的方式加以展示。

阅读本书犹如一次纵横四方、穿越古今的城市之旅。这是一次物质之旅,更是一次思想之旅。《城市研究关键词》在引领我们认识和理解城市研究的同时,启发新的思考,并指引前行的方向;同时也为我们提供前沿的理论框架和研究工具,借此可以更好地把握城市发展的历史、现实乃至未来趋势。此外,书中大量的参考书目和方便实用的索引,也有其不可替代的价值。而当读者走出书中的世界环顾四周时,一定会发掘城市研究对于当代中国而言,更加具有显著的实践价值——中国的快速城市化进程、大型城市群的形成以及逐渐兴起的全球城市,使得城市研究不仅具有象牙塔内的学理意义,对于政策制订者、企业家、热心公益的社会人士以及受到中国城市化影响的大众,也具有现实意义。

按照学术界的通行定义,城市化是一个国家或地区随着社会生产力的发展、科学技术的进步、产业结构的调整逐渐从以农业产业为主的乡村型社会向以非农业产业为主的现代城市型社会转变的历史过程。其在人口学上可简单定义为农业人口向非农业人口转变的过程。改革开放以来,中国逐步放开了对人口流动的限制,大量农民工涌向城市,从而大大加快了中国城市化进程。中国科学院发布的《2012中国新型城市化报告》指出,中国城镇人口占总人口的比重首次超过50%,标志着中国城市化率首次突破50%。

城市化是我们这个时代的重大特征,是我国社会经济发展的必然现象。自改革开放以来,我国城市化建设突飞猛进,取得了举世瞩目的成就,这样的成就是我们在研究西方经验教训之后探索出来的,是从新与旧、洋与中、计划经济与市场经济中创造的。当前,我国正进入深化改革时期,社会经济正快速稳定发展,城市化也已从"起步阶段"进入"加速阶段"。城市化速度在加快,规模在加大,财力、物力在增加,人口膨胀压力在加大,城市结构迅速演化,城市正向越来越广阔的空间扩展。中型城市向大型城市发展,大型城市向特大型城市发展,继而进一步形成的都市圈、城市群、城市带和中心城市的发展预示着中国城市化进程的高速起飞。

遗憾的是,我们并没有完全摆脱西方世界先污染、后治理的老路,近年来城市空气污染问题日益突出。此外,随着城市建设物质水平的提高,社会问题与冲突也日趋严重,交通、住房、就业、社会秩序、公共道德等等问题都面临着巨大压力和挑战。因此,城市研究开始变得越发紧迫,如何制定既能解决眼前问题又能兼顾城市长远发展的对策考验着城市研究工作者的智慧。

进行这样的研究并不容易,我国城市研究起步晚、底子薄、发展慢,直到80年代还属于边缘学科。但边缘学科同样重要,更是未来跨学科发展的基础。当年钱三强先生就力倡加强边缘学科建设。正是像他那样具有远见卓识的学者促进了包括城市学在内的边缘学科的发展。经过三十多年的发展,我国城市研究已取得不小成就,但理论体系尚不完善,应用实践也常常会遇到难以解决的问题,而且随着我国城市化的不断推进,新问题也会层出不穷,城市学研究对我国学者来说仍然任重道远。除此之外,城市建设规模大,呈多方面齐头并进之势,巨大的建设系统在有限的空间内共同运作,成为一个极其复杂的超系统工程,它涉及到不同尺度、不同工种、多种关系、多种利益,更关系到在城市生活的千家万户。而城市发展更涉及人口、经济、社会、国土政策等等其他方面的问题。毫无疑问,城市研究是一门牵涉众多的复杂学问,它要求城市研究工作者具备"思接千载、视通万里"的学术素养,努力从漫长的历史时间中、从浩阔的地理空间中去观察和思考问题。因此,中国学术界和决策者亟需一部关于当代城市研究的权威并且视野广博的著作,来深化对城市的认识,推动研究的深化和决策科学化。这也正是摆在读者面前的这部《城市研究关键词》在当代中国的绵绵回音和独有意义。

  本书的原名为"*Encyclopedia of Urban Studies*",宋俊岭先生建议用《城市科学百科全书》而不是《城市研究百科全书》。他认为道理,"很简单,20 世纪 80 年代初期,我们讨论城市科学,认定这是一个学科群体,包括城市地理学、城市历史学、城市社会学、城市生态学、城市经济学……等认知类的学科,加上城市规划学、城市设计学、城市建筑学、城市管理学、城市防灾学……等等操作类学科,加在一起形成的一个学科集成,英文稿将'城市科学'这个学科群体误译为 Urban Sciences。后来被外国同行更正为 Urban Studies。就是这样。您看看你们的百科全书,是不是这样一个多学科的群集?如果叫做'城市研究百科全书',很容易令人理解为,这里面每一座城市、城镇,都能都找到……其实并不是无数单个城镇(Numerous Individual Cities and Towns)的集合"。宋俊岭先生的话很有道理,但为便于出版,最终还是采用了《城市研究关键词》一名,姑且认为城市研究包括城市科学这层含义吧。

  特别要感谢宋俊岭先生,通过宋老师我结识了吴良镛院士。吴院士在 1989 年提出建筑学要进行"融贯的综合研究",其观念与本书的编撰主旨非常契合,因此我心怀忐忑向 95 岁高龄的吴院士索序,他欣然答应,让人非常感动。序言为本书增添的何止是光彩,更是一种信念与力量。薪火传承,每代人都有自己的责任与任务,译介是我们这个时代主要基础工作之一,我们相信《城市研究关键词》中译本的问世能为处于转型时代的中国提供一些借鉴,为都市研究者带来一些阅读的便捷。这是我们期待的!

陈恒
2019 年 11 月 25 日
于上海全球城市研究院

总 目

一本巨著的小序　1

中文版序　1

导言　1

致谢　4

关于编者　5

读者指南　7

词目　14

正文　1

索引　966

译后记　1071

导　言

我们生活在一个城市的世界。人类历史上首次出现这样的情况,全球人口的半数以上——大约30亿——居住在城市地区。在未来的20年里,城市居民的人数将会增加20亿——不可思议地增加60%——也就是有50亿人居住在城市。联合国评估至2030年,超过全世界总人口三分之二的人们将会在城市地区生活。大多数人口增长不会在欧洲或美国出现,而是发生在过去被称为发展中国家的大城市和新兴城市地区。

这些城市以一些令人激动的连接方式联接在一起,这种方式在不久以前是人类无法想象的。我们可以和别国的朋友发短信,花费只是长途电话的一小部分,或者用网络通讯工具如讯佳普(SKYPE)与世界另一边的家人和同事交流,花费甚至更少。我们身处于全球性经济体系中,一个国家人民的生活机会需仰赖地球另一边的国家对其投入新资本的情况。大众传媒把非洲和中东的音乐传播到全世界,平衡了只有嘻哈文化(Hip Hop)和瑞格舞(Reggate)传播的情况。我们通过英特网和来自未曾听说的地方的人们交朋友。在21世纪初,这当然是个全球化的世界,但是不仅如此,这个世界第一次成为了城市世界(Urban World)。

21世纪的城市世界就是我们研究领域的主题——城市研究(Urban Studies)。假如我们解决了气候变化和全球发展不平衡及其他这类重大和日益严重的问题,可能没有别的更重要的研究领域了。我们必须要意识到这些问题是直接伴随着城市人口的增长所产生的,如果没有跨越国际边界和联系全球城市的战略,这些问题就得不到解决。例如,众所周知,从非洲大量涌入欧洲的无签证工人就是这些地区的经济差距所导致的结果。城市研究领域同时提出了城市的发展和扩张(城市化)以及城市生活的本质和品质(城市生活)这两方面的问题——这两个方面也是未来的几十年里最迫切需要探索的领域。

城市研究的各个特定研究领域包括许多分支学科——涵盖了许多涉及城市研究领域的其他的学科(比如城市人类学、城市经济学、城市地理学、城市历史学、城市政治学、城市心理学和城市社会学)和专业领域——比如建筑学和城市区域规划等领域——如处于建成环境之中的艺术、文学和摄影。在每个分支学科和跨学科的领域中都独特的理论,关键的研究成果以及重要的人物不仅影响了自己的专业,也影响了整个城市研究领域。的确,不仅城市学科的重要研究成果促进了城市研究领域的发展,而且许多分支学科本身也提供了重要的研究框架和传统。举一个例子,亨利·列斐伏尔的研究成果除了深深影响了自己所属的社会学科领域,还有如地理学和政治科学学科等领域,以及更广泛的跨城市研究领域也受到了影响。

在这部百科全书中,我们试图囊括每个城市相关学科的重要研究和传统,但是我们也想呈现这个领域的国际性和跨学科性质。为此,我们寻求来自不同国家、不同领域的学者的帮助。因为某些研究领域总是与一些特定的国家联系在一起(例如美国的郊区化或者英国的绅士化),我们有意让其他国家的学者来撰写这些文章。对于每个词条,我们要求撰稿人概述每个主题的国际焦点以及较为全面地讨论该主题对于城市研究的重要性。

百科全书的理论基础

城市研究是一个内容广阔、不断发展的领域,它涵盖了许多学科和专业领域,每个学科或领域都拥有自己的学术会议、期刊和丛书。当大量的重要著作在具有跨学科性的城市研究期刊上发表后,本书的编写对希冀与这一领域最新的发展保持同步的研究者来说,是个非常严峻的挑战。除此之外由于大量原创性研究著作的问世以及每年编辑出版的合集越来越多,要跟上许多新的发展动向甚至对于许多资深学者来说也成了极为困难的问题。《城市研究关键词》旨在介绍目前这一领域内的研究概况并为对该领域做进一步的了解作出指导。

这部百科全书将把城市研究中重要的主题介绍给读者,包括本科生以及城市研究的研究生,另外还介绍相关学科,意在针对更为广泛的对新的城市世界感兴趣的大众,甚至是想要探究新的学习领域的学者。必须要指出的是,虽然《城市研究关键词》意图全面地涵盖所有的主题,但是并不意味着我们对待每个主题都面面俱到。

内容和组织

这部百科全书旨在全面涵盖目前城市研究领域的主题。这是个艰难的目标,因此对于怎样编排这份列表,我们很难达成共识。在城市研究领域尤其如此,因为它是一个相对新兴且快速变化的研究领域,汇集了来自许多不同的学科和专业领域的学者和研究传统。

我们的方法是尽可能全面地涵盖所有内容,所有的词条包含了一些相关的主题和前后参照的主题。在某些情况下,一个主题被更大范围的主题所覆盖,那它就不会被收入在词条中;在另一些情况,较小的主题会被列在词条的前后参照的列表里作讨论。

为了帮助读者浏览百科全书,我们提供了读者指南,编排了涉及研究的主要领域(城市学科)和主题(例如城市和电影)以及该领域内的关键人物等内容。同时还附了一张整部书所有词条的字母列表。

每个词条的内容是对主题的主要方面进行概述。每个作者被要求用一种非技术性且易于理解的方式来呈现词条的内容,因为这部书的受众不仅针对学者,还有对城市研究感兴趣的更为广大的读者。最后,每个词条提供给读者每个主题的概况,随后附上的参考书目让读者能够进一步且更深入地探索该主题。

我们设置了大量关于单个城市的辞条,有些是因为它们具有重大的历史意义(圣地亚哥-德·孔波斯特拉[Santiago de Compostela],中世纪重要的朝圣之地,是世界文化遗产;还有圣地亚哥朝圣之路,这条道路是连接法国和伊比利亚半岛的主要贸易路线)以及与一些别的辞条相联系(威尼斯通常被认为是出色的旅游城市,而拉斯维加斯长期是城市理论讨论的对象),另一些是由于它们自身在城市研究领域内的重大意义(伦敦、巴黎和东京已成为全球城市中 3 个最受研究者关注的重要城市)而入选本书。

这部百科全书是如何编纂的

《城市研究关键词》的编写经历了许多步骤,包括从精选的学者小组所做的最初工作一直到编写所有的词条,完成整部书的编纂:

步骤 1——精选世界各地的资深学者,并邀请他们成为编委会一员;这些被选择的学者呈现了本书跨学科研究的宽度,也表明该领域内国际研究的热点议题。

步骤 2——为本书创建一个主要的主题列表，这需要大量的资源和渠道。首先，从近 5 年该领域内重要期刊发表的文章，以及某些城市研究学科中具有代表性的作品中逐页地寻找到索引中的关键词以及该领域内教科书的索引词条，从中建立一张初步的标题列表。我们也邀请城市研究电子邮件名单上的成员（包括来自其他国家和从事各种不同领域的学者）来提出对词条的建议。完成的列表接着由全体编委会评审，随后我们做些增减工作。我们同样也设置了某些在旧的出版作品中不容易找到的主题，同时也在最近的期刊文章中寻找端倪。后来，时间证明了我们对这些主题的可行性的预见相当精确。

步骤 3——我们打算征招一个国际性的学者团队，他们来自构成城市研究领域的许多学科和专业领域。当我们最终完成了词条列表，编委会的成员会明确每个词条的作者，随后邀请函将被发送到每个作者手里。我们邀请的作者身处职业生涯的不同阶段，范围包括从资深学者到有前途的博士研究生以及各种领域的从业者。几乎很少有邀请函被退回的情况（通常资深学者无法保证时间），但是在这种情况下，我们经常能收到其他作者的建议，他们随后被邀请加入百科全书的编纂工作。

步骤 4——提供给撰稿人有关词条准备的准则和说明。

步骤 5——编辑审阅每份递交的词条的草稿并且在必要时要求作者修订。大多数的词条在被收入百科全书前至少经过一次校订。

步骤 6——高级编辑审阅并对所有的词条作最终修订。

雷·哈奇森

致 谢

《城市研究关键词》项目规模之大、涉猎范围之广,使其凝聚了许多作者很长一段时期的努力耕耘。制作词条列表的专家和各位撰稿人在许多研究领域和某些专业领域都具有代表性:罗伯特·博勒加德、麦克·克朗、南·艾琳(Nan Ellin,亚利桑那州立大学)、雷·哈奇森,以及卡洛斯·瑞博拉蒂(Carlos Reboratti,布宜诺斯艾利斯大学)。目前联系和邀请撰稿人以及该项目主要部分的审查工作都是由罗伯特·博勒加德、雷·哈奇森和麦克·克朗负责的。曼努埃尔·阿尔伯斯在该项目实施的最后半年里加入进来并帮助完成了编纂辞条和联系撰稿人的任务。许多来自我们广大的城市研究领域内的同事对词条的编译提供了许多建议并志愿撰文,尽管要想在这部两卷本的百科全书中囊括所有的主题是不可能的。

世哲出版公司(SAGE)旗下有经验及有才能的出版团队值得特别敬重,包括罗伯特·罗杰克(Robert Rojek,第一个与我联系商讨该项目的)、萨拉·陶伯(Sara Tauber,从最初就开始参与项目的)、科琳·布伦南(Colleen Brennan)和杰基·塔什(Jackie Tasch,一个令人印象深刻的文字编辑团队),以及特蕾西·布扬(Tracy Buyan,整个项目的监督)。尤其是罗尔夫·詹克(Rolf Janke),SAGE参考工具书(SAGE Reference)的出版商,在关键时刻对该项目的大力支持。

在该项目实施的中间阶段,由于突发家庭紧急情况,我无法全身心地投入其中。在此期间,该项目得到了罗伯特·博勒加德长期并坚持不懈的帮助与支持,我特别鸣谢他在这一非常时期之中,以及前后对我的支持。

最后,我要极力感谢我的家人和朋友,他们来自威斯康星大学格林湾分校、佛罗伦萨比安科基金会、布法罗、格拉斯哥和博洛尼亚。尤其感谢杜尔塞·雷耶斯·哈奇森(Dulce Reyes Hutchison)和我们的女儿:在乔治敦的希瑟(Heather at Georgetown),在阿斯皮罗的莱拉尼(Leilani at Aspiro)和在雷德·斯密斯的希西卡(Jessica at Red Smith),她们也一起生活在21世纪的新城市世界。

雷·哈奇森

关于编者

总编

雷·哈奇森是威斯康星大学格林湾分校城市与区域研究室主任和社会学教授。他在纽约州立大学宾厄姆顿分校取得文学学士后,又在芝加哥大学取得硕士和博士学位。哈奇森博士曾在威斯康星大学格林湾分校的住房和城市发展部门中负责社区发展工作研究计划,目前担任苗族研究中心(Hmong Studies Center)主任。他的研究受到美国森林服务局、国家精神卫生研究所和威斯康星大学种族和少数族裔系统研究所的赞助。他教授城市研究导论、城市社会学、城市的时间和空间以及美国城市的街头帮派这些课程。他创立并编辑了《城市与社区》(City & Community)杂志,同时也是佛罗伦萨罗德·比安科基金会(Fondazione Romualdo Del Bianco)国际优秀奖的获得者。

哈奇森博士是《城市社会学研究》(Research in Urban Sociology)系列丛书的主编(系列中即将出版的第十卷题名为《战争时期的城市生活》[Urban Life During Wartime],与来自贝尔格莱德建筑和城市区域规划学院的索尼娅·普罗达诺维奇[Sonja Prodanovic]合著),与马克·戈特迪纳共同编辑出版《新城市社会学》(正在修订第四版);发表了超过40篇文章、书评,并为很多书籍和杂志撰稿,包括《社会问题》(Social Problems)、《城市与社区》、《婚姻和家庭杂志》(Journal of Marriage and the Family)、《休闲研究》(Journal of Leisure Research)和《休闲科学》(Leisure Sciences)等,话题囊括了街头帮派和帮派涂鸦、芝加哥的拉美裔社区以及威斯康星州和明尼苏达州的亚裔美国人社区、城市游憩和族裔人群的休闲活动等内容。哈奇森博士曾组织了关于"旅游城市"(The Tourist City)的研讨会,本次会议是作为由德·比安科基金会赞助的2008年佛罗伦萨节庆的一部分。他又是规划委员会的负责人,筹备即将于2010年在佛罗伦萨举办的关于"种族隔离城市的日常生活"(Everyday Life in the Segmented City)的国际学术会议。

顾问委员会

曼努埃尔·阿尔伯斯是位人文地理学家、社会学家、城市区域规划师,并在阿姆斯特丹大学的都市和国际发展研究所(AMIDSt)担任研究员。从2007年1月至2008年8月,他在纽约哥伦比亚大学攻读博士后。目前,他在纽约城市大学的空间、文化与政治中心,米兰-比可卡大学(University of Milan-Bicocca)以及意大利乌尔比诺大学(University of Urbino)担任客座研究员。在进入学术界之前,他曾经作为研究员和顾问,在荷兰以及比利时的住房和城市区域规划部门工作,同时还是一份在线音乐杂志的撰稿人。

阿尔伯斯教授研究的主要兴趣在于金融资金、建成环境和居民之间的关系。他出版了许多学术性的研究著作,内容涵盖了银行、社会和金融排斥、街区衰落、绅士化、社会住房私有化、安全保护、公共空间、红灯区和英美霸权等问题。他写了一本关于纽约市的住房和社区发展的著作并正准备一部题为《空间、排斥和抵押信贷市场》(Place, Exclusion and Mortgage Markets)的著作。他担任《城市与区域研究国际杂志》(International Journal of Urban and Regional Research)(33卷,第2期)中一期关于抵押信贷市场和金融危机特刊的客座编辑,并为一本名为《建筑线》(Rooilijin)的荷兰城市研究/规划的期刊写书评。

罗伯特·博勒加德现任哥伦比亚大学建筑、规划和保护研究生院的城市区域规划教授。他身兼城市区域规划项目主任和城市区域规划博士课程小组委员会的主席。他教授的课程涉及规划理论、中心城市重建政策、社会理论以及研究设计这些内容。他在康奈尔大学城市与区域规划学院取得博士学位,并曾在罗德岛设计学院求学。他先前在社会科学新学院、匹兹堡大学和罗格斯大学教书,至今仍是加利福尼亚大学洛杉矶分校和赫尔辛基技术大学的访问学者。另外,博勒加德还在赫尔辛基大学讲授社会政策科学并兼任伦敦国王学院地理系的客座教授。

博勒加德的研究重点是美国的城市化,尤其关注第二次世界大战以后工业城市的衰落——他的著作《衰落之声:战后美国城市的命运》(Voices of Decline: The Postwar Fate of U.S. Cities,2003年)阐明了其观点——以及当今城市的发展与衰落,特别是复苏和衰退中的城市。他也撰写关于规划理论和城市理论的著作,最近出版的一本书名为《当美国成为郊区》(When America Became Suburban,2006年)。目前,博勒加德正在进行反城市主义的比较研究,运用行为者网络理论来阐释城市区域规划,以及撰写一篇关于城市理论的事实和现实的论文。未来的项目计划还包括编纂一本针对城市认识论、题名为《书写城市理论》(Writing Urban Theory)的论文集以及探究为什么某些城市繁荣发展,另一些则凋敝败落的原因,后者将会发表在名为《为何城市存在下来》(Why Cities Endure)这本书中。

麦克·克朗系英国杜伦大学的地理学讲师。自从1994年在布里斯托尔大学完成其关于文物行业的博士论文后,迄今都在杜伦大学任教,他的博士论文集中运用了城市画报和口述历史作为素材。随后,他的研究领域拓宽发展,从探究文化旅游遗产的消费者至更为普遍的旅游业。他撰写了大量地关于旅游中的视觉消费和摄影的著作,还包括其他定性方法的研究。他主编了两部旅游合集,同时也与他人合作编辑了《旅游研究》(Tourist Studies)期刊。他是《环境和规划A》和《地理指南》期刊的编委,同时也在《社会与文化地理学》(Social and Cultural Geography)期刊服务了十年。

他对社会记忆的研究导致对城市暂时性和历时性的思考,于是他出版了《思考空间》(Thinking Space,2000年)这部作品。他又热衷于一些诸如时空、行为和暂时性此类更为抽象的问题,从1997至2006年他参与了《时间与社会》(Time & Society)期刊的编辑工作。对于城市节奏、空间和时间的兴趣促使他从理论和实验的角度来研究时空如何通过电子技术进行转化,正如新加坡首创的"有线城市"(Wired City)和英国城市的"数字划分"(Digital Divide)的例子,这是由英国国家经济和社会研究委员会(Economic and Social Research Council, ESRC)在"多速度城市和日常生活的物流"的项目中提出的计划。麦克如今又在研究"柔情城市"(Sentient City)的概念以及政治学的方位计算新形式。对时间性的思考和对城市遗迹的研究引起他对废墟景观的关注,这也是国家经济和社会研究委员会的一项主题为"世界废弃物"(The Waste of the World)的庞大计划的一部分。他总共编纂了9本书,写作超过50篇的文章和图书章节。

读者指南

《城市研究关键词》适用于不同受众,从高校里为了获取城市研究基本信息的学生和教师,到与我们的主题没有直接关联却想了解该领域全貌的学者,本书的词条都可以满足其需要,无论是你拿起这本书来找关于某个特定主题的信息,或者是你对城市研究领域的大体情况感兴趣,我们建议用以下方法来使用这部百科全书。

在初级阶段,城市研究包含许多分支学科,这既包括聚焦于城市研究和城市生活的比较传统的学科,也包括那些处理这些主题的专业领域。除了有关城市研究的词条外,还有以下学科与城市研究有关:

城市人类学(Urban Anthropology)　　　城市区域规划(Urban Planning)
城市经济学(Urban Economics)　　　　城市政治学(Urban Politics)
城市地理学(Urban Geography)　　　　城市心理学(Urban Psychology)
城市史(Urban History)　　　　　　　城市社会学(Urban Sociology)

城市研究的学科路径

城市研究的许多学科已经发展出一些重要的概念,用来解释城市发展(如城市化[Urbannization])和城市生活的重要特征(都市生活[Urbanism])。该百科全书所涉及的概念辞条包括以下几个学科:

城市经济学（Urban Economics)　　　蒂布特假说(Tiebout Hypothesis)
可负担住房(Affordable Housing)　　　非均衡发展(Uneven Development)
去工业化(Deindustrialization)　　　　城市群(Urban Agglomeration)
开发商(Developer)　　　　　　　　　城市区域规划(Urban Planning)
市中心复兴(Downtown Revitalization)
族裔企业家(Ethnic Entrepreneur)　　　**城市地理学（Urban Geography)**
绅士化(Gentrification)　　　　　　　城市地图(City Map)
全球化(Globalization)　　　　　　　边缘城市(Edge City)
增长极(Growth Poles)　　　　　　　外城(Exopolis)
住房(Housing)　　　　　　　　　　第四世界(Fourth World)
土地开发商(Land Developer)　　　　区位论(Location Theory)
土地信托(Land Trust)　　　　　　　城市研究洛杉矶学派(Los Angeles School of Urban
马克思主义与城市(Marxism and the City)　　Studies)
租金控制(Rent Control)　　　　　　大都市连绵带(Megalopolis)
竞租理论(Rent Theory)　　　　　　　大都市区(Metropolitan)

大都市地区(Metropolitan Region)
拼接的都市生活(Patchwork Urbanism)
时间地理学(Time Geography)
城市形态学(Urban Morphology)

城市史 (Urban History)
卫城(Acropolis)
健全政府的寓言(Allegory of Good Government)
救济院(Almshouse)
古代城市(Ancient City)
雅典(Athens)
半世俗女修道院(Béguinage)
商队旅馆(Caravanserai)
文化遗产(Cultural Heritage)
广场(Forum)
遗产城市(Heritage City)
历史名城(Historic City)
马克思主义与城市(Marxism and the City)
中世纪城镇设计(Medieval Town Design)
文艺复兴时期的城市(Renaissance City)
西班牙圣地亚哥·德·孔波斯特拉(Santiago de Compostela Spain)

城市政治学 (Urban Politics)
社区组织(Community Organizing)
治理(Governance)

增长引擎(Growth Machine)
地方政府(Local Government)
大都市区治理(Metropolitan Governance)
新区域主义(New Regionalism)
政治机器(Political Machine)
进步城市(Progressive City)
公共管理局(Public Authorities)
公私伙伴关系(Public-Private Partnerships)
机制理论(Regime Theory)
区域治理(Regional Governance)
社会运动(Social Movements)

城市社会学 (Urban Sociology)
城市社会学芝加哥学派(Chicago School of Urban Sociology)
社区(Community)
社区研究(Community Studies)
因子生态(Factorial Ecology)
礼俗社会和法理社会(Gemeinschaft and Gesellschaft)
隔都(Ghetto)
人类生态学(Human Ecology)
新城市社会学(New Urban Sociology)
陌生人(Stranger)
城市生态学(Urban Ecology)
城市主义(Urbanism)

城市研究——主题领域

建筑 (Architecture)
拱廊(Arcade)
建筑(Architecture)
西班牙毕尔巴鄂(Bilbao, Spain)
平房(Bungalow)
地堡(Bunkers)
首都城市(Capital City)
迪斯科舞厅(Discotheque)

景观设计(Landscape Architecture)
内华达州拉斯维加斯(Las Vegas, Nevada)
新城市主义(New Urbanism)
文艺复兴时期的城市(Renaissance City)
主题环境(Themed Environments)
城市设计(Urban Design)
游廊(Veranda)

性别和性

在城市研究中,性别和性一直是重要的领域。本书的许多词条所强调的性别和性的研究角度以一些重要的方式改变并重新定义着城市空间:

半世俗女修道院(Béguinage)
同性恋空间(Gay Space)
性别化空间(Gendered Space)
无性别歧视的城市(Non-Sexist City)
公共领域(Public Realm)
红灯区(Red-Light District)
性与城市(Sex and the City)
性产业(Sex Industry)
社会空间(Social Space)
妇女与城市(Women and the City)

空间的社会生产(Social Production of Space)
差异空间(Spaces of Difference)
流动空间(Spaces of Flows)
旅游业(Tourism)
城市设计(Urban Design)
城市空间(Urban Space)

社会空间（Social Space）
第四世界(Fourth World)
同性恋空间(Gay Space)
新城市主义(New Urbanism)
夜晚空间(Night Space)
无地方社区(Non-Place Realm)
广场(Piazza)
公共领域(Public Realm)
种族化(Racialization)

可持续发展（Sustainable Development）
社区规划(Community Planning)
开发商(Developer)
市中心复兴(Downtown Revitalization)
环境正义(Environmental Justice)
环境政策(Environmental Policy)
增长管理(Growth Management)
邻里复苏(Neighborhood Revitalization)
新城市主义(New Urbanism)
城市蔓延(Sprawl)
城市区域规划(Urban Planning)
城中村(Urban Village)
废弃物(Waste)

城市问题

当代城市和城市地区面临许多重要问题，从个人贫困到提供可负担住房及社会排斥重要的是把城市问题提出来，以下这些词条讨论一些当代城市研究中的重要问题。

大灾难(Catastrophe)
犯罪(Crime)
去工业化(Deindstrialization)
残疾与城市(Disability and the City)
迁居(Displacement)
毒品经济(Drug Economy)
绅士化(Gentrification)
全球化(Globalization)
健康城市(Healthy Cities)
无家可归(Homelessness)

马克思主义与城市(Marxism and the City)
核战争(Nuclear War)
城市权利(Right to the City)
社会排斥(Social Exclusion)
城市蔓延(Sprawl)
街童(Street Children)
郊区化(Suburbanization)
监控(Surveillance)
城市危机(Urban Crisis)
废弃物(Waste)

城市区域规划

城市区域规划是一个专业领域，该领域长期以来一直与城市研究密切相关；一些早期的城市区域规划者，比如帕特里克·盖迪斯，在城市区域规划领域方面有着重要的影响，城市区域规划本身塑造着城市环境，我们的研究可以在这种城市环境中发现重要的主题。

群议式规划(Advocacy Planning)
吞并(Annexation)
城市美化运动(City Beautiful Movement)
城市规划(City Planning)
社区发展(Community Development)
会展中心(Convention Centers)
排斥性区划(Exclusionary Zoning)
田园城市(Garden City)
性别平等规划(Gender Equity Planning)
总体规划(General Plan)
增长管理(Growth Management)
住房(Housing)
规划理论(Planning Theory)
主题环境(Themed Environment)
旅游业(Tourism)
城市设计(Urban Design)

城市理论
电影城市主义(Cinematic Urbanism)
礼俗社会和法理社会(Gemeinschaft and Gesellschaft)
全球化(Globalization)
马克思主义与城市(Marxism and the City)
规划理论(Planning Theory)
陌生人(Stranger)
非均衡发展(Uneven Development)
城市(Urban)
城市设计(Urban Design)
城市主义(Urbanism)
城市化(Urbanization)
城市区域规划(Urban Planning)
城市符号学(Urban Semiotics)
城市体系(Urban System)
城市理论(Urban Theory)
世界体系论(World-Systems Perspective)

城市交通
交通是城市研究的重要分支领域;这里的词条展现了在城市发展中交通运输系统的重要性(有轨电车、地铁),还有在未来城市区域规划(交通导向的发展)的重要性:

机场(Airports)
公交车(Buses)
旅馆,汽车旅馆(Hotel,Motel)
上班旅程(Journey to Work)
1939—1940年纽约世界博览会(New York World's Fair, 1939—1940)
火车站(Railroad Station)
模拟城市(SimCity)
有轨电车(Streetcars)
地铁(Subway)
交通导向的发展(Transit-Oriented Development)
交通规划(Transportation Planning)
步行城市(Walking City)

城市文化
可以说城市代表着人类文明的最高成就,是创造和保存文化和伟大传统的地方。这个类别包括如下词条:谁创造文化、城市文化的多样性和通常意义上的城市生活及其方式。

波希米亚(Bohemian)
电影院(Cinema(Movie House))
城市俱乐部(City Club)
城市用户(City Users)
创意阶层(Creative Class)
浪荡子(Fölneur)
涂鸦(Graffiti)
嘻哈文化(Hip Hop)
知识分子(Intellectuals)
权力景观(Landscapes of Power)
统楼房生活(Loft Living)
大都会(Metropolis)
博物馆(Museums)
夜生活(Nightlife)

公园(Parks)
摄影与城市(Photography and the City)
场所营造(Placemaking)
公共艺术(Public Art)
购物(Shopping)
拟像(Simulacra)
滑板运动(Skateboarding)

景观社会(Society of the Spectacle)
陌生人(Stranger)
城市(Urban)
城市卫生(Urban Health)
城市生活(Urban Life)
城市小说(Urban Novel)

地方

尽管城市研究通常是聚焦于大都市地区和各个城市,但在城市环境下也存在一些其他特定地方的研究层面,如以下词条:

机场(Airports)
郊区(Banlieue)
街区(拉美商聚居区)
伊斯兰集市(Bazaar)
半世俗女修道院(Béguinage)
商队旅馆(Caravanserai)
会展中心(Convention Centers)
迪斯科舞厅(Discotheque)
族裔聚居区(Ethnic Enclave)
贫民区(Favela)
广场(Forum)
第四世界(Fourth World)
门禁社区(Gated Community)
隔都(Ghetto)
异托邦(Heterotopia)
大都市区(Metropolitan)

墓地(Necropolis)
夜晚空间(Night Spaces)
广场(Piazza)
场所营造(Placemaking)
度假村(Resort)
购物中心(Shopping Center)
体育场馆(Sports Stadiums)
郊区化(Suburbanization)
技术郊区(Technoburbs)
技术极(Technopoles)
主题环境(Themed Environments)
厕所(Toilets)
乌托邦(Utopia)
世界贸易中心,"9·11"事件(World Trade Center (9/11))
动物城市(Zoöpolis)

城市

本书也包括了关于部分城市的介绍。这些词条是总览性的,包含了在不同历史时期的城市(文艺复兴时期的城市)、世界性的区域城市(地中海城市)和在城市研究发展中有重要作用的其他类型的城市(世界城市)。还有一些词条有关特定城市(和这些城市所在的大都市地区),这些城市之所以重要是因为其历史的意义(佛罗伦萨是文艺复兴的发源地,也是文艺复兴建筑和发展城市区域规划的发源地);还包括一些在城市设计和城市建筑创新方面的例子(毕尔巴鄂);也包括在城市文学研究方面的重要城市(伦敦、纽约和东京是在世界城市文学方面最常提到的城市),以及诸如此类的城市。

历史概述

健全政府的寓言(Allegory of Good Government)
资本主义城市(Capitalist City)

唐人街(Chinatowns)
殖民城市(Colonial City)

分裂的城市(Divided Cities)　　　　　　　　多元文化城市(Multicultural Cities)
全球城市(Global City)　　　　　　　　　　其他全球城市(Other Global Cities)
遗产城市(Heritage City)　　　　　　　　　首位城市(Primate City)
历史名城(Historic Cities)　　　　　　　　进步城市(Progressive City)
理想城市(Ideal City)　　　　　　　　　　文艺复兴时期的城市(Renaissance City)
信息城市(Informational City)　　　　　　收复失地者的城市(Revanchist City)
伊斯兰城市(Islamic City)　　　　　　　　情境主义城市(Situationist City)
地中海城市(Mediterranean City)　　　　　世界城市(World City)
大都市连绵带(Megalopolis)

特定城市
荷兰阿姆斯特丹(Amsterdam, the Netherlands)　　英国曼彻斯特(Manchester, United Kingdom)
德国柏林(Berlin, Germany)　　　　　　　　　　菲律宾马尼拉(Manila, Philippines)
西班牙毕尔巴鄂(Bilbao, Spain)　　　　　　　　墨西哥墨西哥城(Mexico City, Mexico)
埃及开罗(Cairo, Egypt)　　　　　　　　　　　俄罗斯联邦莫斯科(Moscow, Russian Federation)
澳大利亚堪培拉(Canberra, Australia)　　　　　印度孟买(Mumbai (Bombay), India)
伊利诺伊州芝加哥(Chicago, Illinois)　　　　　纽约州纽约市(New York City, New York)
叙利亚大马士革(Damascus, Syria)　　　　　　　法国巴黎(Paris, France)
印度德里(Delhi, India)　　　　　　　　　　　意大利罗马(Rome, Italy)
意大利佛罗伦萨(Florence, Italy)　　　　　　　新墨西哥州圣菲(Santa Fe, New Mexico)
日本广岛(Hiroshima, Japan)　　　　　　　　　西班牙圣地亚哥·德·孔波斯特拉(Santiago de Compostela, Spain)
中国香港(Hong Kong, China)
土耳其伊斯坦布尔(Istanbul, Turkey)　　　　　巴西圣保罗(São Paulo, Brazil)
印度加尔各答(Kolkata (Calcutta), India)　　　佐治亚州萨凡纳(Savannah, Georgia)
尼日利亚拉各斯(Lagos, Nigeria)　　　　　　　中国上海(Shanghai, China)
内华达州拉斯维加斯(Las Vegas, Nevada)　　　　新加坡(Singapore)
英国伦敦(London, United Kingdom)　　　　　　日本东京(Tokyo, Japan)
加利福利亚加州洛杉矶(Los Angeles, California)　意大利威尼斯(Venice, Italy)

人物
　　城市研究的各个领域都一些重要的人物,他们不但影响着城市研究的早期发展,而且影响着当下的研究,这些人物也在各个城市研究领域中占据重要地位(上述)。但还有许多重要的城市研究人物,如简·雅各布斯、刘易斯·芒福德,他们不是受过特定专业训练的人物。本书既包含来自许多城市研究的重要学者,也包括在城市研究有着重要影响的其他学者:

索尔·阿林斯基(Alinsky, Saul)　　　　　迈克·戴维斯(Davis, Mike)
威廉·阿隆索(Alonso, William)　　　　　米歇尔·德·塞尔托(de Certeau, Michel)
沃尔特·本雅明(Benjamin, Walter)　　　　查尔斯·狄更斯(Dickens, Charles)
布莱恩·贝里(Berry, Brian J. L)　　　　　安东尼·唐斯(Downs, Anthony)
曼纽尔·卡斯特(Castells, Manuel)　　　　杜波伊斯(Du Bois, W. E. B.)
戈登·柴尔德(Childe, V. Gordon)　　　　　藤田昌久(Fujita, Masahisa)
　　　　　　　　　　　　　　　　　　　　帕特里克·盖迪斯(Geddes, Patrick)

马克·戈特迪纳(Gottdiener, Mark)　　　　亨利·列斐伏尔(Lefebvre, Henri)
彼得·霍尔(Hall, Peter)　　　　　　　　　奥古斯特·勒施(Lösch, August)
大卫·哈维(Harvey, David)　　　　　　　凯文·林奇(Lynch, Kevin)
乔治-欧仁·霍斯曼男爵(Haussmann, Baron 罗伯特·摩西(Moses, Robert)
　　Georges-Eugène)　　　　　　　　　 刘易斯·芒福德(Mumford, Lewis)
阿摩司·霍利(Hawley, Amos)　　　　　　雅各布·里斯(Riis, Jacob)
沃尔特·艾萨德(Isard, Walter)　　　　　　萨斯基亚·萨森(Sassen, Saskia)
肯尼斯·杰克逊(Jackson, Kenneth T)　　　约瑟·路易·塞尔特(Sert, Josep Lluís)
简·雅各布斯(Jacobs, Jane)　　　　　　　格奥尔格·齐美尔(Simmel, Goerg)
西格弗里德·克拉考尔(Kracauer, Siegfried) 爱德华·索贾(Soja, Edward W.)
勒·柯布西耶(Le Corbusier)　　　　　　　克里斯托弗·雷恩爵士(Wren, Sir Christopher)

词 目

A

Acropolis 卫城 (2)
Advocacy Planning 群议式规划 (3)
Affordable Housing 可负担住房 (7)
Agora 阿格拉 (9)
Airports 机场 (12)
Alinsky, Saul 索尔·阿林斯基 (14)
Allegory of Good Government 健全政府寓言 (16)
Almshouses 救济院 (19)
Alonso, William 威廉·阿隆索 (20)
Amsterdam, the Netherlands 荷兰阿姆斯特丹 (21)
Ancient Cities 古代城市 (25)
Annexation 吞并 (29)
Apartheid 种族隔离 (31)
Arcade 拱廊 (34)
Architecture 建筑 (36)
Asian Cities 亚洲城市 (40)
Athens, Greece 希腊雅典 (44)

B

Back-to-the-City Movement 回归城市运动 (51)
Banlieue 郊区 (52)
Barcelona, Spain 西班牙巴塞罗那 (55)
Barrio 拉美裔聚居区 (58)
Bazaar 伊斯兰集市 (61)
Béguinage 半世俗女修道院 (64)
Benjamin, Walter 沃尔特·本雅明 (68)
Berlin, Germany 德国柏林 (70)
Berry, Brian J. L 布莱恩·贝里 (73)
Bilbao, Spain 西班牙毕尔巴鄂 (74)
Bohemian 波希米亚 (78)

Brasília, Brazil 巴西巴西利亚 (81)
Broadacre City 广亩城 (83)
Bruges, Belgium 比利时布鲁日 (86)
Buenos Aires, Argentina 阿根廷布宜诺斯艾利斯 (88)
Bungalow 平房 (90)
Bunkers 地堡 (92)
Buses 公交车 (93)

C

Cairo, Egypt 埃及开罗 (97)
Canberra, Australia 澳大利亚堪培拉 (102)
Capital City 首都城市 (104)
Capitalist City 资本主义城市 (109)
Caravanserai 商队旅馆 (112)
Castells, Manuel 曼纽尔·卡斯特 (114)
Catastrophe 大灾难 (118)
Chicago, Illinois 伊利诺伊州芝加哥 (121)
Chicago School of Urban Sociology 城市社会学芝加哥学派 (126)
Childe, V. Gordon 戈登·柴尔德 (130)
Chinatowns 唐人街 (131)
Christopher Wren, Plan of London 克里斯托弗·雷恩与伦敦规划 (135)
Cinema[Movie House] 电影院 (137)
Cinematic Urbanism 电影城市主义 (139)
Citizen Participation 公民参与 (143)
Citizenship 公民权 (144)
City and Film 城市与电影 (147)
City Beautiful Movement 城市美化运动 (152)
City Club 城市俱乐部 (155)
City Map 城市地图 (156)
City of Memory 城市记忆 (157)
City Planning 城市规划 (160)

City Users　城市用户　(162)
Colonial City　殖民城市　(164)
Common Interest Development　同利开发区　(169)
Community　社区　(170)
Community Development　社区发展　(174)
Community Garden　社区花园　(177)
Community Organizing　社区组织　(178)
Community Studies　社区研究　(179)
Condominium　分契式公寓　(183)
Convention Centers　会展中心　(184)
Creative Class　创意阶层　(187)
Crime　犯罪　(188)
Cultural Heritage　文化遗产　(191)
Cyburbia　网络城市　(196)

D

Damascus, Syria　叙利亚大马士革　(201)
Davis, Mike　迈克·戴维斯　(203)
De Certeau, Michel　米歇尔·德·塞尔托　(206)
Deindustrialization　去工业化　(208)
Delhi, India　印度德里　(209)
Developer　开发商　(212)
Dickens, Charles　查尔斯·狄更斯　(215)
Disability and the City　残疾与城市　(217)
Discotheque　迪斯科舞厅　(219)
Disinvestment　撤资　(221)
Displacement　迁居　(222)
Divided Cities　分裂的城市　(224)
Downs, Anthony　安东尼·唐斯　(228)
Downtown Revitalization　市中心复兴　(229)
Drug Economy　毒品经济　(231)
DuBois, W. E. B　杜波依斯　(234)

E

Edge City　边缘城市　(238)
Environmental Justice　环境正义　(241)
Environmental Policy　环境政策　(243)
Environmental Psychology　环境心理学　(246)
Ethnic Enclave　族裔聚居区　(251)
Ethnic Entrepreneurship　族裔企业家　(253)
Exclusionary Zoning　排斥性区划　(256)

Exopolis　外城　(257)

F

Factorial Ecology　因子生态　(260)
Fair Housing　公平住房　(261)
Favela　贫民区　(262)
Flâneur　浪荡子　(267)
Florence, Italy　意大利佛罗伦萨　(269)
Forum　广场　(274)
Fourth World　第四世界　(275)
Fujita, Masahisa　藤田昌久　(277)

G

Gans, Herbert　赫伯特·甘斯　(280)
Garden City　田园城市　(281)
Gated Community　门禁社区　(284)
Gay Space　同性恋空间　(287)
Geddes, Patrick　帕特里克·盖迪斯　(288)
Gemeinschaft and Gesellschaft　礼俗社会和法理社会　(291)
Gendered Space　性别化空间　(293)
Gender Equity Planning　性别平等规划　(297)
General Plan　总体规划　(299)
Gentrification　绅士化　(300)
Ghetto　隔都　(304)
Global City　全球城市　(307)
Globalization　全球化　(311)
Gottdiener, Mark　马克·戈特迪纳　(313)
Governance　治理　(317)
Graffiti　涂鸦　(320)
Growth Machine　增长引擎　(322)
Growth Management　增长管理　(326)
Growth Poles　增长极　(329)

H

Halfway House　中途之家　(333)
Hall, Peter　彼得·霍尔　(334)
Harvey, David　大卫·哈维　(335)
Haussmann, Baron Georges-Eugène　乔治-欧仁·霍斯曼男爵　(338)
Hawley, Amos　阿摩司·霍利　(340)
Healthy Cities　健康城市　(343)
Heritage City　遗产城市　(345)

Heterotopia 异托邦 (349)
Hip Hop 嘻哈文化 (350)
Hiroshima, Japan 日本广岛 (352)
Historic Cities 历史名城 (353)
Homelessness 无家可归 (357)
Homeowners Associations 房主协会 (360)
Homeownership 住房自有 (361)
Hotel, Motel 旅馆和汽车旅馆 (364)
Housing 住房 (367)
Housing Policy 住房政策 (371)
Housing Tenure 住房保有权 (374)
Human Ecology 人类生态学 (375)

I

Ideal City 理想城市 (379)
Informational City 信息城市 (382)
Intellectuals 知识分子 (385)
Isard, Walter 沃尔特·艾萨德 (388)
Islamic City 伊斯兰城市 (390)
Istanbul, Turkey 土耳其伊斯坦布尔 (394)

J

Jackson, Kenneth T. 肯尼斯·T. 杰克逊 (400)
Jacobs, Jane 简·雅各布斯 (401)
Journey to Work 上班旅程 (405)

K

Kampung 甘彭 (409)
Kolkata (Calcutta), India 印度加尔各答 (410)
Kracauer, Siegfried 西格弗里德·克拉考尔 (412)

L

Lagos, Nigeria 尼日利亚拉各斯 (417)
Land Development 土地开发 (419)
Landscape Architecture 景观设计 (420)
Landscapes of Power 权力景观 (423)
Land Trusts 土地信托 (424)
Las Vegas, Nevada 内华达州拉斯维加斯 (425)
Lawn 草坪 (431)
Le Corbusier 勒·柯布西耶 (435)
Lefebvre, Henri 亨利·列斐伏尔 (437)

Local Government 地方政府 (441)
Location Theory 区位论 (445)
Loft Living 统楼房生活 (447)
London, United Kingdom 英国伦敦 (450)
Los Angeles, California 加利福尼亚州洛杉矶 (454)
Los Angeles School of Urban Studies 城市研究洛杉机学派 (458)
Lösch, August 奥古斯特·勒施 (462) Lynch, Kevin 凯文·林奇 (464)

M

Manchester, United Kingdom 英国曼彻斯特 (470)
Manila, Philippines 菲律宾马尼拉 (472)
Marxism and the City 马克思主义与城市 (475)
Medieval Town Design 中世纪城镇设计 (478)
Mediterranean Cities 地中海城市 (482)
Megalopolis 大都市连绵带 (487)
Metropolis 《大都会》 (491)
Metropolitan 大都市区 (493)
Metropolitan Governance 大都市区治理 (495)
Metropolitan Region 大都市地区 (499)
Mexico City, Mexico 墨西哥墨西哥城 (501)
Moscow, Russian Federation 俄罗斯联邦莫斯科 (506)
Moses, Robert 罗伯特·摩西 (509)
Multicultural Cities 多元文化城市 (513)
Mumbai (Bombay), India 印度孟买 (518)
Mumford, Lewis 刘易斯·芒福德 (520)
Museums 博物馆 (524)

N

Necropolis 墓地 (530)
Neighborhood Revitalization 邻里复苏 (532)
New Regionalism 新区域主义 (534)
New Urbanism 新城市主义 (536)
New Urban Sociology 新城市社会学 (541)
New York City, New York 纽约州纽约市 (545)
New York World's Fair, 1939—1940 1939—1940 年纽约世界博览会 (549)
Nightlife 夜生活 (551)

Night Spaces 夜晚空间 （554）
Non-Place Realm 无地方社区 （556）
Non-Sexist City 无性别歧视的城市 （557）
Nuclear War 核战争 （560）

O

Other Global Cities 其他全球城市 （564）

P

Paris, France 法国巴黎 （569）
Parks 公园 （571）
Patchwork Urbanism 拼接的都市生活 （575）
Photography and the City 摄影与城市 （580）
Piazza 广场 （584）
Placemaking 场所营造 （588）
Planning Theory 规划理论 （592）
Political Machine 政治机器 （595）
Primate City 首位城市 （598）
Progressive City 进步城市 （599）
Public Art 公共艺术 （602）
Public Authorities 公共管理局 （607）
Public-Private Partnerships 公私伙伴关系 （609）
Public Realm 公共领域 （612）

R

Racialization 种族化 （617）
Railroad Station 火车站 （619）
Real Estate 房地产 （623）
Red-Light District 红灯区 （626）
Redlining 红线政策 （630）
Regime Theory 机制理论 （631）
Regional Governance 区域治理 （633）
Regional Planning 区域规划 （637）
Renaissance City 文艺复兴时期的城市 （641）
Rent Control 房租控制 （645）
Rent Theory 竞租理论 （646）
Resort 度假村 （649）
Restrictive Covenant 限制契约 （653）
Revanchist City 收复失地者的城市 （654）
Right to the City 城市权利 （656）
Riis, Jacob 雅各布·里斯 （660）
Rome, Italy 意大利罗马 （663）

S

Santa Fe, New Mexico 新墨西哥州圣菲 （670）
Santiago de Compostela, Spain 西班牙圣地亚哥·德·孔波斯特拉 （673）
São Paulo, Brazi 巴西圣保罗 （675）
Sassen, Saskia 萨斯基亚·萨森 （678）
Savannah, Georgia 佐治亚州萨凡纳 （680）
Sert, Josep Lluís 约瑟·路易·塞尔特 （684）
Sewer 下水道 （687）
Sex and the City 性与城市 （690）
Sex Industry 性产业 （692）
Shanghai, China 中国上海 （696）
Shophouse 店屋 （699）
Shopping 购物 （701）
Shopping Center 购物中心 （704）
SimCity 模拟城市 （709）
Simmel, Georg 格奥尔格·齐美尔 （710）
Simulacra 拟像 （713）
Singapore 新加坡 （715）
Situationist City 情境主义城市 （718）
Skateboarding 滑板运动 （720）
Social Exclusion 社会排斥 （723）
Social Housing 社会住房 （727）
Social Movements 社会运动 （730）
Social Production of Space 空间的社会生产 （733）
Social Space 社会空间 （738）
Society of the Spectacle 景观社会 （741）
Soja, Edward W. 爱德华·W.索贾 （744）
Spaces of Difference 差异空间 （746）
Spaces of Flows 流动空间 （749）
Sports Stadiums 体育场馆 （752）
Sprawl 城市蔓延 （756）
Squatter Movements 占地运动 （759）
Stranger 陌生人 （762）
Streetcars 有轨电车 （765）
Street Children 街童 （767）
Suburbanization 郊区化 （770）
Subway 地铁 （775）
Surveillance 监控 （777）
Sustainable Development 可持续发展 （780）

T

Technoburbs 技术郊区 (786)
Technopoles 技术极 (789)
Tenement 租屋 (791)
Themed Environments 主题环境 (794)
Tiebout Hypothesis 蒂布特假说 (799)
Time Geography 时间地理学 (800)
Toilets 厕所 (801)
Tokyo, Japan 日本东京 (803)
Tourism 旅游业 (807)
Transit-Oriented Development 交通导向的发展 (811)
Transportation 交通 (815)
Transportation Planning 交通规划 (818)

U

Uneven Development 非均衡发展 (823)
Urban 城市 (826)
Urban Agglomeration 城市群 (828)
Urban Anthropology 城市人类学 (830)
Urban Archaeology 城市考古学 (835)
Urban Climate 城市气候 (838)
Urban Crisis 城市危机 (843)
Urban Culture 城市文化 (845)
Urban Design 城市设计 (849)
Urban Ecology (Chicago School) 城市生态学（芝加哥学派）(852)
Urban Economics 城市经济学 (855)
Urban Entertainment Destination 城市娱乐地标 (858)
Urban Geography 城市地理学 (861)
Urban Health 城市卫生 (866)
Urban History 城市史 (869)
Urbanism 城市主义 (873)
Urbanization 城市化 (876)
Urban League 城市联盟 (879)
Urban Life 城市生活 (880)
Urban Morphology 城市形态学 (884)
Urban Novel 城市小说 (888)
Urban Planning 城市区域规划 (892)
Urban Policy 城市政策 (897)
Urban Politics 城市政治学 (900)
Urban Psychology 城市心理学 (903)
Urban Semiotics 城市符号学 (907)
Urban Sociology 城市社会学 (911)
Urban Space 城市空间 (915)
Urban Studies 城市研究 (918)
Urban System 城市体系 (923)
Urban Theory 城市理论 (926)
Urban Village 城中村 (930)
Utopia 乌托邦 (932)

V

Venice, Italy 意大利威尼斯 (937)
Veranda 游廊 (941)

W

Walking City 步行城市 (943)
Waste 废弃物 (945)
Women and the City 妇女与城市 (949)
World City 世界城市 (952)
World-Systems Perspective 世界体系论 (954)
World Trade Center (9/11) 世界贸易中心（"9·11"事件）(958)
Wren, Sir Christopher 克里斯托弗·雷恩爵士 (959)

Z

(Zoöpolis) 动物城市 (962)

ACROPOLIS ｜卫城

"卫城"一词(acropolis,希腊文中的"高城")指的是山顶城堡,这些城堡决定了古希腊许多城市的形态特征。由于地势崎岖不平,从西西里岛到黑海,古希腊的很多城市往往都坐落在高地之上,后来逐渐延伸至斜坡及更低的地带。不过并非所有的城市都建造在如此纷杂的地形之上,那些坐落在平地、沿海和平原的城市就没有卫城。

尽管卫城最适用于防御,但防御并不是其唯一功能。它还可以用作居民住宅区,甚至宫殿或宗教中心等。事实上随着城市的扩张,城市不断增修新城墙以圈出更大的版图,卫城防御功能的重要性也在逐渐减弱。雅典卫城从古迄今的丰富历史说明了几个世纪以来卫城所起的不同功用。

雅典卫城

青铜时代晚期,迈锡尼人在山顶修筑防御工事,至今在一些地方仍留存着他们当时建造防御墙的巨大石头。有人据此推测皇家宫殿曾存于此,但证据不足。大约公元前1200年,北坡岩石上一个直径30米深的裂洞被改造成了供应城内用水的水源。他们从顶端修建阶梯,并于底部挖掘一口深井。但仅过了25年,随着"水源之家"较低部分的倒塌,这个地方便成了垃圾场。

古典时期的卫城已成为雅典的宗教中心。公元前5世纪中后期,雅典最鼎盛时期的建筑——帕

雅典卫城的伊瑞克提翁神庙(Erechtheum, Acropolis of Athens)
来源:Vasilis Gavrilis

特农神庙(雅典娜神庙)、伊瑞克提翁神庙(供奉着几个神祇的圣殿)、雅典娜胜利神庙、卫城山门及精妙的入口柱廊如今广富盛名。在这些建筑和其他建筑之间,敬虔的信徒们献上的雕像和祭物布满了整个山顶。卫城的斜坡上建造了剧场(狄俄尼索斯大剧场和罗马时代增建的阿迪库斯剧场[Odeion of Herodes Atticus])及各种神殿和神址。

中世纪和近代早期,由于雅典人口数量的减少,城市收缩到卫城及其北坡,雅典人在帕特农神庙中修建了一座教堂;在奥斯曼帝国时代,教堂被清真寺取代,山顶的防御功能再次被强化。法国人将卫城山门改成一座城堡;土耳其人用帕特农神庙储存火药(1867年被威尼斯炮兵炸毁)。而在这些重建的古典建筑之间遍布着密密麻麻的普通房屋。

19世纪30年代,当雅典成为新独立的希腊首都之后,卫城发生了根本性的改变,迅速转变为考古遗址,古典时期以后的建筑被拆除以凸显公元前5世纪的建筑。卫城这一代表古希腊辉煌的建筑成为一个新国家的象征并延续至今。雅典卫城成为希腊首屈一指的旅游胜地,无论白天还是灯火通明的夜晚,帕特农神庙都高高耸立在雅典市中心。

进一步阅读书目:

- Camp, John M. 2001. *The Archaeology of Athens*. New Haven, CT: Yale University Press.
- Hurwit, Jeffrey M. 1999. *The Athenian Acropolis*. Cambridge, UK: Cambridge University Press.
- Wycherley, R. E. 1978. *The Stones of Athens*. Princeton, NJ: Princeton University Press.

(Charles Gates 文 宋丽娟 译 陈 恒 校)

ADVOCACY PLANNING | 群议式规划

群议式规划是对科学、客观或理性规划的背离,是第二次世界大战后城市区域规划的主导范式,它以涵盖规划过程中不同的利益相关者为前提。

群议式规划由规划师、律师保罗·达维多夫(Paul Davidoff)定义并推广。他的文章《规划中的群议和多元主义》(Advocacy and Pluralism in Planning)发表在1965年的《美国规划师学会杂志》(*Journal of the American Institute of Planners*)上。他在文中首次提出了群议式规划,并借此将其概念广泛传播给其他职业规划师。达维多夫试图回答在20世纪50年代末期和60年代初期城市区域规划中的关键问题,即"谁能代表穷人、被剥夺权利的人和少数族裔?"他将"谁是客户?""谁是利益相关者或委托人?"的问题纳入专业范畴。达维多夫担心居民代表完全没有或很少能参与对社区有关键影响的规划决策,因为规划过程中目标区域的居民既不擅长也不了解规划,他们无法有效地参与规划决策过程。他们需要相当于官方规划者——市政人员或土地开发者的专业代表。达维多夫认为需要具有相关知识技能的专业规划师为其服务并代表规划过程中的每个利益相关者。群议式规划的根本价值在于实现规划过程中的社会公义和公平。

群议式规划及其范式

群议式规划范式建立在规划的多元化概念之上。达维多夫认为规划的目标是确定哪种可供选择的场景或远景计划将被采纳并实施。对参与规划决策的每个团体来说,每个计划都有各自的利弊。因此,并没有一个对所有人都"正确的计划"。

规划决策中最主要的是对价值和事实的应用,这个过程明显不符合价值中立原则,抉择往往受到政治和社会因素而非技术因素的驱动。另一个重要因素是规划的多元化概念,每个规划境况都有若干不同的利益相关者参与。鉴于这种境况,群议式规划意味着规划师代表着处于竞争中的对未来图景的不同规划。一个群议式规划师代表着一个利益群体,其他规划师代表着各自不同的利益。在规划过程中,将地理区域如社区连接在一起,是了解多元规划的基础。规划师尤其是群议式规划师主要是为缺乏规划决策相关技术和知识的客户群体提供服务。

达维多夫在文章中将"黑人和穷人"作为客户来回答他所提出的问题。在这种情况下,每个规划师都代表着一个特殊利益群体。群议式规划范式主张专业规划师作为社区居民的代表,参与规划决策。这些专业的规划师与市政人员或土地开发者的专业代表具有相当的知识和政治地位。因此在规划决策过程中,不同的规划师代表着不同的特殊利益群体。

达维多夫率领着一组训练有素的规划师,对他们来说,群议式规划是一种规范性承诺。他们从事社区工作,为社区制订前景计划。达维多夫在他的文章或者现实实践中都以社区居民的主要代言人自居。在现代城市区域规划中,达维多夫是受人尊敬爱戴的学者与实践者,是不断追求规划的社会公义、公平的不屈力量。达维多夫以多元化的视角考察城市,涉及广泛的社会问题。他也影响和激励了很多相关学者和专业人士积极参与多元规划和社会变革,从而克服贫穷和种族歧视,并减少社会的诸多差距。达维多夫作为教育者、实践者和学者,为城市区域规划领域做出了重大贡献,他的影响延续至今。达维多夫的群议式规划成为美国社区规划理论和实践上的重要分水岭。

群议式和理性综合规划

达维多夫将群议式规划和20世纪六七十年代的主导范式——理性综合规划进行了对比,两种模式之间的重要区别是价值观在规划过程中的作用。关键的问题有:"价值观如何进入规划过程?""这是一个有效价值的实践吗?""谁是客户?"群议式规划与理性综合规划的区别(见表1)在于对客户的定义,以及价值观在决策过程中的作用。其核心在于规划是一个客观、科学和技术的尝试抑或一个规范性问题。

群议式规划批评

批评群议式规划的往往是传统规划师,他们对多元化概念和决策过程中纳入多种利益的考虑感到不安。一些人认为许多规划问题都没有一个最佳的解决方案,这常常反映在市政工作中,而这往往又导致客户无法享受均等服务。

群议式规划师认为需要做出重要改动的是如何识别多元化客户或特殊利益群体而不是将公众作为整体进行规划。这种方法基于多元化的概念,由此承认了不同数量和种类的社会、政治观点的存在,并将此纳入社区规划之中。更多传统规划师认为这是一种似是而非的论点。他们认为,多元是由那些将日益加剧的财富集中隐藏在城市之中,并将社会经济项目指向弱势群体的人们所创造的一个社会神话。

群议式规划师致力于实现规划决策中的多元

理性综合规划对比群议式规划

过程	合理性规划	群议式规划
设想	完全信息 理性结果 最佳解决方案 城市是一个功能相关联的系统	不完全信息 非价值中立决策 多元社会 规范性规划是理性的 每个群体拥有自己的规划师 不同的方案实现不同的利益
客户	社区作为业主共同体	"黑人和贫困的人",或穷人、无权的人、少数派、一个或多个利益群体
公众利益	单一公共利益	多元特殊利益
规划者角色	政治决策者顾问 技术专家	作为专家提供建议
规划过程所在地	市政机构	全社区
目标模式	层级目标 实际土地使用目标	为多元化的客户提供技术和参与渠道、代表少数派利益、公民参与
资源分配	通过规划过程	财富和公共权力再分配以增加穷人的选择
公众参与	公众听证会	形成联盟
规划方式	综合理性过程 价值中立 基于实际土地的使用	政策方法 理性模式
定义	价值中立,以事实为基础 程序过程 目标规划 理性和选择 决策	事实和价值决断 程序过程和多元社会 规范性规划是理性的 每个群体拥有各自的倡导 以客户为中心和面向未来

来源:Marcia Feld

化,他们不代表中心利益,而是要恰当地代表社区多元而非单一的规划。市政府面对某一社区的多种规划时,必须从中选择一种。

这种情况引出了规划者的道德和忠诚问题。当市政决策者与代表公众权益的观念一致而不是从社区不同群体利益考虑出发而制定的多种规划中选择其一时,这种态度可能会导致政府内部分歧。代表公众利益是传统观念中规划师的角色及美国规划界的一贯做法。一些人认为改变这种方法来应对多元利益而非将其综合成公共利益的做法,并不适用于美国的城市区域规划。

传统规划师提出的第二个问题是:目前的科技水平无法同时满足决策者的价值目标和现实需求。合理性综合规划,这种基于政治语境给出决定的方法,预设了由逻辑顺序思维发展而成的一系列步骤,而逻辑顺序思维则与政治语境中的价值和忠诚无关。与美国主流规划师不同,群议式规划认为决策不可能不涉及价值问题。正如达维多夫在文章中所说:"解决不同阶级的财富分配问题不能仅靠技术手段,更离不开社会态度。"

美国的群议式规划

机会均等规划师

1964年,在达维多夫具有分水岭意义的文章发表前夕,美国规划师学会年会在新泽西州纽瓦克召开。纽约的群议式规划师沃尔特·萨比特(Walter Thabit),恪守对达维多夫的承诺出席会议,并会见了与会的学生、青年教师及从业人员;在萨比特的指导下,他们成立了一个群议式规划师的全国性网站——机会均等规划师网站。该网站多年来由学者和政治活动家切斯特·哈特曼(Chester Hartman)负责,参与网站活动的还有组织哈莱姆建筑师复兴委员会的建筑师理查德·哈奇(C. Richard Hatch)。他们主要在纽约市活动,作为彼得·库珀广场社区的群议式规划师,沃尔特·萨比特发起了反对罗伯特·摩西清除下东区11个街区的抗议。萨比特和其他规划师合作开发的库珀广场计划,旨在为低收入者保留60%的住房单位。经过多年的努力,萨比特等人的规划胜出了罗伯特·摩西的提议。

机会均等规划师网站在1975年正式关闭,但它的工作被规划师网站和公平规划运动沿袭和发展。规划师网站由亨特学院规划学院的汤姆·安戈蒂(Tom Angotti)博士主持,是一个比较宽松的进步规划师组织,在美国各地都拥有成员。公平规划运动将客户群体的概念扩大至和社区利益相关的所有团体,从而拓宽了倡导最重要的社会公平运动的范畴。

公平规划运动

公平规划运动由俄亥俄州克利夫兰市的城市区域规划总监诺曼·克鲁姆霍尔茨(Norman Krumholz)发起,该运动在本质上是在资源再分配过程中拓展用户。据琼·曼宁·托马斯(June Manning Thomas)及其他人所论,公平规划运动是对城市种族危机的一种现代反应,它为几乎没有选择的人们提供了选择。在实际上而不是意识形态上的选择决定了公平规划运动的议程。公平规划运动致力于在市政规划结构中运行,从而对遭受种族和性别歧视的穷人和弱势群体给予特别关注。然而,城市区域规划师不必拘泥于政府典型结构的有限范围,也无须墨守政府旧时的政策,他们可以突破以往的政策局限而去开发和实施触及市区穷人与少数族裔的新政策。

郊区行动协会

作为职业规划师,达维多夫把群议式规划付诸实践,他创立了郊区行动协会来挑战新泽西州的排他性区划。其先例是月桂山(Mount Laurel)案件,该案件源于月桂山市试图阻止为社区工薪阶层的黑人居民建造36套公寓的做法。1975年法院裁定小镇的区划条例存在经济歧视,这种区划法规有利于中高收入的人群。然而直到1983年,法院才通过了《月桂山 II 条例》,该条例作为协助决议,有助于为规划提供可负担住房的程序。1985年《月桂山 III 条例》(各种各样的)在新泽西州立法,在《月桂山 II 条例》的基础上设立了可负担住房委员会。不过对于这个问题的争论直到今天还在继续。

全球群议式规划

群议式规划影响了全球决策者和相关人员的认知,它通过调动社区行动以实现社会变革,目标是构筑一种有利的环境——通过法律和公共政策保护并促进权利与义务的环境。它的策略包括注重与非营利组织合作、相关个案及政策研究,内容侧重于环境正义,诸如艾滋病的公共健康问题及公共住房。群议式规划策略主要着重建筑、规划以及其他城市发展的专业领域。

群议式规划的全球应用与其在美国的应用存在诸多不同:首先,欧洲和英国的区域单位通常放矢于国家和国际层级的政府,而美国则着重社区和当地政府。其次,国际群议式规划师提出的问题与美国群议式规划师不同。美国规划师提出了一些框架性问题,如"谁是客户?""应该考虑哪种利益或谁的利益?",而国际群议式规划师一般参考公众利益。第三,美国规划师重在实践,而欧洲的规划师则将其研究方法转至规划与决策分析的技术。国际群议式规划模式聚焦于概念上的区别,与美国规划师强调当地实践不同。

进一步阅读书目：

- Angotti, Tom. 2007. *Advocacy and Community Planning: Past, Present and Future*. Planners Network. Org/Publications. Revised February 9, 2009.) Retrieved March 22, 2009 (http://www.planners network.org/publications/2007_spring/angotti.htm).
- Checkaway, Barry. 1994. "Paul Davidoff and Advocacy Planning in Retrospect." *Journal of the American Planning Association* 60(2): 139–161.
- Clavel, Pierre. 1986. *Progressive City Planning and Participation, 1969–1984*. New Brunswick, NJ: Rutgers University Press.
- Davidoff, Paul. 1965. "Advocacy and Pluralism in Planning." *Journal of the American Institute of Planners* 31(4): 331–337.
- Davidoff, Paul and Thomas Reiner. 1962. "A Choice Theory of Planning." *Journal of the American Institute of Planners* 28: 103–131.
- Feld, Marcia Marker. 1986. "Planners Guilty on Two Counts: The City of Yonkers Case." *Journal of the American Institute of Planners* 52: 387–388.
- —. 1989. "Paul Davidoff Memorial Symposium, Equity, Empowerment and Planning: Lessons from the Yonkers Case." *Journal of Planning Education and Research* 8: 167–196.
- Hartman, Chester. 2002. *Between Eminence and Notoriety*. New Brunswick, NJ: Center for Urban Policy Research.
- Kennedy, Marie. 2007. "From Advocacy Planning to Transformative Community Planning." Planners Network. Org/Publications. Revised February 9, 2009.) Retrieved March 22, 2009 (http://www.plannersnetwork.org/publications/2007_spring/kennedy.html).
- Krumholz, Norman and Pierre Clavel. 1994. *Reinventing Cities*. Philadelphia: Temple University Press.
- Krumholz, Norman and John Forester. 1990. *Making Equity Planning Work: Leadership in the Public Sector*. Philadelphia: Temple University Press.
- Legates, Richard L. 1996. *The City Reader*. Independence, KY: Routledge Press.
- Levy, John. 1997. *Contemporary Urban Planning*. Upper Saddle River, NJ: Prentice Hall.
- Mazziotti, Donald. 1974. "The Underlying Assumptions of Advocacy Planning: Pluralism and Reform." *Journal of the American Planning Association* 40(1): 38–47.
- Martin and Edward Banfield. 1955. *Politics, Planning and the Public Interest*. London: The London Free Press of Glencoe.
- Piven, Frances Fox. 1970. "Whom Does the Advocate Planner Serve?" *Social Policy* 5: 32–37.

(Marcia Marker Feld、Patricia Baron Pollak 文 宋丽娟 译 陈 恒 校)

AFFORDABLE HOUSING ｜可负担住房

可负担住房关注的是住房成本与家庭支付能力间的关系，住房支付能力以收入的百分比来衡量：对于一个家庭来说，住房支出占其总收入30%~40%的住房视为其可负担的住房。对任何收入水平的人来讲，找到其可负担的住房都不简单。但这个问题主要困扰穷人和中产阶级家庭，因为市场很少能提供充足的住房来满足他们的居住需求。因此，政府通常通过调节住房和金融市场，并提供补贴以确保住房是任何收入水平的家庭都负担得起的。

美国住房与城市发展部创建了一个测量指标，称为地区中位收入（Area Median Income），以此来确定哪些人需要可负担住房。这是一个相对的房屋需求测量尺度，它将城市区域和家庭规模分开估算。通常来说，家庭收入少于地区中位收入30%被视为是超低收入，占地区中位收入30%~50%的是低收入，占50%~80%的是中等收入，高于80%被认为有能力购买商品房。因为房屋成本有地区差异，住房购买能力也有地区差异。在纽约这样的大都市，其中位收入可以高达全美地区中位收入的200%。

地区中位收入有助于政府确定多少家庭需要住房补助，并据此制定住房补贴方针。政府可以为开发商提供补贴，或补贴给个人或业主，使现有住房成为能负担得起的住房。对个体开发商的激励政策包括税收减免、区划变更、高额津贴、基础设施的改善和融资援助。政府也可通过征收租金税以抑制租金上涨。

1937年，联邦政府通过资助公共住房建设扩大住房供给，并在1949年制订"为所有美国家庭提供得体、适当的住房环境"的目标。20世纪30年代到70年代之间，联邦政府为超低收入人群建造公共住房。20世纪70年代，联邦政府转变其作为公共住房建筑商和业主的政策，开始通过补贴使现有住房成为购房者负担得起的住房，并激励地方政府在城市住房市场薄弱地区建造新的可负担住房。20世纪80年代，联邦政府几乎完全从住房建设中退出，将可负担住房的修建和管理交给非营利的、以社区为基础的组织。新型金融中介机构——引导金融市场直接投资社区的组织——开始出现，如得到地方政府支持的团体和资助市中心与郊区住房建筑的企业基金。联邦政府转向制定税收激励政策。1986年的低收入住房税收抵免政策，为私人投资者提供税收优惠，在过去的20年内建造了大量的可负担住房。对于超低收入的家庭，如果没有诸如住房券的额外补贴，这些可负担住房仍是负担不起的。和大部分永久性的公共住房的补贴不同，20世纪70年代和80年代的私人补贴是有时间限制的。也就是说，这些补贴会过期，这大大降低了可负担住房的库存。

关于如何最好地提供可负担住房的争论还在继续。有人认为，大量建造豪华住房可以形成一个过滤机制，起到增加可负担住房的效果。其他人则主张只有大量修筑住房的方案才能满足低收入群体的需求。谁应该提供补贴、谁应该负责修筑、谁是业主、补贴应该发放给谁等问题还在持续不断的辩论之中。

进一步阅读书目：
- Bauman, John F., Roger Biles, and Kristin M. Szylvian, eds. 2000. *From Tenements to the Taylor Homes*. University Park: Pennsylvania State University Press.
- Bratt, Rachel, Michael Stone, and Chester Hartman. 2006. *A Right to Housing: Foundation for a New Social Agenda*. Philadelphia: Temple University Press.
- Schwartz, Alex. 2006. *Housing Policy in the United States: An Introduction*. New York: Routledge.

(Kathe Newman 文　宋丽娟 译　陈　恒 校)

AGORA ｜阿格拉

"阿格拉"这个希腊词语最初的含义是"聚集的地方",后用来指"市场",在英语中特指古希腊城邦的商业和市政中心,其拉丁同义词为广场(Forum)。"阿格拉"一词的功能比英语译名的含义更多样化。阿格拉通常位于城市的中心地区、卫城之下的低洼地带,是人们聚集在一起举行大范围活动的地点。这些活动不仅仅是商业活动,也包括政治、宗教和社会活动。阿格拉的整体布局没有一定的设计,在历时悠久的城市如雅典,阿格拉经历了数百年的发展,其建筑和古迹的布局根据特定时代的需求而定。到希腊和罗马时代,阿格拉看起来像混杂的建筑群落。而在新建的城市如普南城(Priene,自公元前4世纪起),其阿格拉有了整齐的布局,常为带柱廊建筑的矩形广场。

古希腊人根据阿格拉的功能筑造特定类型的建筑,如柱廊(Stoa)和议事室(Bouleuterion)。人们也可以看到相同结构的建筑被用为水源(人们取水的地方)和神庙。此外,某些活动可能在一般的建筑或地区举行,也就是说它们的建筑特点没有反映出具体功能。因此,确定这些建筑或空间的用途成为考古之谜。

最闻名遐迩的是雅典阿格拉,原因有二:首先,我们所知的绝大部分希腊著作是由雅典人撰写的。散文、演讲、诗歌、戏剧(悲剧和喜剧)及铭文(刻在石头上以引起公众注意的文献)记载了大量雅典生活的信息,其中也包括阿格拉。其次,自1931年起(除了第二次世界大战及战后),雅典的

雅典阿格拉(Agora in Athens)
来源:Vasilis Gavrilis

美国古典学会一直在发掘勘探雅典阿格拉。他们通过发掘发现了大量的建筑、遗址、铭文和物品。另外，这些研究结果已经对学者和感兴趣的大众公布。雅典阿格拉对了解古希腊城邦中心极其重要，因此本条目以下将重点介绍雅典阿格拉。

雅典阿格拉

雅典阿格拉位于雅典卫城西北部低地的天然丘陵之上，在古希腊和古罗马时代是城市的主要宗教中心，和卫城一起构成了雅典的中心。阿格拉西边是丘陵（克洛诺斯·阿格莱奥斯山[the Kolonos Agoraios]），北部是一条小河（艾瑞丹诺斯河[the Eridanos]），东部则是开阔地带，这些地域在青铜时代和早期铁器时代主要用于居住和墓葬。在大约公元前 600 年的古风时代早期，这里首次被作为公共中心。至公元前 500 年，大理石立柱被设置在入口处，作为阿格拉的正式标志，上面刻有铭文"此乃集市的边界"。此外，入口处还安置着圣水盆（Perirrhanteria），用以纪念阿格拉的神圣功能，诸如叛国、逃役、诈骗、不孝等多种行为都被视作亵渎神圣而不得进入阿格拉。

经过两百多年的不断兴建，至公元前 400 年，阿格拉已经成为市政中心。罗马帝国时代，阿格拉的建筑和遗迹历经许多变迁，但依然承担着市政中心的功能。然而在中世纪，城邦遭受了赫鲁利人（Herulians, 267）、西哥特人（Visigoths, 395）等外来者毁灭性的攻击，加之，政治结构和社会经济需求与古希腊罗马时代渐行渐远，这里的建筑物逐渐变成了废墟。后来，这个地域被改建为居住区，直至近代发掘才改变了这里作为居住区的功能。

市政建筑

公元前 600 至前 400 年之间，雅典阿格拉的西边和南边矗立着主要的市政建筑。探究这些市政建筑的规划和功用将有助于了解雅典的政治与公民生活。

柱廊是阿格拉等公共空间常见的建筑形式。简单的柱廊是一种门廊，通常为一个矩形空间，后部和两侧有壁墙，前部则以圆柱支撑；复杂的柱廊则可能在后部设置商铺，并沿着柱廊中心再加筑一排圆柱，有时甚至会加高一层。这个空间可以用作正式或非正式的多种用途。雅典阿格拉中，早期的柱廊有皇家柱廊（可能建于公元前 6 世纪，重建于公元前 5 世纪）、彩绘柱廊（Stoa Poikile，前 475—前 450），它们均位于西北侧，前者曾是国王执政官即政府副指挥官的座位。彩绘柱廊因内层木板上的雅典战役彩绘而得名。彩绘的战役既有神话，如亚马孙之役；也有真实战役，如希腊击败波斯的著名的马拉松之役（前 490）。这些彩绘一直保存至公元 4 世纪后期，在公共视野中成为强大雅典的永久象征。

位于克洛诺斯·阿格莱奥斯山山脚西侧的政府建筑，包括两个议事厅（"旧"议事厅大约建于公元前 500 年，被前 415—前 406 年左右修建的"新"议事厅取而代之）：一个是议员座席，另一个是由 500 人组成的任期一年以制定立法的公民大会。每个建筑皆如一个小型的室内剧场，三面环座。新议事厅修好之后，旧议事厅则被用作供奉诸神之母的神址，但亦用以储存档案。两个议事厅旁边是主席团（Prytaneis）就餐的圆形建筑（Tholos，约前 470—前 460），主席团由 50 人组成，负责处理城市日常事务，由组成公民大会的 500 人轮流担任。圆形建筑不远处矗立着英雄纪念碑（the Monument of the Eponymous Heroes，建于公元前 425 年左右，于公元前 330 年左右重建），这个英雄纪念碑是雅典重要的信息中心，它的底座狭长而高耸，顶部是 10 位神话英雄的铜像。这 10 位英雄分别代表着公元前 508 至前 507 年克利斯梯尼改革中雅典公民被分成的 10 个支派。铜像底座下则是立法、征兵、庭审等各种公告的张贴之处。

其他市政建筑还有见于文献记载、遗址却不易辨认的法院，以及一座监狱、一间铸币厂。铸币厂兴建于公元前 4 世纪后期，是一个矩形的建筑，里面还遗留着矿渣、水盆和硬币模具等青铜制作的证据。

宗教建筑与遗址

众多的建筑和遗址都反映出雅典阿格拉的宗教活动。西北到东南的对角线被称为泛雅典之路（the Panathenaic Way），即雅典娜节日的游行路线。雅典娜节日每年庆祝一次，纪念雅典的守护神——雅典娜，是雅典最为重要的宗教节日。游行路线从迪普利翁门（Dipylon Gate）开始，一直到雅典娜的祭祀中心——雅典卫城。穿过这条街道，阿格拉的西北角是 12 位神祇的祭坛，祭坛始建于公元前 521 年，四周由矮墙围成矩形，中心为祭坛，祈求者可以在这里得到庇护，此外，此处还是测量与雅典之间距离的起点。

最宏大的宗教建筑是克洛诺斯·阿格莱奥斯山丘之上祭祀火神、铸造之神和雅典娜的赫菲斯托斯神殿。神殿兴建于公元前 5 世纪中后期，因长期用作基督教教堂，这个多立克柱式神殿保存得比较完好。

商业活动

位于阿格拉南侧的南柱廊 I（South Stoa I）是主要的商业建筑，这是一个长长的拱廊，始建于公元前 430 年至前 420 年之间，在公元前 2 世纪被中柱廊和南柱廊 II 这两个更复杂的柱廊取代。中柱廊和南柱廊 II 围成了一个矩形的南广场。南柱廊 I 后部还有用作餐厅的房间，证实那里的确曾举行过商业活动。

阿格拉正式边界之外发现了许多制作工场，可考的大抵有陶器、陶俑、青铜和铁器锻造、雕塑和大理石雕刻、制鞋等，此外还有酒窖和个人住宅。

外来统治者的馈赠

最后值得注意的还有外来统治者对雅典的兴趣。虽然在伯罗奔尼撒战争中失去了军事和经济优势，但雅典作为文化和知识中心的声望丝毫未损。因此，在古希腊和古罗马时代，雅典得到了许多慷慨的馈赠。其中最引人注目的是阿格拉的阿塔鲁斯柱廊（the Stoa of Attalos）。阿塔鲁斯柱廊位于集市东侧，是一个宏伟的两层拱廊，由帕迦马（Pergamon）国王——阿塔鲁斯二世（Attalos II，前 159—前 138 年在位）馈赠。1956 年重建后，阿塔鲁斯柱廊成为阿格拉博物馆和发掘总部。外来统治者对雅典的馈赠还有奥古斯都皇帝的女婿阿格里帕（M. V. Agrippa）在公元前 16 年至公元前 12 年兴建的有顶大剧场，以及哈德良在位期间（117—138）建成的矩形柱廊（有用以处理行政、商业事务的 3 个长厅）和圆形柱廊（是一个制作精美的喷泉）。

进一步阅读书目：

- Camp, John M. 1992. *The Athenian Agora. Excavations in the Heart of Classical Athens*. Updated ed. London: Thames and Hudson.
- ——. 2001. *The Archaeology of Athens*. New Haven, CT: Yale University Press.
- Camp, John M. and Craig Mauzy. 2007. *The Athenian Agora: A Guide to the Excavations and Museum*. 5th ed. Princeton, NJ: American School of Classical Studies at Athens.
- Wycherley, R. E. 1978. *The Stones of Athens*. Princeton, NJ: Princeton University Press.

(Charles Gates 文　宋丽娟 译　陈　恒 校)

AIRPORTS | 机场

机场是网络时代重要的交通和通讯枢纽。作为全球城市必不可少的枢纽,机场在一定程度上显示了数字信息、人及货物流通对高速物流系统的依赖。世界航空业的发展与全球化直接相关,并反映出发达国家与发展中国家的现代化进程。从这个意义上讲,机场为全球网络和信息流通研究提供了"预警"信号或"实验条件"。这在 2001 年 9·11 事件的后续处理中体现得尤为明显。为了保证乘客安全,许多国际机场加强了安全检测和数据分析,采用生物识别技术及其他安全措施。尽管机场是技术产业化的重要指标,但是考察过去一百多年间机场技术应用的不同途径,同样十分重要。

机场是现代生活中人机交互的重要场所。人类与人类之外的其他事物、全球与当地的多维交互都通过机场先进的多元网络系统得以实现。因此,探究影响日常网络的人类文化因素不能仅仅局限于航运,还需要将更多新的因素纳入考量范畴。交互规模的日益庞大在机场即可窥见一斑:乘客登机前,需要进行一系列的扫描、检测,甚至精细到视网膜。此外,复制、分配和数据处理的数字技术使得网络以前所未有的方式汇集。"硬"网络和"软"网络(如技术的基础设施、编码信息资讯、乘客、飞机金属材料)不再独立分散地运作。

机场的源起

现代化机场是在商业、政府、军事和私人利益的逐渐聚合中发展而成的。第一个专用于航运的场地是一个未经规划的临时建筑。跑道、航站楼和通讯网络几乎都没考虑到互通互联或未来发展。航运最初主要用于邮递或小型货运并且不被视作公共交通。由于早期飞机的危险与不适,客运服务基本上只有少数大胆精英人士才偶尔尝试。客运服务最初依赖于将有利可图的邮递业务和利润较少的客运联系起来的政府政策。

此外,政府当局并不热衷于投资耗资巨大的航运所必需的基础设施,因此航运章程和规划大都被忽视。由于这个原因,早期机场周围复杂的城市基础设施迅速超出了其最初的用途,周围地区逐渐变成机场的附属部分。许多城市的重要机场在早期机场的基础上发展而成,而机场发展又迅即受到城市郊区及远郊发展的极大限制。加之当地、州或国家政府监管需求的不断增长导致了一系列危机,这些危机在第二次世界大战之后达到高峰。由于战时对航运的规划和基础设施的巨额投资,航运作为一种大众运输方式开始走向繁荣。

随着飞机设计的改进和飞行时间的缩短,航运成为一种潜在的有利可图的交通方式。第二次世界大战后,城市区域规划师和建筑师开始设想,未来航运将会促成国际商业往来的新机遇。在此期间,他们试行了多种航站楼和机场的设计方案,包括大厅、卫星厅设计以及连接航站楼的环形通道等,用以解决后勤保障问题,从而确保乘客从航站楼登机以及飞机从航站楼到跑道之间的通道畅通无阻。

机场作为公共交通枢纽

客运服务一直是航运中最不稳定的领域,在利润、研究和发展方面都落后于军用航运。民用航运如长途运输,激烈争夺着利润丰厚的干线。而且航空公司承担着国家义务,需要开通盈利较低的航线。波音 707 喷气式飞机(军用航空研究的副产品)的引入无疑推动了一度疲弱的民航业的发展。更快、更安静、更舒适,飞行航程更远而不需中途加油,喷气式飞机使客运服务在经济上成为可能。20 世纪 60 年代的喷气式飞机服务拉开了航运发展的新帷幕,使普通大众可以享用客运服务,从而使航运本身成为一种商品。

喷气机时代的机场通过建筑结构、融资和独特魅力勾勒出一幅乐观的未来图景。机场个性化造型和拱形的内部设计促成了一种观念,即以前仅为权贵所特享的跨越地平线的特权可以适用于任何人。喷气机时代普及了国际旅行,并把它作为未来和进步的一部分挂牌出售。

机场对全球化、文化或技术发展的感知力极强。机场在不断地更新升级,使用更大规模的飞机、增加更多的航班、采用更安全的措施,以适应需要经常乘坐飞机的乘客(对他们来说,航行已经逐渐成为一种生活方式)。几个早期的机场依然存在,有些机场扩建后仍在使用,如伦敦希思罗机场、纽约肯尼迪机场,有些则完全退役(如柏林腾佩尔霍夫[Templehof]机场于2008年退役)。

世界航运的发展与全球化的发展密切相关,而且是第一世界和发展中世界(特别是亚洲)不断推进的现代化进程(显然没有受到资源日益减少和相关环境恶化问题的影响)的重要组成部分。货物和人的远距离快速流通需要相应的基础建设,这种需要引发了航班、跑道、机场及其配套设施等方面的创新。许多国际机场的航站楼出自如诺曼·福斯特(Norman Foster)、保罗·安德鲁(Paul Andreu)以及赫尔穆特·雅恩(Helmut Jahn)等著名建筑大师的设计,从而彰显了国家参与全球化经济的能力。

当代流动空间已扩展至全球,机场无疑是这一流动空间网络的核心。由于具有连接功能与大量的航班运作,现代机场与喷气机时代的机场已经大不相同。现代机场——形如网状——根据程序、交通和流量来设计。各地的机场都参与并促进了全球化的发展,使用国际协定的全球统一标准化的引导标志。

作为一种基于全球网络的新型建筑,机场首先并首要是一种文化形式,形如网状的机场打破了传统的地理区域。机场建筑优先考虑连接性、流动性和即时性——在全球和地方间高速运作。不管出自哪个"名牌"建筑师的设计(如保罗·安德鲁的迪拜机场或诺曼·福斯特的香港机场),最新的机场大都相似,即以购物中心和玻璃建筑为主。乘坐飞机穿

香港国际机场(Hong Kong International Airport)

越国界，旅客们从一个玻璃建筑穿梭到另一个玻璃建筑，看到的是类似的铺有柏油碎石的飞机跑道和航站楼中穿着统一制服的服务人员。在机场内的全球性的购物中心，除了旅游商店出售着具有当地特色的商品（如荷兰的风车磁贴、悉尼的毛绒袋鼠等），专卖店里销售着相同的电子产品、时装、化妆品和咖啡。现代机场将航班中转变成了一种不断进入监控系统的购物体验，旅客们为了航行不得不遵从。

移动研究及机场的新转向

在信息爆炸及建筑风格趋同的世界里，人和空间的关系经历了显著变化。各种形式的移动越来越受制于相同的审核和操控体制。机场复杂的监控体系（乘客和行李经由航空公司或政府机构检测、飞机在停机坪上的转道以及地面和空中的交通管制）实现了同步化。这样的精确度是通过数字网络、监控系统和跟踪技术得以实现的。同步和控制体系在现代物流公司的应用十分普遍，它在专用的信息网络中，以某种程度的"封闭系统"模式提供跨业务的综合服务。如果缺乏集成的管理和控制系统，机场的同步化将无法实现。出于经济需求，机场需要保持一个开放的系统，它必须设法不断吸收新的网络及相关的排查技术，如 SARS（重症急性呼吸综合征）爆发期间检测人的体温或者适应美国《爱国者法》引起的程序变化。

现代机场是为了增加移动性并充分融入都市基础设施和应对全球社会恐慌的纪念性建筑。因之，随着信息和实物全球化流动的加剧，这些空间（机场、信息网络、高速公路和港口）逐渐成为政治和技术活动的重要场域。

进一步阅读书目：

- Augé, Marc. 1995. *Non-places*: *An Introduction to an Anthropology of Supermodernity*. Translated by J. Howe. London: Verso.
- Castells, Manuel. 1998. *The Rise of the Network Society*. Oxford, UK: Blackwell.
- Cwerner, S., S. Kessering, and J. Urry, eds. 2009. *Aeromobilities*: *Theory and Research*. London: Routledge.
- Edwards, Brian. 1998. *The Modern Terminal*: *New Approaches to Airport Architecture*. London: Spon.
- Fuller, G. and R. Harley. 2004. *Aviopolis*: *A Book about Airports*. London: Blackdog.
- Gordon, Alistair. 2008. *Naked Airport*: *A Cultural History of the World's Most Revolutionary Structure*. Chicago: University of Chicago Press.
- Gottdiener, Mark. 2000. *Life in the Air*. Lanham, MD: Rowman and Littlefield.
- Iyer, Pico. 2000. *The Global Soul*: *Jet Lag*, *Shopping Malls*, *and the Search for Home*. New York: Vintage Books.
- Koolhaas, Rem, et al. 2001. *Mutations*: *Harvard Project on the City*. Barcelona, Spain: Actar.
- Pascoe, David. 2001. *Airspaces*. London: Reaktion Books.
- Pearman, Hugh. 2004. *Airports*: *A Century of Architecture*. London: Abrams.
- Rossler, Martha. 1998. *In the Place of the Public*: *Observations of a Frequent Flyer*. Frankfurt, Germany: Cantz Verlag.
- Salter, Mark B. 2008. *Politics at the Airport*. Minneapolis: University of Minnesota Press.

(Gillian Fuller, Ross Harley 文　宋丽娟 译　陈　恒 校)

ALINSKY, SAUL ｜索尔·阿林斯基

索尔·阿林斯基被称为美洲社区组织之父，尽管他的影响力主要在美国，而没有波及美洲的其他地方。社区组织者历来十分重视民权运动，但对以邻里为基础的社区组织影响最大的却是阿林斯基，

这类组织活动将居民聚集起来面对面地解决当地问题，间或改变权力分配。

1909年，阿林斯基出生于芝加哥，芝加哥的都市文化无疑滋养了他的政治策略。他在芝加哥大学攻读学士和硕士学位之时深受芝加哥大学犯罪学家的影响，发现自己的兴奋点是如何引起社区实践上的变化，而不是从学术上探讨社会变革。

20世纪30年代，当本打算从事芝加哥臭名昭彰的后街社区青少年犯罪研究时，阿林斯基对后街社区畜牧饲养场工人建立工会的斗争产生了兴趣。通过和工会组织者沟通学习，阿林斯基设想着可以使用相同的方式帮助社区取得政治权利。之后，他着手组织后街社区，致力于改进社区的市政服务，并成功推进了后街工人工会的建立。

阿林斯基在全国各地游历，并建立以邻里为基础的社区组织，他的事业从此起步。阿林斯基依据其实践，撰写了两部关于如何组建社区或组织的重要著作：《激进的号角》(Reveille for Radicals, 1969)和《反叛者手册》(Rules for Radicals, 1971)。不过他几乎不能算是激进分子。阿林斯基对美国的民主传统深信不疑，坚信只要能有效地组织起来，穷人可以和任何人一样对政策产生影响力。阿林斯基确实有支持对抗和冲突的声誉，他的名声一度导致他于1940年在堪萨斯城时被逮捕。不过经过多次协商，警察局长同意为当地阿林斯基式组织举办的大型活动提供安全保障。尽管阿林斯基具有对抗性格，他组织的社区活动却很少进行破坏性抗议，尽管他的确曾借助于破坏性的威胁恐吓。其中，最有名的例子是1964年，芝加哥阿林斯基式社区之一的伍德劳恩社区组织 II（The Woodlawn Organization [TWO]）威胁要占用奥黑尔机场（O'Hare airport）的所有卫生间。在此威胁之下，芝加哥市长理查德·戴利（Richard J. Daley）迅速召集与伍德劳恩社区组织 II 的会议，履行先前的承诺。

阿林斯基以严格反意识形态的方式组织社区，这种方式的缺陷之一是他组建的一些社区后来转变为非民主组织。1972年阿林斯基意外逝世后，阿林斯基的支持者们不得不重回后街社区，建立新社区以取代已经变成种族主义和种族隔都区的社区。

阿林斯基的社区组织模式是独一无二的。他的策略秘诀在于组建一群人而不是一个人的社区。阿林斯基将其模式称为组织中的组织，他每走进一个社区，就先寻找教会、民间组织、乡村俱乐部、退伍军人组织以及其他已经存在的组织，然后把这些组织整合起来，极大地提高了组织效率。

组织在阿林斯基模式中占据非常重要的地位。将人们组织在一起不仅仅是为了解决一两个问题就解散，而是要建立一个能够自我维持并提供可持续的制度化动力的机制，这类组织是赋予穷人参与政治的载体。

建立意识多元化组织的唯一途径是组织者保持一种精心琢磨、非意识形态的立场，这形成了阿林斯基模式的诸多标志之一——"开发"问题。他并不是带着既定的问题进入社区，而是先倾听社区人们关心的问题，再试着将他们组织起来。他谨慎地发现社区中的问题，然后以此为中心开展社区组织工作。发现社区真正关心、愿意致力于，并可以取得胜利的合适的问题是阿林斯基模式的卓越方法。虽然阿林斯基的社区组织有着引发对抗和冲突的名声，但其目标始终是为社区赢得胜利或与当权者达成协议。保护是阿林斯基模式组织的主旨，因此他们避免一切可能被视为不负责任或暴力的行为。

或许阿林斯基式组织的重要标志是专业社区组织者的存在。在阿林斯基模式中，组织者不是领导，组织者的工作是发现潜在的领导并培养其领导能力，帮助领导者辨别问题并协助他们开展工作。一个真正有效率的社区组织者应该进入社区，培养领导、组建社区，使社区具有可以自我维持的能力，然后离开社区。

阿林斯基对社区组织者和现今全美各大社区网络组织产生了深远影响。最重要的是，以诚信为本的社区网络是以他的理念为基础的。阿林斯基创建了至今依然存在的工业区基金会（Industrial Areas Foundation）。其他直接或间接受到阿林斯基影响的社区网络有微型国家网络组织（the PICO National Network）、直接行动与研究培训网络（the

Direct Action & Research Training Network)及甘梅利尔基金会(the Gamaliel Foundation)。

阿林斯基的影响力还遍及诸如社区改革组织协会(ACORN)、全国人民行动(National People Action)等各大主要的美国社区组织。这些组织和其他组织一起赢得了诸多重要的社区和国家政策胜利,如1977年的《社区再投资法》,纠正了贫困社区居民无法获取住房贷款的弊病。这些组织一直是最低工资保障、反歧视法以及公民参与政策权利的推动力量。

阿林斯基的影响力已经渗入人们意想不到的地方。弗雷德·罗斯,阿林斯基组织的工作人员,20世纪50年代在南加州工作时和一位年轻的拉美裔男子塞萨尔·查韦斯发生了冲突,这反而在罗斯和查韦斯之间形成了牢固的工作关系,两人开始合作建立组织,查韦斯继而组建了农场工人联合会。今天,阿林斯基模式的组织已有成千上万。另外也有完全以阿林斯基组织为反面的组织,如共识组织研究会(Consensus Organizing Institute)。有些组织网络在ACORN组织的基础上建设新的政党,如劳动者家庭党。最终,它们使那些从来没有想到自身会成为组织领导并在公共集会发表演讲的人成为组织领导并在公共集会发表演讲,不断为自己的社区赢得胜利。

进一步阅读书目:
- Alinsky, Saul. 1969. *Reveille for Radicals*. New York: Vintage Books.
- —. 1971. *Rules for Radicals*. New York: Vintage Books.
- *The Democratic Promise: Saul Alinsky and His Legacy*. 1999. Produced by Bob Hercules and Bruce Orenstein. Media Process Educational Films and Chicago Video Project.
- Horwitt, Sanford D. 1989. *Let Them Call Me Rebel: Saul Alinsky, His Life and Legacy*. New York: Random House.

(Randy Stoecker 文 宋丽娟 译 陈 恒 校)

ALLEGORY OF GOOD GOVERNMENT | 健全政府寓言

锡耶纳共和宫黛拉厅(*Sala della Pace*,和平厅,以壁画中的人物命名)或九人大厅(*Sala dei Nove*,九人大厅,民选政府官员)内安布罗焦·洛伦泽蒂(Ambrogio Lorenzetti)创作的三面壁画,通常被认为是首幅大规模的世俗壁画。壁画构想了理想的政治蓝图,并描绘出日常生活的图景。

在共和宫成为锡耶纳官员和议会办公地之前,市政会议在有影响力的市民的私人宅邸或教堂等各种场地召开。拥有专门而壮观的公共建筑作为办公场所,显示出锡耶纳市政府的强大与富有。

锡耶纳九人政府于1287至1355年间执政。适逢锡耶纳刚刚赢得与佛罗伦萨战争的最终胜利(蒙塔培尔缇战役,1260),且大教堂的修建亦告竣工,九人政府不仅修筑了共和宫(the Palazzo Pubblico)和田野广场(the Piazza del Campo),并且开始了扩大教堂的工程(因为1348年爆发的黑死病而终止)。九人政府将城市以"Y"字形规划,三市(*The Terzi of Città*)、圣·马迪诺(*San Martino*)和卡莫拉(*Camollia*)分别位于"Y"的三个角上,蔓延于三座相交的山脊之上。三者相交的略低之处被规划成碗状的田野广场,位于新市政厅之侧,这个设想于 1288 年成型,1298 年正式启动。后来附加的通向市政厅的铺砖路(成九个三角楔形)形成了扇形广场。共和宫坐落于"Y"字形上端的相交处,是北部市中心和南部乡村的交接处,从共和宫的顶楼阳台可以俯瞰外边的风景。耸立于共和宫侧角的著名钟楼,与洛伦泽蒂的壁画同一年动工。大教堂位于市区的最高点,在共和宫修建前的 30 年已经竣工。

《健全与腐朽政府寓言》的壁画绘于 1338—1339 年。壁画不仅描绘出锡耶纳的日常生活图景,而且传递出锡耶纳市政府的自觉意识及其对政府使命和政府对城市和乡村所具影响力的体认。因此,壁画可以被解读为 14 世纪意大利权力、市民与环境三者和谐关系的可视化资料。

内容

《健全与腐朽政府寓言》的壁画发现于共和宫二楼的琴房。九人大厅位于宫殿南侧——远离田野广场,朝向乡村地区——靠近东墙入口,这是通往共和宫的主要集会场所——世界地图厅(the Sala del Mappamondo)的通道。世界地图厅因西墙上的大幅世界地图而得名,世界地图厅是举行议会和批准决议的场所。在九人大厅对面的墙上,是西蒙·马提尼(Simone Martini)于 14 世纪早期绘制的大型壁画《圣母像》(Maestà),壁画中圣母和圣子居于宝座,周围簇拥着圣徒,并镌刻着劝诫参与政府事务的人追求智慧的铭文。壁画面朝着洛伦泽蒂的壁画,为看似世俗的寓言渲染出神圣的氛围。

《健全与腐朽政府寓言》的壁画覆盖了大厅的三面墙,第四面南墙则没有壁画,墙上有一扇可俯瞰风景(下面的市场)的窗口。北墙和东墙上是健全政府寓言的壁画,腐朽政府寓言的壁画则绘于西墙之上。因此,一进入九人大厅,腐朽政府寓言的壁画即映入眼帘。腐败的暴君形象与马提尼的圣母形象形成了鲜明的对比。

健全政府及其效果

洛伦泽蒂壁画展示了两种政府及其效果的善与恶:政府的健全或腐朽最终取决于创建或支持政府的社会,而这个社会可以通过公共领域来解读。需要指出的是,壁画中世俗和宗教形象交织在一起,正如当世的公共领域与神圣解读相重叠,而教会又与市民维度相交错。

北墙之上的壁画是道德和神学美德的人格化。

安布罗焦·洛伦泽蒂 14 世纪壁画《健全政府寓言》(The Allegory of Good Government),位于意大利锡耶纳共和宫

健全城市的领导者实际上代表着公共利益（Bene Comune）。公共利益占据着壁画和大厅的制高点，显示出来自锡耶纳市民的权威。公共利益实际上并没有居于中心位置，而是和代表公义的两个形象中的一位保持平衡。此处——北墙的左侧——是寓言的开端（每个形象都有洛伦泽蒂的附加铭文）。

居于宝座的正义由智慧女神（Sapientia）掌管，她负责维持正义天平的不偏不倚。每个砝码都有天使赐予两种截然不同的正义：分配和交换。天平两端的绳索向下延伸至正义宝座之下这里是"和谐"。和谐女神将乐器置于膝上，以左手握住天平两端的绳索，并将绳索绾在一起，传给面向公共利益成对而列的24位公民。他们又将绳索传给健全政府的化身，绳索系于他右手挥动的权杖底座之上。栖息在健全政府脚下的是神话中锡耶纳的创始者，母狼哺乳的婴儿（如罗马的罗慕路斯与勒慕斯）。健全政府头顶是三种神学美德：信仰、慈善和希望。在健全政府的左右两侧，坐在同一长凳之上的有和平、勇气、谨慎、慷慨、节制和正义（再次出现）。最右边三位之下则是身着锡耶纳颜色（黑色和白色，如公共利益的长袍）的士兵及其囚徒。

由智慧女神掌管的正义形成了和谐，赋予公共利益以德为政的权柄。将锡耶纳管理得井井有条的九人政府（在共仆宫外及全市各处比比可见）和毗邻的健全政府的壁画都可以为之佐证。从东北角开始，壁画描绘出一个稠密的山城，条纹大理石的钟楼和大教堂表明壁画描绘的山城即为锡耶纳。城市的建筑类型纷杂多样，且有修理完善，还有工人正在维修城中央一座建筑的屋顶。绘于布鲁内莱斯基发明性透视法半个多世纪之前，壁画采用了中世纪流行的传统画法：没有统一的天际线和参照点，壁画中的建筑并没有显得杂乱无章，反而是突出了建筑的纷繁多样。壁画中央的城墙将城市和右边的乡村分隔开来。城墙之内和建筑物下，各种各样的城市活动正在上演，从左向右分别为：骑着马的贵族婚礼队伍，正朝着寓言壁画的北墙行进；银行家和珠宝商正忙于交易，8个舞女在翩翩起舞，鞋匠在招待顾客，教师在谆谆教诲，城门附近则是农夫出售蔬菜、水果和牲畜的市场。翩翩起舞的女子具有更多的寓意（当时在锡耶纳街市上舞蹈是不合法的）：她们再次重申了寓言中的和谐主旨，她们手牵着手跳舞形成象征永恒的"∞"形。

塞库瑞塔斯城门之上朝向乡村的方面竖立着一个微型绞刑架，绞刑架上一个囚犯正在受刑，上面还镌刻着一段铭文（用托斯卡纳语写成），铭文声明在健全政府管理之下，市民在乡村也可安全畅行。如锡耶纳这般的市镇通常拥有大面积的乡村郊区，是锡耶纳的农业和商业基地，并借此通往更大的市场。所有这些功用都在洛伦泽蒂的乡村图景中得以展现。南墙上的窗口可俯瞰城外的耕地，壁画惟妙惟肖地摹写了现实。

腐朽政府及其效果

如果和平与正义是健全政府的运行条件，暴力和恐惧则是其对立面。在西墙之上《腐朽政府及其效果》的壁画中，邪恶暴政是恶习（美德的对立面）和恐惧的集合，造成建筑物的混乱腐朽，街头暴力和农村战争四起。正义被捆缚在暴政脚下；壁画中找不到公共利益的存在。建筑物的衰败或到处炫耀的女子展示出锡耶纳已经颁布了规划限制。刀剑出鞘，雇佣兵四处游荡，则意味着城市和乡村都没有工作机会。曾经历过几个世纪持续不停的战争，锡耶纳市民对壁画中的图景毫不陌生。

进一步阅读书目：

- Cunningham, Dolin. 1995. "For the Honour and Beauty of the City: The Design of Town Halls." pp. 29 - 54 in *Siena, Florence, and Padua: Art, Society and Religion 1280 - 1400*, edited by D. Norman. New Haven, CT: Yale University Press.

- Frugoni, Chiara. 1991. *A Distant City：Images of Urban Experience in the Medieval World*. Princeton, NJ：Princeton University Press.
- Mayernik, David. 2003. *Timeless Cities：An Architect's Reflections on Renaissance Italy*. Boulder, CO：Westview Press.
- Nevola, Fabrizio. 2008. *Siena：Constructing the Renaissance City*. New Haven, CT：Yale University Press
- Norman, Diana. 1995. "'Love Justice, You Who Judge the Earth': The Paintings of the Sala dei Nove in the Palazzo Pubblico, Siena." pp. 145-168 in *Siena, Florence, and Padua：Art, Society and Religion 1280-1400*, edited by D. Norman. New Haven, CT：Yale University Press.
- Syson, Luke, ed. 2008. *Renaissance Siena：Art for a City*. London：National Gallery.
- White, John. 1987. *Art and Architecture in Italy：1250-1400*. New York：Penguin Books.

(David Mayernik 文　宋丽娟 译　陈　恒 校)

ALMSHOUSES ｜救济院

波士顿（约1865）、费城和纽约（18世纪30年代）是美国第一批建立救济院（亦称贫民收容所）的城市。救济院最初由差税和私人捐赠资助，为品行良好却遭遇不幸或无家可归的社区成员提供临时住所，如穷人、老人、弃儿或少年犯、伤者、精神失常或有精神缺陷的人。救济院间或取代了原来以现金或货物的形式支付给愿意照顾穷人的亲属的户外救济制度。在一些地区（如纽约州的边远县区，及新泽西州的部分地区），监督者有时采用户外救济，有时将穷人安置于租用或购买的住处，这又往往取决于需要被照顾的人数及所需花费。宗教组织或慈善组织的私人援助和公共援助双管齐下，但其专注的人群不同（如会众、寡妇、孤儿、妓女）。

救济院在城市和乡村的社会、经济和政治生活中起着十分重要的作用，在扶贫之外还为穷人提供就业机会，否则穷人就只能依赖救济。救济院通过出售产品或与当地居民交换商品降低运作成本。作为公共机构，救济院是关于公共资金的使用、地方选举、应对流行病等危机处理以及其他公众关注问题的辩论焦点。

18、19世纪欧洲和北美地区的城市化和工业化引发了人口迁移，经济不稳定，官员、市民和穷人间救济权利的日益紧张等诸多问题。19世纪30年代美国官员对英国建立的救济制度产生了极大兴趣，并参考了英国为寄宿机构提供足够的下水管道和通风设备的规则。但是美国的救济院并没有参照英国或其他国家的模式，相反，救济制度呈现出显著的地区差异，官员根据当地的政府规定和具体情况，采取合适的救济方式。

18世纪中叶至19世纪30年代，大多数美国城市采用了以机构为基础的救济系统，以便更有效地使用公共资金（现在包括救济穷人的定期拨款），并进行更有效的监管。尽管地方官员只为居住在本社区的穷人提供救济，但申请救济的人数仍不断增加，救济支出亦持续见涨，贫穷遂成为城市和乡村面临的日益严重的问题。贫困的实质性增长使公众意识到穷人中出现了越来越多"卑劣"的穷人，他们不配得到专为品行良好的穷人设立的救济。

19世纪上半叶，收容机构被认为是解决精神疾病、犯罪行为、贫穷等各种社会问题的解决方式。收容机构通过提供合适的住处，进行有建设性的活动和道德辅导以转变收容者的性格和行为。以机构为基础的救济体系依然是19世纪下半叶及20世纪美国社会福利的模式。进入20世纪中叶,救济院则或关闭或转型为多种国家援助的社会服务项目。

进一步阅读书目：

- Crowther, M. A. 1981. *The Workhouse System, 1834-1929: The History of an English Social Institution*. Athens: University of Georgia Press.
- Hoch, Charles and Robert A. Slayton. 1989. *New Homeless and Old: Community and the Skid Row Hotel*. Philadelphia: Temple University Press.
- Katz, Michael B. 1996. *In the Shadow of the Poorhouse: A Social History of Welfare in America*. 10th anniversary ed. New York: Basic Books.
- Mandler, Peter, ed. 1990. *The Uses of Charity: The Poor on Relief in the Nineteenth-century Metropolis*. Philadelphia: University of Pennsylvania Press.
- Smith, Billy G., ed. 2004. *Down and out in Early America*. University Park: Pennsylvania State Press.

(Monique Bourque 文　宋丽娟 译　陈　恒 校)

ALONSO, WILLIAM ｜威廉·阿隆索

威廉·阿隆索(1933—1999)是建筑师、区域科学家、城市区域规划师、人口学家和区域政策分析师,他首次提出城市土地使用和城市租金决策的可持续模式,从而开启了其作为杰出的城市理论家、人口学家和政策顾问的职业生涯。阿隆索的父亲是卓越的语言学家,1941年,他为脱离庇隆政权的镇压而接受了哈佛大学的教职,14岁的阿隆索随同父亲从阿根廷来到美国。

阿隆索是宾夕法尼亚大学前沿区域科学学院的第一届博士研究生,也是区域科学协会的创始成员之一。他早期主要依靠演绎推理和市政分析的方法探讨城市的空间形式。在美国加州大学伯克利分校任教期间,年轻教授阿隆索与同事发起了城市区域规划的社会科学转向,借助经济学、政治学和社会学的方法研究城市发展及政策问题。跨学科的学术背景是阿隆索的极大优势,20世纪70年代阿隆索成为人口学家中的领军人物,在担任哈佛大学人口研究中心主任期间,倡导美国人口普查的学术性审核,从而引起了美国人口普查的显著变化。阿隆索成为研究欧盟形成和苏联解体后欧洲城市体系变化的著名理论家。

阿隆索的开创性著作是《区位和土地利用》(*Location and Land Use*),书中对19世纪早期约翰·海因里希·冯·杜能的农业用地及租金的区位理论进行改造,使之适用于大都市。他试图解释为什么20世纪美国高收入家庭选择居住在离市中心较远的地区,而欧洲和他的祖国阿根廷的高收入家庭则青睐市中心。他的主要论据为区位模式,即家庭效用与土地面积和综合商品花费(土地之外的其他商品)成正比,与工作间距成反比。预算反映出综合商品的单价,土地的价值则随工作间距、交通费用而变化。阿隆索认为,高收入的美国人倾向于以交通的时间和花费来换取较大的居住空间。阿隆索预测竞标地租(人们愿意承担的房租决定于

到某个指定地点的距离)会随着离市中心的距离增大而降低。阿隆索首次参与城市政策制订,是将自己与其他人关于城市空间形态的历史和结构的研究应用到城市更新中。

尽管在研究有影响力的国际大都市的经济规模、人口流动、城市和长远发展轨迹时,阿隆索依然使用微观和宏观的经济理论,但他率先将行为理论和社会科学的研究方法引入区域科学。阿隆索和约翰·弗里德合编的两本文集被广泛阅读,他们在书中提出的将区位论、抽象城市建模与增长点及其他应用理论融合的研究方法,阿隆索将之称为"从阿尔弗雷德·韦伯到马克思:区域政策的转型",以确保区域科学是一个致力于政策分析与政策理论的跨学科的开放领域。

1976年以后,阿隆索在哈佛大学将人口学的领域迅速拓展,不仅仅局限在机械的人口预测,而是强调生产行为的社会科学理论的重要性,并将地区间的迁移视为微分城市增长率的重要决定因素。

更重要的是,阿隆索启动了美国人口普查及相关现象的跨学科研究,从而形成了《数字政治》(*The Politics of Numbers*,与保罗·斯塔尔[Paul Starr]合编)一书,并促成了人口普查在内容、流程和报告等方面的重要改进。

阿隆索在人生的最后10年致力于研究苏联解体和欧洲经济一体化之后,欧洲城市体系将面临的压力和变化。阿隆索在多篇论文中预测了欧洲的两极化,大都市以商业、金融和管理优势谋取更有利的地位。阿隆索关注到边缘地区及其存在的问题,准确地预测到区域政策将在国际组织中发挥关键作用。在他40年的职业生涯中,阿隆索在美国多个国家研究机构任职,并担任联合国,世界银行,欧洲委员会,美国商业部、农业部、住房和城市发展部,以及美国之外的16个国家的顾问。阿隆索的诸多贡献被载入《国际区域科学评论》(*International Regional Science Review*)2001年特刊。

进一步阅读书目:

- Alonso, William. 1964. *Location and Land Use*. Cambridge, MA: Harvard University Press.
- —. 1990. "From Alfred Weber to Max: The Shifting Style of Regional Policy." pp. 25–41 in *Dynamics and Conflict in Regional Structural Change*, edited by M. Chatterji and R. E. Kuenne. London: Macmillan.
- Alonso, William and Paul Starr, eds. 1987. *The Politics of Numbers*. New York: Russell Sage.
- Friedmann, John and William Alonso, eds. 1964. *Regional Development and Planning: A Reader*. Cambridge: MIT Press.

(Ann Markusen 文 宋丽娟 译 陈 恒 校)

AMSTERDAM, THE NETHERLANDS | 荷兰阿姆斯特丹

拥有75万人口的阿姆斯特丹是荷兰首都,同时也是荷兰最大的城市。阿姆斯特丹是兰斯塔德城市群的一部分,而该城市群覆盖了荷兰西部大部分地区,且容纳了全国人口1650万的约一半。兰斯塔德城市群还包括荷兰第二和第三大城市鹿特丹和海牙。

12世纪末,在阿姆斯特尔河的一个堤坝上,阿姆斯特丹逐渐兴起。1585至1672年的黄金时代是阿姆斯特丹商业成功的全盛时期,当时的阿姆斯特丹是世界主要贸易市场。在此期间,阿姆斯特丹形成了独具特色的城市景观,1613至1663年间阿姆斯特丹沿着向心性运河网络的扩张奠定了其日后城市形态的基础。1672年法国和英国的共同侵略使荷兰共和国陷入灾难,黄金时代也走到了尽头。尽管1672至1795年期间(白银时代)的荷兰共和国依然深陷困境之中,但是阿姆斯特丹却成功巩固了该城的繁荣。它仍然是一个主要的贸易市场,并成功地保持了欧洲金融中心的地位。黄金和白银时代大量民居的建立反映了城市的繁荣。

1795年贵族寡头政府被推翻,旧制的荷兰共和国灭亡,不久法国占领荷兰。1795至1813年,阿姆斯特丹经历了严重的经济衰退,很多房屋被空置,有些甚至由于缺乏维护而倒塌。1813至1920年期间阿姆斯特丹经济复苏,并从1870年开始扩张。财富的增加带来了人口的快速增长,工业革命的发展使国家步入新的黄金时代。大型而简陋的工薪阶层社区得以建立。1920至1940年期间,阿姆斯特丹经济出现衰退。更引人注目的是,这一时期所谓的20—40环形区与19世纪低劣的建筑相比毫不逊色。历史悠久的市中心在这一时期也遭受了大规模的破坏:运河被填平,新的交通路线开通。第二次世界大战后的阿姆斯特丹人口增长温和,但城市区域却急剧扩张。同时,阿姆斯特丹获得了文化和经济双方面的国际美誉。

许多游客被荷兰著名的博物馆(如凡高博物

运河和交通要道合并的现代化阿姆斯特丹
来源:Karen Wiley

馆、国家博物馆和阿姆斯特丹市立现代美术馆）以及市中心通行的运河和建筑风格这些有形的历史财富所吸引。对游客来说，同样吸引人的还有阿姆斯特丹的自由形象，这一形象主要体现在城市关于红灯区和软毒品使用的政策。这些文化特点使旅游业成为阿姆斯特丹重要的经济来源。然而，城市主要的经济来源仍然是商业服务（银行和保险公司）、贸易和分配（史基浦国家机场［the National Airport Schiphol］非常靠近阿姆斯特丹，而且城市里还拥有一个大型海港）。由于两所大型研究型大学和各类大学的存在，阿姆斯特丹的劳动力具有较高的教育水平。阿姆斯特丹一直以来都不是单一的工业城市。相反，荷兰首都历来的特点是相对较强的金融业，以及文化产业、旅游业和其他与消费相关的经济产业的存在。阿姆斯特丹具有完善的后工业经济和就业结构。

该条目将主要强调两大主题：作为移民城市的阿姆斯特丹和阿姆斯特丹的巨大潜力。

移民城市

几个世纪以来，阿姆斯特丹一直经历着移民热潮。16、17世纪的阿姆斯特丹是全球贸易中心，它自然而然地接受了大量涌入的移民。第二次世界大战后的数年里，阿姆斯特丹移民人口大大增长，少数族裔的人口比例颇高（包括没有合法身份的移民，大约占50%），而且具有令人印象深刻的民族多样性：阿姆斯特丹拥有大约177个民族，超过世界上任何其他城市。

虽然阿姆斯特丹有穷人移民群体，但决定城市人口空间分布和住房质量的因素不单单是收入和等级。得益于不同类型住房的混合分布以及住房部门的强势，阿姆斯特丹的种族隔离程度并不高。阿姆斯特丹庞大的社会住房部门具有高度的管制权：收入和家庭组成了阿姆斯特丹住房分配与住宅分化的主要标准。阿姆斯特丹房屋市场较为显著的国家干预有三个主要方面：大量的社会性住房；实现住房分配监管的各种规则，最近这些规则甚至涉及社会住房之外的行业；以及相当重要的租金补贴。在城市最受欢迎的地区，只有摩洛哥人这一群体的密集度出现了稳步的上升。然而，这一密集度远远比不上聚居区的密度，竟然没有一个区域的摩洛哥人口比例超过50%。然而，城市许多地区是少数族裔占多数的地区，其实这并不足为奇，因为阿姆斯特丹本身就是一个少数族裔占多数的城市。

然而，移民也的确给城市带来了某些严重挑战。整个荷兰境内，反移民和反伊斯兰教的情绪正变得越来越普遍。在许多方面，阿姆斯特丹西部的一些地区（统称为"新西部"［Westelijke Tuinsteden]）不仅变成了真正的战场，甚至成为多文化城市的象征性战场，以及移民整合失败的辩论场。极具讽刺意味的是，阿姆斯特丹种族多样化程度最高的庇基莫尔区，不久前还是荷兰最臭名昭著的住宅区，并被称为"荷兰最接近于贫民窟的地方"，但是现在却成为移民整合的成功案例。庇基莫尔区的族裔多样性不仅得到市区通信管理局的赞扬，而且也得到许多居民的称许，这可以在（多）民族节日中得到展示。但是，论题与现实往往是两回事：对于庇基莫尔区的很多人特别是大量没有合法身份的移民来说，它仍然是一个充满不安全性和不确定性的区域，同样阿姆斯特丹西部地区也不像许多人暗示的那样问题重重。

激进的政策

阿姆斯特丹因其对占地运动、吸毒、卖淫、性生活、住房、城市区域规划、可持续发展的进步政策和做法而闻名。它也被称为"同性恋之都"。

1. **住房、城市区域规划和占地运动。**虽然与其他城市相比阿姆斯特丹已经失去了明显优势，但是阿姆斯特丹的住房和城市区域规划似乎比很多城市更加激进，许多政策不再是完全不同于北欧和德国城市的政策。尽管社会住房的比例仍居世界最高，但是两个大项目的进行正在显著地降低社会性租房的数量。其中一个项目是将出租房出售给租户,虽然租户只有在房东提供出售的情况下才可以购买他们的房屋,但是在某些方面,这一项目可以媲美英国的"购买权"项目。第二个项目旨在推行战后街区的翻新:许多民居被拆除或者被私营房屋所取代。另外,占地运动与以前相比也不再那么容易和令人接受。荷兰政府正在讨论颁布对占地运动的禁令,虽然阿姆斯特丹市不支持这样的禁令,但是占地者和政府当局之间的关系已越来越敌对。

2. 毒品。荷兰毒品政策的主要目的是保护个人用户和他们周围的人,以及整个社会的健康,该政策优先考虑弱势群体。为减少对毒品的需求,阿姆斯特丹正在推行积极的保健和预防政策。《鸦片法案》(The Opium Act)规定了对毒品的使用。《鸦片法案》对给健康构成不可接受危害的硬毒品(如海洛因、可卡因和摇头丸)和给健康不构成严重危害的软性毒品(如大麻等)进行了区分,并将毒品进出口定为最严重的罪行。持有毒品也是违法行为,但出于个人使用目的而少量持有软性毒品则不构成犯罪。此外,任何人持有少于 0.5 克的硬毒品一般不会被起诉,但是警方将没收毒品并咨询保健机构。在阿姆斯特丹市中心零零散散分布着一些所谓的咖啡馆,人们可以在这里购买并食用软毒品。由于太靠近学校,政府部门迫使一些这样的咖啡馆关闭。令很多非荷兰人惊讶的是,荷兰人对于软毒品和硬毒品的使用比其他许多国家都低。例如,有超过两倍的美国人经常使用大麻或可卡因。阿姆斯特丹的毒品使用高于荷兰其他大部分地区,不过对大多数大城市来说可能都是如此。

3. 卖淫。与毒品一样,阿姆斯特丹对待卖淫的宽松立场似乎使其成为国家政策和旅游繁荣下的特例。2000 年,卖淫在荷兰实现了合法化。然而,这并不意味着卖淫是完全自由的市场,例如妓院许可证就是用来控制非法移民的一种方式。注册的妓女需要纳税,对没有许可证的妓女则可以采取法律制裁。与许多外国人的印象相反,一般情况下,荷兰公民不支持或鼓励卖淫和性交易。然而,卖淫在荷兰是比在其他地区更被接受的一种社会事实。克里斯·布朗茨(Chrisje Brants)提到了"监管容忍":在立法之前,尽管"受妓女服务"或作为妓女提供服务不是一种犯罪行为,但是需要"自我调控,必要时可以通过行政法规强制执行,哪怕在这一背景下刑法是一种威胁"。由于荷兰的独特情况,阿姆斯特丹的主要红灯区德瓦伦,不仅涉及危险、不道德、毒品和犯罪的观念,还涉及宽容、兴奋和自由,因此德瓦伦成为阿姆斯特丹主要的旅游景点之一,性行为的商品化在这里不再隐晦。与其他红灯区不同,德瓦伦的游客不仅仅是试图寻找性快感的男性异性恋者,街道上的人群还有散步的当地人以及夫妻、妇女、男性同性恋者、商业伙伴以及有四世同堂的家庭。无论是从物质还是社会的角度出发,该区域并没有与周围环境完全分离,界限相对模糊:在满是文化机构、体面的咖啡馆、托儿设施以及住宅区(通常位于妓院和性用品商店的上面)的街道上零星散布着一些性用品商店。近日,阿姆斯特丹市政府,特别是社会民主党政府,开展了一场极力限制红灯区范围的运动。可以说,阿姆斯特丹正在开展一场有针对性的中产阶级化的改革运动。

一个普通而激进的城市

由于阿姆斯特丹的历史意义及其建筑遗产,加之阿姆斯特丹往往被视为一个具有世界上最激进政策的乌托邦城市,它成为城市研究的重要对象。苏珊·法因斯坦(Susan Fainstein)的《了解阿姆斯特丹》(Understanding Amsterdam)将其称作"那个城市"。虽然阿姆斯特丹跟大西洋彼岸的同类城市相比仍然更加激进,但已不再是 20 世纪 70 年代那个极其激进的城市。事实上,其他几个欧洲城市现在已经具有了与阿姆斯特丹同样激进的潜力。尽管如此,阿姆斯特丹仍然是一个既"普通"又"激进"的重要城市。在欧洲,阿姆斯特丹是充满动力、机遇和矛盾的少数族裔占多数的城市先驱。

进一步阅读书目：

- Aalbers, M. B. 2005. "Big Sister Is Watching You! Gender Interaction and the Unwritten Rules of the Amsterdam Red-light District." *Journal of Sex Research* 42(1): 54-62.
- Aalbers, M. B. and M. C. Deurloo. 2003. "Concentrated and Condemned? Residential Patterns of Immigrants from Industrial and Non-industrial Countries in Amsterdam." *Housing Theory and Society* 20(4): 197-208.
- Brants, C. 1998. "The Fine Art of Regulated Tolerance: Prostitution in Amsterdam." *Journal of Law and Society* 25(4): 621-635.
- Deben, L., W. Heinemeijer, and D. van der Vaart, eds. 2000. *Understanding Amsterdam. Essays on Economic Vitality, City Life and Urban Form*. 2nd ed. Amsterdam: Het Spinhuis.
- Girouard, Mark. 1985. *Cities and People: A Social and Architectural History*. New Haven, CT: Yale University Press.
- Mak, G. 1999. *Amsterdam. A Brief Life of the City*. London: Harvill Press.
- Mamadouh, V. D. 1992. *De stad in eigen hand: Provos, kabouters en krakers as Stedelijke Sociale Bewegingen* (The State in Its Own Hands: Provos, Kabouters and Squatters as Urban Social Movements). Amsterdam: SUA.
- Musterd, S. and W. Salet, eds. 2003. *Amsterdam Human Capital*. Amsterdam: Amsterdam University Press.
- Terhorst, P. J. F. and J. C. K. Van de Ven. 1997. *Fragmented Brussels and Consolidated Amsterdam: A Comparative Study of the Spatial Organisation of Property Rights*. Amsterdam: Netherlands Geographical Society.

(Manuel B. Albers 文　宋丽娟 译　陈　恒 校)

ANCIENT CITIES ｜ 古代城市

最早的城市在被称为"城市革命"的人类社会的广泛变革中发展而成。世界上至少有六大区域出现了由简单农业社会向复杂独立城邦的发展，在美索不达米亚、埃及、印度河流域、中国北部、安第斯山脉和中美洲首先出现了复杂的大规模的社会发展，通常这一发展被称为"原始状态"。本条目涵盖了开始于原始状态并结束于古典时期的地中海区域的古代城市以及欧洲征服之前世界其他区域的古代城市。

早期的城市文明

世界主要区域内的城市通常在形式和功能上具有共同的原则，这使它们得以组成城市文明。下一部分将描述记载最好的8个早期城市文明。

美索不达米亚

最早的大型城市定居点是位于美索不达米亚北部旱作农业区的布拉克丘。乌鲁克时期（前3800—前3100），这个城市由建有公共部门的中心区域及围绕中心区域建立的超过1平方千米的广阔郊区定居点构成。乌鲁克时期末，该地区开始衰落，城市发展的重心也转移到美索不达米亚南部地区。早王朝初期（前2900—前2300），乌鲁克的美索不达米亚南部地区从一个小镇迅速发展成一个面积约4平方千米且具有城墙的紧凑城市。与此同时，附近的乡村则被废弃，这表明人们被强行转移到了城市。城市的增长作为文化爆炸的一部分，见证了横跨幼发拉底河平原的城市和城邦的扩展，楔形文字发展以及一系列经济、宗教和文化的创新。

在接下来的几千年里，近东地区目睹了具有许多交互式小城市的城邦组织时期（如早王朝时期）和大型帝国首都占主导地位的政治集权时期的交替更迭。古代世界一些令人印象最深刻的城市如巴比伦、尼尼微、波斯波利斯，它们在公元前一两千年里成为帝国首都。

埃及

在新王国时期（前1350年）埃赫那吞在阿玛尔纳建立首都之前，考古学家并没有在埃及发现大城市，因此在和美索不达米亚做对比时，埃及有时被称为"没有城市的文明"。然而，这一称谓掩盖了其独特的城市形式。虽然尼罗河流域的洪水可能摧毁了早期的首都，但是更有可能的是埃及创造了一种以规模更小、更专业的城市定居区域为特点的分散的城市化形式。带城墙的城镇成为地方的行政中心，宗教场所建有大型神庙，并由工人和祭司组成的专业人群进行维护。重大建设项目所需的劳动力被安置在有围墙的村落里。这种模式起源于古王国时期（前2700—前2100），当时埃及国家和相关制度，如王权和象形文字首次正式形成。埃及并不缺乏城市，只是它的城市系统与人们更熟悉的美索不达米亚城市形式不同而已。

印度河谷

公元前2300年左右，一种特殊的城市文明在巴基斯坦和印度西部的印度河谷开始发展。其中最有名的城市是摩亨佐-达罗（Mohenjo-daro）和哈拉帕（Harappa）。城市由西部用作公共建筑的大型平台和东部密集的住宅区两部分组成。房屋具有先进的排水管道和沟渠系统；罗马帝国直到2000年以后才拥有这种级别的卫生系统。这里的公共建筑仍是个谜，这些建筑看起来像个大型的仓库，但附近却没有寺庙或是皇宫。摩亨佐-达罗拥有被称为"大水池"的大型开放式水池，可能被用于某种洗礼或净化仪式。带围墙的城镇和有码头与仓库的港口成为城市建筑一种基本模式，在一系列较小的区域重复出现。印度河谷文明未被破译的资料可能包含有解释这个迷人而神秘的城市社会的线索。

北部中国

中国是持续时间最长的非西方城市文明的故乡。城市居住区最初成立于二里头时期（前2100—前1800），并在随后的殷商时期（前1800—前1100）得到极大的扩展。早期中国的许多城市都有围墙，但是作为发掘最广泛的城市，安阳殷墟却没有城墙。在安阳殷墟宏伟的帝王陵墓里，帝王旁边陪葬着家臣、牛车和大量的祭品，青铜礼器表现出令人印象深刻的技术和审美韵味。与大多数早期的城市文明不同，安阳殷墟并没有任何存留的大型石刻建筑，其公共建筑是在较低的地基上用木材建成的。中国文字在殷商时期已经非常完善，无数的仪式文字被雕刻在青铜器皿和骨头上保存下来。如修筑城墙和方向选取等在早期城市中心所形成的规则被纳入长期的古都传统之中，并成为记载良好的非西方城市化形式。

安第斯山脉

安第斯文化区域包括各种本地化的城市子文明。引人注目并经过高度规划的礼仪场所在公元前的第二个千年里首次出现在秘鲁海岸附近。这些地区具有共同的建筑特色（例如U形和深凹型的圆形庭院），但他们的居住区还没有得到充分研究。专家们就城市地位以及其建设者是国家的统治者还是小规模社会的酋长这两个问题进行了争辩。设立在瓦里和蒂瓦纳库宏伟气派的高原城市政权在公元500至900年之间统治了安第斯山脉。最强大的政治组织是印加帝国（1400—1530）。印加国王把城市建设作为一种帝国战略，具有独特的印加砖石建筑和城市形式的城市被建立在安第斯山脉的大部分区域，并管理整个帝国。

中美洲

与安第斯山脉一样,中美洲(墨西哥中部到洪都拉斯)是始于基督教时期大量城市化区域性子文明的所在地。其中最壮观的是古典时期(200—900)处于热带低地丛林里的玛雅城市,目前研究最完备的城市是蒂卡尔、科潘、帕伦克和卡拉科尔。这些城市由规划较好的市政中心组成,市政中心有宏伟的石头金字塔、宫殿和球场,同时周围还围绕着广阔的无规划的住宅区。公共石碑上新破译的象形文字给人们讲述了小国王及其军事和礼仪的故事。公元900年左右,玛雅文明崩溃,它的城市也被丛林植被所淹没。其他研究较好的中美洲城市包括奥尔梅克、萨波特克和阿兹特克,所有这些城市都遵循玛雅城市类型建立,即市政中心加上未规划的居民区。中美洲最大的城市是位于墨西哥中部的特奥蒂瓦坎(Teotihuacan,100—约750)和阿兹特克帝国首都特诺奇蒂特兰城(1325—1521),每个城市都有超过10万的居民。

东南亚地区

有史以来,在疆域上建成的最大城市是伟大的高棉帝国首都吴哥窟(800—1300),其最大疆域超过了1 000平方千米。在吴哥窟许多建筑群中,寺庙场所以及宫殿和水库都经过精心打造,并遵循宇宙学和神话的原则排布。和玛雅城市一样,它的礼仪中心被密度较低且非正式住房所包围,并且许多城市专门用于集约型农业种植。然而,高棉城市文明远早于吴哥窟,在长达几个世纪的时间里,国王和建筑师通过印度教和佛教制定了城市区域规划和建筑风格的独特原则。东南亚亦是商务为基础的沿海港口城市文明的故乡。

撒哈拉以南的非洲地区

撒哈拉以南非洲地区的若干城市子文明在欧洲征服之前就已经蓬勃发展了。西非的杰恩-耶诺(Jenné-Jeno,450—1100)将丰富的工艺品生产和贸易系统与中等的公共建筑结合。约鲁巴的城市(1400—1900)也是没有大型公共建筑的繁华商业中心;这些城市战事猖獗,筑有防御城墙。东非的大津巴布韦是一个宏伟的内陆城市(1100—1400),它拥有城墙包围的大椭圆形场所;它的扩张是由于内陆—沿海之间贸易的活跃而引起的。处于这种关系的沿海地区末端的斯瓦希里定居点从而发展为繁忙的港口城市,并在公元1500年被葡萄牙征服之前一直保持独立。

概念研究

考古学家使用了城市(City)和都市(Urban)两种具有不同定义的术语。基于路易斯·沃思(Louis Wirth)的概念,城市的定义是具有社会差异性的大型密集定居点。然而,许多古代城市只有适量的人口(通常在5 000人),因而从这个角度而言,许多古代城市太小,只能称为"都市"。另一种功能性方法将城市定义为包含有影响更广泛的腹地地区的活动和制度的居民点。这些最常见的"城市功能"存在于政治或行政、经济和宗教的领域。该一功能性的定义无论在城市文明之内还是之间都允许不同类型的城市存在。

由戈登·柴尔德(1892—1957)首次提出的"城市革命"概念描述了一系列在6个原始状态地区的最早城市发展所经历的社会变迁。这些变化(如社会阶级的起源和剩余农产品的产生)为最早的城市提供了社会背景。一旦具备阶级结构的社会在一个地区兴起,个体城市就会起起伏伏以应对各种力量的存在。

变化类型

由于在近东发现了最大的古迹和最丰富的祭品,因此18世纪考古学家开始对近东的城市遗址进行实地考察。直至如今,这种方法仍在一些地区继续使用,但大多数考古学家采取了更具分析性的方法来研究古代城市遗址。从新的角度出发,概念模型被应用到作为人类居住区的早期城市的考古遗迹的研究之中。最常见的概念方法来源于政治经济学。考古学家将农业生产和人口统计看作城市发展的重要因素。工艺品生产和长途贸易是当今城市研究的主要议题。古老国家层面上的经济有着巨大的不同；经济过程和制度影响着城市的形态和发展。例如，国家控制非商业性的再分配经济制度下的城市（例如印加和埃及）有更多标准化的规划及国家储存设施，而商业化经济体制下的城市（如苏美尔和斯瓦希里），相对较小而且城市布局也较少标准化。

政治形态和政权发展也是古代城市考古研究的重大课题。统治者使用城市建筑传递权力、财富、合法性，及其他意识形态的信息。因此，城邦（如苏美尔和阿兹特克）的首都是小城市，具有相对适中的公共建筑，而帝国的首都规模较大，它们的城市景观也更为"宏伟"。古都的市政中心几乎都是精心规划的，在此基础上形成地方性法规和制度。住宅区域则往往是自下而上生成的，并不是由中央进行规划而成。

在过去的20年里，在经济、政治之外，又增加了城镇人口的社会特征这一新的关注点。对房屋、厂房和住宅区的发掘颇为常见，同时，城市家庭、社区和社会变化已成为研究的主要课题。考古学家借鉴城市地理学的模型对城市的社会发展展开研究，研究内容包括财富和不平等、权力和控制、城市社会身份和空间实践等主题。另一研究传统则强调早期城市的宗教层面，包括城市布局和寺庙象征主义的宇宙哲学模型。从历史文献可知，一些古代文明的城市（如中国、印度和东南亚）是非常神圣的地方，统治者刻意将首都与宇宙相对应，而在其他文明城市（如苏美尔和斯瓦希里）却较少表现出这种神圣化。

与现代城市相比，古代城市更多受到所处环境的强烈约束。运输和组织能力上的限制决定了食品和大件资源只能来自邻近城市。因此，农业生产率和资源分配在确定古代城市的位置和人口水平方面发挥了很大的作用。罗马帝国因其远洋舰队和先进的道路和商品粮采购系统，是第一个摆脱当地环境的约束，从北非进口食品的城市。

虽然大多数古代城市比罗马的生态范围要小，但是许多或者大部分古代城市要对严重的环境退化负责。考古学家已经证实了过分的农业生产对许多古代城市周边区域土壤带来了负面影响。几乎所有的古代城市社会都砍伐森林，这往往给土壤和地下水位带来了灾难性的后果。温带地区的森林被砍伐用作木柴和建筑材料。冶金业以及从石灰岩中提炼水泥和灰泥的生产行业，大多数是以木材燃烧技术为基础的。在热带雨林地区，森林则被清除以用于农业生产。

大多数古代城市终被摧毁或被遗弃。如特奥蒂瓦坎或乌鲁克的一些城市兴盛了几百年，而另外一些如埃赫那吞的首都阿玛尔纳和大多数印加城市，在建立不久就被遗弃了。城市存在时间的长短，反映了古代城市的可持续发展能力，但目前人们对此仍知之甚少。因为城市的变化发展通常需要夷平古老的建筑并建造新建筑，因此持续时间长的城市更难被考古学家探知。挖掘最困难的古代城市是那些持续兴旺到近代的城市，如大马士革、北京、罗马、伦敦和墨西哥城。虽然它们的考古资源仍然存在大量现代遗产保护与规划方面的问题，但是这些城市确实为人们了解古代城市及其城市生活方式提供了实景。

总之，在世界各地古代城市遗址实地考古研究中，最引人注目是对古代城市之间高水准变化的认同。每一个城市文明都展示了自己独特的形态及建筑、布局风格，同时每一个文明中的城市都呈现出经济、政治、宗教和社会组织上的区域模式特征。高水准的变化通常也存在于城市文明之中。美索不达米亚和中美洲，这两个记载最完善的古代城市文明，都包括小的城邦首都、庞大的帝国首都、港口城市、工业城市和文化中心。随着考古学家对古代城市的不断挖掘和分析，这些变化模式正变得越来越清晰。为揭示跨越空间、时间的城市居住区的相似性、差异性的广泛类型而进行的古老的，历史的和现代城市的比较正变得越来越有可能。

进一步阅读书目：

- Chew, Sing C. 2000. *World Ecological Degradation: Accumulation, Urbanization, and Deforestation, 3000 BC-AD 2000*. Walnut Creek, CA: AltaMira.
- Childe, V. Gordon. 1950. "The Urban Revolution." *Town Planning Review* 21: 3–17.
- Gates, Charles. 2003. *Ancient Cities: The Archaeology of Urban Life in the Ancient Near East and Egypt, Greece, and Rome*. New York: Routledge.
- Hull, Richard. 1976. *African Cities and Towns before the European Conquest*. New York: Norton.
- Marcus, Joyce and Jeremy Sabloff, eds. 2008. *The Ancient City: New Perspectives on Urbanism in the Old and New World*. Santa Fe, NM: SAR Press.
- Smith, Michael E. 2008. *Aztec City-state Capitals*. Gainesville: University Press of Florida.
- Steinhardt, Nancy S. 1990. *Chinese Imperial City Planning*. Honolulu: University of Hawaii Press.
- Trigger, Bruce G. 2003. *Understanding Early Civilizations: A Comparative Study*. New York: Cambridge University Press.
- Van De Mieroop, Marc. 1999. *The Ancient Mesopotamian City*. Oxford, UK: Oxford University Press.

(Michael E. Smith 文　宋丽娟 译　陈　恒 校)

ANNEXATION ｜ 吞并

吞并是指一个城市通过扩大其边界把邻近土地包括进来以实现发展的过程。它与合并的思想非常相似——合并是两个或更多的城市联合起来形成一个较大政府的过程。实际上，美国每一个主要城市都是通过吞并或合并的方式发展起来的。

吞并在美国有很长的历史。19世纪，吞并和合并造就了美国最大的城市。纽约、芝加哥、波士顿、费城以及其他的许多城市发展迅速。纽约从大约114平方千米扩大至约777平方千米，芝加哥从约26平方千米扩大至约479平方千米，波士顿比最初大小增长了近30倍。费城的增长更为显著：从约5.2平方千米扩大到337平方千米。虽然郊区化大大扩大了城市区域的地域范围，但是19世纪东部和中西部主要城市的吞并已告结束。然而吞并在美国其他地方得以继续。戴维·腊斯克（David Rusk）认为，1950—1990年美国超过80%的中心城市面积增长了10%以上，典型城市包括休斯敦（Houston）、孟菲斯（Memphis）、俄克拉荷马城（Oklahoma City）、杰克逊维尔（Jacksonville）、凤凰城（Phoenix）和圣何塞（San Jose）等。20世纪南部和西部的主要城市，像19世纪东部和中西部主要城市一样也通过吞并扩大了面积。

有两个原因可以解释为什么有些美国城市继续吞并邻近的土地而其他城市却没有。一个是支持和反对吞并的争论对美国不同的地区有不同的影响；另外一个是准许城市吞并邻近土地的法律结构也因地而异。

首先是支持和反对吞并的争论。许多吞并受到了"城市规模很重要"这一思想的推动，这种扩张常常得到商业团体的支持。土地投机以及为提供城市服务而建立一种高效的地理区域的愿望在城市扩张中也发挥了作用。但"城市规模很重要"的观念也受到了反对吞并者的批评。许多小社区的居民喜欢他们与小城市政府之间的联系，土地投机者有时喜欢与较小的政府部门合作，而且对城市服务感兴趣的人也可以找到小城市的优势。

这些争论也发生在现今大型郊区扩张的背景之下。郊区蔓延的反对者，以及导致蔓延的政治分裂的反对者，都是吞并的支持者。大都市区碎片化的支持者——或者他们更倾向于将自己称为支持为潜在居民提供更多可选择的社区的人——却反对这一点。目前有关吞并的争论主要出现在收入、族裔和种族地位等方面具有巨大差异的地区。这些差距越大，吞并的争论就越激烈。

州政府所制定的吞并法律极大地影响着支持和反对吞并的争论。某些州（如得克萨斯州）采用了推进吞并的法规，而有些州（如马萨诸塞州）则采用了抑制吞并的法规。许多人认为在当地居民反对的情况下不能吞并其土地。不过，这只是决定是否可以吞并的法律结构之一。州议会既不需要投票表决是否支持某个城市扩张，也不需要投票表决是否支持吞并。当然，州议会也可以授权地方进行投票来决定。然而这些投票具有不同的组织形式，吞并城市和被吞并土地的居民可以有权对吞并的方案进行投票，但他们的选票可以在一个投票箱内一起计票或分开计票。双投票箱的形式允许试图被吞并的领土的人们否决吞并，而单投票箱的形式（如果吞并城市有更多的人口）会使吞并更容易实现，有些州只授权吞并城市的居民或其市议会进行投票。根据这项原则，被吞并领土根本没有投票表决的权利。有些州的做法恰恰相反：他们准许被吞并地区的居民进行投票却禁止吞并城市的居民进行投票表决。单投票箱或双投票箱，这种两选一的结构能够促成或者阻止吞并的发生。

很显然，州政府可以选择任一方式组织吞并。所有这些投票表决程序连同州议会所具有的自主权都是符合宪法的。1907 年美国最高法院通过亨特诉匹兹堡案做出裁决，支持以单投票箱的方式决定是否吞并。它不顾阿勒根尼居民反对吞并的投票表决结果，允许匹兹堡吞并附近的阿勒根尼，并剥夺了后者的财产保护权。

单投票箱的背后是少数服从多数的原则。如何最好地管理不断扩大的城市化区域需要政策引导。如果被吞并领土的大多数人主张吞并，那么少数、往往是极少数的群体就不能再坚持他们的方式。然而，双投票箱亦为一种多数人占主导的规则，在这种情况下，两个区域的大多数人被分别考虑而不是一起考虑。如果不顾被吞并地区大多数居民的反对而将之并入另外一个政府结构之中，那么这种双投票箱的方式无疑是不公平的。

州政府对吞并发生与否具有重要影响。如果吞并的提议未被否决，那么吞并就很容易发生。然而，表决程序的选择并不总是可以决定结果。19 世纪波士顿最初的吞并就是国家立法的结果，后来法律规定需要被吞并领地的同意才能实现吞并。然而波士顿的吞并得到了许多郊区民众的同意，但是在 1874 年布鲁克莱恩拒绝被吞并之后就结束了。与此类似，由于吞并和被吞并地区大多数人对城市发展的支持，洛杉矶在 1909 至 1915 年期间实现了吞并。此外，给予吞并城市自主权也不能决定结果。吞并城市的人口可以根据城市的最佳利益决定吞并与否。

有时，确定一个地区是否"同意"吞并是很复杂的。虽然郊区同意了洛杉矶市的扩张，但前提是洛城向它们提供供水服务。19 世纪后期纽约的合并则说明了相反的现象。州议会做出了创建一个扩大的纽约市的决定。但议会此前曾试图通过在每个区域授权一个不具约束力的、咨询性的投票表决的方式来反映受影响地区的态度。虽然所有地区都投票支持合并，但是最重要的城市布鲁克林仅以微弱的优势（64744 票对 64467 票）支持这一提议。考虑到投票结果的接近程度，州议会没有立刻创建一个新的城市。州议会组织了谈判来决定如何形成新城市的最合理流程，尽管布鲁克林市长反对合并，但是在经过了州议会组织的谈判之后，1898 年纽约的合并得以实现。

很多担心城市种族和阶级隔离的人支持将吞并作为一种解决方案。戴维·腊斯克在《没有郊区的城市》(Cities without Suburbs)一书中概述了他所谓的"弹性城市"的优点，对吞并的这一作用给出了充分论证。然而，现如今，吞并并不能解决城市分裂所产生的问题。大都市区已经发展得过于庞大。事实上城市吞并的历史表明，城市扩张不足以长期容纳整个区域的人口。因此，那些关心城市发展的人们正在探索从创建区域政府到划定城市发展限度的各种办法，并以此修改传统的财政及排他性的区划法律。

尽管如此，至少在美国的一部分地区吞并现象还在继续，就像组织吞并的尝试依然存在一样。有时候会产生冲突，一个可能的吞并城市会与另外一个吞并城市竞争，以试图吸纳一个虽小却有价值的地区进入它们的地界。即使吞并没有发生，使吞并容易或变难的法律规则也可以大大影响地区间的关系。如果中心城市可以很容易地吞并它们的郊区，那么郊区很可能有动力与中心城市就收益分配这样的议题开展更开放的谈判。如果这两种情况都可以选择，那么郊区也许认为收入分配是比吞并更好的选择；另一方面，如果吞并不能成为一种选择，那么他们可能会反对收入分配。因此，支持和反对吞并的争论，以及允许或限制吞并的法律会继续影响美国城市的未来。

进一步阅读书目：

- Jackson, Kenneth T. 1985. *Crabgrass Frontier：The Suburbanization of the United States*. New York：Oxford University Press.
- Reynolds, Laurie. 1992. "Rethinking Municipal Annexation Powers." *Urban Lawyer* 24：247 – 303.
- Rusk, David. 1993. *Cities without Suburbs*. Washington, DC：The Woodrow Wilson Center Press.
- Teaford, Jon C. 1979. *City and Suburb：The Political Fragmentation of Metropolitan America*, 1850 – 1970. Baltimore：Johns Hopkins University Press.

(Gerald E. Frug 文　宋丽娟 译　陈　恒 校)

APARTHEID ｜ 种族隔离

种族隔离指的是 20 世纪中叶白人至上政府为了在南非促进种族分离的意识形态，按照种族界限组织经济、社会、文化和政治生活等所有方面的一种正式的、法律规定的尝试。在种族混合和"污染"最可能发生的城市区域，种族隔离的表现往往更强烈。当今时代，影响城市建设的不均衡的经济全球化及城市内、城市间的不平等和种族隔离，在世界的许多城市正持续发展，各种形式的歧视形成了城市诸多的不平等，南非城市种族隔离的理念和实践已经成为理解其危险性的一种强大的隐喻和先例。本词条首先解释 1948 年所推出的正式的种族隔离制度在殖民时代的起源，以阐明从被写入各种法案直至 1994 年被正式取缔期间，种族隔离制度的主要原则。同时，还将特别关注城市种族隔离的实际运作。

种族隔离的殖民根源

从南非的城市化开始,为了建立土著非洲黑人和白人之间的居住隔离,殖民政府开始进行蓄意的政策干预。奴隶制在1834年被取缔后,大量黑人涌入城镇。为此,伦敦布道会在伊丽莎白港建立了第一种形式的隔离定居点:一个把黑人从城镇隔离的"场所"。这成为此后100年间"隔离场所"政策的基本模板,种族隔离从城市化之始,即被纳入了城市空间的结构之中。

1913年的《原住民土地法》是赋予白人和黑人种族隔离法律效力的第一次立法尝试。《原住民土地法》规定,非洲人只能在面积890万公顷(不到联盟土地总面积的13%)的所谓原住民保留地拥有自己的土地。按照土地法规定,除开普省之外,非洲黑人不能在设定的保留地之外购买土地,当时开普省的非洲黑人人数较少,而这要追溯到前殖民时代的人口模式。

城市隔离方面最重要的立法是1923年的《原住民(城市区域)法》。它要求自治市为非洲黑人建立独立的场所,以确保对进入城镇的移民进行有效监管。尽管由于高额的费用,某些自治市不情愿建立这样的独立场所,但是城市历史学家认为,至1948年正式的种族隔离政策颁布时,全国的大多数地区已经实施了独立的非洲黑人居住场所的制度。源于《原住民(城市区域)法》的种族隔离,及由此而引发的对公共卫生、住房和规划等诸多方面的一系列隐蔽的城市改革又补充了种族隔离政策,继而在所有的生活领域进一步确保了彻底的种族隔离。但由于移民的数量超过了国家承载能力,这一体系并没有完全成功,而是在当时联盟政府种族隔离主义野心的理想形象中创建了一系列东拼西凑的定居点。

种族隔离时代

为了扩大城市隔离体系的效果,具有自身意识形态和种族隔离(隔离性)政治纲领的南非国家党于1948年登上了历史舞台,该党在白人至上主义公开议程的支持下引领了一个探寻完全的种族隔离的新时代,同时他们将隔离描述为一种"平等"的发展进程。由于殖民时代为彻底的种族化城市隔离做好了领土准备,因此南非国家党的政策得以成功实现。换句话说,由于与以前做法密切相关,因此1948至1994年间种族隔离城市政策得以成功实施。

城市隔离方案有三个核心支柱,分别是1950年的《集团居住法》、1953年的《隔离设施法》和通过"流动控制"政策对非洲人进入城市和城镇实施限制的《流控调节法》,这一法案源自于1954年的《班图人城市区域法》。所有这三个措施都以1950年的《人口登记法》为前提,《人口登记法》将每个人强制性的分成了不同的种族:白人、非洲黑人和有色人种(最初包括印度人)。

《集团居住法》的目的是在种族基础上实现完全的居住隔离。实际上,城市区域被划分为具有明确种族标签的住宅区域和商业区域。任何居住在不同种族群体区域的人会被强迫搬回他们外表上所属的"同种族群体区域"。值得注意的是,规划和规划者在将居住区域指定成种族区域的过程中发挥了核心作用,从而勾勒出以种族为基础的住宅区和商业区的空间网格。由于通过诸如缓冲带、交通要道、通道出入口、绿地等城市土地的利用措施来实现种族区域的划分和隔离,因此规划便居于中心地位。我们必须将《集团地区法》与南非政府关于非洲人的更大的"地方"概念结合起来考虑和理解。从某种意义上说,这样的地方并不存在。正如1913年的土地法所规定的,非洲人被视作在保留区有自己领土(家园)的若干"民族"。

《隔离设施法》是通过独立和不平等的市政公用设施,如公园、游泳池、厕所、餐厅等以确保社会隔离的关键工具。由于不同种族不得不使用隔离的学校和医院,因此种族间偶然交往的可能性越来越小,这与城市化和全球化时代城市间的亲近关系正好相反。当然,由于黑人承担了白人社会的经济—社会再生产负担,因此在极度的不平等地位基础之上,仍然存在着不变的种族间的交流。

《流控调节法》要求所有在南非的非洲人必须携

带通行证,这是用于证明某人在所谓的白人城市就业期间具有雇佣合同和居民住宅的身份证明文件,这些通行证都必须从家乡的劳动局获得。生活在南非任何地方的非洲人如果没有这个文件则被视为非法居民,即使在城市地区出生和成长也会被驱逐回所谓的家乡。换句话说,非洲人并不属于"南非"的城镇和城市,而是仅仅作为临时工而寄居在南非的城镇之中。事实上,许多非洲人流离失所,因此出现了科林·穆雷(Colin Murray)在描述南非农村贫民窟时所说的"流离失所的城市化"。然而,流控措施始终没有承认总是处于过度拥挤状况的大批生活和工作在城市区域的非洲人的存在。这一现象的原因是政府没有为非洲人的住房供给进行投资,因为这将意味着承认非洲人在城市生活和工作的权利。

此外,尽管作为正式种族隔离基础的先导,根深蒂固的分裂主义仍耗费了种族隔离政府10年中的大部分时间以做好准备来提升落实《集团地区法》。因此,从20世纪60年代开始出现了一波被迫迁移和区域重划活动,这导致了大规模的有色人种、印度人和非洲人迁徙。结果,有色人种和印度人被重新安置在城市狭小而边缘的地区,非洲人被无情地驱逐到他们所谓的家乡或居住在乡镇和城市外围拥挤的棚户区里。白人则被赋予最有利而便捷的大片土地并享受极高水平的市政服务,这进一步提升了其物业的经济价值。尽管邻近或位于所谓的黑人群体区域之内,但是由于所有的商业和工业领域被视为白人群体的区域,因此白人享受的市政服务通过财产税和费率账户的形式得到了补偿。从这些意义上说,种族隔离制度确保了种族隔离与经济不平等永久而紧密地交织在一起。

后种族隔离时代自1994年开始,此时城市种族隔离已经被证明相当顽固。事实上,由于政策决定不干涉土地市场的运作,因此政府为了解决大多数黑人的生活条件而进行了值得称道的投资,但往往事与愿违。具体来说,虽然正式的城市隔离已被取消,并且政府公共房屋计划在1994到2008年期间已交付250万套住房,但是,由于用于这一计划的唯一土地位于城市的周边地区,远离城市生活应该提供的经济、文化、公共和流动性机会,因此南非的城市更加隔离。换句话说,南非现在面临着以阶级为基础的经济隔离问题,而这一问题恰好与该国历史上的种族分裂问题相吻合。

进一步阅读书目:

- Beinhart, W. and S. Dubow, eds. 1995. *Segregation and Apartheid in Twentieth Century South Africa*. London: Routledge.
- Christopher, A. J. 1998. "(De) Segregation and (Dis) Integration in South African Metropolises." In *Urban Segregation and the Welfare State*, edited by S. Musterd and W. Ostendork. London: Routledge.
- Christopher, A. J. 2001. *The Atlas of Changing South Africa*. London: Routledge.
- Hindson, D. 1987. *Pass Controls and the Urban Proletariat*. Johannesburg, South Africa: Wits University Press.
- Mabin, A. 1991. "Origins of Segregatory Urban Planning in South Africa." *Planning History* 13(3): 8-16.
- Murray, C. 1995. "Displaced Urbanization: South Africa's Rural Slums." In *Segregation and Apartheid in Twentieth Century South Africa*, edited by W. Beinhart and S. Dubow. London: Routledge.
- Posel, D. 1991. "Curbing African Urbanization in the 1950s and 1960s." In *Apartheid City in Transition*, edited by M. Swilling, R. Humphries, and K. Shubane. Cape Town, South Africa: Oxford University Press.
- Robinson, J. 1996. *The Power of Apartheid. State, Power and Space in South African Cities*. Oxford, UK: Butterworth-Heinemann.
- Subirós, P. 2008. "Racism and Apartheid Yesterday and Today: The White Man's Burden." In *Apartheid: The South African Mirror*, edited by P. Subirós. Barcelona, Spain: Centre for Contemporary Culture in Barcelona.

(Edgar Pieterse 文 宋丽娟 译 陈 恒 校)

ARCADE ｜拱廊

得益于批判理论家沃尔特·本雅明和超现实主义作家路易斯·阿拉贡（Louis Aragon）、安德烈·布勒东（André Breton）等人的著作，20世纪初期的巴黎拱廊最为城市研究学者所熟悉。

拱廊大抵起源于16世纪的伦敦，最初为开展金融与贸易的场所。建于1568年的皇家交易所由围绕着开放庭院的两层围廊构成，采用了意大利商业城市的空间布局，而当时意大利银行家的金融交易正是在拱廊庭院进行的。1609年，皇家交易所的竞争对手新交易所创建，它位于斯特兰德大街西部，具有内化的庭院，外侧有围绕着的拱廊通道，一楼是两排商店和中央长廊，顶层有三排商铺。新交易所与之后兴建的交易所，如埃克塞特交易所（1676）及中间交易所位于城西，它们以从居住区向西旅行的贵族们为客户。

通过商业活动和摊位选址，这些商品交易场所可以净化和规范市场，使之被新的资产阶级接受，并提供香水、衣服等时髦的小商品，而不是传统市场的商品。集市是一个包含购物摊位或专柜，以及画廊、室内花园和小动物园的多层建筑，这里的商品的名称充满异国情调，这使得商品更受欢迎。柜台在一个经营者的管理下被出租给不同行业的零售商，通过服装、配饰、女帽等多元化的商品来吸引顾客。

拱廊的灵感也来自法国的皇宫花园（1781—1786），该花园是一个拱廊式方院，一侧是商店，它被描述成为革命前法国拱廊的雏形，也是革命前和革命后法国富人的会议所在地，并在后来转化成为商店。作为交易和流通场所的第一代拱廊包括波依斯画廊（the Galleries du Bois）、费度廊街（the Passage Feydeau, 1791），开罗廊街（the Passage du Caire, 1797—1799）随后兴起。19世纪初叶伦敦建造的两个拱廊是由约翰·纳什（John Nash）和雷普顿（C. S. Reption）设计的皇家歌剧院拱廊（the Royal Opera Arcade, 1815—1817）和由塞缪尔·威尔（Samuel Ware）设计的伯灵顿拱廊（the Burlington Arcade, 1818—1819）。伦敦第三个拱廊——劳瑟拱廊（the Lowther Arcade）是围绕特拉法加广场（Trafalgar Square）的市区改善计划的一部分。伦敦拱廊（The London arcades）是城市区域规划的一部分，该规划的目的是为了促进围绕皮卡迪利（Piccadilly）、邦德街（Bond Street）、牛津街（Oxford Street）及摄政街（Regent Street）的西部奢侈商品消费区时尚和富裕住宅区的发展。

伯灵顿拱廊是伯灵顿大厦的拥有者卡文迪什勋爵（Lord Cavendish）建立的，目的是为精英阶层创建一个远离街市的私人空间。拱廊代表着安全环境，通常由一个老板管理，并配备警卫和可上锁的大门等安全措施。这些建筑严格按照合理的网格设计，没有任何的隐藏空间或秘密活动场地，这提升了拱廊的秩序和监管力度。人们从一进入拱廊就开始被监管；卡文迪什勋爵的前军事团成员被聘任为监管，负责看管拱廊入口，执行相关法规，并管理拱廊的开放和关闭时间（拱廊晚上8点关闭而且会在晚上上锁）、拱廊中的活动（跑步、推婴儿车以及携带笨重的包或打开雨伞等行为）及拱廊里的噪声（呼啸、唱歌或乐器演奏）都被禁止。相对于周边无序、充斥着危险和威胁的城市，拱廊非常重视秩序和监管。该拱廊的状态会在入口以及与街道交叉处明确指示给路人，那里的监管和柱廊屏幕反映了从无序、公共向有序、私人的转变。

拱廊周边的区域在19世纪初被形容为富有年轻人的"早晨休息室"。附近的街道上有大量的男性场所，如圣詹姆斯街和蓓尔·美尔街的俱乐部，并为单身男性贵族、绅士和从业人员提供住宿。因此，这一区域集中了大量富有的男性顾客，亦在卖淫行业中发挥了重要作用。国王广场附近出现了大量高档妓院，晚间，圣詹姆斯街、蓓尔·美尔街、皮卡迪利和海马克街道会有大量的站街女郎。

特殊的地理位置使伯灵顿拱廊被当代男性杂志称为游乐胜地和结识漂亮女人的地方。在街道和拱廊的交汇处，监管可以决定谁能、谁不能进入拱廊。男性和女性可能根据等级进行排除，但妓女却是一个特殊的威胁，因为她们可能会"打扮"成受尊重的女性得以通过审查或贿赂监管而进入拱廊。妓女和混入受尊重女性行列的妓女的存在，意味着在一天的某些时段特别是下午3点到5点之间，受尊重的女性不会进入伯灵顿拱廊。

各种主流媒介将伯灵顿拱廊描述为"令人愉快的长廊""步行街或广场""悠长宽敞的牌楼"和"带顶的通道"。拱廊作为对称的街道和透亮的空间，为私人产业开通了半公开的通道，且为零售业的组织提供了方便。拱廊的空间布局使销售点和生产点的分离成为可能。商店可以更小，可以在城镇土地无法使用的狭长地带获得经济发展。伯灵顿拱廊使用了伯灵顿大厦周边的狭长地带，促使其商业化。塞缪尔·维尔的早期拱廊设计，以埃克塞特交易所为基础，具有两个出入口、四排双行的商店、三个开放的空间。但是通过在每边的末端建立未隔断的封闭商店，增加了零售摊位，这不仅为消费提供了场所，而且也提供了流通空间和漫步长廊。

成功的商品销售和消费需要合宜的环境、吸引人并令人信服的氛围，同时需要销售商品的种类和店铺的设计具有一致性。作为成功的奢侈品消费地点的伯灵顿拱廊，其内部商铺的设计经过了仔细的斟酌。高档品店往往在廊外或不同的独立区域具有工作坊。生产和消费的分离使拱廊的店铺在设计上不至于太过肤浅。

伯灵顿拱廊设计的初衷是为女性提供就业机会。19世纪早期和中期，拱廊许多的商场被女性拥有。每家店铺都被设计成为分为底层、地下室和上层的独立单元，每层之间通过楼梯相连。商铺的上层房间被认为是卖淫的场所，并且是如乔治·斯米顿（George Smeeton）的《伦敦必做之事》（Doings in London）等讲述19世纪初叶伦敦故事的著作中所刻画的重要场景。女帽店被视为妓院和充满诱惑之处，在小说及现代评论家布瑞斯布里奇·海明吉（Bracebridge Hemyng）的评论中，伯灵顿拱廊帽店的上层房间亦被描述成卖淫场所。

从现有的解释来看，楼梯、商店以及上层房间之间的精确关系仍不清楚。很可能这些上层房间内部是联通的；建筑师最初倾向于将上层房间出租给铺户，而且1818年以来的规划表明商店只具有内部楼梯。然而，1815年的规划显示楼梯位于商店单位之间，这优先考虑了出租的可能性。塞缪尔·威尔设计中用以描述上层空间的术语则进一步混淆了读者：这些房间被称为"卧室""宿舍"或"套房"。但是鉴于上层房间与店铺相互分离，这些房间可能被用作卖淫，有时是女店员自己，有时则出租给妓女或客户。

铺面的设计和材料可以用作广告，表明社会地位并吸引顾客。奢侈商品需要展示，因此橱窗的形状及使用的玻璃类型、数量在伯灵顿拱廊的设计中是首当其冲的。商铺采用了浅纵、宽面、弓形的窗口以最大化地呈现展示商品，并增强其浏览的机会。19世纪初，作为时尚而昂贵的材料，大张平板玻璃的使用增加了拱廊作为奢侈品区的感觉。玻璃的空间特性——反射、透明度，甚至有时所需要的不透明度——大大增加了内外部之间的张力。

玻璃的透明特性使之可被用于呈现和保护商品。狭长的玻璃增强了路人通过橱窗对商品的近距离观察，透明玻璃在商店内外之间创造了一种封闭但无形的亲密感：可以浏览商品，却不能触摸。玻璃的反射性又使之成为一面让消费者看到自己和其他路人的镜子，同时亦可以看到商店的内部。

拱廊是一种源自异域的建筑形式，这使其与女性卖淫、纹饰和欺骗之间的关系得到加强。拱廊的先导——巴黎皇家画廊——是法国革命之前和期间浪荡子的聚集之地。拱廊赌博、饮酒及珠宝买卖等商业活动，随着妓女接踵而至。约翰·纳什设计的摄政街拱廊通过借鉴其法国的先例，在商店上方提供公寓，这增加了拱廊与"异域"的联系，从而招致了非议。有些房间被租给位于同一街区的意大利歌剧院的表演者，这些表演者往往是法国人、意大利人或德国人。在英法政治对抗时期，国外建筑风格或外国人被视为不道德的标志，妓女被认为是法国人，反之，住在附近的法国女人亦被认为是妓女。奢侈品场所和卖淫场所的联系可以由法国皇家画廊的例子加以理解。

19世纪30年代，拱廊、柱廊成为卖淫的同义词，伯灵顿拱廊附近围绕意大利歌剧院进行的新拱廊规划因此受阻。建筑形式本身被认为是建立妓女所使用的柱廊或拱廊的唯一决定因素。约翰·纳什认为这些问题可以通过对整体设计的轻微调整来避免，如将柱子设计为圆形。到20世纪中叶，对拱廊或柱廊空间设计的新提议仍因卖淫的缘故遭到反对，因此人们有意识地尝试着将拱廊看作家庭生活的场所而不是成人娱乐场所。例如到了19世纪60年代，建于19世纪初的劳瑟拱廊的特点发生了变化，拱廊以具有家庭氛围的专门的儿童玩具店而远近闻名。

进一步阅读书目：

- Benjamin, Walter. 1997. *Charles Baudelaire: A Lyric Poet in the Era of High Capitalism*. London: Verso.
- Geist, Johann Friedrich. 1983. *Arcades: The History of a Building Type*. Cambridge: MIT Press.
- Hemyng, Bracebridge. 1967. "The Prostitution Class Generally." In *London Labour and the London Poor*, *London Morning Chronicle 1861–1862*, Vol. 4, edited by H. Mayhew and B. Hemyng. London: Frank Cass.
- MacKeith, Margaret. 1985. *Shopping Arcades: A Gazetteer of British Arcades 1817–1939*. London: Mansell.
- Shepperd, F. H. W., ed. 1963. "The Parish of St. James's Westminster, Part 2, North of Piccadilly." *The Survey of London*. Vol. 32. London: Athlone Press.
- Smeeton, George. 1828. *Doings in London; or Day and Night Scenes of the Frauds, Frolics, Manners and Depravities of the Metropolis*. London: Smeeton.
- Tallis, John. 1851. *Tallis's Illustrated London: In Commemoration of the Great Exhibition*. London: J. Tallis.
- Ware, Samuel. "A Proposal to Build Burlington Arcade" (16 March 1808) and "Schematic Plans for the Burlington Arcade and Burlington House" (1815, 1817 and 1818). Collection of Lord Christian, Royal Academy of Arts Drawing Collection, London.

(Jane Rendell 文　宋丽娟 译　陈　恒 校)

ARCHITECTURE ｜ 建筑

建筑既指由建筑师设计的建成环境，又是建筑行业的总称。然而，这一基本定义又被若干因素复杂化了。在诸多因素之中最特别的就是，如同将设计师等同于建筑师一样，将建筑类型"合理地"视为建筑学，而人们对这一事实又存在着明显的争议。本词条将在建筑复杂而久远的社会生产背景下，对这些问题进行评估。实际上，促使社会科学家去揭示影响建筑物的诸多"外在"社会制约因素的缘由，不是建筑作为实物或一种正式实践，而是建筑的社会基础。可以说，由于城市研究的学科特性，该领域的学者们往往将建筑置于相对宽泛的城市进程中，并认可建筑作为城市政治经济重要组成部分而具有的争议性质，因此城市研究者在建筑领域亦具有独特的地位。

作为实践的建筑研究

建筑领域的一个独特因素是其对客户的依赖性,正是客户提供了建筑实践所需的土地和其他资本。对客户的依赖性一定程度上可以通过建筑在设计和实践中所需的高昂成本进行解释,但是也必须通过赞助商们希冀在城市空间体现其地位的愿望理解。建筑研究试图揭示建筑师对支配性政治经济因素的依赖程度,以及如何通过建筑实践使其合法化。而这一论题已成为城市研究中的重要热点问题,尤其是该研究可以被纳入社会学范畴,因而建筑实践的政治经济研究成为城市研究领域最成功的社会科学成果之一。大体来说,尽管存在上文所述的对资本家、政府赞助的依赖,但是研究表明建筑师与诸多社会因素之间的关系十分模糊。在访谈和讨论之中,建筑师在肯定建筑与政府、企业赞助人关系的前提下,倾向于强调他们在具有社会意义的建筑物生产中所承担的角色,而建筑又与地域、身份以及更宽泛的社会价值紧密相关。建筑理论学家黛安·吉拉度(Diane Ghirardo)对这一矛盾进行了批评,并指出只有在美学框架下对建筑进行定位,才能将研究重心从建筑与经济政治赞助人及其项目的共生关系研究上移开。

将建筑实践置于特定的城市背景、政治制度和资本主义模式下进行研究,这无疑削弱了建筑的自主性;而建筑的定位,即注重美学的、社会的形式、空间创造的艺术性抑或重视用作避难所的建筑的功能性,也是建筑研究的关注点。美国社会学家罗伯特·古特曼(Robert Gutman)的经典研究《建筑实践:一种批评视角》(Architectural Practice: A Critical View)体现了建筑独特的"自然市场"理念,即地标纪念性建筑承载着重要的文明价值。古特曼指出在建筑师在试图保持与其他设计行业差别的背景之下,存在着为争取有限资源而进行的斗争,这造成了建筑师间的竞争和行业间的等级制度,并对保持建筑的垄断地位至关重要。实际上,随着建筑师行业的兴起,建筑师主要从事与建筑施工不同的设计工作,因此其自我定位就显得非常重要。绘图的作用是理解这一问题的重要部分,与建筑实物不同,绘图被视为建筑师的知识产权("作为艺术家的建筑师"即指此意)。

与建筑研究相关的问题包括关注建筑领域所体现的社会再生产和社会屏蔽的功能、理解为争取象征性资本而进行的内部竞争(建筑师和企业之间),以及如何将建筑师与其他设计者区别开来,而关于建筑领域特性的定义正是引发争议的关切点。建筑行业在阶级、性别、种族等方面具有的局部的、不完全代表的特性也是社会科学研究的焦点,并且为建筑实践中的人类学研究提供了背景,这对建筑师在特定部门或一般行业的社会化做出了重要贡献,其中亦包括建筑师在同行或行业等级制度中的自我定位。

建筑的社会生产:权力和形式

遍布世界各地的诸多城市的重大建筑项目,正是在社会上占统治地位的个人和组织在城市空间中的权力的体现。正如建筑的实际形式随着时间和空间显著变化一样,尽管建筑师与政治经济权力阶层之间的关系也随时间和空间显著变化,但是建筑的这种特性却是持久存在的。城市主义者的当务之急是揭示金·达维(Kim Dovey)所谓的建筑与优势社会群体之间的"沉默式共谋",他们在很大程度上试图去挑战上文所述的建筑是只关注形式的创作,而与政治和资本主义进程无关的自主艺术实践的错觉。从这一角度出发,建筑不是中性的抑或不受约束的文化形式,而是表达了建筑师和政治经济日常事宜紧密相关性的社会实践。从这一角度出发,这种"共谋"被明确地反映在城市空间之中,建筑随时随地成为一种固有的政治实践,因而亦是具有争议的实践。

18、19世纪,建筑师及其建筑成为政府的资助对象,体现了建筑环境与政治话语相关联的若干方式。建筑成为新兴民族国家及其所任命的建筑师试图向公众传递其价值观和原则的方式。新兴民族国家往往利用大型建筑项目来反映其价值观和成就,凭借文化艺术品和空间来强调与其他民族国家的差别,并与之前的政权建立文化联系。旨在继承发扬传统民族文化、具有民族风格的建筑纷纷呈现,诸如国旗、货币、国歌、艺术和民族服装等民族元素被调动和采用。然而在民族主义背景之下又存在着鲜明的建筑与政治的较量,其关注点是地标性公共建筑的"合适"风格。沿袭历史的罗马式、哥特式和希腊式的建筑风格已经呈现出风格化,而更重要的是,它们被解读为承载着体现新兴民族国家的价值意义的文化符号。例如,欧盟借助建筑和空间以实现其"多样性统一"等模糊的后民族议题。《欧洲之都布鲁塞尔》(The Brussels, Capital of Europe)的报道明确表明对已有及新建筑或空间的认可,这些项目虽然具有争议性,但其与欧盟政治议程中的社会文化的联系却是意味深长的。

从广义的社会建构论来看,建筑的社会含义并非来自任何固有的美学风格,而是源自一系列偶然的历史联系;建筑并不能准确地揭示或捕捉自身的社会属性,建筑师及其设计对塑造城市、政府及其他团体的社会属性的贡献更大。建筑被纳入了社会政治化进程,这引发了对建筑师诠释建筑能力的研究,特别是其面对用户、评论者或其他公众的不同意见时的诠释能力。在《建筑诠释》(The Interpretation of Architecture)一书中,冉·巴勃罗·邦塔(Juan Pablo Bonta)揭示了建筑师和评论者的"集体剽窃",而"集体剽窃"的过程正是任何时期正统审美观念产生的基础。布朗塔的著作提醒我们,虽然建筑诠释随时间空间而变并时时处于挑战之中,但是建筑领域的某些个人、机构比其他人拥有更多的塑造建筑及空间的意义的能力。布朗塔在分析中强调了权力对构建建筑社会意义的作用;当然,谁拥有构建建筑社会意义的权力?建筑师、赞助人、具有影响力的评论者抑或其他建筑行业工作人员?这对理解建筑的社会性至关重要,正是其赋予了建筑风格、建筑物与建筑师合法性与神圣性。

鉴于知名建筑师正越来越活跃于公共领域,他们对自身工作的诠释是一个特别有趣的观察视角。当试图将自身工作与社会身份相联系时,在性别、阶级和种族方面都不具有社会代表性的建筑师需要高度自省,因为无论是以特殊符号或主题的建筑物形式,还是以设计进行的身份特权化言说都是一种持续的威胁。竞争在这一方面是十分关键的,因为竞争是在以绘图、模型(越来越多的计算机模型)及其他建筑物表现形式招标或竞标时出现的。更重要的是,竞争要求设计师将其设计与社会认同及价值相联系。相应地,竞争是一种固有的规范性努力,要求建筑师在特定的社会空间中展现出可能的未来场景。

建筑、地标以及购物中心

质疑建筑师与政治—经济项目之关系的社会意义是理解建成环境在当代再发展策略中作用的关契点。建筑既是利用城市空间创造剩余价值的重要组成部分,也是将后工业城市定位为吸引旅游、投资场所的标志性"品牌"的核心部分。1996年弗兰克·盖里(Frank Gehry)设计的毕尔巴鄂古根海姆博物馆开放以来,地标性建筑在可持续发展战略中重新焕发活力,而古根海姆博物馆亦作为城市品牌重塑的典型被频繁征引。振兴主义者将地标性建筑视作城市振兴的机遇,委任建筑师设计出奢华、透亮的建筑,使之成为即时可识别的符号从而吸引了媒体和公众的关注,并进而改善城市中心的形象。这些建筑的设计一方面用以呈现壮观独特的外表,另外亦用作容纳吸引国际游客的"不寻常"的经历。

无论能否主导周边景观,地标性建筑与视觉消费者密切相关,而这些消费者可能是站在建筑面前的游客,更可能是平面媒体、电视或者视频的观看者。相应地,成功的标志性建筑必然和地方密不可分,具有独特的设计、即时可识别的形式,且被广泛传播开来。另外,地标性建筑的独特美学和"标志性"语言亦与上文所述建筑领域与全球自由资本利益想要表现其地位的愿望相呼应,亦与他们从城市

温哥华的现代建筑：标志性的高层玻璃公寓
来源：Karen Wiley

空间获取剩余价值的愿望相一致。

最近的研究试图将地标性建筑与"明星建筑师"这一类跨国精英的发展壮大联系起来，明星建筑师是一群具有高知名度的建筑师，他们面向全球的业务模式和在公共领域的声望使其成为在全球范围内流动的精英人士，他们具有定义诸如国会大厦、机场、展览馆、大型商场及体育场馆等跨国空间的能力，这使得他们在全球市场上都极受欢迎。正如上文所叙，场所营造明确了建筑的职责范围，至少可以这样理解。当然，建筑"融入"于或被认为"融入"地点的程度，是建筑自创立以来的一个重要问题。另外，倡导重构建筑与地方关系的城市主义也关注建筑师的设计，特别是其设计的建筑及空间是如何与地方团体的构想进行有意义的接轨。

这种倡导呼应了批判性地方主义的立场，这是一种流行的建筑理论，并于20世纪80年代到90年代初在较小的范围内付诸实践。批判性地方主义反对以金融中心的摩天大楼为代表的"无地方特色"的标准化建筑，这种标准化建筑与较高程度的现代主义国际风格密切相关。这群理论家寻求对地方独特元素的保护，并反对资本主义进程中的标准化元素，他们在试图塑造建成环境与地方关系的乡土建筑的出现过程中发挥了至关重要的作用，而乡土建筑是凭借对社会和环境的敏感得以实践的，包括利用当地材料、风格，建筑地形整合，排斥技术控制、工具化、利益驱动化设计与建筑技术主导等。在这一背景下，建筑作为抵制文化形态的潜力即是一个重要问题。批判地方主义和对地方特性的保护，以及在面对同质化时对技术的适当使用，在后现代背景下是极有意义的。

后现代主义的建筑论题复兴了关于建筑的社会意义的讨论，尤其是启发了对建筑及空间进行多种解读的潜力，并通过对多元传统风格的肯定，将"非原种的"建筑式样纳入了已有的标准之中。总体而言，后现代主义认为建筑应该成为更加"开放"的论题与实践，建筑空间反映了多元的社会立场，构建了城市不同的存在方式，且往往强调公共空间的民主权利。总而言之，多样化的解读对后现代主义至关重要，它可以在建筑物中呈现出建筑师对符号的多种可能的解读，这为挑战建筑的能指和所指（以及建筑师和用户）的互动关系开辟了道路。相应地，后现代主义试图挑战建筑的精英主义概念，正如在现代主义中占主导地位的行业和社会实践一般，这种精英主义概念认为建筑师具有定义和诠释城市空间"真理"的能力。尽管后现代主义论题打破了建筑根深蒂固的价值和实践,但是后现代主义的批判学者试图通过协调后现代主义论题与建筑对经济政治的长期依存来说明后现代主义建筑全新的"开放"特性。

城市研究者面临的主要挑战是既要肯定建筑师作为文化精英具有定义城市政治经济能力的地位,同时还要承认建筑承载着社会意义。换言之,虽然建筑形式大都是由政治和经济占主导地位的人设计和赞助的,但是建筑作为城市空间对城市用户和其他公民也富有意义,且反映了多元化的社会现实。同时,现有研究主要关注建筑体现多元意义的功能,却忽视了建筑之社会生产背后的不平等权力关系。正是这种模糊不清的境况——对建筑呈现社会价值观的争议颇多——意味着建筑反映了精英和非精英人士的城市空间蓝图之间仍存在着诸多矛盾。

进一步阅读书目:

- Blau, J. 1984. *Architects and Firms: A Sociological Perspective on Architectural Practice*. Cambridge: MIT Press.
- Bonta, J. P. 1979. *Architecture and Its Interpretation*. London: Lund Humphries.
- "Brussels, Capital of Europe." 2001. Retrieved May 9, 2009 (http://ec.europa.eu/dgs/policy_advisers/archives/publications/docs/brussels_capital.pdf).
- Cuff, D. 1992. *Architecture: The Study of Practice*. Cambridge: MIT Press.
- Dovey, K. 1999. *Framing Places: Mediating Power in Built Form*. London: Routledge.
- Frampton, K. 1983. "Towards Critical Regionalism: Seven Points for an Architecture of Resistance." In *Postmodern Culture: The Anti-aesthetic*, edited by H. Foster. London: Pluto.
- Ghirardo, D. 1984. "Architecture of Deceit." *Perspecta* 21: 110–115.
- Gutman, R. 1988. *Architectural Practice: A Critical View*. Princeton, NJ: Princeton Architectural Press.
- Jencks, C. 2005. *Iconic Buildings: The Power of Enigma*. London: Frances Lincoln.
- Larson, M. S. 1993. *Behind the Postmodern Façade: Architectural Change in Late-Twentieth Century America*. Berkeley: University of California Press.
- McNeill, D. 2009. *The Global Architect: Firms, Fame, and Urban Form*. London: Routledge.
- Stevens, G. 1998. *The Favored Circle: The Social Foundations of Architectural Distinction*. Cambridge: MIT Press.

(Paul Jones 文　宋丽娟 译　陈　恒 校)

ASIAN CITIES ｜亚洲城市

亚洲从乌拉尔山脉及土耳其向东延伸至太平洋,并包括西太平洋沿岸的主要岛屿国家。亚洲的城市富有多样性。殖民地时代,特别是19世纪早期至20世纪中叶,一些较大城市出现了若干共同的特征。始于20世纪40年代的去殖民化运动创建了新的国家,并在较大的城市区域留下了印记;印度次大陆分成了印度、巴基斯坦和孟加拉国等国家,这对城市的创建产生了影响;亚太地区社会主义国家如中国、越南出现了独特的城市土地利用模式;20世纪后期亚洲不断加速的经济发展,增加了大多数亚洲城市的国际识别特征,并推动了几个特大城市的出现。

历史上的亚洲城市

第二次世界大战之前,英语世界几乎从未关注过亚洲城市。纵观历史,旅行家们则经常描述亚洲城镇和城市。虽然关于13世纪威尼斯商人马可·波罗的故事是第一手资料还是在其他旅行家的基础上完成的,仍然存在一些争议,但是马可·波罗撰写了他所游历的中国城镇的游记。他自称曾经访问了忽必烈的家乡和元朝首都,也就是现今的北京。伊塔洛·卡瓦洛(Italo Cavalo)还就马可·波罗的旅行创作了一部现代小说。

20世纪上半叶马克斯·韦伯的著作对西方城市和中国、印度以及日本的"亚细亚"或"东方"主要城市进行了比较和对比。社会学家伊德翁·舍贝里(Gideon Sjoberg)在其"前工业化城市"的概念中广泛吸取了印度和中国城市的历史。在一般情况下,亚洲城市仍处在持续发展的20世纪城市研究的边缘位置。

20世纪中叶,有关亚洲城市的分析性著作显著增多。荷兰社会学家威廉·韦特海姆(William Wertheim)编辑整理了19世纪有关印尼小城镇的几种著作,反映了城市的匮乏、富有的殖民领地及本地爪哇人恶劣的农村住房境况。另一个逐渐增加的关于亚洲城市的著作源是亚洲区域的地理文本。如斯宾塞(J. E. Spencer)在其著作中描述了亚洲城市的人口和经济状况。

关于亚洲城市的历史学著作开始强调亚洲城市深厚的历史渊源。出于对水稻种植系统的兴趣,安东尼·里德(Anthony Reid)关注亚洲重要城市的历史,强调亚洲这一通常被视为农业导向性地区具有悠长的城市传统。亚洲的"神圣"城市与"市场"城市之间存在着区分。如日本京都这样的圣城是由统治者根据他们的信仰塑造出来的。而诸如新加坡、上海和加尔各答的市场化城市则是由于它们地处主要贸易路线上而生成的,从而吸纳了大批国际商人。

当代的亚洲城市

世界上大约三分之二的人口生活在亚洲,其中包括人口最多的两个国家——中国和印度,他们都有超过10亿的居民。其他4个国家——印度尼西亚、巴基斯坦、孟加拉国和日本拥有超过1亿的人口。

第二次世界大战结束后,快速的去殖民化促进了独立国家的建立。国家的注意力从而转向建立新型国家,而新型国家的建立又面临着从殖民经历中恢复及建立新的社会、经济和政治基础设施的挑战。城市化过程和城市挑战成为越来越重要的焦点。到了20世纪末,亚洲许多地区与世界经济的不断融合,意味着全球化过程中的许多问题已经成为城市研究的主要趋势。与此同时,亚洲一些学者开始关注后殖民时代过程中亚洲城市的特点和主题。

城市化

城市化是农村人口向城市迁移、城市生育水平提高以及由于城市发展和侵占周边农村地区引起的边界变化的结果。亚洲国家城市化的速度不尽相同,新加坡是一个城市国家,而中国香港的全部人口都居住在城市。一般来说,经济较发达的国家有一半以上的人口居住在城市,其中包括日本、韩国、文莱、印度尼西亚、马来西亚和菲律宾这样的亚太国家,伊朗和土耳其的城市人口也比农村多。

柬埔寨、老挝、缅甸、泰国、东帝汶和越南不到一半的人口居住在城市地区。同样,城市人口不到一半的国家还包括阿富汗、孟加拉国、不丹、马尔代夫、尼泊尔、巴基斯坦、斯里兰卡、亚美尼亚、阿塞拜疆、格鲁吉亚、哈萨克斯坦、吉尔吉斯斯坦、塔吉克斯坦、土库曼斯坦和乌兹别克斯坦。

亚洲见证了全球半数以上的特大城市或1 000万以上人口城市的发展。2005年,世界20大城市中有超过一半的城市在亚洲,分别是东京、大阪、神户、孟买、新德里、加尔各答、上海、北京、雅加达、达卡、卡拉奇和马尼拉。大城市通常位于人口众多的国家,如日本、印度、中国、印度尼西亚、孟加拉国、巴基斯坦和菲律宾。

亚洲还有一些大的城市跨越了正式城市的边界,实际上也具有大城市规模,其中包括伊斯坦布尔、曼谷和重庆。特里·麦吉(Terry McGee)分析了城乡一体化的发展,认为将城市周边的农村居民点纳入城市并将其城市化的市区扩大,从而创造了具有重要意义的独特城市。

经济

亚洲经济的跨越度很大。日本、新加坡和文莱属于高收入国家,韩国、马来西亚、泰国、菲律宾和西亚一些国家(包括土耳其、伊朗、哈萨克斯坦)是世界银行评价中的中等收入国家,其余包括印度、印度尼西亚、巴基斯坦和孟加拉国等国是低收入国家。主要城市的总体收入水平高于农村,中等收入和高收入者的比例也较高。这导致了城乡差距。

除个别例外,20世纪50年代亚洲经济得到发展,并给农村和城市的人们都带来了收益。许多国家起初以国内生产替代进口的模式尝试寻求建立新的产业,鼓励产业在基础设施和潜在劳动力丰富的主要城市自我创立和发展。这一工业化战略已摇摇欲坠,新加坡等国家将其方位转向了出口导向型工业化。当代工业发展在大多数情况下都从城内跃到了周围的大城市区域。

在亚洲经济欠发达的国家,工业化只吸引了很小比例的可用劳动力。绝大多数的流动工人在"非正规部门"打工或制造廉价商品,有些在提供廉价服务的小企业工作。城市管理者经常试图抑制小型企业,把它们看作效率低下且破坏城市的企业。其他人则要求更积极的政策干预,指出需要为越来越多的城市工人提供就业,为小企业提供低成本融资。在孟加拉经济学家穆罕默德·尤努斯(Mohammad Yunus)的努力和诸如孟加拉乡村银行以及近来亚洲开发银行的支持之下,帮助小企业低成本融资的政策已比较普遍。

亚洲的世界性城市正在生成。财务、管理、法律和建筑等方面的高端服务为重要的全球公司总部的定位提供支持,使其对全球经济产生重要作用。东京、香港是亚洲世界城市的最好例子,首尔为第二级别的世界城市。第三级别的世界城市包括雅加达、大阪、台北、曼谷、吉隆坡、马尼拉。

亚洲所有的世界级城市都位于亚太地区,没有南亚和西亚的城市出现在这一列表上。由于处在与全球联系有限的经济体内,印度次大陆的主要城市还没有获得足够的国际城市功能。印度经济的持续增长意味着新德里、孟买和班加罗尔最有可能在10年内达到世界级城市的地位。

亚洲城市正在制定策略以加强其参与信息产业的能力。随着美国信息技术经济步伐的放缓,许多印度信息技术工作者回到印度,尤其是回到班加罗尔,在那里他们起到了刺激该行业发展的关键作用。班加罗尔被视为印度高科技产业的中心,并出现了多元化的生物技术和纳米技术等行业。吉隆坡现在进入了"多媒体超级走廊"计划,该计划一直延伸至城市南部位于雪邦的吉隆坡国际机场。

社会和环境

伊斯兰教是包括土耳其、伊朗、阿富汗、哈萨克斯坦、巴基斯坦、孟加拉国、马来西亚和印度尼西亚在内的许多较大的亚洲国家的主要宗教。一些中东城市区域规划专家强调伊斯兰教对城市发展的历史的及当代的影响,并将当代伊斯兰城市的问题归因于殖民主义的负面影响。亚西尔·埃斯塔维(Yasser Elsheshtawy)等批评家反对这种"损失性叙述",并强调全球化在塑造现代城市中的意义。

亚洲城市坚定而自信的后殖民主义声音已经变得十分突出。土耳其诺贝尔文学奖得主奥尔罕·帕慕克(Orhan Pamuk)撰写了一本伊斯坦布尔的自传,并从其长期作为奥斯曼帝国中心的历史中汲取灵感。伊斯坦布尔在博斯普鲁斯海峡中具有举足轻重的战略性地位,这为当代城市不断发展的现代性和逐渐褪色的历史同时并存的境况提供了背景。书中的伊斯坦布尔故事以作者家族的历史为框架展开。

苏克图·梅赫塔(Subetu Mehta)关于庞大的

印度城市孟买的杰出著作探讨了该城市的历史及其薄弱之处。通过犯罪的"黑领工人"、诗人和流行文化制造商的传记资料,他勾勒出这个杂乱无章的庞大城市的折中画面。

亚洲城市的社会特征多种多样。大多数城市年轻人的比例很高。相反,新加坡和日本城市具有很高的老龄化人口。城市里的青年人越来越不受传统的束缚,他们易为西方城市年轻人沾惹毒品的流害波及。然而,他们进入大学学习取得进步的机会高于人口增长的速度。一些学生到美国、加拿大、英国和澳大利亚的大学就读,从而获得他们梦寐以求的技能,以确保能在全球知识经济中具有一席之地,这部分学生比例较小,但意义重大。中国和韩国政府已率先加强国内大学的建设。新加坡亦通过吸引外国名校在市内建立分校和研究中心以培育符合本地需求的技术和吸引外国学生进入新加坡。

城市住房问题也备受关注。移民推动的城市化意味着城市吸收了大批农村工人及其家属。自发的棚户区和违章居民区出现在许多亚洲城市。居民通常利用二手的或回收材料建造自己的住房,但多数住房缺乏足够的安全性。过去几十年间,人们对临时居住点的态度有所改变。

亚太地区持续的经济增长见证了中国、日本和新加坡不断启动带动城市转变的大型项目。新的中高收入住房的开发一般都是迎合金融、服务和高科技产业的新型房屋建设的组成部分。以大量的高速公路和铁路发展为特点的交通发展已经成为普遍现象。上海市内到浦东机场的磁悬浮列车时速约为430千米,它是亚洲城市交通服务新形式的典型。

环境是亚洲大部分地区的重要问题。环境风险的转变反映了城市发展和收入增加带来的人和环境的关系的变化。"传统的"环境风险正随时间减少,而"现代化的"环境风险却在增加。亚洲3个地方的城市群正面临着这样的问题,最大问题是水质及其管理,人类生存最大的风险是无法获得清洁的饮用水。恒河上游的降雨或孟加拉湾的潮汐、风暴潮造成了孟加拉国低洼三角洲城市频繁的洪灾,而这又给该地区带来了额外的风险。

规划和管理

亚洲主要城市的规模迅速扩大,其中许多城市因为财力和人力资源的局限面临贫困的挑战,这使得城市的管理和规划困难重重。比如2004年海啸破坏了苏门答腊和斯里兰卡沿海地区的城市,以及在投资快速增长而面临历史遗迹保护压力的河内。展望未来,随着上海的持续发展和太平洋沿岸的亚洲主要城市汇集成大型的城市区域,亚洲城市的规划者将处在城市变革的最前沿。随着亚洲城市人口和经济的增长,特别是中国和印度经济的迅速发展,亚洲城市将吸引世界更多的关注。

进一步阅读书目:

- Calvino, Italo. 1978. *Invisible Cities*. New York: Harvest Books.
- Committee on Population, National Research Council. 2003. *Cities Transformed: Demographic Change and Its Implications in the Developing World*. Washington, DC: National Academies Press.
- Elsheshtawry, Yasser, ed. 2004. *Planning Middle Eastern Cities: An Urban Kaleidoscope*. London: Routledge.
- Forbes, Dean. 1996. *Asian Metropolis*. Melbourne, Australia: Oxford University Press.
- Mehta, Suketu. 2004. *Maximum City: Bombay Lost and Found*. New Delhi: Penguin Books India.
- Pahuk, Orhan. 2005. *Istanbul: Memories of a City*. Translated by M. Freely. New York: Knopf.

(Dean Forbes 文 宋丽娟 译 陈 恒 校)

ATHENS, GREECE | 希腊雅典

希腊首都雅典断断续续历经了 6 000 余年的历史,古雅典城邦一次又一次唤起了关于西方城市的集体记忆。雅典位于东西方之间,并被视作"记忆剧场",她将古代和现代、原始与模仿、通俗的和后现代的、旅游和浪漫融为一体,同时还涉及从古斯塔夫·福楼拜(Gustav Flaubert)、西格蒙德·弗洛伊德(Sigmund Freud)到西蒙娜·德·波伏娃(Simone de Beauvoir)、雅克·德里达(Jacques Derrida)等诸多名人。然而,自公元前 4 世纪的古代城邦,到迄今拥有 3 187 734 居民(2001 年的大雅典,占希腊人口的 29%)抑或将宽广的阿提卡地区(Attica Region)包含在内则有 3 761 810 居民的希腊城,雅典存在着明显的不连续性和一系列有趣的变化。正如预料的那般,不变的城市景观依然屹立在原地:城市位于雅典及其港口比雷埃夫斯(Piraeus),并与长墙及之后建立的铁路相连,处于叙美托斯(Hymettus)、彭德里(Pendeli)、帕尼萨(Parnitha)和艾加里奥(Aigaleo mountains)山脉围绕并有 7 座山峰点缀的盆地之内,从古代开始,雅典周围就聚集着阿提卡地区的大量乡镇。随着 20 世纪快速的城市化,这些地区逐渐合并为一个城市群。鉴于雅典城市历史的不连续性,本词条将通过简单回顾希腊的 4 个重要时期:古雅典城邦、19 世纪的首都、两次世界大战之间地中海城市化的雅典以及后奥运创业型城市,从而探究经历若干演变并成为城市原型的雅典。

雅典卫城的帕特农神庙
来源:Vasilis Gavrilis

古典时期雅典、卫城和集市

希腊最初的生命迹象可以追溯到公元前4000年前新石器时代晚期,古雅典文化却远逾于此。在著名的女神雅典娜和海神波塞冬(Poseidon)为争当古雅典守护神的神话中,雅典娜赢得了胜利,古代城邦便以雅典娜命名,并以神圣的橄榄树作为城市标志。坐落于雅典卫城圣石上的帕特农神庙是为智慧女神雅典娜而修建的,神庙内部有巨大的女神像,帕特农神庙大理石浮雕上还刻有美妙的歌颂雅典娜的神话和寓言。尽管仅仅存在了100年左右,但是,帕特农神庙是古雅典城邦的主要纪念物,同时它亦成为欧洲乃至全球文化、语言、政治制度、哲学、戏剧、艺术和建筑的典范。这一永恒的"城市记忆"激发了欧洲的地理学想象力,它不仅在考古、哲学或文化研究领域,而且还在包括城市研究在内的若干领域复现了全球性的雏形。

公元前6世纪之后,随着希腊文化在爱奥尼亚(Ionian)城邦,特别是小亚细亚米利都城邦(Melitus)的第一次发展,古雅典开始在暴政中逐渐发展,它先击败了亚述人(Assyrians)的入侵,然后在公元前510年驱逐了暴君希庇亚斯(Hippias)的统治。其短暂的文明(前510—前404)为如今欧洲文化和全球化论题提供了许多进步之处和概念:公民来自"城邦"一词(*Politis* 的词根是 *Polis*),是指参与公共生活的人,它与无知的人(*idiotis*)截然相反,后者指个人(Idiotis 还是 Idiot 的词源),用马克思的话来说是"农村的愚昧"(Rural idiocy);城邦、政策、政治、*politismos* 即文明;以"观看"为词根的电影院(Theatron);悲剧(Tragedy)、喜剧(Comedy)、哲学和历史;尽管源自较晚的希腊化时代(前2世纪),但是地理(Geography)也是一个希腊词汇。古典文化的主旨不是商业和物质生产,而是对知识的追求以及性别和政治的进步——通常不是宗教而是理性、文化和探究。

在政治领域,雅典提出了德莫克里提亚(Democratia)也就是"民主"一词,并给出民主的理论和实践。"民主"一词的词根是民众/古希腊城邦平民(Demos/Demoi),也就是围绕城邦建立的当地社区。根据亚里士多德的说法,古希腊城邦平民(Demoi)的联盟或社区(*Koinonia*)是一个完整的城邦,也就是一个社会、一个社区以及一个国家。城邦、政体、政治民众(Polis/Politeia/Politis,即城市、公民身份、公民)这三个词具有共同的词根,按照积极的观点理解,这三个词即表示了城市化。如同我们今天所做的一样,这在多种空间层次上合法化的引进了词源为城市的"公民权"一词,并将它与城市、国家以及如今的欧洲相连接。按照城市、乡镇规划(Polis/Poleodomia)的定义,规划也是以城市为中心展开的,同时,经典建筑促进了多利安柱式和爱奥尼亚柱式(Doric and Ionian orders)的出现,而随后在科林斯(Corinth)出现了科林斯柱式(Corinthian Order)。雅典卫城的神庙,特别是由伊克蒂诺斯(Ictinos)和卡里克利(Callicrates)在伯里克利(Pericles)时代设计建立,于公元前432年竣工的帕特农神庙,完美地体现了建筑的和谐。米利都城的希波丹姆(Hippodamus)在米利都城以及比雷埃夫斯和罗得岛(Rhodes)的城市设计中引入了"希波丹姆模式",即城市景观中平等的棋盘式结构在地面上体现了民主的思想,并引入现代化的城市设计。

古雅典城邦的中心是阿格拉,是直接实现民主和公民权(Civitas,Politeia)的城市公共空间。公民大会可以在没有任何审查的情况下,对思想和政策进行争辩。最终的决议是由所有符合资格的"公民",而不仅仅是他们的代表达成的,而且每个人(但女性除外)不论其收入、财产或等级都可以参与其中。选举产生的领导人只是为了执行人民的意志。伯里克利不是统治者,而只是城市中处于领导地位的公民。阿格拉不仅仅是物理空间、"演讲角",也是散步的开放空间。它字面上的意思是以商业为中心的"集市",但是它实际上是具有多元用途和强烈社会功能的复杂空间。在雅典卫城以及整个阿格拉中,自然和文化的相互渗透在柱廊,即 *stoa* 构成的古典建筑中得到了和谐地体现,柱廊是一系列对外开放的柱子,这些柱子——通过与柱廊毗邻的建筑屋顶与内部相连。

古典文明在这些城市景观中发展。公民权以及在真实、自然的城市中的参与度被认为是文明和民主本质的前提条件。然而,对于现代化公民权的三个要求,古代城邦只尊重其中两个:话语和表达(民主化)的权利以及人类繁荣的权利,但是不包括差异性权利。基于此,古雅典的民主在很多意义上是十分浅薄的。公民权受到性别、地域性以及社会排斥的限制,妇女、奴隶和"野蛮人"或非公民则不具有公民权。实际上正是这种在公民权和军队中对"他人"的排斥构成了雅典民主的主要弱点,并使其不同于马其顿时期和罗马帝国时期的民主。罗马建立了去中心化的行政机制和多元文化军队,同时她还尊重当地文化。哈德良皇帝(Emperor Hadrian)偶尔会在雅典居住,而且他建造了哈德良门,靠近市中心罗马广场(Roman Forum)的图书馆,以及一个值得赞扬的水渠,该水渠在19世纪得以恢复,并在一段时间内缓解了雅典的水资源短缺。相比之下,因为公民在伯罗奔尼撒战争中受到非公民的攻击,古雅典对非公民的社会排斥很快就事与愿违。在1个世纪的繁荣之后,公元前404年,雅典向斯巴达投降,连接比雷埃夫斯的长墙被拆毁,民主也遭到三十僭主的破坏。

新古典时期的雅典

独立于奥斯曼帝国的统治之后,雅典在埃吉那岛(Aegina)和那普良(Nafplion)之后成为希腊首都(根据1830年的《伦敦协议》),并是全球最成功的首都之一。1834年,雅典被宣布为新希腊王国的首都,并根据现代化城市设计和新古典主义理念重建,雅典从奥斯曼帝国统治后期有12 000居民的荒漠化村庄,质变成20世纪初期(1907)有242 000居民的繁华城市。尽管存在着负面预测,而且关于谁能成为希腊文化(Hellenism)的象征——是那时村庄似的雅典抑或国际化的君士坦丁堡——仍然存在着有趣的辩论,但是新首都的建立无疑是非常成功的。

希腊通过城市区域规划实现的城市化进程从雅典开始,即由皇室及其建筑师和规划团队制定的巴伐利亚规划(Bavarian Planning),建造具有新古典主义建筑风格的首都亦成为穿越历史的知识行程,又构成连贯的叙述或图像,将现在、古代及古典建筑融为一体,从而塑造了民族认同。"民族大捐助者"慷慨赞助修筑了雅典核心标志性的新古典主义"雅典三部曲"——大学、学院和图书馆及其他纪念性建筑物。这些人是散居在"未赎回的"希腊文化地区的富裕的希腊人,他们赞助修筑了引人注目的纪念性建筑和公共建筑。

巴伐利亚规划在当地得以合法化的主要原因是其与古雅典的共鸣。新古典主义建筑经由欧洲城市回到古典主义的发源地,并且在建设新的希腊身份中变得至关重要。虽然雅典主要由巴伐利亚人修建,但是建筑物已经被居民和现代希腊人民所熟悉的古典形式"归化"了。更重要的是,尽管19世纪的雅典具有殖民城市的特点,但在巴伐利亚规划影响下,雅典逐渐接受了欧洲设计趋势,而且这些欧洲设计又特别是经由巴伐利亚人引入雅典的。

巴伐利亚规划合法化的第二个原因是它摆脱了不规则的奥斯曼或地中海模式。通过希腊城镇的"去土耳其化"以恢复希腊文化是其愿望,这种去土耳其化是经由另一个传统"希波丹姆模式"规划得以实现的。然而,矩形网格(Orthogonal Grids)、笔直的街道以及规则的城镇广场大都没有实现。由于当地土地所有者的压力,雅典规划已经修订了超过3 000次。公民对他们自己所要求的规划的实施办法持反对意见,并批评那些虚拟城市,即蓝图中所体现的不真实的虚幻景观的规划者。这些虚拟城市是令人兴奋的,但有时候亦是危险的,例如按照一个从未到过雅典的人所绘制的辛克尔计划(Schinkel's Plan),将雅典卫城作为布景并入皇家宫殿瞬时造成的危害。

新古典主义、去土耳其化和世界主义都是希腊"二元论"的根本组成部分,现代化不仅在城市文化论述中已不再那么重要,而且在有关世界主义与传统或民族主义的争论中黯然失色,又渗入语言领域从而形成了双重语言。往昔,对西方化接受或抵制是主要矛盾;现今,欧洲化已经使得所有这一切销声匿迹。"保护政权"参与到了权力游戏之中,他们干预了从政治生活到考古发掘,以及雅典历史掠夺等若干领域,雅典卫城仍然是争议性的集体记忆的丰碑,而且充斥着无休止的"财产"和侵吞的冲突。帕特农神庙的大理石——包括所有的三角楣饰、浮雕、多立克式排档间饰,甚至更多的石雕,在1805年被额尔金勋爵(Lord Elgin)走私到英国,现今陈列在大英博物馆。

宏伟的新古典主义纪念碑和城市建筑耸立在未铺砌的街道和简陋的基础设施之中,从而揭示了城市发展的矛盾。1893年希腊破产3年之后兴起了雅典纪念碑化运动,奥运会亦在1896年复兴。而1897年,希腊即被奥斯曼帝国击败。正如19世纪的其他城市,雅典的盛况和纪念碑化运动在希腊的衰落之中抵消了它的象征意味。

两次世界大战之间的雅典

由于1922年小亚细亚的难民涌入雅典,20世纪20年代和30年代两次世界大战之间的雅典成为地中海区域城市化快速发展的原型,从那时起,雅典被重建为一个主要集聚地,也成为受城市化而非工业化影响得以发展的典型的地中海大都市中心。非正规工作、移民和穷人在雅典城市边缘非法建立的非正规住房(Afthereta)成为公共政策(非)反应和城市社会运动的主要问题(如果不是主导问题)之一。1922年至20世纪70年代,城市贫困与非法自建棚屋成为两个主要问题,且随着家庭收入的增长得以改善。专制政府(1967—1974)最终以武力(强拆)和批准(合法化)的形式控制了这些问题,而且国内移民、工人和穷人的住房诸多问题也得到缓解。

自20世纪20年代,先是难民然后是农村移民到达雅典,在雅典形成了空间隔离的基本轴线:官方城市区域规划的内部、外部是二元的,并与内城、郊区相对应,聚集区的东部、西部分别聚集着中产、工人阶级。自发的城市发展和社会隔离创造了与英美方式相反的城市景观,即逆伯吉斯模型(Inverse-Burgess Model)。20世纪20年代,雅典聚集区就出现了西南—东部方向的轴线,一侧是位于中心和东北部不断扩张的别致的资产阶级建筑群,另一侧则是位于城市西部环区,基础设施匮乏的棚户区。

资产阶级和受欢迎郊区住房的重要特点是"自建房"(Aftostegasi),即每个家庭自己修建住房并自我监督。相比之下,内城被中产、上层阶级土地所有者和企业家逐渐占据并紧凑地排列在一起;多层公寓楼是通过土地交换模式建造的,即土地所有者家庭用土地来交换公寓。过热的建筑业和土地投机毁坏了新古典主义建筑与城市遗产,并且破坏了若干层次的城市历史。只有"雅典三部曲"还屹立在城市中心,当然,在城市密度不断增加的情况下,雅典卫城的圣石仍然是城市的焦点。

雅典成为现代主义城市规划的发源地,1933年国际现代建筑协会(CIAM)在雅典举行大会期间通过了由勒·柯布西耶及其同行起草的《雅典宪章》(Charter of Athens),使希腊承担了现代化的建筑和城镇规划先驱的角色。现代建筑师亦极欣赏雅典卫城和考古遗址。雅典卫城和考古遗址在战后成为名胜,而且如19世纪一般,它们仍然是关于财产和侵略的叙述和权力冲突的见证。作为希腊纪念丰碑的雅典卫城已不再仅仅是欧洲抑或全球性建筑,它已经成为侵略和征服城市的象征。当德国占领雅典之后,他们将纳粹国旗插在了雅典卫城,1941年5月31日在著名的马诺利斯·格列索斯(Manolis Glezos)和阿波斯托罗·桑达斯(Apostolos Santas)抵抗的行动扯下了插在雅典卫城上悬挂的纳粹国旗。

3年后的1944年10月12日,希腊从德国占领中独立。不久之后的1944年12月3日这个血腥的星期天,雅典内战爆发,当时大规模的群众示威游行遭到政府和盟军部队枪击。随后,内战在山区肆虐,城市游击亦在雅典狭窄的街道和比雷埃夫斯难民区持续,而20世纪30年代在这些地方就曾出现过重要的劳工运动,20世纪40年代还爆发了地下抵抗运动。从德国占领时期开始,雅典已经成为希腊农村报复运动的避难所,在政治上还引起了形成战后雅典第一次大规模城市化运动的内部迁移。随后几年里,农村人口向城市的迁徙运动逐步升级,并使雅典人口持续增多,雅典人口从1920年的453 042人,增加到1940年的1 124 109人,到1960年进一步增加到1 852 709人,而到了1981年雅典人口高达3 016 457人,当时的雅典集中了希腊总人口的1/3。1981年希腊加入欧盟,希腊内部向雅典的人口迁移速率放缓,并在20世纪90年代趋于稳定。

后奥林匹克创业型雅典

新千年之交的最后10年,即大约从申办1996年"黄金奥运"失利到2004年奥运会后的10年之间的后奥运时代和创业型雅典跻身于欧洲城市发展的前沿,新自由主义管理和全球化激发并重造了城市竞争。从20世纪90年代的大衰退中恢复过来的雅典仍然是一个旅游城市。在雅典成为旅游城市之前,雅典景观和社会已嵌上了后现代风格,现今,雅典已经具有若干采用创业型城市营销(以大型活动为契机)和后现代标志建筑的外国移民社区。雅典蔓延发展的景观已经延伸到荒野,直至距雅典西北部约500千米的弗基达(Fokida)的维诺斯河(Evinos River)。2001年通往雅典的输水管道建成之前,雅典已经存在着一系列的基建工程:1926—1931年建于阿提卡的马拉松大坝(Marathon Dam);1957—1958年建于彼奥提亚(Beotia)的伊利基湖(The Yliki Lake)的抽水站;以及20世纪80年代建于弗基达墨诺斯湖(The Mornos Lake)的大坝和水库。生态的不断扩张阐释了城市饥渴式发展所造成的自然的商品化。

雅典内城以大型国际事件特别是2004年的奥运会为契机建立起标志性建筑。20世纪60年代面向雅典卫城修建了具有大胆的后现代主义风格的卡拉特拉瓦体育场(Calatrava's stadium),及饱受争议的希尔顿酒店。现在有关大型活动的研究将雅典视作奥运会的发祥地,奥运会复兴一个世纪之后"重新返回了它们的发祥地"。在面对类似的城市区域规划的双重标准时,是有规划地复兴历史遗产的本地特色,还是构建世界性建筑和在创新设计中体现全球性?雅典更趋向于后者。著名建筑师在雅典各地修筑各式建筑及新的交通基础设施,包括国际机场、雅典环形高速公路(Attiki odos)和地铁,延伸到科林斯后又延至基亚托(Kiato)扩展郊区的铁路系统让雅典变得"全球化"。这些基础设施在作为创业型城市的雅典,是在城市治理新模式的背景下,通过公私合作的形式修筑的。

大型活动成为城市发展的新动力,并形成了新的城市扩张浪潮。各种违章建筑层出不穷,各个阶级的建筑都有。随着2004年奥运会新基础设施的创建,人口和工业不断发展。阿提卡与雅典盆地逐渐合并成为一个主要的聚集区,新国际机场附近的隔离社区亦迅速发展,劣质住宅大量出现,并快速增长。然而,许多城市化地区仍然缺乏供水和排水系统。违章建筑主要是因投机而出现的,并非真的有市场需求。雅典居民以合作的方式创建住房,连接中心城市与郊区的高速公路两旁布满了建筑,形成了看似紧凑的城市,但牺牲了阿提卡地区的葡萄园。因此,无论雅典的足迹延伸到哪里,城市景观的变化都在逐渐破坏着这些"自然条件"。

文化相比之下得到了保护,但是并非所有时代的文化都得到了保护,如雅典的发展正在破坏其新古典主义的遗产。雅典在欧洲甚至全球概念中,是抽象的人类文明的标准,雅典卫城亦是全球性的符号,在不同时空以不同的方式被感知。自欧洲文艺复兴和托马斯·杰斐逊倡议建立具有古典和希腊风格及民主和平城市开始,帕特农神庙就作为欧洲文明和美国共和主义的标志存在着。相比之下,现今的雅典城并没有达到欧洲的现代化标准,根据麦克·克朗和潘妮·特拉夫罗(Penny Travlou)的理解,实际上,雅典已经破坏了使其成为"记忆剧场"或者"一个城市"的多层历史。但是在新移民为雅典带来新世纪的变迁之前,雅典一直活在自己的历史之中,亦保留着其自发的现代化和非正式景观中的后现代元素,并解决了无家可归和失业问题,即使只是暂时的。

进一步阅读书目:

- Beriatos, E. and A. Gospodini. 2004. "'Glocalising' Urban Landscapes: Athens and the 2004 Olympics." *Cities* 21(3): 187–202.
- Boyer, M. C. 1996. *The City of Collective Memory: The Historical Imagery and Architectural Entertainments*. Cambridge: MIT Press.
- Crang, M. and P. S. Travlou. 2001. "The City and Topologies of Memory." *Society and Space* 19: 161–177.
- Kaika, M. 2005. *City of Flows: Modernity, Nature and the City*. Abingdon, UK: Routledge.
- Leontidou, L. [1990] 2006. *The Mediterranean City in Transition: Social Change and Urban Development*. Reprint, Cambridge, UK: Cambridge University Press.
- —. 1993. "Postmodernism and the City: Mediterranean Versions." *Urban Studies* 30(6): 949–965.
- —. 1996. "Athens: Inter-subjective Facets of Urban Performance." pp. 244–273 in *European Cities in Competition*, edited by C. Jensen-Butler, A. Shakhar, and J. van den Weesep. Aldershot, UK: Avebury.
- Leontidou, L., A. Afouxenidis, E. Kourliouros, and E. Marmaras. 2007. "Infrastructure-related Urban Sprawl: Mega-events and Hybrid Peri-urban Landscapes in Southern Europe." In *Urban Sprawl in Europe: Land Use Change, Landscapes and Policy*, edited by G. Petchel-Held, C. Couch, and L. Leontidou. Oxford, UK: Blackwell.
- Loukaki, A. 1997. "Whose genius loci? Interpretations of the 'Sacred Rock of the Athenian Acropolis.'" *Annals of the Association of American Geographers* 87(2): 306–329.
- Williams, A. and G. Shaw, eds. 1998. *Tourism and Economic Development: European Experiences*. 3rd rev. ed. London: Wiley.

(Lila Leontidou 文　宋丽娟 译　陈　恒 校)

BACK-TO-THE-CITY MOVEMENT | 回归城市运动

随着雪莉·布拉德韦·拉斯卡（Shirley Bradway Laska）和达芙妮·斯佩恩（Daphne Spain）的著作《回归城市：社区更新问题》（*Back to the City: Issues in Neighborhood Renovation*，1980）出版，"回归城市"一词遂成为20世纪八九十年代美国社区复兴和绅士化研究中的关键术语。所谓的回归城市是指在郊区生活多年的家庭从郊区回到城市。这一术语注重的是人的选择权，而不是居住社区或住房市场。其中特别有意思的是，回归的家庭多为年轻夫妻，虽然他们的父母大多在几十年前离开了城市，他们却选择重新从郊区回归城市。

实际上，"回归城市"并不是指字面意义上人的回归，而是城市社区成为居住在郊区和某些特定类型家庭的可行选择。越来越多的人似乎偏向于在靠近工作的地方生活、在室外消遣、文化娱乐设施触手可及、通过投资老房子认可城市社区，并且居住在社会多元化的社区。这一趋势的倡导者认为，事实上，城市生活的便利抵消了郊区生活的优势。此外，他们指出，郊区生活的成本不仅包括往返于工作城市的交通费用，还包括郊区相对缓慢的发展及其与社会的隔离。

关于回归城市运动的整体发展和意义存在诸多争议。当前对回归城市运动的解释主要通过人口结构和兴趣的变化展开，过于注重城市社区复兴的消费层面，因此遭到批判。这种方法被批判的原因是忽略了城市社区背后的经济和政治动力，以及诸如开发者和当地政府等各种因素的作用。与之相反的论点认为，城市生活新型消费者的出现，体现了劳动力市场和年轻职业者生活方式的深刻改变。因此，回归城市运动是人们为应对新兴的社会、政治和经济状况而做出的一种居住选择，同时也是未来城市繁荣的风向标。

进一步阅读书目：

- *Journal of the American Planning Association*. 1979. Special supplement with papers presented at the Symposium on Neighborhood Revitalization, 45(4).
- Laska, Shirley Bradway and Daphne Spain, eds. 1980. *Back to the City: Issues in Neighborhood Renovation*. Elmsford, NY: Pergamon Press.

(Zuhal Ulusoy 文　宋丽娟 译　陈 恒 校)

BANLIEUE ｜郊区

"郊区"一词指围绕法国城市的区域，该词通常在提及巴黎时使用。"近郊"（faubourg）一词也指"围绕城市的区域"，但是，该词现在主要指早期合并入巴黎、现位于巴黎中心地带的区域。这与美国的郊区似乎比较接近，但这两个词存在明显的差别。美国的郊区往往意味着私有财产、安逸的中产阶级、人口密度低和整体生活品质高等积极含义。而法国郊区及其居民（Banlieuesards）的直接含义是拥挤的公共居住区域，在这里聚居着不同肤色的人、新移民和罪犯。因此，法国郊区更接近于美国的贫民窟，法国郊区和美国贫民窟的共同点是等级的不平等与劳动力市场的隔绝及导致居住区隔离的社会壁垒。法语"郊区人"一词现今仍具有贬义，这与法国郊区复杂的历史和现实是紧密相关的。

法国郊区的历史

采用历史角度并将法国郊区视为城市的边缘地带，才能充分理解法国郊区的重要性。与大多数中世纪城市一样，巴黎也具有防御性城墙——随着巴黎的发展，曾先后修筑了6座新城墙，法国大革命前几年修筑的新城墙主要是为了征税。城墙将巴黎划分成不同区域，并在城门设置关卡，带货物进出城门的人都要交税或购买称之为货物入市税的通行权。城墙——自由贸易和交通的障碍——为生活在城墙内外的人设置了一道有形的壁垒，从而影响着经济和生产，并使巴黎城外的居住成本比城内低，导致了早期郊区劳动力和在城里的消费者、游客、金融家及管理者的直接分化。

旧时巴黎郊区有大片开放的自然区域，是巴黎和凡尔赛贵族们青睐的郊游消遣之处，贵族的这种生活方式吸引了法国资产阶级和小资产阶级达官贵人的纷纷效仿。正如莫泊桑（Guy de Maupassant）的短篇小说和让·雷诺阿（Jean Renior）的著名电影《乡间一日》（Une Partie de Campagne，1936）所描述的，他们将周末前往风景秀丽的郊区消遣视为一种身份象征，但是随着越来越多的人在田园般的郊区建造房屋，这些郊区从森林茂密迅速地演变为城郊与城市。

1789年法国大革命之后，法国制宪会议颁布法令，将巴黎限定为以巴黎圣母院为中心、直径为3里格（lieues 1里格约等于5千米——译注）的圆形区域。1841年，政治家梯也尔（Louis Adolphe Thiers）下令修筑新的城墙和关税塔，其周边被列为禁建区。1860年，乔治-欧仁·霍斯曼男爵扩建巴黎，且继续征收赋税。在这次扩建中，巴黎正式吞并了包括巴蒂诺尔社区（Batignolle）、贝尔维尔社区（Belleville）、贝西社区（Bercy）、帕西社区（Passy）、拉维莱特社区（la Villette），以及其他邻近地区在内的古代郊区（l'ancienne banlieue），这些社区亦开始征收货物入市税。这无疑迫使许多工厂由于财政原因不得不搬离，大量工人也随之离开。发达的工业化外部社区，也需要交纳货物入市税以便为当地的基础建设和消费募集资金；而贫穷的郊区则不需要交纳赋税，从而吸引了工业和人口的涌入。直到1943年德国占领法国，才废止了巴黎及其周边城市的货物入市税，并以销售税取代入市税。

随着人口密度的增加，巴黎逐渐吞并郊区以开发新的墓地和公园。1887年，巴黎在南泰尔的外部社区建立了一座大型的建筑物——救济院——来收留巴黎的精神病人、无家可归者、流浪汉和老人，并用以囚禁妇女，1897年这座建筑被改造成医院，现今这座建筑为该地区的穷人和新移民提供了53个郊区避难所。

持续的住房需求

巴黎一直是许多法国国内和国际移民的目的

地。来自法国、西班牙以及非洲的女性工人住在名为"女佣之家"（chambres de bonnes）的仆人公寓,该公寓位于巴黎西部资产阶级公寓的顶层。然而,巴黎过高的生活成本和有限住房迫使工人阶级搬至巴黎东部（以前的工业区）及其郊区。

画家、建筑家、城市区域规划师查理·爱德华·让纳雷（Charles Édouard Jeanneret, 1887—1965）,即勒·柯布西耶,出版了两部颇具影响的著作《迈向新建筑》(Towards a New Architecture, 1923)和《光辉城市》(The Radiant City, 1935)。在书中,他勾勒出经过规划的、理性的、乌托邦式的由大型住房项目组成的住宅区。他的著作影响了一些地区公共住宅及大型公共工程的建设,其中包括巴西新首都巴西利亚、纽约共建社区、芝加哥的罗伯特·泰勒之家(Robert Taylor Homes)以及在许多人多就业少的法国郊区里的新建筑。拉德芳斯位于巴黎西部,该区域在2008年提供了15万个工作机会,却只能容纳2万居民。1958年发起的拉德芳斯工程(La Defense)旨在将巴黎塑造成欧洲之都,进而吸引跨国公司。该计划成功实现,却并没有再现巴黎市中心的综合功能,也没有出现繁忙的公共区域。

随着有关"劣质规划"(mal lotis)的公共丑闻——郊区建造的新住宅缺少水、路、电之类的公共服务——的蔓延,1914年,社会主义政治学家亨利·泽利尔(Henri Sellier, 1883—1943)推动了经济适用房(HBM)——可以负担的住宅——的创建。大量经济适用房在梯也尔城墙附近修建。1921到1939年间,受到英国城市区域规划家埃比尼泽·霍华德的启发,经济适用房管理委员会建造了田园城市(cités-jardin)。1935年,建筑家、城市区域规划专家莫里斯·罗蒂瓦尔(Maurice Rotival)引入"大型住宅区"(grandes ensembles)一词,该词与美国的"楼盘"一致,指容纳多个家庭共享公共区域的大型公共住宅。最著名的廉价房是1931到1935年期间建于德朗西的拉米埃特城(La Cité de la Muette),在德国占领法国期间被用为犹太集中营,6.7万名被驱逐者死于此地。

第二次世界大战后期,现代住房项目取代了位于梯也尔城墙附近禁建区的贫民窟。1962年阿尔及利亚独立之后,阿尔及利亚人（白人殖民者）、以前住在阿尔及利亚的犹太人和"哈基"人(harkis,与法国并肩作战的伊斯兰教信仰者)移居法国,法国政府决定在巴黎、马赛和里昂的偏远郊区收容新移民。

1964年,距离巴黎富人区约1小时路程有一个可以容纳超过1万葡萄牙人的"尚皮尼贫民窟"(bidonville de Champigny),贫民窟居民生活十分窘困。许多阿尔及利亚移民的生活境况也大抵类此。为安抚民意,法国政府通过了《德勃雷法》来改善移民工人的生活条件,以此防止他们离开法国而对1945年至1975年期间法国的重建和发展带来不利影响,这一时期被称为战后繁荣或是"法国辉煌三十年"。政府也为马格里布工人提供了临时性住房,1956年法国政府建立了移民劳工宿舍,为来自阿尔及利亚的新移民及其家人提供正式住房。

虽然法国政府反对建立贫民窟,但是来自巴黎内外富人区的政治反对又推动了移民往偏远贫穷郊区的集中,进而加剧了因缺乏高等教育机会、良好就业机会而形成的长期不平等,这也是郊区居民失业和无法享受社会福利的原因。为了解决这种不平等,政府于1981年建立了特殊的教育区(优先教育区),希冀为这些"敏感地区"投入更多的教育资金。

福利制度的发展以及巴黎生活成本的增加促使了政府补贴式经济适用房的建立。尽管来自巴黎及全省的法国工人是最早的居民,但很快这里就成了移民的聚居区,尽管法律规定居民中任何单一族群的比例不得超过15%,这是为了防止这里成为美国式的种族聚居区。而对于这种法律规定,法国人既害怕又不屑一顾。起初来自法国和欧洲其他地区的工人阶级的高度密集导致了所谓的红色郊区的出现,在这些红色郊区选举产生了主张共产主义、社会主义的市长。据说该政权的改变是因为没能团结大量的新移民,没有得到他们完全的支持。法国人没有注意到的是社会关系和失业把这些未被完全代表的群体团结了起来,以便在严重的劳动力市场歧视、空间隔离与社会排斥下得以生存发展。

差别和排斥的界限

1943年,为了明确划分出巴黎与逐渐发展的郊区之间的界限,有人提出修建绕城高速,即一条围绕巴黎的高速公路。1954年,在原本为梯也尔城墙预留的地方,绕城高速沿着经济适用房建造起来。

许多郊区虽然被发展中的大都市吞并,但保留了外省村庄的风貌,并且郊区有许多共同之处:火车站、公共广场、教堂、市政府、商店、饭店、私人住宅,公共交通直达郊区,开放绿地触手可及。马修·卡索维茨(Mathieu Kassavitz)导演的电影《恨》(La Haine)呈现了一种具有强大的象征性,但是夸张了的郊区生活。该影片关注警察暴力和歧视问题,但是它凸显了对郊区的负面刻板印象。阿布德拉蒂夫·克希什(Abdellatif Kechiche)的电影《闪躲》([L'Esquive],英文版本《爱情躲猫猫》[Games of Love and Chance])更好地描绘了郊区年轻人的日常生活。

1947年,让-弗朗索瓦·格拉维埃(Jean-François Gravier)发表了《巴黎是法国的沙漠》(Paris et le désert français)一书,在书中他指责巴黎毁灭了整个法国,甚至摧毁了法国殖民地的资源、人才和财富。除非各地建立工厂并分散公共职能和权力,否则,权利、影响力和资源集中在巴黎将导致整个法国成为象征意义上的荒漠,即使是霍斯曼也担心巴黎成为一个无法容纳大量无产阶级的奢侈中心。因此,在讨论贫穷和郊区的困乏之外,人们不得不考虑到巴黎西部财富的过度集中和巴黎持续的中产阶级化。正如许多法国思想家所告诫的那样,21世纪的巴黎面临着成为一个具有200万富人和每年有数百万游客参观的博物馆的危险,人们可能仅仅留意到从机场到酒店的沿途风光,却忽略了它们的背后,也就是郊区。

此外,社会学家卢克·华康德强调不同法国郊区所呈现出的多样性。特别值得注意的是拉德芳斯、白鸽林和讷伊(法国前总统尼古拉·萨科齐曾在该市担任市长多年)的西部郊区与新庭、萨尔塞勒等臭名昭著的人口稠密的郊区差异。

巴黎大区人(巴黎人、郊区人和居住在巴黎大区的人)的生存空间和活动超出了旧时的政治和行政界限。郊区最终成为巴黎的一部分,因为巴黎的运行和日常生活是在郊区这一后台展开的,离开郊区巴黎将难以维持。因此人们不能在讨论郊区时忽视巴黎,也不能在讨论巴黎时不提及它的郊区,这同样适用于法国其他的主要城市。

进一步阅读书目:

- Fourcaut, A., E. Bellanger, and M. Flonneau. 2007. *Paris/Banlieues—Conflitsetsolidarités*. Paris: Creaphis.
- Pinçon, M. and M. Pinçon-Charlot. 2004. *Sociologie de Paris*. Paris: Découverte.
- Sayad, A. 2006. *L'immigrationou les paradoxes de l'altérité: L'illusion du provisoire*. Montreal, QC: Editions Liber.
- Wacquant, L. J. D. 2008. *Urban Outcasts: A Comparative Sociology of Advanced Marginality*. Cambridge, MA: Polity.

(Ernesto Castañeda 文　宋丽娟 译　陈　恒 校)

BARCELONA, SPAIN ｜西班牙巴塞罗那

巴塞罗那位于西班牙东北部加泰罗尼亚地区,是西班牙第二大城市,全市面积100平方千米,市区人口约160万。20世纪80年代开始的巴塞罗那城市改建工程在1992年巴塞罗那奥运会期间达到顶峰,巴塞罗那也因其后工业城市改建计划而闻名世界。实际上,"巴塞罗那模式"的城市改造方案,成为重新定位全球经济城市、平衡经济产出和社会文化建设的典范。

工业化与扩张

19世纪中叶,向现代城市的转变和扩建奠定了巴塞罗那的城市形态。那一时期的巴塞罗那面临着3个基本问题。第一,虽然19世纪上半叶巴塞罗那已经实现了工业化,人口也大量增长,但是直到1860年,巴塞罗那仍限定在中世纪老城区的范围内。第二,虽然巴塞罗那已经成为工业中心,但是在西班牙却缺少政治影响力。第三,巴塞罗那的工业化和发展主要是依靠当地资金实现的,缺少强大雄厚的金融业。这是巴塞罗那发展中遇到的问题。几乎所有改善城市、吸引固定资本投入的尝试,都需要国家政府机构的扶持和资金投入。因此,城市的演变与大事件(例如1888年世博会或者1929年世博会)或是被迫中止的大事件(1936年奥运会、1982年世博会)息息相关。这些事件往往促进了规划项目的广泛发展(如1860年塞尔达规划[Cerdà],1932年马西亚规划[Macià],1976年大都

拉布兰大道(Las Ramblas),环绕巴塞罗那的一条步行街
来源:Ralf Roletschek

市通用规划[General Metropolitan Plan])。从这个意义上讲,当前的城市官员无疑будет利用如 2004 年奥林匹克环球文化论坛这样的机会进行城市区域规划。

现代城市发展

巴塞罗那的城市发展主要集中为 3 个时期:(1)1860 年,旨在使巴塞罗那向中世纪老城区之外扩张的塞尔达规划;(2)西班牙独裁时期混乱的城市和经济发展;(3)恢复民主制度后,奥运会导向的城市改建。

塞尔达规划

巴塞罗那现代发展的第一个阶段开始于 1860 年塞尔达规划的实施,塞尔达规划以卫生、循环和向城市边界外规划发展等现代化、实用且富有开拓性的原则为基础,将巴塞罗那构想为一个网格。虽然塞尔达规划在构想之初蕴涵着一些先进的理念,但是在地产投机商的影响下,一些新的理念在扩展区(巴塞罗那老城区附近区域)的建设过程中流产。然而这种网格规划和塞尔达规划是 20 世纪巴塞罗那城市主义的基础。

佛朗哥独裁统治和波切勒斯模式

巴塞罗那城市区域规划的第二个重要阶段随着 1939 年法西斯独裁统治而出现。20 世纪 50 年代,长期战乱和国际孤立结束后,首个也可能是最后一个成功的国际货币基本组织结构调整计划(1957—1959)拯救了西班牙政府,使之免于垮台。以巴塞罗那为主要工业中心的西班牙,在该调整计划后经历了数年的无序发展。工业化、移民(来自其他地区)和汽车行业成为巴塞罗那发展的基石。这种城市化模式被称为波切勒斯模式(Porciolismo),以 1957 至 1973 年期间的巴塞罗那市长何塞·马里亚·波切勒斯(José María Porcioles)的名字命名。波切勒斯任职期间奠定了巴塞罗那的几个特征:第一,巴塞罗那的发展形式符合当时以快速工业化为基础的无政府资本主义。新兴工厂以劳动密集型方式为国内市场生产品质低下的商品。巴塞罗那通过混乱的发展和拆迁、建造高层住宅以及高速公路的形式以适应工厂和劳动力的变化,并实现货物和人员的流动。第二,城市精英、地产开发商热衷于城市扩建,他们在这一过程中大发横财,最终也使巴塞罗那成为大都市。城市扩建聚焦于巴塞罗那,但很快发展成为建设大巴塞罗那的主张。

反佛朗哥统治和社区运动

然而,波切勒斯模式型的城市生活为以后的改变埋下了伏笔。巴塞罗那的大规模建设成为当时反佛朗哥的关键。20 世纪 60 年代,主要集中在城市的反佛朗哥运动得以发展壮大,这类运动首先在大学兴起,然后向工厂和周边地区发展。反对运动由政党(左翼、巴斯克民族主义党,或者两者)、工会以及社区运动在内的不同的机构发起。在这种复杂局势下,多种形式的争论并起,并造就了巴塞罗那和加泰罗尼亚未来的民主领袖。虽然这些领导者不完全是大学学者和中产阶级,但是仍然组织了激烈的工人阶级运动。

20 世纪 70 年代开始,社区联盟在巴塞罗那政治舞台上发挥了重要作用。社区联盟形成于 20 世纪 60 年代末期,并与工会和政治运动结合,同时得到了重要的城市区域规划专家和建筑师的帮助。20 世纪 70 年代初期,佛朗哥政权的反对派和社区联盟巧妙地利用了巴塞罗那改革规划的机会及形式,设立了更加合理并不太可能吸引土地投机的空间新秩序。然而,这一活动的关键是 1974 年的大都市区总体规划(GMP)报告。它的设立是为了应对波切勒斯模式的发展:即大巴塞罗那的饱和与垮台。以社区联盟为主的反对组织、刚大学毕业的新生代城市区域规划师和建筑师致力于大都市区总体规划,其中有些人后来进入政府工作。巴塞罗那的金融家和开发商认为,大都市区总体规划是反对他们既得利益的社会主义规划。两年之间,他们试图通过直接影响政治体系(实际上,他们之中有关键的政治人物)、媒体游说和法律程序改变大都市区总体规划。然而,他们的游说与采用非暴力方式反对开发商的投机、私人运营和违规行为的 FAVB(Federac-

ió d'Associacions de Veïnsi Veïnes de Barcelona)相冲突。1976年(此时佛朗哥已去世),大都市区总体规划终于得以通过,它是改变城市布局的首次局部胜利,总体规划即使没有终结,但是也弱化了巴塞罗那高密度的投机行为,它为20世纪60年代成立社区的基础设施建设开辟了空间,并且合理地安排了城市区域的工业空间。

后佛朗哥时代

1975年佛朗哥去世,两年之后西班牙进行了第一次民主选举,并创建专门的委员会以制定西班牙新宪法,新宪法于1978年通过。西班牙试图重新定位自己在欧洲的经济、政治地位,并巩固国内民主。1981年2月23日的政变虽然失败了,但也威胁到西班牙国内的民主。1986年西班牙进入欧洲经济共同体。总之,中央政府必须实行国家现代化并在国际上显现出来。在这一背景下,20世纪80年代是国家权力的下放时期。如果巴塞罗那、加泰罗尼亚与西班牙中央政府的关系在历史上一直不和谐,那么国家权力下放至地方政府可以改善这种敌对关系。一方面,自1980年加泰罗尼亚地区的第一次选举以来,地区政府一直被右翼民族主义联盟掌控。另一方面,自第一次选举以来,巴塞罗那市政府由左翼政党联盟管辖。1987年,加泰罗尼亚地区政府废除左翼控制的巴塞罗那大都会公司(与撒切尔撤销大伦敦理事会类似)时,这种紧张的局势就已经非常明显。因此,市政府要想完成任何大型项目,必须处理具有不同议程的管理机关,还要面对各种质疑。

奥运会:一种城市改革策略

在这样的历史境遇中,巴塞罗那不仅要应对从工业城市向后工业城市的转变,更重要的是要适应这种矛盾境况。20世纪70年代末80年代初所采取的是对巴塞罗那幅度较小(成本相对较低)的改造措施,这包括拆除旧社区、"海绵状"的再城市化(高密集区域的小型公共空间)和建设社会住房。但是这些措施不足以改善巴塞罗那,而市政府的策略也导致了一种特殊的政治参与。主办奥运会是通过获取中央和地区扶持来改建巴塞罗那的一种策略。在这种冲突状态下,为了实现和改善大都市总体规划,巴塞罗那申请并举办了奥运会。然而,奥运会本身并不是一个新的理念,巴塞罗那第一次申办奥运会是在第二共和国时期,但是当时败给了柏林。在第二次申办奥运会之前,巴塞罗那得到了国际奥委会主席萨马兰奇的支持,而且这次申办也符合其他方面的利益,例如西班牙社会主义政府想通过奥运会展示西班牙的现代化程度,同时民族主义地区政府想向国际推广加泰罗尼亚的身份。与20世纪80年代的其他奥运会目标不同,这次奥运会既没有全国性的推广(如1980年的莫斯科奥运会和1988年的汉城奥运会),也没有私人利益的推动(如洛杉矶1984年奥运会)。它是改变城市的一种投资工具,并成为各大城市申办大型活动的策略。

从这个意义上讲,这种策略具有创造性:宣传城市品牌、吸引投资和旅游、重新定位巴塞罗那在欧洲的位置。这一策略也成功吸引了不同层次的政府、私营部门和公民的关注,但是又与20世纪80年代欧洲和北美的企业主义有很大不同。首先,它不仅仅是通过完善基础设施促进城市发展,而且随着奥运项目在整个城市的开展,它通过考虑城市的社会问题、长期目标和城市发展明确城市需要什么。其次,尽管以公私合作的方式展开,但公共机构掌控着私营部门的合作模式。最后,通过为其他行政部门制定标准,市议会掌控了整个项目。它的结果几乎都是积极的,并为企业主义带来了一种更加社会民主的方法。

总之,奥运会之后的巴塞罗那成为城市区域规划的国际典范,被定位为欧洲最值得推崇和游览的城市之一。这种成功带来了地区、国家和国际资金的回流,使投机成为推动和塑造市政事务的主要力量。同时,通过《马斯特里赫特条约》及其稳定条款的应用,20世纪90年代早期,新自由主义开始影响西班牙政治。新自由主义与经济金融化、劳动力市场的自由化、国营企业私有化以及以马德里为中心的集中规划和开支增长,改变了巴塞罗那的城市发展策略。

巴塞罗那通过重视供给侧的经济政策、市场竞争和弱化再分配的政策,增强了竞争力。在这种背景下,巴塞罗那凭借新的策略和主张,试图重新定位它在全球经济中的位置,包括文化策略规划、大型文化活动与建立数字社区的三层策略。它旨在使巴塞罗那进入国际劳动力分工和全球城市体系的上游位置(至少保持现有位置不下滑),并且通过与更多的城市就巴塞罗那模式达成共识,以便建立一个参与跨地区的国有及私营部门的区域联盟。其大型活动即2004年的全球文化论坛,围绕文化多样性、可持续发展、和平条件3条主线,旨在推动"全球意识发展以及全球化的理论、观点、经验和感情交流"。巴塞罗那的长期目标是重新发展位于波布雷诺(Poblenou)和贝索斯河(the River Besós)之间的北部海滨,这一地区被重新命名为迪尔哥诺·玛(Diagonal Mar)。全球文化论坛实施之后,巴塞罗那市政府将以前的工作和生产区域如拉玛肯尼斯塔(la Maquinista)、若那·法兰卡(Zona Franca)和波布雷诺重新规划为数字化社区。此时,唯一一个加强区域是位于迪尔哥诺·玛和奥运村之间的波布雷诺,这里的改建策略已经采用了数字化社区的形式。这项名为22@bcn的项目目标是将波布雷诺转变为一个新经济的产业区,聚焦信息与通信技术,鼓励文化活动的发展。

然而,从塞尔达规划到奥运会,发展方向的转变打破了巴塞罗那现代化的网状结构,巴塞罗那城市改建后期出现了越来越多的问题。一方面在过去的几十年里,经济、文化和移民的变化已经明显改变了城市的生活和公民认同(例如,外国居民在总人口的比例从1996年的1.9%增加到2007年的15.6%),这给城市区域规划机构带来了新的挑战。另一方面,宣传城市品牌、吸引投资、解决中产阶级化的影响成为越来越多的来自当地与国外的城市社会运动及学术关注的重点。

进一步阅读书目:

- Busquets, J. 2005. Barcelona. *The Urban Evolution of a Compact City*. Rovereto, Italy: Nicolodi and Actar, in association with Harvard University Graduate School of Design.
- Calavita, N. and A. Ferrer. 2000. "Behind Barcelona's Success Story: Citizens Movements and Planners' Power." *Journal of Urban History* 26: 793-807.
- Degen, M. and M. García, eds. 2008. *La metaciudad: Barcelona. Transformación deunametrópolis* (The Metacity: Barcelona. Transformation of a Metropolis. Barcelona, Spain: Anthropos.
- Ferrer, A. 1997. "El plan general metropolità. La versió de 1976." *Papers regiómetropolitana de Barcelona* 28:43-53.
- Marshall, T., ed. 2004. *Transforming Barcelona*. London: Routledge.
- McNeill, D. 1999. *Urban Change and the European Left: Tales from the New Barcelona*. London: Routledge.

(Ramon Ribera-Fumaz 文 宋丽娟 译 陈 恒 校)

BARRIO | 拉美裔聚居区

拉美裔聚居区是指代拉丁社区的传统词语,拉美裔聚居区自19世纪中叶成为城市基础,并且受到了美国城市中的种族主义和种族隔离的影响。拉美裔聚居区对拉丁文化和拉丁身份也具有重要作用。

拉美裔聚居区主要的物质特性与可持续环境特征有关,这些特征包括混合型密度、混合型用途(尤其是居民区的商业用途)、生活工作空间、公共交通、步行和循环。需要指出的是,街区亦作为一个文化社区体现出社会网络的重要性。

20世纪以前,与结构性不发达有关的主要城市问题是廉价住房和地方经济萧条,以及城市政府无法解决道路、下水道、煤气和照明等城市公共服务方面的问题。拉美裔聚居区还是一个与规划以及城市政策精英主义相冲突的区域。这些问题包括包容性规划的缺失、种族主义、城市政策中的精英主义、与高速公路有关的社区破坏、再发展及私营部门的发展、绅士化和土地投机。

拉美裔聚居区的形成反映了工人阶级社区的文化转变如何帮助他们重新获得他们想要的空间,它也体现出文化实践在社会控制体系下确定了位置及其与所有权类型或尝试无关的象征性代表的重要性。

拉美裔聚居区形成的最初阶段

20世纪早期,拉美裔聚居区通常位于乡镇和城市特定的种族隔离区域内。这里如同殖民地,主要特点是低下的居住条件、低劣的内部道路(实际上是肮脏的街道)、有限的甚至不充足的水、卫生和洪水控制等基本设施匮乏。种族的空间隔离受到了包括河流、铁路轨道和农业缓冲区在内的自然屏障或者人工建成环境的影响。拉美裔居住在城镇周边的小型农业营地上,他们在20世纪中叶构成了一个具有有限土地所有权的承租阶级。

大量的殖民地般的聚居区建立在城市边缘的就业中心、铁路站、生产区和农业区附近。这些"宜居空间"有不合格的房屋、帐篷和用当地材料混合建立的棚户区。这些城市居住区域的条件给城市中的拉美裔造成了负面的形象。由于被禁锢在这种恶劣的条件之下,拉美裔聚居区被视作对改善生活方式不抱希望的边缘化家庭的聚居区,拉丁文化甚至被作为系统化的种族歧视和社会压迫之下的产物。

这一时期的拉美裔聚居区分为两种类型。靠近市中心的拉美裔聚居区被快速的城市化包围,与传统城市体系扩展相关的基础设施得以改善。圣安东尼奥、丹佛、凤凰城以及埃尔帕索是这种街区与城市关系的典型代表。在这些街区,街道、下水道、水和电力供给通常得到保障。虽然这些服务的质量和维护与其他街区相比存在差距,但是这些与城市经济有关的服务供给是存在的。

相反,位于城市边缘或半农村区域的拉美裔聚居区则缺少最基本的城市设施。虽然拉美裔是当地经济不可或缺的劳动力,但是隔离的居住状况形成了独特的空间形式。时至20世纪60年代,许多拉美裔聚居区仍有肮脏的街道。南里奥格兰德河谷的城市以及沿美墨边境的其他城市是这种类型街区的典型。这些区域的聚居区主要利用改进的粪池系统、水力传送、木材和沼气做饭和取暖,这里的电力服务混乱无序,垃圾回收很不正规。直到第二次世界大战后才有了防汛工程、人行道以及地下水道系统。这种城市基础设施的匮乏在中小城市非常严重,对于这样的地区,街区的社会结构发挥了重要作用。20世纪90年代,大量拉美裔聚居区尤其是得克萨斯州的拉美裔聚居区仍然存在这种基础设施不足的特点。在许多拉美裔聚居区,甚至是大城市仍然存在一些没有人行道的住宅街区。这是城市发展初期公共工程策略不平衡的产物。

加利福尼亚州东洛杉矶

20世纪初期和20年代初,日益增加的工业劳动力需求改变了城市的特征。例如,沿马特奥街(Mateo)和第7街的拉美裔聚居区是洛杉矶最早的街区之一,目前该裔聚居区是市中心东部主要的生产性区域。这种对生产空间的需求最终导致了城市西南部大量拉美裔聚居区被拆除。

在这种情况下,美国最重要的城市拉美裔聚居区即东洛杉矶的演变为这种城市转变提供了新的视角。最初移民洛杉矶河东部的拉美居民被迫搬出索诺拉镇(现为唐人街)和工业中心,搬入贝尔韦代雷(Belvedere)街区。另一个拉美裔聚居区,卓约·马拉维拉(Joyo Maravilla)被建在更靠西的地方。这个社区位于博伊尔高地东侧,拉美居民向此地的迁徙曾于20世纪20年代一度停滞。然而改善住房的要求导致越来越多的拉美居民移居此地。

因此,东洛杉矶最初的文化转变伴随着种族聚居区的崛起。至 20 世纪 30 年代初期,拉美居民的移入显著地影响了该社区的文化动态。在 20 年的时间里(1920—1940),东洛杉矶成为美国最大的拉美裔聚居区。从那时起,它演变成为美国历史上最重要的少数族裔城市飞地,一个被巴耶和托雷斯称为"大东区"的大都市地区。该区的文化影响延伸到市中心以东约 32 千米,约 2590 平方千米。

20 世纪 70 年代以后以及现代拉美裔聚居区的演变

街区持续的空间局限性将拉美裔聚居区转变成密集拥挤的社会和物理环境。1960 年以前,人口增长率对街区空间的地理界限形成了严峻考验。然而在拉美居民的人口快速增长时期,房地产行业中的种族歧视受到巨大冲击,最初的工人阶层从传统的拉美裔聚居区向郊区的迁徙正是对这种人口转变的一种反应。与街区直接毗邻的老旧社区是拉美居民开辟的第一个区域。

东洛杉矶由于面积巨大,走在城市化的前列,邻近的社区逐渐变成拉美文化区域。西南地区拉美裔聚居区的涌现和并入开启了城市拉美裔聚居区的新时期。

到 20 世纪 70 年代末,拉美裔聚居区的扩张出现了 3 种形式:(1)传统街区并入邻近社区;(2)城市和区域演变成拉美居民占主导的区域、工人阶级郊区和内城;(3)从中产阶级拉美居民移居郊区脱离出来。这经常会导致传统街区经济的加速下滑。

这 3 种类型洛杉矶都出现了,而其他城市则形成了不同的空间关系。埃尔帕索属于第一种情形:埃尔塞贡多街区继续向邻近区域扩展,并创造了一个完全拉美化的拉美城市区域。凤凰城、丹佛和萨克拉门托演变成了第二种类型,一些选定的郊区社区经历了多族裔融合,而其他邻近社区仍然以欧洲美国人为主体。图森、圣何塞和圣迭戈是第三种类型,郊区的迁移造成了与传统郊区在空间和社会上的分离。圣迭戈的洛根高地是从中心城市北部分离出来的郊区类型,而由于威爵街区(Viejo Barrio)的破坏,图森成为一个不同的拉美裔聚居区类型。

21 世纪的拉美裔聚居区

拉美裔聚居区仍然存在着危机,如可负担住房不足,环境污染和用地冲突逐渐增加了拉美裔聚居区在公众健康方面的风险。振兴经济、创造就业机会以及小企业的稳定性都是城市街区面临的问题。这是拉美裔聚居区系统性地否决资金再投入所遗留的问题。不均衡发展使街区处于一种长期恶化、社会功能障碍、经济机会有限和政治边缘化的状态。城市规划如今面临双语和双文化的挑战,既要保证拉美居民的参与又要保证其空间使用权。诸如信息审查制度、住房隔离、城市发展规范、忽视环境问题以及赤裸裸的种族主义等排外措施正在逐渐减弱。拉美裔聚居区居民已经开始为低收入居民提出提高生活质量的要求。同时,拉美裔聚居区城市生活方式实际上已经扩展至美国所有的大城市。

进一步阅读书目:
- Davis, Mike. 2000. *Magical Urbanism*. London: Verso.
- Diaz, David. 2005. *Barrio Urbanism*. New York: Routledge.
- Rodriguez, Nestor. 1993. "Economic Restructuring and Latino Growth in Houston." In *In the Barrios*, edited by J. Moore and R. Pinderhughes. New York: Russell Sage.
- Valle, Victor M. and Rodolfo D. Torres. 2000. *Latino Metropolis*. Minneapolis: University of Minnesota Press.

(David Diaz 文　宋丽娟 译　陈　恒 校)

BAZAAR ｜伊斯兰集市

伊斯兰集市最初是指"东方"市场,它作为一个公共机构和空间,数个世纪以来吸引了全世界的关注。集市既是感知和符号的承载空间,又是各种影响、职业和艺术品的汇聚点,出现在大多数的旅游指南、小说和报告文学(经常出现在学术著作)之中,既是中东(和亚洲)社会的缩影,也是让游客获取当地文化最生动、最"正宗"印象的平台。最初是一个局部空间和概念,目前伊斯兰集市已经成为跨地域想象的组成部分,并且是西方异化和东方主义代表的实例。

土耳其托普卡匹(Topkapi)露天集市展示的帽子
来源:Jill Buyan

伊斯兰集市已经得到不同学科学者的关注。在早期的学术研究中,伊斯兰集市主要被视作一种经济行为,因此主要是经济学家、历史学家和人类学家的研究领域。然而,它在后期被定义为解决社会问题的一个重要平台。一方面,伊斯兰集市代表着特殊的交流空间和地点(一些学者将其定义为商品交易会、世界博览会和当代百货市场的完美先驱);另一方面,伊斯兰集市是一个反对竞争性"西方"市场的经济体系(原本是农民市场)。在过去几十年里,伊斯兰集市已经变成描绘后现代社会各个方面的流行象征。带着最初的东方主义内涵,伊斯兰集市现在是一个用于描述当代混合的、多方面的、全球互联和数字化世界的常用术语和概念(学术和公共论题中)。

在简要介绍这一术语的由来之后,本词条将概述市场研究特性的一些章节和概念。本词条分为三个部分,第一部分将伊斯兰集市看作一个经济系统,第二部分将其视作一个汇集空间,最后将其视为一种象征。然而本词条并不是为了给该领域的科学研究谱写完全的年鉴,相反是为伊斯兰集市在社会人类学科中的主要存在形式、解释和变化提供新的见解。

术语解释

伊斯兰集市一词源于波斯,指市场或交易场所,该词已经存在了多个世纪,并流传到世界各地。在东方国家,它被用于南亚和东南亚(在印度,它也指一个单独的商店或货摊)。在西方国家,它出现在阿拉伯语、土耳其语以及欧洲语系的国家。然而,这些语系的国家主要是使用集市字面上的意思,在许多欧洲国家,集市一词是"东方市场"的代名词,并且用来表示混乱、无序和不合理的交易场所,在这里可以找到一系列的物品和想法。然而,在世界大多数地区,该词经常被用于表示(露天的和本土的)集市。

作为经济体系的伊斯兰集市

在过去50年里,两种主要方法主导了学者对作为经济体系的伊斯兰集市的研究。尽管以往的研究几乎都将伊斯兰集市作为现代资本主义竞争性市场的先驱或原型,但是更多近期的研究则将其描述成似乎完全游离于现代经济之外的社会文化背景中的产物。第二种研究方法的最有影响力的学者是人类学家理查德·福克斯(Richard G. Fox),在关于北印度集市的研究中,福克斯将集市表述为一个不合理的地方,是一种缺乏专业化或过分专业化、服务和产品无序混合的活动和系统,并将集市视为西方资本主义市场的典型反例。无独有偶,人类学家克利福德·格尔兹(Clifford Geertz)亦把集市视作一个奇异的环境和现象。他认为集市作为一个系统,其特征是产品的差异性、持续的讨价还价以及稳定的客户群。格尔兹认为伊斯兰集市明显地挑战了西方市场的逻辑,它的特点是匮乏而分布不均匀的信息(有关产品及其生产),以及一种"已知的"愚昧。根据格尔兹的理解,对知识不断的探寻和保护(也就是减少无知愚昧的尝试)是伊斯兰集市的主要社会活动。伊斯兰集市既不是非市场经济,也不是工业市场的简单写照,它是一种独特的社会关系系统。

虽然范西洛(Fanselow)指责格尔兹创造了另一种非西方现象的异化报告,但是格尔兹为研究集市科学方法的扩展做出了贡献,侧重于在伊斯兰集市这一特殊空间中所发生的社会行为,并将其与他的人类学的主要理论观点联系成一个解释体系,他在有关伊斯兰集市经济的文章中将集市行为描述成体现个人整合周围空间符号能力的一种高级艺术。格尔兹关于塞夫鲁摩洛哥集市的论著标志着集市研究方法的转变——集市不再仅仅是经济交易的一个舞台,它也是捕捉社会精髓之地,是研究各种社会关系的理想之处。

作为一种融合空间的伊斯兰集市

与格尔兹一样,许多社会科学的学术著作将伊斯兰集市视作收集更广泛的关于社会、文化、历史问题的视角的空间。伊斯兰集市不仅仅是经济交易的特定场所,它也被描述成经济与礼仪、宗教信仰和政治等社会生活相融合的缩影。如阿南德·杨(Anand Yang)等学者提出伊斯兰集市是研究个人生活经历和市场、国家等定义的更大叙事相结合的完美场景。致力于殖民印度研究的历史学家围绕伊斯兰集市产生了激烈争论,并将其视作共同身份的生产机制。由诸如中心和边缘、公共和私人、外国和当地等相反的概念定义,伊斯兰集市被看作体现印度(以及可以被其他国家吸引的类似地区)更大的投资过程的形象代表。

这种方法侧重于将伊斯兰集市作为各种影响、利益和议程汇聚的空间,同时也体现出许多当代伊斯兰集市研究的趋向。实际上,近来集市被视作研究民族身份生成、性别与等级定位、视觉和美学问题、"公众"社会行为解释等相关问题的理想平台。它吸引了致力于研究文化表征与商品化及文化政治学（地理学家和旅游研究者做出广泛贡献的领域）的专家的注意，同时它也吸引了对主体性、身份和空间的相互关系，也就是个人通过围绕他们的空间来塑造其生活模式感兴趣的学者的关注。

然而，集市也是研究意义和符号越界旅行、运动和流动问题的有效场所。类似于马克·奥格（Marc Augé）的"非地域"，集市在某种意义上是一段旅程、一个（时间和空间上）证据、人类和产品快速重叠的平台。集市亦强调日常生活中想象和幻想发挥的关键作用。集市作为由接触、交流和融合的跨地域公共环境的表达，它模糊了地区与全球、传统与现代、过去和现在的界限，因此重新审视了文化和空间之间过于简单的传统关系。同时，它也有助于对全球化创新观点的传统假设提出质疑。实际上，历史上最著名的伊斯兰集市业已受到主要贸易路线数个世纪的影响，而且是在跨地域场景的影响下得以发展。因此，最新的全球化趋势可能只是简单地增加了产品、信息、人的流动但是并没有在质上产生明显变化。因此将当今世界市场视作一个融合的空间，引发了关于全球化和后现代文化逻辑的核心问题。

作为当今世界象征的集市

20世纪70年代，格尔兹已经注意到如何将集市这一描述性词语转变为一个分析性的概念。近来，该词在社会科学领域（也发生在公众议题中）发生了转变，它被翻译成描述当今世界各种现象的一种象征。在东方主义、异化、后现代理论的视野中，集市已经成为表示后现代社会生活无序、混合、分散、多元和商业化的符号。

将集市作为一个术语和概念来描述后现代城市，是集市的象征性内涵之一。作为体现多样性、贸易和流动的平台，集市被用于概括城市的边缘地区、未定义的，有时是危险不合法的城市区域。作为另类空间，集市被概括为由不稳定角色（如兼职工作、半非法职业等）所组成的空间概念，与公开的官方集市并行。

集市在更抽象的层面上也已经被用以描述数字化虚拟的现实空间。受到米歇尔·福柯和吉尔·德勒兹（Gilles Deleuze）等后结构主义思想家的启发，埃里克·雷蒙德（Eric Raymond）在开源软件模型的发展分析中，选择集市作为囊括不同议程和方法的新颖、开放、非线性、灵活的软件开发模型的重要象征。伯努瓦·德莫（Benoît Demil）和泽维尔·勒科克（Xavier Lecocq）进一步拓展了雷蒙德的方法，他们在开放式许可模式的激发之下，选择相同的象征来描述新的（集市）管理模型。集市无疑是最常用的商业和非商业的网页空间词语（如互联网商店和数据银行）。

"集市"在数字网络和虚拟空间论述中的象征性存在再一次体现了这一概念的潜力。在研究后现代身份和主体性的大量著作（主要来自文化研究领域）之中，集市也强调了其自身与无政府自由、非领土化和个人主义的联系。与后现代非领土化主题一致，集市在此代表一个创造性空间。作为一个主题生成的临界区，集市为个人提供了一个身份商议的间隙（因此不受控制）。

鉴于市场的象征性维度，作为一个术语和概念，集市能够与自后殖民时代起经历了含义颠覆的一系列词语（混合、游牧等）联系起来。曾经表示歧视和压迫的词语和概念已经成为复兴的积极象征。许多学者、公共管理者、艺术家和评论家采用这些词语以表示（可能有助于恭祝）当代世界（不仅仅是西方）的开放性和流动性。实际上，值得补充的是，市场是一个更加有效的，用以描述致力于促进当今欧洲一体化和跨文化对话的公共事件和节日的象征和启示。

因此，伊斯兰集市已经从一个曾经的衰落之地（如爱德华·摩根·福斯特[E. M. Forster]的小说《印度之旅》[*Passage to India*]所描述的），转变为跨地域融合和对话的同义词，亦是开放、个性和自由的同义词。伊斯兰集市曾经被东方主义幻想描述为异域的、典型的、差异性空间，但是特别是在当代的西方,它散发着文化多样性的魅力。伊斯兰集市曾经是有组织的、合理的西方市场的反例,现今变成了毋庸置疑的对创造力的颂赞。事实上颂赞之余,在当今世界的许多地区,市场(作为一个合理的物理空间)已经成为一个安全问题。由于具有不可控制和混乱的特点,如今的集市往往是恐怖主义和异议行为的选择之地。另外,这一词语所引起的变动和特定背景的联系是值得学者反思的现象。

作为旅游词汇,伊斯兰集市在其象征性用法中引发了更宽泛的文化政治的表述问题。伊斯兰集市为更宽泛的社会文化变迁提供了观察的入口,对伊斯兰集市在西方学术界的"象征性历史"的重要分析,也为学术著作和论述中流行的东方主义和异化概念(消除权力差距)潜在的再思考开辟了新思路。

进一步阅读书目:

- Augé, Marc. 1995. *Non-places: Introduction to an Anthropology of Supermodernity*. London: Verso.
- Bhabha, Homi K. 1998. "On the Irremovable Strangeness of Being Different." In *PMLA* 113(1): 34–39.
- Demil, Benoît and Xavier Lecocq. 2006. "Neither Market nor Hierarchy nor Network: The Emergence of Bazaar Governance." *Organization Studies* 27(10): 1447–1466.
- Fanselow, Frank S. 1990. "The Bazaar Economy or How Bizarre Is the Bazaar Really?" *Man, New Series* 25(2): 250–265.
- Fox, Richard G. 1969. *From Zamindar to Ballot Box: Community Change in a North Indian Market Town*. Ithaca, NY: Cornell University Press.
- Geertz, Clifford. 1978. "The Bazaar Economy: Information and Search in Peasant Marketing." *American Economic Review* 68(2): 28–32.
- —. 1979. "Suq: The Bazaar Economy in Sefrou." In *Meaning and Order in Moroccan Society*, edited by C. Geertz, H. Geertz, and L. Rosen. Cambridge, UK: Cambridge University Press.
- Hetherington, Kevin. 1997. *Badlands of Modernity: Heterotopia and Social Ordering*. London: Routledge.
- Raymond, Eric S. 2001. *The Cathedral and the Bazaar*. Rev. ed. Sebastopol, CA: O'Reilly.
- Ruggiero, Vincenzo and Nigel South. 1997. "The Late modern City as a Bazaar: Drug Markets, Illegal Enterprise and the 'Barricades.'" *British Journal of Sociology* 48(1): 54–70.
- Yang, Anand A. 1998. *Bazaar India: Markets, Society, and the Colonial State in Bihar*. Berkeley: University of California Press.

(Paolo Favero 文　宋丽娟 译　陈　恒 校)

BÉGUINAGE ｜半世俗女修道院

半世俗女修道院是指一个由半世俗女修道者组成的社区(法语:半世俗女修道者[béguines],来自拉丁文 beguinae),或者是不需要永久遵守清规戒律的天主教妇女生活在一起的社区,也指该社团在城市或乡镇所占有的物理和社会空间,通常以一堵墙、一条护城河或两者作为标志,由一座教堂、半世俗女修道者单独生活或与同伴一同生活的住宅、用于日常生活的几栋大的建筑、为社区的穷人和老人设立的医院以及如面包店或农场的各种服务性建筑组成。源于中世纪的一些大的半世俗修道院很好地存留至今,在比利时和荷兰的城市风景中留下了它们的印记。比利时北部的佛兰德斯存留着

13座半世俗修道院,它们在1998年被列入联合国教科文组织的"全球意义"世界遗产名录。在简要介绍半世俗修道女运动的历史起源之后,本词条将介绍两种类型的半世俗修道院("修道院"和"宫廷式")及其各自的历史,同时也将论述当代城市研究中关于半世俗修道院的相关研究。

半世俗女修道者

半世俗女修道者最初被称为"宗教妇女",在13世纪早期低地国家、莱茵兰和法国北部的资料中首次出现(最初拉丁语中的宗教妇女[mulieresreligiosae])。她们独自生活或组成小型非正式团体,尽管没有加入公认的修道社团,但是她们致力于照顾穷人和病人(包括麻风病人)、教育和推广忏悔的生活方式。对于她们的起源有多种传说——一些传说至今仍然被学术文献当作历史事实——但是这一运动并没有一个单独的发起人,而是源自列日市和布拉班特省各种各样的类似活动,主要位于现在的比利时西部和中部。这些活动是由单身或极少数生活在"无性婚姻"中的女性所领导。她们得到了一些男性神职人员的帮助,这些男性神职人员受到当时源于巴黎大学的田园神学新思想的激发,并大力宣扬其作为;且最终以圣公会宪章保护和时任教皇首肯的形式得到了教会的支持。半世俗女修道者从来没有形成一种宗教秩序,但是她们在当地聚集并组成了独立的半世俗修道院,她们向女性个人收购和出租物品,选举自己的领导,而且到20世纪末期,也采用当地规则或法规来规范半世俗修道院的内部生活。在那段时期,这一运动延伸至北欧的大多数地区,从法国南部的马赛直至波罗的海沿岸。西班牙的贝尔特(beatae)以及意大利的品佐谢尔(pinzochere)或比诺歇(bizzoche)与半世俗修道院类似,但是它们形成了与公认的宗教秩序,如圣弗朗西斯的第三秩序联系更紧密的更小的社区。

修复的阿姆斯特丹半世俗女修道院

半世俗女修道者社区的类型和历史

在欧洲西北部的大多数地区，生活在单户住宅的半世俗女修道者组成的社区社区被称为"修道院"，每个修道院都由自己的"女主人"领导或是依赖于教区神职人员或僧侣，尤其是那些修道士来从事她们的宗教服务。然而在比利时和荷兰，半世俗女修道院经常采用院墙高筑的大院形式，里面住有数百名妇女，半世俗修道教堂、医院和住宅区按网状布局分布或被安排在一个开放的中央广场。实际上，这些半世俗修道会成了由半世俗女修道者支配的单一性别社区，这样的社区由当地神职人员负责和举办宗教庆典，由世俗城市当局管理和实施慈善工作。比利时梅赫伦的圣凯瑟琳（荷兰语：begijnhoven；拉丁语：curtesbeguinarum）可能是最大的"宫廷式半世俗女修道院"，在16世纪早期有超过1500名半世俗女修道者。

"宫廷式半世俗女修道院"对低地国家的许多城市具有更大和更持久的影响，它反映了这些妇女在中世纪城市社会中的矛盾立场，正是这些矛盾促进了半世纪女修道院的发展。修女庄严地宣誓由宗教管理她们的生活直到死亡，而且要完全隐居，不能保留个人财产。与修女不同，半世俗女修道者只需服从她们的上级（"女主人"），她们在半世俗女修道院居住期间保持贞操，亦可以按照自己的意愿离开；在大多数情况下，半世俗女修道者通过劳动或租金收入以维持生活。在这种情况下，半世俗女修道者不受严格的宗教戒律束缚，可以在半世俗女修道院内外自由从事某种职业。低地国家的半世俗女修道者有护士、教师和商人，但是大多数是纺织行业的工人、羊毛编织工或梳理工、亚麻和粗纺毛织物的织布工。即使不是所有，大多数的工作需要人和物品在修道院和城市之间自由流通。正是因为她们的经济角色使得低地国家的市政当局与女修道者们合作，在城市郊区的大片土地上来建立修道院。显然，女修道者们是这些城市新兴的纺织工业至关重要的廉价劳动力，也为老年女性员工和其他社会服务提供了帮助。因此许多女修道院被建立在低洼贫瘠的土地是毫不意外的，这些土地早期可能具有些许边际农业效应，但在中世纪城市经济发展中是毫无效用的。将这种贫瘠的土地转化成可以为大量女性工人提供避难所的大的女修道院总是会比为男性提供避难所所花费少，这不仅在纺织业于布鲁日和根特的大型城市中心蓬勃发展的13世纪早期具有经济意义，而且在随后的几个世纪同样如此。实际上，由于中世纪的城市对于来自农村、想在城市生活、但是需要支持和保护的年轻女性是个危险地方，因此女修道院被证明是吸引她们的一个好去处。

非正式的宗教生活既为单身女性提供了机会，也带来了挑战。"女修道者"是取自意思为"不明了的嘟囔或祈祷"的词根 begg 的一个贬义词，正如她们的名称所赋予的意思，从一开始，教堂和社会就对她们持有疑虑，因此，半世俗女修道者代表的是奉献具有不确定性的世俗女性。将这些女性汇聚在宫廷式半世俗女修道院单一的、准修道式的环境下，有助于消除这些顾虑。虽然半世俗女修道院与这些女性渴望更多的隐居以实践其忏悔式生活以及隐秘的实施服务的想法相符，也有助于监控半世俗女修道者的行为及可能的异端活动，但是这些在13世纪30年代后变得紧迫，因为此时一些有才气的半世俗女修道者开始对神秘的宗教启蒙方法感兴趣，她们解读经文并以文字的形式表达她们的看法。1300年左右，经济的低迷威胁了许多半世俗女修道者的就业，并削弱了公众对她们的支持，使得半世俗女修道者和公众的关系更为紧张。来自瓦朗谢讷的半世俗女修道者玛格丽特·波蕾特（Marguerite Porete），在《单纯灵魂镜鉴》（*Mirror of Simple Souls*）中反对教会仲裁并提倡神秘主义的形式，因此受到巴黎审判庭的宣判，并在1310年被处以火刑。接下来的几十年里，主教和其他教会机构调查了他们土地上半世俗女修道者的观念。由于缺少财政支持，许多小宫廷式半世俗女修道院纷纷关闭或消亡，大的宫廷式半世俗女修道院通过让步才得以幸存。女性离开半世俗女修道院，甚至是到城镇工作的条件被赋予更多限制。她们采用适当的修女的生活习俗将自身与普通人明确地区分开来。在这种形式下,这一运动在反宗教改革期间(1575—1700)获得了第二次新生,却在20世纪下半叶失去了自身的吸引力,最后一个半世俗女修道院于2008年在比利时消亡。

半世俗女修道院与城市研究

半世俗女修道院处于世俗和宗教的中间,在中世纪和早期现代城市社会中占据着独特的位置。历史研究一直集中在有文字记载的慈善机构或由主要作家所代表的精神上,这些作家包括哈德维奇(Hadewijch,13世纪)、玛格丽特·波蕾特和来自马格德堡的梅西蒂(Mechtild,1208—1282)。目前学术界正在对城市背景中半世俗女修道院的社会、文化和经济进行一体化的研究,并受到性别、艺术和城市空间的现代学术研究的影响。研究者认为半世俗女修道院由多元化的社会成员组成,其中底层和中层人群占大多数,同时农村妇女也占有一定比例。据说,性别与上文所述的经济一样是社会支持半世俗女修道院的因素,也是引起教会怀疑的地方。对于其他问题,目前的研究重点是探讨宗教艺术是否由半世俗女修道院产生,这种艺术如何反映半世俗女修道院的地位;同时探究半世俗女修道院实际上作为一个半宗教形式(历史学家提出的描述半世俗女修道院半世俗状态的一个词),在何种程度上可以称为宗教空间。自19世纪晚期宫廷式半世俗女修道院关闭以来,比利时和荷兰的地方政府组织翻新了半世俗女修道院的建筑,并将它们合理地并入城市。有时候,这些项目还包括大量纪念遗址的考古和艺术历史研究,例如比利时圣特赖登的半世俗女修道院中,建于13世纪末期、14世纪的教堂中还保留着完整的壁画。

进一步阅读书目:

- Coomans, Thomas and Anna Bergmans, eds. 2008. *In zuiverheidleven. Het Sint-Agnesbegijnhof van SintTruiden. Het hof, de kerk, de muurschilderingen* (To Live in Purity: The Béguinage of St. Agnes in Sint-Truiden: The Court, the Church, the Wall Paintings). Brussels, Belgium: VlaamsInstituutvoor het OnroerendErfgoed; Provincie Limburg.
- Koorn, Florence. 1981. *Begijnhoven in Holland en Zeeland gedurende de middeleeuwen.* Béguinages in Holland and Zeeland in the Middle Ages. Assen, Netherlands: Van Gorcum.
- Majérus, Pascal. 1997. *Cesfemmesqu'ond itbéguines. Guide des béguinages de Belgique. Bibliographie et sources d'archives* (Those Women Who Are Called Béguines. Guide to Béguinages in Belgium: Bibliography and Archival Records. Brussels, Belgium: Archives générales du Royaume/AlgemeenRijksarchief.
- McDonnell, Ernest. 1954. *The Beguines and Beghards in Medieval Culture: With Special Emphasis on the Belgian Scene.* New Brunswick, NJ: Rutgers University Press.
- Reichstein, Frank-Michael. 2001 *Das Beginenwesen in Deutschland. Studien und Katalog* (Béguines in Germany: Studies and Catalogue). Berlin, Germany: Köster.
- Simons, Walter. 2001. *Cities of Ladies: Beguine Communities in the Medieval Low Countries, 1200 - 1565.* Philadelphia: University of Pennsylvania Press.
- Wilts, Andreas. 1994. *Beginen im Bodenseeraum* Béguines in the Lake Constance Region. Sigmaringen, Germany: Jan Thorbecke.
- Ziegler, Joanna E. 1992. *Sculpture of Compassion: The Pietà and the Beguines in the Southern Low Countries c. 1300 - c. 1600.* Rome: Instituthistoriquebelge de Rome.

(Walter Simons 文 宋丽娟 译 陈 恒 校)

BENJAMIN, WALTER | 沃尔特·本雅明

德国裔犹太作家沃尔特·本雅明（1892—1940）是公认的20世纪最早、也最有见地的文化理论家。作为法兰克福社会研究所（法兰克福学派）的成员，知名理论家西奥多·阿多诺（Theodor Adorno）、犹太学者哥舒姆·舒勒姆（Gershom Scholem）以及剧作家贝托尔特·布莱希特（Bertolt Brecht）的好友，本雅明提出了一种非常特殊的批判和救世理论方法，用以研究复杂与神秘杂糅的社会现象，这种方法源自马克思主义、犹太神秘主义、救世主主义和现实主义（特别是超现实主义）。作为一名文化理论家，本雅明的注意力却被电影和摄影，建筑、纪念碑和城市空间，商品和时尚，儿童玩具和童话等极其不同的文化形式、媒体和实践所吸引，他特有的以城市为主题的多种作品的重要性正在被越来越多的城市理论家和学者认同。尽管没有建构关于现代城市的系统整体的理论，但是本雅明的著作为19世纪城市建筑和消费资本主义，城市体验和记忆，城市空间的电影、摄影和文学代表的批判性分析提供了一系列丰富而富有建设性的概念和视角。

关于城市体验的论文

20世纪20年代中后期，本雅明撰写了一系列令人印象深刻、题为"思想图像"（Denkbilder）的论文，描绘了他所游历和探寻的城市：那不勒斯（1924—1925）、莫斯科（1926—1927）、魏玛（1928）、马赛（1928—1929）、圣吉米尼亚诺（1929）和卑尔根一块名为"北海"的地方（1930），有意避开理论规范和细则，用类似新闻文学的方式捕捉和列举了这些对比鲜明的城市中具体而生动的生活场景。本雅明以这种方式突出描写了丰富多彩的街景（市场、小贩、骗子、拥挤的人群、交通和有轨电车），不同的建筑和空间配置（建筑物、摊位、街道、广场、内饰），以及无数经历（感官淹没、迷失、冲击、色情、中毒）。

本雅明的《单行道》（One-Way Street/Einbahnstrasse）于1928年出版，该书是受同时代城市超现实主义影响的格言及妙语的汇辑，同时代城市超现实主义如令人沉醉和迷惑的梦境般编织着潜在的神秘。以城市的建筑和名称编目，该书囊括了一系列关于同时代柏林、巴黎和其他地方（例如里加，他当时情人的家乡）的个体和集体经历的一些思考。本雅明对同时代城市和城市文化极其矛盾的见解在这些只言片语中找到了表达形式：一方面，城市是充满魅力和刺激、爱情和阴谋、灵感、创造力和世界大同主义之地；另一方面，它是无情的资本主义剥削、异化和人类能力削弱、资产阶级势利、利己主义和狭隘的自身利益的所在地。

本雅明描写最多的两个城市是柏林和巴黎。本雅明出生在柏林，纳粹掌权之前，柏林是本雅明的家乡；巴黎是本雅明钟情的城市，从1933年流亡至1940年自杀，他都居住在巴黎，最终死于纳粹占领下的巴黎。

关于柏林的著作

与此相应，本雅明关于柏林的著作都与他的童年息息相关，虽然具体表现方式可能不尽相同。1927—1933年，本雅明为柏林广播电台和位于莱茵河畔的法兰克福西南广播电台撰写了大约84篇电台广播稿。这些叙事、故事和历史主要是为儿童节目创作的，而且经常选取柏林为背景，抑或首都的生活和文学作为主题。工厂、公寓、玩具店、老市场、独特的柏林口音——所有这些都成为本雅明作品的主题。1932年，即将到来的流亡生活使得本雅明创作了两部描写家乡的作品：《柏林纪事》

(Berlin Chronicle)和《1900年前后的柏林》(Berlin Childhood around 1900)。本雅明竭力摒除这两部著作纯粹的自传性质,相反的,他强调记忆本身难以捉摸的普鲁斯特式特点性格,重点是强调关于城市的记忆及城市中的追忆。因此,他声称柏林著作不太关注于追踪或叙述一个人的生活,而更倾向于回想某人将要最终离开一个城市的特定时间和空间,以及还原"最后一眼"所看到的柏林的城市场景。

关于巴黎的著作及拱廊计划

本雅明将《单行道》理解为他和巴黎的第一次真正接触。从1927年开始,在路易斯·阿拉贡和安德烈·布勒东等超现实主义者的启发和影响之下,本雅明开始研究那个时代被忽略和荒废的19世纪早期以来的城市商店拱廊、玻璃和钢铁建构。最初,"拱廊计划"(Arcades Project Passagenarbeit)是本雅明与其友弗朗茨·埃塞尔(Franz Hessel)构思的一篇关于当时巴黎遗存的遭到破坏的拱廊的小论文,现在它在材料收集和领域方面已经扩展到对主要但不全是发生在第二帝国时期巴黎的结构和经验转变的一次全景式的重要历史探索。

本雅明将19世纪的巴黎看作首都中的首都,是新的奇观、魅力和幻境涌现的卓越之地,是他所理解的神话统治的现代表现。而本雅明揭露资本主义意识形态和神秘化的尝试侧重于两个关键的物质方面:痴迷的商品和幻想的"梦境中房屋"般浮华的城市新建筑(林荫大道、火车站、世界展览以及拱廊)。在揭露这些现象的乌托邦和虚幻特点时,本雅明希望"唤醒"城市,从自满的梦幻沉睡中激发起一次革命性的集体觉醒。

虽然拱廊计划在20世纪30年代之前是本雅明的核心事务,但是直至本雅明悲剧性地去世之时,拱廊计划还没有完成。拱廊计划作为本雅明的代表作,也是他城市研究方面最长久和实质的作品,于1982年作为《本雅明选集》的第5卷在联邦德国出版,并在1999年首次被翻译成英文,其中包含大量的草图、草稿和数百页的笔记,它被按标题分成文件或成卷,并用复杂的数字或彩色代码的形式加以标记。虽然不完整也不完全,拱廊计划至今仍是最神秘和富有挑衅的现代城市研究。

关于电影和波德莱尔的著作

拱廊计划虽未能完工却包含大量短期研究成果。与城市理论紧密相关的两个研究是:1935—1936年本雅明著名的论文《技术复制时代时代的艺术作品》(The Work of Art in the Age of Its Technological)和他关于19世纪巴黎诗人波德莱尔的论文。

《技术复制时代的艺术作品》这篇文章体现了本雅明对电影新媒介最持久而连贯的讨论,因此,明确地表达了本雅明在其他大量著作中还不够明确和成熟的观点:即作为典型的新大众媒介的电影和作为确定的现代环境的城市之间的"选择性亲和力"。对于本雅明来说,电影是捕捉城市能量和活力、深深渗入城市模糊裂缝、照亮城市黑暗和隐藏的秘密,最重要的,是将城市自身的革命性能量和趋势带到临界张力和爆炸点的优先媒介。

本雅明对波德莱尔的研究源自更宏观的拱廊工程,而且旨在为拱廊计划提供一个微观模型。对于本雅明来说,波德莱尔是第一个真正的现代都市派诗人,是试图表达当代城市体验创伤的悲情人物。波德莱尔需要一个瞬息的、现代的美学标准;一个坚持将当代代表作为真正的现代艺术重要主题的美学标准。他的诗歌利用巴黎的流行语去唤醒与嘈杂的城市人群、林荫大道放荡不羁的生活、艺术品转变为商品的命运、城市弃儿的贫困——如流浪者、妓女、拾荒者,当然还有诗人——碰撞所引起的冲击。在这些人物中,流浪者——城市中冷漠和漫无目的的流浪者,以及不仅包括波德莱尔也包括本雅明等人,已经变成当今作家和城市理论家的重要主题。

事实上,本雅明关于城市体验和代表方面的批判研究是现代城市领域的学者、学生的必读物。

进一步阅读书目：

- Benjamin, Walter. 1973. *Charles Baudelaire: A Lyric Poet in the Era of High Capitalism*. London: Fontana.
- —— 1985. *One-way Street and Other Writings*. London: Verso.
- —— 1999. *The Arcades Project*. Cambridge, MA: Harvard University Press.
- Buck-Morss, Susan. 1989. *The Dialectics of Seeing: Walter Benjamin and the Arcades Project*. Cambridge: MIT Press.
- Frisby, David. 1988. *Fragments of Modernity: Theories of Modernity in the Work of Simmel, Kracauer and Benjamin*. Cambridge: MIT Press.
- Gilloch, Graeme. 1996. *Myth and Metropolis: Walter Benjamin and the City*. Cambridge, UK: Polity.

(Graeme Gilloch 文　宋丽娟 译　陈 恒 校)

BERLIN, GERMANY ｜德国柏林

今天的柏林是"记忆之都"，6 种不同的政治体系在柏林的公共空间都留下了印记：始自 18 世纪普鲁士王国、德意志帝国(1871—1918)、第一个民主体系(1918—1933)、纳粹时代(1933—1945)、东柏林时期(保护古老的城市中心)，以及 1990 年以后最近的民主时期(通常被称为柏林共和国)。

分裂的柏林

在所有这些不同背景之下，柏林皆为国家首都。在所谓的德意志第三帝国时期，纳粹党制定了长远的计划，想将柏林转变成符合"世界首都日耳曼尼亚"构想的城市。其城市发展规划的关键是建筑家阿尔伯特·斯皮尔(Albert Speer)所规划的纪念性建筑，他的一些作品遗留至今。第二次世界大战末期和冷战初期，柏林被分隔成 4 部分，每部分由 4 大国(美国、法国、英国和苏联)分别控制；相应的，德国在联合统治下成为一个整体。由于西柏林在联邦德国所处的地理位置，柏林虽由盟军控制，却被苏联统治区围绕。1948 年美国、法国和英国将各自的统治区结为同盟，苏联则以封锁进入西柏林的地面交通作为回击。这种情况导致了 1948 年 6 月至 1949 年 5 月著名的为西柏林提供基本用品的空运事件。虽然进入西柏林的地面交通后来得以重建，但是西方同盟与苏联之间的裂痕继续深化，从而导致了 1961 年柏林墙的修筑，柏林墙直至 1989 年才被拆除。

第二次世界大战后的特殊局势，使柏林与德意志联邦共和国的其他城市具有完全不同的地位。"二战"后的柏林被分成东西两个部分，并由相反的政治体系控制：西部属于德意志联邦共和国，东部是德意志民主共和国的首都。1990 年，柏林成为德国统一后的首都。西柏林的许多街道被重新命名，而且修建了许多受害者的纪念碑。这些纪念碑用以见证恐怖政权，并纪念反抗恐怖政权的历史。正是历史造就了这座城市的独特之处。

德国统一后效应

住房和土地再开发

自德国统一以来,不仅经济和政治发生了巨大变化,各种社区的居住环境也得到了明显改变。此外,最近进出柏林的迁徙运动也使许多社区的社会成分发生了转变。

到 2008 年,柏林 340 万居民生活在面积约 889 平方千米的土地上,63% 的人口居住在原西柏林。1989 年德意志民主共和国解体和 1990 年柏林两部分重新统一之后,经济、社会和空间意义深远的转换过程影响了整个城市。

原先的东柏林面临着特殊的挑战:实际上,城市发展的所有条件在 20 世纪 90 年代都已经发生了改变。这些改变包括房产的再分配、新的规划法案、新的参与者、新的投资者(私人投资者、联邦政府、联邦国家、自治区政府和公民利益集团)以及新的规划理念。那些曾经坐落于柏林墙周边,在德意志民主共和国时期被遗忘或清理的区域,现在却处于柏林重建和现代化的正中心。此外,根据总体规划(Planwerk Innenstadt)局部重建了原来的东柏林中心,以期构建一个欧洲城市的空间结构。拆除了大量旧房屋,重新设计了空间形式。宽广的街道重新变窄,新的建筑沿着日益消弭的界线修筑。

东柏林现今的转变可以用"市场化"来描述,1989 年开始,重新引入了包括私人所有权在内的市场经济,对私人财产毫不避讳地进行重构,将房产归还前房主或通过把土地和房地产销售给新投资者。这从根本上改变了格局,并形成了新的社会空间模式。

德国统一之后,新的租赁协议使得土地价格和租金迅即增涨。1991 年将德国联邦政府所在地搬回柏林的政治决定,导致了西柏林房地产投资的繁荣。然而至 2000 年,显而易见的是柏林已无法恢复其在德国城市中的主导地位,人口迅猛增长的预期也没有实现。租金停滞不前,土地价格下跌,现今柏林租金的整体水平低于慕尼黑等充满经济活力的德国城市,更是远远低于伦敦或巴黎。因此,正在迅速成为文化都市的柏林,以便宜的空间和较低的生活成本,吸引了年轻人和"创意人才"(两个群体往往重叠)。

经济和就业

1992—1997 年的经济变迁在制造业尤其明显,27 万个工作岗位中,有超过 1/3 的岗位消失了。直至 2006 年,工作岗位才有所增加。工作岗位急剧减少导致 20 世纪 90 年代失业率的持续上升。在东柏林,失业率从 1991 年的 12.2% 升至 1997 年的 16.5%,柏林整体的失业率也高于 15%,明显高于德国的平均失业率,及德国西部大多数城市的失业率。

持续减少的工作岗位使得失业者和国外新移民进入劳动力市场异常困难,从而导致了长期失业人数的不断增加。20 世纪 60 年代,被招募的移民,特别是制造行业(一个从 20 世纪 90 年代开始就快速下滑的行业)的移民成为此次发展中受害最多的群体之一。

国家政府从波恩到柏林的搬迁并没有从根本上改变劳动力市场的状况。由于国家政府和州政府的协议,在波恩公务员人数仍多于柏林。然而,对高技能和低技能服务工人的需求从那时起增长快速,而对中等技术工人的需求却在下降。如今的柏林与其在全球经济中全球中心的定位相去甚远,它表现出极化就业的结构特点。

社会空间模式

社会空间模式的改变进一步反映出上文的论述。柏林城市中的穷人和失业者偏好两种不同类型的热点地区:一是城市中心北部和南部以前的工人阶级社区(如威丁区[Wedding]、克罗伊茨贝格[Kreuzberg]和新克尔恩[Neukölln]),另一是柏林东部和西部外围的大型居住区。由失业率和贫穷而呈现的社区变化反映了社会空间隔离的极化过程。条件最优越的地区是那些在战前具有类似优越位置地位的地区:城市东南部和西南部的低密度区域和西柏林中心是上流社区（夏洛滕堡[Charlottenburg]、维尔默斯多夫[Wilmersdorf]）。

虽然在民主德国时期的城市区域规划者试图在新建预制住宅小区（*Plattenbauten*）打造社会多元化的生活区，但是社会隔离还是发生了：在市中心那些被忽视的旧住宅里，主要居住着被当局视为不忠和那些因此被边缘化的市民。然而，这些区域吸引了有政治异议的艺术家或年轻人，他们成功地创建出另一种环境。德国统一后，当可以自由地穿过以前的边界去往前联邦德国之后，许多学生和年轻人立刻填补了这种具有新活动类型的空白结构。另外，许多家庭，特别是那些具有较高教育水平的家庭从边缘地区搬到新修葺的旧居住区。他们在米特（Mitte）、普伦茨劳贝格（Prenzlauer Berg）和腓特烈斯海恩社区（Friedrichshain）的下层住宅高档化中担任先锋，现今已经成为"创意阶层"。只要柏林政府能够以限制和赞助的方式控制更新过程，现代化的要求和老租户的需求就都能得到考虑，得以均衡。然而，城市金融危机部分造成了后福特主义者退出国家干预，从而使市场控制了改造和现代化的过程。因此，越来越多的低收入家庭被迫离开受欢迎的生活区，搬到城市的困难地区。

柏林墙的一小部分被保留了下来，成为著名的旅游胜地。大多数的城墙已被拆除，在城市中部形成一片空地，这片空地得以重建，许多办公大楼和著名酒店矗立于此。与此相反，上文提及的与新型服务经济同时快速进行的重要的反工业化进程，在其他区域留下了许多未完全使用甚至空置的用地和建筑。这为低成本计划提供了空间，因此，在这些地方出现了大量的画廊、酒吧、剧院、小型初创企业，这又反过来使柏林在公众视野中成为一个开放的、关键的和创新的城市。许多利益相关者希望柏林的创造性环境，加之其日益多元的文化身份，最终能转化成新的经济增长。居住在柏林的不同群体将在多大程度上被纳入新的发展仍然是一个悬而未决的问题。此时此刻，原本分裂的城市已经成为一个松散的整体——管理统一，但是新的社会分化正在逐渐形成。

进一步阅读书目：

- Bernt, Matthias and Andrej Holm. 2005. "Exploring the Substance and Style of Gentrification. Berlin's 'Prenzlberg.'" pp. 106 – 120 in *Gentrification in a Global Context: The New Urban Colonialism*, edited by R. Atkinson and G. Bridge. London: Routledge.
- Häußermann, Hartmut. 2003. "Berlin." pp. 113 – 124 in *Metropolitan Governance and Spatial Planning: Comparative Case Studies of European City-Regions*, edited by W. G. M. Salet, A. Thornley, and A. Kreukels. London: Routledge/Spon.
- ——. 2006. "Public Space in Five Social Systems." pp. 157 – 170 in *Toward a New Metropolitanism: Reconstituting Public Culture, Urban Citizenship, and the Multicultural Imaginary in New York and Berlin*, edited by G. H. Lenz, F. Ulfers, and A. Dallmann. Heidelberg, Germany: Universitätsverlag Winter.
- Häußermann, Hartmut, Andrej Holm, and Daniela Zunzer. 2002. *Stadterneuerung in der Berliner Republik. Modernisierung in Berlin—Prenzlauer Berg* (City Renewal in the Berlin Republic. Modernizationin Berlin—Prenzlauer Berg. Opladen, Germany: Leske + Budrich.
- Häußermann, Hartmut and Andreas Kapphan. 2005. "Berlin: From Divided to Fragmented City." pp. 189 – 222 in *Transformation of Cities in Central and Eastern Europe towards Globalization*, edited by F. E. I. Hamilton, K. D. Andrews, and N. Pichler-Milanovic'. Tokyo: United Nations University Press.
- Strom, Elizabeth A. 2001. *Building the New Berlin: The Politics of Urban Development in Germany's Capital City*. Lanham, MD: Lexington Books.

(Hartmut Häußermann 文　宋丽娟 译　陈　恒 校)

BERRY, BRIAN J.L | 布莱恩·贝里

地理学领域最高产的学者之一——布莱恩·贝里,作为定量建模的坚定捍卫者在城市和经济地理中发挥了巨大的影响力。戈登·克拉克(Gordon Clark)认为,"布莱恩·贝里也许是改变20世纪下半叶人类地理最重要的少数人之一",这话不无道理。

1934年出生于英国的贝里,父母是工薪阶层,他打破英国等级制度的限制,攀至学术界的最顶层。他1955年从伦敦经济学院获得经济学学士学位,在这里他学习历史地理学并为空间现象引入了定量模型。此后不久,他前往西雅图的华盛顿大学,因为华盛顿大学的地理项目启动了美国地理学的定量革命,贝里因此成为20世纪60年代来自英国的最有影响力的地理学家之一,并与杜安·马布尔(Duane Marble)、威廉·邦奇(William Bunge)、迈克尔·达西(Michael Dacey)、阿瑟·格蒂斯(Arthur Getis)、理查德·莫利尔(Richard Morrill)、约翰·尼斯图恩(John Nystuen)和沃尔·特托卜勒(Walter Tobler)一起成为著名的"奇人怪客(Space Cadets)",可以说,布莱恩·贝里是这一领域最成功和著名的学者之一。

3年以后,22岁就已获得博士学位的贝里先后在芝加哥大学(1958—1976)等著名研究所担任一系列学术职务,他在芝加哥大学是城市地理学专业的欧文·哈里斯讲座教授、地理系主任和城市研究中心主任。1976—1981年,贝里任教于哈佛大学,并担任城市与区域规划学的弗兰克·巴克斯·威廉斯讲座教授(the Frank Backus Williams Professor of City and Regional Planning)、城市区域规划博士项目主席、计算机图形学和空间分析实验室主任、社会学教授以及哈佛国际发展研究所的研究员。1981—1986年,贝里任匹兹堡的卡内基梅隆大学城市公共事务学院院长。1986年开始,他在得克萨斯大学达拉斯分校从教,1991年成为得克萨斯大学政治经济学的劳埃德·菲尔·伯克纳评议教授(Lloyd Viel Berkner Regental Professor),2006年成为社会科学院院长。贝里是无数荣誉和奖牌的获得者。1968年,他获得了美国地理学会贡献卓著奖;1975年成为入选美国国家科学院的第一位地理学家和年龄最小的社会科学家;1977—1978年担任美国地理学会主席;1987年入选美国科学促进会研究员;1988年获得皇家地理学会的维多利亚奖章;1989年成为英国国家学术院研究员。1980—2006年,贝里还担任了《城市地理学》(Urban Geography)杂志的合作编辑和主编。

贝里的作品——500多部著作、文章和其他出版物——使他作为地理学最多产的学者并获得了世界范围内的认可。他秉承弗雷德·舍费尔(Fred K. Schaefer)地理学的著名评论"例外论",倡导一种自觉制定规律的前景、实证主义的认识论的学科,因此他强调对解释的一般规律、定量方法和假设的严格经验验证的需求。纵观贝里漫长的职业生涯,他认同抽象高于具体、推理高于归纳、通用高于具体的模式。借鉴笛卡尔空间观,贝里强调使用模型是简化和揭示世界令人眼花缭乱的复杂性的一种方法。贝里促进了多元统计方法在该学科的使用。贝里早期的论文还强调了城市系统中心位置模型的适用性,并详述了零售购物模式的研究。对市场中心和零售方面的后续工作,在地理学、商学、经济学领域极具影响力。贝里还深入研究了城市的等级规模分布、等级扩散过程和交通系统的影响。此外,贝里对城市形态和诸如城市贫困的城市问题等也有相当的兴趣。随着时间的推移,贝里的工作呈现出概念上的日益成熟和对公共政策的作用持续关注的特点。他放弃了早期强调的简化模型,取而代之的是严格的经验和统计分析。

贝里后来的学术生涯聚焦于不同国家背景下的区域发展动力。他在印度、澳大利亚、印度尼西

亚和其他国家进行了广泛的研究工作，其城市化的比较分析跨越了国界。贝里也极其关注诸如逆城市化问题和芝加哥特殊发展模式等美国的城市发展趋势，他研究的主题是人口结构转变和区域变化迁移的关系。贝里这个阶段的研究特点是对全球化问题的关注，特别是对通过跨国公司与国家政策的合作来影响世界各地城市发展的方式，表现出越来越浓厚的兴趣。20世纪90年代，贝里转而关注长波周期，也就是康德拉捷夫周期以及它们与区域发展和政治联系的关系。他后来的工作则将乌托邦社区视为一种尝试，用以逃避由长波带来的变化漩涡和与周期性重建相关的动荡。

作为实证主义和量化革命的代言人，贝里的知识立场从1980年代开始受到越来越多的批评。适应政治经济和社会理论的新一代地理学家开始越来越多地质疑抽象、非历史模型和不切实际的新古典主义逻辑等问题。这种分裂在布莱恩·贝里和马克思主义地理学家大卫·哈维的一次著名争论中被放大。在许多人看来，随着学术性的地理学越发关注现实中的政治经济，贝里的观点显得越发保守和脱离实际。不可否认，人们对贝里与其所提倡的观点，无论是否有哲学差异，仍有一些地理学家支持贝里，他依然广受尊敬。

进一步阅读书目：
- Berry, Brian. 1967. *Geography of Market Centers and Retail Distribution*. Englewood Cliffs, NJ: Prentice Hall.
- ——. 1973. *The Human Consequences of Urbanization: Divergent Paths in the Urban Experience of the Twentieth Century*. New York: St. Martin's.
- ——. 1976. *Urbanisation and Counter-urbanisation*. London: Sage.
- ——. 1980. "Creating Future Geographies." *Annals of the Association of American Geographers* 70: 449–458.
- ——. 1991. *Long-wave Rhythms in Economic Development and Political Behavior*. Baltimore: Johns Hopkins University Press.
- —— 2002. "Clara Voce Cognito." In *Geographical Voices: Fourteen Autobiographical Essays*, edited by P. Gould and F. Pitts. Syracuse, NY: Syracuse University Press.
- Clarke, Gordon. 2004. "Brian Berry." In *Key Thinkers on Space and Place*, edited by P. Hubbard, R. Kitchin, and G. Valentine. London: Sage.
- Schaefer, Fred K. 1953. "Exceptionalism in Geography: A Methodological Examination." *Annals of the Association of American Geographers* 43: 226–249.
- Warf, Barney. 2004. "Troubled Leviathan: The Contemporary U.S. versus Brian Berry's U.S." *Professional Geographer* 56: 85–90.

(Barney Warf 文　宋丽娟 译　陈 恒 校)

BILBAO, SPAIN ｜西班牙毕尔巴鄂

毕尔巴鄂似乎在一夜之间走向了世界。作为西欧一个具有工业传统的边缘城市，毕尔巴鄂对西班牙以外的大多数人来说是未知的，1997年古根海姆博物馆的开放——一个获得巨大成功而广受好评的项目，把这座城市变成了一个全球朝圣之地，使毕尔巴鄂得到了全世界评论家的关注。数百万人前往毕尔巴鄂旅游，凝视艺术，并瞻仰这座被誉为建筑师弗兰克·盖里杰作的博物馆。外界认

为，古根海姆博物馆带动了毕尔巴鄂的振兴。自1994年，经历了20年下滑的毕尔巴鄂经济开始呈现出良好势头，这毋庸置疑归功于古根海姆"奇迹"。人们对壮观的建筑、艺术在城市更新和全球化中的作用进行重新评估，世界各地的官员亦开始认真考虑为自己的城市投资如古根海姆博物馆般的项目。毕尔巴鄂成为古根海姆的代名词，世界各地的许多城市都期望模仿毕尔巴鄂的成功，瞬间成为"全球性"城市。

历史演进

然而，无论一个城市是多么的成功和"全球化"，财富对于城市的影响力远超文化产品。毕尔巴鄂在1300年建立不久之后就已成为一个全球化城市——卡斯提尔国王特许毕尔巴鄂作为卡斯提尔参与世界贸易的商埠。作为卡斯提尔羊毛和巴斯克铁器出口到欧洲的必经之地，毕尔巴鄂在欧洲贸易系统中发挥了重要作用。当时，巴斯克商人活跃于许多世界主要城市。毕尔巴鄂在接下来几个世纪的发展中，成为一个致力于保持西班牙商业自由的不断扩张的城市。在相当长的一段时间里，毕尔巴鄂成为西班牙、欧洲和美国之间的贸易中心城市，并调整其商业关系以适应世界市场的兴衰和马德里向心力的强弱。然而在工业生产福特主义的大多数时间，毕尔巴鄂已逐渐融入西班牙经济和全球化，加上巴斯克地区高度的政治自治，城市又一次走在了城市全球化的道路之上。

19世纪晚期毕尔巴鄂的工业化催生了其他领域如采矿业和多元投资的现代商业精英，他们是西班牙巴斯克资本主义的代表。与此同时，毕尔巴鄂的对外经济关系继续保持良好态势。由于毕尔巴鄂是"一战"前处于鼎盛时期的英国的主要供货商，当地钢铁的出口达到了前所未有的水平。然而19世纪和20世纪期间，巴斯克工业结构调整、自由化和各种管理政策意味着毕尔巴鄂的工业更适于在受保护的西班牙市场内生产和销售，而不是在对外领域里进行竞争。随着巴斯克进口货物免税特权的废除，毕尔巴鄂完全融入西班牙经济。站在历史的角度来看，大规模生产的时代特别是1936至1973年，毕尔巴鄂处在一个逆全球化的时代。毕尔巴鄂通过其港口继续担当着西班牙和世界贸易的中介，但是西班牙的不均衡发展促使巴斯克实业家们实行工业扩展策略，这增强了毕尔巴鄂和整个西班牙之间的结构联系。在这个阶段，毕尔巴鄂的人均收入在西班牙城市中是最高的。

20世纪七八十年代是福特制危机及毕尔巴鄂通过重组和第三产业化转变成"后工业"经济体的阶段。此时巴斯克地区的政治氛围（以西班牙向民主过渡时期，当地民族主义精英获得权利配额和巴斯克民族主义者埃塔为争取独立进行的暴力斗争为标志）和整体的工业政策严重影响了毕尔巴鄂的钢铁制造业和造船业。当地工厂不能适应下降的工业需求，不得不缩小规模或关闭，毕尔巴鄂遂开始衰退，这些行业的全球化重组也造成了毕尔巴鄂的衰退。然而重组的具体方式是国家和地区层面的政治选择问题。具有讽刺意味的是，毕尔巴鄂的优势——福特制工业力量、企业制及其与全球系统的联系——使这座城市特别容易受到世界趋势的影响。

地方和地区当局对经济结构和环境变化的应对十分缓慢，毕尔巴鄂实际上已经变成锈带城市。与其他地区的大多数锈带城市不同，毕尔巴鄂具有很大的自治权和政府支持，这可以为毕尔巴鄂供给资源和控制以克服危机。1980年末开始，当地政府决心把毕尔巴鄂重新定位为逐渐崛起的全球大都市，并拟制了一个雄心勃勃的类似于美国和欧洲的城市经济振兴计划。该计划最重要而可见的一条是，计划在阿班多尔巴拉（Abandoibarra）修建古根海姆博物馆，它成为后福特时代毕尔巴鄂的特大城市项目。

阿班多尔巴拉：特大城市项目

阿班多尔巴拉——毕尔巴鄂市中心的一块工

业用地,正在转变成新的商业中心——成为毕尔巴鄂新全球抱负的实例。阿班多尔巴拉一方面展示了通过振兴计划实现的城市全球化和反映在规划者言论中的"销售城市"战略之间的差异,另一方面体现了当地城市区域规划在实践中遇到的组织和政治障碍。该项目链接毕尔巴鄂与全球经济的潜力尚未实现。阿班多尔巴拉旨在成为全球项目,但实际上,外来投资对该市中心海滨地区的再发展仅起到很小的作用,该项目只影响及当地。毕尔巴鄂的 Ria 2000(一个城市发展公司)作为项目管理者在阿班多尔巴拉的发展中起到十分重要的作用,随着时间的推移,许多项目的修正显示地方精英的全球化野心不得不面对那些可能减缓抑或停滞全球特大项目的内部冲突和障碍。阿班多尔巴拉的命运说明,通过影响当代城市区域规划的组织和管理方式,近年来具有城市精英创业精神和全球抱负的特大项目的全球化呈现出一种相对较新的维度。

毕尔巴鄂的古根海姆博物馆

总而言之,古根海姆博物馆项目将毕尔巴鄂送上了全球舞台,同时体现了毕尔巴鄂全球化努力的决心。在一次重要的谈判之后,巴斯克地方领导人将古根海姆博物馆引入毕尔巴鄂,但其动机并不主要是"文化"关注,相反有两个因素可以很好地解释他们的动机,即全球因素和国内因素。(1)对当代全球化背景下毕尔巴鄂区域形象改变和城市重建需求的认可,实际上意味着参与一次创建雄伟建筑的全球冒险,以及(2)属于文化政治范畴的这一案例所反映的巴斯克民族主义政党领导人对从西班牙政治解放的长期的历史需求。从这个意义上讲,古根海姆项目不是得到城市积极支持的孤立个

弗兰克·盖里的古根海姆博物馆,位于西班牙毕尔巴鄂
来源:Andreas Praefcke

案，相反它是体现欧洲唯一具有征税权的巴斯克地方政府领导人如何设法绕过马德里，并独立开展国际事务的最新、最成功的例子。这一项目的政治色彩十分清晰，但是其经济范围也很广泛。尽管古根海姆博物馆已经被国际媒体誉为毕尔巴鄂经济转变的标志，但是种种证据使我们不得不质疑该策略的长期可行性，并表明毕尔巴鄂不能仅仅依靠一个博物馆来发展经济。尽管如此，作为一个完全得到公共资金资助的地方项目，毕尔巴鄂的古根海姆博物馆仍是未受财政压力影响的城市标志。该项目的经验之一是：由于毕尔巴鄂的古根海姆博物具有重新调整特殊建筑及其所在城市的重要性的能力，标志性的雄伟建筑——在本案例中，它是由创业型政治家和文化管理者，而不是跨国公司所驱动的——在当代全球化发展和资本主义跨国策略的大规模社会空间建设中发挥着重要的作用。

在毕尔巴鄂，由于古根海姆博物馆的不可复制性，及当地的经济政治条件，古根海姆博物馆成为一个壮观的全球形象运动的组成部分。古根海姆博物馆并不是城市振兴的触发器和原动力，而是发生于城市振兴之后。迄今为止，古根海姆博物馆还没有给巴斯克地区带来大量的外国投资，更不用说在就业市场产生较大的积极作用。尽管许多媒体将毕尔巴鄂的经济复苏归功于古根海姆博物馆，但是，毕尔巴鄂近年来相对较好的经济表现是在博物馆开放前就已经开始的。毕尔巴鄂的经济复苏应该归功于巴斯克政府开放、合理的地区经济政策和2001年结束并于2004年重新开始的经济长周期的上升阶段。尽管媒体持续关注毕尔巴鄂效应，但是如果游客数量开始减少（没人能保证它可以保持目前的水平），并且建筑界转而青睐设计和建筑中的替代美学，毕尔巴鄂的熠熠星光便会随之暗淡。然而，如果把古根海姆博物馆的成功置于首位，它为巴斯克城带来的效果将会是相当有限的。城市是复杂的决定性结构，一个即使可以映射到全球范围的壮观的媒体事件亦不足以改变它们的命运。

如果雄伟的建筑并不足以改变苦苦挣扎的城市经济，那么城市和地区该如何成功地实施能给公民带来经济效益的全球化策略呢？正如跨国金融和对外贸易模式所明确揭示的，最近的经济全球化对巴斯克地区起着重要的作用。近期巴斯克向全球化迈进的核心体现了在工业化毕尔巴鄂的黄金年代出现过的主题：基于出口的工业化、地方金融资产阶级及其银行的影响范围。因此，近期的全球化并不是毕尔巴鄂的新现象（也许，规模、范围和复杂性除外），而是城市参与世界范围的全球循环的一次新尝试。

当代经济全球化

毕尔巴鄂的当代国际角色和城市区域的新经济依赖于地区国际贸易能力，由于在欧盟中找到了主要贸易伙伴，它的出口在1994至2004年之间翻了3倍。部分毕尔巴鄂的国际贸易以毕尔巴鄂港口为通道——一个由西班牙政府管理的港口，并继续承担着将大部分西班牙经济与世界相连接的传统功能。此外，它还表明了巴斯克地区作为高科技制造业地区的优势。毕尔巴鄂的国际角色也依赖于由主要联系拉丁美洲的毕尔巴鄂全球银行和西班牙对外银行实现的跨国金融流动。这3个当代巴斯克经济力量的重要因素（贸易全球化、毕尔巴鄂港口的全球性、金融全球化）表明现今巴斯克的全球化是以历史为基础的，因此这也质疑了当前全球化所谓的激进性。历史证据表明，全球化仅仅是一个城市发展的部分因素，毕尔巴鄂的国际角色体现了区域对全球贸易和金融网络的依赖性，及其与国家的复杂关系。

进一步阅读书目：
- Abadie, A. and J. Gardeazabal. 2001. "The Economic Costs of Conflict: A Case-Control Study for the Basque Country." Working Paper No. 8478, National Bureau of Economic Research, Cambridge, MA.

- del Cerro Santamaría, Gerardo. 2007. *Bilbao: Basque Pathways to Globalization*. London: Elsevier. Diez Medrano, J. 1995. *Divided Nations*. Ithaca, NY: Cornell University Press.
- Douglass, W., C. Urza, L. White, and J. Zulaika, eds. 1999. *Basque Politics and Nationalism on the Eve of the Millennium*. Reno: University of Nevada, Center for Basque Studies.
- González Ceballos, S. 2005. "The Politics of the Economic Crisis and Restructuring in the Basque Country and Spain during the 1980s." *Space and Polity* 9(2): 93–112.
- Guasch, A. M. and J. Zulaika, eds. 2005. *Learning from the Bilbao Guggenheim*. Reno: University of Nevada, Center for Basque Studies.
- McNeill, D. 2000. "McGuggenisation? National Identity and Globalisation in the Basque Country." *Political Geography* 19(4): 473–494.
- Plaza, B. 2000. "Evaluating the Influence of a Large Cultural Artifact in the Attraction of Tourism: The Guggenheim Museum Bilbao Case." *Urban Affairs Review* 36(2): 264–274.
- Rodríguez, A. and E. Martínez. 2003. "Restructuring Cities: Miracles and Mirages in Urban Revitalization in Bilbao." pp. 181–209 in *The Globalized City: Economic Restructuring and Social Polarization in European Cities*, edited by F. Moulaert, A. Rodríguez, and E. Swyngedouw. Oxford, UK: Oxford University Press.
- Zulaika, J. 2001. "Krens's TajMahal: The Guggenheim's Global Love Museum." *Discourse* 23(1): 100–118.

(Gerardo del Cerro Santamaría 文　宋丽娟 译　陈　恒 校)

BOHEMIAN ｜波希米亚

在欧洲,波希米亚一词起初是指一个民族,后来逐渐演变成吉普赛人或乞丐的代名词。在19世纪中期的巴黎,该词亦用于描述新兴大都市阁楼、咖啡厅里愤愤不平的艺术家和知识分子这一逐渐发展的群体。虽然这种用法保留了一些该词早期含有的贬义,将这些新波希米亚人指责为道德可疑的寄生群体,但波希米亚一词很快被赋予了褒义。从那时起,波希米亚便成为便捷且经久不衰的用词,用于指生活在欧洲和北美城市的艺术家、知识分子和美学家的生活方式和空间。之后,波希米亚既指一种独特的文化行为,又指波希米亚人聚集的特殊的城市区域。作为一种历史和现代现象,波希米亚成为城市研究的重要内容。

巴黎的原型

虽然历史悠久的城市是文化创新的温床,但直至19世纪,艺术家的本质和他或她与城市的关系才开始被详细阐述。这一现象在被沃尔特·本雅明称为"19世纪之都"和欧洲现代主义文化创新中心的巴黎最为典型。鉴于浪漫主义诗人的新形象,艺术家开始被认为不如熟练的手工艺人那样易于融入社会制度,作为高贵却饱受折磨的天才,艺术家容易与一个无法体会其敏感灵魂的社会脱离。诸如巴黎诗人波德莱尔和巴黎画家莫奈等艺术家的艺术作品或生活方式成为一种特殊的浪漫主义的城市景象。

19世纪中叶,巴黎充斥着对这种城市生活的推崇者。巴黎的智力和创造性激情过剩可以归因于该时期的普遍骚动——刺激大城市急剧发展的空间革命和改变社会阶层关系的政治、经济动荡。波希米亚人模糊了新兴城市的界限,表现为对衰落的贵族文化的信奉、资产阶级个人主义的优越感以及风月场合的享乐主义与放纵。也许是因为在新的城市经济中出现了如此多的失业者、教育程度过高者和营养不良者,因此波希米亚人以对资产阶级(在本例中指巴黎的企业家和从业人员)和工艺劳作的憎恶而闻名。

在《波希米亚王》(*Un Prince de la Bohème*)中,奥诺雷·德·巴尔扎克(Honore de Balzac)以波希米亚指代"拉丁社区的流浪学生",并将波希米亚描述成流浪的青年才俊交流更合法和有利润的职业追求的地方。波希米亚作为"青年黄金国"的概念,从那时起长期保留了下来,虽然之后的人们倾向于不满足将波希米亚仅仅描述成前资产阶级的一种高贵习俗。19世纪40年代后期,波希米亚生活方式的实践者亨利·穆杰(Henri Murger)收集了一系列拉丁社区艺术家聚会的插曲,并将之辑集为《波希米亚人的生活情景》(*Scènes de la Vie de Bohème*)。亨利这部集子风靡一时,被编为广受好评的舞台剧,并最终成为加科莫·普契尼(Giacomo Puccini)歌剧《波希米亚人》(*La Bohème*)的原材料。从这些浪漫主义的作品之中,人们可以汇集出理想的波希米亚生活方式:不过分的吹嘘、享乐主义和自我牺牲的平衡、拒绝资产阶级价值观的工艺主义和安全感以及艺术的至高无上(为了艺术而艺术)。

19世纪末期,蒙马特尔开始取代拉丁区成为巴黎波希米亚的中心。蒙马特尔因热闹的咖啡厅和歌舞升平的夜生活而闻名,波希米亚和资产阶级中喜欢这种生活的人经常光顾此地。这种奇异的夜间娱乐场所,作为波希米亚人展示其生活方式的平台,已经成为波希米亚地区在之后的更迭中一个尤其重要的特征。

美国的波希米亚

20世纪早期,纽约的格林威治村借鉴欧洲,并融合马塞尔·杜尚(Marcel Duchamp)和米纳·卢瓦(Mina Loy)等欧洲侨民成为美国的波希米亚中心。在格林威治村,曼哈顿下城的工人阶级、前卫艺术家和作家与约翰·里德(John Reed)、马克斯·伊士曼(Max Eastman)和艾玛·高曼(Emma Goldman)等政治激进分子情投意合。格林威治村波希米亚的显著特征包括对女权主义的新关注,埃德娜·圣文森特·米莱(Edna St. Vincent Millay)、朱娜·巴恩斯(Djuna Barnes)和玛格丽特·安德森(Margaret Anderson)等人发挥了重要作用。在曼哈顿上城,哈莱姆区的非裔美国人隔离社区也出现了文化争鸣,这表明波希米亚不只是白人的特权。

第二次世界大战之后,被称为"垮掉的一代"的崭新的波希米亚者开始崭露头角。该词是由杰克·凯鲁亚克(Jack Kerouac)提出的,他的小说《在路上》(*On the Road*)是垮掉文学最典型的著作,在书中他将自己和他的朋友描述成"垮掉的一代",这类似于第一次世界大战后菲茨杰拉德(F. Scott Fitzgerald)、欧内斯特·海明威(Ernest Hemingway)、格特鲁德·斯坦(Gertrude Stein)等"迷惘的一代"的作家。其他著名的垮掉派作家包括艾伦·金斯伯格(Allen Ginsberg)、劳伦斯·利普顿(Lawrence Lipton)和威廉·巴勒斯(William S. Burroughs)。如同波希米亚之前的活动,这些艺术家及其生活方式的追随者偏好特定的市区,这些市区包括旧金山的北海岸、洛杉矶的威尼斯海岸和纽约格林威治村。

巴黎的波希米亚人反对资产阶级的功利主义习俗,"垮掉的一代"则反对战后消费社会的萎靡,尤其是中产阶级及其所代表的郊区。垮掉派受到了非裔美国人社区的文化创新,尤其是爵士乐的激发。1959年,诺曼·梅勒(Norman Mailer)撰写了一篇题为《白色黑人》(*The White Negro*)的文章,认为白人嬉皮士吸收了城市黑人文化的元素,而城市黑人的生活体验足以替代郊区白人,后者"深陷美国生活的极权主义之中,要想成功只得服从"。

虽然"垮掉的一代"主要被视为一种文学运动,但是针对1960年格林威治村的"垮掉的一代",社会学家内德·波斯基(Ned Polsky)指出,现场充斥着缺乏文学抱负、喜欢爵士乐和对有报酬工作深恶痛绝的参与者。他们以通常具有贬义色彩的"垮掉的一代"被人所知,并因其对山羊胡、贝雷帽以及邦戈鼓的喜爱而独树一帜。

20 世纪 60 年代以后的波希米亚

对巴黎的原型、格林威治村的波希米亚和战后几十年"垮掉的一代"的考察,表明波希米亚生活方式具有明显的连续性,而且其生活方式受到特殊历史时期和城市区域的限制。20 世纪后半叶,波希米亚的发展趋势进一步证明了这一点。

20 世纪 60 年代,青年的反文化运动标志着波希米亚生活方式的新转折。嬉皮士继续与城市特别是旧金山密切相关,新的反主流文化群体与其垮掉派前辈有着清晰的血脉关系。20 世纪 60 年代,新波希米亚运动的规模明显增加,而且这些亚文化又与围绕性别身份、种族和反对越南战争的新左派政治紧密相关。波希米亚的另一个比较明显的特点是反主流文化与商业流行文化,尤其是与嬉皮士偏好的反物质音乐之间的联系越来越多。

20 世纪 60 年代以来,尽管城市经济发生了巨大变化,波希米亚飞地已经成为美国和欧洲大中型城市越来越常见的特征。从 20 世纪 70 年代至今,新兴的波希米亚地区在纽约东村、洛杉矶银湖、芝加哥柳条公园、亚特兰大五星区和其他许多城市地区如雨后春笋般涌现。虽然波希米亚飞地在城市文化尤其是经济生活中发挥了新的、更大的作用,但是这些区域的生活方式与他们的前辈具有某些清晰可辨的相同特质。

社会学家莎伦·祖金(Sharon Zukin)的开创性研究引导学者们越来越关注艺术和波希米亚生活方式在城市经济中的作用。虽然制造业下降成为城市经济的核心部分,但是知识性工作和文化生产的"符号经济"已成为城市财富的关键。在这样的背景下,波希米亚社区成为住宅高档化的温床,为喜欢时髦和另类娱乐场景的受过高等教育的居民提供基本设施,并成为媒体、营销企业的孵化器,及音乐、电影、电视等文化产业的源头。在理查德·佛罗里达(Richard Florida)对"创意阶层"及其在城市繁荣中的重要作用的热情倡导之下,政策制定者开始积极寻求并培育波希米亚场景,越来越多的人不再将波希米亚视为古怪的生活方式,而是将其视作固定经济资产。

进一步阅读书目:

- Crane, D. 1987. *The Transformation of the Avant-garde: The New York Art World, 1940 – 1985*. Chicago: University of Chicago Press.
- Gluck, Mary. 2008. *Popular Bohemia: Modernism and Urban Culture in Nineteenth-century Paris*. Cambridge, MA: Harvard University Press.
- Lloyd, Richard. 2006. *Neo-Bohemia: Art and Culture in the Postindustrial City*. New York: Routledge.
- McFarland, Gerald W. 2005. *Inside Greenwich Village: A New York City Neighborhood, 1898 – 1918*. Amherst: University of Massachusetts Press.
- Seigel, Jerrold. 1967. *Bohemian Paris: Culture, Politics, and the Boundaries of Bourgeois Life, 1830 – 1930*. London: Penguin.
- Wilhide, Elizabeth. 1999. *Bohemian Style*. London: Pavilion Books.

(Richard Lloyd 文 宋丽娟 译 陈恒 校)

BRASÍLIA, BRAZIL | 巴西巴西利亚

巴西首都巴西利亚建于 1960 年 4 月 21 日。巴西利亚以其美学品质、功能性、集中的城市区域规划、地区植物群景观、乡土文化和经济组织而成为建筑现代主义的象征。在勒·柯布西耶思想的启发之下，巴西利亚尝试建立一个脱离拉丁美洲殖民统治、奴隶制、不发达和独裁等历史传统的"现代"城市。然而，巴西利亚既经过了严密规划也充满了随意性，既经历过军政权也经历过民主政府，既有公共空间又有私人领域，既充斥着腐败行为也蕴含着新兴的城市文化。

史诗般的历史

巴西利亚的正式历史始于 1960 年 4 月 21 日，然而其史诗般的起源可以追溯到 1500 年 4 月 21 日葡萄牙人所谓的"发现"巴西。16 世纪以来，萨尔瓦多一直是巴西首都，1789 年，一群叛乱分子策划巴西独立，并拟将首都移至欧鲁普雷图，但以失败告终。然而，当拿破仑入侵葡萄牙并迫使葡萄牙国王在大英帝国的支持下逃到巴西后，1808 年，里约热内卢成为巴西和葡萄牙联合王国的首都。不久之后，1809 年，英国首相威廉·皮特（William Pitt）宣布巴西将在国土中心地带建立新的首都，并将之称为新里斯本。

1822 年 9 月 7 日巴西从葡萄牙殖民统治下独立，此后建设一个去除殖民主义色彩的首都的观念依然存在，但拥有了一个新名字：巴西利亚。早在 1823 年，一份名为《在巴西内部建立新首都的必要性及方法的报告》的文件已提交议会审议。1834 年，波尔图塞古罗子爵指出亚马孙河流域是建立新首都最合适的地方。他的提议一直被忽视，直至 1881 年，天主教神父多姆·博斯克（Dom Bosco）的梦被广为流传，多姆·博斯克梦到在南纬 15°和 20°之间的位置将成为"牛奶和蜂蜜及巨大财富的希望之地"。

1789 年叛乱失败整整一百年之后，1889 年的一场军事革命将巴西从君主制转变成共和制。旧规划得以更新，而且 1892 年的制宪会议设立的委员会拟定了巴西利亚的未来方位。经过一系列的研究之后，于 1922 年 9 月 7 日为巴西利亚奠基。1953 年，总统热图利奥·瓦加斯（Getúlio Vargas）创建了联邦委员会，负责研究与建立新首都的技术问题。库比契克亦于 1960 年 4 月 21 日在新首都就职。

现代主义城市

巴西利亚被视为由具有现代主义思想的政治家、知识分子、艺术家和工程师实现的一个潜在的梦想。

卡约·普拉多（Caio Prado Jr.）和塞尔吉奥·布阿·霍拉（Sergio Buarque de Hollanda）等知识分子提供了一种符合国家建设进程的议程。而马里奥·德·安德拉德（Mario de Andrade）和奥斯瓦尔德·德·安德拉德（Oswald de Andrade）领导了巴西现代主义运动的艺术前沿，倡导文化独立性的必要性。马里奥·佩德罗萨批评欧洲模式的简单重复，并将巴西利亚看作重新定位历史的一个真实的政治和文化丰碑。

儒塞利诺·库比契克（Juscelino Kubitschek）总统因承诺以短短 5 年时间实现 50 多年的发展而成为政治民族英雄。巴西利亚是他成就的一个象征。卢西奥·科斯塔（Lucio Costa）、奥斯卡·尼迈耶（Oscar Niemeyer）和布雷·马克斯（Burle Marx）将他们在城市区域规划、建筑和风景园林方面的专长相结合，并因按照柯布西耶的现代主义制定的巴

西利亚规划而得到国际公认。卢西奥·科斯塔曾与勒·柯布西耶在里约热内卢合作规划联邦大楼。奥斯卡·尼迈耶曾与库比契克在贝洛奥里藏特的城市共事（规划于1897年，它是米纳斯吉拉斯州的首府）。布雷·马克斯根据20世纪20年代在柏林植物园发现的物种，将巴西植物用于园林设计。

城市现实

卢西奥·科斯塔飞机形的巴西利亚规划，是模仿飞机两大主轴设计的。该规划用两条相交线把城市分开，两条线的交叉处是巴西的权力中心，此处有政府大楼、公共服务设施、大教堂和三权广场，广场中心有两座著名塔楼和两座倒立设计的碗形结构建筑。住宅区、公园、购物区沿南轴而建，街道和林荫道都遵循精确的车辆禁行区的模式设计而成。

如此严格的城市区域规划与后来的军事独裁有关。巴西利亚是在1964年的军事政变之后建立的。在军事独裁政权下，城市建设给新的政治官僚提供了空间，吸引了被隔离在"卫星"区域的工人群体，并安顿了遭受侵略而失去土地的人们。

从社会学的角度来讲，这种严格的城市组织带来的不仅仅是新的社会角色和经济发展，而且还带来了腐败以及对需求、隔离及军事安全氛围的不敏感，从而形成了巴西利亚政客脱离现实，并与巴西其他地区的实际问题疏离的印象。然而，尽管受到审查和迫害，反对派团体还是形成了，民主进程将巴西利亚变成多种政治表现的中心，军政府最终在1984年后失去政权。

随着时间的推移，巴西利亚不再是一个梦境，而越来越成为一个具有各种社会问题和城市问题的真正的城市。研究人员注意到社会生活从与商业区隔离的居民区消失了，公园里缺乏树木，特别由炎热的天气、建筑物的间距及汽车行驶的优先权所造成的行人出行困难。不同的语言、文化和社会形态发生了分化，从而形成了一种原以为业已被现代主义城市区域规划所克服的社会结构。

城市生活

巴西利亚被规划为一个独特的、与过往隔绝的代表着新的"现代"时空的城市。在其现代性中，巴西利亚希冀与巴西和拉丁美洲以前的历史彻底决裂。然而，历史仍然隐含在该地区的政治氛围之中，它成为拉丁美洲军国主义极权的象征，之后，因为不同的群体在公共空间进行公众示威和争取民主的活动而成为民主活动中心。

20世纪末期，新的公共活动和民主举措塑造了巴西利亚。中心城市地区被如致力于获得更好的工资待遇和土地改革的中央公会、无地运动组织的激进主义团体，与农村土地所有者联盟等传统的游说团体使用。传统的、保守的、进步的和后现代主义宗教团体组织了更多活动，这些活动不仅包括解放神学运动，而且包括天主教内的灵恩运动、福音派强大的政治联盟以及以巴西利亚作为中心的新时代群体。此外，随着这些变化，一个活跃的地下城市生活网出现了。妇女团体、工人、学生和环保人士，以及年轻的艺术家、音乐家和新宗教信徒开始使用公共空间和城市领域进行自我表达。

这些团体亦塑造了巴西民主，把人们从国家政治的边缘带入中心。新的运动随着1980年工人党的成立登上了巴西的政治舞台，并在2002年路易·伊纳西奥·卢拉（Luis Inácio "Lula" da Silva）当选总统时达到顶峰，这个曾经的炼钢工人走上了权力的顶峰。

21世纪的巴西利亚

巴西利亚被看作在拉丁美洲建立的一个新的时代和空间。它成为现代建筑、城市区域规划、激进集中制和军国主义的象征。随着民主的推进，不同的文化和生活形式出现并改变了城市景观。因此，21世纪的巴西利亚看起来更像一个真实的城市，较少集中而更为多样，虽然巴西利亚仍然是现代主义的象征，但已意识到了城市内部的张力。

进一步阅读书目：

- El-Dahdah, Farès, ed. 2005. *Lucio Costa: Brasília's Superquadra*. Cambridge, MA: Harvard University Graduate School of Design.
- Epstein, David. 1973. *Brasília, Plan and Reality: A Study of Planned and Spontaneous Urban Development*. Berkeley: University of California Press.
- Holston, James. 1989. *The Modernist City: An Anthropological Critique of Brasília*. Chicago: University of Chicago Press.
- Paviani, Aldo. 1996. *Brasília: Moradia e exclusão* (Brasília: Living Condition and Social Exclusion). Brasília, Brazil: Editora UNB.
- Telles, Edward. 1995. "Structural Sources of Socioeconomic Segregation in Brazilian Metropolitan Areas." *American Journal of Sociology* 100(5): 1199–1223.

(Amos Nascimento 文　宋丽娟 译　陈　恒 校)

BROADACRE CITY ｜广亩城

1935年4月，在纽约洛克菲勒中心举行的工业艺术博览会上，弗兰克·劳埃德·赖特（Frank Lloyd Wright）提出了一种经过仔细规划的理想社区模型：广亩城。作为第二次世界大战前美国城市集中化发展的批判者，赖特认为当代的大城市异化了价值，剥夺了人的个性并且形成了民主信仰危机。人们只有回归土地才能获得机器时代的全部利益。

本词条先综述赖特广亩城的哲学基础，然后概括广亩城设计的特点，分析广亩城这一概念的局限性，并且将广亩城与同时代其他乌托邦形式进行比较，阐释广亩城在塑造美国城市远郊格局中的前瞻性作用。

哲学基础

通过广亩城，赖特表达了其城市分散、经济自给自足和个人主义的原则。传统城市的集中建筑应被点缀着乡村景观的小房子所取代。在广亩城中，建成环境将分布在开阔的乡村，并与自然环境相协调。每个区域都是内向型的，从而促成了国内、家庭导向型的生活方式，在这里每人都至少是兼职农民。事实上，个人主义的概念是赖特广亩城的重要元素。他将这一设想归因于杰斐逊的农村自给自足的理想。

广亩城是一个土地为公共所有且由个体经营的社会。这里没有房租、房东或房客，也没有私人土地所有权。每个人都拥有技能、知识而成为兼职农民、技工或如杰斐逊一样的知识分子。商品交换无须中间环节而直接从生产者流向消费者。广亩城的工业由个体或合作经营，当地政府将成为全市唯一的地方公共行政部门。正如现代保守主义经济学家所说的，政府的唯一目的是调控自然资源、做好国防和信息汇编。

尽管赖特倾向于公共所有权，但是他的"民主分权"使得广亩城每人都拥有至少4 000平方米的土地。如此的城市格局造成人口的高度分散,并以生产资源公有的社会形态取代了城市财富和权力的集中。

设计特点

广亩城在平面媒体和1934—1935年的模型展示中被公开呈现,赖特1935年发表于《建筑实录》(*Architectural Record*)的规划版本如图所示。广亩城面积约10平方千米,能养活1 400家约5 000人。不论年龄大小,每人都可分得至少0.04平方千米的土地。每户家庭在住房附近都拥有一个花园或小片农田,住房是小公寓、独栋别墅、商店之上工人宿舍或山坡上更大的房子。各地散落着十几栋15层高的塔楼,每栋塔楼有33间公寓。工作都在步行距离之内,车辆运输主要用于城市间的交通。

小农场中有工厂、学校、商店、专业建筑、医院、文化中心及其他机构。当地政府大楼位于靠近湖边的一栋单一高层建筑,但它不会成为社区中心。城市内有高速公路、铁路系统与其他广亩城市联络。

根据三口之家为主这一经验来推测,广亩城的人口基数大约为4 200人。广亩城的人口密度相当于美国人口最稠密的州——新泽西州,或大致相当于密苏里州堪萨斯城的人口密度。根据美国人口普查,广亩城显然有资格成为一个城市。实际上,广亩城将是田园般的绿洲。

限制以及与花园城市、邻里单位的关系

赖特广亩城的人口基数与克拉伦斯·佩里

1 小农田 2 果园 3 小房子 4 中型房子 5 大房子 6 学校 7 小工厂 8 运动和娱乐场所
9 市场 10 诊所 11 游客宾馆 12 县政 13 艺术馆 14 植物园 15 小族馆 16 动物园
17 大学 18 社区教堂 19 疗养院 20 宾馆 21 机场

弗兰克·劳埃德·赖特广亩城市区域规划方案的程序化改编
来源:亚瑟·尼尔森(Arthur C. Nelson)改编,妮可·西特科(Nicole Sitko)作图

(Clarence Pery)的邻里单位,以及后来克拉伦斯·斯坦(Clarence Stein)为新泽西州雷伯恩规划的人口基数相同。佩里和斯坦把他们的社区看作更大的城市框架的组成单元。

相比之下,广亩城则是一个孤立的社区,这是广亩城的主要缺点。基于如此小的人口基数,大部分的社区服务,如购物、医疗保健、专业维修、高等教育和职业培训得不到应有的扶持。现代"邻里"规模的购物中心难以生存;维持普通医生所需要的工资标准亦无法达到。这样一个孤立社区的居民只能邮购购物、到城市中心上下班,或无所事事。

广亩城在功能上必须与城市中心进行经济、社会以及在一定程度上的实际联系。由此可见,广亩城必须进行规划和设计以便在大都市区发挥决定性作用,并同时发挥它城市远郊邻里的主要功能。

广亩城的部分限制可以通过允许一个较大的人口基数,但保持其规划、设计主题的方法加以克服。如埃比尼泽·霍华德的"田园城市",在3.2万名城市居民中,约有90%生活在不足约5平方千米的土地之上,而这只是整个规划的大约26平方千米社区的一部分。然而近一个世纪以来,我们发现,随着相对于霍华德时期家庭规模的缩小,假设没有比霍华德预想的更多家庭出现——因为房子尺寸亦随之增加而做出的合理假设,花园城市人口将下降到大约1.6万。因此,田园城市人口比广亩城大约多4倍,但人口密度只比广亩城市高2/3左右。

继霍华德之后,大都市区内的广亩城网络可以组成大规模的人口和就业,以便在现代实现其自身功能。霍华德的田园城市设想了6个人口为3.2万的田园城市,每个田园城市都被人口为5.8万的

社会城市围绕,总人口基数是25万,实际人口数则大约减少了一半。英国最大的新兴城区——米尔顿凯恩斯大抵是根据这个模型建立的,但它的设计理念是假设较小的家庭规模以达到更大的人口基数。类似于霍华德的规划,米尔顿凯恩斯内的所有社区都通过道路(但不包括铁路)彼此连接,并和中心相通。这个具有25万居民的城市,几乎具备所有的经济、社会、政治和个人服务功能。社会城市的广亩城版本虽然千差万别,但是它们都采用了赖特的单户独立式住宅为主的低密度发展特点,而不是高密度的住宅模式。

21世纪美国城市建设的应用

自1959年赖特去世以来,广亩城的许多理念得以逐步实现,但并没有按照赖特所提出的形式。高速公路网络在农村纵横交错,广阔的郊区城市化占用了大片低密度土地。现今,大部分建筑环境更多的是"远郊"扩张而不是郊区蔓延。为远郊提供诸如消防和警察保护、新的道路建设、供水和排污以及垃圾收集等社区服务的成本比如广亩城这样的社区更高。美国持续的远郊化是否能通过广亩城得到更好的发展?

大约有多达四分之一的美国家庭住在城市远郊区。这些地区的人口密度降至不能扶持重要的公共事业。提供跨越大面积低密度发展区域的交通和城市服务是非常昂贵的。不协调的远郊扩展可能会削弱与城市积聚相关的经济效率,破坏城市和国家的社会经济福祉。广亩城也许是美国城市远郊发展的解决方案。

进一步阅读书目:

- Collins, George R. 1963. "Broadacre City: Wright's Utopia Reconsidered." In *Four Great Makers of Modern Architecture*. New York: Columbia University Press.
- Fishman, Robert. 1977. *Urban Utopias in the Twentieth Century*. New York: Basic Books.
- Johnson, Donald Leslie. 1990. *Frank Lloyd Wright versus America: The 1930s*. Cambridge: MIT Press.
- Nelson, Arthur C. 1992. "Characterizing Exurbia." *Journal of Planning Literature* 6(4): 350–368.
- ——. 1995. "The Planning of Exurban America: Lessons from Frank Lloyd Wright's Broadacre City." *Journal of Architecture and Planning Research* 12(4): 337–356.

- Nelson, Arthur C. and Kenneth J. Dueker. 1990. "The Exurbanization of America and Its Planning Policy Implications." *Journal of Planning Education and Research* 9(2): 91-100.
- Twombly, Robert C. 1972. "Undoing the City: Frank Lloyd Wright's Planned Communities." *American Quarterly* 24(4): 538-549.

(Arthur C. Nelson 文 宋丽娟 译 陈 恒 校)

BRUGES, BELGIUM | 比利时布鲁日

作为比利时联邦国家的一个小省会,布鲁日是中世纪的商业中心,现代又成为旅游胜地而得到重生,在城市历史中具有重要地位,从10世纪开始,布鲁日最初是佛兰德斯的人口和行政中心,随后发展成为佛兰德斯服装工业原料与制成品的海港和贸易中心。到了14世纪,这个城市在长达200年的时间内成功成为北欧贸易的关键节点,随后又恢复为一个二级市场和生产中心。布鲁日在19世纪出现经济低谷、工业低迷还有长期贫困的民众。布鲁日被钟爱一切中世纪事物的欧洲浪漫主义者发现,从而将这个拥有大量被遗忘老建筑的破败城市转变成了一个游客众多的露天博物馆。

中世纪中期,强大的佛兰德斯伯爵把布鲁日建成了佛兰德斯经济、政治发展的组成部分,成为南至皮卡第、西到布洛涅和敦刻尔克的王国的心脏。他们的重要举措之一是沿布鲁日附近海岸进行土地复垦。布鲁日因之在公元1200年前成为交通和贸易的重要中心,同时还是服装产业的一个小中心。但是布鲁日在1300年左右出乎意料地达到顶峰位置,并成为欧洲北部第一个商业中心。这其中部分是由于香槟贸易的衰落和贸易向海运的转变。1337年之后,遍及法国的持续不断的战争(百年战争)加速了布鲁日的崛起,布鲁日的商人社区规模扩大,尤其是英国、意大利、西班牙和汉萨同盟商人的社区。加之布鲁日当地政府承诺的大量的法律特权和附加条款的实施,该市成为从事商业活动的合宜之地。

作为重要的工业和贸易地区,布鲁日成为欧洲北部首个银行和金融中心,这赋予城市相当的重要性,尽管其贸易在1480年之后出现下滑。根据当地货币兑换商和旅馆老板开发的支付和信用体系,布鲁日通过汇票、账面移交、委托销售以及信贷业务把各个外来商人社区并入了一个影响深远的国内外交流网络。15世纪,这个金融社区在公共广场附近获得了正式的聚会场地,并以著名的商业旅馆命名,因此"协和广场"诞生了。直到被它的近邻和从前的商业卫星城即在1531年建立了证券交易所的安特卫普所取代之前,布鲁日是比巴黎或伦敦更为重要的商业中心。

16—18世纪,布鲁日开始衰落,但它仍是低地国家重要的城市中心。16世纪的布鲁日仍是一个重要的西班牙商业殖民地。17世纪,随着新运河的开凿和与英国有频繁轮渡服务的主要港口奥斯坦德的发展,作为航运中心的布鲁日得到一定程度的复兴。但是直至布鲁日经历了法国大革命和拿破仑时代、短期并入荷兰政府和1830年比利时革命浪潮的逆境之后,城市才有了新的发展。

虽然一些比利时城市尤其是根特实现了工业化,但是,布鲁日经济慢慢调整,向着吸引寻找中世纪真实体验的外国游客和居民的方向发展。尽管多年来经历了许多变化,布鲁日一直维持着"中世纪"的形象,这在很大程度上避免了其他欧洲城市

普遍存在的大规模的对旧街区的破坏。被城市建筑、靠近母国和相对便宜的特点所吸引，布鲁日逐渐形成了一个英国人聚居区。至 1870 年左右，布鲁日有多达 1 200 名英裔永久居民，有成百上千的英国游客在夏天或随兴来到这里，英国在此修建了学校和孤儿院，并吸引无数同胞皈依罗马天主教，他们到布鲁日寻找宗教根源。同时，布鲁日运河和古朴的广场、街区吸引了那些试图在画布上捕捉这个城市浪漫魅力的艺术家们。这一现象的文学书写是乔治·罗登巴赫（Georges Rodenbach）1892 年的小说《死寂之城布鲁日》（*Bruges-la-morte*），小说讲述了一位悲伤的鳏夫前往布鲁日避难，却疯狂爱上一位酷似他亡妻的芭蕾舞者的故事。

艺术家、游客和长期居住的讲英语的居民，尤其是艺术史学家詹姆斯·威尔（W. H. James Weale）、艺术收藏家约翰·斯坦梅茨（John Steinmetz）的努力，在建设与中世纪历史和谐的新建筑过程中，促成了保存布鲁日中世纪遗产的运动。因此，"新哥特式"通常成为布鲁日所有新建筑的争议性答案，如目前位于中央广场的邮政大楼代替了原地 18 世纪古典主义风格的建筑。与伦敦的美术工艺运动非常相似，布鲁日成为建筑、设计和工艺中心，它试图在现代建筑中恢复中世纪的审美观念和精湛工艺。同时，布鲁日对历史保护的努力，促成了保护基督教艺术（圣托马斯和圣路加公会）以及其他艺术形式的重要历史社团（Société d'Emulation）的建立。

布鲁日因历史悠久的建筑和围绕城市中心地带的运河闻名于世
来源：Karen Wiley

向 15 世纪佛兰德斯原始绘画流派艺术家致敬的 1902 年国际博览会，标志着布鲁日达到了作为旅游和艺术城市的制高点。博览会展览了许多当时还鲜为人知的艺术家的作品，包括扬·凡·艾克（Jan van Eyck）、罗吉尔·凡·德·维登（Rogier van der Weyden）、雨果·凡·德·胡斯（Hugo van der Goes)、汉斯·梅姆林(Hans Memling)、德克·鲍茨(Dirk Bouts)、杰拉德·大卫(Gerard David)等,这次展览会引起了轰动。数以万计的游客来到布鲁日。巴黎、杜塞尔多夫和伦敦也相继举行了博览会。此后,布鲁日努力修建了一系列著名的博物馆,也修复和翻新了中世纪特色的游行和演出,同时赞助了一年一度的早期音乐节。由于这一文化项目的成功,布鲁日在欧盟的宣言中被定义为2002年的两个文化首都之一。

进一步阅读书目:

- Girouard, Mark. 1985. *Cities and People: A Social and Architectural History*. New Haven, CT: Yale University Press.
- Houtte, J. A. van. 1977. *An Economic History of the Low Countries, 800–1800*. London: Weidenfeld and Nicolson.
- ——. 1982. *De Geschiedenis van Brugge*. Tielt, Belgium: Lannoo.
- Munro, John H. A. 1972. *Wool, Cloth, and Gold: The Struggle for Bullion in Anglo-Burgundian Trade, 1340–1478*. Toronto, ON, Canada: University of Toronto Press.
- Nicholas, David. 1992. *Medieval Flanders*. London: Routledge.

(James M. Murray 文 宋丽娟 译 陈 恒 校)

BUENOS AIRES, ARGENTINA | 阿根廷布宜诺斯艾利斯

布宜诺斯艾利斯是阿根廷共和国的首都,在1536年早期殖民者在此地建立定居点失败之后,于1580年由西班牙征服者胡安·德·加雷(Juan de Garay)创建而成。该城市位于河床河口岸,因其战略性位置,人口和经济迅速扩张。在21世纪初,布宜诺斯艾利斯大都市区拥有超过1 300万的人口,是世界10个最大的城市群之一;然而其大都市地区是由独立的政治和行政事业单位组成的。被称为布宜诺斯艾利斯自治市的中心区有近300万居民,由自治的市政府管辖,其特权和责任类似于阿根廷的省份。这一中心区域位于两个大都市区的包围之中,这两个大都市区由24个具有有限自治权的直辖市构成,并隶属于布宜诺斯艾利斯省政府管辖。与大部分拉美同类城市相比,阿根廷首都的市区占有了超比例的国家人力资源和经济活动,在仅仅8%的领土上集中了国家1/3的人口,生产总值占全国近50%。

拉丁美洲的欧洲城市

布宜诺斯艾利斯在所有方面都不像拉丁美洲的大城市,其特定的社会经济状况以及阿根廷国家政策所遵循的特定线路,形成了一条复杂而奇特的城市发展道路,使该城市不同于该地区的其他省会城市。1881年,布宜诺斯艾利斯成为阿根廷首都,这促进了其港口设施的现代化以及与资源丰富内陆城市之间的铁路网络的发展。随之而来的显著的商业扩展加速了国家经济增长,促使阿根廷在20世纪初成为富裕发达的国家。经济扩张也得益于欧洲向布宜诺斯艾利斯持续的移民浪潮,特别是1880—1910

年间的移民浪潮。至 20 世纪 40 年代中期,城市中心区域的人口已经达到目前 300 万居民的规模,而且都市圈内层因人口接近 200 万亦开始膨胀。

相对于其他拉美国家,殖民时期阿根廷的土著居民被大幅度驱逐,除少数北方地区外,其他地区几乎没有土著居民。布宜诺斯艾利斯以欧裔人口为主的状况对城市发展产生了巨大影响,这为它提供了一个完全不同于其他拉美城市的城市景观。即使最初在中央街区发现的西班牙殖民时期的建筑,也迅速被快速崛起的现代主义建筑所取代,这些现代建筑是以法国、意大利城市区域规划专家的欧式建筑理念为蓝本建筑的。

无规划的城市发展

布宜诺斯艾利斯的欧式建筑方案并没有通过综合规划落到实处。首都的发展始终缺乏长期的城市区域规划,而这种缺失在城市扩张期间更为明显。为布宜诺斯艾利斯制定的广义的城市总体规划——包括勒·柯布西耶于 1929 年制定的规划——从来没有实现。城市区域规划工作的失败是由于布宜诺斯艾利斯在阿根廷政治体制中不协调的地位所造成的。该市在经济上的重要性超过阿根廷其他城市,这种经济实力与地域面积的不匹配被阿根廷政府视作威胁,也是民主政体所不容许的现象。因此,联邦政府全力压制该市在政治和经济上的自治权,因此旨在塑造、调整布宜诺斯艾利斯未来的公共政策从来没有得到发展,布市没有城市议程作为引领。在 20 世纪 90 年代大多数拉美国家实行分权改革的总体背景之下,阿根廷于 1994 年对国家宪法的修订预示着布宜诺斯艾利斯的显著转变。布宜诺斯艾利斯第一次被授予了政治自治权,可以民主选举市长,而之前的市长则由总统任命。1996 年该市更名为布宜诺斯艾利斯自治市,随之获得城市宪章作为执法依据。

社会分化的加剧

20 世纪 90 年代初期阿根廷的新自由主义政策激发了社会变革,布宜诺斯艾利斯控制城市未来的新能力受到挑战。随着管制放松和金融自由化,经济全球化形成了一种适于资本投资的环境,而资本投资的区位选择又造成了城市之间的不平衡。整个 20 世纪,阿根廷较为先进的经济发展水平,与庞隆主义的再分配政策确保了布宜诺斯艾利斯没有出现严重的两极分化。这种模式让人联想到欧洲的紧凑型城市,而不是其他拉美大都市类似北美的扩散和分散型模式。然而,自 20 世纪 90 年代初期开始,被认为是结构调整政策副产品的去工业化和失业率上升造成了布宜诺斯艾利斯的贫困化和城市中产阶级的减少,这在当时成为布宜诺斯艾利斯与同类城市最显著的区别。

这些趋势体现在空间上就是分裂和隔离。分裂的特点是在中央区域出现了奢华的住宅、购物和娱乐场所等只有富人才能享用的区域,而隔离则是指门禁社区在城市区域的显著增多。以前存在的发展失衡,尤其是城市富裕的北部街区和隔离的南部地区之间的失衡,加剧了新经济条件下社会的两极分化。更糟糕的是,2001 年 12 月阿根廷的经济危机使无数城市家庭陷入了失业和贫困的境地。

20 世纪上半叶,布宜诺斯艾利斯城市基础设施和公共服务的质量毫不逊色于那些世界上最先进的大都市。随着本世纪下半叶阿根廷的经济衰退,布宜诺斯艾利斯的城市设施建设和维护已经跟不上城市扩张的步伐,这导致了 20 世纪 80 年代基础设施的崩溃和城市服务供应不足。由于没有监督和协调城市政策的行政实体、缺乏公共投资所需的经济资源,在 1983 年阿根廷恢复民主以后的几年时间里,该领域所采取的任何举措都没有发生作用。20 世纪 90 年代初,卡洛斯·梅内姆总统(Carlos Menem)推行了基本公共服务的私有化政策,这是多边金融机构倡导的新自由主义改革计划的组成部分。虽然对于日益贫困的人口而言,消费成本变得更加高昂,但是由跨国公司经营的城市服务质量和覆盖面得到了提高。

21 世纪的布宜诺斯艾利斯

20 世纪 90 年代在世界各地都出现了城市改造和旧工业区复兴等大型项目,而这一时期也见证了布宜诺斯艾利斯中心区的重要转变。波多黎各马德罗河旧河滨和废弃的雅柏高街区的复兴是这个宏伟计划的典型实例。然而,虽然具有潜在的象征力量,但这些在城市所选地区实施的针对性的干预措施并未能解决城市最紧迫的问题,如交通拥堵、噪音大、空气污染以及效率低下的排水基础设施建设等。最终从 20 世纪 90 年代初期开始,城市贫民窟的增长大大加快,这在城市中心最为明显,而之前人们曾一度认为市中心贫民窟的增长速度已经持平甚至将开始下降。

尽管布宜诺斯艾利斯自治市对机构组织进行了调整,但解决布市的问题绝非机构政革就能完成。如果阿根廷首都希望在 21 世纪获得引领未来的能力,就需要城市区域规划和管理的新思维方式。因此该市试图在决策过程中加大公众参与的力度,例如战略规划和参与式预算平台的建立。预计这些机制将为布宜诺斯艾利斯更包容和均衡的城市发展铺平道路。

进一步阅读书目:

- Ciccolella, Pablo and Iliana Mignaqui. 2002. "Buenos Aires: Sociospatial Impacts and the Development of Global City Functions." pp. 309-25 in *Global Networks, Linked Cities*, edited by S. Sassen. New York: Routledge.
- Keeling, David J. 1996. *Buenos Aires: Global Dreams, Local Crises*. New York: Wiley.
- Pírez, Pedro. 2002. "Buenos Aires: Fragmentation and Privatization of the Metropolitan City." *Environment and Urbanization* 14(1): 145-158.

(Laurence Crot 文 宋丽娟 译 陈 恒 校)

BUNGALOW | 平房

平房在各大洲皆指单一形式的建筑住宅,这是一种具有适度倾斜的屋顶的一层楼建筑,坐落在风景优美、空间宽阔的城市或郊区,且为一个家庭所有。正如最初在英属印度出现时那样,它通常被解释为与现代资本主义工业扩张及其对居住模式、建筑形式的影响有关。因此,讨论平房的重点是追溯它的语源、演变及对社会空间的影响。

语源

"平房"一词来源于印度语、马拉地语或古吉拉特语语中的"孟加拉"(*bangla*)一词,表示"是或属于孟加拉"。该词在 17 世纪被印度人或印度的欧洲人所使用;在 18 世纪被英国化,于 1784 年首次标注了该词标准的英文拼写形式,并于 1788 年在英国著录使用,但仍被认为是印度语;19 世纪中期,该词完全融入英语。"平房"一词至少在 10 种欧洲语言中出现过,澳大利亚和北美地区分别于 1876 和 1880 年开始使用该词。学者认为,19 世纪 90 年代"平房"一词开始在非洲西部流行开来。因此,平房的语源表述出文化扩散的时间和地理分布。然而,大多数学者都认为一种建筑形式的术语和组织并不总是一致的。因此,指出平房的单一语源和发展过程亦可能是没有价值的。

印度平房

根据安东尼·金(Anthony King)的记载,一种为欧洲人所使用的热带住宅类型于18世纪晚期在英属印度出现。它结合4种不同房屋的特点,即孟加拉的房屋形式、非孟加拉的印度"平房"、欧洲移民改造后的当地平房,以及受葡萄牙影响而进一步发展的游廊。将英国和印度及其生活模式区分开来的愿望成为平房发展的核心,由此形成了一种特殊的建筑形式,即大的中央房间被较小的房间以及游廊环绕,从而将殖民意识形态带入家庭生活之中。宽广的游廊可以防止内部房间过热,房屋主人与当地人的互动也能得到更好的监管,其功效通过将建筑物安置在与印度定居点相分离的大花园中心而得到增强。因此,这种英式印度平房与军队营地、市政府和避暑山庄的郊区景观紧密相关。19世纪出现了两种重叠的平房类型:直接被称为孟加拉原型的具有斜屋顶的庞大单层结构,以及受英格兰新古典主义建筑影响的一层或两层的平顶别墅。对于少数幸运的印度人来说,居住在平房里被视作被殖民秩序同化的标志。到了20世纪,殖民风格的平房融入了印度文化,平房用以指称独立的家庭住宅。

威廉·格洛弗(William J. Glover)和斯瓦特·夏拓帕德赫(Swati Chattopadhyay)复杂化了对于平房的观点。格洛弗认为平房是实现英国中上层价值观的理想之地,它们的可达性凭借建筑陌生的物质性得以折中。正如夏拓帕德赫对加尔各答的描述,由于各类欧洲人生活在靠近当地印度人所建的平房里,因此欧洲"白人镇"和印度的"黑人城"之间的界限变得模糊。事实上,平房是如此不稳定,以至于一种反城市的态度在其支持下蓬勃发展。因此从某种意义上说,平房充当了英国殖民当局的工具。

平房、休闲和郊区化

印度是资本主义全球扩张的一部分,而其最重要的节点是英国。至19世纪中叶,英国资本过剩,铁路及与之相关的城市发展成为资本的重要出路,出现了不断增长的休闲活动和产品。通过出版物传播的悠闲的殖民生活形象,与富裕阶层的愿望相吻合,并产生了富人才能享用得起的海滨平房。从海滨平房又产生了郊区平房,汽车的普及使其日常使用和平民形式的郊区平房成为可能。但是由于英国平房对原始乡村的影响,平房最终被妖魔化了。

英国、北美和澳大利亚的平房出于类似的因素而存在。从19世纪80年代开始,建筑师和建筑商的全球移动网络确保了"平房理念"被美国东部资产阶级所采纳。虽然他们融合了一些英式印度类型的常规元素,但是这些平房更强调其社会功能而不是它的形式。当中产阶级采用最终呈现为装修精美的平房的田园理念时,平房在19世纪末变得更为流行。

一种规格较小、长期的、开发商建设的平房类型首先在美国有轨街车郊区,然后在汽车郊区成为标准。加利福尼亚州因其看似无限的廉价土地、大量私人资本、流行的反共产主义思想和尝试新的运输技术的愿望,为1905年和1930年郊区平房的全面发展提供了理想环境。美国其他地区也出现了类似的平房。然而平房成为郊区化的主导似乎重现了殖民时代,因为少数族裔被隔离在内城的隔都中。

澳大利亚对曾到过其他地区的英国殖民者广泛使用平房的社会、文化和政治限制更少。自由的市场经济、相对同质的人群、更多的土地意味着独户的独立式住宅适宜于大部分的欧洲人口。自殖民地融入全球资本主义体系以来,资本的波动以及随之而来的社会当务之急的转变,导致了19世纪70年代度假式平房和20世纪初加州风格的平房郊区的修建。

对非洲平房的前期分析依赖于对非洲物质和社会历史的一知半解。例如,安东尼·金将平房解释为19世纪末来源于印度的欧洲住宅形式,它为英国殖民当局统治者提供了庇护所。通过刺激城市化,平房成为西方化的工具和象征。

但是,非洲考古学确认19世纪之前非洲的城市生活并没有独特之处。塔瑞库·法勒(Tarikhu Farrar)等人指出,复杂的、密集的、有组织的定居点是西非前殖民时期的典型形式。同时,平房元素既能独立存在又能组合存在。如同杰伊·爱德华兹(Jay Edwards)所描述的,15世纪开始,欧洲在西非海岸的存在,为包括平房在内的双边文化交流提供了充足的机会。

英式印度平房因其特定的社会、文化和经济功能被引入英国的非洲殖民地,它们随后被后殖民时代的精英所采用,并区别于现有的非洲"房屋和游廊"类型。但是,其中的一些功能,如使用游廊作为社会空间和控制建筑物内部温度的一种手段,是西非和英式印度平房所共有的。

非洲的其他殖民当局也使用平房。从19世纪20年代开始,作为全面的改变宗教信仰政策的一部分,瑞士和德国的巴塞尔传教士协会在黄金海岸使用类似的建筑类型。1895年德国殖民者认为英式印度平房是东非欧洲人群最适合使用的建筑类型。

殖民背景下的平房发展理论皆漠视了"原始"平房形式的持续发展,该理论认为后殖民时代精英对这一建筑类型的使用更多是因为欧洲的影响力而不是其他因素。关于这个专题,未来应探讨"原创"和"规定"形式的共存,以便对之做出更全面的理解。

进一步阅读书目:

- Chattopadhyay, Swati. 2000. "'Blurring Boundaries: The Limits of White Town in Colonial Calcutta." *Journal of the Society of Architectural Historians* 59(2): 154-179.
- —. 2002. "Goods, Chattels & Sundry Items: Constructing 19th-century Anglo-Indian Domestic Life." *Journal of Material Culture* 7(3): 243-271.
- Farrar, Tarikhu. 1996. *Building Technology and Settlement Planning in a West African Civilization: Precolonial Akan Cities and Towns*. Lewiston, NY: Edwin Mellen Press.
- Fishman, Robert. 1987. *Bourgeois Utopias: The Rise and Fall of Suburbia*. New York: Basic Books.
- Glover, Williman J. 2004. "'An Absence of Old England': The Anxious English Bungalow." *Home Cultures* 1(1): 61-81.
- King, Anthony. 1984. *The Bungalow: The Production of a Global Culture*. London: Routledge.
- Lancaster, Clay. 1985. *The American Bungalow, 1880-1930*. New York: Abbeville Press.
- Osayimwese, Itohan. 2008. "Colonialism at the Center: German Colonial Architecture and the Design Reform Movement." PhD Dissertation, University of Michigan, Ann Arbor.

(Itohan Osayimwese 文　宋丽娟 译　陈　恒 校)

BUNKERS | 地堡

军事地堡引起了城市研究、社会学和考古学越来越大的兴趣。例如,这个概念启示了保罗·维瑞利奥(Paul Virilio)的《地堡考古学》(*Bunker Archaeology*, 1994),并对包括勒·柯布西耶在内的欧洲建筑师的野兽派传统产生了重要作用。当代英国考古学和欧洲文化社会学扩展了地堡在特定军事化环境中的内容和理论,并确定了它在城市中的定位。

虽然大众并不总是自觉地承认军事地堡是城市的重要组成部分,然而随着后现代性改变了传统的战争形态,以及对战争考古学这一新学科逐渐产生的兴趣,军事地堡的概念已经被重新定义。后现代战争的显著特点——全球范围的军国主义、信息战、无人机、强制或故意的人口流动和约束、游荡的恐怖分子、不稳定的军事部署模式等等——从根本上改变了日常经验与军事地堡的象征性的关联。现代城市身份所谓的确定性,已经明确超越了军事地堡的特殊性,也正经历着越来越多的干扰和再定位。军事地堡通常包括一个具有斜坡的钢筋混凝土的地下防空洞和用于地上火炮攻击的楔状空隙。一个有效的方法是将军事地堡想象成军事空间,因为如军事地堡这样的军事空间正是军事行动的领地。相应的,军事地堡可能是已经部署的军事行动潜在的发生地。因此,军事地堡通过各种沟通和破坏性关系,建立了军事化和平民化的城市身份,例如什么是"战争后方","战争后方"在哪里?

后现代主义批评者认为,军事空间和军事地堡的联系——在现代时期包括定位军事—城市事务、社会行为、文化仪式和考古习俗——在当代社会已经消失了。例如,维瑞利奥论述了目前流行的军事化和信息的"轨道化"(Orbitalization),指出城市的意义已经从军事地堡,进而从城市中消失了,而城市意义本身也已经消失,并分散于轨道化的军事空间的后现代逻辑之中。这证实了迈克·甘恩(Mike Gane)的观点,他认为维瑞利奥墨守军事地堡的概念,就如同真正的惯性或禁锢的感觉一般,造成了一个无法解决的困境或一种毫无对策的新的阻力。作为一种选择,甘恩提出了一种城市生活模型,这种模型受到了建立于可逆性空间的让·鲍德里亚(Jean Baudrillard)仿真分析的影响。

然而,约翰·斯科菲尔德(John Schofield)宣称,对军事地堡的敏感性可以为物质文化和稳定的现代战争研究方法提供重要基础。他将军事地堡理解为能扩展当地考古学方法论的考古遗址和理论对象。通过挑战既定的考古原则,斯科菲尔德跨越了同时涉及历史事件、物质遗迹、遗产和人类灾难的这一加速的研究领域的近代冲突。这种强烈的组合唤起了政治事件、军事行动和军事地堡的全球意识。斯科菲尔德对在理论术语和有关军事文化、考古文献、历史和人类学方面的论文中这些问题的研究,完美地结合了作为文物管理实践的军事地堡的社会学讨论和具体案例分析。

进一步阅读书目:

- Gane, Mike. 2000. "Paul Virilio's Bunker Theorizing." pp. 85–102 in *Paul Virilio: From Modernism to Hypermodernism and Beyond*, edited by J. Armitage. London: Sage.
- Schofield, John. 2005. *Combat Archaeology: Material Culture and Modern Conflict*. London: Duckworth.
- Virilio, Paul. 1994. *Bunker Archaeology*. Princeton, NJ: Princeton Architectural Press.

(John Armitage 文　宋丽娟 译　陈　恒 校)

BUSES ｜ 公交车

公交车往往被视为一种廉价、肮脏、不方便和不可靠的交通方式,只有别无选择的人才会使用公交车。然而,伦敦交通局估计每天大约有600万人次的公交车在伦敦运行,公交车成为城市发展最快的交通方式。轻轨或地铁系统通常只存在于大城市,但是公交是全球城市生活的一个特征,并已经存在了一段时间：早期的公交服务主要是马车，公共马车于19世纪30年代在欧洲城市首次发展起来。公交车线路对边缘社区、郊区、城郊或贫民窟的居民也非常重要，这代表着与城市中心的连接，并且提供就业机会。但是，公交车自然而然成为日常生活的一部分，这使得公交车显得十分普通，往往引不起城市研究者的关注。尽管如此，公交车是城市基础设施的重要组成部分，它可以揭露城市治理的不平等，并且呈现出城市的日常活动。

作为城市基础设施的公交车

公交车是城市交通基础设施中最廉价的形式。公交车的启动和维护成本最少，而且与主要竞争对手轻轨相比，公交车能够到达更多的地方载送乘客。尽管如此，它们在城市政府看来往往比大的基础建设项目更冷门。这其中的部分原因是公交车自身的缺点：与其他形式的公共交通方式相比，公交车容量较小、更不舒服、更容易受到道路破坏和交通问题的影响。公交车的负面形象使一些城市政府忽视了公交发展，这些城市的政府部门发现地铁和轻轨项目能带来更多的资本投入。然而在一些城市，快速公交运输系统（BRTs）已经发展成为交通运输基础设施的核心部分，这些快速运输系统通过整合服务、设施、计算机和信息技术以及专用道路创造了一种快速而频繁的服务。由于相对较低的前期成本，快速运输系统在全球南部最为广泛，但又不局限于全球南部。巴西库里提巴的快速公交运输系统被看作最成功的系统之一，约70%的乘客正在使用这一系统。它利用当地小型巴士将乘客与具有专用行车道的大容量高速度的路线联系起来。公交公司独立运作，但是要由城市调控和扶持。公交车站具有轮椅通道，并包含有公用电话以及便利店等设施。但是，公交快速运输系统需要大量的规划，这意味着如果不考虑背景而只是关注一些最佳实践的例子，可能会导致快速公交运输系统在某些城市执行不力。目前德里正在发展中的公交快速运输系统就因建设期间造成的生态破坏以及减少了汽车用户的道路空间和在繁忙的交通道路上设置公交站点等极差的规划而在试用期间饱受批评。从广义上讲，南美洲的城市政府似乎需要自主权来制定成功的快速公交运输方案，而许多亚洲城市却并非如此。

公交车的所有权可以表明当地政府对城市设施是否应由公共控制的态度。公交公司既有国家垄断、也有受公开监管服务的私人所有，或属于私营企业。私营公交公司放弃了那些不盈利的线路从而提供了更有效的公共服务，但国有公交公司却可以不以盈利为目标，其服务更具社会福利性质。这也说明市场并不是能确保合适的公共服务。在一篇关于全球南部和北部各个城市公交服务私有化的综述性文章中，曼德（D. A. C. Manuder）和马拉（T. C. Mbara）说明在私营和国有公交服务之间没有明确的差别，这表明背景的影响比所有权更为重要。在许多西方城市，公交车是私人经营却受公开监管，从而导致了监督和管理的斗争，这种斗争揭示了城市个人和国家间的权力关系。

公交车和社会不平等

由于成本相对较低，公交服务通常为城市贫民使用，并且常常成为城市不平等的标志。在美国许多城市，公交车乘客主要来自贫穷的黑人社区，且以女性为主，他们一般使用公交车进行日常购物或前往市中心工作。在那些公交车供应不充足的地方，性别、种族和阶级之间的不平等可能会加剧。这造成了一种流动性政治，即获得公交服务以及公交服务的供应会改变城市居民的生活机会。斯卡沃·哈奇森（Sikivu Hutchinson）对洛杉矶的这些问题进行探究，这是为数不多的对西部城市的公交经验进行的全面而广泛的研究。洛杉矶以围绕汽车使用而闻名遐迩，它具有围绕高速公路和轻轨发展而成的基础设施。与其他具有这样街道设计的城市一样，这适合于中心和郊区之间的单向旅行，而不适合三角形式的公交服务。公交由私营公司所有，它们没有一体化服务，也没有退票和换票业务,这降低了城市贫困人口的流动性,从而加剧了市中心的衰落,而非促进城市扩张。如公交乘客联盟等激进团体认为这有利于大多数白人的交通,而不是拉美裔和黑人,因此无异于种族歧视。交通运输供应的分歧,导致了现代洛杉矶分散的特点。

城市研究中的公交车

尽管公交车在城市生活中扮演着不同的角色,但是它并没有得到城市研究者的关注,也游离于交通运输研究的专业领域之外。城市交通研究历来重视大型的基础建设工程,如高速公路、郊区道路系统和轻轨网络的发展,而不是极为普通和不明显的公交线路。事实上,只是在最近几年,人们的日常交通活动才被作为社会科学中更广泛的"流动性"研究趋势的一部分,得到城市研究者的认真对待。流动性的研究重点是运动的具体活动,从汽车的使用到跨国移民所面临的挑战,这是由后结构主义哲学家吉尔·德勒兹和米歇尔·德·塞尔托等的理论论证,以及近来对全球流动性经验增加的理解所共同激发的。然而,即使是此类文献,也是更注重驾驶或步行而不是公交出行。

侧重公交线路流动性的研究强调,公交车很少在其通行的城市空间中引起关注。相反当汽车飞速而过时,沿着路面行驶的公交车常常被忽视。而一些研究人员把公共汽车的内部空间定义为充满着在各地之间旅行的时间的"非场所",蕾妮·霍曼(Renee Human)描述了公共汽车内部空间可能产生的各种各样的实践。例如,她讨论了乘客在公共汽车上选取位置并尽可能在公交车分散开来的常规形式。霍曼还探讨了从普通乘客的闲聊到老乘客之间更为深入的交谈等公交乘客之间不同类型的谈话。在这种对公交流动性的理解之中,乘坐公交车就涉及了一系列活动,它可能暗示着社区的形成,当缺乏经验的乘客使用公共汽车时,也可以表明城市内的社会分裂。

另外,从有效地运送城市通勤者的快速运输系统,到用于城市贫民的低成本公交路线,公交车在城市中扮演着一系列角色。无论是通过国家支持、公交公司调控还是交通投资,公交车往往表明市政府对城市空间和基础设施的结构性不平等的态度。公交车的负面形象可能使其相比地铁或轻轨缺乏吸引力,但公交车无疑具有更大的价值。乘坐公交车可以揭示某些城市的微观社会性,以及城市社会分裂和不平等的具体表现形式。

进一步阅读书目:
- Flyvbjerg, Bent. 1998. *Rationality and Power: Democracy in Practice*. Chicago: University of Chicago Press.
- Human, Renee. 2008. "Flowing through the City." *Liminalities* 4(1). Retrieved January 28, 2009 (http://liminalities.net/4—1/bus/index.htm).
- Hutchinson, Sikivu. 2000. "Waiting for the Bus." *Social Text* 18(2): 107 - 120.
- Larsen, Jonas, John Urry, and Kay Axhausen. 2006. *Mobilities, Networks, Geographies*. Aldershot, UK: Ashgate.
- Levinson, Herbert S., Samuel Zimmerman, Jennifer Clinger, and Scott C. Rutherford. 2002. "Bus Rapid Transit: An Overview." *Journal of Public Transportation* 5(2): 1 - 30.
- Maunder, D. A. C. and T. C. Mbara. 1996. "Liberalisation of Urban Public Transport Services: What Are the Implications?" *Indian Journal of Transport Management* 20(2): 16 - 23.

(Robert Shaw 文 宋丽娟 译 陈 恒 校)

CAIRO, EGYPT | 埃及开罗

埃及首都开罗又名阿尔-查希拉（Al-Qahira，胜利的意思），是埃及大都市地区（大开罗地区）的核心。开罗城俗称"这个国家"，有时也会被尊称为"世界之母"，2004年其居民大约为760万。作为世界人口最密集的城市区域之一，大开罗地区拥有大约1700万居民，包括仍然保留着法蒂玛王朝（Fatimid Cairo）和古代时期历史悠久街区的开罗城（尼罗河东岸）、胡塞内亚（Husainiyah）、恕巴惹（Shoubra）和布拉克（Bulaq）等街区，赫利奥波利斯（Heliopolis, Misr El Gedida）、扎马雷克（Zamalek）和买哈迪（Maadi）等殖民街区以及纳塞尔城（Medinet Nasr）等后殖民时代发展而成地区。大开罗地区还包括很多如扎维耶（Zawiya）、金字塔区（Al-Hamra）、沙惹贝亚（Sharabiya）和纳赛尔城等较为新兴的低收入社区，也包括尼罗河西岸的吉萨城（Giza），1996年人口调查显示吉萨城大约有220万人口。但是考虑到近期人口的显著增长，目前吉萨城的人口总数可能会超过300万。吉萨包括位于尼罗河流域的古老核心地区、殖民社区、较为古老的中低收入社区、后殖民化现代中产阶级发展区域即工程师社区以及低收入公共住房地区（Munib）。吉萨城里还散落着被城市所吞没的若干旧村落，核心区域的周边是一个由新建社区构成的庞大而密集的广阔区域，而这些社区是由当地居民建立的，但大都未经官方许可。数以百万计的居民居住在围绕先前村庄所修建的社区。大开罗地区还包括北部的盖勒尤卜省（Qalubiya Governorate）和南部的基纳省（Giza Governorate）。

悠久的历史

几千年以来，开罗一直遵循着模糊分层或是马赛克结构的城市发展模式，新增建筑并没有破坏已有的社区，而是紧邻它们而建。现在开罗大部分城区仍然以这种模式为基础，这种模式是由来自不同历史时期的元素所构成的马赛克结构，而这些元素体现了截然不同的建筑风格和空间概念并在城市发展中创造了丰富的空间形态和社会文化习俗。

数千年以前，在现今尼罗河流域的吉萨和古埃及地区存在着一个聚居点，而一个小规模的居民点正是在紧靠东海岸的这个小港口发展起来的。被罗马占领以后，该定居点（被称作巴比伦）得以发展壮大。随着埃及基督教的兴起，巴比伦慢慢被教堂包围，并发展成今天的开罗旧城区，而其中一些古老教堂保留至今，建于882年的开罗最古老的犹太教堂就位于这个街区的东边。641年，艾米尔·伊本·阿斯（Amr Ibn Al-Aas）率领军队征服埃及并驻扎于此，随后他们在古埃及北部建立了第一座清真寺（也是非洲第一座清真寺）——阿里·本·阿比·塔利卜清真寺。伊斯兰军队随后建立的福斯塔特城（Fustat）扩展了已有的城镇，福斯塔特成为埃及省的省会。阿拉伯统治者及其之后的朝代继续向城市的北边扩张。879年，艾哈迈德·伊本·图伦（Ahmad Ibn Tulun）率领图伦人（Tulinids）建造了宏伟的伊本·图伦清真寺（Ibn Tulun），并将城市中心向北迁移。969年开始，法蒂玛王朝统治者在已有城市的北边建造了带城墙的开罗城。法蒂玛王朝的清真寺和世界上最古老的大学爱资哈尔大学，至今仍然是穆斯林学习的中心机构。1182年，萨拉丁（Salah al-Din）率领阿尤布人（Ayyubids）在城市的东部建造城堡，并进一步扩展了城市。在经历了法蒂玛王朝、阿尤布和马穆鲁克（1250—1517）时期的发展之后，开罗成为一个充满活力的商业城市，而且拥有很多宏伟的宫殿、清真寺和大型商业交易场所。14世纪的开罗有大约50万人口，是世界最大的城市之一，比欧洲同时代的城市都要大。

1498年，途经好望角通往印度海上航线的发

现，开罗的贸易功能受到冲击，此后货物不再经过地中海东部。开罗的扩张慢了下来，而且逐渐成为一个区域中心。然而，这个城市也开始慢慢跨越法蒂玛王朝的城墙和古老的社区向外发展。到了 18 世纪，许多手工艺人离开了日益拥挤的城市区域，并将他们的店铺跨越胜利门（Bab El-Futuh）地区向北迁移至胡塞内亚社区（Husainiyah）。其他人则搬到了南方的赛耶达·载纳布（Sayida Zeinab）。同样地，曾经被用作避暑别墅的老城西部环湖地区则慢慢成为一个永久性的住宅区——阿杂巴克亚（Ezbekiya）。到 18 世纪后期，湖边的滨水地区到处是富裕商人富丽堂皇的豪宅。而最终，地处尼罗河畔的开罗西部的港口小镇布拉克发展成了一个繁荣的商业城镇。

欧洲的征服、现代化、殖民主义

1798 年，拿破仑入侵埃及。他的军队迅速占领了亚历山大里亚，并在因巴拜（Embaba）击败埃及军队，随后在吉萨横渡尼罗河攻占了开罗。法军占领了地处阿杂巴克亚的湖畔豪宅区，并建立了自己的社区。虽然法国仅仅占领开罗 3 年的时间，但这还是给开罗带来了一些转变。经过若干年的当地战乱之后，曾率领奥斯曼军队击败法国的阿尔巴尼亚将领穆罕默德·阿里（Muhammad Ali）于 1805 年成功统治了埃及。为了防止帝国主义政治气候下欧洲的进一步侵略，阿里制订了有力的现代化计划，使埃及具有了与欧洲列强相抗衡的国力。穆罕默德·阿里（1805—1848 年执政）并没有采用城市总体规划，而是改变了开罗城市和政治结构的特定元素。通过切割密集城市社区的主要交通要道、设立新的机构（位于布拉克的政府印刷出版社、医院以及眼睛宫殿［Qasr Al-Aini］医学院），并引入新的建筑风格（聘用欧洲建筑师）等方式，他在开罗种下了现代城市的种子，同时也保持了大部分已有城市景观的完整性。

在 19 世纪后期的几十年里，穆罕默德·阿里的后裔，尤其是赫迪夫·伊斯梅尔（Khedive Ismail，1863—1879 年执政）推进了开罗的现代化。受巴黎建筑师的启发，伊斯梅尔开始着手建立自己的"尼罗河上的巴黎"。通过在开罗城外使用老城市的扩张方式，伊斯梅尔将阿杂巴克亚和布拉克南部尼罗河前岸之间的广阔土地设计成现代城市"伊斯梅利亚"（Ismailiyah）。伊斯梅尔在城市内规划布局了街道网格，并颁布法规确定城市内的所有建筑必须具备现代化风格。1872 年开通的横跨尼罗河的埃尼尔堡（Qasr El-Nil）大桥开启了吉萨与开罗城市景观的融合。但是欧洲列强在 1879 年废黜了伊斯梅尔，而在仅仅 3 年之后的 1882 年，英国入侵埃及。英国长期派驻在埃及的总领事克罗默勋爵（Lord Cromer，1841—1907）以铁腕手段统治埃及，他并没有全面的城市发展愿景，而仅以增加政治权力和经济利益为唯一目的。而对开罗来说，这意味着开发商和投机者可以根据个人偏好任意为之。在全球经济繁荣和商业炒作的背景下，开罗经历了前所未有的经济和建设热潮。如横跨尼罗河的桥梁以及全新的有轨电车（1896 年，阿塔巴［Ataba］到阿拔斯亚［Abassiya］）等基础设施项目成为建设的热潮，而更偏远地区的土地亦被开采用以建设。同时建立了供殖民地精英所使用的赫利奥波利斯（Heliopolis）、田园城市（受到埃比尼泽·霍华德模型的指导）以及迈哈迪郊区。而等级较低的外国居民（手工艺人、店主）则居住在开罗北部的恕巴惹社区（Shoubra），这里有开罗最主要的火车站。中层殖民官僚则搬到了地处扎马雷克的新公寓楼里。1914 年，由新兴的反殖民主义民族主义运动规划并建立的全新的国立大学（今天的开罗大学）在吉萨的农田上竣工。20 世纪 20 年代和 30 年代，许多新兴的埃及专业精英成员在该大学北面的新社区里定居。

在 20 世纪的第一个 10 年里，开罗的现代化基础设施迅速发展，并服务于殖民社区及新兴的全球旅游业。1900 年，全新的电车系统得以发展，并将开罗市中心和金字塔连接起来，以便为本地精英以及游客提供舒适的乘车环境，然而较为破旧的社区及村落（西岸）却仍然没有水、电以及电话等基础设施。位于胡夫金字塔脚下的曼娜酒店（Mena House Hotel）早在1906年就拥有了游泳池，但是吉萨破旧社区的部分家庭在2006年却仍然没有水龙头。

后殖民时代的开罗市

1955—1956年埃及从英国获得完全独立之后，在贾迈勒·阿卜杜·纳赛尔（Gamal Abdel Nasser，1918—1970）统治下走上了快速现代化和工业化的道路。他的民粹主义政治包括在开罗和吉萨建设大面积的公共住房。其中，工程师社区（Muhandessin）是专为官僚及其工作人员设计的。类似的，纳赛尔城是专为军官建立的社区，由私人开发商负责建造。位于开罗市中心解放广场南端的巨大的管理和公共服务建筑慕扎玛额（Mugamma），以及位于布拉克尼罗河畔的电视塔楼是纳赛尔主义建筑和项目的最好诠释。由于政治（1967年的六日战争）和经济问题，以及1970年纳赛尔的突然去世，这一民粹主义阶段宣告结束。而安瓦尔·萨达特总统很快开启了经济自由化和融入资本主义全球化的新时代，开罗的面貌也随之发生变化。旅游业得到发展，国际五星级酒店的数量也逐渐增加。进出口业务开始蓬勃发展，而进出口业务的许多收入被用于投资当地的房地产和建设。这些发展的最好体现是工程师社区的急剧变化。纳赛尔时期许多别墅或小的公寓楼被20多层的公寓楼所取代。1981年萨达特遇刺后，胡尼·穆巴拉克开始执政；穆巴拉克继续推行萨达特的政策。虽然房地产业蓬勃发展，但是很少有住房是专为低收入群体所建立的。20世纪70年代的经济自由化使得越来越多的埃及人迁移到阿拉伯海湾地区石油资源丰富的国家。当他们带着大量财富回国之后，许多人在城市郊区的农业用地上建立了"非正式"住房。20世纪70年代后期以来，和平之家（Dar As-Salaam）以及布拉克·阿-达克如惹（Bulaq Al-Dakrour）这样的古老社区和村庄发展成为人口密集的城市社区，并容纳了上百万的居民。而这些未经许可建立的社区只有在办理许可证之后才会被提供公共服务。这些社区仍在继续发展。

20世纪90年代初，开罗政府开始出售市区周围大片的沙漠土地。这引发了投机和建设的狂潮，在这一过程中，大开罗地区（或将要建设的区域）的面积翻了5倍。门禁社区和其他高档建筑开始如雨后春笋般建立，特别是围绕吉萨西部的十月六日市（6th of October）规划的沙漠城市的建立，以及城市东部穆卡塔姆区（Muqattam）的发展。中低收入阶层的公寓建在了金字塔西部的扎耶德（Sheikh Zayed）社区。私人会所、娱乐公园以及大型的商场以极快的速度建成。21世纪早期开罗展现出了全新的新自由主义面貌：林立着休闲和消费（商场、酒店）场所的高密度核心区域（3.4万平方千米的开罗市），以及较低密度的"郊区"环形区域；在环形区域内精英和新中产阶级可以享受更大的空间、绿地、商场、污染较少的空气以及相对较少的穷人阶层。然而，十月六日市则建立了越来越多的下层阶级住宅区。

城市空间

像其他地方一样，开罗的城市生活和文化也有多种形态和表现形式，这是由历史背景、阶级、性别、年龄、城市地区以及宗教或宗教信仰构成。下面将举例说明构成巨大的文化城市景观的4种空间、社会和文化背景。

赫迪夫·伊斯梅尔建立的作为现代化开罗心脏的解放广场（Midan Tahrir），也就是以前的伊斯梅利亚广场（Midan Ismailiyah），现在仍然是开罗的核心区域。这个广场代表了许多在更大的城市景观范围内进行的变革。1980年初的解放广场是包含了开罗中央巴士车站在内的一个非常繁忙的交通点。一个小型的桥梁系统可以允许行人避开繁忙的街道和路口穿越广场的部分区域。解放广场的北部以埃及博物馆为界，西部以尼罗河希尔顿为界，南面则是无处不在的慕扎玛额建筑，广场一方面象征着开罗，实际上是埃及政治和经济的复杂性，同时它还处在公众的严格支配之下，公众可以在广场内乘坐巴士，处理行政事务以及购物。从20世纪80年代末开始，解放广场经历了一场以迫使公众离开街道实际上是最终离开广场为主要目的而进行的建筑狂潮、空间变化和实验。20世纪80年代的大多数时间里，由于人们期待已久的开罗地铁的建立，米丹塔利尔处在一个不断变化的建筑过程中。同时，公交车站被不断地搬来搬去，分割再分割。最终的解决方案是在广场附近建立一些较小的站点，而乘客需要步行更远的距离才能搭乘巴士。随着20世纪90年代早期伊斯兰武装分子开始攻击旅游景点，埃及博物馆前的停车场成为一个安全问题。在这样的背景下，下层阶级的市民不再仅仅只是拥挤的群体，而是成了一个安全隐患；他们的空间也变得政治化。解放广场的经历体现了两个动态过程：一个是城市为组织和控制交通而进行的尝试，另一个是得到了一个教训，即大型公共场所和居住在这些场所的公众是不可控制的。与其他因素一起，这一教训促使政府决定将作为开罗旅游核心要素的博物馆搬迁到开罗更可控的郊区，其斥资3.5亿美元的大埃及博物馆正在建设之中。

阿勒·台宜宾（El Tayibin）是位于市中心上层中产阶级社区的一个小型的低收入飞地。作为曾经的农业村庄，阿勒·台宜宾在几十年前被殖民城市吞没。该社区是由具有古老乡村风格的房屋和在车辆难以通行的狭窄胡同两侧新建的小公寓建筑构成的。这里的居民大多是早期农业居民的后裔，现在他们是开罗广大下层阶级的一部分。这里的男性从事各种工作，如汽车修理工、流动小贩、级别较低的公务员、门卫、出租车司机、报贩以及公共部门的工人。许多年轻的未婚女性在低薪行业工作或是从事销售工作以赚取冰箱、半自动洗衣机、火炉以及其他物品作为昂贵的嫁妆。一旦结婚，大多数妇女就会停止工作，因为她们微薄的收入不会增加太多的交通、衣服、照顾子女等家庭预算。然而也有很多女性可以为家庭的财务状况做出较大的贡献，或者通过为他人提供服务（缝纫、理发、美容服务以及照顾孩子）获取收入。一些妇女养殖鸡、鸭、鹅或是山羊。对于一些家庭来说，这种方式可以为家人提供肉类；对于其他家庭来说，她们可以通过卖鸡蛋或是动物的肉获得额外收入。和其他类似的社区一样，阿勒·台宜宾的大街小巷从清晨到深夜都满是人和各类活动，人们谈论着有限的资源和空间背景下他们的生活和需求。

位于超大型的恒星中心娱乐场的城市之星大型购物中心是开罗恢宏的购物场景中的时新（2005）建筑。位于纳赛尔城的购物中心包括550家当地以及全球知名品牌的商店、室内主题公园和一家电影院。对于厌倦人群和城市喧嚣的人来说，购物中心甚至还包括一个提供高价位艺术品、媚俗艺术品以及埃及特产的集市。购物中心内众多的美食广场囊括了具有本地以及全球特色的美食。比阿诺咖啡厅设计精美，供应咖啡和瓷器，同时还为消费者提供了一种全球化的咖啡厅风格，咖啡厅里满是报纸和笔记本电脑。购物中心底层拥有一个具有大棕榈树的巨大圆形喷泉，并由直达6楼的法老风格柱子所支撑。作为新中东或穆斯林消费主义的展示平台，城市之星购物中心提供了高档舒适的各式各样的时装，如当地的嘎拉比亚海湾式连衣裙，海湾式阿巴亚（abayahs）以及南亚的沙勒瓦卡米色（shalwarqameez）服饰。

苏格埃尔塔拉特（Suq El-Talat），也被称为星期二市场，每个星期二的清晨在吉萨公共住房区内开放。市场历史悠久，实际上其历史要早于这些公共住宅区。位于埃及人之母（Um Al-Masriyyin）医院南侧的星期二市场提供了种类繁多而实惠的食品和生活用品。市场从公寓楼的中心向邻近的街道延伸，因此人们可以从不同的方向进入市场。如果从萨拉赫萨利姆街（Salah Salim Street）进入市场的话，人们首先看到的是出售由原油再生塑料制成的菜板和其他厨具的卖家。再往里是手工制造的筛子和滤网的卖家。还有用车销售廉价工业生产厨具的供应商。再往里是妇女供应商，其中一些人是黎明从周围的农村地区赶来的。她们出售大米、鸡蛋、蔬菜或是自制奶酪。一位几十年来一直在此购物的妇女说："我一直从一位法尤姆妇女那里买大米,她的大米质量不错,价格也公道,我认识她很长一段时间了。"向左转会看到卖活的鸡、鸭、鹅和鸽子的妇女,人们可以带着活家禽回家,也可以让卖家当场宰杀。往回(南)走是沿着公寓楼排列的纺织品(衣服、家纺、窗帘)柜台。组建并维持家庭需要的所有商品都可以在这个市场上以合理的价格买到。

全球化的开罗城

几千年来,(更大的)开罗地区一直是各种彼此重叠的政治、经济、文化和社会网络的一部分。无论是作为链接整个旧世界广阔的中世纪贸易网络的一部分还是作为殖民首都,或者作为新兴的全球化城市,开罗一直是各种意义深远的联系的中心。几千年来,这种联系时而加强、时而衰退。作为欧洲、非洲和亚洲的重要交叉处,同时也处在伊斯兰教、基督教和犹太教影响的背景之下,作为阿拉伯和穆斯林中心的开罗发挥着重要作用,同时由于其国际化的性质,开罗也是经济、文化和宗教的交流与包容的交汇点。在过去的 200 年里,在殖民主义、现代化和全球化的背景下,开罗不再是一个中央政权,而是从 19 世纪开始成为一个殖民首都,并在后殖民时代成为一个区域中心。近年来,由于政治和经济的剧烈变化,开罗的地区和全球角色受到了新型区域中心迪拜的威胁。

进一步阅读书目:
- Abu-Lughod, J. 1971. *Cairo. 1001 Years of the City Victorious*. Princeton, NJ: Princeton University Press.
- Al Aswany, Alaa. 2004. *The Yacoubian Building*. Cairo, Egypt: American University in Cairo Press.
- Ayoub-Geday, Paul, ed. 2002. *The Egypt Almanac*. Cairo, Egypt: American University in Cairo Press.
- Ghannam, Farha. 2002. *Remaking the Modern: Space, Relocation and the Politics of Identity in a Global Cairo*. Berkeley: University of California Press.
- Mahfouz, Naguib. 2001. *The Cairo Trilogy: Palace Walk, Palace of Desire, Sugar Street*. New York: Everyman's Library.
- Raafat, Samir. 1994. *Maadi 1904 – 1962 Society and History in a Cairo Suburb*. Cairo, Egypt: Palm Press.
- Raymond, Andre. 2002. *Cairo*. Cambridge, MA: Harvard University Press.
- Scharabi, Mohamed. 1989. *Kairo: Stadt und Architektur im Zeitalter des europäischen Kolonialismus*. Tübingen, Germany: Verlag Ernst Wasmuth.
- Singerman, D. and P. Amar, eds. 2006. *Cairo Cosmopolitan*. Cairo, Egypt: American University in Cairo Press.

(Petra Kuppinger 文　宋丽娟 译　陈　恒 校)

CANBERRA，AUSTRALIA ｜澳大利亚堪培拉

堪培拉是澳大利亚首都，即国家政府所在地，2013年是堪培拉建立100周年。堪培拉是20世纪主要的规划城市之一，堪称现代主义规划、建筑和景观设计理念的杰出典范。堪培拉的城市发展经过多次规划，且经由独特的发展阶段而实现。该城市已经发展成为一个拥有33万居民的规划良好的城市，拥有多种多样的经济业态、重要的文化机构和高质量的生活。虽然堪培拉人口不多，但它正与其他澳大利亚城市在经济、社会和规划方面具有越来越多的趋同性。

澳大利亚国家政府所在地

1901年，6个前英国殖民地组成新的联邦国家澳大利亚，因此选定首都成为当务之急。为了调和悉尼和墨尔本这两个最大城市都希望成为首都的矛盾，澳大利亚联邦政府达成协议，并在宪法中规定在距离悉尼至少160千米的地方选取一块面积不小于258平方千米的土地建立新首都。在此期间，墨尔本将作为新联邦政府的临时办公场所。1908年堪培拉所在地被选为新首都，3年后，政府又选用了新南威尔士南部近2400平方千米的区域，并保留其公共所用权。澳大利亚首都领土的租赁管理有利于对城市区域规划和发展进行整体控制。1913年3月12日，城市正式命名为"堪培拉"，这个名字取自当地土著语，意思是"聚会的地方"，而这一天即成为堪培拉日。

胜出的格里芬设计规划

1901年5月联邦庆典期间举办了由工程师、建筑师、测量师以及有关专业成员举行的大会，此次大会成为专业人士第一次讨论堪培拉设计问题的重要机遇。国际城市设计比赛成为吸引世界上最出色的城市区域规划师的最理想方式。然而联邦政府于1911年4月宣布的本次比赛还是受到了争议。到1912年初共有137份参赛规划，在第一次世界大战前夕，这些规划为实践全球规划文化提供了多种多样的方案，最终赢得这次比赛的作品是由沃尔特·伯里·格里芬（Walter Burley Griffin）和马里昂·马奥尼·格里芬（Marion Mahony Griffin）完成的29号设计规划，这两人在芝加哥时都是弗兰克·劳埃德·赖特的学生。

格里芬完美呈现的轴中心设计方案，将城市美化和田园城市的影响与更加异域的东方和古老的灵感相融合，围绕由自然景观构成的中心观赏水域，对人口为7.5万、拥有低矮有轨电车的城市进行规划。不同于其他的古老城市，高地地区没有被用于防御场所，而是留待开发。赢得比赛后，沃尔特·格里芬应邀来到澳大利亚，但澳大利亚政府起初没有采纳格里芬规划，而是将参赛的其他多部作品混杂在一起，直到后来才意识到格里芬规划的价值。1914年格里芬重回澳大利亚，并成为联邦首都设计建设的总指挥。但是他在任期内并不愉快，首都规划进程受到了第一世界大战期间财政紧缩的困扰和公务人员的反对。在一次重要的政府调查中格里芬被免除职务，并于1921年退出了该项目。随后，作为私人建筑师和城市区域规划师的格里芬在澳大利亚度过了余生。

后格里芬时代的城市区域规划

格里芬退出之后，联邦首都咨询委员会采用了他最初的设计，但同时采用了一种"功利开发和经济性"的成本节省策略。堪培拉以大规模植树和郊区风格的规划方式将自身重新定义为一个"田园城市"，同时还执行了一些与格里芬的用地分配和建筑物布局相背离的措施。1924年堪培拉只有不到

100栋住房，因此如果联邦议会想要在政府制订的3年内完成建成首都的计划，则不得不加快发展的步伐。虽然联邦政府并不重视格里芬1925年提出的道路规划等方案，但它仍然为后期的规划，特别是中央"议会三角"建立了地理框架。同年联邦政府任命成立了新的联邦首都委员会，这是一个具有充足资金、大量工作人员，并对规划、建设、维护和总体行政事务具有全面控制的强大组织。1927年，该委员会建设了第一个(尽管是暂时的)国会大厦。但是大多数民众仍然对执政的政治家和精英公务人员所建立的遥远的"丛林之都"的概念保持怀疑态度，民众的抗拒心理也仍然存在。

该委员会在其职能完成之后就被解散了，堪培拉的人口也下降到大萧条时期的人口水平。从1930年到20世纪50年代末，堪培拉的规划和管理部门被分入包括民政事务总署在内的若干联邦部门。一位城市行政人员提供了一份协调国家首都规划及发展委员会的副本文件。批评者还在抱怨"被宠坏了的羊圈"。堪培拉很少有新建的大型公共建筑，但是澳大利亚战争纪念馆(1941)却是一个例外；它现在是澳大利亚国内主要的旅游景点之一。第二次世界大战期间堪培拉成为国家军事行动中心，而其所具有的分散的田园城市的特点也导致严重的住房短缺。

国家首都发展委员会

堪培拉在澳大利亚政治中的尴尬地位迫使参议院于1955年组织了一次重要调查，建议创建一个具有足够资金和能力的单一中央机构来执行城市发展的长期项目，由此产生了国家首都发展委员会(NCDC)，它最初在英国规划师威廉·霍尔福德(William Holford)的建议指导下，将堪培拉从一个小型的田园城镇转变为澳大利亚最大的非沿海城市和具有国际意义的规划都市。20世纪60年代，也就是所谓的堪培拉黄金时期，墨尔本的公务员搬至堪培拉，亦促进了堪培拉人口的增长。

国家首都发展委员会实际上是一个拥有公共土地所有权的权力极大的新兴城市公司。格里芬时期早期堪培拉首次成为国家规划中心，现在它再度成为规划创新的国家中心。到了20世纪70年代，堪培拉又成为规划良好的城市去中心化国家政策的典范。规划工作由执行良好的技术方法主导，而国家首都发展委员会的主要概要也是标准化城市环境的产物。规划的关键战略文件是《明日堪培拉》(Tomorrow's Canberra, 1970)，其分析原理来自美国顾问艾伦·佛西斯(Alan Vorhees)及其助手开展的一项有关土地利用和交通运输的重要研究。堪培拉所预想的城市结构是按Y计划规划的：城市由一系列人口为5万至10万且具有节点式城镇中心的离散社区组成，同时各社区通过内部公共交通中心和外围的高速公路相连。该结构奠定了沃登(Woden)、贝尔康纳(Belconnen)、塔格拉诺(Tuggeranong)和甘加林(Gungahlin)新郊区城镇的蓝图，而且这种结构现今仍然十分明显。

至20世纪60年代开始，堪培拉的规划中出现了大量具有里程碑意义的元素，从国家图书馆、高等法院、国家(艺术)馆这样的主要国家建筑，到大都市层面上的商业零售节点，再到截取莫隆格勒河(Molonglo River)所创建的中心伯利格里芬湖。堪培拉的制高点是由MGT设计行设计的新国会大厦，它是1988年为庆祝欧洲移民澳洲200周年而建成的。

此时，变革之风已经十分明显。1974年成立的立法议会认为NCDC的共同规划方法违背了更大社会参与度的目标。联邦政府乐于放弃进一步的大规模投资责任，追求经济理性主义的意识形态。一系列的行政和效率评估也为自我管理奠定了基础，最终NCDC于1989年被解散。赋予较小政府更多信任的管制放松得到了加强，在堪培拉的案例中，市场在城市发展中被赋予了更大的自由。规划和发展控制权在国家首都管理局和土地规划局之间进行了划分。前者负责主要议会和其他指定的国家地区，后者是国家和当地政府机构之间的交叉。与为"该领土上的人们"提供服务的土地规划一起，国家首都规划（于 1990 年第一次生效）为规划和发展提供了总体的法律框架。

当代堪培拉

自 20 世纪 80 年代末，堪培拉人口超过了 25 万，与其他已建成的城市一样，它开始遭遇同样的房屋、土地使用、运输和环境管理问题：过度依赖汽车和交通拥堵，对更多的多单元住宅和城市设施的需求，对老龄化人口的包容和照顾，棕地区域的重建，对包括森林火灾、气候变化和历史遗迹保护等环境危害的应对。战略规划开始强调可持续发展的城市区域规划目标，例如充分的就业机会，健康运行的社会，紧凑性、响应性的交通运输系统以及尊重自然环境。由联邦政府资助的"格里芬遗产"研究（Griffin Legacy，2004）按照历史规划方案的精神确定了城市设计理念，但是私营部门指出了对过度开发的担忧和警惕，知情的选民亦提出了对缺乏社会咨询的担心。

堪培拉人口流动性高，预计到 2050 年，堪培拉流动人口将增至 40 万。它的双规划系统虽然可以长期存在，但是该系统在放松管制的政治环境下正受到越来越多的审查，2007 年底还进行了联邦政府改革。2008 年对国家首都管理局进行的英联邦政府调查提出了一系列旨在确保更加综合和全面管理的建议，但是也重申了国家首都管理局对城市所具有的责任。虽然自 20 世纪 80 年代开始，发展压力和"正常化"进程明显削弱了堪培拉作为杰出的公共规划产物的标志性地位，但是由于堪培拉的历史、政治和地理等因素，堪培拉依然非常独特，而且完全值得被联合国教科文组织选入《世界遗产名录》。

进一步阅读书目：

- Fischer, K. 1984. *Canberra: Myths and Models*. Hamburg, Germany: Institute of Asian Affairs.
- Headon, D. 2003. *Symbolic Role of the National Capital*. Canberra, Australia: National Capital Authority.
- Overall, J. 1995. *Canberra: Yesterday, Today and Tomorrow*. Canberra, Australia: Federal Capital Press.
- Reid, P. 2002. *Canberra following Griffin*. Canberra, Australia: National Archives of Australia.
- Reps, J. W. 1997. *Canberra 1912: Plans and Planners of the Australian Capital Competition*. Melbourne, Australia: Melbourne University Press.
- Taylor, K. 2006. *Canberra: City in a Landscape*. Sydney, Australia: Halstead Press.
- Vernon, C. 2006. "Canberra: Where Landscape Is Preeminent." pp. 130 – 149 in *Planning Twentieth Century Capital Cities*, edited by D. A. L. Gordon. London: Routledge.

(Robert Freestone 文　宋丽娟 译　陈　恒 校)

CAPITAL CITY ｜ 首都城市

从古代雅典和罗马到北京和特诺奇蒂特兰，首都是一个国家或帝国的指挥中心。如印加和阿兹特克统治时期那样，在文字不存在的情况下，面对面的交流在协商和决策过程中是必不可少的。首都也是神圣性的绝对体现——雅典集中于帕特农神庙，罗马集中在古罗马广场，而前哥伦布时期的首都则以其位于城市中心的巨大神庙和金字塔为豪。因此，首都为世俗统治者及其扩张政策提供了合法性。

虽然特诺奇蒂特兰城已经成为人们更熟悉的墨西哥城，但是值得注意的是这4个首都（雅典、罗马、北京和特诺奇蒂特兰城）直到今天仍然在继续扮演着自己的角色。显然，它们都具有足够的灵活性以适应现代国家的要求。

现代化之前的首都景观

在得到基督教会认可后，前现代欧洲国家政府所在地在17世纪呈现出两种功能，首都也随之成为国家权威的体现。随着专制政权统治欧洲大陆，首都成为城市等级结构中最为明显的制高点。首都的规模和宏伟程度依赖于国家的税收能力。法院、贵族和神职人员的消费能力吸引了奢侈品工匠、民夫和仆人等一系列服务人员的到来，因此欧洲十大城市中有8个是依靠他们而生存发展的。它们的经济功能根本无法与其规模保持一致。

这些王室所在的首都彼此竞争以炫耀其奢华程度，其城市设计充分利用了各种视觉效果。街道的主要功能不是用作交通要道，而是作为一个场景空间来为雕像、宏伟的宫殿或令人印象深刻的艺术画廊提供广阔的视角。它们的周边仍旧保持着朴素严格的形象，这样可以不分散从远处山上走来的游客的注意力。而强调对称性和比例的古典主义建筑非常适合这一目的。由此产生的城市景观也给人留下了深刻的印象。正交化布局则是统治者将个人意志强加给过去不规则的农业土地分割的一种体现。统治者通过征用和强夺，获得了土地的所有权和控制权。

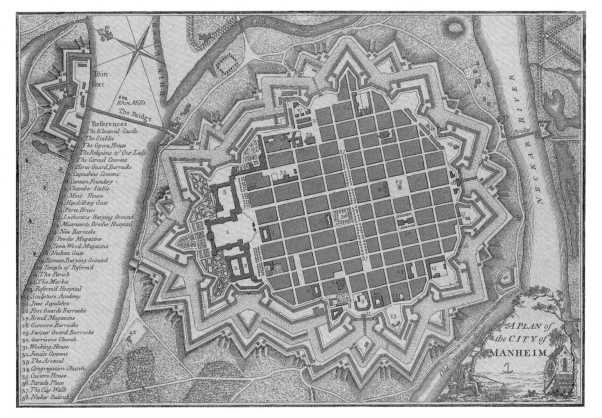

1800年左右的曼海姆（Mannheim）

来源：Andrews, J. Ca. 1776. "A Plan of the City of Manheim [Mannheim]." In *Plans of the Principal Cities in the World*. London: John Stockdale. 铜刻模板 XXII。纸张尺寸 255 毫米 × 350 毫米，模板尺寸 185 毫米 × 275 毫米

表1　1750年欧洲最大的10个城市（单位为千人）

1.	伦敦	676
2.	巴黎	560
3.	那不勒斯	324
4.	阿姆斯特丹	219
5.	里斯本	213
6.	维也纳	169
7.	莫斯科	161
8.	威尼斯	158
9.	罗马	157
10.	圣彼得堡	138

圣彼得堡

没有哪个首都能如俄罗斯新成立的圣彼得堡（Saint Petersburg）那样表现其统治者的优越性。与巴黎的凡尔赛宫或那不勒斯的卡塞塔王宫（Caserta）这样从无到有的皇室城堡不同，沙皇彼得大帝建立了一个名副其实的首都。虽然圣彼得堡的位置非常偏僻，而且还存在沼泽和恶劣气候这样严重的缺点，但是所有这些与沙皇想要打开通往西方的一扇窗户并进而实现进步和文明的愿望相比都是次要的。圣彼得堡中心巨大的广场和阅兵场，证明了沙皇对城市土地复垦巨大成本的不屑。他的宫殿是用数百里之外运来的天然石材建成的，宫殿的规模和设计也是欧洲其他地方无法比拟的。但是即使是像曼海姆或南锡（Nancy）这样较小的首都也发明了表现城市显赫和庄严地位的语言，而这些语言在接下来的几个时代成了几乎通用的权力词汇。

阿姆斯特丹和威尼斯

这两个城市都不符合专制统治的趋势。阿姆斯特丹和威尼斯的规模与它们的经济职能是一致的，政治很难在这两个城市发挥作用。威尼斯是一个城市国家，而对于阿姆斯特丹来说，虽然它没有首都的头衔，但是它从商业和财政上主导着荷兰共和国（1648—1795），但是这在荷兰这个中央政府薄弱且联邦制极其彻底的国家来说并不具有什么政治影响力。

这两个城市都是通过运河网络不停运转的。这需要城市区域规划来完成，而城市区域规划赋予阿姆斯特丹和威尼斯独具特色的水路系统。但是个别建筑物还是被保留下来以便自由地展示其设计偏好。与政治性首都相反，它们并没有考虑自上而下的审美控制。这两个城市创造了风景如画的城市景观，居民住宅是所有者的个人表现，因此居民住宅从建材、体积和设计上各不相同，但这却并没有造成环境的混乱。

巴黎

无论多么令人佩服，但是19世纪的欧洲并没有人见识到真正风景如画的首都。出于这一点，人们需要制定适应时代需要的巴洛克时代技术。而没有什么比霍斯曼男爵改建巴黎（1853—1870）这一伟大创举更具有说服力。他将君主品位转变成资产阶级品位，从而将专制主义的品位带给了更广泛的公众。

巴黎新城市景观的视觉冲击力是相当大的。19世纪欧洲新兴的民族国家，将外国游客和本国公民看作欧洲社会令人尊敬的成员并渴望打动他们。打动他们的一种方式是将国家首都变成民族标志和体现，并突出科学、工业、文化和战争英雄的地位。他们复制了巴黎这种可以控制游客对其民族自豪载体关注度的"特殊效果"。霍斯曼也影响了欧洲之外的地方，从布宜诺斯艾利斯到开罗都可以发现这种权力景观的痕迹。

柏林

联邦国家没有复制巴黎这种城市景观的条件，因为地方成员抵制这种促进首都显赫地位的行为，它们总是怀疑首都会篡夺更多权力以损害地方政府。德国就是这样一个例子，自1871年统一以来，德意志帝国无可争议是欧洲大陆上最强大的国家。但是无论多么成功，帝国都是一个由国王、王子和自由市民构成的联邦国家。他们在德意志第二帝国的旗帜下联合在一起，但同时也小心地守护着自己在本地的特权。他们拒绝把纳税人的钱花费在建立新的帝国首都柏林上。柏林的宏伟程度只能追溯到其作为专制普鲁士首都的时候。甚至是专制皇帝威廉二世（Emperor Wilhelm II）也没能成功通过国会获得用于新首都建设的大量资金。

占主导地位的自由放任原则进一步增强了柏林不起眼的形象。政治自由主义强调建立一个朴素的国家，以抵制随意消费。发展规划应该由当地税收而不是国家税收支付。强制购买在联邦德国是非常罕见的行为，而且要受到详细程序的限制。因此，自由放任主义是大规模城市干预和以伦敦为代表的首都改建的强大阻碍。参观世界上最富有、最强大的国家首都的外国游客，往往会对首都中部地区混乱的自由市场的景象感到困惑，自由市场的风格是如此嘈杂，每栋建筑都想在声音上压过它的近邻。因此，是商业而非政府具有对城市的最高统治权。

华盛顿特区

联邦制和自由放任的双重力量并没有阻止年轻的美利坚合众国创建一个令人印象深刻的首都。华盛顿的网格化规划是由法国建筑师朗方设计的，但是华盛顿的真正荣耀是通过1902年丹尼尔·伯纳姆设计完成的华盛顿特区国家广场实现的，当时伯纳姆刚刚从欧洲先进国家的首都学习回国。此时已经开始崛起成为新兴国际力量的美国需要一个真正令人敬畏的首都，因此资金不足为虑。华盛顿特区是城市美化运动更有说服力的说明，旧世界的风格被一个不太自信的土生土长的纪念碑改变了。

极权主义和首都

第一次世界大战削弱了对作为国家优越体现的首都的热情。但是这一现象并没有持续太长时间。欧洲极权主义统治的胜利在重新将首都塑造成为政权绝对性表现的过程中得到体现。墨索里尼对罗马进行干预的唯一动机是为意大利人指明罗马帝国和法西斯国家之间的连续性。他小心的挖掘出帝国广场大道（Via dei Fori Imperiali），以罗马胜利的遗迹来面对他的同胞。不远之处，与这些遗迹相对应的，是由墨索里尼的御用建筑师马赛罗·皮亚琴蒂尼（Marcello Piacentini）所构想的现代版本的罗马世界，它具有严谨厚重的大理石外墙，既是审美，又展示了坚毅。在希特勒将柏林转化为德意志第三帝国新首都的规划中，希特勒最喜欢的建筑师阿尔伯特·斯皮尔将同轴度和对称性的思想扩展至超大的尺寸以便容纳数百万身着统一制服的德国军人接受元首检阅这样大范围的游行。斯大林对莫斯科进行的重建方案，其目的在于使人们忘记莫斯科曾是俄罗斯东正教的中心——这座城市在1917年前都是如此。

1945年以后，展示胜利继续吸引着极权统治者，如齐奥塞斯库在布加勒斯特建立的总统府就是这样的例子。

现代发展中的首都

许多后殖民主义、非极权主义政府认为这种具有庄严风格的大型建筑已经过时，而且也不能为国家未来提供导向。因此，印度总理贾瓦哈拉尔·尼赫鲁（Jawaharlal Nehru）在建设旁遮普（Punjab）新首府昌迪加尔（Chandigarh）的过程中，既反对胜利主义者纪念碑式的建筑，又反对回归传统的建筑风格，具有抛弃过去、不注重美学观点的功能主义现代主义建筑为这一放眼未来的年轻国家带来了新的思路。1950年尼赫鲁为勒·柯布西耶提供了一次千载难逢的机会，让他最终得以将其理论付之于实践。

最终结果是令人震惊的。昌迪加尔成为现代主义的麦加，城市的实际功能受到重视，而非仅仅为了展示民族自豪。勒·柯布西耶消除了城市形态对自然景物的依赖。尽管几乎完全没有汽车，但是工作和居住空间被严格划分，而且彼此距离遥远。边际市场和集贸市场也被划分出来，而礼堂和其他公共建筑等巨大的混凝土建筑则孤立的矗立在低密度的旁遮普首都。

昌迪加尔的例子对发展中国家具有极大的吸引力。1956年，曾和勒·柯布西耶共事过的奥斯卡·尼迈耶和卢西奥·科斯塔开始着手设计巴西利亚,使其取代拥挤的里约热内卢成为拉丁美洲最大的民族国家的首都。他们在分散的城市景观中对一系列恢宏的未来结构进行了拼贴,而且再一次否定了历史风格或是地方特色。但是作为一个城市,巴西利亚遭遇了与非洲、亚洲新首都同样的问题,它脱离了大多数人的日常需求。棚户区和贫民窟每一次被推土机推平后又会继续出现,非法的街头市场、小贩、乞丐也扰乱了纯净的乌托邦。

首都不断变化的角色

20 世纪 90 年代,许多人认为民族国家及其首都的地位在日益全球化的世界中正在逐渐减退,而其例外主要是一些刚刚获得独立的新兴国家,如波黑。但是对于那些建立已久且稳定的国家来说,它们的首都不再具有体现民族自豪感的象征意义。那些在 19 世纪为突出雕像和纪念碑的特殊效果而建立的宽阔的林荫大道和宏伟的全景,现今已经失去了其政治和教育意义。通常来说,如德国社会学家格奥尔格·齐美尔于 1900 年左右描写的那样,对称布局是与"专制"相关联的。这些联系在当今世界中正在逐渐消失。他更加偏爱具有纯粹的城市之美的圣彼得堡,罗马被看作宣扬墨索里尼思想的工具,而这与被"上古之都"所折服的游客的深远感受毫不相干。正如齐美尔所建议的,伦敦混乱的城市景观是否乃放任自由主义秩序的必然结果是值得怀疑的。华盛顿特区可能偶尔会被当作爱国圣地,但它更多的只是被当作臃肿政府的一个隐喻。近年来,人们正在使用更强大的技术来唤起民族自豪感,并建立国家的集体认同。电影、电视和互联网创造了比建筑环境更有说服力的特殊效果。

表 2　2008 年欧洲最大的 10 个城市

排名	城市	国家	人口
1	莫斯科	俄罗斯	8 297 000
2	伦敦	英国	7 074 000
3	圣彼得堡	俄罗斯	4 678 000
4	柏林	德国	3 387 000
5	马德里	西班牙	2 824 000
6	罗马	意大利	2 649 000
7	基辅	乌克兰	2 590 000
8	巴黎	法国	2 152 000
9	布加勒斯特	罗马尼亚	2 016 000
10	布达佩斯	匈牙利	1 825 000

如果大小是城市重要性的指标,那么除了 1918 年才成为首都的圣彼得堡以外,欧洲的首都仍然主导着欧洲大陆所有其他的城市定居点。即使在全球范围内,10 个世界最大城市中有 5 个城市是国家首都(见表 2)。但是在欧洲,首都目前的规模是否为其政治功能的反映是值得怀疑的。这些大城市所共享的是对金融和商业服务,以及无论正规与否的媒体行业的重视。

进一步阅读书目:

- Almandoz, Arturo. 2002. *Planning Latin America's Capital Cities*. London: Routledge.
- Gordon, David L. A., ed. 2006. *Planning Twentieth Century Capital Cities*. London: Routledge.
- Lortie, André, ed. 1995. *Paris s'exporte. Le modèle parisien á travers le monde*. Exhibition catalogue 1995. Paris: Picard Editeur/Pavillon de l'Arsenal.
- Noever, Peter, ed. 1994. *Tyrannei des Schönen*. Architektur der Stalin-Zeit. Munich, Germany: Prestel.
- Schneider, Romana and Wilfried Wang, eds. 1998. *Moderne Architektur in Deutschland 1900 bis 2000*. Macht und Monument. Stuttgart, Germany: Hatje.
- Vale, Lawrence. 1992. *Architecture, Power, and National Identity*. New Haven, CT: Yale University Press.
- Wagenaar, Michiel. 2000. "Townscapes of Power." *GeoJournal* 51(1-2): 3-13.

(Michiel Wagenaar 文　宋丽娟 译　陈 恒 校)

CAPITALIST CITY ｜资本主义城市

资本主义城市的历史是城市研究的重要内容,资本主义城市在许多方面亦是研究范围更宽泛的社会科学的重要内容之一。资本主义和城市化实际上是当代社会发展的主导力量。虽然城市的起源远远早于工业资本主义,但是后者及随后的后工业化(或后福特主义)为当代的城市化发展提供了基本框架。城市学者已经对资本主义与城市化之间的关系进行了理论化和分析,而本词条旨在阐释这种关系是如何随着时间的推移而演变的。本词条的具体内容如下:第一部分介绍作为新生的生产性资本主义实验室的工业化城市的出现,以及与之相关的社会现象和行为;第二部分回顾20世纪70年代左右产生的资本主义—城市化关系理论的主要内容;第三部分介绍这些理论在近期新自由主义和全球化资本主义城市重塑过程中产生的问题。

新生的资本主义城市:
作为资本主义鲜明实验室的城市空间

自1844年弗里德里希·恩格斯的《英国工人阶级状况》出版以来,现代城市现象已经和资本主义密切相连,而且成为生产和社会再生产的一种模式。在该书中年轻的恩格斯将曼彻斯特、伦敦和谢菲尔德等英国工业城市形容成新生的生产性资本主义的特殊实验室。新建的工人阶级社区体现了作为发展中的资本主义社会典型特点的社会异化和剥削。在第一代资本主义城市中,资本主义的社会分化典型地体现在空间层次上:资本主义城市化的到来导致了旧城市中心的分解,以及下层阶级和上层阶级社会空间隔离这两个同时发生的过程。就整体而言,资本主义城市形成过程的特点是有序与无序的自发现象、先前空间组织形式的分解,以及分化的城市环境这三者的共存。

恩格斯的开创性工作一直是后续资本主义城市研究浪潮重要的灵感源泉:其中最显著的是对资本主义城市中的社会困境的研究,并因此创造了20世纪20年代所谓的芝加哥学派的社会行为研究;近来,在20世纪70年代,学术界从理论上分析并广泛讨论了资本主义和城市进程之间的关系,这延续了马克思主义城市研究极富影响力的传统。类似于曼彻斯特对恩格斯的意义,芝加哥被20世纪的城市社会学家看作是当代资本主义城市的典型。19世纪的最后几十年里,芝加哥人口的急剧增长产生了与资本主义有关的大量社会问题,以及相关的恶劣行为,如剥削、恶劣的生活条件、酗酒和谋杀。芝加哥学派的成员对这些现象进行了调查,并将它们的产生和特点与其出现和发展的城市区域的特殊环境联系起来。因此,城市社会问题被芝加哥学派的城市学者们用环境和人类生态学的观点而不是社会结构和资本主义生产的方式进行了描述。在这种背景下,不仅资本主义和城市之间的重要关系,而且如国家其他政治机构在资本主义城市化进程中所扮演的角色等相关问题仍然被忽视,也缺乏相关的理论化分析。资本主义城市仅仅被看成社会问题发生的空间背景(起源于大型工业城市环境会加剧这些问题的假设),而不是被看作研究对象本身,或一个本体论自主社会实体被调查和分析。

正如本词条下面所描述的,虽然近年来学者对实证主义的取向存在强烈质疑,但是该方法在城市研究已存在多年,究其原因,一部分是由于它是对城市学者评论的一种反应,一部分是由于它是社会政策领域应用研究的特殊需求的结果。社会学家彼得·桑德斯(Peter Saunders)为20世纪80年代的"实证主义"进行了坚定的辩护,他认为城市社会问题的调查并不意味着将资本主义城市看作一个独立的社会实体。近年来,那些关心资本主义城市环境问题但对解释资本主义城市却不太感兴趣的学者(不仅是社会学家而且还包括流行病学家和其他公共卫生学者),仍在对资本主义城市进行着更加传统的调查研究。

成熟的资本主义城市:
逐渐理论化的资本主义——城市化关系

1970年代初,在曼纽尔·卡斯特等新城市社会学研究者的影响下,法国等西欧国家出现了一代激进的城市学者,他们接受了马克思主义对资本主义城市的解读和批判,阐明了他们对现有的实证主义方法的不满。

这与资本主义城市新兴思想、研究方向的出现和成形所需要的历史背景尤为相关。当时,西方及其外部地区的资本主义城市正在经历着全新的城市社会运动,以及为抵制城市贫困而进行的城市斗争,这种斗争在美国尤为明显。这一特殊的社会历史背景为新兴的马克思主义城市学者提供了道德和政治理由,来倡导政治参与度更多、理论也更为充实的城市社会科学。在其经典著作《城市问题》中,曼纽尔·卡斯特第一次系统地对城市资本主义进程进行了理论阐释。借鉴阿尔都塞的结构主义马克思主义,卡斯特认为城市化进程是由生产资料和劳动力再生产之间有条件的组织方式决定的,他建议应该按照社会和空间的关系来研究城市进程。通过详细阐述这个概念框架,卡斯特给出了资本主义城市结构的4个基本要素:(1)生产,其形式是固定资本再生产的社会过程的空间结果;(2)消费,由劳动力再生产的社会过程的空间结果所表现;(3)交换,在生产和消费之间转移的空间表现;最后是(4)管理,也就是协调城市结构的前3个元素之间的关系的体制过程(按照城市区域规划方案和条例的形式)。在之后的几年,尽管有些他以前的结构主义马克思主义的教条方式,但是卡斯特还是完成了他的理论框架,他将资本主义城市的社会变迁解释为在市政府财政基础被福利紧缩吞噬的时代里,希望获得社会服务的草根运动的结果。

尽管卡斯特主要是将资本主义城市理解为社会再生产的场所,但是如地理学家大卫·哈维等其他资本主义城市理论主要的贡献者则最大限度地强调金融,特别是地租在城市发展和社会空间转型中的作用。与卡斯特以及20世纪70年代其他的马克思主义城市学者一样,哈维在资本主义城市方面的研究工作也深受其理论形成的具体社会历史背景的影响。自20世纪70年代初开始,高度隔离的巴尔的摩市以及美国住房和金融市场中的不平等引起了哈维及其同事和学生的关注。在他的理论中,哈维将马克思主义理论的积累规律应用于资本主义制度下城市进程的研究。在他看来,资本主义城市的发展是投资建成环境的结果,它遵循了资本主义的积累规律(由固定资本的周期性贬值确定的),并同时受到了建成环境元素本身和经济周期的限制。不均衡的社会空间发展是包括城市在内的资本主义社会在不同地理范围内周期性演化的结果。如同战后资本主义黄金时代,或近期全球金融资本主义的短暂繁荣时期所发生的一样,在城市里,住房部门是由作为更广泛的积累过程的"反周期"监管者的统治阶层管理和利用的。

全球化的资本主义城市:
作为政治尺度的城市发展

对资本主义城市的研究许多是受到了新马克思主义的影响:最值得注意的是有关中产阶级化的马克思主义式的研究,它与哈维的研究工作有着共同的基本关注点,也就是资本主义城市化的动态结构;然后是近期展开的在全球化背景下将卡斯特经典书目看作"避雷针"而对地理规模进行的理论性再评估;最后是关于新自由主义背景下城市发展的政治研究。虽然被指责为空间拜物教、理论主义和经济决定论,但是这些相互关联的研究分支及其子领域,吸引了那些在过去20年里关注资本主义城市批判立场形成的学者的广泛兴趣,而这也振兴了马克思城市研究的传统和影响。

尽管马克思主义的崛起发生在反叛社会斗争、福特主义资本主义危机及城市财政危机的时代,但是日益全球化的世界强烈影响了近期关于资本主义城市的研究工作。20世纪70年代后期出现的将"租金差距"作为城市空间变化价值的资本主义剥削动因的理论已经现实化,并且将中产阶级化和新自由主义力量重新连接了起来,而近年来这些力量引发了世界许多城市的中产阶级化进程、"社会混合"和社区改变。更普遍的是,城市分析的马克思主义整体框架、住宅分化概念的集中和隔离的阶级结构成为理解全球化条件下资本主义城市在政治经济空间的当代重塑过程中所发挥作用的理论工具。

类似地,某些重要的城市学者特别是哲学家亨利·列斐伏尔再度关注地理范围作为资本主义积累过程中的战略性的意义。地理范围不再被理解为预先给定的空间实体,而是被理解成通过一系列协商、社会政治斗争和经济战略形成的异质社会形态。在这种背景下,对全球和世界城市颇具影响力的研究工作凸显了城市空间性在资本主义全球化发展中的战略作用,以及在调整经济不同来源和位置过程中的战略作用。

学者们对于全球化资本主义城市监管和治理形式转变的关注,将新自由主义和全球化的空间性研究与探索后福特社会城市政治化的研究重新相连接。20世纪80年代发展形成的美国城市"新城市政治"研究关注的主要是城市层面上地方经济发展的战略和动力,包括市中心的振兴、大型项目的建立,以及为实现城市治理企业化而形成的敌对联盟之间的冲突。这些研究为地方政治经济的规划做出了重要贡献,并有助于解释以全球资本主义城市为重要平台的多种范围的资本主义内部竞争的新形式。住房和金融部门发挥核心作用的全球金融资本主义持续的信贷紧缩和结构性危机,进一步助长了资本主义积累和城市进程中长期战略性的相互联系。

进一步阅读书目:

- Brenner, Neil. 1998. "Between Fixity and Motion: Accumulation, Territorial Organization and the Historical Geography of Spatial Scales." *Environment and Planning D: Society and Space* 16: 459 - 481.
- Brenner, Neil and Nick Theodore. 2002. "Cities and the Geographies of 'Actually Existing Neoliberalism.'" *Antipode* 34: 349 - 379.
- Castells, Manuel. 1972. *La Question urbaine*. Paris: Maspero.
- ——. 1983. *The City and the Grassroots. A Crosscultural Theory of Urban Social Movements*. London: Arnold.
- Cox, Kevin R. 1993. "The Local and the Global in the New Urban Politics: A Critical View." *Environment and Planning D: Society and Space* 11: 433 - 448.
- Engels, Friedrich. 1999. *The Condition of the Working Class in England*. Oxford, UK: Oxford University Press.
- Harvey, David. 1989. *The Urban Experience*. Oxford, UK: Blackwell.
- Logan, John R. and Harvey L. Molotch. 1987. *Urban Fortunes: The Political Economy of Place*. Berkeley: University of California Press.
- Park, Robert E. and Ernest W. Burgess. 1984. *The City: Suggestions for Investigation of Human Behavior in the Urban Environment*. Chicago: University of Chicago Press.
- Sassen, Saskia. 1994. *Cities in a World Economy*. Thousand Oaks, CA: Pine Forge Press.
- Saunders, Peter. 1981. *Social Theory and the Urban Question*. New York: Routledge.
- Smith, Neil. 1996. *The New Urban Frontier: Gentrification and the Revanchist City*. New York: Routledge.
- Zukin, Sharon. 1980. "A Decade of the New Urban Sociology." *Theory and Society* 9: 575 - 601.

(Ugo Rossi 文　宋丽娟 译　陈 恒 校)

CARAVANSERAI | 商队旅馆

波斯语"商队"是指一群商人、朝圣者、士兵或其他一起进行较远距离旅行的人；骆驼是穿越中东地区和阿拉伯沙漠的商队最常用的动物，而驴和马通常被商队用于穿越越丝绸之路沿线的群山。商队的规模取决于很多因素，诸如可用驮畜的数量、旅行线路的安全性以及贸易和商业的规模。有记录的从开罗和大马士革到麦加的朝圣队伍的规模超过了 1 万头骆驼。在铁路和公路运输导致商队线路衰落之前，其他重要的商队线路在整个 19 世纪非常盛行，到 1908 年仍然存在着从撒哈拉沙漠到廷巴克图的规模在 2 万头骆驼的大盐商队；受前往宗教圣地的传统方法和路线状况的影响，一些朝圣商队持续到了更晚些的时期。

商队旅馆（波斯语 Karawan 和 sarayi 的组合，意思是住宅或封闭的庭院；在土耳其语中是 kervansaray 或者 caravanserai）是中东商人、朝圣者和其他旅客的公共住所。商队旅馆作为伊斯兰世界的传统路边旅馆，能为旅客、商人及其货物提供居所和保护。与之相区别的是高速公路商队旅馆（为商务旅客和他们的货运动物提供短期的住宿）和城市商队旅馆（一间住宿的房间、仓库、贸易中心）。商队旅馆的大门往往既多又大，以便让托运货物的骆驼从每一边都可以进入开放式的庭院，这种庭院大小可容纳 300 到 400 头骆驼。矩形庭院的外侧围绕着两层较高的建筑，这些建筑里带有连接庭院和内部拱廊的走廊。商队旅馆的客房沿着二楼排布，客房的门口朝向庭院，而朝向外侧的墙壁没有窗户，这造就了商队旅馆受保护的堡垒般的外形，这种内向型的空间概念与商队旅馆的保护性特点及其庇护功能是一致的。除清真寺之外，商队旅馆是中世纪伊斯兰世界最常见的建筑类型，现如今它们当中有些成了世界遗产，有些则被再次利用而变成现代化酒店。

商队旅馆沿着伊斯兰世界主要的陆路通道以规则的间隔排布，而间隔距离是由商队旅行用的骆驼、驴、骡和载重马匹的速度决定的。因为这个速度和距离几千年来都没有变化，因此商队旅馆可能与亚历山大大帝军队、罗马和拜占庭，甚至是随后征服拜占庭的塞尔柱突厥（Seljuk Turks）的发展线路相联系。奥斯曼帝国（其统治从 1077 沿袭至 1407 年）沿路从地中海延伸至黑海。从中国通往欧洲的著名的丝绸之路和威尼斯商人马可·波罗旅行的相关传说都是商队旅馆的组成部分。

商队一天行程距离（约 30 千米），决定了商队旅馆的分布和数量，它们构成了奥斯曼经济的贸易网络，并为穿越整个帝国的朝圣者提供了住所。而为朝圣者提供商队旅馆也被认为是一种虔诚的义务。随着时间的推移，商队旅馆成为发展中心，集镇紧邻商队旅馆而发展。在区域条件允许以及人口集中的地方形成了永久性的贸易集市，并建立起慈善机构瓦克夫（Vaquf），而瓦克夫是伊斯兰城镇的一个基本要素。除了集市或是市场中心外，瓦克夫通常还包括与特定的宗教（清真寺）、教育（伊斯兰教学校）以及诸如公共厨房等慈善活动（小客店）等有关的建筑。

14 世纪著名的阿拉伯旅行家伊本·巴图塔（Ibn Battūtah）从家乡摩洛哥开始了通往印度和中国的旅行，并随之返回摩洛哥。在旅行中他看到了 8 世纪由阿拔斯王朝第五代哈里发哈伦·拉希德（Harunal-Rashd）的妻子在巴格达到麦加沿途建立的商队旅馆。塞尔柱苏丹凯库巴德一世（'Alā' al-Dn Kayqubād，1220—1237 年在位）因在其统治时期丰富的建筑遗产及兴盛起来的庭院文化而闻名，他在连接安纳托利亚（Anatolian）首都到主要贸易路线的沿途设置了许多商队旅馆。在苏莱曼一世（Süleyman the Magnificent，1520—1566 年在位）统治下的奥斯曼帝国鼎盛时期，出现了包括亚洲的布

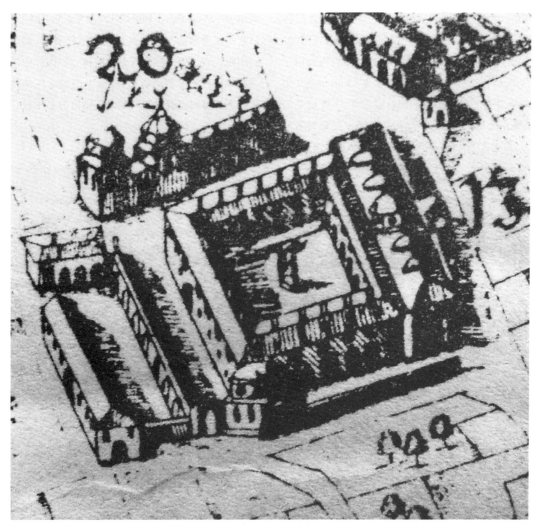

17世纪末、18世纪初贝尔格勒穆罕默德·帕萨·索克洛维奇的商队旅馆(Caravanseri of Mehmed Pasa Sokolovic in Belgrade)
来源：Serbian National Library

尔萨(Bursa)和欧洲的埃迪尔内(Edirne)在内的陪都。这两个城市都有让人印象深刻的瓦克夫，在瓦克夫内有清真寺、集贸市场、伊斯兰教学校、小旅馆以及供商贩、朝圣者以及越来越多的游客住宿的商队旅馆。在奥斯曼帝国首都伊斯坦布尔和埃迪尔内之间的主要道路上建立的索克鲁·穆罕默德·帕夏集市(Sokollu Mehmed Pasha Complex)包括一个商队旅馆、澡堂、清真寺、伊斯兰教学校和建筑师希南于1549年建立的市场街道(并在1569年扩展成供苏丹使用的私人住所的宫殿)。

尽管一些商队旅馆以完整的建筑风格得以保存，但是巴尔干和东方许多的商队旅馆已经被摧毁，这种城市建筑的记忆只被保留在古老的文字、地图和当代的纪录片之中。许多幸存的商队旅馆具有重要的建筑特色，他们具有撒拉逊(Saracenic)风格式的建筑和装饰精美的入口结构。一些历史悠久的商队旅馆则被作为旅游景点而保留了下来(如伊朗加兹温[Qazvin]的Sa'd al-Saltaneh商队旅馆和阿卡[Acre]的Khan al-Umdan商队旅馆)，而其他的商队旅馆则被改造成为当代旅客使用的宾馆。在地震中遭到部分损坏的埃迪尔内鲁斯特曼·帕萨商队旅馆被重建成现代化的旅游宾馆,但是由于其早期设计的局限性,这种适应性再利用并不太成功。2007年,伊朗克尔曼省(Kerman)文化遗产、手工艺品和旅游部部长宣布将17世纪克尔曼统治者穆罕默德·伊斯梅尔·汗·瓦克奥尔·默尔克(Mohammad Ismaeil Kahn Vakil-ol Molk)修建的瓦克尔商队旅馆改造成五星级酒店,酒店房间以代表伊朗不同的历史时期精心装饰。如世界其他地区的度假酒店一样,整个中东地区的现代化酒店有时也会复制原始商队旅馆的基本设计特色。

进一步阅读书目:

- Ciolek, T. Matthew. 2006. "Old World Trade Routes Project (OWTRAD): A Catalogue of Georeferenced Caravanserais/Khans." Retrieved April 9, 2009 http://www.ciolek.com/OWTRAD/caravanseraiscatalogue-00.html
- Erdmann, Kurt and Hanna Erdmann. 1961. *Das anatolische Karavansary des 13. Jahrhunderts*. 3 vols. Berlin, Germany: Mann.
- Hillebrand, Robert. 1994. *Islamic Architecture: Form, Function, and Meaning*. New York: Columbia University Press.
- Sims, Eleanor. 1978. "Trade and Travel: Markets and Caravanserais." In *Architecture of the Islamic World: Its History and Social Meaning*, edited by G. Mitchell. London: Thames and Hudson.

(Milan Prodanovic 文 宋丽娟 译 陈 恒 校)

CASTELLS, MANUEL | 曼纽尔·卡斯特

曼纽尔·卡斯特生于1942年,是20世纪末欧洲进步知识分子的杰出代表。作为逃离佛朗哥统治下的加泰罗尼亚人,他在法国接受教育并成为专业的社会学家,而且在20世纪60年代到70年代之间有超过10年的时间在巴黎第十大学学习。他曾在皮诺切特时代的智利、加拿大蒙特利尔和魁北克短期执教,20世纪70年代末移居美国后成为南加州大学传播通信技术和社会学教授,1979至1993年在加州大学伯克利分校开设城市和区域规划课程,现在是加州大学伯克利分校的名誉教授。近年来,他还获得了加泰罗尼亚开放大学的研究教授职位。

作为20世纪后期的知识分子,曼纽尔·卡斯特的思想深受1968年政治动乱的影响,因此他积极参与激进政治,并对之后产生的城乡社会运动非常痴迷。与此同时,卡斯特学术生涯的一大特点是他特有的国际化视野,这一特征深深影响了他的学术,而这在当时的欧洲学术界并不多见。因此,卡斯特既是欧洲典型的激进知识分子,又是国际化学术的先驱,而这在现今学术全球化的背景下正变得越来越普遍。

同样,卡斯特对城市研究领域的贡献具有开创性,但他的城市研究生涯并不长。事实上,一方面在城市研究领域,卡斯特是公认的兴起于20世纪70年代的被称为"新城市社会学"的创始人之一。另一方面,随着卡斯特学术的成熟,他不再关注城市研究,转而开始新的研究,即网络社会和信息时代三部曲。最近几年里,尽管卡斯特偶尔会将他的

想法和网络社会的经验结果应用于城市问题上（主要是特邀演讲和论文），但是卡斯特已经放弃了早期给他带来声誉和学术声望的城市研究，而且相比于那些熟悉他有关信息时代后续研究的学者来说，卡斯特的读者则更有限。

这一词条将探究卡斯特在城市研究领域的学术生涯，特别是其在资本主义背景下为城市进程所进行的系统理论尝试；然后是他通过将社会运动和技术看作社会和城市变革的基本动力而对其理论假说做出的修正。

结构主义马克思主义与城市理论

由于深受20世纪60年代后期以来的阿尔都塞学派马克思主义思想的影响，卡斯特在其学术生涯早期一直致力于使用马克思主义方法对城市和社会问题进行研究。阿尔都塞哲学对卡斯特的影响在其颇具影响力的《城市问题》(*Urban Question*)一书中表现得非常明显，该书最初的版本是法文，随后被翻译成英文和其他多种语言，卡斯特在其访谈和个人回忆录中也曾多次提及这本书。法国哲学家阿尔都塞将特殊的"主导结构"——也就是资本主义制度下经济活动决定复杂社会关系的方式——进行了理论化。主导结构体现为经济领域决定了社会所有领域的资本主义社会组织方式，同时也决定了生产力和生产关系这一基本矛盾的组织方式。

卡斯特将阿尔都塞关于社会和资本主义的理论应用到了城市领域，探讨了城市研究的结构，这些结构受制于不同"实践系统"的整合，包括经济、政治和司法等系统。基于这一概念框架，卡斯特认为资本主义城市的经济体系是依靠以下要素组织起来的，包括劳动力、生产方式和非劳动之间的关系，以及与之相关的分配关系和实际分配的情况，这又是由以下3个方面的辩证关系塑造而成的（1）生产（导致了工业和办公部门生产的商品和信息），（2）消费（衡量产品的个人及集团所有权），以及（3）交换（特别是商业及其他空间性的流转，如城市间的流通及所谓的社会学运输问题）及其衍生元素。在卡斯特看来，如同他在对城市危机的解释中所说明的那样，在功能上只有消费是城市现象。总体上说，经济系统的3个要素是政治体制通过由国家机器在城市和郊区层面上制定的整合压缩的双重运动，再经由"主导结构"进行调控。后者是卡斯特城市资本主义理论的重要内容。实际上，卡斯特把国家看成战略推动者以及权力的主要来源，而国家是通过空间层面上的城市区域规划，以及政治社会层面上社会冲突的制度化而运行的。

虽然认可经济因素的首要地位，但是卡斯特的结构主义认为国家作为资本主义发展和社会再生产过程的保证者，发挥着重要的作用。不同于20世纪70年代及以后颇有影响力的马克思主义解释路径，例如大卫·哈维将城市资本主义危机解释为资本积累的结果，卡斯特认为战后城市发展模式的失败是因为保证完善住房、交通、教育、医疗保健等基本领域的城市服务分配基本机制越发难以为继。简单地讲，卡斯特将20世纪70年代中后期的城市危机理解为国家管理集体消费的失败，集体消费是城市进程中一种独特的危机元素。事实上，国家接受了基层社会运动的压力和来自商界的压力，而这双重需求最终引发了美国许多大型中心城市的财政危机：根据卡斯特的理解，这一现象发生的原因一方面企业要在市中心建造服务机构和设施；另一方面，国家必须为中心城市大量的失业和半失业人口提供福利和公共服务。由于企业需求、逐渐增加的社会需求以及市场主导型经济的预算限制，70年代中期，"城市问题"在美国特别集中。

超越结构主义：作为城市和社会变迁媒介的草根运动和技术

《城市问题》这一较大的理论成果问世之后，卡斯特于1983年出版了一本关于城市社会运动的著作《城市与草根阶层》(*The City and the Grassroots*)，该著作介绍了20世纪70年代早期以来世界城市研究的成果。在《城市问题》最后一章的结论中,卡斯特指出包括马克思主义者在内的社会科学家,对城市社会运动关注极少,同时他还主张通过关注日常的社会抗议来突破技术—官僚化城市的研究范式。因此,《城市与草根阶层》通过解读资本主义城市基层运动填补了这一空白。虽然其研究的时间与以往著作一样,但是《城市与草根阶层》问世之时,学术界逐渐放弃了对社会进程的整体解释,尤其是认为经济化社会和空间更重要的观点,同时该书也被作者宣称为完全脱离了《城市问题》所阐述的理论假设。该书以丰富的案例呈现其研究成果,并附以简短的概念性介绍及支持这一研究的长篇阔论的结语。本书旨在对不同地理和历史背景下的城市社会运动进行比较,同时还关注了集体消费的扩展、文化身份的确定和保护,并探究了推动资本主义社会城市抗议运动的政治组织。虽然对于那些期望《城市与草根阶层》是马克思主义城市理论另一重大贡献的人来说,这本书是非常令人失望的(本书的副标题"一种跨文化理论"可能要对这种结果负责),但是这本书在许多方面甚至超越了《城市问题》。事实上,该书对活跃的且仍在不断扩大的城市社会运动研究做出了重要贡献,同时该书还启发了卡斯特在信息时代对基于身份的社会运动的后续研究。

因此,放弃结构主义创造了理论和实证分析之间的一种新的关系,而这贯穿了卡斯特之后的学术生涯:与《城市问题》不同,本书将理论现象与社会现象的观察和讨论密切融合,这种处理方式,即个案研究的方法成为卡斯特对20世纪80年代和90年代初期信息和技术城市研究领域做出的最后贡献。当20世纪80年代初期卡斯特着手对这一问题进行研究时,社会还没有因为互联网和相关的通信、文化交流和贸易手段的出现而发生人类历史上的革命性变革。尽管如此,20世纪80年代的卡斯特像当时越来越多的社会科学家一样,已经意识到新的信息技术在塑造人类社会变革特别是城市和地区变革方面的重要作用。事实上,城市尤其是大都市区处在服务经济扩张的最前线;甚至是美国所谓的"阳光带"蓬勃发展的计算机产业,也持续依赖着过去在纽约、芝加哥、旧金山和洛杉矶等美国主要城市建立的总部和企业服务的基础。与此同时,虽然卡斯特注意到了主要大都市区核心区域如何保护它们作为经济指挥和控制中心的职能,但是他还是强调信息和办公活动的区域分散化以及郊区化过程与次级服务以及他称之为"新产业空间"的生产性服务业的联系。较低的土地价格和租金,以及与住宅郊区化的紧密联系是服务行业偏爱郊区而不是传统的市中心的最主要因素。

与卡斯特对批判城市社会学的喜好相一致,在技术经济重构进程及其相关的空间表现形式研究方面,他特别关注城市社会结构的变化,并提出以社会两极化和经济二元论概念为中心对城市和社会变革进行解释。几年后,卡斯特的这一研究变得非常流行,并在对全球化城市进行的早期争论中得到了广泛讨论。在与经济社会学家亚历杭德罗·波特斯(Alejandro Portes)合作开展的非正规经济的大型研究项目中,卡斯特将美国大城市的职业结构描述成是与高级服务和高科技行业中的新兴高薪就业机会的创立相结合的"复杂模式";是对传统制造业中层工作的破坏;是受保护的公共行业工作的逐渐萎缩;是服务行业,弱化的制造行业,特别是逐渐发展的非正式、违法经济体内新兴低薪工作的扩展。卡斯特认为,当地劳动力市场越来越明显的两极化和隔离创造出了在家庭结构、家庭性别关系以及城市空间的利用等诸多方面具有不同生活方式的劳动力。卡斯特的双重城市理论与为城市领域提供示意性描述的目的相差甚远,他的双重城市理论主要是为了让在后工业资本主义城市的结构二元论和社会空间极化重叠中形成的多层面的社会现实变得有意义。

卡斯特早期的信息城市研究激发了其后续的关于网络社会的研究。在其早期的信息城市研究中,卡斯特结构主义的思维模式虽然影响着他对城市和社会问题的阐释,但是随着对人类社会复杂性、不可还原因果辩证关系以及社会变革纯粹的理性理解的认识不断加深,其结构主义的思维模式逐渐被解构。在之后卡斯特与地理学家彼得·霍尔合作完成的世界科学城市研究中,对结构主义的超越变得更加明显。在这本书中,城市和地区不仅被描述成经济和技术创新的场所,而且还被描述成新兴的"经济行为",这种经济行为的优势在于它们具有适应全球经济不断变化的能力,在于它们具有促进发展项目、与跨国公司谈判以及促进中小型公司发展的反应能力,还在于它们具有彼此竞争以成为更具革新能力和效率的地区的长期态度。在关于技术极的研究中,特别值得注意的是卡斯特和霍尔所提出的跨国研究方法。虽然当时其他作者出版了成功技术城市的单一个案研究,但是这本伟大的著作为位于世界不同地区的技术中心的崛起提供了一幅整体画面:从美国加州硅谷以及马萨诸塞州大波士顿区的内源型创业衍生公司的著名案例,到西伯利亚、日本以及韩国等国家鲜为人知的规划性科学城案例。

结论

在写于 2000 年并被收录于《卡斯特城市与社会理论读本》(The Castells Reader on Cities and Social Theory)的一篇文章中卡斯特指出,信息社会的到来明显地改变了"城市问题",芝加哥社会学派学者和包括卡斯特在内的 20 世纪 70 年代的新一代城市社会学者都认识到了这一点。虽然前者旨在通过社会整合突出城市文化的建设,而后者则调查了国家应对城市集体消费的方式,但是按照卡斯特的看法,围绕城市作为"流动空间"和"地方空间"之间的张力而产生的城市问题正变得越来越明显。流动空间将不同地区连接成网络,这个网络连接起了不同地理单元中的活动和人口。地方空间则围绕本地的经验和媒介组织起来。卡斯特认为,城市学家们应该关注芝加哥学派的核心要点即社会整合,只有这样才能理解流动空间如何通过物质基础设施、技术设备、日常生活中的交流沟通等路径渗入地方空间。

这些思考与当代标量方法的复兴或消失、全球化时代社会空间方法的意义以及在持续的社会、空间不均衡的世界内的领土权和结构关系的价值等重要争论产生了强烈共鸣,这种共鸣促进了近几年城市社会学、批判地理学、城市与区域研究等交叉学科的发展。尽管卡斯特没有直接参与最近的争辩,但是他仍然被当代城市和区域学者,以及其他社会空间学家当作重要的学术权威,这远远超出了对卡斯特"经典"的城市问题理论化的相关判断。尽管卡斯特唤起了城市理论内结构主义的"幽灵",但他是过去大约 40 年内城市研究领域最有影响力的学者和公共知识分子之一。

进一步阅读书目:

- Brenner, Neil. 2000. "The Urban Question as a Scale Question: Reflections on Henri Lefebvre, Urban Theory and the Politics of Scale." *International Journal of Urban and Regional Research* 24: 361-378.
- Castells, Manuel. 1972. *La Question urbaine*. Paris: Maspero.
- —. 1983. *The City and the Grassroots. A Crosscultural Theory of Urban Social Movements*. London: Arnold.
- —. 1983. "Crisis, Planning, and the Quality of Life: Managing the New Historical Relationships between Space and Society." *Environment and Planning D: Society and Space* 1: 3-21.
- —. 1989. *The Informational City*. Oxford, UK: Blackwell.
- —. 2002. "Conclusion: Urban Sociology in the Twenty-first Century." pp. 390-406 in *The Castells Reader on Cities and Social Theory*, edited by I. Susser. Oxford, UK: Blackwell.
- Castells, Manuel and Peter Hall. 1994. *Technopoles of the World: The Making of Twenty-first Century Industrial Complexes*. London: Routledge.
- Castells, Manuel and Alejandro Portes. 1989. "World Underneath: The Origins, Dynamics, and Effects of the Informal Economy." pp. 11-37 in *The Informal Economy: Studies in Advanced and Less Developed Countries*, edited by A. Portes, M. Castells, and L. Benton. Baltimore: Johns Hopkins University Press.

- Pflieger, Géraldine. 2006. *De la ville aux réseaux：Dialogues avec Manuel Castells*. Lausanne, Switzerland：Presses Polytechniques et Universitaires Romandes.
- Ward, Neil and Eugene J. McCann. 2006. "'The New Path to a New City'? Introduction to a Debate on Urban Politics, Social Movements and the Legacies of Manuel Castells' The City and the Grassroots." *International Journal of Urban and Regional Research* 30：189–193.
- Zukin, Sharon. 1980. "A Decade of the New Urban Sociology." *Theory and Society* 9：575–601.

(Ugo Rossi 文　宋丽娟 译　陈　恒 校)

CATASTROPHE ｜ 大灾难

目前全世界的城市都面临着越来越多的大灾难威胁。2004年印度洋海啸使得超过24万人丧生；2005年卡特里娜飓风造成了2 000亿美元的损失，被认为是美国历史上最严重的大灾难，并引起了全世界的关注。大多数这种危害持续发生在城市人口和财产密度极高的低洼危险地区。这些破坏性事件是可预见的未来侵害城市的频繁和严重的灾害的先兆。

大灾难可以根据来源进行定义。有些事件源于在很大程度上无法控制的自然力量，如地震、飓风和海啸；其他事件是由自然力量和人类活动的合力造成的，例如城市发展过程中进行的湿地清淤和土地填埋往往会导致流域储存雨水容量的损失，并增加下游社区洪水发生的风险。还有一些灾害是人为故意造成的，例如恐怖主义、纵火和武装冲突。

大灾难可能是缓慢发生的连续事件，也可能是迅速发生的单一偶然事件。缓慢发生的灾害通常来自危害性事件的积聚(例如长期缺乏降水造成的干旱，建成环境因长期撤资造成的大规模的遗弃或频发的犯罪)。快速发生的大灾难事件包括恐怖袭击、飓风和地震。

面对城市造成的逐渐上升的整体环境危害时，大灾难和灾害是含义不同的两个词。大灾难和灾害两个词都是指可以对基础设施(排污、水、电以及道路)、当地经济、住房以及城市的日常职能造成足够破坏的危机事件。然而当评估城市所遭受的危害时，必须了解两者之间存在明显区别。首先是破坏范围。大部分或全部的城市建成环境会在大灾难事件中遭受严重影响，而在灾害事件中只有局部建成环境遭到破坏。新奥尔良在卡特里娜飓风中遭受的损害是大灾难性的，城市近80%被洪水淹没。1902年皮利山(Mount Pelée)火山爆发掩埋了位于加勒比马提尼克岛的整个圣皮埃尔城(St. Pierre)，近3万居民丧生，而只有一个单独被监禁的囚犯幸存下来。相比之下，灾害只会危害城市的部分区域。1985年墨西哥城大地震被认为是重大灾害，对2%的住宅区域造成了破坏。2001年9月11日世界贸易中心遭受袭击破坏了曼哈顿下城的几个街区。

第二是可实施救援的程度。与灾害相比，大灾难过程中的应急反应和援助面临更大挑战。整个社区遭受破坏，无法对救援人员、物资供应和通信的需求提供帮助。在灾害中通常只有一个主要目标需要救援，而在大灾难事件中则有许多邻近区域成为受灾对象，并且往往彼此竞争以获取外部援助者的关注。卡特里娜飓风后，满目疮痍的密西西比州南部城市(比洛克西[Biloxi]、格尔夫波特[Gulfport]、帕斯克里斯琴[Pass Christian])希望可以从区域内的主要大城市新奥尔良获得援助,但是整个区域灾难性的状况排除了这种可能性。

第三是日常生活受危害的严重程度。在大灾难中城市的日常活动受到严重影响,而灾害却并非如此。即使不是全部也会有大部分的工作、娱乐、宗教活动以及教育场所被迫完全关闭,而提供电、水、通讯以及交通服务等的基础设施系统会中断数月甚至数年之久。在重大灾害中,尽管特定社区会遭受损害,但是不会有如此大范围的日常生活被破坏。在1985年的墨西哥城地震中,许多邻近区域的生活仍然可以正常进行;1989年洛马普列塔地震的情况也是如此,当时旧金山湾区关闭了奥克兰高速公路和旧金山海湾大桥。这些事件没有对地区交通系统造成重大破坏,因为大多数系统都完好无损,通勤者能够像往常一样工作。大多数城市都可以通过应急反应系统应对灾害事件,但是却无法应对大灾难造成的大规模破坏。

城市面临的危害

大灾难不是来自意外事件,而是若干主要全球性力量相互作用造成的可预测结果:(1)快速城市化,(2)极其危险区域的发展,(3)社会脆弱性方面日益增长的不平等,以及(4)全球气候变化。城市化的加速发展造成了高密度的人口和财产,如果风险没有被预见和解决,城市所面临的风险将会增加。统计数字表明,2000年全球有超过50%的人口居住在城市区域。到2020年,发展中国家90%的人口增长会出现在城市。虽然城市只占地球陆地面积的1%,但是集中了超过一半的世界人口,以及包括建筑物和基础设施在内的大部分物质资本。通常情况下,城市发展太快以至于城市实施减灾方案的能力跟不上发展的步伐。这些方案包括能使新发展规划远离危险地区的积极的土地利用规划,加强新建筑及现有建筑物承受危险力量(风、洪水和地震震动)的建筑法规,以及作为受灾人口重要保障的弹性基础设施系统。易受地震侵害的土耳其伊斯坦布尔的增长就远远超过了其有效降低风险的能力。城市人口从20世纪50年代的100万增长到现如今的1 000万,在半个世纪里城市人口翻了十番。然而截至1999年,伊斯坦布尔1 783所学校中只有20所学校以及308所医院中的2所医院得以翻新。

其次,城市正被建于越来越危险的地理位置,如坡度平缓的冲积平原、沿海海岸线及沿地震断层隆起的悬崖之上,这些地方具有吸引发展的诸多好处(例如易开发的土地、交通运输的战略位置、景区设施)。在美国,居住在地震和飓风多发地区的人口数量正在迅速增长。过去的几十年间,飓风和风暴多发的美国海岸的人口增长速度是全国人口平均增长速度的两倍以上。2000年,世界范围内15座规模最大城市中的11座城市暴露于一种或多种包括沿海风暴、地震以及火山爆发的自然灾害之下。北京、洛杉矶、墨西哥城以及东京坐落在活跃的地震断层上,而孟买、纽约和上海易受到沿海风暴侵害,雅加达和东京则非常靠近活火山。

第三,社会脆弱性的高度不平等导致了大灾难对不同人群的影响极不均衡。物理脆弱性强调危害作用的位置、频率和幅度以及建成环境承受这种力量的弹性,而社会脆弱性是指影响社会群体应对大灾难或灾害并从中恢复的能力。若干因素构成了人口的社会脆弱性,包括社会经济状态、性别、种族、族裔以及年龄。这些因素的差异导致了财富、权力以及地位的分化。在美国,这造成了破旧的城市核心区域和富裕的郊区之间在财政和人力资源上的不平等。空间差异使得不同群体受大灾难影响的可能性不同,以及获得用于规划和恢复的援助的不均衡分布。卡特里娜飓风暴露了这些不公平现象。在墨西哥湾沿岸所有受影响的地区中,新奥尔良市具有最高的社会脆弱性。由于没有车辆无法撤离,流离失所的低收入少数族裔人群被遗留在了新奥尔良会议中心等地,而拥有汽车的郊区居民却能够逃离毁灭。

在发达国家和发展中国家的城市之间也可以观察到社会脆弱性的差异。发达国家城市的居民和企业能够负担得起新建筑和现有结构的改造以达到抗灾建筑标准,可以负担得起灾害测绘,可以负担得起广泛的投保以弥补损失,而且可以负担得起对增强生命线基础设施(即疏散道路,水、下水道和电力设施以及通信系统)的投资。在发展中国家,贫穷使许多人更容易受到危害,也更难以恢复。贫穷的城市政府没有足够的资源进行规划以应对未来的大灾难,即使不是全部也会有大多数城市只能提供基本服务。一波又一波的移民涌入现有但不合格的住宅里,或者是在任何他们可以使用的土地上建立棚屋,通常这些地方由于过于危险而被弃用。在厄瓜多尔首都基多,许多不牢固的房子被建在了山的两侧,在那里他们容易受到地震或火山喷发造成的山体滑坡的侵害。不合格的建筑让孟买贫困社区受到极端热带风暴的危害,使圣保罗的贫民社区受到洪水的危害,也使得危地马拉城的贫穷社区受到地震的危害。

最后,全球变暖增加了大灾难在城市发生的可能性。虽然全球气候变化和城市工业区域气体排放之间的关系一直存在争议,但毫无疑问的是全球正在变暖。全球变暖使海水温度变高,而这成为飓风和火山喷发的催化剂。这些热带风暴的波及范围已经逐渐延伸到非热带沿海城市。美国人口最多的城市——纽约同样深受飓风威胁,佛罗里达州的迈阿密-劳德代尔堡在飓风风险上排名第一,纽约仅排其后。全球气候变暖正在造成海平面按每世纪0.4米或更高的速度增加。海平面上升会造成严重的后果,包括更高的风暴潮和海啸高度,海岸侵蚀加快以及低洼沿海地区和沿海湿地的最终消失,这些后果增加了许多沿海城市的脆弱性。全球变暖也会增加许多城市和大都市地区的干旱,以及遭遇缺水危机的概率。较高气候温度造成的温暖、干燥的土地和植被也会增加森林火灾威胁城镇的可能性。

韧性城市

鉴于现有的证据,大灾难性事件对城市的威胁是显而易见的,而且有上升的趋势。易受大灾难影响的因素几乎全部可以在城市中找到:危险地区中高密度的人口集中、贫困和弱势群体以及易受全球变暖影响。

韧性城市的建立已经成为一个突出的目标。韧性是一个城市预测并减轻危害、遏制危机事件影响,以及最大限度地减少社会动荡和减轻未来事件的危害并恢复的能力。城市应从4个方面采取行动,从及时响应和恢复转变为积极加强城市的韧性能力。

首先,城市应制定减灾方案。周密的规划应该确定哪些是不能用于开发的危险区域,而且确定潜在的无危险区域,以便在危险区域受损害时将现有建筑的重新定位。对再发展具有重要的文化或经济优势的危险区域也不能被放弃,减灾方案应包括对建筑场所中危险性最小的部分(或是灾后重建)提供指导,修改建设方案和设计实践的规定以使得城市脆弱性降到最低。

第二,城市应该支持韧性规划过程中的公民参与。当公民接触到处理灾害更有韧性的举措时,他们更容易被调动,也更容易支持应对即将发生威胁的民选官员。那些积极参与城市区域规划,而且了解可能增加大灾难危害的作用力公民更有可能致力于减灾方案的实施。

第三,外部援助组织(公共和私人)将受灾人群看作恢复过程的参与者,而不是无助的、可怜的受害者。在恢复规划中应该采取特定方法形成可以采取集体行动的自下而上的方式。采取自下而上方式的外部援助方案能使当地居民尽可能接触社区外部机构以扩大社区的潜在资源。同时,当地民众关注的问题也更有机会传递给外部机构。相比之下,自上而下的援助方式否认了基层对当地需求的参与,隔断并削弱了相连的社会资本,从而降低了受灾地区的韧性。

第四,减灾方案在大灾难预测过程中应该包括"道德可能性"而不只是"计算概率"。负责减灾方案的公职人员和工程师会像风险测算师一样思考,他们的建筑标准只是为了在大多数时间保护大多数人。然而,考虑到大灾难过高的风险,官员必须从无论成本如何都要保护市民免受伤害的前提出发。任何预测行为必须捍卫一个基本的道德底线：所有的生命都应得到最高标准的保护。这是英国人建立泰晤士河屏障时的思考方式，也是荷兰人建立自己的防汛和土地利用规划体系时的思考方式。

总之，韧性城市的建立离不开能够保护和恢复城市结构的主动规划。这与努力在基层层面上、一个社区接着一个社区、从根本上建立连接并加强社交网络这样的城市社会结构过程一样重要。

进一步阅读书目：

- Godschalk, David, Timothy Beatley, Philip Berke, David Brower, and Edward Kaiser. 1999. *Natural Hazard Mitigation*: *Recasting Disaster Policy and Planning*. Washington, DC: Island Press.
- Mitchell, James K., ed. 1999. *Crucible of Hazards*: *Mega-cities and Disasters in Transition*. Tokyo: United Nations University Press.
- Pelling, Mark. 2003. *The Vulnerability of Cities*: *Natural Disasters and Social Resilience*. London: Earthscan.
- Perry, Ron and E. L. Quarantelli, eds. 2005. *What Is a Disaster? New Answers to Old Questions*. Philadelphia: Xlibris Books.
- Vale, Lawrence and Thomas J. Campanella. 2005. *The Resilient City*: *How Modern Cities Recover from Disaster*. London: Oxford University Press.

(Philip R. Berke 文　宋丽娟 译　陈　恒 校)

CHICAGO, ILLINOIS ｜伊利诺伊州芝加哥

由于处在美国日益发展的铁路网络的中心，建制于1833年的伊利诺伊州芝加哥市在半个世纪的时间里发展成为美国第二大城市。作为制造业和商业中心，芝加哥在19世纪和20世纪期间吸引了数以百万计的国际和美国其他地区的移民。芝加哥不仅是重要的生产性城市，而且不乏创意人士，因此在很多方面影响了美国人的生活方式，对那些思考什么是城市的人来说，芝加哥是他们眼中的范例。然而到20世纪末，芝加哥人口被洛杉矶超越，从第二大城市跌落到第三位，而且其城市形态的典范地位也被洛杉矶所取代。

芝加哥的起源

现代芝加哥首先出现在芝加哥河河口。平坦的沼泽地在17、18世纪是迈阿密、波塔瓦托米（Potawatomi）、渥太华和奥吉布瓦（Ojibwa）等印第安部落的土地。18世纪后期占据这片地区的波塔瓦托米人将当地水路用作与法国进行毛皮贸易的交通运输路线。18世纪80年代，贸易的可能性将北美定居者吸引到了芝加哥河北岸。联邦政府通过一系列条约最终为美国定居者取得了居住地，并驱逐了当地的土著居民，1803年美国陆军在芝加哥河南岸建立了迪尔伯恩要塞（Fort Dearborn）。1833年《芝加哥条约》后，最后一批波塔瓦托米人迁往西部，而该地区也成为永久性的白人定居点。同年芝加哥建制为镇，4年后成为一个城市。这座城市的第一批居民很快就陷入疯狂的房地产交易之中。由于容易致富，芝加哥吸引了大量的投机客，城市人口也在1840年增长到4470人。

发展与冲突

美国许多中西部城市在19世纪经历了急剧的房地产投机,这在经济泡沫消失前导致了快速增长。但是由于芝加哥是东方和西方航运的中心,因此它成为美国内地最大的城市。伊利诺伊州-密歇根运河(1848)的建设保证了芝加哥的中心位置。这条运河连接了密西西比河和五大湖,可以使货物完全由水路从新奥尔良转移到大西洋。企业家们纷纷在芝加哥创建期货交易所,这使得芝加哥成为主要的商品和期货交易中心。然而,由于同年晚些时候加利纳和芝加哥联合铁路的通行,这条运河的意义被迅速削弱。芝加哥连接起了横贯北美大陆东西向的铁路,在国际贸易中具有不可或缺的地位。

在芝加哥工作并致富的机会吸引了成千上万来自美国东北部和欧洲的移民,特别是来自德国和爱尔兰的移民。例如,赛勒斯·麦考密克(Cyrus McCormick)认为芝加哥是制造和销售收割机的最理想地区,他在芝加哥成立的公司最终发展成为世界上最大的谷物收获设备制造企业。随着芝加哥人口的膨胀,城市政府通过提供基础设施和服务以确保当地居民的健康和福利。凭借精心设计的供水和污水处理系统,芝加哥吞并了无法独立提供这些服务的周边社区,规模大为增加。建于19世纪的公园体系直接影响了居住类型并提升了当地房地产的价值。在1871年10月8日至9日的大火摧毁市中心和城市北部之前,芝加哥人口已经达到约30万人。

大火烧毁了近1/3人口的家园,但芝加哥工业基础却得以幸免。芝加哥人立刻开始重建城市,毫不胆怯的移民在接下来的几十年里陆续来到这座城市。来自南欧和东欧的移民,特别是但又不仅仅是意大利人、波兰人和犹太人,加入芝加哥本已异质的人口结构中,几乎所有的族裔都可以在芝加哥找到。虽然芝加哥常常被视作一系列不同族裔聚居地的集合,但大多数与周围邻居共同生活的移民,却与他们没有共同的语言和文化根源。到1890年,芝加哥的人口超过了100万,并超越费城成为美国第二大城市;10年后,芝加哥人口达到了约170万。

大多数新芝加哥人属于工人阶级,他们在小公司里辛苦劳作,或是成为大型工业公司越来越多的员工队伍的一员。除了继续作为谷物和木材运往美国大陆各地的中西部产品的转运中心之外,凭借其在铁路网络中的位置,芝加哥逐渐成为商品销往其他地方进行生产、包装或运输中转的企业所在地。1865年联盟畜牧场的成立标志着芝加哥超过辛辛那提成为美国领先的肉类加工业城市。全美两个最大的邮购公司蒙哥马利·沃德和西尔斯-罗巴克公司都将总部放在芝加哥。乔治·普尔曼(George Pullman)成立了普尔曼汽车公司,而且随后在芝加哥南部建立了备受赞誉的模范镇让其员工居住生活。钢铁制造商在芝加哥较远的南部和周边郊区建立了巨大的工厂综合体。1916年,诗人卡尔·桑德堡(Carl Sandburg)将芝加哥表述为"巨肩之城",赞美其居民的勤劳。

大量的工作机会并不意味着芝加哥人都可以轻松就业。微薄的工资、恶劣的工作条件以及激烈的就业竞争促成了活跃的劳工运动,从内战结束到1919年,芝加哥工人至少参与了6波罢工。企业老板反对工会组织,并利用平克顿全国侦探社(Pinkerton National Detective Agency)破坏罢工。劳工运动经常会演变成暴力冲突。1886年5月4日,一场倡导8小时工作制的集会将干草市场变成了一个国际瞩目的场所。一名身份不明的炸弹投掷者打死了一名警察,从而引起了警方的强烈反应。最终,8名无政府主义者被以不充足的证据指控犯有谋杀罪。在1937年5月的"阵亡将士纪念日大屠杀"中,10名钢铁罢工参与者被警察杀害。赫尔会所是最著名的解决芝加哥工薪阶层困难的社区改良会所。它由简·亚当斯(Jane Addams)和埃伦·盖茨·斯塔尔(Ellen Gates Starr)于1889年建立,其主要目的是为贫困人群特别是移民的文化和物质需求提供服务。

并不是芝加哥所有的冲突都是以工人阶级为基础发生的。从 20 世纪头十年开始，南部大量的非洲裔美国人开始了前往北部城市的"大迁徙"运动，芝加哥是主要的目的地。芝加哥白人将黑人移民看作是不受欢迎的邻居及本就稀少的就业机会的竞争对手。虽然在 20 世纪之前，芝加哥少数的黑人与白人混杂在一起生活，但是非裔美国人很快就在南部贫民窟之外发现了一些住房机会。如银行家杰西·宾加（Jesse Binga）的遭遇一样，如果非洲裔美国人违反了严格的住房隔离政策就会遭到暴力威胁，有时甚至是人身攻击。1919 年 7 月，白人和黑人之间的敌对引发了一场种族骚乱，造成 38 名芝加哥人被杀害。

尽管存在内部冲突，但是芝加哥的支持者仍将其作为一个典范推向世界。最著名的是 1893 年在芝加哥南部杰克逊公园举行的庆祝美国发展成就的哥伦比亚世界博览会。这次盛会的"导演"丹尼尔·伯纳姆将园区分为两部分：装饰华丽、具有新古典风格的"白城"和中间区域。白城显示了美国文明的成就，异国而古老的中间区域则展示了世界土著居民和用于媲美埃菲尔铁塔而发明的摩天轮。通过盛会的规划，伯纳姆为城市美化运动和城市区域规划打下了基础。伯纳姆随后为包括 1909 年的芝加哥规划在内的若干美国和国际城市起草了规划方案。伯纳姆规划虽然没有完全实施，但是它仍然是 21 世纪城市重建工作的基石。

芝加哥学派

芝加哥对世界的贡献除了工业品的范畴，还有思想及其实践。芝加哥影响了美国知识分子的思考，特别是在城市分析方面，这主要是以 1892 年在海德公园建立的芝加哥大学为基础完成的。在罗伯特·帕克和欧内斯特·伯吉斯的领导下，芝加哥大学社会学系开创了所谓的"城市社会学芝加哥学派"。通过将城市视为他们的个人研究实验室，该系的研究人员和研究生提出了一种城市生态学的模式。城市被划分为各具特色的不同的"自然区域"以维持城市得以经受时间的变迁，甚至是人口的转变。其中最有影响的是伯吉斯的城市原理图，他将城市看作是一系列同心圆，中心是市中心"环"，周边是按类别和功能划分的地区。在 20 世纪大多数时间里，美国的城市区域规划专家无法摆脱芝加哥学派的基本假设。芝加哥学派经济学虽然侧重自由市场而非城市，但是也具有同样重要的作用。

芝加哥的建成环境见证了芝加哥学派建筑学在第一和第二阶段的创新性实践和设计。从 19 世纪末开始，芝加哥的建筑师们开始尝试设计摩天大楼。芝加哥市中心林立着数十栋地标建筑。例如丹克马尔·阿德勒（Dankmar Adler）设计的礼堂大楼（1888）矗立在一个木筏之上，以便可以在芝加哥市中心的沼泽地基上浮动。威廉·莱伯龙·珍尼（William LeBaron Jenney）推动了芝加哥建筑师的设计风格由承重墙结构向钢铁结构的设计发展。第二次世界大战后芝加哥学派的追随者们，通过建筑本身的结构而不是装潢使建筑具有美学效果。路易斯·沙利文（Louis Sullivan）和弗兰克·劳埃德·赖特在芝加哥创立了强调居住建筑的草原学派建筑学（Prairie School of Architecture）并将其辐射到了世界各地。

第二次世界大战及战后时期

芝加哥人口在大萧条时期仍旧保持稳定，但在第二次世界大战期间及其后发生了重大变化。成千上万的美国人，其中包括许多来自南部的非洲裔美国人在战争创造的制造业就业岗位的吸引下迁移到芝加哥。城市的住房供应量完全达不到新居民的需要，这迫使人们住在临时搭建的板房或拆分公寓里，或是与两家或 3 家陌生人共用房间。"二战"后重获使用的建筑材料使得集中在市区的人口发生了急剧的变化。新独栋房子，尤其是建在未开发的西北和西南部的独户住宅使城市白人开始分散。芝加哥白人也向外搬至新成立和发展中的郊区。有些人开车去城里上班,但越来越多的商业和制造业企业也可以让郊区居民在城外工作。

然而,非洲裔芝加哥人继续生活工作在芝加哥边缘地区。无论是南侧的布朗赞维尔地区,还是较小的西部定居点都不可能容纳更多的新移民。因此非洲裔美国人在毗邻那些已经确立为黑人居住区的街区寻找新的住房机会,起初白人时或以暴力方式抵抗非洲裔美国人的到来,最终白人搬离了这里。此外,政府部门使用联邦城市更新款项清除破旧的黑人社区,并建设高层公共住房。尽管芝加哥住房管理局的工作人员渴望使用公共住房促进种族融合,但是城市官员和白人公民阻碍了这些尝试,这使得芝加哥如同第二次大迁徙以前一样还是保持着种族隔离。芝加哥的种族隔离引起了社会

矗立在波多黎各聚居区入口处的巨大的钢铁波多黎各国旗雕塑,它是洪堡公园社区的一部分
来源:Eric Mathiasen

科学家的深入研究,并将其作为解释全国范围内种族居住类型的模型。

像其他美国北方城市一样,芝加哥也遭受了战后去工业化的影响,钢铁、肉类加工、快递以及其他公司纷纷关闭,抑或改变运营特点,并迁往邻区。然而,芝加哥市中心仍然是商业活动的中心,1955年后出现了越来越多的摩天大楼。以路德维希·密斯·凡·德·罗(Ludwig Mies van der Rohe)为首的现代主义建筑师以及 SOM 设计公司(Skidmore, Owings and Merrill)设计了如约翰·汉考克中心(1969)和西尔斯大厦(1974)等建筑,西尔斯大厦在 1998 年吉隆坡双子塔出现前是世界上最高的建筑物。理查德·J.戴利(Richard J. Daley)市长任内(1955—1976)精心管理着芝加哥的战后重建进程,他个人促成了一些土地交易。戴利奉行由强大的中心向外蔓延进行发展振兴的理论,并致力于保持中心城区的活力。相比之下,作为芝加哥首位非洲裔美国人市长的哈罗德·华盛顿(Harold Washington, 1983—1987 年任市长)任内则在城市住宅区基础设施和服务的翻新方面投入资金和精力。

21 世纪的芝加哥

如其他锈带城市的衰退一样,从 1960 年到 2000 年,芝加哥人口减少了大约 60 万。1990 年,洛杉矶人口超过了芝加哥,取代了芝加哥长达一个世纪之久的美国第二大城市的地位。强调大都市地区多中心观点的洛杉矶学派也开始挑战以重视市中心芝加哥学派的主导地位。

然而,芝加哥仍然是 21 世纪都市地区和美国的重要组成部分。理查德·M.戴利市长(Richard M. Daley, 1989—2011)特别注重保护芝加哥作为国际旅游胜地的地位,他巩固了湖畔公园和博物馆式校园,并组织申办 2016 年奥运会。最终在 2009 年芝加哥产生了第一位美国总统巴拉克·奥巴马(Barack Obama),作为芝加哥前社区组织者,他成为美国第一位非洲裔总统。虽然芝加哥不再像 19 世纪后期那样繁荣,但它仍然是世界范围内的"巨肩"。

进一步阅读书目:

- Condit, Carl W. 1973. *Chicago, 1910–1929: Building, Planning and Urban Technology*. Chicago: University of Chicago Press.
- ——. 1974. *Chicago, 1930–1970: Building, Planning, and Urban Technology*. Chicago: University of Chicago Press.
- Cronon, William. 1991. *Nature's Metropolis: Chicago and the Great West*. New York: Norton.
- Drake, St. Clair and Horace R. Cayton. 1945. *Black Metropolis: A Study of Negro Life in a Northern City*. Chicago: University of Chicago Press.
- Grossman, James R., Ann Durkin Keating, and Janice L. Reiff. 2004. *The Encyclopedia of Chicago*. Chicago: University of Chicago Press.
- Hirsch, Arnold R. 1983. *Making the Second Ghetto: Race & Housing in Chicago, 1940–1960*. Cambridge, UK: Cambridge University Press.
- Keating, Ann Durkin. 2005. *Chicagoland: City and Suburbs in the Railroad Age*. Chicago: University of Chicago Press.
- Mayer, Harold M. and Richard C. Wade. 1969. *Chicago: Growth of a Metropolis*. Chicago: University of Chicago Press.
- Pierce, Bessie Louise. 1937–1957. *A History of Chicago*. 3 vols. New York: Knopf.
- Royko, Mike. 1971. *Boss: Richard J. Daley of Chicago*. New York: Signet.

(Amanda I. Seligman 文 宋丽娟 译 陈 恒 校)

CHICAGO SCHOOL OF URBAN SOCIOLOGY | 城市社会学芝加哥学派

城市社会学芝加哥学派是指1915至1945年间由芝加哥大学的研究人员和研究生完成的研究工作,更直接指的是这一时期罗伯特·帕克和欧内斯特·伯吉斯的学生的研究工作。这一小群社会学系全职研究人员人数最多时不超过6人,他们以芝加哥市作为社会实验室,开发了一种全新的理论模型和研究方法,并在社会科学内有意识地创造了一个独特的研究领域(1921年帕克和伯吉斯所著教科书为《社会科学导论》[*Introduction to the Science of Sociology*])。芝加哥学派在20世纪大部分时间里定义了城市社会学的框架,其中最主要的是在城市生态学及城市环境应用研究方面的贡献,同时还继续影响着美国及其他国家的城市研究(需要注意的是在这本百科全书的许多词条的参考文献里,有许多文献与芝加哥学派或与芝加哥学派的个人学者相关)。

起源和建立者

城市社会学芝加哥学派是美国第一个起源于大学并与大学密切相关的学科,芝加哥大学是1890年以约翰·霍普金斯大学和克拉克大学为蓝本建立的研究型大学。本词条所讨论的这一时期的芝加哥学派主要以3代研究人员为代表。阿尔比恩·斯莫尔(Albion Small,该系的创始人)、托马斯(W. I. Thomas)、查尔斯·亨德森(Charles R. Henderson)、格拉汉姆·泰勒(Graham Taylor)和乔治·文森特(George E. Vincent)构成了第一代;第二代包括斯莫尔、托马斯、伯吉斯、埃尔斯沃斯·法里斯(Ellsworth Faris)以及帕克。正是这一群学者培养的学生从事了玛丽·乔·迪根(Mary Jo Deegan)所说的"芝加哥学派研究";第三代人包括帕克、伯吉斯,路易斯·沃思以及威廉·奥格本(William Ogburn)。这个研究群体在1934年帕克从大学退休前始终保持完整。

虽然学者们普遍认为城市社会学芝加哥学派的起源是1914年帕克及其与伯吉斯的后续工作,但是城市作为社会研究实验室的想法的起源更早。亨德森在20世纪的第一个10年申请基金对城市进行了系统研究,并在1902年发表于《美国社会学杂志》的一篇有关研究生课程的文章中这样写道:

> 芝加哥是世界上最全面的社会实验室之一。虽然社会学的元素可以在更小的社区进行研究……但现代社会最严重的问题都出现在大城市,因此必须按照它们在大量人口中出现的具体形式对这些问题进行研究。在世界上没有哪个城市像芝加哥这样具有更广泛的典型社会问题。

在芝加哥学派创立过程中一个被忽视的人物是斯莫尔从田纳西大学招募而来的托马斯。托马斯在人类学方面接受了良好教育,他来到芝加哥时发表了大量论文。1912年托马斯受邀参加了塔斯克基学院的黑人国际会议,这次国际会议是由时任布克·华盛顿(Booker T. Washington)私人秘书的帕克在其能力范围内组织的。帕克和托马斯在随后的一年中定期通信联系,而且托马斯邀请帕克来芝加哥大学教书(虽然没有全职教师岗位的保证)。受威廉·詹姆斯(William James)、约翰·杜威(John Dewey)以及乔治·赫伯特·米德(George Herbert Mead)的影响,伯吉斯、帕克和沃思具有相同的学术方法(帕克和托马斯与詹姆斯一同研究,伯吉斯和托马斯与米德进行研究,帕克与杜威一同研究)。1918年托马斯由于参与和平团体反对美国卷入第一次世界大战而被芝加哥大学开除。与第一作者帕克共同完成的发表于1921年的移民经典研究《旧大陆习俗的迁徙》(*Old World Traits*

Transplanted)主要是由托马斯撰写的,帕克在之后的著作中称托马斯为该系的建立打下了基础。

研究方法和内容

这些社会学研究人员采用从人类学方法(帕克)到私人文档使用(托马斯)的多种方法开创了实证研究。帕克对城市的观察借鉴了自然科学：竞争和隔离导致了自然区域的形成,每个区域都有独特的道德秩序。城市是"可以触及但是不相互渗透的小世界构成的马赛克"。伯吉斯的城市发展模式给出了一个中心商业区域,该中心区域被过渡区、工人区域、住宅区和通勤区等同心圆所包围。罗德里克·麦肯齐(Roderick McKenzie)在他后期的大都市社区研究中扩展了人类生态学的基本模型。

1924至1934年之间,芝加哥学派的大量研究和出版项目得到了劳拉·斯贝尔曼·洛克菲勒纪念基金(Laura Spellman Rockefeller Memorial Fund)超过60万美元的资助。这项研究是由当地社区研究委员会组织开展的,该委员会是由来自社

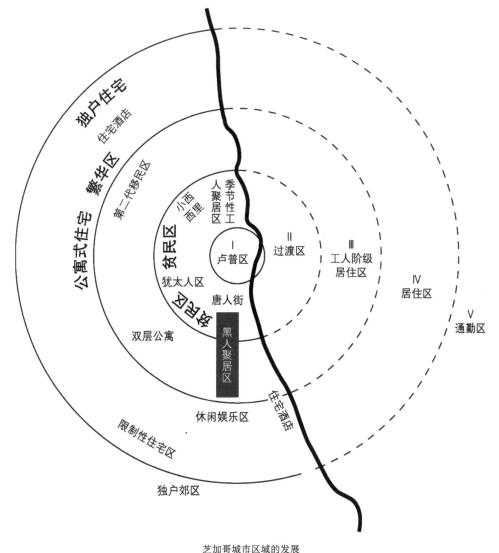

芝加哥城市区域的发展

来源：Ernest W. Burgess. 1925. "The Growth of the City: An Introduction to a Research Project." In Robert E. Park and Ernest W. Burgess, *The City*, page 55. Chicago: University of Chicago Press

会学、政治学（查尔斯·梅里厄姆［Charles Merriam］）和人类学（罗伯特·雷德菲尔德［Robert Redfield］）的研究人员以及研究生组成的跨学科组织。研究生们绘制了当地社区地图，并研究了城市青少年犯罪、家庭解体以及文化生活的空间组织形式。由此产生了一系列代表性城市机构（酒店、出租车、歌舞厅），社会团体（未成年人犯罪、无家可归的人）和自然区域为内容的多样性研究。其中著名的芝加哥学派研究有弗雷德里克·思拉舍（Frederick Thrasher）的《帮派》（The Gang，1926）、路易斯·沃思的《隔都》（The Ghetto，1928）、哈维·佐尔博（Harvey W. Zorbaugh）的《黄金海岸与贫民窟》（The Gold Coast and the Slum，1929）、克利福德·肖（Clifford S. Shaw）的《犯罪团伙》（The Jackroller，1930）、富兰克林·弗雷泽（E. Franklin Frazier）的《芝加哥黑人家庭》（The Negro Family in Chicago，1932）、保罗·克雷西（Paul G. Cressey）的《出租车舞厅》（The Taxi-Dance Hall，1932），以及沃尔特·雷克利斯（Walter C. Reckless）的《芝加哥恶习》（Vice in Chicago，1933）。

20世纪上半叶芝加哥学派主导城市社会学和社会学的现象更加普遍，到1950年大约有200名学生在芝加哥大学完成了研究生阶段的学习。许多人促进了全国范围内社会学研究生培养计划的建立，同时超过半数的美国社会学协会的会长是芝加哥学派的研究人员或学生。斯莫尔于1895年创办的《美国社会学杂志》在1906到1935年间是美国社会学协会的官方杂志。但芝加哥学派的主导地位也得到了一定的抵制，并造成了1935年年会上的一次"小叛乱"，从而导致了1936年新杂志《美国社会学评论》（American Sociological Review）的诞生。

批判性反对

芝加哥学派早期的批评包括米萨·阿里汉（Missa Alihan，1938）对人类生态学的广泛评论（帕克写道："总体上"批评是正确的），而莫里斯·大卫（Maurice Davie）重新分析了克利福德·肖在《少年犯罪区》（Delinquency Areas，1929）中提供的数据，并指出犯罪与环境恶化以及高移民人口的地区有关，而不是发生在芝加哥研究中所使用的同心圆区域模型内。伯吉斯的同心圆区域很快就被具有多个核心，而且最终分散为多中心的城市所取代。尽管如此，由于人口普查研究有大量资金资助，城市生态学在很大程度上仍然是在美国城市社会学家中占主导地位的模型和方法。

芝加哥学派社会学和芝加哥学派社会学家也由于缺乏对当代社会和政治问题足够的参与度而受到批评，令人吃惊的是劳工史、住房条件以及类似问题在他们的研究中并没有得到足够重视。托马斯和沃思参与了第一次世界大战期间的和平运动，而且沃思从1938年起至离世前一直担任NBC广播网推出的芝加哥大学圆桌会议讨论的主持人。帕克的学生查尔斯·约翰逊（Charles S. Johnson）也就是后来的菲斯克大学校长，是芝加哥种族委员会就1919年发生的致命种族暴乱所做报告的作者。帕克的另一位学生欧内斯特·希勒（Ernest T. Hiller）于1928年发表了题为《罢工》（The Strike）的论文。但是，更引人注目的是由于许多学生和研究人员参与了当时的社会运动和斗争，因此芝加哥学派的重点是城市社区的历史，而不是对造成这些问题的原因进行的制度分析。

迪根认为，赫尔会所相关女性工作者的贡献被帕克和其他男性研究人员边缘化了。简·亚当斯的赫尔会所主导了早期的社区研究，其中包括极具影响的《赫尔会所地图和文件集：一个芝加哥密集区域的国籍和工资调查》（Hull House Maps and Papers: A Presentation of Nationalities and Wages in a Congested District of Chicago，1895）。伊迪丝·艾伯特（Edith Abbott）是芝加哥大学社系学系的兼职讲师，而亚当斯也被给予兼职岗位。芝加哥学派许多研究人员都参与了赫尔会所和其他社会改革运动，格拉汉姆·泰勒是会所的早期成员之一。伯吉斯指出芝加哥系统的城市研究就开始于赫尔会所，而且许多早期研究生都利用社区服务中心从事研究(包括思拉舍和沃思在内的许多人早期就被培养成为社会工作者)。1908 年,在格拉汉姆·泰勒的领导之下,公民与慈善学校(后来的社会服务管理学校)在芝加哥会堂开办,并于 1920 年迁至芝加哥大学。

遗产

虽然没有像第一代那样对城市社区进行系统连续的研究,但是第二代(甚至是第三代)芝加哥学派们有不少支持者。尽管如此,还是可以从莫里斯·贾诺威茨(Morris Janowitz)和杰拉尔德·萨特尔斯(Gerald Suttles)在 20 世纪七八十年代从事的若干社区研究,以及伊莱贾·安德森(Elijah Anderson)和米奇·杜内尔(Mitch Duneier)后续的城市民族志中看到经典研究的影响。威廉·朱利叶斯·威尔逊(William Julius Wilson)在 1980 至 1995 年间再次利用城市作为社会实验室对贫困社区进行了研究,其中还包括一个研究生培养计划,但是威尔逊在这个研究计划完成之前去了哈佛大学。芝加哥学派城市社会学的研究工作未能发挥长久的影响力。

虽然本词条侧重于城市社会学芝加哥学派,但是其他学科中也有芝加哥学派,如建筑学、犯罪和未成年犯罪、种族研究、政治学、符号学等领域。作为社会实验室的芝加哥在跨学科研究中更广泛的应用被归纳总结在《大学和城市:争辩中作为城市实验室的芝加哥大学》(*The University and the City: A Centennial View of the University of Chicago: The Urban Laboratory*, 1992)一书之中。

芝加哥学派似乎没有反对洛杉矶学派的主张,相反,芝加哥是 20 世纪工业城市的典型,而洛杉矶是 21 世纪后工业化城市的典型。洛杉矶学派首先出现在 1986 年《社会和空间杂志》的特刊导读中,在这一导读中艾伦·斯科特和爱德华·索贾将洛杉矶看作"20 世纪的首都",题目分别为:《城市:洛杉矶和 20 世纪末期的城市理论》(The City: Los Angeles and Urban Theory at the End of the Twentieth City, 1996)和《从芝加哥到洛杉矶:使城市理论变得有意义》(*From Chicago to LA: Making Sense of Urban Theory*, 2001)的文章直接挑战了芝加哥学派的研究(《城市》是 1925 年伯吉斯、帕克和麦肯齐所完成的著作标题)。这基本上是一边倒的战斗,因为攻击的对象早已离开了人们的视野,而且继续捍卫芝加哥学派的人寥寥无几。值得注意的是,尽管最近的学术研究自称洛杉矶学派城市研究,但是芝加哥学派城市社会学研究只是许多将城市作为实验室的研究项目之一。

进一步阅读书目:

- Abbott, A. 1999. *Department and Discipline: Chicago Sociology at One Hundred*. Chicago: University of Chicago Press.
- Becker, H. S. 1999. "The Chicago School, So-Called." *Qualitative Sociology* 22(1): 3 – 12.
- Blumer, M. 1984. *The Chicago School of Sociology: Institutionalization, Diversity, and the Rise of Sociological Research*. Chicago: University of Chicago Press.
- Deegan, M. J. 1986. *Jane Addams and the Men of the Chicago School, 1892 – 1918*. New Brunswick NJ: Transaction Books.
- —. 2007. "The Chicago School of Ethnography." pp. 11 – 25 in *Handbook of Ethnography*, edited by P. A. Atkinson, S. Delamont, A. Coffey, J. Lofland, and L. Lofland. Thousand Oaks, CA: Sage.
- Faris, R. E. L. 1970. *Chicago Sociology, 1920 – 1932*. Chicago: University of Chicago Press.
- Kurtz, L. R. 1984. *Evaluating Chicago Sociology: A Guide to the Literature, with an Annotated Bibliography*. Chicago: University of Chicago Press.
- Manella, Gabriele. 2008. *Nuovi scenari urbani: La sociologia del territorio negli USA oggi*. Milan: Franco Angeli.
- Matthews, F. H. 1977. *Quest for an American Sociology: Robert E. Park and the Chicago School*. Montreal, Quebec, Canada: McGill-Queen's University Press.

- Short, J. F., ed. 1971. *The Social Fabric of the Metropolis: Contributions of the Chicago School of Urban Sociology*. Chicago: University of Chicago Press.
- The University of Chicago Centennial Catalogues. n. d. *The University and the City: A Centennial View of the University of Chicago. The Urban Laboratory*. Retrieved April 9, 2009 (http://www.lib.uchicago.edu/projects/centcat/centcats/city/citych3_01.html).

(Ray Hutchison 文　宋丽娟 译　陈 恒 校)

CHILDE, V. GORDON | 戈登·柴尔德

戈登·柴尔德(1892—1957)是20世纪最具影响力的考古学家。他提出的"城市革命"概念是对最早的城市进行学术性解读的重大贡献。柴尔德的职业生涯开始于20世纪20年代对欧洲史前史的发掘,20世纪30年代柴尔德将研究扩展到更大的范围。到那时为止,考古学家的概念方法仍然相当狭隘地侧重于年代学和技术。柴尔德第一次将明确且具有理论基础的社会解释应用于考古资料,使得史前史具有了新颖的(和富有影响力的)综合性。利用马克思主义方法,柴尔德为人类历史提出了两个重要的社会变革概念:新石器革命和城市革命。第一个标志着农业和定居生活方式的首次采用,第二个则标志着最早的阶级社会的出现。这两种转变独立地在世界若干地区发生,但是柴尔德的出版物强调近东是这两种转变最早的发生场所。

柴尔德在1936年的著作《人类创造了自身》(*Man Makes Himself*)中首次描述了新石器革命和城市革命。他在其他专著和技术性考古文章中进一步讨论了这两种模型。这两种模型迅速被其他考古学家采用、讨论以及扩展,而且为大多数后续考古思想的发展打下了基础。尽管当代模型与柴尔德的最初模型不同,但是人们还是普遍认为他正确地识别了工业革命之前影响最深远的社会转换,以及这些变化中的一些主要进程。

1950年在《城镇规划评论》(*Town Planning Review*)上发表的影响极大的一文中,柴尔德以清晰的10点计划提出了城市革命模型。需要指出的是"城市革命"是无等级的社会向国家转变的标志。城市的出现是这一模型的重要部分,但是该模型不是分析城市起源的狭隘模型。在1950年的论文中,柴尔德对城市革命模型的描述给出了最早的国家区分于其早期祖先的10个特征。具体描述如下:

1. 大量的人口和定居点(城市)
2. 全职专业化和先进的劳动部门
3. 资助政府和分化的社会农业剩余的产生
4. 纪念性公共建筑
5. 统治阶级
6. 文字
7. 精确而具有预测性的科学(算术、几何、天文、历法)
8. 精美的艺术
9. 远距离贸易
10. 国家

一些作者将其看作对社会和历史进程缺乏思考的简单清单。然而,大多数考古学家看到了柴尔德讨论中隐含的该模型的动态化和功能,而且该模型在柴尔德的其他作品中得到了更充分的分析。

实际上，柴尔德的模型是几乎所有后续的关于最早国家和城市理论的基础。在现今复杂的国家起源系统模型中，柴尔德提出的因素1、2、3、5以及10仍被视为城市革命的关键。

进一步阅读书目：
- Childe, V. Gordon. 1936. *Man Makes Himself*. London: Watts.
- —. 1950. "The Urban Revolution." *Town Planning Review* 21: 3–17.
- Smith, Michael E. Forthcoming. "V. Gordon Childe and the Urban Revolution: A Historical Perspective on a Revolution in Urban Studies." *Town Planning Review*.

(Michael E. Smith 文　宋丽娟 译　陈 恒 校)

CHINATOWNS ｜ 唐人街

唐人街是指城市内区别于东道国主流社会文化的一种文化空间。唐人街是历史上创立于主要城市地区的一种全球性现象，被认为是容纳海外中国移民的大型社区。虽然北美和欧洲许多城市的唐人街非常有名，但是它遍布于每一个地区，特别是东南亚、澳大利亚和南美的城市。

凯·安德森（Kay Anderson）将唐人街描述成如种族般隶属于欧洲"白人"文化传统的一个概念。因此，唐人街被视作反映欧洲白人对中国人的种族等级观念的社会建构。这一分类系统用来区分自我和他人，并创建内部群体和外部群体。由此产生的类别进一步在城市景观内创建了不同类型的地方和想象。然而单一的中国身份类别或者是"中国性"的创建不仅仅是西方帝国主义的结果，而是华人社区和欧洲社会共同提出的一种特征。据周蕾（Rey Chow）的理解，唐人街也是中国侨民创造的景观，它倾向于重现自身在西方帝国主义和文化霸权影响下所创造的想象和身份。"中国性"和西方唐人街的常见形象是由中国人和欧洲人、东部和西部以及内部群体和外部群体共同创建的。

内外部的共同作用塑造了人和场所的根本身份，使唐人街成为一种地理想象。虽然这些形象通常是以中国是什么样子的虚构概念为基础的，但是它更是中国移民文化的一种表现抑或同质化。

19世纪中叶，铁路建设和采矿业的发展，不列颠哥伦比亚省的温哥华、加利福尼亚州的旧金山吸引了大批中国廉价劳动力。大型的中国社区最终在城市孤立的地区建立起来，并形成了唐人街。在东南亚许多地方，早在17世纪就出现了中国移民，例如中国商人和贸易商主导了曼谷、马尼拉以及新加坡这些不断发展的海上城市的经济格局。这最终导致了该地区大型移民工作社区的形成和欧洲殖民统治的出现。快速发展的城市吸引了来自中国南部地区的非技术劳动力。最初，海外的中国人被普遍认为是寄居者，是怀揣着回国梦想的短期劳工。然而，大多数的移民工人在他们的目的地定居下来，并从城市划分出部分区域用于自身生活。

唐人街被想象成是同一场所在世界范围内的复制。尽管由于具有共同的文化背景和种族来源而被认为具有相似的身份和行为，但是由于不同的地理位置，唐人街存在着本质上的区别。造成这些区别的主要因素是社区最初移民的动机，以及他们与主流社会的相互作用。不同的移民动机导致了东南亚唐人街与北美唐人街的不同性质。许多东南亚的中国定居者开创并进行商业活动，这使得他们成为中上层阶级。这在仰光和吉隆坡等城市形成了中国人的富裕形象，以及唐人街是高级社区的形象。而北美的情况却并非如此，在北美洲，绝大多数最初的中国移民被雇佣为廉价劳动力，这造成了唐人街在北美城市里房租低廉的破落形象。

中国人在当地社区的同化过程反映出唐人街与主流社会之间不同的相互作用。由于诸多不同

伦敦西区的唐人街
来源：Karen Wiley

原因,中国人在新加坡、胡志明市以及曼谷等许多东南亚城市的同化速度很快。曼谷的中国人深度参与泰国政治。在新加坡,华人占绝大多数,这促成了政府主导的"种族和谐"。然而在北美、澳大利亚以及英国的城市里,中国人被视作"未被同化的外国人"。唐人街发展成主流社会区分"自我"和"他者"的一种防御策略,而中国人也将其自身与陌生以及恐惧绝缘。这创造了一种仍然存在的紧张氛围,但是在现今的加拿大和澳大利亚城市里,中国人已经成为多元文化主义的一个标志。虽然这似乎为各不相同的唐人街带来了相似性,但中国人与东道国之间的权力和社会关系依然展示出双方的差异。

位置

尽管由于出现年代和城市发展的制约,唐人街起初位于城市内部,但是正在经历郊区化的过程。市中心核心区域以外华人聚居区的日益增加表明华裔人口社会流动性正在逐渐增强,多伦多、马卡姆(Markham)和里士满山(Richmond Hill)郊区等大型华人社区为"新"唐人街的形成铺平了道路。这些大型华人社区很大程度上都集中在为亚洲群体提供特定的文化商品和服务的大型购物中心附近。这些商品和服务的属性、来源或是其产地不仅仅有中国,还有日本、韩国、泰国等国家。

差异场所

华人社区向城市郊区的迁移表明了唐人街性质的变化,其内在的人口结构也在发生改变:唐人街内来自东亚和东南亚其他国家和地区的移民数量正越来越多,而老华人已经搬至这座城市更加富裕的地区。唐人街是具有差异的场所。种族聚集地体现了种族、族裔、国籍以及社会和移民地位上的差别。考虑到唐人街最初的移民和定居性质,其发展明显不同于其他族裔聚居地。特别是由于铁路建设和采矿这样的工作性质,中国早期移民以男性为主导。这种极其不平衡的性别比例在加拿大和美国的城市尤为明显,并导致了不同的社会结构。

郊区和市中心唐人街之间的明显区别在于社会经济差异。市中心唐人街代表着贫困、边缘化以及较早的民族社区,而郊区的唐人街已经摆脱了这种形象,它们通常成为具有较高经济地位者、具有一定程度的所有权和不同国籍者的社区。与此相关,市中心的唐人街进一步成为接收新移民的区域。现今,来到北美唐人街的许多新移民不仅包括中国人,还有正在逐渐增加的来自其他东亚和东南亚国家的人口。

由于城市里存在着种族和族裔的差异,唐人街与其他城市社区相比具有明显不同的人口结构。然而,认为只有中国人居住在唐人街里的想法是不恰当的。本质上讲,城市是具有强烈多样性的场所,唐人街也不例外。华人社区向城市郊区的迁移表明唐人街性质的变化。唐人街内在的人口结构正在改变:唐人街内来自东亚和东南亚其他国家和地区的移民数量正越来越多,而老华人已经搬至城市更加富裕的地区。

共同形象

唐人街常常以"帮派火拼"的形象示人,是犯罪猖獗、社会问题丛生的地区。另一种常见的看法则认为唐人街是具有异国情调的外国人的聚集地。由于唐人街在早期聚集了许多赌博窝点和鸦片馆,唐人街经常被描述成色情场所。华人社区破旧的贫民窟形象也与较低的卫生水平及较高的疾病发病率有关。许多情况下,华人聚集地通常处在不受欢迎的地区,如地势低洼、易发洪涝以及沼泽地,这也造成了华人社区的这一形象。此外,中国人居住紧密的特点也加剧了疾病的传播。这些形象通常被媒体虚构并大肆渲染,例如具有神秘情节的黑白电影《唐人街》,尽管这部影片只是为了呈现洛杉矶唐人街,而并非所有唐人街的公共腐败问题。

在泰国曼谷和日本长崎等西方国家之外的大城市的唐人街通常不存在这种形象;而且在现实中,这样的唐人街往往只是中国人占主导的商业场所。另外的例子还包括由商业改进协会管理的温哥华唐人街,以及新加坡旅游局和唐人街商业协会负责的唐人街。19世纪后期出现的耸人听闻的新闻报道对人们造成了持久的影响,并塑造了唐人街破旧的黑社会形象,而这又与唐人街以商业和旅游业为导向的现实之间存在鲜明的对比。

在许多地方,唐人街的形态、形式以及功能正在发生变化。唐人街在逐步发展,从早期廉价的移民住房以及具有独特文化风格的移民聚居区发展到与其他民族碰撞和融合的商业区。现今,由于意识到传统和文化旅游的内在价值,城市正在重建唐人街,并加强和保护了曾经在唐人街占主导地位的中国文化,许多地区正经历着绅士化。虽然唐人街特有的文化和民族身份仍然存在,但是海外华人文化的特征正在逐渐减少。新加坡等城市已经通过遗产保护、中产阶级化以及所谓的迪士尼化来缓解这种文化特征逐渐减少的现象,从而导致越来越多城市刻意模仿曾经复杂多层次的文化景观。

重要文本和现有文献

对唐人街进行的前沿研究有黎全恩(David Chuenyan Lai)的《唐人街:加拿大的城中之城》(*Chinatowns: Towns Within Cities in Canada*, 1988)、凯·安德森的《温哥华的唐人街:加拿大的种族议题,1875—1980》(*Vancouver's Chinatown: Racial Discourse in Canada, 1875—1980*, 1991)、邝广杰(Peter Kwong)《新唐人街》(*The New Chinatown*, 1988)、周敏(Min Zhou)的《唐人街:城市聚居区的社会经济潜力》(*Chinatown: The Socioeconomic Potential of an Urban Enclave*, 1992)、林月(Jan Lin)的《重建唐人街:族裔聚居区和全球变迁》(*Reconstructing Chinatown: Ethnic Enclave, Global Change*, 1998)。后三个研究都以纽约唐人街为个案。格雷戈尔·本顿(Gregor Benton)和弗兰克·皮尔克(Frank Pieke)的《欧洲的中国人》(*The Chinese in Europe*, 1998)以及弗莱明·克里斯蒂安森(Flemming Christiansen)的《欧洲唐人街》(*Chinatown, Europe*, 2003)也是研究唐人街的重要文本。北美和欧洲的研究状况表明,在西方世界之外缺乏唐人街方面的研究。

对唐人街的研究通常以文化、城市和经济为背景。在现有的文献中有两个相关趋势。第一个是大部分的文献通常是在移民的背景下,从种族(民族)的角度来研究唐人街,而第二个趋势是几乎所有的文献都侧重于欧洲或北美的唐人街。很少有文献涉及西半球之外的唐人街,尤其是亚洲的唐人街。有少量的文献涉及唐人街的城市发展(通常是从绅士化或旅游的角度)和经济(通常关注于商业关系以及中国与全球的网络)。随着经济网络增加了移民在外国的社会流动性,大量的文献从种族话语、跨国主义和海外华人问题,城市空间和城市区域规划的角度对西方城市的民族聚集地特别是唐人街展开了研究。

很少有文献涉及"东方"的唐人街,在新加坡或是马尼拉等东南亚曾经的殖民和后殖民城市,唐人街以遗留在城市中的种族社区的形式存在。现有的以亚洲为背景的文献更多关注海外华人(如迈克尔·查尼[Michael Charney]等人以及冼玉仪[Elizabeth Sinn]);布伦达·扬[Brenda Yeoh]和江莉莉[Lily Kong]对新加坡唐人街的景观及其含义进行了研究,研究表明亚洲社会的差异空间以独特的方式加以构造并得到维护。凯瑟琳·米切尔(Katharyne Mitchell)采用文化研究的方法阐明,关于唐人街、韩国城和日本城等"种族城镇"的大多数研究,要么是研究族裔社区本身的发展、要么是研究塑造这些社区的种族主义和欧洲霸权的结构力量。现有的研究都侧重于探究导致这些族裔集聚地建立和发展的因素及其历史,解读文化的跨国影响,以及城市中心对这种多种族肇端的应对方法。

进一步阅读书目:

- Anderson, K. J. 1991. *Vancouver's Chinatown: Racial Discourse in Canada, 1875-1980*. Montreal, Quebec, Canada: McGill-Queen's University Press.

- Benton, G. and F. N. Pieke, eds. 1998. *The Chinese in Europe*. New York: St. Martin's.
- Charney, Michael W., Tong Chee Kiong, and Brenda S. A. Yeoh, eds. 2003. *Chinese Migrants Abroad*. Singapore: Singapore University Press.
- Christiansen, F. 2003. *Chinatown, Europe: An Exploration of the European Chinese towards the Beginning of the Twenty-first Century*. London: Routledge Curzon.
- Kincaid, G. 1992. *Chinatown: Portrait of a Closed Society*. New York: Harper Collins.
- Kwong, P. 1996. *The New Chinatown*. New York: Hill and Wang.
- Lin, J. 1998. *Reconstructing Chinatown: Ethnic Enclave, Global Change*. Minneapolis: University of Minnesota Press.
- Ma, L. J. C. and C. Cartier, eds. 2003. *The Chinese Diaspora: Space, Place, Mobility, and Identity*. Lanham, MD: Rowman and Littlefield.
- Sinn, E., ed. 1998. *The Last Half Century of Chinese Overseas*. Hong Kong, China: Hong Kong University Press.
- Yeoh, B. S. A. and L. Kong. 1996. "The Notion of Place in the Construction of History, Nostalgia and Heritage in Singapore." *Singapore Journal of Tropical Geography* 17(1): 52–56.
- Zhou, M. 1992. Chinatown: *The Socioeconomic Potential of an Urban Enclave*. Philadelphia: Temple University Press.

(Serene K. Tan 文　宋丽娟 译　陈　恒 校)

CHRISTOPHER WREN, PLAN OF LONDON ｜ 克里斯托弗·雷恩与伦敦规划

1666年伦敦大火之后,克里斯托弗·雷恩爵士为伦敦设计的重建规划被保存在两张图纸中(万灵Ⅰ.7和101),该规划也是雷恩爵士唯一的同时也是未被实施的城市设计工作。大火结束仅仅5天后,雷恩的设计被提交给英国国王,这份设计的目的是为了解决激烈的社会变革给中世纪伦敦造成的存在了几十年的严重问题。此外,他建议采用全新的方式实施这一设计。伦敦城此前曾发生过灾害,并摧毁了城市的大片区域,以大火灾为例,火灾摧毁了伦敦城2/3破旧的、拥挤的、不科学的建筑结构。但是雷恩的规划并不是按照伦敦原有的样貌重建,而是提出了在原处建立全新的街道和建筑的设计思路。

大火结束后的几周时间里,至少有6份全新的伦敦规划被提出:首先是克里斯托弗·雷恩,然后是他的挚友约翰·伊夫林(John Evelyn)和罗伯特·胡克(Robert Hooke)的规划,随后是城市测量师罗伯特·米尔斯(Robert Mills)的规划(现已遗失),最后是测量师及绘图师理查德·纽科(Richard Newcourt)与瓦伦丁·奈特上尉(Valentine Knight)的设计规划。胡克和纽科提议不考虑被破坏或幸存下来的设施,而是直接采用笔直的街道在被毁地区建立统一街区,这两份提案都采用了意大利建筑中的理想城市以及刚刚建成的全新城镇的设计理念。受罗马教皇西克斯图斯五世(Rome of Sixtus V,16世纪80年代在位)、亨利四世(Henry Ⅳ,1605—1610年在位)创建的法国新城区以及安德烈·勒·诺特(André Le Nôtre)田园设计的启发,雷恩和伊夫林提议在主要的城市空间或建筑场所修建宽广的对角线和辐射状的街道,并汇聚成三角形或圆形。尽管设计并不完美,但是正如伊夫林在其规

划附录《伦迪尼姆重建》(*Londinium Redivivum*)中所论述的,他和雷恩对早期的条件都十分担忧。以并不准确的城市地图即 1658 年纽科的地图和 1666 年的霍拉的地图,它们基本保留了主要街道的位置,并将之与幸存的街道和伦敦城门相连接。包括圣保罗大教堂、交易大楼、海关大楼,还有很多教堂在内的主要纪念性标志仍保留在原地。

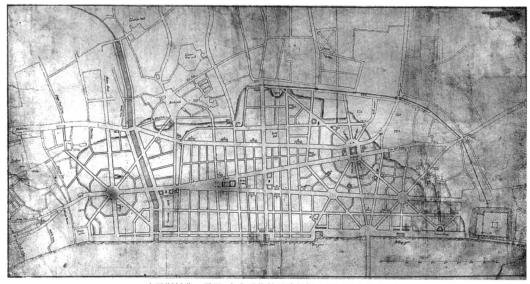

克里斯托弗·雷恩,大火后伦敦重建规划,1666(万灵 I. 7)
来源:Warden and Fellows of All Souls College, Oxford. Used with permission

雷恩的规划着重考虑了伦敦城在大火前的原有格局,在大火后不久到 1667 年 2 月期间得到了下议院的认真考虑。为了使规划切实可行,雷恩建议城市购买所有的土地,并在新街道布局过程中发行信券来筹款,然后将个人场所优先出售给先前的户主。然而,缺少资金、繁琐的立法程序以及心怀叵测的业主等诸多因素最终阻碍了雷恩规划的实施。由于缺乏准确翔实的调查与城市地图,雷恩规划无法定稿更不能立即实施,而快速性是防止居民及其业务迁移必不可少的因素。事实上,1667 年 3 月底重建法案通过后,胡克仅仅为了完成废墟和物业调查,以及与业主就"失地"进行谈判就花费了 5 年的时间。缓慢而艰难的过程使得重建原有建筑结构成为唯一的选择。然而,重建过程还是使伦敦城出现了几个主要的变化:主要街道变宽了;修建了国王街和皇后街两条全新的南北向街道;在街道之前建立了市场空间,而所有这些想法都是雷恩和伊夫林提出的。

虽然雷恩的伦敦规划从未被实施,但是从 1724 年开始,包括 1758 年的法国版本在内的雷恩规划雕刻版本开始传播,并持续至 18 世纪末。因此,作为一个真知灼见的项目,1666 年的雷恩伦敦规划可能对包括朗方的华盛顿哥伦比亚特区(1791)及霍斯曼的巴黎在内的首都设计产生了重要影响。

进一步阅读书目:

- Cooper, Michael. 2003. "*A More Beautiful City*": *Robert Hooke and the Rebuilding of London after the Great Fire*. Thrupp, UK: Sutton.
- Evelyn, John. 1938. *London Revived: Considerations for Its Rebuilding in 1666*, edited by E. S. de Beer. Oxford, UK: Clarendon.
- Reddaway, Thomas F. 1940. *The Rebuilding of London after the Great Fire*. London: Jonathan Cape.

● Soo, Lydia M. Forthcoming. "A Baroque City? London after the Great Fire of 1666." In *Giambattista Nolli*, *Rome and Mapping*: *Before and after the Pianta Grande*, edited by I. Verstegen and A. Ceen. Rome: Gangemi.

(Lydia M. Soo 文　宋丽娟 译　陈　恒 校)

CINEMA　[MOVIE HOUSE]　｜电影院

电影院或电影放映厅是向付费公众放映电影的公共场所。自 20 世纪最初几年第一个电影院开业以来，电影放映厅的建筑、观众组成以及电影娱乐方式发生了巨大的变化。然而，在几乎所有的表现形式之中，电影院已经成为城市生活的重要元素。电影院被视作了解城市中心各种发展的窗口，看电影亦成为 20 世纪工薪和中产阶级城市居民的休闲活动。

电影是首个媒介化的流行娱乐活动。从空间的角度出发，电影放映机的发展可以将电影播放给一大群通常彼此陌生的人。他们一起坐在一个房间或大厅里，同时观看某个片段或整部电影。从国家的角度来看，电影院分布广泛，甚至整个国家的观众几乎可以同时观看同一部电影。这些条件有助于围绕休闲和视觉娱乐活动来构建城市身份。

随着城市以及电影工业的改变和发展，播放电影的电影院也随之发展变化。例如在 20 世纪的头几年，电影产业还处于起步阶段，当时根本没有电影院放映电影。电影作为晚间娱乐活动的一部分在杂耍剧院里放映，或是在店面放映；随后企业家购买了电影放映机，搭起椅子和临时屏幕放映电影。随着电影产业的成熟以及电影变得更加复杂、时间更长，最早的电影院便诞生了。

五分钱娱乐场

五分钱娱乐场是城市移民和工人阶级的聚集场所，是电影院第一个成功的表现形式。大约从 1905 至 1917 年，五分钱娱乐场是电影院的主要形式。五分钱娱乐场通常位于租金便宜的工薪阶层社区的街道两旁，并且靠近受欢迎的购物区，它是工人阶级的聚会场所。在下班回家的路上，工人会聚集在五分钱娱乐场，而女人、孩子以及整个家庭都将其当作享受公共生活的一种方式。廉价电影院简陋的条件通常会反映工薪阶层的现实生活。虽然电影和电影院的质量普遍不高，但是顾客们很是享受电影。五分钱娱乐场为新到来的移民以及其他工人阶级城市居民提供了廉价的公共空间。新兴的城市中产阶级，特别是美国的中产阶级却认为电影和五分钱娱乐场都是让人难以接受的庸俗粗糙的娱乐休闲方式。

电影宫殿

电影宫殿（图片宫殿）是一种城市现象。它的发展和普及与电影业以及 20 世纪城市的发展同步。虽然五分钱娱乐场的各种表现形式出现在农村地区和小城镇，但是电影宫殿的规模如此之大，以至于它只能出现在密集的城区。一般来说，虽然电影宫殿是在 20 世纪 20 年代里创建的，但是直到 20 世纪中叶它仍然是电影院的主要形式。

通常作为城市中心最昂贵和华丽建筑的电影宫殿，它的建设和开放标志着城市及其居民迎来了属于自己的时刻。代表20世纪20年代繁荣时期城市发展顶峰的电影宫殿是世界主义和精致文化的象征。

电影宫殿位于市中心的黄金位置,通常在有轨电车站附近,而且靠近餐厅和百货商店,这样可以让城市居民在人口密集地区挥霍收入、享受闲暇时光。

1915年胶卷电影的问世意味着电影可以呈现更吸引人的故事,中产阶级开始接受电影作为一种令人愉悦和适宜的公共娱乐的观点。电影宫殿的设计是为了吸引中产阶级,并且保证提供品质良好的公共空间。电影宫殿通常有2 000到5 000个座位,每天可以卖掉数千张票。电影宫殿往往经过精心设计,从而确保电影院的新观众可以享受电影娱乐的最高标准。所有的工薪阶层都被排除在电影宫殿之外,电影宫殿内有引导员负责引导观众。精心设计的建筑细节常常模拟欧洲宫殿、远东寺庙以及具有异国风情的城堡,以营造高雅的文化氛围。美国大多数的电影宫殿里建有专为非裔美国人保留的上层楼座。

20世纪50年代末及60年代,由于种族隔离、中心城市的衰落、郊区化、电视的普及以及郊区和汽车影院的崛起,电影宫殿失去了观众群。在狂热的城市更新中,许多影院年久失修被拆除了。一些影院通过放映色情及惊悚电影维系生存。20世纪70年代历史遗迹保护运动开始兴起,城市中心遗存的电影宫殿通常被认为是应该首先修复的建筑。

社区电影院

社区电影院是20世纪50年代和60年代为搬离城市中心的郊区居民修建的。与电影宫殿的规模明显不同,社区电影院可以容纳几百人,装饰极其简单,并且经常有两个屏幕。电影宫殿的宏伟设计不再是必要的:建筑元素的流线型现代设计变得流行,而且中产阶级郊区居民不再需要证据来保证电影院是一种适当的娱乐形式。20世纪70年代电影院学术研究的发展,正好与——特别是发生在大城市和大学城的社区电影院——向放映非好莱坞以及外国电影的艺术电影院的转化相吻合。社区剧院不得不与位于或靠近郊区,以及通常位于大片未开发土地上的汽车影院进行竞争。

购物中心电影院

20世纪60年代及70年代购物中心迅速发展,社区电影院搬到了郊区的购物中心。购物中心进一步转变了远离城市中心的中产阶级的购买力和观念。购物中心电影院与社区电影院具有共同的特征——它们建筑风格平淡,似乎只是为了容纳大量的观众。然而在某种程度上,购物中心电影院却类似于电影宫殿,也位于适合中产阶级消费者的人口密集区。电影院随着购物中心的发展而发展,多屏幕影院为顾客提供了更多的电影选择,同时为影院业主带来了更多的门票收入。20世纪70年代中期大制作电影(例如《大法师》和《大白鲨》)的诞生在购物中心电影院找到了归宿。

多厅影院

多厅影城(多观众厅电影院)是指具有多达20块幕布的电影院。20世纪90年代由于中产阶级休闲方式的转变,家庭娱乐方式选择的多样化以及动态电影制作的萧条,使电影工业遭受了打击。因此为了提高门票销售,电影院老板回归电影宫殿设计师的策略,并建造了可以打动消费者的电影院。尽管大多数多厅影院的设计不像电影宫殿那般奢华,但是通常拥有巨大的壁画、历史感的建筑设计、引人注目的照明、IMAX、儿童娱乐场所,提供美味食物的咖啡馆以及休息场所。随着20世纪90年代中心城市的重建,犯罪的减少以及商业发展,多厅影院再次成为城市生活的一个标准特征。然而,郊区仍然是多厅影院的主场。

精品影院

电影院最近的表现形式是精品电影院。它通常是指位于高密度城市中心的单屏幕或双屏幕影院。精品影院是新城市生活的一部分，这种新城市生活由创意人士所主导，他们在居住地附近工作。精品影院通常位于经过更新的建筑内，最早出现在 20 世纪 90 年代末以及 21 世纪初。在某种程度上，它的流行是对多厅影院以及大制作电影的一种反映。精品影院小而舒适，拥有个性化的设计风格并提供美食，通过放映独立电影和外国电影，精品影院营造了精致、独特和高雅文化。

进一步阅读书目：

- Jones, Janna. 2003. *The Southern Movie Palace: Rise, Fall, and Resurrection.* Gainesville: University Press of Florida.
- Nasaw, David. 1993. *Going Out: The Rise and Fall of Public Amusements.* New York: Basic Books.
- Rosenzweig, Roy. 1977. *Eight Hours for What We Will.* New York: Cambridge University Press.
- Valentine, Maggie. 1994. *The Show Starts on the Sidewalk: An Architectural History of the Movie Theater, Starring S. Charles Lee.* New Haven, CT: Yale University Press.
- Wilinsky, Barbara. 2001. *Sure Seaters: The Emergence of Art House Cinema.* Minneapolis: University of Minnesota Press.

(Janna Jones 文　宋丽娟 译　陈　恒 校)

CINEMATIC URBANISM ｜ 电影城市主义

电影城市主义反映了在符号经济的整体框架下影像处理与空间生产之间越来越强的依赖关系。电影城市主义是一个新兴的研究领域，聚焦现代性的关键方面，即移动、形象与城市之间的关系，从中可以发现向后现代的过渡。在当前的批判论调下，这个术语具有更多的理解方式，然而，这意味着可以从不同的视角观察影响城市的普遍进程。从主要的观点来看，电影城市主义是利用电影领域分析城市环境的一种方式，也是评估电影如何促进城市身份生成的一种方式。它也可以被视作一种探索情感地域的"图像"，就好像在贴满了图片的城市里旅行一样。从另一个角度看，电影城市主义可以被看作了解信息时代里电影设备的普及如何影响城市环境结构转型的一种方式，它分析电影如何逐渐填充城市的空间和表面，以及城市设计如何逐渐被感知。

电影这个词的词源是希腊动词 *kinein*，意思是移动，电影城市主义的本质是移动、图像以及空间、速度这样的关系。从这个意义上说，如果说前现代城市的特征包括定居、亲密交往以及对地方和社区的归属感，那么现代性则代表了向移动、交叉、匿名和差异的转变。现代城市，从具有围墙成为防御地开始，就成为流动性要素的吸铁石，也是动态系统的节点，具有交通便利和感官刺激复杂交织的特点。电影发明之前，从行驶着的火车上向外眺望，旅行重写了观光体验及其与地方的关系。它预言了距离的湮没和时间的压缩，及以视觉感知为主导的城市体验。夏尔·波德莱尔可能是第一个捕捉个中滋味的人,他歌颂城市生活的"短暂、转瞬即逝以及偶然性",赞扬了拥挤人群中的陌生经历,同时将城市咖啡馆描述成浏览城市景象的帷幕。在同一时代,霍斯曼男爵通过拆迁的方式,将城市空间的视觉控制发展成管理政权的必要手段。从那时起,现代性和可视性一直是相互依附的概念。

就如沃尔特·本雅明在《技术时代的艺术作品》中引用保罗·瓦莱里的名言所说的那样,"就像我们将水、天然气和电力从遥远的地方带进房间以满足我们的最低需求一样,也应给我们提供视觉抑或听觉的图片,这些图片随着简单的手势出现和消失,而不仅仅是符号";在其关于巴黎拱廊街的不朽工程中,本雅明预言了电影城市主义可以作为镜头捕捉现代性的浪荡子(Fâlnerie)理论,以及电影影响公民感知空间的能力,本雅明的观点可能是最有影响的对电影城市主义的预测。本雅明在同一章节中还论及:"电影与视觉装置的深刻变化相一致,在大城市拥挤的街道上的行人体验着这些变化,历史上的每一位现代公民也体验着这些变化。"

近期的研究工作是由让·鲍德里亚(Jean Baudrillard)和保罗·维瑞利奥等思想家完成的。在被频繁引用的《美国》(America)中,鲍德里亚提及,"美国城市似乎已经走出了电影"以及"想要抓住它的秘密,你不应该从城市出发,然后向里走入屏幕,你应该从屏幕出发,向外走进城市"。如果鲍德里亚的目的是描述美国城市内在的电影性质,并反对欧洲城市的历史本质,那么全球化进程正在使这一现象适用于每一种场景。而维瑞利奥可能更注重时间压缩、视觉技术扩散以及对速度科学(dromology)的兴趣,他开发了一套极具影响力的新兴电影城市主义分析工具。根据维瑞利奥的研究,可视化技术的发展产生了无冲突的可视性,传统相向的街道已经消失,这为瞬间扩散的单一瞬间提供了空间。他在《空间批评》(L'espace critique)中写道,"通过监控器和控制屏幕界面,其他地方从这里开始,反之亦然",并以此来描述当代城市的过度曝光。作为后现代产物的电影城市主义也可以追溯到罗伯特·文图里(Robert Venturi)、丹尼斯·斯科特·布朗(Denise Scott Brown)以及史蒂文·艾泽努尔(Steven Izenour)的经典而富有争议的著作《向拉斯维加斯学习》(Learning from Las Vegas)。在该著作中,拉斯维加斯大道被视为城市的新范式,这里的广告牌、标志以及建筑都是用于吸引司机注意的符号,而且还强调了可视性和速度之间的关系。

城市电影认识论

近来的许多研究关注电影院与城市之间深刻的关系,而奈则·奥萨亚德(Nezer AlSayyad)"从卷轴到真实"追溯城市现代性历史的尝试就是其中之一。在这种分析中,电影研究被视作认识城市的重要方式。巴黎、柏林和纽约是最典型的电影城市,城市不仅仅是频繁出现的情节背景,其身份也持续性地被电影所塑造。如果巴黎在作为大众传媒的电影出现之前就已经承担了这样的角色的话,那么柏林可能是第一个在电影中成为唯一主角的大都市,沃尔特·鲁特曼(Walter Ruttmann)的电影《城市交响曲》(Symphonie der Großstadt,1927)便是如此,该影片将现代城市的节奏视作动人的舞蹈而加以捕捉,从而塑造出迷人、不安以及神秘交错的感觉。吉加·维尔托夫(Dziga Vertov)以敖德萨(Odessa)为场景拍摄的电影《持摄像机的人》(The Man with the Movie Camera,1929)同样受到了城市节奏的启发,该片以独特的摄像机视角来反映拍摄地的社会与政治。以批判或移情、怀疑或迷人的表现手法来关注城市迷人、不停歇以及和谐关系的电影还有查理·卓别林(Charlie Chaplin)的《摩登时代》(Modern Times)、弗里茨·兰格(Fritz Lang)的《大都市》(Metropolis),抑或雅克·塔蒂(Jacques Tati)的《游戏时间》(Playtime)。如果要全面地理解现代主义、城市化及其对日常生活的影响,这些影片是必不可少的。雷德利·斯科特(Ridley Scott)的《银翼杀手》(Blade Runner)或是特里·吉列姆(Terry Gilliam)的《巴西》以及让-吕克·戈达尔(Jean-Luc

Godard)的《阿尔发城》(*Alphaville*)抑或约翰·卡朋特(John Carpenter)的《纽约大逃亡》(*Escape From New York*)则是对城市反乌托邦前景的展现,并批判了城市的未来。

屏幕景观

如果说越来越多的城市在电影中扮演角色,那么相应地,电影越来越成为城市景观的组成元素则没有得到足够的重视。随着生产和消费在后现代条件下逐渐融合,以及每人都在不停地有意或无意地推进电影传播,电影逐渐进入日常生活空间,反之亦然。通过由数字设备进行管理和以动态影像为媒介,这一过程强化了自身与环境以及个体之间的关系。公共空间和私人领域的图片、投影与电影的数量正在不断增加:这个过程将公共空间和私人领域的区分变得片面和无效,同时亦对公共空间的概念进行了重新定义。

电影体验不再与普通日常生活相分离;相反,它摆脱了特定空间的束缚,从影院的电影暗箱或是播放电视的家庭客厅解放出来;它通过所有可能的表面突然出现在城市之中。与信息技术领域越来越快的演变一样,电影促进了通信和通信工具向人类活动的渗透。同时,影像所呈现出的世界在公民日常生活中逐渐获得了主导地位。影像正在城市普及,它存在于公共交通设施内部或外部,它通过无数越来越小、移动性越来越好以及可连接的个人设备播放,出现在电脑、手机以及游戏机的屏幕,或新建筑可改写的表面之上,影像造成或加强了现实,从而创造出一种平行的元城市风格。

从这个角度来看,电影城市实质上是全球范围内影响城市化进程的3个相互交织的过程的结果:

1. 伴随商品、人口和资本流动性的增强,人类行为也逐渐变得更富流动性和可移动性;
2. 图像和数据的巨大产出,这些图片和数据是城市现代景观生产的主要形式;
3. 通过技术设备和机构对人际关系的调解在逐渐增加。

这些过程产生的认识论空间,可被分为移动空间、曝光空间或是媒介空间。此外,这3个空间代表了当代公共空间的3个构成要素:

1. 移动性的水平维度,它将公共空间解释成特别的交通基础设施,一个由道路、广场、开放空间、机场和铁路连接构成的系统。
2. 语义表面本质的垂直表达,也就是向公众展示、传递并曝光象征性作品的表现空间,不仅包括商店橱窗和广告牌、指示牌和建筑表面、画廊以及文化中心,还包括越来越多的电脑、电视以及PDA(掌上电脑)的屏幕。
3. 网络维度,也就是信息通信技术的调节空间;它将前两个维度连接起来,具有第一个维度的扩展性以及第二个维度的参数瞬时性。从最后一个角度看,公共空间本质上变成了界面。它没有任何固有的空间性质,相反的,它严格依赖导线、电缆、天线、芯片、解码器和编码器、磁介质以及数据存储设备等材料的性能。

全球体系内的城市生产过程正逐渐分布在非定域网络之中,这一过程通过对当代全球城市重要方面的垂直表达实现了从生产到消费的过程,使城市通过一系列的连续图像表达出来。图像的编程代表了城市体验的核心。屏幕变成了城市形态的主要元素,即使不比建筑的内部结构更重要,屏幕的可视性也与建筑的内部结构同样重要,长期成功存在于重要的城市本体论之中。

这样的条件正在决定垂直城市主义的出现,即在创造价值和租金方面,垂直城市表面的语用正在超越空间的水平物流使用的城市主义。城市设计正在从领域向框架转变:与垂直表面的语用相比,土地的水平表面物流使用已经失去了相关性。如果过去的城市设计基本上采取鸟瞰的视角,通过在同一平面的重要物理空间分布功能来进行规划,那么现在我们所面临是旨在组织公民视觉感知的学科的出现。公民常常被狭隘的理解成为观众,这一理解在许多方面不仅让人回想起居伊·德波(Guy Debord)《景观社会》(*The Society of Spectacle*, 1967)的论述,及大卫·哈维称之为灵活积累机制效应的现象。

现在公民(观众)与数字网络以及信息分布的联系越来越多,而对其潜在注意力的捕捉需求越来越多地影响了空间转换过程,这也决定了所谓的注意力经济。在城市新经济最重要的参与者之中,娱乐行业和媒体行业的合作不再是巧合,这样的合作表现出对城市外观进行垄断控制,及探索其通信潜力的积极态度,而且还将兴趣拓展到汽车、零售以及城市家居等行业。他们的策略很容易写入城市政府的企业改造议程,这大大促进了注重公私伙伴关系的新自由主义城市主义的发展,造成了极不平衡的投机态度。

形象创造

事实上,形象创造过程在城市经济中发挥着重要作用,它重新定向了用于特定空间转换的资金,重新定义了城市建筑的一致性,或是通过个人交换的密集调解重塑了公民的日常生活体验。这是一种大规模使用媒体和娱乐行业的工具与技术,来创造城市场所的价值,并加以利用的生产过程。形象创造是一条复杂的生产—消费链,它将公民的城市体验重塑为视觉体验;将都市的曝光空间变成了公共空间的结构性体现,旨在优化城市用户与商品的接触,让商品化的形象感动、娱乐和引导城市用户。因此,影像管理是影响当代城市的核心现象,亦是当前学科论题中的重要术语。城市重建规划、城市营销、中产阶级化、迪士尼、节日化、大众旅游、文化遗产、文化经济以及创意城市都是目前用来描述与形象创造紧密相关的社会现象、结构调整或城市经济转变的常用语。它们谈论的是城市形象的建立、改变或保护。更新地方形象是金融投资和转型的第一步。新创意阶层是衰退城市振兴的灵丹妙药,是形象行业的主要构成部分。这带来最初由视觉艺术和媒体行业改良的工具和技术,这些工具和技术与规划、建筑、市场营销以及决策等学科的传统工具相结合,并在城市空间的设计和管理中承担了相应的角色。娱乐产业和空间生产正越来越多的分享着相似的态度。电影创作本身已成为空间生产的一个模式,虚构叙事题材的发展为城市重组实际过程的实现和整合提供了框架。场景和灯光设计、图形设计、数字呈现以及脚本创作正在促进致力于管理城市视觉感知的城市设计学科的重新定义。

城市景观与媒体景观已经不可分割。

进一步阅读书目:

- AlSayyad, Nezar, ed. 2006. *Cinematic Urbanism: A History of the Modern from Reel to Real*. New York: Routledge.
- Baudrillard, Jean. 1988. *America*. London: Verso.
- Benjamin, Walter. 1969. "The Work of Art in the Age of Mechanical Reproduction." pp. 217–251 in *Illuminations* edited by H. Arendt and translated by H. Zohn. New York: Schocken.
- Clarke, David, ed. 1997. *The Cinematic City*. London: Routledge.
- Denzin, Norman. 1995. *The Cinematic Society: The Voyeur's Gaze*. Thousand Oaks, CA: Sage.
- Harvey David. 1989. *The Condition of Postmodernity: An Enquiry into the Origins of Cultural Change*. Oxford, UK: Basil Blackwell.
- —. 1990. "Flexible Accumulation through Urbanization Reflections on 'Post-modernism' in the American City." *Perspecta* 26: 251–272.
- Lash, S. and J. Urry. 1994. *Economies of Sign and Space*. London: Sage.
- Shiel, Mark and Tony Fitzmaurice, eds. 2003. *Screening the City*. London: Verso.
- Soja, Edward. 1989. *Postmodern Geographies: The Reassertion of Space in Critical Social Theory*. London: Verso.

- Tripodi, Lorenzo. 2008. "Space of Exposure: Notes for a Vertical Urbanism." In *Die Realität des Imaginären*, edited by J. Gleiter, N. Korrek, and G. Zimmermann. Weimar, Germany: Verlag der Bauhaus-Universität.
- Venturi, Robert, Denise Scott Brown, and Steven Izenour. 1977. *Learning from Las Vegas*. Cambridge: MIT Press.
- Virilio, P. 1984. *L'espace critique: Essai sur l'urbanisme et les nouvelles technologies*. Paris: Christian Bourgois.
- ———. 2000. *Information Bomb*. London: Sage.

(Lorenzo Tripodi 文　宋丽娟 译　陈　恒 校)

CITIGEN PARTICIPATION ｜公民参与

公民参与是公民参与社区决策所做的努力。从体现民主的投票开始，政府管理人员利用公开听证会以及辩论、公投、合作论坛和电子媒体等形式扩大公民的参与度。支持更高的公民参与度的基础，是参与的公民能制定出更贴近大众喜好的政府政策。

30余年关于公民参与的学术研究都侧重于其优点。参与过程可以教育公众，相反，这一过程可以在对不受公众欢迎的政策进行决议时帮助政府决策者。此外，参与式平台及其他过程能够培养公民的领导能力，促进与政府官员的接触。这赋予了他们投票箱之外的"话语权"。

谢莉·安斯汀（Sherry Arnstein）提出了上升式的参与阶梯，即从不参与（操作和教化）到形式主义（告知、咨询、安抚）到最后的公民权（合作、代议权和公民管理）。政府采用了多种参与性策略，例如公众听证会就属于参与阶梯中的"咨询"或"告知"范畴。相关领域的专门委员会以及其他公民咨询平台等工作组可以实现超出"安抚"之外的结果，达到真正塑造政府举措的作用。

更高参与度的益处应该与潜在的成本相权衡。首先，参与过程将耗费政府代表和民众的时间。第二，参与其中的个人可能并不代表公众。事实上，他们往往来自于社区最高的社会经济群体。因此，利益集团或个人可能会按照他们的利益而不是公众的利益来决策。

政府决策至少需要敏锐地观察公众对当前问题以及提出的政策的情绪，因此应该仔细设计参与式过程以征求和执行公民对改进政策制定的建议。

公民参与在政府决策制定方面的优点

	对公民参与者的好处	对政府的好处
决策过程	教育（向政府代表学习并告知他们） 劝说和开导政府 积极公民获取技能	教育（向公民学习并告知公民） 说服公民；建立信任、消除焦虑或敌意 建立战略联盟 获取决定的合法性
结果	打破僵局；实现结果 对政策过程进行一定的控制 更好政策以及实施决策	打破僵局；实现结果 避免诉讼费用 更好政策以及实施决策

文献来源：Irvin, Renee, and John Stansbury. "Citizen Participation in Decision Making: Is It Worth the Effort?" *Public Administration Review* 64 (January/February 2004): 55–65. Reprinted with permission of Wiley-Blackwell.

进一步阅读书目：

- Arnstein, Sherry R. 1969. "A Ladder of Citizen Participation." *Journal of the American Institute of Planners* 35 (3): 903–957.
- Irvin, Renee A. and John Stansbury. 2004. "Citizen Participation in Decision Making: Is It Worth the Effort?" *Public Administration Review* 64(1): 55–65.
- Pateman, Carole. 1970. *Participation and Democratic Theory*. Cambridge, UK: Cambridge University Press.

(Renee A. Irvin 文 宋丽娟 译 陈 恒 校)

CITIZENSHIP | 公民权

公民权是一个复杂的(政治、法律、社会和文化，也许还包括性别、审美和道德)统治和授权制度，它决定公民(局内人[insiders])、臣民(陌生人[strangers]、局外人[outsiders]以及卑微的人([aliens]外邦人)是谁，以及这些人如何在政治实体中管理自己与他人。公民权和成员权的本质区别是后者支配社会群体内的行为，而公民权支配的是构成政治实体的社会群体之间的行为。作为公民总是意味着不仅成了一个局内人，同时也意味着掌握了局内人举止行为的适当模式和形式，从而生成了同时具有人(法律)和形象(规范)的人物。对于臣民和卑微的人来说，成为公民意味着或是采纳局内人的模式和形式(同化、融合、合并)或是挑战这些模式和形式，并将其改变(识别、区分、认可)。究竟是什么构成了公民权及其恰当的行为方式和形式？这始终是公民、臣民和卑微的人争取公平的公民权的斗争内容。通过要求公平的公民权，公民权既包括权利，也包括义务。这些要求以及定义公民权的权利和义务的相结合，又在不同的场合定义了公民权，并产生了不同的人。因此，场所(城市、帝国、国家、州)，人(公民、臣民、卑微的人)以及实质(权利、义务、职责)可以说是构成政治实体的公民权的元素。

公民权的场所

大约在公元前8世纪，在城邦——这种新的城市——形成的过程中，古希腊人发明了公民权。在此之前，城市是由神圣与世俗一体的国王掌权；在此之后，城市由公民掌管。由于古代的王国、国家与帝国实行的是专制制度，因此这些地方的城市未能发展出明确的公民权。但是古希腊人并不认为政府专制与公民权之间有太多冲突。希腊人认为统治城市的形式有3种：寡头制、贵族制和民主制。这3种形式都假设了公民的存在。然而，公民权产生之时发生了什么事情呢？具有讽刺意味的是，答案与我们现今正苦苦挣扎的东西有很多关联。在公民权产生的时刻，似乎一种新的人物走入了历史长河并占据主导地位，即拥有财产的男性战士(至少不会是战争手段)。这一人物成为占主导地位的形象。那些不是男性或没有自己财产的人，如妇女、奴隶、农民、商人、工匠以及水手，发现他们正在成为或已成为拥有财产的男性战士之外的其他人，如同臣民和卑微的人一般。公民具有管理城市(附属品)并将其传递给子孙(血缘)的权力。公民遵守城市法律,也根据法律管理城市里的陌生人、局外人与外邦人。我们已经认识到公民权的属性(财富、战士、男性)不断发展变化,而且在不同的场所也具有不同的含义。虽然数个世纪以来,城邦的公民权已经被彻底改造了,但城邦仍然是公民权产生的地方。尽管城邦创造了公民权不同的场所、人物和实质,但是公民权和政府形式、臣民、卑微的人之间的关系,以及公民权的权利和责任等问题一次次被复制。如果不还原特定的历史、城邦以及公民的最初语境,就不可能理解公民权。

罗马公民通过不同场所对自身进行了定义。作为一位罗马公民,首先要成为超越了城市的帝国中的一员,公民权的场所已经超越了城市。然而,虽然罗马为公民权设立了一个新的场所,但是它是通过城市相互贯连的。"成为罗马人"很好地捕捉了这种二元性:罗马人与罗马帝国。这意味着男人、战士和财富拥有者仍然是构成罗马公民的元素,罗马公民统治着陌生人(女性、平民、客户、奴隶),局外人(商人和外国人)以及外来人(蛮夷)。正因为他是罗马帝国的人,所以才是本质上的罗马人。成为罗马人是一种帝国身份,同时也是一种公民身份,直到著名的公元 212 年宣言发布时,罗马人才只是一种帝国身份。罗马帝国的衰落是否因为对普遍公民权的渴望或需要,这将是一个永久争辩的话题。

罗马帝国解体后,新的公民权场所逐渐出现,大量文献记载了 11、12 世纪欧洲城市的复兴。作为建立城市这一政治实体的工具,城市宪章得以出现。当然,整个欧洲存在地区差异,或许佛罗伦萨是新的公民权场所的最好代表。12 世纪到 15 世纪之间,数以千计的作为政治实体和团体的城市纷纷建立,它们与"周围"政权、统治权以及初期国家的自主和自治(行政独立)存在不同的关系。对于新兴的欧洲公民权来说,其场所肯定是城市,但它更多是通过财产而不是血缘表现出来的。需要在城市里居住一年零一天才能成为公民(市民),是城市宪章中一条著名的条款。只是这个由主权实体、自治体和市民阶层(资产阶级一词的前身)构成的世界如何转化为由国家构成的世界仍存在争议。不可否认,城市仍然是国家发展的中心,而国家并非放大的城市。如果说公民权的变化从佛罗伦萨开始并逐渐传播到北部的巴黎,那么公民权的内涵已经发生变化。尽管公民权的范围不断扩大,但其核心是 3 种人群:资产阶级、男性和基督徒。

随后进入了汉娜·阿伦特(Hannah Arendt)称之为民族征服国家的时代,此时国家被定义成由不仅仅具有资产阶级、基督教和男性属性,而且还具有文化和种族属性的人所构成的领域。阿伦特提出的征服所指的是,如果国家是允许通过调节不同群体间的差异来争取公民权的政治实体(阿伦特称之为人工制品),那么民族是凌驾于其他之上的群体属性,这一点是不能改变的。此后,公民权被改造成了民族性。虽然公民权与民族性之间的差异像公民与臣民或卑微的人之间的差异一样深刻,但是公民权和民族性很快成为同义词,即便不是这样,也是可以接受的近义词。

公民权的 3 个属性(男性、战士、财富)依然是民族国家公民权的 3 个基本属性。12 世纪到 15 世纪,当时战士不再与公民相联系,而是和市民相联系(即使公民没有住在城市里)。但是,成为公民仍然需要具有财富、而且是男性。在 18 世纪末 19 世纪初,公民权的 3 个属性可能出现了最重要的变化,当时公民权与民族联系起来,并被理解为国家而非城市的附属。国家被看作城市,民族被看作公民身份的基础而被放大。就在那时,血统(按血缘)和出生地(按区域)通过国家连接起来,并在民族概念之下得以重构。

公民权形象

如果每个场所的公民形象各不相同,如果国家形成了内容大不相同的公民权,那么该如何解释我们所谈论的"公民权"的种种变化?答案的一部分在于西方每一个占主导地位的群体对最初的公民权的重新描述和再阐释,并以其作为象征的或虚构的西方性的基础。答案还在于公民权最初的属性——财产、战争和男性——仍然重要，而且将公民与臣民(陌生人和局外人)和卑微的人(外邦人)区分开来。

但是，20世纪重铸了公民权的基本元素：在20世纪，财富不再与公民权相联系，女性虽然没有获得实质性的公民权，至少她们的身份变得越来越正式；战争和战士的性质被特殊类型的雇佣兵和技术从根本上改变了。而且正是在20世纪，通用的公民权形象代表了特定的西方社会群体的属性：基督徒、异性恋、男性、白人和成年人。这是否意味着公民权的终结？从20世纪下半叶出现的另一种形象——消费者——看似不可阻挡的崛起来判断，公民权似乎走向了某种终结。正如马歇尔(T. H. Marshall)所说的那样，或许正如罗马公民在公元212年普遍性宣言公布之时不再是一个功能制度一样，20世纪见证了18世纪公民权利、19世纪政治权利和20世纪社会权利的逐渐扩展。

然而，虽然我们见证了公民权基本元素(财富、战士、男性)的重铸和对立角色的出现，但是我们也观察到了新的公民形象的出现，新出现的公民人物更多的是由其所缺少的而不是所拥有的构成：陌生人、局外人和外来人已经变成了公民权的潜在获得者。或许那些有关公民权的新的历史叙事表明了这种转变。它们使得公民不再是财富、战士和男性的堡垒，更不用说西方性，而更多的是那些被称作陌生人、局外人和外来人的人，他们也可以获得公民权。

公民权的实质

公民权的实质是权力和责任的关系以及构成这种关系的道德。公民权的每个场所和角色设定了一系列与其相关的权利和责任。如果拥有公民权的人在所给定场所的土地财富、战士和男性方面占主导地位，那么那些"缺乏"这些属性的人将受到统治。他们争取公民权的斗争将解决由其被统治地位所引起的不公平。虽然不是一个零和游戏，但是公民权的实质反映的是主导场所和公民权拥有者的关系。为希腊城邦或罗马城市无能的臣民或是卑微的难民索取权利是不可思议的。同样，现今建立一个士兵议会也是不可思议的。公民权的场所、范围和拥有之间及其内部的关系也不是一个零和游戏。公民权曾经是一个城市现象，之后公民权与国家相关，又与民族相关，认为公民权将失去意义是不准确的。这些场所彼此连贯而不是彼此侵蚀，它们也彼此延伸渗透。公民权的场所不是相互依偎，而是相互接触，模糊并渗透入彼此之中。正是这些不同场所(和范围)的相互作用产生了公民权不同的人物和实质。

进一步阅读书目：

- Arendt, H. 1951. *The Origins of Totalitarianism*. New York: Harcourt Brace Jovanovich.
- Black, A. 1984. *Guilds and Civil Society in European Political Thought from the Twelfth Century to the Present*. Ithaca, NY: Cornell University Press.
- Gardner, J. F. 1993. *Being a Roman Citizen*. London: Routledge.
- Heather, P. J. 2006. *The Fall of the Roman Empire: A New History of Rome and the Barbarians*. New York: Oxford University Press.
- Isin, E. F. 2002. *Being Political: Genealogies of Citizenship*. Minneapolis: University of Minnesota Press.
- Isin, E. F. and P. K. Wood. 1999. *Citizenship and Identity*. London: Sage.
- Manville, P. B. 1990. *The Origins of Citizenship in Ancient Athens*. Princeton, NJ: Princeton University Press.
- Marshall, T. H. [1949]1992. *Citizenship and Social Class*. London: Pluto Press.
- Poggi, G. 1990. *The State: Its Nature, Development, and Prospects*. Cambridge, UK: Polity Press.
- Smith, R. M. 1997. *Civic Ideals: Conflicting Visions of Citizenship in U. S. History*. New Haven, CT: Yale University Press.
- Weber, M. [1921]1958. *The City*. New York: The Free Press.

- Young, I. M. 1989. "Polity and Group Difference: A Critique of the Ideal of Universal Citizenship." *Ethics* 99 (January), 250-274.

(Engin F. Isin 文　宋丽娟 译　陈　恒 校)

CITY AND FILM ｜ 城市与电影

电影的发明是19世纪最后10年里现代城市社会和文化发展的里程碑。可以说，作为20世纪最重要的文化形式，电影为城市环境创造出全新的表现形式。大都市的电影形象和故事，结合视觉艺术与文学作品，创造了20世纪许多重要的意识形态和文化神话。如果说大都市在电影中占主导地位的话，那么电影在大都市中也扮演了重要角色。电影院引发了新的城市社会行为，特别是休闲和消费，妇女、青年以及各种族裔和种族社区的成员借此可以对自己的身份进行重构。随着电影院在城市区域的出现、消失和重新安置，电影放映改变了城市，甚至在某些地区见证了社区的发展与衰落。

电影结合了1839年达盖尔照相法发明之后流行的摄影媒介以及绘画、线雕、文学、音乐与戏剧等传统媒介，它是19世纪包括透视画和全景画在内诸多流行娱乐活动中最成功的案例，而所有这些娱乐活动都试图为外部世界创造真实的形象。与摄影、铁路、缝纫机以及发条怀表等其他同时代的技术一样，电影将工业化引入了城市居民的日常生活，并彻底地改变了他们的时间和空间体验。

通过拉近较远的物体、放大较小的事物、减慢或加快动作、编辑和叠置照片或是无限重复单一过程等手法，电影创作了感知城市的新的可能，进而促进了建成环境全新的自然形态、社会关系以及审美理念。凭借19世纪报纸、大批量生产的书籍以及摄影图片的广泛传播，无声电影很快就被赞誉为能促进国际社会发展的"通用语言"。情景剧、报道时政事件以及城市地标形象的新闻短片等电影流派迅速跨越国界，从而使电影成为首个真正全球化的文化形式。电影使地球看起来更小，更像一个全球性城市，例如来自遥远地区的不同观众现在觉得他们正在参观同一个地方，欣赏着同样的故事并崇拜着同一个电影偶像。

与早期西洋镜等技术相比，电影可以更加有效真实地表现运动，善于描绘时间的流逝，而且似乎非常适合表现城市生活的时间维度，如1925年勒内·克莱尔(René Clair)拍摄的《沉睡的巴黎》(*The Crazy Ray*)就表现了所有运动停止后巴黎将会发生什么。电影完美实现了诗人波德莱尔19世纪提出的"保留稍纵即逝的瞬间"的美学想法。由于电影的发明及其所具备的为未来观众保留此时此刻城市景象的非凡能力，因此无论是描绘最新的时尚服装还是日渐混乱的城市街区，电影都可以让最苛刻的评论员为之着迷。

虽然电影与劳动、物体及文化生产等现代特性完全一致，但是电影媒介掩盖了其整体身份及其影响的普遍化。电影一方面灌输共同的行为方式和态度，同时鼓励那些保守的地方变得开放，并促进了反对主流文化的亚文化的形成。因此评价电影对公共道德、心理和身体健康、政治觉悟、社会身份以及城市暴力的影响时，必须要将其置于具体的语境之中，而不能认为电影的影响是普遍有效的。

无声电影及其观众

自 1895 年第一部电影在巴黎、柏林和纽约几乎同时上映开始,电影与大多数世界性大都市的快速增长以及逐渐增加的人口密度日趋同步。1895 年 12 月 28 日,奥古斯特·卢米埃尔(Auguste Lumière)在巴黎大咖啡馆的"印度沙龙"内第一次公开放映了他大力宣传的电影。纵观电影的早期历史会发现,电影是在中产阶级观众无法进入的音乐厅、咖啡馆、杂耍剧院以及展览会里放映的。

早期电影记录了街道、火车站和世界博览会等公共空间,因此保留了 19 世纪大都市重要的视觉信息。一种称之为时事片的重要的早期类型再现了游行、国家元首互访以及就职典礼等时事动态,并为日后的新闻短片打下了基础。魔术师乔治·梅里爱(Georges Méliès)等制片人所选取街道或是车间等可控的内部环境(缩影是卢米埃尔的短片电影《工人离开工厂》[Workers Leaving the Factory]),开创了今天仍然占主导地位的电影工作室模式。许多工作室内创建了精心设计的人工街道,即便如今也很少有叙事电影会将真实城市作为取景地,只有第二摄制组人员会拍摄几个实地场景。

可靠证据的缺乏使得电影历史学家必须谨慎分析早期电影观众的社会构成。然而研究早期电影的大多数学者都认为,妇女、儿童和城市新移民在早期的电影观众,特别是在 1905 左右兴起于美国的"五分钱娱乐场"内占了较大比例。电影被证实是向近期来自农村的移民灌输公民责任的一种重要手段,也是向其灌输往往令人迷惑的城市行为准则的一种重要手段。电影院成为卫道士们监督社会底层的场所。由于担心这里成为道德败坏、激进性政治主张和疾病传播的繁殖地,电影院被重点管制,电影院内放映的电影也受到严格的审查。

1927 年,艾尔·乔森(Al Jolson)的表演改编的有声电影《爵士歌手》(艾伦·克罗斯兰[Alan Crosland]),实现了电影与语言以及城市内不同族裔和社会群体音乐的相互结合。《公敌》([The Public Enemy],威廉·韦尔曼[William Wellman],1931)和《小凯撒》([Little Caesar],默文·勒鲁瓦[Mervyn Leroy],1931)等警匪片在 20 世纪 30 年代特别流行,这些影片展现了大萧条时期芝加哥等城市对法律权威和财产的矛盾态度。20 世纪 40 年代和 50 年代的音乐剧频繁的使用了都市题材,其中最著名的影片是《42 街》([42nd Street],劳埃德·培根[Lloyd Bacon],1933),该片反映了走上舞台的纽约社区居民,但却很少关注市区的真正问题及其所面临的挑战。

电影和早期现代城市

电影制作人在电影出现的早期,就开始探讨大都市的活力。大卫·格里菲斯(D. W. Griffith)的《猪巷火枪手》(The Musketeers of Pig Alley,1912)选取了城市犯罪团伙作为主题。哈罗德·劳埃德(Harold Lloyd)在《最后安全》([Safety Last],弗雷德·纽迈尔[Fred C. Newmeyer]和萨姆·泰勒[Sam Taylor]导演,1923)中的表演以及金·维多(King Vidor)的《乌合之众》(The Crowd,1921)探讨了城市休闲活动的含义,而且阐释了福特主义逻辑,以及工业生产和消费的动态循环是如何彻底渗透入无声电影这种在当时受人尊敬的中产阶级娱乐活动之中的。20 世纪 20 年代早期城市交响乐体裁的电影开始涌现,它们选取大城市的活力作为其鲜明的主题。《曼哈顿》([Manhatta],查尔斯·希勒[Charles Sheeler]和保罗·斯特兰德[Paul Strand]作品,1921)和《柏林:城市交响曲》([Berlin: Symphony of a Great City],沃尔特·鲁特曼,1927)等电影呈现了机械化与城市社会异化间的联系。以俄罗斯实验性影片《持摄像机的人》([The Man with a Movie Camera],吉加·维尔托夫[Dziga Vertov],1929)为代表的这些影片通常会通过避免使用舞台动作,以及拍摄没有意识的人来批判性地反映工业城市的政治和经济生活现实。它们是城市纪实电影的最早实例,之后,让·鲁什(Jean Rouch)(《夏日纪事》Chronicle of a

Summer，1961）等电影人进一步发展了城市纪实电影。这部纪录性美学作品深刻影响了那些关注殖民城市生活记录的发展中国家的电影制片人，如塞内加尔导演乌斯曼·塞姆班（Ousmane Sembene）的《黑人女孩》（Black Girl，1967）以及巴西导演格劳贝尔·罗查（Glauber Rocha）的《痛苦之地》（Land in Anguish，1967）。

20世纪20年代和30年代在欧洲从事创作的文化评论家沃尔特·本雅明和西格弗里德·克拉考尔等人就意识到电影和大都市之间的密切联系。本雅明将电影与装配线对工人意识的影响进行比较，并将电影的冲击理解为培养现代感官印象的决定性因素。克拉考尔对观看电影的白领女性从电影中获取城市生活智慧的做法赞赏有加。两位作家都对查理·卓别林的《摩登时代》等影片大为钦佩，这些影片滑稽却又非常严肃地描绘了都市科技社会中卑微的人物形象。克拉考尔在《电影的本性：物质现实的复原》（Theory of Film：Redemption of Physical Reality，1960）中指出电影是唯一适合记录日常城市现实的形式。

电影也对市政当局和规划组织的新城市计划的推广起到了重要的作用。在《城市的明天》（[Die Stadt von Morgen—Ein Film vom Städtebau]，马克西米利安·冯·高来恩［Maximilian von Goldbeck］和埃里希·科策［Erich Kotzer］）和《今日建筑》（[Architecture Today]，皮埃尔·谢纳尔［Pierre Chenal］，1931）等电影中，现代主义建筑的支持者批评传统城市的密度和恶劣条件，并提出了从公寓楼到绿地城镇等替代方案。1939年世界博览会上广受好评的影片《城市》（[The City]，拉尔夫·施泰纳［Ralph Steiner］和威拉德·范·戴克［Willard Van Dyke］作品，1939）就集中体现了这一趋势。该影片通过对新英格兰小传统市镇价值的呼唤，以及对混乱不健康的现代都市的描述，描绘了现如今略带着焦虑的城市电影形象。

电影和后现代城市

20世纪四五十年代的美国黑色电影是与早期乐观的都市电影的明显背离。通过翻拍描述城市暴力和堕落的早期电影以及《卡里加利博士的小屋》（[The Cabinet of Dr. Caligari]，罗伯特·温［Robert Wine］，1919）、《街道》（[The Street]，卡尔·格鲁恩［Karl Grune］，1923）、《赌徒马布斯博士》（The Gambler，弗里茨·兰格，1922）等魏玛德国电影，这些黑色电影呈现了美国城市明显的衰败场景，城市里到处充斥着在黑暗危险的环境中呆板的生活着的失败者和无辜的旁观者。

经典的黑色电影包括《双倍赔偿》（[Double Indemnity]，比利·怀尔德［Billy Wilder］，1944）、《裸城》（[The Naked City]，朱尔斯·达辛［Jules Dassin］，1948）以及《夜阑人未静》（[The Asphalt Jungle]，约翰·休斯顿［John Huston］，1949）。黑色电影是伴随城市更新而来的许多市中心街区的消除而产生的，它们缅怀那些令电影更加吸引人的古老的城市形式、高架、地铁轨道和即将消亡的破旧工业区。20世纪70年代和80年代的新黑色电影运动在影片《唐人街》（[Chinatown]，罗曼·波兰斯基［Roman Polanski］，1974）中呈现出20世纪30年代神话般的洛杉矶的理想景象，而在影片《银翼杀手》中，雷德利·斯科特对早期文化风格进行了反乌托邦的模拟。

对旧城市形式的根除和新形式建成环境的到来，以及伴随这些变化而引发的焦虑进行探讨，这是战后电影的主题，而这些内容在早期电影中都不曾出现过。对共产主义的恐惧以及20世纪40年代末和50年代冷战时期美国人对任何形式的公共住房的敌意，在艾茵·兰德（Ayn Rand）改编的《源泉》（[The Fountainhead]，金·维多［King Vidor］，1949）中得到了最强烈的表达，该影片的内容是对象征着男性个人主义的摩天大楼的保护。作为对工作室电影创作和近期法西斯历史的摒弃，意大利新现实主义电影运动在《罗马，不设防的城市》（[Rome，Open City]，罗伯托·罗西里尼［Roberto Rossellini］，1945）中使用真实城市传达民主的人文主义精神。

法国新浪潮电影制片人在《巴黎属于我们》

([*Paris Belongs to Us*],雅克·里维特[Jacques Rivette],1960)和《女人群像》([*Les bonnes femmes*],克劳德·夏布洛尔[Claude Chabrol],1960)等影片中研究了城市化对年轻人的影响。让·吕克·戈达尔(Jean-Luc Godard)的《阿尔法城》(*Alphaville*,1965)和《我知道的关于她的两三件事》(*Two or Three Things I Know about Her*,1966)以及随后由德国人维姆·文德斯拍摄(Wim Wenders)拍摄的《美国朋友》(*The American Friend*,1977)等影片探索了战后的现代城市景观。《出租车司机》([*Taxi Driver*],马丁·斯科塞斯[Martin Scorsese],1976),《对话》([*The Conversation*],弗朗西斯·科波拉[Francis Coppola],1974)以及《死亡请求》([*Death Wish*],迈克尔·温纳[Michael Winner],1974)等影片对美国城市进行了清晰的描绘,并表达了对后水门时期犯罪、警察无能、监视以及企业腐败等问题的忧虑。

20世纪60年代出现了新一代的城市电影制片人。他们的作品所涉及的内容是过去被大部分电影创作所排斥的种族和民族群体。雪莉·克拉克执导了《冷酷的世界》(*The Cool World*,1964),梅尔文·范·皮布尔斯(Melvin van Peebles)拍摄了众所周知的第一部黑人压迫电影《甜蜜背后的歌》(*Sweet Sweetback's Baadasssss Song*,1971),该影片在底特律首映,并很快如潮水般在其他内陆城市的电影院放映。随后尚塔尔·阿克曼(Chantal Akerman),斯派克·李(Spike Lee),查尔斯·伯内特(Charles Burnett),王颖(Wayne Wang)和哈尼夫·库雷西(Hanif Kureishi)等制片人通过妇女、非洲裔美国人、亚裔美国人和巴基斯坦人的视角和体验呈现了纽约、伦敦、旧金山和洛杉矶等城市的全新而独特的景象。伊朗导演阿巴斯·基亚罗斯塔米(Abbas Kiarostami)在电影《樱桃的滋味》(*Taste of Cherry*,1997)中探讨了德黑兰的城市景观,香港导演王家卫在电影《重庆森林》(*Chung King Express*,1994)中呈现了香港独特的城市环境。托德·海恩斯(Todd Haynes)(《远离天堂》*Far from Heaven*,2002)和托德·索伦兹(Todd Solondz)(《两个故事一个启示》*Storytelling*,2001)电影中的郊区环境表明在远离人口稠密的大都市的郊区也会形成现代生活中社会身份的冲突。

电影放映和城市

继格里菲斯的《一个国家的诞生》(*The Birth of a Nation*,1914)成功之后,长篇叙事电影的繁荣促进了电影院以及纽约的时报广场、伦敦的皮卡迪利,还有柏林的库达姆大街(Kurfur-stendamm)等娱乐场所的发展。与连续循环播放的早期五分钱娱乐场的电影不同,剧情片有特定的放映时间,因此需要观众们协调他们的观看时间与影院的放映时间。1945年后美国的郊区化使得电影首映远离了市中心。来自电视的竞争进一步减少了城市传统电影院的门票销售,汽车电影院和购物中心电影院开始繁荣。许多曾经利润丰厚的市中心电影院被迫关闭或是通过放映色情片谋求发展,现在受到了监管色情行业的区划法及重建准则越来越多的监管。在录像机和20世纪70年代的家庭视频革命到来之前,无论是在《我的黄之好奇》([*I am Curious Yellow*],维尔戈特·斯耶曼[Vilgot Sjöman],1967)等艺术电影,还是在《深喉》([*Deep Throat*],杰拉德·达米亚诺[Gerard Damiano],1972)等色情电影中,色情内容的存在为许多城市电影院带来了收入。

电影作为大众文化形式和作为艺术表现媒介之间的紧张关系在第二次世界大战后的放映实践和场所中变得越来越明显。艺术电影,尤其是那些来自欧洲的艺术电影,在20世纪50年代和60年代捕获了美国观众的关注,并在纽约的上东区和波士顿的坎布里奇等社区放映,这对时报广场等区域造成了损害。小型的电影俱乐部和大学校园长期放映的前卫电影或那些具有政治争议的电影,在纽约经典电影资料馆等场所找到了归宿,或是在商业电影院作为午夜电影展出。如深夜放映的《洛基恐怖秀》(*Horror Picture Show*,吉姆·沙曼[Jim Sharman], 1975) 这种令青少年为之狂热的影片, 粉丝们将自己打扮成电影中的人物形象, 以提醒人们他们不只是在观看电影, 更多的是在参与并寻求归属感。

电影及其在城市中的未来

21世纪早期, 电影在城市的未来出现了不确定性。DVD和家庭娱乐系统、电影的卫星和光缆传输以及郊区多厅影院的发展, 削弱了观看电影和都市电影院之间的传统联系。虽然并不存在完全没有多厅电影院的现代城市重建规划, 但是这些多厅电影院通常位于购物中心, 而不是位于街道的传统公共空间, 将观看电影转变成了一个私人的文化行为, 并与购物越来越难以区分。

受数字投影代替35毫米电影胶片的主要影响, 小型独立电影院开始濒临灭绝, 或是被多厅影院所替代, 这通常以牺牲老电影观众为代价而使得影院观众趋于均匀化。如今, 城市多厅影院已经成为年轻人休闲和消费的重要场所, 而这一事实也得到了好莱坞电影公司的长期认可。在电影被动作和特效主导的年代, 学者们开始讨论国家电影的概念是否仍然明确, 或者由于电影变得更适合某种类别的全球观众而已经失去了它的普遍性。而近期《撞车》(Crash, 保罗·哈吉斯[Paul Haggis], 2004) 和《躲避》(Caché, 迈克尔·哈内克[Michael Haneke], 2005) 两部以民族和种族冲突为主题的电影的国际性成功表明观众仍然会对探索城市热点问题的影片有所反应。

尽管好莱坞电影在全球市场占有压倒性优势, 但是小国家的电影业仍将继续蓬勃发展, 并制作符合当地城市文化的电影。

随着中国、俄罗斯和土耳其等国家经济的进一步发展, 国内的电影观众增多, 这些国家的电影业可能会创作出更多符合城市和大城市生活的电影, 并吸引更多国外观众的关注。尽管大城市还会继续存在一些电影展览方式, 但是它们很可能只是特例, 而不是如在20世纪大部分时间里那样成为一般规律。但是持续发展的技术以及全球化的均匀化趋势似乎不太可能消除城市在电影中的主导作用, 城市电影院仍然是不完全现代性的标志。

进一步阅读书目:

- Dimendberg, Edward. 2004. *Film Noir and the Spaces of Modernity*. Cambridge, MA: Harvard University Press.
- Friedberg, Anne. 1995. *Window Shopping: Cinema and the Postmodern*. Berkeley: University of California Press.
- Gomery, Douglas. 2002. *Shared Pleasures: A History of Movie Presentation in the United States*. Madison: University of Wisconsin Press.
- Hansen, Miriam. 1991. *Babel & Babylon: Spectatorship in American Silent Film*. Cambridge, MA: Harvard University Press.
- Jancovich, Mark and Lucy Faire, with Sarah Stubbings. 2003. *The Place of the Audience: Cultural Geographies of Film Consumption*. London: British Film Institute.
- Jousse, Thierry and Thierry Paquot. 2005. *La ville au cinéma*. Paris: Cahiers du cinéma.
- Schwartz, Vanessa and Leo Charney. 1995). *Cinema and the Invention of Modern Life*. Berkeley: University of California Press.
- Shiel, Mark and Tony Fitzmaurice, eds. 2003. *Screening the City*. London: Verso.
- Vogt, Guntram. 2001. *Die Stadt im Kino. Deutsche Spielfilme 1900 – 2000*. Marburg, Germany: Schueren.

(Edward Dimendberg 文　宋丽娟 译　陈　恒 校)

CITY BEAUTIFUL MOVEMENT ｜城市美化运动

发生于19世纪后期的美国城市美化运动是统治精英的一次改革尝试，旨在解决19世纪后期工业革命期间，特别是1893到1897年经济萧条时期困扰全美大城市的城市危机。城市美化运动强调全面、大规模的规划，并为现代城市区域规划设定了标准。

农业社会的消失，加之移民和城市化进程导致了全美城市区域人口的急剧上升。从1860到1910年，美国人口数量从3140万增至9190万；由于城市的工业工作取代了农村的农业工作，46%的美国人生活在城市地区。同一时期，人口数量超过10万的美国城市从8个增加到50个，而在1910年多个城市的人口超过了100万。

贫困在城市核心区域的集中造成了恶劣的卫生条件、交通堵塞和住房拥挤等现象，而同一时期交通系统的改善则促使上层阶级搬至郊区和农村。大量移民涌入城市以寻求改善境况的机会，这导致了剧烈的社会动荡、劳工抗争和种族矛盾。

过度拥挤、疫病和犯罪成为注重自身安全的精英阶层的主要关注点。1890年雅各布·里斯报道了纽约公寓内的生活条件：

> 四分之三的纽约人住在公寓里，而19世纪日益增多的城市移民让纽约城更加拥挤。现在我们知道这毫无出路：公众忽视和个人贪婪的邪恶系统已经遗留了下来，并将永远成为我们文明的风暴中心。

里斯的著作是关于密集城市居民区内贫困和权利被剥夺的引人注目的记录，是对社会改革的一次强烈呼吁。

城市美化运动的兴起是统治精英对这些关注所做出的反应。这次运动的改革和管理目标（动员了建筑师、规划师和社会改革者）是通过改善了的、有序的以及美化的城市环境给城市带来社会秩序和控制：一个为全体公民带来全新的和谐社区和归属感的全新城市，并因此消除社会冲突。根据朱莉·罗斯（Julie K. Rose）的理解，这次运动潜在的假设是"美丽可以当作有效的社会控制手段"。

在主要的工业城市，不断增多的劳工抗议使劳工立法迟迟得不到批准，引发了系统的国家镇压以及警察和劳工抗议者之间的暴力冲突。芝加哥的秣市事件（1886年5月）最初只是支持罢工的一次和平集会，最终却导致了若干抗议者、警察和平民的死亡，随后4名无辜的无政府主义者在争议中被执行了死刑。为了打击政治激进主义蔓延并庆祝英帝国的全球扩张，英国政府在伦敦水晶宫举办了世界博览会。以此为例，芝加哥为了巩固严重分裂的社会，并拯救世界范围内反对秣市审判造成的岌岌可危的城市声誉，在城市政治和经济精英的倡导下于1893年举办了哥伦比亚世界博览会。

芝加哥举办的哥伦比亚世界博览会（又称芝加哥世界博览会）是对城市美化运动原则的第一次大规模展示。总规划师丹尼尔·伯纳姆提出了一个理想化的、乌托邦式的以及和谐的"白城"城市生态模型，这对当时大多数美国城市居民来说是非常陌生的：其特色是在绿地、宽广的运河以及清澈的水池之间整齐有序的纪念性建筑物（全部具有统一的檐口高度、喷有白漆和大气的装潢），以及由弗雷德里克·劳·奥姆斯特德（Frederick Law Olmsted）设计的风景如画的泻湖。其风格属于19世纪70年代到20世纪30年代期间由先进的国际建筑学校巴黎美术学院所提出的新古典主义，该学校利用历史资源以及如拿破仑三世统治时期乔治-欧仁·霍斯曼爵士的巴黎改造等大规模规划艺术指导了来自全世界的艺术家和建筑师。理查德·莫里斯·亨特（Richard Morris Hunt）、乔治·波斯特（George Post）和丹尼尔·伯纳姆等若干在巴黎美术学院学习的美国建筑师以哥伦比亚世界博览会为契机将这些美学理念引入了美国。

哥伦比亚世界博览会第一次向美国社会展示了乌托邦城市形象。根据历史学家罗伊·卢波夫（Roy Lubove）的理解，这次博览会"创造了衡量城市生活质量的新理念和新标准"。在这一理想化城市里，超过 2 700 万名游客可以参观没有犯罪和贫穷、秩序良好并且设计宏伟的城市是什么样子。当时社会的反应是非常积极的，而且宏伟的白色城市为全美以及海外的城市美化运动设定了标准。

接下来的几年，城市美化运动的主要倡导人丹尼尔·伯纳姆，在当时主要的规划者、建筑师和设计者的协助下指导了华盛顿特区（1902）、克利夫兰（1903）、旧金山（1905），最后是芝加哥（1909）的整体规划；而且芝加哥规划仍然被认为是城市美化运动最具持续性且最宏伟的成果之一。

城市美化运动的建筑遗产

伯纳姆曾说道，"不要做小规划，因为小规划没有激奋人们热血的魔力……要做大规划……要记住曾经被记载的宏伟的逻辑图表永远不会灭亡，相反，在我们逝去很长一段时间之后，它将会具有生命，并证明自身永不消亡的连贯性"。他所有的规划的确是他自身哲学的实物化。

尽管不是所有的城市美化规划都完成了，但是大公园、公共广场、全景林荫大道以及著名的特色建筑将永远地改变美国主要城市的形态。伯纳姆所采用的布置和转换、宏伟的建筑遗产以及规划为城市的结构打上了烙印，至今仍广为公众大加赞赏。

伯纳姆以及小弗雷德里克·劳·奥姆斯特德和老弗雷德里克·劳·奥姆斯特德也是整合城市公园和绿地空间的主要倡导者。根据伯纳姆的理解，公园将为身处痛苦拥挤的公寓中的居民提供一个健康的环境；人们可以在公园里休闲娱乐、丰富生活，同时还可以和大自然进行有益的接触。伯纳姆解释说，"50 年以前，在人口稠密的城市区域出现之前，人们可以不需要公园而生活，但是今天我们的生活则不可以没有公园"。因此，公园和公共空间也有助于不同社会阶层的融合。

追随父亲的脚步，小弗雷德里克·劳·奥姆斯特德将城市区域规划中的景观建筑发展到了令人钦佩的程度。他的工作直接受到了其在典型欧洲城市所观察到的公园、林荫大道和居民区协调融合的激发。按照他的观点，复制欧洲模型将改善美国城市，特别是严重缺乏娱乐和公共空间的美国城市，而按他自己的话说就是"城镇的约束和限制条件迫使我们慎重地、警惕地、嫉妒地前行，也迫使我们毫无同情地密切看待他人"。1902 年他加入了麦克米兰委员会（与伯纳姆、建筑师查尔斯·麦金[Charles F. McKim]以及雕塑家奥古斯都·圣·高登斯[Augustus St. Gaudens]一起），重新设计了华盛顿特区国会大厦广场，成功完成了 1791 年皮埃尔·朗方未完成的规划。

城市美化运动的建筑遗产仍然受到人们的普遍赞赏，市民和游客都可享受。纪念性广场和公园、宏伟的林荫大道、市政厅、博物馆以及大多数大学校园都是这次运动的产物。

注重城市内部或外部的交通设施规划也是城市美化运动的显著特点。公共林荫大道、商场和大街风格优美，而连接市区和外部村庄的火车站（如伯纳姆设计的华盛顿特区联合车站）被按照宏伟的比例进行设计，并成为通往城市的纪念性门户。

伯纳姆的芝加哥规划虽然没有完成，但是却创造了由大型公园、林荫大道、桥梁和市政建筑构成的令人印象深刻的网络，并且对作为公共空间的湖畔区进行了彻底的重新设计。湖畔区现有的景观特色以及千禧公园的设计都体现了伯纳姆未完成的城市区域规划的精髓。

在华盛顿特区，麦克米兰试图模仿巴黎和罗马等欧洲首都的宏伟风格进行规划，并完成朗方的规划设计。它将联邦政府区域和城市其他区域分离，建立了按照美术学院风格设计的汉白玉联邦大楼、巨大的公共广场和一系列公园构成的纪念式核心区域。

俄亥俄州的克利夫兰市中心保留了一系列令人印象深刻的城市美化建筑和公共空间：大量具有相似高度、范围和比例的宏伟建筑，每一栋都具有略微不同的历史复兴主义的特点，并被安置在中心广场区域四周。广场和市政中心、大学建筑物、克利夫兰艺术博物馆以及凯斯西储大学仍然广受赞赏。

1891 到 1913 年期间，由麦金、威廉·拉瑟福德·米德（William Rutherford Mead）和斯坦福·怀特（Stanford White）设计的纽约市哥伦比亚大学校园被认为是芝加哥哥伦比亚博览会的一个缩影。1919 年约翰·拉塞尔·波普（John Russell Pope）为康涅狄格州纽黑文耶鲁大学设计完成的规划被认为是城市美化运动的另一个显著成果。

然而，城市美化运动远远超出了美国的国界：1898 年美国军队入侵马尼拉，并与西班牙人以及菲律宾人发生战争之后，全新的殖民地政府以华盛顿特区为模型，马尼拉市被改造成一个宏伟的首都。1904 年伯纳姆为马尼拉设计规划，他将马尼拉构想为一个融合了热带景观、宏伟的全景轴线和不拘一格的殖民建筑的花园城市。这一规划倡导建立一个以纪念性政府建筑为边界的线性广场，广场连接马尼拉湾和国会大厦，一系列的全景街道由国家广场向外辐射。虽然伯纳姆的马尼拉规划没有被全部执行，但是该城市基本的道路网络还是遵从了伯纳姆的规划。

芝加哥哥伦比亚博览会建筑师构想的乌托邦城市也极大激发了 1908 年沃尔特·伯里·格里芬完成的澳大利亚首都堪培拉规划。1911—1912 年的堪培拉国际规划比赛为建筑师和改革派规划师提供了一次从头开始设计一个全新城市的机会，大多数参赛作品都体现了城市美化运动的风格。格里芬的获奖作品体现了城市美化运动的特点，它倡导自然景观和宏伟建筑之间的和谐交融，同时还具有融合了乔治王朝和地中海（拱门、阳台、瓦屋顶以及赤褐色装饰）风格的居民定居点以及湖泊和水域周边宜人的花园。堪培拉规划并没有完成：20 世纪 20 年代堪培拉计划终于开始动工，但是随后的大萧条和第二次世界大战又终止了建设。

城市美化运动的文化遗产

20 世纪 20 年代初期，由于全新的现代主义国际风格注重实用而非审美，同时侧重技术革新与功能而非美学和装潢，城市美化运动的流行度开始下降。

然而得益于全面大规模的规划，城市美化运动在美国主要城市留下了长久的烙印，并为现代理性的城市区域规划设定了标准。根据历史学家卢波夫的说法，城市美化运动最有价值的遗产是"作为艺术品的城市"所包含的理念。

尤其是最近一段时期，城市美化运动的元素被重新评估，并被带回了就无车城市、智能发展、公交导向发展和新城镇等问题进行的规划讨论的中心位置，从而试图抵消现代主义城市区域规划的无形性，并恢复城市结构中的人类规模、宜居性及行人友好性。新城市主义等规划运动所倡导的历史主义和新传统主义都得益于城市美化运动的遗产。新城市主义根植于城市美化运动，它强调围绕轴线和网络精心规划市政建筑、广场、景观公园和公共空间的布局。正如新传统主义设计运动的成功所表现的那样，城市美化运动长久的文化遗产也体现在近年来古典主义建筑、乡土建筑以及历史复兴对其的青睐之上。

城市美化运动同时也深深影响了休闲和娱乐空间的规划：20 世纪 30 年代早期科尼岛（Coney Island，乡土建筑的伟大复苏）以及现今的主题公园（精心设计的风景以及历史风格）都明显得益于城市美化运动，尤其是伯纳姆的白城理念。斯蒂芬·米尔斯（Stephen Mills）认为今天的迪士尼乐园起源于维多利亚时代的世界博览会，尤其是哥伦比亚博览会和 1876 年的费城百年纪念博览会。对于哥伦比亚博览会，皮埃尔·德·安吉利斯（Pierre De

Angelis)认为现代主题公园继承了大规模的"城市控制区"的传统,并秉承了发展于白色城市的两个重要策略:"一个体现共识和满足的统一和谐的建筑风格,以及理想化的没有任何重大风险、冲突或争议的模拟世界。"

强调秩序而不是活力、强调城市环境严格的审美规则而不是其自发性和真实性,可能是城市美化运动不太令人信服的原因。然而,城市美化建筑师和规划者在宏伟规划中所完成的市政建筑和公共空间、公园和林荫大道等建筑遗产的成就,时至今日仍然在很大程度上有利于整个社区的建设,并受到了普遍的赞赏。

进一步阅读书目:

- Beveridge, Charles E. 1995. *Frederick Law Olmsted: Designing the American Landscape*. New York: Rizzoli.
- Boyer, Paul S. 1978. *Urban Masses and Moral Order in America, 1820–1920*. Cambridge, MA: Harvard University Press.
- Burnham, Daniel H. and Edward H. Bennett. 1909. *Plan of Chicago*. Edited by C. Moore. Chicago: Commercial Club.
- De Angelis, Pierre. 2008. "Beautiful Urbanism: How a Short Lived, Feeble Movement Continues to Shape the Contemporary American City." *Mudot—Magazine on Urbanism* 6: 69–72.
- Hines, Thomas S. 1979. *Burnham of Chicago: Architect and Planner*. Chicago: University of Chicago Press.
- —. 2004. "Architecture: The City Beautiful Movement." In *The Electronic Encyclopedia of Chicago*, edited by J. L. Reiff, A. D. Keating, and J. R. Grossman. Chicago: Newberry Library. Retrieved May 10, 2009 (http://www.encyclopedia.chicagohistory.org/pages/61.html).
- Muschamp, Herbert. 1992. "The Nina, the Pinta and the Fate of the White City." *New York Times Architecture View*, November 8.
- Reps, John W. 1992. *The Making of Urban America*. Princeton, NJ: Princeton University Press.
- Riis, Jacob. 1890. *How the Other Half Lives: Studies among the Tenements of New York*. New York: Scribner.
- Rose, Julie K. 1996. "The World's Columbian Exposition: Idea, Experience, Aftermath." MA Thesis, University of Virginia, Charlottesville. Retrieved May 10, 2009 (http://xroads.virginia.edu/~ma96/WCE/title.html).
- —. 1997. "City Beautiful. The 1901 Plan for Washington D. C." Department of American Studies, University of Virginia, Charlottesville. Retrieved May 10, 2009 (http://xroads.virginia.edu/~cap/CITYBEAUTIFUL/dchome.html).
- Smith, Carl. 2007. *The Plan of Chicago: Daniel Burnham and the Remaking of the American City*. Chicago: University of Chicago Press.
- Wilson, William H. 1994. *The City Beautiful Movement*. Baltimore: Johns Hopkins University Press.

(Alessandro Busà 文　宋丽娟 译　陈　恒 校)

CITY CLUB ｜城市俱乐部

19世纪末20世纪初试图改革城市政府的人们,在美国建立了他们称之为城市俱乐部的组织,此时正值城市政府试图减弱政党政治的影响之时。城市俱乐部成员认为,许多政客及其追随者的腐败和渎职造成了严重的经济、政治和社会问题。这些组织宣称,无党派政治行动可以促使更多公民加入让市政管理廉洁高效的行动中。城市俱乐部起源于费城、纽约、芝加哥、波士顿和克利夫兰等东部和中西部城市,波特兰和丹佛等西部城市也建立了城市俱乐部,许多秉承着相同目标的俱乐部至今依然存在。1981年建立于西雅图的新型俱乐部也将这种传统保持了下来。

城市俱乐部的早期成员都是男性,女性甚至不能作为演讲嘉宾参与其中;俱乐部的成员也主要是中产阶级、白人商人和专业人士。尽管俱乐部宣称它们对来自各行各业的男性都是开放的,但是俱乐部还是会通过会员规则严格控制俱乐部的准入门槛。尽管城市俱乐部严格的性别隔离随着时间的推移逐渐缓解,但是到了20世纪20年代,女性组织成立了自己的女性城市俱乐部作为回应。男性俱乐部和女性俱乐部之间的一个关键区别是如何理解自身的目标。女性城市俱乐部通常强调培养解决市政问题的社会责任感,而男性俱乐部则宣称对市政事务不满意的人要更多地参与市政事务之中。

城市俱乐部通过市民委员会进行工作,市民委员会对税务改革、公共教育、交通、公园和游乐场,诸如警察、消防和垃圾收集等市政服务、城市区域规划以及劳动等具体城市问题展开调查。通常来说,这些委员会会按时向俱乐部提交月度和年度报告,定期举行午餐会议,并邀请发言人讲述亟待解决的城市问题。城市俱乐部通常会发布公告和时事新闻来公开会议和讨论的内容,并给出俱乐部在重要市政问题上的立场。这种类型的城市俱乐部将自身职能描述为专门向城市居民公开市政事务的状态以影响实际改革,或向市政办公室推荐特定候选人。虽然存在明显的阶级和性别界限,但是早期的城市俱乐部乐观地认为,只要城市居民可以更好地获知城市事务,他们就可以选出诚实高效的市政官员为社区利益而不是为政党利益服务。这些城市俱乐部努力培养公民的参与意识和政治责任,并将自身与其他可能使用这个名字,但实际上的私人社交俱乐部区分开来。

进一步阅读书目:

- Flanagan, Maureen A. 1990. "Gender and Urban Political Reform: The City Club and the Woman's City Club of Chicago in the Progressive Era." *American Historical Review* 95: 1032 – 1050.
- Schiesl, Martin J. 1977. *The Politics of Efficiency: Municipal Administration and Reform in America: 1880 – 1920*. Berkeley: University of California Press.

(Maureen A. Flanagan 文　宋丽娟 译　陈　恒 校)

CITY MAP | 城市地图

在古巴比伦时期出现了绘制在石头上的城市地图,而在早期中国和日本出现了绘制在纸上的地图。古希腊人很大程度上因其世界地图而闻名于世。而罗马人则为奥兰治(Orange)和罗马等城市刻画了互制地图,并摆放在城市的公共场所。

所有这些古老的示意图几乎都是平面的,表明这些城市好像是直接从空中而来的。现代欧洲早期,一定程度上受到克劳迪亚斯·托勒密(Claudius Ptolemy)《地理学》的激发,城镇示意图开始发展并出现了3种主要类型。尤其是在意大利,经典类型的示意图在16世纪十分常见；随后又出现了两种新类型的城市地图："侧面型"和"鸟瞰图型"。前者类似于海军的"登陆"，它按照人从地上接近城市时所看到的那样来呈现城市；而后者则从较高倾斜角度来呈现城市。

许多这类示意图创作于16世纪这个伟大的铜版画时代，16世纪末期许多城市示意图被收集进了1595至1617年期间由格奥尔格·布劳恩（Georg Braun）和弗朗兹·胡根堡（Franz Hogenberg）在科隆出版完成的《世界城市》（*Civitates Orbis Terrarum*）。像亚伯拉罕·奥特里斯（Abraham Ortelius）的现代地图集一样，布劳恩和胡根堡的工作主要依赖于世界大部分地区的贡献者所提供的绘制图片。

这些图片可能采用上面提到的3种类型中的任何一种。随着时间的推移，鸟瞰图与侧面图都不再流行。很明显，从城市区域规划的角度出发，这些平面视图可以提供最大可能的精确性。但是，侧面图和鸟瞰图并没有完全消失。现代摩天大楼城市通常用侧面图及鸟瞰图的视角来呈现，通常主建筑会用夸张的方式呈现，这被证明是向游客介绍城市的最好方式。

在计算机绘图的时代，城市地图通常也是平面的，覆盖了街道、电气导管、学校、下水道以及犯罪地点等大量变量，这使现代城市区域规划者可以进行富有潜力的分析。

进一步阅读书目：
- Buisseret, David, ed. 1998. *Envisioning the City: Six Studies in Urban Cartography*. Chicago: University of Chicago Press.
- Elliott, James. n. d. *The City in Maps: Urban Mapping to 1900*. London: British Library.
- Harley, J. B. and David Woodward, eds. 1987,1994. *The History of Cartography*. 2 Vols. Chicago: University of Chicago Press.

(David Buisseret 文　宋丽娟 译　陈　恒 校)

CITY OF MEMORY ｜ 城市记忆

城市及其与记忆的关系已经成为心理学、历史学、批判理论、哲学和建筑理论等领域的分析课题。这些丰富的成果阐述了几个相关的问题，简要总结如下：历史具有持续性、城市作为重写本的隐喻、城市与记忆间的辩证关系，概括言之就是记忆的依赖性、排斥性、可选择性和可操作性。

城市中持久存在的历史痕迹是沃尔特·本雅明巴黎拱廊计划的一部分；在研究中他通过考古分层的方式总结了城市记忆的美学特征："每个街道都是一次令人眼花缭乱的体验，街道将浪荡子带入消逝的时间之中。"因此，城市是一部彻头彻尾的"史书，是漫步时的一个记忆过程"。城市被描述为迷宫般的景观，在其中已经消逝的生命痕迹、习俗以及事件仍然存在着。本雅明认为，漫步在巴黎的大街上，多层次的历史会展现在我们的眼前。

在《城市建筑》(*The Architecture of the City*)一书中，奥尔多·罗西(Aldo Rossi)诗意般地将城市描述成为集体和个人记忆的露天档案：

见证了几代人的品位和态度,见证了公共事件和私人悲剧以及见证了新旧事实的建筑是人类活动的固定舞台(……)人们只需要看看考古学家展示给我们的城市层次;它们作为原始和永恒的生命结构,作为一个亘古不变的模式而出现。

通过回顾第二次世界大战爆发后欧洲城市满目疮痍的场景,罗西将城市与具有历史事件痕迹、个人记忆以及史诗事件特点的考古城市景观进行了比较。

城市作为重写本的隐喻在有关城市和记忆的文献中非常重要。根据该词的希腊词源可知,重写本是指刮掉原有的油墨、重新书写的草纸或羊皮纸,但是较早的笔迹并没有被完全抹去而是仍然清晰可见。弗洛伊德在其精神分析研究中第一次使用罗马重写本来描述人类无意识的结构。在《文明及其不满》(Civilization and Its Discontents)一书中,弗洛伊德指出了经过逐步增加及清除而产生的城市层状结构与人类心灵之间的相似性:"这意味着罗马不是一个人类居住环境,而是一个具有同样漫长而丰富历史的灵魂实体,也就是说在这个实体内没有什么曾经存在的东西将会消失,所有早期发展阶段将与最新的发展阶段一起继续存在着"。

何塞·穆尼奥斯·米兰斯(José Munoz Millanes)也把城市比作一个留下了不可磨灭的时间印记的重写本。城市的建成环境"成为日常生活卓越的见证,因为整个时代的人类沧桑都在城市的固定性上记录了下来"。

弗洛伊德罗马重写本的隐喻在分析罗马与记忆的关系中非常有用。古罗马、中世纪罗马、文艺复兴时期的罗马、巴洛克罗马、18世纪罗马、统一后的罗马、法西斯罗马以及重建后的罗马都出现在今天的罗马之中,在多层城市整体中重叠在了一起。

对比和重叠美学是城市记忆的范式。数个世纪的添加和删除所构成的城市多层次特点允许人们将城市解读成为一个无数故事的集合。由于历史在城市当前形式中的持久性可以通过鲜明的对比和迷惑混乱进行自我表现,因此罗马的城市结构表明了这些对比作为和谐画面的组成部分是如何被调节的。

时间和城市空间关系的一个重要内容是刘易斯·芒福德提出的作为空间和时间容器的城市的概念。在《城市文化》一书中他写道:"城市是时间的产物。它们是人类寿命冷却和凝固的模具。"他认为除了古迹和建筑物、历史悠久的社会行为,风俗以及传统碎片也会存在于当代城市的城市环境之中。

城市和记忆的辩证关系

城市与其记忆对话的方式阐明了城市与其他时间维度相关的方式:一个城市对其过去的解释不可分割地与城市构想自身未来的方式相关,因为记忆不仅仅是过去事件的副本,也是一种解释和选择机制。

凯文·林奇分析了过去影响当前和未来的意义的方式。根据林奇的理解,城市空间不仅包括城市历史景观的实质遗迹,还包括将会影响城市未来的意义。城市与其过去之间的对话,对于城市自身身份的建立是必不可少的。正如林奇所观察到的那样,城市通过记忆建立了城市身份,也就是说通过选择过程操纵过去。

在城市政治中,通过操纵城市集体记忆(在城市营销、城市形象营造、宏伟化和节日化努力中)来获益的城市策略是至关重要的;这种策略侧重于突出城市历史选定的时刻,同时删除了不适合或不好的部分。记忆的擦除可以仅仅通过忽视,或者在某些情况下从其表面迹象进行物理删除的方式实现。东欧剧变后,大多数东欧城市出现了这种情况,城市建筑被拆除、街道被重新命名,同时纪念碑也被移除。记忆操纵政治也可以通过新发展或是重建久远的建筑以及结构得以实现:世界各地存在许多实例,先前存在的具有积极象征意义或是体现城市历史特殊时机的建筑物已经被从头进行了重建。

包括在柏林学习期间的布赖恩·拉德(Brian Ladd)在内的若干作家都提出了这一问题。拉德指出了柏林墙倒塌后柏林市政府对共产主义时期建筑遗产的虐待,他观察到城市政治与其过去遗产的关系阐明了一种集体身份。在柏林,操纵和净化的历史重建与对美好未来的想象并行。柏林通过记忆删除和重建的双重策略与其挥之不去的历史以及痛苦回忆进行谈判。

通过突出选定的历史元素并无视不受欢迎的元素,大多数历史场所(从假日市场到主题公园,从翻新的历史老城区到所谓的影院)的后现代重建表达的是经过改造的历史,它的客观性非常值得怀疑,同时其主要目的是使城市形象更具市场性,从而迎合怀旧市民和游客的要求。

在有关"记忆政治"的研究中,安德里亚斯·胡伊森(Andreas Huyssen)分析了记忆在当前城市政治中的重要作用。通过关注3个经历了重要冲击的城市(柏林、纽约和布宜诺斯艾利斯)纪念历史的不同方式,他得出了当代社会的记忆庆祝活动已经成为全球癖好的结论。

马克·克里松(Mark Crinson)也得出了类似的结论,在《城市记忆:现代城市中的历史和遗忘》(Urban Memory: History and Amnesia in the Modern City)一书中,他思考了工业化时代的城市,并且思考了城市通过普遍的参与过去进行的对自身身份的疯狂搜寻。几十年前,作为未来主义实验场所以及前瞻性现代主义文化中心的城市,现在正在重塑自己作为记忆场所的形象。历史保护运动的扩展、历史纪念化以及纪念碑化、博物馆化和节日化策略的蓬勃发展都表明城市走进记忆的方式正在经历一场革命。

"城市记忆"的更多内容

"城市和记忆"是伊塔罗·卡尔维诺(Italo Calvino)《看不见的城市》(The Invisible Cities)一书中给出的11种类别中的一种。在卡尔维诺的书中,5个虚构的城市记忆(狄欧米拉[Diomira]、伊西多拉[Isidora]、扎里亚[Zaira]、卓拉[Zora]以及穆瑞利亚[Maurilia])都与其过去建立了不同的关系。卡尔维诺关注了历史在塑造当前城市方面的广泛影响,解释了过去影响当前城市的不同程度:虽然穆瑞利亚不能与其记忆建立任何联系,但是由于卓拉无法离开它的过去,因此它注定要灭绝。在卓拉,过去是防止城市发展和存活的一个陷阱。

"城市记忆"是由"话说城市"公司(一个由国家艺术基金会和洛克菲勒基金会赞助的机构)创建的在线叙事制图学项目,它致力于整理和展示纽约城市的民俗文化。其网站上展示了一张交互式纽约地图,在地图上呈现了公开捐赠的纽约人的个人故事和记忆。

"城市记忆"也是2008年6月在佛罗伦萨由切萨雷·德·塞塔(Cesare De Seta)、圭多·马丁诺蒂(Guido Martinotti)和马西莫·摩尔西(Massimo Morisi)组织的一系列讨论的主题。讨论的主要内容是伟大历史城市与其历史和回忆的依赖关系,记忆的商品化以及历史城镇公共空间的节日化现象。

克里斯蒂娜·博耶(Christine Boyer)的《集体记忆中的城市》(The City of Collective Memory)一书描述了城市表现自身的方式以及城市与其历史和未来的关系。博耶分析了城市自我呈现的模式,这些模式被选择性地用作阅读城市的文本。

迈克尔·哈格(Michael Haag)的《亚历山大里亚:城市记忆》(Alexandria: City of Memory)一书还原了两次世界大战期间作者所说的"世界性亚历山大全盛时期"。他通过康斯坦丁·卡瓦菲(Constantine Cavafy)、爱德华·摩根·福斯特(E. M. Forster)以及劳伦斯·德雷尔(Lawrence Durrell)三位作者的轶事和传记调查了城市的复杂历史,而城市在这三位作者的著作中都发挥了重要作用。哈格描述了一个充满记忆和秘密的城市,它是一本多层的、迷宫式的引人入胜的重写本,但是城市丰富的多民族纹理随后被作者所说的前埃及总统纳赛尔的"清教徒式社会主义"(Puritanical Socialism)所破坏。

进一步阅读书目：

- Benjamin, Walter. 1999. *The Arcades Project*. Cambridge, MA: Belknap Press.
- —. 1999. *Selected Writings*. Vol. 2, 1927–1934. Cambridge, MA: Belknap Press.
- Boyer, Christine. 1996. *The City of Collective Memory: Its Historical Imagery and Architectural Entertainments*. Cambridge: MIT Press.
- Busà, Alessandro. 2008. "Palimpseststadt—The City of Layers." *Mudot, Magazine for Urban Documentation, Opinion, Theory* 1: 26–29.
- Calvino, Italo. 1978. *Invisible Cities*. Fort Washington, PA: Harvest Books.
- Crinson, Mark. 2005. *Urban Memory: History and Amnesia in the Modern City*. New York: Routledge.
- Freud, Sigmund. [1930] 1989. *Civilization and Its Discontents*. Translated by P. Gay. New York: Norton.
- Haag, Michael. 2005. *Alexandria: City of Memory*. New Haven, CT: Yale University Press.
- Huyssen, Andreas. 2003. *Present Pasts: Urban Palimpsests and the Politics of Memory*. Palo Alto, CA: Stanford University Press.
- Ladd, Brian. 1997. *The Ghosts of Berlin: Confronting German History in the Urban Landscape*. Chicago: University of Chicago Press.
- Lynch, Kevin. 1960. *The Image of the City*. Cambridge: MIT Press.
- —. 1976. *What Time Is This Place?* Cambridge: MIT Press.
- Mumford, Lewis. 1981. *The Culture of Cities*. Westport, CT: Greenwood Press.
- Muñoz Millanes, José. 2003. "The City as Palimpsest." Lehman College and Graduate Center, City University of New York. Retrieved April 5, 2009 (http://www.lehman.cuny.edu/ciberletras/v03/Munoz.html).
- Rossi, Aldo. 1984. *The Architecture of the City*. Cambridge: MIT Press.

(Alessandro Busà 文　宋丽娟 译　陈　恒 校)

CITY PLANNING | 城市规划

城市规划是一个连续性的公共过程，用来指导如何实现基础设施供应，以及维持经济适用房库存量等复杂问题与有限社区资源之间的平衡进行指导的一个连续性的公共过程。它是创建并维护促进社区居民的健康、安全和幸福的理想环境的一种方式。在职业规划师的指导之下，社区为它们的未来确定了共同的愿景和一系列集体目标。在规划师的帮助下，公民们决定如何改善社区的现在和未来。社区的愿景和目标决定之后，城市规划通常会在超过20年的时间里提供全面指导以及成长、发展和重建的方向。

美国从殖民定居时期就开始制订城市规划。到了19世纪中叶，由于工业化带来的快速增长，城市已经演变成了污染严重、街道肮脏以及疾病流行的地方。改革运动侧重于改善卫生和住房条件，并最终促使美国最高法院明确了"警察权"的有效性，以便在法律上保障社区居民的健康、安全和福利。现如今，城市规划不仅涉及环境发展，还涉及大都市区、小城镇和社区的社会以及经济发展。

全面或总体规划是在普遍的未来愿景基础上指导社区整体成长与发展的规划，它涉及若干个关键的步骤。首先，规划者要收集用于分析和解释的背景资料来展现当前和未来的趋势，并征求居民和业主的意见。这会产生关于未来成长和发展的替代方案，并形成最终规划。一旦规划制定完成并被管理机构接受，规划者就会和公共机构和私营部门合作执行规划文件中所推荐的措施。规划者会使用区划法、细分规章制度以及指导如何资助公共改善的资本改进规划等实施工具。公共改进的时机把握和融资可以保证用于未来开发和再开发的公共资金的明智有效利用。

城市规划往往包括社区、地区、交通或零售走廊等特定地理区域创建规划。特别是在大城市，更容易会为城市的部分区域而不是整个城市进行规划。有限的地理区域、较小的侧重点以及更多的细节等特征使得这些区域规划不同于全面规划。最典型的规划是为社区、城镇、工业或商业区域、机场、历史区域以及敏感环境场所设计的规划。然而规划师的角色是不变的，由于公民可以了解到规划过程与他们不久以及遥远未来的生活之间的直接联系，因此通常这些规划会有更多的公共投入。

通常城市具有直接处理经济发展、住房、交通、娱乐以及开放空间等不同规划要素的权力，这些要素往往会直接受到外部影响。例如，国家和地区经济已经从开采和生产自然资源为基础转变成了服务和信息占主导，这种转变会创造新的就业机会和商业决策。过去为了节约运输成本，工业部门通常位于靠近自然资源的地方，现如今公司被吸引到了具有熟练劳动力的城市以及具有能吸引未来合格员工的生活质量较高的城市。

城市规划中的一个要素是住房，它是社区土地的最大消耗者，也是整体经济活动的主要贡献者。19 世纪末和 20 世纪一些最早的规划会通过法规来处理住房问题以确保房间有足够的采光和空气。而如今，规划者关心的是住房负担能力以及是否有满足需求的足够供应量等问题。如同全面规划过程一样，规划人员首先会收集和分析详细的住房数据。除了关注人口和预计人口以外，规划者还会关注住房条件、成本、预计新开工住房、家庭规模和收入以及空房率等问题。然而通常情况下，政府不会提供能直接影响包括多户住房供应在内的房屋供应量的住房、分区以及细分法规。政府会规划街道、下水道、水供应和水处理以及其他公共设施和服务的供应，以鼓励待开发地区的发展。

由于当前城市的复杂性，规划者必须处理土地使用法规、审查发展规划、评估合并方案、鼓励填充式发展和可持续发展、设定发展指导方针和标准，并实施指导发展的许多其他任务。城市会有许多执行规划的法律手段。以全面规划为基础的区划条例和细分法规将鼓励某些地区的发展。区划条例将土地使用划分为不同区域并规范每个区域内的土地使用活动；细分规则解决土地的划分以及为该地区活动服务的基础设施的定位、设计和安装问题。规划者对每个场所进行的场所评估可以确保发展符合区划和细分法规的规定，同时保证每个场所内有足够的停车场、缓冲带以及绿化带等具有特定用途的场所。随着城市的演变发展，法律手段已经变得越来越复杂以便满足不同土地使用的需求。如果特定的环境或历史遗迹需要保护，那么就会出现具有更大限制的覆盖区域。现如今，城市正在通过填充激励、发展权转让、规划面积发展，以及影响费用等法律手段寻求控制发展的更多样的手段。

城市区域规划另外一个重要的方面是环境保护。随着城镇扩展到城市边缘，规划者和居民都在努力节省开放空间，保护野生动物和水域，同时促进农村道路以及行人和自行车专用通道的发展。在"理性发展"实践中，全面规划过程确定了自然区域和开放空间，并认识到了自然和建筑环境之间平衡的重要性。一个相应的方法是认识到在建筑实践过程要进行必要保护的"可持续"发展，其中包括绿色建筑、城市集水技术，以及鼓励使用公交车、轻轨以及自行车等替代交通方式的紧凑型发展。

城市规划在确保社区对自己的未来做出理性的选择方面是至关重要的。在这一过程中，居民和企业主会对用以提升所有人生活质量的决策制定起到重要作用。公共决策者在规划和法律工具使用的指导下获得社区成员想要的成长、发展和重建。正如美国规划协会执行董事兼行政总裁保罗·法默（Paul Farmer）在 2005 年美国国会众议院运输和基础设施委员会的水资源与环境、经济发展以及公共建筑和应急管理分委员会上说的那样:"规划的核心是按照吸引公民参与,反映他们的愿景并促进价值增加的方式对改变进行管理……历史上,规划师一直处在既要确保安全、又要增强活力和社会意识的设计目标和标准的最前沿。"

进一步阅读书目:

- Dalton, Linda C., Charles J. Hoch, and Frank S. So, eds. 2000. *The Practice of Local Government*. 3rd ed. Washington, DC: International City/County Management Association.
- Kelly, Eric Damian and Barbara Becker. 2000. *Community Planning: An Introduction to the Comprehensive Plan*. Washington, DC: Island Press.
- Levy, John M. 2003. *Contemporary Urban Planning*. 6th ed. Upper Saddle River, NJ: Prentice Hall. "A Vision and Strategy for Rebuilding New Orleans." Testimony of Paul Farmer speaking for the American Planning Association before the House Transportation and Infrastructure Subcommittees on Water Resources and Environment, and Economic Development, Public Buildings and Emergency Management, October 18, 2005. Retrieved April 20, 2009 (http://www.planning.org/katrina/pdf/farmerwrittentestimony.pdf).

(Barbara Becker 文　宋丽娟 译　陈　恒 校)

CITY USERS ｜城市用户

城市用户是应用于分析概念的一个有趣标签,对城市用户的详细阐述出于两方面的原因:(1)对解决城市区域增加的流动性进行的传统城市分析有所不足,这种不足很大程度上是因为传统分析以居住人口为基础;(2)以概念为基础的分析变得愈发困难,因此需要阶级等集体性因素来分析。因此,在1993年我建议在城市分析中重新引入群体的概念。

群体和集体因素

我们每天走过或驶过的城市,明显不同于我们脑海中以及我们心目中的城市形象。因此,迫切地需要对我们用于城市社会事实和过程研究的知识和经验工具进行深刻的概念分析。自称建立一个新的城市发展理论的做法是很天真的,而我并不打算这么做。但是,我想建议基于简单的群体概念,也就是由一个或多个简单的特性定义的个人组成的集合,而不是基于任何有关他们合理集体行为的强烈假设来分析城市变化,并回避严格的社会生态思想和阶级分析的束缚。这与我们分析阶级、运动、团体或组织时所用的理论假设相反。举一个定义简单同时具有群体概念的实际例子,当前从第三世界向发达国家城市移民的模式就是典型。移民流是由个人及对应个人情况的家庭组成的;这些集合决定的影响非常深远,因为他们是个人行动的一个松散的总和。

4种城市群体

基于这些粗略的考虑,我建议使用在连续阶段分化出来的4种群体来系统地代表不同的城市形态类型；这些变量的测量在概念上是一致的，只有在用以论述时才需要界定。

	生活	工作	消费
A 居民	Y	Y/N	Y
B 通勤者	N	Y	(Y)
C 城市用户	N	N	Y
D 都市商人	N	Y	Y

从传统城市到第一代都市

在传统的城镇里，所有目前有关城市生活的想法在很大程度上已然成型了，居民或居住在城市的群体与在城市工作的群体是一致的。工业革命并没有对这一状况产生明显的影响，因为第二产业的商品生产主要是需要原材料、工业制成品以及金融资产的流动，而工人和企业家仍主要集中在城市地区。

美国从20世纪20年代开始的大都市区发展与欧洲第二次世界大战后的大都市区发展，基本上可以看作是居民和工作者这两种群体的日益分化。人们可以把这种早期都市发展想象成两个逐渐彼此分离、同时直径都在增加的圆圈，就像维恩图表示的那样。虽然表中很大一部分仍然是重叠的，但是这两个圆却越离越远，通勤是这一过程的产物。而总的来说，早期的大都市区化与传统城市结构在一定程度上是共存的。

城市用户和第二代都市

但是，一些促进第一代大都市区发展的因素进一步促进了分化。更大的流动性以及更多的收入和闲暇，允许在我们的表中分化出第三种群体——城市用户，也就是由于为了使用购物中心、电影院、博物馆以及餐厅等私人以及公共服务而进入城市的人所构成的群体。这一不断膨胀的群体逐渐增加着他们对城市结构的影响，而实际上他们是以不受控制的方式使用城市。有些城市只有很小比例的居民、稍大一点比例的通勤者，但是却有很大比例的城市用户。意大利威尼斯就是这样一个极端的例子，而世界上许多其他城市也存在这种现象。与通勤者不同，城市用户通常是以一种相当野蛮的方式使用城市的公共区域。因此1990年初西柏林市长所断言的他并不担心柏林墙的处置即"因为游客会带走它"的说法并不足为奇。东柏林人似乎更有组织：他们显然已经创建了公司来出售柏林墙，但无论是以出售还是盗窃的形式，结果都是一样的：建成环境中非常重要的一部分正在被消耗。实际上，城市用户为马克思和恩格斯所说的长城会被"商品价格的重炮"破坏的著名预言提供了实例。

城市用户群体正在增加，但是却又很难对其做出精确评估，因为所有的集体认知机制都面向正在经历一场深刻变革的传统城市，而统计工作主要是针对居民，在较小的程度上会涉及通勤者，却完全没有涉及城市用户。如果想要系统地理解这些新趋势，我们必须寻求全新的信息来源。每年大型机场都会应对数量上不是相当于任何一个世界性都市居民数量，而是相当于整个意大利和英国等国家居民数量的流动人口。

中心城市严重的交通堵塞不仅发生在一定程度上可以预知和解决的常规上下班时间，而且会发生在疯狂购物的时间段，这与极具象征意义的休闲时刻相一致。目前为止，对意大利城市发展最具推动力的是1990年的世界杯足球赛。对申办奥运会和世博会展开的竞争也使得地方精英认为城市用户群体越来越重要。由于缺乏统计数据，社会学上很难定义城市用户群体。而有根据的猜测认为城市用户极其分化，从晚上和周末在路边嬉戏打闹的孩童，到各个年龄段的中产阶级游客和消费者，到足球迷或是音乐会以及展览会的追逐迷恋者等特殊群体。这完全不同于我们习惯的流行和科学术语中的城市，而是可以被定义为第二代（或成熟）都市。

城市商人和全球城市

第4种城市用户群体正在分化出来，他们是比例很小但是却非常专业的城市商人群体。这些人进入中心城市进行商业活动并建立职业联系：走访客户的商人和专业人士、参会者、顾问以及国际经理。数量相对较少、但正在增长的第 4 种群体的特点是，他们具有相当大的可支配的私人和企业资金。他们通常在城市待上几天或更长一段时间，但是他们不是常住人口。他们花费一部分时间来进行商业活动，花费一部分时间以较高的消费水平来使用城市。他们是专业的城市居民群体；这些人往往知道他们的方式，他们有选择性的购物并消费酒店和餐厅，而且他们会使用音乐会、展览、博物馆等文化设施，还会使用桑拿浴室和健身房。越来越多的商业和顶级旅游活动一同出现。城市用户和城市商人都是服务行业的产物；第二种类型的工业需要转移物品，而服务的很大一部分则需要人群的转移。

这 4 种群体的出现并不意味着传统的阶级关系和冲突已然消失，但毫无疑问，这一深刻变革强化了引发城市经济冲突的某些社会经济因素。正如马克思所言，工业城市中无产阶级的力量很大程度上来自其在当地的组织化。工人社区强化了工厂中形成的阶级团结，尽管传统的工人阶级政党和运动依赖于城市生态，在这样的城市生态中，亚文化因素促成了经济、社会和政治的独特的协同和交往。关于早期大都市区和工业城市的研究，大多关注那些在今天的大都市区中已不存在的城市景观。从数量的角度看，居民在 4 个群体中是最受负面影响的一类。尽管传统的阶级分化和整合依然存在，但新的阶级分化和再分化更为明显。通过借鉴安东尼·吉登斯的激进现代性的核心即脱嵌的观点，我们可以有更深刻的认识——脱嵌观念所关注的焦点之一就是信息和通信技术的社会后果。

进一步阅读书目：

- Giddens, A. 1990. *The Consequences of Modernity*. Stanford, CA: Stanford University Press.
- Martinotti, G. 1993. *Metropoli la nuova morfologia sociale delle città*. Bologna, Italy: Il Mulino.
- —. 2005. Social Morphology and Governance in the New Metropolis. In *Cities of Europe: Changing Contexts, Local Arrangements, and the Challenge to Urban Cohesion*, edited by Y. Kazepov. Oxford, UK: Blackwell.

(Guido Martinotti 文　宋丽娟 译　陈　恒 校)

COLONIAL CITY ｜ 殖民城市

人类对资源的占有，无论是土地、原材料还是劳动力，都是一种天生的殖民行为，从这方面出发，城市定居点可以被视为天生的殖民地。然而，这里所说的殖民城市是由两个参数定义的：作为人类定居核心的城市依赖于农业腹地，但也是从农业腹地分离出来的；殖民是少数群体对原住民（通常是民族、种族或宗教不同于他们的殖民者的人）的统治。而许多殖民城市是 19 世纪欧洲统治非西方土地的产物，殖民城市化现象具有较长的历史轨迹。

定义和特点

殖民（Colony）和文化（Culture）两个词具有共同的拉丁词根 *colere*，也就是培育的意思。殖民地（colonia）是用来表示罗马公民在充满敌意或新征服的国家上建立的公共定居点的术语，在这些定居点上罗马居民在获得土地、守卫罗马帝国的同时，还保留着他们自身的罗马公民权。殖民和拓殖（plantation）两个词有时可以互换使用。事实上，大英帝国殖民部（Colonial Office）最初称为殖民董事会（Board of Plantations）。在 16 世纪早期的使用过程中殖民一词简单的指代定居的人；然而，后来它表示以剥削为大都会市场生产农产品的奴隶劳动为基础的一种新的世界化的生产方式。殖民化城市的基础是社会隔离和政治统治。殖民城市是统治的实际表达，在殖民城市内，统治者和被统治者之间的关系非常明确，并且通常具有按照种族、社会、宗教和文化团体进行隔离的特点。边缘（periphery，指的是被殖民的领土）和大都会（metropole，指帝国的权力中心）两个词表示殖民城市主义地理上是隔离的，但是在思想上是相关的。

由于被殖民者与殖民者之间的权力不平等，殖民计划可以被定义为在支配和依赖之间激荡的权力斗争，而且往往也反映了这种关系的城市形态布局。例如，许多殖民城市遵循殖民者和被殖民者的城市区域存在明显隔离的双城模式。非斯（Fez）、拉巴特（Rabat）以及卡萨布兰卡这些摩洛哥的法国殖民城市就存在着欧洲区和"传统"或原生区的区别。

殖民城市经常充当维持殖民统治的特有机构。受宗教、文化或经济意识形态的驱动，殖民城市是宗教或文化转换以及经济剥削发生的场所。例如孟买、新加坡、金斯敦（Kingston）以及里约热内卢等沿港口发展起来的殖民城市负责向都市转移殖民地的剩余资源和劳动力。

殖民城市通常会呈现出社会多样性，不同的种族、文化和宗教团体被组织成一个严格的等级体系。这种社会阶层是由统治精英（殖民者）、被殖民的土著居民以及处于地位和权力中间的中间团体组成。例如在加尔各答，英国殖民者会刻意培养一些当地精英让他们担任殖民者与被殖民者之间的中间人。这些精英通常住在可以与那些统治群体相媲美的空间内，而且可以对城市环境进行相当大的控制。

历史和地理

由于考古学的限制，如何确定最早的殖民城市是非常复杂的任务。因此，虽然我们知道首都是克诺索斯（Knossos）的海上帝国米诺斯（Minoan Empire，前 3000—前 2200）殖民统治了埃及以及美索不达米亚的大片土地，但是几乎没有任何关于殖民地本身的证据保留下来可用于探索他们的殖民本质。

然而，考古学提供了一些有关埃及和希腊等古代和古典帝国城市化趋势的证据。例如，公元前 1500 至前 1100 年间，埃及帝国在努比亚尼罗河谷（Nubian Nile Valley）建立了一个庞大的殖民城市网络。这些殖民城镇的设计相当一致，都是由厚重的泥墙包围的正方形或长方形布局。对西阿玛拉（Amara West）和赛赛比（Sesebi）等新王国城镇的挖掘，发现至少在最初阶段这些国家是沿网格线进行布局的。每个城镇的中心都有一个由用于货物存放以及居民居住的石屋包围的大型石庙。5 世纪晚期出现的希腊帝国是爱琴海沿岸 300 多个进贡城市组成的联盟。米利都（位于现代土耳其）是那些遵循用于设计"完美"城市的希波丹姆规划建立的城市中最著名的一个，那里的公民被分为 3 类：工匠、农民和士兵。城市土地被划分为神圣土地、公共土地和私人土地 3 类，城市中心是雅典阿格拉和市场的复制品。

后古典时代的罗马帝国提供了殖民城市的范例，其网格形式是一种大城市的城市规划。大马士革（Damascus）公元前 1 世纪被罗马征服后，沿着东西轴线和南北轴线（兵营）进行了重新规划。柱廊街道和古罗马广场进一步巩固了大马士革作为罗马帝国城市的地位。伊斯兰帝国的殖民城市也出现在北非、中东以及肥沃新月地带（Fertile Crescent）的各个部分。从 7 世纪末期开始，阿拉伯入侵尼罗河流域并在那里为他们的部队建立了驻军城镇。这些临时军营成为城市的核心，清真寺、商业市场和住宅小区围绕着临时军营发展起来并最终变成了永久性的城市。如库法(Kufah)等早期阿拉伯人侵者定居的城镇是围绕着网格街道系统建立的,网格街道系统可以划分特定的区域以便为殖民军队服务。公元1200年左右美洲开始出现殖民城市,当时阿兹特克人建立了特诺奇蒂特兰城。到15世纪,主要是由于阿兹特克人的军事实力,特诺奇蒂特兰城开始成为接收贡品的城镇联盟——阿兹特克联盟的中心。西班牙征服前夕,该城市的人口是如此稠密(约900万人),以至于阿兹特克统治者试图增加"殖民地"献给特诺奇蒂特兰的贡品,而这反过来又导致了叛乱。14世纪,首都位于库斯科(Cuzco)的印加帝国(在现代秘鲁)也开始崛起。这个帝国以其公路网络、灌溉系统等大型公共工程而闻名。昌昌(Chan-Chan)和瓦努科潘帕(Huanuco Pampa)等印加城镇是围绕着印加举办国家庆典的大广场而组建的。

16世纪到19世纪末或者是近代早期的主要特征之一是西班牙、葡萄牙和荷兰等欧洲列强的崛起。美洲的伊比利亚殖民化来自殖民者为了消灭已有的本土文化而按照宗教和文化意识对土著人口进行转变。因此,旧金山和圣迭戈等北美城市是围绕着天主教宗教机构发展起来的,这些促使当地从一个主要的农业经济体向城市经济体的第一次转变。1624年作为贸易港口成立于中国台湾省西南海岸安平古堡是荷兰东印度公司利益最丰厚,也最具战略性的港口之一。

19世纪末20世纪初法国、英国、意大利等帝国的兴起标志着现代帝国主义的崛起。现代工业资本主义的兴起是这个阶段殖民主义的主要催化剂,欧洲工业革命的成功是从北非、南亚和东南亚等边缘地区开采资源建立起来的。在此期间,殖民管理者和规划者在殖民地周边地区进行了各种社会空间实验。殖民城市区域规划者将殖民地看作一张白纸(白板),他们可以自由地在殖民地上施加乌托邦城市的理想,而这些理想是不可能在巴黎或伦敦等大都会实现的愿景。因此,城市区域规划在欧洲的专业化应该是深深根植于殖民经历之上的。

理论框架

当代学术界对殖民城市的理解在很大程度归功于爱德华·萨义德的开创性著作《东方学》(Orientalism),他认为殖民主义的基础是殖民者和被殖民者之间在认识论和本体论上的差异。因此殖民主义过程的一个关键要素是,与统治群体相比,土著人口没有权力、组织上的落后、传统上根深蒂固(因此停滞不前)以及文化上的低级。受萨义德讨论的激发,城市历史学家和理论家开始将殖民城市看作这种差别产生的实验室,以及对被殖民者进行控制和统治的主要组织。这些学者通过不同的方法对殖民城市进行了理论化。

现代化范式(罗斯托)将殖民城市分成两种类型的空间:现代城市(以殖民者的统治群体为代表)和前工业化的或传统城市(以本地主体人口为代表)。现代城市空间围绕着工业化经济进行布局,因此具有港口、邮局和商业中心等元素,而本土空间继续围绕基于生产工厂系统建立的传统集贸市场进行布局。根据城市发展的线性概念,这种模式认为殖民城市逐渐脱离其传统的生产模式并发展成为一个西方资本主义经济体。

殖民城市也被理解为不同的文化与非本土文化体系强加于殖民景观所产生的环境形态之间的联系。这一理解殖民城市的框架认为殖民者与殖民地的文化相互排斥,殖民城市主要是这两种不同文化之间联系的结果。换句话说,就是这一理论框架认为殖民城市的形式是殖民统治文化的直接结果。

政治经济学方法(沃勒斯坦)将殖民城市置于更大的生产和消费的经济系统中进行研究,在这一体系内第三世界边缘地区城市化的基础是与第一世界核心地区进行的不平等的商品和劳动力交换,而殖民城市是为了促进欧洲资本主义的扩张而被刻意创建的。依附理论(弗兰克)对这一理论进行了扩展,他进一步认为核心—边缘的发展模式会在第三世界进行自我复制,在那里,一旦殖民城市被建立,它就会与农业腹地之间建立一种主导关系并会造成殖民地本身之内发展的不平衡。因为它从腹地吸引劳动力、原材料和农业资源,因此殖民城市的发展与城市以及农村的不发达(贫民窟和公寓)是一致的。

近年来,城市历史学家和理论家们更接近于将殖民城市看作本土机构场所,他们认为被殖民群体不仅仅是殖民者愿景和计划的被动接受者,而且还是通过日常生活以及与统治群体的谈判进行殖民城市建设的执行机构。因此殖民城市的最终结果是殖民者构想的理想方案的折中版本,并且融合了迎合土著居民的大量元素。

形式和功能

殖民项目的主要动机往往是在殖民城市的正式城市布局中进行自我表现。下面的内容将列举19世纪和20世纪殖民城市主义的一些例子。

种族隔离是殖民规划者和管理者的首要当务之急。非斯(摩洛哥)和阿尔及尔(阿尔及利亚)等城市为土著居民和欧洲殖民者设计了不同的居住区域。殖民城市双城模式的两部分被一条开放的绿地构成的警戒线分隔开,这条警戒线既是种族不同区域的卫生隔离带,也是一种象征隔离带。在医学界用种族来解释流行病和传染病的影响下,欧洲殖民者认为这条警戒线对于保护自身的健康和生命安全至关重要。因此,殖民种族焦虑被表现为城市种族隔离。

殖民城市也是代表和体现皇权的象征性手段。1911年,当德里成为大英帝国在印度的首都时,一个新的城市被建立起来以作为帝国的行政中心。新德里被建在了靠近沙贾汗纳巴德(Shahjahanabad)的地方,而沙贾汗纳巴德200多年来一直是莫卧儿帝国的所在地。在新德里建立过程中,英国管理员试图通过视觉元素和建筑风格体现大英帝国是最近被废除的莫卧儿帝国的合法继承者。

类似的,亚的斯亚贝巴(Addis Ababa)在1936年成为意大利帝国的核心城市之一。正如贝尼托·墨索里尼设想的那样,新的首都应该能实现两个相互关联的目标:(1)它能在土著黑人和白人殖民者之间建立严格的种族隔离,(2)它能体现意大利帝国在国力和统治力上可以与法国、英国等国家相媲美。

殖民主义文化中的一个关键要素是殖民者是被殖民者合法的"所有者"或"监护人"的概念。这种家长式观点经常在殖民当局管理当地土著遗产的过程中进行自我表现。例如,在法国殖民统治北非的后期,殖民当局承担了保护风景如画的当地城市传统的"原生"形态的任务。在卡萨布兰卡和马拉喀什(Marrakesh)等城市,管道、排污和路灯照明等现代城市设施只局限在城镇中的欧洲部分。这个策略使得殖民者所定义的传统角色的土著人口无法享有现代化。

殖民计划带来了大量劳动力的迁移,并导致了城市相应的住房需求。19世纪末特立尼达的英国殖民地接收了14.4万契约劳工(主要是印度男性),他们被安置在临时棚屋。用最便宜材料建造而成的临时棚屋基本上就是具有几个房间(通常是床)的仓库,这些房间并排而建、共用基本设施,而且少有保护个人隐私的设施。棚屋住房在南非也很常见,其中最著名的是戴比尔斯钻石公司(De Beers diamond company)在其矿业城镇(像如金伯利[Kimberly])建立的安置劳工的棚屋住房。这里的棚屋围绕一个庭院而建,功能像是一个封闭的院子,它像监狱一样可以监控劳工的活动。

殖民城市的持续遗产与新帝国

当殖民者离开以后,殖民城市是否会终止其殖民化? 殖民时代出现的流程和机构在非殖民化时期并不会简单消失,若干城市继续受殖民主义遗产的影响而被塑造。殖民者离开后造成的权力真空很快被地方精英填补,而城市贫民担任着与殖民地本地居民相同的角色,并占据曾经是殖民地本地居民领域的棚户区。尽管是沿着阶级和财富而不是种族的线路,城市隔离会继续影响许多具有殖民遗产的城市。由于以前的殖民群体不想再把它们的历史看作是殖民化的,并且开始把殖民地遗产吸收进他们国家身份的后殖民叙述之中,因此殖民主义遗产也非常复杂。墨西哥就是一个明显的例子,西班牙殖民时期的建筑现在已经被视作墨西哥乡土建筑遗产。

全球化已经从根本上改变了帝国的形式,而且帝国统治技术的变化也改变了殖民城市的形态。一个很好的例子是关塔那摩湾:1898 年为争夺古巴开展的美西战争结束之后,这片土地被美国占领,它是一个自给自足的美国海军基地,也处于地理、法律、政治的例外状态。关塔那摩既不受美国宪法的支配也不受国际法的支配,它从 2002 年初开始监禁了来自 40 个国家超过 700 名的囚犯。这些囚犯被美国政府贴上了敌方战斗人员(而不是战俘)的标签,他们既不受日内瓦公约的保护,也不能获得美国领土上的外来囚犯通常可以得到的法律援助。戴着镣铐的囚犯被困在孤立的牢房之内,并不断受到监视,这些不人道的条件让人想起大英帝国在加勒比海的早期流放殖民地,也让人想起第二次世界大战期间美国建立的用于分隔日裔美国人和普通群体的拘留营。

实际上,如果殖民城市是由少数群体统治本土人口的城市,那么必须要密切关注通过排斥、监禁和酷刑空间而表现的当代帝国主义,这很有可能是目前以及未来的殖民城市。

进一步阅读书目:

- Abu-Lughod, Janet. 1991. *Before European Hegemony: The World System A. D. 1250 – 1350*. Oxford, UK: Oxford University Press.
- Agamben, Giorgio. 2005. *State of Exception*. Chicago: University of Chicago Press.
- AlSayyad, Nezar. 1992. *Forms of Dominance: On the Architecture and Urbanism of the Colonial Enterprise*. Brookfield, VT: Avebury.
- Frank, Andre Gunder. 1969. *Capitalism and Underdevelopment in Latin America: Historical Studies of Chile and Brazil*. New York: Monthly Review Press.
- Home, Robert. 1997. *Of Planting and Planning: The Making of British Colonial Cities*. London: Spon.
- Kaplan, Amy. 2003. "Homeland Insecurities: Reflections on Language and Space." *Radical History Review* 85: 82 – 93.
- King, Anthony. 1976. *Colonial Urban Development, Culture, Social Power and Environment*. London: Routledge & Kegan Paul.
- Ross, Robert and Gerard J. Telkamp, eds. 1985. *Colonial Cities: Essays on Urbanism in a Colonial Context*. Dordrecht, the Netherlands: Martinus Nijhoff.
- Rostow, Walter. 1990. *The Stages of Economic Growth: A Non-communist Manifesto*. Cambridge, UK: Cambridge University Press.
- Said, Edward. 1978. *Orientalism*. New York: Vintage Books.
- Ucko, Peter, Ruth Tringham, and G. W. Dimbleby. 1972. *Man, Settlement, and Urbanism*. London: Duckworth.
- Wallerstein, Immanuel. 1974. *The Modern World System*. London: Academic Press.
- Wright, Gwendolyn. 1991. *The Politics of Design in French Colonial Urbanism*. Chicago: University of Chicago Press.
- Yeoh, Brenda. 1996. *Contesting Space: Power Relations and the Urban Built Environment in Colonial Singapore*. Oxford, UK: Oxford University Press.

(Nezar AlSayyad　Mrinalini Rajagopalan 文　宋丽娟 译　陈 恒 校)

COMMON INTEREST DEVELOPMENT | 同利开发区

同利开发区曾有若干个名字，包括住宅社区协会和共同利益社区。它们可以包括许多类型的住房，从分离的独栋房屋或是规划良好的单元小区里的联排别墅到分契式公寓或合作式公寓。它们可以是被围墙或栅栏包围用于控制访问的门禁社区，也可以是不封闭的社区。

同利开发区的突出特点是共同的物业所有权。除了在一套住房或公寓内的个人利益之外，每个业主共享诸如社区的街道、公园或是娱乐设施抑或一幢高层公寓的楼梯和走廊等公共资产的利益。

每个房主自动成为业主协会的成员，这个协会管理着公共区域并在社区范围内强制执行称之为条件、条款和限制（CCRs）的屋契约束。由土地开发商起草的契约是"使用土地"并约束未来所有购房者的地役权或合约。对契约的修订通常需要得到三分之二以上业主的同意。该协会选举产生的董事会可以自行操作规程或通过简单的多数投票的方式操作规程。

与自治区相比，作为私人会员组织的业主协会可以对居民的土地利用和行为行使更多的控制。常见的限制包括对室外油漆颜色、草坪维护和建筑设计的限制以及宠物饲养和标志牌张贴等"生活方式"限制。CCRs 也授权业主协会对诸如除雪、垃圾收集、街道清洁和照明以及安全等集体服务进行评估。评估者有权扣押违法者的财产并最终不经司法批准取消（抵押品）赎回权。因为他们的活动类似于那些传统区域政府，因此同利开发区通常也被称为"私人政府"。

在过去的40多年中，这些私人政府数量激增。20 世纪 60 年代早期，美国有不到 500 个同利开发区。2006 年，有大约 286 000 个同利开发区，占住房总量的 17%。虽然一些最大最著名的同利开发区位于东部地区（例如哥伦比亚特区、马里兰州以及弗吉尼亚州的雷斯顿），但是它们的增长主要集中在阳光地带地区。例如在加利福尼亚州，同利开发区大约占据了房屋总量的四分之一，并占据了目前新开工住房的 60%。仅仅是规划良好的同利住宅小区就占据了超过 40% 的新单户住宅的销售额。

一些评论家将同利开发区的发展称为"静悄悄的革命"，但是对于这种发展是积极的还是消极的还存在分歧。支持者认为同利开发区可以让业主避免社区质量的下降，同时可以促进地方公共物品的递送效率。反对者则认为同利开发区过分限制了个人自由，而且通过加剧居住隔离以及破坏对当地税收和支出的公众支持而危害了非同利开发区成员的利益。

进一步阅读书目：
- McKenzie, Evan. 1994. *Privatopia*. New Haven, CT: Yale University Press.
- Nelson, Robert H. 2005. *Private Neighborhoods and the Transformation of Local Government*. Washington, DC: Urban Institute Press.

(Tracy M. Gordon 文　宋丽娟 译　陈 恒 校)

COMMUNITY | 社区

社区的概念经常出现在城市研究中，并通常用于参照人口规模、人口分布以及社区组成等城市社会生活的各个方面。传统上，社区通常被人类学家、社会学家、地理学家和城市区域规划者用于表示在特定的边界、位置或领土之内执行的一系列社会关系，社区可以说是城市和社会研究领域最有争议的概念之一。社区既是现实又可以是理想，并且这一术语的分析性用法和规范性用法很难区分。

虽然传统上社区被用于描述一个特定区域，但是社区的理念也被以更具意识形态的形式用作分析一种特定身份（例如同性恋社区）或是推动一项具体的政治活动（例如基于社区的草根行动）。近期的研究则倾向于以社会的和政治的形式来描述社区，而不是将社区作为一个确切的空间结构。

定义社区

众所周知，很难以任何简洁而无争议的方式对社区进行定义，定义社区的具体方法大致有以下4种：

第一种方法是把社区构想为发生在确切的空间和地理环境中的一系列社会关系。在人类学、社会学、地理学、农村研究以及更普遍的社区研究的学科领域内，大量工作侧重于在这些意义上研究特定社区的形式和功能。

第二种方法是将社区概念化地理解为个人或社会群体之间的特定的社会互动模式。以不同程度的共识和冲突为前提，这一更加社会学的方法从本质上将社区看作社会行动者之间正在进行的谈判的产物。

第三种定义是社区是用来描述个人和社会之间特殊类型的社会关系。这个观点可能最接近于对社区的常识解读，因为它将社区作为成员对归属感和渴望的一种寻求。

第四种方法着眼于通信和计算机技术带来的创新如何决定性地改变了社区的基本性质。根据这一观点，通信和视觉技术的发展从根本上破坏了传统的社区概念，并且根本性地改变了个人和社会群体之间建立依附联系的手段。这一意义上的社区不是用地理或空间接近性进行定义的，而是以虚拟和网络为基础的。

社区的经典模式

随着现代性的到来，经典社会理论的不同概念正面临着瓦解的威胁，但是社区的概念在理论和实践分析中却被证明是一个具有适应性和可重复的含义。在19世纪末20世纪初，斐迪南·滕尼斯和涂尔干等欧洲古典社会学家表达了他们对传统社会关系以及道德凝聚力来源之瓦解的关注。工业化、人口增长、移民以及快速城市化的动态效应，造成了传统社会与现代城市社会之间传统社会形态的根本性断裂。从这种观点上说，作为前现代社会特征的社区责任和义务的强制性联系，正在被以相互分化和契约式社会关系为基础的社会形态所替代。

滕尼斯认为基于家庭、亲属群体和空间接近性的社区组织（礼俗社会）正在屈从于以客观关系以及契约关系为前提的社会组织（法理社会）形式。这种观点从本质上指出社区的实现与现代社会的制度复杂性是不相容的。根据滕尼斯的理解，从礼俗社会向法理社会的转变造成了人类意识中社会心理的根本性转变。虽然人际交往的传统形式产生了社会和道德凝聚的有机社区，但是现代社会的极度复杂性导致了社区和社会联系不可弥补的破碎。滕尼斯认为从相对紧密和接近的空间配置向城市环境内人口的大规模扩散的转变从根本上挑战了传统社区的存在。

虽然与滕尼斯同样关注社会变革的破坏性影响，但是涂尔干认为复杂的城市化社会产生的群体团结类型也可以成为社区生活新形式出现的基础，关键是如何在日益分化和复杂的现代社会中维持集体道德意识。涂尔干最初给出的答案似乎是自相矛盾的。一方面，专业化职业的增加和复杂社会结构的发展意味着传统生活方式逐渐消亡，这造成了对社会和道德解体的普遍认识，涂尔干将这种社会不和谐情况称为"失范"。当社会结构发生突然性以及破坏性的变化时，失范的条件就会出现。然而除了感叹这种状况之外，涂尔干还指出团结和社区的新形式可以从现代社会的制度基础中成长起来。虽然涂尔干对于这些社区采用的具体形态仍然模糊不清，但是他所强调的集体道德、社会凝聚力以及现代生活分化在本质上对之后的社区理论产生了显著的影响。

对社区的这一理解过度放大了地点的影响。从这一观点上说，城市化进程正逐渐将具有亲密关系的礼俗社会转变成工具性的、官僚化的法理社会。如果说社会位于国家和经济之间，那么社区就代表了社会的有形空间，社会习俗在这里展开，因此社区有自己的价值取向。尽管已经有多种定义社区的方式，但需要注意的是，许多描述将某一种确定类型的社区假设成了规范性的理想社区。在这个意义上，社区的界限在哪里或是在应该如何绘制社区界限上存在着概念性和方法论的分歧，这困扰着关于社区的争论。虽然学者们持有不同的理论分析，但古典理论家认为社区衰落是影响集体道德和社会生活的最深刻原因。

最近，更多关于社区理论的讨论已经根据当地和全球之间的相互联系重新描述了这种联系的动态影响。考虑到全球化力量侵入当地社会生活，仍然将社区作为有界实体进行研究无疑已经失去了它曾经的分析价值。这方面的一个突出的例子是将社区衰落作为一个可以清晰识别的研究领域。

传统上说，作为英美人类学和社会学对劳动力关系的转型研究揭示出，现在对任何特定社区的研究都应该考虑全球化的背景。实际上，即使是假设社区的存在，也要面临被指控的危险，指控其支持当代社会和政治关系的反动与保守解释。

虽然经典社会理论将社区衰落作为对西方工业化和城市化的一种批判，但是这类批评在全球南部并没有得到太突出的关注。事实上，如果西方社会工业化的变革活力与非西方世界的停滞相并列，那么这种考虑表明种族优越的偏见已经渗透入了经典社区理论。因此，传统西方国家之外的工业化和城市化批判常常避开社区衰落的讨论，以支持全球化和经济发展的影响。从南非到马尼拉再到悉尼，以社区为基础对全球化和资本主义扩张进行的草根运动和抵抗已经成为更加紧迫的关注点。英美传统之外的社区理论通常侧重于就业、健康、贫困以及人口变化，并具有更大的应用性。

社区和城市

在20世纪，对城市化及城市人口变化的影响的关注已经成为城市研究的中心，城市社会学芝加哥学派提出了将城市看作综合的"小世界马赛克"的城市研究愿景。虽然来源于欧洲理论家对现代社会分裂影响的关注，但是芝加哥学派的研究还强调社区在大规模城市化进程中寻求表现的方式。通过对特定的社会群体、社区场所以及职业领域（如黑社会、乞讨者、计程车司机以及许多其他的职业）的种种人类学研究可以发现，不同社会文化空间形成了各自的认同，这值得进一步关注和研究。

芝加哥学派分析城市增长和发展的核心是人类生态学观点，该观点将城市的有机发展和扩张归因于持续的移民浪潮。虽然受到后续学者的批评，但是生态学框架在20世纪60年代之前主导了美国城市区域规划和发展的研究。芝加哥学派的一个重要观点是承认地方和社区的发展动态会对城市的整体结构造成显著影响。

沿袭芝加哥学派方法的城市亚文化研究倡导

城市生活的异质性,认为城市增长的相关动力引导着以不同的阶级和族裔社区的存在为特点的可识别亚文化飞地的发展,并挑战城市社会学的主流观点。这种观点强调复杂城市环境中社区实践的手段,并从根本上挑战了欧洲社会理论家提出的社会失范理论。同时,这种繁荣的种族移民社区的出现似乎直接反驳了芝加哥学派所提出的这些社区终会为主流社会同化和融合的观点。

尽管存在着芝加哥学派的传统和影响,城市学者们在不断质疑城市生活中社区的形式和功能。许多马克思主义学者指出要从城市生活的人类学方向向政治经济方向进行转变,他们认为全球资本主义的崛起不利于当代城市环境下的社区实践。这些观点认为全球资本主义的霸权导致了城市生活中社区的变动,他们建议社区研究应该与资本主义以及新自由主义世界秩序的逻辑相对立。

许多这样的讨论是在关于城市中产阶级化和复兴的争论背景下进行的。实际上,城市区域规划和重建的愿景往往会激发对旧城区复兴、振兴至关重要的社区的重视。在这方面,重建计划被认为可以为停滞破旧的城区注入新生命,否则这些城区将陷入更大的破败状态。中产阶级化经常被描述成中产阶级专业人士从郊区搬回到中心城区的过程,因而中产阶级化被看作是将工薪阶层、少数族裔居民、放荡不羁者以及经济停滞的商业企业从他们长期占据的社区内移走的过程。另外,由于芝加哥学派方法无法适用于全球南部城市的发展逻辑,因此逐渐式微的芝加哥学派方法进一步被削弱。

社区和城市生活批判观点的日益增强与边缘化种族实践的强化是同步的。例如,社会学家卢克·华康德认为城市排斥的制度体制已经使得美国贫民窟在当代公民秩序下成了"不可能的社区"。因此,种族隔离、系统歧视、衰退的社会资本网络、社会服务的倒退以及普遍的偏见共同阻止了社区在城市贫困地区的出现。门禁社区和堡垒化城市飞地(从圣保罗到洛杉矶)的兴起,通过单纯的模拟社区的建立加剧了社会经济和心理分裂的矛盾。

实际上,将社区作为封闭的或是防御性的场所的想法,直观违背了将社区概念纳入规划和政策议题所蕴含的积极内涵。

国际移民也从根本上改变了当代全球城市内的社区构成。依靠跨国性个人和经济网络的支持为特点的当代移民社区,利用全球化的通信和技术创新开拓了母国和所在国之间的联系。通过对纽约街头西非小贩的研究,保罗·史托勒(Paul Stoller)和贾斯明·麦康纳(Jasmin McConatha)说明了宗教和种族关系是如何形成跨国空间维护的基础,而这种跨国空间正逐渐代表了当代城市的社区移民群体。同时,复苏的"族裔聚居地"(如中国人和韩国人社区)已经适应了文化和经济全球化的形态,并成为充满活力的跨国社区和城市增长的催化剂。

社区的复兴

当考虑当代城市研究中社区概念的效用时,可以看出三大趋势。

第一个趋势包含在有关公民参与的社区主义的争论之中。如果特殊社区的认同依赖于归属感的培养,那么公民团体和当地社区网络的复苏就是必不可少的。诸如社会资本网络的维护、决策制定过程中的公众参与、持续的商品和服务供应以及经济活动和发展的便利性等必要因素都与社区主义思想对社区的重视产生了共鸣。

社区主义立场将对社区重要性的强调和对公民权的强调结合了起来,当把社区主义立场理解成对个人自治及个人成就实现的自由的挑战时,也就准确理解了社区主义的内涵。志愿服务文化的衰弱和日益复杂化的城市秩序,使得许多社区主义学者感叹强烈的公民参与意识的流逝。极具影响力的政治学家罗伯特·普特南(Robert Putnam)指出,社会资本网络的下降可以通过在社区加强公民倡议以及增加民主参与水平的方式进行扭转。然而,这些社区建设的必要因素通常会假定一个理想但不现实的公民合作模型,从而无法涵盖边缘化的社会群体。因此,这一概念饱受批评,批评者认为这样的社区定义过于局限，充满了怀旧情绪，并不适应变化了的现实。正是在这一意义上，研究者用城市研究中常见的病理式的方法来描绘何为现代社会中的社区。尽管存在这些批评，但是社区主义思想仍然对政府政策和社区发展举措具有重要的影响。

第二种趋势指出，随着不同的人由于想法、品味、生活方式以及兴趣爱好相似性而聚集在一起，社区的性质已经变成社会参与的一个更为自愿的手段。在这一观点上，社区受到了特定身份的性质或兴趣追求的严格限制，而且以其成员具有相对易变和瞬态的标准为特点。相应的，社区成员由于责任水平的衰退和差异而来来去去。这种现象的政治含义可以在激发作为团结号召的社区语义的社会运动中呈现。虽然这些运动在既定目标上可以是解放的、也可以是保守的，但是当代社会纯粹的抽象性和复杂性常常会迫使个人和团体在这样的自愿式集体中寻求团结和成员身份。当考虑到这些社区新形式肯定不如那些由亲属和宗族形成的社区那么紧密或具有强制性时，人们不得不质疑社区一词是否适用。

第三种趋势是媒体和通信技术发展造成的社区从地区社会互动场所脱离出来，决定性地改变了社会构成的手段。从这一观点上说，社区对于面对面的社会互动形式的依赖不再那么强烈，而是更多地依赖于虚拟网络。相应的，网络上个人和职业社交网站的发展等新沟通技术的出现为跨越距离和差异的社会关系的形成提供了巨大的潜力。尽管创新促进民主化实际程度而不是潜在程度的争论仍然存在，但是虚拟网络的日益发展导致空间和居住接近性不再是社区构成的先决条件的观点。

毫无疑问，虚拟技术的创新极大地促进了社区及其成员参与的新形式。尽管仍然不能过度强调社区的联结功能，但虚拟网络的发展即便没有形成新型社区，也为新型社区的形成奠定了基础。在这一方面，虚拟社区与实际社区同步存在的说法是非常合理的。虽然这种说法破坏了真实社区和虚拟社区之间的区别，但是争论的关键点是这种社区需要怎样的责任及承诺。如果面对面交流和居住位置不再是社区归属的主要决定性因素，那么虚拟社区的情景特点反映了其高度个性化和区域化的性质。

社区不会被全球化效应的变革性影响所淘汰，如今社区在城市研究的重要性应该说来源于归属感的新形式。社会学家齐格蒙特·鲍曼（Zygmunt Bauman）指出当前社区方面的学术研究表现出了人们对社区名副其实的"渴求"。随着全球经济变得越来越依赖于人、资本、商品和服务的跨国流动，国际流动性和虚拟技术的变化会继续从根本上改变日常生活中社区的形式和功能。

进一步阅读书目：

- Bauman, Zygmunt. 2001. *Community: Seeking Safety in an Insecure World*. Cambridge, UK: Polity Press.
- Caldeira, Teresa P. R. 1996. "Fortified Enclaves: The New Urban Segregation." *Public Culture* 8(2): 303–328.
- Calhoun, Craig. 1998. "Community without Propinquity Revisited: Communications Technology and the Transformation of the Urban Public Sphere." *Sociological Inquiry* 68(3): 373–397.
- Desai, Ashwin. 2002. *We Are the Poors: Community Struggles in Post-apartheid South Africa*. New York: Monthly Review Press.
- Durkheim, Émile. 1984. *The Division of Labour in Society*. London: Macmillan.
- Hampton, Keith and Barry Wellman. 2003. "Neighboring in Netville: How the Internet Supports Community and Social Capital in a Wired Suburb." *City and Community* 2(3): 277–311.
- Park, Robert. 1952. *Human Communities: The City and Human Ecology*. Glencoe, IL: The Free Press.
- Putnam, Robert. 2000. *Bowling Alone: The Collapse and Revival of American Community*. New York: Simon & Schuster.
- Shatkin, Gavin. 2007. *Collective Action and Urban Poverty Alleviation: Community Organizations and the Struggle for Shelter in Manila*. Aldershot, UK: Ashgate.

- Stoller, Paul and Jasmin T. McConatha. 2001. "City Life: West African Communities in New York." *Journal of Contemporary Ethnography* 30(6): 651–677.
- Tönnies, Ferdinand. 1963. *Community and Society*. New York: Harper.
- Vromen, Ariadne. 2003. "Community-based Activism and Change: The Cases of Sydney and Toronto." *City and Community* 2(1): 47–69.
- Wacquant, Loïc. 1993. "Urban Outcasts: Stigma and Division in the Black American Ghetto and the French Urban Periphery." *International Journal of Urban and Regional Research* 17(3): 366–383.

(Alan Gerard Bourke 文 宋丽娟 译 陈 恒 校)

COMMUNITY DEVELOPMENT | 社区发展

社区发展是指能使社区重建其住房、当地经济和社会结构的各种各样的实践活动。它可以发生在贫困农村社区以改善农业活动,也可以发生在城市贫困社区以重建破败的住房,它也可以发生在围绕着中心城市的小城镇。社区发展甚至可以让居民接触新技术,同时也经常会被用在犯罪猖獗的社区以重新建立社会关系。

社区发展有时候会与经济发展相混淆。然而,经济发展并不必然以社区为基础,有时候它可以被大公司或政府所主导。一个由政府或企业实施的发展规划并不是社区发展。50 年前的联合国和如今的社区发展协会同时指出社区成员在社区问题诊断及制定解决方案上的参与度,在很大程度上决定了社区发展的成功与否。

社区发展这一术语的使用存在国际差异。在美国,社区发展一直被称为"棍棒和砖头",主要是翻新衰落的中心城市;而在世界其他地区,它指邻里之间社会关系的重建,甚至是通过社区组织倡导的社会变革。

国际历史

全球社区发展的重心在第三世界,如国际卫生组织或者世界银行这些大型的国际组织经常会被认为是社区发展机构,但是它们并不满足社区参与和控制的要求。然而,许多为大型政府或非政府组织工作的从业者在第二次世界大战结束后的一段时期内的确执行过社区发展。社区发展与当时试图在第三世界国家建立新型高产农业的绿色革命密切相关。当时的社区工作者促进了授权基层社区成员参与的做法。一些人反对由政府或机构执行社区发展的官方政策,这些从业者为第三世界国家留下了新的态度和希望,并为第三世界的现代化可持续发展运动奠定了基础。

可能是因为社区工作者所发现的整个第三世界条件的多样化,任何一个地方需求和问题的多样性,以及来自能提供比美国更强有力的社会安全网络的国家的社区工作者等原因,第三世界的社区发展集中在住房、农村农业发展、城市商业和工业发展以及社区组织等问题,这些问题经常交织在一起。在美国,社区工作交给了独立而专业的社会组织。

美国的社区发展

美国社区发展的历史起源并不明确。20 世纪早期的社区改良运动是一个起点,在这一运动中,上流社会的女性在中心城市移民社区建立改良会所来解决城市服务的缺乏、种族歧视以及不卫生的条件等问题。最著名的社区改良会所是简·亚当斯和埃伦·盖茨·斯塔尔建立的赫尔会所。大约同一时期的另一项社区服务来自美国农业部,除了在州政府赠送的土地上建立农业学院外,农业部还积极向农村地区推广服务,它旨在帮助农民家庭取得更大的成功并实现更高的生活质量。

随着社区发展公司(CDC)的兴起,社区发展在20世纪60年代和70年代经历了剧烈转变。自1967年从纽约市的贝德福德-施泰因文森特(Bedford-Stuyvesant)社区开始,社区发展公司已经发展到了现在几乎美国所有的中型和大型城市至少有一个社区发展公司的程度。许多情况下,社区发展公司的发展得益于慈善捐赠者对政治社区组织越来越多的厌恶以及对具有更多的社会服务使命的机构提供资金。最初的社区发展公司处理了大量的社区问题,但是随后大多数社区发展公司在住房建设以及重建商业建筑方面获得了更大的成功。如今的社区发展公司是由委员会管理的专业的非营利组织,而这个委员会的委员未必会代表该社区发展公司所管理的社区。

社区发展的方法

社区发展通常是从不良状况的诊断开始的。在工厂以及中产阶级居民和商业基础已经消失的地方,不良社会状况的诊断通常并不容易。诊断过程需要充分结合社区的条件并提供一些可以进行改进的建议。在诊断过程中会用到各种方法,包括SWOT(优势、劣势、机会和威胁)分析和快速农村评价(以及称之为参与式农村评估的变形),也有需求评估和资产评估。虽然侧重点不同,但是所有这些方法都集中于帮助居民了解其社区正在发生的事情以使他们制定改变这些被视为不良条件的规划。

一旦诊断完成,就要开始制定用于改变的策略。这涉及社区规划,其范围可以从规划社区未来形态的广泛的"远景规划"到围绕一个特定的问题或地方开展的具体规划。规划制定面临的挑战是确定并召集如业主和租客、工人和企业主,或是政府官员以及可能具有对立目标的社区成员等利益相关者。

下一步是执行通过前两个阶段制定的规划。社区参与和介入是该项目的一部分,这样做可以通过自上而下的方式,与将社区成员当作客户而不是有才能和智慧的人的干预方案来防止进一步剥夺撤资社区的选择和行动权。

虽然人们认为评价处于社区发展的最后阶段具有误导性,但是有效的社区发展的最后一步就是评估。好的评估实际上开始于诊断阶段,人们定义一个问题、努力理解这个问题,然后设计一个干预方案。良好的干预计划应该包括确定干预工作好坏的方法。这样的评估可以促进干预的成功。

社区发展中介机构

虽然社区发展的重点是基层参与和控制,但是许多社区发展需要更高水平的技术和大量资金。大多数的社区发展公司是规模很小的非营利机构,只有少数几个员工,而且部分或全部员工是由他们服务的社区居民组成。这些组织通常会缺乏对成功的社区发展至关重要的房地产、保险、合同、金融以及其他技术领域方面的专业知识。

社会发展的中介机构在这些方面发挥了作用。中介机构为社区发展组织提供技术援助和资金以进行复杂而综合的社区发展任务。美国建立了发展培训学院(Development Training Institute)以及本地扶持公司(Local Initiatives Support Corporation)等机构促进社区发展的成功,当然有时候这些机构被认为是控制而不是促进社区进程。国际上有许多在国家范围内提供技术援助的机构和国际组织,如英国苏塞克斯(Sussex)的发展研究所。

主要趋势

社区发展的一个趋势是从"赤贫"向"财富"的转变。在重视社区资产的社区发展协会的推动下，这种侧重点是有争议的。支持者认为注重于社区需求使得贫穷社区看起来无助且无能，反对者则认为侧重资产会忽略控制社区的剥削和压迫过程。近期的另一个趋势是社区发展公司对社区组织的重新关注。由于过于专业化以及从它们负责重建的社区脱离出来而受到批评之后，自20世纪90年代，社区发展公司开始寻找使居民参与自身社区发展的新方法。虽然它们将这种做法称为"社区组织"，但是它更像一种居民参与的形式而不是形成独立的居民主导社区组织的过程。这些计划中最先进的是马萨诸塞社区发展公司协会资助的里坎尼·哈德利安（Ricanne Hadrian）社区组织举措。

综合社区举措是另一个创新。同时解决多种社会问题的想法从来没有离开过社区发展领域，甚至当社区发展公司不是处理犯罪、住房、就业、教育以及影响边缘化社区所有其他问题的有效工具的结论变得清晰的时候也是如此。现在综合社区发展的最新形式所涉及的是协调它们在单一社区尝试的社会组织的联合。

以信仰为基础的社区发展是最近另一种流行的方法。教会赞助的社区发展组织，也是最常见的社区发展公司，长期以来一直是美国城市社区发展过程的一部分。但是，随着乔治·布什管理下专项资金流的建立使得以信仰为基础的社区发展具有了政治意义，其社区发展策略类似于世俗社区发展公司的策略。

最后值得注意的是社区信息学。随着计算机和因特网在日常生活中变得越来越重要，人们更加意识到其必要性。社区信息学领域侧重于将信息和通信技术作为社区发展的形式。

虽然趋势不同，但是美国和世界范围内的社区发展正在拓宽其视角和实践的多样性。更多美国式的社区组织正在融入发展中国家的社会发展实践之中，美国的"砖头和棍棒"社区发展正在出现更多的基层参与。在未来的几十年里，随着世界变得越来越小，我们将有可能看到更加全球化的社区发展实践，这种全球化的社区发展实践使得其更易于得到跨国界、跨文化的共享与适应。

进一步阅读书目：

- Green, G. and A. Haines. 2001. *Asset Building and Community Development*. Thousand Oaks：CA：Sage.
- *Journal of Urban Affairs*. 2004. Special Issue on Community Development，26(2).
- Kenny, S. 1999. *Developing Communities for the Future：Community Development in Australia*. South Melbourne，Australia：Nelson.
- Rubin, H. 2000. *Renewing Hope within Neighborhoods of Despair：The Community-based Development Model*. Albany：State University of New York Press.
- Stoecker, R. 1997. "The CDC Model of Urban Redevelopment：A Critique and an Alternative." *Journal of Urban Affairs* 19：1-22.
- Yin, J. 1998. "The Community Development Industry System：A Case Study of Politics and Institutions in Cleveland, 1967-1997." *Journal of Urban Affairs* 20：137-157.

(Randy Stoecker 文　宋丽娟 译　陈　恒 校)

COMMUNITY GARDEN ｜社区花园

社区花园是20世纪70年代作为当地社区再投资的一种形式出现在美国和加拿大的一种城市社会现象。20世纪60年代和70年代的一系列财政衰减导致了许多内城街区出现全方位的撤资。垃圾收集、街道维修和公共场所维护等城市服务在贫困社区通常已经不复存在。业主发现任由建筑物恶化或主动烧毁建筑结构以获取保险金变得越来越有利可图，而这在许多街区留下大量的空地。中产阶级向郊区转移，去工业化导致社区人口减少和高失业率，而社区内到处是废弃的建筑物和瓦砾遍地的空地。城市的衰退使得社区在物质和社会聚居区感到孤立和无助。当当地居民开始清理空地以供社区使用的时候，第一个社区花园便出现了。

根据当地需求的不同，社区花园也大相径庭。花园被用来教育学生、进行选民登记、救助无家可归者以及为吸毒者进行康复治疗。大的社区花园通常会被分为若干部分，有观赏性池塘和蔬菜棚，也有表演用舞台和篮球场。通常，花园提供了社区团体、数代际合作项目、儿童安全游乐场以及用于环境教育、食品生产、文化遗产和非正式公众聚集点的场所。因此随着草根城市运动，遍及全美社区

俄勒冈州波特兰的一个社区花园
来源：Teresa Herlinger

花园的数量也大量增加。城市开始通过将现有的花园合法化并向城市所有土地上的新花园发放临时租约的形式,推动社区花园的发展。

20世纪80年代开始,位于公共土地上的大量社区花园被拆除,为新发展让路。由于土地价值的增加,市政府开始出售社区花园以用于住宅和商业项目,园丁们通过公众抗议向市政府请愿以及通过大众媒体进行请求的方式进行回应。通过在许多城市号召当地民众团结和政府的许可,同时在环境保护者和反中产阶级化群体的帮助下,他们开展了政治化社区园艺运动。近来社区花园方面的学术工作主要侧重于对争议性公共空间、边缘化社会群体的城市权利以及对当地社区和国家用于定义和控制社区公共空间策略的论述及意义进行研究。

进一步阅读书目:

- Schmelzkoph, Karen. 1995. "Urban Community Gardens as Contested Space." *Geographical Review* 85(3): 364–381.
- ——. 2002. "Incommensurability, Land Use, and the Right to Space: Community Gardens in New York City." *Urban Geography* 23(4): 323–343.
- Staeheli, Lynn, Don Mitchell, and Kristina Gibson. 2002. "Conflicting Rights to the City in New York's Community Gardens." *GeoJournal* 58: 197–205.
- Warner, Sam. 1987. *To Dwell Is to Garden: A History of Boston's Community Gardens*. Boston: Northeastern University Press.

(Kristina E. Gibson 文 宋丽娟 译 陈 恒 校)

COMMUNITY ORGANIZING | 社区组织

社区组织是将人们聚集在一起面对面解决当地问题,有时也会改变权力分配的做法。这种做法大多与索尔·阿林斯基相关,但20世纪50年代和60年代的美国民权运动也影响了当地居民的组织。

社区组织通常是从受过良好教育的社区组织者进入已被权力排除、遭遇撤资或两者兼而有之的社区开始的。组织者通常通过上门咨询的方式与居民谈话,挨家挨户地询问居民关注的问题。一旦组织者确定居民反映最强烈的问题后,他或她就会召开会议组织居民制定解决他们问题的措施。早期的会议往往只涉及少数人,只具有街区或家庭会议的规模。在其他情况下,组织者合作的不只是个人,他们还与现有的社区组织合作以建立"机构的机构"。

一旦居民对问题取得共识,组织者就会帮助他们形成组织并制定策略。该策略可能会"快速出击"以实现"轻松取胜",例如进行集体行动以使商业集团或政府做出小小的让步。历史上,贫穷社区常有的措施是在危险的街道路口放置停车标志,现在有了更多的措施,例如说服城市清理空地,或在繁忙的街道安置减速坡。虽然许多社区组织只需通过谈判就成功地解决了问题,但是有时候策略中会包括更大的冲突和抗议。随着问题的解决,社区组织的主要目标是帮助居民建立稳定的社区组织,以便对影响他们的政府和企业政策进行持续的影响。

不同于社会行为,社区组织的一个显著特点是将居民聚集到一起选择一个问题,而不是让某个人选择一个问题然后组织居民围绕这个问题活动。因而有效的社区组织要具备解决任何社会问题的灵活性,无论是两个邻居之间的争端,还是反对跨国公司的运动。因为他们并非以强烈的政治意识形态为基础,因此这种方法的缺点是一些社区组织可能演变成同性恋或其他反民主的种族主义组织。

从20世纪30年代索尔·阿林斯基社区组织的初期阶段到20世纪50年代民权运动开始,数以千计的小型社区组织和大量重要的国家社区组织网络发展起来。最初的国家社区组织网络是阿林斯基的工业区基金会,它主要的工作是组织教会会众,现在已经成为主要的以信仰为基础的实体。其他的国家社区组织网络包括微型国家网络组织直接行动和研究培训网络以及甘梅利尔基金会。与宗教无关的国家社区组织网络包括社区改革组织协会(Association of Community Organizations for Reform Now)和全国人民行动(National People's Action)。社区组织现在已经延伸成了存在于各大洲的全球性社区组织网络和培训中心。

社区组织已经延伸到了数以千计的农村,而且社区组织无须受过良好教育的组织者就可以如雨后春笋般出现。其中最著名的可能是拉夫运河业主协会(Love Canal Homeowners Association),它使得原本"只是一个家庭主妇"的洛伊丝·吉布斯(Lois Gibbs)成为环境正义运动声名显赫的领导者,她和她的邻居们成功地让政府了解到她们生活在有毒的废墟之中。大多数这样的团体除了在当地之外很难得到认可。他们在当地建立起了社区身份,从而赋权社区成员,并影响当地政策。

进一步阅读书目:
- Bobo, K., J. Kendall, and S. Max. 2000. *Organizing for Social Change*. Cabin John, MD: Seven Locks Press.
- Brown, M. J. 2006. *Building Powerful Community Organizations*. Arlington, MA: Long Haul Press.
- Chambers, E. T. and M. A. Cowan. 2003. *Roots for Radicals: Organizing for Power, Action, and Justice*. New York: Continuum.
- COMM-ORG: The On-line Conference on Community Organizing and Development (http://comm-org.wisc.edu).
- Rivera, F. and J. Erlich. 1995. *Community Organizing in a Diverse Society*. 2nd ed. Boston: Allyn & Bacon.

(Randy Stoecker 文 宋丽娟 译 陈 恒 校)

COMMUNITY STUDIES | 社区研究

社区研究是关注社区和特殊地区特点的学术研究领域。许多社区研究项目的重点是社会变革对这些特定环境内社会生活形式和功能的影响。不同于对社区概念进行的理论色彩更浓厚的定性研究,社区研究领域将社会科学的方法论工具用作描述、语境化以及探讨影响社区日常生活中的社会文化和心理动态的手段。

从这一意义上说,对社区进行的研究通常直接关注家庭、青年、健康、休闲、性别、就业、移民、教育、犯罪、贫困和不平等等因素对社会和经济生活的影响。因此,社区研究往往与政策的执行和分析紧密相连。

社区研究的起源和发展

英美社区研究的传统是对3种不同背景即小城镇、农村区域和工薪阶层区域的社会组织和体制结构进行整体分析。虽然"社区"一词的定义尚存争议,但社区研究这一跨学科领域关注的是特定环境内的社会群体和人口模式。这一领域起源于3种互补的方法。

第一,19世纪末20世纪初社区调查员、统计员与社会改革者对人口增长和人口变化的研究是社区研究的先驱。虽然主要侧重于拥挤和贫困的城市地区的健康和卫生问题,但是这样的调查中隐含着对社会变革和现代化影响之下社区的社会和道德秩序的重视。

第二,社区研究中的调查方法和方法论也受到了文化人类学的分类模式的影响,特别是就业、家庭、亲属关系、政治结构和宗教信仰模式等变量如何促进社会秩序的稳定以及功能整合社会的维护。虽然后期的批判试图揭示人类学理论和方法与殖民主义的联系,但是对社区日常生活的关注,与在遥远地区进行的人类学传统研究存在共通之处。

第三,早期社会学关注传统社会关系的衰落,以及传统社会向城市社会的转变。由于担心个人和社区间的联系被工业化和城市化共同作用造成的逐渐增加的异质性和极端的社会复杂性所分裂,经典社会理论试图探索社会变革对社区生活和社会融合机制的影响。在这3种传统的遗留问题上建立发展起来的社区研究随后成为一个独立的研究领域,并占据了社会学、人类学、社会地理学、城市研究以及社会政策方案的核心位置。

早期的社区研究虽然主要关注从农村社会向城市社会的过渡,但表现出很强的与经典社会理论的连续性:即从农业到工业为主的城市经济的转变、从民间社会向大众社会的转变,以及按照传统与现代性对社区和社会性质进行对分的总体趋势。

传统社会被看作是有界的、和谐的及同质的社区的源泉,而现代社会则被视为具有更大的异质性和差异性。在这一意义上,社区研究评论家指出应用于社区研究核心位置的社区概念已经过时了,而且不适合描述其当代表现形式中的社区生活的对立性质。尽管存在这一质疑,但是社区的论述继续激发着广泛的学科领域。

个人主义的发展、传统社会依附纽带的衰弱、日益专业化和变化的职业结构以及城市扩张和郊区化的破坏性影响时,这些因素增加了社区研究的难度。很大程度上由于这些原因,社区研究的优势在20世纪70年代出现了明显的衰退。马克思主义社会组织方法的流行,再加上越来越多的研究者认识到社区生活充满冲突使得任何以社会功能分化为中心的方法都从方法论和概念上遭到质疑。

因此,社区研究失去了曾经的学科合法性,并减弱了其成为在社会人类学、文化研究和人文地理等学科领域内进行的亚文化研究的意义。虽然社区概念经常激发学术的、流行的以及政策性的论述,但是任何旨在从整体上分析社区的研究都受到了相当多的质疑。现有研究不再重视从空间角度将个体与社区联系起来,而是重在从国家和全球的角度进行分析。从这一观点上说,传统意义上的社区研究在其分析范围和解释潜力上存在固有的局限性和狭隘性。

两部社区研究领域有价值的导论性著作是科林·贝尔(Colin Bell)和霍华德·纽比(Howard Newby)编著的《社区研究:本地社区研究导论》(*Community Studies: An Introduction to the Study of the Local Community*)以及莫里斯·斯坦(Maurice Stein)编著的《社区的衰退:美国研究解读》(*Eclipse of Community: An Interpretation of American Studies*)。贝尔和纽比放弃了对社区进行精确定义的尝试,而是指出社区应该由该领域的从业人员来界定。他们的分析批评了关于社区研究是否可以为人类社区的社会生活性质提供任何系统而累积知识的争论,而且为美国和欧洲的社区研究的范围提供了有用而具有对比性的概述。

斯坦特别关注了美国的社区研究传统,并按照如何分析和进行社区研究的形式给出了一种类似的学科概述。虽然两部著作隐含的目的都是为了复兴越来越不被重视分析的社区研究传统,但是许多学者认为社会和经济变革的广泛效果对作为一个可行研究领域的社会研究的存在造成了致命打击。从这一意义上说,作为一个独立领域的社区研究不再具有它曾经具有的影响力和号召力。英国和美国背景下的社区研究仍然是重要的交叉学科并继续侧重于实践关注的特定领域,而且已经与规划、政策以及当地政府措施建立了内在联系。

美国传统的社区研究

社区研究起源于20世纪早期,而美国的社区研究传统起源于城市社会学芝加哥学派。受人类学研究方法和技术的影响,芝加哥学派的研究中心是受工业化和城市化影响的城市领土扩张。城市移民率和族裔构成的复杂化被认为是从根本上改变了城市的社会和道德秩序。虽然主流研究是解释城市发展对社会生活瓦解的影响,但是芝加哥学派也探讨了城市背景下维护社区的手段。

不同于大规模城市化、人口快速增长以及郊区崛起造成疏离的流行观点,芝加哥学派侧重于研究不同亚文化环境的出现如何成为社会群体适应大都市生活的一种手段。芝加哥学派的学者们发现城市是由大量以阶级、族裔和身份依附为基础的生活世界所构成的。从这一意义上说,芝加哥学派的开创性工作为美国社会科学界社区研究领域的蓬勃发展铺平了道路。

在芝加哥学派的影响下,美国学术界完成了一部经典的社区研究著作,也就是罗伯特·林德(Robert Lynd)和海伦·林德(Helen Lynd)的《中镇:美国文化研究》(*Middletown: A Study in American Culture*)。起初,林德夫妇是想调查一个未透露姓名但化名为中镇的美国城市(后来查明是印第安纳州的曼西[Muncie])的宗教信仰类型,后来他们发现不可避免地要对社区生活得以持续的手段进行更广泛的探索。虽然林德夫妇并不是通过高度先进的假说或以证实任何特定的理论为目的进行研究,但是他们的著作在当时非常经典,而且侧重于研究社会制度如何促进社区的运作。

类似研究表明美国小镇是具有明确的社会组织和文化风貌类型的相对同质的实体。许多后续的研究采用类似的整体视角来研究家庭和社区的性质,以及社区如何运转。虽然这些研究表明美国小镇是相对稳定而且文化上有同质性,但是后来的批评试图揭示作者对社区内冲突和对立声音的不重视。例如,后续对中镇进行的跟进研究发现,它远不是一个有效整合的社区,其内部满是被掩盖的社会分裂。在这个意义上,20世纪中叶典型的美国社区研究经常被指出是采用了保守且有局限的方法对社会生活进行研究。

虽然日益增多的批判视角标志着制度主义社区研究的式微,但不时有重要学术作品延续这一方法。杰拉尔德·萨特尔斯(Gerald Suttles)的《贫民窟的社会秩序:内城的种族和领土》(*The Social Order of the Slum: Ethnicity and Territory in the Inner City*)以及卡罗尔·斯塔克(Carol Stack)的《我们所有的亲戚:黑人社区的生存策略》(*All Our Kin: Strategies for Survival in a Black Community*)就是两个这样的例子。这些研究继承了芝加哥学派的精髓,并试图说明弱势群体以社区为基础的生存手段。

英国的工人阶级社区

对英国工人阶级社区内公共卫生和健康重要性的早期研究促进了社区研究项目的发展,这些社区研究旨在寻求用作理解和缓解城市化问题的手段的城镇和城市系统知识。第二次世界大战后在经济变革以及政府政策和工人阶级关注点之间差距越来越大的时期出现了一个特别强烈的社区研究传统。

尽管20世纪中叶美国的社区研究更多关注那些与人口扩散有关的因素,但是英国社会科学则认为社会阶级在许多社区研究项目中是关键的决定因素。这些研究主要侧重于实际问题而不是理论问题,研究结果通常与政策分析密不可分。这些研究的重心是特定地区内具有类似经历的人群之间不同的社会、经济和政治条件。与美国背景下社区研究所采用的方法相类似,工人阶级社区被看作是由生活方式和生活标准的相似性而产生的同质与紧密的社区精神的具体表现。

成立于 1954 年的社区研究所（Institute of Community Studies）是专门研究英国社区生活的开创性研究中心。对贝斯诺·格林（Bethnal Green）这个伦敦工人阶级区域的研究可能是这个时代出现的最著名的研究工作。通过结合社会人类学视角和社会文化分析,《伦敦东部的家庭和亲属》（*Family and Kinship in East London*）标志着从更具统计性的研究向对社区生活进行更具民族性的思想描述的果断转变。对贝斯诺·格林地区的研究,其核心是城市规划师和福利机构在改造东伦敦这一破败地区时如何改变了工人阶级的家庭和社区组织。

虽然贝斯诺·格林地区被描述成为工人阶级生活的缩影,并体现了社区团结的精神,但是这种工人阶级社区研究由于在分析过程中掩盖了社区对立和内部冲突而在后来受到很多批评。通过侧重将社区和就业联系起来,工人阶级领域的很多研究倾向于强调某些行业如何成为当地社区发展的支点。批评者指责这种研究强化了对工人阶级生活的固有的浪漫描写,并包含了阶级系统隐含的合法化。实际上,这类社区研究往往具有很大的讽刺意味,因为恰恰正是在这个时候许多这样的工人阶级社区由于社会经济和工业变革的广泛作用而发生了分裂。

除了对城市环境中社区生活的研究,学术界在主要城市地区之外也进行了大量的调查研究。这一时期一项经典的研究是诺曼·丹尼斯（Norman Dennis）的《煤炭是我们的生命:一个约克郡采矿社区的分析》（*Coal is Our Life: An Analysis of a Yorkshire Mining Community*）。这项研究探索了煤炭开采社区家庭和劳动力之间的关系,调查了工业和经济变革对英国农村地区社区生活的影响。研究认为,家庭和社区生活主要受采矿工业中心地位的影响,但是由于呈现了一个抵制西方工业经济广泛影响的孤立世界,该研究后来遭到了批判。

实际上,英国采矿业的衰落意味着以此为基础的职业认同的消失,而这种认同是将工人阶级社区整合在一起的关键。整合的社区和职业结构如同一把保护伞,失去了这把保护伞,社区生活日益支离破碎。社区不再团结,没有了传统也丧失了集体意识,这些是工人阶级之形成的关键;因此,产业变迁、城市更新和随之而来的人口转移,削弱了社区研究作为学术的价值和影响力。由于其概念上和方法论上的局限性而无法成功地解释社会和产业变革的全球性后果,社会研究领域很大程度上在这些方面遭受了相当大的批判。尽管存在这些批判,这些研究可以说为了解英国农村地区社会历史的独特时期提供了宝贵的视角。

农村地区社区生活的其他调查倾向于将社区视作一个不变的传统和习俗的源头。例如,康拉德·阿伦斯伯格（Conrad M. Arensberg）和金博尔（S. T. Kimball）在爱尔兰西部进行的富有影响力的研究《爱尔兰的家庭和社区》（*Family and Community in Ireland*）将农村生活看成是不变的,而且似乎会阻碍社会变革。虽然这些工作激发了社会地理学家和社会人类学家大量的类似工作,但是由于将重点放在排除了社区生活矛盾和压抑元素的功能整体的社区上,他们也遭到了相当多的批评。通过替代对同质性、连续性以及传统的强调,社区生活变成了更加千变万化并受各种各样的外部因素影响的实体。

社区研究的未来

尽管对社区研究的批评越来越多,但是许多学者还是通过强调这些研究如何对嵌入式社会关系、文化和心理影响提供了详细分析,来抵制对该领域进行的指责。通常采用被统计数据强化的人种学的观点,很多这样的工作实质上侧重于卫生、就业、青年、犯罪、种族主义、移民、种族、性别、身份、环境、城市区域规划以及政策措施对特定区域生活的影响。在这种意义上,社区研究传统仍然是一个活跃和吸引人的领域。

此外,许多学者接受了场所和地区对社区来说已不再那么重要的观点,在他们的影响下,社区的另一面逐渐受到重视,即社区是社会建构的产物。因此,社区被视作是由围绕着节日、身份展示以及邻里聚会等特定信念和社会行为方式组织起来的。从这个角度来讲,社区可以用不同的方式来解释,社区也是一个不断地被重新定义和改变的过程。

尽管社区在定义和研究方法上仍存在不少争议,但作为一种为人所熟知的习惯性用法,社区依然在社区研究和城市研究中扮演重要角色。

进一步阅读书目:

- Arensberg, Conrad M. and S. T. Kimball. 1968. *Family and Community in Ireland*. Cambridge, MA: Harvard University Press.
- Bell, Colin and Howard Newby. 1971. *Community Studies: An Introduction to the Sociology of the Local Community*. London: Unwin.
- Dennis, Norman. 1969. *Coal Is Our Life: An Analysis of a Yorkshire Mining Community*. London: Travistock.
- Gans, Herbert. J. 1967. *The Levittowners: A Way of Life and Politics in a New Suburban Community*. London: Allen Lane.
- Lynd, Robert S. and Helen M. Lynd. 1929. *Middletown: A Study in American Culture*. New York: Harcourt Brace.
- —. 1937. *Middletown in Transition: A Study in Cultural Conflicts*. New York: Harcourt Brace.
- Park, Robert E., Ernest W. Burgess, and Roderick D. McKenzie. 1967. *The City*. Chicago: University of Chicago Press.
- Stack, Carol. 1974. *All Our Kin: Strategies for Survival in a Black Community*. New York: Harper & Row.
- Stein, Maurice. 1960. *Eclipse of Community: An Interpretation of American Studies*. Princeton, NJ: Princeton University Press.
- Suttles, Gerald. D. 1968. *The Social Order of the Slum: Ethnicity and Territory in the Inner City*. Chicago: University of Chicago Press.
- Young, Michael D. and Peter Willmott. 1957. *Family and Kinship in East London*. Harmondsworth, UK: Penguin.

(Alan Gerard Bourke 文 宋丽娟 译 陈 恒 校)

CONDOMINIUM | 分契式公寓

分契式公寓是财产既归共同所有又归个人所有的住房形式。它有各种各样的形式,有公寓、有联排房,甚至有完全分离的住房社区。公寓楼内的单元是个人所有的,而走廊、楼梯和大堂等其他区域以及游泳池和网球场等设施是居住在该建筑群内的居民的共同财产。业主协会的社区成员选出委员会,负责管理物业的公共地方。

购买分契式公寓类似于购买房子。给银行支

付住房贷款并签订契约,不同之处在于购买的空间。分契式公寓所有者购买的只是单元内的空间,而不是结构本身或是结构周围的财产。

拥有一套分契式公寓有优点也有缺点。对于退休老人和初次买房的年轻人来说,分契式公寓提供了可负担性和稳定性。分契式公寓比独户(分离)房屋便宜,而且公寓业主仍然可以拥有股权并具有所有权。拥有分契式公寓比拥有独立住宅的负担也要少,租赁单位会提供给住户相同的保养和维修服务,业主不必担心铲雪、除草或户外维修。

分契式公寓也存在一些缺点。除了支付住房贷款外,业主还必须每月支付用于管理建筑及其公共空间的维护费。分契式公寓业主也面临一些限制。由于公寓外的空间是共享的,个人业主不能改变这些空间。同时,个人业主不能在走廊涂鸦或种植与物业外观不一致的花草。

许多分契式公寓以前是公寓建筑,而开发商或业主对其进行了改造。在租金稳定和《租金控制法》保护租赁公寓的城市,房东未经法律规定不能增加租金。感觉受到租金稳定和租金控制法限制的业主通常会将公寓改变成分契式公寓以增加利益。从公寓向分契式公寓的转变表明进一步将富人和穷人隔离的趋势。随着越来越多的公寓被改造,低收入家庭可以负担得起的房子越来越少。

合作住房或是合作公寓并不是分契式公寓。合作公寓单元不能为业主所拥有;它们是具有董事会的,而且租户作为股东的公司。租户不签署契约,而是购买包括住房单元租赁权在内的公司股票。合作公寓建筑不存在房地产抵押贷款。银行的贷款用于购买股票,而股票持有数量取决于住房单元的大小。跟分契式公寓所有者一样,合作公寓的租户需要每月支付维护费,而且不能对公共区域做任何改变。分契式公寓是租房和有房之间的一种折中的住房形式。

进一步阅读书目:
- Friedman, J. P. 2000. *Keys to Purchasing a Condo or Co-op*. Hauppage, NY: Barron's Educational Series.
- Schill, M. H., I. Voicu, and J. Miller. 2006. "The Condominium v. Cooperative Puzzle: An Empirical Analysis of Housing in New York City." *Working Paper*, Furman Center for Real Estate and Urban Policy, New York University.
- Siegler, R. and H. J. Levy. 1986. "Brief History of Cooperative Housing." *Cooperative Housing Journal of the National Association of Housing Cooperatives*, 12–19.

(Nadia A. Mian 文 宋丽娟 译 陈 恒 校)

CONVENTION CENTERS | 会展中心

从公共大厅和游乐场到体育场和歌剧院,这些组织大型公共集会的地方长久以来一直是城市的一部分。虽然芝加哥的圆形国际剧院(1968年举办了5场国家政治会议)等私人场馆举办了主要的会议,但是20世纪,新的公共会议设施得到大幅度的发展。城市美化运动和对大型市民中心的需求为旧金山的市政厅、堪萨斯城的市政礼堂、圣路易斯的基尔大礼堂和克利夫兰的公共礼堂等建筑的随着联邦城市更新和旨在实现市中心振兴的地方举措的出台,会展中心在第二次世界大战后迎来了极大的繁荣。城市试图重振被贫民窟包围的市中心,并应对来自郊区的竞争。全新的会展中心被视为名副其实的救星,它可以吸引成千上万的游客来填补酒店客房,而且能够刺激新的酒店和零售业在得到城市重建计划支持的廉价土地上发展。

1960年,芝加哥的私人会场被建立在市中心卢普区南侧湖畔的麦考密克会展中心(McCormick Place)所取代。其他主要城市亦致力于发展具有全新公共结构的国家和区域性会展中心。1956年,罗伯特·摩西在为城市更新而拆除的纽约哥伦布圆环地区(1956)建立了纽约会议中心(New York Coliseum)。在两次尝试失败之后,克利夫兰的新会展中心在1960年最终通过了城市投票决议,并作为市政中心广场的一部分被修建起来。波士顿的海因斯礼堂与全新的普鲁丹特尔中心毗邻而建,后者具有多种用途,位于原先的火车站。圣路易斯在拆除贫民窟后的城市中心北端建立了全新的塞万提斯会展中心(Cervantes Convention Center),并于1976年开放。

从20世纪70年代开始,会展中心的建设通常与当地实现旅游业的更大发展或以游客为主的经济发展相联系。亚特兰大、巴尔的摩、克利夫兰、密尔沃基和圣路易斯等城市通常将会展设施与新酒店、市中心零售商场、假日市场、游泳馆、体育场及娱乐区域等配套发展。许多联邦政府资助建立的项目试图加强市中心区域,并通过建立旅游区带动以旅游为导向的新的私人投资。

在政治、经济和财政力量的共同推进之下,近年来,会展中心的热潮进一步扩展。一项全国性数据表明,1986年美国有193座主要的展览大厅,空间总面积达到了30万平方千米。位于这份清单之首的是总面积达17万平方米的麦考密克会展中心。到1996年,主要展览大厅多达254座,总面积4.5万平方千米。

2006年美国会展中心的展览面积增加至6.2万平方千米,与1986年相比增加了106%,会展中心数量达到313座。这一发展反映了两个并行的发展趋势。由于不断增多的展会需要更多的空间,最大的会展中心仍在不断扩大。芝加哥斥资8.5亿美元将最大的麦考密克会展中心扩大到了0.25万平方千米,而纽约的雅各布·贾维茨会议中心(Jacob K. Javits Convention Center)也在进行大规模的扩展,空间面积达0.18万平方千米的拉斯维加斯会展中心也正在扩展翻新。

中小型社区也试图通过开发新的或扩展设施以获得会议游客的经济效益。康涅狄格州的哈特福德、马萨诸塞州的斯普林菲尔德、弗吉尼亚州的弗吉尼亚海滩、北卡罗来纳州的罗利、南卡罗来纳州的哥伦比亚、路易斯安那州的什里夫波特、得克萨斯州的麦卡伦、伊利诺伊州的绍姆堡、印第安纳州的韦恩堡、宾夕法尼亚州的伊利、密苏里州的圣查尔斯和布兰森、新墨西哥州的圣菲、内布拉斯加州的奥马哈、华盛顿州的斯波坎和塔科马以及阿拉斯加的安克雷奇等地都建立了新的会展设施。

现代化会展中心的发展体现了公共投资在政治和金融方面的重大变化。20世纪50、60年代和70年代建造的大多数会展场馆是由市政府发行的普通责任债券资助的。新会展中心通常是由酒店、出租车以及餐饮业返还旅游者的税收所资助的。2003年华盛顿会展中心管理局在美国首都开发的华盛顿会展中心是由哥伦比亚特区的酒店客房和酒店餐饮的专用税收资助的。所有当地酒店客房,汽车租赁和旅游景点的税收收入为拉斯维加斯,奥兰多、新奥尔良和波士顿扩展和翻新会展中心提供了充足的资金。

会展中心的持续热潮也受到了不断发展的会展和贸易展览市场概念的影响。不断增长的需求形象也支撑着社区必须扩大他们的会展设施,否则就会输给竞争对手。1994年在旧金山莫斯康展览中心潜在扩展能力的研究项目中,经济研究协会按照每年所用的展览空间考察了展会周200强——200个最大的会展和商业展示会的表现。研究发现这些展会表现出持续强劲的逐年增长,并预测在可预见的未来,大型活动将继续增长而且会需要更多的空间。

咨询公司的历史观测资料表明,200个主要会展和商业展示会的实际出席率并没有增长或者与会展中心和展览馆的增长相一致。1985—1994年平均会展出席率的确增长了约20%,但是20世纪90年代并没有持续增长,而且会展出席率由于2000年的经济衰退和2001年9月11日的恐怖事件出现了衰减。主要会展的平均出席人数在2002年降到了20 753人,2005年这一数据大约回升到21 670人,达到了1995年的平均水平。

主要会展中心在拉斯维加斯和奥兰多等新市场的发展也明显地改变了主要展会的所在地。1991年,芝加哥的麦考密克举办了28场次的展会周共200场会展,但到2005年,这一数字下降到了15场,出席人数为532 000人。纽约这一数据从1991年的30场降到了2005年的16场。拉斯维加斯在与其他城市的竞争中获得了胜利,其主要展会的主办场次从1991年的22次增加到2005年的44次,贸易周200强会展占据了所用展览总空间的34%。

会展出席率并没有真正增长,加之主要供应的扩张,以及向新社区的转变,使得会展中心持续公共投资的产出远远低于预期,导致会展中心对当地实际经济的影响并不明显。纽约雅各布·贾维茨会展中心的可行性研究曾预测它每年将容纳大约100万与会者,而且他们将在纽约逗留并消费3~4天。

1990年,雅各布·贾维茨会展中心的实际代表出席数超过了这一预测值,达到190万。在竞争激烈的市场面前,代表出席在2004年降至962 000人。最近的一项咨询研究发现贾维茨中心只产生了660 000个年度酒店房间的游客预定,只是20世纪70年代研究预测的200万到300万年度酒店预订的一小部分,或者只是近年来全市年度酒店客房需求总量的3%左右。

其他国家会展设施的发展与美国具有不同的方式。在欧洲和亚洲,大型展厅或交易会往往是私有的,而且通常位于市区的边缘。德国的汉诺威展览中心0.49平方千米、慕尼黑展览中心0.43平方千米以及意大利的费尔罗米兰会展中心等展馆使美国最大会展中心相形见绌。如巴黎的万国宫或伦敦的伊丽莎白二世会议中心等建立在历史悠久的城市中心的专业会议或会议中心容量很小,只能为传统会议提供礼堂和客房。

进一步阅读书目:

- Judd, Dennis and Susan Fainstein, eds. 1999. *The Tourist City*. New Haven, CT: Yale University Press.
- Nelson, Robert, ed. 2004. *Current Issues in Convention and Exhibition Facility Development*. Binghamton, NY: Haworth Press.
- Petersen, David C. 2001. *Developing Sports, Convention, and Performing Arts Centers*. 3rd ed. Washington, DC: Urban Land Institute.
- Sanders, Heywood. 2005. *Space Available: The Realities of Convention Centers as Economic Development Strategy*. Research Brief, Brookings Institution, Washington, DC.

(Heywood Sanders 文 宋丽娟 译 陈 恒 校)

CREATIVE CLASS ｜创意阶层

创意阶层是指对创意这种有意义的经济活动新形式有着共同的兴趣爱好且有能力进行创造的一群人。创意阶层包括两类群体：超级创意核心群体和创意专业人士。超级创意核心群体由在科学和工程、高新技术、科研、艺术和设计等领域工作的人员组成，该组成员创造易于使用而且易于广泛推广的创新发明，例如设计一种软件或创造一部音乐作品。创意专业人士包括金融服务、医疗保健、法律和业务管理等知识行业的人员，这些专业人士依靠丰富的知识寻找创新的解决方案。

创意工作者通过技术创新推进科学思维和提高知识等方式实现经济增长。因此，高密集度的创意阶层被认为与城市的经济增长相关。一项预测数据表明美国创意阶层约占劳动力总数的30%，也就是大约4 000万人。虽然只占劳动力总数的1/3，但是他们的收入约占全美全部工资和薪金收入的50%。创意阶层还拥有近70%的可支配收入，是制造业和服务业工人全部可支配收入的2倍多。

创意阶层这个概念是1998年社会科学家理查德·佛罗里达在研究那些通常是年轻人和流动人口的高新技术专业人士时提出的，这一研究发现，高新技术专业人士是根据他们生活方式的兴趣而不是就业进行场所选择的。佛罗里达指出创意阶层成员会被吸引到具备多种文化和娱乐体验的充满活力的城市之中。他的结论可以通过同性恋定位类型方面的研究工作得到反映。高新技术行业的工人和同性恋似乎会被吸引到相同的环境之中。在后续的研究中，佛罗里达创造了衡量艺术家、作家和表演者区域密度的波希米亚指数（Bohemian Index）。他的指数表达了创意工作者在一个城市的密集度。

虽然创意阶层主要受地区生活质量的影响，但是就业情况仍然是选择生活场所的重要因素，生活方式的多样性、娱乐和环境质量等社区资本是更重要的因素。多元化的文化和人口反映出一个开放和宽容的社会，以及可以提供新体验的积极的、非正式的街头生活。能提供多种选择的夜生活也非常重要。因此，文化设施和专业的体育场馆比充满活力的娱乐和夜生活场所缺乏吸引力。可持续性环境以及自行车道和公园等户外休闲活动是另一个吸引之处。为了吸引创意阶层，城市和区域经济发展战略委员会很注重改善当地的生活质量，在某些情况下还会通过激进的社会和环境立法。

创意阶层成员的价值观标志着从经济安全性向个性表达理念的转变。个性和自我表达凌驾于增强群体身份的行为之上。通过雄心和辛勤工作表现出来的优点是另一个重要的价值观。多样性也是一种理念，但似乎被解释成了对接受不一致，而不是表达种族和性别不平等的环境的寻求。

因此，创意阶层被认为对他们与穷人之间的经济和社会差距无动于衷。事实上，创意阶层和制造业及服务业就业人员之间的收入差距往往会导致住房负担能力不同、发展不平衡及其相关问题。为满足创意阶层的休闲需要而造成的零售业、娱乐业低收入工人数量的增加，也会增强阶级划分。因此，这些群体在经济报酬和社会地位上的划分可能会出现政治分化。

为了吸引创意阶层，城市鼓励执行措施以增强3T经济发展：技术、人才和包容性。技术对于提供进一步获取知识的机会起着至关重要的作用。人才反映了拥有创造性职业而不是较高教育水平的人群数量。包容性也非常重要，城市在族裔、种族和性别取向等方面应该努力做到开放和多样化。大学以其促进和传播知识的能力也成为一个诱因。基于这些元素，美国的创意城市包括旧金山、波士顿、西雅图、华盛顿特区和达拉斯。由于它们促进创造性思维和个性表达，因此创意阶层的成员被吸引到了这些城市。

批评者认为创意阶层和经济增长并不存在因果关系。相反,高新技术、高人力资本以及增加的移民是经济增长更好的预测指标。此外,通过创意阶层研究经济增长的方法侧重于出台有关精英阶层生活方式的城市发展议程,而不是解决城市的社会问题。然而,城市政府仍在继续吸引创意阶层,但是引导创造力和改变文化的目标是艰巨的。而且,尽管创意阶层可能会被文化设施和丰富的社会生活所吸引,但是他们仍然需要就业。

进一步阅读书目:
- Florida, Richard. 2002. *The Rise of the Creative Class*. New York: Basic Books.
- Peck, Jamie. 2005. "Struggling with the Creative Class." *International Journal of Urban and Regional Research* 29 (4): 740–770.
- Rausch, Stephen and Cynthia Negrey. 2006. "Does the Creative Engine Run? A Consideration of the Effect of Creative Class on Economic Strength and Growth." *Journal of Urban Affairs* 28(5): 473–489.
- Scott, Allen J. 2006. "Creative Cities: Conceptual Issues and Policy Questions." *Journal of Urban Affairs* 28(1): 1–17.

(Anna Maria Bounds 文　宋丽娟 译　陈 恒 校)

CRIME | 犯罪

犯罪是指违反了所在地的价值观、规范以及法律的行为。关于犯罪的定义、关联和后果的研究在社会科学中有着悠久的传统。与本百科全书的目标一致,本词条的重点是理解城市生活和犯罪之间的联系,审视解释犯罪率和伤害的中心观点以及犯罪在全球化城市社会所造成的后果。

定义

犯罪是由所在社会定义的不合法行为,因此在不同的社会之间存在着差异(例如,在韩国通奸是犯罪,而在大多数西方国家则不是;在一些国家赌博是合法的,而在其他地方赌博则是一种犯罪行为)。另外,犯罪行为由行政系统或执行机构告知和处理。执法依赖于分配的社会资源以及每个社会的政治方针;相应地,执行针对某些特定的活动,而不是其他活动。因此,犯罪率更多受到执法而非犯罪真实数据的影响。

研究者如何研究犯罪行为呢?犯罪学家在研究犯罪行为时,使用了3种主要数据。第一种是警方报告,该报告是作为警方日常工作的一部分定期收集的数据,是根据犯罪的标准定义记录的数据,该数据包括报案记录和被警察发现的犯罪信息。警方报告可按照时间、场所检索,以便于比较近年来的犯罪趋势,犯罪的增加或减少,以及在城市、县和国家层面上不同类型的犯罪。此数据源的一个主要缺点是,并不是所有的犯罪行为都会被举报,因此真正的犯罪数字高于记录。第二种数据是受害调查,该调查是通过询问一个特定时间段内犯罪行为受害者的受害程度得到的。由于没有被举报的犯罪事实更可能出现在受害调查之中,因此该调查比官方报告提供了更多的信息。另外,这项调查会搜集受害人的社会和人口特征信息,从而有利于理解犯罪的性质,了解犯罪发生地的特点以及罪犯和受害者之间的关联。第三种研究犯罪的方法是进行自陈式研究。在调查中,个人对自己参与的犯罪行为进行举报。这种方法允许对犯罪者及其社会环境的特征数据进行收集。

城市生活和犯罪关联的学术研究历史

有关城市生活和犯罪之间可能存在联系的早期观点可以从涂尔干的著作中找到,他认为快速的社会变革与非正式和正式社会控制的损坏、非常规行为及犯罪的增加相关。20 世纪初,西方国家城市人口迅速增加;人口被快速的工业化、农业区域就业机会的匮乏吸引到城市。城市正在从相对较小的定居点向人口规模、民族异质性以及密度不断增加的大城市快速转变。

20 世纪 20 年代,克利福德·肖(Clifford R. Shaw)首次对警方数据中芝加哥市青少年犯罪的空间分布进行了研究,发现犯罪的分布并不是随机的。这些研究的核心发现是:(1)犯罪更有可能集中在靠近商业和工业中心的老居民区;(2)一个地区的平均收入、平均租金以及住房拥有的比例越低,青少年犯罪率就较高;(3)青少年犯罪率与较高的移民和非洲裔美国人的密集度相关联。

1969 年,肖和亨利·麦凯(Henry McKay)得出少年犯罪与城市变革进程密切相关的结论。正在经历人口变化的地区,当低收入人口取代更稳定的群体时,社会控制力下降,犯罪亚文化发展,城市犯罪也更为集中。

多年来,对这项工作的批评越来越多。他们依赖于那些关注低收入社区犯罪的警方报告,而且目前还不清楚社会混乱是否是社会异质性,或是利用市中心附近犯罪机会的违法亚文化的结果。

20 世纪 80 年代末,罗伯特·桑普森(Robert Sampson)和凯西·格罗夫斯(Casey Groves)进一步开展了社会混乱过程的研究。他们的社会混乱再形成理论关注种族异质性、较低的住房拥有水平以及单亲家庭百分比的影响。上述负面的社区特点被认为对社区组织具有不利后果,它们增加了邻居成为陌生人的可能性,减少并限制了非正式社区关系的发展。通过这一研究,集体效能这一新的概念被用来描述社区实现共同价值观的能力差异。

受害和犯罪恐惧

调查的第二个方面是在城市背景下对犯罪受害的理解。按照日常活动的方式,当有动机的犯罪者在没有监护能力的情况下遇到合适的目标时,犯罪就会发生。社会组织的变化降低了监护能力并增加了目标的适用性。如今人们待在家里的时间越来越少,因此他们的家庭和物品受到越来越少的监护。罗伯特·迈耶(Robert F. Meier)和特伦斯·梅瑟(Terance D. Miethe)试图使机会的概念更加明确,并在监护能力和目标的吸引力之外确定了两个因素。第一个是犯罪的接近度,或者说是潜在目标所在区域与大量潜在罪犯所在区域之间的距离。第二个是犯罪的暴露性,它表明了犯罪的可见性和可达性。因为接近度和接触性倾向于使家庭和个人遭受不同程度的危险,因此它们可以被看作结构性因素,基于此,这一模型提出了一种"受害的结构选择理论"。每一个这样的模型都指出城市内的某些区域可能更容易遭受犯罪,而且这些模型也接受了犯罪在城市区域更流行的普遍看法。

城市居民意识到了犯罪的风险,并表达了对犯罪的恐惧。犯罪恐惧被定义为对犯罪或与犯罪相关联的符号的一种消极的情绪反应,已有相关研究解释了这种情感反应的发生。阿尔伯特·亨特(Albert Hunter)和特里·鲍默(Terry Baumer)曾在 1982 年提出,社区的衰落引起了社会和自然粗鲁行为以及犯罪。社会粗鲁行为是不遵守公共行为准则的表现,包括公共饮酒、醉酒或吸毒。自然粗鲁行为包括涂鸦、垃圾、空置的房屋以及被遗弃的汽车。在周围环境中感受到越多潜在混乱的居民会感到越发脆弱,也就越发恐惧。

对犯罪的恐惧产生了明显的影响,过滤机制的形成即其中之一。这种过滤机制将那些被视作威胁公共安全的人排除在外,以此来保障个人安全并建构信任感。城市监控是指利用技术工具来监控和记录城市中人群和个人的正常活动。当个人处理他们的日常生活时(开车上班、逛街、在街上散步等等),他们的动作都被记录并存储。最初,闭路监控电视系统(CCTV)和电子卡作为技术基础设施的一部分被安装在城市里来监控和调整交通。随着时间的推移,城市人的不安及其对犯罪的恐惧使CCTV和电子卡的安装从街角扩展至如购物中心和娱乐区域等额外的公共空间。城市所具有的高移动性、社会和文化多样性的特点,增加了遭遇与自身行为不同的陌生人的可能性。遇到不同的其他人被认为是一种风险,而且许多城市通过安装CCTV来管理潜在的风险。城市监控影响着我们的公共行为:知道自己的存在、行为和脸庞会被记录,这成为自我控制的因素。最初安装用以提高交通运输系统的监控设备,成为越来越重要的打击犯罪的措施。警察部门也使用这些数据来确定犯罪嫌疑人并跟踪他们的活动,从而支持侦查工作。

对犯罪的恐惧导致了许多国家门禁社区的发展。门禁社区是有访问限制的居住区域,它的设计是为了使正常的公共空间私有化。门禁社区具有受控的入口、围墙以及围栏,它为社区内部成员创造了边界,并限制社区外成员的进入。这些居住区正在不同的国家蔓延,而且在美国、阿根廷、巴西、巴林和沙特阿拉伯,门禁社区的数量正在不断增加。每个国家的门禁社区存在些许差别,但它们的共同目的是为了将其他种族、民族和文化群体从特定的居民区排除出去。现有研究描述了4种不同类型的门禁社区:

1. 生活方式社区为社会生活中的休闲活动和设施提供了隔离。这种类型的社区包括专门为那些在家附近参与各种各样活动的居民设计的退休和休闲社区。

2. 主要由富人占据的精英和上流阶级社区。这些社区侧重于根据社会地位进行过滤,同时注重形象和安全性。这种社区不仅在美国和英国等发达国家比较普遍,在墨西哥、巴西以及阿根廷等发展中国家也比较普遍。

3. 安全区域社区不同于其他类型的社区,它不是城市区域规划的结果,而是居民活动的结果。居民们标示出社区的边界,并限制被认为可能给社区带来犯罪的交通工具和个人访问。

4. 外国门禁社区是一种新型的门禁社区,它与经济全球化有关:经济全球化使来自同质文化和传统的外国人聚居在一起。这些社区允许外国工人继续他们的生活方式,同时可以将他们与东道国社会区别开来。这种社区在沙特阿拉伯、巴林比较普遍,近来在中国也比较普遍。

城市犯罪和对城市不安全的感知也在排他政策的制定中得到了反映,这种政策增加了城市监控,并将富人和其他城市居民进行了隔离。

全球化的后果

全球化进程促进了人口贩卖行为。来自贫穷国家的妇女加入了西欧、中东和北美的色情行业。据估计,来自这些国家的妇女正在50多个国家从事卖淫。在这些国家的城市之中,街头卖淫有所增加,性产业得到发展,土地从住宅转为与性有关的商业活动场所(按摩院、性用品商店和酒吧)。在东南亚,旅游业的发展与农村的贫困以及向城市的快速移民,导致了性旅游产业的发展以及城市中性产业区域的扩大。街头卖淫占据了街道,由于性骚扰、贩毒增加以及比比皆是的健康问题,城市变成了不安全的地方。

犯罪和执法对城市产生了其他影响。作为毒品战争的一部分,各种药物法律的执行导致了美国监狱系统的大规模扩大,使美国成为世界上监禁率最高的国家。大多数因为毒品犯罪而被判刑的人来自少数族裔社区,毒品战争的扩展导致这些社区没有年轻人,而且许多成年人的权利亦被剥夺(在美国大多数州,被定重罪的人没有选举权)。监禁降低了曾是罪犯的年轻男性的就业概率,这造成了弱势社区较高的失业率。较高的监禁率亦影响家庭和家庭结构。与女性相比,男性监禁率与年龄呈不均衡分布,这导致了男性适婚年龄人数的减少,这导致了弱势社区以女性为户主的家庭和福利依赖性的较高比例,从而增强了贫困的循环。

城市和犯罪紧密相连而且往往彼此加强。一些犯罪是社区的社会混乱和集体效能缺失的结果。同时,对犯罪的感知具有城市影响,它增加了恐惧和不安的感觉,并导致中上阶层愿意居住在门禁社区之内。药品和个人的全球贸易也加强了地方层面的社会混乱。

进一步阅读书目:

- Cohen, Lawrence E. and Marcus Felson. 1979. "Social Change and Crime Rate Trends: A Routine Activity Approach." *American Sociological Review* 44: 588–607.
- Durkheim, Émile. [1897]1951. *Suicide: A Study in Sociology*. Translated by J. A. Spaulding and G. Simpson. New York: The Free Press.
- Hunter, Albert, and Terry L. Baumer. 1982. "Street Traffic, Social Integration, and Fear of Crime." *Sociological Inquiry* 52: 122–131.
- Meier, Robert F. and Terance D. Miethe. 1993. "Understanding Theories of Criminal Victimization". *Crime and Justice* 17: 459–499.
- Ross, Catherine E., John R. Reynolds, and Karlyn J. Geis. 2000. "The Contingent Meaning of Neighborhood Stability for Residents' Psychological Well-being." *American Sociological Review* 65: 581–597.
- Sampson, Robert J. and W. Byron Groves. 1989. "Community Structure and Crime: Testing Social Disorganization Theory." *American Journal of Sociology* 94: 774–802.
- Sampson, Robert J., Jeffrey D. Morenoff, and Felton Earls. 1999. "Beyond Social Capital: Spatial Dynamics of Collective Efficacy for Children." *American Sociological Review* 64: 633–660.
- Shaw, Clifford and Henry D. McKay. 1969. *Juvenile Delinquency and Urban Areas*. Chicago: University of Chicago Press.

(Gustavo S. Mesch 文　宋丽娟 译　陈　恒 校)

CULTURAL HERITAGE ｜文化遗产

遗产是从过去留传下来的,它是人类从祖先那里继承下来的。对具体的时间和地点来讲,文化遗产代表着一代又一代人类累积的知识和经验,它肯定并丰富了文化身份。作为人类知识的存储库和人类成就的记录,文化遗产通常被认为不仅仅是一个社区或一个国家的遗产,而是整个人类的遗产。

文化遗产通常由历史纪念物、博物馆、考古遗址以及艺术和建筑杰作构成。广义的文化遗产则包括自然环境、动植物和特定时空里的自然特性及水系,也包括广泛的物质和非物质的实践,例如继承的手工艺品、古迹、建筑和场所。有形的遗产既有小型的物体或手工艺品等可以移动的遗产,也包括如建筑、街道以及居民点等不可移动的遗产。无形的遗产是指传统、神话、宗教、信仰、习俗、知识和语言。遗产通过表现的形式传递人类社会的记忆,从而将物质对象和赋予它们意义的非物质维度相连接。

从过去存留下来的东西是不可替代的。作为遗产、知识的仓库，以及一个时间、一个地方、一个民族的身份，文化遗产应该得到尊重、受到保护并传递给子孙后代。对文化遗产的现代兴趣是建立在进步的叙述和对过去的浪漫怀旧的历史感之上的。保护文化遗产的动机亦来自对过去成就的尊重和从过去中学习的意愿。

文化遗产的价值

文化遗产曾经被定义为表示一个文明最高造诣的结构或手工艺品（如雅典的帕特农神殿）。渐渐地，遗址所在的城市和建筑群，以及赋予地区意义的信仰和实践被认为是文化景观的组成部分和有价值的遗产，例如西藏拉萨的宫殿和寺庙。对文化遗产的保护已经从单一的古迹扩大到了历史街区和地区。另外，保护工作已经从单纯的保护富丽堂皇的建筑发展到欣赏它们与本地建筑的相互联系。花园、开放空间、街道、节日、民间音乐和舞蹈以及宗教和艺术实践作为连接，将建造的世界融为一个有机的整体。近年来，在英国和日本，甚至连矿山和采矿定居点的遗迹都被认定为遗产。当然，并不是每件从过去或应该从过去继承下来的东西都可以得到保护。面对保护遗产的重担，社会必须决定哪些遗产应该被保留。

文化遗产的价值在于社会赋予它的意义。因此，文化遗产的价值是由社会建构的。人们将文化的意义注入结构或空间，而宗教传统往往是这些意义的根源。南非的理查德斯维德（Richtersveld）文化景观是半游牧的纳马人（Nama）的家园，它的重要性不仅体现为宏伟的古迹，而且还体现在它反映了可能已经存在了超过两千年的季节模式。纳马人的口述传统用丰富的精神意义为他们的景观和属性进行了标记。遗产结构和遗址对不同的人具有不同的意义，而对它们的解释则往往引起不同种族、宗教或族裔群体的争议。耶路撒冷老城就是具有若干含义和团体纠纷的突出例子。

文化遗产能够成为一个社区、一个城市或一个国家的图标，从而成为政治或种族主张的工具。战争往往会对文化遗产造成破坏。近年来无论是阿富汗巴米扬（Bamiyan）大佛被塔利班炸毁，还是在巴尔干战争时期克罗地亚杜布罗夫尼克（Dubrovnik）重要部分被毁坏，都展示了文化遗产的象征性力量。因此，文化遗产的保护成为保留文化独特性及文化身份的一项工作。

战争和对抗的历史，如亚洲和非洲的欧洲殖民统治遗产，在民族庆祝活动和民族叙事中是有问题的。种族隔离、大屠杀和种族灭绝的文化遗产也不容忽视，因为它们是对令人反感的冲突和侵略的警醒，同时亦不能只从统治者或肇事者的角度来理解，如日本广岛的广岛和平纪念碑（Genbaku Dome），即第一颗原子弹的爆炸地，也反映了希望世界和平的愿望。

国际化保护的兴起

在18世纪的欧洲，以希腊和罗马文物为重点的保护运动成为现代保护运动的第一次体现。它将历史的艺术品和手工业品收集起来，并把它们陈列在博物馆里。渐渐地，这导致了政府对指定地点的控制，促进了用于看管和管理所选遗产的规范和立法的建立。19世纪随着民族国家的兴起、频繁战乱的以及迅速的工业化，保护文化遗产的想法走上了最前沿。欧仁·维莱·勒·杜克（Eugène Viollet-le-Duc）、约翰·拉斯金（John Ruskin）和威廉·莫里斯（William Morris）是影响遗产保护的知识分子。在北美，历史保护是作为慈善事业由如弗农山妇女协会（Mt. Vernon Ladies Association）这样的精英群体开始的，该协会在1859年由善良的盎格鲁-撒克逊妇女组成。从那时起，在北美和西欧，保护运动已经从少数上层阶级的古文物保护，发展成有社区支持的为保护城区和街道以及历史悠久的城市和城镇的广泛运动。在美国，社区主导的保护工作（如国家信托为振兴主街而进行的历史保护计划）侧重于传统商业区的自力更生和经济振兴，而非由商业利益支持的大规模重建。

通常，遗产保护已经成为国家职能。1931年，首届历史古迹建筑师及技师国际大会通过了用于恢复历史古迹的《雅典宪章》，该宪章将这个概念制度化，将保护文化遗产的责任交给政府，这使其拥有了用历史文化解释合法性的权力。

将文化遗产及其保护联系起来，源自损失和破坏的概念。20世纪下半叶出现了文化遗产的大规模破坏。战争、城市发展、大规模农田、采矿、自然和环境灾害、掠夺、不可持续的旅游业以及低劣的旅游管理，全部应该为文化遗产的破坏负责。"二战"结束后，西欧许多城市遗产的大量损坏激发了保护遗留下来的文化遗产的强烈意识。新兴国家从欧洲殖民统治中获得独立，保护文化遗产的观念呈现出新的意义，并提出了新的财政、法律和行政手段以及伙伴关系。

其中一个新的机构是1945年作为政府间组织建立的联合国教育、科学及文化组织（教科文组织）。虽然它最初的目标是在冲突和战争期间保护文化产品，但是联合国教科文组织秉承着在全球范围内保护体现人类成就的文化遗产的想法，制订了用于保护世界文化遗产的国际宪章和公约。保护世界文化和自然遗产公约于1972年通过。它提供了确定和保护重要遗址的全球机制，如今在185个国家有878个世界遗产。在这些世界遗产中，城镇和历史中心超过了250个，而且其中许多是位于城市环境中的古迹。在过去的几十年里，如国际古迹遗址理事会、国际文化遗产保护和修复中心、盖蒂基金会和联合国开发计划署等其他国际组织为文化遗产的确定做出了巨大的贡献。

遗产、旅游和发展

保护文化遗产通常与发展和变革相对立。在保护文化遗产的同时，又要与全球化背景下的现代化建设和发展相竞争甚至是鼓励现代化建设和发展，这是最核心的困境。伦敦逐渐变化的轮廓线以及为新商业大厦腾出空间的承诺，与此同时又要保留重要的古建筑，就是这场斗争的证据，这使伦敦成为全球城市的同时保持了地方和历史身份的关键元素。这涉及文化遗产保护工作的成本和利益的中心问题。第一，谁的文化应该受到保护？第二，保护的短期和长期的经济和社会成本以及利益是什么，谁承受得起这些？第三，保护文化遗产为城市发展带来的后果是什么？这些问题在快速城市化的国家是非常重要的。面临快速的城市发展（例如，在尼泊尔的加德满都谷地［Kathmandu Valley］）、基础设施不足以及社会不平等等压力，政府疏忽了那些对文化遗产的漠视和破坏行为，或者说无法控制对文化遗产的忽视和破坏。在地方发展需求与文物保护的全球利益相冲突的地区，这个问题显得尤其尖锐。基于上述原因，联合国教科文组织和其他国际组织、国家和地方政府以及非政府组织意识到了文化遗产作为减少贫困和促进地方经济发展的潜力。波兰扎莫希奇（Zamosc）历史古城和印度曷萨拉（Hoysala）地区12世纪城镇的可持续重建策略都强调了当地经济发展的重要性。

文物古迹和文化遗产城市的旅游热时而过热、时而冷淡，这加剧了全球文化和当地信仰、习俗之间的矛盾。作为其中最热门的目的地之一，威尼斯每年吸引了来自世界各地2 000多万的游客，但它已经失去了自己的文化和当地居民。资本的流动、游客对熟悉的现代设施的需求以及旅游业的外部性扭曲了文化遗产的价值，并进而摧毁了孕育它的脆弱系统。在吴哥窟所在的柬埔寨暹粒（Siem Reap），据说酒店已经耗尽了地下水储量，同时以劳务进口为业务，或剥削当地妇女、青年劳动力的少数大型跨国公司的主导地位已经损害了居民的经济利益。旅游可以引入或加速社会变革，而且可以振兴民间艺术，但旅游也加剧了商品化。保持文化遗产各个方面的压力阻碍了许多地方的发展，并边缘化了当地居民的需要。

遗产的文化政治

对于正在全球范围内争夺投资和旅游的城市

巴拿马城国家剧院(Teatro Nacional)世界遗产附近的一个广场。照片中的主体建筑经过精心修复,而且在一楼有一个受欢迎的餐厅。这些树位于广场之前,而主楼左侧未修复建筑的墙壁清晰可见。照片中的左侧场景是处于各种失修状态的建筑物

来源:Eric Mathiasen

来说,文化的丰富性成为重要的卖点。文化遗产已成为宣传城市并使它们变得吸引人和重要的方式。尽管维也纳、布拉格和巴塞罗那等城市一直被称为文化中心,但是近年来里约热内卢、布宜诺斯艾利斯和新加坡等城市也正努力发掘城市的历史文化遗产。独特性能引起注意,而富含文化遗产的城市则具有一些学者称之为设计质量的元素。这样的市场压力导致城市去创新文化实践,并同时夸大或精炼文化遗产。

当代文化和历史真实性之间的冲突随处可见。那些想要保护全部遗产并希望重建其原有背景的人,与那些将变化看作是反映历史和文化的多层次的人之间存在着争辩。此外,对于可成像及可消费身份的关注,促使人们模仿或重建那些有价值的历史建筑、环境和仪式。在新墨西哥州的圣菲、马里兰州的安纳波利斯以及南卡罗来纳州的查尔斯顿等城市,批评者认为文化遗产保护只保护了其中令人愉悦的部分,因此文化遗产保护并非知识的宝库,而是一幅讽刺的漫画。

文化遗产的管理机制体现了全球政治。殖民政权曾经承担文化遗产的管理工作,例如摩洛哥的法国殖民政权或印度的英国殖民政权。在这样的过程中,他们将历史叙述与国家身份强加于殖民地,当地人的意见被完全忽视。在后殖民时代,虽然许多国家都在努力纠正殖民偏见并重新书写民族的历史,但是政治的不平衡已经存在于文化遗产的全球选择以及支配文化遗产的宪章和公约之中,这种政治不平衡也存在于国家和当地社区对文化遗产的所有权、解释以及管理的关系之中。虽然慈善家和富人精英们率先在欧洲和北美开始了遗产保护工作,但是自19世纪末期开始,保护历史建筑和艺术作品的责任落在了公共机构的身上,这造成了遗产所有权以及使用权的问题。有观点认为,继承者和当地社区具有遗产管理职责并在其管理中具有话语权的观点正在逐渐流行。

包容性、公平性和可持续性

社会和经济变革以及对文化遗产这一私有财产的包容,催生了多个利益相关者并赋予其共同责任。对利益相关者参与的包容范围从鼓励对历史街区和建筑的振兴和适应性再利用,如北美许多城市的工业社区与滨水区仓库等;到强化遗产价值,以及为边缘化人群赋予有意义的身份。这些利益相关者的合作关系的内在理念是平衡保护遗产的价值与当前使用需求之间的关系,或是在当代经济、社会和政治框架内寻求遗产的价值。如同巴西的萨尔瓦多(Salvador),许多拉美城镇的历史中心正努力平衡穷人和边缘化居民的当前需求与城镇的殖民身份以及旅游需求之间的关系。

大规模的发展、房地产利益以及以旅游为主导的审美化文化,已经对原住民脆弱的非物质文化遗产造成威胁。模棱两可的真实性进一步因为外人强加的历史而被复杂化。近年来,许多人认为有必要对过去的侵略做出赔偿,并尊重文化遗产所代表的多元性和多样性。不同于过去自上而下的方式,自下而上的方式促进了对社区和利益相关者参与的重要性的强化认识。各种政府机构、私人投资者、非政府组织、当地居民以及国际援助机构都在文化遗产的管理之中发挥着作用。在这样的参与过程中出现的政策是合作而非等级制的。强调文化的多样性及访问和管理遗产的包容性,能够听到当地和土著居民的声音。

现如今,人们对神圣的遗址对于土著居民的价值已经有了更清晰的认识。虽然国际公约和许多国家政策已经解决了性别偏见并认可了边缘化群体的遗产,但是新的不公平现象已经出现。文化遗产越来越成为用以提高经济效益和城市竞争力的以文化为主导的城市重建的组成部分。因此,对遗产易于商品化的方面存在着偏见。批评者指责了纽约的南街海港以及马来西亚的槟城(Penang)等地方,它们通过推销文化遗产中最可消费的方面以提高经济效益,实现再发展。

人们对可持续发展观点以及应当理智地使用和保护资源的认识也在增强。可持续性的内在理念是发展和改变:谨慎地使用资源并寻求补充和丰富资源的方法,从而为未来保护资源。类似的,遗产保护并不意味着回归现代化之前的过去,而是通过可持续发展来协调过去与未来的身份和形式。

进一步阅读书目:

- Fitch, James Marston. 1982. *Historic Preservation*: *Curatorial Management of the Built World*. Charlottesville: University Press of Virginia.
- International Council on Monuments and Sites (ICOMOS) (http://www.international.icomos.org/home.htm).
- Jokilehto, Jukka. 1999. *A History of Architectural Conservation*. Oxford, UK: Butterworth-Heinemann.
- National Trust for Historic Preservation (http://www.nationaltrust.org)
- Price, N. Stanley, M. Kirby, and A. Melucco Vaccaro, eds. 1996. *Historical and Philosophical Issues in the Conservation of Cultural Heritage*. Los Angeles: John Paul Getty Trust.
- UNESCO World Heritage Center (http://whc.unesco.org).

(Jyoti Hosagrahar 文　宋丽娟 译　陈 恒 校)

CYBURBIA ｜ 网络城市

网络城市泛指对互联网和手机等新的信息和通信技术(ICT)如何影响社区和社会互动进行的研究。这种方法有别于关注面对面关系的传统城市研究,也有别于区分虚拟与真实的虚拟社区研究。相反,这种方法承认社区的真实和虚拟地域在城市日常社会关系的维护和形成之中是重叠并相互交织的。

城市研究和技术变革

芝加哥学派的学者们就对技术变革如何影响城市日常互动产生了兴趣。这一早期研究工作是对公共交通、汽车和电话等城市交通和通信技术的变革改变了城市社会和行为组织方式的一种反应。罗伯特·帕克和欧内斯特·伯吉斯等研究人员指出,虽然新的通信技术增加了社会互动的机会,但电话等技术所增加的流动性应当为当地社区和社会关系的恶化负责。学者们对新技术对社交关系之影响的关注贯穿了20世纪,关注的重点主要是电话和电视的引入,而随着互联网和相关技术的发展,这种关注已经延伸到了21世纪。

信息和通信技术以及社会网络

作为互联网如何或者是否转变了社交网络这一更大争论的一部分,新的信息和通信技术如何影响城市社交关系已经引起了学者们的关注。本研究关注的问题是:互联网是否正在取代由人本身或通过其他形式的通信进行的社会交流?这项研究的结论是互联网特别是电子邮件的使用已经成为人们日常生活的重要组成部分。网络不但支持已有的社会关系,而且扩大了社会关系的范围。很少有迹象表明互联网的使用已经替代了如电话或面对面交流等其他形式的交流;相反,有证据表明那些通过电子邮件与其个人社交成员频繁交流的人,也在面对面或通过其他媒体频繁地与人接触。类似的,电子邮件用户往往比非用户有更多的社会关系。虽然有些人认为电子邮件通信或任何以计算机为媒介的沟通不如面对面交流,但是人们认为在线互动的质量与面对面和电话交谈质量的差别很小。毫无疑问，新媒体可以支持交流。然而，尽管互联网使用普及，但是当人们与他们最密切的联系人进行沟通时，面对面与电话交流仍然是最主要的方式。

虽然互联网的使用并没有减少联系人的数量或交流的频率，但是目前仍不太清楚它是如何影响个人社交网络的构成以及人们如何维护自己的社交。与互联网是否代替了其他社会联系方式相关的问题是新媒体是否将个人社交的维持从公共互动领域转变到了私人交互领域。

罗伯特·普特南所记录的大量证据表明，从20世纪70年代开始，美国人花费在社交成员身上的时间已经变得越来越少，在澳大利亚和英国等其他国家也发现了类似的社会资本的衰减。这些研究表明，人们已经将公众参与换成了私人互动；人们也越来越可能在私人住宅中以小群体的形式，而不是在公共场所以大群体的形式进行社交活动。虽然互联网和其他新媒体是最近创立的，因而不能为普特南和其他人观察到的这种趋势负责，但是有证据表明新媒体促进了个人主义。米勒·麦克弗森（Miller McPherson）、林恩·史密斯-洛温（Lynn Smith-Lovin）和马修·布莱希尔（Matthew Brashears）对人们的"讨论网络"的大小和组成进行的研究表明，与一般人讨论重要事情的人数正在下降，而且出现了从公共参与到私人网络的转变。虽然麦克弗森和他的同事没有将互联网的使用与社交变化直接相连，但是他们研究的时期与互联网的出现是有重叠的。这一发现与包括电视和电话在内的家庭媒体的使用增强了个人主义的观察结果也是一致的。家内活动的增多也带来了负面影响，即减少了在传统公共空间和邻里中的交流。如果与私人领域之外的事物和人互动的机会减少，那么接触了解不同的社会网络和资源的机会也会随之减少。

在对于互联网在何种背景中直接鼓励了个人主义的研究中，许多研究探讨了互联网的使用在诸如社区等不同城市背景中所起到的作用。

信息和通信技术以及社区

网络社区

网络社区研究是对新的信息和通信技术对社区社会关系影响的早期研究之一。网络社区实验是为位于加拿大安大略省多伦多外的典型的中产阶级郊区社区提供未来水平的互联网连接和服务的实验。搬到这种社区的居民可以享受免费的宽带连接、在线音乐服务、网上医疗服务以及各种通信工具如可视电话、即时消息、多媒体聊天室以及社区电子邮件讨论列表。然而，技术部署过程中无法预料的问题使得几乎一半的社区居民没有任何类型的网络连接。研究人员基思·汉普顿（Keith Hampton）搬进社区并用2年的时间采访社区居民，进行了比较"有网"居民和"无网"居民的民族志研究。

网络社区的研究结果表明，尽管互联网作为全球媒体的共同特征有利于远距离连接，但是它也可以进行非常本土化的互动。当将有网居民与无网邻里进行比较时，那些获得网络社区技术的居民更多地参与到社区之中：他们认识的人通常是许多无网居民的3倍，交谈是2倍，亲自拜访要多50%，电话交流是4倍。虽然具有这种技术的人有更多的联系，而且亲自或通过电话进行更频繁的互动，但是由于这种服务，他们之间的关系相对较薄弱，不够强烈和亲密。与马克·格兰诺维特（Mark Granovetter）的薄弱连接理论相一致，大量的薄弱的以社区为基础的关系在居民处理当地问题和关注点时，支持居民的集体组织能力。与担心互联网鼓励个人主义的结果不同，网络社区研究发现互联网的使用促进了狭隘领域内更大程度的参与。然而，网络社区研究是个案研究，其调查结果并不具备普遍性。

网上邻居

网上邻居研究试图阐明互联网技术促进社区互动的背景。网上邻居项目的数据是汉普顿通过对马萨诸塞州波士顿4个社区的成年居民进行的一系列年度调查收集得到的,共3次。所选社区具有社会经济的类似性:它们都是中产阶级社区,但是在住房类型上有差别。每个社区有100～200户家庭构成。4个社区中有2个是郊区社区、1个是公寓式建筑、第4个是门禁社区。4个社区中有3个社区具有简单的网络服务:1个社区电子邮箱讨论列表和一个社区网站。位于第2个郊区场所的第4个社区用作控制群体。为了保持自然的研究环境,没有给参与者电脑、网络连接或任何训练。

在网上邻居研究的3个实验社区中,只有郊区社区广泛采用了电子邮箱列表,没有任一社区广泛使用社区网站。公寓式建筑的服务利用率最低。尽管公寓式建筑在4个社区中拥有最年轻也最有技术背景的精英人士,但是它也最不利于社会关系的形成;它具有最低的居住稳定性、最少的同居伴侣、最少的子女、最低的住房自有率、很少的社区预先存在感和较低的社区义务感。这与郊区社区形成了强烈的对比,那里的居民频繁使用社区电子邮箱列表讨论当地的服务、政治、问题及集体举措。与公寓式建筑的居民不同,郊区社区的居民具有较高稳定性,大多数已经结婚或同居并且正在养育孩子。大多数郊区居民很积极地想要与他们的邻居进行更多的接触交流。当郊区实验社区的居民与控制社区的居民进行比较时,那些积极参与社区邮件往来的居民平均每年增加4个社交对象。与网络社区研究一样,这种干预所形成的新社区关系相对比较薄弱。

网上邻居研究也发现通常互联网被越来越多的包含在社区网络之中。特别是那些互联网的早期用户随着时间的推移会认识更多的邻居,而那些对互联网使用相对较少的用户,其在本地的社交网络会随时间推移而缩减。另外,一个人使用互联网的时间越久,他或她通过电子邮件联系的人越多。

网上邻居研究得出的结论是,那些生活在具有支持当地社会关系形成的背景(例如较低的居民流动性和有子女)的社区的人,以及那些有较高的互联网使用率的人,更可能从互联网中获利。在这种情况下,互联网不会私有化。相反,随着互联网越来越普及,它可能成为缓解个人主义的良药,并形成社区网络。另外,包括普通的政治讨论、有关公民责任的争辩以及集体举措等内容的邻里之间的电子邮件交流表明,在小领域内使用互联网可能导致更广泛的政治参与和更多的协商民主。然而,从互联网中获利的往往是那些习惯使用互联网和有良好社会资本基础的社区,这说明互联网拥有影响社会资本的能力。

微社区
澳大利亚、加拿大、以色列、英国以及美国的案例研究探索了互联网日常使用对社区社会关系的影响。然而,对于如何在更普遍的层面上使用信息和通信技术的研究却很少。

不同于研究人员提前选取并给予技术支持的网络社区和网上邻居的实验特点,汉普顿所执行的微社区项目研究了互联网在许多国家数千个社区的社区关系维护中是如何被使用的。

微社区项目的研究结果与网络社区和网上邻居的实验结果一致。互联网最有可能在新社区、郊区以及具有高收入和低流动性的区域等有利于当地关系形成的社区环境内促进地方社会关系的形成和维持。然而与之前的研究不同,微社区研究也发现在具有集中缺点的社区,互联网会逐渐破坏阻碍社区关系和集体举措的环境的影响。微社区研究发现,超比例的大量"真正弱势"社区、具有较高种族隔离和失业率的低收入社区能成功利用互联网建立当地社会关系,讨论当地问题并采取集体措施解决当地问题。这表明,互联网不仅能通过社区参与减少个人主义的危害,而且能为以前不鼓励社会政治参与的环境提供改变的条件。

进一步阅读书目：

- Arnold, Michael, Martin R. Gibbs, and Philippa Wright. 2003. "Intranets and Local Community: 'Yes, an intranet is all very well, but do we still get free beer and a barbeque?'" In *Communities and Technologies*, edited by M. Huysman, E. Wenger, and V. Wulf. Norwell, MA: Kluwer Academic.
- Baym, Nancy, Yan Bing Zhang, and Mei-Chen Lin. 2004. "Social Interactions across Media: Interpersonal Communication on the Internet, Telephone and Face-to-Face." *New Media & Society* 6(3): 299–318.
- Boase, Jeffrey, John Horrigan, Barry Wellman, and Lee Rainie. 2006. *The Strength of Internet Ties*. Washington, DC: Pew Internet & American Life Project.
- Crang, Michael, Tracey Crosbie, and Stephen Graham. 2006. "Variable Geometries of Connection." *Urban Studies* 43(13): 2551–2570.
- Fischer, Claude. 1992. *America Calling: A Social History of the Telephone to 1940*. Berkeley: University of California Press.
- Granovetter, Mark. 1973. "The Strength of Weak Ties." *American Journal of Sociology* 78: 1360–1380.
- Halpern, David. 2005. *Social Capital*. Malden, MA: Polity Press.
- Hampton, Keith. 2003. "Grieving for a Lost Network: Collective Action in a Wired Suburb." *The Information Society* 19(5): 417–428.
- ——. 2007. "Neighborhoods in the Network Society: The e-Neighbors Study." *Information, Communication and Society* 10(5): 714–748.
- Hampton, Keith and Barry Wellman. 2003. "Neighboring in Netville: How the Internet Supports Community and Social Capital in a Wired Suburb." *City and Community* 2(3): 277–311.
- Neighbors (http://www.i-neighbors.org).
- McPherson, Miller, Lynn Smith-Lovin, and Matthew E. Brashears. 2006. "Social Isolation in America: Changes in Core Discussion Networks over Two Decades." *American Sociological Review* 71: 353–375.
- Mesch, Gustavo S. and Yael Levanon. 2003. "Community Networking and Locally-Based Social Ties in Two Suburban Localities." *City & Community* 2(4): 335–351.
- Park, Robert and Ernest Burgess. 1925. *The City*. Chicago: University of Chicago Press.
- Putnam, Robert. 2000. *Bowling Alone*. New York: Simon & Schuster.
- Sennett, Richard. 1977. *The Fall of Public Man*. New York: Knopf.
- Zhao, Shanyang. 2006. "Do Internet Users Have More Social Ties? A Call for Differentiated Analyses of Internet Use." *Journal of Computer Mediated Communication* 11(3): article 8.

(Keith N. Hampton 文　宋丽娟 译　陈　恒 校)

DAMASCUS, SYRIA | 叙利亚大马士革

阿拉伯叙利亚共和国首都大马士革自称是历史上一直有人居住的最古老的城市（尽管最近叙利亚另一个主要城市阿勒颇的考古发掘可能会改变这种观点）。在其漫长的历史中，大马士革一直是阿拉姆语系的中心，是罗马德卡波利斯十城之一，是伍麦叶王朝（Umayyads，661—750）创立的第一个（也是最大的）伊斯兰帝国的首都，也是大叙利亚区（Bila-d ash-Sha-m ماش‍‍لادلب，由当今的叙利亚、黎巴嫩、以色列、巴勒斯坦和约旦组成）的中心。这座城市拥有不可思议的建筑遗迹，包括伊斯兰世界最古老的清真寺遗址（伍麦叶清真寺建造于706—715 年），此外还有源于奥斯曼帝国（1516—1918）的 8000 座完好无缺的商业建筑和私人住宅。1979 年，联合国教科文组织将大马士革列为世界文化遗产，但联合国 2001 年的一份报告声称大马士革的文化遗迹处于危险之中。

正如马克·吐温在《傻子出国记》（The Innocents Abroad）中赞美的那样：

> 对于大马士革而言，经年只是一瞬，几十载也只是白驹过隙。她不是用年月日来丈量时间，而是用她曾孵育、繁荣和毁灭过的帝国。她是某种意义上的永恒。大马士革见证过这个星球上所有发生过的一切，而她仍然屹立不倒。她见证过无数帝国的累累白骨，而在她消散之前，她仍将见证无数帝国的毁灭。尽管已有他人认领了这个名字，但古老的大马士革仍然是真正的永恒之城。

在阿拉伯语中，大马士革常被简写为 Dimashq 或 ash-Sha-m（俗语也常称整个叙利亚为"北方"）。大马士革英文名来源于古希腊语 Δαμασκός，再通过由阿拉姆语来的拉丁语变为 קשמרד Darmeséq（意为水源充足之地），尽管它的名字看起来早于阿拉姆语时代。

大马士革位于距离地中海东岸 80 千米的内陆，坐落于高于海平面 680 米的肥沃的古塔绿洲之上，古塔绿洲被外黎巴嫩山脉庇护着。温和的气候和来自巴拉达河（Barada River）的充足水源使它成为人类早期的聚居地；亚兰大马士革（Aram Damascus）在公元前 1100 年由阿拉姆人建立，来自阿拉伯的闪米特游牧民族（Semitic nomads）通过运河和水渠建立了一个复杂的供水系统（之后由罗马人和伍麦叶人不断改善）。聚集地成为周边帝国建立者的垂涎之地，直到罗马帝国统治者庞培（Pompey）在公元前 64 年将大马士革置于德卡波利斯的十城之中，通过大约长 750～1500 米的城墙将希腊和阿拉姆人的基石融入一个新的城市布局之中。罗马人的大马士革在耶稣诞生之前的历史上是一个重要的城市，通往大马士革的路是圣徒保罗在《新约》中转变为基督徒的标志（见《新约》9∶11）。那条街道被称为直街（Straight，与他的转变之路有关），也以通往直场（Via Recta）而闻名于世，是罗马大马士革的要塞（cardo）。

公元 661 年，大马士革成为伍麦叶王朝的都城，伍麦叶王朝的疆域从印度大陆一直延伸到西班牙。这个王朝留给世人最伟大的建筑之一就是伍麦叶大清真寺，它建造于 706 至 715 年间，是在受洗者约翰的拜占庭教堂（其本身是在卡皮托林罗马教堂上建造而成的，再往前是祭祀风暴雨神的阿拉姆教堂）的基础上建造起来的。这座清真寺常被认为是伊斯兰历史上的首座建筑丰碑，是对古老传统的一种重新解读。

大马士革的战略位置，即它位于日益兴盛的欧洲与中国的贸易线路之上，同时也是去麦加朝觐的必经之路，必然会使这座城市的商业和精神面貌发生改变。这座城市慢慢地由一座拥有网格直街道

的希腊-罗马风格城市转变为一座拥有狭窄蜿蜒街道的伊斯兰城市,这里的居民住在每到夜晚就会关闭重重木门的哈拉特(harat)里。12 世纪在萨拉丁(Salah al-Din)的统治之下,大马士革成为寻找智慧和卓越的学者之城。当伊斯兰学者、诗人、地理学家和旅行家伊本·祖拜尔(Ibn Jubayr)在公元1184 年由麦加朝圣归来时,他盛赞道:"人间若有天堂,大马士革必在其中;天堂若在天空,大马士革必与之齐名。"

也是在 12—13 世纪,大马士革开始越来越引起欧洲的注意,尤其是它的制造工艺和高质量的商品。大马士革成为高品质钢铁(有图案的钢铁现在仍用大马士革来表示)和奢华纺织品(有花纹的拜占庭和中国锦缎开始在欧洲越来越广泛地应用)的同义词。

1516 年,在作为马穆鲁克省会而暗淡了一段时间之后,大马士革进入了长达 400 年的奥斯曼土耳其城市阶段(除了 1832 至 1840 年间曾短暂地被埃及易卜拉欣帕夏[Ibrahim Pasha]占领)。在这一期间,建筑发展蔚为大观,尤其是拜伊特·阿拉比斯(bayt arabis),即一种奥斯曼帝国时期叙利亚式带有开阔庭院的宏伟的商业房屋,清真寺(据说大马士革曾有 1000 多座清真寺)在此期间也大量建造。19 世纪晚期和 20 世纪初期,土耳其社会开始接受欧洲思想,欧洲风格的居民小区开始在艾尔默耶[al-Merjeh](牧场)和萨利希耶[Salihiyye](围绕[Sheikh Muhi al-Din ibn Arabi]圣地发展起来的地区)之间修建。民族主义思想也开始广泛传播,但是 1918 年阿拉伯起义带来的短暂独立很快被 1920 年的法国统治所替代。1925 年浩兰(Hauran)的德鲁兹(Druze)起义波及大马士革,法国的炮轰摧毁了四分之一的古老城市,这些地方随后被铁丝网围起来。一条新的道路在城墙之外修建起来,这个城市的商业和行政中心也由北部转移到了这片区域,因而萨利希耶[Salihiyye]开始和卡西翁[Qasioun]山脊上的其他村庄融合,形成了新的聚居区,这些聚居区常用它们第一代难民的名字来命名,如阿克拉德[al-Akrad](库尔德士兵)和穆哈吉林[al-Muhajirin](移民)。

叙利亚在 1946 年获得独立,大马士革现在是阿拉伯叙利亚共和国的首都,议会由世俗的复兴党掌握,巴沙尔·阿萨德(Bashar al-Assad,哈菲兹·阿萨德[Hafez al-Assad]之子,哈菲兹·阿萨德曾担任过 30 多年的总统)是其最新的党首。城市大约有 450 万人口,由于移民不断涌入(1955 年数千巴勒斯坦难民涌入耶尔穆克新区,21 世纪初,叙利亚大约有 300 万伊拉克人,其中大部分在大马士革),这一数字仍在不断增加。总体上来说,这个城市的北部更加富裕(尤其是西部梅泽区[Mezze],度玛[Dumar]的巴拉达山谷,贝捷[Berze]的山脊),而贫穷地区(大多没有官方的建造许可)主要集中在南方。由于城市的交通、工业和污水,萎缩的古塔绿洲如今污染十分严重。

城市 2/3 的人口是逊尼派,其余为什叶派、伊斯玛仪派和阿拉维派,德鲁兹人(尽管大部分住在城市的西南边)和信奉基督教的少数派包括(约 11%)马龙人、天主教徒、希腊人、亚美尼亚人和东正教的亚述人。在古城区,还有一个非常小的犹太社区。

然而大马士革仍然拥有丰富的古典和伊斯兰建筑遗迹,正是大量幸存的伊斯兰民族建筑(尤其是 bayt arabis)使大马士革(阿勒颇亦是)与众不同。根据阿迦汗大学斯蒂芬·韦伯(Stefan Weber)给联合国的报告,截止到 2001 年,土耳其 1900 年年鉴上记载的 16 832 座房屋有接近半数仍保存完好。然而韦伯提醒,叙利亚政府和其他人声称的世界文化遗产的遗址应该是整个城市,而不是仅仅包括城墙内的建筑。这种忽视导致了对城墙外地区的保护极为不足,这些地区 12 世纪的建筑正在被钢筋混凝土建筑替代。

与美国持续的紧张关系(包括 2005 年布什政府对于叙利亚是"邪恶轴心"的指控)限制了西方对这座城市的投资。然而,这个古老的城市至少并不缺少叙利亚和其他阿拉伯地区投资者的兴趣,尤其是海湾地区和新兴的伊拉克居民。

近年来,恢复许可的申请增加了 10 倍,"修复"

的咖啡馆和饭店的数量也从 1988 年的 5 个增加到 2007 年 4 月的 100 多个。豪华的精品酒店和夜店也随之增加(现在大约有 10 个)。这个古老城市著名的市场亦成为关注的焦点。2006 年,科威特王子马吉德·阿尔巴沙(Majed Al Sabah)预言,当他的奢侈品设计店 Villa Moda 在修复的房屋开张时,直街会成为下一个邦德大街,这一消息在国际时尚界引起了骚动。

尽管发展是喜人的,但是工作开展的质量仍令人担忧,韦伯的报告呼吁建立一个培训和规划中心以帮助投资者开展相关工作。

进一步阅读书目:

- Damascus Online (http://www.damascus-online.com).
- Flood, Finbarr Barry. 2000. *The Great Mosque of Damascus: Studies on the Meanings of an Umayyad Visual Culture*. Leiden, the Netherlands: Brill.
- Old Damascus(http://www.oldamascus.com).
- Rihawi, Abdul Qader. 1979. *Arabic Islamic Architecture in Syria*. Damascus, Syria: Ministry of Culture and National Heritage.
- Salamandra, Christa. 2004. *A New Old Damascus: Authenticity and Distinction in Urban Syria*. Bloomington: Indiana University Press.
- Umayyad Mosque of Damascus (http://archnet.org/library/sites/one-site.tcl?site_id=7161).
- Weber, Stefan. 2002. "Damascus—A Major Eastern Mediterranean Site at Risk." pp. 186–88 in *Heritage at Risk: Report of the International Council of Monuments and Sites*. Retrieved March 25, 2009 (http://www.international.icomos.org/risk/2001/syri2001.htm).
- —. 2007. "Damascus 1900: Urban Transformation, Architectural Innovation and Cultural Change in a Late Ottoman City (1808–1918)." In *Proceedings of the Danish Institute Damascus*. Aarhus, Denmark: Aarhus University Press.

(Jessica Jacobs 文 宋丽娟 译 陈 恒 校)

DAVIS, MIKE | 迈克·戴维斯

迈克·戴维斯(1946—)是一位多产的马克思主义劳工史学家,以深刻尖锐又带有挑衅性质的城市研究和报道,尤其是关于洛杉矶的研究和报道而声名远播。戴维斯给自己贴上了"作家活动主义者"、"曾经的屠夫和长途卡车司机"以及"马克思主义环境学家"的标签;他对美国城市的观点是去工业化、郊区化和种族主义,这是生长于南加州的人自觉形成的观点。除了工人阶级的人生阅历获得麦克阿瑟和格蒂奖学金以及登上《洛杉矶时报》(*Los Angeles Times*)畅销书排行榜的《水晶之城》(*City of Quartz*, 1990)和《恐惧的生态学》(*Ecology of Fear*, 1998)两部著作也确定了迈克·戴维斯在学术界内外的名人地位。

戴维斯将他对城市条件的分析和批判指向了经济结构调整和城市工人阶级福利下降所产生的不利影响。然而,他认为影响城市的因素十分广泛。戴维斯不仅探讨了土地使用、控制犯罪以及种族政治等城市的核心问题,而且也关注从流行病到

鳄梨农业等不太明显的问题。自始至终,戴维斯都坚持以阶级为基础的、唯物主义的马克思主义分析方法,虽然并不是正统的马克思主义者,但是他以工人和穷人的悲观情景取代了无产阶级革命,并揭示出了一些独立于经济的空间关系。尽管戴维斯是创建城市研究洛杉矶学派的学者之一(据说《水晶之城》首次使用这个名字),但是他对经济结构的依恋,以及与后现代主义的不稳定关系使他多少有些游离于已经演变的洛杉矶学派之外。

戴维斯在加州大学洛杉矶分校攻读博士学位,然后去了英国,20世纪80年代他在社会主义杂志《新左派评论》任职。他影响了包括马克思主义历史学家佩里·安德森(Perry Anderson)和批判理论家赫伯特·马尔库塞(Herbert Marcuse)在内的一些重要思想家。在英国期间,戴维斯发表了他最具理论性的著作《美国梦的囚徒》(*Prisoners of the American Dream*, 1986)。该书认为,政党系统关注白人、郊区人和大多数中产阶级选民,将工人阶级摒弃,并最终产生了里根联盟,同时也说明了劳工组织对非洲裔美国人、妇女和移民的敌对态度。

20世纪80年代后期戴维斯回到美国,并把注意力转向了洛杉矶。戴维斯最知名学术著作是《水晶之城》,该书是城市研究的"经典之作"。戴维斯对商业和政治巨头,特别是他们之中最重要的房地产开发商对洛杉矶的控制做出了严厉的、彻底的、有历史证据的控诉。他强调极权国家动员了对年轻少数族裔男子、无家可归者以及非法移民的抵抗——他的《水晶之城》中最引人注目的形象即为"堡垒洛杉矶"。虽然富裕的白人房产拥有者和国际投资者正越来越多地与传统的本地精英竞争权力,但是在逐渐强大的洛杉矶,他们所有人都在抵抗来自下层阶级"他者"的威胁。

1992年《水晶之城》发行了平装版,同年洛杉矶发生了罗德尼·金骚乱(Rodney King Rebellion)。戴维斯最激烈和迷人的作品是《谁杀了洛杉矶?》,该文可视作是《水晶之城》和《美国梦的囚徒》的非正式的结语。在文中,戴维斯详细介绍了已经被应用于反毒品、反帮派和反移民工作中的高度军事化的"联邦化和联邦驱动"策略,但是这些策略却促进了法律和秩序的崩溃。同时,在加州和华盛顿特区,民主、共和两党都支持减少在公共就业和服务领域削减开支,这无异于"又一次烧毁了洛杉矶"。

在《赞美野蛮人》(*In Praise of Barbarians*, 2007)中,戴维斯表示上述策略在联邦、州和地方政府在新奥尔良卡特里娜飓风的灾后处理中既被利用又被遗弃。像洛杉矶一样,新奥尔良的资源甚至难以解决其灾前的需求,更不用说重建其经济、社会和物质基础。然而具有讽刺意味的是,在新奥尔良,联邦政府和军方对重建的态度都非常消极。与由拉美(和亚洲)移民重建的洛杉矶不同,如戴维斯在《神奇的城市生活》(*Magical Urbanism*, 2000)所论述的,真空般的新奥尔良被公共和私营部门的努力"蓄意谋杀",并将它重新改造成为一个更富裕的、更白人化的城市。

纪录片、电影和旅游宣传中的洛杉矶是一派光明阳光的景象,同时文学作品中的洛城却是黑色的,戴维斯致力于探究二者之间的差异。戴维斯在《恐惧的生态学》中阐述了相同的主题,该书引发了对资本主义居住模式是什么,以及如何干预自然现象的持续探索。戴维斯将加利福尼亚州南部,无论是自然界还是社会,都视作是由野生恐惧定义的。他的核心及最有争议的观点是,许多真正的危险——被流行文化、政治话语和新闻过滤过的,是忽略了生态系统运作的发展模式而造成的。重要的是,"对景观的恶意"包含着对城市和城市居民的敌意。戴维斯将受2007年森林火灾影响的这片区域刻画为"满是无聊的青少年和绝望的主妇的粉红色灰泥的死亡山谷",这代表了他对南加州阶级和空间结构的评估。

《恐惧的生态学》促进了戴维斯关于资本主义、城市化和人类史诗大灾难的全球和历史关系的总体观点的形成。戴维斯《维多利亚晚期大屠杀》(*Late Victorian Holocausts*, 2001)的侧重点超出了北美的范围,该书是对19世纪后半叶"第三世界创建"的一次反思。采用科学的研究证据,戴维斯指责殖民势力将引起干旱和饥荒的厄尔尼诺现象用于经济和政治扩张(如当代开发商享受自然灾害在南加州所带来的机会)。《门口的怪兽》(*The Monster at Our Door*, 2005)探究了禽流感对全球化及贫穷"超级城市化"的威胁,而《布达的货车》(*Buda's Wagon*, 2007)将被称为"启示的疯狂之棒"的汽车炸弹看作首个游击战的城市形式。在《贫民窟星球》(*Planet of Slums*, 2006)一书中,戴维斯专门探讨城市,将20世纪后期贫民窟的激增和扩大与市场化、私有化的结构性调整联系了起来。这5本著作的重要性在于戴维斯认为服务于资本利益的两个时代的经济和地理结构调整不仅造成了第三世界的社会和生态破坏,而且在不经意间也给西方带来了政治和生物恐怖。

戴维斯最好的作品经常作为热点内容出现在左翼和主流期刊之上,他也在网络上发表著作,并广泛接受网络媒体的采访。他擅长担当诸如选举、劳工政治,以及自然灾害和恐怖袭击等当代事件的评论员。戴维斯的写作包含强大的叙事元素,尽管有时候采用了令人费解的表达手法,但是在很大程度上,他通过讲述城市、人和事件的动人故事吸引了学术界和公众观众。他亦采用图片来激发智慧或愤怒。

戴维斯的著作进入公共领域后引发了争议。一方面,他被指责为情绪失控,而且惯于捏造事实,同时也是穿着工人阶级外衣的学术精英。《恐惧的生态学》引发了全国范围内的保守的评论家、洛杉矶商界以及一些加州学者的愤怒和谴责。问题在于书的基调,即戴维斯对加州自然灾害原因的诊断,以及他对未来的世界末日式预言及其证据的真实性。另一方面,戴维斯被视作英雄,并为他受到的诽谤申辩。他被描绘成预言家以及资本主义破坏的细致的记录者。尽管如此,甚至有些认可戴维斯关于城市问题观点的城市学者也认为他的预言是不必要的,并且认为戴维斯对文化和性别的重要性缺乏足够的关注。

总之,迈克·戴维斯的吸引力在于他能够跨越学术界和他所谓的"诚实的工人阶级"世界之间的界限从而为城市研究注入了活力,而且通过对加利福尼亚和全球城市境况的复杂解释,他既广受赞美又饱受谴责。

进一步阅读书目:

- Bearman, Joshuah. 2004. "Mike Davis." *The Believer* 2 (February. Retrieved March 25, 2009 (http://www.believermag.com/issues/200402/? read = interview_davis).
- Davis, Mike. 1986. *Prisoners of the American Dream: Politics and Economy in the History of the U S. Working Class*. London: Verso.
- —. 1990. *City of Quartz: Excavating the Future of Los Angeles*. London: Verso.
- —. 1998. *Ecology of Fear: Los Angeles and the Imagination of Disaster*. New York: Metropolitan Books.
- —. 2001. *Late Victorian Holocausts: El Niño Famines and the Making of the Third World*. London: Verso.
- —. 2006. *Planet of Slums*. London: Verso.
- —. 2007. *In Praise of Barbarians: Essays against Empire*. Chicago: Haymarket Books.

(Judith A. Garber 文　宋丽娟 译　陈　恒 校)

DE CERTEAU, MICHEL ｜米歇尔·德·塞尔托

米歇尔·德·塞尔托(1925—1986)已经成为城市日常生活研究领域经常被引用的理论家之一。本词条将对他的工作、理论背景及其城市研究中的关键概念进行简要概述，并将这些概念设定在词条限定的背景之内。塞尔托理论的关键是一种实践理论，即强调目标和事物如何超越了人们对其所形成的概念化理解。鉴于此，关于塞尔托的研究，有以下几点需要注意：第一，塞尔托如何指向城市意识形态，尤其是规划背后和理性主义的意识形态；第二，转换空间的积极实践模式为超越规划空间概念的生活提供了解释；第三，一种本地"策略"的感受；以及第四，成为城市消费的组成部分。

理论背景

米歇尔·德·塞尔托是一位被授予神职的耶稣会士，他的工作是档案整理，同时他也一直是雅克·拉康（Jacques Lacan）弗洛伊德派（l'école Freudienne）的成员。在此期间，他主要的工作是研究中世纪卢丹（Loudun）和流行的宗教神秘主义，这样的背景似乎很难和城市研究发生联系。塞尔托受到1968年巴黎事件（五月风暴）的启示，并将他的研究转移至热门的城市领域。这使他声名鹊起，一方面是作为大众运动的领袖，同时也是立足于城市街道的社会理论的创造者。在这种情况之下，作为平流层理论的一种对应，塞尔托被一些人视为宠儿；同时作为过度使用微观理论的典型，他又被另外一些人视作对手。

在被引用最多的论文《走在城市中》(Walking in the City)，塞尔托以呼吁现在的城市理论已经过时，并对他所谓的有秩序的"概念城市"的渴求作为开场白：

> 从世界贸易中心110层楼俯瞰曼哈顿，在大风激起的阴霾之下，一座岛屿城市，在海洋之中撑起了摩天大楼……一道垂直的波浪。城市的变化肉眼可辨，巨大的城市树立在眼前。它被转变成了一种文本……阅读这样一个大都会将会何等狂喜？在这种体验中我得到了巨大的快感，我想知道这种纵览全局，从上俯瞰的快感是从何而来。（de Certeau 1984, 91—92）

这一观点是塞尔托对于城市理论的批判的一部分，他的批判质疑了规划师的观点及其所处的从属地位、质疑了空间在不同学科的应用，以及社会理论的诸多前提。在这里，他提醒我们注意那些看似有力的理论和方法。换言之，这些方法的普及不只是与其更好的见解有关，而且也与它如何把我们定位为强大的认知主体有关。因此，塞尔托批判可视化社会知识和实践的视觉比喻，他认为，"我们社会的特征是视力的癌性生长，它通过自身显示或被显示的能力测量一切，并将沟通转变为一个视觉旅程。它是一种视觉的史诗和阅读的脉动"。他担心这将世界转变成了我们可以阅读的"文本"，但这样做会凝固城市生活，从而抑制了大量的城市活动。因此，他认为具象艺术和科学把城市"不透明的流动性"固化成了只提供"证据帝国"的透明文本，在证据帝国里，行为往往被视为是惰性的，或者是需要被衡量的文化属性。这使得理论"在虚空的坟墓上哀悼"，理论谈论的是规律或结构，而不是行为本身。

米歇尔·德·塞尔托的城市理论

米歇尔·德·塞尔托认为城市理论经常重复掌权者的认识论视野。因此，即使其目的是批判的或对立的，它也太容易相信计划、规律和结构，好像

它们是城市生活的界限。相反,他注意到了不同思想体系的分散。分散的行为知识逃避了理论的凝视。他没有注意行为的总和,而是注意到了无数的奇异性——不是太多不能数清楚,而在本体论上是不可数的。在此,他发现了由霸权塑造并整饬为有序的城市,如何转化为无序空间。也就是说,他将行为视作空间化的地方。然后,在这里,他将空间控制视作权力知识建构的策略。这一城市转换和跨越空间的实践知识创造了新的关联,这包括人们穿过这些特定的地方时所看到和撤到的移动着的区域。策略是界定领土并定义地方,而战术则是使用并颠覆那些地方。

因此权力和理论的策略被小规模的战术所转变。塞尔托认为策略通过空间的管理和组织进行权力操作,这就是区划活动:在一些地方规定一些活动,而在其他地方禁止这些活动。战术是一种"诡计",它采取世界主义倾向,并通过修改使其转换成平民标。因此,当与分散行为的"无限的海域"相抗衡时,城市区域规划和概念城市的庞大秩序既庞大又非常脆弱——城市是"秩序的筛子"。权力的凝视可以刺穿对象,但亦因之对大量不符合其类别的事物变得盲目。因此我们凭借经验可以看到被塞尔托称之为事物"无言的历史"的认识城市的不同模式,如走路、穿衣、做饭或童年记忆的方式。这些在使城市真正"宜居"和栖息的机制里创造了缺席和鬼魂。因此,塞尔托更关心的是从城市里实际得到的认识论的"故事",而在空间方面,他将步行看作实用叙事的一种形式。这个城市是通过步行观察了解的,而不是凭借低头看静态的规划来了解。

他的研究注重物体和地方如何被使用,而不是它们的所有权及其如何生成。因此,他将我们的注意力转移至如何运用战术占用已经被霸权知识体系所建立的事物,例如孩子们在明显的荒地或"规划遗留下来的空地"创造丛林和城堡,路牌如何与有违其正式性的社会记忆相联(例如尽管路名是为了纪念将军,但在行人眼中它们可能会与第一次接吻、暴乱或完全不同的东西相关联),古迹也被重新融入流行文化之中(例如伯明翰和都柏林喷泉里的斜倚妇女雕像在当地获得了"按摩浴缸里的荡妇"的绰号)。城市对于塞尔托而言,如同梦想与空际一般,他通过选取那里有什么,并将之重新使用而使城市变得有意义并适合居住。但是,如果我们要寻找生产或使用的常规指标,就会导致我们对城市生活一无所知。因此,他没有将消费视为终点或生产城市空间和服务的后续,而是将消费视为一个积极的过程。虽然在这里他表明了霸权的整体框架,但是他观察到了系统内无数行为的布朗运动。

我们也不可以把不同的用途映射到离散的城市文化和行为社区之中。城市行为的多元化意味着我们没有看到位于隔离地区的马赛克般的离散亚文化,而是看到了塞尔托所说的"堆积异质的地方"。"每一个异质的地方就像一本书中腐化的一页,指的是领土统一、社会经济分配、政治冲突和身份象征主义的不同模式"。也就是说,多个行为相互重叠,其中一些行为可能是强大的,而其他的行为则是以前知识体系的残留物。因此,例如住宅高档化的社区可能已被建成,而其所要服务的工厂却已经消亡,街道可能用业已灭亡的帝国的被遗忘的英雄来命名。塞尔托观察到"整体(是)由不属于当代,但却仍然与整体相关的业已化为废墟的碎片构成"。

米歇尔·德·塞尔托理论的局限性

最后,值得停下来考虑一下米歇尔·德·塞尔托城市理论的局限性。或许他太容易就被选为平民冠军。人们可能会对他如何被引用以及他的城市思想做出3种批判。第一,他的权力概念化倾向于关注与普通公民对立的、累加而强有力的知识形式。由这些机构内的不同机构和执行者完成的权力仲裁则缺乏社会学意义,所有这些机构和执行者都有自己的工作议程(或战术)。第二,战术和策略的对立更像是一系列舞动中的间隙或错位,而不是它经常被描绘成的阻碍或越界。塞尔托的战术在政治上不是对立的;它们是对占主导地位的知识的秩序和计划的回避,而不是形成一个连贯的且同样有限的阻力。第三,社区生活实践与街头漫步的经验连接将他置于欧洲知识文化语境下城市生活的虚幻之中,但是这并不能反映所有的城市生活型态。最后,这些批判在塞尔托连贯而整体的哲学观点和项目的层面上连接了起来,并具有自己的语言和术语。塞尔托城市研究术语和观念的过快利用,往往听起来像是引用而不是分析,从而带来了失去其研究微妙之处的风险。

进一步阅读书目:
- Buchanan, I. 2000. *Michel de Certeau: Cultural Theorist*. London: Sage.
- Crang, M. 2000. "Spaces of Practice: The Work of Michel de Certeau." pp. 126 – 40 in *Thinking Space*, edited by M. Crang and N. Thrift. London: Routledge.
- de Certeau, M. 1984. *The Practice of Everyday Life*. Translated by S. Rendall. Berkeley: University of California Press.
- de Certeau, M., L. Giard, and P. Mayol. 1998. *The Practice of Everyday Life: Living and Cooking*. Translated by T. Tomasik. Minneapolis: University of Minnesota Press.

(Mike Crang 文　宋丽娟 译　陈　恒 校)

DEINDUSTRIALIZATION ｜去工业化

20世纪70年代,"去工业化"一词被制造出来,用来指国家、地区以及城市经济的快速重组。诸如机器人在组装等生产过程中的大量使用,使我们用较之过去少得多的工人生产商品成为可能。在20世纪七八十年代,尽管产量增加了,但许多地方的制造业工作机会却减少了。去工业化也因为工厂离开城市地区而发生。大批公司的外逃在美国比在其他地方发生得更快,原因在于公司可以借此获得税收优惠。因此,公司开始从原来的大都市搬到诸如加勒比、拉丁美洲和亚洲等地区,那里的工人工资相对较低,且环境法规较为宽松。由于各国政府实施的规章制度不同,有些国家的这一进程稍慢一些。例如在德国,如果员工计划离开公司,必须提前通知公司,而且公司还要求员工遵守其他规定。

老城区的工人们此前已经经历了一次又一次经济萧条的打击,去工业化可以说是他们最后的灾难。从1979年到1988年,宾夕法尼亚州匹兹堡地区的制造业工作岗位减少了44%,其中3/4与钢铁业有关,失业率高达20%。从20世纪60年代中期到80年代,苏格兰格拉斯哥的造船业和金属制造业的就业率急剧下降,导致失业率高达22%。数英里的码头区曾经挤满了船厂的工人,现在却空无一人。德国汉堡在1970—1987年失去了46%的制造业工作。这种经历在美国和欧洲的老港口和工业城市一再上演。

尽管面对这种情况,但依旧存在着一线希望,那就是服务业的就业人数开始上升。虽然各地区和城市在这一进程展开的速度上存在差异,但在过去几十年里,这一历史性的发展彻底改变了国家、区域和城市的经济。在1960—2000年间,美国东北部和中西部7个大都市区制造业的就业比例从 32% 跌至 12%。而与此同时,增幅最大的是服务业,同期服务业占当地就业的比例从 15% 增长至 36%。这些变化与整个美国情况高度一致。

在欧洲国家,大规模公共部门就业以及住房和收入支持计划在一定程度上缓解了去工业化对社会的影响。尽管如此,高失业率造成的混乱在整个发达国家的制造业和港口城市都极为严峻。各国政府和城市采取了积极的计划来重组当地经济。例如,利物浦得到了英国政府的大量援助,将废弃的阿尔伯特码头翻新成一个混合开发项目,内含住房、博物馆、商店、酒吧和餐馆等。相比之下,在美国总统罗纳德·里根的领导下,联邦政府鼓励人们搬到更繁荣的地区。城市领导者们对此做出的回应是开始努力复兴城市的经济,这一进程一直持续到今天。

进一步阅读书目:

- Altena, Bert and Marcel van der Linden. 2002. *De-industrialization: Social, Cultural, and Political Aspects*. Cambridge, UK: Cambridge University Press.
- Bluestone, Barry and Bennett Harrison. 1982. *Deindustrialization of America: Plant Closings, Community Abandonment, and the Dismantling of Basic Industry*. New York: Basic Books.
- Cowie, Jefferson and Joseph Heathcott, eds. 2003. *Beyond the Ruins: The Meanings of Deindustrialization*. Ithaca, NY: Cornell University Press.
- Dandaneau, Steven P. 1992. *A Town Abandoned: Flint, Michigan, Confronts Deindustrialization*. Albany: State University of New York Press.
- Edensor, Ted. 2005. *Industrial Ruins: Space, Aesthetics, and Materiality*. Oxford, UK: Berg.
- High, Steven and David W. Lewis. 2007. *Corporate Wasteland: The Landscape and Memory of Deindustrialization*. Ithaca, NY: Cornell University Press.
- Jakle, John A. and David Wilson. 1992. *Derelict Landscapes: The Wasting of America's Built Environment*. Lanham, MD: Rowman & Littlefield.

(Dennis R. Judd 文 李 胜译 李文硕校)

DELHI, INDIA | 印度德里

现在的德里是吸收了横跨不同时代和统治者的悠久历史的结晶,汇集了世界各地的要素。按照惯例,德里被分为新旧两部分(大致相当于城市的中心/北部和南部),它为人们了解印度所发生的政治和文化发展提供了一个宝贵的窗口。本词条通过总结这座城市的历史,并就如何解读它的发展提供一些观点,来介绍这座城市。

独立之前

历史上,德里由 7 个城市组成,它们都是各自王国的中心。德里最初被称为"天帝之城"(Indraprashta),是史诗《摩诃婆罗多》(*Mahabharata*)中的潘达瓦(Pandava)王朝的所在地。在印度托玛尔(Tomar)王朝(约 1060 年)统治

时期一直到穆斯林征服者到来这段时间，德里作为首都享有盛名。伊斯兰莫卧儿王朝时期是德里的繁盛时期。其中，最著名的时期是从16世纪早期的洛迪（Lodhi）王朝到沙·贾汗（Shahjahan）王朝（1627—1658）。1638年，后者在经历了一番迁都后，将都城建在了沙贾汗纳巴德，这里是今日老德里的中心地区。

1858年，当英国王室从东印度公司手中接管德里时，一个全新的时期开始了。1911年，国王乔治五世将首都从加尔各答迁回德里，并为这座城市的扩张奠定了基础。位于旧城南部的新德里的建设是一项宏伟的工程，目标在于打造帝国的终极象征。新德里很明显地脱离了旧城区，它将发展成为人口密度低、绿色开放的地区。帝国德里计划的创造者埃德温·洛特恩斯（Edwin Lutyens）还在旧城的城墙以南建造了一个以海军上将康诺特（Admiral Connaught）命名的新广场，借此来更清晰地区分新旧德里。康诺特广场被认为是一道区分新旧德里的自然分界线，这里是印英两国、殖民者和殖民地之间的缓冲区，使居住在康诺特广场以南的英国人，与人口密度高、规划糟糕、缺乏卫生体系、贫困和交通拥堵的老城区保持安全距离。

独立之后

分治后，德里市不同地区之间的经济、基础设施和社会差距进一步扩大。到1948年初，在穆斯林从印度逃往巴基斯坦和印度教徒向相反方向外流之后，大约1 600万人失去家园，至少有100万人（据非官方估计）丧生。这些年是德里建设的核心时期，在两个月的时间内人口翻倍，城市变化极大。新殖民地（当地对街区的称呼）的建立是为了接纳成千上万来自巴基斯坦的难民。

从20世纪60年代到80年代，德里持续吸引着来自印度北部各地的移民。事实证明这座城市的发展远远超出计划者的预期。在几十年间，德里的增长模式是持续向郊区扩展，并且迫使穷人和移民流离失所。新工业和基础设施的建设尤其是1982年的亚运会，促成了这一格局的形成。由于需要廉价劳动力，外来务工人员大量定居在靠近建筑工地的城市区域。他们往往会随着工作的完成而不断转移到外围地区。

1991年印度被正式接纳进入自由市场，上述进程进一步加快。从此之后德里完全成为印度经济现代化的中心。这座城市从一个纯粹的政治中心变成了一个有吸引力的商业和工业中心。在这10年期间，进入印度的跨国公司中超过一半选择德里作为基地。统计数据显示，在20世纪90年代末，德里创造就业的比例是印度最高的，也是印度最富裕的地区。从1991年到1999年，这个城市的人口增长了43%。据非官方的估计，它变成了一个拥有1 500万居民的城市。在这段时期，德里的扩张使得它与周边卫星城古尔冈（Gurgaon）、诺伊达（Noida）等的边界变得越来越模糊。曾几何时，这些卫星城是消化涌入德里的移民的主要城池。作为连接城市和郊区的宏伟工程，新地铁的建设改写了城市地图。

分裂之城

德里作为全球化中心之一，其发展很显然也产生了社会和基础设施问题。不同的阶层或地区在获得电力、供水和卫生设施方面的差异很大。此外，作为对移民现象的一种回应，在城市最多样化的地区，非法定居点和贫民窟也在不断增加，这是大量移民涌入的结果。一些建筑师认为，自从1962年《德里总体规划》（Delhi Master Plan）发布以来，负责城市发展的当权者已经缺乏理解居民需求的能力。他们认为，这项规划促进了一种脱离当地的城市发展模式。它赋予当权者获得城市边界内几乎所有能够城市化的土地的权力，并上马了大规模项目，这些项目重现了德里作为首都的不朽光环，但是没有回应城市的需求。

事实上，具有不同生活方式、收入和种族特征的地区在此之前就存在着严重的差异。独立后不久,德里就表现出了明显的分裂。最具特色的地区是相对富裕的西德里、南德里、民用线路(Civil Lines)以及北部的德里大学(Delhi University),而另一端则是日益商业化的、污染的和拥挤的沙贾汗纳巴德。在城市的中心是曾经的殖民者占据的地区,该地区以绝对独特和超然著称。

然而多年来,旧德里和新德里之间的分歧已成为这座城市最显著的特征。新德里(南德里)的居民认为自己是这座城市最成功、最现代的居民,旧德里的居民——他们自称沃拉斯人(*wallas*)——则把自己塑造成更真实、更真诚的一群人。从《德里总体规划》看,旧德里确实充满了过去的气息,但它拥堵的交通、恶劣的卫生条件以及狭窄的车道等,对规划师来说无异于一场噩梦;另一方面,南德里被认为是这座城市现代的、中产阶级的区域,体系化的街道、立交桥以及恢宏的建筑囊括了20世纪六七十年代的现代主义风格、旁遮普巴洛克风格以及新近的呼应泛印度神话的后现代主义风格,这些都能唤起我们对殖民和现代的回忆。如今,蓬勃发展的诺伊达郊区和古尔冈郊区正在解决这样的分裂问题,它们正在成为新的、年轻的、成功的且融入全球的印度的象征。

今日德里
来源:Steven K. Martin

城市美学

另一种理解德里的方式是把它当作一个活生生的艺术装置,透过它可以了解这座城市正在上演的文化潮流。现代德里的建筑发展大致可以分为两个不同的阶段。虽然第一个时期开始于洛特恩斯在德里的殖民创造,但独立意味着有意识地打造一个新的并且能够代表这个国家及其居民的印式建筑。

在 20 世纪五六十年代，印度建筑主要受到尼赫鲁政府提倡的紧缩逻辑影响，这种逻辑要求利用有限的资源迅速实现现代化。受实用主义和现代主义建筑理念的影响，德里的建筑大都是平顶，在这些建筑中间，穿插着令人印象深刻的现代民族主义纪念碑。然而，这个时代也见证了一种倾向于相反理念的流行趋势的诞生。奢华的旁遮普巴洛克风格成为精英们最喜欢的、代表他们野心的风格。这样的新设计提供了与殖民地历史的连续性，同时彰显了中产阶级和上层阶级的国际化欲望。另外，这种设计也表达了不断变化的家庭观念和公私理念。在当下，家成为主人身份的象征以及远离可怕外部世界的避难所。旁遮普巴洛克风格作为一种趋势，其影响在最近的建筑中很容易被发现，它代表了一个面向全球的新印度形象，同时又牢固扎根于民族自豪感之中。

因此，德里的城市发展是了解印度次大陆发生的政治和文化变化的窗口。如今的德里是一个成功、扩张和变革的故事，也为我们了解这个国家微妙的平衡提供了一个宝贵的窗口。

进一步阅读书目：

- Bhatia, G. 1994. *Punjabi Baroque and Other Memories of Architecture*. New York：Penguin.
- Chaudhuri, D. N. 2005. *Delhi：Light，Shades，Shadows*. Delhi：Niyogi Offset Books.
- Dupont, V., E. Tarlo, and D. Vidal, eds. *Delhi：Urban Space and Human Destinies*. Delhi：Manohar.
- Favero, P. 2005. *India Dreams：Cultural Identity among Young Middle Class Men in New Delhi*. Stockholm Studies in Social Anthropology, 56. Stockholm：Socialantropologiska Institutionen.
- Jain, A. K. 1990. *The Making of a Metropolis：Planning and Growth of Delhi*. Delhi：National Book Organisation.
- Jain, A. K. 1996. *The Indian Megacity and Economic Reforms*. New Delhi：Management Publishing.
- Khanna, R. and M. Parhawk. 2008. *The Modern Architecture of New Delhi：1928 - 2007*. Delhi：Random House India.
- Miller, S. 2008. *Delhi：Adventures in a Megacity*. Delhi：Penguin.
- Sengupta, R. 2008. *Delhi Metropolitan：The Making of an Unlikely City*. Delhi：Penguin Books.
- Singh, K. 1990. *Delhi：A Novel*. New Delhi：Penguin.

(Paolo Favero 文 李 胜 译 李文硕 校)

DEVELOPER ｜开发商

房地产开发商将土地、资本、材料和劳动力用于城市空间改造，在既定各种法律和监管参数的情况下，开发该地段以产生最大的投资回报。虽然开发商通常被认为是一个同质的群体，但是在组织类型和规模、地理重点、市场专业化及部门（私有、公共或非营利组织）等方面，开发商之间有很大的差异。开发商提供企业方案、管理技能和专业知识，以协调既有体制结构内的资源和利益，从而改变建成环境。例如，开发商就曾负责波士顿法尼尔厅市场的翻修建筑工作，伦敦金丝雀码头的办公大楼，纽约莱维敦、明尼阿波利斯郊外的美国购物中心，以及洛杉矶被称为斯台普斯中心的娱乐综合体。

历史

美国现代房地产开发的历史是由住房自有、自由市场和创业精神等主导意识形态所塑造的。19世纪末，开发商主要在城市中央商务区内建立公司总部。到了20世纪，为满足对办公空间的新需求，投机性的开发商开始出现。随着发展步伐的加快和开发商之间竞争的加剧，市政当局开始利用区划、土地使用规划和建筑法规来保护公众健康、稳定房地产市场和提高土地价值。住宅开发商将注意力转向城市不断扩大的外围地区，购买土地并将其细分出售给建筑商。到20世纪20年代中期，土地利用法规以区划指导方针的形式扩展到了郊区。20世纪20年代，随着开发商开始成立行业协会、设立行业标准并与政府部门合作，这一时期也见证了房地产作为一个产业的专业化进程。虽然大萧条的结束为房地产带来了新的资本市场和制度结构，但直到第二次世界大战结束，房地产行业一直处于萎靡不振的状态。

第二次世界大战后，中心城市以外地区居住、零售、医院以及工业的大幅增长为开发商提供了发展良机。与此同时，中心城市的城市更新也创造了很多新的机会。郊区住宅开发公司的规模和成熟度都在增长，而德斯特（Durst）、鲁丁（Rudin）和蒂什曼（Tishman）等总部位于纽约市的家族企业在城市写字楼市场占据主导地位。20世纪60年代末至90年代末，市场周期的波动和空间需求的变化导致城市和郊区市场的发展起伏不定。监管条例、制度结构以及资本市场的日益复杂化和国际化促进了全国性以及国际性房地产开发商的增长，比如特拉梅尔·克劳公司（Trammell Crow）和奥林匹亚 & 约克公司（Olympia & York）等。

目的和组织

开发商既是企业家又是管理者。房地产开发要有创建概念的能力和监督项目完成的能力，尤其是后者，其管理过程涉及包括顾问、市政规划人员、公民团体、非营利组织、选举和任命的官员以及承包商在内的各种广泛参与者之间的互动。此外，在很多情况下，开发商需要整合资金，以此来将项目从概念推进到成品。

开发商是一个多元群体，包括将土地细分出售、购买单独地块和负责建筑的公司，也包括为土地所有者和投资者提供咨询或合作的公司，以及在控制整个开发过程的同时提供股权和专业知识的公司。每种类型都有不同的组织结构和能力，对资源的获取以及对项目完成的控制程度也有所不同。发展组织的规模也有很大的差异，从大型咨询公司和公开交易的投资实体（如房地产投资信托基金［Real Estate Investment Trusts］，简称 REITs）到小型企业家和家族企业包括各种类型。开发商，特别是拥有大量项目的大公司，比如托尔兄弟公司（Toll Brothers）作为一个主要的郊区住宅开发商，也可以提供室内设计、抵押贷款和建筑服务。

地理重点

开发商有国际、国家、区域和本地之别。考虑到城市土地市场和监管计划的复杂性，以及必须管理、协调和安抚众多参与者，大多数开发商有自己主要的地理范围。这使得开发商能够了解当地房地产市场以及可能影响项目审批和竣工的社区及政治因素。与顾问、承包商和其他当地团体建立关系，往往可以降低成本、降低风险、创造新的机会，这些网络为开发计划提供了便利。

大型开发公司作为顾问或合资企业的股权伙伴，往往能够利用当地分支机构和联系人，在国际范围内进行运作，以便在不熟悉的市场执行发展计划。总部位于得克萨斯州的汉斯公司（Hines Interests）就是这样一家开发公司，该公司在至少16个国家设有办事处并开发房地产。自20世纪80年代初以来，跨国开发公司的数目急剧增加。获得资本机会的增加和国际房地产投资的集中，使各国在融资结构、产品便利设施和消费者偏好方面具有高度的一致性。例如，英国、南非和新加坡的购物中心和新城市规划项目看起来惊人相似，因为它们是遵循相同的原则设计和选址的。

市场及行业专业化

房地产开发商通常专注于房地产的特定细分市场或产品，如住宅、办公室、酒店、工业或零售等不同类型的用地。考虑到影响不同类型产品的独特法规和市场动态，这种专业化是必要的。与地域专业化一样，规模较大的公司最能从事一系列产品的开发活动，因为其经济体量为保留专门技术知识或根据需要聘请顾问提供了更好的机会。规模较小的开发公司通常只专注于一到两种产品，如住宅或零售，以此它们能最大限度地发挥公司有限的能力，并通过经验获得竞争优势。

尽管房地产开发主要是一个私营经济部门，但这并不意味着非营利机构和公共部门不会涉入这一行业。在20世纪70年代和80年代，社区发展公司等非营利开发商进入房地产行业，以应对用于社区振兴和低收入住房的公共资金不断减少的情况。事实上，社区发展公司已经成为许多城市发展建设经济适用房的主要机构。在同一时期，地方政府开始强调经济发展，以加强其所在城市吸引和保持私人投资的能力。这些不断转换的动机和不断调整的体制结构扩大了各部门之间的合作。例如，公私伙伴关系已成为平衡公共资金与私人投资和专业技能的一种常见方法。纽约布鲁克林区的大都会科技中心（Metrotech Center）是一个利用这种合作关系开发大型项目的早期例子。当政府通过公共或准公共机构担任开发商或开发伙伴时，它可以提供监管减免、税收减免和其他激励措施，以刺激和塑造私人开发计划。

房地产市场和计划

开发商对市场波动、需求和风险非常敏感。为了最大限度地降低风险和满足需求，开发商进行了广泛的市场和可行性分析，用于确定和验证概念。债务融资或股权投资的可行性也严重影响房地产开发活动的性质、速度和地点，贷款机构的风险管理工作也是如此。当资本充裕、市场相对不受约束时，房地产开发的投机性会增强。从历史上看，与投机发展相关的过度建设往往会加速房地产市场周期的下滑。

房地产开发商在高度监管的环境中运营，当地的区划法规和规划要求决定了土地开发的用途、密度和个别场地开发的规模。州和联邦的法规特别是以环境法形式存在的法规，也增加了项目审批过程中的潜在成本和不确定性。这在很大程度上造成了房地产开发商、政府官员和规划者之间的紧张关系。有趣的是，为了最大限度地减少竞争和降低风险，开发商成为20世纪初制定区划法规的重要力量。

基于不同的政治和经济制度，开发商的作用也因国而异。例如，虽然英国的发展体制与美国相似，但欧洲大陆和亚洲许多国家政府在土地开发方面发挥着更实质性和直接的作用。政府官员和政府机构经常通过确定新项目的地点、类型、时间与规模来限制私营公司的自由裁量权。

新兴趋势

对于开发商来说，未来可能需要对业务活动和组织结构进行重大变更。要加强对房地产开发项目的审查和不断发展的成功措施，就必须加强各部门之间的协作，以取得经济高效、社会公平和环境可持续的成果。然而，随本市场内部日益标准化而来的同质化与随当地社区要求的差异性发展而来的冲突，可能会加剧开发商、社区团体和规划机构之间的紧张关系。此外，更严格的监管环境、成熟的替代资本来源和规模经济将改变房地产行业的面貌，可能迫使较小的组织退出市场，或与其他开发商组建合资企业。最后，在资本和人口全球化趋势驱动下的各国房地产资产市场的合流，可能给正在经历快速城市化的发展中国家带来新的机会。

进一步阅读书目：

- Fainstein, Susan S. 2001. *The City Builders: Property Development in New York and London, 1980–2000*. Lawrence: University Press of Kansas.
- Miles, Mike E., Gayle Berens, and Marc A. Weiss. 2002. *Real Estate Development: Principles and Process*. 3rd ed. Washington, DC: Urban Land Institute.
- Peiser, Richard B. and Anne B. Frej. 2003. *Professional Real Estate Development: The ULI Guide to the Business*. 2nd ed. Washington, DC: Urban Land Institute.
- Rybczynski, Witold. 2007. *Last Harvest: How a Cornfield Became New Daleville: Real Estate Development in America from George Washington to the Builders of the Twenty-first Century, and Why We Live in Houses Anyway*. New York: Scribner.
- Weiss, Marc A. 1987. *The Rise of the Community Builders: The American Real Estate Industry and Urban Land Planning*. New York: Columbia University Press.

(Constantine E. Kontokosta 文 李 胜 译 李文硕 校)

DICKENS, CHARLES | 查尔斯·狄更斯

狄更斯的小说总是以伦敦为背景，可以说伦敦让狄更斯获得了成功。尽管1836年时的狄更斯已经是一名成熟的作家，他仍借鉴年轻时做记者时的经验，在空闲时间出版了《博兹札记》(Sketches by Boz, 1836)，这部小说是狄更斯在这座城市漫游时，对不同社区和各种居民的勾画。"伦敦的大街小巷为任何天马行空的想象提供了取之不尽的素材！"他曾这么评论。我们"丝毫不同情一个能够拿起帽子和手杖，从考文特花园(Covent Garden)步行到圣保罗教堂墓地，然后又回到交易中来，而没有从他的巡视中获得一些乐趣——也可以说没有获得指示"。狄更斯在他作为小说家、记者、编辑、演员和戏剧经理的职业生涯中，在伦敦找到了一个取之不尽、用之不竭的资源来教导和娱乐他的读者，其中包括维多利亚女王。在他的一生中，他是这座城市的一名漫游人，是街道上的一位流浪者。

他的密友约翰·福斯特(John Forster)指出，年轻的狄更斯"在考文特花园或海滨的任何地方散步都会欣喜若狂。但更重要的是，他深深沉迷于对圣吉尔斯(St Giles)的憎恶中"。沉迷于憎恶成为他特有的伦敦标签，使他专注于城市产生的认知失调。"'好天堂！'他会惊呼道，'在那个地方我的脑海里会浮现出如此邪恶的奇观和乞讨的幻象'。"这座城市的这一部分总是让人想起他的童年，沃伦的黑色涂料厂(Warren's Blacking Factory)和亨格福德楼梯(Hungerford Stairs)附近的所有地方都是他写作的核心：考文特花园、圣殿、圣吉尔斯、滑铁卢桥(Waterloo Bridge)、海滨和圣殿酒吧(Temple Bar)。

跟《札记》一样，《匹克威克外传》(Pickwick Papers, 1838)以幽默的笔调为读者展示了伦敦，小说以连载形式每月或每周出版。狄更斯用15部小说描绘了这座城市及其居民。狄更斯时代的现实主义是不可思议的，他让这座城市像童话般鲜活起来：冷酷、令人振奋、充满变革。要描述这个城市

世界，就得创造一本新的经典，包括天地以及天地之间的一切。

狄更斯是侦探小说的第一位伟大实践者，他创造了一个语言宇宙，在其语言的能量、机敏和惊奇中模拟了现代城市生活的戏剧体验。当我们阅读他的作品时，我们也能感受到，现代人如同生活在舞台上。

像狄更斯赞赏的伦敦大都会警察局（London Metropolitan Police，成立于 1844 年）的侦探一样，在《家庭箴言》（Household Words）中，狄更斯教我们如何解读这个城市世界，如何在黑暗的街道上穿行。他的小说以敏锐的观察、仔细的判断和广泛的同情来训练我们。

狄更斯 1812 年 2 月 7 日出生时，伦敦还是一个马车横行的城市，进入这个城市要穿过诸如查令大门（Charing Gate）、新大门（New Gate）和肯宁顿大门（Kennington Toll Gate）等地方。1870 年，在狄更斯 58 岁谢世之时，伦敦诸大门和城墙已被推倒重建。在工业革命尤其是在铁路、企业资本主义以及大英帝国商业的助推下，伦敦变成了一座不朽城市，是首屈一指的世界城市。

在狄更斯的一生中，伦敦比以往任何时候都要更频繁地被挖掘、切割、重建和扩展。在《荒凉山庄》（Bleak House）出版的 1853 年，一条巨大的污水管道系统建成，给城市的各个角落带去了干净的饮用水，从而消除了人们对霍乱和斑疹伤寒的恐惧，这些霍乱和斑疹伤寒已困扰这个城市几个世纪。维多利亚站（Victoria Station）和尤斯顿站（Euston Station）已经成为铁路的终点站，把世界贸易和世界各地的人口带入城市。1864 年，狄更斯完成了《我们共同的朋友》（Our Mutual Friend）的创作，那时地铁正在建设中。泰晤士河已经不再是城市垃圾运往大海的通道，它已经通过伟大的筑堤工程被组织成一条赏心悦目的长廊。宽敞的林荫大道使这座城市变得优美，这条大道包括维多利亚街（Victoria Street）、加里克街（Garrick Street）和新扩建的牛津街（Oxford Street）。现在伦敦的街道数目是狄更斯 11 岁随父母来伦敦时的 4 倍。老城门的断壁残垣早已成为城市的一部分。

狄更斯在他那个时代被赞誉为经济、社会和文化状况的准确记录仪，他也是一位探讨过去情势对现在影响的社会改革家。例如，他在《雾都孤儿》（Oliver Twist）中对济贫院的描述，记录了一些最糟糕的状况以及穷人和弃儿的痛苦。小说的影响之一是引领了进一步的改革。在他最后完成的一部小说《我们共同的朋友》中，济贫院作为穷人救济地仍然是一个中心主题，这部小说于他死前 6 年的 1864 年出版。然而，他对维多利亚时代英国的看法总是暗示着社会、经济和文化进步的可能性，告诉读者英国社会还有更大的可能向着不同阶层的相互理解来转变。

在小说中，他记录并回应了一个前所未有的、快速和彻底的社会变革时代，他试图影响和塑造这个时代。据施瓦茨巴赫（F. S. Schwarzbach）说，对狄更斯而言，这个神奇的地方唤起了"有排斥的吸引力"，因为它是"一个如此坚毅的城市；一个如此绝望的城市；如此一个四面楚歌的城市"。《荒凉山庄》使它变成了一片荒地，但同时也在庆祝"这座城市告诉人们什么是变化"，这种变化正越来越成为现代生活的主导。

进一步阅读书目：

- Forster, John. 1872. *The Life of Charles Dickens*. Vol. 1. Philadelphia：Lippincott.
- Schwarzbach, F. S. 1979. *Dickens and the City*. London：Athlone Press.

(Murray Baumgarten 文　李　胜 译　李文硕 校)

DISABLEITY AND THE CITY ｜残疾与城市

残疾是一种多样化的生活体验，往往由城市背景下的障碍和排斥所塑造。这一关于残疾的定义，强调的是残疾者难以进入城市空间和参与城市生活，关注的是社会如何使他们处于不利地位。建筑和交通工具不方便残疾人进入、标识牌不清晰，是这些障碍的一些更明显的表现。然而，残疾人和残疾人群体对城市政策和城市空间的影响越来越大。可以说透过残疾可以看到城市中的社会分裂、排斥和反抗是如何生成的。

残疾的定义

残疾的定义往往围绕着两个不同的概念起点，即残疾的医学和社会模式。前者将残疾等同于一种生物损伤或需要治疗或治愈的情况，目标是个人要在日常生活中正常运作。因此残疾是针对个人的，从"不太正常"身体的局限性来理解。这一医学定义可以说主导了 20 世纪 70 年代前西方社会对残疾的理解。然而自 20 世纪 70 年代以来，这一定义一直受到残疾人的质疑，他们批评这一定义将残疾视为个人悲剧，并将残疾人视为需要依靠施舍的人。在制定残疾的社会模型时，一场残疾运动将残疾的"问题"定位于一个系统地忽视残疾人士需要的社会的结构和社会关系之中。

社会模式的支持者将"损害"（作为实际的身体限制或生理状态）和"残疾"（作为贬低受损身体的社会建构，从而导致残疾人的经济、政治、社会和文化边缘化）这两个术语加以区分。根据社会模式，残疾人地位不平等问题的起源应该是在社会结构和组织内部，而不是在残疾人的生理或障碍方面。这一模式已成为残疾人运动发展的基础，强调残疾人作为公民的权利，要求残疾人平等参与社会。然而，这个模式被批评低估了许多残疾人所经历的身体疼痛，认为它更容易解释身体或行动障碍的人的经历而不是那些有学习障碍或精神疾病的人。因此，有人指责它没有解决残疾的异质性问题。

残疾城市的障碍

然而，社会模式为我们理解当代城市如何通过其社会、政治和经济组织服务于残疾人提供了一种新方式。建成环境是打破残疾人进入城市之障碍的焦点，包括公共道路、私人和公共建筑（包括消费场所、工作场所、市政设施和住房），还有交通系统。使城市环境变得难以融入的障碍往往是显而易见的。例如，对行动不便的人或轮椅使用者来说，没有进入建筑物的坡道、太窄的门道或破碎的铺路石都是巨大的障碍。残疾不那么明显的人也有自己的困扰：对于有学习困难的人来说，缺乏清晰而简单的标识；或者对于听力受损的人来说，没有感应回路。这些都间接地阻断了残疾人的参与通道。这些障碍阻碍了残疾人在无人帮助的情况下四处走动的能力，限制了他们作为消费者、工人、当地团体或社区成员参与城市生活。因此，城市的物质结构被视为残疾人在社会中受到压迫的空间表现，反映了许多残疾人被隔绝于社会之外，从而在城市环境和公共空间中被视为"格格不入"的群体。

这些障碍表明有必要探索更广泛的政治、经济和制度进程，这些进程产生了残疾城市空间。城市规划和发展政策及其实践构成了一个重要的体制背景，诸如建筑师、房地产开发商和当地规划官员等专业人员，在创造建成环境和影响进入结果方面发挥了关键作用。通常，这些结果是由建筑美学、经济效益或两者兼而有之所决定的，很少考虑残疾人的可及性。这种认识导致美国和许多欧洲国家通过制定规划条例和政策，并在某些情况下通过反歧视立法，来解决残疾人进入城市的问题。例如，英国《1995 年残疾人歧视法》（U. K. Disability Discrimination Act 1995）建议，商品和服务的提供者以及雇主应该为残疾人做出"合理的调整",包括在适当的情况下为残疾人进入工作地点或其他场所提供方便。然而,尽管这些条例被认为提供了某种形式的反歧视,但由于其自愿性质和只依靠技术而受到批评。

许多研究残疾的学者强调,残疾人在城市中经历的障碍不仅是城市规划和发展的产物,更根植于塑造城市和城市空间的更广泛的结构。通过土地和劳动力的商品化,城市已被证明是资本主义积累的场所和空间。在新自由主义的管理体制下,最大限度地提高土地租金和公共空间私有化已成为发达国家城市的主要趋势。在这种情势下,私人房地产开发商的利益和从城市空间中获取最大利润往往优先于打造包容的环境,而后者恰恰可以促进包括残疾人在内的城市少数群体的参与度。与此同时,另一些人将残疾人在城市中的被排斥与历史唯物主义分析联系起来,他们侧重于工业资本主义城市的出现是如何将有生产能力的、身体健全的工人与没有生产能力的、残疾工人区分开来的。许多残疾人根本无法进入工作场所,这直接导致他们作为劳动力的贬值,并因此而被边缘化。对许多人来说,当代城市的不可接近性以及对残疾人的持续排斥,不得不追因于不断变化的经济结构及其创造的环境之中。

残疾人组织对城市空间的争夺

最近,城市已成为残疾人争夺进入权的竞赛场所。与此同时,城市里出现了为残疾人争取利益的组织,试图将残疾人问题政治化、改造既有的结构和关系,以此打造有利于残疾人生活工作的环境。在过去的20年,残疾人群体(通常区别于由身体健全的人管理的残疾人群体)的数量进一步增长。其中一些是特定的损害,而其他则可能涉及多种损害类型。这些群体中的许多人的共同之处在于,他们都突出了积极的残疾特征,并主张一种"强调残疾人的独立和自决"的残疾社会模式。这些组织有些是由国家网络发展起来的,而另一些则根植于地方的社区和利益团体。例如,少数民族残疾群体的出现已经成为英国一些城市的地区特征。

许多团体试图直接挑战和影响城市政策进程以及专业人员在决定城市空间方面的作用,并且取得了不同程度的成功。不管是城市里的高楼,还是市政设施、公共交通系统等特定地点,围绕使用权往往会有激烈的争论。有些直接行动通过实际占用城市空间(例如用轮椅堵塞道路或将自己锁在公共汽车上)来突出公共交通或特定建筑物的排斥性。在其他情况下,残疾人寻求参与并影响地方一级的规划政策和实践。例如在英国,许多地方设立了地方通道小组,以评估规划申请并与规划人员协商。然而,残疾人在多大程度上能够接触和影响关键决策者仍然是个问题。残疾人组织的影响似乎取决于若干因素,包括该群体的规模和资源,以及地方官员和机构对残疾人的了解程度和促进残疾人参与的意愿。残疾运动本身经常被指责是支离破碎的,因为它是基于许多不同的残疾群体的不同的利益。因此对许多残疾人组织来说,制定有效的政治战略以维护残疾人进入城市的权利仍然是一项持续的挑战。

进一步阅读书目:

- Hahn, Harlan. 1986. "Disability and the Urban Environment: A Perspective on Los Angeles." *Environment and Planning D: Society and Space* 4: 273–288.
- Imrie, Rob. 1996. *Disability and the City*. London: Chapman.
- Oliver, Michael. 1990. *The Politics of Disablement*. Basingstoke, UK: Macmillan.
- Parr, Hester. 1997. "Mental Health, Public Space and the City: Questions of Individual and Collective Access." *Environment and Planning D: Society and Space* 15: 435–454.

(Claire Edwards 文 李 胜 译 李文硕 校)

DISCOTHEQUE | 迪斯科舞厅

迪斯科舞厅这个词是由两个古希腊词语组合而成，分别是 δίσκος—diskos（意为圆盘）和 θηκη—théke（意为箱子、金库和坟墓）。后缀词—théke 曾被用在许多场景和语言之中，表示城市物理空间或有特殊功能的场所，例如存放某种物品的场所。比如：Apotheke（德语中的药房）、bibliothèque（法语中的图书馆）、emeroteca（意大利语中的印刷媒体档案馆）、videoteca（意大利语的录影带出租店）。所以从词义上得出迪斯科舞厅（discotheque）是"有唱片的地方"。

定义

现在迪斯科舞厅这个词不常用，其缩写迪斯科（disco）或俱乐部（club）被用于指代相同类型的场所。

这个词是由法国人创造的，与特定历史时期有关：在第二次世界大战巴黎被纳粹占领的那段时间里，爵士乐被认为是一种"堕落的音乐"而被禁止在所有俱乐部演奏。而巴黎的年轻人却绕过了禁令，在塞纳河左岸的地窖里建立起了非法舞厅，人们在舞厅中通过唱片机来播放跳舞音乐。此后，人们开始称呼这类场所为迪斯科舞厅。

从以上这些对于这一术语语义和历史背景的介绍，可以得出迪斯科舞厅的几个重要特征：

- 在城市中
- 以仓库为主，使用了某种确定的音乐播放形式（唱片），以及某种表演形式（在录制好的音乐中跳舞）
- 较为封闭且隐蔽的空间，通常可容纳固定数量的人群并且控制了扩散到周围环境中的噪音
- 往往意味着政治上的异类和反抗

作为物理空间的组成部分，迪斯科舞厅同样具有城市生活的某些特征，如匿名性、一定的人口密度、社会阶层间的距离和空间上的接近性。这些城市的特征都被无限制地带到了舞池中。与此同时，迪斯科舞厅之中这些城市特征也有被颠覆的可能。首先，"无节制的社交"（比如跳舞、触碰、拥抱）挑战了格奥尔格·齐美尔所提出的"城市"（Blasiertheit）理念以及对都市冷漠的描述，体现了团结、爱与社区。其次，迪斯科舞厅挑战了人们在白天里基于职业、经济、社会和文化地位而来的既有身份并破坏了社会的边界，而这些恰恰是规范和控制白天城市生活的工具。迪斯科舞厅允许人们创造一个临时的、可以在之后的日子里或保留或放弃的身份。这一点在某种程度上就像是米哈伊尔·巴赫汀（Mikhail Bakhtin）所说的"狂欢"（carnivalesque）一样。

迪斯科舞厅也重新定义了城市的功能，其中心和边缘的转换改变了社会和空间的界限，同时将人们对于实物的重视转到了对消费的强调。

有时候非法使用毒品、毒品交易等违法行为会出现于迪斯科舞厅内部及周围，这与其特定的情景和亚文化有关。当然，舞厅也带来了诸如安保和监控等问题，甚至推动了相关立法（出于对年龄限制、开放时间、许可证、聚会自由等的忧虑）。

舞乐

迪斯科舞厅中播放的音乐，一方面由音乐产业所决定，另一方面则由具体的亚文化和情景决定。就这一点来说，它与其他许多城市文化的表达方式一样，受到主流与非主流之间文化张力的影响。

许多不同风格的音乐及其带来的舞蹈动作、表演艺人、电影、衣着和物品等都在迪斯科舞厅中出现过。一开始带来巨大成功的可能是恰比·却克

(Chubby Checker)的扭扭舞（Twist）。扭扭舞成了第一个全球性成功的舞蹈。在20世纪60年代晚期，北美的流行音乐节目主持人（DJs）开始播放例如灵魂乐、拉丁乐、电子乐和朋克乐等多种音乐，以便在夜间也能吸引客人。这一潮流在纽约尤其是在非洲裔和拉美裔社区中盛行，这和后来崛起的流行乐也有很大关系。与此同时，像纽约、芝加哥等城市的男同性恋者也开始参与和组织迪斯科派对，这些地方成为寻求自我认同感的同性恋群体的中心。在70年代末期，迪斯科舞乐开始被跨国音乐企业所接受。1977年，传奇的"工作室54"（Studio 54）在纽约曼哈顿开业。同一年，由约翰·巴德姆（John Badham）所执导的电影《周末夜狂热》（Saturday Night）向全世界展示了纽约迪斯科的流行舞蹈。

迪斯科和工业城市

迪斯科舞厅往往分布在郊区曾经的工业地带，之所以如此，既因为音乐的噪音不方便在人口密集的地区，也是因为郊区地租较低，从而有更大的空间来容纳更多的人。迪斯科舞厅的分布揭示了城市地理背后的排斥地图就像少数族裔在城市中的经历一样。

与迪斯科音乐商业化形成鲜明对比的是，起源于20世纪70年代末的舞曲尤其如此。例如位于芝加哥西环的迪厅"货仓"（The Warehouse）在1977年聘请了法兰基·纳克鲁斯（Frankie Knuckles）作为音乐主持人。他在混音和剪辑方面的风格被标记为就像是"货仓"（warehouse）的"仓"（house）一样，这是这种音乐最初被创造出来并播放用于跳舞的地方。

20世纪80年代，迪斯科舞厅风靡了世界，尤其流行于欧美。迪厅坐落在狭小的工业带，也开办了玩乐场所。1982年5月，在曼彻斯特的一个原本是游艇展览室开了一间名为"大庄园"（Hacienda）的舞厅，开始时是现场演奏音乐的场所。但在1986年，他们改变了每周一次的活动节奏。1991年，在柏林墙倒下不久，先前涉身西柏林电子音乐圈的迪米特里·黑格曼（Dimitri Hegemann）与来自东柏林的强尼·施蒂勒（Johnnie Stieler）一起开了"璀璨"（Tresor）俱乐部。俱乐部位于莱比锡大街（Leipzig Strasse）一个靠近柏林墙的建筑物中。浩室音乐改变了欧洲的环境并在不久后因为牵连了摇头丸这一新合成毒品而改名为"酸性浩室音乐"（acid house）。

迪斯科和房地产

在工业经济向后工业经济的转型中，迪斯科舞厅也扮演了一定角色。它们在荒废的工业地带生根发芽，美国城市衰败的中心区和欧洲城市的外围破败区这都因迪厅的到来而改变了面貌。迪厅甚至与政府合作，提高了某些区域的符号价值。由此而来的社区感以及社交活动，共同促进了房价的上升。

另一方面，因为建筑价值的提升以及将娱乐场改造成住宅区计划的推行，在1990年代迪厅成为首个被拆除的对象。1997年，商人克罗斯比·赫姆斯买下"大庄园"迪厅并拆除了它，并在2002—2004年间在原址建造了综合办公楼，保留了原来的名字。柏林的"璀璨"俱乐部则因为靠近翻新的波茨坦广场（Potsdamer Platz）而在2005年被关闭。

城市经济由工业向后工业的转变凸显旅游业和城市吸引力的作用。过去或现在的迪斯科在城市品牌的竞赛中有时会赢得重要地位。

迪斯科与度假建筑

迪斯科舞厅与纪念品店、海滨旅馆、商店等都曾是度假区同质化、标准化的组成部分。像西班牙伊维萨岛（Ibiza）或印度果阿（Goa）之类的地方成为全世界的娱乐中心，泡夜总会是它们吸引游客的一个主要因素。这些地方的迪厅为了回应对于逃避主义（有时与东方主义有关）和对模糊的多民族城市风格的渴望,就像主题公园一样,往往会将各种混合特征掺杂在一起。

迪斯科与科技

科技在3个层面影响了迪斯科舞厅的发展:音乐设备、声音及灯光。从硬件看,迪斯科舞厅从一开始就使用了黑胶唱片。黑胶唱片由起初的每分钟78转,不久后发展成了家用的每分钟33又1/3转。在50年代,包括2到4首歌的45转唱片(一张7英寸大小)成为了最受欢迎的格式,也是迪斯科舞厅最常使用的唱片。在70年代,单张容纳一首歌但一面只容纳了一条或两条音轨的12英寸唱片(也就是每分钟33又1/3转)开始代替7英寸唱片。12英寸唱片可以混合音乐、刮碟和重复播放的重任。专用调音台(包含了一台混音器和两台唱片播放机)也在这段时间出现。唱片公司和许多音乐主持人在有限的版本里开始推行"白标签"的12英寸唱片。随着音乐的数字化,MP3给音乐主持人提供了在庞大的数字音轨上储存、播放和制作的技术条件,但现在12英寸唱片依旧是音乐主持人使用最多的工具。新技术如70年代的鼓机以及80年代的音乐软件使音乐主持人能够变成音乐创作者。

迪斯科舞厅也开发出了专门的扩音系统,使声音能够在整个舞厅中传播,即音乐仅在舞池里面传播而不扩散到所谓的"冷静区域"或者舞厅的邻近地区。灯光也同样如此,在某种情况下,视频节目主持人(visual jockeys,简称VJ)与音乐主持人一样重要。

进一步阅读书目:

- Cohen, Sara. 2007. *Decline, Renewal and the City in Popular Music Culture: Beyond the Beatles*. Aldershot, UK: Ashgate.
- Fikentscher, Kai. 2000. *"You Better Work!" Underground Dance Music in New York City*. Hanover, CT: Wesleyan University Press.
- Jones, Alan and Jussi Kantonen. 1999. *Saturday Night Forever: The Story of Disco*. Edinburgh, UK: Mainstream.
- Poschardt, Ulf. 1998. *DJ Culture*. London: Quartet Books.
- Rehead, Steve, Derek Wynne, and Justin O'Connor, eds. 1998. *The Clubcultures Reader: Readings in Popular Cultural Studies*. Oxford, UK: Blackwell.
- Thornton, Sarah. 1996. *Club Cultures: Music, Media and Subcultural Capital*. Hanover, CT: Wesleyan University Press.

(Giacomo Bottà 文 李 胜译 李文硕 校)

DISINVESTMENT | 撤资

大部分房地产的发展都受投资驱使,这意味着私人投资者期待着以充足的利润作为建筑和运营投入的回报。当投资者认为他们无法在某一特定类型的房产或地点赚到足够多的钱时,他们通常会卖掉资产,把资金转移到其他类型的资产或其他地点。资金从办公楼、公寓、教学楼、购物中心、空地和其他类型的房地产中撤出,这就是所谓的"撤资"。

不同类型的投资者参与了不同种类的撤资。如果地产所有者认为不能获得充足利润的话,可能会拒绝将资金用于改造、维护和修理。"红线政策"(Redlining)是贷款方的撤资行为:银行和其他金融机构拒绝某些特定区域的抵押贷款申请,因为他们认为这些地区少数族裔的日益增加使得拖欠贷款的概率上升。个人房主在出售房屋时也会做相似的决定,以应对事实上或预期中的住房和土地价值的下降,这就是所谓的"恐慌性抛售"。在其他较为稳定或不断升值的地区,撤资是罕见的,大多数撤资行为都发生在境况相似的邻近地区。

撤资项目可能包括未完成的建筑项目和已经无法维护或升级而保留下来的危房。撤资会吓走已存或潜在的房客、抑制房租收入,在某种情况会使建筑被废弃和拆除。此外,它还有引发纵火犯罪、资产税下降、公共服务缩减和健康风险等负面的社会与政治影响的风险。

积极的房地产撤资也许可以与投资衰退区分开来。所有的房地产投资都发生在"由盛到衰"这一循环之中,一个市场在经过过度投资与过度建设后,投资可能会下降。例如:20世纪90年代早期的写字楼市场上,大部分北美城市的建筑面积都超过了需求,这引起了空置率上升和价格下跌,投资者在这类项目的投资也要比几年前少很多。然而投资下降并没有持续太久,大多数城市的写字楼市场都在10年内恢复了元气。

在许多情况下,低风险和高利润的郊区吸引了更多的投资。廉价信贷和公共基础设施使得郊区的吸引力更大,加上根深蒂固的种族歧视,城市地区的投资变得相对不那么有吸引力。

不管怎么说,投资减少的地区为绅士化进程提供了肥沃的土壤,这在本质上是再投资的结果。在公共和私人援助下,大多数投资不足的地区和当地的房产业都可能发生逆转。事实上,投资者常利用前几轮的撤资,用低廉的价格买下房产后进行翻新,之后在消费者需求反弹时卖掉,从而获得可观的利润。

进一步阅读书目:

- Beauregard, Robert A. 1993. *Voices of Decline*: *The Postwar Fate of US Cities*. New York: Blackwell.
- Scafidi, Benjamin, Michael Schill, Susan Wachter, and Dennis Culhane. 1998. "An Economic Analysis of Housing Abandonment." *Journal of Housing Economics* 7: 287-303.
- Smith, Neil. 1996. *The New Urban Frontier*: *Gentrification and the Revanchist City*. New York: Routledge.

(Rachel Weber 文 李 胜 译 李文硕 校)

DISPLACEMENT | 迁居

人类因为各种原因而搬迁。尽管学者们曾努力地定义迁居,但20世纪70年代格里尔夫妇的定义得到了人们的一致认可。他们将迁居定义为房主因为种种因素而被迫离开其住所的行为,这些因素包括:(1)外部环境超出了房主的控制;(2)尽管房主加强了居住条件的控制,外部环境依然不可控;(3)继续居住可能面临无法承担的巨大风险。

自然灾害和人类冲突也许要对人们的迁移负

责。2005年,卡特里娜飓风引发的迁居就是自然灾害导致居民大面积迁移的例子。一开始,近半数的新奥尔良居民被迫迁移。据估计,被飓风袭击地区的迁移人口总数估计达到100万。2004年,亚洲海啸则导致至少500万人迁居。

战争同样会造成大量的人口迁移,甚至会改变整个国家的居住模式。据联合国估计,伊拉克战争中的迁移人口高达每月5万人。第二次世界大战中,迁居者的数量估计有几千万之众。由于人口的大量迁移,像德国、波兰等中东欧很多国家的边界得以重新洗牌。

尽管自然灾害和战争是人口迁移最明显的因素,但也有许多家庭则是因为房地产市场或政府决策而迁移。当一些房主现阶段的开销超出承受范围时,就必须要迁移。绅士化即低收入社区迎来投资和富裕人群,同时也导致了大量的迁居。然而,最近的研究表明,绅士化中伴生的迁移是正常现象而非被迫迁移。尽管如此,一些人因为绅士化运动而被迫离开了他们的家园,虽然这个数字没有想象中的多。

政府动用征地权也会导致人口迁移。尽管迁移是痛苦的,但为了建设诸如高速公路或军事基地之类的公共设施,迁居有时又十分必要。当政府被认为滥用权力或太过广泛地定义公共利益时,让人们迁居往往会事与愿违。在20世纪五六十年代,城市居民掀起反对城市更新的浪潮。因为城市更新是以政府资金为主导的再开发,触犯了很多中下层人民尤其是黑人群体的利益,造成了很多人流离失所的同时并没有带来多大的经济效益。2005年,最高法院关于"克罗诉新伦敦市案"(The Kelo v. City of New London)的判决引起人们的普遍担忧,主要是因为它对"公共使用"(Public Use)的解释过于宽泛。"从经济发展中受益"被解释为一种公共用途,而不是仅仅关注于特定的公共设施和用途(如公园和道路)的狭隘界定。

迁居对于搬迁群体的影响很大程度上受迁移后的情况决定。迁居后的生活越接近以前的日子,所经历的创伤就会越小。当一个人能够被重新安置在附近,且就业、日常生活和社交活动依旧的话,这种生活就不太可能引起不安。而另一种极端,如果整个社区被连根拔起无法重建,这种经历则是灾难性的。事实上,研究表明从绅士化运动中迁出的人往往有更高的居住满意度。而战争难民很难恢复到正常生活。

进一步阅读书目:

- Freeman, Lance and Frank Braconi. 2004. "Gentrification and Displacement in New York City." *Journal of the American Planning Association* 70(1): 39-52.
- Grier, G. and E. E. Grier. (1978). *Urban Displacement: A Reconnaissance*. Washington, DC: U.S. Department of Housing and Urban Development.
- Schill, Michael H. and Richard P. Nathan. 1983. *Revitalizing America's Cities: Neighborhood Reinvestment and Displacement*. Albany: State University of New York Press.

(Lance Freeman 文　李　胜译　李文硕校)

DIVIDED CITIES ｜分裂的城市

分裂的城市指的是这样一种城市地区,其居民因为社会、政治、经济等方面的阻遏而分离,城市基础设施和服务的分配深受影响,不同地区互不统辖。地球上布满了或大或小的城市,这些城市要么曾经分裂但现在又重新统一;要么被分裂并一直如此。考虑到分裂的城市并不鲜见,它们的问题也各式各样,所以这是城市研究中的重要问题。城市分裂的原因多种多样,总的来说,主要是由于战争和冲突造成的国界变动而产生的。分裂的城市在欧洲、北美和中国都不鲜见,内部的不均衡发展也会造成城市的分裂。隔都化(Ghettoization)曾是普遍存在于欧洲的犹太人居住形式,在当下的美国非洲裔贫民区、墨西哥裔贫民区也越加常见,这些都属于因内部因素引发的城市分裂。另外一种属于内部因素引发的城市分裂是门禁社区。这些社区是封闭和受保护的地区,是专为城市居民中的某一阶级而设计的。本词条描述了一些因外部和内部因素而分裂的城市。耶路撒冷作为一个分裂的城市将被单独讨论,因为它自成体系。

因外部原因而分裂的城市

因战争而导致的国界变动是城市分裂的最常见原因,欧洲有许多城市因为这个原因而被分裂。在19世纪早期,拿破仑将劳芬堡(Laufenburg)分别划分给了德国和瑞士。后来,在第一次世界大战和奥匈帝国崩溃后,斯拉夫人和说德语人之间的矛盾使得巴特拉德克斯堡(Bad Radkersburg)被一分为二,它被穆拉河(Mura River)分裂为奥地利的巴特拉德克斯堡和拉古纳(Radgona,即现在的斯洛文尼亚)的哥尔纳(Gornja)。同样因为"一战",卢日尼采河(Lainsitz River)成了奥地利和现在的捷克共和国之间的新国界。在这条河上,原来的格明德市(Gmuend)被分成了奥地利的格明德和捷克的苇莱尼采两个城市。相类似地,奥匈帝国原来的城市科马隆(Komarom)沿着多瑙河被划分给了匈牙利和现在的斯洛文尼亚。围绕戈里齐亚(Gorizia)的战争开始于"一战","二战"结束后这个城市被分给意大利和斯洛文尼亚。

第二次世界大战后,德国东北部国界的改动导致了奥德河(Oder)和尼斯河(Neisse)沿岸城市的分裂。自柏林墙倒下后,人员流动的限制已被极大放宽,但仍有小部分处于德国和波兰的共同管辖之下。在波茨坦的协议后,德国分裂成了德意志民主共和国和德意志联邦共和国,也造成了柏林的分裂(现在重新统一)。

因国家边界变化而分裂的城市也能在其他地方找到。在东半球,鸦片战争之后划归英国管理的香港也是分裂的城市。在1997年香港重新回归中国后,香港的罗湖(Lo Wu)和深圳的罗湖在同一个政权的管辖下重新统一。在西半球,美国和英国的纠纷与分裂导致了美加完全成为两个国家,这条边界将同一地区划分成了佛蒙特州的德比莱恩(Derby Line)与加拿大魁北克省的洛克岛(Rock Island),这条边界也将北美几个印第安部落分隔开。位于圣玛丽河(St. Mary's River)南岸的圣苏玛丽(Sault Ste. Marie)被从加拿大的安大略省兼并到美国的密歇根州,这不仅分裂了这座城市,也分裂了当地的印第安人社区。在纽约和安大略之间,圣里吉斯莫霍克保留区(St. Regis Mohawk Reservation)也被分裂了。

20世纪关于城市分裂与统一最引人瞩目的一个例子就是柏林。因为柏林是一个大都市区,它能够全面深入地展示因分裂而带来的系列问题。"二战"后,柏林被盟军瓜分,不同社区被各国的军事力量占领。然而随着盟军合作的破裂,城市被分裂为不同行政区域,苏联占领了东半部,英法美则占据了西半部。1961年,苏联开始修建"反法西斯保护墙"（Antifaschistische Schutzmauer）。一开始，障碍物只是带倒钩的铁丝网；后来因为这不足以阻挡人口流动，苏联又建立了一堵 24 小时监控的混凝土墙。由于柏林位于苏联控制的德意志民主共和国的中部，柏林墙完全将东西柏林分开。在冷战岁月，因为柏林墙两边分别成为资本主义和社会主义的展示舞台，柏林得以在地区层面发挥着自己的影响。

1989 年，柏林墙倒塌。今天在伯诺尔街（Bernauer）以及在东站（Ost Bahnhof）附近的东区画廊（East Side Gallery）都可以看到作为纪念而保存下来的部分柏林墙。无论如何，重建这座城市是一项规模相当大的工作。一份来自哈特穆特·郝伯曼（Hartmut Häußermann）、伊丽莎白·斯多姆（Elizabeth Strom）、迪特尔·弗里克（Dieter Frick）和卡林·波米特（Karin Baumert）的文章很好地介绍了这个任务的复杂性。他们讨论了重建对于地理、政治、社会和经济的影响。重组的城市几乎所有的事物都有两份，例如：两个市政大厅、两个歌剧院、两套地铁系统。为了在物理形态上重新联合东、西柏林，必须修建道路、桥梁、地铁和公交。西柏林外围边界的拆除，也意味着 30 年来首次有可能将建筑物扩展到勃兰登堡门附近。在柏林墙倒塌后，人们对于重新统一的柏林能够兼容东西寄予了厚望，来自世界各地的开发商纷纷涌向柏林并参与重建。20 世纪 90 年代，游客也大量涌向柏林。

因内部原因而分裂的城市

存在内部分裂的城市广泛存在。然而，分裂的城市与所谓碎片化的城市（Fragmented Cities）并不相同。如今，城市中有很多具有排斥性的空间。荷兰、比利时和德国北部的半世俗女修道院是妇女社区，加拿大也有为特殊群体例如同性恋者、使用特定语言的人或老年人提供住房的住房合作社，受伊斯兰法律管辖的城市有按性别和社会地位区分的空间。然而，这些空间仍是城市整体的一部分，因为生活在这些空间中的人经常使用相同的基础设施资源，参与着相同的政治和经济环境，他们的成员既没有因武力而自成一派，也没受到武力保护。相反，在碎片化的城市中，不同空间被不同用户专有。南希·弗雷泽（Nancy Fraser）是这一立场的支持者，她否定了哈贝马斯"在单一、开放的公共领域，人人均有平等参与权"的理念。弗雷泽认为哈贝马斯的模式过于突出了民主，掩盖了其他现象。实际上，空间是交替的、散漫的，有不同的专用空间，这种空间会激发对话和想象。这样，可以在更广泛的包容性民主基础上讨论的议题的数目和范围就会扩大。因此正如弗雷泽所言，这看似排外的空间实际上是更广泛的民主话语的扩展，并在不断扩大。

无论如何，内部分裂的城市在空间上更明显，比如包含着隔都区或贫民区的城市就是分裂的城市。华康德对隔都进行了广泛的研究，为了将隔都与飞地、处于不利地位的社区或交替的空间区分开来，他对这个词做了具体的定义。在他看来，隔都有 4 个特征：耻辱、约束、空间限制和制度束缚。隔都是大都会通过强力或系统的制度化的排斥，将特定人群隔离的地方。华康德认为其结果会是极端形式的平行制度。根据他的说法，这一城市形式最早的代表是欧洲的犹太人聚居区。过去的几千年里，在 15 世纪的罗马、15 和 16 世纪的威尼斯、17 世纪的维也纳和布拉格、19 世纪的法兰克福等，欧洲的许多城市都把犹太人聚居区作为犹太教信仰者被允许工作和居住的地方。20 世纪在希特勒的统治下建立了无数犹太人聚居区，其中规模最大、最著名的是华沙的隔都。在美国，华康德关注的主要是芝加哥伍德劳恩的隔都。其中居民生活有以下几个特征：（1）缺乏基本的公共服务，如充分的教育、医疗保健、交通服务、法律服务和安全保障，甚至警察都远离他们；（2）忍受着高程度的侮辱，经历着恶劣的生活条件与较低的预期寿命；（3）武器与麻醉品贩运等非正式经济蓬勃发展；（4）认为周边的世界是难以接近且陌生的。因此，芝加哥是一个分裂的城市，因为隔都内外的生活代表着两个独立的城市系统。同样，如同东洛杉矶这样的地方，虽然程度较低，但在结构和系统上也类似于非洲裔美国人的隔都。高失业率、贫困率以及对基础设施服务的低投资导致了城市不同地区向不同方向发展，进而导致城市社会和空间隔离模式的生成。

隔都的对立面是城市的门禁社区。30年来，由于南美社会经济的变化，门禁社区不断地涌现出来。事实上，这些地方成为满足富人对于舒适和安全需要的城市空间，它们被称为"封闭式空间"（Barrios Cerrados）、"城市私人化"（Urbanizaciones Privadas）和"封闭式公寓"（Condomínios Fechados），在智利圣地亚哥、布宜诺斯艾利斯、墨西哥城、圣保罗和里约热内卢广泛存在。圣保罗的阿尔法谷社区（The AlphaVille）是最早的此类项目。这里居住了3万名居民，基础设施维护等方面雇佣了15万人，而且还有着自己的私立大学与医疗系统。公共设施由阿尔法谷城市服务公司（AlphaVille Urbanismo）而非政府提供，该社区配备了24小时服务的私人保安，据称这是为了保护居民免受圣保罗城市疾病和高谋杀率的影响。在阿尔法谷的生活成本远超出了巴西普通家庭的承受能力。因此，这些社区被认为加深了城市人口之间的社会经济差距。

精英阶层的自我隔离绝不是新现象。中产阶级向郊区的迁移就是自我隔离在20世纪的体现，加剧了城市内部贫民区的形成。早些时候，在将富人、受教育的人和有权势的人与城市普罗大众区分方面，宗教经常扮演着关键角色。在中世纪，修道院、修道院建筑群和与世隔绝的社区是基督徒的家园，而他们是教会社会、政治和经济资本的守护者。在中国，为皇帝修建的紫禁城也是一个将权贵与臣民隔开的地方。紫禁城的建造动用了100多万工人并最终在明朝完工，围墙高10米，护城河深6米，占地72万平方米并建有70多座带有园林庭院的宫殿，980栋建筑和8704个房间。500年来，它完全禁止公众进入。无论是教会还是紫禁城，这些精英阶层的隔离建筑都得到了军队的支持，随时准备着对可能的政敌动用武力。

耶路撒冷

21世纪初最具争议的分裂城市就是耶路撒冷。它的宗教意义被许多宗教所共享，它的政治局势影响了更广泛的全球政治经济。从19世纪晚期犹太人作为移民大量涌入开始，他们与巴勒斯坦人的冲突就不曾中断。冲突加剧到如此之深以至于在2000年以色列总理埃胡德·巴拉克（Ehud Barak）批准了建立实体屏障的计划。在一份2005年联合国人道主义事务协调办事处（UN Office for Coordination of Humanitarian Affairs）和联合国巴勒斯坦难民救济和工程处（UN Relief and Works Agency for Palestine Refugees）合作的报告中，我们可以找到对这一屏障的人道主义后果的真实描述。以色列从2002年开始修建这道高8米、长670千米的混凝土屏障，以防止巴勒斯坦人的袭击，这让人想起了柏林墙。因为这堵墙延伸到约旦河西岸，以至于其长度几乎两倍于约旦河西岸停火线（绿线）——这条线是以色列和约旦河西岸的边界。居住在隔离墙和绿线之间的巴勒斯坦人因此无法进入设在隔离墙西部（西部其余地区）的市场。沿着隔离墙，不同的社区与他们的农业用地、水井以及学校和医院等服务设施分隔开来。为此在不同地区建造了多个大门。对于那些需要进入对面土地的人来说，有农业大门可以通过。由以色列边境警察把守的出入检查点和军事大门，巴勒斯坦平民不能使用。道路大门的设置是为了交通方便，学校大门的设置是为了巴勒斯坦学童使用，季节性大门是供收获季节期间使用，定居点大门是为生活在约旦河西岸门禁社区的以色列定居者设计的。要使用其中任何一扇门都需要出示许可证。一般来说，巴勒斯坦人必须出示进入以色列的许可证或进入门禁社区的绿色通行证（Green Permit），居住在门禁社区的巴勒斯坦人将自动获得有效期为两年的绿色许可证。

这道屏障并没有像人们预料的那样沿着绿线穿越城市中心，相反环绕城市的西部地区而建，包围阿拉伯人社区并将其与约旦河西岸分隔开。按照计划,剩余的部分会沿着以色列到约旦河西岸的边界,这一段隔离墙也将布满各式大门。例如盖兰迪耶(Qalandiya)检查站被设计为西岸通勤者和学童进入耶路撒冷的通道。尽管孩童们居住在西岸农村,但他们在城市接受教育。巴勒斯坦人要进入大门就必须拥有许可证,许可证的发放时间是有限的。

耶路撒冷不会像前面提到的城市那样被分割,不会成为一个被部分分裂的城市。相反,分裂的结果是巴勒斯坦人被包围在一个封闭的区域并与约旦河西岸的其他地区分隔开来。在他们的社区中形成了某种程度上的平行制度。耶路撒冷不是一个由外部力量造成分裂的城市,而是以色列政府作为一种保护手段为自己建造的屏障。此外,巴勒斯坦人通过大门的行动还受到严密监视。

世界上有许多城市正经历或曾被分裂,并且分裂程度也有所不同。有些被分裂了很长时间以至于出现了两个独立且和平共处的城市,例如劳芬堡以及德波边境的城市。有些则已经统一或者正在重建关系,如柏林。分裂的形式也有许多。有些是因为国家边界的改变而分裂,比如德国;有些是经济和社会的分裂,如隔都和门禁社区。所有形式的分裂往往是更深的社会、政治、经济问题的根源。因此,分裂是城市体系研究中的一个重要课题。

进一步阅读书目:

- Baumert, Karin. 2003. "Social Movement and the Present Challenges of Global Competitive Cities." *Bulletin of the International Network of Research and Action* 25: 18-20.
- Fraser, N. 1993. "Rethinking the Public Sphere: A Contribution to the Critique of Actually Existing Democracy." In *The Phantom Public Sphere*, edited by B. Robbins. Minneapolis: University of Minnesota Press.
- Frick, Diether. 1991. "City Development and Planning in the Berlin Conurbation." *Town Planning Review* 62(1): 37-49.
- Häußermann, Hartmut. 1996. "From the Socialist to the Capitalist City: Experiences from Germany." pp. 214-231 in *Cities after Socialism*, edited by G. Andrusz, M. Harloe, and I. Szelenyi. Oxford, UK: Blackwell.
- Häußermann, Hartmut and Elizabeth Strom. 1994. "Berlin: The Once and Future Capital." *International Journal for Urban Regional Research* 18(2): 335-346.
- UN Office for Coordination of Humanitarian Affairs and the United Nations Relief and Works Agency for Palestine Refugees. 2005. "The Humanitarian Impact of the West Bank Barrier on Palestinian Communities." East Jerusalem, Israel: United Nations OCHA.
- Wacquant, Loïc. 2004. "Roter Gürtel, Schwarzer Gürtel: Rassentrennung, Klassenungleichheit und der Staat in der französischen städtischen Peripherie und im amerikanischen Ghetto" (Red Belt, Black Belt: Racial Segregation, Class Inequality and the State in the French Urban Periphery and in American Ghettos). pp. 148-202 in *An den Rändern der Städte* (On the Edge of the City), edited by H. Häußermann and W. Siebel. Frankfurt am Main, Germany: Suhrkam.

(Constance Carr 文 李 胜译 李文硕校)

DOWNS, ANTHONY | 安东尼·唐斯

从美国房地产市场的波动到交通拥堵和郊区扩张的原因和后果,再到两党制的运作,作为经济学家的安东尼·唐斯聚焦于选择、理性和市场。他的著作对于包括学者、公共政策制定者以及企业决策者在内的广泛受众均有重要意义。基于经济学原理,唐斯已经就人和公共机构如何以及为什么对财产、发展、政治和交通做出决策提出了自己的观点,并指出了这些决策可能带来的后果。

唐斯生于 1936 年,1956 年获得斯坦福大学经济学博士学位,次年发表了论文《民主的经济论》(*An Economic Theory of Democracy*),10 年后写了《官僚制内幕》(*Inside Bureaucracy*),这些论著被研究选举、政治参与、政党和政府的社会科学家广泛引用。随着时间的推移这些书愈发受欢迎:1980 年以来,两种著作在社会科学期刊被引用了将近 4 500 次,特别是《民主的经济论》,对政党如何在两党体系中通过向中间靠拢来争夺选民十分有帮助,也有助于理解为什么选民会投票或弃权。政治科学家用这些理论来解释"当制度的变化改变了投票的成本和收益时,选民行为如何发生变化"这一问题。这产生长期的矛盾——投票成本几乎总是超过了每个选民的利益,但许多人仍在全国、两党党内的选举中投票。

唐斯的研究已经表明微观层面的决策往往会在宏观层面产生意想不到的结果。他认为实施可以改变开支和获益的政策——例如税收政策的改变、代金券、配额或通行费——反过来可能产生令人满意的社会结果,如开发更多可负担住房或者缓解种族紧张局势等。有时,唐斯会思考那些人们习以为常的问题,例如高峰时段的交通拥堵。在他看来,这是当地经济力量的重要结果而不是因为规划或基础设施不足。他为我们认识公众如何看待危机以及如何对社会政治问题做出反应提供了洞见。

关注唐斯作品的评论家们有时会注意到,唐斯的政治方针在目前的政治现实下很难实现,或者不切实际。然而某些建议,例如在交通拥堵地区采用高收费通道已经被使用并且其结果符合唐斯的预测。一些评论家发现,唐斯的基本经济假设要么过于抽象、要么过于简单。另有学者指出,唐斯对于 20 世纪 80 年代房产价值和可用性及房租的预测没有达到他的预期。唐斯在 60 年代后期提出了改造城市社区的方法,这一政策被视为城市重建的重要推力,这一举措也淡化了人们对地理位置的关注,令贫困社区的居民感到失望。

唐斯 1977 年以来一直担任布鲁金斯学会(Brookings Institution)研究员,也曾为共和党和民主党政府工作过,并经常为企业、非营利部门、房地产组织、公共规划部门、保险和金融业等领域提供咨询和服务。他的父亲詹姆斯·唐斯(James Downs)在 1931 年成立了房地产研究会(Real Estate Research Council),该机构是全美最早的房地产研究机构之一。安东尼·唐斯后来曾进入房地产研究会工作,并担任该会主席一职长达 4 年之久。

进一步阅读书目:

- Downs, Anthony. 1973. *Opening Up the Suburbs: An Urban Strategy for America*. New Haven, CT: Yale University Press.
- ——. 1981. *Neighborhoods and Urban Development*. Washington, DC: Brookings Institution Press.
- ——. 1996. *A Reevaluation of Residential Rent Controls*. Washington, DC: Urban Land Institute.
- ——. 1998. *Political Theory and Public Choice: The Selected Essays of Anthony Downs*. Vol. 1. Cheltenham, UK: Edward Elgar.

- ——. 1998. *Urban Affairs and Urban Policy*: *The Selected Essays of Anthony Downs*. Vol. 2. Cheltenham, UK: Edward Elgar.
- ——. 2004. *Still Stuck in Traffic*: *Coping with Peakhour Traffic Congestion*. Washington, DC: Brookings Institution Press.

(Mark M. Gray 文 李 胜译 李文硕校)

DOWNTOWN REVITALIZATION ｜市中心复兴

公众重建市中心的努力早在后者衰落之前就开始了。到20世纪初，美国城市的一个显著特点就是由低层住宅区环绕着高层中央商务区，而不像欧洲城市那样通常把商业和住房混在一起。

改革：1900—1930

由于在功能和视觉上显著突出，市中心成为城市的标志：经济增长的引擎、公民自豪感的化身、最高房地产价值区、多文化交融地以及不同人群的聚集地。然而商界和民间领袖担心，市中心正面临发展的极限。最突出的表现是复杂的市中心交通，它是一个由行人、自行车、有轨电车、马车以及少量汽车所组成的危险而混乱的混合体。

有两种方法来解决这个问题。一种来自19世纪市政工程的经验，试图不断实现基础设施现代化以适应经济增长，例如用更高容量的地铁取代有轨电车和高架列车。波士顿和纽约市分别于1898年和1904年率先采取行动，辛辛那提和底特律等规模较小的城市很快也提出了地铁计划，因为他们预计未来将有不可避免的增长。现代化体现在一个城市的抱负上。

第二种来源于妇女俱乐部的"城市家政"（Urban Housekeeping），致力于身体清洁、审美统一和社会监督，在街道这样的开放空间中进行城市治理要比在办公楼和百货公司以及购物中心和主题公园等更容易控制的环境中要困难得多。随后，像芝加哥的丹尼尔·伯纳姆这样的城市美化规划师认为，秩序和美丽只能通过从根本上重新思考市中心的地理位置来实现。他们为建筑物的高度限制而斗争，这样一来，市中心将被迫横向扩展，超出其边界而不是向上扩展。这将为公园和广场创造空间，缓解交通拥堵，并使市中心更加宜人。纽约市有关高度限制的斗争最终带来了1916年全美第一部区划法案。

更新：1945—1965

20世纪20年代当地铁计划不再流行时，市中心和城市其他地区之间的和谐开始瓦解，部分原因是来自社区的反抗活动不断出现。首批专门致力于市中心复兴的公民组织出现在奥克兰（1931）、芝加哥（1939）和匹兹堡（1943）等城市。在全国范围内，1940年城市土地研究所（Urban Land Institute）的创建也是这一浪潮的表现。不得不承认的是，这些团体面临着市中心人口和商业流失的事实。随着汽车的日益普及，市中心已经难以适应现实，居民和零售商开始超越城市边界，沿轨道交通移动，而工业则为其庞大的装配线在郊区购买廉价土地。

尽管大萧条和战争掩盖了人口和商业流失的

一些影响，一些规划者依然保持着他们对市中心霸权的信心。现代化者搁置了地铁计划，转而采用更先进的技术：辐射状的汽车高速公路能够把市中心的交通从郊区和城市社区分流到多层停车场。随着工业的分散，城市规划者们设想，市中心将成为一个地区的中心，至少应该在经济功能方面。在争取复兴的过程中，匹兹堡于1949年建成了综合办公大楼门户中心以刺激工业搬迁后的经济。同时，匹兹堡1945年的《反工业烟雾条例》成为其他城市纷纷效仿的榜样。

零售商意识到有必要与郊区的商业区和郊区连锁店竞争。他们从"周六市中心价值日"（Saturday Downtown Value Day）等促销活动开始，效仿城市美化运动的路径促进更新：一个更具吸引力的市中心，在向外扩展的同时还可以取代那些郊区居民不感兴趣的衰颓的居住区。《1949年住房法》第一款提供了援助，该法案最初是为了运用土地征用权重建美国最贫困的贫民窟，虽然地方政府有权决定优先更新的地区，但却没有优先建造住房。

在1955年之前，城市改造的大部分资金都来自本地。《1949年住房法》授权联邦将支付更新项目高达2/3的费用，但1956年《高速公路法》（Highway Act）和《1954年住房法》（Housing Act of 1954）允许联邦政府为非住房项目提供资金，使得改造市中心和附近社区的支出大幅上升。1955—1965年，城市更新如火如荼，例如康涅狄格州的纽黑文市（New Haven）成功游说了联邦官员将市中心整合到区域交通系统中，以此来缓解交通拥堵并消除居住区和工业区的衰败。这是一个明显的美国愿景，因为欧洲人沿着战前路线重建他们的城市中心。

试图振兴洛杉矶市中心的65个街区的商业区，这里有高档的楼房和公寓、别致的餐厅、充满活力的夜生活以及文化和娱乐体验，改善了这一曾经破败和被人忽视的地区的外观和体验
来源：Tracy Buyan

复兴：1965年至今

到1965年，城市更新遭到了强烈反对。最糟糕的是它导致市中心出现大量空地，比如圣保罗的"超级洞"（Superhole）或圣路易斯的"广岛区"（Hiroshima Flats）。城市更新摧毁了周边社区，那里的居民被迫痛苦地迁移到贫困地区或高层公共住房。另一方面，城市更新创造了更多的办公空间。由于办公空间往往以高层建筑的形式存在，并且受益于政府服务和产业集聚，因此在白领工作越来越成为美国就业主流的同时，紧凑的市中心再度显现其价值。一些城市首次获得了令人印象深刻的天际线，然而结果往往是千篇一律的国际主义风

格的巨型建筑,这些建筑反而让市中心更加死气沉沉。

在简·雅各布斯和凯文·林奇等人影响下,人们逐渐将城市设想为环环相扣的功能区组成的脆弱生态系统。他们反对宏伟的更新计划,认可小规模社区。艺术家、波希米亚人、同性恋者、年轻的专业人士,他们在逐个街区地夺回阵地,打造属于他们的新的市中心住宅区。历史保护主义者改造旧工业空间用于新的商业用途,尤其以旧金山的吉拉尔德利(Ghirardelli)广场(1964)最为有名。

20世纪70年代初,经济衰退伴随着管理权下放、犯罪率上升和城市财政破产,市中心处于战后低谷。随着联邦政府对社区项目支持的缩减,新一代富有进取心、善于做交易的市长们——通常来自少数族裔——再次把注意力集中在市中心。他们利用债券增值税融资获得的税收收益和1974年城市更新结束后批准的1977年联邦城市开发行动拨款(Urban Development Action Grants)来助推市中心发展。

随着郊区经济增长放缓,开发商们将市中心视为新领域——当然这里并非一片空白。因为前现代建筑的魅力,它们成为商业复兴的基础。詹姆斯·罗斯(James Rouse)在1976年打造了波士顿昆西市场(Quincy Market),他把市中心一个破旧的仓库改造成了一个吸引人的特色购物场所。昆西市场成为模仿对象,包括1980年巴尔的摩港湾广场(Baltimore's Harborplace)和1983年纽约的南街海港(South Street Seaport)等。这些"假日市场"既满足了人们对融入城市的新需求,同时又严格遵循"城市家政"的标准。开发商在市中心改造了更多的传统购物中心,特别是1976年芝加哥的水塔大厦(Water Tower Place)和1977年市场东区的费城画廊(Philadelphia's Gallery)。

大型现代化项目往往会带来美化的效果。随着公共交通支出的增加,从1964年的《公共交通法》(Mass Transit Act)开始,一些城市改善了包括机场的直达线路在内的通勤条件和市内铁路。但许多新的基础设施,就像假日市场一样,是"壮观的"——也就是说,主要是为了吸引游客而建造。最近一段时间,各城市争相建造会议中心、酒店、体育馆和赌场,目的是将市中心与重要的周边地区再次连接起来,而这些周边地区如今已成为全球游客和商人的聚集地。

振兴的成败取决于多种因素。拥有通勤铁路和更安全形象的巨大市中心,如今拥有上班族和越来越多的居民,这反过来又使假日市场成为可能。那些能充分利用游客兴奋情绪和热闹气氛的市中心成为旅游和商业重镇。生成于工业时代的市中心,其成功复兴的最主要路径就是与后工业经济步调保持一致。

进一步阅读书目:

- Abbott, Carl. 1993. "Five Downtown Strategies: Policy Discourse and Downtown Planning since 1945." *Journal of Policy History* 5: 5-27.
- Fogelson, Robert M. 2001. *Downtown: Its Rise and Fall*, 1880-1950. New Haven, CT: Yale University Press.
- Frieden, Bernard J. and Lynne B. Sagalyn. 1989. *Downtown, Inc.: How America Rebuilds Cities*. Cambridge: MIT Press.
- Isenberg, Alison. 2004. *Downtown America: A History of the Place and the People Who Made It*. Chicago: University of Chicago Press.
- Teaford, Jon C. 1990. *The Rough Road to Renaissance: Urban Revitalization in America*, 1940-1985. Baltimore: Johns Hopkins University Press.

(Matthew Roth 文 李 胜 译 李文硕 校)

DRUG ECONOMY | 毒品经济

全世界 15~64 岁的人口中有 5%——也就是约 2 亿人——每年至少使用一次毒品。鸦片类药物使用者的人数估计约为 1 600 万,这其中有 1 100 万人滥用海洛因,而可卡因使用者的人数据说接近 1 400 万。本词条仅限于海洛因和可卡因:在 20 世纪 80 年代强劲增长之后,鸦片产量在 90 年代初以后基本稳定在每年 4 000~5 000 千克左右。据估计,目前运往非法市场的鸦片有 87% 产自阿富汗。至于可卡因,在 90 年代后半期达到峰值之后,现在估计每年产量为 674 千克,与顶峰时期相比减少了 29%。据联合国 2005 年的一份报告指出,世界上大部分可卡因产自以下 3 个国家:50% 来自哥伦比亚、32% 来自秘鲁、15% 来自玻利维亚。

尽管一些评论人士倾向于关注海洛因和可卡因生产国的利润,但许多研究者同意,毒品经济的大部分收益是在国际贩运、批发和零售分销层面,即是在消费国产生的。尽管有细微的定义差异,但研究者对毒品经济的描述特别关注这 3 个层面:制造、国际贩运或整体销售、中等规模销售和零售分销。当然,参与毒品经济的群体,其组织结构因职能或任务而异。在国际贩运层面上,大型的正式组织团体占了上风,即那些设法与生产商建立稳定伙伴关系的团体。然而贩运路线会根据涉及的团体、政治环境、执法情况以及贸易路线而改变。后一方面被认为是至关重要的,因为非法药物通常会利用与运送合法货物相同的商业渠道。位于海洛因和可卡因主要来源国传统贸易路线上的国家,或历史上与这些国家联系的国家,可能因此成为主要进口国。在这些国家,毒品的进口主要依靠那些与之有密切经济联系的居民。

中高端市场

毒品交易可能发生在主要的分销中心,例如在巴基斯坦或者欧洲的荷兰等。在个别国家的分配可能并不像人们想象得那样层次分明。多恩(Dorn)、穆尔吉(Murji)和萨斯(South)在 1992 年研究发现,国内供应体系不是由大人物控制的整齐有序、自上而下的等级制度,相反供应体系支离破碎、流动不定,由背景不同的投机者组成,其中包括从事非法副业的合法企业。这些企业家被描述为职业罪犯,他们从抢劫银行或重大诈骗等其他"项目犯罪"(Project Crimes)转向毒品行业。因此,分配是由各种行动者进行的,包括从事其他非法商品和服务供应的灵活团体、基于家庭关系的亲信团体、通过族裔联系形成的小组织以及自由职业者。这里的"自由职业者"指的是以一种偶然的方式在不同领域中运作的临时团体。

其他作者对中上层市场进行了区分,但他们意识到这种差异掩盖了这样一个事实,即在这两个层次中都可以找到许多"亚层次"。毒品市场的碎片化、各级经销商之间的流动性以及交易发生时重叠的"层次",可能会进一步使精确划分不同市场层次的尝试复杂化。

简言之,毒品经济往往伴随着混乱,这种混乱主要归因于当地的市场。然而,这种混乱和竞争并不总是转化为暴力,因为群体间似乎相互容忍。有时,暴力反而可能预示着市场的终结。

当地市场

不同类型的用户往往由不同类型的供应系统提供服务。例如,娱乐性毒品使用者可能不会大量购买毒品,因为他们可能通过朋友和熟人获得。另一方面,固定用户被迫与供应商网络和毒品来源保持稳定关系。在地方一级,有"特定场所市场"(Placespecific Markets)——如针对特定用户的街道或室内市场——以及所谓的开放市场,即供应任何买方,不需要已知的可靠买方事先向卖方介绍。

开放市场更容易受到监管的影响,往往会慢慢消失并变成封闭的市场,结果导致偶尔的娱乐用户被迫与固定用户和专业供应商建立联系。

对地方一级的研究表明,参与毒品经济并不一定意味着接受特定的毒品亚文化。购买和分销非法物品似乎越来越取决于可能的利润,并被视为一次性报酬工作或常规职业。这是一个相对较新的现象,正如先前研究发现"中立化技术理论"(Techniques of Neutralization)的广泛使用一样,经销商声称自己也是用户,并声称是在为有相似需要的人提供了"服务",以此证明他们的活动是正当的。当地市场的不同参与者没有共同的动机、价值观或生活方式,生活在社会角色和文化分散的经济中,而非同质的社会环境。用户和小型供应商通常只知道与分销网络中的少数人合作,从而将他们的活动限制在毒品经济的某个部分。正是在这种水平上,大多数参与的个人可以从这种经济中获得非法的"最低工资"。

许多年轻的用户和经销商用来自非正规经济的收入来补充这一非法最低工资。他们在这里从事未经登记的工作,而且往往是在非正规经济中首次接触非法毒品。这主要发生在毒品经济的脆弱部分,即更容易被发现和逮捕的个体参与者。简言之,毒品交易网络的发展,首先仅是由于职业选择,其次是有许多人参与其中并获利。在毒品经济中,处于社会边缘的年轻人开始时只是偶尔使用毒品,继尔由娱乐性使用发展为常规使用,"贫困毒品"(Poverty Drugs)变得越来越常见。

种族和毒品

皮尔森(Pearson)和霍布斯(Hobbs)的研究表明,毒品交易网络往往由亲属关系和种族身份来组织。美国国家犯罪情报局(National Crime Intelligence Service)发现,随着新的市场环境日益鼓励不同种族之间发展交易网络与伙伴关系,这种情况可能正在发生变化。

在国际贩运层面,有组织团体似乎是多种族的,因为需要在不同国家与不同经营者接触。联合国的研究表明,大多数情况下犯罪集团并不因种族关系而联系在一起,国际贩运中的流动群体往往来自边缘社区。作为独立的经营者,他们向各种大型国家经销商提供贩运服务。这些群体在文化上可能是同质的,由大家庭成员组成,但他们参与的交易具有多种族特征。因此在大多数情况下,风险较高的国际毒品贩运往往由这样的团体主导。

毒品供应网络的发展可以通过所谓的种族继承论来理解,即犯罪可以让少数族裔实现社会经济流动,并最终参与正规经济。然而,流动性可能在非法经济中受到限制。对某些少数族裔犯罪集团的打击可能会产生意想不到的影响,从而为其他少数族裔群体的向上流动创造机会。对某些犯罪集团的关注可能会造成"空缺",而这些空缺正日益被新的犯罪集团填补。

虽然种族因素很重要,但市场动态可能会掩盖这一因素。单一族裔市场似乎仅限于小规模供应,而在较高的供应水平上,合作是必然的。在毒品经济中,大型企业和金融运营商对客户或合作伙伴的种族背景或肤色没有歧视。而在劳动力市场中,那些占据更不利地位的企业和大型金融运营商则很可能是有歧视的。具有讽刺意味的是,虽然用户和小经销商经常对种族身份进行严格的识别,但在他们之上的人却在进行着多族裔且和谐的商业活动。

进一步阅读书目:

- Bourgois, P. 1995. *In Search of Respect: Selling Crack in El Barrio*. Cambridge, UK: Cambridge University Press.
- Centre for International Crime Prevention. 2002. *Towards a Monitoring System for Transnational Organised Crime Trends*. Vienna: United Nations.

- Dorn, N., M. Levi, and L. King. 2005. *Literature Review on Upper Level Drug Trafficking*. London: Home Office.
- Dorn, N., K. Murji, and N. South. 1992. *Traffickers: Drug Markets and Law Enforcement*. London: Routledge.
- Natarajan, M. and M. Hough, eds. 2000. *Illegal Drug Markets: From Research to Prevention Policy*. New York: Criminal Justice Press.
- Naval Criminal Investigative Service. 2003, January 21. "Trafficking and Supply of Heroin and Cocaine by South Asian Groups" Press release. Washington, DC: Naval Criminal Investigative Service.
- O'Kane, J. M. 2003. *The Crooked Ladder: Gangsters, Ethnicity, and the American Dream*. New Brunswick, NJ: Transaction.
- Pearson, G. and D. Hobbs. 2001. *Middle Market Drug Distribution*. London: Home Office.
- Ruggiero, V. 2000. *Crime and Markets*. Oxford, UK: Oxford University Press.
- ——. 2000. "Criminal Franchising: Albanians and Illicit Drugs in Italy." In *Illegal Drug Markets: From Research to Prevention Policy*, edited by M. Natarajan and M. Hough. New York: Criminal Justice Press.
- Ruggiero, V. and K. Khan. 2006. "British South Asian Communities and Drug Supply Networks in the UK." *International Journal of Drug Policy* 17: 473–483.
- Ruggiero, V. and N. South. 1995. *Eurodrugs*. London: UCL Press.
- United Nations. 2005. *World Drug Report*. Vienna: Office on Drugs and Crime.

(Vincenzo Ruggiero 文 李 胜 译 李文硕 校)

DUBOIS, W. E. B. | 杜波依斯

威廉·爱德华·伯格哈特·杜波依斯（William Edward Burghardt DuBois, 1868—1963）是非洲裔美国社会学家、历史学家、作家、编辑和政治活动家，他对城市研究的贡献主要体现在对费城黑人的开创性社会经济研究中，也就是他 1899 年出版的《费城黑人》(*The Philadelphia Negro*)一书。

教育、学术生涯和研究目标

杜波依斯生于 1868 年，曾先后就读于菲斯克大学(Fisk University)、柏林大学(University of Berlin)和哈佛大学(Harvard University)。1895 年，他成为第一个在哈佛大学获得社会学博士学位的非洲裔美国人。杜波依斯的学术生涯始于老牌非洲裔美国人教育机构威尔伯福斯大学(Wilburforce University)。19 世纪 90 年代中期，杜波依斯移居费城，并为其之后的经典著作《费城黑人》展开研究。1897 至 1910 年间，杜氏前往亚特兰大大学(Atlanta University)工作。在亚特兰大，他试图建立一个非洲裔美国人研究项目，旨在将非洲裔美国人从农村到城市生活的转变等主题涵盖在内。正是在这段时间内，杜波依斯开始了自己正规的学术生涯，他致力于设计和实施一系列关于非洲裔美国人社会组织和文化的研究，涉及非洲裔美国人在美国城市的地位和命运。工业美国的

崛起，加上奴隶制的结束和非洲裔美国人向城市地区的迁移，使杜波依斯认为城市是研究非洲裔美国人地位和未来前景的关键。

杜波依斯的早期学术是超越正在发展中的学科分化，以实现对非洲裔美国人的社会特征、文化地位和政策需求的跨学科理解，尤其是当非洲裔美国人开始将自己融入城市时。这些分析的重点是为这一选民群体构建解释、定义和衡量社会问题的方向。杜波依斯研究的核心目标是识别阻碍非洲裔美国人进步的障碍，为解决这些障碍确定战略和思路，并说明如何利用历史分析、人口数据、实地工作和调查研究来帮助实现这些目标。

《费城黑人》

《费城黑人》体现了杜波依斯的贡献。杜波依斯的研究受到查尔斯·布思（Charles Booth）的《伦敦人民的生活和劳动》（*Life and Labour of the People of London*，1891—1897）和由赫尔会所工作者撰写的《赫尔会所地图和文件集》的影响。杜波依斯在《费城黑人》中观察并记录了影响费城第7区（Philadelphia's Seventh Ward）非洲裔美国人生活经历的社会状况，该市五分之一的非洲裔美国人住在这里。他着手记录和解释与费城黑人经历有关的一系列社会问题，包括移民、社会条件、黑人社区的社会制度和生活方式以及奴隶制的持久影响。杜波依斯发起了有关家庭结构、收入和财富以及居住质量的问卷调查，他还观察了社区中的公众互动，在此基础上创建了整个第7区的物理结构图表，以便全面说明失业、家庭衰败和社会等级制度。

杜波依斯对实证研究的执着始于他在德国的工作，在那里，在古斯塔夫·冯·施穆勒（Gustav von Schmoller）的指导下，他接触到了实证主义。数据收集的多重方法在后来的社会研究中被证明极富价值，能够将结构分析与微观层面的公共互动和私人环境中的行为描述相结合。在《费城黑人》一书中，杜波依斯在记录费城第7区的情况时，巧妙地将阶级和种族结合在一起。通过这样的方法，他认为城市贫民窟是非洲裔美国人城市生活的经济、社会、文化和政治状况的结果而不是原因。随后他将非洲裔美国人社区按阶级分成不同部分，并具体指出了不同阶级能够如何推动社区的进步，这正是杜氏的改革倾向，即用学术解决实际问题。

他在这里的研究帮助他提出奴隶制、偏见和环境因素是影响费城非洲裔美国人生活的3个主要原因。此外，他通过阐明社会生活的行为和组织层面上的阶级差异，揭示了非洲裔美国人内部的差异。《费城黑人》是美国社会学中第一部综合性的社区研究作品，这部作品开启了在接下来20年里美国以社区为中心的社会学研究潮流。很大程度上讲，这是因为后者的倡导者和芝加哥大学社会学派早期代表人之一罗伯特·帕克也曾在德国实证主义者的指导下学习。尽管《费城黑人》对低收入的非洲裔美国人有种种道德指责并体现着精英主义倾向，但它依然是一项开拓性的社区研究，帮助建立了一种描述美国黑人社会状况的行文规范。

杜波依斯深信，随着非洲裔美国人逃脱奴隶制的蹂躏，城市是他们的希望和机会所在地。与此同时，作为疾病、污秽、犯罪、罪恶和道德腐败的孵化器，城市尚未给非洲裔美国人提供一条通往社会经济流动性和稳定性的道路。城市成为杜波依斯分析、认识非洲裔美国人适应现代性过程中的社会地理背景。因此对他来说，非洲裔美国人的任何文化进步都将表现在他们对邪恶、犯罪活动和民间习俗的厌恶程度，并促使他们转向美国社会的主流，致力于确保就业和培养稳定的家庭。杜波依斯认为，在城市新兴的工业领域中，就业岗位的激增以及对社区改善的承诺是使非洲裔美国人在主流社会中确定牢固地位的两种机制。

批判

杜波依斯的非洲裔美国人文化进步理论也引

发批评。一些人认为,他过于主动地认可美国白人的社会行为和文化标准,以自己为案例指引城市内外的非洲裔美国人的斗争方向。其他人如罗斯·波诺克(Ross Posnock),认为杜波依斯并不认为白人就代表着进步。杜波依斯断言,在没有遭受非洲裔美国人所面临的负担的情况下,美国白人的文化水平比非洲裔美国人更低。杜波依斯对文化进步的高度重视,以及他坚信大多数处于社会经济不利地位的非洲裔美国人缺乏对文化的复杂高深的理解,使得一些观察家认为他以文化精英自诩。

对城市研究的贡献

杜波依斯对城市研究的重要性,可以从他对非洲裔美国人城市社区多方面的开拓性社会科学研究中体现出来。首先,他相信"非洲裔美国人有能力生存,并为美国的生活和文化做出贡献"。其次,他记录了"城市作为地理区域,在实现预期结果方面发挥着越来越重要的作用"。他探索并解释了城市如何将个人和社会群体紧密、持续地联系在一起,从而为社会经济的发展提供机会,但这也可能带来冲突和紧张。此外,他还解释了"不同的互动风格和人们在公共场合表现自己的各种方式,如何导致人们对社会地位和重要性的感知,以及如何塑造陌生人在城市生活中参与和相互影响的方式"。最后,他发展了包括观察研究、访谈、人口普查数据和历史文献整理等在内的一系列方法,如何能够将城市居民的社会经验与城市生活的社会特性进行不同且互补性的描述。

进一步阅读书目:

- Booth, Charles. [1891] 1897. *Life and Labour of the People of London*. Reprint, London: Macmillan.
- Du Bois, W. E. B. 1896. *The Suppression of the African Slave Trade to the United States of America*, 1683–1870. New York: Longmans, Green.
- ——. 1897. "The Striving of the Negro People." *Atlantic Monthly* 80(Aug): 194–198.
- ——. 1898. "The Study of Negro Problems." *Annals of the American Academy of Political and Social Science* 11(Jan): 1–23.
- ——. 1903. "The Laboratory in Sociology at Atlanta University." *Annals of the American Academy of Political and Social Science* 21(May): 16–63.
- ——. 1910. "Reconstruction and Its Benefits." *American Historical Review* 15(July): 781–799.
- ——. [1899] 1996. *The Philadelphia Negro: A Social Study*. Reprint, Philadelphia: University of Pennsylvania Press.
- Lewis, David Levering. 1993. *W. E. B. Du Bois: Biography of a Race*. New York: Henry Holt.
- Residents of Hull House. 1895. *Hull House Maps and Papers*. New York: Crowell.

(Alford Young Jr. 文 李 胜 译 李文硕 校)

E

EDGE CITY | 边缘城市

边缘城市常常是指城市行政区边缘囊括商业、娱乐、购物和消遣的密集地区。有研究者认为，边缘城市是城市增长的主要形式，吸引郊区蔓延到更远的地方。

大众文化中的边缘城市

边缘城市这一名词随处可见，比如一本名为《边缘城市评论》(*The Edge City Review*)的杂志被誉为是"世界上唯一以新形式主义诗歌、小说、书评为特色的保守主义文学杂志"。有个网站的名字是"边缘城市观察"，"边缘城市"还是一个网络朋克游戏的名字，在游戏中，人物之间展开激烈战斗以控制边缘城市，"进入边缘城市的都是终极黑客、数据高手，能够进入令人欢呼雀跃的未来。战斗高手身处世界末日般的黑暗中"。《再见边缘城市》(*Goodbye to the Edge City*)是独立摇滚乐队普雷斯顿工业学校(Preston School of Industry)在2001年发行的专辑。在简洁的专辑《欢乐屋》(*Funhouse*)评论中，该乐队被描述为类似于早期的另类乐队或者后流行乐队。"边缘城市网络"(The Edge Cities Network)是一个商业资源网站，可以链接到欧洲城郊的边缘城市，如克里登—伦敦(Croydon-London)、埃斯波—赫尔辛基(Espoo-Helsinki)、芬格尔—都柏林(Fingal-Dublin)、凯菲西斯—雅典(Kifissia-Athens)、洛里什—里斯本(Loures-Lisbon)、纳卡—斯德哥尔摩(Nacka-Stockholm)、豪斯堂—贝尔法斯特(Horth Down-Belfast)。该网站还指出："边缘城市论坛旨在鼓励不同边缘城市的合作和团体之间进行讨论和互动。"

费城的"边缘城市合作社"直接向乔尔·加诺(Joel Garreau)致敬：

这是对乔尔·加诺令人信服著作的讽刺参考。他那本《边缘城市》(*Edge City*)，详细描述了我们社会正步入一个看似不可逆的、同质性的、准郊区化的文化潮流中。在这个世界上，每个地方都可以像任何地方一样。快餐、电视以及不断穿梭于购物商场和办公场所之间，这足以让人对生活麻木。音乐主要是由利润和由此产生的取悦大众的欲望所塑。我们需要寻找一个不同的边疆。

加诺的《边缘城市》

绝大多数城市学家对1991年加诺在《边缘城市》中的先见之明表示认可。边缘城市代表着城市发展史上的第三次浪潮，将我们推向大都市边缘的新领域。加诺分析了美国城市的发展，并确定了123个地方为边缘城市，另有83个正在崛起或发展中的边缘城市。第一个名单包括洛杉矶的24个边缘城市，华盛顿特区的23个，还有21个在纽约大都市区内。边缘城市由一些特征来确定，包括下列方面：

1. 该地区的办公面积必须超过约0.5万平方千米(大约相当于一个大型商业区的面积)

2. 这个地方必须包括超过约0.06万平方千米的零售空间(相当于一个大型地区购物中心的面积)

3. 人口每天上午增加，下午减少(也就是说，有比住房更多的就业机会)

4. 这个地方是单一终点(这个地方"应有尽有"：娱乐、购物、休闲等)

5. 这个地区30年前完全不存在任何"城市"的形态(奶牛牧场本来是绝佳的)

接下来加诺定义了3个不同种类的边缘城市：暴增区(Boomers)，这是边缘城市最常见的类型，主要围绕购物中心或在公路交会处发展起来；绿地区(Greenfields)，主要是在郊区边缘进行总体规划的新城；上城区(Uptowns)，这主要指的是老城或城镇等早先出现的活动中心。后两种类型与先前列表中的5种显著特征相反：总体规划的绿地区包括居住区、娱乐场所和购物场所，不受上午人口增加和下午人口减少的影响。上城主要从早期的卫星城发展而来。事实上，郊区城市的形成要略早于卫星城。

加诺指出，边缘城市的实际界限可能很难界定。因为它们没有老城市那样的景观、政治组织，或像老城市一样雷同的景色。边缘城市的密度不高，没有选举的官员，空间和设计的符号学也不一样。但加诺断言，边缘城市是"自建国以来美国人做出的最具雄心的尝试……它旨在创造一个新的伊甸园"。

边缘城市超越了以物质结构和经济功能为基础的传统地域划分模式，也超越了中心城市和郊区的政治边界。"边缘城市之所以难以界定，是因为它们很少有市长或市议会。"虽然这个解释听起来类似于在芝加哥学派的研究中占有重要地位的"间隙区"(Interstitial Areas)，但加诺对边缘城市的界定与政治学和社会学对"城市"的界定并不一致。

边缘城市的其他定义

社会学家对城市和城市地区有许多定义。在城市社会学领域，根据人口数量和人口密度对"城市"和"城市区域"的定义进行对比是很常见的，但这些是超越社会学和社会理论的行政和法律定义。社会学关于城市化的经典界定是强调它的规模、密度和异质性，这一定义来自路易斯·沃思的论文《作为一种生活方式的都市生活》。然而，这并不是根据城市本身的做出定义，而是区分城市和农村地区的工具。

对"城市"更具影响的学理性定义来自马克斯·韦伯，在《城市》(The City)的第一章，韦伯解释了城市是如何从市场中心发展起来的，这些市场中心从早期的宗法和封建制度中获得了政治独立。韦伯详细论述了这一观点，即城市是行政干预市场的结果。

韦伯关于城市的定义是一种理想类型，使得城市可以跨越时空进行比较，它是城市和现代大都市社会学研究的起点。韦伯认为，城市调控经济活动、保障公民权利和特权的能力，对于理解现代城市作为一种独特的社会组织形式而崛起至关重要。加诺对边缘城市的定义明确将其限定为当代城市和郊区行政边界之外的区域，因此它们不是城市，因为它们没有行政边界，也就没有政治权威或能力足以管理相关活动或保障人们的权利和特权。

边缘城市研究

在构成城市研究的许多学科中，关于边缘城市的讨论几乎无处不在。约翰·麦克尼斯(John Macionis)和文森特·佩若(Vincent Parillo)在讨论城市生态学时，在《边缘城市：最新的增长模式》"Edge Cities: The Latest Growth Pattern"的末尾，对边缘城市进行了大量讨论。在文中，边缘城市与同心圆理论、扇形理论、多核理论、社会区域分析、因子生态学等理论一样，成为解释城市区域生态的新模式。加诺声称收集了约200个边缘城市的信息，这与霍默·霍伊特对142个城市增长模式的分析相当。"1975年以来，城市增长的新模式需要一些新的见解。1991年乔尔·加诺所称的边缘城市已经成为主导形式。"该文介绍了加诺对边缘城市共同特征的界定以及边缘城市的类型，接着讨论了边缘城市以中产阶级为主的市中心的发展，并指出边缘城市正在全球范围内出现，曼谷、北京、伦敦、巴黎和悉尼的边缘地带都能看到边缘城市的影子。在这个场景中，边缘城市与城市社会学中的其他模型放在一起，作为当代城市发展的主导形式拿来讨论。

威廉·弗拉纳根(William Flanagan)的《城市社会学》(Urban Sociology)、《图像和结构》(Images and Structure)尝试对边缘城市提出新的观点，并将加诺的工作与其他关于分段发展和多城市中心的讨论联系起来。弗拉纳根不加评论地指出，"边缘城市很少有管理机构，它们的规模大小也不受官方界定的城市边界的影响。更多的居民住在城外而不是城里"。他的大部分总结集中在边缘城市发展和大众品味,以及房地产开发商在将消费者行为和偏好转化为集体行为中的作用等方面。他接着指出,对边缘城市发展的负面看法可能与过去的反城市化类似:"当我们考虑新的不断扩张的城市边缘时,我们中的一些人可能会发现自己处于怀旧状态,在旧的、熟悉的城市形式和新的、陌生的城市形式之间进行比较。但作为社会科学专业的学生,我们必须提醒自己,我们的大部分工作是发现并解释这些新形式作为一种城市生活方式的真实性。"也就是说边缘城市毫无疑问是城市增长的新模式,需要社会学家的重视。

学术界不仅关注美国的边缘城市,也关注欧洲的。但在大多数情况下,边缘城市已经成为一个普遍的标签,不再局限于加诺的定义。比如说,理查德·格林(Richard Greene)的《新移民、本地穷人和边缘城市》(*New Immigrants, Indigenous Poor, and Edge Cities*)认为:"现代芝加哥的边缘城市景观与芝加哥学派经典模型中描述的 19 世纪工业景观形成了鲜明的对比。"这项研究的对象是城市建制地区,而非加诺定义的边缘城市地区。爱德华·索贾等人在讨论洛杉矶地区的城市增长时,边缘城市也占据了突出位置,边缘城市就像早期的卫星城,成了第二次世界大战后技术发展的核心地区。

近来欧洲城市研究也关注起了边缘城市。戈登·麦克劳德(Gordon MacLeod)和凯文·沃德(Kevin Ward)就是其中的代表人物。虽然加诺对边缘城市的定义明确指出这里不是住宅区(白天的人口比晚上的人口多;边缘城市是人们工作和购物的地方,它不是一个住宅区),但麦克劳德和沃德在称赞乔尔·加诺为杰出的城市/郊区/远郊思想家时说:"边缘城市代表了一种自给自足的就业、购物和娱乐模式,允许数以百万计的当代美国人在同一个地方生活、工作和消费。"奈杰尔·菲尔普斯(Nigel Phelps)研究了 5 个欧洲国家边缘城市的政治治理和经济发展;研究对象都是自治城市,属于自定义的欧洲边缘城市网络的一部分,这与加诺的解释相当不同。在加诺看来,对于边缘城市的界定可能是困难的,因为它们没有和老城市一样的政治组织,也没有选举的官员。

洛杉矶学派的拥趸们认为,后现代城市的发展创造了新兴的郊区景观,这需要新的研究范式和方法。尽管一些旧的标签如卫星城、郊区、科技城和郊区边缘区等与边缘城市常常混淆使用,但在洛杉矶学派的学术话语中边缘城市的使用频率极高。受商业、金融、政府、零售区集中的影响,边缘城市可能会被更多地用于地理学中。尽管如此,当下的边缘城市已失去了原有的意义。边缘城市这一概念是对政治学和社会学分析中既有理解的一个挑战。虽然城市学者寻求新的模型和新的标签来更好地描述大都市地区的持续扩张,但人们认识到,美国发展模式可能因为政治治理的独特性,并不会出现在其他国家。美国、英国等国的现状研究将使学者们能够更好地评估,如边缘城市和增长机制是否适用于不同文化和地区。

进一步阅读书目:

- Bontje, Marco and Joachim Burdack. 2005. "Edge Cities, European-style: Examples from Paris and the Randstad." *Cities* 22(4): 317–330.
- Edge City Collective (http://www.edgecitymusic.com).
- Flanagan, William. 2001. *Urban Sociology: Images and Structures*. 4th ed. New York: Allyn & Bacon.
- Freestone, R. and P. Murphy. 1993. "Edge City: Review of a Debate." *Urban Policy Research* 11: 184–190.
- Garreau, Joel. 1991. *Edge City: Life on the New Frontier*. New York: Doubleday.

(Ray Hutchison 文 李 胜 译 李文硕 校)

ENVIRONMENTAL JUSTICE ｜环境正义

环境正义既是描述环境利益和环境负担公平分配的规范性原则，也是寻求实现这一目标的政治和法律运动。一个与之密切相关的术语是环境平等（Environmental Equity），指的是环境正义的状态、成就或结果。环境种族主义（Environmental Racism）则是违反种族或民族环境正义的行为。

受民权运动种族平等逻辑的影响，20 世纪 80 年代初的美国开始倡导环境正义诉求，并尝试通过诉讼等法律策略寻求变革。环保运动的组织者也将环境正义视为一种手段，将主流环保组织从传统的注重保护自然转向以保护人类为中心，特别是保护那些因低收入和种族身份而被隔离或歧视的人，使他们免于受不公平地暴露于环境污染的有害影响。

起初，环境正义主要关注环境负担的空间分配不公平，近来已经大大超出了原先的界限。这种关注点的扩大重新界定了正义的概念，我们不仅要考虑分配，而且需要将程序性、制度性、结构性层面考虑进来。此外，对环境正义的再定义也很有必要。我们需要超越之前将环境与有害活动相连的限制，而将地理环境的政治经济建设纳入一个更加宏大的政治生态框架中。反过来，环境正义的概念演变推动了一种超越原有方法和实践的重新定向。环境正义概念的演进，反过来推动了方法和实践的转向——起初，环境正义只是一个范围有限的法律术语，指的是包含更广泛和更深远的针对社会空间进程的法律挑战。

历史渊源

环境正义运动历史上的关键时刻常常被提起。虽然美国针对有害环境的地方抗议活动可以追溯到殖民时代对油品作坊和磨坊的反对，但一直到 20 世纪六七十年代，随着民权运动和环境保护运动的结合，真正意义上的环境正义才应运而生。第一次有组织地明确提出环境种族主义和环境正义主题的抗议，是 1982 年北卡罗来纳州沃伦县村民发起的抗议兴建垃圾填埋场的运动，因为该填埋场主要用来处理含有多氯联苯等剧毒物的垃圾。当地村民为此发起了长期抗议，有 500 多名示威者被逮捕，来自民权组织和环保组织的支持最终引起了全国的广泛关注。抗议者声称，将垃圾填埋场设在非洲裔美国人社区，这构成了对住户公民权的侵犯。

美国审计总署在其 1983 年的一份报告中指出，在美国东南部 4 个商业化运营的危险废物处理场中，有 3 个设在以非洲裔美国人为主的社区。受沃伦县抗议和审计总署报告的推动，联合基督教会（United Church of Christ）成立了一个种族公正委员会（Commission for Racial Justice），其里程碑式的报告是 1987 年出版的《美国有毒废物与种族》（*Toxic Wastes and Race in the United States*）。报告指出，一个地区非白人族群人口比重与商业性的有害垃圾处理设备及其他不可控的有毒废弃物处理设施之间有很强的相关性。随着 1990 年社会学家罗伯特·布拉德（Robert Bullard）的《美国南部的倾销：种族、阶级和环境质量》（*Dumping in Dixie: Race, Class, and Environmental Quality*）一书的出版，环境正义的概念逐渐普及开来。

该运动召集 1 000 多名参与者参加 1991 年在华盛顿特区举行的首届全国有色人种领袖峰会（First National People of Color Leadership Summit），彰显了它在整个国家中的影响力（第二次国家领导人峰会召开于 2002 年）。第一次峰会发表了含有 17 点声明的《环境正义原则》（Principles of Environmental Justice），主张所有人享有环境自决的基本权利。随着 1992 年环境保护署（Environmental Protection Agency）设立环境正义办公室（Office of Environmental Justice），以及1994年克林顿总统签署12898号行政命令——要求联邦机构积极考虑其行动对有色人种环境状况的影响——环境正义正式得到联邦政府的承认。

意识到民权运动对环境正义的影响，维权人士试图通过诉讼达到目标，这一方法挑战了个别的案例，如有毒垃圾填埋场或有色人种低收入社区的危险废物处理设施等。在大多数情况下，人们会根据1964年《民权法》第6条或第8抑或第14条修正案对平等权利的保护，来遏制对公民权的侵犯并进行补救。

然而，个案诉讼策略面临着法律和方法上的障碍，因而很少在法庭上取得胜利。以违反宪法的名义发起的诉讼需要原告证明被告有歧视的意图。事实证明，当支持者以经济或技术理由为选址辩护时，反对者很难表明选址方的歧视性意图。有毒设施的存在早于有色人种社区的出现，即使这种空间形态的产生违反了环境正义的规范原则，歧视性意图也并不存在。当这一方法无法适用时，对立的专家证人会根据地理单位（街区、人口普查区邮政编码区域、市、县）得出不同的结果，不同的地理单元完全可能得出不同的结果，因此双方都无法证明其分析是真实的还是仅仅是统计上的假象。

选择控诉政府的行政程序不合理，这样的诉讼策略会更成功。但是，这些成功仍然不具备普遍意义。成功地反对了一个不需要的设施，可能会简单地把这个问题转移到其他同样处于边缘但组织较差的社区，这只是转移而不是减缓了环境不公正。以环境负担的空间分布为基础追求环境正义并未挑战导致环境不正义的机制——包括从私人投资到土地利用和环境管理等种种因素，正是这些机制导致了环境负担。从分配的角度理解环境正义不能解决贫困社区的这一悖论——对有毒设备采取"自愿"的态度以寻求经济上的生存。基于分配正义原则，他们本应该反对这样的有毒设施，但是对工作的渴望让他们能够准许化工厂在社区存续下去。

概念重建

随着社会科学理论的发展，人们越来越意识到个案解决方法的局限性，环境正义在概念和理论基础上的重新考量已经迫在眉睫。司法、权利、环境以及种族等概念的扩大已经重塑了环境正义的范围与途径，使它从一个基于个人权利的法律策略转向寻求广泛的结构改变的社会政治运动。

由于逐渐意识到过度关注环境负担的空间分配所带来的局限，学术界对这一问题的探讨正在从关注结果转向关注进程。从进程的角度出发，研究者曾一度呼吁重视有色人种社区参与决定如何分配的权利，但这样的呼吁很快就让位于鼓励直接参与，认为只有直接参与才能够影响环境负担的生成。

关注进程的重点在于控制社会与经济不平等的影响，促进结构主义者与程序主义者之间的对话。前者致力于清除由阶级、收入和种族差异导致的不平等，后者将参与视作揭示和调整结构性不平等的手段。在环境正义的讨论中，政治理论家们指出了一个潜在的转换，那就是由国家赋予权利的罗尔斯主义（Rawlsian）向自然和环境的社会政治建构这一结构性理解转变。

在实际使用中，这些概念化的术语将人们的关注点从实现有害设施分布的平等到追求更大范围的结构性进程中的环境正义。概念的膨胀拓展了种族在理解环境正义中的重要性，使其从关注个人的种族歧视行径转向关注弥漫于整个社会中的制度性的、系统性的歧视。关于种族传统的理解是将其作为社会分类的标准，环境正义研究者则将白人优越的概念视作一种跨越种族分类的社会实践，这种优越包括环境方面的权益，是不平衡分布的。从个体有毒设备向大范围环境的结构生产的转变，从个人权利向社会正义的转变，以及从个体族裔的类别化到制度化种族歧视实践转变，这些都与环境正义作为一种责任高度一致。环境正义不仅为追求平等原则的个体所享有，也为所有从政治社区中获益的人享有。从这一点看,追求环境正义是所有人的职责所在。

进一步阅读书目:

- Bullard, Robert D. 1990. *Dumping in Dixie: Race, Class, and Environmental Quality*. Boulder, CO: Westview Press.
- Dukic, Mustafa. 2001. "Justice and the Spatial Imagination." *Environment and Planning-A* 33: 1785–1805.
- Kurtz, Hilda E. 2003. "Scale Frames and Counter-Scale Frames: Constructing the Problem of Environmental Injustice." *Political Geography* 22: 887–916.
- Lake, Robert W. 1996. "Volunteers, NIMBYs, and Environmental Justice: Dilemmas of Democratic Practice." *Antipode* 28: 160–174.
- Pulido, Laura. 2000. "Rethinking Environmental Racism: White Privilege and Urban Development in Southern California." *Annals of the Association of American Geographers* 90: 12–40.
- Swyngedouw, Erik and Nikolas C. Heynen. 2003. "Urban Political Ecology, Justice and the Politics of Scale." *Antipode* 35: 898–918.
- Young, Iris M. 2004. "Responsibility and Global Labor Justice." *The Journal of Political Philosophy* 12: 365–388.

(Robert W. Lake 文 李 胜译 李文硕校)

ENVIRONMENTAL POLICY | 环境政策

环境政策是一种框架及手段,通过环境政策,公众决策会将那些自然的、非人类的环境考虑进去。现代城市的环境政策起源于综合性的城市规划。早期的事例包括:1829 年约翰·克劳迪亚斯·劳登(John Claudius Loudon)为伦敦制定的"呼吸地"(Breathing Places)规划、1878 年前后弗里德里克·劳·奥姆斯特德在波士顿开始的"翡翠项链公园计划"(Emerald Necklace)以及丹尼尔·伯纳姆为芝加哥量身打造的"1909 年规划"(1909 Plan)等。上述这些规划融入了人们对绿色空间的需要,这种空间能提升城市的自然美、改善市民的生活环境,并促使公众亲近自然。在工业化的早期阶段,城市借助环境政策来缓解从工业和不充分卫生基础设施而来的空气和水污染,并以此来阻止污染对人类健康的伤害。

城市的环境政策及管理

20 世纪 60 年代,科学进一步证明了环境的重要性,同时人们也越来越意识到工业有毒物质对生态系统和人类健康的恶劣影响,这使得北美和欧洲各国加强了对有毒物质的处理。之后,环境影响评估协议通过立法成为国家、有时是州或地方政府的必要措施。今天,城市环境一揽子政策围绕着绿色空间、空气和减少水源污染、环境卫生和环境中有毒物的管理等这些历史性的问题展开。当然,政策中也包含一系列应对举措,这些途径与新出现的对城市可持续发展的忧虑密切相关。为了实现分配公平和减缓气候变化带来的影响,让每个人都能"公平共享地球",包括减少能源使用和温室气体排放的政策也被制定出台。作为一种降低全球经济不安全性的方式,可持续发展政策鼓励保护耕地和基于生态恢复的食物生产,可能也会将生产循环(Production Loops)予以关闭和地方化。建筑业和维修活动会将改善环境的实践和保护生态以及生物多样性等问题考虑在内。

城市环境政策的出发点一直是保证可靠的、高质量的生活基本品供给,比如对水、空气和更有效的"废水槽"——使废水从城市生产和消费循环中分离开来以此减轻资源和技术驱动对发展的限制——的需求等。因此城市已经发展出了汽油减排计划、减轻空气污染策略以及再循环系统等。久而久之,环境政策的基础变得更加广泛也更具跨部门性,以城市管理的形式处理全市范围内的环境问题。土地使用和战略计划、运输计划、位置和建筑设计、废水管理、环境影响评估、环境审议程序和国家环境报告等,这些都是以环境政策之名进行的经济管理工具。

城市化对环境的影响

长期以来,尽管城市借助规模效益、技术现代化以及社会、经济、政治的革新来践行其承诺,也就是建立新的人与自然关系,但城市对自然环境的负面影响是难以禁绝的。然而,这些消极影响和危害对于所有城市居民都是存在的,只有那些最富裕的市民除外。这些负面影响与危害是理性自觉与冷漠失察的结果。城市为我们认识环境退化的后果提出了一种视角:我们不可能忽视它,环境退化的影响应该在我们形成和使环境政策合理化方面发挥重要作用。

城市化会给用水模式、可用性及其他自然生态功能带来不可逆的改变。随着人们对基础设施标准和预期的提高,城市化增加了能源消耗。工业废弃物的集中、私家车的增多,严重侵害着空气质量和其他可以保证生活质量的关键要素。与空气质量和糟糕的住房条件联系在一起的往往是严重的呼吸疾病,这对人与经济生产力的提高带来了很大影响。这些现象具有明显的区域性,可以说与高速且大规模的城市人口增长密切相关。

城市蔓延在发达国家和发展中国家都显而易见。这种模式的影响有:可以让城市变得很有韧性,不至于受到外界环境的剧烈冲击;能够容纳持续性的人口增长,而不用担心牺牲既有的生活品质。从不同程度上讲,基于土地使用和增长管理的政策认为,高密度的城市发展可以作为手段来减少居民出行时对私家车的依赖,进而有助于增加交通工具的选择性、减少能源消耗、改善健康、增加社会性和社会资本,甚至可以创造其他形式的效益。

对环境政策的回应

基于社会经济地位、工作性质、性别和种族的环境政策,对城市个体和团体的影响各有不同,后者对前者的回应也存在明显差异。尤其是,环境政策经常被指控差别化对待穷人。在1987年的世界环境与发展委员会上,有这样一个颇具说服力的辩题:环境退化经常与贫困共存。贫困使环境退化,这增加了穷人的脆弱性。在发展中国家的城市里,许多穷人家庭无法享受基础设施,他们不得已要生活在贫民窟里。在贫民窟中,洁净水的匮乏和环境不卫生导致了水和土壤的污染,这也带来许多流行疾病的传播。由于他们缺乏绿色空间和功能性的生态系统,住在自然资源枯竭、公共服务稀少的贫民窟,其居民更容易遭受自然和人为污染的侵袭。

国际环境政策

自1972年联合国人类环境会议在瑞典斯德哥尔摩举办以来,国际社会始终倡导从城市层面推进环境政策,并意识到城市化模式应当与自然环境的承载力相兼容。由此带来的结果是,大量强调规划和管理包括城市在内的人居环境重要性的倡议被提出,其中还连带着对地方和全球环境质量的关注。

20年后,巴西里约热内卢举办的1992年联合国环境和发展会议上,在《21世纪议程》(Local Agenda 21)的基础上提出一份将环境政策、发展政策与地方当局、背景依赖政策(Contextdependent Policies)设计进程的社会群体紧密结合在一起的文件。《21世纪议程》同样强调工作的长期性以及国内社会团体、地方执行机构的积极参与。该议程一直以来在欧洲和拉美备受推崇。在北美,城市降低温室效应及其缓解气候变化的策略也很好体现了《21世纪议程》的精神。环保主义者的志愿服务也受其影响,明显助推了温室气体排放的缩减、更高环保建筑标准的制定、可替代性交通工具及燃料的使用。

里约热内卢会议也促成了可持续发展这样一个针对环境和发展政策的新观念的流行。随着可持续发展被应用到城市,它扩大了环境政策的关注点,促进了在城市的发展和管理中环境优先、社会优先、经济优先这"3个支柱"的统一。可持续发展观念有出于对下一代人影响的考虑。可持续城市的框架也引起了人们对环境政策前景的一种担忧,因为环境政策处理的不仅是人类对自然资源、系统和服务的需求,也包括对自然本身的需求,使自然适应不断发展着的城市。诸如生态恢复、生物多样性复兴策略、鸟类迁徙政策和溪流日照政策(Stream Daylighting Policies)等都属于这类政策。可持续的环境政策被视为有利于持续性地缓解环境威胁,而这种威胁逐渐将我们的城市置于气候变化带来的险境中。

采取措施阻止环境退化几乎成为全社会的共识。关于废物在多大程度上会成为污染物、风险何时变得不可接受,以及消费在哪个点超过基本需要,这些都是需要在特定情况下做出解释的问题。尽管环境政策看似是让城市摆脱资源依赖的强硬尝试,但诸如澳大利亚堪培拉的"2010零废物"(No Waste by 2010)政策还是得到了贯彻执行。堪培拉主要通过对公众进行废物、废物价值的教育以及采用市场化的方式来达到这一效果。

环境政策的未来

环境政策有赖于合理的科学知识、便捷的资源以及政治上的交流和决定。在当代城市中,环境问题的程度及其严重性一直是争论和臆测的对象。城市可持续发展的整体性和前瞻性迎合了城市对于发展一致性和平衡性的承诺,正如3个支柱统一所展示的那样——一个项目的经济收支比必须要与社会和环境收支比受益相均衡。尽管理论上无懈可击,但环境政策在城市中的实践需要广泛的支持,如娱乐、教育、经济、平等、健康、声誉等等,这些动力甚至是相互冲突的。举例来说,在资源稀缺的情况下,为所有人提供最基本的需求很明显意味着要降低部分人的过度消费。从整体和长期视角看,那些对城市环境有害的活动通常会让生活变得更加便捷和有快感。对于导致环境问题的因素有越来越多的不同意见,对于如何解决环境问题也出现了越来越多的不同方案,这本身就是进步,因为这说明越来越多的人参与到对环境问题的思考中。

城市环境政策与城市治理之间的关系并不稳定。因为城市环境政策经常有悖于城市政府的核心功能,通过一系列立法、志愿活动和合作,环境政策的巨大进步已经让城市生活变得更加适宜,也让亿万人口从中受益。最被私人组织偏爱的是志愿组织和协议,后者几乎成为国际社会最常见的方式。典型的是国际标准组织的ISO 14001,它为签署国提供了一个广泛的环境性能标准清单,特别是针对建筑行业;此外还有能源和环境设计上领导力项目(Leadership in Energy and Environmental Design),该项目为绿色建筑提供了基础的标准体系。城市的政府和非政府组织纷纷加入倡导环境政策研究、对话和实践的国际网络,例如国际地方环境倡议理事会(International Council for Local Environmental Initiatives)和联合国人居署世界城市论坛(UN-HABITAT World Urban Forum)等活动,它们都足以证明城市有能力并且有意愿在国际环境的改善中发挥积极作用。

进一步阅读书目：

- Bulkeley, Harriet and Michelle Betsill. 2003. *Cities and Climate Change: Urban Sustainability and Global Environmental Governance*. New York: Routledge.
- Daly, Herman E. and J. B. Cobb. 1994. *For the Common Good: Redirecting the Economy toward Community, the Environment, and a Sustainable Future*. 2nd ed. Boston: Beacon.
- Hardoy, J. E., D. Mitlin, and D. Satterthwaite. 2001. *Environmental Problems in an Urbanizing World*. London: Earthscan.
- Meadows, D. H., D. L. Meadows, and J. Randers. 1972. *Limits to Growth*. New York: Universe Books.
- Tarr, Joel. 1996. *The Search for the Ultimate Sink*. Akron, OH: University of Akron Press.
- World Commission on Environment and Development. 1987. *Our Common Future*. Oxford, UK: Oxford University Press.

(Meg Holden 文 李 胜 译 李文硕 校)

ENVIRONMENTAL PSYCHOLOGY | 环境心理学

随着环境设计研究协会（Environmental Design Research Association）的成立、《环境和行为》（*Environment and Behavior*）杂志的创办以及第一个环境心理学博士课程在纽约城市大学研究生院的开设，20世纪60年代美国开始出现环境心理学这一跨学科领域。同一时期，欧洲和斯堪的纳维亚同样做着这一方面的努力，但在体制上与美国有所不同。环境心理学专注于物质环境在形塑人类行为和发展方面所起到的重要作用。基于内部心理过程和缺乏物质环境的社会关系，环境心理学提供了一种替代性的阐释。人们也普遍认为，更好地理解人们的观念、认识和行为将有益于环境设计、城市规划和环境保护。

大部分环境心理学的先驱者也相信，对心理过程的有效说明必须从"环境中的人"这样一个单位开始，而不是将心理过程视为人体或某些诸如大脑一类的特定部位的内部活动，又或者是像知觉一样的机制。从这个角度来看，环境心理学是一个新的跨学科研究领域，它不仅涉及心理学，而且还涉及多个学科，这些学科在更宏观的空间、社会、文化过程和结构以及有助于了解环境和人类的物质本质的物理科学等方面解释了人类的行为和经验。

科特·勒文（Kurt Lewin）在社会和发展心理学方面的理论，他的学生罗格·巴克尔（Roger Barker）在生态心理学方面的开拓，以及威廉·詹姆斯（William James）和约翰·杜威（John Dewey）的实用心理学都提供了分析工具来研究"环境中的人"。环境心理学家还利用现有的主流心理学理论如行为主义范式，来打造和环境一致的行为或为认知心理学寻找方法。

并非所有环境心理学的创始人都是心理学家。城市规划师凯文·林奇1960年出版《城市意象》（*Image of the City*）、人类学家爱德华·霍尔

(Edward T. Hall)1966年出版的《隐匿的角度》(*The Hidden Dimension*)、建筑学家克里斯托弗·亚历山大(Christopher Alexander)的《模式语言》(*A Pattern Language*)、芝加哥城市社会学派和人类生态学领域与系统论等,都有力促进了环境心理学的诞生。这些思想和行为规范对于环境心理学仍然很重要。社会和环境问题所产生的紧迫感让环境心理学形成了以问题和行动为核心、以"现实世界"为导向的特点。

概念和方法上的主要贡献

从个体如何与周围世界接触的问题开始,环境心理学家提出了将人类经验置于物质和社会世界的动态关系中的新方法。这样看来,环境心理学就人类经验是如何被形塑的问题与地理学、社会学和人类学的构想有许多共同的看法。然而,对个体分析水平的兴趣促使人们关注生活中面对面的、日常的以及经验的方面,而不是从社会或文化的层面分析。环境心理学在多个分析层面研究人类经验和行为。环境心理学家为了避免环境决定论以及将所有经验和行为简化为个人层面的过程而做的努力,并不总是成功的。对"环境中的个体"的关注,促进了理解人类行为的新方法的诞生。以下概念是该领域的一些主要贡献。

可供性

感知心理学家詹姆斯·吉布森(James Gibson)将可供性(Affordances)定义为物理环境所具有的与生物体的特定感知和行为能力相关的行为潜力。例如,一个离地面约0.3米高的壁架可以让一个3岁的孩子舒服地坐着,但一个约1.83米高的成人就做不到。这一概念已扩展到包括行为在内的社会性组织能力和物质环境的社会历史性质。对于有常识的美国人来说,邮箱可以用来发送信件。吉布森拒绝接受这样一种观点,即头脑中有一个小人,他必须接收有关环境的信息,呈现或加工然后行动。他将感知置于一个不断改变、观察、寻找和纠正错误的过程中,其中学习的本质不是将环境中的意外事件内化,而是逐渐熟练地获取停留在环境中的信息。

行为地图

为了记录环境中的人类行为而发展出多种方法,范围包括从对目标个体的系统性观察,到用以记录特定环境中随时间变化的人和活动。这些方法可用于评估干预措施的效果,以增加从城市游乐场和广场到大城市精神病院的日间病房等各种环境的了解。在一项名叫《小型城市空间的社会生活》(The Social Life of Small Urban Spaces)的著名研究中,威廉·怀特(William H. Whyte)使用延时摄影来研究人们如何使用纽约市的人行道、广场和公园。

行为定势理论

罗格·巴克尔通过对儿童日常生活的观察,发展了行为定势理论(Behavior Setting Theory)。他的结论是,一个孩子在不同环境中的行为与同一环境中不同孩子的行为有很大差异。这产生了这样的理论:一些暂时性有组织的"准稳定"的人-环境单元(例如班级、桥牌俱乐部和咖啡店),它们通过一些可预测的方式来调整单元内人们的行为。这些方式来源于在协调时间和物理环境的情况下组织参与者的"计划"。这些计划还包括强制执行的目标和规范。巴克尔的学生阿兰·威克尔(Alan Wicker)后来把理论改进成:(1)在更广泛的制度和社会系统内的关系中的行为;(2)阐述特定个人在行为定势生命过程中的作用,特别是在定势的创建过程中;(3)使用多种方法。行为定势研究经常表明,组织内实际存在的定势和计划与组织的表面任务不一致,例如医院组织空间和手术过程以便以干涉患者护理的方式来应对患者数量。

认知地图

认知地图是环境的心理表征,可以帮助确定方法并影响体验的质量。城市规划师凯文·林奇和心理学家爱德华·托尔曼（Edward Tolman）都发展了这个概念，尽管他们对此的看法截然不同。对于林奇来说，"城市意象"是通过其路径、边缘、区域、节点和地标的易读性来传达的。对于托尔曼来说，在大脑中形成的认知地图是通过了解如何在不同的地方满足自己的欲望和需求而产生的。这两种方法都被不断地用于使环境更具有导航性和更令人满意的努力中。后来的研究人员区分了不同社会群体形成的认知地图：具有不同视觉、听觉和认知能力以及发育年龄的人。一些对认知地图的研究是文化和媒体表征以及社会经济和政治监管下的产物。

环境意义与感知

环境心理学家使用认知心理学、话语理论以及皮埃尔·布尔迪厄（Pierre Bourdieu）的"生存心态"（Habitus）等理论和概念，来理解人们所使用的一系列方法对于环境的行为、情感和象征意义。这些方法包括生理测量、行为和认知地图、访谈、精神分析技术、视觉记录、故事和民族志。因此，他们描述了城市广场、社区花园、游乐场与市中心社区的多重含义和感知，指导空间的使用，加强或挑战群体身份，并促进居住在具有不同势力和资源的建筑物中的以及在自然环境内处于不同空间的居民之间的冲突或容忍。

环境压力因素

环境压力因素自提出以来一直应用于心理学领域。对于所有生物体来说，当它们的适应能力受到环境条件（如极热或极冷）的挑战时会产生生理应激反应。环境心理学家研究人类对高水平噪音、拥挤、热、冷、空气污染以及更复杂的压力因素如环境混乱的反应。一些研究包括对压力的生理附加物的探究，但其中大部分研究了压力源暴露对认知表现、情感、动机、心理健康和环境评估的影响。城市中许多诸如此类的压力因素以及经常导致压力产生（陌生人的存在、快节奏、人口多样性、不可预测性和贫困）的条件，它们一直是环境心理学家研究的重要课题。一般来说，所有这些条件都会在一定的阈值后增加负面反应，但结果并不统一，并且往往受到影响更为负面且在压力下最危险人群的条件限制。慢性压力和多种压力因素的暴露尤其成问题。已经抑郁或正在应对其他生活问题的人往往对环境压力因素的负面影响更敏感。应对压力源的努力和对压力的心理反应，往往会增加社交退缩性并干扰有效的家庭教育。

加里·埃文斯（Gary Evans）及其同事为减轻城市公共汽车司机压力所做的成功介入，体现了环境心理学对于认真对待心理上和环境上的因果关系并进行干预等两个层面的承诺。例如，埃文斯等人与斯德哥尔摩交通管理局（Stockholm Transit Authority）合作，证明了公交车驾驶员在重新设计的路线上的血压、心率以及感知压力都在正常范围，这会减少拥堵和工作麻烦。以前的研究已证明驾驶员心理压力的增加，不仅连带着更大的心理压力和更低的工作满意度，还存在患心血管、肌肉-骨骼和肠胃疾病的更高风险。

参与式研究、规划和设计

在环境心理学家中，有关人们的目标、需求和能力以及作为良好场所设计的标准的议题产生了国际跨学科的参与式研究、规划和设计。环境心理学家采用这些方法是出于对更好环境的实际需求，也是对权力不公平的反应，对某些群体和个人决策的排斥以及对真理和知识本质的达观立场。例如，委内瑞拉加拉加斯一处棚户区的居民要求参加一个大规模的城市发展项目以增加获得清洁水的机会。环境和社会心理学家与居民一起参与了一项有组织的信息收集和问题解决的决策，以促进居民间的批判性反思。这个过程提出了对项目的特定组成部分和城市设计变化的明确要求，例如提供居民就业机会等。

哈贝马斯关于社交行为的理论，保罗·弗莱雷（Paulo Freire）关于教育学、权力和知识的想法，美国的实用主义传统、话语理论、批判社会理论、女权主义理论、黑人社会思想及酷儿理论等都对参与式方法和特定方法论方法的解释做出了贡献。

参与式方法指的是，一些研究人员组织一些将会或已经受到难以定义和分析的物质环境影响的人，然后进行合作研究、数据分析和制定行动计划以实现目标和参与具体设计或环境使用计划。参与式方法已作为创造环境的方式被用于设计学校、城市公园、多户住宅甚至城市的各个部分，它提高了使用人的目标和满意度，并促进了民主决策和公民、居民或学生对物质环境的积极参与。

人—环境相适应

人—环境相适应（Person-Environment Fit）的概念抓住了环境的可供性与人的个性、目标和能力之间的对应性。许多学科使用这一概念来评估社会环境对特定个体的适用性。对于环境心理学家来说，外形设计、布局、其他人以及任何促进或否定某些行为或经验可能性的事物都属于环境。例如，足球比赛中的人群可能会因为替球队加油助威的共同目标而达成一致，但如果期间您失去了孩子则会觉得这样的环境极度不适。在这样的环境中，内向的人可能比外向的人更不舒服；客场球队的支持者可能不如主队球迷舒服。与城市建立联系和认同的人可能会发现，在非城市环境中满足他们对审美经验、活动和社交互动的渴望是更加困难的。

地方依恋与地方认同

地方依恋和地方认同的概念已被用于研究人与特定地方的联系。地方依恋描述了一个人发现难以离开某个特定地点的程度。这种依恋并不总是积极的体验，可能出于资源的缺乏、繁重的义务或被排除在其他环境之外。但更多时候，它描述了场所与人在多个社会和物质方面的积极情感纽带。地方认同意味着与地方之间深刻的、在许多方面是无意识的一种关系，例如，对于都市人来说，在城市街道上的舒适感或者对动植物的审美欣赏与特定地方息息相关。移动性以及行为习惯，可以成为地方认同的标志。在这两个概念中，地方可以成为记忆的存储库并唤起特定的社会认同。研究表明，社会资本的表现有时与地方依恋和地方认同有关。

使用前和使用后评价

环境心理学家试图通过发展工具来改善人与环境的契合度，以了解什么使环境更令人满意和有用。使用前评估将特定地点的需求评估与建筑规划中许多常见活动相结合，例如确定特定空间中的用户数量、他们必须完成的任务以及有助于促进他们有效运作的设备、工具、技术和空间组织。使用后评估评定建筑环境满足居民需求、愿望和活动的程度。使用后评估还使得设计师和研究人员能够了解他们的设计决策对打造用户以及设计如何影响心理和社会过程的意义。

私密性和地域性

人类如何通过控制空间来影响人际关系始终是环境心理学的核心课题。保护隐私的能力与是否自愿参与与他人的互动、调节情绪和具备相应认知能力有关。例如，在拥挤宿舍中的大学生和在印度极其密集的城市住房中的父母，与住在不太拥挤的住宅中的人相比，他们与一起共享空间的人的互动较少。动物行为学的领地概念已被扩展到用以解释人类领地的社会和文化功能，包括"防御性"空间在阻止犯罪和猥亵方面的作用。

恢复性环境

自然或"绿色"环境已被证明具有积极的恢复作用，因为它能使人从压力中恢复、有积极的心理状态和增强认知能力。从医院的窗户看到的自然景观甚至有助于减轻疼痛和加快康复。在公共住房中，享有美景的住户往往有更高的关注能力，也能更有效地解决生活问题。以花园、街道树木和城市公园组成的"身边自然"似乎可以提高环境满意度和居民依附度。城市绿地似乎也吸引了社交互动、儿童游戏和体能活动。医院和其他医疗机构有时会采用"治疗花园"来使患者和医疗保健专业人员冷静下来，并改善情绪和更积极地应对问题。尽管有这些令人鼓舞的发现，但在恢复性环境领域的证据基础相对较薄弱,对恢复性环境的理论解释仍有许多空白。

重要的研究领域

环境心理学家为儿童发展和儿童友好型环境(Child-friendly Environments)以及老年人、残疾人环境的研究做出了重要贡献。环境心理学家帮助设计和评估学校、游乐场、老人和残疾人的住宿设施、医疗设施、工作场所和监狱。他们与城市设计师、城市规划师以及景观设计师合作,将环境心理学理论应用于社区和整个城市。例如,许多国家的环境心理学家参加了健康城市运动(Healthy Cities Movement)。

关于环境可持续性的研究和实践涉及广泛的范围,从行为调整干预到参与式社区研究和行动等无所不包。一些最尖端的贡献集中在地方的意义和社会组织如何在灾害及其后果中以及在有毒危害面前发生变化的问题。这些分析用于制定政策和方法,促进在灾害管理和恢复计划方面更好地合作和信任,并使这些方案更贴近居民的经验。

作为跨学科领域,城市研究和环境心理学在对社区和城市方面的研究存在多处重叠。环境心理学家在理清社区发展、城市住房、建筑环境质量评估、城市环境条件和使用与犯罪之间的关系以及城市环境对居民的意义等方面做出了重要贡献。这两个领域都在努力解决空间生产、使用和理解问题。与空间和社会有关的各学科的争论也发生在环境心理学中。与城市规划一样,这些争论对实践和研究都有影响。一些拥有共同旨趣的杂志发表了推进知识进步的文章,这些杂志包括《环境和行为》和《环境心理学期刊》(*Journal of Environmental Psychology*)等。

进一步阅读书目:

- Altman, Irwin and Setha M. Low. 1992. *Place Attachment*. New York: Plenum Press.
- Bartlett, Sherrie, Roger Hart, David Satterthwaite, Xemena de la Barra, and Alfredo Missair. 1999. *Cities for Children: Children's Rights, Poverty and Urban Management*. New York: UNICEF, and London: Earthscan.
- Bechtel, Robert B. and Arza Churchman. 2002. *Handbook of Environmental Psychology*. New York: Wiley.
- Cooper-Marcus, Clare and Marnie Barnes. 1999. *Healing Gardens: Therapeutic Benefits and Design Recommendations*. New York: Wiley.
- Evans, Gary W. 2006. "Child Development and the Physical Environment." *Annual Review of Psychology* 57: 423–451.
- Evans, Gary W., Gunn Johansson, and Leif Rystedt. 1999. "Hassles on the Job: A Study of a Job Intervention with Urban Bus Drivers." *Journal of Organizational Behavior* 20(2): 199–209.
- Gibson, James J. 1979. *The Ecology of Visual Perception*. Boston: Houghton Mifflin.
- Heft, Harry. 2001. *Ecological Psychology in Context: James Gibson, Roger Barker, and the Legacy of William James's Radical Empiricism*. Mahwah, NJ: Erlbaum.
- Saegert, Susan and Gary H. Winkel. 1990. "Environmental Psychology." *Annual Review of Psychology* 41: 441–477.
- Stokols, Daniel and Irwin Altman. 1987. *Handbook of Environmental Psychology*. New York: Wiley.

(Susan Saegert 文 李 胜 译 李文硕 校)

ETHNIC ENCLAVE ｜族裔聚居区

族裔聚居区是独特的人口和空间节点，它有助于全世界大都市中心区的多元文化构建、重组和振兴。北非的犹太区或耶路撒冷的亚美尼亚区可以追溯到中世纪之前，而其他如堪萨斯城的斯拉夫人社区、圣保罗的日本人社区或者阿姆斯特丹的苏里南区（Surinamese），则是最近兴起的地方。这些"全球化的社区"是拥有共同族裔的海外社区，因为它们是多元文化的场所并且参与各种形式的跨国关系。当他们与其他群体共享的领土成为一个民族国家时，他们在政治上被纳入新的国家。他们是另一个大型群体的分支，并且被封闭在一个法律认可的社会形态中，所以他们或是族群（*ethnic*）或是离散（*diasporic*）群体。有些人融入了社会的上层，而大多数族裔聚居地的居民，如旧唐人街或新近的小印度（Little Indians），都处于所在城市的下层。

族裔聚居区的形成

族裔聚居区主要受3个因素的影响：移民、领土法律地位和边界。族裔聚居区是基于语言亲和力（西班牙人聚居区）、宗教传统（巴黎犹太区）或种族（蒙特利尔的意大利社区）的连续空间。相比之下，其他城市聚居区的基础是就业，如哈莱姆的非洲裔美国人；或同样的社会阶层地位，如旧金山的俄罗斯山（Russian Hill）；以及同一职业，如纽约的苏荷区（SoHo）或曼哈顿下东区的艺术家区；还有就是同性取向，如旧金山卡斯特罗区。

族裔聚居区的社会地位反映在主流社会对他们的描绘中，这些描绘往往把他们置于阶级轴线中。有些被认为是一块大陆（小非洲）、一个国家（唐人街、小意大利）或家乡首都（马尼拉镇、小哈瓦那）的一个微型城镇、一个复制品或一个点。相比之下，主流指的是它的位置，不是一个城镇而是一个"新"城市（如"新"约克、"新"奥尔良、"新"泽西），在空间中写入其与其他地位相当的地方的优越性。为了画出一条线并与美国的非英裔欧洲人区别开来，它还将他们的族裔聚居区称为"山"（Hill），如旧金山的俄罗斯山。

犹太人区、西班牙裔区、非洲裔美国人聚居区和唐人街一直是大部分族裔聚居区历史、政治、社会和地理研究的焦点。自第二次世界大战以来，由于大规模移民，其他团体加入了竞争，并在北美、欧盟和其他地方建立了他们的海外社区，如东伦敦的孟加拉社区、东京的韩裔社区、柏林的土耳其社区、多伦多的加勒比社区以及纽约的巴西社区。

对族裔聚居区的解释

研究者往往从互补的二元视角来解释族裔聚居区。一方面，凭借着它们自己的机构（教堂、学校、报纸、企业）和将成员团结在一起的独特文化习俗，它们被视作单独的"社区"；而另一方面，它们也被视为"行政单位"，因为虽然在住房、街道供电、供水和就业方面有自己的需求，但它们可以选出自己的候选人来影响更广泛的选举结果。

对族裔聚居区的研究具有明确的偏好，例如往往依赖同化理论来解释族裔群体在特定地区的融合（政治参与、投票行为和参与市民组织）。研究者倾向于相信族裔群体会随时间推移而与主流社会融合，从而有助于社会的和谐。这样的观点实际上认为国家和离散社区只有在一定的领土上才能被理解，而忽视了其多样性，因为国家政策往往以不同方式影响族裔群体。同化被认为是会导致某种"熔炉"，它将国家的各个组成部分联合起来，并使它们与主流社会的支配活动相协调。这种解释现在受到全球化理论家的挑战，他们提出了一种新的方式来理解民族聚居区，更加符合对数字时代居民行为的日常观察。

借助同化模式，人们对族裔在加强或破坏自身的社会融合，贫困对家庭生活的影响，犯罪、过度拥挤、非正规经济和族裔企业的影响力和语言学校、媒体（报纸、广播、电视）与教堂等族裔机构等方面的作用有很大的了解。在研究中，这些族裔聚居区的居民被视为只能提供廉价劳动力和服务的"可能的失业者"，或者被视作犯罪、流行病等社会问题的载体，也是福利的主要对象。

对族裔聚居区社会和政治整合的最新解释是，使用全球化理论来重新定义"当地并不是一个独立的地方，而是作为有贡献的且影响日常活动的跨国节点"。这种新方法使我们将这个单位重新安置在一个更大的视域中，并解释它与其他单位的关系。强调种族、宗教、职业和性取向的早期类型学是为了满足同化理论的假设而发展起来的；因此，我们迫切需要一种与全球化理论相符的新类型学。

全球族裔聚居区的类型

在这个全球化时代，族裔聚居区可以分为6种类型，这既反映了他们的生活方式，又反映了他们的日常习性。维持其日常实践的全球联系是分类的标准。全球难民城（Global Asylopolis）是一个难民社区，寻求在接收国获得合法移民身份或返回家园；这是地位不稳定的社区，它希望以某种方式解决问题。作为一个处于过渡状态的寻求庇护者的组织，难民城需要与其他类型的移民分开，这既是因为其过渡和不稳定状态，也是由于其中的移民对于故国往往有深厚的情感。开罗的索马里社区就是典型的全球难民城。

全球难民城往往是典型的族裔聚居地，族裔是其基本组织原则。他们是合法移民，坚持使用母语并发展组织以确保其文化习俗的生存和繁衍。他们通过偶尔的访问、电子邮件、广播和电视节目以及国内报纸保持与祖国的持续关系，有些人在选举日返回投票，或在经济上支持候选人。

全球族裔城（Panethnopolis）是由多个族裔组成的社区；他们可能因宗教而聚居，如耶路撒冷基督教区（Christian Quarter）；或因语言和文化而聚集，如旧金山教会区（Mission District）；或因种族而生活在一起，就像纽约哈莱姆的非洲裔美国人聚居区，这里包括了来自美国、非洲和加勒比地区的黑人。全球族裔城的居民占据相同的连续空间，但与他们的出生国保持持续的跨国关系。有着墨西哥裔美国人、古巴裔美国人、智利裔美国人和秘鲁裔美国人的旧金山教会区是全球性族裔城的典范。

全球时间城（Global Chronopolis）的运作与主流形态有着明显不同。尽管主流社会使用格列高利历（Gregorian），但全球时间城使用其祖国的（月球或月球—太阳）日历，其中一周的高峰日是星期五（穆斯林）或星期六（犹太人）。新年第一天说不准是哪一天，往往不是1月1日。社区在假期、节日、工作日和休息日方面的节奏与主流社会不协调，这对未成年人的学校教育、就业机会和商业实践产生了负面影响。以色列或沙特阿拉伯这样的地方情况正好相反，那里的本土历法优先于西方历法。20世纪初，柏林米特区（Berlin-Mitte）的犹太社区是一个全球瞬时性社区的典范。

有些全球科技城是由高科技技术人员组成的社区，以劳动力和专业知识为依托，满足区域高科技经济部门的需求。技能、劳动力需求和家庭团聚共同促进了这类社区的发展。硅谷的弗里蒙特（Fremont）就是以印度移民为主的全球技术极。

北美白人社区有些也被称为族裔聚居区，它们可以被称为全球克里奥尔城（Creolopolises），因为它们是与其祖国或祖先地区保持象征关系的移民社区，并且在危机时期，它们的族裔意识会崭露头角。在日常生活中，它们与其他族裔社区不同，更倾向于强有力表达与祖国的关系。

这些族裔聚居区的运作基于对跨国关系网的参与，这种关系每天都将其与家园和线路中的其他海外地点联系起来。跨全球离散城市主义（Transglobal Diasporic Urbanism）意味着每个节点都受到全球网络其他部分的影响，并相互影响。例如,产品在一个节点中被购买并在另一个节点中出售;一个节点中的事件可能会使其他节点中的事件产生连锁反应;在受到迫害的情况下,一个节点的成员可以移民到另一个节点并重新安置。这种新形式的海外城市主义是跨越全球的,仅仅通过关注单一民族国家或单一社区无法理解这一城市新形态。因此,必须在全球网络的更大逻辑关系中才能理解节点的行动逻辑。

进一步阅读书目:
- Abrahamson, Mark. 1996. *Urban Enclaves*: *Identity and Place in America*. New York: St. Martin's.
- Bell, David and Mark Jayne. 2004. *City of Quarters*: *Urban Villages in the Contemporary City*. London: Ashgate.
- Laguerre, Michel S. 2000. *The Global Ethnopolis*: *Chinatown, Japantown and Manilatown in American Society*. New York: Macmillan.
- ——. 2007. "Diasporic Globalization: Reframing the Local/Global Question." *Research in Urban Sociology* 8: 15 - 40.
- ——. 2007. *Global Neighborhoods*: *Jewish Quarters in Paris, Berlin and London*. Albany: State University of New York Press.
- Logan, John R., Richard Alba, and Wenquan Zhang. 2002. "Immigrant Enclaves and Ethnic Communities in New York and Los Angeles." *American Sociological Review* 67: 299 - 322.
- Mumford, Lewis. 1954. "The Neighborhood Unit." *Town Planning Review* 24: 256 - 270.

(Michel S. Laguerre 文　李　胜译　李文硕 校)

ETHNIC ENTREPRENEURSHIP ｜族裔企业家

根据定义,族裔企业家处在一个社会文化类别即种族和一个社会经济类别即自我雇佣的交叉点上。虽然对于从各个角度审视当代和历史中的城市社会是一个有用的概念,但族裔企业家的概念并不是清晰明确的。自我雇佣的说法太过简单,既可以是兼职的自就业,也可以是独自创业、担任合伙人或是顾问。他们既可以完全拥有一家企业,也可以同时从事其他工作,所以我们很难区分自我雇佣和创业。自福特主义消亡以来,非标准就业形式不断增加,现在,越来越多的人参与多种经济活动,包括自我雇佣。族裔则更加复杂,因为一方面它来自他人贴上的标签,另一方面它可以界定不同社会群体的自我认同。这些界定自我和他者边界的过程的结果,往往视具体情况而定。因此,族裔企业家只能在具体背景下划定,这种相对性使超越边界的比较变得困难。

历史

族裔企业家根本不是一种新现象。在前工业化时代,"族裔"企业家已经在长途贸易网络中发挥了关键作用。由于相对亲密的团体成员分散在一些重要的贸易城市,他们能够在一个很少甚至不存在合同及执行力的世界中建立起广泛的网络。值得注意的是,亚美尼亚人、犹太人和华人促进了贸易和金融的流动,从而成为地中海地区、欧洲西北部、东南亚和世界其他地区新兴"全球联系"的支柱。国际法规的延伸已经大大侵蚀了这些族裔贸易网络的必要性,但在特定行业(例如钻石),后者仍然很重要。

族裔企业家也以另一种方式引人注目。考虑到对相同知识和成例的运用,主流企业家看待世界的方式或多或少有相似之处。这种集体观点不可避免地揭示了某些方面,但却模糊或忽视了其他方面。约瑟夫·熊彼得笔下的"新人"也就是初来乍到者可能比成熟企业家对的新商业机会更敏感。通过利用这些机会,他们可能成为创新的驱动力。族裔以及来自其他地方的宗教可以构成"他者"的理由。族裔企业家有时在引入新的生产方式、新产品以及新的营销和分销方式方面至关重要。最近,这样的例子在食物和音乐中可以明显找到,前者的例子有土耳其企业家向德国主流社会推介的旋转烤肉(döner kebab),后者的例子包括流行音乐持续不断的革新——从雷格泰姆音乐(ragtime)到非洲裔美国人在20世纪产生的说唱乐(rap)。在当下,华裔和印度裔企业家走在软件开发的前沿,这是这样的例子。

关联

尽管概念含糊不清,族裔企业家仍然是描述和分析当代经济活动重要的和有用的工具。20世纪80年代,普遍经历去工业化和经济结构调整之后,小企业在发达经济体中卷土重来,族裔企业家变得更加突出。在大西洋两岸,移民或"族裔"企业家似乎特别渴望开店。当工厂关闭时,许多人失业,由于工作机会匮乏,他们选择了自主经营。随后"族裔"企业成为许多城市中的常见景观,主要见于市场中的门槛低、附加值低的经济活动——教育资格(人力资本)和启动成本(金融资本)两方面都低。这些企业主要(但不限于)出现在较贫穷的城市社区中。

人类学家和城市社会学家是最先关注这一现象的两类人,他们关注的问题是这些企业与主流企业的差异。这种"族裔"维度在微观层面上与资源相关联,但也与市场相关联。最近,研究者开始从更多角度解释族裔企业。

族裔资源

族裔企业家研究在20世纪80年代的出现,首先与伊万·赖特(Ivan Light)和罗格·沃丁格(Roger Waldinger)开拓的自主经营模式与零售、餐馆和小规模制造业方面的低端市场密切相关。由于缺乏人力资本、金融资本、本土网络的获取途径以及面临露骨的歧视,移民群体和少数族裔在许多方面受到阻碍,他们不得已要另辟蹊径。他们能够在这些饱和的、低门槛的市场的激烈竞争中幸存下来,可能很大程度上得益于他们的族裔资源。

这些族裔资源被理解为由特定种类的社会资本即族裔资本组成。他们可以利用族裔网络获得金融资本、知识、生产投入等资源。在某种程度上,其他资源(特别是金融和人力资本)可以被族裔资本代替。除了"共同的"社会资本之外,族裔网络可以产生信任,信任可以降低交易成本,因为正式合同可以更短甚至可以废除,这使得族裔之间的交易更廉价。对于生产投入方来说尤其如此,因为贷款和雇用工人根本不需要繁文缛节。总的来说,这些基于信任的战略促进了非正式的经济活动,对企业在市场中的生存至关重要。

族裔市场

族裔也能以另一种方式赋予企业优势。在将与其文化密切相关的产品(如食品、音乐、书籍和杂志)销售给同一族群客户方面,特定族裔群体的成员通常具有所必需的知识。这些所谓的专属市场通常对大型企业来说太小,但对族裔企业家来说则是有吸引力的商机。专属市场可能会为企业提供一个良好的开端,但它也带来了最终陷入停滞的风险,因为族裔可能会离开或同化,或者大公司可能会进入这个领域并适应这些消费者的口味。

机会结构

族裔企业家精神是最早的研究重点。研究者中的一些人容易接受一种短视的观点，即将各种行为追溯到对"族裔"的本质主义解释。比较研究是第二个研究浪潮的焦点。与此同时，将企业家及其资源置于族裔市场中心的方法，被证明不足以区分族裔企业家模式的差异，类似的族裔群体在不同地方表现出不同的企业精神。地方和国家的作用不容忽视，它们不仅影响了移民的节奏，而且影响了族裔企业家可以使用的资源。不仅是供给方，还有需求方（也就是机会的来源），都必须被考虑用来解释企业家精神。

在资本主义社会中，机会与商品和服务市场有关。这些市场的机会必须首先是可合法获得的（例如，没有歧视性的正式规定或非正式实践来禁止某些团体开展一般业务或特定业务），其次应该与有抱负的族裔企业家的财力相称。如果像许多情况一样，族裔企业家在人力和金融资本方面资源明显不足，那么他们就只能利用在教育资质和启动资金方面门槛较低的机会。

在国家层面，制度框架产生了不同的机会结构，为小企业提供了不同的发展空间。不同的福利制度可以通过创造或阻碍市场来制造不同的经济机会。如果由于制度原因导致较少有全职女性员工，就像意大利那样，个人服务类的企业（如从事育儿、照护、保洁等）创立的机会就少。如果有国家的强力干预比如瑞典，这类小企业的创立机会也不多，相比之下在美国，家庭对于低端服务外包有很大的需求。体制框架的其他组成部分，如税收制度和劳动关系，也可能影响机会结构并促进或阻碍创业。

在城市层面上，当地经济的具体轨迹、方向和动态也影响着机会。与繁荣多元的各种后工业城市相比，一个与工业化历史遗产进行不断抗争的城市将为小企业提供不同的机会。这里所说的"工业化历史"指的是只有少数大型企业占主导的情况。与底特律相比，纽约的族裔企业家面临着截然不同的机会结构。与考文垂相比，伦敦也完全不同。

族裔企业家的资源与地方上的制度性机会结构之间的匹配不是一个机械的、难以改变的过程。当改变他们的资源组合时，企业家可以成为寻找甚至创造机会。然而，机会结构却几乎会抑制创业。

新族裔企业家的兴起

最近，随着来自新兴经济体的高技术移民开始在高端市场如软件开发、广告或时装设计等方面开展业务，一种相对较新的现象开始出现，族裔企业家的概念被推进至自主经营方面。曾几何时，族裔企业家多用来描述贫困和技术构成较低的族裔成员，现在似乎也可以将这些高端企业家们涵盖进来。这些新的族裔企业家带来了不同的资源，这使他们能够瞄准机会结构完全不同的部分。新的族裔企业家在世界不同地区的发达城市经济中的出现，他们似乎与其前工业化时期的同行有更多共同之处，而不是与那些经营小型杂货店或咖啡馆的原型族裔企业家相像。

进一步阅读书目：

- Barrett, G. A., T. P. Jones, and D. McEvoy. 2001. "Socio-economic and Policy Dimensions of the Mixed Embeddedness of Ethnic Minority Business in Britain." *Journal of Ethnic and Migration Studies*, 27(2): 241 – 258.
- Haller, William J. 2004. *Immigrant Entrepreneurship in Comparative Perspective: Rates, Human Capital Profiles, and Implications of Immigrant Selfemployment in Advanced Industrialized Societies*. Princeton, NJ: Princeton University, Center for Migration and Development.
- Kloosterman, R. and J. Rath. 2003. *Immigrant Entrepreneurs: Venturing Abroad in the Age of Globalization*.

- Oxford, UK: Berg.
- Light, I. and E. Bonacich. 1988. *Immigrant Entrepreneurs: Koreans in Los Angeles 1965 – 1982*. Berkeley: University of California Press.
- Light, I. and C. Rosenstein. 1995. *Race, Ethnicity, and Entrepreneurs in Urban America*. New York: Aldine de Gruyter.
- Panayiotopoulos, P. 2006. *Immigrant Enterprise in Europe and the USA*. London: Routledge.
- Rath, J. 2001. "Sewing up Seven Cities." pp. 169 – 193 in *Unravelling the Rag Trade: Immigrant Entrepreneurship in Seven World Cities*, edited by J. Rath. Oxford, UK: Berg.
- Saxenian, A. L. 2006. *The New Argonauts: Regional Advantage in a Global Economy*. Cambridge, MA: Harvard University Press.
- Waldinger, R., H. Aldrich, and R. Ward. 1990. "Opportunities, Group Characteristics, and Strategies." pp. 13 – 48 in *Ethnic Entrepreneurs*, edited by R. Waldinger, H. Aldrich, and R. Ward. London: Sage.
- Zhou, M. 2004. "Revisiting Ethnic Entrepreneurship: Convergencies, Controversies, and Concepts and Advancements." *International Migration Review* 38(3): 1040 – 1074.

(Robert C. Kloosterman 文 李 胜译 李文硕 校)

EXCLUSIONARY ZONING | 排斥性区划

排斥性区划是指针对某类人,尤其是低收入人群进行区划的土地使用规定。尽管所有区域划分都存在将某些区域作为特定土地用途的情况,但排斥性区划不同,它是将特定人群与某些区域区分开来。排斥性区划旨在限制住宅开发的数量和速度,从而让辖区内低收入居民(甚至是教师和消防员等市政工作者)无法负担住房。区划法规也可能完全禁止公寓大楼或其他类型的经济适用房。在美国,一些郊区使用排斥性区划来稳定社区特征并减少对政府服务的需求,将低收入人群排斥在外,使其难以离开中心城市。此类阶级和种族的影响是有意为之,还是仅仅调控住房供应,现在依然争论不断。

排斥性区划包括有关住宅开发的条件和禁令。典型要求是设定开发的最低限额、房屋大小或街道的周折,制订严格的景观美化或建筑规范标准,设置复杂的开发审批流程以及有关广泛的基础设施和公共设施的规定。禁令往往涉及多户住房、移动房屋、附属公寓、补贴住房或集体住房的延期偿付,限制住宅中的卧室或儿童的数量,以及适用于全市或未开发土地的增长控制措施。

排斥性区划的研究表明,排斥性区划的影响在不同地区存在明显差异。然而,有证据表明,排斥会加剧某些问题:第一,妨碍寻求高密度、低廉住房的非洲裔、拉美裔或亚裔美国人找到合适的房源;第二,会造成郊区和卫星城中的低技能服务部门工作与为中心城市及老郊区住房市场有关的工人们的"空间错配"(Spatial Mismatch);第三,会带来城市蔓延、交通拥堵和因低密度发展而来的环境破坏。

可负担住房和民权倡导者挑战了那些排斥性做法。法院和立法机关通常会遵从当地公民及其代表们的土地使用选择,但新泽西州最高法院在1975年和1983年具有里程碑意义的案件中并没有这样做,他们裁定月桂山市和其他郊区是将低收入居民排斥在外的区划是违法行为。有争议的是,法院下令惹了众怒的地方政府要达到经济适用房的"公平份额"。这种"包容性区划"尽管有争议但仍在整个加利福尼亚州使用,这主要因为开发商同意生产低价的和中等价格住房。其他反排斥性政策模式有:俄勒冈州的综合规划,鼓励打造经济适用房的同时进行土地保护;马萨诸塞州的"反势利区划",允许经济适用房开发商对拒绝颁布开发许可提出上诉;以及《公平住房法》禁止全美范围内的各种住房歧视。

进一步阅读书目:
- Haar, Charles M. 1996. *Suburbs under Siege: Race, Space, and Audacious Judges*. Princeton, NJ: Princeton University Press.
- Pendall, Rolf. 2000. "Local Land Use Regulation and the Chain of Exclusion." *Journal of the American Planning Association* 66: 125-142.

(Judith A. Garber 文 李 胜译 李文硕 校)

EXOPOLIS | 外城

"外城"一词来自希腊语"外部"(exo)和"城邦"(polis),原本是给女神雅典娜的众多别名之一,主要因为以雅典娜为荣的雕像位于雅典城墙外。在城市研究中,爱德华·索贾使用"外城"来指代卫星城以及在城市之外出现的、以前称为郊区边缘的区域,但它也指城市出现之后发生的事情,因此 ex 是"之后"和 polis 指"城市"。外城是没有中心的城市,也可以说不是城市,正如有人所讲,外城是"几何碎片式的一种万花筒般的社会空间结构,越来越不连续,在传统的凝聚节点之外的轨道上运行"。外城是一个幻影,一个从未存在过的城市的精确仿品,在那里,想象和现实"惊人地相似"。

外城反复出现在索贾的经典作品中。在介绍洛杉矶学派的纲领性文章《洛杉矶:21世纪之都》(Los Angeles: Capital of the 21st Century)中,"外城"这个词还没出现。索贾和斯科特(Scott)将洛杉矶周边的新聚集区描述为"新科技城的节点"。在《后现代地理学》(*Postmodern Geographies*)中,索贾将洛杉矶地区无中心性的增长描述为郊区的城市化(在"外部城市"中产生了技术极)和城市核心区的边缘化(紧随不断提升的区域劳动力市场国际化)。米歇尔·索尔金编纂的颇有影响的《主题公园的差异》(*Variations on a Theme Park*)一书,描绘了"各种各样奇异的城市,这些城市的中心几乎无处不在,城市的感觉几乎与空气融为一体"。在书中《奥兰治县内部》(Inside Orange County)一章,索贾第一次向我们介绍了"外城"这个概念。边缘城市的新城市空间需要新的观察方法来"拆解那些颇具欺骗性的相似的东西,在外城内部重建一种不同的权力地形"。然而,当这篇文章被修改为《第三空间》(*Thirdspace*)的一部分时,外城已经变成只是"早期郊区的毫无特色聚爆"(the anonymous implosion of archaic suburbia)的另一个标签。这里所说的"早期郊区的毫无特色聚爆"涵盖了城市研究中的外部城市(Outer Cities)、边缘城市、技术极、技术郊区(Technoburbs)、后郊区(Postsuburbia)和大都会区（Metroplexes）等概念。

索贾的《第三空间》是在致敬鲍德里亚，认为外城"无限迷人；在最糟糕的情况下，它将我们的城市和生活转变为旋转篡改的'骗局'，真实与想象、事实与虚构变得异常混乱，无法分辨"。索贾认为，外城"扩展了我们的想象力和批判性感受，与拉伸现代大都市的组织的方式大致相同：超过能够回弹到早期形状的程度"。我们需要新式话语来理解多维的城市景观。外城已经被降级为一个小地方，成为有关内城和外城、主题公园和迪士尼乐园、郊区边缘的卫星城的标准讨论中的另一个名称。事实上，索贾在他关于阿姆斯特丹的文章中指出大阿姆斯特丹对应于兰斯塔德，且被视为欧洲最大的外城或卫星城。

外城也指城市和郊区之间的区域，这种理解与芝加哥学派的间隙区非常相似，这似乎是索贾对该术语最原始的用法，并且应该具有比卫星城和科技城之类的概念更持久的生命力。虽然外城已被广泛用来指称郊区增长，但加上不同前缀后其用途就有所不同。如德尔·卡斯特罗（Del Castillo）和瓦伦佐埃拉·阿尔塞（Valenzuela Arce）将跨越边界的外城（Transborder Exopolis）清晰描述为由圣地亚哥和蒂华纳共享的步行区和跨界区的区域。在这样一个区域，城市生活确实处于两个边界城市所代表的文化和经济领域之间。

最近，外城出现在由藤泽由纪（Yuki Fujisawa）创作的漫画《地铁生存》（Metro Survive）中，该系列讲述的是一个叫三岛（Mishima）的修理工在外城塔（Exopolis Tower）工作的故事。外城塔是一个新的高层商业和娱乐综合体，含有自己的地铁站和奢侈品店。但外城塔是用不合格的材料建造的，它在大地震中坍塌，将三岛和其他人困在电梯里。幸存者必须前往破败的地铁站，然后从地下隧道逃离。本质上讲，《地铁生存》属于灾后故事类型，类似于《海神号遇险记》（Poseidon Adventure）等电影。外城因摩天大楼而彰显，但它不是新的建筑形式，也不是城市化进程的组成部分。尽管索贾的外城概念引领我们探索后现代景观中不断扩大的大都市空间，并用新的方法来描述由全球资本而不断改变的城市景观，三岛从外城塔逃离的故事却提供了一个有关21世纪全球快速城市化的警示。

进一步阅读书目：

- Del Castillo, Adelaida R. and José Manuel Valenzuela Arce. 2004. "The Transborder Exopolis and Transculturation of Chican@ Studies." *Aztlán* 29(1): 121–124.
- Fujisawa, Yuki. 2008. *Metro Survive*. 2 vols. San Jose, CA: Dr. Master Publications.
- Soja, Edward. 1989. "It All Comes Together in Los Angeles." pp. 190–221 in *Postmodern Geographies: The Reassertion of Space in Critical Social Theory*. New York: Verso.
- ——. 1992. "Inside Orange County: Scenes from Orange County." pp. 94–122 in *Variations on a Theme Park: The New American City and the End of Public Space*, edited by M. Sorkin. New York: Noonday Press.
- ——. 1996. *Thirdspace: Journeys to Los Angeles and Other Real-and-Imagined Places*. Cambridge, UK: Blackwell.
- ——. 2000. "Exopolis: The Restructuring of Urban Form." pp. 233–263 in *Postmetropolis: Critical Studies of Cities and Regions*. Oxford, UK: Blackwell.
- Soja, Edward and Allen J. Scott. 1986. "Los Angeles: Capital of the 21st Century." *Society and Space* 4: 249–254.

（Ray Hutchison 文　李　胜 译　李文硕 校）

FACTORIAL ECOLOGY | 因子生态

因子生态使用因子分析（Factor Analysis）来研究空间单元的社会性，对于城市学家具有重要理论意义。因子分析是一种统计技术，通过评估大量变量以寻找一些常见的潜在维度。在 20 世纪 60 年代，随着新计算技术和数字化人口普查数据的推广，城市生态学家发现这种技术特别适用于对城市内部和城市之间的空间差异进行统计评估。一般而言，20 世纪 60 年代至 80 年代，任何将因子分析应用于社会空间的研究都被称为因子生态学。

从 1965 年斯威切尔（F. L. Sweetser）开始，早期因子生态学探讨了关于城市自然区域的理论命题。10 年前，社会领域分析假设，邻里社会同质性的形成是由一个地区 3 个独特的社会维度创造的，即社会经济地位、家庭状况和族群地位，这是芝加哥学派城市社会学的核心概念。因子分析技术允许使用数百个指标对这些维度进行严格的统计评估，最终为这一理论提供了部分支持。该方法迅速扩展到城市生态学家有浓厚兴趣的相关领域。从 20 世纪 60 年代后期到 80 年代，因子生态学研究、特别是布莱恩·贝里及其合作者的工作，提供了关于社会空间分化和城市、地区社会经济功能差异的新方法。值得注意的是，贝里和里斯（Rees）在 1969 年使用因子方法证明，许多城市的土地利用模式受到多个相互依存的因素的影响，最终得出了综合性的土地利用理论。贝里于 1972 年使用因子生态学来阐明美国城市系统的潜在功能，用比较方法研究城市的学者也采用因子生态学为国际城市化研究创造了新的分类方案。

虽然对于因子生态学的批评很多，但很多是在批评人类生态学、聚合分析和定量方法，而不是对因子生态学本身的批评。这些意见主要认为其未能将个人意志和主观解释纳入建模过程，以及缺乏对资本主义和文化背景作用的关注。

自 20 世纪 80 年代以来，明确标记为因子生态学的研究并不多见了。尽管如此，因子分析仍是定量空间分析中广泛使用的方法，空间的社会维度也是城市生态学的核心研究课题。

进一步阅读书目：

- Berry, Brian J. L., ed. 1971. "Comparative Factorial Ecology." *Economic Geography* 47(Supplement).
- ———. 1972. "Latent Structure of the American Urban System." pp. 1 – 60 in *City Classification Handbook*, edited by B. J. L. Berry. New York: Wiley.
- Berry, Brian J. L. and Philip H. Rees. 1969. "The Factorial Ecology of Calcutta." *American Journal of Sociology* 74(5): 445 – 491.
- Sweetser, F. L. 1965. "Factorial Ecology: Helsinki, 1960." *Demography* 2: 372 – 385.

(Michael D. Irwin 文　李　胜 译　李文硕 校)

FAIR HOUSING ｜公平住房

公平住房政策是美国民权运动的产物。在20世纪60年代之前,美国法律强化了住房市场的隔离和歧视。尽管美国宪法第14修正案给予美国白人和黑人同等的法律保护,但种族主义者认为这些条款并非反对隔离,"隔离但平等"由此产生。作为回应,民权支持者指出,诸如充足住房等资源的获取并不是平等分配的,反过来,这些种族是隔离但不平等的,因此很多法律是违宪的。

白人居住在良好的环境内,少数族裔居住在贫民区。此外,随着第二次世界大战后白人郊区化和中心城市衰退,住房机会的两极分化也在加剧。非洲裔和拉美裔社区大量集中在中心城市,在那里,环境遭受公共和私人的破坏。因此,消除对少数族裔进入良好社区的歧视性障碍成为公平住房实践的中心目标。

联邦举措

1962年,约翰·肯尼迪总统发布了第11063号行政令,禁止在联邦政府援建的住房中出现种族行为。1964年,国会通过了《美国民权法》(U. S. Civil Rights Code)。尽管如此,民权倡导者认为隔离和住房不平等的核心问题仍未得到解决。经过长时间的辩论,在马丁·路德·金博士被暗杀一周后即1967年民权骚乱爆发一年后,国会修改了法典第8款,即后来的1968年《公平住房法》(Fair Housing Act,简称FHA)。该法案宣称"美国的政策是在宪法框架内为全体美国人提供公平住房"。为此,它禁止基于种族、肤色、原籍国和宗教的房屋销售或租赁方面的歧视。该法案废除了排斥性区划,强制要求在住房自有、抵押贷款和良好社区等方面的平等。

20年后,1988年的《公平住房修正法》(Fair Housing Amendments Act,简称FHAA)开始保护残疾人和某些特殊家庭身份的人。然而,该法案的执行一直存在很大的问题。1988年,旨在解决执行问题和许多其他立法的实践限制的各种建议被提出。为了处理美国住房和城市发展部(HUD)接到的行政投诉,新的执法措施逐渐出台。结果,HUD被授权起诉歧视案件;适用于私人诉讼的惩罚性赔偿和律师费被放宽限制;国会授权司法部将民事罚款判给受害方。此外,修正案还在HUD内设立了行政法官。

正如FHA及修正案明确规定的那样,如果房东、房地产商和保险代理人以及居民排斥某些群体获得住房或故意增加部分客户住房的开支,那么他们将受到法律的制裁。然而尽管有立法,但住房市场的歧视仍然普遍存在。公平住房法需要解决的主要问题包括住房市场存在的诱导、排斥、骚扰、服务质量差、剥削和封锁等。

当房地产中间商引导客户到有大量相似人群的社区时,就会发生诱导现象。如果客户有兴趣在本族裔相对不足的地区租赁或购买住房,代理商可能会阻止他的追求。打造隔离的子市场这种做法使供需过程复杂化。

当有关住房空缺、财务状况、价格、租金或保证金的信息被隐瞒或扭曲时,就会发生排斥现象。旨在说服住户搬家而采用恐吓或心理上的压迫等方法,这些构成了骚扰;还有劣质服务,也就是为少数族裔提供的服务明显低于白人。代理商往往通过鼓励白人房主进行恐吓并渲染少数族裔将要迁入该地区来投机牟利。从记录在档的案件中可以看到,代理商甚至将少数族裔派往白人社区征寻房屋,有意加剧当地的恐慌。

歧视机制

住房歧视的原因有如下几个:第一,代理商、中间商和房东的偏见,因为他们来自特定的群体,所以对待某些群体很差,即使这意味着失去收入。第二,客户偏见导致代理商将客户引导到人们喜欢的社区或引导他们远离那些歧视特定族群客户的地区。第三,潜在的客户偏见使得房东和代理商不向可能被现有居民视为不能接受的人提供住房,因为他们担心失去业务。第四,房东可能会根据统计数据将特定人群排除在外,第五也是最重要的,当特定群体被视为具有低弹性需求并因此被拒绝接受时,利润就会最大化。需求弹性较高的群体能够产生更高的销售价格、租金或保险费。

许多州和城市采取措施来强化联邦法律规定的公平住房。有些地方扩大了受保护群体的数量,将婚姻状况、兵役和性取向等标准都囊括在内。市政当局也试图规范房地产中间商的活动。颁布的禁令包括使用"待售"标志来促进投机销售行为和中间商的活动,这些活动旨在为潜在的房屋销售商保留拒收名单。房地产公司也可能被要求向市政府注册并同意遵守公平住房政策。除联邦住房管理局外,1975 年《房屋抵押公开法》(Home Mortgage Disclosure Act,简称 HMDA)和 1977 年《社区再投资法》(Community Reinvestment Act,简称 CRA)也有反歧视规定,关注抵押贷款中的歧视性做法。国会通过《房屋抵押公开法》回应社区组织的红线歧视,即贷款机构对特定社区的集体撤资。该立法要求贷方公开抵押的数目、金额和地点。《社区再投资法》要求大多数贷方满足当地社区的信贷需求,包括为低收入和中等收入住房提供融资。更具体地说,法律要求存款机构向其所在社区的所有个人提供信贷机会。《社区再投资》第一部分第 109 条还规定,禁止在使用联邦社区开发资金实施基础设施项目时基于种族、肤色、国籍、性别或宗教的歧视。

住房研究批评《公平住房法》局限于针对个人的歧视行为,因此住房问题被开发商和行业组织视为特殊的不法行为,而不是系统性和制度化的种族主义。公平住房倡导者呼吁制定法律来挑战系统性结构,正是这些结构让隔离一次次重现。很明显,少数族裔聚居区及低收入社区是隔离的重灾区。

进一步阅读书目:

- Bratt, Rachel G. et al. 2006. *A Right to Housing: Foundation for a New Social Agenda*. Philadelphia: Temple University Press.
- Schwartz, Alex. 2006. *Housing Policy in the United States: An Introduction*. New York: Routledge.
- Schwemm, Robert G. 1998. "Fair Housing Amendments Act of 1988." In *Encyclopedia of Housing*, edited by William Van Vliet. Thousand Oaks, CA: Sage.

(Nicole Oretsky 文　李　胜 译　李文硕 校)

FAVELA ｜ 贫民区

贫民区(*favela* 或 slum)一词原本指的是巴西的自发定居点,包括各种非正式的、非法占领、入侵产生的定居点以及贫民窟和棚户区等。葡萄牙语"*favela*"描述了贫困人口居住的不同城市定居点。

它们在秘鲁、阿根廷、圣萨尔瓦多、墨西哥、葡萄牙、智利、印度、西班牙等地也有对应的称呼，以及许多其他当地的绰号。

城市贫民区是一种自组织系统，通常被描述为贫困人口建造的复杂而凌乱的空间。在世界各地，贫民区的出现有某些共同原因：在资源缺乏、土地稀缺和外部威胁的情况下找到住所并生存。因此所有的这些定居点呈现出相似的空间形态。然而这种空间相似性可能会产生误导：从不同的社会和文化背景演变而来的贫民窟呈现出巨大的多样性，这可以更好地理解居民的社会化模式、政治组织以及他们对未来的信念。

贫民区的出现

贫民区这个名字最初是指里约热内卢的一个山坡定居点，到19世纪末，这个定居点被一群在一场地区战争后无家可归的士兵所占据。不久之后，其他山上的棚屋被一群新近到来的城市人非正式地占用。这群人主要由被乡村地区排斥的、正在城市寻找机会的获得解放的奴隶和劳工组成。这些居民被命名为法维拉族（Favelados），从一开始就被诬蔑为生活在社会边缘的穷人和没有技能的人。他们也被描述为懒惰的人、流氓并且被认为倾向于犯罪。

20世纪见证了巴西首都贫民区的增长。第一波农村向城市的移民主要因干旱及土地被征用引起。土地被征用常常是由于冲突或过度农垦所致。在城市中，贫民区通常占不受欢迎的土地，例如里约热内卢的陡峭山丘和累西腓（Recife）的红树林沼泽。河岸、铁路旁边的公共土地或靠近电力线的公共土地、空置的公共土地都是易于被非法占用的公共土地，后来私人拥有的土地也成为非法占地者的目标。

全球现象，本土化命名

贫民区是在大多数发展中国家中出现的一种城市现象，近百年来人们一直在寻求解决之道。据联合国估计，2002年有8.37亿人生活在贫民区，而且这一数字以每年2 500万人的速率增加。如果保持这种增长速度，到2020年将有15亿人生活在自发定居点。这些数字大多是原始估计值，因为贫民区的定义存在很大差异。这个定义是争论的焦点，因为构成这一概念的特征非常广泛：非法的土地占用、住房条件差、土地保有权缺失或存在争议以及居民收入水平；该定义还取决于城市化水平、基础设施以及区域的整合。根据其他观点，这些地方也可称为次正规定居点（Subnormal Settlements）、非正式社区（Informal Neighborhoods）或社会利益区（Zones of Social Interest）；经过一定程度的整合，他们可能被认为是受欢迎的（即上层工薪阶层）社区。

贫民区曾经是欠发达地区大城市的特色景观，但现在的情况已不再如此。在巴西这样的国家，中等城镇的贫民区居民人口在大幅增加。在一种占据城镇周边地区的新模式下，贫民区正在发展并扩散到最富裕和工业化程度最高的地区。这种新模式被视为与城市增长相关的长期存在的社会不平等以及旨在减少贫困的经济和城市政策效率低下的结果。

贫民区的空间与社会特征

贫民区主要被用来描述被劣质住房非法且密集占据的地区。尽管这些地方缺乏基础设施和城市服务，但没有条件的各种贫困人口都在那里寻找庇护。茁壮成长近一个世纪后，今天的贫民区与原始状态明显不同。如今，根据其位置、整合程度和内部组织，它们可能是具有不同的物理和社会形态的复杂区域。因此，各种不同社会和经济背景的人都有可能居住在那里。

贫民区是极度贫困和机遇并存的地方。最初这里被视作没有希望的地方，但在任何情况下，贫民区都是充满活力的社交环境。形态密集、狭窄的小巷和庭院与家庭空间交织在一起；窗户、门、台阶和前花园始终开放,从而形成高度互动的社交模式。在任何地方,男人都在说话或玩棋盘游戏,女人边做家务边聊天,孩子们自由奔跑。在这种背景下,空间接近性在建立社会关系和互惠关系中起着重要作用。贫民区的生活以非正式性为标志,少数行为规则是松散的,很少有道德判断并且对所谓生活事实的高度接受。居民认可自己的生活方式,并通常表示对自身的居住安排感到满意。

尽管邻居之间存在紧密联系,但在大多数情况下,这还不符合社区的定义。当情况需要时,居民可以组成社区。通常情况下,在城市中生存的日常斗争意味着个人为自己设定目标而不是加入集体目标。在贫民区居民看来,他们往往会因为居住地点和生活条件而受到歧视。他们抱怨社会对穷人的偏见,特别是因为他们被认为是边缘群体。

在贫民区,大多数家庭由妇女做主,因为女性通常在本地组织中发挥重要作用。关于贫民区的研究通常关注勇敢的职业女性,她们作为单亲母亲抚养孩子,并且克服一切困难维持家庭。他们的家庭逐渐扩大,通常由不同年龄段的成员组成,如祖母、单身母亲、儿童、侄女和侄子以及其他亲属。家庭联合收入是维持家庭的经济基础。

贫民区的文化关联

不管哪里的贫困地区,都是文化活跃的地方。在里约热内卢,贫民区是桑巴舞、狂欢节活动和其他重要艺术运动的摇篮。在山丘和红树林上,这些赋予并象征着国家特征的音乐和舞蹈表现形式得以培育和生存。从这些相同的环境中,新的运动兴起并蓬勃发展,例如嘻哈、骤停打击乐和最近一种来自边缘社会的民间音乐。后一种音乐形式表达了民众的根源意识,能够让他们身处贫民区之中但心系世界。

对贫民区的不同观点和政策

贫民区最初被认为威胁健康和破坏城市景观,公众关注的焦点是环境的不稳定性和开放式污水渠道、无自来水以及由木材、锡和纸板箱制成的棚屋。从这个角度来看,贫民区是威胁整体公共卫生的场所,当局担心贫民区传染病的流行以及爆发火灾的风险。有了这种观点,关于贫民区的第一个官方概念认为它们是社会的威胁,应该不吝手段将其从城市中移除。

20世纪初,城市人口大幅扩张,贫民区也蔓延开来;与此同时,城市更新的新理念和创新项目也在不断涌现。巴黎城市更新激发了世界各地的城市现代化和城市改革项目,它们旨在秩序化、文明化城市,并以现代和进步的特征塑造城市图景。在这种情况下,贫民区被视为一种邪恶,是"应该从城市中消灭的癌症"。

在巴西,当时的大部分政策都试图将贫民区从中心区域移除。第一次干预旨在通过武力拆除棚屋,并将居民迁移到临时住宅区,直到他们可以在周边重新安家。大多数早期的尝试都失败了。失败的首要原因是,强拆通常伴随着严重暴力,这对居民的生活产生了负面影响。

在19世纪中叶,贫民区是绝大多数巴西城市风景的一部分。城市的发展和扩张超出了原有的界限,这意味着许多贫民区都建立在曾经空置但现在对于扩大商业活动甚至新住宅区却非常有吸引力的土地上。

国家政策与房地产市场的压力相结合,共同导致了驱逐:道路工程和城市改善项目总是通过征用贫民区来实现。贫民区附近土地的高价值使得这部分人口受到房地产开发商的压力,获得土地的市场策略是狡黠而有效的,并导致了所谓的"白人排斥"(White Expulsion)。

贫民区是结构性贫困的结果

20世纪70年代出现了一种观察贫民区的新方式:用边缘理论来解释贫民区的长期存在。该理论认为,贫困人口无法被纳入正式的产业流程解释了这一群城市居民的身份困境。贫民区不再被视为孤立的问题,而是来自结构性力量导致的社会排斥和贫困。研究者往往用帝国主义理论或经济地理来探讨发展中国家的社会,并用于解释贫困。

社会学家开始将贫民区视为值得关注的现象。美国社会学家安东尼·利兹(Anthony Leeds)花了很多时间对巴西贫民区进行广泛而深入的研究。通过在那里生活,利兹致力于理解这些空间的多样性。第一批巴西主义者(Brazilianist)强调一种地方观点,这种观点与边缘理论和贫困文化相抵触,它认为贫困人口亚文化要为他们既不适应也不能适应城市环境负责。

城市贫民区的整合

20世纪70年代的城市政策将贫民区视为住房短缺的结果,并制定了一项最雄心勃勃的计划,即在城市郊区建造大型住宅区,将人们从中心区的棚户区搬到周边的公寓和房屋。研究者们很好地分析了这项政策的结果,发现解决方案存在明显不足。当大多数靠非正规工作收入的人被迁到一个他们不得不支付经营房屋和城市服务费用的地方时,他们经常放弃这样的项目。这些项目的居民将他们的房屋出售给那些有正式工作的人,而他们去了城市中其他的贫民区。

几种住房类型被提出作为解决穷人住房的方案,主要是低层公寓楼。这种现代类型被证明非常不受贫民区居民欢迎。公寓没有为家庭成长提供灵活的解决方案,且在这种类型的公寓生活需要一个内部组织,这在重新安家的居民中不存在。

来自其他拉丁美洲国家的证据表明,将居民视为财富并尊重他们成就的新视角是有利的。一种主张"贫民区必须留在城市,政府应寻求方案改善住房,并配备一定的基础设施"的新方法被提了出来。

约翰·特纳(John Turner)等建筑师提供了最基本的分析框架。1972年,曾致力于了解秘鲁城市贫民区的特纳批评了拟议的住宅区解决方案,他指出,贫民区是一种解决方案,它本身为居民提供了在城市生存的手段。

考虑到住房短缺与政府无力应对住房需求扩大之间的巨大鸿沟,一种旨在促进极低收入群体获得全方位基础设施服务的政策得以出台。20世纪七八十年代,许多低成本的基础设施和场地方案被提出,这些项目依靠人们自己的资源来建造和改善家园,这些实验导致了整个拉丁美洲自助住房实验的蓬勃兴起。

贫民区的城市化

20世纪80年代见证了贫民区政策的重大转变,贫民区城市化首次被认为是一项可行的政策,即谋求将这些非正式区域整合到城市中。一般来说,城市化的解决方案旨在让贫民区变成更像正统城市社会。在平坦的土地上,城市化项目努力铺设直街和明确的街区,使公共区域与私人土地分开。换句话说,城市化就是将贫民区塑造成正规城市的一部分。城市化的概念也使人们认识到,除了卫生之外,拥有教育、健康等服务和收入对于消除贫困同样至关重要。

一些在贫困地区提供基础设施的方案,使用了被视为替代方案的新技术,这开始了一段将替代技术应用于卫生设施、廉价排水系统以及使用各种材料铺设街道的时期。廉价住宅的解决方案包括使用预制板、土壤或水泥墙以及混合建筑系统。大多数是纯粹的、没有适应各种场所的文化现实的技术性解决方案,因此许多地区拒绝使用替代技术作为解决方案。

贫民区的正规化与土地权属运动

没有正规土地使用权的城市化引发了房地产市场的巨大反弹,后者寻求具有城市最佳位置的贫民区土地。对贫困和广泛的贫民区经验数据进行的整合研究,发现了以前的一些政策为何模棱两可或效果有限。

贫民区的居民表明,他们很好地融入了城市

生活,且能够在正规和非正规经济部门找到工作。他们还表明,他们是社会运动的重要媒介,一直在争取土地使用权并积极参与城市的规划过程。

很明显,贫民区问题也是一个政治议题。成功的解决方案在于,不仅从经济层面也要在政治层面强化居民。所谓从政治层面强化居民是指,让民众形成一种公民意识,鼓励他们为自身权利而参与城市生活。要求住房改善、获得教育和医疗服务、赚取收入的机会和人身安全的社会运动在80年代出现。

21世纪的到来,见证了一种减少贫困的新方法和处理城市贫民区的新观点。第一个是承认贫民区居民有权进入并留在他们所在的城市;第二个是认为,为促进公民意识,需要扶植社区组织作为实现社会和经济包容和获得城市服务的手段。一些国家颁布了旨在巩固和改善贫民区的创新性法律。

新一代贫民区

经过一个世纪的变化,新一代的贫民区呈现出复杂多样的特征。有很好的例子表明贫民区已经得到改善并与城市融为一体,但同时也有贫困持续存在并完全不受变化影响的情况。在里约热内卢这样的城市,一些贫民区与犯罪组织主导的贩毒联系在一起,这些犯罪组织几乎建立了在贫民区的全面统治。这一类贫民区威胁着正式的城市,毒贩常常会与警察发生争执,并使附近的居民处于被围困状态。其他被视为新贫民区的贫民区是稳固和有组织的地方,拥有良好的基础设施、互联网接入和全球化的消费模式,住着不再被视为穷人的人。稳固贫民区的产生需要新的改造政策,而不断变化的外围贫民区仍然需要有效的经济、社会和城市政策来应对它们日益明显的贫困和被隔离的状况,它们比以往任何时候都更加分散,包容性更低。

进一步阅读书目:

- Davis, Mike. 2006. *Planet of Slums*. London: Verso.
- Leeds, Antony. 1969. "The Significant Variables Determining the Character of Squatter Settlements." *America Latina* 12(3): 44–86.
- Perlman, Janice. 1977. *The Myth of Marginality: Urban Politics and Poverty in Rio de Janeiro*. Berkeley: University of California Press.
- Turner, John. 1976. *Housing for the People: Towards Autonomy in Building Environment*. London: Marion Boyars.
- UN-Habitat. 2005. *Sounding the Alarm on Forced Evictions*. Nairobi: UN-Habitat.
- Valadares, Licia P. 2006. *La Favela d'un siècle à la autre: Mithe d'origine, discours scientific* (The Favela from One Century to Another: Myth of Origin and Scientific Discourse). Paris: Maison de Sciences de L'Homme, ETEditions.
- Ward, Peter, ed. 1982. *Self-help Housing: A Critique*. Oxford, UK: Mansell.

(Circe Maria Gama Monteiro 文 李 胜 译 李文硕 校)

FLÂNEUR ｜浪荡子

在过去的 200 年中，浪荡子的形象已经从与巴黎公共场所相关的一种文学类型变成了一种用来代表现代性碎片化体验的变化不定的文化迷思。在 19 世纪初的巴黎，这种自相矛盾的形象在日益民主化和商业化的文化市场中出现。他既是流行文学文本如指南书、插图短文、连载小说以及廉价口袋书的产品，又是其生产者。这个词条主要关注浪荡子的形象及历史进化。

特点

浪荡子一直被描绘成一个休闲的男人，精心穿着黑色工装外套和大礼帽，并带着手杖或雨伞。可以说，浪荡子的形象既熟悉又模糊。他是林荫道、购物商场、餐馆和艺术画廊中的完美城市闲逛者。作为城市日常事件的观察者，浪荡子与忙碌的专业人士形成明显对比，后者几乎忽略了现代生活中的短暂细微差别。然而，作为这些事件的记录者，浪荡子被含蓄地理解为现代记者或流行艺术家，其任务是揭示现代都市前所未有的体验。

如何解释这个看似普通的形象引起的文化共鸣？他如何突破他在流行文学中相对卑微的起源而成为现代主义文化的象征？答案必须在浪荡子的激进敏感性和创新视觉实践中寻找，这使他与同时代的所有其他社会类型截然不同。浪荡子的独特成就是开创了一种新的观察、体验和表现都市现代性的方式，这种方式使街头人的日常视角优于理性主义者或道德主义者的俯视视角。在城市越来越被视为一个逃脱精英控制的危险迷宫之际，浪荡子将现代场景动态的和民主的可能性定为价值。他没有兴趣稳定新环境的变化，他将自己与政治改革者、中产阶级慈善家区分开来，那些人试图通过消除贫困、不平等、犯罪、不道德和审美败坏来强行控制城市。

无论是批评还是赞美这个城市，浪荡子都是深思熟虑的。沃尔特·本雅明写道，他像一个"移动的全景画卷"（Moving Panorama），反映了城市场景的流动现实。他渴望提供当代世界的综合表现形式，却没有对其施加稳固的道德、思想或美学模式。

浪荡子在创造移动体验和全景视觉的同时解释了他作为文化符号的微妙模糊。他的形象中存在基本的二元性，这个二元性总是由两个截然不同的形象所代表：懒散的看热闹的人，他被动地把自己沉溺于人群中并屈服于城市的诱惑；有尊严的观察者，他保留了个人自主权，并且对现代性有特殊的洞察力。虽然浪荡子是"观察者中最高尚、最显著的例子"，但正如 19 世纪 40 年代德拉克诺瓦（de Lacroix）曾总结的那样："看热闹的人不会思考，他只在外部感知物体。"现代浪荡子缺乏稳定的代表性形象，他们在不可调和的对立面之间振荡。创造者们偶尔会将浪荡子分成两种截然不同的人物，但也会以意想不到的组合将不同侧面融合在一起。

历史变迁

尽管没有单一的"历史的浪荡子"，但在 19、20 世纪所阐述的看热闹的人和浪荡子之间不断变化的关系基础上可以追溯浪荡子的谱系。19 世纪早期的浪荡子，例如 1806 年的匿名小册子《沙龙中的浪荡子》（*Le Flâneur au Salon ou M. Bonhomme*）是一个英雄体的形象，其中看热闹的人与浪荡子的特征尚未分离。具有讽刺意味的是，作为一个未来浪荡子的可能的开端，此时的浪荡子们略显荒诞，没有明显的收入来源，也看不出家庭关系。他们往往牺牲自己的职业或成就来参与公共生活。

浪荡子从无能为力的闲人到现代生活的敏锐观察者的转变，发生在 19 世纪 30 年代和 40 年代初期，当时大众传媒和流行文学等赋予记者新的机遇和公众角色。这是浪荡子的黄金时代,他们首次与看热闹的人明显区别开来。虽然看热闹的人被视为轻浮的人,但他们对城市的表面印象感到满意。真正的浪荡子被视为精明的观察者,能够穿透城市生活的隐藏方面,并抵制新兴商品文化的诱惑。七月王朝的浪荡子们被提升至知识分子贵族的地位,体现了当时社会的英雄的、乌托邦的愿望。

19世纪50年代,在革命失败和乔治-欧仁·霍斯曼男爵的大规模城市更新项目之后,浪荡子的形象再次变革。埃德加·爱伦·坡著名的短篇小说《人群中的人》(The Man of the Crowd)所预言的第二帝国的浪荡子,再次将看热闹的人的被动参与与浪荡子的活跃属性合为一体,成为现代主义艺术家的原型。波德莱尔1859年的重要文章《现代生活的绘画者》(The Painter of Modern Life)或许提供了关于艺术浪荡子最著名的定义。通过著名的平版画家康斯坦丁·盖斯(Constantin Guys)的典范形象,盖斯、波德莱尔创造了一个与看热闹的人和浪荡者的微妙混合体——一个有能力与人群融合但也能将自己与之分开的人。

尽管波德莱尔的艺术浪荡子们生活在19世纪下半叶,我们可以在诸如左拉的《巴黎的肚子》(Le Ventre de Paris)和《杰作》(LOeuvre)等作品中找到了其化身,但这一形象在20世纪初迅速失去了意义。它在20世纪二三十年代再次被彻底改造,主要是通过德国流亡哲学家沃尔特·本雅明零碎但有影响力的著作。本雅明通过马克思主义和超现实主义的视角重塑了波德莱尔所谓的艺术浪荡子,并创造子个关于浪荡子的有影响力的新形象,这个新形象在20世纪的大部分时间里仍然是典范。

虽然仍然与现代城市相关联,但本雅明的浪荡子成为商品文化的普遍象征,这体现为被迫在资本主义市场上自我推销的现代知识分子。商品化的浪荡子承担了19世纪的看热闹的人的特征,他们也具有被动性和不稳定的特征。在本雅明对浪荡子的改造中,后者在被动和主动的方面再次脱离了彼此,商品化的浪荡子承担了看热闹人的角色和充满活力的现代主义艺术家的角色。

20世纪后期社会和文化转型的加速塑造了更加多面化的浪荡子形象。与电影和网络空间、全球旅游以及拉斯维加斯和迪士尼乐园的主题环境等不断普及的现象有关,后现代的浪荡子有时被指责为不再是有意义的文化符号。据一些评论家称,这个形象含有极少的历史上的浪荡子的痕迹,即在19世纪初的巴黎商场盛极一时的早期浪荡子。根据吉罗切(Gilloch)的说法,作为一个商品化和审美化文化的象征,浪荡子已经成为"一个纯粹的标志,一个从任何特殊的意义上解脱出来的信号物"。

这些观点当然有其合理性,但要强调的是,后现代的浪荡子与过去的连续性恰恰在于他作为文化形象的不稳定性。因为浪荡子从一开始就以对稳定和本质化身份的抵抗为特征。与科学客观性和政治分析的肯定性相比,浪荡子无疑只提供了关于社会的飘忽的和偶然的印象。不过,浪荡子研究还是对传统社会科学的客观主义观点提供了有益补充。浪荡子与流行文化世界之间的密切联系,为在现代经验中不断变化的群体开辟了重新定义。更重要的是,浪荡子证明,个体完全有能力在不稳定的现代性环境中创造出意义。

进一步阅读书目:

- Baudelaire, Charles. 1965. *The Painter of Modern Life and Other Essays*. Translated and edited by Jonathan Mayne. London: Phaidon.
- Benjamin, Walter. 1973. *Charles Baudelaire: A Lyric Poet in the Era of High Capitalism*. Translated by Harry Zohn. London; New York: Verso.
- ——. 1999. *The Arcades Project*. Cambridge, MA: Harvard University Press.
- Buck-Morss, Susan. 1986. "The Flâneur, the Sandwichman, and the Whore: The Politics of Loitering." *New German Critique* 39(Fall): 99–140.

- Cohen, Margaret. 1995. "Panoramic Literature and the Invention of Everyday Genres." pp. 227-52 in *Cinema and the Invention of Modern Life*, edited by Leo Charney and Vanessa Schwartz. Berkeley: University of California Press.
- De Lacroix, Auguste. 1841. "Le Flâneur." pp. 66-72 in *Les Français peints par eux-mêmes: Encyclopédie morale du dix-neuvième siècle* (The French Painted Themselves: Moral Encyclopedia of the Nineteenth Century), Vol. 4, edited by Léon Curmer.
- Friedberg, Ann. 1993. *Window Shopping: Cinema and the Postmodern*. Berkeley: University of California Press.
- Gilloch, Graeme. 1997. "'The Figure That Fascinates': Seductive Strangers in Benjamin and Baudrillard." *Renaissance and Modern Studies*, 40: 17-29.
- Gluck, Mary. 2003. "The Flâneur and the Aesthetic Appropriation of Urban Culture in Mid-nineteenthcentury Paris." *Theory, Culture, and Society* 20(5): 53-80.
- Hartman, Maren. 2004. *Technologies and Utopias: The Cyberflaneur and the Experience of "Being Online."* Munich: Fischer.
- Hollevoet, Christel. 2001. "The Flaneur: Genealogy of a Modernist Icon." PhD dissertation, City University of New York.
- Prendergast, Christopher. 1992. *Paris and the Nineteenth Century*. Oxford, UK: Blackwell.
- Tester, Keith, ed. 1994. *The Flaneur*. London; New York: Routledge.

(Mary Gluck 文 李 胜 译 李文硕 校)

FLORENCE, ITALY | 意大利佛罗伦萨

佛罗伦萨既是一个复杂的文化现象,也是一个物质存在,这个城市向世界投射的正是文化。这座城市是中世纪最重要的商业和银行业中心,也是文艺复兴前期的重要文化中心。经过两个世纪的相对停滞,该城市于1865年暂时成为意大利首都,并经历了大规模的城市重建。20世纪以后,在面对工业化、蔓延、第二次世界大战的破坏以及最近的大众旅游时,这个历史中心仍然是一个典范城市。

古城和罗马帝国的崩溃

公元前59年,被罗马人称为佛罗伦蒂亚(Florentia)的城市由凯撒在阿尔诺河(Arno River)河岸附近的一个平原上建成。这是一个地形狭窄的地区,伊特鲁里亚人(Etruscans)曾在此建立早期城镇。城镇一开始是军事营地,在城镇中央,测量员建立了主交通干道,确定了城镇的界限,并布置了网格化的街道网,法庭位于城中央不远。四通八达的罗马公路网让城镇蓬勃发展起来。早期城市中缺少的休闲建筑如剧院、圆形剧场、浴室等,在公元1世纪和2世纪之后均被建在最初的围墙之外。

坐落在主轴上的佛罗伦蒂亚受到河流影响:几个街区远离河流;一座木桥从主轴的南端延伸到阿尔诺河,连接河岸和南部山丘之间的一小片市郊。当看到现代城市的地图或航空照片时,这个曾经由罗马人建立的城市的框架——轴节、网格、墙壁、残存的桥梁——依然清晰可见。

佛罗伦萨与罗马一样,在帝国崩溃并被拜占庭人取代之后,尽管规模大大缩小,但实现了一定程度的稳定。在东哥特人和后来的伦巴第人统治之下,在罗马人所建城市的范围内竖起了新的城墙,

对应不断缩小的人口(从罗马时期的 2 万人到可能只有 1 000 人)。然而到公元 500 年,这个城市的两个主要教堂圣洛伦佐教堂(San Lorenzo,第一个教区总教堂)和圣修道院教堂(Santa Reparata,米兰大教堂的未来选址)的基底有了一定程度的恢复,部分原因是这些结构不需要复杂的壁画。这些脆弱的宗教敬拜中心是后来教会强大力量的先驱,它们将推动城市从 12 世纪到 14 世纪向外发展。在伦巴第统治的末期,也就是大约公元 7 世纪,洗礼堂(Baptistery)与圣雷帕拉塔教堂(Santa Reparata)相向而建。作为佛罗伦萨公民洗礼的场所,洗礼堂成为与米兰大教堂(Duomo)一样的城市中心。

加洛林复兴和中世纪巩固

9 世纪晚期的围墙标志着佛罗伦萨在加洛林时代发展的开始。这些围墙比拜占庭城市环路宏大,但仍然比罗马围栏窄小,它们可以保护大约 5 000 人。修道院社区开始在城市的郊区定居。1018 年,本笃会在阿尔诺南部的一座山上建立了圣米尼亚托修道院(San Miniato)。佛罗伦萨的城市外观和洗礼堂的外墙逐渐被包裹在彩色大理石中。另一道墙是在 1078 年玛蒂尔达伯爵夫人(Countess Matilda)统治下建造的,它延伸到最古老的城墙之外,从北到南一直到河边。此时这座城市的人口与罗马城市相当。

另一道墙建于 1173 至 1175 年间,辖区面积几乎是原罗马围墙内面积的 5 倍。这些墙穿过阿尔诺,一直深入被称为奥特拉诺区(Oltrarno)的新兴地区。它们因此也保护了河对面最古老的桥梁维奇奥桥(Ponte Vecchio),该桥最初位于罗马桥的遗址上,最终被重新安置,并在 1345 年以最终形式重建。随后一个世纪,佛罗伦萨又建成 3 座新桥梁。

但丁和黑死病时期的佛罗伦萨

12 世纪之后的新桥梁有建于 1218 至 1220 年间的卡瑞拉桥(Ponte alla Carraia)、建于 1237 年的卢巴孔桥(Ponte Rubaconte,现位于格拉齐,Grazie)和建于 1258 年的圣特里尼特桥(Ponte Santa Trinità)等,这些都反映了城市的发展、人和货物的运输规模以及奥特拉诺区越来越明显的重要性。

这座城市的最后一道围墙是由阿诺尔夫·迪坎比奥(Arnolfo di Cambio)设计的,该城墙的修建始于 1284 年,占地面积是曾经的罗马兵营的 24 倍。新城墙不仅保护了城市,也就是旧的网格核心和从四面八方延伸到区域公路网的街道,而且还保护了大面积的半乡村地区。从 12 世纪中叶开始,托钵僧(包括方济各会、多明我会、圣衣会和加尔默罗会修士)纷纷在新建的围墙之外形成了松散的定居点。尤其是多明我会和方济各会修士,他们分别以西部的新圣母教堂和东部的圣十字教堂为中心,还建造了广场以方便向大众传教。

蒸蒸日上的建筑业吸引了工匠和商人,神学院使佛罗伦萨成为国际知名的学术中心。僧院不受制于当地主教,而是对城市精英负责,最终听命于罗马。它们拥有广阔的、带有花园和家畜的土地,这使得僧侣能有效地自给自足。

许多医院也分散在 12 世纪到 14 世纪早期的城墙之间的整个区域。这些机构为朝觐者、到城市寻找工作的农村穷人以及城市贫民服务。救济院在很大程度上缓和了新兴的中世纪城市人口增长的影响。像修道院建筑群一样,它们规模很大并且自给自足。据估计,救济院大约为 1% 的城市人口提供床位。然而,诸如黑死病之类的瘟疫带来的损害远远超出了救济院的救济能力。黑死病在 1348 年来袭,使人口减少近 40%。

现在被称为巴尔杰洛博物馆(Bargello)的德尔波斯特宫殿(Palazzo del Podestà)始建于 1255 年,是市政府的第一个永久居所,但很快就被古罗马剧院遗址上的波波洛宫殿(Palazzo del Popolo,1299 年开建)所取代。波波洛宫殿就是现在的维奇奥宫(Palazzo Vecchio),它被领主广场(Piazza della Signoria)所环绕,占据了罗马网格边缘和朝向河流的街道网络之间的关键点。它的大钟楼是天际线的最高点,由大教堂及其钟楼支撑平衡。圣母

佛罗伦萨全景图,最前面的桥梁是维奇奥桥,6座桥中最古老的一座

百花大教堂（Santa Maria del Fiore）于 1296 年开始建设；由阿诺尔福·迪·坎比奥（Arnolfo di Cambio）设计,最多可容纳 3 万名信徒（该城市的人口约为 10 万）,这使得竞争对手锡耶纳的大教堂相形见绌。独立式钟楼由乔托（Giotto）于 1334 年设计。环形的大教堂广场大致遵循大教堂和洗礼堂的形状,通过逐步清理周围的城市结构而形成。

14 世纪末和 15 世纪初,早期人文主义者认为他们在洗礼堂（曾被认为是战神神庙）等建筑物中发现了佛罗伦萨出现于罗马时代的证据。佛罗伦萨的建筑在文艺复兴时期也很可能受到当地拥有罗马式外观的罗马式建筑的影响,是罗马古代的真实遗迹。佛罗伦萨的人文主义者积极参与公民事务,像莱昂纳多·布鲁尼（Leonardo Bruni）等城市长官往往是杰出的学者（布鲁尼是记载该城市全面历史的作者）,他们都将佛罗伦萨定义为世界级大都市并帮助塑造它。

美第奇家族和佛罗伦萨

美第奇家族用披上共和主义外衣的保守主义统治佛罗伦萨,因此并没有严重干预城市规划。更确切地说,建造庞大的、棱形的私人宫殿如斯特罗奇府邸（Palazzos Strozzi）和美第奇府邸影响佛罗伦萨。布鲁内莱斯基设计的大教堂圆顶始建于 1420 年,它足以与古代的工程成就媲美,并成为天际线上的突出特征。教堂圆顶既是城市构造的一部分,也是超越景观的一个定位点。布氏设计的育婴堂（Foundling Hospital）位于安提西亚塔广场,规划得到了佛罗伦萨著名的慈善公会的赞助,并成为第一个常规的广场式的建筑（Regular Piazza-defining Building）。布氏的设计风格后来被布拉曼特（Bramante）所模仿,并运用于威尼斯圣马可广场（Procuratie Vecchie）以及维杰瓦诺公爵广场（Piazza Ducale）。洛伦佐·德·美第奇（Lorenzo de Medici）事实上的统治并未对城市建成环境产生任何实质性的影响。他的去世恰逢萨沃纳罗拉(Savonarola)的影响上升期,但随着萨沃纳罗拉在1498年被烧死在领主广场的火刑柱上,一个复杂的时代结束了,而一个更加动荡的时代开启。

如果16世纪的前几十年是骚动不安的,那么在美第奇统治的后几十年则相对繁盛稳定。这是美第奇的世纪:不少于3位教皇(第一,利奥十世,对城市的恩惠;第二,克莱芒七世,平衡中的灾难;以及最后,利奥十一世,由于短暂的统治在很大程度上无关紧要),在科西莫一世(1537年的公爵和1569年的大公爵)于世纪中叶建立的公爵统治下涵盖了大部分现在称为托斯卡纳的地区,托斯卡纳语言作为人文主义的语言在意大利普及,这部分归功于美第奇的赞助、建筑以及由教皇和公爵发起的大规模艺术赞助。在1530年的长期围攻后,美第奇恢复了对城市的最终控制权。在残酷的亚历山德罗·德·美第奇(Alessandro de' Medici,1530—1537年在位)的短暂统治期间,他的干预主要是达巴索古堡的建设(Fortezza da Basso)——一个意在保护城市西部并控制它的现代堡垒。

科西莫一世的干预,标志着共和主义彻底被极权主义取代,官僚主义随之兴起。干预使得大量私人权力的标志出现在城市中,如瓦萨里走廊(Corridoio Vasariano)、皮蒂(Pitti)宫殿和花园、贝尔韦代雷城堡(Fortezza Belvedere)。通过将居住地从维奇奥宫迁移到郊外河对面的皮蒂宫,科西莫一世象征性地发起了一个专制的过程,这最终将在下一个世纪路易十四将权力中心从卢浮宫转移到凡尔赛宫时达到顶点。通过凸起的、完全内部的走廊将旧宫殿与新宫殿连接起来,科西莫明确表达了城市及其市长关注点的转型。需要说明的是,这种设计风格来自宫廷艺术家乔尔乔·瓦萨里(Giorgio Vasari)之手。

17、18世纪的佛罗伦萨

虽然在此期间建造了一些重要的建筑物,但佛罗伦萨的城市结构几乎没有实质变化。事实上,佛罗伦萨的地图直到1860年之前看起来都和以前大致相同。诸如圣盖塔诺(San Gaetano)和圣弗雷迪诺(San Frediano)等新建或改建的教堂、奥拉托利会(Oratorian)的圣佛伦泽(San Firenze)和圣雅格布(San Jacopo)的律修会修士(Canons Regular)之家这样的宗教综合体以及卡帕尼宫(Palazzo Capponi)和阿尔诺河沿岸壮观的科西尼宫(Palazzo Corsini)等宫殿使天际线和街景更加多姿多彩,但是没有把佛罗伦萨变成巴洛克式的城市,同一时期罗马的建筑热潮也是如此。

作为首都的佛罗伦萨:19世纪

19世纪中叶,佛罗伦萨作为意大利新国家的首都尽管时间短暂(在1865年首都从都灵短暂移至此之后),但在几十年的重大建设和重建过程中发生了转变。朱塞佩·波吉(Giuseppe Poggi)的规划既促进了周边地区的增长,也改变了城市的核心。波吉建议放弃过时的壁道并用宽阔的林荫大道取而代之,这些大道改善了老城周围的交通,城墙的破坏使得城市结构得以扩展到未开发的边远地区,穿过阿尔诺河的大道形成一条风景如画的林荫项链。

如今,奥特拉诺遗迹只剩下一小段城墙。新建筑填满了阿诺尔福·迪·坎比奥(Arnolfo di Cambio)式的壁道。偏远的住宅开发项目保留了佛罗伦萨文艺复兴时期建筑的特征。在城市中心,波吉拆除以旧罗马广场为中心的市场区,瓦萨里的鱼市凉廊被重新安置到城镇的另一个地方,而整个街区(大部分是犹太人聚居区)被酒店和咖啡馆等商业和市政场所取代,由此出现了现在的共和广场(Piazza della Repubblica)。拆除的规模如此之大,甚至导致许多住在这里的英国人为保护城市其他地方的中世纪建筑和文物而抗争。

未来主义和法西斯主义

在两次世界大战之间,未来主义风格和日益增长的法西斯主义风格在佛罗伦萨相融合。建立现代城市的基础设施如火车站及其配套设施、工厂、体育场和空军学校等,标志着 20 世纪 30 年代建筑热潮的来临。尽管时间短暂,但这些现代建筑与历史悠久的城市结构形成了鲜明对比,与过去的断裂是现代佛罗伦萨市区的特征。工业区和工人阶级社区沿着阿尔诺河(主要是西部)的快速扩张永远改变了城乡之间的历史关系。只有南圣米尼亚托(San Miniato)和旧的壁道以及北方往菲耶索莱(Fiesole)方向的建筑,是修道院私有财产并保留了乡间庄园的遗迹。大规模的房地产开发也是这个时代的特征,波吉规划的主干道是更加密集的充实和扩展。城市东西部的扩展改变了战后城市的地理范围。

战后佛罗伦萨:重建与保护

在第二次世界大战期间,盟军轰炸和德国撤退对佛罗伦萨产生了深远影响。最值得注意的是,德国指挥官命令炸毁这座城市的 6 座桥梁,其中 5 座桥梁被拆除,而第 6 座桥梁即韦奇奥桥虽然两端建筑被拆除但得以保留下来。战后的争论集中在重建的原则上:是复制已被摧毁的还是建造新建筑?最终决定将旧桥的建筑物用传统材料以现代特色进行重建,而桥梁大多用现代钢筋混凝土结构以原始形式重建。19 世纪晚期以来,在佛罗伦萨的一系列重要保护活动促进了半个世纪以来对历史结构的"重新定位"。1966 年的洪水更是加速了这一进程,并延续至今。

战后,公共住房在佛罗伦萨与意大利其他地方一样存在争议。尽管只是停留在纸面上,但人们持续解决问题的努力一直存在,如莱昂·科勒尔(Léon Krier)的诺沃利(Novoli)规划。旅游业的发展改变了人口结构,现在基本上没有纯粹的佛罗伦萨居民。不像意大利统一后的世纪那样经历未来的人口增长,当前市中心面临的挑战更多地与管理资源和解决过去的错误有关。

进一步阅读书目:

- Dameron, George W. 2004. *Florence and Its Church in the Age of Dante*. State College: University of Pennsylvania Press.
- Fei, Silvano, Grazia Gobbi Sica, and Paolo Sica. 1995. *Firenze: Profilo di Storia Urbana*. Firenze: Alinea Editrice.
- Girouard, Mark. 1985. *Cities and People: A Social and Architectural History*. New Haven, CT: Yale University Press.
- Goy, Richard. 2002. *Florence: The City and Its Architecture*. London: Phaidon.
- Mayernik, David. 2003. *Timeless Cities: An Architect's Reflections on Renaissance Italy*. Boulder, CO: Westview Press.
- Norman, Diana. 1995. *Siena, Florence, and Padua: Art, Society, and Religious Life* 1280–1400. Vol. 1, *Interpretative Essays*. New Haven, CT: Yale University Press.
- Turner, Richard N. 1997. *Renaissance Florence: The Invention of a New Art*. New York: Prentice Hall.
- Wirtz, Rolfe C. 2000. *Florence: Art and Architecture*. Cologne, Germany: Konemann.

(David Mayernik 文 李 胜 译 李文硕 校)

FORUM | 广场

在罗马人建立的城市中,广场是一个巨大的、长方形的、位于中心的开放空间,通常被巨大的公共建筑所环绕,这些建筑通常是当地主要的政治、宗教和商业中心。广场通常是当地市场的所在地,尽管随着城镇的发展,广场的这一职能有时转变为次要的集会场所,罗马就是如此。广场也是各种壮观的城市仪式的举办地,如贵族葬礼、法庭审判、宗教仪式、公共集会和受欢迎的娱乐活动等。对于罗马人来说,广场及其周边集中了城市的功能,这里成为城市的中心和罗马精神的有力体现。

罗马城的主广场即古罗马广场(Forum Romanum),并成为其他罗马人所建城市的广场的效仿对象。主广场最初是位于卡比托利欧山(Capitoline Hill)和帕拉丁山(Palatine Hills)脚下的季节性沼泽洼地,紧邻台伯河(Tiber River)的主要浅滩。尽管这里地势低洼,但却是个天然的十字路口。而且罗马城的首个大型公共工程就是在古罗马广场到台伯河之间开凿一条运河,数个立方的泥土被用于垫高广场的地势,以便使这里保持干燥,并使之终年宜居。这些开发工程持续很久,为广场地区后来的发展奠定了基础。

到罗马共和国中期(前509—前31),界定广场空间的建筑已经齐全,包括维斯塔神庙(Temple of Vesta,即保存城市神圣火焰的地方)、元老院大厦(Curia,即罗马参议院的聚会场所)、讲坛(rostra,即演讲者的平台)以及卡斯特(Castor)、斯塔恩(Saturn)和康科德(Concord)神庙。此时的广场是一个长约150米、宽约75米的长方形开放空间,其长轴从卡比托利欧山(Capitoline Hill)向东南方向延伸。广场的两边原本是商店和作坊,但随着时间的推移,它们被两个巨大的多层柱廊也就是北侧的艾米利大教堂(Basilica Aemilia)和南侧的朱利亚大教堂(Basilica Julia)取代。

罗马历史上许多最具戏剧性的公共事件发生在广场上,包括西塞罗的煽动性演说和马克·安东尼(Mark Antony)在凯撒葬礼上的演讲——它结束于暴力骚乱和在广场上对凯撒身体的草率火化。在公元1世纪斗兽场(Flavian Amphitheatre)完工之前,广场上有许多公共娱乐活动,如野兽狩猎和角斗士游戏等。

在帝国时期(前31—公元476),广场因神社、雕像和其他纪念碑的出现逐渐变得更加拥挤。皇帝还在旧广场的北面建造了一系列新的、巨大的、装饰华丽的帝国广场,它们承担了原广场的许多日常职能。尽管其功能逐渐弱化,但在罗马广场仍然保留了作为城市和帝国核心的象征性身份。它为所有其他罗马城镇所模仿,因此在整个帝国,所有罗马城市的城市生活都围绕着一个中心广场及随之而来的庞大建筑群而展开。

进一步阅读书目:

- Aldrete, Gregory. 2004. *Daily Life in the Roman City: Rome, Pompeii, and Ostia*. Westport, CT: Greenwood.
- Coarelli, F. 1983 and 1985. *Il Foro Romano*, 2 vols. Rome: Quasar.
- Favro, Diane. 1988. "The Roman Forum and Roman Memory." *Places* 5(1): 17–23.
- Frischer, Bernard. 2004. "The Digital Roman Forum Project of the Cultural Virtual Reality Laboratory: Remediating the Traditions of Roman Topography." Berkeley: University of California, Los Angeles, Cultura Virtual Reality Laboratory. Retrieved May 15, 2009 (http://www.cvrlab.org/research/images/FrischerWorkshopPaperIllustratedWeb.htm).
- Machado, Carlos. 2006. "Building the Past: Monuments and Memory in the Roman Forum." pp. 157–192 in

- *Social and Political Life in Late Antiquity*, edited by W. Bowden, C. Macaho, and A. Gutteridge. Leiden, the Netherlands: Brill.
- Steinby, E., ed. 1995. "Forum Romanum." In *Lexicon Topographicum Urbis Romae*, Vol. 2. Rome: Quasar.
- Thomas, Edmund. 2007. *Monumentality and the Roman Empire: Architecture in the Antonine Age*. Oxford, UK: Oxford University Press.

(Gregory S. Aldrete 文 李 胜译 李文硕校)

FOURTH WORLD | 第四世界

第四世界是指在全球化进程中被抛弃的那些人、群体和地方,以及由此产生的城市和区域系统的变化,如发达国家和发展中国家的城市和非城市空间的变化等。该词最初是指对土著人群和少数族裔的社会排斥,然后用于第三世界中日益严峻的贫困和排斥,如今又成为城市研究领域的新概念。

对第四世界的定义始于第二次世界大战后地缘政治领域的发展:第一世界包括欧洲和美国;第二世界包括苏联和东欧的社会主义国家;第三世界包括其他所有国家——既有工业发展水平较高的国家,也有欠发达经济体,包括非洲、南美洲和亚洲那些通常被认为是发展中国家的国家。伊曼纽尔·沃勒斯坦的"世界体系论"基于国家在全球资本主义经济中的融入程度,将不同国家置于核心、半边缘和边缘的三级体系中。随着世界资本主义体系内的资源发生变化,国家可能会在这个体系内向上或向下移动。

虽然第四世界是来自并符合关于发展研究的概念,但它在本质上有不同的含义。在北美,第四世界的概念来自日益增长的美洲原住民激进主义,涉及环境问题和土著美国人研究项目的发展。乔治·曼努埃尔(George Manuel)和迈克尔·帕斯鲁姆(Michael Poslum)的《第四世界:印第安人的现实》(*The Fourth World: An Indian Reality*)认为,第四世界包含"许多不同的文化和生活方式,一些是非常部落的和传统的,一些则高度城市的和个人的"。第四世界涵盖全球的原住民,包括美国原住民以及澳大利亚和新西兰的原住民群体和斯堪的纳维亚半岛的萨米人。1975年,印第安兄弟会约300名代表在西北地区的辛普森堡(Fort Simpson)签署了《德奈宣言》(The Dene Declaration),宣言表明:"我们德奈是第四世界的一部分,随着世界人民和各国开始认识到构成第三世界的人民的存在和权利,在第四世界国家得到承认和尊重的那一天必将到来。"同时,联合国对第四世界人口进行的一项研究强调了全球对少数族裔和宗教少数群体的社会排斥,包括澳大利亚的原住民、非洲的少数族群和苏联的宗教少数群体。换句话说,在这个框架内,第四世界的人民可能因其无国籍状态而处于社会排斥和基本权利被剥夺的状态。《2007年土著人民权利宣言》(2007 *Declaration on the Rights of Indigenous Peoples*)承认了土著人民的斗争、第四世界人民之间的沟通和组织以及土著国家之间出于贸易、旅行和安全目的的国际条约。1984年,在加拿大成立的世界土著研究中心(Center for World Indigenous Studies)通过《第四世界日报》(*Fourth World Journal*)传达对全球无国籍人士和边缘化国家的共同关切,日报文章涉及全球化、土地权利、气候变化和其他问题。

曼纽尔·卡斯特对沃勒斯坦的核心、半边缘和边缘国家的分类进行了重要修订。信息革命减少了世界体系在20世纪大部分时间内所依赖的制造业和贸易,取而代之的是基于网络和信息流的财富积累。在这个新的国际劳动分工中,有一个被卡斯特称为"穷人中的穷人"的新兴第四世界。在那里,不断加剧的不平等和社会排斥创造了两极分化、贫困和苦难的生活。在新的网络社会中,从信息资本主义的狭隘视角来看,许多领域被系统地排除在允许他们与新兴信息经济接轨的机会之外,他们无法获得或控制重要的经济或政治利益。将人民和领土排除在网络社会之外,意味着整个国家、地区、城市和社区被抛弃,剥夺了公民的社会权利,生活在这些地区的人们被降级到第四世界,这个位置低于第三世界国家的公民。

冷战结束后,全球化的连锁效应和全球经济的实际变化,以及许多发展中国家(如亚洲"四小虎")达到了更大的城市化和工业生产水平,第三世界等标签逐渐淡化。全球化也影响了城市命运,在早期殖民世界体系中占据重要地位的城市已经不再是全球经济的中心,而其他大都市已作为经济发展和政治控制的新的重要场所而崛起。随着部分国家从半边缘向核心转移,以及发展中国家内的城市地区从边缘向半边缘迁移,世界体系论能够更好地捕捉这些变化。

从这些早期传统中产生了有关第四世界的新愿景,强调了全球资本主义和信息技术对21世纪世界体系中个人、群体、城市、区域和国家的影响。一个人相对于世界体系的地位,以及他作为该体系的公民充分参与的机会,不再取决于在特定国家内的居住地,而是取决于该地区和城市地区在世界体系内的地位。在早期殖民世界体系中占据重要地位的城市(如西班牙殖民体系的亚洲首都马尼拉后来成为美国在该地区的活动中心),已经不再是世界经济的核心,在全球政治中也不再重要。贫困率超过50%,首都近一半的人口居住在贫民窟,许多人发现自己处于第四世界。旧的社会融合机制已经失去财力并已经耗尽效力,一个新的城市底层阶级已经出现,他们没有对获得房屋所有权或正式就业抱有希望,这是一个新的危险阶级。发展中国家城市内土地和住房商品化程度的增加,造成两极分化加剧以及一个移民不太可能被纳入正规部门的环境。

全球化也在发达国家内创造第四世界,无论是法国城市稠密的郊区还是美国城市的隔都区是属于这类范畴。随着全球制造业经济的崩溃,在福特主义生产方式影响下的所有城市深受其害,尤其是集中于美国五大湖地区的汽车制造业城市。实际上,前边缘和半边缘国家中的许多工业化国家都经历了农村和小城镇人口的减少,这在城市边缘地区创造了第四个世界,类似于城市中的第四世界。这些地区有着共同的命运,因为它们被全球资本积累排除在外。

一些人警告说,欠发达国家内部的经济结构调整会产生一个被排除在全球资本主义体系之外的第四世界。虽然这些国家的特点可能是经济停滞、边缘化程度提高以及社会动荡的可能性增加,但这种模式并不承认这些国家在全球体系中保持一体化的重要方式。加文·沙特金(Gavin Shatkin)认为,这些国家通过新技术的传播、区域经济改革以及信息和人员流动的变化而联系在一起。实际上在许多欠发达国家,信息网络、金融投资、人口流动等促进了一个与世界体系紧密相连的城市地区的兴起。正是这些流动的不对称性质,使我们想起前殖民世界体系(从菲律宾到发达国家的劳动力流动、从开发机构到柬埔寨金边的资本流动等)和被迈克·戴维斯称之为世界贫民窟的第四世界的扩张。这些人通常通过手机技术和万维网与全球其他人联系起来,使我们的新信息社会模式复杂化,因此全世界的第四世界(新的全球经济中落后的地方)在大都市区变得更加明显。

进一步阅读书目：

- Castells, Manuel. 1998. *The Information Age: Economy, Society, and Culture*. Vol. 3, *End of the Millenium*. Oxford, UK: Blackwell.
- ——. 2000. "The Rise of the Fourth World." pp. 348–354 in *The Global Transformations Reader: An Introduction to the Globalization Debate*, edited by David Held and Anthony McGraw. Cambridge, UK: Polity Press.
- Davis, Mike. 2007. *Planet of Slums*. London: Verso.
- Hall, Sam. 1975. *The Fourth World: The Heritage of the Arctic and its Destruction*. New York: Alfred A. Knopf.
- Keyder, Cagler. 2005. "Globalization and Social Exclusion in Istanbul." *International Journal of Urban and Regional Research* 29(1): 124–134.
- Manuel, George and Michael Posluns. 1974. *The Fourth World: An Indian Reality*. Don Mills, ON: Collier-Macmillan Canada.
- Neuwirth, Robert. 2006. *Shadow Cities: A Billion Squatters, a New Urban World*. New York: Routledge.
- Shatkin, Gavin. 1998. "'Fourth World' Cities in the Global Economy: The Case of Phnom Penh, Cambodia." *International Journal of Urban and Regional Research* 22(3): 378–393.
- Whitaker, Ben, ed. 1973. *The Fourth World: Victims of Group Oppression*. New York: Schocken Books.

(Ray Hutchison 文 李 胜译 李文硕校)

FUJITA, MASAHISA | 藤田昌久

藤田昌久 1943 年生于日本山口县，1966 年在京都大学获得土木工程学士学位。之后，去了美国宾夕法尼亚大学区域科学系，并于 1972 年毕业获得博士学位，后来又成为宾大的区域科学教授。20 年后，他成为京都大学经济研究所的一员，一直到 2006 年。藤田是 1983 年帕兰德奖（Tord Palander Prize）、1998 年沃尔特·艾萨德区域科学奖（Walter Isard Award in Regional Science）和一等阿隆索奖（First Alonso Prize）的获得者，阿隆索奖是藤田与保罗·克鲁格曼（Paul Krugman）一同获得的。

他有 100 多种论著包含了很多重大贡献。城市经济学的核心是单中心城市模型，藤田的城市经济理论为其提供了明确的阐述。这种模式的主要缺点是难以解释为何出现中央商务区。藤田认为，城市是不同类型的要素（主要是公司和家庭）的集中地。向心力是企业之间需要信息的交流：在其他条件相同的情况下，每家公司都有动力将自己建立在与其他公司接近的地方，从而促进公司的集聚。离心力不太直接，且涉及土地和劳动力市场。在一个区域内聚集许多公司会增加工人的平均通勤距离，从而增加周围地区的工资率和土地租金。如此高的工资和土地租金阻碍了企业的进一步集聚。因此，企业和家庭的均衡分布是向心和离心力量之间的平衡。在 20 世纪 80 年代早期发表的开创性论文中，藤田确定了施加于通信领域的制约和单中心、多中心或综合城市模式以市场结果出现的通勤成本。

1990 年左右的主流观点是，集聚是由各种类型的空间外部性产生的结果，包括知识溢出、劳动力市场中的外部性以及当地物产的生产。最近的方法则根源于垄断竞争的平衡，聚焦于需求侧的优

势。1988年,藤田发展了集聚经济学的垄断竞争基础,这使他成为新经济地理学(New Economic Geography)的创始人之一。在与保罗·克鲁格曼和安东尼·维纳伯(Anthony Venables)合著的《空间经济》(The Spatial Economy)中,藤田为区域经济学和国际贸易以及城市经济学提供了非线性动力学的研究方法。这本书是空间经济学的里程碑,并使得新经济地理学成为真正的经济领域。

进一步阅读书目:

- Fujita, M. 1989. *Urban Economic Theory. Land Use and City Size*. Cambridge, UK: Cambridge University Press.
- ——. 1988. "A Monopolistic Competition Model of Spatial Agglomeration: A Differentiated Product Approach." *Regional Science and Urban Economics* 18: 87–124.
- Fujita, Masahisa and Tomava Mori. 1996. "The Role of Ports in the Making of Major Cities: Selfagglomeration and Hub-effect." *Journal of Development Economics* 49(1): 93–120.
- Fujita M., P. Krugman, and A. J. Venables. 1999. *The Spatial Economy. Cities, Regions, and International Trade*. Cambridge: MIT Press.
- Ottaviano, Gianmarco I. P. and Diego Puga. 1998. "Agglomeration in the Global Economy: A Survey of the 'New Economic Geography.'" *World Economy* 21: 707–731.
- Parr, John B. 2002. "Agglomeration Economies: Ambiguities and Confusions." *Environment and Planning* A 34: 717–731.

(Jacques Thisse 文 李 胜 译 李文硕 校)

GANS, HERBERT | 赫伯特·甘斯

社会学家赫伯特·甘斯1927年生于德国科隆,1945年加入美国国籍。他的成果——既包括在著名学术期刊上发表的文章,也有获奖书籍和大众媒体上广泛阅读的文章——反映了近半个世纪社会科学和公众观念的变化,他在城市研究方面做出的巨大贡献尤为值得关注。甘斯是一位真正的公共知识分子,他研究那些广受关注且饱受争议的社会问题,尝试打破人们的思维定式,并提出新的视角。

甘斯的经历体现了一个学者的人生轨迹,他在包括城市研究、城市规划、贫困、种族和民族研究、美国研究,以及媒体和流行文化、自由民主理论、公共政策在内的社会科学的广泛领域做出了贡献。甘斯在宾夕法尼亚大学获得了规划学博士学位,之后在多个市政和联邦机构工作。1971年他执教于哥伦比亚大学社会学系,从1985至2008年退休担任该系罗伯特·林德讲座教授。1989年,甘斯出任美国社会学会主席。1999年,他获得美国社会学会颁发的"推动社会公众理解社会学奖"(Award for Contributions to the Public Understanding of Sociology),2005年获美国社会学会颁发的"杰出学者"称号。

甘斯的城市民族志工作植根于城市社区研究的传统,延续了1927年路易斯·沃思的《隔都》(The Ghetto)和1943年威廉·富特·怀特(William Foote Whyte)的《街角社会》(Street Corner Society)所开创的传统。这一诞生于芝加哥学派的传统强调地域的重要性,并强调丰富的社会联系是城市社会生活的基本组成部分。甘斯坚决主张参与式观察必须成为分析城市和郊区生活的方法论的一部分。1962年出版的《城中村人》(The Urban Villagers)是一本关于波士顿西区的民族志,该社区计划被拆除,并被现代化的高层公寓所取代。他对城市更新及其影响的批评在今天仍然很突出。关于西区居民未能有效动员起来抵制拆迁的问题,甘斯与马克·格兰诺维特(Mark Granovetter)之间的学术通信凸显了网络分析在揭示复杂社会过程方面的局限性。甘斯的作品反复强调高度语境化的民族志数据对于研究的重要性,这些数据应从广泛的实地考察中收集而来。

在1967年出版的《莱维敦人》(Levittowners)一书中,甘斯对第二次世界大战普遍存在的思维定式提出了质疑,这种思维定式把郊区作为促进社会整合、孤立和道德沦陷的空间。他认为,个体在塑造社会结果方面发挥着重要作用;自然环境不会自动产生社会、道德和文化结果。甘斯的《美国中产阶级的个人主义:政治参与和自由民主》(Middle American Individualism: Political Participation and Liberal Democracy)是对美国中产阶级和工人阶级的深入研究。甘斯表达了这些新来到郊区的人的恐惧和愿望,并主张有必要把这些居民理解为努力实现美国梦的个体。

甘斯在其著作《向穷人宣战》(The War against the Poor,1995)中对"底层阶级"(Underclass)一词的批评,突显出他倾向于研究引发激烈争论的主题,并往往会改变讨论的轨迹。"底层阶级"一词常被记者和社会科学家用来指称一个社会群体,这个群体在地理上似乎是孤立的,而且显然不受美国社会行为规范的约束。但甘斯认为,按照丹尼尔·帕特里克·莫伊尼汉(Daniel Patrick Moynihan)1965年发表的有争议的报告《黑人家庭:国家行动的案例》(Negro Family: the Case for National Action),"底层阶级"一词延续了一种本质主义的理解,即贫民区的穷人缺乏文化,不值得援助。在与《真正的弱势群体:内城、底层阶级和公共政策》(The Truly Disadvantaged: The Inner City, The Underclass, and Public Policy)一书作者威廉·朱利叶斯·威尔逊(William Julius Wilson)的对话中,他放弃了

"底层阶级"一词。他们认为,通过民族志研究对贫民区穷人生活环境复杂性与多样性的描述,可以挑战长久以来人们对穷人作为底层阶级的过分简单化和通常带有贬义的理解。

进一步阅读书目:

- Gans, Herbert. 1962. *Urban Villagers: Group and Class in the Life of Italian-Americans*. New York: The Free Press.
- ——. 1967. *The Levittowners: Ways of Life and Politics in a New Suburban Community*. New York: Pantheon Books.
- ——. 1988. *Middle American Individualism: The Future of Liberal Democracy*. New York: The Free Press.
- ——. 1996. *The War against the Poor: The Underclass and Anti-poverty Policy*. New York: Basic Books. Whyte, William Foote. 1943. *Street Corner Society: The Social Structure of an Italian Slum*. Chicago: University of Chicago Press.
- Wilson, William J. 1987. *The Truly Disadvantaged: The Inner City, the Underclass, and Public Policy*. Chicago: University of Chicago Press.
- Wirth, Louis. 1928. *The Ghetto*. Chicago: University of Chicago Press.

(Eva Rosen 文 李 胜 译 李文硕 校)

GARDEN CITY │ 田园城市

田园城市是 1899 年创建田园城市协会(Garden City Association)的埃比尼泽·霍华德提出的一种规划理念和模式。霍华德对早期城市规划者产生了强烈影响,也影响了美国的城市美化运动。20 世纪初,英国建造了两座田园城市,欧洲和南美的城市规划者和建筑师紧随其后,在各自的国家建造了田园城市。在美国,田园城市是由区域规划协会(Regional Planning Association)推动的,其结果是 20 世纪 30 年代建成了 3 个田园城市社区。田园城市一直是城市发展的典范,也是其他规划模式的灵感来源。

历史

1899 年,埃比尼泽·霍华德创立了田园城市协会,这个协会旨在推广他的规划社区理念,如均衡分布的住宅、工业和商业空间,被绿地和农业区环绕的社区,旨在为城市居民创造一个无烟、无贫民窟的健康生活环境。霍华德受到他所阅读的爱德华·贝拉米(Edward Bellamy)的社会主义乌托邦小说《回顾》(*Looking Backward*, 1888)和《平等》(*Equality*, 1897)的影响,当然,在早期规划实践中也可以发现田园城市的因素,如本杰明·沃德·理查森(Benjamin Ward Richardson)在 1876 年出版的《健康女神:一个健康城市》(*Hygeia: A City of Health*)试图规划一座模范城市,缓解工业城市对健康不利的状况。霍华德对于田园城市的规划以《明日:一条通向真正改革的和平道路》(*Tomorrow: A Peaceful Path to Real Reform*)的书名于 1899 年首次出版,但这本书并没有引起太多关注;而 1904 年出版的修订版《明日的田园城市》(*Garden Cities of Tomorrow*)则成为城市规划的基石。

在霍华德的理念中，田园城市占地约 24.3 平方千米，可容纳约 3.2 万人；6 条约 37 米宽的放射状林荫大道从中心向外延伸，形成一个放射状的格局，开放的空间和公园将住宅、工业、机构和其他用途分隔开来。这座田园城市的目标是自给自足，包括充分就业和足够的农业用地来养活当地人口。这座田园城市的四周环绕着绿地，把它与其他城市隔开。起初，霍华德围绕着一个更大的中心城市规划了一系列社区；这些社区通过铁路交通与中心城市和其他郊区中心相连。田园城市是城市和自然的混合体，但没有大型工业城市存在的污染和过度拥挤的问题。

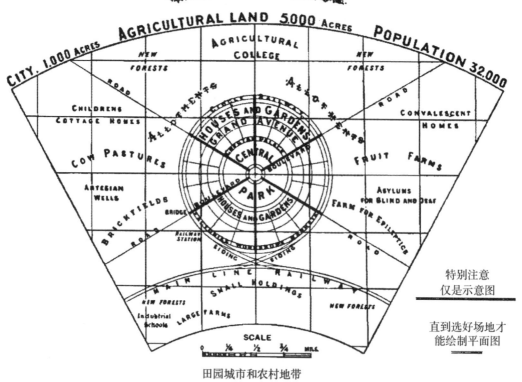

田园城市和农村地带

埃比尼泽·霍华德的田园城市设计

来源：Ebenezer. 1902. *Garden Cities of Tomorrow*, p. 22. London: Swan Sonnenschein & Co.

在威廉·赫斯基思·利弗（William Hesketh Lever）的财政支持下，第一座田园城市莱奇沃思（Letchworth）在伦敦北部的赫特福德郡建成（利弗参与了这一时期阳光港[Port Sunlight]的建设，阳光港是在利物浦城外的工业小城）。莱奇沃思被看作是田园城市的一次成功实践，其中包括新住宅和充足的开放空间，为城镇居民提供就业机会的工业，以及由农业绿带控制城市继续扩张。第一次世界大战后，英国政府在同样位于赫特福德郡的韦林为第二个田园城市提供了支持。田园城市此后成为小型开发项目的普遍模式，包括伦敦的汉普斯特德花园郊区（Hampstead Garden Suburb）和吉迪亚公园（Gidea Park），以及其他国家的田园城市。

1909 年，田园城市协会更名为田园城市和城镇规划协会（Garden Cities and Town Planning Association）。与此同时，世界范围内兴起了一场田园城市运动，因为霍华德的理念为其他国家城市的发展树立了榜样。1908 年，澳大利亚政府选择了一个地点作为新的国家首都(现在的堪培拉),并发起一项国际竞赛来设计这个新城市。获奖的设计由两位芝加哥设计师完成,部分来自发表于《明日:一条通向真正改革的和平道路》的中心城市和周边田园城市的综合区域地图。印度北部的新德里也与此类似,被设计为英国殖民统治印度次大陆的新首都(在19世纪10年代),城内宽阔的轴向林荫大道和聚集的功能区(建于20世纪20年代)源自霍华德的田园城市模型。

在美国,美国区域规划协会成立于1923年,由建筑师、规划师和经济学家组成,成员包括刘易斯·芒福德。受帕特里克·盖迪斯、埃比尼泽·霍华德和英国田园城市的影响,美国区域规划协会游说进行区域规划,取代美国随意发展的城市中心。受英国田园城市成功的启发,该协会的两名建筑师亨利·赖特和克拉伦斯·斯通(Clarence Stone)设计了两个新的郊区社区,一个是纽约昆斯区的阳光区(Sunnyside),另一个是新泽西州的雷伯恩。在大萧条时期,罗斯福政府计划发展19个郊区田园城市,作为新政立法和公共工程管理局(Work Progress Administration)工作的一部分(建设新的住宅可以为失业工人提供就业岗位)。但是国会只为9个绿带城镇提供了资金,而且只有3个城镇真正建成。从一开始,这些城镇就被房地产商和建筑商游说团体攻击为社会主义事业,国会后来要求政府出售这些房屋。

战后新城镇

在第二次世界大战后的英国,由于伦敦和其他城市遭受空袭的严重破坏,彼得·阿伯克龙比(Peter Abercrombie)1944年提出的《大伦敦计划》(Greater London Plan)建议在8~10个与伦敦隔离带相连的卫星城安置多达50万人。1946年,议会通过《新城法》(New Towns Act),授权在英国各地建造20个新城,其中8个在大伦敦地区,5个在苏格兰。20世纪60年代,第二批新城被授权进一步控制大伦敦地区的城市扩张。最后一座(也是最大的一家,拥有20多万居民)米尔顿凯恩斯(Milton Keynes)于1967年开建。在美国,田园城市的遗产也影响了后来的城市发展,在弗吉尼亚州的雷斯顿(Reston)和马里兰州的哥伦比亚(Columbia)建设了新城。20世纪60年代,在法国建造了9个新城,以控制旧城市中心的扩张,其他欧洲国家在随后的几十年里也效仿了这一模式。

持续的遗产

霍华德的田园城市规划在20世纪头几十年对城市规划者产生了影响,不仅影响了新的田园城市的设计,也影响了新的国家首都的设计。霍华德是国际田园城市协会主席,该协会后来成为国际住房和城镇规划联合会(International Housing and Town Planning Federation)。尽管田园城市遭到了美国强大商业利益集团的反对(这实际上阻止了罗斯福政府扩大合作社区发展的计划),但这种规划模式在第二次世界大战的新城设计中都具有重要的影响。近几十年来,田园城市运动的遗产可以在世界各地的城市规划中看到,最直接体现在新城市主义和可持续发展倡议中,这些倡议几乎在每个国家都成为城市发展的参考。

进一步阅读书目:

- Beevers, Robert. 1988. *The Garden City Utopia: A Critical Biography of Ebenezer Howard*. New York: Macmillan.
- Buder, Stanley. 1990. *Visionaries and Planners: The Garden City Movement and the Modern Community*. Oxford, UK: Oxford University Press.
- Christensen, Carol Ann. 1986. *The American Garden City and the New Towns Movement*. Ann Arbor: University of Michigan Press.

- Hall, Peter. 2002. *Cities of Tomorrow: An Intellectual History of Urban Planning and Design in the Twentieth Century*. 3rd ed. New York: Wiley-Hall.
- Hertzen, Heikki von and Paul D. Spreiregen. 1973. *Building a New Town: Finland's New Garden City, Tapiola*. Rev. ed. Cambridge: MIT Press.
- Howard, Ebenezer. 1898. *Tomorrow: A Peaceful Path to Real Reform*. London: Swan Sonnenschein & Co.
- ———. 1902. *Garden Cities of Tomorrow*. London: Swan Sonnenschein & Co.
- Meachem, Standish. 1999. *Regaining Paradise: Englishness and the Early Garden City Movement*. New Haven, CT: Yale University Press.
- Miller, Mervyn. 1989. *Letchworth: The First Garden City*. Chichester, UK: Phillimore.
- Parsons, Kermit Carlyle and David Schuyler. 2002. *From Garden City to Green City: The Legacy of Ebenezer Howard*. Baltimore: Johns Hopkins University Press.
- Ward, Stephen V., ed. 1992. *Garden City: Past, Present, Future*. London: Taylor and Francis.

(Ray Hutchison 文 李 胜译 李文硕校)

GATED COMMUNITY | 门禁社区

在过去30年里,空间私有化成为城市发展的主要趋势,从根本上改变了城市空间的使用以及城市社会的性质。从洛杉矶到里约热内卢再到约翰内斯堡,人们创造出一种军事化空间的原型,这些地方带有带电栅栏、无法翻越的墙壁和武装警卫,使门禁社区、商业和公司区域远离外部世界的危险。与此同时,"门禁社区"这个标签在学术、政策和大众话语中越来越受欢迎,它们被用来描述和批评这种城市趋势,尽管这种现象的历史根源和地区差异比标签所暗示的要古老和广泛得多。

定义

门禁社区传统上是由其物理属性来定义的:围墙、监视和访问控制。换句话说,门禁社区的居住空间受到严格限制、监控和控制;它们是专门为居民及其指定的客人保留的,不允许不请自来的外人进入。在现实中这一术语适用于众多空间,从带有电气化高墙的整个保安小区,到持续巡逻的保安人员,再到区划开发项目、带有密码门禁的公寓楼,以及介于两者之间的一切。此外,最近对门禁社区的分析强调那些基于控制这些空间的私有和/或集体管理机制的定义,而不是门或墙本身的物理存在。然而在评论家的想象和暗示下,门禁社区的形象主要是由一群住宅组成,由墙包围、并受到某种形式的私人安全保护。(尽管这些机制不可避免地也依赖于公共治理,比如业主协会,但后者并不是主要的定义特征)。

门禁社区在全球的兴起

对于门禁社区兴起的解释,虽然不同地区存在不同,但暴力犯罪上升和对公共安全信心下降等因素是常见的合理解释。全球门禁社区的兴起通常被理解为典型的美国趋势,从美国中产阶级的郊区飞地和打上城市种族标签的贫民区蔓延到世界各地的城市。

例如,在中世纪,整个城市都被封闭;在19世纪欧洲工业化的大背景下,富裕的精英阶层越来越多地放弃破旧的市中心,转而选择位于城市边缘的私人住宅区；16 世纪的威尼斯隔都区和 13 世纪的半世俗女修道院，通过物理障碍展示了社会排斥。尽管当代门禁社区在美国和拉丁美洲发展最快，但是门禁社区不仅是美国的出口产品，也是地方独特性的产物（例如，南非和巴西的高犯罪率和不平等），它们存在于阿拉伯世界、澳大利亚、加勒比地区、东欧和西欧、中国、新西兰、俄罗斯、南非和东南亚等有着不同文化和城市历史的地区和国家。

洛杉矶郊区的一个门禁社区
来源：Steven K. Martin

全球门禁社区数量的激增与解释和分析门禁社区的文献数量的增长相匹配。爱德华·布莱克利（Edward J. Blakely）和玛丽·盖尔·斯奈德（Mary Gail Snyder）的著作《城堡般的美国》（Fortress America）被广泛认为是经典之作，描绘了美国门禁社区在现代社会的兴起，这使得门禁社区问题在 20 世纪 90 年代末成为学术和政策议程的前沿问题。在这项工作的基础上，分别关注美国和巴西的人类学家赛斯·洛（Seth Low）和特蕾莎·卡德里亚（Teresa Caldeira）探索了"门内"生活的现实，以及对那些被排除在外的人的影响。

门禁社区在全球范围内的传播，在一定程度上是由建筑业和安保行业推动的，他们推动公众关注与城市生活风险相关的恐惧，并声称可以通过门禁社区的安全环境来改善这种恐惧。此外，地方政府也致力于促进门禁社区的发展，这些地方政府急于吸引高税率的纳税人，尤其是那些很少需要公共服务的人。门禁社区的居民自己解释说，他们搬到门禁社区主要是希望加强安全，在国家退场的背景下，这种安全不依赖于政府或相关的公共安全执法，后者往往被认为是无能的（在某些情况下，腐败）。这种对安全的渴望并不仅仅是生理上的需要，也同样是经济上的需要，因为门禁社区是一种建立在生活方式基础上的安全投资。例如，门禁小区里的居民将他们的生活方式描述为田园美景式的，在过去的时代，孩子们可以在外面玩而门没有锁——这种生活方式在现代大都市已经不可能了，但是可以在一个门禁社区里成功地重新创造出来，尽管依赖需要墙壁和私人安全。换句话说，家庭可以继续享受城市的服务（比如好的学校、购物中心和就业机会），但不必搬到荒僻的农村，同时可以脱离城市中不那么令人满意的现实，例如犯罪和普遍的不安全。因此，极具讽刺意味的是，特蕾莎·卡德里亚基于对圣保罗的研究而阐发的关于"局内/局外人"的论述指出，居住在一个有大门的社区，实际上会增加那些在大门内的人对犯罪的恐惧，这是每天"谈论犯罪"的双刃剑效应，即"门外"的不安全感被放大；再加上孤立的活动模式，导致与外界生活相关的恐慌和恐惧被放大。尽管人们普遍认识到居民喜欢门禁社区，以满足家庭对私有化的物质、经济和生活方式安全的需求，但在世界各地没有单一或统一的门控体验，强调这一点是很重要的。

对城市和社会的影响

尽管居民、开发商和房地产中介称赞门禁社区提供了安全的家庭空间和安全的投资机会，但学术界和媒体对它们大多持负面看法，认为它们是私人堡垒，其排他性破坏了城市的活力。少数研究人员支持门禁社区，强调它们在保护受到威胁的群体免受种族冲突、为附近的贫困社区提供就业和服务、在提供服务方面显示出经济效率以及确保在落后国家保留金融资本等方面的作用。然而，在大多数情况下，门禁社区被认为是有问题的城市空间。

总结论点：尽管搬到门禁社区可能是一个理性的个人决定，特别是在严重暴力犯罪和国家能力薄弱的背景下，但门禁社区对社会和城市其余部分的总体影响则是破坏性的。现有研究强调了两个主要的负面结果：对个体的排斥和导致城市的分裂。尽管在某些情况下也存在中低收入的门禁社区（尤其是美国），但是大多数门禁社区（在美国和其他地方）由高收入居民居住，这样就有效地将富人孤立在高度排外的空间里。因为这些地方只有少数有经济能力的人才能进入，空间（通常以前公开）变得私有化，从而限制了城市人口的行动自由，并通过将大量未知的"他人"或"他们"排除在"我们"的安全空间之外，加深了社会两极分化。由于门禁社区的居民往往在社会经济方面相似（房价和限制性契约的后果），他们与墙外的世界进行有限的互动，空间区隔不可避免地与社会排斥纠缠在一起。此外，门禁社区还因将城市分割成一系列精英私人宅邸而受到批评，这些私人宅邸最终导致城市未来越来越多的排斥和隔离。这种即将到来的城市反面乌托邦被视为一系列安全堡垒，在这些堡垒中，富人从一个私人空间移动到另一个私人空间，不与危险的外部世界进行身体上、社会上或公民参与的互动，危险的外部世界居住着那些被隔离的社会群体。对这种空间扭曲不那么夸张的描述强调了门禁社区对扰乱交通流量的影响，强调它们不可避免地将犯罪活动转移到没有门禁的区域。

在研究中较少受到关注的影响是门禁社区居民的政治冷漠。在国家退场的全球化时代，门禁社区代表了公民政治冷漠的一种极端形式。在这方面，私营部门已成为主要的服务提供者，与此同时，当代城市的空间私有化也日益加剧。门禁社区反映了这一趋势的恶化，因为在某些情况下，居民完全依赖于私人服务和治理。因此，他们对国家的依赖进一步减少，因此，他们在日常生活的其他方面向国家屈服的意愿也降低了。可以说在更大的范围内，门禁社区有助于挑战现代社会的基础，即国家主权。

确实，对于南非的研究表明，选择居住在门禁社区并不仅仅是居住或基于安全的决定；它还反映了一种脱离公民参与和放弃公民社会责任的愿望。换句话说，门禁不仅仅是城市的物理分裂或公民的社会排斥，它也可以被理解为一些居民从公民社会中完全脱离的标志。门禁社区居民本质上以私有财产所有者的身份行使其以市场为导向的权力，因此拒绝基于公民身份作为公民社会的一员与国家进行互动。作为一种极端的解释，门禁社区为居民提供替代性的现实，使其与更广阔社会中的物质、社会、经济和政治归属分离，并免受其影响。

然而,正如前文所述,这对城市和社会可能具有高度破坏性的影响。

进一步阅读书目:
- Blakely, Edward J. and Mary G. Snyder. 1997. *Fortress America: Gated Communities in the United States*. Washington, DC: Brookings Institution Press.
- Caldeira, Teresa P. R. 2000. *City of Walls: Crime, Segregation, and Citizenship in São Paulo*. Berkeley: University of California Press.
- Davis, Mike. 1990. *City of Quartz: Excavating the Future in Los Angeles*. London: Verso. Glasze, Georg, Chris J. Webster, and Klaus Frantz. 2006.
- Glasze, Georg, Chris J. Webster, and Klaus Frantz. 2006. *Private Cities: Global and Local Perspectives*. London: Routledge.
- Le Goix, Renaud and Chris Webster. 2008. "Gated Communities." *Geography Compass* 2(4): 1189–1214.
- Low, Seth. 2003. *Behind the Gates: Life, Security, and the Pursuit of Happiness and Fortress America*. London: Routledge.

(Charlotte Lemanski 文　李　胜 译　李文硕 校)

GAY SPACE | 同性恋空间

同性恋空间,特别是为男性同性恋客户服务的城市休闲场所,在20世纪70年代末首次引起了城市地理学家和社会学家的注意。正如历史学家所证明的那样,至少从18世纪开始,在许多大城市中都存在着(并且经常公开)鲜明的同性恋亚文化。然而,直到20世纪70年代,随着现代同性恋解放运动的发展,集中的同性恋场所才在北美和欧洲的主要城市大规模出现,并成为学术界和公众关注的主题。本词条有意强调性别不平衡的空间性。

早期对同性恋空间的研究主要集中在美国的中心城市。在一项被广泛引用的研究中,卡斯特和墨菲(Murphy)重点关注同性恋聚居区旧金山卡斯特罗区的发展。他们关注的是人所共知的同性恋男性光顾的酒吧、俱乐部和同性恋集中分布的零售店;他们还试图绘制男同性恋者聚居的住宅区,并调查支持同性恋的候选人在市政选举中的投票情况。在20世纪80年代,这项工作被扩展到研究男同性恋者在市中心绅士化中所扮演的角色。

起初,(男性)研究人员没有发现女同性恋者的地域集中,并从理论上推断,女性已经被社会化,不再以同样的方式要求空间;而且由于女性收入的系统性不平等,她们在物质上处于不利地位。随后的研究发现了一些地区如在布鲁克林的帕克斯卢普(Park Slope),女同性恋者是绅士化的主要推动者;当然,女同性恋酒吧也存在,但往往比男性主导的场所更不稳定、寿命更短。然而,女同性恋者和女权主义学者认为,大多数对城市空间的分析都过度关注公共视野,因此忽视了女性自己对城市的使用。相反,他们提倡扩大分析范围,包括注意女性的社交网络、家庭空间和日常生活,以便更全面地理解女同性恋者生活的空间性。这种方法也有助于对双性恋空间的进一步了解,因为双性恋者在同性恋和异性恋空间中都有活动,他们创造了双性恋空间,但在这两种空间中都很少被(作为双性恋者)观察到。

早期对同性恋空间的研究倾向于强调这些空间如何占据市中心边缘地带的有限空间。在20世纪90年代,许多同性恋空间重新进入城市中心,被纳入城市更新计划和场地营销计划。这反过来又导致这些地方的使用者抱怨说,由于吸引了渴望展示其国际文化资本的异性恋消费者,这些地方正在被系统地"去同性恋化"。对一些挑剔的酷儿理论家来说,将同性恋空间纳入城市规划体系,可以说明它如何成为市场的殖民地,并已成为一个与标准的男权主义、阶级偏见和白人至上同谋的特权场所。

在过去30年的大部分时间里,同性恋空间理论都集中于全球北部的大都市。定位性取向分布空间的那些地图绘制者强调,这些理论中的重要部分可能远比它所揭示的更为模糊;他们已经开始在全球南部的郊区、小城镇和城市等其他环境中研究同性恋城市生活的空间性,在这些环境中,同性恋身份(因为同性恋在欧洲和北美是被理解的)可能是特权阶层、跨国精英的特权,并与具有自己独特空间性的本土同性恋共存。

进一步阅读书目:

- Brown, G. 2008. "Urban (Homo)sexualities: Ordinary Cities, Ordinary Sexualities." *Geography Compass* 2(4): 1215–1231.
- Browne, K., J. Lim, and G. Brown, eds. 2007. *Geographies of Sexualities: Theory, Practices, and Politics*. Aldershot, UK: Ashgate.
- Castells, M. and K. Murphy. 1982. "Cultural Identity and Urban Structure: The Spatial Organization of San Francisco's Gay Community." pp. 237–259 in *Urban Policy under Capitalism*, edited by N. I. Fainstein and S. S. Fainstein. London: Sage.
- Chauncey, G. 1994. *Gay New York: Gender, Urban Culture, and the Making of the Gay Male World* 1890–1940. New York: Basic Books.
- Hemmings, C. 2002. *Bisexual Spaces: A Geography of Sexuality and Gender*. London: Routledge.
- Knopp, L. 1992. "Sexuality and the Spatial Dynamics of Capitalism." *Environment & Planning D: Society & Space* 10: 651–669.
- Podmore, J. A. 2001. "Lesbians in the Crowd: Gender, Sexuality, and Visibility along Montreal's Boul. St-Laurent." *Gender, Place, and Culture* 8(4): 333–355.
- Rothenburg, T. 1995. "'And She Told Two Friends': Lesbians Creating Urban Social Space." In *Mapping Desire: Geographies of Sexualities*, edited by D. Bell and G. Valentine. London: Routledge.

(Gavin Brown 和 Kath Browne 文 李 胜 译 李文硕 校)

GEDDES, PATRICK | 帕特里克·盖迪斯

帕特里克·盖迪斯(1854—1932)堪称博学,他的研究涵盖了许多学科,是生物学家、社会学家、教育家和美学家。盖迪斯最大的影响之处可能是对城市规划的发展做出了重要贡献,特别是受他影响的美国区域规划协会。刘易斯·芒福德承认帕特里克·盖迪斯是"我的大师",并声称盖迪斯"是他那一代杰出的思想家之一,不仅是在英国,而且是在全世界"。在英国,盖迪斯的想法被他的亲密合

作伙伴维克托·布莱福德(Victor Branford)发展壮大。尽管盖迪斯的观点得到了芒福德等思想家的支持，但直到最近他还只是城市研究中的一个小人物。在过去的10年里，学者们重新关注起盖迪斯城市研究的遗产。

生涯

1879年，盖迪斯在墨西哥暂时失明后放弃了生物学家的职业生涯。1886年，他在爱丁堡的老城区定居下来，帮助翻修了拉姆齐花园(Ramsay Garden)的公寓和爱丁堡皇家英里大道(Royal Mile)上的肖特天文台(Short)。它成为著名的瞭望塔，被称为"世界上第一个社会学实验室"。作为一个教育博物馆，瞭望塔展示了这座城市的发展历程，从一座无名城市发展为欧洲、英国和苏格兰地区的重要城市。

大约在同一时期，盖迪斯被任命为邓迪大学(University College Dundee)植物学教授(1889—1914)，后来他成为孟买大学(Bombay University)的公民学和社会学教授(1919—1923)。盖迪斯绝不是一个传统的学者，他从未获得过正式学位，也未能获得多个学术职位，直到邓迪纺织业巨头詹姆斯·马丁·怀特(James Martin White)专门为盖迪斯在邓迪大学创设了职位。怀特的慷慨解囊让盖迪斯每年有9个月的时间离开学院去追求他的其他爱好。盖迪斯还在1903年帮助建立了社会学协会，并在第一届社会学协会会议上发表了他的开创性研究《公民学：作为应用社会学》(Civics：As Applied Sociology)，他在1913年根特国际博览会(International Exposition at Ghent)上因其应用社会学获得国际金奖。在他生命的最后一年，他接受了爵士头衔(尽管之前他拒绝了)。

思想

沃尔克·韦尔特(Volker Welter)将盖迪斯定义为1914年前欧洲乌托邦思想主流的一部分，这是一种"更大的现代主义"，将科学理性与美学、神话和宗教混合在一起。在盖迪斯的故乡苏格兰，他被新浪漫主义和凯尔特复兴主义深深吸引。他还吸收了来自世界各地的知识分子的不同理念。盖迪斯在巴黎、蒙彼利埃、墨西哥、巴勒斯坦和孟买以及都柏林、爱丁堡、伦敦和邓迪学习和工作过，他的公民现代主义非常强调在国际主义伦理学框架下发展一种基于国家和地区的意识，并特别强调历史构成的地域差异。

盖迪斯致力于思考社会发展的进化模式。19世纪70年代中期，他在赫胥黎的指导下学习达尔文进化论，并参加了伦敦的实证主义教派。在那里，他接受了斯宾塞(Spencer)和孔德(Comte)的教导，之后又对拉斯金(Ruskin)对当代社会状况的社会和美学批判产生了兴趣。但他独特的公民现代主义最终在巴黎进一步完善，在那里，在勒普莱(Le Play)和德穆林(Demoulins)的影响下，他意识到融合进化科学和社会科学的可能性。盖迪斯将他的公民现代主义集中在城市上，因为城市本身就代表了大自然平衡个体自由和物种繁衍的力量。像城市这样复杂的社会结构是从更基本、更简单的单元发展而来的。对于盖迪斯来说，城市早期的发展虽然受制于具体的时空环境，但仍然影响着城市后期发展的形式。城市是由过去时代的无意识遗存构成的，盖迪斯明显夸大了这种无意识的遗传，例如，霍斯曼在巴黎的林荫大道不知不觉地与中世纪狩猎通道的宽阔遥相呼应。

1904年，盖迪斯发表了关于公民现代主义的重要文献《城市发展：公园、花园与文化机构研究》(*City Development*：*A Study of Parks*，*Gardens*，*and Culture Institutes*)。这是一项全面但从未实现的计划，旨在修复苏格兰古都丹弗姆林(Dunfermline)。"城市发展"项目受到安德鲁·卡内基(Andrew Carnegie)创立的地方信托基金的资助，卡内基出生并在这里长大。回顾过去，这一文献可以被视为20世纪公民现代主义和19世纪田园城市规划之间的承上启下之作。

与此同时，盖迪斯试图把城市展览作为引导市民行为的有益工具,来激发人们对应用社会学的兴趣。后来,他影响了印度和巴基斯坦的城市区域研究。在印度,盖迪斯调查了大约30个城镇,希望保留这些城镇的历史遗迹,即便是在快速城市化开始的时候。他并不像欧洲人那样鄙视印度南部的宗教城市,而认为它们是文化、历史和城市形态的最完整的融合。

盖迪斯的作品很少,他的写作风格让人难以捉摸,往往离题太远。然而值得注意的是,他与约翰·亚瑟·汤姆森(John Arthur Thomson)合著的社会生物学史《性的演进》(The Evolution of Sex,1889)是一部关于性别和性的争议性研究,该书明显不同于维多利亚时代的社会风俗。他的《进化中的城市》(Cities in Evolution,1915)试图以一种通俗易懂的风格总结他的进化城市主义。但该书并未全面体现盖迪斯的学术志向。盖迪斯对源自生物学的专业概念的过度依赖,以及他所构建的许多新词,可能看起来晦涩难懂,令人困惑。例如,为了更好地反映大城市的发展,盖迪斯创造了一个词,这个词将成为城市研究词典的一部分,即集合城市(Conurbation)。其他新词包括大都市连绵带(Megalopolis)、地理技术(Geotechnic)、古代技术(Paleotechnic)、新技术(Neotechnic)和坎坷邦(Kakotopia)。然而《进化中的城市》包含了对城市现代性的深刻洞见,特别是在物理环境、文化、空间形态、社区、进化历史和市民方面,通过更加细致的阐述和说明,这些线索仍能引起共鸣。

受他自己半农村的童年时代的影响,也受到法国地理学家、无政府主义者雷克吕斯(Élisée Reclus)区域视角的影响,盖迪斯开始支持区域主义,将城市的异质性扩展到更广泛、更多样化和足以自我调节的单元。例如对于流经山谷的河流,盖迪斯被雷克吕斯的"区域山谷区"的概念所吸引,这一概念指代连贯的单元,用于研究发生在其中的行动。他最喜欢的例子是格拉斯哥。对于盖迪斯来说,基于城市-区域模型的未来社会的萌芽已经在格拉斯哥出现,克莱德河(Clyde)流域融合了先进工业和社会组织的各个方面,而其他城市如伦敦则分散在城市的地理区域。盖迪斯声称,由于这个原因,格拉斯哥在融合应用科学和政治经济学方面表现出高度的理性。

公民现代主义

与许多当代环保主义者不同,盖迪斯的公民现代主义对城市生活和技术创新没有敌意。对于盖迪斯来说,近代早期的工业和政府的集中代表了一个古技术时代(Paleotechnic Age),而现代更加分散化的经济和政府可能演变为新技术时代(Neotechnic Age)。古技术时代为了自身的利益盲目地走向工业化和积累,造成了自然资源、物质和能源的大规模浪费,也造成了大规模的物质和文化的贫乏,并对环境产生灾难性影响。盖迪斯称这种情况为坎坷邦,与之形成鲜明对比的是,新兴的乌托邦正因电能成为可能。盖迪斯将乌托邦城市的形象定位在"像数学家的零",介于但丁笔下地狱般的工业城市的残酷现实和乌托邦城市的完全抽象概念之间。格拉斯哥这样的城市,乌托邦的公民现代主义植根于社会、技术和自然条件,但它的实现依赖于社会行动,通过关注环境的行为在不同方面蓬勃发展。

尽管很大程度上被认为是公共规划方案,但盖迪斯反对整齐有序的城镇规划,并敦促自然和建成环境间积极、相互作用。实际的干预应该是适度的、小规模的、符合本地状况的,他称这个过程为保守手术。城市的改善应该遵循当地传统,只有仔细研究和保持对城市区域特殊性的敏感,才能揭示出哪些正在发育的花苞可以发育出乌托邦式的未来。

进一步阅读书目:

- Geddes, P. 1904. *A Study in City Development: Parks, Gardens, and Culture Institutes*. Dunfermline, UK: Carnegie Dunfermline Trust.

- ——. [1915] 1968. *Cities in Evolution: An Introduction to the Town Planning Movement and to the Study of Civics*. London: Benn.
- ——. 1979. "Civics: As Applied Sociology." In *The Ideal City*, edited by H. E. Meller. Leicester, UK: Leicester University Press.
- Meller, H. 1990. *Patrick Geddes: Social Evolutionist and City Planner*. London: Routledge.
- Welter, V. M. 2002. *Biopolis: Patrick Geddes and the City of Light*. Cambridge: MIT Press.

(Alex Law 文 李 胜译 李文硕校)

GEMEINSCHAFT AND GESELLSCHAFT | 礼俗社会和法理社会

礼俗社会和法理社会是由斐迪南·滕尼斯提出的抽象概念,描绘了社会从以农村为基础和依赖农业转向依赖城市和商业时的变化。礼俗社会强调了前工业社会、农业社会中基于血缘关系的社区关系,许多这样的关系受到赞美。相反,法理社会从整体上呈现为对现代性的批判,认为现代社会关系建立在经济交易的基础之上。

这对概念对城市研究非常重要,因为它提醒人们注意那些通常出现在城市环境中的现代性威胁。礼俗社会和法理社会的概念在重视个人与社会结构关系的同时关注个人意愿。礼俗社会式的关系的强化意味着国家在代表社会利益方面的作用增强了。因此,社会实体和规范以及民族国家角色的转变都包含在这种分析之中。本词条首先讨论了滕尼斯,然后对其理念进行扩展性分析。

背景

斐迪南·滕尼斯——与马克斯·韦伯和格奥尔格·齐美尔一道——被誉为德国"古典社会学之父"。同他们一样,滕尼斯力图从过去吸取教训以便了解未来。在追求教训之中,他思考了传统社会和现代社会的特点。他的作品深受霍布斯及其人类意志理论的影响,他和齐美尔一道对城市社会学做出了杰出的贡献。

滕尼斯在农场长大,目睹了商业化和机械化对日常生活的影响。思想产生的历史背景具有相关性,因为它们是在欧洲正从农业社会向越来越依赖商业和贸易的转型期被提出的。整个欧洲大陆的学术界着迷于现代性对传统社会的影响,涂尔干和韦伯的作品都证明了这一点。

在19世纪末,滕尼斯出版了《礼俗社会和法理社会》(*Gemeinschaft and Gesellschaft*)。该书第一版(1887)的销量有限,据说是因为其老旧的日耳曼写作风格。尽管滕尼斯归根结底是以母语写作的多产作家,但据称他的作品一定程度上被忽视。该书在1912至1940年间出版了7个德语版本,而首个英文版本直到20世纪后半叶才问世。

滕尼斯在德国之外的欧洲少有支持者,因而其作品的影响有限。但仔细审视20世纪的社会学会发现,在欧洲他的作品并没有被完全忽视。很明显,我们在城市化理论和相关的城乡生活方式二分法中看到了滕尼斯的核心思想。在20世纪70年代英国兴起的许多社区研究方法中,他的思想得到了进一步的应用。事实上,他的影响有时被认为是隐蔽的,以至于虽然其基本理论众所周知,但并没有被广泛阅读因而也没有得到充分的理解。

这本书是按照实证主义传统写的,即以描述为主,但它也提出观点并最终试图为理想社会提供一个原型。广义上说,礼俗社会和法理社会为理解社区和社会关系提供了一种机制。尽管滕尼斯是一个进步主义者,但该书对代表当时德国知识分子思想的保守主义的主要元素进行了分析。他利用了欧洲人对现代性的迷恋:正如涂尔干对社会融合的丧失和自杀率的上升所引发的新兴现代社会的担忧一样,滕尼斯试图通过社会关系来理解现代性的危险。尽管这一理论常常近似于农村(礼俗社会)和城市(法理社会)的关系,但两者并不相互排斥。换句话说,这两个概念在多种社会关系中相互缠结,从一个到另一个的稳定发展在社会中不一定明显。礼俗社会和法理社会继续在现代城市社会产生共鸣,因为在现代法理社会中,类似礼俗社会的关系持续存在——但其力量不断衰减。在滕尼斯对理想类型的追求中,他关心的是在新的世界秩序中如何保持更牢固的礼俗社会关系。

前工业社会和后工业社会

在17世纪和18世纪的商业时代,对金钱的痴迷盛行于欧洲。大规模贸易、技术变革和资本主义带来了重大的社会变革。在今天被称为启蒙时代的时期,社会内部在科学、宗教和民族国家影响下发生了重大变化。在这一时期,理性和科学探究压倒了非理性和迷信。

这些转变对农村地区产生了直接影响,随着人们离开土地迁往工业中心,农村地区面临着人口减少的局面。在这种转变中,由于土地在社会中的作用不断下降,土地贵族至高无上的地位也受到了侵蚀。因此随着资本主义的到来,旧的农业社会意识形态被逐渐扫除。与此同时,工业社会见证了城市和大都会的崛起。这一变化的核心是从一个以封闭为主的社区转变为一个更加多样化的社会,人们在那里追求自己的利益。在新的世界秩序中,社会是由一个遥远的国家而不是由本地的权威来管理的。对个人及其物质、知识产权和自由的保护成为国家的关键作用。

社会内部的关系

通过血缘和婚姻建立的关系构成了礼俗社会的核心,但友谊和邻里关系也很重要。关系被认为是私人的、熟悉的、牢固的和紧密的,因此礼俗社会中的信任和互惠水平很高。这些关系在农村社区内普遍存在,不论是城镇还是村庄。此外,社会与土地紧密相连,在这片土地上谋生的人从这项工作中获得乐趣。传统价值观和习俗在社会关系中大量存在,因此是有机和自然的。换句话说,它们是真诚的,因为它们是本能的,是在社区内产生的,而不是从强制关系产生的。这些关系呈现在家庭内部,在男人、女人和孩子之间。

相比之下,在资本主义的法理社会中,没有一套共同的社会规范或集体历史。以城市环境为背景,个体通过经济交易发展关系;他们寻求交换商品或服务以增进自身利益。关系是客观的、人为的、敷衍的、松散的和肤浅的。结果,个体被隔绝于自然之外,他们经历着彼此和社区的隔离。

在礼俗社会中,有人提出女人是由良心和情感驱动的,而男人是由计算和努力驱动的。虽然滕尼斯认为这些仅仅代表了社会中不同类型的个体,但是该理论分析的性别属性是显而易见的。这表明女性倾向于发展自然的关系,比如深厚的、本能的母子关系。这些关系优于男性的关系,而男性的关系是人为的和专制的。在乌托邦社会中,两性关系将更类似于礼俗社会中的女性关系。

政府和个人意志

社会是由人类意志支撑的,特别是本质意志(*Wesenwille*)和选择意志(*Kurwille*)。尽管智力和理性都渗透其中,但前者与礼俗社会有关,指的是个体内在的自然和天生的意志,代表了社区的传统和不变的本质。为了社会的更大利益,人们本能地根据习惯和习俗做出选择。关系是出于其内在价值而形成的。这些关系得到更高权威的支持,通常由宗教机构通过普通法来维持。冲突之所以不频繁,是因为个人利益与社区利益重叠。此外,这些传统社区是独特的,具有强大的社会规范和纽带,它们有共同的敌人。

与礼俗社会的社区利益相反,选择意志是现代个人的意志。它是任意的,并建立在选择的概念、理性的判断、对自我利益和快乐的追求以及权力的获得之上。虽然从自然意志到理性意志的转变意味着个人的自由,但所得被认为是暂时的。作为自由的行动者,个体组成联合体作为达到特定目的的一种手段。个人拥有自己的财产,利他主义行为被视为可疑的。

人们可能会做出随机的选择,但他们在选择时考虑的是对自己有利,而很少关注公共利益。随着紧密联系的礼俗社会社区的分裂,这种动机在工业社会中极为普遍。大都市和超民族国家在制定和执行积极的法律方面发挥着核心作用,仅国家的这一中心作用就意味着现代社会的到来。一个合法的民族国家通过公约维持和平,它不是从社区内部产生的。

随着社会的成熟和人们经历了从礼俗社会到法理社会关系的转变,他们的性格变化、亲属关系、社区纽带、传统信念以及与自然的联系都被侵蚀了。商业的兴起带来了一个更加理性、独立和多样化的社会。

虽然批评家们会争辩说礼俗社会和法理社会的理论是天真的,但这些概念同样是抽象的,是被设计来帮助理解现代社会结构的理想类型。为对社会关系有更深了解,对不同关系、人的意志和国家的作用的分类必然是抽象的。在现实中,这一理论认为,社会将从一个礼俗社会关系占主导地位的时期发展到一个以法理社会为代表的时期,然后才会发展成为一个新的社会。滕尼斯感兴趣的就是如何影响这个社会,但他并不悲观,相信随着现代世界出现新的社会关系,法理社会的流行是一种暂时的现象。城市研究的一个关键问题是:城市地区如何克服法理社会关系表面上的消极方面,重新创造礼俗社会联系?

进一步阅读书目:

- Adair-Toteff, Christopher. 1995. "Ferdinand Tönnies: Utopian Visionary." *Sociological Theory*, 13(1), 58–65.
- Roth, Guenther. 1971. "Sociological Typology and Historical Explanation." In Reinhart Bendix and Guenther Roth (eds.), *Scholarship and Partisanship: Essays on Max Weber*, Berkeley: University of California Press.
- Tönnies, Ferdinand. [1887] 2002. *Community and Society: Gemeinschaft und Gesellschaft*. Translated and edited by Charles Price Loomis. New York: Courier Dover.
- Truzzi, Marcello. 1971. *Sociology: The Classic Statements*. New York: Oxford University Press.

(Ruth McAreavey 文 李 胜译 李文硕校)

GENDERED SPACE | 性别化空间

性别化空间是从事城市研究、地理和规划的女性主义学者关注的焦点。性别化空间不是绝对的,而是由强化传统性别角色的主流社会和文化机构所塑造的。多年来,性别作为一个主题,在很大程度上被关注城市空间的学者和决策者所忽视。在 20 世纪 70 年代末和 80 年代初,女权主义地理学家和规划学家开始批评城市中的女性状况,并关注女性和男性对这些空间的不同体验方式。特别是,学者们分析了女性对空间的期望以及她们在城市空间中活动的能力、在家庭之外从事劳动的能力,以及充分参与由男性创造和主导的社会和政治体系的能力。

这种空间方法的起源可以追溯到亨利·列斐伏尔,他在《空间的生产》一书中指出,空间格局不是绝对的,而是由掌握政治权力的机构和个人主导的社会和经济系统所塑造的。在西方社会,男性传统上发挥着最大的社会和经济力量,并影响着周围的空间来满足自己的需求。一些地区受益,而另一些地区由于这些主导力量处于不利地位。同样,那些没有权力的人也被限制使用他们所喜欢的空间,造成了空间不平等。

公共和私人空间的性别属性

在中世纪的欧洲,农村妇女在田间和农村市场劳作;妇女在家庭以外生活和工作的机会相当有限。一些妇女在修道院中寻求与世隔绝的生活,在那里她们被接受。另一些人从半世俗女修道院中寻求安全,那里使妇女能够在没有正式宗教誓言的半宗教条件下与男子分开生活,并使之积极从事慈善工作。工业革命加剧了男女在空间上的分离。琳达·麦克道尔(Linda McDowell)认为,多年来,城市研究者在追求与工业革命的快速城市化相关的社会变化时忽视了性别。她指出快速工业化的城市空间被认为对女性来说是不安全的,这种空间观念导致了维多利亚时代公共和私人领域的分离,这种分离限制了女性的空间,而男性却可以自由使用公共空间,例如穿越街道、在城市寻求娱乐和工作。

这种理念在 20 世纪上半叶一直存在,成为歧视妇女的基础,在允许男子主导公共工作场所的同时,使妇女只能在私人的家庭空间中活动。在维多利亚时代的城市里,男人可以随意漫步,但冒险涉足城市公共场所的女性却被认为要么来自下层社会,要么是"堕落"的女性。

在一些情况下,妇女被允许加入劳动大军,尽管这种做法的效果各不相同。多琳·梅西认为,矿区、棉纺厂镇和伦敦市中心就业制度的差异导致了不同的空间就业关系和女性空间赋权的差异。在矿区,男人在矿井里工作,而女人则照料家务。在棉纺厂镇,妇女可以从事纺织工作,这为她们组织和改善生活创造了新的可能性。在伦敦,女性从事各行各业,但大多是在家里做计件工作,这对服装行业的男性父权制威胁较小。在美国,像基督教妇女禁酒联盟(Women's Christian Temperance Union,简称 WTCU)和社区改良会所等组织致力于在城市地区为妇女和移民建立安全的空间,并提高了对诸如选举权、禁酒等问题并培育了保护职业妇女免受男性侵犯的社会意识。

新兴城市也受到许多长期存在的性别偏见的影响。多洛伊斯·海登(Delores Hayden)批判了男性主导的建筑领域对城市物理形态的影响。她认为这种对建成环境的控制使城市空间的性别歧视成为可能。房子建在郊区,为城市里下班回家的男人提供了一个宁静的家,但同时,这样的空间让女人彼此隔绝。解决这种偏见的一个办法是重新调整城市结构,特别是在住宅区,以减轻妇女的孤立并创造一个更加公平的社会。

达芙妮·斯佩恩在《性别化空间》(Gendered Spaces)中对这一主题进行了开创性的处理,她在书中明确承认男性和女性之间的地位差异创造了特定的城市空间结构,这些结构与男权空间机构相联系,从而加强了男性的主导地位。她特别研究了通过包括住房、学校和工作场所等各种物理位置运行的家庭、教育系统和劳动力。斯佩恩认为,在上述每一种情况下,现有的社会制度都为男性提供了女性所没有的优势。她还通过对非西方文化中性别空间的性质的描述来扩展她的分析。她认为,当家庭空间中出现性别隔离、当形成男性独立的工作惯例、当存在高度分化的劳动分工时,女性的地位会更低。当空间机构被男性所控制时,男性的活动空间中会存在对女性的偏见,这使得他们成为有效的性别化空间。

改变对空间的二元理解

通过关注城市空间的性别属性,一些学者对公共空间和私人空间的二分性进行了批判。南希·邓肯(Nancy Duncan)认为,空间二元性被用于为对女性的压迫进行辩护,解构了公共-私人空间的二元性,认为准私人空间提供了更丰富的描述。其他作家讨论了城市空间的性质,认为这些空间既不完全是公共的,也不完全是私人的,包括购物中心、酒吧、餐馆和郊区草坪。这些中间空间的性别划分不那么严格,这使得女性和男性都有更大的自由在不同地点之间移动,并表达更广泛的行为。苏珊·盖尔(Susan Gal)甚至提出,这种公共空间和私人空间的划分最好用一种分形分析来概念化,这种分形分析将空间的子类别分解成几何碎片。有必要超越这种公、私二元性,沿着一个连续体重新概念化性别空间。

克里斯廷·米兰妮(Kristine Miranne)和阿尔玛·扬(Alma Young)在所编著的《性别化城市》(*Gendering the City*)中指出,女性在城市空间中的生活是由性别化城市的社会结构所创造的有形和无形的边界所塑造的。对妇女的暴力是使这种二分法永久化的机制之一,因此跨越空间二元性进入公共空间的妇女必须与自己对男性暴力的内在恐惧做斗争。进入男性主导的公共空间的女性可能会因违反默认的规则而受到广泛的包括言语和身体上的骚扰。此外,其他那些具有边缘化身份的个体,如种族或性别身份,也会遇到这种高度性别化的空间系统,他们在公共空间中表达自己的方式可能会受到特别的限制,这些公共空间主要由白人和异性恋机制控制。

其他学者则用不同的策略来批判性别的二元性,就像批判公、私两分一样。女权主义学者一直认为,不是所有的男性都是男性化的或需要男性化,女性亦然。这一认识要求性别理论家发展更复杂的理论,来解释什么是性别、性别如何构成,以及性别二元结构是否仍然是观察空间的有效结构。朱迪思·巴特勒(Judith Butler)对传统的性别二元对立提出了挑战,她认为性别不仅仅存在于人的身体里,而且通过性别的日常表现来构建的。这一观点挑战了传统的二元结构论,并为可能的性别认同扩大范围。

在西方世界,当人们在公共场所表达性别差异时,往往会面临明显的歧视和骚扰。人们可能会认为男性化的女性或女性化的男性是女同性恋或男同性恋,但性别认同和性取向是完全不同的概念。无论如何,公众对明显性别差异的反应往往是暴力的,而且相当个人化。跨性别政治活动家认为,对同性恋者实施仇恨犯罪往往是因为受害者明显的性别差异,而不是因为他们有自己性取向的直接证据。因此,性别与社会期望不一致可能会让一些人感到不安,也可能会引发愤怒。这是空间性别化的一个极端例子。

非西方的空间概念

欧洲和北美学者有时未能认识到性别的文化维度以及殖民机构输出西方性别空间概念的方式。萨拉·米尔斯(Sara Mills)认为,殖民时期的城镇规划被用来将"土著"与殖民者分离,并强化了基于种族和性别的隔离。然而,当任何一方跨越这一人为的空间边界时,往往导致高度性别化的接触,这对殖民者和被殖民者都产生了深远的影响。而且,西方观察家继续使殖民主义话语,这些话语将第三世界女性与第三世界文化相关联,从而将她们边缘化。

在伊斯兰世界,妇女独自在公共场所活动受到强烈的文化和宗教限制。前往伊斯兰国家的游客会被公共和私人空间中强烈的性别差异所震撼。穆斯林家庭的男性访客通常会被迎进一个靠近餐厅的正式休息区,酒和食物由男性户主或他的儿子带来,这是为了使该家庭中的女性可以穿过其余的空间而不会被公共房间中的任何人看到。这种分离延伸到公共领域,因此女性在公共场所必须被遮盖或蒙着面纱。同样,在清真寺等公共空间里,也有供男女祈祷的单独区域。当然也有改变的方法。其他进入公共空间的方式发生在被艾米·米尔斯(Amy Mills)描述为伊斯坦布尔马哈勒空间(Mahalle Space)的地方。当男性外出工作时,这些空间会发生变化,允许房子外面的空间变成半私密的空间,让住在附近房子里的女性共享;而当男性回来时,这些空间又恢复到完全公共的性质,成为女性的禁区。

在其他地方,家庭空间的性质是相当善变的。路易丝·约翰逊(Louise Johnson)在女性地理杂志《性别、场所和文化》(Gender, Place, and Culture)上发表了10篇系列文章,探讨了不同文化对厨房空间的不同理解。在西方,尽管厨房通常位于私人住宅内,但约翰逊指出,发展中国家的许多厨房是位于庭院或其他公共场所的共享空间的。

在一些文化中,土地仅由男性继承,但在西非部分地区,土地是通过母系传承的。因此,在妻子死亡或离婚的情况下,土地归妻子的家庭所有,使丈夫没有家或无法生产粮食。公共商业的性别性质有很大的差异。例如在西非国家多哥,以马马·本茨(Mama Benzs)而著称的妇女是商业上的主导力量,特别是在布料和家庭用品方面。借助其影响,她们也开始对政府施加政治影响。然而在西非其他地区,商业活动是男人的唯一领域。

许多非西方文化对性别多样性表现出更大的宽容,并且由此产生的一系列可能的性别分类也破坏了对性别空间的二元理解。这些不同的文化情境提出了新的对更具流动性的性别可能性的空间含义。人类学家吉尔伯特·赫特(Gilbert Herdt)在《第三性和第三性别:超越文化和历史中的性别二形性》(Third Sex, Third Gender: Beyond Sexual Dimorphism in Culture and History)一书中,从全球范围内展示了性别类别的差异,其中一些变化还具有直接的空间含义。有时,神圣的空间受到保护,或者与非二元性别相关联。例如,传统上伊斯兰圣地的守卫者是被称为莫汉那孙(Mukhanath)的太监,他们被认为属于第三性别,这使其能够在男女接近圣地时在场。在印度,被称为海吉拉(Hijra)的第三性别人群在纪念出生和婚礼的宗教仪式上扮演着重要角色。

城市空间的性别化是包括宗教、社会结构和经济阶层等不同机制在内特定社会文化过程的结果。随着社会的发展,创造性别空间的社会力量也可能发生变化。例如虽然有人认为宗教在性别上是保守的,但事实上宗教的传播是动态的。例如在20世纪20年代的土耳其,凯末尔领导了一场革命性的变革,对伊斯兰教做出了更加世俗化的解释,规定在"现代"社会中不再佩戴面纱。半个多世纪后,随着伊斯兰政党在土耳其的崛起,其中一些世俗变革面临着相当大的压力,性别空间的性质也在不断变化。

1996年,南非通过了它的第一部后种族隔离时代的宪法,其中包括一些最进步的规定,防止基于种族、性别、性、怀孕、婚姻状况、种族或社会出身、肤色、性取向、年龄、残疾、宗教、道德、信仰、文化、语言和出身的歧视。法律上的改变在该国将如何重塑性别空间的属性还有待观察。2005年,经过多年的内战后,一名女性当选利比里亚总统,成为非洲首位女性国家元首。再一次,政治中的性别变化可能导致对政府的性别性质及其相关空间的基本理解发生转变。

这些社会变化的过程是动态的、非线性的,反映了社会、经济和文化权力的变化。当社会文化过程不再妖魔化性别和性别差异时,公共空间中的大量性别行为将成为可能,城市空间的性别属性可能会降低。

进一步阅读书目:
- Butler, Judith. 1990. *Gender Trouble: Feminism and the Subversion of Identity*. New York: Routledge.
- Hayden, Delores. 1984. *Redesigning the American Dream: The Future of Housing, Work, and Family*. New

- York: W. W. Norton.
- Herdt, Gilbert, ed. 1994. *Third Sex, Third Gender: Beyond Sexual Dimorphism in Culture and History*. New York: Zone Books.
- Johnson, Louse. 2006. "Browsing the Modern Kitchen—A Feast of Gender, Place, and Culture (Part 1)." *Gender, Place, and Culture*, 13(2), 123–132.
- Lefebvre, Henri. 1991. *The Production of Space*. Oxford, UK: Blackwell.
- Massey, Doreen. 1994. *Space, Place, and Gender*. Oxford, UK: Blackwell.
- McDowell, Linda. 1983. Towards an Understanding of the Gender Division of Urban Space. *Environment and Planning, D: Society and Space*, 1, 59–72.
- Mills, Amy. 2007. "Gender and Mahalle (Neighborhood) Space in Istanbul." *Gender, Place, and Culture*, 14(3), 335–354.
- Mills, Sara. 1996. "Gender and Colonial Space." *Gender, Place, and Culture*, 3(2), 125–147.
- Miranne, Kristine B. and Alma H. Young, eds. (2000). *Gendering the City: Women, Boundaries, and Visions of Urban Life*. Lanham, MD: Rowman & Littlefield.
- Spain, Daphne. 1992. *Gendered Spaces*. Chapel Hill: University of North Carolina Press.

(Petra L. Doan 文 李 胜译 李文硕校)

GENDER EQUITY PLANNING | 性别平等规划

性别平等规划强调规划对两性的影响,以及两性对规划本身的影响。性别指的是主观的、二分的将人们归为为男性/男性的或女性/女性的,而性指的是纯粹基于生物学特征的男性和女性的分类(染色体、生殖器等等)。在讨论性别平等规划时,性别和性这两个术语经常被混淆,前者不只是关于生物学的特征,记住这一点很重要。

男性和女性的特征通常被认为是社会建构的,性别特征的意涵会随着时代而改变。曾经被认为只适合男性的工作比如规划,现在也已被视作适合女性的工作。在人们将个体划分为男性或女性时,身体特征如头发长度和肌肉组织,也会根据人们观察到的相关性而变化。这样,性别平等规划等做法就会变得越来越复杂,因为人们越仔细地探索这一概念,就越要精细地做出关键区分。

如果性别与社会观念有关,即女性或男性意味着什么,那么公平就是指那些被贴上男性或女性标签的人如何受到公平对待。公平可能意味着受到平等对待,也可能意味着需要采取不平等的做法来创造更公平的局面。对公平的兴趣也意味着对纠正不公正的兴趣和承诺。因此,性别平等规划的主题是如何预防或纠正城市和地区现有或潜在的不公平现象。就像性别分类一样,关于什么是不公平的观点也不是一成不变的。因此,是否不公平(如女性不能拥有财产或签署合同)也会随着时间和文化的变化而变化。即使一种不公平现象似乎是相对明确的,人们对其严重程度或强度的感知也可能会发生变化,从而影响到规划者和政策制定者对它的重视程度。

性别平等规划的出现是因为人们认为规划和规划人员未能坚持性别中立。这种偏见是社会的产物,在这个社会中,男性拥有最大的权力和公众影响力,更具体地说是在数量和声望上主导着规划行业。作为对这种偏见的回应,性别平等规划将规划人员和公众的注意力转向个人安全、儿童保健、多样化和负担得起的住房、交通和公共空间等问题，以解决妇女和女童面临的许多问题，尤其是改变她们所处的环境。在发展中国家，性别平等规划往往特别关注经济发展和提供服务，目的是使妇女的生活更容易也更公平。

例如，发展中国家的性别平等规划方法可能突出向妇女提供小额贷款以支持她们的商业活动。传统上，这类贷款可能发放给男性，但妇女已被发现有相对较高的贷款偿还率和随之而来的经济成功。此外，这种成功也可以影响到其他家庭成员，从而成倍增加从该计划中可能获得的好处。

类似的例子还有欧洲、澳大利亚和北美的安全城市项目，面向妇女的合作房产开发，以及将性别问题纳入皇家城市规划研学会（Royal Town Planning Institute）等组织的主流项目。加拿大政府还从"安大略省多伦多妇女计划"这样的妇女团体的立场出发，对规划决策做有目的的投入。

除了政策、规划和项目，性别平等规划对更基本的方面也产生了影响。例如，列昂尼·桑德科克（Leonie Sandercock）和安·福西斯（Ann Forsyth）讨论了规划和规划理论的新性别议程；这个议程包括对计划的不同认知（如我们如何理解什么是计划，我们如何着手制定计划）。因此，在规划中公平对待男性和女性，以及男性和女性的属性，意味着新的规划方法、认识论和沟通模式必须纳入规划理论和实践。强调参与性方法、边缘个体和群体的参与以及多样化的规划方法与这些方法和认识论是一致的。考虑到女性对道德问题的看法往往与男性不同，即便是新的道德准则也是合适的。这可能意味着道德准则会包括现有规范以外的东西；例如不伤害原则，对相互依赖和彼此关系的关注，以及对良好规划的社区的积极愿景。

这里的公平并不一定指平等。可以说，当一个人从一个不平等的境地起步时，平等不足以使情况更加公平。例如，如果一个城市的交通模式更符合男性的需求，公平不仅仅是平等地使用这一制度。公共交通实际上应该选择能够满足女性多方面需求的路线和站点。同样，几乎完全集中于特定技术的专业规划实践恐怕必须经历相当大的转变，吸收其他的认识方法。

此外如前所述，随着社会的变化，男性和女性的性别角色也在变化。例如，照顾儿童曾经几乎总是妇女的职责范围，现在也逐渐成为男性的责任。尽管如此，妇女仍然继续承担大部分的儿童看护和家务，虽然她们也在外工作。因此即使不断变化，一些性别定型观念仍然具有相关性，而这些观念是以性别平等规划的核心。如果这些陈旧观念和与之相伴的社会实践已经过时，性别平等规划也就没有必要了。

然而也有观点认为，规划本身是一种男权主义的努力，强调的是建构形式而不是参与者。规划学科的历史表明，在其早期已出现分化的倾向。那些对社会关系更感兴趣的人，包括许多女性，继续从事社会福利工作等领域的工作，而那些更倾向于城市实体形态的人则继续成为规划者。在早期，这些几乎都是男性，然而随着越来越多的妇女在规划等领域接受专业教育，她们所占比例也有所增加。专业规划组织对性别平等的关注继续鼓励妇女加入该行业，但人们也关心这些妇女在该行业中的地位以及她们在诸如种族等方面的多样性。

虽然很难衡量性别平等规划的影响，但很明显，从事这一职业的妇女比过去更多了。同样明显的是，所谓的妇女问题得到了比以往更大的重视。然而在北美，男性和女性规划人员的薪酬方面仍然存在性别差距，规划教育仍然被视为侧重于规划和社会化的男权主义的体现。这阻碍了女性规划者在工作中坚持女权主义观点。

因此，执行性别平等规划原则所面临的挑战包括：那些继续在该领域占支配地位的男性可能认为有必要或不认为有必要这样做；人们常常教育那些接受规划训练的女性，她们选择的事业是中立的或不带偏见的，或者应该是这样的（这样就经不起女权主义或性别关切的检验）；以及一种后女权主义的环境，在这种环境中，有必要继续关注以性和性别为基础的公平考虑。其他的挑战，比如变性人的出现,使性别和性的概念更加复杂;不同身份(阶级、种族、性别等)的融合进一步加强;以及关于妇女或女性类别的有效性或本质的不确定性——所有这些都表明有必要进行性别平等规划,提倡以性别和性为基础的公平,并考虑造成城市和地区不平等现象诸多方面。

进一步阅读书目:

- Fainstein, S. and L. Servon, eds. 2006. *Gender and Planning: A Reader*. New Brunswick, NJ: Rutgers University Press.
- Greed, C. 1994. *Women and Planning: Creating Gendered Realities*. New York: Routledge.
- Sandercock, L. and A. Forsyth. 1992. "Feminist Theory and Planning Theory: The Epistemological Linkages." *Planning Theory Newsletter* 7/8: 45 – 49.
- Sandercock, L. and A. Forsyth. 1992. "A Gender Agenda: New Directions for Planning Theory. *Journal of the American Planning Association* 58(1): 49 - 60.

(Sue Hendler 文 李 胜 译 李文硕 校)

GENERAL PLAN | 总体规划

总体规划是一份法律文件,它阐明了规范特定社区增长和发展的目标、原则、政策和战略。在字面上,总体规划、综合规划和整体规划是同义词。总体规划的主要特点是全面性、长期性和整体的地域覆盖,包括土地利用、经济发展、住房、流通和交通基础设施、娱乐和开放空间、社区设施和社区设计等许多可能的基础要素。在获得批准后,总体规划是对社区在一定时间范围内(通常是未来15到20年)的需求的表达。总体规划涵盖了该辖区内的所有领土。

历史演变

美国最早的总体规划出现在19世纪末20世纪初,旨在为世纪之交的工业城市带来秩序,例如亨利·赖特1907年为圣路易斯制定的规划和丹尼尔·伯纳姆1909年为芝加哥制定的规划。总体规划在1928年的《标准城市规划授权法》(Standard City Planning Enabling Act)中被正式定义为:

> 目的是指导和实现城市及其周围地区的协调、有序、和谐发展,旨在满足当前和未来的需要。在发展过程中,最大限度地促进健康、安全、道德、秩序、便利、繁荣和全民福祉,提高发展的效益,降低发展的成本。
>
> (第6条)

总体规划随着时间的推移而演变。最初,它们被视为在民主社会中实现城市秩序的手段,而在第二次世界大战之后,人们更多地将其看作是对不断扩大的城市领土的控制以及掌握技术和科学规划专门知识的手段。在20世纪60年代末和70年代初,总体规划因过于严格和无法迅速适应不断变化的环境和市场力量而受到很大的批评。目前总体规划仍在大量使用,但在制定规划时鼓励更多的公众参与,并在其原则和修订时限方面具有更大的灵活性。总体规划有益于建立实现预期长期目标的方法,并帮助指导决策过程。

如何运行

通常情况下,总体规划代表着政府的要求。例如在亚利桑那州,州法规将总体规划描述为城市对土地开发政策的声明,其中可能包括以目标、原则和标准的形式出现的地图、图表和文本。今天总体规划的共同目标是公共卫生和安全、有效流通、提供市政服务和设施、平衡财政、创造经济机会和保护环境。总体规划一般包括 5 个阶段:研究阶段、明确和阐明目标的阶段、规划制定阶段、实施阶段,最后是修订阶段。城市发展总规划方法的主要挑战之一是,它在迅速增长的城市地区既需要全面性,也需要突出重点。

进一步阅读书目:
- Abbott, M. 1985. "The Master Plan: A History of an Idea." PhD dissertation, Purdue University, West Lafayette, IN.
- Kelly, E. and B. Becker. 2000. *Community Planning: An Introduction to the Comprehensive Plan.* Washington, DC: Island Press.
- Ken, T. 1964. *The Urban General Plan.* San Francisco: Chandler.

(Carlos Balsas 文 李 胜 译 李文硕 校)

GENTRIFICATION | 绅士化

在 20 世纪 60 年代中期,随着中产阶级家庭开始购买和翻新伦敦西区破败的、用于出租的乔治王朝和维多利亚时代的排屋,英国社会学家鲁丝·格拉斯(Ruth Glass)创造了"绅士化"这一术语来描述工人阶级迁移而改变该地区盛行的社会角色的过程。最初,绅士化的明确特征包括中产阶级家庭的涌入和工人阶级住房的改造,这总是导致高档街区租户的迁移。最终,这些过程能够彻底改变内部社区的阶级构成和主导权。因此,在使用中,绅士化一直同时指社区的物理和社会两方面转型。

如今,鉴于世界各地内城经历了大规模的住宅重建,将绅士化和置换过程的研究限制在实质上以家庭装修开始的范围内是很难给出合理解释的。绅士化研究已经扩展到包括正在衰退的内城区域的住宅投资和再开发的所有形式;现在,虽然情况大不相同,但在许多后工业化经济体中,富裕的新移民和二手房主正在推高房价并破坏农村和沿海社区住房市场的稳定,产生类似于绅士化的影响。

现在所谓的城市复兴对于第二次世界大战后面临郊区化的城市理论家来说简直是不可思议的。城市租赁模型预测了就业和住房的分散化,且从未设想过绅士化将成为 20 世纪后期城市重建的关键指标之一。除了明显影响全球城市的金融、劳动力和住房市场之外,到了 20 世纪 90 年代,欧洲、北美和澳大利亚的政治家和城市管理者都把绅士化作为中心城市"回归城市"战略和城市复兴的催化剂。

城市复兴已经出现在许多城市,在那里住宅产业投资者和中上层购房者可以在内城改造、建筑改建、联排别墅、产权公寓或公寓次级市场之间进行选择。值得注意的是,重建所需的更高水平的投资可以迅速推高旧社区的房价和租金。关于绅士化的文章已经有很多,本词条中可能只涉及一些关键因素。

关于绅士化的开创性研究

在美国,关于中心城市复兴和回归城市运动的第一批评论可以追溯到 20 世纪 70 年代中期。有关旧的美国社区的更新和中产阶级重新安置的单独研究也开始出现。然而,20 年的"白人逃逸"(White Flight)加剧了中心城市的衰落,使得境况如此不乐观,以至于在 20 世纪 80 年代中期布莱恩·贝里甚至将北美的现象摈斥为"衰退海洋中复兴的岛屿"。

就澳大利亚城市而言,虽然人口下降、住房破败和失业与英美城市中心的趋势类似,但不存在种族问题和住房遗弃。在这方面,澳大利亚的经历更像是加拿大城市核心区。早期的研究记录了墨尔本内部由绅士化造成的住房冲突以及迁居对阿德莱德中心城区食宿行业衰退的影响——该研究由城市研究和行动中心实施。霍尔·肯迪格(Hal Kendig)的《旧郊区新生活》(New Life for Old Suburbs),是关于战后土地使用和澳大利亚内城的住房变化的分析,认为高速公路建设和大型公共机构的扩张使中产阶级受到干扰并迁移。

关于阶级和产权转换的最佳研究实际上继承了鲁丝·格拉斯早期的研究。克里斯·哈姆内特(Chris Hamnett)和比尔·伦道夫(Bill Randolph)在 1966 至 1981 年间记录了伦敦内城的住宅分离:虽然无家具住宅的数目减少了一半以上,但自住单元的数目翻了一番。其中很大一部分原因是房地产托拉斯使用政府房屋改善补助金整修和改装房屋,使其适合购房者的需要。结果,租金低廉的房屋在伦敦市中心大量减少。

绅士化的原因

鲁丝·格拉斯不太可能想到有关绅士化原因发生的激烈争论。由于绅士化是 20 世纪 70 年代和 80 年代城市重建的先驱,它已成为城市研究中的一种理论和意识形态。事实上,有关绅士化的不断发展的研究已经受到多种因素的塑造,包括反对认识论(结构主义与后现代主义、整体化理论与折中主义)和意识形态(新马克思主义与新韦伯分析),公民社会中有影响力的社会运动例如女权主义、性解放和以赞颂文化差异为基础的身份认同政治的兴起给阶级分析带来的挑战等因素。

租金差距假说

发展成熟的绅士化理论最初借鉴了完全不同的知识传统,但经过许多争议后,人们已经认识到其本质上是同一枚硬币的两面;毕竟,住房既是一项消费又是一项投资。一方面,在 20 世纪 70 年代后期,尼尔·史密斯(Neil Smith)应用马克思主义分析来论证绅士化是由资本而不是人开创的,资本回到内城,利用破败社区中由租金差距(Rent Gap)所产生的投资机会。由墨尔本和阿德莱德得出的这种租金差距假说认为,随着住房投资的减少,土地相对于其重建潜力而言价格偏低。

通过汇集不平衡发展、资本转换和阶级冲突等马克思主义的概念,史密斯提出了一个理论上连贯的绅士化定义,即资本主义生产在城市中的表现。但是,租金差距假说并没有很好地考虑政府的角色:作为城市复兴的一部分,公共机构积极为街区改善提供担保,以降低机构投资者和绅士化者的风险。租金差距假说也没有承认来自绅士化者的新兴需求有多少是由于人口变化、社会重建以及文化转变和消费偏好等非经济过程造成的。

竞争假设的雏形最初是由大卫·莱伊(David Ley)在 1980 年发表的关于自由主义意识形态和后工业城市的论文中得到论述。值得注意的是,莱伊的叙述将注意力从推动绅士化社区的再投资转移到关注绅士化者、一种独特消费模式的构成以及人口、社会和意识形态影响。他首先概述了从制造业主导的经济转变为快速增长的服务业对于绅士化的意义。他假定，由于后工业经济中金融、专业、行政和其他先进服务的增长，新的中产阶级正在形成。

新中产阶级

这个新中产阶级中的一小部分——大多数人更喜欢郊区——被中心城市所吸引，城市里面向受过大学教育的高薪工人的就业机会快速增长。反过来，一些城市工人在内城寻找住房机会。但需要注意的是，这种需求方面的解释没有提及依赖他人的绅士化者最终如何通过机构融资尤其是抵押贷款机构的风险评估。新的中产阶级逐步改造中心城市，并在此过程中挑战了城市政治中的权力平衡。

同样，萨斯基亚·萨森认为，在真正的全球城市如拥有庞大移民人口的纽约和洛杉矶以及伦敦或东京，经济结构调整引起的社会经济两极分化，可以解释绅士化者的出现。双重劳动力市场正在服务经济中形成，并将就业岗位集中在职业和薪酬级别两个方面。但根据克里斯·哈姆奈特（Chris Hamnett）的说法，与纽约或洛杉矶相比，伦敦的这一过程更接近专业化，因为相对于低收入服务工作者可获得的工作岗位，商业和政府部门创造了更多的高端工作岗位。除了解释绅士化者之外，这一观点还扩展到对工作女性化、男女同性恋者获得性自由以及大规模消费的后现代化改造对绅士化贡献的考虑。随之而来的是人们更深刻地认识到，依照性别、种族和文化来看，绅士化进程中的新中产阶级也在不同程度上支离破碎。

性别和性认同

像达默里斯·罗斯（Damaris Rose）和丽兹·邦迪（Liz Bondi）这样的女权主义理论家认为，对经济的关注忽视了绅士化的性别层面。随着对职业的追求和更多的女性推迟婚姻和生育，许多已婚和年轻的单身专业人士发现，在中心城市工作和生活比重视家庭的郊区更方便。事实上，在分析了伦敦绅士化者的纵向数据之后，米哈尔·里昂（Michal Lyons）得出结论认为，年轻并单身的职业女性在20世纪80年代改造伦敦住房市场方面发挥的作用可能比拥有两名高地位工人的家庭更大。通过这种方式，妇女正在解决一些问题，投入工作和家庭的问题以及将她们选择的有偿工作和为人父母的无偿工作结合起来的问题。

在20世纪下半叶，越来越多的男女同性恋者对性认同的主张催生了一些特立独行的社区，如旧金山的卡斯特罗和教会区或悉尼的达令赫斯特（Darlinghurst）、帕丁顿（Paddington）和萨里山（Surrey Hills）。曼纽尔·卡斯特是第一个注意到卡斯特罗和教会区、他们富裕的同性恋社区和当地"粉红"经济以及美国其他高档社区之间相似性的人。但是，使卡斯特罗和教会区这样的社区与众不同的是它们在包容性、差异容忍度和安全方面的声誉。许多其他大城市也有同样明确的族裔聚集区，且男女同性恋伴侣和单身人士的存在为绅士化进程提供了更多额外的推动力。

因此，绅士化社区为女性和同性恋者提供更好的相似性社区互动、自我表达和个人安全，与郊区社会和文化的千篇一律和排他性相比，乔恩·考菲尔德（Jon Caulfield）把多伦多的这种族裔聚集区看作一种解放。

进一步的观点强调了消费对新中产阶级选择生活方式的潜在重要性，以及让他们获取时尚商品和休闲活动的场所的重要性。内城向高薪工人提供可以进行更大规模购物、外出就餐、参观画廊和博物馆、欣赏音乐和戏剧或参加节日活动的机会。因此，绅士化者常被发现是后现代消费趋势的先锋。

艺术和文化

尽管有关绅士化起因的争论正在升温，但社会学家莎伦·祖金（Sharon Zukin）已经决定解释破旧的曼哈顿公寓是如何被绅士化的，对在创造性艺术

(文化)领域工作的人对空间的寻找和那些为投资机会(资本)提供资金的行为,她必须给予同样的重视。她创造了"文化资本"(Cultural Capital)一词来描述艺术家们如何首先将苏荷的公寓区重新改造和居住用,从而为随着曼哈顿市中心的金融和商业服务的兴起而在住房方面进行的更大规模的资本投资铺平了道路。

从那时起,通过放松对主要经济或文化观点中的一个或另一个的坚持,就有可能就绅士化的根本原因达成很多一致意见。许多比较研究的结果表明,绅士化过程必然会反映欧洲和美洲城市中截然不同的城市历史和公共政策环境,更不用说非西方城市了。例如,在许多欧洲城市中心,撤资和街道衰落很少成为绅士化过程的一部分,在那些城市中,绅士化者已经被吸引到为富裕阶层建立的聚居区。

最终在 2006 年,汤姆·斯莱特(Tom Slater)宣称,长期以来有关绅士化起因的理论和意识形态的争论,转移了人们对绅士化导致的迁移和用于社区振兴的新自由主义城市战略的批判。

绅士化对迁移的影响

研究人员、政策制定者和评论家对绅士化的影响仍存在分歧。在城市管理者将其视为内城衰落的解毒剂时,他们的批评者指出了不可接受的社会成本。确实,1990 年和 1991 年冬季中旬,把曼哈顿下东区大约 300 名无家可归者从一个被绅士化住房环绕的当地公园内的帐篷区驱逐出去,促使尼尔·史密斯将中产阶级接管美国城市类比在巴黎公社起义之后中产阶级收复失地者对工人进行的报复。根据史密斯的说法,收复失地者的城市标志着中产阶级对美国城市贫民的情绪进一步恶化,尤其是那些因城市复兴和绅士化而无家可归的人。

因此,在有充分记录的研究中,绅士化的影响在拯救街道的斗争中是显而易见的。众所周知,迁移很难衡量,因为追踪行动者很难,特别是在他们很穷的情况下。罗兰·阿特金森(Rowland Atkinson)在对绅士化的证据进行系统而不全面的回顾时发现,在所检查的 114 本书籍、论文和未出版文献的名目中,超过一半把迁居当作主要的研究主题。

20 世纪 70 年代美国住房和城市发展部的一项调查是其中最彻底的一种文献。城市改建活动水平较高的 12 个主要城市的家庭接受了调查。1977 至 1980 年间,58% 的原住户迁出。在未来的居民中,70% 是新主人。

同样,每 3 年由人口普查局进行的纽约市住房和空房调查中,两个单独分析的结果共同显示 1991—1993 年、1996—1999 年、1999—2001 年的迁移率估计数分别为 5.47%、6.2% 和 9.9%,这反映出房地产市场趋紧;然而,纽约市所有住房单位中的一半以上,租金受到控制或监管。

另一方面,国家经济研究局对代表 64 个大都市的绅士化社区的 1.5 万个美国人口普查区进行的一项更大规模的研究认为,没有证据可以表明 1990 至 2000 年间的低收入非白人家庭发生了迁移。相反,高档社区居民家庭平均收入的增长,大部分首先可归因于黑人高中毕业生的保有率(收入增长的 33%),其次是大学毕业的白人不成比例的移入(收入增加的 20%)。从未完成高中学业的黑人居民的外迁率在高档和非高档社区之间并没有显著差异。

总之,绅士化研究的重要性在于揭示了振兴内城的新自由主义城市政策的不利影响。此外,正如新世纪的头几年所表明的那样,蓬勃发展的住房市场加剧了迁居的压力。在这种情况下,保留空间阶级比例的唯一可靠方法是永久性地将高档社区的住房逐出市场。最大胆的尝试之一发生在 20 世纪 70 年代中期,当时澳大利亚政府在悉尼和墨尔本购买了 3 个历史街区以展示社区保护的功效。由于许多内陆城市的保障性住房价格居高不下,更多的政府正在资助存在于脆弱社区中的非营利性企业,在那些新的投资威胁到低租金住房的地区,要求开发商施以援手。但这是昂贵的干预措施,并仅能在绅士化社区中保留一小部分买得起的房子。

进一步阅读书目：

- Atkinson, Rowland and Gary Bridge, eds. 2007. *Gentrification in a Global Perspective*. London; New York: Routledge.
- Hamnett, Chris and Bill Randolph. 1988. *Cities, Housing, and Profits: Flat Break-up and the Decline of Private Renting*. London: Hutchinson.
- Kendig, Hal. 1979. *New Life for Old Suburbs: Post-war Land Use and Housing in the Australian Inner City*. Sydney: Allen & Unwin.
- Ley, David. 1996. *The New Middle Class and the Remaking of the Central City*. Oxford, UK: Oxford University Press.
- Smith, Neil and Peter Williams, eds. 1986. *Gentrification of the City*. London: Unwin Hyman.
- Van Weesep, Jan and S. Musterd, eds. 1991. *Urban Housing for the Better-off: Gentrification in Europe*. Utrecht, the Netherlands: Stedelijke Netewerken.
- Zukin, Sharon. 1982. *Loft Living: Culture and Capital in Urban Change*. Baltimore: Johns Hopkins University Press.

(Blair Badcock 文 李 胜 译 李文硕 校)

GHETTO ｜隔都

"隔都"在历史上特指14世纪威尼斯对犹太人的隔离，他们被隔离在新隔离区（Ghetto Nuovo），"犹太人聚居区"一词正出自这里，并且在接下来的一个世纪里，这个词逐渐指欧洲城市里被隔离的住宅区。美国城市中的犹太裔聚居地虽然也被称为"隔都"，但在多数时间里，隔都一词主要指美国城市中的非洲裔美国人社区，并常以高贫困率、犯罪率和社会脱节率为特征。目前有关隔都的讨论引起了人们对使用该词来界定其他族裔社区以及与其他国家低收入社区的反思，例如巴西贫民窟、南美棚户区和亚洲贫民窟。本词条回顾了最初的威尼斯犹太人聚居区，以及后来美国隔都的情况。

威尼斯犹太人聚居区

威尼斯的犹太人社区可以追溯到1382年，当时威尼斯政府授权犹太人居住，最早的居民是放贷人和商人。犹太人被隔离源于梅毒的爆发，这是一种从新大陆传入的疾病，当时没有确切的名称、诊断或治疗的方法。据说这与逃离西班牙宗教裁判所的马拉诺（Marrani）犹太人有关。根据威尼斯参议院于1516年3月29日颁布的法案，约700户犹太家庭被要求搬进新隔离区，那是一个位于卡纳雷吉欧区（Cannaregio Sestieri）西北边缘的岛屿，入口处有两个在日落时被锁住的大门。

犹太人聚居区最终将包括新隔离区、老隔离区（1541）和全新隔离区（1633）。犹太人每天早上从聚居区出来工作或购物，他们的衣服上标着黄色的圆圈（男子）或带着黄色的围巾（女子），工作一天后，每天傍晚日落前回到聚居区。在聚居区内，根据1512年的法令，犹太人可以自由地在街道上佩戴珠宝和穿在城市里禁止穿的衣服；1589年，一份犹太人权利宪章保障了他们信奉宗教的权利。最终会有5个犹太教堂为那些分散在法国、德国、意大利、黎凡特和西班牙的犹太人族群而建立。

虽然犹太人聚居区的目的是将犹太人与威尼斯人隔离开来，但实际上隔离为社区提供了某种程度的保护。1534年，当一群愤怒的天主教徒试图在大斋期间袭击犹太人聚居区时，犹太人将通往聚居区的桥梁抬起，紧闭窗户，使里面的人免受外界的威胁。伯纳德·多夫·库珀曼（Bernard Dov Cooperman）指出，居民们认为这个聚居区是《圣经》中的"希伯来人营地"而不是监狱，是前往应许之地的圣地。在维罗纳建立犹太人聚居区是一个值得庆祝的时刻。

与外部世界的隔离也会使社区在内部分化，导致一种不同于其他犹太社区的宗教文化的发展。16世纪末，对同化和通婚的恐惧导致犹太法院禁止犹太妇女和基督教男子跳舞。

威尼斯犹太人聚居区体现了城市空间在多个层面上与种族化联系在一起。在这种情况下，种族化的过程开始于将一群因宗教被归为特定种族的人强行迁移到一个与城市其他地区隔离的区域。居住在犹太人聚居区以外的人们对聚居区内居民的行为和信仰持怀疑态度，并且认为那些人的身体亦是相当危险的；正如理查德·桑内特（Richard Sennett）所言，聚居区以外的人认为这里是与阳光和水隔绝的地方，这使得他们认为居住在那里的犹太人容易犯罪和崇拜偶像。

威尼斯犹太人聚居区在很早就作为16世纪和17世纪"壮游"（Grand Tour）的一部分而成为其目的地。19世纪的铁路旅行将威尼斯与整个欧洲直接相连，尽管此时已有了许多来自欧洲和美国的游客的旅行记述。在大众的想象当中，威尼斯犹太人聚居区常与《威尼斯商人》（在1597年上演，在1600年印刷发行）联系到一起。该剧很可能起源于1575和1576年爱德华·德·维尔（Edward de Vere）对威尼斯的访问，当时，年轻的贵族通过访问意大利来完成希腊和拉丁文学的古典教育是一种时尚。虽然在剧中没有提及犹太人聚居区，也没有一个场景设置在犹太人聚居区，但流行文化仍然将夏洛克与威尼斯商人联系在一起，并认为该剧就发生在犹太人聚居区。在朱莉娅·帕斯卡尔（Julia Pascal）2008年在伦敦阿科拉剧院（Arcola）制作的新版《威尼斯商人》中，一名纳粹大屠杀幸存者面对着犹太人聚居区的一群演员。

今天，隔离区的伊布拉尼察社区博物馆（Museo Communita Ebraica）提供犹太人聚居区的旅游，并且有3条参观犹太历史教堂的路线。在追溯夏洛克足迹的旅游中有导游带领。这个犹太人聚居区仍然是一个旅游目的地，虽然它离火车站很近，但还是有点偏僻；威尼斯旅游局有关于这里的官方旅游地图，有英文、日文和其他语言。

美国的隔都

鉴于惯常叙事受到芝加哥城市社会学学派的影响，人们可能会想到，讨论美国城市隔都的起点是路易斯·沃思经典研究《隔都》的出版，但是"隔都"一词早在19世纪90年代就被非裔美国学者用来形容种族隔离的社区，在后来的25年中，它在社会科学中并不被普遍用来指黑人聚居模式。

早期研究

从19世纪末开始，在犹太流行文化中提及犹太人聚居区是司空见惯的事。《隔都的孩子们》（Children of the Ghetto，1892）由英国记者伊斯雷尔·赞格威尔（Israel Zangwell，1864—1926）进行了改编并在英国和美国表演（他还出版了一系列以"犹太区之梦"为题的传记研究，1898）。亚伯拉罕·卡恩（Abraham Cahan，1860—1951），俄罗斯裔美国记者，1882年移民纽约，1898年出版《叶卡尔：纽约隔都的故事》（Yekl：A Tale of the New York Ghetto）。这部作品展示了作为一个历史实体和当代场所的犹太人聚居区，并提到了"犹太人聚居区文化"来自纽约下东区的旧世界。

在同一时期，非裔美国学者用隔都来描述黑人人口众多的城市社区。在《费城》一书中，杜波伊斯描述费城第7区黑人人口的增长时说，在非洲裔美国人被迫进入"特拉华河沿岸的少数族裔聚居区"

之前,这里是一个已存在 50 年的住宅区,这里的少数族裔聚居区是指第一代移民定居区。

在路易斯·沃思在罗伯特·帕克的指导下完成的对芝加哥隔都的经典研究,首先是以文章的形式发表在《美国社会学杂志》(这在芝加哥学派的研究中很常见),并在一年后的 1928 年以专著的形式出现。沃思在描述芝加哥隔都之前,对法兰克福和其他欧洲城市的隔都进行了历史概述。在那里,他追踪芝加哥隔都从麦克斯韦街社区(第一个被称作隔都的聚居区)到北劳恩代尔的移动,并注意到已经有一次从这一地区向北边社区的迁移。

罗伯特·帕克的种族关系周期论提供了理论上的解释:根据帕克的说法,接触的第一阶段之后是竞争,接下来是适应,最后是同化。对于沃思来说,芝加哥的犹太人聚居区与其他种族飞地相似,这是第一代移民居住的地区,随着时间的推移,他们被更大范围的本土社会所吸收同化。沃思在《隔都》一书中对于犹太移民的被吸收同化的描述,成为研究其他族裔的同化过程的典范。虽然他的作品在芝加哥学派的许多研究中被引用,但重要的是要注意到在这些研究中,"隔都"被严格地用来指犹太人聚居区,而不是指其他贫困地区(这些仍保持是贫民窟),也不是其他民族社区(这些仍保持类似"小意大利"的形式),更不是非洲裔美国人社区(这仍将保持芝加哥学派文学中的"黑带")。圣克莱尔·德雷克(St. Clair Drake)和霍勒斯·凯顿(Horace Cayton)的经典著作《黑人大都会》(1945)是对布朗兹维尔(Bronzeville)的研究,但"隔都"一词仅在一节中出现(未出现在索引中),并被用作地理参照,描述布朗兹维尔最贫穷的地区。很明显,隔都位于布朗兹维尔,但布朗兹维尔本身并不是一个隔都。

表示非洲裔美国人社区

吉尔伯特·奥索弗斯基(Gilbert Osofsky)的里程碑著作《哈莱姆:一个隔都的形成》(*Harlem: The Making of a Ghetto*,1963)标志着"隔都"一词在涉及非洲裔美国人社区时开始广泛使用。该书1971 年出版第二版,在结论《永恒的隔都》(The Enduring Ghetto)一章中,奥索弗基认为隔都的基本性质和结构一直保持在奴隶制结束后的北方。奥氏的理论之后又有诸多关于北方城市里黑人聚居区的研究,例如艾伦·斯皮尔(Allan Spear)的《黑色芝加哥》(*Black Chicago*,1968)、肯尼斯·库斯纳(Kenneth Kusner)的《黑人隔都区的生成》(*The Making of a Negro Ghetto*,1976)以及托马斯·菲尔波特(Thomas Philpott)的《第二波隔都的诞生》(*The Making of the Second Ghetto*)。在同一时期的地理学中,哈罗德·罗斯(Harold Rose)将黑人聚居区描述为一个新的城市子系统,并将郊区黑人社区称为小城镇。到了 20 世纪 70 年代,"隔都"一词不仅仅用来描述城市内的特定地区,更适用于对整个非洲裔美国人社区的描述,并且这一做法已经变得固定下来。

到 20 世纪末,隔都研究从通俗文化迁移到学术研究然后再度回归大众文化。事实上,隔都曾经存在于流行音乐中、电影中和消费品中(扬声器后来被称为隔都的爆破器而出名)。当然,在语言、行为和衣着上经常出现的标签式描述:"太隔都了"!

在社会学研究和更广泛的城市研究中,隔都仍然是一个中心概念。威廉·朱利叶斯·威尔逊对芝加哥进行了 20 年的研究,在此基础上出版了重要著作《当工作消失时那些真正的弱势群体》(*The Truly Disadvantaged: When Work Disappears*)。在《城市弃儿》(*Urban Outcasts*)中,华康德研究了芝加哥市中心的隔都和巴黎的贫困区。玛丽·帕蒂略(Mary Pattillo)认为芝加哥隔都的边界(大致上是德雷克和凯顿的《黑人大都会》所包围的地区——尽管他们并不认为整个布朗兹维尔都是一个隔都)应该拓展到非洲裔美国人的隔离社区,即使他们并不贫穷;他认为这将更接近最初对犹太人聚居区的定义。在 2007 年,《城市杂志》发表了《贫民区、超隔都区和高级边缘化:关于卢瓦·华康德的〈城市弃儿〉的专题讨论会》,这是一本集中讨论韦奎特著作的多达 60 多页的论文集。最近在《城市与社区》上,一场关于隔都的讨论邀请了一些不同学科的学者(来自3个大洲),来共同探讨城市社区研究中"隔都"一词的有效性。研讨会注意到哈莱姆区和旧金山的菲尔莫尔区等以前隔都地区的中产阶级化,以及芝加哥南部(威尔逊和华康德所研究的地区)的人口减少和中产阶级化,还有非洲裔美国人口从内城社区向其他城市的扩散。正如讨论所建议的那样,为了理解大都市区内新兴的社区排斥模式,现在是时候评估"隔都"这一概念的价值和有效性了。在芝加哥和哈莱姆,游客可以在导游带领下参观隔都,早期的禁区现在也被列在官方的旅游网站上。随着隔都空间的商业化,运用隔都概念了解美国和其他国家对少数族裔的社会排斥就产生了一些重要的问题。

进一步阅读书目:

- Chatterton, Paul, ed. 2007. "Banlieues, the Hyperghetto, and Advanced Marginality: A Symposium on Loïc Wacquant's Urban Outcast." *City* 11(3): 357 – 421.
- Curiel, Roberta and Bernard-Dov Cooperman. 1990. *The Ghetto of Venice*. London: Tauris Parke.
- Davis, Robert C. and Benjamin Ravid, eds. 2001. *The Jews of Early Modern Venice*. Baltimore: Johns Hopkins University Press.
- Drake, St. Clair and Horace Cayton. 1945. *Black Metropolis*. Chicago: University of Chicago Press.
- Hutchison, Ray and Bruce Haynes, eds. 2008. "Symposium on the Ghetto." *City and Community* 7(4): 347 – 398.
- Pattillo, Mary. 2003. "Expanding the Boundaries and Definitions of the Ghetto." *Ethnic and Racial Studies* 26(6): 1046 – 1057.
- Sennett, Richard. 1995. *Flesh and Stone: The Body and the City in Western Civilization*. New York: W. W. Norton.
- Wacquant, Loïc. 2008. *Urban Outcasts: A Comparative Sociology of Advanced Marginality*. Cambridge, UK: Polity Press.
- Wirth, Louis. 1928. *The Ghetto*. Chicago: University of Chicago Press.

(Ray Hutchison 文 李 胜 译 李文硕 校)

GLOBAL CITY | 全球城市

全球城市是指全球经济重要的节点城市,它们集中了指挥和控制功能,是全球经济一体化得以扎根的机制,它们不仅在本国境内,而且在日益全球化的生产和消费网络中发挥着创造性的经济作用。此外,它们通常表现出高度的族裔多样性,这种多样性也导致了社会和空间上的碎片化。

概念演变

以彼得·霍尔的《世界城市》(1966)为基础,"全球城市"最近的普及可以追溯到20世纪八九十年代的一系列重要文章。约翰·弗里德曼和安东尼·金通过来自第三世界的经验,发展了世界城市或全球城市的概念:金考察了发达国家和发展中国家,弗里德曼主要是后者。从20世纪90年代开始,研究者的注意力转向了发达资本主义世界,这主要归功于萨斯基亚·萨森的努力。1991年,她出版《全球城市：纽约、伦敦、东京》(The Global City：New York，London，Tokyo)一书,提出一个关于经济全球化的性质和运作、跨境金融在城市发展中的作用以及社会或阶级分化等问题的研究议程,从而将焦点转移到民主国家富裕繁荣的城市,并引发一场更为广泛的争论。

萨森关于全球城市的观点受到了质疑,例如某些特定类别的经济活动越来越多地与高级金融和先进服务联系在一起。同样地,她对全球城市社会两极分化的解释被二元化和碎片化的支持者使用,同时她关于边缘化的观点和忽略国家在塑造全球城市方面作用的观点为她招致了持续的批评。然而,萨森将对城市的研究推向了一个全球范围,并进入了社会科学和政策议程。围绕全球化的性质和特征及其对城市领域的影响,萨森推动了日益高涨和激烈的辩论。随着全球城市概念的日益普及,即使是城市学家长期研究的最传统的话题也被包括进来,从郊区和城镇到房地产、建筑和城市治理,现在都在全球城市的框架内进行研究。

全球城市被认为是研究经济全球化运作的好案例。资本和劳动力的全球化影响着许多欧美城市的就业模式和城市经济部门的转型。全球城市是指那些增长和特征取决于在本国境内以及在全球生产和消费网络内发挥的创造性经济作用的城市。因此,全球城市不再如依附理论所指出的那样被视为母国发展的桎梏,而更有可能被定义为全球经济一体化得以扎根和实现更大繁荣的机制。

新兴的分析视角

这个迅速变化的领域至少出现了4个主题：(1)对规模的细致认识,用以克服对地方-全球关系的相对粗线条的描述；(2)更详细地考察世界网络与全球城市之间的联系,以此作为分析全球化的渗透性和多维度的方法；(3)在分析全球城市时更加注意国家和发展水平的相关性；(4)竭力描述和解释历史轨迹、路径和路径依赖在全球城市形成中的作用。

在全球城市中衡量全球

早期处理全球城市的方法或含蓄或明确地坚持认为全球化的强大影响力,即全球力量直接的、单线的影响已经超过世界各地的地域性的影响。全球城市既是一个地方,也是一个过程,这突出了全球城市之间的相似之处,但是模糊了它们的特殊性和不同点。许多研究认为,社会和空间两极分化是全球化的普遍结果,也是所有全球城市的突出特征。很少有学者考虑全球化的相互作用和不断变化的空间尺度的多样性,大多数学者都假设认为全球化进程将两个明确界定的概念范畴——"地方"和"全球"——交织在一起。这一框架将全球定位为主动的和强大的,地方定位为被动的和弱小的；它还忽略与那些大于城市(或城市地区)但小于全球的地方的共变。

通过在分析中整合多个空间尺度(地方、区域、国家),可以克服地方-全球的粗线条描述。新的假设是,区域和国家在重新架构地方进程中发挥着重要作用,这不仅是因为它们对发生在全球一级的进程做出了回应,更因为它们调动资源积极地将城市和国家与全球经济联系起来。早期的地方-全球二元性将城市变成了在全球化面前一个无关的角色,并将空间尺度具体化为自成一体的单位。

网络与全球城市

研究全球城市的常见思路是将其嵌入跨国城市网络,然后在全球范围内分析网络的构成和特点,这与人们对城市在区域、国家或国际等级体系中所扮演的不断变化的角色和经济功能的日益增长的兴趣是高度吻合的。全球城市理论也被用来研究历史上嵌入到殖民和帝国网络中的城市。通过这种视角,人们对跨国网络本身以及连接特定城市和影响网络发展的机构或做法给予了同样多的关注。

第二种同样受欢迎的方法与全球网络方法有同样的关切，但更倾向于关注这些全球网络中有地域边界的地方。若以曼纽尔·卡斯特的术语来说，人们关注的是"空间的流动"和"流动的空间"。运用这一观点的学者相信，资本和劳动力的全球化推动了某些城市（如纽约）的增长和经济发展，但也限制了某些城市（如底特律）的发展，从而加剧了区域经济的两极分化。

第三种是区域研究方法，但将其区域置于国内和跨国的双重框架之中。这是一个概念上的改造，在过去的概念中，区域是一个单一民族国家内的空间领土。欧洲学者现在正在研究区域的全球化对城市的影响，也许是因为他们的祖国深深地卷入城市化之中。他们关注的问题是，全球化如何促进跨国经济一体化，以便与他们自己的超国家治理机构形成巨型经济体；全球投资和劳动力流动接收端是否具有更大的政治和经济意义；以及在何种条件下城市将绕过民族国家，在较大的区域协定中彼此直接谈判。

只有当他们弱化国家政府或其他次国家、超国家主体在日益全球化的世界中受到的挑战，或认为它们仍然是调解城市问题、解决跨国的地区性争端或协调新的实践和制度过程中政治相关性最强的单位，这些研究思路对理解城市的动态以及它们运作的全球背景有着重要的意义。网络方法不需要在地方观点和全局观点之间进行选择，而是构建了一个将地方联系在一起的框架，这一思路是建立在关系性思维的基础之上的。

全球城市形成过程中的民族国家

虽然民族国家在早期全球城市研究中是一个重要因素，但在最初关于全球城市的研究热潮兴起之时，民族国家却淡出了研究者的视野。部分原因是全球化研究者认为，各国政府对进出本国边界的资本流动的控制越来越少。人们正在努力消除这一盲点，甚至最初忽视这一点的研究者也是如此。萨森认为，研究者过度强调了国家在全球经济中的日益衰落，更准确的说法是全球化正在改变国家。

一个悬而未决的问题是，民族国家在不同的城市和国家中是否扮演着不同的角色，以及其角色是否随时间的变化而变化？例如在不同体制的国家中，全球城市的发展是否类似？既有的民主国家与新的民主国家或非民主国家的全球城市有何不同？这类问题曾经是第三世界城市研究的热点话题，如今再度成为热议，部分原因在于国家的角色重新引起关注。有证据表明，国家仍有能力塑造全球化进程，并影响全球城市与世界经济的联系。研究国家金融机构的作用以及它们如何使新的全球规则生效是研究国家角色的常见路径。

尽管学界反复强调国家的作用，特别是研究金融与经济的学者，但将政治纳入全球城市研究的尝试仍然有限。事实上，关于社会运动、公民社会和大众政治的书写出乎意料地少，特别是在发达资本主义社会中。这些切入点仍然更有可能以反全球化抗议的形式出现在关于经济全球化的惯常研究中。除极少数例外，以反抗全球化或跨国社会运动为重点的书写并没有置于城市环境中去考虑，当它们出现时，它们似乎是反自由化或反全球化运动，而不是反城市运动。有待研究的是全球化推动的社会运动将在多大程度上反对正式的城市政治或城市发展动力——全球的"城市性"，而不是全球化本身。

全球城市的形成路径与路径依赖

此外，研究也涉及全球城市的形成路径以及路径依赖、多标量网络和全球化之间的相互关系。大部分争论都围绕着全球化所谓的新特点，以及全球化的当代模式是否与以往的模式有所不同。声称全球化是一个全新进程的学者很少观察过去的事态，而回顾历史的分析人士则声称当前的全球进程了无新意。为了弥合这一鸿沟，学者们将历史社会学、世界系统分析和全球城市研究结合在一起，并将注意力转向其当前发展的路径依赖。

在解决这些关切问题时，一个关键的出发点是当代资本主义及其动态。到目前为止，霸权主义观点仍认为全球城市集中了大部分正在显著改变资本主义格局的经济进程,因为这些城市是关键节点,是全球资本累积的指挥和控制中心,这将返回萨斯基亚·萨森的观点。然而,我们尚不清楚当代全球城市是否因其与全球经济的相互作用而在晚期资本主义社会形成了独特的社会形态,是否除它们之外的许多其他城市只是发生普遍和持久的过程。

关于这一领域的研究者包括英国地理学家彼得·泰勒(Peter Taylor),他是全球化和世界城市网络(Globalization and World Cities,简称 GaWC)主任。他承认,城市作为国际金融中心,几个世纪以来一直主导着资本主义世界经济。但他也在资本主义世界经济中建构了 4 个重叠的和系统的积累周期即全球化周期,从 15 世纪末的热那亚/伊比利亚周期到荷兰和英国周期,再到 19 世纪后期的美国周期,最后是当代。泰勒声称,目前世界经济结构调整并不是独一无二的,这一主张与大卫·哈维关于福特主义—凯恩斯主义向资本灵活积累的历史转型的观点是一致的,后者被理解为资本积累的最新阶段、金融扩张的另一个时代以及资本的新生。泰勒随后得出结论,由于经济全球化为资本提供了新的渠道,竞争性的城市关系已让位于合作,其结果是"当代世界城市网络"与全球资本主义繁荣联系在一起。

总之,20 世纪 80 年代以来,全球城市范式已日渐完善和成熟。最初的研究是试图提出一个概念和创造新兴的研究领域,这些研究催生了许多新的问题,并使得学术界聚焦于如何摆脱现有研究的不成熟,在时间、空间与数量上用更细微详细的研究来丰富和解释。

但问题仍然存在。其一是是否有一些隐含的或未经探索的假设,即全球城市只能存在于经济繁荣的国家或向这种地位过渡的国家。这一假设的核心在于是全球城市创造国家繁荣,还是国家繁荣产生全球城市。证据表明,至少对贫困国家来说,可能是由于缺乏全球联系而阻碍了城市繁荣。还有一些方法上的问题。如果大多数研究都集中在那些已经是或者基本上是全球城市的案例上,那么是否还有可能对全球城市进行可靠的理论建设(更不用说测试)?转而强调全球城市对经济的影响,这在多大程度上归因于时段?比如现在越来越多的学者们考察后福特主义时期即全球经济发生巨变的时期的主要城市,至少与第二次世界大战后的时期做比较,这一时期城市首次在全球环境内得到研究。

进一步阅读书目:

- Borja, J. and M. Castells. 1997. *Local y global. La gestión de las ciudades en la era de la información* (Local and Global: The Management of Cities in the Information Era). Madrid: Taurus.
- Davis, Diane E. 2005. "Cities in a Global Context: A Brief Intellectual History." *International Journal of Urban and Regional Research* 29(1): 92–109.
- King, A. 1990. *Global Cities: Post-imperialism and the Internationalization of London*. New York: Routledge.
- Lo, F.-C. and Y. Yeung. 1998. *Globalization and the World of Large Cities*. New York: UN University Press.
- Sassen, S. 2002. *The Global City: New York, London, and Tokyo*, Princeton, NJ: Princeton University Press.
- Scott, A. J., ed. 2002. *Global City-Regions: Trends, Theory, Policy*. Oxford, UK: Oxford University Press.
- Short, J. R. and Y.-H. Kim. 1999. *Globalization and the City*. Harlow, UK: Longman.
- Taylor, P. J. 2004. *World City Network: A Global Urban Analysis*. New York: Routledge.

(Diane Davis and Gerardo del Cerro Santamaria 文 李 胜译 李文硕校)

GLOBALIZATION | 全球化

全球化是指不同国家与地区政治、经济、文化和社会联系的不断增强。科技进步推动了包含商品、服务、资本和信息在内的跨境贸易的发展，使全球化成为可能。自20世纪70年代以来，全球化已成为涉及人们生活方方面面的一股强大力量，世界上几乎没有一个地方能不受其影响。上至纽约市的大公司下到孟买的街头小贩，无一不置身于这个相互联结的世界关系网中。

政治在全球化中起着举足轻重的作用。全球化加强了世界各国、地区和社会运动之间的相互联系，多边组织、区域协定和无国界讨论的兴起显示了这一趋势。各国家、地区、非政府组织和工会逐渐在合作与竞争的刺激下摆脱原来的限制，这让一些人看到民主的曙光。政府在现实和网络监督的影响下需要承担更多的责任，否则就面临被替换的危险。对另一些人来说，全球化意味着财富和权力不断集中，生活水平下降。这导致了社会的不稳定和不同政治光谱的反对者的强烈抗议。

此外，全球化将经济职能从政府转移到跨国组织和跨国公司。在世界贸易组织（WTO）、世界银行和国际货币基金组织的影响下，贸易、关税和投资壁垒不断减少，政府作用大幅降低。20世纪90年代以来，墨西哥、泰国、印度尼西亚、阿根廷、土耳其和巴西等国家相继出现金融动荡，显示出国际金融组织在平衡财政方面的重要性。

伴随经济权力转移，标准化增强了各地区的相互依赖。标准化是指国际接受统一的商品生产和服务规则，有助于推动全球化。一旦商品和信息统一，其认可度和交易量就会上升。统一的标准、规格、配件和符号必不可少。正如街道的网格系统方便了土地开发，标准化也促进了全球化。顾客可以在全球范围内找到索尼、耐克和麦当劳的商品。标准化的执照或资格证书使人力资源能够跨区域流动。世界贸易组织倡导的国际自由贸易已成为推行标准化的工具。成员国根据世贸组织的规定，为其产品制定了统一的标准，开辟了新的市场。

一些发展中国家也走上了全球化道路。中国、印度、马来西亚、巴西、墨西哥、韩国和泰国不仅出口原材料，还出口成品和服务。以印度为例，1999年到2000年，软件出口约占印度出口总额的10.5%。得益于自由贸易，中国提高了工业生产率，积累了财富。

全球化不仅带来了机遇也带来了问题。它推动了技术创新和医疗进步，显著降低了发展中国家的死亡率。例如在过去25年里，工业化国家的预期寿命增长10年以上，发展中国家的平均预期寿命增长20年以上。然而尽管全球化带来了繁荣，但它并没有在国际和国家内部建立利益再分配机制。部分国家的情况有所改善，另一些却不断恶化，出现阶层差距扩大、贫困程度增加和人口流离失所等问题。正如联合国报告显示，"无家可归者住在路边的纸箱中，他们身边是灯火通明的摩天大楼，里面各类机构的开支甚至超过一些国家。"

城市如何适应这一现象？著名城市学家亨利·列斐伏尔在全球化开始之前就预见，世界超过半数的人口将生活在城市中。列斐伏尔认为，随着社会的发展，城市凭借其独特属性、支配资本和生产体制，城市将成为人类社会的主导。在列斐伏尔看来，城市是人与世界进行沟通的媒介，人们通过城市了解世界。

几个世纪以来，城市一直是生产、经销、服务、金融和银行业的中心。在全球化弱化国家边界、加剧国际竞争的过程中，城市已经成为全球化的主要驱动力和国际变革的推动者。全球化在城市中造成了就业结构的变化、公私合作的形式、大型项目的开发，同时也产生了排斥效应。城市已迅速转变经济模式,以容纳跨国公司、国际传媒和国际旅游。从事世界贸易的机构、国际节日和移民社区成为城市景观的一部分。

城市也积极申办奥运会,吸引跨国公司并将产品销往海外。一些城市委派代表去外国寻求投资或推销当地产品。一些城市宣布自己是"无核武地带",还有一些城市则采用吸引移民的措施。"全球化"显示出全球力量对地方决策的影响力不断增强。

如今,城市的活动超越国家的界限,在世界范围内寻求资本市场、政治影响或国际认可。这些"全球本土化城市"的活动范围已经不仅仅在本国。伦敦、东京、孟买和纽约早已超过一些民族国家,在世界舞台上扮演着重要角色。伦敦经济产值超过奥地利、希腊和葡萄牙等民族国家,成为欧洲第九大经济体。

全球化给许多城市带来大量外国移民和国际旅游。很多人从不发达国家迁往经济最发达的城市。到 2000 年,纽约和多伦多的少数族裔或在外国出生的人口超过 50%。伦敦的外国居民上升至 29%,巴黎则超过 15%。许多移民从事办公室、酒店保洁或建筑临时工等低收入工作。大量移民会导致暴力、排外和社会紧张等现象。法国北非移民后裔在巴黎郊区闹事、阿姆斯特丹和布鲁塞尔的移民和当地居民之间的文化冲突、莫斯科和圣彼得堡针对高加索移民的袭击都已屡见不鲜。

全球化促进国际旅游业的发展。纽约平均每年接待 600 多万国际游客,巴黎和伦敦的游客数量更多,分别达到 1 500 万和 1 100 多万。旅游业涉及各大洲的人口大规模流动,是城市的重要产业。它既是变革的主要推动者,也是全球化最明显的表现之一。城市已成为消费、娱乐、文化和服务中心,并通过投资基础设施、机场建设、公共运输系统和城市设施来促进工业发展。

尽管纽约、伦敦和东京等城市拥有巨大的金融资源、广阔的经济联系和大量的工作机会,但其他欠发达地区的城市却无法建立多样的经济形式和充分发展的第三产业。对于先进的城市(如纽约、伦敦、东京)或那些能快速适应全球化的城市(如新加坡、曼谷和上海)来说,全球化是一件好事,是经济基础转型的关键。其他国家则没有那么幸运,它们缺少出口本地资源的能力,无法与全球经济积极互动。拉各斯、达累斯萨拉姆和开罗等城市虽然人口有所增加,但经济发展却无法满足不断膨胀的人口的需求。在其他一些城市,由于经济适用房匮乏和歧视,新移民被迫住进隔离的贫民区。缺乏发展的规模增长是许多城市将持续面临的困境。

有人可能会认为,在世界性经济竞争和社会交往的过程中,全球化降低了城市的重要性和特殊性。据说,人们甚至可以在山顶静修时通过互联网完成交易。事实上,至少在一些城市,现实正好相反。知识经济使面对面的非正式接触变得更为方便快捷。此外,企业还需要获得人员交往的其他优势。

新加坡等地处战略要地的城市成功利用国际机遇,转变经济模式摆脱制造业,适应金融业、企业管理和其他专业服务。非洲许多城市既失去了制造业企业,也无法吸引新兴的经济部门。全球化对不同城市有不同的影响,并不是所有的城市都有相同的命运。由于全球化,纽约、伦敦和巴黎等城市已经成为多种全球交易的场所。例如,伦敦成为资本集中的银行中心,纽约成为贷款和并购交易的金融场所,巴黎成为企业总部和专业交易场所的集中地。这些城市都在世界经济中开辟了有利可图的领域。而底特律、利物浦和埃森等其他城市,在就业、贸易和人口方面遭受了毁灭性的打击。

城市建设上的差异也显而易见。繁荣的中央商务区、时尚的办公大楼和别致的酒店拔地而起,与之形成鲜明对比的是关闭的店面和空置的工厂。尽管数字技术占据主导地位,但城市的地理位置仍然很重要。整洁的郊区住宅区、边缘城市、繁忙的商业区、城市贫民区、空置的工业区和校园式的办公区,都是城市系统的复杂组成部分,给城市带来不同的收益。一些城市成功利用机会,在全球贸易中获得巨额财富。

此外,由于缺乏合理的国内和国际再分配机制,贫困地区变得极其脆弱。为了寻求最高投资回报,企业会迅速从一个地方迁往另一个地方,过度的资本流动会动摇城市的经济基础。一些经济欠发达的城市已沦为初级产品和廉价劳动力的集中地。产品的国际价格出现波动后,这些城市最容易受到冲击。全球化带来的负面效应还包括收入差距日益扩大、传统生活方式受到威胁,以及权力日益集中于发达经济体等,这已经成为虐待劳动者及侵犯人权、空气污染和全球变暖的主要原因。

随着技术创新和自由贸易的发展,全球化的势头在增强。这一进程可能在未来几十年内持续下去,甚至会加速推进。正如工业革命改变了历史进程一样,全球化也会带来巨大的变革。一些城市将利用这种机遇成为全球中心,而另一些城市则会面对经济和社会问题。

进一步阅读书目:
- Lefebvre, H. 2003. *The Urban Revolution*. Minneapolis: University of Minnesota Press.
- Sassen, S. 1994. *Cities in World Economy*. Thousand Oaks, CA: Pine Forge.
- Savitch, H. V. and P. Kantor. 2002. *Cities in the International Marketplace: The Political Economy of Urban Development in North America and Western Europe*. Princeton, NJ: Princeton University Press.
- United Nations. 2001. *Cities in a Globalizing World: Global Report on Human Settlements 2001*. London: Earthscan.

(Anar Valiyev and H. V. Savitch 文 李 胜译 李文硕校)

GOTTDIENER, MARK | 马克·戈特迪纳

马克·戈特迪纳一直是新城市社会学的领军者。新城市社会学是一种城市分析范式,自20世纪70年代以来一直挑战着人类生态学的传统范式。通过强调跨学科的学术对话和合作,他发展了欧洲批判和社会性理论,并使之服务于城市分析。值得注意的是,他是第一个在英语世界系统介绍亨利·列斐伏尔空间社会生产理论的学者。

曾积极参与20世纪60年代学生运动的马克·戈特迪纳,其职业生涯始于物流分析员。他学习过数学、经济学和社会学,并在1973年获得社会学博士学位。戈特迪纳在几所大学执教,包括加州大学河滨分校(20世纪八九十年代长期供职)、纽约市立大学亨特学院(1991—1992),而且是科罗拉多大学博尔德分校(University of Colorado, Boulder)、芬兰赫尔辛基理工大学(Helsinki University of Technology, Finland)的客座教授。从1994年起,戈特迪纳在纽约州立大学布法罗分校(State University of New York at Buffalo)担任社会学教授。

在其16本著作和不可计数的期刊论文中,戈特迪纳分析过房地产行业、城市发展、主题式消费环境以及城市和郊区生活方式。尽管他的大部分研究聚焦于美国,但其对城市类型及发展进程的明确讨论,促进了不同地区间城市的比较。本词条将

通过强调那些看似独立的主题之间的联系，探究戈特迪纳的影响、研究主题和新的理论结构。

亨利·列斐伏尔：
将城市空间的社会生产作为分析中心

在 20 世纪 70 年代，戈特迪纳就已了解了列斐伏尔的哲学及社会学观点。在准备出版第一本书《有规划的城市蔓延》（Planned Sprawl，1977）时，他意识到主流的城市生态学在解释大城市发展模式时的不足。然而，经过曼纽尔·卡斯特、大卫·哈维等人发展的新马克思主义政治经济学同样存在局限。为构建更完善的理论框架，戈特迪纳向英语世界介绍了列斐伏尔及其对马克思主义、日常生活、空间概念的研究，并最终在 1985 年出版了《城市空间的社会生产》（The Social Production of Urban Space，1985）。

在戈特迪纳看来，列斐伏尔作为城市思想家的贡献主要有 4 个方面。第一，马克思、恩格斯在研究工业资本主义时探讨过的经济学分类如租金、利润或不平衡发展，列斐伏尔证明了它们在城市研究中同样适用。第二，列斐伏尔将房地产投资视作一种"资本次级循环"，是较为独立地增加利润以及获得财富的领域。第三，列斐伏尔坚持认为作为社会活动背景的空间从来不是中立的，反而既是社会活动发生的条件，又是社会活动的产物，还建立起社会关系与产品的关联。第四，列斐伏尔讨论了政府和国家行为在空间中的重要性。

戈特迪纳发展了列斐伏尔的理论，揭示了房地产行业和国家的空间概念是如何通过诸如大小、距离、货币价值以及利润等抽象属性而形成的。然而对普通人而言，空间只是日常生活的环境。对社会空间及其意义的不当使用，如家庭与邻里概念，可能会受到房地产项目和公共规划的削弱，进而引发冲突。列斐伏尔的观点是，抽象空间与社会空间的冲突是基础性的，在同一阶级内部同时存在单独的和不同的冲突。戈特迪纳指出，列斐伏尔凭此观点突破了马克思的观点，后者认为阶级矛盾是资本主义历史的基本力量。

戈特迪纳远不止是介绍了列斐伏尔的思想，他还成功地将其理论应用于城市分析领域。安东尼·吉登斯的社会结构体系论认为市场结构、组织和机构都发挥着作用，通过借鉴吉登斯的理论，戈特迪纳增加了列斐伏尔理论的应用性。他坚持认为，空间——其社会生产以及相关的斗争——是当代城市分析不可缺少的要素。在《城市空间的社会生产》一书中，他宣称"空间产品的产生过程必须居于分析的中心，而不是聚焦资本主义发展的政治经济学本身"。

这一认识论体现在戈特迪纳从 20 世纪 70 年代至今的研究中。他从现实主义和唯物主义的角度出发，对城市研究中的几种当代观点进行了系统的批判，尤其是爱德华·索贾以及后现代地理学家的观点。他反对他们提出的"运用如'空间性'的抽象的和唯名主义的结构主义的表达方式"，声称，一方面，城市社会分析的每一层面都必然要考虑地域，另一方面，潜在的结构又通常被分为政治、经济和文化等层面。

社会符号学：理解文化情景下的重要性

与列斐伏尔相似，戈特迪纳也热衷于空间符号方面的研究。由于完善新的方法论体系需要洞悉当代城市，戈特迪纳和亚历山德罗·拉戈普罗斯在 80 年代创立了新型符号学，这种研究方法被称之为社会符号学。社会符号学兼收斐迪南·索绪尔（Ferdinand Saussure）、阿尔及达斯·格雷马斯（Algirdas Greimas）和路易·叶姆斯列夫（Louis Hjelmslev）的学说。各种符号学的基础都是符号的概念。按照索绪尔提出的广为人知的定义，每一个符号都由所指和能指构成。在城市符号学中，实质客体和聚落形态被作为象征的载体来研究。在此类研究中，象征行为总与所象征的实体和与之相关社会性话语相联系。分析客体可以是街道、立面、正在策划的文案和房地产广告。作为城市符号学的分支领域，社会符号学的研究关注文化所建构的内涵、空间更深远的含义或概念(来区分处于感知层次的含义),或与个体经历密切相关的意识形态束缚。社会符号学明显地与批判理论相联系,它旨在避免文化研究中不必要的偏见。在《城市与符号》(*The City and the Sign*)一书中,戈特迪纳把社会符号学定义为"针对意识形态在日常生活中作用的唯物主义研究"(第14页)。

在城市研究中,社会符号学质疑认知地理学和心理地图方法论的有效性,认为心理地图和认知地理仅限于感知,强调心理生物学对环境的适应。正如戈特迪纳所言,城市人创造的符号是社会的产物。从这一观点看来,社会依附关系和空间实践都塑造着个体对其所关注的特定实质对象的理解和情感。实际上,基于个体的收入、年龄、种族、教育和性别,人们对霓虹灯(如麦当劳标志)和玻璃幕墙的理解和感受是不同的。

社会符号学方法分解了空间符号。表达和内容(能指和所指)被分解为形式和实质;分析处理并非是2项,而是4项。数据收集既需要视觉的方法,也需要文化层面上的研究。一旦研究者恰当地把握了研究对象,他们能够对固有的意识形态、即时感知、客体和与之相关的更广泛的城市环境之间的关系进行更丰富的研究。在1995年出版的《后现代符号学》(*Postmodern Semiotics*)和1997年出版的《美国的主题化》(*The Theming of America*)两书中,戈特迪纳展现了如何运用符号学研究消费、休闲和旅游环境。社会符号学也可以应用于集体涂鸦、种族区域的视觉界定以及其他领域,它们共同组成了当代聚落空间。

社会空间方法:戈特迪纳研究的主线

戈特迪纳的理论体系最好的名称也许应该是社会空间城市分析方法。它采用综合的视角,在接受新理念的同时也避免传统人类生态学和马克思主义政治经济学的特点。该体系并不通过强调诸如交通技术、资本流通、生产过程等单一的主要原因来解释问题。恰恰相反,该体系把增长看作经济、政治和文化因素相互关联的结果。

在详细论述安东尼·吉登斯对城市化过程的分析时,戈特迪纳列举了3个潜藏在新兴的区域聚落空间中的主要的结构性转变,即(1)国际合作的出现,(2)20世纪30年代经济大危机以来的干预型政府,(3)知识和科技成为生产的推动力。房地产业充当这一过程中的重要因素。戈特迪纳把它视为一种可以影响如真实建筑环境和城市系统的部分唯意志力量。

这些想法是《新城市社会学》(*The New Urban Sociology*)一书中提及的社会空间方法论的组成部分。在该书中,戈特迪纳归纳了6个要点:

1. 分析的单元并非城市,而是多中心的大都市区(Multicentered Metropolitan Region,简称MMR)。大都市区是新兴的空间实体,与传统的聚落区有本质的不同。

2. 不仅要从当地和国家的范畴来考虑聚落区,更要将其视为全球资本主义体系的一部分。

3. 聚落区受政府政策、开发商活动和其他行为者(例如房地产业)的影响,这些影响制造一定的"拉力",这些"拉力"可以部分解释城市模式和发展方向。

4. 分析不应该忽视人们的日常生活、人的意义和有价值的地方,象征和实体对于不同的群体和个体的意义不尽相同,而社会符号学有助于解释此类现象。

5. 社会阶级和不同的社会群体是工业和后工业社会的基本因素。

6. 社会空间方法强调社会与空间的互动,当代社会团体中的阶级、性别、种族以及其他用来界定共同体的社会特征,使得空间的构成要素不断增多。

作为一个独立的分析范畴,空间的重要性体

现在列斐伏尔的观点中——空间是产品和生产的条件。在《新城市社会学》中,戈特迪纳进一步阐述空间动力机制和互相依赖的行为者如何产生空间,他说:"在城市和郊区发现的空间结构都具有明显而又潜在的后续结果;它们以可预测的方式影响人类行为和互动,但也以始料未及的方式影响最初的规划者或开发商。但个体本身通过其行为方式和人际互动,不断地改变着现存的空间结构,并构建新的空间来满足他们的需求和欲望"。

新兴的聚落形态:多中心的大都市区

对于戈特迪纳来说,新型的多中心大都市区是质的改变,其意义与作为独立社会形态之城市的出现不相上下。当分析这种新形式时,戈特迪纳反对科技决定论。他指出 19 世纪以来郊区化的漫长进程可通过房地产投资和投机、政府住房建设项目和对房主税收补贴、"二战"后人口和社会的变化来理解。汽车和高速公路不是城市变化的原因,而是城市变化的手段之一。

多中心大都市区最鲜明的特点是市中心原来的功能已分移至其他的中心,以便包括老城中心在内的每个城市中心都能够发挥更精准的作用。多中心大都市区的特点是全面分散和局部集中同时存在,包括人口。分散化既包括功能的分散,也涉及社会组织的分散。尽管美国的投机导向型进程与欧洲和亚洲的规划优先进程之间存在差异,然而就总体而言,聚散效应并未失效。

在城市研究领域,把多中心大都市区作为分析单元的社会空间方法的独特之处在于,能够为研究广泛的经验问题提供严格的理论框架。研究主题包括城市化、郊区化、移民、族群、种族主义和住房短缺等城市问题、第三世界城市化问题(如城中村、规划和社会政策)等。

结论

在其学术生涯中,戈特迪纳建构了自成一体的社会空间体系。在《新城市社会学》一书中他坦称"列斐伏尔提出了许多对社会空间观具有启发作用的理念"。戈特迪纳和列斐伏尔的关系类似于后者和马克思的关系。他们都从先哲那里获得了一定的批判取向和关键概念,将其发展并服务于当时的形势和学术氛围。马克思(和恩格斯)建立资本主义理论之时,其空间产物——工业城市——刚刚兴起。当工业城市的中心地位受到新型的区域聚落形态——多中心大都市区——影响之时,列斐伏尔借用马克思的概念来研究城市。在列斐伏尔的空间概念之上,戈特迪纳对这种形式的政治、经济、文化方面已经有了成熟的理论。翻阅戈特迪纳的所有成果可以发现,仍有几个更深入评价新型聚落形态状况的主题并未在该词条的简要介绍中未提及。这些主题包括城市危机、不均衡发展、航空社会学、后现代生活方式和全球旅游区。

进一步阅读书目:

- Giddens, Anthony. 1984. *The Constitution of Society*: *Outline of the Theory of Structuration*. Cambridge, UK: Polity Press.
- Gottdiener, Mark. 1977. *Planned Sprawl*: *Public and Private Interests in Suburbia*. Beverly Hills, CA: Sage.
- ——. 1985. *The Social Production of Urban Space*. Austin: University of Texas Press.
- ——. 1994. *The New Urban Sociology*. Boulder, CO: Westview Press.
- ——. 1995. *Postmodern Semiotics*: *Material Culture and the Forms of Postmodern Life*. Oxford, UK: Blackwell.
- ——. 1997. *The Theming of America*: *Dreams, Visions, and Commercial Spaces*. Boulder, CO: Westview.
- ——. 2001. *Life in the Air*: *The New Culture of AirTravel*. Lanham, MD: Rowman & Littlefield.
- Gottdiener, Mark and Leslie Budd. 2005. *Key Conceptsin Urban Studies*. London: Sage.
- Gottdiener, Mark and Ray Hutchison. 2006. *The New Urban Sociology*. 3rd ed. Boulder, CO: WestviewPress.

- Gottdiener, Mark and Alexandros Ph. Lagopoulos, eds. 1986. *The City and the Sign: Introduction to Urban Semiotics*. New York: Columbia University Press.

(Panu Lehtovuori 文　李　胜译　李文硕校)

GOVERNANCE ｜ 治理

治理是一个术语，指国家、公民社会和为实现公共目标而合作的市场参与者之间的联系。在过去的 30 年里，城市研究者和实践者对政府如何更有效地提供公共服务以及如何在资源贫乏的环境中接纳快速变化的城市人口这个问题给予了极大的关注。在全球化的背景下，城市必须对增长、经济结构调整、服务需求和日益增长的跨国和多元化人口等代表性问题做出反应。它们必须在劳动力成本上升和资本流动不断加快、公共资源不断减少的背景下寻求出路。这种反应是，从纯粹由国家或市场提供服务，转向服务于城市大众的"多元"或"合作"模式。

在美国，关于治理的讨论一直围绕着机制理论的概念，即在经济激烈竞争的大都市区中，城市联盟已经形成治理国家的力量。有些国家，通过促进公共和私有部门的合作，以共同响应公共需求。方法上的分歧反映了实际情况的差别，即国家行为者的作用和权力以及在国家、社会和市场部门之间和内部形成的治理网络的不同，也反映了权力、手段和能力等方面的差异。

术语的起源

治理一词已被社会科学家广泛使用，但往往存在不同的方式。从历史上看，这个概念起源于另外两个词——政府和统治。政府传统上被理解为一个结构实体，拥有权力制定和执行法律，更广泛地说是分配公共物品。作为动词的"统治"指的是政府所采取的行动，广泛涉及政府引导、控制和管理公共领域的活动。作为名词的"治理"在历史上是指政府治理的制度或方式。因此，治理是动态和不断变化的制度环境所塑造的政治进程。因此该术语通常泛指治理过程。

治理一词并不是城市研究的专有名词。人们可以在商业（例如公司治理）和国际关系中找到关于治理的讨论，在这些领域，围绕全球治理的讨论日益增多。在大多数情况下，这些学科倾向于使用"治理"来描述实现结果的过程——无论它们是企业的有形产品还是国际组织输出的诸如条约和规章等无形的产品。

这种对"治理"的系统性或以过程为导向的理解体现了该词在不同时期的用法，它的跨学科应用及其概念的流动性和不断变化。鉴于其一般起源和全球化的当代背景，治理已成为一个复杂、有时充满争议的术语。尽管如此，城市研究者仍然在其核心概念方面达成了共识。

基本含义

城市治理被理解为描述城市公共决策中的行动者和权力如何组合的一种方式。传统上讲，作为国家构成部分的地方政府对当地公共物品的分配负有主要责任。权力是层次分明的，自上而下流动。当然，国家权力是有限的，在民主社会亦是如此,权力服从民意和法治。在20世纪70年代末,经历了经济衰退、石油危机和经济结构调整之后,城市治理发生了变化。私营行为体越来越多,在城市政策和政治中成为地方和国家行为者的伙伴。公共产品的配置具有竞争性,并通过市场的"无形之手"进行分配。在国家退场和公民社会崛起的背景下,城市治理理论出现了。治理的前提是存在一大群由共同需求联合起来的行为体,它们形成了协作网络,行使着与国家和市场不同的权力。

城市治理离不开权力。反过来,治理的目标是由治理网络的成员确定的,并围绕着他们实现目标的能力来构建。有效的治理基于实现目标的能力。由于治理中的行为者相互依赖,人们发现网络是通过合作运作的。相反,市场权力是有竞争的。理想市场通常被视为在没有监管的情况下运作,在这些市场中,个人以成本和收益计算为前提进行选择。政府权力通常通过法治来进行监管或控制。最基本的观点是,城市的复杂性和应对城市公众需求的挑战引导人们认识到,没有任何行为者有能力单独有效地治理国家、市场,市民社会也难以积累必要的权力或资源来单方面管理。

治理理论指出,新机制(特别是网络)的出现可以被用于做出决定和分配产品。治理网络中的决策过程既是横向的(跨州、民间社会和市场部门)又是垂直的(跨地方、区域、国家和超国家各级政府)。研究人员还认为治理以不同的动机为基础,是合作而不是竞争或控制。这并不是说冲突已经消失,也不是说国家没有控制,而是说冲突和严格控制将损害治理的结果。

治理增加了什么?

治理理论在一定程度上是对美国机制理论的修正。机制代表着为治理目的而团结在一起的行为者的持久联盟。统一是由选择性的激励机制维持的,而机制的行动是由竞争性的政治经济决定的。批评人士认为,机制理论有一种规范性偏见,即接受竞争的外部环境作为给定条件,然后关注内部动态和资源限制。相比之下,治理则考虑机构和政府结构,研究它们如何与外部环境、规范和价值体系相联系。

此外,批评家们还指出,机制理论与西欧和太平洋地区普遍存在的强势国家是不相容的。因此,机制理论被定位为美国政治共同体的抽象概念。

国家间差异

虽然大多数城市政治学者在城市治理的核心要素方面取得共识并且承认相比政体理论有所进步,但当考虑到有效性和公平性时,就会发现国家间的巨大差异。这些差异在对比关于全球北部与南部城市的城市治理的研究时最为明显。

由于治理理论家寻求将背景融入我们对治理网络、权力和协作的理解,因此学者们对治理的评价有很大差异。观点的不同往往与所研究的国家有关,例如国家权力是大是小,公民社会是否被赋权,以及决策体系的开放度。差异还与治理的制度渊源有关。在一些地方,治理是一种高度形式主义的自上而下的安排的结果,而在其他地方,治理是高度非正式自下而上的过程。治理网络的运行方式也受到城市经济的制约,例如,它是根植于强大而又发达的市场并运行在全球体系的核心,还是存在于疲弱的新兴市场并运行在资本主义经济的外围。

关于城市治理的讨论在英国最为普遍,在那里,政府似乎被治理所取代,治理被等同于"没有政府"。这种解释导致了两大对立阵营的出现:一派认为治理是解决社会问题的一个更有创造性的过程;另一派则把治理视为一种机制,允许国家放弃社会关怀和支持的责任。这一分歧的来源是权力应该放在何处的问题。

对于那些将治理视为国家退场的人而言,一场类似的辩论关注的是这种转变对民主的威胁。尤其是在权力来自法治的民主政府中,权力是有限的,领导人受到控制。相比之下,政府决策不限于民选官员,有时甚至在超出选举领域,选举有时会包含腐败。一些学者提醒我们,治理在提高能力的同时也可能破坏民主问责制。越来越多的人担心新的治理合作伙伴不会受到政府合作伙伴那样的控制。地方权力过大或者狭隘的态度会影响治理网络的效能。治理与民主制政府不同,民主难以控制治理。

在拉丁美洲和非洲,城市治理一直被视为向更广泛的行为者开放的渠道,通常是在没有一个民主合法的国家的情况下。治理使得社会行为者可以发出更有影响的声音,这些行为者历来被置于强大专制国家的边缘。因此在全球南部,治理被乐观地视为加强城市政治的系统和进程。这场辩论揭示了发展中国家在摆脱城市管理和地方政府之技术限制时面临的城市挑战。城市治理被视作是有益的举措,因为它将注意力集中在政府合法性、公民赋权和公民社会活力等问题上。

结论

城市治理是一个复杂的概念。有学者将全球南部与北部城市的状况加以综合比较后,认为治理是一个过程,将国家和非国家行为体在网络中(垂直和水平)结合在一起,以生成、管理和实施公共政策;或换言之,是一组相互依赖的行为体围绕公共目的进行协作。治理可以被理解为构建全球化时代公共决策的脚手架。脚手架是如何建造的,人们用来建造它的杆子和木板的类型将取决于建造它的地面,建造它的人以及建造它的原因也影响着脚手架。

因此,在治理理论方面出现了共同的关注点,如国家角色的变化、公民社会中一系列新伙伴的出现以及促进公共决策的更多的协作机制。与此同时,治理网络最终的运作方式将取决于参与网络的行为者和机构的范围和远见,以及它们所处的制度环境。

进一步阅读书目:

- Davies, J. 2002. "The Governance of Urban Regeneration: A Critique of the 'Governing withoutGovernment' Thesis." *Public Administration* 80(2): 301 - 322.
- Gross, J. S. and R. Hambleton. 2007. "Global Trends, Diversity, and Local Democracy." pp. 1 - 12 in *Governing Cities in a Global Era: Competition, Innovation, and Democratic Reform*, edited byR. Hambleton and J. S. Gross. New York: Palgrave Macmillan.
- Jordan, A., R. Wurzel, and A. Zito. 2005. "The Rise of 'New' Policy Instruments in Comparative Perspective: Has Governance Eclipsed Government?" *Political Studies* 53: 477 - 496.
- Pierre, Jon. 2005. "Comparative Urban Governance: Uncovering Complex Causalities." *Urban Affairs Review* 40 (4): 446 - 462.
- Rhodes, R. A. W. 1997. *Understanding Governance*. Buckingham, UK: Open University Press.
- Sørensen, E. and J. Torfing. 2005. "The Democratic Anchorage of Governance Networks." *Scandinavian Political Studies* 28(3): 195 - 218.
- Stoker, G. and K. Mossberger. 2000. "Urban Political Science and the Challenge of Urban Governance." pp. 91 - 109 in *Debating Governance*, edited by Jon Pierre. Basingstoke, UK: Palgrave Macmillan.
- Stone, Cl. N. 1989. *Regime Politics: Governing Atlanta 1946 - 1988*. Lawrence: University Press of Kansas.

(Jill Simone Gross 文 李 胜 译 李文硕 校)

GRAFFITI ｜涂鸦

城市表面总是带有未经授权的信息和图像，甚至在庞贝古城遗址中也发现了涂鸦。这些涂鸦信息和图像以各种形式出现，一些带有政治色彩，一些则风趣诙谐，一些表现个体或群体的认同，还有一些宣扬地域归属。当然也有精心策划的艺术表达形式。近几十年，新风格和新技术涂鸦的涌现已在立法者和学者之间引发了旷日持久的讨论。在简略地概述这些变化之后，本词条讨论关于当代城市中所谓的涂鸦问题本质的不同观点。

历史演化

涂鸦当然不是一个新现象，但在20世纪60年代末70年代初，新的涂鸦方式出现在美国费城和纽约的街道及公共交通系统上。这些城市的年轻人开始用墨水和喷雾涂料画下他们的想法。渐渐地，当这些涂鸦作家试图最大限度地展示他们的特立独行，他们作品的数量和质量都增加了。到了20世纪70年代末，像《东迪》(Dondi)、《未来2000》

城市涂鸦
来源：Erin Monacelli

（Futura 2000）以及其他作家精心制作的艺术产物（或"作品"）画满了纽约城的地铁车厢。

这些新的涂鸦风格通过摄影师玛莎·库珀（Martha Cooper）和亨利·查尔芬特（Henry Chalfant）1984年的《地铁艺术》（*Subway Art*）等图书与公共广播服务公司的纪录片《风格战争》（*Style Wars*）和电影《狂野风格》（*Wild Style*）等，逐渐被广泛曝光。媒体的传播随后促进了涂鸦在全球性的扩散。方兴未艾的涂鸦景观存在于世界上成百上千个城市中，每一个人口熙攘的大陆都有自身的涂鸦风格和特色。到目前为止，这些场景和风格在各大商业出版社出版的精美书籍中、在与涂鸦有关的杂志和网站上都有详尽的记载。

涂鸦可被视为米歇尔·德·塞尔托提出的策略之一——对城市环境中主流价值观的影射和违背。涂鸦者并不把城市环境作为不可侵犯的私有财产，而是将其视为一种媒介，用来传播他们的身份、艺术抱负，以及为彼此和更广泛的公众传递信息。

一种城市"问题"

因而毫不奇怪，这些新涂鸦形式在全球范围内的传播和扩散通常被城市当局视为问题。涂鸦常被描述成损害城市生活质量的反社会行为。实际上，对涂鸦的批评在当代法律和秩序的形成过程中起着重要作用，这些法规以生活质量的名义强调必须抑制反社会行为，如威尔逊（Wilson）和克林（Kelling）提出的"破窗理论"（Broken Windows），宣称自然衰退的迹象会导致社区品质下降。正如大批学者所强调的那样，这种对涂鸦的解读并不是没有争议的，而且在为相当特殊的政治和经济利益服务的过程中，这种解读比其他解读更有优势。而且，如同涂鸦本身，这种将涂鸦解读为反社会行为的特殊解读，已经从它的发源地纽约蔓延到了更多的城市。

阻挠手段

随着涂鸦被当作破坏生活质量的犯罪活动，在将涂鸦视为社会问题的城市中，出台了各种旨在预防和根除涂鸦的措施，包括旨在阻止涂鸦者在重要空间涂鸦的种种措施；旨在消除涂鸦机会的新式城市设计和防涂鸦材料；阻止和抓捕涂鸦者的电子监控；由城市警局组建而成的专业反涂鸦队；增加对涂鸦者的惩罚；禁止向未成年人出售气溶胶涂料，并限制在商店展示气溶胶涂料；快速清理涂鸦以阻止涂鸦者追求名声（现在公共和私人城市当局常把清理工作外包给专门的"除鸦公司"）；审查与涂鸦有关的机构和网站。在许多城市，大量资源被用于这些涂鸦预防措施。

当考察这些措施的效果时，可能会有一些证据表明减少或消除涂鸦取得了成功。然而，如果我们把这些措施放诸更多的城市，乃至从全球的视野来审视这些措施的成效，结果却不那么乐观。从更大的范围来看，似乎对涂鸦的战争导致了涂鸦实践的变异，而不是根绝。涂鸦者已经发展了新的旨在避开或击败城市当局所做种种努力的风格和措施。在20世纪90年代末，风行一时的漏字板涂鸦和贴纸印刷即是一例，从某种程度而言，这是对防治措施的反应——贴纸和漏字板都能设计出来并被提前应用于一种表面，从而用更少的时间就能完成。类似地，在火车和公交车站使用的防涂鸦玻璃，也经常被刻上蚀刻标签。事实上，一些涂鸦观察人士和学者指出，目前主流的涂鸦预防方法的一个讽刺之处在于，它倾向于通过促使涂鸦者追求快速完成来降低涂鸦的质量。

涂鸦艺术

遏制涂鸦的努力因受到涂鸦者逃避的能力而收效不显，此外也有些涂鸦风格已被市场和艺术界所接受。知名涂鸦者经常被委托为广告活动增加街头宣传度，或为电影和电视节目增添锐气。许多城市的当代艺术画廊都赞助涂鸦者的作品展览。当然，涂料商也在如火如荼的涂鸦活动中获益，很多公司甚至已经开发出了专门用于涂鸦的产品。

此外，在许多城市中已存在合法空间用于涂鸦，而且这种支持往往来自与年轻人密切合作的政府或国家资助机构。然而，在这方面，那些支持提供合法涂鸦空间作为解决涂鸦问题方法（即作为一种减少涂鸦的方式）的人，与那些将涂鸦界定为问题（例如，提供合法的涂鸦空间作为提高涂鸦质量的一种手段）的人之间存在重要的区别。

对于涂鸦者及其动机的不同理解，决定了在政治辩论中对"涂鸦问题"的认知与解决的不同立场。涂鸦者纯粹是反社会的破坏者，还是动机更复杂？社会学家往往有自己的看法。例如，查理德·桑内特在涂鸦中看到的只不过是"自我抹黑"——一种自恋式的关注，表现出个人身份，却不寻求与更广泛的公众就实质问题进行真正的接触。其他如南希·麦克唐纳德(Nancy MacDonald)和凯文·麦克唐纳德(Kevin McDonald)等人，对涂鸦者进行了人种学研究，他们在研究中看到了更复杂的年龄、阶级、性别差异。

然而，也有其他人企图把涂鸦理解为通过占据和改变已有城市空间等的反公共领域(Counter-public Spheres)。按照这一观点，涂鸦展示的是一种基本的社会行为而非是反社会的活动。也就是说，他们在讨论不同涂鸦风格和实践的美学和伦理价值中把涂鸦景观描绘成一个集合体。这并不一定是要把涂鸦者定位为某种民间英雄，而是要断言，涂鸦并不仅仅是个人造成的盲目破坏。

笔者观点

当然在这些争论中，涂鸦者本身并非被动的旁观者，他们也在讨论涂鸦是否合法。这些争论往往取决于涂鸦本身、涂鸦所具有的风格，或者说涂鸦占据空间在法律中的界定。有些涂鸦者坚持自己的立场，有一些则在不同的领域工作，例如在公共领域举办画廊展览，并接受法律委托（有时以街头艺术的名义），同时通过未经授权和非法的涂鸦作品在街头保持活跃的形象。

要将涂鸦者的见解与社会学、犯罪学和城市地理学中有关城市公共领域的讨论结合起来，还需要做更多的工作。尤其是涂鸦者自己对这座城市的看法究竟是什么。涂鸦者以不同的方式居住在城市中，面对城市规范和法律法规，他们为不同的目的改变城市空间，他们是否对自己所涂鸦的城市的性质有了新的认识？刑事学家杰夫·法雷尔(Jeff Ferrell)对涂鸦的研究开始解决这些问题。法雷尔有第一手的经验可以借鉴，他曾是一名活跃的涂鸦者，并因涂鸦被捕。他认为涂鸦等实践活动旨在创造其他的或无政府的城市生活方式。

进一步阅读书目：

- Austin, Jon. 2001. *Taking the Train: How Graffiti Became an Urban Crisis in New York City*. New York: Columbia University Press.
- Cooper, Martha and Henry Chalfant. 1984. *Subway Art*. London: Thames and Hudson Ltd.
- Cresswell, Tim. 1996. *In Place/Out of Place: Geography, Ideology, and Transgression*. Minneapolis: University of Minnesota Press.
- de Certeau, Michel. 1984. *The Practice of Everyday Life*. Berkeley: University of California Press.
- Ferrell, Jeff. 1993. *Crimes of Style: Urban Graffiti and the Politics of Criminality*. New York: Garland.
- ——. 2002. *Tearing Down the Streets: Adventures in Urban Anarchy*. Basingstoke, UK: Palgrave.
- Iveson, Kurt. 2007. *Publics and the City*. Oxford, UK: Blackwell.
- Macdonald, Nancy. 2001. *The Graffiti Subculture: Youth, Masculinity, and Identity in London and NewYork*. Basingstoke, UK: Palgrave.
- McDonald, Kevin. 1999. *Struggles for Subjectivity: Identity, Action, and Youth Experience*. Melbourne, Australia: Cambridge University Press.
- Sennett, Richard. 1994. *Flesh and Stone: The Body and the City in Western Civilization*. London: Faber and Faber.
- Wilson, James Q. and George L. Kelling. 1982. "Broken Windows: The Police and Neighborhood Safety." *The Atlantic Monthly*, March.

(Kurt Iveson 文　李 胜 译　李文硕 校)

GROWTH MACHINE | 增长引擎

约翰·洛根和哈维·莫洛特克（Harvey Molotch）在合著的《城市财富》（*Urban Fortunes*）中首次提出了"增长引擎"概念。这本书基于作者一系列的研究报告，是对莫洛特克经典论文《作为增长引擎的城市》（*The City as a Growth Machine*，1976）的深化。在这些论著中，洛根和莫洛特克提出了具有鲜明特色的、用于把握城市理论的方法论。这个词条着眼于概念的演化、当代应用和国家间的差异。

概念背景

在20世纪70年代，城市社会学领域以及其他关注城市研究的领域（如经济学、城市地理学、规划学等）一致赞同，城市是人类活动的容纳地。很明显，这个理念是对芝加哥学派最初理论构想的延伸。在这个理念看来，为了占有土地和其他资源，城市人之间会发生激烈的竞争。这种外观残酷的竞争都可以用城市形态、土地分配以及核心区理论来解释。与这种方式相反，增长引擎理念分析的是城市领域中的社会行为。

自1973年大卫·哈维的《社会公正与城市》和1977年卡斯特的《城市问题》出版以来，增长引擎作为解释城市政治经济形势的理论，反驳了结构主义者的观点。这个概念的鲜明之处就在于，其断言土地分配与特殊利益有关联，尤其是商业、情感和精神上的利益。塑造城市最主要的因素是在增长引擎生成之时那些资产拥有者获得的土地利益。由这些社会参与者构成的地方增长引擎已成为城市研究中的标准术语。在解释城市人口与工作的组织、形态及分布时，增长引擎理论认为：人类活动尤其是特别群体的城市活动能够带来因果力（Causal Power）。人际关系式的市场力量不足以解释这些机制。然而，包括在利益驱使下的操控和处理等社会行为，成为城市研究中极为关键的一股解释力量。

长久以来，美国城市欢迎资本投资，但很少考虑为之投入的社会和财政成本。然而，在国际资本持续涌入的影响下，社区越来越意识到需要增加投入。有些地方反对传统的增长模式，资产导向型的房地产精英与中产阶层和工薪阶层时常尝试以其他目标取而代之。通过影响管理者、增加竞选贡献和直接参与地产行业，资本以种种新的努力深入各个地方。诸如罗纳德·里根的新联邦主义等国家政治和政策，通过影响城市政策提供优势区位的方式，帮助资本向地方渗透。

当代应用

增长引擎在美国内外得到了大规模研究。1997和1999年连续出版了对这一概念的综述评估。2007年，加利福尼亚大学出版社发布了《城市财富》20周年纪念版。当下美国城市社会学把增长引擎研究列为该领域的四大主流课题之一。

关注于更新与再开发的研究反映了增长引擎自1980年以来产生的深远影响，尤其是在美国。然而在许多分析中，研究者似乎遗漏了许多方面，如城市当政者的作用、不同群体进入政治的机会、国家在促进发展方面的作用及增长联盟的影响等方面的关注。

随着路径依赖、历史研究及政策反馈等方法的运用，增长引擎概念的内涵已大大丰富，并且有潜力改变或缩窄增长联盟和政策策略的行动领域。随着时间的推移，增长政策可以通过变更增长引擎与城市发展机构联盟的形式发挥影响。由此带来的后果是，再开发主题与制度性联盟中的路径依赖性投资，可能有助于我们准确理解增长与开发方案在新社会经济框架、环境以及过往议程和项目结果下何以出现与变迁。此类投资或许也揭示出当地增长引擎安排与政治经济上的巨大进步间的内在联系。

为了更深入研究这一概念，我们需要考虑增长联盟的结构变动尤其是移民在企业振兴方面的作用，后者或许在地区房产开发方面发挥着重要作用。有研究者发现，通过为移民开发居民聚居区和商业聚居区，他们可以在很大程度上重塑城市的形态。在移民房产商的调控下，移民社团会形成一个初始的集聚区，之后这个聚居区会不断向外扩张，形成与原有聚居区并存的局面。在这个过程中，移民开发商低价买入土地并在族裔社区内加以改造，之后卖出。这些开发商就是典型的增长引擎。这个过程既是移民行动的结果（因为移民带来了商机），也是移民的现实选择（因为房产交易可以减缓移民所带来的压力），因此像这样的族裔集聚区并不一定是自发社会进程的结果。建立在政治经济知识和经验之上的精心规划与筹划，是聚居区形成的根源。随着开发进程的演进，移民企业家的祖籍地成为地方增长引擎的影响因子。

增长引擎在其他国家

美国内外都有增长引擎式的联盟（Growth Machine-Type Coalitions）。尽管如此，人们认为这一理论模型令人感兴趣的是，它在不同的时空中有不同的变化和特点。例如愈发明显的是，在很多城市，支持增长的联盟现在正致力于增加其全球曝光度以增加对资本和人口的吸引力，唯有如此经济增长才会成为可能。然而，这些问题的关键是明确"地方、区域、国家和全球的交织，给地方带来了怎样的特殊影响"？除了成为元叙事，这种模式通过阐释各种各样的社会政治实践从而日益丰满，尤其是在处理与其国家存在争议性的政治关系的城市和地区时。

全球可见度有时借助大型活动实现。因此，这一概念的另一跨国应用体现在城市发展研究中，更确切地说是大型活动对城市发展的影响。像奥运会、世博会等活动都是短期而轰动性强的活动，并且对城市产生重大影响。这些大型活动会导致政策有意识地向该地倾斜，还会引发基础设施能否得到最佳利用的争论。另外，这些活动会进一步强化战略开发，同时会影响旨在以经济增长最大化为目标的城市意识形态和规划。新兴地区和国家积极顺应举办大型城市活动的潮流，当然这种潮流往往是由西方国家推动的。在针对城市增长联盟和大型事件的研究中，研究者们提出了这样的问题：大型活动作为一种城市发展模式是否足以合法化增长引擎和商业利益？或者说，这种现象是否可以与国家行为体和国家机构在重塑城市中的活动共同起作用？在全球经济中，城市增长联盟可能代表着某种形态的城市或国家振兴主义。大事件作为政治经济精英倡导的增长策略，在普罗大众看来可能并不那么重要。对后者来说，大事件可能只不过是些符号或经济提升和带来潜在繁荣的催化剂而已。

当今世界面临的诸多问题如环境挑战，已经从增长引擎的角度进行了研究，并且被框定在关于企业型城市的争论中。城市决策者和精英们越来越需要着手处理有关地方经济发展的政治事务，即为了管理环境预期和需求及其经济影响，如何制定出有效的政策和手段。很明显，城际间的竞争和来自基层的压力加剧了关于城市生活质量的讨论。但是，生态关怀来自于更大的压力，这种压力来自致力于改变环境、自然和城市之间关系的尝试。结果是，采取和实施绿色环保的生态政策可能对城市治理之社会调控部分产生重大影响，这可能也意味着背离新自由主义方式。变化中的城市经济—环境关系可以被视作旨在管理和解决不同尺度之需求的一系列政府行为，这就改变了关于增长机器的定义。

批判

当今仍然有关于该概念的大量争论，争论的焦点是能否把增长引擎概念广泛应用到美国之外的其他地区。有观点认为，只要使用恰当，上述问题的回答就是肯定的。在支持者看来,增长引擎在跨国背景中的缺陷主要是因为对该概念的误解和误用。在有关英国商业利益流动性的研究评论中,伍德(Wood)批判性地审视了上述说法,并得出了相反的结论。伍德的中心论点是,即使是在其他国家或地区正确使用增长引擎这一概念,美国模式也会很快失效。伍德认为有必要承认增长联盟路径的局限性,并将其置于不同国家、不同城市背景中来理解。

另外,随着时间的变化,增长引擎在地理上的侧重点不断改变——增长的重心从郊区到城市,这恰恰是美国和欧洲城市过去20年所发生的。基于此,有些人认为增长引擎这个概念需要审慎使用。提出这种批评的学者们认为,正像《城市财富》中阐明的一样,除了价值中立,增长面临的地理上的限制与价值有关。也就是说,价值的交换可以用来创造一种新的、提升了的使用价值,正如在绅士化进程中表现的那样。传统而言,不论绅士化是因为供应还是需求而引起,它都标志着旧的使用价值让位于增长联盟所确立的新的交换价值。这种市场价值的转换对于解决集中贫困和其他的社会问题效果明显且很有必要。

也有批评者认为,与私营部门相比,国家层面的政策变动致使增长引擎概念的有效使用成为问题。私营部门在运行和管理社会事务中获得了重要位置,国家适度放弃了过去本应承担的职责,如医疗保障、教育、福利等。不论是因为国家政策不断变化的属性还是新自由主义转向,其结果是私营部门与企业型城市中的地方政府、办事机构、参与者之间交织在一起。因此在美国城市中,除了谈及增长引擎,也更需要涉及城市和地方政府。

增长引擎与全球性力量

当今对增长引擎概念的应用越来越多地被嵌入全球力量对城市影响的种种路径中。在一位研究者看来,这些路径包括:(1)地区层面形成的政治经济战略,其目的是建立与世界经济之间的流动与跨国关系(如由国家主导的出口导向型增长战略);(2)地区开发,其目的是应对全球层面触发的各种变迁(如产业结构调整);(3)结构和边界调整,其目的是将城市置于整个世界城市的宏观背景中(如举办大型项目)。

增长联盟通常与发展型国家的目的相一致,特别是在新兴经济体中。通过比较的方法,也就是为地方精英提供外在的可模仿的对象,地方的增长引擎或许被表现为在全球范围内寻求区域或国家竞争力。尽管这种情况没有从根本上修正但的确强化了国家政策的要旨和目标,因为增长和生产效率是很多国家和地区政策上的根本要义,即使是在当今全球化时代也是如此。实际上,在16世纪欧洲很多地区的现代资本主义形成阶段,地方增长引擎与商业国家形成联盟以寻求保留地方商业上的特权是极为常见的。在有些情况下,对增长和开发的关注在地方法律法规中有所反映。

后来的工业化貌似需要一个强大的国家,这样一个国家能够将增长摆在优先位置进而克服相对弱势带来的种种缺憾。在这种情况下,地方增长引擎的作用可以被理解为是处理国家对工业化和开发的优先关注。很明显,对效率问题的重视取代了国家对经济干预的争论。国家和支持增长的联盟其共同目标是,从全球贸易和出口导向型发展中取得利益最大化。与此同时,战略性地调度资本、信息和劳动力等地方资源。

城市、地区和国家中支持增长的参与方,其追求的战略目标并不是只有全球市场效率和经济优势。增加地区经济的影响力或许还跟增加全球可见度有关,唯有如此,才能更好保持地方政治自主性和特性。在再区域化的民族国家(Reterritorialized National States)和地方、区域政府中,地方精英们开展了系列关于地方自主性和特性的保持策略。伴随着外部投资资金流的扩大,对外贸易和投资的共同目标成为多民族国家中区域政府政策的优先选择。这一进程或许对地方增长引擎的特殊表达产生直接影响。

进一步阅读书目：

- del Cerro Santamaría, G. 2007. *Bilbao: Basque Pathways to Globalization*. London: Elsevier.
- Gotham, K. F. 2000. "Growth Machine Up-links: Urban Renewal and the Rise and Fall of a Pro-growth Coalition in a U. S. City." *Critical Sociology* 26(3): 268–300.
- Hiller, H. H. 2000. "Mega-events, Urban Boosterism, and Growth Strategies: An Analysis of the Objectives and Legitimations of the Cape Town 2004 Olympic Bid." *International Journal of Urban and Regional Research* 24(2): 449–458.
- Jonas, A. E. G. and D. Wilson. 1999. *The Urban Growth Machine: Critical Perspectives, Two Decades Later*. Albany: State University of New York Press.
- Light, I. 2002. "Immigrant Place Entrepreneurs in Los Angeles, 1970–1999." *International Journal of Urban and Regional Research* 26(2): 215–228.
- Logan J. R. and H. Molotch. 1987. *Urban Fortunes: The Political Economy of Place*. Berkeley: University of California Press.
- Logan, J. R., Rachel Bridges Whaley, and Kyle Crowder. 1997. "The Character and Consequences of Growth Regimes: An Assessment of Twenty Years of Research." *Urban Affairs Review* 32: 603–630.
- Manella, G. 2007. *Nuovi scenari urbani: La sociologia del territorio negli USA oggi* (New Urban Sceneries: The Sociology of the Territory in the USA Today). Rome: Franco Angeli.
- Molotch, Harvey. 1976. "The City as a Growth Machine: Toward a Political Economy of Place." *American Journal of Sociology* 82: 309–318.
- While, A., Andrew E. G. Jonas, and David Gibbs. 2004. "The Environment and the Entrepreneurial City: Searching for the Urban 'Sustainability Fix' in Manchester and Leeds." *International Journal of Urban and Regional Research* 28(3): 549–569.
- Wood, A. 2004. "Domesticating Urban Theory? U. S. Concepts, British Cities, and the Limits of Cross-national Applications." *Urban Studies* 41(11): 2103–2118.

(Gerardo del Cerro Santamaría 文　李　胜 译　李文硕 校)

GROWTH MANAGEMENT ｜增长管理

从20世纪60年代的美国开始，对城市无序扩张及其负面影响的不满促使人们更为关注增长管理。增长管理最初只是美国少数地区的土地使用倡议，现如今增长管理已发展成为一种主流的规划模式。

增长管理的定义随着时间变化而改变，每次概念变动都带有不同时代和规划观念的印记。早期定义与70年代新生的增长政策有关。增长管理在那时被界定为管理甚至终止人口增长的更为有效的手段。90年代，随着增长管理赋予政府这样一套意识形态上的责任——为通过税收、支出和管制来影响社区内土地使用的分配活动建立制度安排。与此同时，增长管理越来越强调合作和区域间倡议。在增长管理理念之下，政府应该以平衡竞争性土地利用的方式来容纳一个社区的发展并协调地区间的各种利益。

各种定义表明，增长管理是关于用政策工具来调控土地应用的概念。然而，随着规划的不断变化，增长管理也从最初的只关注调控向关注更复杂的系列活动转变。这些复杂的系列活动超出了一个单一社区的范围,需要将各种利益攸关方考虑进去。

增长管理的演化

增长管理首先在美国规划界兴起。鉴于与城市蔓延相关的问题(如环境退化、过度延伸的基础建设等)愈演愈烈,人们对城市环境与自然环境的关系越来越关注,保护自然资源成为很多第一代增长管理项目的头等大事。

这一时期,相应的规划和定量规划模式尤为流行。像边界、分期和增长上限等方法广为应用。这些第一代规划条例通常与当时已存在的规划和区划法规并行不悖。

增长管理的发展可分为由单个城市推动的项目以及由单个州推动的项目。地方层面成功案例包括拉马波(Ramapo)、纽约等,这些城市在 1969 年就对社区内的土地以特定的次序做了功能区分。1972 年,在科罗拉多州的博尔德市与佛罗里达州的布卡拉顿市(Boca Raton),其人口增长被控制在一定范围内,即不得超过 4 万套额外增加的居住单元所能容纳的数量。同年,加利福尼亚州的佩塔卢马市(Petaluma)确定了每年只增加 500 套住房的额度。

州级增长管理项目源于土地利用改革,旨在落实环境保护的政策。州政府和地方政府往往通过分享权力来管理某些地区的增长。

俄勒冈州颇有创新意味的增长管理体系已为其他州树立了典范。通过将增长控制权从地方政府部分转移给州政府以及采纳不同的土地利用方法,俄勒冈州的增长管理体系成为第一个授权州政府可以控制土地使用的体系。对波特兰大都市区的发展有着极为重要意义的大都市服务区(Metropolitan Service District)是一个区域性的政府,这类区域政府的一项首要职责,是管理增长的边界以防制约波特兰市周遭地区的发展。

到 80 年代,增长管理已经成为不可撼动的主流规划模式。在那 10 年内,大众也越来越多地参与其中。合作小组以及咨询委员会被整合进增长管理的策略中。与 70 年代的管制策略不同,这一时期的种种方法被嵌入综合性的框架里,这种框架融合了经济上的、环境上的、基础设施上的以及生活品质上的种种考虑。

其他州也确立了相似的立法机制,来管理地方和区域层面的发展,以此确保地方和州际规划目标一致。另外,各州纷纷发起了刺激性举措试图达成合作,并对州不同办事机构、地区调控机制以及地理信息体系进行了调整,以此寻求冲突的解决。

精明增长

另一次政策转向发生在 90 年代,即新近受人欢迎的精明增长,这个术语强调规划的参与以及小规模开发。这个术语类似于"增长精明",后者是被美国规划协会和"宜居社区"运动正式认可的术语。

无论是可持续发展还是精明增长都基于经济、环境和社会公平这 3 个原则。相较于先前的增长管理范式,社会公平是一个新的组成部分。与可持续发展不同,精明增长并不明显地考虑后代的需要,增长仍然是精明增长最主要的关注点。关于精明增长的其他定义还涉及多元、密度和设计等概念。它们都指向城市发展的品质,那就是超越对调节性增长的关注,正像早期增长管理路径对增长上限、分期、城市增长边界的超越一样。典型例子是马里兰州为精明增长所通过的立法,该立法的着眼点在于以复合式的方式进行资源保护、填充式开发和基础设施成本的控制。

当今的增长管理

随着时间的推移,规划在地方层面,尤其是在城市增长边界的应用,已经越来越稳固。在州层面,田纳西州和弗吉尼亚州已经按照精明增长的原则,制订或修订了现行的增长政策。尽管如此,到90年代末只有12个州确立了增长管理体系。这些州是:夏威夷州(1961)、佛蒙特州(1970)、佛罗里达州(1972)、俄勒冈州(1973)、佐治亚州(1989)、新泽西州(1986)、缅因州(1988)、罗得岛州(1988)、华盛顿州(1990)、马里兰州(1997)、田纳西州(1998)和弗吉尼亚州(1998)。增长管理在区域范围内已变得日益重要,倡导者们已在尝试将管理条例和与城市发展质量相关的诸方面统合起来。但精明增长至今还没有被证实是解决城市增长问题的可靠方案。

欧洲的增长管理

欧洲国家的多元规划体系常由国家层面的土地利用和规划条例驱动,它为我们观察不同的增长管理范式提供了新视角。较之于美国,欧洲拥有更密集的城市形态。正因如此,在大多数的欧洲国家,国家层面的土地利用规划强制要求城市设立增长边界以区别定居区和城市边缘区。在这方面,瑞士、荷兰和德国可称典范。

瑞士有着相当严格的调控机制。与美国一样,20世纪70年代标志着瑞士的城市规划开始重视环境保护和自然景观保护。对此,瑞士的措施主要在区域层面,也就是用区域规划来减少诸多城市的增长规划。尽管区域与城市关系因增长管理变得越来越紧张,但一项削减土地使用面积的反区域规划政策被广为实施。这些被限制的区域原本是被设计为进一步促进城市增长的区域。这种规范方法被普遍认为是有效的。瑞士增长管理的新政策包括更密集化的聚落结构,这种聚落之所以能建成,得益于城市提供的一系列奖励措施,如当开发商提供更优质、更精美的设计时,城市会给予一定的高密度开发补助。有专门的土地管理体系负责监管这一过程。

作为一个人口密度高的小国,荷兰已经确立了由国家政策操控的全国范围内的增长管理原则。这些政策建立了一些基本的管理条例,并对住房、就业、公共交通和其他的土地使用方式进行了规范。荷兰政府这些政策的目的是加强兰斯塔德区域的开发。兰斯塔德是一个由阿姆斯特丹城市群、海牙、乌特勒支和鹿特丹组成的大都市连绵带。与此同时,这个大都市连绵带也与其区域之外的地区紧密相连。尽管中央政府通常勾勒出发展远景,然而政策的实施却依靠其他规划机构。因此,国家政府、省(区域)和城市需要密切合作,使住房的分配更能符合未来的需求。从1990年发布的《关于物理规划的第四号报告》(Fourth Report on Physical Planning)开始,政府间合作的理念一直在推进,荷兰也越来越强调政策在城市—区域层面的落实情况。荷兰城市发展的轨迹表明,在兰斯塔德外缘地区,开发应该让绿心免受定居点的影响。

德国的增长管理模式类似于瑞士。德国拥有一系列相对繁琐的国家规划模式,这种模式基于统一原则,即有效的增长管理应该涵盖法律、管理、经济、组织导向型的种种手段。经济或市场导向型的模式在20世纪90年代变得流行起来。这一时期,规划者声称常规模式过于严格和低效,以至于无力应对土地利用的变化。市场导向型的模式包括税收激励、土地封存费、密度或基建激励、过路费等。其中的一些措施已被全国性的规划法所采用,这为更灵活的增长管理铺平了道路。

批评

当增长管理运动在城市和区域规划界兴起时,开发者和地产商们却纷纷抵制。对于他们中的大多数而言,增长管理是对私有产权的挑战。当时,一种流行(现在也依然存在)的观点是增长管理提高了地价和房价。

此外,当代增长管理方式像精明增长运动一样,也被认为难以抑制土地开发的蔓延。随着人们用精明增长方案为邻避议程(NIMBY)打掩护,精明增长可以说难以持续下去。

进一步阅读书目:

- Evers, David with Efraim Ben-Zadek and Andreas Faludi. 2000. "The Netherlands and Florida: Two Growth Management Strategies." *International Planning Studies* 5(1): 7–23.
- Pallagst, Karina. 2007. *Growth Management in the US.: between Theory and Practice*. Aldershot, UK: Ashgate.
- Porter, Douglas R. 1997. *Managing Growth in America's Communities*. Washington, DC: Island Press.
- Stein, Jay M., ed. 1993. *Growth Management: The Planning Challenge of the 1990s*. Newbury Park, CA: Sage.
- Szold, Terry S. and Armando Carbonell, eds. 2002. *Smart Growth: Form and Consequences*. Cambridge, MA: Lincoln Institute of Land Policy.

(Karina M. Pallagst 文 李 胜 译 李文硕 校)

GROWTH POLES | 增长极

增长极指的是能够在经济领域中产生扩张效应的一组公司或产业。通过集聚或外溢的形式,一个顶尖或有推动力的企业或公司的经济发展可以带动其他公司或部门的发展。增长极可被视为一种发展理论,也可作为地区发展策略和政策来应用。

正如许多发展规划著作中所提及的那样,增长极的产生与地理环境和区域开发无关。尽管如此,增长极以及与它紧密相关的术语"增长中心"(Growth Centers)在1960年代的区域开发策略中起着重要作用。在发展中国家,增长极或增长中心被确定为汇聚公共投资、促进地区发展、惠及边缘地带的区域所在,首要且最普遍的应用方式是实现工业化。然而,增长极并不局限于发展中国家和正在工业化的国家,它们也被用在像美国、法国、日本和英国等国家的落后地区。

增长极的概念最初是由法国经济学家弗朗索瓦·佩鲁(Francois Perroux)和法国空间经济学派(French School of Spatial Economics)提出。在20世纪50年代,佩鲁提出他的增长极理论,称之为发展极(Pole of Development)。佩鲁在前人约瑟夫·熊彼得和约翰·梅纳德·凯恩斯的成果之上提出了这一概念。这是一个不受空间限制的经济增长推动力。作为推动力的部门通过自身的发展和创新带动其他部门的发展,其中的推动力部门就是增长极,它是经济增长的推动因素。增长极可能是某一产业中的多个公司(如钢铁、电器或相关的公司),通过创新或率先采取先进技术创造快速的经济增长。当增长与发展传播到其他相关的部门,并通过联系创造了出发展的乘数效应时,增长极就产生了。

乘数效应可通过规模经济实现,这会降低公司的制造成本。产业联系经上游可达供给商,经下游可达消费者。随着时间的推移,增长极与其他部门建立联系,当然也包括增长极之间的联系。就这样,随着增长极的增长,与之相关的产业也同步增长,由此拉动整体经济的增长。在其著作中,熊彼得分析了在资本发展的过程中企业精神和创新所起的作用。对于佩鲁而言,创新在发展过程中也极为关键。

佩鲁是当时少有的意识到"经济发展是不均等的,发展是不平等的进程"的区域发展理论家之一。阿尔伯特·赫希曼(Albert Hirschmann)、冈萨·米尔达(Gunnar Myrdal)和佩鲁通过观测并试图实施非均衡发展的方式挑战了全国性的均等发展模式(Equilibrium Growth Models)。米尔达把这种不均衡发展称为因果累积效应。随着时间的推移,增长地区会产生更多的增长,而落后地区则进一步落后。约翰·弗里德曼在借助他有关增长和衰落的二元模式即核心-外围模式的基础上,延伸了非均衡发展的概念。弗里德曼提倡在那些衰落或停滞不前的发展中地区或他指称的边缘区域,推行区域政策与规划。

尽管佩鲁的增长极概念起初有一定的空间限制,但这个术语和理论很快就被置于区域视角之下,并跻身于区域开发的学术脉络中。经济学家和地理学家将佩鲁的增长极用在了地理空间之中。政府和立法者也紧随其后地接受了,并出台了补贴和刺激项目以期扩大和促进区域经济增长。法国经济学家雅克·布德威尔(Jacques Boudeville)等人将增长极作为区域发展规划的中心原则和区域投资决策的焦点。在欠发达或落后地区,增长极发展成城市中心,以带动整个区域的发展。

20 世纪 60 年代,基于增长极理论的政策大有推广的趋势,对增长极的支持从发达国家扩张到发展中国家。实际上,发展中国家有关增长极的政策涉及各个方面,大到国家或区域性的投资决策,小到对工业场地的补助。学者们讨论的话题是增长中心究竟何等规模,立法者则关注大到国际大都市小到乡村的增长极投资。这些目标通常包括减少区域差距、降低失业率、增加收入、使落后产业和地区现代化等。

在发达经济体中,增长极政策聚焦于落后地区。诸如借助大型经济项目去削减失业率等传统政策,已不足以应对区域间不平衡发展。在英国,通过在老工业区进行现代化改造,增长极政策促成了区域的振兴。在美国,旨在提升阿巴拉契亚乡村地带经济发展的阿巴拉契亚区域委员会(Appalachian Regional Commission,简称 ARC)的创立,促成了越来越多作为服务中心的增长极的出现,它们是建立在中心地理理论而不是工业化和推动型产业基础之上的。从 ARC 的例子来看,政治上使资金进一步分散开来的想法为增长极创造了更多目标。安德鲁·伊萨曼(Andrew Isserman)等人的研究表明,增长极政策既符合政治上的战略定位,也可兼顾区域发展。

到 70 年代,增长极政策开始受到越来越多的批评。在发展中国家的农村地区以及发达工业国家的落后地区,对增长极的评价表明,投资产生的传播效应极为有限。这些增长极失败的原因包括:期待发展产生的周期太短、政府部门投资不充足以致无法形成预期的集聚效应、政策推行不符合实际、关于增长空间扩散不切实的设想、醉心于制造业而忽视日益发展的信息和服务业等。

尽管如此,增长极和增长中心背后的基础理论在区域发展和规划中仍然非常重要。到 20 世纪八九十年代,创新型公司在推动区域经济增长的重要性愈发明显,无论是美国硅谷那样的高新技术中心还是像意大利艾米利亚-罗马涅(Emilia-Romagna)地区这样的传统工业集聚都是如此。尽管从根源上来说创新依然是增长的基本动力,但产业集聚成了除增长极之外的评判公司集聚效应的主要指标之一。

进一步阅读书目:

- Chapman, Keith. 2005. "From 'Growth Centre' to 'Cluster': Restructuring, Regional Development, and the Teesside Chemical Industry." *Environment and Planning A* 37: 597–615.
- Darwent, David F. 1975. "Growth Poles and Growth Centers in Regional Planning: A Review." In *Regional Policy: Readings in Theory and Applications*, edited by John Friedmann and William Alonso. Cambridge: MIT Press.
- Higgins, Benjamin and Donald J. Savoie, eds. 1988. *Regional Economic Development: Essays in Honor of*

François Perroux. Boston: Unwin Hyman.
- Isserman, Andrew. 1995. "The Economic Effects of the Appalachian Regional Commission." *Journal of the American Planning Association* 61: 345–364.
- Perroux, Francois. 1988. "The Pole of Development's New Place in a General Theory of Economic Activity." In *Regional Economic Development: Essays in Honor of François Perroux*, edited by Benjamin Higgins and Donald J. Savoie. Boston: Unwin Hyman.
- Pred, Allan. 1976. "The Interurban Transmission of Growth in Advanced Economies: Empirical Findings versus Regional-planning Assumptions." *Regional Studies* 10: 151–171.

(Sabina Deitrick 文　李　胜 译　李文硕 校)

H

HALFWAY HOUSE ｜中途之家

中途之家是为那些正在向独立生活状态过渡的人提供的一种中介居住设施。中途之家以几种称谓而众所周知，包括以社区为依托的居住设施、以社区为依托的居住中心、社区居住中心和社区居住设施。中途之家的大多数居住者从监狱或精神病院等受管制的场所搬到更独立和自由的地方。

中途之家允许居住者与朋友和家人保持联系，允许他们重建与劳动力市场的联系，并在过渡期间为其提供支持和服务。因此，居住者在工作、上学或接受就业培训期间还可得到其他服务，如接受药物滥用的咨询或治疗。这些项目是非正式的，居住者也会受到比在受监管的机构中更少的监督。然而，中途之家为促进居住者重新融入更大的社区提供周密安排。这种安排可能包括强制宵禁、戒酒或其他事物、限制对某些人或社区的访问，以及接受药物治疗。

除提供诸如食物和住所等基本所需外，中途之家还自行提供居住者服务，或与外部服务提供者协调，由外部服务商提供居住者在居住期间和独立生活后所需的服务。服务内容多种多样，包括就业咨询、职业测试和培训、教育咨询、金融知识课程、休闲娱乐活动、社区服务项目、医疗和服务、个人形象援助、住房咨询和援助等。咨询是许多中途之家的重要组成部分。可以提供个人和团体咨询，以解决包括家庭或婚姻问题以及药物和酒精滥用等问题。

中途之家面临的最大问题之一是它们位于居民区内。居住者的需求必须与社区的反对相平衡。为了服务居民，有些地方更适合兴建中途之家，例如紧邻公共交通、就业机会、教育机构、医疗设施和其他社区资源的地方。

由于担心这些设施会降低房地产价值，给社区带来犯罪和毒品交易的风险，很多社区居民不希望在社区内或附近建中途之家。尽管人们普遍认为，中途之家会让社区贬值，但经验证明并非如此。对犯罪的担心也是毫无根据的，对于那些通过中途之家逐步过渡到社区的人来说，再犯罪率明显下降。研究表明，为了消除公众反对，在规划过程中与社区团体密切合作有助于接受中途之家。

- Keller, O. J. and B. S. Alper. 1970. *Halfway Houses: Community-centered Correction and Treatment*. Lexington, MA: Heath Lexington Books.
- Rausch, H. L. with C. L. Rausch. 1968. *The Halfway House Movement: A Search for Sanity*. New York: Appleton Century Crofts.

（Greta Goldberg 文　李胜译　李文硕校）

HALL, PETER | 彼得·霍尔

彼得·霍尔爵士曾撰写、编辑专著40余种,内容多是关于技术和经济变化对城市发展的影响、城市文化和规划历史以及英国与美国的城市结构和规划系统。在其加州大学伯克利分校城市和区域规划教授(1980—1992)任期结束之后,霍尔从1992年起出任伦敦大学学院巴特利特学院规划学教授。

在20世纪50年代,霍尔的研究重点是伦敦的经济地理,之后他在《世界城市》(*The World Cities*,1966)中将研究范围扩大到世界大都市区的发展问题。霍尔随后将重点放在规划体系上:在《遏制城市英格兰》(*The Containment of Urban England*,1973)中,他从城市扩张的角度分析了战后英国城镇和乡村规划体系问题,认为这导致了郊区化、家庭和工作日益分离以及建筑用地供应短缺;《规划与城市增长》(*Planning and Urban Growth*,1975)是《遏制城市英格兰》的后续著作,该书比较了英国和美国的规划体系。

在整个20世纪70年代,霍尔对学术界与20世纪60年代社会科学综合规划的分离越来越沮丧,对结构主义的马克思主义主导城市和区域规划研究也持同样态度。尽管霍尔意识到社会进化、经济发展和技术变革之间的因果关系,但他相信资本主义企业的创造力可以带来增长和福祉,即使这种增长影响经济、地理和政治条件。

1980年,霍尔任教加州大学伯克利分校。他对硅谷的痴迷使他把注意力集中在美国和英国成功的大都市地区的创新上,并最终出版了4本书:《硅景观》(*Silicon Landscapes*,1985)、《高科技美国》(*High-Tech America*,1986)、《西部日出》(*Western Sunrise*,1987)和《载波》(*The Carrier Wave*,1988)。霍尔随后与曼纽尔·卡斯特合作出版了《世界技术极》(*Technopoles of the World*,1994),该书调查了规划科学园区和城市的创新之处。与此同时,霍尔编写了一份关于20世纪城市规划思想的重要研究报告:《明日之城:20世纪城市规划和设计思想史》(*Cities of Tomorrow: An Intellectual History of Urban Planning and Design in the Twentieth Century*,1988)。在该书中,他批判了勒·柯布西耶对规划的影响。在《社交城市》(*Sociable Cities*,1988)中,他强调了埃比尼泽·霍华德田园城市的价值和遗产。

至20世纪90年代初,霍尔回到伦敦并出版了他最重要的一本书,即《文明中的城市:文化、技术和城市秩序》(*Cities in Civilization: Culture, Technology, and Urban Order*,1998),这本书可以说是他10年来对城市创新和规划研究的系统展示。这部比较文化史探讨了从古代雅典到20世纪晚期伦敦等世界主要城市的文化创造力的本质和区位。霍尔分析了促使工业创新、艺术创新和城市规划创新的城市创意环境的出现,研究了伦敦、巴黎和纽约等城市如何随着时间的推移成功地自我更新。在过去10年,他主持研究了伦敦的经济竞争力以及西北欧多中心大都市地区的发展,成果就是2006年出版的《多中心大都市》(*The Polycentric Metropolis*)一书。

自20世纪60年代以来,霍尔一直是对英国政府颇具影响力的政策顾问。他时常被誉为"经济开发区概念之父"。所谓"经济开发区"是指为鼓励外来投资而放松规划和税收限制的指定区域,这一概念由玛格丽特·撒切尔政府于1980年引入英国。

2005年,霍尔荣获"自1500年以来的城市社会和文化史巴尔赞奖"(Balzan Award for the Social and Cultural History of Cities since 1500),以表彰他对"城市规划思想史做出的独特贡献,对现代城市的物理、社会和经济问题的深刻分析,以及对城市生活文化创造力的历史调查"。

进一步阅读书目：

- Hall, Peter G. 1966. *The World Cities*. London：Weidenfeld.
- ——. 1988. *Cities of Tomorrow：An Intellectual History of Urban Planning and Design in the Twentieth Century*. Oxford, UK：Blackwell.
- ——. 1996. It All Came Together in California：Values and Role Models in the Making of a Planner. *City* 1-2：4-12.
- ——. 1998. *Cities in Civilization：Culture, Technology, and Urban Order*. London：Weidenfeld and Nicolson.
- Hall, Peter G., Breheny, Michael, McQuaid, Ronald and Hart, Douglas. (1987). *Western Sunrise：Genesis and Growth of Britain's High Tech Corridor*. London：Allen and Unwin.
- Hall, Peter G. and Castells, Manuel. 1994. *Technopoles of the World：The Making of 21st-century Industrial Complexes*. London：Routledge.
- Hall, Peter G. and Clawson, Marion. 1973. *Planning and Urban Growth：An Anglo-American Comparison*. Baltimore：Johns Hopkins University Press.
- Hall, Peter G. and Markusen, Ann, eds. 1985. *Silicon Landscapes*. Boston：Allen and Unwin.
- Hall, Peter G. Markusen, Ann, and Glasmeier, Amy. 1986. *High Tech America：The What, How, Where, and Why of the Sunrise Industries*. Boston：Allen and Unwin.
- Hall, Peter G. and Pain, Kathryn. 2006. *The Polycentric Metropolis：Learning from Mega-city Regions in Europe*. London：Earthscan.
- Hall, Peter G. and Preston, Paschal. 1988. *The Carrier Wave：New Information Technology and the Geography of Innovation*, 1846-2003. London：Unwin Hyman.
- Hall, Peter G., Thomas, Ray, Gracey, Harry, and Drewett, Roy. 1973. *The Containment of Urban England*. London：Allen & Unwin.
- Hall, Peter G. and Ward, Colin. 1988. *Sociable Cities：The Legacy of Ebenezer Howard*. Chichester, UK：Wiley.

(Claire Colomb 文 李 胜 译 李文硕 校)

HARVEY, DAVID | 大卫·哈维

很少有学者比大卫·哈维（1935— ）能更深刻地影响我们对北美和西欧城市的理解。哈维长期执教于约翰·霍普金斯大学，也曾在牛津大学短暂任职。目前他在纽约市立大学任教，担任人类学和地方与文化中心特聘教授。哈维写了大量作品并广受好评，他始终努力将城市视为资本主义社会中普遍存在的原则和力量。最重要的是，哈维一直试图建构城市发展的模型，通过强调规律性和概括性而不是偶然性和地点特异性，来解释城市的演变。他认为城市拥有的"多维面相"——社区、地区、市中心、社会关系、重组项目——一直根植于当地可持续的、但覆盖全社会的力量之中。哈维认为，要想对城市有一个全面的了解，首先要全面了解社会现实的"内在规律"。

早期作品

在1973年任教于约翰·霍普金斯大学之前，哈维接受了逻辑经验主义。《地理中的解释》(*Explanation in Geography*, 1969)一书的核心，强

调定量方法、空间科学和实证主义哲学。在这一具有里程碑意义的地理哲学和方法论的研究中,哈维主张用稳健的经验主义和严格的可测试性逻辑来推进对空间世界的理解。关于系统、模型、演绎和归纳推理、数学和几何的作用以及科学的哲学,都可以被纳入"地理科学"门下。尽管这门学科最近有所发展,但仍缺乏统一的理论阐述。北美地理学从描述性的范式转向实证主义的范式,在很大程度上借鉴了哈维的《地理中的解释》。

20世纪70年代初,哈维从实证主义中跳出来,开始从马克思主义的角度来理解西欧和美国城市。此时哈维把城市描绘成一个以资本主义经济现实为背景的复杂的人造空间,他对该研究的开创性贡献是1973年出版的《社会公正与城市》。在书中,哈维认为,地理学和城市研究是深刻的政治事业,永远不应该有价值中立的理解。哈维试图打破价值中立研究的神话,将马克思主义分析定位为与许多政治性理解相竞争的分析视角之一。他提出,对城市议题和问题(如贫穷、匮乏、无家可归)的解释和政策指示,总是包含一系列反映现有权力关系以及社会变革需要的价值观。其次,该书提出城市研究的一个新重点:资本主义社会的社会结构。哈维断言,与这些结构性力量(如积累的动力、复制劳动力的必要性、对现有资本主义社会关系合法化的冲动)相比,其他类型的解释都是肤浅的。

哈维随后的著作展示了一个与众不同的马克思主义框架,他的研究随着时间的推移而变得更加细致入微,也更加多元化。在他看来,错综复杂的城市既反映了危机也带来了危机。它的动力是竞争阶级和对立阶级之间一场深刻而普遍的斗争,这些阶级之间的冲突必须加以管理和控制。危机的根源在于资本和劳动在剩余价值的产生和分配上的对立、劳动剥削行为以及根植于社会关系中的压制性政治策略。资本的不断集中以及利润率骤降的趋势,造成周期性的过度集中和利润较低的投资。哈维认为,关键的危机在于,投资倾向于在经济循环中过度积累,从而迫使来自新生经济和政治力量的各个阶层发生冲突。城市最终成为资本积累的工具,是经济增长的引擎,其日常节奏来自资本剥削劳动力所创造的盈余。

关于资本主义城市

在1982年出版的《资本的限度》(*Limits to Capital*)一书中,哈维首次对资本主义城市的时空关系进行了大范围分析。他的分析围绕资本主义危机的3个阶段展开。第一个阶段强调在国家和城市经济中,过度积累和货币贬值的循环为何反复出现。投资者有节奏地相互跟随,将资本集中在生产领域,从而为过度积累和低利润率奠定了基础。危机的第二阶段是试图解决过度积累。在这种情况下,投资者不明智地创造虚拟资本,以管理投资与回报之间的波动和长期滞后。整体危机的第三个阶段是空间修复,包括寻找新的领域作为有利可图的投资渠道。哈维认为所有的反应都只是暂时的改善,投资不可避免地集中在特定的经济领域并过度积累,导致利润率下降。

哈维在1985年出版的《意识与城市经验》(*Consciousness and the Urban Experience*)中将这一理论视角应用于巴黎(参阅《巴黎:现代性之都》[*Paris, Capital of Modernity*, 2003])。在该书中,他通过马克思主义的视角探索了19世纪50年代和60年代巴黎的重建。霍斯曼男爵的首创精神——修建大型林荫道和基础设施、清理贫民窟、建设资产阶级社区——被哈维解释为政府应对资本积累而采取的复杂举措。从未得到缓解的危机促进了各种措施的出台。剥去在霍斯曼推动下进行无害的再开发的外衣,哈维揭露了房地产资本和地方政府如何既想阻止利润下降又想从中受益。因此,资本从初级工业循环到建成环境推动了道路、高速公路和铁路的建设,使大量人口"资产阶级化",并使金融家和制造商致富。由银行家和政府操纵的房地产繁荣,使地方政府收入颇丰,有足够的资金继续投资。随后出现了新的工业区和社会阶层隔离,以及新的社会和物理空间,使巴黎重新成为一种获取房地产和工业利润的建成空间。

对后现代主义的回应

至20世纪80年代末,哈维发现有必要捍卫马克思主义政治经济学的严谨性,使其免受1985年后出现的"后现代主义转向"的冲击。其力作《后现代的状况》(*Condition of Postmodernity*,1989)批判性地审视了学术界和城市研究中崛起的后现代主义及其新观点:一个后现代世界和一个后现代城市。哈维认为,很多所谓的后现代主义的表现形式如一种新的文化、一种新的城市形式、一套新的社会空间和现实的暂存性都来自一种持续的强大力量:资本主义政治经济的运作。对哈维来说,资本的运作是一个持续不断的过程,不断创造新的空间、时间和文化形态。后福特主义迅速取代了现代、相对固定的福特主义的生产体系,这是一种新事物,一种空前灵活的生产形式,并推动了新现象的产生。后福特主义的发展,尤其是体现在可见到的人类每天如何体验空间和时间的过程中,得益于服务于资本积累的时空压缩。所谓的后现代城市和社会并没有打破历史的轨迹,只是反映了资本主义的延续,寻求用新的方式用空间、文化形式和时间为阶级利益和利润积累服务。

近年来,对哈维来说越来越重要的是另类地理想象主题。在2000年出版的《希望的空间》(*Spaces of Hope*)中,哈维的这一理念得到了有力阐述。他认为,资本主义及其与城市的关联应该被视为开放的,并充满了其他政治可能性。读者和其他人面临的挑战是,永远不要陷入资本主义的确定性概念。他将当代资本主义视为充满破坏力的体制,("新新自由主义时代"——参见《新帝国主义》[*The New Imperialism*,2003])因此社会主义成为思考未来的有价值的资源。哈维认为,资本对权力的掌控始终是脆弱的,需要狡诈和灵巧。这种紧张的根源是,一个变得越来越贫穷、被掠夺乃至需要不断借助修辞手法才能被表达为正常的城市和世界。在结语中,哈维谈到了在他的梦中出现的乌托邦——爱迪莉亚(Edilia),这是一个革命后充满宁静的世界。哈维认为,鉴于当前阶级和军事—神权统治的不稳定性,这种景象可能成为现实。

哈维的结构马克思主义被证明是城市研究中的一股强大力量。他的观点加深了我们对普遍的城市疾病和困境的理解。诸如少数族裔贫困恶化、经济隔离加剧、城市形态分化加重、市中心治安升级和加强等城市的现状和进程,证实了哈维25年多前对城市发展的预测。正如莎伦·祖金所指出的,哈维对城市冲突、社会关系、正在产生的空间类型以及政府如何运作的预测,已经一一出现在现实中。哈维的观点充满了活力,诠释了城市中不断挑战现状的人类生成的结构性力量。

进一步阅读书目:
- Harvey, David. 1969. *Explanation in Geography*. London: Edward Arnold.
- ——. 1973. *Social Justice and the City*. London: Edward Arnold.
- ——. 1982. *The Limits to Capital*. Oxford, UK: Blackwell.
- ——. 1985. *Consciousness and the Urban Experience*. Oxford, UK: Blackwell.
- ——. 1989. *The Condition of Postmodernity*. Oxford, UK: Blackwell.
- ——. 2000. *Spaces of Hope*. Edinburgh: University of Edinburgh.
- ——. 2003. *The New Imperialism*. Oxford: Oxford University Press.
- ——. 2003. *Paris, Capital of Modernity*. New York: Routledge.
- Zukin, Sharon, 2006. "David Harvey on Cities." pp. 102–121 in *David Harvey: A Critical Reader*, edited by N. Castree and D. Gregory. Oxford, UK: Blackwell.

(David Wilson 文 李 胜 译 李文硕 校)

HAUSSMANN, BARON GEORGES-EUGÈNE | 乔治-欧仁·霍斯曼男爵

拿破仑三世皇帝（Emperor Napoléon III）任命乔治-欧仁·霍斯曼男爵（1809—1891）负责把巴黎变成一个名副其实的帝国首都。霍斯曼建造了连接城市的宽阔大道和凸显其伟大的纪念碑，运用同轴度和对称性原则建造了一座不仅展示法国也展示整个欧洲的城市。他的成果广受赞赏，有很多人模仿。然而，帝国政府维持权力需要付出巨大的代价，还要清除那些不符合规划的破旧街区。该条目着眼于霍斯曼规划的背景，总结其主要特点并与其他欧洲城市进行对比。

历史背景

1851年政变后法兰西第二帝国成立，但对于法国皇帝拿破仑三世而言，首都所展现出的那种完全缺乏威严的状态是无法忍受的。在流行病盛行造成重大死亡的情况下，其卫生条件令人震惊。巴黎的道路设施无法满足交通需求，自1842年巴黎成为国家铁路枢纽以来，交通流量急剧增加。它的城市景观更让人想起中世纪晚期而非现代的典型首都。

市政府对拿破仑不断增长的干预反应迟缓，两年后，皇帝失去了耐心，他解雇了市议员和议会，并任命乔治-欧仁·霍斯曼为塞纳（Seine）地区长官，启动了欧洲有史以来规模最大的城市更新项目。

虽然没有受过建筑专业的训练，但霍斯曼已经展示了他作为一个理性的管理者和部门长官的技能，在就职后他立即着手重组公共工程部。他用才华横溢的工程师、建筑师和测量师取代了巴黎的工作人员，这些人绘制了巴黎第一张可靠而详细的城市地图。基于此，霍斯曼提出了他的第一个重要倡议——大克罗伊西（Grande Croisée）。

第一个倡议

从北部和东部的火车站开始，他计划修建一条主要的街道穿过城市的核心区：塞瓦斯托波尔大道（Boulevard Sébastopol）在西岱岛（Ile de la Cité）穿过塞纳河，在南岸改名为圣米歇尔大道（Boulevard Saint Michel）继续延伸，直抵蒙巴纳斯（Montparnasse）。西岱岛几乎完全被夷为平地，为大量新行政建筑提供了空间。霍斯曼并将巴黎圣母院与其破旧的环境隔离开来，展示了大教堂的辉煌。

这条主要的新动脉在沙特雷（Châtelet）与里沃利街（Rue de Rivoli）相遇。里沃利街可以追溯到拿破仑一世（Napoléon I）时代，霍斯曼把这个靠近市政厅的广场变成了巴黎的中心。新动脉的东向延伸虽未完全实现，但一直扩展到今天的巴士底广场（Place de la Bastille）地带，与西边的埃托伊尔广场（Place d'Étoile）遥相呼应。

与其前任不同，霍斯曼不认为大十字道（Great Crossing）与周边全无联系。相反，他把它与一些次要街道连接起来，因为他把城市看作一个整体。直到1850年，巴黎的各部分还是孤立的。1870年，也就是霍斯曼辞职的那一年，这座城市的基础设施已经变成了一个名副其实的网络。

改善生活方式和城市外观

在密集的城市肌理中进行外科式手术意义非凡：大多数新修的干道将摧毁许多贫民窟，使巴黎摆脱了庞大的乞丐、拾荒者和边缘工匠大军；在新的林荫大道之下，霍斯曼建造了一个地下基础设施，提供天然气、排除污水、提供饮用水，从而大大增加了城市的卫生和舒适度。

在此之前，污水通过露天的排水沟流入作为饮用水主要来源的塞纳河。不得已，霍斯曼下令开采首都以东几百千米外的两条未受污染的河流，通过输水管道和运河为巴黎带来清洁用水。尽管此举耗资巨大，但却极大地改善了卫生条件。最后，霍斯曼还打造了 24 个公共广场和公园，为城市居民提供精心设计的法式自然地理景观。

巴黎转型的规模和速度都令人眼花缭乱。但是，给首都游客留下最深刻印象的是，所有这些改进都与装饰密不可分。很少有新干道比洛浦大道（Avenue de l'Opéra）更能体现霍斯曼的审美偏好。

由于新歌剧院（New Opera）的建设，这条大动脉注定要成为最负盛名的大街之一。1861 年开始，这个由查尔斯·加尼尔（Charles Garnier）设计的杰作很明显将成为展示资产阶级财富的终极殿堂。因此，它值得用一个宏伟的轴线来突出。为了进一步提升视觉效果，所有的障碍都被消除了。霍斯曼摧毁了刚修建的公寓楼，并下令清理一座自然高地，包括穆林堡（Butte des Moulins）。新路获得了比所需的多得多的土地，作为新公寓建筑用地，新路两翼被保留下来。霍斯曼确保开发商严格遵守其建筑师的监督。外观（Façades）应该是庄严、统一和对称的，不能分散行人对主要建筑即歌剧院的关注。

法国的橱窗

巴黎将成为这个国家的展示窗口。通过大规模征用土地以及将同轴度和对称性的规划设计技术相结合，霍斯曼实现了城市设计的特殊效果，并将参观者的注意力吸引到凯旋门（Arc de Triomphe）等展示法国荣耀的标志性建筑上。诸如哥特式的圣雅克之旅（Gothic Tour St. Jacques）等古老的纪念碑被保留下来，以纪念这座城市悠久的过去。事实上，这位长官完美地把这座城市打造成了一件艺术品。

然而，巴黎人的损失也是相当大。大约有 2.7 万间房屋被毁，约 35 万名贫民窟居民被迫离开中心地区。起初，他们仍在巴黎围墙之内寻找可居住的社区。1860 年，霍斯曼继续他的改造之旅，许多这样的社区再度被拆除。通过提高原材料的税金，他迫使工业、铁路仓库和其他不受欢迎的产业置于城市外围，劳动力随之外迁。因此可以说霍斯曼制造了巴黎的大贫民区。直到今天，污名化了的大贫民区仍然困扰着法国政府，没有外国游客涉足城市周边的荒野区域。1870 年霍斯曼下台后，新巴黎继续进行贫民窟清理和改造，创造了一个几乎完全属于资产阶级的、规模空前的住宅领域，它们铸就了新巴黎的辉煌。

国际影响

霍斯曼在其他国家和在法国一样受尊敬。对于欧洲的许多新国家来说，巴黎成为首都城市的设计标准，它将有助于塑造一个集体的国家身份，并让外国游客相信这里是一个现代化的、享有声望的民族国家。布鲁塞尔、布达佩斯和罗马的城市发展都受到了巴黎的影响。

实现霍斯曼的宏大规划，首要要求就是建立一个高度集中的国家行政机构，能够向国家征税以造福于首都。但考虑到法国及其效仿国家们以乡村为主，大规模改造并非易事。为了平息来自农村地区的广泛抗议，实施独裁的中央集权体制成为第二个先决条件。该政权还为霍斯曼提供了积极开展工作的合法条件。在拿破仑三世统治期间，短短几天内颁布了不少于 80 条皇帝政令，下令强制购买阻碍他计划的所有财产，不断增长的高额赔偿债务由国家承担。

在像英国这样的国家里，人们从来没有想到首都会受到如此优待。它由自由放任的政治主导，实行分权管理，拒绝给予任何城市特权。每次征用私人财产都需要国会制定法案。

因此，尽管霍斯曼的工作得到普遍赞赏，但伦敦并没有发生大的变化。法律和政治障碍并不是唯一的障碍。英国占主导地位的居住文化也不利于大规模的城市化。

法国的居住文化无疑有助于城市化。这使执

政者能够完美完成其宏伟计划。尽管霍斯曼竭尽全力,他还是依靠市场力量来建立新干道的周边地区。私人开发商愿意为清理后的地块支付高价并接受严格的建筑监管,这意味着他们觉得富裕的租户愿意为这些公寓支付高昂的租金。从地租的角度来看,建在城市外围会更有利,但没有开发商会考虑在那里建造豪华住宅。

虽然大多数法国人生活在乡村,但居住文化却以城市为中心。法国农村被认为是欠发达的落后地区,这种现象在意大利、匈牙利和巴尔干国家也同样普遍,在这些国家,霍斯曼战略受到热烈的欢迎。

英国则呈现了一幅相反的景象,居民们宁愿住在郊区也不愿住在拥挤的城市。没有哪个英国开发商会像他们的法国同行那样,考虑在市中心建造豪华公寓。他们把注意力集中在郊区,因为那里可以提供从排屋到独立别墅的单户住宅。

结果,来自欧洲大陆的游客惊讶地发现,世界领先的经济和殖民大国竟然有如此不起眼的首都。尽管法国是一个较为谦逊的大国,但巴黎已成为代表国家的伟大典范。

进一步阅读书目:

- Olsen, Donald. 1986. *The City as a Work of Art: London, Paris, Vienna*. New Haven, CT: Yale University Press.
- Pinon, Pierre. 2002. *Atlas du Paris haussmannien: La ville en héritage du Second Empire à nos jours* (Atlas of Haussmann Paris: The City Inherited from the Second Empire to Today). Paris: Parigramme.
- Wagenaar, Michiel. 2001. "The Capital as a Representation of the Nation." pp. 339–358 in *The Territorial Factor: Political Geography in a Globalising World*, edited by Gertjan Dijkink and Hans Knippenberg. Amsterdam: Vossiuspers.

(Michiel Wagenaar 文 李 胜译 李文硕校)

HAWLEY, AMOS | 阿摩司·霍利

阿摩司·亨利·霍利(1910—)是新正统人类生态学(Neo-Orthodox Human Ecology)的创始人,是人口分析、城市社会学和人口政策方面的杰出学者。他目前是北卡罗来纳大学教堂山分校名誉教授、美国艺术与科学学院院士、北卡罗来纳大学凯南教授(Kenan Professor)。他曾担任美国人口协会和美国社会学会主席,担任菲律宾、荷属安的列斯群岛、泰国和马来西亚政府的人口顾问,担任第二次世界大战期间的义务兵役顾问和密歇根州规划委员会顾问。他曾协助美国国家科学院和美国参议院的人口项目。他是美国社会学会(American Sociological Association,简称 ASA)城市和社区社会学分会(Urban and Community Sociological Section)颁发的林德奖(Lynd Award)和康奈尔大学颁发的人类生态学贡献奖(Award for Human Ecology Contributions)的获得者。北卡罗来纳大学教堂山分校的阿摩司·霍利杰出教授(Amos H. Hawley Distinguished Professorship)就是以他的名字命名的。作为150多篇论文和著作的作者,他的著作将人类生态研究重新放入关于社会组织的一般理论,这成为当代人类生态学的主要理论观点。

霍利1910年出生于密苏里州圣路易斯市,

1936年在辛辛那提大学获得学士学位。在这里，詹姆斯·奎恩（James A. Quinn）向霍利介绍了社会学和人类生态学。和霍利一样，奎因后来在人类生态学的新正统派运动中发挥了重要作用。霍利在密歇根大学跟随当时最著名的人类生态学家罗德里克·麦肯齐（Roderick D. McKenzie）攻读研究生学位，以宏观社会学方法研究社会。在其攻读学位的第一年，霍利与麦肯齐密切合作，撰写了关于人类生态学的通论性著作。这份合作手稿在一场火灾中丢失了，麦肯齐当时已染沉疴，人类生态学的工作也就落在霍利肩上。

早期著作

1941年霍利获得博士学位，同年留在密歇根大学任教，接替了一年前导师去世后留下的空缺。他的论文《城市服务的生态研究》（*Ecological Study of Urban Services*）得以出版，其引人注目之处在于，它脱离了芝加哥学派对空间研究的强调。相反，其论文侧重于城市制度安排及其与非空间要素的关系。这种对潜在的空间格局社会组织结构和构成这种结构的组织单位的强调，成为他研究人类生态学方法的特点。

整个20世纪40年代，霍利根据其与麦肯齐曾经的合作——主要是根据记忆——重新构建了理论，并加入了自己的观点。特别是霍利利用动物生态学中出现的新概念，尤其是所有种群都参与集体适应环境的概念。在1944年一篇开创性的文章中，霍利将这一概念应用于人类并强调了宏观社会组织在人类适应过程中所扮演的角色。这些想法在他最后一篇以合作手稿为基础撰写而成的论文《人类生态学：社区结构理论》（*Human Ecology: A Theory of Community Structure*, 1950）中得到了完善和扩展。该文体现了麦肯齐的影响，表现在强调交通系统对土地利用和大都市区作为一个分析单位的影响。然而，这部作品在定义新正统人类生态学的方式上背离了传统的人类生态学。

霍利在1950年的著作中坚持了传统生态学家的概念，即适应是指以创造性的形式为生存而进行的斗争。他将生态学的研究方向从空间规律研究转向适应资源而进行的集体行动的组织研究。在后一项的研究中，传统生态学强调竞争是人类系统调整的机制，而霍利则认为生态关系反映了竞争和依赖的互动过程。人类社会系统围绕着基本的维持生命活动组织起来，朝着组织间相互依赖的一体化方向发展。

在这种情况下，社会系统被视为取代个人行为的适应性集体。人类通过扩大相互依赖的数量和增加社会结构的复杂性来改善自己的适应能力。这种对人类生态学的调和，重新注入了人类生态学理论，并在这一领域掀起了新正统主义运动。此外，霍利在1950年的重新构想将社会组织作为人类生态学研究的重点，从有限的城市模式和发展理论转向一般的社会组织理论。

霍利1951—1961年在密歇根大学担任教授，直到1966年才离开。在此期间，霍利与学生、同事进行了一些实证研究，其主题涉及从生育率和人口迁移到郊区化和大都市区重组等问题。这些课题中有许多明确地验证了他的理论观点，而其他课题则是对他早期成果的扩展。这种经验主义与理论发展的互动是霍利社会学的显著特征。他在1963年发表的文章《社区权力与城市更新的成就》（*Community Power and Urban Renewal Success*）就是这一综合理论的一个标志成果，这篇文章将构建了一种生态概念，将之作为生态结构的一种属性，这一概念在1950年的著作中没有出现，但在进一步的理论和实证发展中发挥了重要作用。

进一步发展

1966年，霍利加入北卡罗来纳大学教堂山分校的社会学系。在这里，他出版了一系列理论和实证著作，巩固了人类生态学作为研究社会的重要方法。他1968年发表的文章《人类生态学》（*Human*

Ecology) 既总结了生态学原理,也为他后来发展生态变化理论提供了大纲。这一经典理论在《城市社会：生态方法》(*Urban Society: An Ecological Approach*, 1971) 中得以应用。霍利从生态学的角度对城市进行了细致的历史诠释,将城市作为一个更大社会的组织方面进行了分析。

在为美国人口协会所作的《人口密度与城市》(Population Density and the City) 的会长演讲中,霍利表达了将城市作为一种理论和现实研究对象的担忧。在报告中,霍利提出了社会密度和空间密度不断分离的观点,强调了社会密度不断增长的重要性。这种强调与组织在空间方面高于一切的主题相一致。

该报告还表明,霍利对研究变革本身的兴趣日益浓厚,这种兴趣在他 1978 年在美国社会协会发表的会长报告《理论和历史上的累积变革》(Cumulative change in Theory and History) 中表现尤为明显。在该报告中,霍利仔细解释了变化的类型,并认为社会系统变化的研究应该集中在不重复和不可逆转的模式上,因为这两种模式会导致进一步变化的积累。

尽管在 1976 年退休,但霍利仍然积极担任学生导师和学生学术论文、学位论文及独立研究的指导者,并影响了几代学生。他的学术研究也仍在继续且有增无减,产生了《人类生态与马克思主义理论》(*Human Ecological and Marxian Theories*, 1984) 等一系列对人类生态理论有进一步探索和影响的论著。霍利的这些论著将宏观社会研究人员聚集在一起,鼓励、塑造和扩大了生态方法的研究主题,如分析社会变化、非都市变化、都市趋势和环境问题。

在这段时间里,霍利继续着他的最后一本社会学著作,这是他生态理论研究方法的精华之作：《人类生态学：一篇理论论文》(*Human Ecology: A Theoretical Essay*, 1986)。在他最近的反思文章《宏观社会学的逻辑》(The Logic of Macrosociology, 1992) 一文中,霍利表示,人类生态学新正统派革命的完成把他的兴趣点从生态空间格局领域转向变化、功能和在环境背景中的社会系统结构领域,由此带来的结果便是"在包容性的社会学领域,人类生态学作为其中的范式之一占据了一席之地"。

进一步阅读书目：

- Hawley, Amos H. 1941. "An Ecological Study of Urban Service Institutions." *American Sociological Review*, 6(5), 629–639.
- ——. 1944. "Ecology and Human Ecology." *Social Forces*, 22(4), 398–405.
- ——. 1950. *Human Ecology: A Theory of Community Structure*. New York: The Ronald Press.
- ——. 1963. "Community Power and Urban Renewal Success." *The American Journal of Sociology*, 68(4), 422–431.
- ——. 1968. "Human Ecology." In David L. Sills(ed.) *International Encyclopedia of Social Sciences*. New York: Crowell, Collier and Macmillan.
- ——. 1971. *Urban Sociology: An Ecological Approach*. New York: The Ronald Press.
- ——. 1972. "Population Density and the City." *Demography*, 9(4), 521–529.
- ——. 1978. "Cumulative Change in Theory and History." *American Sociological Review*, 43(6), 787–796.
- ——. 1984. "Human Ecological and Marxian Theories." *The American Journal of Sociology*, 89(4), 904–917.
- ——. 1986. *Human Ecology: A Theoretical Essay*. Chicago: University of Chicago Press.
- ——. 1992. "The Logic of Macrosociology." *Annual Review of Sociology*, 18, 1–14.

(Michael D. Irwin 文　李　胜 译　李文硕 校)

HEALTHY CITIES | 健康城市

"健康城市"是世界卫生组织欧洲办事处发起的一项全球性运动。通过世卫组织,健康城市已在许多城市正式实施,还有些城市借鉴了这一模式。基于从住房到经济和如支持性社区等11个方面特征的社会特征,健康城市远远超出了健康即没有疾病的定义。本词条介绍了它在世界各地的发展和实施。

历史背景

人口健康与城市化自人类诞生以来一直就是一对密不可分的孪生兄弟。科恩(Cohen)在他1989年关于古流行病学的经典著作中指出,从游牧生活方式向定居、最终走向城市生活方式的转变对疾病的产生带来了影响。尽管如此,农村病因学和人口病理学与城市有很大的不同。城市组织允许不同类型的干预,因而现代公共卫生可以追溯到城市化也是不足为奇的,如从古罗马的公共厕所到工业化时期英国的污水处理系统,从中世纪德国的城邦"卫生警察"(Health Police)到当代大城市的监测系统。在20世纪90年代末,波特(Porter)和霍尔(Hall)甚至坚持认为,21世纪的城市形态是由健康因素决定的。

显然,他们发现现代公共卫生是在19世纪中叶工业化国家出现的保健计划的直接结果。发起于1844年的英国"城镇健康运动"(Health of Towns)是"健康城市"的直接前身。然而,现代城市似乎没有意识到健康和疾病模式的最新变化以及它们作为独特的城市资产来解决问题的潜能。

病原学上的转变已从主要是寄生虫病转向微生物传染病和目前的慢性病。公共卫生干预已从通过高科技药物和其他临床干预进行监测(如检疫),转向解决健康的社会决定因素(如不公平和社区发展)。虽然城市环境受到社会决定因素的独特影响,但在处理健康问题上城市也处于历史上前所未有的地位。

早在1963年,杜尔(Duhl)和他的同事们就意识到了这一点。在描述后来的健康城市运动时,他们提出了对社会、自然、经济和建设城市环境的分析和干预原则,其目的是促进人类和生态系统的健康。

基础

第一个真正采纳这些原则的城市是20多年后的多伦多(1984)。在全球和地方公共卫生发展的相互影响下,该市把世界卫生组织紧急救助卫生促进措施(Emergent Emancipatory Health Promotion Approaches)和反映加拿大卫生政策10年创新的成果的《拉朗德报告》(*Lalonde Report*)相结合,其领导人雄心勃勃地在城市居民的健康问题上采取激进措施。

世界卫生组织欧洲办事处很快采用了这一模式,并邀请杜尔和多伦多健康产业的企业家汉考克(Hancock)启动一个健康示范项目。他们与少数欧洲城市合作,制定了健康城市应该努力达到的11项品质:

1. 一种洁净、安全、优质的外在环境(包括房屋质量);
2. 一种当下稳定、长期可持续的生态系统;
3. 一个强大、相互支持、非剥削的社区;
4. 公众对影响其生活的决定的高度参与和控制;
5. 满足所有人的基本需要(粮食、水、住房、收入、安全和工作);

6. 获得各种各样的经验和资源,进行各种各样的互动;

7. 一个多元化、充满活力和创新的城市经济;

8. 鼓励与城市居民和其他人的过去和遗产的联系;

9. 一种与上述特征兼容并增强其特征的形式;

10. 一种为所有人提供最佳水平的适当公共卫生和疾病护理服务;

11. 高健康状况(高健康水平及低疾病水平)。

世界卫生组织最初的计划是开展一项小规模示范项目,以证明城市管理部门有能力处理20世纪晚期的卫生和疾病需求,但该项目很快受到更大欢迎。在最初的5年里,数百个欧洲城市表达了加入该项目的兴趣,欧洲以外的城市也借鉴该指南建立了自己的项目。在欧洲,一小部分世界卫生组织指定的城市(满足项目的严格准入要求)将成为以国家、语种或主题为基础的健康城市网络的中心。

国际范例

该倡议在澳大利亚和加拿大一直受到欢迎;在中美洲和南美洲,它很容易与世卫组织关于当地卫生制度的政策(Sistemas Locales para la Salud-local Health Systems,简称 SILOS)联系起来,而且类似的美洲健康城市也成功成为健康社区。日本长期重视健康城市,东京早在20世纪80年代就走在了前列。从主要在欧洲的国家网络和《21世纪议程》到美国公民联盟(Civic League),再到提供清洁住房功能的全球国际健康城市基金会(International Healthy Cities Foundation, www.healthycities.org),再到亚太健康城市联盟(Asian-Pacific Alliance for Healthy Cities, www.allia-healthycities.com),各种各样的团体、机构和社区都将自己与健康城市联系在一起。在一些统计中,全球有近1万个健康城市,据说最小的是加拿大的奥斯格鲁斯岛(l'Isle Aux Grues,约160人),最大的是中国大都市上海(人口超过2000万)。

自1986年该倡议正式启动以来,它一直遵循实证的健康范式,即健康城市是否真的能提供健康。这是一个极具争议的问题,嵌入该运动范式的核心原则是健康,这指的不是没有疾病而是日常生活的资源是否符合健康标准。它由个人和社区创建,但在很大程度上由公共政策决定。因此毫不奇怪,健康城市将上面列出的11项要求转化为大量的行动、主题和干预措施。保加利亚首都索非亚在20世纪80年代末曾是该运动的一个短期成员,它通过设置标识来改进公共运输系统。比利时列日市(Liege)在社区推动的社区清洁项目运行期间,通过管理全科医生的处方权,解决了抗抑郁药物过度使用导致的高患病率。爱沙尼亚库雷萨雷市(Kuressaare)通过打造健康城市,恢复了沙皇时代就有的波罗的海温泉小镇的声誉。加纳阿克拉市(Accra)旨在通过协调国际援助行业,在健康城市的旗帜下努力清理严重污染的科勒泻湖(Korle Lagoon)。巴西库里蒂巴(Curitiba)将自己定位为生态城市,促进了公共流动性、减贫和小学教育之间的协同效应。韩国元州市(Wonju City)和巴西累西腓市在促进健康产业融资方面建立了创新项目。南澳大利亚城市诺伦加(Noarlunga)是世界上运行时间最长的健康城市项目之一,有效地解决了医疗不平等、多元文化主义、严重环境退化和可持续发展问题。世界上有几个城市采取了诸如社区园艺、可步行性、城市设计、安全和非正式经济等方法。实际上,所有关注公平的城市获得远超卫生部门范围的服务。

"健康城市"也成为该项目与当地联系起来的其他以环境为基础的健康倡议的先锋:健康市场、监狱、工作场所和岛屿;促进健康的大学、医院和学校。就其本身而言,这是该方法有效性的一个重要指标,激励许多不同级别和领域的行动者和社区参与到卫生的社会模型中来。

除了正式的健康城市运动之外,越来越多的人注意到城市规划和设计对公共健康的影响。增长可以归因于健康城市,但更重要的是,它将为该运动提供新的动力。身体活动直接受城市设计参数影响的证据已成为21世纪早期的一个高度政治优先问题,此时肥胖流行病预测在历史上第一次减少未来人口预期寿命。人们普遍认为,这种流行病可以用行为主义的方式来解决的想法现在是站不住脚的,必须寻求以社区为基础的、综合的、体制的、系统的和硬件的解决方案。确切地说,这就是40多年前提出的健康城市原则。

进一步阅读书目:

- Cohen, M. N. 1989. *Health and the Rise of Civilization*. New Haven, CT: Yale University Press.
- de Leeuw, E. 2001. Global and Local (Glocal) Health: The WHO Healthy Cities Programme. *Global Change and Human Health*, 2(1), 34–53.
- Dooris, M. 2006. "Healthy Settings: Challenges to Generating Evidence of Effectiveness." *Health Promotion International*, 21(1), 55–65.
- Duhl, L., ed. 1963. *The Urban Condition: People and Policy in the Metropolis*. New York: Simon & Schuster.
- Hall, P. 1998. *Cities in Civilization: Culture, Innovation, and Urban Order*. London: Weidenfeld & Nicolson.
- Marmot, M. and R. Wilkinson. 2005. *Social Determinants of Health*. Oxford, UK: Oxford University Press.
- O'Neill, Michel and Paule Simard. 2006. Choosing Indicators to Evaluate Healthy Cities Projects: A Political Task? *Health Promotion International*, 21(2), 145–152.
- Porter, R. 1999. *The Greatest Benefit to Mankind: A Medical History of Humanity from Antiquity to the Present*. London: Fontana Press.

(Evelyne de Leeuw, Len Duhl, and Michel O'Neill 文 李 胜译 李文硕 校)

HERITAGE CITY | 遗产城市

遗产城市的概念和命名融合了两个截然不同的概念:城市和遗产。城市的地位不仅包括规模,还包括象征意义,后者是历史、制度和政治进程的功能,皇家特许城市、大教堂城市、省级和地区中心城市以及首都城市都是例子。另一方面,遗产是一个具有争议的更新、更灵活的概念。它涉及对过去遗产的解释,因此需要对真正的出处进行鉴定和确认。这通常表现在建筑物、纪念碑、自然环境和人工制品方面,并通过个体和群体的集体记忆发生。因此,遗产有时是前几代人传下来的,具有特殊的价值和值得保存的思想。谁应控制这一保护和评估过程以及这些遗产与城市之间的关系——在空间上、文化上和象征意义上——越来越受到关注和争论。遗产资产的商品化创造了经济效益,从而为财产利益和遗产旅游产业带来收益。因此,遗产已经从一个良性的、专业的关注点,转变为城市品牌塑造和向市民和外部世界推广城市的核心角色。

选择性是遗产规划的关键。基于实证主义的保护与规范遗产之间存在差异,这种差异来自对历史、记忆及文物的选择和保护过程,以及当代人的认识。所有历史时期和风格都可以被视作遗产,它不同于传统——传统只是前者的组成部分——需要由(或更多时候代表)公众和某些社会阶层做出选择。这两种意义上的遗产都是社会的产物。

以艺术和建筑为代表的遗产也受制于艺术史的发展水平,并通过编纂和管理以及遗产专家的评议而呈现出象征意义。尽管这样的认定已经被以历史遗迹、城堡、大教堂、宫殿、博物馆和它们的收藏品为代表的古典和标志性风格所主导,但更近期的遗产已经开始出现在命名和保护运动中。将城市发展与过去联系起来,体现了将现代发展与城市过去相协调的愿望,也反映了社会历史或城市考古学的民主化。也就是说,普通公民的遗存和日常生活如房屋、工作场所和休闲追求也可以被视作城市遗产。因此,遗产问题和遗产城市品牌被应用到更广泛的场地和类型。

世界遗产

世界遗产名录是在 1972 年《联合国教科文组织世界遗产公约》(UNESCO Convention on World Heritage)发布之后提出的。《公约》是对日益增长的遗产保护运动的反应,并对现代化的弊端予以关切,现代化直接和间接地对历史建筑、结构和景观的破坏负有责任。确立建筑和古迹的名录并加以保存,在 19 世纪晚期以来的欧洲得以实施;从 20 世纪中叶开始,专门保护建筑遗产与现代发展的国家和城市保护立法不断得以实施,例如 1967 年伦敦的《市政设施法》(Civic Amenities Act)、1970 年巴黎的《保障计划》(Plan de Sauvegarde)和 1975 年蒙特利尔的《遗产蒙特利尔》(Héritage Montréal)。因此,世界遗产地是对一个遗址的普遍价值和重要性的国际承认。它促进国际品牌(通过使用教科文组织的标志)和遗产管理的建设,以保护和管控这些地点的进入。2007 年,有 830 个碑铭遗址,其中 644 个是分布在 138 个国家的文化(人造)遗址。目前有超过 200 个城市拥有世界遗产,它们构成了世界遗产城市组织(OWHC),其中一半以上位于欧洲(其中 25 个位于意大利)、38 个在拉丁美洲、25 个在阿拉伯国家、20 个在亚洲。遗产城市包括桑给巴尔的石头镇(Stone Town)、西班牙阿尔罕布拉宫(Alhambra)所在地格拉纳达、1981 年约旦提议的耶路撒冷、日本的京都、墨西哥的瓦哈卡(Oaxaca)以及英国的巴斯和爱丁堡。消逝城市文明的遗址并没有包括在内,因为它们不再是人口稠密或功能健全的城市,如中美洲哥伦比亚的玛雅城市。

西欧文化霸权主导了关于遗产的定义,有效地将这种保护伦理和制度输出到其他国家,这主要是因为得到了教科文组织和国际遗产组织(巴黎)等国际遗产机构的支持。非欧洲国家的城镇和城市的遗产保护反映了来自西方的遗产旅游和发展援助的必要性。从西方城市的角度来看,对"东方文化"迟来的承认构成了国际大都市遗产的一部分,比如巴黎的阿拉伯文化中心(Arab Monde)以及纽约和华盛顿特区的美国原住民博物馆等。

当政治和文化权力发生转移时,文化遗产属于谁无论在文化上还是法律上都存在争议。例如法属魁北克的行政和政治首都魁北克市,由塞缪尔·德·尚普兰(Samuel de Champlain)于 1608 年建立,它的历史街区、防御工事和战场遗址在 1985 年被定为世界遗产,自 1952 年以来一直是国家纪念场所。然而实际上,这个地方的英国驻军在 18 世纪 50 年代在美洲原住民、早期探险家、商人和移民的支持下取代了法国驻军。因此,这座特殊的遗产城市代表了当地(居民)、外地人、分离主义者、民族(加拿大)、第一民族、移民和殖民地(英国、法国、爱尔兰)的利益和历史,但条件并不平等。

现代遗产

最近的现代文化遗产包括高迪在巴塞罗那的作品、奥斯卡·尼迈耶的巴西利亚、德国的包豪斯(Bauhaus)遗产、特拉维夫白色城市(The White City of Tel Aviv)、利物浦海上商城(Maritime Merchant City)、法国的勒阿弗尔(Le Havre),英格

比利时布鲁日的历史中心区,以及该市的中世纪建筑都受到了联合国教科文组织世界遗产组织的保护
来源:Karen Wiley

兰查塔姆造船厂(Chatham Dockyard)和迈阿密的艺术装饰建筑(Art Deco buildings)在内的现代工业遗产也被认为应当属于文化遗产。这些新遗产反映了建筑运动(例如DOCUMOMO)对保存现代建筑的认识。

很少有城市真正使用"遗产城市"这个名称,因为这通常适用于特定的城市区域,比如里昂和巴斯等大城市的建筑、遗址或区域。这个标签也可以指一个文化和历史元素的集合,如博物馆和画廊、纪念碑、历史建筑和宫殿,或者一个代表了鲜活的文化、语言、食物、时尚和节日的社会文化遗产。遗产的不同方面服务于居民、游客和旅游市场,特别是在历史、文化、夜生活和旅游目的地的购物景点方面。

遗产城市是城市地位竞争的结果,与诸如文化之城或文化之都、知识之城、创意之城、科技之城、体育之城等名称一样。城市并非只有单一的名称,因为城市努力构建多重形象和品牌。城市没有遗产意味着它缺乏有价值的传统,也意味着缺乏遗产旅游和自我认同的机会,而只有最孤立、最专制的城邦才有可能面临这种风险。

欧美城市渴望协调增长和遗产之间的压力,而在诸如上海、北京、迪拜和吉隆坡等新兴和复兴的城市,遗产保护和价值体系较弱——新事物比旧事物具体化。在国家和政治自由得到恢复的城市,过去遗留下来的遗产可能会令人不安地伴随着痛苦的记忆和新的方向,像拆除前东柏林的人民宫

(Palast der Republik)以及重建早于它的历史城堡,是城市遗产被拒绝和回归的典型。另一种方法是将博物馆区(Museum Quartier)从维也纳的帝国马厩(Imperial Stables)改造成"文化购物中心"(Shopping Mall for Culture)。在这里,当代文化(博物馆、画廊、剧院空间)是在历史建筑的墙壁内创造的。

遗产城市旅游

旅游空间的全球化促进了作为国内外消费场所的城市文化遗址的开发。把城市文化遗址作为消费场所已成为主要城市和城市遗产的普遍现象而非新兴产业,这源于19世纪以来资产阶级意识形态物质化。历史城市的中世纪老城区的重现以及被划定为遗产,迫使较贫困社区的搬迁,这里的居民主要是工人阶级和新移民。这些地方与现代文化设施如巴黎的蓬皮杜艺术馆和巴塞罗那的当代艺术博物馆(MACBA),以及绅士化地区,被用于以文化为导向的重建。

在建成环境和遗产具有足够规模和同质性的地方,特别是在威尼斯和佛罗伦萨这样的遗产城市,整个城市都可以贴上历史遗产的标签。工业遗址和城市的遗产标识的使用也有助于修复遭受后工业冲击的地方,如马萨诸塞州的洛厄尔和英国约克郡的布拉德福德(Bradford)。前工业时代的港口和码头、矿山、磨坊和制造厂也被列入遗产名录,如德国埃森和英国什罗普郡铁桥(Ironbridge)这样的开放型博物馆。剩余的工业建筑越来越因为文化设施而成为环境遗址,无论是庆祝工业遗产本身(如阿姆斯特丹的喜力和都柏林吉尼斯黑啤酒等啤酒厂建筑),还是更常见的正在向现代化方向上改造的画廊和博物馆,比如泰特现代美术馆(Tate Modern,此前是伦敦的前涡轮机站)、约克郡布拉德福德的萨尔茨纺织厂(Salts Mill)、奥赛博物馆(Musée D'Orsay,巴黎的一个旧火车站)以及拉维莱特公园(Parc de La Villette,巴黎的一个前屠宰场)。

由于是制成品和建筑的集中地,并且可以有多维解释,城市往往不仅有单一的形象,比如"高迪巴塞洛纳"(Gaudi Brcelona)或"麦金塔格拉斯哥"(Macintosh Glasgow)。此外,当追求不同和特性反而使得城市日渐相同时,文化遗产政策可能会适得其反。随着后工业时代的国际大都市在数量上、遗产范围和层次上成倍增长,它们对遗产的叙述和诠释变得难以把握。因此,城市变得越来越相似。

进一步阅读书目:

- Ashworth, Greg J. 2003. "Conservation as Preservation or as Heritage: Two Paradigms and Two Answers." In A. R. Cuthbert (Ed.), *Designing Cities: Critical Readings in Urban Design* (pp. 20-30). Oxford, UK: Blackwell.
- City Mayors. 2008. *Historic Cities—Living Cities*. Paris: World Heritage Cenutre. Retrieved March 24, 2009 from http://www.citymayors.com/culture/historic_intro.html).
- Evans, Graeme L. 2002. "Living in a World Heritage City: Stakeholders in the Dialectic of the Universal and the Particular." *International Journal of Heritage Studies*, 8(2): 117-135.
- Evans, Graeme L. 2003. "Hard Branding the Culture City—From Prado to Prada." *International Journal of Urban and Regional Research*, 27(2): 417-440.
- Larkham, Peter J. 1996. *Conservation and the City*. London: Routledge.
- UNESCO. 2003. *World Heritage Papers 5, Identification and Documentation of Modern Heritage*. Paris: UNESCO World Heritage Center.

(Graeme Evans 文 李 胜 译 李文硕 校)

HETEROTOPIA ｜异托邦

"异托邦"一词最初由法国哲学家米歇尔·福柯(Michel Foucault)在社会理论语境中使用。在某种意义上,它指的是一个与周围(隐含正常)空间不同的社会空间。然而,异托邦所呈现的差异对该空间并不重要。相反,异托邦首先是一个模糊的、可变的、动态的场所,它激发人们重新思考和重新协商社会空间规范。该概念被批判性理论家、建筑师和地理学家用以探究社会规范和差异是如何构建到特定地方。最重要的是,异托邦的概念已经被创造性地解释为在日常生活空间(而不是在乌托邦计划中)中的方式理论化新思维和生活方式。

异托邦一词的变量用法应首先参照福柯的理论语料库。首先,福柯对异托邦的直接处理是前后矛盾且不完善的,仅以书中一章和一个简短的演讲为代表。福柯讨论的初步性质意味着它的用法多种多样,就像他的原始文本在多大程度上是逐字逐句地阅读,而不是隐喻性地阅读一样。第二,虽然福柯对地理学和城市研究的影响是广泛的,但他的空间理论仍然不完善。因此批评人士警告,不要把异托邦从字面上简单地解读为物理的、可定位的场所(福柯以诸如庇护所和墓地等场所作为例子),这些场所可以与其他"正常"场所进行比较。第三,在克服这种危险的过程中,异托邦可以更有效地与福柯关于权力、差异和话语的著作结合起来。福柯关注的是,规范的政治权力是如何通过小规模的社会实践和结构来行使(和抵制)的。更复杂的部署因而断言,异托邦提供了一个概念上的、论述上的和文字上的空间或断裂,这可能会扰乱预期的约定。因此,异托邦提供了一种方法工具来影响规范性政治权力的争论。

自20世纪90年代以来,异托邦在英美城市研究中占有相对突出的地位。从概念上讲,它与同时代关于他性和边缘性的著作有关,如亨利·列斐伏尔和情境主义者(Situationists)的著作。许多关于异托邦的实证研究都将这一概念与后现代城市主义联系起来,特别是与洛杉矶特定地域新权力空间的出现联系起来。在其他地方,这一概念使对理想主义、美学和商业需求的精密解读成为可能,这些需求为各种各样的新城市发展提供了信息,比如南非后种族隔离时代的拉斯维加斯大道(Las Vegas Strip)和门禁社区。最后,该词已被用来确定乌托邦试验的交替和不可预测的形式(主要是城市),这些试验对现代性的出现所固有的历史进程提供了新的认识。异托邦仍然存在争议——事实上,它与非异托邦和乌托邦空间的边界仍然模糊。然而,这种模糊性正是异托邦的最大优势,空间实践和话语的力量打破常规,并唤起其他生活方式。

进一步阅读书目:
- Hetherington, K. 1997. *The Badlands of Modernity: Heterotopia and Social Ordering*. London: Routledge.
- Soja, E. 1996. *Thirdspace*. Oxford, UK: Blackwell.

(Peter Kraftl 文　李　胜 译　李文硕 校)

HIP HOP ｜嘻哈文化

与任何历史进程一样，嘻哈文化也随着时间推移而发生变化。某种程度上，它是美国城市非洲裔和拉丁裔青少年本地文化活动的全球性传播；但这些文化活动又被全球参与者在自己当地的情境下持续进行重新组合。而在另一个维度上，嘻哈又是一种移民文化，是一种遭到排斥的文化且处于混乱状态。正如亚历克斯·韦赫利耶（Alex Weheliye）所指出的那样，嘻哈将那些被排除在民族国家之外的人与一种能够表达另类归属感、欲望和想象的全球公民联系起来。嘻哈文化还存在第三个维度，即它体现的是一种不平衡的权力关系。与其他美国式的物质文化与意识形态一样，嘻哈文化在全球范围内传播，与当地土生土长的文化传统产生不同程度的摩擦与融合。最后，嘻哈文化是一种身体、技术和建成环境不断以音乐、演说、舞蹈和公共艺术等方式重新塑造与场所相关的意义的文化。

简史

嘻哈文化至少包括 4 个要素：说唱、打碟、街舞和涂鸦。此外，嘻哈元素还包括时尚、俚语、节奏口技（一种即兴演唱）以及节奏布鲁斯音乐。嘻哈乐是一种多重节奏音乐，它融合了西非传统民间音乐中打击乐器和反复吟唱、黑人布道时的号令与应唱圣歌、布鲁斯和爵士乐的即兴创作，以及黑人艺术运动中的诗歌韵律。

由于融汇了大量西非和西印度群岛文化表演的审美趣味，嘻哈音乐的起源充满了争议。嘻哈乐的起源在很大程度上应归因于出身于牙买加的打碟者酷海格（Kool Herc）——他从 1972 年起在南布朗克斯举办大型派对。杰夫·张（Jeff Chang）这样写道，20 世纪 70 年代是一个社会剧变的时代，洋基体育场的搬迁、大规模的去工业化、白人与黑人中产阶级因为住房被夷为平地改建为一条高速公路而奔赴郊区，还有公共住房的建设，都使得民权运动的梦想逐渐沉寂。这些音乐反映着严酷的社会现实，而代表"美好岁月"的迪斯科则一去不返。海格以他的海格力斯音响系统而闻名，他在切换两张唱片时，反复循环歌曲片段并将其混合在一起（"节奏中的停顿"）。而为了维持气氛，说唱者则会采取类似牙买加打碟者"烤"碟的方式吟唱出唱片的内容。

最早的嘻哈音乐是一种现场即兴表演，它的灵感来源于表演者与人群之间的互动。由于失业问题猖獗，社会福利项目被砍以及过度拥挤的住房，嘻哈文化从一种无所事事的氛围中生长出来。正如罗宾·凯利（Robin D. G. Kelley）所说，黑人和拉美裔青少年宣扬自己独特的个性化工作，并创造赚钱与开拓社交网络的机会。根据社区划分的帮派以或温和或敌对的方式互相斗舞，在舞池中吹嘘自己的实力。

"我们的奖赏之旅！"嘻哈文化穿越全球

嘻哈文化逐渐走向全球。混音磁带、杂志、音乐录影和嘻哈电影从 20 世纪 80 年代起就在非洲、欧洲和加勒比地区流传。从历史来看，大众文化在美国与其他国家间——人们因为工作、军事/政府服务、教育、医疗保健和休闲而旅行——进行了交换。伴随着旅行、交流和即时访问技术的日益进步，嘻哈文化的全球影响力不断增强。消费者如今成了制作人，将音乐巧妙地处理成数不尽的混合组合。嘻哈爱好者通过免费的个人资料网站、博客、聊天室、播客，连同诸如 Monadic Wax, AfricanHipHop. com, okayplayer. com, flight808. com 的网站及手机短信、铃声，跨越地理距离与其他人相识、互动、合作，比如立足北卡罗来纳州的说唱歌手菲特（Phonté）——他是"小弟"（Little Brother）组合的另一名成员，就完全通过即时通讯和电子邮件,与荷兰制作人尼古拉(Nicolay)合作录制发行了 2004 年专辑《海外交换：联系》(*The Foreign Exchange: Connected*)。

尽管利用数字媒体的机会并非平均分布在各个地区,但青少年的文化政治已借由嘻哈文化在许多国家发生了改变。不幸的是,嘻哈艺术家特别发达国家的嘻哈艺术家,不仅难以获得唱片合约,还要面对唱片公司向电台行贿的问题；同时他们的作品也缺乏版权保护。美国以外地区的嘻哈文化并不是单纯的模仿,而是一张由地方性和全球性的方言、文化史、姿态和资本织就的错综复杂的网络。在塞内加尔,"积极的黑人灵魂"组合(Positive Black Soul)通过描述政府腐败和艾滋病的歌词,使得年轻人更积极地参与选举政治。在加纳,说唱歌手雷吉·洛克斯通(Reggie Rockstone)与"话鼓"组合(Talking Drum)创造了一种混合了美国嘻哈乐与加纳强节奏爵士乐的嘻哈爵士乐。嘻哈爵士乐是将嘻哈、索卡斯(一种糅合拉丁美洲音乐节奏的中非舞曲——译者注)和"夜店舞曲"(根据名称"dancehall"意译,但实际是一种节奏较为激昂的雷鬼音乐——译者注)节拍与传统民间乐器及用当地方言如"Twi""Ga""Ewe""Fanta"、混杂语言及英语说唱的形式结合在一起。事实上,早在 1973 年,强节奏爵士乐艺术家安博利(Gyedu-Blay Ambolley)的"simigwa"音乐就以说唱为特征。

在巴西,贫民区生活是嘻哈文化的基石。流行艺术家如"拉齐奥纳斯说唱手"组合(Racionais MCs)和 MV·比尔(MV Bill)融合了嘻哈、疯克音乐、"manguebeat"音乐和桑巴。艺术家、街舞舞者、巴西战舞表演者和电影院经常对警察暴行、家庭暴力、政治腐败和毒品经济提出质疑。随着电影《粗犷风格》(*Wild Style*)的上映,嘻哈文化在 1983 年左右进入日本和德国,并定期在日本由"不断摇滚"舞团(RockSteady Crew)的日本版"疯狂 A"(Crazy A)举办的年度"街舞公园"和德国的"年度斗舞"进行街舞竞赛。英国的说唱音乐形式"污垢音乐"(grim music)则被流行艺术家迪齐·拉斯卡(Dizzy Rascal)、斯威(Sway,加纳裔)及 M. I. A(斯里兰卡裔)将流寓他乡的记忆与车库、舞厅和嘻哈音乐融合在一起。古巴的嘻哈文化则在 20 世纪 90 年代由迈阿密传入。古巴政府成立了古巴说唱代理公司(Agencia Cubana de Rap),该公司拥有唱片公司和杂志,并为一年一度哈瓦那嘻哈音乐节提供支持,由一群进步的美国嘻哈艺术家组成"黑八月团体"(Black August Collective)组织了这一音乐节。

在流行话语中,嘻哈文化因与黑人及拉美裔高度相关而成为城市与隔都的代名词。但无论是嘻哈音乐还是文化,它们对于思考建构城市认同的地方性实践是如何走向世界并被作为一种创新性的生产能力,都是至关重要的。嘻哈文化是黑人表达的、不限于种族的种种诉求之一,既是由世界青年持续清晰发出的政治认同,也是对他们所处世界的认同。

进一步阅读书目：
- Chang, Jeff. 2005. *Can't Stop, Won't Stop: A History of the Hip Hop Generation*. New York: St. Martin's.
- Kelly, Robin D. G. 1998. *Yo Mama's Disfunktional! Fighting the Culture Wars in Urban America*. Boston: Beacon.
- Weheliye, Alex. 2006. *Phonographies: Grooves in Sonic Modernity*. Durham, NC: Duke University Press.

(Sionne Rameah Neely 文　王琼颖 译　李文硕 校)

HIROSHIMA, JAPAN ｜日本广岛

广岛是日本第十大城市,位于濑户内海,也是广岛县首府。2007年人口达到116万,广岛成为本州岛人口最大的城市,同时也是日本西部的商业与文化中心。汽车制造厂商马自达总部就位于广岛,约占该市经济总量的三分之一。1945年,广岛成为世界上首个遭核武器袭击的城市,如今成为全球知名的和平纪念城市。广岛市政府及民间团体——尤其是那些由原子弹幸存者(Hibakusha)发起的团体,历来走在全球要求废除核武器努力的前列。

广岛之所以在城市研究中殊为重要是因为:广岛表明现有城市中心存在的暂时性,因为核打击造成的破坏远比第二次世界大战期间燃烧弹袭击的破坏更为彻底;还因为同样遭到核弹袭击的长崎还仍保留下少数原来的结构。此外,据称在袭击发生后的几十年里这座城市都无法居住,但它依然幸存下来并得已重建,从而成为供城市规划者发挥的白纸。它为城市区域从面临现代战争发起的前所未有的挑战并从中恢复过来提供了例子。

广岛是一个内河三角洲城市,它位于大田河口,是在濑户内海重新开垦的土地上建立起来的。1589年,当地大名(daimyo,即封建领主)毛利辉元(Mori Terumoto)将这座城池改名为广岛(即"广阔之岛")并开始建造广岛城堡,此举奠定了城市发展的基础。1871年,由于明治时代推行废藩置县,广岛县得已建立;1889年,广岛正式获得城市地位。

1945年8月6日,广岛遭到美国袭击,后者向城市投下一颗原子弹,它因此成为世界上首个遭受核武器袭击的城市。单这一枚炸弹所释放出破坏力就相当于1.5万吨TNT炸药,它摧毁了该市69%的建筑物,造成超过30万人伤亡。广岛是战时少数被美国移除常规轰炸及燃烧弹轰炸列表的城市之一,以此作为未遭破坏的目标,为的是在未来评估原子弹的破坏力。位于广岛的重要军事设施在轰炸期间并未成为目标(并且在很大程度上保留了下来),因此确切来说,轰炸针对的是市中心。1945年8月9日,世界上首枚钚弹——绰号"胖子"——被投向长崎,这是第二座也是最后一座遭受核武器袭击的城市。但有关轰炸广岛和长崎对推动第二次世界大战结束的程度还普遍存在分歧。

战争结束后,广岛很快从1945年末不到13 700人口演变为如今充满活力的城市。1949年,先是市政府然后是国家宣布广岛为和平纪念城市,并开始建造和平纪念公园以缅怀原子弹受难者。1996年,原爆圆顶塔——它是靠近原子弹爆炸中心的前产业奖励馆,被宣布为联合国世界文化遗产。

现代广岛面临的挑战之一是如何为子孙后代保留与原子弹幸存者经历相关的记忆。为此,新建的广岛市立大学于1998年成立了广岛和平研究所,这是一个专注于全球和平研究的研究机构,由此广岛这个名字将永远与为未来世代创造一个和平星球的工作联系在一起。

进一步阅读书目:

- Hachiya, Michihiko. [1995]. *Hiroshima Diary: The Journal of a Japanese Physician, August 6-September 30, 1945*. Rev. ed. Chapel Hill: University of North Carolina Press.
- Hogan, Michael, ed. 1996. *Hiroshima in History and Memory*. Cambridge, UK: Cambridge University Press.
- Kamada, Nanao. 2005. *One Day in Hiroshima: An Oral History*. Translated and edited by Richard C. Parker and Rick Nelson. Hiroshima: Japanese Physicians for the Prevention of Nuclear War.
- Kort, Michael, ed. 2007. *The Columbia Guide to Hiroshima and the Bomb*. New York: Columbia University Press.

- Ogura, Toyofumi. 2001. *Letters from the End of the World：A Firsthand Account of the Bombing of Hiroshima*. Tokyo：Kodansha International.
- Weller, George. 2007. *First into Nagasaki：The Censored Eyewitness Dispatches on Post-atomic Japan and Its Prisoners of War*. New York：Three Rivers Press.

(Robert A. Jacobs 文　王琼颖 译　李文硕 校)

HISTORIC CITIES ｜历史名城

　　历史名城是一个构想,是人类想象力的创造。然而,构成这一想象的原材料,可能也往往由有型的物质结构、形式、形状,与无形的记忆以及与过去的事件和个人的关联:即所有可以与地球表面真实存在地点相关的事物。这里的形容词"历史的"(*historic*)修饰名词"城市"(*city*),如果假设城市具有两种存在类型,那么城市可以分为"历史的"和"非历史的"。这里要回答两个问题。何为历史名城? 为什么要创造历史名城以及如何创造?

何为历史名城?

　　我们可以根据时间、时间城市环境中的痕迹以及时间与场所管理方法之间的关系将城市分为老城、历史名城及遗产城市3类。

　　过去是随着时间推移不断发生的事件的总和。从逻辑上来说,城市只有在它们被创造出来的瞬间才是新的,随之而来的是它们的古老程度各不相同。然而,一些随心所欲的比较性划分可能将老城与新城区分开来,由此凸显的问题是历史得多悠久才称得上"古老"。也就说,从这个意义出发,一座古老的城市是否需要以古建筑或古老形态占据主流为特征? 古老的城市不必等同于由古建筑组成的城市。世界上有许多城市自诩古老,因此即便城市结构中只留下极少物质证明,但仍认为自己拥有漫长甚至是杰出的历史。例如德国汉堡就认为自己是一座古老的城市,强调它对古迹及与历史联系的推广,尤其表现对其在历史上占据重要地位的公民及在汉萨同盟中所扮演的角色上。尽管如此,它在战后重建的城市中心则表现出一种格格不入的现代感。尽管遗产保护行业的全球化使得由历史建筑和格局构成的城市不会对自己的古迹及潜伏其中的历史上的城池置若罔闻,但也可能出现相反的情况。

　　历史是一种立足当下尝试对过去各个方面的描述,必然具有高度选择性。因为按照定义,过去已不存于现时之中,从这个意义出发,一座历史上的城市可能只存在于历史学家的描述之中。然而遗存的结构、街道样式以及与历史事件及人物相连的地点都可能保留下来并在当代得到承认。老城通过应用各种保护策略摇身一变为历史名城。历史保护是一种避免伤害的行动,但首先要认识到需要保护的对象是因其古迹或美好事物才具备保护价值,随后再强加上物理和法律保护措施。这些历史名城的官方名称则可能是由地方、国家,甚至是诸如教科文组织之类的国际组织予以认定,并且这些城市还拥有得到官方认可的国家、国际联盟或网络。因此,结论可能是一座历史名城是一座被主管当局予以认定的城市。

作为纯粹防范措施的历史保护极为罕见，保护活动使得干预的范围不断扩大。这一持续演进的过程从防止被保护对象免受进一步损害开始，然而维持现有状态、修复损害、替换缺失、修旧如旧、重建曾经存在但如今已不存的部分、按照建筑物可能存在的原因加以复刻，到最终创造出应当存在但却从未出现过的新发明。如果城市准备继续作为城市发展下去，它就不能只留下一堆废墟般的残留物——尽管个别像柏林的威廉皇帝纪念教堂（Kaiser Wilhelm Gedächtniskirke）那样的建筑物可能会因为被赋予新的意义而被故意作为废墟保留下来。城市对于空间的功能需求使得管理者倾向于采取高于保护性维护和维修的干预手段，以促使其适应现代功能。

历史与遗产的区别在于前者试图描绘或重塑——尽管这样做存在瑕疵并且是具有选择性的——人们坚信曾经存在过的过去；而后者则是当代对过去的利用，它们是旨在满足当前需要的想象的产物。尽管二者都是当代的创造物，但其创造者的动机及评价标准却是不同的。保护性规划聚焦于被保护对象形式和形态的维护，这是出于其自身安全的考虑。虽然不可避免地要考虑其功能——这始终是次要的，并且通常是附带关注的内容；只不过保护也是有目的的加以保留。当下与未来的功能正是做出抉择的关键性标准。历史名城的保护规划则涉及功能与形式，因此它也牵涉到城市规划师和管理者、历史学家与建筑师。

遗产并不是假设本质上是被评价出来的历史文物的性质固定不变，而是仅仅以现代的眼光来看待过去，过去被视作用于创造现代产品的永不枯竭的资源。在此基础上形成的城市反映了当下对过去的看法或者当下对过去的期待。战后波兰对这个国家被摧毁的城市尤其是华沙的重建，极其注重细节，以至于产生出一个过度完美、远胜过去的城市景观，它被认为是彰显波兰民族认同与重生的波兰国家政治合法性所不可或缺的文化体现。维欧雷-勒-杜克（Violett-le-duc）修复卡尔卡松，则更应归因于他对中世纪城市的想象，而不是出自当地实际的历史经历。

历史名城的双重定义

历史名城可以按照两种截然不同的方式加以定义，二者相互间并不排斥，因为这两种含义可以在同一座城市中共存，只不过描绘的不是同一种现象。

首先，这个术语指的是作为整体的城市，包括它的本质以及地方精神（genius loci）。城市自诩具有历史影响力，或者可以塑造一个可供内部和外部消费的历史形象。这种地方认同从具备历史城市意义的角度来说，并不必然意味着所有——哪怕是大多数——现存的物质结构本身都具备历史意义，它可能只是某种心态，无论它是内部人员所感受到的还是外部人士所强加的。

第二，历史名城这个术语也适用于城市某个特定区域，或许还可以根据现代城市的区域划分。这一具有历史影响力的第二层意义或许是对第一层含义的深化，或说合理解释，但它同样并不构成其存在的条件。它或许只反映出城市形态随时间变迁，因为旧城是随着后来的新区域增加而得已扩展。但这个术语通常具有更多的含义。城市中的老城区或许可以提供明显不同的功能，并区别对待。这个意义上的历史名城是城市中一处具有特定功能的区域，它通过建成环境与该区域的用途来表现历史城市的特性。历史成为一种功能，它可以像诸如购物城市、行政城市，抑或"卧城"那样，以同样的方式划分为特定的功能区域。旅游历史名城是城市历史街区创建、演变和管理的典范，这个构想已经在全球范围内被应用于许多不同类型、文化和政治生态各异的城市当中。

我们为什么要创建历史名城？

创建历史名城的理由，以及选择恰当要素作为创建此类城市的标准，可以分为内外两个部分。

内在价值所标榜的是对象本身的固有价值，这种价值因其所处结构或区位而形成。这些价值被认为独立于观察者的视线之外,等待着被发现。被大多数国家纳入保护性立法的3个最常见内在标准是与历史人物或事件相连的年代、审美和地点,这些标准往往经由专家所评估。真实存在的城市这一概念成为做出上述决定的核心,同时也是评价对象及地点的基准线。现实中的城市与历史档案中的城市间存在根本差别。前者要询问的是关于构成现实中的城市的建筑物、建筑群与地点的问题。后者则认为所有这些被保护起来的因素是对历史的真实反映。

相比之下,外在价值则被认为是各种各样既非无可避免、亦非无法改变的时代原因而形成的城市结构与区域。它的评价基准不再是内在特性,而是外部需求是否得到满足。这些需求可能是社会心理学上的,涉及个人及社会群体对某一遗产的认同;是政治意识形态上的,即某一管辖权或主流意识形态的合法性;抑或经济上的,即遗产成为商品化的资源,可以在多个经济市场——旅游市场只是其中的一个——上出售。几乎没有哪座遗产城市只是出于某个单一目标而被创建出来。大多数城市在遗产方面所表现出来的多功能性,与其在其他遗产城市的功能是一致的,它为各类政治、社会和经济动机提供了大量内在的和外在的遗产市场。甚至"典型历史名城",即那些被选中具有广泛代表性和象征意义的城市,它们往往代表和象征着民族文化即其价值,例如台伯河畔的罗腾堡(德国)、埃格尔(匈牙利),或泰尔奇(捷克共和国),在主打旅游功能的同时,也发挥着它们作为文化与政治象征的作用。履行多种遗产功能的历史名城,往往是更为典型的城市,而且脱离常规,但这种服务多种市场的条件增加了冲突发生的可能性,因此必须持续加强遗产管理。

历史名城也是城市

上述讨论更多的集中于形容词"历史的"的意义与重要性,而不是它在名词"城市"中的应用。但还是需要简单声明一下,出于时代目的所谓"遗产化"过程,可能会威胁到城市本身的存在。"历史"也许会威胁"城市"。概念性的问题在于,赋予城市历史性的状态,会让它的功能性建筑、建筑群,抑或整个城市沦为一处历史遗迹。通过干预城市发展与衰败的过程,这一完全保护性的手段取代了新生事物的产生。与此相连的规划问题便是"化石化",即否定城市有权利并且有能力改变。这就引出了另一个问题:一个保存完好的城市是否可以成为一座城市,而不是一场规模扩大的博物馆展览?

从理论上区分具有历史要素的功能性城市的历史名城,与仅仅为了传承和营销遗产而创建的遗产主题公园很容易。很少有人会把迪士尼乐园中的街景设计与居民区混为一谈,但这两者的界限实际上也可以变得极为模糊不清。有许多经过重建、并且往往是重新选址安置的露天博物馆(遵循哈塞柳斯的斯堪森博物馆原型)具备城市特性,不但位于城市之中,而且努力表现城市生活,例如让人们穿上过去的衣服参与进去。丹麦奥胡斯附近的老城博物馆(Den Gamle By)于1909年开馆,是世界上最古老的露天博物馆之一,而其他家喻户晓的案例则包括威廉斯堡(美国弗吉尼亚)、路易斯堡(加拿大新斯科舍),甚或是位于铁桥峡谷博物馆群内的布里斯特山维多利亚时代小镇(英国什罗普郡)。虽然这些遗产主题公园试图代表过去的城市,但它们显然不是城市,没有常住人口与现代城市功能——它们是戏剧舞台。

而在加拿大新斯科舍的谢尔本镇,镇上历史较为悠久的中心区已经被包围起来并且成为一座博物馆,工作人员穿上当年的服装在其中表演,而镇上其他区域的功能则如常运作。还有化石化的"宝石城市",它们通常是小而紧凑的历史城镇,其历史结构多少得以完整保留下来,后续则采取整体性保护措施。这些城镇往往是要塞城镇,诸如威廉斯塔特或纳尔登(荷兰),奇塔代拉(意大利)以及蒙圣米歇尔(法国)。对历史城镇严格而完整的保护是排除城市中的现代化设施。显然,这里自相矛盾的地方在于,诸如此类的现代功能会破坏城镇或与之不协调，但它们对于城市持续运作而言——包括对满足遗产工业自身的需求而言的——又是必不可少的。

具备多种功能的城市的历史区域管理也存在类似的困境，并且同样需要类似的折中方案。许多城市都包含进行遗产运作的空间，它们基本就是为遗产工业提供单功能服务的露天博物馆。例如榆树山（英国诺威奇）是一条历史街道，它经历了翻新、大规模重建，并在20世纪60年代早期进行过富于特定时代特色的铺装与街道设施建设。其作用是作为一种遗产旅游体验，并以旅游购物和餐饮业为主。正如旅游业所期待的那样，它成为中世纪街道景观重建的典型，并已经在全球范围内被不断复制，从温哥华的盖斯镇到悉尼的岩石镇，这两处城镇中的一切都具备了特定的、与遗产相关的功能，并且有助于标识出城市中被认为具有历史意义的部分。

因此，历史名城并非得以保存下来的历史文物的总和，也非被铭记的历史事件与个人行为的空间环境。这是一种在当下被创造出来的现象，就像历史研究一样，每一代人都会根据当时的需求和态度重新加以创新。历史名城往往可以自由地利用保存下来的建筑形式、形态模式以及得到推广的历史联系，但它依然是一种当下为了满足时代需求而进行的创作。作为以保存城市遗留的风貌准确描绘过去的定义，真实城市则与这一创造几乎没有关系。而介于考古遗址与遗产主题公园之间，还存在着许多中间点，以及一系列与保护什么、恢复什么、在什么地方重建什么，以及建造什么不可能被建造或应该被建造出来等诸多问题相关的简短步骤。同样，城市历史博物馆与一座现代具有现代功能的城市间也存在着显著差异，而历史名城占据着有时让人感觉不那么舒服中间地带，城市遗产规划与管理正是在这方面扮演着重要角色。

进一步阅读书目：

- Ashworth G. J. 1991. *Heritage Planning: The Management of Urban Change*. Groningen, the Netherlands: Geopers.
- Ashworth G. J. and J. E. Tunbridge. 1990. *The Tourist-Historic City*. London: Belhaven.
- ———. 2000. *The Tourist-Historic City: Retrospect and Prospect of Managing the Heritage City*. Oxford, UK: Elsevier.
- Burke, G. 1976. *Townscapes*. Harmondsworth, UK: Penguin.
- Ogura, Toyofumi. 2001. *Letters from the End of the World: A Firsthand Account of the Bombing of Hiroshima*. Tokyo: Kodansha International.
- Tiesdell, S., T. Heath, and T. Oc. 1996. *Revitalising Historic Urban Quarters*. Oxford, UK: Architectural Press.

(G. J. Ashworth 文　王琼颖 译　李文硕 校)

HOMELESSNESS | 无家可归

尽管毫无疑问,这样的人始终存在:他们生活在常规住处——一般定义为往往具有四面墙的住家或宅第——之外,但随着文明、现代性和资本主义等西方观念的发展,无家可归连同与此相关的诸如漂泊、短暂停留和流浪生活,都被归为社会问题。学者们注意到,在中世纪,乞讨或露宿街头几乎很少被视为耻辱,而且诸如学生或朝觐者一类的社会群体也经常与街头生活联系在一起。现代性使得无家可归成为一种耻辱,并将这些居无"定所"的人与"野蛮"——一如那些在新大陆森林中遇见的人——联系起来。

虽然无家可归的历史漫长而复杂,但它作为一道社会难题的本质却取决于它对社会秩序所构成威胁的规模和程度。这些威胁可能是政治的,也可能是刑事的,而最常见的莫过于二者的叠加。随着美国城市化的发展,公众对于无家可归问题的特别关注尤其体现在3个历史时期:南北战争至19世纪末、大萧条时期,以及从20世纪70年代末至今。南北战争结束后,军队复员与经济变迁交织在一起,导致大批男性成为流浪者。尽管大多数沿公路或铁路游历的男性毫无疑问属于流动工人(或者说在19世纪晚期的谚语中,他们更多地被标记为四处漂泊的短工而非无业游民),他们将轻微违法乱纪作为文化反叛,他们坐火车不买票,有社会抗议倾向——诸如1877年铁路大罢工以及1894年考克西军,产生了一种激进且令人生畏的名声。19世纪80年代左右,大多数州都加强了关于无业游民与流浪的法规,从而发展出一套针对没有固定住处或工作的情况下沿街乞讨,甚至只是站在路边或走在街上的行为的严厉惩罚措施。尽管这些法规的多数受害者被投入惩戒所或济贫院,但仍存在着无业的流浪汉遭铁路或其他公司雇佣的暴徒或特别警察杀害或重伤的例子。

然而经济萧条时期,尤其是20世纪30年代的大萧条缓和了某些因贫困引发的耻辱,而且还唤起了对流浪者的同情。19世纪晚期的经济萧条促成了服务穷人的施汤厨房与市政过渡住房的建立;在20世纪30年代,首个新政计划即联邦紧急救济署(FERA),亦积极推动建设无家可归者营地。这一时期的无家可归者偶尔也会被纳入所谓"应当获取报酬的穷人"的行列,他们参与公共工程建设项目,并被大名鼎鼎的新政艺术家和摄影师们描绘为苦苦寻找工作的悲惨移民。然而不应夸大这种同情。一般情况下,无家可归者遭到严酷对待:他们被依法赶下火车,驱逐出暂住地;并且因为没有合法住处,他们被迫离开所居住的城镇。直到第二次世界大战开始后,无家可归者的人数才开始下降。

虽然无家可归这一现象从未消失殆尽,但在20世纪50年代和60年代已几乎看不到这个词了,取而代之的是与居住于城市贫民窟相连的严重贫困。但无论居住在美国城市公寓、酒店和寄宿之家单间中的"无业游民"即流浪短工生活如何艰辛,在他们头上总还有一片可以遮风避雨的屋顶。大约到了20世纪70年代后期,大城市的居民却突然发现一些新情况,即人们根本没有家园。根据富于领袖力的米奇·斯奈德(Mitch Snyder)和他的非暴力创意联盟(CCNV, Coalition for Creative Non-Violence),以及立足纽约、由律师罗伯特·海耶斯(Robert Hayes)领导的无家可归者联盟(Coalition for the Homeless)在华盛顿特区发出的倡议,他们明确了"新无家可归者"的定义,并要求政府提供紧急援助,包括经济和住房救助。就业、永久住房和收入等结构性和社会经济目标未能得到实施,相反公众领袖和政治领导人更倾向于采取改善施汤厨房和收容所一类的慈善性措施。

20世纪80年代,无家可归现象自20世纪30年代以来首次成为公共问题。一方面围绕这一问

纽约街头的无家可归者
来源：Steven K. Martin

题的激烈争论,自由派和激进派强烈谴责里根政府大规模削减社会福利开支,遏制住房中产阶级化、去工业化以及其他系统问题（例如缺少工作和收入）。另一方面,以里根总统为代表的保守派则评论称许多人自己选择流浪街头的生活,强调用酒精、毒品、好逸恶劳和精神疾病各种因素解释无家可归现象。

除此之外,无家可归的定义也开始遭到质疑。拥护者以充分的理由认为,衡量无家可归现象的真正标准,不应只限于字面意义上的生活在街头或收容所内的人,还应包括那些在亲朋好友处"落脚"或"挤住在一起"的人,以及集体宿舍和监狱里的人。尽管自由派和保守派之间存在着看似巨大的分歧,然而,无家可归者收容所以及类似从施汤厨房到提供衣物,再到为提高专门化服务所采取的个案管理的一系列治标不治本的策略,几乎成为各级政府的主要应对措施。这些解决办法不分政党。

联邦政府的首个应对措施是 1987 年通过的《斯图尔特·A. 麦金尼法》(Stuart A. McKinney),该法案旨在根本遏制无家可归现象。与其他改革者替穷人说话的时期一样,很难说清楚收容所及其服务是否就是无家可归者或那些面临无家可归风险者想要的答案。到 20 世纪 80 年代晚期至 90 年代中期出现了新的本地贫困人口组织,包括一些国家组织团体,如"脱离贫困"("Up and Out of Poverty")以及无家可归者全国联盟 (National Union of the Homeless),更多的则是本地治理的尝试,例如遍布全国的无家可归者营地及所谓的"帐篷城市"。虽然一些激进的做法会令人联想到无家可归现象高发的早期,但这些努力看上去仍导向有利于缓和事态的补救措施,甚至是压制措施,而不是构成任何导致重大社会变革的结果。

进入 90 年代和新世纪,无家可归现象的中心悖论是全国范围内对于无家可归问题的承认与接受不断增长,而中产阶级的"同情心疲劳"与本地赤贫人口遭受的压迫亦与日俱增。这些反应或许并不像它们乍看上去那样矛盾重重。选举一届几乎直言不讳承认无家可归问题的国家政府(比尔·克林顿总统)造成的结果是口头上接受这样的事实,即存在着大量无家可归及(或)陷入赤贫的人口。然而,克林顿政府和乔治·布什政府都没有主要的社会福利或就业计划提供支持,因此由20世纪80年代大型慈善行动——诸如"携手穿越美国"(这是80年代一项由大企业及政府赞助旨在携手帮助无家可归者的活动)所形成的乐观情绪迅速褪色,也就不足为奇了。而随着中产阶级摆脱了80年代早期的乐观主义志愿者思想,城市政府在经济竞争和"破窗理论"(即认为通过起诉性质轻微的违法行为可以使得整个经济、社会和公民环境变得更美好)的新兴刑事司法手段影响下,转向严厉打击无家可归现象。个中的突出代表是纽约市前市长鲁道夫·朱利安尼(Rudolph Giuliani),他对在公共场所游荡、乞讨、聚集以及各种各样的"地下工作"(例如纽约市名闻遐迩的"擦车窗男人"之类"私下交易"的工作)加以禁止或压制,这也被几乎所有主要城市采纳。越来越多的无家可归者被推向郊区或中心城区以外的地区。这些变化被无家可归者全国联盟完整地记录在案。

随着新的无家可归现象进入第三个十年,显然这种曾经被视为一种暂时性危机的现象始终与美国历史上对极端贫困的长期容忍保持步调一致。虽然经济的繁荣与更多的就业机会对工薪阶层人口的薪酬影响不大,但完全有理由相信,那些赤贫人口却会从中受益。目前,在全国性的辩论中,无论是政党抑或重要人物似乎都没有做出任何支持终结无家可归问题的重大战略。

进一步阅读书目:

- Baxter, E. and K. Hopper. 1984. *Private Lives/Public Spaces: Homeless Adults on the Streets of New York*. New York: Community Service Society.
- Duneier, Mitchell. 2000. *Sidewalk*. New York: Farrar, Straus, and Giroux.
- Geremek, B. 1997. *The Tourist-Historic City: Retrospect and Prospect of Managing the Heritage City*. Oxford, UK: Elsevier.
- Burke, G. 1976. *Townscapes*. Harmondsworth, UK: Penguin.
- Ogura, Toyofumi. 2001. *Poverty: A History*. London: Blackwell.
- Hopper, Kim. 2003. *Reckoning with Homelessness*. Ithaca, NY: Cornell University Press.
- Kusmer, K. 2002. "Down and Out." In *On the Road: Homelessness in American History*. New York: Oxford University Press.
- National Coalition for the Homeless & National Law Center on Homelessness and Poverty. 2006. *A Dream Denied: The Criminalization of Homelessness in U. S. Cities*. Washington, DC: Authors.
- Rossi, Peter. 1991. *Down and out in America: The Origins of Homelessness*. Chicago: University of Chicago Press.
- Snow, David A. and Leon Anderson. 1993. *Down on Their Luck: A Study of Homeless Street People*. Berkeley: University of California Press.
- Wagner, D. 1993. *Checkerboard Square: Culture and Resistance in a Homeless Community*. Boulder, CO: Westview Press.
- Wright, Talmadge. 1998. *Out of Palace: Homeless Mobilizations, Subcities, and Contested Landscpaces*. Albany: State University of New York Press.

(David Wagner 文 王琼颖 译 李文硕 校)

HOMEOWNERS ASSOCIATIONS ｜房主协会

房主协会是在美国及其他一些国家使用的特定术语，这是一个由房产主组建、用于管理共同地产的组织。共同地产大致包括建筑物的共用部分、停车场、街道、休闲娱乐设施，以及在大型开发项目中的学校及私有"市政厅"。房主协会每月从房产主(经过估价)手中收取费用，并制定有关地方管理、提供服务及执行私人土地使用限制的合同。决策由经过选举产生的执行委员会做出，并由一年一度房产主会议进行管理。该委员会通过雇佣地产管理公司履行日常物业管理职责。

房主协会依据一个国家的法律，以公司、信托基金或其他实体形式建立。在美国，房主协会管理的地产通常是经过总体规划的开发项目，与管理公寓项目中共同地产的分契式公寓协会有所不同。而社区协会则是更为通用的术语，它指的是管理社区的私人组织，可能包含了分契式公寓协会、房主协会、合作社及此类组织的其他形式。

有关组建管理共同地产的法律实体的思想历史悠久。在法国，首个现代共有产权(分契式公寓)法规诞生于1804年。200多年来，法国要求每一块因供住房开发而进行分割的土地都签订限制性合约，如果其中包括带有私有街道的情况，还要建立房主协会。20世纪60年代，分契式公寓法从法国传入美国；随后私有地方治理形式呈现爆发式增长的态势。1964年，美国拥有500个房主协会，到了2005年则增长至274 000个，为5 460万美国人(占总人口的18.5%)提供住房。经济学家罗伯特·尼尔森(Robert Nelson)认为，房主协会与公寓协会是自19世纪晚期现代股份公司诞生以来在地产所有权领域最大的创新。他坚信，这是将城市基础设施储备的所有权从少数人手中重新分配至多数人手中的有效措施，实现了去中心化的控制，并从根本上改变了投资与储备管理的激励机制与策略。

围绕这一现象出现了大量争议也就不足为奇了。私人治理的社区据称可以减少政治参与度，并影响投票行为。它们还被认为加剧了社会和空间的隔离、激起了其他人的恐惧、减少犯罪与交通问题，并对社会凝聚力构成长期风险。另一方面，它们还为房产主提供了一些有价值的东西，包括降低投资风险、提高社区意识、提高地方服务质量，以及更明确的街区选择。成本与收益之间的平衡则是一个经验问题，并且要接受大量监督。

与所谓社会和制度成本同样举足轻重的则是合同制治理形式的私人成本(建立一套有理有据的行政管理体系的法律成本与解决争端的费用)。有关私人和城市治理协同演进的研究日益增多，还出现了不同经济和文化背景下的各类制度模型。

进一步阅读书目：

- Glasze, G., C. J. Webster, and K. Frantz, eds. 2006. *Private Cities: Local and Global Perspectives*. London: Routledge.
- McKenzie, E. 1994. *Privateopia: Homeowner Associations and the Rise of Private Residential Government*. New Haven, CT: Zale University Press.
- Nelson, R. 2005. *Private Neighborhoods and the Transformation of Local Government*. Washington, DC: Urban Institute Pres.

(Chris Webster 文　王琼颖 译　李文硕 校)

HOMEOWNSHIP ｜住房自有

住房自有是指个人占有其所居住房屋单元的当然权利，包括控制和使用住宅及建造住宅的地产，这是美国流行的一种房屋所有权形式。或者，住房自有也可以采取分契式公寓或公寓所有权的形式，这些公寓楼由许多居住单元组成，共享公共区域，个人因此取得其中一套单元的权利。在这种情况下，个人享有该居住单元的单一所有权、建造这一单元的地产及与该单元相连的其他任何公共区域的集体所有权。分契式公寓或公寓所有权在土地稀缺的城市区域很受欢迎，欧洲城市尤其如此。如果该地产配备花园设施——这在美国的分契式公寓所有权中很常见——则土地的维护往往会被外包出去，从而允许个人拥有自己的居住单元，而无须承担维持公共财产区域的劳动。

住房自有率在世界范围内因地区而不同。在低收入国家和高收入国家的非城市区域，这一比率往往最高。住房自有权包含多种形式，在许多国家，自住住房单元通常缺乏基本设施，诸如饮用水或室内烹饪设备。高收入国家往往拥有完善的抵押贷款市场，因此存量房的质量相对较高，并且住房自有也十分普遍。通过探讨这些主题，本条目对涉及住房自有权问题的广泛研究总结如下：财产与家庭是构成住房所有权的决定因素，住房自有权会产生私人及社会效益；尽管房主往往在政治上倾向于保守，但政治信仰是由与住房自有权相关的因素，而非住房自有权本身所决定。最后，在美国，联邦政策对于提高普通家庭的住房自有率挥了一定作用。最近，联邦政策对于那些低收入群体拥有自己的住房也提供了帮助。

所有权的特点

在大多数国家，住房自有是住房保有权的主要形式，世界各地的住房自有比率千差万别。亚洲和撒哈拉以南的非洲国家的住房自有比例最高，约为75%；西欧国家最低，各国平均率低于60%。在一些西欧国家如奥地利、德国和荷兰，大多数家庭租房而住。美国是发达工业国家中住房自有率最高的国家之一，城市中的住房自有率要低于农村地区。

美国住房自有的主要形式是单户独立单元，而个人拥有多户住宅中的公寓房则在欧洲国家非常普遍。在发展中国家，往往缺乏自来水和其他诸如室内烹饪及沐浴等基本设施的自建住房，占自有住房存量的很大一部分。例如，尽管马里住房自有率经过估算在85%以上，但其中拥有自来水的住房单元估计只有4%。

最常见的一种房屋购买方式是抵押贷款。这包括购房者为购房一次性支付的金额即所谓的首付，以及贷款机构为房价剩余部分提供的资金。随后购房者要在一段固定的时间内（即抵押贷款到期日）向贷款机构支付款项，直到贷款偿清为止。首付款作为贷款的抵押品。如果借款人未能支付贷款，银行可以占有住房，且借款人还将损失他投入在房屋上的资金。

实用的抵押贷款形式、低首付的要求，以及长期贷款在确定住房质量、住房自有率以及住房自有权年限方面发挥着重要作用。美国、澳大利亚、加拿大和英国等国都拥有完善的抵押贷款市场、相对优质的住房、较高的住房自有率以及年轻家庭自有住房高比例。而在其他抵押贷款市场不大的工业国家，如在西班牙、意大利和德国，随着年龄的增长才会购置房屋，首次购买的年龄要到30多岁甚至40多岁。在发展中国家，只有一小部分自有住房获得贷款。以墨西哥为例，虽然住房自有率为77%，但只有13%的住房获得抵押贷款，而缺乏基本设施的自建住房占到所有住房的一半左右。

相关研究

针对住房自有已形成的大量研究成果，涉及3个重要领域：住房自有的决定因素、利益及住房自有对政治活动及信仰的影响。

住房自有的决定因素

首先需要考虑的是住房自有的决定因素，尤其是在美国的运作情况。美国住房自有比例将近70%，然而，全国平均水平掩盖了不同群体的住房自有率差异。非西班牙裔白人家庭的这一比率为76%，而亚裔、非洲裔以及西班牙裔家庭则分别为60%、49%和48%。非白人家庭住房自有率较低，反映了过去美国抵押贷款与房地产市场的歧视性做法及家庭特性的差异。针对美国住房市场的广泛研究发现，涉及出租、财富、永久性和暂时性收入、收入不稳定因素、价格不确定因素以及家庭构成的住房自有成本对于阐明住房决策非常重要。这些决定住房自有的因素很多因种族和族裔而异。最近的研究表明，制约美国住房自有的主要因素是拥有足够的财富以满足首付的要求，而目前美国住房自有率中存在的黑白差距，很大程度上就是由财富差异造成的。

某些群体的低住房自有率，则可能是因为拥有住房的家庭较少，或是这些家庭的退出率较高。由于家庭不稳定或经济困难等危机事件导致家庭可能会放弃自有住房。最近的研究显示，黑人及西班牙裔家庭维持住房自有比率与白人家庭相仿，这表明住房自有率的差距来源于进入率而非退出率。

住房自有的利益

其次是住房自有带来了私人和社会利益。私人利益包括拥有住房的骄傲感和社会地位的提高，借由拥有住房获得对居住品质的更优选择权，且对于家庭而言，实际住房支出随着时间的延长而下降。住房自有也与生活质量提高密切相关，它对儿童产生了积极影响，同时也带来了更高的生活满意度。此外，借助于抵押贷款，住房自有可以成为一些不富裕家庭获取财富的手段，因为每月支付的抵押贷款是一种强制性的家庭储蓄的方式。

住房自有的另一项私人利益则是房产价值攀升创造财富的潜力。美国市场证明住房自有是家庭积累财富的重要手段。对不同年龄段、种族、族裔及年收入的比较显示，美国房主的净财富中位数要高于租房者。房屋净值（即房屋增值部分——译者注）是大多数家庭的主要财富来源。在20世纪90年代后期，尽管股市上涨势头强劲，但对大多数美国家庭而言，房屋净值才是一项主要投资。约有三分之二的家庭拥有自己的住房，但只有不到一半的家庭拥有股票。而在同时拥有股票和房产的家庭中，60%的家庭从房屋净值中获得了比股票更多的收益。最近的研究显示，即便是低收入房主，也可以通过住房自有获得财富。此外，在中低收入家庭中，财富的积累与房屋自由权的稳定性有关，甚至于那些一度拥有过住房的家庭，似乎也比持续租房家庭取得的财富要多。

住房自有也会产生社会效益。一种说法是住房自有会让人们感到自己在社会中占有一席之地，引导他们关心自己所在的社区。成为房主被认为可以激励个人更好地维护自己的财产、更警惕社区内犯罪行为，并支持改善社会的政策。房主的这些活动可以提高社区的品质与稳定性，从而提升房产价值。针对这些主题的研究发现，社区住房自有比例提高往往可以提升社区品质，房主们也就更乐于参与公民活动。毋庸置疑，最近美国（及世界各地）房产市场的崩溃将是未来几年内的一项重要研究议题，以重新评估早期有关住房自有利益及其相关问题的研究结果。

与政治信仰的关系

第三，有研究表明房主可能在政治上表现更为活跃，也有研究者认为，住房自有使政治观点更趋保守。自弗里德里希·恩格斯的作品问世以来，人们一直认为，拥有房产使人成为资本主义体系的一部分，并因此赋予其维持现状的动机。使大多数人拥有住房的住房自有体系表面上创造出的是一个拥有共同住房利益的群体，超越了阶级差异并削弱了工人阶级的政治关注点。还有一些人则坚持认为，住房保有权或对英国工业化早期或当前正处于经济发展早期阶段的国家的政治信仰塑造具有重要意义，但在美国之类的国家则不然。这些国家已牢固建立资本主义制度，并拥有很高的住房自有率、高标准的住房与生活质量。

乍看之下，美国的数据似乎与住房自有与政见更保守的观点一致。房主也很可能自诩为保守派，而且相比租房者他们很少会自认为是自由主义者。但在两大党派中，房主支持者的数量大致相当。有证据表明，财富对于政治取向的影响大于产权本身。年龄和教育（与拥有更多财富相关）及宗教信仰似乎也比拥有自己的住房更能影响政治信仰。

政府角色

在政治影响方面，美国政府自大萧条时期以来就已经在鼓励住房自有。随着1932年《联邦住房贷款银行法》（Federal Home Loan Bank Act）和1933年《房主贷款法》（Homeowners Loan Act）的通过，联邦经费被用于帮助房主支付抵押贷款，以便负担房屋维护和支付税金。1934年《国家住房法》（National Housing Act）成立了联邦住房管理局，该部门改变了住房融资方式。联邦住房管理局开创的长期固定支付贷款，可以覆盖房产的大部分评估价值。成立于1938年的联邦国民抵押贷款协会即"房利美"（Fannie Mae），则旨在扩大美国抵押贷款市场及增加住房自有的机会。随着开征所得税，抵押贷款利息可以从联邦应纳税收入中扣除。目前约为700亿美元，因此抵押贷款利息抵扣是美国联邦政府的第二大收入损失。

为了应对住房自有权差距的持续存在，也因为相信住房自有可以创造社会效益，从20世纪90年代初以来，提高低收入及少数族裔家庭住房自有率一直是联邦政府的优先事项。历届总统均提出政策举措，主要采取帮助家庭取得自住住房的前期方案，例如购房者培训计划、首付援助和住房修复。此外，金融机构也已扩大对低收入及少数族裔家庭的放贷承诺，以响应在美国被称为公平借贷法的法案，其中的一个例子是1977年的《社区再投资法》。该法案要求贷款机构证明它们正在满足服务社区所有家庭的信贷需求。这些政策成功地提高了低收入及少数族裔家庭的住房自有率。

进一步阅读书目：

- Chiuri, Maria Concetta and Tullio Jappelli. 2001. "Financial Market Imperfections and Home Ownership: A Comparative Study." Discussion Paper No. 2717, Centre for Economic Policy Research, London.
- Colton, Kent W. 2003. *Housing in the Twenty-First Century*. Cambridge, MA: Harvard University, Wertheim Publications Committee.
- Gilderbloom, John I. and John P. Markham. 1995. "The Impact of Homeownership on Political Beliefs." *Social Forces* 73(4): 1589–1607.
- Turner, Tracy M. 2003. "Does Investment Risk Affect the Housing Decisions of Families?" *Economic Inquiry* 41(4): 675–691.
- United Nations. 2005. *Financing Urban Shelter: Global Report on Human Settlements* 2005. United Nations Human Settlements Program (UN-HABITAT). London: Earthscan.

（Tracy Turner 文　王琼颖 译　李文硕 校）

HOTEL，MOTEL ｜ 旅馆和汽车旅馆

当代城市理论家已就如何根据城市流动的特性——无论是汽车、商品还是人——深刻定义城市进行了探索。如果我们接受这一点，那么就必须找到协调、组织或开启流动的各个节点。旅馆和汽车旅馆就是此类流动中的关键机制，是诸如驾驶、合理化工作路线、建筑设计与新建筑技术之类现代实践中的关键要素。本词条将介绍它们的历史及其在城市生活中的作用。

历史沿革

从本质上来说，旅馆作为一种系统化的现代等价物，它的出现取代了面向旅行者的传统落脚点形式（从中世纪的英国客栈到传统阿拉伯文化中的商队旅馆）。正如辛西娅·科克斯（Cynthia Cocks）和安德烈斯·桑多瓦尔-施特劳斯（Andres Sandoval-Strausz）等历史学家所描述那样，现代化的旅店提供了一种与陌生人打交道的受到约束的商品化方式，也是在19世纪蓬勃发展的商品经济背景下，城市人口大爆炸带来的挑战。

许多早期城市旅店旨在满足到访城市的乡村精英的社交需求，诸如参加婚礼或晚宴，又或是与其农产品经销商和购买者会面。然而，现代消费经济的日益复杂增加了各种寻求商业服务的代理人——从出差的销售人员到旅行前往周边音乐厅和剧院表演的艺人——对基本旅店空间的需求。随着国际贸易关系的发展，旅店业成为维护殖民地经济的重要一站。

豪华旅馆

在一些主要民族国家或帝国经济中的关键性商业城市，豪华旅店成为中央商务中心的重要特征。通过提供全套服务——餐厅提供国际（因此也是极为熟悉的）美食、洗衣服务、电报、电话，后来还有传真和互联网，大型旅馆往往吹嘘自己犹如一座微型城市。安娜贝尔·沃顿（Annabel Wharton）在《营建冷战》（*Building the Cold War*）中展示了希尔顿公司如何从20世纪50年代起将现代酒店管理技术与现代设计创新（包括使用钢铁、玻璃、现代水暖设备、电话和通风系统）融合在一起，成为表现为美国公司经济扩张主义的国际扩张战略的组成部分。在这些例子中，五星级旅馆旨在使旅行者避免遭遇外国文化的不可预知性（或者回到美国本土，在战后美国市中心能感知危险的情况下，规避那些内城的破败街道）。

当然值得注意的是，除了提供全方位服务的大型旅馆，许多城镇还拥有一套包括汽车旅店、膳食公寓、单人客房旅店以及带有基本设施的廉价旅店生态系统，所有这些都是为移民工人、朝觐者、预算有限的旅行者以及无家可归者提供可以负担的选择。这可能就是经济发展过程中社会两极分化的表现。正如大卫·格拉德斯通（David Gladstone）所表明的那样，诸如德里这样的城市呈现出带有门禁的豪华旅馆与众多密集分布在旧城区的"达兰萨斯"（*dharamshalas*，朝觐者的休息所）、宿舍、客栈和小旅店之间的鲜明对比，后者间歇性供水，而且没有空调。

基础产品

诸如此类的困窘恰恰强调了旅店提供的产品可能相当基础的事实。旅店可以专门提供一间卧室，配备最基本的服务，因为考虑到在大城市光芒的照耀下充斥着大量选择——例如干洗店或咖啡馆。就在前不久，由伊恩·施拉格（Ian Schrager）等人在曼哈顿开创的精品酒店的崛起，充分利用它令人兴奋不已的城区区位，以较高的价格对经过精心设计但通常较小的酒店客房进行收费。这需要得到那些特定客户的支持，他们追逐着上海或纽约

这家位于中国北京的当代酒店,提供带有东方风格的装饰品,以及西方人在远离家乡时所追求的基本舒适体验
来源:布莱克·布扬(Blake Buyan)

文化生活热闹氛围,而不是那些平庸且可以做出预期的客人。

当大城市旅馆成为中心城市中的关键性机构之际,道路网络在20世纪头几十年的迅速扩张则令一种新的建筑形式得已崭露头角。汽车旅馆不仅是城市的重要组成部分,也是民族国家向一个由交通和市场构成的城市化体系的重要方面。汽车旅馆象征着美国文化生活中存在的主要张力:主街与华尔街的对立。按照亚克尔等人在《美国汽车旅馆》(*The Motel in America*)中的描述,汽车旅馆是美国流行文化的早期体现,正如在"夫妻老婆店"中所看到的实践性的独立汽车旅馆管理那样,家庭将他们位于公路边的房产改造成简朴的出租屋(这是大萧条时期一项重要的经济活动)。

至20世纪50年代初,这些旅馆日益面临来自诸如假日旅店(Holiday Inn)或每日旅店(Days Inn)连锁企业势力的挑战,后者以特许经营模式为基础,成为标准化、同质化景观的先驱。其标志是模块化的结构,最少的装饰以及标准化批量采购和供应的毛巾、厕纸和肥皂;它们通常还能保证客人拥有电视、耐用的床铺和现代水暖设备。汽车旅馆继续在以汽车为中心的经济中扮演重要角色,却已成为美国景观中文化同质化典范。

因此,汽车旅馆与旅馆始终存在有着实用性原因:即满足旅行者的休闲或商务需求。它可以简单到仅提供过夜的房间和床铺(以及停车位),而且只需一名工作人员值班;或者是复杂如配套齐全、精心设计,并拥有大量工作人员的豪华旅馆。在当代背景下,信息技术和移动通讯日益复杂,这也要求旅馆提升它们的通讯基础设施。这可以让通过网线连接、高移动性的管理层旅行者能够始终保持与业务伙伴的联系,从而拥有高度可预见性与信任感——而这是企业(在耗费旅行及离开办公室时间时)所必须承担的风险中关键因素。

社会角色与文化角色

在发达的城市经济中,对于展示性别化的文化和社会认同,豪华旅馆一直发挥着重要作用。从19世纪起,旅馆为女性提供了在男性主导的公共领域露面的机会。正如卡罗琳·伯鲁肯(Carolyn Brucken)指出的那样,仅限单一性别的"女士客厅"——往往位于旅馆沿街的显著位置,但与男性的社交俱乐部隔开——为允许中产阶级女性出现在公众面前发挥着重要作用,无论这种抛头露面是真实的抑或隐喻性的。当然这一切是在优雅的美国社交界背景下才能发生,这为她们提供前所未有的机会,享受这种在公共空间表达自我的方式。但值得玩味地是,一个世纪之后,连锁旅馆广受诟病的依旧是它对女性旅行者特殊需求的忽视,包括从房间和布局的设计的特定要求到旅馆公共区域的隐私和安全需求各个方面。在诸如沙特阿拉伯之类严格的伊斯兰社会中,旅馆则仍旧按男女有别进行设计。2008年该国开设首家仅限女性入住的酒店,被认为是一项重要的进步(考虑到当地要求得到男性的允许才可办理登记入住的现实做法),但另一部分人则认为这是一种倒退,是进一步制度化男女的性别隔离。

最后,尽管经常被忽视劳动关系的空间,但旅馆在这方面也十分重要。经济发展机构往往会支持大规模的旅馆建设,因为它们创造了大量的工作岗位(很多人几乎不需要正式的岗前培训)。因此,它们被认为在促进高失业率地区经济发展方面做出了重要贡献。然而,这往往也意味着很多人的工资很低并且工作条件恶劣,尤其是客房服务人员、清洁工和厨房工作人员。正如简·威尔斯(Jane Wills)在一项有关伦敦多切斯特旅馆的研究中所论证的那样,许多顶级的豪华旅馆的门面熠熠生辉,但在这背后却是一群没有工作组织的劳工,他们往往是新移民或少数族裔。因此旅馆在许多方面都构成了一个城市隐喻,在这里,围绕公共空间与私人空间、奢侈与贫困,以及城市生活中的性别特征的争论可以被发现。

进一步阅读书目:

- Bell, D. 2007. "The Hospitable City: Social Relations in Commercial Spaces." *Progress in Human Geography* 31 (1): 7-22.
- Brucken, C. 1996. "In the Public Eye: Women and the American Luxury Hotel." *Winterthur Portfolio* 31(4): 203-220.
- Cocks, C. 2001. *Doing the Town: The Rise of Urban Tourism in the United States*, 1850-1915. Berkeley: University of California Press.
- Crang, M. 2001. "Rhythms of the City: Temporalised Space and Motion." pp. 187-205 in *TimeSpace: Geographies of Temporality*, edited by J. May and N. Thrift. London: Routledge.
- Gladstone, D. L. 2005. *From Pilgrimage to Package Tour: Travel and Tourism in the Third World*. New York: Routledge.
- Groth, P. 1994. *Living Downtown: The History of Residential Hotels in the United States*. Berkeley: University of California Press.
- Jakle, J. A., K. A. Sculle, and J. S. Rogers. 1996. *The Motel in America*. Baltimore: Johns Hopkins University Press.
- Katz, M. 1999. "The Hotel Kracauer." *Differences: A Journal of Feminist Cultural Studies* 11(2): 134-152.
- McNeill, D. 2008. "The Hotel and the City." *Progress in Human Geography* 32(3): 383-398.
- Sandoval-Strausz, A. K. 2007. *Hotel: An American History*. New Haven, CT: Yale University Press.
- Tufts, S. 2006. "'We Make It Work': The Cultural Transformation of Hotel Workers in the City." *Antipode* 38 (2): 350-373.
- Wharton, A. J. 2001. *Building the Cold War: Hilton International Hotels and Modern Architecture*. Chicago:

University of Chicago Press.
● Wills, J. 2005. "The Geography of Union Organizing in Low-Paid Service Industries in the U. K.: Lessons from the T & G's Campaign to Unionise the Dorchester Hotel, London." *Antipode* 37(1): 139-159.

(Donald McNeill 文 王琼颖 译 李文硕 校)

HOUSING | 住房

城市特征由其居民社区形塑而来,其中的一些居民社区完好无损地存在了数个世纪。学者和官员均认为,住房是社区发展的关键要素,因此要恢复大都市区的社会活力往往离不开住房政策。由于住房所具有的多维度属性,它既是一个城市区域宏观层面特性的重要组成部分,也很大程度上决定了个体与物理和自然环境的互动。此外,社会政策往往也涉及住房所有权问题,主要表现为为居民提供可以负担的住房以改善其生活。通过住房选择改善社会福祉还需要制订政策改善居住单元本身的物质质量,住房的选择范围以及使城市区域和文化变得可支配的住房种类。

住房对于社区的重要性

在过去的一个世纪中,无论是发达国家还是发展中国家,都试图承认居住权是人的一项普遍权利。在 20 世纪 30 年代的大萧条时期,罗斯福政府通过大规模兴建公共住房,使联邦政府正式参与到住房供给之中。此后不久颁布的 1949 年《住房法》,则在公民居住合法化方面比过去任何一届政府都更进一步,在此之前罗斯福政府只是宣称将"为每一户美国家庭提供体面的家园和适宜的生活环境",却并未制订相关标准的法规。

在国际舞台上,联合国在 1948 年通过的《世界人权宣言》中确定其基本住房质量标准,其中规定"人人有权享受为维持他本人和家属的健康和福利所需的生活水准,包括……住房"。此外,住房作为经济增长动力的重要性亦不容小觑。在发达国家,房产交易直接创造了各式各样的工作岗位,包括房屋建造商、房地产经纪人、抵押贷款人以及评估师。除了这些直接相关者之外,这种活动还对整体经济产生了巨大的乘数效应。

在许多地区,独特的住房建筑品质有助于确定城市区域的特性。例如,巴尔的摩历史悠久的行列式住房形式,是这座城市迥异于其他城市的标志。而在其他文化中,采用当地可获取的资源和营建方法作为维护本地传统的途径,而不受某一建筑师或设计师的影响也是强调的重点。通过强调目的而非美学上的吸引力,这种方法可以让邻里社区和城市景观的创建和维持保持前后一致,由此也让居民有有机联系的感觉。

现有社会学理论框架下的居住融合

在与个人相关的物理和自然环境中,住房发挥着重要作用。人类生态学模型强调建成环境是自我与社会文化环境、自然环境之间的沟通渠道。同样,住房也与马斯洛需求层次金字塔的每个阶段相关联,该理论在 20 世纪 40 年代广为人知,最基本需求是生理需求。住房正是通过提供住所和避免自然因素侵害来满足这一需求。它还通过为居民提供安全和保障，满足马斯洛金字塔中的第二层需求。在接下去的层次上，家园环境为家庭提供了归属感，它也是人们与朋友和其他社区成员互动的地方。住房在身份认同和提升社会地位方面发挥了重要作用，满足了马斯洛理论中的自尊和自我实现这最高的两个层级。

居住连续性

莫里斯和温特在《住房、家庭和社会》（*Housing, Familiy, and Society*）中提出住房调整理论，该理论表明住房消费可以进行持续性分析。从社区的角度看，提供住房和住房基础设施对发展非常重要；从家庭的角度看，家庭在不同时期需要不同的住房同样十分重要。因此，在家庭发展的每个阶段，居住标准和住房预期都会发生变化，随着家庭规模扩大和经济资源提升，对于居住空间及住房消费的需求趋于增加；而由于家庭规模的稳定，住房消费也可能趋于稳定。然后随着孩子离开家，家庭规模收缩，空间需求也将减少。最后，伴随着年龄的增长，身体机能退化，更易使用和带有支持性的特性变得至关重要。

然而，这种贯穿人生不同阶段的住房消费理想往往无法实现。这种连续性的一端是家庭经历无家可归。无家可归通常意为个人没有传统意义上的住所。这可能导致无家可归者不得不睡在收容所或不具备居住属性的公共或私人空间，例如废弃的建筑物、汽车、街道、地铁、公交车终点站或是公园。虽然始终无法获取全世界无家可归者的统计数据，但可以肯定地说，无论是发达国家还是发展中国家都非常关注无家可归问题。导致无家可归的原因不胜枚举，包括人们经历自然灾害后的流离失所、城市和大都市区无法为其人口充分提供足够低收入者住房，以及由于失业、吸毒和酗酒导致个人缺乏可用收入，精神障碍或是与抚养孩子有关的费用。

政府支持

可负担住房通常是由政府支持私人开发商开发或直接由政府兴建和管理的住房。在美国，以往的公共住房项目往往集中于城市某一区域并由政府集中管理。取而代之的新策略是建造分散的较小型公共住房社区，同时利用住房券进行补贴，这些住房券允许中低收入者从住房市场——但通常位于经济不佳的社区内——进行选择。

拓展到国际视野，一些发达国家和发展中国家也向低收入家庭提供不同程度的公共援助，通常是为使这些家庭最终过渡到不依靠补贴而居住。然而这种转变并不容易实现，因为多年来许多城市的房价快速上涨，对这些家庭负担住房的能力构成阻碍。

除了向非补贴市场租赁住房转变之外，共同的政策目标是鼓励持有住房。一些城市政府通过提供诸如首付和结算费补助等激励措施鼓励这一迈向居住连续性的举动，这些激励措施在20世纪90年代开始加速。尽管最近的房产市场并不景气，但此类购房者援助计划仍被许多州和大城市所采用。

当然拥有住房并非不可逆。举例来说，如果抵押贷款出现违约，房主可能就要被迫租房居住。此外年龄的变化也可能导致老房主出售房屋或重新租房居住，主动放弃维护家庭工作和费用。

住房质量与居住满意度

许多城市试图通过实施区划法和建筑规范以确保住房质量。区划实践在20世纪初日益普及，其目的是将整个大都市区的地块进行细分，并限制特定区域内的土地用途。这通常意味着将商业和工业用地与居住用地分开。在主要工业区域，这类法规有助于在城市建成环境中创造更大的价值，并通过将住宅区从工厂区分离出来大幅减少公共卫生问题。

建筑规范是城市或县级法规，它对建筑结构而非建筑位置提出要求。建筑规范可以提高建筑物的安全性和质量，并强制使用现代建筑与施工技术。然而在某些地区，建筑法还可能增加建筑成本，并限制低收入居民进入富人生活区。

住房质量问题可能来自现有存量住房的老化

及可负担住房的匮乏。在许多国家，缺乏可负担住房，再加上大量极端贫困的城市居民，迫使后者居住在高密度贫民窟内。随着房龄增长，维修的需求开始增加。从历史上看，由于忽视主要城市低收入公寓单元的维修需求往往导致住房质量受损。在美国城市中存在着一种突出的住房"过滤"模式，即随着住房的老化，它被逐步传递到低收入群体手中。这种情况增加了低收入群体中的住房质量不平衡。而随着施工基础和工艺的改进，与住房质量相关的住房开支日益增大。举例来说，向更关注环境和节能的住房——有时也被称为"绿色"住房——的转变大大降低了能源开支，但通常只有收入较高的家庭才能拥有。

除了住房结构之外，许多城市目前在配套基础设施方面也面临困难。这种不充分的服务可能导致收入较高的居民离开城市，迁往能够提供充分道路网络、公用设施和其他服务的郊区甚至是远郊。而为了对抗此类住房不平等，城市规划者历来主张——并且在许多案例中已加以贯彻——在城区内强制建设混合收入住房。

住房质量和居住满意度也可能对家庭和社会产生间接影响。居住满意度低是居住流动的关键预警器，流动性过高阻碍了个人对社区和邻里福祉的合理投资。那些不打算在某一社区长居的人，通常不会投入时间或资源以改善社区。而社区社会资本的缺乏，反过来会导致社区不受欢迎。糟糕的社区，尤其是安全和保障出现问题，可能是居住不满意的重要因素。这种不满导致那些有机会搬迁者的流动性增加，也可能导致一部分社区恶性循环。

跨文化与跨国住房差异

在不同地区和不同时期，住房的特征可能会存在重大变化。在美国，新房的平均面积从20世纪50年代的约92平方米提高到2008年初的241平方米。诸如此类的变化，对应的是美国家庭平均居住标准随着时间推移而提高，尽管伴随这种趋势而来的是家庭规模的下降。但与此同时，其他国家的

平均面积则要小得多；而相比美国这样的国家，一些国际大城市的住房面积则可能受缺乏可开发土地的限制。这两种趋势对建成环境的共同影响是导致对自然环境的压力日益增大。

住房保有权

各国住房保有权的趋势差异越来越显著。自20世纪90年代中期以来，美国一直致力于提高住房所有权，最终使住房自有率在2005年前后达到近70%。如此高的住房自有在许多其他国家都是没有的。举例来说，德国的住房拥有率仅略高于40%，这表明两国的居住标准存在差异。但各国的租户权利也存在很大差异，因此只能比较保有类型。美国不同族裔和种族群体的住房自有率也千差万别。在最近的人口普查中，非洲裔美国人和西班牙裔美国人的住房自有率始终比非西班牙裔白人的住房自有率低25%。

各城市存量住房的房龄也可能有显著差距。以巴黎为例，其近2/3的住房建于1949年之前，其中又有约一半的房屋建于1915年之前。相比之下，纽约市的房龄则略低。而那些拥有更多土地和庞大住房开发项目的美国城市，如洛杉矶和休斯敦，则拥有更多较新的住房。但就整个国际环境而言，房龄可能并不一定与质量负相关。一些像意大利佛罗伦萨这样的城市，超过数百年历史的住房正是大都市区内价格最高的住宅。而在其他一些城市，旧的邻里社区受历史保护政策的保护，因此住房既保存完好又受到高度重视。

在世界大部分地区，老建筑的再利用正受到重视。这一策略旨在回收老旧的商业建筑用于居住用途，允许将诸如旧工厂或学校（以及其他建筑物类型）之类的建筑改建为公寓楼或分契式公寓。居住方式也可以通过宗教之类的文化差异加以塑造。例如，在一些伊斯兰国家，住房被用于促进其社会行为。这样的建筑将空间、政策与现有的宗教信条和当地条件结合在一起。

在美国还有其他一些地方，对于住宅面积越来越大的持续推动可能已盛极而衰。但由于经济的

变化,也可能是对绿色生活关注的提高及对减少人类对生态影响的考虑,美国最近的新房平均面积已开始下降。不断扩大的美国郊区使人们更加意识到住房选择的生态影响。伴随这些郊区和远郊扩大而来的是通勤时间和燃料消耗的明显增加。具有讽刺意味的是,对绿地的向往往往表现为要拥有私家院落或花园,而这也推动了郊区化的发展。

回归城市

在美国还有其他一些地方,郊区化和通勤限制使得将重新回到城市居住成为一种合乎时宜且理想的方案。然而城市中的设施与郊区开发的项目截然不同。城市住宅开发项目的重心不是私家庭院或社区游泳池,多为大型多户住宅公寓,那里的设施包括步行可达或利用大众交通便利可达的零售商店及文化场所。这些城市住宅设施可能因城市气候和文化的不同而大相径庭。例如,在斯堪的纳维亚的寒冷天气条件下,地中海风格的开放式共享庭院可能就不太实用。

虽然不同的文化氛围和气候条件可能影响住房的设计与功能,但许多特征对于跨越不同地区、国家和文化的居住满意度而言却始终是重要的。针对日本、西欧和美国的居住满意度研究显示,交通和邻居的噪音对居住满意度构成极大负面影响。虽然更大的居住面积往往意味着更高的居住满意度,但空间尤其是包含诸如多浴室之类的隐私区域,在决定居住满意度方面更为重要。然而,许多影响居住满意度的因素往往与房屋本身的物理结构无关。例如各类研究显示,能够感受到邻里社区的安全与保障是提升居住满意度的主要特征。

个体的住房选择的可能受地点的影响,但几乎不可避免的是,地点的选择普遍基于就业的位置。在那些公立学校里的学位取决于住房位置的国家,这种外部特征也能够驱使有孩子的家庭做出住房选择。与城市研究中许多问题一样,只有在个人、邻里、社区、城市和区域层面取得一系列成功,才能达成居住满意的目标。

进一步阅读书目:

- Bratt, Rachel, Michael E. Stone, and Chester Hartman. 2006. *A Right to Housing*: *Foundation for a New Social Agenda*. Philadelphia: Temple University Press.
- Edward and Joseph Gyourko. 2002, March. *The Impact of Zoning on Housing Affordability*. Working Paper No. 8835, National Bureau of Economic Research, Cambridge, MA.
- Bubolz, M. M. and M. S. Sontag. 1993. "Human Ecology Theory." In *Sourcebook of Family Theories and Methods*: *A Contextual Approach*, edited by P. Boss, W. J. Doherty, R. LaRossa, W. R. Schumm, and S. K. Steinmetz. New York: Plenum Press. Glaeser,
- Housing Education and Research Association. 2006. *Introduction to Housing*. Upper Saddle River, NJ: Pearson Education.
- James, Russell N., III. 2007. "Multifamily Housing Characteristics and Tenant Satisfaction." *Journal of Performance of Constructed Facilities* 21(6): 472–480.
- Kemp, Peter. 2007. *Housing Allowances in Comparative Perspective*. London: Policy Press.
- Lim, Gill-Chin. 1987. "Housing Policies for the Urban Poor in Developing Countries." *Journal of the American Planning Association* 53: 2176–2185.
- Maslow, Abraham H. 1943. "A Theory of Human Motivation." *Psychological Review* 50(4): 370–396.
- Morris, Earl and Mary Winter. 1978. *Housing, Family, and Society*. New York: Wiley.
- Ohls, James C. 1975. "Public Policy toward Low-income Housing and Filtering in Housing Markets." *Journal of Urban Economics* 2(2): 144–171.

(Andrew Thomas Carswell, Russell Noel James 文　王琼颖 译　李文硕 校)

HOUSING POLICY ｜住房政策

住房政策可以定义为政府为实现住房目标而采取的行动。这些目标可能包括改善居民或无家可归者的居住质量。住房政策的另一个定义则是政府对住房领域的干预。不同之处在于，针对住房领域的一些干预可能指向住房领域外的目标，例如通过监管住房金融市场来影响国民经济活动，或是限制对低收入家庭补贴的金额以鼓励就业。研究表明，越来越多的住房政策针对的是关乎国民经济效率的经济目标，其结果是住房政策日益成为实现经济目标而对住房领域加以干预的手段。

本词条旨在研究政府制定住房政策的目标和机制，将不同国家的住房政策进行分类，思考导致住房政策异同的因素，探讨各国政府如何制定自己的住房政策。

政府目标

住房政策是一整套涉及现有住房供应和居住条件的政策，包括多种目标。举例来说，许多国家都有政策以保证依照既定标准来建造新的住房，此外许多国家为了改善现有居住条件采取干预措施，例如贫民窟的清理或改造政策也可能用来规范新住房的数量与位置。

另一组目标则可能涉及住房消费，政府干预可以决定有关各方权利和义务的保有权法律结构。干预的另一方面则是住房的获取，通常针对低收入群体。因此，住房贷款与补贴制度可以用来帮助低收入家庭取得他们无法负担的住房，同时也可能与收入分配和缓解贫困相关。政策还可以针对住房市场的运作，政府设定市场运作的框架并可以干预或改变市场活动的水平。

为实现这些目标，政府可以采取各种形式的干预措施。一种办法是直接提供住房，如类似英国市政公房那样的国家住房。监管则是另一种形式，即国家通过制定标准或框架来影响其他相关方的行为，建筑规范或法规便是一例。还有一种常见形式是通过土地利用规划体系来管理新开发项目。补贴可以被用来影响住房开发商或消费者的行为。干预则可以采取向有关各方提供指导意见的方式，例如可以提供租户拥有哪些合法权利的信息。政府还要制定问责框架，使得有关各方都可以满足特定群体的需求，公共住房的制度性结构——由地方政府管理且租户有权咨询——就是一个例子。

住房政策的分类

各国的住房目标和干预形式各不相同，已有大量文献探讨这些差异并解释其原因。大量研究遵循埃斯平-安德森探讨福利国家政治制度的方法展开。该方法并没有特别关注住房问题，而是明确将福利国家从整体上分为3种类型或3种政治制度。第一类是自由主义政治制度，包括英国、爱尔兰和美国。第二类是保守主义政治制度，以德国和法国为代表。第三类制度是社会民主主义政治制度，例如瑞典和丹麦。住房研究者利用这些分类，试图确定与每种类型对应的居住模式。

在自由主义政治制度下，市场供应占据住房领域的主导地位，主要是物权所有人占有住房，但也包括私人租赁。直接的政府拨款通常规模较小，并限定在极度贫困的人口当中，这也就意味着得它往往会被污名化，而且不受欢迎。国家对最贫困人口的援助往往是以诸如住房补贴或代金券等收入支援计划中的住房因素加以实现，重点是通过市场来进行选择。对最贫困人口的援助也表现在通过国家或志愿组织对无家可归者的帮助。更进一步的国家干预则是市场监管，例如制定金融机构框架结构或土地利用规划。

相比之下，社会民主主义的最大特点是由国家直接、大量提供住房，不仅仅只针对最贫困的穷人。居住被视为一项公民权，这一点就反映在国家对无家可归者负有责任。住房贷款机制的设计不仅可以帮助最贫困的人口，还有助于实现平等的目标。国家对于住房市场的干预可能是广泛的，旨在改变市场结果以反映社会目标。

保守主义的特点则是政府和长期存在社会机构如教会或专业团体或贸易团体建立伙伴关系，即社团主义。提供住房的往往是这些机构或中介，例如为其成员利益服务的住房协会，国家可以保护这些机构免于来自市场的竞争。家庭要获得住房可能就取决于他们与这些机构的关系，而非来自国家赋予的权利。

还有其他一些类型的住房制度也值得探究，例如在20世纪90年代曾就是否存在一类东欧模式产生了大量辩论。克拉彭（Clapham）等人坚持认为存在一种基于国家所有、分配、集中计划生产的东欧模式：住房的使用完全免费，并排除市场机制。但有人辩称，由于资源短缺及实现国家控制的成本和困难，这种模式从未真正以纯粹形式存在过。20世纪90年代后期的政治风云变化，意味着民选政府开始奉行私有化和自由市场政策，且大多数迅速转变为自由主义政治制度。还有一些人则主张南欧是另一种类型，因为那里通常以自建方式为大家庭提供住房。这里大多数国家的住房政策相比北欧国家而言，尚不发达。日本或中国之类东方国家的住房制度和政策也截然不同，似乎也不符合第三类制度。

趋同与分歧

争论和学术研究大量集中的第二个领域，是这些模型的历时性变化及各国改变其系统的范围。主要的思想流派可以分为趋同论和分歧论。

趋同论

趋同论强调住房政策随时间变化呈现出相似性，通常集中在经济领域。这一有时被称为"工业主义逻辑"并与"意识形态终结"理论相连的方法，内部有很多不同的观点。观点之一是福利国家随着公民权利的发展而变化，而另一种观点则建议从对公民权利转向对政治权利的关注，然后再是社会权利。唐尼森（Donnison）将住房政策分为基本模式、社会模式和综合模式3种类型，但这些模型与埃斯平-安德森后来分类有所不同。

葡萄牙和希腊这样的南欧国家属于基本模式，它们新近跻身城市化和工业化国家之列。在这些国家，国家刚刚开始启动对住房制度的干预，部分原因是住房被视为消费品，并且优先考虑经济发展。

第二类则是包括英国和美国在内的国家，政府的首要目的是帮助那些无法通过市场获取住房的人。干预措施旨在纠正市场中的特殊问题或缺陷，而且并不由此反映政府对全部人口的居住负有责任——这一点是第三类综合模式的要素。第三类的例子是瑞典和原联邦德国，政府长期关注住房问题。唐尼森认为，伴随着经济的发展，各国都是从基本模式逐步走向综合模式。但近几年来，虽然富裕程度越来越高，许多福利国家却在缩减开支，因此这一观点的可信度受到质疑。

趋同论中一类截然不同的例子则由鲍尔、哈洛和马滕斯提出。他们认为，尽管不均衡的经济发展规模和速度意味着各国从不同的起点以不同的速度发展，但共同的经历却将住房政策向大致相同的方向推进。他们强调商品化是在许多国家出现的共同趋势，涉及建设和重组国家对住房事务的参与，以及市场供应的增长。但共同趋势并不一定导致相似的住房政策或制度，因为这些作者提到这涉及每个国家的供应结构。在这方面，它们意味着构建住房领域的机制和文化，以及通过这些机制和文化来制定政策并加以决策。

最近聚焦的重点则是全球化的影响。例如克拉彭已经展示了全球化话语是如何在英国被接纳，并由此导致对住房部门的限制。例如人们认为有必要对企业家精神加以支持，反对通过对高收入者征税为政府提供资金的做法。此时，对金融市场的放松管制削弱了政府凭借诸如信用控制之类的传统政策工具干预住房市场的能力。与此同时,人们还认为有必要增加劳动力市场的灵活性以提升经济效率,而这也改变了住房政策的重点。地理学意义上的流动被认为对人们抓住就业机会至关重要,因此伴随新兴地区的新建住房,以及低流动性和低交易成本而来的灵活居住就得到了政策上的承诺。还有一个关键性的政策领域是制定政策避免或最小化收入减少及贫困和就业陷阱,以强化就业刺激。对全球化和灵活劳动力市场的接受,似乎与强调市场过程及结果的新自由主义住房政策有关。

分歧论

第二种主要思想则是分歧论,认为尽管经济发展水平相似,但各国住房制度存在显著差异,因此不一定会趋同。有人认为,政治意识形态和文化规范区别并深刻影响着住房结构的形态。凯梅尼和哈洛将埃斯平-安德森的研究置于不同类型国家福利之中,以之观察政治意识形态对塑造国家政策的影响。凯梅尼在自己的研究中检视了不同社会中所有权文化的本质,他认为这些都与个人主义或集体主义的不同政治哲学相连。凯梅尼坚持认为,在房主社会,政府住房政策与社会建构的意识形态及不同社会之间的文化传统有关。这些都被用于证明给了所有者拥有产业的特殊支持,并且是防止成本—租赁差距过大以及某种竞争性保有权出现的措施。

常见的措施是污名化以成本租金从房主那里取得房屋的租户或强制出售现房的现象。但在以成本租赁的社会中,国家补贴主导这类私人租赁供应,并且政府可能还会干预单一制度的建立及租户的权利和义务,国家机关管理着私有部门准入与条件。在这些社会中的,成本租赁可以与占有产业的中产阶级家庭展开竞争,也不会因此遭到侮辱。

趋同论和分歧论之间的区别越来越受到质疑,因为缺少解释不同观点之间的基础,而是集中并过分强调它的应用结果之一。换言之,关键问题不在于不同国家是走向一致还是分歧,而在于哪些因素

是影响政策的关键要素。鲍尔和哈洛的观点基于或能被称为现实主义的立场,而凯梅尼的观点则是以社会建构论为基础。然而,这两种观点的共同点要比表面上看到的更多。趋同论降低了解释各国间存在明显差异的重要程度。此外,趋同论并没有形成一种可以解释分歧或任何社会变革方向与速度差异的理论观点。例如,鲍尔和哈洛区别了每个国家的供应结构,他们认为这是各国差异的核心。它被认为提醒研究者区别差异的敏感概念,然而这个概念缺乏促进分析差异为什么存在以及差异为什么会随着时间发生变化的理论基础。

不同观点间也达成了重大一致,认为共同的趋势首先是由发达资本主义的全球化力量所取代的。全球化或可视为一套为政府和经济主体接受并加以传播一套建构出来的社会话语,或被作为一股真正的经济力量。但这种观念的不同并不一定妨碍全球化对不同国家住房政策达成一致影响。普遍的趋势如市场化、自由化及通过国家干预从直接提供住房、发放补贴改为监管模式,则清晰可辨。此外,政府制定住房政策的目标也脱离了社会目标,而转向经济目标。

然而,这一变化与特定国家制度化的住房结构和国家住房政策之间并不存在明确而直接的关系。一些差异可能是因不同国家在全球化的世界经济中处于不同的地位。此外,政府也可能在接受全球化话语或对全球经济力量的开放方面存在差异。面对全球化趋势,政治回应的范围是多大是争论的重要问题。可运作的活动范围可能会受包括现有的制度化结构、政治讨论和意识形态在内的许多因素的影响。

在不同背景下,政府都需要有效的住房政策。问题可能是住房市场在西方国家老城市衰败区域中的失败,相应的是在经济繁荣地区对新建住房迅速扩张的需求。在印度或中国这类快速发展和城市化的国家,则需要确保高标准的住房,并保证城市以高效和可持续的方式发展。有效的住房政策是城市政策的主要工具,可以通过住房政策的成败来解读世界各地城市发展特征。

进一步阅读书目：

- Ball, M. and M. Harloe 1992. "Rhetorical Barriers to Understanding Housing Provision: What the Provision Thesis Is and Is Not." *Housing Studies* 17(1): 3-15.
- Ball, M., M. Harloe, and M. Martens. 1988. *Housing and Social Change in Europe and the USA*. London: Routledge.
- Clapham, D. 1995. "Privatization and the East European Housing Model." *Urban Studies* 32(4-5): 679-694.
- ——. 2006. "Housing Policy and the Discourse of Globalisation." *European Journal of Housing Policy* 6(1): 55-76.
- Doling, J. 1997. *Comparative Housing Policy*. Basingstoke, UK: Macmillan.
- Donnison, D. 1967. *The Government of Housing*. Harmondsworth, UK: Penguin.
- Esping-Anderson, G. 1990. *The Three Worlds of Welfare Capitalism*. Cambridge: Polity Press.
- Kemeny, J. 1992. *Housing and Social Theory*. London: Routledge.
- Kemeny, J. and S. Lowe. 1998. "Schools of Comparative Housing Research: From Convergence to Divergence." *Housing Studies* 13(2): 161-176.

(David Clapham 文　王琼颖 译　李文硕 校)

HOUSING TENURE ｜住房保有权

住房保有权指拥有住房的地产。"保有"一词源于拉丁语"*tenere*"，意为"持有"。按照永久拥有或临时占有房产，可以将个人分为房屋所有者和租房者。70%的美国人拥有自己的住房，30%则赁屋而居。在美国社会看来，拥有住房是繁荣的标志。房屋所有者的大量出现等同于经济福利与民生幸福，而租房者数量的增加则被视作繁荣逐渐减弱的标志。

基本特征

1940至1960年间，美国从一个租房客为主的国家变成了郊区房东为主的国家。在大萧条时期，住房保有权比例的下降改变了政府贷款计划和住房金融体系，萧条结束后住房保有权从44%提高到62%。但在随后的20年间，这一比例增长2.5%。而到2007年之前几年，低利率、抵押贷款产品的增加以及政府资助的增加使得住房保有权比率接近70%。

单套住宅地产的保有权可能会很复杂。租房和拥有住房可获得6种基本权利，包括排他性权利、从出售房产中获益、改善或拆除建筑、开发建筑下方的土地，以及获取空气和光线的权利。某些形式的保有权兼顾租赁权和所有权，如共同拥有的住房，这类住房中的多位居民保留房产权益，此外还有移动住房。

选择租赁还是拥有住房，则取决于因阶级——往往还有种族界限而异的种种限制。这些限制包括：家庭财力和前景、介于购买和租赁之间的相对成本、住房和抵押市场中存在的歧视，以及就业机会。

保有类型

住房依法持有，这些法律手段可以根据3类土地权属进行分类,主要涉及谁拥有并居住在房屋内以及房屋如何定价及分配。政策制定者们往往被要求按照保有类型支持或反对住房政策。私有住房为私人所有、定价和分配并由市场决定。独户和多户住房所保留的交换价值(其在住房市场上的价值)高于使用价值(其对房屋所有者的价值)。房产分为自住和出租两类,大约90%的美国住房为私人所有,公共政策亦支持这一类型。

公共住房则由国家或准公共机构所有,其单元定价和分配并非由市场决定,而是由公共政策并通过资产测查(指对福利申请者是否符合获得某项公共服务资格的鉴定)制定价格,以满足低收入群体的需求。第三方住房虽然是私人所有的住房,但同样按照非市场办法定价和分配。价格控制手段限制了租赁和销售评估,并以预定的合同期限为基础。此类住房单元的使用价值高于交换价值。第三方住房在美国的比重相比其他发达工业国家中要小。

进一步阅读书目:

- Davis, John Emmeus. 1998. "Tenure Sectors." pp. 587–589 in *Encyclopedia of Housing*, edited by William van Vliet. Thousand Oaks, CA: Sage.
- Schwartz, Alex. 2006. *Housing Policy in the United States: An Introduction*. New York: Routledge.

(Nicole Oretsky 文 王琼颖 译 李文硕 校)

HUMAN ECOLOGY ｜人类生态学

人类生态学是一门关于人类适应时间环境、空间环境和社会环境的理论。当代人类生态学最初关注城市空间和社会组织相连,被认为是研究包含早期城市生态学方法的社会组织的一般理论。人类生态学的历史分为传统时期和当代时期,前者往往与芝加哥学派有关,后者则与社会文化人类生态学和新正统人类生态学相连。

人类生态学所有的方法都具有共同特征:关注宏观的社会结构、群落在理论研究中的中心地位,以及宏观群落结构的整体概念。这种整体概念往往被分为4个主要分析组成部分——人口、组织、环境和技术的相互作用,被称为生态复合体。人类生态学是一种以各种形式对社会学和地理学产生重大影响的理论方法。

传统方法

将城市作为研究对象,是传统生态学与罗伯特·埃兹拉·帕克、欧内斯特·伯吉斯和罗德里克·麦肯齐的观点相重叠但并不被纳入社会学主流的观点。这些芝加哥学派的生态学家借鉴各类(涂尔干、齐美尔、斯宾塞和滕尼斯)社会理论,立足达尔文有关竞争和"生命之网"的概念,所有这些观点融合而形成了一种唯物主义方法,它将城市视为一个可以分析空间结构与功能相互依赖的系统。

传统生态学坚持认为,人类社会组织和动植物种群一样是按照时间和空间分布的。人类社区是可以分为生物(自然)和社会(文化)两个层次的组织。传统的人类生态学将生物过程作为研究对象,涉及竞争、继承和支配。城市被视为一个由个体竞争经济和居住范围所限定的区域。和生物种群一样，这种竞争带来了空间上的分化。不同活动在城市的特定区域内进行。社会组织的文化因素被认为受到这些生态力量的制约，但所有这些因素都是作为一个发挥相互依赖作用单位的单一生态系统相互联系。

这一概念为帕克和他的同行提供 3 条互补的研究线索。首先是侧重人类及活动分布的社会经济规律。这些自然区域以伯吉斯 1925 年提出的同心圆为典型。第二类研究则评估这些区域对人口的影响。这项工作侧重于社会解体各个方面，如犯罪率和精神疾病。最后是假设这些自然区域可以塑造对个人而言形成丰富城市民族志传统的文化条件。哈维·佐尔博和路易斯·沃思的作品是此类利用自然生态区域来限定对个人行为和态度的封闭式分析方法的典型。

尽管这 3 个方面存在共性，但文化与物质（生物）条件的融合随着理论发展被证明是存在争议的。理论旨在加强对空间和环境的外部约束，而文化的融入引入选择和内在的变化源。伴随着这些问题的出现，对种群既被当成一种分析结构又被视作经验分析单位（城市）的批判意识日益浓厚。这是早期生态学家规划的方法论中最成问题的部分，采用这种方法，则无法明确对生物与文化元素进行概念区分，并且往往只是同义反复。

这些内在难题构成了一些针对传统生态学本质和理论的批评。此外，在 20 世纪三四十年代，生态学家对芝加哥学派的研究结果与与其他学者对此的研究自相矛盾。批评者认为，由于生态学家否认文化和符号的存在，基本上他们所提出的是一种经济/技术决定种群的观点。对于当年耕耘于生态学传统范围的学者而言，最关键的则是对空间单位的分析不符合生态学理论原则的批评。

对批判的回应

为了回应这些批评，人类生态学家循着两条截然不同的路径重新审视人类生态学。社会文化人类生态学家保留了传统生态学的归纳基础，但拒绝尝试理论化决定人类组织模式的潜在力量。这种方法最早由沃尔特·费雷（Walter Firey）于 1945 年在《作为生态变量的情感与象征主义》（Sentiment and Symbolism as Ecological Variable）一文中提出，旨在揭示文化与情感在创造社会空间组织中的重要性。

新正统人类生态学则拒绝个人主义与文化方法。这一路径试图形成一套将生态种群的概念加以抽象化，然后通过实证分析演绎理论命题的观念。阿摩司·霍利的《人类生态学：种群结构理论》是新正统路径的基础。

霍利对人类生态学的重新认识通过将学科定位从空间规律研究转向研究人口在适应过程中的集体行动，使之转变为主流社会学。霍利的人类生态学概念在许多方面都不同于传统：假设一般生态学和人类生态学要解决的同一个核心问题；认识到生态关系反映的是竞争与相互依赖是相辅相成的；认为人类的适应过程是一种集体成就，而非个人成就；以及与食物有关的活动被明确视为社会组织的基本组成部分。

此外，霍利 1950 年的研究则直接回应了 20 世纪 40 年代对文化及方法论的批评。霍利明确将生态种群定义为发生全方位互动的最小单位，为这一路径建构起更进一步的理论假设。尽管城市是否与某个生态种群密切相连仍是一个实践问题，但通过明确生态系统中的最小有效单位，霍利消除了与生态学中选择及意识形态因素相关的理论难题。

新正统运动

这种对人类生态学的全面、宏观和辨证的重新认识，鼓舞了人类生态学理论，并在该领域引发了新正统运动。不仅如此，霍利在 1950 年重新规定社会组织作为人类生态学重点的地位，将社会组织从有关城市模型的特定理论推进为普遍性理论。霍利还清晰而完整地阐述了生态组织在其他方面的主要原则。下面就其原理作简要论述。

霍利认为，在人口层面人类生态学可以被描述为3个主题：(1)相互依赖产生信任；(2)系统将发展到社会组织所可以到达的最大规模与复杂性，一旦到达极限，系统会停止生长，而且(3)当新信息的组织和技术能力有所提升，系统的发展就会恢复。这一生态系统可以被抽象为4个广泛的组成部分：人口、组织、环境和技术。

这4个组成部分在概念上(但不应是在分析方面)是分开的。人口是指具有明确边界且相互作用的单位的集合。作为生态分析中共同的"分母"，人口展现出许多并非由单个个体所共有的特性。组织是社会系统结构的同义词，它指的是人口用以维持和最大化生存的整个相互依赖的网络。环境则被定义为任何社会系统的潜在资源。在这方面，它既是自然环境，也是被纳入研究视野的其他外来人口的社会系统。技术是指人口用来维持生存的一套人工制品、工具和技术。这4部分共同构成了一个生态群落：即任何会发生各种各样生态相互作用的有边界的区域。建于社会系统使自己的外部环境条件最大化，这四个分析组成部分之间存在着明确的因果关系。环境是系统变化的首要因果机制。

从这些基本前提出发，当代人类生态学产生了各种支持有关群落适应环境的观点，并通过20世纪50年代至80年代的演绎实证分析加以探索。生态学研究探索和评估了生态结构中核心功能的作用，表明它们对群落权力的控制是不成比例的，还评估了对相互依赖的基本类型——(基于专业化)的共生和(基于聚集)的偏利共生在社会、群落和组织层面的影响。基本类型单位的构成特征是这些类型之间的相互关联；对合作(共生)与分类(偏利共生)进行评估，并对替代寄主结构的结果进行了研究。这些理论驱动的实证研究的杰出代表是约翰·卡萨达(John D. Kasarda)、达德利·波斯顿(Dudley Poston)、米勒·麦克弗森(Miller McPherson)和帕克·福瑞斯比(Parker Frisbie)的作品。

进一步阅读书目：

- Berry, Brian J. L. and John D. Kasarda. 1977. *Contemporary Urban Ecology*. New York: Macmillan.
- Burgess, Ernest W. 1925. "The Growth of the City: An Introduction to a Research Project." pp. 47-62 in *The City*, edited by Robert Park, Ernest Burgess, and R. D. McKenzie. Chicago: University of Chicago Press.
- Faris, Robert E. L. and H. Warren Dunham. 1939. *Mental Disorders in the Urban Areas*. Chicago: University of Chicago Press.
- Firey, Walter. 1945. "Sentiment and Symbolism as Ecological Variables." *American Sociological Review* 10(2): 140-148.
- Hawley, Amos H. 1944. "Ecology and Human Ecology." *Social Forces* 22(4): 398-405.
- Hawley, Amos H. 1950. *Human Ecology: A Theory of Community Structure*. New York: Ronald Press.
- ——. 1986. *Human Ecology: A Theoretical Essay*. Chicago: University of Chicago Press.

Micklin, Michael and Harvey M. Choldin, eds. 1984. *Sociological Human Ecology: Contemporary Issues and Applications*. Boulder, CO: Westview Press.

- Quinn, James A. 1939. "The Nature of Human Ecology: Reexamination and Redefinition." *Social Forces* 18: 161-168.
- Shaw, Clifford, F. M. Zorbaugh, Henry McKay, and Leonard Cottrell. 1929. *Delinquency Areas*. Chicago: University of Chicago Press.
- Theordorson, George A., ed. 1961. *Studies in Human Ecology*. New York: Harper and Row.
- Wirth, Louis. 1928. *The Ghetto*. Chicago: University of Chicago Press.
- Zorbaugh, Harvey W. 1929. *The Gold Coast and the Slum*. Chicago: University of Chicago Press.

(Michael D. Irwin 文　王琼颖 译　李文硕 校)

I

IDEAL CITY ｜理想城市

《理想城市》这幅画被认为出自意大利文艺复兴时期的画家皮耶罗·德拉·弗朗西斯卡(Piero della Francesca)之手。对称的建筑物靠近画框,前景中装饰有图案的路面扩大了视野,一些外墙上还依稀看得到葡萄藤,但没有人。

弗朗西斯卡的《理想城市》因其完美的线条和秩序而备受赞赏,也因其画面的无生机与空旷而被谴责。被弗朗西斯卡笔下理想化的有序图景和城市作为一种繁忙、活泼、混乱的存在的普遍形象之间的显著矛盾,揭示出理想城市概念中的关键问题:按照某种标准和逻辑表达呈现出的某些理想状态,在现实生活中根本不存在。

可以发现,"理想城市"是贯穿整个人类居住历史的一个比喻。作为一种对城市——它的形态、内容——应当是什么样的系统描述,其思想起源于古希腊。但这一想象也可能在之前或之后的城市建设实践中被揭示出来,包括西方乌托邦传统中的理想城市,规划实践中的理想城市展望,以及与理想城市对立的反乌托邦(Anti-Utopian)和敌托邦(Dystopian)。所有这些展望都产生了重要结果,因为它们在人类实践中都得已实现了。

理想城市现象

理想城市是对城市的某种宗教的或世俗的想象,其中描绘的城市环境是对有关什么被认为是好的构想、对更美好事物的渴望,以及对应该变成什么样的想象的反映。而在这种想象背后则是在满足人口需求的同时使之达成一种理想化秩序的意图。这是城市的典范理想,是渴望表达和实现那些在现实生活中缺失的城市特征与属性的产物。

关于理想城市的大多数想象在不同程度上存在一系列特征。理想城市是和谐与秩序价值的体现。它包含了人类永恒的愿望,即成功创造一个平衡的社会结构,在那里人类活动的环境满足人们的需要,诸如城市生活密度过高、拥堵、肮脏、犯罪、贫困和不平等的古老弊端被克服。理想城市保障居民的舒适、正义、快乐、整洁、美丽、健康和幸福。理想城市是一个基本的独立存在:由有意识的主体,例如有远见的建筑师,进行规划和开发。它意味着一种全面的展望,即理想秩序的方方面面都被纳入设计并被加以考虑。

居民们被假设自愿遵守设计师和环境施于他们的规则和条件。理想城市中自然的力量则被隐晦地视为具有破坏性,而且被同样天衣无缝般施加于自然的有序模式有效地消除了。草、树木和动物往往只能在公园或花园里找到它们进入理想状态的路径。

理想城市背后的核心假设是空间决定论:认为人类的幸福可以通过将他们置于能够指导其行为并引向可接受方向的正确空间环境中来实现,从而能确保平稳地(甚至是强硬地)担负起城市社会组织。

尽管如弗朗西斯卡的画作这样直接贴上理想城市标签的作品不多,但从某种程度上看,城市规划、设计方案以及建筑师、规划师和管理者的想象和计划,都可以说是理想城市。理想城市因文化和时代而异。它不必非得通过艺术形式或规划构思加以明确表述:正如刘易斯·芒福德曾经提出的那样,理想城市是隐含的,而且或许可以通过检视现实的城市规划和建设实践进行归纳。理想城市可能还与实际的人类实践有着不同程度的联系。乌托邦式理想城市,或许是最为遥远的一个。

西方乌托邦传统中的理想城市

正如克里尚·库马尔(Krishan Kumar)所展示的那样,西方乌托邦传统的源头可以在古希腊思想和犹太-基督教宗教思想中找到。乌托邦思想始终将理想城市作为乌托邦形式。将乌托邦作为城市的特别构想或许可以追溯到柏拉图的希腊乌托邦,他在《理想国》尤其是在《法律篇》中将他的乌托邦描绘为一种城市形态。亚里士多德的《政治学》则继续关注这一焦点。西方最著名的城市乌托邦想象则出自托马斯·莫尔的《乌托邦》和托马斯·康帕内拉的《太阳城》。所有这些理想城市共有的特点是有序、整洁、理性,以及澄明的治理。

但乌托邦思想并不一定是理想城市的形态,而是说对理想城市的描写使得乌托邦想象成为一种可以传达乌托邦属性的有形且可以以论证的形式。理想城市是一种对乌托邦思想的强大空间想象。斯皮罗·库斯托夫(Spiro Kostof)在探索城市几何形态时,强调理想城市"图表"一方面与体现在运用城市图表组织和管理人口统治者身上的权力与政府观,另一方面与神性光芒和神圣政治秩序之间的联系。乌托邦式的理想城市通常会分享这种条理清晰的权力,如此它就可能会被理性及可能实现理性社会组织的信念及宗教信仰所毁灭。但乌托邦式的理想城市只能是通过艺术媒介传达的想象。城市规划中的理想城市则是更直接影响人类实践的类型。

建筑与城市规划中理想愿景

尽管现代城市规划理论直到 19 世纪下半叶才形成,但作为实践的城市规划据说在早期人类定居点就已经存在。建筑的设计和规划以及城市规划具有理想城市的许多特点。它们是出于管理人类定居点并规范城市发展过程而被有意识地创造出来的,通常旨在减少被其创造者认为是危害现有定居点的缺点。但与乌托邦想象的关键区别在于,城市规划是一种实践,它使得人类以一己之力实际改变物质环境成为必然。文艺复兴时期的建筑(费拉雷特[Filarete]、莱昂·巴蒂斯塔·阿尔贝蒂[Leon Battista Alberti])及建筑绘画(皮耶罗·德拉·弗朗西斯卡画派)的传统清晰地揭示出建筑与规划的紧密联系以及城市的理想远景。

凯文·林奇在探讨一系列他称为"良好城市形态的规范性理论"时,概括了这样 3 个概念:宇宙城市,可以理解为对宇宙和神圣秩序的反映(见于古代的神庙城市);机器城市,被视为为实现某些社会目标而采取的理性设计(明显表现在现代主义规划之中);以及援引生物体加以类比的有机城市(表现为受生态学影响的规划)。从本质上来说,这些都是实际在城市规划和建筑历史中出现的、对理想城市的多种理解。

建筑和规划中的理想城市通常会留下创作者的想法和意图,并进入建设和改变城市环境的实际过程。在文艺复兴时期的欧洲,实际建成的理想城市规划的典范之一是帕尔马诺瓦(始于 1593 年),这是位于意大利东北部弗留利地区的一座军事岗哨城镇。帕尔马诺瓦按照九角星形式建造,采用了体现当时最高水平的军事防御设计。俄国的圣彼得堡则是按照一项 1703 年预先设计的规划从头开始建设的典型。沙皇彼得一世希望建造一座符合他对当时欧洲城市看法的新城市,相应地制定了城市规划方案。乔治-欧仁·霍斯曼男爵在 19 世纪 50 年代对巴黎的改造,则是按照一套理想化愿景改造现有城市的成功典范。巴西新首都巴西利亚是 20 世纪城市规划史上最引人瞩目的时刻,它由卢西奥·科斯塔(首席规划师)和奥斯卡·尼迈耶(首席建筑师)设计,其飞机造型的城市规划于 1956 年付诸实践,体现了勒·柯布西耶的现代主义规划原则。

而在较小的尺度上,许多城市设计和规划项目——例如社区开发项目、规划社区、城市复兴计划、历史名城的市中心改造——都代表了城市或其部分地区的理想化愿景,无论它是否被视为是复原曾经存在过的过去,还是实现事物应当成为的样子。即使是购物中心,也能在消费设施尺度上贯彻理想城市设计的原则。

反乌托邦与敌托邦想象

这里要讨论的最后一种理想城市类型是反理

想城市的反乌托邦形象。反乌托邦是一种致力于描绘一种由乌托邦理想导致的恐怖、灭绝人性、暴力、极权主义压迫与过度控制的想象社会。有时会将敌托邦的类型与反乌托邦区别开来。在敌托邦中,灾难、战争、不幸,或仅仅只是一个有缺陷的社会继续"如常运作"导致荒凉、贫困和恐怖。

反乌托邦和敌托邦文学,例如尤金·扎米亚京(Yevgeny Zamyatin)的《我们》(We,1921)、赫胥黎的《美丽新世界》(Brave New World,1932),经常描绘城市和城市生活。但这些都是对如果真正实施乌托邦和理想城市原则会导致什么的想象。即使是敌托邦的破坏性城市也可能会被当成将"理想城市"作为警告或预兆的例子加以描绘。这类想象在许多反乌托邦电影中变得尤为生动,例如弗利茨·朗的《大都会》(1927年)、让-吕克·戈达尔的《阿尔法城》、特里·吉列姆的《巴西》,而敌托邦电影诸如雷德利·斯科特(Ridley Scott)的《银翼杀手》(Blade Runner,1982)以及《黑客帝国》(The Matrix,1999—2003)。

理想城市与现实城市

理想城市现象反映了人类在构思、设想和设计中的实践基础。然而,这是一把双刃剑。乌托邦传统的理想城市构成了想象与希冀进步的标志,但它或许也意味着追求美好可能带来意外结果。即使是柏拉图和莫尔古典乌托邦城市也可能被视为不公正的和缺乏自由的世界的负面例子。

虽然它们通常是按照最佳的意图加以设计,但通过规划实践实现理想城市可能会导致不利的后果,正如许多现代主义建筑和规划中所见到的失败所展示的那样。巴西利亚就称得上是此类未能为其居民提供真正的舒适与满足的失败例子。位于密苏里州圣路易斯市的普鲁伊特—艾戈住宅项目则是设计失败的典型,它也曾受到"良好城市"形态的启发。此外,一开始就被当成是好东西,也可能日后走到反面。在 20 世纪 50 年代苏联通过大规模建造廉价的五层楼的预制混凝土建筑解决了住房危机。"赫鲁晓夫"(以苏联第一书记尼基塔·赫鲁晓夫[Nikita Khrushchev]命名,即前述的五层廉价楼房的绰号——译者注)因此被视为那个年代的奇迹,如今却代表着苏联建筑与施工的一切不幸,因为它们依然构成了当前苏联时期存量住房中的衰败与不堪。

不仅如此,理想城市还是对城市景观规划、设计和管理的主要挑战。它体现在如何创造更美好的城市和减少城市现有弊端等基本问题上。它也暴露了根本性的问题,即某些人的理想城市可能对另一些人而言并非如此。而且今天坚信不疑的理想可能就是明天的不幸。理想城市的另一个挑战则在于,纵观整个文明历程,现实城市的许多特征——多样性、大众、拥挤、污染、高密度的居住,不同群体融合与冲突的可能——正是城市必备的特有概念的一部分,因此,理想城市实际上可能与城市在很多方面截然不同。

最后,理想城市也是合理的研究对象。重要的研究领域包括以理想化的艺术手段描绘城市的历史以及建筑史中的理想城市;指引着现实中的规划和设计实践的理想城市构思路径;尝试实现理想城市的途径终将成功还是失败。

进一步阅读书目:

- Kostof, Spiro. 1999. *The City Shaped: Urban Patterns and Meanings through History*. London: Thames & Hudson.
- Kumar, Krishan. 2003. "Aspects of the Western Utopian Tradition." *History of the Human Sciences* 16(1): 63–77.
- Lynch, Kevin. 1984. *Good City Form*. Cambridge: MIT Press.
- Mumford, Lewis. 1965. "Utopia, the City, and the Machine." *Daedalus* 94(2): 271–292.
- ———. 1989. *The City in History: Its Origins, Its Transformations, and Its Prospects*. New York: Harcourt.

- Rosenau, Helen. 1983. *The Ideal City: Its Architectural Evolution in Europe*. London: Methuen.
- Solinís, Germán. 2006. "Utopia, the Origins and Invention of Western Urban Design." *Diogenes* 53(1): 79-87.

(Nikita A. Kharlamov 文　王琼颖 译　李文硕 校)

INFORMATIONAL CITY | 信息城市

随着信息时代的来临,世界范围内许多城市都面临转型的前景。在这个新的时代,城市经济正在被重构经济和空间的动态过程彻底改变,其结果是创造出信息城市,或者也可以采用它们更受欢迎的新名称,即知识城市。

在过去的两个世纪中,新古典经济学是解释社会的主流思想,认为以下3个要素最为重要:土地、劳动力和资本。如果不出意外的话,知识、教育和智力水平则是次要因素。人力资本被假设为要么属于劳动力,要么是资本类型中的一类。但在过去的几十年中,知识作为第四类生产要素的重要性变得越发明显。知识和信息以及生产和交流的社会与技术环境,如今已被视为发展和经济繁荣的关键。

知识型机会的增加,在很多情况下是伴随着传统工业活动的相应减少。但这种取代实物商品生产的更为抽象的生产方式(如信息、观念和知识),却强化了中心城区的重要性,并导致知识城市的形成。

知识的生产、销售和交换主要是在城市中进行的。因此,知识城市旨在帮助决策者使城市兼容知识经济,并由此开展与其他城市的竞争。知识城市还可以促进其公民创造知识、交流知识并进行创新,也鼓励不断创造、分享、评价、更新和升级知识。

为了开展国内和国际竞争,城市需要有助于知识生产的基础设施(例如大学和研发机构);集中受过良好教育的人群;技术,主要是电子和基础设施技术;以及与全球经济的联系(例如跨国公司和服务贸易与投资的金融机构)。此外,它们还必须拥有知识生产必备的人员和物资,以及作为人才和创新孵化地的功能也同样重要。

知识城市生产的是用于研究、技术和智力活动的高附加值产品。公私部门都重视知识,出资资助知识的生产和传播,并最终利用它们来创造商品和服务。虽然许多城市均自诩为知识城市,但目前全世界只有少部分城市(例如巴塞罗那、代尔夫特、都柏林、蒙特利尔、慕尼黑和斯德哥尔摩)才当得起这一称号。许多城市则渴望通过定位为知识城市实现发展并获得知识城市的地位,包括哥本哈根、迪拜、曼彻斯特、墨尔本、蒙特雷、新加坡。

以知识为基础的城市发展

截至目前,大多数知识城市依托于全球市场力量有机地发展起来。城市和区域规划过去对来自知识城市的挑战和机遇反应缓慢,有时甚至根本没有,而如今这种情况正在改变。立足知识的城市发展可能会带来促进经济繁荣和可持续发展的社会空间秩序,其目标是生产和传播脑力工作。

20世纪最后几十年脑力劳动的全球化是一个辨证的过程。一方面,随着距离的阻碍被消弭于无形,生产与消费的经济网络在全球尺度上得已形成。但与此同时,空间邻近度对于知识城市的发展而言,即使没有变得更重要,起码也和过去一样重要。在信息与通信技术、个人联系以及隐形知识媒介的影响下，组织和机构的相互作用仍与空间邻近度密切相关。知识产品的聚集对于促进创新和创造财富至关重要。另一方面，由公共服务水平（例如健康和教育）以及文化、美学及生态价值保护与发展所定义的地方与生活质量，赋予城市以特色，并吸引或排斥知识工作者这类创意阶层；这是知识城市成功发展的先决条件。目标则是在人类环境中实现安全的经济：简而言之，实现智能增长或城市可持续发展。

作为知识工作者的创意阶层

知识城市所面临的最大挑战之一是它的社会和环境背景。在生产知识的场所中，想象与现实一样重要。知识专业人士和创意人才的出现吸引了创新产业以及以知识和技术为基础的行业。当某一个地方成为由知识工作者组成的创意阶层的家园时会推动价值创造，并使得富于创造力的知识工作者（例如计算机和数学方面的工作，建筑与工程；生命科学、物理学和社会学方面的工作；教育、培训，以及图书馆行业，艺术、设计、娱乐、体育和媒体行业）聚集起来。

吸引和留住这些人的关键因素是一个地方的生活质量。知识工作者不会单单为了最大限度提高薪水而选择自己的住所，他们也关注消费机会。通常，知识工作者重视一系列地方性特点，而不仅仅是文化活动与设施。因此，地方和生活质量是知识型城市日益重要的因素。除此之外，城市的遗产——其意义与从过去到现在的社会、政治和文化知识基础相连——可以吸引更多优秀人才。

以知识为基础的城市发展的目标之一是留住有技术、有创造力的人才；反过来，他们也吸引了智能企业与商业以及寻求投资高生产价值的投资人。凭借着强烈的社区意识和一批技术精湛的人才，一座以知识为基础的城市将以一种高于平均水平的速度强劲增长。

作为基本知识集群的科技园

发达经济体从制造业向服务业和知识型产业的持续转型，对塑造知识城市具有重要意义。企业日益将技术作为竞争优势的主要来源，国家的经济财富也日益与其技术能力联系在一起。

作为全球化进程的一部分，世界经济日益增加的相互联系取决于诸如信息和通信之类的技术，后者正是企业走向成功和国家得到发展的关键所在。这些技术几乎势不可挡地构成了国际增长的驱动力。同样，自20世纪80年代末以来，知识经济的发展以及全球化和国家竞争压力提高了创新的重要性。同时全球化也扩大了由地方能力和环境所引发的地方性差异。

全球化与通信技术的新发展促使各国和各个城市将其竞争策略放在提升创新上。这种转变增加了知识活动的价值。然而，知识的生产一般集中在具备与特定行业相关的丰富科学知识基础的领域。这种空间要求使得世界上有限的几个地区的高增长活动呈现两极分化的趋势。

空间上的相邻可以产生并传递知识，因此知识活动聚集在特定的地理区域内。这种相邻度对于激发企业学习、创造兼容性的知识溢出效应以及在各代理商之间建立积极反馈机制至关重要。但这些集群是建立在先进的技术设施和成熟的创新网络的基础上的。

知识集群并非都是平等的，它们具有不同的动态。可以确定的形式包括知识（或技术）园区、知识村、知识走廊、知识中心、知识区以及处于知识城市之外的知识地区。嵌入城市的隐性知识也同样重要。最成功的城市能将丰富的本地知识结构或溢出效应与国际最佳实践结合起来。

例如，美国硅谷的成功来自一个包括区域内的学习机构和营利性工业研究团队在内的知识网络。在一个灵活开放的环境中运作的周边产业以一种经济的方式将这一知识网络中产生的创新加以采纳和发展。硅谷激发了全世界范围内知识城市发展。自 20 世纪 70 年代起，发达国家和发展中国家设立技术园区和区域已变得极为普遍。

技术园区、知识园区、研究园区、商业园区、工业园区和创新园区，都是可以被用来替代知识集群——高增长的技术产业——的叙述性词汇。技术园区一词对一个地区的功能性活动进行了区分，它指的是知识和技术活动的聚集对选址于此的个体企业具有正向外部性的区域。

技术园区的建立通常要考虑两个主要目标。第一个目标是成为知识和技术的"播种床"与聚集地，并发挥孵化器作用，培育新的小型高科技企业并使之发展壮大，促进大学知识向园区内的企业输送，鼓励科技单位衍生产品，并激发创新生产与流程。第二个目标则是作为区域经济发展的催化剂，促进经济增长和知识城市的发展。

尽管存在许多不同类型的技术园区，但技术园区一般都会为技术转移提供支持和环境，以培育创新主导、高增长、知识型企业的启动、孵化和发展。虽然技术园区治理于集中研究和发展（R&D）及其所在地区的创新，但研发的类型和它们关注的重点千差万别。总体而言，通过吸引新的公司，技术园区可以为区域经济创造实质性的集聚效应。

然而即便存在差异，当代技术园区的举措仍有以下几方面的共同点。它们拥有知识和技术型的企业（例如位于赫尔辛基数码村的诺基亚），知识工作者和研发、教育机构；能够提供激发创造力的生活设施；迎合新的生活方式选择，歌颂地方经验；并且受政府、房地产开发商、教育或研究机构及新媒体公司构成的伙伴关系指引和管理。

成功建立知识城市的战略

如果没有健全完整的战略愿景，将城市转变为知识城市的尝试或许将以失败告终。这些战略愿景应当是吸收、吸引和留住知识工作者与产业，及鼓励公民成为知识创造者和创新家的政策。顶级知识城市只专注于少数几个部门，并为每个部门制定了雄心勃勃的目标；它们还认真制定知识政策。

一般的策略则包括政治和社会意愿，战略愿景和发展计划，财政支持和强有力的投资，促进知识城市发展的机构，城市需具有国际性、多元文化的特性，大都市门户网站，为公民创造价值，创造城市创新引擎，保证知识社会的权利，以低成本访问先进的通信网络，科研突出，强大的公共图书馆的网络。

上述策略和政策的实施需要广泛的知识分子团队，他们拥有城市发展、城市研究和规划、社会经济发展、智力资本模式和知识管理方面的专业知识。这个团队还需要了解知识城市多样化空间形式，其中大量的知识集群对于推动对长期经济繁荣至关重要的溢出效应尤为重要。

进一步阅读书目：

- Carrillo, F., ed. 2006. *Knowledge Cities: Approaches, Experiences, and Perspectives*. Oxford, UK: Butterworth-Heinemann.
- Corey, K. and M. Wilson. 2006. *Urban and Regional Technology Planning: Planning Practice in the Global Knowledge Economy*. New York: Routledge.
- Florida, R. 2004. *Cities and the Creative Class*. New York: Routledge.
- ISoCaRP. 2005. *Making Spaces for the Creative Economy*. Madrid: Author.
- Landry, C. 2006. *The Art of City Making*. London: Earthscan.
- Yigitcanlar, T., K. Velibeyoglu, and S. Baum, eds. 2007. *Knowledge-based Urban Development: Planning and Applications in the Information Era*. New York: Idea.

(Tan Yigitcanlar 文　王琼颖 译　李文硕 校)

INTELLECTUALS | 知识分子

最近,记者、学者等群体就谁是知识分子以及知识分子的公共生活是否衰退展开激烈辩论。目前关于知识分子的定义比以前更为宽泛。知识分子的标签如今倾向于用在那些利用自己的思想来学习、理解、抽象地思考,抑或应用知识而不是让自己的情绪来主宰行为,虽然现代心理学认识到情绪和智力之间的互动在诸如创造力问题上更为复杂。那些被贴上知识分子标签的人并不一定必须与某一特定领域的努力相关,但他们往往会努力以口头的、书面的,或艺术的方式向受众传达思想。尽管在智识和艺术生活之间并不存在硬性且彻底的分类,但知识分子通常被认为是与艺术家相区别的另一个群体。

因此,知识分子往往指哲学家或呈受古典哲学影响的作家。而将科学家、学者和专业人士列入其中则被认为更成问题。值得注意的是,虽然知识分子这一术语的使用在这里信手拈来,但这个词被用作名词则要到19世纪末,当时的知识分子作为对一切都感兴趣的博学者的概念正面临学术专门化、制度化及学科分化的挑战。

在18和19世纪,诸如文人、启蒙思想家(phiolosophe)、哲学家、饱学之士、学者之类的名称被用来表示与我们现在使用的名词"知识分子"相关的一些特征。知识分子们有时会作为被统称为"知识界"的社会阶层或群体联合在一起——它由教师、艺术家、学者组成,在法国、俄国及中东欧尤为盛行,那里的知识分子扮演着政治评论家的公共角色。但知识界的概念和知识分子的标签在英国、美国及英语世界,特别是在右翼评论家那里,则并不怎么善意。

在当前的语境下,我们主要关注的是作为一个社会群体而非孤立个人的公共知识分子,因为知识分子以这种形式对城市社会和城市研究产生了显著影响。至少自启蒙运动始,知识分子和知识界的出现已被当成是城市中的现象,虽然他们也在农村居住,但不受农村影响。事实上,具有讽刺意义的是,包括威廉·华兹华斯、马修·阿诺德(Mathew Arnold)和约翰·拉斯金在内的许多知识分子,在充分领用城市网络、听众与经验的同时,对现代城市社会提出了强烈批评。在以城市为中心生活构成的丰富而密集的文化空间中,知识分子对现代世界产生了重大影响。

一些现代评论家认为,从各个方面来看,智识生活质量滑坡、知识分子人数下降使得知识分子在诸如大学之类的现代机构中苗壮成长的机会减少了。信息技术的发展在某种程度上切断了知识分子与城市性之间的关联,而且借助于互联网,距离遥远或流动的思考者也可以成为全球知识社区中的一部分。有关政府机构或其他主体可以进行干预,为促进经济再生,推动城市地区知识或创意社区发展仍存在争议。这已鼓励人们重新分析过去令知识社区蓬勃发展的文化地理与城市环境。本词条首先回顾历史,随后再检视当前问题。

启蒙知识分子

虽然这是一个引人注目的现代性开启的时期,但启蒙运动却沉浸于对古代崇敬之中,知识分子主要是古典哲学家,传统认为启蒙运动与法国哲学家和专制统治者有关,但最近的研究则往往强调启蒙文化之间的差异。尽管像让-雅克·卢梭这样的知识分子对城市生活持怀疑态度,但在启蒙运动中,城市被理想化一个文雅、精致的文化和智识中心,在它有秩序排列的新古典主义建筑、公共步道和广场上,一种活跃的知识分子文化正在蓬勃发展。

启蒙时代的公民被他们的城市性、公民的人文主义以及理性所理想化,同时知识分子也被理想化为犀利的、思想独立的公共哲学家——通常是男性,如伏尔泰、卢梭、大卫·休谟、本杰明·富兰克林、伊拉斯谟·达尔文(Erasmus Darwin)以及歌德。启蒙思想形成于各类公共或半公共场所,包括咖啡馆、公共场所、沙龙、共济会、剧院、俱乐部和立足知识传播,男男女女提供机会的广泛城市文明一部分的社团。

以英国为例,皇家学会往往被伦敦的咖啡俱乐部和外省的智识协会,例如伯明翰曼彻斯特月光社的文学和哲学学会以及德比哲学学会所取代。在法国,成为各省像波尔多、里昂和图卢兹有组织智识生活主导者的学者们,比英国同行更容易接近国家和君主。同样在德意志各邦,由弗里德里希二世资助的柏林学院旨在与意大利、法国和英国的机构竞争,并鼓励像莱昂纳德·欧拉(Leonard Euler)和皮埃尔·路易·莫佩尔蒂(Pierre Louis Maupertuis)之类的哲学家的学术事业。欧洲哲学协会的广泛关注反映出智识性努力与涉及从气象、电力和植物学到医学、建筑和古迹的实践活动相互依赖的启蒙理想。

19和20世纪的知识分子

知识分子在现代城市与工业化社会中的重要性体现在他们在公共文化和政治活动中所扮演的不同角色。城市孕育了带有自身独特特质的智识文化,而且城市在19世纪和20世纪形成了复杂的文化分布状况。在启蒙时期,这种智识生活往往集中在正式的或公共机构之中,但非正式的社交网络的和半私人的协会往往具有同等重要的意义。

20世纪五六十年代,在战后巴黎的咖啡馆里,例如双叟咖啡馆和花神咖啡馆,存在主义者和后结构主义者如让-保罗·萨特(Jean-Paul Sartre)和西蒙娜·德·波伏娃(Simone de Beauvoir)就他们的哲学和政治观点进行讨论。城市智识文化往往在人口混杂或国际转口贸易中心蓬勃发展,这是对移民属性和固有文化的反映。例如,"世纪末"(*fin-de-siecle*)维也纳的智识文化反映了当时欧洲文化的关注重点,其特殊性源于犹太文化的重要性、自由主义的衰弱,以及向晚期浪漫主义的转向——它以丰富多彩的样式体现在古斯塔夫·马勒(Gustav Mahler)、弗洛伊德(Sigmund Freud)、路德维希·维特根斯坦(Ludwig Wittgenstein)、阿图尔·施尼茨勒(Arthur Schnitzler)和雨果·冯·霍夫曼斯塔尔(Hugo von Hofmannsthal)不同类型的作品当中。

同样,纽约市介于新旧世界之间的多中心门户,这一点也反映在复杂而充满争议的城市独特的智识生活之中。在这座城市中,多元的欧洲思想与文化理想与美国文化的发展相结合,创造出丰富的文化复杂性,例如在20世纪二三十年代的纽约,埃德蒙·威尔逊(Edmund Wilson)努力接受欧洲的马克思主义和现代主义,展现出美国智识生活的欧洲化是如何受到城市日益提高的国际政治与文化地位的鼓舞。

知识分子干预政治活动贯穿于从法国大革命(实际上是18世纪)到1871年巴黎公社再到1905年圣彼得堡起义的整个19世纪。这些干预中最为明显的,莫过于知识分子作为由教师、学者、艺术家、作家和其他受过教育或自学成才的个体组成的知识界能够采取共同行动,成为深刻影响政治发展的强大团体。虽然也有人支持贵族精英——这是自然的,但许多社会思想家正如卡尔·马克思和弗里德里希·恩格斯所期望的那样结成了反对贵族、君主和反动政权的中心——尤其是在中东欧的奥匈帝国、奥斯曼土耳其和罗曼诺夫帝国。工人阶级的知识分子运动也在这一时期强势登场。

由于农业长期处于支配地位,再加上缓慢的工业化与城市化进程,城市知识分子群体在中国革命中扮演的角色并不那么重要,直到1949年前的数十年间,清晰可辨的现代城市知识分子才在中国出现。上海出现了新一代受过教育的专业人士,他们对帝国及后帝国政府、民族主义政府构成了组织机构和意识形态的挑战。

知识分子在衰弱?

美国、英国等地一些有影响力的评论家认为,公共知识分子的形象恶化以及高等教育中人文主义理想的消亡证明智识生活的衰退。人们日益担心,在现代全球经济受不宽容、教育水平低下、不平等、政府效率低操纵,且发展中国家经济不断扩张的背景下,知识分子、企业家、艺术家和创新工作者会逃离西方城市。当然,这些论点取决于所采用的知识分子定义,也源于数世纪以来在各个社会中都已表达过的知识分子的衰弱。但存在争议的观点是,人们认为许多公共知识分子只是媒体评论员,他们只是将超越其原有专业领域的文化和生活方式问题的观点提了出来,而不是直接进行政治干预。

如今,诸如大学一类的知识型机构往往被视为政府干预经济的工具或是推动经济与社会再生的动力,而不是进行自主学习、批判性思考和创新的堡垒,尤其是在欧洲。尽管高等教育已迅速扩张,但人们认为现代大学在提供智识生活的质量和教育经验上都出现了滑坡。这是因为过度政治化的动机和经常自相矛盾的政府干预导致学术自治被侵害以及人文主义理想衰弱。因此,尽管大量学术产品正在被生产出来,且今天的大学往往成为所在城市最大的雇主之一,但管理上的工具主义和功利主义思想如今占据着主导地位。

智识社区可以被复兴还是创造?

出于政治或经济理由,政府试图通过实施旨在促进智识社区发展的举措,振兴和改造城市中心。一部分对此的支持来源于经济地理学家及其他学者的大量实证研究,他们对知识经济概念、学习型区域以及大学在促进发展战略中的作用进行了调查,并已尝试复制出某种公式或一系列条件,使城市知识分子能够茁壮成长并为当地经济注入活力。

不同国家采取了不同的干预方法,但通常都会包括机构补贴或税收激励计划,以及国家与地方政府、企业、大学和社区团体之间的伙伴关系。这些尝试在某种程度上预先设定了艺术与科学之间的相互关系,且繁荣的艺术和智识社区往往与经济成功有关,尽管有关知识经济和学习型区域的研究已表明这一关联性并不绝对。经历经济和政治衰退的社会也会迎来艺术的复兴。

知识分子的创造性和原创性,部分源于他们的自我认知及其作为独特的边缘社会群体的地位,但又具有替代主流文化价值的地位。因此,智识或艺术独创性往往与根据性别、宗教、种族、性向或其他特征所定义的社会独特性或边缘性相关。例如格特鲁德·斯坦因、阿兰·图灵(Alan Turing)、奥斯卡·王尔德和彼得·柴可夫斯基(Peter Tchaikovsky)的同性恋取向,往往被视为他们富于创造力的主要因素,他们被部分地当作为争取身份和准入而斗争的局外人。类似地,当罗伯特·帕克和埃弗雷特·斯通克斯特(Everett Stonequist)等芝加哥学派的社会学家分析诸如犹太人之类的移民为保护他们的独特文化所采取的策略时,他们发现移民可以通过在特殊领域取得卓越成就融入美国城市社会。

最近有关知识经济、学习型区域、创意阶层的兴起以及经济增长模式的研究为如下观点提供了一定的支持:现代知识分子能够利用现代城市生活的特殊品质,而现代西方工业经济也取决于知识分子在创意产业上的成功。科学家、艺术家、企业家和风险资本家等知识分子引领着一种波希米亚式的生活方式,从创造中获取自己的身份。这一观点已取代了直到 20 世纪 30 年代都盛行不衰的组织与工具精神。知识分子可以通过区域加以区分;可能与波希米亚人、同性恋者以及其他相对独特的类别产生关联;尽管存在区域差异,但在一些估算中,知识分子占美国劳动力的 30%。

相对较大的城市则为促进刺激和创造性互动,及锻造最初的身份与重塑自我,提供了必要的准匿名性、社交性和比较薄弱的社会联系。知识分子群体利用的是创造力非理性的一面,在广泛的社会规范之外采取行动,追随一种奇特的生活方式——包括忽视正常工作时间、穿着奇装异服,并保持独特的道德观和审美价值。

业已推出的尝试是在现代知识经济的语境下复制硅谷,例如在新西兰的惠灵顿,电影业的发展吸引了许多创新者,他们也被城市的技术基础设施、相对较低的人力和资源成本,以及生活质量所吸引。复制硅谷模式的尝试还包括鼓励在诸如费城和亚特兰大之类的美国中心城市,以及日本、德国部分地区和英国剑桥之类的城镇(称"硅泽"[Silicon Fen])建立新经济空间。因此,政府和当地城市社区可以通过促进知识城市的发展来应对全球化挑战,尽管硅谷的持续成功是一系列复杂且很难在其他地方复制的因素而起。

城市生活非个人的、非理性的、古怪的、偶然性的以及创造性的特征鼓励着艺术与科学的互动。但理性的场所不可能干净利落地与非理性场所分开,因此基于故意为之的非理性和情绪化之上的独特性往往是智识原创性的核心。城市中心可以作为面向知识分子的平台,在这里新的观念、行为和身份得以建立。科学、技术和艺术创造是混合在一起的,它们通过改变潮流和时尚相互影响,而这些潮流和时尚对城市这座大熔炉中的非个人关系而言只有短暂的影响。这也表明,在摆脱重建冷战时期的广大战后军事科技的城市综合体之的尝试之后,我们也应该更多地关注启蒙时代相对不那么正式的咖啡馆、小酒馆和俱乐部,将其作为知识城市的模型。

进一步阅读书目:

- Bender, T. 1987. *New York Intellect*. Baltimore: Johns Hopkins University Press.
- Bourdieu, P. 1989. "The Corporatism of the Universal: The Role of Intellectuals in the Modern World. *Telos* 81: 99–110.
- Collini, S. 2006. *Absent Minds*. Oxford, UK: Oxford University Press.
- Florida, R. 2002. *The Rise of the Creative Class*. New York: Basic Books.
- Furedi, F. 2004. *Where Have All the Intellectuals Gone?* London: Continuum.
- Harding, A., A. Scott, S. Laske, and C. Burtscher, eds. 2007. *Bright Satanic Mills: Universities, Regional Development, and the Knowledge Economy*. Burlington, VT; Aldershot, UK: Ashgate.
- Melzer, A. M., J. Weinberger, and M. R. Zinman, eds. 2004. *The Public Intellectual: Between Philosophy and Politics*. Lanham, MD: Rowman & Littlefield.
- Michael, J. 2003. *Anxious Intellects: Academic Professionals, Public Intellectuals, and Enlightenment Values*. Durham, NC: Duke University Press.
- O'Mara, M. P. 2004. *Cities of Knowledge*. Princeton, NJ: Princeton University Press.
- Posner, R. 2001. *Public Intellectuals: A Study of Decline*. Cambridge, MA: Harvard University Press.
- Rose, J. 2001. *The Intellectual Life of the British Working Classes*. New Haven, CT: Yale University Press.

(Paul Elliott 文　王琼颖 译　李文硕 校)

ISARD, WALTER | 沃尔特·艾萨德

区域科学领域的创始人及最杰出的工业区位理论及区域分析法学者沃尔特·艾萨德(1919—2010)在北美、欧洲和亚洲引领了跨学科的区域及城市研究。艾萨德通过坚持不懈的领导与孜孜不倦的说服,鼓励经济学家、地理学家、社会学家以及城市、区域及交通规划学者建构有关城市与区域的理论,并将分析方法应用于20世纪中后期出现的政策问题上。

艾萨德的研究成果尽管庞大且多样,但相比全新的理论和方法,他的贡献主要倾向对当前及早期研究进行富于想象力的综合。他在研究生期间形成的对区域及城市活动的兴趣,促成了他第一部重要作品《区位与空间经济学》(Location and Space-Economy,1956)的问世,该书借鉴了德国经济学家和地理学家对区位理论的阐述。随后他开始研究核能暨工业综合体的经济与社会后果,并加强自己的区域及城市分析方法研究,包括人口和移民预测方法、区域经济与社会报告、工业区位与综合体分析、区域间及区域产业间模式、区域间线性规划,以及吸引力、潜力与空间相互作用模型。这一全面的论述在其作为合著者撰写的主要作品《区域分析方法》(Methods of Regional Analysis,1960)中得以呈现,后来的《跨区域和区域分析方法》(Methods of Interregional and Regional Analysis,1998)对此进行了全面完善。艾萨德这两部作品的独到之处是有关"综合途径"的章节,其中以图解方式说明如何将前述各种分析方法加以系统、综合地利用。

20世纪60年代,艾萨德更多地转向对个人行为和决策理论以及区域体系一般均衡理论的研究,发表在他作为合著者撰写的第三部主要作品《一般性理论》(General Theory,1969)中。同时,他和学生共同进行生态经济学研究,并主要就费城地区的产业间关系进行分析。之后他与人合著出版了一部有关空间动态理论与最佳时空发展的作品。

艾萨德1919年出生于费城的移民家庭,1939年毕业于天普大学,进入哈佛大学经济学系攻读研究生。在那里,他对建筑营造、交通发展、经济活动的区位,以及1920至1940年间的增长与停滞周期产生了研究兴趣。他于1941—1942年在芝加哥大学学习经济学并重燃对数学的兴趣。作为一名社会科学研究委员会的博士生,他在1942至1943年间进入国家资源计划委员会工作,并在那里完成了博士论文。随后,他被安排从事文职公共服务;在分配到州精神病医院值夜班期间,他将包括奥格斯特·勒施、安德烈亚斯·普雷德尔(Andreas Predöhl)等人在内的德国区位理论家的作品翻译成英语。

战后,他作为社会科学研究委员会的博士后研究员,在1946—1948年继续对工业区位理论的研究,后来还加入了W. W. 列昂惕夫(W. W. Leontief)在哈佛的产业间研究项目。同时,他还在各种兼职工作中磨炼自己的教学技能,并曾在哈佛大学经济学系开设了首门有关区位理论和区域发展的课程。29岁的艾萨德就跨学科区域研究发起了由主要的经济学家、地理学家、社会学家和人口学家参与的会议。这些努力受到了参与学科年度会议的学者们的欢迎,并在接下来的6年中持续密集举行。1954年12月,在底特律举行的联合社会科学协会会议期间,他组织了一次会议,共收到25篇论文。在会议上,60位学者赞同组建一个名为区域科学协会(RSA)的独立协会的想法。

艾萨德在开启区域科学领域之后担任麻省理工学院区域经济学副教授及城市和区域研究部主任。1956年,他接受宾夕法尼亚大学经济学系的教授席位,并发起区域科学研究生项目。两年后,创立了区域科学系和《区域科学杂志》(Journal of Regional Science)。1960年,区域科学的首个博士学位授予了威廉·阿隆索,他对城市区位和土地利用进行了开创性研究。

此后,艾萨德将视野扩大到了欧洲和亚洲。1960年,他访问了许多欧洲研究中心并在那里组建了多个区域科学协会。第一届欧洲大会于1961年召开,随后区域科学协会分会相继在欧洲、亚洲和北美的许多国家建立起来。20世纪60年代中期,加州大学伯克利分校举办了区域科学夏季培训营;1970年,首个欧洲夏季培训营在德国卡尔斯鲁厄举行;随后夏季培训营每两年在欧洲举办一次。目前,在北美和欧洲每年都会举办国际会议,在太平洋地区则每两年举办一次。1989年,区域科学学会进行重组,并更名为国际区域科学学会(http://www.regionalscience.org)。

1978年,区域科学学会为纪念沃尔特·艾萨德而设立创始人奖章。次年,艾萨德前往康奈尔大学担任经济学教授,并于 6 年之后当选为美国国家科学院院士。他继续从事教学工作,直到最近才退休。数十年来,艾萨德共获得了 6 个荣誉学位:波兰波兹南经济学院(1976)、荷兰鹿特丹伊拉斯谟大学(1978)、德国卡尔斯鲁厄大学(1979)、瑞典于默奥大学(1980)、伊利诺伊大学厄巴纳—香槟分校(1982)以及宾汉姆顿大学(1997)。

在整个职业生涯中,艾萨德还研究过与冲突管理和解决、裁军以及和平主题相关的政治利益。他创立了和平研究会(后更名为和平科学学会)以及宾夕法尼亚大学和平科学研究生项目。其一生有超过 20 种的著作及 300 篇公开发表的论文。

艾萨德的成就更多涉及区域间关系而非城市内部,重点是城市与区域系统;尽管如此,他的一些想法仍与城市社区间及邻里间的互动相关。在培育和发展区域科学学会及各类的区域科学刊物方面,他欢迎对任何尺度的区域进行研究:邻里、城市、经济区域、国家。他一般是以理论和方法论加以判断。而在诸如区域发展和环境管理的政策议题上,让他更感兴趣的似乎是政策模型而非政策内容。

进一步阅读书目:

- Boyce, D. 2004. "A Short History of the Field of Regional Science." *Papers in Regional Science* 83: 31–57.
- Isard, W. 1956. *Location and Space-Economy, A General Theory Relating to Industrial Location, Market Areas, Land Use, Trade, and Urban Structure*. New York: The Technology Press of Massachusetts Institute of Technology and John Wiley.
- ——. 2003. *History of Regional Science and the Regional Science Association International: The Beginnings and Early History*. Berlin: Springer.
- Isard, W., I. J. Azis, M. P. Drennan, R. E. Miller, S. Saltzman, and E. Thorbecke. 1998. *Methods of Interregional and Regional Analysis*. Brookfield, VT: Ashgate.
- Isard, W., in association with D. F. Bramhall, G. A. P. Carrothers, J. H. Cumberland, L. N. Moses, D. O. Price, and E. W. Schooler. 1960. *Methods of Regional Analysis: An Introduction to Regional Science*. New York: The Technology Press of Massachusetts Institute of Technology and John Wiley.
- Isard, W., in association with T. E. Smith, P. Isard, T. H. Tung, and M. Dacey. 1969. *General Theory: Social, Political, Economic, and Regional: with Particular Reference to Decision-making Analysis*. Cambridge: MIT Press.

(David Boyce 文　王琼颖 译　李文硕 校)

ISLAMIC CITY ｜伊斯兰城市

"麦地那"(madinah)这一术语大体指的是最原始的伊斯兰城市,即先知穆罕穆德之城,约建于公元 622 至 632 年。阿布·纳赛尔·法拉比(Abu Nasr al-Farabi,约 870—950)的著作《德行之城》(*The Virtuous City*)就是从先知之城的基本法则中汲取灵感。法拉比指出,语言中的"麦地那"概念代表了法律、道德、社会、政治以及宗教知识。这里暗示了麦地那一词也包含了权威、柔顺、服从、循规蹈矩和达成共识——这是伊斯兰城市的本质。

由于麦地那代表了连续几代城市居民所累积

的经验，它为伊本·赫勒敦（Ibn Khaldun，约1332—1406）批判性地反思并重新思索城市存在的诸多条件之间的关系提供了坚实的基础。在撰写城市话题时，赫勒敦指出，"乌姆兰"（umran，指文化、居住地、环境）是"作为客观的制度与常规活动，在特定的时间和地点所积累起来的（人类）群体的社会遗产"。为了对伊斯兰城市空间做富于洞察力的分析，这里讨论的问题有两点：（1）理解对法律（shari'a）、秩序和居住地的表述如何体现在麦地那的外观与结构上；（2）涉及诠释学，理解伊斯兰城市地形是如何成为阅读各种与城市生活相关的空间尺度与文化景观（Kulturlandschaft）的文本。

出于3个特殊的原因，北非马格里布的麦地那尤其适合探讨这些问题：（1）7世纪阿拉伯人首次来到这里时带来了城市地图学的知识；（2）9世纪在马格里布建立了马利基麦兹哈布（madhhab，法学学派），吸引了信仰坚定的居民；（3）收复失地运动的结果是导致新一波流亡者（主要是犹太人和穆斯林）在14和15世纪被迫移民到马格里布的城市，居住在西班牙移民社区中。收复失地运动极大地改变了麦地那的城市人口统计，同时也对土地利用及城市生活的复杂性构成了影响。

作为法律概念的伊斯兰城市

与法律研究相关的城市主义研究是一个相对新鲜的构想。卡尔·卢埃林（Karl Llewellyn）撰写于1940年的文章《论法之真善美》（On the Good, the True, and the Beautiful in Law）清晰阐述了对法与居住地之间亲和关系的批判，他考虑到城市是一种特定的城市化意识的具体体现，而颁布法规则是维持特定居住模式的手段。毋庸置疑，截至目前，有关伊斯兰世界城市特性的文章已有很多。穆罕穆德·阿尔昆（Mohammed Arkun）的文章《伊斯兰、城市生活与今日人类生存》（Islam, Urbanism, and Human Existence Today）强调了对伊斯兰法律一些挥之不去的误解，而这些误解与麦地那相关。阿尔昆认为，法律、居住地的相关维度，麦地那的空间均衡性，以及理论间的相互关系引导着伊斯兰城市走到今天。描绘北非伊斯兰城市的历史文本提供了有关法律与居住地，尤其是在处理公共与私人空间方面的高度类似的解释。

伊斯兰教法，同时结合制定法规条例的效力，对于研究麦地那或前现代伊斯兰城市的城市生活研究具有重大意义。伊斯兰教法是一种普遍被接受的，用来裁决居住地争议的手段，因此它是规范居住地秩序的合理标准，它构成法规条例的主体。和区划法规一样，这些法规条例允许某些活动，但也限制非法活动。由于伊斯兰教法的原则与实践是解决居住地冲突的规范性做法，因此法规条例的目标之一是解决空间不均衡。但总的来说，围绕将伊斯兰教法从麦地那研究中排除出去的难点始终存在争议。这个问题包含了两种对立的世界观，这也意味着两种对立的居住地模式：一种体现了伊斯兰法下的景观；另一种则象征着一个完全截然不同的空间概念——尽管追根溯源的话，它早于伊斯兰教的兴起，但伊斯兰政治规则明显改变了它。伊斯兰教法下的土地利用条例的对照性调整所包含的因素极有可能比许多历史学家记录或提到的内容更多。除此之外，语言和历史证据也表明了法律的专业作用，这些伊斯兰法学专家被称为"穆夫提"（mufti）。这也意味着他们是经验老到到令人吃惊的基层法律学者，可以解决周围任何由环境引发的问题。显然到了15世纪，马利基法得到了高度发展，因此在北非城市人口中，也包括当地乡镇和村庄取得巨大成功。

布鲁斯维希1947年的《中世纪城市规划与穆斯林法》（Urbanisme medieval et droit musulman）主要讲述北非的城市，书中注意到了马利基法在涉及道路、城墙、重建、水源问题、邻里关系，还有诸如制革、锻造、马厩等行业的选址，地役权的起始与废除，以及在一般法律程序中的应用。在他看来，伊斯兰城市是一种基于法律传统、与伊斯兰教法密切相连特性的类型。除了赞同布鲁斯维希的论点，提图斯·伯克哈特（Titus Burckhardt）还提到了城市治理和法律法规条例的制定，这些条例都源于先知的传统(sunnah)及习惯法(urf)。

这就解释了为何需要使用伊斯兰教法来裁决出现在毗邻而建、空间组织以及住宅配置方面的争议,以保障人权,避免人们受伤害或相互伤害。法律对于这些情况的判断,可能会影响到我们对麦地那居住条件的理解。尽管考虑到模式不断变化以及法律术语,麦地那却依然十分重要;这个概念包含了大量只存在于权威/权力象征中的精神。麦地那的概念让我们理解了城市生活的基本结构,使我们能够凭借清晰的语义学属性来理解。

同样提供有益比较的还有伊本·赫勒敦,这位15世纪的北非学者、政治家、历史学家和法学家记录了许多伊斯兰城市的特征。在《历史绪论》(Muqaddimah: An Introduction to History)中,伊本·赫勒敦检视了伊斯兰城市的若干理论和实践概念。《历史绪论》的非同寻常之处在于伊本·赫

突尼斯的伊斯兰城市,圆石街道(1860—1900)
来源:美国国会图书馆

勒敦对诠释历史和城市生活二分法方式的调整。

关于麦地那的形象斑驳不清,因此基于诠释性阅读才有可能产生意义,强调了麦地那有意识地考虑有效的伊斯兰法体系。此外还有大量物质证据可用于研究,因此相关的历史编纂依然是处于争议中。伊斯兰世界包括了各种各样的伊斯兰城市。马利基法中存在的司法判决与意见最终可以追溯到神圣文本《古兰经》中的解释。

伊斯兰城市的地形

总的来说,伊斯兰城市的情感由两类基本情感构成:对一个地方的强烈喜爱(topophilia)与憎恶(topophobia)。作为一种居住方式,喜爱意味着竞争纠纷可以通过相互尊重来解决,以维系共同的喜爱之请;喜爱也意味着一种社会同质性,正如景观地形学所证明的那样,它兼具象征性和交际性。房屋是私人退隐之所或是一类私人住宅模式;公共集会在城市清真寺内举行。而麦地那则将公共集会和私人居所结合在一起,包括居住地,以及地方和环境所具备的基本物质。尽管居住地的地面特征各不相同,但空间使其能在人类社区团结中发挥作用,而空间秩序则赋予了人类以身份认同和友爱,因此构成了城市的基础。

麦地那、非斯在9世纪时发展成为城市化与社会等级方面的典范城市。非斯是一个由四通八达(街道)的线性空间组成的矩阵,并被想象为由清真寺、庭院和住房构成的空间,两者共同决定了空间组织的原则。庭院旨在隔离,以确保与外部相对的内部私密性。这种空间意味着这些围墙在功能上与其最初出现时的规则相反。这种反其道而行之是以内部而非院墙所定义的外部来实现的。

除了作为人类居住的地点,地形还象征着政治权威、宗教知识,以及集体记忆。如此一来有关权力、知识的习语提及麦地那也就成为可能。众所周知的格言,"我是知识之城"(Ana madinat al-Ilm),就包含着地形、风景和意义。非斯则是一个熠熠生辉的集体记忆例子,它与一位虔诚的先祖、被埋葬在城区内的伊德里斯二世相关。

当非斯住满居民之时,伊德里斯二世登上敏拜尔(Minbar)向全城居民发表演讲。他为王朝的神圣不可侵犯、繁荣以及城市的庇护而祈祷。为非斯居民提供淡水的天然泉水对当地产生了重大影响。在集体记忆中,不可能忽视伊德里斯的话语:他所说的过去都有人说过了(verba concepta)。伊德里斯二世重复了亚伯拉罕为麦加祈祷(du'a,向天国祈愿)、先知进入麦地那时的祈祷,以及奥卡巴在建立凯鲁万(Qayrawan)时所做的祈祷。伊德里斯二世也为知识和神圣的法律祈祷。在非斯,有两座与知识及神圣的法律有关的重要"纪念碑":大学(Qarawiyyin)清真寺和伊德里斯二世的陵寝清真寺。

许多历史学家告诉我们,凯鲁万为奥卡巴·纳菲所建,他以一场祷告使得这个地方变得神圣起来。奥卡巴的个人魅力在这座清真寺中得到了体现,清真寺以他的名字命名。它诠释了城市作为一个象征仪式性的祈祷、知识以及制定神圣法律场所的重要性。

从前述的观察中可以得出若干结论。首先,伊斯兰城市景观专注于知识和权力。其次,城市地形体现了语言与景观之间的关系。对北非伊斯兰城市定居点的各类当地人的带有夸张成分的描述,可能会导致一些历史学家忽视了这些描述本身,转向探究一系列严格按照时间排序的事件。但现存的物质证据却指向这些叙事,因为它们是时间和地点自然而然的附属品。居住地叙事与习俗以及本地传统休戚相关,这是一种传统记忆,因此不容轻易忽视。地点的原则、视觉上的呈现、建筑过程是如何,这些构成了人类共有经验的一部分,这也是为什么城市化会接受特定类型的建筑活动,又或是特定定居点不断演化的原因。

麦地那至少看上去一目了然;历史学、文化人类学、建筑学、城市学和地理学方面的学者因此都致力于研究伊斯兰城市的特性。但在意识到城市生活或"乌姆兰"相关的社会、宗教和文化传统经常被误解的事实时,我们需要重申,家庭与公共空间以及财产权的含义与使用都被认为具有广泛的时空经验。伊斯兰城市因此与城邦，或柏拉图的《理想国》、圣奥古斯丁的《上帝之城》(De Civitate Dei)，又或是莫尔的《乌托邦》中的理想城市形成了鲜明对比。

总的来说，伊本·赫勒敦提到三种试图解释伊斯兰城市概念的不同观点，他使用的术语如下：私有制(mulk)、部落亲缘关系和团结(asabiyah)。当伊本·赫勒敦说出"人是自然的迈达尼(madani)"时，他是在建议人们的生活方式应取决于城市文化和组织。这也揭示了法拉比所建构的观念：权威、柔顺、服从、循规蹈矩和共同管理伊斯兰城市的内部事务，在伊斯兰城市中，只有借由法律达成的共识才能实现空间的规范。这种做法是合法的，因为他预设了一套真正的社会契约，并暗示了在美德至上的地方不存在胁迫。法拉比的美德之城依据《古兰经》中的伊斯兰教法加以治理，《古兰经》不仅指导着人类的行为，同时也是允许社会履行其自主的工具。

应当指出的是，集体社会环境的概念是现代社会学和人类学使用的文化概念。从这个意义来说，文化对于人类观点及人类日常所做的事情，或者是社区事务对整个社会的重要性，都具有压倒性的影响力。最后，作为一种观念，麦地那这个术语还涉及作为居住的符号空间、话语模式和法律实践的有序景观。换言之，伊斯兰城市并非一套关于物体或观念的语言知识，但同时描绘了与伊斯兰政治和宗教权威惯例相关的居住地的认知结构。

进一步阅读书目：
- Abu-Lughod, Janet. 1987. "The Islamic City—Historic Myth, Islamic Essence, and Contemporary Relevance." *International Journal of Middle East Studies* 19: 155 – 176.
- Al-Farabi. 1985. *On the Perfect State: Mabadi ara ahl al-Madinah al-Fadila*. Translated by Richard Walzer. Oxford, UK: Clarendon Press.
- Arkun, Mohammed. 1983. "Islam, Urbanism, and Human Existence Today." p. 39 in *Architecture and Community Building in the Islamic World Today*, edited by Renata Hold and Darl Rastorfer. New York: Aperture.
- Brunschvig, R. 1947. "Urbanisme medieval et droit musulman." *Revue des Etudes Islamiques* 15: 127 – 155.
- Burckhardt, Titus. 1980. "Fez." pp. 166 – 176 in *The Islamic City*, edited by R. B. Serjeant. Paris: UNESCO.
- Ibn Khaldun, 1967. *The Muqaddimah: An Introduction to History*. Translated by Franz Rosenthal. Princeton, NJ: Princeton University Press.
- Kojiro, N. 1989. "Ibn Khaldun's Image of City." In *Proceedings of the International Conference on Urbanism in Islam*, edited by Y. Takeshi. Tokyo: The Middle Eastern Culture Center—University of Tokyo.
- Madhi, M. 1964. *Ibn Khaldün's Philosophy of History*. Chicago: University of Chicago Press.
- Masashi Haneda and Toru Miura, eds. 1994. *Islamic Urban Studies*. London: Kegan Paul.

(Akel Ismail Kahera 文　王琼颖 译　李文硕 校)

ISTANBUL, TURKEY ｜ 土耳其伊斯坦布尔

伊斯坦布尔过去称拜占庭，后来又叫君士坦丁堡，可称得上是 1500 至 1800 年间的早期现代城市，当时可以媲美西欧及中欧大城市。对早期现代伊斯坦布尔的描述旨在呈现这座城市的城市属性

所体现的时代性。而在大部分时间里，伊斯坦布尔都是欧洲人口最稠密的城市之一。1477 年时它就拥有约 6 万居民，这些人是在 1453 年奥斯曼征服之后从帝国的各个地方来到这座城市的。他们中间有穆斯林和非穆斯林，包括了希腊人、亚美尼亚人、犹太人和吉普赛人。至 17 世纪时，伊斯坦布尔的居民超过 30 万。城市的经济增长与繁荣吸引着人口，许多人由于当时在安纳托利亚爆发的内战而选择背井离乡。移民们源源不断地进入伊斯坦布尔，在 17 和 18 世纪，城市人口持续增长并超过 50 万，而且在这之后继续增长。1885 年第一次人口普查显示，居住在这座城市的人口达到 87.5 万人。

城市发展

在 16 世纪，被城墙包围的伊斯坦布尔在行政上划分为 13 个区，各区又包含数量不等的街区。这些行政区以周五清真寺为标志，这是各区最大的清真寺，也是在周五上午举行祈祷的地方。周五清真寺已取代街区清真寺多年，并且在一些行政区内还可以发现新建成的周五清真寺。但至少迟至 19 世纪，行政区的数量保持不变。三卷本的《伊斯坦布尔虔捐录》(vakif) 分别为 1546、1578 和 1596 年的记录，它展现了这座城市超过 50 年的发展模式。第一卷记载了 1546 年城市共有 219 个街区和 214 座清真寺。每个街区至少拥有一座清真寺，有些则拥有两个甚至更多。街区连同清真寺的数量有所增加，1578 年为 227 个街区拥有 254 座清真寺，1596 年则为 230 个街区拥有 256 座清真寺。

这一时期街区的数量通过两种方式增加：首先新的街区以既存清真寺的名字出现，而这座清真寺是现存街区中的第二座清真寺；其次是与新建的清真寺联合成为一个新街区。后者是由新建清真寺推动其周边地区的城市发展，这种方式一般发生在建筑密度不高的区域。而在那些无法扩张的地区，新建筑就不得不顺应现存的城市机理。为了给新发展腾出地方，一部分建筑物必须被拆除，而街区也因此变得越发局促。

城市生产与消费

要供养一座人口近 50 万的城市并非易事。伊斯坦布尔成了一座严重依赖进口的消费中心。奥斯曼当局因此试图对供应体系采取管制，跳过其他地方优先考虑这座被城墙包围的城市。按照规定，运往这座城市的各类食物在塔赫塔卡勒沿岸的指定码头卸下后，被运往城墙内的一些授权仓库进行征税和定价，随后再分发给批发商、生产-零售商，或者兼具这两种身份的人。举例来说，许多食物被送到蜂蜜仓栈 (Balkapan Han)，在那里分给食品杂货商。因此食品杂货店主要集中在那片区域，但商人们往往还会在市场以外走私商品，以高价出售。或许真是出于这一目的，许多人在这里拥有仓库和商店，结果是海岸沿线的区域变得极度拥挤。1579 年，城墙外的塔赫塔卡勒地区禁止新建商铺。

乌卡帕尼区则是繁忙海岸线区域的另一头，它被授权作为粮食卸货点。在靠近墙外粮食码头的地方设有储存谷物/面粉的仓库，通过水陆两线运送来的粮食在被分发给磨坊和面包师傅之前，先要送往谷物/面粉仓库进行征税和定价。然而在整个近代早期，很难对粮食供应体系进行监控。由于粮食短缺，而价格又是固定的，因此出现了在粮食交易中赚钱的投机商人。他们要么在中途抛售粮食，要么将其囤积在墙外的仓库，伺机以更高的价格出售。如此就造成了城市粮食短缺，价格上涨。在这种情况下，当局往往会发布法令，要求供应粮食的村庄和城镇立即从他们的储备中运送粮食进来。

谷物/面粉仓库——这一地区也以此命名，似乎主导了当地建筑物的利用。例如谷物商人在岸上拥有会馆和商铺，可能就是不想冒进入城市后丢失货物的风险。而在墙内则有许多磨坊和面包店，它们地理位置便利，靠近供货商。但磨坊和面包店也分散在这座城市的各个角落。因为二者是面包制作过程中的重要环节，因此才相辅相成地建立起来。面包师傅依赖于磨坊提供新鲜面粉，出于这个

当代伊斯坦布尔的一座公寓楼
来源：Jill Buyan

理由，他们大多在自己商店的后面建造了磨坊。这也是当局希望能够继续维持下去的。显然，如果在街坊里开设一家面包店，那么附近很可能就会有一座磨坊。

在那个时代想要追踪整个面包生产过程，从抵达城市港口的谷物仓库到出现在奥斯曼家庭餐桌上的大块面包，是可能的。而在当地，居民们可以听到制作面包的嘈杂声音，抑或是呼吸着烟囱里冒出的烟雾。街坊邻居熟悉这个过程中出现的各种常规声音，无论是隔壁的面包师傅开始上工，抑或是他们提前结束，又或是磨坊整年马不停蹄地工作。但生活在一个面粉磨坊旁边——伊斯坦布尔大多数磨坊是由马力或骡力运作，即便是以早期现代时期的标准来看，往往也不是件令人愉悦的事情。有时，邻居们会抱怨这些地方制造的噪音、烟雾以及各种污染。

重工业生产区域则被推到了墙外，远离城区的生活。例如，埃迪尔内卡皮区位于这一区域城门外，这里有牲畜市场，因此它成为一部分与肉类供应相关的作坊的中心。这里有屠宰场，尽管在墙内也有街区。蜡烛和肥皂制造商因为在生产过程中需要使用动物油脂，因此许多蜡烛和肥皂作坊就坐落在这个区域，靠近它们的供应商。位于墙外马尔马拉海沿岸的城市另一头的耶迪库勒，它的部分地区之所以会发展成为一个汇集制革业的城市边缘地带，原因在于这里用水便利，并且可以满足鞣革过程对大型开放空间的要求。这里因此同样设有屠宰场，以及蜡烛和肥皂作坊。

邻里

与奥斯曼帝国的其他城市一样，城市街区即"邻里"（mahalle）在伊斯坦布尔具有行政和财政意义。它以本地清真寺的名字出现在官方文献当中。这套系统是在征服之后才逐步被引入的，并且在16世纪，这是伊斯坦布尔这座"围城"的普遍做法。然而此举在金角湾北部沿岸的加拉塔则并不普及，这里的主要居民是非穆斯林和外国人。加拉塔的许多街区都以当地的民族宗教团体或教会和教堂命名。

当时的居民根据所居住的街区来辨别其身份。这一点非常重要，原因是任何有关行政、财政或刑事犯罪事务的讨论都可能追溯到居住的街区。1578年，当局试图将一个街区与另一个街区分开来，或许就是为了更好地对它们进行控制。政府提出，出于安全考虑，将命令城市居民在所有主街入口处建造街区大门。但这个计划并不可行，因此不得不放弃。显然伊斯坦布尔的人口过多，想要维持城市公共安全极为困难。初来乍到者，尤其是单身汉们遭到指责。1579年，那些无法拿出城市居留许可的人被驱逐——其中也包括那些已经在城市中生活长达5年之久的人。

在整个早期现代时期，城市中的街坊邻里也在当地居民心目中以社交的方式被界定下来。其界限是根据熟悉的习惯做法得出的。当地人可以在自己人中间建立睦邻友好关系，他们进同一家杂货铺货、面包店买东西，在地区咖啡馆或公共澡堂社交。邻里也是给予福利和经济支援的来源。例如，男女街坊邻居会为了用铅覆盖当地清真寺的圆顶，或是建造公共澡堂和公共喷泉而募集资金。他们还是分担纳税义务、帮助贫困或有需要的共同体。

公共场所

邻里周边的主要公共场所是清真寺、公共澡堂和当地集市，以及杂货铺、肉铺、面包店，可能还包括街道。街坊四邻聚集在这里并不仅仅是为了集体祷告或是特别布道，也是为了参与社交活动，促进睦邻友好。此外还有公共的餐饮场所，诸如传统饮料"波扎"和专烹羊头的餐馆（başhanes）。这些场所成为公共社交的补充场所。相比之下，小酒馆（meyhanes）则并不纳入邻里公共生活之中，因为通常城墙内不得建造小酒馆，而那些已经建成的则往往因为当地穆斯林居民的投诉而不得不关闭。

随着咖啡馆在16世纪50年代的出现，城市中的公共与私人社交开始发生变化。第一家咖啡馆在塔赫塔卡勒开业，这里也是国际贸易和本地贸易的中心。至17世纪时，这些商业区内的咖啡馆数量不断上升，随后呈现激增态势。这期间随着吸烟习惯的蔓延，咖啡馆也越发流行。一部分早期咖啡馆是由传统的"波扎"铺改造而来，但同时也新建了一些。许多邻里空间都拥有此类新型的公共饮料店，它们建在清真寺和公共澡堂附近，靠近公共住房，吸引着当地的富人和穷人；但妇女却是例外，女性的公共社交远离男性，通常是在附近的公共澡堂里进行。她们有时会在那里消磨一整天，谈天说地，啜饮咖啡。

然而，与早期现代时期的其他地方一样，这些公共饮料店与从卖淫到城市暴力的各类犯罪活动联系在一起。当局因此常常发布命令，要求关闭咖啡馆、波扎铺还有小酒馆。它们试图控制此类场所，尤其是在政治动荡时期。而在邻里内部，居民也往往会与这些场所产生摩擦。在某些情况下，地方在关闭咖啡馆方面发挥着积极作用。但即使是在被禁止的年代，人们依然继续在城中新建咖啡馆。

城市住房

在16世纪的伊斯坦布尔，富人与穷人分享着相同的社会和物质环境。尽管他们的住房大小不一，标准不同，但却相邻在一起。在邻里街区最喧嚣的区域，毗邻一座宫殿或有权有势人家的府邸修建一座普通房屋，并不是一件稀罕事。然而，对于1546、1578和1596年三卷《虔捐录》的分析显示，住房属性及其后续发展往往因其在城中的具体位置而异。在商业占优势的地区,有些人就住在他们的商店或作坊里。例如许多面包师傅住在他们的磨坊或面包店里,许多杂货商和园丁则住在他们的店铺以及工作的地方;这些人几乎都是将家人留在家乡的新移民。而在邻里中心则有一排排的单间公寓,这些公共住房通常是由富裕人士在靠近大型设施的地方修建起来的,邻近清真寺、公共澡堂,抑或托钵僧宿舍的墙体而建,又或是建在商店楼上。几乎每间公寓都如同街边小店一样小,很少包含独用的接待室、马厩和厕所。这些行列式公寓(被称为单身汉房间)一般接纳的是单身移民以及较为贫困的家庭,他们可能买不起城内的私人住房。还有一些行列式住房则专门接纳犹太人住宿;这些房子被称为犹太人房间,后来也被叫作犹太人之家(Yahudhanes)。有一些则以居民的职业命名,例如渔夫房和珠宝匠房,为相同职业的基督徒和穆斯林租户提供住处。这类行列式单间公寓大多数是作为超过一定时限的旧住房的补充而新建起来的。

尽管如此,在16世纪的伊斯坦布尔,大多数人还是居住在由一到两间房组成的普通房屋内。这些房屋通常为两层住宅,相应结构更开阔。但它们没有私人厨房或浴室,居民们因此不得不与邻居分享基本设施。有些人用公用院子里的火炉做饭,或从公共水井中打水。很少有人拥有带多个房间、私人厨房和浴室、花园或院子的大房子。而且这些房子通常还会包含接待室(仅限男客)、咖啡室、仅供仆人和工作人员使用的房间,以及一些马厩和储藏室。

随着城市的发展和新居民的加入,过去的住房被改建和重建。一些较大的房屋——这取决于它所在的位置——通过重新划分被改建成出租屋,还有一些则被要求重建。而建在邻里街区商业区内的房屋通常在沿街的一面开辟商铺。那些原本租赁房间的人,后来都将这些商铺买了下来。通常情况下,建在主干道上的房屋多年后都改建为包含商业单元的行列式公寓,所有这些开发利用均由帝国建筑师组织进行监督。然而控制机制似乎并不足以防止早期现代伊斯坦布尔的不合法开发。例如,尽管不允许倚靠城墙内外兴建任何建筑物,且此类建筑必须被拆除;然而,这是一种司空见惯的做法,尤其是在金角湾畔的拥挤区域。此外,尽管存在各类限制,但人们通过修建类似走廊一类的构造,直接侵占道路,以此扩大自己的房产。

值得注意的还有邻里在早期现代城市社会和经济组织中的重要性。尽管某些邻里街区由某一特定群体主导,但这些街区仍包含了各类社会的、宗教的和种族群体。人们在同一块区域生活工作,聚集在立足邻里的社会宗教与商业设施周围。而在邻里街区内部,除了生活之外还有工作与生产。与我们现在不同的是,这些都是早期现代时期城市环境的组成部分。

进一步阅读书目:

- Akyazıcı Ökoçak, S. 1998. "The Urban Development of Ottoman Istanbul in the Sixteenth Century." Ph. D thesis, School of Oriental and African Studies, University of London.
- Eldem, E., D. Goffman, and B. Masters, eds. 1999. *The Ottoman City between East and West: Aleppo, Izmir and Istanbul*. New York: Cambridge University Press.
- I nalcık, H. 1991. "Istanbul." pp. 224-248 in *Encyclopedia of Islam*, edited by C. E. Bosworth. 2nd ed., Vol. 5. Leiden, the Netherlands: Brill.
- Mantran, R. 1962. *Istanbul dans la seconde moitie du XVIIe siècle*. Paris: Librairie Adrien Maisonneuve.

(Selma Akyazıcı Özkoçak 文 王琼颖 译 李文硕 校)

JACKSON, KENNETH T. | 肯尼斯·T. 杰克逊

肯尼斯·T. 杰克逊是美国最负盛名的城市史学者之一,他不仅对这一领域的议题产生了强烈影响,同时也积极推动合作和完善学科建制。他的研究广泛涵盖美国城市历史及更具体的主题,例如纽约市——他是哥伦比亚大学历史与社会科学方向的雅克·巴赞讲席教授。在他的整个职业生涯中,杰克逊始终专注于将城市组织与形式的发展与更宏大的历史问题联系起来。

杰克逊生于1939年,1966年在芝加哥大学获得博士学位,一年之后,他就通过首部作品《城市三K党,1915—1930年》(Ku Klux Klan in the City, 1915—1930)展示了自己对社会意识形态与城市生活冲突的兴趣。而他最受瞩目的著作则是《马唐草边疆:美国郊区化》(Crabgrass Frontier: The Suburbanization of the United States)。这本书探讨了推动郊区崛起及由此产生的建筑与空间形态的观念体系与公共政策。杰克逊认为,美国郊区之所以占据主导地位,可以归因于从意识形态到经济的各种原因。他尤其注意到,美国郊区住房的价格低于其他任何地方;其中发挥关键作用的是4个因素:便利的交通、大量廉价的土地、政府对贷款和基础设施的补贴,以及低成本的建造技术。自该书出版以来的多年间,这一广泛的综合分析鼓励了后来的许多学术研究,并且始终是城市史研究的基石。

除了学术专著与论文之外,杰克逊还为这一领域做出了大量协作性贡献,并始终致力于促进组织化和制度化发展。他与摄影师卡米洛·乔斯·维盖拉(Camilo Jose Vergara)的合作促成了若干展览以及《寂静城市:美国公墓的演变》(Silent Cities: The Evolution of the American Cemetery)。在他主编的作品中,尤其值得关注的城市史作品则是皇皇巨著《纽约市大百科全书》(Encyclopedia of New York City)。最近,他与希拉里·巴隆(Hilary Ballon)共同主编的《罗伯特·摩西与现代城市:纽约的转型》(Robert Moses and the Modern City: The Transformation of New York, 2007)一书则呼吁重新评价这位饱受非议的城市建设者。

在学科建制方面,从20世纪60年代起,他就在哥伦比亚大学的城市研讨班上发挥着重要作用,这是一个讨论学术的重要论坛。他还领导若干专业组织,尤其是城市史协会和美国历史学家组织,他也是现任纽约历史学会会长及雷曼美国史中心主任。最后,杰克逊参与的许多纪录片和媒体采访有助于将城市史介绍给不同背景的广大观众。

进一步阅读书目:

- Jackson, Kenneth T. and David S. Dunbar. 2002. *Empire City: New York through the Centuries*. New York: Columbia University Press.
- Jackson, Kenneth T., John B. Manbeck, and Citizens Committee for New York City. 2004. *The Neighborhoods of Brooklyn*. New Haven, CT: Yale University Press.
- Jackson, Kenneth T. and Stanley K. Schultz. 1972. *Cities in American History*. New York: Knopf.

(Robert Buerglener 文　王琼颖 译　李文硕 校)

JACOBS, JANE | 简·雅各布斯

简·雅各布斯(1916—2006)是20世纪关注城市的作家中最具影响力的一位,无论是在学术领域还是在通俗领域。她的许多的想法很多都可以从其1961年出版的第一部著作《美国大城市的死与生》中找到。她强烈反对20世纪中期的城市更新,是邻里街区之社会与文化生活的支持者。雅各布斯也是一名活动家,她在保护诸如纽约格林威治和苏荷这样的区域免于各方威胁方面扮演了关键角色,为这些地区最终被认定为历史遗产保护区铺平了道路。雅各布斯的目标不仅是保留一个邻里街区的建筑物,还要维护人与构成活力社区的活动之间的相互协调。而在因为抗议越南战争而迁居加拿大多伦多后,她也在那里发挥了类似的作用。

早年生活

尽管出生于宾夕法尼亚州斯克兰顿市的一户富裕家庭,但当雅各布斯陪同其在长老会工作的姨母在北卡罗来纳州开展传教工作时,观察过那里无烟煤矿区矿工所面临的贫弱状况以及贫困的阿巴拉契亚农民。这些接触连同大萧条的开始——当时雅各布斯正进入青春期——使她终生关注于促使社区成长与衰退的力量。她在斯克兰顿公立学校接受的早期教育平淡无奇,她曾回忆起自己在教室书桌的台板下偷偷阅读自己选择的书籍,她的求知欲也让她在很长一段时间抵制学术权威。

尽管她从未获得过高中毕业证书以上的学位,但一门为期6个月的商务速记课程还是让雅各布斯在20岁时跟随姐姐前往纽约,并获得了一份秘书的工作。与此同时,她开始作为书写城市生活的自由撰稿人向诸如《时尚杂志》(*Vogue*)和《星期日先驱论坛报》(*Sunday Herald Tribune*)一类媒体投寄自己的文章。

在哥伦比亚大学接受了两年的继续教育课程后,雅各布斯加入了罗斯福政府的战时新闻处纽约分部。1945年之后,她继续在国务院的海外新闻局工作,主要负责制作有关美国海外出版物的宣传片。她写于战时的文章包括呼吁采取联邦行动援助像斯克兰顿这样的"铁锈带"工业中心。1952年,因为在麦卡锡主义影响下,针对她在美国公共工人联合会参与的劳工活动所展开的审讯,她离开了国务院。

20世纪30至40年代,雅各布斯先后居住在布鲁克林和格林威治村的华盛顿广场附近。她与建筑师罗伯特·海德·雅各布斯(Robert Hyde Jacobs)结婚。1947年这对夫妇买下位于西村街区哈德逊街55号一家改装过的糖果店,在那里他们有了三个孩子。

书写城市

1952年离开国务院之后,雅各布斯担任了《建筑论坛》副主编,她在那里的工作使她能够接触到富于影响力的思想与个人,当时也正是政府资助城市更新的全盛时期。她很快就对这些大规模的再开发计划持怀疑态度。与东哈莱姆联合改良会所(Union Settlement in East Harlem)的威廉·科克(William Kirk)的相遇,使她充分意识到新建高层公共住房项目的缺点,它们改变了传统的街道模式并形成了大型街区。而与著名的费城城市规划师埃德蒙·培根(Edmund Bacon)会面,则让雅各布斯震惊于后者对现代主义的关注以及他对年代较为久远(甚至贫困)邻里街区的漠不关心。

而当她的老板道格拉斯·哈斯凯尔(Douglas Haskell)1956年为她提供机会在哈佛大学一场有关城市设计的会议上发言时,雅各布斯首次公开表达她的批评意见。雅各布斯发起进攻,质疑由一部分现代主义最具影响力的支持者——约瑟·路

易·塞尔特、杰奎琳·蒂威特（Jacqueline Tyrwhitt）和刘易斯·芒福德在内——组成的听众所提出假设。芒福德鼓励她为自己的想法争取更广泛的听众；不久之后《财富》编辑小威廉·怀特委托她为自己的杂志撰稿。在 1954 年 4 月的文章《市中心是给人民的》（Downtown Is for People）中，雅各布斯认为规划者、建筑师和商人的工作正在以一种减少地方风味与活力的方式"与城市背道而驰"。

雅各布斯在《财富》上撰写的文章已充满了足以成为一部专著的思想性，而这正是她下一步做的，并由洛克菲勒基金会提供资助。1961 年出版的《美国大城市的死与生》（在后文中它被作者简称为《死与生》）引发了有关城市更新和城市规划的手段与目的的激烈辩论。

这本书的大获成功让雅各布斯在接下来的 40 年中专注于写作。随后的两部著作——《城市经济》（The Economy of Cities）及《城市和国民财富》（Cities and the Wealth of Nations）——先探讨了城市的经济，然后是城市的地缘政治功能。连同《死与生》一起，它们构成了雅各布斯分析城市生活的三部曲。她还撰写过深入研究伦理学（《生存系统：基于道德的商业与政治对话》[Systems of Survival: A Dialogue on the Moral Foundations of Commerce and Politics，1992]）、生态学（《经济学本质》[The Nature of Economies，2000]）的作品，还有涉猎广泛的社会批评（《黑暗年代将至》[Dark Age Ahead，2004]）。

在纽约市的行动

从 20 世纪 50 年代中期开始，雅各布斯参与了她所居住的格林威治村街区的一系列公开辩论。1958 年社区成功抵制罗伯特·摩西提出的用一条下沉式交通干道将华盛顿广场一分为二的建议。她在《死与生》一书中讨论了其中的一些经历，她对这些事件的观察构成了她的城市政治与权力本质观点的基础。

雅各布斯所采取的最激烈的政治斗争则是为了回应纽约市城市规划委员会将她所居住的西村定性为破败不堪以及它所制定的 14 号地块城市更新计划的目标。因为领导着一个拯救西村公民委员会，雅各布斯逐步与坦慕尼协会领袖卡姆·德萨皮罗（Carmine DeSapio）、民主党改革家爱德·科赫（Ed Koch）以及共和党众议员约翰·林赛（John Lindsay）建立起友谊。持续宣传，再加上政治和法律压力迫使市长罗伯特·瓦格纳（Robert Wagner）在 1962 年初撤回这项提议。同年晚些时候，雅各布斯成为一个旨在反对在下曼哈顿拟建高速公路的委员会的主席。她再次证明自己是一位兼具战略与战术的高效领导者，公开明确反对高速公路计划并在政府听证会上发表了强有力的讲话。

在 20 世纪 60 年代，她持续投入大量精力、想法和组织资源，以便将可负担住房带入西村。西村协会是一个由雅各布斯联合创办的组织，它将居民也纳入补贴公寓房的设计和开发之中，这些公寓与其他（公私）住房项目形成了鲜明的对比。预想的西村住房无须进行拆迁或租户搬迁，建筑物朝向将面街，而不是面向超级街区，同时建筑物将保持与现有邻里街区的协调。

但令该协会感到沮丧的是，由于市政官员的抵制，西村住房的建立被阻挠近 10 年，因此完工的建筑物并没有达到混合使用和配套设施方面的既有目标。但更为重要的是，从长远来看，雅各布斯并未能对正在破坏她所眷恋的邻里的可负担住房做出恰当的反应。

迁居多伦多

从 1965 年起，雅各布斯直言不讳地批评越南战争，以自己的名义声援世所瞩目的抗议活动，包括 1967 年位于纽约白厅街募兵中心的静坐示威，她和儿科医生本杰明·斯波克（Benjamin Spock）、作家苏珊·桑塔格（Susan Sontag）等人一起在那里被捕。正因为雅各布斯强烈反对美国外交政策，她于 1968 年决定举家（连同两个已届应征入伍年龄的儿子)迁往加拿大。

刚刚定居到多伦多大学附近的社区,雅各布斯马上就面临着一项高速公路从社区通过的方案。她联合多伦多大学教授马歇尔·麦克卢汉(Marshall McLuhan),将自己的声音和经验投入一场用于挫败高速公路的目标,旨在以公共交通取而代之。

而在反对多伦多高速公路运动之后,雅各布斯还支持一项内容广泛的公民改革倡议。她积极支持诸如激进的邻里社区组织候选人约翰·塞维尔(John Sewell)等,后者凭借反对清理贫民窟和过度开发而入选市议会。当持有类似观点的候选人在1974年当选市长后,所有政治派别的改革家都高度重视雅各布斯的建议,尤其是在城市发展问题上。

雅各布斯与改革部门的联系使她能够影响各项政策及项目,其中最为引人注目的项目是将多伦多市中心一座占地45英亩的前工业区重新加以开发利用,成为一座被戏称为圣劳伦斯社区的综合用途住宅区。这一倡议在1974至1979年间付诸实施,共建造了3 500个居住单元,而且按照设计师艾伦利特伍德的说法,它也成为"以具体形态完整地表达雅各布斯思想"的代表。

1979年,加拿大广播公司委托雅各布斯担任梅西公民演讲(Massey Lectures)嘉宾——讲座由5个广播讲座组成,以加拿大城市和主权为主题,后来她对其进行了扩展,并于1980年以《分离主义问题:魁北克与跨越分离的斗争》(*The Question of Separatism*: *Quebec and the Struggle over Separation*)为题出版。在进入围绕加拿大双元文化历史展开的争论中心后,雅各布斯鼓励这个国家避开情感上的民族主义,承认以多伦多和蒙特利尔为中心的经济体的特殊需求,并构思一个按步骤推动的"和平分离模式"。这一立场源于雅各布斯对中央集权的反对,但也在更广大范围内引起像西班牙加泰罗尼亚(于1979年分权)这样的地方文化区域要求政治分权趋势的共鸣。

作为"能源调查"(Energy Probe)理事会的创始成员,雅各布斯支持解除对能源部门的管制,尤其是对安大略省的核电厂持批评态度。在世纪之交,雅各布斯使加拿大五大城市的市长坐在一起,向省和国家政府施压以采取更有利城市的政策。

观点与影响

雅各布斯许多最有力的观点都可以在《美国大城市的死与生》一书中找到。《死与生》中立即引发争议——但最终也是最有效——的观点,集中在她对美国城市更新的尖锐批评。后者所包括的一系列影响,至少可以追溯20世纪初的城市美化运动对纪念性的强调,并且追随着勒·柯布西耶和其他现代主义者在20世纪中叶所提出的功能分离的城市主义——所有这一切都被她抨击为从根本上反城市。

雅各布斯并不是美学角度阐述她的批评,而是基于她对城市如何运作,以及为什么最近的许多干预以失败告终的观察。《死与生》对社区最基本空间——公园、广场、人行道——之中的动态公共领域进行了分析。其中最为人称道的部分是描述"错综复杂的人行道芭蕾",这是在她位于哈德逊街的家窗外所展开的典型一天。她试图指出传统城市街区形式所固有却未被充分认识的优势和社会功能。因此,"经典的雅各布斯邻里街区"是一个夜以继日展示各种生机勃勃活动的地方。

雅各布斯随后探索了这种富有生命力的结构的基础。她认为健康的城市邻里社区明确具有4组驱动力或条件:首先,它们需要具备复合型用途,容纳伴随各种活动而来的多样性。其次,它们应该拥有不同年代、类型和条件的建筑物,以孵化最广泛的用途。第三,邻里社区要达到活动的临界值,就应该有相当密度的人口集中。最后,街道应当被划分为相对较短的街区,以最大限度地提供在其众多交叉路口进行选择和意外发现的机会。

值得注意的是,这里每一个特点都与现代规划和城市更新的基本原则背道而驰,这些原则包括对超级街区的偏好、拥有更多开放空间的低密度、以新开发项目取代旧的区域，以及各类功能（例如居住、工作、休闲和交通）的日益分离。雅各布斯挑战了一系列有关城市如何运作的假设，例如她注意到公园并不绝对好，但也不会变得更好；相反，不容易穿越或监视的巨大空间则可以起到"边界真空"的作用，在其附近起到缓冲作用。

总的来说，雅各布斯甚至为像远在德国的城市社会学家上了一课。在美国，她的影响力在理查德·桑内特的作品如《混乱的用途：个人身份与城市生活》中表现得尤为明显。威廉·H.怀特则在他有关街头生活研究中继续强调雅各布斯的关注点。在雅各布斯对犯罪丛生的高层住房项目的批判中，她进一步发展了街道上开展更多活动的论点，提出这些住房项目的布局阻碍了社区自治，尤其是妨碍了奥斯卡·纽曼（Oscar Newman）所谓的"防御空间"。雅各布斯有关社区模式中不被察觉的服务的一般性界定，预见了政治学家罗伯特·普特南对公民社会和社会资本的探索，以及理查德·佛罗里达有关城市创意阶层的分析。诺贝尔经济学奖获得者罗伯特·卢卡斯认为，她应该为他称之为"简·雅各布斯外部效应"，即城市在促进人类创新方面的作用的观点荣获诺贝尔奖。

雅各布斯完成了她首部围绕"城市问题类型"，即"有组织的复杂"系统的扩展思考的作品，她经常将城市系统与包含无数小生境和恰当有机隐喻的复杂生态系统进行比较。她对城市社会逐步显露、不可预测的模式的描述，预示着日后人们对混沌理论以及其他既非线性也不随机的动态发展的关注。她晚期的作品转向了环境问题，并最终在"生态模拟"中看到了许多希望。

雅各布斯还深入研究城市作为动态的经济发展引擎而存在的问题。她将城市中心作为几乎所有最重要的人类文明的成果，甚至农业发展的必要场所。在她看来，城市是不可或缺、不断发展的社会组织场所，在城市里可以实现本地以及最终国际市场上的创新。她对城市在全球语境下所扮演角色的强调，为社会学家萨斯基亚·萨森、地理学家彼得·霍尔，以及经济学家罗伯特·卢卡斯的后期研究铺平了道路。

雅各布斯直接影响了许多与城市研究相关的重要思想家：罗伯特·卡罗（Robert Caro）将雅各布斯作为他的传记《权力掮客：罗伯特·摩西与纽约的堕落》（*The Power Broker：Robert Moses and the Fall of New York*）一书的主要灵感来源。而对于马歇尔·伯曼（Marshall Berman）而言，雅各布斯的愿景是以一种不合规矩的"街头现代主义"表达城市民主的典范，他在《一切坚固的事物都烟消云散：现代性的体验》（*All That Is Solid Melts into Air：The Experience of Modernity*）中详细探讨了这一点。

从更广阔范围来看，她对传统城市街道景观的重视，成为建筑师、规划人员以及保护主义者拒绝各方面的现代主义城市生活的先声。尽管城市专业人士起初以极大的敌意来看待她的第一本书，但到了1974年，纽约城市规划委员会主席约翰·祖科蒂（John Zuccotti）声称"我们都是新雅各布斯"。在20世纪90年代，新城市主义运动将雅各布斯的理论作为以行人和社区为导向的郊区开发项目——如双双位于佛罗里达的"海滨城"和"庆典社区"项目——的基础。

对雅各布斯工作的持续批评也同样存在。左翼政治人士认为她的建议对大资本势力的反应不足。事实上，雅各布斯经常提倡创业、创新以及其他一些自助形式作为"不发达的"经济萧条地区的解决方案，同时她抨击大规模的城市项目，其中不仅包括城市更新，还包括田纳西河流域管理局。雅各布斯从不愿给自己贴上政治或意识形态标签，然而她终其一生对权力和权威抱有怀疑。在一生中，她一直都是一个渐进主义者，反对灾难性的变革和专制权力——无论是公共的还是私人的。她还对健康社区面对各种危险时具有自我纠偏的内在能力保有信心，并致力于通过自己的写作与实践，保证她所认为有必要为之的公民活动充满活力。

进一步阅读书目：

- Allen, Max, ed. 1997. *Ideas That Matter: The Worlds of Jane Jacobs*. Owen Sound, ON, Canada: Ginger Press.
- Fishman, Robert. 1996. "The Mumford — Jacobs Debate." *Planning History Studies* 10: 1-2.
- Jane Jacobs tribute issues in the following journals: *City & Community* 5: 3 (September 2006); *Journal of the Society of Architectural Historians* 66: 1 (March 2007).
- Klemek, Christopher. 2007. "Placing Jane Jacobs within the Transatlantic Urban Conversation." *Journal of the American Planning Association* 73: 1.
- ——. 2008. "Jane Jacobs and the Fall of the Urban Renewal Order in New York and Toronto." *Journal of Urban History* 34: 2.

(Christopher Klemek 文　王琼颖 译　李文硕 校)

JOURNEY TO WORK ｜上班旅程

上班旅程的概念通常是指从住所到工作场所的这段路程，一般还包括从工作场所到家的返程，"通勤"一词被用作它的同义词。通常，上班旅程中包括诸如在幼儿园、咖啡店、售货亭或食品杂货店之类的停留。在美国，只有不到一半的上班旅程是在家庭和工作场所之间的不间断"旅行"。

尽管休闲旅行快速增长，但上班旅程仍占据着城市区域工作日"旅行"的大头。2001年，美国劳动者中，工作旅行占到工作日旅行的45％和工作日出行距离的42％。在欧洲，经常被报道的是居高不下的每日通行距离：例如在哥本哈根大都市区，通勤距离占据了工作日该区域内旅行距离的三分之二，并且接近每周旅行距离的一半。从各国普遍趋势来看，男性通勤距离要比女性更长。

虽然提高弹性工作时间在一定程度程度上缓解了早晨与下午的交通高峰，但上班旅程仍表现出较其他目的的旅行在时间上更为集中的特点。城市高速公路与公共交通容量在高峰时段得到最大限度利用，因此通勤方式的变化对于拥堵程度以及交通企业的收入至关重要。这就引发了对交通规划和上班旅程的重点关注。这些旅程因为它们别无选择的特点以及在时间和空间上的集中，因此对社会、经济和地方环境有巨大的影响力。它们对于总体上的能源利用和排放水平而言也非常重要。上班旅程在实际通行时间和距离中所占比例可能比许多以出行为基础的旅行调查报告还要高，后者往往没有考虑到每日通勤在扮演固定和基本出行角色的同时还顺便捎带了其他出行目的——例如前往杂货店购物。

通勤距离

随着当代社会流动性的增强，通勤距离随着时间的推移而扩大。这一点适用于城市居民前往同城的工作场所和城际通勤，尤其后一种出行变得越来越长也日益频繁，因为高速公路的建设和新建高速铁路减少了距离带来的困扰，并且还导致更大区域内的功能一体化。

在美国和丹麦这样的国家，单向通勤距离平均约为18千米。相比之下，在富裕的中国东南沿海地区，虽然汽车拥有率较低但已呈现快速上升趋势，城市工人到达他们工作场所的平均出行距离还不到前两者的1/3。

在大多数国家，驾车前往工作场所的比例正在增加。这同样适用于汽车保有和使用量长期居高不下的社会。在美国，汽车通勤率从1980年的约85%提高至2001年的93%。公共交通和非机动车模式如各占不到4%（虽然纽约和美国东北部沿海城市搭乘公共交通的比例较高）。在一些国内生产总值与美国不相上下甚至更高的欧洲国家，使用公共交通和非机动车通勤的占比相对较高，尤其是在较大的城市。例如在哥本哈根大都市区，采用自驾、公共交通和步行、自行车上班的比例分别约占60%、10%、和30%，这一比率在近10年间仅略有变化。

上述差异表明，上班旅程的出行距离和形式并不仅仅是富裕程度在起作用。在富裕程度类似的国家和地区间出行行为的变化也不能简单用文化差异来解释。大量研究表明，上班旅程会受到交通政策和土地利用政策影响。

出行时间

来自一些城市区域的数据显示，市中心居民的平均上班旅程要明显短于与他们地位相当的郊区人。这既是因为在大多数城市，工作场所在市中心的集中度往往要高于外围地区，也是出于这样一个事实：即使是在城市区域内随机选择地址，周边地区住处的距离要比市中心住处长。

通过检视人口统计、社会经济与个人态度差异，哥本哈根大都市区的外围地区居民平均出行时间是与他们地位相同的市中心居民的3倍。居住在距离哥本哈根市中心约28千米处的居民中，自驾通勤的比例超过80%；而在居住在距市中心不到6千米的居民中，这一比例则为35%。相反，后者中有超过一半的人利用自行车或步行前往工作场所，而这一比例在那些居住在外围郊区人中只有10%。这些与欧洲其他若干欧洲城市的研究结果一致的发现，暗示着通过增加住房开发项目——尤其是在市中心区域内——有助于减少通勤距离，减少自驾通勤者的比例，同时提高利用非机动车方式上下班的比例。与之相比，城市扩张推动了通勤距离的扩大和上下班途中的汽车使用量。

居住位置对通勤时间的影响并不明显。美国的研究业已发现，郊区居民在上班路上耗费的出行时间要比市中心居民短，这主要是由于外围区域的道路交通更为通畅。但另一方面，按照部分欧洲城市的研究，市中心居民出行的平均速度相对较低（因为非机动车出行的比例更高，机动车交通流量较少），与较短的通勤距离相抵消，因此，居住在靠近市中心的居民，平均通勤时间与外围居民相似，甚至更短。

如果工作场所靠近市中心，那么白领工人自驾通勤比例要比工作场所位于城市郊区更低。公共交通的可达性在城市中心区域中是最高的。此外，市中心停车位的拥挤和稀缺，或许造成许多潜在的汽车通勤族将他们的车停在家里的车库了。在挪威奥斯陆和哥本哈根，前往市中心工作场所的汽车通勤族比例少于25%；而受雇于外围区域的这一比例则为50%到85%，而这具体取决于工作场所是否靠近通勤的火车站。其他斯堪的纳维亚城市的调查也出现了类似的结果，中心与周边地区的模式差异最为明显，并且这些差异通常发生在大城市；而对蓝领工人来说，工作场所位于中心与周边地区在出行模式上的差异则往往要小得多。这些结果得到了荷兰的所谓工作场所区位ABC原则的支持，根据该原则，除去当地的服务设施，每个单位区域内能够吸引大量职员或访客的工作场所应位于易于公共交通和非机动车交通通过、但汽车不易通过的区域。蓝领工人工作的场所，由于通常会产生大量货物运输，则位于卡车方便通过的区域。

交通基础设施

通勤方式还受到运输基础设施的影响。虽然诱发交通拥堵现象的因素曾经存在激烈争论，但越来越多的证据表明，拥挤城市区域的道路容量增加往往会吸引更多的司机前往新建成的、不那么拥堵的路段,因此提高出行速度只是一种短暂的缓解措施。与此相反,更快、更频繁的公共交通则可以提高这一运送模式的吸引力,而且还可以使过去的一些自驾出行者将他们的汽车留在车库里。奥斯陆和哥本哈根的实证研究表明,相当一部分通勤者的出行模式受汽车和公共交通(还包括汽车与自行车)在门到门出行时间上的比例影响。因此,在交通政策目标旨在遏制汽车通勤增长的情况下,建设大型城市高速公路是一种适得其反应对拥堵的方式。在英国,自 20 世纪 90 年代以来,国家交通部门就已经承认了上述机制。

在美国,拼车运动已经成为限制拥挤城市地区高峰时段汽车出行的重要措施。尽管如此,1990 至 2001 年间单独驾车出行的通勤者比例仍有所增加。在 20% 左右没有独自出行的自驾通勤者中,有 3/4 是与家庭成员一同出行。

许多交通研究者业已指出,道路收费是一种减少城市区域交通拥堵的有力手段。但出于引发选民消极反应的担心,大多数政府无法实施此类计划。但仍有一些例子存在,包括新加坡在 1975 年引入通行费以及 20 世纪 90 年代在挪威的 4 座城市设立收费环路。伦敦于 2003 年设立环市中心收费路,由此将穿越这一环路的汽车和小客车数量减少了 35%~40%,同时改善了该受影响地区的交通流量。在瑞典斯德哥尔摩,一项包括设立环市中心收费路改善公共交通、并增加泊车转乘设施的试验于 2005—2006 年执行。这套政策措施使得收费环路上的汽车减少了 20%~25%,大大缓解了主干道和市区拥堵状况,减少市中心的空气污染,并逐渐得到了公众对这一政策措施的支持。

进一步阅读书目:

- McGuckin, N. and N. Srinivasan. 2005. "The Journey-to-Work in the Context of Daily Travel." Paper for the Census Data for Transportation Planning Conference, Federal Highway Administration, Washington, DC.
- Næss, P. 2006. *Urban Structure Matters: Residential Location, Car Dependence, and Travel Behavior*. London: Routledge.
- Noland R. B. and L. L. Lem. 2002. "A Review of the Evidence for Induced Travel and Changes in Transportation and Environmental Policy in the U. S. and the U. K." *Transportation Research Part D* 7: 1–26.

(Petter Næss 文　王琼颖 译　李文硕 校)

K

KAMPUNG | 甘彭

甘彭，马来语中的"村庄"，指的是一个小型乡村聚落，但有时也可以表示一个单独城市社区、邻里或城镇下辖的一小块区域。在印度尼西亚，这一术语则特指与乡村"德萨"(*desa*，意为"村庄")相对的城市邻里社区。而在马来西亚，它主要指(但不仅限于)马来人的乡村聚落。甘彭往往让人联想起一种强烈的社区意识，这种意识立于由平等团结、邻里互助以及强大家庭及亲缘纽带构成的道德话语之上，亦是家庭和马来人身份印记的象征。但与此同时，这个术语也被用来表示"落后"。那些被认为行为举止不文明的人通常会被称为"乡下人"(*kampungan*)。无论是怀旧的叙述，还是贬称都将"甘彭"定位于外于城市现代性的地方或边缘地带。

作为东南亚部分地区实施殖民城市规划之前的主要定居形态，甘彭的特点是在社会经济方面存在独特的阶级分野，20世纪初以来的殖民及后殖民官僚体制又加剧了这种阶级分野的存在。尽管维系甘彭生存的主要是农业，但近几十年来一直存在着向更为多样的职业构成与收入来源的转变，一些甘彭变成了附近城镇的人口不断流动的通勤村。

20世纪90年代，马来西亚政府提出了"新"马来人倡议，即能够参与资本主义世界经济的创业者，要求"城市化"马来人，将他们从"落后的"甘彭心态中拯救出来。与此同时，甘彭仍是临时起意便可返身而去的地方，也是维系亲情与一种身为马来人感觉的所在。但在实践当中，城乡差异正在迅速消失，城市化作为一种文化力量——借由大众媒体、教育和人员的流动——在乡村地区变得越来越普遍。如今的甘彭居民已顺利过渡到一种占据压倒性优势城市世界日常生活之中。将乡村空间该改造为城市空间对理解东南亚许多地区城市化至关重要，正如"德萨—科塔"(*desa-kota*，字面意味"乡村城市")这一概念所总结的那样，它勾勒出城市中心与乡村边缘地带之间的想象与物质空间。

在新加坡，城市化几乎已完全消除了城市国家中的甘彭景观，但甘彭生活的概念依然为人们所铭记，它是一个田园诗般的所在地，是一个放松生活、实现社区合作的地方，与城市生活压力及紧张相对应。甘彭生活不受时间影响的特性，是与纯真童年、社会凝聚力、自发互动以及简单生活方式相连的，它构成了对城市当下境况的内在批判。

进一步阅读书目：

- Chua, Beng-Huat. 1995. "That Imagined Space: Nostalgia for Kampungs." pp. 222-241 in *Portraits of Places: History, Community and Identity in Singapore*, edited by B. S. A. Yeoh and L. Kong. Singapore: Times Editions.
- Thompson, Eric C. 2004. "Rural Villages as Socially Urban Spaces in Malaysia." *Urban Studies* 41(12): 2357-2376.

(Brenda S. A. Yeoh 文　王琼颖 译　李文硕 校)

KOLKATA (CALCUTTA), INDIA | 印度加尔各答

印度2001年人口普查显示，过去以"Calcutta"闻名的加尔各答（Kolkata）是世界上人口最多的城市之一，有超过1 300万人居住在从城市核心区向外不断扩张的大都市区，它将广阔的城市周边与核心地区包围了起来。加尔各答在流行的话语中被称为"黑洞"，它被认为体现着第三世界特大城市的刻板印象：贫困、肮脏与疾病、拥挤不堪的人群、贫民窟，还有欠发达。在这种想象中，加尔各答得到了圣洁人物的拯救，例如特蕾莎修女以及她孜孜不倦为城市乞丐、麻风病人和孤儿所做的努力，因此它也是"欢乐之城"，在这里，慈悲与人性从苦难中脱颖而出。

殖民时期的加尔各答

"黑洞"一名指的是1756年英国囚犯在孟买纳瓦布窒息死亡的事件。事实上，加尔各答的起源要追溯到殖民战争时期，这座城市的官方历史开始于1690年的英国贸易与商人定居。随着英国人从重商主义转向殖民统治与军事占领，1772年，加尔各答被宣布为英属印度的首都，并一直持续到1911年，当时不断壮大的民族起义迫使英国将首都迁往新建成的、因此也更易控制的城市新德里。2001年，加尔各答更名为Kolkata，作为三座点缀在英国商人最初踏上的土地上的小村庄之一，重新命名是将印度城市从其殖民遗产中分离出来的做法的一部分。

殖民时期的加尔各答与其他许多殖民城市一样，分为两个不同的区域——英国人的"白色城镇"与印度人的"黑色城镇"。当英国人的白色城镇与以其政府和商业纪念设施以及开放的休闲空间而闻名之际，印度人的黑城则以其幽闭恐怖著称。但在加尔各答，这一区分白人和其他人种之间的经典殖民区隔则更为复杂且模糊不清。至19世纪末，加尔各答见证了一场"孟加拉文艺复兴"在印度精英阶层中的流行，英语变得越来越流行，西方自由主义哲学的流传也越来越广泛。他们同时也是一个大量投资白色城镇的土地精英阶层，以至到19世纪中叶时，英属加尔各答大部分地区即所谓"宫殿城"尽管集中居住着欧洲人（他们的印度仆从除外），但这里的实际所有者却是印度人。富有的印度人自己居住在加尔各答北部，他们的家往往穷奢极欲，彰显出切断种族形态的阶级与种姓界限，也使人对印度人无差别的贫困和棚户区生活产生怀疑。

殖民时期的加尔各答是一个建立在诸如黄麻和纸张等主要商品的生产和贸易基础上的经济体。后殖民时期的加尔各答见证了这些产业的崩溃及其经济基础的去工业化。至1947年印度独立时，加尔各答和孟买是印度排在前列的经济中心。而且加尔各答勇敢地吸收了大量在伴随民族独立而来的分裂过程中失去国籍的孟加拉"难民"。但到20世纪70年代，孟买强化了它的繁荣发展，而加尔各答却处于资本外逃和失业率飙升的阵痛之中。在20世纪的最后十几年里，加尔各答主要是靠着非正规经济得已继续存在，它成为一座由日工、不正规的小商小贩以及家庭佣人组成的城市。从广阔而贫困的农村腹地持续迁出的人口，例如比哈尔邦和奥里萨邦的一部分悲惨地区，以及西孟加拉邦的村庄加速了这种非正规经济。可以在贫民窟、棚户区以及人行道两旁住房构成的景观中发现这座非正规城市的空间特色，每一处景观都受到不同形式的监督、谈判和政治交易的支配，但所有这一切都预示着这座城市的正规经济正在被掏空。

现代加尔各答

新共产党人治下的城市更新

加尔各答是西孟加拉邦的首府，该邦由世界上

执政时间最久、经民主选举后产生的共产党政府——左翼阵线治理——它自1977年以来始终掌权。随着20世纪的结束，左翼阵线采取了一项新经济政策，旨在实现西孟加拉邦的经济自由化，吸引全球投资——主要集中在房地产和高科技领域——前来加尔各答。城市更新与再开发是新政府大力支持的事业，长期占据城市人行道的不正规商贩被迅速驱逐；生活在棚户区的居民及佃农的城市边缘地带，如今被指定安置在郊区的小块土地和新镇上。新共产党人显然雄心勃勃地要将加尔各答置于全球化的版图上。

1996年将不正规商贩从加尔各答街头驱赶走的行动由市政府推动，打着奥威尔式标题的旗号：阳光行动。这是为收回这座拥有秩序和纪律的"巴德拉罗克"（bhadralok）之城即绅士之城，而采取的驱逐行动。"巴德拉罗克"这一术语深深根植于这一地区的政治文化当中，它指的是在殖民主义熔炉中出现的一类孟加拉城市知识分子：他们接受英式教育，然而却强烈反对殖民主义；他们是精致文雅的精英，虽然与穷人和无产阶级对立，但却拥有孟加拉左派的心灵和灵魂。根据迪佩什·查克拉巴提（Dipesh Chakrabarty）的说法，"巴德拉罗克"是一个独特的"孟加拉现代化"的载体，是资产阶级公共领域的参与者，其中也包括了那些希望通过新共产主义实践实现复兴的人士。

民族经济分工与政治权力

加尔各答的资产阶级公共领域需要进一步的研究才能加以验证。加尔各答精英群体的显著特征是各民族在经济与政治权力上的分裂。从广义来说，尽管政治权力掌握在孟加拉的巴德拉罗克手中，但经济权力却属于马尔瓦人，这是一个扎根于拉贾斯坦邦的族群。马尔瓦人并非加尔各答的新成员，作为19世纪重要的商人团体，马尔瓦人在20世纪逐渐成为工业家，并在核心工业部门建立起泛印度人的主导地位；尽管如此，他们很少参与加尔各答的政治生活。在殖民城市时代，代议制原则被引入加尔各答市政当局。孟加拉的巴德拉罗克采纳了这一方式，今天的加尔各答由一套市议会制度进行管理，其中包括作为最高机构的加尔各答市政当局和作为地区机构的加尔各答大都市发展局，孟加拉市政当局和地区当局的主导地位得已继续保持。但围绕着由孟加拉巴德拉罗克主导政治制度和马尔瓦工业家与商人主导经济生活，经济与政治权力之间的分歧也在继续。有人认为加尔各答的马尔瓦人惯用的是血统、血缘关系及共同体的话语，而不是对资产阶级公共领域的想象。加尔各答的文化和政治生活——电影、艺术、戏剧——随后受到一种独特的孟加拉激进主义的激励，既是社会主义的，又是资产阶级的；既是民族主义的，又是现代主义的。

孟加拉的中产阶级

这座巴德拉罗克之城还包含了比公共形象更多的东西。建构与重建孟加拉城市（或郊区）中产阶级，不仅是一段城市更新与城市边界的叙事，亦是一段家庭劳作的叙事。在加尔各答的非正规经济中，家庭仆佣——主要是贫困妇女——便是突出的一点。拉克·雷（Raka Ray）曾指出，一如欧洲殖民者不得不协调他们的加尔各答家园与其印度仆佣之间的空间距离，今天的中产阶级也不得不处理与作为其帮佣的下人之间的关系。因此恰是在这方面，加尔各答的政治生活远不仅限于资产阶级的公共领域。借由大量争论与权利主张，农村和城市贫困人口对空间、服务、生机以及话语权提出要求。这个"政治社会"与资产阶级的"公民社会"形成鲜明对比，帕沙·查特吉（Partha Chatterjee）这样写道并指出"公共"形式及其治理范围成为一种准分析法和律师助理实践的路径：即"pablik"（这是一个融合两种语言的术语，它捕捉的是最初的英语单词在孟加拉口语中的发音）。这个公共（pablik）领域的历史痕迹存在于殖民时期的加尔各答，存在于针对贫困妇女的粗暴行径与批判叙述之中，它所产生的街头流行文化，构成了对作为精英会客室的城市的挑战。

今天，这个城市边界似乎已经取代了20世纪去工业化所带来的冲击，然而就在2006年，加尔各答的城市边缘将见证一出新的政治戏剧。由于邦政府打算在辛格乌尔建立一个经济特区,用来建设一座全球性的汽车工厂,围绕佃农和棚户区居民流离失所问题长期存在的争议由此爆发。辛格乌尔的不满情绪不断蔓延,在楠迪格拉姆,农民们封锁了他们的村子,并抵制建设经济特区。那么新加尔各答是否已经到达极限?又或者巴德拉罗克之城因此只能是一座非正式的城市?

进一步阅读书目:

- Banerjee, S. 1989. *The Parlour and the Street: Elite and Popular Culture in Nineteenth Century Calcutta*. Calcutta, India: Seagull Press.
- Chakrabarty, D. 2000. *Habitations of Modernity: Essays in the Wake of Subaltern Studies*. Chicago: University of Chicago Press.
- Chatterjee, P. 2004. *The Politics of the Governed: Reflections on Popular Politics in Most of the World*. New York: Columbia University Press.
- Chattopadhyay, S. 2005. *Representing Calcutta: Modernity, Nationalism, and the Colonial Uncanny*. New York: Routledge.
- Hardgrove, A. 2004. *Community and Public Culture: The Marwaris in Calcutta, 1897 – 1997*. New York: Columbia University Press.
- Kaviraj, S. 1997. "Filth and the Public Sphere: Concepts and Practices about Space in Calcutta." *Public Culture* 10 (1): 83 – 113.
- Lapierre, D. 1985. *City of Joy*. New York: Warner Books.
- Marshall, P. J. 2000. "The White Town of Calcutta under the Rule of the East India Company." *Modern Asian Studies* 34(2): 307 – 331.
- Ray, Rajat. 1979. *Urban Roots of Indian Nationalism: Pressure Groups and Conflict of Interests in Calcutta City Politics, 1875 - 1939*. New Delhi, India: Vikas.
- Ray, Raka. 2000. "Masculinity, Femininity and Servitude: Domestic Workers in Calcutta in the Late Twentieth Century." *Feminist Studies* 26(3): 691.
- Roy, A. 2003. *City Requiem, Calcutta: Gender and the Politics of Poverty*. Minneapolis: University of Minnesota Press.
- Sinha, P. 1990. "Calcutta and the Currents of History, 1690 - 1912." In *Calcutta: The Living City*, edited by S. Chaudhuri. New York: Oxford University Press.

(Ananya Roy 文 王琼颖 译 李文硕 校)

KRACAUER, SIEGFRIED | 西格弗里德·克拉考尔

作为一名受过训练的建筑师,德国犹太裔文化批评家西格弗里德·克拉考尔(1889 年生于莱茵河畔的法兰克福,1966 年卒于纽约)在 20 世纪 20 年代初果断放弃自己的职业生涯,转而投入哲学和社会学研究。无论是最初作为《法兰克福报》(*Frankfurt Zeitung*)的记者和编辑,还是后来成为一名电影与文化理论家,他都是一位多产的原创作家,探索着现代大都市的日常经历、流行文化与大众娱乐。由于受到马克思主义、精神分析学及其在柏林的前导师格奥尔格·齐美尔的社会学理论影

响,再加上法兰克福社会研究所(法兰克福学派)的批判理论,克拉考尔开始对当代城市生活持一种高度批判且往往非常悲观的观点,这种观点被打上了精神上的无家可归、内心的空虚及当代个人主观上敏感度降低的烙印。

书写法兰克福与柏林的城市经历

1921 至 1933 年间,克拉考尔为《法兰克福报》撰写了近 2 000 份稿件,涉及从法兰克福和柏林的日常生活世界中汲取的最广泛主题。文章包括城市街道与广场上的特别(有时是不可思议的)经历,与古怪人士的奇妙邂逅,拜访各类酒吧、咖啡馆和餐馆,讨论大都市的建筑、规划与设计,大量电影与文学评论,当时的展览、演出和首映礼;此外还有对其他城市尤其是巴黎的报道。

对克拉考尔而言,这些微型文本远比普通的报道更具有持久意义。与同时代的本雅明、恩斯特·布洛赫一样,克拉考尔以真正现代主义的方式,回避一切对现代城市景观系统的全景式描述;相反,他与前两者一样意识到文本片段对于真实捕捉和表现大城市世俗生活存在截然不同且破碎的现实。特别是在克拉考尔看来,城市景观看似平淡无奇的"表面现象"不过是些痕迹、象形文字,抑或想象的图景,然而一旦它们被批判理论家的修复和破译,就会使大都市瞬间变得清晰无比。

许多年之后,克拉考尔选取一部分片段,收录于《大众装饰》(*Das Ornament der Masse*,1963;同名英译本出版于 1995 年)和《柏林以及其他地方的街道》(*Strassen in Berlin und Anderswo*,1964)两本选集中。这些由文字构成的镶嵌画或蒙太奇,反复强调城市环境肤浅且稍纵即逝的特征。例如克拉考尔回避经过规划且永久的城市建筑结构,却着迷于源于城市街道上运动着的人流与交通,自然而然出现的人物及偶然流露的形态。他不由自主地被错综复杂的记忆、被偶然瞥见的路人所吸引,为这份转瞬即逝和即兴着迷。事实上,被理解为一种在形式间自由流动的"即兴",以其来去不费吹灰之力的过程、无目的性、无止境地变化,成为他写作中的核心观点。

无论是作为作家、音乐家、杂技演员或舞者,还是作为城市中的浪荡子,即兴为之相比那些经过严格计算和精确控制所编排的舞蹈——例如蒂勒女郎舞蹈团这种大众装饰机器般的精确与重复,就成为一种怪异且乌托邦式的创新性创作模式。

书写城市民族志

克拉考尔的新闻作品以与魏玛共和国时期作品略有出入的形式汇总在一起。《雇员们》(*Die Angestellten*)最初在《法兰克福报》连载,是他于 1929 年撰写的有关柏林新兴且日益占据主流的白领工人的"民族志",它构成了对当代城市小资产阶级这一未知领域的开创性研究。凭借丰富多样的文献资料、访谈和观察,克拉考尔的研究呈现出办公室雇员完全理性化的常规生活世界,这个世界被精神上的无家可归及无聊所破坏,又因内在的无意义及孤立的存在和卑微感而变得贫瘠不堪,因为它们只能借由城市快速扩张的文化产业所产出的迷惑性产品加以补偿和安慰。作为对这场危机的反应,疏离的现代个体,像蒂勒女郎一样的,不顾一切地试图融入广大社会群体当中,渴望一种目的感和归属感的,所有人都热衷于步调一致,例如在舞蹈和游行时。克拉考尔五花八门的民族志适时提供了一系列的城市小资产阶级形象,他们很快将自己的白领换成了褐衫(这里喻指加入纳粹党——译者注)。

书写巴黎城市景观

在《法兰克福报》的建议下,1933 年 2 月 28 日,即国会纵火案发生后的第二天,克拉考尔离开柏林流亡巴黎。在那里他开始撰写后来于 1937 年出版的《雅克·奥芬巴赫和他那个时代的巴黎》(*Jacques Offenbach and the Paris of His Time*)。这是一部"社会传记"(*Gesellschaftsbiographie*),

它不再像常规传记那样突出个人生活，而是以这位著名作曲家的经历为镜头，观察第二帝国时期巴黎人的社会经济、文化与政治生活。在追溯奥芬巴赫的诙谐轻歌剧与音乐喜剧受欢迎度的起起落落时，克拉考尔的研究呈现出一幅全景式的、批判性的城市流行图景：住满波希米亚人和记者的林荫大道，世界博览会，时髦社交场的沙龙，貌似优雅实则声名狼藉的社会阶层，以及拿破仑三世的宫廷和它的帝国排场与典仪。与同一时期本雅明构思但未能成文的《拱廊计划》相类似，克拉考尔试图破灭 19 世纪的首都巴黎作为幻象、梦想和妄想所在的迷思。第二帝国本身就是一个荒诞的"轻歌剧世界"，它在奥芬巴赫看似无辜的音乐魅力中得已完美呈现，然而也被后者批判性地揭穿。交织着对独裁统治的残酷及其对"欢乐与魅力"一词误用确凿无误的提示，克拉考尔的研究借由文化现象这一城市"表象"之一，建构了一种对晚近大都市生活的示范性解读。

书写电影理论

1941 年，克拉考尔逃离被德军占领的法国，并在纽约度过了他的余生。在那里他撰写并出版了两本有关电影的主要（但也往往被大量误解和污蔑）著作：《从卡里加利到希特勒：一部德国电影的心理史》（*From Caligari to Hitler：A Psychological History of the German Film*，1947）和《电影的本性：物质现实的救赎》（*Theory of Film：The Redemption of Physichal Reality*，1960）并由此在盎格鲁美利坚学者中家喻户晓。这两本著作与他的城市研究密切相关则出于两个原因：第一，作为他反思或预言根深蒂固的威权特性与倾向的魏玛电影"心理史"的一部分，克拉考尔将 20 世纪 20 年代的"街头电影"的一些细节作为一种特殊而流行的类型加以讨论。这些电影往往描绘了年轻人以一种宿命般的浪漫主义方式反叛资产阶级家庭的限制与舒适生活，但呈现出显然截然相反的信息。例如电影《街道》（*Die Strasse*，1923）就警告那些轻率者提防大都市街道作为容纳恶习、腐败和残暴的场所的危险；但随后这一题材又出现了一些变化，例如《悲惨小巷》（*Die freudlose Gasse*，1925）和《柏油路》（*Asphalt*，1929）充满感情的将被社会抛弃者卑微而真实的生活中完完全全的困窘与中产阶级家庭的愚蠢虚伪和粗俗习惯进行对比。城市是一片具有威胁性的混乱；城市是一场浪漫主义的逃离——对克拉考尔而言，这两类矫揉造作图景都在为德国公众的未来做准备。

最引人注目的则在《卡里加利》一书中，克拉考尔开始建立并概述一些电影媒体与城市环境的关键性关联。这些发现在他随后尝试描述更具普遍性的电影理论时，得到更充分的发展，并且也确实成为重心。对克拉考尔来说，电影与城市之间存在着一种特殊的有选择性的亲近感。电影摄像机在大都市生活的永恒运动性、流动性、瞬间性和偶然性中发掘出它最适合的主题。电影尤其偏爱城市街道上"生活的流动"，换句话说：城市本身就是一部电影。事实上，克拉考尔认为，凭借着它洞悉和记录街头日常生活前所未有的幸福的能力，电影有望重新唤醒我们业已疲惫不堪的感官以感知周遭的世界。电影捕捉到并聚焦于我们通常对因疲惫不堪导致的精神涣散和麻木不仁状态的关注。通过这种做法，电影影像有助于我们重新认识日常环境并做出重要评价。借由电影的救赎，城市重新回到我们手中。因此，电影对克拉考尔来说成为现代都市人得以克服大城市理性化和常规化的基础。电影为精神上无家可归者提供了家园。

克拉考尔以城市为题所进行的五花八门的创作，为探究现代大都市及城市流行文化提供了犹如万花筒般的、批判性的，但最终也是救赎性的观点。

进一步阅读书目：

- Frisby, David. 1988. *Fragments of Modernity：Theories of Modernity in the Work of Simmel，Kracauer and Benjamin*. Cambridge：MIT Press.
- Kracauer, Siegfried. 1995. *The Mass Ornament：Weimar Essays*. Cambridge MA：Harvard University Press.
- ——. 1998. *The Salaried Masses：Duty and Distraction in Weimar Germany*. London：Verso.
- ——. 2002. *Jacques Offenbach and the Paris of His Time*. New York：Zone.
- Reeh, Henrik. 2004. *Ornaments of the Metropolis：Siegfried Kracauer and Modern Urban Culture*. Cambridge：MIT Press.
- Ward, Janet. 2001. *Weimar Surfaces：Urban Visual Culture in 1920s Germany*. Berkeley：University of California Press.

（Graeme Gilloch 文　王琼颖 译　李文硕 校）

L

LAGOS, NIGERIA | 尼日利亚拉各斯

作为现代城市的拉各斯是从一座最初在15世纪由阿沃里—约鲁巴人建立的渔村发展而来。虽然从1991年起拉各斯不再是尼日利亚的首都，但它依然是商业、工业和政治的神经中枢，并且正如本词条所写，它是该国发展的重要因素。

早期的入侵

贝宁王国从17世纪开始被入侵是首个塑造定居点命运的外部刺激因素标志，这个定居点迅速发展成为一个包含非洲和欧洲元素的大熔炉。而19世纪的两大发展，即废除大西洋奴隶贸易及建立英国统治，则奠定了这一定居点后期发展的基础。1861年它被宣布为殖民地，并很快就被赋予了维多利亚时代英国边区村落的特征：现代的建筑、全新的食物和服饰风格、报刊、英国的司法与政治体制、正规的学校，基督教传教活动也成为这座新兴殖民城市的印记。作为刚成立的英国行政当局的所在地、向遭到约鲁巴内战破坏的内陆地区传教的门户，以及对内陆腹地（后奴隶制式）林业生产而言日益重要的经销地，拉各斯吸引了来自内陆不同部落的移民和强制劳工。

巴西、古巴以及英国人在1792年为重新安置前奴隶建立了弗里敦（位于塞拉利昂），从那里返回的前奴隶及其后代的涌入促进了人口的稳定增长。许多依然与他们的约鲁巴家乡保持情感联系的返乡者，在拉各斯找到了避难所。这些移民为这座欢迎并且迅速容纳他们的新兴城市带来了不同的技能和文化习俗。拉各斯因此成为英国统治与价值观向内地扩展的中转站。来自巴西和古巴的返乡者主要是工匠，而来自塞拉利昂的则基本是神职人员。他们成为介于英国人和他们的土著同行之间的文化调停者，实际上也是英国"开化使命"的传播者。正是通过他们，拉各斯出现了西方式教育与技术教育，同时还伴随着一种全新的城市生活方式。另一方面，巴西人则引入了如今闻名遐迩的巴西建筑并加以推广，这些建筑至今仍装点着这座城市的葡萄牙/巴西区。

英国人的统治

至19世纪末，拉各斯已成为拉各斯殖民地首都及尼日利亚的主要港口。英国人强加于约鲁巴腹地的统治在1893年的一份协议上得已正式确立，这促成了现代经济、法律和政治制度的引入，从而支撑起英国人不断扩大的管理。英国的法律与秩序统治，以及公路和铁路运输的基础设施，促进了出口产品的发展。初级产品和进口商品通过拉各斯港口输送，这里从19世纪90年代起成为尼日利亚的主要海港。拉各斯也在那时赢得了西非利物浦的绰号。

进入20世纪，随着英国于1906和1914年将行政区合并，拉各斯成为尼日利亚的政治、经济和社会中枢。城市设施和不断扩展的殖民地经济强化了拉各斯的城市地位，并使之更有效地与广大内陆地区联系在一起。正如预期的那样，许多领先的欧洲公司在拉各斯设立主要办事处，各条主航线在拉各斯和欧洲各大都市中心之间提供定期服务。

欧洲商人、传教士和殖民地官员，还有受过西方教育的非洲人，赋予了这座城市国际化的特征。事实上，可能除了弗里敦之外，拉各斯是20世纪西非最为西化的殖民地，这一点反映在这座城市的时尚、品位和制度上。它的法律制度基本采取英制，最高法院和下级法院同时在这座城市中运行。虽然巴西风格的建筑直到20世纪50年代仍占据主流，但20世纪却也见证了各种各样的建筑风格。在拉各斯，波纹铁皮屋面板开始取代在城市土生居

民家中主流的茅草屋顶。1906—1914年和1918—1920年的商业繁荣则促成了炫耀性消费和铺张浪费的生活,这些生活方式构成了拉各斯城市生活的风格。

然而从19世纪开始,拉各斯的居住隔离已十分明显,当时欧洲定居者在拉各斯岛上建起高级定居区。至20世纪20年代,在拉各斯的各种族之间的空间隔离清晰可辨。麦格雷戈运河将人口稠密的非洲人小镇与拉各斯岛西岸低人口密度的欧洲人定居点及办公室隔开。位于土生居民区东部伊科伊的欧洲人主要定居点,从20世纪20年代起开始腾飞,随后成为一种地位象征,这一点从20世纪50年代起也为尼日利亚精英继承了下来。即使是在非洲人区,来自塞拉利昂和巴西的移民也各自在奥洛沃博沃和波波·阿古达开发他们的专属居住区。

随着越来越多的塞拉利昂神职人员接受了西方式的教育,第一批非洲人的律师、医生、传教士、教师、商人和记者在拉各斯产生,在这些著名的拉各斯人中有萨帕拉·威廉姆斯(Sapara Williams)、R. B. 布莱兹(R. B. Blaize)、基托伊·阿雅萨爵士(Sir Kitoyi Ajasa)、坎迪多·达·罗沙(Candido da Rocha)、S. H. 皮尔斯(S. H. Pearse)、J. H. 多尔蒂(J. H. Doherty)、杰克逊家族(Jackson)、麦考利家族(Macaulay)、埃里克·莫尔(Eric Moore)和奥里萨迪佩·奥巴桑(Orisadipe Obasa)。新的非洲精英复制了英国人的婚姻与社交生活方式,这使他们成为文化"混血儿"。但他们也是非洲反殖民的民族主义先驱,尽管其主要目标是在一个无论他们拥有怎样的资质都备受歧视的制度中寻求和解。因此,他们中的大多数人接受的是文化民族主义,这是20世纪30年代和40年代反殖民运动的最初形式。然而,非洲精英与其同僚之间共同点远超过他们与拉各斯土生非洲人的共同点。这不仅反映在他们的居住隔离上,也体现在他们在自己社会阶层内的婚姻选择上。

尽管在殖民地的管理中,奥巴(国王)与传统政治秩序被彻底搁置一边,但拉各斯的土生非洲人并未因此受到影响,他们中很大一部分人仍接受了殖民地的秩序,尤其是它所提供的商业机会。这一回应产生了本土企业家,诸如布赖马·伊博(Braimah Igbo),他是一位著名的可乐果商人;W. A. 达乌度(W. A. Dawodu),尼日利亚汽车企业家先驱;卡里姆·科顿(Karimu Kotun),一名成功的商人,担任利物浦和曼彻斯特的英国公司代理人;还有出身低微、通过棕榈油贸易和持有城市土地(塔伊沃·奥洛沃)积累起财富的D. C. 塔伊沃(D. C. Taiwo)。伴随着埃舒格巴伊·埃莱科(Eshugbayi Eleko)在20世纪20年代和30年代被废黜及随后的复辟,也令奥巴制逐渐具备了一定的政治意义。

当代城市

在拉各斯,土地是一项稀缺而高价值的商品。自殖民时期以来围绕着拉各斯土地充斥着的大量旷日持久的诉讼,验证了这一点。1912年由尼日利亚最高法院裁定的莱维斯诉班科勒案,明确了女性后代的财产继承权。1921年,由伦敦枢密院所做的阿莫杜·提贾尼裁决具有里程碑式的意义,它维护了拉各斯土著的土地权利,反对英国殖民当局的主张。但由于土地投机十分普遍,在土生拉各斯人中尤其如此,他们还持续助长了当地社会的暴力危机。这导致了城市中心区内所谓"地区男孩"(即失足青少年)的崛起。

自20世纪初以来,糟糕的城市规划与垃圾管理一直是拉各斯城及其郊区的烦扰之源。20世纪20年代和30年代爆发的鼠疫,使得清除拉各斯岛上各处贫民窟势在必行,同时还要在大陆上的亚巴(Yaba)和埃布塔·梅塔(Ebute Metta)修建新的定居点。但政府政策未能抑制不受约束的城市及郊区发展,糟糕的垃圾管理仍然是一个巨大威胁。

拉各斯一个长期存在的特点是城市基础设施不足。从1911年的73 766人增加至1963年的655 246人,再到2005年前后超过1 200万人,随着人口的大量增加,水、电以及市政交通设施之间的供需差距难以逾越。而各类政府干预措施,特别是在 20 世纪 70 年代石油繁荣时期提出的措施,由于国家货币急速贬值、官员腐败以及糟糕的文化维护措施,因此也无法满足需求。2006 年时由联邦政府倡议的拉各斯巨型城市计划仍在进行中。

拉各斯在尼日利亚的政治、社会和经济发展中扮演着先锋的角色。第一批政党(人民联盟,1908年;尼日利亚民族民主党,1923 年)以及第一批泛尼日利亚政党(拉各斯/尼日利亚青年运动,1934年;尼日利亚与喀麦隆全国委员会,后称尼日利亚全国委员会,1944 年)都在那里成立。由于拉各斯拥有富于活力的媒体、多民族人口,以及各类教育设施,因此它一直以来都是滋养种族民族主义、文化民族主义和反殖民主义民族主义的温床。它也是激进工会主义的发源地,其基础是 20 世纪 40 年代对更高生活收入的宣传鼓动。

拉各斯也是尼日利亚的休闲之都,拥有众多酒店和娱乐中心。而在音乐及社交风格上,拉各斯则是尼日利亚城市氛围的典型,是不同文化的交汇点,也是内在的人际关系与外在群体关系紧密联系的所在。

- Gandy, Mathew. 2006. "Planning, Anti-planning and the Infrastructure Crisis Facing Metropolitan Lagos." *Urban Studies* 43(2): 371—396.
- Mann, Christine. 2007. *Slavery and the Birth of an African City: Lagos, 1760—1900*. Bloomington: Indiana University Press.
- Packer, George. 2006. "The Megacity: Lagos Becomes an Urban Test Case." *The New Yorker*, November 13, pp. 62—75.
- Salome, Abdou Maliq. 2004. *For the City Yet to Come: Changing African Life in Four Cities*. Durham, NC: Duke University Press.
- Tijani, Hakeem Ibikunle. 2006. *Nigeria's Urban History: Past and Present*. Lanham, MD: University Press of America.

(Ayodeji Olukoju 文 王琼颖 译 李文硕 校)

LAND DEVELOPMENT | 土地开发

土地开发是土地利用变化的过程,多数由私营部门发起而由公共部门管理,并且当现实利益与未来利益发生抵触时,极易引发激烈冲突。无论土地开发的位置如何——不管是在城市社区还是城市边缘,事实几乎总是如此。城市土地开发可以通过绅士化或再生措施改变邻里社区的特征;而开发城市边缘地带则在提供安全、可负担住房的同时,也可能导致空气和水污染,以及毗邻的城市区域活力下降。

美国的土地开发是在一套高度分散的治理及公共财政体系中进行的。发放土地开发许可是州政府的职责,但大多数州都将这一权限下放到地方政府。提供公共服务的资金由地方筹集,提供的服务类型(学校、警察、消防等)也由地方决定。当地房产税是这些服务的主要收入来源。

土地开发的压力具有两个相互强化的来源。

首先在一个治理权和财权下放的制度中,地方政府被迫不断在物质和财政方面实现增长,才能应对日益增加的公共服务成本。地方官员有两种选择——对现有的土地所有者征收财产税,或是从土地上获取更多的经济价值。鼓励土地开发是一种创造更多价值的简便方法。如此,无论是绅士化,还是改变农业土地用地性质,土地集约化都可以提高土地的市场价值,从而增加土地为地方政府提供的税金。正因为如此,地方官员倾向于追求土地开发,因为诸如此类的开发项目可以确保持续提供地方服务,甚至还可能增加服务项目,而又不必增加现有土地所有者的税收负担。

土地开发压力的第二个来源则是个人的土地决策逻辑无法契合社会的土地决策逻辑。个人土地所有者可以通过出售土地实现更集中使用并从中获益。然而,一系列合乎逻辑的个人决策累积在社会层面却可能是不合逻辑的,举例来说,由于评估价值的提高,或是由于农业用地及环境资源的丧失,导致长期居住在某邻里社区内的老年居民无法继续生活下去。简言之,地方政府希望土地得到开发以产生更多税收收益,但结果却可能导致社会损害。

政府以尝试采取各种手段来管理这一过程,包括区划、减免财产税、转让开发权以及给予非营利性土地和社会发展组织以支持。这些手段得以在被选中的地方重塑土地开发的地理形势。然而针对土地的压力依然存在。

土地的开发并不仅仅关乎金钱,而是关于土地所有权与一个民主市场社会中的基本权利。它所背负的复杂的历史和法律包袱使得这一问题很难被理解并加以解决。

进一步阅读书目:

- Daniels, Tom and Deborah Bowers. 1997. *Holding Our Ground: Protecting America's Farms and Farmland*. Covelo, CA: Island Press.
- Ely, James W., Jr. 1992. *The Guardian of Every Other Right: A Constitutional History of Property Rights*. New York: Oxford University Press.
- Jacobs, Harvey M., ed. 1998. *Who Owns America? Social Conflict over Property Rights*. Madison: University of Wisconsin Press.
- Logan, John R. and Harvey L. Molotch. 1987. *Urban Fortunes: The Political Economy of Place*. Berkeley: University of California Press.

(Harvey M. Jacobs 文　王琼颖 译　李文硕 校)

LANDSCAPE ARCHITECTURE ｜景观设计

景观设计被广泛定义为谨慎管理、明智规划并巧妙设计自然与文化环境的专业。该术语作为专业名称的出现,则往往被归功于弗雷德里克·劳·奥姆斯特德和卡尔弗特·沃克斯在19世纪50年代对自己在规划和设计的纽约中央公园时所发挥作用的描述。这一借鉴了农业、园林、建筑和设计传统的专业名称在回应城市快速发展过程中的公共卫生、开放空间及娱乐需求的早期从业人员中间日益流行，最终在19世纪末的美国出现了专业学位课程和专业协会。

虽然农村环境和自然保护区一直是景观设计的重要工作领域，但这一领域的大部分工作及伴随而来的讨论则是为应对城市化而发展起来的，由此也导致当今景观设计师工作的巨大差异。景观设计师参与大型景观的设计和规划，如水域和群落规划；许多大型城市空间如公园、娱乐场所、广场和街道；还有许多小型空间，如纪念碑和住宅花园。这项针对城市环境的工作，揭示了构成该领域的重大生态和社会挑战。

城市生态挑战

景观设计师对自然环境的管理、规划和设计，需要理解景观结构，即发现存在于某一地区的土地形态和动植物种群，以及景观功能和塑造这一切的自然过程。城市发展则往往通过取代原生植被和敏感的动物种群，以及诸如湿地、溪流或山坡等景观要素，大肆改变景观结构。尽管借由开发公园和开放型空间保护区来保护城市化区域中的现存景观结构，但由于这些景观的功能发生改变，这些遗留物的质量往往会随着时间的推移而下降。核心自然过程，如动植物种群的迁徙、水文条件、碳和养分的循环以及诸如洪水和火灾一类的生态干扰，通常会在频率、程度和有益影响减少方面受到抑制或被根本改变。

景观结构与功能的改变对开放空间及整个城市环境质量产生了影响。一些本地物种由于栖息地不足或孤立而有可能在当地灭绝，其他一些则可能因为适应了城市条件或因其捕食者和竞争者减少而茁壮成长。自然过程中的改变，如水文条件就有可能导致在数量上无法满足人类的需求，以及因城市环境中常见的化学、肥料和沉淀物而导致水质下降。抑制洪水和火灾等生态干扰则可能导致不那么频繁发生，然而一旦发生则更严重威胁生命和财产的事件。

当前的景观设计实践提出了一系列旨在长期维护城市生态系统的方法。一个主要途径是建立生态网络，即一个将开放空间连接起来的集合，它往往沿溪流和其他水文系统形成，以促进物种迁徙并保护自然水文过程。本土植物种群常常被提倡作为野生动物栖息地进行设计，减少用水量并防范可能会对周围生态环境构成侵害的外来物种。利用湿地植物和微生物获取并过滤降雨径流，一些开放空间还作为降雨管理策略设计，作为泄洪之用。减少各类项目包括日常运作与维护的能源消耗，降低与发展相关的温室气体排放。

如果将这些构思纳入初步的城市环境规划，则可以最高效地实现生态网络和可持续发展，但景观设计长期以来关注的是重建现有城市中有益生态的景观结构和功能，而城市则是一个近年来才重新引得关注的实践领域。方法通常依赖于自然发展过程中的再生质量，这些过程如果得到支持，就具备了恢复景观结构，及解决土壤、水和空气污染的能力。虽然恢复后的生态系统并不能等用于被成似乎环境所取代原生生态环境，但它仍具有有益生态的潜力，同时也可以给予城市周边群落以帮助。

城市社会对景观设计的挑战

作为文化环境的管理者、规划者和设计者，景观设计师关注影响社区生活的广泛社会议题，尤其关注建成环境的影响。他们的工作可能包括支持服务社区活动的大空间和服务小群体及个人的小空间。这一工作往往借助环境心理学和行为研究来创造既舒适又能吸引人类活动空间。在为既有社区工作时，景观设计师通常会以尊重并提升当地文化价值与地方情感的方式，让自己的工作融入社会结构之中。

作为房地产开发或再开发过程中的技术专家，景观设计师往往可以通过规划和设计为社区投资提供支持，提升社区生活。但这种传统的角色并不足以满足那些缺乏投资的社区或是再开发工作未能服务其利益的社区的需求。在这种情况下，基于社区的设计作为景观设计领域一项小而关键的传统表露无遗。

推进社会公正是社区设计者的一项基本关切，从根本上来说是回应不利于社区的不公正因素。随着出现于20世纪60年代的环境正义运动不断发展，早期立足社区的设计工作对环境消极因素做出反应，这些消极因素对贫困社区的影响极大，例如污染和不受当地待见的土地利用。而设计和规划所要做的工作，要么是消除这些消极因素的不利影响，要么加以改善。最近在景观设计领域的努力拓展了法律框架，以确定环境积极因素的分布，例如娱乐设施、开放空间、安全社区空间以及亲近大自然区域的机会。消极和积极环境因素对正义观念的影响使一部分得出结论，认为应当推进景观设计中的生态可持续性，因为这是一项关乎社会正义的议题：弱势社区受社会中不可持续实践的不利冲击过大，因此，如果专业人士能够有意识地认识并解决这一点，那么促进城市环境生态可持续发展的战略就具备了推动社会公正的潜力。

但基于社区的设计与传统景观设计的实践模式有着本质上的区别。由于它对正义的关注，这项工作往往与社区组织极为类似，因为当地社区包容、参与和赋权的过程变得与最终形成的规划或设计同样重要。这就与景观设计师作为训练有素的技术专家的传统观点背道而驰，景观设计师原本是配合当地社区输入信息，但也可以在开发外部解决方案或提出建议时拥有、分析和综合信息。有关景观设计师在管理、规划和设计过程中所扮演角色的多样性观点说明了景观设计工作多样性的另一个维度。出于这个原因，许多学者坚持认为，这一职业身份源于大量应对生态和社会挑战的共同训练、过程和价值观，因为这些挑战是工作本身的结果或产品。

进一步阅读书目：

- Cantor, Steven L., ed. 1996. *Contemporary Trends in Landscape Architecture*. New York：Wiley. Corner, James, ed. 1999. *Recovering Landscape：Essays in Contemporary Landscape Architecture*. Princeton, NJ：Princeton University Press.
- Crewe, Katherine and Ann Forsyth. 2003. "LandSCAPES：A Typology of Approaches to Landscape Architecture." *Landscape Journal* 22(1)：37-53.
- Hester, Randolph T. 2006. *Design for Ecological Democracy*. Cambridge：MIT Press.
- Pregill, Philip and Nancy Volkman. 1999. *Landscapes in History*. New York：Wiley.
- Rotenberg, Robert. 1995. *Landscape and Power in Vienna*. Baltimore：Johns Hopkins University Press.
- Swaffield, Simon R., ed. 2002. *Theory in Landscape Architecture：A Reader*. Philadelphia：University of Pennsylvania Press.
- Treib, Mark, ed. 1994. *Modern Landscape Architecture：A Critical Review*. Cambridge：MIT Press.

(Kyle D. Brown 文　王琼颖 译　李文硕 校)

LANDSCAPES OF POWER ｜权力景观

莎伦·祖金1991年的著作《权力景观》(*Landscapes of Power*)提出了这样一个观点，即资本主义内在的创造性破坏会重塑人们生活、工作、消费和娱乐的场所。这一概念已经被地理学家、社会学家、城市研究学者、历史学家、人类学家和政治学家所接纳，而且祖金的作品出版以来，已经出现了许多有关经济学和地理学的不同争论。这一术语是有关经济、政治、文化和空间之间的动态关系，因此它可以被用来支撑各种各样的论点。本词条检视了祖金理论的核心论点及其在其他研究领域中的接受度。

祖金延续历史学家卡尔·波兰尼（Karl Polanyi）——他描绘了大转型时资本主义的出现——的传统，勾勒出美国的去工业化及向后工业经济转型如何改变了美国。

权力景观的观念包含了市场力量以及依赖地点的论点，祖金通过许多不同的方面来探讨这一论点。她分析了去工业化对工业城市的影响，例如底特律因为国内汽车工业丧失经济活力而成为美国贫困最集中的地区之一。如果工人不打算搬家以追逐就业机会，或是某一地区所能提供的机会与他们的技能不相匹配，那么对于特定地点的依附就可能陷入一种经济上的劣势。道格拉斯·雷（Douglas Rae）在对康涅狄格州纽黑文的研究中指出，经济变化要比为支持工业而建的基础设施变化快得多，因此我们可以看到变化莫测的市场与支持它变化的景观之间存在的差距。

最近有关全球化与地点的研究也探讨了这一主题。由于运输成本降低，经济全球化使生产摆脱了特定的地点，不再需要在发现原材料的空间附近制造产品，也不必在靠近销售或消费的地方制造产品。也就是说，经济生产不再受地理位置的制约。

正如创造性破坏的概念包含了一些市场行为的消亡与另一些的新生，因此权力景观的概念认为，市场力量在最终破坏一些景观的同时，也产生了新的景观。这个分析援引经济生产的变化来解释建成环境中的退化与进化。去工业化已经掏空了像印第安纳州的加里、密歇根州的底特律这样的前企业城市，但它也产生了新的变化，例如那里适合退休工人的宜人气候。

祖金还描绘了权力景观如何丧失其典型特征，作为市场和地方对抗的另一个例子，例如全国各地的商场都拥有相同的店铺、餐馆和娱乐场所。规模经济所能提供的竞争优势，超越竞争激烈的特色地方机构。但另一方面，景观之间的差异也非常明显。祖金指出，由于市场的变化，美国沿海地区与内陆地区经济差异日益扩大。

权力景观概念的另一核心要素则是经济重塑整个生活空间，而不仅仅是生产空间。去工业化造成了空间组织上的高度隔离：居住空间远离生产空间，而消费或休闲场所又被再次隔离在外。我们为了工作、生活和娱乐，在不同的环境中移动。甚至那些被定义为休闲空间的地方也是市场力量的结果，祖金的书考虑了在美国去工业化经济背景下如何理解底特律与迪士尼乐园。

最后，祖金探讨了文化形式如何同时反对和反映市场经济的规则，例如替代性的艺术生产空间如何吸引绅士化的力量，如曼哈顿市中心的例子所示。权力景观包括了反对资本主义价值观的文化力量，并提供让人们得已摆脱成为后资本主义经济的积极成员压力的空间。这个概念将许多看似日益不同的景观元素联系起来，并表明它们一致指向某个单一的经济体系。

进一步阅读书目：

- Abu-Lughod, J. L. 1999. *New York, Los Angeles, Chicago: America's Global Cities*. Minneapolis: University of Minnesota Press.
- Brenner, Neil and Roger Keil, eds. 2006. *The Global Cities Reader*. London: Routledge.
- McBride, Keally. 2005. *Collective Dreams: Political Imagination and Community*. University Park: Pennsylvania State University Press.
- Polanyi, Karl. 2001. *The Great Transformation: The Political and Economic Origins of Our Time*. Boston: Beacon.
- Rae, Douglas. 2003. *City: Urbanism and Its End*. New Haven, CT: Yale University Press.
- Sassen, Saskia. 2000. *The Global City: New York, London, and Tokyo*. Princeton, NJ: Princeton University Press.
- Sorkin, Michael, ed. 1992. *Variations on a Theme Park: The New American City and the End of Public Space*. New York: Hill and Wang.
- Zukin, Sharon. 1991. *Landscapes of Power: From Detroit to Disneyworld*. Berkeley: University of California Press.

(Keally McBride 文　王琼颖 译　李文硕 校)

LAND TRUSTS ｜ 土地信托

在美国，土地信托是一种社会拥有土地所有权的形式。通常，非营利性组织通过保护性土地信托或社区土地信托来拥有信托土地。这两种土地信托在起源、利用及目的方面各不相同。保护性土地信托是出于自然、娱乐、风景、历史和生成用途保护土地的非营利性组织；而社区土地信托则是拥有为低收入及中等收入家庭提供永久可负担的存量住房土地的非营利性组织——当然也可能存在其他用途。

美国有超过 1 500 家保护性土地信托机构。保护性土地信托要么拥有土地，要么是保护性地役权的接收者。土地所有人将土地出售或赠给土地信托进行管理；他们也可以保留土地所有权，而将地役权出售或捐赠出去。这些地役权是土地所有者与土地信托之间达成的具有法律效力的协议，它永久限制了土地的使用方式。举例来说，一名土地所有人会将仅允许种植农作物、但限制建设其他建筑物的保护性地役权捐赠出去，在这之后的所有人也将受这些限制的约束。保护性地役权的捐赠者通常会在土地转让给继承人时获得所得税及遗产税的扣除优惠。此外，12 个州对保护性地役权实行州税抵免。一些地方政府则采取低于市场价的方式对拥有保护性地役权的土地进行评估，从而降低土地所有者的财产税额。由于各地在选择核心土地（例如具有最大生态价值的土地）、执行地役权、做好记录以及管理土地等方面存在变数，因此土地信托在保护性地役权的使用方面变化很大。

社区土地信托机构则可以追溯到 19 世纪的英格兰和爱尔兰，埃比尼泽·霍华德的田园城市运动以及 20 世纪 50 年代印度的乡村赠地运动（Gandhian Gramdan）都是典型。美国首家的社区土地信托是 1968 年在佐治亚州乡村建立的新社区公司，旨在应对南方农村黑人流离失所的问题。今天美国农村、城市以及郊区已拥有超过 150 家土地信托机构。大多数的社区土地信托都是小型组织，拥有十来套住房单元，其中最大的一家管理着超过2000套住房。一个新的趋势是市政府开始资助社区土地信托，通常会以包容性区划的方式建设并管理可负担住房。

典型的做法是社区土地信托由三方董事会进行管理，其中三分之一代表承租人的利益，三分之一代表社区居民的利益，还有三分之一代表公共利益（例如公职人员或资助者）。董事会中的承租人和社区代表从信托会员中选举产生，其中包括承租人和社会居民。

土地租约是管理房屋所有人与社区土地信托之间关系的法定文件。该信托建立了一种转售公式，管理从一个土地承租人到另一个承租人流转的房屋销售。尽管住房是从一个所有人流转到下一个人手中，土地继续由信托持有。转售保持信托组织与当前和未来中低收入房主利益之间的平衡。

进一步阅读书目：
- Burlington Associates (http://www.burlingtonassociates.com).
- Community Land Trusts (UK) (http://www.communitylandtrust.org.uk).
- Conservation Land Trusts (http://www.lta.org).
- National Community Land Trust Network (http://www.cltnetwork.org).
- Pidot, Jeff. 2005. *Reinventing Conservation Easements: A Critical Examination and Ideas for Reform*. Cambridge, MA: Lincoln Institute of Land Policy.

(Rosalind Greenstein 文　王琼颖 译　李文硕 校)

LAS VEGAS, NEVADA ｜内华达州拉斯维加斯

内华达州拉斯维加斯代表着城市研究领域中一类极为迷人的研究对象。这并不源于城市的历史——尽管这一发展历程丰富多彩且富于启迪，但对拉斯维加斯的研究对象更多地源于这一发展的历史书写，拉斯维加斯在学术讨论中的位置和意义在过去的50年中出现了天翻地覆的变化。经济全球化、社会贫困与气候变化开始对它的未来发展产生强大影响，它作为一个地点不断引发争议。

当然，美国本土还有其他一些赌博合法或以休闲和娱乐为重的城市或地点，例如新泽西州大西洋城、内华达州里诺和密西西比州图尼卡；还有许多获得州或联邦许可的赌场坐落于美国各地的部落土地和船只上，这里也可以进行赌博或其他游戏。然而，与世界上其他和赌博业相连的地方相比，拉斯维加斯吸引了更多的注意力、更具创新性也引发了更多争议。本词条首先回顾城市的历史，然后审视和城市研究相连的关键问题。

历史背景

1896年，赌博业首次在内华达州取得合法地位，当时主要集中在拉斯维加斯的弗里蒙特街沿

街，毗邻火车站。1911 年赌博被禁止，直到 1931 年才重新发放牌照，此举旨在帮助内华达这个以缺乏工业、仅有少量农业且矿产枯竭闻名的州能够在大萧条时幸存下来。拉斯维加斯也因此要感谢超过 5 000 名在附近修建胡佛水坝的工人中大多数的惠顾，而且得益于联邦政府注入资源，这个所谓的独立州后来得以安然度过第二次世界大战。

罗伯特·帕克描述了拉斯维加斯随后如何进入它历史上的"黑帮阶段"，其标志是 1946 年巴格斯·西格尔（Bugsy Siegel）的弗朗明哥赌场开张，它也为赌城大道（the Strip）上的其他赌场提供了榜样，使它们按照自己的眼光并在其执行下变得越发豪华奢侈。

公司阶段则始于 1967 年，当时隐居的企业家霍华德·休斯（Howard Hughes）开始收购赌城大道上的赌场，首先是他下榻的沙漠旅店。休斯在拉斯维加斯的投资被认为使得这座城市摆脱了与有组织犯罪的关联，从公认的终极罪恶之城转变为典型的美国城市。其结果是如今对赌城大道的印象随着它更名为拉斯维加斯大道而改观，赌场日益被诸如哈拉（Harrah's）、米高梅（MGM Mirage）和车站赌场（Station Casinos）等公司所垄断；据称大型运营商现已拥有超过 60% 的赌城地产。

至 20 世纪 90 年代，拉斯维加斯的赌场已成为巨型度假胜地，它以火山喷发、喷泉舞蹈、海盗船沉没，以及完美杂糅纽约、威尼斯和巴黎的城市景观等精彩活动吸引着形形色色的国际客人。拉斯维加斯早期以赌城大道开发为代表的典型表现，是在毫无建筑的地方构筑起标志性的天际线，但它已被一条充斥着大量坚固而引人注目建筑物的林荫大道所取代，那里的建筑本身就是标志。

沿弗里蒙特街的拉斯维加斯老城区分布的小而旧的赌场，则因为赌城大道上的巨型赌场的成功而失去了顾客，因此城市聘请建筑师乔恩·杰德（Jon Jerde）设计吸引消费者重返这里的方案。杰德名为"体验弗里蒙特街"的方案是一个活动空间，拥有覆盖现有步行街的高科技拱形天篷，并配以数百万个程控 LED 灯。全天上演的声光秀包括美国和当地历史、赛车驾驶和外星人等诸多方面内容；这里还举办城市新年跨年派对，晚上 9 点在显示屏上播放烟花，以便能在午夜东海岸的电视上进行直播。

诸如此类大量有关拉斯维加斯的简短事实及其发展脉络，正如无数网站所证明的那样，代表拉斯维加斯身份与地位的编年历史被娓娓道来，表面上通过一系列耸人听闻的建筑成本、保险赔付以及访客人数和经年土地数据，将赌城的历史合理化。但它依然是世界上旅馆客房最多的城市。然而，理查德·佛罗里达在《城市与创意阶层》一书中指出，拉斯维加斯 1990 至 2000 年间人口增长排名第一、就业增长排名第三，但就人均收入的增长而言，它位列接受调查的 315 座美国大城市中的第 294 位。拉斯维加斯人口中，58% 为服务业从业人口，而且这座城市对吸引被世界上其他城市认为维持经济增长至关重要的创意阶层缺乏兴趣，这一点极为耐人寻味。尽管拉斯维加斯作为一种经济发展模式被证明具有可行性，但许多不那么具有吸引力的统计数据却往往被忽略：这里的低收入工人工作时间极长，除此之外有待处理的问题涉及空气污染、能源消耗、供水紧张、未成年人赌博及强迫赌博、缺乏可负担住房、男性无家可归者众多、环境沙漠化以及社区福利投资不足等。

城市理论研究

学术界目前正在将其注意力转向上述紧迫问题并在此过程中对拉斯维加斯在城市理论中所扮演的角色进行反思。事实上针对拉斯维加斯的学术评估，自罗伯特·文图里、丹尼斯·斯科特·布朗（Denise Scott Brown）和斯蒂芬·艾泽努尔（Steve Izenour）1972 年出版《拉斯维加斯经验》（*Learing for Las Vegas*，LFLV）以来始终在延续。这本书的灵感据说源于汤姆·伍尔夫（Tom Wolfe）一篇标题怪异的文章《拉斯维加斯（啥？）拉

从赌城大道上的豪华旅馆俯拍拉斯维加斯夜景
来源：艾琳·莫纳切利（Erin Monacelli）

斯维加斯（听不见！太吵）拉斯维加斯！！！》（"Las Vegas（What?）Las Vegas（Can't hear you! Too noisy）Las Vegas!!!"）。按照道格拉斯和拉恩托的说法，伍尔夫在这篇文章中"捕捉到了这座城市在战后重塑自我并转变为一处真正的游乐目的地的本质"。

初始研究

《拉斯维加斯经验》是一组耶鲁大学建筑系学生田野考察的成果，包含了他们在20世纪60年代末探讨有关拉斯维加斯的论文、图表和分析。他们的兴趣在于理解一条商业街是如何组织起来，它在空间和时间上如何开展工作，以及它受欢迎的点在哪里。按照他们的说法，显然相比1972年，拉斯维加斯已经开始改善其脏乱不堪的城市环境，因此《拉斯维加斯经验》与本雅明研究的巴黎拱廊计划

并不相同，它抓住了一个有可能被一种新的典型事物取代的时代。

萨法提·拉森（Sarfatti Larson）提醒我们，《拉斯维加斯经验》"令人震惊地将18世纪罗马的公私空间与拉斯维加斯商业带进行比较"。《阶梯》（Laders）的作者艾伯特·波普（Albert Pope）则就《拉斯维加斯经验》所表达出的对混乱城市形态的偏好持保留意见，他暗示该书作者忽视了一个重要矛盾：无论是赌城大道还是弗里蒙特街，实际上都围绕一个线性枢纽有序分布，尽管这些拉斯维加斯城市形态中不连续碎片更有生命力，但这种直线性有助于统一和规范城市发展。

但无论如何解读，《拉斯维加斯经验》无疑表明了拉斯维加斯作为一个地点，需要不同的研究模式以探索其城市景观相比20世纪的其他场所如何运作。2004年，《基于设计的社区规划》（Design-based Planning for Communities）一书甚至提出，《拉斯维加斯经验》代表了"破除现代主义城市理论的重大举措，它为发展美国城市主义的新思维方式创造了空间"。乔恩·古德邦（Jon Goodbun）则承认一种更为直接的影响，明确将一个地点而非一本有关地点的书作为变革的工具，"拉斯维加斯代表着对现代主义的拒绝"。

典范还是恶例

令人深为之着迷的是，拉斯维加斯作为研究对象有能力在规划和城市设计领域促成一场大规模的转变，这场转变后来引发了传统邻里发展（TND）、交通导向发展（TOD）以及其他一些新城市主义概念的诞生，尤其是考虑到拉斯维加斯缺乏对公共交通关注的情况（轻轨系统仍只是部分建成）。在城市设计术语中，拉斯维加斯往往被同时视为典范和恶例。雷诺·班纳姆（Reyner Banham）记录了"如此之多有关那座城市令人恐惧、遭人厌恶、品味糟糕、堕落、缺少文化还有其他一切其背后真正动机已无从考据的形象的文章"是如何被写就的。哈尔·罗斯曼（Hal Rothman）认为，拉斯维加斯现在正处于从恶例向典范转型的过程之中，就这个意义而言，拉斯维加斯不再是美国城市景观中的独一份，而与其他实现旅游目的地功能的城市别无二致。

荷兰建筑师雷·库尔汉斯（Rem Koolhaas）在《拉斯维加斯经验》问世时还是一名大学生，并且受其预设前提的影响，与一群东海岸的学生——主要来自哈佛大学——发起了对这座城市的二次考察。雷·库尔汉斯在他的作品《城市项目》（Project on the City）中断言："拉斯维加斯是为数不多在30年中两度成为典范的城市：从一座在1972年时成为具有潜力的城市，到2000年时已具有完全稳定的状态。"

因此拉斯维加斯对城市理论家而言是一种可变的、有负面效果的刺激因素，也是一个遭到贬低或被忽视的存在。在1962年的《建筑评论》中，刘易斯·芒福德将拉斯维加斯视为一个"公路城市"，因此也是一个"反城市"，构成了一个"在遭到破坏的景观值上缓慢行动，支离破碎，毫无意义，具有大城市特征的'无名之辈'"。而从后来1993年的有利形势出发，艾伦·海斯（Alan Hess）则解释称，"对于东部的建筑评论家而言，拉斯维加斯几乎是无法理解的，但被无视也就意味着在它被完全注意到之前，获得了孕育一座城市的时间"。海斯认为，"拉斯维加斯并不是一个理想的城市模型，但它值得考虑作为美国城市主义所追寻的新定义与新形式"，尤其是考虑到大多数的美国城市正处于青春期。在当时，城市乡村概念刚刚"在最初的郊区困境中显现出来"，相比之下，拉斯维加斯的商业带虽然"并不比大批诸如此类的郊区资格老多少，但自……1941年以来一直在改变和重塑"。

然而对拉斯维加斯的忽视并没有因为《拉斯维加斯经验》出版而终结，尽管弗雷德里克·詹姆森（Fredric Jameson）宣称《拉斯维加斯经验》是后现代主义的标准文本，然而以南·埃琳（Nan Ellin）为例，她在《后现代城市主义》（Postmodern Urbanism）中并没有讨论拉斯维加斯，而她的书正是有关城市与后现代城市设计理论关系的整体性叙述。由此，人们认为，拉斯维加斯在她看来仅仅是从外观上故意采取以设计为中心的城市开发策略，因此并不值得关注。

但作为后现代城市主义的产物，以拉斯维加斯为典型的城市娱乐区（UED）类型已具备了特定内容，它从老虎机和视频扑克一直延伸到精致美食（全美17家五星餐厅中有4家坐落于赌城大道）、高级定制时装（凯撒广场，场地租赁费每平方英尺1300美金，是世界最集中的奢侈品零售商场）和高档收藏艺术品。访客造访这座城市的理由中，目前购物排名第一，高于赌博。

社会与文化研究

拉斯维加斯作为一类城市现象并不局限于建筑理论和城市地理学，它在电影研究、社会学、旅游和休闲研究以及批判理论方面同样十分突出。在这个多学科领域中，争论倾向于关注真实/虚假的区别，拉斯维加斯被认为提供了恰当而富于挑战性的格局。贾德和费恩斯坦认为："拉斯维加斯毫不避讳地广而告之，自己是一个假的霓虹城市……但游客们并不总想着被迎合或逗乐。相反，他们经常试图沉浸于并不属于他们自己文化或地方的那种普通而真实的日常生活之中。"哈尔·罗斯曼的观点则更为微妙："人们并非无法区分（拉斯维加斯真实与不真实）——他们可以。但是，在一种缺乏主导前提或获得文化认同的价值观的文化中……很难表达为什么传统的真实性很好。"

马克·戈特迪纳《拉斯维加斯：一座全美城市的社会生产》(Las Vegas: The Social Production of an All-American City)的合作者及《美国的主题》的作者，研究了价值观及其通过"主题"交流之间的关系。他认为拉斯维加斯的真实性与被过度赋予它能产生一个高度专门化娱乐区的意义有关。戈特迪纳还展示了如何成为一个更庞大发展过程中的一部分，标志性的天际线和品牌化的建筑物也在这一过程中不断增加。正因为如此，拉斯维加斯强烈的标志性视觉吸引力变得规范化，并接近其他地方的城市发展议程；拉斯维加斯由此全球性事物的秩序中占据一席之地，成为那些古根海姆博物馆、那些杜嘉班纳商店、那些滚石咖啡馆构成的全球等级的一部分。

有关真实性的争论永远摆脱不了的是迪士尼化的幽灵和公共空间的私有化。乔治·瑞泽尔对迪士尼化的看法是将之视为资本主义的女仆，它可以通过强大、幼稚、可预测及可控的图像来生产和维持市场。拉斯维加斯可能就已误入家庭娱乐市场，但由于担心疏远其他核心客户群而从未完全接纳后者。家庭导向的元素在拉斯维加斯是显而易见的，并且氛围已普遍变得更为白日化、电视化，其名声也因此日益恢复。瑞泽尔认为迪士尼乐园与拉斯维加斯最大的相似之处在于整个机构的概念，即由欧文·戈夫曼定义为"大量相似的个体居住和工作的地方，他们在相当长的一段时间里与更广泛的社会隔绝，共同领导一轮被正式封闭管理的生活"。作为一个完整的机构，拉斯维加斯聚集并孤立了那些怀揣成功希望，但从本质上又不得不承认自己会为了享受而丧失金钱的人。

雷纳·班纳姆在1982年写作《美国荒漠中的景观》(Scenes in America Deserta)时曾声称，拉斯维加斯避免了"他们怎么能创造出像这样的一个地方？"的问题，但今天人们也可以断言，拉斯维加斯提出了这样的问题："人们真的居住在这里吗？"拉斯维加斯的城市娱乐区和作为完整定居地的拉斯维加斯之间存在着明显的脱节。这让人质疑拉斯维加斯是一座城市吗？——或者反过来，是否所有的城市都处于成为城市的进程中？

展望未来

班纳姆认为最重要的是拉斯维加斯代表着"人类在荒漠中的短暂停留"。这种短暂停留的质量是否能实现还有待观察：拉斯维加斯是会因地表温度的升高、土地的稀缺以及是石油成本过高而被抛弃？抑或幸存下来？

迄今为止，由于文化和生态原因，鲜有学者强调保护或保存拉斯维加斯的短期建筑。作为美国最孤立的城市之一，又坐落于可能是这个国家环境最不宜人的地方，拉斯维加斯因此似乎正要应对环境的压力：位于棕地上的约0.24平方千米新开发联合公园项目声称拥有完整的总体规划，由获得环境设计认证的领导团队负责，高密度、混合使用，以可持续发展为中心的城市村庄，预示着一个绿色设计的新时代。然而，要满足美国的一个供水及具有发展前景的土地正在减少的地区对密集城市生活发展的需求，这是不是明智的？如果要生存下去，拉斯维加斯需要成为一个低影响发展案例，正如城市土地研究所所长爱德华·麦克马洪（Edward McMahon）所思考的那样，"生活在沙漠一直是一种挑战，但地理现实和全球变暖将迫使拉斯维加斯走向绿色或承受其苦果"。

包括土地价值下降以及失业率和社会保障申请者上升前景在内的后果可能导致的情况是如阳光带城市使得无法生存的铁锈带城市黯然失色，在这种情况下,拉斯维加斯将不仅仅是成为一座带有废弃霓虹灯标志的放大了的汽车坟场。历史上其他一些地方出于生态或政治原因也遭遇了相同的命运,例如法塔赫布尔西格里、普里皮亚季、底比斯:无法想象未来访问拉斯维加斯的主要旅游动机将可能是参观博物馆,体验城市尺度上的20世纪历史古迹;而保存和保护将成为拉斯维加斯这座鬼城的新主题内容。它的存在或许就是一场长达百年的赌博,因为正如鲍德里亚在美国时所说,"赌博本身就是一种沙漠形式,不人道、没文化、具有启发性、挑战自然经济,是一种位于交易边缘的疯狂活动。"

进一步阅读书目:

- Banham, Reyner. 1989. *Scenes in America Deserta*. Cambridge: MIT Press.
- Baudrillard, Jean. 1989. *America*. New York: Verso.
- Douglass, William, and Pauliina Raento. 2004. "The Tradition of Invention: Conceiving Las Vegas." *Annals of Tourism Research* 30(1): 7-23.
- Earley, Pete. 2001. *Super Casino: Inside the "New" Las Vegas*. New York: Bantam.
- Ellin, Nan. 1999. *Postmodern Urbanism*. Princeton, NJ: Princeton Architectural Press.
- Florida, Richard. 2003. *Cities and the Creative Class*. New York: Basic Books.
- Fox, William L. 2005. *In the Desert of Desire*. Reno: University of Nevada Press.
- Franci, Giovanna and Federico Zignani. 2005. *Dreaming of Italy: Las Vegas and the Virtual Grand Tour*. Reno: University of Nevada Press.
- Gottdiener, Mark. 2001. *The Theming of America*. Boulder, CO: Westview Press.
- Gottdiener, Mark, Claudia Collins, and David Dickens. 2000. *Las Vegas: The Social Production of an All-American City*. Malden, MA: Wiley-Blackwell.
- Hess, Alan. 1959. *Viva Las Vegas: After-hours Architecture*. San Francisco: Chronicle Books.
- Judd, D. and S. Fainstein. 1999. *The Tourist City*. New Haven, CT: Yale University Press.
- Land, Barbara and Myrick Land. 2004. *A Short History of Las Vegas*. Reno: University of Nevada Press.
- Rattenbury, Kester, Robert Venturi, and Denise Scott Brown. 2008. *Learning from Las Vegas: SuperCrit 2*. London: Routledge.
- Rothman, Hal. 2003. *Neon Metropolis: How Las Vegas Started the Twenty-first Century*. New York: Routledge.
- Rothman, Hal and Mike Davis, eds. 2002. *The Grit beneath the Glitter: Tales from the Real Las Vegas*. Berkeley: University of California Press.
- Schumacher, Geoff. 2004. *Sun, Sin, and Suburbia: An Essential History of Modern Las Vegas*. Las Vegas, NV: Stephens Press.
- Venturi, Robert, Denise Scott Brown, and Steve Izenour. 1972. *Learning from Las Vegas*. Cambridge: MIT Press.

(Sarah Chaplin 文 王琼颖 译 李文硕 校)

LAWN | 草坪

草坪包括 4 个特征：仅由草种组成、受杂草和害虫的影响、旨在维持其青葱嫩绿的实践，以及需要定期修剪以确保可接受的长度。尽管许多作者也将公园、高尔夫球场和运动场计入广义的草坪范畴，但这个术语通常还是与私人住宅相连的绿地联系在一起。诚然草坪在北美的大部分地区及部分欧洲城市十分常见，但它仍在社会和文化象征意义及城市生态过程中扮演了重要角色。

密歇根州底特律郊区一户家庭维护良好的草坪
来源：凯伦·韦利（Karen Wiley）

历史

有证据显示，经过修建的草地景观最早出现在古代中国，当代草坪的形式也和 16 至 18 世纪的英法精英有关。然而，城市草坪的寡淡乏味则要归咎于 19 世纪晚期城市中产阶级的不断增加。工业城市的快速增长和对城市道德的关注推动了某种田园诗式审美的出现。而且，尽管许多家庭不可能完全搬离城市，但中产阶级对于乡村的渴望，通过被私人绿地环抱的郊区独栋住宅表露无遗。

这些欲望是由许多融合在一起的因素所决定

的。首先，日常通勤及后来汽车的出现使得城市居民搬往郊区住宅后仍能拥有必要的移动性。其次，8小时和每周5天的工作制，意味着人们有充足的时间从事草坪工作。最后，诸如割草机、灌溉设备（软管和洒水器）、杀虫剂和除草剂等技术发明，以及合适草坪植物的确定，为房主提供了铺设和维护草坪的手段。

20世纪早期的广告商试图让房主相信拥有草坪就拥有了道德、审美和社会地位。但这同一批广告商却在20世纪30年代改变了策略，全新的广告不再用草坪的恰当性来说服房主，而是为消费者提供更好的草坪养护办法。这就意味着，大多数消费者在当时已经对草坪的恰当性深信不疑，现在就需要对如何护理它加以规范。第二次世界大战后的氛围有利于消费主义和大规模郊区开发项目的出现，草坪被定位于围绕着房屋和房产所有权、公共展示、勤奋、性别、核心家庭以及良好公民产生的话语中。尤其在北美，家家户户不设篱笆的草坪彰显着民主。

虽然无法确定草坪覆盖地球表面的程度，但仍存在一些能够说明其范围的数据。例如，2008年的评估表明，草坪是北美最大的农作物，覆盖了美国大陆近2%的土地。此外，草坪的维护业已成为一项重要的生意。制造草坪设备和产品的商品链已遍及除南极洲之外的每一块大陆。21世纪初对全球草坪相关支出的预估在每年220亿到350亿美元之间，规模从小（每年销售额低于5万美元）到大（每年销售额超过100万美元）的专业草坪维护公司的数量不断增加。据估算，2008年，仅在美国就拥有超过8万家草坪和园林绿化公司。

作为社会文化景观的草坪

为草坪辩护的人提出了大量有关修剪齐整的草坪有好处的说法。首先，许多评论认为，均匀覆盖的草皮具有美学上的愉悦感。这一点具有直接的优点，即它为房主创造了一个好印象，并为家庭增添重大价值。其次，支持者认为良好的草坪具有治愈功能，它为城市居民提供了在自家门前与大自然接触的机会。此外，无论是在草坪上工作还是放松都是舒缓日常生活压力的良好疗法。草坪还提供了优良的锻炼空间，以及一个轻松但具有防御性的空间，孩子们可以安全地在家附近玩耍。第三，拥有良好草坪的邻里社区有利于培育良好的公民。支持者们认为草坪起到了减少垃圾和犯罪的作用。例如苏利斯报告（Sulis Report）就指出，内城的社会和物质问题可能会因草坪及其他景观形式而得到缓解。

尽管存在上述说法，但草坪仍横亘于众多社会鸿沟的裂缝之中。学者们曾将郊区化与白人中产阶级联系在一起，后者希望将城市的丑陋、无序以及物质与道德败坏抛诸脑后，在新的郊区寻求庇护。这一做法的核心是希望保持特定的价值观免受不良人群及应受谴责的麻烦事的侵扰。许多开发商因此立刻对这种需求做出反应，他们制定出以经过细分的种族、族裔、宗教（阶级）为基础的限制性居住契约。虽然民权法案早已将大多数此类契约规定为非法，但学术研究表明，它们仍继续存在，但是打着歧视性借贷行为和房地产指导的幌子。其结果是，一处被青翠草坪环绕的郊区住宅同时是一处兼具种族化和阶级化的景观。此外，研究还表明，这些白人中产阶级的诉求在封闭的门禁社区中同样存在。维护草坪往往是房主希望内化这些社区价值的初步线索。

与郊区千篇一律的其他标志一样，维护良好的草坪也体现了家庭劳动的性别分工。内部的工作属于女性，这是基于家庭的道德工作。而与户外工作相连的地方，女性则仅限于草坪边上的花园。外部的工作属于男性，这也是道德工作，然而却是关乎公共表现与良好的公民身份。此外，广告商还根据烂熟于心的性别角色定位受众群体：针对女性的广告往往强调外观与家庭照料，而针对男性的那些广告则强调机械和工程。因此，草坪的再生产是以核心家庭为中心的特定价值观再生产的关键因素。诸如此类的作用似乎有增无减，事实上，学者们已经发现，两三岁的孩子都认定院子里的工作更适合男性。

草坪还体现了一系列与其所有者有关的特征。首先,草坪的重要特征之一是个人化的话语和隐私。事实上在许多情况下,草坪标志着从公共空间初步过渡到私人空间,但私人绿地却不是完全的私人空间;也就是说,由于它与良好的公民身份、公众意识以及适宜的美学价值相关,草坪几乎成为必需品。以许多美国城市为例,它已转变为合法必需品。至20世纪中叶,许多北美城市官员以地方立法形式出台维护草坪的规定:拥有不整洁草坪的房主将面临罚款,而且还可能要割让自己的草坪。

但值得注意的是,这一过程同通常是由投诉驱动的,这表明邻居采用非官方的社区标准来强化正式的法规。学者们认为,这种执法的基础是草坪发挥着在一个对文化和社会多样化的时代维持同一性假象的作用。这种同一性体现在草坪的外观及其仪式化的养护方案之中。偏差就可能付出高昂的社会代价。与维护草坪唱反调的人被打上不合作、懒惰和道德无能的标签;更为糟糕的是,草坪的所有者认为这些品质具有传染性。邻居可能会将某个反对草坪的人与财产少、地方社区标准低下以及道德和物质败坏联系在一起。

其次,草坪还代表了一种生态困境。虽然许多草坪的维护者意识到重复使用除草剂、杀虫剂和肥料的潜在危险,但他们依然继续使用。这一点说明在草坪自身需求、资本主义生产的紧迫性以及草坪所有者的社会、文化、政治及经济背景之间存在着一种错综复杂的关系。草坪产品制造商和草坪养护公司面对环境游说团体和竞争,仍致力于维护和强化市场利益。为此,他们继续努力说服消费者为良好的草坪,也就是为良好家庭和社区提供必要的投入。但这样一来,他们也将使用这些产品的风险转嫁给那些至少具备部分环境和个人风险知识的消费者。

诸如此类的风险有两股。首先,消费者对自己所使用的化学品负责。尽管知道使用化学品的危害,但许多房主并不打算改变他们的行为。如此就可以用第二股风险加以解释,即消费者同样非常了解出现偏差将付出的财务(罚款和房产价值下降)及社会成本(与邻居发生争执)。

作为生态系统的草坪

由于草坪在城市空间中普遍存在并呈现高密度分布,它的生态影响因此成为激烈争论的中心。批评草坪的人士认为,草坪及其相关维护会产生许多负面的环境后果。例如,引进物种的繁殖会消灭本地动植物,由此破坏当地的生态多样性,这引起了人们对空气、土壤、水质及环境健康的普遍担忧。

其次,批评者坚持认为草坪养护有害环境。一些学者指出,草坪设备消耗大量化石燃料。举例来说,美国环境保护署(EPA)指出,在美国,草坪所有者仅为割草机提供动力每年就要消耗8亿加仑汽油。美国环保署还指出,美国人每天使用约70亿加仑的水用于维护草坪和花园。

第三,批评者还指出草坪养护设备以及化学品的使用会造成污染——两者正是空气、水质和土壤污染的重要来源;甚至一些作者还指出使用燃气驱动的草坪设备及化学品与生殖紊乱、神经系统问题,还有某些癌症之间存在潜在关联。在经过处理的草坪上玩耍的儿童尤其面临危险。

草坪支持者则坚称草坪是一种环境资产,以此来回应上述指控。首先,一处健康的草坪对大气层有着积极贡献。草坪可以帮助城市降温,它还可以产生氧气,隔离二氧化碳。但研究表明燃气驱动的割草机的二氧化碳排放量远比在使用它时草坪所能抵消的二氧化碳要高。结论是精心管理草坪的房主在环境方面所做的贡献要比那些没有精心管理草坪的房主多。

其次,支持者认为,草坪可以改善当地水质和土壤质量。健康的草坪应该能够捕捉灰尘和污染物。草坪中持续不断的微生物活动会将它们分解为无害的成分,然后再扩散到更为广泛的土壤和水系之中。草坪还可以削减暴雨径流,最大限度减少因侵蚀导致的潜在损失。最后,草坪每年的生长和衰变周期为土壤供有机物质,因此有助于它们的健康发展。

这两组论点是大量描述草坪如何变得更环保的材料的核心。事实上,2008年在互联网上搜索关键词"草坪和环境",点击率近3 000万次。他们中的大部分都支持草坪养护亲近环境的意见,而很少有人质疑草坪是否可以被替代。草坪设备和化学品公司,还有草坪养护公司也为争论推波助澜。大多数公司将发布声明使用安全的产品和生产流程,以应对另一波环境问题所带来的压力。然而他们也变身为积极的游说者,试图阻止化学品使用禁令、限制噪音以及其他对草坪构成的威胁。最后,消费者不得不与令人眼花缭乱的海量信息做斗争,它们都是由环境倡导者和企业所提供的各种研究成果。

然而,试图寻找更安全替代品的压力继续上升。尽管大多数北美城市仍雇佣杂草调查员来维护草坪标准,但许多城市业已禁止使用农药和其他化学品,对用水情况进行监测,并发布噪音限制。而反对草坪的人士变得越来越普遍也越来越活跃。许多人采纳了"自由草坪"(不施用化学品)或节水型花园(只栽种抗旱植物),还有一些人则走得更远。一些支持团体鼓励使用私人绿地种植粮食或重建当地环境。然而,罗宾斯认为,要广泛接受这些替代性措施绝非易事。行动、契约和有关杂草的法律都限制了任何个人在特定邻里社区中可能达成的目标。

目前,草坪仍是北美和部分欧洲城市景观中看似永久存在的固定设施。事实上,随着越来越多的郊区住宅建成,草坪也在继续扩张其范围,它也是当前北美发展最快的景观。因此,虽然有证据显示草坪对生态构成严重影响,但许多房主似乎依然将其代表的价值加以内化。不过,尽管各种设施有助于维持草坪作为一种私人绿地的存在价值,但也有越来越多的人正在寻找草坪的替代品。

进一步阅读书目:

- Blomley, Nicholas. 2005. "The Borrowed View: Privacy, Propriety, and the Entanglements of Property." *Law and Social Inquiry* 30: 617–661.
- Borman, F. H. et al. 1993. *Redesigning the American Lawn: A Search for Environmental Harmony*. New Haven, CT: Yale University Press.
- Christians, Nick and Ashton Richie. 2002. *Scotts Lawns: Your Guide to a Beautiful Yard*. Des Moines, IA: Meredith Books.
- Feagan, Rob and Michael Ripmeester. 2001. "Reading Private Green Space: Competing Geographic Identities at the Level of the Lawn." *Philosophy & Geography* 4: 79–95.
- Jenkins, Virginia Scott. 1994. *The Lawn: A History of an American Obsession*. Washington, DC: Smithsonian Institution Press.
- The Lawn Institute. 2008. "Environment." Retrieved November 2, 2008 (http://www.thelawninstitute.org/environment).
- Robbins, Paul. 2007. *Lawn People: How Grasses, Weeds, and Chemicals Make Us Who We Are*. Philadelphia: Temple University Press.
- Sahu, Ranajit (Ron). n. d. "Technical Assessment of the Carbon Sequestration Potential of Managed Turfgrass in the United States." Retrieved November 1, 2008 (http://www.opei.org/carbonreport/FullCarbonReport.pdf).
- Steinberg, Ted. 2006. *American Green: The Obsessive Quest for the Perfect Lawn*. New York: W. W. Norton.
- University of Minnesota. "Environmental Benefits of a Healthy, Sustainable Lawn" (SULIS series). Retrieved November 3, 2008 (http://www.sustland.umn.edu/maint/benefits.htm).

(Michael Ripmeester 文　王琼颖 译　李文硕 校)

LE CORBUSIER | 勒·柯布西耶

勒·柯布西耶是20世纪最富影响力、也极具争议的建筑师兼规划师之一,同时也是多产的作家、画家、雕塑家和诗人。他在建筑学界占据着一个颇具争议的位置,有些人无法原谅他的傲慢与政治投机,另一些人则视其为天才设计师和才华横溢但有争议的作家。

早年生活

1887年,勒·柯布西耶以查理-爱德华·让纳雷(Charles-Édouard Jeanneret)的名字出生于瑞士,在开始对建筑产生兴趣之前,他似乎注定要从事表壳雕刻事业。他建造的第一栋房屋是法莱别墅(Villa Fallet, 1907),这栋建筑以陡峭的屋顶和装饰性的建筑立面重新诠释了他家乡的民间建筑风格。然而在1908至1911年间,让纳雷却师从钢筋混凝土建筑与工业设计的早期先驱奥古斯特·佩雷(Auguste Perret)和彼得·贝伦斯(Peter Behrens)。

他广泛游历了欧洲和近东地区,索菲亚大教堂和帕特农神庙对他产生了深远的影响。也正是在这一时期,他读到了维也纳建筑师阿道夫·路斯(Adolf Loos)的作品,尤其是《装饰与罪恶》(*Ornament and Crime*, 1908)。凡此种种影响,激发出让纳雷创造新建筑风格的灵感,即排除装饰,将最新的建造技术与古代建筑的纪念性结合在一起。

第一次世界大战期间,让纳雷试图取得旨在针对战后重建的一项新型房屋原型的专利。这种多米诺式的造型拥有六根柱子、一个楼梯、三层楼板以及底层与屋顶。这一设计概括了他后来在20世纪20年代建筑学著作即《建筑五要素》(*Five Point of A New Architecture*, 1926)中所描述的理论特征:底层架空柱、自由平面、自由立面、横向长窗、屋顶花园。

1917年让纳雷迁居巴黎,他在那里邂逅了画家阿梅德·奥尚方(Amédée Ozenfant),两人合作出版了《立体主义之后》(*Après le Cubisme*, 1918)——这是纯粹主义运动的创始宣言。他们的纯粹主义静物有着相互交错的形式,纯净地分布在画布上,往往色彩柔和,与旋转着的、碎片化的立体主义静物有所不同。这种图案有序性,是奥尚方与让纳雷希望欧洲在经历了战争动乱之后普遍回归秩序的组织部分。

建筑与城镇规划同样也是这一运动的一部分,这部分内容则在纯粹主义刊物《新精神》(*L'Esprit Nouveau*)上进行讨论。在撰写这些文章时,让纳雷使用了勒·柯布西耶的化名,但很快这个名字就被人记住了。他的文章被收入将其定义为现代主义运动的书籍当中,包括《走向新建筑》(*Vers une Architecture*, 1923)以及《城市规划》(*Urbanisme*, 1924)。

建筑理论

《走向新建筑》将勒·柯布西耶的建筑理论概括为一种对光线下的体量的雕塑式安排,这是他本人从对帕特农神庙分析中得出的观点。它还探讨了建筑长廊,当有人按照精心安排的顺序穿过长廊时,空间复杂性就会表露无遗。上述原则被应用于一系列豪华住房的建设实践当中,例如拉罗什-让纳雷别墅(Villa La Roche-Jeanneret, 1925,巴黎)和萨伏伊别墅(Villa Savoye, 1929,普瓦西)。

《城市规划》则介绍了勒·柯布西耶的城镇规划理论,将注意力集中在他的"当代城市"设计上,这一构想后来在1922年秋季沙龙上展出。这个"200万居民之城"的核心是一个交通枢纽,配备有机场,周围环绕着24座摩天大楼,每座都有60层之高,以玻璃覆盖,并计划设计成十字形。远处则是居住区,根据依次递减和周边区块模式排列。每套住宅都配有隔音设备,并拥有一个双层高起居室和一个室内花园,每个街区都享有餐饮和清扫服务,以及小块园地和运动设施。建筑物依靠着底层架空柱拔地而起,不同的垂直交通被区分开来,一部分在地下运行。这就让整座城市的地表成为一座广袤的花园。

但勒·柯布西耶后来发现这种集中式的设计存在缺陷,因为它无法变化、只能重复。于是他在 20 世纪 30 年代提出类似"光明城"的线性城市规划对其进行补救:即不同的区域——商业、工业、居住——被安排在可以无限延伸的线型带上。即便如此,勒·柯布西耶城市主义的核心原则仍包含在"当代城市"构想之中,尤其是他对社会福利工程的承诺。借由摩天大楼中的精英管理,这座城市为工人提供更好的家园、休闲时光与设施以塑造他们的身心,从而化解工人阶级的革命倾向。

而如何实施诸如此类的宏伟计划似乎也在这一时期很偶然地解决了。1927 年,勒·柯布西耶参加国联的建筑竞赛,一开始他赢得了比赛,但出于图纸是复制稿而非原稿这一技术原因,其获奖设计遭到驳回。勒·柯布西耶和其他一些人认为这是一场阴谋,随后他们成立了国际现代建筑大会(Congrès Internationaux d'Architecture Moderne,CIAM)。CIAM 被称为现代建筑与规划的官方机构,并吸纳了许多深具影响力的人物,例如汉斯·迈尔(Hannes Meyer)、赫里特·里特费尔德(Gerrit Rietveld)、埃尔·利西茨基(El Lissitzky)和约瑟·路易·塞特。

成员们聚集在一起举行会议,制定设计政策;虽然从未达成完美共识,但仍在很大程度上取得一致意见。CIAM 的代表通过成功游说,使得他们的原则被世界各国政府的建筑和土地使用立法以及各建筑及规划院校所接纳。CIAM 的简约化的倾向在 1943 年的《雅典宪章》(*Athens Charter*)中得到了最充分的体现,其中城市仅具备 4 项功能:居住、工作、流通与娱乐。

除了 CIAM 之外,勒·柯布西耶还试图拉拢其他一些他认为拥有权力和财力帮助其实现计划的人士。他厌恶战时法国议会的内斗,并认为补救措施是采取非议会的手段。这一点得到了一个名为"法国复兴"(Redressement Français)的组织的回应。这是一个成立于 1925 年的技术专家组织,旨在发起根据科学原则的社会和经济重组运动,并交由专家进行管理。

然而勒·柯布西耶却被更为普遍的反议会运动——例如法国的法西斯运动组织"束棒"(Les Faisceau)以及在 1934 年 2 月骚乱中推翻激进政府的准军事组织——所吸引。勒·柯布西耶在 1941—1942 年德国占领时期为维希政府工作时,曾游说菲利普·贝当(Philippe Pétain)元帅批准他的阿尔及尔重建计划,并想象着一个会赋予他"立法者"荣誉的战后法国,因为他的目的是改变帝国的建筑结构。

勒·柯布西耶的这些野心被一一挫败,战后他开始放弃政治,正是在这一时期他完成了一部分最重要的作品。

大师杰作

马赛公寓(Unité d'habitation,1952,马赛)为勒·柯布西耶提供了一个将高层建筑理念付诸实践的机会。双层挑高的公寓和设施如商店、健身房及学校让人回想起 20 世纪 20 年代中期,但在这里,它们被野蛮主义的大胆新式风格加以呈现。混凝土未经加工,保留木模板的痕迹,深切割的遮阳设计(*brise-soleil*)将建筑外观转变为一场光影游戏。这种全新的表现形式在朗香的圣母教堂(Notre Dame du Haut,1954)中臻于巅峰,这是一座充满狂野的生机、象征与色彩的建筑。

勒·柯布西耶最庞大的作品则是昌迪加尔城,这座城市在 1947 年印度独立后被指定为旁遮普邦的新首府。最初设计团队由美国军事工程师阿尔伯特·迈耶(Albert Mayer)和波兰建筑师马修·诺维茨基(Matthew Nowicki)领导。但项目却止步不前,随后由勒·柯布西耶签订了一个包括土木工程师皮埃尔·让纳雷(Pierre Jeanneret)、英国建筑规划师麦克斯韦尔·费雷(Maxwell Fry)和珍妮·德鲁(Jane Drew)在内的新团队的合同。一行人于1951年抵达印度,负责执行原规划方案,但他们仍保留了一些想法,例如社区邻里单位和政府办公建筑群。他们利用一套CIAM网格法理清这一花园城市设计方案,并将整体规模加以放大。

居住区则反映出居民的社会经济状况。政府官员们的豪华住宅位于顶级区域,但由于人口逐渐减少,这里的空间和设施受到挤压。17号区域是市中心,拥有一家电影院、银行、餐馆和商店。勒·柯布西耶将交通分为7种不同的类型——7种可能(les sept voies),并为每种类型设计路线,机动车交通要优先于步行道和自行车道。但他的注意力仍主要集中在包括议会宫(1962)、高等法院(1956)及秘书处(1958)在内的政府建筑群上。这些建筑物体量宏大,犹如雕塑,秘书处建筑长250米,议会宫则看上去像工业锅炉与天文观测台的结合体。

昌迪加尔存在许多问题,勒·柯布西耶因此饱受指责。城市巨大的规模对于步行和自行车行驶而言十分困难,而相当一部分居民买不起汽车。商业租金对于许多店主而言则十分昂贵,而且也没有为市场和街头摊贩预留准备。因此,房租极其昂贵,从而导致当局不得不定期用推土机铲平那些擅自占地建造的定居点。然而指责这些问题并没有实际意义,因为昌迪加尔符合贾瓦哈拉尔·尼赫鲁对一个现代化、技术化的印度的要求。

1965年,勒·柯布西耶在游泳时死于心脏病,这导致了数个重大项目未能完成。

进一步阅读书目:

- Curtis, William. 1984. *Le Corbusier: Ideas and Forms*. London: Phaidon Press.
- Le Corbusier. 1998. *Essential Le Corbusier: L' Esprit Nouveau Articles*. London: Architectural Press.
- McLeod, Mary. 1983. "'Architecture or Revolution': Taylorism, Technocrarcy, and Social Change." *Art Journal* 43(2): 132–147.
- Mumford, Eric. 2000. *The CIAM Discourse on Urbanism*. Cambridge: MIT Press.
- Raeburn, Michael and Victoria Wilson, eds. 1987. *Le Corbusier: Architect of the Century*. London: Arts Council of Great Britain.
- Richards, Simon. 2003. *Le Corbusier and the Concept of Self*. New Haven, CT: Yale University Press.

(Simon Richards 文　王琼颖 译　李文硕 校)

LEFEBVRE, HENRI ｜ 亨利·列斐伏尔

亨利·列斐伏尔(1901—1991)是最早用马克思主义理论思考1883年马克思去世之后的资本主义生产方式的马克思主义者之一,尤其是被列斐伏尔认定为现代资本主义、现代性出现的20世纪头十年中的变化。在一个充斥着让绝大多数左派知识分子深感绝望甚至更糟的政治灾难的世纪,他却有幸长期生活在一种从事智识生产的环境之中。

列斐伏尔认为马克思对于早期资本主义的批判性分析是必要的,但这并不足以完全理解现代资本主义。在列斐伏尔对现代性的分析中,他以一种

批判的方式借用了 20 世纪一些最重要的社会理论家的概念，以填补马克思分析中的空白。他为社会学领域做出了大量的实质性贡献，主要体现在他对资本主义变化的批判性分析上：他重新界定辩证法的概念，他对异化新形式的分析，日常生活的概念，城市、差异、社会空间、现代性、作为一种现代性结构变化过程的生产关系再生产，以及重塑社会革命的意义与可能。

本词条从亨利·列斐伏尔批判性分析现代社会的角度出发探讨城市社会学，讨论社会变革的可能性：即城市革命与日常生活革命。文章将阐述他的批判性概念，随后就其在其涉及城市问题的作品中所设想的可能性来讨论最近的事件。

批判性概念

他的概念分析辩证法起始于一个概念的形成，他试图抓住一种新关系，即在正在发生的历史变化中体现出的现实新面貌。这是他的辩证法中回溯过去的一面。

日常生活

在列斐伏尔看来，日常生活的出现始于 20 世纪早期的小说作品，例如詹姆斯·乔伊斯（James Joyce）的《尤利西斯》（*Ulysses*）。日常生活的核心则从工作日转向私人生活、家庭以及城市社会空间。日常生活作为一种现代体验，伴随着两类附加关系，即他在分析三元辩证的日常生活、城市、差异时出现的城市与差异。日常生活是生活经验，是自我创造（借用尼采的概念）潜伏的时刻。日常生活是一种残余：是一个历史的时刻，是在工作活动被提炼后遗留下来的东西，是每日被重复并被视为理所当然的卑微活动，是正面的时刻，以及每日生活中的潜在力量。

对列斐伏尔来说，日常生活是现代性的社会结构，是具体细节与社会总体之间的调停者，是社会总体的一条水平线与基础。与古典的工人阶级一样，新的工人阶级自发地通过他们日复一日的活动复制新资本主义的结构。但人类并不是靠独自工作过活，每日重复的生活赋予劳动者的生产活动以意义，尽管在目前的情况下，这是一种疏离的体验。按照列斐伏尔的说法，只有当人们无法再继续他们的日常生活，改变社会形式与社会结构才有可能变得迫在眉睫或具体化。

城市

城市则是另一个被抽离了遭遇、集会与同时性诸种内涵的形式，它按照工业、商品及官僚主义的逻辑进行系统安排；以有利于产品和人员流动的方式加以组织，所反映的乃是技术分工的逻辑；也是实现剩余价值和资本积累的地方。它可以分为整体的、混合的、私人的三个层次。它也使操作这一形式的人（城市管理者）与积极活动者（居民）之间出现了两极分化。

城市在发展，并在世界范围内得到普及，从而创造出一个城市的世界。虽然在列斐伏尔从事城市研究的年代，世界上只有 1/3 的城市化人口，但如今全世界有一半人口生活在城市地区。此外，在消除城乡对立，即乡村城市化的过程中，城市化也将它的阴影投向了乡村。

差异

差异是列斐伏尔将城市化进程与城市革命联系在一起的又一重要概念。差异是另一个被抽离了内容和特殊性的形式。这导致了操作形式的人（技术官僚）与拥有内容的不同群体之间的两极分化。城市化具备了一种差异化的逻辑；它由此创造出一个差异化的世界。和 20 世纪早期芝加哥大学的城市社会学家一样，列斐伏尔认为，城市最独特的品质之一便是那里的一切差异都是显而易见的。

当大多数美国城市社会学家在分析亚文化或少数族裔及自然生态过程中存在的差异，列斐伏尔则利用这一概念来强调不平等的关系（统治与隶属的关系），并从政治、经济和文化方面对其进行思考。在城市空间斗争中，不同的群体肯定了他们的差异性，以抵御同质化进程。他们主张自己拥有参与决策中心的权利,反对碎片化和边缘化,并声称他们拥有平等的权利,反对等级化进程。列斐伏尔认为,存在差异的群体在拥有自己的空间之前,作为群体是不存在的。

空间与世界

生产关系的再生产创造出新的关系:空间与世界。空间由一系列辩证的顺序——均质化、碎片化、等级化——组织起来。这一过程创造出一个抽象空间,作为对被异化劳工抽象质量与日常生活抽象时间的补充。资本家不断将他们的财富投入空间,包括工业、商业、农业、居住以及休闲空间——甚至是宇宙空间。如此就允许资本可以摆脱工业领域的危机趋势进行积累,尽管第二产业也会面临利润下降、生产过剩和折旧的威胁,这在2008年美国爆发并影响全球的房地产危机中表现得相当明显。

按照列斐伏尔的说法,我们从19世纪空间中的物质生产转向了20世纪的空间与物质生产。这一转变导致这一抽象空间的技术生产者与试图将这一空间作为另一类空间,作为生活空间加以利用的用户之间的冲突。这种生产社会关系的再生产成为现代性中所有社会现象的核心过程。然而,在这方面并不存在一种再生产逻辑,它只是一种阶级策略。结构永远是不稳定的;变动始终存在,内部矛盾从根本上瓦解了,但结构也始终要求被再生产或加以改变。

既然生产关系可以被再生产,官僚作为一个阶级与被统治者的关系,即国家、社会关系,同样可以被再生产。相比19世纪的资本主义,现代性危机在源头上更具政治性,而非经济性。如果这些关系无法被重建,则往往会造成危机和破坏性后果,而后便可能是政权更迭。此外,这一转变还开启了如下辩证的连续性:历史、空间、现实。空间的生产导致国家的逐渐解体,导致(国家)历史的终结,以及要么是一个世界城市社会的瓦解,要么是人类这一物种(也可能是其他所有物种)的消亡。现在我将转向列斐伏尔对资本主义生产方式向现代资本主义、现代性的转变,以及向国家生产方式转变的分析。

对事件的观点

在法国资本主义的现代化进程中,资本主义生产关系的再生产也伴随着新的过程、城市化以及新的关系:城市、日常生活与差异。列斐伏尔认为实际上存在着一些创造新的时空形式和一个由城市化问题支配工业化问题的城市社会的可能。现代性慢慢在法国出现,同时日常生活的商品化和官僚化越来越深入,越来越疏离,而且也越来越普遍。

20世纪60年代则为列斐伏尔发展其理论提供另一个机会。资本主义再一次先经历政治危机,再经历经济危机。不同的群体(种族和族裔、大学生、年轻人、女性、同性恋者、农民以及遍布全世界的发展中国家人口)在他们争取自决和民族解放的斗争中打破官僚主义的国家权威、西方现代化模式以及后来的东方模式。1968年5月发生在巴黎的事件,在他的眼中和分析中成为城市革命的序曲。日常生活中革命将成为始终在场的因素,一个永恒的城市节庆。

一场社会革命

随着现代性被建构出来,工人阶级革命的许多历史任务业已完成,尤其是生产力的增长和生活水平的提高。列斐伏尔为社会革命提出了一条不同的路径:日常生活中的革命和城市革命将作为无产阶级革命的补充和扩展,所有这一切都指向了普遍的自我管理,并将无产阶级从阶级剥削和官僚主义对工作、公共与私人生活的统治中解放出来。这个过程将创造出一个城市社会,但这可能是一个漫长的历史过程,因为日常生活中的变化从时间上来看是缓慢的。列斐伏尔认为,俄罗斯、古巴等革命运动的失败,部分原因是未能产生出取代商品形式和新时空形式的新生产关系和财产关系。对列斐伏尔来说,我们必须从痴迷经济增长转向发展更深入和复杂的社会关系。

列斐伏尔的现代性与城市社会概念使我们能够摆脱有关后现代或后工业社会模棱两可的辩论。他的城市社会概念要比草率定义的后工业社会准确得多。尽管西方国家的制造业正在萎缩,但发展中国家的工业却在全球范围内到处开花、蓬勃发展,它们通过全球商品链与大都市中心紧密相连。工业化与城市化这两个进程密切联系,而且城市革命的目标之一就是使工业化从属于城市化。后现代化社会则太过模糊,它标志着现代性的突破还是延续?列斐伏尔认为这种理解只一种吹毛求疵,只会导致虚无主义或者过度怀旧。列斐伏尔让我们重新思考各种可能性,或许这种抉择对于我们而言只是选择全球城市社会还是现代性的崩溃——也就是有些人称之的后现代社会。

国家的新角色

第二次世界大战之后的资本主义伴随着技术、知识、广告、官僚机构、一个新的阶级(技术官僚),以及干预国家的加入而得到发展,所有这些因素创造出一种资本主义计划的新形式。这种资本主义计划的新形式尤其要求国家、研发机构、国防公司以及金融资本之间实现充分协调,与社会主义阵营的集中计划相抗衡。因此,无论是在东方还是在西方,国家都在成为整个社会的主导。

但这一新的策略并没有解决或消除资本主义的旧有矛盾;它削弱了旧的矛盾,但又加上了与城市化进程相关的新矛盾:中心/边缘、隔离/整合。与此同时,本质性的关系如阶级关系、日常生活的中介性、年龄和社会内部的社会关系则被接替。

世界

对列斐伏尔来说,城市社会是一种实实在在的存在,但它却被在城市主义意识形态影响下发展起来的现代性形式所掩盖。城市化的进程同样产生出一种新的社会关系,即在全球范围内都司空见惯的空间。抽象的空间脱离它的内容物,即生活空间,并在技术官僚和居民之间分化出不同的意见。此外,空间的生产还将创造出一种全新的关系——世界,它伴随着空间的军事化而来。

世界也脱离了它的现实内容,并且在技术官僚与全球无产阶级之间出现了两极分化。与此同时,世界的建立也造成了组织民族领土的民族与国家的瓦解。跨国公司与新的全球机构对民族国家组织其社会与经济的能力构成了限制。城市再次成为日常生活中的地方秩序与跨国公司和民族国家全球秩序之间的斗争场所。

新的策略包含两个层次:城市与全球,生产关系的再生产竞争性地存在于这两个层次中。列斐伏尔按照如下顺序——历史/空间/世界——对全球范围内的这一运动开展分析。在空间生产的过程中,产生出一种新的生产方式,即国家生产方式。这些新的过程、关系和结构构成了我们今天所身处的世界,却未能随着时间的推移消弭种种矛盾(尽管一部分矛盾得到了削弱,尤其是那些旧有的矛盾)。城市革命具有双重目标:使工业化完全从属于城市化,让全球从属于城市。列斐伏尔有关反策略的建议包括如下内容:

1. 将不同的群体与脱离经济增长意识形态的中心群体联系起来,新的全球无产阶级被定义为缺乏对财富拥有合法主张的群体。在地方层面,反对力量必须建立起一个求同存异、立足互惠互利与相互尊重的城市议会。这需要将权利的制度化区别于公民权利的衍生物。这些城市民主新形式需要介绍到世界各地的城市中心去。

2. 借由使用价值支配交换价值,将经济增长重新定位为城市(及日常生活)中的社会需求和品质发展。城市权利因此也包括:受教育权、医疗保障权、休闲权、居住权、自我创作的时间、创建社区与实现现实生活要素的合格场所,以及将城市塑造成艺术品。

3. 超越代议制民主,迈向直接民主:(a)以一种在工作、公共与私人生活中普遍存在的自我管理新方式,重新拥有合法的行政管理权和安全职能,终结官僚主义,并使一切国家走向灭亡。(b)参与(出席)决策的权利必须被制度化为一项新的公民权利。

这个世界性的城市社会将会成为历史的终结,即国家历史的终结。时间将从现代性的伪循环周期中解放出来,成为世界城市社会生活空间的时间。

当前随着大萧条以来最严重的经济危机的出现,如何分配社会盈余的问题业已纳入政治议程:我们是要继续投资军事并追求全球霸权,还是我们将投资对全世界城市都尚未得到满足的社会需求?我们是否默认美国的两大党中占据主导的新保守主义政策,还是我们应该调转枪头创造新型的具体民主?

进一步阅读书目:

- Elden, S. 2004. *Understanding Henri Lefebvre*. London: Continuum.
- Elden S., E. Lebas, and E. Kofman, eds. 2003. *Henri LEfebvre*. London: Continuum.
- Gottdiener, M. 1993. "Henri Lefebvre and the Production of Space." *Sociological Theory* 11(1): 129–134.
- ——. 2000. "Lefebvre and the Bias of Academic Urbanism." *City* 4 (1): 93–101.
- Kofman, E. and E. Lebas. 1986. "Introduction: Lost in Transposition: Time, Space, and the City." pp. 3–60 in *Writings on Cities*, by Henri Lefebvre. Oxford, UK: Blackwell.
- Lefebvre, H. 1968. *The Sociology of Marx*. New York: Pantheon Books.
- ——. 1969. *The Explosion: Marxism and the French Upheaval*. New York: Monthly Review Presss.
- ——. 1976. *The Survival of Capitalism*. London: Allison and Busby.
- ——. 1988. "Toward a Leftist Cultural Politics." pp. 75–88 in *Marxism and the Interpretation of Culture*. Urbana: University of Illinois Press.
- ——. 1991. *Critique of Everyday Life*, Vol. 1. 2nd ed. London: Verso.
- ——. 1991. *The Production of Space*. Oxford, UK: Blackwell.
- ——. 1996. *Writings on Cities*. Oxford, UK: Blackwell.
- ——. 2002. *Critique of Everyday Life*, Vol. 2. London: Verso.
- ——. 2003. *Key Writings*. New York: Continuum.
- ——. 2003. *The Urban Revolution*. Minneapolis: University of Minnesota Press.
- ——. 2005. *Critique of Everyday Life*, Vol. 3. London: Verso.
- Ross, K. 1997. "Lefebvre on the Situationists: An Interview." *October* 79: 69–83.
- Shields, R. 1999. *Lefebvre, Love, and Struggle*. London: Routledge.

(Michael T. Ryan 文 王琼颖 译 李文硕 校)

LOCAL GOVERNMENT | 地方政府

地方政府是民族国家的地方性的区域单位,这一单位为提供一系列公共服务的行政和政策职能负责。地方政府还包括诸如市长或议会的执政班子,它代表地方利益履行政治职能。

地方政府通常是根据地理区域进行定义的,其范围从最大的空间单位如省一级的区域,到城市、农村地区如县和村。在许多政府间系统中,地方政府既指的是中间一级(省、大区或州)的政府,也指的是地方自治(城市和农村)政府。这里的地方政府主要考虑的是后者,即通常也被称为执行"一般目的"的地方政府。肩负"特殊目的"的地方政府(负责管理一项或多项服务的特区)则已成为日益重要的类型。在少数情况下,地方政府可以在种族或其他非地理因素的基础上建立起来。尽管存在多样性,但所有类型的地方政府都面临着许多共性的问题。

历史发展

民族国家是理解现代世界中的地方政府的关键。前现代的中世纪欧洲的特点是存在自治的城市,它们拥有地方自治权,并由城市寡头统治。在这一时期,中央集权的君主和议会被迫与这些地方政府合作管理地区和城市,以确保发动战争和治理国家所需的资源。然而,现代民族国家发展的关键,则取决于消除地方自治,以便将国家体系从间接统治转变为直接统治,集中于国家官僚和掌权者。

从17世纪晚期绝对主义时代的法国到19世纪中叶英国改革之前,大多数的欧洲国家都在这期间将各种形式的城市政府从自治单位转变为中央政府专门的官僚派出机构,随之而来的是重要公共部门的职能集中,如税收和征兵。从属于这些目标的职能还包括维护公共秩序、提供住房,以及安排城市粮食供应,还有授予当地代表机构以权力。

在这个过程中出现了现代民族国家体系,而这一体系也扩展到了社会和经济政策之中。尽管1789年法国大革命之后出现的新政权代表着地方政府作为极权统治工具附庸或托管物的极端情况,但所有现代地方政府都是这一历史转型的产物。而大多数当代非西方国家体系也以这种或那种欧洲政府间国家体系形式为蓝本。

地方政府的类型

地方政府的类型可以根据与政体形式相关的两个变量进行分析:(1)权力的分享,即权力分配的类型和程度,以及(2)权力的下放。地方政府的结构、职能和服务也各不相同。

无论是基于多数人的统治抑或共识,几乎所有政权的权力都是以某种方式在中央和非中央之间进行分配。原则上,联邦制下的地方政府的自治程度最高,因为联邦制将得到宪法保障的权力分配给地方政治单位。相反,单一制国家则保留中央政府的最终权力。近年来一个单一制国家对地方政府行使中央权力的戏剧化例子是英国首相玛格丽特·撒切尔于1985年撤销选举产生的大伦敦议会——该议会于2000年才得以恢复。

但即使进行了如此区分,具体到各个国家的差异仍明显存在。例如,虽然美国是一个联邦制国家,但它只向50个州提供宪章自治,而城市政府则被认为是"由各州赋予了生命"。这种权力关系在20世纪70年代纽约州暂时取代纽约市议会直接管理该市预算中得到极大体现。

地方政府自治的设计则立足如下两项原则中的一项。越权行为原则将地方政府的权限限制在中央政府所明确授予的权限范围之内。一般权限原则则允许地方政府在除中央政府法律明确规定之外的一切领域享有自治权。

权力下放是将责任从中央政府向地方政府转移的过程,通常结合了财政、政治和行政职能。尽管并非一贯如此,但权力下放的对象通常是在公共部门总支出和总收入中占比更大,以及从中央政府那里获得更多财政自主权的地方政府。在过去的30年中,许多国家,包括许多单一制国家,业已试验过下放自治权和行政职能。从这个角度出发,联邦制和单一制的区别似乎并不如实际上的地方自治程度那么明显。因此,在最普遍的层面上,所有地方政府系统都可以分成两个坐标轴:(1)宪章自治(财政、政治、行政)高/低程度和(2)广泛/狭隘的职能责任与服务范围。虽然大多数国家要么属于单一集中制类型，要么属于联邦放权制类型，但仍存在其他一些组合。例如，斯堪的纳维亚国家和日本就属于单一放权制，而印度则既是联邦制又是集中制。

地方政府的结构可以在两极之间变化，或强调治理的政治方面，或强调行政方面。例如在美国，城市政府可以依法采取市长-议会制或城市经理制，但事实上大多数城市是这两类模式的混合体。在英国，2000 年的《地方政府法》允许地方政府可以从 3 种不同结构中进行抉择，无论是否拥有直选的市长。但只有少数国家允许地方自行选择地方政府组织形式。大多数的地方政府，尤其是在发展中国家，在形式和内容上都受到中央政府的高度约束和控制。

大多数地方政府负责街道和公园的基本维护、卫生与固体垃圾的管理，往往还要负责本地的交通管理和警务工作。地方政府通常还要负责城市土地利用规划，更多的拓展性职能包括基础设施的开发与建设（例如道路和污水处理系统）。某些大城市政府可能还要负责社会服务，例如医疗保健、教育甚至是福利政策。

经济

从经济学角度对地方政府（有时被称为财政联邦制）的广泛研究是从政府间系统中的公共产品在政府间的分配的角度出发。对社区的利益范围和需求强度负责，并对地方社区中异质性的及随时间变化的需求做出回应，这些原则都是将权力从中央下放到地方的理由。在对某一确定公共产品的选择符合以下标准时，权力的下放就是合理的：（1）异质性的，（2）鲜少管辖权溢出效应或外部效应，（3）经济规模小，（4）相比地方政府，中央政府所获得地方偏好信息较少。如果无法满足上述条件，那么权力下放到地方政府的效率将会很低。此外，如果地方一级缺乏民主公民权利（例如教育和多元的地方政治及社团生活）所需的社会文化条件，那么向地方下放权力也不太可能促进民主责任。因此在这方面能够得出的共识是，并不存在某种假设，即权力的下放将更公平地代表穷人利益，或必然会提高公共服务的效率。

民主

地方政府是个人和团体学习合作、参与民主治理的关键领域。这是因为地方政府要对大多数人直接关注的问题负责，并以面向普通人的尺度加以运作。例如，当地方政府计划推动的城市发展（诸如城市更新或道路建设）因威胁当地社区而出现冲突时，民主参与就是居民表达自己对当地事务看法（可能会相互冲突）的一种方式。

亚历克西·德·托克维尔在 1835 年出版的《论美国的民主》（*Democracy in America*）中提出了"乡镇组织之于自由，犹如小学之于授课。乡镇组织将自由带给人民，教导人民安享自由和学会让自由为他们服务。在没有乡镇组织的条件下，一个国家虽然可以建立一个自由的政府，但它没有自由的精神"。众所周知，这种说法引发了 J. S. 密尔（J. S. Mill）的共鸣，他认为地方政府是一个舞台，公民在这个舞台上接受了运作自由民主的政府所必需的习惯和教育。这一传统持续影响着基层民主的支持者。

然而，无论是从数量还是从质量来看，历史对待这一主张是严峻的：在政治活动、参与及利益方面，今天的地方政府与其说是一个充满活力和广泛政治参与的舞台，不如说它并不像国家政治那样充满活力。例如相比国家选举，选民在本地的投票率更低。学者们发现地方政治不如国家政治有吸引力的原因有两个：（1）地方层面鲜少出现激励机制，例如相互竞争的政党或媒体；以及（2）地方政治缺乏具有重大影响力的戏剧性或情绪化因素，例如战争和民族主义以及卡里斯马式的政治家。此外，小规模的政治机构在很多情况下更有可能鼓励狭隘的自利行为，而不是采取合作和国际化的态度与行为。地方政府因对地方的管辖权经常还被当地精英抨击为"国家囚徒"，因为后者推行的政策并不能满足当地社区的广泛利益。

总而言之,历史经验表明,托克维尔和密尔有关地方政府的控制更为民主的观点是具有误导性的:要解决民主不足必然意味着将更多的政治权力下放到地方政府,这一前提是无法推断得出的。民主体制的分析单位主要是整个政府间系统,而不是其中的地方或中央政府。

关于地方政府的研究范式

由于美国拥有非中央集权的联邦制结构以及引人注目的城市,美国学术界曾因地方政府的性质而产生了广泛的理论争论。这些争论主要集中在社区权力、比较历史和政治社会学以及城市政府理论等问题上,或多或少影响了其他国家的类似争论。

有关社区权力的争论业已出现了3种范式,试图揭示地方城市中的政治权力本质。精英权力理论的学者声称,地方政府是由社会和经济精英主导,且政治和政策是按照精英的利益加以塑造的,由此使得少数族裔及穷人的利益被边缘化。与此相反的是,多元主义者,例如罗伯特·达尔(Rober Dahl)在其对康涅狄格州纽黑文市的著名研究中则断言,地方政府的实质是一个政治、经济和社会群体相互竞争的舞台,这些群体与地方政府决策联系在一起,权力舞台的参与者不是单个的精英。激进的批评者提出了这样一种观点,即并非所有的相关议题都获准进入不同群体间各种讨价还价的舞台。地方精英和群众受制于意识形态偏见,反对提出某些争议性问题(例如资本主义制度下极为重要的收入再分配问题)。无论是故意设计、还是无意识或意识形态偏见,都导致这些禁忌被排除在议程之外。

保罗·彼得森(Paul Peterson)通过一个有影响力的综合研究扭转了政治与政策之间业已明确的因果关系:他认为应当将地方政治的类型(精英主义、多元主义或激进主义)视为源于地方政府政策任务(经济增长、城市内经济中立的公共服务的分配,以及重新分配)的性质。如果城市被迫争夺经济资源(这种情况在美国尤其典型,但在像英、法这样的其他地区则不那么重要),城市政治就会受到很大限制。

地方政府研究中另一项有影响力的方法是比较历史与政治社会学。埃拉·卡茨内尔森(Ira Katznelson)的《城市堑壕》(City Trenches)表明,不同的地方政府体系及其包含的不同政治与社会空间背景在塑造地方社会运动并确定地方政府所作所为的边界方面发挥着重要作用。

在过去的20年中,机制理论主导了美国政治学和城市研究中有关地方政府的研究。它试图根据地方政府与私营部门及当地公民社团的关系对地方政府加以分类,不同类型的关系和影响导致不同类型的城市政府。然而,目前尚不清楚这一范式在多大程度上得益于早期争论的进展。此外,它在美国以外地区的适用性也遭到质疑。这一范式不应与有关政权更迭的争论混为一谈。以剧变后的东欧为例,地方政府往往在向民主资本主义政权的过渡中扮演着重要角色。

未来趋势

西方发达国家研究地方政府的学者指出在不久的将来塑造地方政府的3个主要趋势是:专业化、城市化和全球化。

地方政府作为私营部门、准公共组织和非政府组织所无法提供的服务的提供者,其作用日益受到质疑。新自由主义对经济增长的强调形成了包括公私伙伴关系及中央、地区和地方政府间协议,还有地方政府间更为激烈的竞争在内的各种路径。地方政府正在成为日益复杂化和多样化的政府间系统的组成部分,而不是一个自治的治理单位。但目前还不清楚的是地方政府是否会在这个更为广泛的行动者联盟中扮演新的领导角色。

大都市区正日益成为重要的地方政府单位。大都市区政府将要面临的是众多分散的子单元形成的挑战。

这一趋势带给地方政府新的挑战和潜在的新机遇。尤其在西方国家，许多地方政府发现自己不得不与经济力量相当的实体竞争以吸引资本和劳动力，还出现了由多元文化人口所引发的关于地方公民权利的新主张和冲突，以及地方政府在冲突解决和人权倡议方面所发挥的国际作用。举例来说，2008年首届国际城市外交会议将市长和国际地方政府协会召集起来，以促成地方政府为分裂且受冲突困扰的城市斡旋社会与种族矛盾。

地方政府所面临的关键问题在于它们在多大程度上可以成为一个独特的权威治理领域，以及地方政府的合法性原则在公民、居民和消费者看来主要表现为以下哪一种（1）行政和经济绩效还是（2）民主问责制与更多决策参与度。

进一步阅读书目：

- Bardhan, Pranab and Dilip Mookherjee. 2006. *Decentralization and Local Governance in Developing Countries: A Comparative Perspective*. Cambridge: MIT Press.
- Caro, Robert. 1976. *The Power Broker: Robert Moses and the Fall of New York*. New York: Vintage.
- Dahl, Robert. 1961. *Who Governs?* New Haven, CT: Yale University Press.
- Katznelson, Ira. 1982. *City Trenches*. Chicago: University of Chicago Press.
- Peterson, Paul. 1981. *City Limits*. Chicago: University of Chicago Press.
- Pierre, Jon. 2005. "Comparative Urban Governance: Uncovering Complex Causalities." *Urban Affairs Review* 40 (4): 446–462.
- Regulski, Jerzy. 2003. *Local Government Reform in Poland: An Insider's Story*. Budapest, Hungary: Local Government and Public Service Reform Initiative, OSI.
- Rose, Lawrence and Bas Denters. 2005. *Comparing Local Governance: Trends and Developments*. Basingstoke, UK: Palgrave Macmillan.
- Tilly, Charles. 1993. *Coercion, Capital, and European States: AD 990–1992*. Oxford, UK: Blackwell.

（Kian Tajbakhsh 文　王琼颖 译　李文硕 校）

LOCATION THEORY ｜区位论

区位论聚焦经济活动的地理位置，尤其关注工业。通常使用的产业类型有4种：第一产业（农业、矿业和渔业）、第二产业（商品制造业）、第三产业（服务业）以及第四产业（信息产业）。

与第一产业相关的是约翰·海因里希·冯·杜能在其1826年的作品《孤立国》中所揭示的农业区位论。他通过假设一个位于均质平原环境下的一处孤立区域以调查市场距离与土地利用模式之间的关系，这是一座充当市场的孤立城市，四周被农田包围。冯·杜能认为农民试图最大化利润或经济利益，而决定因素则是运输成本。他还假定运输成本会随着与市场距离的扩大而增加，并且整个地区的土壤肥力是相等的。由于运输成本还会随着农产品自身重量的增加而增加，由此产生的格局是一系列的同心圆，每个圆内种植不同的作物。

区位论也适用于第二产业，尤其是商品生产或制造业。1909年，阿尔弗雷德·韦伯在其作品《工业区位论》(Über den Standort der Industrien)中提出了一个区位三角形概念。区位三角形由三个固定区位构成：一个市场和两个原材料产地。韦伯试图确定企业的最佳位置，因为它们要求将三角区内运输成本降至最低。他认为生产成本在任何地方都是一样的，因此运输成本将决定位置的选择。成本随着原材料及所生产商品重量的变化而变化，随着原材料产地、市场以及企业间距离变化而变化。最理想的位置就是由运输成本所决定的三角形重心。为此，韦伯还引入了劳动力成本与集聚经济性（及企业的空间集中度）等概念，最大限度地降低运输成本和劳动力成本，最大限度地提高集聚经济性将形成一个理想的区位，从而最大限度地降低生产总成本。

为区位论做出重大贡献的第三个理论是由沃尔特·克里斯塔勒（Walter Christaller）在1933年提出了中心地理论。中心地的主要功能是向周边人口提供商品和服务，并通过尽量减少周边地区人口的通行费用来实现这一目标。这一区位的决定因素是它的阈值，即可以让新公司、服务提供商或城市生存下去并保持运作所需的最小市场或贸易区域的一系列因素的综合。一旦确定了门槛，中心地便可以通过增加具有更大市场的高订货率产品来扩大其经济活动。这一过程将持续进行，直到达到消费者愿意出行购买这些服务或商品的最大距离。

竞争力将使某些地方拥有更高比例的畅销产品，因此也拥有了更多的居民，而这将导致包含不同规模的地方等级的出现。克里斯塔勒以这种方式解释了定居点和地点（或城市）相互之间的地理位置，以及一个地区定居点的数量、相互距离和规模。

而在这些早期构想出现之后，区位论就摆脱了对运输成本和市场的重视，重点转向积聚经济、受教育的劳动力、生活质量、信息以及政府补贴的可用性。由于经济已不再受农业和自然资源开发的支配，同时对于重型制造业的依赖也日益减少，因此区位论学者更多地关注轻工业、零售服务以及各种商业的位置。对这些行业而言，运输成本远不如高等技术工人、支撑产业和电信技术重要。但应该在哪里开张营业，并由此需要考虑的那些因素，诸如此类的问题依然存在。

进一步阅读书目：

- Chisholm, M. 1962. *Rural Settlement and Land Use: An Essay in Location*. London: Hutchinson University Library.
- Christaller, W. 1966. *Central Places in Southern Germany*. Translated by C. W. Baskin. Englewood Cliffs, NJ: Prentice Hall.
- Lösch, A. 1952. *The Economics of Location*. Translated by W. H. Woglom. New Haven, CT: Yale University Press.
- Smith, D. M. 1981. *Industrial Location: An Economic Geographical Analysis*. New York: Wiley.
- Weber, A. 1929. *Theory of the Location of Industries*. Translated by C. J. Friedrich. Chicago: University of Chicago Press.

(Eun Jin Jung 文　王琼颖 译　李文硕 校)

LOFT LIVING ｜统楼房生活

统楼房生活始于20世纪70年代的美国，它是艺术家及其他一些人士占据市中心老旧制造业空间，并将其改造成非传统的工作室与住所的非正式途径。这些空间有一部分是被废弃的——至少是被建筑业主所废弃；而随着工厂转移到世界其他低工资地区，再加上多层工厂大楼被淘汰，它们以低廉的租金出让给那些用自己的"汗水财富"（或自己的劳动）对其进行现代化翻新的人士。

在短短数年内，经由媒体报道与地方法规的变化使得工业改建住房市场拓展到艺术家社区之外，也超出了诸如纽约、伦敦之类的文化之都。许多城市鼓励特别的艺术家社区与新型住宅建筑的创造，而这又反过来与中心城区的复兴构成关联。虽然统楼房引领了一种时髦的全新家居装饰风格，并使得老旧制造业空间焕发出新用途，但它也引发了对此类绅士化建筑的严重质疑：具体而言，未来制造业将在哪里进行生产，以及统楼房社区是否最终更有利于文化消费者而非文化生产者。

纽约市的统楼房生活

凭借不断庞大的艺术家人数和日益减少的小型制造商，纽约给出了一段有关统楼房公寓的典型历史。自17世纪的荷兰殖民地时代以来的，这座城市一直都是贸易中心；而在美国革命之前，它还是英国殖民地中的工艺品生产中心；在南北战争之后，它则成为媒体和时尚中心。从19世纪中叶到20世纪初，一波波的移民涌入街道和住宅区，他们在工厂做工，购买制成品，尤其是服装。许多纽约人在成衣厂工作，工厂通常位于多层大楼内，大楼拥有开阔的楼层、高高的天花板、结构承重柱和铸铁外墙。由于制帆工制作风帆的开阔空间被称为（制帆）统楼房，这些楼层也因此得名。其他的纽约人则在印刷行业中的类似空间中工作，印制热门的报纸和杂志，为艺术家和广告商制作丝网印刷品，为百老汇或锡盘巷制作海报和乐谱。

从19世纪60年代开始，这些统楼房作为工作场所成为这座城市两大主要文化产业——时尚和印刷不可分割的一部分。它们占据了曼哈顿中心的大部分地区，从华尔街北端延伸到时代广场附近，还沿布鲁克林和昆斯区的码头分布于仓库、糖厂和其他特殊的工业建筑之中。

第二次世界大战之后，城市工业出现结构性衰退。成衣制造商逐渐将生产转向新泽西州的低工资城镇，远离城市核心区。印刷厂则迎来了技术提升，工人被机器并最终为电脑所取代，读者流向电视，成本也不断上涨，大多数的城市日报关门停业。至20世纪60年代后期时，成衣业和印刷业就业率稳步下降，统楼房的业主们则因为无法要求更高的租金，而拒绝对其房产进行现代化改造。与此同时，将城市视为服务中心而非制造业中心的愿景，让工业变得似乎不那么受欢迎了；在这种情况下，统楼房也似乎变得不合时宜了。

然而，和在其他战后城市的情况一样，私人房地产开发商并不急于在历史核心区内开辟新区。为了鼓励开发商采取行动，除了庞大的世贸中心建筑外，纽约市和纽约州政府都试图规划新基础设施——沿布鲁姆街将铺设一条跨曼哈顿的高速公路，这将拆除大量19世纪晚期的统楼房；在附近建造一座体育馆；为中产阶级建造公寓以方便他们步行前往华尔街工作——然而这些方案都意外地遭到了社区居民的强烈反对。在简·雅各布斯和其他活动家的带领下，纽约人在城市规划听证会上举行了示威游行。他们要求结束将割裂邻里社区的高速公路建设；停止新建活动，因为这将抹除带有历史记忆与特色的建筑物，而在原地以平庸、均质的大楼取而代之；最重要的是，要终止由被委任的官员罗伯特·摩西所采取的高压政府行动，他在未咨询邻里社区团体的情况下拆除住房,建造高速公路、桥梁、公园和公共住房项目。这种对20世纪五六十年代城市更新的强烈反对,使得要拆除该楼房在政治上已无实现的可能。而这也引发了对其历史及审美特性前所未有的欣赏,这成为一场围绕历史保护的新社会运动争论的话题。

曼哈顿一处现代统楼房,纽约市
来源:詹妮弗·赫尔(Jennifer Herr)

曼哈顿统楼房的未来依然笼罩着阴云,同时许多制造业租户仍持续缩小规模或迁出城市。艺术家们开始填补这一空白,在这一点上,他们追随上一代抽象表现主义者的例子,后者从20世纪四五十年代就开始在统楼房中生活和工作。虽然缺乏标准的居住设施,如供暖、厨房和浴室,也没有热水,但统楼房相对便宜。统楼房可以提供巨大的楼面空间——通常从140到450平方米不等——以及拥有充足自然光线的大窗户。住家邻里的缺席则允许艺术家们使用嘈杂的金属焊接和有臭味的油漆及颜料创作作品。尽管年轻的艺术家们尚未集中在特定社区,但他们通过举行表演、展览、音乐会以及逐步开放他们的画廊,使得他们在统楼房中的生活和工作变得日益引人注目。

20世纪60年代后期,几家画廊和演出场所在苏荷区诞生,这里是休斯敦街南段的一处统楼房区,在此之前并没有特定的社区名称,除了制造业之外也没有其他特色。与此同时,一家打算支持艺术家住房的基金会向一个前卫艺术家团体——"激浪派"(Fluxus)领导者提供了一笔资金,用于购买和翻新位于该区中心地段的统楼房。苏荷区艺术家统楼房的集聚,标志着统楼房居住方式逐渐广为人知,以及人们对艺术生活方式的认同。

塑造住房市场

起初,统楼房居住模式在纽约市是非法的,因为它违背了工业空间仅限制造业的区划法规,以及建筑法中针对居住空间需满足,但不适用于其他类型建筑的特定条件。然而,艺术家及其支持者的游说使他们获得了特殊待遇:如果他们被文化部门认证为艺术家,则允许居住在统楼房之中。但为了提醒消防部门注意,在大楼外部需要张贴一个艺术家驻地的标识。

政府于20世纪70年代出台了一系列法律,旨在保护生活在苏荷区的艺术家的权利,并允许相邻的特里贝克(TriBeCa,下运河三角街)及诺荷(NoHo,休斯敦街北段)的统楼房区住人。这些区域逐渐从制造业转向与艺术相关的利用和居住。而在1965年纽约市地标保护委员会成立之后,苏荷区被列入历史街区,这一法律地位是对该区具备独特美学品质的认可。同样重要的是,通过相对有效且密集制定的规则,阻止了大型开发商进驻该区域、对建筑物进行现代化翻新并将统楼房改建为标准公寓的做法。所有这些法律都倾向于将居住用统楼房视为特殊空间——合法居住、出众的美学品味,并超越主流消费文化。

这些要点被媒体报道而进一步强化,其中就包括了艺术家统楼房的照片及相关描述。媒体戏剧化地呈现艺术家如何个性化地装饰他们的统楼房,而随着更富裕的群体入住其中,报道专注于对统楼房昂贵的家用电器、"工业风"的美学以及令人印象深刻的现代艺术收藏的描述。事实上,相比城市最昂贵地段的公寓,统楼房确实以更低廉的价格提供了更大的空间。然而,正是它们所代表的审美差异,以及对艺术化生活方式的承诺,才使其成为有影响力的文化模式。

不断上涨的租金和售价很快使统楼房居住方式日益昂贵——无论是对于艺术家还是制造商而言都太贵了,而这也吸引了大型房地产开发商的兴趣。随着居住用途的合法化,银行可以为购买统楼房和统楼房居住单元提供抵押贷款和建筑贷款,其结果是对统楼房居住方式的需求增加。统楼房内的居民人数开始增多,开发商将许多大楼改建为标准公寓,他们通过暴露结构部件(柱子、管线、砖墙)、混凝土或做旧木地板,以及开敞式的布局吸引公众的注意力。

城市中心地带的统楼房居住方式

自20世纪70年代以来,随着美国、加拿大和欧洲许多城市制造业的减少,统楼房生活已成为从洛杉矶到伦敦和蒙特利尔的时尚居住风格。吸引力往往源于艺术家以及艺术生活方式——它推广了一种创造自我生活空间的机会,而这种舒适性在大多数建成于第二次世界大战后的住房中是不可能实现的。统楼房居住方式的扩散也和许多城市的复兴有关,为它们集中文化设施、提高计税基数提供了支持。在芝加哥或明尼阿波利斯之类的城市,统楼房吸引了来自郊区的富裕空巢老人;在得克萨斯的奥斯汀或俄勒冈的波特兰,它吸引了年轻的艺术家和其他文化工作者,他们买不起昂贵的市中心住房,又不打算住在郊区。然而,统楼房元素——暴露在外的结构、大窗户、开敞的布局——也已被结合进郊区的新开发项目中。在那里,密集的建筑物既能满足潜在居民,又符合地方法规对减少社区蔓延并促进社区意识的要求。在丢失了某种工业化过去的磨砺之后,统楼房生活不过是沦为另一种形式的联排住房设计。而在老旧的19世纪建筑中,统楼房生活的真实感则依然存在。

进一步阅读书目:

- Podmore, Julie. 1998. "(Re)reading the 'Loft Living' Habitus in Montreal's Inner City." *International Journal of Urban & Regional Research* 22: 283–302.
- Wolfe, Mark R. 1999. "The Wired Loft: Lifestyle Innovation Diffusion and Industrial Networking in the Rise of San Francisco's Multimedia Gulch." *Urban Affairs Review* 34: 707–728.
- Zukin, Sharon. 1989. *Loft Living: Culture and Capital in Urban Change*. 2nd ed. New Brunswick, NJ: Rutgers University Press.

(Sharon Zukin 文　王琼颖 译　李文硕 校)

LONDON, UNITED KINGDOM ｜英国伦敦

作为英国首都,伦敦拥有悠久而迷人的历史。在过去的20年间,伦敦经历了一段相当繁荣但发展并不均衡的时期,主要原因是金融和商业服务占据主导地位并由此产生了大量高薪职位。这对房价以及住房负担能力构成了重大影响,但2008年金融危机的影响尚不得而知。本词条将以历史概述为起点,然后探究与住房直接相关的问题。

历史背景

从罗马时期的朗蒂尼亚姆(Londinium)开始,历经诺曼时代和中世纪,伦敦不断发展壮大,直到1666年大火使得这座城市最初所在地的大部分(连同一半的建筑)毁于一旦。随后,它开始向西区发展,成为宫廷的中心和王室宫殿的所在地。至1750年时,它成为欧洲最大的城市,拥有50万人口。

更显著的增长则出现在19世纪,在100年的时间里,其人口从100万增加至650万。这既是乔治王朝和维多利亚女王治下的伦敦大兴土木的时期,也是产生贫困家庭共居一室的贫民窟的时代。19世纪末,伦敦城(即城市的历史中心并拥有独立地位的政治实体)开始成为一座服务帝国及其全球投资需求的重要金融中心。

但伦敦最快速的物质扩张出现在1919—1939年的两次世界大战之间,当时借助于新的地铁系统,郊区半独立式住房得以扩散,城市面积因此扩大了一倍。伦敦内城、前伦敦郡议会(London

County Council，LCC) 基本是在 19 世纪发展起来的，而外伦敦则主要是 20 世纪的产物。第二次世界大战之后，绿化带的创建限制了伦敦向外扩张——尽管有部分开发项目跨过了这一障碍；整个伦敦区现已拓展至 30 英里乃至更远的通勤区域。伦敦城和东区（East End）在第二次世界大战期间遭到严重轰炸，房屋大面积损毁。但克里斯托弗·雷恩的杰作——圣保罗大教堂奇迹般地幸存下来，然而他的许多城市教堂作品被完全摧毁。

全球金融中心

要考察伦敦的现代经济、社会结构和住房市场，需要从它作为世界领先的全球城市之一的角色出发。自 20 世纪 80 年代后期放松管制以来，伦敦与纽约并称全球两大金融中心；而直到日本泡沫经济在 90 年代初彻底破裂前，东京也曾是全球金融中心之一。金融和商业服务在伦敦经济中的主导地位，是了解这一时期城市变化的关键。2008 年全球金融危机对伦敦构成重大打击，其影响可能在未来几年依然深远。

贝尔斯登、雷曼兄弟和美林证券等多家主要投资银行的倒闭或被收购，将不可避免地对伦敦和纽约的就业情况产生重大影响，使得一些主要清算银行部分国有化，以及部分对冲基金崩盘，它们中有多家位于伦敦。这对收入、支出以及房价的影响是巨大的；而且由于依赖金融服务业，伦敦经济遭受的打击可能与金融危机及随后的经济衰退不成比例。尽管 2008 年的金融危机并非第一次，但就其长期影响而言可能是最严重的一次。

经济转型

理解伦敦经济在过去 40 年中激烈转型的关键是制造业、金融与商业服务重要性的逆转。1961 年，制造业占去全部就业人口的近 1/3，金融和商业服务业则占比约 10%。而到了 2001 年，这一比例发生了逆转，制造业目前只占到全部就业岗位的 7%。

另一个快速发展的行业则是文化和创意产业，包括电影、音乐、出版、戏剧、博物馆、美术馆、时尚与数码艺术，这些行业急速扩大了城市的劳动力规模。这种产业结构的巨大转变，已在纽约、巴黎以及其他全球城市中同步出现，它对职业结构、收益和收入、住房、绅士化、办公及商业地产市场还有人类生活，均构成了重大影响。

阶级结构

制造业的衰退与金融和商业服务业的发展导致伦敦职业结构发生重大变化，伴随而来的是传统工人阶级就业规模和比例长期下降，而中产阶级、白领的比重不断上升。哈姆内特等人认为，这是伦敦职业阶层结构的专业化，而非萨森所定义的阶级分化。但一些评论家则反驳称，统计忽视伦敦低工资移民劳动力的增长，并非所有人都被纳入官方统计数据。

毋庸置疑，近几十年来，伦敦移民人数及少数族裔的规模和比重都出现大幅增长。无论是合法还是非法入境，来自东欧及部分非洲国家的移民人数迅速增加。这是至 2007 年底的 20 年间，大伦敦区人口增加至 750 万的主要因素，它扭转了伦敦人口长期流失的局面。从 2001 至 2007 年，伦敦人口中登记在案的国际移民增加了 50 万。定居伦敦的移民人数占海外向英国移民人数的 1/3 到一半。

此外，伦敦的少数族裔人口也从 1961 年的 3% 左右增加至 2001 年 20%，而在伦敦内城则占到 34%。有 3 个行政区的少数族裔人口现已超过 50%，还有一些地方则超过 40%。另外，从 1991 至 2001 年，整个伦敦白人人口规模出现小幅下降，部分行政区超过 10%。但这在多大程度上表明少数族裔已取代白人或白人群体大批迁走，尚无法下定论。

尽管如此，伦敦已从压倒性的单一民族，即白人主导的城市转变为与纽约相类似的多种族城市。然而，伦敦的少数族裔人口并未仅限于内城，53% 的少数族裔现居外伦敦，这尤其体现在部分亚裔群体中。郊区化的过程使得越来越多的人成为房东，而其他一些经济相对不太富裕的群体,则越发依赖社会化住房和私人出租住房。

种族构成的变化因此也对教育产生了影响。教育一直以来都被认为是伦敦的主要问题,其平均教育水平低于整个英格兰和威尔士。内城与较富裕的郊区之间的教育水平差距很大,不同种族群体之间的差异也很大。印度和中国的学生成绩最好,其次是白人,加勒比黑人和孟加拉学生则处于最低水平。这些差异部分与社会阶层相关,但文化和家庭背景同样起到了一定作用。一个关键性的问题是在某些地区,英语非第一语言的学生比例很高,而这会妨碍授课与学习。

金融和商业服务业的发展,催生了越来越多的高收入个人和家庭,其财富规模越来越大。但另一方面,低收益和低收入群体的实际收入增长幅度(如果有增长的话)则小得多。这导致了前10%~20%的高收入群体与其余人之间收入的不平等急剧扩大。伦敦在这方面的经历与其他全球城市的情况大体相似。在过去的20至30年间,这些城市变得越来越富裕,收入分配越发不平等。但是,在不平等加剧和社会两极分化之间存在着巨大差异。

住房市场

一个庞大富裕的中产阶级对房地产市场产生了重大影响,主要体现在需求和价格方面。由于住房供给在中短期内大致固定,因此对伦敦一些更富有吸引力的地区住房的有效需求增加,已推高了整体房价并引发是否负担得起住房的问题,近10年来,在伦敦投资不动产的大量海外富裕买家加剧了这一情况。2007年伦敦的平均房价已超出平均收益的10倍之多,因此2008—2009年房价可能会下跌。

中产阶级的成长也推动了绅士化。绅士化一词最早是由鲁丝·格拉斯于1964年发明,用于描述伦敦内城的社会阶层与住房变化之间的相互作用。伦敦内城的大部区划域如今已经历了一定程度的绅士化,因为这一过程是从最初的核心区向外扩展的。绅士化采取了各种不同的形式,从独户住宅的经典翻新到独栋房屋改建为公寓;也有新建绅士化区,尤其是在码头区(Docklands)、沿河及运河地带;最近还有将前工业/仓库建筑、办公楼和公共建筑的高挑开敞空间改造而成的豪华公寓。其中很多改造过程将新中产阶级人口引向过去工人阶级聚集的破败的或废弃的地区,使他们重新在曾经为18和19世纪的中产阶级建造但后来被抛弃的地区定居下来。

但绅士化只是过去40年间伦敦住房市场改变的过程之一。1961年时,伦敦市中心有超过60%的家庭租赁私房,社会化住房和自住所有权的占比都相对较小(均低于20%)。而在20世纪六七十年代,大量质量糟糕的私人出租房被强制收购和拆除,随后重新在这些地区开发大型福利住房社区,其中有一些(但并非全部)是高层楼房。但伴随着自主所有权的增长,社会化住房也开始扩大:社会化住房聚集起经济困顿、无业、低技能以及低收入的工人和部分少数族裔,这一问题持续存在并不断恶化,今天伦敦的社会化住房——与英国的一般情况一样——已经与经济困顿、贫穷、社会排斥,以及部分少数族裔联系在一起。

1980年保守党推动的"购买权"立法在数量上取得的成功加剧了这一过程,该法案促使大量市政公房租户从政府手中买下自己租住的房子。尽管此举对相关租户而言是大有裨益,但却明显缩小了社会化住房的规模。此外,保守党不仅大幅削减新建住房的可支配资金,还为住房协会提供资金。其结果是市政公房从1981年的高位大幅缩水,当时它占伦敦内城住房的42%,但到了2001年则为25%。一系列的其他措施如大规模自愿转让市政公房,也有效地迫使市政当局将其房产出售给其他社会上的房主。

从1990年末至2007年间,伦敦的住房结构还出现了另一个重大变化,即从私人房东处租赁房屋日益普遍。这一类型从20世纪50年代至90年代早期不断减少,这主要是租金管制和保有权保障导致的结果,因为这意味着许多房东只能在房产空置时才能出售,而其他房东则只能卖给租户。而从

80年代后期保险租约的引入,使得房产私有化及买房出租现象重新抬头,尽管问题要到2008年爆发金融、房价和抵押贷款危机时才出现。导致伦敦高房价和高租金的一项间接因素是需向城市缴纳高昂的住房收益以补贴低收入群体房租。伦敦内城各区在分配这一国家住房收益支付款的比例上大相径庭,虽然这一补贴有效补贴了私人房东。

所有这些变化导致伦敦住房保有权结构在过去的40年间出现重大转变:起初是私人租赁的减少以及市政公租房和自住房屋的双双增加;而在1981年之后,出现了市政公房减少与私人房东的增长;在最后10年中则表现为私人租赁的复苏。但总体而言,相比20世纪60年代,伦敦目前的住房所有权比例要高得多,而私人租赁的比例则要低很多。已纳入规划、旨在将希思罗机场和帕丁顿与伦敦东部连接起来的的横贯线计划,将改善伦敦公共交通及通畅可达度。

伦敦东部的发展

伦敦物质结构的重要改变之一是办公楼宇的增多,主要是伦敦城扩展以及一些重要的新办公楼开发项目的发展,尤其是在伦敦东部前码头区建造的金丝雀码头。金丝雀码头已成为欧洲最大的商业再生项目之一,目前拥有许多国际排名靠前的银行和金融公司,因此在提供现代办公空间、使伦敦能够与其他全球金融中心成功一较高下中发挥了关键作用。金丝雀码头的成功得益于银禧线(Jubilee Line)地下延伸段的建设,该延伸段直接连接伦敦市中心;但同时也借助了便利连接欧洲城市的伦敦城市机场开发之力。

其他开发项目包括帕丁顿洼地与国王十字火车站项目;伦敦东部的斯特拉福特地区则在进行重大改造。

近年来伦敦规划政策的主要变化之一是计划将更多的住房项目及其他开发项目的重心放在伦敦东部,尤其是泰晤士河口。它试图在伦敦这一区块建造大量新房,以将城市增长的焦点从西部转出,然而2008—2009年的经济衰退导致住房和办公楼的需求和建设双双呈现周期性的急剧下降,这可能在一段时间内都无法恢复。

伦敦在大都市层面的重要的政治变化,是1986年大伦敦议会和其他由工党控制的大都市议会被撒切尔的保守党政府废除。直到2000年大伦敦政府成立之前,伦敦都没有任何大都市区政府。2008年前在任的工党市长是肯·利文斯通(Ken Livingstone),他支持开发更多的高层办公楼,以强化伦敦作为欧洲领先的金融中心的地位;同时结合可负担住房政策,要求新的住房开发项目应以提供不少于50%的单元作为可负担住房。他还提出向进入伦敦市中心的所有车辆征收拥堵费,向公交服务及公共交通投入更多资金,并为伦敦发展局提供支持。然而在2008年的市长选举中,他被保守党人鲍里斯·约翰逊(Boris Johnson)所取代。尽管新市长承诺要维持伦敦作为金融中心的地位,但此番言论的意义尚不明确。

结论

在过去的20年间,伦敦经历了一段相当不稳定的繁荣时期,原因之一是它在金融和商业服务领域的主导地位及由此产生的大量高薪职位,这对房价及住房可负担能力产生了重大影响。金融危机引发了对萨森有关全球城市可持续性论点的质疑,这一论点恰恰是立足金融及商业服务的核心作用。虽然伦敦可能能保住它的全球城市地位,但银行及金融业的主导地位也证明它们可能是伦敦的致命弱点,至少在短期内如此;这也可能导致严重的经济衰退,从而影响人们的生活。而萨森两极分化论的意义则有待观察。

尽管金融危机和经济衰退将增加失业,但目前尚不清楚这会否影响到掌握高等技术的群体和高薪群体,而非低技术群体。如果确有其事,那么它将导致中产阶级及移民增长放缓或逆转。但极有可能出现的情况是,银行和法务等高收入部门失业人数增加及收入削减,将减少收益及收入不平等,同时提高住房可负担能力,至少在中短期内是这样的。只有时间才能证明伦敦和纽约能否恢复其全球地位,或者经济和金融权力是否会永久性地转移至东南亚。

进一步阅读书目:

- Atkinson, R. 2000. "Measuring Gentrification and Displacement in Greater London." *Urban Studies* 37(1): 149–166.
- Beaverstock, J. V., R. G. Smith, and P. J. Taylor. 1996. "The Global Capacity of a World City: A Relational Study of London." In *Globalisation Theory and Practice*, edited by E. Kofman and G. Youngs. London: Cassell.
- Buck, N., I. Gordon, P. Hall, M. Harloe, and M. Kleinmann. 2002. *Working Capital: Life and Labour in Contemporary London*. London: Routledge.
- Butler, T., C. Hamnett, and M. Ramsden. 2008. "Inward and Upward: Marking Out Social Class Change in London, 1981–2001." *Urban Studies* 45(1): 67–88.
- Davidson, M. and L. Lees. 2005. "New-Build 'Gentrification' and London's Riverside Renaissance." *Environment and Planning A* 37: 1165–1190.
- Girouard, Mark. 1985. *Cities and People: A Social and Architectural History*. New Haven, CT: Yale University Press.
- Greater London Authority. 2002. *Creativity: London's Core Business*. London: Author.
- ———. 2008. *London: A Cultural Audit*. London: Author. Hall, P. 2007. *London Voices, London Lives: Tales from a Working Capital*. London: Routledge.
- Hamnett, C. 2003. "Gentrification and the Middle-Class Remaking of Inner London, 1961–2001." *Urban Studies* 40(12): 2401–2426.
- ———. 2003. *Unequal City: London in the Global Arena*. London: Routledge.
- Hamnett, C. and D. Whitelegg. 2007. "Loft Conversion and Gentrification in London: From Industrial to Postindustrial Land Use." *Environment and Planning A* 39(1): 106–124.
- Hebbert, M. 1998. *London: More by Fortune Than Design*. London: Wiley. Newman, P. and I. Smith. 2000. "Cultural Production, Place, and Politics on the South Bank of the Thames." *International Journal of Urban and Regional Research* 24(1): 9–24.
- Sassen, S. 2001. *The Global City: New York, London, and Tokyo*. Princeton, NJ: Princeton University Press.
- Thrift, N. 1994. "On the Social and Cultural Determinants of International Financial Centres: The Case of the City of London." In *Money, Power, and Space*, edited by S. Corbridge, N. Thrift, and R. Martin. Oxford, UK: Blackwell.

(Chris Hamnet 文　王琼颖 译　李文硕 校)

LOS ANGELES, CALIFORNIA ｜加利福尼亚州洛杉矶

在城市研究领域,洛杉矶是分析当代城市再造的重要参考案例。城市研究洛杉矶学派的追随者们将洛杉矶归为后现代城市区域的典范之一。洛杉矶显示了一种全新的城市生活模式,与20世纪20年代芝加哥城市社会学派的学说相比,它不再围绕一个城市核心区或中心商务区(CBD)加以组织。相反,对其多中心定居点模式最精彩的描述是"蔓延",在这个地区,每10个工作岗位中只有不到1个位于市中心,而市中心的住房单元则更少。但即便没有相当于曼哈顿的市中心区或市区,洛杉矶

城市区每平方千米仍拥有大约 2 000 居民，是美国人口最密集的大都市区。

大洛杉矶也被称为"南城"（The Southland），面积超过 10 003 平方千米。洛杉矶市是美国第二大城市，也是加利福尼亚州最大的城市，拥有 380 万人口；而洛杉矶县则有大约 1 000 万居民，其周边 5 县共有 1 760 万居民，预计在未来几十年内将增长至 2 500 万～3 000 万人口。

城市发展

洛杉矶在 20 世纪迅速崛起为一个经济强势地区和一座世界领先的城市。但出人意料的是，相比其他地区的竞争对手，它的环境条件非常不利。在干燥的夏季，洛杉矶河水量下降阻碍了农业的发展；而靠近圣安德烈亚斯断层线的位置又使得该地区容易发生地震。圣盖博与圣莫尼卡山脉成为货物运输的天然屏障，而其港口的地理位置又不如海岸沿线的其他地区理想。此外，由于它的地理位置是在被水体和山脉环绕的盆地之中，因此洛杉矶多雾；而该地区过度依赖汽车作为主要交通公具，又进一步恶化了这一局面。因此，早期的所有迹象均表明，旧金山、西雅图或圣迭戈更有可能成为西海岸主要的贸易中心。

但在 20 世纪初，政治与公民精英们为洛杉矶的发展而孜孜不倦地热心奔走。这些精英包括沃尔特·穆赫兰（Walter Mulholland）、《洛杉矶时报》（*Los Angeles Times*）出版人兼投资人哈里·钱德勒（Harry Chandler）以及铁路和房产大亨亨利·亨廷顿（Henry Huntington）等关键人物。而这片阳光普照土地上的宜人条件则进一步鼓励了娱乐业，尤其使电影业在 20 世纪 20 年代从东海岸向西迁移。

但与美国其他主要城市相比，洛杉矶属于大器晚成。这座城市建立于 1777 年，位于西班牙帝国统治区内，并以"博俊古拉河圣母之镇"（El Pueblo de Nuestra Señora la Reina de los Ángeles del Río de Porciúncula）的名字命名。1820 年时，这一地区共有 650 名居民。直到 1876 年南太平洋铁路铺设、1892 年发现石油，以及 1913 年迫切需要的水渠完工，这一地区的经济发展才得以迅速推进。1890 至 1930 年间，洛杉矶多元化的人口从 50 400 人增加至 120 万人。传统的墨西哥农场很快被柑橘园和无数划分给独栋住宅的土地所取代。

传统工业城市在 19 世纪中后期的爆发式增长意味着市中心人口的高度密集，但与之形成对比的是，洛杉矶的城市发展从一开始就采取了一种横向模式。早在 1930 年，洛杉矶市中心的人口密度就不足周边郊区的 3 倍；这一比例在旧金山为 30∶1，纽约则为 26∶1。而且与普遍的观点不同，这种分散模式并没有导致私家汽车的广泛使用，而是城际轨道交通系统的广泛发展。至 1910 年代初，亨利·亨廷顿著名的太平洋电气红线有轨电车已拥有超过 1 800 千米长的轨道，并延伸至周边各县。但即便是在鼎盛时期，这些客运铁路运营本身也未能实现盈利；相反亨廷顿和其他一些人利用轨道交通作为招揽生意的幌子，鼓励在郊区和远郊土地上进行房产开发。当这些土地在 20 年代被开发利用，首条"红车线"就替换为更为廉价的公共汽车。

在随后的几十年中，公共汽车以及各种私家车开始主导整个区域交通系统。尽管在第二次世界大战期间，乘客人数曾有短时增加，但汽油短缺阻碍了进一步机动化，曾经世界上行驶范围最广的轨道交通系统日益破败，最后一辆"红车"运营至 1961 年。但与流行的都市传说不同，洛杉矶（以及其他地方）的电气轨道命运并不是由通用公司、凡世通、标准石油公司以及其他的汽车业巨头所决定——这些巨头也购入贯穿全国的有轨电车线路，并以公共汽车取而代之。有轨电车行业由于资金和结构性问题已经开始走下坡路，而所谓的通用公司丑闻只是加速了这一过程。

此外，有影响力的城市规划者还倡导"不可思议的高速公路"作为解决南加州城市拥堵问题的现代方案。继 1940 年成功建成从洛杉矶市中心到帕萨迪纳的阿罗约·塞科园林大道后，加州公共工程部（现为加州交通部）在后来的几十年中打造了一个高密度的高速公路网络，从而将洛杉矶的公共形象塑造成一个不断蔓延、缺乏中心、由独户住宅和卖场型商店以及低层办公楼群组成的汪洋大海,而连接上述种种的则是无数可以快速通行的高速公路。

然而该地区在历经近半个世纪几乎未曾间断的人口和经济增长之后,这个形象已面目全非。机动车以惊人的速度增长至每1.8人就拥有一辆车——是全世界最高的,而高速公路上的交通如今每天大部分时间是以平均每小时13英里的速度爬行(具有讽刺意味的是,这相当于"红车"在鼎盛时期的平均速度)。由于来自政治上的和邻里社区的反对意见日益增加,最初在1954年总体规划中提出的高速公路,只有不到2/3完工,分歧主要来自像比弗利山庄和南帕萨迪纳这样的富裕社区。

但与此同时,洛杉矶仍在继续发展,而伴随着新建的多层和高层住房、工作以及娱乐业在这个地区呈总体上升趋势,它也变得越发密集。这一地区蔓延式的定居模式所带来的负面影响,使得洛杉矶和加州南部普遍成为新城市主义有关公交导向型、综合用途开发与智能增长的理论和实践的温床。

经济发展

尽管洛杉矶以其强大的服务产业而著称,例如电影产业,但它绝不是一个后工业城市。事实上,洛杉矶是美国最大的制造业中心,制造业占地区全部就业人口的12%左右(但低于1990年的18%)。从20世纪20年代起,电影和航空航天业成为推动地区经济增长的重要动力,同时辅以其他娱乐及媒体产业、石油、技术、时尚、旅游业,以及银行和金融业。第二次世界大战使得军工业集中在这一地区,从而带来了巨大的经济和就业红利,区域人口因此几乎翻了一番。随着冷战的结束及国防工业由此崩溃,又导致这一地区在20世纪90年代初陷入衰退,但军工业仍在区域经济中扮演着重要角色。与此同时,世界著名的好莱坞由于形成了电影相关业务及创意产业的独特集聚,而成为电影与明星世界的代名词。

洛杉矶也是世界上最重要的贸易门户之一。长滩/洛杉矶码头群位列世界集装箱运输第5位,占美国全部水运集装箱运输量的1/13。至2020年时,这个已经令人刮目相看的产能预计还将增加一倍。同时,洛杉矶国际机场(LAX)接纳"出发和抵达"(而非转机)乘客比世界上任何一座机场都多,它还是世界上第6大货运最繁忙的机场。

政治与管理

阶级与种族紧张充斥着洛杉矶这座移民城市的公共生活。一直以来,它都是进步运动、社会运动和工人运动的大本营,艺术家也经常加入政治激进分子和工人阶级社区反对大企业的改革斗争当中。进步人士在20世纪20年代和30年代曾取得重大胜利,但在40年代,整个政治图景却被反左派、种族主义以及反犹主义情绪所主导。1947年,美国国会议员J. 帕内尔·托马斯(J. Parnell Thomas)就所谓共产主义渗透好莱坞娱乐业进行秘密听证会,是50年代众所周知的麦卡锡主义的先声。而随着民权运动的到来,潮流开始逆转。但由于新移民群体试图在洛杉矶这个文化和种族大杂烩中占据一席之地,因此深刻的种族和经济分歧使得城市的社会经济结构持续保持紧张状态。

洛杉矶是20世纪60年代隔离最严重的美国城市。瓦茨区(Watts)的非洲裔美国人社区在1965年爆发了长达5天的骚乱,这主要是由于警方经年累月的暴行和骚扰。1992年,4名被录影带记录下殴打非洲裔美国人罗德尼·金(Rodney King)的警察被无罪释放后,引发全国各地的骚乱。挑起罗德尼·金暴动的潜在种族仇恨与瓦茨骚乱期间已有所不同,而洛杉矶中南部许多曾经的非洲裔美国人社区已越来越拉丁化。在整个20世纪80年代,非洲裔美国人的经济前景越发黯淡,因为洛杉矶市中心由工会组织的黑人工人的工作被工资更低的拉美移民所取代,而非洲裔美国人拥有的酒吧和杂货铺则被亚洲移民接手。

1973年,民主党人汤姆·布拉德利(Tom Bradley)成为首位当选白人占多数的美国大城市市长的黑人。他治理洛杉矶长达20年,其间为这座城市转型为多元文化的世界性城市做出了贡献。布拉德利退休后，商人理查德·黎奥丹(Richard Riordan)则成为这座城市30余年来首位共和党市长，但其政府因洛杉矶首条现代化复轨地铁线"红线"的成本大规模超支及建设管理不善引发公众争议而黯然失色。

洛杉矶交通背后的政治一直与复杂的种族和阶级斗争紧密联系在一起。在大多数城市，联邦政府补贴的轨道交通项目会被大多数居民视为急需项目，但在洛杉矶，无论是富裕西区的白人居民，还是南部、中部及东部较贫困的非洲裔美国人和拉美裔居民都强烈反对红线项目。前一个群体主要倾向于以汽车导向的解决方案，而非公共交通导向；后者则认为，有限的资金从过度拥挤且资金不足的公共汽车转向昂贵的新轨道项目是种族主义的结果，并且在空间上具有歧视性。因为公共汽车搭载的绝大多数通勤乘客几乎都是完全依赖公共交通的有色人种，而轨道交通针对的是更为富裕的居民。

由洛杉矶劳工/社区战略中心组织的民权倡议团体——公交车出行者联盟(BRU)于1996年对洛杉矶县大都市区交通局(MTA/Metro)提起集体诉讼，并成功迫使当局通过旨在支持公交运营和减少公交拥挤的10年计划，这已成为美国环境正义运动的核心成功案例。

2001年，黎奥丹在选举中被已故的肯尼斯·哈恩(Kenneth Hahn)之子詹姆斯·哈恩(James Hahn)击败，肯尼斯·哈恩曾于1952—1992年任职洛杉矶县监事会长达40年之久。随后在一场备受瞩目的竞争中，现任市长哈恩在2005年的市长竞选中败给了安东尼奥·维拉莱戈萨(Antonio Villaraigosa)，后者成为自1872年以来该市首位拉美裔市长。维拉莱戈萨上任之初，洛杉矶的西班牙裔人口占48%，白人占31%，亚裔人口占11%，非洲裔美国人则为10%。维拉莱戈萨是凭借着自己作为劳工及社区倡导者的资深履历成为市长的，并以一名富于超凡魅力和主张进步理念的城市领导者的形象踏上国家政治舞台，他曾发誓要将环境与工人阶级社区问题置于最优先。

然而，城市中许多迫切需要解决的问题，例如环境恶化、交通拥堵、负担不起的地价和房价，以及不合格的公共服务——包括捉襟见肘的教育资源及医疗设施，都只能在区域或州层面得到有效解决。但不幸的是，洛杉矶大都市区的区域管理一直非常分散。洛杉矶县由88个建制城市及许多非建制地区组成，较大的地区有超过180个独立市镇。

洛杉矶的新开发项目正在将过去破败且被忽视的城市部分转变为娱乐、商业和住宅中心
来源：特蕾西·布扬(Tracy Buyan)

洛杉矶的城市复兴

洛杉矶目前正在努力改变在其历史上形成的刻板形象。市中心正在推进一项重大城市复兴工程。除了新的博物馆、娱乐设施和体育中心外,自1999年市议会通过一项适应性再利用条例以来,数以千计全新的高敞开阔空间住宅和分契式公寓拔地而起,同时还鼓励改造闲置的办公及商业建筑。若干轰动一时的混合型城市再开发项目则正处于后期规划和早期建设阶段。

尚不明确的是市中心区周边的大型工业区的未来。2005至2007年间,市区人口增长超过20%,达到近4万人。但大部分新开发项目则是在围绕史泰博娱乐中心和邦克山中央商务区的核心区内进行。

自20世纪50年代以来,邦克山一直处于再开发之中,当时一项大型贫民窟清理项目用现代化的办公大楼取代了破败的维多利亚式的老旧住宅。但由于城市的高税收、拥堵和经济衰退,至20世纪90年代,市中心商业地产的空置率超过20%。以"贫民区"(Skid Row)的名字闻名、紧挨着邦克山东面的地区依然生活着数千名居住在纸箱或帐篷里的无家可归者。洛杉矶市中心的绅士化如今威胁着该地区的打工者和低收入人口,他们被迫流离失所。这也再次证明,围绕城市发展的政治与经济政策把洛杉矶划分为胜利者和失败者。

进一步阅读书目:

- Bottles, Scott. 1987. *Los Angeles and the Automobile*: *The Making of the Modern City*. Los Angeles: University of California Press.
- Davis, Mike. 2006. *City of Quartz*: *Excavating the Future in Los Angeles*. Updated edition. New York: Verso.
- Erie, Steve. 2004. *Globalizing L. A. Trade*, *Infrastructure*, *and Regional Development*. Stanford, CA: Stanford University Press.
- Fulton, William. 1997. *The Reluctant Metropolis*: *The Politics of Urban Growth in Los Angeles*. Point Arena, CA: Solano Press Books.
- Gottlieb, Robert, Mark Vallianatos, Regina M. Freer, and Peter Dreier. 2005. *The Next Los Angeles*: *The Struggle for a Livable City*. Los Angeles: University of California Press.
- Hise, Greg and William Deverell, eds. 2005. *Land of Sunshine*: *The Environmental History of Metropolitan Los Angeles*. Pittsburgh, PA: University of Pittsburgh Press.

(Deike Peters 文 王琼颖 译 李文硕 校)

LOS ANGELES SCHOOL OF URBAN STUDIES | 城市研究洛杉矶学派

20世纪80年代早期,加州大学洛杉矶分校(UCLA)和南加州大学(USC)的城市研究学者以一系列洛杉矶地区的具体案例开启了对城市重组进程的研究。在那之前,大部分城市地理学和社会学研究主要集中在东海岸的工业城市,而且大多是受芝加哥学派所开创模式的启发。但洛杉矶的研究人员却发现了一个分散的城市区域,其中心由于太过虚弱不足以影响各个不同部分,不是一个由占据主导地位的中心发号施令的同心圆形的城市。

这些研究人员确信他们已辨识出全新的城市化模型,同时借鉴了大量(从马克思主义到后现代主义的)理论著作来理解这些模型。许多人还认为,尽管这些潜伏的城市化进程并非洛杉矶所独有,但它们在洛杉矶出现得最早,而且也发展得最为强势。虽然所谓的城市研究洛杉矶学派远非一个具有深厚凝聚力的学术共同体,但参与其中的学者们倾向于认为某些关键性的城市化进程正以全新的方式重新组织城市,而这些进程在洛杉矶的表现尤为激烈,这也使得它成为21世纪的典范城市。

后福特主义转向

洛杉矶学派扎根于城市经济地理学,从包括结构主义马克思主义、新古典经济学在内的广泛理论中汲取养分。爱德华·索贾从大卫·哈维的作品中得出结论,认为在某些城市,应对资本主义经济危机的典型反应是重新集中资本和劳动力,同时将其他要素跨越空间分散出去。这体现在洛杉矶和全球其他地区的"扩大化"过程,即公司在整个发展中国家中寻找廉价和无组织的劳动力资源,它导致先进的全球北部城市出现去工业化。

与此同时,关键性职能(如管理、财务和创新)的人才仍集中在发达国家的一些主要地区,造成这些地区的物质形态(中央商务区、科技园、新兴消费综合体等)和阶级结构发生深刻变化。在20世纪七八十年代,不同的进程以特别强烈的方式结合在一起,重新建构起洛杉矶的经济逻辑。

这些研究者还吸取了调节学派的观点,认为经历了去工业化过程后依然留在像洛杉矶这样的城市地区的产业,可能会按照后福特主义的原则加以组织。他们认为这些企业采用全新的生产流程组织模式,将中心集中在更灵活的生产体系上,在这种体系中,中小企业可以在密集交易的网络集群中相互联系。正是这些变化提高了企业减少不确定性的能力,以应对新的信息、趋势和竞争者,控制劳动力成本,并最大程度提高创新能力。洛杉矶这些集聚经济体的主要例子是奥兰治县的高科技产业、好莱坞的娱乐产业、洛杉矶市中心的手工业以及威尔希尔走廊(Wilshire Corridor)的金融与保险业。

多中心城市地区

这些经济过程有助于整个城市化地区尤其是洛杉矶社会空间形式的重大变化,它从芝加哥学派确定以同心圆为中心的城市向庞大、多节点、多中心的城市化地区转变。早期的洛杉矶精英为这个庞大但密度低,拥有轮廓不清且日益无足轻重市中心的大都市区奠定了基础,始于20世纪70年代的经济结构变化将这个低密度且平坦的城市转变为一座多中心城市。

向后福特主义城市经济的过渡引发了这一地区空间结构的重大变化,因为最具活力的经济部门的活动向整个大都市区的不同商业和工业区聚集。必须强调的是,多中心城市地区并不是混乱和无政府主义的结果,相反它反映的是后福特主义资本主义的空间逻辑,即中小企业聚集在整个城市地区的不同经济区内。这些全新的城市中心不同于传统居住郊区,因为它们相对自治,结合了工作、居住、休闲和消费活动。

新的分层模型

阶级结构的变化则与种族和族裔的迅速变化相互交叉,从而在洛杉矶形成了一种全新的社会分层体系。由于阶级结构不断变化,一些洛杉矶学派学者断言,城市重组与新的不平等之间存在因果关系。他们认为,在全球化、可节约劳动力的技术以及工厂关闭潮的共同作用下,洛杉矶摆脱了福特主义制造业的经济景观,其结果是有7万个中等收入工作岗位在1978至1983年间消失。随着中等收入制造业岗位的减少,其他经济部门(如高科技、工艺品、金融)的强劲增长促成了职业结构顶端和底端的就业扩张,中间等级工作的相对较弱增长。除此之外，职业结构顶端的快速增长，通过创造对劳动密集型服务（如个人服务、餐饮、旅馆）的新需求而带动了低端职业的增长。这些区域劳动力市场的新趋势相互结合，形成了高度两极分化的职业和收入结构。

进一步促进这一地区社会分层体系变化的则是非白人人口的迅速增加。直到20世纪40年代，洛杉矶一直是美国同质化程度最高的大城市。3次大规模移民浪潮改变了城市地区的人口面貌。首先是非洲裔美国人在40年代迁入洛杉矶，60年代后期之后，反种族歧视的就业政策和大学扩招创造出一个可持续的黑人中产阶级；但与此同时，去工业化关闭了黑人社区中技术水平低、半熟练居民的主要就业渠道。这两个过程循着阶级和地理界限对黑人社区进行了划分。

其次，1965年《哈特－塞勒法》（Hart-Celler Act）取消了严格的移民配额，并根据劳动力市场需求和家庭关系制订新的签证条件。数量可观的亚洲专业人士取得签证，随后又能为其亲属做担保。除了这些专业人士之外，洛杉矶还吸引了来自东南亚的难民。大部分的亚洲移民（在技能、创业知识、资本上）的经济禀赋使他们与传统的工人阶级区分开来，促使他们融入当地的中产及中上阶层。

第三，1962年临时移民计划的终止使许多墨西哥移民定居美国，数十万墨西哥人通过与其家乡社区相连的社会网络迁移到了洛杉矶。该地区还在80年代经历了萨尔瓦多和危地马拉难民的大量增加。拉美裔移民大多缺乏技能，占据着劳动力市场的最底层，难以实现经济上的向上流动。由此可见，这一地区职业结构出现重大变化与移民显著增加相互影响，从而产生出一类全新的社会分工。而这些变化也使得这一地区成为理解这一新型社会分层体系影响力的范式性案例。

治理碎片化的大都市区

洛杉矶的研究人员还强调了这一地区政府机构极其薄弱且碎片化的特点，他们中的许多人将这一点归咎于莱克伍德方案。莱克伍德方案允许非法人地区的居民行使市政权力——因为区划权对于限制低收入居民进入中产阶级地区格外有用，但又未就服务和行政成本征收高额税金。这一市镇治理方案为60个诞生于40年代至70年代的新市镇提供了治理框架，使得业已碎片化的大都市区进一步四分五裂。

中产阶级郊区则得到了密集分布的房主协会（HOA）网络的大力支持，这些协会为居民提供现成的社会基础设施，以动员他们抵抗那些被认为危害其利益（如地产价值上升、低税收和种族同质化）的威胁。通过一系列限制财产税、动员学校合并以及脱离洛杉矶市的活动，这些居民在进一步分裂地区方面发挥了核心作用。

在社会政策方面，整个20世纪八九十年代市政官员则采取了削减社会开支同时增加警务支出的做法。市县收入大幅减少（限制财产税和针对大城市的联邦援助减少），再加上市县官员的新自由主义政策，使得当地福利机构的结余急剧缩减。随着犯罪率的上升和无家可归人口的飙升，一种新的恐惧文化促使中产阶级居民欣然接受严厉的法律和秩序政策（例如警方镇压、从严入刑）和私人安保措施（例如监视、私人安保力量、门禁社区、城市设计和建筑）。这些措施的普及改变了城市景观，安保技术和设备将这一地区划分成数以千计堡垒般的区域，范围从采取私人安保措施的家庭到封闭的社区。1990年，迈克·戴维斯从中观察到：

> 试图以改革平衡压迫的社会控制传统，在很长一段时间内被叫嚣社会战争的言论所取代，这种言论将城市贫民与中产阶级的利益计算为零和游戏。在像洛杉矶这样的城市中，在后现代主义边缘上，人们可以观察到一种前所未有的趋势，即将城市设计、建筑和警察机构合并为一项单一的、全面的安全保障工作。（《水晶之城》第224页）

作为一种生活方式的后现代城市主义？

洛杉矶学派的两位创始人爱德华·索贾和迈克尔·迪尔（Michael Dear）因此试图了解城市化新模式与城市居民观念之间的关系。他们断言，当代城市地区的特殊性推动了一种新的后现代城市意识。南加州碎片化和去中心化的特点模糊了真实与想象的界限，而这曾是认识世界的现代主义方法的核心。

对现代主义的解构造成了更大的概念不稳定性，因为符号和信息不再根植于潜在的真相和现实。但对索贾而言，这是对新的进步政治的制约，同时也提供了机会。一方面，城市精英通过结合和净化新大众消费空间生产中的文化标志踏入这一知识的空白区域。洛杉矶的城市步道便是这样一个空间的典范，企业家在一个被严格控制的环境内为居民重新包装和展示了城市性。由于这一地区的居民将自己隔离于守卫森严的"飞地"之中，因此城市性的际遇日益通过此类空间产生，并将这些对城市生活的理想化模拟转变为（超）现实。

同时，索贾坚持认为，普遍的和本质的政治真理的弱化为建立跨越传统分歧（意识形态、种族、阶级、空间）的新混合联盟提供了意识形态上的开端。在此语境下，行动者可以围绕将他们联系在一起的实际问题组成共同联盟，内部的差异往往被视为共同为社会政治斗争的资本。而基于普遍真理的现代主义认识论则使发展跨越传统政治和意识形态分歧的联盟变得十分困难；更为相对化并具有反思性的后现代思维方式就使得这些联盟类型更加可行。

事实证明，洛杉矶学派的研究在国内和国际城市研究领域深具影响力，许多研究者都接受了它的核心观点，但也受到一些知名城市学者的批评。一些人认为，洛杉矶学派所强调的"新"过程并不全然是一种新的经验现实，而是一种（主要由非洛杉矶学派的学者所提出的）新理论在现有城市现实中的应用，它揭示了古典城市理论未能揭示的过程。这种新城市理论的力量证明了从芝加哥学派模式的转变，但洛杉矶学派的研究者并不拥有这些理论的知识产权。新城市社会学被认为更准确反映出了城市研究中的新理论发展。

还有人则质疑洛杉矶作为21世纪范式性城市的地位，并暗示其他城市同样或者更加值得拥有这一称号。最后一种批评则是直指洛杉矶学派的政治意味，左翼和右翼的学者都对其论点的意识形态基础和政治内涵发起攻击。尽管这些批评有一些可取之处，但洛杉矶学派中的个别学者业已在各自钻研的专业领域（例如城市和区域经济学、社会学和移民问题、城市政治、后现代城市理论）做出重要贡献，同时它们也总括性地说明，这些不同的线索是如何组合在一起塑造了一个城市地区的形态、功能和命运。

进一步阅读书目：

- Davis, Mike. 1990. *City of Quartz: Excavating the Future in Los Angeles*. New York: Verso.
- Dear, M., ed. 2002. *From Chicago to LA: Making Sense of Urban Theory*. London: Sage.
- Scott, A. 1988. *Metropolis: From the Division of Labor to Urban Form*. Berkeley: University of California Press.
- Soja, E. 2000. *Postmetropolis: Critical Studies of Cities and Regions*. Oxford, UK: Blackwell.
- Waldinger, R. and M. Bozorgmehr, eds. 1996. *Ethnic Los Angeles*. New York: Russell Sage Foundation.

（Walter J. Nicholls 文　王琼颖 译　李文硕 校）

LÖSCH, AUGUST | 奥古斯特·勒施

奥古斯特·勒施与约翰·海因里希·杜能（1780—1850）、威廉·劳恩哈特（Launhardt, 1832—1918）以及阿尔弗雷德·韦伯（1868—1958）一起，被认为是空间经济理论的早期创始人。他最著名的作品《经济的空间秩序》（*Die räumliche Ordnung der Wirtschaft*）1954年被译成英语，但标题略有出入。《区位经济学》（*The Economics of Location*）成为新兴学科区域科学领域国际公认的重要理论基础。

生平背景

勒施1906年10月15日出生于德国西南部小镇厄林根（Öhringen），两年后全家迁往海登海姆（Heidenheim），1925年这位年轻人在那里通过高中毕业考试。结束在当地一家工业公司的学徒培训之后，他开始了在图宾根大学的学习生涯。"这是一种皇室般的感觉"，他以一种青年人的理想主义在他1927年7月的日记中写道，"高尚而真实的人能获得自由，在他的研究和生活中自立"。

他随后在弗赖堡大学深造，并于1930年前往波恩，在那里他遇到了阿图尔·施皮霍夫（Arthur Spiethoff）教授和约瑟夫·熊彼得，熊彼得允许他参加自己的研讨课及一个专门的哲学-社会学工作坊。1932年勒施凭借基于"如何看待出生率下降"问题的论文获得博士学位，该论文的早期版本已于1931年获奖。他用奖金出版了论文，最初的德语书名为《如何看待出生率下降？》（*Was ist vom Geburtenrückgang zu halten?*）。

在之后的几年中，勒施将自己的研究集中在经济与人口发展路径的相互关系上。这一研究兴趣一直持续到他首次访问美国，1934年秋他获得了一年的洛克菲勒奖学金资助前往那里。回到波恩后，1936年勒施的大学授课资格论文获得通过——在德国传统中，这是开启大学教学生涯的先决条件，这篇论文构成他关于人口波动与商业周期的新作——《人口波动与变化形势》（*Bevölkerungswellen und Wechsellagen*）的底稿。在这本书中，他分析了人口增长对农业或工业部门占主导的经济周期的不同影响。在前一种情况下，人口统计与经济变量之间的密切关系清晰可辨；而这一互动在后者中并不明显。在工业部门占主导的情况下，技术和经济发展的政治框架条件更为重要。

1936年，勒施的洛克菲勒奖学金延长了一年。在美国期间，他再次与熊彼得会面，后者已前往哈佛大学并像"父亲般地"接待了他。在熊彼得的研讨课上，他不仅遇到了老朋友如沃尔夫冈·斯托普勒（Wolfgang Stolper）——两人相识于熊彼得在波恩的研讨课；还结识了新朋友，比如熊彼得的助手小埃德加·胡佛（Edgar M. Hoover, Jr.）。这个国家的多样性带给他深刻的印象，他在第二次访问期间广泛游历；在美国自由精神的启发下，勒施开始启动有关经济区域的研究。

1933年德国纳粹夺权之后，他在日记中写道："我将在这无望的时代挺直腰杆行走。"他的许多朋友决定永远离开德国，而他有关出生率的作品则于1936年被德国当局纳入指导性书籍。尽管如此，他还是于1937年返回自己的祖国，"如果我们所有的人都离开了，德国将会变成什么样子？"他这样问道。

随后的几年，他作为自由科研人员在海登海姆和波恩撰写空间秩序的文稿，并于1939年完成。1940年，也就是这本著作出版的那年，他进入基尔的世界经济研究所，在那里担任核心研究员，后来成为研究小组的负责人。在基尔研究所的庇护下，他在一封给友人的信中写道："我可以免于为希特

勒而战。"

但在日记中,他也抱怨研究所所长总是强迫他撰写一些"毫无用处的"报告,故意不让他在自己的货币计划问题开展卓有成效的工作。

勒施在第二次世界大战的最后几年,也是他生命最后几年所从事的货币计划研究,是要发展一套可以在战争结束后帮助德国重新融入世界经济的货币体系。这一构思的第一部分是基于存在一种单一世界货币的假设。随后货币的转移体系的工作则与距离及空间内活动的分布有关。

1944年10月,在经历了盟军对基尔市的大规模轰炸后,勒施和他的研究团队被疏散到了小镇拉岑堡。由于疲惫不堪和医疗设施缺乏,1945年5月30日他因感染猩红热去世,去世前未能完成他的货币理论著作。这一未完稿由世界经济档案馆于1949年出版。

勒施的中心地理想等级

来源:Lösch, A. 1954. The Economics of Location. Translated by W. H. Woglom and W. F. Stolper. New Haven, CT: Yale University Press

知识遗产

勒施的《区位经济学》是一部晦涩难懂、包含多方面内容的作品。勒施将其细分为4个部分:区划位、经济区域、贸易以及案例。虽然这4部分研究相互之间紧密联系,但最重要也最富革命性的观点是在第二部分提出的。

勒施在这里是从以下假设开始的:经济活动发生在一个同质化的无限平面上,具有相同偏好和收入的人口在等距离的地点上定居。经济决策以理性行为和自由市场准入可能为基础;生产功能则独立于地理位置;但经济规模与聚集经济的存在则有利于空间的聚集。单一生产者的市场区域在地理意义上扩大,直到市场价格等于工厂价格和产品特定的线性运输成本,从而使利润消失——因为工厂价格等于平均生产成本。最重要的是,平面上的每一个地点都精确到由一个生产地点提供成品。

勒施这样描述从单一生产者的市场区域起步并转向相互竞争的市场网络,"对于各种等级的商品而言",从等边的"粗细相间的六边形"网络"开始,我们可以随意穿越我们的平面"。然而,考虑到集聚经济的存在,网络被"以一种所有网络拥有至少一个中心的方式"加以重新安排。因此,中心城市就发展为如上页图所示的那样。

然后,各种市场网络以最大规模的相同市场位置,围绕中心城市旋转。一个具有密集分布而又松散聚集区位的部门模式由此产生:即勒施经济区域。

接下来,在远离严格空间同质条件下,市场区域必须根据消费者地理分布的不同条件重新确定。还需要考虑的是,相同产品的生产和需求功能可能会因自然因素、行为因素,或政治条件的不同影响而有所不同。最后,必须针对不同的产品引入源于这些重新定义生产与需求功能的市场网络体系；此外这些不同的市场网络还必须被完全覆盖，从而形成经济区域。

无论具体条件如何，勒施发现"蜂窝是经济区域中最有利的形式"，其优点是使整个消费者群体受益，但对于单一生产者而言，循环市场区域可能是最合适的。

1971年4月21日，首届奥古斯特·勒施日在海登海姆市举办，在30多年的时间举办了一系列两年一度的活动。人们就纪念奥古斯特·勒施，及空间结构与发展中的理论与实践问题进行探讨；为区域科学领域用德语或——在改变基本结构后——用英语撰写的优秀出版物颁发奥古斯特·勒施奖。2006年10月，基尔世界经济研究所为纪念勒施诞辰100周年举行了活动。

1982年首枚区域科学奥古斯特·勒施指环被颁给沃尔夫冈·斯托普勒，该指环被授予不超过6名在该领域无可争辩且在世的国际知名人士。其他获奖者是利奥·H. 卡拉森（Leo H. Klaassen）（1984）、托斯滕·哈格斯特朗（Torsten Hägerstrand）(1986)、沃尔特·艾萨德（1988）、卡齐米日·杰翁斯基（Kazimierz Dziewonski）(1992)、马丁·J. 贝克曼（Martin J. Beckmann）(1998)和赫伯特·吉施（Herbert Giersch）(2000)。

进一步阅读书目：

- Blum, Ulrich, Rolf H. Funck, Jan S. Kowalski, Antoni Kuklinski, and Werner Rothengatter, eds., with editorial assistant Guido von Thadden. 2007. *Space-Structure-Economy*: *A Tribute to August Lösch*.
- Baden Baden, Germany: Nomos. Lösch, A. 1938. "The Nature of Economic Regions." *Southern Economic Journal* 5(1): 71-78.
- ——. 1954. *The Economics of Location*. Translated by W. H. Woglom and W. F. Stolper. New Haven, CT: Yale University Press.
- Stolper, W. F. 1954. August Lösch in Memoriam (Introduction). pp vii-viii in *The Economics of Location*, by August Lösch. New Haven, CT: Yale University Press.

(Rolf Funck 文　王琼颖 译　李文硕 校)

LYNCH, KEVIN ｜凯文·林奇

凯文·林奇(1918—1984)是麻省理工学院城市规划专业教授，他在那里授课长达30余年。众所周知，他是城市规划和设计领域的领军型思想家。他的作品激励了大批他所在领域的研究者、从业人员和学生，同时还影响了规划专业以外领域的学术思想及写作。他的名字通常是和他的开创性作品《城市意象》联系在一起的。该书于1960年首次出版，后经多次再版并被译成许多不同语言，在学术研究和实践领域被广泛阅读和咨询。

意象研究

相比城市设计中大行其道的学院派艺术和现代主义传统，林奇致力于定义一种全新的设计实践，它渗透着建成环境下的人类经验。林奇要求人们绘制自己城市的地图，并在人们想起自己的城市

时说出什么东西会首先出现在他们的脑海中；或者说出城市经验对他们意味着什么，又是如何影响他们的幸福感。通过这些要素，林奇展现了如何建构城市的集体意象或共识意象。这一"公共意象"——这是他更偏爱的表述——是由一个城市物质形态特征的集合构成，这些特征始终贯穿于城市的各个心像地图之中：特定街道、重要建筑物、功能区划、重要的公共空间、活动的集中度和强度、主要通行的街道和马路、河流和丘陵等自然元素等等。他建议将各个地图或包含于作为整体的公共意象中所表现出来的这些经常被提到的元素分成区域、边界、标志物、节点和道路，虽然被调查者可能不会意识到诸如此类的规则。当然这些概念如今经常被用于城市设计实践当中。

林奇进一步指出，某些城市比另一些城市更能"引发意象"，而这取决于城市形态的可识别性。是什么让一座城市变得更易识别或更难识别？他认为取决于以下三者：身份、结构和意义构成的功能。拥有具备强烈身份特征的建筑物和自然因素，易于被理解的街道模式，以及其他具有功能和象征意义元素的城市，可能要比其他缺乏这些属性的城市更具可识别性。

《城市意象》被认为是一部开创性的作品，它一方面启发了城市规划和设计实践与教学，另一方面也启迪着其他领域的学术研究。时至今日，美国大量的城市设计项目都是从意象研究起步的，这一研究的目的是理解普通公民是如何看待城市形态的，以及这是否符合规划者对城市重要特征的理解和直觉。

尽管意象研究对于制定城市设计政策和指导方针的贡献并不总是有效，林奇本人在回顾时也表达了一些不满，但这一方法也已成为许多城市设计工作室通行的教学手段。对教师而言常见的教学实践是要求学生制作一份他们正在研究的城市或邻里街区的"林奇地图"。经证明，这种方法是一种让学生了解实体城市视觉表达形式的有效学习训练。

在学术界，林奇的作品激发出一种全新的研究范式，它使得人与环境的关系与互动成为城市设计的一部分。这一范式为环境心理学家、地理学家、社会学家和规划学者展开大量"认知地图"——这个术语取自爱德华·托尔曼发表于1948年的一篇早期文章的标题——研究铺平了道路。林奇本人从未使用过这个词，他本人应该也并不了解托尔曼的作品。但随后的一系列研究涵盖了广泛的调研过程。

其中许多研究探讨了在同一个城市区域内，由于年龄、生命周期的阶段、阶级、性别比例、地理位置甚至是职业所造成的意象或心像地图差异，这里的心像地图是地理学家所青睐的术语。另一些人则研究了心像地图的表现风格和发展方向，这其中还包括一些跨文化比较。总的来说，这些研究证实了林奇的早期发现、证明了方法的正确性、并提出更多的见解。

其他作品

虽然《城市意象》一书几乎完全奠定了林奇在全球范围内和规划领域之外的声誉，但他的著作还包括了另外8卷、超过3000页的作品。1962年，第二部作品《场地规划》（Site Planning）出版，1971年出版了修订和扩写版，1984年的最后一版则与加里·哈克（Gary Hack）合著。总体而言，这3个版本依然属于学术专著，它们将场地规划的原则和实践与相近领域的相关理论进行了结合。

20世纪60年代，林奇与唐纳德·阿普尔亚德（Donald Appleyard）及杰克·迈尔（Jack Myer）合著了另一部非常重要的作品《道路视图》（The View from the Road）。该书以与州际公路系统相连的内城规划和建设为背景，记录、分析和模拟了在新修或构想中的城市高速公路上高速旅行的视觉体验。70年代，其他几部作品紧随其后出版——第二版《场地规划》（1971）、《这个地方几点了？》（What Time is This Place?，1972）、《区域意识管理》（Managing the Sense of the Region，1976），以及《在城市中长大成人》（Growing Up in

Cities，1977）——它们集合了多位作者的研究贡献。后3部作品涉及城市的不同方面：《这个地方几点了？》是一部论述时间尤其是如何将时间嵌入空间，如何影响城市形态与空间的生长、改变和衰退及其历史保护意义的作品。《区域意识管理》（1976）则侧重区域和大都市区尺度上的环境质量、宜居性和可持续性问题，以及管理区域尺度上感官质量的可能性。最后，1977 年由联合国教科文组织资助的研究《在城市中长大成人》，则以人类建成环境造成的后果为特别关注视角，展开对 4 个不同国家——阿根廷、澳大利亚、波兰和墨西哥——城市环境下的少年儿童生活经历的比较研究。

80 年代，他出版了或许是其职业生涯中最有分量的著作《良好城市形态理论》（A Theory of Good City Form，1981），后来的版本改为《良好城市形态》（Good City Form）。该书是之前与加里·哈克合作扩展的那部重要的《场地规划》（1984）的延续。还有一部作品《远离浪费》（Wasting Away）问世则晚得多，是在作者去世后由迈克尔·索斯沃思（Michael Southworth）编辑出版。这是一部意义非凡的著作，它专注于现代消费社会的浪费和低效，以及垃圾对自然和环境的影响。该书曾被翻译成西班牙语和意大利语，在今天全球环境危机的语境下，其内容已被证明具有先见之明。最后，由特里迪·班纳吉（Tridib Banerjee）和迈克尔·索斯沃思编辑的另一本书《城市意识与城市设计》（City Sense and City Design，1990）则汇集了他所有已发表的论文及作品节选，此外还包括此前未发表但能够肯定其职业生涯的作品和项目。这 9 卷作品或详细或简略阐述了他在城市规划和设计方面的专业成就与学术成果。

新视角

凯文·林奇的作品无疑代表了一种独特的新思维方式，即在城市尺度上设计和规划建设环境。在他开始其学术生涯的 20 世纪 50 年代，大尺度的城市设计思想主流是经典的民用设计传统与大尺度景观设计，后来则受到现代主义建筑和规划的影响。这些传统遗产极度不容逆转，并且立足这样一个信念：即环境设计能够决定行为，如果做得到位，就可以改善使用者的社会福祉与身体健康以及他们的生活质量。在五六十年代的城市再开发和其他大型公共项目中，城市设计开始明确自己可以填补解介于建筑、景观设计和规划领域之间的缝隙空间，并在这最初的工作领域继续上述传统。

但林奇与这一城市设计的新领域保持距离，并倾向于使用城市设计这一术语定义大尺度的建成区设计范围和可能。他的贡献在当时尤为重要，因为大尺度的设计传统正受到研究当代城市问题及随之而来的规划及政策反应的社会学家的大肆攻击。社会学家认为设计师的确定性方案是狂妄自大的，并且他们提供的方案与解决涉社会福利与集体福祉的基本问题并不特别相关，充其量是将设计关注的问题放到次优先考虑的位置。

林奇的城市设计方法以与社区客户的会谈为起点，讨论他们如何组织和表达自己对日常生活中的建成环境的体验。通过这种方法，设计所做出的回应可以渗透进公众的感知、价值观和期望之中，而不仅仅是一种专业偏好。这一点论证了设计事务的重要性，它并不是橱窗里的摆设。此外从本质上来说，它还是一种自下而上的方法，而不是过去受伟大设计和空想美学影响的早期传统所带来的自上而下的专制式的设计。在林奇的方法中，设计师的角色是协助人们实现他们想要的环境，满足他们的直接需求，并提供多变的方式与适用性。他的城市设计构想是让环境使用者参与到他们生活的城市空间的设计和对未来的控制之中。这一观点是让设计师担任推动者和技术专家，可能还需要一些小小的伎俩，这在林奇本人的实践和项目中也经常有所体现。

而在捍卫这一新方法的同时，林奇也在他的著作中提出了许多规范性的立场。尤其令他兴趣盎然地是探索未来可能发生的变化——人类社会可能会成为乌托邦或敌托邦（他称之为"cacotopias"）。

由此，林奇始于理解城市所包含的视觉与感知形态的职业生涯转变为独特的城市设计哲学。他早期的著名作品《城市意象》帮助城市设计恢复其在公共政策中的地位；而随后的研究、写作、实践和教学都映射着一种全新的设计方法，强调人类加诸建成环境的目的及其后果，以及在此过程中让公众参与城市设计的可能性。

对这个方法的哲学表述在《良好城市形态理论》中臻于顶峰。这一理论具有强烈的规范性，并且探讨了诸如什么是良好的城市形态以及它的表现特征有哪些的问题。林奇在理想城市的历史模型中寻找这些问题的答案，在对当代的研究中对其加以分析性和实证性检验，并通过推理进行探索。许多这方面的论述都以期刊论文或专著篇章的形式发表。在《良好城市形态理论》中林奇认为，规范对于辨识良好城市形态的表现特征十分必要。他提出了表现特征的5个基本维度——活力、感觉、适应、获取和控制——以及两个元维度即效率和正义。第一个维度，即活力，是对维持居民生命、健康和生物功能的形态提出的要求。感觉则与对环境的感知和人治有关，还包括了他之前提出的"引发意象"的大部分内容。适应则指的是与环境形态与环境使用者的习惯、渴望或期待的行为之间的一致程度。获得是确定环境形态中可利用的舒适性、便利度和机会，以及在分配这些资源时的总效率和公平性的维度。控制指的是共同空间中的权利、责任和所有权问题，以及居民改变这个空间的能力。最后，按照林奇的说法，效率和正义这两个元维度指的是采取平衡行动，在最大限度降低成本的同时使得空间资源组织中的分配正义与公平最大化。

如今人们可以通过综合约翰·罗尔斯（John Rawls）1971年最早提出的正义理论和阿马蒂亚·森（Amartya Sen）1999年有关人的能力是自由发展之基础的论著来重新诠释这些标准。虽然林奇了解并引用了罗尔斯的著作，但他不可能预见到森的工作，后者论述的大部分都发表于林奇著作之后。可以这样公平地假设，他对城市形态公正性的强调借鉴了罗尔斯的作品，因为罗尔斯对此进行过讨论。而林奇的有关良好城市形态的规范哲学于森有关人类职责、能力和自由的道德理论殊途同归则仍是未来学术探索的一个领域。

城市设计实践

林奇在为我们理解人类加诸建成环境的目的及其后果的同时，他在其整个职业生涯中也参与了城市设计的实践。在应聘加入麻省理工学院的城市规划系之前，他职业生涯的起点是在北卡罗来纳州格林斯博罗担任城市规划师。而在他的学术生涯中，他也从未放弃实践，而且作为一名学者和实践者他总是将教学与研究及实践经验相结合。他还经常在实践中运用他的规范观点，同时又在教学和写作中借鉴自己的实践经验。

他的项目中一些较为引人注目的例子包括波士顿滨水区开发规划、克利夫兰的一处校园规划、凤凰城拉萨拉多走廊开发方案，以及圣地亚哥大都市区的未来发展规划（与唐纳德·阿普尔亚德合作），还有马萨葡萄园岛保护性规划。林奇的项目往往是协作性和开放的，从来不是一锤定音、不可更改的。他经常强调过程要考虑到变化，而且相比提出具体方案，他几乎总是偏好宽泛的指导方针、设计规则以及对可能性进行说明。

林奇也有他的批评者。社会学家在欣赏他所做智识贡献的同时，认为他的作品缺乏严谨性——例如他们质疑《城市意象》中样本的规模和选择——而且充满了各种断言或猜测。还有一些人认为他的写作不够准确，包含着模糊不清和矛盾。从业人员则认为他的作品太过有远见或者说不现实。由于林奇从未就他提倡的良好城市形态给出具体的形象，因此许多人认为他的作品虽鼓舞人心但却难以转化为实践。他的作品无法产生类似新城市主义这样可以让从业者产生依赖的范式类型。

生平背景

林奇出生于芝加哥，成长于在靠近密歇根湖畔的城市北区。他就读于思想进步、课程受约翰·杜威教育哲学影响的弗朗西斯·帕克学校。他早年还受到重大世界性事件——如西班牙内战、大萧条和共产主义兴起——的影响。在高中时,他开始对建筑产生兴趣,并为了追求这一兴趣前往耶鲁大学。但很快他就对耶鲁大学建筑学项目严格的学院派传统感到式样,他被弗兰克·劳埃德·赖特的作品所吸引,并与赖特联系了解与后者一同学习建筑的可能性。

在赖特的鼓励下,林奇离开耶鲁大学,加入位于威斯康星州赖特的事务所塔利辛。当赖特选择迁居亚利桑那州后,林奇和其他学徒陪伴在侧。但因为发觉赖特的专制风格令人窒息,他并未在那里待太久。他后来继续在纽约的伦斯利尔理工大学学习生物学。1941 年他与安妮·博尔德斯(Anne Borders)结婚后很快加入美军,并作为陆军工程兵团成员被派往南太平洋、日本和菲律宾。

退伍后他在《退伍军人权利法》(G. I. Bill)帮助下进入麻省理工学院,于 1947 年取得城市规划学学士学位。1948 年他加入麻省理工学院规划系,开始和同事、视觉艺术专家杰奥格·凯普斯(Gyorgy Kepes)对视觉形式和城市意象进行早期探索。福特基金会的一项研究资助使他有机会在意大利待上一年,并且主要是在佛罗伦萨。和本雅明漫步巴黎类似,他在欧洲的"游荡"为他概念化自己的开创性作品《城市意象》提供灵感和帮助。1978 年从麻省理工学院退休后,他开始全心投入位于马萨诸塞州的剑桥的加里-林奇合伙人公司的实践工作,并始终积极进行写作和实践,直到 1984 年因意外去世。

学生们记得他是一位热心给予支持、感情真挚而友善的导师,总是试图鼓励学生探索新观念并扩展出去做原创性思考。他赞赏学生提案中的创造力、非传统的观点甚至是机智和幽默。他的许多写作和项目都与和学生的合作有关。

凯文·林奇的遗产继续鼓励着建筑师、景观设计师、规划师和城市设计师,尽管他从未提供具体的范式。他的方法是一种基于众多影响力——从艺术和美学到实用主义、自然主义和社会变革——的产物,并且代表了一种价值观和规范的独特融合,这一点始终是城市理论和设计的重要支点。

进一步阅读书目:

- Banerjee, Tridib and Michael Southworth. 1993. "Kevin Lynch: His Life and Work." pp. 439 - 468 in *The American Planner: Biographies and Recollections*, edited by Donald Krueckberg. New Brunswick, NJ: Center for Urban Policy Research.
- Evans, Gary W. 1980. "Environmental Cognition." *Psychological Bulletin* 88: 259 - 287.
- Jameson, Frederic. 1991. *Postmodernism, or the Cultural Logic of Late Capitalism*. Durham, NC: Duke University Press.
- Lynch, Kevin. 1984. "Reconsidering *The Image of the City*." In *Cities of the Mind*, edited by Lloyd Rodwin and Robert Hollister. New York: Plenum.
- Rawls, John. 1971. *A Theory of Justice*. Cambridge, MA: Belknap Press of Harvard University Press.
- Sen, Amartya. 1999. *Development as Freedom*. New York: Knopf.
- Southworth, Michael. 1989. "Theory and Practice of Contemporary Urban Design: A Review of Urban Design Plans in the United States." *Town Planning Review* 60: 4.
- Tolman, Edward. 1948. "Cognitive Maps in Rats and Men." *The Psychological Review* 55(4): 189 - 208.

(Tridib Banerjee 文　王琼颖 译　李文硕 校)

M

MANCHESTER, UNITED KINGDOM | 英国曼彻斯特

曼彻斯特位于英格兰西北部，是一座拥有近50万人口（2001年为441 200人）的城市；它也是英国第三大都市区大曼彻斯特（人口2 547 700）的10座行政区之一。但作为一个区域中心，曼彻斯特长期声称自己的经济和文化影响力超过其现有地位。在过去的30年中，这里已采取了集中在市中心的城市再开发措施。而要重构一段曼彻斯特后工业成功转型的叙事，就需要截取将曼彻斯特生活的不同组成部分，并将其编织进一套连贯的策略当中。近年来，曼彻斯特已因为它的音乐制作、足球队（曼城队和曼联队）的全球影响力，以及2002年举办的英联邦运动会而声名在外。它试图通过一种独特的城市再开发模式以寻求财富，这是将希望寄托在由休闲和消费构成的商业成功以及某种受城市间竞争紧迫性影响的城市政治上。

工业时代

曼彻斯特的历史通常被描绘成一个革命性变革的故事。它作为世界上第一座工业城市的快速崛起令人眼花缭乱，而且还预示着社会与经济变化前所未有的的规模与范围。在16世纪中叶，曼彻斯特是一个相对繁荣的集镇，拥有数千人口。1773年时的人口为4.3万人，1801年则为8万人；而到了1851年则超过了30万人。从成为包括纺织业和钟表制造业在内的原初工业基地开始，曼彻斯特成为兰开夏郡东南部密集的棉纺织城镇网络的中心节点，而棉纺织城镇正是工业革命的摇篮和堪埚。这种工业化持续影响着城市建成环境、劳动力市场、社会问题、公民自豪感和政治神话。

1760至1850年间，曼彻斯特从一座外省中心成为拥有国际级棉纺织业的世界城市。围绕城市成功的根本原因曾经有过许多争论，包括强调地理优势，例如潮湿气候适合纺纱，又或是靠近煤矿。但更有趣的则是城市化劳动力的增长、全新的生产方式，及对企业的刺激产生了彼得·霍尔所谓的"世界上第一个创新环境"，这构成了凯伊、哈格里夫斯、阿克莱特和克朗普顿这些发明家的活动领域，带来了从家庭作坊到工厂生产的决定性转变。至1780年时，曼彻斯特已成为一座新兴城市，并成为这个新时代中一切最好与最坏事物的象征。到了19世纪40年代，曼彻斯特展现出资本主义城市化最优秀和最糟糕的一面，这构成了当时对工厂系统及整个英格兰国家的印象。社会地理学角度的细节非常引人注目，从大量的中产阶级郊区到密集、肮脏、病怏怏的工人阶级居住区，不仅1844年时恩格斯有过描述，1848年伊丽莎白·盖茨克尔（Elizabeth Gaskell）也在现实主义小说《玛丽·巴顿》（*Mary Barton*）中对其加以描述。

曼彻斯特快速崛起为棉纺织之城，形成这样的形象是有其原因的。曼彻斯特为"撒旦的黑暗作坊"贡献了一分力量，但这座城市的经济包括了商业和服务业，以及工厂、仓库和织工。同样，曼彻斯特的历史也是一部与孟买、亚历山大、新奥尔良等城市相互交织、复杂而变幻的历史。这些城市为曼彻斯特的仓库提供原棉，并在像奥尔德姆这样的工场镇纺成纱，织成布。同样值得注意的是它与利物浦的工业合作——即便不是政治合作，利物浦在18世纪末已取代伦敦成为英格兰主要的棉织物港口。

从19世纪40年代起，英国确立了棉织物王国的形象，不仅如此，商业和政治文化领域的社会革命，以及技术、运输和工程革命进一步强化了工业化的基础。曼彻斯特强烈的政治激进主义传统令人瞩目地融合了19世纪的自由主义与工业社会主义，跨度从宪章运动到反谷物法案再到合作运动。尽管棉纺织业逐渐面临日益增长的外国竞争（例如1914年之后的印度），但曼彻斯特的繁荣却并未受

到英国殖民与工业霸权崩溃的影响。其中尤为重要的原因是制造业基础的多样化：1894 年曼彻斯特运河开通，码头由此同步发展；还有大量的外国（主要是美国）资本涌入位于相邻自治市特拉福特的世界上首个工业园区。

1945 年之后，曼彻斯特制定了一系列大都市区与城市规划，并开始集中清理贫民窟，提供公共住房。但由于曼彻斯特与英国整体的现代化战略出现极大分歧，这个充满希望和稳定的时期却在 20 世纪 60 年代让位于内城区问题。迟至 1971 年，大曼彻斯特还能维持 532 000 个制造业岗位和 577 000 个服务业岗位，但日益激烈的去工业化及去中心化浪潮，导致制造业基础剧烈重组。城市核心区的相对衰弱在大曼彻斯特表露无遗，从 1971 至 1997 年，共有 135 285 个工作岗位消失（占劳动力的 12%），其中 2/3 出自曼彻斯特市。制造业就业人数从 1971 年与服务业平均水平持平下降至 1989 年的 283 000 人。尽管服务业有所增长，但它从未能弥补全职男性工业就业岗位的下降。至 20 世纪末，近 80% 的就业岗位来自服务业，其中一部分是诸如金融业一类的高价值行业，但更多的是休闲行业和低工资岗位。这种收入贬值情况也体现在反城市化诉求以及建成环境和城市服务的相应下降上。

当代更新

从政治上来看，对过去 30 年的最好解读是将之理解为试图接受这一持续衰弱并更新曼彻斯特的目标和进步意识，其中包括城市结构与人口。曼彻斯特政治解决方案的危机在 1979 年随着一个保守党国家政府的崛起而日益紧迫，这个政府越来越敌视各种形式的市政社会主义。这一关键时期适逢格雷厄姆·斯特林格（Graham Stringer）领导市议会（1984—1996）并开展斗争，利用新城市左派重新思考传统的意识形态。

曼彻斯特作为一座创业型城市的出现，表面看来体现了 1987 年议会口号从"捍卫就业与改善服务"向"让它成为现实"的转变。虽然这种转变的实质含混不清，但曼彻斯特轻而易举地成为一种新兴城市发展创业模式的典型，其特点是得到了公民的热心支持，并试图通过吸引投资和人才作为城市更新的源泉。作为对全球化的回应，曼彻斯特"增长引擎"得益于城市精英及议会执行者，而对新的发展议程的管理则依赖于公共与私有部门的伙伴关系。

在接纳这些企业化倾向方面，曼彻斯特远谈不上独一无二，更谈不上独立决策，但它通过连续几轮获得自由支配的城市资金，证明了国家政策可以适应地方变革的诉求。曼彻斯特中心开发公司（The Central Manchester Development Corporation, 1988—1996）对废弃运河两岸的翻新已成为后工业再开发的研究案例，完全可以媲美伦敦的码头区。20 世纪 90 年代，从成功开发赫尔姆贫民区到成功申办 2002 年英联邦运动会，以及雄心勃勃、旨在将这座城市作为欧洲出类拔萃区域加以重塑的"城市骄傲"战略愿景，都可以看到以伙伴关系为导向的城市再开发。

在经历了 1996 年爱尔兰共和军对市中心的恐怖袭击之后，城市精英立即围绕前所未有的机会重新设计并开发城市心脏地带。其后果是激发出另一种打着曼彻斯特千禧年旗号的伙伴关系，然而危机的性质引发了有关如何重建曼彻斯特以及为谁重建的各种争论。虽然城市企业化的基本原则依然存在，但 1997 年新上台的工党政府明确表示优先考虑社会问题。10 年来，我们可以发现零售业的核心业务已大幅复苏，东曼彻斯特和其他地区的重大项目也随之重整旗鼓。

然而当曼彻斯特从全球化的鼓吹者到卷入全球化进程，这座城市已陷入交织着经济衰退和政治复兴、社会堕落和文化复兴的矛盾之中。作为许多类似城市的典型代表，曼彻斯特试图创造自己的独特经历。1819 年的彼得罗大屠杀、早期工业化时期的决定性事件之一：军队挥舞着军刀冲进有 6 万人的人群，他们聚集在一起聆听亨利·亨特（Henry Hunt）支持议会改革的讲话，导致 15 人死亡、数百人受伤。自由贸易大厦就建在大屠杀原址上,起初是用木头,然后是砖块,最后在 1843 年利用石材进行建造,它成为纪念某种特定的政治经济观念和这座城市实用个人主义的精神的纪念场所。今天这栋建筑从外表来看是一座奢华并屡获殊荣的酒店,毗邻所有荣获闪耀奖项的市中心更新项目。

进一步阅读书目:

- Briggs, A. 1963. "Manchester: Symbol of a New Age." In *Victorian Cities*. London: Pelican Books. Engels, F. 1987. *The Condition of the Working Class in England*. London: Penguin.
- Hall, P. 1998. "The First Industrial City: Manchester 1760–1830." pp. 310–347 in *Cities in Civilization*. London: Weidenfeld & Nicholson.
- Haslam, D. 1999. *Manchester, England: The Story of a Pop Cult City*. London: Fourth Estate.
- Kidd, A. 1993. *Manchester*. Keele, Staffordshire, UK: Keele University Press, Ryburn Press.
- Messenger, G. 1985. *Manchester in the Victorian Age: The Half-known City*. Manchester, UK: Manchester University Press.
- Peck, J. and K. Ward, eds. 2002. *City of Revolution: Restructuring Manchester*. Manchester, UK: Manchester University Press.
- Quilley, S. 1998. "Manchester First, from Municipal Socialism to the Entrepreneurial City." *International Journal of Urban and Regional Research* 24: 601–621.
- Williams, G. 2003. *The Enterprising City Centre: Manchester's Development Strategy*. London: Spon.

(Adam Holden 文　王琼颖 译　李文硕 校)

MANILA, PHLIPPINES ｜菲律宾马尼拉

大马尼拉市是菲律宾的首都大区。2007 年,菲律宾国家统计协调委员会经济与统计办公室报告称,这一地区贡献了该国国内生产总值的 33%。它拥有超过 1 150 万人口,占该国总人口的 13%。本词条将追溯大马尼拉市包括殖民历史在内的过去,以及它在西班牙和美国占领时期与世界贸易体系的融合,并将详细阐述一系列与当代城市化和空间发展相关的社会经济收益与环境条件。

历史背景

在 14 世纪以前,马尼拉湾东岸的伊斯兰王国吕宋被称为"梅尼拉"(*Maynila*)。16 世纪中叶,梅尼拉充满活力的贸易活动吸引了西班牙征服者的兴趣,并曾多次试图征服这里。1571 年 5 月 19 日,在当地武士的帮助下,他们占领了梅尼拉。殖民者在帕西格河畔建起了一座工事牢固的城市英特拉莫罗斯(Intramuros),字面意思为"城墙之内"。殖民城市马尼拉正是在这里被建造起来。

西班牙对于烟草生产、制作与贸易的长期垄断以马尼拉为基础。从 1565 至 1815 年,殖民者将马尼拉纳入马尼拉、阿卡普尔科(Acapulco)和伊比利亚半岛诸城市之间这条在商业上来说颇为冷门的大帆船贸易线中。大帆船贸易结束于 1815 年,它的终结为马尼拉开辟了接纳外国船只的时代,也使马尼拉被纳入新兴的全球经济之中。

根据玛丽亚·瑟瑞娜·迪奥克诺（Maria Serena Diokno）和拉蒙·比烈加斯（Roman VIllegas）的说法，19世纪初，菲律宾海外贸易机会在菲律宾的扩张，幕后推手是美国和英国商人与船东，他们推动了糖、大麻、咖啡和丝绸业的发展。1889年，马尼拉凭借着它的街道电气化和交通系统改善计划进一步提高了自己的经济竞争力。马尼拉—达古潘铁路的建设促进了周边地区的原材料向城市北部省份的运输。

1898年美国入侵菲律宾。根据《巴黎和约》，西班牙以2 000万美元的价格将菲律宾卖给美国。在交易之时，西班牙人已经被起来闹革命的菲律宾人打败了。从1899到1903年，美国挫败了菲律宾人的革命运动，他们将马尼拉作为殖民政府所在地，并于1901年7月建立起由美国人控制的菲律宾议会。

建筑师丹尼尔·伯纳姆和皮尔斯·安德森（Pierce Anderson）为马尼拉制定了实体发展规划。伯纳姆着重考虑了城市美化规划思想、美国的帝国主义利益、热带气候条件以及菲律宾的一些传统。他的规划方案是一个步行可达的城市，拥有棋盘状式样、沿陆地轮廓设置的马路和街道、滨水区和水道，以及在大型开放空间中两两相望的政府大楼。建筑师威廉·帕森斯小心谨慎地贯彻了伯纳姆的规划。他建造了宽敞的大楼，例如菲律宾综合医院——宽而深的拱门和阴凉的门廊连接起凉爽并采用自然光的建筑；这些设计灵感都源于西班牙和菲律宾传统。

美国建筑物被用于容纳殖民政府，它使得马尼拉进一步融入新兴的全球经济之中。虽然马尼拉遭到了第二次世界大战的破坏，但伯纳姆的马尼拉规划的总体轮廓与帕森斯受美国—西班牙以菲律宾风格启示的建筑物成为战后菲律宾发展的基础。

从20世纪50年代到70年代，来自全国各地的菲律宾人大批迁往马尼拉。马尼拉郊区在公用事业和基础设施供应、维护上的问题不断恶化。1976年，斐迪南·马科斯总统（Ferdinand Marcos）创建大马尼拉市，并成立大马尼拉市委员会（MMC）管理这座大城市的基础设施发展。1986年，总统科拉松·阿基诺（Corazon Aquino）将大马尼拉市委员会改组为大马尼拉市管理局（MMA），1995年大马尼拉市管理局再度更名为大马尼拉市发展局（MMDA），与帕西格河康复委员会（PRRC）及公共工程与高速公路部（DPWH）通力合作，负责维护和开发大马尼拉市的垃圾处理及其与交通、洪水和污水处理相关的基础设施系统。

当代马尼拉

地形改造与生态学

大马尼拉市占地面积为38平方千米，与布拉干（Bulacan）、黎刹（Rizal）和甲米地（Cavite）三省相接，毗邻拉古纳湖和马尼拉湾。其海拔高度从平均海平面上不到1米至70米不等。它属热带季风气候，旱季从11月至次年5月，雨季则从6月至10月。日平均气温为20℃～38℃，全年湿度较高。西南季候风和约6次台风会带来大量的雨水，并在雨季引发该市低洼地区洪水泛滥。

大马尼拉市的主要河流，如帕西格河、马里基纳河、帕拉尼亚克—萨波特河、马拉波—杜拉汉—特里耶罗斯河和圣胡安河，均流向马尼拉湾，由于在生产和处理工业和家庭垃圾方面缺乏环境污染监控与减排系统，河流水系存储了大量的污水和工业废水。

人口增长与竞争

1903年时，首都地区人口占全国总人口的4%（即760万人中的328 939人），截至2007年，大马尼拉市居民人口已占到8 850万菲律宾人中的13%；然而大马尼拉市的面积仅占到该国30万平方千米土地总面积的21%。因此2007年时，首都区的平均人口密度为每平方千米18 166人，远高于每平方千米295人的全国水平。

每年从其他地区前来求职的菲律宾人为大马尼拉市的快速城市化做出了贡献。菲律宾人认为大马尼拉是就业机会的中心，但劳动力市场与有资质工人的饱和使得雇主可以游刃有余地雇佣最合格的员工，并且只开出较低的工资和就业福利。低工资、低就业率和高失业使得移民们无法负担体面的居住空间。数百万人居住在缺乏污水处理设施的生活空间中，例如建在街道两旁铺装路面上、铁道边的空地上的棚屋，还有人居住在混凝土桥下。还有的棚屋建在公共墓地和腐烂的垃圾场上。这些拥有多层棚屋或所谓"分租棚屋"的棚户区人口密度或可达每平方米 8 人之多。如今位于水道河口及拉古纳湖和马尼拉湾浅水区沿岸的干栏式房屋的数量日益增加。定居点内的旱路小到无法通行消防车，定居点又缺乏卫生基础设施、稳定供应的饮用水以及固体垃圾的回收体系。

财富集中与社会政治特权

大马尼拉市的另一趋势则是富裕飞地越来越富裕。第二次世界大战后，马卡蒂中央商务区仅占马卡蒂土地面积的 15%，但它包含了约 300 平方米的优质办公空间，占到全国国际和国内商业活动的一半。马卡蒂中央商务区内的特许商业活动收入及地产税为马卡蒂市的财政收入做出了巨大贡献。菲律宾排名前 1 000 的企业中近 40% 的全国总部或办事处设在马卡蒂中央商务区。为了保持它超越大马尼拉市其他城市和金融中心的相对优势，城市收入被当地政府官员用于进一步改善世界级的基础设施和公共事业。

毗邻马卡蒂中央商业区的是该国最富裕的社区，外人到访此地会受到训练有素的穿制服的安保人员的严格盘问。这些社区包括福布斯公园、达斯马里纳斯村、麦哲伦以及其他一些门禁社区。居住在这些"飞地"的家庭是该国 20% 富裕人口中的一部分，而他们却控制着国内生产总值的 97%。这个国家的其他主要金融区也有类似的经济和社会政治条件，并与高档住宅小区相邻。

穆斯林聚集区

马尼拉的奎阿坡（Quiapo）甚至早在西班牙殖民统治出现之前就已经是穆斯林的家园。这一地区的空间标志包括了奎阿坡伊斯兰中心、采用阿拉伯语标志的 DVD 商店，以及穿戴传统穆斯林头巾和服饰的妇女。每天有超过 3 万名菲律宾穆斯林出入这里的贸易场所。该穆斯林聚集区正在稳步扩张，这可以归因于棉兰老岛的日益激烈的战斗与冲突，以及菲律宾中央政府对棉兰老穆斯林自治区开发的忽视。约有 12 万名菲律宾穆斯林因此被迫迁往大马尼拉市，因为在他们看来，首都区是一个生活更为安全的地方。大马尼拉市的医疗设施和教育机会则更是好上百倍，而且也容易获得。

城市化的空间标签

马尼拉被指定为西班牙殖民政府所在地与贸易活动的核心地区，因此也就顺理成章地成为美国此类机构与活动的中心，并拥有相应的基础设施吸引人流聚集。马尼拉的中心地位导致财源被源源不断地向城市输送。马尼拉的特权也意味着其他地方的边缘化，例如棉兰。

金融机构聚集在中心地区，那里拥有丰富的物质和经济基础设施，这在马卡蒂中央商务区表现得很明显。来自全国各地的精华资源和其他商业活动所带来的利益被吸引到这一区域。对穷人而言，这种情况导致马尼拉作为移民目的地的吸引力日益增加。然而，来到大马尼拉的贫困移民无法获得体面的住房。他们最终不得不为了恶劣的小型生活空间而展开竞争。空间的政治特权在不同尺度上运转着，它们也烙印在不同经济利益和空间标签中。

有些人认为，基础设施、能源、公用事业、经济机会、信息以及人力在大城市的集中将导致巨型马尼拉的形成——这个区域或将大马尼拉北部的吕宋中部地区以及城市南部的甲拉巴松和米马罗帕地区的相邻市镇都包括在内。如此一个巨型马尼拉将包含这个国家近一半的人口。

大马尼拉市的进一步城市化并不意味着菲律宾的进一步发展，城市化带来的社会与空间转变影响着不同人群，如果大马尼拉更进一步城市化并导致巨型马尼拉的出现,那么它对未来的影响则既充满希望又极为可怕。

进一步阅读书目:
- Agoncillo, Teodoro A. 1990. *History of the Filipino People*. Quezon City, the Philippines: Garotech.
- Binay, Jejomar C. 2006. *Makati: A City for the People*. Makati, the Philippines: FCA Printhouse.
- Diokno, Maria Serena and Ramon Villegas. 1998. "The End of the Galleon Trade." In *Kasaysayan: The Story of the Filipino People*, Vol. 4. Hong Kong: Asia Publishing Company.
- Hines, Thomas S. 1972. "The Imperial Façade: Daniel H. Burnham and American Architectural Planning in the Philippines." *Pacific Historical Review* 41(1): 33 – 53.
- Hutchison, Ray. 2002. "Manila." pp. 131 – 138 in *Encyclopedia of Urban Cultures: Cities and Cultures around the World*, edited by Melvin Ember and Carol R. Ember. Danbury, CT: Grolier. National Statistical Coordination Board, National
- Statistics Office. 2008. *Population Figures and Gross Regional Domestic Product at Current Prices of the Philippines*. Philippines: National Statistical Board, National Statistics Office.
- Salita, Domingo C. 1974. *Geography and Natural Resources of the Philippines*. Quezon City: University of the Philippines Press.

(Doracie B. Zoleta-Nantes 文　王琼颖 译　李文硕 校)

MARXISM AND THE CITY ｜马克思主义与城市

为澄清马克思主义对城市研究所做的贡献,并明确这一理论方法的框架,有必要从更复杂的议题着手,即城市理论与马克思主义的后续发展是如何重叠和交织的。对马克思主义者而言,现代城市是资本主义城市,而不仅仅是"资本主义社会中的城市",并且是资本主义积累进程中的关键环节。

马克思认为,资本主义生产过程最重要的特征是将大部分工人排除在生产资料所有权之外,其结果是工人被迫出卖他们的劳动力以求生存。与其他商品不同,劳动力具有许多特殊性,其中包括创造新产品的能力。在资本主义制度下,当一个工人出卖自己的劳动力,他或者她无法得到其生产产品的全部价值,由此产生的剩余价值被生产资料所有者占有。这种经济剥削机制是资本主义的核心,并且与马克思主义者对社会阶级和经济危机的分析相连。

在马克思生活的年代,劳动过程高度碎片化。在此背景下,马克思面对资本主义城市的特殊性,提出城乡差别是资本主义劳动分工的构成要素。

积累过程的竞争属性使得对生产资料和生产过程转变的持续投资成为可能。城市区域的特殊性在于它将劳动力、资本和土地以形成生产资料及导致空间不均衡发展的方式结合在一起。马克思和恩格斯提出的方法借鉴农业和制造业中的资本主义生产关系转变,解释了城市区域的历史发展。

农业的原始积累,即征用和圈占公有土地,被理论化为它导致了农业工人被排除在农业生产资料所有权之外；而制造业则使得工业中心的劳动力需求迅速扩张成为必然。

按照马克思和恩格斯的观点，工业城市大量劳动力的集中导致了农村（概括为土壤肥力下降）和城市（工人阶级的贫困化、隔离与环境退化）的一系列矛盾。在《英国工人阶级状况》一书中，恩格斯观察到每一个大城市都有一个或几个挤满了工人阶级的贫民窟。然而，与机械化和竞争性发展相连的劳动生产率的快速提高不仅产生了贫困，也造就了令人惊讶的财富集中，这些都哺育了资本主义的扩张逻辑。

因此，在马克思主义理论中，资本主义生产关系是城市区域中空间和社会组织背后的主要推动力。但马克思主义的"宏观理论"，即产生一个作为整体结构性的资本主义社会，却遭到了强烈的批评，尤其是在后现代主义者那里；而另一些人则指责马克思主义理论将性别差异、文化影响和种族或性别身份对社会阶级划分的影响置于次要位置。马克思主义者对此做出的回应，认为指导政治实践的综合性理论是不可或缺的，同时也认为历史唯物主义可以提供一种非还原论的文化形式和社会出路。

城市也具有不可能在国际劳动分工中减损其地位的独特性。马克思主义者将这种独特性归结于国家角色与形式，归结于历史积淀下来的定居模式，归结于有关城市空间组织的文化和美学理想；同时坚决主张这些现象的分析离不开对阶级和唯物主义的理解。

在20世纪20年代后期和整个30年代，德国马克思主义者本雅明为发展马克思主义有关资本主义城市的观点做出了重要贡献。在他的拱廊计划中，本雅明收集了大量有关19世纪巴黎城市生活的资料，关注城市中室外有顶的拱廊，探索城市空间的合理化与商品化以及巴黎街头生活所提供的感官体验。之后的马克思主义者如亨利·列斐伏尔和大卫·哈维被本雅明所吸引，形成从文化角度对城市空间中新形式消费扩张的经济、政治和美学因素丰富且动态的解读。

战后马克思主义与资本主义城市

20世纪60年代末和70年代初，发达资本主义国家爆发的学生和工人斗争浪潮对城市研究产生了深远影响。新一代的地理学家、城市学家和社会学家因为接触这些运动而变得日益激进，于是他们向马克思主义寻求能够解释正在发生的这场变革的理论工具。这种参与性形成了一部分以马克思对资本积累和流通的分析为出发点论述空间和尺度的研究。由此产生的理论尽管仍相对抽象，但为过去由进化论和实用主义理论占据主导的城市研究争论转向这一领域发了关键作用。

马克思主义者根据人口、商品、资本、生产资料和信息的集中与流动开展城市研究。要提供令人满意的理论解释，有两个方面是必不可少的——特定城市结构的相对稳定性，以及它所表现出来的矛盾、张力与动态。在以下叙述中，我们将简要介绍马克思主义城市理论的3个不同要素，即资本集中、次级循环和资本主义国家的作用。

如前所述，马克思主义有关资本积累的理论意味着区域性结构自发产生于积累过程中，同时伴随着无法在区域系统内实现有利可图的投资的资本数量上升。马克思主义不均衡发展理论则是建立在这种洞察的基础之上：即单个资本家相互竞争的逐利行为带来了影响整个系统的过度积累和危机趋势。当代马克思主义者认为，可以通过一系列临时策略化解这些危机趋势——将剩余资本转向金融和房产市场、投资社会和物质基础设施、将资本输出到新的地方，当然其结果是进一步强化了最初的矛盾。

其次，马克思主义城市学者已经注意到资本积累级循环的重要性，它涉及土地的商品化和垄断利润的获取。有人认为，资本从生产部门转到这个领域，有可能产生可观的短期利润，但同时也开启一系列复杂过程，包括加剧住房市场的稀缺性、产生房地产投机"泡沫"以及盈利问题转向金融部门。这些现象之所以得到研究，与新自由主义城市出现、绅士化进程以及贫困居民被驱逐出中心区域有关。

这些关于资本积累和物质空间关系的分析，为城市研究做出了决定性的贡献，也为马克思主义思想带来了极大的创新。大卫·哈维始终处于这场辩论的中心，他提出了时空解决方案的概念，这一概念描述了危机趋势在特定地区、特定时间内——无论是未来抑或是在其他地区——的(临时性)转移，因为资本是作为城市景观和空间中"创造性的破坏力"而出现的。

第三，马克思主义者认为，积累的策略越来越依赖国家作为为特定地点提供生产资源和基础设施的工具的作用。国家在协调城市劳动力市场、组织私人和集体消费、制定基础设施投资战略，以及化解抵制剥削方面扮演着重要角色。交通类基础设施的发展尤为重要，因为运河、铁路、高速公路、机场，以及不断扩大的信息、通信和技术网络建设，是推进城市空间发展的关键因素。由于建设这些基础设施所需的投资规模及最初投资回本所需的时间跨度，往往需要国家来扮演重要的资金角色。虽然马克思主义学者偶尔会从实用主义的角度看待国家的作用，但他们已尝试通过关注不同地区的互为对手的大资本为建立国家决策和资本积累的间接联系而形成的竞争作用，克服这一局限性。

虽然当代东亚的城市化似乎符合马克思和恩格斯所描绘的工业增长与农村—城市迁移之间的经典关系，但在许多其他第三世界城市，城市化已日益脱离经济发展的进程。美国马克思主义者迈克·戴维斯将此归结于20世纪70年代后期的债务危机和80年代实施的结构调整计划。这些计划的影响连同对国际贸易管制的放松，使得农民家庭尤其容易受到干旱、通货膨胀、疾病和内战的影响，致使农村地区剩余劳动力大量流失。其结果是2005年时生活在贫民窟的人口超过10亿，迈克·戴维斯因此得出结论，这些地方的作用是为那些几乎没有机会被吸纳进全球资本初级循环之中的过剩人口提供收容之所。

可以说马克思主义理论对城市研究的主要贡献在于它从政治经济学角度探究工作变化、建成环境和城市日常生活的能力。这需要揭示潜藏于积累和投资模式中的秩序原则，以及资本主义社会关系嵌入城市社会结构的途径。但马克思主义者也强调抵制剥削和压迫的作用，将其视为塑造城市的积极力量。

近年来，人们试图将马克思有关原始积累的观点扩展到一系列正在进行的过程中，其中涉及被集体财产权约束或在资本主义经济体系之外生产出来的财富，相关的例子包括公共资源的私有化、新形式劳动力的商品化、对生产和商品替代形式的压制、使用武力占有财富，以及通过"债务陷阱"或利用专利和知识产权获取利润。许多城市社会运动，无论是在发达资本主义国家还是发展中国家，都以要求剥夺这种形式的积累作为回应。马克思主义者试图探索这一进程的决定因素，并将这些个人斗争与根植于工人阶级的资本主义普遍批判联系起来。

进一步阅读书目：

- Benjamin, W. 1999. *The Arcades Project*. Edited and translated by H. Eiland and K. McLaughlin. Cambridge, MA: Harvard University Press.
- Castells, M. 1977. *The Urban Question: A Marxist Approach*. London: Edward Arnold.
- Davis, M. 2006. *Planet of Slums*. London: Verso.
- Engels, F. [1845] 1993. *The Condition of the Working Class in England*. Oxford, UK: Oxford University Press.
- Gotham, Kevin Fox. 2006. "The Secondary Circuit of Capital Reconsidered: Globalization and the U.S. Real Estate Sector." *American Journal of Sociology* 112(1): 231–275.
- Harvey, D. 2001. *Spaces of Capital: Toward a Critical Geography*. New York: Routledge.
- ——. 2005. *Toward a Theory of Uneven Geographical Development*. New York: Routledge.
- Katznelson, I. 1992. *Marxism and the City*. Oxford, UK: Oxford University Press.
- Lefebvre, H. [1974] 1991. *The Production of Space*. Oxford, UK: Blackwell.

- Lojkine, J. 1977. *Le Marxisme, l'État et la Question Urbaine*. Paris: Presses Universitaires de France.
- Merrifield, A. 2002. *Metromarxism: A Marxist Tale of the City*. New York: Routledge.
- Tabb, W. and L. Sawers. 1978. *Marxism and the Metropolis: New Perspectives in Urban Political Economy*. New York: Oxford University Press.

(Jonathan Pratschke 文　王琼颖 译　李文硕 校)

MEDIEVAL TOWN DESIGN ｜中世纪城镇设计

大多数欧洲城镇的形成都归功于它们在9—14世纪的起源和早期发展。在这个人口快速发展和重商主义的时期，可以发现传统城市中心的扩张，尤其是那些罗马时代城市的扩张；还为新城镇的出现奠定了基础，它们有时是建立在尚未开垦的处女地上，有时则是被"嫁接"到前城市定居点核心区。这一城市化的双重进程影响了整个中世纪欧洲，但这一时期同样突出的情况是，同时代人关于谁参与塑造了这些新城市景观，以及他们如何开展工作却所述甚少。反倒是那些暗示着这些变化蕴藏在这些城镇的物质形态与布局的种种主要迹象，在很多情况下一直保留至今，由地理学家和考古学家进行分析。关于城市景观是如何在中世纪形成的问题，促使现代学者从中世纪城市景观形态学中找寻城市规划与设计的证据。在当时人留下的极少数有关规划和设计的介绍中，历史学家已能够从文献记载中拼凑出一些相关的个人与团队以及他们如何开展工作的信息。这些当代历史研究成果连同城市形态学者的工作，使我们现在能够更清晰地看到城市景观是如何在中世纪进行设计和规划的。

现代城市话语中的中世纪城镇设计

除了相对缺乏中世纪城市景观是如何形成的信息之外，另一个令这个主题复杂化的问题是中世纪城镇在现代城市话语中的呈现方式。例如有关城市生活的教科书广泛提到多数中世纪城镇的增长不受控制或无计划，错误地认为经过规划的城镇与有机生长城镇截然不同。但这两点都是过于简单化地先入为主，无助于了解中世纪的城市生活。这些误解某种程度上或许可以追溯到20世纪初，以及一场在欧洲工作的规划师与建筑师之间的斗争。他们将中世纪城镇作为体现自己的特定审美或系统阐述自己的新城市设计理念的例子。勒·柯布西耶尤为蔑视中世纪及其城市生活。在他有争议的作品如《城市生活》(*Urbanisme*, 1924)中，他试图将中世纪城市描绘成一种野蛮且偶然的发展结果与空间组织。当时反对勒·柯布西耶现代主义的那批人（例如卡米洛·西特［Camillo Sitte］或雷蒙德·欧文），在强调一套追求风景如画的建筑与规划方法的同时，也注意到了中世纪城镇的形式。然而他们只是从为自己的新城市设计寻找灵感，但与现代主义者如出一辙的是，他们也将中世纪的城市发展描述为完全缺乏规划的有机生长。

20世纪中叶，城市研究开始解释更为复杂的图景，而中世纪城镇规划作为历史上的真实存在也得到了肯定。这些研究大部分集中于中世纪出现的新城镇，尤其是那些经过领主经营、已经在被开发的土地上的城镇。在欧洲，这些研究倾向于关注此类新城镇中的特定类型，尤其是法国西南部的防御城镇并引起法国学者的特别关注。这些城镇也吸引了英国历史学家，以20世纪20年代的T. F. 陶特（T. F. Tout）和60年代的M. W. 贝雷斯福德（M. W. Beresford）最为著名。尤其后者撰写的《中世纪的新城镇》（*New Towns of the Middel Ages*），对英格兰、威尔士和加斯科尼的"种植城镇"进行比较研究。他主张城镇新立的特点尤其表现在11—13世纪，并且这一过程是由追求自己领地人口增长与商业化的热心领主所主导。

贝雷斯福德的《中世纪的新城镇》尽管出版于1976年，但至今仍是有关这一主题最权威的英语作品。尽管如此，他依然采用二分法描述中世纪城镇，将其划分为不规则的、有机增长城镇与规则的、有规划城镇。至20世纪末，对中世纪城市形态更为详尽的研究，尤其是地理学家康岑（M. R. G. Conzen）和T. R. 斯莱特（T. R. Slater）及历史学家D. 弗里德曼（D. Friedman）和A. 伦道夫的研究，业已揭示出此类城市设计与规划过程的复杂性，开始打破中世纪城市景观自发生长并且缺乏规划的神话。

中世纪城市设计的特性

中世纪新城市景观的形成牵涉各类不同因素，以及一套长期磋商的决策过程。其中一部分我们可以理解为设计，即事先确定成城市景观的样子。但更广义而言，设计只是漫长规划过程中的一个阶段，这一规划过程包括寻找适合城市发展的地点、在当地土地所有者中进行咨询、制定房产地块大小和街道模式，以及实地制定所需规划要素等一系列相关阶段。只有在完成上述所有工作后，城镇居民才能在此居住。因此，整个过程需要相关各方精心策划和控制——当然这一切并不是免费的，而且也不是一项自发的活动。

新城镇建立过程中的最后阶段则是获得法定特权。这些特权往往会在象征城镇基石的章程中列明，而且通常是由开启这一过程的当地领主授予。即便这一新形成的城市景观是作为已有城镇或村庄的补充，同样可以被授予特权以鼓励初来乍到者作为城镇居民定居下来。因此，创建新城市景观的整个过程通过一系列相互分离的阶段得已推进，每个阶段都涉及不同的个人和群体，可以用图加以概括（下图）。

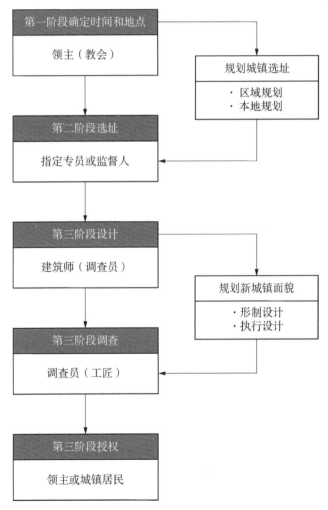

中世纪新城镇形成阶段的流程图

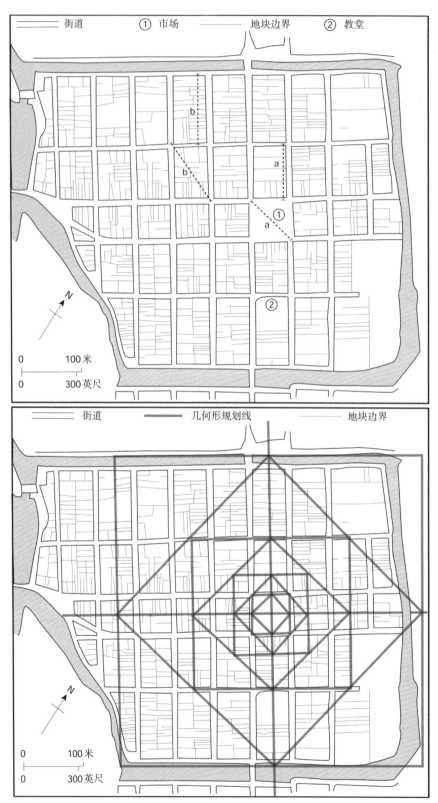

格勒纳德河畔的加龙(法国)的几何形设计

遗憾的是，与这个过程有关的文献记载恰恰是最少的一部分，然而从形态学的角度来看，它显然确实存在。一个典型例子是位于法国西南部建于12世纪90年代的防御城镇、格勒纳德河畔的加龙，它拥有精确的几何布局（图2）。要做到这一点必然要在建造前进行设计，但出自谁手就不得而知了。

一些保存下来的材料有助于阐明规划过程中这一设计阶段。举例来说，意大利塔拉莫内（Talamone）的一份羊皮纸规划书可能就为决定新城镇建立时的形状与内容的目的而绘制，以便制定规划及划分地产，这份规划书是一份独一无二的手稿。尽管一些绘有诸如大教堂及其他一些重要建筑物立面图的建筑图纸证明设计工作完成于施工开始前，且大卫·弗里德曼通过对佛罗伦萨城市政府所保存的13—14世纪档案的细致研究已经说明当时的人如何通过组织委员会来服务于佛罗伦萨周边新城镇设计，但有关谁草拟了设计并指导设计的记载极为罕见，相关人士往往具有其他建设项目与设计工作的经验。

他们设计的某些城市——例如特拉诺瓦——呈现高度几何形状，这表明几何知识及其在设计工作中的应用。对于参与设计的人以及创建新城镇的理念而言十分重要。

事实上，一些从中世纪幸存下来的、被称为实用几何学的论文，似乎就是为了这一目的而撰写的，并且往往还包含了如何使用几何学设计城镇并帮助解决测量问题的建议。

实地勘察并对新城市景观加以布局则可能紧随设计阶段开始。然而需要再次声明的是，这一点难以从存世书面记载中辨别；而且在中世纪，城市设计师与测绘人员某些情况下很可能是同一个人，负责两项工作。尽管如此，有一点是确凿无疑的，即设计是整个欧洲中世纪城市景观形成的重要方面；而将其作为更为广泛的城市化进程的一部分加以研究，可以揭示出错误地区分有无规划对我们理解和欣赏中世纪欧洲城市生活造成的持续困扰。

进一步阅读书目：

- Beresford, Maurice W. 1967. *New Towns of the Middle Ages: Town Plantation in England, Wales, and Gascony.* London: Lutterworth Press.
- Friedman, David. 1988. *Florentine New Towns: Urban Design in the Later Middle Ages.* New York: MIT Press.
- Kostof, Spiro. 1991. *The City Shaped: Urban Patterns and Meanings through History.* London: Thames and Hudson.
- Lilley, Keith D. 2002. *Urban Life in the Middle Ages, 1000–1450.* London: Palgrave.
- Lilley, Keith D., Christopher D. Lloyd, and Steven Trick. 2005. *Mapping Medieval Townscapes: A Digital Atlas of the New Towns of Edward I* [online]. Archaeology Data Service, University of York, UK. Retrieved January 12, 2009 (http://ads.ahds.ac.uk/catalogue/specColl/atlas_ahrb_2005/).
- Lilley, Keith D., Christopher D. Lloyd, and Steven Trick. 2007. "Designs and Designers of Medieval 'New Towns' in Wales." *Antiquity* 81: 279–293.
- Randolph, Adrian. 1995. "The Bastides of Southwest France." *The Art Bulletin* 77: 290–307.
- Slater, Terry R. 1987. "Ideal and Reality in English Episcopal Medieval Town Planning." *Transactions of the Institute of British Geographers*, New Series 12: 191–220.

(Keith D. Lilley 文　王琼颖 译　李文硕 校)

MEDITERRANEAN CITIES ｜地中海城市

南欧与中东城市被称为地中海城市，它们在一个介于东西方之间的空间中，被嵌入一段长时段的、但"落后于"欧洲城市的历史，同时深受海洋影响。这些话语并不能始终公正地反映地中海城市的国际化、多样性或独特性。地中海这片"陆地中的海洋"曾经是一座不断被伟大城市搭建起的桥梁：在古典时代，城邦在这里出现；在罗马时代，这片统一的海洋，"我们的海"（Mare Nostrum）连接起城市文明；而在文艺复兴时期，意大利城邦崛起为霸权，成为一系列大都市中的领导者。然而随着民族国家的出现，地中海从桥梁转化为边界，工业革命使得南欧边缘化，地中海地区走向分裂，因此有必要对其进行学术定义。

欧盟合作计划通常采用地中海沿岸民族国家来定义它，1972 年布罗代尔就以橄榄树与棕榈树的范围做出了定义。后一个界限将葡萄牙的很多地区纳入其中，但将法国的大部分地区排除在地中海之外。出于这一目的，除了港口和较大的岛屿城镇外，在布罗代尔设定的范围内，地中海城市指的是南欧和北非的沿海及内陆城市。

作为桥梁的地中海：
从古典时期到文艺复兴的城市

地中海是欧洲文明的摇篮。按照传说所述，它的中心位于赫拉斯（Hellas）南部的克里特岛。甚至在有文字记载的历史之前，地中海周围的文明已具备了鲜明的城市特征。在米诺斯文明中只有少量的乡村建筑，所有的爱琴海文明也是如此，包括基迪拉克文明和迈锡尼文明。城镇被海洋赋予了生命力，它们成为贸易港口和从事编织或其他工艺的中心，直到城邦的出现：希腊城邦，然后是拉丁城市（urb）和公民（civitas）。

米利都很早就形成了大多数的希腊文明与科学智慧，但最令人印象深刻的早期地中海城市是公元前 5 世纪的雅典，它如何在一个世纪内汇集智识、政治、文化发展精华，成为一道难解之谜。在古代雅典，一位公民（politis）是城市即"polis"的居民，与早期或后期的雅典及其他城邦相比，这里形成了民主的政治文化。文艺复兴时期的威尼斯和佛罗伦萨则是开明的僭主社会或家长社会。

古典时期之后，马其顿帝国成为首个泛地中海帝国；它使空间从城邦及其殖民地转变为帝国及其首府城市，并通过与东方的互动引入多元文化想象，由此改变了征服者的身份。亚历山大大帝（Alexander the Great）将希腊拓展到了亚洲，并创造出一个带有东方内核的欧洲，版图从尼罗河到印度河，并且与很快面向西方并回归地中海的罗马形成对比。由亚历山大提倡并实际建造的首都城市，经过功能分化后形成了 3 座马其顿首都：佩拉（Pella）是主要的首都，是政治与行政中心以及国王的诞生地；维琴那（Vergina）是经济和文化之都，迪翁（Dion）则是宗教首都。从尼罗河到波斯湾再到阿塞西尼斯河与印度河的交汇处建立的 7 座亚历山大港（以亚历山大大帝的名字命名）则是各自地区的首府城市。然而，令人瞩目的马其顿帝国在公元前 322 年亚历山大于 32 岁之龄撒手人寰后分崩离析。

随着罗马帝国统治霸权的崛起，欧洲的边界从东向西转向了地中海沿岸。罗马帝国的首府，除了主要的首都罗马之外，最著名的当数君士坦丁堡、科尔多瓦和埃及的亚历山大里亚。尽管以墙铸就的边界已经出现，例如罗马人的石灰墙、位于英国哈德良长城抑或是莱茵河于多瑙河之间的边界，但一般而言并未形成边界。然而，对凯撒以及后来的国王或统治的效忠，往往会导致社会的分裂。

在世界被细分为民族国家之前，城墙类似今天的国界。在罗马帝国，城墙的建造需要举行仪式，从公元前 1 世纪到公元 3 世纪,从托斯卡纳的阿雷佐(Arezzo)到达勒姆(Durham)的珀利桥(Purlebridge)等例子均显示,需要一对黑白公牛拉着犁在将建要造的城池的周围挖一道沟,这是将保护性仪式神圣化。城市往往还拥有一位保护神——有些至今还能看到,而城墙则象征着它作为国家的地位以及有限的文化身份、公民权利、移民以及被社会排斥的"他者"。

随着罗马帝国的崩溃,城市衰退,欧洲进入了长期的乡村主导的时代。在第一个千年之交,在地中海东部,一种新的宗教在伯利恒、耶路撒冷、凯撒利亚、卡纳和其他位于死海和约旦河以西、介于加利利与西奈之间的巴勒斯坦和以色列城镇诞生。此外,在北部的博斯普鲁斯海峡,君士坦丁堡建于公元 325—330 年,至 5 世纪时已崛起为基督教世界的国际性大都会,在一般文字和地理想象中被称为这座城、城堡(Polis)。它上升为地中海东部的霸权中心,而在西方,中世纪正在发生变化:自 11 世纪来,随着文化的复兴(文艺复兴),城市国家重新在意大利出现。

许多历史学家业已分析过城市网络突然出现并快速发展的种种原因:亨利·皮雷纳(Henri Pirenne)强调商业原因,卡尔·马克思分析了封建关系的转变,马克斯·韦伯介绍了行政与治理原因,费尔南·布罗代尔则赞赏海上航线与物质文化。

之后便是意大利城市国家的黄金时期。它们与东方的贸易在 9—10 世纪初步建立起来,尤其集中在阿马尔菲(Amalfi)——这是一座由城墙包围的意大利小港,但在地中海沿岸拥有多个殖民地。但与东方的一系列战争和商业活动使得其他城市成为霸权,世界领先的大都市交替出现:西部的威尼斯、佛罗伦萨、热那亚和东部的君士坦丁堡。这些前工业城市的土地利用和景观由舍堡率先于 1960 年进行了系统研究,他认为这些城市是由位于中心的精英住宅和居于墙外的无产阶级构成。但后来的城市史学者对此表示质疑,他们指出了过去的行会邻里存在的复杂性;而地理学家则认为目前并不存在前工业化城市。不同于古代的阿格拉和广场(piazza),这些城市是人们漫步和观察而非亲身参与的场所。按照皮耶罗·德拉·弗朗西斯卡的说法,它由廊柱之间的聚集不同群体的小环境包围,人们在这里可以打听到别人的私生活。

将地中海地区视为文化互动与技术互联的桥梁的最著名历史学家当属费尔南·布罗代尔。他在第二次世界大战后头十几年撰写的作品,部分是对传统的基督教文化对抗伊斯兰文化范式的反思,同时在非洲工作的人类学家也在建构有关统一的地中海的观点。但后来他们均遭到学界批评,后者认为地中海是支离破碎的,或者说它是一种对"先进的"北欧的一种政治反作用力(我们与他们的对比)。

事实上,地中海地区在 15 世纪之后就不再是欧洲的中心了:1492 年,摩尔人被打败,西班牙完成"收复失地"(Reconquista)运动,海洋成为边界。正是在这一年,哥伦布登上发现美洲的船只,西班牙和葡萄牙的港口开始了对世界霸权的探索。随着 1453 年君士坦丁堡沦陷,奥斯曼占领地中海东部,在之后的半个世纪里地中海地区出现了新的情况:向北迁徙、远离非洲。从此这一地区被分裂成东方和西方长达近 4 个世纪,地中海也被分裂成南北两部分。

地中海分裂后的后殖民与现代城市

在接下来的几个世纪中,南欧的所有城市都被比利时和荷兰的北部港口(布鲁日、安特卫普、阿姆斯特丹)以及伦敦全面超越。在 17—20 世纪缓慢衰退的过程中,非比寻常的工业革命使地中海地区从全球经济的核心降至外围地位。工业革命的重要方面——工厂、铁路、资本主义经济,都未能在南方扎根下来。相反,地中海文明围绕着这样一种城市导向的文化得已形成,这种文化寻求一种作为与文明(polis/politismos)同义的公民身份空间的地理想象自豪感。

不考虑工业化的影响,城市生活在很大程度解释了快速城市化的浪潮。一场没有工业化的城市化进程，或者更确切来说，由农村的贫困和不安全、城市非正式就业机会、对居住于城市国家的记忆以及对城市公民文化认同的追求所引发的城市化，使得地中海地区成为世界上最大的城市化地区。2006年，开罗（1 580万）和伊斯坦布尔（1 160万）的人口超过1 000万，马德里和亚历山大的人口为500万；阿尔及尔、卡萨布兰卡和米兰的人口接近400万；巴塞罗那、雅典、罗马和那不勒斯则拥有300万人。

尽管分歧依然存在，但学者们也承认在通信的便利性、共同的物质特征和生态等方面，地中海有其统一的一面。对20世纪地中海地区进行分析的地理学家和城市学家认为，只有在环境研究的框架内，地中海才可以被视为单一的实质性存在（或桥梁）。欧盟合作计划并没有取得太大成功，或者说未能持续太久，而且也几乎没有触及城市。合作计划需要应付外交和政治，抑或经济问题，但考虑到边缘性和不发达的状况，它们主要处理的还是环境、荒漠化、水污染和能源问题，还有旅游合作项目。虽然地中海不同区域与城市之间的旅游业天差地别，尤其是在2001年9月11日之后，旅游者的视线会被这样一种时代记忆所吸引：即地中海地区曾是一座连接国际大都市的桥梁，各种文化在此混合。非洲和伊比利亚半岛上的阿拉伯遗址得到保护，它们也为安达卢西亚的文化认同贡献了力量；古代文物也用在希腊和意大利基督教教堂的建造中。虽然此后世俗性的和投机性的建筑包围着地中海地区的神圣空间与废墟，但这从未能抹除它们的存在及其对居民以及全球旅游者的吸引力。

包括非法营建和占地在内的投机活动形成大规模的社会运动。居住在非法自建棚屋虽然不稳定，却广受欢迎，它们使得贫困者也不至于无家可归；而随着家庭收入的增加，棚户或许可以变身为相对更稳定的普通房屋，在廉价的郊区土地上蔓延。以诸如此类的方式，现代性已经被非正式的生活和工作所稀释。

受欢迎的郊区也环绕着北非的后殖民地中海城市，这些城市激发了东方主义以及世俗文化或欧洲文化与伊斯兰文化间的分歧。从摩洛哥到伊朗、从土耳其到苏丹的中东城市，都将社会控制与神圣法律而非经济理论纳入城市建设过程。麦地那即传统城市的阿拉伯语名称，一直延伸到"拉巴德"（Rabad）也就是后来的郊区，而附属于麦地那的"卡斯巴"，则成为生活困顿时的避难所。麦地那是按照不同的法律学派进行建设的，其中马立克学派在摩洛哥和阿尔及利亚最富影响力，哈乃斐学派则在突尼斯和利比亚占据主导地位。构成城市建筑景观的要素相对较少：一座清真寺位于最前端，然后是主街和管理者的住宅；集市或草药香料市场则构成了会谈和交流的公共领域。空间的性别特征明显（男/女、外/内、公/私），女性不得进入咖啡馆以及许多清真寺的大厅，着装要求使她们"不被看到"，就是我们最近从欧洲公共场所看到的那种蒙面纱妇女。伊斯兰城市的隔离原则与欧洲城市不同，这是因为每个"马哈拉"（mahalla，指"邻里"）都拥有共同的种族和社会经济背景的人担任的长官（makhtar）。无论是在殖民时期还是在后殖民时期，封闭的社区、夜间守卫使得隔离得已实现。欧洲城市的贫民窟和移民街区只不过是与马哈拉类似，但全然不同。

后殖民时代的中东城市为地中海成为边界提供了物质证据，这道边界因外国入侵或内战而日益坚固。但当冷战铸就的墙体被拆除——例如位于意大利和斯洛文尼亚之间的戈里齐亚墙，地中海东南部却竖起带有围墙的边界。以色列人在约旦河西岸竖起的那堵墙是最长、也最臭名昭著的；接着是位于塞浦路斯尼科西亚的"绿线"，这是另一座被分裂的地中海城市。耶路撒冷、伯利恒、卡纳以及拉马拉和贝鲁特等圣城本身的后殖民城市景观见证了种族分裂的顽固与暴虐。后冷战时代将文化和文化认同作为社会排斥、分裂与冲突的主要原因。1997年，亨廷顿发表了被广泛传阅的文明冲突理论，尽管该理论遭到批判，但其观点却持续存在，并在2001年9月11日爆发的事件中验证了它的意义。在这部作品中，地中海恰好处在边界上，其一面是伊斯兰与亚洲文化、一面是西方世俗文化。然而这一边界经常遭到欧盟合作计划的拆解，被旅行者的邮轮所忽视，还面临移民的侵犯——他们通常是非法移民，坐着小船来到欧洲小港充当渔民。也有观点认为，这些元素为城市和象征性的边界引入了多元文化，推动了地中海文化更为广泛的互动。

一种地中海城市理论？

如果存在一种针对现代地中海城市的理论，并且排斥的并非伊斯兰后殖民社会的控制，而是阿拉伯麦地那（城市）的经济理论，那么该理论不仅要处理日常生活中的神圣与世俗的相互作用并且要关注每座城市的守护神以及与复活节、斋月、圣徒节日以及其他场合有关的宗教意识；与城市吸引力而非田园乌托邦，以及城市生活中丰厚的文化遗产相关；与大规模的城市化浪潮相关——但这股浪潮并非因工业化而起，而是由乡村的贫困和不安全而起，再加上城市中的机遇与城市文化。

地中海城市的流动人口一般由以下群体构成：来自南部和东部的难民、移民及非法移民以及被地中海景观所吸引的全球游客。因为这里是记忆的场所，包含了举世闻名的世界遗产纪念地；还有地中海沿线城市之外的暂时定居在这里的移民，尤其是在《马斯特里赫特条约》允许在欧盟境内自由购置房产之后。

这一城市扩张从法国南部蔓延到意大利和西班牙，正在改变从巴塞罗那经贝尼多姆到阿利坎特的面貌；而在赫拉斯（希腊），它正在影响后奥运时代的阿提卡地区。最后，地中海城市理论必须包括自发的社会经济重组、非正式的经济和住房，它们成为城市景观和社会中一种后现代拼贴，这甚至早于在艺术和学术话语中使用这一标签。

在地中海城市景观层面，在后殖民和南欧城市中反复出现的模式和结构如下：(1) 逆伯吉斯空间模式，位于中心的富裕阶层和边缘的贫困阶层，一方面中心正在经历不断地绅士化，另一方面则是自发的城市扩张与受欢迎的郊区化；(2) 紧凑的城市景观，拥有高层建筑、狭窄街道、小型露天广场、靠近中心的郊区，以及随之而来的环境污染问题；(3) 纵向与横向的社会阶层和种族隔离；以及 (4)（横向与纵向的）土地混合使用，而不是划分为居住区与经济活动，以及在后现代拼贴式空间中汇集非正规经济的集市、马路市场和售货亭。非正规的工作、非常规的住房或半棚户区共同挑战着自上而下的公共政策，它们试图通过减轻家庭负担来解决失业和无家可归问题。

自然形成的定居点如今在地中海地区非常罕见，并且最终在除里斯本以外的南欧受到控制，但里斯本很少被定义为地中海城市。而在加入欧盟（1981 年希腊加入，1986 年伊比利亚半岛上的国家加入）和剧变之后，地中海南北之间的多样性得以发展，位于南部的后殖民城市经常受暴力影响。一方面地中海城市积贫积弱，尤其是移民和难民不断涌入；但另一方面则是城市企业精神的盛行：这是一个城市竞争的新时代，它使城市倾向于服务全球旅游和跨国资本的商品化运作（或城市营销）。在新城市规划模式中，通过吸引大型国际活动提高知名度的新自由主义战略受到欢迎，1992 年西班牙在巴塞罗那举办欧洲文化节、马德里奥运会和塞维利亚世博会取得的三重成功便是一例。对于地中海地区而言，由于并没有经历太多的工业革命，城市经济文化在平稳过渡中呈现上升态势。南欧很容易从自发的城市化转变为城市创业精神、后现代主义和城市竞争，甚至对后三者的影响构成南欧城市景观的"地中海化"。在 20 世纪的地中海历史中，城市被烙印上"非正式"或"自发性"概念的印记，这两个概念是由一位出生在南欧的知识分子安东尼奥·葛兰西（Antonio Gramsci）创造的；同样重要的还有安东尼奥·内格里（Antonio Negri）的地中海城市理论。这两位知识分子以不同的方式看待全球南部的大都市，并阐明了当前的变化。早期的城市社会由包括居民、通勤者、商人在内的移民与利益团体构成，当然还有全球旅行者，但由于新自由主义进一步降低了福利国家的作用，加上城市设计或复原方案在规划方面存在弱点,造成了环境问题以及地处三个"大洲"之间地中海地区城市多样性的脆弱。

进一步阅读书目:

- Afouxenidis, A. 2006. "Urban Social Movements in Southern European Cities: Reflections on Toni Negri's 'The Mass and the Metropolis.'" *City: Analysis of Urban Trends, Culture, Theory, Policy, Action* 10(3).
- Apostolopoulos Y., P. Loukissas, and L. Leontidou, eds. 2001. *Mediterranean Tourism: Facets of Socioeconomic Development and Cultural Change*. London: Routledge.
- Benevolo, L. 1993. *The European City*. Oxford, UK: Blackwell.
- Blake, G. H. and R. I. Lawless, eds. 1980. *The Changing Middle Eastern City*. London: Croom Helm.
- Bourdieu, P. 1979. *Algeria 1960*. Cambridge, UK: Cambridge University Press.
- Cowan, A., ed. 2001. *Mediterranean Urban Culture 1400–1700*. Exeter, UK: University of Exeter Press.
- Garcia, S. 1993. "Local Economic Policies and Social Citizenship in Spanish Cities." *Antipode* 25(2): 191–205.
- Grenon, M. and M. Batisse. 1989. *Futures for the Mediterranean Basin: The Blue Plan*. Oxford, UK: Oxford University Press.
- Hakim, B. S. 1986. *Arabic-Islamic Cities: Building and Planning Principles*. London: KPI Ltd.
- Herzfeld, M. 1987. *Anthropology through the Lookingglass: Critical Ethnography on the Margins of Europe*. Cambridge, UK: Cambridge University Press.
- Horden, P. and N. Purcell. 2000. *The Corrupting Sea: A Study of Mediterranean History*. Oxford, UK: Blackwell.
- Jones, Emrys. 1990. *Metropolis: The World's Great Cities*. Oxford, UK: Oxford University Press.
- Kazepov, Y., ed. 2005. *Cities of Europe: Changing Contexts, Local Arrangements, and the Challenge to Urban Cohesion*. Oxford, UK: Blackwell.
- King, R., P. De Mas, and J. M. Beck, eds. 2001. *Geography, Environment, and Development in the Mediterranean*. Brighton, UK: Sussex Academic Press.
- Korsholm Nielsen, H. C. and J. Skovgaard-Petersen, eds. 2001. *Middle Eastern Cities 1900–1950: Public Places and Public Spheres in Transformation*. Aarhus, Denmark: Aarhus University Press.
- Leontidou, L. 1990. *The Mediterranean City in Transition: Social Change and Urban Development*. Cambridge, UK: Cambridge University Press.
- ———. 1993. "Postmodernism and the City: Mediterranean Versions." *Urban Studies* 30(6): 949–965.
- ———. 2004. "The Boundaries of Europe: Deconstructing Three Regional Narratives." *Identities—Global Studies in Culture and Power* 11(4): 593–617.
- Leontidou, L. and E. Marmaras. 2001. "From Tourists to Migrants: International Residential Tourism and the 'Littoralization' of Europe." pp. 257–267 in *Mediterranean Tourism: Facets of Socio-economic Development and Cultural Change*, edited by Y. Apostolopoulos, P. Loukissas, and L. Leontidou. London: Routledge.
- Martinotti, G. 1993. *Metropoli: La nuova morfologia sociale della citta*. Bologna: Il Mulino.
- Said, E. 1978. *Orientalism*. London: Pantheon Books.
- Toynbee, A., ed. 1967. *Cities of Destiny*. London: Thames and Hudson.

(Lila Leontidou 文　王琼颖 译　李文硕 校)

MEGALOPOLIS | 大都市连绵带

许多学者都在为自己的研究对象创造术语,然而很少有人取得成功。但让·戈特曼提议用"大都市连绵带"(Megalopolis)来指代一连串相互间紧密联系的大都市区却是合乎逻辑的,并且也富于启迪性,也被接纳为通行的概念。这一术语源于希腊语,简单来说就是"极其庞大的城市"。一群古希腊人曾计划在伯罗奔尼撒半岛上以这个名字建立一座大城市,但只有一座名叫迈加洛波利斯(Megalopolis)的小城依然存在。当代对大都市连绵带的最佳论述是 1998 年由伯索尔和弗罗林撰写的报告《大都市区域》(The Megalapolitan Region),该报告是为美国国务院准备的,可在线获取。

戈特曼(1915—1994)是一位法国地理学家,他历经 20 年研究美国东北部地区,并于 1961 年出版了他的开创性著作《大都市连绵带》(Megalopolis)。这是一部卷帙浩繁(超过 800 页)的巨作,体现了作者详尽的学术探究能力与惊人的洞察力。它描绘了当时 500 英里长的"美国主街"即美国 1 号公路与 95 号公路沿线城市带的发展历程。第一部分论证了这些核心城市在国家经济和文化建设与控制中所扮演的角色的变化,是创新的"经济支柱"——包括了早在 1850 年就出现的郊区。大都市连绵带发展的基础包括该地区与当时占主导地位的欧洲的紧密联系,绵延的海岸线穿插着许多可以深入腹地的优质港口,以及能够为工业提供水力的地形。一位有远见的地理学家指出,纽约因其拥有跨越阿巴拉契亚山脉进入这个国家内陆的优越途径,因此命中注定要占据优势地位。

第二部分集中讨论人口和土地利用结构,尤其是在郊区边缘地带,长期存在但现在再次加速渗透进乡村的趋势,即城市蔓延。城市蔓延在其他地区的乡村地带出现之前,已经在这里长期存在。或许人们更希望附近的农业可以幸存下来,但最终只能失望。城市以维护取代更新来突现城市复兴的愿景,最终在 20 世纪 80 年代和 90 年代取得成功。

第三部分详细叙述经济结构及其变化模式;有关白领革命的章节讨论了经济活动的重组可能,这可能是本书最重要和最具预见性的分析:早在 1960 年就预测到美国社会的基本变化,要由大都市连绵带来引领这条道路。第四部分,"大都市连绵带的邻里社区",则认识到由族裔、种族、宗教和阶级造成的人口多样性和隔离,以及创新城市的高度不平等;最后,它还指出要彻底跨越行政辖区进行协调规划的难度。

大都市连绵带区域的人口(百万)

年份	人口	面积	密度	年份	人口	面积	密度
1950	24.5	8 502	2 813	1980	34.4	21 730	1 576
1960	29.4	13 851	2 032	1990	36.6	26 379	1 380
1970	34.0	18 145	1 833	2000	42.4	34 938	1 213

注:面积单位为平方千米

总之,大城市连绵带的本质是其强烈的"城市性"、对交通和通信的高水平投资,以及维持其世界经济和文化优势的更新能力。

戈特曼后来将美国的大都市连绵带和世界其他地方的大都市连绵带体系进行了比较,随后又在 1987 年的《重访大都市连绵带:25 年后》(Megalopolis Revisited: 25 Years Later)中回顾了《大都市连绵带》。他得以看到他对重组的预测以及特大城市,尤其是纽约的孵化器角色被证明是有价值的,而且还注意到大城市连绵带去中心化的速度。

对于城市和人口地理学家而言,由北卡罗来纳大学地理研究中心的克莱德·布朗宁(Clyde Browning)绘制的《1950—1970 年大都市连绵带人口与城市化区域增长》(Population and Urbanized Area Growth in Megalopolis, 1950—1970)包含了极高价值的地图。它既包含了大都市的典型代表,

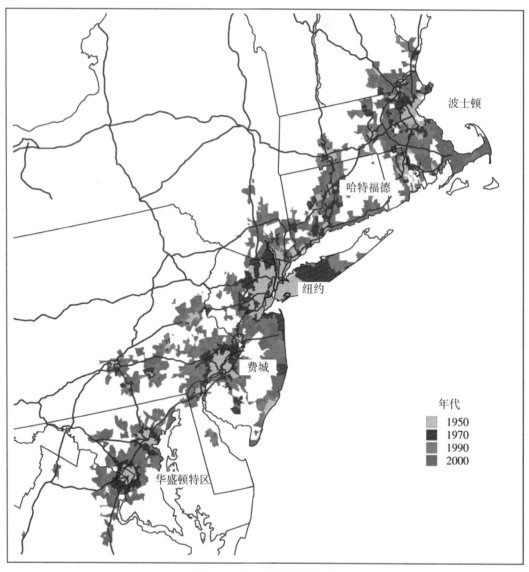

1950—2000 年大都市连绵带的演变
来源:地图由作者绘制,在布朗宁(1974)的经典版本上进行修订

也反映了自 1970 年以来的扩张。布朗宁 1974 年的地图描绘了庞大而详细的大都市连绵带,描绘它们在 1960 至 1970 年间的扩张;而文字则是对大都市区的变化和数量进行全面的实证与理论探讨。布朗宁对城市化区域和大都市连绵带进行了概括,并提供了 1950—1970 年变化的统计与图形摘要。他指出大多数核心区并未合并,而且由戈特曼定义的更为广泛的大都市区域所占的城市范围仍不到 20%。(参见图 1 对布朗宁地图的修订)

大都市连绵带在 2000 年时继续发展。目前的大都市连绵带从华盛顿特区以南的弗雷德里克斯堡延伸至新罕布什尔州的朴次茅斯和多佛—罗切斯特,并进入缅因州南部。最新的地图展现了这个国家规模最大的大都市区域的进一步扩张,这个大都市区域的各组成部分在 1950 年拥有 2 450 万人口,到 2000 年增加至 4 240 万人口,另外还有 800 万人生活在郊区,占美国总人口的 1/6。

从表 1 中可以看出,大都市连绵带的人口并未

翻倍,但总面积却增加了 4 倍,平均密度从每平方千米约 2813 人减少至 1213 人。

不妨考虑下第一阶段(1950 年)和最后阶段(2000 年)。1950 年时的特大城市实际上是一串珍珠,包含了华盛顿、巴尔的摩、威尔明顿、费城、特伦顿、纽约、布里奇波特—纽黑文、哈特福德、斯普林菲尔德、普罗维登斯、伍斯特和波士顿、洛厄尔和劳伦斯——所有这些引人注目的地方,都被一些农村地带所隔开了。它们都是殖民时期出现的核心城市地区,呈现为奇特的线性地带,一部分则是基于客观存在的特点(为秋季线的船只导航),部分则是因为地理位置,如河海码头和早期工业中心,以及便于与欧洲开展贸易的地区。

至 1970 年,威尔明顿、费城和特伦顿组成大都市区,波士顿、洛厄尔和劳伦斯亦然,但可能令许多人感到惊讶的是,虽然在这些地方出现了非常明显的郊区化现象,但在其他地方,尤其是在纽约和华盛顿特区周围却没有出现类似的情况。新晋城市化区域则包括威兰德、丹伯里、菲奇堡和纳舒厄。

2000,一个大型大都市连绵带几乎已经出现,南部是规模较小的华盛顿特区—巴尔的摩—阿伯丁,中心则是一个从威尔明顿到斯普林菲尔德和诺维奇的巨大区域,与大西洋城、阿伦敦、兰开斯特、约克、哈里斯堡和波基普西这些过去独立存在的地区,以及从普罗维登斯和巴恩斯特布尔穿过波士顿到曼彻斯特、朴次茅斯和多佛—罗切斯特的北部地区连成一片。新出现的较为偏远的城市化区域则还尚未完全连接起来,包括弗雷德里克斯堡、多佛、怀尔德伍德、弗雷德里克和金斯顿。这张地图以图形方式捕捉到了从早期核心地区开始的大规模城市扩散,这些扩展后的核心地区逐渐融合,并扩展出卫星城。

大都市连绵带的变革,1950—2000

20 世纪下半叶是美国大都市区持续扩张的时代,有必要总结导致定居模式变化的路径,虽然这一点已成为不少学科研究的主题。

在大都市连绵带中,有些潜在的核心区已建立了一个世纪甚至更长的时间了。在过去 50 年中占据主导地位的定居过程包括:(1)纯粹经济和人口增长,(2)郊区化形式的有形去中心化,(3)大都市通勤范围的扩展及过去物理上隔绝的区域在物理上的合并,(4)过去遥远的卫星城崛起,或经过重组后相互连接,以及(5)大都市区核心区的重组与复兴。

1950—1970:郊区的崛起

郊区的增长普遍存在于今天大都市连绵带的大部分地区,它是在高生育率和婴儿潮所带来的人口自然增长——这是国家对第二次世界大战所蒙受损失所做出的反应——的刺激下产生,也是由从农村到城市的大规模迁徙所引发的。作为战后复兴的一部分,几乎所有的工业部门和城市都在发展,甚至包括传统的工业部门和城市。大都市区的增长反映了收益增长的规模化和集聚化以及新产品与服务激增。但这种增长的空间主要分布在郊区,其主要原因还是人口的增加。这一时期大量南方黑人来到北方城市,它反过来又促成了大批白人前往郊区。

1970—1990

这一时期,尤其是在 1970 至 1985 年间,大都市连绵带的人口增长相比之前和之后时间段相对缓慢,尽管郊区仍在继续扩大。原因不外是人口密集的中心城市内绝对人口及就业的减少。事实上,20 世纪 70 年代是美国国内一般城市发展较大型城市发展更迅猛的罕见时期,因为大城市正深受种族关系紧张、白人大批迁往郊区,以及包括制造业和运输业在内的传统产业衰弱的困扰。尽管如此,大都市连绵带的区域却持续扩大——从 18 130 平方千米增加至 25 900 平方千米,增长 45%,而人口增长仅为 7%;但由于郊区化的持续,人口密度从每平方千米 1 833 人减少至 1 380 人。

被称为"边缘城市"的郊区中心的出现,挑战着中心城市的主导地位,但要说取代中心城市仍为时尚早。特别是在 1980 年之后，城市开始通过审慎投资吸引更高层次的人才与工作岗位，而非前期那种不成功的城市更新。

1990—2000

甚至早在 1990 年之前，大部分的大都市连绵带就已开始经历复兴并恢复发展，仅在 90 年代就大幅增长 21％。戈特曼在他 1985 年出版的《重访大都市连绵带》中概括了这种现象。随着中产阶级和上层阶级家庭重新回归中心城市，较大的市中心及其附近的历史区域经历了绅士化。戈特曼所预测的经济结构重组表现为服务业从业人员激增，因为商业服务和金融业首选市中心的高档场所。核心区人口的增加部分源于对年轻人的吸引力，后来可能还包括非熟练工人和空巢老人。但在不断扩大的郊区边缘地带，伴随着工业、商业和住宅的持续扩张，增长依然充满活力，远超核心区复兴所带来的绝对人口与工作岗位增长。大部分的增长可以被归纳为低密度的蔓延，但在这些地方也开始流行精明增长的城市规划，其中一些增长集中在过去独立存在、如今被纳入大都市连绵带网络的相对老旧的卫星城镇。

世界各地的大都市连绵带

这个术语的独创性，以及因大城市间相互连接这一显而易见的事实，无疑清晰表明在世界范围内存在类似的城市系统。但在定义和划分其他大都市连绵带时都存在着一定程度的主观性，这取决于这个概念是否接近带有城市定居点、相对连续的大都市圈，还更为松散的大都市区。戈特曼所定义的大城市中心体现着人与商品的互动关系并且与这些城市核心区的通勤范围重叠，这一点他通过波士顿华盛顿走廊加以演示。在美国，最有力的竞争者是密尔沃基—芝加哥—底特律—匹兹堡走廊，大洛杉矶—圣地亚哥—提华纳，或许还有旧金山—圣何塞—萨克拉门托和佛罗里达半岛。其他地区就实际情况而言，可能更多的是一种推测或是初期状态（例如夏洛特—罗利）。

而在美国之外最早得到认可，并且成为全世界最大的大都市连绵带的地区当属东京—名古屋—大阪走廊，拥有超过 8 000 万人口，其他还有以伦敦、圣保罗—里约热内卢、北京—天津—唐山、珠江三角洲（香港—广州）以及长江三角洲（上海）为中心的城市地区。需要注意的是，这里所说的并不包括许多全世界最大的城市，因为这些城市并不构成某个城市系统的一部分，例如墨西哥城、孟买、加尔各答、雅加达、曼谷、德里、首尔和布宜诺斯艾利斯；也不包括那些功能类似、但尺度较小的城市地区，如兰斯塔德（荷兰—比利时）和莱茵—鲁尔、多伦多和台北。不过，如果它们自认为是大都市连绵带，又何尝不可？尼尔·皮尔斯（Neil Pierce）在他 2008 年的评论文章《大都市连绵带的世纪》(The Megalopolis Century) 中不加掩饰表明对某种更宽泛概念的偏爱，他这样说道，"人数超过两亿、2/3 的美国人口已经生活在 10 个大都市连绵带地区了。"

结论

遵循戈特曼的说法可以得出的合理结论是，尽管南部和西部大都市区的增速与增幅都要快得多，但位于东北部的大都市连绵带依然在美国占据主流。加利福尼亚或许可以在许多方面成为这个国家的潮流引领者，但大都市连绵带仍是我们信息经济的控制中心，亦是城市定居模式变化的创新者。事实证明，它在保证其卓越性之前具有非常强的适应性。2000 年时在被定义为大都市连绵带的区域内生活着 4 240 万人口。围绕大都市连绵带的远郊地区拥有往返大都市工作的高通勤率，这里生活着至少 800 万人——这里是一个人类的定居从纯粹的农村向最高密度城市惊人转变的缩影——并且具有土地和区位上的价值。这个惊人的大都市连绵带依然是最壮观和强大的定居综合体，也是人类加诸景观之上的烙印。

进一步阅读书目：

- Batty, M. 2001. "Polyncuneated Urban Landscapes." *Urban Studies* 38: 635–655.
- Birdsall, S. and J. Florin. 1998. "The Megalopolis." Chapter 4 in *An Outline of American Geography: Regional Landscapes of the United States*. Washington, DC: U. S. Information Agency.
- Browning, C. 1974. *Population and Urbanized Area Growth of Megalopolis*, 1950–1970. Studies in Geography No. 7. Chapel Hill: University of North Carolina.
- Dunn, E. 1983. *The Development of the US Urban System*. Baltimore: Johns Hopkins University Press.
- Gottman, J. 1961. *Megalopolis, the Urbanized Northeastern Seaboard of the United States*. New York: Twentieth Century Fund.
- ——. 1976. "Megalopolitan Systems around the World." *Ekistics* (243): 109–113.
- ——. 1987. *Megalopolis Revisited: 25 Years Later*. Baltimore: University of Maryland, Institute for Urban Studies.
- Morrill, R. 2006. "Classic Map Revisited." *Professional Geographer* 58: 155–160.
- Pierce, N. 2005. "The Megalopolis Century." *Seattle Times*, July 25.
- Regional Plan Association. 1967. *The Region's Growth*. New York: Author.

(Richard Morrill 文　王琼颖 译　李文硕 校)

METROPOLIS ｜《大都会》

尽管距离1927年1月14日柏林首映已过去80年，奥地利导演弗里茨·朗（Fritz Lang）的《大都会》依然对城市现代性保有很大想象力，同时也是电影史上最著名的德国电影。它以极富戏剧张力的方式表现了冲突——经济的、社会的、家庭的、性心理的、建筑的，以及精神冲突——如何主导着城市生活的前景。为了描述德国社会学家格奥尔格·齐美尔早期分析过的城市居民严格按部就班的生活，《大都会》将城市诠释为一部高效但高度异化的机器。

尽管朗（错误地）声称自己1924年到访纽约时受那里的灯火通明的城市景观启发，促成了他的电影《尼伯龙根》（*The Nibelungen*）问世，但在朗的电影之前，城市很少在电影中代表着压倒一切的物质力量。幽黑的小巷、犯罪团伙和道德腐败，才是大多数默片主角所要面临的主要威胁。相比之下，《大都会》将城市视为第二种自然，而人类的创造物最终要比第一自然更神秘莫测和危险，这是这部电影的海报所要传达的观念。电影也暗示出日益垂直并由及机器驱动建筑环境与人类个体之间的物理差异所导致的焦虑感，并感到自己丧失了对命运的有效控制。

掌控着朗的未来世界的人，是身处高耸办公大楼顶层套房里冷酷无情、精于计算的工业家约·弗雷德森（由阿尔弗雷德·阿贝尔[Alfred Abel]饰演）。其子弗雷德·弗雷德森（古斯塔夫·弗勒里希[Gustav Froelich]饰演）则过着好逸恶劳的生活，直到遇见女教师玛利亚（布里格特·赫尔姆[Brigite Helm]饰演），她和一群衣衫褴褛的孩子某天闯入他的乐园。

《大都会》描绘了一个垂直分层的社会，工人生活在远远低于地球表面的地方，并负责维护仿佛火神莫洛赫般的涡轮机。玛利亚在一处地下墓穴中向工人们传播爱的福音，此举威胁到了老弗雷德森，并试图贿赂发明家罗特万（鲁道夫·克莱因—罗格[Rudolf Klein-Rogge]饰演），使得后者创造了玛利亚的机器人复制品，这个复制品煽动工人摧毁机器并淹没他们的地市中心。最终弗雷德森和机器工头格罗特在哥特式大教堂的台阶上实现了相互妥协，口号是"头与手之间必须是心"。

《大都会》回应了许多当时的说法，例如奥斯瓦尔德·斯宾格勒（Oswald Spengler）的《西方的没落》（The Decline of the West），魏玛时代的建筑师布鲁诺·陶特（Bruno Taut）对高层建筑"城市之冠"的定义，以及剧作家格奥尔格·凯泽（Georg Kaiser）关于一桩工业事故的戏剧《煤气》（Gas），因此充满了视觉上的象征主义和智识上的旁征博引。它的摩天大楼肆无忌惮地采用了后来才由路德维希·密斯·凡德罗和埃里希·门德尔松提出的现代建筑风格；而身着黑衣的工人列队行进的风格化舞蹈编排很大程度则应归功于表现主义戏剧，它似乎也成为西格弗里德·克拉考尔用来将人群定义为"大众装饰"的例子。小说家兼剧作家特亚·冯·哈布（Thea von Harbou）——后来成为朗的妻子——当时撰写了一些背景故事，这些故事构成了朗带给人强烈视觉冲击的图像的基础，这一风格还应明确归功于经典表现主义电影《卡里加利博士的小屋》（The Cabinet of Dr. Caligari）。

《大都会》耗时一年半进行拍摄，最终超过预算3倍以上，包括为精心制作的暴动场景增加了3.6万马克的额外开支。这部旨在与好莱坞大制作叫板的影片，充斥着德国人对美国城市文明的反感，最明显一点便是对摩天大楼的价值观化，它是当时许多观察家视美国为技术拜物教和大规模生产代名词的缩影。

玛利亚这一角色的分裂以及她作为机器克隆人的再创造，也可以在有关经济和性独立的"新女性"在诸如柏林这样的大城市中崭露头角的争论中找到类似之处。然而，尽管电影在柏林一座用金属银色的油漆装饰一新的电影院中举行了盛大的首映式，文化界和政界精英亦有出席，但朗的这部电影却遭遇票房失利，当时收获的评论也普遍很糟。

批评者抱怨说电影包含了太多的想法，极度矛盾，并且被一个令人无法信服的欢乐结局所破坏，而这个结局本身回避了阶级斗争的叙事。年轻的西班牙导演路易斯·布努埃尔（Luis Buñuel）是首批称赞者之一，他认为电影对建筑和城市的表述引人注目且富于原创性，对科幻小说及后来同类电影如1982年的《银翼杀手》（Blade Runner）产生了关键性的影响。《大都会》也被各类文化产品引用，包括1972年小说《重力彩虹》（Gravity's Rainbow），并由乔吉奥·莫罗德尔（Giorgio Moroder）重新编排了音乐。电影首次发行时所播放的镜头有超过1/4现已丢失，1996年由历史学家恩诺·帕特拉斯（Enno Patalas）修复的影片是目前最为完整的版本。

朗的电影发行于纳粹党人希特勒当选德国总理之前6年，今天它往往被诠释为一则社会不稳定和政治动荡的寓言，社会和政治的动荡使得魏玛共和国时期德国的第一次民主实验在1933年走向终结。

流亡电影评论家西格弗里德·克拉考尔是首个在他的书《从卡里加利到希特勒：一部德国电影的心理史》中提出这一论断的人。作为对当时德国流行现代性、现代化、美国文化和城市化等复杂观念的概括，《大都会》中始终没有平等。尽管频频出现一些前后不一致和逻辑错误，但它已跻身时代的经典行列，与德国政治、社会和文化理论大家如马克斯·韦伯、乔治·卢卡契（Georg Lukács）、本雅明和恩斯特·云格尔（Ernst Jünger）的作品并列。它对劳动节奏、巨型机器的运作，以及反乌托邦城市环境的描写随着时间推移，力量依然不减。

进一步阅读书目：
- Eisner, Lotte. 1973. *The Haunted Screen*. Berkeley: University of California Press.
- Elsaesser, Thomas. 2000. *Metropolis*. London: British Film Institute.

- Kaes, Anton. 1994. "Metropolis, City, Cinema, Modernity." In *Expressionist Utopias: Paradise + Metropolis + Architectural Fantasy*, edited by Timothy O. Benson. Los Angeles: Los Angeles County Museum of Art.
- Kaes, Anton, Martin Jay, and Edward Dimendberg, eds. 1994. *The Weimar Republic Sourcebook*. Berkeley: University of California Press.
- Kracauer, Siegfried. 1947. *From Caligari to Hitler: A Psychological Study of the German Film*. Princeton, NJ: Princeton University Press.
- Minden, Michael and Holger Bachmann, eds. 2000. *Fritz Lang's* Metropolis: *Cinematic Visions of Technology and Fear*. Rochester, NY: Camden House.
- Neumann, Dietrich, ed. 1996. *Film Architecture from Metropolis to Blade Runner*. Munich: Prestel.
- Patalas, Enno. 2001. *Metropolis in/aus Truemmern. Eine Filmgeschichte*. Berlin: Bertz + Fischer.
- von Harbou, Thea. 1926. *Metropolis*. Rockville, MD: Sense of Wonder Press.

(Edward Dimendberg 文　王琼颖 译　李文硕 校)

METROPOLITAN ｜大都市区

"大都市区"一般是指一个城市及其相邻的城市化区域。这个词起源于古希腊。在古希腊，在其他土地上建立殖民地的城邦一般被称为"大都市"（metropolis，metro"母"＋polis"城"，字面意义是母城，一个有后代的城市）。在中世纪，大都市区是大主教（Metropolitan）的所在地，拥有对特别宗法权威领地的管辖权。到19世纪，"大都市区"这个词常用来命名新的市政服务，例如伦敦大都市区警察局以及像大都会艺术博物馆这样的机构，虽然这个词的本义是指有殖民地的城市，这一含义在法国仍然使用。在20世纪，"大都市区"被用来表示世界各地城市的扩张，而缩写的"metro-"也象征着现代，以及城市生活的世界性特征。

宗教组织

"大主教"是授予坐落于罗马帝国首都或行省大都市（母城）的基督教会主教的称号，它最早出现于公元325年由君士坦丁大帝召集的尼西亚会议（Council of Nicea）的文件中。随着教会的扩张，按照公民政府的组织模式，在主教的管辖下建立了教省（教区）。在现代天主教、东正教和英国国教中，这种管理和控制系统一直保持不变。一些大主教也被授予总主教的头衔，坎特伯雷大主教和约克大主教拥有教省大主教、教区大主教和英格兰教会大主教三个头衔。在今天的教会用语中，这个术语指的是与大都市区有关的教会结构：大都市区教堂、大都市区分会等等。

定义

布莱克·麦凯尔维（Blake McKelvey）描述了20世纪初美国城市是如何如雨后春笋般出现，呈现出一种新的面貌、新的公民责任和新的相互关系：大城市环绕周边城镇，建立新的通信线路，探索新的社会和政治资源权力。由于移民的涌入，城市迅速扩张并溢出城市边界；由于城市里的交通线路过于拥挤，制造业转移到郊区边缘地区。1910年，美国人口普查局试图通过引入一个新的术语"大都市区"（Metropolitan District）来体现城市地区的动态增长,这个词指的是人口 20 万的城市地区,包括人口至少 10 万的中心城市,1910 年有 15 个这样的大都市区。1930 年,这一定义被放宽到人口 20 万的城市地区且城区人口在 5 万及以上,1940 年有 140 个大都市区。

大都市区的新定义发布于 1949 年(为了 1950 年人口普查),使用了一个基于县的"标准化大都市区(Standard Metropolitan Area,SMA)"的概念,后来又演变为"标准化大都市统计区(Standard Metropolitan Statistical,SMSA)"、"单个大都市统计区(Metropolitan Statistical Area,MSA)"、"大都市地区(Metropolitan Area,MA)"、"多个大都市统计区(Metropolitan Statistical Areas,MSAs)"和"联合大都市统计区(Consolidated Metropolitan Statistical Areas,CMSAs)",以适应不断扩大的大都市区的复杂性。根据美国管理和预算办公室大都市区标准审查委员会(Metropolitan Area Standards Review Committee of the U.S. Office of Management and the Budget)的说法,每个例子的基本概念都是"一个庞大的人口核心,以及与这个核心高度融合的邻近社区"。2007 年,将近 85% 的美国人居住在大都市区。

也有其他国家采纳了大都市区来定义城市人口集中度。在加拿大,人口普查大都市区(Census Metropolitan Areas,CMAs)的定义是总人口至少 10 万、城市核心人口至少 5 万;2006 年的人口普查,显示有 33 个大都市区。相比之下,印度人口普查委员会将大都市区定义为人口超过 400 万的城市,包括孟买、德里、金奈、加尔各答、班加罗尔、海得拉巴、苏拉特、艾哈迈达巴德和浦那。大都市区目前用来指一个可识别的、持续城市化的大型区域,包括一个或多个大型城市中心;与此同时,戈特曼提出大都市连绵带来描述从波士顿(北部),穿过纽约和费城,一直到华盛顿特区(南部)的由城市和城市化社区组成的城市群。

大都市区倡议

20 世纪城市的迅速增长在许多国家造成了规划和公共服务方面的问题。单靠城市无法解决就业、住房和社会福利方面的重要问题,因为这些问题往往分布在几十个独立的城市之中。在 20 世纪 70 年代的城市研究中,这被描述为郊区的巴尔干化。经过努力,部分地区已经出现大都市服务区甚至是地方政府。

在加拿大,1952 年,多伦多大都市区建立了一个统一的管理结构,最初包括 13 个市镇,由 25 名成员组成的多伦多大都市区理事会(Council of Metropolitan Toronto)是其管理机构(目前有来自 6 个市政当局的 35 名成员);它为包括公共交通、住房、学校、供水和污水处理在内的区域问题制定了共同的财产税评估标准和税率。美国也尝试过城市和县政府合并(1957 年的迈阿密-戴德县、1963 年的纳什维尔-戴维森县,以及其他主要位于南部的城市)来进行大都市治理,尽管其影响力不如多伦多。

大都市区政府结构在欧洲更为常见。在德国,大多数大城市(包括法兰克福、斯图加特、慕尼黑和德累斯顿)都是统一的市县政府。在英格兰,1974 年创建了 6 个"大都市县"(Metropolitan Counties)即大曼彻斯特、默西塞德郡、南约克郡、泰恩和威尔郡、西米德兰兹郡和西约克郡,由联合委员会负责具体的管理职能。

在其他地区,也有类似的大都市规划机构和治理结构。东京都政府成立于 1943 年,由公开选举产生的知事和东京都议会组成,它包括 23 个特别区,每个区都有自己的选举管理机构。在菲律宾,大马尼拉包括马尼拉市及其周围的 16 个城市,每个城市都有自己的地方政府;大马尼拉发展局是一个区域管理机构,总部设在马卡蒂市。

大都市区在其他领域的应用

虽然"大都市区"有一个特定的起源(源于希腊语)和特定的含义(世俗和非世俗的组织结构),但它也被广泛用于与城市有关的事物,尤其是那些存在于更大的城市区域内的事物。在伦敦,公共卫生、供水、铺路和照明、救济穷人和维持平等基本服务的整合工作由90多个教区负责,直到大都市区工程委员会(Metropolitan Board of Works)成立为止;伦敦警察厅的成立可以追溯到同一时期。在巴黎,1900年开通的地铁系统被称为巴黎地铁(Paris Metropolitan),简称"地铁"(Metro)。

大都市区也开始从城市和城市生活中衍生出其他含义,这里指的是城市的文化生活。《大都市区杂志》(Metropolitan Magazine)于1833—1850年在英国出版,面向世界各地的读者,其内容包括来自世界各地的旅行故事和文学作品;1903—1911年,纽约出版了一本同名杂志;1895—1925年,纽约出版了另一本简称为《大都市区》(Metropolitan)的杂志。大都会也被用作产品的品牌,包括从1954到1962年生产的纳什/哈德逊大都会汽车(Nash/Hudson Metropolitan automobile)和纽约大都会棒球队(New York Metropolitan Baseball Team,通常简称为纽约大都会,New York Mets)等风格迥异的产品。"都市美男"(Metrosexual)这个词最近几年已经开始被使用,来源于马克·辛普森(Mark Simpson)在《独立》(The Independent)中的描述:"都市美男,拥有高支配收入的单身年轻人,在城市生活或工作(因为那是所有的最好的商店的所在地),也许是10年内最具潜力的消费市场。"

在这些例子中,大都市区指的是一个更大的城市区域,或指服务于城市区域的机构,或与城市区域相关的文化属性。然而,还有一个额外的用法仍然保留了"母城"和"殖民地"的原始含义,那就是法语中对"大都市法国"(Metropolitan France)的称呼。这可以追溯到殖民时期,当时法国被称为"metropole",是讲法语的各个领土和殖民地的母城(其他欧洲殖民大国也有类似的用法)。"Metropole"一词用来区别法国和海外领土;"大都市法国"一词包括法国大陆和科西嘉。

进一步阅读书目:

- Gottman, Jean and Robert A. Harper, eds. 1990. *Since Megalopolis: The Urban Writings of Jean Gottman*. Baltimore: Johns Hopkins University Press.
- McKelvey, Blake. 1968. *The Emergence of Metropolitan America, 1915 – 1966*. New Brunswick, NJ: Rutgers University Press.
- Simpson, Mark. 1994. "Here Come the Mirror Men." *The Independent*, November 15.

(Ray Hutchison 文 王 洋 译 李文硕 校)

METROPOLITAN GOVERNANCE | 大都市区治理

大都市区治理指的是在大都市区范围内巩固新政治空间的两个维度,包括缓解大都市区内部冲突,以及通过新的治理和利益调解机制巩固大都市区作为政府间关系、全球市场和国际政治集体行动者的地位。简而言之,它涉及城市在政治进程中深刻的角色变化。

围绕大都市区治理的讨论并不新鲜。在20世纪初,美国的一场改革运动推动了对城市政治的重新定义,通过整合市政当局来对抗政治分裂——这种分裂被认为助长了民主制度中的不公平、低效和失败。第二次世界大战后公共选择理论家提出,政治分裂是自由、效率和民主的必要条件。查尔斯·蒂伯特(Charles Tiebout)对某市提供的一揽子税收服务不满意时,主张赋予个人"用脚投票"的权利。人们"购买"他们的居住地点和选择他们邻居的权利,这被认为在提供服务和民主方面产生了更高的效率。

另一方面,切斯特·马克赛(Chester Maxey)等早期改革者更相信官僚主义规划而非个人决策的意义。规划被认为是有效提供服务的最有效手段和最民主的解决办法,因为城市合并和税收分享使整个大都市区能够有一个更加统一和公平的管理制度。

20世纪90年代,随着人们开始争论全球经济结构调整所带来的政治影响,对大都市区治理的兴趣再度升温。新区域主义(New Regionalism)是一个带有两层含义的标签。首先,有效的大都市区治理并不一定需要合并城市,从政府改革转向治理机制的改革或许更好,因此政治空间而非政治领域更值得关注。第二,城市区域作为全球和国家内部政府间关系的行动者日益重要,这标志着新自由主义意识形态带来了政治进程的深刻变革;也就是说,意识形态推动财政紧缩和政府项目的分散化。

新的治理形式

新政治空间

政治领域通常被理解为开展政治活动的载体。然而,城市现象很难被认为是局限于地域边界内,城市政治可以在超越政府等级和区域的多中心横向关系中得到更好的理解。换句话说,大都市区治理改变了城市政治进程的传统定义,相信城市政治空间是开放、重叠和流动的,强调网络、基于项目的决策(而不是理性的全面规划),以及国家和非国家行为体的协作,这构成了新的政治空间。

在这种背景下,大都市区的蔓延与增长以及城市生活变得不可预测和混乱,造成了监管和协调上的困难,这些问题可以通过改变决策、授权和利益冲突调解的方式,以及政策和项目实施和评估的方式加以解决。这些办法取代了体制和区域改革,例如在大都市区内建立两级政府。

决策制定与合法化机制

在过去的讨论中,大都市区治理意味着在更大的范围内巩固市政当局,并创建新的政府结构以强化市政决策的协调,新政府需要通过整合市政机构和汇集资源来解决问题。例如,多伦多于1953年创建了多伦多大都市区政府,以使大都市区具备足够的能力来应对快速城市化的挑战。大都市区政府在理性综合规划思想的指导下批准了区域改革,这一思想认为,越大的城市应该有越大的政府结构,只有这样才能有效地建设城市基础设施如高速公路或开发郊区住宅。

在这场新的讨论中,大都市区治理主要意味着创造决策机制,而这些决策机制不一定基于投票和综合规划。滨海地区复兴、机场扩建或商业街道复兴等大型项目可以让领导者获得更高的知名度和声誉。战略规划仍然存在,但不再强制。区域规划通常是一个批准项目决策的机会,这些决策是通过明确远景制定出来的,这一远景是公私领域的领导者以及公民代表所共同得出的大都市区的未来。公众协商也用于批准决策,这些决策不一定由选举产生的代表做出。简而言之,决策大多是在公共和私人行为者之间进行辩论或讨价还价的模式下做出的,往往形成城市发展的公私伙伴关系。这种网络化、以项目为基础的协调和监管逻辑,比代议制民主的传统逻辑更受珍视。

合法性不一定来自选举,符合人们日常行为和理解的决策更容易被批准。这意味着大都市区治理模式不止一种,而是根据特定地区的权力机制和政治文化而异,例如蒙特利尔选择创建新的大都市区机构并与新时期的实践活动(例如远景规划活动、绩效考核、公私伙伴关系、公共咨询)相结合。与此形成鲜明对比的是,多伦多则在商界和公民领袖的引领下,以网络和具体项目为基础构建了一个大都市区政治空间。这些不同的发展轨迹可以用不同的角色和政治文化来解释——多伦多的经济行动者比蒙特利尔更强大,而蒙特利尔的历史使其更具社会民主状态,与多伦多相比,其政府结构更受信任。

尽管存在这些差异,但今天的大都市区治理通常与一种共同的信念有关,即参与国际竞争的必要性。大多数公民、民选代表、官僚和公民领袖都相信,大都市区范围内的合作将提高区域在全球市场的竞争力并带来繁荣和幸福,这一信念是大都市区治理改革合法化策略的核心。

利益调解机制

传统上,政党、定期选举和企业组织(如工会或贸易委员会)是在利益冲突之间进行仲裁的主要机制,通过它们可以有组织地听到批评的声音。随着20世纪80年代以来改革的进行,它们参与决策的机会有增也有减。一方面,公众咨询、主流媒体、公共机构信息热线的创建、城市项目的高可视性,使城市政治越来越多地出现在人们的日常生活中;但另一方面,公民影响决策的渠道越来越依赖于个人网络——非选举产生的行动者在民主问责机制之外做出重要决定,能否接触这些决策者取决于个人网络。为了对抗这些幕后决策行为,其他形式的行动如示威和司法工作,已成为大都市区政治生活的组成部分。

政策执行和评估

关于整合-分裂的讨论集中在如何使纳税人以最少的成本获得最有效和公平的服务。如果居民满意,项目就会被认为是成功的。最近关于大都市区治理的争论,在很大程度上受到了知识的国际传播的影响,出现了越来越复杂的绩效考核和排名方案等,例如理查德·佛罗里达有争议的创意指数——通过教育、艺术、高新科技、城市外来移民的比例,来评估他们的创新和经济增长潜力。此外,法律合同、规范、会计类别和新监视技术也影响了控制拨款的使用和员工的工作方式。

作为集体行动者的城市地区

从内部看,就政治交换的多节点、网络化以及新的决策、批准、利益调解和评价机制而言,大都市区治理可谓一场深刻的政治过程变革。从外部看,大都市区治理是指将城市区域作为介于全球市场和国家间关系的构成方式。

将城市区域视为一个集体行动者,将其视作具有协调不同利益和行动者并在外部代表城市的能力,表达出一种共同目标感。这可能给人一种非政治化区域的印象,在管理优先事项方面达到了高度一致。然而,这种表面上的一致通常是基于利益的战略行为之间政治斗争的结果。例如,多伦多城市峰会联盟(Toronto City Summit Alliance)是贸易委员会、联合劝募会(United Way)和工会领导人的联盟,在促进城市区域的共同认同方面起核心作用。在 2002 年成立的这一联盟中,跨国资本发挥主导作用,它的利益使多伦多更具竞争力和适应全球商业有关。它也标志着影响政治进程的新战略的发展。虽然跨国银行、金融、贸易和跨国公司传统上并没有过多地参与多伦多的大都市区政治,而是更倾向于在国家层面上游说,但它们的政治活动已经根据大都市区政治重新做出调整。它们已经成为多伦多大都市区治理中最引人注目的领导者。

这只是一个例子,说明了为什么要同时从内外两个方面考虑大都市区治理。大都市区的整合往往隐藏了大都市区内行动者之间的权力关系。与此同时,必须把关于大都市区治理的新讨论与受新自由主义影响的更广泛的经济和国家重组进程联系起来。的确,大都市区治理也意味着城市区域作为国家和政府间关系中的集体行动者的重要性日传统上，在许多盎格鲁-撒克逊国家，市政府和大都市区政府被认为是比拥有立法权和行政权的成熟合法政府更完备的服务提供者。无论如何，大都市区在国家和国际舞台上日益重要，可以重新平衡国家内部和国家间的权力关系。多伦多已成为加拿大城市和社区新政的核心参与者，这个新的政治议程赋予市政当局更多的权力和资金。如果没有多伦多城市峰会联盟和多伦多市长联盟，加拿大的这一新城市议程可能不会那么突出，它在重新定义移民定居政策、基础设施融资和日托服务方面发挥了关键作用。同样，无论是通过国际合作项目、自由贸易协定还是和平进程，大都市区作为集体行动者越来越多地出现在国际政治中。例如，加拿大外交和贸易部一直积极领导一项国际议程，使大都市区在饱受战争蹂躏国家的冲突解决方案中发挥更突出的作用。

但是，在大范围的结构调整进程中大都市区治理所扮演的角色并非总是积极主动的，城市地区也受到了福利国家转型的影响。在许多方面，关于大都市区治理的新讨论是在努力应对改革，借此，国家和次国家一级的政府已使地方当局负责提供社会服务。这些财政和行政权力的下放对市政当局的财政健康以及服务质量产生了严重后果。解决方案通常有两方面。例如多伦多1997年决定将6个地方市政当局合并为多伦多大都市区，合并包括向地方当局提供更多的资源，以便它们能够承担福利费用。解决方案的第二个方面是削减服务，同时将它们外包给私营部门。大都市区治理并不新鲜，但是这些（向上、向下和向外）调整重新定义了讨论。大都市区治理已成为国家结构调整和新自由主义进程的组成部分，这些大都市区改革对政治的影响是巨大的，它们影响决策制定和合法化、利益调解、政策执行和评估的机制。

进一步阅读书目：

- Brenner, Neil. 2004. *New State Spaces: Urban Governance and the Rescaling of Statehood*. Oxford, UK: Oxford University Press.
- Florida, Richard. 2005. *The Flight of the Creative Class: The New Global Competition for Talent*. New York: HarperBusiness.
- Maxey, Chester C. 1922. "The Political Integration of Metropolitan Communities." *National Municipal Review* 11 (8): 229-253.
- Molotch, Harvey L. 1976. "The City as a Growth Machine: Towards a Political Economy of Place." *American Journal of Sociology* 82: 309-330.
- Orfield, Gary. 2002. *American Metropolitics: The New Suburban Realities*. Washington, DC: Brookings Institution Press.
- Tiebout, Charles M. 1956. "A Pure Theory of Local Expenditures." *The Journal of Political Economy* 64 (5): 416-424.

(Julie-Anne Boudreau 文 王 洋 译 李文硕 校)

METROPOLITAN REGION ｜ 大都市地区

大都市地区是指一系列被认为相互依存的区域，其中一些位于中心地区，另一些位于边缘地区。大都市地区往往通过规划，以构建跨越几个空间尺度的连贯的区域结构。然而，周边空间的出现，包括"边缘"和"无边缘"城市，否定了中心地区的主导作用，与城市的地域一致性相矛盾。然而，大都市地区是一个有些人认为是功能性结构而另一些人认为是抽象概念的区域，它在大多数国家缺乏政治上的承认。

城市研究领域的学者首先把大都市地区看作是城市扩张的产物。因此，它是一个不断改组的区域实体，边界未定、缺乏明确的政治结构。相比之下，定义城市要简单得多，因为城市仍然是理论家和统计部门的产物。尽管如此，大都市地区越来越多地指的是一种社会实体，它需要一种区域认同，以及在社区或自治市之外更广阔的区域内的归属感。

思考大都市区：理论争论

大都市地区的合法性问题是关于区域规模的长期争论的一部分。许多拥护民主的学者，从苏格拉底到政治学家罗伯特·达尔已经考虑了政体的理想规模，然而20世纪城市化的迅猛发展已将争论从政体的规模转移到城市的规模。现在的讨论集中在新城市构成的最低人口门槛上，无论是严格意义上的城市、大都市地区，还是大都市。

当我们寻求一种客观和普遍的方法来确定城市地区的类型时，规模仍然是有效的指标。大都市地区的比较研究尤其如此，因为大都市地区体现了城市化的复杂性，这个过程是不可能从经验上捕捉到的。对大都市重要性的认识必须在其他地方寻找；具体地说，是研究大都市地区内各种活动之间的关系。中心城市与腹地之间的相互依存关系，促使我们从历史的角度、从大都市区化目前面临的挑战的角度，重新审视我们对大都市地区的理解。

关于大都市区空间的两个指标之间存在着一个更为根本的争论，一个是以流动特征为基础，以通勤作为区域结构一致性的指标；另一个则着重于社会区域的生态，最近又着重于社会隔离区的两极分化。这两个指标旨在描述一个由相互依赖的部分组成的扩展的城市区域。随着芝加哥学派的研究，生态扩张理论逐渐发展起来，它被用来理解大都市社区。这是指一个由中心以及社会分化的区域和郊区组成的区域，周边依赖于中心。这些大都市地区内部各区域是相互联系的，尤其是通过日常通勤，但也通过入侵-继承式的居住变迁。这一理论认为，一方面，城市面积的增长会增加成本和通勤时间，另一方面，家庭的居住选择能力会增强。它试图确定大都市及其结构的界限，定义为确保中心和外围之间相互关系的主轴。

通过这种方式，大都市地区被定义为一个流动的空间，尤其是就居住地和中心地区之间的通勤水平而言。这些流动的模式是通行的距离、地方的可达性和经济区位结构共同决定的。居住选择取决于个人偏好，也取决于成本和旅行时间。这种流动空间也可能是由社会力量构成的，这些力量制约着大都市不同地区之间的关系。在区域科学中，不同活动中心的吸引力被认为是不同流动、方向和空间范围的集合。空间相互作用是由经济区位结构和一个部门对另一个部门的吸引效应（大小和距离的函数）引起的。

新兴的大都市区结构受到商业活动、制造商和科技的影响。因此，争论主要是关于郊区活动以及就业的分散和集中现象的一般趋势。当代大都市格局是多中心的，还是分散的？

问题是郊区空间相对于中心而言,是独立的还是自主的。这种对于多中心大都市区模式的认识的前提是区域分裂,以及城市活动和工作向郊区转移——无论边缘城市、科技郊区或科技城市——是否影响着大都市区的空间凝聚力。活动和就业的分散抹掉了大都市地区的边界,导致了"无边缘"城市的出现。"外城"被提出,象征着中心主导和区域凝聚力的终结。从这一观点出发,出现了单中心或多中心大都市地区的问题,以及是否会出现无中心的大都市。尽管如此,后现代城市研究声称外围主导中心,大都市地区缺乏精确的边界。它是一组单元的集合,它们彼此断开连接并相互封闭。

后现代城市研究提出了一种基于分散化和空间碎片化现象的都市形态学解释,认为个人的活动、他们在生活中的轨迹,以及他们每天的旅程都是由预先建立的参照系决定的。这些轨迹在日常旅程中受到距离和可用交通方式的限制,但也反映了自治和自由的真实能力。这些旅程形成了一束束或一片区域,在那里社会互动受到规则、仪式和冲突的支配。从时间地理学的角度看,大都市地区是一个由个人在日常生活中所经历的轨迹所表达的结构。引力模型和生态模型以各自的方式影响着大都市地区的统计定义。十多年来,经济合作与发展组织(Organisation for Economic Co-operation and Development, OECD)对大都市地区进行了统计上的划分,并由此制定了一套关于城市空间的制度架构和公共政策。绝大多数成员国(韩国、西班牙、日本、墨西哥和土耳其除外,这些国家没有对大都市区的正式定义)使用通勤条件(计算方法有所不同)来评估大都市区的空间。然而,大多数国家对大都市区规模的兴趣是最近才有的。加拿大和美国在近60年前就提出了官方定义,而对于其他国家,如西班牙或比利时,大都市区的定义相对较新。统计定义的缺失或存在表明了对大都市地区概念的政治兴趣程度,以及在不同国家为得到承认所做的努力。

思考大都市区:政治方法

定义上的模糊性和概念的转变并不是关于大都市地区的讨论所特有的。然而,这场冲突的特殊性与该术语的政治性质有关,并因全球化和国家重组而加剧。大都市地区很可能作为提高国家经济竞争力的理想场所被列入政治议程,这一点在城市区域的概念中尤其明显。

因此,"大都市地区"一词在政治上并不中立。它属于一个关于协调职能区域(例如大都市地区)和政治区域的必要性的讨论主体。因此,这是关于给大都市地区下一个清晰的定义的问题,其目标是使城市凝聚力能够存在的扩展范围合法化,更新我们对共同生活的理解,并促进公共政策。边界一直是权力的源泉,这就是为什么大都市地区的概念指的是一个互动的区域。政治边界的有效性总是隐含的,从根本上说,政治区域和生活区域应该是一回事。

从人口普查以及从统计学上定义大都市地区的重要性体现在现实政治中。例如从规模的角度来看,促使魁北克政府在20世纪初合并蒙特利尔地区部分城市的一个因素是,魁北克大都市地区从其作为加拿大第二大大都市地区的地位下滑为人口第四。20世纪90年代,安大略省的市政合并使得多伦多的人口增长成为可能。渥太华也采取了类似的行动,并准备成为加拿大第三大城市。这些担忧也影响了蒙特利尔关于市政合并的争论。

从统计的角度来看,许多案例表明,大都市地区的定义即使从统计的角度来看仍然充满争议。在美国,定义大都市统计区对研究人员很有帮助,并鼓励民选的地方官员参与大都市区协同治理。与其他地方一样,美国的争论证明了从数据上获取大都市地区概念的政治效用。例如,以色列中央统计局没有确定耶路撒冷的都市空间,因为该地区具有世界上独一无二的政治敏感性。

然而,由于"城市区域"(city-region)一词的使用,理论的应用引起了强烈的批评。虽然后者试图强调城市及其周边的功能关系,而目前指的是大都市地区的功能,即全球经济的创造力、创新和竞争力。这种做法将大都市地区具体化为一个国家经济健康的关键参与者,但损害了一个国家较贫困地区的利益,忽视了国家在再分配方面的作用。政府试图为城市区域确立客观标准的做法值得怀疑,尤其是在英国,而且在世界其他地方也是如此。如果提出城市区域这一概念的目标是扭转郊区官员对中心城市的冷漠,那么在区域层面寻求共识只有利于区域内的某些地区。大都市地区是一个有争议的概念。

进一步阅读书目:

- Berry, B. J. L., P. G. Gohen, and H. Goldstein. 1969. *Metropolitan Region Definition: A Reevaluation of Concept and Statistical Practice*. Washington, DC: U. S. Bureau of Census.
- Cervero, R. 1989. *America's Suburban Centers: The Land-use Transportation Link*. Boston: Unwin Hyman.
- Garreau, J. 1991. *Edge City: Life on the New Frontier*. New York: Doubleday.
- Jonas, E. G. and K. Ward. 2007. "Introduction to a Debate on City-regions: New Geographies of Governance, Democracy, and Social Reproduction." *International Journal of Urban and Regional Research* 31(1): 169-178.
- Lang, R. E. 2003. *Edgeless Cities, Exploring the Elusive Metropolis*. Washington, DC: Brookings InstitutionPress.
- McKenzie, R. 1933. *The Metropolitan Community*. New York: McGraw-Hill.
- Organisation for Economic Co-operation and Development. 2002. *Redefining Territories: The Functional Regions*. Paris: OECD.
- Soja, E. W. 2000. "Exopolis: The Restructuring Urban Form." pp. 233-263 in *Postmetropolis, Critical Studies of Cities and Regions*. Oxford, UK: Blackwell.

(Laurence Bherer and Gilles Sénécal 文 王 洋译 李文硕校)

MEXICO CITY, MEXICO | 墨西哥墨西哥城

墨西哥城是墨西哥合众国的首都。它是墨西哥最大的城市区域中心、拉丁美洲最大的城市,也是世界第三大城市。所谓墨西哥城指的是整个大都市地区,不仅包括联邦区(*Distrito Federal*,简称 D. F.),也包括墨西哥州和伊达尔戈州部分地区。在 21 世纪初,它的大都市地区面积超过了 5122.86 平方千米,其中联邦区占 28.6%。2005 年,墨西哥城有人口 19 331 365 人,相当于全国 20%的人口。这座城市海拔高约 2 250 米,位于一个封闭的盆地内,这导致了一些严重的环境挑战,特别是水和污染。

墨西哥城是一个充满活力的现代化城市,历史遗产丰富,然而它也存在鲜明的反差——与城市富裕的南部和西部地区形成鲜明对比,北部和东部集中着大片贫困地区,许多社区甚至缺乏基本服务。这其中较大的社区,例如内萨瓦尔科约特尔(Nezahualcoyotl),人口规模与墨西哥许多重要城市相似。今天,城市周边地区继续发展,中心地区的人口却在稳步减少。事实上,人口理事会(Population Council, Consejo de la Poblacion, Conapo)坚持认为这个城市已经成为一个人口净输出者。纵观历史,这座城市传统上是权力集中的象征,近年来的权力分散政策在某种程度上减少了墨西哥在经济和政

治上对首都的依赖性，而重工业的搬迁也标志着城市经济面向服务和金融部门的一个重大转变。

城市历史

特诺奇蒂特兰古城由阿兹特克人于 1325 年建立。尽管该城建在一个容易遭受洪水袭击的小岛上，但几个世纪内它就成为强大的阿兹特克帝国的首都和中美洲的政治、经济和宗教中心。当西班牙人于 1519 年到达时，他们发现的是一座繁荣的城市，可能是当时世界上人口最稠密的城市地区。1521 年，西班牙征服了这座城市，特诺奇蒂特兰的大部分地区被摧毁，西班牙人选择在这些废墟上建立新西班牙总督区的首都。1524 年墨西哥城建立，被称为墨西哥特诺奇蒂特兰（México Tenustitlán），从 1585 年开始称之为墨西哥城（Ciudad de México），很快成为美洲最重要的城市。渐渐地，干涸的河床变成了城市，17 世纪时这座城市已经成为房屋、公共建筑和教堂的聚集地。

墨西哥经过 11 年内战于 1821 年脱离西班牙获得独立，于 1824 年成立了联邦共和国。19 世纪 40 年代，美国军队入侵并占领了墨西哥首都，最终迫使墨西哥将北部大片领土割让给美国。从 1865 到 1867 年，马克西米利安一世（Maximilian I）领导了一个短暂的君主制国家，在那之后，波菲里奥·迪亚斯（Porfirio Diaz）长达 35 年的独裁统治实现了（积极的一面）基础设施的显著改善，并在这座城市留下了明显的法国印记。民众对迪亚斯的不满导致了 1910 年开始的墨西哥革命。革命后的政府把首都作为国家的核心，特别是从 20 世纪 40 年代开始，城市逐渐稳定和繁荣。持续了整个世纪。

1968 年，墨西哥城举办了奥运会，为该地留下持久的积极影响，比如地铁系统。然而，在数月的政治动荡和抗议之后，奥运会开始的前几天有数百名学生被屠杀。

1985 年 9 月 19 日，一场里氏 8.1 级的地震严重破坏了这座城市，造成 1 万～3 万人死亡，5 万～9 万人无家可归，并造成了数不清的财产损失：3 分钟内，10 万所房屋被毁，造成 40 亿美元的损失。36 小时后发生了 7.5 级强烈余震，造成了进一步的破坏和广泛的恐慌。地震以及像拉丁美洲塔（Torre Latinoamericana）这样的建筑（具有抗震技术）在地震中幸存下来的事实，促进地震技术，尤其是针对大型建筑的地震技术被优先考虑（例如市长大楼能够承受 8.5 级地震）。此外，墨西哥现在已经建立了一个预警系统，通过格雷罗州沿海俯冲带的传感器向墨西哥城发出警报。

地理和环境

这座城市位于墨西哥中部一个古老的湖床上，盆地面积约 9 600 平方千米，四面环山。2005 年，墨西哥城大都市区（墨西哥都会区）正式成立，由 16 个联邦区、40 个墨西哥州基层组织和 1 个伊达尔戈州基层组织组成。这座城市的传统中心是主广场，现在的官方名称是宪法广场（Plaza de la Constitucion），这里是大都会教堂（Metropolitan Cathedral）和国民宫（National Palace）的所在地，建立在古代阿兹特克皇宫的废墟上。20 世纪初，富有的精英阶层开始逐渐从市中心向城市的南部和西部地区迁移，这一过程持续了近一个世纪。

这座城市的岛屿位置意味着它的扩张依赖于阿兹特克人创造的人造土地，这些土地与运河系统相连。虽然城市在这种困难条件下的扩张促进了非常先进的水处理系统和卫生系统的发展，但由于相对不适宜居住的地形所固有的一系列环境困难，因此城市发展和成长过程中一直受到困扰。西班牙人对特诺奇蒂特兰古城的大规模破坏使得许多原来为防止洪水而设计的基础设施失败。从殖民时期开始，糟糕的土地管理和随之而来的频繁洪水再加上扩张的需求，有必要逐渐排干盆地的水，今天的墨西哥城就建立在古湖床的大部分之上。

深层排水系统的建设和古老湖床的干涸导致原本由地下水加固的底土变得过于松软，无法支撑上面的城市。1910 至 1987 年间，市中心下沉了约

> **资源保护区**
>
> 周边区域的城市化给城市环境带来极大的压力,甚至危及城市未来的可持续发展。尽管城市向周边扩张在大都市区的北部和东部地区最为明显,但向城市南部的扩张对环境影响尤为显著。在联邦区的南面有一个很大的保护区,对于一个背负着如此沉重环境问题的城市来说,环境资源至关重要,然而该保护区受到非法定居的威胁。据估计,在1967至1995年期间,大都市区南部的城市蔓延地带从14.27平方千米增加到118.96平方千米,这意味着损失了104.6平方千米的保护地——尽管政府制定了保护资源保护区的规划。

9米,这一缺陷在1985年的地震中也被证明是灾难性的。此外,缺水仍然是这个城市的一个主要问题。

另一个严重的环境问题是空气污染,地理和气候因素阻碍了工业和车辆污染的高度扩散。然而,近年来墨西哥城重工业的减少(其本身实际上部分原因在于政府鼓励人们迁出墨西哥城),加上地方和联邦政府采取行动降低污染水平,肯定产生了一些效果。

城市的规划和管理

20世纪70年代初,墨西哥出现了一种向大都市区扩张的转变,这是一种新的城市增长模式,对墨西哥城的影响尤为明显。20世纪60年代,墨西哥出现了大规模的城乡移民潮,大约有300万移民涌入墨西哥城。这相当于5.7%的年增长率,是墨西哥的历史最高水平。

随着城市的发展,它兼并了很多旧城镇,尤其是在20世纪20年代的后革命时期。这个过程一直持续到今天,越来越多的偏远城镇被并入墨西哥城。这些古老的中心为周围的居民提供了一个城市中心的替代品,尤其是在提供服务、廉价商品和非正式的就业机会方面。因此,城市的发展在一定程度上是分散化的,这减少了人口对城市中心的依赖,使城市更有效地满足人们的基本需求。事实上在20世纪70年代末,支持和发展这些替代中心成为城市规划的一部分。在中产阶级中,这意味着城市中心——曾经是首选的购物区——现在正逐渐被越来越多的郊区购物中心所取代,进一步挑战着城市中心的影响力。

> **圣菲**
>
> 备受争议的萨利纳斯总统(1988—1994年在位)的现代化雄心壮志最明显体现在圣菲金融区的发展上,这里远离西部的城市中心。在他担任总统期间,墨西哥经济形势一片大好,他就计划把这里建成一个世界级的、超现代化的商业区、住宅区和贸易区。尽管20世纪90年代中期的经济危机导致计划被搁置,但是该项目于2000年重新启动,如今许多大型跨国公司包括诺基亚、索尼、通用电气和福特汽车公司,以及墨西哥的主要公司如墨西哥电视集团(Televisa)和宾堡集团(Grupo Bimbo)以及3所大学和学院在此驻扎。然而,这是一个有争议的发展,从一开始就没有达到预期。它的选址就意味着对于圣菲普韦布洛(Pueblo de Santa Fe)的低收入人口的迁移与破坏,特别是那些生活在垃圾附近的人,那里是建造新开发项目的地方。这个贫困的社区已经完全被抛弃了。此外,就开发本身而言,它被批评为以汽车为中心但缺乏足够的道路,因为被隔离而缺乏商业成功。

尽管这种增长在城市管理地方化方面有积极的一面,但城市现在已扩展到3个州,这一事实意味着城市的管理和规划越来越困难。此外,在20世纪70年代前没有系统的城市规划,对城市增长和土地利用的限制是由个人政策或政治家决定的。自那时以来,国家城市发展规划主要涉及权力下放和在远离墨西哥城的地方建立增长极核。尽管行政方面的挑战仍在继续,但在此期间,城市规划的重点在于权力下放、政党多元化和政府实践等方面。事实上,这已反映在国家政策上,例如塞迪略(Zedillo)政府(1994—2000)引入的分权制新联邦主义,它赋予各个州更大的自治权。

在国家层面,墨西哥近年来最重要的政治变革或许是长期执政的革命制度党(PRI)在2000年的总统选举中败北,这是自1989年以来竞争对手在州一级取得的一系列胜利的高潮。就墨西哥城的政治而言,一项极为重要的发展是1997年对一项不合理的法律进行的改革,这项法律允许墨西哥城地区的政府选举墨西哥城的市长,而不像墨西哥其他城市那样由墨西哥城的人民选举市长。自从他们被赋予选举州长的权利以来,墨西哥城人民在每次选举中都选出了左翼的民主革命党(PRD)。自2000年起,墨西哥城的每个代表团都由一名民选代表率领。虽然还处于萌芽阶段,但可以说,墨西哥城和墨西哥作为一个整体,近年来已经形成了一种更加多元化的民主政治制度。

经济

尽管各区域出现了自己的经济中心,墨西哥城仍然是墨西哥最重要的经济中心和拉丁美洲最富裕的城市聚集体。如今,城市对传统工业的依赖减少,更多地依赖于服务和商业部门,后者约占全国商业活动的45%。金融服务业集中在这里,所有主要银行的总部、墨西哥股票交易所和中央银行、墨西哥银行都在这个城市。20世纪80年代初,该市吸收了全国逾1/5的劳动力。

墨西哥从20世纪40年代开始实施进口替代战略,创造了稳定和繁荣的环境,使墨西哥城成为该国最重要的工业中心。在20世纪下半叶,虽然一些工厂仍然保留在北部地区,但重工业开始从城市搬迁。最重要的工业是化工、塑料、水泥和纺织品,尽管轻工业正变得越来越重要。

尽管近几十年来墨西哥(尤其是墨西哥城)遭受了一系列经济危机的打击,尤其是比索贬值和随后1994—1995年的金融危机,但事实证明,墨西哥经济具有惊人的韧性,并继续增长。

在墨西哥,2006年非正规部门GDP占GDP总额的12.1%,据估计有1 150万人从事这一行业,相当于全国经济活跃人口的27.2%。这种平行经济发生于公共空间,非正规地销售商品和服务,已成为最弱势阶层的一种积极和必要的做法,并渗入普通人的生活,成千上万的产品和服务以灵活的方式(如移动供应商、街头市场、洗车)和固定的方式(如餐馆)提供。尽管市政当局负责通过向街头摊贩发放许可证和收取相关税费来规范这一活动,但这在一定程度上导致了当局和摊贩代表的勾结,后者随后向当局施加压力,要求在最赚钱的场所进行商业活动。无论这个行业被视为创业天堂还是提供纯粹必需品的场所,它都满足了墨西哥城低收入人群对低成本商品的巨大需求。

人口

20世纪墨西哥城的人口变化可分为3个主要时期。从1900到1940年,这座城市从革命的动乱中恢复过来并试图实现现代化,为经济增长和持久和平奠定坚实的基础。从1940到1970年,这座城市经历了惊人的增长,主要是由于经济和工业的扩张,每10年的人口增长率都超过5%。因此,城市地区的人口从1940年的1 644 921人增加到1970年的8 623 157人。墨西哥人口最集中的时期是1980年,当时有19.4%的墨西哥人居住在首都。这个数字在1990年和2000年分别下降到18.8%和18.4%。

20世纪70年代,人口出生率开始下降(人口转型的最后阶段),经过 10 年的转型到 20 世纪最后 20 年,人口增长降至接近自然水平。20 世纪 80 年代,该市 1.67% 的增长率低于全国 2.02% 的增长率。自那时以来,该指数一直低于全国水平,标志着人口稳定下来。

墨西哥城移民的一个有趣的方面是,在整个 20 世纪,主要是女性移民到墨西哥城,这表明与其他地区相比,首都女性的就业前景有所改善。这一比例在 20 世纪 90 年代略有下降,可能是由于该国北部玛奎拉地区(*Maquilas*)对女性劳动力的需求增加。

墨西哥的全球人类发展指数(HDI)为 57,属于人类发展水平较高的国家。然而,在次国家和次区域存在着显著的差异和不平等,城乡贫困状况存在显著差异。例如,2002 年时城市人口无法满足家庭基本粮食需求的比例为 11.4%,而农村人口的比例为 38.4%。的确,尽管存在巨大的不平等,墨西哥城的 HDI 平均水平在全国所有地区中最高、平均收入最高、性别平等水平最高,在教育和健康指数中得分也最高,这并不令人意外。此外,联邦贝尼托·华雷斯(Benito Juarez)区的 HDI 比墨西哥任何城市都高(0.91);如果将其与国家 HDI 进行比较,它类似于意大利。HDI 最低的是格雷罗州的梅特拉托诺克(Metlatónoc)(0.38),与马拉维或安哥拉水平相当。在墨西哥城大都市区内也有明显的差异。20 世纪 80 年代的金融危机和结构调整政策导致穷人收入的减少和极端贫困的加剧:被认为处于极端贫困的人口占总贫困人口的比例从 1984 年的 37.1% 上升到 1992 年的 53.9%,同年全国平均值为 66%。

进一步阅读书目:

- Aguilar, Adrian Guillermo. 2000. "Localización Geográfica de La Cuenca de México." pp. 31-38 *LaCiudad de México en el fin del Segundo milenio*, edited by Gustavo Garza. Mexico City: Gobierno del Distrito Federal/El Colegio de México.
- Carrillo-Rivera, J. J., A. Cardona, R. Huizar-Alvarez, M. Perevochtchikova, and E. Graniel. 2008. "Response of the Interaction between Groundwater and Other Components of the Environment in Mexico." *Environmental Geology* 55(2): 303-319.
- Colliers International. 2007. "Mexico City Market Overview, Offices 2006-2007." Boston: Colliers International.
- Damián, Araceli. 2000. "Pobreza Urbana." pp. 297-302 in *La Ciudad de México en el fin del Segundo milenio*, edited by Gustavo Garza. Mexico City: Gobierno del Distrito Federal/El Colegio de México.
- Ezcurra, Exequiel, Mariso Mazari, Irene Pisanty, and Adrian Guillermo Aguilar. 2006. *La Cuenca de México*. Mexico City: Fondo de Cultura Económica.
- Islas Rivera, Victor. 2000. "Red Vial." pp. 362-370 in *La Ciudad de México en el fin del Segundo milenio*, edited by Gustavo Garza. Mexico City: Gobierno del Distrito Federal/El Colegio de México.
- Negrete Salas, María Eugenia. 2000. "Dinámica Demográfica." pp. 247-255 in *La Ciudad de México en el fin del Segundo milenio*, edited by Gustavo Garza. Mexico City: Gobierno del Distrito Federal/El Colegio de México.
- Pacheco Gómez Muñoz, María Edith. 2004. *Ciudad de México, heterogénea y desigual: un estudio sobre el mercado de trabajo*. Mexico City: El Colegio de Mexico.
- UNDP. 2003. *Informe sobre Desarrollo Humano México 2002*. Mexico City: Mundi-Prensa.
- —. 2005. *Informe sobre Desarrollo Social y Humano México 2004*. Mexico City: Mundi-Prensa.
- —. 2007. *Human Development Report* 2007/8. Basingstoke, UK: Palgrave Macmillan.
- Ward, Peter M. 2004. *México Megaciudad: Desarrollo y Política, 1970-2000*. Mexico City: Grupo Angel Porrua/El Colegio Mexiquense.

(Adrian Guillermo Aguilar and Ailsa Winton 文 王 洋译 李文硕校)

MOSCOW, RUSSIAN FEDERATION | 俄罗斯联邦莫斯科

莫斯科是俄罗斯联邦的首都，拥有 1 000 多万居民，是世界上人口最多的十大城市之一，也是欧洲人口最多的城市。它是两个"联邦重要城市"之一（另一个是圣彼得堡），这两个城市是俄罗斯联邦下的独立主体；它在行政上与莫斯科地区（州）分离。莫斯科跨越了 8 个多世纪的发展历程，从一个很小的贸易集散地开始，到 20 世纪大部分时间里成为世界超级大国的首都。莫斯科曾经是一座标志性的社会主义城市，在第 3 个千年即将到来之际，它仍在经历快速的转型。

1917 年之前的莫斯科

莫斯科地区至少从新石器时代就有人居住。在 11 世纪，该地区居住着几个斯拉夫部族，主要是维蒂奇（Viatichi）和克里维奇（Krivichi）。莫斯科教会编年史上的第一个记录可追溯至 1174 年，莫斯科被提到是苏兹达尔王子尤里·多尔戈鲁基（Yuri Dolgoruki）领地的前哨，尤里·多尔戈鲁基被普遍认为是莫斯科的创建者。然而考古研究表明，在涅林纳亚河流入莫斯科河的地方已经存在一个小型军事定居点。它专门从事贸易和手工艺品，拥有至少延伸到基辅（当时基辅罗斯的中心）的商业联系。

莫斯科公国的政治地位在 13—15 世纪期间得到加强。到了 14 世纪，莫斯科成为莫斯科大公国（Knyazhestvo）的中心。15 世纪末，莫斯科成为俄罗斯中央集权国家的首都。它的象征地位是在沙皇伊凡雷帝（1547—1584 年在位）统治下形成的，伊凡雷帝是沙皇俄国的第一位沙皇。在 16 和 17 世纪，沙皇俄国建造了 3 条防御工事线：基泰戈罗德（Kitai-Gorod，贸易城市，莫斯科古老的领土）、贝尔伊戈罗德（Belyi Gorod，白城，大致与现代林荫道环形道路相对应的复杂防御工事的白色灰泥命名）和泽姆利亚诺伊戈罗德（Zemlyanoi Gorod，土城，一个土造的堡垒，该地区后来成为花园环道和环城大道之间的部分）。这些防御工事基本上塑造了莫斯科中心地区以及今天我们所知的空间结构。

尽管沙皇彼得一世在 1712 年决定将首都迁至新建立的圣彼得堡，莫斯科仍有其重要性并继续发展。17 世纪末，现代教育机构开始出现于莫斯科。1755 年，俄罗斯女皇伊丽莎白·彼得罗芙娜颁布法令，建立了莫斯科国立大学。1812 年，拿破仑的军队进入莫斯科后，莫斯科遭受了毁灭性的火灾。法国军队占领莫斯科不到 40 天就被击溃，城市成为一片废墟。莫斯科迅速重建，大火为实施大规模的城市规划开辟了道路。

苏格兰人威廉·黑斯蒂（William Hastie）在 1813 年制定了第一个火灾后重建规划，但是被否决了，1817 年，由著名建筑师奥斯普·波夫（Osip Bove）领导的莫斯科建设委员会批准了一个更可行的项目规划。该规划主要是在莫斯科总督费奥多·罗斯托契（Fyodor Rostopchin）的领导下实施的。建设项目包括拆除废弃的土城和白城的防御工事以及许多其他防御建筑，并在克里姆林宫附近建造一些著名的建筑如马涅日（Manezh，即骑马竞技场），这些都具有里程碑意义。

社会主义的莫斯科

到 19 世纪末，莫斯科从贵族和商人的中心转变为资本主义制造业城市，专门从事轻工业，尤其是纺织和机械，它是 1905 年革命和 1917 年社会主义革命的关键地点。

十月革命后，这个国家被内战所蹂躏，外国干涉导致 1918 年首都重新迁回莫斯科。然而，新成立的苏联当局认真考虑了莫斯科的城市规划问题，这座城市将成为新共产主义世界的首都。在整个

20世纪,莫斯科的统治正式掌握在莫斯科苏维埃手里,直接由政党控制;其重大规划决策由总书记亲自批准。

早期的苏联规划深受欧洲乌托邦思想的影响,尤其是埃比尼泽·霍华德的田园城市。莫斯科的标志性景观被彻底改变了,街道名称和建筑地标中不再提及君主、宗教和资本主义。尽管如此,有限的保护工作阻止了几个地标性建筑(尤其是克里姆林宫建筑群的教堂)的破坏。

20世纪20年代的新经济政策促进了莫斯科人口的迅速增长。在这个时候,现代主义和建构主义成为建筑和规划的重要趋势,与共产主义思想融合。勒·柯布西耶设计的联盟中央大厦(Tsentrosoyuz,1929—1936)给莫斯科留下了持久的现代主义印记。

20世纪20年代末,莫斯科逐渐放弃了新经济政策,走上了工业化和集体化的道路,这给莫斯科带来了新的规划政策。当时占据莫斯科天际线的建筑——麻雀山上的救世主基督大教堂(the Cathedral of Christ the Savior)在1931年被炸毁。取而代之的是一座宏伟的苏维埃宫(Palace of Soviets),但除了一个基坑,它从未完工;1960年,这个坑变成了一个露天游泳池。

1935年,苏共中央通过了新的莫斯科总体规划。1931年开始建设地铁,1935年开通了第一条地铁线路。地铁是苏联成就的象征,是整个国家的工程。尽管德国军队在1941年和1942年逼近莫斯科,但莫斯科没有被占领,多亏了先进的防空系统,它受过直接破坏但导致的损失相对较小。

在战后引人注目的开发项目中,有7座高层建筑(维索特卡斯,包括位于麻雀山的莫斯科大学主楼)采用"斯大林古典主义"风格设计,依稀让人想起纽约帝国大厦。所有这些都始于1947年,以庆祝建城800周年,它们是新的城市天际线。

然而进步背后存在着巨大悖论,示范项目根本无法改善大多数人口的生活条件。许多居民(主要是新工厂的工人)住在木制的平房和营房里,饱受空间不足和缺乏卫生设施之苦。总书记尼基塔·赫鲁晓夫启动了一项大规模的住房建设计划。由此出现的赫鲁晓夫卡什(Khrushchevkas)是一种廉价的标准化混凝土板房(预计使用寿命为25至30年),给苏联各地的棚户区居民带来了期待已久的慰藉。在莫斯科,1960至1985年间建造的大部分住宅单元都是这类板房。一个典型的一户两室公寓有45平方米,对许多人来说,这是生活条件的显著改善。其他重要的发展包括莫斯科汽车环路(MKAD),建于1961年的外环路正式划定了莫斯科的行政边界。

1971年,总书记列昂尼德·勃列日涅夫通过了一项新的20年总体规划,目标人口为800万(1970年约为700万),目的是改善人们的生活条件,特别是人均居住空间;消除污染工业,实施更严格的区划政策。1980年,莫斯科举办了夏季奥运会,为此莫斯科苏维埃政府规划了一项重建计划。20世纪80年代末发生的事件使总体规划在很大程度上变得不切实际,而奥运会的建设基本上是1991年以前莫斯科的最后一次重建。

20世纪90年代后的莫斯科

莫斯科是苏联解体期间和后苏联俄罗斯时代开始的许多事件的发生地。目前的莫斯科管理体制是1993年形成的。立法机构是选举产生的莫斯科杜马(议会),莫斯科市政府是行政部门。自2004年起,莫斯科市长不再由选举产生,而是由俄罗斯联邦总统提名,由莫斯科杜马任命。在加夫里尔·波波夫(Gavriil Kh. Popov)短暂任期(1991—1992)后,尤里·M. 卢日科夫(Yuri M. Luzhkov)于1992年被任命为莫斯科市长,2009年仍担任这一职务。现在的城市由10个自治专区组成(Administrativnye Okruga, AO),每个自治专区再分为几个区(Rayon)。泽列诺格勒是一座拥有20万人口的城市,建于1958至1962年间,是微电子研究和工业中心,1991年,作为第10个莫斯科的自治专区,成为莫斯科的飞地。

20世纪90年代,莫斯科的面貌发生了巨大变化。工业普遍衰退的同时，服务经济却在蓬勃发展，特别是与俄罗斯自然资源出口相关的金融和商业服务。一个例子是在莫斯科市中心矗立着一群最现代化的摩天大楼。20世纪90年代，科技行业的就业率和工资大幅下降，而高等教育却在膨胀，数百家机构提供经济、法律和金融等新兴热门职业的教育。

莫斯科和俄罗斯其他地区在生活方式和收入上的严重分化以及官方居住限制的废除（被半合法的登记制度取代），导致城市人口进一步增加。官方统计数字表明，1990至2006年，城市人口从略低于900万增加到1050万。传统上，莫斯科是白俄罗斯人、乌克兰人、犹太人、亚美尼亚人、格鲁吉亚人和许多其他民族的家园。最近非斯拉夫血统的外来工人（包括来自俄罗斯少数民族地区和中亚前苏联国家的移民）的流入增加了种族多样性，并导致日益紧张的局势以及仇恨犯罪和种族暴力的微增。少数民族聚居区很可能最终会在城市边缘形成，但是，关于新移民人口的实际规模及其种族构成没有可靠的数据。据估计，这座大都市实际上容纳了1400多万人。

1999至2004年间出现了一系列恐怖主义行径（尤其是2000年车臣分裂武装分子在一家剧院劫持人质），这些加剧了常见的安全威胁，如犯罪、种族暴力和国内动乱。为了应对这种情况，政府加强了安全措施，以至于在21世纪头10年末期，政府定期部署特种警察部队在重要的公共场所、地铁和交通枢纽巡逻。

从1930到1990年，莫斯科人口增长了两倍，城市大面积扩张，这导致了传统发展模式的延续，以及城市区域景观和结构的不协调。以克里姆林宫为中心半径3000~5000千米内的城市中心区域（主要是18世纪旧土城的半径及其周边居住区的范围内），以其密集的格局，成为沿主要交通道路辐射发展的交汇点。20世纪90年代末至21世纪初，随着第3条环线的建设，外围中心区逐渐形成。中心城市和MKAD边缘之间的区域大部分建于20世纪，都以零星分布的规划区和地带的模式，点缀着边缘和规划区域以外稀疏的土地。近年来，莫斯科和莫斯科地区在监管和税收方面的差异导致了行政边界外大型贸易中心的扩张，其中包括几家大型购物中心（通常包括宜家和欧尚等国际连锁零售商店）。此时的住房建设，用现代化的公寓建筑群取代了赫鲁晓夫卡什。然而，MKAD内部的房地产往往被购买用于投资，无人居住，而流离失所的居民被迫搬到MKAD以外，交通落后、设施匮乏。

莫斯科有9个主要的铁路枢纽站、3个国际机场和1个国内机场。铁路每天运送的市内乘客相对较少，主要服务于莫斯科地区的通勤者。莫斯科的公共交通服务主要为国有，包括有轨电车、公共汽车和无轨电车（尽管有几家私营公司提供公共汽车服务以补充常规路线）。莫斯科公共交通的基石是地铁，目前地铁日客运量高达900万人次，自开通以来一直是交通规划的重点。渐渐地，乘客搭乘公共交通的目的是到最近的地铁站。自2000年以来，由于私家车拥有量的增加和对汽车交通缺乏规划，交通堵塞急剧增加，除了地铁，几乎所有的公共交通服务都陷入停滞。

在整个苏联时期，莫斯科和俄罗斯其他地区的分离不断加深，由于生活水平的差异，人们普遍认为莫斯科是一个文化上独立的（全球化的）地方，这种情况在1991年以后继续存在。近年来，随着政府垂直权力的加强，这一点得到了进一步的推动。城市内部也被分割开来，历史中心区象征性地与莫斯科的大部区划域相分离；这表明俄罗斯娃娃再现了俄罗斯社会不同层次的中心-边缘空间组织模式，如同俄罗斯套娃一般。

全球化下的莫斯科

在20世纪90年代和21世纪头10年，传统工业迅速衰落，商业服务、零售经济和教育发展迅猛，但真正的信息经济并未随之崛起。随着教育服务规模的扩大，其质量也急剧下降。在1990年国家权力下降的时候，强权市长领导下的城市治理体系的核心是一个由商业、行政和影子经济组成的联盟。在21世纪头10年,国家权力的回归体现在对城市空间无时不在的监管和公共政治自由的萎缩上。房地产市场缺乏公平的法治保障,阴暗交易和犯罪活动普遍存在,抵押制度失灵。不堪重负的交通系统瘫痪导致城市普通居民的日常压力增加。

莫斯科既能给城市研究者留下深刻印象,也能让他们感到困惑。目前,辐射状城市的空间结构是在莫斯科历史的最初阶段奠定的,这种结构自那时以来一直在重复和巩固。从中央商务区向外部住宅区的径向扩展,加上没有天然障碍,使人们可以看到经典的芝加哥同心圆模型,几乎印在莫斯科景观的圆环和半径上。然而,莫斯科也挑战传统的模式和概念,如全球、世界、资本主义或后社会主义城市之类标签。

人口过剩、交通崩溃、种族和公民关系的日益紧张、管理不善、日益严重的污染和生态压力——这只是莫斯科公民和当局面临的挑战中的一部分。1991年以后,莫斯科经历了一场强制资本主义建设的实验。在未来几年内,它很可能仍然是一个巨大的实验室,在那里可以观察到发展中的重要进程和紧迫的城市问题,因此对城市研究也具有持久的意义。

进一步阅读书目:

- Chase, William J. 1987. *Workers, Society, and the Soviet State: Labor and Life in Moscow, 1918-1929*. Urbana: University of Illinois Press.
- Colton, Timothy J. 1995. *Moscow: Governing the Socialist Metropolis*. Cambridge, MA: The Belknap Press of Harvard University Press.
- Dmitrieva, Marina. 2006. "Moscow Architecture between Stalinism and Modernism." *International Review of Sociology—Revue Internationale de Sociologie* 16(2): 427-450.
- Gritsai, Olga. 2004. "Global Business Services in Moscow: Patterns of Involvement." *Urban Studies* 41(10): 2001-2024.
- O'Loughlin, John and Vladimir Kolossov, eds. 2002. "Moscow as an Emerging World City." Special issue. *Eurasian Geography and Economics* 43(3).

(Nikita A. Kharlamov 文 王 洋 译 李文硕 校)

MOSES, ROBERT | 罗伯特·摩西

罗伯特·摩西(1888—1981)是20世纪城市基础设施规划和建设的最有影响力的人物之一。他的成就——完成美国历史上规模最大的公共工程——为世人所称道,但有时也因他实现这些成就的方式而遭到诋毁。最值得注意的是,在他监督的项目中,有3项巨大的举措改变了纽约市的面貌:一个由高速公路和桥梁组成的庞大都市网络,使美国最大的城市适应了汽车时代;密布城市的几十个公共住房和城市更新项目;在所有5个区都新建了公园和娱乐设施,包括许多公共游泳池、游乐场,以及昆斯区两个世界博览会的展览会场。在50多年的公职生涯中他享誉全国,因此他和他的工作人员

被美国其他许多城市作为顾问。摩西既不是建筑师也不是工程师,也没有接受过正式的城市规划培训,他的所有项目都是由别人设计和规划的,但他仍然被广泛认为是对现代纽约市的塑造影响最大的人。这是他非凡能力的结果,他能够聚集权力,利用不断变化的资金来源,并突破官僚主义的繁文缛节,完成别人只能想象的公共工程项目。

早年

摩西于 1888 年出生在纽黑文,他是一个百货商店老板的儿子,受到典型的中产阶级式家庭教育。9 岁时,摩西举家迁往曼哈顿,在那里上私立学校。1905 年,16 岁的他回到纽黑文上耶鲁大学。1909 年毕业时,他是班上仅有的 5 个犹太人之一。他酷爱读书,据说是个聪明的学生。毕业后他继续求学,先是在牛津大学,后来又在哥伦比亚大学,1914 年在那里获得政治学博士学位。在英国和纽约,摩西调查了公共官僚机构的内部运作,撰写了一篇名为《大不列颠文官制度》(The Civil Service of Great Britain)的博士论文,同时为非营利改革组织市政研究局(Municipal Research Bureau)完成了对纽约市文官制度的详细评估。1919 年,摩西在即将上任的纽约州州长阿尔·史密斯(Al Smith)的政府中获得了一份工作,这是摩西最终担任的数十个州和地方政府任命职位中的第一个。

他的文官制度改革没有取得任何显著成果。然而,史密斯州长认可摩西的才能,1922 年连任后摩西成为政府的关键成员,此时此刻,他第一次涉足大规模的公共工程。史密斯依靠摩西对政府官僚机构的专业知识,转动了政府生锈的齿轮,从公园项目开始创造了看得见摸得着的成就。摩西利用他不可思议的专业知识起草了法案,创建了两个新的机构即长岛州立公园委员会(Long Island State Park Commission)和州立公园委员会(State Council of Parks)。在史密斯的支持下,摩西担任两个机构的主席。摩西在他的职业生涯中经常这样做,他研读授权法令的所有细节,以确保这些新机构将尽可能灵活、持久和强大。

摩西的第一个大型公共工程项目是琼斯海滩州立公园,一个全新的公共娱乐设施,于 1930 年向公众开放。作为长岛州立公园委员会主席,他利用州政府资金来改造长岛南部海岸多沼泽、人烟稀少、交通不便的沙丘,将其变成了精致的澡堂、喷泉、纪念碑和长长的天然沙滩,点缀着风景优美的小路,并有大片新停车场。

同时,为了方便公众使用,摩西开始研究横跨长岛的园林大道网络。第一个是州南园林大道(Southern State Parkway, 1927)、万塔格州立园林大道(Wantagh State Parkway, 1929)、海洋园林大道(Ocean Parkway, 1930)、州北园林大道(Northern State Parkway, 1930)的开端和梅多布鲁克州园林大道(Meadowbrook State Parkway, 1934)。这些园林大道为摩西赢得了全国的赞誉,这些是他的雄心壮志和实用主义相结合的产物。这些是园林大道,因为他没有被指派负责高速公路或道路,而高速公路或公路是由州高速公路局(State Highway Department)和联邦公路局(Federal Bureau of Public Roads)的工程师们严格控制的。相反,他认真起草了委员会的授权法令,赋予公园内修建道路和连接道路的权力。因此,为了修建贯穿长岛的高速公路,他建造了一些带状的公园,公园里有景观化的道路(即园林大道)。

这个想法始于附近的韦斯特切斯特县。1924 年,第一个现代园林大道——布朗克斯河园林大道(Bronx River Parkway)在这里建成,受到了公众的广泛好评。这预示着汽车将使城市大众能够穿过乡村,逃离拥挤的城市。摩西迅速跟进,不仅因为他认识到这样的交通走廊具有变革社会的力量,还因为他认识到这类项目将获得文官制度改革以来从未获得过的公众和政治支持。在他的职业生涯中经常重复的一个模式是,摩西使他的活动适应现有的资金来源,即使是在借鉴艺术规划和设计理念的时候——比如现代园林大道。作为一名机会主义式的公共工程建设者,摩西在正确的时间出现在正确的地点,部分原因是他的设计,但也有偶然因素。罗斯福新政中前所未有的公共支出举措,与他的首批公园和园林大道项目的成功同时出现。他被称赞为一个能把事情做好的人,他的新名声来得正是时候。

纽约和新政

1933年,摩西被任命为纽约紧急公共工程委员会(New York's Emergency Public Works Commission)的负责人,翌年,新市长费奥雷罗·拉瓜迪亚任命他为城市公园专员。在这些新角色中,摩西利用联邦政府的工作救济拨款,以及州和城市公园的资金,在全市范围内进行了大规模的建设浪潮:公共游泳池、新的体育和娱乐场,以及遍布5个行政区的数百个新操场。他扩展了长岛公路的网络,1934年建成了跨区园林大道(现在称为杰基罗宾逊大道[Jackie Robinson Parkway]),1936年建成了大中央园林大道(Grand Central Parkway),1940年建成了外环园林大道(Belt Parkway)和长岛高速公路。

此外,他的公路建设活动不再局限于长岛。在曼哈顿,他监督完成了西区高速公路的最后阶段,并带头实施了西区改造项目。后一个项目包括对滨河公园的大规模改造,建成了亨利哈德逊园林大道(Henry Hudson Parkway)。1937年完工后,哈德逊园林大道沿着哈德逊河滨水区延伸了7英里,穿过布朗克斯区后进入城市轨道。1935年,在韦斯特切斯特县,他监督完工锯木厂园林大道和1941年的哈钦森河园林大道。为了把所有这些线路连接在一起,摩西主持了一些重要的桥梁工程,包括1936年开通的三区大桥和亨利哈德逊纪念大桥,以及他在1939年建成的布朗克斯-白石大桥(Bronx-Whitestone Bridge)。

摩西广泛利用新政拨款和州政府资金,并在某些项目中设置了收费要求以增加收入。这使他能够以这些收入为抵押来借款,要么完成资金不足的项目,要么为随后的行动提供资金。迄今为止,这类收入的最大来源是三区大桥,它是摩西不断扩张的帝国的基石。摩西能够利用三区大桥管理局的通行费收入,再加上流入他的其他桥梁和园林大道管理局的收入继续建设,即使是在大萧条时期的救济计划结束之后。这种利用公共机构来建立并延续他的权力的策略,就像他早期模仿布朗克斯河园林大道的创新一样,是仿照奥斯丁·托宾(Austin Tobin)经营的纽约港务局(Port of New York Authority)的模式。后者建立了先例,让摩西能够适应自己的目的。同样,三区大桥本身在摩西完成工作之前也有他人的构思、发起和批准。建筑断断续续地进行着,最终在大萧条开始时完全停止了,但是摩西机会主义的行政和资源获取技能拯救了大桥。

几年后,摩西将他的触角伸得更远。当1938年纽约隧道管理局在昆斯区-中城隧道的建设过程中花光了钱时,他拯救了这个项目并在1940年完工。他接管了管理机构,最终将其与三区大桥管理局合并形成三区桥涵管理局,他的这个主要基地运营持续了25年。

摩西在大萧条时期的影响远远超出了其公园和园林大道。1936年,拉瓜迪亚市长任命他负责新成立的纽约市世界博览会委员会,原因是他能确保项目顺利完成。为了筹备将于1939年举行的世界博览会,摩西主持建设了法拉盛草地公园(Flushing Meadows Park),该公园位于昆斯区的一处滨水地带,以前被煤灰掩埋。此外,他还主持了新的高速公路和停车场以及展览建筑——包括通用汽车著名的未来世界和标志性的外围建筑,两者都向观众展示了未来的城市,这正是摩西试图建造的城市,这是一个广阔、被高速公路网和大桥连接的大纽约。在摩西看来,世界博览会的展览预示着,每个人的出行都将依赖于私人汽车。

战后权力

事实上第二次世界大战结束后,越来越多的美国人将汽车作为日常交通工具而不仅仅是休闲旅行工具。因此,摩西的桥梁和园林大道的通行费收入稳步增长,促进了他的帝国的发展、稳定和影响。可以肯定的是,他不再像刚开始时那样依赖用于公园的资金。因此,他的高速公路不再强调精心美化的边界和早期园林大道的中间地带,而是变得更像高速公路——风景少、更宽阔、更高效。1956年后,当联邦州际高速公路拨款开始不断下拨的时候,摩西完全放弃了园林大道的设计美学。

通过比较他早期的园林大道和战后的高速公路项目——包括范威克高速公路(1950)、喷溪园林大道(1953)、展望高速公路(1955)、大干高速公路(1956—1961)新英格兰高速公路(1958)、布朗克斯十字路口高速公路(1963)、白石高速公路(1963)和斯塔滕岛高速公路(1964)——可以看出这种转变。然而他的总体方法没有改变,即确保他的公路项目设计适应州和联邦政府的拨款项目的要求;尽管如此,他还是通过建造收费桥梁继续扩大自己的独立收入,包括窄颈大桥(1961)和韦拉扎诺海峡大桥(1962)。

随着来自收费站的资金稳步增长,摩西越来越不依赖市长和州长的政治支持。事实上,他们很快就开始依赖于他和他出色的公共工程成就、充裕的银行账户,以及他从不断增长的通行费收入中轻松进入资本市场的渠道。此外,他们发现摩西越来越难以控制。他的各种官职交错重叠甚至是没有明确任期的,他管理着许多不同的机构,使自己变得不可或缺。事实上,随着政客们在越来越多的事务上继续寻求他的帮助,他的职位清单变得越来越长。1946年,他担任了3个重要的新职位。他被邀请担任世界永久首都市长委员会主席,并在最终将联合国带到其目前所在地——纽约——的进程中发挥了核心作用。他还被任命为新设立的城市建设协调员,并被任命为住房问题紧急委员会主席。

摩西的下一个全市范围的大规模倡议即贫民窟清理和城市重建,是他精明和机会主义的公共工程方法的又一个例子。在需要有人迅速有效地为雄心勃勃的事业争取联邦和州资金的情况下,他似乎是最佳人选。为了缓解战后住房短缺和许多城市社区的恶劣条件,联邦政府准备投入巨额资金以实现消除贫民窟和建设公共住房的双重目标。摩西又一次成为出现在正确时间和地点的正确的人。他的工作范围扩大,包括在清除贫民窟委员会主持下开展的新活动,他从1949年起担任该委员会主席。

摩西知道成功的关键在于准备。因此,他试图预测每一个联邦计划,这样他就可以随时准备和等待申请。最终,他负责全市众多中低收入住房项目,以及教育和市政机构的大规模再开发工作。其中最著名的是建成于1956年的纽约市会展中心,之后还有位于哥伦布圆环的时代华纳中心(Time Warner Center)和1962年开放的林肯表演艺术中心(Lincoln Center for the Performing Arts)。林肯中心是世界上最大的表演艺术中心,为纽约爱乐乐团、纽约市芭蕾舞团、纽约市歌剧院、大都会歌剧院、表演艺术公共图书馆和茱莉亚音乐学院提供了崭新的、现代化的州立艺术设施。

摩西的活动在纽约市大都市区影响最大,但他的权力也波及纽约州最远的角落。1935年,他在布法罗附近主持建造了两座连接大岛和大陆的桥梁。他还负责修建马塞纳附近的通往加拿大的千岛大桥(Thousand Islands Bridge),该大桥于1938年通车。后来,作为纽约州电力管理局(New York State Power Authority)主席,他分别在1958年和1961年主持了圣劳伦斯河和尼亚加拉河水电站的融资和建设。在这两个例子中,他同时创建了新的州立公园,他在尼亚加拉建造的风景园林大道现在被称为罗伯特摩西园林大道。

暮年

在20世纪50年代末和60年代初,当他的权力正在扩展到一些新的领域和他的责任扩展到一系列公共工程活动之际,摩西遭遇了最终导致他下台的一系列挫折。诚然,在他职业生涯的早期也经历过偶尔的失败,在他众多令人瞩目的成功中也有零星的挫折,最引人注目的是1934年他竞选州长以及40年代他试图建造布鲁克林炮台大桥的失败。然而，后来的失败更频繁也更具破坏性，部分原因是因为他的一些倡议本来就更具争议性，但这也是他专横作风的后果。随着他的力量的增强和活动范围的扩展，他对那些反对他的项目的人以及那些试图监督他的人，几乎从不表现出耐心或同情。从基层到市政厅到州议会，反对摩西的声音正在悄然增加。

1956年，一群推着婴儿车的曼哈顿家庭主妇挡在了摩西的一队推土机前，阻止他们在中央公园修建一个新的停车场，这一事件引发了新闻媒体的关注。1959年，他试图阻止约瑟夫·帕普（Joseph Papp）在中央公园免费演出莎士比亚的作品，这引发了另一场公关危机。同年，他卷入了涉及承包商和开发商的持续不断的贫民窟清理项目丑闻。虽然摩西本人从未被牵连到这种不正当的行为中，但是负面宣传仍然玷污了他的名声。

更糟的是，他的下一轮大型公路项目遭到了精心准备的强烈反对。他敦促修建两条巨大的跨曼哈顿高速公路，一条穿过纽约市中心，另一条穿过曼哈顿中心。他最近的桥梁工程，一项横跨长岛海峡的大工程，也面临着强大的阻力。每一项提议都可能造成相当大的破坏，高速公路项目似乎尤其威胁到了作为大都市中心的曼哈顿的城市空间结构，随之而来的负面宣传和公众的强烈抗议为当选的政客们提供了一个蚕食摩西权力的机会。

渐渐地，他被迫放弃了许多职位。1960年，他放弃了纽约市的大部分职位，换取了一份为期7年的1964年世博会委员会主席合同。1939年昆斯区的场地将被重新利用，但摩西负责了该地区许多公园和公路设施的大规模翻新和扩建，以及谢伊体育场（1962）的建设。在州一级，纳尔逊·洛克菲勒（Nelson Rockefeller）州长从1962年开始从摩西手中夺回权力，任命新的官员一个接一个地接替摩西在州机构中的职位。最终在1968年，洛克菲勒将三区桥涵管理局并入新成立的大都市区交通管理局，完全剥夺了罗伯特·摩西的权力。

摩西于1981年在长岛的西伊斯利普去世。

进一步阅读书目：

- Ballon, Hilary and Kenneth T. Jackson, eds. 2007. *Robert Moses and the Modern City: The Transformation of New York*. New York: W. W. Norton.
- Caro, Robert A. 1974. *The Power Broker: Robert Moses and the Fall of New York*. New York: Random House.
- Krieg, Joann P., ed. 1989. *Robert Moses: Single-minded Genius*. Hempstead, NY: Long Island Studies Institute.
- Moses, Robert. 1970. *Public Works: A Dangerous Trade*. New York: McGraw-Hill.

(Owen D. Gutfreund 文　王　洋译　李文硕　校)

MULTICULTURAL CITIES ｜多元文化城市

在第3个千禧年之初，全球超过一半的人口居住在城市。此外联合国报告说，全球3%的人口生活在出生国以外，也就是说全世界有1.91亿人都被归类为移民。国际移徙、经济一体化和全球化被认为促进了城市中心的文化多样性。这些进程的结果绝不是新现象并且只在地方层面出现，这意味着社区和城市社区被社会、文化和经济多样性所改变。这种多样性也带来了困境和挑战。因此,多元文化城市是城市研究的核心问题。然而作为社会科学研究单位的多元文化城市并非没有其局限性——我们将首先讨论这些问题,接下来将描述一些自称多元文化的城市,最后回顾多元文化城市产生的途径。

多元文化城市的概念

在社会科学中,多元文化城市有多种概念。熔炉模式的多元文化城市制定了以同质化为目标的政策,这种模式在美国比较常见;马赛克模式的多元文化城市旨在保持多元性和差异性,这在加拿大最为典型。后者有时被认为更可取,因为它允许个人和团体保留和实践他们的身份。然而这些模式都有其弊端,当观察某些有着悠久移民历史的城市如多伦多时,这种分类并没有实际用处,甚至有种族主义色彩。多元文化人口统计学旨在描述特定区域内不同文化的共存,正如文斯·马罗塔(Vince Marotta)所指出的那样,这种方法引发了一些关于多元文化城市的奇怪问题。从什么角度看城市是多元文化的?一个城市要想给自己贴上多元文化的标签,必须有多少种文化?世界上有同质城市吗?

多元文化主义概念的核心是差异,多元文化城市的所有模式在某种程度上都需要对差异进行分类。马罗塔还观察到,多元文化主义的人口统计学假定其差异沿着从异质性到同质性的不确定的连续统一体而存在。卡那斯卡·古纳沃德纳(Kanishka Goonewardena)和斯蒂芬·凯普夫(Stefan Kipfer)注意到多伦多人口的混杂及其本地化,以及由此产生的虚假的多元性。如果所谓的种族群体成员没有复制他们的文化规范,多元化就不可能存在。齐格蒙特·鲍曼写了大量关于现代城市流动特征的文章。因此多元文化的范畴是一个神话,类似于后结构主义者朱迪思·巴特勒所讨论的神话中的两性和性别范畴。那么,从激进的后结构主义立场来看,多元文化城市只不过是一个社会建构。

多元文化城市关注的对象是本土与他者间的冲突以及这一冲突如何解决。他者间的互动也就是马罗塔所说的多族裔或多文化。如同其他社会构建的理论一样,多元文化也是一项有用的概念,可以界定社会差异和冲突,并且能为不同的认同群体提供融合的工具。

多元文化叙事

给城市贴上标签归根结底也是一种城市叙事。它包括在任何给定的时间点及时地捕捉任何给定城市空间的快照,描述它、解释它和赋予它价值:一杯拿铁咖啡;第二代泰米尔语教授的演讲;午餐吃泰国酱菜;与同学们一起参加研讨会,他们都不会和父母说英语;去小希腊的地铁之家休息一下;和朋友一起在亚洲舞蹈俱乐部喝喜力啤酒或椰林飘香鸡尾酒,度过一个轻松的夜晚。在一个多元文化的城市里有很多这样的故事,这是一个关于消费的故事。

在一个多元文化城市里,人们可以设想或体验到无数条发展轨迹。鉴于经济和人口的全球化和跨国化,世界各地的城市政府特别是资本主义民主国家的城市政府,都在促进和颂扬其社会多样性。在城市官方主页和旅游指南中,人口统计学的多元文化叙述经常被宣传为城市吸引人的特征。然而,古纳沃德纳和凯基夫认为这种转喻是危险的,特别是在与以上叙述有关的消费和商品化方面——自上而下的认同过程。

在谷歌搜索引擎中输入单词"多元文化城市",出现的第一条链接是关于多伦多的信息。纽约、洛杉矶、悉尼、伦敦和阿姆斯特丹也是世界上多元文化程度最高的城市。通过访问这些城市的官方网页,你可以很容易地得到他们的人口统计数据。本词条所使用的分类标准是由各城市当局所选择的标准。

在大多伦多地区,550多万人口讲140多种语言,超过 30%的人在家说的不是英语或法语。除英语外,最常见的 5 种语言是汉语(广东话或普通话)、意大利语、旁遮普语、他加禄语和葡萄牙语。5%的人不懂加拿大的官方语言法语或英语,47%的人自称是少数族裔。半数以上多伦多的居民出生在加拿大境外,20%的加拿大移民已经在多伦多定居下来,从 2001 到 2006 年,每年大约有 5.5 万名新移民被接收。

拥有 430 万人口的悉尼标榜自己的文化多样性,并宣称多元文化主义是促成这个城市的社会、文化和经济成功的主要因素之一。英国移民数量最多,此外还有来自中国、新西兰、印度尼西亚、韩国、泰国、马来西亚和越南的移民。2006 年,普通话是仅次于英语的第二大通用语言,其次是广东话、印度尼西亚语、韩语、希腊语、俄语、西班牙语和越南语。

伦敦有 300 多种语言,据报道移民来自超过 160 个国家。2005 年,大伦敦政府公布了人口普查结果,确认伦敦近年来变得更加多样化。2001 年,白人的比例从 1991 年的 79.8%下降到 71.2%,剩下的 28.8%包括黑人、中国人、亚洲人和混血儿。牛津经济有限公司(Oxford Economic Ltd.)报告称,1991 至 2001 年,伦敦城里外国出生的人口增加了 54.6 万人。2001 年人口普查时,伦敦有 24.8%的人口出生在外国。超过一半的人口是基督徒,但伦敦也有 40 座印度教寺庙、25 座锡克教寺庙和 150 多座清真寺。

在欧洲大陆,阿姆斯特丹和柏林这两个城市颂扬它们的多样性。阿姆斯特丹居住着 170 多个族裔,其中 45%属于少数族裔。这些少数族裔包括苏里南、安提利安、土耳其、摩洛哥和其他非西方国家的外国人。柏林 340 万人口中,13.7%持有非德国护照。最常见的是来自土耳其的居民,其次是波兰、塞尔维亚和黑山。柏林共有 80 个族裔。

在美国,洛杉矶和纽约尤为突出。洛杉矶是一座巨大的城市,人口接近 1 000 万,其中西班牙裔占 46.5%,非西班牙裔白人占 29.7%,非洲裔占 10.9%,亚裔占 9.9%,混血占 2.4%,印第安裔占 0.2%,其他族裔占 0.2%,太平洋岛民占 0.1%。在纽约 800 万居民中,36%是外国出生的,在南美洲或中美洲出生的人数超过 150 万,第二大群体来自亚洲,有 68.7 万人。

人们可能会对这些人口统计数据有一些直接的观察。首先,由于每个城市收集数据的方法不同,很难进行直接比较。有些城市使用"外国出生"来识别移民,这一标准忽视了第二代、第三代、第四代或第五代移民。有些城市根据公民身份来测算人口,这种分类忽略了已经归化的居民。一些使用语言,一些利用宗教,有些使用不太准确的肤色分类。

其次,统计上的多样性几乎不能揭示城市不同群体间的互动状况。有隔离吗?是否存在社会差异?如果是,那么不同碎片的界限是什么?例如,尽管洛杉矶标榜其多样性,但它却上演了美国历史上最严重的种族骚乱,各个社区在地理上也是孤立和隔离的。因此,人口统计叙述很容易忽视现实存在的社会差异,而这些差异是因自下而上的社会斗争和自我认同而出现的。多元文化城市的形态不能仅仅靠在某一区域内收集的身份的静态构成来体现。相反,人们需要注意城市空间的变革和变化状况,在这种情况下,差异会产生互动。

作为塑造多元文化城市手段的融合

2005 年,柏林市议会通过了一份名为《鼓励多元化,增强凝聚力》的文件,作为柏林一体化政策的指导方针。实际上,融合是产生多元文化城市的机制,当社会地位、身份和资源(如金钱、外貌、职业、生活水平)的分布不存在系统性差异时,一体化就实现了。也就是说,每个人不一定都是一样的,而是平等的。有些人可能认为这也许过于理想化和简单化,但如果要实现这一目标,就必须在政策和社会实践中达成某些目标。其中必须有(1)普遍接纳新来者并鼓励他们的参与和向上流动,(2)识别多个双重国籍,(3)各种语言的大众传播,(4)接受替代的着装规范,以及(5)政治参与意识的差异。大多数多元文化城市至少解决了上述一些因素。所有这些国家仍有许多障碍需要克服。

隔离社区

接受新来者的差异并与之共存是上述所有城市的目标,然而结果却各不相同。是否有贫民区和是否有仇外行为是新来者能否被接受的标准。在洛杉矶,不同群体集中在城市的不同地区,构成了非洲裔美国人聚居区、拉美裔和墨西哥裔社区,以及盎格鲁-撒克逊中上层阶级的门禁社区。这种极端的隔离不利于多样性和差异性的互动和丰富。

在柏林,新来者在克罗伊茨贝格(Kreuzberg)、纽肯(Neukoln)和韦丁(Wedding)等社区的比例过高。多伦多也被分成各种各样的社区,如小印度、小意大利、小葡萄牙或唐人街。然而,在柏林和多伦多,各自的社区与更广阔的城市有着良好的联系和服务。居住在这些社区既不是经济压力的结果,也不是暴力压力的结果。因此,这些地区并不构成社会科学意义上的贫民区。另一方面,在柏林,某些地区被认为对深色皮肤的人是危险的。新纳粹分子犯下的暴力罪行已经司空见惯,有些人甚至向潜在游客发布警告。

2006年夏天,德国主办了世界杯。在开赛前不久,柏林的非洲之声(Africarat)散发了1万份传单,警告人们不要进入柏林的禁区。这引发了大规模的公众辩论。然而,尽管公众意识到了这个问题,即新来者在某些地区会感到不安全,但2006年,柏林市民还是把选票投给了德国国家民主党(National Democratic Party of Germany)的成员——一些人认为,该党是"民族社会主义德意志工人党"(National Socialist German Workers's Party)的直接继承者——他们占据了全市的4个区议会。

公民身份和语言

对多重公民身份的承认是至关重要的,这样,移民才能保持其经济和社会跨国关系。然而,各国对这一问题的处理也不尽相同。新移民可能在美国、加拿大、澳大利亚和英国保留多重国籍,多伦多大约85%的人口保留加拿大国籍。相比之下,新到阿姆斯特丹的人必须放弃以前的公民身份才能获得荷兰国籍。在申请德国公民身份时,前护照也必须被放弃——除非前国籍是在欧盟之内。在德国出生的孩子,如果父母中有一人是德国人,也可以保留父母双方的国籍。德国人积极争取德国护照,并敦促登陆的居民成为德国公民,然而尽管做出了努力,入籍率并没有增加。因此,德国政界人士已开始重新审视有关移民的法律,并寻找可能提高入籍率的方法。

为了克服语言障碍,多伦多市有一条语言服务热线,可以翻译成150多种语言。市行政部门以10种文字发布公文和公告,街道标志用不同的字母书写。伦敦、纽约和悉尼的市政当局也提供各种语言的翻译。洛杉矶为议会会议提供西班牙语、广东话或普通话翻译服务。要获得这些服务,必须至少提前72小时联系洛杉矶市政委员会和公共服务部门。

着装规范

处理着装规范有两种策略。第一种是接受外表多样性的策略,第二种策略强调中立。例如锡克教的男性就面临着这种情况,并为能在学校和工作场所戴头巾和携带吉尔班弯刀而斗争——这是锡克教信仰的象征。在加拿大和英国,这种服装是被允许的。雇主和学校必须调整他们的着装规范以适应员工的宗教自由。因此,加拿大锡克教骑警可以戴头巾代替传统的宽边帽,锡克教男孩可能会带着吉尔班弯刀去上学,尽管一些学校规定禁止携带武器。在美国,锡克教徒一直在通过个案实现上述权利。在2001到2007年间,有20多个成功的案例——包括洛杉矶的1个案例和纽约的4个案例——在这些案例中,锡克教男子赢得了佩戴他们宗教标志的权利。

在德国,着装规范由州一级政府管理。柏林采取了第二种策略,在需要中立着装的工作场所,如市政服务场所和学校,佩戴宗教标志物是不允许的。这适用于基督教十字架、犹太圆顶小帽、穆斯林头巾,或锡克人头巾和吉尔班弯刀——所有这些都是禁止的。

政治话语模式或许是当今多元文化城市所面临的最热门话题之一,它们在20世纪的政治理论中被广泛讨论。于尔根·哈贝马斯和南希·弗雷泽之间一场著名的辩论,说明了这场讨论的两个极端。哈贝马斯认为,一个所有成员平等参与的开放公共区域是理想的政治论坛,弗雷泽回应认为这是不可能的。由于各种各样的原因,女性——或者其他人——不能期望在平等的基础上竞争。其结果将是,另类话语将不可避免地被所谓的共同利益话语所淹没。为了解释这种差异,弗雷泽提出了另一种公共领域的概念。这些是针对特定群体的论坛,然后这些群体可以在一个排他性的范围内讨论他们的观点和发展反话语,这些意见后来可以带回一个共同的更广泛的论坛。哈贝马斯和弗雷泽代表了两种参与模式:融合性公共论坛和多元化论坛。

对多样性和差异的开放和认可,无疑是对城市化和国际移徙的积极反应。然而,多元城市不仅仅是一个城市的自我形象,正如人口多元文化主义所暗示的那样,它是由相互联系的社会阶层在空间上聚集而成的。多元文化主义及时解决了差异之间的动态相互作用。在实践层面上,整合作为一种构建多元文化空间的机制是一个非常复杂的过程,居民的社会、政治和经济需求必须认真解决,因此,对多元文化城市的居民来说,跟上社会变化,促进和鼓励社会的多样性、包容性和平等性仍然是一项持续不断的工程。

进一步阅读书目:

- Bauman, Zygmunt. 2007. *Liquid Times: Living in an Age of Uncertainty*. Cambridge, UK: Polity Press.
- Butler, Judith. 2006. *Gender Trouble*. New York: Routledge.
- Commissioner for Integration and Migration of the Senate of Berlin. 2005. *Encouraging Diversity—Strengthening Cohesion: Integration Policy in Berlin*. Berlin: Commissioner for Integration and Migration of the Senate of Berlin.
- Fraser, N. 1993. "Rethinking the Public Sphere: A Contribution to the Critique of Actually Existing Democracy." In *The Phantom Public Sphere*, edited by Bruce Robbins. Minneapolis: University of Minnesota Press.
- Goonewardena, Kanishka and Stefan Kipfer. 2004. "Creole City: Culture, Class, and Capital in Toronto." pp. 224-229 *in Contested Metropolis*, edited by Raffaele Paloscia. Basel, Switzerland: Birkhauser.
- Greater London Authority, Data Management and Analysis Group. 2005. *London—the World in a City*. London: Greater London Authority.
- Habermas, Jürgen. 1989. *The Structural Transformation of the Public Sphere: An Inquiry into a Category of Bourgeois Society*. Cambridge: MIT Press.
- Marotta, Vince. 2007. "Multicultural and Multiethnic Cities in Australia." pp. 41-62 *in Ethnic Landscapes in an Urban World*, edited by Ray Hutchison and Jerome Krase. Amsterdam: Elsevier.
- Oxford Economics Ltd. 2007. *London's Place in the U.K. Economy*, 2007-2008. London: City of London.

(Constance Carr 文 王 洋 译 李文硕 校)

MUMBAI (BOMBAY), INDIA | 印度孟买

孟买原名"Bombay",是印度西海岸的一座岛屿城市;它有1 800万人口,是世界上最大的城市之一。孟买掌握了印度对外贸易的一半以上,已经成为金融和生产性服务业的全球交易中心,收入占印度年度直接中央财政收入的40%。自1985年和1991年印度经济自由化改革以来,孟买特别是纳里曼角西南地区的经济日益全球化。

孟买在印度现代经济和文化想象中占有重要地位。考虑到其经济和文化的多样性,这座城市经常被描述为国际化大都市,吸引了印度教徒、穆斯林、帕西人、基督徒、锡克教徒、耆那教徒和其他人。这座城市是宝莱坞的故乡,宝莱坞是印度的电影产业中心,它的电影产量超过了世界上任何其他地区。孟买除了宝莱坞之外还有多种多样的文化生活,例如,它的大型马拉地语或古吉拉特语文学史就证明了这一点。

从历史上看,孟买一直是阿拉伯海及周边地区全球贸易的中心,这在很大程度上要归功于孟买拥有南亚最大的天然港口之一。孟买最初由7个渔岛组成,16世纪早期作为葡萄牙的前哨站而建立,1662年作为嫁妆被移交给英国。从19世纪中叶开始,它变成了繁荣的工业城市,尤其是纺织业。该市第一家纺织厂建于19世纪50年代;当美国内战切断了英国从美国进口的棉花时,孟买成了英国主要的棉花供应地。

这座殖民地城市被分割成两个部分,一个是南面有围墙的堡垒,拥有充足的住房和基础设施;另一个是被忽视的本土城镇。通过大规模的填海造地工程,这座城市的地理范围得以扩大。到19世纪60年代,它已经成为大英帝国的主要港口和制造业中心之一,南孟买聚集了许多著名的哥特式英印建筑,其中最著名的是维多利亚终点站(Victoria Terminus)。

当代孟买是印度人均收入最高的马哈拉施特拉邦的首府,其GDP占该州GDP的20%。尽管该市总体经济数据令人印象深刻,但从1994到2002年,该市的年GDP从7%下降到了2.4%。孟买常被称为印度最大的城市,是印度最不平等的城市。这座城市有一半以上的人口居住在非正式定居点,这些定居点的基础设施、收入、经济、种族和宗教信仰各不相同,从桥梁、铁路到人行道和棚户区,各种各样的空间都被挤得水泄不通。

非正规定居点的增长既反映了20世纪90年代由城市的经济增长推动的房地产业持续增长,以及国家、建筑商、开发商和这座城市臭名昭著的地下世界组成的腐败联盟,连同国家社会住房责任的缺失。非正规居住地的大多数居民居住在劣质的住房中,易受季风降雨影响,不得不频繁拆迁,缺乏充足的洁净水和卫生设施,生活在高度污染的环境中,容易生病。鉴于收入和基本服务的关系薄弱,经济增长本身不太可能解决这些问题。

孟买经常被描述为印度最现代的城市,随着城市特定地区的全球金融服务业的发展,新的管理和技术精英的出现使这种话语出现了新的转变。马宗达(Radjani Mazumdar)记录了越来越多的孟买城市精英从"废墟之城"逃到"奇观之城"——也就是说,离开非正式定居点、密集街区、街道小贩、交通堵塞、建筑垃圾,到高档住宅、娱乐、购物和相关的服务业集中的地区。尽管工会斗争很艰苦,但是工厂几乎都关门了。

在这方面,近年来出现了一些围绕公共空间转变的激烈辩论。最近,最高法院两项有争议的裁决很具有指导性:一项是人们可以将市中心2/3的闲置工厂用地发展成购物中心和企业娱乐;第二项裁决允许重建孟买1.9万座破旧的建筑——通常是分间出租的传统双层约9平方米的房屋用来提供给工厂的工人居住——许多评论家担心这将会

导致门禁社区的增加和公共空间的减少。

最近,许多对孟买的研究集中在经济自由化和去工业化的性质和影响上,由于传统的阶级关系崩溃,尤其是在1982年纺织业罢工之后,基于种族和宗教沙文主义的集体认同成为社会关系的基础。在叙述城市最近的衰落中,城市是世界性的这一思想是一个稳定特征。关于孟买全球性的大部分讨论都集中在社区紧张、社会的忍耐和暴力,评论者对孟买的衰落进行了一系列评价,认为20世纪90年代初发生的社区骚乱和爆炸事件是城市发展分水岭。

这尤其归因于发生在1992年底和1993年初的大规模骚乱,它紧跟在印度教极端分子在印度北部的阿约提亚摧毁巴布里清真寺之后。这事件刺激了当地的紧张局势,引发了这座城市历史上最严重的骚乱:900人被杀害,城市的社会心理地理被彻底改变了。骚乱后在1993年3月12日又有13颗炸弹爆炸,这是印度历史上最具破坏性的炸弹爆炸,造成250多人死亡、700多人受伤。炸弹袭击了该市的主要政治和经济机构,包括股票交易所和印度教极端主义政党湿婆神军党的政治总部,(希瓦吉军队)并被广泛解释为伊斯兰帮派对暴乱的回应。

当然,孟买不同群体之间的紧张关系在骚乱之前就已经存在了。1984年,孟买见证了独立以来第一次严重的社区骚乱。在这些骚乱中,湿婆神军党往往发挥了至关重要的动员作用。1995年,在印度最排外的地区之一,当该党同时掌握马哈拉施特拉邦这一印度最排外地区州和城市两级的政权,湿婆神军党运动达到顶峰。在州政府执政期间,该党把"Bombay"更名为孟买。重命名不仅被视为动摇了英国的殖民遗产,也是将城市空间重塑为印度人空间的积极尝试,排斥其他人,尤其是穆斯林。

近年来,印度制定了一项大规模非法居住区拆迁计划,不仅仅是由于种族原因,而且由于孟买的发展计划,孟买政要自称要在2013年成为下一个上海。作为其中的一部分,估计9万间小屋在2004年和2005年的冬天被拆除,导致大约35万人无家可归。该计划引发了一系列各种各样的进程,包括拆除达拉维,这是亚洲最大的贫民窟之一,将在原地建设世界级的文化、知识、商业和医疗中心;高保安级别的高端购物中心、门禁社区和中产阶级社区。这将促使经济的发展,甚至一个新城——马哈孟买(Maha Mumbai)——也将由大型基础设施建设公司信实能源公司(Reliance Energy)规划建设完成,其目的是要模仿全球竞争对手像迪拜的杰贝阿里港(Jebel Ali)和中国的经济特区。

如果城市冲突是孟买研究的焦点之一,2006年7月11日的爆炸事件后,暴力事件再次出现,7枚炸弹在城市铁路通勤系统——全世界最繁忙的铁路系统高峰时间的11分钟内接连爆炸,当场造成200人死亡、700多人受伤。警方声称爆炸是由虔诚军(Lashkar-e-Toiba)和印度伊斯兰教学生运动(Students Islamic Movement of India)实行。虔诚军也被指责应当为2008年11月的街头恐怖主义负责,该事件至少造成173人死亡。然而面对暴力或危机,孟买人通常表现出宽容和坚毅的精神。爆炸发生后,人们争相协助紧急救援部门,治疗和运送受害者去医院。几个小时内,残骸已经被清理完毕,铁路系统又开始运行了。

孟买对市民的遭遇也有着类似的回应。例如,2005年季风洪水导致主要是在非法居住区的1000多人死亡,数千人被困在可以覆盖城市表面1/3的洪水之中,低洼地区洪水几乎达到了5米深。没有抢劫、盗窃或暴力行为,相反出现了自发的善意和慷慨行为。当国家政府陷入混乱而基本上放弃责任时,媒体报道称,到处都是贫民窟居民营救被困在车里的人,并提供柴火和饼干,以及住房。

进一步阅读书目：

- D'Monte, D. 2002. *Ripping the Fabric: The Decline of Mumbai and Its Mills*. New Delhi: Oxford University Press.
- Hansen, T. B. 2001. *Wages of Violence: Naming and Identity in Postcolonial Bombay*. Princeton, NJ: Princeton University Press.
- Mazumdar, R. 2007. *Bombay Cinema: An Archive of the City*. Minneapolis: University of Minnesota Press.
- Mehta, S. 2004. *Maximum City: Bombay Lost and Found*. London: Review.
- Patel, S. and J. Masselos, eds. 2003. *Bombay and Mumbai: The City in Transition*. Oxford, UK: Oxford University Press.
- Patel, Sujata and Alice Thorner, eds. 1995. *Bombay: Metaphor for Modern India*. Oxford, UK: Oxford University Press.
- ——. 1995. Bombay: *Mosaic of Modern Culture*. Oxford, UK: Oxford University Press.
- Pinto, R. and N. Fernandes, eds. 2003. *Bombay, merijaan*. New Delhi: Penguin.
- Zaidi, H. S. 2003. *Black Friday: The True Story of the Bombay Bomb Blasts*. New Delhi: Penguin.

(Colin McFarlane 文 王 洋译 李文硕 校)

MUMFORD, LEWIS | 刘易斯·芒福德

刘易斯·芒福德(1895—1990)是公认的美国著名知识分子，尽管他称自己为"通才"，但首先以技术、建筑和城市规划方面的权威而闻名，其次是美国文化。然而在 21 世纪，他仍然是一个有些被误解的人物，尤其是在城市方面。他是帕特里克·盖迪斯和埃比尼泽·霍华德最忠实的美国信徒，一贯主张在区域范围内创建相互联系的田园城市。芒福德曾被贴上了反城市的标签，但更准确地说，他和霍华德一样反大城市。他认为，城市只有达到一定规模才能维持其文化特性；然而，如果规模过大，它们将会扼杀自己的成功。

早年

芒福德 1895 年出生于纽约昆斯区。他的母亲意外怀孕，在曼哈顿上西区把他养大。这个本可能充满孤独的童年却因他与继祖父的亲密关系而变得幸福快乐，他把芒福德带到了流光溢彩的大都市。芒福德进入著名的施泰因文森特高中读书，但成绩并不算好。

1912 年秋季，由于缺乏传统学院或大学的入学资格，他被纽约市立学院的夜校录取。他曾想在哲学专业深造，但当他转到更正规的日间班时，他的学业又一次失败了。在被诊断出患有早期肺结核后，他从城市学院退学；因此，他将永远无法获得学士学位。

虽然芒福德自学成才，但真正让成年阶段的他免于陷入迷茫的是盖迪斯和 J. 阿瑟·汤姆森(J. Arthur Thomson)合著的《进化》(*The Evolution*)，该书于 1911 年出版。芒福德立即领会了盖迪斯基本论点的含义：人类的文化进化与生物进化相似，而前者可以像后者一样进行仔细的科学审视。盖迪斯的方法是区域调查，即对一个地区及其众多居民进行的社会文化研究。芒福德被盖迪斯迷住了，

如饥似渴地阅读了他的其他书籍，在这个过程中，他决定效仿盖迪斯塑造自己的职业道路：不是成为一个学科的专家，而是成为通才。城市，作为人类所有智力和实践活动的总和，对芒福德来说，就像对盖迪斯一样，将成为他施展自己无数兴趣的主题。

在遇到盖迪斯的作品后不久，芒福德读了霍华德开创性的规划著作《明日的田园城市》。霍华德的田园城市恰好与盖迪斯的区域主义互补，这一点几乎立刻就在芒福德身上显现出来。手里拿着笔和记事本，芒福德开始观察他年轻时所居住的城市，从地质构造到房地产开发模式都被他看在眼里。接下来的几年是芒福德城市研究最努力的时期，直到第一次世界大战快结束时他因参与美国海军的国内任务而短暂中断。

1921年与索菲亚·威滕贝格（Sophia Wittenberg）结婚后，他认识到谋生的必要性，因此开始将他的笔记扩展为论文、文章、书评，最终还有书。作为一名自由作家和评论家，他在《美国建筑师学会杂志》（Journal of the American Institute of Architects）、《刻度盘》（Dial）和《新共和》（New Republic）等刊物上发表了探索建筑、文学、社会学和政治学等主题的文章。20世纪30年代初，芒福德开始长期担任《纽约客》的艺术和建筑评论家，这一职位使他能够继续他的区域调查，同时获得可观的收入。作为一名建筑评论家，他摒弃了浪漫复兴主义，同时又接受了弗兰克·劳埃德·赖特的有机主义和欧洲现代主义者的功能主义等进步思潮。

写作和宣传

在芒福德的早期作品中，有两个相互关联的主题占据了主导地位：乌托邦理想在第一次世界大战后社会重建中的作用，以及重新发现美国1900年前的文化根源并将其作为一种重振当代创造力的手段。第一个主题通过芒福德出版的第一本书《乌托邦的故事》（The Story of Utopias，1922）获得了读者的接受。这本书的第一部分调查了从古代到现在的乌托邦作品，而第二部分调查了芒福德所说的"集体乌托邦"（Collective Utopias），本质上是对社会、政治和经济的限制。人们本以为芒福德会在本书的结尾呼吁马克思主义式的革命，但他却给出了更温和的处方，这些处方来自盖迪斯的区域调查和霍华德的田园城市。芒福德用古希腊术语"异托邦"（Eutopia）来定义这个新的世界秩序，翻译过来大致就是"好地方"，他敦促他的读者努力将梦想化为现实。

虽然《乌托邦的故事》受到关注，但芒福德觉得有必要在接下来的几本书中通过探索一个新的主题来摆脱盖迪斯的意识形态束缚：美国的文化遗产。《大棒与石头》（Sticks and Stones，1924）从建筑的角度审视了美国的过去，《黄金岁月》（The Golden Day，1926）从文学的角度审视了美国的过去。《赫尔曼·梅尔维尔》（Herman Melville，1929）是关于梅尔维尔的传记，《棕色年代》（Brown Decades，1931）则对早期作品中包含的许多观点进行了放大和修正。在4部著作中，芒福德都展示了19世纪中后期由一群杰出的作家、建筑师、艺术家和其他创造性人物领导的文化繁荣。此外，在芒福德看来，一些关键人物，尤其是阿尔弗雷德·斯蒂格利茨（Alfred Stieglitz）和弗兰克·劳埃德·赖特，可谓跨越了19世纪和20世纪，这些是芒福德仿效的榜样。

20世纪20年代，芒福德作为作家和评论家的地位显著提升，他作为住房和社区倡导者的形象也不断壮大，1923年成为美国区域规划协会的创始成员。该协会的成员不多，主要分布在纽约大都市区，但也包括了那个时代最进步的一些人：建筑师克拉伦斯·斯坦、弗雷德里克·阿克曼（Frederick Ackerman）和亨利·赖特，编辑查尔斯·哈里斯·惠特克（Charles Harris Whitaker），还有环保主义者本顿·麦凯（Benton MacKaye）。芒福德是该协会的秘书长兼发言人。部分由于他的影响，协会广泛接受了盖迪斯的区域调查方法和霍华德的田园城市理念。盖迪斯的印记可以在该协会最著名的项目"阿巴拉契亚小道"（Appalachian Trail）上看到，这是美国东部山区的一处公私合营的荒野建筑物，由麦凯构思出来的。

霍华德的印记可以从协会对解决第一次世界大战结束后几年的住房短缺以及对可负担住房问题的关注中看出，为此协会成立了一个子机构即城市住房公司（City Housing Corporation）来承担两个规划社区的发展：位于纽约市昆斯区的阳光花园和位于新泽西州北部的雷伯恩。1925年，他们的儿子盖迪斯出生后，芒福德和妻子搬到了按照田园社区规划的阳光花园；11年后，他们把纽约州北部的阿蒙尼亚（Amenia）乡村作为永久的家。

作为该协会的代言人，芒福德撰写了大量的文章和论文，颂扬其区域主义理想。1925年5月，芒福德编辑了《调查》（The Survey）特刊，其中收录了该协会许多成员撰写的关于区域规划的文章；值得注意的是，芒福德的介绍性文章《规划第四次移民》（Planning the Fourth Migration）确立了这个问题的意识形态基调。他认为第一次移民是拓荒者穿越北美的西进运动，第二次移民见证了从乡村到工业城镇的移民的聚集，而第三次移民见证了更多的人口从小城镇到大城市的迁徙。在芒福德看来，第四次迁移将扭转这一趋势。交通、通讯和电网的改善将抵消大都市的吸引力，使美国人有可能在小城镇甚至原始荒野享受到大城市生活的好处。芒福德本质上是在更新霍华德关于田园城市的理论基础，并且推进出合乎逻辑的结论：不断发展的技术可能会让田园城市过时。6年后，他与本顿·麦凯合著了一篇关于"无城镇高速公路"（Townless Highway）的颇具影响力的文章。在这篇文章中，雷伯恩的交通隔离将通过有限的高速公路延伸到乡村，将类似的规划城镇连接起来。

经典之作

到了20世纪30年代初，芒福德已经准备好迎接新的挑战。他的第一本书的主题是"乌托邦"，这一主题重新出现在他的作品中，并最终影响了他此后的职业生涯。他的下一个主要工作是4卷本的西方文明研究，名为《生活的更新》（The Renewal of Life）。该系列作品涵盖的范围之广，很大程度上要归功于盖迪斯，第一卷《技术与文明》（Technics and Civilization, 1934）与盖迪斯的社会文化范畴相对应；第二卷《城市文化》（The Culture of Cities, 1938），他归类为地点研究；第三卷和第四卷，《人类的状况》（The Condition of Man, 1944）和《生活的管理》（The Conduct of Life, 1951），属于他的民间范畴。从更深层次上说，该项目的核心论点是基于盖迪斯所说的"叛乱"（Insurgency），当然，这个词与战争有着令人不快的联系，但盖迪斯用这个词来描述一种正在自我更新的生命力量。

《城市文化》为芒福德赢得了特别的赞誉。《时代》封面上刊登了芒福德的照片，《生活》封面上刊登了其书中的多页图片。随后不久，他被邀请担任城市和区域规划的顾问：先是1938年在檀香山、波特兰和太平洋西北地区，然后是1943年和1945年去了伦敦，所有这些邀请他都提交了重要方案。然而芒福德并不满足于自己的荣誉。他在政治上更加活跃，写了两本书敦促美国参与第二次世界大战：《人们必须行动》（Men Must Act, 1939）和《生活的信念》（Faith for Living, 1940）。1945年8月，盟军轰炸广岛和长崎激起了芒福德的愤怒。1946年3月，芒福德在《星期六文学评论》（Saturday Review of Literature）上发表了一篇题为《先生们，你们疯了！》（Gentlemen, You are Mad!）的文章，成为第一批警告核时代危险的美国知识分子之一。

1945年，他在一本名为《城市发展》（City Development）的文集中收集了关于檀香山和伦敦的文章，以及其他几篇文章。第二年，他写了一篇关于未来田园城市的新介绍，重新展示了霍华德的设想，当时英国议会刚刚通过了一项授权立法，允许建造田园城市风格的卫星城，即所谓的"新城"。然而1953年芒福德亲自参观了几座新城后，对这些城镇的普遍扩张感到失望。兰斯伯里(Lansbury)是伦敦东部一个经过重新开发、结构紧凑的社区,事实证明它更合芒福德的心意。他在50年代也批评了其他主要城市,包括鹿特丹、马赛、罗马、雅典、费城和纽约。

不过随着芒福德逐渐老去,他与城市的关系总体上发生了变化。虽然他会断断续续地住在纽约和其他主要城市,但他更像是一个城市游客,而不是城市居民。他也不再能敏锐地意识到城市正在以多么快的速度发生变化,但一旦他意识到这一点,他就会不断地发出警报。随后,他还会悲叹美国客运轨交系统的解体。具有讽刺意味的是,这位在20世纪20年代和30年代支持并敦促人们掌握技术的人,在后来的几年里却被技术搞得相当困惑。这位曾经热衷于调查区域信息的城市研究者如今成为观察者,总是指出规划中的意外事件,但不愿根据第一手经验提供实际的规划建议。

1962年,芒福德写了一篇关于简·雅各布斯的《美国大城市的死与生》的尖刻评论。对雅各布斯来说,理想的社区是随着时间的推移而发展起来的,有各种各样的功能、建筑和居民,比如她自己生活的街区。事实上,她的基本论点与半个世纪前盖迪斯的思路非常相似,但芒福德没有发现这种联系。雅各布斯的书彻底颠覆了规划行业,为未来几十年重振美国城市的多元化乃至后现代主义路径铺平了道路。

然而,20世纪50年代和60年代被证明是芒福德非常多产的时期。他更新和修订了早期的几本关于美国文化的书,并将他以前发表的许多关于建筑、规划和其他主题的文章和论文整理成实用的选集。然而,他最迫切关心的是核军备竞赛和冷战给现代文明蒙上的阴影。他在《人类的转变》(*The Transformations of Man*,1956)中将《生活的更新》的内容浓缩成一卷,但他很快认识到,为了新一代读者,书中的信息需要扩大和加强。

《城市发展史》(*The City in History*,1961)可以说是芒福德最著名的作品,它始于对《城市文化》的修订。虽然这本书的核心章节基本上保持完整,但芒福德在书中加入了关于史前和古代城市的全新章节,以及一个因即将到来的核毁灭前景而显得颇为悲观的新结论。尽管结论是可怕的,但《城市发展史》是一个重要的和受欢迎的成功,为芒福德赢得了梦寐以求的1962年非虚构类国家图书奖(National Book Award for Nonfiction)。芒福德的最后一部重要著作是两卷本的《机器的神话》(*Myth of the Machine*,1967和1970年),它重新审视了技术与文明的论题,但提出了一种更为悲观的世界观,即科学和军事领导人正密谋将文明过早地终结。在他看来,美好的乌托邦将不可避免地被完美的乌托邦所取代。尽管如此,芒福德并没有放弃他对人类自我更新能力的信念。

如果芒福德今天还活着,他无疑会站在可持续发展和绿色运动的最前沿,倡导更清洁的能源、有机农业和荒野保护。在他那有点与世隔绝的小农舍里,他可能会欢迎互联网和卫星电视,但他也可能会诅咒它们有时传递的大量错误信息。最后,几乎可以肯定的是,他会敦促读者在把握现在和未来的同时,从他们共同的历史中吸取经验教训:让人类共同的价值观引导他们的希望和梦想,而不是机器及其空洞的物质承诺。

进一步阅读书目:

- Miller, Donald L. 1989. *Lewis Mumford: A Life*. New York: Weidenfeld and Nicolson.
- Mumford, Lewis. 1938. *The Renewal of Life*. Vol. 2, *The Culture of Cities*. New York: Harcourt, Brace.
- ——. 1945. *City Development: Studies in Disintegration and Renewal*. New York: Harcourt, Brace.
- ——. 1961. *The City in History: Its Origins, Its Transformations, and Its Prospects*. New York: Harcourt, Brace and World.
- ——. 1982. *Sketches from Life: The Autobiography of Lewis Mumford, The Early Years*. New York: Dial Press.

- Wojtowicz, Robert. 1996. *Lewis Mumford and American Modernism: Eutopian Theories for Architecture and Urban Planning*. Cambridge, UK: Cambridge University Press.

(Robert Wojtowicz 文　王　洋 译　李文硕 校)

MUSEUMS ｜博物馆

在过去的两个世纪里，博物馆与城市公民文化的出现息息相关。本词条着眼于市民博物馆、城市博物馆和后现代博物馆综合体——后者是在城市更新的背景下出现的——并探讨了博物馆如何融入城市，以及它们所支持的城市文化是什么。本词条描绘了博物馆和保护区的发展，以及城市部分地区的博物馆化。本词条关注博物馆如何呈现世界的变化，并将博物馆作为城市文化治理的方法。

市民博物馆的诞生

现代市民博物馆出现在 18 世纪末 19 世纪初，使得皇室收藏、贵族书房和珍藏品柜民主化，即成为公共收藏。不同国家的市民博物馆的发展经历了不同的时刻，比如汉斯·斯隆（Hans Sloane）在 1754 年发起的大英博物馆捐赠；1824 年，他购买了安杰斯廷（Angerstine）的绘画收藏品，成立了伦敦国家美术馆（London's National Gallery）；1854 年詹姆斯·史密森（James Smithson）的遗赠，促成了在华盛顿特区成立了史密森学会；或者是革命后在巴黎卢浮宫公开展出皇家收藏品。博物馆成为公共教育和市政改善的载体。博物馆的发展有两个阶段，即开放藏品和之后把博物馆发展成为保存藏品的建筑物。就后者而言，19 世纪的特点是创造了被认为能够履行公民使命的建筑形式。

博物馆是产生社会效应的技术也是管理的工具，正如托尼·贝内特（Tony Bennett）所主张的那样，博物馆在公民和认识论的层面上发挥作用。也就是说，博物馆既管理被人们参观的藏品，同时也管理参观藏品的公众。以前博物馆是观众通过君主的眼睛观察世界，因此博物馆是皇权的象征，市政改革使参观者成为城市的公民。博物馆有助于创造一种对世界的共同看法和对世界的知识，努力对世界进行分类和排序，在瞬息万变的现代城市世界中定位对象和自我。博物馆的展品以一种似乎能传达普遍世俗真理的方式对物品进行分类。类型学和分类学使公众更容易读懂这些文化和历史。

因此，卢浮宫相当于一份关于艺术发展的调查报告，按照时代和流派进行了分类，观众最终可以看到当代（法国）艺术的顶峰。大英博物馆按照人种学将文物分类的方法展现了种族、民族及其演变和关系的观点。这个国家的故事被编织成长长的历史链条，在那里，不断前进的文明终将把我们带到当代城市所代表的顶峰。无形的视觉知识被转化为实体形式，房间和建筑在空间上进行分类，实物被摆放出来作为博物馆背后逻辑的视觉证明。

这成为一种文化治理的形式，博物馆把自己视为国家的公共部门来刻画身份地位；博物馆同时也是一种大众教育技术，对物品的展示旨在灌输公民美德，因此美术馆和博物馆既是公民归属感的表达

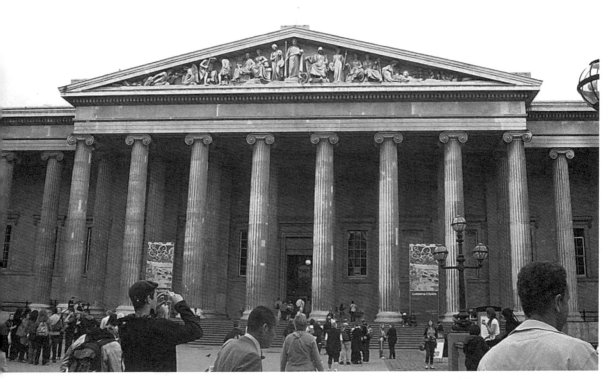

位于伦敦的大英博物馆收藏了从古代到现代的不同国家和世界的艺术品和古董
来源：雷切尔·布扬（Rachel Buyan）

也是灌输公民归属感的方式。除了内部组织，人们还可以把博物馆的装饰性外观描绘成学习和弘扬民族美德的世俗寺庙。在19世纪，新古典主义的门廊和外形所体现的文化霸权主义使博物馆对世俗国家和民族而言是一个圣地。它对普遍知识的霸权体现在两种形式中：一种是普遍的古典形式，通过对称和几何来体现秩序；另一种是特定的国家建筑形式，比如英国的仿哥特式建筑，被视为是在纪念这个国家的特定历史。例如，在大英博物馆南正门可以看到普世价值和国家价值的交织，这是一个新古典主义的正面建筑，理查德·威斯特马科特爵士（Sir Richard Westmacott）的山形墙诠释了文明的进步，入口处是纪念在两次世界大战中牺牲员工的纪念碑。

大都会里的博物馆

如果博物馆各自利用内部空间有条理地摆放藏品并形成有利于社会的叙事，那么它们就逐渐形成了贝内特所说的现代城市中正在兴起的展览综合体的一部分。因此与动物园、世界博览会、商场和百货商店一样，博物馆也是向公众展示物品的场所，它们成为凝聚和管理城市吸引力的一种方式，成为现代化的景象。博物馆还把世界呈现为一种被看到的东西，更重要的是，用米切尔（Mitchell）的话说，把世界当作展览。

这种联系可以在伦敦南肯辛顿阿尔伯特公园的建筑中体现出来，它是一个由博物馆、知识设施和展览空间组成的综合体。它名字的灵感来自阿尔伯特亲王（Prince Albert），他是1851年首届世界博览会的赞助人。博览会结束后在现场建立了永久性的展览馆，包括科学博物馆、维多利亚和阿尔伯特博物馆。推动者吉尔伯特（Gilbert）认为，这起初是一个点，后来发展成为一个帝国展览三角，分布在肯辛顿、白厅和特拉法加广场，在城市中创造了一个象征性的管理中枢，这里被视作帝国的核心。20世纪初的宣传运动，宣传了通过地铁游览整个帝国的能力——英国皇家植物园的植物标本，斯特兰德大街附近的殖民地大使馆，穿过重建的印度瓜廖尔门再到达维多利亚和阿尔伯特博物馆，这里成为了解帝国东方的起点，连同位于南肯辛顿的帝国研究院共同展示了"同一个屋檐下的帝国"。

博物馆和收藏品营造了一种都市中心感。它们成为塑造全球知识和力量的技术，也是全世界的代表。通过艺术品和知识之间的交流和收集网络，艺术品和标本从世界各地的边缘和异域被重新安置到这些大都市中心。

后现代博物馆和博物馆化的城市

最近，市民博物馆的理念发生了转变，不再将国家和帝国的主题隐含在教育目标中。相反，博物馆通过提供娱乐和情感交流与观众建立了联系。公众演讲不再针对一个单一的观众群体，而是一个年龄、品味、文化身份等不同因素混合的群体，更多的专业博物馆迎合了不同的群体。许多新的博物馆建立起来，它们不再承担国家使命，而是传播全球艺术和名人文化。

古根海姆等博物馆品牌已经出现，它们以其壮观的建筑形式，成为城市复兴的标志。最著名的例子是西班牙毕尔巴鄂，它通过古根海姆这座具有全球标志的博物馆，将一个正在去工业化的钢铁城镇转变为一个文化和旅游中心。这座博物馆的许多相互连接的平面和曲线都是仿真的，但它们所代表的却不是一座用于公民活动的庙宇。此外，位于地区首府而非全国首府的位置，说明了地区精英利用新机构重新调整政治关系和提高城市文化等级的能力。

博物馆开发已经成为将文化用作经济再开发的手段。将废弃的工业区改造成博物馆和文化遗产中心的例子比比皆是。例如加利福尼亚州的蒙特雷改造了以前的罐头厂和码头，使之与斯坦贝克小说中描述的罐头厂街相似——当年愤怒的市议会认为，斯坦贝克小说中描述的生活的肮脏一面几乎完全是荒谬和误导的；在马萨诸塞州的洛厄尔，纺织厂被改造成艺术空间；在英国，利物浦的阿尔伯特码头成为泰特北方美术馆的修复区，盖茨黑德的鲍尔蒂克面粉厂变成了一个艺术画廊，曼彻斯特郊外的索尔福德（Salford）码头现在是劳里博物馆（Lowry Museum）和帝国战争博物馆（Imperial War Museum North）的所在地。或者地区本身可能被保存为博物馆空间，比如在澳大利亚悉尼一个废弃的前工业港区被重新开发以容纳"岩石"，又如在新加坡，沿河的仓库和商店被保留成为酒吧、餐馆和俱乐部。

博物馆的开发通常由国家主导，旨在吸引游客，同时为媒体和创意阶层提供文化场所，例如索尔福德码头现在是BBC大部分制作工作的所在地。但这些举措的范围很模糊，从正在建设的特定博物馆到更普遍的保护区都可以作为举措，既有公共控制也有私人控制。从城市的新博物馆到城市作为博物馆，所有的博物馆都通过市场与公众对话——作为一种管理技术，他们把休闲体验和城市环境作为商品而不是作为市政改革的对象。

进一步阅读书目：

- Bennett, T. 2004. *Pasts beyond Memory: Evolution, Museums, Colonialism, Museum Meanings*. London: Routledge.

- ——. 2005. "Civic Laboratories: Museums, Cultural Objecthood, and the Governance of the Social." *Cultural Studies* 19(5): 521-547.
- Driver, F. and D. Gilbert. 1998. "Heart of Empire? Landscape, Space, and Performance in Imperial London." *Environment & Planning D: Society and Space* 16: 11-28.
- Duncan, C. 1991. "Art Museums and the Ritual of Citizenship." pp. 88-103 in *Exhibiting Cultures: The Politics and Poetics of Museum Display*, edited by I. Karp and S. Lavine. Washington, DC: Smithsonian Press.
- Duncan, C. and A. Wallach. 1980. "The Universal Survey Museum." *Art History* 3(4): 448-469.
- Gilbert, D. and F. Driver. 2000. "Capital and Empire: Geographies of Imperial London." *GeoJournal* 51: 3-32.
- Hetherington, K. 2006. "Museum." *Theory, Culture, & Society* 23(2-3): 597-603.
- McNeill, D. 2000. "Mcguggenisation? National Identity and Globalisation in the Basque Country." *Political Geography* 19(4): 473-494.
- Mitchell, W. J. T. 1994. *Landscape and Power*. Chicago: University of Chicago Press.
- Plaza, B. 2000. "Evaluating the Influence of a Large Cultural Artifact in the Attraction of Tourism: The Guggenheim Museum Bilbao Case." *Urban Affairs Review* 36: 264-274.
- Prior, N. 2002. *Museums and Modernity: Art Galleries and the Making of Modern Culture*. Oxford, UK: Berg.

(Mike Crang 文　王　洋 译　李文硕 校)

编辑委员会

主　　编

雷·哈奇森(Ray Hutchison)
威斯康星大学格林湾分校(University of Wisconsin, Green Bay)

顾问委员会

曼努埃尔·阿尔伯斯(Manuel B. Aalbers)
阿姆斯特丹大学(University of Amsterdam)

罗伯特·博勒加德(Robert A. Beauregard)
哥伦比亚大学(Columbia University)

麦克·克朗(Mike Crang)
杜伦大学(Durham University)

city研究关键词

2

[美]雷·哈奇森
RAY HUTCHISON
主编

陈恒 王旭 李文硕 等译

ENCYCLOPEDIA
OF URBAN STUDIES

生活·讀書·新知 三联书店

Simplified Chinese Copyright © 2022 by SDX Joint Publishing Company.
All Rights Reserved.
本作品简体中文版权由生活·读书·新知三联书店所有。
未经许可,不得翻印。

图书在版编目(CIP)数据

城市研究关键词/(美)雷·哈奇森主编;陈恒等译.—北京:生活·读书·新知三联书店,2022.7

ISBN 978-7-108-07301-3

Ⅰ.①城⋯　Ⅱ.①雷⋯②陈⋯　Ⅲ.①城市学—研究　Ⅳ.①C912.81

中国版本图书馆 CIP 数据核字(2021)第 229496 号

ENCYCLOPEDIA OF URBAN
STUDIES edited by RAY HUTCHISON
Copyright © 2010 by SAGE Publications, Inc.

读者指南

《城市研究关键词》适用于不同受众,从高校里为了获取城市研究基本信息的学生和教师,到与我们的主题没有直接关联却想了解该领域全貌的学者,本书的词条都可以满足其需要,无论是你拿起这本书来找关于某个特定主题的信息,或者是你对城市研究领域的大体情况感兴趣,我们建议用以下方法来使用这部百科全书。

在初级阶段,城市研究包含许多分支学科,这既包括聚焦于城市研究和城市生活的比较传统的学科,也包括那些处理这些主题的专业领域。除了有关城市研究的词条外,还有以下学科与城市研究有关:

城市人类学(Urban Anthropology)　　城市区域规划(Urban Planning)
城市经济学(Urban Economics)　　城市政治学(Urban Politics)
城市地理学(Urban Geography)　　城市心理学(Urban Psychology)
城市史(Urban History)　　城市社会学(Urban Sociology)

城市研究的学科路径

城市研究的许多学科已经发展出一些重要的概念,用来解释城市发展(如城市化[Urbannization])和城市生活的重要特征(都市生活[Urbanism])。该百科全书所涉及的概念辞条包括以下几个学科:

城市经济学(Urban Economics)　　蒂布特假说(Tiebout Hypothesis)
可负担住房(Affordable Housing)　　非均衡发展(Uneven Development)
去工业化(Deindustrialization)　　城市群(Urban Agglomeration)
开发商(Developer)　　城市区域规划(Urban Planning)
市中心复兴(Downtown Revitalization)
族裔企业家(Ethnic Entrepreneur)　　**城市地理学(Urban Geography)**
绅士化(Gentrification)　　城市地图(City Map)
全球化(Globalization)　　边缘城市(Edge City)
增长极(Growth Poles)　　外城(Exopolis)
住房(Housing)　　第四世界(Fourth World)
土地开发商(Land Developer)　　区位论(Location Theory)
土地信托(Land Trust)　　城市研究洛杉矶学派(Los Angeles School of Urban Studies)
马克思主义与城市(Marxism and the City)
租金控制(Rent Control)　　大都市连绵带(Megalopolis)
竞租理论(Rent Theory)　　大都市区(Metropolitan)

大都市地区(Metropolitan Region)
拼接的都市生活(Patchwork Urbanism)
时间地理学(Time Geography)
城市形态学(Urban Morphology)

城市史 （Urban History）
卫城(Acropolis)
健全政府的寓言(Allegory of Good Government)
救济院(Almshouse)
古代城市(Ancient City)
雅典(Athens)
半世俗女修道院(Béguinage)
商队旅馆(Caravanserai)
文化遗产(Cultural Heritage)
广场(Forum)
遗产城市(Heritage City)
历史名城(Historic City)
马克思主义与城市(Marxism and the City)
中世纪城镇设计(Medieval Town Design)
文艺复兴时期的城市(Renaissance City)
西班牙圣地亚哥·德·孔波斯特拉(Santiago de Compostela Spain)

城市政治学 （Urban Politics）
社区组织(Community Organizing)
治理(Governance)

增长引擎(Growth Machine)
地方政府(Local Government)
大都市区治理(Metropolitan Governance)
新区域主义(New Regionalism)
政治机器(Political Machine)
进步城市(Progressive City)
公共管理局(Public Authorities)
公私伙伴关系(Public-Private Partnerships)
机制理论(Regime Theory)
区域治理(Regional Governance)
社会运动(Social Movements)

城市社会学 （Urban Sociology）
城市社会学芝加哥学派(Chicago School of Urban Sociology)
社区(Community)
社区研究(Community Studies)
因子生态(Factorial Ecology)
礼俗社会和法理社会(Gemeinschaft and Gesellschaft)
隔都(Ghetto)
人类生态学(Human Ecology)
新城市社会学(New Urban Sociology)
陌生人(Stranger)
城市生态学(Urban Ecology)
城市主义(Urbanism)

城市研究——主题领域

建筑 （Architecture）
拱廊(Arcade)
建筑(Architecture)
西班牙毕尔巴鄂(Bilbao, Spain)
平房(Bungalow)
地堡(Bunkers)
首都城市(Capital City)
迪斯科舞厅(Discotheque)

景观设计(Landscape Architecture)
内华达州拉斯维加斯(Las Vegas, Nevada)
新城市主义(New Urbanism)
文艺复兴时期的城市(Renaissance City)
主题环境(Themed Environments)
城市设计(Urban Design)
游廊(Veranda)

性别和性

在城市研究中,性别和性一直是重要的领域。本书的许多词条所强调的性别和性的研究角度以一些重要的方式改变并重新定义着城市空间:

半世俗女修道院(Béguinage) 空间的社会生产(Social Production of Space)
同性恋空间(Gay Space) 差异空间(Spaces of Difference)
性别化空间(Gendered Space) 流动空间(Spaces of Flows)
无性别歧视的城市(Non-Sexist City) 旅游业(Tourism)
公共领域(Public Realm) 城市设计(Urban Design)
红灯区(Red-Light District) 城市空间(Urban Space)
性与城市(Sex and the City)
性产业(Sex Industry) **可持续发展（Sustainable Development)**
社会空间(Social Space) 社区规划(Community Planning)
妇女与城市(Women and the City) 开发商(Developer)
市中心复兴(Downtown Revitalization)
社会空间（Social Space) 环境正义(Environmental Justice)
第四世界(Fourth World) 环境政策(Environmental Policy)
同性恋空间(Gay Space) 增长管理(Growth Management)
新城市主义(New Urbanism) 邻里复苏(Neighborhood Revitalization)
夜晚空间(Night Space) 新城市主义(New Urbanism)
无地方社区(Non-Place Realm) 城市蔓延(Sprawl)
广场(Piazza) 城市区域规划(Urban Planning)
公共领域(Public Realm) 城中村(Urban Village)
种族化(Racialization) 废弃物(Waste)

城市问题

当代城市和城市地区面临许多重要问题，从个人贫困到提供可负担住房及社会排斥重要的是把城市问题提出来，以下这些词条讨论一些当代城市研究中的重要问题。

大灾难(Catastrophe) 马克思主义与城市(Marxism and the City)
犯罪(Crime) 核战争(Nuclear War)
去工业化(Deindstrialization) 城市权利(Right to the City)
残疾与城市(Disability and the City) 社会排斥(Social Exclusion)
迁居(Displacement) 城市蔓延(Sprawl)
毒品经济(Drug Economy) 街童(Street Children)
绅士化(Gentrification) 郊区化(Suburbanization)
全球化(Globalization) 监控(Surveillance)
健康城市(Healthy Cities) 城市危机(Urban Crisis)
无家可归(Homelessness) 废弃物(Waste)

城市区域规划

城市区域规划是一个专业领域，该领域长期以来一直与城市研究密切相关；一些早期的城市区域规划者，比如帕特里克·盖迪斯，在城市区域规划领域方面有着重要的影响，城市区域规划本身塑造着城市环境，我们的研究可以在这种城市环境中发现重要的主题。

群议式规划（Advocacy Planning）
吞并（Annexation）
城市美化运动（City Beautiful Movement）
城市规划（City Planning）
社区发展（Community Development）
会展中心（Convention Centers）
排斥性区划（Exclusionary Zoning）
田园城市（Garden City）
性别平等规划（Gender Equity Planning）
总体规划（General Plan）
增长管理（Growth Management）
住房（Housing）
规划理论（Planning Theory）
主题环境（Themed Environment）
旅游业（Tourism）
城市设计（Urban Design）

城市理论

电影城市主义（Cinematic Urbanism）
礼俗社会和法理社会（Gemeinschaft and Gesellschaft）
全球化（Globalization）
马克思主义与城市（Marxism and the City）
规划理论（Planning Theory）
陌生人（Stranger）
非均衡发展（Uneven Development）
城市（Urban）
城市设计（Urban Design）
城市主义（Urbanism）
城市化（Urbanization）
城市区域规划（Urban Planning）
城市符号学（Urban Semiotics）
城市体系（Urban System）
城市理论（Urban Theory）
世界体系论（World-Systems Perspective）

城市交通

　　交通是城市研究的重要分支领域；这里的词条展现了在城市发展中交通运输系统的重要性（有轨电车、地铁），还有在未来城市区域规划（交通导向的发展）的重要性：

机场（Airports）
公交车（Buses）
旅馆，汽车旅馆（Hotel，Motel）
上班旅程（Journey to Work）
1939—1940年纽约世界博览会（New York World's Fair，1939—1940）
火车站（Railroad Station）
模拟城市（SimCity）
有轨电车（Streetcars）
地铁（Subway）
交通导向的发展（Transit-Oriented Development）
交通规划（Transportation Planning）
步行城市（Walking City）

城市文化

　　可以说城市代表着人类文明的最高成就，是创造和保存文化和伟大传统的地方。这个类别包括如下词条：谁创造文化、城市文化的多样性和通常意义上的城市生活及其方式。

波希米亚（Bohemian）
电影院（Cinema（Movie House））
城市俱乐部（City Club）
城市用户（City Users）
创意阶层（Creative Class）
浪荡子（Fölneur）
涂鸦（Graffiti）
嘻哈文化（Hip Hop）
知识分子（Intellectuals）
权力景观（Landscapes of Power）
统楼房生活（Loft Living）
大都会（Metropolis）
博物馆（Museums）
夜生活（Nightlife）

公园(Parks)
摄影与城市(Photography and the City)
场所营造(Placemaking)
公共艺术(Public Art)
购物(Shopping)
拟像(Simulacra)
滑板运动(Skateboarding)

景观社会(Society of the Spectacle)
陌生人(Stranger)
城市(Urban)
城市卫生(Urban Health)
城市生活(Urban Life)
城市小说(Urban Novel)

地方

尽管城市研究通常是聚焦于大都市地区和各个城市,但在城市环境下也存在一些其他特定地方的研究层面,如以下词条:

机场(Airports)
郊区(Banlieue)
街区(拉美商聚居区)
伊斯兰集市(Bazaar)
半世俗女修道院(Béguinage)
商队旅馆(Caravanserai)
会展中心(Convention Centers)
迪斯科舞厅(Discotheque)
族裔聚居区(Ethnic Enclave)
贫民区(Favela)
广场(Forum)
第四世界(Fourth World)
门禁社区(Gated Community)
隔都(Ghetto)
异托邦(Heterotopia)
大都市区(Metropolitan)

墓地(Necropolis)
夜晚空间(Night Spaces)
广场(Piazza)
场所营造(Placemaking)
度假村(Resort)
购物中心(Shopping Center)
体育场馆(Sports Stadiums)
郊区化(Suburbanization)
技术郊区(Technoburbs)
技术极(Technopoles)
主题环境(Themed Environments)
厕所(Toilets)
乌托邦(Utopia)
世界贸易中心,"9·11"事件(World Trade Center (9/11))
动物城市(Zoöpolis)

城市

本书也包括了关于部分城市的介绍。这些词条是总览性的,包含了在不同历史时期的城市(文艺复兴时期的城市)、世界性的区域城市(地中海城市)和在城市研究发展中有重要作用的其他类型的城市(世界城市)。还有一些词条有关特定城市(和这些城市所在的大都市地区),这些城市之所以重要是因为其历史的意义(佛罗伦萨是文艺复兴的发源地,也是文艺复兴建筑和发展城市区域规划的发源地);还包括一些在城市设计和城市建筑创新方面的例子(毕尔巴鄂);也包括在城市文学研究方面的重要城市(伦敦、纽约和东京是在世界城市文学方面最常提到的城市),以及诸如此类的城市。

历史概述

健全政府的寓言(Allegory of Good Government)
资本主义城市(Capitalist City)

唐人街(Chinatowns)
殖民城市(Colonial City)

分裂的城市(Divided Cities)
全球城市(Global City)
遗产城市(Heritage City)
历史名城(Historic Cities)
理想城市(Ideal City)
信息城市(Informational City)
伊斯兰城市(Islamic City)
地中海城市(Mediterranean City)
大都市连绵带(Megalopolis)

多元文化城市(Multicultural Cities)
其他全球城市(Other Global Cities)
首位城市(Primate City)
进步城市(Progressive City)
文艺复兴时期的城市(Renaissance City)
收复失地者的城市(Revanchist City)
情境主义城市(Situationist City)
世界城市(World City)

特定城市
荷兰阿姆斯特丹(Amsterdam, the Netherlands)
德国柏林(Berlin, Germany)
西班牙毕尔巴鄂(Bilbao, Spain)
埃及开罗(Cairo, Egypt)
澳大利亚堪培拉(Canberra, Australia)
伊利诺伊州芝加哥(Chicago, Illinois)
叙利亚大马士革(Damascus, Syria)
印度德里(Delhi, India)
意大利佛罗伦萨(Florence, Italy)
日本广岛(Hiroshima, Japan)
中国香港(Hong Kong, China)
土耳其伊斯坦布尔(Istanbul, Turkey)
印度加尔各答(Kolkata (Calcutta), India)
尼日利亚拉各斯(Lagos, Nigeria)
内华达州拉斯维加斯(Las Vegas, Nevada)
英国伦敦(London, United Kingdom)
加利福利亚加州洛杉矶(Los Angeles, California)

英国曼彻斯特(Manchester, United Kingdom)
菲律宾马尼拉(Manila, Philippines)
墨西哥墨西哥城(Mexico City, Mexico)
俄罗斯联邦莫斯科(Moscow, Russian Federation)
印度孟买(Mumbai (Bombay), India)
纽约州纽约市(New York City, New York)
法国巴黎(Paris, France)
意大利罗马(Rome, Italy)
新墨西哥州圣菲(Santa Fe, New Mexico)
西班牙圣地亚哥·德·孔波斯特拉(Santiago de Compostela, Spain)
巴西圣保罗(São Paulo, Brazil)
佐治亚州萨凡纳(Savannah, Georgia)
中国上海(Shanghai, China)
新加坡(Singapore)
日本东京(Tokyo, Japan)
意大利威尼斯(Venice, Italy)

人物
　　城市研究的各个领域都一些重要的人物,他们不但影响着城市研究的早期发展,而且影响着当下的研究,这些人物也在各个城市研究领域中占据重要地位(上述)。但还有许多重要的城市研究人物,如简·雅各布斯、刘易斯·芒福德,他们不是受过特定专业训练的人物。本书既包含来自许多城市研究的重要学者,也包括在城市研究有着重要影响的其他学者:

索尔·阿林斯基(Alinsky, Saul)
威廉·阿隆索(Alonso, William)
沃尔特·本雅明(Benjamin, Walter)
布莱恩·贝里(Berry, Brian J. L)
曼纽尔·卡斯特(Castells, Manuel)
戈登·柴尔德(Childe, V. Gordon)

迈克·戴维斯(Davis, Mike)
米歇尔·德·塞尔托(de Certeau, Michel)
查尔斯·狄更斯(Dickens, Charles)
安东尼·唐斯(Downs, Anthony)
杜波伊斯(Du Bois, W. E. B.)
藤田昌久(Fujita, Masahisa)
帕特里克·盖迪斯(Geddes, Patrick)

马克·戈特迪纳(Gottdiener, Mark)
彼得·霍尔(Hall, Peter)
大卫·哈维(Harvey, David)
乔治-欧仁·霍斯曼男爵(Haussmann, Baron Georges-Eugène)
阿摩司·霍利(Hawley, Amos)
沃尔特·艾萨德(Isard, Walter)
肯尼斯·杰克逊(Jackson, Kenneth T)
简·雅各布斯(Jacobs, Jane)
西格弗里德·克拉考尔(Kracauer, Siegfried)
勒·柯布西耶(Le Corbusier)

亨利·列斐伏尔(Lefebvre, Henri)
奥古斯特·勒施(Lösch, August)
凯文·林奇(Lynch, Kevin)
罗伯特·摩西(Moses, Robert)
刘易斯·芒福德(Mumford, Lewis)
雅各布·里斯(Riis, Jacob)
萨斯基亚·萨森(Sassen, Saskia)
约瑟·路易·塞尔特(Sert, Josep Lluís)
格奥尔格·齐美尔(Simmel, Goerg)
爱德华·索贾(Soja, Edward W.)
克里斯托弗·雷恩爵士(Wren, Sir Christopher)

词　目

A

Acropolis　卫城　(2)
Advocacy Planning　群议式规划　(3)
Affordable Housing　可负担住房　(7)
Agora　阿格拉　(9)
Airports　机场　(12)
Alinsky, Saul　索尔·阿林斯基　(14)
Allegory of Good Government　健全政府寓言　(16)
Almshouses　救济院　(19)
Alonso, William　威廉·阿隆索　(20)
Amsterdam, the Netherlands　荷兰阿姆斯特丹　(21)
Ancient Cities　古代城市　(25)
Annexation　吞并　(29)
Apartheid　种族隔离　(31)
Arcade　拱廊　(34)
Architecture　建筑　(36)
Asian Cities　亚洲城市　(40)
Athens, Greece　希腊雅典　(44)

B

Back-to-the-City Movement　回归城市运动　(51)
Banlieue　郊区　(52)
Barcelona, Spain　西班牙巴塞罗那　(55)
Barrio　拉美裔聚居区　(58)
Bazaar　伊斯兰集市　(61)
Béguinage　半世俗女修道院　(64)
Benjamin, Walter　沃尔特·本雅明　(68)
Berlin, Germany　德国柏林　(70)
Berry, Brian J. L　布莱恩·贝里　(73)
Bilbao, Spain　西班牙毕尔巴鄂　(74)
Bohemian　波希米亚　(78)

Brasília, Brazil　巴西巴西利亚　(81)
Broadacre City　广亩城　(83)
Bruges, Belgium　比利时布鲁日　(86)
Buenos Aires, Argentina　阿根廷布宜诺斯艾利斯　(88)
Bungalow　平房　(90)
Bunkers　地堡　(92)
Buses　公交车　(93)

C

Cairo, Egypt　埃及开罗　(97)
Canberra, Australia　澳大利亚堪培拉　(102)
Capital City　首都城市　(104)
Capitalist City　资本主义城市　(109)
Caravanserai　商队旅馆　(112)
Castells, Manuel　曼纽尔·卡斯特　(114)
Catastrophe　大灾难　(118)
Chicago, Illinois　伊利诺伊州芝加哥　(121)
Chicago School of Urban Sociology　城市社会学芝加哥学派　(126)
Childe, V. Gordon　戈登·柴尔德　(130)
Chinatowns　唐人街　(131)
Christopher Wren, Plan of London　克里斯托弗·雷恩与伦敦规划　(135)
Cinema[Movie House]　电影院　(137)
Cinematic Urbanism　电影城市主义　(139)
Citizen Participation　公民参与　(143)
Citizenship　公民权　(144)
City and Film　城市与电影　(147)
City Beautiful Movement　城市美化运动　(152)
City Club　城市俱乐部　(155)
City Map　城市地图　(156)
City of Memory　城市记忆　(157)
City Planning　城市规划　(160)

City Users　城市用户　（162）
Colonial City　殖民城市　（164）
Common Interest Development　同利开发区　（169）
Community　社区　（170）
Community Development　社区发展　（174）
Community Garden　社区花园　（177）
Community Organizing　社区组织　（178）
Community Studies　社区研究　（179）
Condominium　分契式公寓　（183）
Convention Centers　会展中心　（184）
Creative Class　创意阶层　（187）
Crime　犯罪　（188）
Cultural Heritage　文化遗产　（191）
Cyburbia　网络城市　（196）

D

Damascus, Syria　叙利亚大马士革　（201）
Davis, Mike　迈克·戴维斯　（203）
De Certeau, Michel　米歇尔·德·塞尔托　（206）
Deindustrialization　去工业化　（208）
Delhi, India　印度德里　（209）
Developer　开发商　（212）
Dickens, Charles　查尔斯·狄更斯　（215）
Disability and the City　残疾与城市　（217）
Discotheque　迪斯科舞厅　（219）
Disinvestment　撤资　（221）
Displacement　迁居　（222）
Divided Cities　分裂的城市　（224）
Downs, Anthony　安东尼·唐斯　（228）
Downtown Revitalization　市中心复兴　（229）
Drug Economy　毒品经济　（231）
DuBois, W. E. B　杜波依斯　（234）

E

Edge City　边缘城市　（238）
Environmental Justice　环境正义　（241）
Environmental Policy　环境政策　（243）
Environmental Psychology　环境心理学　（246）
Ethnic Enclave　族裔聚居区　（251）
Ethnic Entrepreneurship　族裔企业家　（253）
Exclusionary Zoning　排斥性区划　（256）

Exopolis　外城　（257）

F

Factorial Ecology　因子生态　（260）
Fair Housing　公平住房　（261）
Favela　贫民区　（262）
Flâneur　浪荡子　（267）
Florence, Italy　意大利佛罗伦萨　（269）
Forum　广场　（274）
Fourth World　第四世界　（275）
Fujita, Masahisa　藤田昌久　（277）

G

Gans, Herbert　赫伯特·甘斯　（280）
Garden City　田园城市　（281）
Gated Community　门禁社区　（284）
Gay Space　同性恋空间　（287）
Geddes, Patrick　帕特里克·盖迪斯　（288）
Gemeinschaft and Gesellschaft　礼俗社会和法理社会　（291）
Gendered Space　性别化空间　（293）
Gender Equity Planning　性别平等规划　（297）
General Plan　总体规划　（299）
Gentrification　绅士化　（300）
Ghetto　隔都　（304）
Global City　全球城市　（307）
Globalization　全球化　（311）
Gottdiener, Mark　马克·戈特迪纳　（313）
Governance　治理　（317）
Graffiti　涂鸦　（320）
Growth Machine　增长引擎　（322）
Growth Management　增长管理　（326）
Growth Poles　增长极　（329）

H

Halfway House　中途之家　（333）
Hall, Peter　彼得·霍尔　（334）
Harvey, David　大卫·哈维　（335）
Haussmann, Baron Georges-Eugène　乔治-欧仁·霍斯曼男爵　（338）
Hawley, Amos　阿摩司·霍利　（340）
Healthy Cities　健康城市　（343）
Heritage City　遗产城市　（345）

Heterotopia　异托邦　(349)
Hip Hop　嘻哈文化　(350)
Hiroshima, Japan　日本广岛　(352)
Historic Cities　历史名城　(353)
Homelessness　无家可归　(357)
Homeowners Associations　房主协会　(360)
Homeownership　住房自有　(361)
Hotel, Motel　旅馆和汽车旅馆　(364)
Housing　住房　(367)
Housing Policy　住房政策　(371)
Housing Tenure　住房保有权　(374)
Human Ecology　人类生态学　(375)

I

Ideal City　理想城市　(379)
Informational City　信息城市　(382)
Intellectuals　知识分子　(385)
Isard, Walter　沃尔特·艾萨德　(388)
Islamic City　伊斯兰城市　(390)
Istanbul, Turkey　土耳其伊斯坦布尔　(394)

J

Jackson, Kenneth T.　肯尼斯·T. 杰克逊　(400)
Jacobs, Jane　简·雅各布斯　(401)
Journey to Work　上班旅程　(405)

K

Kampung　甘彭　(409)
Kolkata (Calcutta), India　印度加尔各答　(410)
Kracauer, Siegfried　西格弗里德·克拉考尔　(412)

L

Lagos, Nigeria　尼日利亚拉各斯　(417)
Land Development　土地开发　(419)
Landscape Architecture　景观设计　(420)
Landscapes of Power　权力景观　(423)
Land Trusts　土地信托　(424)
Las Vegas, Nevada　内华达州拉斯维加斯　(425)
Lawn　草坪　(431)
Le Corbusier　勒·柯布西耶　(435)
Lefebvre, Henri　亨利·列斐伏尔　(437)

Local Government　地方政府　(441)
Location Theory　区位论　(445)
Loft Living　统楼房生活　(447)
London, United Kingdom　英国伦敦　(450)
Los Angeles, California　加利福尼亚州洛杉矶　(454)
Los Angeles School of Urban Studies　城市研究洛杉矶学派　(458)
Lösch, August　奥古斯特·勒施　(462)
Lynch, Kevin　凯文·林奇　(464)

M

Manchester, United Kingdom　英国曼彻斯特　(470)
Manila, Philippines　菲律宾马尼拉　(472)
Marxism and the City　马克思主义与城市　(475)
Medieval Town Design　中世纪城镇设计　(478)
Mediterranean Cities　地中海城市　(482)
Megalopolis　大都市连绵带　(487)
Metropolis　《大都会》　(491)
Metropolitan　大都市区　(493)
Metropolitan Governance　大都市区治理　(495)
Metropolitan Region　大都市地区　(499)
Mexico City, Mexico　墨西哥墨西哥城　(501)
Moscow, Russian Federation　俄罗斯联邦莫斯科　(506)
Moses, Robert　罗伯特·摩西　(509)
Multicultural Cities　多元文化城市　(513)
Mumbai (Bombay), India　印度孟买　(518)
Mumford, Lewis　刘易斯·芒福德　(520)
Museums　博物馆　(524)

N

Necropolis　墓地　(530)
Neighborhood Revitalization　邻里复苏　(532)
New Regionalism　新区域主义　(534)
New Urbanism　新城市主义　(536)
New Urban Sociology　新城市社会学　(541)
New York City, New York　纽约州纽约市　(545)
New York World's Fair, 1939—1940　1939—1940年纽约世界博览会　(549)
Nightlife　夜生活　(551)

Night Spaces 夜晚空间 (554)
Non-Place Realm 无地方社区 (556)
Non-Sexist City 无性别歧视的城市 (557)
Nuclear War 核战争 (560)

O

Other Global Cities 其他全球城市 (564)

P

Paris, France 法国巴黎 (569)
Parks 公园 (571)
Patchwork Urbanism 拼接的都市生活 (575)
Photography and the City 摄影与城市 (580)
Piazza 广场 (584)
Placemaking 场所营造 (588)
Planning Theory 规划理论 (592)
Political Machine 政治机器 (595)
Primate City 首位城市 (598)
Progressive City 进步城市 (599)
Public Art 公共艺术 (602)
Public Authorities 公共管理局 (607)
Public-Private Partnerships 公私伙伴关系 (609)
Public Realm 公共领域 (612)

R

Racialization 种族化 (617)
Railroad Station 火车站 (619)
Real Estate 房地产 (623)
Red-Light District 红灯区 (626)
Redlining 红线政策 (630)
Regime Theory 机制理论 (631)
Regional Governance 区域治理 (633)
Regional Planning 区域规划 (637)
Renaissance City 文艺复兴时期的城市 (641)
Rent Control 房租控制 (645)
Rent Theory 竞租理论 (646)
Resort 度假村 (649)
Restrictive Covenant 限制契约 (653)
Revanchist City 收复失地者的城市 (654)
Right to the City 城市权利 (656)
Riis, Jacob 雅各布·里斯 (660)
Rome, Italy 意大利罗马 (663)

S

Santa Fe, New Mexico 新墨西哥州圣菲 (670)
Santiago de Compostela, Spain 西班牙圣地亚哥·德·孔波斯特拉 (673)
São Paulo, Brazi 巴西圣保罗 (675)
Sassen, Saskia 萨斯基亚·萨森 (678)
Savannah, Georgia 佐治亚州萨凡纳 (680)
Sert, Josep Lluís 约瑟·路易·塞尔特 (684)
Sewer 下水道 (687)
Sex and the City 性与城市 (690)
Sex Industry 性产业 (692)
Shanghai, China 中国上海 (696)
Shophouse 店屋 (699)
Shopping 购物 (701)
Shopping Center 购物中心 (704)
SimCity 模拟城市 (709)
Simmel, Georg 格奥尔格·齐美尔 (710)
Simulacra 拟像 (713)
Singapore 新加坡 (715)
Situationist City 情境主义城市 (718)
Skateboarding 滑板运动 (720)
Social Exclusion 社会排斥 (723)
Social Housing 社会住房 (727)
Social Movements 社会运动 (730)
Social Production of Space 空间的社会生产 (733)
Social Space 社会空间 (738)
Society of the Spectacle 景观社会 (741)
Soja, Edward W. 爱德华·W.索贾 (744)
Spaces of Difference 差异空间 (746)
Spaces of Flows 流动空间 (749)
Sports Stadiums 体育场馆 (752)
Sprawl 城市蔓延 (756)
Squatter Movements 占地运动 (759)
Stranger 陌生人 (762)
Streetcars 有轨电车 (765)
Street Children 街童 (767)
Suburbanization 郊区化 (770)
Subway 地铁 (775)
Surveillance 监控 (777)
Sustainable Development 可持续发展 (780)

T

Technoburbs 技术郊区 (786)
Technopoles 技术极 (789)
Tenement 租屋 (791)
Themed Environments 主题环境 (794)
Tiebout Hypothesis 蒂布特假说 (799)
Time Geography 时间地理学 (800)
Toilets 厕所 (801)
Tokyo, Japan 日本东京 (803)
Tourism 旅游业 (807)
Transit-Oriented Development 交通导向的发展 (811)
Transportation 交通 (815)
Transportation Planning 交通规划 (818)

U

Uneven Development 非均衡发展 (823)
Urban 城市 (826)
Urban Agglomeration 城市群 (828)
Urban Anthropology 城市人类学 (830)
Urban Archaeology 城市考古学 (835)
Urban Climate 城市气候 (838)
Urban Crisis 城市危机 (843)
Urban Culture 城市文化 (845)
Urban Design 城市设计 (849)
Urban Ecology (Chicago School) 城市生态学（芝加哥学派）(852)
Urban Economics 城市经济学 (855)
Urban Entertainment Destination 城市娱乐地标 (858)
Urban Geography 城市地理学 (861)
Urban Health 城市卫生 (866)
Urban History 城市史 (869)
Urbanism 城市主义 (873)
Urbanization 城市化 (876)
Urban League 城市联盟 (879)
Urban Life 城市生活 (880)
Urban Morphology 城市形态学 (884)
Urban Novel 城市小说 (888)
Urban Planning 城市区域规划 (892)
Urban Policy 城市政策 (897)
Urban Politics 城市政治学 (900)
Urban Psychology 城市心理学 (903)
Urban Semiotics 城市符号学 (907)
Urban Sociology 城市社会学 (911)
Urban Space 城市空间 (915)
Urban Studies 城市研究 (918)
Urban System 城市体系 (923)
Urban Theory 城市理论 (926)
Urban Village 城中村 (930)
Utopia 乌托邦 (932)

V

Venice, Italy 意大利威尼斯 (937)
Veranda 游廊 (941)

W

Walking City 步行城市 (943)
Waste 废弃物 (945)
Women and the City 妇女与城市 (949)
World City 世界城市 (952)
World-Systems Perspective 世界体系论 (954)
World Trade Center (9/11) 世界贸易中心（"9·11"事件）(958)
Wren, Sir Christopher 克里斯托弗·雷恩爵士 (959)

Z

(Zoöpolis) 动物城市 (962)

NECROPOLIS | 墓地

根据刘易斯·芒福德的说法，墓地是人类的第一种永久定居形式，因此是城市生活的基础。在许多方面，墓地的建造是为了满足实际需求，因为死亡留给生者的是关于遗骸的物质问题，但又超出仅仅处理遗骸的范围。死亡是一个独特的事件，它发生在时间和空间内，但它只发生在其他人身上（一个人不能经历他或她自己的死亡）；当它过去时，死亡的内容或意义成为纯粹的疑问。每一种文化的丧礼习俗、宗教仪式和埋葬习俗都代表着对死亡的一系列可能的反应（例如墨西哥的亡灵节、基督教的追思典礼和日本的盂兰盆节）。

因此，墓地在过去和未来之间伸展开来，因为它必须既是对逝者的纪念，也是对生者未来的标记。关于未来的问题让我们回到芒福德的作品，因为他用术语"墓地"（necropolis）来指代公墓（Cemetery）和废墟（Ruin）。芒福德以罗马的衰落为例，认为就像每个公民一样，活着的城市也会患病感染而死。后一种形式的墓地是被遗弃的城市或废墟，它提醒人们城市生活的不稳定性。因此，墓地定义了城市的过去和未来。然而，在活着的城市中，墓地只有通过建造和维护一组独特的边界才能保留其意义。这些边界形成了神圣的埋葬场所（教堂庭院、地下墓穴、陵墓等），通过与非神圣或简单未标记的坟墓相对比，以此来保存其意义。

苍白之外的埋葬

没有标记的坟墓可以存在于城市的行政空间之外，也可以隐藏其中。这种排外的极端形式，其可能动机或是掩饰，或是谴责，但总的目的只是为了忘记。英语短语"苍白之外"（Beyond the Pale）有效地抓住了墓地和无名坟墓之间的关系。从最一般的意义上说，"苍白之外"是指超出一个特定空间的边界。英语单词"pale"的词源很有趣，因为它来源于法语单词"pal"，意思是"木桩"，因此既象征着领土标记，也象征着纹章学中的一个符号。法语则是源自拉丁语"palus"（罗马士兵在训练中用来代表对手的木桩），与"pangere"（固定或拴紧）和"pacere"（同意或达成协议）相关。边界、法律和敌人之间的联系在这里是很重要的，因为那些尸体被埋葬在苍白之外的人在死亡中构成了第二顺序。死亡的第一顺序是在结构上被纪念的死亡，它是公民的死亡，以有组织的仪式和典礼为标志。死亡的第二顺序是一个人的死亡，他的记忆将被遗忘：被判刑者。对于第二种死亡，苍白是死刑的木桩；罪犯的身体被钉在尖桩、十字架或火刑柱上，标志着法律的边界。

这两种死亡顺序作为城市边界的标志，目的是回答死亡带来的问题。这给那些被用来隐藏和谴责死者的实际场所，带来了一种奇特的活力，因为这些匿名场所往往只被隐藏了一段时间（要么是字面上的，要么是由于它们引发的恐惧）；当它们被揭露并被剥夺了以前的权力，它们就成了对死者的纪念。这种现象最明显的例子是死亡集中营（奥斯维辛集中营、达豪集中营等）、行刑地点（塔尔珀伊亚岩石[Tarpeian Rock]、日耳曼楼梯[Gemonian Stairs]、各各他[Golgotha]）和监狱（巴士底狱、伦敦塔、罗宾岛）等。

对尸体的处理强调了与埋葬在空间上的区别。当然，这种处理方法根据所使用的致命暴力的类型而有所不同，但即使在最隐秘和隐蔽的处置中，它也标志着一种边界形式，无论是个人的（如谋杀）还是公共的（集体坟墓）。关于死刑的形式，在死亡之前和之后对身体的处理是法律的规定，死亡和身体都以一种特殊的方式表现出来。与守丧或葬礼上的尸体不同，这些尸体是暴露的，它们的暴露实际上标志着城市作为物质的和政治-法律实体的界限。尸体的处理有效地剥夺了任何超越性的暗示；它是一个纯粹的身体，一个没有灵魂的身体（a *corpus sans spiritus*），因此，它是内在和外在之间的一个最终标志。在这个有限身体（无灵体）中出现的并不是外在和内在的明确和最终的划分，而是一种彻底的危机，即无法清楚地区分外在和内在的可能性。

城市中的埋葬

死亡的问题也反映在神化墓地的构建上，但这种构建的形式却截然不同。在苍白之外的死亡中，尸体在一种激进的意义上暴露出来；它就像一个被丢弃的空壳，被剥去了任何人类意义上的残余碎片，在这场裸露的展览中，它成了令人厌恶的对象。它的呈现结构揭示了它在美好生活方面的无意义。在公民的死亡中，尸体是一套精心设计的仪式和典礼的一部分，以确认其身份。

这种似有似无的打扰并没有随着尸体的下葬而结束，而是嵌入纪念死者的建筑物中以铭记其德行。埋葬死者的地点始终萦绕着关于死亡的疑惑，这种疑惑会影响覆盖在死亡之上的对于德行的表达。为了减少这种疑惑，才有了乌托邦式的葬礼。因此，避免疑惑的想法塑造了与死亡相关的建成环境，这样的想法也贯穿着当代墓葬的变迁。

在《死亡庆典》（*Celebration of Death*）一书中，詹姆斯·柯尔（James Curl）指出，建于19世纪的大型墓地实际上是一场更普遍的城市人类文明运动的结果。对于约翰·克劳迪厄斯·劳登（一位19世纪颇具影响力的苏格兰城市规划师和景观设计师）这样的人物来说，墓地有两个基本用途。第一个是实际的，因为它主要涉及卫生问题；但第二个是发展和改善社会的道德情操。劳登非常关注墓地的美学，他认为它的外形是塑造公众道德情感的主要手段。因此，景观建筑学将墓地提炼为一种有用的社会教化工具。这种将教堂墓地转变为社会对象的做法成为一种细致的微工程学，其中墓地布局的所有细节都需要关注。

墓地是实用卫生和社会工程的结合；它是指导和提升群众道德水平的工具，但要想发挥作用，其外表必须要有效地消除任何干扰。从功能上讲，墓地是城市不可分割的一部分，但毫无疑问，这个必要的城市人工制品与城市其余部分之间的关系是紧张的。它必须通过其本身的结构，为死亡问题提供一个答案，并通过这样做来塑造美好的生活。但是，正如我们所指出的，其所提供的答案和所提供的结构形式总是受到死亡问题的威胁。因此，墓地作为城市肌理中一个不可思议的场所而存在。也就是说，墓地是一个城市的产物，它既远离城市，又处在城市的中心。这种空间张力表现在城市外围墓地的典型位置；或者当城市随着时间的推移而扩张并包围它时，墓地在城市的肌理中形成了一种安静的"外围"。

丧葬建筑的存在是为了回答关于存在的问题。它没有提供最终和完整的答案；相反，它通过在美好生活的道路上提供一个让人安心的路标，从而指明了通往来世的道路。这个承诺是有条件的；要达到这一目的，主体必须坚持走好人生的道路。墓地的建筑结构给这种焦虑提供了一个释放的通道。但是，这个地点却处于肆意、荒谬和死亡之中，因此，它的结构充满了紧张和不稳定。这个空间的管理规章制度显示了这种紧张关系，这种紧张关系表现在强制规定埋葬地点。墓地的位置决定了它周围空间的使用。人们在墓地对祖先表达崇高的敬意，以此来弱化墓地对人们心理的负面影响，但这并没有改变墓地的神秘感。尽管围绕着死者的收容，有严格规定的各种仪式，标志（坟墓）和事件（死亡）的结合根本是不可能的。

进一步阅读书目：

- Agamben, Giorgio. 1995. *Homo Sacer: Il potere sovrano e la nuda vita*. Torino: Giulio Einaudi.
- Curl, James. 1980. *A Celebration of Death: An Introduction to Some of the Buildings, Monuments, and Settings of Funerary Architecture in the Western European Tradition*. New York: Scribner.

- Foucault, Michel. 1966. *Les Mots et les choses*. Paris: Gallimard.
- ———. 1969. *L'Archéologie du Savoir*. Paris: Gallimard.
- ———. 1975. *Surveiller et punir: Naissance de la Prison*. Paris: Gallimard.
- Hacking, Ian. 2004. *Historical Ontology*. Cambridge, MA: Harvard University Press.
- Lacan, Jacques. 1999. *Écrits I-II*. Paris: Seuil.
- Levinas, Emmanuel. 1993. *Dieu, la mort et le temps*. Paris: Grasset & Fasquelle.
- Loudon, John. 1843. *On the Laying Out, Planting, & Managing of Cemeteries*. Redhill, Surrey, UK: Ivelet.
- Mumford, Lewis. 1961. *The City in History*. New York: Harcourt, Brace & World.
- Rossi, Aldo. 2006. *L'architettura della città*. Milan: Città Studi.

(Joshua Ben David Nichols 文　王　洋 译　李文硕 校)

NEIGHBORHOOD REVITALIZATION ｜邻里复苏

自20世纪70年代末以来，最值得关注和引起争议的城市现象之一是中心城市和城市社区的更新，这吸引了中产阶级家庭回归城市。这一趋势开始于美国历史悠久的大都会，随后是其他西方国家的城市，后来在不同程度上扩展到世界各地各种规模和特点的城镇。邻里复苏包括投资升级房地产和服务，从而吸引高收入人群，他们欣赏和享受社区重建提供的便利设施和生活品质。那些发生过邻里复苏的地区，以前失去了大量的人口和企业，以至于变成了低收入家庭居住的地方，建筑破旧、环境恶化。邻里复苏被认为是将生机带入那些苦苦挣扎的内城的关键。通过投资，高收入和高品位的家庭将迁回内城，并吸引各类商业和服务设施以满足新人口的需求。因此房地产市场繁荣，商业活动扩大。

历史演变

家庭对城市生活的偏好在20世纪最后25年成为城市研究的一个重要主题，并引发了对其动机和后果的争论。这种偏好与第二次世界大战后开始的郊区化背道而驰，这一趋势在美国城市中尤为普遍。然而，在20世纪70年代，这一趋势发生了逆转，拥有非传统需求和品位的家庭开始寻找在城市定居的机会。在某些情况下，这与中央商务区的再投资同时发生，目的是加强它们与郊区购物中心的竞争优势。

邻里复苏的现象表现在不同方面，使用了不同的术语，彼此之间存在差异。其中，回归城市运动强调家庭偏好的作用，暗示着向城市的反向运动；居住提升工程的重点是改善建筑物的外观，特别指那些由原业主负责改善的个案；绅士化意味着社区的社会和经济结构发生重大转变，吸引高收入人口。邻里复苏更多地集中在改善这一现象的物质和环境方面，而不是这些干预措施背后的动机及其社会和经济影响。

正如上面这些术语表现出来的一样，邻里复苏有很多方面。首先是具有特色和改造潜力的建筑的存在；第二是居民对内城生活的热情和投资升级房产的意愿；第三是公共政策和补贴项目的可用性，这些政策和补贴项目鼓励对老建筑投资，并促进各种行为体的参与，包括个人和机构；第四是存在一个动态的房地产市场，改造后的房产可以很容易地进入其中。

伴随邻里复苏而来的是社区物质条件的变化，这样的社区往往有大量的破旧建筑值得翻新。在大多数情况下，这些社区的环境和建筑都具有历史特色。典型的例子是联排住房社区，这些住房直接通向人行道，沿着树木林立的街道建造，内部温馨舒适，有壁炉、彩色玻璃窗和精致的外墙等装饰。标准化的郊区景观因缺乏身份认同、日常生活单调乏味和没有归属感而受到批评；与之相反，历史悠久的内城显然更真实、更有吸引力，也更有个性，更符合从事创意活动的人的需要。

变革的动力

不同的行动者和媒介参与了邻里复苏，他们的参与形式也不尽相同。特别是在许多大城市，一些艺术家和边缘家庭虽然资金有限却需要较大且负担得起的空间，他们成为进入内城社区的先锋，抓住了城市的新机会。纽约的苏荷就是这样，它首先成了艺术家的工作室，后来又成了画廊、高档餐厅和商店。另一群行动者是雅皮士，他们是单身或新婚的年轻专业人士，收入和品味都较高，更喜欢中心城市而不是郊区；他们成为振兴内城的发起者。总的来说，变化始于中等收入家庭，他们在衰落的社区购买房产。在这些情况下，翻修的目的是使破旧的房屋符合新业主的需要。随之而来的是该地区越来越受欢迎，进而越来越多的买家投资装修。

在很多情况下，这些过程都是由经过深思熟虑的公共政策决定和推动的，费城社会山（Society Hill）就是如此。例如，城市管理部门提供公共资金帮助房主翻新他们的房产，就像匹兹堡的墨西哥战争街区（Mexican War Streets）那样。在另一些地方，私人资本投资于破旧的历史街区，在那里开展大规模重建项目，这是提升城市新认同举措的一部分。早期的例子出现在美国的巴尔的摩、波士顿和旧金山，后来扩展到欧洲和澳大利亚的城市。

除了开展这种以项目为基础的干预外，地方政府和中央政府还通过提供低息贷款或税收优惠等其他政策措施振兴内城，这间接鼓励了业主们在他们的房产上投入大量资金。这项政策使邻里复苏成为可能，其动机可能不仅仅是物质上的提升。高收入家庭的到来，带来了设施与服务的更新，吸引了新的人口，并引发了其他的一些变化，例如税基增长。因此，社区原来的居民越来越难以负担增长的税收，最终导致他们流离失所。流离失所一直是社区变革带来的最具争议的社会后果，尤其是在关于绅士化的讨论之中。

房地产市场对城市振兴具有重要的推动作用。除了在这些社区寻求投资机会——包括住宅和商业外——私人投资者还在大众媒体上将内城生活宣传为一种新生活方式，并将目前城市社区的复苏作为郊区生活之外的选择，认为郊区生活贫乏单调。这种宣传对城市结构调整产生了重大影响。

这些城市的变革引发了一些解释它们的理论。传统的继承理论是从住房质量观察住房市场的变化。住房逐渐变得过时，并逐渐流向了低收入家庭。这个模型被广泛用于解释某些人群搬到郊区的原因。它包括两个平行的过程：（1）财富的积累，使家庭能够在周边买得起更大、更新的房子；（2）中心城市建筑老化。然而，该模型在解释相对富裕的家庭对内城生活的偏好方面是没有说服力的，就像在邻里复苏方面一样。

与基于新古典经济学的消费侧理论相反，马克思主义将城市土地投资周期视作城市转型的根本，强调空间生产吸引投资。因此，复苏是一种吸引再投资和使租金最大化的机制，使破旧和其他无利可图的地区重新变得有利可图。该机制的目的是吸引人口和资本到某些城市地区，这些地区由于功能和获得租金的能力已经过时而衰败。因此，资本主义土地市场结构引起的再投资，鼓励人们在复苏后的内城生活。虽然，复兴区域的生产是强调的重点，但也要关注于消费者。社会结构的变化、劳动力市场的变化和新的生活方式改变了年轻专业人士的城市生活方式。

关于邻里复苏作为一种趋势的重要性、它对城市认同的影响程度以及它在多大程度上影响了家庭区位选择,学界一直存在着争论。它在研究者心目中的地位似乎比实际发生在城市居民区的更大。然而这一现象的意义并不在于它是一种流行趋势,而在于它是对以往趋势的一种抵消。从本质上讲,邻里复苏是城市舞台上的新角色,反映了人们对不断变化的经济、社会和政治条件做出的反应。

进一步阅读书目:
- Holcomb, H. Briavel and Robert A. Beauregard. 1981. *Revitalizing Cities*. Washington, DC: Association of American Geographers.
- The Revitalization of Inner City Neighborhoods (Special issue). 1980. *Urban Affairs Quarterly* 15(4).
- Smith, Neil and Peter Williams, eds. 1986. *Gentrification of the City*. Boston: Allen and Unwin.
- Symposium on Neighborhood Revitalization. Special issue. 1979. *Journal of the American Planning Association* 45 (4).

(Zuhal Ulusoy 文　王　洋 译　李文硕 校)

NEW REGIONALISM ｜新区域主义

"新区域主义"一词于20世纪90年代中期首次出现在美国的学术期刊上。它描述了解决大城市主要问题的各种方法,包括经济竞争力、社会公平、可持续的土地利用和基础设施发展。虽然各种活动都与新区域主义有关,但它既不是一个有组织的政治运动,也不是一个宣传运动。它最明显的特点是其处理的问题的规模和类型,以及它与传统区域主义的不同。

老区域主义

在美国,区域主义开始于19世纪末的政治改革运动。这一运动的主要目标是破除政治机器对城市政府的控制,改革者认为后者导致了腐败和效率低下。

改革者首先起草了模范城市宪章,然后是模范县宪章,从20世纪20年代末起开始关注大都市区的治理问题。最初,改革者们主张将市县合并或城市合并作为城市政府发展的首选解决方案。合并包括将中心城市及其周边的县合并为一个政府。第一次这样的合并发生在1854年的费城市和县。城市合并是由一个城市将周边县的部分或整个县合并进来。最明显的城市群例子是大纽约地区,它于1898年由5个区(县)合并而成。

改革者建议,合并后对郊区自治市和未建制地区的单方面兼并将给予中心城市对其城市地区的行政控制权。他们认为,这种单一政府将确保有序、高效的土地利用和基础设施建设,更大的管理权限以及更强的经济竞争力。但到了20世纪20年代,富裕的郊区自治市在州立法机构中获得了足够的政治影响力,有效阻挠了中心城市的单方面兼并。因此改革者改变了他们的战略,强调地方政府的协调和制定自愿的区域综合规划。与此同时,改革者们反对通过设立特别行政区和单一目的的权力机构来应对区域挑战,他们认为这将加剧大都市区治理的分散化。

改革者以合作克服分裂的观念,从 20 世纪 30 年代开始就被联邦层面的改革运动所采用。但是这项改革直到 20 世纪 50 年代末才开始积极实施,当时联邦政府为各式各样的项目提供资金,并附加了区域合作的要求。除了提倡合作以提高效率外,还利用合作来解决日益衰落的中心城市与其日益富裕的郊区之间不断加剧的社会和财政不平等,并处理环境污染问题。有了有效协调,县域内的几乎每一个地区都成立了政府间理事会(Councils of Governments, COGs)和大都市规划组织(Metropolitan Planning Organizations, MPOs)。到 20 世纪 70 年代末,有 37 个这样需要区域协作的联邦项目和州项目。

在 20 世纪 80 年代初的里根政府时期,通过协调地方政府促进区域主义的联邦政策急剧逆转。有人认为,市场竞争可以更有效地解决区域问题。因此,许多以协调为基础的项目被取消或项目资金显著减少,特别是那些用于解决社会公平的项目。与此同时,联邦政府主张权力下放,让各州和地方政府决定如何或是否在区域范围内进行组织。

新区域主义的出现及其特点

尽管在 20 世纪 80 年代中期,老区域主义改革失去了势头,但是需要区域回应的问题似乎愈加具有挑战性。在经济领域,区域主义一直以增强经济竞争力为基础而被提倡。然而在全球化新秩序下,多中心区域,而不是单一的占主导地位的中央商务区,正在成为新的经济竞争单位。在环境领域,防治污染仍然是一个令人关切的问题,但是为实现可持续发展而面临的全面挑战已经把环境治理包括在内。在社会公平方面,集中在中心城市的贫困人口仍然是一个挑战,但这也日益被视为老内层郊区的问题。社会公平问题也扩大到包括劳动力住房、交通、就业和教育方面,所有这些都要在区域范围内寻求解决。

新区域挑战的范围、规模和复杂性远远超过老区域主义所应对的挑战。此外,克服大都市区政治上分裂的任务似乎更加艰巨。到 20 世纪 90 年代初,政治学家和政策分析人士找到了应对区域挑战的新方法。与改革者不同的是,新区域主义的实践者并不属于某一运动的一部分。相反,他们的工作建立在各个区域的基础之上。与老方法相比,新方法有如下几个特点。

区域与城市。早期的改革者从中心城市的角度分析区域。区域规划的目的是维持中央商务区的活力,满足郊区居民的就业需求。相比之下,新区域主义者将中心城市视为一个整体中的一部分,而不是区域控制中心。事实上,许多新区域主义的实践者都在没有主导性中心城市的地区工作。

多重与单一边界。改革者们倾向于用一个单一的行政区来界定一个地区。理想情况下,各区域应发挥一般政府的作用,在区域内满足人们对各种规划和服务的需求。但是,为一个地区划定单一边界在政治上是困难的,在功能上也是有问题的。关于水资源问题的区域边界不一定与处理空气质量或交通、住房或其他任何功能问题的区域边界相同。新区域主义者一般不主张建立区域性政府,他们更愿意让一个区域的边界根据正在处理的具体问题而波动。

治理与管理。改革者提倡区域主义,这将导致在地方和州之间形成一个不同的政府层,这一层政府将制定政策并提供服务。相比之下,新区域主义者将管理与治理区分开来,他们认为地区一级需要的是增强制定政策的能力。这可以由一个区域内的利益集团来实现,而这些集团反过来又可以影响区域政策的发展,而不需要建立一个正式的政府结构。这并不是说,新区域主义者从来没有主张建立一个新政府例如区域当局,但这是一个战略方向,而不是一个适用于所有问题的一般性解决办法。

合作与协调。从 20 世纪 50 年代末至 80 年代中期的老区域主义强调区域内各政府之间的协调,作为实现有效政策制订和执行的主要手段。新区域主义更加强调合作,这种合作依赖于高度信任,而不是权力的授权使用。

公共部门与非公共部门。对改革者来说,区域主义是要应对公共部门或政府部门面临的挑战。相比之下,对于新区域主义者来说,区域治理能力是所有部门都关心的问题,包括公共部门、私营部门和非营利部门。事实上,新区域主义者的大部分努力都是由公共部门以外的利益主导的。由于涉及广泛的多部门合作伙伴,它们之间的关系不是按等级(按规模和权力级别)划分的,彼此没有正式的义务;而是以网络的形式,组织之间是协作关系,而且这种协作往往是自愿的。

并非所有区域都必须采取这些行动,一些特殊的区域倾向于务实地满足自身的需求。新区域主义是否会比老区域主义更有效,这一点还有待证明。很明显,这种新方法在美国越来越受到关注。

进一步阅读书目:

- Downs, Anthony. 1994. *New Visions for Metropolitan America*. Washington, DC: Brookings Institution Press.
- Foster, Kathryn. 2000. *Regionalism on Purpose*. Cambridge, MA: Lincoln Institute of Land Policy.
- Katz, Bruce, ed. 2000. *Reflections on Regionalism*. Washington, DC: Brookings Institution Press.
- Porter, Douglas and Allan D. Wallis. 2000. *Ad Hoc Regionalism*. Cambridge, MA: Lincoln Institute of Land Policy.
- Rusk, David. 1999. *Inside Games/Outside Games: Winning Strategies for Saving Urban America*. Washington, DC: Brookings Institution Press.
- Savitch, Hank V. and Ronald Vogel, eds. 1996. "Regional Politics: America in a Post-city Age." *Urban Affairs Annual Review* 45: 206–228.

(Allan D. Wallis 文　王　洋 译　李文硕 校)

NEW URBANISM ｜新城市主义

新城市主义是 20 世纪 80 年代在美国兴起的一场城市设计和规划运动。它提倡通过恢复第二次世界大战后几乎被抛弃的城市规划传统来改变人类居住的形式。因此,我们可以认为它是旧城市主义的更新,以适应 20 世纪城市的演变。新城市主义大会(Congress for the New Urbanism,CNU)是支持该计划的机构。

新城市主义将一群跨学科的实践者和学者团结在一起,他们对大都市区扩张带来的破坏深感遗憾。他们分享跨学科的实践成果,促进开放空间保护、交通发展、紧凑的步行社区和绿色建筑。新城市主义将此前的经验教训应用于当代城市和区域问题,该运动严重依赖由电子讨论组(Listservs)以及定期会议支持的同行评审和开源方法。尽管批评者有时会认为这是虚幻的,但有几个组织倡导它的原则,社区和国家都越来越接受这一点。

历史

在新城市主义者提出"新城市主义"之前,他们已经建立了几个社区,并开始了一些行动。从 20 世纪 70 年代开始,美国和欧洲的设计师及评论家,包括利昂·克里尔(Leon Krier)、克里斯托弗·亚历山大、罗伯特·斯特恩(Robert Stern)、科林·罗

(Colin Rowe)、文森特·斯卡利（Vincent Scully）、杰奎琳·罗伯逊（Jacqueline Robertson）、戈登·卡伦（Gordon Cullen）等人，呼吁人们关注持久的城市设计和建筑原则。尤其是在美国，他们寻求延续田园城市运动、英美郊区运动和城市美化运动的传统。佛罗里达州海滨社区被公认为第一个新城市主义社区，于1981年破土动工。它由杜安伊公司（Duany Plater-Zyberk & Company）与开发人员罗伯特·戴维斯（Robert Davis）共同设计。虽然我们可能认为这些参与者的大部分工作是后现代的，但海滨社区是一个吸引了广泛公众的度假社区。RTKL建筑公司在得克萨斯州达拉斯市的得克萨斯州-托马斯项目（State-Thomas Project）建于1985年，IBA在1979、1984和1987年举办的柏林重建竞赛中将传统的混合用途项目重新引入城市环境。1990年，城市设计协会对弗吉尼亚州诺福克（Norfolk）的迪格斯镇（Diggs）的公共住房进行了翻新，使居民们可以清晰地看到门廊和前门，这是传统设计的一个实实在在的好处。

1988年，威尔士亲王与利昂·克里尔开始计划在英国康沃尔公爵领地修建一座名为庞德伯里（Poundbury）的新村庄。自1993年破土动工以来这里持续扩张，可以说是所有新城市主义开发项目中收入和用途（包括工作场所）最成功的一个。肯特兰（Kentlands）庆典社区等20世纪80年代末和90年代初的开发项目，是首批直接与郊区竞争的新城市主义规划项目，它们都包括社区和城镇中心。其中一个是加州萨克拉门托附近的西拉古纳（Laguna West），由卡尔索普合伙公司（Calthorpe Associates）设计，于1989年破土动工。它混合了传统的郊区实践和新城市主义者的实践，并引发了关于是否需要一种共同语言和原则的讨论。

新城市主义的同行评审过程依赖于共同的术语，这些术语使它不同于传统规划运动。一个这样的早期术语，"步行口袋"（Pedestrian Pocket），由彼得·卡尔索普（Peter Calthorpe）创造，表示一个紧凑的城市中心和周围的轨道交通车站。《行人手册：一个新的郊区战略》（*The Pedestrian Pocket Book: A New Suburban Strategy*）一书可谓设计师之间的竞赛结果，该书由道格拉斯·卡巴夫（Douglas Kelbaugh）编辑，1988年出版。它巩固了这个词的含义，使之流行起来，并用它来说明交通的适当发展。自1998年以来，安德烈斯·杜安伊（Andres Duany）在虽未出版但正在流通的《新城市主义词典》（*Lexicon of the New Urbanism*）和《智慧准则》（*Smart Code*）一书中，都坚持使用一致的术语来推广新理念。

形态准则（Form-Based Codes）长期以来指导着新城市主义。这些准则规定了建筑形式以公共空间的特征，并确保建筑用途之间的兼容性。早期的形态准则，比如在1981年的西塞德的应用，允许开发商在自己的开发项目中对建筑提出要求。后来的形态准则如《哥伦比亚派克特别复兴区形态准则》（*Columbia Pike Special Revitalization District Form Based Code*）也规范了街道。"智慧准则"是目前使用最广泛的形态准则；它可以对区域和建筑进行大规模的监管，政府可以将其作为一种可选的措施或强制要求。

1991年10月，政府间理事会执行主任朱迪·科比特（Judy Corbett）向100名市长介绍了阿瓦尼原则（Ahwahnee Principles）。她以及彼得·卡尔索普、迈克尔·科比特（Michael Corbett）、安德烈斯·杜安伊、彼得·卡茨（Peter Katz）、伊丽莎白·莫勒（Elizabeth Moule）、伊丽莎白·普拉特-兹伊克（Elizabeth Plater-Zyberk）、斯蒂芬诺斯·波利佐伊迪斯（Stephanos Polyzoides）和斯蒂夫·魏斯曼（Steve Weissman）撰写了规划资源高效社区的原则。新城市主义者意识到，如果他们想施加影响，就必须充分阐述自己的原则，而成立于1992年的西塞德研究所为共享工具和信息提供了一个早期的场所。1993年的第一次新城市主义大会是一次只有志同道合的专业人士受邀才能参加的会议。与此同时，彼得·卡茨的著作《新城市主义》（*The New Urbanism*）也出版了，该书描述并阐释了这场运动的原则。在这本新城市主义的开创性出版物中，卡茨和文森特·斯卡利定义了新城市主义的术语。新城市主义大会模仿了 20 世纪中叶宣传现代主义的国际现代建筑大会。1996 年，新城市主义大会通过了《新城市主义宪章》(Charter of the New Urbanism)并对阿瓦尼原则进行了改造和扩展。它试图扭转城市投资的缩减、塑造区域、保护开放空间、提高交通效率。宪章还进一步明确地呼吁建立一个关注于历史和景观的社区结构。

新城市主义原则把保持现有的城市生活置于优先地位，这一事实往往被批评者忽视。普拉特-兹伊贝克的佛罗里达斯图尔特重建总体规划 (Stuart Florida Redevelopment Master Plan)和马萨诸塞州马什皮市的马什皮公地再开发(Mashpee Commons Redevelopment)可以追溯到 20 世纪 80 年代。就其本质而言，这样的城市改造是渐进式的。然而，到了 20 世纪 90 年代中期，"棕色地带"和"灰色地带"等术语开始普遍使用，面向交通的设计也变得广为人知（尤其是通过迈克尔·伯尼克 [Michael Bernick]和罗伯特·瑟夫洛 [Robert Cervero] 1997 年出版的《21 世纪的交通村》[Transit Villages in the 21st Century]一书）。由彼得·卡尔索普和库珀·罗伯逊（Cooper Robertson)设计的城市扩建项目，如安大略的康奈尔和丹佛的斯台普顿，也属于大型填塞式开发项目，这些项目位于未使用或未充分利用的土地上，如田纳西州孟菲斯的海港镇，由卢尼·里克斯·基斯设计公司（Looney Ricks Kiss)设计，于 1989 年破土动工。

新城市主义者的跨学科合作仍在继续。自 20 世纪 80 年代中期以来，新的城市开发项目的数量一直在稳步增加，其中大多数需要从区划制入手。新城市主义者们跨领域合作，以实现改革——首先是在项目驱动的基础上，然后是通过新城市主义大会的倡议和峰会。"希望六号"（HOPE VI）是美国住房和城市发展部重组住房项目的方案，1996 年，住房和城市发展部在亨利·西斯诺斯（Henry Cisneros)的领导下通过了该法案（西斯诺斯部长是《宪章》的签署者之一）。从 2001 年开始，新城市主义大会开始就交通、绿色建筑和零售等问题举行专门委员会的会议。它还谋求联合项目，目前有两种解决方案，一种是在 2006 年，由新城市主义大会和交通工程师协会（Institute of Transportation Engineer)提出的以草案形式发布的《可步行社区主要城市道路设计的环境敏感性解决方案》(Context-Sensitive Solutions in Designing Major Urban Thoroughfares for Walkable Communities)，另一种是美国绿色建筑委员会（U. S. Green Building Council, USGBC)的"能源与环境设计先锋"（LEED)社区发展评级体系，该体系已于 2007 年进入试点阶段。

精明增长和新城市主义朝着同样的目标努力。1996 年，美国环境保护署的哈丽雅特·特里格宁（Harriet Tregoning)帮助组织了"精明增长网络"（Smart Growth Network)，这是一个由环境、保护和发展团体以及州和地方政府组成的伞形网络。2000 年，新城市主义大会帮助孕育了"美国精明增长联盟"（Smart Growth America, SGA)，该组织提出了许多政策举措和政治立场，这对良好的城市生活至关重要。这些组织与新城市主义有着相同的意图和技术，但往往是政策导向和政府主导，而不是市场导向和开发商主导。

卡特里娜飓风过后，新城市主义大会邀请了大约 140 名建筑师、规划师和工程师参加了由复兴、重建和更新委员会（Commission on Recovery, Rebuilding, and Renewal)主办的密西西比重建论坛，该运动不同寻常的凝聚力使其能够迅速做出反应。卡特里娜风暴过后仅仅 6 周，新城市主义大会就召集了大约 50 名当地政府官员和专业人士，计划重建 11 个城镇。许多墨西哥湾沿岸社区已经采纳或校准了该论坛提出的智慧准则，路易斯安那州复兴管理局(Louisiana Recovery Authority)也发起了一个同步的规划过程。与此同时，几位新的城市设计师开发了卡特里娜式的小屋——一种新的、朴素但不失尊严的应急住宅原型。

最近，新城市主义已经进入主流。庆典社区由佛罗里达州奥兰多的沃尔特迪士尼公司开发，可以说是第一个企业新城市主义社区开发项目，经过几个阶段才完成。2004年，一家名为惠特克住房公司（Whittaker Homes）的大型建筑商开始在密苏里州的圣查尔斯（St. Charles, Missouri）开发新城。新城市主义大会正在稳步扩张，在2008年的大会上，新任主席宣布了绿色原则，使其与欧洲城市运动和精明增长运动更加紧密地结合在一起。

价值观和特征

新城市主义者对可持续的都市组织和紧凑的步行社区有着共同的愿景，他们通过会议、讨论组、出版物、理事会和地方分会等媒介，通过自我批评的同行评议过程运作。这些机构大多在CNU内部，但也有一些是独立运作的——尤其是形态准则研究所（Form-Based Codes Institute）和全国查特伦协会（National Charette Institute）。群体研究支持主动和创新，这是对实际需求的反应。

区域：大都市区、城市和城镇

新城市主义提倡健康的大都市区形态。这包括（1）有组织的多中心大都市区，以便产生自然、农田和社区等级制度：沿交通路线组织的村庄、城镇、城市构成的统一整体；（2）城市及其基础设施投资；（3）限制侵占自然和农业用地；（4）就业和与之相适应的住房，由包括交通运输在内的交通网络连接；（5）协调增长区间的合作；（6）由可识别的街区、区域组成的社区。

邻里、区域和走廊

新城市主义贯穿在公共基础设施和私人开发商开发的社区、街道和走廊中，这些物质基础构成了城市。新城市主义社区的特点包括：（1）紧凑、适合步行、多用途的构造；（2）设置步行棚，根据人们愿意步行的距离（5—10分钟），组织好日常目的地和交通，步行即可到达；（3）按照符合当地地形、气候和历史的模式，设置连续的街道网格，使社区交通避开主干道；（4）建筑物类型及用途的组合，包括住宅及商住区，其密度足以保证可在步行距离内提供便利；（5）尊重历史建筑、街区和景观；（6）环境管理、开放空间、公园和基础设施，要与城市生活的强度相适应，并促进自然的气候控制和水资源保护方法；（7）可识别类型的城市公共空间，由城市建筑塑造；（8）通过平面设计或区划法规规范的城市设计。

街区、街道和建筑

新城市主义者认为街区、街道和建筑是城市生活的基本组成部分。指导原则包括（1）平均周长在四分之一英里或以下的街区，提供多个十字路口和可以缓慢行进的交通方式，给行人更多的选择；（2）为骑车人和行人提供舒适的街道，设置较宽的人行道和较窄的车道，以保证车辆维持在安全速度；（3）建筑物的外墙与实际的公共空间保持一致，而不是作为景观中的物体；（4）建筑类型，无论其风格如何，其比例使其成为一个和谐的整体；（5）在街道和建筑物后面设置停车位；（6）熟悉的、适当的公共和私人界限，如篱笆、树篱、花园门、门廊和房门；（7）以比一般建筑物更为突出的方式设计的民用建筑；（8）历史建筑在可行时予以保护，在形成城市肌理时加以模仿。

组织

新城市主义大会是一个重要的新城市主义者组织，于1992年由彼得·卡尔索普、安德烈斯·杜安伊、伊丽莎白·莫勒、伊丽莎白·普拉特-兹伊伯克、斯蒂芬诺斯·波利佐伊迪斯和丹尼尔·所罗门（Daniel Solomon）创立，彼得·卡茨担任其首任执行董事。1993年，安德烈斯·杜安伊和迪鲁·塔达尼（Dhiru Thadani）在弗吉尼亚州亚历山德里亚（Alexandria, Virginia）召集了第一次新城市主义大会，这次会议只有受邀者才可以参加。第二次是在洛杉矶，由莫尔、波利佐伊迪斯和卡茨组织。第三次是在旧金山，由卡尔索普、所罗门和卡茨组织。这个组织严密的团体，已发展到约有来自20个国家的成员。在南卡罗来纳州查尔斯顿举行的第四届大会上签署的宪章是该组织的核心原则。自从在多伦多召开第五届大会（也是第一届国际大会）以来，它已经开放了会员资格。新城市主义大会举行大会、年度峰会并组织了主题导向的委员会，它有地方分会以及新城市主义组织的下一代和学生成员。每年，新城市主义大会向杰出的新城市主义者项目颁发宪章奖，向为新城市主义铺平道路的人们颁发雅典娜奖章。

在威尔士亲王的赞助下，与其目标相似的一系列欧洲组织已经成立，包括建成环境亲王基金会（Prince's Foundation for the Built Environment, INTBAU）和欧洲城市主义委员会（Council for European Urbanism, CEU）。这些组织中的每一个都有明确的使命，包括复兴传统、强调环境、城市和棕色地带问题。其他志同道合的组织，如澳大利亚新城市主义委员会和加拿大城市主义委员会是地方性的。这些机构之间的伙伴关系对新城市主义至关重要，它们能够应对新出现的问题，如全球快速变暖这一类的问题。

对新城市主义的批评

新城市主义的批评者经常认为它是人为的、否认现代性的并且是强制性的。一些评论家把新的城市发展比作迪士尼乐园，他们指出电影《楚门的世界》使用精心装扮的海滨社区作为拍摄地。1999年，安德鲁·罗斯（Andrew Ross）出版《庆典社区编年史：在迪士尼新城中对生命、自由和财产价值的追求》（*The Celebration Chronicles: Life, Liberty, and the Pursuit of Property Values in Disney's New Town*）一书，在书中他探索房地产在成立社区过程中的作用，以及现实和理想之间内在的紧张关系。关注这类问题的新城市主义者如律师丹·斯隆（Dan Slone）和陶瑞丝·戈德斯坦（Doris Goldstein）（《城市规划师、发展商、建筑师之都市可持续发展法律指南》[*Legal Guide to Urban and Sustainable Development for Planners, Developers, and Architects*]的作者）正在寻求方法确保新城市主义者拥有管理自己社区的工具。

像许多评论家一样，里德·卡洛夫（Reed Karloff）担心新城市主义对城市形态的高度控制会牺牲城市的创造力。虽然传统建筑师会欣然同意使用准则，但现代主义建筑师非常重视独创性，甚至对现代主义准则也不敢使用。这一批评表明，对物质形式的高度控制对于一个强大的城市主义来说是不必要的。一些人，尤其是《日常城市主义》（*Everyday Urbanism*）的作者约翰·凯利斯基（John Kaliski）和玛格丽特·克劳福德（Margaret Crawford），在捍卫棚户区和临时商业有活力的、非正式的城市主义方面起到至关重要的作用。尽管他们坚持认为城市结构应该是和谐的，但新城市主义者，尤其是安德烈斯·杜安伊有时会明确地设计现代主义项目，比如远景或水域，或者受临时棚户区的启发，提出免许可证区域。

卡托研究所（Cato Institute）高级研究员兰德尔·奥图尔（Randal O'Toole）撰写了大量关于交通和城市发展问题的文章。他认为，新城市主义和精明增长将迫使每个人都进入高密度的生活，相当于为公共交通提供高额补贴。奥图尔已经在多个领域实践了精明增长和新城市主义，包括与新城市主义大会的辩论。像大多数这样的批评者一样，他的批评是自由主义的，而不是保守主义的。保守派并不一致反对公共交通和紧凑型发展；事实上，自由大会基金会（Free Congress Foundation）对此是支持的。美国精明增长联盟和新城市主义大会反驳说，由于公路建设得到了大量补贴，公共交通补贴只是为了公平竞争。同样，新城市主义者指出，那些监管改革，尤其是形态准则选择，使新城市主义合法化，否则，在许多采用传统郊区区划准则的司法管辖区，新城市主义仍然是非法的。

尽管批评人士经常提到教条的危险，但新城市主义者仍可以指出，在与批评人士接触的过程中，原则和技术仍在不断演变。

进一步阅读书目：

- Calthorpe, P. 1992. *The Next American Metropolis: Ecology, Community, and the American Dream*. Princeton, NJ: Princeton Architectural Press.
- Chase, John, Margaret Crawford, and John Kaliski, ed. 1999. *Everyday Urbanism*. New York: Monacelli Press.
- Duany, Andrés, Elizabeth Plater-Zyberk, Alex Krieger, and William Lennertz, eds. 1992. *Towns and Town-making Principles*. Cambridge, MA: Harvard University Graduate School of Design.
- Duany, Andres and the Town Paper. 2008 and ongoing. *Timeline of the New Urbanism*. Gaithersburg, MD: The Town Paper. Retrieved May 27, 2008 (http://www.nutimeline.net).
- Katz, Peter. 1994. *New Urbanism: Toward an Architecture of Community*. New York: McGraw-Hill Professional.
- Solomon, D. 1992. *ReBuilding*. Princeton, NJ: Princeton Architectural Press.

(Elizabeth Plater-Zyberk and Bruce F. Donnelly 文　王　洋 译　李文硕 校)

NEW URBAN SOCIOLOGY ｜新城市社会学

新城市社会学是20世纪70年代和80年代发展起来的一种范式，它挑战了主流城市生态学和社会学的基本假设与解释方案。尽管构成新城市社会学的各种理论之间存在差异，但有几个主要假设界定了这一范式。首先，它避开了严格的人口统计分析和以变量为导向的分析，并将注意力集中在决定城市与城市生活的人类能动性和冲突上。强大的经济行动者特别是房地产行业的行动者，是众多城市建设和再开发支持者中的关键主题。新城市社会学的另一个核心假设是，大都市区的发展和空间隔离模式并非不可避免，而是由不同阶级、种族、性别和社区群体的个体决策者在特定历史环境下的自觉行动所致。新城市社会学除了强调人的能动作用外，还把城市空间作为社会关系的构成维度和影响社会关系的物质产物（如建成环境）。此外，新城市社会学强调符号、意义和文化在塑造城市中的重要性。这种城市符号学方法包括探索社会物质对象，以及通过其所唤起和传达的一系列符号和符号所构建的意义。最后，新城市社会学强调全球转型的重要性，将其作为塑造所有城市和大都市区生活的核心要素。这种全球性方法涉及全球政治和经济力量，以及国家和地方模式在塑造城市和大都市地区生活方面的影响。新城市社会学试图阐明复杂的关系和相互联系的网络，这些关联构成了大都市空间建构中本地和全球的相互作用。

历史演变

新城市社会学始于20世纪六七十年代的批判城市社会学家，他们对城市生态学和主流城市社会学产生了不满，并就城市问题提出了独特的研究方法。在20世纪五六十年代，城市社会学被结构功能主义假设和生态主题和方法所主导。20世纪70年代初，包括曼纽尔·卡斯特、大卫·哈维、亨利·列斐伏尔在内的几位马克思主义社会学家开始修改卡尔·马克思的观点，以解释城市发展不平衡、城市工业衰退、绅士化和郊区化等城市现象。

卡斯特提出，城市学者关注的是城市化国家的集体消费特征,以及城市内部的政治和经济冲突引发城市社会变革的方式。相比之下,大卫·哈维认为,理解城市的核心问题既不是集体消费也不是阶级斗争,而是资本积累。受列斐伏尔的影响,哈维认为土地和房地产投资是积累财富的重要手段,也是以特定方式推动城市发展的重要活动。从城市撤资、郊区化、去工业化、城市更新到绅士化,各种各样的过程都是为了追求利润而不断重塑建成环境。哈维认为,强大的房地产参与者在一个创造性破坏的过程中对土地的使用进行投资、撤除投资和重塑,这一过程摧毁了社区,并产生了激烈的社会冲突和对城市空间意义和使用权的斗争。

尽管他们的研究侧重点不同,但这些批判学者的工作有助于将学术界的注意力集中在以营利为目的生产的资本主义制度上,特别是阶级斗争和资本积累上,作为分析理解城市重建和投资减少本质的出发点。尽管这些学者之间存在分歧,但他们都拒绝理性规划成为城市问题解决方案的可能性,因为城市问题与阶级冲突交织在一起,由资本主义的统治和从属关系构成。

20世纪八九十年代,美国和欧洲的新城市社会学出现了惊人的增长,并逐渐体系化;与此同时,范式变得更加多元和跨学科。20世纪80年代,乔·费金和马克·戈特迪纳共同发展了一个新的城市社会学的系统概念,作为一种新的方法来理论化和分析城市生活和宏观过程之间的联系。费金和戈特迪纳方法的核心特征是对美国现有城市社会学的尖锐批评,并呼吁重视社会冲突和变化。

在20世纪90年代,戈特迪纳和哈钦森提出了"社会空间视角"(Sociospatial Perspective)这个术语来描述新的城市社会学范式,这个术语强调了社会—空间的协同作用,强调城市不仅仅是人口的总和,而是由对立的社会关系组成的社会组织形式。他们还用这个词来与传统马克思主义方法划清界限,后者强调资本积累过程和阶级斗争是城市组织和发展的主要驱动力。特别是,社会空间视角是折中的,试图从几个不同的批判城市理论中取其精华,避免传统生态学和马克思主义政治经济学对本地的强调。社会空间的视角并不通过强调交通技术、资本流通或生产过程等主要原因来寻求解释。相反,它把城市和大都市区发展看作经济、政治和文化因素相互关联的结果。

尽管学者们认识到新的城市社会学已经在很大程度上取代了人类生态学,但多年来,对于这两种方法是否完全对立和不相容,他们一直存在分歧。总体而言,20世纪80年代的新城市社会学著作,这些著作的提出的理论成为90年代以后、以经验为导向的研究奠定了基础。20世纪90年代后新城市社会学延伸向更广阔的领域,包括对城市旅游和文化的研究、城市政治和城市运作,以及在国家和全球资本积累中的危机的研究。

种族和房地产问题

在21世纪前十年,费金、戈瑟姆、斯奎尔斯(Squires)和库布林等学者主张在新的城市社会学范式中对种族和种族不平等进行更细致和明确的考虑。这些学者认为,城市发展是资本积累逻辑的表现,可以以此来考查种族歧视和种族隔离作为城市主要组织原则的持续影响。这一新的分析重点审察了人们被划分为种族类别的方式,资源是如何沿着种族界限分配的,以及国家政策是如何形成和被社会的种族轮廓所塑造的。新城市社会学中种族概念的核心是种族具有一种突现的、可变的性质,而不是一种固定的或不可变的群体特征;社会群体是政治建构的,是各种历史实践(如社会政策的纲领性组织、政治参与模式)的产物,其定义和意义不断受到挑战。

对于城市学者来说,最重要的是种族和民族之间的关系,以及社会不平等、团结和身份的其他基础,如性别、两性、族裔、宗教、代际、语言和城市空间构成和不平衡发展中的空间位置。在21世纪初,很明显,城市和大都市区是按照种族界限组织起来的,并受到社会经济不平等的影响。

新城市社会学的主要成果之一是将房地产部门重新定义为一个相对独立于制造业初级循环的投资次级循环。列斐伏尔和大卫·哈维最初的工作是提请人们注意房地产的使用价值和交换价值，以及资本投资的主要循环和次级循环之间的关键区别。主要循环包括资本进出制造业和工业生产，而次级循环指的是资本对土地、房地产、住房和建筑环境的投资。几十年来，理论丰富了列斐伏尔和哈维的观点，激发了学者研究资本流入房地产行业，识别危机的次级循环，和流行的新理论和分析工具，检查房地产过程和它们的联系与城市发展不平衡。

最近关于次级循环的研究避开了房地产是工业资本主义的副产品或自然结果的概念，并将房地产部门理论化为具有内在品质或自成一体并且构成经济的一个独立部门。新城市社会学对次级循环的动力机制进行概念化和分析，提出了循环资本理论，强调了循环过程的不合理性与周期性影响房地产市场和城市的系统性危机。一方面，房地产可以帮助资本积累，另一方面，当建筑过时和不合时宜，或当建设、出售和修复房地产所需的融资无法获得时，房地产可能成为资本积累的障碍。

资本会在可能的范围内，设法消除当地的特性，并对商品的买卖加以区分，从而消除资本流通的空间障碍。正是这种固定资产和流动资本之间的二元性，或者说内在矛盾，定义了现代资本主义城市化和不平衡发展，这是新城市社会学范式中理论和实证研究的中心话题。

当代挑战

今天，新城市社会学正处于十字路口。多样化、专业化和碎片化定义了城市研究，因为各种新的方法和范式要求关注当前城市趋势和剧变的新奇性。开放而多元的理论景观正在将城市研究从一个由少数范式及其界定的理论主导的领域，转变为一个异质性和知识碎片化主导的领域。此外，包括后现代主义转向、文化转向和语言转向在内的大量转向，对新城市社会学范式主导地位提出了重大挑战。一些理论家断言，在一个由混合理论和跨学科性主导的世界里，基于范式的研究在很大程度上是无关紧要的。另一些人则认为，由于时间的推移和新城市社会学的异质性，已经不可能定义这个范式，因为它的许多理论假设都是在20世纪80年代及之前制定的，因此人们并不清楚这个范式的"新"是什么。对新城市社会学未来的两个主要预测就是从这些批判中产生的。

一种悲观的观点认为，界定属于新城市社会学独特领域的问题本质上是徒劳的，而且在理论上已经过时。这一观点支持分散、不连续和多样化的趋势，并认为最有趣的研究可能出现在学科的交叉领域。相反，乐观的解释是，新城市社会学将继续推动城市研究，推动新的研究议程，并影响关于全球化进程和城市变革的辩论。对于这一观点的支持者来说，新城市社会学范式应该采取新的方向，抓住跨学科带来的机遇，同时承认学科边界仍然很重要。

因此，一方面，由于全球化进程、种族和阶级不平等以及对城市的批判理论的重视，新城市社会学的未来是光明的。另一方面，我们可能正在进入一个后学科时代，在这个时代，社会学、地理学、人类学和政治学的解释和辩论之间的区别，与理解城市现象的相关性较小。由于范式的多维性、理论和分析的多样性以及概念的丰富性，新城市社会学显然有着各种有趣的未来。基于过去的趋势和已被证明的优势，新城市社会学的效用在于恢复和刷新对城市不平等敏感的传统方法，认识到细致入微和复杂的经验研究的重要性。城市社会学家可以通过关注长期存在的问题和主题来应对城市研究中跨学科和碎片化的挑战，这些问题和主题包括社会空间分裂、贫困和隔离、全球和地方在城市发展中的相互作用，以及资本主义发展和城市化之间的联系。

进一步阅读书目：

- Borer, Michael Ian. 2006. "The Location of Culture: The Urban Culturalist Perspective." *City & Community* 5(2): 173–197.
- Feagin, J. R. 1998. *The New Urban Paradigm: Critical Perspectives on the City*. New York: Rowman & Littlefield.
- ——. 2006. *Systemic Racism: A Theory of Oppression*. New York: Routledge.
- Gotham, Kevin Fox. 2001. "Urban Sociology and the Postmodern Challenge." *Humboldt Journal of Social Relations* 26(1 & 2): 57–79.
- ——. 2002. "Beyond Invasion and Succession: School Segregation, Real Estate Blockbusting, and the Political Economy of Neighborhood Racial Transition." *City and Community* 1(1): 83–111.
- ——. 2002. *Race, Real Estate, and Uneven Development: The Kansas City Experience, 1900–2000*. Albany: State University of New York Press.
- ——. 2006. "The Secondary Circuit of Capital Reconsidered: Globalization and the U.S. Real Estate Sector." *American Journal of Sociology* 112(1): 231–275.
- Gottdiener, Mark. 1994. *The Social Production of Urban Space*. 2nd ed. Austin: University of Texas Press.
- ——. 2001. *Theming of America: Dreams, Visions, and Commercial Spaces*. 2nd ed. New York: Westview Press.
- Gottdiener, Mark, Claudia C. Collins, and David R. Dickens. 1999. *Las Vegas: The Social Production of an All-American City*. Malden, MA: Blackwell.
- Gottdiener, Mark and Joe R. Feagin. 1988. "The Paradigm Shift in Urban Sociology." *Urban Affairs Quarterly* 24(2): 163–187.
- Gottdiener, Mark and Ray Hutchison. 2006. *The New Urban Sociology*. 3rd ed. Boulder, CO: Westview Press.
- Hutchison, Ray. 2000. "The Crisis in Urban Sociology." In *Urban Sociology in Transition*, edited by Ray Hutchison. Stamford, CT: JAI Press.
- ——. 2000. "Introduction to Constructions of Urban Space." In *Constructions of Urban Space*, edited by R. Hutchison. Stamford, CT: JAI Press.
- Milicevic, Aleksandra Sasha. 2001. "Radical Intellectuals: What Happened to the New Urban Sociology?" *International Journal of Urban and Regional Research* 25(4).
- Perry, Beth and Alan Harding. 2002. "The Future of Urban Sociology: Report of Joint Sessions of the British and American Sociological Associations." *International Journal of Urban and Regional Research* 26(4): 844–853.
- Smith, David A. 1995. "The New Urban Sociology: Meets the Old Rereading Some Classical Human Ecology." *Urban Affairs Review* 30(3): 432–457.
- Squires, Gregory D. and Charis E. Kubrin. 2006. *Privileged Places: Race, Residence, and the Structure of Opportunity*. Denver, CO: Lynne Rienner.

(Kevin Fox Gotham 文　王　洋 译　李文硕 校)

NEW YORK CITY, NEW YORK | 纽约州纽约市

城市学家对于纽约的探索仍是非常分散的。2005 年,南希·方纳(Nancy Foner)、约翰·莫伦科夫(John Mollenkopf)和霍华德·邱尼克(Howard Chernick)在拉塞尔·塞奇基金会(Russell Sage Foundation)资助下主编了关于"9·11"事件对纽约市影响的研究类著作(共 3 卷:社会影响、政治复兴、经济影响),各卷相对独立,很少交叉引用。整个项目是一堆互不相关的分析文章,使用不同的语言、针对不同的读者。这座城市的故事还有很多,读者们似乎并不期待甚至可能不信任何关于宏观叙述的尝试。埃德蒙·巴罗斯(Edmund G. Burrows)和迈克·华莱士(Mike Wallace)的《哥谭镇》(Gotham,1999)就是典型,叙事史经常有卷土重来之势,但似乎很少有能力将这座复杂的大都市置于清晰的视野之中。

变革的历史

变革、多样性和分裂一直是解释纽约市的重要主题。不稳定已经成为一种生活方式,一种纽约的传统。变革表明强大的社会、文化和经济力量在城市中发挥作用,但也有让人遗憾之处。1839 年,前市长菲利普·霍恩(Philip Hone)在他的日记中写道,这座城市存在着"想要彻底重来的愤怒"(Rage for Pulling Down)。一些与这座城市的过去联系而被奉为神圣的历史建筑被随意拆除。在约翰街,霍恩的父亲在曾经拥有的一座房子的废墟上,无助地凝视着,正如他令人难忘地说:"推倒、推倒、推倒!"似乎表达了纽约的精神。

抵制变革的意愿也是如此。历史保护系统是在 1965 年《地标法》通过后建立的,它确定并试图保护这座城市的一些历史建筑,成为对抗房地产无限制开发的潜在力量。变革力量和变革阻力之间的斗争,伴随着断断续续的社区活动和复杂的政治竞选,展示了城市的动力——欢迎现代性和美化变革、寻求保护过去的痕迹,有时哀悼他们的损失。但我们给这些人和群体贴上的标签是有倾向性的。谁戴着白色的帽子,谁戴着黑色的帽子,这个问题根本没有定论,这模糊了斗争及其结果。

卫生改革

纽约市卫生改革的故事经常被人提起。随着传染病学的进步,城市生活变得更加安全。然而对同时代的人来说,这样的运动远不是一件好事。这座城市在 19 世纪是出了名的不健康,卫生改革者呼吁该市收集市民准确的出生和死亡信息。统计数字的编纂和解释成为政府管理城市卫生政策的中心工作,医生们常常借鉴埃德温·查德威克(Edwin Chadwick)的开创性工作,推动对纽约极其严重的卫生问题采取类似的做法。查德威克撰写了颇具影响力的 1842 年英国劳动人口卫生状况的报告。

约翰·格里斯科姆医生(John H. Griscom,1804—1874)曾短暂担任过城市督察,在他于 1845 年发表《纽约劳动人口卫生状况》(Sanitary Condition of the Laboring Population of New York)的报告之前一直与查德威克保持着联系。格里斯科姆向我们展示了这个问题的严重性:城市贫民窟中疾病横行、残疾人口众多、婴儿死亡率高。他认为恶劣的住房条件是造成城市人口健康不良的主要因素,为此呼吁制定卫生条例以排除可避免的不良健康因素。"教他们如何生活,"他在谈到穷人时写道,"这样可以避免疾病,让他们生活得更舒适,这样他们的学校教育就会有加倍的效果……让他们变得聪明和快乐。"

然而,格里斯科姆呼吁普及疫苗接种,以及他主张加强卫生检查员的权力以加强"住所清洁",这些都被视为专制。格里斯科姆改革廉租公寓的要求遭到了贫民窟房地产业主和居民的抵制,前

者总是坚决捍卫私有财产的权利,后者担心他的改革会提高租金。格里斯科姆在纽约的卫生改革中发挥了重要作用,但他1845年的报告却未能生效。

20年后,格里斯科姆成了新一代卫生改革者的英勇先驱。1865年,改革者在对廉租公寓进行大规模调查后,发表了《纽约市民卫生协会关于城市卫生状况的报告》(The Report of the Council of Hygiene of the Citizens' Association of New York upon the Sanitary Condition of the City),这是创建大都会卫生委员会运动的高潮。改革反对者、既得利益集团、政治机器、州议会的贿赂者以及部分民众,仍然是改革的主要阻挠力量。

中央公园

住房紧张导致了公寓的快速增长,疾病、通风不良和过度拥挤也导致了健康危机。这被一些支持建造城市大型公园的人用来作为支持自己观点的证据。但该想法受到了质疑,人们怀疑公园建造过程中可能的利益输送,并担心公园会成为城市里喧闹的"啤酒花园";曼哈顿市中心的商人们反对交税,因为公园离自己居住和工作的地方只有几千米远;但支持者认为公园将使城市更美丽和有序。安德鲁·杰克逊·唐宁建议,公园应该"软化和教化粗鲁的人,教育和启发无知的人,让受过教育的人继续享受快乐"。

弗雷德里克·劳·奥姆斯特德(Frederick Law Olmsted)于1857年8月申请担任中央公园的建设总监,9个月后他与卡尔弗特·沃克斯合作赢得了该公园设计方案的竞赛。奥姆斯特德-沃克斯规划的基础是相信设计可以大大提高居民的生活水平,同时避免城市生活中的许多社会弊端。在经济困难时期的两年内,他雇佣了3000名员工。奥姆斯特德的公园是一个冥想快乐的地方。公园没有设计长直道,因为他们担心会给急走比赛和赌博提供机会。公园里蜿蜒的小径是散步的理想场所;它的凉亭,众多的长椅,以及乡村风格的设施为独自漫步提供了充足的条件。对奥姆斯特德来说,中央公园是英勇的民主斗士,是国家如何高效、诚实地开展工作的典范。这也是人道主义和社会改革的胜利。但这座公园乌托邦式的抱负几乎没有实现。它成为并一直是一种极好的便利设施,但它也不能免除城市税收的压力、变幻莫测的政治机会主义、不断变化的犯罪形式和混乱局面。

贫民窟住宅

尽管在19世纪50年代创建了中央公园,并且在内战后大都会卫生委员会成立时实施了健康措施,但纽约几乎没有显示出成为一个有序、宁静或沉思的社区的迹象。只有少数神职人员、社工和记者知道贫民窟的条件在不断恶化。改善穷人状况协会(Association for Improving the Condition of the Poor)雇用"访客"分发救济物资,并鼓励穷人改变他们的生活方式。由于认识到许多社会弊端,该协会对贫困的理解越来越世俗化。

查尔斯·洛林·布雷斯(Charles Loring Brace)毕业于耶鲁大学,是奥姆斯特德的朋友,于1853年成立了儿童援助协会(Children's Aid Society)。布雷斯建立了工业学校、夏令营和报童公寓,反对对儿童进行制度化的照顾。他的主要目标是"道德消毒",方法是将纽约的孤儿和流浪儿童转移到农村家庭。但直到19世纪80年代末,贫民窟的详细情况才引起了公众广泛的注意。一位名叫雅各布·里斯的记者将现代公众的目光全部聚焦到穷人的困境上。他是一个好斗的福音传道者,希望改变环境,同时呼吁穷人改变他们的生活方式。里斯的幻灯演讲使用了两台投影机,拍摄了10平方英尺的图像。幻灯展示了公寓里的场景,这些场景有一种临场感,令人震惊地揭示了贫民窟的问题。

里斯受邀将他的演讲写成一本书,即《另一半人如何生活》(How the Other Half Lives),在1890年出版。里斯获得了改善穷人状况协会、儿童援助协会和卫生部的统计学家提供的素材。他的书引起了人们的注意。"我读过你的书,我是来帮忙的!"西奥多·罗斯福(Theodore Roosevelt)在里斯办公室留下的一张卡片上写道。1893年,罗斯福担任纽约警察委员会主席时,里斯成为他的重要线人和支持者。他以自己真知灼见、略带偏见的方式,克服了公众对贫民窟居民的恐惧和冷漠。他恳切地为这类人说话。这是一个不同寻常的时刻,纽约市的反应就像一个真正的社区。

在整个19世纪,几乎没有对"想要彻底重来的愤怒"进行有效的抵抗。1866年,三一教堂(Trinity Church)出售了圣约翰公园(St. Johns Park),这个事情表明城市发展缺乏制衡力量。科尼利厄斯·范德比尔特(Cornelius Vanderbilt)想把这个公园作为哈德逊河铁路公司的火车站。随后,他们与公园地区的部分居民进行了长时间的谈判。他们没有针对这笔交易展开声势浩大的公众运动,而是每人塞了1.3万美元。不到一年,圣约翰公园的树木就被砍掉了;居民们离开了这里,前往更好的住宅区。

1892年,三一教堂提议停止在圣约翰教堂做礼拜,1907年在原址举行了祝圣仪式,教堂有一架珍贵的风琴,这是1812年战争期间英国皇家海军在途中缴获的(后来用2000美元赎回)。1908年出售教堂的提议被重新提出,受到了精英阶层的欢迎。政治家、当地显要、建筑师、编辑、作家如(威廉·迪安·豪厄尔斯[William Dean Howells])和金融家(J. P. 摩根[J. P. Morgan])联名给新闻界写信。《世纪杂志》(Century Magazine)编辑理查德·沃森·吉尔德(Richard Watson Gilder)发表了一首诗,对拟议中的拆迁表示遗憾。但是教区居民人数的减少、教堂的糟糕状况、瓦里克街的拓宽,以及缺乏资金来支持其他用途,导致教堂在1918年被拆除,原址建起了两幢8层高的防火仓库。

想要彻底重来的愤怒

这里有一个迹象表明,纽约市民的情绪开始发生更深层次的变化。1963年,巴黎美术学院风格的宾夕法尼亚车站的拆除被广泛认为是这一转变的分水岭。格林尼治村的社区团体发起了一场运动,反对拆除埃德加·爱伦·坡(Edgar Allan Poe)曾经居住过的西三街85号这座小红砖房子。纽约大学法学院曾提议在这块土地上修建一栋8层楼高的建筑,并在州最高法院成功地驳回了该团体的诉讼,但在2001年纽约大学法学院提出了一个和解方案,并与该团体达成一致。在和解方案中,纽约大学法学院同意按照19世纪时的样子重建这栋建筑的立面。

在这种混乱的斗争中幸存下来的标志性建筑数量很少,而且需要大量资金来维持。但是,历史上纽约因为社会原因而形成了动员和抗议机制,如废除奴隶制、扩大普遍选举权、卫生改革、建立廉洁政府、发展经济、种族正义以及妇女权利这种动员和抗议机制再次发挥了作用。每一场战役都以不同方式塑造了抵抗的传统。忽视围绕这些改革事业而发生的激烈斗争,可能会使我们处于危险之中。这些运动不是轻易获胜的,而且从来都不是不战而胜的。针对某些开发(一座新摩天大楼、一个焚化炉、一个购物中心)和社会改革的斗争,使大都市中出现了关于社区、社会责任、政府角色,以及社会关系的多样性的新思想,为更深的理解城市生活确立了日程。

很难说这些运动是代表了对变革的简单抵制,还是它们本身就是一种适应城市生活碎片化现实的活动。这些斗争的界线很少明确,这座城市自由主义的名声充其量也只是半真半假。纽约社会保守主义的脉络是坚实而持久的。2001年初,纽约市长朱利安尼发起了一场反对当代艺术泛滥的运动,得到了很多人的支持。

但房地产开发商和他们的大宗交易更令人感兴趣,因为他们的影响力更为复杂。纽约庞大的房地产利益集团是变革的有力支持者。房地产行业的商业活动工作机会、标志性建筑、税收增长所带来的诱惑让人难以抗拒。他们是人们对旧纽约的小范围情感依恋的沉默敌人,公园、高速公路和桥梁的伟大建造者罗伯特·摩西,也是通过华盛顿广场向南延伸第五大道计划的支持者。

纽约：全球城市？二元城市？
来源：Steven K. Martin

全球城市

20世纪80年代，人们开始理解"全球城市"一词，开发商还在争夺当地房地产开发项目时的纽约并不是一个全球性的城市。但自从约翰·雅各布·阿斯特（John Jacob Astor）时代以来，纽约出现了一个全球化的富人阶层，他们只是偶尔参与一些本地事务。镀金时代的伟大实业家和金融家与当地的联系甚至更弱。他们的企业是国际性的，将纽约的金融机构与伦敦和汉堡的金融市场联系在一起。城市学家认为，全球经济中的大城市在某种程度上倾向于"与所在地区脱节"。这一过程在纽约的发展过程中可见一斑。1860年，纽约市试图从纽约州独立，但以失败告终。

如果富人的视野是不断使自己从城市和日常事务中脱离出来，那么，与此不同的是，城市不断增长的移民和少数族裔仍保留记忆和对旧世界的忠诚，无论是爱尔兰人、波兰人，还是西西里人，有时会参与街头就业、政治和文化之中。这是一个认同和忠诚严重分裂的城市。

1991年，萨斯基亚·萨森等人所描述的全球城市以及不断扩大的跨国主义视野，似乎指向纽约的未来，或者确切地说是华尔街的未来——它根植于自由贸易、开放市场、政府监管的减弱，信息爆炸以及广阔的全球资本流动。然后在2008年，这些全球金融机构几乎崩溃。华尔街引以为傲的投资银行被发现淹没在"有毒债务"的海洋中，要么破产，要么被接管，要么被国有化。纽约市2009年的失业人数估计接近20万。

拉塞尔·塞奇基金会的研究报告中对纽约的韧性给予了热烈赞扬，这表明纽约可以再次利用该市移民社区中日益令人印象深刻的创业精神。但在1991年约翰·莫伦科夫和曼纽尔·卡斯特编辑的著作中,对"双重城市"的尖锐两极分化进行了分析,证实了汤姆·伍尔夫在1987年的《虚荣之火》(*Bonfire of the Vanities*)中描绘的一个支离破碎的城市的基本面貌。一个全球化的城市,一个拥有无限抱负、权力和财富的地方的梦想并没有破灭,而是破碎了。

进一步阅读书目:

- Beveridge, Charles and David Schuyler, eds. 1997. *The Papers of Frederick Law Olmsted*. Vol. 3, *Creating Central Park*. Baltimore: Johns Hopkins University Press.
- Brace, Charles Loring. 1872. *The Dangerous Classes of New York, and Twenty Years' Work among Them*. New York: Wynkoop & Hallenbeck.
- Chernick, Howard, ed. 2005. *Resilient City: The Economic Impact of 9/11*. New York: Russell Sage Foundation.
- Citizens' Association of New York. 1865. *Report of the Council of Hygiene and Public Health of the Citizens' Association of New York upon the Sanitary Condition of the City*. New York: D. Appleton & Co.
- Griscom, John H. 1845. *Sanitary Condition of the Laboring Population of New York*. New York: Harper & Brothers.
- Hone, Philip. 1927. *The Diary of Philip Hone 1828–1851*. Edited by Allan Nevins. 2 vols. New York: Dodd, Mead and Co.
- Mollenkopf, John H. and Manuel Castells, eds. 1991. *Dual City: Restructuring New York*. New York: Russell Sage Foundation.
- Riis, Jacob. [1890] 1971. How the Other Half Lives: *Studies among the Tenements of New York*. New York: Dover Press.
- Rosenzweig, Roy and Elizabeth Blackmar. 1992. *The Park and the People: A History of Central Park*. Ithaca, NY: Cornell University Press.
- Sassen, Saskia. 1991. *The Global City: New York, London, Tokyo*. Princeton, NJ: Princeton University Press.

(Eric Homberger 文 王 洋译 李文硕校)

NEW YORK WORLD'S FAIR, 1939–1940 | 1939—1940年纽约世界博览会

1939—1940年的纽约世界博览会是有史以来规模最大的世界博览会之一,对塑造"二战"后美国乃至世界的大众文化做出了巨大贡献。

在经历1929年的股市崩盘和十年的经济萧条后,纽约世界博览会正式开张,目的是振奋美国人的精神,同时通过新技术和新产品的展示刺激集体消费,促进经济复苏。

大量的赞助来自当时的大公司(伊士曼·柯达和美国电话电报公司等)特别是汽车行业,以通用汽车和福特汽车为首。对消费主义和新技术的重视有助于发展一种新型的美国消费者。

博览会占地约25平方千米,其位置曾是昆斯区法拉盛草场的一片荒地,1964—1965年的纽约世界博览会也是在这里举办的。它的主题是"明日世界",一个充满高速流动、乐观主义、个人自由和大众消费的乌托邦式未来。然而,到1940年博览会开放时,第二次世界大战已经开始,此时的气氛已不那么乐观。

博览会为建筑、规划和工业设计的实验提供了

一个重要的舞台。如果说庆祝机器时代是它的基本背景,那么它的主要风格就是现代主义,再加上未来主义和幻想主义。设计委员会的成员包括现代主义建筑师阿尔瓦·阿尔托(Alvar Aalto)和斯基德莫尔与奥因斯设计行(Skidmore & Owings),以及设计师诺曼·贝尔·盖迪斯(Norman Bel Geddes)、雷蒙德·洛伊(Raymond Loewy)、亨利·德赖弗斯(Henry Dreyfuss)和沃尔特·多温·蒂格(Walter Dorwin Teague)。与博览会委员会密切合作的还有纽约市公园事务专员罗伯特·摩西,他曾一度计划将整个法拉盛草地地区改造成一个公园;为了这次博览会,他拓宽了通往游乐场的高速公路。

国际风格的现代主义被强加在一个经典布局上,其由全景轴线和宽阔的林荫大道组成。博览会被划分为7个地理区域(通信和商业系统、社区利益、食品、生产和配送、交通、政府和娱乐),围绕着一个由建筑师华莱士·哈里森(Wallace Harrison)和马克斯·阿布拉莫维茨(Max Abramovitz)设计的、名为"主题中心"(Theme Center)的轴心旋转。整个区域由两个纪念性的建筑主导,即尖角塔(Trylon)和圆球(Perisphere)。环绕层有一个由亨利·德赖弗斯设计的巨大立体模型,名为"民主",游客可以从移动的高架人行道上欣赏它。

然而,最受欢迎的展馆是由通用汽车赞助的"未来世界展示"(Futurama)。诺曼·贝尔·盖迪斯设计的这个约3345平方米的展览,让参观者在空中穿越一个巨大的立体模型,这个模型设想了20年后也就是1960年的世界。这个模型世界由一系列令人难以置信的微型城镇、独立设计的房屋、5万辆微型移动车辆和100万棵不同种类的微型树木精心设计而成。这片土地被一条连接城市和农村的革命性高速公路所主导,允许个人拥有的车辆以每小时80千米的速度行驶。在旅程结束时,游客们重新回到现在,来到了通用汽车公司的待售汽车展厅。

在1939年和1940年的展季里,"未来世界展示"吸引了2600多万游客。新版的"未来世界展示"描绘了2024年的未来,在1964—1965年纽约世界博览会期间重返纽约市。

基于汽车乌托邦式的未来设想,加上"明日之城"所设想的独户家庭的想法,给美国的生活方式留下了长久的遗产,并影响了未来几年的交通政治:汽车车主和公共资助公路系统的社会的承诺很快成为现实。"未来世界展示"通过宣扬汽车是个人自由的一种方式,为郊区的扩张铺平了道路。

1939—1940年纽约世界博览会上描绘的未来主义乌托邦极大地影响了后大萧条时代普通美国人的集体想象。博览会的文化遗产一直延续到20世纪末,塑造了一个新的消费主义中产阶级,并把战后美国交通政策的制定提上了日程。

进一步阅读书目:

- Gelernter, David. 1995. 1939, *The Lost World of the Fair*. New York: Avon Books.
- Harrison, Helen A., ed. 1980. *Dawn of a New Day: The New York World's Fair, 1939–1940*. New York: New York University Press.
- Howard, Alan, John Sullivan, Leigh Ann Fibbe, John C. Barans, and Richard Guy Wilson. 1998. *Welcome to Tomorrow*. Charlottesville: University of Virginia. Retrieved April 21, 2009 (http://xroads.virginia.edu/~1930s/display/39wf/frame.htm).
- Rydell, Robert W. 1993. *World of Fairs: The Century-of-progress Expositions*. Chicago: University of Chicago Press.
- Zim, Larry, Mel Lerner, and Herbert Rolfes. 1988. *The World of Tomorrow: The 1939 New York World's Fair*. New York: HarperCollins.

(Alessandro Busà 文 王 洋译 李文硕校)

NIGHTLIFE ｜夜生活

夜生活在很大程度上是由黑暗和白天的节奏所塑造的,就像城市生活一般,它既危险又自由。随着公众活动和人口的变化,城市在夜间也会有所不同。一些商业区变成了娱乐区,而另一些则死气沉沉。沃尔夫冈·希弗尔布施(Wolfgang Schivelbusch)和约阿希姆·施勒(Joachim Schlör)认为从 19 世纪 30 年代开始,欧洲城市的一系列发展共同塑造了城市夜生活：扩展的路灯、与新兴夜间经济相关的商业和节日灯光的同步扩张,以及人们对黑夜里城市会发生什么的巨大好奇心。

重要对比

直到 19 世纪末,城市都按照白天和黑夜的自然节律运转。中世纪的欧洲城市实行宵禁,行人在天黑后手持火把,既是为了照亮道路,也是为了表明自己的身份。尽管现代城市与光有关,街道照明也在 16 世纪被引入了欧洲城市,但直到 17 世纪,希弗尔布施所说的秩序照明才在欧洲一些大城市得以确立。建立一个固定的路灯网络照亮街道(而不是照亮个人或建筑物)是绝对主义国家治安管理的一部分,伦敦保留了较老的系统直到 18 世纪(就像它在 19 世纪之前一直依赖守夜人一样)。

街道照明是现代化的一个关键方面,同时还有供水和其他重要服务。虽然技术在夜生活的发展历史上发挥了重要的作用,尤其是燃气和电灯在 19 世纪的出现,但这些并不一定使城市获得更好的照明。18 世纪 60 年代,灯具反射器被引入巴黎,它们比旧的灯笼亮得多,但是数量较少、间隔较远,所以街道十分昏暗。煤气灯或许是明亮而现代的,但正如琳达·尼德(Lynda Nead)所指出的,它们那逐渐减弱、闪烁不定的灯光也投下了阴影；后来,电弧灯的出现使邻近街道上的煤气灯显得更加暗淡无光。

这些受光照的地域标志着并再现了黑暗之后的社会分裂,就像今天一样。国际差异可以在夜间的世界图像中看到,与撒哈拉以南非洲大部分地区相比,北美、欧洲、北非海岸和印度等地的城市中心更加明亮,尽管据估计到 2010 年,前者将有大约 3 亿城市居民。虽然夜生活的历史常常通过光照的历史来讲述,但两者之间的联系是复杂的。

照明与节日的关系在早期的现代城市中得以确立,城市橱窗的照明是庆祝国家成功或反映政治动荡的标志。煤气和电力也促进了商业照明的扩展：明亮的店面和室内装饰,娱乐场所的煤气灯,如 19 世纪 30 年代的伦敦金酒宫(London's Gin Palaces),后来的电子影院天棚、时代广场和皮卡迪利广场等场所的标志。这些"明亮的灯光"成了城市生活的代名词。

在黑暗和光明之后,夜晚第二个最重要的特征是它与白天的对比。关于时间意识的历史争论一直存在,但人们常常认为现代时间原则使白天和夜晚的划分更为严格,划分与工作和休息(或快乐)有关。利用人造光,这种时间原则开始使工作时间不仅限于白天。乔治·奥古斯塔都·萨拉(George Augustus Sala)于 1859 年在伦敦出版的《夜以继日,或伦敦的白天与夜晚》(*Twice Round the Clock, or The Hours of the Day and Night in London*)开篇写道："读者,你曾经整夜不睡吗？"该书是按照时钟组织的,每小时一章；事实证明,这种安排时间和结构的方法在其他地方很受欢迎。

商业活动和节日期间的照明方便城市居民购物、吃饭和娱乐,但前提是城市当局允许他们这么做；夜晚的时长由国家对娱乐场所时间的控制决定。1839年,伦敦的酒吧被迫在周六午夜至周日凌晨4点之间关闭,到1864年,英国的酒吧每天都在凌晨1点至4点之间关闭。延长营业的特权最初只限于贵族场所的赞助人,如18世纪伦敦的沃克斯豪尔(Vauxhall),但后来逐渐扩大到资产阶级,他们利用深夜来区分自己和那些为了工作而早离场的人,如托尔斯坦·凡勃伦(Thorstein Veblen)所说的19世纪末的有闲阶层。(尽管这些阶层通常实行时间隔离,由于工作时间不同,很少碰面,但他们有时会在破晓时分碰面,一个去上班,另一个回家。)

英国的经营法规反映了这些区别。1830年建立的平民啤酒屋在酒吧被要求关闭前的30年,不允许在工作日的晚间营业,而对富人的私人俱乐部和餐馆的约束则更为宽松。然而,正如施勒所指出的,这些强制结束黑夜的尝试并不总是成功。在19世纪70年代的柏林,警方承认,原定于晚上11点关门的酒吧经常营业到午夜,观察人士注意到,到1900年,这座城市的夜生活似乎不再停歇。

街道的开放,以及晚开的咖啡馆和剧院的明亮灯光,使城市的夜间更具乐趣和可能性。夜生活的刺激总是带有危险的色彩,城市生活的不可预测性在夜晚的阴影中加剧。从18世纪30年代的沃克斯豪尔、到18世纪80年代的皇家宫殿(Palais Royale)、到20世纪初的科尼岛(Coney Island),再到20世纪20年代的柏林,夜晚的城市是日常生活的一个夸张版本,带有一种高度的孤独感、社交感、恐惧感和愉悦感。19世纪,成功的夜间经济在许多城市建立起来,正是基于这种复杂的内涵。

在这一繁荣时期,英格兰和威尔士的酒类经营场所数量超过了人口增长:1820年,大约有3.5万个酒吧营业执照,但到1870年,这一数字增加了近一倍,另外还有近5万个啤酒馆营业执照。同样,斯科特·海恩(W. Scott Haine)告诉我们,到19世纪40年代末,巴黎有4500家咖啡馆,到1870年有2.2万家;到20世纪末,这一数字接近3万,这使得该市的人均饮酒量超过了伦敦或纽约。其他景点也蓬勃发展,比如19世纪50年代的伦敦音乐厅(当时可能有300家),或者20世纪初的电影院。

夜间经济

正如埃里卡·拉帕波特(Erika Rappaport)所言,这种夜间经济与伦敦西区等购物区同步发展,因此,在一天的购物之后,晚上出去玩是很自然的事情。它还基于快乐和利润之间的成功平衡,就像约瑟夫·里昂(Joseph Lyons)把他的餐厅业务描述为"快乐的自由贸易"。音乐厅经理、公平业主和其他企业家清理了他们生意中更有活力的方面,不是因为他们必须这么做,而是因为这最终意味着更高的利润。其他形式的娱乐比如维多利亚时代的酒吧,几十年来一直抵制禁酒和政府试图关闭或监管它们的努力,因为那里有太多的人在喝酒。直到20世纪末,以家庭为中心的工人阶级文化的缓慢发展才遏制了啤酒馆和酒吧的发展。在很多情况下,对夜生活的清理是由于商业压力而不是国家监管。

显然,明亮的灯光并没有照亮每一个角落。犯罪、煽动叛乱、卖淫和酗酒并不局限于夜间,但似乎在天黑以后才会兴盛起来。煤气灯的使用与现代警察的兴起以及记者、统计学家、改革家和寻欢作乐者对城市生活的调查热情同时出现。他们经常在天黑后寻找问题区域,因此,19世纪对城市及其问题群众的重新发现通常也是对夜晚的重新发现。古斯塔夫·多雷(Gustave Dore)1872年的一幅插图《靶心》(The Bull's eye)很好地总结了这一点:一名警察举起书名中的灯笼,照亮了伦敦的黑暗角落。

这种对现代城市问题的迷恋,以及这些问题在夜间的表现,促使人们努力遏制夜生活。对关门时间的控制和对饮酒和娱乐场所的宵禁已经得到讨论。通过规范这些活动开展的地点,控制卖淫、犯罪、无家可归者和酗酒,改善城市结构使其对这些活动不那么好客——经常开放胡同和庭院,让空气、光以及最重要的是,在明亮的街道的帮助下,警察和其他人可以进行仔细的监视。

从19世纪40年代起，人们就开始意识到，如果把夜晚放在休闲上，那么它应该是一种正确的类型：改善、清醒和虔诚。彼得·贝利（Peter Bailey）和其他人研究的理性娱乐运动特别关注酒吧的替代品，如咖啡馆、公园、博物馆和图书馆。更妙的是，一旦工作日结束，为了舒适的家，街道上就空空如也了。

当代问题

这些夜生活的特点至今仍与我们同在。尽管许多城市的照明时长更加确定，分布也更加均匀，但夜晚仍然与快乐和恐惧联系在一起。在一些观察人士看来，当代夜间经济比19世纪时更强大，重塑处于衰落之中的工业区和滨水区，在一天的工作结束后，商业中心区变得空无一人，在20世纪中叶，中产阶级白人抛弃了内城的居住区。约翰·汉尼根（John Hannigan）把这些复兴的中心区域称为"梦幻城市"，他指出，在美国，这些中心区以品牌和赞助为主要特点，在设计中使用主题（遗产或流行文化主题，如迪士尼），致力于夜生活，在其他一些事情上，与城市的邻近地区相隔离。和其他评论家一样，汉尼根担心这种夜生活会在多大程度上助长一种虚假的限制或"无风险的风险"，这种风险看似危险，但已被彻底标准化和净化。从这个角度来看，梦幻城市是非居住区的一种绅士化形式。

保罗·查特顿（Paul Chatterton）和罗伯特·霍兰德斯（Robert Hollands）发现了英国城市夜生活的某些共性，并且发现与人们惯常认为的酒类和零售业被几家大公司垄断以及国家乐于支持新自由主义政策的观点的不同之处（例如2003年的《执照法》就对经营时间做了约束，同时也有法律旨在惩罚酗酒者）。但在夜间经济中并不仅仅是资本和国家的合作，即便这种合作关系也是不可预测的。

1878年，房地产投机而不是道德运动关闭了伦敦的克里莫恩花园（Cremorne Gardens），当代的梦幻城市也可能受到房地产开发的威胁。负责伦敦大部分娱乐场所的威斯敏斯特市议会（Westminster City Council）和英国最大的许可证颁发机构对当地居民尤其是第二天必须工作的居民对噪音和滋扰的投诉越来越敏感。在布里斯托尔，居民协会成功地挑战了许多政策，根据2003年的法案，这将变得更加广泛和成功。在巴塞罗那、都柏林和泰国，居民与狂欢者发生了冲突。

这些例子表明城市是复杂的有机体，假设只有一种形式的夜生活是不准确的。地理和历史的差异很重要，各地社会性和社交活动的不同也很重要。第一，将夜生活简化为新自由主义政策与夜间经济之间的简单联盟似乎是不明智的。当然，梦幻城市不是从美国开始的，其他国家拥有不同的城市形式和文化、不同的经济，以及不同的过夜方式。

第二，有特定的夜生活史来匹配这种地理变化。例如在英国，过去20年中，夜间经济的复苏和外出旅游的增加，必须结合在此之前长达一个世纪的酒精消费下降来观察。然而，在西班牙和法国，目前的担忧主要围绕着葡萄酒消费的下降和啤酒饮用量的上升，因为这种不吃不喝的饮酒似乎越来越成为夜间娱乐活动的核心；马德里则致力于建立不以酒为中心，而以老式咖啡馆为中心的社会模式。

第三，我们对城市夜生活的评价反映了我们对城市生活的总体看法。如果我们对复仇主义城市和城市权利感兴趣，那么我们将在我们对夜生活的分析中看到这一点。如果我们把城市的社交能力看作是陌生人和熟人以及紧密联系的社区在日常交往中的产物，那么即使是最明显没有灵魂的城市中心酒吧也会引起夜生活研究者的兴趣。

进一步阅读书目：

- Bailey, Peter. 1998. *Popular Culture and Performance in the Victorian City*. Cambridge, UK: Cambridge University Press.
- Chatterton, Paul and Robert Hollands. 2004. *Urban Nightscapes: Youth Cultures, Pleasure Spaces, and Corporate*

- Haine, W. Scott. 1999. *The World of the Paris Café: Sociability among the French Working Class, 1789–1914*. Baltimore: Johns Hopkins University Press.
- Hannigan, John. 1998. *Fantasy City: Pleasure and Profit in the Postmodern Metropolis*. London: Routledge.
- Nead, Lynda. 2000. *Victorian Babylon: People, Streets, and Images in Nineteenth-century London*. New Haven, CT: Yale University Press.
- Rappaport, Erika. 2000. *Shopping for Pleasure: Women in the Making of London's West End*. Princeton, NJ: Princeton University Press.
- Schivelbusch, Wolfgang. 1988. *Disenchanted Night: The Industrialization of Light in the Nineteenth Century*. Berkeley: University of California Press.
- Schlör, Joachim. 1998. *Nights in the Big City*. London: Reaktion.

(James Kneale 文 王 洋 译 李文硕 校)

NIGHT SPACES ｜夜晚空间

夜晚空间的概念描述了特定时空下空间的社会生产：具体地说，是黑暗在人类互动和关系场所中扮演的角色。夜晚空间是显而易见的，例如，在城市景观的黑暗地方（试图）控制社会不当或非法行为，以及违反正常社会秩序的颠覆或犯罪行为；它们还表现在将活动引入社会接受的场所（例如家庭或休闲消费场所），以及采取社会运动"夺回夜晚"（Take Back the Night）的一些压迫活动，排斥一些人（如妇女、男同性恋者和女同性恋者），不再与他人共享场所。因此，夜晚空间会在种族、性别、阶级、性取向、年龄和体能方面影响生活。夜晚空间的概念体现了社会空间的辩证维度。

夜晚本身已经被社会学、历史学、政治经济学和城市研究等学科的学者研究过。特别值得注意的是亨利·列斐伏尔，他在《空间的生产》一书中写到了"夜晚空间"。他试图解释在资本主义创造的抽象、分散和管理的空间中，某些活动（尤其是非法活动）是如何在夜间被允许进入特定地区的。像布赖恩·帕尔默（Bryan Palmer）这样的学者已经从社会维度和影响的角度研究了夜的历史。迪克·霍布斯及其同事研究了夜间经济，以及全球化如何对一个从未完全关闭的商业和金融世界中产生竞争压力。对夜生活的多样性和节奏的研究包括巴斯蒂安·布雷豪尔（Bastian Bretthauer）对柏林的研究、马克·查德威尔（Mark Caldwell）对纽约市的研究、保罗·查特顿和罗伯特·霍兰德斯对青少年活动的研究，以及默里·梅尔本（Murray Melbin）将黑夜作为边疆的研究。

夜晚空间可以通过属地化的过程和与之相关的属地概念来研究。属地化包括空间的社会实践、规范和表现，它寻求在景观上建立某种合法和强制性的秩序。然而，区域作为（试图）社会控制的地区，在24小时内并不是暂时稳定的。正如米歇尔·福柯在谈到欧洲启蒙运动时所写的那样，对黑暗的恐惧过去存在、现在依然存在，因为它遮蔽了人类对正在发生的事件和行为的视觉。一个地区的任何假定的时间稳定性都会受到个人和群体的空间实践，以及黑夜对人类及其想象力所具有的各种意义和表征的破坏。尽管自然景观在24小时周期内具有相同的基本地形和建筑特征，但黑暗在任何时候、任何地方都使社会失去了地域性——它阻碍了加强社会秩序及其工具理性的技术、策略和技术的部署。对社会的危险可能是严重的：在黑暗的掩护下，越轨行为（例如犯罪行为、边缘群体非传统的生活方式、社会运动组织）可以不受惩罚地发生，而这通常不会在白天发生。

在夜晚，社会采取各种策略和技术来控制黑暗，可以说是重新划分了夜晚的领土。例如，照明和监视保护生命和财产的地区，以及在黑暗时刻加强消费场所的照明。我们可以提出三种典型的相互关联的再属地化模式：渠道化、边缘化和排斥。

渠道化模式将我们的活动和欲望导向被社会接受的地方，从而有助于在黑暗中重建秩序。渠道化通常需要通过话语传达夜间的正确位置以及使用照明和广告等技术。它还涉及执行官方区划政策。夜晚的社会规范强调家庭/休闲活动，从而建立行为规范，通过引导我们的意图和愿望到特定的地方，从而构成夜晚空间。路灯等技术有助于照亮通往家庭、餐馆、购物中心和加班的道路。聚光灯可以监视个人安全和保护财产。照明广告牌或独特照明的建筑等广告技术，为商品和服务的消费者在黑夜中指明了道路：灯光越亮，就越能吸引顾客，也就越能战胜竞争对手。此外，区划条例通过吸引被认为具有经济价值的企业类型，来引导人们及其愿望。

边缘化的再属地化模式是根据人们感知到的社会劣势或潜在的危险行为对他们进行分类；它在空间上把这些人与其他人和城市的某些地方隔离开来。其结果是，边缘化为所谓的不受欢迎的人建立和维持了从属地位。从历史上看，宵禁和巡逻被用于让人们待在黑暗的地方。边缘化的其他技术包括区划条例和非正式的社会行为守则。区划可以用来禁止或以其他方式限制被认为不适合某一地区的企业。非正式的行为准则包括对人的歧视性称呼，根据阶层、种族、性别、性取向等，所有这些都是为了在夜间将某些人或群体隔离到特定的地方。

排斥的再属地化模式构成了夜晚空间，甚至在边缘地区建立了高级的安全或消费场所。与边缘化类似，排斥的方式也需要空间隔离，但正是这种隔离设置了障碍，为里面的人建造了一个受保护的区域。例如围墙、保安或犬类巡逻、钥匙卡访问控制和警报系统，所有这些都是通过防御科技和技术来创建专属空间。大门在白天开放，住宅综合体是受欢迎的，但随着黄昏的到来，大门可以关闭，从而通过排斥构成夜晚空间。然而，围墙和警报并不是产生排斥的唯一方式。排他性技术，比如在夜总会雇佣保镖或在酒吧收费，可以加强特定的氛围，并在夜间吸引特定的客户。

再属地化的三种模式既包括正式的政府或商业政策，也包括个人和社区接受和实行的非正式行为守则。这些模式可以相互加强，从而提高有效社会控制的可能性。然而，这种方式也可能是矛盾的：边缘化尽管在其管辖范围内提供安全保障，但是也会减少顾客的数量。这种模式也可能造成意想不到的情况，因为夜晚空间的管理也会受到挑战。

夜晚空间是阶级、文化、性别、种族和性群体内部或外部之间社会冲突的时空表达。在它们的辩证转向中，空间又通过构建可用于行动和反应的环境和资源来影响这些冲突。通过重新划分政府政策或商业策略所创造的夜晚空间，试图行使一种对个人行为的实际控制能力，以及对人类欲望和感知的控制能力。

然而，霸权性夜晚空间的创造和实施，往往会受到个人或社会团体的挑战，例如罪犯或青年亚文化。这些团体和社区的其他团体体现了设想和促进不那么传统地使用夜间场所的能力。这种"越界"也可能包括社会进步活动和平等主义价值观念，从而寻求在社会的空隙处建立差异空间。无论进步与否，城市在夜间的违法行为和表现，都可能加剧其他公民，或许是更传统的公民的担忧。其结果是，政府和其他机构制定和实施反补贴政策，而这些政策本身可能导致更多的越界行为，增加公众的恐惧，从而促使更多的再属地化反应——这是正在进行的夜晚空间生产的特点。

进一步阅读书目：

- Bretthauer, Bastian. 1999. *Die Nachtstadt: Tableaus aus dem dunklen Berlin*. Frankfurt/Main: Campus Verlag.
- Caldwell, Mark. 2005. *New York Night: The Mystique and Its History*. New York: Scribner.
- Chatterton, Paul and Robert Hollands. 2002. "Theorizing Urban Playscapes: Producing, Regulating, and Consuming Youthful Nightlife City Spaces." *Urban Studies* 39(1): 95 – 116.
- Foucault, Michel. 1980. *Power/Knowledge: Selected Writings & Other Interviews 1972 – 1977*. Edited by Colin Gordon. New York: Pantheon Books.
- Hobbs, Dick, Stuart Lister, Philip Hadfield, Simon Winlow, and Steve Hall. 2000. "Receiving Shadows: Governance and Liminality in the Night-Time Economy." *British Journal of Sociology* 51(4): 701 – 717.
- Lefebvre, Henri. 1991. *The Production of Space*. Translated by Donald Nicholson-Smith. Oxford, UK: Blackwell.
- Melbin, Murray. 1978. "Night as Frontier." *American Sociological Review* 43(February): 3 – 22.
- Palmer, Bryan. 2000. *Cultures of Darkness: Night Travels in the Histories of Transgression (From Medieval to Modern)*. New York: Monthly Review Press.
- Williams, Robert W. 2008. "Night Spaces: Darkness, Deterritorialization, and Social Control." *Space and Culture* 11(4): 514 – 532.

(Robert W. Williams 文　王　洋译　李文硕校)

NON-PLACE REALM ｜无地方社区

"无地方"(non-place)的概念产生于一系列与现代性空间组织和感知中的关系流动有关的争论。"无地方"不是一个场所，而是一种在空间中移动的方式，它重视凝视与景观之间的关系，从而重新组织个人与场所的社会关系。在城市研究、社会学和文化研究中，随着人们越来越重视通勤，"无地方"已成为重要概念。一些人认为，全球化时代不断增加的流动性导致了一种新的超现代性，在这种超现代性中，社会性不再是有机的，不再源自与地方的历史关系；相反，它是孤立的、契约性的，而且常常是无言的。

"无地方"一词最初是由米歇尔·德·塞托在其影响深远的著作《日常生活中的实践》(*The Practice of Everyday Life*)中创造的，该书讨论了地方因被命名而改变其意义。比如在旅游空间中看到，其中的地点具有特定的文化和历史意义。这种命名切断了一个地方的日常生活(以前定义为关系的、历史的和与身份有关的)，并在意义呈现领域中对其重新排序。这个地方变成了一个"无地方"——一个行程点和消费制度的一部分。

马克·奥格在《无地方：超现代性人类学导论》(*Non-places: An Introduction to an Anthropology of Supermodernity*, 这本书在 1992 年首次以 *nonlieux, Introduction a une Anthropologie de la Surmodernite* 的名字出版)中发展了德·塞托的概念，并假设"无地方"正在成为一个超现代世界中的主导性空间模式。对于奥格来说，机场、购物中心，高速公路穿过风景、绕过村庄广场或主要街道，是这种新的空间存在模式的典范，其地形主要是象征性和短暂性的，其社会性是孤立的和契约性的。

"无地方"是促进各种运动的中介空间，这里充满了标志、指示和规章制度。人们可以根据各种运动中的标识来识别"无地方"。字母数字标识指定目的地和距离(例如,6号门,伦敦20千米2层的家庭用品),并提供使用条件(例如,限速每小时100米,禁止吸烟,自动同意监视)。在这种空间性模式下,人们以匿名的方式彼此体验。他们可能每天在同一辆公交车上或同一家购物中心看到同样的人,但他们从不会在社交场合知道对方的名字。在"无地方"中,人们的身份往往只是为了核实。正如奥格的名言,没有身份检查就没有匿名。在晚期资本主义时代,像机场、购物中心和高速公路这样的交通空间作为城市形式变得无处不在,因此,"无地方"的概念变得越来越突出和重要。

进一步阅读书目:

- Auge, Marc. 1995. *Non-places: An Introduction to an Anthropology of Supermodernity*. Translated by J. Howe. London: Verso.
- de Certeau, Michel. 1984. *The Practice of Everyday Life*. Translated by Steven Rendall. Berkeley: University of California Press.

(Gillian Fuller 文　王　洋译　李文硕 校)

NON-SEXIST CITY | 无性别歧视的城市

从城市地理学、历史学、社会学、哲学和城市规划等领域的研究来看,城市存在性别歧视。改变并不容易实现,因为城市是对女性社会角色之理解的外在表现。这些通过城市规划系统,以及规划师、建筑师、测量师、工程师和城市管理者的决策权,传递到城镇和城市的设计之中。所有这些职业仍然由男性主导,很少有女性在决策层面有发言权。的确,"更多的女性"并不一定意味着"更好的政策"。

处于不利地位的妇女

那么问题是什么呢？虽然规划是人为的,但有研究表明,妇女在这种主要由男性为其他男性开发的建成环境中处于不利地位,她性占公共交通使用者、老年人、残疾人、购物者、护理人员和少数族裔人口的大多数。城市社会学、社会政策和城市犯罪学传统上关注的是男性的经验、工作和问题,尤其是男性攻击者对内城女性受害者的影响。女性被刻板地认为是郊区的家庭主妇或无聊的妻子,然而在现实中,女性人口的社会阶层、收入和教育水平方面的差别很大。女人生活在各种各样的居住地:就像男人一样,她们也不是一个单一的群体。根据她们父亲或丈夫的社会阶层对妇女进行分类的方法没有抓住妇女在社会、经济和文化方面的真正地位。这是一种习惯,直到女权主义开始重塑社会学研究,并证明了女性和男性在工作、城市和生活本身的体验上的差异。

女性在社会中有着不同的角色和责任,这就产生了对城市空间的不同利用。能够使用汽车的女性比男性少,因此大多数公共交通的使用者都是女性,她们的日常出行模式比男性更为复杂,因为许多人把工作与照看孩子和其他家务结合在一起。这对所有级别的政策制定都有影响,包括宏观层面的总体战略政策、地区中观层面的地方规划,以及详细的微观层面的日常实践,如下所述。

在城市总体形态和结构的宏观层面上,传统上都是按照男性生活经验对城市进行区划和土地利用规划,在划分家庭和工作的基础上设立单独的居住区和就业区,建立广泛的汽车运输系统,使男性工人能够按时上班。区划是以公共卫生和效率的名义进行的,但它受到历史观念的强烈影响,即妇女在男子城市中的适当位置包括独居的和居家的。现代女性的生活和工作都发生在家庭之外,同时仍然主要负责照顾孩子、购物和家庭生活。例如,一个女人可能从家出发,先去托儿所,然后去学校,最后去上班,通过学校大门、杂货店和儿童护理者处返回,从而形成了一次复杂的旅行,而不是简单的单一目的通勤。

为了创建一个没有性别歧视的城市,在规划交通政策、停车政策、拥堵收费和公共交通需求时都将考虑这些差异。由于许多城市的路线仍然主要是由郊区到市中心的放射状路线,而不是相切的路线,因此几乎不可能通过公共交通将城外工作场所与零售点、郊区学校和居住区联系起来。

城市曾被撕裂以便为人类和汽车让路,如今钟摆已经向相反的方向摆动,其目的是以环境可持续性来控制汽车和限制流动。这一概念并不神圣,不应凌驾于性别批判之上,因为交通规划中很少考虑到妇女的旅程。在许多地区,公共交通的使用非常有限,因此女性的汽车旅行构成了一种"私人"公共交通的形式——护送家庭成员到城市各处,这是她们照顾家庭角色的延伸。

区划的含义

区划是现代土地利用方法的根源,它塑造了我们的城市,这源于以前的神圣时期的城市组织,但其中的性别是分离的。在古典时代希腊和罗马的城市里,如果一个女人待在家里并接受了作为妻子和母亲的角色,她将得到荣誉和赞扬;但是如果一个女人独自出现在街上则会被认为是一个妓女,被认为失去了控制。这些态度体现在城市形态中,体现在城市的布局中;例如在地中海城市,男人可以自由地在广场(公共广场)周围漫步,但女人只能在庭院(家的内部庭院)内漫步。

北欧也有这种分裂,并进入英美世界。例如,中世纪基督教欧洲的半世俗女修道院是世俗的宗教社区,妇女可以在这里生活,追求智力和精神的发展;例如现存的比利时布鲁日社区,建于1244年,现在是联合国教科文组织的世界遗产。虽然这在男权城市中为妇女设立的特殊场所——既为妇女提供了保护和尊重,又为妇女提供了一定程度的自治权和权威——但它们也加强了分离(甚至更低)的概念,使妇女与主流男性公共空间分离。

对"区划"一词的词源学研究揭示了这一明显具有科学性的规划原则的模糊起源。在古希腊,"zona"这个词指的是腰,更确切地说是孩子即女人腰上的果实,因此通过联想,它与房子和家联系在一起。玛丽琳·弗伦奇(Marilyn French)指出,希伯来语中妓女的意思是"出了门的她"(在婚姻家庭之外),也就是说在错误地方的女性,"zonah"(妓女)是"zanah"的特定同源词。在拉丁语中,"zonam solvere"的意思是"失去贞操地带",也就是说结婚或失去贞操。从"zana"到"sana",再到"sanitary",再到现代世俗城市中对卫生和健康设施的痴迷,这只是一个短暂的词源学飞跃。尽管污水和排水系统基础设施的发展至关重要,但社会卫生似乎更多地是为了控制妇女,而不是实际的疾病。

19世纪末和20世纪初发展起来的现代英美城市规划致力于用区划以保持土地用途的分离,其目的主要是为了公共卫生和效率,特别注意将住宅区和工作区分开,即居住和工作相分离。例如,英美城市规划之父帕特里克·盖迪斯显然认为女性处于劣势,需要控制。盖迪斯迷恋弗洛伊德将"母亲原则"与停滞联系在一起的理论。同样,勒·柯布西耶,欧洲城市规划运动和国际现代建筑高层风格的倡导者之一,创造了"房子是生活的机器"这一短语,他从古代神秘组织和共济会中获得灵感,试图将空间和妇女的地位控制在男性城市之内。

随后,在这个现代的大城市里,"无聊的中产阶级、受过大学教育的家庭主妇"坐立不安地坐在那里,体现在工作和家庭、就业和居住区的划分,以及男性和女性的属地上的区划思想,促成了北美城市单一土地使用的居住郊区的发展。

但是,在现代城市世界的许多其他文化中也存在这样的男女分化,例如在日本社会,工作和家庭之间仍然存在着明显的分离,商业领域的男同事们很少带妻子参与社交活动。在国际上,妇女缺乏土地和财产权,对发展问题几乎没有影响力。

替代策略

作为分散、区划、低密度城市的另一种选择,欧洲女性规划者希望看到"日常生活之城"即无性别歧视的城市,她们将其定义为短距离、功能混合和多中心的城市。她们的规划重点在地区一级,有地方设施、商店、学校、儿童保健设施和便利设施。这将首先减少出行的需要,创建可持续的、无障碍和公平的城市,同时满足新城市主义的许多标准。

在微观的街道层面,需要许多小的改变来创建一个无性别歧视的城市。为了使更多的妇女和男子能够乘坐公共交通、步行和骑自行车,需要一系列服务支持和基础设施改革。公共交通系统需要大大提升,并使人们更容易使用。推着婴儿车的妇女、残疾人和那些背着沉重行李的人会被台阶、狭窄的入口和不充足的人行道挡住去路。如果想让人们把车留在家里,更多的座位、公共汽车候车亭,尤其是更多的公共厕所(卫生间)是必不可少的。如果你想知道女性在社会中的真实地位,看看女厕前排队的队伍有多长就知道了。

要创造一个无性别歧视的城市,所有的政策议题都应该从性别的角度来批判,不仅要批判儿童保育和个人安全,还要批判与交通规划、就业、体育等表面上与男性议题有关的政策,而这些议题实际上对女性的影响更大。例如,如果由于缺乏公共交通和当地托儿所,以及不考虑进入和美化环境的细节(尤其是在天黑之后),妇女无法接触到这一地区的新工作,那么实施一项主要的城市重建计划是极端的性别歧视。

如何改变城市政策?如今,人们对如何将性别纳入政策制定和实施各个方面的方法进行了大量研究。在国际层面,《联合国千年目标》强调各国政府在所有发展和基础设施项目中考虑性别的重要性。在欧盟内部,包括大不列颠及北爱尔兰联合王国在内的成员国预计将性别考虑纳入所有公共政策的制定,包括城市规划。理想情况下,这一进程最终会导致创建无性别歧视的城市,但迄今为止,采纳建议的速度一直很慢。

为使地方政府更好地执行这一任务,各国都已制定了一系列方法,如英国皇家城市规划学会提出了一系列问题,这些问题需要在规划过程的每个阶段得到重视,以提高性别意识,并确保考虑到妇女和男性的需要:

1. 决策团队由谁组成?
2. 男性和女性的代表是什么?少数族裔群体呢?
3. 谁被认为是规划中的人?男性、女性、工人、少数族裔?
4. 如何收集统计数据?它们是否按性别分类?
5. 什么是关键价值、优先级和规划的目标?
6. 咨询谁,谁参与其中?
7. 如何对规划进行评估?由谁?什么基础?
8. 政策如何实行、管理和监督?

研究者的重点放在制度背景和改变世界卫生组织的决策上,例如城市更新和重建决策机构往往来自男性主导的商业地产开发部门。感兴趣的女性并不缺乏,但她们往往是在社区团体中工作。还需要对法定规划制度、规划法、资金筹措、行政程序进行修改,所有这些都会限制无性别主义城市空间政策的实施。妇女问题通常被认为是"与土地使用无关的问题",因为它们不符合现有的规划概念。其他对建成环境实施某种控制措施的部门和专业,特别是工程、公路和建筑控制领域的技术人员,对创造变革制造了障碍。这些工作人员一般具有有限的社会或性别意识,但他们的决定会对妇女进入和在建成环境周围活动设置障碍,从而破坏最佳的意图。要改变城市,人们需要改变教育、世界观、想象力、文化、意识、优先事项和塑造城市的人的性别构成。

进一步阅读书目：

- Anthony, K. 2001. *Designing for Diversity: Gender, Race, and Ethnicity in the Architectural Profession*. Chicago: University of Illinois Press.
- Birksted, J. K. 2009. *Le Corbusier and the Occult*. Cambridge: MIT Press.
- Boulding, Elise. 1992. *The Underside of History*. London: Sage.
- Darke, J., S. Ledwith, and R. Woods. 2000. *Women and the City: Visibility and Voice in Urban Space*. Oxford, UK: Palgrave.
- Darling, E. and L. Whitworth, eds. 2007. *Women and the Making of the Built Environment*. Aldershot, UK: Ashgate.
- Fielding, A. J. 2004. "Class and Space: Social Segregation in Japanese Cities." *Transactions of the Institute of British Geographers Journal* 29: 64–84.
- French, M. 1992. *The War against Women*. London: Hamish Hamilton.
- Greed, C. 1994. *Women and Planning: Creating Gendered Realities*. New York: Routledge.
- Hauirou Commission. 2008. *Report of the Women Caucus of the World Urban Forum IV on Harmonious Cities at Nanjing China*. New York: United Nations Habitat Secretariat.
- Morgan, Elaine. 1975. *The Descent of Woman*. London: Souvenir Press.
- Reeves, D. and C. Greed. 2003. *Gender Mainstreaming Toolkit*. London: Royal Town Planning Institute.
- Uteng, T. and T. Cresswell. 2008. *Gendered Mobilities*. London: Ashgate.
- Wadud, Amina. 2006. *Inside the Gender Jihad: Women's Reform of Islam*. Oxford, UK: Oneworld Publications.

(Clara Greed 文　王　洋译　李文硕 校)

NUCLEAR WAR ｜ 核战争

热核武器对城市系统和城市设计的具体影响在城市研究中很少受到关注,尽管城市、城市形态和城市经济学在战略核规划中具有重要意义。20世纪60年代,耶鲁大学政治学家伯纳德·布罗迪(Bernard Brodie)计算出,人口超过10万的城市是唯一具有足够经济价值的目标,是使用核武器的"合适"目标。因此,美国和苏联的核武库是针对城市的,迄今为止唯一遭受核武器袭击的城市是：1945年8月的广岛和长崎。

无论考虑经济形态还是物质形态,选择广岛的部分原因是,对于一座日本城市来说,它相对来说比较平坦,而且没有山丘,会让"爆炸的影响"达到最大效果。在研制这种武器的科学家的行话中,核武器被称为"城市杀手"。

在20世纪50年代讨论战争计划时,马修·琼斯(Matthew Jones)指出,美国预计将与苏联及其盟国爆发一场涉及核武器的激烈全球战争。冷战的逻辑认为,对核攻击的防御必须是压倒性的报复威胁,即核反击。因此,只有两种方法可以为核反击做好准备。第一种选择是加固城市,也就是建造深掩体和某种导弹防御系统。在美国,这一选择直到冷战结束才被认为是不可能的。建造深掩体所涉及的技术充其量只是粗略的。美国战略规划人员警告说,加强对一座美国城市的防御(建造深掩体),可能会增加未来某些核攻击的强度。在冷战期间,唯一一个在城市中建造的深避难所是华盛顿特区的地铁系统。

第二个选项是降低目标的效果。在生存能力有限的原则下,战略核规划人员把这座美国大城市视为防御武器。它的作用是吸收核打击,使其对周围(郊区和小城镇)可生存区域的损害降到最低。1966年,沃尔夫冈·帕诺夫斯基(Wolfgang Panofski)警告说,"大规模的民防计划只会提高双方的军备水平,我们的安全不会增加,甚至可能减少"。

从20世纪下半叶直到1989年苏联解体,战略核计划制定者始终坚持"相互确保毁灭原则"(Mutually Assured Destruction,MAD),即为了赢得核战争,美国必须明确表示愿意牺牲其大城市,这不是虚张声势。美国领导人必须是认真的、公开表达这种意愿,并且使苏联的战略规划者知道。一些人认为,美国在冷战时期的城市政策是为了将美国城市转变为核战略家所希望的较低价值目标。

这一时期的特点是白人向郊区迁徙,城市人口结构发生变化,导致市中心的贫困少数族裔占多数。把市中心居民定性为功能失调、精神失常或无家可归的人——比如骗子、暴力团伙成员和吸毒成瘾者——在各级政治讨论中都得到认可。1959年,曾经领导过"曼哈顿计划"(即建造了在日本使用的第一颗核弹)的哈佛大学前校长詹姆斯·布莱恩特·科南特(James Bryant Conant)在卡内基基金会(Carnegie Foundation)支持下撰写了一份名为《现今的美国高中》(*The American High School Today*)的报告。在这篇文章中,他认为应该取消对中心城市学校的资助,把对高中教育的投资转移到郊区和小城市。

戴维·克鲁格(David Krugler)最近对华盛顿特区的研究,探讨了试图将重要的政府部门分散到遥远的郊区,以及首都与其种族分裂人口之间日益扩大的差距之间的联系。在同一时期,密尔沃基市推行了激进的兼并政策,以分散战略目标,使该市不那么容易受到核攻击。

这些宏观结构安排似乎很难处理,但事实证明它们相当具有可塑性。柏林墙倒塌两年后,一群建筑师、规划师、社区活动家和律师聚集在约塞米蒂国家公园(Yosemite National Park)的阿瓦尼旅馆(Ahwahnee Lodge),为重新评估美国城市提出了15个易于理解的概念框架,逐渐发展成为新城市主义。在不到10年的时间里,中产阶级上层的高品位、高密度的新城市社区有效地扭转了白人的外逃,并极大地改变了美国城市的人口结构。今天,随着对城市核心地区遭受核打击的恐惧逐渐消除,穷人和少数族裔正被转移到最远的地区。

进一步阅读书目:

- Conant, J. 1959. *The American High School Today*. New York: McGraw-Hill.
- Herken, G. 1980. *The Winning Weapon*. New York: Knopf.
- Jones, Matthew. 2008. "Targeting China: U. S. Nuclear Planning and 'Massive Retaliation' in East Asia, 1953-1955." *Journal of Cold War Studies* 10(4): 37-65.
- Kaplan, F. 1983. *The Wizards of Armageddon*. New York: Simon and Schuster.
- Krugler, David F. 2008. *This Is Only a Test: How Washington D. C. Prepared for Nuclear War*. New York: Palgrave Macmillan.

- MacCannell, D. 1984. "Baltimore in the Morning... After: On the Forms of Post-nuclear Leadership."Pp. 33 – 46 in *Diacritics*. Special issue on nuclear criticism.
- ——. 1999. "'New Urbanism' and Its Discontents."Pp. 106 – 128 in *Giving Ground: The Politics of Propinquity*, edited by Joan Copjec and M. Sorkin. London: Verso.
- Martin, L. 1982. *The Two-edged Sword: Armed Force in the Modern World*. London: Weidenfeld and Nicolsen.
- Panofsky, Wolfgang. 1966. "Panofsky's Paradox." In *Civil Defense*, edited by H. Eyring. Washington, DC: American Association for the Advancement of Science.
- Rast, Joel. 2006. "Governing the Regimeless City: The Frank Zeidler Administration in Milwaukee, 1948 – 1960." *Urban Affairs Review* 42(1): 81 – 112.

(Dean MacCannell 文　王　洋 译　李文硕 校)

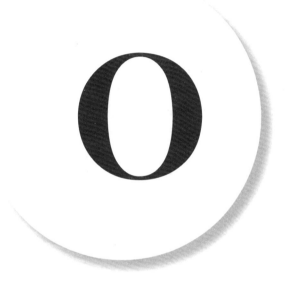

OTHER GLOBAL CITIES | 其他全球城市

全球城市的概念通常是指那些在协调跨国金融、生产和信息流通中，作为指挥和控制节点的城市，这些城市是全球经济不可或缺的组成部分。作为一个分析对象，全球城市强调了空间分析和地方分析在全球化研究中的重要性，并动摇了国家在全球进程治理中的首要地位。然而，这一范式因其研究城市的方法过于简单并偏重经济，以及将全球城市概括为一种以全球北部发达资本主义城市为基础的城市形态而受到批评。因此，全球城市的替代理论正在基于全球南部的"其他城市"和与全球城市典型形态不同的城市形态而出现这些形态包括排斥和贫困的空间。这种替代方法对研究城市和全球政治有着重要的贡献。首先，它提出了一个问题，即在界定全球城市时，谁对城市的知识和经验至关重要。它脱离了传统全球城市研究所包含的全球资本主义和工业化进程，从这些其他城市空间中总结新的理论。第二，重视其他全球城市的空间位置相结合，既重视其空间的排斥性，也重视其危害性。在这些城市中，那些生活在边缘社会和贫困中的居民发起了新的参与形式，包括强调"使用城市的权利"。在这种对其他全球城市和"城市"形态的跨学科研究中，存在两种普遍趋势可以区分：将这些其他城市理论化为排斥地点，或是将其作为抗议活动和世界主义的场所。

全球化、城市化和全球城市

研究者将全球城市描述为全球化网络中集聚和组织的节点。通常，全球城市要么被描述为世界经济中先进生产和资本积累的城市中心，要么被描述为基于先进服务、生产和市场之间联系的城市空间流动网络。萨斯基亚·萨森的著作对这一概念的发展具有开创性意义，她将全球城市描述为全球资本主义经济中的一个指挥和控制中心。在这里，金融资本和技术娴熟的跨国专业人士，以及大量从事非正规的、服务性的和护理工作的移民（通常是女性）聚集在一起。因此，萨森认为，全球城市是身份"脱离"领土的地方，因此出现了新的跨国政治形式。因此，全球城市最初代表了占主导地位的集体地理和政治想象的重新配置，以至于不再可能讨论"第一世界"和"第三世界"，"全球北部"和"全球南部"，或"核心"和"外围"，简单来说，它们属于独立的地理空间。相反，它们现在作为同一个空间的一部分居住在一起。因此，作为一个分析概念，全球城市提供了一个分析全球权力关系如何被重新配置的平台。

然而，这个概念被批评为将城市概括为一种同一的形式，在全球南部和全球北部并没有差别。此外，界定方法往往依赖于对发达资本主义社会的现代主义式的理解，把全球城市比作孤立的空间容器，在全球权力网络中按等级进行运作。面对这些批评，人们对研究可替代的城市空间产生了兴趣，通过这些空间来重新思考全球城市和全球概念。研究者认识到城市化有多种形式，理论化随之转向到随着全球化和全球城市网络的出现而新兴的各种城市空间。这些其他全球城市分布在全球南部并以其他城市形式出现，如棚户区、贫民窟、拘留所、难民营、中转区（zones d'attentes）和出口加工区。这些是伍默拉（Woomera）、桑加特（Sangatte）、关塔那摩（Guantánamo）和达拉维（Dharavi，孟买）的空间，越来越多的人发现自己生活在其中。它们通常被设计为城市的临时和特殊空间，已经成为全球体系的一种独特空间形式，并成为数百万人的永久生活方式。这些其他空间就像全球城市一样，首先，它们具有许多与城市空间相关的典型特征。例如，难民营的城市规划类似于对粮食储存和分配、医院、会议场所、学校、市场和墓地等有类似需求的城市规划。其次，与全球城市一样，这些其他的空间是相互联系的集中点，作为一个空间网络结构，尽管其中存在着落魄、贫穷和排斥，而不是财富和权力。然而，对这些空间的研究也质疑了人们对全球城市传统的理解方式，因为这些空间并不仅仅与全球城市并存。相反，这些边缘化的空间构成了全球城市体系的一部分，使全球城市成为权力和财富的中心成为可能。

作为排斥场所的全球城市

吉奥乔·阿冈本的集中营理论在另类排斥空间的研究中尤其具有影响力。阿冈本认为，君主拥有"禁止"或避免一个人进入政治团体的特殊权力。通过这项禁令，一个人被迫过着"被诅咒的人"（Homo Sacer，一个可以被杀死但不能被牺牲的人）的生活。把个人从政治团体中排除出去就会迫使一个人陷入阿冈本所说的"裸生"（Bare Life）状态，这种生活方式基于与其他现存物种共享的简单生物存在。这种生活方式不同于一个人作为一个有权利的政治主体在政治社区中的更理想、高质量的生活。阿冈本认为，那些被禁止进入政治团体或城邦的人会发现自己生活在一个"例外状态"（State of Exception）中，但是通过集中营形式的"例外状态"的空间组织可以变为永久性的状态。在这里，集中营不仅是指过去的集中营，而且指的是一种理想的形式，其形成如法国国际机场的中转区或寻求庇护者的"招待所"（Guest Houses）。因为作为例外空间，这些集中营不仅仅是例外的空间，而且是正常秩序的一部分，因为它们是政治共同体的组成部分。换句话说，它们是全球体系赖以存在的尚未得到承认的基础。

阿冈本关于集中营在城市中的中心地位的思想，对研究集中营和集中营式空间的社会理论产生了深远影响。这些理论将集中营和集中营式空间作为适当的分析对象进行调查。这些地点并不是偶然地与全球城市一起出现，它们能够保证作为知识和指挥中心、基础设施、生产和资本中心的城市继续存在。然而，这些"其他全球城市"是被边缘化和被排斥的空间，在这些地方，地位、权利和认同被削弱，它们发现自己在为全球城市网络所提供的全球经济服务不是提供廉价劳动力，而是消耗劳动力。在这里，调查往往集中于探索空间与国家之法律关系的特殊性。然而，有人批评以理想的形式将集中营呈现为一个特殊的、非政治化的空间，忽视了这些集中营所具有的特殊性和历史物质现实，以及构成这些集中营的各种社会、政治、地理和经济关系。

第二种理论主要集中在社会学、城市地理学和人类学中，研究全球南部的其他全球城市以及这些城市中不稳定的城市空间，如贫民窟或棚户区。在这里，研究往往集中于为全球化和全球城市问题，以及现代性和城市发展概念提供替代理论。此外，这条线突出了这些城市空间的社会文化-政治，而不仅仅是经济动态，将它们视为特定的生活政治、社会、文化和经济场所。以这些空间中被边缘化的人的视角为出发点，这一理论化思路将这些其他城市形态作为自身权利的重要分析对象进行研究，同时，在这样做的过程中，从那些被排除在外的人的视角，将批判分析重新投射到更传统的全球城市概念上。全球城市同时也是其功能和积累的财富及权力的中心。最后，这两种理论都引起了人们的兴趣，即那些听天由命地居住在这些其他城市空间中的人是如何通过接受、谈判和经常抵制这些空间的条件而实际生活的，不是作为被动的受害者，而是作为变革的政治动因。这是第三部分研究的重点，集中在其他全球城市作为抗议活动和世界主义的场所。

全球城市作为抗议活动和世界主义的场所

如前所述，萨斯基亚·萨森认为，全球城市不仅是财富和权力积累的场所，也是新形式跨国政治出现的地方。在20世纪60年代，列斐伏尔认为"城市的权利"（通过占用和利用城市空间来参与城市活动)是先于其他权利的第一权利。萨森附和列斐伏尔的观点,认为正是通过全球化的城市,边缘化的人们在城市中获得了"存在感",从而可以作为政治参与者参与进来,并对城市提出权利要求。相比之下,"其他全球城市"则是完全依赖于列斐伏尔以及后来的萨森所描述的相反空间逻辑的排斥空间。这些其他的空间通过阻碍城市的可见性、联系、认可、地位和权利来否认人们的存在。然而,正如恩金·伊辛(Engin Isin)在公民和城市方面的研究所表明的那样,"政治"可能更多地归功于那些被排除在城市之外的人,而不是城市的公民,以及他们找到的参与城市事务、声称对城市拥有归属感和权利的多种方式。

这些思想引起了人们对其他城市形式的研究兴趣,如社会和政治空间,以及由此产生的公民政治。在更为激进的理论中,这种兴趣激发了非公民移民和难民团体的创作灵感,他们创作了新的地图(比如米格里欧的欧洲地图[Migreurope's map of Europe]中外国人的聚集地取代城市成为焦点,或者美国的人道边境地图[Humane Borders's map of the U. S.]中标注了美国和墨西哥边境划定的已知的水站和死亡地点)。在这种激进的理论中,排斥空间不仅仅被理解为空间的容器,而且被理解为过程。与传统的全球城市文献一样,排斥空间(如拘留所和集中营)作为全球空间网络的一部分连接起来,但基于排斥、驱逐和遏制的过程(例如,通过监禁、驱逐、边境警务,以及庇护和签证处理的域外化或外部化)。

与此同时,另一种不同的发展轨迹关注的是例外空间的理论,这种例外空间是由接待(而非排斥)的逻辑决定的。在这里,雅克·德里达(Jacques Derrida)提出的"避难之城"(City of Refuge)的概念是一个自治城市,独立于其他城市,是联盟城市网络的一部分,这些联盟城市共同致力于践行一种善待他人的道德规范,这一概念一直颇具影响力。这方面的研究调查了避难所、庇护城市、难民接待区和城镇,以及非仇恨区等不同的接待方式。它还激发了人们对其他城市政治形式的关注,尤其是与流离失所者、移民和难民有关的政治形式,比如有关非国家身份、非正规和无居住证运动(Sans-Papiers movements),以及棚户区的草根阶层和与"棚户区公民"等新型公民主体的关系。这些地方被理论化为产生新世界主义的空间,或者被彼得·尼尔斯(Peter Nyers)称为"可怜的世界主义"(Abject Cosmopolitanism)的空间,以及全球化的新文化,文化不仅仅是一种商品,而且是一种代理方式。鉴于研究范围的多样性和跨学科性,显然,全球城市的概念经历了重大调整,以反映权力、政治和司法的新空间,这些是我们这个时代的关键问题。

进一步阅读书目:

- Agamben, Giorgio. 1995. *Homo Sacer: Sovereign Power and Bare Life.* Stanford, CA: Stanford University Press.
- Derrida, Jacques. 2001. *On Cosmopolitanism and Forgiveness.* Translated by M. Dooley and M. Hughes. London: Routledge.
- Drieksens, Barbara, Franck Mermier, and Heiko Wimmen., eds. 2007. *Cities of the South: Citizenship and Exclusion in the 21st Century.* Beirut, Lebanon: Saqi Books.
- Humane Borders. 2007. "Migrants Deaths, Rescue Beacons, Water Stations 2000 - 2007." Retrieved April 5, 2009 (http://www.humaneborders.org/news/news 4.html).
- Isin, Engin F. 2002. *Being Political: Genealogies of Citizenship.* Minneapolis: University of Minnesota Press.
- Isin, Engin and Kim Rygiel. 2007. "Of Other Global Cities: Frontiers, Zones, Camps." Pp. 177 - 210 in *Cities of the South: Citizenship and Exclusion in the 21st Century*, edited by B. Drieksens, F. Mermier, and H. Wimmen. Beirut, Lebanon: Saqi Books.
- Lefebvre, Henri. 1996. *Writings on Cities.* Translated by E. Kofman and E Lebas. Oxford, UK: Blackwell.
- Migreurop. 2005. "Camps Map." Retrieved April 5, 2009 (http://www.migreurop.org/rubrique266.html? lang=

en).
- Nyers, Peter. 2003. "Abject Cosmopolitanism: The Politics of Protection in the Anti-deportation Movement." *Third World Quarterly* 24(6): 1069–1093.
- Sassen, Saskia. 1991. *The Global City: New York, London, Tokyo*. Princeton, NJ: Princeton University Press.

(Kim Rygiel 文　王　洋 译　李文硕 校)

P

PARIS, FRANCE | 法国巴黎

巴黎对于大多数喜欢法国的人来说就等同于法国,甚至对于那些没有特别热爱甚至不喜欢法国的人来说也是如此。19世纪的人们普遍认为,巴黎作为国家首都绝不仅仅是一个地区中心,它曾经是,或者肯定是欧洲世界的中心(当然,对那些认为欧洲就是世界的人来说,这是理所当然的)。也许这是神话,但它一直存在。这种名声已经传播到国外,并在许多人的心中占有一席之地。在小说的世界里(在巴黎,小说似乎常常是真实的世界),下面这句话几乎就是真理:"巴黎是一片海洋,只要你去探索,就永远不会触底。"从来没有人声称——以任何可证实的方式——知道巴黎的深度或宽度。正如古斯塔夫·福楼拜(Gustave Flaubert)所说:"不再爱巴黎了,那是颓废的标志。没有它不行,这是愚蠢的表现。"

在文学和生活中

可以肯定的是,19世纪的巴黎仍然保留着它所有的神话般的辉煌,世界闻名的小说家巴尔扎克和福楼拜对此做出了很大贡献,但在文学和艺术上还有很多其他的贡献。浪漫主义除了在德国和英国开花结果之外,还把阿方斯·德·拉马丁(Alphonse de Lamartine)和维克多·雨果的诗歌带给了世界;他们可能生活在其他地方,但他们的政治生活与首都及其事件息息相关。至关重要的是波德莱尔,他是浪漫主义和象征主义之间的桥梁,写了一些令人难忘的关于巴黎的诗,关于巴黎被抛弃和堕落、关于它的不和谐——像诗人自己一样——以及它的过路人和可能发生的事情。波德莱尔围绕各种沙龙所写的关于艺术的文章,使我们对当时艺术界正在发生的事情有了最可靠的了解。波德莱尔的流浪者,或者所称的"浪荡子"是城市流浪者的缩影,从商店的橱窗到公园、从塞纳河的河岸到舞厅,这个身影时而飘浮,时而漫步,时而昂首阔步。巴黎浪荡子的形象是19世纪诗歌中所特有的,并一直延续到20世纪甚至现在。当然,人们可以在乡下散步,但在城里散步是另一种现象,也是一种令人兴奋的现象。

至于后来的象征主义文学运动,它无可争议的领袖斯蒂芬·马拉梅(Stéphane Mallarmé)每周二都会举办沙龙,靠在壁炉台上的情景(伟大的芭蕾舞演员和沐浴者画家埃德加·德加[Edgar Degas]和奥古斯特·雷诺阿[Auguste Renoir]极好地捕捉到了马拉梅的客厅里的这一精彩画面]令人印象深刻。这些聚会和马拉梅的高谈阔论,仍然是这场运动在社会和社区方面的源头。

文学变得和生活一样重要:事实上,很难把它们区分开来。城市史学家刘易斯·芒福德曾经写道:"按照记录和为记录而生活成为城市存在的一大耻辱,事实上,记录在案的生活充满了过度消费、虚幻膨胀和蓄意伪造的诱惑,往往比生活更重要。"因此,巴黎必须被记录下来,这是——现在也是——作家的工作,无论是小说家还是诗人。小说中想象和生活的主人公是一个年轻人的到来,他来自任何地方,也不知道在什么地方——如果不是在巴黎,也会有同样的事情——他会来到巴黎这座大城市,在上面留下自己的印记,就像它会在他身上留下永恒的印记一样。

个人在文学和生活上的转变,反映在霍斯曼男爵对城市的实际改造中,他将中世纪城市狭窄蜿蜒的街道整平,创造了现代城市宽阔的大道和新古典主义建筑。巴黎在地上和地下都发生了巨大的变化,创造了一个具有帝国野心和规模的国家象征和大都市。第二帝国的规划至今仍然有效,因为《校准法》(Alignement Law)要求新的建筑立面符合霍斯曼早期规划中预先确定的街道宽度。作为机遇和挑战的城市最终总是幻灭和失败。

正如克里斯托弗·彭德加斯特（Christopher Prendergast）在他的论文《19世纪的文学与城市》（Literature and the City in the 19th Century）中所言，"城市永远是机遇和挑战……试图放慢速度，从环境中掌握信息，通过漫步街头的浪荡子和冷漠的花花公子的形象，"嗅"出街角的押韵……把新奇的刺激和偶然的遭遇作为诗歌的养料。不管怎样，漫步者面对着人群，像埃德加·爱伦·坡笔下的"人群中的人"一样，还要受到城市的攻击。

当然，自从巴黎城建立之初，就有一群名副其实的乡下人来到巴黎城，他们在寻找工作，并受制于时代的机遇。当然，他们中的一些人定居在艺术家居住过的地方，像其他外来画家逐渐成名一样，像巴勃罗·毕加索（Pablo Picasso）和马克斯·雅各布（Max Jacob），连同其他画家和诗人，在曾经是妇女洗衣的巴黎洗衣坊或破败不堪的建筑物里居住——这些灵感来自一些故事，例如歌剧《波希米亚人》（La Bohème），在那里饥饿寒冷与情感流露相融合。犯罪的根源是贫穷，许多文学和艺术都是建立在底层世界和革命思想兴起的共同基础上的。

完美的展示

巴黎不仅是革命的理想之地，而且永远是展示新产品新生活的理想之地：电灯的发明进一步激发了城市的自豪感，但是社区感却完全丧失了。画家和诗人聚集在洗衣坊这样的地方，坚决反对外面世界过分技术化和商业化。人们对失去自我和认同的恐惧增加了。因此，从某种意义上说，1900年的博览会是一次怀旧之旅，展示的是现代性，但同时也是对旧巴黎的一种模拟（"老巴黎"，我们在很多城市都能找到；"老柏林"等等）。这确实很俗气，但它所表达的是关于失去东西的迷恋。

20世纪初，以胡安·格里斯（Juan Gris）、毕加索和乔治·布拉克（Georges Braque）为代表的立体主义运动（Cubist Movement）在巴黎得到了前所未有的发展。前两个人都是西班牙国籍，有西班牙血统，在某种程度上因此受到了启发。然而，这是一场深受法国人喜爱的运动，因此也是巴黎人的运动。巴黎人喜欢地铁。如果巴黎的地铁从北向南延伸（从蒙马特尔[Montmartre]到蒙帕纳斯[Montparnasse]），那么这将成为20世纪第二个十年最重要的文学期刊：《南北》（Nord-Sud）。和所有城市一样，交通在这座巨大的城市里也起着极其重要的作用。巴黎交通的这一象征，就像巴黎和巴黎的许多其他象征一样，在任何地方都起着至关重要的作用。在那本以地铁命名的杂志上发表的关于地铁形象的理论，也传到了英国和美国。像往常一样，巴黎是一切的源泉。在巴黎发生的事在全世界都发生了。

巴黎一直代表着法国精神中最具法国特色的东西——当发生了一场反对资产阶级的革命时，激发革命的正是大城市的乡土气息。法国伟大的创造者——19世纪的巴尔扎克、亨利·贝尔（[Henri Beyle]，即司汤达）和福楼拜，以及之后的纪尧姆·阿波利奈尔（Guillaume Apollinaire）、保罗·克劳德尔（Paul Claudel）、安德烈·纪德（André Gide）、皮埃尔·雷弗迪（Pierre Reverdy）和安德烈·布雷顿（André Breton），代表着20世纪早期的文学，在安德烈·纪德、安德烈·马尔罗（Andre Malraux）和保罗·萨特、阿尔贝·加缪（Albert Camus）和西蒙娜·德·波伏娃的存在主义之前，文学作家的工作和生活都以大城市为中心。这里的咖啡馆一直是他们的聚会场所，深受人们喜爱。最重要的是，从一开始巴黎咖啡馆就代表了文明的核心，是讨论问题、进行政治辩论、推动文学和艺术运动的地方，是阶级、才华和财富之间的差异得以缓和的地方。萨特和波伏娃在弗洛尔和多克斯马戈特继续着他们的存在主义讨论——在战争期间，咖啡馆既是取暖的地方，也是为无暖气旅馆和公寓的居民写作的地方。

一切都在巴黎回荡。1968年5月发生的事件——被称为"五月风暴"（les événements）或简称为"五月"（May，对某些左派人士的称呼）——在其他国家也引起了共鸣，尤其是在纽约，例如学生占领哥伦比亚大学。"五月风暴"学生和工人都为之激动的动乱，似乎要颠覆这个国家，但兴奋之情逐渐消退，一切似乎又恢复了正常。在大学里，教授们以他们在事件中的角色为标志，他们的忠诚和背叛是不容易被忘记的。

近年来，棚户区或所谓巴黎的"bidonville"，和政府之间的关系出现了前所未有的紧张。来自阿尔及利亚和北非的移民，以及来自其他法语国家的移民，导致了一场愈演愈烈的暴力冲突。在这方面，让-玛丽·勒庞（Jean-Marie Le Pen）的政党及其影响不容忽视。正如过去几年发生的各种事件所证明的那样，种族主义在该国某些地区盛行，巴黎也不例外。

不可否认，多年来，中央集权（即巴黎和法国）与"六边形"——法国大都市区的形状——之外的其他国家讲法语的居民之间一直存在差异（法语中用"France métropolitaine"或者"la Métropole"，这样的术语用来区分法国和法国殖民地）。2007年，一场所有法语爱好者都感兴趣的运动兴起了，它反对法语国家或世界法语地区的术语和概念。"被边缘化的他人"的概念已经声名狼藉，法语"Francophone"这个词似乎强调了这一点。宣言说，没有人说法语，也没有人写法语。这一宣言是由诺贝尔奖获得者勒·克莱齐奥（Le Clezio）发起的，而克莱齐奥本人并不是六边形的产物。

尽管世界城市的标志性作品没有提到巴黎，巴黎被东京、伦敦和纽约挤到了一边，但巴黎大都市区是全球第五大城市经济体（也是欧洲最大的城市）。它是联合国教科文组织和37家世界500强企业的总部所在地，每年约有4500万游客到访。为了在全球城市地位竞争中更好地定位自己，新的摩天大楼（300米或更高）已经被批准，建在拉德芳斯（La Defense）商业区，预计将在接下来的十年中完成。巴黎城市当局表示，他们将放宽对城市内部建筑高度的限制。随着巴黎的发展，法国也在发展，但就目前而言扩张的胜利似乎已成定局。当然，巴黎将永远是巴黎，但法国不一定总是像过去和最近那样永远是中心。

进一步阅读书目：

- Caws, Mary Ann. 1991. *City Images: Perspectives from Literature, Philosophy, and Film*. New York: Routledge.
- Prendergast, Christopher. 1992. *Paris and the Nineteenth Century*. Oxford, UK: Blackwell.

(Mary Ann Caws 文 王 洋译 李文硕校)

PARKS｜公园

在发达国家和发展中国家，大多数城市都拥有公园。公园或多或少被认为是城市应当具有的场所和人们熟悉的社会空间，为大多数城市居民的日常生活提供了各种休闲娱乐功能和活动的机会。现代城市公园的历史根源于一系列复杂的社会、经济和政治因素，这些因素在19世纪结合在一起，其重心是如何解决城市环境退化和污染等显而易见的问题。有人认为，这种破败和匮乏正在对不断扩大的城市人口的医疗和道德产生有害的影响，将会助长潜在的反抗。将自然以公园的形式带入城市是改善工业化和城市化的消极后果的一种尝试，它与其他社会、医疗和城市基础设施和服务的发展是同步的。

历史背景

花园起源于古代波斯（巴比伦的空中花园）以及伊斯兰世界、日本和中国的传统、实践和形式。"公园"（park）这个词通常指的是一片有边界的土地，往往处于自然或半自然景观状态，被留出作某种用途，主要用于娱乐。在中世纪的欧洲，最初的公园是供皇室和贵族打猎用的土地，有围墙或厚厚的树篱把动物圈在里面、把农民挡在外面。这些狩猎保护区逐渐演变成以贵族住宅为背景的园林庄园，同时也起到了宣示主人财富和地位的作用。

英国的公园

在这些公园中发展出一种景观设计美学，以反映精英阶层的价值观和品位——景观设计师的介入被认为是提高了自然景观的价值，比如"无所不能的布朗"（Capability Brown, 1716—1783）和他的继任者汉弗莱·雷普顿（Humphrey Repton, 1752—1818）。其中一些原始的私人庄园和皇家狩猎场最终向公众开放，并在特定的城市形成了一些最重要的绿地。在伦敦，以前的皇家摄政公园（Royal Parks of Regents）、圣詹姆斯公园（St. James' Park）、海德公园（Hyde Park）和里士满公园（Richmond Park）现在都对公众开放。在其他欧洲城市，以前的贵族花园或皇家公园（华沙瓦津基公园[Lazienki Park, Warsaw]、柏林蒂尔加滕公园[the Tiergarten, Berlin]、巴黎卢森堡花园[Luxembourg Gardens, Paris]、莫斯科高尔基公园[Gorky Park, Moscow]是由内斯库奇尼宫[Neskuchny Palace]的花园和高利津医院[Golitsyn Hospital]合并而成）现已开放，允许公众进入。在

英国摄政公园

来源：卡伦·威利（Karen Wiley）

伦敦等地,有像沃克斯豪尔(Vauxhall)、克雷蒙(Cremorne)和拉内勒夫(Ranelagh)这样的商业游乐园;在这些早期的游乐园中,哥本哈根的趣伏里花园(Tivoli Gardens,建于1843年)历史最为悠久。所有提供的娱乐和消遣往往被认为是不体面的或基于商品化的快乐文化的原则。

现今人们所熟知的城市或城市公园——指的是为公众提供免费便利的娱乐用途的开放绿地区域,通常由地方政府所有和维护——起源于19世纪。作为第一个工业国家和第一个以城市为主的国家,英国也是第一个认识到公园的必要性并将其发展成为城镇中必要的绿色社会空间的国家。随着城镇和城市在人口和空间上不断扩张以满足迅速发展的工业部门的需求,各种研究都记录了卫生条件不佳、污染、住房条件差和医疗服务匮乏的后果,其中最著名的是埃德温·查德威克(1800—1890)于1842年发表的论文。

然而在1833年,公共步行道特别委员会(Select Committee on Public Walks)认识到需要把绿色的自然空间作为"城市的肺",并且需要在大自然和空气相对清洁的地方进行理性的娱乐和健康运动。公共土地的封闭、绿地的修建以及城镇和城市的不断扩大,使得大多数城市人口难以接近自然,也使他们无法在自然中娱乐和享受。从19世纪的前几十年开始,这些问题推动了公园运动的发展,一群园林设计师、社会和宗教活动家、政治家和慈善家,倡导建立城市公园,认为公园有利于身心健康和提高日益城市化时代的生活质量。

景观园艺师和建筑师约翰·劳登被认为是第一个呼吁建立公园的人,并负责设计了第一个专门供公众使用的公园。1839年,德比植物园(Derby Arboretum)由一位富有的捐助者捐赠给了德比市,但由当地政府公费维持。它代表着英国第一个真正意义上的公园,同时也代表着一种私人慈善捐赠的趋势,最终与之相匹配的是市政当局承诺购买并规划英国城镇中大量各式各样的公园。

格拉斯哥、利物浦、曼彻斯特和伯明翰等工业城市开发了不同形状、大小和风格的公园网络,试图改善城市空气污染的糟糕状况,并为更健康、更理性的娱乐活动提供机会。公园也为地方政府向世界展示它们的成功、财富和地位提供了手段。在这些风景优美的公园中,著名的有利物浦的伯肯海德公园(Birkenhead Park,1847年开放)和格拉斯哥的凯尔温格罗夫公园(Kelvingrove Park,1853年开放),这两个公园都是由伦敦水晶宫的约瑟夫·帕克斯顿爵士(Joseph Paxton,1803—1865)设计的;另外还有曼彻斯特的菲利浦公园(Philips Park,1846年开放)和利物浦的斯坦利公园(Stanly Park,1870年开放),为重要的市政博物馆和艺术画廊提供了场所。

这些维多利亚时代的公园在规模、设计、布局和特色上各有千秋。它们建在城市的不同地区,服务于不同的人群。体育活动设施和儿童乐园特别是植物和水景,几乎成为大多数城市公园的普遍元素。18世纪的公园被认为是有益于城市社会的理想景观。然而,这种慈善和家长式的关心,与开明的自利和无私的善行同样有关;公共公园的作用总是反映在医疗、道德、政治、经济、文化、性别等讨论之中,这些讨论不仅涉及改善城市环境的需要,而且涉及以男性为主的城市工人阶级的行为和健康状况。

世界各地的公园

从19世纪中叶开始,美国城市开始经历与欧洲城市类似的扩张和增长问题。美国城市公园深受弗雷德里克·劳·奥姆斯特德的影响。19世纪50年代他在英国旅行时参观过一些公园,受这一经历以及城市美化运动的启发,奥姆斯特德着手设计纽约中央公园和被称为"翡翠项链"的波士顿公园系统,还有芝加哥、底特律、密尔沃基的一些公园,以及位于蒙特利尔的皇家山公园(Mount Royal Park)。奥姆斯特德不仅设计了许多标志性的公园,而且还巩固了这样一个理念,即所有城市公民都可以进入和使用混合用途的绿地,这是一项造福所有阶层和整个城市的权利。

在法国,1852—1870年在拿破仑三世的领导下,巴黎的重建和翻新工作由乔治-欧仁·霍斯曼男爵主持。新建的林荫大道、广场和建筑物以及污水系统,被公认为巴黎现代化之都的基础。让-查尔斯·阿道夫·阿尔方(Jean-Charles Adolphe Alphand,1817—1891)是一名工程师和景观建筑师,他负责许多新公园的设计和建设,为新巴黎的混凝土景观增添的不仅仅是绿色的点缀。他设计的公园成为这座现代设计和规划城市的基本元素,他设计的公园包括布洛涅森林公园(Bois de Boulogne)、蒙索公园(Park Monceau)、文森森林公园(Bois de Vincennes)、伯特休蒙公园(Butes Chaumont)、蒙苏里公园(Montsouris)和埃菲尔铁塔下的战神广场公园(Champ-de-Mars)。

世界各国城市公园建设的传统和历史因文化和政治的不同而有所不同。殖民化的影响已经波及空间和建筑景观,包括里约热内卢、圣地亚哥和墨西哥城等拉丁美洲城市的经济、社会和政治发展,这里既有历史性的绿地又有新建的城市公园,为这些国家不断增长的人口提供了休闲场所。尽管如此,一些城市的市政当局,如东京、迪拜和约翰内斯堡表达了相似的观点,它们尝试着增加公园的数量及多样性,并增加其在城市社会和物质景观中的分布,目的是创造一个更绿色的环境,既造福当前的社区居民又造福子孙后代。

一般原理

欧洲和美国在19世纪和20世纪初建立了城市公园网络,这是各方协调一致的结果,它们不仅要改善不断增长的城市人口的生活,而且要使城市成为更有吸引力和更美好的生活和工作场所。为了城市的成功,这些公园需要像人类栖息地、社会环境和自然环境一样更加健康和可持续。因此,公园受到环境决定论的极大影响。创造更健康和更有益的环境意味着更健康和更有生产力的公民。

随着城市规划的发展,公园作为一种内在的设计空间成为城市生活成功的必要条件。除了埃比尼泽·霍华德的田园城市运动中有些乌托邦的想法外,城市绿地的两个主要支持者是帕特里克·盖迪斯和托马斯·莫森(Thomas Mawson,1861—1933),他们都是城市规划和景观设计发展的关键人物。

第二次世界大战期间以及战后重建和发展新城和郊区时,政府考虑了居民对绿地的需要,认为这是社会福利的根本。尽管19世纪的大型公园由于成本高和缺乏可用土地而难以复制,但城市公园和绿地在过去和现在仍然是世界各地的城市建造和维护的重点。这包括社区公园和小型口袋公园,以及改造去工业化遗留下来的棕色地带所形成的公共空间。同样,运河和河岸以及废弃的铁路轨道和支线轨道也为发展线性公园、狭长的绿色城市空间提供了机会。公园建设方面的进一步发展,包括将自然美景区划为国家或区域郊野公园以防止失控的城市发展(蔓延),以及在大型城市郊区兴建郊野公园。所有这些都使人们可以接触到更多的非结构化和计划性的自然景观,依靠私人汽车可以接近这些景观。

当代话语

19世纪,在关于城市及其人口的社会和环境健康的讨论中,人们往往将公园视作被动(自然安静的沉思)和积极娱乐兼具的场所(体育、游乐场等),公园的许多角色和功能是其中的关键要素。然而休闲活动的变化导致公园使用和与之相关的活动的减少和变化。在20世纪70年代末的经济变革中,许多公园部门进行了重组,许多公园的实体结构和地位都出现了下降。因此,它们在许多情况下与犯罪活动和反社会行为联系在一起,并被视为"禁区",特别是在天黑以后。

最近,政策制定者已经认识到公众使用和进入公共绿地的必要性,并考虑将公园和其他绿地作为减少城市生态破坏的一个重要因素,因此许多城市重新致力于建设城市公园,在照明、维护治安和基础设施上的新投资使许多城市的公园焕然一新。最明显的例子是纽约中央公园,设计者将其作为一个真正的公共空间对所有人开放,但不包括帮派分子、抢劫犯、强奸犯、毒贩、妓女和皮条客。

虽然不同群体的用户(无论是代际群体还是种族群体)之间以及不同群体和公园当局之间存在冲突的可能性(表达方面的差异,巡查时适当的用语,绿色社会空间的日常生活体验),地方和国家政府仍将城市公园视为创建和维护社会及环境可持续城市总体战略的重要组成部分。公园是充满活力的、受欢迎的社交空间,当受到建筑、道路建设或商业入侵的威胁时,它能吸引公众的忠诚、情感和支持;它们在日益城市化的世界各地城市居民的生活中发挥着至关重要的作用。

进一步阅读书目:

- Chadwick, E. [1842] 1965. *Report on the Sanitary Condition of the Labouring Population of Great Britain*. Edinburgh: Edinburgh University Press.
- Chadwick, G. F. 1966. *The Park and the Town*. London: The Architectural Press.
- Clark, P., ed. 2006. *The European City and Green Space: London, Stockholm, Helsinki, and St. Petersburg, 1850-2000*. Ashgate, UK: Aldershot.
- Conway, H. 1991. *People's Parks: The Design and Development of Victoria Parks in Britain*. Cambridge, UK: Cambridge University Press.
- Cranz, G. 1982. *The Politics of Park Design: A History of Urban Parks in America*. Cambridge: MIT Press.
- Geddes, P. 1904. *City Development: A Study of Parks, Gardens, and Culture Institutions*. Birmingham, UK: The Saint George Press.
- Loudon, J. C. 1829. "Hints for Breathing Places for the Metropolis and for Country Towns and Villages on Fixed Principles." *The Gardeners Magazine* V.
- Mawson, T. H. [1901] 2008. *The Art and Craft of Garden Making*. Glasgow: The Grimsay Press.
- Nicholson-Lord, D. 1987. *The Greening of the Cities*. London: Routledge and Kegan Paul.
- Olmsted, F. W. [1870] 1970. *City Parks and the Enlargement of Towns*. Ithaca, NY: Cornell University Press.
- Rosenzweig, R. and E. Blackmar. 1998. *The Park and the People: A History of Central Park*. Ithaca, NY: Cornell University Press.
- Smith, C. H. J. 1852. *Parks and Pleasure Grounds or Practical Notes on Country Residences, Villas, Public Parks, and Gardens*. London: Reeve and Co.

(Andrzej J. L. Zieleniec 文 王 洋 译 李文硕 校)

PATCHWORK URBANISM | 拼接的都市生活

近几十年来,世界上有一半以上的人口被城市所吸引,难怪全球的城市景观正在发生迅速而显著的变化。这些转变的形式和特征不断地反映在城市研究的各个分支学科中,这些隐喻和概念化预示着后现代城市主义、后现代大都市、"100英里"城市、多中心城市、四分五裂的城市、分裂的城市主义等概念。这些观点的一个关键前提是,城市的物质、经济、社会和政治形态正变得越来越分散,体现在边缘城市的形成、迅速兴起的封闭式私有住房开发,还有基础设施的重新配置。的确,有时人们会有这样一种鲜明的印象,即当代都市景观构成了一个日益缩小但极不均匀的微型拼贴空间,这些微空间在物理上接近但在制度上疏远。此外,这种拼接的都市生活挑战了传统意义上的城市外观和感觉并提出了问题,建立了新的知识分类和城市定居地图,同时也打破了城市、郊区、腹地、乡村和农村的传统定义。这种支离破碎的都市生活也对从事当代城市地区规划和政治治理的个人与组织提出了深刻的挑战。

拼接的都市生活图景

在试图描述和解释当代都市景观的拼接特征时,重要的是要承认在历史上,城市一直在以一种相对混乱的方式存在。就地理位置而言,重商主义时代有助于刺激重要海港周围的许多城市社区,以及随后开始的工业化和铁路运输,这在一定程度上促进了工业城市的形成。后者的特点是资产阶级的居住空间和工人住所之间的严格划分,而工人的住所往往毗邻工厂和济贫院。20世纪,随着福特主义的大规模生产和大规模消费,工业城市得到了巩固,集中的市中心出现了明显的分化——市中心拥有国际化的中央商务区、艺术、文化和购物设施,漂亮的联排别墅——并被迅速扩张的低层郊区所包围。随着国家权力的扩大和深化,正式的城市规划也随之出现,在很大程度上塑造了城市发展和土地利用的地理格局。如果说它清晰地代表了美国城市主义的一种空间想象(芝加哥城市社会学学院的同心圆模型合理地捕捉到了这种想象),那么这种现代主义的都市景观也在一定程度上塑造了从巴西到澳大利亚的全球许多城市和城镇的形状。

拼接的都市经济

回顾这一城市形态就会发现21世纪初的大都市秩序不那么井然有序,甚至更加混乱。的确,城市规划学者爱德华·索贾明确指出,20世纪中叶的现代大都市已经被后现代大都市所取代。在一个不能简单地描述为郊区扩张的过程中,后都市景观正被进一步延伸,并被一系列经济和社会趋势所打断——这些趋势正逐渐进入城市,形成日益复杂和多中心的城市地理。社会学家曼纽尔·卡斯特发现,当它们陷入全球化网络社会的变数几何时,几乎所有当代城市经济都在经历分裂。如在吉隆坡,政府主导的高科技空间开发,似乎更直接地融入全球流动,而不是融入当地环境。

新形成的经济空间如雨后春笋般四处涌现。例如,美国越来越多的财富来自200个所谓的边缘城市。这些地方也被称为"技术郊区"(Technoburbs)和"繁盛郊区"(Boomburbs),由有轨电车、地铁、高速公路交汇处、卫星天线和国际机场连接起来,它们本身延伸到不断扩展的高科技走廊。边缘城市和繁荣郊区是自给自足的城市化节点,允许数百万人在同一个地方生活、工作和消费,从而将其与市中心或传统郊区区分开来。典型的例子包括洛杉矶南部奥兰治县的欧文(Irvine)和弗吉尼亚州费尔法克斯的泰森斯角,但边缘城市正日益成为一种全球现象。

这种城市周边的扩展和增长,与汽车的大规模应用以及包括环城公路、服务站、免下车快餐中心、大型办公大楼、办公园区、仓库和匿名工业棚在内的一整套支持性基础设施密切相关。另一方面,这样的区域往往不被纳入公共交通的主干线,越来越多的人认为这完全不利于环境的可持续性,而且在公共基础设施和服务的提供方面落后于许多城市中心空间。虽然它们只是提供了低等级的就业机会,因此塑造了所谓有工作的穷人,但对无家可归、失业和被剥夺财产的人来说通常是一个充满敌意的环境。

尽管这些发展在去工业化的市中心留下了一些巨大的空地,但所谓的新经济的兴起反过来又帮助改造了某些内城地区。以互联网设计、计算机图形和图像技术、多媒体产业、出版和建筑为代表的信息和通信技术以及创意产业的发展,都有助于形成热闹的城中村。此外,在增长联盟和商业改进区等倡议的刺激下,许多昔日消失和衰败的市中心区域已经以主题消费空间、高层企业广场、酒店和会议中心以及文化核心的形式大幅复苏,同时,废弃的码头区和工业区也在复兴,成为创意文化经济区和文化遗址。这种开发商的乌托邦扩展了许多中央商业区的边界,同时也为城市在国际舞台上的竞争提供了新的工具。

毫无疑问,这一景观忽略了当今主要的财富循环所未触及的空间:废弃的仓库、废弃的码头、废弃的铁路场、荒地,以及其他被恶意忽视的空旷空间。然而,这些地方远非真正空无一人,它们往往是街头小贩、无家可归者、妓女和吸毒成瘾者居住的地方,这是一个活生生的现实,占统治地位的精英和安逸的大多数人都被方便地保护起来。在旅游指南、精美的飞行杂志、遗产广告或好莱坞电影的图像中,边缘人群的生活往往是不可或缺的。城市桥的风景明信片没有包括那些居住在基础设施底层的无家可归的人:那些无家可归的人已经远离了游客与企业家的目光。同样,尽管《贫民窟的百万富翁》(*Slumdog Millionaire*)作为"10 年来让人感觉良好的电影"获得了巨大的成功,却在欧洲和美国的观众中引起了轩然大波,他们从未想过自己会如此心甘情愿地近距离观看孟买贫民窟的街头。

拼接的家居空间

居住空间景观也在发生着戏剧性的变化。长期以来,传统郊区一直被认为是城乡审美的结合和家庭生活理想的体现,但近几十年来,各种新的居住社区正在挑战传统郊区作为乌托邦原型的地位。例如,尽管在北美、拉丁美洲、亚洲和南非最为普遍,但世界各地主要大都市区的门禁社区越来越多,通常这里毗邻边缘城市,甚至是边缘城市的一部分。这种经过了总体规划的社区总是以公共空间的私有化为前提——例如道路和人行道——其门禁具有双重意义:物质形式是高墙、护城河、守卫的大门、安全摄像头,有时还会有武装保安;在制度上,通过管理实践规定居民的年龄范围、访客的时间和频率、房屋装饰等等。它们也越来越多地由住宅私人机构管理,这些机构将公民责任(如警察保护)和街道维护、消遣和娱乐等服务私有化。对一些评论人士来说,这些社区是私人世界的一部分,与它的邻居或更大的政治体系几乎没有共同之处。这种分裂可以被视为破坏了城市生活方式的理念,产生了马克思主义地理学家唐·米切尔(Don Mitchell)所说的 SUV 式的公民。也许在今天的许多城市里,只有那些有工作的穷人和无业游民才会选择乘坐公共交通工具,这句话生动地体现了这一点。

作为市中心复兴的一部分,随着绅士化在全球范围内的规模和范围的多样化,许多国家的内城居住空间也在经历改造。虽然在商业和工业城市,对以前的工人阶级街区进行的传统改造仍在继续,但似乎也存在一种无处不在的新绅士化趋势,这种趋势往往出现在昔日的棕色地带,而且越来越多地出现在无论全球南部还是全球北部的城市之中。然而,由此产生的内城和海滨公寓也越来越得到保护——人类和技术的组合,使居民向内而不是向外朝向街景,街景被认为是一个充满敌意的、反乌托邦的环境,危险的陌生人在其中游荡。为城市提供其特有的多样性和高强度的异质世界,似乎越来越以社会冷漠、超然的生活方式和日益增长的恐惧生态为前提,所有这些都需要谨慎的管理,或许还需要创新的规划方法。

一些评论者毫不怀疑,城市精英和富裕的中产阶级急于拉起私人吊桥,将自己隔离在封闭的社区、封闭的办公室、购物区和休闲区之后,这是一种日益严重的社会两极分化的空间逻辑,这种两极分化盛行于世界主要的大都市区。此外,如果绅士化的特征在国界之间变化,那么那些最容易受到社会学家华康德所谓的"高级边缘性"(Advanced Marginality)影响的社区也是如此,尤其是墨西哥城的贫民区(barrios),圣保罗的棚户区(favelas),美国的超级隔都区(hyperghettos),法国的郊区(Banlieues)和全球范围内更广泛的贫民窟(slums)。尽管这一趋势正在许多城市内部展开,并与新经济区的崛起相呼应,但许多历史悠久的郊区也面临着相当大的挑战,包括建成环境的维护、必要的基础设施,以及从医生到正经杂货店的服务。事实上,一些内城和郊区社区选择用大门和路障来改造他们的社区,主要是出于对犯罪的高度恐惧和外界对城市反乌托邦的感知。似乎是为了进一步复杂化现有的城市、郊区或郊区生活空间的拼贴,过去 10 到 15 年看到了一个独特的新的城市/郊区形式的优势。自封的新城市主义——并且打算作为对上面概述的不受控制的汽车依赖性蔓延的直接解毒剂 ——它提倡创建紧凑的、生态可持续的城镇和城市空间,居民可以步行或骑自行车到工作场所、商店、学校、休闲、文化和娱乐场所。建筑和娱乐区被布置在街道网格中,旨在培育一个丰富的公共领域,使社会群体能够共享购物中心、广场、咖啡馆和公园,从而带来持久的土地价值,促进安全和社区意识。

洛杉矶市中心商业区的邦克山(Bunker Hill)地区已经被重新开发,包括新的商业综合体和复式公寓。这张照片展示了在办公室和快餐在一个集中的区域内,非常适合在邻近地区工作的人

来源:特蕾西·布扬

出于对当地建筑风格的敏感,新城市主义强烈反对20世纪占主导地位的土地分割的规划实践,这种做法被认为会导致交通拥堵,并且会导致停车场的蔓延、同质的郊区尽头路、破旧的购物中心、办公园区,以及上述城市问题。尽管近年来新城市主义已经引起了许多规划者和进步的城市主义者的共鸣,但一些批评者强调了这些社区是如何被阶级和种族的分歧深深打断,并且实际上成为一种开发商获取利润的新方式。

解读拼接的都市主义

马克思主义地理学家大卫·哈维明确地提到了"城市主义是拼接起来的"这一观点(目前的研究者也因此受惠于他)。哈维警告说,城市政府的新政治战略以及与之相关的城市空间的新自由主义化,在财富和权力方面造成了一些根深蒂固的地域差异,形成了一个地域发展长期不平衡的大都市世界。财富转移到明显将穷人和边缘人群排除在外的郊区空间,或者被高墙包围在郊区的私人空间和城市门禁社区中。对哈维来说,这一影响是将城市分割成一个由相对富裕的岛屿组成的拼接而成的共同体,在不断蔓延的衰败之海中努力确保不稳定的繁荣,从而导致大都市空间的深刻划分和分裂,以及对城市其余部分的局部防御姿态,这可能会导致分裂,对城市政治可能会产生不良影响。

一个特别有说服力的例子就是洛杉矶市中心邦克山地区的再开发,该地区拥有价值数十亿美元的大型建筑,包括博纳文特尔酒店综合大楼(Bonaventure Hotel Complex),它几乎切断了通往市中心的所有传统行人道路。这是为了满足该市主要开发商的诉求,他们担心邦克山靠近公共交通,尤其是非洲裔美国人和墨西哥穷人大量使用公共交通,会导致房产贬值。邦克山后来基本上与外界隔绝,与城市工人阶级隔绝。这代表了斯蒂芬·格雷厄姆和西蒙·马文(Simon Marvin)所定义的"分离式网络空间"(Secessionary Networked Space),它导致了日益分裂的城市环境,连接了诸如购物中心、商业公园、门禁社区和国际机场等建成环境,反过来这些环境又与专用网络化基础设施紧密交织在一起,包括公路和轻轨系统,以及定制的能源、供水、安全和信息高速公路服务。这些进程以及上面描述的其他进程似乎预示着一个新城市,它与20世纪大部分时间以来占主导地位的城市大不相同。它还邀请人们摒弃传统的城市地图,反过来,也许会重新考虑建筑环境的性质以及城市的地理和社会学,以及城市生活的本质、城市状况和城市治理。

进一步阅读书目:

- Amin, A. and N. Thrift. 2002. *Cities: Reimagining the Urban*. Cambridge, UK: Polity.
- Davis, M. 1990. *City of Quartz: Excavating the Future in Los Angeles*. London: Verso.
- Dear, M. 2000. *The Postmodern Urban Condition*. Oxford, UK: Blackwell.
- Dick, H. and P. Rimmer. 1998. "Beyond the Third World City: The New Urban Geography of South-east Asia." *Urban Studies* 35(12): 2303–2321.
- Graham, S. and S. Marvin. 2001. *Splintering Urbanism*. Oxford, UK: Blackwell.
- Harvey, D. 2000. *Spaces of Hope*. Edinburgh: Edinburgh University Press.
- Sandercock, L. 1998. *Towards Cosmopolis*. Chichester, UK: Wiley.
- Soja, E. 2000. *Postmetropolis: Critical Studies of Cities and Regions*. Oxford, UK: Blackwell.
- Sudjic, D. 1992. *The 100-Mile City*. London: Flamingo.

(Gordon MacLeod and Kevin Ward 文 王 洋 译 李文硕 校)

PHOTOGRAPHY AND THE CITY ｜摄影与城市

由于摄影技术与现代城市的兴起在时间和空间上几乎完全重合，因此现代视觉文化的出现与城市和城市生活息息相关，各种形式的摄影意象都是城市研究领域的核心，从19世纪30年代最早的实验到网站上数字成像的最新发展。摄影艺术——无论是专业人士或者业余爱好者——已经成为人们探索、分析、记录和庆祝城市环境的重要方式之一，是现代城市向自己解释自己的关键模式。

在研究摄影和城市之间的关系时，要记住摄影通常分属3个广泛的实践传统：美学、纪实和大众。

美学传统试图模仿甚至超越现有的视觉艺术传统，强调正式的构图、明暗的模式以及频繁使用模糊和柔和的焦点。另一方面，纪录片直接遵循了1850—1900年大众媒体中图解法所确立的先例。有些城市纪实摄影具有商业性质，制作明信片、立体镜和世界各地的旅游影像；其他的，主要是新闻纪实照片采取了坚定的社会行动主义和揭发丑闻的宣传基调。最后，流行或快照的摄影传统早在19世纪80年代就开始了，当时伊士曼柯达公司发明了一种廉价的方案，将易于使用的相机与广泛可用的胶卷和胶片处理技术结合起来。今天，随着数码相机的广泛使用，视觉文化民主化的一个全新阶段——往往内置在联网的手机中——已经成为全球城市文明的一个不可或缺和无处不在的特征。

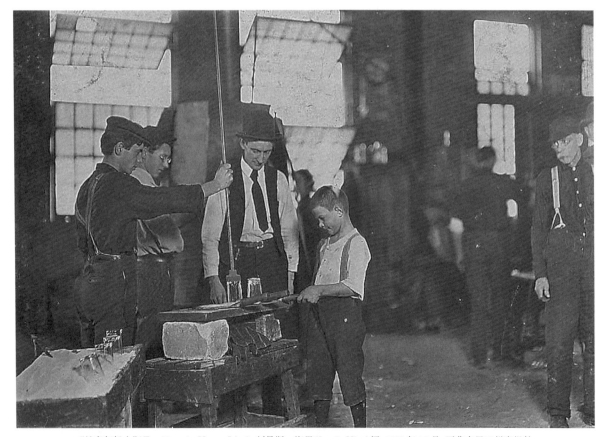

"教育年轻人"（*Teaching the Young Idea*），刘易斯·海恩（Lewis Hine）摄，1908年10月，西弗吉尼亚州摩根敦
来源：国会图书馆

摄影与近代城市

在城市工业化的早期,摄影迅速流行起来,城市生活的图像——城市风景、肖像、建筑景观、街景和工业过程的细节——随着快速城市化成为一种全球现象而变得越来越重要。

一些最早期的照片是在城市拍摄的,这仅仅是因为它们的制作者通过将相机指向工作室的窗户来测试相机。尼塞福尔·涅普斯(Nicephore Niepce)在 1827 年的《勒古拉斯的窗口景象》(View from His Window at Le Gras)是一个非常早的例子,使用的是粗糙的日光仪。1838 年,路易斯·雅克·曼德·达盖尔(Louis Jacques Mande Daguerre)创作了《巴黎林荫大道的两种景观》(Two Views of the ards of Paris);到 1843 年,威廉·亨利·福克斯·塔尔博特(William Henry Fox Talbot)创作了大量伦敦和巴黎的街道及地标。在本世纪余下的时间里,工业界和其他地区的摄影师开始为快速增长的城市中心拍照。

在插图印刷和廉价的彩色照片中,最受欢迎的城市图像是所谓的鸟瞰图,早期的摄影师试图以各种方式达到类似的效果。有些城市很小,可以用一张图片拍摄整个城市。1848 年,查尔斯·福特纳(Charles Fontayne)和威廉·索思盖特·波特(William Southgate Porter)拍摄了辛辛那提全境的一张照片。1868 年,伟大的肖像摄影师纳达尔(Félix Nadar)乘气球环顾巴黎。另一种流行的技术是拍摄一系列照片,然后将它们串成全景蒙太奇。

城市摄影师和平面艺术家很快发现,整座城市的景观只提供有限的高度和距离信息。真正的城市生活是在街道上,在建筑物里,在城市居民的脸上。大约从 1840 年开始,立体镜的普及使得人们能够从世界各地看到城市场景的三维视图以及自然奇观,极大地促进了普通公民对地球及其人类的了解。

1853 年,约翰·巴纳德(John Barnard)拍摄了一张纽约奥斯维戈(Oswego)工厂火灾的照片,并在当地一家报纸上刊登了一则公告,说照片的复印件可以在他的工作室里买到,照片插图新闻取得了重大进展。随后很快,以照片为基础而不是绘画为基础的新闻插图,以及对城市街道生活特别是穷人和工人阶级的生活的调查,很像慈善研究人员和政府专员在伦敦、巴黎和纽约等城市发表的报告。1873 年,约翰·汤姆森(John Thomson)出版了他四卷本的《中国及中国人影像》(Illustrations of China and Its People),作为欧洲商人和实业家了解中国的手册。接着是伦敦的街头生活,他在 1876 年和 1877 年分别出版了一篇关于工人阶级、穷人和被压迫者生活的开创性研究。

汤姆森的作品打开了现代城市摄影的大门。1890 年,美国记者、社会改革家雅各布·里斯出版了《另一半人如何生活》一书。这本书用文字和照片揭示了城市贫民的生活和社会危险状况,以及贫民窟和廉租房的肮脏和道德腐败。里斯开创了城市摄影师作为社会批评家和活动家的传统。1904—1909 年,社会学家、社会改革家刘易斯·海恩拍摄了数千张移民经过纽约埃利斯岛的照片,从而直观地记录了现代最伟大的城市化迁移之一。后来,他与全国童工委员会(National Child Labor Committee)合作,拍摄了一些在南方纺织厂工作的孩子的照片,这些照片至今仍触动着人们的心灵。里斯和海因一起用照片完成了恩格斯 1844 年的《英国工人阶级状况》用文字完成的事情,以及厄普顿·辛克莱 1906 年在《丛林》(即《屠场》)中完成的事情。

如果说纪实的街头生活摄影揭示了人们在现代城市中的生活方式,那么肖像摄影则是近距离地展示了城市中的人们。世界上几乎每一个大城市都有商业肖像摄影师的工作室,到 19 世纪六七十年代,大大小小的城市名录中列出了数百家可供富裕资产阶级拍摄肖像的场所。当锡版照相法完善后,制作成本大幅下降,几乎所有城市居民都能买得起一张橱柜照片。城市资产阶级的一些最好的摄影肖像是非凡的艺术作品。爱德华·斯泰肯

(Edward Steichen)的《J. P. 摩根》以捕捉华尔街金融家残酷无情著称,而罗伯特·豪利特(Robert Howlett)的《伊桑巴德·金德姆·布鲁内尔》(Isambard Kingdom Brunel, 1857)则让人联想到一个工程师出身的工业企业家戴上帽子、手插口袋、抽着雪茄,站在他的轮船"大东方号"巨大的钢铁锚链前。从19世纪90年代到20世纪初,对于一种结合纪实目的和审美传统的视觉敏感性的城市摄影来说,这段时期尤其丰富。尤金·阿杰特(Eugene Atget)的作品就是这种趋势的一个显著例子。他1899年开始摄影,并开始了一个长达数十年的项目记录巴黎的街道。他以敏锐的洞察力和对绘画作品的敏感度完成了他的项目,作为艺术先锋派得到了许多人的喜爱,并被誉为浪荡子传统的化身——波德莱尔的知识分子概念,他们以一个闲散的观察者的身份在城市的街道上漫步,参与城市生活。这一时期的另一位摄影师是贝洛克(E. J. Bellocq),他在1912年至1917年间拍摄了路易斯安那州新奥尔良市臭名昭著的斯托里维尔区(Storyville)的妓女和妓院。这些照片提供了一个世界和社会的视觉记录,即使在当时,这个世界和社会正在迅速消失。从某种意义上说,所有伟大的世纪末城市摄影师都在从事一个类似的怀旧项目:记录一座记忆之城,一个很快就会被现代性历史上一个新阶段所抛弃的城市现实。

摄影和高度现代主义的城市

高度现代主义的城市很大程度上是在20世纪,尤其是从20世纪20年代开始,以摩天大楼、办公室、电力和不锈钢技术为主导。当然,如此乐观地迎来的是一个城市世纪,这个世纪将在全球经济萧条的危机、极权主义的兴起以及两次世界大战的破坏中遭受巨大的痛苦。

19世纪90年代,摄影开始取代报纸和杂志上的平面艺术,但电影的出现可以说代表了20世纪摄影史上最重要的技术进步。1878年,怪癖的埃德沃德·迈布里奇(Eadweard Muybridge)安装了一系列相机,科学地记录一匹运动中的马的步态。然后,在19世纪90年代,美国的托马斯·爱迪生和法国的奥古斯特·卢米埃、路易斯·卢米埃(Louis Lumiere)两兄弟都创作了"电影",并开始向大众发行和展示这些电影。摄影的历史——尤其是摄影中城市的再现——向前迈出了一大步。

也许20世纪城市最具特色的形象就是电影场景的确立,它确定了电影娱乐中将要展开的故事的场景。1929年,德国导演弗里茨·兰格在《大都会》中以摩天大楼林立、飞机在摩天大楼之间飞行的幻想场景,揭示了他对城市阶级斗争的叙述。在某些方面,这幅图与法国建筑师勒·柯布西耶1924年发表的《明日之城》中革命性的现代塔楼颇为相似。曼哈顿天际线的经典高度现代主义形象一直被用来代表纽约,至少自1926年金·维多的《乌合之众》以来是这样。

在静态摄影中,美学传统以美术为先导。随着抽象主义和立体派形式主义取代现实主义和印象派,艺术摄影师们常常完全放弃主题,或至少把它放在次要地位,试图捕捉纯粹形式和潜在结构的图像。甚至城市图片摄影像查尔斯·希勒1927年的《底特律福特工厂》(Ford Plant, Detroit),占主导地位的纵横交错的传送带,或匈牙利建构主义拉兹洛·莫霍利-纳吉(Laszlo Moholy-Nagy)1928年的《来自柏林广播塔》(From the Radio Tower, Berlin),其夸张的空中透视图仅揭示了下面的几何模式——形式结构和图案构图的价值超越了城市-工业化主题。同样,1936年第一期《生活》杂志的封面几乎完全是玛格丽特·伯克-怀特(Margaret Bourke-White)创作的蒙大拿佩克堡大坝(Fort Peck Dam)的形象。

城市审美摄影师的兴趣不仅仅在于形式构图和抽象。贝伦尼斯·艾博特(Berenice Abbott)拍摄了许多纽约店面的照片,这些店面与阿杰特的店面惊人地相似。伯克·怀特拍摄了许多街景照片,包括1937年《路易斯维尔的面包队伍》(Breadline in Louisville),照片中人们在一块写着"世界最高生活水平"的广告牌前等待食物。但是纪录片传统在 20 世纪 30 年代形成了自己的特征,并制作了一些 20 世纪城市摄影的真正杰作,例如曼纽尔·阿尔瓦雷斯·布拉沃(Manuel Alvarez Bravo)记录了墨西哥城的人民,或是詹姆斯·范·德·泽(James Van Der Zee)拍摄的纽约哈莱姆区黑人社区的独特组合的图像,其中夹杂着沉闷和魅力。

作为对美国大萧条的回应,纪录片传统中的摄影师们关注贫困,尤其是农村贫困。沃克·埃文斯(Walker Evans)曾在 20 世纪 20 年代拍摄过纽约的街景,他加入了农场安全管理局。在詹姆斯·阿吉(James Agee)1939 年出版的《现在,让我们赞美名人》(Let we Now Praise Famous Men)一书中的照片中描述了南方佃农贫困潦倒的生活。多萝西娅·兰格(Dorothea Lange)也在农场安全管理局工作,她拍摄的沙尘暴移民照片在视觉上定义了一代人的经历,约翰·斯坦贝克(John Steinbeck)在《愤怒的葡萄》(Grapes of Wrath)中讲述了这一代人的故事。所有这些农村的贫困形象都对城市生活产生了明显的影响。城市化进程一直是由农村到城市的移民推动的,兰格在她的著作《美国大迁徙》(An American Exodus,1939)的最后一章中,以"路的尽头:城市"(End of the Road:The City)为题,以一种特殊的力量阐明了这一点。

在 20 世纪 40 年代和战后 50 年代里,摄影对城市生活采取了一种坚韧不拔、愤世嫉俗的态度。在电影中,这被称为黑色电影(film noir),在静态摄影中,没有人比摄影记者维吉·阿瑟·费利格(Weegee Arthur Fellig)更能体现黑色的(noir)情感。维吉拍下了尸体、车祸受害者和惊恐的旁观者的闪光照片,并将这些照片免费提供给报纸和每周小报。他的一些最好的作品在 1945 年以《裸城》(Naked City)的形式出版,这是一组非同寻常的照片,彻底改变了街景摄影艺术。20 世纪下半叶,许多伟大的城市摄影师——尤其是黛安娜·阿勃丝(Diane Arbus)和理查德·阿维顿(Richard Avedon)——从维吉独特的视角中找到了灵感。

第二次世界大战后,电视的普及将娱乐、新闻和广告天衣无缝地结合在一起,取代了电影和新闻短片,极大地扩大了城市视觉文化的覆盖面,以一种前所未有的方式将其带入家庭。与此同时,经过多年的战争破坏和忽视,中心城市开始重建,但战后一种新的城市也在发展。这种新的中产阶级郊区土地利用模式改造了城市景观,首先是在北美,然后是世界其他地方。然而,对于中产阶级的郊区,无论是美学还是纪录片摄影师都很少重视。《郊区》(Suburbia,1971)由比尔·欧文斯(Bill Owens)拍摄,描绘了一幅平淡无奇的死胡同、卷发机里的家庭主妇和空荡荡的房间,这些房间里还留着电视机。其他大多数郊区的图片往往是杂乱无章、千篇一律的航拍图片,或者是如出一辙的临街房屋的照片,这些照片往往轻蔑地否认郊区居民生活的复杂性或细微差别。

如果说随着 20 世纪的临近,城市摄影中的审美传统和纪录片传统似乎都在减弱,那么大众化的传统就越来越强大,越来越普遍。数以百万计的人开始通过摄影来记录他们的家庭和社区。最后,20 世纪的大众摄影创造了一种快照式的民主,从新闻界和艺术界的专业精英中解放了视觉形象。今天,收藏家和研究人员仔细考虑了这些相册中的照片,这些照片记录了随着历史大事的展开,以其他方式匿名的数百万普通公民的生活。有时,他们的照片记录了那些伟大事件的各个方面——士兵从战争中回家,家庭搬进战后的住房,或围坐在电视前看宇航员在月球行走,但视角通常与专业摄影师的作品截然不同。城市摄影的流行传统是亲密、直接、不张扬的,也许没有任何一个形象具有重大意义,但从整体上来说,它们从内到外揭示了个人和社区的生活。

后现代城市中的视觉文化

在新兴的后现代城市,许多现代城市主义的特征开始消失。在地方层面,公共空间越来越私有化,郊区与市中心之间的关系改变了,越来越多的企业和文化设施远离市中心,创造了一种新型的城市,即记者乔尔·加诺所谓的"边缘城市"和历史学家罗伯特·菲什曼所谓的"技术郊区"。在全球层面,在以计算机为基础的电信和全球化经济为基础的新技术的推动下,城市和民族国家之间的关系进行了全面变化。随着台式机、笔记本电脑和全球联网手机的出现,这些通信技术变得高度个性化。人们现在可以加入在线社区,与来自世界各地的人进行互动。城市生活开始进入、至少部分进入了虚拟的领域。

在城市里,整栋建筑都变成了电子广告牌,摄影艺术家和摄影记者比以往任何时候都更重要,但随着数码相机的广泛使用,几乎每个人都可以拍照,并通过互联网将照片传递给朋友或整个世界。专业/业余的区别变得无关紧要,因为越来越多的已建立的视觉大众传播渠道变成了基于网络的传播渠道,并积极地从任何希望参与视觉文档集体过程的人那里征求意见。

现在要确切地说什么构成后现代城市秩序的城市景观还为时过早。在现实世界中,它可能是纽约"9·11"事件前天际线的世贸中心的双子塔,或者也可能是欧洲和北美的后郊区毫无特色的蔓延,甚至周围的无穷无尽的外围棚户区贫民窟。但在虚拟世界中,后现代城市最好的表现形式或许是MySpace 或 YouTube 的主页、《侠盗猎车手》(Grand Theft Auto)等电脑游戏中的危险街道,甚至是《第二人生》(Second Life)的参与性虚拟现实。在某种程度上,视觉文化与城市现实之间的区别消失了,城市的形象变成了城市本身。

进一步阅读书目:

- Hirsch, Robert. 1999. *Seizing the Light*: A History of Photography. New York: McGraw-Hill.
- Jeffrey, Ian. 1981. *Photography*: A Concise History. London: Thames and Hudson.
- Liggett, Helen. 2007. "Urban Aesthetics and the Excess of Facts." Pp. 9–24 in *Encountering Urban Places*: *Visual and Material Performances in the City*, edited by Lars Frers and Lars Meier. London: Ashgate.
- Newhall, Beaumont. 1982. *The History of Photography*. New York: Museum of Modern Art/Little, Brown.
- Rosenblum, Naomi. 2008. *A World History of Photography*. New York: Abbeville Press.
- Sandler, Martin W. 2002. *Photography*: An Illustrated History. New York: Oxford University Press.
- Walker, Ian. 2002. *City Gorged with Dreams*: Surrealism and Documentary Photography in Interwar Paris. Manchester, UK: Manchester University Press.
- Woods, Mary. 2009. *Beyond the Architect's Eye*: Photographs and the American Built nvironment. Philadelphia: University of Pennsylvania Press.

(Frederic Stout 文　王　洋译　李文硕 校)

PIAZZA | 广场

广场是城市肌理的重要组成部分,这样的开放空间对城市的宜居性来说至关重要。本条目追溯了城市广场的历史根源,并揭示了广场如何提高城市生活的质量。

"广场"(piazza)一词是意大利语,意为城市中的露天广场,同时暗示了现代广场的历史渊源。在大多数城市环境中,广场是公共空间,也就是说它们通常对公众开放,尽管在某些情况下受到严格控制。广场在公众的想象和许多规划政策文件中所体现的,是一个包罗万象的露天客厅,人们从中获得经济效益,改善身心健康;此外,广场通常是为儿童和年轻人设计的,让他们在其中获得安全感。

但广场不仅仅是为了满足那些制定政策指导方针的人的愿望。首先,这些"城市客厅"是有序的空间,由特定的人制造和维护,并以特定的修辞和兴趣来表述它。其次,这些空间是由不同的人通过不同的用途来创造和改造的,使广场成为一个有争议的场所。最后,这种争论不仅存在于那些空间塑造者和空间使用者预定的或确定的政治项目中,而且也存在于空间的物质性上,因此,广场拥有自身转变的物质性力量,无论这种转变可能朝向哪个方向。广场让人想起熙熙攘攘的地中海生活,人们可以在沐浴着阳光的客厅里一边喝着卡布奇诺,一边享受着这种生活。广场还包含着城市政治生活,从最小的冲突到最宏大的对抗。

罗马广场
来源:戴维·费雷尔(David Ferrell)

历史渊源

要理解为什么广场作为开放空间对公众开放,并被许多规划者、政治家和学者认为是如此重要,有必要回顾过去。关于西方文明的许多讨论都以古希腊为起点,在这里,城邦民主的诞生是一个起点。阿格拉是所有自由出生的男性的集会场所,在那里,世俗的和宗教的事务都可以通过指定的公众陪审员来讨论和行使司法权。同样,罗马帝国的心脏和诞生地是罗马广场，所有有关罗马帝国的决定都是在这个论坛上做出的。大多数罗马城市都是仿照希腊的城市形式建造的。该论坛作为一个开放广场向公众开放，但后来许多行政和宗教建筑也分布其上和周围。今天许多人猜测，旧的集市和论坛类似于北非的露天市场，称为"souk"。

在中世纪，罗马和希腊的城市规划激发了欧洲贵族和主教建造新城市的灵感。这些已建立的中世纪城市通常被称为巴士底（bastides），有规则的街道和一个中心广场，通常大教堂或礼拜堂占据其重要的位置。这种以一个中心广场为中心的布局，慢慢传播到新大陆，那里既有巴士底式的城镇，也有根据西班牙国王1573年颁布的《印地法》规划法令建造的城镇，灵感来自罗马传统。在这些城市里，街道规划十分严格，广场在城市中心扮演着重要的角色。这种严格的街道规划在拉丁美洲的大多数城市和北美的一些城市可以看到——广场是焦点，宗教和世俗行政建筑是主导。后来，所谓的英国文艺复兴时期的规划城市在城市规划中发挥了中心公共广场的作用。在这方面，必须指出的是，广场可以在亚洲、非洲和中东的古代城市中找到，但今天这些城市中的某些带有了殖民改造的标志，因此强加的规划遵循了上面简要概述的历史传统。

在城市规划的所有历史性变革中，广场发挥了重要的双重作用。首先，它被认为是一个公众可以见面和交流的地方；在某种程度上，它是公民的公共场所。其次，广场是城市的中心，商业活动将在这里进行，城市或国家的大部分行政部门以及重要的宗教机构，都围绕着广场。

广场是城市空间结构的重要组成部分，通常决定着我们如何移动，从而安排了我们的交往和生活。广场是一个集中了文化实践和地理知识的场所。它是社会交往和争论的领域，展示着居住的意义和社会的活力，它的目的是培育公民。为了揭示广场潜在的政治意义，有必要揭示它是如何设计和建造的、由谁来设计和建造、用于什么目的，以及它是如何被使用的。换句话说，广场传达了每一个社会中更大的力量的含义，以及这些力量是如何被人们的日常生活所塑造的。在城市肌理的中心设置一个大型的开放公共空间，需要认识到市民及其活动是城市的中心，并关注如何传达和记录市民的意义。这里的关键是，民主公民是如何通过进步政治塑造出来的，而进步政治的基础是相互影响和团结一致。公共空间所表达出来的含义就是，应该不惜一切代价维持公共空间作为这种互动的论坛。在这些空间里，无论是否世俗，政治和对事物的思考都会与商业和娱乐一起发生——这些是开放的市场，人们在这里销售他们的产品并进行互动。

重塑公众

广场作为公共空间一直以这样或那样的形式存在，充满了世俗或宗教的意义，它作为一个集会场所的功能有很多目的。拉丁美洲城市就是一个恰当的例子——由于其布局的严格，广场作为一个聚会和社交的场所发挥了关键作用。在现代，露天广场被认为是促进民主的重要场所，这可以追溯到古希腊时代。这一概念的基础是，所有人都可以放心大胆地交流，而不受表达方式、着装规范、语言等因素的影响。这就是交往理性的概念，由此产生了一个浪漫的观点，或是理想的观点，公共空间作为一个抽象领域，在那里人们自由互动和交流思想。因此，现代规划者开始将广场视为一个客厅，一个没有烦恼的休闲娱乐场所，所有人的声音都可以听到；同样地，它对城市的福祉至关重要。因此，他们规划了开放空间，咖啡馆排列在开阔的区域，并在开放空间里举办活动。

城市广场被视为个人或团体互动的论坛，其基础是哈贝马斯所称的沟通行为（Communicative Action）或协商民主（Deliberative Democracy）。协商民主模式指出，塑造民主公民的最好方法是使辩论成为一种惯例，辩论主要集中于如何加强民主，通过温和的理性推理，使沟通理性成为基础，但最重要的是实践。

然而,空间从来就不是抽象的,也不是由自上而下的规划指令来管理的。为了避免这种空间崇拜,广场扮演了一个场所的角色,人们可以在这里出现,从而被看到、被听到。在这一方式中,民主是通过对抗在广场上形成的,在那里不同的群体作为友好的敌人或以斗争的方式对抗。许多理论家,尤其是马克思主义者,对沟通理性提出了批评,他们认为构成理性和抽象的东西往往掩盖了权势集团的有形利益和议程,而这些利益和议程被宣传为理性甚至是常识。他们认为,广场中没有理性的共识或普遍的依据,政治的推进是通过赋予冲突和不同的声音权力来实现的。广场的含义是,它几乎不可能有共同的意义,除非涉及沟通的理性或浪漫的尊重宽容的理想。因此,广场是一个开放边界的异质空间,它通过冲突从占有中获得意义。

无论是为了沟通的理性还是为了对抗,争论的焦点都是广场必须对占有者开放;也就是说,必须保障公民上街游行的权利,谴责种族隔离,但提倡集会的自由。因此,规划和建造广场不能通过抽象——或者一些开明规划方法——单独完成,必须让人们走上街头、走上广场,通过对抗双方的论辩才能解决。从辩证法的角度来理解,广场作为一个生产的空间,创造了一个不断运动的相对空间,因为除非通过一种关系,通过反驳和否定,否则什么都不会产生。这意味着,人们走上街头,让自己变得可见,因此既需要空间也创造空间,但这很少是他们自己选择的结果。

对空间的需求基于这样的前提,即存在希望被倾听的人。一个人可以被积极地听到或看到,被认为是破坏了主流秩序的象征或表现,这需要注意广场的象征性质。对广场的符号学解读将广场及其建筑物、建筑风格和艺术视为社会秩序的代表。在这里,广场被视为文本;阅读它需要借助美学、哲学和心理学来揭示其内在的秩序和力量,以及对空间中发生的斗争的关注。

同样,哈维认为,空间实践应该以理想和想象为基础,了解人们希望空间成为什么样子。因此在他的作品中,一个人应该通过空间阅读来理解当前的秩序,然后有意识地重新想象它。此外,也可以通过在日常生活中存在和使用空间,无意识地颠覆空间的决定功能,仅仅通过存在或以不适当的方式行事。这两种颠覆是列斐伏尔所强调的,尤其是后者。

对许多人来说,强调占有广场斗争的理解是对个人和空间作用的还原。一些借鉴列斐伏尔作品的后结构主义批评家认为,广场必须同时被视为物质和媒介。他们认为,侵占事件并没有让人们深入了解空间的中介作用;他们更多地把广场看作是可以占有的物质舞台。因此,生活空间每天都在那里显现出来,在广场的中介和生产之中,以及公民的塑造中发挥着更积极的作用,尽管范围较小。这样,广场空间本身就是政治的组成部分;除了个体的中介空间,它还展示了认同的不同方面,并不是所有人都必须在任何时候都允许中介空间。当以这种方式分析广场时,需要理解的是微观层面:人们的行为,他们讲述的关于自己生活和行为的故事,并重视步行,将其作为一种城市生活方式。

专注于空间的中介,并将其视为持续存在的空间,对立中隐含的分歧被凸显出来。由于对关系本身的坚定关注,以及只有这些关系才能够在当下的忧惧时刻产生更多的关系,对辩证思维的批判就得以减少,通过它们自身的关系来寻求或拆解对抗的无穷序列而得到反击。

广场的公众性有多强

上面的讨论允许思考广场的公共程度。当你坐在广场上的咖啡馆里喝着卡布奇诺,在阳光明媚的客厅里晒太阳时(许多高纬度城市都在效仿这一做法),你对政治有何贡献?许多人认为,广场作为一个审议和对抗场所的传统功能,已经受到侵蚀。一个主要的侵蚀因素是,公共广场的商业作用正在从许多城市环境中消失,规划指示决定了广场的内容。商业活动已经从街道和广场转移到指定的建筑中,例如商场,那里的房地产价格决定了商业活动的组成和性质。此外,许多广场的设计和建造都考虑到一个非常特殊的目的，因此也考虑到一些非常具体的用途，通常符合中产阶级的行为和外观标准。这样一来，再加上许多其他原因，许多广场失去了其公共性。

在前文中，有人认为世界是无休无止的，通过一系列的对抗而持续。因此，尽管广场已经进入了平衡状态，需要根据它们的物质性和在使用上的斗争进行细致的规划，但广场需要向未来敞开大门。换句话说，这些"稳定的天坑"的改变和重新表述，不一定是根据社会权力斗争或规划指令所表述的认知理想或决定，而是根据空间本身。

因此，广场并不仅仅是一个喝着卡布奇诺、享受地中海式无拘无束的欢乐生活的场所。广场本身也有作用，它在不断地重构自己的功能和形态。

进一步阅读书目：

- Agnew, John. 1988. *Place and Politics: The Geographical Mediation of State and Society*. New York: Harper Collins.
- Amin, Ash and Nigel Thrift. 2002. *Cities: Reimagining the Urban*. Cambridge, UK: Polity Press.
- Canniffe, Eamonn. 2008. *The Politics of the Piazza: The History and Meaning of the Italian Square*. Aldershot, UK: Ashgate.
- Cresswell, Tim. 1996. *In Place/Out of Place: Geography, Ideology, and Transgression*. Minneapolis: University of Minnesota Press.
- Duneier, Mitchell. 1999. *Sidewalk*. New York: Farrar, Straus and Giroux.
- Favole, Paolo. 1995. *Squares in Contemporary Architecture*. Amsterdam: Architecture and Natura Press.
- Fife, Nicholas R., ed. 1998. *Images of the Street: Planning, Identity, and Control in Public Space*. London: Routledge.
- Goss, Jon. 1996. "Disquiet on the Waterfront: Reflections on Nostalgia and Utopia in the Urban Archetypes of the Festival Marketplaces." *Urban Geography* 17: 221–247.
- Habermas, Jürgen. 1985. *The Theory of Communicative Action*. Boston: Beacon Press.
- Harvey, David. 2000. *Spaces of Hope*. Edinburgh: Edinburgh University Press.
- Hillier, Bill. 1996. *Space Is the Machine*. Cambridge, UK: Cambridge University Press.
- Lees, Loretta., ed. 2004. *The Emancipatory City: Possibilities and Paradoxes*. London: Sage.
- Lefebvre, Henri. 1991. *The Production of Space*. Oxford, UK: Blackwell.
- Low, Setha M. 2000. *On the Plaza: The Politics of Public Space and Culture*. Austin: University of Texas Press.
- Massey, Doreen. 2005. *For Space*. London: Sage.
- Mitchell, Don. 2003. *The Rights to the City: Social Justice and the Fight for Public Space*. New York: Guilford Press.

（Edward H. Huijbens 文　王　洋译　李文硕 校）

PLACEMAKING ｜场所营造

"场所营造"一词一般指使空间变得有用和有意义的过程。这可能包括对自然景观的操控如土地开发和建筑建设，也包括通过共同的理解将意义或情感赋予某个地方。这些或多或少有形的过程通常是同步发生的,因为景观的维度逐渐被居民和其他与地方互动的人所理解。场所营造可能反映了精英阶层的工作,他们通过对一个地方的诠释和使用来支持自己的经济利益。当人们在一个特定的场所生活、工作和互动并通过日常活动塑造它的用途和关联时,场所营造可能更频繁地发生。这些意义随着时间的推移而持续存在,反映了另一种影响场所营造的因素,即努力将特定的记忆或身份与一个地方联系起来。

从空间到地点

所有的场所营造都包括空间到地点的转换,或者一种类型的地点到另一种类型的地点的转换。在以前,人类从未使用过或认识过被改造成适合他们物质、经济和社会需求的土地。例如,森林或沙漠很少有人居住,它提供了空间或地理区域,但还不是一个对人类有用或有意义的地方。如今这样的空间相对罕见,而且自从人类分散到全球各地以来,这种空间就很可能变得罕见了。然而在殖民时代和其他征服频繁的时期,被标记为劣于征服民族的群体的土地常常被视为未被利用或未得到充分利用的地区,这些地区与土著居民有关的含义被忽视,因此欧洲殖民者把北美被美洲原住民占据的大部分土地理解为可供开发和"改善"的空间,探索、划界和命名新发现的土地可以被认为是选址的初步过程。城镇的发展也许是这种工作的典型案例,因为空间成为密集的商业和文化活动的场所,成了成千上万甚至数百万人的家。

除了开放空间和农业用地的开发,第二种形式的场所营造包括将一个具有某种用途或意义的地方转换成另一个。再开发项目包括城市更新、棕色地带改造;在某些情况下,绅士化为改造空间的使用和与之相关的意义提供了机会。这些选址过程可能快速而慎重,就像大规模的城市更新过程一样(例如低收入社区被夷为平地,取而代之的是体育场、会议中心或其他截然不同的建筑)。另外,这些工作可能是渐进式的,比如富人在贫困社区购买和翻新房屋,从而改变该地区的人口构成以及人们对该地区的理解。

从空间转换为地点的一个关键因素在于地点有多重界定。地点有官方的和非官方的界限(例如:城市边界、邻里边界、自然特征如水道),但也有人们与它们联系在一起的独特意义和它们的具体用途。因此,虽然空间相对丰富,但与任何特定地点相关联的领域却更为固定。也许最著名的是,曼哈顿岛只有约60平方千米,那些想在那里生活或做生意的人必须支付额外的费用才能进入这个地方。虽然不能在这个地方创造新的领土(使用填充物或桩来创造新的滨水地块是一个为数不多的例外),但其他地方可能会因为毗邻这个地方或与这个地方相似而受到关注。

精英场所营造策略

将自然状态下的空间改造成可供人类使用和敬畏的地方,这一工作往往由精英或那些随时可以获得资源和权力的人来承担。一般来说,这些人在土地改造和开发方面拥有既得利益;例如他们可能拥有土地并希望通过提高土地的价值来使土地更吸引人。反过来,这又取决于在某一特定空间开发所导致的受欢迎的新功能,或是可以给该空间注入有价值的关联。精英们经常与地方专业人士一起为这些目标而努力,其中包括建筑师、规划师和负责实际改造的工程师,以及推广特定项目和地点的营销人员和推动者。

加利福尼亚州洛杉矶市的早期发展是精英阶层场所营造的典型。洛杉矶缺乏通常与城市发展相关的自然资源类型和地理属性。它缺乏优质的港口以及木材和矿产资源(直到19世纪90年代在那里发现了石油),最重要的是没有充足的淡水。然而这些缺点并没有阻止城市精英——包括当地银行、公用事业公司、报纸和铁路的所有者——把洛杉矶和南加州作为移民到美国西部的理想目的地。将洛杉矶打造为一个努力工作的地方,将其炎热干燥的天气描述为令人向往的东西，而不是疾病的滋生地，这一任务是通过将气候称为地中海来实现的。同样，通过海伦·亨特·杰克逊（Helen Hunt Jackson）的小说《蕾蒙娜》（Ramona），这个地方展现了西班牙和墨西哥文化的神秘感。在国内和国际出版物上的广告宣传洛杉矶地区生活的好处，依靠的是橘子、棕榈树、雪山和海浪的图像，这些将成为该地区的主要特征。

洛杉矶的场所营造还需要对空间进行实际操作，最引人注目的是通过一条约360千米长的水渠，从欧文斯山谷引入淡水。洛杉矶市通过发行公共债券为水渠建设提供了资金，当地精英人士努力推动公众对该项目的支持。《洛杉矶时报》的老板们对这项工作准备得尤其充分，该报大力宣传为这条水渠提供资金。反过来，当供水增加促进城市发展和报纸发行量增加时，他们也从中受益。当地企业包括《洛杉矶时报》、地区有轨电车公司和电力公司，还有几家银行和产权公司也从中直接受益。水渠使得圣费尔南多山谷的干旱土地得以开发，他们购买供水预支（电影《唐人街》就是根据这一事件改编而成）。这些工作共同把洛杉矶从一个内陆干旱盆地的小城市转变成以气候和生活质量而闻名于国内外的不断发展的大都市。尽管城市的发展已经使这些不再是梦想，但是取而代之的是人们对洛城的交通、糟糕的空气质量和犯罪的偏见，但精英们仍在努力创造城市的正面形象。

虽然洛杉矶的场所营造特别引人注目，但其过程与其他地方类似，即寻求增加对土地的需求。这些精英们努力改变土地的用途，使其变得更有用、更受欢迎，他们往往将公共资金引向这些目标。他们与支持者合作，以确保与地点相关的意义是积极的，并宣传他们的地点相对于其他人的优势。商务和经济部门经常在这些努力中帮助土地所有者和其他城市精英。

日常生活中的场所营造

除了上述公开的场所营造，人们创造自己生活的过程中的场所营造更为微妙和常规。我们在不同的地方生活、工作和互动，也创造和改造了这些地方。例如，当我们建造或改造房屋、为社区公园出力或在街上捡拾垃圾时，我们经常通过直接行动改变地方面貌。同样重要的是，我们经常构建和重构与地点相关的意义，而这些意义反过来又激发我们对地点的行为。

语言是场所营造的一个基本的和例行的工具。当我们谈论地点时，它们变得可见和可理解，因此与更抽象或无意义的空间不同。居民、游客、记者和其他人员经常用反映和加强公众对一个地方的理解的术语来描述和评价一个地方。地方可以用简短的语言来描述，这些短语可以捕捉人口、地理或经济方面的显著特征：例如，大学城、工业城市或山区小村庄。其他的描述可能更深刻、更复杂，比如当居民反思他们为什么搬到一个特定的地点，或者将自己的城市与附近一个看起来相似的地方进行比较时。

学者和艺术家也有自己的方法。想想卡尔·桑德伯格（Carl Sandburg）的诗（《小麦储存者》[stacker of wheat]、《铁路运输家》[player with railroads]）中对芝加哥的描述，或者芝加哥学派社会学家（例如：《流浪汉》《黄金海岸和贫民窟》《黑人大都市》）对芝加哥的描述。作者的立场让这些叙述得以延续，并继续塑造人们对这座城市的看法。

当地方被认为受不想要的变革威胁时，场所营造工作就变得重要了，通常来自新的经济企业或土地使用，尤其在对当地不需要的土地用途上——例如监狱、工业处理或废物处理设施——做出反应时特别常见，但当重要的文化或社会地点受到土地利用变化的威胁时也可能发生这种情况。在这种情况下，公开辩论成为个人阐明他们如何理解这些地区的机会。在给编辑的信、听证会证词和其他公开声明中，通常隐藏的情感被积极地表达出来。此外，当这样的建议要求个人对比一个地方的现状和未来时，他们可能会意识一个地方最看重的是什么。

语言并不是赋予地方以意义和区别的唯一手

段。当地的文化差异如饮食偏好、庆祝活动、社交规范和建筑风格，都有助于形成地方特色，其中有许多暗示了场所营造的物质和社会方面之间的联系。例如，独特的当地建筑和规划可以在视觉上把一个地方与另一个地方区分开来：曼哈顿下东区带防火梯的砖砌公寓楼、加州圣巴巴拉市的红屋顶砖块或佐治亚州萨凡纳市的历史广场群。然后，这些物质结构被常规地用于进一步区分它们所在的地点。

个人与地方的独特特质构成了学者们所说的"地方感"。对地点的感觉，最好的理解是结合与意义有关的场所营造的那些方面，包括一个地方是如何被感知、概念化、谈论和记忆的。虽然这些行动相对于场所营造的更具体方面来说是无形的，但是地方意识可以产生有形的影响，因为它可以激发政治行动。例如在洛杉矶大都市区的边远地区，农业用地正迅速被大片房屋和大型购物中心所取代，县域集市在土地利用方面引起了广泛争议。由于集市产生的收入很少，而且在一年中只会偶尔使用，它们可能会被重新开发或搬迁。然而，对于那些使用集市的人来说——赶集的人和集市的志愿者——集市在确认这些地方与洛杉矶的区别上有着重要的作用，并且象征着乡村和以家庭为导向的生活。当地人呼吁他们的地方意识，在历史悠久的地方为集市争取支持，挫败了在其他城市经常发生的那种城市重建。

保护重要的文化遗址是使与地方有关的意义得以延续的一种手段。当被保存或重建时，历史建筑可以作为过去事件和生活方式的证据。纪念历史事件的纪念碑可以提醒当前的人们在一个地方可能发生了什么，或者回忆起在一个地区做出了丰功伟绩的个人。这些建筑和纪念碑往往有助于形成当地文化遗产的概念和地方意识，并可能表明一个地方应该被保留或保护。一个重要的问题是，谁的过去将被纪念或保存。学者们注意到，有权势的人比没有权力的人更能清楚地表达自己对过去的看法，而往往抹去了劳工、少数族裔和族群以及妇女在历史上做出的贡献的重要意义。

负责的场所营造

当代建筑和规划传统经常被批评侵蚀了地方间的差别，使建成环境千篇一律。连锁商店和餐馆的统一装修，以及以牺牲行人通道为汽车出行提供便利的规划，都该对此负责。许多地方专业人士包括那些认同新城市主义的人，现在正试图捕捉当地文化和地方感。他们利用当地的历史、建筑规范和社区需求，试图创建鼓励混合使用和社会互动的场所。在规划文献中，经常使用"场所营造"一词来描述这个特定的过程。

当个人努力使他们的社区更有意义和更有用时，有意识地场所营造的工作也在一个更渐进的层次上发生。这可以通过社区开发项目来实现，如公园、社区中心、花园和其他设施的建设。包括移民社区和性少数群体在内的亚文化群体在美国各地开展了场所营造项目，开发满足社区成员需求的购物、餐饮和娱乐场所。旧金山的卡斯特罗区、奥兰治县的小西贡（Little Saigon）或纽约的唐人街是几个特别著名的例子，尽管这样的地方在许多城市存在的规模较小。这些社区通常拥有丰富的象征性资源——如纪念碑、肖像和标志——以确认该群体的身份，他们举办节日和庆祝活动以吸引社区以外的居民到这些地方。

进一步阅读书目：

- Aguilar-San Juan, K. 2005. "Staying Vietnamese: Community and Place in Orange County and Boston." *City and Community* 4(1): 37–66.
- Davis, M. 1999. *Ecology of Fear*. New York: Vintage Books.
- Gieryn, T. F. 2000. "A Space for Place in Sociology." *Annual Review of Sociology* 26: 463–497.

- Hayden, D. 1999. *The Power of Place: Urban Landscapes as Public History*. Cambridge: MIT Press.
- Kahrl, W. H. 1983. *Water and Power: The Conflict over Los Angeles Water Supply in the Owens Valley*. Berkeley: University of California Press.
- Logan, J. R. and H. L. Molotch. 1987. *Urban Fortunes: The Political Economy of Place*. Berkeley: University of California Press.
- Molotch, H., W. Freudenburg, and K. E. Paulsen. 2000. "History Repeats Itself, but How? City Character, Urban Tradition, and the Accomplishment of Place." *American Sociological Review* 65(December): 791–823.
- Paulsen, K. 2000. "Saving a Place for the County Fair: Institutional Space and the Maintenance of Community." *Research in Community Sociology* 10: 387–406.
- Schneekloth, L. H. and R. G. Shibley. 1995. *Placemaking: The Art and Practice of Building Communities*. New York: Wiley.
- Tuan, Y. 1991. "Language and the Making of Place: A Narrative-Descriptive Approach." *Annals of the Association of American Geographers* 81: 684–696.

(Krista E. Paulsen 文 王 洋译 李文硕校)

PLANNING THEORY | 规划理论

规划理论处理规划实践中的关键问题如规划过程的管理、规划中的包容与沟通、规划与城市发展中的权力与冲突。它在20世纪后半叶发展成为一门学科,因为社会科学与地理学补充了对城市的物质和建筑的理解。所有发达社会都有一个制度化的规划系统,确定不同利益攸关方(如公共部门、私营企业家、组织和公民个人)的角色、权利和义务。因此,了解规划过程及其在城市和区域发展中的作用对于城市研究是必不可少的。然而,不同地区和国家在规划实践和立法方面存在差异,因此没有形成普遍的理论。相反,不同的规划理论流派强调了规划实践的不同方面。

规划理论可以用不同的方式进行划分:通常使用的二分法是指规划中实体理论(*Substantive*)和程序理论(*Procedural*)之间的二分法,规划"的"(*of*)理论和规划"内"(*in*)理论之间的二分法。实体理论处理规划对象(例如城市或社区),而程序理论处理规划过程。规划"的"理论将规划描述为过程,解释为制度,而规划"内"理论是各种科学理论(如城市经济学、城市社会学、城市生态学),可以在过程本身中理解各种规划解决方案的影响。

根据是描述性还是规范性、是实体的或程序的,规划理论也可以被分为4个类别(见表1),因为规划本身就是一个规范的原则,旨在为市民创造一个更好的环境,规划的目标和规划的过程不仅仅只是描述,还要进一步发展,这意味着经常有隐含的规范性的假设。近几十年来,规范和程序理论主导了其他类型的规划理论,但也出现了对实质性问题(如可持续城市和创意城市)的重新关注,部分与规划中的文化转向有关。

规划理论维度

规划理论维度	实体的	程序的
描述性的	描述规划对象(城市、社区等)	描述在不同地方和国家背景下的规划过程
规范性的	制定规划对象(理想城市、功能区域等)的规范与理想	制定计划过程(管理过程,包括利益相关者,进行令人信服的论证等)

合理性综合规划和批评

理性综合规划理论曾是规划理论的主导流派。它引发了各种挑战,如渐进主义、群议式规划和互动规划理论。理性综合规划出现于20世纪50年代,它的早期倡导者包括马丁·梅耶森(Martin Meyerson)和爱德华·班菲尔德(Edward Banfield),他们在1955年出版了《政治、规划和公共利益》(Politics, Planning, and the Public Interest)一书。理性综合规划理论将规划看作一个决策过程,规划师在其中扮演着专家的角色,研究不同的行动方案及其后果,包括需要什么和避免什么、想要什么和不要什么——具有最大预期效用的操作被认为比其他选择更可取。此外,规划师们通常被认为是政治中立的,以实现政治机构所确定的目标。他们的任务是找到预先确定目标的"最佳"方法。因为理性被认为是随着知识的增长而增长的,专家应该收集尽可能多的关于相关选择及其可能后果的信息。在20世纪70年代,这一普遍观点与系统理论的社会观相联系,安德烈亚斯·法鲁迪(Andreas Faludi)是主要倡导者之一。尽管合理性综合规划理论受到了诸多的批评,但当代许多规划学者仍然认为它是一种可行的选择,并在实际规划实践中应用。

渐进主义

渐进主义(Incrementalism)是对理性综合规划最早的批评之一,最早出现在查尔斯·林布隆(Charles Lindblom)1959年发表的颇具影响力的论文《渐进决策科学》(The Science of Muddle Through)中。林布隆将他所称的"根源决策法"(Root Method)(例如,合理性综合规划)和他自己在规划中所用的"枝节决策法"(Branch Method)并列。他认为在日常实践中,对所有可用的选择及其结果进行细查的想法,不仅实际上是不可能的,甚至是不理性的。许多行动方案只在短期内有效,可能会突然出现问题。在同一时间里,从根本上改变一切,这在政治上也是不现实的。相反,规划者和政治家应该对眼前的问题和挑战做出反应,承认他们知识的不足,并将他们的分析局限于连续的、有限的比较之中。可以说,许多城市参与者都采用了渐进主义,但并不一定要这样命名。

群议式规划

对合理性全面规划的另一项批评涉及规划专家假定的政治中立。1965年,保罗·达维多夫发表了一篇颇具影响力的文章《规划中的群议和多元主义》,在文中他反驳了规划师代表公众利益的观点。他说,许多个人和团体在土地使用和城市发展方面有着不同的、往往相互冲突的利益,他们应该像在刑事或民事司法领域一样,由专家作为倡导者。甚至规划基础的研究和分析也不能被视为政治中立,因为在某种情况下被认为相关的知识类型已经是一种价值判断,需要政治承诺和资源分配。与单一官方规划模式不同,达维多夫提出了应该有多种类型的规划,而且这些规划应该具有知识和论据支撑,由法院决定哪一种行动方案比其他方案更合理。

群议式规划的思想一直具有影响力,特别是在公共权力薄弱的自由社会。它还导致更多的人公开参与规划。但是,拟议的体制改革尚未实现;公共当局仍然是制定规划的主要机构。然而,在发生冲突的情况下,一般采用行政法庭来制定解决办法。

交互规划

在理性规划理论中,知识通常被认为是没有问题的;也就是说,要客观公正地收集可靠的资料。然而,在认识论(知识理论)和知识社会学中,知识要复杂得多,往往与人类的行为、文化和政治有着内在的联系。对规划中客观知识的早期批评之一来自约翰·弗里德曼(John Friedmann)1973年提出的交互规划理论中。弗里德曼认为,规划专家加工过的知识与实践者基于经验的知识之间存在差距。专家依赖于科学和计算,而实践者依赖于早期的例子，来说明什么是可能的，什么是不可能的。弗里德曼建议，规划者应该努力与人进行真正的互动，接受其他因素的根本差异性，而不是求助于同行群体支持的科学方法和职业认同。知识不应该从人身上抽象出来，而应该被看作是包括情感在内的整个交流的一部分。因此，交互规划理论可以被看作是后来被称为规划中的交际转向的根源之一。

战略规划

战略规划起源于第一次和第二次世界大战，主要在私人商业规划领域，它也应用于公共管理学和规划学，尽管这些专业不愿意采取战略观点。这一方面是由于福利国家的意识形态，另一方面是由于规划机构的司法垄断。然而，在20世纪80年代和90年代，随着企业主义和区域及全球城市政治竞争的加剧，规划学家和规划理论家开始更加重视战略思维。公共规划中最重要的变化是意识到行动替代方案本身并没有好坏之分，但它们的成功取决于在地方、区域和全球进行博弈的结果。公共规划理论作为战略思维的后来者，对战略理论在其他领域的发展贡献不大。大多数情况下，现有的概念和理论只是被简单地采用了：远景规划、任务陈述和SWOT分析，这些分析精确地指出了组织、城市或地区的优势、劣势、机会和挑战。规划方面的战略思维也受到批评，因为它无法适应公共规划的传统理想，例如责任、参与和公共行政的透明度。

替代规划理论

沟通规划

沟通规划理论起源于20世纪60年代欧洲和美国的民主运动之中，但它们也受到社会科学和哲学的最新发展的影响。其中最重要的资料来源之一是德国社会学家和哲学家于尔根·哈贝马斯，他在1981年提出了颇具影响力的沟通行动理论。法兰克福批判理论学派的哈贝马斯想要证明工具行为和策略行为是人类行为的特殊案例，它们只以成功为导向（从而代表了工具理性）。另一方面，决定人类相互作用的真正的沟通行为是基于人类对现实的共同理解和一套公认的准则来协调其行动的能力。后者是在争论中得出的，争论的焦点是更有力的论据。然而，哈贝马斯的社会观是悲观的；他认为，官僚机构和市场（工具行为和策略行为占主导地位）的膨胀，会支配他所说的"生冷世界"。

在规划理论中，哈贝马斯的工具理性和沟通理性二分法被广泛采用，尽管这一分法也被认为是有问题的和乌托邦式的。大多数理论家如帕齐·希利（Patsy Healey），托尔·塞格尔（Tore Sager）或约翰·福里斯特（John Forester）通常认为，规划过程应该向所有利益相关者开放，目标和解决方案都应该通过公开讨论来达成，避免权力关系的不对称。从20世纪90年代开始，沟通规划理论家也开始采用社会科学和哲学的其他方法和理论，如论证理论（Argumentation Theory）、话语分析（Discourse Analysis）和修辞学。在当代社会科学和规划理论中，所谓的沟通转向或文本转向是一个共同特征。

规划和权力

如果说规划的沟通理论可以因其乌托邦式的假设而受到批评，那么以权力为中心的理论和哲学可以找到另一条路径。傅以斌（Bent Flyvbjerg）在其颇具影响力的著作《理性与权力：实践中的民主》（*Rationality and Power: Democracy in Practice*, 1998）中指出，规划理论过于关注规划的规范理念，忽视了决定规划和城市发展的政治权力斗争。他提出了从马基雅维利、尼采到福柯的另一条思想路线，而不是影响哈贝马斯的启蒙传统。根据这些作者的观点，知识和专业技能与权力关系有着内在的联系，现有的权力体制依赖于知识体系。结合专业社会学，规划理论从这个角度更直接地论述了规划专业的社会和政治地位。

文化规划

除了沟通转向外，近年来规划实践和理论的发展都把文化和意义放在首位。如果说早期的大多数理论至少是含蓄的功能主义即将城市视为一个创造福利的机器,那么规划的文化理论强调了这样一个事实,即环境中的所有决策和实际的物质变化都具有文化含义,可以在城市中创造出差异和身份。在规划实践中,地方和区域当局同样认识到文化是公共支出的必要组成部分,是地方和区域发展的重要资产。在当代城市发展中,创造具有强烈地方特色的居住区和与文化活动和事件相结合的公共空间已经成为司空见惯的事情。如果说早期的规划理论主要集中于规划过程,那么文化规划理论则为突出了最终的结果及其产生的意义,做出了重要的贡献。它们还与强调城市环境的空间和形式属性的设计理论相结合。

规划理论与规划实践

规划作为一门实践性很强的学科,在今天的实践中并不一定能够系统地运用其理论。一些理论传统如理性规划和渐进主义,可能隐含在许多实践者的活动中。其他理论如群议式规划和交互规划,也被用来批评主导的实践。最近的发展例如规划的文化理论,是为了促进更具创造性和创新性的城市和区域的发展。规划理论虽然是一门独立的学科,但它仍然依赖于与实践的工作关系,才能为城市和区域发展做出真正的贡献。

进一步阅读书目:

- Davidoff, Paul. 1965. "Advocacy and Pluralism in Planning." *Journal of the American Institute of Planners* 31(4): 331 – 338.
- Flyvbjerg, Bent. 1998. *Rationality and Power: Democracy in Practice*. Chicago: University of Chicago Press.
- Friedmann, John. 1973. *Retracking America: A Theory of Transactive Planning*. Garden City, NY: Anchor Press.
- Habermas, Jürgen. [1981] 1984. *The Theory of Communicative Action*. Vol. 1, *Reason and the Rationalization of Society*. Boston: Beacon Press.
- ——. [1981] 1987. *The Theory of Communicative Action*. Vol. 2, *System and Lifeworld: A Critique of Functionalist Reason*. Boston: Beacon Press.
- Healey, Patsy. 1997. *Collaborative Planning: Shaping Places in Fragmented Societies*. Basingstoke, UK: Palgrave Macmillan.
- Lindblom, Charles. 1959. "The Science of Muddling Through." *Public Administration* 19: 59 – 79.
- Meyerson, Martin and Edward C. Banfield. [1955] 1995. *Politics, Planning, and the Public Interest: The Case of Public Housing in Chicago*. London: The Free Press.

(Kimmo Lapintie 文 王 洋 译 李文硕 校)

POLITICAL MACHINE | 政治机器

在19世纪末和20世纪初的几十年里,美国大多数大城市都由政治组织统治,这些组织被称为政治机器。政治机器是等级森严的政党组织,其领导人努力控制地方政治。当一个人控制了政党,他被称为"老板";当几个人共同领导时,他们被称为"帮"。在老板或团伙之下的是街区头目,而街区头目又位于最底层的选区区长之上。例如密苏里州堪萨斯城的彭德加斯特机器(Pendergast Machine)、俄亥俄州辛辛那提的考克斯机器(Cox Machine)、新泽西州泽西城的黑格机器(Hague Machine)、旧金山的鲁夫组织(Reuf Organization),还有纽约市的特威德帮(Tweed Ring),都是在大城市联合起来的强大机器。

政治机器在很大程度上依靠任人唯亲来获得和维持城市内部的权力。这就需要与社区内的一些公民和企业建立互惠关系,尽管通常是不平等的。这种关系的特征是赞助,即以恩惠换取政治支持。一些交易涉及大量的财政资源。例如,企业可能会获得大型基础设施建设合同,比如铺设道路或建造市政建筑。作为回报,这些企业主将为这台机器提供支持,并为政党的领导人提供重要的财政资源。更常见的情况是,社区居民(通常是移民)被要求投票给政党候选人,并说服家人和朋友也投票给该党,以换取市政府的职位。然而,工作是有限的,所以通常所有的党内活动人士都必须为移民提供"社会福利",比如友谊、婚礼和葬礼上的鲜花,或许还有如何处理他们遇到的各种问题的建议。

这些机器中的许多领导人都很腐败,经常窃取公款,从接受合同的企业中饱私囊。许多老板对这些做法一点也不感到羞耻,他们称这些做法是"诚实的贪污",或者承认有时政客们必须"超越原则"。一些老板和他们的下属因非法活动而被起诉。例如纽约市的威廉·马西·特威德(William Marcy Tweed)和旧金山的阿贝·鲁夫(Abe Reuf)都被判有罪并服刑。

社会学家罗伯特·默顿(Robert Merton)对政治机器的起源提出了一种功能性的解释,这种解释将机器的结构和功能与之前的政治机构以及不断增长的城市人口的需求联系起来。他认为,在内战后的几十年里,大多数城市缺乏政治权力的集中。因此,公共部门是无效的,政治机器的发展填补了空白。机器在老板和帮派的领导下集中力量,能够满足企业和移居城市的移民的需要。默顿认为,尽管多数企业信奉自由竞争的意识形态,但它们仍希望与政党谈判,以获得能够提高利润的合同。机器的领导者们很乐意帮忙,他们往往愿意解决犯罪企业领导人与合法企业领导人所关心的问题。

机器也是移民和劳工阶层向上流动的工具,他们在市政府和与机器结盟的私营企业获得就业机会。就像机器通过与企业紧密合作来使政治变得个性化一样,它们也通过为移民服务、帮助他们适应新的社区、向他们提供贷款、当他们面临法律问题时为他们提供调解,以及作为朋友来换取政治支持,从而提供了一种个人化的接触。

默顿受到了各种各样的批评。一种批评集中在这样一个主题上:机器填补了权力分散留下的空白。艾伦·迪格塔诺(Alan DiGaetano)认为,在政治机器兴起之时,大多数政治结构已经是集中式的,这种结构使得机器更容易控制市政府。美国的联邦制推动了机器的崛起,在联邦制下地方当局拥有重要的权力和资源来建立政党组织,从而接管不断扩大和中央集权的政治机器。

雷蒙德·沃尔芬格(Raymond Wolfinger)认为,默顿对机器政治和中央集权政治机器的区分不够。机器政治本质上是利用赞助来获得政治支持,即使在没有机器能够集中权力的时候也存在。因此为了满足移民和企业的需要,中央集权是不必要的。此外,在假定需求普遍存在的城市,既没有机器组织,也没有机器政治。因此,也存在其他解释如地区差异。

一些作者认为,机器在阳光带城市并不常见,这些城市通常由专业人士和商业精英控制,而不是由政治机器控制。然而,在一些阳光地带的城市,机器确实有组织。田纳西州孟菲斯和纳什维尔、路易斯安那州新奥尔良、佐治亚州的奥古斯塔在不同时期都有政治机器。在西南部,一台强大的机器在新墨西哥州的阿尔伯克基(Albuquerque)建立起来。

马丁·谢夫特(Martin Shefter)批评默顿的解释将人口的特征和假定的偏好(子群体的需求)作

为机器的基础。谢夫特对纽约市政治机器的崛起进行了历史分析,认为不应该假设可以从人口特征中推断出任何对机器统治的偏好;相反必须研究企业家为制造机器所做的努力,这些企业家及其盟友之间的竞争以及城市经济的活力,这些因素催生了可以被动员到政治组织和活动中的新群体。机器组织在许多方面不同,只有详细的案例研究才能阐明它们的兴起、巩固和消亡的原因。

此外,许多分析人士怀疑这些机器是否为移民提供了默顿所说的好处。城市市政职位的数量远少于移民的数量,所以大多数人都没有从这种帮助中受益。此外,许多可获得的工作机会几乎没有提供向上流动的机会,而向上流动被认为是政治机器的功能。通常情况下,这些机器主要与居住在城市中的某一特定族群(如爱尔兰人)联姻。这台机器确实帮助一些移民融入城市生活,为他们提供指导、工作和帮助,但这种个性化的政治提供的物质奖励相对较少。史蒂文·伊利(Steven Erie)的结论是,由爱尔兰人主导的机器对政治同化做出了贡献,但对经济流动性的贡献较小。事实上,只有在第二次世界大战后机器统治被削弱,许多爱尔兰人才实现了显著的向上流动。

在新政以前,机器经常反对工会,后者是努力提高工人阶级工资和集体影响力的主导机构。如果工会成功地组织了工人,工人们可能会从对政党及其社区活动的忠诚转向对工会及其工作场所的忠诚。从这个角度看,机器被视为一种保守的制度,为一些人提供个人好处,但加强或至少不挑战随着工业资本主义增长而出现的阶级。

虽然,某种程度上机器政治在当代城市中依然存在,但是大城市机器的时代已经过去了。没有任何单一因素导致它们的消亡,但公务员制度是一个主要因素。此外,由于公共合同招标的法律要求发生了变化,政治领导人更难以有系统地将合同完全转向政治支持者。20世纪初开始的改革运动也削弱了一些城市的政治机器。

进一步阅读书目:

- Ackerman, Kenneth D. 2005. *Boss Tweed*. New York: Carroll & Graf.
- DiGaetano, Alan. 1988. "The Rise and Development of Urban Political Machines: An Alternative to Merton's Functional Analysis." *Urban Affairs Quarterly* 24: 243–267.
- Erie, Steven P. 1988. *Rainbow's End: Irish-Americans and the Dilemmas of Urban Machine Politics, 1840–1985*. Berkeley: University of California Press.
- Merton, Robert K. 1957. *Social Theory and Social Structure*. New York: The Free Press.
- Shefter, Martin. 1976. "The Emergence of the Political Machine: An Alternative View." In *Theoretical Perspectives on Urban Politics*, edited by Willis D. Hawley et al. Englewood Cliffs, NJ: Prentice Hall.
- Wolfinger, Raymond E. 1972. "Why Political Machines Have Not Withered Away and Other Revisionist Thoughts." *The Journal of Politics* 34: 365–398.

(Robert Kerstein 文　王　洋 译　李文硕 校)

PRIMATE CITY | 首位城市

首位城市是一个国家或地区最大、最具统治力的城市,通常也是金融或政治中心。20 世纪 30 年代,地理学家马克·杰斐逊(Mark Jefferson)提出了城市首位律(the Law of the Primate City)来解释城市在一个国家的人口和经济活动中占据很大比例的现象。他写道:"一个国家的首位城市总是不成比例地大,而且特别能表达国家的能力和情感。"事实上,首位城市的人口规模通常是第二大城市的两倍,相应地也更重要。

首位城市经常但并不总是该国的首都,伦敦就是一个很好的例子:2001 年,它有 800 万人口,而第二大城市伯明翰大约有 97 万居民;2000 年,法国以巴黎为首位城市,拥有 200 万居民,而马赛是第二大城市,人口 79.56 万。墨西哥和韩国也分别以墨西哥城和首尔为首位城市。

并非所有国家都有一个首位城市;也就是说,最大城市的人口是第二大城市的两倍。2000 年,印度最大的城市是孟买,人口超过 1600 万;其次是人口超过 1300 万的加尔各答;第三是人口不足 1300 万的德里。加拿大、澳大利亚和巴西也缺乏首位城市。以美国为例,2000 年最大的城市是拥有 800 万人口的纽约市,其次是拥有 380 万人口的洛杉矶,第三是拥有 280 万人口的芝加哥。但是当我们使用大都市而不是中心城市的人口数据时,我们发现美国缺少一个真正的首位城市。纽约大都市区人口 1860 万,洛杉矶大都市区 1280 万,芝加哥大都市区 900 万。

首位度指的是大城市对全国其他地区的主导地位。在首位度较低的发达国家,人口以及政治和经济权力分散。各种社会和经济功能通过一体化、高效和可靠的交通和通信系统在城市间相互联系。在这些城市地区,即使是最小的村庄也通过贸易、交通和通信网络相连。相反,拉丁美洲和东南亚的发展中国家往往只有一个首位城市,这个城市对这个国家的政治、经济和文化有着非同一般的影响。此外在运输和通信联系方面,这个首位城市同外部世界的联系可能比同其他区域或国内其他城市的联系更强。

这些首位城市经常吸引海外投资和利益,它们还消耗了不成比例的资源,造成了严重的问题如商品短缺和不断上涨的土地价格,这也使它们的居住吸引力下降。资源的空间集中也造成了财富、收入和政治影响的区域差距。

一般来说,有几个因素可以促进首位性:一个地点的自然地理优势,通过投资保持和增强优势,对企业、服务和人员的磁性吸引力(称为累积效应)和不均衡增长。这些因素增加了首位城市出现的可能性。

为了衡量一个国家的城市体系中的首要地位,研究人员使用了位序-规模法则(Rank-Size Rule),该规则捕捉了城市的排名与其人口之间的关系。1949 年,乔治·齐夫(George Zipf)在马克·杰斐逊的基础上提出了这一理论。齐夫断言:"如果一个国家的所有定居点都按照人口规模进行排序,那么定居点的规模将与人口规模的大小成反比";也就是说,第二大城市的规模将是第一大城市的一半,第三大城市的规模将是第一大城市的 1/3,以此类推。他用来表示这个的公式是 $[P_n = P_1/n]$,其中 P_n 是排名第 n 个城市的人口,P_1 是最大城市的人口,n 是排名第 n 个城市的人口。齐夫进一步将其发展为一个通用公式 $[P_n = P_1/n^q]$,其中 q 是一个对每个国家都不同的调整因子,因为不同的国家具有不同程度的优势。该国的主导地位越强,q 值越大。当一个国家的最大城市的人口是第二大城市的两倍以上时,当 q 大于 1 时,这个国家被认为拥有一个首位城市系统。

进一步阅读书目：

- Berry, B. J. L. 1961. "City Size Distribution and Economic Development." *Economic Development and Cultural Change* 9 (4): 573–588.
- Jefferson, M. 1939. "*The Law of the Primate City.*" *Geographical Review* 29 (2): 226–232.
- Zipf, G. K. 1949. *Human Behavior and the Principle of Least Effort*. Cambridge, MA: Addison-Wesley.

(Eun Jin Jung 文 王 洋 译 李文硕 校)

PROGRESSIVE CITY | 进步城市

"进步城市"一词在20世纪最后几十年的美国逐渐突显出来，指的是一种强调公共规划、社会公平和社区参与的城市政治和发展战略。这种做法往往与强调以市场为导向的发展战略相对应，后者把公共部门的作用限制在税收优惠和提供基本服务方面。进步城市追求的目标更远大——从公有制和公平税收到土地使用监管和社区发展伙伴关系——以促进合理的经济发展，更广泛地分配增长带来的好处，并让更广泛的成员参与城市治理。

原则和特点

20世纪末的城市进步主义者并非完全效仿进步时代的改革者，但二者的政治动机是相似的，都试图实现跨阶级和解和创立新的公共机构以规训肆无忌惮的资本主义发展带来的不稳定（后者可能催生财阀和劳工激进主义）。20世纪末，进步城市的愿景在马克思主义的城市主义（资本主义与社会主义城市）和自由放任的资本主义（企业家与福利城市）所提供的截然不同的选择之间寻找中间地带。进步城市的概念阐明了一套平衡私人和公共部门利益、增长与公平、效率与改革的治理原则，也使城市规划者重新将自己定位为重要但又具有中介作用的角色。无论是与第二次世界大战后城市重建有关的精英技术专家，还是被20世纪60年代的社会运动捧上了天的激进规划师，进步规划师如今都被视为有创造性且务实的专业人士，致力于平衡经济发展、社会公平和公共利益。

这种进步城市的概念在皮埃尔·克拉维尔（Pierre Clavel）的著作中得到了最充分的实证研究。和许多美国城市观察家一样，克拉维尔认为第二次世界大战后的政治联盟曾经由开发商、建筑行业工会和中产阶级居民组成，他们支持联邦政府的城市重建，但这样的势力最终却被经济和人口结构的变化所削弱。工作机会和居民向郊区和较新城市的迁移，以及黑人和西班牙裔人口向北迁移，导致20世纪70年代老城市变小变穷，而且对已建立的联盟和利益集团政治越来越不满。尽管日益严重的经济问题和财政限制促使许多城市重新强调私营部门主导的商业战略，但在20世纪70年代和80年代，许多城市领导人——康涅狄格州哈特福德的尼古拉斯·卡伯恩（Nicholas Carbone）、俄亥俄州克利夫兰的丹尼斯·库西齐尼（Dennis Kucinich）、加利福尼亚州伯克利的格斯·纽波特（Gus Newport）、加利福尼亚州圣莫尼卡的鲁丝·戈德威（Ruth Goldway）、佛蒙特州伯灵顿的伯纳德·桑德斯（Bernard Sanders）以及芝加哥的哈罗德·华盛顿利用政府的所有权或规划能力以及公民的参与，为那些不太受市场和利益集团重视的选民扩大经济发展的好处。

正如克拉维尔和其他人所承认的那样，这些进步的行政当局在推行的倡议类型和取得的成果方面都有很大不同。在哈特福德，卡伯恩早期致力于加强公众对市政中心建设的控制，最初是为当地和少数族裔居民提供就业机会，但最终创建了税收和租赁机制，这可能会增强市政府对房地产开发的影响力。伯克利的重点是支持住房合作社和提供社会服务的社区集体，同时将地方税收负担转移给企业和高收入用户。伯灵顿的进步人士起初受到政治反对派的阻挠，但桑德斯最终获得了足够的支持，扩大了该市的保障性住房项目，并扩大了社区对海滨开发的参与。圣莫尼卡的主要举措是控制租金。这是为了应对不断升级的发展压力而制定的，尽管后来的措施也集中在旅游业的发展上，以创造就业和收入。

事实证明，大城市中的进步性实验是昙花一现的：库西齐尼因为商业利益而无法获得融资，在经历了风雨交加的两年任期后在连任竞选中落败；而哈罗德·华盛顿在最终控制了一个顽固不化的市议会后死在了办公室里。其他几个城市（波士顿、旧金山、纽约、明尼阿波利斯）的市长似乎也采取了一些进步的措施，至少在20世纪80年代和90年代曾经短暂如此。

规划和参与

进步城市的概念对规划和参与具有相当重要的意义。虽然经济力量和政治动员被认为是有利条件，但专业规划人员在实际设计和执行进步倡议方面发挥着中心作用——尽管在这方面情况也各不相同。在一些城市，规划人员提出了关于社区所有权或社会责任综合规划的全面建议；更常见的情况是，战略规划逐渐侧重于对特定的发展项目施加公共影响（或从这些项目中获得再分配的机会）。尽管有自由放任主义者的指责，但进步的规划者通常并不敌视市场进程；事实上，一些著名的进步人士（如尼古拉斯·卡伯恩、诺曼·克鲁姆霍尔兹[Norman Krumholz]）都有商业背景，他们大多认为规划在一定程度上是提高资本主义城市经济生产力的理性手段。他们的共同努力似乎是出于一种务实的考量，即让城市更好地为当地居民服务；基于专业研究来追求社会公平；扩大公共利益的概念，这不仅可能导致新的政策工具，而且可能导致市场、政府和社区的特权之间更大的平衡。

参与也一直是进步城市的重点。进步的官员在一定程度上是通过社区动员上台的，他们启动了程序改革，旨在让居民参与城市治理。这些官员将行政委员会改为选举产生的机构或由社区成员组成；他们分散了市政机构（警察部门、学校董事会）的权力，使它们对选民更加敏感；他们与以社区为基础的组织结成政治联盟或成为提供服务的伙伴，并更自由地与公众分享信息。有时，这些改革与加强规划者角色或使管理专业化的努力相冲突，强调更大的开放和参与度往往与企业对私人交易的偏好相冲突。

让社区领导人担任行政职务也带来了一些不太明显的成本，比如从进步的政治基础上吸走人才和精力。在其他情况下，未能兑现参与性承诺——或者无法管理好引发了激烈的种族政治——导致社区利益转向反对他们选出的进步人士。然而与政策创新不同，这些程序改革往往比发起这些改革的政府所需时间更长。事实上，进步城市的许多参与性实验（如社区自助行动和社区服务提供）为持久的公共紧缩奠定了基础，这些将很快成为其新自由主义继任者的特征。

进步城市面临的一项长期挑战是它们容易受到更广泛的城市环境变化的影响。20世纪末的经济变化使企业更具流动性，破坏了许多老城市的经济基础设施。去工业化刺激了居民对新的增长和就业来源的需求，但财政约束和联邦政府的紧缩往往限制了美国城市的选择。从城市竞争中快速获得收益的压力，滋生了企业和城市狭隘的利己主义观念；经济预期通常由公司税激励措施以及其他友好商业环境的传统指标来象征。因此，环境约束和经济正统观念加大了替代战略的风险，阻碍了对公共利益的广泛承诺，并抑制了参与性政治，而参与性政治可能会释放出强烈的地方诉求。面对这些障碍，进步人士迫切要求制定社区发展战略和联动政策，利用城市私人经济活动为公共产品或社区福利提供资金。然而这些措施相对谨慎，加上它们影响有限，使得地方进步主义作为一项政治选择的潜力急剧下降。

随着时间的推移，人们也开始担心进步这个词本身的实用性。随着受政体理论影响的学术研究开始将"进步"这个标签与越来越多的政策和政治立场联系起来，其定义越发模糊。这种模糊反映了地方领导人提出的社会公平措施在多大程度上变得更具象征意义而非实际意义。概念上的转变也使分析人士难以认识到社区动员在促进规划和参与性民主方面的作用；也许某些类型的城市运动而不是城市，是进步的。更根本的是，中心概念的地位仍然不明确。进步城市是一种历史现象吗？一种城市实践理论？还是一个良好城市的愿景？与此同时，越来越多的批评家（女权主义者、激进民主主义者、后结构主义者）挑战了它的基本假设，从社会公平的经济概念和以计划者为中心的政策发展概念，到地方作为解放参与的场所。

尽管如此，城市与进步政治之间的潜在关系仍然是美国国内外关注的话题。例如，欧洲一体化使人们注意到城市自治的内在可能性以及实现地方性民主的挑战。在世界其他地方，某些城市（例如阿雷格里港、约翰内斯堡）所发展的创新规划和参与努力已被视为通往其他城市管理模式的途径。与此同时，美国最近流行的区域主义似乎与20世纪晚期城市进步主义的许多基本主题相似并在大都市层面产生了共鸣。在洛杉矶这样的城市，规划者、工会和社区组织之间的联系日益紧密，甚至重新唤起了区域主义者对进步城市的愿景。

进一步阅读书目：

- Clavel, Pierre. 1986. *The Progressive City: Planning and Participation, 1968 – 1984*. New Brunswick, NJ: Rutgers University Press.
- Fainstein, Susan S. 1999. "Can We Make the Cities We Want?" Pp. 249 – 272 in *The Urban Moment: Cosmopolitan Essays on the Late 20th-Century City*, edited by Robert A. Beauregard and Sophie Body-Gendrot. Thousand Oaks, CA: Sage.
- Krumholz, Norman. 1982. "A Retrospective View of Equity Planning: Cleveland 1969 – 1979." *Journal of the American Planning Association* 48(Spring): 163 – 183.
- Nicholls, Walter Julio. 2003. "Forging a 'New' Organizational Infrastructure for Los Angeles' Progressive Community." *International Journal of Urban and Regional Research* 27(4): 881 – 896.
- Reed, Adolph, Jr. 1999. "A Critique of Neoprogressivism in Theorizing about Local Development Policy: A Case from Atlanta." Pp. 163 – 77 in *Stirrings in the Jug: Black Politics in the Post-segregation Era*, edited by Adolph Reed, Jr. Minneapolis: University of Minnesota Press.
- Sites, William. 2003. *Remaking New York: Primitive Globalization and the Politics of Urban Community*. Minneapolis: University of Minnesota Press.

(William Sites 文　王　洋译　李文硕校)

PUBLIC ART ｜公共艺术

公共艺术是当代艺术的特殊领域，自20世纪60年代末期肇始至今成效斐然。公共艺术这一术语的涵盖范围颇广，表现形式包括雕塑、马赛克画以及公共空间的大型壁画、街头景物的设计、公共空间和建筑物设计中各种工艺技巧的融汇，以及艺术家们对公开辩论和复杂的社会情势的介入。公共艺术的运用是工业化世界的独有现象，20世纪80年代之后才见于日本、韩国和中国台湾。它的历史大多与城市有关，在农村地区的公共空间和公共议题中鲜有表现。

位于加拿大温哥华英吉利湾的因努伊特石堆。这座历史遗迹最初由兰京（Rankin）入海口的阿尔文·卡纳克人（Alvin Kanak）建造，后由加拿大西北领地政府移至1986年世界博览会展馆，并赠送给温哥华市
来源：Karen Wiley

公共艺术的先河可追溯到19世纪的雕像和纪念性雕塑、20世纪的公共工程和社区艺术项目和20世纪晚期的雕塑公园以及现代建筑学对于装饰的反复阐释。在诸多遥远年代的艺术先例中，被公共艺术倡导者们引用的有埃及的寺庙装饰、欧洲中世纪大教堂的玻璃彩饰、文艺复兴时期的壁画、巴洛克式天花板，此外还有更为相关的墨西哥壁画、20世纪30年代美国工程振兴局实施的艺术工程和鲍豪斯建筑。

这些古法先例的多样性给公共艺术带来了些许内部张力，譬如，在公共服务理念和商业导向的艺术市场的扩张之间；在操弄性别、种族和社会公正的议题和因循社会规范之间；以及在现代艺术家声称保留的自主性和承认公共空间使用者的地位之间。政府艺术基金反复描绘了不断向现代艺术开放的美好画卷，部分艺术家团体在20世纪90年代也开展了一些协作性的实践，目的是让城市居民成为公共艺术项目的共同作者。

20世纪60年代以来，公共艺术领域产生了更多的专业词汇，反映了对这些紧张关系的回应。这些词汇包括场域特定艺术（80年代开始使用）、场域共性艺术、公共利益艺术（90年代较为激进的艺术家喜欢使用的一个术语）、新流派公共艺术（用于表现社会干预行为）、乡土艺术（旨在使用多样的艺术手法），以及对话艺术（优先考虑市民的参与）。各种艺术均表现出对公共空间艺术构建的不同态度。

在各类中介机构为倡议、筹款、合同商谈、法律事务以及为艺术家构筑公共关系等领域发挥作用的同时，公共艺术还催生了大量的文化官僚机构。这个现象反映了城市再开发不断接纳公共艺术的过程，这种接纳还表现在闲置的工业建筑用作艺术活动的场所、文化角的设计，以及视觉艺术冲在城市营销最前沿等现象。然而，文化经营活动的这一扩张对于公共艺术的社会或经济影响几乎未置一词。公共艺术仍然与画廊和博物馆里的艺术截然不同：与画廊艺术相比，它很少被艺术杂志所报道（也没有产生画廊艺术的华丽广告效应），仍然普遍处于复兴城市经济的努力之中。只有当公共艺术被习惯地视为公共物品、文化的普世价值被用于改进城市衰退地区的观感和安全时，它才进入了开发商和城市当局的视线。

开端

公共艺术在1967年始于美国，当时国家艺术基金创立了一个特别基金，以支持在公共空间开展的艺术活动。首个资助项目给了亚历山大·考尔德（Alexander Calder）在密歇根州大急流城的雕塑《高速》（La Grande Vitesse），这个二维的作品现在是大急流城的城市徽标。《高速》将公共艺术作品的基调定为大件雕塑，这类作品在收藏家或博物馆那里难以展示，只有在开阔的城市广场才可安放。之后，从纽约到芝加哥和西雅图等城市，欧洲和北美的知名艺术家们受基金会委托进行了创作，这些艺术家包括马克·夏卡尔（Marc Chagall），胡安·米罗（Joan Miro），巴勃罗·毕加索，让·杜布菲（Jean Dubuffet），理查德·塞拉（Richard Serra）和乔纳森·博罗夫斯基（Jonathan Borofsky）。在诸多内容更加丰富的项目里，西雅图的作品将艺术整合到城市景观的设计当中，项目任务做到市中心地区的同时，还顾及街坊邻里。

在英国，20世纪60年代末期就有了公共雕塑计划。该领域的主要扩展发生在20世纪80年代伯明翰和纽卡斯尔这样的城市，在很大程度上是因循北美的先例。在欧洲，公共部门有支持艺术活动的历史，包括"艺术百分点"（Percent for Art）政策。该类政策规定，新建筑的资金预算要有一个固定的比例分配给艺术，通常为百分之一。在法国，各省城市对于当代艺术都有一个集中化的政策供给。在联邦德国，当代雕塑的选址被视为对这个国家战后皈依西方价值的肯定。与此同时，在东方集团国家里，艺术仍然受到国家政策的支持，艺术家们得到了公共的纪念性任务的支持，艺术家工会的工作室也提供支持。

在与此并行而无关联的历史中，1967年，芝加哥出现了第一幅展现黑人权利的壁画。这些壁画少有美学意味（尽管许多颇有技巧），更多的是试图表达对公民权利和社会公正的关注,尤其是对有色人种和妇女的关注。在英国,20世纪70年代壁画在实践中广泛流行,其中,格拉斯哥的人字形屋顶上的垂直三角墙壁画广为人知。当今,边缘化群体要赢得人们关注,更多借助于大家容易使用的广播和互联网。

议题

作为一门新的专业研究,公共艺术的出现面临着两个方面的问题:一是对于工作室实践完整性的考虑,一是意识到公共领域工作的复杂性。因此,一方面,由于公共空间的工作带有简略性,项目还要有预算,评论家们无法确认公共艺术能否达到艺术的美学完整性要求;另一方面,使对于公共艺术较有共鸣的评论家们不能确定的是,在公共空间工作的艺术家们是否能够完全体认工作的非物质性和非地理性方面的含义。有些艺术家,例如纽约的米尔勒·拉德曼·尤克里斯(Mierle Laderman Ukeles)和玛莎·罗丝勒(Martha Rosler),忙于直接与权力和所有权相关的议题;而一群名为"游击队女孩"的女性艺术家以佩戴猩猩面具的方式来隐匿身份(她们的名字带有城市游击战士的意味),揭露了艺术世界对于女性的排斥。其他艺术家,比如理查德·塞拉,则拒绝向作品的美学完整性妥协。但在1989年的一桩法庭诉讼之后,塞拉的作品——《倾斜的弧》从纽约的联邦广场被搬走。实际上,在两个极端之间,艺术家设计的公共设施保持了艺术家的创作艺术自主性,同时也在向城市设计师靠拢。这些实践者在美国有斯科特·伯顿(Scott Burton)和玛莎·施瓦茨(Martha Schwartz),在英国则是苔丝·贾雷(Tess Jaray)。

艺术家之间产生了明显分歧,一方喜好实用甚于哲学,把公共艺术场所锁定在有形空间,而另一些人则将城市空间视为价值竞争的所在地。这反映了艺术家们不再像20世纪60年代末期那样为画展生产艺术品。艺术家渴望艺术与日常生活相融合,拒绝艺术与政治混在一起。对于大多数艺术家而言,美术馆画展和艺术杂志的评论对于获得认可至关重要,这些认可验证了艺术之所以成为艺

中国安徽省省会合肥市一处公园里的雕塑
来源:Eric Mathiasen

芝加哥千禧公园的皇冠喷泉，由西班牙艺术家乔玛·帕兰萨设计
来源：Erin Monacelli

琳·多伊奇（Rosalyn Deutsche），以及圣迭戈的格兰特·凯斯特（Grant Kester）。凯斯特采用"对话艺术"一词来描述在当代社会议题方面，直接涉及公民（个体的和群体的）的艺术项目。在北美，有关公共艺术的重大争论比在英国更为广泛、更加突出，尽管自20世纪80年代末之后，类似的争论在德国大量出现。

面向公共艺术的不断变化的议题，在伦敦艺术天使信托基金（Artangle Trust）管理的两个委托项目中得到了阐释。两个项目都引起了争议，只是方式不同。1985年，"艺术天使"资助加利福尼亚艺术家莱斯·莱文（Les Levine）在当代艺术研究所制作广告牌海报和一个展览，以反映北爱尔兰的宗教与冲突。莱文的海报对军队、警察、旁观者和枪手的摄影影像进行了修编，并添加了诸如"攻击上帝""责难上帝"和"处死上帝"这样大胆的标题。作品激起了公众和媒体的评论，许多评论是负面的，人们对于公然将冲突与宗教不宽容联系起来感到震惊。而对于莱文来说，争议就是计划中的一部分，他并没有把他的工作视为政治性的艺术。尽管有许多争议，这些海报——包括安东尼·戈姆雷（Antony Gormley）1987年在北爱尔兰的德瑞（Derry）墙壁上创作的十字形铸铁人像——还是坚持了当时大多数公共艺术不关心政治的立场。

1993年，"艺术天使"委托英国雕塑家雷切尔·维特利（Rachel Whiteread）以伦敦东区一幢即将拆除的房子为素材，用她的风格创作一件物体的负空间作品。作品命名为"房子"，是一座三层的水泥建筑，带有壁炉和门窗。这种创作同样富有争议。以往，项目创作通常被视为（被约定）临

术，艺术家借此保持同艺术界的一致；同时，他们又渴望介入社会议题，构建自我认同；这两者之间存在的张力持续引导着有关公共艺术的讨论。

在这些议题方面最为重要的评论家有纽约的帕特里西娅·菲利普斯（Patricia Phillips）和罗莎

时性的工作;但这一次,鉴于作品赢得了年度"特纳奖"(Turner Prize)并在伦敦泰特(Tate)美术馆被引介,维特利遂趁此机会对作品行将拆除提出抗议,称其为自己最好的作品之一,获得了媒体的广泛关注以及大多数艺术机构的支持。与莱文不同的是,维利特将她自己描绘成了官僚规划体制的受害者;而莱文的工作使用一种明显具有公共属性的媒介——广告牌,在一个特定的冲突方面令公众感觉微妙,接受负面的回应便成为题中之义了。

21世纪早期的实践

在经历20世纪80年代的倡导之旅后,公共艺术实践普遍出现在一个个城市的再开发时间表上。虽然维特利的《房子》于1994年让位于一座城市公园,大多数公共艺术委托项目却已经成为工艺品创作的长期工程。这些公共艺术工程不断与新的城市开发地点和公共空间的设计相融合。巴塞罗那经常被人提及,在1992年奥运会前后,新的公共空间和公共艺术项目的配置成为城市更新的载体,它们出自国际知名的艺术家如克拉斯·奥登伯格(Claes Oldenburg)和罗伊·李奇登斯坦(Roy Lichtenstein)之手。这只是一个概略的说法,这座城市鼓励文化旅游的政策,是基于它的现代主义艺术传统,奥运村滨水地段的再开发和公共部门对加泰罗尼亚文化基础设施的投资。然而,对于城市当局、营销机构和开发商来说,公共艺术是城市复兴有目共睹的象征。

20世纪60年代和70年代从主流中游离出去的公共艺术,就这样在80年代和90年代回归主流。与此进程相左的是,独立策展人开始不断将有争议的艺术引入新型艺术空间。大概还可以这样说,迄今为止获得较为激进的公共艺术计划支持的公共议题,在当下的独立画廊以及有关的非美术馆计划中相遇了。美术馆艺术和公共艺术之间的界限由此消弭,一如部分艺术家尝试将公众列为共同作者,以淡化艺术与其受众之间的界限。

与这一转变相平行的现象,是所谓持不同政见的公共艺术的生长。此种艺术常常使用临时性干预的姿态,对当代公共议题或艺术界在消费社会中所持价值进行批判性的评论。有时,艺术基金被用于赞助这类工作。于此,历史上有先例可循。在20世纪初期,艺术先锋派留在艺术的体制框架之中,同时对体制框架的价值立场提出挑战。

对在当前非主流情势下工作的艺术家来说,一个关键问题在于他们是同城市再开发的目标和策略达成共谋,还是试图颠覆那些目标。许多艺术家在公共领域的工作中谋生活,他们是从实用主义的态度出发接受艺术事项的。但是,部分艺术家还是制定谋划,明确挑战再开发的市场取向,对公共文化和城市政策提出质疑。例如,批判艺术组合(Critical Art Ensemble)提议电子抵制,应用自治研究所(Applied Autonomy)开发出了涂鸦机器人。在英国,像伦敦的普拉特福姆(Platform)、纽卡斯尔的洛卡斯+(Locus+)、谢菲尔德的弗里(Freee)以及英格兰西北农村地区的利托罗尔(Littoral)这样的团体,已经在政治实践的重建中吸引了特定群体的兴趣,或者把艺术界当作选民群体。在2003年公共艺术论坛——英国公共艺术机构的全国协会——的年会上,安迪·休伊特(Andy Hewitt)和梅尔·乔丹(Mel Jordan)把他们自己当作抽奖的礼品,这种玩笑是对现状的一个讽刺。最后,一则广告牌在2004年宣称:"公共艺术的经济功能是增进私有财产的价值。"

更多广告牌的制作体现了公共艺术的审美和社会功能,2005年威尼斯双年展上就出现了这样的广告牌。由休伊特、乔丹和艺术家戴夫·比奇(Dave Beech)制作的反映公共艺术宏大功能的一幅广告牌,于2006年在广州米兰国际三年展上展出。虽然这些项目预设的观众是艺术界自身,艺术家们还是认为对艺术体制的干预导致了职业艺术家对广泛社会议题的讨论,而这些职业艺术家被认为是社会舆论的引导者和形象设计者。

在更为广泛的社会事务方面,奥地利艺术家团体沃肯克劳塞(Wochen Klausur)运用对话实践,唤起不同选民群体的共同关注,让学生参与学校课堂的重新设计,将政治家、记者和性工作者召集在一起在苏黎世湖上做系列航行。这种类型的对话艺术超越了20世纪70年代基于社区的艺术形式。对话艺术并非为社区成员的艺术创作提供便利,而是通过对多样化又彼此交汇的公众的赋权和动员,使其能够对公共议题做出决定。当越来越多的人认为,基于地方的社区并不构成后现代城市的必要条件;认为在传统的地方认同的构建中,依赖于地理位置的有形生产艺术最终完全不会面向公众时,对话艺术便显得恰如其分了。这个趋势里的核心人物是德国艺术家约瑟夫·博伊斯(Joseph Beuys),他于20世纪60年代提出了社会雕塑的思想,以将艺术、政治和日常生活融于一体。也许这就是在未来10年中最受人关注的公共艺术所应遵循的方向。这个发展趋势的困境是,当艺术作为富有创造性的想象力融入日常生活并每每成为预见一个新社会的手段时,把它作为审美类别的艺术已经无法准确定性了。

进一步阅读书目:
- Finkelpearl, Tom, 2001 [Reprint]. *Dialogues in Public Art*. Boston: MIT Press.
- Miles, Malcolm. 1997. *Art, Space and the City: Public Art and Urban Futures*. London and New York: Routledge.

(Malcolm Miles 文 罗思东 译 王 旭 校)

PUBLIC AUTHORITIES ｜公共管理局

公共管理局,也叫公共或政府公司,是类似商业性的组织,负责管理、维护或规制政府的重大资本性资产,比如高速公路和公共交通、给排水通道,以及大学、医院和其他公共建筑的建造。公共管理局也资助有助于私人经济发展的项目。虽然它们的活动与商业类似,但无须服从治理私人企业的相关法律,也不用遵守管理公共资产的城市规章。通过州法的规定,公共管理局被赋予广泛的权力,被视为由政府设计用来追求特定意图的工具。公共管理局主要存在于州政府和地方政府层次,由一个志愿组成的理事会管理,理事会成员由州长任命,负责管理工作人员并监管日常运行。这些机关可以是州际的公司,以调控两州之间的共有资产(例如纽约与新泽西的港务局以及田纳西河流域管理局)。

公共管理局被赋予征收税费、创制合约、征用财产以及放贷资金的权力,但这些财政金融活动并不是州预算活动的一部分。公共管理局的特权还不止这些,它们还可以制定和控制预算,而不必征得公众的首肯。资金可以通过收费(如桥梁通行费)或政府债券获取。例如,收入性债券(Revenue Bonds)是公共管理局为某一项目而卖给私人投资者的,负债由项目产生的收益来偿还。这种债务是管理局而不是州政府的法定负担,当然就不会由州预算来考虑。债券的售卖对象还包括没有税收来源的公共投资。公共管理局创设的项目为州政府提供了急需的公共资产,有些设施还可以向管理局出售,以给政府注入现金。

公共管理局的债务有三种类型：隐秘债务、项目收入债务和私人实体债务。隐秘债务是在合法的、法定借款限额以外向州和地方政府发行的以税收支持的债券；项目收入债务是为管理局正在执行的项目所举的债务；而私人实体债务则是为经济发展目的集资。在纽约，州政府不能借钱，除非选民同意其借钱的目的和数额。多数时候，选民不赞成会导致债务和税收的项目。因此，公共管理局的创设是绕开公众同意的一个途径。

在19世纪早期，美国的许多州集中精力开发和建设国家。巨额资金被用于资助大型基础设施项目，比如铁路和运河。在1830年大衰退来袭之际，州政府无法履行对于其所担保的债务的承诺。为此，州宪法进行了重写，对州贷款进行严格规定。这些限制包括对照项目的资产价值，对贷款金额设置上限，以及借款要得到公民投票的许可。这是首次为发展目的而运用收入性债券金融，操作这种资金的责任主要由政府机构来履行。

记录在案的第一批公共管理局之一，是伦敦港口管理局，创设于1908年。在美国，第一个公共管理局成立于1921年，为纽约港务局，负责管理所属港口和码头，之后又负责管理连接纽约和新泽西的桥梁和隧道。1972年，该局更名为纽约与新泽西港务局（Port Authority of New York and New Jersey），以体现两州在管理这一地区上的合作关系。港务局的前局长奥斯丁·托宾相信，管理局的"设计是让公共企业独立自主、独担其责，让它们从政治干涉、官僚机构和官僚习气中解脱出来，同时保持足够的控制"。因此，公共公司将私人企业的权力和政府许可相结合，去从事政府无法实现的任务。它们要具备私人部门的管理能力，又要从反应迟钝的官僚机构和政府的政治丑闻中解脱。

在20世纪30年代的大萧条之际，公共管理局还不多见，那时政府再也无力支持公共项目。大萧条之后，富兰克林·罗斯福总统授权公共管理局从事可以创收的公共项目，同时发行收入债券以筹集公共投资资金。于是，很多州都创建了公共管理局。

为什么公共管理局成了政府流行的工具，这个争论一直在持续。有人认为，正是公共管理局筹钱的能力，使其变得不可或缺；另一些人则相信公共管理局是有效管理公共资产的渠道。赋予公共管理局的广泛权力引起了批评者对到底该赋予它们多少自主权问题的质疑。过多的自主权会导致对资源和资金管理不善，也会产生可疑的道德行为；有些人却认为独立性的缺失会导致任人唯亲。所以，许多州都已经成立委员会，重新评估公共管理局的地位。

公共管理局积累的债务的数额也成了一个问题。2004年，纽约州公共管理局管理的债务约有1 200亿美元，其中446亿美元由州政府提供支持。关键是许多现存的公共管理局并非必需，而且不必要开支会不断增加州政府的债务负担。即使一个公共管理局滥用它被赋予的职权，或是背负了大笔债务，也无法关闭它，因为它为公众提供了必需品，例如铁路。倘若失去了公共管理局，一个地方政府不仅会失去公共服务，还要承受信用等级的降低。

最近，有许多人呼吁公共管理局在管理资金方面承担更多的义务，增加透明性。建议之一是创立一个由州政府监管的机构，来对它们进行规制。在纽约州，通过公共管理局治理咨询委员会、纽约州公共机关改革委员会和2006年公共机关义务法，在如何改革公共机关的运行和管理方面，取得了长足的进展。行动将对公共管理局的示范性治理原则进行汇编，创设新的公共机关预算办公室，配备一个独立的总巡视官，对如何处置公共机关的财产建章立制。无论有什么问题，公共管理局长期以来为各城市提供了一个渠道，在不积累巨额债务的基础上，为市民供给急需的公共设施。希望前文提及的各类措施结合起来，奠定一个更加可行和可靠的基础，借此公共管理局能够继续为公众提供必需的公共资产。

进一步阅读书目：

- Doig, J. W. 2001. *Empire on the Hudson：Entrepreneurial Vision and Political Power at the Port of New York Authority*. New York：Columbia University Press.
- Gerwig, R. 1961. "Public Authorities in the United States." *Law and Contemporary Problems* 26(4)：591–618.
- New York State Commission on Public Authority Reform Report. May 17, 206.

(Nadia A. Mian 文 罗思东 译 王 旭 校)

PUBLIC-PRIVATE PARTNERSHIPS ｜公私伙伴关系

公私伙伴关系在美国城市中有长久的历史。自20世纪70年代以来，在美国和其他资本主义国家，这种关系对城市政策的制订得越来越重要了。有多种因素可以解释公私伙伴关系的显著性：美国地方政府财政、技术和官僚资源的有限性；美国进步主义改革传统强调治理安排与政治控制相分离；商业政治权力；联邦政府的放权与私有化政策；以及一个广为流传的信念，即市场优先于政府。最近，公私伙伴关系被提倡作为促进公民参与和政策协调的战略，以改进城市治理的代表性和效率。

城市政策分析家和学者使用"公私伙伴关系"这一术语，来涵盖政府与非政府组织之间、营利与非营利组织之间的广泛协作。伙伴关系的研究聚焦于公共机构和私人行为者之间形形色色的非正式合作那样的交互作用关系；公共资金对私人组织或项目直接或间接的资助；正式的，通常有合法章程的多部门组织；专区、公共机关和其他"准公共"机构。还有更为专门的定义用来区分处于运行状态中的各类关系，例如，在体现于特定的、限时的政策之中的伙伴关系，与不断履行制度化义务的组织之间进行甄别。还可以这样定义，伙伴关系仅仅是公共机构和私人行为者之间持续分享责任的关系，每一个行为者均有权代表自己进行谈判、为伙伴关系贡献资源。另有严格的定义认为，"伙伴关系"这一术语是指法律或金融合约中的长期关系。公私伙伴关系一般与私有化战略相联系，通常不包括基于对特定产品或服务进行竞争性投标而订立的公平合同。

历史演变

如果说伙伴关系在最宽泛的意义上说是公私协作，那么，其源头可以追溯至19世纪扩张的城市中政治精英与经济精英之间的紧密关系。当时的城市由政治机器主导，地方政府公用设施的特许权和建筑合同吸引了投资者，这些投资者是大选捐款、工作和税收的社会资源。在非政治机器主导的城市里，在各类城市区域规划和市政改革组织里同样可以见到公私伙伴关系。

当代的伙伴关系，无论是否定义为以项目为核心的、长期的遵循法定章程中的协作关系，它们的起源一般都可以追溯到联邦城市更新政策(1954—1974)。为了获得联邦的援助和贷款，城市更新项目要求地方具备制度化的能力，来规划和执行再开发项目。由于许多城市缺乏这种能力，这项要求促成了新的政府-商业同盟。在有些城市,商业组织和委员会承担了政策规划和项目执行的领导职责,地方政府的作用是实施土地征用和项目集资。在另一些城市,是城市再开发的地方机关、半独立的公共机构在负责,由任命产生的公私理事会实施监督。但即便是这样,通常还是由商业组织决定下城区复兴计划的技术细节。

因此,联邦政府的计划持续催生了越来越多的旨在城市复兴的公私伙伴关系。吉米·卡特总统在1978年的全国城市政策中强调,解决城市问题不能只靠政府,还需要营利部门和非营利部门的积极协助。联邦社区开发综合援助(CDBG,1974——),特别是城市开发行动拨款(UDAG,1977—1989)鼓励地方政府通过各种激励措施补充公共款项,比如补贴贷款、土地化减(联邦政府为地方政府购买和清理贫民窟土地提供补贴——译者注)以及基础设施的支出,以刺激私人工商业投资,创造就业,带来新的税收收入。里根政府时期的"企业区"和克林顿政府时期的"赋权区"也对政府、企业和地方社区组织之间的联盟提出了要求,把工作机会和投资吸引到贫困的城市邻里。

虽然联邦政府的城市项目资金在20世纪80年代趋于枯竭,但是大家对新投资的竞争仍在持续,许多州政府成为公共部门与营利部门之间伙伴关系的积极推动者。州政府除了采取税收优惠、低于市场利率的贷款和企业区等措施,还通过设立专区、商业开发区和租税增额融资机制(TIF)等方式,来培育更加广泛深入的政商联盟。基于政策权力下放而改进政府项目的效率,也是一个关键的目标。对地方政府来说,它们制定了企业家战略来吸引投资者、增强地方的竞争优势。政府与企业建立伙伴关系的目标远超其市中心区的再开发。例如,纽约市在20世纪70年代的财政破产之后,与企业界建立伙伴关系重建市财政;对亚特兰大奥运会的规划与管理;1992年城市骚乱之后洛杉矶的重建;以及20世纪90年代波士顿在伙伴关系帮助下实施的庞大的高速公路计划。

尽管商业界对于伙伴关系具有压倒性的重要性,公私伙伴关系的主要核心也在于经济发展,但城市政府的伙伴关系还是同多种多样的非营利组织一起,执行了许多重要的政策任务。自20世纪60年代以来,社区开发公司(CDCs)成为下城复兴的关键执行者,特别是在住房开发方面。联邦资金的削减和项目的放权,使非营利组织同营利性企业一样,日益成为政策干预的核心。2001年发布的一项对555个最大城市的研究报告发现,当城市层次的公私伙伴关系消失殆尽,基于社区的组织,包括社区开发公司,最乐于同城市政府一同工作,探讨廉租廉价住房、无家可归者以及公共安全方面的议题。协作的深度广度正在增加。地方政府当前按部就班地同社会服务组织、大学和社区学院、雇主组织以及营利性企业合作,实现传统公共物品的供给,包括就业培训、福利援助、教育、健康保障、行为矫正和高速公路的建设与管理。

伙伴关系在国外

其他资本主义国家的政府也通过促进伙伴关系取得了经济发展、城市复兴和社会融合方面的成就,而且在社会融合方面可能比美国做得更好。虽然有些欧洲国家以政策推动公私伙伴关系的做法可以从20世纪70年代算起,但同美国一样,公私伙伴关系的重要性出现在80年代。这部因为国家政府更加依赖公私伙伴关系,把伙伴关系视为促进政策制定和执行分散化的战略举措。

与此同时,欧洲公私伙伴关系的一个主要推动力具有跨国属性:欧洲联盟(EU)。长期以来,欧盟要求构建公私伙伴关系,以接收框架计划基金(也就是旨在缩小区域差别的政策),并且为了一系列的区域、城市、经济发展、就业和社会政策的目标,催生了多种多样的地域性社会协定。欧洲伙伴关系的有关研究揭示了其与美国伙伴关系的一些关键差别。首先,政府是主导者,即使在私人营利性行为者的作用最为突出的经济发展伙伴关系中也是如此。第二,欧洲的伙伴关系"自上而下"的倾向更多一些,国家和跨国行为者在资金、政策设计和执行中发挥了更大的作用。第三,无论欧盟怎样关心社会排斥问题,特别是在内城地区,也无论志愿部门协会如何积极地从事住房、就业培训和其他社会服务的供给,社区组织的重要性还是不大。第四,在伙伴关系中,政党意识形态对于权力的目标与平衡很重要。在社会民主党或工党掌权的地方,政府更愿意同公共部门和志愿部门的伙伴一道工作,不太愿意与营利性的伙伴在一起,也不愿片面强调市场目标。

自第二次世界大战结束以来,日本同样重视公私伙伴关系。与欧洲相比,日本的伙伴关系完全集中于经济发展,围绕全国的、区域的和地方的政府与私人企业的关系而展开。这些伙伴关系的目标,通常是将私人投资引导至像交通这样具有重大公共利益的项目,其典型的做法是联合出资,就像组织协作那样。类似的伙伴关系还用于支持技术创新、研究和开发,甚至福利供给。

无论伙伴关系的重要性如何增长,在城市政策制定、城市政府以及市民方面,其成效一直是争论的主题。伙伴关系在因城市开发项目的成功而获得公众信任的同时,其于多大程度上、什么时候在经济发展、社会融合、市民参与等方面实现了广泛的目标,证据却杂乱不清。公共组织、营利组织和非营利组织的目标、程序和责任机制存在很大不同,因此构筑可行而有效的伙伴关系实际上异常困难。一项对105个美国城市中政府与社区组织伙伴关系的研究发现,这些伙伴关系增强了城市官员的社区需求意识,但因为双方组织化实践的差异,责任心不足、交流匮乏和信任缺失仍在持续。有人认为伙伴关系会成为削弱而非改进公共项目的一种战略,这样的担心对其造成了损害。

公私伙伴关系还引发了公众对其代表性和责任性的质疑。非营利组织(包括社区组织)是不是真的代表了它们的选民,而不是代表它们的出资人、专业人员或它们伙伴的需要,这影响到这些组织作为市民参与、赋权和社区复兴机制的服务能力。欧洲的案例尤其证明了在与非营利组织,特别是在那些传统上代表被排斥群体的非营利组织之间的伙伴关系中,公共行为者占据了主导地位。

美国公私伙伴关系的主流形式是与营利性实体在经济发展政策方面展开协作,这种方式带来了其他的问题。营利性公司与城市政府在运行目标上有很大的不同,还控制着非常重要的信息与财政资源。假如地方政府之间围绕这样的投资展开竞争,由于公务员们在投资方面的见识有限,而公司运行的动力是追求利益的最大化,因此,城市政府在交易中处于弱势,而且可能会给它们的营利性伙伴提供不必要的诱惑。这种困境看起来使许多公私伙伴关系非但不会增强政府效率,反而浪费公共经费。与邻里复苏正好相反,历史上针对市中心区的这些伙伴关系的核心形成了这样的疑问,即这些安排真的体现了广泛的经济发展协作目标,还是仅仅强化了现有的权力关系。

总体来说,现在还不清楚公私伙伴关系能否被理解为体现了政府、经济与公民社会之间新关系的城市治理新形式。不管这种不确定性如何,在全国性政府分散化和私有化的条件下,公私伙伴关系对于城市而言会更加重要。

进一步阅读书目:

- Bult-Spiering, Miriam and Geert Dewulf, eds. 2006. *Strategic Issues in Public-Private Partnerships: An International Perspective*. New York: Wiley-Blackwell.
- Kitajima, Seiko. 1998. "Industrial and Regional Restructuring and Changing Form of State Intervention: The Development of Partnerships in Postwar Japan." *International Journal of Urban and Regional Research* 22: 26–41.
- Piccheri, Angelo. 2002. "Concertation and Local Development." *International Journal of Urban and Regional Research* 26: 689–706.
- Pierre, Jon, ed. 1998. *Partnerships in Urban Governance: European and American Experience*. Houndmills, UK:

- Rich, Michael J., Michael W. Giles, and Emily Stern. 2001. "Collaborating to Reduce Poverty: Views from City Halls and Community-based Organizations." *Journal of Urban Affairs* 37: 184–204.
- Stephenson, Max O. 1991. "Whither the Public-private Partnership: A Critical Overview." *Urban Affairs Quarterly* 27: 109–127.
- Walzer, Norman and Brian David Jacobs, eds. 1998. *Public-Private Partnerships for Local Economic Development*. Westport, CT: Greenwood.

(Cynthia Horan 文　罗思东 译　王　旭 校)

PUBLIC REALM ｜ 公共领域

公共领域是社会的所有方面以及并非专属私人的（如私有财产、私人生活）社会生活。因此，公共领域由多重相互交叉的维度构成，在每个维度都产生了各自不同的理论和研究风格，通常限于专门学科的范围之内。地理学家通过探寻有形的与虚拟的环境以及作为公共生活得以开展的空间，考察了公共领域的空间构成；政治哲学家想象出更为抽象的政治公共领域，作为国家和公民社会得以立法定律、循环生产和谈判协商的松散空间；包括公共产品的定价和公共财政管理在内的经济公共领域，则属于经济学家关心的对象。最后，社会学家把社会公共领域作为日常交往之所来看待，身份和共享意义在此得以建构。上述每个学科都把注意力集中于公共领域的销蚀及其向一个更加私人的社会的转变。

这几个维度紧密关联，彼此直接和间接地相互影响，结合为一个单一的框架：(1)空间公共领域提供场所；(2)以展开政治公共领域的讨论；(3)涉及经济公共领域的资源；(4)由在社会公共领域已经建构了共同理解的个体和群体进行。

空间公共领域：有形的与虚拟的环境

在探讨公共领域的空间维度时，"公共空间"术语得到广泛使用。公共空间是指原则上对所有社会公众开放和可进入的那些空间，最明显的例子有公园、街道与人行道、政府建筑等。然而，不是所有公共空间都是物理性的；这个概念通常扩展到虚拟的聚集地比如在线聊天室、博客和社交网站。在许多地方，空间在技术上是私人的，但实际上是公共的——购物城、餐馆和酒吧，或者娱乐场所——这些也在公共空间的涵盖之下。

尽管在定义上具有开放性和可达性，公共空间却并非无规制的空间。所有的空间都受到非正式的社会交往规范的约束，还有随处可见的特殊使用规则，如玻璃瓶或喧哗的音乐在公园里是被禁止的。在美国，体现公共空间规制特殊重要性的是公共广场规则，由美国联邦最高法院对"佩里教育协会诉佩里教育者协会"(1983)案的裁决所确立。这个规则从广场规制出发定义了3个层次的自由：传统的公共广场、有限的公共广场和非公共广场。其他国家也已经有了对于公共空间类似的法律分类。

公共空间被用于范围广泛而相互重叠的活动。作为社会空间，公园和广场集市为团体和个人提供聚集和社会化的机会。作为文化空间，公共空间常常是艺术表演场地,从公园音乐会的正式表演,到人行道上的粉笔画这样的非正式活动。它们还能够履行政治空间的功能,可以发起对政府的控诉,进行对权力和当局的抗争。这些活动也有正式的、组织化的与非预谋的之分:正式的如在政府大楼的一场诉讼,非预谋的如地方当局与不受欢迎的公园占领者之间的小规模冲突。最后,公共空间经常呈现出商业色彩。公共空间确实经常为公共市场提供场所(比如农产品市场、工艺品集市),而购物城和餐馆这样的私人空间也经常被当作公共空间。

学术研究和大众媒体在频繁地应对多种外部势力对公共空间公共性的侵蚀。地方警察、私人保安和闭路摄影经常被公然用于对某些公共空间的管制。在另外一些情况下,管制通过间接的手段得以实现,如纽约市华盛顿广场的咖啡车,被用于吸引更加富裕的人群驻足,以营造一个不利于毒品贩子和流浪汉的广场氛围,这种做法被莎伦·祖金称为"卡布奇诺祥和"(Pacification by Cappuccino)。公共空间的设计对于这些空间如何被(谁)使用、如何被(谁)禁用,发挥了重要的作用。门禁社区把街道和人行道这样传统的公共空间占为己有,仅给社区居民使用,就属于设置物理屏障。更为隐秘的是,开发商常常通过不便于落座,甚至让空间本身不易进入等方式,故意使广场变成人们不愿意逗留的空间。

政治公共领域:国家与公民社会

与公共领域的空间维度集中于展现公共生活的实体场所不同,政治维度更关注于抽象的空间,于此空间中众多个体聚集在一起,形成意见、达成共识,通过集体行动追求共同的目标。因此,政治公共领域围绕个体的信念和行为展开,涉及社会应如何运行、如何建构,以及从这类思考和行动中生长出来的那些制度:国家和公民社会。

于尔根·哈贝马斯使用"公共场域"(sphere)的术语,将公共领域的政治维度视为一个特定的松散空间,在这里,个体不拘社会地位、不受任何约束,通过对公共利益的讨论进行政治参与。16世纪和17世纪欧洲的咖啡厅经常被引用为公共场域的一个例子:咖啡厅本身就是公共领域的空间维度,发生在咖啡厅里的政治性交谈则反映了公共领域的政治维度。在这类松散活动用以定义公共场域的同时,它还通过电视和网络这样的电子化媒介迅速传播。汉娜·阿伦特(Hannah Arendt)使用"公共领域"(Public Realm)的术语,构想了一个类似的、但更为活跃的政治维度视角,将它视为一个舞台,上面不单有政治对话,而且还能够产生集体的政治行动。

从政治公共领域中诞生了两类关键性制度,且衍生了合法性:民主国家和公民社会。国家是公共场域中经由同意而产生的组织,拥有合法使用强制性暴力的垄断权。这样,国家在一片疆域之内行使最高权威,制定和执行规则(比如法律),借此为政治公共领域的存续提供一个正式的框架。公民社会包含了围绕共同利益形成的那些组织,但缺乏由国家保留的合法使用暴力的权利。这些组织为旨在影响或者挑战国家的言论和集体行动提供一个角力场。在世界各地,政治公共领域的开放性有很大的不同。

许多人提出了政治公共领域的销蚀理论。理查德·桑内特认为,城市曾经富有的积极而充满活力的公共政治交往文化,已经让位于私密和个人主义文化,进而使政治公共领域的参与沦为旁观。与此相似,罗伯特·普特南提出,当参与活动像保龄球那样由团体向个体转向时,形成共同理解或追求共同目标的机会就减少了。另一些人则提出不同意见,认为政治公共领域没有销蚀,而只是被网络和手机这样的技术手段所改变,使公共生活中发生的言论和集体行动不再囿于毗邻的物理空间之中。

经济公共领域:公共物品、公共财政和市场

公共领域的经济维度因无可避免地与私人领

域,尤其是与私有财产和所有权相联系而复杂。经济公共领域的三个构成有助于理解这种复杂性。公共物品是每个人都可以消费的公共资源,包括空气或者网络电视这样的东西。公共财政与公共物品的提供与管理有关,最典型的是政府通过税收来提供与管理公共物品。最后,市场是为精心安排私人资源的交换而存在的公共制度。

保罗·萨缪尔森(Paul Samuelson)率先将公共物品定义为不能禁止个人消费的资源(即非排他性),某个人的消费不会减少他人对此物品的消费(即非竞争性)。空气是公共物品最为普遍的例子,因为它是无限的,所有人均能够自由地消费,但许多构成公共领域空间维度的公共空间也可以提供例证。这个基本概念经常扩展至包括无法满足这些严格标准的东西,因为还要考虑到成本。自然资源(比如水)和政府服务(比如国防)可以大量供给(但不是无限的),很难(但并非不可能)不让人消费。这种情况导致了"搭便车问题",在此困境中,理性的、效用最大化的个体不会为公共物品的生产做出贡献,因为不管贡献如何,他们都能消费这类资源而无须付出成本。

搭便车问题的一个解决方案是通过征税,让个人在不知不觉中为公共物品的提供做出贡献。从部分意义上讲,这就是公共财政要做的事。公共财政存在于各级政府,从国家到地方和城市,在每个层级上都有多样化的利益主体争相获取公共资金的一杯羹,竞相争辩他们提供的资源对于社会公益至关重要。有些支出,像公共教育和公共健康,基本没有什么争论。但是,在付出和获益的主体不完全重叠的情况下就会产生冲突,例如像福利这样的财富再分配计划,或者像给开发商提供补贴那样的刺激性政策。国家参与提供公共物品的程度,以及公共物品的概念到底应该是什么,在社会主义者和市场经济学之间存在着巨大的差异,前者采取的是更加包含性的做法。

虽然市场的存在是为私人财产的交换提供便利,但它却是公共领域的组成部分,因为原则上它是对所有公众开放的。也就是说,市场提供了一个公共的制度框架,任何人都能够以买家或卖家的身份参与其中。市场的形式在世界各地变化很大,从某些地方高度定型并以电子方式运行的证券交易市场,到露天集市中的货物售卖甚或提篮携桶直接换东西。

无论采取何种形式,市场提供了一个确立商品和服务价值的公共机制,它的公共性有赖于国家对交换规则的介入。以政治公共领域中达成的共识为导向,国家有代表性地维持着自由市场之外的某种形式的规则,比如强行规定最低工资或者实施反托拉斯法。

对于经济公共领域销蚀的讨论,通常集中在公共资源与私人资源之间不断增长的灰色地带。某些公共物品,比如水,对于维持生计非常关键,以致对供水进行私有化的企图受到了严厉的批评,特别是在发展中国家。其他物品,譬如教育,长期以来都属于公共供给,但是,当教育资金依赖于像住房这样的其他私人物品的价值时,教育便不断被认识到具有私人物品的特性(也就是说,具有竞争性和排他性)。在城市政府和私人土地所有者共同开发一个项目时,其结果的公共性会变得模糊不清,这时公私伙伴关系也会涉足此类灰色地带。

社会公共领域:身份和社会建构

公共领域的社会维度也许是最为含糊的,因为它涉及日常生活的全部,从餐馆的晚饭,到办公室的上班。社会公共领域是共识得以建构之处,共识反过来建构人与人之间的互动(即行为规范),允许个体与集体身份的培育以及文化的呈现。

外出到餐馆就餐看起来是简单的公共活动,却要求就餐者明白如何同碰到的各种人和事打交道。例如,就餐者必须明白不能直接找厨师点餐,而必须通过服务员,光要一杯水而不点任何东西也不合适。这些默契并非来自就餐者自己的决定,而是就餐者在同他人互动的过程中出现的,必须对这些互动加以解读和阐释。当共识出自个体对不断与他人的互动做出的解释时,这些解释就通过赫伯特·布鲁默(Herbert Blumer)所说的"符号互动论"为社会情势提供了结构。

这种共识得以建构的社会公共领域的存在,对城市生活尤其重要。因为在城市里,与陌生人之间的互动频繁,需要对结构有一个协定以使互动顺利进行。这个社会结构大厦的一砖一瓦就是社会角色,如就餐者或厨师、雇员或雇主。在一个给定情境中理解一个人的角色,为互动提供了一个脚本,就是让陌生人在对那些互动对象没有任何了解的情况下,也能够实现社会交流。实质上,社会公共领域提供的是一个舞台,让人们扮演各种社会角色。

凭借多样化的交叉角色的扮演,个体的身份浮现出来。通过同时扮演厨师、雇主以及女性的角色,个体能够向社会公共领域内的其他角色占有者传达一种非常特定的身份信息,显示的不仅仅是她怎样谋生,还有她如何理解自己在公共领域中的位置。群体则通过一系列角色的扮演,或者只是通过其他人眼中所扮演的一系列角色,以类似的方式培育了一个集体身份。个体身份在一个人如何参与政治公共领域方面发挥了关键的作用,而集体身份在群体成员意识到他们所共享的身份时也发挥了同样的作用(即阶级意识)。最后,正是在这些个体和群体的角色和身份背后,文化和文化实践才得以呈现。

进一步阅读书目:

- Habermas, Jürgen. [1962]1989. *The Structural Transformation of the Public Sphere: An Inquiry into a Category of Bourgeois Society*. Translated by Thomas Burger. Cambridge: MIT Press.
- Lofland, Lyn. 1973. *A World of Strangers: Order and Action in Urban Public Space*. New York: Basic Books.
- ———. 1998. *The Public Realm: Exploring the City's Quintessential Social Territory*. Chicago: Aldine Transaction.
- Orum, Anthony and Zachary Neal. 2009. *Common Ground? Readings and Reflections on Public Space*. New York: Routledge.
- Samuelson, Paul. 1954. "The Pure Theory of Public Expenditure." *Review of Economics and Statistics* 36: 387–389.
- Sennett, Richard. 1977. *The Fall of Public Man*. New York: Knopf.
- Zukin, Sharon. 1995. *The Cultures of Cities*. Cambridge, MA: Blackwell.

(Zachary Neal 文　罗思东 译　王　旭 校)

R

RACIALIZATION ｜种族化

种族化是指社会空间与各种人口集团相联系的过程。威尼斯隔都区是一个与生活在新隔都区犹太人联系在一起的种族化空间。在美国，内城的邻里是与少数族裔人口、街头黑帮、非法毒品买卖和犯罪相联系的种族化空间；而在法国，"郊区"（Banlieue）同样变得与过度拥挤的公共住房、有色人种、新移民以及犯罪相关联。种族化影响了社会各界的日常生活：对于住在种族化空间里的居民来说，包含在工作申请中的地址被贴上污点；对于生活在种族化空间以外的居民来说，那里面的邻里（及其居民）是要加以回避的。城市空间的种族化对于理解遍及大都市地区的特定发展模式也是重要的。

城市空间对于生活在地方社区内外的人而言具有特殊的、有时是矛盾的含义。当有些集团力争以特定方式来定义这些空间时，种族化空间也就是抗争的空间。在美国，内城邻里、住房项目以及商业地区已经与少数族裔人口和暴力犯罪联系起来。在堪萨斯城围绕城市更新以及黑人地区和白人地区未来发展的争论当中，凯文·戈瑟姆（Kevin Gotham）描述了种族化如何成为争论的基本内容。在城市的中央商务区被定义为种族化空间的时候，所有的商业活动就会出现衰退。芝加哥卢普区的再开发曾经要求，减少以黑人电影为特色的中央商务区电影院的数量，搬迁为黑人服务的其他商业设置。随后，便有了新艺术区的发展、新的鲍德斯书店（Borders）和巴诺书店（Barnes and Nobles）、千禧公园的开发以及芝加哥卢普区商业购物活动的再生。卢普区再开发计划因该地区的去种族化而被视为成功。

虽然空间的种族化最直接地让人想起内城邻里的景象，这一概念却被欧洲学者用于研究多元文化城市（法国的郊区、英国的罗马社区）中的种族人口，被美国学者用于研究种族邻里和人群。这些邻里中最为人所知、时间最久的是无处不在的唐人街；其他的地区像小意大利和波兰城也属于美国城市环境最为显著的特征。在很多情况下，这些邻里是防御性的——在中国人、意大利人和其他移民第一次到达美国而面对偏见和歧视之际，欧洲更近时期的移民人口同样被排斥在公共生活之外。作为种族飞地的种族化空间为少数族裔人口提供了安全天堂和机会。

种族化空间聚焦于给城市社区带来的负面标签，这些是由城市区域规划师、郊区居民和其他生活在这些空间以外的人所赋予的。但是，种族化空间还可以由邻里内部而生。黑帮团伙之间为控制城市空间、创设种族化地盘而争斗，这在黑帮涂鸦中就可以看出，对外人来说既危险又不可思议。在许多种族邻里，壁画和博物馆创造了一个种族化的空间，成为种族群体显示骄傲与身份的资源。多个城市的旅游局提供的地图显示了种族邻里的位置，比如纽约和旧金山的唐人街，还有餐馆和商店的名录。在这方面唐人街的例子很有意思，它展示了一个长期在大众印象中具有负面影响的种族化空间，在今天如何变得具有正面意义（一个重要的旅游目的地）并成为城市营销运动的组成部分。

正如以下案例所表明的，对于空间种族化的讨论，重要的是要超越往常由占据显著社会地位的人或机构对一个种族化地区贴上负面标签的做法，认识到种族化空间可以从上或从下两个方向（由州政府机构或由地方社区的人民）来塑造，在负面印象存在的同时还可以具有积极意义。

当局者和外来人

我们一般认为种族化空间是位于某处的"那里"——换句话说，种族化空间是与我们自身不同的那些群体生活的地方,从字面上看,是被"他者"占据的地方。从外界来看,种族化空间是我们能够命名的地方和有权命名的地方。同时,居住在种族化空间的人们认识到,他们生活的地方是更大社区中的特定一隅。他们对种族化空间可能已经有了一个与外人——他们的他者——理解很不一样的定义。这个辩证关系可见于城市社会学芝加哥学派的两个经典论述之中。

第一个论述是欧内斯特·伯吉斯有关城市生长的著名图解(参见"城市社会学芝加哥学派"词条)。这个环绕城市最核心地区的同心圆带模型,成为日后芝加哥学派所有研究的基石,对于当前的城市生态学也有持续的影响。这个图解标注了城市里特殊生态片区的位置,例如,位于芝加哥西北面的一个小地方被标为"小意大利"。这是意大利移民的安居地——是哈维·佐尔博《黄金海岸与贫民窟》中的贫民窟邻里。在图解的中央,芝加哥商圈向南延伸是一个被标注为"黑人地带"的地区。这是位于联邦大街贫民窟的美国黑人聚居区,是黑人家庭为了在战时工业就业而迁移到这个城市时形成的一个矩形地带。成片的毗连邻里形成了这个狭长地带黑人社区的边界,设法搬进来的黑人家庭承受了住房歧视和暴力犯罪,这个聚居格局的完整性保持了近20年。对于生活在芝加哥市及其郊区其他地方的人来说,黑人地带是一个意味着贫民窟住房的种族化空间,是一个免入其中的城市区块。

在伯吉斯的城市生长图解面世大约20年之后,圣克莱尔·德雷克(St. Clair Drake)和霍勒斯·凯顿(Horace Cayton)的《黑人大都市》(*Black Metropolis*)出版。《黑人大都市》是城市社会学中被人忽视的经典之作,是研究20世纪美国城市非洲裔美国人生活的最重要的社会科学著作之一。在芝加哥南部,处于成长期的黑人社区拒绝黑人地带这一标签,而是把他们的社区称为"古铜色村落"(Bronzeville),就像乔·刘易斯(Joe Lewis)被誉为古铜色轰炸机,黛娜·华盛顿(Dinah Washington)被誉为古铜色夜莺。德雷克和凯顿创作了一幅地图,标注为"芝加哥低等阶级景象",提供了一幅芝加哥南部黑人邻里的城市景象。黑人地带是一个与其他美国黑人社区有着明显不同的地方。人们可以认为,在规模更大的古铜色村落社区里,黑人地带已经成为一个种族化空间。

另外,在芝加哥外面还有几个给其他种族社区的指称:有一个注释标出了西部墨西哥人生活的地方,另一个注释标出了更北边的外国佬(Dago)——对意大利人的蔑称——生活的地方。从美国黑人社区占据的种族化空间中,我们可以观察到两个重要的过程:第一,拒绝外部强加给社区的标签,对社区重新进行定义,比如古铜色村落;第二,当其他种族人口居住的其他城市地区被冠以指称时,则意味着城市空间更进一步的种族化。

唐人街

全球各地的主要城市都有唐人街。在菲律宾和其他东南亚国家的社区里,唐人街可以追溯到几个世纪以前,那时候的区域贸易由中国商人主导;在美国,唐人街兴起于19世纪80年代大规模的移民潮,是采矿和铁路集团对廉价中国劳工的需求所导致的。本地居民对这些唐人街有些疑虑和担心,又对这个种族化空间有一点好奇和向往。

那时,拥挤的唐人街被视为罪孽与文化孤僻的渊薮,是"未归化外国人"的聚焦之所——是一个消极的种族化空间。最近几十年来,这些邻里在许多城市里发生了转变,很多唐人街涌现为商业与旅游业的中心;有些则成为多元文化主义(在澳大利亚、加拿大和英国得到信奉)与种族和谐(尤其在马来西亚和新加坡)的中心。唐人街的例子显示,种族化空间在大都市体系内可以有消极或积极的含义,以往消极的种族化空间亦可成为未来增长与文化多元主义的积极推动者。

进一步阅读书目：

- Drake，St. Clair and Horace R. Cayton. 1945. *Black Metropolis：A Study of Negro Life in a Northern City*. New York：Harcourt，Brace.
- Gotham，Kevin. 2002. *Race，Real Estate，and Uneven Development：The Kansas City Experience，1900 – 2000*. Albany：State University of New York Press.
- Omi，Michael and Howard Winant. 1986. *Racial Formation in the United States：From the 1960s to the 1980s*. New York：Routledge.
- Miles，Robert. 1989. *Racism*. London：Routledge and Kegan Paul.
- Reeves，Frank. 1984. *British Racial Discourse*. Cambridge，UK：Cambridge University Press.
- Webster，Yehudi O. 1992. *The Racialization of America*. New York：St. Martin's Press.

(Ray Hutchison 文 罗思东 译 王 旭 校)

RAILROAD STATION ｜火车站

火车站同时具备了多种身份，既是城市纪念物和工作场所，又是人口流动的处理器，以及充满相见之喜与离别之愁的地方。火车站对于城市的重要性可以从不同方面来考虑。第一，从功能方面来看，本词条将火车站所在地与城市的繁荣景象联系起来。第二，从实践角度看，要考虑火车站的结构以及如何组织人口流动。第三，从现象学的层面看，应考虑旅客对火车站的体验。

火车站在城市中的位置

考虑到火车站与周边城市环境之间的关系，火车站被设置在综合性的人流网络之中，成为重要的交通交汇点。通过整理和处置城市人口流动，火车站作为机器装备发挥了组织化的作用。火车站通常包含巴士站、地铁或有轨电车站、的士站和停车场，让人们可以在火车与其他城市公共和私人交通之间进行换乘。

大城市通常都有终端场站，包括大多数铁路运行班次的起点或终点。有些城市，例如伦敦，有许多终端，这是历史上相互竞争的铁路公司争权夺利的结果。实际上，许多地处主要铁路线交叉点上的大城市本身就是铁路的产物。很多这样的铁路终端，比如纽约中央车站，外观雄伟壮观，极具地标性质。终端车站的规模常常与城市环境中的其他巨型建筑相匹配，比如大教堂。终端车站在外部和内部建筑两个方面的设计，都反映了与宏伟相联系的一系列观念。某些车站，比如孟买的贾特拉帕蒂·希瓦吉(Chhatrapati Shivaji)车站，就通过特别复杂和精细的图形化和符号化的设计，展示了宏伟的设计观念。其他车站，比如伦敦的圣潘克拉斯(St. Pancras)国际车站，又是一个案例，通过极为宽阔的内部空间和雄伟的外观，昭示了一扇通向城市的大门。

在19世纪，这些巨大的终端车站往往建在城市的边缘，但随着城市地域的扩张，部分也是因为铁路的缘故，车站成为象征城市繁荣的重要空间。这样，铁路终端以及诸如铁路旅馆等附属设施的同

土耳其伊斯坦布尔亚洲一侧的一个火车站。该车站是德国皇帝送给奥斯曼苏丹的礼物
来源：Elizabeth O'Brien

时出现，促进了一系列新的社会空间的形成，也促进了现代城市生活体验的转变。而环绕大型火车站的城市片区却通常被视为危险的地方，常有非法活动和可疑行为。而且，在很多的西方城市，由于制造业往往分布于铁路附近，制造业的衰落更加恶化了火车站周边地区的衰败景象。然而，当代城市区域规划的趋势，是更充分地将火车站整合到广阔的城市构造当中，在许多城市已经促成了火车站片区的复兴。多功能再开发往往是包含了居住、零售、商业和休闲等多种功能的复合体，通过强化步行通道和公共交通，实现与城市其他地方的连接，帮助了那些经济社会权利受到严重剥夺的地区的再生。如此，新的社会空间的浮现给城市的车站地区带来了转变。大型火车站以及旁边的零售商场，像莱比锡中央车站，已经成为目的物，而不仅仅是旅客流动的通道。

正因为火车站带来的空间连通性和多样性，它的站点布局也很重要。与铁路班次末端的终点站规模大、功能多不同，在城市里还有大量的"途经点"小站。很多这样的中介式站位于居民区，主要是为了便于通勤者到市中心去。而且，有些小站在城市环境中承担了特殊的功能，比如购物中心、体育运动场地和口岸等。同样，火车站与城市其他部分的关系，也随不同国家和文化背景的不同而改变。

火车站的形态与功能

虽然空间的具体分布有所不同，大多数大型的

比利时安特卫普火车站的华丽内饰
来源：Karen Wiley

城市火车站却都有着一整套相互联系的空间，被设计用来承担不同的功能。一个宽阔的入口背后，一般会有一个更大而相对有序的大堂区域，为车站各部分之间旅客的有效流动提供了便利。在大堂里可以见到一系列与乘车旅行过程相配套的功能，比如售票处、问询台、行李寄存处和候车室，以及许多零售店。大堂外是一个个列车抵达和出发的站台。

为组织站内旅客的流动，大堂屏幕上的抵达和出发信息显示了每趟列车的站台编号和其他细节，比如开车时间、目的地、中转站以及其他特定服务的信息。乘客们在到达车站之前，通常借助网络或者列车时刻表了解有关列车时间的信息，通过移动无线设备或经常乘车所留下的记忆也能够掌握有

关信息，所以，大堂作为提供旅行时间信息的场所，其作用被重新界定。在列车误点的地方，显示抵达和出发信息的屏幕变得非常关键，它们要传递新的准确的列车时间，以帮助旅客安排他们的行程。

由于旅客拟定的行程变化多样，火车站的客流通常会很复杂。尽管如此，由于车站组织这些客流的方式科学合理，客流通行也还顺畅。通常借助于标准信号系统，每个人都能够在车站里找到该去的地方。标准信号系统把易于识别的图形、箭头和巨大醒目的标识结合起来，为旅客们的通行提供导航。另外，可被旅客感知的迹象常常被设计到建筑当中，以促使旅客分流。通过有差别的地面纹路可以部分地做到这一点；平滑、整洁的地面是为了让旅客快些移动，不要停留。然而，在为旅客提供特别引导的同时，火车站也是严格讲究纪律的地方，将人变成了监视的目标。车站工作人员和警察随处可见，就是为了让人们安心和守纪，通过车站的客流处于闭路电视这样的监视设备的严密监控之下。车站不时提醒旅客们要留意身边的人，对可疑行为要报告，并通过反复的提示来强调安全。

在一定程度上，这类安全措施的出现是为了应对车站和列车的恐怖袭击，因为在车站和列车的狭窄空间里聚集的人群密度非常高。大型火车站的运行流程借鉴了机场的类似做法，旅客们待在特定的等候区域，直到被呼叫上车。政府机构考虑对旅客进行更为彻底的拍摄，以强化安全；车站大堂和站台相当于机场的陆地和空域，旅客只有出示有效票据才可通行。其他类别的旅客则可以经由专属

空间通过,这些专属空间是为持有昂贵高等级车票的受优待旅客专门设计的。

火车站的体验

在行动自由和火车站的控制之间产生的矛盾,助长了与这一城市准公共—私人空间相关的感受、行为和联想。这些社会交往的产生部分是由于聚集于车站的拥挤人群的多样性,他们的活动节奏和日程安排受制于列车的到达和发出。日常通勤者、一次性商务旅行者、当日往返的短途旅客、跻身于铁路员工中间的背包客、无家可归者、清洁工、铁道迷、季节工、店员以及伺机下手的小偷,构成了我们许多人所称的城市生活的微观世界。

这种多样性也能够解释火车站中的多种旅行方式。每天在通勤过程中使用车站的旅客会有具体的战略策略,在车站空间内流动已是习以为常,无须多想。相反,一位不熟悉某个车站的一次性旅行者,不得不集中注意力去寻路问道。同样,与一个轻松的空手旅客相比,背着大包小包的旅客走起路来会更加辛苦。根据个人的旅程安排,通过车站的客流或行色匆匆或似闲逛,视等候的时长与体验而定。

从现象学的视角看,重要的是对这些空间的情感和情绪的体验,正是这些空间将城市与其他空间联系起来:城市与农村、邻近和遥远。虽然这些空间的安全措施可能会引起某些焦虑,但是,对于铁路的好奇和对于旅行的期待,也许被最有力地压缩

伦敦圣潘克拉斯国际车站有两类线路,一是通勤列车(地铁),一是长途列车,比如跨境驶往法国和比利时的欧洲之星列车
来源:Karen Wiley

到出发牌上的一个个站点之中,让车站空间充满了激动和高涨的热情。人们在火车站相遇,有些结伴而行,也不是邂逅偶遇。确实是这样,饱含情感的氛围,弥漫着车站无休止提示的嗡嗡声,空气中的杂味以及车轮与钢轨的尖厉摩擦,唤醒了存放在许多人脑海中的某个电影场景。

进一步阅读书目:
- Bertolini, Luca and Tejo Spit. 1998. *Cities on Rails: The Redevelopment of Railway Station Areas*. London: Spon Press.
- Bissell, David. 2007. "Animating Suspension: Waiting for Mobilities." *Mobilities* 2(2): 278–299.
- Crang, Mike. 2002. Between Places: Producing Hubs, Flows, and Networks. *Environment and Planning A* 34(4): 569–74.
- Edwards, Brian. 1996. *The Modern Station: New Approaches to Railway Architecture*. London: Routledge.

(David Bissell 文 罗思东 译 王 旭 校)

REAL ESTATE ｜房地产

房地产属于物质和金融资产。作为物质资产,它固定于某处,附着其上的是成就了房地产的经济、政治和社会关系。作为金融资产,它是移动和可交易的:一个房地产项目可以连同可能的额外交易(比如销售)一起出售。房地产是一个重要的经济部门,容纳了巨额的私人和企业投资。房地产的金融属性及其经济重要性,使得它成为经济学家和金融分析师探究的一个主题,这些经济学家和金融分析师对于分析和理解房地产的表现很感兴趣。不仅如此,房地产还具有重要的物质或空间属性,这种重要性在魔咒般地描绘房地产价值来源时被很好地展现出来:地段、地段、地段。

理论解释

房地产研究依赖于多种不同的研究方法:新古典主义、结构主义以及制度主义。新古典主义方法把重点置于房地产开发的供需层面,在20世纪70年代之前居于主导地位。从20世纪60年代末期到70年代早期出现了另外一套理论。学者们借鉴卡尔·马克思的著作,将眼光投向资本积累的逻辑,将此作为推动不动产生产的主要因素。20世纪80年代,政治经济学的分析和制度主义方法揭示了资本主义及其整体性的力量,论述了到底是谁生产和维系了房地产市场。

新古典主义理论的拥趸对于房地产的研究聚焦于市场力量。在这种理论看来,市场经济中产品交易的产生建立在价格的基础之上,价格则取决于供给和需求之间的关系。在房地产市场中,租金是承租人为占据特定的空间而支付的价钱。对房地产的需求与可供出租的房产之间的关系,决定了租金的水平。价格由需求决定,供给受到需求的影响,而不是相反。从事房地产事务的机构在行动上要与需求结构保持一致,并自动地对需求结构做出回应。这个模型意味着一个完美市场的存在,任何价格上的差异都会很快消失。消费者和生产者都在寻求效用和收益的最大化,在社会、法律或者地方的限制范围之内,他们也确实是这样做的。

遵循新古典主义框架的学者不断认识到,城市的特性是产生土地和物业供给、塑造对土地和物业需求的主要条件。这样,市场就分割为二级市场,比如分为市中心市场和郊区市场。而且,物业本身不是同质性的,而是异质的,也不容易分成小的或统一的单元;物业的存在有赖于不同的独特位置,每个都有自己的特性。

根据新古典主义的观点,房地产开发的密度是由土地价值梯度或一系列土地价值梯度所决定的。交汇于同一地点的多条交通线路,带来了所谓的高峰地价的叠加。作为通达性最大化的结果,高峰地价叠加处的土地价值是城里最高的。对空间的需求导致土地成本高企,反映了建立在最大可允许程度之上的土地潜在价值。在这些地点,土地成本是房地产开发成本的主要部分。当巨额资金被用于加大土地利用的强度,以弥补高地价成本时,资本就是土地的代名词。

政治经济学最初的观点认为,资本积累的初次(生产)循环中,从长远来看缺乏有效益的投资,资本遂流向二次循环,被配置到建成环境的生产当中。这一观点认识到,国家在为房地产开发提供便利条件的过程中发挥了重要作用。政治经济学理论强调的是土地产权和租金的问题。与新古典主义土地利用模型中的完美竞争假设不同,政治经济学强调土地所有者的权势。该理论认为,土地具有垄断性。这使得土地所有者能够通过收取垄断租金,操纵或控制土地市场。

制度主义理论认为,理解房地产部门的制度形式、关系以及实践至关重要。研究的起点是房地产部门的制度节点,以及代理机构之间的网络和关系。对房地产必须有深刻的理解,借此可以识别房地产部门中代理机构的类别和构成,揭示这些机构的利益及其采用的战略。行为者之间关系的性质,他们的实际作用,以及在特定项目谈判中的相对影响,都需要依次分析。

这些观点集中在机构上,从新古典主义到马克思主义各有不同,涉及开发过程是如何发生的细节方面,而非概而言之,流于抽象。机构并没有被当作同质性的实体来看待,而是给予清晰的甄别。制度主义学者已经注意到了,开发商是如何同开发过程中的其他中介部门进行互动的。

房地产资产的分类

作为整体,根据其类型、质量和区位,城市房地产资产构成了不同层次的市场。房地产有若干关键的分类。首先,流行的分类是将房地产部门的资产分为住宅和商业两类。住宅资产包括多户住宅和独立住宅,而商业资产则由3种主要的物业类型构成,它们是零售(例如购物中心)、工业(工厂和仓储)以及写字楼。其次,分类侧重于物业的质量。物业的质量各有不同:有些物业从新旧、附属设施和建筑风格来看,品质上乘;而其他的则可能陈旧些,没有配备什么现代设施,建筑风格也乏善可陈。品质上乘的写字楼被定为A级,比低质量的物业(B或C级)租要贵得多。最后,区位至关重要。无论全球化的影响如何,房地产一直是一个地方买卖。在大都市的范围内,地处中央商务区的写字楼与郊区的写字楼是不一样的。土地的稀缺性和聚集性拉高了地价,高层建筑主宰了城市的天际线(例如下曼哈顿和中曼哈顿,以及芝加哥商圈)。另一方面,郊区的土地更易于取得,也不太贵,使得土地的开发密度更低(蔓延),建筑高度也有限。房地产的不同分类不会削弱不同物业之间的相关性。比如,写字楼的集中会引来住宅的开发,以满足白领雇员就近居住的愿望;写字楼的集中还会带来酒店的开发,以迎合商务旅行的需要。

代理商、时间以及空间

房地产涉及大量代理商,像开发商、建筑师、工程师以及经纪人,这些代理商对于房地产市场的运行都很重要。开发商是启动和协调开发过程的关键,在其他人对市场机会还浑然无知的时候,开发商们则在对这些机会进行策划和构思。作为业主,他们还进行物业的买卖活动。土地所有人也很重要,因为他们掌握土地,没有土地就不会有房地产开发。租房中介和房地产经纪人把买房者、租房者和卖房者黏合在一起,对需求与供给进行匹配。另外,城市区域规划师和地方当局对项目进行取舍,能够将物业开发导向不同的区位和用途。

与许多经济过程相似,房地产市场的表现也是周期性的。建筑业周期对此提供了最佳的解释。由于一个项目的开工和完成之间存在着时间差,需求和供给不会即时得到实现。房地产在一个特定时期的大量开发通常会产生过度供给,最终导致新开发项目的减少,直到过剩的供给被消化。20 世纪 80 年代的建筑业周期,在世界许多城市导致了大规模的房地产开发。在伦敦、纽约和东京这样的城市里,巨量的办公场所得以完工。这个周期之后,是 20 世纪 90 年代的严重衰退,在相当长的时间里,写字楼呈现出很高的空置率,房地产开发疲软。最近以来,对于市中心办公空间的需求停滞,而对于住房的需求增长,在市中心及其周边地区引起住宅开发的高涨。

房地产具有全球和地方双重维度,因此,人们对房地产市场的研究也在多样化的空间范围内展开。世界经济不断增长的开放性为房地产市场的某些融合开辟了道路。显著的例子是加拿大企业奥林匹亚-约克(Olympia & York),在 20 世纪 80 年代策划并收购了纽约和伦敦主要的城市综合体,在纽约是炮台公园城,在伦敦是金丝雀码头。另一方面,物业市场,尤其是物业开发属于地方事务,在城市和大都市范围内甚至处于分割状态。物业开发商倾向于在特定地区工作,那些地方他们最为熟悉。例如,郊区开发商喜欢在郊区工作,在郊区范围内几个特定地盘干活。另一方面,市中心的开发商则很少介入市中心以外的开发活动。

结论

我们的城市肌理由大量房地产物业构成,各具形态,建筑风格迥异,意义不同。高层写字楼,比如帝国大厦和西尔斯大厦,定义了各自城市的天际线;购物中心很明显属于消费空间;而住宅则决定了邻里和居住区的景观。尽管房地产具有很强的地方性,房地产开发还是造成了千城一面的现象。它遵循了资本主义的传播所强化的基本规则,因而增强了城市趋同的倾向。

进一步阅读书目:

- Ball, M. 1996. "London and Property Markets: A Longterm View." *Urban Studies* 33: 859–877.
- Beauregard, R. 2005. "The Textures of Property Markets: Downtown Housing and Office Conversion in New York City." *Urban Studies* 42: 2431–2445.
- Fainstein, S. 2001. *The City Builders: Property, Politics, and Planning in New York and London, 1980-2000*. Lawrence: University Press of Kansas.
- Feagin, J. R. and R. Parker. 1990. *Building American Cities: The Urban Real Estate Game*. Englewood Cliffs, NJ: Prentice Hall.
- Harvey, D. 1985. *The Urbanization of Capital: Studies in the History and Theory of Capitalist Urbanization*. Baltimore: Johns Hopkins University Press.
- MacLaran, A. 2003. *Making Space: Property Development and Urban Planning*. London: Edward Arnold.

(Igal Charney 文 罗思东 译 王 旭 校)

RED-LIGHT DISTRICT | 红灯区

红灯区是城镇当中以性为主题的地区，由许多特殊的活动或个体聚合而成，在邻近地区广为人知。红灯区的定义因地点和时间的不同而不同。它们也许只容纳卖淫活动，也有些地区妓女很少或者隐而不见，有娱乐或其他的服务。红灯区以性娱乐为特征，或者提供与性有关的附带服务，包括书籍与视频的售卖、性援助，以及性服饰。

这个术语的起源尚不清楚，但即便今天，有些城市的红灯区，比如阿姆斯特丹的红灯区，是以亮起红灯的商店橱窗为特征的。这些橱窗由妓女占据，亮灯表示店铺开张并且很忙。红灯区的性质要视文化和法律而定。有些国家和城市的妓女是合法的，但当局把公开的卖淫活动限制在少数地区。在其他地方，卖淫得以容忍但不合法，还有一些地方对此则是严厉禁止。红灯区常常与港口、铁路和公交终点站或者旅馆区相伴而生，特别是在那些大量男性独居的地方。

历史演变

纵观历史，红灯区一直是城市的特色。例如，在17世纪的日本，德川幕府为城市卖淫活动设置了特定地区，包括东京的吉原（Yoshiwara）、京都的岛原（Shimbara）以及大阪的新町（Shinmachi）。到19世纪末期，东京的红灯区有大约9000名妇女，这些红灯区最终于20世纪50年代关闭。社会学家及其前辈从19世纪至今，对红灯区着墨甚多。帕克和伯吉斯对于芝加哥的描述就包括"淫乱区"（Vice Zone）这个词。红灯区以前（以及现在）通常富有特色、人所共知，且经久不衰。这些地方包括纽约的时报广场、汉堡的绳索街（Reeperbahn）、巴黎的皮嘉尔和圣丹尼斯街（Pigalle and Rue St. Denis）、伦敦的苏荷（Soho）、阿姆斯特丹的善德街（Zeedijk）、悉尼和伦敦的国王十字街（Kings Cross）以及丹佛的东考尔法克斯（East Colfax）。在旧金山，一个叫田德隆（Tenderloin）的红灯区自建城之时就已经存在，一直到今天。这样的地方在发展中地区也可找到。在工业化之前的日本，寻找妓女是通过与她们有关的地名来进行的，比如深川（Fudagawa）或赤坂（Akasaka）的艺妓。

红灯区一直被称为波希米亚区（Bohemian Districts），但并非所有的波希米亚区都是红灯区。1882年，麦凯布（McCabe）笔下的纽约格林威治村的生活："摆脱了在其他地方实施的大多数限制，只要邻里街坊的外来居民没有真正犯法，他们就可以尽兴而为。"在巴西的贝洛哈里桑塔（Belo Horizonte），红灯区甚至就被称为波希米亚区。正如麦凯布一样，许多人认为红灯区是"道德区"，通常履行重要的社会和经济功能。因此，帕克在《城市》中写道，"我们必须接受这些道德区，以及居住在里面的多少有些古怪另类的人们……作为城市生活的一部分，如果不是正常的部分，亦属自然"。另外：

> 没有必要把"道德区"所表述的地方或社会理解成必然是罪恶或反常的。倒不如把它们视为异类道德准则通行的地区，因为它是这样一个地区，住在那里的居民被直接根植于个人本性的一种品味，或一种激情，再或是一种情趣所主宰，而人们通常并非如此。

在某些城市，红灯区与贫民区是同义语，坐落在以前的商业区、滨水地区或者半工业区。贫民区的特点是房租低，但正如沃德（Ward）所注意到的，搭乘公共交通工具到这些地区往往非常便利。沃德对于贫民区演进的描写似乎是对红灯区得以存在的解释。它们在空间有限的城市里发展，这种城市的大多数商务活动都紧靠中心区。它们因惯性而保留在原地。城市里主要的旅客到达点现在(或以前)位于中央商务区附近,是早期贫民窟居民最先到达的地方,因其习俗而生成的服务也就在这个地方。像帕克一样,沃德也把贫民窟描写成道德区,这里的居民们感觉这是他们的地盘,另外还有"对因空间局限而产生的容忍的进一步宽容,这种宽容表现在诸如成人书店和色情表演这样的商业活动的存在,这些活动频繁地聚集在贫民窟的边缘地带。这些活动的聚集并不是要满足贫民窟居民对于此类服务的需求,而是对高度宽容的自然反应"。

人们还可以认为,红灯区属于特殊娱乐区或集群,在经济上类似于许多城市中的剧院区、酒店区和文化区。如果要概括传统红灯区的特点,向心性会包含在内——尽可能地向商业中心靠拢。它们一般沿着中央商务区分布,经常在中央商务区与主要通道或抵达该区的交通终点站之间。红灯区看起来处于城市社会和经济生活的外围,但是它们通常很有特色,具有高的人流量、高度的隐匿性以及在很多情况下有大量的单人房间。它们所在之处永久居民的人数相对较少,但有大量的过客。在东京,现代红灯区——歌舞伎町(Kabukicho)的位置靠近若干火车站和地铁站。歌舞伎町以"不夜城"著称,有大约3 000所娱乐设施,包括酒吧、夜总会和专业的"情人旅馆"。这个地区也被视为罪恶的渊薮。

红灯区可能是在遗弃的地带,却同样也可能是中央商务区欲扩张至其中的地区——实际上是一个保存区,土地所有者和投机者不愿意在保养上投资,而是想卖掉它或者在将来进行实质性的再开发。例如,雷克利斯(Reckless)提醒说,红灯区位于交通便利的地带,在中央商务区的旁边。他认为,在贫民窟发现了"卖淫"("贫民窟是妓院所在地"),但那是在人流量很高的贫民窟,"社会生活常常无法无天"。雷克利斯还提到,这类邻里的特点通常是人口减少,他认为,在"商业扩张的直达"地区,高地价和低房租之间一般都有关联,所以就让它衰败下去——是指那些已购买的地带,而非遗弃

之地。然而,他注意到,有些活动正在从市中心迁走,只有开车或打车才能到达。1994年,纽约市城市区域规划局同样看到,"成人娱乐活动有变化的趋势,地点在'向上移动';这些地点很少在贫困邻里找到"。甚至还有情况显示,"有些重要的房地产开发要归功于那些仓储物业的地主,他们能力很强,在大型的成人商业活动举办期间出租物业,租期短,租金高"。

虽然最初的集中也许是偶然的,但成功的活动可以吸引同类,引起霍特林定律(Hotelling's Law)所描述的聚集现象。零售依赖信息:消费者和顾客需要知道你能提供什么、提供的东西在什么地方。对于红灯区来说,这点尤为正确。与大多数零售业相比,成人娱乐业的特点是信息短缺。直到最近,这个行业的店主都不能(或者不会)公开他们的货物或地点。他们要去找消费者,而不是坐等人家上门。大多数消费者会去他们知道的有店铺或妓女的地方,这使得成人服务业将其服务地点设在有嫖客溜达的地方。这些服务的聚集吸引同行的到来。他们通常会抵制别的生意入驻,办法是营造特定的道德氛围让其他零售业和娱乐业止步,并且抬高店铺的租金。在这样的地区,争夺消费者的竞争激烈,店铺间的转手率往往很高。在纽约市,城市区域规划局发现,20世纪90年代早期全市有15%的零售店在6个月内消失了。高转手率是聚集的另一个原因:虽然单个商店消失了,红灯区的总体方向保持不变。

当代议题

规划师、地方政府和物业开发商一直在争论红灯区的名声所招致的凋敝:人们因为与成人娱乐活动邻近、财产价值下降和有损风化,而担心犯罪、玷污风气和污名化。然而,红灯区也能够带来收益。它们所在的邻里通常是人们所说的蕴育机会的地区:位置相对居中但尚未开发,有小规模的制造业和零售业空间,零售业里也包含了成人娱乐业批发门店和售卖成人用品的商店,这些用品有视

频、杂志、服饰以及配件等。这样的地区能够吸引不同的新兴商业公司。许多公司会倒闭，但也有一些会成功。最近，理查德·佛罗里达等人提出，这样的邻里既是多样性的产物，也培育了多样性，能够引导创新和增长。言下之意是，红灯区不同的道德背景自身能够刺激增长，道德区会成为负担，同样能够成为资产。

自1945年以来，成人娱乐业扩展到全球。这部分是因为价值观的改变，表现为对电影和出版物的审查在放松，还因为生活水平的不断提高；出版成本的下降，特别是彩印成本的下降；以及录像的兴趣。这些变化实质性地推动了产业的转变。电影的兴盛导致现场戏剧表演的衰落，电视又促成了电影的衰落。在1930年，有65%的美国人每周至少看一次电影。到1966年，这个数字为10%。由于不能吸引观众来看传统意义上的电影，许多剧院老板转向成人电影，尤其是在像纽约这样较为宽容的城市。在60年代，审查的宽松导致有关出版物的暴增，以性为卖点的新俱乐部和新酒吧大量开张，而成人录像的兴起进一步改变了成人娱乐产业。纽约市城市区域规划局发现，在1984年，纽约还没有成人录像店，到1993年有64家。书店和脱衣舞店从29家下降到22家，电影院和剧院从23家下降到11家，这一现象也复制到了其他城市。与此形成对比的是，无上装酒吧和裸体酒吧从1976年的23家增加到1984年的54家，到2000年为68家，与全国的趋势相一致。总的来说，在纽约市，成人娱乐业专门店的总数从1984年的131家，增加到1993年的177家——增加数分布于录像店和无上装娱乐业。

许多城市拥有与红灯区一样的专门地区，这类地区接受性活动，或者接受主要关注点不在于性的宽松的性规范。如前文提到的，麦凯布描绘了包括格林威治村在内的不同"罪恶"区，这些地区向不同的道德区提供不同的服务，包庇了针对不同消费者和收入群体的不同罪恶。然而，像格林威治村这样的专门地区以前还是极少数，今天在大多数主要城市里都有。其中的一些有特定的性取向，但还是提供范围广泛的服务。在美国和加拿大，可识别的这类地区存在于科罗拉多州的丹佛、俄亥俄州的哥伦布、旧金山、迈阿密海滩、芝加哥、费城、华盛顿特区，以及亚特兰大。可辨识的这类地区还存在于伦敦（苏荷）、汉堡（绳索街和中央车站的背后）和苏黎世、巴黎、科隆以及其他地方。

某些城市里，红灯区已经和同性恋地区合在一起。至20世纪40年代，格林威治村已经成为纽约几个同性恋生活中心之一。在多伦多，同性恋地区扩张到曾经的贫民区央街（Yonge）的东部。专门区往往包括了其他活动场所，像专门的服装或家具商店、俱乐部、酒吧以及其他场所。例如2002年初，伦敦恋物地图在像伦敦传统卖淫区一样的卡姆登（Camden）镇和沃克斯豪尔（Vauxhall），发现了一群这样的批发门店。通常，不同的地带服务经济社会地位不同的人群，以及具有不同性趣味和性取向的人。

因为若干缘故，红灯区的前景还不明朗。在某种程度上，信息的匮乏会导致聚集，人们可以假设，信息（有关店铺位置及能提供什么样的服务）的增加会促进成人娱乐活动的分散。这些活动的不断分散也反映了人口流动性和分散性的增强。有些产品，以前只有专门的场所才有，现在到处都有卖，还有的产品在互联网上可以买到。例如，在美国、德国和波兰，成人杂志从报刊店就可以买到。在25万人以下的城市中，红灯区变得越来越少。同样地，在美国和英国，变化的道德氛围已经威胁到了红灯区的未来。在妓女合法的地方，开车召妓往往是非法的。

执照法规、土地利用控制以及控制增长的土地利用区划等方面的变化也威胁到了红灯区的存在。许多地方已经颁布了法律，限制任何地区成人门店的数量，对其毗邻地区进行限制，甚至完全禁止其存在。红灯区也受到了旅行和交通模式变化的影响，包括因集装箱化和港口向城市边缘迁移而引起的传统港口区的衰落，以及需要乘船出行的旅客数量的减少。小汽车的增加和传统大众交通的衰落减少了人流的集中，削弱了红灯区的向心性，导致集中需求的减弱。同样，就像在普通零售业中所发生的,因为专门店向几个大型零售商之间集中,商店和服务的数量减少了;全国性和国际性公司兴起,各自生产它们自己的视频及其他产品,通过它们自己的门店和互联网进行销售。

红灯区还受到专业度假村兴起的威胁,比如法国南部的德艾格角(Cap d'Ag),那里的部分地区允许裸体活动。还有一些恋物度假村,访客并非只花一点时间来看电影或购买视频或杂志,而是用几天时间来追逐性幻想。现在,许多城市都有专门的俱乐部,只对会员或会员的朋友开放。通常,这样的娱乐活动选址审慎,会远离现有的专门店,以免引人注意。然而,红灯区遭到的最大威胁也许是互联网的兴起,互联网消除了到特定地区寻找服务或物品的需要,减少了视频、书籍、杂志以及其他商店货物的销量。数据监测公司(Datamonitor)2002年的一项研究发现,美国在1999至2002年期间,光盘驱动器的销量增长了约93.8%,在线销售增长了89.1%,而杂志销量则下降了6%。光驱和在线资料的销售中,花费在成人娱乐方面的比例从12.2%上升到19.1%,金额达到约132亿美元。杂志、脱衣舞夜总会以及DVD视频销售的份额(大多数通过固定专门店销售),从70.6%下降到63.9%。在线聚会服务充斥网络,同样的还有在线视频服务和聊天室,以及在线度假村和信息服务。这促进了互联网红灯区的兴起,在这里,销售和其他活动聚集起来,围绕关键字词展开,捕获偶尔跳出的网络窗口,就如传统红灯区诱惑过客一般。专注于独特的性活动或性嗜好的类似于脸谱这类网站的兴起,为兴味相投的个人创造了新的在线社区,这些个体能够在线相聚,或者在网上安排的私密场所相见,在一个没有空间限制的世界里购物和社交。将来,触感技术甚至可能允许在家里进行性互动中的亲密接触。新技术实际上已经将红灯区带到消费者的家门口,带进了住家或宾馆的房间。

进一步阅读书目:

- Datamonitor, PLC. 2002. *Online Adult Entertainment*. London: Reuters.
- De Becker, J. E. [1899] 2008. *The Nightless City or The History of the Yoshiwara Yukwaku*, by an English Student of Sociology. New York: Dover.
- Florida, Richard. 2008. "Diversity and Creativity in U. S. Regions." *Annals of the Association of American Geographers* 98: 461-478.
- McCabe, James D. 1882. *New York by Sunlight and Gaslight*. Philadelphia: Hubbard Brothers.
- New York City, Department of City Planning. 1994. *Adult Entertainment Study*. New York: New York City, Department of City Planning.
- Papayanis, M. A. 2000. "Sex and the Revanchist City: Zoning Out Pornography in New York. *Environment and Planning D: Society and Space* 18(3): 341-353.
- Park, Robert and Ernest W. Burgess. 1925. *The City*. Chicago: University of Chicago Press.
- Picturama Publishing. 2008. "Fetish Map, London. Version 5 2008-9." Retrieved December 16, 2008 (http://www.fetishmap.co.uk).
- Reckless, W. C. 1926. "The Distribution of Commercial Vice in the City: A Sociological Analysis." *Publications of the American Sociological Society* 20: 164-176.
- Ryder, Andrew. 2004. "The Changing Nature of Adult Entertainment Districts: Between a Rock and a Hard Place or Going from Strength to Strength?" *Urban Studies* 41: 1659-1686.
- Ward, J. 1975. "Skid Row as a Geographic Entity." *Professional Geographer* 27: 286-296.

(Andrew Ryder 文 罗思东 译 王 旭 校)

REDLINING | 红线政策

红线政策是基于社区的种族、族群或收入构成，拒绝或限制给空间上定义的社区提供商业服务的政策。在与抵押贷款放贷有关的领域，社区组织者在20世纪70年代发现，银行已经制作了标有红线的地图，以识别那些不会被提供抵押贷款的社区。在没有红线图的情况下，红线意味着决定机构放贷偏向的机制，这些偏向要么导致撤资，要么导致歧视性投资，对社区持续性的种族和经济隔离负有责任。

从源头看，长期限分期还款的抵押贷款，刺激了贷款人与房地产估价师去评估风险，依据社区的社会构成来附加价值。建筑风格与种族的同质性再加上较新的住房，这样的邻里价值就比较高；相反，非白人或非北欧居民的社区就会贬值。估价地图由房主贷款公司在20世纪30年代大萧条时期创造，将社区的负面评价分类与标注颜色的邻里联系起来——红色估价最低，然后是黄色、蓝色再绿色，绿色代表最高估价的邻里。第二次世界大战之后，另一个联邦机构——联邦住房管理局（FHA）——将由它担保的抵押贷款限定给正在购买新建住房的白人借款人。

当前的研究表明，联邦政府在红线政策和种族隔离社区形成中所起的作用是确凿无疑的，但是，这个作用也许不如贷款者对于价值和风险的习惯性态度那么重要。根据对抵押贷款的申请、拒绝以及对抵押贷款数量与期限差异的重要的经验性研究，在依据《住房抵押公开法》（Home Mortgage Disclosure Act，1975）的条款所报告的数据中，可以明确地看出种族偏向持续存在。许多社区已经根据1977年《社区再投资法》的规定，创设共同投资基金，将邻里更新与促进投资匮乏社区的"绿线化"结合起来。

近年来，红线的概念已经泛化。有人认为，在某些信用缺失的邻里成为贷款人非法提供高成本、高回报产品的目标之际，掠夺性贷款的增长便是反向红线政策的一个案例。红线政策还被用于描述与房地产有关的房主保险和市场营销实务，描述与红线地区重叠的地区无保险产品可用的情况。这一术语也在零售服务业中呈现出来，零售商被控告限制服务的状况视社区的种族或收入水平而定。

进一步阅读书目：

- Holmes, Andrew and Paul Horvitz. 1994. "Mortgage Redlining: Race, Risk, and Demand." *The Journal of Finance* 49(1): 81–99.
- Lang, William W. and Leonard I. Nakamura. 1993. "A Model of Redlining." *Journal of Urban Economics* 33(2): 223–234.
- Massey, Douglas and Nancy Denton. 1993. *American Apartheid*. Cambridge, MA: Harvard University Press.
- Squires, Gregory, ed. 2004. *Why the Poor Pay More: How to Stop Predatory Lending*. Westport, CT: Praeger.
- Squires, Gregory D. and William Vélez. 1987. "Neighborhood Racial Composition and Mortgage Lending: City and Suburban Differences." *Journal of Urban Affairs* 9(3): 217–232.
- Tootell, Geoffrey M. B. 1996. "Redlining in Boston: Do Mortgage Lenders Discriminate Against Neighborhoods?" *The Quarterly Journal of Economics* 111(4): 1049–1079.
- Urban-Suburban Investment Study Group. 1977. *Redlining and Disinvestment as a Discriminatory Practice in Residential Mortgage Loans*. Washington, DC: U. S. Department of Housing and Urban Development.

(David W. Bartelt 文　罗思东 译　王　旭 校)

REGIME THEORY | 机制理论

机制理论为公共和私人部门的利益如何汇集起来实现城市治理提供了解释,为城市政治学做出了重要的贡献。首先,在地方层次的权力、治理和政策方面,它提出了非常精妙的观点,在此基础上给城市政治学早期的权力精英、多元主义以及城市极限理论提供了必要的修正。其次,机制理论的精妙很大程度上来源于它整合了权力的行使与结构,为进一步的改进开辟了道路,进而增强了它的适用性。这些改进在机制演化出的类型学当中可以找到,展示了机制特定的政策取向与成功实施政策取向的协调进程之间的关系。

权力、治理与政策

机制理论回应了棘手的问题:在一个政治权力、权威和关键资源散落于公共和私人部门之间的体制里,如何把事情做成(也就是你如何治理)?根据机制理论家斯蒂芬·埃尔金(Stephen Elkin)和克拉伦斯·斯通的说法,美国政治经济学的一个关键特征,是国家(政治权威)和市场(经济权力)之间的基本分工。政府依据宪法和法律行使重要的正式权力,其中的大多数权力受到大众控制,而市场则是产生大多数经济财富和工作岗位的地方。市场的控制主体是私人。公私双方都依赖对方,以达到期望中的目标(私人利益想要经济增长,公务人员则寻求治理能力),但又缺乏正式的协调机制。这个分野在地方或城市的层次上变得问题重重,在那里,选任官员不得不联邦体制的碎片化角力。在联邦体制中,城市仅仅是州的创造物,在各自州政府赋予的权限之外,没有任何法定权威。

经济与政治资源之间以及不同层次政府之间的碎片化,使机制理论家将关注点放在非正式的过程之上,在此过程中选任官员和私人行为者(最典型的是那些拥有重要经济资源行为者)走到一起,以互惠的方式促进治理和经济收益的目标。克拉伦斯·斯通把这些称为非正式安排。通过非正式安排,治理得以实施,政策得以发展和执行。双方的联盟也被描述为利益攸关者之间非正式的集合,它对机制来说最重要的地方是它的意图和持续下去的能力。联盟围绕某一候选人或议题产生,在选举或议题完成之后解散。相比之下机制的形成是为了达成明晰的治理目标,这样,机制在至少一个市长任期内是稳定的,而且通常会延续多个任期,就像如今因斯通观点的普及而已经成为经典案例的亚特兰大一样。

因为合作对于公私关系很关键,但又绝不是自动生成的,所以有关谁在进行合作、在什么条件下合作的问题就成为理解一个特定城市如何治理及其总体政策取向的中心问题。机制能够维系是因为其内部的调适,借此机制各方各得其利。这些利益依机制成分的变化而变化,但可能要包含公共部门对经济发展项目的支持,善意地对待房地产开发等等。作为回报,公共部门从城市的私人经济投资中获得收益,这些收益转化为就业、税收以及城市总体生存能力的改善。政策是这类调适过程的结果。这样,治理机制的构成及其调适过程就成为机制分析的两个关键内容。

对合作的强调还代表了对权力的不同看法。斯通在权力作为社会控制("控制",power over)的经典定义和他将权力定义为社会生产("赋权",power to)两者之间进行了区分。他的主张是,机制是在权力的社会生产模型中运行的,从而使调适过程成为机制维系与稳定的中心。

权力精英、多元主义以及城市极限理论

机制理论对城市政治学早期和占据主导地位的理论也进行了必要的修正。在20世纪50年代

与70年代之间,在学术界通行的两种早期理论是权力精英理论和多元主义理论。权力精英理论由弗洛伊德·亨特(Floyd Hunter)创立,该理论假设经济精英凭借其所控制的资源,实质性地掌控了城市政策。罗伯特·达尔在其对纽黑文(康涅狄格州)的研究中提出的多元主义理论,对精英统治的理念做出了强烈的回应和论辩,认为权力是流动的且广为分散,联盟也有聚有散,在城市政治的舞台上没有永远的胜利者或永远的失败者。

对于这两种理论的批评没有针对个人,而是说在逻辑上和方法论上存在着许多漏洞。它们都有两个主要的缺陷。一是都没有考虑经济体制对城市的影响;二是两者都将城市视为一个完全自治的行为者,完全不受州政府和联邦政府的制约与指导。

针对这两种理论的缺点,保罗·彼得森于1981年提出了他的城市极限命题。这个理论把经济体制和联邦制结构两个因素过度地拉回城市的平衡等式之中。根据彼得森的理论,由于完全受到这两个外部因素的约束,城市几乎无力影响它们的外部环境。虽然如此,他还是认为城市都是理性的行为者,在经济增长方面有着一致的利益。因此,城市具备的有限能力会被用在促进经济增长的政策方面,这些政策通常被理解为大规模的经济发展计划。

机制理论承认城市极限观点在引入结构性行为者方面所做出的贡献(比如经济体制和联邦体制),但是坚定拒绝了城市应该被视为具有一致利益的理性行为者的理念。在存在共识的地方,机制理论看到了冲突的利益。机制理论的问题就变成了:在可能达成治理的方式中,那些冲突的利益如何调和?这个问题使我们回到治理机制的构成和调适过程上。机制理论通过聚焦于这两个方面,把权力的行使进而把政治置于城市治理与政策之中。机制理论通过对权力的行使过程与政治的还原,也还原了责任。如果城市政府不是墨守成规,而是确有选择且在做出选择,那么,我们就可以要求决策者承担责任,我们就能够追寻不同的政策方向。

机制的分类

斯通将机制的构成与政策产出联系起来,区别了机制的不同形态,进而提出了一种区分这些不同机制的类型学。这种类型学的逻辑一方面在于注重政策议程之间的关系,另外,关注实施那些议程所必需的协作资源与水平。按照复杂性的升序来看,这些机制有维持机制、发展机制、中产阶级的进步机制以及底层阶级的机会拓展机制。

维持机制实质上是看守性管理,通常属于市政府的基本服务传送功能,不会太多。因而,它们对于行为者或者资源的协作方式要求不多。发展机制最为常见,是围绕着土地利用模式的审慎改变而组织起来的,而土地利用模式的改变是为了促进经济增长或预防经济衰退。这些机制的特征包括重大争论;协调制度行为者和资源;合同、就业以及类似的选择性激励的产生;以及最大程度地将决策与缓解冲突隔离开来。

中产阶级的进步机制围绕以下中心展开:环境和审美的多样化等生活质量问题;可负担住房和肯定性行动等经济问题;针对不富裕人群的社会项目。所有这些关注都需要规制或者私人部门的利益退步。这样,赋予发展机制特征的合作模式便被更具强制性的姿态所取代。假设商界的势力退出了,那么中产阶级的进步机制就会严重依赖区位的吸引力(比如良好的投资地点)和积极的公众支持。一个地区对商界越具有吸引力,城市取得收益的杠杆就会越多。同样,公众越积极,选任官员、监控商业活动的权力就越大。成为对投资具有吸引力的地方与具备积极的公众支持这两项要求,致使中产阶级的进步机制为数较少。

最为复杂的机制是底层阶级的机会拓展机制。例如,某种为了改善教育、开发市民的人力资本和拓展地方商业与住房所有权机会而致力于资源再分配的机制。这种机制中的协调功能包含了对私人部门行为的重要规制。与中产阶级进步机制的情况不同,最需要底层阶级机会拓展机制的城市往往对投资缺乏吸引力,选任官员无法策划那种大众动员,以使他们保住官职,在机会可能和真正来到的时候利用好它们。这种机制如此必要和令人期待,却如同斯通所言,"很大程度上是假设性的"。

因此,很多事情仍然有待研究。

虽然机制理论的发展和持续的改进增强了我们对于地方层次治理和政策制定的理解,权力和联盟构建的细微差异也为对地方政府运行的进一步研究提供了现成的渠道。

进一步阅读书目:

- Elkin, Stephen. 1985. "Twentieth-century Urban Regimes." *Journal of Urban Affairs* 7(2): 11-27.
- Ferman, Barbara. 1996. *Challenging the Growth Machine: Neighborhood Politics in Chicago and Pittsburgh*. Lawrence: University of Kansas Press.
- Lauria, Mickey. 1996. *Reconstructing Urban Regime Theory: Regulating Urban Politics in a Global Economy*. Thousand Oaks, CA: Sage.
- Mossberger, Karen and Gerry Stoker. 2001. "The Evolution of Urban Regime Theory: The Challenge of Conceptualization." *Urban Affairs Review* 36(6): 810-835.
- Sites, William. 1997. "The Limits of Urban Regime Theory: New York City under Koch, Dinkins, and Giuliani." *Urban Affairs Review* 32(4): 536-557.
- Stone, Clarence. 1989. *Regime Politics: Governing Atlanta, 1946-1988*. Lawrence: University of Kansas Press.
- —. 1993. "Urban Regimes and the Capacity to Govern: A Political Economy Approach." *Journal of Urban Affairs* 15(1): 1-28.

(Barbara Ferman 文　罗思东 译　王　旭 校)

REGIONAL GOVERNANCE ｜区域治理

区域治理包括一整套的结构、制度和过程,借此许多群体得以组织和行动起来,追求区域范围内的目标。区域治理比区域政府的含义更为广泛,有时会与之相混淆,它的行动涉及正式的政府单位,比如城市、县、州和省,以及私人实体(如个体、公司和商业协会)和第三部门的团体(如非政府组织、公民团体、劳工、信托协会)。通常,治理通过伙伴关系或者彼此的关联而发生。作为城市研究中的焦点,区域治理在20世纪大都市变迁的若干年代中得到关注,在21世纪最初10年的当下,也吸引了人们的大量兴趣和评论。

由于区域关系到大片的地域,区域治理的规模各有不同。区域的标签可能贴在小范围的社区(比如东湾城镇)、一个城市及其他周边的大都市区(旧金山大都市区)、一个郊区地域(太平洋沿岸地区)或者一个跨国地域(环太平洋地区)。在城市研究的背景里,区域治理通常是指大都市区范围的治理。

区域治理的需要来源于政策议题与处理这些议题的正式政治单位在规模上的不匹配。很多的城市关注点——比如经济发展、环境保护、交通、城市增长、公共健康、劳动力培训与流动、可负担住房的数量与分配、基础设施的发展、公共安全、扩散的贫困以及社会平等——跨越了城市政府的边界，产生了单一政府单位无法解决的影响（"外部性"）。

像区域范围内环境资源的保护，例如流域，就可能通过多集团的组织和行动而实现，包括地方、州、省和全国政府；特定目标的水务局或自然资源区；非政府利益集团像地方公园保护区或某个国际环境组织的分支，比如塞拉俱乐部（Sierra Club）；以及私人利益集团，包括个人财产业主、土地开发商、某个垂钓俱乐部，或者住房业主协会。介入区域治理的集团可能透过正式或非正式协议共同运作，或是独立运作，有时还会彼此对立。区域治理也由州和联邦的政策、规则和激励所塑造，以指导或影响区域行为者如何运作。在区域治理发挥作用的还有媒体，其对区域事务的评论塑造了公众对区域事务的理解，影响了公众的行动。

区域治理的演变

区域治理与解决问题的路径，与区域本身一样古老（区域一词，来自拉丁文 *regere*，意思是统治或指导，指一块未明确定义的疆土，比如在一位摄政者或统治者控制之下的疆土）。在美国，由于从 17 世纪到 19 世纪中期殖民地和早期地方政府的辖区较为分散、权力有限，处理区域问题的主要方法是自由放任的个人主义。虽然处理区域问题的区域结构也有过——例如在 1790 年，费城及其邻近郊区成立了一个监狱巡视员联合委员会，后来又在卫生、穷人救济、港口管理和其他服务等方面的区域委员会上展开协作——但在大多数情况下，城市家庭独立行事，或者通过私人企业或志愿组织获得必需的大都市服务，从治安和消防到公共福利和娱乐。商人、工厂主以及晚些时候较大的实业家，在未能促使镇、县政府牵头的情况下，往往会出钱修筑自己的公路。很多铁路和运河公司也是这样，它们从州和地方政府取得法律许可和适当的补贴进行建设，但很少获得与大规模基础设施改善紧密相关的重大公共投资。

贯穿于 19 世纪后半期的城市化、工业化和移民等力量，使大都市的规模更大，给大都市带来了多样性和复杂性。为了应对城市的变化，地方政府扩大了规模，对之前留给私人或非营利行为者的公共安全、公共健康、基础设施发展和城市服务传送功能等，意图进行更为积极的控制。地方自治（Home Rule）运动强化了地方政府在大都市区的首要权力地位。从 19 世纪 70 年代到 20 世纪的最初 10 年，反城市的、由农村势力控制的州议会大大限制了城市的兼并权力，同时颁布城市自治法人创设的许可法。毗邻或者接近城市的数以百计的小镇得以建制，以抵制它们不想要的兼并，取得地方事务的自治权限。

在区域范围内组织和行动起来，意味着在自治的地方政府单位之间保证地方间的合作。地方政府的一个共同反应是游说州议会，组成区域性的专区，以拥有地方让渡的权威。这一时期组成的区域性专区当中，有芝加哥卫生专区、大都市（波士顿）交通专区、克利夫兰大都市公园专区、巴尔的摩县大都市专区，以及服务 120 多万旧金山湾区居民的东湾城市公共设施专区。

从 19 世纪晚期到 20 世纪 20 年代，不断高涨的工业化和城市化，伴之以交通和通信方面的重大进步，加速了城市活动的分散化。在大都市区跨越地方政治边界之际，也产生了在区域范围内关注服务传送、就业、住房市场、交通体系和社会关系的需要。在这些情势之中，出现了许多进步时代的运动——例如，在圣路易斯、匹兹堡和克利夫兰——通过市县合并或大都市联邦进行大都市治理的集中化。

在市中心商业利益联盟、市民的"好政府"集团和学术研究机构的推动下，大都市区治理的改革观点认为，应对大都市区经济、人口和服务挑战的最佳方法是区域政府。改革倡导者强调，集中化的区域治理会使服务传送得以协调和标准化，达成规模经济，改进政治责任，推动经济增长，避免政治碎片化的毛病。联盟成员也会从希望中获得动力，希望大都市区政府能够削弱城市老板的权力及其族群基础；促进行政改革，比如市民服务规则和城市经理制；以及保护经济利益，对于住在郊区而又在城市工作并在市里拥有财产的市中心区精英人士,尤其如此。

进步时代的大多数区域改革的尝试在投票中遭到挫败。区域治理的实现需要彼此独立的地方政府间合作,或者需要专门为了实施服务传送区域化而成立的专区政府采取行动。

20 世纪 30 年代的大萧条改变了地方政府,使其失去了财政手段,无力提供服务。联邦政府通过承担基础设施项目,接手包括住房和交通在内的主要区域政策帮助地方政府摆脱困境。通过规定联邦援助只提供给县或区域层次的机构或者独立的公共管理局,联邦政府刺激了区域治理的产生。从 20 世纪中期至今,很多州政府与法院使用财政或法律的杠杆,推动了区域规模的治理,尤其是在环境保护、土地利用、大都市区规划、学校隔离、住房以及像机场、交通系统和给排水设施这样的区域基础设施方面。

20 世纪 80 年代以来,鉴于政治性的分裂活动,特别是未能成功地通过地方政府合并来实现区域治理,区域治理的努力不再放在区域的结构性改变上,而是在区域决策和行动上支持正式的和非正式的合作。对许多区域来说,是取得了跨部门、跨边界、跨利益保护集团的成果,或者是在复杂的区域环境、平等和经济问题上,形成了倡导更强区域治理的联盟。这些联盟成员通常包括宗教组织、环境协会、私人企业集团、工会、教育家、基金会、学界,以及非营利部门的服务传送组织,还有地方或县的政府。例如,在 20 世纪 90 年代到 21 世纪的最初 10 年期间,芝加哥就出现了一张组织网络,包含了芝加哥大都市 2020(Chicago Metropolis 2020,企业导向的商业会馆的执行部门)、非营利的大都市区规划委员会、芝加哥社区信托基金(Chicago Community Trust)、明智增长运动(Campaign for Sensible Growth)、大都市区开放社区领导委员会(Leadership Council for Metropolitan Open Communities)、大都市区教会联盟(the Metropolitan Alliance of Churches)、甘梅利尔基金会以及约翰与凯瑟琳·麦克阿瑟基金会(John D. and Catherine T. MacArthur Foundation),这一网络改变了区域协作方面的对话情况,给交通、规划和土地利用方面的区域体制带来了变革。展现这种区域治理方法的一个例子,是全国性组织的出现或加强,例如区域管理工作联盟(Alliance for Regional Stewardship)、甘梅利尔基金会、改进中的进步组织(Redefining Progress)和美国精明增长联盟,这些促进和支持了区域治理的网络化方法。

区域治理的模式

历史回顾揭示了区域治理的 4 种模式,这些模式随权力位置和区域决策与行动主导方法的变化而变化。它们是(1)集中化模式;(2)地方主义模式;(3)市场驱动模式;(4)网络模式。虽然区域能够根据支配性的区域治理模式进行分类,但每一种模式的多个侧面也可以在一个区域里同时呈现出来。例如,俄亥俄州阿克伦(Akron)大都市区在交通服务方面是集中化治理,在可负担住房方面是地方化治理,在健康保障方面是市场驱动治理,在劳动力培训方面是网络化治理。

在区域治理的集中化模式里,单一或少数实体在区域或更高层次运作,在关键性区域功能上掌握了主要的决策权威。这些实体包括市县合并政府或联邦、强势县、多目标区域政府、区域公共管理局以及州级的主体,负责制定政策、征税、分配资源以及公共服务的传送或传送的安排。在美国,集中化区域治理最为常见的州,是那些城市政府相对虚弱的州,比如夏威夷、阿拉斯加、特拉华和几个南部州——马里兰、北卡罗来纳、弗吉尼亚、田纳西——这些州有强势县。在大都市区范围内综合性集中化区域治理的案例是在火奴鲁鲁、安克雷奇、印第安纳波利斯、杰克逊维尔和路易斯维尔的市县合并政府;戴德大都市县(佛罗里达州迈阿密县)的双层联邦,其中涵盖了分享权力的县和 27 个城市政府;以及在波特兰(俄勒冈)、明尼阿波利斯-圣保罗和西雅图的多功能区域性机构。

在区域治理的地方主义模式里,城市政府一般拥有强大的地方自治权力以控制地方事务,区域治理是通过自愿的合作和服务分享协议实现的。这种模式在新英格兰各州普遍存在,那里市镇政府的传统强大,县政权弱小甚或不存在(尽管州政府在较小的州中拥有重要的权力),还有大西洋中部沿岸地区的纽约、新泽西和宾夕法尼亚,以及中西部州比如俄亥俄、威斯康星和伊利诺伊,那里拥有强大的城市和周边未建制的较大镇区。虽然在这些州,每个大都市区实质上都带有集中化区域治理的一些因素,包括区域规划委员会或专区政府,但订立跨越较强地方政府的地方间协议依然是通行的规则。实施区域治理的地方主义模式的大都市地区有波士顿、布法罗、纽约市、芝加哥、匹兹堡、克利夫兰和圣路易斯。

区域治理的市场驱动模式跟地方主义模式一样,都厌恶高层政府控制区域事务,但也反对强势的地方政府成为区域权威和行动的主要中心。在这种模式里,区域治理的权威主要在该地区的个人财产业主、开发商、农村利益集团、商界、房主协会和非政府利益集团手中,这些决策主体共同塑造了区域事务的结果。市场驱动的区域治理最常见的州是那些政府规制和土地利用规划控制相对宽松的州,这些地区具有个人主义传统以及强大的私人财产权利运动。这些州包括亚利桑那、得克萨斯、蒙大拿、爱达荷、路易斯安那和华盛顿。强大的私人财产权利运动也在各种各样的州里出现,包括新罕布什尔、佐治亚、密苏里和加利福尼亚。市场驱动治理模式典型的大都市区是凤凰城、休斯敦和博伊西(Boise)。

最新的治理模式是网络化区域治理,在区域决策与行动上同样避免依赖政府实体,而代之以有目的的跨部门和跨议题伙伴关系,以寻求塑造区域治理的结果。在网络化的治理方法中,私人的、非营利的、基于信仰的以及公民的团体发挥了实质性的作用,为应对蔓延、城郊差异和劳动力培训等区域性挑战产生了影响——如果不是负责的话。区域进程使得来自非政府团体和强大的私人-公共-非营利部门间关系的输入,能够成为或授权其成为区域倡议运动和对话的典型代表。网络化治理在具有强大的公民和商业能力的大都市地区最为突出,比如芝加哥、洛杉矶、圣何塞和夏洛特。

未竟的争论

在城市研究文献和实践当中一个仍未解决的争论是,在服务传送效率、环境的可持续性、区域经济增长、平等、政治责任和公民参与等方面,是否有一种模式以及这种模式如何能够取得更为有效的成绩。把一个区域内地方政府的数量与区域治理成果联系起来的早期经验性研究已让位于比较案例分析,这些分析聚焦于区域行为者的作用(例如联邦、州和地方政府、商界领袖、非营利团体和公民团体、劳工、土地所有者),政策(例如税收、住房、土地利用、交通、劳动力开发、移民、政府结构)和文化(例如区域身份的强度、对地方治理和私人财产的态度、政治参与的形式、财政习惯)。简言之,当前的知识包含了通向有效区域治理的可选路径。具有不同的人口、工业历史、政治文化和资产基础的地方,有望发展出区域治理的不同模式。

进一步阅读书目:

- Feiock, Richard C., ed. 2004. *Metropolitan Governance: Conflict, Competition, and Cooperation*. Washington, D.C.: Georgetown University Press.
- Foster, Kathryn A. 2001. *Regionalism on Purpose*. Cambridge, MA: Lincoln Institute of Land Policy.
- Katz, Bruce, ed. 2000. *Reflections on Regionalism*. Washington, DC: Brookings Institution Press.
- Monkkonen, Eric H. 1988. *America Becomes Urban: The Development of US. Cities & Towns, 1780-1980*. Berkeley: University of California Press.
- Stephens, G. Ross and Nelson Wikstrom. 2000. *Metropolitan Government and Governance: Theoretical Perspectives, Empirical Analysis, and the Future*. New York: Oxford University Press.

- Wallis, Allan D. 1994. "The Third Wave: Current Trends in Regional Governance." *National Civic Review* 83(2): 290-309.

(Kathryn A. Foster 文 罗思东 译 王 旭 校)

REGIONAL PLANNING | 区域规划

区域规划是土地利用规划的一种，目标是在一个区域的经济增长、社会福利和环境议题之间取得平衡。区域规划通常与一个区域权威相联系，这个权威可能是一个正式的区域政府，或者一个地方政府联盟或是别的利益相关者。区域规划包含了引导城市增长的努力，也代表了改善基础设施链接或为大城市区域构建国际竞争力的努力。实际上，存在着很多种不同的区域规划。本词条将通过讨论区域规划三个方面的重要灵感来源，来解释区域规划的多样性。这三个方面是：(1)区域和田园城市；(2)区域科学与经济地理；(3)新区域主义和大都市治理。

区域规划可以简单定义为对区域的规划。约翰·格拉森(John Glasson)提出了一个更为充实的定义，认为区域规划是对当代区域问题的回应，这些问题有大都市增长、农业/工业的衰退或未开发以及区域的不平衡。但也有其他含义强调区域规划的平均规模。区域规划意味着对环绕一个城市的区域，或者一个大的自然区域(比如一个河流盆地)的规划，因此跨越了地方当局的地理边界。区域规划也可以定义为在同一时间把不同议题整合为一体的政策制定过程：对一个有空间界线的地区里的经济、社会和有形资源的一体化管理。

但是，假如区域规划在区域内实施或者是服务于区域，那么区域一词意味着什么？在一般意义上，区域是一个有弹性的术语，是指规模介于国家与地方之间的一个地区。它往往用于指称在一定程度上统一的、同质的，或者是功能紧密的一块土地(基于自然的、有形空间的、经济的、社会的或者政治的标准)。它也能够以统一的方式来定义，作为政府管理的一个层级，直接置于民族国家之下。以下讨论将展示区域规划的3个关键灵感来源或传统，以它们自己的独特方式来重点突出这些定义。

区域和田园城市

从区域规划的历史背景来看，有一种在国际上广为人知的方法，即由埃比尼泽·霍华德创立的田园城市。与田园城市方法相一致的，是由彼得·霍尔在他的《明日之城》一书中所精妙描述的方法，区域规划代表了创立一个非传统社会的需要和可能性，建立在大城市之外的自我治理社区的基础之上。一个基本的观念是，需要创设居民人数大约10万人的新的带卫星城的大都市(城市群)。1871年大火之后芝加哥的重建，就是区域规划一个重要的灵感来源。重建后的芝加哥人口密度低，住房好，道路宽，地铁四通八达，还有足够的开放空间。

另一套很有影响的区域规划观念是帕特里克·盖迪斯于1900年前后提出的，当时他在苏格兰的爱丁堡工作。在他的工作里，区域规划已经超越了田园城市的概念。他断言，对于巨型城市的拥堵问题，答案就是一个区域规划的宏大计划。城市从属于区域，是更为宽泛的区域战略的一部分。帕特里克·盖迪斯应用了"社会城市"的术语,来强调多中心城市区域的未来。另一个重要思想更多考虑了自然的环境属性:每个区域的发展均建立在自身自然资源的基础上,要顾及生态平衡和资源的再生。

由于霍华德和盖迪斯以及其他人提出的观念,在20世纪,区域规划成为一个决策领域。他们的某些观念适用于国际范围,例如1934年之后的阿姆斯特丹总体扩展规划(Algemeen Uitbreidingsplan)。盖迪斯的思想由美国区域规划协会(RPAA)介绍到了美国。20世纪20年代期间,刘易斯·芒福德是这里的关键人物。

对美国的区域规划而言,芒福德强调实用主义的大都市改善,以解决许多城市的拥堵和效率缺失,以及竞争优势的丧失,这些城市包括纽约、芝加哥、费城和波士顿。像盖迪斯一样,RPAA的兴趣在于规划方法的大规模应用。那时美国的区域规划把重点放在与交通和郊区化有关的问题上。大都市区的扩张被交通体系的完善所引领,中心目标是在每个区域里找出人口与经济增长的理性配置。大卫·约翰逊(David Johnson)清楚地解释道,这些信念中的某些部分被富兰克林·罗斯福的新政所采纳,如田纳西河流域管理局就包含了整合资源开发和区域规划的概念。美国区域规划的另一个著名案例是1929年的纽约及其周边地区区域规划。

一个更为著名的案例是大伦敦。大伦敦区域规划委员会在1929年提出了一个区域规划方案,建议除了别的规划,还要有开放空间规划和一个环绕伦敦的"绿道"以作运动和娱乐之用。对于绿色的强调在之后伦敦地区的规划当中再次出现。帕特里克·阿伯克龙比是伦敦有影响力的规划师,他提出建设一个绿带环(主要供娱乐用途)和一个外围农村环带(主要为农业)。

最后最为重要的一系列案例来自于德国的区域规划,始于20世纪早期。当时大城市(特别是柏林)的增长和较大的工业地区(像鲁尔地区)需要进行协调。一些最初的规划设想包括1911年所谓"大柏林"协作的建立,目标在于准备建设高速公路、电车轨道和铁路等基础设施。鲁尔区的任务是去努力识别区域难题,比如自然保护、居民安置失序以及居住用地和工业用地之间的矛盾。一个特殊组织在1920年建立起来,那就是鲁尔矿区居住区联盟(Siedlungsverband Ruhrkohlenbezirk)。

区域科学和经济地理

第二次世界大战后,区域规划淡出了区域性城市形态和环境问题的视线。取而代之的是区域经济地理被赋予了更加突出的地位。像约翰·弗里德曼、威廉·阿隆索和沃尔特·艾萨德等作者讨论与区域发展有关的经济议题。像产业选址这样的议题,在阿尔弗雷德·韦伯的最低成本方法中处于中心地位。沃尔特·克里斯塔勒在他的中心地理论中提出了区域空间结构的概念。另一个富有特色的方法是由约翰·海因里希·冯·杜能提出的竞租理论,其中心理念是,某种庄稼的耕作依赖于它们到城市的距离,耕作成本可以通过对土地成本和交通成本的评估计算出来。这些方法因其经济建模和假设而受到批评,受到批评的假设包括城市与它的农村地区之间的单一联系,或者交通成本直接与距离成正比。

区域规划的努力依靠的是早期区域科学的有关研究,涉及在区域背景中空间变量、社会变量和经济变量之间的因果关系。研究重点严重依赖定量方法。它通常还主要意味着目的在于科学生产和区域规划评论,以及应用区域发展理论的政府活动。法国在把区域经济方法应用于规划方面有着特别丰厚的历史,尤其是在20世纪60年代。

在最近的时期,区域规划对于经济议题的强调依然显得重要。像大卫·哈维和曼纽尔·卡斯特这样的人物,就寻求增加社会网络和权力模式在区域经济发展中的重要性。区域规划同样清晰地包含了社会和政治的现实。例如,对城市蔓延和流动性的控制,如果没有对这种控制的必要性的社会认识和某种形式的区域政治共识,是不可能的。这就意味着涉及多个权威和利益相关者的区域性协调

新区域主义和大都市区治理

这些评论带给我们对区域规划更新的认识,将新区域主义和大都市区治理的议题置于眼前。实质上,新区域主义声称区域层次对经济发展至为关键,区域应该成为经济政策的首要核心。新区域主义的观点是,民族国家对于经济政策来说并不是合适的主体,因为要在全球体系中应对资本主义,国家太小;而要有效应对地方变迁,它又太大。正如迈克尔·基廷这样的作者提到的,作为一个结果,民族国家被迫把它的权力移交给区域主体。

还有一些功能性的原因可以说明为什么区域变成了中心。劳工市场、住房市场以及人口流动市场的地域范围,已经扩展到了区域层次。不断增长的人口流动和通信交流,导致有关网络城市或区域城市网络等概念的产生。城市形态已经转变为一种复杂的区域城市星座,就像托马斯·西韦特(Thomas Sievert)的"间城"(Zwischenstadt,指既非城市又非农村的地区)。结果,正式和非正式的合作安排在城市之间、在区域政府之间、在地方政府和区域政府之间以及在私人联盟和公私网络中建立起来了。

区域规划因此变成了治理活动,在此,规划涉及社会网络和公私伙伴关系在区域层次的调整。像阿什·阿明、奈杰尔·斯里夫特(Nigel Thrift)和迈克尔·斯托普(Michael Storper)等作者,介绍了"制度能力"和"制度厚度"这样的术语,来表明人际间关系、信任及合作是否强盛、是否得到很好的发展。其假设是,如果一个地区富有制度能力和制度厚度,那么它将在发展创新性政策和应对国际竞争方面更为有效。

对新区域主义的讨论与一种被称为战略空间规划的方法有关。路易·阿尔布雷切(Louis Albrechts)和帕齐·希利对在区域范围上的战略规划或战略制定提出了一些重要的见解。这种方法的目标,是在规划议题上形成一种整合的观点,为区域提供制度能力。它的重心是尝试推动各个层级的政府共同努力,与在经济与公民社会领域各居其位的行为者形成伙伴关系。有一个更具战略性的方法,是强调通过综合性的区域规划去积极争取项目的重要性,以区域规划来激发观点,吸引私人投资。

城市区域或大都市区层次的地区正日益被视作规划挑战最严峻的区域规模。大都市区规划已经代表了许多西方城市的利益,特别是在20世纪90年代。例如1994年之后的巴黎总体规划将巴黎展示为一个多中心区域。一项增长延缓战略同大都市区的扩大相结合,把所谓巴黎盆地内的所有一个小时火车车程就能抵达巴黎的城市都包含在内。

另一个案例是纽约区域规划协会提交的第三个区域规划,重点放在提升区域的国际竞争力。新大都市区规划还有一个重大案例,被称为三角洲都市区(Deltametropolis),是位于荷兰西部一个密集城市化地区。这项规划动议将多个城市如阿姆斯特丹、鹿特丹、海牙和乌特勒支带到同一影响范围之中,对外部竞争形成共同的观点。对于这些区域规划动议,全球化趋势扮演了关键角色。对区域规划师而言,国际竞争是日常面对的现实。

还有一些要点是国际环境压力和气候变化,随之而来的是减少碳排放和减少预期中的城市洪涝等方面变得更重要。可持续性也成为区域规划的关键利益点。自然和生态栖息地保护、湿地和文化遗产质量都具有高度的重要性。

结论

本词条对区域规划及其3个主要的灵感来源(区域和田园城市、区域科学和经济地理以及新区域主义和大都市区治理)做出了一些基本的描述。现在很清楚,区域规划的焦点随着时间的推移而变化。区域规划的一些早期形态强调功能性问题,比如人口增长、城市化、流动性或者交通拥堵。功能性方法通常以区域内部的规划议题为取向,其层次高于城市。它主要是一种以土地利用——或空间规划——为取向的方法。区域规划的经济学方法更加趋向于区域发展中的不平等议题,以及区域间增长的分配。最近的区域规划工作则聚焦于城市区域的国际竞争力,以及对规划的社会政治现实的认识。

同样清楚的是多年以来,外界对区域规划3种方法的批评并不过分。我们在此能够区分出一些批评共同的脉络。有一个异议是,区域规划是不是要重点强调保护性规制并做出限制(针对环境、开敞空间、自然资源等方面),或者它是否会以刺激新的开发与增长(例如,通过项目清单或激励区)为导向。另一种批评与区域规划的综合性质有关。区域规划工作通常与多种政策议题的长期观点和较大地区(超地方性)有关,因此,与真正实施有关的都成了问题。

然而更为重要的结论是,从这些批评来看,3种传统实际上是同时存在的。世界范围内的区域规划实践将展现3种传统的不同交融。例如,当前的区域规划仍然与20世纪早期就已经出现的某些思想相联系。在美国讨论增长管理以及在欧洲空间规划中讨论紧凑型城市的时候,有关遏制城市的某些观念便再次流行起来。与帕特里克·盖迪斯的社会城市类似的议题,在最近的新城市主义概念中可窥一斑,它强调的是对宜居社区和可持续社区的需求。规模的层次也在变化。国际性机制的政策成效,例如欧洲联盟、北美自由贸易协定和东南亚国家联盟,实质上就是区域规划,强调更大的区域规模层次,力图促进和发展区域间的合作与区域之间的文化、经济与社会伙伴关系。

进一步阅读书目:

- Albrechts, L., P. Healey, and K. R. Kunzmann. 2003. "Strategic Spatial Planning and Regional Governance in Europe." *Journal of the American Planning Association* 69(2): 113-29.
- Amin, A. and N. Thrift, eds. 1994. *Globalisation, Institutions, and Regional Development*. Oxford, UK: Oxford University Press.
- Calthorpe, P. and W. Fulton. 2001. *The Regional City: Planning for the End of Sprawl*. Washington, DC: Island Press.
- Friedmann, J. and C. Weaver. 1979. *Territory and Function: The Evolution of Regional Planning*. Berkeley: University of California Press.
- Geddes, P. 1915. *Cities in Evolution*. London: Williamsand Norgate.
- Glasson, J. 1992. *An Introduction to Regional Planning: Concepts, Theory, and Practice*. 2nd ed. London: UCL Press.
- Hall, P. 2002. *Cities of Tomorrow: An Intellectual History of Urban Planning and Design in the Twentieth Century*. 3rd ed. New York: Basil Blackwell.
- Johnson, D. A., ed. 1996. *Planning the Great Metropolis: The 1929 Regional Plan of New York and Its Environs*. London: E & F Spon.
- Keating, M. 1998. *The New Regionalism in Western Europe*. London: Edward Elgar.
- Kreukels, T., W. Salet, and A. Thornley. 2002. *Metropolitan Governance and Spatial Planning: Comparative Case Studies of European City-Regions*. London: Spon.
- Mumford, L. 1938. *The Culture of Cities*. New York: Harcourt Brace Jovanovich.
- Storper, M. 1997. *The Regional World*. New York: Guilford Press.
- Wannop, U. A. 1995. *The Regional Imperative: Regional Planning and Governance in Britain, Europe, and the United States*. London: Jessica Kingsley.
- Wheeler, S. M. 2002. "The New Regionalism: Key Characteristics of an Emergent Movement." *APA Journal* 68(3): 267-78.

(Johan Woltjer 文 罗思东 译 王 旭 校)

RENAISSANCE CITY | 文艺复兴时期的城市

在科卢乔·萨鲁塔蒂（Coluccio Salutati）对自己故乡面面俱到的夸耀中，这位人文主义者、佛罗伦萨执政官不禁问道："什么样的城市——不只是意大利城市，而且是世界各地的城市——因城墙而更安全、因宫殿而更自豪、因教堂而更庄严、因其建筑而更美丽、因城门而更威严、因广场而更富裕、因宽街阔道而更幸福、因人口众多而更伟大、因公民独立而更荣耀、因丰厚财富而更可持久、因土壤肥沃而前途可期？"

对于14—16世纪的人文主义者而言，文艺复兴城市绝不仅仅是由古典希腊罗马建筑构成的、平面透视式的画面，而是体现着公民品质、代表公共生活和良好政府的典范；换句话说，是城市生活本身的"重建"。现代经济史家相信，15—16世纪的文艺复兴城市，其基础在于欧洲和地中海世界从10—11世纪开始的商业革命，包括贸易复兴、城市复兴和商业精神的复兴。14世纪的危机始于英法百年战争所导致的银行破产，接下来则是毁灭性的黑死病（即腺鼠疫）。这场黑死病在1348年夏天肆虐整个欧洲，几乎半数人口因此丧生。那些聚集在热那亚的大帆船从黑海而来，曾经从马来西亚和印度带来了构成欧亚奢侈品贸易主体和促进城市复兴的丝绸与瓷器，此时它们从亚洲带来的却是危险的疾病。黑死病在佛罗伦萨爆发，这成了薄伽丘《十日谈》的开篇，他以死亡为主题开始自己的故事，接着讲述了郊区居民逃往天堂般的乡间修道院寻求救赎，以敬神的名义听取色情故事。

文艺复兴时期的世界体系

萨鲁塔蒂在1403年对佛罗伦萨的人文主义式的描述，将中世纪晚期复兴的城市比作古代城市一般，也构成了更大的、整个世界发展的一部分。在皮雷纳和布罗代尔看来，地中海是罗马世界的内湖（mare nostrum，我们的海，是文化交流之海，而非屏障或边界之海）；后来的经济学家则将其视为全球文化交流的一部分，是亚洲和地中海世界往来的渠道，伊斯兰贸易和科学则是其重要媒介。15—16世纪的文艺复兴城市在各大帝国贸易城市构成的世界网络，并在文化—经济—政治—宗教交流中扮演了枢纽的角色。

从全球性联系的角度出发，文艺复兴城市可谓开启了现代世界，它们凭借自己的枢纽性角色在地理空间中构建了明确的网络，形成了全球性空间的初始形态。文艺复兴时代的大发现标志着现代全球社会的起点，而对于从文化角度对城市时空的重新定义，文艺复兴城市则提供了关键的范本。欧洲传统城市空间在文艺复兴即现代早期的变化在意大利表现得最为明显，这里有封建宫廷和商业共和国，也有亚里士多德在《政治学》中的经典划分，即君主制、寡头制和民主制。斐德列克·达·蒙特菲尔特罗公爵（Federico da Montefeltro）和巴蒂斯塔·斯福尔扎公爵夫人（Battista Sforza）统治的乌尔比诺（Urbino）堪称"文艺复兴宫廷的宝石"，既有中世纪的宫廷，也有文艺复兴时期山巅之上的教堂与宫殿。

佛兰德斯宫廷艺术家朱斯·范·根特（Joos van Gent）和意大利艺术理论家皮耶罗·德拉·弗朗西斯卡（Piero della Francesca）以罗马帝国式的方法创造了公爵和公爵夫人的肖像画来赞美他们，画中的两人遥望对视，谦和而威严；背后是一面窗户，从中可看到窗外的全景；这些画如同艺术百科全书一般无所不包，象征了全世界的美德与胜利。从维斯帕夏诺·达·比斯蒂奇在《斐德列克·达·蒙特菲尔特罗公爵的生活》，到马基雅维利1513年《君主论》和巴尔达萨雷·卡斯蒂里奥奈1528年《侍臣论》（这是一部从人文主义视角出发的关于君主美德、谦逊与威严举止的对话，就发生在16世纪的乌尔比诺），总督府代表了文艺复兴时期君主在公与私的两面形象，而且是相互渗透的两面形象。君主、宫殿、城市和风景融为一体，画家笔下的城市景观与画中的古典、基督教建筑以及所展现出的市民美德相互平衡，构成了文艺复兴城市的理想类型。文艺复兴时代的国家是一件艺术品，是现代早期国家的序曲；文艺复兴城市则体现了国家的统治艺术。

在文艺复兴时代的佛罗伦萨，人文主义者通过文字和绘画将城市描绘为一件艺术品。佛罗伦萨人菲利波·布鲁内莱斯基（Filippo Brunelleschi）既是金匠、雕塑家也是建筑师，在 1419 年创作了两幅平面画，着手在中世纪城市里创建有关空间表象和全景控制的新单点透视系统；这个新的系统在象征完美理性的网格状空间中，以人类的视力和古典的人体尺寸为准，展示了中间点的消失、直角的远离、空间的减小和符合比例的数学美。布鲁内莱斯基依据光线、眼睛和光学知识描绘了中世纪佛罗伦萨最主要的两处建筑和空间，即 11 世纪佛罗伦萨的罗马式洗礼堂和 13 世纪晚期到 14 世纪的市政广场，这也是基督教的宗教中心和政治中心——这两处空间构成了古代网格状城市的中心，也为现代早期佛罗伦萨市民空间新范式的导向。这是文艺复兴对古典城市、古代城市生活和理想"新城"的重构，是"佛罗伦萨"（百花之城）的重构，其基础在于人文主义和公民道德。这让人文主义者想象文艺复兴城市，让艺术家观察和打造文艺复兴城市。

从圣母百花大教堂的入口处，穿过洗礼堂与大教堂之间的地带即帕拉迪索，布鲁内莱斯基用文艺复兴式的单点透视结构重新塑造了洗礼堂，将罗马式穹顶的彩饰大理石构建（类似于罗马万神殿）放置于一个方形建筑物上。在这里，古罗马的三维方形建筑风格转变成了文艺复兴时期的单点透视，从这里可以看到窗户固定的二维视野。在杰克·格林斯坦（Jack Greenstein）看来，从锡耶纳帕波拉克宫中九人议事厅的亚里士多德正义墙望向中间的寓言人物和平女神，或者就像 1342 年比加洛连廊壁画所采用的

佛罗伦萨圣母百花大教堂。穹顶由布鲁内莱斯基创作，建于 15 世纪初
来源：Sarah Quesenberry

密集鸟瞰图所能发现的那样,文艺复兴的单点透视从根本上区别于中世纪人们的看法,比如洛伦泽蒂的《健全与腐朽政府寓言》。

布鲁内莱斯基和吉贝尔蒂

针对布鲁内莱斯基透过窗口的透视视角,佛罗伦萨金匠洛伦佐·吉贝尔蒂(Lorenzo Ghiberti)以人文主义者的视角进行了回应,他也是1401年洗礼堂大门设计中布鲁内莱斯基的主要竞争对手,对于帕拉迪索的风格有自己的观点。吉贝尔蒂是卡利马拉公会(Calimala)的雕塑家,他创造了史诗般的"天堂之门"(Gates of Paradise),门中间以镀金青铜浮雕的方式展现了《圣经》复兴的黄金时期。他所采用的古典连拱式公共空间——单点透视法——正是对布鲁内莱斯基平面透视法的回应。最后一幅《旧约·创世纪》平面画位于吉贝尔蒂套画的右下方,在这个哥特式公共空间中充当"示巴女王和所罗门王"。这一设计继承了阿诺尔福·迪·坎比奥(Arnolfo di Cambio)佛罗伦萨大教堂内部的设计风格,使佛罗伦萨不仅成为雅典和罗马的新神殿,也成为耶路撒冷的新神殿。洗礼堂和大教堂,通过布鲁内莱斯基和吉贝尔蒂,通过他们的透视法,在文艺复兴城市中走到了一起。两位文艺复兴艺术大师的古典式半身雕像,至今矗立在帕拉迪索的大门之上和大教堂门内的右侧,被称作新式建筑大师和"代达罗斯"(Daedalus,从工匠到艺术创新者)。

1419年,布鲁内莱斯基在大教堂穹顶的设计竞标中创造了新的方法,将文艺复兴时期的内部自承式透视格线矩阵和罗马人字形砖石应用到大教堂——中世纪哥特式穹顶抬升的建筑结构,以这样的方式完成大教堂项目——该项目从1298年一直持续到1448年,历经阿诺尔福·迪·坎比奥和弗朗西斯科·塔伦蒂(Francesco Talenti)。穹顶以雕刻的爱奥尼亚式神庙的亭式望楼为顶盖,就像灯塔一样照亮和俯视这个新时代的"伯利克里的雅典"。从中世纪到文艺复兴的城市中,大教堂的穹顶代表了超越世俗空间的天堂之穹,布鲁内莱斯基的穹顶可谓是艺术顶点。在意大利,如此恢弘的艺术在罗马万神殿后未曾有过,正如阿尔贝蒂所言,"整个托斯卡纳都笼罩在穹顶的光彩之下"。

在此光彩之下,布鲁内莱斯基重塑了这座从中世纪延续到文艺复兴时代的城市,建造了精致的古典风格的连拱式孤儿院(1419),和以塞尔维街大教堂穹顶为视轴的东北向大广场,"重建"了佛罗伦萨的罗马式网格结构(今天的丰裕之城,如同佛罗伦萨之为圣母玛利亚与她圣洁的百花之城)。从外面看,圣母百花大教堂与圣殿大教堂连在一起,奠基于道成肉身的纪念日即佛罗伦萨纪年的3月25日,也就是圣母领报日。文艺复兴城市是建立在古典和中世纪艺术根基之上的"艺术作品"——从罗马的军事化色彩的正交线,到中世纪为贸易需要而形成的辐射线,再到文艺复兴城市中单点透视线的重建和窗口视野视觉投影的复兴——是一座存活在视觉中的城市。

布鲁内莱斯基建造的美第奇圣洛伦佐大教堂,通过在高高的中央圣坛上将灰石以线状汇聚的方式,将文艺复兴式的单点透视应用于城市空间。圣坛的组合式古典拱廊均衡而有序地向上抬升,在网格状的平面布局上环绕着相互联结的一个个用于家庭的邻里式小教堂。由此形成了文艺复兴时期理性的宗教社团空间,正如当时佛罗伦萨人文主义者马泰奥·帕尔米耶里(Matteo Palmieri)祭司在他的著作《市民生活》(Vita Civile)中所言,宗教社团空间使基督教的神秘像数学公式一样清晰。布鲁内莱斯基与佛罗伦萨艺术家马萨乔(Masaccio)合作,在1426年共同完成了圣母玛利亚教堂的"三位一体壁画",用绘画的方式展现了文艺复兴时期的城市空间,将佛罗伦萨捐赠人伦兹家族(Lenzi)画在了虚构的加略山教堂(Calvary Chapel)入口处,以表示其不朽。文艺复兴城市以新的想象方式重构了神圣,将视野从神的眼光转移到人类自己的眼光,也就是透过单点透视的视角来观察。

布鲁内莱斯基的门徒米开朗琪罗对市政广场进行了重建与改造,试图凸显其服务于市民的特性,由此建造了美第奇宫的粗面大厦;他在拉尔加街重建了佛罗伦萨城的中心,建造了古典神殿式的入口和细节以及高雅的内部庭院,展现了文艺复兴城市中显赫家族的公私两面。如马基雅维利所言,这是一个"城中城",去拜访那里的显贵,在路上就要表示敬意。人文主义建筑师阿尔贝蒂模仿罗马圆形大剧场为美第奇宫设计了一个维特鲁威风格的壁柱立面,加进了乔瓦尼·卢切拉宫不规则的建筑构型;与美第奇家族有姻亲的商业家族,则在凯旋式的经典家族式三重门廊对面,展示了相互交织的纹饰。文艺复兴城市中充满了类似的市民和家庭式的布景方法。

在佛罗伦萨外围,分布着仿照罗马别墅而建造的文艺复兴别墅,它们采用了布鲁内莱斯基的精致风格,在网格布局中借用透视法将其与自然相连。在文艺复兴城市中,既有种种交易比如谈判和政治,也可以安享自然。布鲁内莱斯基的市政广场——采用对角线设计以及在 1419 年应用的透视法设计,到 16 世纪 70 年代被乔尔乔·瓦萨里改造成了乌菲齐宫前基于正面透视法的街道和广场。此时,佛罗伦萨这座阿诺河畔的城市正处于集权君主的控制下,行业公会臣服于大公的权杖之下。1548 年后,市政广场成为大公的官邸,一条私人走廊从这里直通皮蒂宫和波波里花园,这座中世纪的公社和商人城市,逐步从内部分裂并成为大公的私产。随着大公的宫殿和郊区别墅形成紧密联系,这座古典城市开始转型为现代早期的城市。

从佛罗伦萨到威尼斯、热那亚、米兰、那不勒斯和罗马,从文艺复兴宫廷到共和国,文艺复兴城市重新塑造了古典城市和中世纪城市,重新塑造了城市生活,改变了城市剧院的设计。在罗马,古典式穹顶、宫殿立面和轴线街道尽头的方形塔尖以共同构成一组的方式向外拓展,这种结构为安德里亚·帕拉迪奥(Andrea Palladio)设计维琴察的奥林匹克剧院时提供了灵感。佛罗伦萨本是中世纪和文艺复兴时期钟爱罗马建筑者的朝圣之城,逐渐变为巴洛克风格和现代风格的旅游者的朝圣之城。即便是梵蒂冈这座罗马城内部的轴向布局的教皇之城,也逐渐突破了文艺复兴风格的制约,向现代风格和巴洛克风格过渡。从罗马到路易十四辉煌的凡尔赛宫,再到霍斯曼男爵设计的巴黎开放式林荫大道乃至作为娱乐之都和不夜城的巴黎;从伊斯兰天堂般的轴向水上花园到阿尔罕布拉宫的庭院和莫卧儿王朝的泰姬陵,再到英国殖民地新德里以及皮埃尔·朗方的华盛顿特区规划;文艺复兴城市给古典城市和全球范围的透视空间创造了新地标,被重构成为现代和后现代的核心。

进一步阅读书目:

- Argan, Giulio. 1969. *The Renaissance City*. New York: George Braziller.
- Benevolo, Leonardo. 1980. *The History of the City*. Cambridge: MIT Press.
- Brucker, Gene. 1969. *Renaissance Florence*. Berkeley: University of California Press.
- Farago, Claire, ed. 1995. *Reframing the Renaissance: Visual Culture in Europe and Latin America*, 1450 – 1650. New Haven, CT: Yale University Press.
- Greenstein, Jack M. 1988. "The Vision of Peace: Meaning and Representation in Ambrogio Lorenzetti's Sala della Pace Cityscapes." *Art History* 11:492 – 510.
- Heydenreich, Ludwig and Wolfgang Lotz. 1974. *Architecture in Italy*, 1400 – 1600. Baltimore: Penguin.
- Lopez, Robert. 1976. *The Commercial Revolution of the Middle Ages*, 950 – 1350. Cambridge, UK: Cambridge University Press.
- Lotz, Wolfgang. 1977. *Studies in Italian Renaissance Architecture*. Cambridge: MIT Press.
- Muir, Edward. 1981. *Civic Ritual in Renaissance Venice*. Princeton, NJ: Princeton University Press.
- Norman, Diane, ed. 1995. *Siena, Florence, and Padua: Art, Society, and Religion* 1280 – 1400. Vol. I, *Interpretive Essays*. New Haven, CT: Yale University Press.
- —. 1995. *Siena, Florence, and Padua: Art, Society, and Religion* 1280 – 1400. Vol. 3, *Case Studies*. New

Haven, CT: Yale University Press.
- Trexler, Richard. 1980. *Public Life in Renaissance Florence*. Ithaca, NY: Cornell University Press.

(George Gorse 文　罗思东 译　王　旭 校)

RENT CONTROL ｜房租控制

房租控制是一个通用术语，用于规范居住物业的业主收取租金的行为。房租控制大多用于战时或剧烈通货膨胀时期，以保护承租人免受住房成本陡增带来的损失。另外，房租控制还包括租期内的其他权利，比如免受业主任意驱离。

作为一个经济学词汇，房租控制受到多方面的批评。它被断言给业主和房客带来了不当激励，从而扭曲了私人住房市场的正常功能。因为限制了房东可以收取的租金的数额，房租控制削弱了对居住物业投资的刺激，从而导致存量不足和房产衰败。同样，房租控制还可能抑制新的租赁住房的开发。由于房租控制给房客留在原地提供了财政激励，不鼓励家庭搬迁，以寻找与家庭规模和环境更为相称的住房。这减少了住房市场的流动性。房租控制还对非法转租的黑市产生推动作用。而且，房租控制的存在有利于居住在租金规范住房中的居民，使其与其他承租人，特别是年轻人和少数族裔家庭之间产生了不平等。

与人们从针对它的批评中所推测的结果相比，房租控制远非铁板一块。第二次世界大战期间，早期的房租控制非常严厉，但大多数到20世纪50年代就被撤销或变得宽松了。结果，房租控制的法律相当温和。这些法律允许租金的高增长，使得控制形同虚设，特定的公寓不再受到规制，而且当有公寓腾空时还允许租金另行增加。很多这样的法规还对新建住房和小面积或业主占有的建筑实施豁免。法律还允许地主通过额外的租金增长来摊薄其修缮成本。这些变化产生的结果是，很难对与房租控制普遍相关的消极影响进行统计。

2007年对新泽西州房租控制的一项研究，将人口超过1万人的实施房租控制的76个城市与类似人口规模的85个非控制城市进行比较，发现在租金上或者在新增租赁住房的开发数量上，没有显著的差异。温和的房租控制充其量好像只是抑制了租金的突然增长，但从长远看，它并没有让房租因此低于没有这种控制时的水平。

在美国，有关房租控制功效、平等和效率的争论变得越来越没意思。实施房租控制的地方随时间的过去而减少。在房租控制仍有成效的地方，受制于房租规制的住房单元的数量也正在减少。当前，总数超过100万套实施房租控制的住房单元当中的大多数位于纽约市，它从1943年起就有了房租法规。新泽西州566个城市中的约100个具有某种形式的房租控制，加利福尼亚也有少数地方仍在实施房租控制。在20世纪90年代，马萨诸塞州通过了一项在房租控制仍然有效的3个城市废除房租控制的公民投票；加利福尼亚州则通过一项法律，授权在出现空房的时候解除房租控制。纽约州议会实施了一项奢侈的解除房租控制的行动——当公寓达到一定的出租水平的时候解除控制——在20世纪中期，加上其他因素的影响，从1994年到2005年，纽约市的房租控制住房净减少了将近10万套。

进一步阅读书目：

- Arnott, Richard. 1995. "Time for Revision on Rent Control?" *The Journal of Economic Perspectives* 9(1): 99–120.
- Downs, Anthony. 1988. *Residential Rent Controls: An Evaluation*. Washington, D.C: The Urban Land Institute.
- Gilder bloom, John I. and Ye Lin. 2007. "Thirty Years of Rent Control: A Survey of New Jersey Cities." *Journal of Urban Affairs* 29(2): 207–20.
- Keating, W. Dennis, Michael B. Teitz, and Andrejs Skaburskis. 1998. *Rent Control: Regulation and the Rental Housing Market*. New Brunswick, NJ: Center for Urban Policy Research.

(Alex Schwartz 文 罗思东 译 王 旭 校)

RENT THEORY | 竞租理论

地租是指向土地所有者支付的佣金，它作为一种制度或社会关系可以控制土地的使用。由于预期租金支付总量（资本形式）构成了土地的价格，所以，地租对社会不同阶级或者不同集团之间的收入分配具有一定影响。在传统的政治经济中，这是一个理解地主、资本家和工人相对工资的关键概念。在当前的讨论中，地租被用于解释生产活动的区位，以及在城市和区域语境中的不同社会集团的空间隔离。总而言之，地租对于解释空间发展及其与经济和社会进程的关系相当关键。

传统政治经济学的解释

古典经济学家主要关注的是理解经济积累及其增长的所有动力机制，同时解释收入在不同社会阶级中的分配。亚当·斯密、大卫·李嘉图和卡尔·马克思生活在一个农产品在经济中占据绝对地位，因此地主具有相对重要的社会权力的社会环境之中。其中主要的一个问题是，经济发展如何影响地主，以及地主们的存在是否是不断变化的资本积累过程的一种障碍。总的来说，就地主和资本家的利益而言，斯密所持的观点是一种十分迎合他们的观点。他认定，地主和资本家都从经济发展中获利，前者获取更高的租金，后者获得不断增长的利润。

李嘉图则另辟蹊径，主要关注级差地租。因而，他对地租的作用持一种相对消极的观点，而且，在关于地主和工业资本家的关系问题上，他视之为相互对立的关系。级差地租（Differential Rent）这一概念基于这样一种观点：收取租金的原因是由于土地的不同特性，比如土壤类型和与市场的距离：质量更好的土地应该收取更高的地租；最坏的土地——也就是不会产生级差地租的土地——的生产条件决定生产的商品的价格。李嘉图认为，资本主义的进一步发展将导致土地质量的降低，从而增加级差地租并减少资本家的利润，资本家不得不向工人们支付更高的工资，以满足劳动力再生产的需要。他假定，工资是由最低生活水平——最起码包括一定量的小麦——决定的。如果质量较差的附加土地用于生产，生产率便会降低。生产率的降低则意味着维持工人生存的小麦总量的生产成本增加，因此，资本家不得不支付更多工资。与此同时，提供给其他土地所有者的级差地租也在不断增加。利润的降低最终减少投资，以及导致经济停滞和危机。

马克思和恩格斯借用级差地租进一步提出了"垄断地租"和"绝对地租"的概念，斯密的著作中也出现了这些概念的雏形。他们的这些概念基于这样的观点：租金并不是某种自然的东西，而是一种历史形成的成熟的制度或社会关系。他们同时将土地定义为一种"虚构的商品"，而不是在资本主义生产体系中生产出来的。在一定程度上，为了使土地成为商品，私人财产权被认为是天赋之权。

海因里希·冯·杜能和新城市经济学

海因里希·冯·杜能是新古典推论的先驱，他在1826年提出了他的"孤立国"模型。这一模型建立在级差地租的基础之上，并进一步发展为一种边际生产率的模型。这一模型分析了根据城市中心的交通成本和商品的具体生产条件而产生的地租。实际上，地租机制决定在距离中心不同地点生产的农产品的种类。在冯·杜能的理论视野里，地租并不是基于社会制度收取的，而是基于生产条件和运输成本收取的。新古典理论可以理解为级差地租在边际理论方面的一种应用，故而，也是关于所有经济资源种类稀缺性的应用。

尽管如此，在20世纪60年代，"剑桥资本论战"（Cambridge Controversy in Capital）开始质疑新古典理论及其对资本的理解。在这场论战中，来自英国剑桥大学的皮埃罗·斯拉法（Pierro Sraffa）和其他批评者争论道：由于未考虑财富分配，新古典边际理论无法解释收入的分配，从而也无法解释地租和工资之间的利润分配。这就意味着利润并不是由边际生产率来决定的，而是社会生产条件决定利润率。故而，基于新古典理论来理解资本的竞租理论就是有问题的。

虽然存在理论上的争议，但在1964年，威廉·阿隆索将地租理论融入一种新古典体系之中，并且将此应用到城市个案研究。他从冯·杜能的一部著作中得到启发，在这一著作中，杜能认为交通运输的成本决定地租的收取。威廉·阿隆索将这一观点与新古典的一种假设——"个体总是会最大限度地发挥他们的潜能"联系起来。基于此理论，他认定竞租函数（bid-rent function）是不同地点住户所付租金的总量。总而言之，地租被认为导致了城市空间不同用途的最优化配置。因此，人们反对以"区划制"或地租控制的方式进行的政治干预。

通过放宽某些假设的限制性条件，并且将交易成本和外部因素考虑进来，阿隆索模型已经得到了完善。这促成了不同的政策决断，并且为以积极干预的方式控制地租契约留下了空间。然而，作为地租机制的原则之一，社会关系仍然没有被考虑进去；这一理论建立在对资本进行新古典主义理解的基础之上，同时，收入分配的基础是边际生产率。因此，关于地租——也理解为地主的收入——的绝对水平的解释，以及制度在地租形成中的作用问题仍然都是悬而未决的。此外，由于所有的空间现象都是最大化利用个体而产生的边际效益衍生出来的，所以，这一正式模型的僵化也屡屡遭受批评。

当下的政治经济视角

传统政治经济学的竞租理论与新古典主义理解竞租理论的方式具有实质性的区别。自20世纪70年代以来，关键性的政治经济结构已经得到了改善，在这一语境之中，竞租理论得到了更进一步的发展。基于皮埃罗·斯拉法对大卫·李嘉图的古典经济学的系统化，地租被理解为集约和粗放的级差地租。更集约地使用一块土地就会产生"集约级差地租"。这意味着每单位土地上花费的资本总量更多。就城市地区来说，多层建筑的产生就是集约使用土地的典型例子，它导致集约级差地租的增加。艾伦·斯科特（Allen J. Scott）将粗放和集约的级差地租运用到城市语境中，从而表明，决定土地使用的并非边际效益而是地租和运输成本，这恰好与阿隆索的观点相反。

除了这种"新李嘉图式"的理论路径外，以在马克思和恩格斯理论基础上形成的更普遍的政治经济学为视角的著作也产生了。这类著作拓宽了研究领域。地租及其城市功能并不仅仅被认为存在于既定的社会和经济结构之中，它也被认为对社会结构的形成具有促进作用。新理论也关注了农业地租的角色，也就是说为使用自然资源而付出的租金。基于绝对地租的概念——与劳动力价值理论有关的一个类别，资本的有机组成部分在这些研究中得到了重视，从而，生产的具体条件及地主和资本家之间对于剩余价值的争夺也得到了大量关注。难题是级差地租、垄断地租和绝对地租这些最初是为了分析农业问题而产生的概念如何运用于城市的语境之中。但是，绝对地租和级差地租与生产过程直接相关，而垄断地租则通常被认为依赖于住户的购买力。在一个社会中，对于享有特权的空间而言，支付能力越大，高收入群体在这些地方付出的垄断地租也就越多。

这种以政治经济传统为视角的著作主要强调了产生地租的原因及其与资本主义生产之间的关系。除了大卫·哈维的著作，在这一方面做出了贡献并富于创见的其他人包括法国的阿兰·利比兹（Alain Lipietz）和克里斯蒂安·托波罗夫（Christian Topalov）。哈维提出的一个关键观点是土地日益成为一种金融资本。因此，地主与资本家的融合被认为是取消地主阶级的特殊地位。地租被认为应该是可以实现协调功能而不是成为资本积累的障碍。

在其他一些著作中，作者主要强调地主的积极作用。尽管如此，不同的作者常常以一种截然不同甚至相互矛盾的方式使用相同的术语。自20世纪80年代以来，安妮·海拉（Anne Haila）已经指出了关于竞租理论两条观念路径上的明显区别：一种是表意的，一种是常规性的。表意的传统分析特点是它忽视普通法的发展，强调历史情境的独特性。地租的概念仅限于说明支付行为，从而也只限于说明收入的流通。基于此，普遍的竞租理论并不存在。常规性的传统分析主要是去寻求普遍法。海拉建议要进一步地发展常规性的传统分析方法，而约翰尼斯·加戈尔（Johannes Jäger）则批评这一点，提出要撇开常规性的和表意的传统分析的分离。他在调节理论的范畴中提出地租的概念，因此，在资本的积累过程及其调节与地租的具体的制度嵌入之间建立了一种关联。通过区分不同的地租种类，诸如居住隔离和产业布局这些城市空间现象与投机性土地开发的空间影响，可用于分析资本积累和关涉剩余价值、工资及城市空间的社会斗争之背景。

进一步阅读书目：

- Alonso, William. 1964. *Location and Land Use*. Cambridge, MA: Harvard University Press.
- Haila, Anne. 1990. "The Theory of Land Rent at the Crossroads." *Environment and Planning D: Society and Space* 8: 275–96.
- Jäger, Johannes. 2003. "Urban Land Rent Theory: A Regulationist Perspective." *International Journal of Urban and Regional Research* 27(2): 233–49.
- Scott, Allan J. 1980. *The Urban Land Nexus and the State*. London: Pion.
- Screpanti, Ernesto and Stefano Zamagni. 1993. *An Outline of the History of Economic Thought*. Oxford, UK: Clarendon Press.
- von Thünen, Heinrich. 1966. *Von Thunen's Isolated State*. Edited by Peter Hall. London: Pergamon Press.

(Johannes Jäger 文　杨长云 译　王　旭 校)

RESORT ｜度假村

度假村是一个城市空间，它能够为国内外游客和本地居民提供住宿、自然的或人文景观及其他服务，人们可以在这里观光和休闲。这里是错综复杂、多功能的城市环境，各个度假村在区位、目标、规模、开发、形态和经济状况等方面各不相同。

大部分度假村跟海岸、海滩连在一起，海岸和海岸是主要的景观。基于这一特点，英国诞生了一个新的术语——"桶和铲子"海滨旅游。早在17和18世纪，这种度假村就获得了开发，因为它们迎合了那些认为饮用海水、用海水洗澡有利健康的顾客之需要。早期开发的胜地包括埃克斯茅斯(Exmouth)、托基、廷默思和巴德利索尔特顿（英格兰西南部）；伯恩茅斯和布莱顿（英格兰南部）；斯卡堡（英格兰东北部）以及马格特（英格兰东南部）。18世纪末19世纪初，由于公路和水运交通的改进，海滨胜地开发获得了持续发展。直到19世纪30年代和40年代，铁路提供了英国度假村发展的直接动力。

尤其值得一提的是，随着交通日益便捷，以及针对低收入人群的"一日游"这种新的旅游市场产生，铁路刺激了邻近工业城市兰开夏（英格兰西北部）的旅游胜地的发展，比如，绍斯波特、布莱克浦和摩尔甘比；还有伯明翰和布里斯托附近的胜地，比如，韦斯顿滨海；还有伦敦附近的其他几个旅游

加拿大不列颠哥伦比亚省惠斯勒镇是一个冬日旅游胜地，吸引着滑雪者、滑雪板玩家和越野滑雪者。它承办了2010年奥林匹克冬季运动会的一些赛事

来源：Blake Buyan

胜地，比如，福克斯通和海斯汀斯。这些周边景点一直兴隆至今，自工业革命以来即勃兴的"一年一度假日传统"长盛不衰的事实显然可证明其中大多数景点仍然延宕至今。这也必然导致整个苏格兰、英格兰北部和威尔士的工厂要歇停一周，以便能够让工人们有机会去度过他们每年一度的暑假，其中很多人依然选择去海滨度过他们的假日。

然而，作为一种由城市化推动的发展模式，维多利亚时代旅游胜地的发展不只是局限于英国本土，在其他国家，比如英帝国所属的印度也能看到。举个例子来说，英国在印度统治期间，在小喜马拉雅山和其他地区开发出了一些殖民性质的山庄，靠近较大的城市行政中心。这里使英国人能够躲开5月份和6月份大平原的炎热，同时作为政府整个夏季办公的地点。这种山庄融合了滨海旅游胜地的许多特征，包括泳池，最有名的当数邻近加尔各答的西姆拉（Simla），还有孟买附近的浦那，以及钦奈附近的乌塔卡蒙德。尽管这些山庄一度是殖民统治者们独自享有的地方，但是，这些地方也日益受到富有的印度中产阶级家庭的青睐。与那些先期移居这儿的人一样，他们也是出于同样的原因、也是在每年同样的时间（5—6月份）暂居于此。

最近以来，由于国际化趋势和尚存争议的旅游产业全球化，阿加瓦尔（Agarwa）和肖（Shaw）注意到，由于滨海旅游胜地在全世界范围内的发展，它们已经成为全球产品。这样的例子不胜枚举，比如马利亚（克里特岛）、托雷莫里诺斯（西班牙）、巴顿（泰国）、萨姆沙耶赫（埃及）、坎昆（墨西哥）、凯恩斯（澳大利亚），以及果阿（印度）。此外，依托形式迥异的地质条件，许多不同类型的度假村也由此诞生。吉尔伯特（Gilbert）记录了一种最古老的度假村在整个欧洲的历史演变，从17世纪初开始，这种内陆休闲疗养小镇吸引了那些希望通过饮用和沐浴矿泉水以增进身体健康的游客。这样的度假村

位于哥斯达黎加蓬塔-克波斯的一处度假村，仿照欧洲豪华酒店，提供精致餐饮、水上娱乐和观光、水疗及其他豪华的娱乐设施
来源：Erin Monacelli

有：利明顿温泉区、哈罗盖特、坦布里奇韦尔斯(英格兰)；巴登巴登、亚琛和斯图加特(德国)；艾克斯莱班和普罗旺斯区的艾克斯(法国)；巴特奥赛、巴特克罗伊岑、巴特沃尔特斯多夫(奥地利)；以及布达佩斯(匈牙利)。

随之而起的是一些高山地区度假村的开发，这是为了迎合那些爱好在冬天滑雪的游客和那些喜欢在夏天徒步旅行者的需要。这样的胜地有：霞慕尼、蒂涅、梅瑞贝尔和瓦勒迪泽尔(法国)；圣安东、茵斯布鲁克和基茨比厄尔(奥地利)；韦尔比耶和采尔马特(瑞士)；阿斯彭(美国)；以及威士拿和班夫(加拿大)。另外，在欧洲乡村林区，人们也开发了一些旅游胜地。其中最著名的包括：坐落于埃尔夫登的中心公园度假村、朗利特、韦恩费勒林区、舍伍德(英格兰)；莱斯鲍耶法兰西和雷奥特布鲁耶尔(法国)；德沃塞默和厄浦黑德(比利时)；以及比利时平根、黑巴钦(德国)。

然而近年以来，那些正在开发中的新的度假村与此前有所不同，这种不同并非地理位置上的不同，而是服务目标上的不同。包罗万象的度假村在全世界范围内发展，尤其是在那些发展中国家，诸如古巴、多米尼加共和国、牙买加和巴西。普昂(Poon)描述了这类旅游胜地，其中提供的所有服务项目均需预付款，包括机场接送、行李托运、吃喝住行，以及使用所有设施、设备和向导的费用，从而最大限度地减少现金的使用。豪华和高级旅游胜地是另一种正在发展中的胜地类型，比如，安提瓜、巴哈马、马尔代夫、迪拜、毛里求斯和塞舌尔。这些旅游胜地主要瞄准了高端旅游市场，同时催生了许多旅游项目，比如，高尔夫、水上运动和休闲疗养及美容设施。与此同时，为特定目的建造的保健或高尔夫胜地在世界各地也兴盛起来，比如西班牙的阿德耶海岸；新西兰的卡里卡利半岛；以及葡萄牙的埃什托里尔。

除了环境和服务目标不同外，旅游胜地同样在规模和形态上也不同。有些旅游胜地可能很小并且相对与世隔绝，而有些则可能占据着广袤无垠的土地，比如贝尼多尔姆(西班牙)、马加尔夫(马略卡岛)、坎昆(墨西哥)。此外，有些胜地是自然发展的产物，而有些则是人工规划的产物。比如说，通过探究地中海和黑海沿岸的度假村，巴尔巴萨归纳出3种主要的开发类型：(1)天然胜地(比如布拉瓦海岸的略雷特德马尔)；(2)人工规划和地方性的胜地(比如罗马尼亚的玛利亚、保加利亚的尖角公园)；(3)高档规划胜地(比如法国海岸的拉格朗德默特和朗格多克-鲁西永)。此外，巴尔巴萨的研究强调了这样一个事实：度假村开发类型和程度的不同是供需压力导致的结果。在布拉瓦海岸天然胜地开发这一例子中，这个胜地的诞生是为了控制无序的私人开发而导致的。而在另外两种类型的胜地开发中，国家(朗格多克-鲁西永的发展也有私营部门的参与)在那些从无到有开发的功能性旅游胜地中扮演了重要角色。

在普罗(Preau)关于高山环境的研究中，这种"供需压力"也得到了描述。在他的研究中，他区分了两种度假村开发类型：(1)加穆尼克斯模型：外部压力是逐渐产生并相辅相成的；(2)莱斯贝尔维勒模型：按照滑雪爱好者的标准开发的度假村，依靠一定的技术和建设标准(外部因素)而推动开发的度假村。这一区分法后来得到了皮尔斯(Pearce)的进一步阐发，通过利用度假村开发的所谓"整合型"和"催生型"的概念，他试图厘清胜地发展的进程，以便能够应用于一系列的环境分析之中。在这两种情况中，单一的促进因素包含(且仅包含)在"催生型"中，开发的过程从而也变得与许多次级开发者密切相关。

其他的一些研究则试图探究度假村的形态方面，包括迈奥赛克(Miossec)和霍尔瑟姆(Gorsem)的研究。这些研究强调更多的变量，同时也以更多的个案研究为基础。"迈奥赛克模型"展示了度假村在时间和空间上的发展，认为度假村经历了4个主要的发展阶段。第一阶段是度假村的拓荒阶段，基于十分有限的交通网络的开创性胜地建立了起来，为那些具有全球视野的游客提供了旅游机会。第二个阶段则产生了度假村的多元性，这一阶段得益于交通网络的发展，并且更重视地点的选择。到了第三个阶段,度假村的分级制度开始产生,同时,一些度假村开始出现专业化趋势。最后在第四个阶段,胜地特定功能的产生使得其等级制度最终确立。后来,史密斯将这一模型应用到泰国的芭堤雅,并且发展出了试验性的海滩胜地模型,以此说明在整个度假村的发展中,胜地在时间和空间上的最低限度的发展。

霍尔瑟姆同样也展示了一个空间演化模型,不过,这个模型是从国际层面上来描述旅游胜地发展的。这一模型聚焦于3个因素:(1)度假住宿的特性;(2)本地和非本地参与旅游开发的程度;(3)游客的社会结构。这一模型适合于欧洲旅游业的历史演进,并且将旅游地区划分为4个主要类型,在这里,霍尔瑟姆用了一个术语"边缘旅游"。第一周边,由海峡和波罗的海沿岸旅游胜地覆盖;第二周边是地中海欧洲地区沿岸;第三周边是北非沿岸,第四周边是距离更远的一些胜地,包括西非、加勒比海、南非和太平洋。每一个周边都经历了一段初期发展时期,这个阶段的特点是外围开发,游客较富裕,以及游客主要选择旅馆住宿。后期发展则表现为当地因素的更多介入,度假住宿的更多样化,以及游客的社会阶级更为广泛。

显然,度假村发展的程度并不相同,正是因为这一差异尤其引起人们对它们的持续开发予以更多关注。比如,斯沃布鲁克(Swarbrooke)认为,在地中海,滨海度假村集中体现了胜地开发最糟糕的一些方面。其原因在于:消极的环境(比如与当地条件不匹配的开发、对当地居民和物种的滋扰,以及诸多污染)、经济影响(比如通货膨胀,经济漏损和高土地价格)、社会文化因素(比如文化传统的流失和社会变迁)。就消极环境的产生、对经济和社会文化的影响来说,高山度假村开发产生的后果与乡村度假村开发造成的后果一样。最近以来,人们对包罗万象的旅游胜地的可持续发展产生了严重的质疑。这是因为,由于这种度假村的开发权往往掌握在外国人手中,当地经济和本地居民获利极少。而且,除非是有组织的短途旅游,否则游客往往被困于度假村的范围之内。

最后,度假村的经济状况的不同特点也颇具戏剧性。正如阿加瓦尔和布兰特(Brunt)所探讨的那样,许多滨海胜地,尤其是英国的那些滨海胜地正陷入经济、社会和环境的困境。然而,就如普里斯特利(Priestley)和路德(Llurdes)注意到的那样,西班牙度假村经济每况愈下的情况也是显而易见的,而这反映的则是高山度假村的状况,尤其是那些天气变化和降雪时间不确定的低海拔山区胜地,它们状况更糟。不过,要注意的是,在度假村的经济运行中存在着空间变量,一些经营得非常好,而另一些却相对经营得不好。

进一步阅读书目:

- Agarwal, S. and P. Brunt. 2006. "Social Exclusion and English Seaside Resorts." *Tourism Management* 27: 654-70.
- Agarwal, S. and G. Shaw. 2007. *Managing Coastal Tourism Resorts: A Global Perspective*. Clevedon, UK: Channel View.
- Barbaza, Y. 1970. "Trois types d'intervention du tourisme dans l'organisation de l'espace littoral." *Annales de Geographie* 434: 446-69.
- Gilbert, E. W. 1939. "The Growth of Inland and Seaside Health Resorts in England." *Scottish Geographical Magazine* 55(1): 16-35.
- Gorsem, E. 1981. *The Spatio-temporal Development of International Tourism: Attempt at a Centre-periphery Model*. Aix-en-Provence: CHET.
- Miossec, J. M. 1976. "Elements pour une theorie de l'espace touristique." *Les Cahiers du Tourisme* C-36.
- Pearce, D. 1989. *Tourist Development*. 2nd ed. London: Longman.
- Preau, P. 1970. "Principe d'analyse des sites en montagne." *Urbanism* 116: 21-25.
- Priestley, G. and J. C. Llurdes. 2007. "Planning for Sustainable Development in Spanish Coastal Resorts." pp. 90-

111 in *Managing Coastal Tourism Resorts: A Global Perspective*, edited by S. Agarwal and G. Shaw. Clevedon, UK: Channel View.
- Smith, R. A. 1991. "Beach Resorts: A Model of Development Evolution." *Landscape and Urban Planning* 21(3): 189-210.
- Swarbrooke, J. 1999. *Sustainable Tourism Management*. Wallingford, UK: CAB International.
- Towner, J. 1996. *An Historical Geography of Recreation and Tourism in the Western World 1540-1940*. Chichester, UK: John Wiley.
- Walton, J. 2000. *The British Seaside*. Manchester, UK: Manchester University Press.

(Sheela Agarwal 文 杨长云 译 王 旭 校)

RESTRICTIVE COVENANT | 限制契约

"限制契约"这一术语被用来描述契约(合同性文书)中所列的限制性条款，它具体地规定了房产在什么情况下能够及不能够使用。一份限制契约可能被用于拥有一小块土地或单独一块土地的一些家庭，而且一般是由开发者或住房拥有者予以实施。它的目的是提供一种规范，同时也保护房产的价值。契约包括但不限于以下方面：建筑的后缩距离，附属建筑物，住房最小体积，一块土地上的家庭数量，以及建筑的住房类型。

1926年，在美国最高法院将种族性限制契约合法化以后，这种类型的契约开始在美国普遍出现。通过在契约和规章制度中附加各种条款阻止各种肤色、族裔和宗教信仰的人群居住在某一社区之中，这种契约强化了种族和族裔隔离。这种限制契约得到了规划当局的支持。并且，金融机构往往拒绝向那些没有实施这种限制契约的地方提供贷款。1948年，最高法院推翻了它之前的决议，并且要求类似的种族性限制条款不得再被强迫执行。然而，种族性的限制契约仍然在开发者与买主之间订立协议时私下执行。

有人认为，这种契约对于内城出现隔都起了推波助澜的作用。像种族性的限制契约及银行和保险公司的歧视这种排斥行为迫使少数族裔只能密集地蜷缩于城市中条件恶劣的区域。直到20世纪60年代民权运动兴起后，这种歧视性的手段才得到遏制。当联邦最高法院裁定这一种族性限制契约不得再被强制执行时，1968年通过的《公平住房法》使这些契约无效，同时，州法律也裁定它们毫无效力。

尽管如此，规定住房向少数族裔敞开大门的法律在过了许多年后还是通过了。虽然在法律上不得强制执行种族性限制契约，但是，在今天的一些文契约定中仍然能看到种族性限制条款。限制契约如今被视为一种保持新开发区的"一致性"，并控制各类活动的手段，同时被普遍视为无害。

进一步阅读书目：
- Brooks, R. R. W. 2002. "Covenants and Conventions." Northwestern Law and Economic Research Paper No. 02-8. Northwestern University School of Law, Evanston, IL.

- Bullard, Robert, J., Eugene Grigsby III, and Charles Lee, eds. 1994. *Residential Apartheid: The American Legacy*. Los Angeles: UCLA, Center for African American Studies.
- Gotham, K. F. 2000. "Urban Space, Restrictive Covenants, and the Origins of Racial Residential Segregation in a US City, 1900-1950." *International Journal of Urban and Regional Research* 24(3): 616-33.
- Hirsch, A. A. 1998. *Making the Second Ghetto: Race and Housing in Chicago 1940-1960*. Chicago: University of Chicago Press.
- Massey, Douglass and Nancy Denton. 1993. *American Apartheid: Segregation and the Making of the Underclass*. Cambridge, MA: Harvard University Press.

(Nadia A. Mian 文 杨长云 译 王 旭 校)

REVANCHIST CITY | 收复失地者的城市

要理解"收复失地者的城市"这个术语的确切含义,就要回到"收复失地"的诞生地:19世纪末的巴黎。收复失地者(来自法语"revanche",原意是复仇)是一群中产阶级民族主义者,他们反对法国第二共和国的自由主义,反对君主专制的衰落,尤其反对在巴黎公社——工人阶级接管了拿破仑三世的政府并且控制巴黎市区长达数月之久——中崛起的社会主义分子。收复失地运动者(由诗人变为战士的保罗·德罗列德及其爱国联盟领导的)决意要以军国主义与道德主义相结合的方式恢复中产阶级的秩序,同时主张恢复城市街区的公共秩序。他们充满仇恨和恶意地搜寻着1871年巴黎公社的拥护者,意欲将他们的仇恨强加到所有那些抢走了他们对法国社会美好梦想的人身上。

20世纪90年代,城市地理学家尼尔·史密斯(Neil Smith)分析了19世纪末期巴黎的收复失地运动与20世纪末期纽约市的政治氛围,认为这两者之间有显著的相似性。后者的产生是为了填补因为城市自由主义政策崩溃后留下的政治真空。他创造了"收复失地者的城市"这一概念,用以描述因为政治动荡而造成的令人不安的城市状况:在20世纪60年代后的自由主义时期,"收复失地者"的特点表现在再分配政策、肯定性行动和反贫困立法上;而在新自由主义时期,其特点则表现在对少数族商、工人阶级、女性主义、环境保护激进分子、同性恋和新近移民的复仇话语上。这些群体都被中产阶级政治精英及其拥护者公然视为"公共敌人"。20世纪90年代的纽约市成为一个充满矛盾冲突的地方:他们攻击肯定性行动和移民政策;反对同性恋者、流浪汉和女性主义者的街头骚乱时有发生,他们还发起公开反对"政治正确"和多元文化的运动。正如19世纪90年代的巴黎,中产阶级的秩序被臆想为受到收复失地运动者的威胁一样,在20世纪90年代的纽约市,一种独特的、排他性的市民社会图景以强烈的程度被重新构思——试图将那些并不属于这一图景的人驱逐到城市的边缘地带。

根据史密斯的观点,有两个因素激起了纽约市收复失地者的怒火。首先,20世纪80年代末90年代初的经济衰退激起了白人中产阶级空前的愤怒。那些处于社会边缘的人群很快就成了替罪羊,他们被认为是造成城市社会不安定的因素。其次,因媒体产生的偏执狂和恐惧增强和恶化了那些中产阶级选民现有的情绪,他们因为在城市公共空间中缺乏所谓的安全感而寻找替罪羊。1993年，鲁道夫·朱利安尼因为承诺为那些"恪守传统的社会成员"提供更好的"基本生活条件"而当选为纽约市市长，考虑到前述事实，这就毫不奇怪了。史密斯指出，通过将自由主义政策的失败归咎于处在社会边缘的人群——这些政策制定的目的就是要帮助这些人群，朱利安尼领导下的收复失地运动得到了加强。

朱利安尼认为，无家可归者、乞丐、卖淫者、拦路洗车的人、非法定居者、涂鸦艺术家、鲁莽骑车者和不守规矩的年轻人是城市秩序的主要威胁，也是城市衰退的罪魁祸首。有一个例子证明了这种对待所谓的"罪魁祸首"的极其残暴的态度，即朱利安尼政府领导下的纽约警察局一项广为人知的"零容忍政策"，这大概也可以视为"收复失地者的城市"的标志。当20世纪90年代中叶经济复苏之时，犯罪率进一步降低（与公众的看法相反，犯罪率在朱利安尼执政前就开始下降了），诸如时报广场和布赖恩特公园这样的公共空间已经私有化和商品化。纽约市开始成为一个主要的旅游目的地，绅士化加速，并且向周边地区扩散，势头超出了之前的发展速度。这些成就都被归功于这位富有超凡能力的市长，他们弹冠相庆，而那些为了这些成就而不得不被清扫出去或被监禁的人却无人问津。

在美国，收复失地主义比政治理念和道德运动走得更远，它已经渗透进了市政立法之中。禁止在人行道和其他公共空间行乞、讨钱和睡觉或大小便的法律日益被用于保护观光客、中产阶级和富有的居民及游客光顾的公共空间。由于每座城市都希望自己成为居住和投资热地，城市之间展开了激烈的竞争，因而，这些城市更加希望对那些游客、顾客、通勤者和投资者讨厌的人施加严厉的惩戒。城市政府已经制定了相关的市政法令对那些不受中产阶级住户和游客欢迎甚至令他们讨厌的行为进行法律惩罚。此外，应对粗鄙市民的惩罚性策略是被其设计者当作常识、一种既成事实甚至是神圣不可侵犯的东西提出来的。

史密斯的"收复失地者的城市"术语已经被证明是近年来在城市研究中最有影响力的观点之一。他指出，收复失地主义并不是纽约或美国城市所独有，它成为重构晚期资本主义城市地理学的术语。这引起了其他研究者将"收复失地主义"置于其他城市语境中，以检验其适用性。2002年，对于苏格兰格拉斯哥市中心新近出现的下城复兴现象，麦克劳德（MacLeod）探究了收复失地主义渗透其中的程度。他认为，在20世纪90年代城市经济复苏期间，格拉斯哥市政府对于城市无家可归者的轻率处置表明收复失地主义政治的出现在这座城市留下了印记。然而，他话锋一转说，羽翼丰满的收复失地主义之所以出现在那里，是因为那里有一系列扶助边缘人群的政治方案。

2003年，阿特金森（Atkinson）论证道，即使很难找到直接的收复失地行为，但是，某些收复失地主义思想已经渗透到城市政策之中，宣称控制和保护英国城市的公共空间。2008年，尤特马克（Uitermark）和戴文达克（Duyvendak）发现，在荷兰鹿特丹出现了平民主义党派的收复失地主义，他们与史密斯所认识的收复失地主义在性质上不同。他们大部分的目标是指向少数族裔（试图规训处于社会边缘的族裔群体），而收复失地运动的大部分拥趸来自底层阶级。

最后，关于全球南部的最新研究揭示，厄瓜多尔首都基多和印度孟买产生了"极端收复失地主义"，城市精英和商业领袖向城市经理施压，试图清除城市贫困症状，同时让无家可归者在城市中消失。

进一步阅读书目：

- Atkinson, R. 2003. "Domestication by Cappuccino or a Revenge on Urban Space? Control and Empowerment in the Management of Public Spaces." *Urban Studies* 40(9): 1829–1843.
- Bowling, B. 1999. "The Rise and Fall of New York Murder: Zero Tolerance or Crack's Decline?" *British Journal of*

- *Criminology* 39(4): 531–554.
- Lees, L., T. Slater, and E. Wyly. 2008. *Gentrification*. New York: Routledge.
- MacLeod, G. 2002. "From Urban Entrepreneurialism to a 'Revanchist City'? On the Spatial Injustices of Glasgow's Renaissance." *Antipode* 34(3): 602–624.
- Mitchell, D. 1997. "The Annihilation of Space by Law: The Roots and Implications of Anti-homeless Laws in the United States." *Antipode* 29: 303–335.
- Smith, N. 1996. *The New Urban Frontier: Gentrification and the Revanchist City*. New York: Routledge.
- Smith, N. 1998. "Giuliani Time." *Social Text* 57: 1–20.
- Swanson, K. 2007. "Revanchist Urbanism Heads South: The Regulation of Indigenous Beggars and Street Vendors in Ecuador." *Antipode* 39(4): 708–728.
- Uitermark, J. and J. W. Duyvendak. 2008. "Civilising the City: Populism and Revanchist Urbanism in Rotterdam." *Urban Studies* 45(7): 1485–1503.
- Whitehead, J. and N. More. 2007. "Revanchism in Mumbai? Political Economy of Rent Gaps and Urban Restructuring in a Global City." *Economic and Political Weekly* (June 23): 2428–2834.
- Wyly, E. and D. Hammel. 2005. "Mapping Neoliberal American Urbanism." pp. 18–38 in *Gentrification in a Global Context: The New Urban Colonialism*, edited by R. Atkinson and G. Bridge. London: Routledge.

(Tom Slater 文 杨长云 译 王 旭 校)

RIGHT TO THE CITY | 城市权利

"城市权利"这一概念与亨利·列斐伏尔紧密地联系在一起。列斐伏尔是一位研究空间和日常生活哲学的马克思主义者,这一概念出现于他那篇经典的论文《城市权利》(*Le Droit à la ville*,1968)之中。对于列斐伏尔来说,城市权利首先是一个抽象的主张——他所指称的是全部作品或者成果的权利,也就是说,这一权利属于并决定城市居民已经创造的城市世界;这一权利与日常生活的空间并不脱离。其次,这是一个针对社会、经济和政治产物的明确的主张:住房,文化,助益而非破坏人们的工作,长者和幼童的权利,尤其是所有人的城市空间权利。

正如埃利奥诺·考夫曼(Eleonore Kofman)和伊丽莎白·勒巴(Elizabeth Lebas)在1996年关于列斐伏尔城市著作的一篇评论文章中指出的那样,"城市权利"在列斐伏尔的作品和1968年的城市暴动中获得了发展,后者成为城市权利的最高形式。2003年,列斐伏尔对其予以了详细解说,同时总结了其他主要的权利:自由权、社会化中的个性化、近郊(住所),以及生活方式(习性)。因而对于列斐伏尔来说,"城市权利既是要求又是需要":一种对人们不可——或者说应当不可——被剥夺的那些权利的要求,也是对那些能够使人仅在城市中切实可行的权利的需要;城市权利不是一劳永逸地解决权利问题的好方法,而是一种活动,尤其是参与式的活动。然而,作为一种活动,城市有作为其目的的仪式,一种"非生产性地消耗的庆祝仪式,除了消遣和声望,以及大量的金钱和日常生活用品,毫无其他利益"。

语境和论点

《城市权利》写作于马克思《资本论》发表100

周年之际。1956年苏联出兵匈牙利之后不久,列斐伏尔在1958年遭到法国共产党的驱逐,在这之后,他重新聚焦于日常生活、意识形态和异化的问题;同时,他既将这些置于乡村研究的语境之中,又日益将它们置于城市的分析框架之下。《城市权利》因此在许多方面成为"资本"的一个注解,不过,关于这一作品是如何在城市空间之中和城市空间各处显得格格不入的,以及为什么必须持续不断地辩驳这种格格不入,对这些问题首先要进行周密的分析。《城市权利》显然也受到了1871年巴黎一系列事件的启迪——列斐伏尔在《共同宣言》(*La proclamation de la commune*, 1965)之中暗指1871年巴黎的一系列事件是"这个世纪和近代以来最大的庆祝仪式"(第389页),同时,也"只是一种革命性的城市主义的尝试"(第394页)——并且代表列斐伏尔首次尝试对有关城市的一切或者部分的作品进行理论概括。就这点而论,它为此后更多的作品奠定了基础,包括《城市革命》(2003/ *La Révolution urbaine*, 1970)和最重要的一部《空间生产》(1991)。

在城市研究急需理论发展的时候,列斐伏尔的城市分析逐次出现。社会科学中的城市研究依然是描述性的,更多地依赖经验概括而不是像他那样依赖于理论概括——它强烈地表现为以方法见长。在另一方面,战后的社会理论往往避开城市问题,尽管已经产生后来成为城市社会学基础的涂尔干和齐美尔的早期的城市理论分析模型。但就某些学者来说,在那段时间,他们往往否认城市学包含一种特定的社会领域,反而辩称城市学在很大程度上是上层建筑。

对马克思主义理论的修正是列斐伏尔的首要目标。为了实现这一目标,列斐伏尔回到(即便并非很明显)马克思的一系列关键的概念:使用价值和交换价值的辩证关系。城市权利是一种使用权利,一种应用的权利(显然有别于财产权)。形成中的权利——最初是习惯上的,后来是成文的——"如果成为社会现实:工作权、参加培训和教育权、健康权、住房权、休闲权和生存权",则具有"改变现实"的效用。这些便是应用和使用的权利,列斐伏尔将这一观点讲得很清楚:

> 在这些正在形成中的权利之中,城市权利是主要的权利(并非古代城市的权利,而是城市生活权利,复兴中心城市的权利,对抗和交换场所的权利,生活节奏和时间利用的权利,使这些重要的东西和场所等得到充分而全面的使用)。城市生活作为使用原则(摆脱了交换价值的交换和交流)的声明和认识,强调经济的掌控(关于交换价值,市场和商品),因而内含于工人阶级统治下的革命范畴之中。

本质上,他阐明的是一种非排他性的权利,尤其是在城市形成过程中充分的政治参与权利。这一权利反对的是剥夺和异化。

尤为重要的是,城市的权利有赖于空间的权利——存在和栖居的权利,同时也是使用空间的权利。这些是列斐伏尔在其《城市革命》和《空间生产》中继续探讨的主题。但是,与此同时,城市权利的"呼吁与要求"在巴黎的街头被利用,在1968年5月激发了革命热情,(这)恰好在《城市权利》出版后不久。《城市权利》像列斐伏尔的对话者居伊·德波在同一时期出版的《景观社会》(*Society of the Spectacle*, 1967/1994)一样,成为学生和工人的集体宣言。

列斐伏尔和情境主义者时常兜售相同的城市分析词语——最重要的词语聚焦于对情境(Situation)的关注。源自存在主义哲学的说法,这一"情境"可被界定为一种构造的时空——确立可能性限度的时空结构(日常生活或居住的可能性,或者至少是资本流通或劳动征用)。在策略上,德波主张地点需要被倒置。按照超现实主义者的剧本,境遇主义者试图利用移位和错位(字面意思是"不在其位")去暴露、扰乱或者可能只是去控制构造的时空,并且通过这样去创造一种新的地点——一种为生存展现了新的可能性的崭新的时空结构。列斐伏尔的观点与其说是在哲学层面上与之不同,不如说是在策略上与之不同,他试图延伸地点的概念并予以概括、理解,比如,现代性本身如何是一种地点(尤其是从广度和深度来看)。

因此,对于列斐伏尔来说,革命哲学的中心任务是揭示地点始终在被生产着——以及揭示如何一直被生产。这也是他在《城市权利》中阐明的主要观点,并且在《空间生产》中予以了全面阐述。这一理论的重要性不容忽视,用德波的话说,"无产阶级革命(这里让人想到,当列斐伏尔将城市权利指称为一种呐喊和要求时,他是在向工人阶级诉求)是对人文地理学的批判,个人和共同体必须通过这种革命来建构场所和事件,不止是要借助于他们的劳动,而是他们所有的历史"。然而,对于列斐伏尔来说,不只批判是必需的:更加必不可少的是新的空间、新的地点的生产——一种(未让渡的)作品的培育——从而相应地需要为城市权利而斗争:一种革命性的城市主义。因为马克思的资本论试图分析建立在对工人阶级(为了建立一个人类兴旺发达的世界)的剥夺和异化基础上的新的政治经济学的生产方式,故而,《城市权利》成为一种分析介质,可能会指出整个城市人的新的空间生产方式。

知识的影响

在以英文为语言的城市研究中,城市权利可能只是作为一种口号产生了更多影响,而不是作为一种成形的理论或哲学立场。虽然《城市权利》出版于1968年,并且在同年的城市骚乱中产生了明显的影响,但它直到1996年才被译为英文,还是删节版。甚至出版的《城市权利》的英文全本也不过是大纲或者在字面上是一个内容摘要。这是有意而为之的。因为列斐伏尔在一开始就阐明了,他的目标是展示观点而不是进行系统的分析。就这一点而言,他对分析和阐述所持的态度正如他自己所言是漫不经心的。

列斐伏尔关于城市的分析更为完整的英译版已经出版,加上《空间生产》译本在1991年的出版,以及爱德华·索贾的著作(1989)、大卫·哈维的著作(1973)、尼尔·史密斯的著作(1984)和1991年之后不计其数的其他著作,他对于空间社会理论的贡献便广为人知了。伴随着《城市权利》英译本的出版,这种空间社会理论被迅速地运用于(并且批判地检验于)关于城市转型和社会斗争中权利的作用等争论之中。虽然如此,由列斐伏尔提出并发展的"城市权利"的概念在此后的引用中却并没有得到像他一样严谨的检视。举例来说,唐·米切尔(Don Mitchell)在其出版于2003年的关于公共空间的著作中借用了这一标题,但是,除了少数篇幅解释了列斐伏尔的观点外,他分析的侧重点并不是将城市当作一件作品,而关注于更多狭隘的问题,诸如公共空间是如何在城市中被构建的?哪些人有权利进入公共空间?以及为什么这一点(谁有权进入公共空间)事关政治行动和城市社会公平?

类似地,在2002年《地理杂志》(GeoJournal)的一期特刊中,"城市权利"专栏中的大部分论文——这些论文是此前2002年5月份在意大利罗马召开的学术会议上提交的论文——介绍了不同城市的具体行动(努力)。比如,城市区域规划和复兴、社区园艺、社区复兴、新自由主义"影子政府"中的公民权。他们很少有人会多费笔墨来探究"城市权利"这一概念本身。尤金·麦肯恩(Eugene McCann)和马克·珀塞尔(Mark Purcell)2002年撰写的文章在这一点上是个例外。后者指出,城市权利在政治上和理论上仍然处在发展之中,他反而奇怪地削弱了这一概念的理论和政治权重,降格为他所称的"居民的城市政治"层面。实质上,珀塞尔提倡一种"居住"政治,而非激进地"生产"城市空间,从而矛头直指列斐伏尔根本的政治立场的狭义方面(尽管也是主要的一个方面),而且实质上也抹杀了将城市看作一件作品的观念。

由于更充分地深入列斐伏尔思考的领域,穆斯塔法·迪科克(Mustafa Dikeç)2001年对城市权利的探讨故而更令人满意。他把城市权利视为对城市过度官僚化和完全依赖消费主义的纠正。的确,这恰是作为口号的"城市权利"为什么如今引起共鸣的一个原因。1999年世界贸易组织在西雅图的声明，以及接下来几年，各种反对国际货币基金组织/世界银行、11国集团和世界经济论坛峰会的运动已经使人们清楚地看到了由这些国际组织支持和推动的城市空间日益公司化、商业化和官僚化。因此，认清城市权利是"批判城市空间的'交换价值'支配'使用价值'的世界"，这一观点已经引起了共鸣。同时，它也意味着一项清晰的政治方案（而且是一项比由一种居住的政治学所表明的更加宽泛的方案，即便后者是前者的一个前提）。

因此，大卫·哈维认为，城市权利不只是一种业已由房产买卖和国家规划界定的使用城市的权利，"而是一种积极的权利，使城市与众不同的权利"。当然，难题是我们如今确实生活在一个景观社会之中。正如德波在1994年表明的那样，"景观就相当于商品实现其社会生活的殖民化的历史时刻。这不只是说与商品的联系如今十分清晰可见——商品如今已经到达了那种程度，我们所认识的这个世界是一个商品的世界"。然而——因此——正如哈维在2003年指出的那样："没有乌托邦规划和正义理想，我们就无法生存。"特别是因为商品借以确立的资本主义财产权存在严重的矛盾，也是因为作为"所有作品权利"的城市权利能够提供强大的选择余地。城市权利最近在为争取社会正义的运动中成为一种强大的战斗口号和要求。

社会斗争和城市变革

在学术阵地之外，社会活动家、无政府组织和联合国拿起了城市权利，去要求获得所有公民在城市空间中的具体权利。《城市权利世界宪章》（World Charter on the Right to the City）确立于2004年，在基多召开的美洲国家社会论坛（Social Forum of the Americas）和在巴塞罗那召开的世界城市论坛（World Urban Forum）上得到了确认。它主要的目标是确认城市权利是国际人权的核心权利。《世界宣言》成为联合国教科文组织/联合国人居署发起的探讨"城市政策和城市权利"巴黎会议（2005）和巴塞罗那会议（2006）以及第二届世界城市论坛（范库弗峰会议，2006）的组织原则。《宣言》及其之后一系列会议的出现在其组织者看来是不断发展的贫穷城市化和社会排斥的结果，也是私营部门在城市区域规划中日益扮演积极角色所推动的。具有讽刺意味的是，那些无权使用城市日常空间的人几乎很少有人出席这3次关于城市权利的会议。相反，那些遭受社会排斥和贫穷城市化的人群往往被非政府组织代表出席，比如大都市、联合城市和地方政府协会、地方政府论坛协会、南半球组织、国际人居联盟等，也往往由地方政府、私营企业和联合国的代表替他们出席。因为主要关注城市、住房和社会流动的管理和治理，这些组织——及其召集的会议——对于城市权利的定义往往与珀塞尔的"居民的城市政治学"概念更趋一致，而不是把城市视为一件作品——作为城市的一种有创造性的和供人分享的产品。

通过国际会议的召开，城市权利得以制度化。尽管在许多方面值得称颂，但是，这一制度化也冒着将这一权利非政治化的风险，因为专家在其中的影响不断增大。在列斐伏尔的革命性的哲学和社会学见解与非政府组织更为有限的目标之间存在明显的鸿沟。正如列斐伏尔在《城市权利》的末尾所写的一样，这是因为"很显然，只有社会财富的极大增长，以及社会关系（在生产方式中）的深刻缓和，城市权利和公民的其他权利才能够成为现实。这种发展是以经济增长的目标为先决条件的，其本身的目标并不是资本积累，而是获得更高的'目标'"。列斐伏尔总结道，城市权利是"城市居民的权利，以及他们（在社会关系的基础上）所组成的群体的权利，主要是（出现在）资源、信息、情报交流和交换"。城市权利因而是作为城市主要部分的权利。他说："这并不依赖于城市的意识形态，也不依赖于建筑结构的干预，而是城市空间的一种必不可少的品质或特性：向心性。"城市权利就是生产那种向心性的权利——不是边缘权利——作为一件作品。

进一步阅读书目：

- Dikeç Mustafa. 2001. "Justice and the Spatial Imagination." *Environment and Planning A* 33: 1785 – 1805.
- Debord, Guy. [1967] 1994. *Society of the Spectacle*. Translated by Donald Nicholson-Smith. New York: Zone Books.
- Harvey, David. 1973. *Social Justice and the City*. Baltimore: Johns Hopkins University Press.
- —. 2003. "The Right to the City." *International Journal of Urban and Regional Research* 27: 939 – 941.
- Kofman, Eleonore and Elizabeth Lebas. 1996. "Lost in Transposition—Time, Space and the City." pp. 3 – 60 in *Henri Lefebvre, Writings on Cities*, edited and translated by Eleonore Kofman and Elizabeth Lebas. Oxford, UK: Blackwell.
- Lefebvre, Henri. 1965. *La proclamation de la commune* [The cry of the commune]. Paris: Gallimard.
- —. 1968. *Le droit à la ville* [The right to the city]. Paris: Anthropos.
- —. 1970. *La revolution urbaine* [The urban revolution]. Paris: Gallimard.
- —. 1974. *La production de l'espace* [The production of space]. Paris: Anthropos.
- —. [1972] 2000. *Espace et politique: le droit à la ville* [Space and politics: the right to the city]. Paris: Editions Economica.
- —. 2003. *The Urban Revolution*. Translated by Robert Bononno. Minneapolis: University of Minnesota Press.
- McCann, Eugene. 2002. "Space, Citizenship, and the Right to the City: A Brief Overview." *GeoJournal* 58: 77 – 79.
- Merrifield, Andy. 2006. *Henri Lefebvre: A Critical Introduction*. New York: Routledge.
- Mitchell, Don. 2003. *The Right to the City: Social Justice and the Fight for Public Space*. New York: Guilford.
- Purcell, Mark. 2002. "Excavating Lefebvre: The Right to the City and the Urban Politics of the Inhabitant." *GeoJournal* 58: 99 – 108.
- Smith, Neil. 2003. "Foreword." pp. vii-xxiii in Henri Lefebvre, *The Urban Revolution*. Minneapolis: University of Minnesota Press.
- Steaheli, Lynn and Lorraine Dowler, eds. 2002. *Social Transformation, Citizenship, and the Right to the City*, Special issue. *GeoJournal* 58(2/3).

(Don Mitchell、Joaquín Villanueva 文 杨长云 译 王 旭 校)

RIIS, JACOB ｜ 雅各布·里斯

雅各布·里斯（1849—1914）是一位从事改革运动的新闻工作者，他将纽约城中拥挤不堪的、破败的贫民窟带到了美国中产阶级人士的视野中，引起了他们的觉悟和良心发现。里斯最为著名的书是1890年出版的插图本《另一半人如何生活》，借此，他激发了全美城市中的住房、学校和社区改革热情。

里斯出生于丹麦的里伯，父亲是一位校长。他那还算安逸的童年时代和乡村生活成为他日后提倡城市住房改革的根源，同时，这也是他的基督教信仰和道德意识决定的。里斯的爱好是读小说，尤其喜欢查尔斯·狄更斯的小说，从而促使他去学习英语，不过他并不喜欢学校，而是去学了木工手艺。由于浪漫爱情的破灭，同时也是想去碰碰运气，里

斯于 1870 年离开家乡前往美国。

从事了短期的木匠、建筑和采矿工作，然后依靠一个偶然的机会，他成了一名旅行推销员。里斯经历过食不果腹和无家可归的日子。在一个寒冷的夜晚，他带着他收养的小狗前往警察局以求栖息。多年以来，纽约市的警察局一直成为无家可归的男男女女们最后的依靠，成为他们的栖居之所，警察局的地窖里提供了长条木头可供他们晚上睡觉。那个晚上，里斯的挂坠盒被人偷走了，拒绝相信的警官将保护里斯的那条狗打死。这个小事件促使里斯决定致力于改善穷人的生活，让生活在贫民窟的人们重新获得尊重。

直到 1873 年，里斯开始考虑找一份报刊工作，终在《长岛周刊》谋得一职，这是曼哈顿的一家新闻通讯社，后来他终于成为《南布鲁克林新闻》(*South Brooklyn News*)的编辑。他最终买下了这个新闻社，所有事情都亲力亲为，把这份报纸变成了一份赢利的独立报纸，其特点是针对游手好闲的杂货铺顾客和附近寄宿公寓而发表一些公正的社论。里斯最终大获成功，并娶了他深爱的伊丽莎白，然后卖掉这家新闻社，于 1877 年加入《纽约论坛报》(*New York Tribune*)。

揭露另一半人如何生活

里斯在《论坛》和联合通讯社的职位是一名专门负责采访治安消息的记者，在这里他开始成为调查贫民窟生活状况的记者和评论员，他的办公室就在曼哈顿东区贫民窟的中心地带。为了寻找有报道价值的故事，里斯时常在夜晚跟随警官穿行于廉价公寓区，在白天则跟随卫生巡视员。

贫民窟里的生活状况使里斯深有感触并激起义愤。到 1880 年，超过 100 万人（其中大多数是移民）拥挤在纽约市那些阴暗、污秽不堪的廉价公寓之中，要么是年代已久的木结构房子，要么是新近建筑的四至六层的砖石房子。公寓在这里兼作血汗工厂，连地窖也充当寄宿宿舍被租出去。租客往往招揽另外的寄宿者一起住，以分担租金以及水费和垃圾处理费。里斯写道，这里臭气冲天，让人难以忍受。

1888 年，为让更多的人关注贫民窟的状况，里斯开始为他的幻灯片演讲拍摄照片，并且在黑暗的室内使用了一种新的闪光灯技术。他拍摄的照片确实引起了人们的注意，也用在《斯克里布纳尔》(*Scribner's*)上发表的文章中，最终扩展为《另一半人如何生活》这本书。在揭露城市贫民环境方面，里斯的书并不是独一无二的，但是，他充满激情的散文写作方式，用数据支撑的轶事描写，尤其是其中拍摄的照片，使这本书成为畅销书。

1890 年，里斯供职《太阳晚报》(*Evening Sun*)，继续他的调查报道。1891 年，他发现一则关于克罗顿水库(Croton Reservoir)含有硝酸盐的卫生报告。他后来查到了源头：人畜污物排入小溪，再流入克罗顿河。他的文章以及由此激起的人们的抗议导致城市政府通过购买水库附近的土地来保护自来水供应。

让光明驱散黑暗

里斯最大的热情是进行贫民窟改革。在报纸的专栏，为《大西洋月刊》(*Atlantic Monthly*)、《世纪》(*Century*)、《斯克里布纳尔》和《哈珀斯周刊》(*Harper's Weekly*)撰写的文章，以及他后来出版的著作中，里斯号召在贫民窟社区建立游乐场和公园，提供更好的学校设施，实现逃课学生的无犯罪化，建立模范公寓，并且实施更为严格的住房、健康、劳动和安全法令。里斯同时也主张开展有私人参与的改革，从组织慈善活动到投资建立模范住房。

里斯谴责贪婪的房东和对这些问题视若无睹的——如果不算腐败的——政府，将这些长久存在的贫民窟归咎于他们。同时，里斯也瞄准了贫民窟本身，认为它们滋生了疾病、堕落和无序。他的著作也表达了他对妓女的憎恨，对贫民（靠救济过活的人）的蔑视，以及在所有的族裔之中，他时常表露出对非洲裔美国人、犹太人、意大利人和华人的蔑视，然而他对于穷人的描述却颇多同情。因为他自己就是移民，他通过提供一种容易接受的条件，使得人人都能够通过社会流动实现他们的美国梦。与他同时代的其他进步主义者一样，里斯认为，酗酒、逃学、少年帮和道德堕落应归咎于贫民窟的环境而非居民本身。

传染病是一个恶性循环。在廉价公寓中发生的流行病很快就传遍了贫民窟，有时还传染到城市的其他地区。里斯同样也具体分析了道德败坏——来自纯朴乡村的青年移民陷入了淫荡和犯罪的生活，天真无邪的孩子因为堕落和无知而毁了终身。可能最危险的是，贫民窟的状况为激烈的革命准备好了条件。里斯认为，改善廉价公寓的生活条件已经成为整个社会最亟待解决的事情。

里斯充分重视由于阴暗而造成的人的身体和精神健康问题，他认为，阳光和新鲜的空气对于贫民窟问题的解决大有帮助。1867年管理廉租房建筑的法令规定了通风井的最小规格，但是，即使是因为1879年的法令而改良成"哑铃式"租屋（Dumbbell tenements），这些房子前后屋的通风和采光效果都很差。公园和游乐场可以向所有住房提供健康的空气和空间，而且特别是为小男孩们提供一个让他们肆意玩耍的地方，不致让他们只能在主干街上玩耍。里斯成功地游说当局在游乐场附近建立了新的学校。他希望学校成为社区的中心，可供人们下班后或者在夏天的时候聚集和娱乐。他最关注的是"穷人家的孩子"（1892年发表的著作的标题），并且主张实施童工法；主张为学校配备适当的通风设备、暖气设备、课桌椅和操场；为学生提供免费的视力检查服务；建立幼儿园；以及为辍学者提供职业培训和学校——而不是监狱。

公私伙伴关系

不管他是以新闻记者的身份还是其他身份示人，里斯认识了许多与他志同道合的改革倡导者，同时他还是数个政府顾问委员会的积极成员。他曾经报道了道德文化学会（Society of Ethical Culture）的创建者费利克斯·阿德勒博士（Dr. Felix Adler），推动州立法机构在1884年建立以调查实情为宗旨的租屋委员会（Tenement House Commission），从而制定法律建立小型公园、学校操场和安全、洁净的住房——"新法"之下的廉租房。里斯与国王之女（King's Daughters）——一个圣公会妇女服务团体——合作，推动了社区娱乐、教育和社会中心的建立，1901年被命名为"里斯"。当西奥多·罗斯福（Theodore Roosevelt）于1895年成为纽约市警察局长时，他因为里斯的《另一半人如何生活》而大受感动，以至于他曾征求里斯的建议。受到里斯的影响，罗斯福关闭了数百家制造雪茄的血汗工厂。罗斯福同样也于1896年关闭了警察局的避难所，清除了在里斯无家可归的那些日子里给他带来灾难的东西。无家可归的人们于是被迫申请在东河驳船上的公共避难所或者尝试申请慈善机构提供的寄宿宿舍。

里斯也崇拜罗斯福，他曾经为罗斯福竞选州长和总统而奔走呼告，并且写了一部讨好罗斯福的传记。里斯曾经参与过讨伐腐败的坦慕尼厅政治机器的斗争。坦尼慕厅维持贫民区的现状，因为这儿的居民是他们的政治支持者。然而，里斯对于共和党政府在改革行动上的迟缓深感失望。但他依然愿意与在权位上的任何人共事。1896年，好政府俱乐部理事会（Council of Good Government Clubs）接纳里斯为该会成员。在他的协助下，该理事会确认了近100栋带有后庭的经济公寓房为不适宜人居。

最令里斯感到骄傲的成就是清除了桑本德（Mulberry Bend）约6千米的廉价公寓和小胡同，这里因为其高犯罪率和比纽约市其他区域高出50%的死亡率而臭名昭著。桑本德如今最终被哥伦布公园取代，附近就是今天的唐人街。这并不是这座城市清除的第一个贫民区——早在19世纪30年代，曼哈顿五点区附近的几个街区就得到了更新——而这一过程所花时间不过10年,但它却是这一时期首要的工程之一。

虽然里斯致力于清除令人厌恶的贫民窟和避难所,然而,对于这儿原来的住户和寄宿者将何去何从,他却并不关心。里斯没有系统地就贫穷发表过意见。尽管他意识到了经济状况的不稳定及财富和资源分配的极大不公平,但是,他仅仅攻击房东的贪婪。他对理论没什么兴趣,对于急切要解决的问题他更喜欢用实际的解决办法,他亦感到自己与那些在20世纪初使他黯然失色的科学管理行家们有疏离感。

虽然里斯没有发明廉价公寓改革,但他是这个国家最为成功的贫民区评论家和改良方案的鼓动者。他利用城市和州政府及私人组织,试图改善城市贫穷的状况。里斯留给世人的是曼哈顿下东区的一些小公园、配有操场的结实的校舍,里斯娱乐、教育和社会中心(如今在昆斯区),以及已经使用100多年的干净的、未过滤的饮用水系统。

进一步阅读书目:

- Lane, James B. 1974. *Jacob A. Riis and the American City*. Port Washington, NY: Kennikat Press.
- Roy Lubove. 1962. *The Progressives and the Slums: Tenement House Reform in New York City, 1890–1917*. Pittsburgh, PA: University of Pittsburgh Press.
- Page, Max. 1999. *The Creative Destruction of Manhattan, 1900–1940*. Chicago: University of Chicago Press.
- Riis, Jacob A. 1890. *How the Other Half Lives*. New York: Scribner's.
- —. 1902. *The Battle with the Slum*. New York: Macmillan.
- —. 1902. *The Making of an American*. New York: Macmillan.

(Tamar Y. Rothenberg 文 杨长云 译 王 旭 校)

ROME, ITALY | 意大利罗马

在3 000年的历史中,罗马城一直都是主要的行政中心和著名的艺术成就之地。在古代世界,它是罗马大帝国的首都,也是最大的、建筑技艺上最为精湛的古代城市。得益于其精良的基础设施,罗马城的人口一度达到100万,是历史上首个大都市。尽管罗马城在中世纪的时候衰落了,但它对西方文明的影响仍然持续存在,它是教皇驻地和天主教的总部。在文艺复兴时期和巴洛克风格时代,米开朗琪罗(Michelangelo)、布拉曼特(Bramante)、拉斐尔(Raphael)、贝尔尼尼(Bernini)这些伟大的建筑师和艺术家们的作品形塑了罗马的面貌。在19世纪,摆脱法国人的占领之后,罗马城成为新近统一的意大利国家的首都。在20世纪的前半期,法西斯主义统治者墨索里尼在这座城市兴起了建造众多庄严壮观的建筑工程的运动。如今,罗马城仍然是意大利的首都、罗马教皇的驻地、主要的交通枢纽,也是全球最受欢迎的旅游地之一。在城市研究中,罗马城具有重要意义,首要的原因是这座城市在西方历史中扮演了重要的角色,而且在建筑艺术上产生了广泛的影响。

地理环境

罗马城之所以重要应归功于它至关重要的地理位置,它位于意大利半岛的西侧,离海岸线 22 千米,坐落在将这座城市与地中海连接起来的台伯河岸边。罗马城最早的定居地就是在台伯河沿岸最原始的浅滩上建立起来的,然后逐渐从海岸往内陆移居,从而使得罗马控制了由南往北的、利润极高的食盐贸易。大体上这个地方地形多样,包括矮小丘陵和陡坡,沼泽带和平原散布其间,被九曲十八弯的台伯河包围着。这些丘陵形成了极好的屏障,同时,诸如罗马广场和屠牛广场(Forum Boarium)这样的平坦地带虽然容易遭受洪涝灾害,但是它们仍旧自然而然地发展为集市。由于罗马城通往大海的道路通畅,并且位于意大利中心位置,同时,意大利本身也位于地中海的中心位置,所以,在地理位置上,罗马很适合成为一个统治整个地中海世界的帝国的中心。罗马如今处于现代拉齐奥地区(市镇),大约相当于古拉丁姆区域。

古代罗马

根据传统记载,罗马城由双胞胎兄弟罗慕路斯(Romulus)和瑞摩斯(Remus)于公前 753 年 4 月 21 日建立。然而,考古证据显示,罗马城一些较小的定居点的建立时间比这个日期早至少 300 年。在其最初的几百年历史中,罗马城是一个很小的、相对来说不太重要的城市,在大多数情况下处于它强大的邻居伊特鲁里亚人的统治之下。在古罗马的帝王统治时期(前 753—前 509),罗马城由诸位国王统治,他们着手完成了一些公共事业工程,比如大下水道(Great Drain),从而使这座城市更适宜居住。这一时期结束于公元前 509 年,是年罗马人赶走了统治他们的伊特鲁里亚霸主,并建立了罗马共和国(前 509—前 31 年)。接下来的几个世纪是罗马城及其帝国快速发展的时代,罗马城将其政治统治权扩展到整个意大利半岛。公元前 390 年,北方高卢人入侵意大利并洗劫了罗马城,受此刺激,罗马人沿城构筑了防御工事,也就是著名的塞维鲁城墙(Servian Wall)。到公元前 4 世纪末期,罗马开始出现一系列基础设施,建设了第一条输水管道阿庇安输水道(Aqua Appia),以及一条连接罗马城和意大利南部的道路阿庇安大道(Via Appia)。这是第一条将罗马城与整个地中海世界连接起来的道路,由此发展为一个范围广、质量高的道路网,从而出现我们熟知的老生常谈(至少在古代世界如此)——"条条大路通罗马"。

在与迦太基人的数次布匿战争(Punic Wars)之后,罗马城经受住了严峻的考验,通过一系列的征服开始将其权力扩展到意大利之外,这为罗马人带来了大量的财富,并且开始与希腊文化和文明发生接触。这两者对这座城市的物理面貌产生了重要的影响,在罗马城中建立了一些令人印象深刻的纪念碑,同时,罗马的艺术和建筑受到了希腊模式的影响。在罗马人的历史上,它的政治中心是罗马广场这个开放空间,周边环绕着这座城市最神圣的建筑物。在罗马共和国末期(前 133—前 31),罗马城市人口膨胀到前所未有的程度,就算不超过也接近 100 万常住人口,这样的规模足以让它维持数个世纪之久。正当罗马巩固其对地中海世界的统治之时,国内的紧张局势导致了共和国的垮台,同时,为控制整个国家的一系列内战在有权势的将军之间爆发,诸如凯撒和庞培。

内战的最后胜利者是凯撒的亲属,即后来人们所知的奥古斯都(Augustus),第一位帝国君主。他重组了这个国家,并且为罗马历史上的第三个时期:罗马帝国时期(前 31—公元 476),为后来的统治者树立了统治模式。众所周知的是,他也声称,他"继承了一座砖砌的城市,却留下一座大理石建造的城市"。这一夸耀在很大程度上是事实,奥古斯都及其王国在根本上改变了这座城市。他们重建和扩建罗马城的基础设施,疏浚了沟渠,并且增建了一些新的输水管道。他们翻修了大量现存的神庙并且建造了一些显赫的新神庙,包括供奉凯撒的神庙和供奉战神复仇者(Avenger)的神庙,位于崭新而壮观的奥古斯都广场之中。这个综合体同其他著名的遗址,比如和平祭坛(Ara Pacis),典型地说明了奥古斯都对艺术和建筑进行的巧妙改造,成为其对自己荣耀的宣传方式,并表明了其统治的合法性。

继任统治者继续以令人印象深刻的建筑物装饰这座城市,其中包括弗拉维圆形竞技场(Flavian Amphitheater),也就是今天众所周知的罗马圆形大剧场)以及万神庙,这两座建筑物此后都曾反复地被建筑师们模仿。罗马帝国的极盛时期出现于公元2世纪,这座城市掌控着从不列颠到地中海世界横跨三大洲的一个人口达5000万的帝国。城市平民是范围广泛的善意施舍的对象,这些恩惠包括每月一次的免费分发谷物(仅对成年男性公民),同时,他们还能享受到多种多样的公共奇观和娱乐活动,比如角斗士游戏、狩猎、神话角色扮演、戏剧表演,以及最为流行的竞技场中的战车比赛,这个竞技场是一个由大理石砌的露天大型运动场,能够容纳25万名观众。另外,罗马城的居民们还可以自由漫步在这座城市中,并且享受奢侈的公共浴室和广阔的公园。

除了这些令人愉悦的东西,古罗马城的生活也有其阴暗的一面。台伯河时常泛滥成灾,而火灾也是每夜都存在的威胁,公元64年的一场大火最为严重,"大火灾"燃烧了一周,罗马城3/4被夷为平地。罗马城也时常出现食物短缺现象,城中大多数平民被塞进污秽不堪的高层公寓大楼之中,这种建筑物粗制滥造,时常摇摇欲坠,而且经常性地倒塌。城市中的多数污物和垃圾只不过是随意丢弃在街道上,极差的卫生条件致使因疾病而导致的死亡率很高。

罗马城及其独特的建筑是整个罗马帝国其他城市的榜样,外省城市彼此竞争,既模仿罗马城的建筑,也模仿罗马城的城市仪式。在罗马帝国末期,这座城市进入急剧衰落时期,它失去了其政治中心的地位。君士坦丁堡成为帝国新的首都,西部君主们放弃了罗马,而居住于更易于防守的城市拉韦纳。410年,西哥特人在亚拉里克(Alaric)的带领下洗劫了罗马城,罗马人的势力至此衰落。

中世纪的罗马

连续不断的蛮族入侵一直威胁着这座城市。后来,罗马帝国的末代君王于476年被罢黜。在中世纪时期,这座城市以往的荣光已经名存实亡或者荡然无存,城市人口骤然减少到大概1万至2万人。随着输水管道的长久失效,平民离开了城市的大部分地区而集中到台伯河岸的战神广场(Campus Martius)。古罗马的遗址被人们劫掠,拿去当建筑材料。无数珍贵的雕像连同大量的大理石被从纪念碑中拆下,并且在石灰坑中被焚烧,其中一些本身是树立于罗马广场之中的。一些建筑被改建,以作新的用途。因此,哈德良陵(Mausoleum of Hadrian)成为教皇城堡,圣天使堡(Castel St. Angelo)和万神庙成为基督教圣地和教堂,并且建造了两个样子不太好看的钟塔。

尽管遭受了这些劫掠,罗马城作为教皇驻地仍然具有深远影响。教皇格列高利一世(Gregory the Great,590—604年在位)奠定了教皇的政治影响力。同时在整个中世纪,他们都忙于同有权势的欧洲诸王建立一系列不稳定和不断变化的联盟。罗马城仍然经历了数次被人占领和洗劫,包括公元846年被一支摩尔人的舰队入侵。罗马城中权贵家族之间持续的内讧加剧了政治上的混乱。诸如科隆纳和奥西尼家族,他们在教皇候选人问题上屡屡内斗。中世纪末期,曾经也有人试图对这座城市建立起世俗的统治,比如,在12世纪,通过布雷西亚的阿诺德的努力,取得了市镇自治;以及在14世纪,"护民官"科拉·第·利恩济(Cola di Rienzi)建立了短暂的共和国。在这一时期,罗马教皇也经历了不稳定时期,1309—1377年,教皇被迫迁至法国的阿维农(Avignon);接着出现了教会大分裂,这一时期出现了两位(甚至三位)彼此对立的教皇。1420年,随着统一的教皇权威在罗马的建立,秩序最终得以恢复,一直延续至今。

在中世纪，罗马城在城市面貌上最显著的变化是新建了一批具有重要意义的教堂，包括柯士登的圣母堂、长方形的圣保罗教堂、圣乔凡尼教堂（the Romanesque San Giovanni a Porta Latina）、圣母玛利亚教堂（the Gothic Santa Maria sopra Miverva）。

文艺复兴时期和巴洛克时期的罗马

15—18世纪，教皇掌控了罗马城的政治管辖权。在诸如尤里乌斯二世（Julius II）这样精力充沛的主教的庇护下，一系列杰出的建筑师、艺术家和雕刻家使这座城市完成了彻底转型，并且在西方传统中创造出一些最伟大的艺术作品。这些成果的焦点之一便是梵蒂冈自身，这里原先古老的圣彼得教堂被拆毁，同时，一座新的、雄伟的梵蒂冈大教堂和广场在此后的几个世纪里被建立了起来，吸收了包括布拉曼特、米开朗琪罗、贝尔尼尼在内的一系列才华横溢的艺术家们的设计元素。西斯廷教堂里著名的壁画也是米开朗琪罗所画，同样地，梵蒂冈其他地方也有拉斐尔的杰作。

在这一时期，城市街道和公共空间具备了其现代模式，许多壮观的大街被铺设，取代了中世纪那些弯曲的小巷。在这一时期里，这些街道通向那些装饰华丽、建有喷泉的公共广场，以及通向像人民广场、威尼斯广场、西班牙广场这样的著名公共空间，还有像特雷维许愿池这样的喷泉。罗马城大家族也加入对罗马城的整体装饰之中，他们为自己建立了壮丽的宫殿，诸如巴贝里尼宫（Palazzo Barberini）、法尔内塞宫（Palazzo Farnese）和基吉宫（Palazzo Chigi），如今这些宫殿仍然作为博物馆或政治大楼。同样，这一时期罗马城里新建或重建了许多教堂，并用艺术家卡拉瓦乔和贝尔尼尼的作品装饰起来。尽管这个罗马教皇统治时期被一系列臭名昭著的堕落和腐化事件所玷污，但罗马城的街道和公共空间仍然被赋予了现代城市的形式，并且产生了具有影响的艺术遗产。

圣彼得广场（或曰圣彼得洛广场），通向圣彼得教堂
来源：David Ferrell

首都罗马

19世纪初,罗马及其教廷被拿破仑·波拿巴的军队占领,在这个世纪的许多时间里,法国人对意大利的事务发挥了关键作用。被占领的一个结果是,罗马城的许多艺术财富被作为战利品运回法国。从19世纪20年代开始,意大利人在加里波第和马志尼的领导下开始了统一运动,各个分散的意大利国家成立为新的统一的意大利。在几十年里,冲突时有爆发,其间几经尝试建立一个共和国,均告失败,法国人时常联合教皇共同反对意大利的武装。以国王维托利奥·伊曼纽尔二世(Vittorio Emanuele II)为首的意大利统一王国最终于1862年建立,而罗马城此时仍然控制在法国军队支持的教皇手中,一直抵抗到1870年。

这座城市很快就被宣布成为这个新的统一国家的首都,从此成为首都罗马。为了将罗马城变成能与巴黎和伦敦相匹敌的令人流连忘返的国家首都,许多重要的工程开始建设,包括沿台伯河建设一系列连续的岸堤,使得罗马城在历史上第一次得以免受洪涝灾害。另一作品是巨大而略显夸耀的、新古典主义风格的维托利奥·伊曼纽尔二世纪念碑的建立,如今成为罗马城主要的天际线(获得了"结婚蛋糕"和"打字机"的诨号),而且它的建造彻底毁掉了卡比托山的北面。

墨索里尼和罗马

1922年,墨索里尼领导的法西斯主义分子控制了罗马。墨索里尼梦想建立一个新的现代罗马帝国,并且开始着手一系列有力的重建计划,以确保这座城市能够符合他的设想。由于其法西斯主义的激进理论,墨索里尼回避城市的历史性有机发展模式,而是根据具体建筑的网格状和结构风格进行规划。这一风格如今在罗马南郊的一些巨型综合建筑中可以窥见,即EUR(Esposizione Universale Roma)。为了创造一条宽阔的、笔直的大街,以方便法西斯主义者举行大游行,墨索里尼建造了穿过罗马城中心的罗马帝国大道,具有讽刺意味的是,为此他毁掉了古罗马帝国的许多城镇遗迹。这一时期还留下了更多影响后代的遗产,包括以罗马城为中心的国家高速公路系统的修建、有毒沼泽地带周边的清除项目以及罗马城郊传奇影院(Cinecittà Studios)于1937年的建立。

墨索里尼政权在"二战"期间垮台后,罗马城被盟军占领,最终以它为首都建立了一个现代民主的意大利国家。

今日罗马

战后,罗马经历了人口的大量增长,其常住人口膨胀到250万,城市边界已完全超出了已有的奥利安大城墙这一传统边界线。这座现代城市是意大利国内主要的交通枢纽,同时也是国家和政府的中心。建于14世纪的罗马大学如今是欧洲最大的一所大学。旅游业成为这座城市最大的收入来源,它也成为全球顶级旅游城市之一。梵蒂冈及其博物馆尤其受到人们的欢迎,并且自1929年始,它已经稳固地成为位于罗马城中的一个拥有自治权力的国家。如今,这座城市面临着诸多挑战,包括过度拥挤、城市大量古迹的保护,以及防止它们因为污染和旅游业而遭致破坏。

在将近3 000年的时间里,罗马城一直是一个不断被占领而意义重大的城市中心,这座城市的历史特点是它处于一个对早期城市结构与模式不断重建和复制的过程之中。这种长期而反复的占领导致罗马城在实质上(中心城市建立在一层人工填充物之上,某些地方达到了20米的厚度)和象征意义上成了具有重叠交错层的复合城市。在罗马,目前成为典型空间的纳沃那广场精确地反映了图密善时代的罗马竞技场的根本形式,过去的形式是无法磨灭的,因而,古罗马城仍然在影响和形塑着现代的城市。

进一步阅读书目：

- Coulston, J. and H. Dodge, eds. 2000. *Ancient Rome: The Archaeology of the Eternal City*. Oxford, UK: Oxford University School of Archaeology.
- Hibbert, Christopher. 1985. *Rome: The Biography of a City*. New York: Penguin.
- Krautheimer, R. 2000. *Rome: Profile of a City, 312-1308*. 2nd ed. Princeton, NJ: Princeton University Press.

(Gregory S. Aldrete 文　杨长云 译　王　旭 校)

SANTA FE, NEW MEXICO | 新墨西哥州圣菲

新墨西哥州的首府圣菲市，是美国西南部里奥格兰德河上游一个重要的旅游、艺术和文化中心，大约有6.3万名居民，加上外围的大都市区，共有人口14余万。当今圣菲所处的位置，早在1.2万多年前就已经是人类的家园，西班牙人最初在此的定居活动始于17世纪早期。圣菲官方确认1610年是总督唐·佩德罗·德·佩拉尔塔（Don Pedro de Peralta）建城——新首府，或圣方济神圣信仰的皇家城市——之年。

圣菲在1848年被美国吞并，在很长的历史时间内有着非常重要的文化、经济和政治地位。该城为世人所知主要是因为以下几个因素：它是1680—1692年普韦布洛人起义运动的中心；在地理位置上，它是国王大道和圣菲小道上重要的商业区；它是美国历史上年代最久远的首府。不过，直到19世纪后期之后，圣菲的学者才普遍开始对圣菲这个以发展旅游业、发展文化-艺术中心型经济、进行历史古迹修复，并制定城市设计规章制度以及推销生活方式的模范城市进行研究。正是在当时，新墨西哥州北部逐渐开始吸引拥护者、艺术家、科学家和知识分子的到来。

早期名胜

19世纪晚期，专业人士和业余爱好者纷纷来此研究印第安原住民，他们特别对普韦布洛人感兴趣。普韦布洛人的多层阶梯状的黏土和石质建筑，或是矗立在那里，或是映着远景，气势宏伟壮观——就像陶斯和阿克玛平顶孤山建筑一样。大量的考古遗址，特别是普韦布洛先民在查科峡谷（Chaco Canyon）和梅萨·维德国家公园（Mesa Verde）的废弃建筑遗址，也成了名胜古迹。在一些学者如文化人类学家弗兰克·库欣（Frank Cushing）、考古学家阿道夫·班德利尔（Adolph Bandelier），以及一些研究机构如以埃德加·休伊特（Edgar Hewet）为主管的新墨西哥州博物馆-美国考古学学院联合机构（1909）、小约翰·洛克菲勒（John D. Rockefeller, Jr.）资助的人类学研究室等的共同努力下，圣菲变成了考古研究和北美印第安人研究的中心。

印第安人、本地独特的西班牙文化，加上圣菲令人印象深刻的自然环境以及宜人的气候，也吸引了艺术家、知识分子、富人和健康疗养胜地开发商的到来。到20世纪20年代，圣菲超过陶斯，完全成为艺术家的聚居区，成为摄影师、画家、雕塑家和作家的乐园，更多的人是冲着这里的原生态环境而来，也有人来此疗养，还有人是一些赞助商招来的。在这些画家中，最早的有卡洛斯·维埃拉（Carlos Vierra），以及之后不计其数的画家，有到此访问的现代主义画家如马斯登·哈特利（Marsden Hartley），以及最后在圣菲成立艺术团体的"洛斯·西库·平淘斯"（Los Cinco Pintores），还有当代肖像画家乔治亚·欧姬夫（Georgia O'Keeffe）。作家则包括在圣菲安家的玛丽·奥斯丁（Mary Austin）、薇拉·凯瑟（Willa Cather）（在小说《大主教之死》[Death Comes for the Archbishop]中利用圣菲城作为背景），此外，卢·华莱士（Lew Wallace）州长在此写下了《宾虚》（Ben Hur），而劳伦斯（D. H. Lawrence）更是选择此地为隐居之所。

圣菲的城市风貌同样具有很大的吸引力。到19世纪，圣菲的建筑风格（传统西班牙风格和墨西哥河流域民俗风格的独特融合）又与普韦布洛人的建筑风格互相交接糅合起来。朴素的建筑物、庭院式住宅、教会的大教堂，以及政府建筑（如1610年的总督府）基本都是这样的：土坯砖砌成的厚墙，平木屋顶，用包裹着泥土的整条原木做成的房椽，椽头一直突出到建筑外部，正门处有宽阔的门廊。圣菲城两种元素交相辉映的城市形式，代表着当地

建于 1781 年的瓜达卢佩教堂(Santuario de Guadalupe)是圣菲市的一座以"风干土坯风格"建成的布道教堂,如今是一座博物馆
来源:Karen Wiley

自然风景和农业需要同 1573 年《印地法》(The Laws of the Indies)的混合。该法全面指导西班牙征服土地上的政府、土地使用和新城镇的形式,最显著的是影响圣菲广场的设计和最初的用途。美国人给广场带来了新古典主义的设计元素和批量生产的建材,1862 年,重新美化后的广场变成了新英格兰风格的城镇绿地,周围都是商业建筑。

扩大圣菲的知名度

由于政治上的孤立,新墨西哥迟至 1912 年才获得州的地位,而地理上的孤立早在 1880 年主要铁路穿过此地时就已结束,圣菲没有走上工业急剧扩张的老路子。从 19 世纪 90 年代开始,圣菲逐渐把 3 个新兴角色综合为统一的、有卖点的、可以复制但又独一无二的美学标准,成为那些对印第安人和西班牙文化、艺术聚居区、浪漫而又充满异域风情城市而又不失自然的风景感兴趣的人的文化中心。

克里斯·威尔逊(Chris Wilson)曾提到,美国西南部早期的赞助商诸如查尔斯·拉米斯(Charles F. Lummis)"培养西部作家和画家,并通过他们把推销包裹在艺术、诗歌、历史作品和人种论的外衣下"。与此类似,为了扩大圣菲的知名度,艾奇逊-托皮卡-圣菲铁路公司(AT&SF)雇佣画家如托马斯·莫兰(Thomas Moran),作家如赞恩·格雷(Zane Grey)等人,并购买当地艺术家的作品,把有关圣菲的图画和描述都放在宣传材料上。艾奇逊-托皮卡-圣菲铁路公司,还有弗雷德·哈维公司(Fred Harvey Company)和圣菲当地的赞助商,力争把圣菲塑造成一个古老的、风景如画、恒常不变的地方，城内有五颜六色的节庆活动（例如圣菲节），还有有益于身心健康的美丽自然风景，是印第安人、西班牙人和美国人多元文化融合的理想场所。

有声望的市民同样为圣菲的发展出力不少。1912 年，一些市民害怕失去圣菲风景如画的城市风光，故意创造出一种建筑风格。之后，在应用于建筑实践的过程中，出现了两种构成"圣菲风格"的复兴建筑风格，后来，玛丽·科尔特（Mary Colter）等人通过发展该区内部装饰的审美标准完善了那两种复兴建筑风格。

第一种建筑风格是西班牙-普韦布洛复兴风格，该风格模仿土坯砖砌墙的建筑手法，使用粗大的原木做椽子和过梁，门窗深陷，还复制了当地建筑元素中的门廊、新墨西哥教会圣像和普韦布洛建筑。最初是由艾萨克·拉普（Isaac H. Rapp）发展出来的。1917 年，这种风格在由拉普-拉普-亨德里克森公司建设的圣菲工艺美术博物馆时得到非常明确的表现。哈维公司所有的拉·芳达酒店（1921）是这一风格在大型旅游酒店建筑上的应用。第二种稍后发展的建筑风格是领地复兴风格，该风格主要是由约翰·高·米姆（John Gaw Meem）所创，他是一位著名的西班牙-普韦布洛复兴风格践行者。殖民地复兴风格改造了直线条、窗户的三角楣饰和新墨西哥殖民地时期占主导地位的新古典元素（具体来说是希腊复兴风格），并将这些元素与早期建筑的土坯墙和色彩结合起来。

1912 年，一份对城市区域规划方案的提议兼收并蓄，在城市美化运动的元素与浪漫的建筑复古主义之间找到了一条折中的办法。此方案呼吁保护狭窄曲折的街道，为圣菲风格的建筑保留建筑许可，将整座城市视为一个风景如画的综合体。虽然从来都没有法律的约束力，但在几个著名组织如成立于 1926 年的老圣菲协会和成立于 1961 年的圣菲历史基金会等组织的倡导下，社区之间就新建的建筑和古迹的保护达成共识。1957 年的《古迹保护条例》（Historic Ordinance）将两种建筑风格编入法律，并用以管理新区的建筑。

文化目标

现在，跟所有的西部内陆城市一样，圣菲经历市郊和远郊的发展。但又不完全像其他的西部城市。在过去的一个世纪，从铁路、汽车到飞机，几乎每一次交通工具的变革都令圣菲受惠颇多，现在圣菲每年吸引 100 万～200 万的游客。更为重要的是，圣菲早期的发展把区内的名胜都转化为经济基础，同时把自己的地方身份神化为独一无二、完美无缺的，让自己成为美国各地城市多种发展趋势的象征。

圣菲现在是民间艺术、当代艺术和工艺美术的国际中心，也是表演艺术、生机盎然的印第安人文化和西班牙文化中心。早先圣菲被称为创意阶层的发展模式，现在圣菲拥有 300 多家美术馆，是美国国内最大的艺术市场之一，同时还被联合国教科文组织评为 9 大创新型城市之一。圣菲进行设计控制和古迹修复（往往因为修复了某些建筑同时也破坏了其他历史建筑而被诟病）就影响了 20 世纪 20 年代威廉斯堡殖民地时期建筑的恢复工作，而且是早期主题建筑中的一例（既有积极的一面，也有消极的一面）。1957 年《古迹保护条例》是全国最早的保护条例，影响了整个国家在古迹恢复、区域创设和城市区域规划与设计规章制度等方面的趋势。在《条例》通过 50 周年的 2007 年，圣菲中心地区有 5 个区得到保护，附加的规章制度解决了考古资源和自然风景的保护问题。

在宣传时，圣菲自诩为"独一无二的城市"，著名的建筑和内部装饰风格是圣菲的名片。同时，圣菲通过赋予自身一种形象，从饮食到日常的各种活动无所不包。圣菲风格既代表一个地理区位，又代表一种美学，还代表着一种生活方式。如今，仅圣菲的名号就把圣菲的产品卖到远离里奥格兰德河流域的地区。

进一步阅读书目：

- Crouch, Dora P., Daniel J. Garr, and Axel I. Mundigo. 1982. *Spanish City Planning in North America*. Cambridge: MIT Press.
- Dye, Victoria E. 2005. *All Aboard for Santa Fe: Railway Promotion of the Southwest, 1890s to 1930s*. Albuquerque: University of New Mexico Press.
- Eldredge, Charles C., Julie Schimmel, and William H. Truettner. 1986. *Art in New Mexico, 1900 – 1945: Paths to Taos and Santa Fe*. New York: Abbeville Press.
- Harris, Richard. 1997. *National Trust Guide: Santa Fe*. New York: Wiley.
- *Historic Districts Handbook: A Guide to Historic Preservation and Design Regulations in Santa Fe*. Santa Fe, NM: City of Santa Fe.
- Mather, Christine and Sharon Woods. 1987. *Santa Fe Style*. New York: Rizzoli.
- Wilson, Chris. 1997. *The Myth of Santa Fe: Creating a Modern Regional Tradition*. Albuquerque: University of New Mexico Press.

(Jason Alexander Hayter 文　杨长云 译　王　旭 校)

SANTIAGO DE COMPOSTELA, SPAIN ｜西班牙圣地亚哥·德·孔波斯特拉

圣地亚哥·德·孔波斯特拉位于西班牙西北的菲尼斯特雷角，1985年被联合国教科文组织列入《世界遗产名录》。它是加利西亚地区最优秀的文化城市，2000年荣获"欧洲文化之城"是对这一美誉的最好证明。圣地亚哥的文化气息丰富多样，这主要得益于城内的各种建筑和场所——加利西亚大礼堂、剧院、国会和展览中心，丰斯特杜萨多功能体育馆，还有各种专门为艺术创新和加利西亚新艺术家准备的私人礼堂和美术馆——它们为五彩缤纷的娱乐表演和演出活动提供了广阔空间。同时，圣地亚哥还是基督教世界重要的圣地之一，该城被教皇亚历山大三世命名为圣城（另外两座圣城为罗马和耶路撒冷）。今日的圣地亚哥有人口9.4万，另外还有3万名大学生和加利西亚政府雇员生活在圣地亚哥，只不过他们都没有登记在册。

中世纪的圣地亚哥

圣地亚哥为什么能够成为圣地，要追溯到9世纪圣雅各遗骨的发现，这一发现预示着来自伊比利亚半岛北部和法兰克王国境内朝觐者来此朝觐的时代即将来临。然而，直到11世纪，朝觐才受到普遍的欢迎。朝觐活动激发了伊比利亚半岛北部城镇的活力，催生了城市结构网络的形成。在基督教城市的网络中，最重要的有潘普洛纳、洛格罗尼奥、圣多明哥、布尔戈斯、萨哈冈、莱昂、阿斯托加、萨里亚和圣地亚哥·德·孔波斯特拉。半岛北部的几个基督教王国就建立在这些城市之上。这些城市与其他更靠北的城市如奥维耶多或者毕尔巴鄂相连，它们在第二条朝觐路线上。

圣雅各之路，或者英文叫"圣詹姆斯之路"

(Way of St. James),为伊比利亚半岛北部的孔波斯特拉与欧洲其他部分之间经济社会网络的发展奠定基础。法国线路上最重要的城市有图尔、勒布伊、韦兹莱、图卢兹、尼姆、波尔多和巴黎。英伦三岛通过海路到达圣地亚哥的港口有普利茅斯、坎特伯雷、朴次茅斯、科克和丁格尔,还有那些属于汉萨同盟的城市,如汉堡、基尔、格但斯克、里加、卑尔根和哥本哈根。

歌德曾说过,欧洲条条道路都通往圣地亚哥,欧洲的城市网络之所以能够互相联系,多亏通往孔波斯特拉的朝觐之路。而且在很大程度上,各条朝觐之路沿线的城镇和城市都有着相似的城市结构。大多呈纵向,通常街道分布比较有规律,纵横交错的小街环绕主街,主街上有纪念圣雅各的教堂,在城市中心占据着非常显眼的位置。另一个普遍特征是鳞次栉比的商店,这主要是因为几个世纪以来,圣雅各之路都是中世纪西欧物品交换的大动脉。

现代的圣地亚哥

圣地亚哥的城市生活主要在两个相邻的区域:老城区和开发区。1941年,老城区被宣布为国家历史遗址,先前是四面都有城墙,如今只剩下一个城门,还有几条不规则的中世纪街道,都通向欧伯拉都伊罗广场。看着广场周围的建筑,你可以纵览加利西亚的整个历史:塞克米拉兹宫(Xelmirez Palace)——罗曼式建筑的历史见证和国内艺术的典范;雷耶斯·科特雷克斯酒店——一座哥特式复兴风格建筑,正面有豪华的仿银装饰,以前是医院,现在是帕拉多酒店;圣塞克罗姆宫(San Xerome Palace)——现为圣地亚哥大学副校长办公室;充满古典主义色彩的拉霍伊宫现已变成镇礼堂。在圣地亚哥,到处都是教堂。它有着非常传奇的渊源,因为圣雅各的遗骨埋葬于此,所以圣地亚哥变成欧洲的主要朝觐地之一。

20世纪六七十年代,随着大学招生的日益增多,圣地亚哥逐步开始建设开发区,其布局较为规整,不过没有采用八边形布局模式。庭院内是个封闭的街区,建筑有6层高或8层高不等。

两大区域在市中心都有明确的界线,商业活动和休闲娱乐主要集中在大学校园的边缘。南校园建得很不寻常。南校园于1930年动工,园内绿地、职工大楼、学生宿舍、各种建筑和文化机构、行政机构布局非常和谐、有组织。圣地亚哥大学是欧洲最古老的大学之一,1995年,该校举办了建校500周年的校庆。虽然自己历史悠久,但这所容纳4万名学生和2 000名教授的学校仍然在积极开拓进取。

进一步阅读书目:

- Alsina, Fernando López. 1988. *La Ciudad de Santiago de Compostela en la alta edad media*. Santiago de Compostela, Spain: Ayuntamiento.
- González, Rubén and José Medina. 2003. "Cultural Tourism and Urban Management in Northwestern Spain: The Pilgrimage to Santiago de Compostela." *Tourism Geographies: An International Journal of Tourism Space, Place and Environment* 5(4): 446-60.
- Graham, Brian and Michael Murray. 1997. "The Spiritual and the Profane: The Pilgrimage to Santiago de Compostela." *Cultural Geographies* 4(4): 389-409.
- Hell, Vera and Helmut Hell. 1966. *The Great Pilgrimage of the Middle Ages: The Road to St. James of Compostela*. London: Barrie & Rockliff.
- Roseman, Sharon. 2004. "Santiago de Compostela in the Year 2000: From Religious Center to European City of Culture." pp. 68-88 in *Intersecting Journeys: The Anthropology of Pilgrimage and Tourism*, edited by E. Badone and S. R. Roseman. Urbana: University of Illinois Press.
- Rudolph, Conrad. 2004. *Pilgrimage to the End of the World: The Road to Santiago de Compostela*. Chicago: University of Chicago Press.

- Stokstad, M. 1978. *Santiago de Compostela in the Age of the Great Pilgrimages*. Norman: University of Oklahoma Press.

(Rubén Lois González and María-José Piñeira Mantiñán 文　杨长云 译　王　旭 校)

SÃO PAULO, BRAZIL ｜巴西圣保罗

圣保罗是世界上最大的大都市之一，而社会和空间的巨大不平等是这座城市的重要特征。圣保罗是巴西，也是南美地区最大而且也是最重要的大都市。2010年的统计表明，在7 944平方千米（3 067平方英里）的土地上，市区居民约有1 100万，大都市地区居民约有2 000万。2005年，仅圣保罗一地的国内生产总值就占到巴西一国的12.5%，仅此一点就可以证明巴西地区差距有多大。圣保罗最现代化的生产活动中有相当一部分都与全球化业务相关。然而，城内居住在庞大隔离区的大量贫困人口都不能从城市生活中受惠，只能享受极少的公共政策和公共服务带来的好处。最近，贫民生活状况虽然有所改善，但城市暴力和广泛的不安全感逐渐成为当地社交的主要特征。

这些特征主要是该城复杂历史——从一个无足轻重的省中心城市发展成为在整个地区都有着举足轻重地位的大都市——的产物。

从耶稣会学校到现代城市

圣保罗的历史可以追溯到1554年，一批耶稣会士在安年卡巴乌河附近的山冈上创建的耶稣会学校。6年后，圣保罗获得了城镇地位，1681年成为圣保罗特别自治区的首府并成为国家级的行政单位，由葡萄牙国王任命的世袭官员统辖。由于土壤不适于耕种，圣保罗在几个世纪里，都是"先锋旗手"（Bandeiras）的出发地——深入内陆远征。在16到17世纪，他们的主要目标是寻找印第安人，使之为奴。在17到18世纪，他们主要是为了寻找贵金属和宝石。1711年，圣保罗建市。不过在1748年，圣保罗自治区被并入里约热内卢。1765年，圣保罗又回归到早先的地位，此举是葡萄牙国王为防止西班牙（除巴西以外，西班牙占据着整个南美）侵蚀巴西领土而采取的战略举措。

早期的几个世纪，圣保罗发展得非常缓慢。1822年巴西独立后，圣保罗被立为圣保罗州的首府。1828年，圣保罗大学法学院创立，圣保罗逐渐成为相对来说比较重要的学术中心。19世纪下半叶，咖啡种植园成为圣保罗州利润极高的经济形式。19世纪70年代，通过铁路与桑托斯港相连的地区，圣保罗市获得了出口通道。不过与巴西其他种植园不同，在圣保罗的咖啡种植园劳动的是移民——来自欧洲和日本的几波有组织的移民，是由政府出资、私人组织——而不是奴隶。也正是因为这一点，当地的经济没有因为1888年废除奴隶制和1889年建立共和国而受到大的影响。这一时期是圣保罗市第一个人口急剧增长的时期，从1872—1890年，居民由3万猛增至将近24万，其中85%都有外国血统。种族通婚和文化融合的趋势一直保持了下来——从1890到1920年，外国人口增长了13倍之多——时至今日，这仍是圣保罗市的一大特色。

新世纪带来了大规模的城市转型，包括为所谓的"咖啡爵爷"（Coffee Barons）划出的独享区域。这些区域最先位于老城区，邻近1891年刚开发的保利斯塔大街，后来发展成由一个英国公司开发的高度排外社区，这种社区融合了"花园城市"的设计元素。正是在这一时期，巴西第一座摩天大楼在历史中心落成。不远处就是规模庞大的租屋区，它们是为日益增多的低收入工人修建的。虽然有外国公司与州政府签约，为城市的部分地区修建自来水管道、下水道和有轨电车等公共服务设施，但大部分人还是无法享受，所以城市中会有季节性的传染病。

新一轮的经济增长循环始于20世纪的第一个10年，主要与早期的工业活动有关。咖啡产业的经济危机和"一战"时期被迫与欧洲的隔绝，促使圣保罗通过进口替代来实现工业化。实际上，圣保罗对巴西工业增加值的贡献从1907年的8.3%猛增至1928年的21.5%。伴随工业发展的是急剧的人口增长——1920年城市人口增至58万——和激烈的政治冲突，例如1917年与无政府主义劳工运动相联系的城市罢工，之后遭到政府的极力镇压。

1920年到1930年的10年也是圣保罗文化急速转型的时代。与同时代的其他城市相似，圣保罗庇护着一个重要的文化先锋，1922年的现代艺术周是其主要的表现形式。巴西的现代主义开始与巴西贵族所珍视的墨守成规的艺术表现形式决裂，引导人们去维护立基于大众和乡土文化表现形式的巴西传统。

从现代城市到大都市

20世纪30年代，巴西经历了激烈的政治变化。1930年，热图里奥·瓦加斯（Getúlio Vargas）——前国会议员、部长、州长——发动了军事政变，联合边陲各州的上层人士，强行将从帝国时代结束就控制巴西政坛的政治经济掌权人物逐出联邦政府。1932年，圣保罗的上层人士抵制瓦加斯，声称自治，不过后来在军事上失利，即现在所熟知的"宪政革命"（Revolucao Constitucionalista）。随后的15年（有8年时间是在直接独裁政府的统治之下），瓦加斯加强中央集权，大刀阔斧地推进政府机构和政策改革。在经济方面，更加倚重通过进口替代来实现工业化，在该政策推动下，巴西的工业实现了快速持续的发展，包括重工业和基础工业。

圣保罗地区相当大一部分工厂都与这一政策相关，特别是20世纪50年代的汽车产业。1959年，圣保罗的工业生产占全国的37%，而圣保罗大都市地区参与圣保罗工业生产的程度有所加深。这一现象在所谓的ABC保利斯塔区表现得尤为明显，随后的10年，这里成为福特工业和巴西工会劳工运动的中心。

圣保罗在这几十年兴建了许多公共设施，部分是由众所周知的阿文尼达斯规划方案（Plano de Avenidas）所提出的。该方案包括辐射状的道路和街道系统，用公交车取代有轨电车作为主要的交通工具，以此来促进私家车的发展。这一立足轮胎之上的城市化决定了圣保罗过去50年的发展概况。

这一时代是高速发展的时代，是大都市不断巩固发展的时代。大都市地区的人口增长了6.1%，在1950年到1960年的10年间，每年更是以5.4%的速度增长，1960年时人口达到470万，这主要是由于巴西东北部低收入人群的迁入。1964年的军事政变更加强化了这一模式，随着经济排斥性增长方式的加剧，各种政治动荡都遭到政府的极力镇压。

城市中的大部分人口生活在恶劣的经济环境中，享受不到低收入群体公共住房政策的好处，他们最后都住在了大都市外围乱七八糟的定居点，即郊区——由私人开发商建造的隔离区，没有政府的规章制度管辖，没有基础设施，只能享受到有限的公用服务。当下，虽然圣保罗的廉租房和棚户区已不像其他巴西城市那么重要，然而20世纪60年代以来，圣保罗一直在通过设置毫无约束的定居点——最盛行但最不牢靠的住房解决方案——来解决住房问题，此举并不是去开发空地，而是私人开发商不合法地(有时甚至是违法)销售空地。

产生的隔离模式是同中心的,这是基础设施分布、政府选择性规章制度和土地市场共同作用的结果。在中心的所谓的"扩展中心"(Centro Expandido),几乎为富有的社会群体所独享,此处还集中了主要的工作和文化娱乐活动。外围则是扩展的、高度隔离的郊区。1980年,大都市地区已有1 260万人口,从最外围的区域到中心距离已经超过了40千米。坐公交车,需要坐上整整3个小时才能到达市中心。这一巴西独有的发展模式的城市特征就是大家所熟知的"城市掠夺"(Urban Espoliation)——一种在经济高速发展下,对于大多数人口而言,日益贫困、(贫富)高落差和缺乏城市性的混合体制。

回归民主与经济重组

巴西的民主转变过程是缓慢而又漫长的。1985年军人还权于民,20世纪80年代是政治动员激烈的时代。1980年,劳工运动已经恢复以往的强大实力,与城市草根运动一起,在政治转变的过程中发挥着非常重要的作用。州长和市长的选举分别在1982年和1985年恢复,这进一步促进了公民的政治参与和问责,激发了公共政策的改革。同时,底层民众和工业社区也给政府施加了很大的压力。现在,这些改革已经改善了相当大的一部分社会指标。

虽然20世纪80年代政治比较稳固,但经济上却是高通货膨胀、高额公债和低发展速度。实际上,这一时期是进口替代模式出现巨大危机的时期。几次尝试失败后,一个经济计划——雷亚尔计划——在1994年成功控制了通货膨胀。同时,联邦政府在实质上开放经济,开启了至关重要的经济重组。结果,工资降低、失业、工作的不稳定性和违法活动都有所增加。圣保罗在国家工业经济中所占的比例,由1990年的35.9%下滑到2005年的25.7%,第三产业的发展跟这一比例的变化有非常重要的关系。然而几项研究表明,如果某区域距离城市150千米,工业分散就几乎消失殆尽,用术语来说就是"集中型分散"(Concentrated Deconsentration)。虽然圣保罗城内还有规模庞大的福特工厂,但服务业的相对增长已经非常可观了。从2003年开始,重组后的圣保罗经济回归增长,依靠第二产业和第三产业,稳固了一种新的中心地位——新老产业结合,极大地扩大了圣保罗在整个南美的腹地。在这一进程中,圣保罗迎来了新一波来自秘鲁和玻利维亚的国际移民,这些移民主要在城市服装业中心的血汗工厂里工作。

随着劳动力市场环境的恶化,圣保罗的贫困人口在20世纪90年代大量增加,与全球化低层次服务经济相关的新形式贫穷和传统的贫困交织在一起。与此同时,社会指标和城市绝大部分的公共服务享受程度已经有所改善。事实上,基本服务和社会服务——特别是医疗和教育——几乎已经普遍化,只不过质量还有待提高。城市暴力和各种形式的犯罪有所增加。在郊区,这种城市生活,与人们天天接触暴力却又渴望美好明天的心理相互交织,擦出了极富活力的文化表现形式,主要有涂鸦和音乐(包括嘻哈和说唱)。与这些文化表现相平行的是,代表郊区棚户区的文化在大众文化和各种文化产品——电影、文学和最近被社会发现的空间——中的传播。

然而人们普遍都有不安全感,因此社区都加装了大门,甚至在中产阶级下层的社区也是如此。在某些地区,城市开发商在一些特定的郊区开发出些许富有的飞地。世界上的其他城市也经历过此类情况,不过这一进程限制了公共空间,使得不同阶层的人在空间上紧邻在一起,更是造就了巴西社会不平等在空间上的象征。虽然社区装大门只是局部现象,但栅栏、大门和监视设备的出现,表明不安全感已经改变了整个城市的建筑和公共空间。

就空间而言,郊区和棚户区在社会层面和地域层面变得越来越异质。尽管政府出台的公共政策和处理社会异质所采取的措施已有所改善,但市中心仍具有高度的排斥性,那些积聚在此的机会和娱乐活动也是一点都不对穷人开放。几乎没有触及城市的大规模隔离结构，反而这一结构自身有着极强的适应能力和持久性，圣保罗这种严重的不平等阻碍着日益复杂的服务业和高收入群体进入区位好、设施完备的地区，而大部分人则是住在遥远而又相对孤立的城市周边。

远而观之，这一历史发展轨迹把圣保罗从一个小镇变成南美最大的大都市，城内激情四射的文化活动和活跃的经济影响着整个南美。尽管在过去的几十年内，圣保罗已经取得了不少成就，但突出的贫富隔离和社会空间层面的不平等问题不仅仍旧没有得到解决，反而产生了新的更加复杂的排外性。从社会层面和空间层面去理解，城市世界性、现代性与新老贫困问题的相互交织是未来圣保罗城发展的一个可能，这也是许多其他城市发展的趋势。

进一步阅读书目：

- Bruno, E. 1953. *Histórias e tradições da cidade de São Paulo*. Rio de Janeiro, Brazil：José Olímpio.
- Caldeira, T. 2001. *City of Walls：Crime, Segregation, and Citizenship in São Paulo*. Berkeley：University of California Press.
- Camargo, C., org. 1976. *São Paulo, 1975—Crescimento e pobreza*. São Paulo, Brazil：Loyola.
- Cannevacci, M. 1993. *A cidade polifônica：ensaios sobre a antropologia da comunicação urbana*. São Paulo, Brazil：Studio Nobel.
- Kowarick, L. 1979. *A espoliação urbana*. São Paulo, Brazil：Paz e Terra.
- —. 1994. *Social Struggles and the City*. New York：Monthly Review Press.
- Langenbuch, J. 1971. *A estruturação da grande São Paulo*. Rio de Janeiro, Brazil：IBGE.
- Leme, M., ed. 1999. *Urbanismo no Brasil, 1895-1965*. São Paulo, Brazil：Studio Nobel.
- Marques, E. and H. Torres, org. 2005. *São Paulo：segregação, pobreza e desigualdades sociais*. São Paulo, Brazil：SENAC.
- Martine, G. and C. Diniz. 1997. "Economic and Demographic Concentration in Brazil：Recent Inversion of Historical Patterns." In *Urbanization in Large Developing Countries：China, Indonesia, Brazil and India*. Oxford, UK：Oxford University Press.
- Toledo, B. 2004. *São Paulo：três cidades em um século*. São Paulo, Brazil：Cosac Naif.

(Eduardo Marques 文　杨长云 译　王　旭 校)

SASSEN, SASKIA ｜萨斯基亚·萨森

萨斯基亚·萨森被普遍认为是全球城市理论领域一位杰出的学者，这句话一点都没错，因为全球城市(Global City)这个术语就是她发明的。特别是其早期作品，为人们理解全球城市做出了开创性贡献，为随后对全球化与城市化的关系，以及资本主义经济重组的社会空间影响的理论和经验研究奠定了理论基础。

萨森1949年出生于尼德兰，后在孩提时代移居阿根廷的布宜诺斯艾利斯。她本科就读于阿根廷和意大利，然后1973年在法国普瓦蒂埃大学获

得硕士学位,1974年在印第安纳州圣母大学取得经济学与社会学博士学位。她一人身兼数职,包括纽约市哥伦比亚大学城市区域规划学教授和芝加哥大学法律与社会学教授。时下,萨森任哥伦比亚大学社会学系罗伯特·林德教授兼伦敦政治经济学院的世纪客座教授。同时作为政策顾问,她被各国竞相罗致,并且是罗马俱乐部成员(在国际上享有盛誉的智库)。

萨森早期所写的两本书:《全球城市》(*The Global City*,1991)和《世界经济中的城市》(*Cities in a World Economy*,1994)沿袭了约翰·弗里德曼和沃尔夫·格茨(Wolff Goetz 疑为格茨·沃尔夫——译者注)20世纪80年代对"世界城市"(World Cities)的研究。不过在书中,她否定了在流动的世界中——适应性极强的生产全球化和电子通讯的即时性——空间已经无关紧要的直觉推测。相反,她证明,虽然经济生产已经在全球扩散,但与此同时,在一些特殊的空间网络中有一股平行的聚集趋势——大约有30到40个全球城市业已成为全球经济的指挥和控制中心。此类全球城市不仅是各大跨国公司总部的所在地,而且还囊括由支撑其运转的各类金融和商业机构所组成的庞大综合体。

萨森通过研究得出一个结论:全球城市的形成是二元劳动市场高度分化的结果。一方面,全球企业精英赚取高额薪水,享受高品质的生活;另一方面,企业精英的工作是在低薪服务工人的支持下进行的,其中很多是外来人员。由此看来,萨森的书揭示全球城市形成中的两个关键矛盾:一是虽然全球城市控制并掌握着"无形的"资本流动,但全球城市自身却是受到空间限制的;二是全球城市的形成与增长势必会使城市一部分居民变得富裕,其余人变得贫困。这两个群体生活在同一座城市中,不过穷人与富人的经历却是天壤之别。

萨森认为,全球城市与跨越国界的空间网络相连。此等远见表明她已与早期城市研究——城市深深地嵌在国家的经济体系内,主要与民族国家国界内的其他城市有联系——决裂。萨森书中描述的全球城市网络是一个有着等级体系的网络,其中,关联最密切的城市会形成居于统治地位的城市群落,世界经济就是由它们来管理。《全球城市》完全着眼于3个"第一等级"城市(纽约、伦敦和东京)。而在《全球网络与关联城市》(*Global Network / Linked Cities*,2002)中,她主要研究了南半球国家"第二等级"城市,例如墨西哥城、贝鲁特和布宜诺斯艾利斯。萨森相信,此类二等全球城市扮演着非常重要的角色,是它们把区域经济与全球经济联系起来的。

在随后的作品中,萨森通过研究各地移民和迁移、治理机制,以及技术在资本、信息和人员跨国流动中所发挥的作用,进一步增进了她对正在展开的全球城市经济重组的理解。萨森对全球城市的形成是持批判态度的,特别是她提出的随之而来社会两极分化的看法。所以,最近她对经济全球化管理治理方法的兴趣主要是寻找"一套新的管理体系",以实现社会公平和环境公平。在这方面,她研究了我们治理日益增长的全球化和跨国流动时所采取的种种措施。商品、资本、人员和信息的流动,受制于超国家组织如欧盟、世贸组织等、民族国家、地方政府与各类机构制定并推行的规则法令。其中,她的一个很关键的主张是,虽然民族国家的权威被"分类定价",但并没有被消除。城市地位的崛起,不一定会导致民族国家的"中空"。

说到技术,她已证明全球的技术网络已经创造出了新的地理空间,其中世界各大金融中心之间的联系比各金融中心与其外围地区的联系还要紧密。她也探索了新技术创造新的政治空间的可能性。例如,萨森认定,因特网甚至为穷人在全球范围组织起来都提供了契机。

萨森认为,经济重组和全球城市的形成,需要我们发展新的研究和分析方法,以此来描述和理解世界上正在发生的变化。她在芝加哥大学主持的一个重要研究项目——跨国主义项目——反映了她的这一想法。该项目主要由两部分组成:全球治理和人口迁移。这一跨学科研究项目的目标是把抽象的理论概念与具体的实证研究结合起来。

在这一项目中,萨森及其同事希望能够确定到底有没有可能出现统治全球的世界政府。

萨森曾在多个国家生活过,视自己为世界公民,所以她非常看重自己归属于多个国家这一点。"我的生活经历让我不能只完全效忠于一个国家或民族国家。"显然,对于身为学者的萨斯基亚·萨森来说,"全球"不仅是研究对象,而且还是一种生活方式。

进一步阅读书目:

- Sassen, Saskia. 1988. *The Mobility of Labor and Capital*. Cambridge, UK: Cambridge University Press.
- —. 1991. *The Global City: New York, London, Tokyo*. 2nd ed. Princeton, NJ: Princeton University Press.
- —. 1994. *Cities in a World Economy*. Thousand Oaks, CA: Pine Forge Press.
- —. 1998. *Globalization and Its Discontents*. New York: New Press.
- —. 1999. *Guests and Aliens*. New York: New Press.
- —. ed. 2002. *Global Networks/Linked Cities*. New York: Routledge.
- —. 2006. *Territory, Authority, Rights: From Medieval to Global Assemblages*. Princeton, NJ: Princeton University Press.
- Sassen, Saskia and Robert Latham, eds. 2005. *Digital Formations: IT and New Architectures in the Global Realm*. Princeton, NJ: Princeton University Press.

(Douglas Young 文 杨长云 译 王 旭 校)

SAVANNAH, GEORGIA | 佐治亚州萨凡纳

萨凡纳远近驰名的城市区域规划号称美国之最,而且该城还时常被誉为全美最美丽的城市。特别值得一提的是,萨凡纳的商业区成功地平衡了建筑和公共空间、人行道和机动车道的需要,其设计之和谐,堪称重新定义 21 世纪城市区域规划与设计原则的典范。然而,在其商业区和环绕有轨电车的市郊老区外围,萨凡纳跟大多数美国城市一样,也同样经历了平淡无奇的城市扩张。

萨凡纳始建于 1733 年,是由詹姆斯·奥格尔索普将军(James Oglethorpe)所建。奥格尔索普将军是一个慈善公司的领导人,该公司由英国绅士组成,获得皇家特许状,托管统治佐治亚殖民地。他们致力于建立一个慈善殖民地,收容英格兰城市贫民和在欧洲大陆遭受宗教迫害的难民。植根于基督教的仁爱观念和当时日益发展的理性精神,奥格尔索普的萨凡纳城市区域规划方案为实现这一平等主义理想绘制了一份地图。他选定距离大西洋海岸约 30 千米的萨凡纳河南岸为殖民地首府,该地高出河岸 12 米,在到处都是潮汐沼泽和滨海低洼小岛的海岸地区,这已经是相当高的了。

奥格尔索普的最初规划

奥格尔索普想出了一个方案,将该区与城市联系起来,其中每位不动产终身保有者大约可以获得 18 万平方米的农场用地、2 万平方米的园圃用地,以及 18 米宽 27 米长的居住用地。按照他的规划

方案，城市是由蜂窝状的网络组成，共有 6 个区，横向两排，纵向 3 排。每区都以一个公共广场为中心，东西两侧为"托管地"（Trust Lots），由受托管理人直接掌握，作为公共建筑的后备用地。广场和托管地南北各有一个 10 户联保组，每组有 10 块居住用地，横向 2 排，纵向 5 排，中间由一条车道隔开。同时，1733 年的规划包含一种逐渐递增的层次：极宽阔的市镇街和相对更窄的便民街，每条街要么全宽，要么是半宽的。市镇街从侧面穿过各区的中心广场，22 米宽的街道与广场中心平行，也与位于中央将城区分为两排的东西街（布劳顿街）平行，与 11 米宽的街道一起，分布在广场各边缘。便民街没有经过广场侧面，而且起初面向广场的一侧没有建筑物，13 米宽的南北街将各区分开，6 米宽的车道把 10 户联保组分为两部分。市镇街与便民街的差异至今依然存在。

历史学家盛赞奥格尔索普的规划方案，称其规划方案给人们带来了极广泛的灵感源泉。萨凡纳的众多广场很像伦敦西区在 17 世纪晚期建成的广场网络。然而，街道、公共空间的具体布局很可能源于文艺复兴的规划理念或北京紫禁城的设计。共济会可能影响了街道的具体宽度。

在最初规划基础上的扩张

萨凡纳独特的城市区域规划的演变和扩张使它有别于此时期其他的规划城市。建城时，奥格尔索普规划的城镇相对不是很大，只有 6 个区。最初的规划只包括了必不可少的部分，不过由于城镇周围都被划为公地，说明他为城镇的发展也留出了足够的空间。萨凡纳向周围公地扩张的规划至少可以分为 6 个独立的阶段，每一阶段都显示了奥格尔索普分区制度非凡的灵活性。不像典型的城区网络规模固定不变，萨凡纳城内某区的具体规模大小，甚至是某区内相应的比例都可以拉长和压缩，而且无须清除任何部分，也不会减损每区内在的人的等级。例如 18 世纪 90 年代，要在原先 6 个区的东西两侧增加几个区，通过缩小广场大小和减少

10 户联保组的改造，原先的 6 区就符合了使用现成公地进行扩建的要求。

自从奥格尔索普时代后，萨凡纳城内在固有的规划理念就指导着城市商业区的发展。公共建筑被分配在每区托管地的显著地段，通过在整个城内有效地分配政府机关、商业和宗教机构的用地，阻止出现占据统治地位的权力中心。之后，10 户联保组面向广场的尽头，成为著名公寓和商业建筑的理想选址。

住宅建筑用地的布局造就了萨凡纳独特的住宅形式。在萨凡纳，宽 18 米长 27 米的居住用地相对较小，房后背靠车道，这一特点促使筑房者把前半部分建成主房，面向车道的后部建成较小的马车房（通常已改建为住处）。房后就有车道，也不用各家再在旁边自建私人车道。到 19 世纪 20 年代，萨凡纳城内面向市镇街的住房进行了壮观的改造，主要的起居室被升高一层，与第一层通过主梯和走廊相通。之后，住房外部楼梯有节奏的模式，成为萨凡纳商业区的建筑特色。

然而，奥格尔索普规划中所界定规模较小的街区，限制了萨凡纳建筑的规模。到 20 世纪，为了迎合大的发展趋势，城市将一条街道和两旁的托管地合并成一块建筑用地，例如 20 世纪 30 年代扩建了莱特广场上的邮局。

19 世纪早期的城市美化运动

18 世纪晚期，萨凡纳城市委员会开始采取行动改善城市的卫生状况和市容市貌。街道两侧种植树木，用于提供树荫和吸收附近沼泽散发出的"有害气体"，对此委员会颁布条例，管理树木的种植、照料和养护。很不寻常的是，当时出于视觉审美上的考虑，委员会出台规定，把所种之树与建筑物的距离调整为一街之宽。

1800 至 1805 年间，萨凡纳城继续向周围的公地扩张，这一趋势为进一步发展植根于奥格尔索普规划方案内的城市辉煌提供了契机。设计好第三排的各区后，城中出现了一条新的东西大道，是早

前主街道的两倍宽,中间由绿茵密布的林荫道隔开。壮丽的街道刚刚落成,马上就有很多公共机构和个人意识到在此选址可能带来的声望,这里就像一个细长的广场。南百老汇街的建成,表明萨凡纳的城市区域规划能够灵活适应变化的等级和等级制度。19 世纪 30 年代,萨凡纳又加了一条林荫大道(自由大街)。

19 世纪早期,原先主要是出于实用主义目的的广场,开始让位于对城市之美的强调,纪念碑和喷泉的建设表明城市绿地发展的新高度。先是 1825 年纳撒尼尔·格林将军(Nathaneal Greene)的纪念碑,一块 15 米高的方尖碑,由费城建筑师威廉·斯特克里兰(William Strickland)所设计,在接下来的 80 年间,公牛大街沿线的广场上树立了众多的纪念碑。另有一些纪念碑是为了纪念卡齐米日·普瓦斯基伯爵(Count Casmir Pulaski)、威廉·华盛顿·戈登(William Washington Gordon)、贾斯伯军士(Sergeant Jasper)和詹姆斯·奥格尔索普将军。

铁路在西百老汇街沿线的出现急剧改变了城西的社会面貌,城西逐渐由城市精英的理想居所变为工业区。成立于 1833 年的佐治亚铁路迅速发展成为全国最大的铁路公司之一,该公司占地面积广阔的工业和行政综合楼(时至今日,仍是全美保存最完好的 19 世纪的铁路枢纽站)把西百老汇街变成通向萨凡纳繁忙港口的主要货运通道。另一个铁路枢纽站,则在东百老汇街,连接萨凡纳、佛罗里达和西部铁路。两个铁路枢纽站在东西两侧,促进了城市东西边缘单层廉价工人住宅的发展,此类住宅多为板房,布局都在一个水平线上,与城市中心的砖结构居民区有着显著区别。

萨凡纳城最不寻常的一个特点是:河边货栈枢纽通过阶梯状的车道和众多铁桥与城市相连。不像平地和周围低洼的地形,萨凡纳的河边货栈跨着 10 米高的陡岸。货栈屹立在陡岸底部,比河面高出 5 层楼,不过面向城市的这一侧,只比陡岸高出了两层楼。19 世纪 50 年代,用进港船只的压舱石块修建了很多鹅卵石坡道和石墙,陡岸得到加固,不过陡岸也变成了一条条独特的阶梯状车道;横跨两岸的铁桥为货栈高处的商业楼层提供了水平的平台——整体上形成了所谓的"法克托斯走廊"(Factors Walk)。独一无二的城市地形让萨凡纳的港口保留了全美保存得最完好的 19 世纪港口建筑。

19 世纪晚期的郊区

内战(1861—1865)结束后,因为受到东西两侧工业综合建筑和沼泽地的限制,萨凡纳的郊区主要向南扩展。从加斯顿街往南,奥格尔索普的规划分区制度已经没有什么影响力了,城市发展采用的是通常的街道网络,不过还有一个奥格尔索普规划的特征——东西走向的公共车道把主干街区一分为二,直到 20 世纪 50 年代,这还是城市最南端郊区发展不可或缺的组成部分。商业区内的车道承担了公共交通压力,此举把主干街道的空间和建筑物前的空间留出来,用以架设电线、电话线、放置垃圾箱。

1900—1905 年,城市美化运动影响到好几个郊区的发展——鲍德温公园、阿兹利公园和查塔姆新月区。此处的社区以宽阔的林荫大道、众多的广场和气派的大房子为特征。最为雄心勃勃的是查塔姆新月区,大中轴线沿着亚特兰大大街,逐渐扩展成为半英里长的棕榈树林荫道,其中轴线一直延伸到规模庞大的萨凡纳高中(建于 1929 年)才结束。两弯新月形状的街道跨着中轴线正对着,通向几条支道,相应地又把广场的模式进一步往城南引。在城东,1907 年设计建筑了达夫因公园,这个占地 3 万平方米的公园是由园林建筑师约翰·诺恩(John Nolen)设计的。公园整体轴对称,内部街道为对角线,为进步主义时代各种形式的娱乐活动提供了一个参照标准。

20 世纪早期,汽车的重要性日益增强,正如在其他城市表现的那样,汽车促进了郊区的进一步扩张。不过在萨凡纳,汽车还直接影响了城市远近驰名商业区规划的完整性。当地热爱汽车的人士游说政府，主张修筑几条直穿商业区广场的街道，改直车道，增加车流量。1935年，美国交通部修筑的美国17号公路沿着蒙哥马利街，横穿萨凡纳，把富兰克林广场、自由广场和阿尔伯特广场一分为二。3个广场被毁，为随后旧城区改造铺平了道路，沿此走廊，20世纪六七十年代，以前的城市区域规划受到了进一步的侵蚀。

历史保护运动

20世纪中期以来，影响萨凡纳城市形式最重要的因素是其成功的历史保护运动。"二战"后，拆毁闲置的旧房屋以利用高价的萨凡纳灰砖来建设新的郊区建筑，是对待城市遗产混乱心理的典型代表。当时最典型的是，城市政客和商人之类的人相信现代化，特别是修建更多的停车位，有助于遏制城市核心区的衰落。为了达到这一目的，他们在1954年，把位于艾丽斯广场备受尊敬的城市市场（建于19世纪70年代）拆毁，取而代之的是停车场。虽然人们为挽救城市市场的努力最终没有成功，但却极大地刺激了市民去关注逐渐流失的遗产建筑，去建立更为有效的保护组织。1955年，萨凡纳历史基金会成立，在随后的几年，基金会带头保护了数以百计的房屋，利用周转性基金成为全国保护历史建筑的模范。

"二战"结束不久，萨凡纳商业区再次出现修建电影院和国际风格的德雷顿公寓（佐治亚州第一座装有空调的公寓建筑）的短暂热情。尽管有这些发展，但由于郊区化的发展和内城的衰落，萨凡纳同其他美国城市一样，也受到这两个趋势的影响，承受着巨大的城市压力。城市中的重要机构和白人居民已迁往萨凡纳南部的郊区，而1969年奥格尔索普商场的开幕，加速了商业区所有主要零售商店的倒闭。萨凡纳采取常规的旧城区改造策略来遏制商业区的衰落，最显著的举动是在商业区西部蒙哥马利街一侧修建的萨凡纳市政中心，规模庞大，于1974年开放。尽管修建市政中心及其大型停车场毁掉9个街区和其中的8条街道，但市民和政客还都坚持把市政中心建在商业区。

1978年，萨凡纳艺术与设计学院的成立极大地加强了保护历史建筑的力度。学院校园的扩大得益于对历史建筑的修复，特别是一些过去的机构和工业建筑，它们不容易改造，也找不到新的用途。从公牛大街的萨凡纳志愿警卫军械库开始，现在萨凡纳艺术与设计学院的校园已经囊括了商业区和次商业区60多座历史建筑。1966年，萨凡纳商业区被选定为美国最大的国家历史地标区，区内有1500多座历史建筑，也验证了历史保护运动的非凡成就。1996年，萨凡纳通过了一整套的综合规划条例——查德伯恩指导原则，用以保护历史建筑，并指导该地区未来的历史保护工作。

萨凡纳在保护建筑及城市遗产与适应活力城市的需求变化之间保持了平衡，在这一方面，其他的历史城市都无法匹敌。

进一步阅读书目：

- Bannister, Turpin C. 1961. "Oglethorpe's Sources for the Savannah Plan." *Journal of the Society of Architectural Historians* 20(2): 47–62.
- Hodder, Robert S. 1993. *Savannah's Changing Past: A Generation of Historic Preservation Planning in a Southern City, 1955–1985*. Ithaca, NY: Cornell University Press.
- Johnson, Whittington B. 1996. *Black Savannah: 1788–1864*. Fayetteville: University of Arkansas Press.
- Marcuse, Peter. 1987. "The Grid as City Plan: New York City and Laissez-faire Planning in the Nineteenth Century." *Planning Perspectives* 2: 287–310.
- Reps, John William. [1965] 1992. *The Making of Urban America: A History of City Planning in the United States*. Princeton, NJ: Princeton University Press.
- —. 1972. *Tidewater Towns: City Planning in Colonial Virginia and Maryland*. Williamsburg, VA: Colonial Williamsburg Foundation.

- Toledano, Roulhac. 1997. *The National Trust Guide to Savannah*. New York: Wiley.
- U. S. Department of Housing and Urban Development. 1978. *Historic Preservation Plan for the Central Area General Neighborhood Renewal Area*, *Savannah*, *Georgia*. Washington, DC: U. S. Government Printing Office.

(Robin Williams 文　杨长云译　王　旭校)

SERT, JOSEP LLUÍS | 约瑟·路易·塞尔特

约瑟·路易·塞尔特(1902—1983)出生于西班牙巴塞罗那,其父是位成功的纺织厂厂主。20世纪20年代,塞尔特在巴塞罗那学习建筑,他与同学都对当时主流的古典主义设计感到不满。在塞尔特的领导下,他们把法国建筑师勒·柯布西耶(极具影响力的法国现代主义设计师)请到巴塞罗那,并为勒·柯布西耶准备了飞机观光旅游,游览了整个城市。从此开始了塞尔特与勒·柯布西耶之间一生的友谊。

1931年,塞尔特开始在巴塞罗那设计公寓及一家珠宝店。大约在此时,西班牙第二共和国建立,塞尔特与加泰罗尼亚的同事标新立异,创办了建筑学先锋派期刊《当代活动》(*Actividades Contemporanea*)。塞尔特与同事还在1932年参加了巴塞罗那的国际现代建筑协会大会,这是协会首次在北欧以外举行。会后的一个成果是塞尔特团队与勒·柯布西耶合作为巴塞罗那设计的平面图。该图与时任国际现代建筑协会主席考尔·凡·伊斯特伦(Cor van Eesteren)的阿姆斯特丹战后扩建计划一道,首次运用了国际现代建筑协会提出的建筑四功能,即居住、工作、交通和娱乐,以此来重建大都市环境,改善工人阶级的生活和健康状况。这一规划得到加泰罗尼亚政府的支持,在巴塞罗那产生了极大的反响。时至今日,塞尔特团队的设计仍然是巴塞罗那极具魅力的作品。规划者还呼吁进一步在城市中增设"梯形状"(redent)车辆禁行区(该理念与勒·柯布西耶的"光辉城市"——首先在1930年第三届国际现代建筑协会大会上提出,后来在1935年发表——的设计理念类似)。此外,他们还呼吁修建新的高速公路和铁路基础设施,对港口进行现代化改造,并为城南海岸附近的工人新建一座"休闲城市"。不过,虽然塞尔特为巴塞罗那设计了结核病医院,为加泰罗尼亚政府设计了几所学校,但实际上,只有布劳克之家——一栋独立的住宅楼——是按照塞尔特的设计图建造的。

1936年7月以后,塞尔特大部分时间都住在巴黎,在此期间,他在西班牙旅游委员会工作,并继续在国际现代建筑协会内活动。后来,塞尔特与协会成员克罗地亚移民欧内斯特·韦斯曼(Ernest Weissmann)、勒·柯布西耶的室内设计同事夏洛特·贝立安(Charlotte Perriand)成为好友。三人合作,有计划地向公众宣传引人注目的第四届协会大会(1933年在雅典和马赛两城举办)的成果,其中一个版本随后由塞尔特在《我们的城市能否存在下去?》(*Can Our Cities Survive?* 1942)一书中发表。此时,塞尔特受政府委托,与马德里建筑师路易·拉卡萨(Luis Lacasa)一道,负责1937年巴黎世界博览会西班牙馆的设计。这一重要场馆内展出了政治宣传类展品和艺术品,如毕加索的《格尔尼卡》和亚历山大·考尔德的《水银喷泉》。西班牙

第二共和国覆灭后,塞尔特与妻子蒙切(Moncha)离开了欧洲,首先乘船到达哈瓦那,后在 1939 年 6 月辗转到达纽约。

到美国后,塞尔特与移民纽约的韦斯曼有过不多的设计实践,后来另一位移民保罗·莱斯特·维纳(Paul Lester Wiener)也加入其中,三人成立了城镇规划事务所。维纳借助与美国国务院关系之便,与塞尔特接受委托,为拉丁美洲的新城市进行规划设计,并且一直到事务所在 1959 年解散前,拉丁美洲的规划设计工作一直是事务所工作的主要部分。后在哈佛大学建筑系主任沃尔特·格罗皮乌斯(Walter Gropius)的帮助下,塞尔特在美国各大学校的现代设计学院里教授城市主义课。1944 年,他写了一篇名为"城市规划中人的尺度"(the Human Scale in City Planning)的论文,表明自己对国际现代建筑协会新方向的思考。文中沿袭了刘易斯·芒福德的设计理念,强调步行式市中心在文化上的重要性,同时呼吁新城的建设应该遵循结构紧凑且相邻单位间适于步行的设计理念。1944 年,这些设计理念在塞尔特和维纳为巴西汽车城的规划中得到体现,并于 1947 年在纽约现代艺术博物馆中展出。事务所后来受秘鲁民选政府的委托,规划新工业港口城钦博特的建设,并为利马城设计蓝图。该蓝图是由事务所与欧内斯托·罗杰斯(Ernesto Rogers)——国际现代建筑协会中的一位重量级人物、协会意大利分支会员——共同完成的。之后,秘鲁发生军事政变,塞尔特和维纳的设计工作也转移到了哥伦比亚,受政府委托,为哥伦比亚 4 座城市图马科、麦德林、波哥大和卡利设计蓝图。在哥伦比亚,他们沿袭了在秘鲁的做法,在当地成立国际现代建筑协会小组,并支持新的城市区域规划立法,有关法律大部分都得到颁布和实施。1949 年,柯布西耶成为协会哥伦比亚分支会员,与塞尔特和维纳一道为波哥大设计蓝图。塞尔特在其麦德林和波哥大总体规划中的一项尝试——限制急遽增长的工业城市在地理空间上的扩张,同时,提高城市容纳的人口密度,并对机动车道和人行道进行有效规划,以增加车流量和人流量——有着重大意义。以上塞尔特的规划理念与柯布西耶不同,如柯布西耶为印度旁遮普邦和哈里亚纳邦首府昌迪加尔所做的规划(1950—1960),其中运用波哥大蓝图中的部分规划理念,包括对高速公路的"7V"分类法。不过塞尔特没有过多地强调纪念碑核心区的功能,相反,他尝试去增加整个城市的人流速度,此举旨在保持我们现代所说的"城市生活质量",与此同时,又能提倡柯布西耶式现代建筑的使用。

1947 年,在第六届国际现代建筑协会大会上,塞尔特当选为协会主席。1949 年,协会第七届大会在意大利历史名城贝加莫举行,在比较过贝加莫高质量城市生活与现代工业城市的"混乱状态"后,塞尔特提倡以城市步行街为核心的规划理念。协会第八届大会选在伦敦附近的霍兹登举行,塞尔特选择了"城市的心脏"为主题,在开幕致辞时,塞尔特强调,城市空间作为人们面对面讨论和举行集体游行的平台有着重要的政治和文化意义,很有预见地指出新式大众媒体政治的潜在危险。不过不幸的是,塞尔特为巴西、秘鲁和哥伦比亚规划的城市蓝图都没有得到采纳(在哥伦比亚只有部分规划得到实施),为委内瑞拉奥里诺科河和卡罗尼河沿岸的工业城镇(之后为圭亚那城城址)所做的规划也没有付诸实施。

1953 年,在沃尔特·格罗皮乌斯的提议下,塞尔特被任命为哈佛大学设计学院研究生院的院长。就任后,塞尔特调整课程设置,把课程主要集中在他所称的城市规划与设计上。虽然"城市设计"这一词在 20 世纪 40 年代时曾被克兰布鲁克艺术学院的伊利尔·沙里宁(Eliel Saarinen)偶尔用过,但却是塞尔特把这一概念发展为一门独立的专业,并把建筑学与规划或者从某种程度上与园林建筑学联系起来。1956 年,塞尔特在哈佛举办了一系列的城市区域规划与设计会议,此举对城市区域规划与设计的发展有着巨大而持久的影响。塞尔特的努力对美国战后城市化模式的影响很有限,不过其设计理念大部分都体现在校园建筑与规划上了,其校园建筑的主要作品有哈佛大学的世界宗教研究中心，波士顿大学图书馆与法学院大楼，以及加拿大贵湖大学和安大略大学的校园。1959年，塞尔特和维纳一起为哈瓦那设计的宏伟蓝图（1955—1957）因古巴革命而停止。

从塞尔特未发表的著作中可以发现，他对"20世纪20年代功能主义学派的理想城市"有些排斥，相反，对拥有熙熙攘攘街道生活的波哥大、纽约等城市比较推崇。虽然塞尔特没有迈出这一步，但相关设计理念随后就被简·雅各布斯发展成为对勒·柯布西耶和现代主义的全面排斥。雅各布斯当时是名建筑记者，1956年，在哈佛大学城市区域规划与设计大会上，她首次指出步行式城市街道生活的重要意义。1960年，塞尔特在哈佛大学开设了世界上第一个城市区域规划与设计专业硕士培养计划。该计划是一项联合学位培养计划，学员为建筑学、园林建筑学或规划设计方面的硕士。1961年，塞尔特聘用威洛·冯·毛奇（Willo von Moltke）为计划负责人，冯·毛奇先前是费城艾德蒙·培根（Edmund N. Bacon）的同事，曾负责监督社会山区域的城市区域规划蓝图以及贝聿铭所负责的设计工作。很多教员都在培养计划中授过课，包括园林建筑师佐佐木英夫（Hideo Sasaki）、历史学家爱德华·赛克勒（Eduard Sekler）和规划学家杰奎琳·蒂威特（Jaqueline Tyrwhitt）。还包括从1962—1965年在此授课的桢文彦（Fumihiko Maki），以及众多访问学者，如沙德拉·伍兹（Shadrach Woods）。1966年，在哈佛大学设计学院研究生院，塞尔特还把电脑引入城市规划。塞尔特1969年退休，并从院长任上卸下。卸任前，他把设计研究生院新教学楼的任务交给了约翰·安德鲁斯（John Andrews）。此时，塞尔特所代表的现代主义方向已经遭到各方的挑战，而他在哈佛大学设计学院研究生院所付出的努力也被批为精英式教育，以及对历史性建筑的拆迁过于冷漠。20世纪70年代早期，塞尔特的事务所受纽约州城市开发局的委托，在罗斯福岛和杨克斯地区的"城中新城"规划住宅建筑。这一计划尝试改变人们对高层住宅楼的固有形象，并在住宅楼内设计了很多公用设施。

20世纪70年代，塞尔特积极推动联合国对人居环境的关注，最后促成第二届人居会议在加拿大不列颠哥伦比亚省温哥华召开。塞尔特的努力也得到了纳德·阿达兰（Nader Ardalan）和莫舍·萨夫迪（Moshe Safdie）的支持。退休后，塞尔特着手写了一本书《和谐人居》（*Balanced Habitat*），不过最后没有写完。他还继续在马萨诸塞州坎布里奇市、西班牙伊比萨岛进行设计实践，直到1983年辞世。身后几年，其作品被世人忽视，而且通常被视为世纪中期现代主义野兽派的一部分。直到最近，才有少数人意识到塞尔特城市设计理念与勒·柯布西耶有所不同，以及他发展的一系列设计理念，即我们现在所认同的城市区域规划与设计的重要意义。

进一步阅读书目：

- Bastlund, Knud. 1967. *José Luis Sert: Architecture, City Planning, Urban Design*. London: Thames & Hudson.
- Mumford, Eric. 2009. *Defining Urban Design: CIAM Architects and the Formation of a Discipline, 1937-69*. New Haven, CT: Yale University Press.
- Mumford, Eric and Hashim Sarkis, eds. 2008. *Josep Lluís Sert: The Architect of Urban Design, 1953-1969*. New Haven, CT: Yale University Press.
- Pizza, Antonio. 2006. "Politics and Architecture." pp. 96-125 in *GATCPAC: Una nueva arquitectura para una nueva ciudad* (A New Architecture for a New City), edited by A. Pizza and J. Rovira. Barcelona, Spain: Colegio de Arquitectos de Cataluña y Baleares.
- Rovira, Josep. 2000. *José Luis Sert, 1901-1983*. Milan, Italy: Electa.
- Sert, Josep Lluís. 1937. "Cas d'application: Villes." CIAM V Report No. 2, *Logis et Loisirs*. Boulognesur-Seine, France: Éditions de l'architecture d'aujourd'hui.

- ——. 1942. *Can Our Cities Survive?* Cambridge, MA: Harvard University Press.
- ——. 1944. "The Human Scale in City Planning." pp. 392–412 in *New Architecture and City Planning*, edited by P. Zucker. New York: Philosophical Library.
- Tyrwhitt, J., J. L. Sert, and E. N. Rogers. 1952. *CIAM 8: The Heart of the City*. New York: Pellegrini & Cudahy.
- "Urban Design." 1956. *Progressive Architecture* 37(August): 97–111.

(Eric Mumford 文 杨长云 译 王 旭 校)

SEWER | 下水道

城市总在源源不断地产生废水,所以下水道也就成为城市结构不可或缺的组成部分。笼统地说,下水道就是把污水从源头输送到污水处理设施的地下输送系统。这一地下网络遍及整个城市的地理空间结构,其功能在于不断地将某一地区的污水收集起来,并输送到另一地区。虽然大家通常把下水道中的污水与人类排泄物等同起来,但事实上,因为污水源头不同(工业污水、生活污水、雨水)和下水道的类型各异(污水下水道、雨水下水道或复合下水道),所以污水的成分也有所不同。对任何形式的城市空间来说,下水道都被视为城市基本的结构问题,而且还是城市土木工程建设与城市公共卫生健康维护两者的交集。一座城市要想长久存在,毋庸置疑,需要某种形式的污水处理系统作为其先决条件,所以,对于这种"需要"的确切本质要进行仔细的分析。

下水道是对健康卫生需要的空间表达和定位,不过,对健康卫生的需要也并非完全是出于实用主义的考虑。事实上,这一需要不仅限于生理需要,它还与调节和定义"品质生活"的一系列道德原则和准则有关。这一道德方面的考虑在城市测绘学中有所体现,选址建设用于收集和处理污水的设施,而与此相反的是,其周边环境会受到污染,房地产会贬值,最终还会形成贫民窟。此外,这一道德考虑还塑造了人们围绕下水道所进行的各种活动,以及对此五花八门的解释。例如罗马的大下水道(世界上最早,而且也是世界上规模最大的下水道系统之一)就曾作为罗马皇帝埃拉加巴卢斯(Elagabalus)和圣塞巴斯蒂安(Saint Sebastian)的墓地(17世纪意大利艺术家卢多维科·卡拉奇[Ludovico Carracci]为纪念圣塞巴斯蒂安,画了一幅著名的油画《被投入下水道的圣塞巴斯蒂安》*The Body of St. Sebastian Thrown into the Cloaca Maxima*)。用下水道处理遗体绝对是一种道德谴责。大体上受谴责或被边缘化的社会群体与下水道之间的联系比较广泛。而且在这一联系中,下水道在地理空间结构中所扮演的角色是动态的,既具有排他性,又具有抵抗性。城市贫困区与下水道选址有着众多的历史联系,其中任何一个都可以作为前者(排他性)的例证。而华沙隔都起义与斯大林格勒战役都是后者的有力证据。冲突中,为争夺城市控制权,下水道成为对双方都至关重要的战略据点。人们对下水道在道德层面的认识具有一定的冲突本质,下水道在大众文化中的各种表现,如从道德领域与贫困和犯罪的对抗,到文学和电影中的华丽与奇异,都具有这一特质。

下水道：卫生与道德

下水道之所以会存在，是因为它是现实需要与人们道德诉求的交叉点，即下水道既是必不可少的公用设施，又是人们在清洁方面需要的物质表现。人类生活的概念就是与城市中的下水道同步形成，并与之紧密地联系在一起的。下水道的复杂特点以及它与城市的关系需要多重理论工具来进行研究。作家大卫·派克（David L. Pike）和唐纳德·里德（Donald Reid）从多方引进理论（包括从临界理论到精神分析理论），用以对下水道历史进行精致细密的考察。还有卫生、清洁、人类（与动物相对）生活等问题，此类问题与一些思想家，诸如米歇尔·福柯和吉奥乔·阿冈本作品中的生物政治概念直接相关。从这一角度看，下水道是在一张与技术相关的网络内运行，且此网络是用来界定某一范围内的人类生活。通过关注各类围绕和界定（在一定认知范围内）下水道的修辞、专门知识和实践，我们才能质疑下水道在主题框架中所扮演的角色。比如，霍斯曼男爵对巴黎的现代化改造，其中对城市的下水道系统进行了大规模的扩张和现代化改造，到1878年时，巴黎的下水道系统就有将近600千米长。相应地，我们可以批判地分析下水道和垃圾与具体主题群体的联系，例如印度和南亚地区的"贱民"（达利特人）与西方社会的无家可归者。借鉴米歇尔·福柯和伊恩·哈金（Ian Hacking）的作品，这一研究方法的特点是在理论上运用某种方式的本体论或动态唯名论，集中研究命名与被命名的物体是怎样相互作用而形成现实世界。通过把下水道视为某套动态话语模式与科技进程的交叉点，我们可以为社会批评和社会改革开辟一块必不可少的评论空间。

下水道：地下世界与梦境

下水道藏于城市地基之下。仅这一事实就可以把一整套形而上学理论与下水道联系在一起，概括地说就是地下世界。下水道在城市空间中本已有臭名，再加上下水道隐藏和输送的污物，更是臭上加臭；不过，尽管城市生活中不堪入目的副产品都流入了下水道，但它内部迷宫般的通道仍然让人们充满惊奇。世人对下水道几乎有着难以遏制的好奇。正是有这种好奇心理的驱使，我们才会那么想知道到底下水道里是什么情况。同时，还在文学和电影领域催生了各种描述下水道的作品。在我们的想象中，广阔的地下世界好像充满了各种各样的犯罪、被遗弃者和怪物。从维克多·雨果《悲惨世界》对19世纪巴黎下水道的描述，到托马斯·品钦（Thomas Pynchon）《V》中的巨鳄和村上春树笔下复杂的地下世界，再到《X射线》（Them!，1954）、《大鳄鱼》（Alligator，1980）、《地下怪物》（C.H.U.D.，1984）等电影，下水道成为一切不可能之事、可怕之事和越轨之事发生的地方。在文学和电影作品中，下水道是我们各种越轨幻想上演的舞台。

在现实的城市中，下水道扮演着相似的僭越角色，可以随时满足我们在欲望上虚幻的过分要求。从这一角度看，城市地下稠密的下水道和垃圾处理管道网络代表着我们对第一座建筑——迷宫——残存的一丝怀旧情绪。下水道就像迷宫一样，用于遮掩和控制。不过，这也留给我们一个问题，下水道到底是用来控制什么，而且到底该对谁隐瞒真相。说起迷宫，那答案就简单多了。米诺斯王（Minos）委托代达罗斯（Daedalus）修建迷宫，囚禁米诺陶洛斯（Minotaur）以遮家丑（米诺陶洛斯是米诺斯与妻子帕西法厄所生的牛头怪）。米诺陶洛斯——与其近亲人马和萨梯都不同——因其长着牛头，身上没有一点人类的高贵品质，所以也就成为无意识状态下人类难以克制和不计后果的欲望的象征。下水道把生活中的下层和可耻的一面遮盖起来，这与希腊神话有诸多相似之处。其功用在于控制生活中恶的一面，从而把善与恶分开。它是对恶永远的和强制的驱逐，但此法也有不足之处。下水道只是控制机体卑鄙下流的可耻行为，不能将这些可耻之事彻底消灭。虽然污物经过多重的收集、过滤和处理，但仍旧有垃圾和污染。所以下水道不可避免地成为令人作呕之事和越轨幻想的滋生之地。

根据精神分析的方法,雅克·拉康指出欲望表现在:对于卫生的渴求远比对卫生本身的需要重要。这种欲望与物无关,而与缺乏相关。下水道是要结束由主体性乃至城市本身形成的鸿沟。它包含的是对理想城市和理想生活方式的欲望,正是对这种理想物的渴求,并使之与人类废物区相关联,迫使主体认定了生活的一种方式,即"垃圾"以及在此种意义上下水道污物的存在。所以,下水道及其污物成为界定和定位现实与理想差距的尝试。生活在下水道内或附近的主体代表着下层生活,或者借用沃尔特·本雅明和吉奥乔·阿冈本的话来说,它们是"裸命"。虽然为收集和处理污物做了很多努力,现实与理想之间的差距仍旧停留在对"品质生活"的印象上。这一差距主要集中在城市结构中的特定地点,但却遍及整个城市,没有下水道,城市的卫生秩序将无法想象。正如彼得·斯塔利布拉斯(Peter Stallybrass)和阿兰·怀特(Allon White)所说,不去研究城市、地形学和社会形成的进程,我们就无法分析人的精神领域。所以,对下水道以及其他被污染地点的研究,开辟了对现实环境的精神分析方法。

进一步阅读书目:

- Agamben, Giorgio. 1995. *Homo Sacer: Il potere sovrano e la nuda vita* (Homo Sacer: Sovereign Power and Bare Life). Torino, Italy: Giulio Einaudi.
- Bataille, Georges. 1949. *La Part maudite* (The Accursed Share). Vols. 1-3. Paris: Les Éditions de Minuit.
- Foucault, Michel. 1966. *Les Mots et les choses* (The Order of Things). Paris: Gallimard.
- —. 1969. *L'Archéologie du Savoir* (The Archaeology of Knowledge). Paris: Gallimard.
- Freud, Sigmund. 1920. *Jenseits des Lustprinzips* (Beyond the Pleasure Principle). Leipzig, Germany: Internationaler Psychoanalytischer Verlag.
- —. 1930. *Das Unbehagen in der Kultur* (Civilization and Its Discontent). Vienna, Austria: Internationaler Psychoanalytischer Verlag.
- Hacking, Ian. 2004. *Historical Ontology*. Cambridge, MA: Harvard University Press.
- Lacan, Jacques. 1999. *Écrits I-II*. Paris: Seuil.
- Laporte, Dominique. 1978. *Histoire de la merde* (History of Shit). Paris: Christian Bourgois.
- Menninghaus, Winfried. 1999. *Ekel. Theorie und Geschichte einer starken Empfindung* (Disgust: Theory and History of a Strong Sensation). Frankfurt, Germany: Suhrkamp.
- Pike, David. 2005. *Subterranean Cities: The World beneath Paris and London, 1800-1945*. Ithaca, NY: Cornell University Press.
- —. 2007. *Metropolis on the Styx: The Underworlds of Modern Urban Culture, 1800-2001*. Ithaca, NY: Cornell University Press.
- Reid, Donald. 2002. *Paris Sewers and Sewermen: Realities and Representations*. Cambridge, MA: Harvard University Press.
- Stallybrass, Peter and Allon White. 1986. *The Politics and Poetics of Transgression*. Ithaca, NY: Cornell University Press.

(Joshua Ben David Nichols 文 杨长云 译 王 旭 校)

SEX AND THE CITY ｜性与城市

城市在限制各种性活动的同时，又为之提供各种机会。性与城市之间的联系已经得到理论化，已经变成城市居民的性生活与城市中两性发生性关系的可能性的关系。城市中性关系的主要形式是发生在异性之间的，不过，大部分研究城市性生活的作品都是直截了当地关注男女同性恋、性服务业和其他"变态"性癖。本词条主要关于城市性活动，具体来说，描述在城市中特定空间的少数人特定形式的性活动是怎样成为人们争论的焦点。总而言之，本词条试图通过关注更多的世界城市以及城市中更多的地点来扩大讨论范围。

充满情色的城市空间

在人类的大部分历史中，城市都被冠以万恶之源的名号。在工业革命的促进下，欧洲和北美开始了大规模的城市化浪潮，人们离开乡村到城市中寻找工作，住在新式公寓，开始平凡的生活，并适应现代工业机械的上班时间，这一切打破了传统的亲属关系和家庭生活。在此浪潮的推动下，大量的人口聚集在城市，催生新形式的城市生活，人际交往也出现了匿名性，同时交往的自由度大大提高，以上变化为非传统的性活动创造了机会，最后还衍生出立基于少数群体性活动的各种亚文化。城市本身也色情化了——成群结队的人流、各阶级相互融合的公共空间，还有灯火辉煌的城市夜景都为人的性冒险提供了可能性。

流浪汉或有绅士风度的浪荡子，最早出现在诗人波德莱尔对世纪末巴黎街景的描述中，成为支撑城市人纵情享乐释放性欲的象征。19世纪的浪荡子在巴黎街头闲逛，百无聊赖地观察着城市和城市居民，尽情地享受城市所提供的各种娱乐，包括女人。上述性活动虽然都发生在异性之间，但浪荡子这一人物形象被作家拿去后，却用于探索城市中同性性活动的可能性。尽管浪荡子以男性居多，但在女同性恋小说中，这一形象频繁出现。作为一种机制，被作家用来探索女性男性化的表现。然而，想在街头闲逛，女同性恋必须要面对异性恋者的歧视，挣脱父权制社会对女性使用公共空间的束缚。

在公共场合寻觅同性对象的行为与流浪汉的寻欢闲逛的确有某些相似之处。在公共场合寻欢，两人的邂逅充分利用了城市中隐姓埋名的特点——寻欢者的眼神可以很容易被解释为：不想认识别人，也不想被别人认出，与对方保持距离，而不是去想进一步的交流。有了这种匿名性，在城市中寻欢作乐往往更加有效，因为所有的人都很清楚，即便对方不找自己，也会找到其他类似的人。所以，对城市中特定地点中人与人发生性关系可能性的具体理解，是公共场合能够进行寻欢的条件。通过此类寻欢活动，同性恋浪荡子不仅能够找到刺激的性冒险，还能找到与自己有相同性取向的社会群体，以及此类群体所带来的凝聚力（通常会跨越社会分工的限制，如阶级界限、性别认同）。

有别于传统性取向的少数群体

虽然城市生活塑造了城市居民的性生活习惯和性需求，但有关城市性活动的研究仍旧集中在有别于传统性取向的少数群体身上。一些最早研究性活动地理区位的理论指出，尽管城市公共空间——从超市到街道——充斥着异性恋取向的信息，但由于异性恋活动非常普遍，且占据着绝对支配地位，人们反而对其熟视无睹。所有空间都带上性的特征，不过只有表达少数群体性需求的空间活动才会突出表现出来。因此，用平常的方式如接吻、牵手等来表达同性情感，必然会被打上变态、另类的标记，而且通常还会受到监督。说到城市异性恋的表达方式时，我们主要把注意力集中在性服务业和红灯区或皮绳愉虐以及其他形式的变态性游戏上。现在对城市空间里平凡无奇的异性恋活动的研究,以及对正常生活中的生育研究还非常少。

城市空间内的父权规范向来会受到同性恋者个人的公开抗议,或者是集体性事件如男女同性恋自豪节的挑战。男女同性恋最早的游行具有政治抗议性质,他们质疑判定同性恋为非法和把同性恋边缘化的做法。现在有些地区,如波兰和塞尔维亚,此类游行还有抗议性质。然而在政治自由程度高的国家,男女同性恋的游行活动逐渐被纳入城市的区域营销策略。最近出现在悉尼、伦敦和曼彻斯特的同性恋游行,因为商业色彩过浓且露骨地用享乐主义取代游行的政治目的而受到仔细审查。作为一种替代性性关系的炫耀和公开展示,此类活动被解读为狂欢荒诞空间,具有违背社会规范并揭示出他们的组织和社会身份的潜能。

然而毫无意外的是,男女同性恋占据的不只是性活动的空间。服务业领域就业人数在20世纪70年代后的增加,以及此类经济部门中男女的就业机会并没有与占主导地位的性别角色相吻合,而是与男女同性恋社区的明显增加有关(主要表现在北美和欧洲的各大城市)。这一现象肯定与在此时期内,新一代的同性恋少数群体为寻求大城市所提供的自由,而向容忍同性恋城市移民的趋势相吻合。许多学者是从政治地理角度来考虑同性恋社区的增加。北美作家强调,同性恋少数群体已在城市中占据一席之地,并以此来发展政治代表和政治包容。在欧洲,人们以叛逆和违背社会规范的眼光来审视男女同性恋聚居地区,这意味着欧洲主要关注的是,把同性恋边缘化,并排除在日常的城市生活之外。且不管政治对此类社区有何评价,学术上对市中心同性恋休闲场所的集中和居住群的研究比比皆是。在有关城市人口迁徙、城市改造、城市世界主义和城市品牌设计的争论方面,这些研究可谓助益良多。通过对创造性阶级的研究,理查德·佛罗里达与同事提出了"同性恋指数"的概念,该指数是用于测量在多大程度上城市的社会容忍度能够吸引社会自由阶层和创造性人才(即在文化和高科技产业领域的创新引擎)。计算时(大概)以男女同性恋的存在为指标,以此来衡量一座城市的经济发展水平,并评判它作为利润积累的可能性。

性活动地理

关于城市空间在性别认同产生中的作用现已被越来越多的学者讨论,而关于性的地理却很少有人关注。这一点可以这样解释,因为大多数性活动发生在不公开的家庭之内,而性活动只有在越过公共和私人的界限后才能引人注目,才能被社会所评论。然而,先前对公开场合寻欢的讨论表明,在城市公共空间,性活动还是时常会有的。这类地方,比如说被用作寻欢之地的公园和公共休息室,现在学术界已经有详尽研究,市政当局也对这方面加强了监管。在英国和其他国家,人们特别担心城市公共空间的"性征化"会与酗酒、失控和失序联系起来。如果城市中的性活动既是公事又是私事,那么,这活动长此以往也必将是个商业问题。性产业可是棵摇钱树:除妓院外,城市还是各种与性相关产业的活动之地,如婚介所、情趣用品店、狂欢会所和艳舞表演。近年来,城市理论学家开始关注美腿舞俱乐部和同性恋浴室(性活动的肮脏化身)。尽管此类场所众多,但受到高度质疑和各种监视。城市空间私有化的趋势削弱并改变了公共性文化的影响力,有些城市已经重新设定规划规则,计划将性产业从市中心移到其他地方。以上进程,与因特网和移动技术的发展一道,会重新塑造城市中的性活动地理结构,催生新形式的公共性活动,例如"猎野狗"(dogging),或许会重新界定性欲,界定什么是情色,以及在哪里进行性活动。

未来的发展方向

城市性活动研究的焦点主要集中在同性恋活动场所和市中心的性产业上,而传统的性生活与城市环境的关系现在仍旧无人问津。城市性活动的研究领域仍需扩展,需要把所有的性活动,所有的城市、城市的各个部分(包括郊区)也纳入城市性活动的研究范围。从某种程度上说,并不是没有此类研究,而是这些研究往往不承认自己是在做性活动空间表现的研究。例如,一些女性主义作品对城市中女人的描述就充满了对异性性活动的假设,只是有些地方它们没有明确指出:异性性关系是如何影响女人的日常生活,如何影响女人进入城市空间。为了让平凡无奇的异性性活动得到人们的关注,进行此类研究时,要搞清楚研究哪类女人,要搞清楚她们的性活动和性生活(包括生育和育儿)是如何影响城市公共服务的提供和城市生活的节奏——从产前学习班到接送小孩上下学。性,通常是城市研究的边缘地带,然而,城市经济、城市建筑、城市区域规划规章制度、公共服务的提供,乃至居住在城市的经历都与性、性活动,以及关于正常爱情关系和家庭关系的假设有着或多或少的关系。

进一步阅读书目:

- Bech, H. 1997. *When Men Meet: Homosexuality and Modernity*. Cambridge, UK: Polity Press.
- Bell, D. and G. Valentine, eds. 1995. *Mapping Desires: Geographies of Sexualities*. London: Routledge.
- Browne, K., J. Lim, and G. Brown, eds. 2007. *Geographies of Sexualities: Theories, Practices and Politics*. London: Ashgate.
- Delany, S. R. 1999. *Times Square Red, Times Square Blue*. New York: New York University Press.
- Florida, R. 2002. *The Rise of the Creative Class and How It's Transforming Work, Leisure, Community and Everyday Life*. New York: Basic Books.
- Hubbard, P. 2008. "Here, There, Everywhere: The Ubiquitous Geographies of Heteronormativity." *Geography Compass* 2(3): 640-658.
- Knopp, L. 1992. "Sexuality and the Spatial Dynamics of Capitalism." *Environment and Planning D: Society and Space* 10: 651-669.
- Turner, M. W. 2003. *Backward Glances: Cruising the Queer Streets of New York and London*. London: Reaktion Books.
- Wilson, E. 1992. *The Sphinx in the City: Urban Life, the Control of Disorder, and Women*. Berkeley: University of California Press.

(Gavin Brown and Kath Browne 文 杨长云 译 王 旭 校)

SEX INDUSTRY | 性产业

商业性服务从来都不仅仅是城市现象,在城镇的某些特定区域这种现象更为常见,形成了红灯区(比如阿姆斯特丹的德瓦伦、伦敦的苏荷、巴黎的皮嘉尔、曼谷的帕蓬)。在大多数情况下,这些区域很容易联系到女性卖淫。然而在某些情况下,这也可描述一些街头巷尾工作的状况,诸如面向成人的生意、性俱乐部、影院、成人用品商店和窥视表演。在某些城市,这些区域与男性卖淫和同性恋场所极为类似(虽然城市同性恋企业家和受益于商业性服务的人之间往往存在矛盾)。然而在大多数情况下,红灯区是用来满足正常性取向男人的基本需求的。

特定区域中不道德行为和卖淫的集中很长时

间内都令城市地理学家和社会学家们着迷,芝加哥社会学派首开先河,他们的研究包括红灯区内不同种族人群生活方式的具体情形。这些研究浮现出一个关键的观点,那就是性服务往往发生在城市的边缘地带或者落后区域。在这些地方,卖淫被认为是一种病态,而那里的居民也都没有融入主流社会,并接受其道德秩序。欧内斯特·伯吉斯著名的"同心圆模型"表明,性服务往往位于市中心的"过渡区"——有着大量移民和多种用途房屋的某个相对分离的区域。从某种意义上说,我们对性工作者聚集在边缘地区和偏远郊区并不感到惊讶,因为性服务为许多生活在贫困边缘的市民提供了一种至关重要的城市生存法则(尤其是流浪妇女,她们可能穷到需要社会保障体系来提供帮助)。然而,无论是经常出现在红灯区区域的性工作者还是嫖客,他们都无须居住在这些偏远地区,越来越多有关城市性行为的著作指出,不能仅仅把这些红灯区看成是供求经济关系的结果,它们也是历史分层的道德制度、法律约束以及治安巡逻的产物,这些因素共同促进了这种"恶习"在远离富人区的市中心生存。

恶习的历史地理分布

按照传统,我们将其称之为卖淫业。直到货币的出现,允许性服务的买卖,卖淫才真正拥有它的当代意义。正如大量的性行为研究所证实,虽然卖淫者遭受着各种道德指责,然而他们一直被社会边缘化却是很危险的行为。事实上,有时性工作者也喜欢其在社会核心层的特权地位。尽管如此,性工作者(尤其是沿街卖淫者)时常因为他们占用城市公共空间而受到管制:比如在中世纪时期的城市,通常会禁止卖淫者在市区城墙内居住或者工作。表面来看,这种公然的空间排斥意味着卖淫者在中世纪时期的城市毫无立足之地,然而,这些法律条例并未公正实施,揭示了宽容和苛刻间更为多元化的分布。其实,统治中世纪时期城市的宗教机构对商业性行为表现出一种非比寻常的务实态度,认为

妓女给予了很可贵的服务,为男性的性需求提供了宣泄的方式,有利于维持家庭生活的和谐。在某些情形下,这刺激了官方许可的妓院、鸨母以及卖淫场所的形成。举个例子来说,在大多数的中世纪法国小镇上,城市别墅或者澡堂在法律约束下提供卖淫服务。

由于居住地和工作场所渐渐远离,市中心的男性王国和郊区的女性之都渐渐扩大,以至于现代时期官方批准妓院的形式开始发生转变。联想到一系列的欢愉和危险,市中心已没有单身女性的立足之地:因此除了妓女,在现代大都市的生活中,女性的地位并不平等。从这个意义上来说,街头妓女在公开场合的出现时时提醒着市议员们,使之认识到,他们并不是像他们期望的那样完全掌控着这座城市。而且,城市统治者还担忧,街头妓女的存在会使一些无知妇女和小孩堕落,同时侵蚀正常异性恋家庭的道德价值观。因为这些原因,妓女成为现代社会想象的主要特征,也日益需要服从各种形式的监管和控制条例,用以严格限制性工作者的服务范围,同时表达政府反对卖淫的态度。于是,新的禁酒立法在整个西部城市得以通过,其目的在于通过法律和相关规定来完全根除卖淫;然而,这一目标的不可能性时常导致国家制定基于封闭和监管系统的管理规则。比如,法国的规章规定了妓院可在指定区域建立。在某些情况下,由于19世纪60年代《英国传染病法令》(English Contagious Diseases Acts)提供了一种空间管控形式的基础并在之后推广到整个大不列颠,对性病的担忧因而也证明了贬低为涉嫌卖淫女子进行的医疗检查制度化的合理性。

因此,总体来说,卖淫的历史布局突出了不同规章制度下政府部门内在的空间管理模式,其策略包括空间约束、管制以及排除,在现代城市中管制卖淫行为必不可少。于是,仔细分析布局的变化可发现独特的空间构成——比如,19世纪巴黎的妓院、战后荷兰的"娼妇区"(Tipple Zones),或者内华达的旅馆妓院——这些都与独特的控制和监督模式相关。然而,与这些严格监管的地带并存的是,

沿街卖淫仍然在城市的"落后区域"活跃。对街头性工作者的自由放任式管理，使得沿街卖淫远离了城中的富人区和白人区，而当地的居民却没有足够的动机或者足够的权力来反对妓女出现于他们的街上。事实上，街头性工作者地带还往往伴随着毒品交易、贫穷以及犯罪行为，这已经成为媒体曝光卖淫行为的主要标志，往往联想到性堕落、暴力、性病和贫困潦倒。对妓女的嗤之以鼻不仅是道德上的讨伐，在地理位置上还是"街道之耻"。于是，独特的道德地理分布便人为地产生了，这意味着性行为只有某些特定的地方才能被接受。

因此，现在西方城市有关卖淫的法律和社会管理条例已经制定，明文指出这个国家如何通过改善法律、法规以及政策来探究街道和小巷卖淫的影响。这决不是断言这些条例决定了卖淫的分布和构成，只是暗示法律具有富有成效的强制力，形成了运行良好的超越国家的一系列社会机构，并且以各种各样的方式侵犯了社会角色的活动。这些条例证实，对卖淫的管制在地域上也是多变的，在某种程度上，卖淫的形式在某些城市可看成是合法工作，然而在其他城市却完全是犯法的。此外，主要的区别往往是在司法权范围内性服务合法的和非法的形式造成的。因此，评论者和支持者都开始从不同城市为卖淫者的健康和福利而制定的性工作者立法中寻找实际意蕴。

超越卖淫：管理商业性行为

劳拉·奥古斯丁（Laura Agustin）指出，有关卖淫的研究往往会忽略更为宽广的社会背景和文化背景（即法律法规），其中"色情和性类商品和服务"被消费。考虑到这个因素，奥古斯丁主张，虽然对卖淫的管制问题还应该认真讨论，然而，绝大部分的性交易并不能被视为卖淫空间，而且很可能不受卖淫条例的管制。举个例子来说，在目前的情形下，关注性商品和性服务交易发生的场所至关重要。奥古斯丁指出，这些场所包括"酒吧、餐馆、卡巴莱夜总会、俱乐部、妓院、迪斯科舞厅、桑拿浴室、按摩房、私人的成人用品店、旅馆、平房、密闭的地下室、网站、影院以及可提供性服务的任何临时场所"。监管这些各式各样的场所便出现了一系列法律和逻辑问题，而且很多商业性行为通过网络进行，并不受任何形式的许可和监督的限制。尽管如此，大多数民族国家还是采用了相应的法律和政策，旨在将性行为和裸露局限在明确的私人空间内，他们试图限制有关性内容的材料在公共场所和私人空间中传播。这样，值得关注的是，关于性商品和性服务的法律条文中最重要的考虑在传统上是保护那些往往容易腐败的人。就此而言，同样值得我们关注的是，中产阶级白人往往保护他们自己获得的那些被认定为是色情的东西，与此同时，对于那些他们认为容易受到赤裸裸图片引诱和堕落的所谓"不文明的"人，他们却又限制这些人获得那些淫秽物。这个现象在维多利亚时代中期十分明显。1857年，英格兰和威尔士的《淫秽出版物法》（Obscene Publications Act）强调色情文学对工作阶层尤其是工作阶层中的女性存在的潜在的"致命的"后果。后来，获取色情的途径变得更加民主化——部分归功于网络通道——在西方城市中，对色情的立法管制，其主要依据是说保护未成年人。还有，宗教团体的影响通常也被考虑进来，他们开展反色情运动，强调"一个开放的道德市场"处于危险之中。保护"家庭价值"的要求促使一种更为丰富多样的立法的产生，意在管制（比如说）淫秽物的内容和人们获取它的途径，而立法者总是不断地试图界定"什么适合普通消费"与"什么只能（同意）成人获取"之间的界限。对此的表现之一是，国家和立法机关试图将淫秽物限定在特定的场所进行兜售或展示。那些场所显然不是公共领域（也就是说未成年人不得入内），然而对于公众却是开放的（免费或者以某种方式收费）。

安德鲁·赖德（Andrew Ryder）在描述成人娱乐区的演变时，突出强调了市政领导和政府的作用，指出他们尝试通过多种"指令-控制"技术来掌控成人娱乐活动，包括淫秽法规、颁发许可证、区划和规划权。比如在美国，颁发许可证和区划条例已被广泛地用来控制性交易的数量和场所。故此,许可证对于一个营业场所的广告、开放及其许可进入的顾客给予了限制。区划条例则倾向于识别哪些区域能够作为性交易场所。在美国各大城市,区划条例一般会禁止性交易在离住宅、学院和教堂等地数英尺的范围内进行,而且,典型的特征是,区划条例将成人交易推往城市郊区发展,远离中产阶级。在大多数情形下,区划条例也阻止了性交易的"同地并发"(co-location),一些美国城市的条例禁止305米范围内存在性交易,其依据在于性交易的密集伴随着一些龌龊勾当和犯罪行为。尽管对于这类龌龊勾当,有人拿出了尚有争议的证据,但美国的法庭往往支持区划条例,驳斥了他们那些与第一修正案中有关商业权利表述相冲突的要求,因为条例给予了成人业务足够的可供选择的地点。这种形式的判决还推广到了裸体舞,市政当局试图利用反裸体条例来阻止裸体舞蹈会所的开放。这遭到了会所所有者的质疑,他们驳斥道,舞者只是在传达一种信息,因此他们的行为应该如同严肃的演讲一样受到保护。但是,尽管联邦法院强调不允许完全禁止非淫秽的裸体舞蹈艺术,但他们仍然默认了市政当局提出的严格治理裸体舞的条例,这不同于其他形式的直播秀。(引述的证据是,此种类型的俱乐部有着负面的相邻效应,很可能与卖淫和吸食毒品联系在一起。)

这种管制和区划的空间策略可以理解为具有多种目的。比如,在"适合家庭的"空间和商业性行为空间之间维持一定距离,有助于区分好女人与坏女人。斯蒂芬妮·拉斯克(Stephanie Lasker)认为,区划保护了"具有家庭价值观念的好女人"不受成人娱乐场所(土地使用)的伤害,因为它们"将此类土地使用区划,既远离单一家庭社区,也尽可能地使之隔离于住宅社区,只进入低收入妇女称之为家的社区"。此外,她还认为,区划保护了妇女远离危险,这"在概念上和准逻辑上使妇女无法感受整座城市的细节,而这些地方仍然保留给男人们去猎奇"。与此同时,当一些性遐想再次出现的时候,成人娱乐空间的限制和孤立反过来加强了色情商品和服务的商业价值,"物以稀为贵"。的确,色情史表明,孤立边缘地带商业性行为并不能够使其贬值;相反,对立观点却是正确的,空间的边缘化使性工作局限于一个"有限的经济"范围内,这一"有限的经济"为资本主义终结囤积了欲望。因此,家庭空间和商业空间的分离为家庭(作为理想的社会群体内性关系)和卖淫(作为一种非法却广受欢迎的商品)规定价格。

现代城市恶习的取缔

迈克尔·布朗(Michael Brown)通过反思性生活与空间的关系,强调城市空间的附属品不能仅仅依据占据社会主导地位的"异性性行为的主流结构"来理解,在这一点上,也不能根据"后福特主义语境下空间的稳定及其灵活性之危机解决功能"来理解。于是,商业性服务与不道德及社区违法乱纪之间的联系看起来就像是一种极其有效的重申性价值的策略,处在民族国家的核心位置上,而且——与此同时——使得性服务远离宝贵的城市中心场所。在此基础上,对于管制商业性服务的持续不断的尝试便可解释为资本积累(比如,增加特有土地或者商品的价值)和社会再生产(比如,正常假定色情不应当只被少数人接受或者只在公共范围内可见)同时存在的策略。很显然,在具有潜在获利价值的房地产地段,对于商业性服务是"零容忍"的。区划条例和警察力量被用来消除性服务,其表面上是保护当地社区,却又意在促进被性交易玷污地区的绅士化。比如1993年,纽约正式实施区划条例,当局解释说这是为了维护企业开发商的利益而消除卖淫。通过跨国公司的推动,第42号街道辖区和时报广场得以重建,而其条件则是在这一地区内消除限制级服务和卖淫。

在一个许多西方城市在后工业化的、以服务业为基础的经济中寻求重建的时代,这种消灭卖淫行为的努力可能就并不令人感到意外了。然而显然更为重要的是,对于热衷于从新兴文化经济中获利的房地产公司、地产开发商以及娱乐联合企业来说，尽管性服务的某些形式已经不再受欢迎，然而其他形式却被认为仍然完全是合适的。因此，当红灯区开始不复存在的同时，街头卖淫也日益被驱赶至城市的边缘地带。"高级"色情脱衣舞和绅士俱乐部慢慢成为西部城市休闲中一道熟悉的风景。加之，嫖客日渐倾向通过网络或者移动电话来联系性服务者，于是这种成人娱乐的企业化正在制造一种十分与众不同的商业性服务景观。因而，虽然红灯区可能正在消失，但这并不意味着性服务在城市空间的生产中无关紧要。

进一步阅读书目：

- Agustin, L. 2005. "The Cultural Study of Commercial Sex." *Sexualities* 8: 618–631.
- Ashworth, G. J., P. E. White, and H. P. M. Winchester. 1988. "The Red-light District in the West European City: A Neglected Aspect of the Urban Landscape." *Geoforum* 19: 201–212.
- Brown, M. 2001. Closet Spaces. London: Routledge. Corbin, A. 1990. *Women for Hire: Prostitution and Sexuality in France after 1850*. Translated by Alan Sheridan. Cambridge, MA: Harvard University Press.
- Hanna, K. 2005. "Exotic Dance as Adult Entertainment: A Guide for Planners and Policy Makers." *Journal of Planning Literature* 20: 116–134.
- Hubbard, P. 1999. *Sex and the City: Geographies of Prostitution in the Urban West*. Aldershot, UK: Ashgate.
- Hunter, I., D. Saunders, and D. Williamson. 1993. *On Pornography: Literature, Sexuality and Obscenity Law*. London: St. Martin's Press.
- Kelly, E. D. and C. Cooper. 2001. *Everything You Always Wanted to Know about Regulating Sex Businesses*. Chicago: American Planning Association.
- Lasker, S. 1998. "Sex and the City: Zoning Pornography Peddlers and Live Nude Shows." *UCLA Law Review* 49: 1139–1185.
- Levine, P. 2003. *Prostitution, Race & Politics: Policing Venereal Disease in the British Empire*. London: Routledge.
- Papayanis, M. 2000. "Sex and the Revanchist City: Zoning out Pornography in New York." *Environment and Planning D—Society and Space* 18: 341–354.
- Ryder, A. 2004. "The Changing Nature of Adult Entertainment Districts: Between a Rock and a Hard Place or Going from Strength to Strength?" *Urban Studies* 41: 1659–1686.
- Sanchez, L. 2004. "The Global Erotic Subject, the Ban, the Prostitute-free Zone." *Environment and Planning D—Society and Space* 22: 861–883.

(Phil Hubbard 文 杨长云 译 王 旭 校)

SHANGHAI, CHINA | 中国上海

上海是中国最大的城市，也是全世界的大都会之一。尽管上海并非一个典型的中国城市，然而它的历史发展浓缩体现了中国城市转型的轨迹，充分展示了从一个封闭的、半殖民地城市向国际大都市的转变过程。罗兹·墨菲（Rhoads Murphey）认为，上海对现代中国至关重要，上海对改革开放后的中国更为关键。

历史

人们对上海的普遍认识是上海从一个渔村发展成为一个全球化大都市,虽然如此,但早在宋朝,上海就已经被定位为集市并且在元朝已发展成为县城。在明王朝的1553年,上海的城墙已向外扩张了几十千米,并且建造了6座城门。1602年,该城的寺庙(城隍庙)落成。清朝初年,雍正皇帝在上海建立了海关部门,上海从而获得了对贸易的垄断控制权。1735年,上海已经成为长江下游地区的主要贸易港口。

1842年《南京条约》签订,上海成为主要的通商口岸之一。国外资源的引进急剧加速了上海早期的工业化。上海发挥着类似于"桥头堡"的作用,成为国外商品运往长江流域以及国内农产品和矿产品加工出口的通道。伴随着空前繁荣的贸易,上海真正地成了一个国际大都市,服务和影响着周边地区。在20世纪30年代,上海见证了银行和国外贸易的高度集中发展。

1949年之后,上海从一个消费型城市转变成为一个生产型城市。像贸易、金融和物流等类服务行业受到了一定影响。尽管如此,上海仍然发展出一套综合的工业体系,成为中国工业化的"火车头"。

1990年,上海浦东成为新型开发区。1992年,上海被赋予"龙头"的称号,带动长三角地区的发展以及整个区域的腾飞。因此,上海步入建成全球性城市的快速通道,旨在成为国际化经济、金融和贸易中心之一。国外资源大量涌入上海,但中国的改革开放政策推动了上海的再次全球化。

上海曾经是转口港和移民城市,因此,它的文

上海已经成为一座国际化全球城市,其他中国城市紧随其后
来源:Blake Buyan

化——上海类型（海派）——体现了世俗主义、实用主义和世界主义的特点。都市生活（都市生活意味着一种现代生活方式）首先在上海出现，随后，风靡中国各地。李欧梵的著作《上海摩登》(*Shanghai Modern*) 描述了 1930 年到 1945 年中国新城市的繁荣。另一方面，由于它对国内经济和民族工业的重要性，相较于中国其他许多城市，上海的计划体制每天都在不断地发展和修订，也形成了一套更加明确的法规控制体系。在服务行业中，从农村向城市的土地转移和管理就足以证明这一点。

城市生活

旧上海的特点在于弄堂房屋或者小巷住房（弄堂或者里弄）。这种房屋的石头门设计（石库门）被认为是中国特有的风格，然而实际上，这就是连排房和中国庭院的结合。为了保护隐私，连排房的庭院往往是紧闭的，成为一个内部庭院。

上海的方言将居民区分成上端（上只角）与下端（下只角）。上端大致是指外侨居住区和法租界，而下端则包括中国政府管辖地、工业区以及体力劳动者的集中地。从地理位置来看，上端位于西南的静安区和徐汇区，而下端主要位于苏州河以北。虽然上下端的分界线在不断地消失，然而，居民脑海中的传统观念仍然存在，而且伴随着房地产开发，这种观念在一定程度上还有所加强。例如，高端公寓和别墅大都位于西南方。

如果说单位住房四合院是北京的一道特有风景线，那么在上海，市政府牵头下更多住房项目得到开发。因此，这种四合院在上海并不典型。除了国有企业建造的单位宿舍外，还存在其他平民居住区。在 20 世纪 50 年代，政府启动了"两万户"工程，建造了很多工人新村，比如曹杨新村。其基本原则就是花更少的钱建更多的房子。该项目大大地改善了工人的居住条件。

20 世纪 80 年代之前，旧上海几乎没有重建改造工程。上海的市中心十分拥挤，而且对老城区的投资也十分有限。人口以致密化的方式实现增长。以前由单个家庭使用的财产现在不得不由许多家庭共同使用。农村知青返城也加剧了这种拥挤现象。

90 年代，城市改建开始加速，从住宅重建转变成为产权开发。新天地工程保留了石库门的建筑风格。这些连排房被改造成酒吧、餐馆和时装店，变成了一个时尚的娱乐购物场所。与中国南部其他城市相比，上海仍维持着相对严格的土地使用管理制度。

当需要向农民征用土地时，政府部门往往会实行综合管理。因此，上海不会出现城市中的乡村现象（城中村），即乡村被城区扩展所包围。在这些乡村，农民保有土地的管理权，并且对其所有权进行租赁。上海的外来务工人员居住在郊区私宅的租住环地带，围绕着城区。

许多新型商品房都建成公寓模式，就像香港一样。较为昂贵的别墅群建在城市郊区。不过最贵的是位于浦东的汤臣一品。在 21 世纪之初，上海的地产价格明显膨胀，导致了更大的住宅分化。最近，关于这种分化趋势，有种夸大其词的说法："住在市中心的说英语，住在中环的讲普通话，而住在外环的则说上海本地方言。"

上海的城市生活不断地发生变化，它主办了 2010 年世界博览会。世界博览会的主题便是"城市，让生活更美好"，意寓中国城市已经成为推动新型城市生活的中心。沿着黄浦江，以往的工业和仓库区都将重建。上海还主办了各种体育盛事，比如 F1 赛车比赛。世界首批生态城市将在上海打造：长江入口处崇明岛的顶端"东滩"旨在打造一座"碳中和"与"零排放"的城市。

经济和工业

上海位于中国经济最发达地区。长三角地区的下游为人口密集区域。在港口条约时代之前，长三角就已经出现了大批当地手工产业，比如纺织工业。这些工业深深植根于乡村社会。上海的国际化吸引了启动于上海后扩展到区域其他城市的原工业化的发展。苏州、无锡和常州彼此紧邻,而且都邻近上海,它们无形中形成了一个大城市联盟。在计划经济时代,上海开始发展一个工业综合体系。宝山的钢铁业和金山的石化业的发展扩大了上海的工业领域。上海被指定了6个战略性的工业领域:电子、汽车、石油和精细化学、优质钢、自动控制装置以及生物技术与制药。这些领域总共占据了工业总产值的六成以上。

上海的中长期目标是发展成为国际经济(制造业)、贸易、金融和物流中心。由于综合性大学、研究院所以及国外资助实验室的簇拥,上海还是高科技研究和发展的领头军。在张江高科技园,生物技术的密集出现成为一个重要的经济领域。

与北京一样,上海目前也置身于中国创意工业的发展之中。沿着苏州河,以往的仓库自然而然地转变成了艺术家的工作室。这个过程也由于2010年世界博览会文化项目选址的规划和发展而得到加速。

结语

上海是中国最全球化的城市,它的出现是由国家政策和国家强大的支持而推动的。上海是最具前瞻性的城市,然而它却塑造了"怀旧上海"的形象,首先开始复原历史古建筑和推广文化遗产,并作为一种产业。作为中国文化中心之一,上海因上海画派(始于19世纪中叶)而闻名,而且一直作为政治思想和社会活动的试验基地。上海总是走在最前端,掌握世界最新动态,进行各种新尝试,中国其他城市紧随其纷纷效仿。上海是一个移民城市,移民来自中国乃至世界的其他地方。作为中国城市标杆,上海尝试着各种新理念,诸如世界首个生态城市。旧上海是西方探险家的伊甸园,而新上海不仅是中国的上海,更是全世界的上海。

进一步阅读书目:

- Lee, Leo Ou-fan. 1999. *Shanghai Modern: The Flowering of a New Urban Culture in China, 1930 – 1945*. Cambridge, MA: Harvard University Press.
- Murphey, Rhoads. 1953. *Shanghai: Key to Modern China*. Cambridge, MA: Harvard University Press.
- Segbers, Claus. 2007. *The Making of Global City Regions: Johannesburg, Mumbai/Bombay, São Paulo, and Shanghai*. Baltimore: Johns Hopkins University Press.
- Wu, Fulong. 2000. "The Global and Local Dimensions of Place-making: Remaking Shanghai as a World City." *Urban Studies* 37(8): 1359 – 77.
- Yatsko, Pamela. 2001. *New Shanghai: The Rocky Rebirth of China's Legendary City*. New York: Wiley.

(Fulong Wu 文　杨长云 译　王　旭 校)

SHOPHOUSE | 店屋

店屋是一种风格混杂的建筑形式,常见于东南亚城镇具有悠久历史的市镇中心。通常为两层有柱廊的建筑(三层以上建筑可在人口更密集的区域找到),内部被分成众多单元。多数的店屋门面狭小，但是里面有深深的延伸。店屋的设计和装饰各异，从第一波中国移民建造的早期多功能的店屋，到异常华丽的传统中式图案，配上豪华的欧式古典廊柱、法式窗户、科林斯式柱顶构成的"中式巴洛克"，还有大萧条时期的装饰艺术风格。正如其名所示，店屋有很多功能。一层被商家店铺占据，包括杂货店、诊所、作坊，还有会馆的会所。楼上通常是家人和在下面店铺工作的雇员的住所，但也不尽如此，将其出租给房客居住也很普遍。

"店屋"这个合成词可能是中文的"店屋"（"店"和"屋"）的直译。在中国南方曾经的通商口岸，可以找到平面图、结构和具体样式与东南亚店屋相似的建筑形式。可见，这种城市形态是被19世纪来自福建和广东的移民移植到了东南亚。殖民地的情况也对店屋形式的变化产生了影响，比如新加坡与马来亚的英国人和巴达维亚（现在的雅加达）的荷兰人制定的新城规划条例，学者们据此创造了"英中城市风格"这个新词。广州和其他华南城市原来的连栋商用房屋曾被看作舶来品，与一些东南亚城市的城市区域规划中的网格状街道形式如出一辙，在那些城市中，其形式发生了进一步的变化。比如在新加坡，这个城市的英国创始人斯坦福德·拉弗尔斯在1882年发布命令，店屋应该有统一的店面，通道要有屋顶（即所谓的"5英尺路"），并覆盖整个街区，以便于行人躲避热带气候的烈日暴雨，并免受交通混乱之苦。

19世纪末和20世纪，不断扩张中的东南亚殖民城市经济吸引了大量的劳工移民，城市中心地带的店屋为劳工阶层提供了住所，只是过于拥挤，并且每况愈下。殖民地当局和私营企业都不愿意承担劳动力阶层的住房成本，因为此类投资的收益远逊于橡胶、锡和贸易。在人口迅速增加和住房严重短缺的持续压力下，店屋的居住空间被分为许多住人的小房间。东南亚的唐人街等地的店屋区过于拥挤，环境肮脏，而且疾病流行。

第二次世界大战刚刚结束时，店屋区仍被看作肮脏破败的贫民窟。20世纪60年代，随着东南亚的民族国家取得独立并开始现代化进程，店屋这种已经完成使命、过时的建筑形式，在城市中心区的城市更新过程中被夷为平地，为现代主义的、象征着效率和理性的居住和商用的高层建筑腾出空间。

城市历史保护在东南亚城市方兴未艾。其中，新加坡表现最佳，20世纪80年代末以来，政府便努力将留存的店屋区作为保护目标，并把一些店屋区（例如唐人街和小印度）设定为历史街区，将独特的店屋街道作为城市遗产加以保护。在马来西亚的一些市镇，保护还是重新开发孰优孰劣的争论仍在继续，店屋区的命运悬而未决。

进一步阅读书目：

- Lee, Ho Yin. 2003. "The Singapore Shophouse: An Anglo-Chinese Urban Vernacular." pp. 115–34 in *Asia's Old Dwellings: Tradition, Resilience, and Change*, edited by R. G. Knapp. New York: Oxford University Press.

(Brenda S.A. Yeoh 文 韩 宇 译 李素英 校)

SHOPPING | 购物

购物是城市生活的基本活动,是市场经济的产物,对当地小街区和城市的文化、生活节奏及等级制度产生影响,并进一步影响整个城市。购物场所从街头小店到市中心的百货商店或郊区的购物中心,展示了公共空间的缩影,从中可以确认地理环境、资本投资规模及人口的变化。商业街和商店是重要的展示场所,令人兴奋。如果城市是体现现代性的地方,那么购物就是城市居民变得现代的方式。

地点、身份认同、社交

城市购物起源于古代,市场是围绕着商品交换发展起来的,这些商品由农民或长途商贩带到城市。农村家庭可以自给自足,自己生产粮食、制作衣服、制造生存所需的工具,而城镇居民需要依靠市场来获得基本生活必需品和偶尔享用的奢侈品。对日用品的需求在北美和欧洲的城镇形成了日常的生活方式,直到20世纪早期电和家用冰箱的使用使得减少采购次数成为可能,但至今在世界许多地区每天进行食物采购仍很重要。在当代,食物和衣服的采购通常被认为是妇女的工作。然而,购物的性别差异会根据其他活动的性别分工和文化习惯的不同而不同。在田间或办公室长时间工作的女性并没有时间每天购物,而在某些文化中,男性并不允许女性在没有人陪伴的情况下去公共场所。女性在市场中的工作也多种多样,如农贸市场中的商贩、商店里的售货员。虽然在一些购物活动中,男性可能在商贩、商人和顾客中占主导地位,在另一些活动中——如在现代百货商店、超市、精品店——女性在买卖双方中的比重都超过男性。

购物活动很容易建立一种归属感。中心购物区的大型商店往往人潮涌动,犹如世界的中心,尤其因为它们是全球时尚分布的重要节点。在纽约的第五大道和第34街、在伦敦的牛津街、在巴黎的霍斯曼大街:这些地方的购物范围和规模象征着城市的重要地位。因为一些集聚一处的商店专门经营特定种类的产品,居民和访客都按照聚集在那里的商店和顾客的类型来定位那些场所。阿姆斯特丹等城市至今仍保留着销售鲜花和鱼等鲜活产品的传统市场,但是由于批发市场迁到机场附近这样的周边地区,加上来自室内商店和超市的竞争,传统市场在减少。每周和其他定期销售各种商品的市场会形成仪式化的、有节日色彩的场所,在那里购物成为产生集体认同的方式,购物者和商家将社会地位的常见标志弃置一旁。这在当地的街头市场尤为常见,顾客每周会忠实光顾同一个商贩,喜欢他们之间形成的互开玩笑的关系。在这些市场中购物是社会融合的一种方式。

另一方面,购买特定族群、宗教和行业所需产品会强化某些群体认同的特殊归属感,这可能与主流文化格格不入。在以基督教为主的文化中,伊斯兰教和犹太教商人为穆斯林和犹太教教徒这样的宗教人士提供了集体认同的机会,但正是这些购物者的存在,加之迎合相同顾客要求的肉铺和商店的集聚,可能会令其他人不舒服。在柏林和都柏林等历史悠久的城市中心,亚裔和非洲裔的街头商贩以及他们吸引的顾客,破坏了先前的种族同质性。在这些地区,新的购物方式使多元文化主义彰显无遗。

除了性别、族裔和归属感,购物也有助于形成社会阶级和地位的集体认同。在每一个城市,高档商店和购物街标志着精英街区,通常与著名的文化机构和上层居民区毗邻。通过知道这些商店和购物街提供什么,告诉他们的朋友在布鲁明戴尔百货店和麦迪逊大道所看到的,购物者可以来发展文化资本。同样的道理,低价商店和折扣店标志着下层街区,其中包括主要是少数族群的工薪阶层光顾的街区。购物以这种方式无意间证实了社会阶层和种族的区别。低价购物街通过为低收入人群提供舒适的公共空间提供了社会资本。对于个人来说,这些影响并非完全难以预料。当消费者进入一个价位无法承受或穿着打扮显得格格不入的专卖店时,他们会感觉到自己好像逾越了社会界限。如果受到很好的招待,情绪会很好,如果他们受到销售人员的粗鲁对待和保安的羞辱,就会感到十分沮丧。购物将社会规范的重负强加于独自行动的个人,也催生了非正式的隔离和排他区域。

虽然人们经常独自购物,但许多人也有家人和朋友的陪同。因而,如果并不缺钱和时间,购物提供了社交闲逛的机会。老老少少和没有太多余钱的人常常聚集在商业街,那里的行人和商店陈列展示了不断变化的图景。至20世纪60年代,美国汽车的普及使人们的流动性更强,减少了街头社会的吸引力。但直到电视、电脑、空调让人们更愿意待在室内之前,购物街是城市娱乐的重要方式。购物仍是一种"公共存在"的普遍方式:购物的人越多,作为公共领域的购物就越重要。

但是,购物并不需要太多的社交互动。与街边商店和农贸市场相反,购物者在超市和百货商店很少交谈。他们经历的是共同存在而不是相互依存。然而,邻里间的社会融合常常反映了店主和居民之间的频繁互动。简·雅各布斯把这种相互依存赞之为"街道芭蕾"。然而,顾客和店主之间或者顾客和店员之间的联系,在小社区比在大城市更典型,在保持个人传统的区域性文化也更为典型。购物者和商家之间私人纽带的消失也反映了小型私人商店的逐渐消失,它们被大型的全国及国际性的连锁商店取而代之。

空间和分配形式

与其他组织形式一样,消费品的分配范围和规模不断扩大,而且控制更加集中。这些变化使购物更普遍、更正式,在城市大街小巷随处可见。虽然历史上最早的市场是在户外,但当进行交易变得更加复杂和商人拥有一定规模的库存时,市场就被搬进了永久性建筑物或商店。

到了近代,伦敦是第一个发展大型、全天营业、多样化购物中心的城市。在1600年前后,拥有橱窗的室内商店在那里很常见,但直到19世纪末大张的平板玻璃才广泛使用。在19世纪70年代的英国和美国,随着百货和廉价杂货店的兴起,讨价还价被商品明码标价代替。随着工业化的发展,消费品大规模生产,价格节节走低,而且全国铁路线的建成可到达所有地区,这些新型商店从中受益。百货公司和五分钱商店比农村居民购物的商店提供更多的品种。在邮政服务建立农村免费送货之后,农村居民也通过芝加哥的西尔斯·罗巴克和蒙哥马利·沃德寄来的商品目录邮购。通过商店和商品目录,购物将城市文化——至少首先在城市发展起来的现代消费文化——传播至全国各地。

百货商店是一种具有现代性的力量。百货商店为中产阶级妇女提供了安全的公共空间,她们在没有男人陪伴的情况下被禁止在外面自由游逛。几十年来,百货商店也为妇女提供了大量的就业机会。同时,装潢华丽炫目的百货商店提供了如此众多的有吸引力的商品,男人们抱怨妇女在购物上花了太多的时间和金钱。为了吸引顾客,最大最好的百货商店使用了新颖的舞台灯光和展示手段。如同19世纪末的剧院和20世纪二三十年代兴起的电影院,百货商店成为大众的娱乐场所,霓虹灯、大量的平板玻璃和多种色彩,撩起了人们的购买欲。漫步在主街或第五大道欣赏百货公司窗口的展品不时让人沉醉其中。在那个时代大家去上班时穿着正装,在闹市区购物的时候也是如此。

购物使闹市区成为城市的主要商业中心。从20世纪20年代后期开始,商人和房地产开发商意识到,闹市区所吸引的人流量(尤其是女性购物者)越大,商机也越多。更多的购物者也使租金更高,因此地方官员制定了区划条例,高价高容量的商店在中心的集中程度更高。在这种情况下,百货公司、廉价杂货铺以及后来的连锁商店分布在闹市区,而小型私人的夫妻店散布在居民区。

然而,从20世纪20年代开始,闹市区的命运开始改变。开车到闹市区购物造成交通拥堵,而且对如此众多的汽车来说停车位太少。在大萧条期间,几乎没有资金用于商店的改造。当大萧条结束,"二战"后,投资者转向郊区的新建中。到了20世纪50年代,中产阶级消费者大规模搬迁到郊区,在那里房地产开发商建造了可以开车到达的购物带和商场。百货商场和较大的精品店也跟着购物者开到郊区,在购物城开设分店,无视其闹市区旗舰店的需求。随着闹市区土地价值下降,商店变得不那么独一无二,更便宜的连锁店扩张开来。少数族裔在大多数郊区是不受欢迎的购房者,他们留在了城市,并且作为购物者开始占主导地位。这反过来又降低了闹市区购物的社会地位。

购物商城由两个主要的租户主导,通常是总部仍然设在城市的百货商店的分店。小商店填满了锚店之间的"街道",越来越多的小商店成为大型连锁店的分店,商店全部被大型停车场包围。到了20世纪60年代,许多购物商城将"街道"封闭在装有空调的外壳内,并建有室内景观和室内停车场。这提供了一个几乎完全私密的环境:购物者自己开车到商场,在有"街廊"的室内购物,然后回到自己家的私密空间。郊区居民的想法相似,他们显然更喜欢方便和封闭的购物感觉。购物商城虽然由私人拥有并遵守其所有者的规定,还是为现代社交提供了另一种安全的公共空间。直到妇女在20世纪70年代大量走上工作岗位,商场主要是妇女和儿童的空间,特别是在工作日,与城市的喧嚣相隔离,也被城市的喧嚣所隔离。

然而,购物商城的概念被广泛接受。20世纪70年代后,开发商对重建闹市区产生兴趣,他们提出将其改造成商城的想法。在圣迭戈,开发商关闭了闹市区的街道,创建霍顿广场,其封闭的空间、表面一致的主题、室内停车场、私人保安等因素造就了引人注目的成功。在波士顿,另一位开发商改造旧仓库,创建了法尼尔厅这个海边的购物中心。在巴尔的摩,同一个开发商改造新老建筑,在内港建立了名为港口地的假日市场。这些混合建筑物利用把商店与酒店、会展中心、艺术博物馆、体育场馆和水族馆结合在一起,吸引游客、郊区居民以及城市的居民。这种策略表明,购物是重要的开发工具,不能只是迎合当地居民,或是说,闹市区购物需要规模更大的客户基础。

尽管上述一些梦幻般的购物环境取得了成功,但百货商店失去了引领发展的力量。购物者青睐的是沃尔玛这样的折扣连锁店的低廉价格,其庞大的商店最初远离城市中心;也青睐小型精品专卖店瞬息万变的时尚。回想起来,在市场分化为许多不同部分、消费者的品味两极分化之前,在百货商店购物是中庸之道。

技术带来了另一个问题。20世纪90年代末以来,和所有的实体店一样,百货商店受到网上购物的严重挑战。购物者在网上可以比较商品的不同价格,不论在工作还是在家里,每天24小时可以购物。虽然这似乎提供了更大的灵活性,但也加强了购物私人化的感受。

社会地理和公共空间

20世纪80年代以来,绅士化成为许多城市的改造路径。在两人都在城市工作的双职工家庭中,收入更高就需要更多的商店和服务,尤其是迎合上层人士口味的食品店和餐馆。虽然多数的绅士化街区一开始缺乏这样的便利设施和商店,或只有出售廉价商品的低价商店,小企业主很快就发现这种情况并开了专门的商店。这样,绅士化带来了各种形式的购物,这些购物形式需要专门设计的服装、当地制作的家具和进口食品之类的文化资本,并使其更为丰富。小规模的商店复苏了小镇的社交活动,居民和店主都知道对方的名字,并且用名字打招呼,而且店主也通常住在那里,至少在新店第一次兴起时是这种情况。虽然这些反映的是购物本身的经历,而不是以前的群体关系或家庭纽带,购物增强了团结和排外的感受。

投资资本流入许多城市的特定区域,突出了

它们和没有从高薪工作和全球化中获益的其他街区的区别。但全球化也带来了更多的大型连锁企业的分店,抬高了租金。这给小型的、更有特色的商店带来了压力,它们只能搬到更便宜的地方或关闭。网购可能是一个永无止境的追求的梦想,不关乎产品,而是社交和社区的梦想,在这样一个安全方便的地方,购物者在公共空间可以感到安心。

进一步阅读书目:

- Cohen, Lizabeth. 2003. *A Consumers' Republic : The Politics of Mass Consumption in Postwar America*. New York: Knopf.
- de La Pradelle, Michèle. 2005. *Market Day in Provence*. Translated by Amy Jacobs. Chicago: University of Chicago Press.
- Hannigan, John. 1998. *Fantasy City*. London: Routledge.
- Isenberg, Alison. 2004. *Downtown America*. Chicago: University of Chicago Press.
- Leach, William. 1993. *Land of Desire: Merchants, Power, and the Rise of a New American Culture*. New York: Pantheon.
- Miller, Daniel, Peter Jackson, *Nigel Thrift, Beverley Holbrook, and Michael Rowlands*. 1998. *Shopping, Place and Identity*. London: Routledge.
- Shields, Rob, ed. 1992. *Lifestyle Shopping*. London: Routledge.
- Zukin, Sharon. 2004. *Point of Purchase: How Shopping Changed American Culture*. New York: Routledge.
- Zukin, Sharon and Ervin Kosta. 2004. "Bourdieu Off Broadway: Managing Distinction on a Shopping Blockin the East Village." *City & Community* 3: 101-14.

(Sharon Zukin 文 韩 宇 译 李素英 校)

SHOPPING CENTER | 购物中心

购物中心是仅仅一栋建筑物或是包含多个零售点的建筑群。严格地讲,它可能是整体规划、全面开发、由单一管理者拥有和运营的中心(如购物商场),或者是随着时间发展形成的较为紧密的购物区,如城镇或街区的购物中心。从技术层面看,商场通常是封闭的,而购物中心是开放的。因为大多数城市研究的兴趣在于规划的类型,这将是本词条关注的重点。关于规划而成购物中心的文献并没有集中在研究的一个领域,而是根据调查的对象和方法分布在各种学科和专业。经济学和营销方面的研究一般认为购物中心仅仅是零售业的场所,而房地产和建筑文本专注于它们的结构和价值。与之相反,城市和区域规划文本注重发展过程或是新的发展可能会对现有的城市结构产生的影响。最后,社会科学(心理学、人类学和社会学)的主要兴趣在于研究购物中心和行为及身份的形成之间的关系,通常大量使用从后现代主义哲学借来的概念。

为了记述购物中心的现象及其对建筑环境的影响,本词条将首先对有规划的购物中心进行分类,在适当地方提及专有名词使用的一些差别,尤其是购物中心研究成果最多的美国和英国之间的差别。接下来,在购物中心的发展简史叙述中,及时探讨这些类型。最后,进一步的阅读会涉及许多当代问题,如购物中心对城市结构和现代社会的影响,这一影响可能会持续到未来。

购物中心的分类

一个常见的误解是所有的购物中心在本质上是相同的。这种观点通常产生于参观一个布局、建筑材料,甚至租户与其他中心都惊人相似的购物中心时的似曾相识的感觉,即使它们是在地球的另一端。实际上,在寻找购物中心的显著特点的时候,它在特定国家或特定城市的位置并不比其他因素重要,甚至在某些情况下可以忽略不计。这些因素包括规模和形态、经营方向(杂货购物、比较采购或休闲购物)、市场定位(打折品、奢侈品)和在城市结构中的位置(市中心、郊区)。

购物中心一个显著特点是外形。购物中心是由建筑群或独栋建筑构成。在第一个类别中的购物中心当中,众多独立的单层零售店共享同一个停车场。因为此类购物中心通常远离商业街或商业带,它们一般被称为带状商场(Strip Malls,美国用法)。国际购物中心协会的资料显示,最小的多栋建筑组成的购物中心注重日用品(如条状中心或便利中心,视中心布局而定);销售同种商品的较大中心(总面积 2 700～7 000 平方米)被称为街区中心(Neighborhood Centers)。这些购物中心通常坐落于居民区的商业街,并且可能拥有一家超市,是最重要的卖点,也就是零售行话中的锚店。社区购物中心(Community Centers,9 000～30 000 平方米)的商品种类略广,如办公用品、家装用品和家具,通常由一家专门出售某种商品(如鞋类或玩具)的超级商店(Superstore,或者美国所说的"大型专业店"),或者销售商品范围广的大卖场(Hypermarket,英国和法国的用法)作为锚店。如果侧重折扣,这些购物中心可以称为折扣中心;如果侧重休闲购物,可以称作生活方式中心。在这两种情况下,就内容和目的而言,购物中心的形态都

是相同的。这类规模最大的购物中心在美国和加拿大被称为大型购物中心,拥有多个大型商店、商业带和停车场。因为它们服务更大的市场区域,通常位于容易到达的城市边缘或市区外的地点。

购物中心的另一种类型基本上是整体规划、开发、拥有和管理的单一结构。在这种情况下,零售商向所有者或管理者支付租金,他们负责包括停车场、安全、保洁、维护和营销等在内的集体商品。这并不是新的概念:德黑兰和伊斯坦布尔的封闭市场和集市可以追溯到中世纪。19 世纪出现的拱廊街道或商场是由玻璃天花板覆盖的步行购物街。由商业街廊连接的两个锚店(通常是主要的百货公司)组成的购物商场是其典型的现代形式;这种基本布局随着锚店数量的增加而改变,但原则一般保留不变。多数商场都有由各种快餐店构成的处于中心位置的美食街,用来吸引顾客,延长他们的停留时间。在商品方面,商场更注重以休闲为主的商品,如时装;杂货采购通常被排除在外。规模达到 10 000～20 000 平方米的商场通常是多层建筑,被称为区域中心(Regional Center)。超出 9 万平方米的规模更大的商场称作超级区域中心(Super-Regional Center)或巨型购物城(Megamall)。这些庞大的建筑物把多厅电影院、邮局、迪斯科舞厅、酒店、溜冰场,甚至整个主题公园等众多设施置于一个屋顶之下。最大的巨型购物城具有国际魅力,吸引来自世界各地的人们。许多学术文献关注的焦点是美国的美利坚购物中心和加拿大的西艾德蒙顿购物中心,但现在 10 个最大的商场中有 7 个在亚洲。欧洲最大的购物中心是在土耳其伊斯坦布尔的季瓦和尔,而在欧盟最大的购物中心是英国的美罗中心。由于规模的限制和易到达性的要求,大型购物中心通常会建在城镇外高速公路的交叉路口或附近。

商场也建在市中心。在美国,这些通常被称为市中心商场或假日市场。这些商场的设计一般要适应当地的环境。在欧洲许多市中心,购物商场是更大的购物区的一部分,通常比北美更小更紧凑。在许多情况下,它们是战后重建和市区重建的

位于加州南部的奥特莱斯,在同一地点设有众多店面,提供折扣或其他价格优惠
来源:Tracy Buyan

一部分。与广场相连的商场在马尼拉、曼谷、雅加达和吉隆坡等亚洲的城市中心也司空见惯。菲律宾的一个大商场设有天主教教堂来吸引顾客。在日本,密集多层的多功能购物中心拥有数百家小型租户,与城市结构和公共交通系统完美结合。建在主要的地铁站、火车站(例如莱比锡和乌特勒支)和机场的交通指向型商场也已经成为全球现象。

从购物中心到巨型购物城

虽然含有过去的元素,购物中心确实是20世纪的现象:20世纪上半期致力于形式的完善,下半期在全球范围内传播。由于定义不同,对于哪里有资格称作第一个购物中心存在一些分歧。1931年达拉斯的高地公园通常被确定为购物商场最早的原型,但此观点值得商榷,因为其内部没有免费停车场。而更早的项目,如在洛杉矶的农贸市场就有。虽然如此,在购物中心起源地为美国这一问题上并无争议。

购物中心最重要的前身于两次世界大战之间出现在洛杉矶、巴尔的摩、莱克福里斯特和堪萨斯城等地的郊区。最早的雏形是购物街的变形,通过地点整合、封闭、调节氛围、设立行人专用通道、自动扶梯、店面和停车场等创新方式,购物街逐渐走向封闭独立。维克托·格鲁恩是开发商和城市区域规划专家,他的生平、观点和成就受到极大关注。格鲁恩的动机一开始就是商业化,而且有理论依据。格鲁恩追随思想家刘易斯·芒福德,认为私家车是破坏郊区和谐环境的罪魁祸首。他用全新的方法解决没有灵魂的商业带的扩散:

> 通过在受保护的行人环境中提供社会生活和娱乐机会,通过引入城市和教育设施,购物中心可以填补现有空白。它们可以为参与现代社会生活提供必要的场所和机会,正如古希腊集市、中世纪的市场和我们自己的城市广场在过去所提供的一样。

首批郊区商场极力模仿市中心。例如,1950年建于西雅图北门地区的北门购物中心的规划,就是以西雅图市中心为蓝本。在取得几个重大成就之后,商场的形式、内容和结构得以改进和完善,后来以令人目眩的速度被复制,首先横跨北美,后来遍布全球。在购物中心发展利润丰厚的"黄金时代",仅在北美地区建造了28500家商场,并且占据了商品零售的半壁江山。与此同时,在经历了长期的规划努力之后,首批城镇以外的购物中心开始出现在欧洲大陆(城镇购物中心和地区购物中心自20世纪50年代以来已建成)。

随着商场渗透到美国郊区的每一个角落,零售市场出现饱和,成功不再被视为理所当然。黄金时代接近尾声,为了拉走现有商场的顾客,新建成的商场越来越大,设施越来越多:区域商场和超级区域商场战胜了规模较小的同行,而自己又被巨型购物城打败。在寻找新市场的过程中,购物中心开发商也把注意力转向到市中心,此举得到市政官员力挺。20世纪90年代以来,厂家直营中心、互联网,尤其是标志着商业街概念回归的大型零售,又一次打击了传统的购物商场。此后,商场被反反复复宣布死亡,"灰色地带"(表现不佳或倒闭的零售单位)已经成为零售业的常态。具有讽刺意味的是,正是在这段时间,北美式购物商场和购物街开始进一步渗入欧洲、拉丁美洲和亚洲,同时进入中东和非洲,只是规模较小。

最明显和快速的转变发生在中欧和东欧,在那里商场作为过渡到现代资本主义和消费文化的象征倍受欢迎。购物中心通常设有大卖场而不是百货商店作为锚店,与娱乐设施和公共交通相连接。购物中心如雨后春笋般出现在城市的郊区如莫斯科(巨型购物城)、布拉格(弗洛拉宫)、华沙(蓝城)、罗兹(曼菲罗中心)、布达佩斯(多瑙河广场)等。在亚洲和拉丁美洲快速发展的地区,北美风格的购物中心与郊区化、边缘城市和门禁社区建设相伴生。

批评

购物商场诞生之后,一直是学术界持续猛烈的抨击对象。尽管维克多·格鲁恩想要在郊区建立新的社区空间并培养民主的美德,商场已经成为空虚和缺乏社会结构的象征。格鲁恩在他的后期作品中哀叹他的"环保和人性化理想不仅没有得到改善,而且被彻底遗忘"。最终,购物中心通过植入广场、喷泉、花园和做旧的外墙等常见的城镇中心元素,复制了公共空间的外观,但它们仍然严格控制着私人环境,在私人环境中,所有的人类活动受到中心的管理层的支配。有些购物中心允许半公共空间供老人晨练或青少年聚会,但多数禁止选民登记或乞讨之类的活动。市中心的商场尤其因为以前的公共空间私有化而受到批评,在这里希望确保郊区一样的安全水平转变成了严格的监视管理方式。这种批评存在于其他社会分层和隔离程度高的国家。在南非、亚洲和拉丁美洲的部分地区,购物中心被认为是中产阶级的场所,下层阶级通常难以接近,或是因为距离遥远,或是因为其排外的内部设计和安全制度。与之相反,沙特阿拉伯的一家购物中心完全由外国妇女经营,禁止男性进入,这样女性顾客可以不戴面纱自由购物。

在学术文献中,购物中心之间,特别是大型购物中心之间,以及更广泛的城市环境之间的疏离也被诟病。大部分的开发严重缺乏对周边环境的尊重;虽然内里豪华阔绰,但外部只是大量沥青包裹的单调的混凝土箱子。在很大程度上,购物中心的成功都以牺牲传统的城市中心为代价。研究购物中心的专家帕科·昂德西尔指出,"在美国人开始反抗城市的时刻,购物中心是纪念碑"。市中心通常为发展购物中心付出高昂代价,其生存的唯一机会就是把自己变成购物中心。多数的欧洲国家见证了北美的经历,积极控制、有时禁止城镇之外购物中心的发展。在某些情况下,这种反应影响了购物中心的设计。比如在德国,旨在遏制大规模发展的规模上的限制催生了购物街上较小的销售单位;在荷兰,城镇之外零售业发展只限于出售大宗商品的商店,这种监管政策下产生了专门出售家居用品的购物中心。即使在新兴市场中,对发展购物中心的抵制呈增长之势。中欧和东欧的多个国家正在考虑设限,智利要求购物中心开发商提供环境许可。随着购物中心进一步进入发展中国家,监管的要求可能会随之而来。

进一步阅读书目:

- Chung, Chuihua Judy, ed. 2001. *Harvard Design School Guide to Shopping*. Cologne, Germany: Taschen.
- Evers, David. 2008. *The Politics of Peripheral Shopping Centre Development in Northwest Europe in the1990s*. Lewiston, NY: Edwin Mellen Press.
- Frieden, Bernard and Lynne Sagalyn. 1989. *Downtown Inc.: How America Rebuilds Cities*. Cambridge: MITPress.
- Guy, Clifford. 1994. *The Retail Development Process*. London: Routledge.
- Kowinski, William Severini. 2002. *The Malling of America*. Philadelphia: Xlibris.
- Wrigley, Niel and Michelle Lowe. 2002. *Reading Retail: Geographical Perspective on Retailing and Consumption Spaces*. London: Arnold.

(David Victor-Harmen Evers 文 严少玲 译 韩宇 校)

SIMCITY | 模拟城市

模拟城市是加州软件公司 Maxis 发明的产品,在 20 世纪 80 年代末 90 年代初与个人计算机行业同步发展。此后多次升级,赢得了多个奖项,并催生了一批流行的衍生产品,如模拟地球和模拟人生。一个名叫威尔·赖特的创业者发明了最初的模拟城市,除了为获取商业利润,人们认为他希望证明有智力和非暴力视频游戏的潜在市场的存在。

从城市研究的角度来看,政治内容是游戏的有趣之处。模拟城市以几个司空见惯的假设为基础:归根结底,城市是物质(而不是公民或精神)现象,城市基础设施建设对刺激发展起着关键作用,城市就是房地产("地段、地段、地段")。此外,模拟城市假定公民和消费者("模拟人")是理性的经济和政治参与者(对私家车的喜好除外),不论何时,当利益受到直接威胁时,他们可以通过邻避运动做出回应。如果城市的服务低于预期,他们会"用脚投票"。

模拟城市的其他假设更有争议。例如,考虑到私人开发商在城市建设中的角色,特别是在美国,模拟城市游戏给予州和市政当局,尤其是市长的特权令人惊讶。评论者经常指出,模拟城市的市民和消费者的同质性是不现实的,真正的美国城市因种族和族裔的多样性四分五裂,而模拟人生只有一种情况。

对于最后一点,人口的同质性导致模拟城市无法模拟城市衰退的动态变化,"白人逃逸"被设定为城市衰退的原因。模拟城市税基受到侵蚀,失业率增加,政府服务压力的逐步增加,产生了像马唐草一样生长、向整个城市扩散的锈色污点——"枯萎"。在此方面,模拟城市不是唯一的"政治上不正确的"计算机模拟游戏。

多年来,通过增加变量和对数,模拟城市越来越复杂,游戏更真实但更难打。在现实生活中,模拟城市不是直来直去的:战胜时间赢得比赛不是全部,政治上的成功必然是有限和有条件的,不是决定性的最终结果。模拟城市的市长学会了满足于保持适度的安全和繁荣,并在各种自然和人为灾害发生时为人们提供足够的救济。

模拟城市刺激了一种独特的计算机模拟游戏的发展,这种游戏有时被称为上帝的游戏,因为这全都是创造而不是死亡和破坏,其中的许多内容具有教学价值。模拟城市的官方网站声称该游戏被 1 万多个课堂使用。

进一步阅读书目:
- Schone, Mark. 1994. "Building Rome in a Day." *The Village Voice*, May 31, p. 50.
- Starr, Paul. 1994. "Seductions of Sim: Policy as a Simulation Game." *The American Prospect* 17: 19–29.

(Kenneth Kolson 文 张晓朦译 韩 宇校)

SIMMEL, GEORG | 格奥尔格·齐美尔

格奥尔格·齐美尔被认为是社会学的创立者之一,他因对城市研究的起源与发展做出的具有关键和根本意义的贡献逐渐获得重新认识。齐美尔著有专著20余卷,论文300余篇,不仅包括了社会学和城市研究而且还包括哲学、文学、艺术、美学、社会心理学和文化分析学。

早年

齐美尔1858年3月1日出生于在莱比锡街和腓特烈街的街角,后来这里成为柏林的中心地带。家中7个孩子,他排行最小。父亲为犹太富商,与人合开巧克力厂,并已皈依基督教。在齐美尔很小的时候父亲去世。这个家庭一个名叫尤利乌斯·弗里德兰德的朋友是一家音乐出版公司的老板,他被指定为齐美尔的监护人,他帮助齐美尔完成学业,并给他留下一大笔遗产。

1876年,高中毕业以后,齐美尔进入柏林大学学习,跟随当时最重要的几位学术大家研究历史和哲学。但是他题为"关于音乐的心理学和民族学研究"的博士学位论文没有获得通过。后来在1881年,他才获得了哲学博士学位(这次题目为"康德对物质性质的描述和评估"),这一时期他的知识领域扩展到多种学科交叉。1885年1月,齐美尔被授予特许任教资格,他成为一名无薪大学讲师(无薪讲师报酬依靠学生学费)。然而,不知道是因为早期的反犹主义还是学界同事的嫉妒,反正他做了15年的无薪讲师,直到1901年43岁时,才被授予副教授的荣誉头衔。虽然作为学者他享誉国际(在欧洲和美国)并著有大量作品,但齐美尔在德国的大学的晋升之路却很艰辛。

虽然学术权威和一些同事不接受齐美尔,但是他并不是像人们说的那样完全是局外人。他不仅是一个非常受欢迎的演讲者,而且他的妻子格特鲁德(哲学家,曾以Marie-Luise Enckendorf的笔名发表作品)一起进行大众演讲和举办学术讲座,1890年他们结婚,在首都的社会、知识界和文化圈中,齐美尔十分活跃,这个圈子包括很多哲学家、社会学家、作家、诗人、艺术家、评论家和记者。1909年,齐美尔和韦伯以及滕尼斯共同创立"德国社会学协会"。齐美尔在柏林期间深受他影响的有罗伯特·帕克、西格弗里德·拉考尔、乔治·卢卡奇、布洛赫和沃尔特·本雅明。1914年齐美尔终于获得了斯特拉斯堡大学的全职教授一职,但是由于战争的爆发,他的讲课机会是有限的。1918年9月28日,他患肝癌去世。

城市化和社会互动

齐美尔认为社会就是张"互动关系网",齐美尔社会学最核心的部分是观察生活中最普通、最日常的交互活动,并考察人们对这些活动的主观感受以及它们所承载的文化表征。在他的各类作品中,齐美尔关注日常生活的细节(个性、身份、社交、游戏、会话、调情、社交聚会、家庭、吃饭时间、集会等等),城市现代化为他的调查提供了大量的机会。

齐美尔的城市社会学,尤其是他的论文《大都市和精神生活》,试图去描述和解释城市化进程对于现代个体的影响。齐美尔试图探索稍纵即逝的、短暂的、碎片化的现代城市生活的本质,因此他对探索城市现代性对个体内心情感生活的影响非常感兴趣。在这篇著名的文章中,齐美尔提出了城市是一个互动的网络的观点,城市作为一个交织社会关系的复杂迷宫,在这其中个体受到图像、标志、视觉、声音、气味、经验和他人的不断轰炸。他强调城市生活的速度、多样性、质量、人们的体验和社会经历以及城市生活的互动,这是城市和乡村生活之间主要的区别。城市的规模和居住在城市中的人数

意味着个人必须保护自己免受这种"强化神经刺激"。他认为发展心理防御机制或谋略是抵御这些刺激所必需的生存策略。齐美尔认为个人在致力于理智化的过程中,他们用自己的脑而不是他们的心在与他人的交流。城市迫使我们在与别人交往时抑制自己的情感投入,而是用更正式、更理智的方式。为了举例说明这一点,齐美尔指出城市生活中矛盾的一面:物理和空间距离非常近的千千万万个体之间却保持着非常遥远的社会距离。齐美尔因此认为现代都市为个体之间保持预定关系创造了合适的条件。

齐美尔关心的是城市对个人的影响和塑造作用以及个人在城市世界里如何自处。生活节奏的加快——"对身心快速而连续的刺激"是现代大都市生活最突出的特点——这些都导致个体形成一种自我保护的冷漠态度,这就是所谓的大都市态度。城市充斥着各种机会、各种感官刺激和各种可能性,而个体只有通过保持这种冷漠态度来保持自己的身份、品格和个性。这种感官体验在某种程度上讲是因为我们越来越认识到这就是现代城市的特点。

陌生人的概念

因而,齐美尔认为,在现代城市社会我们都是陌生人。齐美尔用"陌生人"这个社会典型概念来探讨城市人与他人、与陌生人之间既近又远的互动关系。陌生人就是在我们意识、体验、我们所理解的城市现代人际互动的形式和体验边缘的人。齐美尔明确界定陌生人就是中间人(来与往、已知和未知、归属或超然、熟悉和疏远等之间),他认为陌生人的概念能够反映他空间和城市分析的各个方面(如近和远、固定和流动、内部和外部等等)。齐美尔认为社交形式能够体现城市的现代性,要想研究社交形式就必须界定城市空间的基本特性。因此,他探讨了人群如何在现代城市的新空间里大规模聚集以及这种聚集的潜在危险性。大规模聚集的人群是最容易冲动、最容易热血沸腾,也就是说

最容易操控的,因为在城市里因为没人知道你是谁,所以人们会感到很自由,还有成为大众或者大的社会团体的一员,让人们相互之间产生归属感。

货币哲学

对于齐美尔而言,现代性最根本的表现还有货币经济的形成和发展过程。这源于他对日常生活重要性的认识。日常生活是由现代城市空间和人际互动来决定的,也正在体现并体验着城市现代性。齐美尔关注的不是生产活动,而是流通、交换和消费活动,还有既是顾客也是商品的个体活动,这些活动都集中在大都市。这是因为在大都市里,货币经济还有客观世界和人际社会关系性质的改变对个体的影响是最大的。在《货币哲学》一书中,他记录了被货币这一介质改变的社会关系,以及主观文化日益消减,而货币交易控制下的客观文化日益强大的过程。

齐美尔认为流通和交换空间是现代城市成熟货币经济的标志性特征。无论是在为消费创造的新空间,如百货公司,还是在更短暂、更随意的日常交易中,货币都是让人员、货物还有服务得以更快流通的媒介。货币越来越成为城市空间和城市空间体验形成的媒介和手段。货币成为校平机,让所有东西都变得只有单一的维度,即什么都可以购买和出售,包括人。而大都市正是货币经济最集中最具表现力的地方。齐美尔热衷于寻找例证来说明货币如何终结人的价值。如"货币文化通病——玩世不恭和冷漠"。

当社会生活的方方面面都被用来出售,变成一个"公分母"——钱,犬儒主义就出现了。这一切导致玩世不恭的态度,凡事都有它的价格和什么都可以买卖。犬儒主义诞生于懒得对事物的价值进行评价。而冷漠则源于对事物本质感到失望,认为所有的东西都是同样的沉闷和灰暗,不值得为之兴奋。冷漠的个性使人们完全丧失了对于所有在售商品进行价值判断的能力,因而以寻求兴奋、极端表达、速度和刺激的方式来寻求补偿。

在社会网络中人际关系越来越没有人情味，人际关系基于个体的社会角色而不是个人的品质。人们不是用自己的个性、身份、履历等等处理与他人关系，人们越来越有可能只根据职业来处理人际关系——快递员、店员、公交车司机、售票员——不论是谁占据这些职位。货币经济的典型特点就是现代劳动分工，有趣的是，人们的生活越来越依赖其他职业，但他们对从事这些职业的人却越来越不了解。特定的个体变得越来越无关紧要。人们因此沦落为可替换的零部件。在人际关系中，货物和服务的交换起着越来越大的作用，但金钱成功地把个体的情感和情绪从这些活动中剥离出来。

齐美尔在有关时尚、装饰、风格的文章中阐述道，现代都市和货币经济的特点是客观文化日益壮大并影响控制着主观文化。这一分析表明资本主义在现代大都市的重要性和作用。时尚满足了人们既渴望稳定又渴望变化的心理，人们追逐潮流，但又成功地通过时尚来体现自己的地位和阶层，使自己不同于他人。社会阶层区别不明显，时尚则变化缓慢，而在现代社会，个人有被湮灭的危险，时尚则变得更加重要。时尚必然是短暂的，总是带着强烈的此地此时的存在感。穿着时尚并公开展示品位是身份地位的显示。因而，人们一方面想让自己和所处环境更愉快，另一方又想获得别人的认可，这两种愿望同时存在，既有取悦他人的利他主义，又想让自己与众不同。人们想要被视为不同的个体，但同时又想归属某个团体并感到有地位有价值。

人群、服务、生产、消费、交通和通信都集中在城市，这创造了城市生活节奏，而城市所具备的城市节奏通常被视为城市的典型特征。齐美尔致力于探索现代城市的日常生活和城市空间等微观社会学现象，以及这些对人类生存条件可能造成的负面影响。齐美尔认为需要有空间和处所让快速循环旋转的城市生活慢下来，让人们从工作压力和金钱带来的压力中得到短暂的喘息。齐美尔还进一步探讨了与之相关联的问题，即人们有暂时摆脱日益强化的客观文化所带来的日益强烈的感官刺激和社交压力的需求，这一点他在其散文《高山之旅》(The Alpine Journey)和《冒险》(The Adventure)中有所论述。

齐美尔用有关空间的社会学理论来分析现代性的根本特点，这一点是人们理解现代城市及其对人际交往互动的关键因素。他的文章《空间社会学》是空间社会理论的早期贡献，与他的社会是互惠互动的概念结合起来，提出了空间的5个方面（排他性、边界、固定性、流动性、接近距离）作为调查研究社会形态空间意义的方法。他的理论为了解城市空间如何塑造居于其间的人们的社会互动关系，以及人际互动关系如何塑造城市空间提供了重要的见解。社会形态影响空间条件也受制于空间条件，因此许多"社会交往的形式"只能通过考虑它们空间背景来理解。社会结构和环境，即地理条件之间是动态共生关系，这一点极大地影响着人们的主观体验，也影响着城市的结构和空间组安排，比如街道、广场、建筑物或消费休闲的地点和空间。

因此，齐美尔提出的空间的5个方面的理论为进一步分析大都市内某一特定空间形式的建造以及人们对其主观体验及使用提供了理论途径。换句话说，就是被时间划定的，按照一定形式和结构来组织和管理的城市空间布局决定着社会互动关系。但这种影响并不是单向的，城市公共空间和社交空间也通过人们的互动以及体验形式、流行的活动以及人们的使用方式而获得意义、重要性和价值。因此也可以说人们通过利用或者滥用某一地点而塑造着城市空间。

遗产

齐美尔致力于通过关注日常和微观社会现象来探讨现代城市的特点并分析现代社会的组织、维护和管理及其对个体的影响。特别是齐美尔对美国社会学的影响是得到公认的（尤其是芝加哥学派，该学派将生物学的隐喻引入城市发展和竞争的人类生态模式）。齐美尔还探讨了金钱控制下社会关系的修正、交换、流通和消费。城市生活的非人性化、犬儒主义和冷漠;物化和商品化的文化;作为身份地位象征的时尚、风格和装饰;陌生人之间的社会距离感和空间接近感,所有这些因素在理解日益复杂、变化和多元文化的城市人口汇集都是非常重要的。因此齐美尔关于现代社会和现代城市的理论具有持久的价值和相关性,不仅可以用于城市现代性的历史分析,也可以用于全球化背景下现代晚期、后现代及当代城市扩张的后果和过程。

进一步阅读书目:

- Allen, J. 2000. "On Georg Simmel: Proximity, Distanceand Movement." pp. 54 – 70 in *Thinking Space*, edited by M. Crang. London: Routledge.
- Featherstone, M., ed. 1991. Special edition on Simmel. *Theory Culture and Society* 3(3).
- Frisby, D. 2002. *Georg Simmel*. Rev. ed. London: Routledge.
- Frisby, D. and M. Featherstone. 1997. *Simmel on Culture*. London: Sage.
- Jazbinski, D. 2003. "The Metropolis and the Mental Lifeof Georg Simmel." *Journal of Urban History* 30: 102 – 25.
- Leck, R. M. 2000. *Georg Simmel and Avant-gardeSociology*. New York: Humanity Books.
- Levine, D. N., E. B. Carter, and E. M. Gorman. 1976. "Simmel's Influence on American Sociology I." *American Journal of Sociology* 81(4): 813 – 45.
- Simmel, G. 1950. *The Sociology of Georg Simmel*. Editedand translated by K. H. Wolff. New York: The Free Press.
- —. 2004. *The Philosophy of Money*. 3rd ed. London: Routledge.
- Zieleniec, A. 2007. *Space and Social Theory*. London: Sage.

(Andrzej J.L. Zieleniec 文　李素英 译　韩　宇 校)

SIMULACRA ｜ 拟像

拟像这个单词经常让人们联想到"赝品"。仿真意味着作假或者伪装;仿真即模拟;拟像指拥有另外一种东西的外表,但没有其"本质"的事物。法国哲学家让·鲍德里亚是第一个将"拟像"提升为后现代主义文化分析和当代城市研究的一个中心概念。然而,拟像作为哲学问题,可以追溯到古希腊的哲学家们。柏拉图(约公元前 360 年)通过引用著名的洞穴隐喻,说明直接的感官认识不过是真正形而上的幻象而已。在 20 世纪,吉尔·德勒兹解释了复制和拟像的本质区别,复制就是复制,而拟像则是伪装相似但实质却不同。他认为仿真不是更复杂意义上的复制;相反,它拥有制造和自我制造功能。比如,昆虫使用伪装的策略暂时地模仿周围环境的外表,为了要保护它自己。用这种方式解读的话,拟像的力量在于它既超越了原型也超越了复制品。

鲍德里亚悲伤地承认仿真模糊了原型和复制品之间的差异。比如,某人装病时可能真的会有症状。这可以被解读为"同化"(Liquidation),即难以再找出原型和复制品之间的区别之处。就像 1935

年豪尔赫·路易·博尔赫斯的著名短篇小说中叙述的一样,对科学精确的追求导致了一份精细地图的产生,它覆盖了它想代表的地域,直至最后人们已经分不清地图和地域孰真孰假。在这种极端情况下,地图变成了地域,让传统关系发生了逆转,这就形成了一个新概念:超现实。超现实即对从未真实存在的事物的模拟。鲍德里亚绘制了拟像形成的进阶图:从对现实的反映到对现实的掩盖,再到完全替代现实,最终使拟像和现实没有任何关系。迪士尼乐园成功地做到让人们忽略了主题公园界限外那个"真实的"国家的存在。而主题公园之外的那个美国也不过是由很多标志和仿真而构成的拟像。这样的分析给这一哲学问题提供了一个历史角度,使拟像与城市研究相关,因为它将消费、媒体(马歇尔·麦克卢汉)、规训(米歇尔·福柯)和城市主义(爱德华·索贾)等思想联系了起来。

　　拟像这一概念已经成为现代城市主义的一个基本方面。整个 21 世纪,人们都在通过电影和广告这些媒介来体验和感受着城市。新媒体,如计算机的角色扮演游戏和互联网以及旧媒体一道塑造着我们的城市体验。法兰克福学派的批评家及后辈学者早就提出了警告,媒体将不再是为大众提供全景式图景的媒介。马歇尔·麦克卢汉认为现在人们已经很难区分媒介和现实。实际上,虚拟的、胶片上的或荧屏上的城市不再仅仅是再现某个城市的物质环境。证据之一就是市政府不断增加媒体图像制作投资并改善已有环境来契合流行的虚拟形象。对于城市空间与"电影的"样子间关系的考察已经成形,过去 10 年间,一个新的研究领域——电影城市主义——试图强调和分析现实与电影的连续性。

　　人们越来越多地用图像方式来呈现世界的物质环境。这类与"真实"相关的图像分为三类。第一类是根据有资料记载的历史而创造出的环境。威廉斯堡殖民地这个美国最早的公共历史古迹就是这一类型的代表。它展示的是经过剪辑和美化的历史——弗吉尼亚殖民地精英们的爱国消费活动,同时忽略了奴隶制的严酷场景,因为这样就不会让游客感觉不舒服。第二类是复制历史场景中最具代表性的元素来再现想象中的景观。最典型的是在许多主题公园中,用埃菲尔铁塔来代表巴黎。这种环境最极致的代表是迪士尼乐园。第三类环境与历史或真实的联系不一定很紧密,这类环境对真实性要求不高。在拉斯维加斯,主题赌场建筑群并没有追求任何的真实性。有人会说游客并不需要看到真正的巴黎,因为他们在拉斯维加斯已经看到了它的复制品。这种情况下复制品可以以假乱真。尽管其权威性来自于其与原件的联系,但亲眼看到原件的欲望因为复制品的力量而大打折扣。

　　城市地理学家非常喜欢使用拟像这一概念去讨论当代南加州的奥兰治县等地,他们将奥兰治县认定为外城或者后大都市(Postmetropolis)。奥兰治县已不能再被看作郊区,因为它具备所有与城市有关的功能。这种新型的城市化缺少历史和归属感,从而使保守的建筑师,特别从 20 世纪 80 年代开始,利用怀旧风格来使城市具有历史感,有时甚至不惜捏造历史。以新城市主义为代表的反城市化乌托邦理论,鼓励建设类似小镇广场的公共空间,但这样的公共空间场地有限,不适合人员聚集。新城市主义只是怀旧的新传统主义环境趋势的一个方面。这种趋势经常支持环境保护思潮影响下的历史风貌修复活动。基于以各种标志和符号标榜的平民主义,后现代主义创造了一种新的城市观。在这种城市象征主义的形成过程中,地方传统和当地历史被充分挖掘并与正在形成中的全球范式相结合,从而形成了别具一格的折中主义。这样,改良的传统与媒体影像联系起来,被赋予超越了其过去和现在的社会经济环境的意义。这就是伴随 21 世纪到来的仿真城市主义。

进一步阅读书目：

- Al Sayyad, Nezar. 2001. *Consuming Tradition, Manufacturing Heritage: Global Norms and Urban Forms in the Age of Tourism*. London: Routledge.
- —. 2006. *Cinematic Urbanism: A History of the Modern from Reel to Real*. New York: Routledge.
- Baudrillard, Jean. 1976. "L'ordre des simulacres" (The Order of Simulacra). pp. 75–128 in *L'Échangesymboliqueet la mort* (Symbolic Exchange and Death). Paris: Gallimard.
- —. 1988. *America*. London: Verso.
- —. 1994. *Simulacra and Simulation*. Ann Arbor: University of Michigan Press.
- Borges, Jorge Luis. [1935] 1998. "On Exactitude in Science." P. 325 in *Collected Fictions*. Translated by A. Hurley. New York: Viking Penguin.
- Deleuze, Gilles. 1990. *The Logic of Sense*. New York: Columbia University Press.
- Eco, Umberto. 1986. *Travels in Hyper Reality: Essays*. San Diego, CA: Harcourt Brace Jovanovich.
- Plato. 2006. *Republic*. Translated by Joe Sachs. New Haven, CT: Yale University Press.
- Soja, Edward W. 1996. *Third Space: Journeys to Los Angeles and Other Real-and-Imagined Places*. Cambridge, MA: Blackwell.

(Nezar AlSayyad and Ipek Türeli 文 倪 超译 韩 宇校)

SINGAPORE | 新加坡

位于马来半岛南端的新加坡是一个岛屿城市国家,于1965年作为主权国家赢得独立。新加坡现在的人口规模约450万(其中只有70%是公民),土地面积大约700平方千米(其中10%来源于拓垦),人口密度每平方千米超过6 000人,是世界上人口密度最大的国家之一。这个城市国家中,华人占大多数(75.2%),同时也拥有大量的少数族裔群体(马来人,13.6%;印度人,8.8%),并且还包括多样化的其他族裔、语言和民族群体(官方将此类别称为"其他",占2.2%)。独立后,在国家主导的发展制度下,新加坡经历快速的城市化和工业化进程,城市已有环境处于高度集中计划控制之下。

殖民城市

新加坡是英国重商主义的产物,城市建设始于1819年,发展之初是一个贸易中转站,由东印度公司的代理人斯坦德·莱福士建立,后来在19世纪晚期及20世纪前半期发展为英国远东帝国的商业重镇和商品劳务清算所。19世纪晚期,世界市场以及以工业化进程中的西方需求为主导的贸易体系的形成,确立了新加坡作为东西方商路首要贸易点的地位,也确立了其作为处理财务、贸易、运输、保险和其他与快速发展的进出口贸易相关服务的贸易中介和商行基地的地位。从人口统计的角度看,殖民时期的快速城市化主要动因是劳工移民:尽管1921年之前事实上人口自然增长率为负数(因为性别比率总量不平衡以及普遍的高死亡率),

人口从 1871 年的少于 10 万快速增长到 1931 年的 50 多万，当新加坡 1951 年获得正式的城市地位时，人口已远超 100 万。殖民城市新加坡实质上是多种语言通行的移民世界，移民来自中国、印度和马来群岛，由少数来自欧洲、拥有最高权力的移居者统治。新加坡城的建设规划，通常被称为"杰克逊规划"，早在 1822 年已经制定，划定了居住区、商业区和行政区，殖民地以网格状布局。居住区种族分离。华人居住在河的东南（今日的中国城），马来人和阿拉伯人生活在甘榜格南和巴吉兹平布地区，印度人则远居于这些地区北面的丘利亚部落。欧洲商人和官员住在欧洲城，与商业广场这样的行政和商业区毗邻，商业广场是殖民地金融贸易中心，分布着商业机构、银行以及贸易公司。日本"二战"期间（1942—1945）占领了新加坡，将其更名为 Syonan-to（南方之光），除了这个小插曲，新加坡的城市管理权都掌握在市政专家手中，他们致力于将秩序和控制引入城市环境，对住房风格、公共健康、公共设施、公共空间以及墓地进行管理。从殖民地时期的战后阶段一直到独立期间，城市建设区域一直限定在岛的南部中间地带；岛上其他地方的广大区域大多仍旧是乡村或者是森林地貌。然而，在独立后不到 20 年的时间里，新加坡基本完全实现了城市化。

城市更新

20 世纪五六十年代，城市问题——过度拥挤，废弃和脏乱建筑，缺少公共开放空间和社区服务，交通拥堵，土地昂贵，违章占地以及居住、工业和商业用地混杂使得城市再开发代价高昂——变得棘手，尤其遇到战后婴儿潮引发的人口急速增长。新加坡第一个总体规划由新加坡发展信托公司 1955 年设计完成并于 1958 年通过，但是其保守的提案（建议缓慢稳定的经济增长率，坚持内城、城镇、郊区环形分布的规划）后来被联合国顾问团和新选出的政府所诟病，二者倾向于积极引导城市向岛上其他区域发展，配合大量的公共住房项目，从而在中央排水系统周围、贯穿岛的东西两端形成自给自足、高密度的住宅城镇。新构想中，政府在提供福利、住房和制定影响城市区域规划的长期策略方面扮演更重要的角色。为"公共利益"而强制获取土地的国家权力推动了住房优先的做法，墓地、农场和乡村居住地很快被以高层公共住房为标志的新城镇地貌取而代之。今天，新加坡大约 86% 的人口住在住房与发展委员会的公寓中，这些居民中大约 92% 拥有自己的公寓。

独立之初，为确保政治合法性、达成意识形态共识，并将大众改变为守纪律的工业劳动力，消除新加坡中心区域的贫民窟在城市区域规划中得到高度重视。给位于城市中心的极有价值但遍布贫民窟的地区以生机活力，是国家发动的全面城市更新的重要一环。新加坡中心区贫民窟清理之后，实施了再开发战略，包括对公共住房和其他便利设施进行规划设计，例如商店、市场、货摊、办公楼和开放场所；将重新规划的场所卖给私人开发商建造居住、零售或办公房产；以及新道路、排污、排水、给水管道的规划等等。独立后的头 20 年，在破坏和重建的理念主导下，清除城市贫民窟和农村的小村落，利用稀缺土地资源发展经济，将科技进步和现代化的轮廓刻蚀进城市中。

城市保护和规划

如果说国家发展的头 20 年由清除过去所支配，接下来的 20 年则见证了更为协调一致的恢复记忆和为国家追根溯源的努力。20 世纪 80 年代对重建城市国家的身份和遗产的关注，导致优先保护城市历史街区和具有历史价值的建筑形式的运动，在 1986 年主要保护计划最先得到体现。城市保护和传统景观的创建不仅为国家提供了历史延续性，也给予城市环境独特的视觉特点，从而使其在技术和现代性的同化作用中凸显出来。城市保护的系统性规划中对于差异的创造，是新加坡在全球旅游业竞争中的核心优势。从 20 世纪 80 年代中期开始,在应对制造业减速、国际劳动力分工变化、新加坡劳动密集型企业竞争力下降的情况下,很明显需要新的多元化发展战略,强化城市旅游业资本是新加坡这个国际商业和服务中心发挥特有优势的关键策略。这个城市国家进入新千年之际,新加坡在全球化竞争中如何战略定位方面,重建城市景观的"差异"和提升美学价值是其努力成为世界性城市的关键。国家全球化战略中关键环节是通过吸引和留住外国人才,也就是具有专业技能的创业、管理层以及专业化的能够帮助新加坡在全球城市大联盟的竞争中脱颖而出的跨国人才,以此扩大其有限的劳动力和技能人才。1992年,新加坡政府提出"艺术的全球城市"的口号为其培养繁荣的艺术、文化和娱乐形象打头阵,不只是为丰富当地的文化氛围和培育国家荣誉感,也是为了吸引游客以及争取外国人才。新千年之际,艺术的世界城市观念被加入了新的元素,那就是成为代表创造力、活跃的文化氛围和创新的文艺复兴时期的城市。这些观念最重要的体现是2002年10月在湾区开建的广场剧院,这是具有里程碑意义的城市景观,由几个外观和美学设计美轮美奂的剧院和表演场地组成,占地6平方千米,视觉上完全改变了城市的天际线、水面和空中景观,具有国际一流水准。独立后的几十年,集中规划成为新加坡短短40年间从世界三流向世界一流变身中的关键因素。城市再发展机构分布于1971、1991和2001年设计的前后相继的发展计划中,是新加坡城市发展长期规划的核心文件,目的是支持城市基础设施、交通和经济发展。1971年的发展计划设想在中心水域周围发展一个环形高密度的卫星城镇群,由快速路和大众快捷交通系统连接,而2001年的规划提供了更多的住房和娱乐活动选择(包括合并更多的"绿色"和"蓝色"空间),鼓励为企业提供更灵活的环境并专注于提高文化认同感,以此满足不断上升的期望和国家不断变化的战略目标。

读懂城市

了解新加坡独特的城市化和城市形态的形成背景,就要知晓20世纪60年代以来的现代化范式,其突出特征是,新加坡作为典型的东南亚港口城市,经历了从殖民地强制统治到模仿西方的过程。在这种模式之下,双重经济和形态结构是新加坡城市化的典型特征,也就是以西方资本主义形式的企业为核心,比如以西方商业模式运行的银行和贸易公司,还有前工业化和半资本主义化经济组织形式构成的市场经济,例如华人借贷团体和不固定的街道市场。随着以企业为核心的经济部门的加速扩张,市场活动下降,城市渐渐转变为类似西方城市的模式。

近期出现了了解新加坡城市发展的其他框架。过去的20年里,因其明确的全球抱负,新加坡已成为许多全球化研究的主题,通常扮演着小范围民主模式下通过国家强力控制取得成功的非西方城市的独特角色。新加坡的国家—城市—政府的三重身份使之成为研究政府主导城市化进程和结果的无可比拟的实验室,在新加坡,都市景观的政治活动,也就是政府、资本和公民(通常很激进)的相互作用,受到国家意识形态的影响。更近期的跨国城市化理论研究也开始探索移民和其他流动因素在重构全球化城市的空间和社会关系时的作用。

进一步阅读书目:

- Chang, T. C. 2000. "Renaissance Revisited: Singapore as a 'Global City for the Arts.'" *International Journal of Urban and Regional Research* 24: 818–31.
- Chua, Beng Huat. 1991. "Not Depoliticized but Ideologically Successful: The Public Housing Programin Singapore." *International Journal of Urban and Regional Research* 15(1): 24–41.
- Kong, Lily and Brenda S. A. Yeoh. 2003. *The Politics of Landscapes in Singapore: Constructions of "Nation."* Syracuse, NY: Syracuse University Press.

- McGee, Terence G. 1967. The *Southeast Asian City: A Social Geography of Primate Cities in Southeast Asia*. London: G. Bell.
- Yeoh, Brenda S. A. 1996. *Contesting Space: Power Relations and the Urban Built Environment in Colonial Singapore*. Oxford, UK: Oxford University Press.

(Brenda S.A. Yeoh 文 张晓朦 译 韩 宇 校)

SITUATIONIST CITY | 情境主义城市

情境主义城市是用来描述20世纪五六十年代情境主义国际成员和其相关组织激进参与城市问题的语汇。情境主义者主要由西欧的艺术家、活动家和作家组成，致力于彻底改革当代社会，长期全面关注城市发展。他们反对资本城市化进程以及当时的规划，攻击"景观社会"中城市被破坏和重建的方式。他们吸收和发展马克思主义关于城市空间和日常生活的观点，融合20世纪更早时期先锋派的遗留思想，特别是达达主义和超现实主义，将城市描述成疏远、控制和隔离之地，城市中主导普遍的资本社会空间关系的是生产和再生产。然而同时，他们将城市视为潜在的自由之地，相信城市能够成为解放和人类自我实现的乐园。

情境主义城市不是情境主义国际使用的词语，而是在20世纪90年代，学术界和主流文化界鉴于情境主义组织激增的作品和展览所提出的概念，并在先锋派和西方马克思主义的历史中占有一席之地。这样的说明似乎表明这是以设计或规划为基础的卓越理论或学说，事实并非如此，因为情境主义国际的理论和实践在演变，并不统一且存有争议，该组织的70位成员以及许多先驱在其1957—1972年正式存在期间以各种方式将其丰富发展。他们也远远超越了任何专业学科，最重要的是，他们的动机来自改变城市日常生活和空间的渴望。情境主义国际的成员和亨利·列斐伏尔以及其后很多激进地理学家所共同持有的一个关键见解是，要改变日常生活，就需要改变日常空间，反之亦然。因此，他们强调应当如何构想和建构城市空间，使其作为社会转型策略的一部分，他们对城市的批判关怀源自这种对空间在社会和政治方面的重要意义的理解，城市空间因此可能成为解放的产物，也是解放的工具。

情境主义者的城市主义批判

情境主义中充斥着对资本主义城市化和现代规划的抨击。他们经常将城市描述成开发商、规划者和建筑师的劫掠对象。居依·德波是贯穿情景国际始终的核心人物，在其1978年的电影中说："巴黎不再存在"，该影片制作于巴黎大规模改造前20年，在改造过程中，按照阶层和族裔画线将成千上万的居民迁走，越来越多的财富留在市中心。情境主义者较早记录和研究相关进程，并产生争论。他们对现代主义建筑和规划的许多攻击是20世纪50年代两个组织的成员引领的，这两个组织是字母主义国际和鲍豪斯印象运动国际，它们后来成为情境国际的主体。尽管大多数火力都指向当时现代主义规划对城市的影响，他们视之为资本主义制度下城市重组的一部分。德波后来将城市主义视为他所说的"全景社会"的重要组成部分,在这一"全景社会"中,更多的社会生活和空间领地被商品占领,城市主义是通过抽象空间和虚拟社区的陈腐环境的建设确保疏离和分隔居民的方式。

情境主义者寻找反抗和抗争这些资本主义城市化进程的标志,他们的主要目的是清晰表述和宣传革命观点,例如,他们将1965年洛杉矶骚乱和1967年底特律骚乱视为对"全景商品经济"的攻击和"都市化抨击"。他们更广泛的记录并认真对待一系列抗争,例如工人的自发行动和全球范围内年轻人抗议帝国主义的自发游行。在强调资本主义制度下日常空间和生活如何被侵占的过程中,他们强调反对殖民和异化抗争的空间维度的重要性。

在情境主义国际发展早期,其成员将注意力集中在通过心理地理实践批判地探索他们自己的城市环境。始作俑者是20世纪50年代初巴黎的字母主义者,他们研究城市环境对人们行为和情感的影响,常常通过小群体在街上步行的形式进行,力图挑战和颠覆影响城市空间的主流规则和权威利益。在后期阶段,字母主义者和情境主义者分道扬镳,他们利用或绕开现有的城市地图,根据不同的价值观和意愿,发明了新的制图规则,1956—1957年德波制作了最著名的一组巴黎地图。他们也为保护受城市再开发威胁的地区而记录和写作,并尝试以"玩笑式的建设性行为"作为现在居住在城市的另一种生活方式的替代。他们的目的并非仅仅解释或者记录城市空间,而是改变它们。

革命和单一城市主义

在他们改革空间和社会的努力中,情境主义者很早地使用了单一城市主义这一专业术语。他们认为,这不是城市主义的原则,而是城市主义的批判。通过这个差别,他们试图将自己与设置理想城市框架的乌托邦式规划者相区分。他们声称,这种方法的危险在于极易被现状吸收,因为技术专家的框架是保持基本社会结构的完整。然而,单一城市主义拥有幻想的元素,因为它包含想象的斗争,还有寻找其他社会空间与生活方式的方法的斗争。它预见了另一种城市未来,即根据居民的兴趣和愿望构建城市空间,自由地将他们的环境创造成一个非异化的作品。通过与景观相反、具有集体性和集体分享性的过程,将产生一个游戏般的游动空间。

通过艺术作品、模型、著作、情境主义国际的其他媒介材料和1960年退休以后情境主义国际以外机构的媒介材料,康斯坦的新巴比伦项目得到了发展,是实践其想法的鲜活尝试。康斯坦一直认为,对于自己设想和描绘乌托邦式空间的努力,它的真正建造者就是新巴比伦人自己。其他的情境主义者紧接着在20世纪60年代用技术专家主义攻击康斯坦,他们抛弃了单一城市主义的语言,将重点转向现有环境的政治批判上。然而,他们认为转变城市空间是革命斗争的组成部分,这与情境主义国际保持了一致,该团体强调,1871年巴黎公社事件以及后来他们参与的1968年5月巴黎反抗运动是革命城市主义的活动,当时活跃的批判开启了新型的社会空间。

在城市研究方面,情境主义者最近的兴趣可能与这个领域的两个广泛趋势有关。其一,日益认识到需要发掘现代主义城市主义存有争议的历史地理,特别是关于以前被忽略的"二战"后的年代。其二,对非正统马克思主义者著作中关于城市充满活力的传统增长的兴趣,包括本雅明和亨利·列斐伏尔的著作。同样重要的是方式的问题,全景和心理地理学的概念在某些当前的批判和解释过程中强势发声。情境主义者今天最引人注意的遗产没有出现在正式的建筑或者设计试验中,尽管在那些领域中他们的想法是十分有趣的;而是出现在激进的政治活动中,包括占领街道、维护城市权利、将空间转变为更广的斗争,因此继续探索改变世界,这是情境主义者努力的核心,尽管现在是处于不同的情况下。

进一步阅读书目：

- Andreotti, Libero and Xavier Costa, eds. 1996. *Theory of the Dérive and Other Situationist Writings on the City*. Barcelona, Spain: Museud' Art Contemporani de Barcelona/ACTAR.
- Bonnett, Alastair. 2006. "The Nostalgias of Situationist Subversion." *Theory, Culture and Society* 23(5): 23–48.
- Debord, Guy. [1967] 1994. *The Society of the Spectacle*. Translated by Donald Nicholson-Smith. New York: Zone Books.
- Knabb, Ken, ed. 2006. *Situationist International Anthology*. Rev. ed. Berkeley, CA: Bureau of Public Secrets.
- Merrifield, Andy. 2002. *Metromarxism: A Marxist Tale of the City*. New York: Routledge.
- Pinder, David. 2005. *Visions of the City: Utopianism, Power and Politics in Twentieth-century Urbanism*. Edinburgh, UK: Edinburgh University Press.
- Sadler, Simon. 1998. *The Situationist City*. Cambridge: MIT Press.
- Situationist International Online (http://www.cddc.vt.edu/sionline). (Collection of writings by Debord and the situationists in English translation.)
- Swyngedouw, Erik. 2002. "The Strange Respectability of the Situationist City in the Society of the Spectacle." *International Journal of Urban and Regional Research* 26(1): 153–165.
- Wigley, Mark, ed. 1998. *Constant's New Babylon: The Hyper-architecture of Desire*. Rotterdam, the Netherlands: Witte de With / 010 Publishers.

(David Pinder 文　张晓朦 译　韩 宇 校)

SKATEBOARDING｜滑板运动

滑板运动是站在一个短且窄的带有四个轮子的平板上滑行的活动。滑板是一种运动，一种交通方式，一种文化艺术形式，特别对年轻人来说，也是一种娱乐活动。滑板最早很可能开始于20世纪50年代末60年代初加利福尼亚的海滨城市和郊区。当风平浪静的时候，很多冲浪者试图在平滑宽阔的柏油路上模仿他们的冲浪动作来消愁解闷。他们站在短木质底板上（滑行面），大约56厘米长15厘米宽，连在一对从轮式溜冰鞋上卸下的装置上（轮轴组合），通过金属或"黏土"合成轮子滚动。1964年，非常有影响力的《滑板者》（*Skate Boarder*）杂志面世，到1965年夏天滑板运动遍及全美，安纳海姆国际滑板比赛在全国电视播报甚至出现在《生活》杂志封面。然而，滑板运动在第一阶段流行时间很短；流行热潮在1965年末达到巅峰，很多新滑板生产商留下大量库存。此后滑板运动退至边缘，主要分布在加利福尼亚州和世界其他流行冲浪的地方，例如英国南威尔士。

滑板场

1972至1973年间，随着新技术的出现，滑板运动进入第二个扩张阶段，由聚乙烯制作的轮子（由前冲浪者弗兰克·纳斯沃思发明）速度更快、更易控制，更结实复杂的"双操作"金属结构可产生更大的稳定性和机动性，因此到20世纪70年代晚期，大约宽0.2米长0.6米的更大的滑板具有更高的稳定性。大约在1974—1975年，在再次发行的

《滑板者》杂志重新出现的刺激下，滑板者出没在城市各种各样的混凝土建筑中。这些建筑包括废弃游泳池、河流和运河的排水通道、学校操场，甚至在亚利桑那沙漠找到的大型水管。为抓住这个新的全国浪潮，100多家以营利为目的的滑板场地在全美兴建，包括加利福尼亚州的管道和德尔玛滑板场、佛罗里达州的科那和固态冲浪滑板场、俄亥俄州的苹果滑板场以及新泽西州的樱桃山滑板场。类似的滑板场也在全世界兴建，包括澳大利亚、巴西、法国、德国、意大利、墨西哥、瑞典和英国。这些新滑板场拥有形式完美的跑道和池子，能让滑板者达到新的高度，滑板者飞过墙顶端，在半空中翻转，在下面3米处再进入池子。

然而，对滑板运动的广泛兴趣只持续了几年。20世纪80年代初很多滑板场关闭，部分原因是保险津贴不断上涨，部分原因是土地再开发的压力。为应对城市场地的丧失，很多滑板者建造他们自己的"半管道"建筑——木质坡道结构，带有U形结构和两个平行侧边墙，通常1~1.5米高，顶端两侧都带有平台，使滑板者能够从高处向坡道跳跃。通常U形结构底部是平的，为的是提高速度，同时也使滑板者在两墙间有更多的时间。

其他滑板者采取了不同路径，到1984年前后，滑板运动已发展成城市传统元素。滑板运动的这个新阶段再次集中在加利福尼亚西部的沿海城市，例如洛杉矶的威尼斯海滩、旧金山和圣巴巴拉。通过"奥利"动作，滑板前段去重使其翘到空中（最初由滑板者艾伦·盖尔芬德在20世纪70年代末第一波滑板阶段发明），并经过新杂志《打谷机》(Thrasher)宣传，这些新的城市滑板者滑过防火栓和路边石，滑上公交站长凳和绿化带，然后滑下楼梯和扶手，极端颠覆了建筑的设计使用方式，这是不同于建筑师、规划人员、建筑所有者和城市管理者原本计划使用建筑的方式。斯泰西·佩拉尔塔(Stacey Peralta)以前是专业滑板者，是非常成功的鲍威尔-佩拉尔塔公司(Powell-Peralta company)的合伙人之一，正如他所描述的那样，

"对于城市滑板者来说城市是他们旅行的硬件"。为进行这个属于城市和市中心的活动，滑板运动采取了比20世纪六七十年代更为强势的态度：坚决反对小联盟、家长作风以及以学校为主导，相反，新的活跃在街头的滑板者着迷于流浪和反叛的角色。颜色鲜艳的滑板图案、鞋子和服装宣告了街头滑板者的存在和观念，通过帮派相关的涂鸦标志和设计通常反映出城市亚文化的其他方面。滑板在这个时期也改变了外形和设计：现在大约20厘米宽，两端有小尾巴式的坡面，底部有鲜明的图案，更小、更结实的轮子，其直径大约55毫米或者更小。

媒体曝光和商业化

这种新类型的城市滑板运动，相对摆脱了商业滑板场和有组织团队活动的约束，因其自身的城市亚文化和身份，逐渐流行开来。除了著名滑板城市如洛杉矶、费城和旧金山（在这里内河码头和第七码头滑板场已国际闻名），每一个美国城市和城镇现在都有自己的滑板者组织，具体数量不能确定，但美国今天大约有500万到700万狂热的滑板者，世界范围内大约有4 000万。城市街头滑板在英国和巴西尤其流行，但在全球其他发达国家也都很普遍。

结果，对于滑板的媒体曝光也越来越普遍，好莱坞电影如《回到未来》(Back to the Future)、《警察学校4》(Police Academy 4)和《危险之至》(Gleaming the Cube)都有关于滑板的情节，更重要的是卫星电视的报道，包括多种极限运动"X游戏"、纪录片《狗镇少年》(Dogtown and Z-Boys)，以及好莱坞的跟风电影《狗镇之主》(Lords of Dogtown)。另外，许多制作商的录像片通过他们的滑板团队推广产品。还有一种趋势，那就是一旦要体现充满活力的冒险精神（滑板运动经常出现在汽车广告中，宣传一种年轻和都市冒险的感受），其他滑板产品生产商也会加入广告中。同样重要的是，索尼公司的电子游戏"滑板者游戏站"取得了巨

大成功,由专业滑板者托尼·霍克代言,该游戏进一步发展为同样流行的托尼·霍克的地下城堡游戏系列(*Tony Hawk's Underground*)。网络报道同样不停增长,提供了访谈、视频、图片、滑板地点和音乐。

滑板运动的商业化和媒体化确实主宰了 21 世纪的开端:很多看上去独立的小型滑板公司事实上都由少数几个大型联合企业所有,整个业务每年估计超过 10 亿美元。另外,滑板鞋和服装公司如 Vans、Airwalk 和 DC 在全球各大综合商场都有销售,据报道上百专业滑板者从各大公司的产品代言和客串嘉宾活动中赚 6 位数的工资。

尽管滑板运动的支持者试图使滑板运动变为一种商业化和媒体的盛景,本质上它仍然是坚决反权威的城市活动,众多滑板相关的艺术家、电影制作人、视频制作人和摄影家选择脱离滑板运动更加商业化的舞台。最为重要的是,在实际表演动作中,街头滑板运动保留了与城市环境的高度对抗:占领公共广场和市场,在长椅和绿化带上留下刮痕,在石头和砖墙的顶端凿出痕迹,在扶手和台阶上留下涂抹记录,制造噪音和视觉刺激,加速超过行人。然而,除了单纯指责滑板运动造成人身和财产伤害,人们对这种貌似具有攻击性的活动有更加重要的评判尺度:在为自己重新定义空间的同时,滑板者威胁到已被接受的空间概念,从观念和实际活动上占领了空间,由此触动了其他人所认知的城市。尤其是通过他们大部分未加理论化、不成文的活动,滑板者做出极度具有政治色彩的宣告,提出城市并不仅仅只是工作、交际或购物的地方,也是娱乐、行动和不花钱就可消费的地方。滑板世界由此在城市内部为欢乐提供了一席之地,而对于情境主义者在 1968 年所宣称的"人行道下面就是海滩"的宣言,滑板正是其当代回应。

反滑板运动提案

此类活动会受到挑战,这并不奇怪。因为滑板运动考验着城市所能承受的范围,用其他人看来既不实际也不可理解的方式使用城市元素,他们面临惊人数量的压制和限制性立法。对滑板运动消极严厉的反应已经越来越普遍,很多美国和英国城市都已经对滑板运动施行宵禁和明确的禁令。因此,滑板者现在面临与流浪者相似的经历,经常徘徊在私人与公共领地间的半控制地域。同流浪者一样,滑板者占领少数住宅小区和办公广场,却并不参与建筑里的经济活动,结果所有者和管理者将滑板者视为入侵者,把他们留下的痕迹作为恶行的证明。滑板者经常被罚款、制止甚至被捕入狱。总的说来,他们不断遭受空间压制和罪犯一般的待遇。

现在反滑板运动立法变得很系统,针对滑板者的敌意显示出主流和反文化的城市社会活动之间的对峙,也表明城市管理者和立法者对滑板运动这项看似没有生产力和非商业性的行为越来越无法容忍。

然而对于滑板运动来说,禁止进入公共领域仅仅是需要克服的另一个困难,这引发美国滑板者开展了"滑板运动并非犯罪"运动。这种压制仅仅增加了滑板运动内部无政府主义的倾向,加深对于"滑板和破坏"(这个 20 年之久的口号仍然是滑板者特别流行的贴纸)的控诉。无论如何,滑板者都是城市漫长历史过程中的一部分:一场由无权者为他们自己赢得独特社会空间的战役。

进一步阅读书目:

- Borden, Iain. (2001). *Skateboarding, Space and the City: Architecture and the Body*. Oxford, UK: Berg.
- Hocking, Justin, Jeffrey Knutson, and Jared Maher, eds. 2004. *Life and Limb: Skateboarders Write from the Deep End*. New York: Soft Skull Press.
- Howell, Andy. 2006. *Art, Skateboarding and Life*. Berkeley, CA: Gingko Press.

● Weyland, Jocko. 2002. *The Answer Is Never: A History and Memoir of Skateboarding*. New York: Grove Press.

(Iain Borden 文 张晓朦 译 韩 宇 校)

SOCIAL EXCLUSION | 社会排斥

概念总是在变化。社会科学中的概念不只受学术争论的影响，在对发生在政策舞台上的事情起作用的同时被其塑造。社会科学中的概念是有价值偏向的，也是有争议的，社会排斥的概念就是这样。它首先在法国使用，1974 年被总理雅克·希拉克和法国政府采用后，这个概念随之传播，在学术界、政治家和官僚中变得越来越流行。近年来，欧盟和英国政府对这个概念的使用引起人们广泛关注。许多学者抨击把社会排斥作为一个概念来使用，也有许多人接受了这个概念，并强调它在解释和处理不平等问题时的作用。

勒内·勒努瓦 1974 年出版了《被排斥群体：法国 10% 的人口》（*Les exclus: Un français sur dix*）一书，他在书中指出法国人口的 10% 都是"被排斥的"。他们包括没有被社会保障体系覆盖的弱势群体，例如单亲父母、没有得到社会保障政策充分保护的残疾人、自杀者、贫穷的老年人、受虐儿童和吸毒者。社会排斥的概念起源于法国民族融合和社会团结的传统，排斥意指社会纽带的断裂。20 世纪 80 年代，这个名词在法国开始广泛传播。它涉及各种类型的社会不利处境，与一系列新的社会问题相关，如大规模失业、隔都和家庭生活的基本变化。鉴于旧的济贫项目关注个体或家庭的基本需求，社会排斥项目则关注社会，强调个体与社会的联系。

20 世纪 80 年代晚期和 90 年代，全球化兴起了，社会排斥这个概念至少已经欧盟化，在欧洲国家广泛使用，也在全球南部的研究人员和欧盟、欧洲委员会里传播。到目前为止，这个概念在美国并不普及。格雷厄姆·鲁姆曾在欧盟的反贫困计划里追溯这个概念的发展。起初两个计划（1975—1980、1986—1990）基于贫穷的概念，但是第三个计划（1990—1994）就关注了享有权利最少的一部分人，将其作为社会排斥的对象明确讨论。在雅克·德洛尔主席和法国政治辩论的影响下，欧盟委员会采用了社会排斥的表述。欧盟在第四框架研究计划内讨论社会排斥，将其放入《马斯特里赫特条约》和《阿姆斯特丹条约》之中，以结构性调整作为解决社会排斥问题的保证。由于这个原因，乔斯·博格曼认为在欧洲层面上而不是在国家层面上，社会排斥的概念才得以推广和运作。

然而这个概念的相对模糊性是欧盟采纳它的主要因素。英国使用了这个概念，赋予其英国的特殊含义。这个概念在英国成为一个新事物，1990 年时没有哪个社会学家和政策制定者使用它，然而在 2000 年，不使用它或者至少批评它都再也不可能了。起初英国人认为它既不严密也无益处，但是工党政府 1997 年 5 月的上台改变了这种状况，社会排斥成为社会经济政策和政府资助计划的核心概念。随着英国采纳了社会排斥的概念，它的含义也发生了变化：英国基于阶级的"新"贫困概念取代了法国社会连带主义者概念；对社会团结和社区的争论也转向了对公民权和种族平等的关注。在英国，社会排斥逐步取代了贫困的概念，彼得·汤森关于贫困的讨论基本上包含在英国社会排斥的概念之中。实际上,两种不同的传统为社会排斥提供了不同的定义。英国传统力图测量和量化社会问题的不同维度,将其作为关于社会排斥的知识的基础。法国则对计算贫困家庭的数量和将它们分类不感兴趣,关注的是社会机构、过程和导致排斥的因素。

贫困和社会排斥

社会排斥的概念更有动态性,它描述的与其说是一种状态(如贫困),不如说是一个过程。社会排斥常与其他概念混淆,如贫困、边缘化、两极化、碎片化、隔离、失业、缺乏参与、匮乏、艰难和隔离居住等。它进而被作为一种涵盖性的术语或者统称来使用,包含多种概念因而也可做多种阐释。社会排斥也是一个有争议的术语,一些批评家认为它将社会分成两个群体,是对边缘化的被排斥和被忽视人群的一种静态的观点;只要那些处于社会结构底层的人能履行经济、社会和文化的职能,他们就不是完全被排斥的。对社会排斥最后的批评可以据此反驳:人们或多或少都被排斥或包含。这个术语的多义性问题是很难解决的,但人们可以宣称正是由于它力图展示排斥概念的多种维度,社会排斥才能作为涵盖性术语来使用。因此"排斥的表述"在两种研究传统之间搭建了桥梁,一种是以自己的方式演变发展的研究传统,另一种是虽然已经在不同方面发展,但是基本涵盖了贫困、失业和空间隔离等相关问题的研究传统。来自不同传统的研究者可以利用社会排斥的理念彼此接近。

社会排斥的概念通常和贫困的概念相悖。贫困概念的辩护者认为社会排斥是个无用的概念,因为它的含义并不明晰;不同的人坚持不同的阐释。这个问题并不是社会排斥概念独有的,贫困也是有争议的概念,有多种定义和价值判断。将社会排斥作为一个概念使用与"新贫困"概念相似,也包含多种考察维度,对过程和结果同样关注。与"新贫困"相反的是,社会排斥将制度过程放在讨论的核心部分;超过"新贫困"的是,社会排斥超出了对不平等的简单理解(如低收入),而是强调不平等和匮乏的多种维度。或许可以认为贫困是社会排斥的重要的、合理的但不是必需的构成要素。社会排斥讨论以下相关问题,如社会参与,社会隔离,以及社会底层缺少权力、健康、住房、教育和培训。博格曼对社会排斥的阐释更加关注过程和机制,他将社会排斥看作以下一个或几个系统的失败:民主和法治系统没有促进公民融合,劳动力市场没有促进经济融合,国家福利系统没有促进社会融合,家庭和社区系统没有促进人与人之间的融合。此外,博格曼还认为收入少和被剥夺是交叉重叠的,并不完全相同,因为贫困对某些家庭(例如学生、换工作的人)来说只是不具代表性的、暂时的处境。穷人并不一定是被排斥的个体,他们不一定缺乏社会融合。一些批评家认为社会排斥仿效了"底层阶级"或"贫困文化"两个备受争议的概念。一些对社会排斥的解释认为穷人是永久被排斥的群体,所以法国社会排斥政策就非常担心永久的底层阶级的形成。社会排斥概念的辩护者还认为社会排斥从根本上区别于底层阶级和贫困文化。社会排斥不是去"谴责受害者"或提出文化的解释,而是关注更加结构化的、制度的解释和参与、再分配和权利的问题。一些社会排斥研究的分支领域与文化的、谴责受害者的途径相似,但更多的社会排斥研究显示了这个概念的额外价值。鲁姆在5个要素中做出区分,以下是他讨论的4个要素,预示了向社会排斥的转变:

1. 从经济不利向多重不利处境转变:将低收入等经济指标作为普遍困苦的衡量是不充分的,需要多重指标以反映不利处境的不同方面。分辨困苦的不同要素并认清它们之间的相互关系是非常重要的。用阿尔琼·代哈恩(Arjan de Haan)的话说,社会排斥框架已超出了对资源分配机制的分析,还包括权力关系、媒介文化和社会认同。

2. 从静态向动态分析的转变：仅仅计算数据和描述穷人的特征是不够的，同样必要的是识别引发他们进入或脱离贫困状态的因素，理解它是如何持续的，它如何被经历，结果又如何。

3. 从对个体或家庭资源的关注转向对他们所在的地方社区的关注。

4. 从分配向阶层形成的相关维度的转变：贫困概念主要关注分配问题，缺乏由个体或家庭支配的资源。相比较而言，社会排斥主要关注不充分的社会参与以及缺乏社会融合和缺乏权利。这些途径也倾向于强调福利国家和官僚在支持或剥夺人民权利时的角色，而不是资源分配的途径。

鲁姆认为没有一个要素能单独地充分说明学界和政界对社会排斥这一概念的兴趣，这些因素加在一起或许可以。有人认为社会排斥关注过程和机制，这也和"多重剥夺"的概念类似。社会排斥概念的优势在于它将这两种思想组合起来，既关注多重排斥的过程，也关注过程和机制。

一些作者受阿马蒂亚·森（Amartya Sen）作品的启发。森认为剥夺的决定性因素不是人们拥有什么，而是人们可以做什么。对森来说，只研究人们拥有的经济资源是不够的，还应当调查收入是如何被用来达成社会目标的，因此对生活条件的考察也很必要。斯奎特（C. J. M. Schuyt）因袭了森的观点，认为社会排斥的核心是：(1)不被允许成为……一员；(2)不能成为……一员；(3)不愿意成为更大社会的一员。第一类涉及的是被歧视的或被迫成为社会边缘的人；第二类涉及的是没有能力成为……一员的人（如有生理和心理障碍的人），和没有稳定工作的人，或者没有能力工作的人以及不享有平等的人。在受到明确限制的人群里，疏远隔离常成为一种结果（对被排斥的和被包含的人都是如此），但是"他者"群体常因为自己特殊的位置受到责备。这两种情况都助长了排斥现象和排斥感；因此，许多人决定停止参与。自我选择和自我排斥是以下现象的直接后果：(a)被拒绝和否定的经历；(b)来自父母、老师、警察和其他道德护卫者的早期排斥；(c)被主流所排斥。自我排斥与"他者化"的过程密切相关。社会排斥是一种再也不被认可、再也不能、再也不愿意参与的累积的结果。对斯奎特来说，社会排斥有4个维度：

1. 对社会中"他者"的道德否定。这导致了这些人在社会意义、象征意义和物质意义上的疏离。道德否定也可以通过社会服务的去商品化展现出来，此服务按照商品交换的原则来运行。

2. 没有经济价值的人。这种粗略的经济判断常掩饰在道德判断（懒惰、无纪律、无规矩）和排斥现象的症状之下，如缺乏教育。

3. 被排斥群体的低社会防卫性。个人层面上指的是自尊。在个人和社会双层面上它常被污名化，受其他排斥的方面攻击。从积极的一面看，这可以形成自我管理并在总体上坚持共同的利益。

4. 脆弱的法律地位。这不仅仅是个人和集体的正式法律地位，还是社会排斥其他3个维度共同作用的结果。

这4个维度的集合产生了群体内的排斥。排斥是由于系统的社会不平等产生的，一般而言不平等越多，排斥现象就越多。一个极不平等的系统常常将失败归咎于被排斥群体而不是其自身（让受害者承担责任）。因此人们会因为没有跟上社会节奏而受到责备，即没有工作、住房和稳定的社会关系。无论如何，由于风险社会对教育、理解力、毅力和自我控制力的复杂要求，风险就会增加。据斯奎特所说，不仅系统需要改变，也不仅是被排斥群体的改变，而是二者都要改变：社会机制的结构性变化和旨在改善被排斥个体的生活机会和条件的策略。

不均衡发展和社会排斥

与传统的贫困概念相反,社会排斥的概念在认识人们的生存条件时依据的不是个人和家庭资源,而是他们可以使用的集体资源。将这些资源纳入分析社会排斥概念更容易受到空间影响。社会排斥包括了排斥的不同形式,不只是劳动力市场排斥和贫困,如经济排斥和社会服务排斥。在如此细分的社会排斥概念内,劳动力市场之外的其他市场中存在的排斥更易于引起关注。

社会和经济排斥现象的出现需要与受影响的经济和社会中更深层的结构性转变相联系。赫拉利·西尔韦指出了20世纪70年代中期以来全球经济调整和发达资本主义社会内新社会分层的出现,这些发展决定了对社会排斥这样的新概念的需求。社会排斥继而成为一种新的紧张关系,这种紧张关系来源于后福特主义的冲击,基于全球化和不断增长的服务的重要性,还有大型制造业公司里稳定就业的减少和家庭多样性和不稳定性的增加。社会排斥的根源只有在研究不同空间层面的发展基础上才能充分讨论。全球化和社会排斥是互相关联的,在大卫·哈维的定义中,被排斥的人就是在全球化竞争和弹性积累中失败的人。杰米·高夫(Jamie Gough)和阿拉姆·艾森舒兹(Aram Eisenschitz)认为,从定义上讲,社会排斥与特定地点相关,它聚集在特定地点,分布在各个层面。这并不是说所有被排斥的人都居住在被排斥地区,或者被排斥地区居住的只是被排斥的人。这种两分法在现实生活中是不适用的。在所有层面上,排斥现象在一些地区都比其他地区更为常见。

街区在社会排斥过程中扮演的角色,除了偶然对街区自身的社会结构有影响外,在不同的国家和城市有不同表现。如果要一一考虑排斥这一概念所含的各种要素,那么地点就是不重要的了,即地点只是贫困人口聚居地,这也是关于贫困的传统定义。因此街区是被动的:是穷人居住的地方,但对贫困本身无影响。但也存在另外一种可能,就是街区导致、影响或者干涉了社会排斥的过程,加剧或限制了排斥的程度,取决于在街区层面上发生了什么。例如,对犯罪的恐惧与一个区域内对于环境恶化的观念直接相关,这种恐惧或许会强化已经存在的排斥模式。另外,被排斥人群的聚集也许会对排斥过程本身产生影响,保罗·斯皮克(Paul Spicker)因此宣称,贫困区域的问题是不能被简化为这些地区穷人的问题的。

进一步阅读书目:

- Berghman, J. 1995. "Social Exclusion in Europe: Policy Context and Analytical Framework." Pp. 10 - 28 in *Beyond the Threshold: The Measurement and Analysis of Social Exclusion*, edited by G. Room. Bristol, UK: Policy Press.
- De Haan, A. 1998. "'Social Exclusion': An Alternative Concept for the Study of Deprivation?" *IDS Bulletin* 29 (1): 10 - 19.
- Gough, J., A. Eisenschitz, with A. McCulloch. 2006. *Spaces of Social Exclusion*. Abingdon, UK: Routledge.
- Harvey, D. 1989. *The Condition of Postmodernity: An Enquiry into the Origins of Cultural Change*. Oxford, UK: Blackwell.
- Lenoir, R. 1974. *Les exclus: Unfranaissur dix*. Paris: Seuil.
- Room, G. 1995. "Poverty and Social Exclusion: The New European Agenda for Policy and Research." pp. 1 - 9 in *Beyond the Threshold: The Measurement and Analysis of Social Exclusion*, edited by G. Room. Bristol, UK: Policy Press.
- —. 1999. "Social Exclusion, Solidarity and the Challenge of Globalisation." *International Journal of Social Welfare* 8: 166 - 74.
- Schuyt, C. J. M. 2000. "Essay: Socialeuitsluiting." pp. 13 - 23 in *Socialeuitsluiting*, edited by C. J. M. Schuyt and C. A. Voorham. Amsterdam: SWP.

- Sen, A. K. 1992. *Inequality Reexamined*. Oxford, UK: Clarendon.
- Sibley, D. 1995. *Geographies of Exclusion*. London: Routledge.
- Spicker, P. 2001. "Poor Areas and the 'Ecological Fallacy.'" *Radical Statistics* 76. Retrieved April 20, 2009 (http://www.radstats.org.uk/no076/spicker.htm).
- Townsend, P. 1993. *The International Analysis of Poverty*. Hemel Hempstead, UK: Harvester Wheatsheaf.

(Manuel B. Aalbers 文 范焱芳 译 韩 宇 校)

SOCIAL HOUSING ｜社会住房

社会住房是为符合条件的低收入家庭或弱势群体如老年人和残疾人提供体面舒适、有补贴的住所的公共服务的统称。补贴可能是直接的也可能是间接的,其形式有直接住房补贴、非营利住房、公共住房、合作住房或给住在私人住宅的人提供出租补贴等。社会住房有许多变化和形式。它由范围宽广的一系列住房参与者来实施,包括政府部门、住房协会、非营利性组织等。政府在社会住房中的责任通常指的是补贴性住房和公共住房。社会住房还包括紧急居所和为特殊社会目的而建的短期避难所。

社会住房是许多城市里住房储备的重要部分。例如,公共住房占中国香港所有住房的50%,在新加坡超过80%。许多城市都需要某种形式的社会住房。城市化的快速发展和人口增长已经加剧了城市的住房问题。每年1200万至1500万新增家庭需要与之匹配的住房资源,这些都成为发展中国家的城市问题。许多地区最后的结果就是形成贫民窟和违章建筑区。政府部门面临为穷人提供住房的挑战。联合国估计到2020年将有14亿贫民窟居住者,大部分都在亚太地区,提高大多数人尤其是城市贫民的住房条件成为亟待解决的问题。

社会住房的发展

社会住房缘起于19世纪晚期的合作运动与美国和欧洲的"慈善"住房。社会住房的兴起可以追溯到两个根本的概念上。第一个是集体供应的概念,这是福利思想。这种想法认为住房是人类的基本需求,但并不是每个人都能买得起。汇集所有人的资源可以使每个人都拥有一个居所。因此,社会住房是一项公共服务——它常由地方政府提供——所有人都为它付款,也从中受益。第二个是暂时性租赁住房的概念。这一概念假设每个人都应当买一套自己的房子,因此社会住房的存在仅仅是为了帮助人们度过买不起房的困难时光。这两种不同的理念常常引发社会住房政策的变动。

由于不同的住房需求和政治环境,每个国家都发展了自己的社会住房计划和政策,包括一系列范围宽广的贫民区清理、消除贫困、经济复苏和城市复兴等运动。在福利国家的众多构想中,伦敦即议会1896年第一次提出国民(公共)住房,"二战"前英国有超过100万的国民住房单位,占它所有住房储备的10%。尽管私人住房的修建量已超过了地方政府的住房,但这种经历确立了地方政府承担住房公共责任的能力和原则。

在美国,政府在住房问题上的责任不断演变发展,从最初建筑规范的制定,到社会导向的合作住房,到"一战"期间为战争相关产业的城市工人提供住房,再到地方政府为低收入者修建住房。地方政府的住房计划直到20世纪30年代的大萧条之前都是无关紧要的,而大萧条时政府住房修建量增加了,作为一项反衰退措施它为人们提供了工作,刺激了经济。1937年《美国住房法》颁布,赋予了地方政府提供、拥有和管理公共住房的全部责任。到1942年,1/8的新住房都属于地方政府。

战后重建和大量住房短缺进一步刺激了英国和世界其他地区社会住房的发展。西方殖民化运动将社会住房的观念和实践传播到拉美、非洲和亚洲的发展中国家。自从20世纪50年代中期,英国修建社会住房,作为"战争英雄的房屋",也作为贫民区清理和内城低收入人群房屋再建的一部分。澳大利亚早期的社会住房计划也为战争英雄修建了房屋。美国、澳大利亚、荷兰和其他欧洲国家都增加了其内城区的公共住房数量,这是贫民区清理和城市复兴计划的一部分。

20世纪60年代建造的许多内城公共住房都是高层建筑物,它们被看作"新人类的新建筑"。10年过后,这些城市的高层建筑因可居住性和其他问题而被迫中止。但亚洲的高层公共住房,尤其在中国香港和新加坡,一直在持续建设,还被视为公共住房计划的模范代表。

公共住房

公共住房是社会住房最常见的形式。公共住房是一种房屋占有形式,它的所有权归属政府机构,可以是中央政府也可以是地方政府。公共住房以各种形式和规模存在,从分散的单亲家庭住房到高层公寓。它通常为那些在私有市场上无法购买住房的人服务。尽管公共住房的目的是为了给符合条件的低收入家庭和缺少房屋的人提供住房,但具体的细节、术语、符合条件的定义和其他分配标准却差别万千。一般来说,承租人必须符合特定的条件,通常是家庭收入、家庭结构、公民身份或符合条件的移民身份。

公共住房部门也许不会将房屋租给其习惯和行为可能给其他承租人和住房环境带来有害影响的租户。许多公共住房管理机构都鼓励人们拥有自己的住房。通过"出售房屋给承租人"项目,公共住房的租户有机会购买他们租用的房屋。抵押贷款对许多家庭来说是个挑战,尤其是低收入家庭。贷款援助常常为购买者提供帮助,例如通过贷款利息税减免,还有专门的非市场基金的抵押贷款援助项目。在新加坡,90%的公共住房租户都通过创新的抵押贷款项目,利用他们的中央公积金储蓄购买自己的公寓。

在英国和澳大利亚,公共住房也被称作"国民住房",因为街区和自治市议会在历史上的公共住房建造中都发挥了作用。在英格兰,公共住房被称作"国家住房",在奥地利被称作"市政当局建筑"。在转型经济体和共产主义国家中,国家住房也是社会住房的一种形式。国家调控住房市场的供给和需求。

其他形式的公共住房

社会住房不一定是由政府拥有的住房。在一些国家例如美国,有一种更大的私人部门参与公共住房建造的倾向,产生了以营利为目的的补贴住房这一独特的美国方式。这种住房由私人拥有者如营利性住房开发商和非营利性社会开发商来管理运行,而不是由政府部门管理。近年来,非营利性社会住房建造者已经在向租户提供房屋方面扮演更加突出的角色。他们包括私人的非营利性组织,例如宗教团体、族裔文化社区或者住房协会。在英国,住房协会的历史在20世纪前就开始了。住房协会拥有的房屋数量从20世纪80年代开始显著增长,因为后继的政府着意使它优先于地方当局成为社会住房的主要形式。

大多数非营利性住房组织都获得了私人基金

赞助和一些来自政府的贷款援助，使得它们能够为低收入租户负担租金。在荷兰，政府的监督管理使得租金一直保持在较低水平。这些房屋被称作社会廉租房。实际上，非营利、非政府的住房协会常将住房工程转包给营利性公司。

合作住房是社会住房的一种早期形式，个体居民在合作社中都有自己的股份。合作社由居民选出的董事会管理，不存在外部房东。所有合作社居民都是成员，遵守相关章程。居民每月向合作社支付服务费用。在一些国家，合作社从政府那里获得资助，为低收入居民提供租金补助房。除了提供房屋外，一些合作社还为特殊社团提供服务，包括老年人和残疾人。合作社赋予居民同等的使用公用区的权力、选举权、占用居住单位权等，好像居民自己就是所有者。

补贴在经济适用房的供应中扮演重要角色。住房补助是为公共住房供应提供的政府基金。它以租金补助的形式存在，帮助低收入家庭和租户。这种补助弥补了市场租赁价格和租户负担的价格之间的差价。一个普遍被接受的准则是，房屋的花费不得超过家庭总收入的30%。为了保证个体家庭将补贴用在购房上，一些国家如美国向符合条件的家庭颁发住房凭证或证书。

补贴也发给私人部门来帮助低收入家庭解决住房问题。例如在美国，为低收入人群提供住房援助可以通过以下方式，包括提供给个体家庭的租户补贴，或提供给住房所有者的项目补贴，此住房必须要以可负担的价格租给低收入家庭。在美国，营利性企业和个人拥有超过半数以上的补贴住房。这些房产所有者获得了各种形式的税收优惠和公共补贴，既减少了租户的租金，又保证了投资者的利润。

尽管提供住房补贴的基本原理容易理解，但也不是没有争议，核心问题是补贴的效率和持续性。这些争论已经导致了在住房贷款和住房补贴结构上的持续变革，尤其在利用补贴补足和促进其他住房政策方面。在英国，社会住房补贴的缩减被所谓的有权利购买项目补充，它为租户提供折扣，有时以低于市场价值70%的价格向他们出售房屋。随着这项计划的履行，公共住房从政府所有向私人所有转变。中国香港和新加坡在公共住房的所有权项目中采取了同样的政策，增加了公共住房的私人所有权和利益共享。世界银行和联合国等国际机构越来越多地提倡政府从住房的生产、融资和维修中撤出，政府应当在提高住房市场效率、促进和鼓励私人部门的住房活动和把住房部门作为经济部门而不是福利部门的管理中扮演促成的角色。

进一步阅读书目：
- Agus, Mohammed Razali, John Doling, and Dong-Sung Lee, eds. 2002. *Housing Policy Systems in South and East Asia*. New York: Palgrave Macmillan.
- Groves, Richard, Alan Murie, and Christopher Watson, eds. 2007. *Housing and the New Welfare State: Perspectives from East Asia and Europe*. Aldershot, UK: Ashgate.
- Reeves, Paul. 2005. *Introduction to Social Housing*. Oxford, UK: Butterworth-Heinemann.
- Stone, Michael E. 2003. *Social Housing in the UK and US: Evolution, Issues and Prospects*. London: Atlantic Fellowships in Public Policy, the Foreign and Commonwealth Office.
- Whitehead, Christine and Kathleen Scanion, eds. 2007. *Social Housing in Europe*. London: LSE.

(Belinda Yuen 文 范焱芳 译 韩 宇 校)

SOCIAL MOVEMENTS ｜社会运动

围绕城市冲突的动员已有很长的历史了，但在20世纪60年代，社会科学才开始认识城市社会运动。城市社会运动这个名词首先被曼纽尔·卡斯特和法国研究者使用，目的是挑战城市社会学里的一个普遍观点，即社会问题主要是关于社会整合。与这种社会学的观点不同，受关于住房政策、城市更新和非法占地等广泛斗争的影响，研究者们提出了由政治权力的斗争构成的社会冲突理念。他们认为城市运动是后资本主义社会结构性矛盾的表达，可以同工会、政治团体一起带来政治和社会的根本性变化。这个概念在西方的大城市、拉丁美洲和亚洲的新兴工业化国家传播，在指导新城市社会学的研究方面颇具影响。

起初，城市社会运动的研究者们对运动的潜在功能和结果更感兴趣，但对运动的具体原因、组织和动员的方式及人们追求利益的手段不是很在意。分析侧重于运动表明的结构性矛盾，而不是意识形态、行动技能和组织模式。因此，被研究的主要都是可能带来社会和政治变化的运动，那些不可能带来变化的、局限于地方的、没有反映阶级社会结构性矛盾的小规模动员被忽视。

直到20世纪80年代中期，随着社会冲突的加剧和城市里越来越多的抗议和动员活动的发生，关于社会运动的狭隘定义被一些非正式的观点所取代。卡斯特用一种较为缓和的方式重新定义了社会运动："它是带来结构性的社会变化和改变城市意义的城市导向的动员。"这些运动将围绕集体消费的行动主义与针对社区文化和政治自我管理的斗争结合起来；"改变城市意义"意味着构建城市生产生活的社会等级被削弱，取而代之的是在使用价值、自治的地方文化和分散参与的民主基础上组织起来的城市。

另一种新马克思主义，但并不是结构主义的对城市运动的分析是在列斐伏尔作品的基础上发展起来的。列斐伏尔关于日常生活的观念包含反对异化的抵制空间，还有商品形式带来的生活世界的永久殖民化。全球的城市化过程加速了生活各个领域的商品化，城市空间也成为新的生产推动力。在巴黎1968年运动的影响下，列斐伏尔写了《城市革命》(1970)一书，将这场革命看作技术主义和新自由主义对世界的征服，将城市的实践看作对乌托邦的批评，因而为更加含糊却开放的阐释运动的概念打下基础，这种概念将运动理解为城市的权利。

与新马克思主义者在城市的现实和潜在价值上的观点不同，另一个更加实际的城市研究方法出现了，特别是在北美，它研究的是当地政治结构背景下的城市少数群体的抗议活动，而拉美学者致力于对新兴的民主化国家中扮演重要角色的地方政治行为的实证研究。在南北美洲，结构主义者的传统影响力比欧洲要小，关于动员、组织和被歧视、被边缘化的城市群体得到权力等问题得到了人们的关注。这就形成了一个更加开放和宽泛的定义，包括各种形式的发生在城市里以及针对城市的动员。不同国家的学者在谈及社会运动时，往往关注各种集合因素在社会和政治变化的过程中的动员机制；在谈及城市运动时已经涉及他们的目的和行动，以及决策的结构和过程。

在如此定义之下，这些运动不只以不同的形式和规模显现，内涵也经历重大的变化。直到今天，除了挑战西方民主国家的城市的运动之外，城市运动在所谓的转型社会里遵循不同的模式。在这种模式里，不同东欧国家的运动，尽管有共同的特点和关注点，特别是在住房和环境恶化方面，但还是基于公民社会的活力展现出重大的差异。不同于后社会主义的城市运动，拉美国家兴起的城市运动是更宽泛的斗争的一部分，涉及消费、劳动力再生产、公民自由、日常生活的民主化、合作组织等问题。尽管世界银行和国际货币基金组织在20世纪八九十年代将多数拉美国家推入经济危机中,当地发展起来的专制政体还是迫使社会运动转向防御,社会运动之所以能够度过了危险年代,得益于自己组织的城市区域中的妇女在为其提供食物、基本服务和地位方面扮演了重要角色。之后,一个又一个的拉美国家中,新工人团体和当地运动获得了力量,驱逐了专制政体,为更多的民主参与创造了空间,还授权地方运动反对新自由主义和帝国主义。另一方面,亚洲新增长区域的城市运动还没有拉美那样高的呼声,应用西方背景下的社会运动理论的研究也很有限。

城市行动主义

尽管这些理论方法在西方民主制的城市冲突中得到很大发展,但未能解释城市行动主义的变动模式和动力。全球化和新自由主义已经改变了全球的城市面貌。20世纪六七十年代,一些同质性的运动联合起来反对位于支配地位的城市精英及其福特主义发展政策,在八九十年代,这些运动已经分裂成不同的类型和方向,从根本上创建了新的运动地带。始终如一的是,统一的运动模式已经消失了,很难在解释框架和怎样研究它们的概念上达成一致。但是至少在所谓的发达的大都会里,集体认同的形成和运动的发展与分裂都遵循同样的周期,可能是因为城市发展模式的相同和城市管理的集中。

由住房需求引发的社会运动(如纽约20世纪初的拒付房租运动)、为了不同住房形式的斗争运动(如欧洲国家的合作运动),或者抗争城市服务的分配不公以及产生这种不公的政治过程的运动(如北美的社区管理实践)都存在了很长时间。但它们只是现代城市运动的零星的先兆而已。直到作为60年代运动尾声的依法定居、公民动议、地方公共交通运动和为青年及社区中心的奋斗的浪潮来临时,才出现了真正的城市冲突,集体行动者开始挑战城市发展的主导方式,要求"城市的权利"。

第一波反对城市的浪潮

福特主义城市区域规划和基础设施的扩张加速了城市空间分化为住宅区、商业区和工业区的过程,导致了大规模的城市更新,引发了第一波反对城市的浪潮。在美国,这些运动大部分属于防御性运动,也有激进的贫民窟暴动;欧洲反对更新和基础设施工程的运动常来自于原住民和当地权贵的团体。他们倾向于专业的"由下而上"的规划策略,但是渐渐地,特别是在与当地的技术行政部门对抗的时候,转向了街头抗议和其他激进的形式。

同时,伴随着这些反对集体消费制度文化形式的温和的动员,包括反对其价格、质量、参与设计的选择等内容,20世纪60年代在反对权威的运动中出现了更为激进的青年运动,并融入了城市的场景中。这些团体试图在反主流文化和反权力象征中挑战主流社会秩序。新左派在20世纪60年代晚期的鼎盛期过后,发现阶级斗争已从工厂转向了再生产领域,因而开始支持社会和街区斗争的方案。根据当地左派的态度和当地冲突的具体情况,不同类型的运动在这些斗争中显现出来,同时出现的有个人经营的商店组成的密集网络,非主流和女权主义团体,还有独立的传媒。这些都为新的政治行动者的出现打下基础,可以而且准备干预城市的发展和政治了。

工业化国家的政府开始强调福特主义的危机,其危机在1973—1974年的衰退中显而易见,应对措施却增加了那些被排除在福特主义恩惠之外的群体数量。当新旧抗议团体试图在重视环境和反增长的联盟中,以及在民主化参与的需求和计划中寻找共性,城市反对派的阵营扩大了。根据政治参与之结构开放的程度,这些"环境主义者"及其参与的运动向党派政治的方向发展。例如,联邦德国政治体系的封闭结构推动运动团体向选举联盟和党派方向发展。在美国更加开放的结构中,20世纪60年代联邦政府的伟大社会计划已经留下了由社区组织组成的分布广泛的基础设施,以与党派政治迥异的方式与族裔或进步组织联合，创造了有实效的街区运动。

80年代的紧缩政策引发了全球向新自由主义政治的转变，许多旧的社会问题被重新提上议程：不断增长的失业率和贫困人口、"新"的住房需求、住宅区暴乱和新一波的非法占地改变了城市运动的构成，面临着财政限制增强和成本增长的地方政府，开始探索新的解决问题的方法。它们渐渐发现了社区组织的潜力，而运动团体对如何采取行动站稳脚跟更感兴趣。城市运动和地方政府的关系由对抗走向合作，在一系列针对具体领域的城市复兴整体计划助推之下，运动从抗议转向项目。早先的对抗团体受到鼓励，将它们的活动变得更加专业化和机构化。这使它们远离那些新兴的动员团体，这些团体在常规化合作规范外运行，并且反对政权。

碎片化

在90年代，城市运动的多种形式差别更加明显，特色更为鲜明，常常互不相容。不同种类的运动——保卫街区、反对新的城市竞争政策、反贫困和穷人的运动，还有为了地方发展的常规化合作——都在20世纪90年代显著增加，但它们彼此隔离，或者互相竞争和对抗。这10年的剧变或许可以解释这种剧烈的碎片化现象。实际上，随着东欧政局的变化，资本主义的全球化和新自由主义政治的胜利在西方的大都会携手并进。地方政治服从于市内竞争的需要。新城市发展政策的结果是绅士化、迁居、交通拥堵、公共文化和休闲基础设施的丧失。这些结果都引发了保护受到威胁的权利和生活质量的防御性运动，以及关于城市所有权的政治抗争，例如席卷纽约、巴黎、阿姆斯特丹和柏林的反绅士化运动。

近10年的政治经济状况似乎威胁到了已形成的城市运动。2001年互联网公司破产潮之后，经济增长率已经停滞；在经济增长的地方有越来越多的失业人员。由此带来的尖锐的社会分化被表述为更加严重的社会空间两极化。社会安全体系的重建利用以工代赈、说服和激活城市底层阶级取代了福利，拓宽了城市运动发生的领域。许多先前的运动机构通过实施社会就业计划和社区开发计划来重塑自我，将其作为反对社会排斥的方式。他们已经放弃了"自我决定的城市"和解放社区的梦想，承认了反抗力量的影响力，将自己的举措限制在可行的范围内。

但是新的强烈的冲动来自90年代末反对全球化的活动，这在全球层面上再也不能被忽视。此类活动将作为全球新自由主义落脚之处的城市作为标尺，其负面影响已经显现。抗议活动组成的网络是这种跨国运动的一部分，全球各地的抗议活动如同向网络输入指令和目标，它们越来越多地与地方社会公正联盟、工会和新出现的劳工社区中心合作。一些组织将全球正义带到了地方层面，并且组织了关于福利缩减和移民权利问题的运动和示威游行。在许多城市里，传媒人士和有组织的自觉的活动家将下列范围广泛的事物联系在一起，包括有公民动议的政治议程、教会、社会服务组织、不同形式的社会运动和非政府组织，用来克服地方抗议模式的分散，旨在建立组织的连续性。他们还同拉美、南非和东亚的城市活动家跨国联系，这些活动家都为反对同样的全球利益而斗争，包括公共基础设施的私人化、解除市场管制和在全球缩减劳动者权利的行为。

这些新的运动及其影响很少被分析。在20世纪六七十年代出现的研究城市社会运动的范式一直影响着对城市冲突的解读，它已经不能充分解释城市运动领域的碎片化现象、紧张态势和不同组成部分的兴起和衰落了。尽管早期的城市运动在20世纪60年代运动的余波下已成为更加广阔的城市动员的一部分，并且与上升的期望、政治开放相联系，但此后运动环境面对不断成熟的新自由主义政策体制，出现了矛盾的效果。新自由主义已经在很多方面对进步的城市运动造成了更加不利的环境。但同时它使得城市抗议活动的声音在全球回响。

进一步阅读书目：

- Castells, Manuel. 1983. *The City and the Grassroots*. London: Arnold.
- Fisher, Robert, and Joseph Kling, eds. 1993. *Mobilizing the Community: Local Politics in the Era of the Global City*. Newbury Park, CA: Sage.
- Hamel, Pierre, Henri Lustiger-Thaler, and Margit Mayer, eds. 2000. *Urban Movements in a Globalising World*. London: Routledge.
- INURA, ed. 1998. *Possible Urban Worlds: Urban Strategies at the End of the 20th Century*. Basel, Switzerland: Birkhäuser.
- Leitner, Helga, Jamie Peck, and Eric Sheppard, eds. 2006. *Contesting Neoliberalism: The Urban Frontier*. New York: Guilford Press.

(Margit Mayer 文　范焱芳 译　韩　宇 校)

SOCIAL PRODUCTION OF SPACE ｜空间的社会生产

与城市相关的学者、规划者、从业者和活跃分子重新对空间产生了兴趣。这种"空间转向"的分水岭可以追溯到亨利·列斐伏尔的《空间的生产》以及其他相关著作的出版。受列斐伏尔的鼓励，其批评者和追随者都试图努力在何为城市这一本质问题上超越城市生态学、政治经济学以及后现代城市主义的局限。新城市生态学、批判政治经济学或社会空间观点的发展体现了这些努力。现在，列斐伏尔的遗产超越了社会学、地理学、人类学、建筑学和城市区域规划的学科界限。越来越多的理论的、实证的和实践的活动详尽阐释了他的思想并将其运用于目前的问题，例如全球化、国家和后现代文化。

列斐伏尔认为空间是社会的产物，影响了特定历史条件下个人和集体的社会活动，同时也受到社会活动的影响。城市空间形式及其内容、城市空间结构及其功能是发生在政治、经济和文化领域内的社会空间活动的结果。然而作为社会产物，空间无法与其生产过程相分离。知识、科技和技术专长在空间的生产中扮演着重要角色，就像在商品生产的过程中一样。另外与其他生产过程一样，空间生产的进程与受政治、经济和社会权力支配的具体社会关系一致。

关注空间生产的过程是理解空间的关键。为了揭示隐藏在空间历史转变背后的动力，列斐伏尔提出了一个三维概念：空间的三要素——空间的实践（感知的空间）、空间的表征（设想的空间）和表征的空间（实际存在的空间）——相互辩证地联系在一起。多种要素组成的空间活动在空间的表征和表征的空间之间建立了联系。空间的表征是资本主义的开发者和使用者利用知识和科技构建的。相反，表征的空间是由社区的使用者和居民通过符号和形象直接经历的。社会空间的两要素之间彼此排斥：前者是思想的、抽象的空间，体现在战略、计划和项目上，具有交换价值；后者则是每天生活和日常活动中的具体的、实际的空间，具有实际价值。

空间的累积

列斐伏尔认为,资本主义的存在依靠的是资本新空间的生产。资本家的空间实践主要针对的是剩余价值的榨取和实现,尽管资本的不同组成部分(如工业资本、商业资本、金融资本和不动产资本)因其能量和市场机遇被差别对待。资本主义的空间特性在于在哪里榨取和实现剩余价值,以完成进一步的积累。这种空间积累取决于资本主义危机造成的周期性重组浪潮。与危机引起的重组相伴随的是生产的空间结构以及建成环境景观的变化。

正如列斐伏尔指出的那样,在晚期资本主义时代,空间的生产对作为生产的社会联系的再生产不可或缺。从福特制向灵活积累体制的转变引发了资本全球性的地理扩展。利用针对全球市场的全球生产系统,商品和服务的生产彼此协调。全球生产系统是由将空间分散的生产地点和活动联系起来的商业链构成的。跨国公司通过分散生产过程和企业功能充分利用所有的区位优势。全球生产系统使纵向整合和规模经济成为可能,付出的只是劳动力成本。

列斐伏尔认为,随着全球资本主义的出现,剩余价值的实现更加去领土化(Deterritorialized)。资本主义在地理上的扩张促成了建成环境中的社会基础设施和制度框架的本地化。因此,再领土化(Reterritorialize)成为晚期资本主义空间组合另一方面的内容。再领土化指的是以资本、劳动力、商品和信息跨越国界加速流动为前提的空间组织重组。通过社会基础设施(如交通和通信网络)并在金融和国家机构的帮助下,这种世界范围的流通在加速发展。城市空间展示着那些参与资本、劳动力、商品和信息全球循环的网络、联系和地域的整体效果。在去领土化和再领域化的辩证过程中,遥不可及、彼此分离和迥然相异的地点都一起被纳入了资本主义积累的空间里。

每种生产方式都有自己的空间组织和空间结构。但是,空间不仅仅是生产方式的简单反映。空间的生产会受到历史偶然性的影响,依赖于结构性因素(如国家干预、资本的次级循环)和运作于空间各层次的作用力(增长网络、草根运动)之间的复杂相互作用。

国家的角色和国家干预

和资本和资本主义一样,国家和国家干预在空间生产中扮演着重要角色。有些人认为由于跨国公司的自由选址和全球化时代资本的加速流动,国家的权力和影响注定下降。然而,列斐伏尔却持相反意见:政府在各个层次上都继续干预和利用空间,目的是再造劳动力、生产方式和生产的社会关系。通过空间的生产、管理和转化,国家不仅可以在竞争环境下保护公司获利,而且为自身重新塑造统治关系。对于国家而言,资本积累的扩张和城市发展成为其自身合法之源。在"积累的国家模式"方面,列斐伏尔抓住了国家在促进资本积累中的积极作用。

在空间生产中,政府的角色多元而广泛。在资本流动方面,去中心化是政府的一贯做法。资本主义的地理扩张,比如劳动力新的空间分工和新市场的开辟,通常依靠国家的政治、经济和军事力量。凭借对全球金融机构(如国际货币基金组织)的控制力,美国迫使印度尼西亚、新加坡、韩国和中国台湾在20世纪90年代末的亚洲金融危机中开放金融市场。

政府干预空间,用各种方式为资本积累创造条件。国家通过直接出资和监管活动,如建造社会基础设施、提供公共服务、补贴工商企业,将城市空间打造为一种生产力。另外,国家通过提供批地、低息贷款、税收优惠、公用设施使用费折扣和其他公共补贴等财政鼓励政策,来吸引和引导在建成环境中的投资。而且,国家在地点营销中扮演着企业的角色:它为私人利润扫除监管障碍,创造有利的商业环境,以此突出区位优势。

在资本主义危机趋势的大背景下,空间的生产最易觉察。长期以来的过度积累和消费不足的问题使得利润下降的速度加快。受财政和国家机构的支持,资本通过建立新的生产体系和开辟新市场抵制利润下降。这些资本和政府的空间活动为空间贴上了这样的标签:由交换网络、基础设施联系和制度安排交织而成的城市机体是生产方式的一部分。然而,资本的地理扩张并不是危机导致的重组的全部内容。投资转向建成环境是大卫·哈维以"时空方位"来回答资本主义危机趋势的另一关注方向。

房地产的角色

投资流入建成环境是空间生产的基本动力。房地产和建筑业一道成为独立的利润来源:受房地产利益驱动,资本家将土地变成了抽象空间的交换价值。尤其是在经济下滑时期,房地产成了闲散基金和剩余资本的投资出口。列斐伏尔认为,在房地产领域的资本次级循环已经变成了资本积累的有效环节,在城市(非均衡)发展中起着引领作用。

房地产领域的运作由以土地为基础的利益集团(如开发商、投机商、投资者、政府官员)、金融机构(如银行、担保公司、保险公司、养老基金)和政府支持的项目(如贷款担保、补贴、延期缴税)共同完成。这些不同的参与者联合在增长网络,影响土地开发的决定,引导投资方向,决定土地利用的模式。增长网络的实际构成可能因地而异,而且一个地区会有不同的相互竞争的增长网络;然而,它们被深深地卷入到了建成环境的生产中和主要的房地产开发项目中,例如工业园区、办公楼、购物中心、整体规划的社区和度假村的建造。

大都市区的房地产市场是巨大的和不断增长的。房地产市场的全球化是新兴的趋势:土地及其建成环境虽然是固定的,但也像全球市场中的其他商品一样变成了流通的商品。房地产全球化的关键是国家干预;以政府支持的金融机制为媒介,包括二级抵押市场、住房抵押担保市场和房地产投资托拉斯,房地产的流动性已经提高。在这些中介体系的作用下,房地产与全球资本市场联系起来,

而资本的次级循环变成了全球化的过程。房地产海外投资的增长证实了房地产的全球化。

相互矛盾的结果

列斐伏尔认为,空间的生产是个矛盾的过程。通过全球金融机构流入次级循环的资本可以作为暂时阻止利润下降的方法。然而,就像工业生产的一次循环一样,房地产的次级循环受制于盛衰的循环。而且,房地产的投机性投资会加重资本主义的危机趋势。例如,20世纪90年代末,东亚金融危机就是由投机性房地产泡沫的崩溃引起的。这并不是空间包含和体现资本主义矛盾的唯一事例,相似的例子比比皆是。资本主义之所以能存在,就是因为它能够通过空间扩张生产力和生产关系;但是,资本地理上的扩张产生了威胁着现行政治制度的根本问题。

城市空间的扩张、建成环境的生产和城市生活的扩散都对自然环境造成了破坏。用列斐伏尔的话来说,晚期资本主义的空间生产与空间的缺少密不可分。城市空间脱离了自然和自然空间,昔日大量的空间现在已经成了稀缺资源。伴随着资源的消耗(如石油、阳光、水)和自然环境的退化(如滥伐、污染、气候变化),无论是发展中国家还是发达国家,人类生存空间所面临的周期性自然灾害的威胁日益加重,包括洪水、地震、飓风和沙尘暴。

另外,资本新空间的生产导致了非均衡发展的出现。寻求更高回报的资本自由流动与随之而来的周期性社会空间重组(如去工业化、分散化、外部采购、缩减规模),使得发达中心和边缘地区、优势地区和落后地区、衰退地区和繁荣地区之间的差距不断拉大。随着全球资本主义的出现,当各区域被整合于全球市场之中时,它们之间的差异日益明显。同样的全球市场力量的释放导致区域内部的社会差异也逐渐增长。地方社区的命运现在取决于资本的进出。对于地方居民来说,生活机会和机遇在空间上的不平等是影响他们日常生活经历的生活状况。

空间的表征

空间的表征包括传递符号意义的形象和象征，其中回响或隐藏着空间的矛盾。城市空间和建成环境获得了以话语方式构筑和流传的象征意义。参与空间生产的重要角色，比如开发商和地方政府，力图在空间表征中有所作为，控制空间法则的生产和指导空间的利用。主要的空间表征可以在促进发展、吸引投资、招徕客户的规划文件、城市官方网站和房地产营销手册中找到。话语构建的意义是多重的，包含着多层信息：如果隐藏了社会不平等、隔离和暴力犯罪等深层真相，城市表征就可能包含了矛盾的甚至是虚假的信息。

主要的空间表征转移并回避资本主义以不同方式扩展时产生的矛盾。一个常用的策略是将日常的生活经验束之高阁，以梦想和幻想取而代之。因为生产过程中的剩余价值只有在市场上才能实现，所以持续的榨取剩余价值依赖于消费。在晚期资本主义时代，消费优先于生产，我们可以从主题消费空间的生产中推测出剩余价值实现的困难。购物中心这样的消费空间在建成环境中将各种主题融为一体，创造了象征性的差异并刺激了消费者的欲望。

居住空间的营销是主导性空间表征如何脱离表征空间的又一例证。在美国，居住区隔离是一种普遍的、持续的日常城市体验。许多因素促成了居住区隔离，包括社会不平等、种族主义和隔离的住房市场。如今美国常见的城市空间的堡垒化，往往出现在原本隔离的空间之上。例如，在高档社区可以见到明显的监视符号，如隔离墙、篱笆、安全栏、私人保安和电子安全装置等。房地产开发商通过解决周边地区的社会不平等、种族隔离和暴力犯罪等问题，来出售设防社区的符号价值（如体现显赫身份、安全感）。

空间的表征不受空间布局和已产生的建成环境的限制；与之相反，它们被用来指导预期的空间活动和实际的空间生产。多中心的城市形态便是这样的事例。在美国和其他地方，多中心的大都市区是分散化与周期性社会空间重组相结合的产物。很多城市设计者和政策制定者认为多中心是空间设计概念，可以阐释区域平衡和可持续发展的理念。1999年由欧盟委员会发行的《欧洲空间发展展望》可供参考。此后，在整个欧盟，多中心的发展已经成为区域平衡和可持续发展的关键计划指导原则。

抽象空间和权力的媒介

列斐伏尔认为，权力根植于空间生产中。追求房地产利益的有权力的参与者利用流行的文化表征掩盖城市问题，并使他们的行为合法化。因此，在构想的空间表征和直接经历的空间表征之间产生了无法逃避的裂痕。资本和国家的空间活动通常会产生与商品交换和政治控制密切相关的抽象空间。这是破碎的、商品化的、分层的空间；也就是说，抽象空间被细分、购买和出售，并且根据社会阶层和权力进行分配。抽象空间的优势地位更加突出，并为权力的媒介服务。抽象空间的统治地位，或如列斐伏尔所称的"城市空间的殖民化"是危险的，因为它通常会破坏社会空间，社会空间是社会生活的依托。

列斐伏尔认为，空间的生产在政治上是存有争议的过程。在城市空间中，汇集了各种参与者，他们的利益和策略相互冲突。各个资本集团间、企业与地方政府的利益之间、当地居民与政府之间，在空间的利用上经历了长久的斗争。最引人注目的也许是强势的资本利用者（如企业和地方政府）与无特权的社区居民之间的冲突。

空间生产将在空间利用上根深蒂固的意识形态之争带到了前台。振兴主义和追求增长是最主要的空间生产路径，目的是将以房地产利益为导向的行为合法化。然而，不均衡的发展常常付出严重的社会成本（如污染、交通拥挤、公共服务的压力、财政危机）。虽然贫穷的少数族裔经常承受着不均衡发展的代价，当地政府却没有应对的资源。在自身社区面临威胁的情况下,当地居民会培育起地域认同,依照社区控制的理念组织起来,与主张增长的利益对抗。基层运动的例子不胜枚举,包括拒付租金、占地运动、反对投机性房地产开发等。

居住空间不仅仅是我们生活的环境,也是空间斗争的环境。但是列斐伏尔指出,集体沉默在社区居民中才是常见的,冲突并不经常发生。缺少能动性原因在于日常的生活节奏被用于创造剩余价值的抽象空间所操控。居住空间被追求利益无限扩大的资本家控制。在日常生活的居住活动中,交换和交换价值超过使用和使用价值,有权力的参与者通过宣传空间表征为房地产利益正名。如果社区居民接受了主导的空间表征,就很难表达冲突。这就是需要空间理论的原因。

列斐伏尔的一个重要观点是城市空间及其矛盾的辩证分析,这是迈向集体管理和社会空间控制的革命运动的先决条件。第一步是对城市现实和日常生活的批判分析。在晚期资本主义时代,空间越来越被资本所影响、被国家所掌控、被统治阶级所控制,并被形象和符号所操控。想象着这些现状的对立面,我们可以勾勒出未来可能的轮廓。空间及其冲突的辩证分析,对于通过基层运动实现由主导空间向其反面过渡的社会转型是必要的。空间的批判构成了颠覆性的知识结构,这能够使社区居民反对上面强加的策略和安排,挑战权力和主导意识形态,最后实现集体管理和对社会空间的控制。

进一步阅读书目:

- Brenner, Neil. 1997. "Global, Fragmented, Hierarchical: Henri Lefebvre's Geographies of Globalization." *Public Culture* 10: 135 – 167.
- Castells, Manuel. 1983. *The City and the Grassroots: A Cross-cultural Theory of Urban Social Movements*. Berkeley: University of California Press.
- Gotham, Kevin Fox. 2006. "The Secondary Circuit of Capital Reconsidered: Globalization and the U.S. Real Estate Sector." *American Journal of Sociology* 112: 231 – 275.
- Gottdiener, M. 1994. *The Social Production of Urban Space*. 2nd ed. Austin: University of Texas Press.
- Harvey, David. 1985. *Consciousness and the Urban Experience*. Baltimore: Johns Hopkins University Press.
- —. 1985. *The Urbanization of Capital*. Baltimore: Johns Hopkins University Press.
- Hutchison, Ray, ed. 2000. *Constructions of Urban Space*. Stamford, CT: JAI Press.
- Lefebvre, Henri. 1976. *The Survival of Capitalism: Reproduction of the Relations of Production*. New York: St. Martin's Press.
- —. 1991. *The Production of Space*. Oxford, UK: Blackwell.
- —. 2001. "Comments on a New State Form." *Antipode* 33: 769 – 782.
- —. 2003. *The Urban Revolution*. Minneapolis: University of Minnesota Press.
- Logan, John R. and Harvey L. Molotch. 1987. *Urban Fortunes: The Political Economy of Place*. Berkeley: University of California Press.
- Smith, Neil. 1991. *Uneven Development: Nature, Capitaland the Production of Space*. Cambridge, MA: Blackwell.
- Soja, Edward W. 1989. *Postmodern Geographies: The Reassertion of Space in Critical Social Theory*. London: Verso.

(Chigon Kim 文　鞠　海译　韩　宇校)

SOCIAL SPACE | 社会空间

"社会空间"的概念首先包含了社会和空间之间的某种相互关系。这个术语及其应用在社会理论、社会地理学或者城市研究中都没有清晰地界定。使用这一不确定的概念，以下的主线十分重要：社会空间是社会团体的物质环境，社会空间是方位的相关环境，社会空间是"社会-空间"关系的辩证方法。解构主义这一目前最激进的方法从后结构的角度对社会和空间的对立提出质疑。

从理论的观点来看，社会空间的4条主线是连贯的，彼此之间无法完全替代。它们在社会研究中常常运用于不同的学科，在很大程度上取决于分析的对象。

社会团体的物质环境

在地理学、建筑学、社会工作或者城市生态学中，"社会空间"这一术语"普遍的"或"传统的"用法主要是叙述个人或团体的地理区域环境。传统观点来看，空间一般被认为是自然和客观的，发生在社会建构之前。

在传统社会理论中，空间维度很大程度上被忽略，社会世界也被认为无存在必要。在少数的例外中，大多将空间仅仅视为社会过程发生的地点或场合。弗里德里希·恩格斯是少数从社会学的角度研究空间的思想家之一。但是恩格斯同样认为，"伟大的城镇"只是在研究英格兰工业化进程中工人阶级状况的场所时才有意义。与历史上城市化的新进展相伴的，是建立在血缘和家庭基础上的前农业社会的解体。工业化城镇的快速增长以及这些城镇人口的集中，与恶劣的住房条件并存，工人阶级的情况尤其严重，恩格斯和很多现代资本家对此忧心忡忡，他们把这一变化与社会和道德的滑坡联系在一起。在恩格斯的整个分析中，空间维度不是关注的中心，只是作为背景或者社会变化和阶级结构的框架。这种把空间作为场所和环境的观点也出现在早期的城市研究中，比如20世纪20年代芝加哥学派的人类生态学，该学派将城镇地块定义为生活在那里的社会团体的"自然区域"，因此是社会化以及社会整合的场所。

所以，尽管常常模糊不清而且很少处于分析的中心，传统的社会理论还是利用空间范畴处理空间现象，但是没有明确的理论。民族国家的社会-领土秩序被视作社会的领土表征，从中可以发现社会科学中隐藏最深的"空间性"，这种观点仍然居于主流。

在社会地理学中，直到20世纪60年代，空间概念都是社会单元的范围：世界被分成了独立的领土单元，独立的领土单元与独立的社会单元相联系。关注的问题是研究各个地方以及它们的历史和特性。从科学的观点来理解，空间是地球的表面，是固定和静止的，可以测量和勘查。

目前，城镇规划活动和城市社会工作仍然很大程度上基于社会空间作为社会团体的物质环境的假设，在一定程度上与空间决定论相关联。例如，一些对居住隔离的研究表明，特定社会团体的空间集中是他们不利处境的原因。这个传统的常见例子是美国的关于贫困和城市底层文化的争论。聚焦于空间维度——也就是关注美国内城贫困社会群体的集中并将这种空间上的集中归于居民的穷困状况——就会无视经济和政治因素，受害者自己被看成是他们不幸遭遇的根源。

与此观点相关并基于社会空间联系理论，还有另一种更加规范的、将社会空间视为"好的空间"的理解，所谓"好的空间"指的是用于社交的合适空间（如活跃的公共空间），这种观点在城市区域规划中尤为流行。此观点与"城市性"（Urbanity）的理念密切相关，城市性被视为一种生活方式，也是欧洲城市的形象。在这里，特定的空间形式——欧洲城市——被视为本地区的物质地点,是特定行为的空间形式,也是社会整合的特定形式。如前所述,对物质环境和社会现象的地理"位置"的关注存在忽略社会、文化、经济或者政治背景和原因的风险。这种空间决定论的极端事例,是通过过去的经历(如空想社会主义者的公社,新城市主义的现代形式等等)并依靠建构预期的物质环境来"建构"社会关系。

空间位置的相关环境

社会空间的第二条主线不直接与物质世界相联系,而是聚焦于社会及其秩序。在20世纪40年代社会理论所谓的空间转换出现很久以前,皮特里姆·索罗金强调社会科学需要发展"社会文化空间"概念,以此构想社会文化运动或变化,或是社会文化现象的定位。他认为,社会文化空间是由能够反映各自社会和文化的坐标体系组成的。这个相关的社会文化整体是人类定位和适应社会世界的一种方式。尽管索罗金认为物质空间性的概念也有社会的印记,但是空间性本身显示空间在社会之前就已存在。

近年来,布尔迪厄利用结构主义的建构主义方法研究社会不平等时也采用了空间的概念,他将社会空间定义为社会位置的社会的组成部分。在这里"空间"概念似乎是可行的,因为与多数研究者不同,布迪厄对社会秩序的理解并不是与经济收入一脉相承的一维结构,而是多维的。和索罗金一样,空间概念是一个坐标系,用来定位和整理位置间的关系。资本总量及其结构和时间尺度定义了社会空间内的社会位置。布尔迪厄扩展了"资本"这一概念的含义,并对经济资本(金融财产)、文化资本(教育)和社会资本(网络)加以区分。社会空间由相对位置的总关系构成,因而没有前社会的存在。它的"主观的"或建构主义的方面由关于社会世界的位置具体观点构成:在社会空间中某一点的社会化包括社会空间的权力关系的融入,形成了某一地点感受的具体状态。这里,当布尔迪厄声称社会

世界的观点取决于这个观点的角度时,他所理解的社会建构的空间运动再次出现。习惯是产生继承倾向和理解实践的发生系统,也是认知和评价结构,促成具体的生活方式的形成,还有对社会空间以及作为"自然"和"给予"的社会世界的认识。

索罗金和布尔迪厄对社会空间的使用十分隐晦,具有十足的隐喻性,一直坚持社会和空间的二元性。布尔迪厄明确指出,必须对社会空间和物质空间加以区分。布尔迪厄和索罗金没有像玛蒂娜·劳(Martina Löw)和多琳·马茜那样将对社会空间的相关认识延展至物质世界,他们坚持社会和物质世界分属不同领域,尽管社会空间通过物与人的空间分配转化为物质空间,并强化了社会条件的适应性。与前面提到的人类地理学的空间决定论相反,布尔迪厄和行为地理学掉入了社会决定论的陷阱中,其程度之深超过索罗金;也就是说,他把社会投射到地理—空间的维度上,因此掩盖了偶发事件,未能分析物质世界的社会政治构造,以及物质和社会空间的相互关系。

社会-空间关系辩证法

社会理论体系中有好几个方法试图克服社会和空间的二维性。在社会理论的空间转向之前,在法国社会理论界,都是倾向于用辩证法来解析空间—社会关系。社会空间这个术语指马克思理论的空间生产性,即认为社会和空间是一个不可分的整体。从这个观点来看,社会空间具有不同社会和经济条件的文化构成。按照辩证法和马克思的整体论的观点,不难理解要想了解整体必先了解整体内部各个部分之间的相互关系。社会空间辩证法蕴含的基本前提就是社会空间关系是辩证依存的,社会(生产)关系既塑造空间,同时也在被空间塑造。例如,亨利·列斐伏尔在其著作《空间的生产》中提出了社会空间的辩证概念,试图以此来克服他所谓的物质空间和精神空间的二重性。物质空间是指实践感知活动和对"自然"的认识;而精神空间是指哲学和数学意义上的空间概念。根据列斐伏

尔的理论,以三元论分析空间。实践的空间与我们的日常生活和常识相关,所以也经常被研究者忽略。表征的空间,表示的是概念化的空间,是空间科学家、空间规划师、城市建设者的空间,因此它在任何社会都是占主导地位的空间。除了部分例外,这些空间概念发展出了一套由学者创造的语言和符号。再现的空间即由想象控制或者因为想象而被动经历的空间。艺术和文学让这一空间鲜活起来,这是一套多少有些连贯性的非语言符号。列斐伏尔认为空间首先是社会空间,因此它是社会的产物。通过回顾历史上的几个社会形态,列斐伏尔说明了每个社会如何生产空间,以及这些空间的特殊性。他对社会空间的这一认识同样表明各种形态的社会空间会共存并相互影响。从这个意义上来说,把空间理论化就不再仅仅是社会学家的游戏,而是社会理论不可或缺的一部分,它和性别、资本主义、全球化以及其他一切人类形态存在的前提条件。

列斐伏尔和他关于社会空间关系的著作是社会理论的主要参考文献之一,被大量引用。他在20世纪后半叶对英美人文地理学和社会逻辑空间理论的影响是巨大的。虽然他经常被一些唯物主义者误解为空间狂,他的思想仍然被大卫·哈维、爱德华·索贾、曼纽尔·卡斯特、尼尔·史密斯等吸收、批判和发展。例如社会地理学家索贾的著作的主题就是社会组成中空间的集中性。相比于许多后现代理论家(如齐格蒙特·鲍曼),索贾认为重建资本主义秩序在很大程度上就是更注重空间而非时间,因此必须把空间性置于社会理论的核心。

辩证法所固有的、列斐伏尔著作所隐含的、哈维和索贾作品所清晰表明的观点是,空间的前社会存在和时间一样是物质的客观存在形式。虽然他们认为在社会理论中只有社会空间组织形式才是能与其他由兴趣转换生成的社会结构相提并论,如历史就是时间和暂时性的社会演变过程。但毫无疑问,这一理论框架仍然架构在社会与空间的二元区分基础之上——即辩证存在的两个矛盾体。

解构社会——空间二元性

通过回顾现代西方思想史,可以发现空间形态的前社会本体论,以及其中占统治地位的空间性社会和居于从属地位的空间性社会之间的等级关系。它根源于启蒙时期自然和社会的对立观,认为自然就是可以由那个高高在上的人类科学家(当然是主观存在)观察并测量的客观存在。现代科学的这种"上帝之工"从根本上遇到了女权主义的挑战,并引起了人们对社会—空间关系的反思。将自然和空间与社会分割开来意味着单一理论真理的可能性,而这一点在理论研究中并不确定。同样,无论是把空间看作社会结构还是某种形式的客观现实存在,其实都与自然和社会之对立同出一辙。相应地,与解构女权主义一道,解构女权主义地理学的一支对空间性这个概念提出质疑。人们通过区分来定义空间的边界,区分即包括与排除的过程。空间从而失去了其前社会性(Presociality),空间被理解为由社会偶然因素不断变更而塑造,并且是社会权力斗争的一部分。例如,现代国家及其疆域概念的形成。在疆域分明的民族国家内部包含着具有相同文化的不同社会团体,而这成功地掩盖了国家内部的劳资矛盾,弱化了阶级斗争。同样,在目前的全球化时代,虽然某些特定的空间性看起来俨然成为一种不可避免的外在驱动力,但马茜等地理学家认为这不过是按照一定的时间顺序有选择地排除其他空间组织形式的可能,故意选择某些独特空间而形成的结果。

萨拉·沃特莫尔提出的观点赞成现代空置空间的重新配置,并依据行为体网络理论将社会看作一个流动的社会物质网络。同样,现代主体作为自主行为人以及社会关系的前提的观点也受到了挑战。相比之下,机构作为一种关系效应也被再定义,由相互作用的不同元素构成的网络生成了机构,将人们重置到各实体建筑之中或其他各建筑之前,并以此代表人生,确定其在各类关系中的位置。

这些试图解构社会—空间二元性的努力都强调多种或部分社会空间形态的共时性,以及社会生活不可避免的固定性和背景性。因此,解构主义从不同的角度研究了社会—空间的关系,它质疑了所有为身份认定而预设各种边界的合理性。

有趣的是,在社会理论空间转向和主流空间假定之后,对社会空间二元性概念的解构实际上意味着空间不再是作为研究对象的"客观物体",而变成了社会的一部分。但是对共同条件以及社会与空间不可分割的一体性的认识还是为进一步研究并理论性地认识社会空间形成的不同形态,各种轨道空间以及它们作为社会关系的场所、谈判、实践行为和社会权力关系的发生地,还有空间性的社会形成功能以及他们之间的矛盾,断裂和重叠等问题提供了研究基础。因此,社会空间是可以从不同角度来进行研究的。

进一步阅读书目:

- Bourdieu, Pierre. 1979. *La Distinction: Critique socialedu jugement* (*Distinction. A Social Critique of the Judgment of Taste*). Paris: Les Éditions de Minuit.
- Engels, Friedrich. 1845. *Die Lage der arbeitenden Klassen England. Nacheigener Anschauung undauthentischenQuellen* (*The Condition of the Working Class in England* in 1844). Leipzig, Germany: Wigand.
- Haraway, Donna J. 1989. *Primate Visions: Gender, Raceand Nature in the World of Modern Science*. London: Routledge.
- Lefebvre, Henri. 1974. *La production de l'espace* (*The Production of Space*). Paris: Editions Anthropos.
- Löw, Martina. 2001. *Raumsoziologie* (*Space Sociology*). Frankfurt, Germany: Suhrkamp.
- Massey, Doreen. 2005. *For Space*. London: Sage.
- Rose, Gillian. 1993. *Feminism & Geography: The Limits of Geographical Knowledge*. Oxford, UK: Polity Press.
- Shields, Rob 1991. *Places on the Margin: Alternative Geographies of Modernity*. London: Routledge.
- Soja, Edward W. 1989. *Postmodern Geographies: The Reassertion of Space in Critical Social Theory*. London: Verso.
- Sorokin, Pitrim A. 1943. *Sociocultural Causality, Space, Time: A Study of Referential Principles of Sociologyand Social Science*. Durham, NC: Duke University Press.
- Whatmore, Sarah. 2002. *Hybrid Geographies: Natures Cultures Spaces*. London: Sage.

(Katharina Manderscheid 文　鞠　海译　韩　宇校)

SOCIETY OF SPECTACLE | 景观社会

景观社会是由居伊·德波(Guy Debord,1931—1994)和情境主义国际的成员在 20 世纪 60 年代使用的术语,用于批判资本主义和国家官僚主义社会的异化环境。德波于 1967 年在法国出版的同名著作中最为充分地讨论了这个概念。此概念以马克思主义思想为基础,打造这一概念的目的是应对社会生活中资本主义生产力和资本积累的新阶段。新阶段是在市场和商品,或在情境主义者所说的"殖民化"的影响下出现的。在这个新阶段，国民逐渐变为被动和孤立的观众和消费者，思考的是他们面临的问题，而不是能够以整体的方式自由影响其命运的政治因素。对于情境主义者而言，景观的概念强调的是映像清晰的世界，在这个世界里，真实的生活被表象所代替，控制映像领域具有重要的政治意义。他们创造这个词的目的，是效仿马克思关于哲学家所面临任务的著名观点，即不仅仅是解释世界，而是要改变世界。对于他们来说，这是用来与占统治地位的社会权利做斗争的武器，也是力图取而代之的武器。

此术语即便不是情境主义在理论和政治上的基本观念，也早就被研究者广泛运用。这通常是关于电视和电子通讯这样的大众传媒和技术，在传播和影响当代社会和文化生活所扮演的角色中进行分析与理论探讨的内容。因此，"景观社会"这个词与自20世纪80年代以来很多其他后现代文化理论中的术语一样，偶尔而不是经常认可德波和情境主义者。例如，鲍德里亚在他的有关拟像和拟像物的著作中感谢德波，但同时他认为景观的情境已经超越了超现实时代。假如像鲍德里亚和一些后现代主义者所说的那样，这些情境消失，可能会产生驱赶情境主义计划的革命批判和抵抗，德波在有生之年对上述观点加以讥讽，因为他从未动摇对革命的执着。

德波及其他情境主义者有关景观社会的著作在很多方面对城市研究产生了影响。最直接的影响是历史上和当代关于如何审视和思考城市映像和景观的城市空间构造的记述，从19世纪巴黎的重建到更近的重建项目、博览会和大事件。某种意义上的景观是作为娱乐和转移观众视线的面具，它掩盖了社会差距和隐藏的社会问题，在该领域的多数评论文章中屡见不鲜。景观是保证人口和谐一致或至少是缄默的认同状态的有力手段，具有去政治化和被动性质，也是讨论的常见内容。然而，在城市研究的这个领域中，很多情境主义者的观点都会忽略其激进和整体的方面。为了更进一步理解其特有的影响力，有必要承认情境主义的观点根植于马克思主义思想，尤其是有关来自黑格尔-马克思传统的商品拜物教和异化理论的著作，以及来自革命政治计划的不可分离性。在这个计划中，情境主义者对城市研究的重要性是对当今城市空间政治的关注。

景观、城市主义和革命

有时情境主义者使用"景观"这个术语来指代事件、场景和地点，指的是城市或旅游景观的建造。德波在《景观社会》的开篇便写道："在生产的现代条件盛行下的那些社会的整体生活，自身表现出了景观的大量积累。"但是正如其题目所示，他的书更倾向于将景观作为环境来描述和分析。德波指出，这个环境扩大了社会生活各个方面的经济和商品的影响。他认为，大众传媒、广告和娱乐仅仅是具体表现而不是决定因素，景观"不是映像的集合"，而是"处于映像中的人们之间的社会关系"。它是"主流生产模式的结果和目标"，并非"附加于真实世界"，而是"社会真正非现实性的核心"。当人们按照外加的角色和姿态生活，而不是形成自己真正的道路，异化和分离成为核心的特性。这甚至发生于对立的政治立场，因为情境主义者敏锐地觉察到一种方法，也就是借鉴激进的艺术和政治，将其重新包装，然后再出售给人们，使其成为更多的景观素材。

德波对有关景观的评论直指所有现代社会，尽管最初他区别过景观的集中模式和分散模式，前者出现在国家官僚政治之下，依靠的是以独裁人物为中心、由警察权力来维持的意识形态，后者则与现代社会充足的商品相关。后来他指出，景观出现于20世纪20年代，到20世纪80年代呈现出一体化，遍布于现实之中。德波发展了马克思主义关于商品拜物教和异化的论断，他的方法与法国的路易·阿尔都塞对马克思所作的当代结构主义解读大相径庭，曼纽尔·卡斯特20世纪70年代初的城市问题的著作突出体现了阿尔都塞的影响。与之相反，德波受到了格奥尔格·卢卡奇以及由亨利·列斐伏尔发起的对日常生活的评论的影响,在20世纪50年代末他花了几年的时间形成了与后者的相互影响的联系。

德波认为,不仅时间被景观社会中的商品规则所塑造,空间也是如此。德波和情境主义者尤其注重城市主义的作用,他们认为当人们通过城市生产的需求集中在一起时,资本主义社会中城市空间的生产成为区分、隔离和控制人们的方式。德波将城市主义定义为"资本主义自然和人文环境的分配模式,此模式是走向绝对控制的合理发展,可以(现在是必须)重新设计整个空间,使其成为自身独特的饰物"。正是因为这种精神,他痛惜对巴黎和其他城市的破坏,这种破坏按照阶级和族裔画线,大多数人口被替换,先前的记忆和感觉被根除。然而,如果强有力的社会力量将城市空间塑造成"抽象的环境",那么革命斗争的关键目的是为那些环境而奋斗,追求空间和社会的转变。德波将无产阶级革命描述为"人文地理学的批判",通过革命,人们在解放斗争的过程中可以建立他们自己的城市空间和事件,他最终展望阶级会消亡,现有的民主会淡化,工人委员会将会出现,其权利"只有在转变全部现有环境的情况下才能生效"。

景观政治

德波承认,景观的概念如此轻易地失去了其批判的意味,而变成了简单空洞的社会学和政治学修辞用语。为了避免这个命运,他认为景观的理论化必须要加入"社会对立面的实际运动",同时,革命阶级的斗争必须发展出对景观的评判。为了理解德波的有关景观社会的著作,有必要将它们与他的关于世界大事件和问题的政治评论相联系,包括那些1958至1969年间刊登于《国际情境主义》(*Internationale Situationniste*)12期杂志上的文章,例如,关于阿尔及利亚的阶级斗争和权力的报告、1965年洛杉矶瓦茨区骚乱的报告。同时也有必要将它们与激起革命行动和寻找新的政治组织模式的努力相联系。德波和情境主义者当时强烈反对多数左派的激进主义,试图与非主流运动建立联系,一些非主流运动在1968年5月巴黎街头的革命行动有积极的表现。

从那时起,景观社会这个术语的变种逐渐流行,学术和艺术圈征引德波观点也日益普遍。这些征引趋于片面,以德波观点为标签的政治势力发现,在"景观"商品生产情境中力图反对主流权力关系的激进分子和理论家是最认同该观点的受众,他们的目的是在景观的社会权力之外构建时空。安塞姆·雅佩(Anselm Jappe)在马克思主义传统的框架内清晰有力地阐述了德波观点的现实意义。美国的新左派团体"反驳派"在分析战争新时代的资本和景观中也运用了德波的理论,用于说明映像领域斗争在当前的重要意义,尤其是2001年9月11日对纽约和华盛顿的攻击前后。斯蒂芬·邓库姆尝试利用景观手段达到改革目的的截然不同的方法,他呼吁政治上的左派学习拉斯维加斯和商业文化,以便建立包容人们梦想和想象的政治。他创造出"族裔景观"这个术语来指代一种鼓励干预和改革行动的模式,而不是消极等待,并且那是开放的、民主的和参与式的。他的范例是城市街道和公共空间里试图展示可能存在另一个世界的集体行动。

进一步阅读书目:

- Debord, Guy. [1988] 1990. *Comments on the Society of the Spectacle*. Translated by Malcolm Imrie. London: Verso.
- —. [1967] 1994. *The Society of the Spectacle*. Translated by Donald Nicholson-Smith. New York: Zone Books.
- —. [1973] 2005. "La société du spectacle." [Black and white film.] In *OEuvresciné* matographiques completes (3 DVDs), by G. Debord. Text translated by K. Knabb as "The Society of the Spectacle," in G. Debord, *Complete Cinematic Works: Scripts, Stills, Documents*. 2003. Edinburgh, UK: AK Press.

- Duncombe, Stephen. 2007. *Dream: Re-imagining Progressive Politics in an Age of Fantasy*. New York: The New Press.
- Jappe, Anselm. [1993] 1999. *Guy Debord*. Translated by Donald Nicholson-Smith. Berkeley: University of California Press.
- Knabb, Ken, ed. 2006. *Situationist International Anthology*. Rev. ed. Berkeley, CA: Bureau of Public Secrets.
- Pinder, David. 2000. "'Old Paris Is No More': Geographies of Spectacle and Anti-spectacle." *Antipode* 32(4): 357–86.
- Retort. 2005. *Aflicted Powers: Capital and Spectacle in an Age of War*. London: Verso.
- Situationist International Online (http://www.cddc.vt.edu/sionline). (Collection of writings by Debord and the situationists in English translation.)

(David Pinder 文 鞠 海译 韩 宇校)

SOJA, EDWARD W. | 爱德华·W.索贾

美国地理学家爱德华·索贾因对空间分析和社会生活空间性的批评理论研究闻名于世。在著作中，他从空间、区域和政治的角度入手，把空间看作社会理论的解释原则，认为不平衡的空间活动和针对空间的斗争与当代资本主义密切相关。作为社会科学空间转向的主要支持者和批判的后现代方法的倡导者之一，他创造了许多概念，如外城、第三空间、聚居等。此外，他是最早、最持久的向英语读者介绍亨利·列斐伏尔关于空间的著作的北美学者之一。

索贾于1941年出生在纽约市，在布朗克斯长大。他在美国威斯康星大学（1961年获得硕士学位）和雪城大学（1966年获得博士学位）接受了地理学方面的训练。1965年他在伊利诺伊州的西北大学地理系获得了第一个大学教职。用他那时的话说，西北大学地理系"被认为在新的定量和理论地理学教学和研究方面是全国最先进的中心"。1972年他任教于加州大学洛杉矶分校（UCLA）建筑与城市区域规划研究生院。在那里，索贾用批判性更强的方法取代了20世纪60年代空间科学的实证主义方法，研究领域也从非洲和第三世界转移到洛杉矶。自1999年以来，他一直与伦敦经济政治学院有联系，目前持有该校城市项目的百年社会学教授的头衔。此外，他在阿姆斯特丹、剑桥、康考迪亚、维也纳、内罗毕和伊巴丹等地的大学担任客座教授。

肯尼亚现代化的地理学是索贾学术生涯之初的兴趣所在，他考察了肯尼亚运输和通信网络的发展与不断变化的社会关系之间的关联。此外，他把这种转变与殖民体系的主要流动和节点联系起来。这项研究被批评为第三世界资本主义统治发展的"天真的支持者"所作。

随后，索贾花了几年时间进行自我批评。在这期间，他对空间及其在社会理论中的角色进行了深入研究。在20世纪80年代初，当洛杉矶去工业化的现实迫使工会联盟寻求加州大学洛杉矶分校学者的意见时，索贾运用空间分析的理论知识分析了因大规模经济结构转型和技术进步造成工厂关闭而产生的问题。索贾与加州大学洛杉矶分校的其他学者一起，出版了一些关于社会和空

间重组的著作,同时也为他的《后现代地理学》(*Postmodern Geographies*,1999)奠定了基础。索贾从当代社会理论批判的空间角度,强调了空间这一解释原则,并呼吁建立空间与时间一样重要的全新解释模式。这部著作在社会科学各学科广为流传。

索贾反复提及亨利·列斐伏尔的空间研究和福柯的异质地方(异托邦)学对他的思维方式有深刻影响。他重新思考并修改所有已知的认识论,在此基础上撰写了两部空间和社会理论方面的著作:《第三空间》(*Thirdspace*,1996)和《后大都市》(*Postmetropolis*,2000)。这两本书加上《后现代地理学》,探讨了人类生活的空间性。3部著作都有一个共同的理论基础,即索贾所说的激进的后现代主义观点。

索贾过去20年的研究是一些关于城市的最重要著作的综合。目标是把社会分析家的见解引入"空间思维"。以空间为基础的方法强调新城市形态的多个维度,致力于过去的连续性和非连续性。此外,他对社会正义的理论也有所贡献。

索贾是位语言大师,他将一些新的语汇引入人文地理。他利用对洛杉矶地区的经济重组和空间转型的研究成果,创造了"外城"的概念,用于描述奥兰治县的情况。这个专有名词代表的是一个多中心的城市区域,在新的建成环境和强化的社会空间极化作用下,由内而外和由外而内成为城市的形态。《第三空间》出自索贾对列斐伏尔的空间三要素的分析,所指的是其中的生活空间。索贾对二元的空间思考方式(比如真实与想象相对)提出挑战,他提出了另一个角度,即空间性的三元论。他希望读者运用"既/和逻辑"从现代以及后现代主义的角度获得理论见解。他最近把经济地理、考古学和城市研究等领域的著作融为一体,发明了"聚居"一词,用以描述城市集聚的刺激因素,认为城市居住区的区域网络是创新、开发和增长的地点。索贾认为,在这种集中的密度和同质性之中,城市空间的社会生产和再生产刺激了持续的创新和创造,因此产生了城市生活的独特优势。

进一步阅读书目:

- Blake, Emma. 2002. "Spatiality Past and Present: An Interview with Edward Soja, Los Angeles, 12 April 2001." *Journal of Social Archeology* 2(2): 139–58.
- Evans, Gareth and Tara McPherson. 1991. "Watch This Space: An Interview with Edward Soja." *Discourse* 14(1): 41–57.
- Scott, Allen J. and Edward W. Soja, eds. 1996. *The City: Los Angeles and Urban Theory at the End of the Twentieth Century*. Berkeley: University of California Press.
- Soja, Edward W. 1968. *The Geography of Modernizationin Kenya*. Syracuse, NY: Syracuse University Press.
- —. 1989. *Postmodern Geographies: The Reassertion of Space in Critical Social Theory*. New York: Verso.
- —. 1996. *Thirdspace: Journeys to Los Angeles and Other Real-and-Imagined Places*. Malden, MA: Blackwell.
- —. 2000. *Postmetropolis: Critical Studies of Citiesand Regions*. Oxford, UK: Blackwell.

(Ute Lehrer 文 李 杰 译 韩 宇 校)

SPACES OF DIFFERENCE | 差异空间

"差异空间"是指特定空间里的个体以及这些个体如何利用这个空间进行的社会性建构，从而形成不同的空间。空间差异的概念对学者、城市区域规划者、政府以及非政府机构在了解西方意识形态、社会建构过程中造成的日常生活环境中的不平等，以及让这些不平等成为社会现实等方面有着重大意义。从心身和社会层面，这些过程对生活在城市环境里的人的日常生活和实践活动产生明显的影响。这些城市人口身份多元，不具有同质性。然而，由于全球化和时空距离的缩短、国际机构和国际关系以及地缘政治的词汇等因素，全球空间因此日益缩小，同质性的幻想岌岌可危。过去，因社会原因而聚集在一起的人，尤其是那些身居主导地位的群体，总愿意隐藏起来，与"他者"划清界限（其实，没有人喜欢他们），然而，这样的情况不会再有了。然而，基于相同性而非不同性的保持分割空间的尝试，诸如封闭性社区、社会俱乐部、绅士化社区再开发实践等并未停止。时至今日，身份的多元属性成为普遍现象，即便是个体也存在着多元性，因此要保持差异空间变得日益困难，它更多成为一种理论和建设上的永久性概念，变成物理空间的伴随物。

当"差异"的概念与空间的概念联系在一起时，一个"他者"概念就产生了。通过他的东方主义理论，爱德华·萨义德（Edward Said）将"他者"这一概念引入社会科学。萨义德的作品详细阐述了这种"他者"实践是如何通过"我们和他们"来进行交流的，或者说，是通过现实生活中"我们与他们的对峙"来理解社会秩序的。差异空间的概念是基于同一空间内相互作用的杂乱无章的实践活动的不同概念而产生的。这种交流让个体归类，并使他们把邻近区域周围的空间与国家和全球层面联系起来。当代差异空间的理论研究十分广泛，涵盖了从女性运动到马克思主义研究的社会学视角，从社会认同之争到城市环境中的同性恋理论等领域。此处的目的并非要讨论这些理论哪一个更好，而是要依据现存的大量能够呈现日常生活中不同经历的话语资料，来分析差异空间是如何产生的。城市环境中存在着许多类型和形式的差异空间，但是为便于分析，本文将聚焦在那些主要类别的差异上，如性别、年龄、等级、种族、宗教、性别身份以及城市空间的合理利用。制造类别差异不仅能够使得日常生活中的不平等和恰当性的概念真实反映城市现实，并能使其发挥关键性作用，让多层次的应用者和空间实践者在同一个物理空间内制造出复杂的差异空间。

性别与女权主义

由于女权主义的研究，性别区分及不平等一直以来引起了许多学者、政府及商界的关注。女性不再被认为"应当"待在属于私人范围的家里，而只有男性自由往来于公共场合。然而，女性依然面临着在职场环境中遭遇玻璃天花板和普遍被划分成"柔弱"的性别群体的困境。作为研究职场中性别关系的诸多女权研究者之一，琳达·麦克道尔（Linda McDowell）对英国职场中的性别关系，尤其是公司内部及从事高端工作的人群做了调查。她讨论了女性在进入白领职场环境时，人们对她们在态度、行为、甚至着装上的性别行为的某种期望，要么极端女性化，要么极端男性化。此类职场依然不能平等地接受女性，但经常象征性地让女性获得平等实践的机会，或者装模作样地让女性进入传统上"男性主导"的就业岗位，以示公司在此方面的进步。这些对性别行为的期望也能强加给男性，男性从事传统上由女性主导的工作，如照看孩子等，被认为很古怪。在白领职业中，男性所占比例高于女性，尤其是那些需要高学历和高技术的行业，如公司高管和学术研究等。相反,在许多较为"感性"的行业,比如幼托、护士、中小学教师和社会服务岗位等,女性的数量则远远超过男性。这种现象导致了明显的职业分化,呈现出职场岗位要么男性化要么女性化的本质。尽管因为对差异空间的认知而导致这种现象在发生变化,但这种变化十分缓慢。

年龄与社会学

年龄差异是差异空间构成的最重要指标。一直以来,社会学家能够最早地了解年龄(尤其是青年人的年龄阶段)在离经叛道和犯罪行为方面所发挥的作用,以及这些社会构成如何维持社会习俗和价值。与个体的人一样,空间也具有社会构成属性,如按照年龄一个人应该或者不应该属于某个地方。小孩子属于操场,但要是一个处于青少年年龄段到20来岁的人去这种地方,那么,他们的行为就会被认为很讨厌或者不合适。他们没有弄清楚谁该去操场和谁不该去这样一个概念。斯坦利·科恩(Stanley Cohen)在其作品中根据"民间作恶团伙"的社会结构的特点给年龄障碍做出了阐释。当年轻人出现在不恰当的地方或者做出不良举动时,他们的行为就会引起人们在道德层面的恐慌,比如在篮球场上玩滑板,在这个运动空间做这项运动就被认为运动不当。年龄相仿的年轻人聚在一起,有时他们会被警察和店主会看成是惹是生非者。英国一些商区和市场则贴出"no chavs"(禁止未受过良好教育的年轻人入内)的标示,"chav"是对"年轻人"的一个贬义词,在新闻里该词通常和另一个贬义词"yob"一起使用。在市场里出现这些年轻人被认为不合适,因为这些地方应当属于年长的消费者。甚至就老年人来说,社区的建立是满足他们的需要,而这些社区却排斥年轻人。和性别一样,年龄也存在一个相反的观念,即舞厅是专属年轻人的空间,老年人不适合。根据年龄的不同,差异空间在城市地区给空间界限做出了社会性的定义。

阶级与马克思主义

得益于马克思主义,阶级划分的话题才得以持续讨论,尤其在当今新自由主义的全球背景下。在新自由主义环境下,受剥削的底层个体和群体有了改变他们命运的机会。然而,这些体制的建立就是为了维护这种阶级划分,从而确保低收入群体和低技术工人给统治阶级和公司创造利润。一方面,像世界银行和国际货币基金组织等机构已经使新自由主义的阶级概念深入人心,然而另一方面,它们却大大减少了低阶级人群获得诸如教育和医疗等社会服务的机会。大卫·哈维是研究利益驱动公司继续维护阶级划分方面的学者之一,其观点在学术界被引用最多。阶级划分能保证上层阶级接受良好的教育,包括艺术领域的创造性和文化性支持。然而,底层阶级则继续被强迫灌输关于历史和正当性等主导性的新自由主义神话。这就使底层阶级降到了被指定的属于他们的差异空间里。例如,美国小学生被告知是哥伦布发现了美洲大陆,殖民者对"印第安人很友好",以及美国内战只是为了反对奴隶制等等。创造性和文化性的教育在给底层阶级的教育设计中是很少见的。底层阶级孩子只被教授要思考什么,而上层阶级的孩子们则被告诉要如何去思考。此种情况延续下去,就形成了今后就业上的差别:技术性强和富于创造性的工作将归属上层阶级的孩子,而服务性和工业领域的就业留给了底层阶级的孩子们。只要这种阶级划分存在,新自由主义的平等概念就不复存在。

族裔、宗教和社会认同

在当今全球化时代,种族和宗教是令人紧张的话题。种族和宗教引起的战争和冲突每天都在上演,这同时也反映了地缘政治过程正在改变空间意识本质这一实质。在城市环境中,这些差别通常与地理位置相联系。在充满活力的城市中,不同种族和不同宗教的人群通过社区发展将他们彼此泾渭分明地分开。通常情况下，这些地区与其他城市居住区相互排斥，但这很快让很多人感觉到，只有在自己所属的族裔和宗教社区中才有安全感。这种安全感来源于人们的社会认同，它同时让人们能够保留他们的部分信仰和认同，不被其他文化活动完全同化。然而，当种族关系到达最紧张的程度时，这种空间界限会使生活在其中的群体成为仇恨犯罪的目标。比如，从过去到现在，无论是难民、寻求避难者还是找工作的人，伦敦东区一直是移民的必经之地。正因为伦敦东区的这种历史，这里的人们一直都是仇恨犯罪的目标。唐人街同样如此。唐人街遍布世界各大城市，最初是中国移民居住的地方，但因旅游业和商业的兴隆，这里变成了"异域"文化空间。如果说这些区域是种族族群的飞地的话，那么，城市结构中的宗教空间则更加清晰。基督教教堂、清真寺和寺庙的地理位置清晰地勾出了这种差异空间，为人们提供了不同的信奉和保持精神信仰的空间。这些宗教建筑的所在位置是社会认同抽象空间的具体反映。凯文·赫瑟林顿（Kevin Hetherington）强调说，因社区的社会过程而产生的共享与集体性的认同反过来加强了个体分化的概念。这随之也强调了城市种族和宗教社区的重要性，即它让个体保持自我意识，能让个体在许多情况下把自己与他人区别开来。

性别认同和同性恋理论

性别身份是一股强有力的力量，它决定了个体认同和行为。通常来说，城市环境并未促生同性恋的生活方式，但是通常是城市范围内营造出来的许多空间滋生了同性恋。同性恋的社交场合一般都是城市边缘地区如废弃的工业厂房、远离商业区街道的隐蔽俱乐部，或者隐藏在贫民窟。公开支持同性恋生活方式的"理想"区域通常是个例外。城市区域为社交活动和异性恋行为之外的性别身份表达提供了更多的场所。吉尔·瓦伦丁（Gill Valentine）指出，城市环境比乡村更加自由开放，它既可以有助于营造并且鼓励同性恋文化，同时也成为滋生同性恋恐惧症和反同性恋暴力的空间。在城市环境中，诸如在街上散步、遭遇堵车、看电影、在饭店就餐以及购物等属于异性恋行为，路人认为理所应然，因此视而不见。异性恋情侣牵手、亲吻或是拥抱都不会引人注意，或者过眼即忘。然而，同性恋情侣在做类似的亲密举动时，他们（她们）就会自然而然地成为关注的焦点，并令人无法忍受。同性恋理论让人们意识到，城市环境是共享性别认同和社交性的重要场所。

合理利用与异常

空间差异是恰当表达与生存实践等主要概念的基础。唐·米切尔和提姆·克莱斯威尔（Tim Cresswell）是此方面研究的权威，他们解释说，被边缘化群体以及他们的活动，尤其是那些无家可归者和涂鸦行为之所以属于异常行为，是因为他们与这些主要概念不一致。无家可归者和涂鸦等行为被认为是城市瘟疫，如果市政府处理不当，就会引起经济下滑。城市制定法令旨在将流浪者驱逐出城市公共空间。尤其是在城市举办大型国际性活动时，比如奥运会或者英联邦运动会，流浪者一般都会被驱逐出街道，安排在临时搭建的收容所里。在城市环境里，流浪是一种反常并违反道德的行为，它会带来安全问题，为支撑收容所、医疗、食物供给而给纳税人增加负担。涂鸦是城市空间里常见的另一种离经叛道行为。涂鸦通常被看作一种由青少年犯罪者所为的肆意破坏行为，如果在拥挤的旅游景点或市场区域，则需要立法和清除方可以解决。然而，涂鸦成为城市边缘社区日常生活中常见的一道风景线。这些区域往往是移民和底层人群的居住地，涂鸦与这里的环境很和谐。这也表明城市空间的商品化在城市居民的日常生活中的强大力量。通过清理消毒和驱逐流浪者，城市环境变得干净和安静，这些举措都有助于经济繁荣和城市发展。这些目标或明显或含蓄地合理利用了城市公用空间，这些表达不同的空间以及另类的生活方式越来越被排挤出城市空间。

评论

城市人口每天都在一个以社会性构成为实质内容的差异空间里与现实抗争。这些差异空间既有与生俱来的不平等,同时也存在着抗争的空间。有时候,这些抗争产生了社会凝聚力和共享认同的空间。有时候,这些抗争会转变成更大的社会运动和示威活动,如民权运动、选举权运动、环境保护运动、罢工以及反战游行等。此处的焦点放在了那些主要差异上面,但需要反复强调的是,身份,即便是个体的身份,也都是多元化的。在城市空间里,每一个人都有性别、年龄、阶级地位、族裔、宗教或者某种体系的信仰以及性别认同,也知道如何利用城市空间。通过整个城市和城市空间的人口来放大一个人的多样性身份变得异常的艰难和复杂。

不论过去还是现在,差异一直存在于城市环境中。正是这些差异空间缔造了充满活力的城市空间,而这些城市空间承载了大多数的世界人口,尤其是自工业时代以来从农村涌入城市的大量移民。差异空间成为当代社会科学家、城市区域规划者、政府机构和非政府组织做出重大决策的重要组成部分。

进一步阅读书目:

- Cohen, Stanley. 2002. *Folk Devils and Moral Panics: The Creation of the Mods and Rockers*. 3rd ed. London: Routledge.
- Cresswell, Tim. 1996. *In Place/Out of Place: Geography, Ideology, and Transgression*. Minneapolis: University of Minnesota Press.
- Fincher, Ruth and Jane Jacobs, eds. 1998. *Cities of Difference*. New York: Guilford Press.
- Harvey, David. 2007. *A Brief History of Neoliberalism*. Oxford, UK: Oxford University Press.
- Hetherington, Kevin. 1998. *Expressions of Identity: Space, Performance, Politics*. London: Sage.
- Massey, Doreen. 1994. *Space, Place and Gender*. Cambridge, UK: Polity Press.
- McDowell, Linda. 1997. *Capital Culture: Gender at Work in the City*. Oxford, UK: Blackwell.
- Mitchell, Don. 2003. *The Right to the City: Social Justice and the Fight for Public Space*. New York: Guilford Press.
- Said, Edward. 2003. *Orientalism: Western Conceptions of the Orient*. London: Penguin.
- Valentine, Gill. 1993. "(Hetero) sexing Space: Lesbian Perceptions and Experiences of Everyday Spaces." *Environment and Planning D: Society and Space* 11(4): 395–413.
- Young, Iris. 1990. *Justice and the Politics of Difference*. Princeton, NJ: Princeton University Press.

(Terri Moreau 文 郭九林 译 王 旭 校)

SPACES OF FLOWS | 流动空间

"流动空间"一词经常与曼纽尔·卡斯特的后期作品联系在一起,它体现了在全球化时代下城市秩序的空间重构。无可争辩,现代城市是资本、信息、人口、经济活动的流动场所,而且流动的空间规模和范围日益增大。对于城市来说,这意味着早已确立的国家范围内的等级体系已经被更为流动的、横向联系的体系所代替。不同于传统的规模等级流动秩序(即从地方村镇到区域中心再到首都),这种秩序只是从底层向高层的自下而上的流动,现在的联系更直接发生在城市之间,打破了传统意义上的自下而上的流动模式。

这种流动空间的影响,在从金融到人口流动,再到新的落户模式以及经济活动的新的组织安排等许多方面都体现出来。城市研究者对信息和通信技术所发挥的作用进行了考察,发现信通技术使得生产活动之间的合作更加密切,这些生产活动如今可以在远离市场以外的地方进行,实际上这些活动已经分解,并散布在全球的各个地方。例如,通过电话呼叫中心将信息和通信技术融入服务供给,这种做法可以让供应商对位置选择更加灵活:通过重新安置,供应商可以在全球范围内选择位置,如在印度、加勒比和东南亚等地区。卡斯特认为,我们正在见证一个一切都围绕信息资本而组织起来的社会,它促使了全球流动空间的兴起,通过通信技术驱动的新空间,可以重新设置人口与地理位置的关系。

最大范围的流动空间是全球化金融系统,比如持续的全球化金融贸易(当纽约股票交易收尾时,洛杉矶开始交易了;洛杉矶停止交易时,东京开始交易了;当东京停止交易时,新加坡、孟买又开始交易了;当它们停止时,伦敦和巴黎又开始了;当伦敦和巴黎叫停时,纽约又开张了),这是利用信通技术首次克服远距离交易困难的范例,然后真正完成在贸易上的资本积累。这样我们通过通信技术来协调广泛分散的活动,把信息集中到金融地区的中央办公室,再发散到不同时区的办公室来进行全天候工作,不仅可以完成全球覆盖,还可以利用空间来克服时间。极端地说,这种做法一直以来被视为对空间的压缩和对时间的摧毁。如果我们想要探索这种流动空间的影响,那么我们就需要审视城市之间和城市内部的联系。

全球节点与枢纽

流动空间的社会性和物质性影响是不均衡的,其结果是,尽管人们为了减少资本流通的障碍付出了巨大努力,但在人口流通方面还存在诸多障碍。卡斯特注意到了这种不均衡的影响,即一些人被困在某些地方不动弹不得,而富有的全球流动参与者属于"无所不能的精英",他们在流动空间里畅通无阻。为此,城市之间为了吸引游动资金和经济活动总是处于竞争状态。萨斯基亚·萨森发现,那些需要广泛协调的远距离的信息和人力基础设施在很大程度上集中在特定的城市环境,远没有达到一种均匀分散的程度,例如仅曼哈顿的光纤和数据光缆容量就大于整个非洲大陆的容量。为了赢得竞争优势,城市给那些落户为重构了的全球流动空间的公司提供设备,城市也努力与信息流建立联系,并通过提升城市形象来吸引它所需要的精英人群。卡斯特发现,流动空间通过全球节点与枢纽而产生,它由有利于精英的环境组成,通常与城市的其他区域隔绝,他将其称之为真实空间(比如公司办公室、宾馆和机场等)。这些流动空间是知识型精英们交流和交换经营全球企业所需的信息与技术的重要场所。继萨森之后,还有学者将全球经济中的两类信息的流动进行了区别:(1)可以转换成传输形式并通过电子网络流动的数据;(2)在相关能力支持下形成的网络的支持下、有赖于高技术互动进程的可评估的知识。公司所寻求的城市是,它们有足够的社会能力让流动精英之间进行互动,从而在平行的技术交往中获得最大利益。通过战略性地把职员派送到全球枢纽城市的累积性过程,这些公司获得评价知识的概率就会增大。

仔细观察信息流动就会发现,流动空间通常不是将整个城市连接联系在一起,它只是联系城市中的某些部分。因此伦敦和曼哈顿是通过金融地区被联系在一起,以至于有些人把这两个城市称为一个单独的城市实体——NYLON。不同城市的不同部分可能会交错在一起,以至于距离感消失。相反,相邻的两个城市或许彼此感觉遥远而缺乏联系,例如,伦敦与曼哈顿之间数据流动的频率要超过它与东部郊区之间的频率。其效果就是,以容量为衡量标准的这个城市的信息(由一个界限构成的空间)流动到其他城市里某些区域,而其他城市的这些区域又与另一些其他城市中的某些区域连接在一起。因此,这个城市的某些地区可能通过电子流动与一连串其他遥远的中心连在一起,而该城市的其他地区则与另一组城市以不同的信息流联系在一起。如此一来就产生了跨本区域的次经济体网络。

城市群落

城市因此分裂成都市群落,分布在一个广阔的区域内,其中包括技术性郊区,真实的城市空间等等,而不再是一个统一的城市。卡斯特认为,这个分裂的城市产生了二元城市,它把富裕的知识工人和在新型经济环境里没有能力立足的人群一分为二。(具有讽刺意味的是,知识工人需要诸如照看婴儿、室内保洁以及其他类似活动的服务。)卡斯特认为,二元城市"与全球紧密联系的同时,却在本地缺乏联系"。与其说这是二元城市的最后结果,还不如说城市是以更为复杂的方式分裂的,不能简简单单地把它们看成是联系或者不联系。

的确,信息流动受到一定程度的控制。所以尽管二元城市的精英和被排斥的其他人有一些共鸣,但是这绝不是故事的全部内容。全球化通信正在改变城市的生活节奏,产生了分离和分化的新模式。班加罗尔呼叫中心的女性雇员现在是不同流动空间的一部分——与美国市场同步,夜班就是一个时间陷阱,凸显了她们在所在城市中的边缘化就业地位和作为一支新的全球粉领劳动力的现实。这些数字经济从业者的工作环境远不及全球精英们的工作环境。就城市而言,这些呼叫中心的劳动者是她们居住、工作也是所服务的城市人口中的一部分(通常是西方城市)。在卡斯特看来,这样的全球节奏与流动空间相匹配,也就是他所说的,结晶化的或曰没有时间的时间。他认为,工业资本主义创造了钟表为标准的时间并且本身也被后者所塑造,而如今的信息资本主义用即时性代替线性,用不连续性代替可预测性,在这一过程中,也产生了一系列临时性的霸权模式。通过打乱活动顺序,流动空间消除了时间,使工作程序即时进行。

流动空间也为草根阶层创造了新的可能。因全球网络相互学习和结成新联盟体系等特点,它才使一系列活动和非政府组织的存在成为可能。同样,贫困工人的流动引发新思想、侨汇以及新城市文化的交流,尽管这一切经常受到警察的严密看管。像批评家史密斯指出的那样,卡斯特这部作品的主要特点是帮助人们通过全球流动空间看清主要的政治格局。有一种趋势将这种流动描述为"他处"而非"近处"的地区间联系,把全球和地区社会进程定义为二元对立架构,就像用互相排斥和内部固有的敌意来解释城市发展那样,让当地文化与全球化的经济转型进行对抗。其风险就意味着流动通常是全球性的动态流动,而地方所能做的就是坚决顽固抵制。相反,通过城市布局人们可能更清晰地看到不同空间流动的交错。

进一步阅读书目:

- Castells, M. 1996. *The Rise of the Network Society: Networks and Identity*. Oxford, UK: Blackwell.
- ——. 2000. "Grassrooting the Space of Flows." pp. 18 – 27 in *Cities in the Telecommunications Age: The Fracturing of Geographies*, edited by J. Wheeler, Y. Aoyama, and B. Warf. London: Routledge.
- ——. 2002. "Local and Global: Cities in the Network Society." *Tijdschrift voor Economische en Sociale Geografie* 93 (5): 548 – 558.
- Sassen, S. 2001. "Impacts of Information Communication Technologies on Urban Economies and Politics." *International Journal of Urban and Regional Research* 25(2): 411 – 418.

- —. 2002. *Global Networks, Linked Cities*. New York: Routledge.
- Smith, M. P. 2001. *Transnational Urbanism: Locating Globalization*. Oxford, UK: Blackwell.

(Mike A. Crang 文 郭九林 译 王 旭 校)

SPORTS STADIUMS | 体育场馆

体育场馆早已成为多样的城市联合体的基石。今天,体育场馆一般被认为是大型封闭的舒适的竞技场,公众可以聚集在此一起观看专业运动员和业余爱好者的体育赛事。从历史上看,在希腊文明和罗马文明中,体育场馆占据着突出的物质和意识形态的位置。从公元前776年的60米长、能容纳4万名观众的奥林匹亚"赛跑场"到古罗马的大型体育竞技场,体育场馆被视为某些重大时刻的重要标志性建筑。由于体育场馆依靠的是主流的社会管理和生产模式,因此一直以来在城市形态中发挥着不同的作用。这一点可以通过1945年以前、1945—1990年和1990年以后这3个重新定义体育场馆的阶段来证明。

1945年以前的体育场馆

20世纪之交,德国声称拥有世界上最大的体育场。为1916年奥运会而建的德意志体育场可容纳4万人,它由建筑师奥托·马奇(Otto March)负责修建,但此次奥运会因第一次世界大战而中止。1933年德国纳粹党执政,希特勒意识到修建一个中心体育场可以成为申办1936年奥运会的潜在的广告宣传。后来,希特勒再次雇用马奇家族在原地修建了一个新的可容纳11万人的奥林匹克体育场。该体育场成为表现现实意识形态和显示纳粹党重要性的物质基础。

在北美,随着城市化、移民和工业化的加速,城市规模增大,但直到20世纪20年代体育场馆才开始对城市景观产生影响。随着早期体育经济的兴起,观看体育活动的场所逐渐被监管和约束,因为企业家开始利用向观众出售门票赚取利润。如果说19世纪末任何承办联赛的城市都希望有一支运动队的话,那么到了20年代,当地官员就开始建设公共体育场为这些运动队提供设施,从而提升市民的自豪感和热情,促进旅游业的发展。

早期的例子包括:1922年的帕萨迪纳玫瑰碗体育场、1923年的洛杉矶大体育场、1924年芝加哥的士兵场体育馆,还有同年修建的奥斯汀得克萨斯长角牛橄榄球队的主场——纪念体育场。在基础设施、通信、交通和汽车快速增加等因素大发展的影响下,许多早期的体育场可以被称为"魔幻体育场"。这些体育场馆往往与周围的建筑环境和谐共存,现在承载了许多体育赛事伟大历史时刻的记忆。例如芝加哥的箭牌球场(常春藤遮挡着击球手的眼睛),匹兹堡的福布斯球场(遮阳篷顶),纽约的保罗运动场(一排排铸铁座椅)等。也许最值得一提的就是波士顿的芬威公园(1912),它与北美同期的其他体育场类似,属于新英格兰工业化城市的足球场馆设计风格,它可以被视为是周围环境独一无二的产物;该体育场坐落在写字楼、住宅区、两所学校以及多个零售和娱乐服务场所旁边,与周围环境融为一体。事实上,根据国家公园管理局关于地标建筑的标准,此体育场已被确定拥有5个著名区域:运动场本身、主看台、场地右左两侧看台以及左场侧壁(现在芬威公园也被称为"绿色怪物")。像这样众多的梦幻体育场早在夜场赛事、电视、郊区化和团体包厢等出现之前已经建成,它们尽管经历了多次翻新和改建,但仍缺乏公众所熟知的像晚期资本主义消费环境那样舒适的场馆设施。然而,芬威公园是依然在使用的最古老的职业棒球大联盟场所,尽管容纳观众人数最少,不多但依然是最成功的体育场,享有美国职业棒球大联盟(Major League Baseball)最高门票收入。

1945—1990年的体育场馆

制造业的衰退以及伴随而来的服务行业的兴起和知识工人数量的增加等因素导致城市核心区的衰败。从战后时代开始,人口众多而繁荣的城市核心的活力不再,这些日益破败、冷冷清清、魔鬼般的城市核心与欣欣向荣、追求高尚生活和崇拜物质商品生活方式的郊区之间关系紧张。随着居住在中西部和东北部主要城市的中等收入的白人居民从城市中心大规模移居郊区,这些已经加速发展的城市郊区景观得到进一步发展,与之同时进行的还有:南方绝大多数贫困的非洲裔美国人从南方乡下大规模移居到中产阶级已经撤离的城市中心、资金从城市低收入区域撤出转而投资到以服务业为中心的郊区就业中心、社会福利计划的削减等。上述种种的共同结果已经在后工业化时代郊区的社会经济增长、中心城市社会经济衰退以及两极化发展模式中得到明显体现。作为社会经济和政治进程的结果,当代美国城市演变成两个泾渭分明的对比空间:富裕白人占绝大多数且日益增长的郊区和以黑人为主的、正在衰败的中心城市。

随着家庭、人口、工作和市场的迁移,城市官员和运动队的经营者非常渴望能够利用郊区廉价的土地、显而易见的稳定社区环境、改善的交通网络以及附近的中产阶级消费者。因此,第二次世界大战之后建造的大多数体育场都坐落在新郊区或其附近。事实上,到70年代,北美1/5的运动场都建在郊区。例如洛杉矶的郊区英格伍德的广场体育馆、新泽西州郊区梅多兰兹的布伦达·拜瑞体育馆,纽约尤宁代尔的拿骚县大体育馆等。这些圆顶体育场馆不仅像1945年之前建成的场馆那样让人陶醉,而且也趋于合理,多种用途体育场有人造草皮,固定屋顶,超大容量的座椅看台,经营者和城市官员一样都期待从这些体育场馆中获取竞争和财政优势。从这个意义上说,休斯敦的巨蛋体育馆(1965)、匹兹堡的三河体育场(1970)、辛辛那提市的辛纳杰球场(1970)和西雅图国王球场露天体育场(1976)的建造不仅仅是为了容纳本城市的体育队(同一场地内往往不止一个运动队使用),而且还能举办各种各样的娱乐活动,从摇滚音乐会、宗教集会、政治会议到牲畜展与牛仔竞技节。2005年,新奥尔良的路易斯安那体育馆和休斯敦的巨蛋体育馆被联邦紧急事务管理署征用,用于临时安置卡特里娜飓风的受灾者。

1990年后的体育场场馆

由于大规模制造业经济从美国东北部和中西部城市撤离,以及随之而来的城市税收基础、人口和公共开支的减少等因素,许多城市加快从管理型到企业型管理模式的转变。和提高公共福利相比,后工业化时代城市对吸引私人资本更感兴趣,这些城市运作的主要目的是吸引高流动性和灵活性的生产、金融以及消费流。在这种持久的企业化趋势下以及需要解决人们对城市环境已存在的负面认识等因素的推动下,许多城市相互竞争以吸引公司、政府和零售行业的投资资金。由于缺乏传统工业制造业经济,许多北美城市已忙于新的商业举措和结构重组,把城市环境打造成一个消费和资本积累的多面空间。城市中心重建和更新项目趋向于集中在相对狭小的以旅游业为主导的区域,或者在凸显耳目一新的体验并给人以安全、好玩和充满城市活力印象的城市飞地里。作为当代都市的必需组成部分和当代城市活力的表达——购物(假日市场和商场)、餐饮(主题餐厅和咖啡馆)、娱乐场所(影剧院、体育设施、博物馆、现场音乐、赌场)及游客基础设施(酒店,会展中心),这一切与壮观的消费空间一道,正越来越把体育投资作为它们存在的基础。因此,尽管80年代的特点是假日市场蓬勃发展,但是到了90年代,城市开始重视体育运动场馆,把它们作为城市更新的支点。因此,自90年代初就出现了前所未有的城市之间商业体育赛事、体育项目和运动队,因为城市的领导人要依靠以旅游、娱乐、文化为基础的新型经济来振兴早期工业城市。

90年代以来,作为获得竞争优势和政治支持、创建和突出城市形象、吸引精英体育运动队和赛事,以及提高城市消费空间知名度的混合体,新的体育场馆已经开始选择修建在复兴的中心城市。事实上,新的体育场馆已成为从内部和外部来推动城市知名度的最有效手段。自1990年以来,对城镇居民福利的财政和立法支持都在萎缩,而在这样一个时代,美国各市和各州政府已经花费了超过100亿美元来资助大联盟运动队的设施建设。事实已证明这些举措在城市重建和重塑形象,特别是在就业规划和财富创造方面的巨大潜力,也证明了它们在提高城市的形象和凝聚力方面具有的能力。

为了顺应去工业化的大趋势,城市领导者们进行了一系列的投资,为新的住房开发搭建平台,旨在吸引年长的婴儿潮一代(以及)年轻的职业人士在城市中心区域娱乐业大发展的时期返回城市生活,建设体育场通常能够吸引或者保留联盟球队,已成为城市复兴战略的核心组成部分。美国马里兰州巴尔的摩大都市区卡姆登场的金莺球场(Oriole Park at Camden Yards)就是这种过程的一个典范。为从其他城市中脱颖而出,并确保已复兴的港湾区内新市中心消费环境的新鲜度,巴尔的摩市于20世纪80年代中后期推出计划,准备在卡姆登场的早期的工业仓库原址上建设一个棒球场。因为担心金莺棒球队再迁往他处(1984年全国足球联盟的小马队从此地搬迁到印第安纳波利斯)和纪念体育场的低迷态势,城市竭尽全力要为剩下的主要联盟球队建一个新家。通过建筑设计层面把原有的卡姆登场工业仓库(原B&O铁路的仓库)与怀旧设计相结合,体育场馆成了巴尔的摩的地标性建筑,吸引着棒球迷和球员、职业体育经营者、广大市民和建筑评论家的眼光。继金莺球场之后,M&T银行体育场(全国足球联盟主力球队巴尔的摩乌鸦队的主场)、竞技场剧院、新的中心点零售综合大楼、巴尔的摩会议中心以及许多新装修的高档公寓楼和酒店综合大楼、马里兰大学医学院和医院等随后很快得到开发修建。

利用美国人把观看棒球赛作为消遣和怀旧的情节以及金莺球场的大获成功的推动,30个棒球队中的17个已修建了复古风格的棒球场,勾起人们对棒球梦幻般的、经典的20世纪早期的设施的怀念,如波士顿的芬威公园、芝加哥的箭牌运动场、布鲁克林的埃贝茨球场、匹兹堡福布斯场等。这些新老建筑,如丹佛的库尔斯球场(Coors Field)、西雅图的水手棒球场(Safeco Field)、印第安纳波利斯的康塞科球馆(Conseco Fieldhouse),或者孟斯的汽车部落公园(Auto Zone Park)等,不仅是对过去辉煌的赞美,而且也融入了当代消费者期望的、体育设施应具有的舒适。

有些城市已经经历了一些与城市环境的商业壮举和体育场馆相关联的问题。这一系列商业环境的复制做法导致数量有限的建筑设计师、设计师和规划者(HOK体育等)经历了相同的体育场馆经验,这些已经在其他地方取得成功的经验被很多城市用作看家武器,用以增加城市的吸引力。这就意味着在一个私人资本具备扩张冲动的环境里中,体育场馆互相模仿借鉴经验已成为普遍现象,耳目一新的感觉荡然无存。为了摆脱复古和梦幻风格的体育场印象,华盛顿国家棒球队的新建体育场馆(2008)采用玻璃嵌板、钢筋和混凝土来反映华盛顿作为历史名城和会议中心的风格,而且为欣赏美国国会大厦、国家广场和华盛顿纪念碑提供了一个视

卡莫利加公园体育场(Comerica Park)，2000 年建成，是底特律老虎队新的棒球场馆，其周围配置运动场地。这所大型场馆建成后受到普遍称赞，但底特律闹市区依然处在经济萧条的困扰之中

角。为了鼓励华盛顿的安纳考斯提亚社区发展，投资 3.2 亿美元的体育场被选定在了新棒球场娱乐区。

体育场馆及其相伴的娱乐基础设施是试图改变城市中心的物质和象征环境、把城市纳入旅游推广线路等举措的一个组成部分。通常情况下，像这样体育场馆类的投资都集中在城市的一些安全且卫生清洁的区域，远离真实的居民生活区。事实上，一些体育场馆的设计的初衷是希望它们能够成为消费为导向的空间与那些反对这种空间的人口之间的一道有形的缓冲区，如美国职业篮球联盟孟菲斯灰熊队的主场孟菲斯新联邦快递广场(New FedEx Forum)。把城市发展寄托在体育场馆等核心项目上是城市核心区重建长期的做法，但对于许多城市来说，它们呈现的是一个非真实的城市生活场景，郊区居民和游客远离是仍然存在的城市问题。这种投资产生的长期影响以及体育消费空间的增加对地区稳定的意义仍有待考察。对城市中心尤其如此，这些城市的前景依靠体育消费空间（如孟菲斯）。例如底特律，近年来该城市已新增两个体育场馆和一个表演艺术综合中心，但这些都不足以抵消其他不利影响，如外围街区破败、高昂的财产税、因学校条件差而导致 2000—2003 年人口的净下降等。

如同 1936 年的柏林一样，体育场馆在表达国家意识形态的倾向性等方面继续发挥着重要作用。

修建体育场馆来承办大型体育赛事一直被视为一种象征性武器,它可以表达多元文化(2000年悉尼奥运会)、发展和经济稳定(1998的吉隆坡英联邦运动会)和技术领先优势(1998年的汉城奥运会);2001年"9·11"事件后,面对混乱局面,运动场馆的选址就可以展示民族团结(2002年盐湖城奥运会奥林匹克公园的扬基体育场、2002年国家橄榄球超级碗联赛的新奥尔良的超级圆顶球场)以及对城市天际线进行颠覆性重构(新的温布利大球场圆弧是世界上最长的单跨屋顶结构,凸显着伦敦的天际线)。

进一步阅读书目:

- Baade, Robert A. and Richard F. Dye. 2006. "The Impact of Stadium and Professional Sports on Metropolitan Area Development." *Growth and Change* 21: 1–14.
- Bouw, Matthjis and Michelle Provoost, eds. 2000. *The Stadium: Architecture of Mass Sport*. Rotterdam, Netherlands: NAi Publishers.
- Delaney, Kevin J. and Rick Eckstein. 2003. *Public Dollars, Private Stadiums: The Battle over Building Sports Stadiums*. Piscataway, NJ: Rutgers University Press.
- Harvey, D. 1989. *The Condition of Postmodernity*. Oxford, UK: Blackwell.
- Paramio, Juan Luis, Babatunde Buraimo, and Carlos Campos. 2008. "From Modern to Postmodern: The Development of Football Stadia in Europe." *Sport in Society* 11: 517–34.
- Riess, S. A. 1995. *Sport and Industrial America*. Wheeling, IL: Harlan Davidson.
- Ritzer, G. and T. Stillman. 2001. "The Postmodern Ballpark as a Leisure Setting: Enchantment and Simulated DeMcDonaldization." *Leisure Sciences* 23: 99–113.
- Roche, M. 2000. *Mega-events and Modernity. Olympics and Expos in the Growth of Global Culture*. London: Routledge.
- Sheard, Rod and Robert Powell. 2005. *The Stadium: Architecture for the New Global Culture*. Balmain, Australia: Pesaro.

(Michael Silk 文　郭九林 译　王　旭 校)

SPRAWL ｜ 城市蔓延

城市蔓延通常被表述为在城市边缘或者城市周边迅速的、无规划或者至少是不协调的、分散的、低密度的、依赖于汽车的增长。正因为如此,这并不是一个可分析的概念。不同的人在不同时期使用时,城市蔓延的意思就会不同。多数情况下,它被视为一种受人批评的概念,用于表明一种态度而非说明任何真实情况,几乎是在表达一种负面态度。既然它并不是一个真正恰当的概念,那么人们就会采取行动和策略来应对这种蔓延。在大量城市研究文献中,它被当成一个计划性的目标概念来使用,是一种强调分散和城市区域的战略,旨在停止城市的蔓延式发展。

有些人认为,直到20世纪60年初期蔓延才成为城市话语中的一个议题,这种蔓延就是指对之前无人居住土地的随意占用。很长时间以来,城市蔓延被视为美国独有的社会现象,这主要是因为美国有大量的廉价土地,可以在它上面修建梦寐以求的独栋住宅,并且大量的汽车和道路都通向那里。今天,城市蔓延或多或少地成了一种全球现象,这是一种新的城市理念,随着交通通讯等技术基础设施在一个地区的建立,蔓延不可避免地主导城市化进程。

城市蔓延是一个方便使用的概念。蔓延存在多种形式,因为城市的设计形式(或缺乏城市设计)是不断变化的。就在城市可持续发展和社会隔离方面,城市的低密度和动态外扩常常成为批评的对象,这表明众所周知的城市密度被认为既有利于城市的可持续发展又能减少种族隔离。

密集与分散的城市区域

但在许多方面,密集和分散的城市以及城市区域的存在并不是一个新事物。它已经发展了许多年,但在过去的几十年中发展速度显著加快。目前,相对来说少数人住在老旧的、密集的城市区域,而其余的大多数人住在依靠基础设施建设而非城市自然发展而连接在一起的分散的城市区域。新的意识正在增长,越来越多的人以更平和的态度看待城市蔓延。

在最近的一些研究中,蔓延的发展可以向前追溯,尤其是 20 世纪。从早期的城市蔓延到"二战"后的繁荣年代再到今天,我们长期以来经常目睹引发蔓延的各种富有争议的原因,所发动的形形色色的反蔓延运动,以及为阻止这种蔓延而已经实施的各种补救措施。就这些运动和补救措施为何没有产生效果已经有了令人信服的论述和解释。

观察蔓延对城市发展产生影响的有效工具是密度梯度。一个城市的住房密度或就业密度可以将每平方英里或平方千米的人口拥有量设定为坐标纵轴,以英里或千米为单位把与城市中心间的距离设定为横轴。如果以伦敦 1801 年的情况作为起点,我们就得到一个从左到右陡峭下降的曲线,这表明从相当密集的城市中心到明显的城市边缘只有几英里的距离。随时间推移,伦敦以及其他大部分城市的城市中心人口已经流失,但在城市边缘地区人口却大幅度增加,这就生成了一个更为平缓的曲线。这种密度梯度曲线几乎在所有城市都趋于平坦,当然,除非我们考察的城市有一个自然边界。如果把城市区域作为一个整体看待,那么即使是洛杉矶也比纽约的人口密度要大。巴黎和伦敦很像:1 000 万人口中至少有 3/4 住在巴黎城市区域的法兰西岛,也就是说他们住在巴黎外环公路以外。就业证实了这一趋势。20 世纪 90 年代,巴黎市区失去了 20 万个就业岗位,而远郊却增加了 16 万个就业岗位。显而易见,到 20 世纪结束时,城市蔓延已使世界上很多地区的城市和农村之间的区别成为历史,从而产生了一种以流动性和独栋住房为基础的新的散居型生活模式。

应该指出,社会越富裕,它的密度梯度曲线就越趋于平缓。随着一个社会的财富不断增长,它的居民就越倾向于在开阔的农村地区寻找住所。当一个社会的公民变得更加富裕,并能享受基本的经济和政治权利时,那么就会有更多的人有机会享受到早期保留给富裕公民的那些好处。

城市地区的实际情况是,新兴事物如隐私(控制自己周围环境的能力)、流动性(即个人流动和社会流动)以及选择(理解为即使是最普通的中产阶级家庭也可以享受到的多样性的生活方式)现在已经变成一种大众现象。使其成为可能的主要原因包括个人拥有汽车、基础设施建设的不断增加、流动成为当今城市生活的一个重要方面以及园林景观成为城市生活不可分割的一部分等。

地貌与人造环境

20 世纪七八十年代城市重建成为主要焦点,人们有一种倾向,认为欧洲城市人口密度大,从根本上不同于美国城市,美国城市更加分散。

基于欧洲城市的网络状和流动性来仔细考察

欧洲城市的现状就会发现，那些过去基于传统城市概念而形成的基本的二元对立观点有些过时：首先不仅是城市与乡村之间的对立，而且还有城市中心与边缘的对立，公众与个体的对立等等。从传统来看，城市问题的发展只涉及这些对立的一个方面，但事实似乎表明，它们之间的对立不再有效。假如中心城区的问题也在蔓延区出现？如果它就是城市环境的显著特征而非其他东西又怎么办？

根据最近的研究表明，分散一直是城市的特征。随着城市经济的日益成熟和繁荣，城市人口趋于向外扩张，人口密度不断下降。20世纪唯一的新事物就是人口向外扩张，这种趋势愈加明显地成为一种大众现象——现在所有的城市都在扩张。在富裕的城市，人口密度下降也许是近期城市发展唯一突出的事实。这种情况随处可见。蔓延在亚洲、拉丁美洲和非洲的所有大城市的外围进行。事实上，世界上所有大都市地区的城市边缘地区的人口份额都在大幅度增加。根据美国人口普查局的资料，50%的美国人口居住在城市中心以外的区域，而只有不到30%的人口居住在城市中心。在欧洲，除了柏林是唯一外围人口份额下降的大都市地区（可能是由于其在冷战期间的原因）之外，包括罗马、巴黎、伦敦、兰斯塔德、哥本哈根、斯德哥尔摩在内的欧洲其他所有城市，居住在城市外围的人口数量都在不断增加。

如果我们把景观看作城市的一个基本特征而不再是相反或者对立的东西，那么，它一定会被视为整个城市区域不可分割的一部分，因此就必须把它看作城市和建筑规划的核心部分。

如果被直接问及，大多数人会说他们更喜欢住在靠近城市中心且紧挨着有田园景观的开阔环境里，那里有可供自由选择的多样生活方式和方便的交通网络。显而易见，这些喜好选择上的矛盾必然会导致城市和乡村之间关系的不断调整，导致流动性不可避免的增长，这主要表现为私家车使用量的增加。

城市转变过程会将已建成的环境和景观重新改造成为新的城市区域。一些新概念如网络城市、无边界城市、乡村城市、乡村城市生活等表明，以前或多或少没有歧义的概念如城市、村镇中心、郊区、城市边缘、农田和开放景观地带等不再属于乡下。有些人愿意把这种新的欧洲环境叫作"后蔓延时代"。他们通过重新命名来强化这些新环境，他们也尝试着把焦点从建成空间和基础设施转移到所谓的消极空间（新的有价值的、农业的、绿色的和水域空间）以对抗蔓延一词带来的负面联想。如果说之前关于蔓延的研究还是基于将建成空间理解为或多或少的在空地上出现的独立单元，那么后蔓延研究则彻底颠覆了这一观点，那么，在"后蔓延时代"的研究中这种观点被彻底颠倒。或者也可以说这种新观点是在整体而非等级式的结构中观察蔓延。目前没有可以直接应用的理论和范式。闲置空间或者是无人居住的地区并非从一开始就被视为消极。闲置空间在现代主义都市模式中充当了其他人或活动的前景或背景，但在后蔓延研究中将不再如此。这是一种思考模式，因此会导致完全不同的视觉和心理的图像。它试图引入一种不带偏见的审视问题的方法，不再从外面把起点带入一个预期的理性和已成型模式里，而是对既定环境的认知。

部分城市地区较小的变化对几乎所有地方都可能产生连锁效应，所以试图了解蔓延、内城、郊区和远郊之间的错综复杂的关系就像试图通过观察解开复杂的迷宫，在这种情况下，网络化的城市区域没有任何入口和出口的特权。

这一事实的一个后果就是，景观可以理解为一个"人造"事物，它只是一个概念和比喻，过去许多年里它一直被视为形成城市区域的发展和转型模式最有成效的切入点。

也可以说，像城市区域的其他部分，蔓延的城市区域就是一个多种多样的、破碎的、异质的、展开的图片。就城市中心与建筑类型以及社会、经济、种族问题而言，不可能对城市的蔓延部分做一个明确的、一概而论的判断。蔓延的城市区域也是不同时代不同形式的城市设计和城市建筑的聚集，它们彼此相邻、相互作用、相互叠加。总之，很多东西表明，蔓延现象仍将在城市区域继续下去。

进一步阅读书目：

- Bölling, Lars and Thomas Sieverts, eds. 2004. *Mitten am Rand. Auf dem Weg von der Vorstadt über die Zwischenstadt zur regionalen Stadtlandschaft. Zwischenstadt Band 1.* Dortmund, Germany：Verlag Müller + Busmann KG.
- Bormann, Oliver, Michael Koch, Astrid Schmeing, Martin Schröder, and Alex Wall. 2005. *Zwischen Stadt Entwerfen. Band 5 Der Schriftenreihe Zwischenstadt.* Wuppertal, Germany：Verlag Müller + Busmann KG.
- Bruegmann, Robert. 2005. *Spraw：A Compact History.* Chicago：University of Chicago Press.
- de Boeck, Lieven. 2002. "After-sprawl." In *After-sprawl：Research for the Contemporary City*, edited by X. de Guyter Architects. Rotterdam, Netherlands：NAi Publishers.
- Fishmann, Robert. 1987. *Bourgeois Utopias：The Rise and Fall of Suburbia.* New York：Basic Books.
- Hayden, Dolores. 2003. *Building Suburbia：Green Fields and Urban Growth 1820–2000.* New York：Vintage Books.
- Sieverts, Thomas. 2003. *Cities without Cities：An Interpretation of Zwischenstadt.* London. Spon Press.

(Morten Daugaard 文 郭九林 译 王 旭 校)

SQUATTER MOVEMENTS ｜占地运动

占地者是指擅自占用私人或政府土地的人。占地是一个全球现象。占地的主体常常是移民，占地的原因包括农村不景气、城市地区昂贵的房地产价格使得穷人无处可住，还有想选择一种不同的生活方式等。占地现象在欠发达地区尤其明显。随着城市化进程在非洲、亚洲和南美洲地区的加速，城市区域的擅自占地速度比城市的发展速度更快。在许多引人注目的国家像阿富汗、乍得、埃塞俄比亚、印度等，绝大多数的城市居民住在形形色色的不同的擅自占地区域。尽管擅自占地的规模在城市研究中有明确的统计，但是对于对擅自占地运动的性质和程度仍旧不得而知。

波特尔（Portal）和黛安妮（Diani）认为，关于占地运动的研究趋向于跟踪3个连续阶段。首先，形成核心群体，该群体因遭到社会机构的批评而产生一种集体意识。其次，这些意识在与反对者的对抗中得到加强。利用这种意识，占地者发起运动以启发对城市社会缺乏公正问题的关注，并寻求影响整个城市政治和文化环境，如同曼纽尔·卡斯特20世纪80年早期在其作品中强有力的证明的那样。第三，占地运动的典型做法通常是顺应已经形成的环境，从而可以限制或者加深与政府的冲突。除了争夺城市空间和居住地，占地运动尤其是发达国家的城市占地运动，经常是为了争取另类生活方式的权利。例如，柏林和哥本哈根的占地运动者往往都是青年，他们来自各种不同的亚文化群体，如小混混、嬉皮士、波希米亚人、光头党和各种艺术家。很多时候人们对社会运动只是泛泛的争论，如果不是这种多样性提醒，人们就倾向于把占地运动描写成有着一致要求的统一行动,或者是由于绝对贫困而引发的迫不得已的运动。例如阿姆斯特丹,那里的占地运动历史悠久,并在确保住房和基础设施方面取得一些成功,按照尤特马克的说法,这种运动的"人员构成极其复杂而且缺乏统一核心,这就意味着,这些异质构成的群体追求不同的目标,有着不同的策略和手段"。

同样,有关占地运动的文献跟踪了不同社会群体如性别、阶级、种族、宗教、年龄、性倾向等在运动中发挥的作用。研究表明,在集体运动中往往是排外性的政治认同在起作用。例如,一个论述占地运动中性别作用的文献表明,在争取住房或社区基础设施时,妇女参加者人数通常多于男性参加者,如南美或南亚的城市;但这种情况的发生往往是以性别分工为代价,男人经常在运动中承担领导角色。其他研究显示,占地运动中基于族裔或种族的领域划分也能分裂或制约占地运动。

法律与政治权利

占地运动争论的一个主要焦点是所有权问题。全球南部占地运动争论的焦点通常是围绕非正式住房的经济潜力。这些争论往往集中在法制化以及把占地者居住区引入正规市场,很少考虑在不同的实践环境里使非法占有土地合法化存在哪些风险。像诺维尔什(Neuwirth)警告的那样,合法占有的土地(无论个人的还是集体的)距离真正的商品还十分遥远,其结果就会抬高土地和住房价格从而使原有居民消费不起。基于占有而不是财产替占地者提出辩护时,他援引罗马的"凭时效取得产权"(*usucapio*)概念,以及指出在占地者漫长的历史斗争中已经取得一些成功的具体案例,尽管这些成功进展缓慢并且零零碎碎,比如1988年巴西宪法中的条例。

争取法律和政治权利是占地运动的一个关键领域,例如总部设在孟买的租户协会联合会(Federation of Tenants Association)。联合会的工作就是通过提高劳动者群体对已有法律和管理的意识而进行抵制。例如,按照孟买贫民窟复兴管理局(Slum Rehabilitation Authority)的计划,通过建立合作社,土地占有者居民点就有权成为集体开发者。联合会的工作表明,城市里很多居住在占有土地上的人并没有意识到正式管理规定的存在。事实上,多数占地者与国家之间的互动通常是以非正式的方式来进行,如通过特殊的服务、贿赂、选票、暴力或投诉等组合方式。

近年来,欠发达城市中非政府组织数量的剧增对占地运动的本质产生了极其深远的影响。米特林(Mitlin)和萨特斯韦特(Satterthwaite)2004年编撰的文集《赋权占地公民》(*Empowering Squatter Citizen*)对此影响进行了阐述,该书探讨了非政府组织和社区占地者团体如何日益参与到以市场为导向的解决方案中。此书有8个案例研究,其中的4个个案是研究政府措施,另外4个是关于民间社会的举措,这些案例记录了社区规划和管理的住房与基础建设或升级改造,通常包含来自占地者或市场占有的成本回收等内容,而不论这种市场占有是通过信贷还是本地开发商建立起来的。这些辩论强调了占地者运动和国家之间的一种特殊关系:例如,尽管很多案例研究支持为特殊目的而实施国家拨款(如补贴住房用地),并且尽管时不时会听到建立国家安全网的呼声,但提供国家福利遭到多数人的反对。这里的建议是,这种外部资助的形式有助于自上而下的举措,这些举措会使占地运动边缘化,并会加强而非减弱占地者的暴力活动。

占地运动的市民社会形式与多种形式的剥夺联系在一起,从收入、基础设施、服务到公民权利和政治权利的剥夺,该运动往往试图通过与国家之间建立伙伴关系和协作来解决这些地区的问题。然而,迄今为止,城市研究并没有对这种关系进行足够的考察。例如,参与市民社会与政府的伙伴关系在多大程度上能够鼓励政府用新的、更平等的方式考虑占地者的利益?当然,它可能是由政府主导的一种合并或合作的范例。关于市民社会占地运动的形式对政府或者占地者居住地的影响力,我们还需要更多的证据和批判性反思。此外,非政府组织(经常由中产阶级的活动家组成)在多大程度上是负责任的、透明的或者服从于占地者需求和优先事务,这一点还需要进一步阐明。

国际范围的小屋或贫民窟居民

虽然占地运动是典型的地方化运动,集中在地方政府,但是在有些情况下,占地运动一直寻求在国际上建立联系,并受益于此。典型的例子就是贫民窟居民国际化运动(Shack Dwellers International),其目标是20多个欠发达国家占有者居住区内的住房和基础设施问题,尤其是南部非洲和南亚。贫民窟居民国际化运动是一个学习运动,它依据一个其领导称之为"横向交流"的结构。这些交流涉及一小群城市贫民从一个城市占地者居住地转移到另一个城市的占地者居住地,从而分享非正式学习过程中学到的知识。贫民窟居民国际化运动支持一系列被其领导者形容为由穷人推动的发展过程不可缺少的办法。这些办法包括每日的储蓄计划、样板房和厕所、穷人聚居地盘点、交流培训计划以及各种其他策略。

贫民窟居民国际化运动尝试处理社会再生产危机,经常(有意无意地)在国家不作为的情况下运转,从而保证占地者居住区的集体基础设施、服务和住房的供给。占地运动一直能够非常成功地说服资助者和吸引国际资金,有时还有全国性资金,例如最近盖茨基金会向该组织投资1 000万美元。在强调支持穷人自我发展时,贫民窟居民国际化运动展示了一个熟练的、有能力的城市占地者的企业形象,代表了一种由占地者自己而非政府驱动的城市社会转型。在这个意义上,贫民窟居民国际化运动是对选择性发展、多样的生活方式这样一个涵盖全球多个占地运动特点的回应。

进一步阅读书目:

- Castells, M. 1983. *The City and the Grassroots*. Berkeley: University of California Press.
- Davis, M. 2006. *Planet of Slums*. New York: Verso.
- De Soto, H. 2001. *The Mystery of Capital: Why Capitalism Triumphs in the West and Fails Everywhere Else*. New York: Basic Books.
- Mitlin, D. and D. Satterthwaite, eds. 2004. *Empowering Squatter Citizen: Local Government, Civil Society and Urban Poverty Reduction*. London: Earthscan.
- Neuwirth, R. 2006. *Shadow Cities: A Billion Squatters, A New World Order*. London: Routledge.
- Porta, D. D. and M. Diani. 1999. *Social Movements: An Introduction*. Oxford, UK: Blackwell. Shack/Slum Dwellers International (http://www.sdinet.co.za).
- Uitermark, Justus. 2004. "Framing Urban Injustices: The Case of the Amsterdam Squatter Movement." *Space and Polity* 8(2): 227-44.

(Colin McFarlane 文 郭九林 译 王 旭 校)

STRANGER | 陌生人

在日常用法和字典的定义中,"陌生人"这个术语有两个不同但并非完全不兼容的含义:"陌生人"是指那些自己不认识的人(身份上的陌生人)或者不属于同类的"他者"(文化上的陌生人)。城市社会学的研究思路一直以来存在着类似的分歧,而且,该研究对陌生人的理解倾向于字典上的解释,强调文化因素多于身份因素。虽然两种研究思路都严重受到了德国社会学家格奥尔格·齐美尔著作的影响,但其他学者也为关于陌生人的基础性研究做了贡献,从而有助于固定"陌生人"这个概念的使用方式。在主要研究文化陌生人的工作中,德国哲学家阿尔弗雷德·舒尔茨(Alfred Schutz)一路陪伴。

文化陌生人

在1908年发表的一篇只有6页的短文中,齐美尔建议我们把陌生人想象为一个相对于接受群体而言具有流动性和客观性的社交群体。与那些捆绑在土地上或者单一地方的群体成员相比,陌生人虽然可能逗留在这个群体里,但他们总有保留流动的特权。与那些深陷在自己信仰体系而不能自拔的群体相比,陌生人置身于这个信仰体系之外,并能够客观地审视这个体系。陌生人与这个团体的关系既疏远(其共享经历、信仰和习俗)又密切(与该群体成员之间在空间上可能还有在感情上的联系),正因为如此,陌生人既是秘密的接收者或者不幸事件的替罪羊,也是该群体与更宽阔的人类大家庭之间的纽带。齐美尔认为,从职业上讲典型的陌生人是贸易商或者投资人,从族裔上讲典型的陌生人(Archetypical Stranger)是犹太人。

与齐美尔相反,舒尔茨从纳粹德国流亡到美国,他认为移民是典型的陌生人,他们走进了一个新的群体并努力理解这个群体的文化形态。1944年,他在发表于《美国社会学杂志》的文章中试图去描写身处这种情况下的陌生人的心路历程(现象学)。他认为,对于这样的陌生人来说,本土人凭常识就能理解的世界在他们看来难以理解。那些给本土人提供便利的东西却给陌生人带来了危机。能提供给本地人用来解围的资源,在陌生人看来就如同迷宫。在结论中,舒尔茨赞同齐美尔的建议,认为陌生人所处的环境决定了其对该群体保持客观态度,但是与齐美尔的陌生人是替罪羊的理论相反,实际上他认为陌生人的忠诚度值得怀疑。

在采用这两种定义的研究中,社会科学家并不始终承认它们的出处或并不十分仔细地定义"陌生人"这个概念。不过,齐美尔和舒尔茨的思路在民族志研究方法和关于人类迁移的讨论中体现得很明显。

人种方法的学术描述,尤其是对参与者观察的方法描述(广泛用于人类学、社会学和其他学科中)通常显而易见地把研究者视为"陌生人"。齐美尔提到,民族志研究者来到被研究的群体中间并做短时间的停留,他们来回穿梭不仅可能而且无可置疑。像舒尔茨说的那样,在群体成员看来是不假思索就能够理解的世界,在观察者看来就错综复杂,研究者面临的任务就是揭开谜团。当他们深入这个谜团般的世界并靠近被观察对象群体的核心秘密时,研究者和团体成员之间的距离就越来越近,即便如此,研究者的"客观性"依然使他们必须与研究对象保持一定的距离。按照齐美尔的说法,研究者—陌生人通常保持一种令人惊讶的互相倾诉秘密的关系,但如舒尔茨警告的那样,他们的"忠诚度都值得怀疑"。对于观察者,他们最终不仅要与被观察对象分别,而且他们描写研究对象的方式可能会遭到研究对象的极大不满。

尽管在探索研究方法方面"陌生人"这个概念被证明是有用的,但是大量有关这一概念的应用还是出现在关于人类迁徙的研究中。"陌生人"这个词经常出现在很多书籍和文章标题当中,这些书籍和文章常常研究关于跨地域和文化空间的人的流动,或者研究诸如冲突、同化、飞地形成等导致人口聚集的过程,或研究诸如认同形成和陌生恐惧症等社会心理的结果。在有关人口迁徙的作品中,其中一个更有意思的意外收获是"边缘人"概念的出现,这一概念在1928年由罗伯特·帕克引入,1937年埃夫雷特·斯通克斯特对其进行了详尽阐述。"边缘人"是文化的混血儿,他脚踩两个不同的文化,同时属于两个不同的世界,但事实上没有被任何一个文化或世界完全接纳。一方面,"边缘人"的概念被认为是对齐美尔所提出的关于"陌生人"定义的一种背叛而一直受到指责;而另一方面,它却不经意地被应用到整个群体而非是个体上面。尽管如此,它在探索可能性、固有文化上的边缘地位,以及积极性格(例如,一种开明的文化相对主义的态度,一种喜欢调查研究的思维模式)和消极性格(自我的异化,持久的背井离乡的感觉)导致的结果等方面都是一个有用的切入点。舒尔茨清楚地发现帕克、斯通克斯特的观点非常有用,因为他把"陌生人"称为"边缘人"来结束他的论文。

除了在讨论人种研究方法和人口迁移时相对直接采用文化陌生人概念之外,社会科学家和社会评论家有时以一种文学的方式在使用这个概念,因为当文化陌生人这个概念用作比喻时,它常用于描述常识上被看作亲密关系或者至少是文化内关系。例如这种关系包括夫妻关系、同一家庭中不同班辈之间的关系,以及女权主义运动中的次要群体之间的关系等。

身份陌生人

如同齐美尔关于文化陌生人的研究一样,他为后来有关身份陌生人的研究提供了一个重要的基础依据。然而在这方面,比较有影响力的同行是美国社会学家欧文·高夫曼而非阿尔弗雷德·舒尔茨。

齐美尔从未将身份陌生人作为一个社交类型。而且在所有著述中,他都没有以持久的方式描述那些经常被并不认识的人所包围的人的情况。他所做的来自他的个人经历,因为他目睹了伴随工业革命而来的人类居住地的规模和数量的大幅度增加,对"这种城市化和城市增长对于新城镇居民的认知和情感的发展空间意味着什么"提出了一些初步的想法。这些想法出现在:(1)他1908年撰写的《社会学》(Soziologie)的简短部分,(后)被帕克和欧内斯特·伯吉斯借用到他们1924年所著《社会科学导论》(Introduction to the Science of Sociology)中,并将其命名为"感官社会学:视觉交互";(2)他1908年的文章"大都市与精神生活"。在两个著述中,齐美尔用大部分篇幅表达了对城市生活的悲观评价,以及世界中不会再有乡村和小城镇的理想化思想。正因为如此,他的构想可被视为他为反城市化这一长期的主题能够在美国社会科学、在更广泛的文化中如此重要做出的早期贡献。但是研究身份陌生人的学者借鉴的并不是反城市化,而是齐美尔对于大规模人口定居的必然结果的较为冷静的观察。例如齐美尔指出,在城市中,与小城镇对比,看到人们比听到他们声音的机会更多。也就是说,如果人口足够多,个人只能认识他们一起居住的居民的小部分。因此,随着他们在城市间移动,他们不断地看到陌生人,但是却没有任何理由和这些人交流。特别是,被新形式的交通造成的奇怪情形所震惊:如在有轨电车上,长时间一起的人并没有口头交流。齐美尔的另一个富有创见的观察是城市居民有必要改善其"厌世的态度"。虽然齐美尔和后来的一些学者看到了这种态度相当于"过分放纵导致对兴奋冷淡",大部分研究身份陌生人的学者以更正面的态度定义"漠不关心",视它等同于"老练的"和"见多识广"等特点。

与齐美尔类似,高夫曼从未直截了当或持续地描述过身份陌生人现象。引起他莫大兴趣的不是陌生人,而是所有的社会互动,不管互动者之间是什么关系。然而,正是因为兴趣的广泛以及他倾向于使用他在不同地方发现的合理数据,他的许多分析以及他提出的原则仅仅涉及不认识彼此的两个人。高夫曼在此方面做出的不可计数的贡献，这在他的著述中随处可见，但可以肯定的是其中特别重要的一部著作是《公共场所的行为》（*Behavior in Public Places*）。这套作品集的主要课题就是社会聚会和发生在其中的"见面约会"（无论是在公共或私人）。但是，高夫曼的不寻常之处在于，其书中有一整章专门描述不认识的人之间的约会。他在这里提出了大量指导陌生人之间互动的原则或"规则"，包括"文明疏忽"的原则以及周围口头互动原则（你需要一个理由，不是跟你认识的人，而是和你不认识的人交谈）。但也许高夫曼对于身份陌生人的研究做出的最重要的贡献就是他的坚持：实际上，陌生人确实存在互动，这种互动是有社会意义的。这种说法最初在齐美尔自己讨论漠不关心的态度中已经被认为存在问题，后来由别人阐述。最终的结果至少在社会学里是一个常识性的理解，城市居民承受超载刺激以致街道和其他公共场所就关闭了。他们与周围的人的互动并不比与随处可见的消防栓的互动多。挑战这一假设的不只高夫曼一人。20世纪中叶，一些社会科学家（包括人类学家雷·伯德惠斯特尔［Ray Birdwhistell］、爱德华·霍尔［Edward Hall］和心理学家罗伯特·索默［Robert Sommer］）和高夫曼一样，也开始探索像肢体语言、肢体空间这些人类细节的交流力，已经证明发生在陌生人之间的这种"无声会话"与发生在熟人之间同样多。

在齐美尔和高夫曼的带领下，对身份陌生人感兴趣的研究人员集中在这样的问题上：人们通过什么线索来识别不认识的人？在什么条件下陌生人发起言语互动？人们如何穿越拥挤的十字路口而不发生碰撞？人们怎样使陌生人习惯常规？这些遭遇在创造和再创造中发挥什么样的作用，或者说对于地位不平等的关系有哪些挑战？文化差异如何影响陌生人之间的互动？在解决这些问题时，研究人员已经证明很多关于城市生活的类型挑战着许多普遍的信仰。例如，他们发现陌生人的互动非常有序而且一般很和平；在充满陌生人的环境中隐私和回避的维护不会"自然地"发生，但必须实现互动；这样的环境也可能使社交丰富，是大量个人乐趣的来源。此外，研究人员一方面通过他们对于陌生人之间的关系形式的探究，另一方面通过熟人和至交，已经开始就对立本身的有效性提出质疑。因此出现了一个复杂的关系类型学，这种类型学可以识别变动的、短暂的关系，可以识别哪些是主要关系、哪些是次要关系，以及哪些是亲哪些是疏。然而，尽管研究人员发现对于陌生人的互动有相对温和的印象，但是即使经过200多年速度越来越快的城市化发展，对许多人来说，"陌生人"仍被视为一种威胁，他们是潜在的犯人或者是对自己和家人的威胁，特别是对儿童的威胁。某种程度上美国人继续表示对城市空间的反感，尤其是密密麻麻排布的城市空间，他们往往表达的是对身份陌生人的反感。

进一步阅读书目：

- Agar, Michael. 1996. *The Professional Stranger: An Informal Introduction to Ethnography*. San Diego, CA: Academic Press.
- Goffman, Erving. 1963. *Behavior in Public Places: Notes on the Social Organization of Gatherings*. New York: The Free Press.
- Golovensky, David I. 1952. "The Marginal Man Concept: An Analysis and Critique." *Social Forces* 30: 333–39.
- Levine, Donald N. 1979. "Simmel at a Distance: On the History and Systematics of the Sociology of the Stranger." In *Strangers in African Societies*, edited by W. A. Schack and E. P. Skinner. Berkeley: University of California Press.
- Lofland, Lyn H. 1973. *A World of Strangers: Order and Action in Urban Public Space*. New York: Basic Books.
- Park, Robert E. 1925. "Human Migration and the Marginal Man." *The American Journal of Sociology* 33: 881–93.

- Schutz, Alfred. 1944. "The Stranger: An Essay in Social Psychology." *The American Journal of Sociology* 49: 499–507.
- Simmel, Georg. [1903] 1950. "The Metropolis and Mental Life." In *The Sociology of Georg Simmel*. Translated and edited by K. H. Wolf. Glencoe, IL: The Free Press.
- —. [1908] 1924. "Sociology of the Senses: Visual Interaction." In *Introduction to the Science of Sociology*, edited by R. E. Park and E. W. Burgess. Chicago: University of Chicago Press.
- —. [1908] 1950. "The Stranger." In *The Sociology of Georg Simmel*. Translated and edited by K. H. Wolf. Glencoe, IL: The Free Press.
- Stonequist, Everett V. 1937. *The Marginal Man: A Study in Personality and Culture Conflict*. New York: Scribner.
- Waldinger, Roger, ed. 2001. *Strangers at the Gates: New Immigrants in Urban America*. Berkeley: University of California Press.

(Lyn H. Lofland 文 郭九林 译 王 旭 校)

STREETCARS | 有轨电车

从19世纪80年代到至少20世纪30年代,有轨电车在世界各地的城市里都是主要的运输工具。马力驱动以及后来电力驱动的铁路是主要交通手段,借助它们许多城市中心经历了前所未有的规模和人口扩张。有轨电车也重新定义了城市的政治文化,因为一些最为激烈的地方政治斗争都围绕这个关键的公共服务而展开。最后,电力驱动的轨道车,或曰"有轨电车"的出现从文化层面上看十分重要,因为它是城市现代化的一个主要标志。

19世纪50年代出现的有轨马拉车或有轨骡拉车,尤其是19世纪90年代已经在运行的更快、更可靠的有轨电车,都大大地扩大了城市居民的日常活动范围,在此之前他们要么步行要么骑马。有轨电车的出现把居住区推向更远的城市边缘,这些边缘区域要么是新的郊区,要么是现在已经与城市相连的老居住区。此外,城市铁路交通网(在某些时候也运送货物)根据功能不同促使城市空间更加细化,从而使住宅区、商业区、工业区和休闲活动区在空间上分离。这种现象在北美和南美城市尤为突出,相比之下,欧洲城市无论是城市规模的改变还是城市功能区的细化都不明显。

这一重大交通创新如何影响城市,这与当地的政治有关。因为有轨电车为大多数城市居民提供了一个至关重要的公共服务,政府监管问题把许多新旧选区的选民如商界精英、市政改革者、有组织劳工、居民和消费群体等拽入政治事务,让广大民众热情高涨地参与政治。与国家层面关于铁路的争论相类似,有轨电车政治是围绕政府对私人服务提供商的监管权限展开的。这些监管在美国相当有限,然而在欧洲和拉丁美洲,城市实施有着十分严格的规定,如票价限制和有轨电车员工们的工作环境,或者选择完全自治,尤其是一些欧洲的城市。

有轨电车是城市景观中看得见的、随处都有的交通工具,它标志着技术的影响正在快速地改变着城市。它在报纸文章、插图以及文学作品中扮演着重要角色。有轨电车成为进步的先驱,但同时也与现代性相联系的损失和危险（如致命事故）联系在一起。在城市文学和电影中，比如西奥多·德莱塞、亨利·罗斯和路易·伯内尔的作品，有轨电车可以作为一种手段，通过亲身体验，了解人口聚集的城市。这种可感知的庞大的人口集聚似乎超越人类的想象力。与此同时，有轨电车里的乘客却形成了一个清晰可见的高度多元化的城市社会的缩影。

有轨电车时代在 20 世纪 30 年代走到了尽头，以内燃机驱动的交通工具公交车和汽车出现，并成为城市交通的主要形式。但是由于地理（一个城市所处的区域）、政治（公共部门越来越多地参与非营利性企业的范围）以及文化（居民的喜好）等因素，有轨电车近来已经返回城市，并开始影响城市生活。

高架车坠落到街上——纽约市，1914 年 2 月 16 日
来源：George Grantham Bain Collection, Library of Congress

进一步阅读书目：

- Boone, C. G. 1995. "Streetcars and Politics in Rio de Janeiro: Private Enterprise versus Municipal Government in the Provision of Mass Transit, 1903 – 1920." *Journal of Latin American Studies* 27: 343 – 65.
- Leidenberger, G. 2006. *Chicago's Progressive Alliance: Labor and the Bid for Public Streetcars*. DeKalb: Northern Illinois University Press.
- McKay, J. P. 1988. "Technology and the Rise of the Networked City in Europe and America." In *Technology and the Rise of the Networked City in Europe and America*, edited by J. A. Tarr and G. Dupuy. Philadelphia: Temple University Press.
- Rosenthal, A. 1994. "The Arrival of the Electric Streetcar and the Conflict over Progress in Early Twentieth-century Montevideo." *Journal of Latin American Studies* 27: 319 – 65.
- Warner, Sam Bass. 1962. *Streetcar Suburbs: The Process of Growth in Boston, 1870 – 1900*. Cambridge, MA: Harvard University Press.

(Georg Leidenberger 文 郭九林 译 王 旭 校)

STREET CHILDREN | 街童

理解街童离不开日益升温的关于童工和儿童权利的全球话语。《联合国儿童权利公约》(The UN Convention on the Rights of the Child)规定儿童有权得到免于从事危险工作的保护,该公约于1989年起草并得到了除两个联合国成员国以外的其他所有成员国的批准。从那时起,全球对发展中国家童工,尤其是与国际经济、全球化和城市化等相关问题有关的童工的关注度有了大幅度提高。在城市地区工作的童工当中,许多儿童在城市街道上度过他们的时光,从事各种各样的地下经济活动从而增加收入。就是这些儿童通常被冠以"街童"的标签。此词条包含了对街童的定义,解释了他们是谁,为什么背井离乡,一旦流落街头如何生存,以及政府、非政府组织和主流社会对他们的各种反应。该词条还给不同类型的城市空间提供了解释,如街童占据的日常生活空间就是对他们所在的社会环境的一个概括性的描述。

何为街童

街童可以是18岁以下的任何男孩或女孩,他们在街道上或者在任何其他城市公共空间里生活或者工作,或者在那里既生活又工作,往往没有成年人的监督或保护。"街童"包括那些有家和没家的、在街头或者其他公共场所自谋生计的、全职或者兼职的儿童。街童现象是全球现象,虽然街童现象最严重的地方是拉美、非洲和亚洲大陆,但是在欧洲、北美和澳大利亚也有越来越多的儿童到街头来谋生。

没有人知道到底有多少街童。全球街童的数量估计在100万至150万,但这个数字并没有被证明而且也无法确认。街童数量之所以难以计数,原因之一是他们的流动性很强,在城市里来回流动,也在城市间流动。其次,他们没有进行出生登记,也没有身份证,因此在官方层面他们是不存在的。

年龄在8至17岁之间的男孩在各大城市的街头工作是最常见的,虽然也有街头女孩,而且在全球范围内她们的数量正在增加。街头男孩赚钱的方法有擦皮鞋、卖瓶装水、香烟和其他物品;洗车窗和街头奏乐卖艺;或者在交通信号灯边、公交车上和街道上唱歌或乞讨。

街头女孩不像街头男孩那样常见,由于在地下经济中劳动力分工和家庭中儿童社会化的性别划分,通常她们赚钱的方式与街头男孩并不一样。虽然街头女孩并不常见,而且人数较少,但是她们在街头经常遭受歧视,女孩闯入街道被视为有悖于女性本质,因为街道在多数国家通常被认为是属于男性的空间。街头女孩要在街道上生存,她们就要借助她们的男友或其他保护人来赚钱,她们有时会在交通信号灯处和购物区乞讨,有时在大排档打工或勾引嫖客赚钱。街头男孩和女孩的性活动往往从很年轻时就十分活跃,无论是为了享乐还是为了赚钱。这使得他们成为高危人群,因为性活动极易得传染疾病和感染艾滋病。

街童不是一个同质的群体,因此很难描述一个典型街童的模样。这是因为他们组成了世界上成千上万个城市中多元化人口,为寻求收入和快乐而从事各类广泛的社会活动。然而重要的是,不要以为所有的街童都无家可归。联合国儿童基金会根据与家庭联系的紧密程度将街童分成不同的类别。例如,有些上学的孩子有时候在大街上打零工,但他们却住在家里,并与家人保持长期联系。还有些不上学整天在街上混日子的儿童,他们以各种方式挣钱谋生,但是晚上住在家里。然而,他们有时候晚上会与朋友在街头过夜。这可能是因为他们没有挣到"规定的钱数",要遭到父母的暴力或虐待,因此不敢回家。或者他们和街童混在一起,抑或成为亚文化群体,最终彻底离家出走。这些孩子有时也被称为"真正的"街童,因为他们基本上无家可归,在街上生活、工作,大部分时间在街头度过,与家人也几乎没有联系。也有一些街童和家人一起在街头生活。

偶然因素

街童大多出现在城市地区,而快速的城市化是导致这种现象流行的一个因素。导致全球范围内街童数量增长的其他原因也包括日益扩大的贫富差距、贫困、消费主义的影响、冲突、饥荒、自然灾害、家庭破裂以及家庭暴力的增加。

虽然定义街童并不是一件容易的事,但是他们还是经常被媒体、非政府组织或他们所在的国家政府模式化。对街童的模式化定义成了人们了解他们时所面临的最大障碍之一。例如,一种常见的错误印象就是,街童都是些孤儿,他们或被没有责任心的父母所遗弃,或在成年人的组织和压迫下去乞讨或进行犯罪。

在现实生活中,儿童开始到街头工作和生活有多种原因,很少有儿童因为是孤儿、被遗弃或被迫犯罪而流落街头。许多孩子开始在街上找活是因为当地有儿童务工补贴家用的文化传统。众所周知,童年的概念是社会因素构成的,它是一种文化和历史上特定的习俗。童年观念的改变与全球资本主义经济有关,也与后来不同国家的精英一直受到从国外引进来的、被认为是现代童年的生活方式影响有关,现代童年概念已经写入《联合国儿童权利公约》里。然而,并非所有的文化或家庭都遵守什么是正常童年的这一解释,父母常常觉得自己的孩子有必要在街头干活来补贴家用。

此外,许多发展中国家因经济停滞加上外债等问题给很多家庭和个人增加了难以忍受的经济压力,他们迫不得已迁移到城市谋求出路。这些家庭通常住在贫民窟或棚户区,并要求孩子出去工作。还有一些孩子因为贫困、父母的忽视、身体上和言语上的虐待,或者因继父母绝情,他们自己选择在街头流浪。还有一些儿童受到城市的灯光和街头文化吸引。因此,离家出走往往是一个主动选择,有必要强调孩子选择街头为家以及他们为何这样做的动因。

应对

对街童的模式化定义导致大家对他们的存在所做出的反应几乎是一致的。在媒体中,他们几乎总是被描绘得过于简单化,或是被描写成六亲无靠的、没有任何能力的、被遗弃的受害者,需要把他们从街头"挽救"回来;或是被描写成社会的弃儿,玷污了城市景观。之所以对于街童做出这些极端反应,原因是大多数国家认为街童的生存对意识形态和道德边界的执行构成挑战,因为这些东西是国家和社会精英们制定的,儿童要懂得自己应该干什么。结果是,强迫执行正确的行为规范的努力导致了一方面对街童生活过度浪漫化描写,另一方面(又)把他们说成是各种犯罪的根源。

例如,非政府组织为街童项目寻求资金,可能会以一种浪漫的方式把街童描绘成可怜的、被人剥削的、没有能力自谋生路的群体。这些项目试图通过把街童收容到看护中心或者送回家里等办法,使他们重新融入主流社会,让他们过上"正常"童年而不顾及孩子们自己的愿望。非政府组织也采取其他策略以解决街童的需求。这些项目方案包括从基于权利的倡议宣传,敦促政府和警方尊重儿童权利,到为街童提供基本服务的随时探望中心和扩大服务项目等。

多数情况下,公众舆论由国家和媒体所把持,以调动偏见来反对那些不受欢迎的群体(如街童),并通过明目张胆地使用国家权力和人身迫害迫使大家同意。街童肮脏的外表往往被解读为道德无序,经常与犯罪、疾病和污染联系在一起。正是由于这些原因,大众对他们产生恐惧,敬而远之,担心被他们弄脏或遭他们抢劫。

结果,街童经常被媒体用损毁的、负面的笔触加以描绘，说他们外表不雅观，是违法行为的实施者，是家庭价值观和社会和谐的威胁。政府言辞可能会给他们贴上懒惰、不道德、怕工作或嗜毒如命的罪犯等标签，尽管常常是由于各种各样的社会过程迫使他们从一开始就占据了城市空间。

对街童迫害和排斥的表现形式多样，常常包括辱骂、驱逐、逮捕、殴打、虐待、警方扣押期间实施酷刑，以及其他过分侵犯儿童基本人权的行为。在亚洲、非洲和拉丁美洲，有许许多多关于城市"清剿行动"的描述，孩子们经常被驱离街道、赶出城市或者更糟。比如在巴西和危地马拉，街童经常性地遭到私刑敢死队暗杀。

城市夹缝

街童要遭受空间和社会的双重压迫，压迫的形式多种多样，有社会监控、被边缘化和丧失能力等。如此一来，街童每天的生活就如临敌境。不过，公共空间是街童生存的一种手段，因为他们在那里可以赚到钱，并能够让他们接近缓解生活压力的资源。在城市里寻找空间对于他们的生存来说至关重要，即使是像铁路轨道或公交车站那样的边缘空间也十分重要。

为了谋求生存，街童要占用所在城市的特殊地方，构建互相联通的空间网络，以争夺属于他们自己的地盘。他们所选择的这些地方反映了他们在社会中的边缘性地位，这些地方也可以理解为城市夹缝，尽管要遭受来自外部力量的敌意，但他们在这些城市夹缝里才能够赚到钱、获取食物、感到安全、睡觉休息、自娱自乐，这些城市夹缝就是：交通信号灯旁边、公交车站点、道路和铁轨两侧、公共厕所或娱乐区的外面、桥下或城市公园、隧道和地下市政污水系统，以及其他没有严格监控的公共空间。

通常情况下，街童并不固定在任何一个地方，为了生存的需要，他们要在一个城市中拥有多个夹缝空间。这些专属领地是确立他们集体身份的多选空间和接头活动的地点。正是由于这些空间的不确定性和街童能瞬间从一个地方转移到另一个地方的灵活性才确保了他们自己的生存。如果一个地方因受到突击检查或警察的威胁而难以开展活动，那么，他们就会逃离到另一个城市夹缝，或者干脆转移到其他新的地方。

街童在他们所在空间中转换身份也是街头谋生的一个重要手段，街童身份随地方的不同而发生相应的变化。或者：他们每天都要和不同的社会群体打交道，如遇见从事地下生意的商贩、在餐馆用餐或者乘坐巴士的潜在客户、学生、非政府组织工作人员、警察、保安和研究人员等各色人等，所有这些人都以不同的方式影响他们的身份。他们很早就要学会什么时候要做到精明（如挣钱），何时要有男人范儿或市侩气（如和朋友一起出去时），何时要对人友好（对非政府组织工作者），何时要恭敬别人（如对权威人士或街头老人），以及何时要表示敌意（如对街头敌人）。他们的身份永远是不确定的，一直在频繁转换，就同他们选择的活动空间要随着环境的变化而变化那样。

街头生活

为了在街头生存，街童必须要对一系列社会规范、思维模式、社会群体间关系以及影响街头行为的行为准则了如指掌。与其他街童建立关系对街童来说尤为重要，他们与其他儿童构建集体策略，用以抵御外界对他们持有的偏见。

加拿大和印度尼西亚的研究者将街童的生活描述成一种职业，这种生活方式可以理解为是孩子解决个人问题的一种办法。他们的职业就是他们赖以生存的母体，在这里他们可以重新找到归属感和自我价值，与他们边缘化的社会地位进行抗争，抵制国家和主流社会强加给他们难以承受的负面认同。

街童的社会圈可以看作一种家庭系统，它包括街上的其他群体，其中有上一代街童和街头的其他人群，他们遵守特定的行为规范和清晰可辨的价值观及信仰体系。这些街道群体的价值通常包括抱团原则、个人生存、自由和独立、社会和工作等级、听懂行话和街头暗号（包括大男子行为和吸毒）以及一些对待街头生活的独特态度。有时候街童需要按照个人生存的基本原则行事，但很多时候他们必须依靠与群里内部其他街童的相互依赖和团结。这是因为同伴们的支持是他们日常生活的特点和基础，直接关系到他们自己的个人生存。

当街童步入青春期，社会对他们的看法也随之发生改变，他们常常会发觉街头生活变得举目维艰。许多研究都表明，由于进入青春期，街头男孩在人们的眼里不再聪明可爱，相反，人们会用异样的眼光来看待他们。就是在街头生涯的这段时间里，街童很可能因谋求生存而走向犯罪。如果可能，他们还会选择回到家庭，并试图再次融入主流社会。然而，通常情况下，他们由于在街头谋生时间太久，并早已熟悉了街头的生活方式而发现在家里过正常人的生活十分困难，因此他们会再次流落街头。

进一步阅读书目：

- Aptekar, Lewis. 1988. *Street Children of Cali*. Durham, NC: Duke University Press.
- Beazley, Harriot. 2003. "The Construction and Protection of Individual and Collective Identities by Street Children and Youth in Indonesia." *Children, Youth and Environments* 13(1). Retrieved April 22, 2009 (http://www.colorado.edu/journals/cye/13_1/Vol13_1Articles/CYE_CurrentIssue_Article_ChildrenYouthIndonesia_Beazley.htm).
- Connolly, Mark and Judith Ennew. 1996. "Introduction: Children out of Place." *Childhood* 3(2): 131-146.
- Ennew, Judith and Jill Swart-Kruger. 2003. "Introd-uction: Homes, Places and Spaces in the Construction of Street Children and Street Youth." *Children, Youth and Environments* 13(1). Retrieved April 22, 2009 (http://www.colorado.edu/journals/cye/13_1/Vol13_1Articles/CYE_CurrentIssue_ArticleIntro_Kruger_Ennew.htm).
- Hecht, Tobias. 1998. *At Home in the Street: Street Children in Northeast Brazil*. Cambridge, UK: Cambridge University Press.
- Lucchini, Riccardo. 1996. "The Street and Its Image." *Childhood* 3(2): 235-246.
- Lusk, M. 1992. "Street Children of Rio de Janeiro." *International Social Work* 35: 293-305.

(Harriot Beazley 文　郭九林 译　王　旭 校)

SUBURBANIZATION ｜ 郊区化

郊区化可以视为城市和城镇的分散，自从有了城镇和城市以来，分散就成为城市生活的一个特点。郊区化的原因有多种，但社会和技术是尤为重要的决定性因素，本章对此予以强调。

郊区化催生了郊区，"郊区"（Suburbs）是一个复数名词，特指城市中心以外的郊区人居住的地带。许多郊区在经济上依赖城市中心，城市中心是郊区人工作和消费的地方，但有些郊区与城市中心之间的联系并不紧密。虽然"suburbia"一词是郊区的集体名词，但它也反映了郊区的文化和环境特征。然而，在许多国家，"suburbia"差不多是一个描述性词语，也是一个贬义词。形容词

"suburban"有两层含义：(1) 它所说的郊区是指城市与乡村两极之间的区域；(2) 它让人产生负面联想。也就是说，因郊区的原因就不考虑某个人或某个地方，这就意味着这个人缺乏文明修养和这个地方缺少令人神往的乡村风格。然而，在 21 世纪初，像这样批判郊区化以及郊区化的后果似乎越发不合时宜。

作为现代现象的郊区化

19 世纪和 20 世纪是郊区化的快速发展时期，但自从有了城市文明，郊区就与城市相伴。古代克里特岛的米诺斯居民点大约修建于 4 000 年之前，从对它的挖掘考证来看，这是一座已具备城市文明的没有围墙的城市，独具特色的城市核心有宫殿、神庙、市场和城镇房屋。远离城市核心、城镇与农村的融合定居点或者带有农村特色的城市在克里特岛米诺斯的城市景观中清晰可见。在随后的几个世纪，欧洲、亚洲和美洲有城墙的城市似乎比敞开的城市在设施上更为齐全也更加独立。有证据表明，敞开的城市的高密度核心区向偏远腹地的低密度的居住区分散。不论何种程度，那些偏远腹地在经济上和政治上都依靠城市区域。

然而 1850 年之后，伴随着工业化城镇和城市的兴起，郊区的发展速度和规模史无前例。例如，19 世纪中期至 20 世纪中期，英国伦敦呈现大规模增长，人口从 1850 年的 300 万增加至 1939 年的 800 多万。伦敦的空间增长速度也十分惊人，在此期间，伦敦的面积扩大了 4 倍之多。英国的其他主要工业城市的郊区化非常迅速，尤其引人注目的是位于英国工业革命中心的曼彻斯特。恩格斯在其著作《英国工人阶级状况》(1844) 中强调了城市中心与郊区之间的巨大环境差异：无产阶级产业工人居住的城市中心卫生条件恶劣、房屋拥挤不堪，而沿主干道和铁路线修建的郊区从曼彻斯特向外扩展，开阔宽敞。中产阶级已经搬离城市中心，他们居住在郊区中心的联排别墅，面积不大却干净整洁；上层资产阶级居住在更远的别墅里，与乡村接壤，大花园随处可见。

恩格斯(对于郊区化)分析的意义至少表现在 3 个方面。首先，他把社会现状与因阶级差异而导致的空间分割联系在一起，成为日后马克思主义分析城市化和社会不平等的主要依据。其次，与其他同时代人一样，恩格斯充分认识到是公共交通推动了城市扩张。第三，他的分析所暗含的观点是对两次世界大战期间由芝加哥社会学学派首创的有关郊区化的社会和空间布局的一次不经意的论述。该城市布局由工人居住的城市内环核心区和介于城市内环与通勤者居住的远郊之间的贫困中间过渡区组成。在过渡区，中产阶级倾向于移居到郊区，而更加贫困的人群倾向于搬进中间区域。这种理解郊区化社会和空间维度的框架一直被许多对工业城市的分析所采用。

郊区扩散的原因

人口膨胀是造成郊区化的一个主要因素。随着人口的增长，城镇的空间结构随之扩大。城市化不仅仅意味着高密度的城市中心，也意味着扩张，而公共交通系统的发展使得城市扩张成为可能。到了 1900 年，随着道路公共交通的延展，美国出现了有轨电车郊区，而在世界其他技术先进的国家，电车和有轨电车的出现催生了电车和有轨电车郊区。19 世纪后期铁路网络的兴起成为郊区发展的主要推动力，在最主要城镇和城市周围出现了铁路郊区。都市间的地上和地下铁路系统即地铁极大地促进了伦敦、芝加哥、纽约、柏林、巴黎等主要城市的郊区蔓延。1900 年后的电气化进一步加速了郊区化进程。然而，欧洲城市的发展却受到更多的控制和监管。相比之下，英语国家的郊区在无序中迅速扩张。尽管如此，一些居住区仍是经过了精心的规划，景观建设优美，可与美国的浪漫郊区和英国、澳大利亚的田园郊区相媲美。1870—1914 年间，尽管许多国家热衷于慈善事业的雇主为工人修建了大量工厂村庄和郊区，但是那些精心规划的郊区绝大多数只为中产阶级量身定做。

20世纪交通技术继续加快并扩大了郊区化。汽车的兴起引发了郊区的大规模蔓延。两次世界大战期间,英国经历了汽车郊区的发展,然而在美国,汽车的普及催生了20世纪20年代的汽车郊区。1929年竣工的新泽西州雷伯恩项目就是一个有影响力的郊区规划实验。在战后的数年当中,发达国家的道路建设与郊区扩散如影随形。战后几年里的绝大多数新郊区的开发都是针对汽车而设计的,许多郊区发展开始依赖汽车。

机动车保有量的增加预示着多数人财富的增长和消费主义的盛行。就整个发达国家而言,战后的富裕社会就是一个日益流动的社会,其中大部分人倾向于享受尽可能大的住房,如果负担得起,他们就会选择独栋房屋。追求宽敞的住房被认为是郊区化的强有力的社会推动力,郊区住房可以视为城市人的郊区梦。

由中产阶级开拓但越来越受低收入群体追捧的郊区梦从过去到现在依然是人们的3个愿望之一。郊区梦包括反城市主义和拒绝高密度的城市中心生活。它还是对在半农村或花园环境里拥有住房的一种渴望:房屋的大小和价值可因收入的差异而不同,但是从高档郊区到中档住宅社区,人们对带有花园的房子的钟情有着十分重要的文化意义。相对于现代设计来说,传统风格的住宅建筑,无论是二层房屋还是单层平房,向来深受广大郊区居民的青睐。郊区梦的第三个方面是郊区本身和市中心相比,郊区的居住环境安静、舒适、安全。郊区的社会成分比较单一,那里的居民在收入、种族和社会地位方面相似。然而,郊区的排他性也可能导致郊区居民多少有点势利,以及对其他种族持有敌对态度。

发达国家的城市和社会政策也刺激了郊区化,两个例子反映了这一点。在英国,1919年出台的《住房和城镇规划法》(Housing and Town Planning Act)和授权议会向更多的住房提供补贴,补贴资金来自中央政府到地方当局(议会)的各级政府部门。这些都是公共住房,被许多保守利益集团批评为渐变的社会主义。相比之下,美国1949年出台的《住房法》(the National Housing Act)开启了住房抵押贷款的先河,以确保数以百万计的怀揣郊区梦的美国人在郊区拥有自己的房产。其他国家却开辟了一条由国家主导的不同的郊区化模式。在欧洲,工人的公寓大楼是大规模的建筑群,与平摊式、低密度的英美郊区模式完全不同。

郊区化的后果

与一个世纪前相比,发达国家绝大多数人的居住条件都得到了改善,郊区一直是人口增长的核心区。尤其是在澳大利亚、加拿大、英国和美国,大部分人现今都在郊区居住。尽管如此,郊区化却饱受批评家的指责,后者更倾向于一个高密度、以城市为依托的发展模式。新马克思主义者对郊区化的批判集中在市场对郊区居民的影响过大,以及市场营销和开发商使人们对郊区物质世界的过度崇拜。任何对工人阶级或是少数族裔郊区化的学术辩护都会招致新自由主义的指责,或是被批评未能防止工人阶层的资产阶级化(即所谓的日益增加的中产阶级群体)。到19世纪中期,恩格斯敏锐地意识到许多工人对工业化之前那段时光的怀念。但这并没有导致任何大规模的逆城市化运动,或者人们放弃城市生活,自愿迁移到乡下居住。然而,当更低收入的人群,尤其是在英语国家的低收入人群,发现可以转移到低密度居住区的居住机会时,数以百万计的人,不论是因为家庭宽裕的原因还是因为公共住房项目,都借机迁移到郊区。与其说他们是重返故土,还不如说他们怀揣一个无产阶级的郊区梦。因此准确地讲,郊区化是在城市中心和旷野之间开辟的一个中间居住区。随着对郊区化问题争论的扩大,工人阶级拥有了和中产阶级一样的权力去憧憬和享受郊区人的生活。

许多贫穷的郊区仍处在贫困和隔离状态,多数情况下,中产阶级的价值观和生活方式与这些郊区隔绝,或触及不到它们。郊区的排他性和同质性特点通常遭到人们的强烈指责。19世纪和20世纪期间,郊区阶层之间的隔离现象十分普遍,但自

1945年以后,这种沿种族线而形成的隔离越来越明显。许多房地产商及其代理试图把有追求的黑人家庭排除在白人郊区之外,此举导致了20世纪60年代美国民权立法的出台以及随后英国"种族关系"机制的创立。两者的目的在于试图提供平等的住房机会。对郊区化的另外一个批评是因为郊区分流了城市中心的经济资源和社会资本。由于没有了市中心商业税收、市中心不动产税和中产阶级的文化导向,城市中心的或者靠近城市中心的居住区开始走向衰退,用芝加哥社会学学派的术语说,这里成为过渡带。

从老旧的、成熟的城区向新开发的住宅区迁移也遭到了批评,因为此举让城市社区的社会和空间基础变得支离破碎。在郊区,据说出现了低俗的郊区社团活动。20世纪50年代就出现对郊区居民尖刻的指责。例如在美国,威廉·怀特(William H. Whyte)争论说,郊区化正在制造着全国规模的"组织人",他们的生活价值观受到了美国公司竞争文化的影响。因此,郊区的社交活动以及与谁为邻都是有关社会地位的竞争,受归属感或"赶上邻居"的驱动。在20世纪50年代的英国,郊区工人阶级的市政住宅区被不恰当地与老旧的内城区相提并论。伦敦东区著名的社区研究机构的社会学家们争论说,郊区化使得个人主义融入了社区,昔日充满活力的街道生活不复存在,取而代之的是空荡荡的相对单一的住宅小区街道;昔日亲近的邻里关系荡然无存,取而代之的是电话和汽车,通过它们,郊居居民才能实现向上的社会流动和向外的空间流动。在这种环境下,长期形成的、为数有限的三世同堂的大家庭被削弱,上了年纪的穷人尤其会变得孤独和脆弱。这是因为和19世纪五六十年代的其他国家一样,搬到郊区的大部分都是年轻家庭。战后早期的婴儿潮一代大部分都在郊区安了家。

女性也被视为郊区蔓延的受害者。在20世纪30年代期间,英国边远地区健康中心第一次在妇女中间诊断出"郊区神经衰弱症"(Suburban Neurosis)。女性被留在家里,周围是开阔的新环境,她们在那里举目无亲,与过去旧的、熟悉的、繁忙的城市环境完全不同,有一种被隔离的感觉。

"二战"期间,对于这种症状的研究在一定程度上被推迟,但到了五六十年代,郊区神经衰弱症的研究得到了恢复。这一症状与"新城忧郁"(New Town Blues)现象联系在一起,由于受惠于政府的住房政策而搬出贫民区的妇女都经历了此症状。因为年轻的母亲很有可能全天都待在家中,与外出工作的丈夫相比,她们能更加深刻地感受到居家生活的约束。20世纪30年代发明"郊区神经衰弱症"一词的斯蒂芬·泰勒博士(Dr. Stephen Taylor)又宣布放弃他早期的诊断,宣称至20世纪60年代早期,并没有发现郊区有什么特殊的致病性,还发现妇女搬到其他城市和乡村环境中时也会出现类似的不适症状。但是泰勒是一个评估妇女情绪的专家,在随后几年中,他写到,第二次女权主义浪潮让女权主义者进一步质疑,郊区化的后果之一是女性权力被相对地剥夺。从20世纪70年代开始,女权运动者宣称,女性尤其受到交通工具(特别是汽车)居于次席、收入低于男性,以及母亲和家庭主妇角色受文化规范和价值等因素的影响。

郊区化带来的环境影响也是长期以来引起人们关注的一个原因。作为先锋,英国在1900至1950年间又一次掀起了城市和乡村规划运动,在一定程度上,此举是对郊区化给农村地区造成环境恶化而做出的反应。自"二战"以来的大部分城镇规划立法都是用来遏制郊区的蔓延,尽管在不同的农村地区取得的成功有所不同。今天,由于郊区居民的通勤而产生的温室气体引起人们的担忧,这种担忧成为反对郊区化强有力的证据。事实上,新都市主义的建筑规划运动从主张绿色郊区的批评家们的指责中获得了人们的认可。相对于老旧的、低密度的住宅区,新的城市住宅房地产和分支项目设计密度高,包含多种功能,人们设计的新居住村及其住宅小区密度更高,与原来的相比包含更多的用途,住宅开发的密度更低,其目的是鼓励人们更少地依赖汽车,保持更多的步行和骑车习惯。

20世纪后期的郊区化和后郊区化发展

在20世纪后期，郊区研究掀起了一股新的与以往不同的潮流，并且势头强劲。受20世纪郊区化的影响，现在很多年轻的学者出生和成长在郊区，他们并没有像前辈同行们那样对郊区化提出直接的批评。不过，无论从国内层面还是国际层面考虑，郊区化的社会属性都变得更加多样化，文化更加多元，过去对郊区同质性的指责显得有些多余。

比如在英国和美国，自1970年起，亚裔郊区梦的实现与在此之前犹太裔从城市迁往郊区的路径一致，此时，伦敦和纽约的犹太人口已经大部分迁至郊区。社会学家也对黑人也从内城区域迁往城市远郊的现象进行过评论，虽然这种迁移的规模不大，但却引人注目。美国拉美裔人口大规模迁移至洛杉矶地域广阔的郊区的浪潮出现在1970年以后。但是，低收入人群却通常深陷被隔离的公共住房社区，那里往往没有公共交通服务，他们很难离开城市。

在欧洲，自1980年起，欧盟内部的人口迁移和欧盟的外来移民催生了日益增多的异质住宅郊区。

在发展中国家，尤其是中国、韩国、印度和巴西，郊区化规模巨大，发展速度迅猛，形式多样。郊区的类型多样，有穷人居住的地区，也有各种居住密度不同和距离市中心各异的郊区，以及具有排他性的、由门卫把守的富人高档社区。工人阶级居住的郊区围绕大规模的制造工厂修建，在一定程度上仿效了战后日本工业城市的郊区化模式。但是，在最大的城市中心外围，尤其是亚洲，迅速涌现了后工业化特征的住宅区。社会科学家称之为"全球郊区"（Globurbia或Globurbs），它们是郊区化发展的最新阶段，这些郊区的位置从一开始就受到因互联网而增强的跨文化交际、服务行业从业地点变化，以及跨文化的物质消费模式等因素的影响。确实，正如罗伯特·布鲁格曼所说的那样，后工业化郊区的扩张速度和规模是如此的复杂，以至于原有的郊区化定义一直遭到质疑。或许能够理解近期郊区化蔓延的最准确的、包罗万象的术语就是后郊区化：即城市蔓延已经超越了传统的1970年以前工业时代的城市-郊区模式，与此同时，它还包含着郊区重要的社会和环境特征，即郊区与城市中心保持距离，以及人们在文化上对郊区物质生活和低密度的青睐。

进一步阅读书目：

- Archer, John. 2005. *Architecture and Suburbia: From English Villa to American Dream House, 1690–2000*. Minneapolis: University of Minnesota Press.
- Bruegmann, Robert. 2005. *Sprawl: A Compact History*. Chicago: University of Chicago Press.
- Clapson, Mark. 1998. *Invincible Green Suburbs, Brave New Towns: Social Change and Urban Dispersal in Postwar England*. Manchester, UK: Manchester University Press.
- Hayden, Dolores. 2003. *Building Suburbia: Green Fields and Suburban Growth, 1820–2000*. New York: Pantheon.
- Jackson, Kenneth T. 1985. *Crabgrass Frontier: The Suburbanization of the United States*. New York: Oxford University Press.
- King, Anthony D. 1995. *The Bungalow: The Production of a Global Culture*. New York: Oxford University Press.
- Nicolaides, Becky M. and Andrew Wiese, eds. 2006. *The Suburbs Reader*. New York: CRC Press.
- Palen, J. John. 1995. *The Suburbs*. New York: McGraw-Hill.
- Silverstone, Roger, ed. 1997. *Visions of Suburbia*. London: Routledge.

(Mark Clapson 文　郭九林 译　王　旭 校)

SUBWAY | 地铁

地铁，也叫作地下铁道或是地铁，一般被认为包括城市里高速运转的地下和高架铁路客运系统。虽然地铁与大多数基础设施相分离，但与其他交通系统（公交、机场、铁路等）紧密联系，它仍属于城市结构的一部分。除此之外，由于每条地铁的技术、组织、形式和使用都不尽相同，以至于每个地铁系统都有其独特性，所以很难给地铁一个单独而又全面的定义。

历史背景

19世纪末新兴技术的出现，使城市地理发生了巨大变化。电梯使城市向上发展，建筑物的增高使城市空间更加密集，公共交通推动了城市向外围发展，扩大了上班族往返于家里和工作地的距离。有轨电车、电车和快速轨道交通已经代替了马车，开辟了城市周边的卫星城镇和郊区，促进了它们的发展。但在过去的一个世纪里，地铁已成为城市里主要的交通方式。地铁被看作推动城市一体化的首要因素，也是城市政体基本的和重要的组成部分，而城市政体对大城市的形成和发展有直接影响，就像吉尔·德勒兹和费利克斯·瓜塔里（Felix Guattari）所说的，是由交通系统的技术基础设施构成的集合体。

地铁被视为不朽的公共工程及工程成就的象征，庞大的规模使其需要大量的人力财力。地铁的规模和经营方式各有不同，伦敦地铁轨道超过400千米，而最近委内瑞拉马拉开波建成的特拉华索尔阿玛多地铁则少于4千米（大约）。同样的是，俄罗斯的第一条地铁莫斯科地铁运力为每天600万到1000万人次，超过了俄罗斯新型火车的承载量，如喀山的火车每辆最大载客量为6000人次。大部分地铁是私营企业或公私合作经营。虽然现在绝大多数地铁系统处于亏损期，需要补贴且由公共机构拥有和运营。因为建造和运行地铁系统需要耗费大量劳动力，而公共交通部门是城市里最大的雇主之一，且工会工人对城市政治具有历史性的影响。

首次在轨道上使用电车是在1890年的伦敦，随后在欧洲和北美城市获得推广，如巴黎（1900）、柏林（1902）、波士顿（1897）和纽约（1904），再后来是在布宜诺斯艾利斯（1913）、东京（1927）和大阪（1933），这些是1957年前欧洲和北美以外有地铁的地方。

第二次世界大战后，汽车日益广受欢迎，使得很多地铁衰落了，甚至有的地方拆除有轨电车线路为汽车让道。后来，如橡胶轮胎等新兴技术的发展和城市区域规划中的公共交通重新得到重视，地铁数量在全球范围内激增，在21世纪的前10年，有160多个地铁系统在运行。

地铁的发展和资本主义福特制生产方式之盛行的关联，表明地铁对国家和全球经济的重要性。过去几十年，绝大部分的新地铁出现在亚洲和南美洲城市，与此同时，那些地方的工业和服务业不断发展。甚至在欧洲和美国所谓的后福特主义发达城市里，地铁本身就是晚期资本主义生产模式与以前的生产模式关系相贯通的见证。经常乘用地铁的主要是中下阶层，尤其是在大部分北美城市里。这些城市主要依靠福特式的基础设施来组织和调节大量人群的流动，因此，地铁建设是顺理成章的。

文化和社会意义

在铁道部门和城市多元化等多重历史背景下，地铁这一概念作为一项用来识别的符号，对日常城市生活和物质体系具有同样的意义。地铁已成为大都市想象中的特质，开始其想象和话语权建构。

地铁通过音乐、电影、文学和艺术融入文化中,成为现代都市的象征。有名的例子有1913年埃兹拉·庞德的诗《在地铁车站》(*In a Station of the Metro*)、1939年艾灵顿公爵管弦乐团的标志性歌曲《乘A号地铁》(*Take the A Train*)、1974年约瑟夫·萨金特(Joseph Sargent)的电影《劫骑地铁》(*The Taking of Pelham One Two Three*)及2003年由侯孝贤导演的电影《咖啡时光》(*Café Lumière*),所有这些都反映了地铁与现代社会的关系。

当公共交通转移到地下时,城市很快就没有那么嘈杂了,街上的车变少了,人行道和有轨电车也没那么拥挤了。城市更安静了,地面更整洁了。地铁不仅改变了城市结构,影响了市民的行为及社会交际,在地下运行更使得城市界线变得模糊。

不像城市里其他的交通工具,地铁载着乘客行驶在黑暗的地下,地铁站里乘客依靠悬挂着的熟悉的标志判断是在哪里。乘客拥挤不堪坐在那里一动也不能动,与在地下奔驰的地铁形成强烈反差。城市没有了明确边界,空间上随处都是目的地,地铁像植物根茎一样遍及城市各个角落。无论乘客是否是为了避开有体味的乘客还是要注意随时变化的车内广播服务,他们都必须学会使用其他工具,如地铁地图和他们的直觉。地铁乘客挤在一个封闭空间里,那里人口密度大,与陌生人近距离接触,不是只有地铁上如此,城市生活大致也是这样。这些经历让人们更喜欢独自待着,如看报或戴上耳机,而这些催生了潜在的不利于社会互动的障碍。为了在路途能占据主导地位,乘客经常用个人多媒体设备和书显示这是私人空间,把私人领域带入公共场所,这是雷蒙德·威廉斯(Raymond Williams)的移动私有化的表现。

不管地铁乘客的共同愿望如何,地铁是一个外在因素具有压倒性影响的地方,如乞丐、街头艺人和推销员穿梭在地铁站谋生,刺激了在政府监控下的微观经济和缝隙市场经济的发展。可能由于在封闭的地下空间里监控比较困难,违法犯罪总让人联想到地铁,如涂鸦、逃票、轻微犯罪和骚扰或暴力等严重犯罪。公共交通基础设施已成为恐怖分子袭击的目标,如1995年的东京和2005年的伦敦恐怖袭击。地铁总是被看作与城市生活的潜在危险联系在一起。在"二战"期间,柏林和伦敦的地铁系统同时也是防空洞和后方医院。

所有的这些因素让地铁给人们留下恐怖和危险的印象,使得警察和保安采取摄像监控和包裹检查措施。最近,使用X光透视美学技术安检让乘客更有安全感已变得很普遍,使乘客数量增加和地铁表面上(如果不实际的话)看似更安全。

乘客的做法和看法是不全面的,通常是无意识的,主要通过管理技术如车辆的设计、车的内部环境和支付环境等获得。地铁站的美学也是一种排外策略,创造的空间受特定群体欢迎,为无家可归和乞丐的替代落脚点,他们住在这里为了遮风挡雨。

然而大部分地铁系统使用理性、纯粹和功能室内设计,如东欧或美国的地铁系统就将装饰和艺术元素集合起来,使用马赛克、壁画,以及音响设备、雕塑等元素。西欧的地铁公共艺术已经有所改善,以抵制车站和车辆的粗俗、交互性和匿名性。

没有其他的城市公共交通基础设施像地铁一样改变了城市构造。现在有25条以上的新地铁正在建设中,主要在南美和亚洲。地铁将来仍然是城市里主导的交通工具,对城市的经济、政治、行为、社会关系和居民活动有很大影响。

进一步阅读书目:

- Augé, Marc. 2002. *In the Metro*. Translated by Tom Conley. Minneapolis: University of Minnesota Press.
- Bobrick, Benson. 1994. *Labyrinth of Iron: Subways in History, Myth, Art, Technology, and War*. New York: Henry Holt.
- Brooks, Michael W. 1997. *Subway City: Riding the Trains, Reading New York*. New Brunswick, NJ: Rutgers

University Press.

- Fitzpatrick, Tracy. 2009. *Art and the Subway: New York Underground*. Piscataway, NJ: Rutgers University Press.
- Hood, Clifton. 2004. *722 Miles: The Building of the Subways and How They Transformed New York*. Baltimore: Johns Hopkins University Press.
- Vuchic, Vukan R. 2007. *Urban Transit: Systems and Technology*. Hoboken, NJ: Wiley.

(Stefan Höhne、Bill Boyer 文　郭九林 译　王　旭 校)

SURVEILLANCE ｜ 监控

监控是指以实施控制为目的的系统化信息收集手段，已成为城市重要的社会及空间秩序模式。就监控的基础而言，城市已成为监控密布的主要场所。但到了近代，监控才渗入城市管理当中，企业和警方都开展监控。现如今，城市新自由主义经济快速发展，风险管理升级，多重恐惧衍生，而技术上愈发复杂的监控手段——从生物识别闭路电视到地理人口资料收集——使得城市分离呈现出新的方式。

监控的定义

监控指对目标人群信息进行系统性收集和归类，以达到行为调整或控制的目的。因而，监控对于我们了解城市及其现代化的发展历程至关重要。我们有必要将监控和那些简单的信息收集或观察区分开来。监控是指某一类信息的收集，从直接感官层面到间接或技术分析层面；并且对于监控而言，信息必须经过系统化处理。偶然性的信息获取不属于监控；但是许多活动，如间谍活动就涉及监控，既包括偶然获得的数据，也含有系统分析的数据。监控具有一定的目的性，并且关注某种行为的改变。但许多系统化的信息收集却并不存在监控目的。

监控也可以依据不同客体来划分，如特定监控和大众监控。特定监控提前锁定监控目标，并且只关注该目标；而大众监控只提供总体情况。在实际操作中，这两种形式往往交替出现。比如，街道公共视频监控系统属于针对城市街头人群的大众监控，但是如果某一个人引起操作员的怀疑或生物行为识别软件的注意，那么系统也可以用于锁定并追踪该目标人物。

城市监控的历史

从某种程度上说，城市本身也体现着监控这一机制的特色。高度城市化的地方人群密集，这使得人口的统计与管理成为可能。历史上许多城市既有城墙作为外部边界，其内部也被划分。城门就是分流点：统计、查验物品或财产、核实或鉴别、疾病控制、税收以及奖惩实施等。比如，近代北京就有一系列的同轴城墙把不同身份的市民隔离开来，有着木栅栏门的人家晚上关着门，并受到保卫。许多城市会为贸易商开辟特殊区域。一些特殊居民在空间上会受到限制，比如从1516年开始，威尼斯的犹太人就被限定居住在新隔都区。

许多早期的现代秩序系统是基于广义的安全发展而来，包括分层火灾监管系统如江户（东京旧称）时代的引火盒瞭望塔以及社区维护防洪堤坝的芬兰波德模式。对自然灾害的控制有时也给了统治阶级实施更宽泛领域道德控制的机会：意大利北部城市针对1346至1350年间鼠疫所实施的政策，将城市卫生与社会动乱相结合，这为现代流行病学及人口普查体系的形成奠定了基础。更多情况下，监控只是一种安全化策略，例如土耳其伊斯坦布尔或巴黎大革命前的多面告密者和间谍。

如今，监控被广泛运用于解决与叛乱、疯狂、贫困以及流浪性质的社会群体相关联的道德问题。这些群体之前已受到城市精英的排斥、流放，甚至处决。新的监禁场所，从工作车间到监狱再到精神病院，都出现于现代早期。富有智慧的历史学者米歇尔·福柯使用了杰里米·边沁（Jeremy Bentham）的"圆形监狱"这一空间典范。在这份关于完美管理监狱的计划中，犯人被期望改变他们的行为，因为他们知道自己会受到持续监控。尽管这种理想在已建成的任何监狱中从未完全实现，但监控既作为理想又作为实际，一直存在于政府及私人组织中，涉及范围从工厂到学校。应用于武器生产的新型合理化管理体系，也随着流水线这样的空间秩序技能一起进入工厂，工人的时间和活动开始受到管理和组织。

然而，尽管人的本质及身份识别问题长期受到关注，但19世纪前，监管在全球范围内的公共场所依旧相对缺乏体系。不断扩大的低薪及城市失业群体组成"危险阶层"，给城市秩序带来了威胁，并引起新一波道德恐慌。监禁难以实践，也不符合道德规范，因而解决秩序问题的新的"合理化"途径应运而生，即使用新视觉技术，比如摄像机、贝迪永式人体测定法、盖尔顿指纹技术以及用于甄别"嫌疑犯"的合成摄影等来进行分类和识别。欧洲和美国的警方也多采用这种新技术。在许多国家，警方利用先前的内部情报系统对抗议和政治反对实施监管和镇压，甚至还包括愈发频繁和极度不受欢迎的针对城市贫困人群的任意搜查或催促他们离开的行为。

合理化的技术也体现在城市形态中，这些技术被部分地加以改造，以便于军队开展行动和镇压城市叛乱；保证持续的监控不被打断；保证空气流通以免传染疾病的"恶气"聚之不散，就像霍斯曼男爵对巴黎的改造那样，中世纪的街道被宽阔的林荫大道彻底取代。英国在印度的殖民统治者也在陆军中尉占领区域中应用到这项新的安全规划，比如在新德里的桑给巴尔岛或新德里鲁琴斯建筑内。富人也创造出他们自己的堡垒：19世纪晚期，伦敦已有近百所建筑受到私人保镖的警戒，他们监管入口，有时也负责收取费用。同一时期的美国，像圣路易斯和新奥尔良等地的所有私人街道犹如城市内部的新城市。

20世纪早期，精英阶层对与"俄国革命"紧密相关的城市骚乱产生了各种偏执般的想象。在整个20世纪，许多城市充斥着对个人行为的高度紧张，有些是维护革命意识形态，有些是引导人们反对它。随之宣扬的还有战争及备战的重要性，这已然成为许多发达国家经济发展的主导。许多情况下，城市当局对群众的极度不信任也造成了许多无辜伤亡。比如，"二战"期间英国政府曾因担心不爱国思想的传播而反对为公众提供防空避难所。在世界范围内，各国竞相发展新的政治戒备与监管形式：从英国对贸易联盟的监督和压迫，到美国的麦卡锡主义与内部间谍活动，再到苏联的绵延数万千米关押政治犯的古拉格式集中营，还有民主德国国家安全局的秘密警局——这一警局关于个人的文案资料由占据底层1/6的告密者负责填写。

当代城市监控

随着计算机技术尤其是数据库的出现，用于监控的社会技术体系愈发复杂和精密。法国哲学家吉尔·德勒兹把这些逻辑变化连同米歇尔·福柯描述的经济结构重组以及职能机构危机一起视为"控制社会"的基础。一方面，它显示了监控强度的深化，另一方面它也公开了更广泛的监控方式和越来越多的实施监控的国家及私人机构。

尽管许多人预测到数据库社会的到来,但城市的未来首先是由迈克·戴维斯等城市学家通过对洛杉矶的详尽分析得来。洛杉矶变成了新自由城市的原型,去乌托邦化的社区全部受到人像识别技术的监控,它也成为一个被保卫和监控的钢铁及玻璃商业区。在那里,富人有钱享受私人保护,而穷人只有依靠带压迫性质的警方。这种新自由城市主义使公共场所视频监控(又称闭路电视)应运而生,并在赌场和购物中心广为使用。城市也因而逐步转变为分离的城市带,包括均匀分布的主题公园、不断增多的私人郊区以及专属穷人居住的贫民窟。这种趋势在新兴发展中国家一些隔离严重的城市尤为明显。在实行独裁主义的前巴西,像圣保罗这样的城市,人们对警方完全失去信任,社会福利制度也几乎荡然无存,因而富人不得不借助尖利铁丝网、照相机和保安来巩固私人属地的防御,而穷人则时刻受到贫民窟毒贩团伙的威胁,既无监控也无安全。在中东、印度的一些新兴对内投资区域,完全私密的城镇正在兴起,这是对新加坡和迪拜这类城市型国家的效仿。这些地方简直是自由民主的国度,没有贪婪,也没有完全的监控。

闭路电视首先在英国迅速向公共场所蔓延开来,其原因很复杂。首先,在新工党再次从国家层面干预城市重组和城市的道德管理之后,城市在80年代又相继衰退。这就导致了新自由城市政策的出现以及城市空间的半私密化。其次是一种基于风险管理的新型公平实用模式的诞生。最后,一系列枪击事件引起道德恐慌,如足球流氓行为、儿童诱拐(尤其是1993年詹姆斯·巴尔杰〔James Bulger〕被拐和杀害)以及爱尔兰共和军对英国的恐怖袭击。到21世纪初,英国几乎所有的城市中心和一些小一点的社区都安装了闭路电视系统,将城市管理和警方防卫相结合。在2001年9月11日美国遭受袭击之后,英国城市安全政策的成功让公共场所的闭路电视系统在全世界推广开来。然而英国尤其是伦敦也获得监控社会之恶名,并在一定程度上引起反对与抵抗。

国际安全局势的变化为我们理解监控提供了新的角度。长期以来,监控技术在军事间谍方面的发展,如ECHELON电信系统或用于战争的卫星监控,都与城市民众监控分离开来。但现在军事监控也被运用到城市管理中。实际上,当前整个监控的政治经济因素可以归因于冷战结束后带来的变化。当时,企业利用城市中不断攀升的对于犯罪的恐惧,开始涉足军事供应,寻求新的民众市场。这也是伦敦出现闭路电视系统的原因。当爱尔兰共和军使用曾在1991年海湾战争中的技术于90年代初对英国发动恐怖袭击后,自动车牌识别系统也开始进入伦敦。美国遭受"9·11"事件以及其他恐怖袭击和反恐战争之后,监控系统的使用得到进一步强化。与闭路电视系统相联的新系统,包括面孔识别和枪声识别软件,都被警方和鹰派社会评论员提倡使用。军用系统像无人飞行器,也从阿富汗和伊拉克战场转入洛杉矶和利物浦街头。

城市监控不只是强制性的安保。私人领域正不断被牵涉进数据获取,不只为了消费分析,也用于生活方式的预测。这些数据与新的测绘技术相结合,从而得出关于个人、群体和邻里的地理人口分析资料。它们既能用于产品和服务定位,也可用于有组织的政治活动甚至警方的相关事务。这些系统在许多方面都像是自我实现的预言。尽管许多主流评论员已就志趣相投人群的聚集发表过评论,但依然很少有人能够意识到监控划分的作用。这些归类分析由城市当局、房地产代理商和开发商等实施,并得出各种结果。

这些半自动化的系统和其他许多体系一起,正在催生城市监控的又一次转变,并再次将社会和技术发展相结合。计算机和网络通信的发展使监控设备更具流动性、微型化和易于连接,并且无所不在(或充斥弥漫)的计算机技术还有可能使虚拟世界与现实生活相连。一种新的灵活的监控在渗入建筑甚至是人体和动物之后,能够根据软件密码的逻辑或数据传递的协议实施控制。由于政治的不公开透明,许多人认为这种监控技术对于社会关系和邻里形成以及社会排斥在社会结构中的嵌入都具有确定性的实用价值。

在风险和风险管理充斥的时期,城市中的一切都有可能因为利益和威胁被划分、归类。这也意味着跟城市秩序相关的各种策略会发生持续转变:监控规则和可见性仪器,政府行为的道德秩序和它对福利、责任的关注,以及主权独裁同它的暴力和领土控制。当前时期,城市监控的复杂性也与监控具有文化意义的主张有关。

监控不只可以理解为少数观察者对多数被观察者实施的控制,也可以看作有关社会秩序的复杂矛盾的过程,包括同观监视(多数人观察少数人)、相互监控以及观察与被观察的乐趣和表演层面。人体永远处于中心地位,无论是在 DNA 检测时、警方搜查过程中,还是在它本身作为监控工具的时候。当我们被要求需警惕观察别人的时候,这是双重过程。但在公共场所拍摄这种潜在的监控行为也会被城市当局认定为可疑。

有的监控社会或许并不是整体都受控制,这样就能够不以任何累加模型来定义,无论是基于圆形监狱或其他典型机制,抑或一个杂乱无章的监控群体。相反,监控社会被定义为微观对象视角,即由多重有限的控制和监控形式造就的城市环境,因各种有形和无形的可渗入的界限、鸿沟和盲点而四分五裂。这些不仅仅是地理位置的问题:对于一些人,尤其是"其他人"(如寻求政治庇护者)而言,界线永远都不会被跨越,但就像可伸展的橡皮圈一样会永远横在中间,随时都有反弹和驱除他们的可能。

进一步阅读书目:

- Coaffee, Jon, David Murakami Wood, and Peter Rogers. 2009. *The Everyday Resilience of the City: How Cities Respond to Terrorism and Disaster*. Basingstoke, UK: Palgrave Macmillan.
- Coleman, Roy. 2004. *Reclaiming the Streets: Surveillance, Social Control and the City*. Cullhompton, UK: Willan.
- Galloway, Alexander. 2004. *Protocol: How Control Exists after Decentralization*. Cambridge: MIT Press.
- Graham, Stephen and Simon Marvin. 2001. *Splintering Urbanism: Networked Infrastructures, Technological Mobilities and the Urban Condition*. London: Routledge.
- Lyon, David. 2007. *Surveillance Studies: An Overview*. Cambridge, UK: Polity Press.
- Murakami Wood, D., ed., with K. Ball, S. Graham, D. Lyon, C. Norris, and C. Raab. 2006. *A Report on the Surveillance Society*. Wilmslow, UK: Office of the Information Commissioner.

(David Murakami Wood 文 郭九林 译 王 旭 校)

SUSTAINABLE DEVELOPMENT | 可持续发展

可持续发展已经成为被广泛认可的政治概念,这在很大程度上要归功于过去几十年召开的一系列国际环境和城市政治会议。1972 年联合国人类环境会议首次召开,1987 年成立了世界环境与发展委员会(布伦特兰委员会);接着,1992 年在里约热内卢召开的联合国环境与发展会议通过了《21世纪议程》,其中强调土地可持续利用管理和当地决策需求;2002 年又召开了约翰内斯堡峰会。然而遗憾的是，虽然《21世纪议程》已经在6 000多个社区付诸实践，发展中国家确实做到了，但一些西方工业化的城市并非如此。

人们认为可持续发展是"既满足当代人的需求，又不损害后代人满足其自身需求"的一种发展模式，这契合了世界环境与发展委员会在《我们共同的未来》(Our Common Future)中的观点。可持续发展应兼顾人类需求与自然资源之间的平衡，这样，本地经济能够在惠及不同社会群体和创造高质量生活的同时保护自然资本。

过去一个世纪，生态城市的关键要素已经以各种方式出现。例如，埃比尼泽·霍华德著名的田园城市，通过清除污染工业和划分小型人口生活区，将生活在农场和乡村周围的人们安置到这个区里，从而更为全面地将城市与自然结合在一起。田园城市为城市居民的发展和就业创造了一个切实可行的经济模式，从而促成了社会、经济与生态的有机结合。帕特里克·盖迪斯——与霍华德同一时代的城市区域规划师，与他并称为现代城市区域规划之父——以中世纪城市为蓝本设计他的"新科技"城市。这个"新科技"城市会有足够的开放空间（将重工业迁移到郊区从而实现这一目标）以及绿化带。弗兰克·劳埃德·赖特设想一个和谐的城市化和自然环境共存的广亩城，广亩城中不再有城市，而是每个独户家庭都有可耕种土地，土地间由高速道路和电子通信连接。

对可持续发展的认识

基于对可持续发展的解读，它可能与"主导范式"或新古典主义世界观共存抑或与之竞争；新古典主义世界观假定一个"全无世界"，这个"世界"依靠人类对自然资源的利用来获取某些切实的价值。世界上有一类人——经济人，他们追求利益最大化，对他们来说，资源消耗关乎理性决策和自我利益。这一基本范式反映出可持续发展思想的两大流派：所谓的弱可持续性和强可持续性。前者支持这种范式，后者则反对这种范式。

对"弱"可持续性或"技术性"可持续发展的信奉者来说，他们认为经济的持续增长是必要的，更应被鼓励以提高发展中国家的生活水平。同样，我们也接受作为经济行为者的人类在身为消费者时无法约束自己行为的情况。因此，不可持续性就关系到更加精准的价格，行之有效的政策和足够的"绿色"技术以便更有效地管理资源消耗的问题。这种形式的可持续发展的一个重要因素也基于一种假定，这个假定是制造资本，尤其是先进的绿色技术，可能会替代自然资本。这种替代，作为一个可行方案，使得经济指标的制订更加简单，因为它有利于促进现在经济进步监管的使用，如国内生产总值。然而，最基本的假设是人们对经济和自然的管理，并且这种管理由当前社会的精英所掌控，如政治决策者、金融机构、科学家和国家政府。

相反，"强"可持续性或"生态"可持续发展则否定这种假定。这绝非仅仅是在现有制度下调整价格和政策的问题，而是与经济增长及其发展挂钩的现行模式本身就有问题。如此看来，像国内生产总值这种监管手段是不能从生态服务如净化水和空气方面准确地测算自然资本的内在价值的。因此，正如精英阶层没有能力掌控经济一样，他们不能按照社会合理需求掌控自然资源。单纯只依靠绿色技术的发展充其量是一种临时措施。以电动车为例，虽然电动车在行驶过程中污染较低，但它仍然消耗大量的资源并给城市形态、生活质量、交通拥堵等方面带来不良的社会影响。最后，强可持续发展与其依赖于利用现有结构和精英阶层这一自上而下的方法过渡到绿色经济，还不如主张自下而上的观点：提高生态素养以提高公民的智慧和力量。

为了给"强"可持续发展中的"强"下定义，可持续发展整合了很多本身具有显著意义的观念，如自然的内在价值、社会资本的发展和公民权利与义务的加强，以及重新审视关于什么才是"生态进步"和如何衡量这种进步这一假设的需要。强可持续发展假定一个对自然世界的基本道德态度，并要求社会尊重其他物种和生态系统。

可持续发展的制度化

在城市化的背景下,可持续发展与其他主流城市区域规划理念密切相关。首先就是"精明增长",这已经在可持续发展之城市规划与政策圈子里广为流传。精明增长的支持者们形成了一个名为"精明增长网络"的正式组织,其中就有美国环保署;精明增长鼓励城市增长,加强城市增长边界,扩大适宜步行和骑车的地区,并把重点放在公共交通上,阻止市区或工业区向郊区的无序蔓延。

与此密切相关的城市设计学派被称为新城市主义,它通过寻求那些赞同新城市主义非营利组织的支持来实现其制度化。新城市主义本质上与理性增长模式强调的原则相同,但它借鉴一种具体的设计原则——场所营造。这种设计原则中包括创建城镇中心,开发独特的居民住宅,并且建筑风格在大体上要尊重历史传统。

很多政府和国际机构将可持续发展进一步制度化。在美国,可持续发展原则体现在多个领域,包括环境保护署和海事、环境与科学局。加拿大国家环境与经济圆桌会议在可持续发展方面提供研究和政策建议,同时总部设在曼尼托巴省温尼伯的加拿大国际可持续发展研究所(Canada's International Institute for Sustainable Development)组织这次国际调查研究。英国环境、食品和农村事务部(Department of Environment Food and Rural Affairs)力推可持续发展,而且欧盟于 2005 年首次采用自己的可持续发展战略。同时,联合国经济和社会理事会(Department of Economic and Social Affairs)内有一个专门负责可持续发展的部门。

人们在这些组织和机构的帮助下,对可持续发展所要达到的目标进行监测,并使用适当的指标进行结果评估。虽然许多现有传统指标兼顾到弱可持续性所要达到的目标,但强可持续性要求核算非传统因素。通常这种核算方式被称为"全成本核算",针对以前被忽视的所谓外部经济效果来进行调整,或者靠强制开发社会所带来的代价,如栖息地消失、环境污染、社会不公等等。

可持续发展的实施

可持续发展作为政策目标,即使没有与城市改革成效结合,也已经完全与城市区域规划和政策论述融为一体。尽管可持续发展的概念和实施已经得到认可,但还远远不够。事实上,可持续发展的普遍性至少要归因于它的灵活性。鉴于其规范性而不是经验性的取向,可持续发展在理论具体化和操作可行性方面都应该予以分析。

效益指标需要考虑可持续发展的不同特征,如减少低能源消耗,使用可再生能源;大幅度减少紧凑发展对土地资源的消耗;降低运输需求;保护农地和栖息地,减少废液排放和利用所谓的"工业生态"的模式对废液加工;保护水资源和利用自然水循环;保护生物多样性。这些目标不仅对可持续社会的生态持久性十分重要,还确保了居民的高质量生活。

可持续发展的 3 个主要组成部分中最难以实现的或许是社会可持续发展。人们意识到规划决策中社会公平的重要性,因此努力提高城市空间和经济功能的可持续性,同时避免损害或削弱弱势群体的生活质量。它强调为所有人创造高品质生活,力求确保每个人都能分享到社会可持续发展带来的好处。对于个人和社会来说,社会可持续发展为人们创造机会去实现他们的潜能,使得他们能够自力更生。

满足可持续发展的 3 个主要方面的要求会遇到很多考验。其中讨论最热烈的主题之一是为解决可持续发展代言的城市设计专业未能改善自由资本主义的疲软现象以实现重视生态服务或社会关系这一任务。此外,事实上,城市区域规划一贯与经济发展力量结合而忽视生态保护。

规划者也对可持续发展很头痛。人们对这个词的实用性、可预测性和可实现性的争论已经持续了近 20 年。值得关注的是可持续发展的价值可能会过于空洞和虚华,很少运用到现实社会中。例如,伯克和康罗伊(Beke and Coaroy)在世纪之交进行的一项研究发现,在精选 30 多个综合计划后,不管这些计划对可持续发展的拥护程度如何,它们几乎都未促进可持续发展。

尽管有人因为眼光狭隘对可持续发展批评不断,并且对它的描述过于简单;同样也有人认识到,在一个特定社区推行可持续发展计划比在一个区域或国家里推行更容易实现。然而也有人担心,现有研究对城市具体技术输出的关注将可持续发展定位为正确技术的利用、制度的改革或合理政策的实施,而不是从根本上质疑社会的本质,这再次反映出强硬手段和软弱手段之间的自相矛盾。

关于持续发展的辩论

古典自由主义政治哲学提倡追求个人自由,由于其极度依赖资源消耗、土地所有制和行动自由能力,因此民主国家恐将难以对此做出限制。

在实践中,可持续发展的制度化尝试遭到了一些社会和财政保守派和自由主义者的抵制。他们对个人自由和经济增长毫无根据的管控十分担心。人们在某些方面早已质疑集中规划,但是因为住房私有化和汽车使用与"美国梦"联系密切,规划者试图制约这些力量的设想就遭到了人们激烈的反对。

这就引出了一个重要观点:任何有关可持续发展的论述都绕不过对城市建设的政治经济学解释。这是因为城市作为资本积累的中心地带,代表不同阶层政治利益和权力的社会行为者和经济行为者在政治决策时会影响城市发展,就比如他们影响着城市周围一切,从办公楼建设到高速公路建设的复兴。

发展决策往往以对议题和方案的最佳科学评估为基础。然而,根据托马斯·库恩(Thomas Kuhn)的解释,科学不是纯客观的,总会有潜在假设可能影响设问及其解决方案。这就触及可持续发展的核心,因为大多数涉及可持续发展的基础文献和政策声明都来自西方的科学、法律和经济。

这牵涉到人类道德发展基本的含意:什么构成不发达地区的良好发展?一些人指责发达地区的可持续发展以无冲突的解决方案为前提,因为它并不能保证解决环境的可持续方案也会解决社会的可持续问题。即使是对于"维持"现状的打算,很多人也仍然不予支持,因为它们明显不公正。

世界上人口超过百万、蓬勃发展的大城市,或那些超过 500 万人口的城市地带,其中有许多位于欠发达地区,它们迫切地需要批判性地重新评估可持续发展策略。这些城市的特点是城市人口的快速增长、巨大的财富差距、受恶劣卫生条件困扰的大量简易住宅区以及社会和经济机会的缺乏。鉴于管理如此庞大而分散的地区有些困难,有人认为就像《21 世纪议程》所强调的那样,有必要向基层组织和民主进程重新注入活力。

然而与此同时,可持续发展问题超出局部范围:生态、经济和社会的不可持续性不能在一个特定行政区划内孤立存在,而是要跨越政治界限,需要不同水平的制度化政治决策。

对可持续发展的展望

现在许多人针对可持续发展提倡区域性解决办法,这种办法考虑如分水岭这种自然区域问题,以及如何整合多个政治司法管辖区的资源。所谓的新地方分权主义所提倡的不是新的各级政府,而是新的管理形式和过程,其中利益集团联盟(公共、私人和非营利性的集团)相互合作、共享资源,并制定监管框架,用来解决共同关注的问题。有趣的是,研究表明,这种区域联盟最容易围绕生态问题而形成。区域性解决办法也能更容易地解决由发展不平衡而加剧的社会不平等。

但似乎令人无可辩驳的是,虽然可持续发展已经对关于社会、经济和环境进步与公平的论述产生了积极影响,却几乎没有为人类社会实际上的可持续发展带来实际的改善。甚至在面临不可避免的资源枯竭时,西方模式的经济发展和增长仍旧占据主导地位,而且能源消耗持续增加。

可持续发展的批评者认为，在这个概念中大多数常见的实践可能与可持续发展的实际需求并不兼容，其中包括停止对化石燃料的使用、大幅减少自然资源的使用、恢复当地的小规模农业，还有终结工业时代。

当前的全球经济危机将会如何影响目前城市体系的不可持续性和可持续发展的理论与实践还有待观察。

进一步阅读书目：

- Berke, Philip R. and Maria Manta Conroy. 2000. "Are We Planning for Sustainable Development?" *Journal of the American Planning Association* 66(1): 21–33.
- Brown, Donald. 1995. "The Role of Ethics in Sustainable Development and Environmental Protection Decisionmaking." pp. 39–51 in *Sustainable Development: Science, Ethics, and Public Policy*, edited by J. Lemons and D. A. Brown. New York: Springer.
- de Roo, Gert and Donald Miller. 2004. *Integrating City Planning and Environmental Improvement: Practicable Strategies for Sustainable Urban Development*. Farnham, Surry, UK: Ashgate.
- Haughton, Graham. 1997. "Developing Sustainable Urban Development Models." *Cities* 14(4): 189–95.
- Marcuse, Peter. 2008. "Sustainability Is Not Enough." *Environment and Urbanization* 10(2): 103–12.
- McDonald, Geoffrey. 1996. "Planning as Sustainable Development." *Journal of Planning Education and Research* 15: 225–36.
- Rees, William E. 1989. *Defining "Sustainable Development."* Vancouver: University of British Columbia Centre for Human Settlements.

(Michael Dudley 文　郭九林 译　王　旭 校)

T

TECHNOBURBS | 技术郊区

技术郊区一词是城市研究中形容大都市区蔓延和远郊的诸多词语之一。技术（techno）这个前缀是用来形容因为以下两个原因而崛起的新社会经济体。其一，技术郊区是由过去几十年里先进信息交流技术的扩展而引起的城市分散，这种信息交流部分取代了传统城市中面对面的接触和身体移动。例如，随着电信基础设施的扩张、对这类技术利用的增加，以及工作过程日益通过技术完成，人们有意地使经济活动分散化，并带来新的劳动力空间分布。

其二，该前缀指技术郊区可以通过以下特征来确定：高科技产业和某些信息技术支持的公司业务功能产生了一种新的地理模式，对办公地点需求较小的业务功能被重新安置和集中在为特定目的而建造的商业区里，比如技术与科学园区。相关业务在这里集中，它们被大学校园一样的环境吸引到城外，那里景观整齐划一、统一管理，且完成了资产证券化。因此，一个双重的空间重组进程出现了：一方面，这种技术上的变化方便了城市之外经济活动的开展；另一方面，相应的经济活动的节点在远郊出现。

历史演变

"二战"后发达地区城市发展最显著的特征之一是城市蔓延和郊区膨胀，它们带来了城市地域的扩展。虽然传统的中央商务区依然保有高水平的发号施令型的服务功能，但城市的居住、工业、商业及专业服务分散到了郊区及更远的地方。随着这些功能向城市边缘转移而来的不仅是郊区化，还包括新的外城的形成，它们没有传统城市的那些特点。在这些城市里，居民越来越多地在城市周边工作，而非到市区去就业。

举例来说，购物中心、工业园区、商用楼、大学校园、公司办公大楼、后勤中心以及物流枢纽越出传统的城市中心，分散在居住区和开阔的绿色地带，形成新分散的空间单位，在那里，传统观念中的城市和郊区你中有我、我中有你。陈旧的观念——城市由明确的几部分和地域构成、呈几何形分布——彻底过时了。

城市史家罗伯特·菲什曼出现过借用技术郊区一词，用以形容城市边缘与它不再依赖的城市相分离，以及与该城市保持活跃的经济、技术联系的特定分散城市形态的出现。结果是边缘地带作为一个独立的社会经济体出现了。形容类似现象的其他词语还有边缘城市、外围城市（Outer City）、卫星城（Satellite City）、后现代城市（Posturban City）、无中心的城市（Centerless City）、外城以及远郊（Exurbia）。

城市史学者经常在北美寻找个案来研究多中心大都市区的出现，这种大都市区挑战了将城市地域划分为中心和边缘的传统做法。洛杉矶经常被作为"内外颠倒城市"的典型范例，其中心商务区的核心功能分散到了周边腹地。任何将个别城市得出的研究结论应用于其他所有城市的做法都是有问题的。

历史上的技术郊区

考察交通和信息交流技术对城市格局的影响是当前城市研究中一个日益重要的主题。对通信技术的崛起是否会导致经济、社会、政治及文化功能永远集中在强大的全球城市中，以及是否会引起人口的地域分散问题的争论一直存在。

过去50年里对城市变化所做的预测方案，经常对城市表现出一种与生俱来的矛盾心理。交通及远程通信技术的发展将导致空间距离的消失及后城市化时代城市的发展，人们对此有过范围广泛的推测。在美国，人们曾预见到电话和汽车的推广会导致纽约和芝加哥等大都市的大规模分散。美国人逐渐进入乡村地区，这种现象创造了分散的城市，人们在其中彼此隔绝，但通过现代电信技术彼此联系，形成了一种远离市中心、基于个人主义和自给自足的新型反空间社区。城市未来学家曾预测郊区的崛起可以使市民享受"美国生活方式"，处理好美国历史上腐蚀社会、困扰城市中心的犯罪、贫穷和社区衰败问题。城市边缘的乡村社区出现后，与工业城市诞生和发展相伴随的发展不平衡和社会冲突就有了解决之道。

随着电信技术在20世纪后半叶的进步，关于未来技术化的反城市观点一直很有市场。在因特网增长的背景下，一些媒体理论家预言依靠新电信技术的数字生活方式将会取代城市中空间上接近的功能需求。随时随地与全球电信网络的联系从技术上决定了传统城市中心的消失和人口大量向分散的技术郊区转移。反城市观点在现代和乌托邦城市区域规划史中一脉相承，这一规划史认可的田园理想源于这样一种信念：现代技术可以恢复社会秩序。

尽管有反城市的种种预测，当代都市生活的特点是，特定的经济、社会、文化和政治功能在城市中心之内和之外既分散又集中。虽然伦敦、纽约和东京等全球城市依然是最强大的金融中心，但其他的商业-公司业务已经分散到了新兴的技术郊区，它们作为新的经济活动场所同时服务于城市和全球市场。

作为新工业簇的技术郊区

罗伯特·菲什曼将加州北部的硅谷和马萨诸塞州的128公路沿线作为技术郊区的典型。这两个地方都出现在大型大都市地区的外围，最终发展成为高技术工业的全球研发中心。市中心的先进技术实验室和高技术生产设备被吸引到郊区，这是技术郊区的特点。这些技术郊区通常拥有未来主义的外观，分散在有保安的校园风格环境的低层办公楼中，而这样的环境又位于与城市其他部分分离的农村景观中。它们不被视为传统意义上的郊区，因为公司办公室、居住社区和不同的服务功能区同时出现在这里。这些技术郊区形式各异，也有诸如技术园区、科学城、技术极等多种名称。它们通常包括跨国公司的分部，通过特定的交通和电信基础设施与相隔遥远的地域进行经济联系。因此，技术郊区是用光纤等特殊网络基础设施建起来的高度集中的区域，以克服与城市在空间上的距离。

发达地区的城市周围有相当数量的新工业区：已成为标杆的硅谷、马萨诸塞州的128号公路沿线以及法国的索菲亚科技园。这些创新环境的出现得力于以下这些因素的共同作用：风险资本、来自当地大学的世界一流劳动力、鼓励创业的环境、电信基础设施以及财政刺激——它们吸引并留住了公司的研发活动。它们被视为是新经济的驱动力，而人们认为在新经济中，经济竞争力是由高技术工业中的技术创新能力决定的。

在城市层面上，技术园区旨在通过吸引高技术企业到城市或紧挨城市的特许飞地来刺激工业发展。人们期望这些公司入驻技术园区后会增加就业，大量创新企业能刺激地方经济发展。决策者为吸引公司，会提供一系列的财政刺激、量身定制的交通和电信基础设施。有时，他们也会按照企业的需要来规划技术园区。发展技术园区成为地方和地区经济发展政策中的一个显著特点，寻求社会经济复兴的老工业区更是如此，比如法国的索菲亚科技园、中国台湾的新竹科学工业园区以及英国的剑桥工业园区。

科学城是新生事物，通常由政府规划和建设，通过在高品质的郊区集中大量研究组织和科学家，为创新性研发活动创造条件。科学城与技术园区的不同之处在于前者致力于服务科研工作而非生产产品。通常，它们基于一种校园建筑的空间逻辑，认为将研究者的居住区与社会其他部分隔绝会产生一个创造潜力更高的环境。除了绿草如茵的校园环境，科学城还包括专业的大学或技术机构，它们的存在会形成一种创新文化。科学城创造出一种特许的、空间上隔绝的（通常围起来的）空间，他们将其视为不受社会活动潜在打扰的真空地带。这种隔绝的目的在于在公司、科学家、生产环境等有助于研发活动的诸因素之间建立联系。这方面的典型例子有俄罗斯的新西伯利亚科学城、韩国的大德科学城以及日本的筑波科学城。

为模仿硅谷的成功，企业型政府和地区决策者日益将技术郊区作为创新环境来建设。比如，决策者试图将高技术企业吸引、集中到本地大学周围的商业园区，以形成一种鼓励创业的研发文化。硅谷是世界上最成功的高技术创新簇之一，从加州的帕洛阿尔托延伸到圣何塞南边的郊区。包括IBM、惠普、雅虎、谷歌等前沿信息技术公司的大型公司办公楼群均坐落于此。决策者将硅谷视作技术郊区发展的一个通用公式，认为它可以在任何环境中复制，无论国情有何不同。著名的模仿者有纽约的新媒体区，苏格兰利文斯顿的硅谷以及得克萨斯州奥斯汀的硅山。

许多技术郊区使用硅（silicon）或赛博（cyber）等前缀作为企业的地区推销方案和城市发展策略。尽管有许多地方东施效颦，但真正成为创新地区的很少。通常，一些技术信息类企业的松散聚集、一个小的技术园区或者一个旗舰店就足以让地方或地区发展部门将其列入硅谷一类。在许多情况下，规划的技术郊区更容易被看作地产项目，适合在实际和象征意义上将城市定位为对内向性投资更具吸引力的地方。比如，推销新办公楼和商业园区开发的高技术区协会经常为开发商带来更高的租金收入和土地开发利润。

在硅化热潮之下，这些定制的商业园区成为接通专用光导纤维的跨国公司后勤办公室的理想地点，并提供由闭路监控和保安构成的高度安全的环境。技术郊区后台办公园区也受生产成本地图重新调整的影响：（1）公司寻找低成本的劳动力和工作环境；（2）一国的公共部门在战略地点提高基础设施质量及扩大其容量；（3）城市边缘后台工作女性化和粉领劳动力市场的扩大。电信技术的发展使前台业务和后台工作在空间上分离，因为后台工作与公司其他部门的直接往来不多，它被从前台业务中分出，并被转移到城市边缘或海外等成本较低的地方。

这种公司功能与前述研发中心的高附加值工作完全不同，它致力于为跨国公司和全球市场提供业务流程外包服务。后台工作包括通常被认为是低技术水平的工作：技能低、报酬低、附加值低。比如企业账户管理、客户呼叫服务中心以及全天候为主要跨国公司处理数据。这些后台工作通常被转移到成本低、政治稳定国家（比如印度、菲律宾、马来西亚）的由中央政府担保的无管制、私人化的高技术飞地。因此，这一规模的业务处理活动从服务城市的郊区转移到了服务全球市场的郊区。

结论

因为大都市区蔓延造成了大量浪费和居住、工业及商业用地彼此混合因而缺乏凝聚，技术郊区一直为人诟病。可能更重要的是，技术园区、购物中心及门禁社区在郊区的发展标志着高度生产性的、排他的消费空间和城市空间日益碎化的出现。这些发展可被视为与它们接近城市空间的传统做法分道扬镳，以及为跨国公司创建私有化空间、为富人群体建设独享的郊区居住空间。就此而言，技术郊区为居住、消费、休闲和工作创造了私密、封闭及有监控的城市设防空间。它们创造了一种同质的城市环境，通过创造没有真正时空感的空间挣脱了地点的束缚。

全世界的技术郊区在外观上都很相似，都有坐落于大学绿草如茵的校园风格环境中的办公楼以刺激创新。然而，发展技术郊区被误以为是城市和地区发展的灵丹妙药。不过与之相反的是，他们虽然创造了新的工业空间，但是在这里，饱受束缚的劳动力市场不过是在一个新的不平衡的劳动力空间中为全球经济加工信息。

进一步阅读书目：

- Castells, Manuel and Peter Hall. 1994. *Technopoles of the World：The Making of Twenty-first Century Industrial Complexes.* London：Routledge.
- Fishman, Robert. 1987. *Bourgeois Utopias：The Rise and Fall of Suburbia.* New York：Basic Books.
- Garreau, Joel. 1991. *Edge City：Life on the New Frontier.* New York：Doubleday.
- Graham, Stephen and Simon Marvin. 1996. *Telecommunications and the City：Electronic Spaces, Urban Places.* London：Routledge.
- ——. 2001. *Splintering Urbanism：Networked Infrastructures, Technological Mobilities, and the Urban Condition.* London：Routledge.
- Sassen, Saskia, ed. 2002. *Global Networks：Linked Cities.* London：Routledge.
- Soja, Edward W. 2000. *Postmetropolis：Critical Studies of Cities and Regions.* Oxford, UK：Blackwell.
- Wheeler, John, Barney Warf, and Yuko Aoyama, eds. 2000. *Cities in the Telecommunications Age：The Fracturing of Geographies.* London：Routledge.

(Daniel Morgan Brooker 文　王宇翔 译　王　旭 校)

TECHNOPOLES ｜ 技术极

技术极一般是经过规划的先进技术公司的集合体，它与研究实验室相连，用以刺激经济发展。这一概念是基于全球化和信息、知识经济的崛起在地区发展中所发挥的作用。技术极被设计用来促进高技术公司、研究中心以及大学之间的互动，以便在创造知识、创新、产品、公司及随后的地区经济增长和发展中发挥协同作用。通过这种协同效应及创新性的先进技术公司所带来的聚集经济，技术极所在地区就会出现溢出效应和经济发展。

技术极通常出现在制造业中心之外的新工业区，目的在于吸引公司落户。一些技术极是由公司或大企业的分公司组成的。它们通常采用公私合作的形式，地方政府是技术极的主要推手，以之作为一种地方发展政策。

随着曼纽尔·卡斯特和彼得·霍尔《世界技术极：21世纪工业复合体的形成》(*Technopoles of the World：The Making of 21st Century Industrial Complexes*)一书的出版，"技术极"一词在90年代进入了人们的视野。他们将技术极定义为促进创新和先进技术生产的规划区域。技术极不仅在资本主义经济中出现，它们也是地区规划的一种形式，在特定地区通过其经过深思熟虑的努力来推动创新和先进技术发展，从而实现地区发展与经济扩张。典型的技术极在空间上与科学园区和先进技术商业园区类似。空间上的接近鼓励公司之间互相协作，进而吸引更多的公司。技术极所在的地区可以从经济增长和进步中受益。

技术极源自创新环境这一理念，创新环境是指会带来创新和发展的社会、经济、制度及组织架构在某一地的集合。创新环境经常与法国经济学家菲利普·艾德洛特(Philippe Aydalot)联系在一起，20世纪八九十年代的地区经济学家和地区规划者大量借用了他这一理念。人们建立了一整套研究网络,如欧洲创新研究小组(Groupe de Recherche Européan sur les Milieux Innovateurs),来对这些理念进行阐发和完善。欧洲创新研究小组关注创新和地区发展关系的领土含义,范围主要在欧洲和北美。

这些理论立足于对地区发展所带来的空间变化的观察之上。在20世纪七八十年代,作为投资、创新和增长之地的多种地域开始出现,并且多数与传统的制造业中心及其派生的社会政治和劳动环境相分离。加州圣克拉拉县的硅谷以其在电子和信息革命中的领导作用,尤其是在诸如半导体、电脑、因特网及生命科学等先进技术上的专长,而成为创新工业区的标杆。在这些创新地区不光有新产品出现,进行研究和制造产品的新方法也有助于重要的流程创新和管理创新的出现。管理上的科层级变少了,另一种工业组织形式出现了。这代表着从福特式的大规模生产向更加灵活的生产体系的转变。因此流程和管理创新成了先进技术工业的又一个标志。通过创业者和大学、研究中心及支持组织之间正式和非正式的联络,企业间的创新网络得以建立。用创新环境的话来说,这些都是本地环境——也就是背景——刺激创新的重要部分。

技术极的出现有赖于社会和经济生活组织上出现大的、相互关联的历史性变化,其他新经济地理学在空间上的铰接形式,包括新的创新环境。首先是后来被称为经济全球化的全球经济的扩张及其在生产、消费上的变化,以及全球经济与国民经济互相交织程度的日益加深。这是由国家政策的变化引起的,比如发达国家从1970年代开始的放松管制、欧洲一体化的进行、其他国家之间贸易壁垒的降低以及技术上的进步。

先进技术,特别是微电子、远程通信技术等信息技术以及日益重要的生物技术,开创了新产品和新流程的技术革命。根据卡斯特和霍尔的说法,它们一起构成了第三次经济革命,这是被称为信息经济的另一种经济生产和管理的机制,在其中,知识和信息是竞争与比较优势的基础。这也引起了创新活动由垂直模式向网络模式的转变。

虽然加州硅谷通过其先进技术产业的创新公司成为技术极最著名的标杆,但其他地方通过吸引公司落户,也在努力成为不同的技术极。尽管外部公司1950年代在硅谷建立了分厂业务,但硅谷的名声和发展都源自于本地的新兴公司和创业活动。

另外一个早期技术极是北卡罗来纳州的研究三角区。尽管它和硅谷都是由大学建立的科学园区发展起来的,但二者的模式不同。研究三角区是为了将北卡罗来纳大学,北卡州立大学和杜克大学等3所与园区有联系的大学的资源与知识集中到一起而于1950年代末建立的,它鼓励外部公司在此建立分厂和实验室。在几十年的时间里,研究三角区成为美国和世界最著名的科学园区之一。

在欧洲,时任国立巴黎高等矿业学院副院长的皮埃尔·拉菲特(Pierre Lafitte)在法国南部创建了索菲亚科技园。索菲亚科学园区酝酿于1960年代末期,1970年代早期在法国南部的蓝色海岸投入使用。在其后的几十年里,对它作为一个创新环境的评价可谓毁誉参半。无论如何,到2000年这里已经有了1000多家公司。另一个早期著名的技术极是日本的筑波,它作为一个科学城建成于1950年代末。其后,日本在1980年代进行了一套密集的技术城建设项目,在主要的东京工业区外围建立了26个技术极。

如今,全球各地都有各种形式的技术极——科学园区、科学城、创新中心、技术城项目等。关注技术极和科学园区的国际贸易协会,以及国际科学园协会对技术极在超过54个国家的发展津津乐道。尽管个案研究显示技术极之间有重大的不同,但发展技术极仍是一个广受欢迎的地区发展策略。

进一步阅读书目：

- Benko Georges. 2001. "Technopoles, High-tech Industries, and Regional Development: A Critical Review." *Geoforum* 51: 157 – 167.
- Castells, Manuel and Peter Hall. 1994. *Technopoles of the World: The Making of 21st-century Industrial Complexes*. London and New York: Routledge.
- Cooke, Philip. 2001. "From Technopoles to Regional Innovation Systems: The Evolution of Localised Technology Development Policy." *Canadian Journal of Regional Science* 24: 21 – 40.

(Sabina Deitrick 文　王宇翔 译　王　旭 校)

TENEMENT ｜租屋

英国和美国政府在19世纪将租屋定义为这样一种建筑物：两层以上，住3户或3户以上家庭，各个家庭分开居住，并都有自己的厨房，这个独立单元或曰公寓就叫作一个租屋住房。因此，一个租屋住房包含多个租屋。这一定义在法理上包含了所有的多户住宅，不论其建筑类型和居民属何种类型。在法律上的定义出现之前，这一词就已经存在，不管怎样，它即将与城市、工人阶级租住房屋联系起来。

这一词语还与英美两国城市中的穷人住房联系在一起，他们主要住在贫民窟。这一负面含义一直存在到20世纪，此时更多地用 *apartment* 或 *flat* 指称多户住宅，无论其质量如何。苏格兰建造经济公寓的历史更悠久，在那里，该词仍用来指多层多户的城市住宅，但从未有过这种歧视含义。

历史演变

英国和美国的租屋是因18世纪末和19世纪初工业革命时期的快速城市化和工业化所带来的城市工人人数增加问题而出现的。此时还没有大众负担得起的交通方式，这意味着工人要住在工厂的步行范围内。随着城市的增长和工业的扩张，城市也日益拥挤，地产价格随之上升。用于住房特别是工人阶级可负担住房的土地变得稀少，而工人阶级的人口则持续增长，因此出现了严重的住房短缺，追逐利润的建筑商因之建起了廉价住房用于投机。

19世纪所有的西方城市都面临着工人阶级住房短缺的问题，但这一问题在英国和美国尤其严重，那里没有建造多层公寓住宅的传统。随着城市工人的增加，大部分中上阶层搬到了郊区，他们留下的独户住宅被改造成多户租屋住房，很少被拆除和重建；更常见的是房东在已有的住房结构内塞进尽可能多的家庭。上到阁楼，下到地下室的每个角落都被利用起来了。在纽约和波士顿，潮汐使得地下室定期进水，但地下室因为冬暖夏凉，仍是受欢迎的出租空间。

随着住房需求的持续高涨，投机性的建筑商在所有零碎土地上，包括在已有建筑物的后院里建造针对工人阶级的多户住宅。对利润的渴求催生了第一代租屋设计方案。每栋住宅常常占到地皮的90％以上，并达到法律所允许的最高层数。每个住房单元都很小，以使租金最大化。租屋所在的社区很快就人满为患,特别是当租了两或三间房的家庭再将其中一间转租给他人时,更是如此。

租屋立法

1850年之前,英国、欧洲、美国城市的租屋立法数量有限,即使不是空白,通过的立法也很少付诸实施。到19世纪中叶,人口增加和租屋住房的过度拥挤导致了贫民窟的出现,迫使改革者通过立法对快速恶化的建成区进行控制。改善住房的要求来自对公共安全、火灾和疾病的关注,这些威胁与过度拥挤社区中恶劣居住状况的关系尤其密切。因为它们施加的限制要么提高了建筑成本,要么降低了建筑规模,建筑法规压缩了建筑商的利润空间。这些建筑法规因此遭到了抵制,常常被"稀释"并被很轻而易举地规避掉。检查人员不足,他们也无权处以巨额罚款,这进一步降低了建筑法规的效力。结果,质量低劣的建筑持续存在了几十年。

立法始于19世纪中叶,最初只有最低限制,随着人口增加和居住条件的拥挤,其限制也日益严格。以防火立法为例,最初只要求公共墙用石头、砖或铁来建,然后是楼梯井,最后在19世纪末要求整栋建筑都要用防火材料。因为这些防火材料比木头贵,限制每提高一次,都会遇到抵制。在19世纪后半叶,消防楼梯也出现了,它们被租户用作编外储藏室,特别是白天被用作寝具,这降低了它们逃生的作用,因其常被堵塞。

公共健康和卫生立法采用法规来规定通风和建筑物规模。这些法律试图阻止19世纪基于疾病瘴气说的医学所认识到的疾病的增加和蔓延。该理论认为疾病源于灰尘和腐烂造成的化学酶,这种化学酶在合适的空气状况会自发产生,在阳光和新鲜空气不足的地方更是如此。拥挤、肮脏的城市贫民窟是其主要的源头和滋生地。增加阳光和空气可以提高城市的整体健康水平,它们是天然消毒剂。因此建筑法规试图建造通风改善、有更多窗户的房子。

甚至在19世纪末细菌理论出现后,租屋社区依然被认为是不健康的。医生和一般大众仍然笃信疾病的自然发生说以及细菌可以传播疾病的知识,只不过进一步强调了租屋住房带来的威胁。19世纪百货商店里卖的衣服,一般都是在租屋住房里生产的。许多人就此认为这些衣服会把疾病带到百货商店,继而带到中产阶级和上层阶级家里;住在租屋的仆人也会随身将这些细菌带到其雇主的家里。

这些顾虑引起了对下水道、排水沟、窗户、建筑物高度和院子及天井大小的立法活动。比如,纽约允许建筑物建到6层,而坚决反对高建筑物的波士顿,其大部分社区都只有3～4层,以位于北边和西边的拥挤的移民社区例外,那里的租屋建筑有5～6层。

尽管建筑法规在进入20世纪后越发严厉,但它们对已建成的建筑物影响甚微,而且在任何情况下,执行都很困难。在英国和美国,很少占用和拆除私有不动产,由地方政府负责时,也仅拆除个别的私人房产。比较之下,霍斯曼夷平了巴黎大片工人阶级社区,但并没有给他们建新的住房,导致城市的其他地方过度拥挤。

租屋住房改革运动

伦敦的租屋住房改革起源于19世纪30年代,纽约和波士顿则始自19世纪40年代。到19世纪中叶,对公共健康的关注使许多欧洲城市也出现了慈善改革活动。运动的领导者来自民间,包括医生、慈善家和商人。改革共有两条道路。其一强调租客及其住房的改革;其二则关注出租房,试图改变管理方式,同时改变多户住宅的设计。第一种方式的先驱是伦敦的奥克塔维亚·希尔(Octavia Hill),到19世纪末形成了一种更科学的工作方法。第二种方式鼓励实行"5％慈善",它力劝房东将收益限制在5％～6％,并拿出更多的钱用于房屋维护,同时将租金保持在房客可承受的范围内。

租屋住房设计的真正改善出现在19世纪90

年代,当时受过训练的建筑师参与设计可负担的多户住宅。20世纪早期多户住宅改革的特点是增加通风,当时大部分项目都强调公寓之间的前后通风。为了做到这一点,建筑师在天井周围建了大的住宅街区,或沿街将建筑物后退以增加周围的园林空间。为了增加建筑物与空气、阳光的接触,设计者将建筑物设计成与街道呈斜线的角度。

纽约市

纽约人口的快速增加以及未开发土地的存在,使该市对租屋这种建筑形式的研究尤其重视。1864年的一项调查显示,纽约61%的人口住在其15 039套租屋中。纽约的网格式道路规划框定了租屋建筑的发展和演变。它将纽约市分成众多东西长243米、南北长60米的街区,这些街区再进一步细分为7×30米的单个建筑地块。

19世纪追求租金收入的投机性建筑商,通常在单个地块上建造一栋租住住房,最早的这类建筑通常占到地皮的90%以上,且建筑物将地块7米的宽度全部占满,高5~6层,每层一般有4个公寓,2个面向街道、2个向里,每个公寓有3~4个居室。在整栋租屋住房中,所有房间以宽2间,深6间的方式排列,楼梯建在中间。它们建于租屋立法出台之前,所以被称为"法前"租屋,也被称为"火车式公寓",因为其房间都像火车车厢一样排下来,只有朝街的2间和向里的2个房间有窗户,因此,每套公寓仅有一间房可以直接通风和直接接触阳光。各租屋住房之间靠得很近,朝北的公寓就很难得到新鲜空气和自然光了。因为街区是南北向的,所以只有朝南的住房才能真正接触到阳光。

南边房间中有窗户的这一间,通常用作客厅或起居室;中间是厨房,有一间小卧室与它相连。穿过第一个卧室会到另外一个卧室,如果有的话。这里没有供水、供暖或照明,尽管有时公共走廊里会有。院子里的厕所为所有租户共用,如果有院子的话。楼梯及走廊没有窗户,它们黑漆漆的,不太安全。客厅一般会有壁炉,但如果不用它来做饭或取暖,它们一般都是盖着的,租户用自己的火炉做饭和取暖。

毋庸赘言,租屋的居住条件十分简陋。许多租屋居民接触不到新鲜空气和阳光,建筑主要是木制的,火灾隐患无时不在。厕所共用,很少清洗;用于洗澡、洗衣服和做饭的水也是有限的。

纽约市《1879年租屋住房法》(Tenement House Act of 1879)针对这些问题规定新租屋住房占地不得超过地块的65%。然而,这一条款的实施却得不到支持。开发商的让步是采用哑铃公寓方案,它一般至少占到地皮的80%。

哑铃式租屋,亦称"老法"公寓("old law" tenements),源于1878年建筑师詹姆斯·威尔(James Ware)向《管道工和卫生技师》杂志(*Plumber and Sanitary Engineer*)主办的租屋设计比赛提交的设计方案。该比赛要求能符合纽约7×30米网格地块的方案,房租在租户的承受范围内,房东也有利可图,并要考虑通风、阳光和防火等功能。威尔的入围作品保留了火车式公寓的总体设计,只不过在两个长边的墙中间增加了一个小天井(也叫作通风井)。当2个哑铃公寓紧挨着时,相邻的2个小天井合成一个小庭院。这个小天井使该方案呈哑铃状,中间窄,但前后在宽度上仍占满了7米。小天井周围的房间更小了,三居室住房单元的中间那间仍然没有窗户。

这个通风井一般只有6~10米宽。除了顶层的房间,这些通风井并没有提供多少照明和通风。相反,它常常成为垃圾场,因为租户把厨房废料和其他垃圾都扔在里面。建筑检查员报告说窗沿和通风井周围的墙上到处挂着垃圾。一旦着火,通风井会让火焰窜烧至上下各楼层,并一幢幢蔓延开去。

哑铃式租屋在纽约出现后,其他城市很快继起效仿。波士顿的哑铃式租屋根据那里的建筑法规做了改变,租屋的规模下降了,以免波士顿的居住环境变成纽约那样。总之,地方政府及其住房改革者不喜欢哑铃式租屋的设计,哑铃式租屋在纽约的流行引起了更多改善租屋住房方案的努力并有助于建筑法规的持续更新。除非其结构极度危险,否则火车式公寓也好,哑铃式租屋也好,已有的租屋住房很少拆除。因此,纽约和其他城市的租屋住房依然存在,也仍然用做出租房。

纽约的《1901年租屋住房法》被称作"新法",今天仍是纽约市管理低层住房建设的法律基础,并影响了全美的住房立法。它要求建筑物最多占到地皮的70%;更重要的是,它创建了租屋住房部(Tenement House Department)以确保该法的执行。新法之下的租屋建筑摒弃了通风井,转而要求一个至少3×6米的庭院和至少3米的后院,对于高度在15米以上的建筑物,这两个院子就要更大一点。建筑物不得高于街道宽度的3/4。新法还要求每间房有一个开向户外的窗子;每个公寓必须要有自来水和卫生间。20世纪初许多新法租屋住房建了起来,尤其是在上曼哈顿和布朗克斯。

进一步阅读书目:

- Dolkart, Andrew S. 2006. *Biography of a Tenement House in New York City*. Santa Fe, NM: The Center for American Places.
- Gauldie, Enid. 1974. *Cruel Habitations*. New York: Harper & Row.
- Plunz, Richard. 1990. *A History of Housing in New York City*. New York: Columbia University Press.
- Tarn, John Nelson. 1973. *Five Per Cent Philanthropy*. London: Cambridge University Press.
- Worsdall, Frank. 1979. *The Tenement, a Way of Life: A Social, Historical, and Architectural Study of Housing in Glasgow*. Edinburgh: W. & R. Chambers.

(Amy Elizabeth Johnson 文 王宇翔 译 王 旭 校)

THEMED ENVIRONMENTS | 主题环境

2008年5月,全球媒体都报道了这样一条新闻:"切尔西花展上的乔治·哈里森花园,吸引了成千上万的披头士迷"。作为享誉全球的最重要的园艺活动,切尔西花展向参观者展示了令人印象深刻的园艺产品、陈列品以及奇幻图案。哈里森与其遗孀奥利维亚一起设计的哈里森花园,唤起了人们对1960年代精神及当时最著名的流行音乐家之一的回忆,哈里森本身也是个狂热的业余园艺师。该展出主题为"从生活到生命,献给乔治的花园",用了76种不同品种的花卉——有些具有迷幻色彩——来烘托哈里的4个人生阶段:童年、披头士时期、内在的自我及精神生活。在第二部分,用刻有"太阳,太阳,太阳,他来了"铭文的1.5米宽的彩绘玻璃来祭奠这位安静的披头士,让人们想起他那首《太阳来了》的歌。披头士乐队的鼓手林戈·斯塔尔(Ringo Starr)主持了展览的开幕式,开着一辆装饰有印度符号的复古的迷你汽车来到现场,提醒人们注意哈里森的印度精神之旅,以免花园的主旨被忽略。

参加切尔西花展的乔治·哈里森主题公园在当代社会无处不在的主题环境及其与大众文化的密切关系这两方面都具有象征意义。从定义上看,主题环境是空间组织和意义体系都按照某一首要概念或叙事来组织的一个地方。构建这些叙事空间的中心目标是在一系列不同的图像和景点中建立一致性。肖和威廉斯认为主题环境是主题空间的一个子集（其他的有主题公园和主题景观），按照他们的分类，主题环境是这样一种生活空间：使用主题概念和技术并成为吸引消费者体验的旅游景区，其中包括常见的城市场所诸如星巴克及其他类似的咖啡店，它们巧妙地勾起了意式咖啡店的韵味以及危地马拉和巴拿马山区种植园的浪漫及异国风味。像这样的私人空间是精心构思、小心翼翼地加以建设、定位和管理的。

主题环境可以大到如迪士尼乐园这样的休闲场所，也可以小到装饰成哈利·波特宿舍式样的儿童卧室。研究最多的主题公园是游乐场、赌场、酒店和餐馆、机场、交互式博物馆、百货商店、购物中心、体育酒吧及游轮。近年来，研究者将这一概念的内涵扩大到包括诸如华尔街、佛罗里达州星际迷航主题的牙医诊所、银行分行的大厅、巡回摇滚音乐会及虚拟游戏等完全不同的环境。大多数情况下，主题环境的目的明确指向促进旅游和商业消费。但一些组织借用主题的原则来创建身临其境的休闲娱乐环境，借以传达他们的道德和精神理念。比如，一群瑞士福音派基督徒最近宣布计划在德国建一个以《圣经》为主题的旅游景点，名字拟定为创世纪公园。其主要看点有原始尺寸的挪亚方舟，一个以天堂-地狱为主题的过山车，以及一个巴别塔式的全景酒店。

主题的触角也伸到了健康护理领域。正如布莱恩·朗斯威（Brian Lonsway）所发现的那样，佛罗里达州的迪士尼学院在1990年代末开始以新服务方式训练健康专家，这一新服务方式正是模仿自娱乐业的主题模式。迪士尼自己就将这种模式用于其位于佛罗里达州中部的迪士尼乐园的医院：庆康医院。这家医院的医学影像中心"海边映像"就被改成"海边的一天"，成为新的品牌。该中心位于一栋沙滩城堡模样的建筑物中，为患者提供包括诸如木栈道、装在纸伞里的饮料、阿第伦达克椅以及替代病袍的夏威夷衬衫等在内的剧院般的体验。

当然，人们普遍认为主题环境并非当今时代所独有。马克·戈特迪纳在其开创性的著作《美国的主题化》中将"主题"追溯至古希腊、古罗马和北京。他发现传统而古老的城市完全是按照宇宙哲学和宗教意义来组织的，其目的在于提高生育率、歌颂帝国、增加统治者和神衹的荣光、与自然和谐相处以及带来好运。在中世纪的欧洲，城市空间的象征性内容属于天主教大教堂，有时也属于耶路撒冷和巴勒斯坦。

随着19世纪现代工业城市的发展，功能主义者将大部分城市空间的象征性建筑清除了。到19、20世纪之交，一种新的建筑规划和建筑理念开始形成，这种理念赞美进步和技术的效率，而对休闲、想象和传统文化的主题则表现得轻描淡写。进入20世纪以后，与新的消费社会相呼应的梦幻主题的环境开始出现。当代主题环境的鼻祖包括19、20世纪之交科尼岛的月神公园和梦幻世界、展览会和世界博览会，以及路边小吃店、酒店和汽车旅馆。

戈特迪纳认为，因为市场营销倾向分散化及其对主题的依赖，主题的发展在"二战"后进入全盛时期。也就是说，美国的市场营销人员从吸引大批同质人口转向了瞄准更加多样化的人群，这些人群涵盖了按照收入、受教育程度、年龄、家庭的社会地位、居住在城市或者郊区、种族、民族以及向往的生活方式等分成的不同消费群体。分散化使得商家在大得多的范围内建设、挖掘能打开消费者想象力的主题。

另一个重要因素是消费的无差别化——这是一个大趋势，与每个人息息相关的消费方式变得你中有我，我中有你，且越来越难以单独区分出来。拉斯维加斯的赌场、旅馆、酒店、购物中心和主题公园之间界限的模糊就体现了这一点。约翰·汉尼根（John Hannigan）最近关注赌城的诞生，这是一种城市发展和消费文化的全球模式。在奢侈品及其服务业、公司博彩（赌博）部以及国际旅游业这3个互补的商业领域的相互作用下，赌城欣欣向荣。在诸如新一代的澳门赌场兼旅馆的咄咄逼人的主题环境中，在高消费的利益之下，购物和娱乐之间的界限被刻意模糊了。

戈特迪纳认为越来越多地使用主题一词是一种公司策略,是在当今购物者快速流动、消费地点轮换、生活方式日益多元化的情况下,应对竞相消费的手段。通过符号和象征在市场上的渗透,主题和品牌一样,被视为削减成本的一种方式。进一步的,主题环境孕育于日益激烈的空间争夺的大背景中。最初,这是单个的零售地点如购物中心之间的竞争,现在已发展为不同城市和地区之间的全球竞争。

主题和品牌

有些关于主题的讨论将其与品牌这个同属一系的概念联系在一起。在此背景下,主题被视为强化品牌意识和增强其核心认同和价值的方法。因此遍布全球各地的澳大利亚和爱尔兰主题的酒吧和酒馆,不光增强了位于当地的酒吧的品牌,而且还提升了拥有并运营它们的啤酒厂(比如苏格兰和纽卡斯尔的吉尼斯黑啤酒)以及国家本身(爱尔兰、澳大利亚)的形象。这些酒馆和酒吧都用会唤起国际特征的媚俗作品来装饰,其中大部分都不再能准确反映本国的当前状况。比如,一些澳大利亚酒吧突出鳄鱼主题,在国家形象宣传中鳄鱼也被强力推广,以之作为标志性的物种,无论真实的或虚构的,比如电影《鳄鱼邓迪》(Crocodile Dundee)和鳄鱼猎人史蒂文·欧文(Steve Irwin)(在他去世后,还有他的年轻女儿宾迪·休[Bindi Sue])。

最近的一个趋势是用主题环境来强化城市品牌,便于场所的市场化。正如大卫·格雷奇恩(David Grazian)在其民族学著作《蓝色芝加哥》(Blue Chicago)中表明的那样,芝加哥作为全世界蓝调之都的形象是市政府、报纸、市中心的旅馆和其他地方促进者采用宣传策略的结果,旨在将芝加哥的蓝调音乐转变成商业化旅游的资源。官方发起的活动包括鼓吹性的小册子、芝加哥音乐中心的免费音乐会、从市中心到布朗兹维尔社区的半日巴士游,以及特别是格雷奇恩称之为蓝色迪士尼的芝加哥布鲁斯音乐节。除了主要的露天音乐舞台之外,该音乐节还有 3 个较小的舞台,每个都根据特定的主题或与美国蓝调音乐相关的形象进行视觉设计。

主题与真实

主题环境招致大量非议的一个方面是其真实性的可疑。根据格雷奇恩所说,真实性有两个独立但又相关的属性:符合对理想环境期盼的能力,看起来天然不加斧凿而非精心打造的能力。真实性曾经被认为是客观范畴,现在则被普遍认为是社会建设的产物。通常认为,关于主题和真实的讨论始于意大利符号学家翁贝托·艾柯(Umberto Eco)和法国社会学家让·鲍德里亚对美国社会性质的开创性观察。考虑到迪士尼主题公园,艾柯和鲍德里亚双双将美国描述为假象或"真假"充斥的超真实王国。主题城镇是一个突出的例证。斯蒂芬·弗伦克尔(Stephen Frenkel)和朱迪·沃尔顿(Judy Walton)将这一点应用于其对华盛顿州利文沃思的令人难忘的实证个案研究上。该镇有浓厚的巴伐利亚风格,位于太平洋沿岸西北部,它曾在 1960 年代成功实现复兴,现在又出现了经济衰退。正如作者指出的那样,在现实里实现真实性外观不仅仅是创造一个包含着装要求和巴伐利亚音乐在内的充满感官经验的建筑设计。在 1990 年代早期,该市规划委员会的一位委员宣布利文沃思的主要商业建筑没有体现纯粹的巴伐利亚-阿尔卑斯风格,其后实施了更加严格的要求。弗伦克尔和沃尔顿发现这真是一个反讽,因为利文沃思只有在它包含了"真正的虚假"之后才能成为一个逼真的巴伐利亚村庄。

另一个明显的例子是提基(Tiki),这是一个人造的、以波利尼西亚文化为主题的地方,流行于 1950 年代和 1960 年代,特别是在南加州。提基自诩有令人眼花缭乱的人工制品、设计元素及休闲活动:主题酒吧和酒店、用火炬装点的后院夏威夷式宴会、富有异国情调的音乐、南太平洋激发出来的本地建筑(汽车旅馆、公寓楼、保龄球馆、路边摊)、热带朗姆酒、游乐园以及一长串提基人工制品购物清单——杯子、纪念品菜单、纸板火柴、调酒棒、明信片和刻制偶像。提基甚至融合了诸如 A 字形建筑、冷爵士乐这样的最现代的元素。它贡献了一个虚构的、很大程度上是编造的宗教神话，突出与提基偶像有关的远古神和仪式特色。

学界评论人士多半对主题环境的人造或非自然本质颇有微词，特别是迪士尼乐园和迪士尼世界，最易受到诟病，因为其人造的、乌托邦和虚假性，构建一种扭曲的、意识形态保守的历史观。哪怕发现任何暗示不平等、不同意或冲突的东西，迪士尼的幻想工程师（设计师）都会受到批评。其他的民族文化只剩下模式化的形象，所包含的无非就是它们的主题公园。进一步地，对于被冠以公司品牌的产品和服务来说，这些模拟的地理和历史空间本质上就是精细的市场。建筑史家克里斯蒂娜·博耶认为迪士尼主题公园的最大问题，与被改造成海洋主题公园的纽约南街海港之类的公共空间一样，不在于它们伪造了这许多，而在于它们作为休闲地标的同时又是消费地标。

还有一个次要问题，即消费者是否清楚主题环境是否生来就是不真实的（以及他们是否在乎这一点）。在这一点上，艾伦·比尔兹沃思（Alan Beardsworth）和艾伦·布里曼（Alan Bryman）引入了一种准虚构方法，他们认为这种方法与戈特迪纳的方法相反，后者认为消费者在主题环境中处于无知和无主动意愿的地位。与戈特迪纳相反，比尔兹沃思和布里曼认为迪士尼主题公园和主题酒店的游客完全清楚展示给他们的企业在赢利目的下有意建造起来的虚构和虚幻的图像和背景，既然无法逃离日常生活的单调乏味，消费者就沉浸于主题环境中舞台化的自然之中，只要它们的技术能使人信服，人造的气氛和环境能让人感到真正在野外就行了。

准虚构解释的不足之处是它忽略了主题的一些不太明显的方面。正如斯科特·卢卡斯（Scott Lukas）指出的，主题是在多个真实的层面上运行的。对不同的主题环境（赌场、主题公园）进行大量实地调查之后，卢卡斯认为主题的技术和效果是多样而复杂的。在拉斯维加斯大道沿线，赌场的设计者和经营者越来越多地使用基于感官的微主题和表演性主题。微主题指的是在很小的层次上以特定的和微妙的方式开发主题，而表演性主题则是用表演激励员工，并向消费者发起感官攻势。其范围从《金银岛》（Treasure Island）赌场里海盗表演的咄咄逼人、多种感官的轰炸到百乐宫里更加微妙的、旨在推销布尔迪厄称之为"习惯"的主题策略无所不包。卢卡斯在现在已倒闭的阿斯特罗世界主题公园做过一段时间的企业培训师之后发现，一些员工在他们的主题表演中已经被带入了演艺人员的角色，而其他一些员工则为是否有必要放弃个人身份而挣扎。

苏珊·戴维斯（Susan Davis）对圣迭戈海洋世界的民族志式研究呼应了卢卡斯的观点，可谓若合符节。戴维斯发现布希娱乐（Busch Entertainment）及其母公司、酿酒业巨头安海斯·布希公司（Anheuser Busch），通过商业广告、市场营销和宣传资料以及常年运营的主题公园连篇累牍的宣传，精心构建了一个坚不可摧的主题叙事。它们一致将自然变成了以视觉和情绪为主的体验，其核心部分是可以与海洋生物尤其是杀人鲸和虎鲸进行身体接触。戴维斯的结论是，通过消除自然与人类（以及公司）环境掠夺者的任何关联，然后再将自然重新安排为人类情感的强有力载体，圣迭戈海洋世界将自然从其所处的环境中剥离出来。在这一理想化的自然世界中，与鲸鱼和海豚的交流有助于游客获得真正的感觉，并变身为与众不同及更有魅力的人。

因为主题环境的集权主义和完全的脚本化，任何形式的自发性、创造性表达在这里都没有施展的空间，所以学界评论人士也对当代的主题环境持批评态度。比如，建筑和文化批评家迈克尔·索尔金就将迪士尼乐园形容为"快乐集中营"，那里没有任何新鲜体验，只有对展现奇妙时刻的、业已严格程序化的剧目进行强制性重复。诸如迪士尼乐园之类场所的游客是不允许按照自己的线路游览的，那样一来游客用偏离既定主题的方式思考问题的机会就增加了。确保游客服从安排的手段有造园术、技术和时刻表(比如,参观特殊活动和表演的计时门票)。

然而,也有一些研究者质疑主题环境,认为它无所不包,涵盖范围太广。比如,丹尼斯·贾德认为类似飞地的旅游空间,虽然包含了高强度的监视和控制,但只构成城市的一部分。其他地方,特别是位于城市边缘的社区,游客可以依着自己的速度自由漫步,得出自己的结论。而且,后现代游客拥有一项意义重大的能力,可以摆脱此类地方常有的严密监视和控制,脱离占支配地位的公司脚本。通过策略性地采取讽刺立场,后现代游客获得了授权,能够积极寻求他们自身的体验。确实,理查德·佛罗里达的创意经济学受到当代无数城市复兴规划的排斥,其创意据说排斥诸如巨型购物中心、体育馆和旗舰博物馆之类的主题环境,而支持如社区美术馆、表演空间和剧院、小爵士乐和音乐俱乐部以及"酷"咖啡馆等更加多样化的波希米亚环境。

进一步阅读书目:

- Boyer, M. Christine. 1992. "Cities for Sale: Merchandising History at South Street Seaport." pp. 181 – 204 in *Variations on a Theme Park: The New American City and the End of Public Space*, edited by Michael Sorkin. New York: Hill and Wang.
- Bryman, Alan and Alan Beardsworth. 1999. "Late Modernity and the Dynamics of Quasification: The Case of the Themed Restaurant." *The Sociological Review* 47: 228 – 257.
- Chang, T. S. 2000. "Theming Cities, Taming Places: Insights from Singapore." *Geografska Annaler: Series B, Human Geography* 82: 35 – 54.
- Clavé, S. Anton. 2007. *The Global Theme Park Industry*. Wallingford, Oxfordshire, UK: CABI.
- Davis, Susan G. 1995. "Touch the Magic." pp. 204 – 217 in *Uncommon Ground: Toward Reinventing Nature*, edited by William Cronon. New York: W. W. Norton.
- Frenkel, Stephen and Judy Walton. 2000. "Bavarian Leavenworth and the Symbolic Economy of a Theme Town." *Geographical Review* 90: 559 – 584.
- Gottdiener, Mark. 2001. *The Theming of America: American Dreams, Media Fantasies, and Themed Environments*. 2nd ed. Boulder, CO: Westview Press.
- Grazian, David. 2003. *Blue Chicago: The Search for Authenticity in Urban Blues Clubs*. Chicago: University of Chicago Press.
- Hannigan, John A. 1998. *Fantasy City: Pleasure and Profit in the Postmodern Metropolis*. London & New York: Routledge.
- —. 2007. "Casino Cities." *Geography Compass* 1: 959 – 975.
- Judd, Dennis R. 2003. "Visitors and the Spatial Ecology of the City." pp. 23 – 38 in *Regulating People, Markets and City Space*, edited by Lily M. Hoffman, Susan Fainstein, and Dennis R. Judd. Malden, MA: Blackwell.
- Lukas, Scott A., ed. 2007. *The Themed Space: Locating Culture, Nation, and Self*. Lanham, MD: Lexington Books.
- Shaw, G. and A. M. Williams. 2004. *Tourism and Tourism Spaces*. London: Sage.
- Sorkin, Michael. 2006/07. "The End(s) of Urban Design." *Harvard Design Magazine* 25: 5 – 18.

(John Hannigan 文 王宇翔 译 王 旭 校)

TIEBOUT HYPOTHESIS | 蒂布特假说

查尔斯·蒂布特(Charles Tiebout)在1956年的一篇文章中提出了地方政府分为两部分的假说。第一部分是居民决定住在哪里部分取决于社区的公共服务税赋;第二部分是社区的选择可以提升地方公共服务的效率,在这个意义上每个居民最终都会找到它所喜欢的公共服务税赋。

华莱士·奥茨(Wallace Oates)在其1969年的文章中对蒂布特假说第一部分的内涵进行了阐发,该文提供了强有力的经验证据,证明公共服务水平和房产税率体现在房价中,或是在房价中资本化。这一发现支持了这样一种观点:人们关心自己社区的公共服务税赋。

从那之后,大量的实证研究证实了资本化的存在。而且,许多学理研究考察了拥有许多地方政府和流动住户的联邦制的本质,达成的共识是资本化反映了家庭在竞争进入不同经济水平的社区。进一步讲,这些研究发现收入水平较高的家庭都会在进入最有吸引力社区的竞争中胜出,这就是我们知道的淘选现象。

人们对蒂布特假说的第二部分感兴趣是因为它有别于下述观点,即选民通常对自己对公共服务的偏爱讳莫如深(这就是所谓的搭便车者问题),导致公共服务的低效。蒂布特的观点来自购买社区和购买普通商品的类比。众所周知,在一定的假设下,竞争性的市场会带来效率,在蒂布特给出的一系列假设之下,同样的推理也适用于购买社区。

这些假设包括消费者是流动的并且消息灵通;一个地区有许多服务水平和税率固定的社区;本地的各社区之间没有公共服务的溢出;以及所有的社区都拥有将人均公共成本降到最低的人口。蒂布特承认这些假设是极端情况。比如,这些条件中不包括对住房市场的考虑和房产税,要求社区服务水平不变的同时还要求人口规模保持在不切实际的水平上。

布鲁斯·汉密尔顿(Bruce Hamilton)1975年的一篇文章探讨了住房市场和房产税并提出了一系列可使假说有效的相关假设。其中一个假设是每个社区都会完全以其居民的最高住房标准来设定区划要求。这也是不现实的,既因为区划是不精确的,也因为社区中的居民会通过要求新住房比他们的更贵来降低自己的房产税。而且,汉密尔顿模式预计资本化会消失。毕竟,如果已经得到了想要的住房和公共服务税赋,没有家庭会抬高其他社区的房价。这一预测与事实证据是矛盾的。

竞价和淘选会取得共识的模式预测到了资本化的走势,认为一个城市地区如果有多个政府,就会更有效率,这与蒂布特的观点是一致的,但它反对蒂布特关于最佳效率的结论。特别是,该模式暗示哪怕在有很多地方政府的地方,家庭的选择也会被房产税扭曲。在该模型中加入住户的社区选择和投票决定也不会改变上述结论。然而,关于由此而来的福利水平下降和公共政策损害,学界尚未取得共识。

相比于贫穷社区,淘选的过程会为富裕社区带来更高质量的公共服务。尽管蒂布特没有考虑公平问题,但蒂布特提出的模型引出了公平问题,而公平问题在美国联邦制中也发挥了重要作用。以教育为例,许多州的最高法院发现,由于社区间的贫富差异,高度依赖房产税的教育资金体系达不到本州宪法规定的平等标准。因此,想要全面评价蒂布特的理论演化出的模型所带来的规范性问题,就必须把效率和公平共同作为比较政策的依据。

进一步阅读书目：

- Epple, Dennis, Radu Filimon, and Thomas Romer. 1984. "Equilibrium among Local Jurisdictions: Toward an Integrated Treatment of Voting and Residential Choice." *Journal of Public Economics* 24: 281–308.
- Hamilton, Bruce W. 1975. "Zoning and Property Taxation in a System of Local Governments." *Urban Studies* 12: 205–211.
- Oates, Wallace E. 1969. "The Effects of Property Taxes and Local Public Services on Property Values: An Empirical Study of Tax Capitalization and the Tiebout Hypothesis." *Journal of Political Economy* 77: 957–971.
- Ross, Stephen and John Yinger. 1999. "Sorting and Voting: A Review of the Literature on Urban Public Finance." Pp. 201–60 in *Handbook of Applied Urban Economics*, edited by P. Cheshire and E. S. Mills. New York: North-Holland.
- Tiebout, Charles M. 1956. "A Pure Theory of Local Expenditures." *Journal of Political Economy* 64: 416–424.

(John Yinger 文　王宇翔 译　王　旭 校)

TIME GEOGRAPHY ｜时间地理学

时间地理学是指那种从时间和空间协调的角度对日常事务进行描述的理论及方法。它最早出现在托斯滕·哈格斯特朗和隆德学派（Lund School）开创性的工作中，他们在1970年代提出要重视人类地理学中被忽略的时间和暂时性问题。时间地理学作为一种绘制地图和测量区位可达性的方法，在城市地理学中仍有其影响，但城市人类学家对其不以为然，他们批评空间和时间只是用来表示距离和持续性的空洞概念。

大体上与齐美尔将城市居民的自发迁徙看作社会互动网一样，哈格斯特朗试图去寻找"个体存在的时空安排"。他将最普通的日常生活，例如上班途中送孩子去学校看作多种地方秩序中的一种功能，这个函数的路径由3个简单但最基本的背景来制约。第一个是能力制约，指人的身体本身对其活动的制约，包括人不可能同时出现在两个地点。第二是组合制约，指的是人们必须在特定时间和地点聚在一起完成某事，例如面对面的服务、家庭庆祝活动、医疗预约等其他类似的活动。第三是法律制裁和法律条例中的权威制约，比如禁止进入酒类销售场所。对这种时空安排最直观的表现形式是三维棱柱，将个体的空间路径绘制在地图上（用形态学地图的 x-y 轴来表示个体的空间运动），将其与 z 轴来表示的时间安排（每天24小时）关联起来。

用棱柱将人在时空中的复合状态行为简明地标示出来，这种方法很有吸引力，但遭到了严厉批评，因为它为了量化节点（或交叉点），将交互网减少了。棱柱虽然明确了这种复合状态的结构，但却无法呈现个人能动性、文化活动和地方知识。女性主义学者指出时间并非性别中立、可以量化的资源，这种资源对于日历或时钟衡量者的每个人都是平等的。因为人们的空间和地点经历是由权位、恐惧和体能等主观性塑造的，所以时间的流逝和生活节奏是会变化的。

尽管受到了上述批评，同时代的许多研究都为时间地理学在工作-生活关系中的建设性应用提供了丰富的例证。而且，在精密的人造卫星跟踪装置帮助下,现在可以按照地理信息系统(GIS)与人种学结合的路径对哈格斯特朗的创意做出调整。例如,研究人员已经开发出先进的跟踪技术来研究行人的空间行为,这样就可以将其与一系列感性经验(害怕、不适、恐惧、景观审美,及其他类似的感受)结合起来。未来的时间地理学研究要求一种对日常协调更具整体性和更深入实质的理论。

进一步阅读书目:
- Ellegård, K. 1999. "A Time Geographical Approach to the Study of Everyday Life of Individuals—A Challenge of Complexity." *GeoJournal* 48: 167–75.
- Hägerstrand, T. 1982. "Diorama, Path, and Project." *Tijdschrift voor Economische en Sociale Geographie* 7: 329–34.
- Jarvis, H. 2005. "Moving to London Time: Household Co-ordination and the Infrastructure of Everyday Life." *Time and Society* 14(1): 133–54.
- Lenntorp, Bo. 2004. "Path, Prism, Project, Pocket, and Population: An Introduction." *Geografiska Annaler* 86 B: 223–26.
- Pred, A. 1977. "The Choreography of Existence: Some Comments on Hägerstrand's Time-Geography and Its Effectiveness." *Economic Geography* 53: 207–21.

(Helen Jarvis 文　王宇翔 译　王　旭 校)

TOILETS ｜ 厕所

本词条关注"家庭之外"的卫生间,又称为厕所、盥洗室、洗手间和公共厕所。家庭之外的厕所可以分为两类:一种是远离街道,为办公室、商店、工厂、体育场馆、娱乐场所等室内人员使用的厕所;一种是满足行人、骑车者、乘坐公共交通的人、购物者、工人、游客以及其他通勤者需要的"街边"厕所。公共厕所是高效、方便、可持续、健康和公正的现代城市中不可或缺的,因为人们每天都需要多次使用厕所。

19世纪的工业化、城市化和人口增长促使城市在排水沟、下水道和给水沿线建设公共厕所。厕所的修建是出于公共健康的原因,是为了减少街头污垢以及控制霍乱等水源性疾病的传播,也是市民出于自豪感和博爱的举动。英国修建公共厕所的第一个阶段源自1875年的《公共卫生法》(Public Health Act),该法也提出了初步的城镇规划体系。早期的城镇规划与公共健康密切相关。

妇女和男性都参与了早期的城镇规划改革运动。到20世纪,规划逐渐走向专业化,成为一种男性占主导地位的政府职能。随着城市政策变得更加雄心勃勃,以及在学术上更加复杂,规划与公共健康的初衷分离了。公共厕所服务沦落为地位很低的技术部门,负责废物收集和街道清洁。1936年《公共卫生法》将地方当局提供公共厕所的行为由强制性变为非强制性。《大不列颠规划法》(British Planning Acts)或其他西方国家的规划体系中都未提及公共厕所。

公共厕所是为所有人提供服务的,但最初女性的需要远没有得到优先考虑。在 1900 年的伦敦，莱斯特广场的公共厕所有 27 个小便池和 13 个厕所隔间供男性使用，但供女性使用的隔间只有 7 个。维也纳、伦敦、都灵和巴黎为男性提供了充足的令人尴尬的开放式铁质街边小便池，将城市划为男性领地。男性有"在公路边方便的权利"，而受人尊敬的女性被认为不需要厕所。公共场所女厕所数量的不足可以视为控制女性在公共空间活动的一种方式。出于外观得体和靠近下水道的原因，伦敦的公共厕所修建在地下，需要走下台阶方能到达，限制了那些推着婴儿车、带着行李以及身体残疾的人使用厕所。

尽管如此，用心良苦的地方当局仍然继续修建公共厕所，而且直到 20 世纪 60 年代末，没有人质疑公共厕所的重要性。甚至私人房产开发商在寻求规划许可时也会提供公共厕所，以之作为额外的好处或规划受益（区划红利）。对公共厕所的看法到 70 年代开始改变。汽车拥有量的增多使政策制定者（错误地）认为相比于所有人都乘坐公共交通的时代，此时对公共厕所的需求不那么多了。国有企业私有化和削减成本导致公共建筑被出售，公共服务减少。这一趋势在 80 年代的新右派政府时期加速，并持续至今。在必须撙节开支时，因为没有强制性的法律要求必须提供公共厕所，它就成了一个软柿子。随着世界范围内的供水和排污服务私有化的加快，下水道和排水沟的公用信条已经被遗忘。

在英国，90 年代以来的新工党政府奉行可持续发展的环境政策，通过限制使用私人汽车来鼓励人们使用公共交通，但对所需要的辅助设施则考虑不足。如果政府想让人们放弃私人汽车而选择公共交通，那么公共厕所就是必需的，特别是在终点站，因为人们不再能跳进汽车然后开到最近的加油站去上厕所。但任何中央政府的空间规划政策文件都没有提及修建公共厕所。相反，为了解决反社会问题，关闭公共厕所被合法化了。公共厕所是个竞争激烈的公共空间，吸引了各色人等，包括无家可归者、汪达尔一族和吸毒成瘾者，公共厕所也是男性同性恋行为的方便场所。解决之道不在于关闭公共厕所，而在于提供服务、加大投入以满足公众对公厕的需求，并对相关的社会问题各个击破。

随着建筑规范和标准的改革，1995 至 2005 年间的《残疾人歧视法》（Disability Discrimination Acts）提出了新的准入要求，该法在内容上与美国的《残疾人歧视法》及许多其他国家实行的准入法规类似。该条例中特别强调了在不同类型的建筑中都要提供和设计方便残疾人使用的公共厕所。因为没有空间政策的规范指导，没有发展规划的要求或者对城市中公共厕所的位置和分布进行规定的立法，城市中大的人口片区受到极端不利的影响，在那里，厕所建在何处，是在市中心、地区中心还是在交通枢纽，都没有章法。人们出行、购物和工作的自由受制于膀胱紧箍咒。受到影响的有残疾人以及许多妇女、老年人和带孩子和婴儿的人。事实上，所有的人都需要公共厕所，需要开发基于供给水平等级的城市空间厕所战略。

没有公共厕所的地方，人们并不一定有权使用咖啡馆或酒吧里的厕所，这是欧洲大陆的传统。这些场所的厕所只限它的顾客使用，且在打烊后也将关闭。新式厕所设备通常都只能达到最低标准，例如令人恐惧的自动公共厕所。在许多城市的传统厕所消失的同时，在那些 24 小时城市和依靠晚间酒吧经济的城市中，专门为年轻男性酒徒的夜间需求服务的街头小便池的数量有增无已。

所有这些都是西方特有的问题。远东地区正在进行一场厕所革命，公共厕所在那里被认为是制定城市政策的一个重要组成部分。在所有发展规划和空间政策文件中，城市区域规划当局都要标示出公共厕所的位置、分布和可用性。在中国、韩国和日本，女厕和男厕的比例可达到 2∶1 甚至是 3∶1。

公共厕所不足有碍于平等和多元化政策目标的实现。虽然公共厕所的主要使用者是女性，但其提供者和设计者却是男性，他们对女性的需求知之甚少。英国政府借鉴欧盟的规定，最近要求地方政府将性别因素纳入空间政策制定、资源分配和管理目标之中。因为现在男性公厕的数量相当于女性的两倍,这些方法要应用到公共厕所的修建中。特别是,即使女性和男性的隔间厕所(坑位)数相同,男性通常还有许多小便池。尽管女权主义已经风行多年,女厕所排队的长度或许反映了女性的真正地位。相反,对于纽约等大洋彼岸一些城市的"男女厕所均衡设置"运动应当谨慎对待。这些标准涉及新厕所的建设,但进展很慢,而原有厕所的关闭还在继续。虽然女性是公共厕所的主要使用者,但男性一直以来都是公共设施的设计者和提供者。只要城市区域规划者关注社会融合、可持续发展和空间政策,他们就要承担起为妇女和残疾人提供厕所的责任。

进一步阅读书目:

- Anthony, Kathryn. 2001. *Designing for Diversity: Gender, Race, and Ethnicity in the Architectural Profession*. Chicago: University of Illinois Press.
- Ashworth, William. 1968. *The Genesis of Modern British Town Planning*. London: Routledge.
- Gandy, Matthew. 2004. "Water, Modernity, and Emancipatory Urbanism." pp. 178–91 in *The Emancipatory City: Paradoxes and Possibilities*, edited by Loretta Lees. London: Sage.
- Greed, Clara. 2003. *Inclusive Urban Design: Public Toilets*. Oxford, UK: Elsevier.
- Hanson, Julienne, Jo-Anne Bichard, and Clara Greed. 2006. "The Challenge of Designing Accessible City Centre Toilets." pp. 431–35 in *Contemporary Ergonomics*, edited by Philip Bust. London: Taylor and Francis.
- Kira, Alexander. 1976. *The Bathroom*. New York: Cornell University Press.
- Kwon, Haegi. 2005. *Public Toilets in New York City: A Plan Flushed with Success?* New York: Columbia University, Faculty of Urban Planning.
- Miyanishi, Yutaka. 1996. *Comfortable Public Toilets: Design and Maintenance Manual*. Toyama, Japan: City Planning Department.

(Clara Greed 文　王宇翔 译　王　旭 校)

TOKYO, JAPAN | 日本东京

本词条从历史和组织结构两方面介绍东京的发展历程。在17世纪早期德川幕府将首都从京都搬到江户(东京)后,东京就成为日本首都,至今已有400多年的历史。19世纪中叶后的国家主导式资本主义,使东京成为一座现代城市,其间,西方在亚洲殖民,催生了日本的后发工业和国际联系。在日本的经济、文化以及东亚的地缘政治中,东京长久以来都处于核心地位。历史、国家、地理和国际关系都不可避免地影响和塑造了东京的城市发展。

东京和日本

东京是现代日本第一个也是最重要的国都。"二战"战败后,日本秉承发展主义的理念,国家操持市场,并通过协调资本、劳动力和政府间关系即

公共政策与市场的关系来促进经济发展。稳定的政治-官僚精英管理国家,将利益集团排除在公共决策之外。日本重视高产出的工业部门,同时压制市中心的公共消费和投资。日本在参与全球化竞争的同时,时刻不忘发挥自己的比较优势。

东京体现了日本这一发展型国家的政策和实践。这一中央集权的政策制定过程吸引了全国大公司总部、金融机构和非政府组织(比如劳工和商业联合会)集中在东京以靠近决策机构。高等教育和公私研究机构也集中在这里以训练官僚精英、服务国家。国家规划和工业政策对东京空间结构和地域的转变助益有加。国家管理的贸易使东京成为日本公司全球业务的基点。因此,创造了日本高经济增长、高工资、相对平等的社会和国家保障战后发展主义很好地支撑了东京的城市发展。

但发展型国家在20世纪80年代后遭到了极大削弱。广泛的怀疑和80年代膨胀的泡沫经济,以及90年代泡沫破灭后随之而来的通货紧缩,引起了发展主义的危机并催化了日本向后发展型政权的转变。然而,促使政权转向的最终原因是国内政治。城市选民对消费的喜欢超过了生产,开始认为发展型国家对他们的需求不闻不问,已经过时了。他们做出了基于消费而非生产的政治选择,投票给满足他们提高公共服务和生活质量要求的市政当局。随着80年代和90年代收入不平等和失业率的上升,公众对发展型国家的不满也与日俱增,这种不满还与对老龄化社会和环境问题的关注而互相激荡。统治日本超过半个世纪的政党(自民党)不能解决这些不满,在90年代早期风光不再,失去了多数席位。日本开始转向后发展型国家,东京同样如此。

经济

东京包罗万象的大都市经济涵盖制造业、服务业、批发零售和文化产业,而不像别的全球城市那样偏重于金融、保险和地产业。和其他全球城市一样,东京的劳动力也主要集中在服务业,只有10％从事制造业。这源于国家工业政策而非去工业化。国家政策主导了从20世纪五六十年代的重工业向20世纪90年代和21世纪初的创意产业的转移。东京的经济是围绕着富有活力的制造技术产业部门演进的,并没有经历一般的后工业化社会。服务业与文化产业与制造技术的活力是高度相关的。

东京的经济根植于基于地域的产业集群,这些产业集群包括由日本的跨国公司、小企业供应商和研发机构构成的网络。东京这一包罗万象的经济体包括许多不同的产业而非少数专门化的产业,也包括强调艺术和技艺的手工艺品文化。东京相对稳定的经济很大程度上得益于当地包括印刷出版业、电子、钢铁、通用机械、汽车、精密仪器、化学、制药、信息技术、电子游戏、数字动画、时装和设计与建筑等行业在内的产业集群。印刷出版和信息产业集中在东京中部;通用机械、电子、精密仪器和交通集中在东京东部的南边滨水地带和东京西部的边缘地带;化学和制药产业集中在东京西郊。一些产业集群自古以来就在东京。

诸如信息技术、电子游戏和数字动画这样的新产业集群于90年代出现在传统的产业集群之外。出现在东京下城的信息技术集群一般围绕着东京中部的铁路主站和地铁线路。现在,在全国工业簇规划下,东京西郊和湾区正成为致力于生命科学的国际研发机构的聚集地,90％的东京企业雇员都不足20人。高度的基于地域的产业聚集保护小企业免于被大公司吞并,也使它们可以在技术创新、消费者市场和东京这一包罗万象的经济体中发挥积极作用。与全国政策一道,东京大都市区政府(TMG)通过多种政策保护小企业。

产业聚集是东京的经济基础,也是东京技术和市场变革的主要驱动力。公司总部、研发中心、参与样机制作的小企业以及空间上互相靠近的用于测验和试验性生产的母厂构成的强大关系网孕育了新的产品和技术。当它们在诸如银座、新宿、涩谷和秋叶原等东京的需求测试市场获得成功时，国内和全球市场更大规模的需求通常转向了位于日本其他地方、东亚和世界其他地方的工厂。东京大都市地区和东亚的发展同时维持着东京的经济。

东京与世界的关系不光受全球市场逻辑的驱动，也与日本力图在世界秩序中保持民族自治的策略性关注有关。由于日本政府主导了整个国家对全球化的参与，东京主要是日本跨国公司全球业务的全国基地。日本的贸易管理政策使日本的国外投资为数极小（哪怕在 2008 年，也不足 GDP 的 5%）。

创新与文化

长期以来，东京经历了一次次复兴该城的周期性创新活动，这是其文化与历史悠久的表现。东京的创新并非基于新古典经济学意义上的创造性破坏，它与其历史文化是一脉相承的。这一过程是渐进，而非突破性的。东京历史上在保持传统艺术与文化的同时，吸收新的国际化元素，调和两者创造出了新的艺术和文化。

东京的创新始于新观念和新知识的创造。历史上东京一直就是日本知识向全球转换的中心，在这里，公司吸收外来知识，然后再向外输出，日本经济通过这种机制创造了新的产品与服务。东京的跨国公司所需的服务和产品来自东京和日本之外，并试图将这一范围扩大至全球。它们在东京测试这些创新，并从消费者的反馈中汲取灵感，然后将这些理念融入新的产品和服务中。作为测试市场的消费者市场位于商业活动和文化集中的地方，靠近数百万人进进出出的交通枢纽。它们一般与特定的产业、产品和服务联系在一起，公司和消费者一起彻底检查最新的产品理念，形成流行趋势。

东京高品质的交通和通信基础设施加快了信息在该网络中节点间的流动。金融机构和商业服务设施在东京的集中为该网络提供了拥有资本和专长的参与者。东京范围广泛的工业体系方便了样机制作和市场实验。东京为数众多的酒吧、酒店和夜店方便了非正式的面对面交流。大学在东京的集中为其带来了高学历的劳动力。

东京消费大众的平等和参与文化同样存在于动画和电子游戏中。这些作品的编写技巧和表达方式可追溯至 12 世纪的画卷和 19 世纪的浮世绘木版画。它们表现的是普通人的生活，并非上层社会的艺术。在日本历史的大部分时间里形成了这样一种观念：人人都可作画、讲故事。精英和大众文化之间没有鲜明的对立。在日本，商业上成功的动画片和喜剧片的创作人被认为是卓有成效的艺术家。

社会和空间组织

东京大都市地区的邻里和社区是相对平等的。东京是一个人口相对同质的城市，在册的 1 200 万人口中外国人仅有 7%。根据 2005 年的人口统计，在册的外国人中有 83% 生活在东京的 23 个区，其他的 17% 生活在郊区。生活在 4 个中心区中的占 12%，其他几乎平均分布在中心城市的其他地方。社会和种族混合源于日本这个发展型国家的历史和思想遗产。在东京，阶层并没有扮演隔离的角色，穷人和富人共享东京的城市空间。

"二战"前，东京是一个社会不平等的城市，但战后的经济发展和扁平的公司工资结构使东京成了一个相对平等的社会。东京的空间不平等是周期性的：在 1970 年代下降，1980 年代升高，1990 年代下降，2000—2005 年再次升高，呈波浪状波动。这种不平等体现在中心城市的收入高于 26 个郊区城市。历史上东京的少数几个富裕中心区使中心城市和整个大都市地区形成了收入分层模式。4 个富区财富的波动很大程度上决定了整个东京空间不平等的起落。如果把 4 个中央区拿掉，其他部分在 1971 至 2005 年间几乎就没有增加不平等。东京空间不平等的周期性现象源于这里的地产周期。在东京，土地价格、住房建设成本和收入水平三者密切相关。中央核心区的土地和住房建设成本是最高的，随着距中心核心区距离的增加而下降。1980 年代股票和房产市场价值急剧膨胀，1990 年代早期泡沫破裂、市场崩溃，在其后的几年里又再次上行。最近价格的上涨趋势是由下列因素引起的：土地价值增加和新出现的不动产信托投资证券化、中央商务区再开发的热潮带来的土地使用方式转变。土地价值和人均收入的起落不成比例地集中在这 4 个富区，业主、经纪人、营建商、银行家和辅助服务供应商等大部分参与地产游戏的角色都住在这里。

基于阶层的隔离几乎是不存在的，遑论极端的两极分化。东京经济在空间上的多样性，即金融、保险、地产和制造业在空间上较为均衡的混合，与专职人员、管理者和生产工人在空间上的均衡混合一道，降低了东京的不平等。工业和职业群体带来的空间整合降低了东京的地方分层，而其他全球城市工业和职业群体引起的空间隔离则扩大了地方分层。在东京的各个地方，收入的分配较为平均。

文化、制度和政策因素都降低了收入的不平等性，有助于东京社区的整合。因为教育系统集中在中央，学校质量与居民选择住在哪里无关。小学和初中教师的薪水由中央政府和东京大都市地区政府支付。无论在中心城市还是在郊区城市，老师的工资几乎都是一样的，从小学到高中均是如此。作为高收入人群的居住地和大公司的所在地，东京的中央核心区是一个向富人征税的地区，但日本的税收制度不允许富区政府保留太多税收，也不允许它们将其用于自身。东京大都市地区政府从中央核心区征税，再按公共服务的需要将其重新分配。公共投资项目相对平均地分配在整个东京。所有的公共住房综合体都包含了低收入和中等收入的家庭住房，其中一些还包括商店、办公室、手工车间以及位于地面的社区中心。

东京创新活动、就业和收入的空间分布与作为全球城市理论模范代表的西方城市形成了鲜明对比。在西方城市中，制造业出现在大都市区的环状郊区中而非市中心；收入在外围地区和内城出现了两极分化，郊区富裕而内城贫困；在发展方面，城市创新地区和其他地方有一道鸿沟，而且还在不断增长。相反，东京的市中心和郊区都有创新活动，市中心和郊区在收入和机会方面没有大的不平等。

政治

作为一个拥有 1 200 万人口的大都市，东京由大都市区政府管理，它的辖区包括中心城市（23 个区）和郊区（26 个城市和 13 个镇、村）。这些基层组织可以选择自己的市长、征收税收、制定决策，不过东京大都市地区政府在中心城市的 23 个区征税并根据它们公共服务的需要分配资金。与其他地方政府一样，东京大都市区政府在中央政府中代表东京，而东京必须服从国家的管理规制。同时，东京大都市区政府要对本地的要求和需要负责。其政策创议一般受到草根压力和城市社会运动的支持，与中央政府形成冲突。草根压力改变政治进程的事件已有数起。

改善环境在 20 世纪六七十年代是东京选举政治中的主题。东京的政治议程与日本的经济发展进程针锋相对，后者带来了空气与水污染、人口和交通拥堵、住房和学校不足等环境和社会问题。东京成为进步地方政府的先锋和全国在环境和社会问题上的先驱，至今仍居于领导地位。东京大都市地区政府当前降低温室气体排放和使用绿色及可替代能源来改善空气质量的政策就源自于草根运动。

然而，国家决策和地方政策决定了东京的选举。选民的偏好因东京经济的起伏及国家政策的调整而来回变化。90 年代的税收紧缩使东京大都市地区政府难以支持环境和地方福利项目。东京市民选出了一位在竞选中反对世界城市项目的平民主义市长。最近，东京选民又转向了支持权力从中央向地方转移的保守的自民党前党员石原市长，在其 1999 年的第一次竞选运动中提出了"通过改变东京来改变日本"的口号。石原的口号反映了过去半个世纪里日本的地方和中央政府之间典型的张力。随着日本政权转向后发展主义,紧张关系如今正在发生变化。日本已提供了诸如全民医疗保险等更多的公共社会服务,并将政治重心转向提高生活质量。它还开始了一项旨在提高公共服务质量的城市复兴政策,和一个强调发展新技术以改善社会和个人生活的新工业政策。然而,因为中央政府更注意从总体上考虑全国经济和安全,东京和中央政府之间的紧张关系依然存在,东京大都市地区政府更是服从于城市选民的关切和草根政治。

如今东京的政治更看重区域主义和区域规划,关注诸如人口老龄化、低出生率和人口减少、全球变暖、环境等问题。东京的人口预计在 2010 年达到 1 226 万,并在下一个 10 年开始下降到 1 222 万。作为世界上最大的大都市区,覆盖东京地区 3 300 万人口的东京大都市区所表现出来的问题,特别是人口、社会和环境问题促使东京大都市区政府采取区域性发展政策。

然而,东京的发展走向仍然会在日本这个发达国家的框架内。东京的个案也展示出在新的、全球性问题的挑战面前,在世界范围内,位于不同国度、体制、空间和文化构型中的城市正在寻找新的发展方向。

进一步阅读书目:

- Fujita, Kuniko. 2003. "Neoindustrial Tokyo: Urban Development and Globalization in Japan's State-Centered Developmental Capitalism." *Urban Studies* 40(2): 249–81.
- Fujita, Kuniko and Richard Child Hill. 2005. "Innovative Tokyo." Policy Research Working Paper WPS 3507, World Bank. Retrieved April 25, 2008 (http://econ.worldbank.org/files/41296_wps3507.pdf).
- —. 2007. "Zero Waste City: Tokyo's Quest for a Sustainable Environment." *The Journal of Comparative Policy Analysis* 9(4): 405–25.
- Johnson, Chalmers. 1999. "The Developmental State: Odyssey of a Concept." pp. 32–60 in *The Developmental State*, edited by M. Woo-Cumings. Ithaca, NY: Cornell University Press.
- Samuels, Richard J. 2008. *Securing Japan: Tokyo's Grand Strategy and the Future of East Asia*. Ithaca, NY: Cornell University Press.
- Sassen, Saskia. 2001. *The Global City: New York, London, Tokyo*. Princeton, NJ: Princeton University Press.
- Sidensticker, Edward. 1991. *Low City, High City: Tokyo from Edo to the earthquake: How the Shogun's Ancient Capital Became a Great Modern City, 1867–1923*. Cambridge, MA: Harvard University Press.
- Tokyo Metropolitan Government. 2004. *Planning of Tokyo*. Tokyo: TMG.

(Kuniko Fujita 文 王宇翔 译 王 旭 校)

TOURISM | 旅游业

旅游业在过去的半个世纪里成为世界最重要的经济部门之一。2003 年,5 250 亿美元的国际旅游业收入占到世界出口总额的 6% 和服务业出口总额的 30%。在过去的几十年里,世界旅游业年均增长 4.6%,高于世界贸易总额的增长率。国内和国际旅行每年为世界经济贡献约 1.5 万亿美元。

"二战"之后，日渐富裕的生活和中产阶级闲暇时间的增加极大扩展了旅游市场。对数百万人而言，广告、公共关系、电视和因特网使旅行在生活质量中的地位与他们所消费的汽车、衣服和家电等商品一样重要。旅行的重要性可以由过去半个世纪里国际旅行者的快速增加窥其一斑。1950年记录在册的国际旅行者仅有2 500万，但这一数字到2004年已经增加到了7.63亿——平均每年增加6.5%。然而，这一数字仍然严重低估了旅游人数，因为国内旅行要高出国际旅行10倍。旅行不再被视为奢侈活动，而是成了必需品，对于工作和个人实现来说均是如此。

因为被专家界定为一项特殊的消费活动，旅游通常在数据上体现不出来；因此旅游花费的计算是通过估计旅游者在旅游服务、旅馆、休闲设施、观光胜地、酒店和商店以及各种本地服务中的开销来完成的。但是尽管准确估计旅游对经济的贡献有这种内在的困难，旅游业的重要性在国家、地区和各个地方经济中是不言而喻的。许多地方完全依赖旅游者及其消费，即使在具有多样性经济的地方，旅游业一般也是重要的经济部门。旅游业也有相当大的文化影响；它一般都会给当地带来实质性的变化。

简史

城市作为旅游目的地长期以来都具有特殊的地位。从15世纪到18世纪，英国上层社会的年轻人都会进行一项遍游欧洲大陆诸古代城市的教育旅行，一般会去巴黎、日内瓦、罗马、佛罗伦萨、威尼斯和那不勒斯，这是他们成年仪式的一部分。旅行者乐意忍受数周的舟车劳顿，如果必要的话，还要驶过坑坑洼洼的道路、越过几乎无路可通的高山，去这些古代城市。

旅行的困难和不方便使人们形成一种广泛的贬损自然和天然的共识。高山是丑陋而险恶的，海岸通常是不可逾越又危险的。然而，这些观念到18世纪中叶开始发生变化。人们发现自然是壮丽景观的巨大宝库，浪漫主义诗人笔下的自然包括正规的花园、参天大树和宁静的湖泊。随着19世纪工业城市的崛起，自然在梭罗、华兹华斯及其同时代人的眼中，是人类精神的保留地，是卑鄙、阴暗的城市的对立面。

内战后的美国也成为欧洲上层教育旅行的目的地，但又与此前的旅行不同。富裕的欧洲人想看到边疆，但他们对参观诸如圣路易斯、辛辛那提和芝加哥这样的城市也同样兴趣盎然，希望亲自对美国在工业、技术和文化上翻天覆地的变化一探究竟。当地的民众精英认为旅游者的感受可能会决定城市的经济前景，因此他们进行了各种各样的称颂本地经济和文化成就的宣传活动。

大众旅游的兴起一般可追溯至1850年代，当时英国企业家托马斯·库克（Thomas Cook）开始组织赴欧洲大陆的旅行团。这些旅行团参观的景点以先前遍游欧洲的教育旅行诸城市中的博物馆、建筑以及古典时代的文化遗存为中心。城市也进行自我推销，但更多的是作为工业中心而非文化中心。技术和进步所带来的荣光是盛行于19世纪和1910年代的世界博览会和展览会的共同主线：1851年的伦敦万国工业博览会和1867年的巴黎博览会；大西洋对岸分别有1893年的芝加哥世界博览会，1904年的圣路易斯和1938年的纽约世界博览会。

随着旅游业的成熟，它逐渐被分成定义明确的不同范围。每年有数以百万计的游客参观城市。其中一些去专门为游客消费而建的旅游城市。其他游客则造访具有独特历史和文化的历史文化名城。还有一些人则游览有点历史的城市，它们通过建设专门的旅游基础设施和营销热点事件及文化活动吸引游客。生态旅游自身作为一个专门的分类也出现了，它指的是人们游览自然环境和偏远地区。旅游业还延伸到了体育（比如F1赛车和足球）、定义明确的休闲活动（比如飞蝇钓和滑雪）甚至极限运动（比如登山）中。

旅游业一直以来都有指示牌，指导旅行者应该看什么和做什么。在风光旅行开始流行的19世纪,旅游者研究照片和说明以区分美景和普通地貌。20世纪初,城市旅游业开始日渐兴盛。旅游指南、城市素描、图画和相片指导游客如何了解他们所参观的城市。世界博览会和展览会使人们习惯于通过程式化的天际线和纪念性的建筑物来认识城市。在大众传媒和因特网时代,不管多么遥远和不可接近,潜在的旅游者也可以想象他们置身于无穷多样的环境之中。因此,哪怕人们没有去实地旅游,甚至在到达旅游地之前,对他们计划造访之地和希望看到的风景也可以知道很多。

当代旅游业

游客面临多样性的选择使营销变得有利可图。各种类型的旅游景点在航空杂志、报纸和许多其他渠道刊登广告。除美国外,许多国家也在推销事业上花费巨资,还进行新的旅游开发或为其提供补贴。比如,从坎昆开始,墨西哥旅游管理局从1970年代以来建造了多个度假胜地,并投入相当大的努力推广这些地方。澳大利亚的黄金海岸市议会动用各个层面的政府资金,建造了大量旅游基础设施以支持黄金海岸的旅游开发并将其推广到全球。

世界各地的城市都参与到了活跃的旅游营销活动中。在美国,州和地方是开展营销活动的主要场所。1977年纽约市发起了一场营销活动,为支持"我爱纽约"的宣传活动,州政府将旅游预算增加了21倍,这是由城市发起的最为成功的营销活动之一。自此以后,城市口号(诸如"我把心留在旧金山")开始变得司空见惯。各个城市在印刷媒体、电视和因特网上宣传自己。为吸引潜在的游客,各个大城市都建立了的网站、设计了口号(比如俄勒冈州波特兰市的"劳动之城")。

为了刺激游客消费,一些度假胜地和城市也很快建了起来。坎昆、拉斯维加斯和迪士尼世界等大都市地区和其周边的大多数地方都主要用于住宿、餐饮、娱乐和购物。靠近国家公园、山川、海岸、森林和考古及历史遗址的城市和地方都卷入了一些人所讥笑的"旅游陷阱"。美国的佛罗里达州的

基韦斯特、科罗拉多州的埃斯蒂斯帕克,澳大利亚的黄金海岸,法国的里维埃拉以及无数的其他地方都属于这一类型。

旅游罩(Tourist Bubbles)也可看成是上述现象的例证。在多数城市和地区,大部分游客使用旅馆、体育场馆、购物中心和娱乐设施等,都是特定的,参观点也是特定的。至于有风险或危险的地方,游客可能会全部避开。除了严格受控环境之外,旅行团、游轮和度假胜地也几乎将游客与非游客完全隔绝。在城市中,旅游罩由包括各种便利设施,如滨水新区、中庭酒店、购物中心、会展中心、体育场馆及娱乐区,它们创造了一个或一系列与城市其他部分隔绝的独立空间,因而也可能隔离旅游者。如此一般建设的要塞式空间,哪怕犯罪最猖獗的城市也可以辟出一方领地供游客和中产阶级市民居住。

然而,在大多数地方,游客溢出了旅游区的边界。坎昆旅游经济的溢出效应使得官方划定的旅游区域日益成为旅游者的基地,他们从这里开始其越出自给自足和封闭的度假胜地的新旅行。旅游业可能还会刺激其他部门。一直以来,拉斯维加斯异乎寻常的增长靠的是赌博业,但如今美国发展最快的诸大学中的一所就位于这里。

大多数城市都有旅游罩,但通常游客都可自由地出入专门为他们服务的区域。以马萨诸塞州的波士顿为例,尽管滨水区的一个购物中心和市中心的商场和旅馆复合体吸引了大量游客,但它对居民和游客而言都是一个步行城市。在这些封闭区之外的街道上,挤满了本地居民和游客,游客还可以自由出入商业和居民区。波士顿的情况已经成为常态。旅游飞地通常已与城市融为一体,而城市本身已成为人们迷恋和消费的对象。

旅游业在大部分城市中已日益与地理和经济融为一体。不光在吸引游客方面,而且在满足本地居民需要方面,城市的舒适都是不可或缺的。游客和本地居民倾向于共享能够提供文化、夜生活、多样性和真实感的空间。在世界各地的城市中,本地居民一直希望他们经常出入的下城和社区能提供

高水平的城市便利设施,公私均可。其结果是下城和内城社区在经过几十年的衰退后出现了复兴。

旅游业也不再与其他经济部门隔绝。在大部分大城市中,旅游业已经与由各种相互依赖的经济部门组成的经济复合体水乳交融。旅游业在伊利诺伊州的芝加哥极其重要,2005年这里的游客数量达到了3 300万。1990至2005年间,这里增加了50万个与旅游业有关的工作。"魅力1英里"这个购物区的成功大部分要归功于游客的消费。尽管如此,旅游业也只是芝加哥这个全球城市经济总体的一部分,这里也依赖公司总部;金融、保险、地产和其他服务业部门高水平的服务;商品交易所;以及制造业。

对一些旅游目的地来说,游客的数量太多了。在意大利的佛罗伦萨和威尼斯,游客的数量远远超过了当地居民。对这样的地方而言,管理旅游业的冲击比推销自己更重要。比如,威尼斯就要求游客游览主要景点时须购买当天有效门票,而这种门票的数量是有严格限制的。为保护自然环境,一些国家在其国家公园和生态旅游区修建了公交系统,并划定了游览区。在加拉巴哥群岛,游客是不能离开旅行团的。

因为更多的人有条件也有意愿出门旅行,也因为有一个产业综合体在推动、提供资金、组织和管理旅游,旅游业将会继续增长。在一长串旅游业供应商的名单上,旅行社、航空公司、经营旅馆、度假胜地及邮轮的公司和政府机构只是其中的一部分。实际上,旅游业供应商是旅游业的守门人,他们不会对游客的体验不闻不问。新的订票系统、电脑技术、国际质量标准以及金融机构和公司的协同投资极大地扩展了旅游业供应商的触角。他们推销旅游景点、组团旅游,提供信息和建议,协调不同形式的旅游,协调住宿、就餐、观光和文化活动。

许多人对旅游业增长所创造的工作的质量表示关切。尽管与旅游业相关的工作一般工资较低,但旅游业是劳动密集型行业,它尤其为新移民和没有什么技能的人创造了大量入门级的工作机会。然而,各地旅游业的就业情况差别很大。比如,纽约酒店女佣的工资就远高于全国最低工资。许多供职于拉斯维加斯赌博业的工人认为他们的工作有很多好机会。然而,在没有工会的地方,旅游业就会出现大量季节性的岗位及最低工资的工作。

如今,冒险活动和生态旅游渗透到了全球的各个角落,只要花钱,任何地方都可以游览。对于无畏的旅行者来说,只有专制政权、战争和恐怖主义可以阻止他们前进的脚步。旅游业容易受到社会动乱的影响,因为它的前提是大量人口的自由走动。在许多情况下,游客都很惹人注意,所以他们很容易受到攻击;游客都是小心翼翼的。

未来前景

2001年9月11日的恐怖袭击,对全世界的旅游业造成了毁灭性的打击。袭击发生之后的两天里,美国境内所有航空公司的飞机都不得起飞。几个月以后世界大部分地区的航空旅行才恢复到先前的水平,美国旅游业的恢复费时更长。就全球而言,此次恐怖袭击影响最严重的是那些高度依赖旅行和旅游相关行业集聚的地方。这从美国城市的遭遇中可见一斑。受影响最大的城市是拉斯维加斯;其次是南卡罗来纳州的默特尔比奇,这是一个海滨度假胜地,附近主题公园成群,这里几乎创造了美国最多的酒店业就业岗位。

1990年爱尔兰共和军在伯明翰市中心制造的炸弹袭击、1995年奥姆真理教在东京大都市地区的沙林毒气袭击以及"9.11"恐怖袭击使安全成为各旅游目的地的头等大事。航空公司不得不对安全和检查特加注意,旅馆等旅游业供应商也同样要保持警惕。全球城市尤其容易受到攻击,因为它们极其脆弱,这里对恐怖分子而言具有极高的象征意义,还因为它们是国际媒体网络的中心。

旅游相关行业在社会混乱和恐怖主义面前的脆弱使得旅游业似乎比其他经济部门更不稳定、更容易出现突然的衰退。然而,鲜有证据支持这一论断。旅游已经成为普通人生活的一部分,他们虽然可能改变出行习惯,但并不会就此闭门不出。巨大的世界性旅游产业已经成为各地经济的基本特征，旅游业就此扎下了根基。

进一步阅读书目：

- Black, Jeremy. 1997. *British Abroad：The Grand Tour in the Eighteenth Century*. London：Alan Sutton.
- —. 2003. *Italy and the Grand Tour*. New Haven, CT：Yale University Press.
- Bruner, Edward M. 2004. *Culture on Tour：Ethnographies of Travel*. Chicago：University of Chicago Press.
- Chambers, Erve. 1999. *Native Tours：The Anthropology of Travel and Tourism*. Long Grove, IL：Waveland Press.
- Davis, Robert C. and Garry Marvin. 2004. *Venice, the Tourist Maze：A Cultural Critique of the World's Most Touristed City*. Berkeley：University of California Press.
- Gmelch, Sharon Bohn, ed. 2004. *Tourists and Tourism：A Reader*. Long Grove, IL：Waveland Press.
- Judd, Dennis R. and Susan S. Fainstein, ed. 1999. *The Tourist City*. New Haven, CT：Yale University Press.
- Kirshenblatt-Gimblett, Barbara. 1998. *Destination Culture：Tourism, Museums, and Heritage*. Berkeley：University of California Press.
- MacCannell, Dean. 1999. *The Tourist：A New Theory of the Leisure Class*. Berkeley：University of California Press.
- Ryan, Chris, ed. 2002. *The Tourist Experience*. 2nd ed. Florence, KY：Cengage Learning Business Press.
- Shaw, Gareth and Allan M. Williams. 2002. *Critical Issues in Tourism：A Geographical Perspective*. 2nd ed. New York：Wiley-Blackwell.
- Smith, Valene L. 1989. *Hosts and Guests：The Anthropology of Tourism*. Philadelphia：University of Pennsylvania Press.
- Urry, John. 2002. *The Tourist Gaze*. 2nd ed. Thousand Oaks, CA：Sage.
- World Tourism Organization Facts and Figures (http://www.unwto.org/facts/menu.html).

(Dennis R. Judd 文　王宇翔 译　王　旭 校)

TRANSIT-ORIENTED DEVELOPMENT ｜ 交通导向的发展

在世界各地的城市中，车站及其周边日益成为一体化交通和土地利用开发的焦点，这个现象在北美和澳大利亚是在以交通为导向开发的标签之下；在欧洲、拉美、东亚及其他地方则更直白，就是火车站及其周边或者公共交通交汇点的开发或再开发。多种异质但相关的因素集中在一起共同决定了这一与车站相关的城市项目的兴盛。

触发车站周边项目的第一个因素是交通创新带来的新发展机会，比如高速铁路系统（尤其在欧洲和东亚）或城市和地区的新轨道系统（大部分城市都有）或巴士公交系统（南美洲为主）。第二个因素是，城市的制造及运输活动一般都从车站周边向更边缘的地方或新的专属货物集散地转移。于是车站周围就需要清理出开展新活动的空间。第三个因素是交通尤其是铁路公司的私人化或至少市场导向的增加。私人化的一个后果是交通基础设施和服务供应商日益寻找机会夺回在他们推动下交通进步的好处。

字面上看，这意味着车站内商业活动的发展和车站上面和周围土地的再开发。就此而言，东亚的许多城市早已有之,而在欧洲和北美这一趋势也一直在扩展。第四个因素是希望通过大规模的新项目宣扬城市作为居住、工作和消费地点的优势。许多这样的项目,特别是密集混合了办公、零售、休闲和住房的项目,都围绕着诸如大火车站等交通高度方便的地方布局。最近几年,尤其是欧洲城市的高铁车站周围一直是这类活动的舞台。

最后一个但绝非不重要的因素,也是在北美和澳大利亚最显著的因素,是对持续的城市蔓延和依赖汽车的城市模式的关注越来越多。铁路网络的一体化发展以及这些铁路网络结点周围的土地,被视作通向更多公共交通以及非机动车模式导向的、集中的城市化模式。对这种转变的论证不仅仅是环境的(减少污染、温室气体排放、土地消耗等等);许多地方政府和本地居民也视其为一个机会以发展迫切需要的机动性,因为许多大都市地区正在快速走向全面的交通大拥堵。

空间的挑战

交通和土地利用系统的基本特点决定了公共交通相对于私人汽车的优势地位,这是公共交通导向开发所面临的空间挑战的背景。有两组基本的相互关系(图1)。其一是交通系统的速度和城市交通系统运行的规模(或范围),比如,居住和工作地之间的距离。第二个基本的相互关系是一种交通系统的运量、灵活性与居住和就业之类活动的空间集中度,比如居住和工作密度。私人汽车——这是一种低运量(但灵活性高)、高速度的交通方式——最适合低密度的城市环境。公共交通的速度与私人汽车相当,但是运量更大(灵活性也低)。非机动化的交通方式兼具高运量和高灵活性,但速度慢。为提供一种可与汽车相竞争的交通方式(比如兼具快速和灵活性的交通),要将公共交通的优势和非机动车的优势结合起来。然而,这种结合只有在短途或者高密度的空间模式下才能够成功。

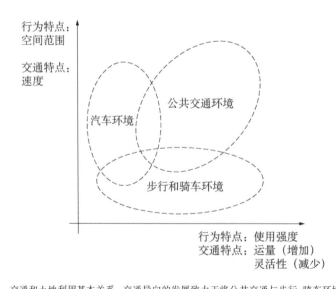

交通和土地利用基本关系:交通导向的发展致力于将公共交通与步行、骑车环境结合起来

来源:Bertolini, Luca, and Frank le Clercq. "Urban development without more mobility by car? Lessons from Amsterdam, a multimodal urban region." *Environment and Planning A* 35 (2003): 575 – 89. Reprinted with permission

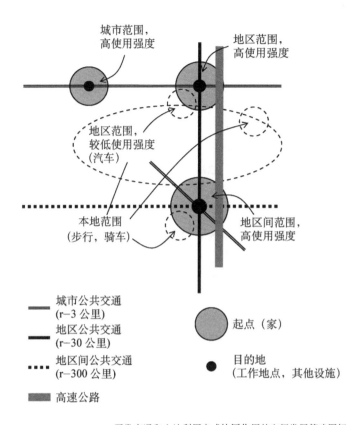

开发交通和土地利用方式协同作用的空间发展策略图解
来源：Adapted from Bertolini, Luca, and Frank le Clercq. "Urban development without more mobility by car? Lessons from Amsterdam, a multimodal urban region." *Environnment and Planning A* 35 (2003): 575–89. Reprinted with permission

这就是公共交通导向开发的题中之义。

公共交通开发所面临的空间挑战是我们这里简短讨论的重点。从用地结构转换的角度来说，这首先是一个功能混合和提高密度的做法，特别是在车站周围。从运输变化的角度来说，这是一个通过提高私人汽车替代品的灵活性（特别是公共交通）及其门到门运输速度（特别是非机动车）来提高其竞争力的做法。这种提高只是相对私人汽车而言的，而不必是其绝对值，这意味着也可以降低汽车灵活性（比如停车限制或共乘私人轿车专属车道）或其速度（比如速度限制 0 的政策都是有益的）。以上分析得出的总结论是：公共交通导向开发的成功，离不开交通和土地利用的选择和状况之间的协调。图 2 用图表形象地表现了这些结论的空间寓意。

治理方面的挑战

尽管其潜力明显，但车站及其周边交通与城市发展的一体化仍是一个非常复杂的任务。通过车站进入城市的人在源源不断地增加，这是城市系统日益开放的直接结果：(1)人们住在一个地方，在另外一个地方上班，再在第三个地方休闲；(2)商业活动需要相距遥远的人们彼此往来；(3)不同的消费方式产生了同样广泛的空间运营模式。范围极广的使用者（从在世界各地奔走的商人到四处流浪的无家可归者）反映出不同空间规模的重合（最极端的例子当属全球各地的高速铁路终点站到车站站区所在地）。

车站周边既是节点又是场地。无论在交通网

还是非交通网(比如商业、消费网)上,他们都是(或可能成为)节点。反之,车站周边又是一个场地,是城市中或永久或暂时的一块居住地,是城市在发展过程中各种功能和形式集中起来的密集而多样的集群地。因此,车站周边的发展挤满了各种各样的活动,既有基于节点的,又有基于场地的参与者,其中当地政府和铁路公司是两个典型。一些依托当地环境的其他参与者也会发挥决定性的作用,包括各级公共管理部门,不同的交通公司级市场参与者:开发商、投资者和消费者。

而且,尤其在位于人口密集、历史上已经阶层化了城市区域的车站周边,本地居民和商业在这一转变的过程中也有很大的发言权。他们的目标经常互相冲突,关系最好时也不会互相合作。认识到协调和管理所有这些参与者、所有地之间冲突带来的威胁是(解决)公共交通导向开发所面临的管理挑战的关键。

公交导向的发展能实现吗?

空间和管理挑战的复杂性也提醒人们公交导向的发展可能不会实现。特别是在美国和澳大利亚这样极其依赖私人汽车的国家,公交导向的发展对土地利用和交通发展模式的影响可能被边缘化。短期来看,这几乎是确定无疑的。这意味着将这一紧迫的可持续问题提至公交导向的发展有望给出解决方案,将不可避免地也要求关注其他解决之道,以使现有的依赖汽车的环境更有持续性而非摒弃汽车。在所有的环境中,治理挑战的复杂性都是很高的:因为参与者与其所涉及利益之间关系的错综复杂,但很多时候也是因为其相对新奇和仍然显著的本质。也就是说公交导向的发展很容易变成一项在资金和组织两方面的资源密集型行动。

潜在的好处也很大,但这意味着在公交导向的发展中,不动产的负担能力和创新性两方面都可能受到限制,因为投资者希望投资在短期内有资金回报的项目,也希望其功能、活动和用户都是低风险的,这不仅仅是一个公平与否的问题。这样,使公交导向的发展变(转变)成有声有色、形成多样性城市中心的宏伟计划本身会无疾而终,因为为数甚少的功能和个别使用者会占据主导。

进一步阅读书目:

- Bertolini, L. and T. Spit. 1998. *Cities on Rails: The Redevelopment of Railway Station Areas*. London: E & FN Spon.
- Calthorpe, P. 1993. *The Next American Metropolis: Ecology, Community, and the American Dream*. Princeton, NJ: Princeton Architectural Press.
- Cervero, R. 1998. *The Transit Metropolis: A Global Inquiry*. Washington, DC: Island Press.
- Cervero, R., ed. 2004. *Transit-oriented Development in the United States: Experiences, Challenges, and Prospects*. TCRP Report 102, Transportation Research Board, Washington, DC.
- Curtis, C., J. Renne, and L. Bertolini. 2009. *Transit-Oriented Development: Making It Happen*. Aldershot, UK: Ashgate.
- Dittmar H. and G. Ohland, eds. 2004. *The New Transit Town: Best Practices in Transit-oriented Development*. Washington, DC: Island Press.
- Dunphy, R., R. Cervero, F. Dock, M. McAvey, and D. Porter. 2005. *Development around Transit*. Washington, DC: Urban Land Institute.

(Luca Bertolini 文　王宇翔 译　王　旭 校)

TRANSPORTATION | 交通

交通设施支持并塑造着城市发展和变化的格局。19世纪前的陆上车辆交通只有动物拉车这一种形式。航运是临海、临湖和靠近河流的城市之间远距离运送物资和人员的主要形式。相对而言,国际上的贸易流量较小,仅限于价高质轻的物品,比如香料和丝绸。

步行是主要的市内交通方式。这对早期城市的形式有显著的影响。受限于居民在一天内步行可到达的最远距离,工业革命前的城市一直保持着十分紧凑的形式。当时世界上主要的大都市,如罗马、威尼斯和北京的面积从未扩大到20平方千米以上。

铁路的黄金时代

19世纪前半叶,铁路旅行使得人们的流动方式和居住方式发生了彻底的变革。城市间的蒸汽铁路系统始建于1830年代的英国,随后在许多国家发展起来,极大地扩展了物资和人员可以快速到达的地区范围。铁路系统大多是私人公司建设和运营的,铁路开通促进了现有城市的发展以及各城市间的联系,同时也使新建城市有意识地在远离铁路干线的地方选址。

铁路技术也被应用于城市内部交通。19世纪中叶,私人公司开始在固定的铁轨线路上经营由马拖动的有轨列车。到20世纪早期,有轨列车——也称有轨电车——已经电气化,并在北美、欧洲、亚洲、澳大利亚、中东以及南美的城市中运营。1863年,伦敦在修建地铁的竞赛中胜出,成为世界上第一个拥有地铁的城市;紧接着巴黎、格拉斯哥、柏林、波士顿和纽约也都建起了地铁。

城市铁路系统的建设不仅仅是为了运输人员,也是建设铁路系统的城市用以表达其竞争力、活力、创新力以及影响力的象征。为了上述目标,世界上的大城市会为地铁设计有象征意义的车站和车辆,用来暗示其拥有的权势和财富,地铁也被看作经济继续增长的催化剂。

有轨电车和地铁的电气化引起了城市分散的第一次浪潮。早期的郊区是利用邻近公共交通设施的土地的不断升值来获利的,并且创造出了受铁路服务约束的需求市场,铁路服务可以将人们从郊区带到市中心的工作场所。这些郊区的商店往往建在邻近铁路线的主街道上,为了使可以方便走到附近车站的人数最大化,这些郊区采用一种紧凑的建设形式。

从20世纪20年代开始,由于巨额的投资和维修费用、服务质量的降低,以及时常出现的不良安全记录,有轨列车的发展举步维艰。这使得有轨电车被初始资本投资更低的小型电车和燃料动力的公共汽车替代。到60年代,大多数城市街道上的电车轨道已经被拆除了。

大规模机动化

然而,公共交通遭遇了更为强大的竞争性力量的挑战,这股力量大部分不受公共交通提供者的直接控制。尽管对蒸汽动力车的记载可追溯至17世纪末,尽管1908年亨利·福特已开始大规模生产T型汽车,但20世纪第二个十年大部分城市道路上的汽车还是很少。但到第二次世界大战结束时,汽车拥有量扩大,发达国家已经进入了大规模机动化时代。

私人汽车作为城市交通的主要形式被广泛接受,这一现象在美国最为明显,但在其他发达国家也很流行,如加拿大、澳大利亚和西欧。如今,发展中国家如中国和印度的私人汽车拥有量也直线上升。就像城市交通的前辈铁路一样,汽车旅行包含着个人自由、私人便利性以及财务成功的意味。

私人汽车拥有量和使用的增长一直以来与交通基础设施投资模式以及土地利用开发模式的改变密切相关。为了与汽车的使用相适应,仅限汽车使用的机动车道可以直接通向越来越多城市的中心。公路向更远的城市腹地延伸,促进了低密度住宅和商业区的开发。现在,城市周边的区域可以方便地到达,并且有越来越多的人有能力居住在那里。郊区化正在如火如荼地进行中。

住房开发的蔓延以及就业不断分散在公路交叉口附近,都使得相对于其他交通形式如步行、骑车或者公共交通而言,私人汽车的优势地位得到不断加强。卡车也开始成为市内和城际货物运输的重要形式。

汽车受到冲击

60年代中期,尽管汽车在提供个人便利性以及为高品质物质生活奠定基础等方面可以带来诸多好处,但过度使用汽车和为支持汽车而量身制定一些规划的费用受到了社会广泛关注。那些没有汽车或者不能开车的居民,包括穷人、年轻人、一些老人和身体残疾的人,他们在获得工作、休闲和医疗、日间看护等公共服务方面面临着越来越多的困难。

公路拥堵降低了生产力和经济效率。随着许多城市里汽车使用量的增加,公路交通成为局部空气污染的主要来源,导致呼吸系统疾病增加。意外伤亡的持续增加方面,交通事故难辞其咎。许多产油量不足的国家都依赖外国石油。这种依赖的脆弱性在1973年石油输出国组织(OPEC)导致的石油危机中尤为明显,那时燃料价格高企,全世界的经济都受到殃及。

最后,公路穿过社区势必破坏该社区的稳定性与生动性,近来对这种破坏程度的关注日益增多,尤其是对城市核心区的社区。北美的城市如纽约、旧金山、多伦多、温哥华都出现了大量与新建内城区高速公路的计划针锋相对的抗议活动。到60年代末70年代初,这股抗议浪潮转而反对内城的大项目,许多提议被终止或削减规模。

回归轨道交通

对建设城市高速公路的反对使人们对公共交通特别是大型轨道交通项目重新产生了兴趣。在70年代,全世界共建了23项新的地铁系统,其中有13项在西欧和北美之外,而轻轨系统项目只建了5项。相比之下,1980至2000年间,大约建设了70个地上轻轨项目和38个地铁项目,其中大多数项目同样是在西欧和北美以外的地区。这些铁路线大多公开设计、公开募集资金和运营,并被整合进更大的区域交通网。

对城市铁路计划重新产生兴趣与对出现在城市周边的低密度、以汽车为导向的土地利用开发模式的遏制有关,目的是为了促使在交通设施周围形成更紧凑的社区。鼓励临近公共交通设施的社区将居住、工作和休闲功能融为一体将有助于抑制长距离通勤,并使得公共交通和非机动交通成为可行的交通选择。对汽车的过度依赖所引起的挑战,包括公路拥堵、环境恶化和社会排斥行为等(问题)将会得到扭转。除了人员运输之外,铁路计划被认为是进步投资的象征,它是一种有远见的支持城市可持续发展的领导力量。

平衡交通:大型工程

尽管在1980至2000年间投资城市轨道交通的国家和地区逐渐增多,但公共交通的公共预算承受着极大的压力。许多城市的人均公共乘车量减少了。在这种背景下,不断有证据表明城市轨道交通在缓解拥堵、改善环境状况、提高社会对没有其他交通选择的市民的包容性等方面没有取得预期的收益。尽管新交通设施周边建筑集中度的提高和城市核心区对新居住开发项目的吸引力方面取得了一些成功,但许多情况下城市周边的低密度郊区依然是发展最快的区域。

随着城市变得越来越分散,光是公共交通项目

公路，特别是高速公路拥堵的增加，使人们对轨道交通的兴趣日益浓厚
来源：Tracy Buyan

投资本身尚不足以吸引到足够的乘客，也就不能降低最拥挤地段的交通量，而这些地方往往是郊区高速公路和道路的瓶颈所在。同样，进入21世纪以来，世界各地的城市都在投资新的快速交通设施，在许多国家和地区这种投资在一段时间里提高了整体乘车量。与此同时，出现了一波新的城市主要高速公路建设浪潮。这股浪潮不仅出现在美国、澳大利亚和英国等发达国家，也出现在汽车拥有量快速增加的中国等发展中国家。

聚焦供给与需求

考虑到经济绩效、环境可持续性、社会公正，城市面临着一系列与交通有关的挑战，规划者们已经形成一种按照交通模式耗能的层级来确定优先发展顺序的政策：非机动交通模式诸如步行和骑车、公共交通和拼车出行。2000年以来，重新强调开发高速公路的做法已经对上述发展政策造成了潜在的损害，并有可能进一步巩固汽车与低密度发展模式的优势地位。

尽管如此，自80年代末以来，交通规划者就已经开始致力于管理城市的交通需求。这种需求为导向的方法自2000年以来更加普遍，其中很多政策措施是根据当地的特定背景量身定做的。这种交通规划方法旨在提供财政、便利性和时间上的激励与抑制来鼓励汽车使用者转变交通模式。为达到这一目的，已经实施了一系列的激励项目：有折扣的公交票价；在骑车者的工作地点安置储物柜和淋浴设施，建设新的自行车道；在公路上为搭载乘客超过一人的私人汽车、公共汽车和货运卡车保留专用车道；为共乘私人汽车设计最佳停车位，且收费更低。

相反，世界各地的规划组织和政治家都更加积极地实施那些降低汽车使用的遏制措施。例如，在欧洲，汽车登记税和燃油税都很高，这使得保有和使用汽车的成本高昂。北美地区的城市，收取停车费减少了去往工作地点的私人汽车通勤。新加坡在每年高昂的汽车税之外还有一种车辆限额制。这两项措施，配合高品质的公共交通，已经限制了私人汽车的使用。伦敦对日间高峰时段进入市中心收取拥堵费减少了私人汽车这种通勤方式,改善了地区空气质量。

这种在交通供给和需求方面多重措施的配合承认交通在城市中扮演着关键角色:交通不仅仅作为一种运送人员和物资的方式对经济、环境和社会产生影响,它也是促进城市发展变化的一种强有力的催化剂。

进一步阅读书目:
- Cervero, R. 1998. *The Transit Metropolis*. Washington, DC: Island Press.
- Dimitrious, H. T. 1992. *Urban Transport Planning*. London: Routledge.
- Hanson, S. and G. Giuliano. 2004. *The Geography of Urban Transportation*. New York: Guilford Press.
- Newman, P. and J. Kenworthy. 1999. *Sustainability and Cities: Overcoming Automobile Dependence*. Washington, DC: Island Press.
- Rodrigue, J.P., C. Comtois, and B. Slack. 2006. *The Geography of Transport Systems*. New York: Routledge.

(Matti Siemiatycki 文 王宇翔 译 王 旭 校)

TRANSPORTATION PLANNING | 交通规划

交通规划关注的是人员和商品的流动。交通规划已经获得了国际性的地位,因为世界各地城市中的道路拥堵日益严重,也因为人们逐渐认识到交通与城市经济活力、环境可持续性、社会平等以及个人健康等众多的城市抱负息息相关。

城市中的交通规划涵盖规模和投资不等的各种类型,包括道路和桥梁、公共交通、自行车骑行道和人行道。它也包括设计本地和地区规划以将不同的交通投资类型整合到周边的城市景观中。

交通规划程序(1950—1976)

传统上,交通部门遵循高度结构化而又理性全面的项目估价和规划模式。合理全面的决策过程表现为寻求预先确定问题的最佳解决方案,保证用一系列的逻辑步骤解决问题,分析者和决策者分离以及公众对每种方案的后果及其价值和好处有充分的知情权。被视为理性参与者的分析员会对一项提议的各种成本及其潜在好处进行系统衡量,以决定这一项目是否会惠及市民以及是否予以批准。

城市地区交通规划的框架源自于20世纪50年代在芝加哥和底特律所做的研究。其后各种各样的规划开始在包括伦敦、伊斯坦布尔、吉隆坡、加尔各答、波哥大、德黑兰、拉各斯以及开罗等在内的世界各地的城市中出现。这一过程一般包含6个阶段:

1. 梳理:提出证据,在其上得出结论,收集大量资料以衡量当前的交通模式、土地利用以及现有交通设施及其使用情况。

2. 模拟:用收集的数据建立数字模型以模拟当前的交通模式和交通设施使用情况,以及随着人口和土地利用情况的变化这些模式可能会出现的变化方式。后者就称之为模拟。

模拟一般分两个步骤。第一，分析历史趋势以对未来整个大都市地区的人口和工作数量进行总的估计。第二，把这一总数量分配到大都市地区的各个地方，由此就可预测这些变化如何影响交通流量。

3. 目标：当前和未来交通情况的模拟完成后，问题就确定了，目标也就明确了。目标是用以衡量规划优点的标准。

4. 改造的建议：交通系统的改造建议是为了满足规划的目标。提案强调道路和公共交通、自行车道网络和人行道的全系统改进，意味着将好处覆盖整个地区。战略性地区交通规划的投资周期一般为 20—25 年，更加详细的地方规划则为时 5—10 年。

5. 评价：基于是否实施提案，在模拟模式中对改造的建议进行测验以检验结果有何不同。然后参照规划目标对模拟的结果进行评价。如果(对)交通系统的(删)改造的建议产生不了期望的效益，就会提议进行新的基础设施建设，以更好地达成规划的既定目标。

6. 决策及实施：规划过程的最后，是在评价的基础上制定战略性规划，该规划会对整个新交通设施的位置和实施阶段做出建议。预期中的投资计划将整个地区交通网的效率发挥到最大限度。

对传统交通规划程序的批评

从 1960 年代起，高度结构化的、理性全面的交通规划开始受到来自学术界的和团体的大量批评。学术界有批评认为规划者无法静下心来理性地系统衡量某项提议的成本与效率，因为他们的理性被环境，特别是他们工作于其中的社会、政治组织限制住了。而且，交通问题并不总是轮廓分明的，规划者未必能掌握所有的信息，也不一定有足够时间充分权衡所有方案。最终，他们认为分析者远非不偏不倚和理性的，交通规划者面临着技术之外的压力，这会影响他们的研究。

让一些学术和社会团体更为不满的是，专家和政府官僚的观念凌驾于公众观点之上，结果是他们批准的项目不能满足多样的利益相关者的要求。有人宣称高度结构化的规划框架强调新建基础设施，特别是新建高速公路以解决特定的交通问题，而非考察其他方案来满足地区对交通服务的需要。许多时候，新交通投资给边缘人群带来的负面环境影响和社会排斥效应被夸大了，遮蔽了新的交通设施带来的好处。最后，他们说交通规划根本就是一项政治活动，最终选择投入建设的项目不一定是技术上最优的项目。

在 1960 年代的纽约、旧金山、多伦多和温哥华等北美城市，针对建设高速公路提案的抗议活动风起云涌。反对者抗议决策方式，特别是决策过程缺少公众参与，也不满于本地社区所受到的负面影响。许多已规划的高速公路都被取消了，这些抗议活动也改变了交通规划的操作方法。

碎化的走向（1976 年至今）

从 1970 年代中期以来，没有出现像传统交通规划那样的占主导地位的框架。相反，战略性交通规划所采用的方式方法出现了相当程度的碎化。技术上，计算性能日益强劲的电脑使得对出行行为的预测从总体地区预测模式向分散模拟的转变成为可能。规划者使用大量的家庭调查和个人旅行日记，可以收集到广泛的人口、社会经济和旅行数据，用它们可以更准确地预测当地交通设施每天的交通流量。在许多情况下，长期的、地区整体的战略规划让位于对短期规划效果的关注，强调特定桥梁、道路、公共交通、自行车道和人行道项目的实施。

公共参与在程序上成为交通规划过程的基本特点，尽管公共意见影响最终决策的程度因地而异。在 21 世纪，尽管交通规划和决策融入了技术模型，公共协商和参与成为交通规划过程的标准特征。规划形成过程中的许多阶段，包括问题、目标的界定，以及可行的替代方案的鉴定，都通过公共协商向外宣布。

在许多国家,立法明令要求设计采用公共协商办法,而且那些觉得自己的诉求没有得到重视的群体享有追索权。在许多个案里,法律要对交通项目对环境的影响做出评估,如果发现规划中的交通设施会对空气和水质、稀有动植物物种造成不良影响,就可以取消这些规划。

大型交通规划

随着传统的城市区域规划交通方式让位于更加碎化的规划方法,人们越来越强调耗资数十亿美元甚至更多的大型城市交通项目——新道路、桥梁、隧道、公共交通系统以及机场——的规划和实施。这些项目意在带来多重好处:降低道路拥堵、刺激经济发展和城市更新、减少运输业的有害气体排放、通过提高交通通达性提高社会融合。

尽管有这些许诺的好处,国际经验表明大交通项目在实现最初的既定目标方面全面失败,70多年以来一直如此。这些项目不仅极大地低估了开发成本和完成时间,而且还常常高估了其好处。比如,城市轨道系统的乘客一般都低于最初预期,对交通拥堵和空气质量改善的影响微乎其微。而且经济发展和火车站周边的更新改造也是参差不齐的,有的地方有,有的地方没有。相反,新的道路、隧道和桥梁的交通量通常比预料的要高,因而出现拥堵的时间也比预期的更早。道路入口附近的住宅和汽车导向的商业开发对公路出行推波助澜,加剧了道路的拥堵。

交通基础设施的融资和实施

为了对一直以来被低估的成本和开发时间、高估效益的模式补偏救弊,决策者们在新交通设施的融资和实施方面做出了改变。设计—竞标—建造这一传统的城市交通基础设施操作模式,在很大程度上是公共部门主导的。在这种模式下,公共部门当局决定了自己司法权的社区的交通需求,以技术来解决特定问题,雇用公司来进行交通设施的详细规划。项目费用完全由公共部门承担,完成后,也由公共部门的职员运营。

公共部门预算的日益吃紧、大量超支和延期,再加上绩效水平不佳,新的项目实施模式着眼于公私部门的合作。根据私人部门参与程度的不同,出现了多种合作形式。

一般而言,决定社区交通需求的仍然是公共部门。然而,公共部门不再主导项目实施,而是从私人部门选择一家获得特许权的公司,该公司负责为新交通基础设施提供一系列相关服务,包括诸如新交通设施的系统设计、建设、融资和长期运营等各个方面。虽然公私合作特许权中的服务类型会有差别,但动机都是一样的:政府从公共服务的提供者向购买者角色的转变,因而建设和运营系统的风险也就从公共部门转向了私人部门。

在1985至2004年间,全球有近1 000个价值4 240亿美元交通项目以公私合作的形式实施和融资。英国和澳大利亚在这方面处于领先地位,亚洲和南美洲的公私合作也很常见。相反,北美在大型交通部门的公私合作方面相对滞后。尽管交通部门公私合作的普及度还在提高,但它是否降低了传统规划方式下常见的成本超支和绩效不佳等痼疾仍然不够清楚。

可持续交通

交通对城市的环境、社会和经济可持续性都有重要影响。世界各地的交通规划者都在试图增加最具可持续性的交通方式的使用。按照优先顺序可分为作为非机动方式的步行、骑行,然后是有很多座位的(High-Occupancy)公共交通服务和多人共乘的汽车,最后是单人乘坐的交通工具。

全国和地方的公共政策从4个方面支持更具可持续性的公共交通。首先是鼓励交通系统中可靠性和效率方面的技术进步,以及降低交通总需求的发明创新。例如加州和欧盟一样,也通过在法律上设定车辆合格尾气的减排目标,鼓励寻找和使用更清洁和可再生的车用燃料。设计使用通信技术提高总效率的智能交通系统，通信技术可通过实时交通管理、公共交通调度、货运车辆路线调整来避免拥堵。公共政策也支持数字和通信技术进步以鼓励在家远程办公和工作，这可以降低对通勤的需求。

第二，一直以来人们都用基础设施投资来使非机动交通模式、公共交通及共同乘车更方便、可靠和有吸引力。包括国家和地方投资于新公共交通基础设施、专属骑行道和自行车储物柜，以及在现有高速公路和主干道上设置上座率高的车辆和公交专用车道。

第三，经济和金融政策对不同的交通方式采取或鼓励或抑制的不同态度。这反映了一种新兴的观点：在管理交通服务的需求时，强调交通设施的平衡增长。欧洲各国政府通过高水平的燃油税抑制对道路行驶的需求，也以之鼓励购买小排量的、更节能高效的车辆。在英国等国，污染越大的汽车，其登记税也就越高，这对购买排量小、污染小的汽车是进一步的财政激励。相反，加拿大和美国等国为鼓励使用公共交通，对联运转车的成本进行税收减免，许多大学也向其学生提供打折的车票。在某些情况下，购买和维修自行车无须缴纳销售税，从而降低了骑自行车的成本。

就城市范围而言，伦敦等城市实施了道路收费方案，收上来的钱用于改善公共交通设施和补贴公共交通票价。地方政府也发起了停车管理战略，比如将免费停车改为收费停车以抑制在城市某些区域驾车行驶。

第四，调整地区和本地的土地利用政策以支持更具持续性的交通方式。许多地区在城市火车站周围建设高密度的居住区和商业区，通过填入式发展提高现有社区人口密度，以此来鼓励人们使用公共交通。城市发展和更新改造的整体方案，力图通过设计融居住、零售、办公和休闲设施于一体的紧凑社区，来支持步行、骑行和使用公共交通。在欧洲许多城市的下城出现了步行大道，不允许汽车驶入繁忙的商业街。

总之，支持可持续交通的公共政策的成功和推广困难重重。这些困难包括以下挑战：各级政府之间的协调；对于要求个人出行行为做出重大改变的方案，社会的接受度如何；为保持当前机动车辆出行的优势地位，长期形成的利益集团的游说活动；可持续交通对于包括驾车者、低收入群体、商品运输业和救护车在内的广大支持者潜在的不利影响。尽管有这些挑战，实现更加可持续性的城市交通系统仍然是交通规划和公共政策的关键目标。

进一步阅读书目：

- Altshuler, A. and D. Luberoff. 2003. *Mega-projects: The Changing Politics of Urban Public Investment*. Washington, DC: Brookings Institution Press.
- Banister, D. 2005. *Unsustainable Cities*. Oxford, UK: Routledge.
- Creighton, R. L. 1970. *Urban Transportation Planning*. Urbana: University of Illinois Press.
- Dimitrious, H. T. 1992. *Urban Transport Planning*. London: Routledge.
- Flyvbjerg, B., N. Bruzelius, and W. Rothengatter. 2003. *Mega Projects and Risk: An Anatomy of Ambition*. London: Cambridge University Press.

(Matti Siemiatycki 文　王宇翔 译　王　旭 校)

U

UNEVEN DEVELOPMENT ｜非均衡发展

非均衡发展概念从空间的维度辩证地解读社会的演变。因其所具有的解释功效，这一概念既可用于宽泛的描述，又可作为一种分析的工具，由此展现它的解释能力。作为一种方法，非均衡发展的概念有助于理解社会进程如何因其结构而影响了地方事件与经验，一种富有特色而变化的不平衡发展模式。在将城市作为非均衡发展的载体进行分析时，我们就可以将那些显而易见的城市现象和趋势理解为在现金流动、经济充足、技术变革等变化历程和国家干预以及地方经验、价值、抗衡之间的全球-本土问题。正因如此，在近几十年里，非均衡发展理论在探讨城市问题方面，特别是在有关全球经济重组和城市变迁、城市土地市场、城市绅士化，以及资本、国家、公民三者之间关系这些问题上变得重要起来。在对近几十年最前沿的理论进展进行总结之前，本词条探讨了经典的社会理论中这个概念的演变，并在结论部分概括了这些方法的某些优点及其对研究方法的意义。

经典起源：资本主义政治经济学发展

非均衡发展这一概念最初源自经典的马克思主义理论，其后的大部分发展得益于新马克思主义学者和社会批判理论家的工作。虽然非均衡发展并不是马克思主义的中心议题，但它所提出的问题却是其理论体系的一个重要组成部分，如《资本论》第一卷。1846—1866年是研究资本积累的重要历史时期，在研究此时段英国社会的变迁时，地方经济的发展和社会变化应被置于新兴的世界经济和自由贸易体系的背景之下考察。这种明显的变化清楚地表现在财富和资本的高度积聚和集中，以及与之相伴的产业代表和财富生产者——工人阶级的相对贫困化。因而，财富的积累与社会苦难如影随形，这也是新兴工业经济非均衡发展的典型特征。

由于剥削和被剥削阶级之间的这种对抗被看成是革命性变化的历史条件，这种矛盾的进程恰好证实了《共产党宣言》中的论点。现代工业在非均衡发展状况下，其剥削逻辑以及愈加明显的财富集中在少数人手上而大部分人处于贫困和被漠视境地的趋势，使这种矛盾变得更加尖锐。进而，我们从《共产党宣言》第一部分的末尾得出了这个众所周知的观点：资产阶级催生出了自己的掘墓人——国际无产阶级。这就是说，非均衡发展的矛盾运动提供了社会斗争的基础，促成社会变革并最终导致革命性的变化。

后来，这个很简单明了的"非均衡发展"概念逐渐有了政治色彩，例如，在莱昂托洛茨基（Leon Trotsky）20世纪初的研究中指出，非均衡及相关的发展被视作永久性革命的基础，而正是这种革命导致新社会的创建。在这种建构中，资本主义地缘政治的活力需要与非资本主义因素（如生态和自然的变化、原始社会的形成等等），以及全球、国家、城市及地方范围内的非均衡发展的史实联系起来加以理解。作为内在矛盾和紧张关系的结果，资本主义发展的一般进程和地方的非均衡发展再次相互影响，这是与不平等的社会建构这种已经显而易见的历史事实相一致的。

最新理论发展：批判性社会理论的空间重构

对当今理解和分析非均衡发展这一概念最重要的贡献产生于1970年代以后，特别是在批判地理学和批判社会学领域。这包括近年来在重构社会空间理论上的探索，以及在资本积聚与社会不平等的地理分布上取得的令人信服的诠释。也正是在最近几十年，这种理论被更加明确且富有成效地应用于城市研究，以及经济地理学和国家边缘政治学等相关领域。

　　大卫·哈维的研究方法博采众多先进理论之长，重点考察了资本循环过程中空间的社会建构。资本主义发展有赖于经济的持续增长，但另一方面又受制于过度积累（生产能力和劳动力的过剩）引发的周期性经济危机。为解决这两个问题，哈维提出了"空间修复"理论，即地理扩张。剩余资本可能会流向其他地理区域（如由于1970年代的经济危机和同时出现的西方城市非工业化，东亚和东南亚深化了工业生产体系的合作）。资本同样可以通过房地产开发或其他投机性投资方式向海外"转移"。这种情况因能在全球空间范围内对劳动力分工进行重组，导致对一些地点造成创造性破坏。重要的是，这种新的地域景观具有高度差异性，每一个地点受资本投资（和撤资）的不平衡过程所带来的影响是不同的，尽管它们可保持其独特的历史文化属性（这种属性有得亦有失）。地域及其他方面的差异就这样在非均衡发展中形成，尽管也会有与阶级斗争和对抗相关的紧张态势、不确定性、挫折和进展，还有国家和政治哲学的非正当干预。这种分析为理解国际经济重组的一些动力和城市社会变迁的地方模式，提供了一种有力的工具。理查德·沃克在对聚集的动因和地理的不平等的探讨中也涉及这一类似领域的研究，对于聚集的动因和地理的不平等现象，他把它们与空间的差异和资本的流动联系起来考察。这导致了诸如劳动力结构性失业、依附关系的加强、城市发展的兴衰周期循环，以及呆滞地点的产生等问题的出现。

　　此外，哈维强调了被他称为资本发展的3个周期的理论。其中，最开始的周期是商品的生产（制造业或服务业），第二个周期为建筑环境的投资，第三个周期则包括科学知识和劳动力再生产的投资（健康、教育等）。简言之，资本可以在这些周期之间循环（正如地理上的循环一样），以应对资本过度积累的危机。通过这种方式，城市发展过程可以与更广泛的非均衡发展和经济重建的过程联系起来。所以，对郊区化的投资，以及对老旧的内城区环境的重新估价和再开发，都可以使用资本在不同行业和空间内循环的基本理论来解读。

　　这些观点中有些与伊曼纽尔·沃勒斯坦的世界体系理论，以及由福克尔·弗勒贝尔（Folker Fröbel）、于尔根·海因里希（Jürgen Heinrichs）和奥托·克莱叶（Otto Kreye）于1980年提出的劳动力的新国际分工理论有一定的联系。世界体系理论和劳动力新国际分工理论比照老城市工业中心的非工业化现象和新兴工业化国家的崛起，对战后工业生产急剧全球化现象给予了解释。科学技术非同寻常的进步（交通和电子通信）使资本能以灵活快捷的方式流动，从而促进了这一过程的发展，这在早些时候是不可能的。上述这些变化见证了跨地区与跨国界的生产重组，这种重组利用劳动力和管理上的地理差异把更多劳动密集功能分散。尽管上述学者更注重全球层面的考察，但是其观点对于理解哈维已明确阐述的城市经济有着明显的参考意义。

　　多琳·梅西在非均衡发展和空间结构方面极富开创性的研究侧重于社会关系为何与空间密不可分、地理模式应当如何在社会进程中加以理解。这种观点作为城市及区域经济地理学的一种修正，正以一种二维的方式来理解就业、生产与投资的模式，并勾画出各种活动的分布图。梅西的这种探讨方法要求从强调这种模式的结构和发展进程的角度理解（变化的）地理模式。就业与失业的地域性被理解为与社会结构和发展进程有关——社会结构和发展进程强化了就业与失业的地域性，即生产以跨空间的方式被社会化组织起来的过程，以及近几十年里，资本主义生产的空间结构是如何跨国界且非均衡式地发展？对这些问题的研究，即如何理解城市与地区的不平等？传统政策如何恰当地应对这些不平等现象？以及对诸如城市内部的衰落等问题的回应，具有重要的政治意义。

　　尼尔·史密斯把非均衡发展、城市绅士化进程与建成环境方面的社会斗争联系起来考察。史密斯认为，非均衡发展过程可以理解为一种平衡与分化过程。资本在建成环境中流进流出以寻找更高的土地租金,这是个常见的过程,它在这样做的时候或多或少地影响着这些地方,此即平衡的过程。但它在形成这些现象的时候,跨越了一个具有高度差异的历史投资及资本构成的已有表象,在拥有高变异性的社会和空间的影响之下,打断了现有的生活空间并创造出新的使用价值,此即分化的过程。随着资本流向产值更高的地区或投入其他生产行业,一些地区可能会经历长期的城市衰退。这就在实际地租与可实现的潜在地租之间产生了一个不断增大的价格差。这为随后的营利性的再投资创造了条件,并导致了城市绅士化(高收入阶层居民取代低收入阶层居民)或商业的再发展(土地用途的改变)。实际上,通过投机性投资、阶层净化与土地用途升级,城市区域的萧条(退化)为其可能的更新提供了平台。由此,城市的衰退和更新在建筑环境的非均衡发展中辩证地出现在一起。此外,这整个过程是充满矛盾与冲突的,经常引发激烈的城市斗争,这使得其精确结果不可能被预测,也就可能因社会环境的多样性而不同。正如罗杰·李(Roger Lee)所指,经济过程被置于地理空间之中,于斯运转、实践并产生各种问题,同时也受到地理因素的干扰。

在研究方法方面的理论优势与影响

非均衡发展概念的部分优势在于,它没有将同一水平的分析简化为偶发现象。相反,全球-地方之间的辩证关系被视作一条双向道:经济空间的重构造就了发展不均衡的地方模式,但是经济空间的重构也受到地方特性的限制和干扰,还受重建运动或反重建运动、旧经济体系或新经济体系及活动的支配(影响之大有时令人惊讶)。资本主义非均衡发展的宽松条件决定了(在对设置界线的淡薄观念之下)发展变化的宏大框架,但是在历史给定的环境中,变化的精确模式是动态和矛盾的,持续的变化依托于全球和地方性势力的渗透(空间、方位、资本、国家和公民)可能产生的易变的、不确定的结果。因此,诸如失业、贫困、绅士化和城市更新运动引起的阶级紧张态势,以及其他城市斗争和社会矛盾等显而易见的地区性问题,在社会和空间的更宽泛的、在其地理方位与代理机构之间辩证地渗透过程中,以及其持续的非均衡发展的结构组织框架内已能被解读。

最后,这个概念使得城市研究的某些意义值得反思。它既要密切关注变化的且处于争论中的地方模式,如住房市场、环境建设的投资(和撤资)、就业等问题,还要对全球化过程(资本流通)和空间结构(资本主义阶级体系)给予同样的关注。研究工作的最终挑战在于探讨国家在进行城市和地方管理以加快资本积累的进程、缓和社会矛盾及确保劳动力的延续上所起的作用。这些管理上的问题促使我们去思考更深层的问题:政治意识形态和规章制度,以及这些事情是如何与全球和地区范围内的非均衡发展相互联系起来的。当其主要的、明确的关注点聚焦于资本主义发展的不平等和矛盾,以及它们在地区和社区事务中的内涵时,这个理论具有重要的政治意义。同样地,该理论对于任何旨在获取某种解放利益的行为研究都是一种实用的研究方法。

进一步阅读书目:

- Harvey, David. 1982. *The Limits to Capital*. Oxford: Basil Blackwell.
- —. 1996. *Justice, Nature and the Geography of Difference*. Oxford, UK: Blackwell.
- —. 2000. *Spaces of Hope*. Edinburgh, UK: Edinburgh University Press.
- Lee, Roger and Jane Wills, eds. 1997. *Geographies of Economies*. London: Arnold.
- Massey, Doreen. 1984. *Spatial Divisions of Labour*. Basingstoke. Hampshire, UK: Macmillan Press.
- Smith, Neil. 1984. *Uneven Development: Nature, Capital and the Production of Space*. Oxford, UK: Blackwell.
- —. 1996. *The New Urban Frontier: Gentrification and the Revanchist City*. London: Rutledge.

- Walker, Richard A. 1978. "Two Sources of Uneven Development under Advanced Capitalism: Spatial Differentiation and Capital Mobility." *Review of Radical Political Economics* 10(3): 28-38.

(Michael Punch 文 钟翡庭、李 晶译 王 旭校)

URBAN ｜ 城市

"城市"这个词源于拉丁语"urbs",意即"聚居地",常作为形容词,用以表述市镇或城市的特征,如城市生活、城市蔓延。到今天,"城市"这个词已经衍化出包括"城市主义"和"城市化"在内的许多派生词。特别是在美国,"城市"还被打上现代生活负面特征的烙印——城市犯罪和城市贫困。但是,这个词也被用来推广一种卓尔不群的城市生活方式。

虽然用"城市"来描述现代生活已经极其普遍(联合国一份 2003 年的报告指出,当前,世界上有一半人口生活在城市区域,预计到 2030 年这一比例将达到 60%),但是,以什么样的标准来界定一个地方是否是"城市"却还没有形成统一的标准。美国将人口为 2500 及以上的地区界定为城市(拥有 5 万及以上人口的视为城市地区);而在英国,如果某一农业用地可以被界定为具有"不可逆"的城市化特征,那么即使它的人口低至 1000 人,也可以被定义为城市;在格陵兰岛和冰岛,某地区只需 200 常住人口即可被视作城市。一份世界广泛使用的定义纲要(载于《联合国年鉴》[*Yearbook of the United Nations*])显示,在很多国家,城市被简单定义为行政意义上的"市";而在某些地区,城市的官方定义是与城市的人口界线结合起来进行界定的——如在奥地利,某聚居地拥有 5000 及以上人口即被认定为城市,在瑞士则需 1 万人。显然,这一系列不统一的定义使"城市地区"和"城市人口"的比较研究变得困难重重,这不仅体现在世界范围的比较上,甚至还体现在政治单位内部的比较上。比如说,居住在只有 2500 人口的墨西哥的某个城市与居住在拥有 2000 万人口之众的首都墨西哥城是有很大差别的。

在美国,人们长期以来就对城市和城市生活就有一种不信任感。赫尔曼·梅尔维尔的小说《雷伯恩:第一次航海》(*Redburn*)就通过一个妇女和她两个孩子因饥饿而死亡的故事,描述了利物浦贫民窟穷人难以置信的贫困。托马斯·杰斐逊等人为免步欧洲城市人口高度聚集的后尘,努力寻求一种既可以促进经济发展、又能得享田园生活的政策。至 1860 年,美国城市的市内交通已趋完备(到 19 世纪中叶,波士顿在市内约 30 千米的辐射范围内,已建成 83 个通勤站点)。1857 年,新泽西州的卢埃林公园是美国第一个经过规划的郊区。而 19 世纪 80 年代引进的有轨电车使郊区的扩展更迅速。这种发展模式与许多欧洲国家有很大差别。在欧洲,人口向城中心聚集,城市的扩张受到先前所建城墙的限制。如果说美国人对城市心怀不安、对城市生活饱含忧虑的话,那么对于欧洲人来说,城市与荒郊野岭有别,特别是与战争期间不安全的乡下相比,城市是代表安全和文明的地方。今天,欧洲的郊区与美国的内城区相类似,充斥着高失业率、贫困、移民和少数族裔青年间的社会隔阂——而在欧洲的政治世界里,"第三世界"发端于郊区。

美国人对城市的不信任表明美国城市的负面特征由来已久：城市犯罪已经成为毒品经济和随之而来的高凶杀率（世界上凶杀率最高的国家）的代名词，这些都与内城人口有关；城市教育着重内城学校中少数族裔青年问题的研究；城市心理学则借由对各种城市病理（混乱、孤立、拥挤、侵犯）的研究而展开。马克·格罗伍德（Mark Girouard）指出，美国和英国具有一种普遍的共识，他们认为：城市，就像巴比伦——一个民众被地下暴力组织所控制的野蛮和邪恶的地方，而不是像耶路撒冷那样——自由和进步演化出民主的城市。但是，欧洲文献里并没有城市心理学抑或对城市教育中可比性探讨的记载。虽然他们面对诸多同样的社会问题（犯罪、教育、社会隔阂），但这些通常不被看作城市问题。事实上，在美国普通高校冠之以"城市问题"或是"城市社会问题"的课程里，城市文化被当作舶来品，而城市人口问题则显得微不足道。这些课程在美国之外的大学根本没有。

在大众文化里，城市也常与少数族裔青年和内城联系在一起。城市音乐（该词由纽约市乐师弗兰克·克罗克［Frankie Crocker］所创造）代表着嘻哈、说唱，以及糅合了加勒比、非洲风情的流行音乐的音乐流派。英国《卫报》认为，城市音乐作为一种音乐流派成为具有英国特色的民族艺术形式。一家名为"衰败城市"的化妆品公司引领了化妆品行业的时尚潮流，其产品包括润唇膏、重金属光泽的眼线笔、立体丰润唇彩、重彩烟熏闪烁眼影。口红被包装在宣称灵感来源于美国城市景观的紫色子弹型的金属管里出售。城市也代表着一种有城市场景特征的潮流服饰的营销形象，这种城市场景包括涂鸦和嘻哈风格。城市旅行者是一家"生活方式推销公司"，在北美和欧洲经营特种零售商店，公司旗下有"城市旅行者"、"人类学"、"自由之子"三个品牌。"城市旅行者"公司的博客可以提供个人文档、与音乐录像相链接的音乐评论，以及其他针对年轻观众的项目。尽管该品牌以水洗和做旧的粗布为原料组装出女士牛仔裤的，但这些商品在销售环节别无二致。唯一能使这类商店和其他直销店相区别的是：它们可以与消费者在游览城市时对城市空间的印象相联系。

刘易斯·芒福德认为，城市代表人类最伟大的成就，不仅是因为它拥有艺术和建筑上的最高成就，还在于它为社会的交流和融合提供了空间和机会。这种交流和融合在城市之外的地方尚未找到。从这个意义上来说，城市意味着文明开化——认识城市、体验城市。城市还意味着见多识广——通过城市吸取我们周围更广阔世界的文化和体验更丰富的文明。城市即兼收并蓄，由此我们推导出城市的另外一个含义和指称：雍容大度。

进一步阅读书目：

- Girouard, Mark. 1987. *City and People: A Social and Architectural City*. New Haven, CT: Yale University Press.
- Melville, Herman. 1849. *Redburn: His First Voyage, Being the Sailor Boy Confessions and Reminiscences of the Son-of-a-Gentleman in the Merchant Navy*. New York: Harper & Brothers.
- United Nations. 2005. *Demographic Yearbook*. New York: United Nations.

(Ray Hutchison 文　钟翡庭、李　晶译　王　旭校)

URBAN AGGLOMERATIONS ｜城市群

联合国把城市群定义为：不考虑行政疆界，居住密度达到城市水准的连接成片的区域。此定义所包含的意思是：城市群内部散布着多种地域，这些地域从大城市到密度较小的村庄均可见，农村散布其间。通常，在连绵的建成区里有一个规模较大且居主导地位的中心地域；其他地域与中心地域以及各地域之间在功能上联系密切、互相依存。

平均而言，城市群的人口集中水平要超过农村地区，而且可以按照城市密度差异划分为不同的类型。其次，一个城市群包含一个或多个大城市和一系列的小城市及乡镇，具有多中心或多核心的特征。其三，城市群中各地域彼此相连，合为一个整体而成为功能齐全的城市区域。一个城市群能提供与这个国家发展水平相一致的各种商品和服务。这些功能性的关系包括：贸易、通勤、国内人口流动和通信联系。在这种程度上，城市群就是单一城市与环绕其间的，且能为它的发展提供食品、产品出口及工业原料的腹地的放大版——城市群各地域间的联系更精细、更深入。最后，城市群还包括穿插在人口密集区的农村地区，在这个意义上，城市群可能抑或不可能具有可行性农业或资源的开采活动。

如果把拥有500万人口作为城市群的基准线，那么截至2000年，全球共有39个城市群，其中包括巴黎、伊斯坦布尔和莫斯科。6个最大的城市群依次是：东京、墨西哥城、孟买（以前称Bombay）、圣保罗、纽约和拉各斯。东京大约有3 500万人口，紧随其后的墨西哥城大约1 900万，孟买1 700万。这些城市群中，一半以上位于亚洲（世界上人口最稠密的地区），其余的一部分在拉美和非洲，另一部分在北美和欧洲。

联合国预计，到2015年全世界城市群将增至59个，其中大部分增长在亚洲。应特别注意的是中国，在原有4个城市群（上海、北京、天津和武汉）的基础上，预计将再增加两个城市群（重庆和沈阳）。另外，几乎所有新增城市群都将出现在中等收入和低收入国家，而不是高收入国家。高收入国家中，仅有伦敦和多伦多被确定属于世界最大城市地区。

对全球城市群的界定并不是一件容易的事，而更大的困难还在于如何对它们进行由大到小的明确排序。首先，对"什么构成城市地区"的界定是最主要的挑战。什么是城市——更确切地说，在官方的统计报告中——每个国家的定义各不相同。一些国家侧重人口密度（通常使用不同的最低值来区分农村和城市地区），而另一些国家则注意考虑城市功能（如非农业从业人口比重）或者公共设施，如经过铺设的道路和水处理厂。此外，由于各国报告的人口统计数据根据他们在人口普查时所采用行政区划类别的不同，数据也是不相同的。由于人口数据必须通过决定城市群地理范围的区域单位进行统计，这些差异弱化了城市群的跨国比较。数据收集程序和数据质量的变化增加了在判定什么是、什么不是城市群及给它们排序时的不可靠性。

城市群间的比较和排序工作因其持续地增长而变得更加错综复杂。城市化是一个动态的过程，乡镇变为城市，而城市又在结构和功能上和与之环绕的卫星城融合在一起，这些过程是非常迅速的。这在发展中国家体现得更加明显，特别是在亚洲，其农村向城市的人口流动创造出广阔的城市区域。鉴于以上种种原因，全球城市群的排序只是一个约数，应谨慎对待。尽管如此，研究者和学者在哪些是名副其实的城市群、哪个城市群最大的问题上依然能够达成共识。

城市群有很多常见的同义词，包括"城市区域""巨型城市""城市化地区""城市功能区"和"城市场"等大意若此的词。每个词都涉及人口和经济活动的地理集中，以及大城市乃至小城市、乡镇、村庄等建成区的空间聚合。美国使用"大都市区"这一术语,该词最开始是指代以中心城市为功能中心辐射周边郊区发展的城市地区。因而,大都市区最初被认为是单一核心的城市形态。然而,随着大都市区的扩展,产生了边缘城市,大都市区及其边缘城市越来越与多中心的城市群相似。于是,大都市区和城市群具有了相同的意思。

城市群最被普遍接受的同义词是"集合城市"和"大都市连绵带"。"集合城市"这一概念由苏格兰社会学家和生物学家帕特里克·盖迪斯所创。该词被他用来标识一种在他看来的新兴现象:由于城市的扩大,那些一度相对孤立的地区被囊括进城市内部。随着大城市的向外扩展,他相信,这些城市将包围且合并现有定居点(乡镇和村庄),通过这样的兼并,各地域之间建立起实质性的联系,从而创造出一个延绵的社区网络,这就是城市地区或乡镇集合。就这种集合的多中心模式来说,它就相当于城市群。

另一个与城市群联系密切的术语是"大都市连绵带"。地理学家让·戈特曼于20世纪50年代末首次使用这个词。他认识到,美国大都市区的潜能使其增长得如此之快,使得大都市区互相衔接、连成一片。戈特曼相信他正在见证一种新型城市地区形态的形成,这种城市地区兼具蔓延性和多中心性。他把正在形成的"波士华大都市连绵带"作为这种新型城市地区形态一个典型案例。波士华大都市连绵带包括波士顿、普罗维登斯、纽黑文、纽约市、费城、巴尔的摩及华盛顿特区。他也注意到还有两条大都市连绵带正在形成,一条在中西部的北半部地区,包括克利夫兰、加里、底特律、芝加哥和密尔沃基;另一条位于西南部,囊括了洛杉矶和圣迭戈。在大众传媒时代,大都市连绵带亦被称为"带状城市"。

这些不同的术语——城市群、集合城市和大都市连绵带及其他——常被用来表示规模较大、建筑林立、多中心的城市地区,结果导致术语上的混乱。一些学者声称,集合城市是城市群的一种多中心形态,从而将城市群论定为一种单一核心的形态。其他学者认为,美国对大都市区的定义太局限于行政界线,同时又太注重中心城市,因而不能被视为一种城市群。相较而言,作为城市群的同义词,"大都市连绵带"更被世人接受。至于"城市地区",是在20世纪末21世纪初关于全球化的争论中产生的,该词本来试图概括上述所有术语的指示范畴,不过,该词不仅不具有理论的包容性,更缺乏准确性。

城市群不应与聚集经济相混淆。城市群基于人口密度和城市功能上的联系把各地域结合在一起,它只是一个人口统计学概念。而且,这些功能上的联系不仅有经济联系,还有社会、文化和政治上的联系。因此,尽管城市群具有空间聚集的特征,但其和被经济学家与商业和劳动力的空间聚集联系在一起的那些经济和非经济活动并没有明确关系。聚集经济存在于城市群内部,并得益于城市群表征之一的各种密集的活动,但是,这两个概念反映的是不同的现象。事实上,聚集经济具有明显的特征——这是城市群所缺失的——因为前者更侧重经济增长。

由于城市具有多种空间形态,这些空间形态不仅在规模上,而且在组织构成上也各不相同,因此,学者、研究者和决策者创造出大量的术语用以捕捉这些差异。如城市、郊区、乡镇、村庄、边缘城市及卫星城,以使我们能够区别城市的不同区域。随着19世纪后期社会的高度城市化,现实需要能够界定和指代城市的地理延伸以及城市各区域之间和功能上的彼此联系的术语。城市群便是其中一种术语,并被人口统计学家及城市研究者广泛使用,以界定容纳了越来越多人口于此生息的大型城市建成区。

进一步阅读书目:

- Friedmann, John. [1973]1978. "The Urban Field as Human Habitat." pp. 42–52 in *Systems of Cities: Reading on Structure, Growth, and Policy*, edited by L. S. Bourne and J. W. Simmons. Reprint. New York: Oxford University Press.

- Montgomery, Mark R., Richard Stren, Barney Cohen, and Holly E. Reed. 2004. *Cities Transformed: Demographic Change and Its Implications in the Development World*. London: Earthscan.
- United Nations Centre for Human Settlements (HABITAT). 1996. *An Urbanizing World: Global Report on Human Settlement*. Oxford, UK: Oxford University Press.

(Robert A. Beauregard 文 钟翡庭、李 晶译 王 旭校)

URBAN ANTHROPOLOGY | 城市人类学

尽管人类学者自20世纪30年代起便开始从事城市研究,但直到60年代城市人类学才成为文化人类学的分支学科。尽管民族志作为人类学研究方法最重要的传统并且源自对农村生活的深入研究,但城市人类学的发展也是该学科内部对有关概念进行更广泛争论的结果。城市的各种新概念已经影响到人类学者对文化和社会变迁的思考方式。不过,人类学者采用的特殊方法和视角也同样催生了理解城市生活演进与活力的新方式。

城市人类学者在研究中最有创意的讨论之一是将城市人类学看成是对城市的研究,还是对城市组成要素的研究。除了一些明显的个案外,一些人类学者一般都是将城市作为研究背景,而非研究对象。尽管如此,事实证明这些做法还是大有商榷余地的。研究城市人类学侧重分析城市形态及其发展进程是如何被多种多样的政治、经济和文化因素所影响的。对城市内部的研究则提供了描述性的叙述,还包括了对各种社会科学概念的完善,从而使它们更加接近城市生活中的各种复杂关系。人类学者所采用的研究方法和选题就是在这两种走向的争论与妥协中不断完善的。

历史渊源和发展轨迹

直到20世纪后半叶,城市人类学的定义看上去仍含混不清。事实上,这一概念有其多种多样的历史依据,其学科基础既有社会学的,又有人类学的。人类学强调对殖民地外围"原始"人群和农民的研究,与20世纪之交西方文明和充满社会思想的其他文明间出现的理论分化是一致的。18世纪中叶亨利·萨姆纳·梅因(Henry Sumner Maine)在法律起源的调查中,将这种理论分化归于从身份到契约的历史转变。按照梅因的观点,先前的社会秩序是由私人关系特别是亲缘关系主导的,后来社会秩序演化为由个体组成的契约团体来主导。与亨利·梅因声气相投,斐迪南·滕尼斯希望通过发展礼俗社会与法理社会的概念,将家庭、村落、行会以及宗教等公共关系与那些建立在商业和契约基础上的关系相区分,如与雇佣关系、借贷关系和买卖关系区分开。

埃米尔·涂尔干认为专业化程度在劳动分工中极大地塑造了社会生活,从这一前提出发,他在著作中进行了全新且严谨的研究。他设想普通的宗族和宗派社区成员是有机团结的,这种有机团结可以理解成凭借一套社会成员所共享的规范、道德观、信仰和世界观而形成的社会凝聚力。相比之下，作为社会整合的一种不同形式，有机团结将工业社会凝聚在一起。社会成员间的复杂差异和彼此间的相互依赖共同造就了现代个体的形成，而这些现代社会成员也培育了自身拥有的个性、生活方式、对待各种问题的个人意见以及通过这些交往形成的各种隶属关系。就个体而言，这既是一种释放的过程，也是一种自我封闭的经历。

以乡俗文化为一方，以城市社会为另一方，这种概念上的分歧有效划分了社会学与文化人类学间的界限。社会学家会把西方工业城市社会作为研究内容，而人类学者将专门分析那些处于殖民世界边缘及后来资本主义世界边缘的乡民的生活。人类学者有关"原始文化"的早期著作为西方社会的现代化、技术革新、科层化及个性化中蕴含的各种动态、进步或更多表现为破坏的因素提供了鲜明对比。人类学的研究方法以参与观察法为基础，这种方法具有近距离观察研究对象、长期从事田野工作以及直接参与当地日常生活的特征。人类学学者常常用其他证据补充源自这些经历的田野记录，例如访谈材料、收集的手工制品以及各种文献、地图和调查报告。这些田野方法及由之得出的具有描述、解析性的著作统称为民族志。

城市人类学也会从本学科外获取一些资料。最早的城市民族志作品并非人类学学者所著，而是由一些社会改革者以及对城市工业中心工人阶级的悲惨境况感到愤怒的革命者完成的。1845年恩格斯对维多利亚时代曼彻斯特及其他快速发展的英国工业城市进行了描述，其主要议题为通过对令人吃惊的疾病、饥饿、拥挤及剥削等可怕环境的描述，对资本主义体制下的阶级分化展开严厉批判。1869年，查尔斯·布斯绘制了一幅伦敦的财富分布详图，试图对英国工人阶级的扶贫政策施加影响，避免该国发生社会主义革命。1899年第一位在哈佛大学获得博士学位的非洲裔美国学者杜波依斯在对费城种族关系进行研究时，将布斯的数据分析法与历史视角下的大量采访内容结合起来。1890年雅各布·里斯开创了摄影记者对肮脏的贫民窟环境的研究，推动了纽约租屋改革政策的出台。1910年简·亚当斯作为赫尔会所的管理者记录了社会服务对芝加哥种族移民扶贫问题产生的影响。不管必要与否，这些著作都预示着针对脆弱的城市人口开展研究所具有的政治和道德意义。

芝加哥学派和人类生态学视角

20世纪早期，许多城市概念试图将城市定义在生态学领域。因而，在这方面进行的理论和实证研究皆关乎人类如何适应城市环境的问题，并与达尔文和涂尔干对人口及日益增加的专业化看法相呼应。1903年格奥尔格·齐美尔的经典论文《大都市与精神生活》以感官刺激、货币经济和协调时间表的经历为基础，从心理学角度对城市居民和各种城市社会关系进行了全面描述。过度的刺激加之活跃的知性，在个体中产生了某些特质：一种出于自我保护的必要冷漠，甚至是厌恶（齐美尔称之为厌倦态度）。厌恶、不信任感、理想化以及精于算计反映了城市居民的社会和心理特质，并借此来协调每日城市生活中各种庞杂多变，吉凶未卜的关系。

20年代和30年代芝加哥大学社会学系在上述观点的影响下声名鹊起，成为城市理论和研究的重要机构。曾求学柏林、拜师齐美尔门下的罗伯特·帕克与路易斯·沃思成为芝加哥学派的核心人物。对帕克来说，城市是典型的文明之所、融合之炉，在这里部落与种族联盟将逐渐消失，人们将认识到人类所具有的潜能。作为对涂尔干的回应，帕克坚持将城市看作美德云集的典范，在那里个体可以在劳动分工中追寻自身应有的位置，不过仍将从属于社会的集体意识之下。帕克认识到，在城市内部，传统道德约束的崩溃与社会控制的新模式间出现了持续波动。沃思在其颇具影响的论文《作为一种生活方式的城市生活》中提出，城市可以由3种变量界定：人口规模、居住密度和社会异质性。从这一理论构想出发，沃思在齐美尔思想的基础上，推断出城市社会关系是以人际间的冷漠、工具性本质和碎片化为特征的。

芝加哥派的城市主义（都市性）将城市理解为一种可以对社会和个人发挥影响的特殊环境。此外，城市的基本原则是以原始生活和农村生活观念为基础的。与城市相比，原始生活、农村生活具有静态和无差异性。帕克的学生罗伯特·雷德菲尔德（Robert Redfield，亦是帕克的女婿）基于对特波茨兰（Tepoztlán）的墨西哥村庄、尤卡坦半岛的不同类型居住区以及芝加哥的早期墨西哥移民社区所进行的大量田野工作，正式确定了城乡社会间的二元关系。1930年雷德菲尔德的城乡连续体把农村和城市社会假定为背道而驰的两个系统。在农村，社会生活是以传统、和谐、同质、隔离为特征的。这些特征随着城市化进程的深入而逐渐削弱。在雷德菲尔德的构想中，随着农村人口进入城市区域，农村文化变得碎化且无序。评论家们坚持认为芝加哥学派发展了都市性（城市主义）的彻底反城市理论。

城市研究中的人类学者

因此，文化人类学主要在小规模的非工业社会研究中有所发展。但是在20世纪全球范围大规模的城市化进程中，更多的人类学学者开始将注意力集中到城市。在很多情况下，这种转变的直接原因在于民族志学者的调查对象从农村地区转向城市。特别在60年代和70年代，更多的城市人类学研究聚焦于移民经历、种族聚居和城市周围的非正规居住区。可是，人类学学者对城市研究的涉足也为自身研究传统带来了挑战。已有的方法论工具集中于对简单社会的研究，而现在人类学学者开始面对城市化如何对自己感兴趣的传统研究对象产生影响的问题。

尽管芝加哥城市区域规划专家在传统上具有形式主义，并对各种观点给予了归纳，但他们对大规模的实证研究也同样云集响应。此外，芝加哥学派的概念框架还设想了人类学者应该采取何种方式进行城市研究以及具体研究内容的问题，不过许多学者对这些设想进行了检测并提出了各种批判。劳埃德·沃纳（W. Lloyd Warner）曾在有关澳大利亚土著居民社会的学术论文里精心构制了一些人类学传统研究法，后来他将这些传统方法应用到美国城市研究中。1963年出版的长达5卷的巨著《扬基城》（Yankee City）可算是一部试图调查美国城市生活的力作。他曾带领研究团队在马萨诸塞州的小工业城镇纽伯里波特市进行采访和调查工作，并花费将近10年时间记录了当地的种族关系、阶级差异、宗教和社会流动情况。沃纳早先对部落村庄的田野考察经历，似乎成了日后对城市社区开展研究的直接模拟，不过这种假设意味着对美国政治和历史的大背景并未给予足够重视。

作为雷德菲尔德乡村-城市连续体模型的标志性原则，"传统"文化适应城市化的概念开始在不同地区进行检验。研究者对移民、贫民窟居民及其他"城市中的农民移民"问题所呈现出的广泛兴趣，源于认为这些群体面临传统家庭、宗教及种族关系崩溃的假设。威廉·富特·怀特与一户意大利家庭在波士顿市的意大利贫民区"科纳维尔"生活了很长时间。其1943年发表的著作《街角社会》（Street Corner Society），不仅是一部对美国移民日常斗争的近距离速写，还是一部记载种族遭遇的编年史，饱含着作者田野调查经历的丰富情感。数年之后，赫伯特·甘斯在其关于波士顿西区意大利裔美国人的民族志著作《城中村民》（The Urban Villagers, 1962）中，与怀特持有相同的城市立场。当为了发展高层公寓而四处拆迁时，邻里环境迫使甘斯将视野从种族群体对城市生活的文化适应扩展为对市场为导向的城市更新进行批判性反思。这部著作显示了社区研究中的一条原则性缺陷：将邻里看成孤立世界的做法趋向于忽视权力在整个城市地区的运行方式。

对连续体模型的直接批判源自1943年奥斯卡·刘易斯对特波茨兰的重新研究。雷德菲尔德对农村生活和谐、均质的描述与刘易斯提供的关于农村呈现暴力、分歧、残酷、疾病、苦难及贫穷的证据大相径庭。刘易斯认为城市化并不是一个整齐划一的过程，而是假设根据历史、经济和文化条件的不同,呈现出不同的模式和含义。他批判雷德菲尔德将社会行为解释为文化作用的结果,而没有把文化解释为社会行为的后果。

刘易斯随后对墨西哥和波多黎各开展的研究不但引起了公共政策的关注,还遭到人类学同行的强烈指责。具有讽刺意味的是,这些指责之声与他自己对雷德菲尔德的批判如出一辙。他提出"贫困文化"概念,试图将贫困描述为并非由物质资料匮乏而产生的现象,而很大程度上是由一套塑造社会生活的价值观维系的。他确定了贫民窟居民中的各种行为特征,例如混乱、宿命论、无助、依附、性关系混乱、群居、自卑感及社会活动参与的贫乏,所有这些都有助于维持贫困的自我循环。刘易斯认为强有力的福利体制或社会主义革命将削弱贫困文化,同时他的这一理论还强化了20世纪60年代联邦向贫困宣战的计划。不过,批评者指出该理论在本质上责备贫困的受害者,而忽视政治、经济环境对贫困产生的影响。他们坚持认为贫困文化使穷人进一步成为人群中的另类,同时认为自成一体的贫民窟与城市体系的其余部分相隔绝。

另一个新的研究中心是位于北罗得西亚铜带省地区的罗得西亚-利文斯通研究所。在那里,来自马萨诸塞大学的一代社会人类学学者在民族志研究方法上获得了培养。后来,其中的许多学者对殖民城市中非洲土著人部落特征的消失产生了兴趣。他们发现移民行为和对新环境的适应并不是一个同步的过程。而且,部落联盟绝没有在城市中消失,而是以一种新的方式展现出来,例如,舞蹈、戏谑关系等其他文化形式。这些人类学家认为种族并非与城市格格不入,而是组成城市的一种要素。相矛盾的是,非洲城市中现代性与传统是共同演化发展的。他们进一步发展了专注于情景分析的复杂方法,且将关注焦点从局部社区转变为更多围绕城市区域体系展开研究。

多点民族志研究

20世纪70年代以来,不断变动的全球政治经济形势与城市人类学中的一些新视角相伴相生。这些新视角强调从政治经济及更具流动性的文化形式层面开展研究。安东尼·利兹通过将人们的注意力转向对国家权力在城市发展进程中作用的研究,对城市人类学这一分支学科给予了批判和重新定位。这就迫使研究者们在看待各种制度,例如税收、土地占有、劳动力市场、食品生产、日用品交换、教育、信贷、信息和军事力量等制度时,要更加深入。尽管资本积累的后福特主义模式加剧了阶级间的不平等,但马克思针对其如何重塑人们对时空理解而做出的分析,开始为许多人类学者所接受。许多自下而上的研究方法暗示我们,跨越不同的情景与社会网络,城市居民开始持续参与其中。人类学学者已经开始精心编制各种方法来弥合地方知识和全球体系的鸿沟,他们将这种新的田野工作方法称作多点民族志。有一种长期存在的假设,认为文化总被限制在一些具体地点以利于文化观点通过地理上广阔的城市体系进行传播。针对这种假设的挑战已经出现。他们并非将城市看作研究背景或环境,而是将其看作资本、商品、社会关系、各种图像和思想意识等广泛网络的内部节点。

21世纪之交,民族志学者对于城市正逐渐成为各种全球联系的交点这一事实愈加关注。鉴于前人曾试图寻找一些可以在文化方面视作整体的社区,这一代学者认同的文化概念更加开放、松散、易变和混杂,并有助于推衍这些概念。许多城市研究者重新开始对空间与场所进行生态学研究,将它们视作社会的产物,而不是文化发展的空壳或简单的背景。例如对种族、性别或亲缘关系的研究中强调了上述因素是如何塑造城市形态及其发展进程的,而不是将城市视为考察这些社会因素的普通舞台。社会学家米歇尔·福柯对约束力和监督的分析研究也鼓舞了人类学在新的治理形式、公共空间军事化、封闭型社区及监狱产业复合体方面的研究。其他民族志学者将沃尔特·本雅明和米歇尔·德·塞尔托对城市生活经历的反思作为认识城市的一种途径。

随着城市化现象日益普遍,城市的界限正变得模糊,而民族志研究反映着这些界限之间的渗透。如果早先的城市人类学学者通常关注的是对城市与农村、文明和传统间对立的感知,那么近来的分析则摒弃了这种原生的观念。取而代之的是:对城市人如何被卷入各种意义深远的网络中的关注;对人们是如何构建并维系各种跨越空间的联系的关注。民族志的田野工作使得人们对日常生活的复杂性有了清晰的了解,城市现实恰恰被包裹在这种复杂性之中。城市人类学学者敏锐地认识到,有关城市的所有认识都不可能完整,而且又会受情境所限。他们在方法和理论创新方面的贡献是一道知性屏障,既防范了简单还原,又防止整齐划一。

进一步阅读书目:

- Addams, Jane. [1910] 1999. *Twenty Years at Hull-House*. Reprint. Boston: St. Martin's Press.
- Du Bois, W. E. B. [1899] 2007. *The Philadelphia Negro: A Social Study*. Reprint. New York: Oxford University Press.
- Engels, Friedrich. [1845] 1987. *The Condition of the Working Class in England*. New York: Penguin.
- Gans, Herbert J. 1962. *The Urban Villagers: Group and Class in the Life of Italian-Americans*. New York: The Free Press.
- Leeds, Anthony. 1994. *Cities, Classes, and the Social Order*, edited by Roger Sanjek. Ithaca, NY: Cornell University Press.
- Lefebvre, Henri. 1991. *The Production of Space*. Translated by D. Nicholson-Smith. Malden, MA: Blackwell.
- Lewis, Oscar. 1953. "Tepoztlán Restudied: A Critique of the Folk-Urban Conceptualization of Social Changes." *Rural Sociology* 18: 121-136.
- ——. 1966. "The Culture of Poverty." *Scientific American* 215: 3-9.
- Low, Setha M. 1999. *Theorizing the City: The New Urban Anthropology Reader*. New Brunswick, NJ: Rutgers University Press.
- Redfield, Robert. 1930. *Tepoztlán, a Mexican Village: A Study of Folk Life*. Chicago: University of Chicago Press.
- Tsing, Anna. 2000. "The Global Situation." *Cultural Anthropology* 15: 327-360.
- Warner, W. Lloyd. 1963. *Yankee City*. New Haven, CT: Yale University Press.
- Whyte, William Foote. 1943. *Street Corner Society: The Social Structure of an Italian Slum*. Chicago: University of Chicago Press.

(Alessandro Angelini 文 李 晶 译 王 旭 校)

URBAN ARCHAEOLOGY ｜城市考古学

在本词条中，城市考古学是指对欧洲扩张时期所建城市和近代晚期欧洲城市的考古，并不包括希腊、罗马和其他地区的古代和古典城市。

现代早期和现代时期是指自15世纪中叶欧洲扩张以来的历史时期。现代早期和现代这对历史术语的使用暗示了世界史发端于1450年左右的欧洲，那时的欧洲人开始探险、殖民并最终将整个世界纳入其文化影响下。这种殖民历程界定了城市历史考古学的本质，而且更为重要的是指出了问题的关键所在：这门研究并非针对文艺复兴和巴洛克时期抑或欧洲的艺术，而是以欧洲最引人注目也可称之为臭名昭著的创造——资本主义及其运行方式而展开的。

城市考古学的研究对象是1450年以来世界各地的城市或城市生活遗迹以及扩张和运行中的殖民主义及其经济体制——资本主义的历史遗迹。它通常是一部破坏史，从这一意义上说城市考古学也披露了一些民族消亡、土著居民消失的故事，还有一些受过劫掠但仍然完整无缺的考古与地质学堆积物的历史。城市考古学的积极意义在于一些以历史为导向的地球科学得以实际建立：考古学、地质学、人类学、人种学和地理学。这些学科与新经验主义和18世纪欧洲北美出现的具有民主性质的民族主义一道创造了历史考古学的政治目标。所有的考古学者，无论从事城市研究方面的还是其他领域的考古学者都试图修复历史，修复那些被全球欧洲化所改变的民族所缺失的部分。这些民族包括土著或原住民，例如土著的美洲人、澳大利亚人、非洲人、太平洋岛屿人和印度尼西亚人以及现实中受到殖民进程影响的任何人，还有殖民过程中造就的一批工人、农民、矿工和基督教信徒。将这些历史事实复原就成了城市考古学自我界定的目标。

古代世界中的城市生活方式可能发端于人类社会中出现奴隶制。欧洲扩张中就蕴含了奴隶制。这是因为以盈利为目标的人口贩卖活动将人口变成了商品，而这在本质上体现了资本主义。欧洲人并非奴隶制的始作俑者，但是他们却创造了横跨大西洋的奴隶贸易，并且将印度洋到印度尼西亚南太平洋沿岸的东非奴隶贸易资本化。因而，城市历史考古学是关于非洲人流散到美洲历史的研究，也是对从印度尼西亚群岛到南非各欧洲殖民地历史的研究。

奴隶制是最极端的获利形式，因为它泯灭了人类的一切价值，迫使人类生活只具有劳动的含义，而且是一种可替代的劳动含义。因而，这种制度不必为奴隶的死亡以及生产奴隶的过程负责。考古学者正是致力于这一过程的研究，研究内容涉及奴隶制的各个方面，从开始被奴役到过上奴隶生活，再到逃跑，直至最后的死亡都是考古学的研究内容。种植园考古在整个加勒比、巴西及美国南部都有开展。针对西非和东非贩奴港口和奴隶贸易中心的考古工作主要集中于那些从事非洲货物收集和出口的商站，那里的奴役过程在一些地方势力和欧洲人中间最早展开。

之所以将城市考古学界定为对欧洲殖民主义和资本主义的考古，主要基于以下两个原因。首先，这样的方法促成了历史素养（Historical Literacy）的形成。运用这种方法，先前常常被排斥在外的生活在社会不同层次的人可以参与到民主社会中去。历史素养是一种对过去知识起何作用的理解，它既能促成民主参与，同时也需要更多的民主参与。历史素养还涉及了关于强者和弱者促进民主的条件，这种界定假设民主参与是件有意义的事情。

做出这种标准界定的第二个原因在于资本主义及其两个传播媒介——殖民主义和民族主义并没有消亡。消除殖民主义的影响在全世界都是一个持续存在的问题。第二次世界大战结束以来,史前考古和历史考古所取得的研究成果已经促使一些新近独立国家的政府赞颂并纠正一些以往被遗忘、隐藏或受到非议的历史时期。

民族构建与对少数族群的排斥

考古学常常被应用于民族构建,其中最著名的案例当数墨西哥和现代以色列。不过,民族主义并非历史现象。民族主义通常将一个群体置于一套旧体系中,这一群体在此时可以看成是一个新民族,通过将其与各"劣等"群体进行比较,使其在各方面都居于优势地位。一些特殊群体成了新的殖民实体,如经历了欧洲新民族主义的犹太人、共产主义者、吉普赛人、外来移民、19世纪后期的美籍华人以及第二次世界大战期间的日本人。这些通常来自城市的群体被界定成妨害社会治安的人群,有时被视为国家潜在的威胁而受到监视。这种监视在其聚居地非常普遍,有时还会导致这些新界定的少数群体成为大屠杀的对象。城市考古学所进行的研究正是这一过程。

城市考古学最近倡议对拘留营开展相应研究。在维护国家安全名义下建立的这些场所生活着一些被国家剥夺了各项权利和公民身份的群体。这类场所包括南非种族隔离下的黑人城镇、德国的集中营以及柬埔寨波尔布特所施行的隔离与监禁政策、智利皮诺切特对左翼反对者的拘禁、美国在古巴关塔那摩海湾的战俘集中营。

美国城市考古学

事实上,城市考古学的所有特性都可以通过"二战"后对纽约市的发掘得到说明。这些重现天日的遗迹实际上涵盖了所有史前时代并且涉及各时期所发展出的生态学关系。早在欧洲人到达前,狩猎采集者和务农者就已经在现今的纽约生活了1万年。由于对各种气候关系和生态关系的关注,考古学者看到了一些稳定的资源、增长的人口,以及可获取的食品用途的改变,除了更新世晚期发生的灾难,土地和生物很少受到损毁。荷兰、英国和美洲人的遗迹在纽约的考古中都被加以认真的考察。大量遗存足以反映每一种文化及其时代。16世纪中叶以来的考古学展示出欧洲人口大量增加,各种建筑鳞次栉比,社会关系分化为不同阶层。考古学还展示出环境退化,人为产生的贫民窟,危险的生活环境以及城市中广泛使用奴隶劳动。

丽贝卡·亚明(Rebecca Yamin)对费城考古的分析是围绕城市创建者威廉·佩恩(William Penn)的平等或"博爱"思想展开的。这座城市的原址、独立厅周围的区域、非洲裔居民区、奴隶制度以及著名的全景式监狱(东部州立监狱)无不与平等或不平等以及努力重建当地教友派宣扬的博爱思想密切相关。过去的60多年里,在费城已展开100处不同地点的挖掘工作。借助这些考古挖掘,费城的建城理念和后来未能实践的理念经过人们的解读被联系起来。其中一处挖掘地展现了一家帮助妇女重新融入社会的机构,即从良妓女收容所。尽管许多挖掘工作位于独立厅附近,但还是发现了蓄奴的证据以及一些获得自由但仍然穷困的非洲裔美国人的足迹。在受边沁启发而建造的监狱中,对逃跑路线的发掘,对这些旨在让合法公民始终处于民主社会中的均衡与改革机构的失效做出了评价。

城市考古主要以文化资源管理项目的形式在美国许多城市得到发展。与那些出于研究目的而实施的项目截然不同,这些项目通常被看作某个地区获得发展的必要合法步骤。不过,在过去的约25年中,一些学术性较强的项目还是在某些城市社区中赢得了支持。1981年在安纳波利斯开展的一个考古项目便是例证。田野考察工作发现那里的一些街道要早于这座城市现存的文字记录。尽管文献提及安纳波利斯是按照巴洛克风格设计的,但是在实际考察中却并未发现几何状物证的存在。考古学者还发现各条街道由于遵循以权力部门所在地为轴心的原则而呈现出不规则和不平行的布局。此外,考古中的诸多发现说明那里有许多不同于欧洲人的文化和宗教活动,特别是不同于非洲裔美国人的精神"世界",它包括对理解非洲人信奉的超自然力量很有益的一些物质。

这些考古发现有助于考古学家和历史学家更为准确的重新认识城市是如何建造的以及生活在城市中的人群构成问题。由于考古学者处于种族隔离的城市环境中,所以他们能够更多地关注历史上出现的非洲裔美国人社区及其发展,关注这些社区边缘地带出现的种族冲突以及城市绅士化和城市更新所导致的少数族裔居民空间转移问题。城市考古学同时还致力于公共教育和各种考古发现的展示,因而挑战着城市人口构成的必然性。

伦敦

伦敦为城市考古学所取得的成就提供了案例,那里的城市考古学主要始于第二次世界大战之后。位于泰晤士河流域的伦敦大都市地区占地约 600 平方千米,2008 年常住人口约 1 300 万。作为世界最大城市之一的伦敦,其文化史可追溯到公元前约 40 万年,另外包含诸多史前考古遗址,这些遗址可以追溯到人类文化发展历程的多个历史时期。这里的史前考古遗址从旧石器时代(包括公元前 40 万年的海德堡人遗址[Homo Heidelbergensis]到公元 1 世纪铁器时代的克里特遗址。伦敦城的历史可追溯到公元 1 世纪罗马人建立的城市伦迪尼姆(Londinium),这里曾是罗马帝国西部边陲的商贸中心。在有文字可考的 2 000 多年的历史中,伦敦城的历史可看作一部微缩的资本主义发展史。

城市内众多现代建筑工程的建设使得文化资源管理公司所主持的考古挖掘工作变得更加紧迫。伦敦市为考古研究提供资金以缓解城市景观出现经常性的变动。伦敦考古学博物馆(The Museum of London Archaeology,前身为伦敦考古学服务博物馆)从事文化管理和科研方向的考古研究工作。该博物馆隶属于全城最重要的城市历史博物馆——伦敦博物馆(Museum of London Archaeology),承担各项追寻城市历史的科研项目累计达 35 年。

伦敦考古学博物馆的考古学家已在城内发掘了众多著名遗址,其中包括斯皮塔佛德的罗马公墓、圣保罗大教堂、泰晤士河南岸莎士比亚的环球剧院和玫瑰剧院以及最近发现的位于泰晤士河北岸的肖尔迪奇剧院,该剧院是莎士比亚早期剧作的首演地。

与现代资本主义传播相关的伦敦考古遗址包括许多和商业、贸易及 16 世纪以来各式殖民企业直接相关的产业考古遗迹。挖掘范围从玻璃和陶瓷作坊到与殖民出口市场直接相关的烟草码头。最近的一项挖掘工作展现了伦敦城市考古工作所取得的全球性影响。

2005 年伦敦考古学博物馆服务处对一处 17 世纪的砖窑进行了考古挖掘,这处遗址现位于泰晤士河南部的哈默史密斯,曾属于尼古拉斯·克里斯普爵士(Sir Nicholas Crisp)的私人领地。考古人员除了发现砖块制造的证据外,还发现一些与制珠业相关的玻璃珠子及残渣。17 世纪上半叶,克里斯普家族垄断了西非几内亚到西印度群岛的奴隶贸易。后来的考古发现,同样的珠子不仅出现在马萨诸塞州朴次茅斯的种植园,在几内亚也被发现。据此,伦敦博物馆的考古学家认为克里斯普家族在早期跨大西洋贸易中曾将这些质地较小、红白相间的珠子作为贸易品之一。这些用作交易的珠子原产地的发现揭示了早期资本主义在全球的辐射范围及对土著文化产生的影响。

长期以来,伦敦一直被视作英国殖民扩张的中心。作为一座城市,它既是资本主义的源头又是资本主义的产物。从 16 世纪到 19 世纪,产自伦敦的许多工艺品在英国各殖民地都有发现。

城市考古学被应用于世界各地。世界各大城市发起的考古发掘工作为公众提供了历史解读,甚至对公众开放一些挖掘工作。近来广为人知的一些城市考古发掘工作正在佛罗里达州的圣奥古斯丁、加利福尼亚州的萨克拉门托、意大利的罗马及阿根廷的布宜诺斯艾利斯等地展开。

进一步阅读书目：

- Cantwell, Anne-Marie and Diana di Zerega Wall. 2001. *Unearthing Gotham: The Archaeology of New York City*. New Haven, CT: Yale University Press.
- Garrioch, David and Mark Peel. 2006. "Introduction: The Social History of Urban Neighborhoods." *Journal of Urban History* 32(5): 663–676.
- Gillette, Howard, Jr. 1990. "Rethinking American Urban History: New Directions for the Posturban Era." *Social Science History* 14(2): 203–228.
- Harvey, David. 1989. *The Urban Experience*. Baltimore: Johns Hopkins University Press.
- Mayne, Alan and Tim Murray, eds. 2001. *The Archaeology of Urban Landscapes: Explorations in Slumland*. Cambridge, UK: Cambridge University Press.
- Mrozowski, Stephen A. 1987. "Exploring New England's Evolving Urban Landscape." pp. 1–10 in *Living in Cities: Current Research in Urban Archaeology*, Edited by E. Staski. Staski. Special Publication of the Society for Historical Archaeology.
- Rothchild, Nan. 1990. *New York City Neighborhoods: The 18th Century*. San Diego, CA: Academic Press.
- Symonds, James. 2004. "Historical Archaeology and the Recent Urban Past." *International Journal of Heritage Studies* 10(1): 31–48.
- Upton, Dell. 1992. "The City as Material Culture." pp. 51–74 in *The Art and Mystery of Historical Archaeology*, edited by A. Yentsch and M. Bearudy. Boca Raton, FL: CRC Press.
- Yamin, Rebecca. 2007. "Review Essay: The Tangible Past: Historical Archaeology in Cities." *Journal of Urban History* 33: 633–644.

(Mark P. Leone、Matthew D. Cochran、Stephanie N. Duensing 文 李 晶译 王 旭校)

URBAN CLIMATE ｜城市气候

城市气候是气候受城市化地区影响而发生改变的现象。它包括对构成我们天气和气候的所有主要成分：气温、辐射、风向、湿度、大气构成以及降水的改变。这些变化源自城市化对地表环境产生的重要改变。同时，这些改变还影响着大气与地表间的质能交换方式。目前，城市气候正影响着几乎一半的世界人口。当发达国家的多数人口居住在城市时，欠发达国家正经历着快速的城市化进程以及巨型城市的兴起。

城市气候所体现的是一种人类并非刻意追求的对气候造成的改变。它是当地整体气候环境与局地气候共同叠加作用的结果。其中局地气候是由城市所在的沿海或山谷地貌而形成。经过改变的城市气候影响着城市对能源和水资源的利用，对城市居民的健康和生物活性都会产生影响，还改变着城市下风向的天气。尽管城市气候的主要影响在很大程度上局限于城市地区，但其仍对城市下风向环境造成影响。这种对大气和气候的影响规模已远远超过城市本身，因而也就在全球环境变化和城市化之间建立了联系。

城市气候的范围

城市气候是指小到几平方米（例如，微观变化幅度在屋前庭院和行车道之间),大到环绕整个大都市地区几十平方千米地表上空的气候。有一个非常重要的范围划分方法,将城市气候划分为"城市覆盖层"和"城市边界层"。城市覆盖层是指从地表延伸至覆盖层要素——建筑、树木及组成城市表面的其他物体——的平均高度间的空气层。城市的这一层由三维空间构成,对城市气候发挥着重要作用。城市边界层位于城市覆盖层之上,一直延伸到不受地表日常影响的大气层。该层高度在昼夜间及不同的天气条件下具有较大差异性。日间晴朗的条件下该层位于城市上空1 000到2 000米,夜晚这一高度只有几百米。(见图1)

城市气候的物质基础

城市化极大地改变了地表与大气的特征。这些改变不仅对地表与大气间能量与质量的交换方式产生影响,还导致了城市气候的出现。

城市地表 城市地表的特征包括其几何结构;吸收阳光、释放辐射及储存热量的程度;是否含有水分及含水量的多少。这些特征都是城市气候的决定性因素并有助于解释城市气候与其他自然系统气候间存在的差异。

地表几何形态 城市地表拥有复杂的三维结构而且质地粗糙。粗糙的城市地表减缓了风速,使得城市地区的空气流动更为缓慢,大气湍流大为增加(空气的三维流动)。与相同属性的平坦地表相比,粗糙的地表在吸收阳光方面更胜一筹。

地表反射 整体上看,城市地区更易吸收日光;换言之,城市地区的反射率比周围地区要低。城市中从深色沥青路面再到白色墙体,由于建筑材料的不同,对日光的反射率也呈现出很大差别。不

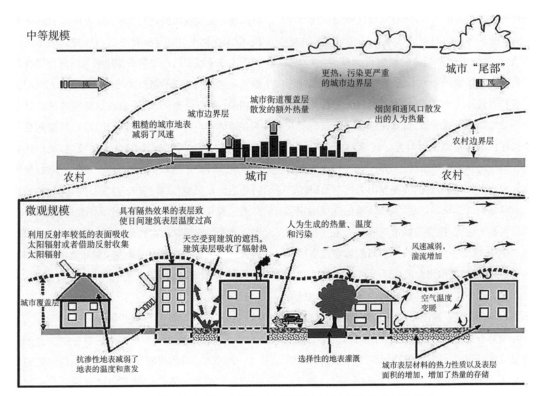

城市气候规模图展示了城市边界层、城市覆盖层和城市气候的形成过程与影响

来源:Adapted from Oke, T. R. 1997. "Urban Environments." pp. 303–327 in *Surface Climates of Canada*, edited by W. G. Bailey, T. R. Oke, and W. R. Rouse. Montreal, QC, Canada: Queen's University Press

同的地表反射率加之各式建筑和树木对日光的遮蔽,使得构成城市地表的个体所能获得并吸收的日光具有很大差异,进而影响着其自身的温度。

城市热力特性　城市建设所使用的大部分建筑材料都易于储存热量。从传递和储存热量较弱具有良好隔热效果的屋顶,到日间储存大量热能,夜晚释放热能较慢的水泥材料,这些城市建筑材料展现出多种热力特性。

湿度　城市建设中许多材料都是不透水的,因而大气降水很快就会流失,这意味着除去降水期间或刚刚结束降水,城市地表大多是干燥的。总体而言,城市倾向于较其周围环境更加干燥。然而,城市中也汇聚着一些蓄水性强的公园、草坪和庭院。因此在某些情况下,即便气候的主要特征是少雨的,城市中的部分地区仍然富有水分。

城市大气　城市中由于燃烧过程(例如供暖、人类活动和交通运输)而出现的污染物、热量和湿气直接改变了城市大气,并对城市气候的变化产生影响。受到污染的城市大气减少了对太阳辐射的传播,使得城市地表获得的辐射大为减少,并改变了获取太阳辐射的特性;这些太阳辐射通常在不同波长的紫外线中被消耗殆尽,而且大量日光照射受污染物影响而被分散,这就使得城市地表所能获取的往往是间接或漫射日光。污染物所吸收的日光让城市边界层变得温暖。另外,湿气和其他气体也影响着红外线的传播,并使城市大气更加温暖。

城市周边环境　最后,城市环境的性质决定了城市气候的性质,特别是城市气候与周遭气候的差异。例如,位于中纬度到高纬度间的城市在冬季降雪过后,地表反射率常常出现强烈的反差;当农村地区几乎为大雪所掩盖时,而城市内却有大片地区看不到积雪的痕迹。沙漠城市由于接受灌溉可能较周围环境具有更高的湿度。地处四面环海的小岛城市拥有众多非城市环境,与那些深居内陆的城市相比,具有不同的热力特性。

地表辐射与能量平衡　地表辐射和能量平衡为理解城市气候提供了有力的基础。辐射平衡描述了从太阳和大气输入地表的辐射能及这种能量有多少被反射、吸收和释放的情况。能量平衡描述的是净吸收的辐射在空气加热、水源蒸发或以热量形式存储在城市材料内等情况下是如何被分配的。研究者利用安装在高塔上的仪器对城市辐射与能量平衡进行直接观测和研究。用数值标示地表辐射和能量平衡也是我们建立城市气候模型的主要方法。近来,许多国家致力于将城市地表辐射和能量平衡模型作为天气预测模型数值标准的一部分,从而希望能为城市居民提供更加准确的天气预报。

城市的热岛效应

在有关城市气候影响方面的研究中,城市热岛效应是最受关注的。城市热岛体现了城市地区与非城市环境间的气温差异。城市热岛既存在于具有不同气温的城市大气层(城市覆盖层和城市边界层)中,也出现在拥有不同气温的城市地表。城市热岛可以通过温度观测网进行探测,或者以地表热岛为例,借助飞机或卫星遥感技术进行监测。城市热岛的产生在于城市的升温和冷却速率与周围环境存在差异。这种差别与前面提到的城市地表与大气的特性相关:城市粗糙、干燥的地表是良好的热量吸收与存储体。与夜间农村环境相比,城市释放热量的过程更为缓慢。在令人神清气爽的夜晚,城市热岛(在气温方面)达到最高值。有时只需一小时,城市内外温差就可达12℃。(表1)在日间,大气的城市热岛效应通常较弱,有时甚至比周围地区气温更低。城市地表温度通常比农村地区更为温暖。对城市热岛进行完整解读需要运用地表辐射和能量平衡的解释框架,不过也可以做出一些归纳(见表2)。

城市气候的影响

通过表1所描述的气候效应,城市气候影响着城市大气层的本质。这种影响要么通过直接改变大气特性,要么借助地表—大气间的相互作用而实现。城市中各项活动和功能也由于表3所列的一些改变而出现了另外一些结果。

表1 城市气候变化的影响

气候变量	城市环境的变化
大气温度	更加温暖(年均增长1～3℃,每小时增温高达12℃)
地表温度	更加温暖:根据地表环境的不同,温度呈现出较大变动,不过,某些地表温度可达到20℃甚至更高
风速	除了伴有微风的天气条件下,城市气流的流速会有所增加外,一般情况下面10米气下降5%～30%
风向	1%～10%的风向发生偏转(北半球逆时针,南半球顺时针)
湍流	增加(10%～50%)
湿度	更加干旱(夏季日间);更加潮湿(夏季夜间,冬季全天)
蒸发量	较少
土壤湿度	较少
太阳辐射量	较少
能见度	减少
污染物浓度	增加
云量	城市下风向更多
降水	少雪;城市下风向的降雨可能增多
雷雨	更多(不过,龙卷风更少)

来源:欧克(T. R. Oke):"城市气候与全球环境变迁"(Urban Climate and Global Environment Change),表格21.2,引自汤普森(R. D. Thompson)、佩里(A. Perry)编著:《气候学》(Climatology),伦敦:劳特利奇出版社,英国泰勒与佛朗西斯出版公司再版。1997年版,第275页。

表2 导致城市热岛形成或对其有重要影响的因素

热岛影响	对城市热岛强度的影响
地表几何形态	城市热岛强度随着建筑高度与街道宽度之比的增加而增强,夜空受到遮挡
地表热力特性	城市热岛强度随着城市相对于农村在热力方面的增加而增强(城市是更好的热量储存载体)
人为供热	城市热岛强度随着人为供热的增加而增加。这种热量输入具有较强的季节性差异,正如城市内部空间的变化与开发密度和能量利用强度相关联。
城市规模	城市热岛强度趋向于随着城市体积的增加而增加
风速	随着风速的增强,城市热岛强度急剧减弱
云量	随着云层的增厚,城市热岛强度减弱
季节	城市热岛强度通常在中纬度的暖季是最强的。在高纬度,冬季由于人为供热,城市热岛强度最强。一些具有显著干湿季节的城市,城市热岛强度在干季最强。
当日时间	城市热岛强度在夜间是最强的(气温方面)。地表城市热岛强度在日间(晴朗,有阳光的条件下)更强。

来源:Oke,1997a。

表3 城市气候的影响

城市气候的影响	具体描述
改变城市水源平衡	由于不透水地表的增多,径流流失更快,峰值流量更高,污染物的潜在集中程度也更高
增加城市空气污染	由于城市大气变暖,空气污染的形成和污染物排放的速率增加(如,地面臭氧)
人类健康	夏季城市更为炎热。缓解冬季严寒,气候更加温暖舒适。当地风力影响下行人的安全和舒适受到高层建筑的影响

续表

城市气候的影响	具体描述
能源需求的变化	夏季制冷需求增多,冬季取暖需求下降。导致的结果是为了满足能源需求,特别是制冷需要,化石燃料在燃烧过程中释放出污染物和温室气体
水资源需求增加	城市灌溉产生的用水需求
城市生物活性	由于生长季节的延长和更加温暖的气温,城市生物活动比率增加

来源:Oke,1997b.

城市气候的人为调整

对城市气候物理基础的了解,以及对人类无意中改变城市大气所造成的影响的理解,为我们主动调整城市气候奠定了基础。人为调整城市气候通常主要借助对地表施加影响来实现。因为城市地表在控制其与上层大气能量交换方面表现得至关重要。人类主动改变城市气候的策略通常是更换建筑表面的材料,尤其是建筑顶部和其他非透水表面;以及利用城市内部的树木和植被,还有一些针对城市地区的设计策略。

对建筑物顶部进行整改可以增加屋顶对太阳辐射的反射(屋顶降温法),从而使建筑顶部吸收更少的热量,全天保持凉爽。或者在屋顶覆盖植被层(屋顶绿化法)以达到遮蔽烈日、蒸发降温的效果。不管采用哪种方法,降温后的屋顶都削弱了日间为城市大气层增温的效果,减少了各个建筑因制冷产生的能源需求。绿色屋顶还带来一些与降水径流相关的额外益处——由于屋顶植被和土壤层对径流量的减缓作用,城市地区降水管道设施的排水压力大为减小。

道路降温法通常利用反射率更高的筑路材料减少路面对太阳能的吸收,或者改变路面的热力特性或孔隙以调节城市地区的公路、停车场或人行道的路面温度。

战略性的造林项目包括种植树木和其他植被,可以为通常温度很高的地表,如屋顶和停车场遮挡烈日。需指出的是,为了长远利益,一些适于林木生长的环境必须得到保护。植被还有助于增加蒸散量,从而减少能量在城市地表内的储存或削弱其对城市大气的直接加热作用。

城市气候与大面积的气候变化

由于城市是污染物和温室气体排放的重要来源,因此它对大面积的气候和气候变化起着一定作用。这些排放物在很大程度上将城市活动与气候变化联系在一起。因此,尽管城市只占全球面积中极小的部分(0.25%),却对大面积的气候具有重要影响。城市气候在探测大面积气候变化方面非常重要,因为大面积气候变化的认定,需要将城市化产生的任何影响,从温度记录中剔除或避免出现。然而,这绝非易事,因为有关气候的纪录通常都来自城市周边的观测站,并且城市化进程中这些观测站的数量在逐渐增多。

一般而言,我们可以预见大面积的气候变化会让城市中由于本地气候变化而显现出的环境问题雪上加霜。近来,科学家们正致力于将城市气候的变化过程融入大面积的气候变化模型中去。这是因为城市地区和大气层之间的信息反馈非常重要,而且会对城市地区将要经历的气候变化产生影响。放眼未来,理解城市气候对于可持续性城市的设计和实施是非常重要的,而这些城市将成为我们应对大面积气候变化的重要组成部分。

进一步阅读书目：

- Arnfield, A. John. 2003. "Two Decades of Urban Climate Research: A Review of Turbulence, Exchanges of Energy and Water, and the Urban Heat Island." *International Journal of Climatology* 23: 1–26
- Best, M. J. 2006. "Progress towards Better Weather Forecasts for City Dwellers: From Short Range to Climate Change." *Theoretical and Applied Climatology* 84: 47–55.
- Golden, Jay S. 2004. "The Build Environment Induced Urban Heat Island Effect in Rapidly Urbanizing Arid Regions-A Sustainable Urban Engineering Complexity." *Environmental Sciences* 1(4): 321–49
- Oke, Timothy R. 1987. *Boundary Layer Climates*. New York: Routledge.
- —. 1988. "The Urban Energy Balance." *Progress in Physical Geography* 12(4): 471–508.
- —. 1997a. "Urban Environments" pp. 273–87 in *Applied Climatology*, edited by R. D. Thomopson and A. Perry. London: Routledge.
- —. 1997b. "Urban Environments" pp. 303–27 in *Surface Climates of Canada*, edited by W. G. Bailey, T. R. Oke, and W. R. Rouse. Montreal, QC, Canada: Queen's University Press.
- Rosenfeld, A. H., Akbari, S. Bretz, B. L. Fishman, D. M. Kurn, D. Sailor, and H. Taha. 1995. "Mitigation of Urban Heat Islands: Materials, Utility Programs, Updates." *Energy and Buildings* 22: 255–65.

(James Voogt 文 李 晶 译 王 旭 校)

URBAN CRISIS ｜ 城市危机

城市危机一词是指 20 世纪 50 至 70 年代在美国社会中盛行的一种认为美国城市即将面临灾难的认识。城市危机出现的最明显证据是 1964 至 1968 年间美国黑人社区持续发生骚乱。然而，政府财政、基础设施、住房条件及就业机会，还有人口结构变化等一系列问题也都助长了这种看法的形成。对城市危机的最好理解，并不是将其看成单个问题，而是视作从不同方面影响城市居民的多种问题，只是在相对较短的时期内同时发生。

1960 年代黑人社区爆发骚乱传递的一个清楚的信号是，美国城市正面临着灭顶之灾。主要的城市骚乱有 1965 年洛杉矶骚乱、1967 年纽瓦克和底特律骚乱以及 1968 年华盛顿特区骚乱。不过一些小城市，例如爱荷华州的滑铁卢也未能幸免类似事件发生。大部分骚乱发生在炎热的夏季，促成骚乱发生的诱因多与当地警察暴力执法有关，随后非洲裔美国人对他们的暴行展开反抗。1968 年的骚乱是整个 60 年代最后一批城市骚乱，其直接导火索是 1968 年 4 月 4 日马丁·路德·金在孟菲斯遇刺。骚乱以聚众袭击和破坏财产为特征，主要表现为打砸店铺橱窗和进行纵火。总体来看，与 20 世纪早期的骚乱相比，此时的骚乱并未出现血腥的种族冲突，但部分骚乱还是造成了数十人丧生的惨剧，其中大部分是倒在狙击手和执法当局的橡皮子弹之下。林登·约翰逊总统为应对 1967 年的一系列骚乱，曾建立以伊利诺伊州州长奥托·科纳（Otto Kerner）为首的调查委员会。科纳委员会对骚乱原因进行审查后，在其报告中指出："我们的国家正走向两个社会，一个是黑人社会，一个是白人社会——这两个社会既隔离又不平等。"尽管骚乱大多集中在非洲裔美国人居住的社区，但白人民众还是通过报纸和电视密切关注着这些骚乱，并将其看成城市秩序难以为继的信号。

　　非洲裔美国人在战后城市中所遭遇的种种障碍是这些骚乱的根源。第二次世界大战后，美国历史上发生了美国黑人"第二次大迁徙"，成千上万来自南方农村的黑人前往北部和西部城市寻求就业机会与更为宽松的种族环境。尽管后来黑人移民在这些地区所感受到的种族歧视比吉姆·克劳制盛行的南方略少，但他们美好的憧憬仍以失落告终。当黑人迁入时，正赶上大公司向郊区和小城市转移，而这些地区是很少欢迎非洲裔美国人的，因此许多工作岗位并没有向黑人开放。房产业中存在的一些歧视性做法成功地将黑人阻挡在白人居住区之外，这种情况甚至到1968年联邦政府出台《公平住房法》后依然存在。黑人社区呈现出不在本地居住的业主比率较高、住房拥挤不堪、社区功能和基础设施衰败，城市服务如街道清洁、公立学校桌椅条件差等的特征。有些情况下，房主为减少不断恶化的住房条件所造成的财产损失，会纵火焚烧房屋以获取保险赔偿。这些做法助长了一些社区中出现住房被废弃的现象，例如南布朗克斯和芝加哥伍德劳街区。因而，对于美国黑人而言，城市危机是由去工业化、住房隔离、城市服务供给不足、自然环境恶化共同构成的。1970年代生活在城市中的非洲裔美国人群体出现分裂。一部分黑人步入中产阶级行列，随着居住隔离的放松，他们迁出了条件较差的街区和城市，剩余的黑人则继续承受高度隔离和贫困聚集的恶果。

　　黑人在城市危机中面临的众多问题，与白人在战后城市生活中要面对的核心问题大相径庭。例如，白人不必为工业岗位向郊区转移而担心，因为他们的肤色不会成为其在城外寻求工作的障碍。不过，还是有许多白人对当地环境的恶化表示担心。经过了大萧条时财政紧张的艰难岁月以及"二战"带来的物资短缺，许多城市街区的环境较为恶劣。城市观察者和政府官员谴责城市中大片出现的"贫民窟"和"衰败区"。新政中的公共工程项目曾承诺对公共设施进行翻修，但在私人住房供给方面却用力不足。环境保护运动和城市更新将一些公共资金用于改善城市环境，但是这些资金无法惠及城市的每个角落，一些街区开始陷入衰落。另外对许多白人而言，非洲裔美国人的出现恰恰是城市危机的一部分。尽管战后美国白人与许多来自欧洲的种族群体能够和谐而居，但是这种宽容并不包括非洲裔美国人。许多白人透过种族主义视角看待他们，认为黑人的到来威胁着白人后代的福利。他们惊恐地将黑人视作罪恶、肮脏的同义词，尤其认为他们对白人妇女怀有觊觎之心。甚至那些本身并不反对非洲裔美国人的人也持有和房地产业界人士相同的观点，认为黑人的存在降低了房产的价值，于是，白人纷纷逃离黑人涌入的街区。为了躲避不同种族混居的现象，一些白人甚至多次迁居。鉴于城市政府对白人所抱怨的街区衰退以及房地产开发中让黑人涌入郊区的事实充耳不闻，一些白人深感挫折。

　　由于中心城市的白人外迁、资本外流，城市政府向居民提供基本服务的能力捉襟见肘。同时，也有大量遭到废弃的房产散布在城市当中。城市遭遇财政危机，最严重的就是纽约。1970年代城区人口下降，城市在福利、健康和教育方面的开支迅速升高。为了避免破产，市长约翰·林赛（John Lindsay）开征新税。不过，这些新税并没有弥补政府的上述开销。1975年初，由于债台高筑，银行拒绝向纽约市政府提供贷款。该市只能依靠来自州和联邦的援助来勉强维持已经大大逊色的市政服务继续运行，这种局面一直持续到1979年银行恢复向其贷款。东北部和中西部的其他城市，尤其是克利夫兰和底特律在这一时期同样遭遇了类似的财政危机。为了平衡城市预算，图书馆、学校以及警察局还有一些如街道清洁与维护的服务性岗位都遭到裁员。

　　政府针对这些城市危机做出的回应经历了一个变化过程。1949、1954、1959和1961年的联邦住房法案都为城市遗迹保护和城市更新提供了资金。然而在某些情况下，城市更新——也被揶揄为"黑人搬家"——导致了一些存在不愿搬迁居民的社区陷入混乱。1965年创立的住房与城市发展部开始代表城市出现在总统内阁中。约翰·肯尼迪执政时期,为应对农村贫困而出台的"向贫困宣战"计划在城市社区居民与联邦政府间建立了直接联系。美国经济机会办公室对旨在改善社区环境的一些小型项目给予资助,同时还让城市居民参与解决当地问题。大城市的市长们认为,"向贫困宣战"计划绕开了他们一直以来在城市事务上的威权地位,因而心怀不满,企图通过游说国会削弱联邦政府与贫困人口间的联系。示范城市项目同样致力于为城市地区的发展提供资助。"向贫困宣战"计划中唯一一项持续时间较长的项目是旨在为贫困社区中的儿童提供早期教育的"赢在起跑线"项目。对于城市中的白人而言,他们继续向郊区和美国西部与西南部迁移。这一过程早在1920年代就已出现,只是在"二战"后人们逐渐洞察各种城市问题的出现而变得愈加严重。

对于1980年代的大部分观察者来说,城市中心区出现的新一轮投资活动以及近来亚裔和拉美裔移民社区所表现出的活力,表明城市危机正在缓解。但在内城区,一些曾促成1960年代骚乱的环境,由于毒品和枪支的大量出现而更加恶化,城市危机变得经久难愈。

进一步阅读书目:

- Beauregard, Robert A. 2003. *Voices of Decline: The Postwar Fate of U. S. Cities*. 2nd ed. New York: Routledge.
- Seligman, Amanda Irene. 2005. *Block by Block: Neighborhoods and Public Policy on Chicago's West Side*. Chicago: University of Chicago Press.
- Sugrue, Thomas J. 1996. *The Origins of the Urban Crisis*. Princeton, NJ: Princeton University Press.
- Teaford, Jon C. 1993. *The Twentieth-century American City*. 2nd ed. Baltimore: Johns Hopkins University Press.
- U. S. National Advisory Commission on Civil Disorders. 1968. *Report of the National Advisory Commission on Civil Disorders*. New York: Dutton.

(Amanda I.Seligman 文 李 晶 译 王 旭 校)

URBAN CULTURE | 城市文化

城市文化是与现代城市相关的价值观、生活方式和社会实践活动。城市文化形成于社会、社区以及建筑环境等层面。就当代世界的多数人而言,城市正逐渐被定义成一种经验,但对城市文化的概念却还没有一个明晰的界定。然而,在对城市文化的研究过程中可以发现两种宽泛的传统定义方法。一种是沿着对城市生活的定义路径来推演,从而得到城市文化普遍适用的定义。这种推理通常首先假定工业化、现代性及城市生活间存在因果联系,暗示城市生活劣于农村生活,建筑环境在某种程度上决定着社会生活。另一种宽泛的定义方法拒绝承认城市文化单独存在,而是强调城市的多样性和复杂性以及城市文化的多重面相。这种理念下的城市与农村并非对立,城市文化也并不意味着由环境的客观特征所决定。相反,按照这种理念,城市文化是通过城市居民与城市空间的接触与参与而主动创造的。在这种宽松的传统下,有些人对西方世界的城市所展现的多样文化倍感兴趣,也有些人主张对城市性进行比较研究,摒弃城市研究中盛行的将"现代化"西方城市生活与非西方城市生活一分为二的观点。

在20世纪的大部分时间里,第一种观点在城市研究领域比较流行,因而逐渐出现这样的情况,即对城市文化较充分的研究都对上述两种传统的理念与观点兼收并蓄,既考虑规范与共性,同时又兼顾导致某座城市及其文化区别于其他城市的特质和节律。

作为生活方式的城市

在18世纪和19世纪,工业革命以前所未有的规模推动了欧洲和北美的城市化。正是在这种现代城市中,工业化的各种后果和矛盾表现得淋漓尽致,同时也具有深远影响。于是,从社会学建立伊始,城市便成为这一学科的研究对象,社会学的奠基人包括马克思、恩格斯、埃米尔·涂尔干以及马克斯·韦伯,都以不同的方式关注工业资本主义的发展,以及城市化和城市中的自然与社会环境问题。具体来说,工业化和城市化进程直接促使城市社会学成为社会学的分支学科,而且印证了社会学的许多基础性的理论假设。

城市社会学家所关注的内容多种多样,其中较集中的是对城市性的界定与量化,以探索城市与社会的关系并且考察国家在制定城市发展框架中的作用。早期社会学者在处理上述问题时,倾向于将新兴的城市生活与农村生活相对照,并暗示农村生活方式不仅在本质上优于城市生活,而且还处在城市化快速发展的威胁之下。基于这种认识,农村被认为是自然、安全和有益健康的地方(有助于亲朋好友保持密切持久关系的地方),而工业城市的生活却被看成是退化、疏远且肤浅的。在这种观点的形成过程中较有影响的是路易斯·沃思1938年发表的文章《作为一种生活方式的城市生活》。该文辨析了城市环境的定义。沃思作为城市社会学芝加哥学派的学者,主张城市生活是由城市环境的3个基本特征直接作用的结果,即社会异质性、居住密度及人口规模。他进一步提出,农村关系中包含的人口同质性和群体团结的稳固性,由于城市中的异质性人口共同生活在一个巨大、匿名且人口密度极高的空间而发生了改变。沃思还指出,不同空间中的居民和生活品质可以划归为一个连续体,一端是简单的农村社会,另一端是复杂的城市社会。沃思理论的发展过程中,吸收了斐迪南·滕尼斯于19世纪建构的一种类型学方法。滕尼斯认为社会关系要么属于礼俗社会(一种亲密持久的社会关系),要么属于法理社会(一种不受个人感情影响,带有契约性的社会关系)。通常礼俗社会被译为"社区",而法理社会被译为"社会"。

早在沃思和芝加哥学派做出相关研究前,德国社会学家格奥尔格·齐美尔就已对城市文化做出了解释。不过齐美尔研究的出发点并非城市和城市生活本身,而是具有现代性的文化。他对城市的关注非常偶然,在他看来城市性是现代性的核心表现。齐美尔对理解"大都市的个性"以及甄别形成城市个性的内外因素颇感兴趣。与沃思一样,他认为尽管城市居民的精神生活(城市文化)是为了应对现实生活的不同需要而形成的,但其结果却未必消极。按照齐美尔的说法,由于所处环境不同,城市是孤立和自由的场所(也是源泉)。城市中相互孤立、疏远的居民可能正是形成自由的因素。齐美尔进一步指出,城市居民以相当理智且超然的方式对待生活,他们所展现的冷漠与厌倦是在每天所经历的城市生活的刺激下做出的理性反应。

尽管齐美尔对城市文化的评价与沃思截然不同,但他同样也在试图寻找城市文化的本质,并希望归纳出适于所有城市的文化特征,这就是城市和现代城市文化的普遍性理论。正如一些评论家所指出的,城市性与城市文化与城市现代性以及西方工业化进程的联系使西方城市拥有某些特权。被排斥或被边缘化的不仅是西方社会的农村人口,也有非西方社会的城市居民。这些都是城市现代性之外的"他者",是那些要么是不住在城市里的、要么是生活在城市中但按照不同的逻辑思考的人。

沃思、齐美尔以及芝加哥学派在理解非洲、亚洲还有印度次大陆的城市生活方面几乎无所助益。例如，西方城市中存在的匿名性和差异性与中国、南美还有印度城市的情况完全不同，而且这些非西方国家彼此间也各不相同。

尽管包括乌尔夫·汉纳斯（Ulf Hannerz）在内的城市人类学家一直对城市生活的多样性很感兴趣，但直到1980年代，受一些新兴研究领域和新观点的影响（包括文化研究、后结构主义、后殖民主义还有女权主义），学界开始推动对城市文化特征的重新评估以及城市文化出现原因的分析。这些重新评估和对城市性理解框架的发展，其出发点是打破城市等级的分类，发展出一些既能适用于西方城市又能适用于被传统城市研究归为"发展中"城市的理论，从而对这些城市内部及城市间的复杂生活展开研究。

城市文化的多样性

在强调差异性和多样性在城市文化构成中的重要地位时，一批新潮城市学者拒绝承认城市主义或城市生活方式存在普遍性，而是主张每座城市都各不相同，有着各自的历史、景观和文化形式。按照这种观点，重要的是考察并理解每一座城市的现实状况，而不是过分关注城市包罗万象的（应该是普遍性的）结构和类型。这意味着在每座城市中都有许多方式可以用来感知城市空间，理解城市生活。人们认为这些看法和实践产生了多样和异质性的城市文化。人们也开始将注意力集中于对城市生活的观察，识别具体的文化形式，包括大众文化形式，通过这些文化形式对城市文化进行界定和表达。正是在这样的背景下，一些从事城市理论研究的学者开始揭示运动、公共空间还有街区在构建和协调城市文化中的重要性，文化理论学者米歇尔·德·塞尔托都在这方面的研究颇有影响。

根据塞尔托的研究，人们按照自己的意愿来书写和改写他们的城市空间。行动和"场所"的相互作用赋予了城市和城市文化以具体的形式。尽管借助城市地图我们可以追寻某人的旅行足迹，借助照片可以记录下其所到之地，但是这些都无法捕捉到城市经验的品质，亦无法揭示空间是怎样被使用以及怎样被赋予意义的方式。由于在日常生活中空间的用途各不相同，而且虽然时间是共同的，不同的人会出于各自的目的使用空间，因此，人们以多种多样的方式利用空间、体验空间并与之产生关联。例如，城市公园可以是家庭野餐的地方，那里的洗手间也可能是男同性恋寻偶的地方，长椅是流浪者的居所，草坪成为公司职员午餐的地方。在这里白天与夜晚的用途各不相同，周末也与工作日的用途有所不相同。因而，城市文化的节奏多种多样，城市空间的用途也随时间发生相应改变。同一空间由于用途不同也就呈现出多种多样的意义。就城市居民而言，通过场所的使用以及在场所内从事各种活动，会产生与特定地点有关的故事，使人们口口相传。许多城市研究者一直热衷于记录并阐释作为空间叙事的城市文化。通过将城市空间作为文本加以解读，这种对城市文化的分析也同样重要。

城市文化研究中，文本被解释成各种符号的集合（例如照片、房间或衣物等），这些符号揭示出根植其中的文化意义和社会关联。按照这种方法，"城市"文本被看成实体结构（一座建筑、纪念碑或者建筑物的立面）、具体的生活空间（一条公共街道、公园或者大商场）或者各种与城市有关的官方或非官方文件，其中包括建筑图纸、地图以及房地产出版物。分析者通过阅读这些独一无二的城市文本并对其加以综合，试图展现城市文化的各个方面以及各种不太明显的社会关系。

通过文本研究，对城市性的考察可以从两个层面展开。首先，一些学者试图识别各种城市经验、故事以及不同空间使用者感知的城市意义并对它们加以描述。这些文本具有特质性且常带有传记性质。另一种研究思路着手于将城市文本当作一种研究方法，以此来识别并探索那些塑造了城市环境和城市体验的各种社会、政治、经济和思想因素。

其基本前提是,该方法可以揭示城市是如何具有特定意义的并且为何会具有这些意义。这种研究方法对具有重要文化性的城市景观的构建过程给出了见解。采用这种方法的学者认为,在与性别、阶级以及族裔等有关的社会关系处于变动的情况下,将城市空间当作文本来考察可以揭示出城市权利中那些基本的但未曾受到挑战的内容。例如,早期女权主义有关城市景观诸如购物中心等著述中,揭示出了根深蒂固的男性准则,这就促成一些关注城市女性日常生活与文化的地理方面的革新。

通过研究城市文本,理论工作者开始对城市生活的复杂性以及将文化属性和权力关系纳入城市景观的各种方式产生了研究兴趣。进而,城市并不是简单地被看成产生单一的文化、感受或生活方式的庞然大物,相反,城市代表着众多场所,而且其多样性的文化是通过人类在这些场所中的积极活动而形成的。如果我们认识到城市主义所具有上述多样性,就势必会要求对城市文化及城市本身的意义进行重新架构。

结论

城市展现并塑造了城市居民在空间中的特定实践方式,以及城市居民依存在这些空间的意义。因此,城市文化是借助于对空间的利用和想象构建的。路易斯·沃思的基本假设认为城市性是城市居民的生活方式,而与他们生活在哪座城市以及年龄、阶级、性别、种族等因素并无关联。对于沃思而言,城市性是由所有城市具有的3种客观特征决定的,即规模、密度还有异质性。不过,目前被人们普遍接受的是,单一的城市生活方式和文化是不存在的。虽然密度、规模还有异质性是每座城市都具有的重要特征而且有助于城市生活经验的构建,但它们并不能型塑某种特定的城市文化。相反,城市文化是各种城市性通过一系列复杂的竞争、强化、对立以及相互交融而形成的。它具有动态、多样的特点,并与人们对城市及其空间的利用、识别还与文化属性及历史相关。因而,城市文化是在一系列的社会与政治影响下得以发展的,最重要的是,城市文化包含着城市空间内所有居民的日常经验。

进一步阅读书目:
- de Certeau, M. 1988. *The Practice of Everyday Life*. Berkeley: University of California Press.
- Gottdiener, M. and A. Lagopoulos, eds. 1986. *The City and the Sign: An Introduction to Urban Semiotics*. New York: Columbia University Press.
- Hannerz, U. 1980. *Exploring the City: Inquiries towards an Urban Anthropology*. New York: Columbia University Press.
- Robinson, J. 2006. *Ordinary Cities: Between Modernity and Development*. London: Routledge.
- Simmel, G. 1995. "The Metropolis and Mental Life." pp. 30-46 in *Metropolis: Center and Symbol of Our Times*, edited by P. kasinitz. Houndmills, Uk: Macmillan.
- Stevenson, D. 2003. *Cities and Urban Cultures*. Maidenhead, Uk: Open University Press.
- Tonnies, F. 1957. *Community and Association*. London: Routledge, Kegan Paul.
- Wirth, L. 1995. "Urbanism as a Way of Life." pp. 58-85 in *Metropolis: Center and Symbol of Our Times*, edited by P. Kasinitz. Houndmills, Uk: Macmillan.

(Deborah Stevenson 文 李 晶 译 王 旭 校)

URBAN DESIGN ｜城市设计

城市设计的对象包括具有城市或选区规模的城市空间物质形态；城市设计被视作塑造城市及其公共空间的一门艺术，同时它还造就了宜居的城市空间。为此城市设计必须将营建场所的各种要素结合在一起，例如各种建筑形式、城市景观、空间功能与用途、经济可行性、社会公正、对环境的敏感性与责任，进而创造出舒适、美丽且独具特色的场所。

至少有2 000年的城市形态演变历程展示了众多学派在城市设计领域的思想、方法和理论。然而，20世纪末是城市设计这项重要、复杂工作的转折点，这与当代经济、社会与空间所发生的剧烈而普遍的变化有关。这些变化包括经济全球化、新城市网络及变动的新城市等级的出现；资本的波动幅度与城市间的竞争；后工业城市经济的崛起，文化、休闲和消费型经济占据主导位置；新技术的出现；信息化社会的形成；个体流动性的加强以及时空距离的缩小；多种族社会的产生；文化多样化、个人化及具有多重文化的后现代社会形成；自然环境的恶化以及新环境伦理意识的出现。

城市设计的竞争

通过对全球性变化与发展所带来的影响的考察，我们或许可以这样认为，在经济全球化条件下，那些曾对新型商业选址具有影响的传统因素（地理位置、基础设施），其重要性已远不如前。由于资本具有在不同地点转换的能力，因此除少数全球性城市具有掌控资本波动的能力外，其他城市唯有通过彼此争斗，方可成为可被替换的实体。为赢得投资，这些城市相互竞争，各自在彼此薄弱的领域展开较量。在当代城市竞争环境下，城市对各种投资和商业的刺激方式已大大超越以往。它们要么重塑经济引力（如减免税收、房地产优惠、改善交通设施），要么改善城市软环境。后者主要包括：（1）发展文化和休闲设施；（2）通过景观改造改善城市形象，增加城市认同。

为了增强城市竞争力，改变城市政治与治理方式成为城市在空间领域需要做出的调整或前提：从1990年代以前的传统管理模式和90年代的企业模式，转向当代聚焦城市经济与人口增长的新型模式。这种新的城市政治和治理模式可以更好地适应后现代社会。后现代社会中，年轻化的专业人才和高技术员工构成了一支数量日益增加且具有高度流动性的中产阶级队伍。为了留住这一阶层，各城市在休闲文化设施及城市空间品质方面展开了竞争。第二，城市间的竞争催生了一种关于城市设计与城市发展关系的新范式。几个世纪以来，城市空间品质与城市设计创新一直是城市经济发展的结果（例如古典时代的希腊和罗马、文艺复兴时期的意大利城市）。然而，在全球化和城市竞争的时代，上述两个方面已经成为城市经济发展的先决条件。于是，城市设计承担起新的任务，即成为发展经济的一种手段。

城市设计的这一新功用是与现代城市致力于集聚繁荣的后工业经济活动（技术密集型的高科技企业、高端的金融服务业、具有创造性的文化休闲活动）联系在一起的。在内城区开展的集群式更新和再开发，夹杂着对建筑文物保护和一些创新性的设计方案，共同创造出一种新的拼贴式景观。这些景观主要由两种极端方式主导：（1）参考本地空间模式构建建筑遗产和传统；（2）更加普遍或参照全球性的空间模式进行空间创新。以此观之，21世纪城市所呈现出的新兴城市景观堪称全球地方化（Glocalized）景观。这种城市景观围绕集群性的后工业时代经济体展开，是具有城市声望、权力和符号主义的城市新中心的典型代表，这些在建成环境上打下了深刻的烙印，并增添其比较优势。

这类中心包括：

1. 企业型中心，由高端金融服务及技术密集的高科技公司集群组成（例如柏林的波茨坦广场、米兰的"城市生活"大厦、新加坡的纬一工业园）；

2. 高级文化中心，由集群化的博物馆、美术馆、电影院、歌剧院以及音乐厅之类组成（例如维也纳、海牙和鹿特丹的博物馆街区）；

3. 大众休闲中心，由咖啡馆、酒吧、酒店、大众音乐俱乐部组成（例如都柏林的圣殿酒吧、伦敦布里克巷的孟加拉城市餐厅、阿姆斯特丹韦斯特加斯法布里克附近的酒店、鹿特丹的威特德威斯街）；

4. 文化与休闲海滨中心，由集群性的文化和休闲活动组成，例如博物馆、会议厅、美术馆、音乐厅、影剧院、主题公园和各式舞会（例如伦敦南岸、巴塞罗那的文化论坛、毕尔巴鄂的阿班多尔巴拉区、墨尔本的墨尔本港、香港的九龙西区）。

各类新兴中心的产生和已被采用的作为发展城市经济工具的创新性城市设计方案在各个等级的城市——城市系统中的全球性城市、大城市、小城市、核心城市和边缘城市（例如欧洲城市体系和美国城市体系）中均有体现。在全球城市中，这些中心区可以支撑、维持并提高城市的大都市地位（例如伦敦的码头区、柏林的波兹坦广场）。对大城市而言，这些中心作为新的服务极可以提升城市在全球城市等级体系中的位置（如巴塞罗那、米兰、西雅图、香港）。小型边缘城市往往没有本地特色资源以应对城市间的竞争，因而这些中心区变得更为重要，而且掌控城市的未来。这些中心区可以通过重建地方经济或将原有城市形态改造成旅游资源等方式解决城市的边缘化和衰落问题。西班牙的毕尔巴鄂是一个典型案例。1980年代以传统工业为基础的毕尔巴鄂开始衰落，位于内城区纳尔温河畔的老工业区所开展的再开发活动和通过创新设计打造的高端文化休闲海滨中心都是对当地经济的重新定位——由传统工业经济转向城市旅游、文化产品的生产和消费。特别是弗兰克·盖里对古根海姆博物馆及其周围空地的设计方案强有力的支持了过去10年正在逐步兴起的新国际范式。这种新型范式涉及城市设计、城市系统以及城市旅游间的相互关系：无论与空间相适应的特殊功能和活动是什么，正是这种在建筑和开放空间的前卫设计都使城市形态和城市本身成为旅游胜地。

城市设计的复杂性

近20年来，一系列新型技术的发展深刻影响了全球发达地区居民的日常生活。其一，信息和通信技术、多媒体和远程通信的新发展，为个人提供了过多的信息，各类事件层出不穷，抑或加速了历史发展进程，促成了信息社会的崛起。其二，移动通信（移动电话、移动互联网）的发展和广泛使用，加上各种高速交通设施的发展，如高速铁路以及城市、郊区还有区域间的高速公路网络，都使个人即使在旅游期间，也能够充分利用通讯与工作方面的所有办公设施，从而导致个人在不同规模的区域范围内（大都市、地区以及洲际大陆范围内）流动性增强。作为新现代性的时代特征，时空压缩现象由此产生。其三，国际互联网及其产品的全球用户数量已经开始快速增长，这就为个人远程参与或电子获取各种活动，如教育、工作、购物、银行业务、娱乐、休闲及旅游提供了潜在可能。这些新型通讯和社会参与模式（远程教育、远程工作、远程购物和远程银行业务）往往会淡化各种社会活动间的界限，而在过去这些社会活动是可以依照时空划分的。目前，依靠互联网产品及电子邮件、在线访问及远程会议等手段，工作、教育、休闲和创意等各种社会活动都可以在相同地点同时进行。而此时的活动场所既可以不在家中也可以不在办公室，空间在功能性方面已经没有明显的不同。因此，上述空间呈现出一种非场所性质，"非场所"这一术语由马克·奥格在1992年提出。从这个角度看，新技术及其产品似乎从空间组织的各个层面——从单体建筑到复合型建筑,再到城市区域或城市——对空间及其形态与功能进行着重构。不过,这并不妨碍城市的分散性发展。在这种背景下,城市设计不得不囊括空间的"非场所化"过程及后果、信息社会的各种新条件、流动性的加强以及压缩后的时间和空间。

随着经济全球化进程的展开,大量来自亚洲、非洲和拉丁美洲等发展中地区的移民正将经济上已经非常成熟的欧洲和北美城市转变为具有异质性、多种族和多样文化构成的社会。在城市转型中有一项非常重要的社会空间内容,即无论情愿与否,不同文化和社会群体都面临空间上的隔离。文化多元论由于具有多样性和个体化的后现代社会精神特征而得到强化。社会行为和社会分层的一些旧有模式(例如,习俗和思想意识准则)也不会像过去那样在当代社会中发挥作用。许多社会活动中个人选择和参照内容的多样化与个性化,展现着"他者世界"的观点,即各种不同但共存的领域界定其自身存在权利和再生权利的方式。正是在这样的背景下,城市设计的内容不得不延伸,变得更加丰富,同时既反映不同的文化趋势,又融合了城市中的不同种族、文化和社会群体。

最后,世界许多地区自然环境的逐步恶化增强了人们的环境意识和社会对这一问题的敏感性,同时也认识到评估城市设计项目对环境影响的必要性。1990年代可持续的城市设计作为一种主导性的学术流派开始出现,各种"绿色"设计方案,试图通过选择特殊的建筑材料与建设方法来实现保护空气、水源和土壤的目的。这些设计方案包含以下一些优点:为了构建各种绿色空间,最大程度实现建筑物的自然制冷;改善空气质量;积极使用太阳能和通风设备从而有效实现加热与制冷;使用替代性资源,包括太阳能或风能,节能灯具,节水管道装置;使用当地可获得的非合成、无毒材料,包括产量较大的木材并对可循环使用的建筑进行修复利用。

进一步阅读书目:

- Carmona, M. and S. Tiesdell, eds. 2007. *Urban Design Reader: The Dimensions of Urban Design.* London: Architectural Press.
- Castells, M., M. Fernandez-Ardevol, J. Linchuan Qui, and A. Sey. 2006. *Mobile Communication and Society: A Global Perspective.* Cambridge: MIT Press.
- Dunne, M. and T. Bonazzi. 1995. *Citizenship and Rights in Multicultural Societies.* Edinburgh, Uk: Edinburgh University Press.
- Gospodini, A. 2001. "Urban Design, Urban Space Morphology, Urban Tourism: An Emerging New Paradigm concerning Their Relationship." *European Planning Studies* 9(7): 925-935.
- —. 2002. "European Cities in Competition and the New Uses of Urban Design." *Journal of Urban Design* 7(1): 59-74.
- —. 2004. "Urban Space Morphology and Place Identity in European Cities: Built Heritage and Innovative Design." *Journal of Urban Design* 9(2): 225-248.
- —. 2006. "Portraying, Classifying Landscapes in the Postmodern City." *Cities* 23(5): 311-331.
- Hutton, T. A. 2004. "The New Economy of the Inner City." *Cities* 21(2): 89-108.
- Jensen-Butler, C. 1997. "Competition between Cities, Urban Performance and the Role of Urban Policy: A Theoretical Framework" In *European Cities in Competition*, edited by C. Jensen-Butler, A. Shachar, and J. van Weesep. Aldershot, Uk: Ashgate.
- Williams, D. E. 2007. *Sustainable Design: Ecology, Architecture, and Planning.* Hoboken, NJ: Wiley.

(Aspa Gospodini 文 李 晶译 王 旭校)

URBAN ECOLOGY (CHICAGO SCHOOL) | 城市生态学（芝加哥学派）

从广义上说，城市生态学既是研究同一物种成员间相互关系的学科，也是研究不同物种成员在共同的生活空间下形成相互依赖关系的学科。从这个意义看，城市生态学是在城市环境调整的背景下对人群所处的时空组织开展的研究。城市生态学者所关注的对象是将土地按用途不同进行分配所需的前提和产生的后果及城市社会中的各种人群组织。这一研究视角是20世纪初由罗伯特·帕克及其所代表的芝加哥学派阐发的。

帕克自1914年加盟芝加哥大学社会学系后，便开始从生态学视角展开对芝加哥的研究。帕克认为研究植物和动物的生态学方法也可以应用于人类社会的研究，不过他也提出应用生物模式时，应该严谨使用并做出限定。芝加哥学派的核心假设认为人群所居住的自然环境是构成人类行为的主要因素，城市就是一个浓缩的社会。

生物与文化方面

为了使生态学的基本原则与人类社会研究产生关联，帕克所构建的社会理论由两个基本要素组成：生物与文化。

生物层面表达的是人类社会最基本的内容，它构成了生活的基本需求，例如获得水和土壤的需要。这些因素决定着人口规模与适应环境的模式。从这个视角看，"竞争"这一原则是在生物层面展开的。为了适应环境，个人或社会群体针对自然界的稀缺资源展开竞争，并发展新的社会劳动分工。这种竞争在一定程度上又包含着合作，因为它反映着劳动力的社会分工、差异性以及社会中不同功能的专业性。

在城市中，竞争原则是理解不同地区的各社会群体空间分布差异的核心。城市生态学者使用"自然区域"这一术语描述城市中的社会同质地区。自然区域的存在并非政府或房产代理商努力规划的结果，而是由于社会群体无序竞争产生的。据此，自然区域也就被看作个人或群体为获取空间而展开竞争的结果。这种区域一旦建立，就开始为居民提供家园和各种服务，而且它的建立还有助于整个社会的发展。

社会"文化层面"建立在生物层面的基础上。它是社会中基于风俗、道德以及制度的内容。它包括社会行为规范、共同的社会期望还有社会互动。

按照这种概念，城市生态学一直非常关注这些年研究中遇到的大量核心问题。城市生态学关注城市发展的根源与模式，关注城市人口空间分布与居民拥有社会经济资源的关系，关注城市人口分布与土地价值的联系，关注城市人口分布与违法犯罪和越轨行为的联系。

为了解答这些问题，城市生态学阐发大量重要概念，用以描述中心城市发展的各个过程。

城市空间分布与发展

城市生态学的核心内容是空间模式和城市社区结构，关注的中心主题是不同群体在大都市中是如何分布的；为什么这种分布呈现出特殊的形状；由不同社会经济状况、种族和族群构成的家庭会将居所安置在何地，包括居住隔离的决定性因素是什么。城市生态学的核心假说认为竞争过程约束着社区的整个空间形态，包括一些具体的自然区域所处的位置。一些商业或工业机构为了获取一些战略位置而展开竞争，一旦占有这些位置，便能使它们掌控社区其他土地的使用功能。研究表明最具战略性的位置往往是通达性最强的地区，这种地区通常位于社区中心。正是在这里，即工业城市中的大部分人口都在他们日常工作、购物和娱乐的旅途中汇聚。结果，中心商业区的地价要高于周围地区。基于这种观察，伯吉斯提出了有关城市结构与发展关系的同心圆模式。他在这种模式中假设，城市发展的主要根源在于人口增长，城市是由中心向边缘扩展的。按照这种模式，城市的空间组织可以描述成由中心商业区放射出的一系列同心圆地区组成。其中每个地区都包含一些自然区域。在这些自然区域中居住着在社会经济状况、族群还有种族方面呈现出同质性的群体。毗邻于中心商业区的是一些过渡地带，这里有许多环境正在不断恶化的住房，一些新来的移民就居住在这里，这个过渡地带正遭受着商业和轻工业的入侵。各产业中的劳动者已从这个逐步恶化的地区逃离，不过他们仍然渴望居住在到达工作地点较方便的第三个区域。这个区域之外是一些高档公寓或独户住宅区。再往外超出城市范围则是居住着一些高收入人群的通勤区。

同心圆模式最基本的理论是易达性，这一因素在就业选择和居住活动中居于最重要的位置。为了获取易达性而展开的竞争造成了土地价格的差异。20世纪初，中心商业区是城市交通运输的枢纽。作为城市中最易到达的地方，中心商务区的地价最为昂贵，其他地区的土地价值随着距离中心区远近的不同而出现相应变化。同时，最有价值的土地往往吸引着需求最大且成本最高的活动。随着人口增加，人们对中心区土地的需求增加，城市内部各区域间的差异变得更大。由于人口上升，人们对各种服务的需求开始增多，为了满足这种需求，中心区的地价也随之上涨。当中心商业区开始向外延伸之时，房产所有者会将房产转卖给商业使用者，这个价格会比卖给其他居住者的价格高很多。由于商业使用者支付的是高昂的地价，所以这些房主听任住房结构日益破旧，从而形成了一个过渡地带。久而久之，同心圆分布的城市形态开始向边缘地区扩展，自然区域开始经历入侵、竞争和继承的过程。

自然区域

城市生态学的一个主要研究目标是理解城市生态在自然区域中的形成与变迁。自然区域包括一个不同于毗邻地区的地理区域，一群由不同社会、人口或族裔构成的人群，以及由各种规则、规范和社会交往循环模式构成的一套社会体系，其中，社会交往的循环模式履行社会控制的机制。自然区域的形成源于土地的不同用途及城市中的各色人群，该区域是一块具有城市特殊文化和行为模式的独特地区。这些专业化区域的共同特征包括中心商业区、清一色的居住区，以及轻工业区和重工业区，还有外来移民聚居区和穷人社区。自然区域都是生态因素的产物，这些生态因素通过分配城市人口发挥作用。那些能够承担得起地价的人，将土地按照功能的不同或他们认为存在差异的一些因素进行分类。无论每个地区的功能和人群构成如何不同，它们均有自己的道德准则。无论是出于居住、商业还是休闲目的，这些道德准则都反映着使用这些准则人群的利益和品位。特殊的文化价值、社会规范还有行为模式在每个自然区域中都能被识别出来。

作为"自然区域"的邻里的概念，是城市生态学和芝加哥学派对社会学中有关城市和社会研究领域最基本的贡献。当地人口构成的变化是自然区域变迁的主要机制，"入侵"和"继承"等术语都取自植物和动物生态学，并用来描述邻里人群的变化。竞争、冲突和适应都被用来描述不同人群间各种关系所呈现的特征。从这个角度看，来自不同社会和种族的个体对某一自然区域的入侵往往会遭遇抵制。由于当地人和新来者都试图设计各种方法让自身受益，因此为住房而展开的竞争或许会转变成冲突。如果两个群体无法相互适应，那么其中一个必将退却。如果新来者退缩了，那么入侵也就终止。如果立足已久的群体退缩了，那么他们的离去加之新来者的持续涌入，将出现对以往人口或社会制度方面的改造。

城市空间结构和社会问题

城市生态学者利用人口分布和变化的框架对各种社会问题开展研究,他们试图发现各种保持或打乱生态平衡和社会均衡的过程。城市生态学的各种理论被当作研究城市中违法犯罪行为和精神健康分布情况的基础,用来研究人口空间分布与社会问题分布之间的相互关系。根据警察和法庭记录,肖氏对那些出现不法犯罪行为最多的自然区域的特征展开了分析。在这些研究中,肖氏给出了一系列标点地图,标示出一些卷入刑事案件的青少年的居住地。(另一些标点地图显示出各种社会特征,例如废弃建筑的位置或者肺结核的发生率)这些地图显示出该地区涉嫌触犯法律的全部年轻人口的比例。他的主要结论是,拥有最高犯罪率的邻里是位于或紧邻重工业和商业区、人口快速衰减地区、经济收入较低的人群聚集区以及外来移民和少数族裔云集的地区。根据这种观点,犯罪率和其他社会问题与决定城市同心增长模式的入侵、支配和继承等过程密切相关。当新定居者侵入城市中的特定地区时,该地区已建立的社会关系和自然组织就会受到严重削弱。随着初始人群的缩减,一些居民不再对这些组织产生认同,社区对年轻人控制力的下降,业已存在的一些社会组织趋向分裂。这些地区往往成为进攻文化和守势文化的战场。换言之,街区社会组织的瓦解是与青少年犯罪率相关的主要因素。

多年来,城市生态学经受了一系列的质疑和抨击。一些学者拒绝接受城市形态的生态理论,认为中心地区除经济竞争外,还有其他因素塑造了城市土地利用的梯度。据此,情感和符号也可以促成土地使用价值的差异。来自另一个方面的批评之声认为,人口竞争形成了大量没有规划的自然区域。学者们利用新的城市社会学范式直接关注政府、土地所有者和房产代理商所起的作用,这些人操控着城市社会空间的形成。最后,更为深入的批判认为城市生态学没有对城市发展的全球背景进行考量,而且对房地产市场中城市在国际大公司战略投资中的位置缺乏思考。尽管如此,城市生态学依然是研究居住隔离和城市社会问题的重要框架。

进一步阅读书目:

- Barry, Brian and John Kasarda. 1977. *Contemporary urban Ecology*. New York: Macmillan.
- Burgess, Ernest W. 1925. "The Growth of the Cities." pp. 47 – 62. in *The City*, edited by R. Park, E. Burgess, and R. D. Mckenzie. Chicago: University of Chicago Press.
- Guest, Avery. 1984. "The City." In *Sociological Human Ecology*, edited by M. Micklin and H. Choldin. Boulder, CO: Westview Press.
- Park, Robert E. 1916. "The City: Suggestion for the Investigation of Human Behavior in the urban Environment." *America Journal of Sociology* 20: 577 – 612.
- Schwab, William, A. 1982. *Urban Sociology: A Human Ecological Perspective*. Reading, MA: Addison-Wesley.
- Schwirian, Kent P. 1993. "Models of Neighborhood Change." *Annual Review of Sociology* 9: 83 – 102.
- Shaw, Clifford. 1929. *Delinquency Areas*. Chicago: University of Chicago Press.

(Gustavo S.Mesch 文 李 晶译 王 旭校)

URBAN ECONOMICS ｜城市经济学

由于资源有限且存在不同的利用方式,因此经济学是一门有关决策问题的研究。在经济模型中,家庭会最大限度地依据实用性或满意度来做出选择,而公司会依据利润最大化来进行决策。地理学者将事物的空间分布作为研究内容,为的是回答人类活动发生在何处。城市经济学将经济学和地理学合二为一,对效用至上的家庭和利润至上的公司所选择的地理区位展开研究。这些不同的区位选择形成了规模、范围和空间结构各异的城市。城市经济学还将经济分析应用于发生在城市内诸多问题的研究上,包括贫穷、犯罪、邻里街区功能失调以及交通拥挤,同时城市经济学还将地方政府作为联邦政府体制的一部分来考察其发挥的作用。

城市地区以相对狭小的面积包含了大量人口,因此它所拥有的人口密度要高于周边地区。从小城镇到大都市地区各种规模不等的城市都适用于这一定义。它假定人口密度是城市经济中基本的特征,因为人口密度引发了不同经济活动间频繁的联系,这些经济活动只有当公司和家庭在空间上较为集中时才便于开展。

区位选择与城市发展

城市经济学面临的一项根本问题是城市缘何得以存在,为什么人们能够忍受城市中各种明显的消极后果——拥堵、污染、噪音还有犯罪问题?答案在于专业化的劳动力和集中性的生产使得这里人丁兴旺。城市提供了更高的生活标准,大约3/4的发达国家人口选择在城市中生活。从世界范围看,目前有大约一半的人口居住在城市,而且这一比例仍在增加。城市经济学者指出城市发展所必需的3个条件:(1)剩余农产品——城市以外的人口必须能够生产出足够的食品满足自身及城市居民的需要;(2)城市生产能力——城市居民必须生产出商品与服务来换取农业人口所种植的食品;(3)满足交流的交通设施——必须具备有效的交通运输体系,便于食品与城市产品间的交换。

城市生产的核心是集中化生产,这种生产方式对于部分产品的生产非常有效。只要在生产和交换过程中存在规模经济(随着产品产量增加,单位成本便会减少),大规模生产便会提高效率。而且由于工人就生活在工厂附近,城市也会得到相应发展。土地竞争所造成的结果是地价抬高,从而引起人口密度增加,于是也就造就了一座城市。

当众多公司发现彼此集中布局比起散布各处或独自开创市场更加有利可图时,大城市也就发展了起来。在某些案例中,城市群的形成是由于公司聚集在原料产地或天然港口等交通节点附近。在另一些案例中,一些公司由于布局在其他公司附近而获益,包括布局在和自身在原料购买与产品销售方面存在竞争的公司附近。例如,一些生产同类产品的公司(如新潮服饰)可以共享相同的中间产品供应商(如纽扣),同类公司集中分布便可以更加便捷的与这些中间供应商取得联系。同样,公司集中分布还可以利用相同的劳动力市场。现代经济中由于技术快速发展,集中分布便于各公司从知识外溢中获益,即一些想法和技术创新从一个公司推广到另一个公司。

城市空间结构

城市经济学探讨公司、工作人员和家庭在城市中的区位选择。这些区位选择使大都市地区内的土地需求发生变化,因而造成土地、住房和商业空间的价格变动。这种变动促使土地使用者节约利用昂贵的土地资源,进而导致了人口密度和雇员人数发生变动。城市经济学者曾对各种密度函数进行评估,并对其进行连续跟踪。在过去的一个世纪里,城市中经济活动的集中程度有所降低。

现代大都市地区的各种工作被划分在中心商务区、次中心郊区和"其他地方"。这就证明大部分工作广泛分布于大都市地区,大多数人的工作和生活都远离市中心。在100年前单中心城市盛行的时代,2/3或3/4的工作都分布在市中心附近。城市空间结构发生巨变的原因之一是卡车的发展,它取代了城市内的四轮货运马车及城市间的航船和火车。其他原因还包括汽车取代了有轨电车,多层工厂生产变为平面生产,以及让信息处理活动走出城市中心区的远程通信方面所取得的创新。

当家庭在选择住房或公寓时,其要选择的内容远不止居所本身,还包含对当地公共产品的选择(例如学校、公园及公共安全),对公共产品征税额的选择,对邻居的选择——邻居决定了你将获得什么样的社交机会,孩子将有什么样的同班同学。城市经济学者将邻里选择作为家庭区位选择的一部分。许多城市在经济收入和种族方面存在高度隔离,城市经济学对这种隔离原因进行了探究。

地方政府利用土地区划及其他土地使用政策限制家庭和公司的这些选择。城市经济学还对限制居住面积与密度以及限制商业用地的政策所产生的后果进行了考察。它还对制定城市增长边界、限制颁发建筑许可证之类控制城市增长政策的有效性和空间分配结果进行了考量。

城市交通

城市区位的优势之一在于其接近大都市地区内的许多活动,这种优势取决于交通系统——高速公路系统和大容量运输系统的设计与定价。汽车会产生某驾驶者对另一个驾驶者的两种外在成本。由于每增加一名驾驶者都会减慢交通速度,等于增加了其他驾驶者的时间成本,这样就形成了交通拥堵的外部效应。环境方面的外部效应包括引发各种健康问题、破坏景致的空气污染以及促使全球变暖的二氧化碳排放。克服这些外部效应的经济手段是强制驾驶者承担全部驾驶成本,这意味着驾驶者在交通高峰期要缴纳道路拥堵税和环境污染税。

就个人出行者而言,不同交通方式的选择是由消费成本和时间成本决定的。城市经济学评估了公共交通客运容量在运费、候车时间以及乘车时间发生改变时呈现出的变化。一般来说,时间成本决定了消费成本,同时大多数通勤者会选择更加便利、通勤时间更短的汽车作为出行方式。

从大都市视角看,不同交通模式的选择是由人口、就业密度以及城市空间结构决定的。许多美国城市中,有限的人口密度不足以支撑有轨铁路的运营,因此最经济的运输模式是公共汽车而非轻轨。而对人口和就业密度相对较高的少数城市而言,铁路系统确实是最经济的。

城市问题:贫穷与犯罪

尽管美国农村的贫困率要高于城市,但是中心城市的贫困率仍然是最高的。城市经济学考察了中心城市贫困率相对较高的原因,并对各种反贫困政策,包括对一些与空间无涉的政策,如转移支付、实物支付、教育和培训等方面的支出进行了评估。有种观点认为空间的影响确实是存在的,比如处于贫困社区的家庭,其就业机会也偏少。于是,一些以空间为导向的政策,例如放宽对郊区住房密度的限制以及疏散公共住房的分布可能会在减贫方面发挥作用。另一种见解则关注教育问题,因为接受过大学教育的人,其收入是未完成高中教育者的两倍。还有一种见解认为种族隔离减少了受教育的机会,因而增加了失业,进而加重了贫困。

城市犯罪使受害者和整个社会都付出了巨大代价,影响着家庭和公司的区位选择。城市经济学利用理性、效用最大化的犯罪模型考察城市犯罪的起因并对各种预防犯罪的政策的价值进行了评估。很多实证研究证实了这种模型的有效性,并测定了随着处罚的可能性(逮捕与定罪的可能性)和处罚力度(服刑时间长短)的改变,犯罪者所呈现出的反应。

地方政府

在联邦制下,地方政府的作用是满足当地居民对地方公共服务的需求,例如公共安全、教育和娱乐等。在大都市地区,一个家庭选择那些能够提供最好的公共服务和最合理税收的城市,"用脚投票"。城市经济学探讨这种与地方政府碎化体制相关的交易,并且明晰了是何种环境孕育了这种产生无效后果的体制。

在地方政府岁入方面,财产税和层级政府补助款是最大的两部分。某人支付了财产税,在法律意义上或许将该税款转移到其他人身上,因此经济负担不同于法律负担。另外,地方政府通过削减税收或将资源转移给其他项目作为对层级政府补助的回应,这种做法与选民的喜好一致,而且意味着部分补助款被用于其他公共和私人物品上。

城市住房

城市经济学对城市住房市场的不同特征进行了考察并对各种住房政策的优点做出评估。住房之所以不同于其他产品,在于其具有的差异性(例如,寓所面积、建成时间、住房设计和地理位置的不同)和耐用性。而且,家庭住房搬迁成本不菲。考虑到住房的这些差异性,住房价格中包含着一些由于房屋特质所构成的隐性价格,例如面积、房龄以及获取城市服务的通达性,如前往学校、公园和教堂的易达性。基于这种认识产生了特征价格法。特征价格法对这些隐性价格做出评估,例如住房价格由于拥有卧室数目、距离公园远近以及邻近是否有毒设施而发生相应变化。

住房市场的筛选模型对日渐增多的低收入家庭住房质量出现层级下滑的经济因素进行了考察。这对住房政策具有重要的指示作用,因为一般情况下,让低收入家庭居住在建成住房中,会比新建住房更加经济划算。城市经济学也考察了与各种帮助低收入家庭的住房政策(包括公共住房政策、对私人住房补贴以及向低收入家庭发放住房付款抵用券)相关的交易。

结论

城市经济学处于地理学和经济学的交叉领域,从事的是经济活动发生于何处的研究。该学科展示了追求效用最大化的家庭与追求利润最大化的公司所做出的决定是如何促使城市在面积、范围和空间结构上发展变化的。该研究还将经济分析应用于贫困、犯罪、拥堵以及邻里功能失调等城市问题,并对地方政府在联邦政府体制中的作用进行了考察。

进一步阅读书目:

- Fujita, Masahisa. 1991. *Economic Theory: Land Use and City Size*. Cambridge University Press.
- Henderson, J. Vernon. 1985. *Economic Theory and the Cities*. 2nd ed. Orlando, FL: Academic Press.
- Mills, Edwin 1972. *Studies in the Structure of the Urban Economy*. Baltimore: Johns Hopkins University Press.
- Mill, Edwin S. and Bruce Hamilton. 1997. *Urban Economics*. 5th ed. New York: Addison-Wesley.
- O'Flaherty, Brendan. 2005. *City Economics*. Cambridge, MA: Harvard University Press.
- O'Sullivan, Arthur. 2007. *Urban Economics*. 6th ed. New York: McGraw-Hill/Irwin.
- Thisse, Jacques-Francois and Masahisa Fujita. 2001. *Economics of Agglomeration: Cities, Industrial Location, and Regional Growth*. Cambridge, UK: Cambridge University Press.

(Arthur O'Sullivan 文 李 晶译 王 旭校)

URBAN ENTERTAINMENT DESTINATION ｜城市娱乐地标

20世纪90年代中后期,城市娱乐地标在商业房地产业中得到大力倡导,成为又一桩重大事情。这一定位在1994—1995年的《城市土地》(Urban Land)中出现,该刊物是城市土地研究所的品牌出版物,而城市土地研究所是一个支持土地开发业的游说、教育性团体。城市娱乐地标包含了多种项目,以巨型影院、各种竞技运动场馆和露天体育场、赌场、主题餐厅、高科技电子游乐场等为特征,云集了大量集零售和休闲于一体的综合设施。这样一来,上述休闲项目组成了主题公园或梦幻城市等建筑的主要内容。

城市娱乐地标通常被看成是由媒体或娱乐公司、房产开发商与地方政府或机构组合成的各种公私合作的结果。媒体公司引入了知名的全球性品牌以及经过实践的营销知识。它们的参与一方面可以确保从大型机构领导人那里可以获得支持,而这些领导者通常要防备偏离了现有商业模式的承销项目;另一方面可以确保从那些不想单一经营的承租商那里得到支持。纽约时代广场的再开发项目就是这样的一个例证,从沃尔特·迪士尼公司做出重新修复位于第42大街的地标建筑——新阿姆斯特丹剧院这一错误决定起,在以后数十年间,其所谓的再开发活动只不过是合并各种建筑功能而已。大多数房产公司都是经验丰富的大型购物中心的开发商和管理者,他们对于商业租约、建筑许可、分区管理、交通规划还有土地开发过程中的其他具体内容拥有丰富的知识和经验。官方合作者在提供财政援助(补贴、所得税减免以及节假日)、基础设施升级(排污与饮水线路、室内停车场、高速路的立交交叉道与出口)以及辅助服务(安全性服务)方面被寄予厚望。

20世纪90年代城市娱乐地标的兴起

城市娱乐作为一种产业崛起有3个主要原因。首先,由于购物环境已逐渐变得千篇一律、令人乏味,而开发公司成功地将发展城市娱乐作为振兴购物环境的一种方式呈现在世人面前。这种新的"娱乐式零售"方式既可鼓励顾客反复光顾,同时又增加了消费者在这一场所的逗留时间。城市娱乐还有一个很特别的卖点,这项复杂的产业及以顾客为中心的体验阶段,不仅能使来访者感到身心愉悦,而且还能让他们直接参与各项经济活动。其次,城市政治家和规划者认为城市娱乐代表着重新振兴已经衰落的城市中心商业区的一条捷径。就其本身来说,城市娱乐是财政危机出现之前的七八十年代出现短暂繁荣的假日市场的继承者。城市娱乐的出现不但预示着它将诱使那些在五六十年代为了追求郊区廉价、安全的住房而逃离中心城市的中产阶级美国人重新回归,而且它也被视为让处在经济萧条的邻里社区内的小型经济得以复兴的有效方法。第三,媒体和娱乐公司签署协议共同作为城市娱乐的主要开发合作伙伴,让人们更加确信一些品牌项目的开发,如环球城步行街(Universal City Walk,洛杉矶)和索尼中心(Sony Center,柏林),可能会被建成城市商业、电视、电影以及一些全球品牌汇聚的综合性场所。于是,城市娱乐的建设不仅为媒体公司提供了一种将休闲消费产品与其生产和消费的地理空间联系在一起的方式,而且其所在城市也可能凭借自身实力成为品牌商品。正如1997年《城市土地》刊登的文章所言,城市现在成为不折不扣的"迪士尼和迪奥"两强相遇的舞台。

由于城市在街道景观、购物设施以及观光景点上正变得越来越相似,中产阶级消费者需要新型、更具新意和轰动效应的城市体验。同时,这一消费群体,特别是那些和底层社会阶级存在联系的人,体现出一种根深蒂固的不愿冒险的倾向。也就是说,北美休闲娱乐区的迅速增多表明大众渴望多样化,但尽可能避免出现真正的差异。对于每天的访

芝加哥近北社区。在大约只有 12 个街区的空间里,云集着大量的剧院、酒吧、酒店、旅馆、一家城市购物城、一家杂货店、各种门类的店铺以及一家现场音乐场馆。从这张照片中可以清晰地看到布鲁明戴尔公司的一处家居卖场、芝加哥莎士比亚剧院的条幅、两家酒店、一个哈雷门店以及一家电影院。在照片之外的整个街道,还有一家具店、三家旅店、三家酒店和两个服装店
来源:Eric Mathiasen

客来说,城市娱乐项目似乎对这种令人棘手的社会矛盾提供了完美的解决方案。众多来自异域或全球性的景观与体验都能被提供(至少是人造版),并被包裹在旅游罩的外衣下。这样模拟的城市环境,实际上充满了所谓的"安全"或"无风险"的危险。

近来的衰落与发展模式

经过一系列大肆宣传后,城市娱乐地标的建设至少在北美和欧洲已经停止。许多原因造成这一局面的出现。首先,把城市作为娱乐目的地对机构贷款人而言,已被证明是个难以把握的概念。特别是一些项目中的娱乐业比例已经超过了零售业比例,这被认为具有很强的风险性,而且无法获得充足的建设资金。这类开发项目比起传统的零售业开发项目需要更高的成本,尽管其每平方英尺的销售额更高。其次,人们已经逐渐意识到,在拉斯维加斯和奥兰多非常活跃的城市娱乐项目到了内陆地区却很难成功。尤其是一些主题餐厅(如好莱坞星球酒店、雨林咖啡馆)和商场(迪士尼商店),当其开办于区域性城市或郊区购物城时,便失去了其应有的风采。此外,城市娱乐场所的市场很快就已饱和。例如,多家放映厅的巨型影院只有冲击现有的、经营时间更久的剧院才能获得成功,包括哪些在同一所有权链条中的电影院。第三,在城市区域规划和政治领域,促进城市发展与繁荣的"创意城市"模式已经有效取代了营造城市休闲娱乐性的方法。"创意城市"曾在理查德·佛罗里达的著作中有过充分展示。它避开了对大型娱乐项目的开发,转而支持那些充斥着果汁酒吧、小型前卫画廊、爵士乐和蓝调俱乐部、同性恋书店之类的波希米亚邻里街区。这些元素之所以崭露头角不仅在于其固

有的美学价值,更重要的是其吸引着来自微电子产业的知识人群。而按照这些人的说法,他们所选择的城市社区是前卫、多样和包容的。佛罗里达认为"创意性"城市并不喜欢那些和"梦幻城市"相关的主题或品牌性大型休闲项目,这正是他们所极力避免的。

把城市作为娱乐目的地的做法不再受到学术研究者和社会批评家的追捧。以购物和休闲娱乐为特征对城市中心展开的复兴方案,由于不但没有减少反而增加了经济上的不平等和社会排斥,而广受诟病。马克·莱文对马里兰州巴尔的摩进行了25年的实证研究,有力地支持了上述结论。他的研究范围从1980年巴尔的摩的假日市场——港口广场开业直到最近兴建的城市娱乐项目。莱文利用研究数据向人们展示了3点内容。首先,巴尔的摩城市娱乐机器的操控者曾预言将会出现积极的溢出效应但并未实现。相反,城市复兴仍然主要集中在滨水区,同时贫穷、住房衰败以及犯罪持续集中在内城区。其次,收入更高的管理和行政职位不合比例地流向白人居住的郊区,而城市中的黑人社区人口却多从事一些低收入的服务性岗位。如女仆、管家或者厨师。第三,这些城市娱乐项目侵占了原本应该用于其他社区的资金,最为明显的是社区发展项目。

最近,城市娱乐在海外再次重现,特别是亚洲和中东地区。澳门早先被葡萄牙占领,现已回归中国,转型成亚洲的拉斯维加斯。随着2002年中国政府放宽了对澳门博彩业的限制,如泄闸之水的拉斯维加斯的各种赌场在澳门得以复制,例如金沙娱乐场、威尼斯人度假村。同样的设施(除去赌博相关的内容)在阿拉伯联合酋长国的第二大酋长国迪拜也可以看到。迪拜这座以"构建梦幻城市"为特征的城市,已经成为国际性的旅游和零售中心,与此同时来自国外的直接投资达180.7亿美元(2006年数据)。在迪拜当前或不远的将来令人向往的建筑中,有2009年完工的世界最高摩天建筑迪拜塔;内设全年滑雪场的埃米尔购物中心;以及由3座人工岛屿构成棕榈树状的棕榈岛,岛上建有奢华酒店和观光点。

因此,新一代的城市娱乐开发项目在商业和旅游媒体上获得了相当正面的报道,但建筑与城市区域规划批评家却并不醉心于此。例如,在评估迪拜发展时,评论者抱怨迪拜的城市主义中蕴含了太多千篇一律的元素,缺少原生建筑的精髓或令人振奋的新型休闲体验。此外,这些项目所受批评主要是基于其面向的受众是富裕的国际游客,而与本地大众形成了隔离。最后,迪拜所受谴责还在于建造这些主题性和品牌性建筑的东南亚临时工人,却居住在住房标准以下的住房里,并且受到雇主不择手段的迫害。

进一步阅读书目:

- Clark, Terry Nichols, ed. 2004. *The City as an Entertainment Machine*. Amsterdam: Elsevier.
- Davey, Kim. 2005. *Fluid City: Transforming Melbourne's Urban Waterfront*. Sydney, Australia: University of New South Wales Press.
- Hannigan, John. 1998. *Fantasy City: Pleasure and Profit in the Postmodern Metropolis*. London: Routledge.
- Judd, Dennis R. and Susan Fainstein, eds. 1999. *The Tourist City*. New Haven, CT: Yale University Press.
- Levine, Marc V. 2000. "A Third-world City in the First World? Social Exclusion, Racial Inequality, and Sustainable Development in Baltimore." pp. 123-56 in *The Social Sustainability of Cities: Diversity and the Management of Change*, edited by M. Polese and R. Stren. Toronto, ON, Canada: University of Toronto Press.

(John Hannigan 文 李 晶译 王 旭校)

URBAN GEOGRAPHY ｜城市地理学

作为人文地理学的一个分支,城市地理学研究的是有关城市和大都市区的一系列问题。其重点是城市和大都市区的空间、地点、区位、距离、地域性及自然环境等地理问题。同城市研究者一样,城市地理学学者也对城市化过程、城市空间的社会分化、城市经济、环境挑战以及日常生活的空间表现产生了兴趣。可以说,城市地理学是地理学中最兼收并蓄的分支,而且还是迄今最不被认可的一个学科。城市地理学的兼收并蓄体现在:不但吸收了地理学几十年来理论和方法上的新成果,而且还影响着城市的发展。城市地理学善于借鉴城市研究领域其他学科的理论见解,其最近取得的突出成就有赖于它在当代城市生活一些重要问题上的独特的空间视角。

解析城市地理学

虽然丰富的案例研究记录了某些特殊城市的发展,以及许多存在于20世纪50年代之前的城市传统风貌(如德国城镇的形态),但20世纪50年代,学者们的研究主要是结合城市地理学中的系统理论研究城市和城市网络。受文化与历史地理学对人类与环境关系的研究兴趣的影响,早期城市研究专注于单个城市发展中地点(即某特殊位置的特征)和方位(即相对位置)的问题。他们强调的是一个主题——城市形态或城市环境的物质模式——在地理学中存在已久,特别是在对城市风貌和区域形态的研究已经很普遍的欧洲。在讨论超越单纯性描述的需要时,美国城市地理学者吸收了传统地理学、新古典经济学、芝加哥社会学派的观点与当前城市区域规划的研究热点。

这些城市地理学者采用社会科学的现代派目标,试图揭示空间组织的规律,以便明确城市化进程和空间结构的一般规律。他们的主要兴趣是区位分析,"二战"后计算机的引进和城市数据的激增促进了区位分析的应用。这种地理分析有赖于演绎统计学的应用,以及诸如中心地理论、工业区位论、城市因子生态、等级规模法则等理论的应用。许多美国和英国的第一代城市地理学者指出,哈罗德·迈耶(Harold Mayer)和克莱德·科恩(Clyde Kohn)发表于1959年的著作《城市地理学读本》(Readings in Urban Geography),是城市地理学的扛鼎之作。

同样具有开创性意义的还有地理学家昌西·哈里斯和爱德华·乌尔曼(Edward Ullman)发表于1945年的文章《城市的本性》(The Nature of Cities)。哈里斯和乌尔曼在有关城市的内部结构(即城市形态问题)和与之相关的城市外部结构(即城市系统和定居点分层)方面有卓越的贡献。在一个相对较长的时间里,空间科学的这两个方面界定了城市研究基础课的主要内容,而且,至今美国仍然有许多地理系以及英国A级和中等教育普通证书都对其给予认定。

城市的内部结构

城市地理学早期的理论框架都是借鉴与20世纪初期芝加哥大学颇有渊源的城市空间理论。直到现在,城市地理学著作常常参鉴社会学家欧内斯特·伯吉斯的同心圆模式和土地经济学家霍默·霍伊特的扇形模式,主要讨论城市形态、增长和邻里变化。伯吉斯的同心圆模式于1925年在学术界推广开来,该理论强调市中心的组织对城市的影响,创建环由中心商务区向外辐射蔓延,每一个接次延续的住宅环代表着更高的经济和社会地位。霍伊特于1929年提出来的扇形理论是对伯吉斯的同心圆理论的批判。霍伊特认为,城市的扩展是土地利用从市中心沿着交通走廊呈星形模式蔓延的过程。这些社会空间分化的模式随后遭到汽车对城市形态影响的挑战。哈里斯和乌尔曼的多核模式显示，一个大都市不再受与中心商业区距离的制约，而是发展出多个土地利用中心。这种多核心模式描述了因汽车的增多导致的分散化和土地利用的碎片化。这些理论模式在城市地理学取均得了标志性的地位，后继的历代学者均得到启发并广泛应用，偶尔还会进行理论辩论。

虽然地理学家视这些理论模式为一种城市增长和邻里分化的物质模式表现，但也受到芝加哥社会学派的人类生态学的影响。城市生态学探讨社会和市区及邻里的人口构成，并假设城市土地的分配是通过各个群体之间的竞争决定。对住宅区的研究，特别是英国地理学家对住宅区的研究，拓展了社会学家的社会区域分析，根据这个方法，并按照社会经济地位、家庭状况，生命周期的特点以及种族隔离这三项一般分类，对城市各分区进行界定。因子生态，一种有关社会区域分析的方法，在20世纪60年代发展起来，研究者通过考察一系列社会经济和人口的数据来衡量当前城市的内部结构。罗恩·约翰斯顿（Ron Johnston）在其20世纪70年代中期的著作中总结，在进行住宅市场的分析时，用社会区域分析法和因子生态法特别好。布赖恩·贝里和菲利普·里斯（Phillip Rees）对加尔各答的分析为这样的研究提供了一个范例，而且是一次解读发展中国家城市形态、增长和变迁的尝试。不过，因子生态在今天的城市地理学中已经不再占据主流，因为当前的研究兴趣集中在地理信息系统（GIS）和延续至今的城市形态与发展过程的建模研究。

城市的外部结构

爱德华·乌尔曼是城市地理发展过程中诞生的世界上最有影响的地理学家，他把德国经济学家沃尔特·克里斯塔勒的中心地理论介绍给英语国家的地理学家。克里斯塔勒在德国南部的系统服务中心工作，他提出，一个城市的地理结构在一定程度上会被对各种零售商品或服务范围和极限的考虑所限制。乌尔曼对考察城市等级体系（及引起的空间关系）的重要性和市内土地利用的同心圆模式的研究进行了对比。像伯吉斯同心圆模式一样，中心地理论的六边形模式也被城市地理学家广为接纳。区位论和区位分析法在20世纪60年代兴起的计量革命的影响下，得到更进一步的发展。今天，城市地理学认识到了中心地理论的局限，这种局限不仅是因为不断变化的零售模式和便利的运输，而且还因为当今对城市外部结构的研究已经很少关注一个城市和它的腹地之间的关系，而是把更多的兴趣放在了城市和全球经济的联系上。

映射行为

空间分析是城市地理学者研究城市的唯一方法。城市地理学还囊括了一种强大的行为方法，这种行为方法在全面、客观地了解空间过程对城市内部结构的影响时更具个性。借鉴心理学研究方法，城市地理学者在进行研究时，把注意力集中在了空间决策的行为和感知方面。他们主要的工具之一就是"意象地图"。这些地图试图弄清楚，在选择于何处居住或生活时，受感觉的驱使和限制的程度有多深。凯文·林奇在1960年代有关城市形象的研究中，为探讨建筑环境中个体的感知提供了一种方法，这种方法是意象地图的一种变体，而且成为城市地理学研究的经典方法。林奇强调通过使美国城市更"轮廓分明"、更"赏心悦目"从而更"宜居"的方式，来美化现代主义的发展结果。他分析城市居民和意象地图的方法，一直被建筑者和规划者应用到他们为了迎合居民和游客而美化城市的工作中。虽然被归类为行为地理学，但林奇的研究受到人文学者的批判，其随后转而研究空间的价值、意义及个体经历。

相较于行为地理学单纯的感知研究，人文地理学涵盖社会和文化研究，着重"理解"，或是解读地方与人之间的特殊关系。他们很排斥把城市地理学界定为一门研究一般规律的空间科学,或是一些个体感知的资料梳理,因为人文地理学关注的是人类组织机构在塑造城市环境中的积极作用。地点和地点感,是人文地理学的核心概念,这两个词被重新引用到地理词汇中,并再一次被可接受的、有价值的理论化。在与其有关的、多种多样的人文哲学中,人文地理学更加兼收并蓄,人文地理学之于城市地理学的影响可从它把人文科学和社会科学的研究视角结合起来得到清晰地反映。诸如段义孚(Yi-Fu Tuan)"恋地情结"的研究,以及爱德华·雷尔夫(Edward Relph)对"真正的"景观的关注对城市设计和个体经历这两个方面的考察都产生了影响。

20世纪70年代,当代城市状况再次引发了地理学者对概念框架的兴趣,这种概念框架也与20世纪早期芝加哥学派社会学者有关。他们有关城市人口的现实关注凸显了其研究的当代意义,他们传统的人种学研究提供了一种能与人文地理学多角度交流的研究方法。一系列的定性研究,如参与观察法、深度访谈法、文献分析法,都与之联系起来,以揭示意义以及解读空间地点之内"理所当然"的日常生活的品质。

政治经济学和结构主义理论

另一种理论框架的灵感也是来自马克思主义理论。大卫·哈维对这一学科的主要贡献体现在他本人从一个实证科学的践行者——如其《地理学中的解释》所述——转变到一个激进的立场,这个转变因缘于他对马克思和恩格斯的著作的反复研究。《社会公正与城市》(*Social Justice and the City*, 1973)代表了哈维从自由主义到激进主义地理学者的显而易见的进步,这些进步也体现在他的文章开始关注房地产市场的不公平现象上。作为一个分析框架,政治经济学把注意力从城市化转移到了资本主义,特别是资本主义逻辑在多大程度上影响着城市化的进程这个问题。相较于人文地理学者对组织机构的关注,马克思主义地理学者则着重对经济、政治和社会变迁(一般统称为"结构")进行宏观分析,这些活动反映在活跃的人类机构的那些可见的、有意识的和无意识的决策之中。

20世纪80年代,一些交叉学科的出现消除了政治经济学和人文地理视角上的鸿沟,很多地理学者尝试把"场所"视作一般发展进程的框架之中能够凸显特性的因素进行理论化阐释。多琳·梅西和约翰·艾伦(John Allen)在1984年合著的《地理不容小觑!》(*Geography Matters*!)以及约翰·阿格纽(John Agnew)在1987年所著的《场所和政治》(*Place and Politics*, 1987)对"场所"在理论上的推崇超过了人文地理学对"场所感"的兴趣。历史地理学对阶级的关注也使具有人文主义关怀的马克思主义学者与地理学者在研究民众的斗争时进行密切的合作。最后还应提到,马克思主义者在社会、经济制度、结构领域领先一步,而人文主义地理学者对人类的组织机构有独到的见解,社会学家安东尼·吉登斯的结构化理论融汇上述两派理论,试图弥合二者。

城市女权主义研究

由于20世纪70年代的妇女运动,女权主义作为一个政治运动事件和一种理论视角进入地理学范畴。女性成为城市地理的研究对象之后,研究者们开始思考:城市空间组织是如何影响女性的生活,以及城市发展是如何反映与强化社会对女性的看法的。早期的研究致力于修正主流的研究方法,将性别作为分析的对象和进行概念分析。譬如,研究男性和女性这两种人群因为性别的不同在上班路线和住房选择上会有什么潜在的区别。因为这些研究的深化,诞生了一个主要关注性别不平等的地理学流派。随后诞生的另一个女性研究流派研究的是资本主义与父权制之间的关系。该流派还特别关注女性与男性的空间隔离。结合上述两种研究视角,社会主义女权主义者试图探讨家庭的社会再生产和传统的立足家庭的"妇女工作"的意义。

20世纪80年代，城市地理学面临着一些实质性的问题。如，绅士化现象促使女权主义者围绕城市住房市场变化带来的有利和不利影响展开了研究。另外，社会科学与人文科学理论的发展，在性别身份认同的构建上产生了分歧。与之相反，后结构主义评论家于20世纪80年代创建了一个新的女性主义研究流派，该流派不再关注性别与阶级体系，转而致力于研究身份认同和城市发展的决定因素。

后现代主义和后结构主义的影响

在第一批专注于有关后现代主义讨论的地理学者之中，迈克尔·迪尔鼓励地理学者探讨后现代主义作为一种风格、一个时代，以及一种方法的意义。后现代主义的批判风格，特别是对建筑和城市设计的批判，被城市地理学所借鉴。对其影响的估计与大卫·莱伊早期把后现代风格视作一种潜在的进步的研究不同，也与保罗·诺克斯所总结的，任何蓬勃的潜能在被视作一种当代的传统风格时即已消弭不同。

哈维把"后现代"直接放在他的著作《后现代状况》的标题中，以强调在一定程度上，很多城市研究学者用"后现代"标识一个时代。无论它是现代的一个阶段抑或是一个时代的开始，它都引起了广泛的争议。哈维认为，1973年之后，全球资本主义经济结构进行了调整，随之又引起了社会和文化形态的相应变化，对"后现代"的理解必须置于这样的背景框架下。新自由主义时代政府角色的转变及其导出的公私部门的伙伴关系引起了学者的特别关注。其他理论家则强调传统城市化与新兴的后现代大都市的彻底决裂（根本差异），这种新兴的后现代大都市的空间被分隔得支离破碎。迪尔把洛杉矶列为后现代城市的典范，这种城市与芝加哥学派的典型城市——整个城市由中央核心区进行管理不同，市中心与城市边缘各划辖区、各司其职。虽然城市理论的研究焦点由芝加哥转移到了洛杉矶，

但是洛杉矶学派的城市主义研究并没有享有与芝加哥学派同等的地位。然而，洛杉矶学派麾下的一些城市地理学者指出，就算洛杉矶不是艾伦·斯科特和爱德华·索贾所宣扬的20世纪之都，但是它毫无疑问鼓舞了对城市人口和政治的研究，并提供了新的生态学视角。

后现代主义的第三方面——方法——汇集了后殖民主义和后结构主义以及女权主义理论的影响。通过承认多种观点与情景知识，每个理论的发表都是对基础知识的一次挑战。后结构主义理论——大量成果与一批背景各异的法国理论家有关，两方的合作可以追溯到20世纪70年代，对物质实体与用来指代它们的语言之间的透明关系提出了质疑。米歇尔·福柯对知识、话语、陈述和权力之间关系的研究深深地影响了地理学者，以致"话语"成了许多城市地理学者标准词汇的一部分。

城市地理学的发展方向

虽然最近这几十年来，城市地理学的整体发展是否健康受到质疑，地理学者对当代生活中社会、文化、经济及政治的一体化特征仍抱有极大兴趣。具有讽刺意味的是，一份评估报告宣称，城市地理学所面临的困难是"城市的问题"，也就是说，所有事物的现实基础都是城市，因此，任何空间和社会的实证分析都会触及城市。失去独立性之后，"城市"作为一个范畴已经失去了它的意义。这种批判主要来自政治经济学学者，并且取代了对与受全球资本支持的城市化和城市体系休戚相关的城市形态的考察。在一个相对短的时间内，地理学已把研究重心从辩论"城市的问题"转到参与学术研究，主张"再发现城市"——在当代社会框架内，以及在学术界——和社会科学的"空间转向"。然而，美国地理学协会出版的《美国地理学》(*Geography in America*)在关于城市地理学的第1989个词条中，对城市地理学的未来持怀疑的态度。《21世纪初的美国地理学》(*Geography in America at the*

Dawn of the 21st Century，2001)有关城市地理学的词条中，则对地理学者在理论发展方面的重要贡献给予了肯定。城市地理学为城市理论提供了具体的模型，如城市主义洛杉矶学派，以及分析框架，如世界城市理论，该理论考察城市作为全球经济的指挥和控制中心的城市层级。其他学者认为，城市的复杂性应得到更多的关注。珍妮弗·罗宾逊(Jennifer Robinson)在她的《平凡之城》(*Ordinary Cities*，2006)一书中，批判了全球城市文学的层级分析法。她认为对城市（平凡之城）之间差异的考察不必考虑城市内部的二元结构，即市中心与城市边缘的对立。她在阐述后殖民主义城市理论时，承认这些差异是城市的多样性，而不是西方现代性所定义的社会层级分类。作为对城市研究中只对少数特定城市进行研究进而以偏概全的做法的回应，阿什·阿米和斯蒂芬·格拉汉姆在《平凡之城》的文章中，也呼吁对普通城市进行研究，并强调了把当代城市视作多样与多维的实体的重要性。他们还概括了这种多样性的几个要素，如，城市之间紧密结合的方式，以便进行面对面的交流；市民与城市之外的世界沟通的技术媒介等等。日趋复杂的城市制度基础和城市政府的既成模式衍生出城市管理的复杂网络。这些转变的理论化引发了学者对公共空间、市民、住房市场的变化及城市政治生态等问题的关注。

理论框架的变化对城市地理学的研究产生了影响，兼收并蓄的开放研究之风也因此而起。然而，城市地理学内部的辩论使问题更加棘手，研究主题倍增。思想史学者在最近指出，地理学者正对当代城市的复杂和混乱的状况进行研究，这种研究有利于我们理解地方和空间在构建当代生活时所起的作用。

进一步阅读书目：

- Aiken, Stuart, Don Mitchell, and Lynn Staeheli. 2003. "Urban Geography." pp. 237-64 in *Geography in America at the Dawn of the 21st Century*, edited by G. L. Gaile and C. J. Willmott. Oxford, UK: Oxford University Press.
- Amin, Ash and Stephen Graham. 1997. "The Ordinary City." *Transactions of the Institute of British Geographers*, New Series 22: 411-442.
- Amin, Ash and Nigel Thrift. 2002. *Cities: Reimagining the Urban*. Cambridge, UK: Polity Press.
- Dear, Michael, ed. 2002. *From Chicago to L. A. : Making Sense of Urban Theory*. Thousand Oaks, CA: Sage.
- Fyfe, Nicholas and Judith T. Kenny, eds. 2005. *The Urban Geography Reader*. London: Routledge.
- Gaile, Gary L. and Cort J. Willmott, eds. 1989. *Geography in America*. Columbus, OH: Merrill.
- Robinson, Jennifer. 2006. *Ordinary Cities: Between Modernity and Development*. London: Routledge.
- Taylor, Peter, Ben Derudder, Pieter Saey, and Frank Witlox, eds. 2007. *Cities in Globalization*. London: Routledge.
- Wilson, David. 2007. *Cities and Race: America's New Black Ghetto*. London: Routledge.

(Judith T. Kenny 文　钟翡庭 译　王　旭 校)

URBAN HEALTH | 城市卫生

城市卫生是一个涉及多学科的领域,囊括了城市中影响个人和社区卫生的一系列社会、建筑和自然因素,其中包括安全的、可负担得起的住房和社区,可负担的、有质量保障的医疗服务,以及安全食品、经济机会、顺畅交通和健康的自然环境。把城市当作一个学科进行研究可追溯到19世纪中期。

欧洲和美国早期的工业城市中恶劣的生活和工作条件下使城市地区的发病率和死亡率往往高于农村地区,这也引发了19世纪中期和20世纪初两次社会与卫生改革。不通风的、拥挤的住房,及住房的短缺、卫生法规的缺失、被污染的饮用水和危险的工厂车间是诱发传染病和造成伤害的主要场所,这些状况在城市化迅速发展的地方普遍存在。在这些地方,农村贫苦农民为了养家糊口搬到城市,住在卫生条件恶劣、拥挤且空气污浊的自建或公共的住房里面。

早期城市卫生改革者的工作是促进土地用途分区、制订住房法规和饮用水和污水处理的制度化,还由此产生了城市区域规划、公共卫生、卫生工程等专业,这些专业是环境工程与科学的前身。然而在20世纪的大部分时间里,每当改革取得成效,公众和专业人士就放松了对城市卫生的关注。随着公共卫生、城市区域规划、环境保护的现代化和专业化,不同领域改革者之间的联系和合作日渐稀少,特别是在20世纪后半期,他们越来越多地关注各自的专业领域。

最近再次掀起的研究、施政和行动热潮,主要面向城市社区与居民。这股研究热潮具有明显的跨学科特性,而且还预示了将采取跨学科方法解决卫生问题。在这股热潮中,一些美国市长最近推出了城市卫生方案;一些市卫生部门日益重视提高少数经商居民的卫生医疗服务,缩小族裔之间的卫生医疗差距;出现了一项侧重支付能力、社区安全、室内环境与卫生之间的联系、关乎住房法规改革的全国健康住房运动;加强重视公立学校的营养和运动项目以解决越来越多的儿童肥胖;复苏城市中的农贸市场、社区花园和农场,以改善营养和食品安全;恶劣的卫生与住房、收入、社会地位的不平等之间的关系被研究城市议会住房、多层级收入及职业设置的社会科学与社会流行病学学者紧密联系起来考量。

环境正义运动把环境重新定义为人们生活、工作、娱乐和祷告的地方,也推动了一些城市环境卫生方案的出台,这些方案的重点放在与低收入人群和少数族裔有关的一些问题上,如铅中毒、哮喘、肥胖、营养和运动、健康住房、绿地通道,还有对美国大都市区有毒废品和恶性竞争以及棕色地带经济重建的恢复、绿色科技的研究。

公共卫生和城市卫生的内在联系

现代公共卫生机构发端于英国和美国的新工业城市。地方政府对工业的监管没有跟上人类、动物及工厂的废弃物在生活环境中的排放速度,污染了附近的水井、河流和港口,还在拥挤的贫民窟引发各种感染,导致传染病肆虐横行。公共卫生措施把废弃物与饮用水、住房及工作场所分隔开来。这些措施与早期城市区域规划活动并驾齐驱,共同致力于城市卫生事业。在19世纪的城市中,住房法规和区划改革、卫生工程,以及城市区域规划,有效地阻止了很大一部分流行性传染病和水性疾病的传播。例如,饮用水水源保护和净水、污水处理终止了英国和美国城市的霍乱疫情。

疾病的病源说认为微生物会引发疾病,促进了抗生素的使用和卫生事业的进步。这一学说还增强了公共卫生的科学性和影响力,推动了公共卫生的专业化。然而,它在促进卫生事业生物医学模式的发展的同时,也导致了在20世纪大半时期里,以社区为主体的公共卫生事业地位的下降。死亡率与发病率指数成为个人和公共卫生的主要指标,个人疾病的临床治疗取代公共卫生成为关注焦点。换句话说,疾病的预防和卫生事业只在社区层面得到贯彻。最近对成人与儿童流行性肥胖的关注,以及近期对卫生在社区层面的影响、社会因素造成的卫生差距、恶劣的住房条件与健康之间的关联等问题的研究使临床医学再次和公共卫生结合在一起。特别是在城市医疗中心,这些问题非常突出。

城市的建成环境

城市区域规划经历了一次规划领域内的视角转换,这次转换与卫生领域内把重点从社区卫生转到个人卫生相类似。在美国,学术界把城市看作一个有生命的有机体,其中社区是生活的核心单元,社区组成城市就像在建成环境中砖石和砂浆可以代替水泥钢筋建成房屋一样。于是,在城市更新和发展郊区的旗帜下,城市区域规划者用高层住宅、会议中心,以及为通勤服务的多车道高速公路取代了年代较久但活力依旧的工薪阶层社区。在美国,1949年《住房法》启动了城市更新,其中被淘汰的主要是非洲裔美国人的社区。随着这些社区的消失,非洲裔美国人也失去了他们赖以生存的事业基础和他们的社区与公民组织。民权运动时代美国城市中的种族暴乱,究其原因,与城市更新中对非洲裔美国人的社区、文化与财产的破坏不无关系。在英国,类似模式和问题在战后老城区重建和(由于殖民地移民涌入而推动的)少数族裔社区发展的浪潮中上演。

在20世纪早期的城市中,虽然很少跨越阶级和种族间的壁垒,但种族群体和各个收入阶层的人在生活、工作和购物时互相往来。相比之下,20世纪五六十年代的城市更新和郊区的发展使穷人滞留在城市,而郊区只为中产阶级开放。到了1990年,中心城市贫困人口中超过2/3的人居住在集中贫困的社区里。结果使城市穷人被隔离在市中心的狭小空间里,以致他们无法体验到美国城市中心之外的别样生活。同一时期,当白人搬到郊区,而且越搬越远,乡下郊区成为白人的世界,非白人种族和少数族裔在美国主要城市中的人口比例增大。在21世纪的开端,美国最大的100个城市中,50%的城市的人口大部分是由有色人种构成。

公共卫生和城市区域规划研究对城市隔离和孤立穷人和少数族裔所造成的结果产生了兴趣。最近的研究发现:社区层面的贫困与婴儿死亡率增长有关;高死亡率与犯罪及暴力有关;社区更加严重的环境污染与高比例的贫困人口有关。这些研究结果表明,城市区域规划者和公共卫生部门官员不仅应该解决个人贫困问题,而且还应该重视城市居民的社会环境、住房条件及自然环境状况。双方应协同合作,以实现城市的健康发展。

城市的自然环境

19世纪城市中的自然环境,一方面受到工业废弃物的污染,另一方面因工业化和经济增长的缘故而逐渐被改造。企业家在河岸边选址建厂,这样可以从河里取水进行生产,还可以把工厂废弃物排放到河里。为了娱乐和休闲渔猎,企业家用他们的财富保护远离城市污染的、原生态且风景优美的河流和位于城市河流上游的农村地带的支流。由是,在这个与自然资产的交易中,城市河流成为工业增长和农村生态保护的牺牲品。除了城市中壮观的公园以外,自然保护工作首先将重点放在远离城市的荒野之地,以消除污染、噪音和犯罪等城市疾病的影响。早期的郊区开发者在做郊区营销时,比较了中心城市和有着田园牧歌般环境的位于农村地带的城市郊区。

与美国早期的郊区相比,英国的田园城市运动则计划推广中等规模的城市,这种城市能满足就业,有充足的住房和文化设施,周围有农场环绕。虽然田园城市的概念也受到一批美国城市区域规划者的热捧,但是在美国,同质郊区最终打败了田园城市。"二战"后工业的快速增长以及州际高速公路的发展,使郊区和城市联系在一起,助长了汽车的使用,导致大范围的空气、水和土壤污染。反过来,这又引发了新一波环境分析、倡议活动和政府施政的热潮。最近,跨学科合作在"新行人和环境友好型城市"的规划中有效开展,多用途开发与保护绿化带也蓬勃发展起来。

"二战"后,一些重要事件增强了公众的环保意识,推动了政府对环境卫生的立法。这些事件包括:蕾切尔·卡森的《寂静的春天》的出版、首次"地球日"社会动员活动、为配合州环境机构而创建联邦环境机构,以及在整个70年代,联邦环境立法快速、连续地通过。《寂静的春天》告诫大家,化学农药在农业和杂草控制上的使用,酿成自然界"和平时期"的战争,因为农药通过空气、水、土壤、植物和整个生物食链的生态途径危及生命。2 000万人参加了1970年4月22日的"地球日",他们加入城市河道清理、资源回收和环保宣讲等活动。同年,美国创建了环境保护署。接下来的10年里,立法与行动热情被充分调动起来,推动了环境法的制定和空气排放、河流、湿地、农药登记、有毒工业物质及固体危险废弃物等管理条例的修正。这些法律及后续法规把自然环境认定为空气、水和可测量物理、生物与化学性质的土壤的媒介。对这些环境媒介污染的鉴定是不断出现的一系列新环境整治技术的一种催化剂。

深刻塑造了20世纪环境意识的自然界(的聚合体)和自然环境需要置于全球城市化的浪潮下重新审视。现在,世界大部分人口居住在城市或正搬往城市,发展中国家的大都市区正在增多,这种发展模式在一个世纪前的工业国家已然上演。随着世界城市化的深化,城市居民复杂的生活环境和城市的环境保护既没有被当作对远离人群的荒野这种原生态进行有效的保护,又没有被视作为空气、水和土壤的媒介的这种自然环境进行规范化管理。

城市和大都市区是地球上最大的人类生态圈。在发达国家和城市化国家,大部分的国民经济都在大都市区产生,然而城市却没有得到此前环境保护活动的重视。因为城市和大都市地区的经济实力和规模经济,它们对全球变暖、废物产生、不可再生的原料使用等方面有潜在影响,使它们必须成为环境卫生计划的重点。随着发展中国家巨型城市的增长,这些问题变得更加重要。这些巨型城市正在经历多种环境卫生危机,这种危机美国和英国在工业化时代初期也经历过,只是发展中国家是在巨型城市这种更大的范围内爆发。其中,棚户区和贫民窟室内及周围空气被严重污染,饮用水也不干净,其居民从事危险的工作,使事故和造成伤害的风险增加。与此同时,新工业化国家的一些城市正在为声音环境的发展做试验。如巴西的库里提巴有一个高效且极具可行性的公共交通系统,美国也正在对这一交通系统进行研究。"巨型城市工程"发现,第三世界城市启动了许多项目,如食品配送、资源回收、荒地的生态恢复,纽约、洛杉矶和伦敦是这方面的典范。在其中许多项目中,当地妇女已成为社区领袖,为贫困妇女创建了一个女性领导者的社会模式。

结论

城市卫生作为一个研究、实践和施政的领域,受到下列因素的共同影响:(1)人口趋势,特别是农村向城市的人口迁移;(2)近来对社会因素研究的新发现,以及邻里层面对健康的影响;(3)人们居住、工作、娱乐和祷告的"活生生的"环境受到重视。它在跨学科研究方面拥有巨大潜能,诸如公共和社区卫生、城市区域规划和环境保护等领域,这就要求探讨城市化对人类和生态健康的交互性和多层面影响。

进一步阅读书目:

- Bullard, R. D., P. Mohai, R. Saha, and B. Wright. 2007. *Toxic Wastes and Race at Twenty, 1987-2007*. A Report Prepared for the United Church of Christ Justice and Witness Ministries. Cleveland, OH: United Church of Christ.

- Freudenberg N., S. Galea, and D. Vlahov. 2006. *Cities and the Health of the Public*. Nashville, TN: Vanderbilt University Press.
- Frumkin H., L. Frank, and R. Jackson. 2004. *Urban Sprawl and Public Health: Designing, Planning and Building for Healthy Communities*. Washington DC: Island Press.
- Fullilove, M. T. 2004. *Root Shock: How Tearing Up City Neighborhoods Hurts America, and What We Can Do about It*. New York: Ballantine Books.
- *Gender, Urban Development and Housing*. 1996. Geneva: United Nations Development Programme.
- Hynes, H. P., and R. Lopez. 2009. *Urban Health: Readings in the Social, Built, and Physical Environments of U. S. Cities*. Sudbury, MA: Jones and Bartlett.
- Mega-Cities Project (http://www.megacitiesproject.org).

(H. Patricia Hynes 文 钟翡庭 译 王 旭 校)

URBAN HISTORY ｜城市史

城市史是从历史的角度考察城市、乡镇和其他城市居留地的发展以及城市化过程的学科。城市史研究的兴起不仅是史学发展的结果，还受到其他研究城市与乡镇的学科的影响，譬如，地理学、社会学、建筑学、经济学、政治学、规划学、艺术学、人类学、人种学等等。

城市史并非历史学的偏门歪道，它吸收了社会科学的一些概念、观点、研究选题、理论与方法。城市史学者用系统论的方法来描述城市之间的等级关系，这种等级关系通过城市规模体现出来。城市史学者在空间分析和研究城市内部结构时，不仅结合了地理模型，还借鉴了政治学的政治理论用以研究城市管理和地方政治。城市建筑史与城市区域规划史研究则采纳了建筑学和社会学思想。最近，一些人文学科，如语言学和文学，也启发了对城市文化的史学研究。

目前，对于"市"或"镇"还没有形成统一的理论定义。大部分学者强调其法定定义，这便意味着各国之间的定义有实质性的区别。其他各种对城市和乡镇的定义涉及人口规模、人口密度、物理形态、经济功能、生活方式、交流场所。缺乏精确的定义一直是各地城市史研究的一个核心问题。

城市史与城市研究最大的不同在于城市史侧重过去的、长期的城市发展状况。各个时期——古代、中世纪、现代早期、现代和当代——都是城市史研究的重要时段。相对而言，城市区域规划、城市住房、城市建设、建筑物及基础设施建设在城市研究中则更受重视，但这些也都是城市史的重要研究主题。城市研究和当代城市史有许多相似之处，特别是在有关最近这几十年的城市发展的研究上。城市史和城市研究的区别并非泾渭分明。

城市史的编撰在20世纪六七十年代一系列研究机构成立之后普遍增多，且形成了不同的城市史流派，并开始编辑相关的期刊、年鉴和通讯。至此，城市史研究著作稳定增加，新的研究中心纷纷涌现，还出现了欧洲城市史协会，加强了国际合作有所加强，并且启动了一些围绕教学和科研的跨国项目。

20世纪六七十年代，城市史研究取得突破性进展，特别是加大了对现代城市发展的研究力度，即 19 世纪和 20 世纪的城市和城市化研究。彼时，城市被认为是整个社会最核心的事物，城市化则代表着现代与当代社会发展的最基本的历程。这在一定程度上导致城市史研究重心发生了转变——从中世纪和现代早期转移到现代及工业城市。

一般而言，城市化起步相对较早、拥有大城市且城市化倾向明显的国家，其城市史研究也更加丰富和先进。比如在美国，城市史研究的起源可以追溯到 20 世纪 30 年代。美国城市史研究小组成立于 20 世纪 50 年代初，还出版了通讯，但是这个组织没有能力把这个领域零落离散的分支汇集到一起，于是渐渐没落。直到 20 世纪六七十年代，美国的城市史研究才重新焕发活力，彼时最具深远影响的动态之一就是采纳了"新城市史"这个标签。新城市史重点研究城市背景下的社会流动性。虽然"新城市史"的存在时期很短暂，而且称其为"城市"研究是受到质疑的，但对城市史未来的研究产生了重要影响。

城市史研究水平和城市化水平之间的关系并不像字面上看上去那么直接。荷兰曾经是城市化水平较高的国家，但是该国的城市史研究在 20 世纪末的几十年里才刚刚起步。另一方面，瑞典虽然国土面积很小，而且彼时还只是一个没有大城市的欧洲农业国家，但是它的城市史研究所早在 1919 年即在斯德哥尔摩成立了，而且直到现在仍然在运作。

城市史可分为若干个子学科：城市化史、城市传记和专题城市史。另一个重要的路径是进行全面的综合归纳，这种综合史必须整合城市史主要子学科的研究及其成果，并用长期视角把这些研究与社会总体发展状况联系起来。综合史的书写是城市史的一项悠久传统，至晚在 20 世纪 30 年代便已出现。

城市化

城市化这个概念指的是从农村到城市社会的转变，城市的增加以农村地区的缩减为代价。城市化通常被看作一个过程，这个过程至少可从 3 个方面进行界定：人口城市化（Demographic Urbanization）、结构城市化（Structural Urbanization）和行为城市化（Behavioral Urbanization）。

人口城市化即人口集中的过程，指的是居住在城市、乡镇或者其他城市化区域的人口比例不断上升的过程。这一现象的出现可能是因为城市内部人口的激增，也可能是因为城市地区的人口增长快于农村地区。结构城市化指的是经济活动在某些地区的聚集。结构城市化把城市视作一个经济组织，常常但不总是与人口城市化联系起来考察。

城市行为不受地域的限制，在人烟稀少的地方和在人口稠密的地区一样都可以看到。行为城市化指的是由行为、文化形态、态度、信仰、思想和一些习俗共同作用，塑造出来的一种城市居民的生活方式，以及这种生活方式被一个国家或一个地区的绝对多数人口接受的过程。城市被视作一个社会体系而不是首先被视为一个经济组织。

在人口的快速增长期（如工业化期间），城市往往会发展到行政边界之外，于是郊区出现了。"郊区化"和"城市蔓延"这两个概念被用来描述和分析城市社区在城市以外土地上的扩散。城市及其郊区一起组成一个城市区域或大都市地区。

现代城市及其周围的重要中心地共同构成了区域城市网络。可以确定的是，这些中心地对城市的依赖，随着之间距离的增加而减弱，它们冠以不同的标签，如近郊、远郊、内边缘区、外边缘区。因此，稳步持续的城市化进程和城市人口的增长导致有多中心城市化区域比单中心区域的情况更加复杂。为此，学术界还引进了一些新的概念，如大都市、大都市区、城市区域、组合城市、大都市连绵带。城市群被称为"巨型城市"和"巨型城市区域"，其内有 1 000 万以上居民。

"大都市"这个词常被用来称呼大城市，并与小城市形成对比，指代跟小城市相对的大城市。其原意是指一个被一系列或多或少依赖中心城市的城点网络所环绕的、比较大的城市。

"大都市区"以及"城市区域"，指的是一个有连绵不断的城市社区,并被或多或少依赖城市中心的较小地点所环绕的相对广袤的地理区域。一个城市是什么时候升级成一个大都市的?又如何从功能上去界定大都市区?对于这些问题,城市史学者尚无统一的标准。因为城市史学者在界定一个城市地区(或类似的地理区划单位)时,强烈地依赖于旅行模式(如通勤)及其他一些相关的估算或记载下来的参数。大都市区有时甚至被当作一个行政概念,像城市一样被官方划定一个正式的边界。

组合城市被定义为"一个有着连绵社区的广阔区域"。其特点是,一开始在某个地域内只是一些大小各异的城市点,之后随着这些城市点的不断扩展,彼此慢慢联结起来,于是组成了一个城市地区。组合城市常常借由沿着主干道快速兴建的大批建筑而形成。

"巨型城市"这个概念被用来描述一个有着一些规模不等的、延续的城市社区的巨大区域,其中从大都市到小型郊区均可见,农村穿插其间。在欧洲,德国的鲁尔地区、荷兰的兰斯塔德及意大利北部的米兰地区,都是典型的巨型城市。城市的实际区域有时候可以非常迅速蔓延到城市或大都市区的行政疆界之外,如今天的东亚。

现代和当代的城市史不仅应该包括行政区划中的城市和乡镇,也应该包括由数个大小不等、功能各异、行政地位高低不同的城市和城市化区域组成的广袤的城市群。随着时间的推移,城市的外表将不可避免地发生改变,因此,我们必须随着时间的改变而重新划定城市的疆界。

城市传记

城市传记是某一特定城市或乡镇的历史记载。它是一种综合史或通史,用更宽广的视角来解释和理解某个特定城市的历史发展,即城市是如何变成现在这个样子的?这种长期视角是城市传记的关键。有关地方发展的许多方面——譬如市政府、地方政治、住房、规划、地域扩展、人口发展、经济发展、基础设施,以及志愿组织——都可以囊括进城市传记中。通过这些,城市被赋予了鲜明的性格,而不仅仅只是某一地点的历史记载。它被视作一个凭借自身的力量独立发展的研究对象。城市传记有时也会对本城与其他城市,以及本区域发展与国家发展进行比较。

城市传记可能并不总是囊括城市历史发展的每一方面。相反,它可能只是解读对某个特定城市的历史发展至关重要的那些方面的主题大纲。这些关键特征通常随着时间的推移有所改变,但从长远来看,其大部分变化是可预计的。只要某特定城市仍凭借自身力量发展研究对象,而且没被用作某些一般历程和现象研究的工具,城市史的这种书写方法都可算作城市传记。

城市传记或乡镇史的编撰是一个充满活力的学术分支。在一些国家,城市史的出版物中有很大一部分是属于这一类,而且,城市断代史几乎就等于城市传记。

与城市传记联系密切的是地方史。地方史是对某一特定地方社区、城市或农村的历史研究。与城市传记相似,地方史也是试图全面阐述一个社区大多数方面的通史。地方史是一门严谨的学科,伴随着对人们在某块土地上繁衍生息的这种平静自然的活动的研究而发展起来。一些地方史学者指出,地方社区的研究应该只需立足"地方"事务,而不必考虑其所隶属的地区或国家的变化,因而,比较研究受到质疑和否定。这种地方史被称为"真正的"地方史或原汁原味的地方史。

专题城市史

专题城市史是城市背景之下的一种案例研究。通过考察一个城市或比较两个及以上城市,深入分析一般性的历史主题和历程,如经济、社会、人口、政治、文化、建筑、法律和管理。但是,专题史不像城市传记那样把城市和乡镇看作一个凭借自身的力量独立发展的研究对象。城市只是为研究工作提供了一个物质框架,城市是被用来揭示发展总体过程的例子之一。

专题城市史在20世纪六七十年代取得了突破性的进展,并很快占据城市史研究的主流。彼时,人口、社会和经济问题是城市史研究的主要方面,而且被一些学者采用计量法和统计法反复研究。专题城市史的理论观点不仅来自社会学和地理学,还常常来自社会科学。

当专题城市史受一些人文学科的启发转而青睐文化方法时,对城市文化和城市居民生活方式的研究早已成为城市史研究的一项长期传统。其中有丰富的城市文化机构发展史,如学校、教堂、博物馆和志愿组织,这些发展史都是叙事体。20世纪60年代以后,对城市流行文化研究的兴趣不断上升,与此同时,地方文化在造成城市之间政治和治理方式的差异上所起的作用也引起了更多的关注。

最近,城市文化研究的发展为探讨和解读城市和乡镇提供了一种新的方法。这些研究重点聚集在社会的话语层面:符号、文本、经验和城市生活的概念,以及现实是如何通过信息进行交流的。在很大程度上,这种新方法的理论基础是后现代理论。这种文化研究还激起了城市史学者对纪念碑、博物馆、工业遗迹的保护和城市住宅区的重建,以及对一般文化遗产越来越多的兴趣。

我们还可以看到,城市符号的制作和城市形象又重新引起了学者的兴趣。城市代表着积极的价值观,如力量、富饶和机会。但同时,城市也被烙上贫困、危险和破坏等消极信念。因此,城市环境既被描述成天堂,又被描述成地狱。诸如气候变化、环境问题、种族、性别、全球化、城市网络、创新和城市品牌等当前事务在城市史中也有所反映。即使仅从城市史的角度来看,这样的话题也已经引起了越来越多的关注和研究。

在过去,由于皇家特许状和交易权限的限制,以及环绕城市的城墙建设,城市和农村之间的差异清晰可见。城镇特权也代表着地方行政与地方治理的一种特殊形式。再后来,城市和乡镇有了自己的地方政权和比农村更复杂的管理机构。地方政府的这种多样化的治理方式是了解城市特定而重要特征的深层次例证。

城市史学者的许多主题研究可以研究任何地点,无论城市还是农村。一些问题不一定具体到城市、乡镇或其他城市社区。当地理研究区域由一个城市构成,这项研究即成为专题性城市研究。城市史与城市研究中,一个被不断争论的问题是:除了建成环境、人口密度、人口规模和经济功能之外,城市是否还有其他具体的特点?还有一个问题是:这些具体的特点是否对理解人类行为和城市发展的其他方面有意义?

印度、东南亚、非洲、澳大利亚、日本、北美和拉丁美洲的城市发展是现在的热门主题,但我们对这些地方的城市史知之甚少,这些地方应引起城市史学者更密切地关注。澳大利亚的城市与规划史在近几十年蓬勃发展。当前,印度和东南亚城市正面临快速的经济增长和剧烈的结构、社会及文化转型。世界上超过1 000万人口的城市有一半以上在亚洲,而且,这个数字还在快速上升。然而,东南亚是目前世界上城市化水平最低的地方之一。东非的城市和乡镇在过去的100年间也经历了快速增长,但其城市化作为一种历史现象直到最近才开始得到学者们的关注。

进一步阅读书目:

- Abbott, Carl. 1996. "Thinking about Cities: The Central Tradition in U. S. Urban History," *Journal of Urban History* 22: 6.
- Engeli, Christian and Horst Matzerath, eds. 1989. *Modern Urban History in Europe, USA and Japan*. New York: Berg.
- Fraser, Derek and Anthony Sutcliffe, eds. 1983. *The Pursuit of Urban History*. London: Arnold.
- Hershberg, Theodore. 1978. "The New Urban History: Toward an Interdisciplinary History of the City." *Journal*

- *of Urban History* 5(1): 3-40.
- Jansen, Harry S. J. 1996. "Wrestling with the Angel: Problems of Definition in Urban Historiography." *Urban History* 23: 277-99.
- McShane, Clay. 2006. "The State of the Art in North American Urban History." *Journal of Urban History* 32: 598-601.
- Nilsson, Lars. 1990. *Den urbana frgan: Svensk stadshistoria i retrospektivt och internationellt ljus* (The Urban Question: Research Strategies in Swedish Urban History). Stockholm: Stads-och Kommunhistoriska Institutet.
- Rodger, Richard. 1992. "Urban History: Prospect and Retrospect." *Urban History* 19: 1-22.
- Rodger, Richard, ed. 1993. *European Urban History: Prospect and Retrospect*. Leicester, UK: Leicester University Press.
- Supphellen, Steinar, ed. 1998. *The Norwegian Tradition in a European Context: A Report from the Conference in Urban History in Trondheim 21.-22.11.1997*. Trondheim, Norway: Norwegian University of Science and Technology.
- Tilly, Charles. 1996. "What Good Is Urban History?" *Journal of Urban History* 22(6): 702-19.

(Lars Nilsson 文 钟翡庭 译 王 旭 校)

URBANISM | 城市主义

城市主义指的是城市的特征和城市生活的品质。从城市研究的视角来说,城市主义探讨的是城市生活如何改变人际互动和社会组织。早期的城市理论家通过考察工业化和快速城市化所带来的势不可挡的社会变革,认为城市将导致人格瓦解(生活在城市中的人无法应对城市环境的快速变化及其冲击)和社会瓦解(家庭和社会规范的崩溃)。当新的城市形态及发展中国家出现的越来越多的巨型城市对城市居民造成更大压力的时候,围绕这些问题的争论使城市研究更加活跃,其成果也更广为人知。本词条总结了一些有关城市主义的经典论述,考察了欧洲和美国城市主义传统的研究结果,并提供了一份推荐阅读指南。

经典论述

欧洲国家在19世纪前半期经历了快速的工业化。部分因缘于弗里德里希·恩格斯在《英国工人阶级状况》中对英国曼彻斯特城市生活和劳动的描述,曼彻斯特成为早期工业城市的象征。从一幅1809年曼彻斯特镇的版画中我们可以看到,那时的乡村景观是教堂的尖塔掩映在绿树婆娑之中。而从威廉·怀尔德(William Wyld)的一幅站在同一角度的1830年工业城市的油画中看到的却是林立的烟囱冒着滚滚浓烟,烟雾的氤氲笼罩下,村教堂的尖塔隐约可见。早期的社会理论家在经历这些变化时面对的问题是:工业城市的生活会是什么样子?

斐迪南·滕尼斯是德国社会学家,他描述了从"礼俗社会"到"法理社会"的演变,即从小规模的乡村社会(个人和家庭紧密围绕的地方社区)到大规模城市社会(缺乏传统纽带且带有排斥性的"陌生社会")的演变。在这个陌生社会里面还存在着一种彼此之间互相防备抵触的紧张态势。格奥尔格·齐美尔考察了19世纪下半叶的柏林,以更直接的笔触记录了城市生活。首先是城市中排山倒海般裹挟而来的精神刺激——拥挤的人群、嘈杂的有轨电车、恶臭的街道。为了适应这样的环境,人们麻痹自己精神生活的感官基础,久而久之,城市居民对周围的人和事形成了一种冷漠的态度。其次是市场在城市关系中的普遍影响。当个体面对与之身份对立的人时,如顾客与店员、员工和经理,社会生活变得工于算计,同一个社区里的人不再分享共同的利益和一起承担责任。这种影响不仅体现在人们的工作中,而且还使基本的日常社会交往也变得同样斤斤计较。如此"理性的计算"在过去只有在杂货市场做"到底买什么"的决定时才用得上。

路易斯·沃思对城市生活进行了经典论述。他是美国社会学家,师从芝加哥大学的罗伯特·帕克和欧内斯特·伯吉斯,后成为芝加哥学派的重要人物。沃思的论文《作为一种生活方式的城市生活》于1938年发表,该文被认为是城市社会学芝加哥学派的集大成之作。沃思着手构建了一个城市化的理论。首先他提出,大小、密度和多样化这三个变量是城市生活的特征。与非城市社区相比,城市有更多和有更多样化的人口集中在城市空间里,这些变量的相互作用演化出一种独特的城市生活方式,这种生活方式也只在城市里有被发现。人口规模的增加导致劳动的分工和专业化,同时人口密度的增加将加速城市人口之间的社会互动和激化竞争。人口规模的扩大部分是因为外来移民的涌入,城市可以将不同文化背景的人聚集到一起(就如同劳动的分工意味着人口的集中,人口的集中则增加城市的多样化一样,也是把不同技能和背景的人汇集在城市空间里)。城市会给追求自我实现的个体和其他与其分享共同利益的人创造更多的机会,但城市的整体效应是消极的:当初级群体内的人际互动被次级群体之间的自愿组合所取代时,城市生活的特点是社会失序。虽然一个人在日常生活中会遇到很多人,但城市社会关系的客观本质会导致失范(一种被隔离孤立的感觉)。在芝加哥学派早期对无家可归者、街头帮派和贫民窟的研究中,城市生活的社会失序是一种普遍现象。

一些学者对以滕尼斯、齐美尔和其他学者为代表的欧洲传统城市研究提出了批判。这些学者认为欧洲传统城市研究学者(特别是齐美尔)一直描述的现象并不是城市化对城市生活本身的影响,而是现代化的强大力量的推动。在这些传统研究中所描述的日常生活的变化不是城市化的结果,而是工业资本主义带来的社会变迁的结果:工业的就业需求把人口从农村带到大城市,带进一种彼此竞争的、疏远的社会关系里面,导致家庭的破裂,以及与其他初级群体关系的疏远、淡漠,诸如此类。

美国学者则在完全不同的问题上提出了异议。他们的研究重点不在以滕尼斯和齐美尔为代表的欧洲传统城市研究,而是沃思的理论。在《作为一种生活方式的郊区化》(Suburbanization as a Way of Life)这篇文章中,西尔维娅·法瓦(Silvia Fava)指出,如果城市生活的特点是更大的规模、更高的人口密度和更多样化,那么与之相反,郊区生活的特点就是比城市更小的规模、更低的人口密度和更同质化。此外,城市可能会导致初级群体的关系下降,增加社会失范活动,然而郊区的定位则是以初级群体关系和家庭互动为中心的。在《作为一种生活方式的城市生活和郊区生活》(Urbanism and Suburbanism as Ways of Life)中赫伯特·甘斯指出,属于何种生活方式不是由自然地理位置(住在一个城市还是郊区抑或乡镇)决定,而是由综合因素所决定,这些因素包括年龄、家庭状况、种族背景等等。甘斯进一步指出,有些群体可能生活在沃思所描述的那种城市生活中(例如老人留守在经历了种族过渡的城市社区里,以及没有能力离开内城区的城市贫民),而还有另外一些群体经历着大不相同的生活方式(城市的种族社区中初级群体的关系非常重要,郊区的年轻家庭中,家庭责任决定每天的活动)。

需要特别指出的是这是美国的特殊现象,主

要是因为第二次世界大战之后的大规模郊区化。"二战"后,年轻家庭为了郊区的独门独户住宅而离开了城市,把已经形成的种族社区遗弃在城市里;非洲裔美国人举家从南部迁往城市从而改变了内城社区;当高贫困率和失业率困扰这些群体时,将导致城市贫民的聚集。在关于欧洲的研究中,没有类似的沃思式的讨论。因为美国城市近期的变化,总结概括美国城市与郊区的生活变得更加困难:很多郊区的人口密度超过了城市(由于工薪阶层公寓住宅在郊区的集中),大部分国际移民迁入郊区飞地,很多郊区老工业区变得和内城区一样贫困。

在美国,《作为一种生活方式的城市生活》激起了对另一个重要领域的研究兴趣。克劳德·菲舍尔(Claude Fischer)的论文《走向城市主义亚文化》(Toward a Subculture of Urbanism)直接针对甘斯的观点。他认为,并没有特别显著的社会效应可以归因于城市主义。根据沃思对规模和密度的讨论,人口的集中衍化出亚文化的多样性,加强它们,促进它们之间的传播,导致"城市标新立异",这种标新立异在外来者眼里是如此明显(虽然有时候对于城市里一些人来说并不是那么明显,这可能是由于他们自己漠不关心,或对多样性和异质性更包容的态度)。在英国,有关亚文化的讨论与美国的不同,他们是在英国社会的阶级结构和文化环境之下定位亚文化,而不是在生态结构,特别是城市地区的生态结构内。

城市主义已被证明是城市研究中一个至关重要的概念,引发了对工业资本主义所带来的生活特征与品质,以及对当代社会出现的亚文化的重要讨论。这些都是城市社会学领域的根本讨论,但这些讨论还左右了其他学科的研究重点,例如城市心理学(研究重点是城市病症)。本书中有几个词条对齐美尔及滕尼斯的研究进行了重要的讨论。但在"城市主义"词条中只是一般性地讨论了他们的研究和城市主义。

进一步阅读书目:

- Engels, Friedrich. [1844] 2009. *The Condition of the Working Class in England*. Oxford, UK: Oxford University Press.
- Fava, Silvia. 1956. "Suburbanism as a Way of Life." *American Sociological Review* 21: 34-37.
- Fischer, Claude S. 1975. "Toward a Subcultural Theory of Urbanism." *American Journal of Sociology* 80: 1319-41.
- Gans, Herbert. 2005. "Urbanism and Suburbanism as Ways of Life: A Reevaluation of Definitions." pp. 42-50 in *The Urban Sociology Reader*, edited by J. Lin. New York: Routledge.
- Simmel, Georg. [1905] 1950. "The Metropolis and Mental Life." pp. 409-24 in *The Sociology of Georg Simmel*, edited by H. Wolff. New York: The Free Press.
- Smith, Michael P. 1979. *The City and Social Theory*. New York: St. Martin's Press.
- Tönnies, Ferdinand. 1957. *Community and Society* [Gemeinschaft und Gesellschaft]. Translated and edited by Charles P. Loomis. East Lansing: Michigan State University Press.
- Wirth, Louis. 1938. "Urbanism as a Way of Life." *American Journal of Sociology* 44: 3-24.

(Ray Hutchison 文 钟翡庭 译 王 旭 校)

URBANIZATION ｜城市化

城市研究通常分为两个主题：城市主义（城市生活或城市对人类行为的影响的研究）和城市化（城市发展的研究）。城市化还深入到对人口在聚居地的集中过程的研究，以及对城市扩展到周边村落和区域的过程（即郊区化）的研究。城市化研究采用多种实证法，包括等级-规模法则（该法则参照帕累托分配原则，认为城市是井然有序地分布的）。城市类型分类法则根据城市规模，把位数和功能处于同一等级结构的城市归为一类。这些分类法反映出，社会科学领域的城市化研究取得了更为显著地进展。举例来说，20世纪60年代，学术界采用的是一般系统理论阐述城市化。但从80年代开始，学者一般是从全球城市网络的框架下解读城市的发展。本词条简要概括了城市的起源和城市生活，重点在于叙述近200年来城市化的进程，然后探讨了作为当前城市化研究重点的巨型城市的出现。

城市的起源

通常认为，人类第一个永久聚居地出现于大约1万年前（公元前8000年左右）。城市生活成为一种独特的生活方式大约始于7000年前的埃及、美索不达米亚、印度和中国。苏美尔的早期城市一直备受瞩目，如戈登·柴尔德那篇久负盛名、广为转载的论文《城市革命》（The Urban Revolution），正是在城市里人类开始第一次书写、演算以及开发其他知识技能，还出现了复杂的劳动分工，以阶级为基础的社会结构和行政体系。苏美尔、乌尔等今天阿拉伯地区的城市的宗教思想还孕育了3个旧约宗教（犹太教、基督教和伊斯兰教）。这些城市作为"伟大传统"（Great Tradition）的发源地，将文明传播到了中东、欧洲和北非。中国类似的发展过程却没有得到充分的研究，虽然中国有比西方更为丰富的文字记载。

人类历史的确切记载始于哈利卡那苏斯的希罗多德所著的《历史》（成书于公元前330年左右，原文如此，但《历史》的写作时间一般被认为是在公元前5世纪中叶）。书中记载了希腊和波斯的战争，还记述了作者本人在希腊世界的旅行。雅典是希腊世界的中流砥柱，并被普遍认为是西方文明的发源地，然而，虽然希腊城邦建立的殖民地遍及整个地中海和黑海，但城市文明却是在罗马诞生。在罗马，城市之间有道路相连，最远的道路贯通帝国和埃及，埃及境内种植的小麦沿着这些道路运送至罗马的城市，养育那里的居民。罗马的城市远远大于早期的希腊城邦。罗马帝国最兴盛的时候，人口高达100万，诸如巴尔米拉（位于今叙利亚境内）这样的政治和贸易中心，人口可达20万。

随着罗马帝国的崩溃，地中海西部城市的中心地位下降，然而城市体系和文明经由中东、北非和西班牙的伊斯兰城市延续了下去。城市的复兴（主要在意大利）开始于14世纪，在随后的一个世纪里，地中海北部崛起了一些贸易中心和早期工业化城市，意大利城市取代了伊斯兰城市的地位。意大利文艺复兴时期的城市规模相对较小（佛罗伦萨的人口估计不足10万人），地中海北部早期商业城市的人口与之也在伯仲间（见表1）。

全球城市化最主要的变化因缘于工业革命。中世纪，几个最大的城市都在伊斯兰世界；文艺复兴时期，世界上最大的城市位于中国。但工业化促使越来越多的人从农村搬往城市。首先是伦敦（19世纪），接着是纽约（20世纪），这些城市相继成为世界上最大的城市。战后，这种大规模的人口迁徙转移到发展中国家，导致发展中国家的大城市日益集中（多年来，墨西哥城被认为是世界上最大的城市群，但此前，拉各斯、孟买、加尔各答、圣保罗等城市群都曾称霸一时）。在新世纪，中国新兴的工业城市和区域城市体系成为城市化研究的重点。

虽然历史证明，城市化对人类社会有实质性的影响，但迟至意大利文艺复兴之后，城市才主导了艺术、文化和科学研究。因为在此之前，居住在城市中的人口相对较少，但最近这几十年里，越来越多的人搬往城市。1900 年，世界上只有 12% 的人口居住在城市地区，世界上最大的 10 个城市分别位于欧洲、美国和日本，而且，没有任何城市人口超过了 1 000 万（纽约在 20 世纪中叶率先达到这一人口水平）。2000 年，世界上将近一半（47%）的人口居住在城市地区，有 19 个城市的人口达到甚至超过 1 000 万——19 个城市中，只有 4 个是在发达国家。在刚过去的 10 年里，人类历史上城市地区人口首次超过世界人口的一半。联合国预计，在接下来的 20 年里，世界城市人口将增至 50 亿，甚至达到 70 亿。换句话说，到 2030 年，世界上 60% 的人口将居住在城市地区。城市人口的大部分增长将发生在发展中国家的城市群中。肇始于美索不达米亚的城市和城市生活通常被认为是第一次城市革命；因缘于工业革命而出现的西方大城市被认为是第二次城市革命；20 世纪后几十年中出现的巨型城市被认为是第三次城市革命。

表 1　1050—1800 年欧洲最大的城市

1050		1200		1330		1500		1650		1800	
科尔多瓦	150 000	巴勒莫	150 000	格拉纳达	150 000	巴黎	225 000	巴黎	400 000	伦敦	948 000
巴勒莫	120 000	巴黎	110 000	巴黎	150 000	那不勒斯	125 000	伦敦	350 000	巴黎	550 000
塞维利亚	90 000	塞维利亚	80 000	威尼斯	110 000	米兰	100 000	那不勒斯	300 000	那不勒斯	430 000
萨勒诺	50 000	威尼斯	70 000	热那亚	100 000	威尼斯	100 000	里斯本	150 000	维也纳	247 000
威尼斯	45 000	佛罗伦萨	60 000	米兰	100 000	格拉纳达	70 000	威尼斯	140 000	阿姆斯特丹	217 000
雷根斯堡	40 000	格拉纳达	60 000	佛罗伦萨	95 000	布拉格	70 000	米兰	120 000	都柏林	200 000
托莱多	37 000	科尔多瓦	60 000	塞维利亚	90 000	里斯本	65 000	阿姆斯特丹	120 000	里斯本	195 000
罗马	35 000	科隆	50 000	科尔多瓦	60 000	图尔市	60 000	罗马	110 000	柏林	172 000
巴瓦斯特罗	35 000	莱昂	40 000	那不勒斯	60 000	热那亚	50 000	马德里	100 000	马德里	168 000
卡塔赫纳	33 000	伊普尔	40 000	科隆	54 000	根特	55 000	巴勒莫	100 000	罗马	153 000

来源：Adapted from Gottdiener and Hutchison, 2005.

巨型城市

巨型城市就是指很大的城市，通常是指人口在 1 000 万或以上的大都市区。世纪之交，全世界大约有 20 个巨型城市（见表 2），这个数字有望在 2030 年翻一番。导致 21 世纪的巨型城市和 20 世纪的工业城市大相径庭的因素有很多。大部分巨型城市位于发展中国家，而且很多是位于世界上最贫穷的国家，如达卡（孟加拉国）和拉各斯（尼日利亚）。现代的城市增长与早期的城市增长有本质上的差异，现代的这种城市增长被称为"无工业化的城市化"。在 19 世纪和 20 世纪的大部分时间里，城市的发展是国内移民（从农村迁往城市）和外来移民（从一个国家迁往另一个国家）向工业城市聚集的结果。城市人口在新的工业部门就业，城市通过税收发展公共交通和公用事业，开发商为日益扩大的工人阶级和（随后又晋升为）中产阶级建造住房。随着就业、商业等诸如此类活动的区域系统的出现，城市发展成大都市区。

表2 2006年世界巨型城市人口

排名	城市/城市地区	国家	人口（百万）
1	东京	日本	35.53
2	墨西哥城	墨西哥	19.24
3	孟买	印度	18.84
4	纽约	USA	18.65
5	圣保罗	巴西	18.61
6	德里	印度	16
7	加尔各答	印度	14.57
8	雅加达	印度尼西亚	13.67
9	布宜诺斯艾利斯	阿根廷	13.52
10	达卡	孟加拉国	13.09
11	上海	中国	12.63
12	洛杉矶	美国	12.22
13	卡拉奇	巴基斯坦	12.2
14	拉各斯	尼日利亚	11.7
15	里约热内卢	巴西	11.62
16	大阪、神户	日本	11.32
17	开罗	埃及	11.29
18	北京	中国	10.85
19	莫斯科	俄罗斯	10.82
20	马尼拉大都会	菲律宾	10.8
21	伊斯坦布尔	土耳其	10

来源：City Mayors. 2009. "Urban Statistics." Retrieved July 24, 2009 (http://www.citymayors.com/statistics/urban2006_1.html)

然而，世界上大部分巨型城市的发展都不同于上述发展道路。因为在发展中国家，高人口出生率以及人口从资源消耗殆尽的农村地区向大都市区的聚集推动着城市的增长。这种罔顾住房短缺、公共服务滞后、就业机会不足的迁徙还在持续进行，导致部分发展中国家的巨型城市被打上"广度贫困""棚户区和贫民窟"，并不断扩大的"非正规经济"的标签。据估计，发展中国家一半的城市人口生活在贫民窟，这个数字目前是10亿，预计20年后将上升到20亿。

发展中国家巨型城市的涌现，引发了对其城市生活状况的重重忧虑。虽然城市常常具有更好的就业机会和前景，但对于生活在巨型城市里面的人来说并不总是这样。在巨型城市里，贫穷和失业引起犯罪和社会动乱，住房和公共服务的不足引发疾病，并导致死亡率上升。人们常说"城市是最美好的人类社会的体现"，然而随着城市的无序增长，城市发展所带来的一系列问题使巨型城市正在挑战人们的这种信念。期望21世纪能拿出城市生活管理的新办法来解决这些问题。

1958年，社会科学研究会（the Social Science Research Council）组织召开了一次跨学科会议，讨论是否有必要建立一个研究城市化的委员会。该研究会得出结论：了解城市化的差距比现有的研究成果更有意义；很多关于城市化的总结概括缺乏实证根据，并且只是依据西方的城市发展经历，在时间和空间上的有限考察。自从1965年《城市化研究》（The Study of Urbanization）出版之后，数以百计的有关城市化、郊区化以及相关主题的专著及数以千计的论文问世。然而，诸如巨型城市在一度被称为发展中国家的地方兴起，中国出现的新工业区等类似的城市发展再一次挑战我们之前对城市化的理解。我们需要一个针对21世纪城市生活的研究项目。到2030年，发展中国家的城市和乡镇将容纳世界上80%的城市人口，但我们的城市研究和理论仍旧局限在时间和空间上的考察，并且依据的主要是西方城市的发展经历。

进一步阅读书目：

- Aguilar, Adrian Guillermo and Irma Escamilla, eds. 1999. *Problems of Megacities: Social Inequalities, Environmental Risk and Urban Governance*. Mexico City: Universidad Nacional Autónoma de México.
- Childe, V. Gordon. 1950. "The Urban Revolution." *Town Planning Review* 21: 3–17.

- Davis, Mike. 2007. *Planet of Slums*. Brooklyn, NY: Verso.
- Gilbert, Alan. 1997. *The Megacity in Latin America*. Tokyo: United Nations University Press.
- Gottdiener, Mark and Ray Hutchison. 2005. *The New Urban Sociology*. 3rd ed. Boulder, CO: Westview Press.
- Hauser, Philip M. and Leo F. Schnore, eds. 1965. *The Study of Urbanization*. New York: Wiley.
- Kasarda, John D. and Mattei Dogan. 1989. *A World of Giant Cities: Mega-cities*. Thousand Oaks, CA: Sage.
- ——. 1989. *A World of Giant Cities: The Metropolis Era*. Thousand Oaks, CA: Sage.
- Neuwirth, Robert. 2005. *Shadow Cities: A Billion Squatters, a New Urban World*. New York: Routledge.
- Pick, James B. and Edgar W. Butler. 1999. *Mexico Megacity*. Boulder, CO: Westview Press.
- United Nations Human Settlements Programme. 2003. *The Challenge of Slums: Global Report on Human Settlements*. London: Earthscan Publication.

(Ray Hutchison 文 钟翡庭译 王 旭校)

URBAN LEAGUE | 城市联盟

全美城市联盟(The National Urban League, NUL)是一个立足社区、非营利性的民权组织,旨在提高美国黑人的经济机会,促进其进步。依托其麾下100多个地方分支机构,全美城市联盟为国内大约200万人提供直接服务和项目支持。

全美城市联盟的前身是创立于1910年的城市黑人状况委员会,该委员会一开始是作为露丝·斯坦迪什·鲍德温(Ruth Standish Baldwin,社会慈善家和全国有色人种妇女保护联盟的创始人之一)和乔治·艾德蒙·海恩斯博士(Dr. George Edmund Haynes,一位有远见的社会工作者和第一位获得哥伦比亚大学社会科学博士学位的非洲裔美国人)进行种族合作的试验机构。其最初的任务是培养社会工作者,开展研究,并通过职业指导和政策宣传为美国黑人创造就业机会。1911年10月,海恩斯把全国有色人种妇女保护联盟、城市黑人状况委员会和一个同样关注黑人移民的、名为"改善纽约黑人工业状况委员会"的第三方组织联合在一起,并冠以新的名称——全国城市黑人状况联盟。

早期,实证研究和培训黑人社会工作者是该组织的主要工作。受塔斯基吉研究所(Tuskegee Institute)和杜波依斯的培养领导者理念的影响,全国城市黑人状况联盟为工业就业提供合格人才,并培养了一批专业的社会工作者。联盟还持续推动研究工作,对各种黑人社区的环境进行了数百次调查。罗伯特·帕克是芝加哥城市联盟跨种族董事会的第一任董事长。芝加哥城市委员会成立于1916年,是全美城市联盟的分会。1920年,全国城市黑人状况联盟简称为全美城市联盟,并开始出版《机遇,黑人生活杂志》(*Opportunity, Journal of Negro Life*)。20世纪60年代,全美城市联盟的业务范围扩大至包括美国黑人及社区的社会、文化和经济发展在内的领域,并开始发布为题为《美国黑人状况》(*The State of Black America*)的黑人社区人口年度报告。除了扩展其社会服务机构之外,联盟还成为联合政府反贫困基金改善黑人住房、医疗、教育及提升少数族裔企业竞争力的先遣机构。1980年代早期,全美城市联盟开始关注未成年少女怀孕和城市犯罪问题。

2003年,马克·莫里尔(Marc H. Morial)成为

全美城市联盟新任主席兼首席行政总监后,发起了第一届立法政策会议,并为该会注入 1000 万美元的固定资金。莫里尔还制定了"五点赋权计划",该计划主要关注美国黑人与白人之间教育、经济、医疗、生活质量、公民参与和民权、种族正义之间的公平差距。当前,全美城市联盟通过他们的刊物《美国黑人状况》(*State of Black America*)和《机遇之刊》(*Opportunity Journal*),持续关注并记录全国非洲裔美国人及城市社区的状况。

进一步阅读书目:

- Carlton-LaNey, I. 1984. "George Edmund Haynes: A Pioneer in Social Work." *Journal of Social and Behavioral Sciences* 30: 39 – 47.
- Haynes, George Edmund. 1960. "The Birth and Childhood of the National Urban League." National Urban League Papers, Library of Congress.
- National Urban League (http://www.nul.org/history.html).
- National Urban League. 1950. *40th Anniversary Year Book*. New York: National Urban League.
- —. 1980. *70th Anniversary Year Book*. New York: National Urban League.
- —. 2004. *Annual Report 2004*. New York: National Urban League. Retrieved May 15, 2009 (http://www.nul.org/publications/AnnualReport/2004AnnualRpt.pdf).

(Bruce D. Haynes 文　钟翡庭 译　王　旭 校)

URBAN LIFE ｜ 城市生活

城市生活最简单的定义就是:一种在城市建成区繁衍生息的生活方式。尽管术语本身几乎不含分析性定义,但纵观整个城市研究的历史,界定城市生活的主要特征已成为城市研究理论家的主要课题。19 世纪及 20 世纪初期的权威城市理论家,如斐迪南·滕尼斯、马克斯·韦伯、格奥尔格·齐美尔、罗伯特·帕克、路易斯·沃思认为城市生活是与众不同的,因为现代工业城市的生活圈与活动范围要求特殊的个人和社会适应能力。之后的一些研究者对此提出了质疑。一些学者认为,定义城市生活的许多要素实际上是现代生活特征的各种表现形式。其他学者则认为,城市生活方式在许多方面仍保留了很多非城市生活方式的明显特征。

但是,也有少数分析人士认为城市生活并无独特之处。城市生活并非仅因一两个特征而呈现独特性。相反,城市生活是城市体系中各方因素综合作用构成的复杂的生态关系。但由于之前将城市生活与乡村或传统生活方式进行对比,因此相关的差别逐渐被认为是城市生活与郊区生活,或城市生活与远郊生活的差异。

现代生活与工业化城市

斐迪南·滕尼斯 1887 年出版的《社区与社会》(*Community and Society*)是首次从社会学角度对城市生活与乡村生活之间的差别进行系统分析的

著作。针对当时的社会和经济变革(这种变革后来席卷了他的祖国——德国),滕尼斯指出,工业化从根本上改变了人与人之间社会联系的本质。如果说以前是根据"礼俗"的特性来界定社会关系,那么在现代,工业社会的社会关系则主要是由"法理"所决定。在"法理"之下,滕尼斯勾画了一个由市场契约关系、理性和个人自治构成的社会(不是一个社区)。更重要的是,滕尼斯还指出,这种"法理"关系是由城市属性决定的。现代商业化社会的兴起同时也是城市化社会兴起的过程。滕尼斯与此后很多的思想家都认为,现代社会即城市社会,现代生活就是城市生活。

20世纪大部分时间里,想要了解现代社会必须了解城市生活,以及想要了解城市生活必须先弄清楚"什么是现代"的观点主导了城市研究。例如,格奥尔格·齐美尔在其1903年发表的论文《大都市与精神生活》中指出,城市生活不但从根本上有别于乡村生活,而且城市生活比乡村生活需要更高层次的智能。由这个观点还衍生出另一种观点,即城市居民广为人知的玩世不恭与其说是一种冷漠的标志,毋宁说是心智提高的表现。与此类似,芝加哥学派城市社会学的创始人罗伯特·帕克虽然也强调在城市所依赖的次级关系中,城市"强烈的刺激容易使人困惑、堕落",但他认为城市是"文明人的自然栖息地"。路易斯·沃思在其论文《作为一种生活方式的城市生活》(从很多方面来说,这篇文章代表着他思想的精髓)中指出:"现代文明最突出的标志就是大城市的增长……现代人的生活方式最独特之处就在于聚集在巨大的城市中。"诸如勒·柯布西耶、沃尔特·格罗皮乌斯、路德维希·密斯凡德罗等著名现代派建筑学家、埃比尼泽·霍华德和刘易斯·芒福德等田园城市理念的倡导者,以及美国区域规划协会的学者,他们的著作中也带有这样一种思想,即在勒·柯布西耶眼中的"生活机器"里,理性、有序地重组城市生活、建构城市,在这个过程中整个社会自身也在转变。

把当代工业社会,以及城市生活视为当今时代的主导型态的观点有一定的内在逻辑。通常认为,城市代表着一种特定社会的定义属性的具体化。而且,实际上有很多受到法国城市理论家亨利·列斐伏尔影响的新马克思主义者和新马克思主义理论家仍然坚持这种观点。但是,其他理论家认为,强调城市生活与现代或当代的某种特殊观点之间的联系没什么分析价值。雷·帕尔(Ray Pahl)、大卫·波科克(David Pocock)和彼得·桑德斯(Peter Saunders)等学者认为,把城市视为社会变化的动力是搞反了因果关系。现代生活的很多要素的确在城市中更多一些,但这并不是城市生活本身所致,而是居住在这么一个高度专业化、技术发达的资本化的社会的结果。事实上,沃思等学者笔下描述的塑造城市生活秉性的社会特性就算不是所有,也有大部分能在当代的小城镇或农村地区找到。由威廉·富特于20世纪40年代发起的社区研究的学者对此持有类似的观点,不过他们仍然很重视城市在社会互动中的特殊意义,他们还阐述了各种形式的"法理关系"在当代城市中的重要性。研究波士顿西区的学者赫伯特·甘斯在其1962年的著作《城中村民》中描述了看似矛盾的、带有浓郁乡村色彩的城市世界。彼此之间的密切联系和社会的安宁稳定并不是早期农村风俗的简单转移,这些形式的社会联系也是城市生活的必要且普遍的特征。事实上,对于城市中的移民和劳工阶层来说,这些共有的联系对他们的经济安全至关重要。

关键的是,沃思、帕克和齐美尔等学者提出的城市中的社会关系"没人情味、短暂和割裂"的观点也不能说就是错的,有些城市的社会关系的确是这样。但他们宣称城市中这种"没人情味、短暂和割裂"的社会关系是最重要的,并且是城市生活的标志特征,这是不对的。文化史学者雷蒙德·威廉斯指出,现代学者痴迷于那种"穿越"城市空间的个人形象,而忽视了居住在城市中的人民群体。如果思想能跨过这种个人形象的迷思,转而关注城市这个各种关系交错的舞台,那将很容易看到,城市生活实际上产生了大量的、各式各样的社会公共关系。

交往的方式

认为城市生活催生了人与人之间共同生活的一些方式,而不是把城市生活视作一种独特的存在方式,固守这个观点本身就已经把当代的城市生活研究转移到了城市生活中的具体问题——各色人等如何在城市中生活。在甘斯对波士顿西区的研究著作中,他花费大量笔墨考察了某些地区为一些特定社区提供公共安置的方式,以及促成这种安置的社会网络和社会互动的类型。然而,有关这个问题上的不同观点太多了。女权主义学者阐述了城市生活为女性解放和获得个性自由提供各种可能性的方式。比如埃里卡·拉帕波特就探讨了百货公司及与之相应的零售区域的兴起与19世纪末20世纪初城市公共领域内女性化之间错综复杂的关系。利兹·邦迪和洛蕾塔·利斯(Loretta Lees)论证了当前北美和欧洲城市的内城绅士化过程与壮志凌云的城市中产阶级职业女性的出现之间的密切联系。而与此有关键区别的是,社会历史学者、城市社会学者和地理学者则阐述了城市如何促成了千姿百态的性别亚文化的出现和兴盛。值得特别一提的是,他们还详细考察了城市的某些区域——通常是老旧的、不那么繁荣的内城社区——在骄横自信的同性恋权利运动的兴起的过程中所起的关键作用。

并非所有与城市地区有关的研究都集中在少数族群或社会弱势群体之上。有很多学者把注意力放在了把城市居民融合成一个整体的社会关系网上。这方面的很多研究与前面提到的社区研究或亚文化研究截然相反。欧洲和北美的城市社会学者和人类学者揭示了许多城市居民像蜘蛛网一样的个人关系网蔓延到全城的程度,而并不强调特定社区的重要性和特定地区关系网的强度。电话和手机等科技的应用已经把人们的社会生活从只限于自己步行所及的街坊区域的狭窄限制中解放了出来。克劳德·菲舍尔和巴里·威尔曼(Barry Wellman)等研究者强调,很多社区研究人员描述的社交丰富的社区确实存在,但在很多北美和欧洲的城市地区,这种社区只是例外,而不是普遍现象。还有一点值得重视,研究发现,个人社交网络的形式与空间密度的差别极大,这与被研究者的年龄、性别、职业、社会阶层,以及婚姻状况有关。这种差别通常能在个体的家庭内部显现出来。一家之主的男性的社交范围通常比他的配偶更广泛、空间更大,而他们的孩子的社交范围受到的限制则更大。尽管现在有种趋势,不论是学术文献还是大众文献,都强调紧密的邻里社交网络的意义非凡,但一般来说,这种个人社交网络的空间聚集的形式能构成一种有力的社会基础,但同时,它对社会进步却是个阻碍。比如说道格拉斯·梅西(Douglas Massey)就在其研究当代美国内城黑人贫民区的著作中,阐述了社交网络的空间聚集是如何把贫民窟居民的生活有效地"囚禁"在了内城区。

城市交往方式的最后一点,也是需要特别强调的一点是:城市居民日常生活中的人际互动和社交关系由于他们缺乏时间和感情投入而受到限制,也正因如此他们非常珍视时间和感情的投入。城市中的集体生活受各式各样的"轻社会性"(Light Sociality)所左右。"轻社会性"是阿什·阿明和奈杰尔·斯里夫特(Nigel Thrift)于2002年提出的概念,指的是个体出于办理事情的需要每天与陌生人的互动,包括排队等候、与超市收银员打招呼、在酒吧或咖啡馆低语,以及向公交司机致谢的礼节习惯等。

城市生活的生态学

除了社交方式,以及界定城市不同社会群体的社交网络类型等问题之外,城市研究人员经常进行反复思考的问题是:城市生活作为一个整体,在某种意义上是人类生存的一个独特的生态系统。在相当大的程度上这是在重新研究早期学者,如齐美尔和沃思所关注的主题。沃思在其1938年发表的论文《作为一种生活方式的城市生活》中提出了城市生活的3个决定性要素:人口密度、人口数量和人口的异质性。讨论城市生活的生态系统大部分时候都要涉及这 3 个要素,尽管各要素本身如何衡量和界定仍然存在很多争论。

城市研究者们主要从 4 个方面考察某个城市的城市生态。首先是城市环境的生成能力。从本质上说,这是在讨论为什么最开始会有大量人口聚集于此?对此很多思想家,从 20 世纪 60 年代初期的简·雅各布斯,一直到爱德华·索贾于 2000 年出版的《后大都市时代》,以及诸如艾伦·斯科特和迈克尔·斯托普等当代经济地理学者给出的答案是:通过专业化、自然融合、资源集中,以及居住在高密度的异质环境中的挑战等,城市生活催生出勃勃动力,这种动力超过了个体的总和。其次,不管其规模和异质化程度,探讨城市是如何维持秩序的。这个问题使得人类学开始细致地研究信任是如何在陌生人之间产生和维系的,还使学者开始把城市视为自然衍生且能自我规范的体系进行系统、复杂的理论研究。其三,考察城市通过各种空间分区管理其异质性的方式。事实上,美国许多城市问题评论家认为,城市的发展——即便是城市中心区——在特征上也越来越郊区化。肯尼斯·杰克逊和罗伯特·菲什曼等城市史学者指出,这种郊区化进程是由一种想要逃离传统工业城市的多样化和密度的意愿驱动的。因此,如果越来越多的人住在城市中,在很多情况下这种环境中的生活与早期的城市生活方式几乎没什么关联了:时下的城市环境是由汽车、高速公路、购物中心和私人住宅组成的。其四,城市生态学和城市生活生态学的一系列研究开启了这样一种思考,即什么才是城市环境下的生活。鉴于所有非人类反应体——从软件系统到电网、植物、细菌和病毒,再到天气——在开放的城市环境这个舞台上扮演的角色,促使珍妮弗·沃尔奇(Jennifer Wolch)、萨拉·惠特莫尔(Sarah Whatmore)、史蒂文·欣奇克利夫(Steven Hinchcliffe)、马修·甘迪(Matthew Gandy)、奈杰尔·斯威夫特和阿什·阿明等学者开始从生态学角度考察城市生活,并否定了"人类是城市唯一的决定因素"这个观点。这是一种绝对新颖的城市生活本体论,提供了一种全新的视角,通过这个视角我们可以探讨城市的活力及其他方面。

进一步阅读书目:

- Amin, A. and N. Thrift. 2002. *Cities: Reimagining the Urban*. Cambridge, UK: Polity Press.
- Caldeira, T. 2000. *City of Walls: Crime, Segregation, and Citizenship in São Paulo*. Berkeley: University of California.
- Fischer, C. 1982. *To Dwell among Friends*. Chicago: University of Chicago.
- Gandy, M. 2002. *Concrete and Clay: Reworking Nature in New York City*. Cambridge: MIT Press.
- Gans, H. 1962. *The Urban Villagers: Group and Class in the Life of Italian-Americans*. New York: The Free Press.
- Hinchliffe, S. and S. Whatmore. 2006. "Living Cities: Towards a Politics of Conviviality." *Science as Culture* 15(3): 123–38.
- Massey, D. 2005. *Strangers in a Strange Land: Humans in an Urbanizing World*. New York: Norton.
- Pahl, R. E. 1966. "The Rural-Urban Continuum." *Sociologia Ruralis* 6: 299–327.
- Park, R. 1925. "The City: Suggestions for the Investigation of Human Behavior in the Urban Environment." pp. 1–46 in *The City*, edited by R. Park, E. Burgess, and R. McKenzie. Chicago: University of Chicago Press.
- Pocock, D. 1960. "Sociologies—Urban and Rural." *Contributions to Indian Sociology* 4: 63–81.
- Simmel, G. [1903] 1969. "The Metropolis and Mental Life." pp. 47–60 in *Classic Essays on the Culture of Cities*, edited by R. Sennett. New York: Appleton-Century-Crofts.
- Tönnies, F. 1963. *Community and Society*. New York: Harper & Row.
- Wellman, B. 1979. "The Community Question: The Intimate Networks of East Yorkers." *American Journal of Sociology* 84(5): 1201–31.
- Wirth, L. 1938. "Urbanism as a Way of Life." *American Journal of Sociology* 44: 1–24.

- Wolch, J. and J. Emel. 1998. *Animal Geographies: Place, Politics and Identity in the Nature-Culture Borderlands*. London: Verso.

(Alan Latham 文 钟翡庭译 王 旭校)

URBAN MORPHOLOGY ｜城市形态学

城市形态学是一门研究市镇与城市的形态、物质结构、规划与布局、市镇景观元素以及功能区的学科。一般说来，城市形态学采用不同的研究方法探讨城市地区的发展和阶段性的发展过程，包括考察城市形态的物质结构、政治经济及文化状况等。近年来，城市形态学的研究更侧重城市形态和城市区域规划之间的关系，因此可持续发展、景观管理、保护性规划和近期城市更新等主题受到重视。这些主题改变了城市形态学的研究性质，使其更为关注诸如建筑商、规划师这样的城市建设者和城市管理者在城市地区的设计和城市形态的形成中所起的作用。

城市形态学的起源可以追溯到 19、20 世纪之交。奥托·斯卢特(Otto Schluter)的早期研究和德国的传统形态基因研究可视为城市形态学的源起。斯卢特在著作中提出，聚落和文化景观(Kulturlandschaft)的形态分析应该作为自然地理学中地理形态学的重要主题，同时，他还支持有深厚传统的德国景观研究。城市景观(Stadtlandschaft)是 20 世纪初德国大学的一个主要研究课题。该课题主要是进行描述性研究，内容包括对德国市镇的建筑类型、市镇规划及地点进行综合分类。使用地块的形状和尺寸，以及街道的布局作为凭证，这些早期的形态基因研究旨在根据它们的阶段性增长对城市地区进行分类，在当时，即便是正风靡一时的城市区域规划和社会文化思想也不是研究的重要部分。

除了中欧的德语国家，城市形态学的研究主要在英国和北美。在英语国家，旅居国外的德国地理学家康岑奠定了城市形态学的基础，并创立了康岑学派。康岑的主要英文学术成果是他对阿伦维克古堡的研究(1960 年首次出版)，在该书中，他对城市区域规划引进了一种概念与地图分析法。在这项研究中，他构建了一个城市形态学研究的理论框架。单个的地块是他的城市区域规划分析的基本单元，再加上详细的地图分析，把文献分析和田野调查结合在了一起进行研究。康岑的重要贡献是"城镇景观"和城市形态演变方式的概念化，这对城市形态研究的未来发展非常重要。此后，在城市形态研究中，"形态基因"(Morphogenesis)指的是城市物质结构的创建和重塑的过程。随着时间的推移，城市环境的物质特征也会变化，不仅是作为一种新增加的城市结构，而且还是对现有结果的改进。

美国城市形态学的特点是拥有两个不同的研究方向。一个侧重文化，特别是农村聚集地的文化；另一个侧重社会经济，其重点是研究城市土地利用的演变模式。后者在城市结构研究领域产生了深远的影响，并把欧内斯特·伯吉斯的同心圆模式、霍默·霍伊特的扇形模式、昌西·哈里斯和爱德华·乌尔曼的多核模式(the Multiple-Nuclei Model, 1945)引入到城市形态学研究中，其核心是从社会经济视角探讨土地利用模式,从历史地理的角度研究城市区域规划和建筑形态则要少一些。

康岑把城市景观划分为城市区域规划、建筑形态和土地利用3个部分。城市形态研究的发展受到康岑的这种三分法的深刻影响。城市结构的动力分析表明康泽恩的市镇规划分析和土地利用循环模式之间有重要的联系。早期的城市形态研究中,"边缘地带"这个概念被用来描述建成区向外扩展时的循环运动。作为城市内部结构发展的一部分,边缘地带最初常被作为大型功能性需求用地(如公园、运动场、公园、公墓、工业用地,以及公用事业),很少甚至没有易达性的商业区。在很多城市中,特别是欧洲大陆的许多城市,边缘地带的物理特征还可能是军事防御的产物,那里早先曾经是军事设防区,而现在则成了环绕城市的绿化带。

"边缘地带"这个概念在20世纪70年代得到更广泛的应用。怀特海德(J. W. R. Whitehand)的一系列论文扩大了康岑理论的影响。特别是怀特海德论证了"建筑周期"和"边缘地带"这两者概念之间的联系。他指出,最初对竞租理论和城市增长循环(周期)之间联系的论述只间接涉及了边缘地带。专注于城市边缘的土地使用的空间模式,他重点关注的是那些大部分被地产经济学家忽略了的机构土地用地中面积广、异质性强的土地类型。怀特海德认为,在城市发展中,繁荣和衰退的周而复始很可能导致城市结构中一系列交替区的出现,这些交替区因其机构和住房比例的不同而呈现不同的特征。原本位于建成区边缘有一定距离的机构在一轮房地产热潮之后可能被新的住宅区所包围,而这些地区最开始并不受房地产商的青睐。通过怀特海德的理论,我们必须设想这样一种情况:在繁荣期的末期,一片新的住宅区将加入城市建成区中去,但是,这些住宅区有可能蓋立在建成区内部,也有可能是分散在建成区的周围,而且,这些住宅区还将是机构的所在地。这就意味着,在房地产市场低迷期,机构将开发大部分最便宜的场所,并将形成一个具有强烈的机构特征的区域。

如此一来,怀特海德阐发了一种基于租金增长的理论解释,这种租金增长是机构为他们自己和靠近房地产开发商的场所的租金竞标而出现的。与此同时,随着机构的增多,他们往往将那些与城市地区联系薄弱的活动搬迁到地价便宜的城市边缘。

怀特海德的循环理论之于城市边缘的研究意义重大,因为对边缘地带的考察,如郊区发展和城市蔓延,填补了城市形态研究中的空白。对城市形态的探讨常常与郊区发展及其形态结果联系在一起,因为郊区化的不同性质(表现)和步调,此外,现代城市的土地利用并没有单一的代表模式。小詹姆斯·万斯(James Vance, Jr.)认为,最好把城市的整体结构看作一系列城市领地环绕着一个中心。城市领地是郊区填充和高速公路蔓延及近期城市发展的产物。从形态上来说,这意味着借由发达的通信系统,城市将融入一个区域与节点的系统中。在大都市框架内,遍布整个大都市的分散趋势导致日常生活的地理单元(城市领地)的演进受制于拥有庞大领地的大城市中。一般的证据显示,这种城市领地只有面积宽广、人口超过25万的大都市区才会出现。在城市(及郊区)的发展中,新的现代抑或后现代城市正在新的郊区中心寻找他们的钢筋混凝土伙伴,这些郊区的地理位置对网络公司极具吸引力,这里还可能汇聚了高速增长的就业机会和其他准城市功能。新的城市领地在各种各样的郊区—市中心之间蓬勃发展,例如,现有的城市区域的区域中心、区域购物中心或商场,还有多功能办公楼,以及像边缘城市这样的特殊聚集地。

"形态基因",即创建并随后转变成城市形态,其间还会出现条件性平衡(的过程),这个演化过程有时候比其他事物的演化更为激进。在其著作《绵延不断的城市》(The Continuing City)中,万斯把城市形态基因划分成了不同的阶段。土地出让基本上是城市发展的第一动力。它通过两种方式发挥作用:担当初创时期地点规划的主要决定性因素,以及作为转型期调整阶段的主要决定性因素。城市形态基因的第二个阶段是联接。不同类型的旅行——如去工作或是去购物——都与其他重复运动一起对城市内部的形态形成产生影响。在这一背景之下，交通变革的意义就至关重要，这是因为交通的变革直接影响城市地区的整体物质结构。因此，资本积累和投资的过程对城市物质形态的构建具有重要的作用。根据万斯的研究，城镇的发展过程和重建受到某种经济波动与现行规定的影响，直到资源增加，城镇得以扩大，步入现代化，并且日益繁荣和清明。它也可能受到从城市的远古时期到现代城市的建设这个过程中资本积累，以及土地投机的影响。在万斯城市形态基因的分类中，规划从一开始就是一个促进因素。在他的理论架构中，规划和市场机制是塑造城市形态这整个过程中不可或缺的部分。由于市场的作用减少，规划的作用必然增加。如果规划和市场中的任何一个被完全控制，那么，在城市建构的过程中可能会出现重大的缺陷，甚至产生严重的冲突。

城市内部形态变化的基本过程既有向外的延伸，也有内部的重组。重组的过程是城市分化和内部结构发展的一部分（参看"内城地貌"Intraurban Physiognomy）研究显示，这种内部重组可能发生在不同空间尺度内的变迁的各种阶段，从个别建筑物的变化到城市街区、社区、住宅区的形态转换。城市内部的分化体现在住宅、商业和工业功能的形态基因元素上。在内城区和紧邻中心城市核心的区域，城市内部空间重组的压力持续存在，其结果是创建出一个涵盖居住、商业和工业的混合功能的独特的形态基因元素。20世纪70年代中期以来，城市空间的这种转型已经相当多。中心城市核心区的活力被再次予以重视，诸如城市生活（绅士化、消费天堂和五花八门的娱乐消遣）的质量，以及加强公共和私人空间社会控制力等主题，被认为对城市的内部结构和城市景观具有普遍的重要性。

城市景观研究已经与城市形态研究紧密相连。特别是英国的城市形态研究，3个最重要的研究方向（路径、路线、分支）分别是城市景观变化的性质和数量，变化过程中所涉及的媒介（人、商、动力）和变化中的管理。城市景观的发展中，传统的研究方向与城市区域规划研究联系了起来。在这里，康岑的市镇景观研究囊括了城市过去发展的各个层面，揭示了城市作为一个整体是如何发展出作为物质配置的街道、空间和许多其他类型的物质结构的，以及城市社会是如何根据前人的经验演化出他们的生活的。根据康岑的研究，城市景观的历史层面代表经验的积累，因而，城市景观的历史层面是保护性规划的宝贵资产和有效工具。这份宝贵资产的价值体现在3个方面：其一，城市各个部分不同的景观特征和物质结构有助于人们识别不同的地点。对某些特殊城市或者城市的某些特殊部分（如公园、商业核心区或者娱乐休闲区）的偏好往往与其建筑物的外形及其他景观特征紧密联系在一起。其二，城市景观有助于个人和社会及时地进行自我定位。在这个意义上，城市景观提供了这个城市历史的强烈的视觉体验，它使城市建筑因年代的不同而呈现不同的建筑特色。其三，形态的结合由旧有的、成熟的城市景观的不同元素，以及社会关系的空间定位网络所决定，这些形态的结合具有美学的价值。

在第二种研究方向中，城市景观的研究已经与媒介的类型、特定的组织，还有个体创造的责任结合在一起。形态基因传统的研究对象——媒介本身，并不像媒介创造的地点和形态那样多。20世纪90年代以来的研究更多地集中在城市景观的规划和管理。历史和文化可持续发展的价值观，以及对现代建筑和大规模重建过程的排斥反应，为此类调查研究提供了良好的起点。尽管城市形态研究还在界定城市景观单元及其之于城市景观管理和保护性规划的意义，但是，这项研究已经成功地深入到商业核心、工业港口城市和居民区。

城市形态学的研究方法一直是城市研究的重要方法。城市结构的物理性质研究是城市地理学最古老的分支之一，特别是在欧洲，市镇景观和区域形态的研究已经占据了一个永久性的研究阵地。这些研究大部分都已经重点叙述过了。这些研究还导致20世纪六七十年代风靡一时的对反对城市形态研究方法的批判，当时，其他不同的研究方法在城市地理学研究中得到应用,如结构主义和人本主义,许多城市地理学者还找到更多能激发他们研究热忱的有趣的主题。尽管如此,城市形态研究在20世纪八九十年代得到壮大,其主要的关注点还是城市景观。

城市地区物质形态研究的增长同时发生在几个学科——(城市)地理学、规划学和规划史、城市设计、景观建设以及城市史中。在城市地理学中,批判主义与人文主义研究方法和城市形态及城市景观结合在一起通过全球化进行经济重组、进行后现代的构建,以及提高破解城市空间奥秘的技术。怀特海德认为,单就地理学领域来说,城市形态研究出现了3种不同类型的进步:(1)城市物质形态的计算机辅助分析和描述;(2)城市形态基因学;(3)对城市景观的社会意义的探索。第一项研究进步(在地理信息学中成果显著,并借助地理学全球信息系统中的工具)在地理信息学和使用地理学中地理信息系统工具方面相当突出。虽然地理信息学方法更常用来分析环境的物理特征,但是,空间数据,以及基于 GIS 技术的建模增加了城市形态和城市建成环境景观的定量分析的可能性。

鉴于过去几十年间城市地理学的动态(包括从实证主义到结构主义与人文主义等一系列研究方法的应用),需要重新审视当代城市形态学的哲学和方法论基础。其中成就最突出、研究过程最长的主题是关于城市形态和城市空间的转换,以及城市景观的发展和管理。今天,城市形态研究在代理机构的变化方面的兴趣较过去增多。目前的研究集中在考察土地及物业业主、建筑师、开发商以及居民个体对城市景观的影响。对土地利用开发中各种各样的个体及组织的研究与对机构的研究方法相类似,研究表明,城市形态的形成是不同媒介的利益和地方冲突中权力分割的结果。这些把注意力集中在变革的代理人(推动者)身上的研究者认为,地方性的冲突,特别是现有城市区域之内的冲突,是发展的必然过程。在这样的背景之下,未来城市形态分析的目的是了解各种不同媒介有关城市空间和城市生活的价值观和意识形态,以及这些机构的决策过程。

在定义"城市景观"的概念时,城市形态学与其他许多学科中采用定性方法以理解城市景观的社会意义,并与解读城市空间的象征性特质的研究实践紧密联系在一起。借鉴语言学和符号学的方法,任何一个城市都可以被看作文字、叙事标记和符号。这样的解释与把景观当做一个数学或者统计的结构的理念是不同的,而且,其兴趣点往往集中在景观创建的思想基础或者权力关系方面(参见景观权力)。因此,建筑物和城市设计——市镇视觉景观的关键元素,已经与城市政治经济,以及城市空间的生产者、消费者和交换者建立了重要的联系。

城市形态学在建模和定义的研究方面已经有了很长的历史,它的研究开启了城市形态与城市景观发展的研究之门。此外,它对某些主要议题的研究已经持续了一个世纪,在这一个世纪中,对这些主题的研究与时俱进,紧跟时代的研究诉求。与此同时,城市形态研究也在其他有关城市的学科中进行实践探索,并且在城市形态分析时继续推行一种难以捉摸的主导范式。

进一步阅读书目:
- Knox, Paul. 2006. *Urban Social Geography: An Introduction*. 5th ed. Englewood Cliffs, NJ: Prentice Hall.
- Larkham, Peter J. 1998. "Urban Morphology and Typology in the United Kingdom." pp. 159-77 in *Typological Process and Design Theory*, edited by A. Petruccioli. Cambridge, MA: Aga Khan Program for Islamic Architecture.
- Vance, James E., Jr. 1990. *The Continuing City: Urban Morphology in Western Civilization*. Baltimore: Johns Hopkins University Press.
- Whitehand, J. W. R. 1987. "Urban Morphology." pp. 250-76 in *Historical Geography: Progress and Prospect*,

edited by M. Pacione. London: Croom Helm.
- —. 1994. "Development Cycles and Urban Landscapes." *Geography* 79(1): 3-17.

(Harri Andersson 文　钟翡庭 译　王　旭 校)

URBAN NOVEL ｜ 城市小说

城市小说研究一直是城市研究的重点领域之一。为了框定它们的主题,第一代城市社会学家与哲学家追溯了亨利·列斐伏尔在他的《空间生产》一书中称为"生活空间"的文学重构。格奥尔格·齐美尔与沃尔特·本雅明研究城市小说以了解现代城市的异化历程。在小说里面,这种异化是以一种连贯明了、内涵丰富、相对简化的形式表现出来。生活空间的文学表现在结合实证考察与抽象表现时,也极有可能造成细微差别和个性化,这是可以接受的。因此,城市小说一直在城市研究中起着重要的参鉴作用。

在当前的学术话语中,城市小说介于文学评论的一种主题类别与小说的一种流派或亚流派之间。从广义上来说,该词是指一种兴趣主题,这种兴趣是一种特定小说作品的主导因素。正因如此,文学记者、评论家以及出版商们常常使用该词,并且将继续沿用。"城市小说"有时候特指小说的一个独立流派,在这种背景下,该词拥有了更多含义。就其本身而论,这种"特指"也是相当灵活的:城市小说的体裁分类并非像童话、侦探小说、西部小说之类的那样泾渭分明。

对城市小说的研究无法依靠经验性的客观性,因此在研究前首先要区分两个层次的意向,即作者的目的和读者的兴趣。一部小说既符合作者的意图又照顾了读者的兴趣,它就很容易被贴上城市小说的标签。就西方文学史上那些最受推崇的城市小说而言,作者和专业读者在小说类别的问题上正日益达成广泛认同,尽管这种认同需要充分历史化。

城市小说的全盛期: 1850—1930

回顾历史可以看到,19世纪至20世纪早期欧洲和北美的小说中,城市小说的创作散漫芜杂,社会反响褒贬不一。这意味着这种现象有时候会被人视作城市小说的总体概况。有段时间,"城市小说"往往被一些早期的社会学家和城市理论家(如格奥尔格·齐美尔、马克斯·韦伯、路易斯·沃思和刘易斯·芒福德等)与"都市"和"都市生活"放在一起,被泛化、普遍化地叙述。"城市小说"的含义首先是由这些小说的作者所诠释,最著名的有查尔斯·狄更斯、乔治·艾略特(George Eliot)、埃米尔·左拉(Émile Zola)、西奥多·德莱塞(Theodore Dreiser)、阿尔弗雷德·德布林(Alfred Döblin)、詹姆斯·乔伊斯(James Joyce),以及约翰·多斯·帕索斯(John Dos Passos)。后来,又有评论家们进行了系统阐述。因此,城市小说常常代表着"现代性"的表现与过程的一种对抗——这种对抗很容易用来超越其他身份构成的特殊性,这种特殊性近几十年里还常被用来完善学术话语。

城市研究传统观点的综合化与同质化倾向不足为奇:在19世纪和20世纪早期的小说中,城市世界的文学表现常常受到借代法的启发。在许多作家的眼中,现代工业城市是一个特权化的世界,一个最重要的社会与历史进程都浮于表面的空间。城市被普遍认为是现代化进程的载体。基于这一点,在城市的文学表现(以及它们的后续研究)中,对于城市空间的描述要比纪录片更丰富。虽然它们同样都总是聚焦于一个缩影,在这个缩影里,大部分时候是使用借代的手法来揭示社会的主要变革,如官僚化与工业化过程、道德话语的合理化和碎片化、生活方式的个性化与商品化。这些社会现象激发城市社会学家们进行了大量的分析研究。但是,其中最重要的观察者往往是19世纪和20世纪初期那些杰出的城市小说家。

学术界对城市小说态度的转变

1850至1930年间的城市小说引起了学术界的广泛关注。其中的经典之作有伯顿·派克(Burton Pike)的《现代文学中的城市想象》,还有皮埃尔·桑索特(Pierre Sansot)、沃尔克·克罗茨(Volker Klotz)和卡尔海因茨·施蒂尔勒(Karlheinz Stierle)的非英语研究,以及普里西拉·弗格森(Priscilla Ferguson)、安·道格拉斯(Ann Douglas)和克里斯托弗·福德尔(Christof Forderer)叙述巴黎、纽约和柏林文学史的近期著作。

比较而言,学术界对19世纪末20世纪初的城市小说研究缺乏充分的关注,或者说学者们重新调整了注意力。像理查德·利罕(Richard Lehan)《文学中的城市》(The City in Literature)那样的概述式研究只不过是战后城市小说研究的一个简短补充章节。卡洛·罗特拉(Carlo Rotella)的《十月之城:城市文学的再发展》(October Cities: The Redevelopment of Urban Literature)关注的是20世纪50年代至60年代中期城市危机早期阶段的城市文学,尤其是芝加哥、费城、纽约的3个典型城市的状况。因此,罗拉特的研究关注的是城市少数族裔小说,这些小说的作者并不想为了更包容、直白的概述而牺牲本土化理解。

除了这些专著之外,还有一些比较研究,如彼得·巴塔(Peter Barta)、伯纳德·唐纳德(Bernard Donald)、本·海默尔(Ben Highmore),以及哈娜·沃思-内谢尔(Hanah Wirth-Nesher),他们的研究重点是对现代城市形象进行细致的考察。但是很显然,所有这些研究都回避对20世纪的城市化历程进行更加综合性的探讨,这一点可归因于当代城市小说与之前的作品有相似的主旨,或是运用了相同的借代法。也许彼得·布鲁克(Peter Brooker)的两项研究最接近对城市小说的现代-后现代比较研究,但这并非全面的、以文本为导向的文学批评,而是文化理论和文学批评领域内一种自我定位的批评,或是对政治承诺之文学形式的利用。换句话说,目前已几乎没有研究将城市小说视作通向更加全面、理论化的文学主流和高端文学的起点。这难免有些自相矛盾:尽管在全球范围内,我们见证了大规模的城市化,但是,当代城市小说的学术讨论却几乎完全消散了。

对城市小说综合关注的大幅减少并没有使以城市为主要背景的小说创作缩减,但是,学术观点已然改变。后结构主义的众多流派对高调阐释"现代化""大都市""大都市生活"的传统大一统式综合研究的意识形态基础心存疑窦。相反,他们把争论引到了有关空间的社会生产的文化理论(而不管城市环境),以及更加多元化和政治化的社会分析。这种社会分析把文学表现看作一种多样性的身份构成观念的表达,这种多样性包括地方、阶级、种族(族裔)、性别,性取向、年龄和国籍。

社会地理学转型所引起的转变

但是20世纪末以后,不仅仅是对城市主题的小说的学术观点发生了变化,城市小说本身也经历了一场变革。但是,小说中表现的城市状况今天是否依旧有意无意地喻示着更广泛的社会演变,这一点仍令人心怀疑惑。从社会地理学现状和关于社会地理的叙事能够窥探到一些明显的转变。

社会地理学的两个转变对大部分西方(也越来越对非西方)文学中的城市主题小说性质的变化有特殊的贡献：城市景观的扩散和混合而引起的城市物质层面的变化；对传统受压迫或被边缘化群体的赋权与自主化引致的城市生活多元化。总而言之，这些转变使得城市变得前所未有的复杂与多样。

西方国家城市景观的外貌发生了如此巨大的变化，以至于这些城市已经没有了辨识度与视觉上的独特性。如今，城市不断向外蔓延，并与之前的城市腹地连为一体。大都市网络已经不再是一个界限分明、以密度和拥塞为核心特征的空间实体。越来越多的远郊具备了中心城市的全部传统功能，远郊与城市组合成了地图难以体现的混合城市群。这些城市群被学者称为"后城市"(Posturban)或者"后郊区"(Postsuburban)。在这种情况下，个体与现代化的工业、经济支柱之间英勇的斗争——这是老城市小说的经典桥段，在许多城市化了的作者与读者眼中，已经变得无关紧要了。

正如随着汽船与非海运运输系统的到来而渐渐衰落的梅尔维尔的海员小说一样，城市小说作为一种演绎现代社会与生活概况的独特类别，已经追赶不上城市持续不断的扩张与蔓延的脚步。伴随着有清晰界限的城市"传统主题"——不管是字面意思还是深层含义——的消散，当代许多未曾经历过从农村到城市迁移的文化冲击的城市主题作家开始引领潮流。从农村到城市的这股迁移潮催生了城市小说这个意义非凡的小说类别，而无此经历的作家创作的小说反过来使城市环境比先前小说中的更平淡无奇，这已经成了一贯的创作格调。有时候，与迅速更新、令人迷惑的后都市、人工智能或全球狂乱大相径庭的是，大都市的市中心和商业圈被一些作家用来寄托他们的怀旧情怀。

对城市主题小说的写作与阅读产生重大影响的第二个社会地理学转型在社会学方面。城市生活方式与城市场所的分离比以往任何时候都更严重。随着城市功能向城郊的扩散，以及视听媒介对城市形象和生活方式的传播，以前被视为与大城市相生相伴的行为模式(如追赶时髦，亚文化群体的构造，或基于理性与备用性的人际交往)已经超出了城市的范围，被大部分国民所采纳。随着西方城市空间模式的变化，今天，城市中的社交网络已经变得更具扩展性、灵活性和更加难以综合分析。个人主义的崛起与生活方式的多样化同一般小说特别是城市小说的演变平行发展。在这样的背景下能够保持不变的只有高度个人化的、常常有失偏颇的观点。个体依附在一个更为集体化的场所(相对于非常特殊的社区)的意识不再只出现在先前小说主角们的世界观中。这就是为什么近些年来越来越多的城市小说研究趋向于文化社会学而不是文学评论的原因之一。

表述策略的转变

文化生产者表现策略的转变，不论是叙事媒介、文艺美学的转变，还是文本生产者的社会背景的转变，都进一步强化了上述过程。这里首先要注意的是，在文学散文的大部分纪实功能被视听媒体和书面新闻所取代的这一点上，城市表现得更突出。新视听媒体的成功是这个过程的关键。视觉及听觉所具有的直接体验和身临其境的特点是文字描述在纯粹的感官冲击和即时性方面无法企及的。

在城市环境的书面表述领域，小说的启示纪实作用无疑也有所下降。在今天这个信息社会，19世纪的作家，如狄更斯等所承担的全方位纪实作用，在很大程度上已经由学者们(社会学家、地理学家、民族志学家、人类学家、历史学家)承担。城市生活书面表述的转变因战后城市杂志业的繁荣而更加牢固，这些城市杂志中包罗了有视觉效果的新闻调查、短篇故事、小品、专栏和对生活方式的半社会学分析——常常与小说家早期的作品是一样的内容。文学类别中唯一一种还能保有对城市环境纪实性的是流行小说，特别是犯罪小说。

同时这也表明，19世纪现实主义作家用一种宏观的方式将城市打造为现代性的标志的雄心壮志变得空洞无力,并已经被淘汰。我们可以看到20世纪城市文化的表现更具选择性。因此,哈尼夫·库雷西(Hanif Kureishi)、萨尔曼·拉什迪(Salman Rushdie)、伊恩·辛克莱(Iain Sinclair)及莎拉·舒尔曼(Sarah Schulman)——布鲁克的《现代性与大都市》(Modernity and Metropolis)的主要文学个案研究——都认为,地方社区或是某块特定区域是当代作家最喜欢的写作素材。相反,左拉、德莱塞、乔伊斯、德布林、多斯·帕索斯依旧执着地想要成为从宏观上驾驭城市整体的英雄式人物。

当我们翻阅非西方城市背景的当代小说时,这种反宏观式的趋势同样明显。很多亚洲、拉丁美洲和非洲的小说都证明了现代主义城市小说是如何从盛世走向没落的。同样的,这些作品也常常聚焦于城市日常社会现实,以及由此产生的城市居民的文化认同。而且,这么做常常使他们在受西风浸润的城市和地方传统城市之间制造有趣的紧张关系。三岛由纪夫(Yukio Mishima)、石黑一雄(Kazuo Ishiguro),尤其是芳吉古井(Yoshikichi Furui)著作中的城市几乎将西方城市的自由主义情怀与日本文化完美地衔接在了一起。在近期的中国文学中,西式与传统的对抗是以问题怀疑论做幌子,或者是对城市生活彻底否定。在当代的西班牙裔美国人的小说中,一般是把城市描述为一个失序、人口过剩、充满暴力的环境,在全球化的浪潮中苦苦挣扎。

除了情节与人物处理上的变化,一些更深的审美变革似乎已经扼杀了城市小说的整体性。最重要的是,大量西方主流小说将今天的城市世界描述为一种符号化的文本表现;一个被信息镜像、通信技术和显著的消费客体所主导的世界。这样的文字表明,对很多作者来说,城市生活的鲜明特征不再是它的现代性,而是它的后现代性。通常情况下,后现代作家专注个人与社会人为的、虚构的对抗。

他们笔下的城市首先是一个抽象的、符号化的世界,而不是人们实际生活的那种城市,这对于每一位后现代作家来说都是一种挑战。但我们通过虚构的后现代小说了解被模拟的城市世界(即真实的城市),去认识因城市的发展而出现的地球村。

从许多方面来说,古典城市小说的意识形态土壤看起来在两次世界大战期间已经干涸。1850至1930年间占据文学潮流主导地位的是现实主义的纪录片和史学模式,但自从那些伟大的现代主义作家的作品问世之后,现实主义不再独占鳌头。西方战后小说的主要兴趣不再是乌托邦与反乌托邦对现代工业城市问题的激烈争锋,而对诸如后现代的超真实状况、去中心化主体的表现,以及各种形式的认识论和语言怀疑论等问题产生了更浓厚的兴趣。

许多针对普遍化场景的怀疑都因为文学领域变得更具民主代表性而表现出来,这种民主是社会解放与教育的结果。特殊社会群体中的成员,不管是作者还是读者,把他们的自我认同看得比他们人生的舞台——城市区域更重。中产阶级异性恋的白人男性作家长期以来对早期城市小说的垄断地位受到严重挑战。作家与读者也越来越意识到,对大城市生活的看法是有性别差异的,并且还会受到阶级、种族、年龄、性取向以及祖籍地的影响。这种被强化的敏感性产生了种类更丰富的城市叙事,有时是明确针对不同的"消费"市场。正因如此,像约翰·克莱门特·鲍尔(John Clement Ball)和卡洛·罗特拉那样的学者,在对当代城市进行虚构创作时,有了更多的选择和政治意识空间。同时,这还使得我们在回顾巴塔、唐纳德、海默尔,以及沃思-内谢尔的研究时,可以修正我们对现代主义城市小说的理解。对于这样的评论(大部分是今天的),致力于将现代性浓缩于城市的、内容丰富的智力和文学项目似乎有被还原的可能(令人难以置信的减少了),并且应被更本土化、理论化和政治化的知识所取代。

进一步阅读书目：

- Ball, John Clement. 2004. *Imagining London: Postcolonial Fiction and the Transnational Metropolis*. Toronto, ON, Canada: University of Toronto Press.
- Barta, Peter. 1996. *Bely, Joyce, and Döblin: Peripatetics in the City Novel*. Gainesville: University Press of Florida.
- Brooker, Peter. 1996. *New York Fictions: Modernity, Postmodernism, the New Modern*. London: Longman.
- —. 2002. *Modernity and Metropolis: Writing, Film and Urban Formations*. Basingstoke, UK: Palgrave. Donald.
- Donald, Bernard. 1999. *Imagining the Modern City*. London: Athlone.
- Douglas, Ann. 1995. *Terrible Honesty: Mongrel Manhattan in the 1920s*. New York: Farrar, Straus and Giroux.
- Ferguson, Priscilla Parkhurst. 1994. *Paris as Revolution: Writing the 19th-century City*. Berkeley: University of California Press.
- Highmore, Ben. 2005. *Cityscapes: Cultural Readings in the Material and Symbolic City*. Basingstoke, UK: Palgrave Macmillan.
- Lehan, Richard. 1998. *The City in Literature: An Intellectual and Cultural History*. Berkeley: University of California Press.
- Pike, Burton. 1981. *The Image of the City in Modern Literature*. Princeton, NJ: Princeton University Press.
- Resina, Joan Ramon and Dieter Ingenschay, eds. 2003. *After-images of the City*. Ithaca, NY: Cornell University Press.
- Rotella, Carlo. 1998. *October Cities: The Redevelopment of Urban Literature*. Berkeley: University of California Press.
- Willett, Ralph. 1996. *The Naked City: Urban Crime Fiction in the USA*. Manchester, UK: Manchester University Press.
- Wirth-Nesher, Hanah. 1996. *City Codes: Reading the Modern Urban Novel*. Cambridge, UK: Cambridge University Press.
- Zhang, Yingjin. 1996. *The City in Modern Chinese Literature and Film: Configurations of Space, Time, and Gender*. Stanford, CA: Stanford University Press.

(Bart Eeckhou, Bart Keunen 文 钟翡庭 译 王 旭 校)

URBAN PLANNING ｜城市区域规划

城市区域规划经过半个多世纪的发展出现了许多不同的标准和概念，使得城市区域规划这个学科内容庞杂、包罗万象，继而使城市区域规划成了一个很难精确定义的学科。甚至该词的前缀"城市"（或者"城乡"）也只是众多表述这种规划活动的用语之一。因而50年前，"城乡规划"这个词更为常见。但是即便如此，"城市区域规划"或者"城市与地区规划"更受美国和其他一些国家的偏爱。有时候，"土地使用规划"（或者"土地使用和交通规划"）也被用来表述这种活动，此外还有"环境规划"等术语，最近也会使用"空间规划"这个词。与其他发展完备的学科相比，表述城市区域规划这门学科的术语未免太多，这正是该学科缺乏重点或统一认识的表现。换句话说，人们始终不清楚这门学科到底是研究什么的。因此,弄清城市区域规划的性质的一个法门就是详细叙述其半个多世纪的发展过程中出现的各种理念。

作为城市设计的城市区域规划

大约50年前,城市区域规划(或者是彼时更常使用的"城乡"规划)主要是指城市的物理变化,即城市布局和设计,包括建筑物等城市硬件,也包括道路和通信设施在内的城市空间。可以肯定的是,这个时期的城市区域规划者认识到,城市地区的建筑物和空间就是他们自己在城市地区的活动中心,因而也认识到不同类型的土地使用和它们之间的相互联系,所以,他们偶尔也会使用"城市土地使用规划"这个术语。

尽管如此,城市区域规划的重点毋庸置疑是城市地区的物理布局和设计。因此,城市区域规划与城市设计几乎是同义词,制定出体现主要土地使用特点和建筑形态布局的"总体规划"是城市区域规划的主要工作,因而这也成了城市区域规划人士培训的重点。鉴于土地规划和城市设计的这种工作重心,这一时期,能够胜任城市区域规划职业的人都被看作是建筑师,或者是土木工程师,因为他们接受了建筑环境设计的良好培训。因此,在50年前,大部分城市区域规划师都是建筑规划师,或者是土木工程规划师。在英国,建筑和土木工程专业人士拒绝承认一个纯城市区域规划专业者的从业资格,因为他们认为建筑或者土木工程专业就是城市区域规划。

城市区域规划中,"建筑"的概念几乎已经被"城市区域规划"所取代,或者被认为只是城市区域规划的一部分。直到现在,城市区域规划的结构设计理念仍在某些国家的城市设计中占据一席之地,并且深深地影响着有关城市区域规划的公共意识。正如事实所示,当有关城市问题和城市区域规划的节目在电视上或者收音机里播出时,居然常常是著名的建筑师而不是城市区域规划的专业人士在回应这些事情。

系统分析与理性行动

"二战"后,欧洲和北美出现了许多机械呆板的城市设计,这正是只注重城市结构设计的结果。大型工业城市遗留下来的贫困和工薪阶层住房问题与严重的工业污染、供市民休闲的绿色开放空间的稀缺、满目灰色呆板单调的建筑形式带来的视觉疲劳等问题交织在了一起。为应对这些问题,城市区域规划师发起了声势浩大的城市重建和城市更新活动:拆除了大片工薪阶层住房和内城工业区,取而代之的是大规模的高层住房、新办公大楼和购物城,以及为应付日益增多的城市主要交通工具——机动车而兴建的新城市高速公路等现代建筑项目。对于真正的城市区域规划来说,这个"一扫而尽"的方法缺乏对现有社会和老工业城市的经济生活的深刻认识,结果这些所谓的"城市区域规划"在扫除贫民窟的同时也把一些充满活力的社区清除了,这些社区有着丰富多样的文化和经济生活。20世纪60年代初,这种城市区域规划的灾难性后果被认识到,并且引起了批判。对此,没有比简·雅各布斯于1961年出版的开创性著作《美国大城市的死与生》更严厉的批判了。除了响应对现代城市区域规划的批评,雅各布斯主要谴责的是城市区域规划人士对他们大张旗鼓地进行重新规划的城市缺乏充分的了解,因为他们没有预先研究或了解真实的城市生活,而主要被勒·柯布西耶所倡导的"未来城市"这种现代建筑构想所误导,提倡一种全新的城市结构布局和城市形态。换言之,这种现代建筑理念非常重视城市的结构形态和设计,认为城市的结构形态和设计是城市区域规划中结构设计理念的中心。在这种理念下,丰富的社会和经济生活被忽略了。

正是在这样的背景之下,20世纪60年代出现了两种截然相反的城市区域规划理念。其一是城市区域规划的系统理念。这种理念注重的正是因城市区域规划者的忽略、抑或是缺乏充分认识而使他们饱受谴责的那些方面,即城市区域规划者所要规划的那个环境。根据城市系统理论家的观点,城市应被看作是相互关联的人与活动的功能体系,从这一点来说,城市区域规划应该只是环境系统分析和调控的一种形式。也就是说,一个规划项目应该首先了解城市体系是如何运作的,然后再进行干预,以改善和最优化它的运作。因此,这种理念的重点就在于首先了解城市,其次才是规划。这种首先对城市的社会和经济生活进行了解的做法正是迄今为止城市区域规划思想和实践所缺失的。

20世纪60年代产生的第二种规划理念则是把城市区域规划看作调控城市体系的一个持续的干预过程,而不是一种构建"最终状态"的总体规划。城市区域规划中的"过程"思想和规划模型结合在一起,借鉴的是管理学中的决策理论。该理论把城市区域规划看作一个循序渐进的理性决策与行动的过程,包括对城市问题(进而城市区域规划目标)的认识,对解决这些问题的备选计划或者政策的了解和评估,对优先计划或者政策的执行,然后是对计划或者政策实施的效果的持续监控。如有必要,还要不断地重复这个过程,以优化或者修正初始的计划或者政策,或者解决出现的新问题。

环境系统与理性行动这两种规划理念的结合标志着城市区域规划思想与持结构设计理念的传统城市区域规划的分道扬镳。现在,一项优秀的城市区域规划首先需要从社会科学的角度对城市和地区进行充分的认识,然后再对城市问题进行理性分析,最后再提出解决方案。这一点也表明了现在的城市区域规划与传统的城市区域规划的区别。因此,20世纪60年代末,人们认为城市区域规划更像是一门科学而不是一门艺术,反过来,这也意味着,最有资格从事城市区域规划的是有社会学或社会与经济地理学的教育背景的人,而不是建筑学或土木工程。所以从那以后,城市区域规划专业人士越来越多的从社会学、经济学、地理学等学科招募。最近,人类活动对自然环境的影响和提高环境的可持续发展的诉求得到广泛关注,于是,城市区

域规划中又加入了环境科学和生态学等专业内容。诚然,作为总体规划和城市设计的城市区域规划旧模式在这个"业已扩大"城市区域规划理念中仍然占有一席之地,但现在更多的是局限在城市的"实践领域"(Action Areas),那里批量地进行重新组合,发展是首位的,被视为理所当然。在此情况下,凡是城市区域规划受重视之处,城市区域规划的总体规划和城市设计就可以大显身手。

作为一种政治活动的城市区域规划

第二次世界大战后,城市区域规划的缺陷不仅为城市区域规划的系统和理性步骤理念的出现提供了温床,而且城市区域规划者为了建造高层住房、嘈杂的城市高速公路、千篇一律的办公大厦和购物中心而实施的城市重建和改造,在很多人看来也只是一种惨烈的、引发社会动荡的破坏活动。因此,一些城市掀起了一股反对这种破坏的城市抗议活动(或称城市抗议运动)。正是这样城市抗议活动催出了城市区域规划的另一种理念。这种理念视城市区域规划为社会与政治行动的一种形式,受理想城市环境的特定价值判定观的深刻影响,而不是立足于理性和科学分析之上的纯粹的技术活动。

随着对环境进行科学认识的理念付诸实践,城市区域规划的环境体系理念表明,"解决"城市问题事关正确的科学和理性分析。城市体系理论家一直在频繁地表达优化城市功能的愿望。因为在他们看来,城市可以假设出一个理想的运行状态,城市区域规划的目标就是确定这个最佳理想状态,然后提出干预措施,以实现这个目标。因此,尽管他们的城市区域规划理念有着根本的不同,但是体系理论家与老派的建筑总体规划师一样,从技术层面看待城市区域规划。到了20世纪60年代,两者唯一的区别是,城市体系思想阵营有关"需要什么样的专业技术"的看法已经转移到从社会科学领域(随后,又转到了生态和环境领域)去理解,而不是建筑学和城市设计。因此,"城市区域规划必然是一种有

价值取向的政治活动"的理念,对早先时候的两种城市区域规划理念都提出了挑战。事实上,它还对"城市区域规划是一种需要一些专业技术的活动"的思想产生了怀疑,因而,它同样挑战了"城市区域规划是,或者可以是,一个'专业'"这种理念。

我们可以把持这种观点的城市区域规划政治观做如下总结:(1)什么是理想的城市环境,以及"什么是能够营造这种环境的优秀的城市区域规划"是一个价值取向的问题,而不是事实取向的问题。(2)环境价值观并非专业知识范畴内的问题,因为普通公众对于"什么构成一个良好的环境"的看法与任何专业规划师的看法一样合情合理。(3)因为各自的态度、信仰、喜好和兴趣的不同,社会各群体的环境价值观是各不相同的。因此第四点是,在对改变城市环境的规划和提案进行评估时,什么样的价值观应优先考虑,或者说,应该如何平衡各种不同的价值观,使它们不会相互抵触,这个问题应该进行公开的讨论和理智地解决,而不是留给城市区域规划专家。最后一点是,不管是城市总体规划还是具体的发展提案,城市区域规划的抉择都是价值观和政治的选择问题,而不是专业技术事宜。

自由市场社会的城市区域规划

在拥有土地所有权、土地可以自由交换和开发(无论是通过个体业主还是大型房地产开发商)的自由资本主义社会,政府通过公共部门的城市区域规划将目标变为现实的能力,不仅取决于政府规划部门为实现这些目标而制定的计划和报告,还取决于土地所有者和开发者为实现这些目标而进行开发的意愿。因为在自由资本主义社会,为实现公开商定的目标而进行的开发,其所需要的经济力量和资源,很大部分掌握在私人业主和开发商手中,而非政府规划部门那里。

在这样的社会经济环境之下,20世纪70年代的全国性城市区域规划的问题更为尖锐地暴露出来。当时一些不得人心的城市发展规划和提案被付诸实践,然而许多具有可行性的政府规划和政策却常常被搁置。这不仅仅因为践行这些计划所需的公共资源不足,而且也因为私人开发商缺乏开发的积极性。正如两位美国作家杰弗里·普雷斯曼(Jeffrey Pressman)和亚伦·维达夫斯基(Aaron Wildavsky)于1973年发表的开创性著作《实施》(*Implementation*)中指出的,许多公共部门规划和政策的失败仅仅是因为它们未能得到实施。西方资本主义世界的城市区域规划者为此提醒道,大多数西方自由民主国家在"二战"后建立起来的城市区域规划体系并未取代拥有土地所有权、可以自由交换和自主开发(可能是通过土地国有化,或者土地开发公司)的自由市场体系。相反,只是通过授予制定城市发展规划的权力,以及给予规划许可的决议权使其能够决定发展提案,如此这般而使其具备影响和管理市场体系的能力。可以肯定的是,这些能力不容小觑。但同样地,公共部门的规划和政策的实现有赖于其他私营部门和机构的依从。然而,这种依从至今还没有出现,因为只为实现规划而进行的开发,于私营部门无利可图。因而,正如普雷斯曼和维达夫斯基所说,这些得到公众认可的计划和政策无法实施,或者虽有雄心抱负,成效却差强人意。

正是在这样的背景之下,20世纪70年代的城市区域规划理论家和实践者逐渐认识到,要使公共规划与政策更有效地执行,城市区域规划者必须与现行的市场体系及私营开发商精诚合作,而不是排斥他们。这反过来也要求城市区域规划者不仅应了解私营开发商和发展经济学,还应具备一定的联系、沟通和洽谈的社交技巧,并与开发商及其他相关部门建立合作伙伴关系,以确保城市的良好发展,"造福"公众。

这一切使得对城市区域规划的本质又有了更深的认识。因为现在越来越多的人认为,卓越的城市区域规划师不仅是职业规划师与决策者,同时还是实现计划的管理者与计划实施的协调者。也就是说,他或她不仅应该是一个能够制定出良好规划方案的人,还应该是一个能启动计划并采取有效措施实现计划的人。因此从 1970 年代末开始,城市区域规划越来越被看作是一项管理城市变化的行之有效的活动。因而,良好的管理、沟通和谈判的能力,以及(有时甚至都不需要)规划和决策创造力,被认为是城市区域规划者的关键技能。在旧理念中,乡镇规划者扮演的是通过制定城市总体规划,按部就班地进行规划的角色。现在这种理念已经让位给了新的观念,即城市区域规划者应能够通过公开可行、私下可取的办法与拥有城市开发能力的人进行合作,掌控局面且促成规划目标的实现,从而推动城市变化与发展。在过去 25 年的规划理论的主流话语里面,城市区域规划已经越来越被认作一种"交际行为"。

城市区域规划:一个复杂的实践

从上面对过去 50 年来城市区域规划理念变化的评述中可以看出,城市区域规划是一个复杂的、多层面的活动,而且实际上还包含了一个认识和掌控复杂的、千变万化的城市世界的努力,并获得了民选政治家(通过他们,也赢得了公众)和那些有能力构建城市、从而影响城市的变化和发展的人的认可。大约 50 年前,有个城市区域规划师(或那时更通俗的称呼是:一个"乡镇"或"城市"的规划师)提出,城市区域规划师就是为城市的未来发展制定总体规划,然后按部就班地规划城市或者城市的某个区域。现在虽然总体规划和城市设计的理念再次在城市区域规划中找到了用武之地,而且在这些地方城市又有了新的发展,但是城市区域规划的总体状况是这样的:很少有城市区域规划者按部就班地规划城市,相反,正如此文清晰所示,城市区域规划者通过平衡需求和利益的竞争(常常是冲突)来管理城市的发展。此外,时下越来越多的城市区域规划者响应一个更紧迫的问题,即立足长远并确保城市发展的方式不会对人类赖以继续生存的地球自然生态造成不可逆转的伤害。

进一步阅读书目:

- Fainstein, Susan S. and Scott Campbell, eds. 2003. *Readings in Planning Theory*. 2nd ed. Oxford, UK: Blackwell.
- Fainstein, Susan S. and Lisa J. Servon, eds. 2005. *Gender and Planning: A Reader*. Piscataway, NJ: Rutgers University Press.
- Hall, Peter. 2002. *Cities of Tomorrow: An Intellectual History of Urban Planning and Design in the Twentieth Century*. 3rd ed. Malden, MA: Blackwell.
- ———. 2007. *Urban and Regional Planning*. 4th ed. London: Taylor & Francis.
- Levy, John M. 2008. *Contemporary Urban Planning*. 8th ed. Englewood Cliffs, NJ: Prentice Hall.
- Pressman, Jeffrey L. and Aaron Wildavsky. 1973. *Implementation*. Berkeley: University of California Press.
- Saunders, William S., ed. 2006. *Urban Planning Today: A Harvard Design Magazine Reader*. Minneapolis: University of Minnesota Press.
- Taylor, Nigel. 1998. *Urban Planning Theory since 1945*. Thousand Oaks, CA: Sage.

(Nigel Taylor 文 钟翡庭 译 王 旭 校)

URBAN POLICY ｜城市政策

城市政策是指由公共部门（政府及其合作伙伴、专门机构、非政府组织、基金会，以及其他团体）制定，并会对城市地区居民的生活产生影响的一系列措施。"什么是城市政策"这个问题会随着时间的变化而不同，而且，"城市地区"的定义一直在变化，促使城市政策独具特色，即独立于建筑、城市区域规划以及住房政策的因素也在改变。城市政策的制定由来已久，并且，城市政策的界定不仅在政府定义"城市地区"和"城市"的问题上有重要意义，还在过去半个世纪以来的社会与福利政策的修订方面发挥重要作用。

一些学者认为，对城市地区产生影响的每一项措施都应该算作城市政策。这种定义反映了视角的全面，有助于确定一系列政策是否以及如何对城市地区产生的影响。然而，这种定义也无法使不同地区城市政策的千差万别显现出来以进行分析。因为在实践中，几乎城市政策的每一个方面都会对城市地区产生影响。换言之，这种定义使我们只能根据它对生活在城市中的人的影响来分析所有的公共政策，而没有把城市政策当作政策实践来提供一种可行定义。

其他学者则试图划定城市政策的范围。方法之一是通过集体消费，即通过国家在劳动力的开发和培养的开支来定义城市。这种方法强调了城市地区在提供日常生活所需和必要的社会基础设施——住房、社会服务、公共交通、教育、医疗卫生服务——等方面的重要作用。但是，它还包括了那些通常被认为是城市政策的方案，比如那些有关城市和社区更新的方案，还有那些并非专门针对城市的方案。通过国家政策武断地定义"城市"也是不明智的，这是一种舍近求远的方法。同样，这种定义也没有体现出城市政策在不同空间的差异性，因为所有与社会再生产有关的政策都发生在城市中。

城市政策也可以通过把城市当作增长引擎来进行界定。这种方法强调城市政策在多大程度上推动房地产开发并创造价值，以及通过一系列的措施提升城市竞争力，包括地区营销和扶持制造业企业过渡到创意和知识产业这种为经济发展的特定目标而做出的努力。然而，这种方法突出的是城市政策的重要方面，淡化了集体消费的意义或以社区为基础的措施。

在这些有关城市政策的定义中有个共同的特点，那就是地区性。换言之，其他形式的社会政策着眼于特殊的群体（例如穷人、儿童、租户、病人），而城市政策则是着眼于特定的区域（即使它们与特殊群体相关，譬如非洲裔美国人、少数族群或是流动人口）。但是，地区的面积和特点在很大程度上取决于时代背景和国家政策环境。因此，举例来说，城市政策有时重心是在内城区，有时则聚焦于城市边缘的公共住房；有时城市政策关注的是贫民窟，而有的时候关注的则是郊区的管理。"地区"，有时候被狭隘地定于"社区"或者是分隔的区域，有时候它又意指整个城市，甚至是整个城市地区。上述的每一种有关"政策"的解释，都使城市政策的性质发生改变。在不同的时期，城市政策包括住房、城市区域规划与设计的结合形式，关注社区，参与地区管理，重视犯罪和失序的管理，促进经济及房地产开发。

虽然很容易对城市政策下个可操作性的定义，但是要对"什么是城市政策，什么不是城市政策"下个准确的、令人信服的定义就困难多了。如果不把它当作研究对象的话，这种不确定性和灵活性倒使得城市政策这个主题变得趣味横生。正因为城市政策被主流社会政策边缘化，因此可以把它当作一个棱镜，以考察社会政策性质的变化。现行城市政策不断变化的优先顺序和重点也反映出在不同时期和特定地点理解城市的不同方式。

城市政策和社会政策的修订

城市政策的复杂世系可以追溯到19世纪的城市及其发展,它被归入范围更广的福利国家建设和城市区域规划中。但是,城市政策作为社会政策中的一个显著领域而出现,是在20世纪60年代中期向贫困宣战的背景之下,紧随美国民权运动之后。随后席卷美国城市的骚乱决定了城市政策的属性和内容。

彼时,美国城市政策的身份模糊不清。它正式承认非洲裔美国人在城市中的存在,绕过现有的福利体制和政府官僚机构,鼓励立足社区的组织的发展。但是,这种承认是短暂的,因为新的城市政策与现行的福利政策和政府机构捆绑在一起。城市政策的影响一开始就超出了美国政府明确指定的实施范围。举例来说,英国的城市区域规划就明显借鉴了美国的经验,所以英国的城市区域规划一开始就强调要包含其内陆城市的移民社区。

早期的城市政策试图在战后福利制度处于严峻挑战之时将其范围扩大到以前被排除在外的人群(虽然处于次级地位)。其中一些城市政策的实施将有助于应对已然日趋明显的挑战。

城市政策承诺,它将大大超出传统社会福利的局限,覆盖那些本来可能会被排除在外的群体。城市政策制订者希望能够超越传统福利政策狭隘的专业和政府限制。来自非传统城市政策背景的城市政策专业新秀,不管是扎根于社区活动还是其他学科(无论是根植于社会激进主义还是其他学科),都声称要改变现有的(各州管理的)福利体系。他们期望城市政策是而且必须是整体性的。从某种意义上来说,这种整体性的城市政策更多的应该是作用于某一特定地区的所有人,而不是针对特定的问题。从这点出发,城市政策的从业人员需要能与社区、企业及非政府组织进行良好的沟通与合作。"减少提供直接的服务,更多的是帮助人们自力更生",城市政策也一直在高呼强势社区的这些豪言壮语。

因此,挟裹着对传统的福利政策含蓄的(而且往往明确的)批评,城市政策呱呱坠地、茁壮成长。针对传统社区活动的某些方面的批评往往相当激烈。城市政策也越来越多的体现在福利待遇方面。在某些时候,还被后福利国家用新自由主义方法定义为"福利"。这诠释了从1970年代到1980年代经济学上社会福利定义的转变。城市特别是老工业城市的问题,以及像伦敦这种城市的工业区的问题,被看作是国家调控和规划控制的恶果,这些国家调控和规划控制已成为发展的主要障碍。成功的发展就算不总是如此,也常常是房地产主导的。这种开发被认为是提供了新的商业盈利来源和解决当地居民边缘化的途径。这是一个企业区、滨水地区开发、城市发展公司和特殊就业区的时代。

一些与"紧缩型"城市政策相关的特征在今天依然常见。但经济形势的变化并没有淡化先前对社区的重视。相反,虽然社区的角色可能已经被重新定位,但社区视角在当代城市政策中依然占据重要位置。通过关注社区,道德权威和道德行为等问题被列入城市政策的议程。举例来说,对"犯罪"的重新定义使得这个问题成了对日常不文明和反社会行为的监管。正如那个广为流传的寓言故事所示,对哪怕只是轻微破裂的窗户进行及时的修补也可以防止各种反社会行为的发生,因为那些破裂的窗户隐含着犯罪的倾向——此街区无人照管。在这种背景下,城市再次掀起了主张自助和自我约束的浪潮,借此,社区组织也进行了必要的改革。随着"社会资本"这个概念的提出,社区也变成了一个有关信任以及通过把合适的人群吸引过来以营建安全居所的经济问题。因而,地区营销和房地产开发可以促成经济、社会和个人的共同繁荣。

战后一些城市区域规划项目雄心勃勃,许诺以各种方式理性地重新规划城市。与此相反,城市政策扎根于对当前世界的理解,强调进行渐进递增式的变革。这也反映在一系列的安居政策里,即关心人们居住在城市什么地方以及怎样生活。而且,除了寻找发展或者重建现有社区的途径,城市政策越来越热衷于探索建设新社区的办法,尤其是与新兴的新城市主义有关的社区和被确定为可持续发展的社区。尽管通常得到了国家的认可,通过创建种种封闭社区,这一进程在一些地区已经有效地私有化了。

如果说当代城市政策的源头只能在经受了考验和磨难的福利国家和发达国家的城市空间找到的话,那么,当代城市政策则已经风靡全球。这反映在所谓的"新传统智慧"之中。这种日益成为主流的观点认为,城市为了在竞争中取得成功从而推动了居民个体和集体的福利。这种成功依靠的是良好的管理和包容性的社会与经济环境。这种良好的管理和包容性的社会与经济环境,体现在城市政策中就是一系列清晰的规范(如经济合作与发展组织的出版物中所陈述的),这使得全球北部的城市明白,除非它们增强竞争力,否则就会被全球南部尤其是印度和中国的那些巨型城市所取代。与此同时在全球南部,世界银行及相关机构则强调有必要利用贫困居民的创业技能。

当代城市政策的制订强调把经济与社会政策结合在一起,这样三者就能取长补短、相得益彰。

城市政策中的城市

城市政策的变化形式表明,越来越多的城市加入后福利世界的行列。即使城市(社会)的方案措施依旧吸纳国家资助(基金),对城市竞争力的重视重新定义了传统服务(如教育),这些都成了城市竞争过程中的一些表现(例如输送行业所需的技术工人)。这也为我们解读城市指出了一种特殊的方式。

城市政策的源起立足于把城市当作"问题"这个基本的认识。无论是说城市已经变成一个种族冲突、内城衰落、贫民窟、工业污染、去工业化、犯罪、社会失序和恐怖威胁的泛滥之地,还是说城市是社会关系疏远淡漠、缺乏友好睦邻的标志之一,都说明城市是一个问题。其中的一些认识直到今天仍然能够引起共鸣。举例来说,在美国,人们常常呼吁城市政策的制定回归到侧重城市弱势群体的需求,而不是郊区优先,但在实际事务中城市政策的重心已经转移。在这种状况下,矗立着标志性建筑的城市被看作文化中心,而且还被寄予了成为创意与知识产业中心以及提升国家竞争力的"龙头"的厚望。正因如此,贫民窟的升级改造引起了各方的关注,而不是简单地推倒贫民窟、用现代建筑取代。

纵观城市政策的整个发展过程,"城市"这个词被不断地诠释和再诠释。城市被想象为或者已经成为危险的反乌托邦之地,在这里,犯罪的威胁、社区的终结、社会的分化,工业衰退的病症越来越痛苦地交织在一起。这些观念已经体现和作用在城市政策上。与此同时,"城市"也屡屡见于乌托邦类的表述中,把文化、交互影响、新型社区、创造力以及投资等都堆在一起,以打造一个竞争为王的新世界。这种观念也同样地体现和作用在了城市政策上。正是这种能够以不同的方式理解城市的能力,使城市政策得以适应变化莫测的城市政治、经济和社会状况。

进一步阅读书目:

- Cochrane, A. 2007. *Understanding Urban Policy: A Critical Approach*. Malden, MA: Blackwell.
- Euchner, C. and S. McGovern. 2003. *Urban Policy Reconsidered. Dialogues on the Problems and Prospects of American Cities*. New York: Routledge.
- Geyer, H. S., ed. 2008. *International Handbook of Urban Policy: Contentious Global Issues*. Northampton, MA: Edward Elgar Publishing.
- Savitch, H. and P. Kantor. 2002. *Cities in the International Marketplace: The Political Economy of Urban Development in North America and Western Europe*. Princeton, NJ: Princeton University Press.

- UN-HABITAT. 2006. *The State of the World's Cities Report 2006/7. The Millennium Development Goals and Urban Sustainability: 30 Years of Shaping the Habitat Agenda.* London: Earthscan.

(Allan Cochrane 文　钟翡庭 译　王　旭 校)

URBAN POLITICS ｜ 城市政治学

对城市政治的研究涵盖了多个学科,以便能够理解城市地区的治理和政治发展。尽管欧美学者往往有着不同的研究视角和知识背景,但近年来,他们却都倾向于利用比较的方法研究城市政治。

理论方法

美国学者对城市政治的研究直到 1950 年代仍以制度分析为主,这一方法注重正式的管理机构和与地区治理相关的宪章和法律,与 20 世纪初美国城市改革运动的学说相似。在后者眼中,城市治理主要是一项行政管理活动而与政治无关。尽管有部分政治学家并不认同这种制度研究的方法,但绝大多数学者对于城市和地方政府运行所需的政治基础,存在着广泛的共识,这使得他们倾向于研究如何使政府运行更有效率。

20 世纪五六十年代,政治学领域内兴起的行为主义推动着城市政治学的研究转向新的方向,一改往日对制度和法律的关注,转而重视各种非正式渠道和组织对地方政府的影响。这一方法的核心,是认为政治和管理不可分割,因此研究者的焦点应该放在权力和政治冲突上,这使得研究者探求理论和方法,来发掘谁是城市地区的统治者以及权力是如何分配的,从而推动了对社区权力的研究。以弗洛伊德·亨特为代表的精英论者采用社会调查和建立社会学模型的方式,来研究民主制度下权力是如何集中起来的。而罗伯特·达尔等多元论者则反对这一方法。他们以决策过程为例,得出的结论与精英论者不同,认为权力是分散的。此外,多元论者相信在民主制度下,组织化的政治竞争由于数量众多足以保证政府官员在大多数时间内为市民负责。还有些学者则认为,精英论者和多元论者都忽视了"非决策"活动,而诸如可能出现的政治压力、文化形式、意识形态等在决策过程之外的因素都能够制约有争议的政治议题。

虽然围绕社区权力的争论远未尘埃落定,但这已足以让今天的研究者明白,要恰当地解释城市政治,需要理解多个层面的社会和政治因素。而围绕社区权力的争论出现之后,学者们越发倾向于简化对社区中多元因素的分析介绍,以便集中精力探讨地方政治的性质。当代的研究者批评早期研究局限于地方政治的内部政治因素,而他们则追求建立一整套关于地方政府的政治经济学理论。

当代争论

保罗·彼得森 1981 年出版的名著《城市极限》开启了从政治经济学研究城市政治的新视野。他认为,无论付出何种代价,城市都要达到如下 3 个目标,即避免再分配、提供充足的基础服务和尽最大可能保证政策能够促进经济发展。彼得森宣称,一个城市,其社会健康与否有赖其经济的繁荣。当城市经济增长时,税收会相应增加,城市服务会得到改善,向慈善组织提供的捐款也会更多,而城市的社会和文化生活也会有所加强。

在彼得森看来,城市领导人切不可任由经济自行发展。与中央政府不同,城市政府缺乏足够的权威来管理移民、货币流转以及物资和服务的进出口。城市限于某个特定的空间,如果当地商业环境对投资者和商人不利,他们马上会搬到其他地区。因此城市间相互竞争,努力降低税率和管理成本,并为商业提供一系列补贴。简而言之,彼得森的核心观点是,增长和发展受到市场压力的严重制约。

这一观点引发了城市学者的争论,直到今天也没有停止,许多人对彼得森提出的发展将惠及所有人的观点不以为然,也有人指责他忽视了城市政治的复杂性。促进地方的繁荣当然始终是重要的议题,但政客们的首要任务是争取足够的政治支持以保住他们的职位,也就是说,他们必须赢得选举。

一份关于城市机制的综述对此做出了回应,该综述提供了了解规范市场与城市民间冲突之机制的方法。该报告认为,城市政权最有力的两部分是代表选举官员的市政厅和商业精英。政府官员没有足够的资源独自行动,商业精英亦然,他们需要前者提供良好的环境以确保投资安全和政治稳定。因此,政权的组成者需要了解如何共事,以便实现共同目标。只有合作才能实现他们单干时不能完成的任务,因此他们共同分享城市的权力。然而商业精英在其中扮演着重要角色,许多公共政策向他们倾斜。

如今,许多城市政治理论家都相信,城市政治和政策制定离不开政府内外人士的合作。但也有批评者指出,城市政权的概念不能合理解释城市政治,只是重述了美国式的多元主义而已,不足以称其为理论。他们认为,城市治理的核心是否由市政厅和商业精英组成仍是一个需要思考的问题。批评者指出,种族、族裔和移民是美国城市政治的突出特征,这些问题撕裂了城市和大都市地区,影响着政治冲突的走向。也有学者注意到,在全国政治生活中产生重大影响的社会问题,其所引发的文化战争同样渗透到地方社区中来。有时,维护社会秩序、促进经济发展和保持与商界的合作需要地方政府投入相等的精力。

比较的视角

在当代的城市政治研究中,比较的视角受到了更多重视。但也并非全然如此,欧洲城市学家们在研究地区政治时往往采用与美国学者不同的方法,后者所建立的地方政治的模型通常无法在北美以外的政治环境中找到。比如,在西欧较为普遍的集权式政府和规模较大的公共部门在美国极为少见,美国的模式是联邦主义和有限的地方政府。

欧洲城市政治研究者与其美国同行相比,另外一个不同之处在于他们更多地受到社会学和政治学理论的影响,在跨学科研究中涉及的领域更为宽广。欧洲主要的研究视角有些来自新马克思主义者和其他激进思想,如后现代主义和新韦伯主义分析(与德国社会学家马克斯·韦伯有关)。也有些理论基于组织理论、城市地理、传播学以及规划管理和公共管理等经过实践的传统方式。而这些方法对美国学术界城市政治研究的影响却是微不足道的,美国学者一直重视行为主义的方法。

然而,随着全球化对地方政治的影响愈益明显,比较研究自1990年代以来受到越来越多的重视。经济全球化和在全球经济分工中占有重要地位的城市网络发挥着举足轻重的作用。但到目前为止,适用于比较研究的欧美城市在数量和规模上都是有限的,理论活力也稍显不足,大多数此类研究对比的都是英美两国的城市。不过最近几年出现了许多眼光长远的系统性比较研究,其中不乏美国学术界对非英语世界的观察。萨维奇(H. V. Savitch)和保罗·卡特尔(Paul Kantor)对西欧和北美城市的研究提出了一项对城市发展政策进行比较研究的理论。他们揭示了城市如何利用议价优势和经济、政治、社会等不利条件影响资本投资的过程,认为城市政治是左右经济发展的关键因素。

历史主义的视角

美国城市的治理需要城市领导人在促进经济发展的同时,协调种族、族裔和社会不同群体间不可避免的冲突。发展经济和协调冲突是美国政治的主要诉求,从这两点入手,也可以理解美国城市史上久存的问题。在市场的逻辑中,城市是承载商业、工业、金融、土地投机和就业等私人经济活动的空间。相比之下,民主制度的政治逻辑则需要公共官员为其所作所为寻找并扩大政治支持,而且他们执政的时间也是有限的。选举官员必须关注经济繁荣和城市治理两方面的问题。在美国历史的不同阶段,城市治理中经济和政治的互动也并非是一成不变的。

商业政治(1787—1860)

从美利坚合众国成立到 1860 年代(有些城市要更晚),政商精英是城市的主要管理者,其首要目的在于促进地区经济发展。在这个商业主导的时代,城市治理者们认为,自己最重要的任务是为个人提供更多的机会。有些城市缺少重要的经济基础来处理某些问题,甚至无法维持必要的公共服务,这也阻碍了政治领域内其他问题的发展。城市与地区、全国乃至国际商贸网络的联系决定了这座城市的经济发展,也影响着其居民的生活前景。因此,城市精英们卷入了城市之间激烈的竞争:除了宣传所谓的经济和文化优势,城市还大力开凿运河、修筑铁路及其他促进商业发展的基础设施。由于地区利益使联邦政府无法在促进城市发展方面发挥重大作用,州与地方政府官员便扮演了重要角色。地方政府是推动金融体系和交通设施的先驱,经过这样一番发展,资本主义体系在 19 世纪的美国确定下来。

工业城市(1860—1940)

19 世纪末,城市治理逐渐取代经济发展成为城市的首要政治目标。在工业时代,随着城市体系的形成,城市间剧烈的经济竞争让位于一项完全不同的任务,即协调工业城市内部的政治冲突。内战结束后,工业化促使城市爆炸性增长,数以百万计的外国移民涌入美国城市,试图在工厂中找到工作。白人男子普遍拥有选举权,意味着移民也拥有改变政治现状的潜力,他们进入政治领域引发了激烈的政治斗争。

通过施以小恩小惠以及宣扬族群团结,新一代美国政客成功地动员起爱尔兰等族裔的选民,市政厅更是成为做出大小决策的论坛。在许多大城市中,这样的政治最终成为城市老板掌控的政治机器,激起了上层和中产阶级利益集团的不满,他们反对移民政客们的随心所欲和贪腐行为。进步主义者大多来自商业领域或是专业人士,带领城市老板的反对者们发起了一场城市改革运动,在 20 世纪初产生了很大影响。改革者们呼吁选举改革,并赢得了选民注册、秘密投票、大范围选举和超党派选举。他们的目标,部分是要让选举更加可信,同时也是为了减少移民的影响。

当代城市

进入 20 世纪,中心城市和郊区间的种族和阶级分化成为大都市区的典型特征。在这 100 年中,美国城市依然吸引着逃离压迫和贫穷的人们前来寻找工作机会。经历过大萧条和"二战",数百万非洲裔美国人离开南方,来到北方的城市中,在 1940 至 1970 年间,这一数字达到了 500 万。与此同时,白人中产阶级离开城市,搬进了郊区低密度的独户住宅中。1970 年的人口普查显示,郊区人口首次超过了中心城市人口、小城镇人口和乡村人口。在随后的 20 年中,人口继续向中心城市周围更广阔的郊区扩散。

后工业经济转型同样决定性地改变了城市的历史定位。通信领域的技术创新、轻型材料的使用以及汽车和卡车等交通运输工具的便捷,推动了人口和就业的分散。更重要的是,企业可以迁往远离传统工业地带的地区以降低成本。这些发展对老的中心城市造成了巨大的负面影响。过去,城市是国家经济的发动机;如今,城市已失去了经济活力,成为滋生社会问题的温床,这使得郊区居民进一步远离城市。

全球化市场为自由的商业提供了诸多优势,当代城市政治学的领导者们正是在这样的背景下争取城市经济复苏的。尽管全球金融中心纽约、服务业中心波士顿和许多"阳光带"的新城市正经历着复兴,但众多老城市并不在此列。底特律、圣路易斯等"锈蚀带"城市未能置换衰败的老旧工业部门,其人口仍在不断流失。由于商业和投资人的选择是多样的,城市必须为就业和资金而竞争。如同在商业政治时代一样,城市的公共部门再一次需要像私人企业那样吸引投资。如何让城市吸引企业、游客、郊区居民和在城中工作的人,已成为城市政治学优先关注的内容。

城市治理的压力促使城市政治精英们在解决棘手难题时寻求公众支持。移民再一次影响了中心城市乃至郊区的重要问题和政治冲突。从1960年代中期以来,美国迎来了新一轮的移民潮,来自亚洲、拉美、加勒比地区以及中东欧的新的族裔群体大量涌入城市,其人口不断增多,并逐渐向郊区搬迁。随着大都市区人口结构的变化,地方政治议题也有所改变。新移民群体有自己的倾向,并且已经开始为分享权力而努力。就像历史上曾经发生的那样,随着政府官员寻找新的盟友治理城市,新的政治冲突和政治议题也渐渐浮出水面。

进一步阅读书目:
- Dahl, R. 1961. *Who Governs?* New Haven, CT: Yale University Press.
- Judd, D. and T. Swanstrom. 2005. *City Politics*. New York: Longman.
- LeGales, P. 2002. *European Cities*. Oxford, UK: Oxford University Press.
- Peterson, P. 1981. *City Limits*. Chicago: University of Chicago Press.
- Savitch, H. V. and P. Kantor. 2002. *Cities in the International Marketplace: The Political Economy of Urban Development in North America and Western Europe*. Princeton, NJ: Princeton University Press.
- Stone, C. N. 1989. *Regime Politics: Governing Atlanta*. Lawrence: Kansas University Press.

(Paul Kantor 文 李文硕 译 王 旭 校)

URBAN PSYCHOLOGY | 城市心理学

对于城市居民而言,城市生活对其个性、行为、价值观和人际关系产生了怎样的影响?1970年代,社会心理学领域兴起的一个新分支——城市心理学——就是以上述问题为研究核心的。

亚里士多德称人类是"政治动物",具有适应城邦群居生活的本能。城市心理学对促成人类聚集在城市中的那种尚不确知的力量之原因和后果进行实证研究。无论何时何地,现代人类的全部历史可以理解为一部城市移民的历史,是人类从乡村和小城镇迁往城市的历史,这是不言而喻的。回首过去的100年,世界人口在20世纪增长了将近3倍,从1900年的15亿变成2008年的60亿,而且绝大部分居住在10万以上人口的城市中。这些10万以上人口的城市无论数量、规模、密度还是其人口所占总人数的百分比都有所增加。如今，建筑材料和交通技术的进步使得城市可以在纵横两个方向上膨胀，并得以容纳前所未有的人口。

城市对人的影响

任何一个物种，其群居生活都有一个基本的规模，或以十计，或以百计，老鼠、鹅、狮子、大象莫不如此，只有族群数以万计的蚂蚁、蜜蜂等例外。与之类似，自诞生以来的10万年间，有98.8%的时间人类主要族群的规模大约为数百人，或是宗族，或是部落。但当伦敦在1800年成为首个人口突破百万的城市后，人口超过1 000万的巨型城市似乎成了人类群居生活的未来。从300人的群居生活，到千万人的群居生活，这种转变对于个人有什么影响？对于整个人类呢？

城市增长对人类的影响

在过去的一个世纪里，少数先知先觉的经典著作为我们展示了城市生活对个人的影响。1887年，哲学家斐迪南·滕尼斯出版了《礼俗社会和法理社会》；1903年，社会学家格奥尔格·齐美尔发表演讲谈到"精神力量"；1938年，社会学家路易斯·沃思提出了"没有目的的人"；1970年，心理学家斯坦利·米尔格拉姆（Stanley Milgram）提出了"超负荷刺激"，凡此种种皆为其中典型。在1880年代的普鲁士，滕尼斯亲眼见证了相互隔绝的封地合并成为统一的德意志国家后，大量人口从农村涌入城市。在滕氏看来，农民正舍弃了温馨的友邻伙伴，而投身到冰冷陌生的城市生活中来；抛下了温情脉脉的"感性社区"，走入了冷若冰霜的"理性社区"。一代人之后，齐美尔在柏林发表的演讲中谈到了大都市和精神生活，为了说明大量人口必然加快城市生活的节奏并导致城市居民内心的变动，而创造了"不屑的态度"（a blasé attitude）、"沉默寡言"（reserve）、"世界主义"和"客观精神"等概念。1938年，社会学家路易斯·沃思在芝加哥发表了经典文章《作为一种生活方式的城市生活》，认为城市居民的生活一团混乱，缺乏个人认同，使得他们无论同陌生人、朋友还是家人仅仅维持着表层的关系。

但作为一个研究领域，城市心理学起源于社会学家斯坦利·米尔格拉姆一份长达8页的声明，题为"城市生活的经验"。这份声明发表于1970年的《科学》（Science）杂志，有如下几个独特观点：

1. 内在性。米尔格拉姆认为，应当把人口规模、密度和多样性等城市生活的外部因素与人的内在心理状态联系起来，提出了城市"超负荷刺激"这一新概念。

2. 基于实证的研究。米尔格拉姆主张超越个人经验，并提出了许多新方法以通过实证的方式研究城市的行为（Urban Behavior）。这些方法包括现场研究和实验室实验、打破规范、观察和调查取样。

3. 城市是一个变量，而非一个场地。以往的心理学家将城市视作一个充斥着贫穷、肮脏、愚昧、暴力和无家可归者的场地，因此城市心理学是社会问题的同义词。相反，米尔格拉姆将城市定义为一个中性的变量（Variable），对居民在积极和消极方面都有影响，绝非内城问题的排泄口。

4. 社会视角。1968年，在米尔格拉姆执教的纽约市立大学，环境心理学这个新学科也形成了，但其关注的完全是建筑、空间、噪音、采光和拥堵等物理环境，而米尔格拉姆关注的只是社会因素，如人际关系、认知和交往等。

与其他社会科学的比较

在城市研究领域，与城市人类学、城市经济学、城市史、城市政治学和城市社会学等研究相比，城市心理学的地位似乎有些尴尬。这些领域都是建制完备的学科，有自己的课程设置、教材、期刊，以及理论研究者和实践者的专门组织。同时，在美国和其他某些地方，心理学往往是目前的社会科学中最大的分支,但城市心理学直到2009年还仅仅只是个学科孤立存在,没有专门期刊,没有学术团体,也没有纳入学位教育。

米尔格拉姆1970年的那份关于城市心理学的声明已然成为经典(被其他学者引用了上千次),但为何其影响消散而不是扩展了呢?原因或许如下几点:

1. 米尔格拉姆本人的原因。城市心理学只是他对心理学的几项创造性贡献之一。1984年他去世时年仅51岁,他的博士课程规模很小,平均只有10个学生,因此他对城市社会心理的研究后继乏人。

2. 美国心理学学会(American Psychological Association, APA)的影响。APA的成员有8.4万人,其中半数是执业心理医生而非研究人员,因此心理学界并未采纳他的方法。1994年,APA发起了对城市的研究,在2005年时发布了一项报告,题为《城市心理学近况——研究、行动和政策》(*Towards an Urban Psychology: Research, Action, and Policy*)。这份长达100页的报告只有一句话(在第15页)引用了米尔格拉姆的论文,其重点在于罗列经研究得出的应对老龄化、社会经济地位、贫穷、暴力、无家可归者、毒品、艾滋病和精神疾病等传统问题的解决方案,关注心理医生的就业状况。

3. 微观和宏观。心理学对个体的关注似乎使其忽略了气候变化、城市化、全球化和政治变化等吸引其他社会科学的重大问题。APA第34小组,即人口与环境组,始终是人员最少的一组,共351人,只占APA成员总数的0.4%。如同城市心理学一样,环境心理学的兴起得益于1990年代的环境问题,即为何建筑师和城市区域规划者忽视了这一学科对人口密集、环境设计和人与环境的研究。

城市行为的理论

城市心理学家提出了5种不同的城市心理学理论:适应、环境、选择、刺激有机反应(S-O-R)和亚文化(表1)。例如,与农村相比,城市的犯罪率更高,这可以做出如下解释,其一,城市促使居民有犯罪倾向(适应);其二,城市有更多诱使犯罪的因素(环境);其三,城市吸引更多的犯罪分子从农村来到城市,同时正常公民离开城市(选择);其四,城市促使某些人倾向犯罪,有些人离开(即刺激有机反应);其五,城市形成犯罪亚文化,产生更多地方犯罪行为。

上述5种相互抵触的观点均有相关研究作为基础。

1. 米尔格拉姆、大卫·格拉斯(David Glass)等人的现场试验支持了适应理论,认为长期的"超负荷刺激"使城市人针对城市环境做出了调适。

2. 比布·拉坦尼(Bibb Latane)和约翰·达利(John Darley)在实验室中的试验肯定了环境理论。他们认为,无论在乡村还是城市,危机情况下旁观者无动于衷的概率,即"责任的分散"(diffusion of responsibility)会随着旁观者人数的增多而上升,从而提出了一种基于外部环境的解释。

3. 选择理论则为研究档案的人口学家马歇尔·科里纳德(Marshall Clinard)和里奥·斯洛尔(Leo Srole)所证实,他们研究了人口进入和离开城市过程中的"选择性移民"。

4. S-O-R理论的研究最少,但切尔萨·卢(Chalsa Loo)在实验室中为其提供了依据,卢记录了拥挤的效果随性别而发生的变化:面临拥挤状况时,女性倾向于离开,而男性则倾向于焦躁。

5. 亚文化理论的创始人克劳德·菲舍尔(Claude Fisher)为其提供了依据。他在1984

年出版的《城市经验》(The Urban Experience)中分析了城市规模如何影响了形成多种亚文化和生活方式的"临界数量"(Critical Mass),而亚文化和生活方式反过来又影响了城市人口的行为。例如,城市并没有直接促使居民收集邮票,但城市的巨大规模使得集邮者能够找到同好,形成俱乐部,并促使他们更加热衷于集邮活动。

表1 城市行为的5种理论

1. 适应	城市环境导致人们长期的、内在的变化
2. 形势	城市行为取决于当时当地的外部环境
3. 选择	某种人选择某种城市
4. 刺激有机反应	城市环境对行为的影响取决于相关个人的类型
5. 亚文化	城市环境通过塑造亚文化间接影响个人

城市心理学的主题

城市心理学利用实证的方法以便理解广泛的主题,如表2。围绕这些主题开展的实证研究有很多。

1. 关于态度。克劳德·菲舍尔等人的调查研究发现,城市居民中有高比例的忧虑和缺乏个性者,相比非西方城市,西方城市中的这一现象更为突出。

2. 关于行为。米尔格拉姆和罗伯特·莱文(Robert V. Levine)等人在城市和乡村进行的现场试验显示出区域之间的行为有着明显差异。

3. 关于价值观。爱德华·班菲尔德(Edward Banfield)对"不幸福的城市"(Unheavenly Cities)进行了文献研究和实地调查,记录了城市人从有信仰到无信仰的转变。

4. 关于人际关系。托马斯·威尔逊(Thomas Wilson)的研究显示出城市对于家庭关系的复杂影响。

5. 关于物理环境和社会环境。《环境与行为》(Environment and Behavior)等刊物刊登的环境心理学研究考察了拥挤、噪音等城市环境对个体行为和认知的影响。

6. 关于健康。芭芭拉·霍希芬德(Barbara Dohrewend)和布鲁斯·霍希芬德(Bruce Dohrewend)通过档案研究和实地调查,揭示了城市和乡村精神疾病比例的不同。

表2 城市心理学的某些研究领域

态度	忧虑、无个性、负担过重、压力、创新性
行为	亲社会的、反社会的
价值观	信仰、无信仰、非传统、异常、操纵、步调、幸福
人际关系	与陌生人、友人、邻居和家人的关系
物理环境	噪音、气候、建筑、土地利用、卫生
社会环境	拥挤、密度、聚集、隐私、流动
健康	身体健康、心智健康、精神健康

悖论

城市人态度与行为间明显断裂是城市心理学永恒的主题。一方面,西方文化中固有的"反城市倾向"甚至早于《圣经》中的索多玛(Sodom)和蛾摩拉(Gomorrah),认为城市拥堵不堪、环境恶劣,对人类的身体、心智和精神有害无益。但人类却"用脚投票",不断地从乡村涌入城市,导致无论作为其目的地的城市还是被抛在身后的乡村,都出现了诸多问题。

西方城市和非西方城市影响个人的方式是一样的吗?由于城市心理学的研究集中在美国,这一文化问题是一个尚不可知的变量。1997年,APA成立了国际心理学这个新的小组,意在通过鼓励对美国以外地区的行为研究推动跨文化研究。今天,随着东亚和非洲城市的迅速发展,跨文化城市心理学研究或许可以解开这样的问题——不同文化间的城市行为和同一文化内的城市行为是一样的吗?

有时,城市心理学研究印证了民众对城市行为的共识,如城市人更快的生活节奏、更强烈的无助感和压力。但有时研究结果与人们的常识相反。例如,自从1963年萨特克利夫(Sutcliffe)和克拉布(Crabbe)的第一次调查以来,研究者们发现,城市中人们的友谊更牢固、友人的数量也更多,而不是一直以来以为的更松弛和更少。过去50年中出现的人口达千万的城市,究竟是一次失败还是不可避免的未来呢?如今,城市心理学家们应该研究,城市对居民产生了多大的影响,或者在21世纪是否要创造一种新的人类群居形式。

进一步阅读书目:

- American Psychological Association. 2005. *Toward an Urban Psychology*: *Research*, *Action*, *and Policy*. Washington D. C.: American Psychological Association.
- Fischer, Claude S. 1984. *The Urban Experience*. 2nd ed. San Diego, CA: Harcourt Brace Jovanovich.
- Krupat, Edward. 1985. *People in Cities*: The *Urban Environment and Its Effect*. New York: Cambridge University Press.
- Levine, Robert V. 2003. "The Kindness of Strangers." *American Scientist* 91: 226 – 33.
- Milgram, Stanley. 1992. T*he Individual in a Social World*. 3rd ed. London: Pinter and Martin.
- Srole, Leo and Anita Kassen Fischer, eds. 1978. *Mental Health in the Metropolis*. Rev. ed. New York: New York University Press.
- Takooshian, Harold, ed. 2005. "Social Psychology of City Life." *Special issue of Journal of Social Distress and the Homeless* 14(1 – 2).

(Harold Takooshian 文　李文硕 译　王　旭 校)

URBAN SEMIOTICS ｜城市符号学

城市空间很适合符号分析。当我们谈论一个城市的口音、氛围、特性,谈论其宜居性、天际线、标志性建筑或其历史时,我们谈论的就是其符号的影响力。换句话说,城市有某种意义。城市在社会、文化和物质层面的意义,正说明城市需要人们的解释。由于具有意义的符号和习俗是符号学研究的基础,有意将城市理解为一系列符号的研究者们已经将构成城市空间的象征性行为建构成一套符号系统。

这种将城市理解为符号、理解为可以阅读的文本和背景的方法为研究城市空间和行为提供了不同视角。在这方面,城市符号学将电影研究、媒体和文化研究、地理学、文学理论、城市区域规划、环境心理学、建筑学、艺术史、社会学、人类学和传播学等多种方法引入对城市符号和象征物的研究中。尽管城市符号学还不是符号学之下一个明确的分支,但其跨学科的特性表明,城市符号学对于理解城市意义的形成是有所帮助的,这至少体现在如下两方面:(1)城市符号学是理解城市中的符号(Signs in the City)和作为符号的城市(City-as-

Sign)的有效工具,可以用来观察城市的建筑环境和城市社会生活的多样性;(2)作为一种批评工具,对城市符号的研究挑战了对城市空间的传统理解,可以揭示多种空间和行为的意识形态内涵,并且可以通过城市空间或在城市空间中凸显其社会生产的意涵。城市符号可以通过多种渠道表达城市的意义,从街道指示牌的一般导向功能,到历史遗迹的象征意义,无论微观宏观,城市符号学都可应用自如,并如同城市本身一样变化多端。

起源

城市符号学一词最初是马克·戈特迪纳和亚历山杭德罗·兰格波罗斯(Alexandros Lagopoulos)合编的一本文集的题目。该文集对城市符号做了深入研究,但只是在相对短的时期内划分了城市符号学的发展阶段。尽管该书包括罗兰·巴特(Roland Barthes)、翁贝托·艾柯和雷蒙·莱德雷特(Raymond Ledrut)等人的文章,但城市符号学的历史还可以追溯得更长。沃尔特·本雅明结合自己的经验和波德莱尔的文稿探索19世纪的巴黎时,城市符号学理论便初具形态。霍斯曼男爵重建巴黎更显示出符号在城市中的意义,城市治理、公民准则、秩序和控制等概念都可以通过雕塑、大道、公园、新建筑的外观和其他符号得以显现和强化。霍斯曼希望,通过重新布局街道和建筑,意识形态与权力可以融入城市中。

19世纪末巴黎城市风貌的变化促使波德莱尔将城市作为一种文本和背景,人、场所和形象的关系比以往更为紧密,也更加复杂。在他眼中,城市生活的固定性和流动性引发了一系列积极和消极反应。通过波德莱尔密切的观察,我们可以看到巴黎本身的特性和巴黎的特性物,也可以看到在变化了的巴黎中,其社会和空间意义更为详细的层次。如同波德莱尔一样,后来本雅明也意识到,这一时期将巴黎再符号化的努力失败了,其总体成果和个体成果都没能如权势者所愿。新的城市特质和形象逐渐浮现,而其他则或被掩盖或已湮灭。在这一时期的巴黎重建中,街头出现了浪荡子和密探。19世纪的大都市空间和社会生活,无论在现实中还是在文学中都变得日益循规蹈矩,而浪荡子和密探就是其典型标志。本雅明们试图理解城市的不可预测性,这证明了城市确实值得研究。波德莱尔和本雅明都希望城市更易于理解,城市是他们独立的、新近赋予了意义的研究领域,需要解读和描述。

这种对城市的一系列新的解读方式一直延伸到20世纪,新的媒体将城市建构为一种文本、一个物质的对象和一系列社会行为,从而凸显了城市不断增强的魅力。电影成为展示城市的新空间,这种视觉的、非文学的方式使城市激发起人们新的联想和想象。透过《柏林——一个大城市的交响乐》(Berlin: Symphony of a Great City)这样的电影,城市形象的标志和图像的剪辑可以将城市生活的碎片重新拼接起来,无论是赞美还是批评,都构成了对城市意义的新型解读。表现主义电影和悲情影片等其他类型,倾向于突出城市的威胁和神秘,进一步增加了城市的不可知性。展现城市生活的电影为认识城市、理解和想象城市空间提供了符号学的视角,使城市形成了这样一种有效的和感性的风格,并产生了新的意义。结果,电影中的城市成为理解作为符号的城市的重要方式,不断地增加与城市相关的形象。

对城市的误读

正如霍斯曼治下的巴黎一样,城市的空间秩序可以被利用,但永远不能被规范。空间之间存在空隙,使得统治者无法统一规范各种空间。更重要的是,城市作为交流的载体,容易引起微妙的误读。借用罗兰·巴特的话说,如果城市是"迎合读者"的文本,那么在整个20世纪,城市面临着多次被构造为"迎合作者"的文本尝试。受到达达主义者(Dadaists)的强烈影响,在50年代末和60年代,情境主义者政治化了的审美政治在欧洲许多城市大行其道。通过使用心理图画和漂移,情境主义者为城市赋予了新意义。在他们眼中,由于空间的规范化和商业私有化,城市正在使其居民远离公共空间,而他们每天的工作就是要打破城市自然形成的空间秩序,将艺术融入政治,使得城市重新具备潜在解放空间的意义。

在当代城市中,人们使用新的方式来表达诉求,街头艺术、涂鸦等都是抗议的形式。作为争夺城市空间的象征,街头艺术可以表达多种不同的目的,也可以被解读为类似领土标记和政治要求的诉求。城市符号可以作为某种经过深思熟虑的亚文化的标志,用于挑战城市中业已存在的某种霸权。街头艺术中可以发现某些争论的标志,挑战着理所当然的空间和社会秩序。当城市的执政者试图控制或清除街头艺术时,后者削弱城市现存秩序的能力便明显地显现出来。作为一种符号,街头艺术常常针对公共和私人空间提供一种连续的、生动的意见,激发人们对城市做出不同的解读,是一种新的审美和政治空间。但这种象征性的抵抗可能是短时期的,甚至是无声的。例如在澳大利亚的墨尔本等城市,近来已认可了街头艺术的价值并不再限制其发展。这标志着通过在富有生机的亚文化中添加符号,希望下城复兴的愿望可以被合法地表达出来。

随着墨尔本等城市将其(亚)文化生活推向市场,城市的形象获得了另外的符号学意义。城市作为亚文化空间常常被解读为一个显示城市能(或者不能)容忍非主流行为的标志。从同性恋场景到剧院、电影、音乐,再到俱乐部和酒吧场景,每个人都生活在场景中,无论是其爱好者还是媒体或者城市促进者,都将其视作城市文化价值和多样性的指针,也就是多琳·梅西所说的"城市性"。当谈到形象在城市生活中所扮演的角色时,罗伯·谢尔兹(Rob Shields)认为,神话和空间形象都是城市象征能力的一部分。前者是赋予某地意义的故事和叙述,通过为本地人和外地人提供一揽子形象而增加城市的历史厚度;空间形象则是这一神话制造过程的一部分,但能够用在不同的方面。场景就是城市间争夺文化重要性的武器之一。因此,空间形象在维持区域、国家和全球城市等级中发挥着重要作用。

商标化的城市

场景、亚文化和广义上的文化,是将某些象征性行为与城市的政治经济联系起来的有效方式。这样一来,城市的符号学就将构成市场的经济因素融入其中,而著名的城市则有着其他的符号。从19世纪到20世纪中叶的城市是典型的现代城市,是生产中心,产生了不同的标志(如"进步");而当代城市,也就是所谓的"后现代城市",是消费中心,其标志和象征就是另外一套了。随着许多城市从依靠制造业经济转向文化产业,城市生活的质量越发受到重视,将城市的类型作为理解城市的简便方法。空间的出售使城市成为消费空间,依赖于某些符号、象征物的符号学意义,与之相关的内容也进入市场。后工业城市是一堆符号的集合,意图表达某种意义,代表着文化和象征意义上的资本。城市的商业化标志被用来吸引游客、艺术家、富有的移民和投资者——城市本身就是一个象征着出售的符号。在竞争激烈的全球市场中,城市间的区别已经成为一种商品,利用历史资源和当代创新活动的象征是城市取得优势的重要手段。

城市中的节奏和韵律

近来对城市中象征性活动的研究表明,对时间的分析是解读城市空间的另一种方式。通过使用符号学的方法,可以列出对城市空间不同的使用,将意义与城市的空间、人、物和形象联系在一起。时间在城市中呈现多层次性,既有个人传记式的时间,也有历史式的时间,塑造了相互竞争、重叠和互补的节奏。亨利·列斐伏尔在关于城市的著作中介绍了节奏分析(Rhythmanalysis)的方法,将其作为一种方法来解读不同种类的暂时性。其他学者也利用这一方法来理解城市各种媒体形式的节奏,其中著名的是关于城市中广告的研究,该研究考察了广告符号根据不同的暂时性框架组织起来的方式,即广告用语中所说的保压时间(Dwell-Time)。例如,通勤途中的广告就与广场上的广告不同。广告的具象代码与城市轮廓的千变万化相适应,并相应地加以解读。

广告商所理解的城市节奏表明,符号可以通过另一种途径塑造城市空间的经验,即声音。作为视觉在城市设计和生活中所占主导地位的对应物,城市生活中的声音也提供了一系列的意义。建筑师、城市区域规划者、艺术家和环境心理学家不断探索声音环境的性质,认为这是理解城市和城市经验的一部分。音响范围也是城市的一种符号,对它的研究揭示了城市如何被解读、如何被聆听。这种基于声音的标志系统由一系列声音符号构成,包括各种类型的噪音(交通、建筑),包括外界声音(风吹过树的声音),也包括在生活中发挥各种作用的音乐(如吸引人或驱赶人的音乐)。

研究城市中的声音的学者认为,聆听城市的声音可以使自己融入空间或他人。各种各样的声音都可以在时空中标示出人际关系和社会关系。大量关于音响范围的研究表明,无论是在实际应用中还是在意识形态领域,将声音用于多种渠道都是非常复杂的。因此,某个城市的多种声音提供了多样的标志,需要根据个人、社会、历史和政治来理解。

声音和形象为城市生活赋予了符号。无论是通过自己来理解城市,还是通过历史来理解城市,声音和形象的象征权力都是很重要的。如同上述多种方法显示的那样,城市符号学并不是通过解读城市表层特征来理解其深层含义。利用符号学来解读城市的方法,提供了城市作为交流现象的多种思考。这些不同的视角也可以澄清意义流转的方式、传递的空间,为更丰富的符号学研究提供了广泛的空间。

进一步阅读书目:

- Baudelaire, Charles. 1995. *The Painter of Modern Life*. Translated by J. Mayne. New York: Phaidon.
- Benjamin, Walter. 1999. *The Arcades Project*. Translated by H. Eiland and K. McLaughlin. Cambridge, MA: Harvard University Press.
- Blum, Alan. 2003. *The Imaginative Structure of the City*. Montreal, QC, Canada: McGill-Queens University Press.
- Clarke, David B., ed. 1997. *The Cinematic City*. New York: Routledge.
- de Certeau, Michel. 1988. *The Practice of Everyday Life*. Los Angeles: University of California Press.
- Donald, James. 1999. *Imagining the Modern City*. Minneapolis: University of Minnesota Press.
- Duncan, James. 1990. *The City as Text: The Politics of Landscape Interpretation in the Kandyan Kingdom*. Cambridge, UK: Cambridge University Press.
- Duncan, James and David Ley, eds. 1993. *Place/Culture/Representation*. New York: Routledge.
- Gottdiener, Mark and Alexandros Ph. Lagopoulos, eds. 1986. *The City and the Sign: An Introduction to Urban Semiotics*. New York: Columbia University Press.
- Hall, Tim and Phil Hubbard, eds. 1998. *The Entrepreneurial City: Geographies of Politics, Regime, and Representation*. New York: Wiley.
- Hannigan, John. 2003. "Symposium on Branding, the Entertainment Economy and Urban Place Building: Introduction." *International Journal of Urban and Regional Research* 27(2): 352–60.
- Krampen, Martin. 1979. *Meaning in the Urban Environment*. London: Pion.
- Leach, Neil, ed. 2002. *The Hieroglyphics of Space: Reading and Experiencing the Modern Metropolis*. New York: Routledge.
- Lefebvre, Henri. 1996. *Writings on Cities*. Translated by E. Kofman and E. Lebas. New York: Blackwell.
- Lindner, Rolf. 2007. "The Cultural Texture of the City." in ESF-LiU Conference. *Cities and Media: Cultural Perspectives on Urban Identities in a Mediatized World*, Vadstena, Sweden: Linkoping University Electronic Press. Retrieved August 16, 2008 (http://www.ep.liu.se/ecp/020)

- Lynch, Kevin. 1960. *The Image of the City*. Cambridge：MIT Press.
- Sadler, Simon. 1998. *The Situationist City*. Cambridge：MIT Press.
- Shields, Rob. 1991. *Places on the Margins：Alternative Geographies of Modernity*. London：Routledge.
- Ward, Janet. 2001. *Weimar Surfaces：Urban Visual Culture in 1920s Germany*. Berkeley：University of California Press.
- Westwood, Sallie and John Williams, eds. 1998. *Imaging Cities：Scripts，Signs，Memory*. New York：Routledge.

(Geoff Stahl 文 李文硕 译 王 旭 校)

URBAN SOCIOLOGY ｜城市社会学

19世纪，随着工业革命推动前所未有的大量人口涌入城市，城市社会学应运而生。与社会学的其他领域不同，城市社会学关注的是城市这一特定空间内的社会现象。人口集聚本身就会影响行为和经验，这一观点塑造了城市社会学自身的特色，并最终引发了一系列批评和挑战。当代城市社会学包括两个方面，一方面是所谓的"生态前提"（Ecological Premise），另一方面是批评性的质疑，即质疑城市形态本身是否是某些社会现象的原因。

城市与社会组织

城市社会学传统的核心观念认为城市人口的规模和密度会对城市组织产生影响，从而影响城市人的行为和经验。肯定城市物理环境的影响是其前提，城市社会学的中心是对人类生态学的一系列研究。埃米尔·涂尔干和马克斯·韦伯的研究揭示了这一生态学前提。

涂尔干认为，区域范围内的人口密度达到一定程度时，需要经济活动的专门化和劳动分工，这样，一个部门需要依赖其他多个部门提供所需的各种材料。涂尔干引用达尔文的观点指出，在其他数量庞大的物种中出现的专门分工同样会在人类中出现。工业社会的人口集中塑造了新的社会纽带，即有机团结（Organic Solidarity）。经济上相互依存的有机形态取代了乡村生活的机械团结（Mechanical Solidarity），即依靠农民共同的生活经验将社区联系起来（涂尔干由此提出了术语集体意识）。因此，城市形态用功能上的相互依赖取代了乡村中的共享意义，并将城市社会联系在一起，这是新环境下的社会进化的必然要求。与之相似，韦伯创造了一个城市的理论模型，其中市场是城市生活的核心和特征，这种经济体系生产了多样的商品和服务，城市人依靠市场满足大部分生活之所需。此外，韦伯的模型中还包括自我防卫、政治自决和带有城市特征的社会联系。综合起来看在，这些是"真正的城市"与其他聚居区的差别所在。涂尔干和韦伯把城市与社会物质财富的潜在进步联系起来，但19世纪的大部分文人学者仍然认为，城市将一步步削弱社会的有机联系，哲学家滕尼斯（法理社会 *Gesellschaft*，即个人的分离状态）和亨利·梅因（Henry Maine，认为社会控制的治理机制不再依靠家庭关系，而是依靠法律条文）均持此论。

直到20世纪，城市社会造成个人分离和异化的观点仍在该领域的重要著作中占有一席之地,尤其是格奥尔格·齐美尔和路易斯·沃思的观点。齐美尔特别强调了城市环境对城市心理的威胁,认为城市人饱受城市社会中精神刺激的影响,情感上不愿意参与公共生活,这是城市人口感情和行动的特征。此外,"向钱看"与城市中的人际交往密切相连,这也强化了他对城市居民精于算计的认识。沃思认可前辈学人对城市的许多负面观点,并提出了一套因果关系理论,即他所谓的城市主义。在沃思看来,城市人口的规模、密度和异质性构成了城市环境的基本特征,产生了缺乏个性、遇事隐忍、困惑、厌倦、孤独和相对无力感等问题。这样的一个综合体,包括环境及其所产生的社会和情感结果,构成了城市主义这种独特的生活方式。城市有力地产生出一系列可以辨识的社会问题,这是传统城市社会学永恒的主题。

城市主义预设了一个前提,即存在着一种理想化的社会存在形态,也就是涂尔干所说的乡村生活中的机械团结,其成员有着共同的价值观和世界观,而城市则摧毁了这种形态。在20世纪的城市中,这种理想形态的消失被解释为城市主义的代价。但就在沃思提出他理论后不久,一部分城市社会学家通过亲身参与,发现在某些大城市的部分社区,居民之间的交流十分密切,他们在情感上对其社区有着深深的依恋。

怀特(Whyte)、扬(Young)和威尔莫特(Willmott)、甘斯等人挑战了城市社会学的生态学前提。他们的研究表明,在波士顿和伦敦等大城市中,居民有着密切的邻里关系和社区感,家庭联系紧密,而劳工阶层尤为突出。因此,甘斯质疑了城市主义的理论基础,认为在城市人群中间存在多种多样的模式和条件。在他看来,某些城市人感到的孤独和异化,并非城市生态的影响,而是经济状况导致的。

从20世纪中叶以来,越来越多的证据表明,城市社区是多种多样的,显示出城市中同样可以形成某些强有力的联系纽带。尽管这些研究可被视为对城市主义破坏地区社会生活这一观点的反驳,但也有观点认为,城市主义(仍然是生态现象)实际上促进了人与人之间的联系和社会支持,这在菲舍尔的城市主义亚文化理论中最为明显。该观点强调,单单是城市人口的规模就可以提供足够的临界质量,来支持多样化的兴趣和生活方式,其中不乏非主流、前卫和异常者。大城市中多样性的活力促进了深奥的、不落俗套的观念,也促进了亚文化的繁荣发展,并推动了最终导致文化变迁的创新。当亚文化发展到了足以使社区这一概念容纳多样的群组时,也就迎来了威尔曼和雷顿(Leighton)所说的解放性社区,即脱离了"邻里"概念的非空间社区。亚文化理论似乎一方面推倒了社会孤立学说,而另一方面又维护了城市社会学传统的生态学前提,认为大都市人口的规模越大,亚文化发展的潜力就越强。

城市的空间组织

尽管城市社会学观点是在社会进化的前提下发生变化的(并对其做出回应),但城市生态学是城市社会学下一个更小的分支,重点在于分析城市环境下土地利用中的空间分配。城市环境是一个基本的空间,不同的力量在其中相互作用,产生了平衡的土地分配,这一观点是城市空间生态学的前提。城市生态学的关键特征包括,倾向于城市内部的区域分工、首要商品和服务集中在中心地带、主要交通技术的空间影响和变化的动态过程即"入侵和承继",在理性进化过程中一个部门与其他不同。这一自然秩序的决定因素是经济竞争,即不同利益团体基于兼容相邻土地等策略对土地使用的争夺(如交通设施或市场)。重工业、金融区、娱乐区、不同社会阶层的居住区等,相互之间、与市中心之间争夺占有城市中合理的空间。

20世纪初,伯吉斯(城市扩张的向心模式)和霍伊特(居住区扩张的线性辐射模式)提出的模型是为创造一套普遍应用的土地利用模式最有远见的产物。追求一个普遍模型的努力持续了10~20

年。哈里斯和乌尔曼《城市的本性》被视作经典,此后的研究者们无须寻找一个普遍的可预测的模型。他们认为,在美国大都市扩张周期的起初并没有一个统一的普遍模式。城市向外扩张,产生多个中心,是不同地区相似的土地利用方式,受其所在地区地理条件的影响。尽管如此,仍有学者试图根据结构功能主义学派的观点建构统一的大都市地区模式。长期致力于发掘城市生态学中可预测性原则的阿摩司·霍利,认为研究者们应当继续关注集中式的空间模式,这种模式导致大都市地区呈现相似的扩散模式。对城市空间生态的研究仍然是城市社会学的一个专门领域,该学科最近正在研究区域中的主导城市和城市间的专门分工,探讨大都市地区扩张是否有统一的模式(与霍利的建议相关),考察老居住区的绅士化(一种入侵-承继模式化)是否也是这种统一模式的一部分。总之,空间生态学在当代城市社会学中所占的份额正越来越小。

当代城市社会学

当代城市社会学在其研究领域上仍是独特的,但与社会学有着越来越多的重合。社会不平等、多数族裔与少数族裔关系、经济社会学、政治社会学和犯罪学是其主要分支内容。随着上述学科融入城市社会学,它们将自己的学术传统、理论、观点争论也带了进来,有些甚至与城市环境的关心更为密切(有些更少密切)。由于部分学科中的某些问题(如犯罪率的不同)与城市相关(在美国,犯罪率与城市规模呈明显的正相关),这些学科与生态学原则的融合是显而易见的。犯罪率与城市的联系是可以探索和说明的,使得用生态学原则来理解行为尤其是犯罪行为有了合理性。在社会学的其他领域,行为或组织现象与城市的系统联系或许会被轻易忽视,而分析模式也可能会从根本上与生态学前提相悖。

1970 年代,当政治经济学家尤其是马克思主义者开始批评城市社会学时,这一范式的冲突渐渐浮出水面。以卡斯特为代表,批评者们指责,通过生态力量理解当代生活的基本特征是个错误。对马克思主义者而言,社会机制和人类经验的真正的基础是资本的积累和阶级冲突。资本主义是塑造当代城市环境的动态力量,并且为了实现资本积累而不断将之重塑。在这一过程中,资本追求最大利润的能力不断抬高城市空间的成本。与此同时,居民也在争夺城市空间,将其作为消费品。与马克思主义者不同,经典城市空间生态学家如伯吉斯眼中的城市空间经过不同利益集团的争夺最终达到完美境界,而前者则认为资本家和劳工两大对立阶级不断地争夺城市空间。因此,生态学这个城市社会学的传统前提爆发出多重问题。城市环境并不是产生城市问题的根源,尽管压力和异化是其重要特征。相反,城市充其量只是一种介入式的变量,是一种建成环境的独特形态,是资本主义发展过程中一段资本积累进行优化的产物。导致压力和异化的真正原因是其经济基础,而非城市的环境。

尽管马克思主义者对生态学的批判在其全盛时期引起了很大关注,但更重要的是,这种批判使越来越多的学者意识到,要了解城市社会学中的事件和条件,结构性因素是必不可少的。随后,城市社会学中出现了一个宏观的批评视角:分散的政治经济学(大多数情况下,这不是马克思主义者的观点),关注更广泛的市场力量和政策制订。今天城市社会学的主流关注全球化进程对城市的影响,探讨的是全社会面临的问题,但仍然有学者倾向于将城市环境视作一个独立因素,考察其影响,更接近传统观点和方法。这些不同的视角有着不同的认知背景,得出的结论也大不相同。例如,对富裕国家去工业化过程中日益明显的不平等和贫困的研究,增加了对全球经济变迁中老工业城市的失业和贫困问题的理解,是全球劳动的再分工。或许,这样的研究也会顺便提到失望和无效,并会涉及某些城市中长期失业工人在日常生活中的生存策略。另一方面,对在过去数十年中经历严重制造业失业的地区生活方式的研究或许会注意与贫困相关的文化，意识到该地区历史上就业机会的流失是现代贫困的重要因素。

在一项对犯罪活动的调查中，政治经济学研究或许会强调，除了毒品交易外，全球经济不再光顾高贫困的内城地区，这导致了财产犯罪和暴力活动的激增。一项针对高贫困、高犯罪率地区的调查也许会得出社会混乱和破窗理论之类的结果。关注美国城市政治权力的地区性研究或许会强调少数族裔政治文化的兴起，重视城市选举官员和任命官员中的少数族裔领袖。若是把政治视野放宽，就能看到老的中心城市日益缺乏足够的资源以处理失业、无家可归者、犯罪和教育问题，与此同时，这些中心城市却被富裕、独立的郊区政治实体包围。

上述比较揭示出城市社会学的研究趋势，即生态学的分析方法仍然十分重要，尽管有学者采用更宽广的政治和经济背景或是立足全国、全球的再分配来考虑城市问题是如何被地方城市环境所强化的。但也有另一种研究趋势，产生于地方而非全球性的研究。传统社会学的生态学前提天然地对地方性的生活方式、意义和行为感兴趣。有些研究者希望继续从城市环境中寻求解决城市问题的方法，而也有人试图强调更广阔的结构因素，如全球化对城市环境的影响。当代城市社会学包括了这两个方面。

早期，人们质疑"城市主义"的影响是否是决定性的，并没有考虑到不同的城市人口生活方式和对舒适的认知不一样。如今，人们对如下问题也产生了质疑：全球化作为一股不可避免的调整市场的力量以及随之而来的富裕国家城市的去工业化和经济萧条，其影响恐怕不宜过于看重。批评者认为，全球化并不能解释为何这一趋势在不同的城市影响也不同，甚至也不能解释基础设施和工业基础相似的毗邻城市为何受到不同的影响。有些城市经历了工业萧条的一般模式，其他城市则顶住了压力，保持繁荣。这就需要更多基于经验的研究，来关注可能解释明显差异的地方性因素。吉登斯就曾呼吁社会学家们放弃那些认为人类无力抗拒结构性变迁的理论。他相信，人类有能力理解和调整各种动因如人类媒介造成的影响，只是这些能力被社会学家们低估了。在1990年代，对吉登斯这一呼应的回应表现在重新强调地方性研究、社会运动的效果和城市精英抵抗和改变全球化影响的潜在能力。同时，全球化引起的城市经济的重新调整在社会科学领域内更加明显，而国家和国际政治实体对不可避免的新的全球劳动分工的政策和宣传也有所加强。包括城市人在内，似乎没人能改变这一点，充其量只能是调整和适应之。

这对城市社会学的主要影响在于，其研究对象不再是社会组织和人类经验的新边疆，甚至城市是否能够作为研究发生在其中的变化的足够空间都是个问题。早在20世纪初，罗伯特·帕克就曾预言，象征着这个世纪变迁的"宏大叙事"都发生在不断膨胀的城市中。帕克身边的一代城市社会学家相信，要依靠生态学和地方性导向来书写城市的故事。如今，城市社会学已变成非常宽泛的研究实体，如何理解城市中的社会进程与更广泛的政治和经济因素之间的互动，也是其努力的方向。生态学的视角仍然是城市社会学中一种明显的思路。

进一步阅读书目：

- Burgess, E. W. 1925. "The Growth of the City: An Introduction to a Research Project." pp. 45 – 62 in *The City*, edited by R. E. Park and E. W. Burgess. Chicago: University of Chicago Press.
- Castells, M. 1977. *The Urban Question: A Marxist Approach*. London: Edward Arnold.
- Durkheim, E. 1893. *The Division of Labor in Society*. Translated by G. Simpson. New York: The Free Press.
- Fischer, C. S. 1975. "Toward a Subcultural Theory of Urbanism." *American Journal of Sociology* 80(1): 319 – 41.
- Gans, H. 1962. "Urbanism and Suburbanism as Ways of Life: A Reevaluation of Definitions." pp. 625 – 48 in

Human Behavior and Social Process: An Interactionist Approach, edited by A. M. Rose. Boston: Houghton Mifflin.
- Gans, H. 1962. *The Urban Villagers*. New York: The Free Press.
- Giddens, A. 1984. *The Constitution of Society: Outline of the Theory of Structuration*. UK: Polity Press.
- Harris, C. D. and E. L. Ullman. 1945. "The Nature of Cities." *The Annals* 242: 7–17.
- Hawley, A. H. 1986. *Human Ecology: A Theoretical Essay*. Chicago: University of Chicago Press.
- Hoyt, H. 1939. *The Structure and Growth of Residential Neighborhoods in American Cities*. Washington, D. C.: Federal Housing Administration.
- McKenzie, R. D. 1926. "The Scope of Urban Ecology." pp. 167–82 in *The Urban Community: Selected Proceedings of the American Sociological Society*, edited by E. W. Burgess. Chicago: University of Chicago Press.
- Park, R. E. 1926. "The Urban Community as a Spatial Pattern and a Moral Order." pp. 3–20 in *The Urban Community: Selected Proceedings of the American Sociological Society*, edited by E. W. Burgess. Chicago: University of Chicago Press.
- Simmel, G. [1905]1950. "The Metropolis and Mental Life." pp. 409–24 in *The Sociology of Georg Simmel*, edited by K. H. Wolff. Washington, D. C.: University Press of America.
- Weber, M. [1905]1958. *The City*. Edited and translated by D. Martindale and G. Neuwirth. Glencoe, IL: The Free Press.
- Wellman, B. and B. Leighton. 1979. "Networks, Neighborhoods, and Communities: Approached to the Study of the Community Question." *Urban Affairs Quarterly* 14: 363–90.
- Whyte, W. F. 1943. *Street Corner Society*. Chicago: University of Chicago Press.
- Wirth, L. 1938. "Urbanism as a Way of Life." *American Journal of Sociology* 40: 1–24.
- Young, M. and P. Willmott. 1957. *Family and Kinship in East London*. Baltimore: Penguin.

(William Flanagan 文 李文硕 译 王 旭 校)

URBAN SPACE | 城市空间

城市空间一词指的是城市地区内的实体空间和社会场所,包括该场所的房产以及场所内部各种实体的空间组织。因此,城市空间是一个开放性的概念,可以从多个角度加以理解。但许多相关研究主要集中在如下3个问题上:城市空间呈现出何种形态?为什么会呈现这样的形态?在日常生活中,城市空间是如何被操控的?

第一个问题试图理解城市形态,即其形状和物理形式。其中,研究者关注的可以是高速公路等重大问题,也可以是街道景观等细微之处。通常,这样的问题往往会变成回答如下这个常规问题,即什么样子的城市空间使城市更有效率、更有吸引力、更可持续。第二个问题希望探索塑造某种城市空间的深层力量。答案千变万化,有自然主义的,即强调生态和市场为基础的机制;也有社会的,突出权力和控制的作用。第三个问题意在发现人们为了赋予城市空间某种意义而加入其中的意义和象征。这既包括对某个咖啡馆强烈的情感诉求,也包括某种广泛认可的社区边界。

城市空间的形态

在某种程度上,几乎所有城市都具有类似的空间形态。例如,城市中心往往比边缘人口密度更高,同一阶层或行业的人口和商业也都倾向于聚居在一起。但在很多时候,不同城市的空间形态并不一样。佛罗伦萨等文艺复兴时期的城市,阿德莱德等殖民城市,华盛顿特区等经过规划的城市都是宜于步行的,而在凤凰城、休斯敦等汽车时代兴起的新兴美国城市中,汽车才是必需品。芝加哥、莫斯科和伦敦这样的城市都有明确的中心区,分别是卢普(Loop)、克里姆林(Kremlin)和伦敦城,但在洛杉矶这样的大都市区,其空间组织更为分散。而荷兰的兰斯塔德地区则包括多个中心,如阿姆斯特丹和鹿特丹。在城市中,有些街道具备宽阔的、栽有行道树的人行道,还有小型商店和咖啡馆,而有些街道两旁则是砖泥墙,单调逼仄。高速公路、下城等大规模的公共空间,以及街道、邻里社区等小规模的公共空间,在城市如何运转和被人感受方面发挥着重要作用。

数千年来,城市空间的位置和形态都受到地理条件和技术的制约。例如,早期城市接近水源和肥沃土地,规模有限,形态则受到防御性城墙或粮食供应的限制。随着生产力、交通和通信工具的进步,城市空间形态逐渐摆脱了这些限制,城市也以多种方式发展起来。罗马等古代城市通过放射状的路网与正在使用中的标志性建筑连接起来(如大竞技场和广场)。墨西哥城(宪法广场)、波哥大(玻利瓦尔广场)以及威尼斯(圣马可广场)、布拉格(旧城广场)等中世纪欧洲城市则围绕着中心广场或用作市民集会的广场发展起来。最终,芝加哥、巴黎等经过规划或重建的城市都有规整的棋盘式街道。上述各种城市形态往往同时出现在一座城市中,使得这座城市另外具有了自己的特征。例如,尽管下曼哈顿无疑是纽约市的中心,但布鲁克林和纽瓦克同样也承担着纽约市中心的作用,尽管曼哈顿的街道经过严格整饬,包括东西向的大街和南北向的大道,但百老汇却刺破这一方正结构,成为早期土著美国人留下的痕迹。

为了最大地发挥城市空间的效用,如何设计和管理上述城市空间因素是城市区域规划者的首要问题。政治机遇和自然灾害偶尔会为重要的城市区域规划者提供大幅改变城市空间的机会,如同霍斯曼男爵1860年代对巴黎的改造,或1909年丹尼尔·伯纳姆对芝加哥的改造。然而,城市区域规划者更常见的做法是改变城市的现有格局,使其适应新的条件。区划和交通设施是规划者们影响城市空间最易使用的工具。前者规定了某种特定土地利用类型和活动的位置(如土地用作居住或商业),而后者可以使人员和物资快捷地穿过城市。渐渐地人们开始意识到可以利用此类工具限制城市空间边缘的低密度开发(即城市蔓延),并可以通过高密度开发和中心城市的再利用实现可持续发展。

在城市空间的形态中,除了有效利用和可持续发展是需要考虑的因素,审美和生活质量同样重要。景观设计师弗雷德里克·劳·奥姆斯特德意识到,在城市空间中融入公园和自然风景、为城市居民提供休闲娱乐和制约周围的建筑环境具有重要意义。而简·雅各布斯和威廉·怀特等人则关注如何在高楼林立的建筑环境中为冷漠和个人化的城市提供另一种生活体验。他们强调小型广场等公共空间的重要性,认为人们可以在那里自由地聚散和交流。同时,他们也重视居民之间、城市各种活动和建筑之间的多样性,认为这种多样性会促进人与人之间的交往,并形成更加牢固的公民生活。因此,在"新城市主义"的旗帜下,许多人士建议保持一种小型、适合步行的邻里公共空间,使居民和商家都可从中受益。

城市空间的生产

由于城市空间可以呈现出多种形态,人们往往关注控制某种形态的空间的力量和机制。关于城市空间之生产的理论来自多个不同学科,各有不同的研究方法。经济方面的解释通常关注为何城看上去相似,并试图发现导致这种相似性的潜在力量。生态学方法则与之不同,更看重争夺资源导致的城市之间的相异处,在达尔文主义的框架内研究这一问题。最近,批判地理学和新城市社会学发出了自己的声音,认为这些传统的研究视角忽视了权力和控制的结构。

城市空间的经济学分析将城市视作两种竞争力量的平衡。一方面是向心力,吸引商业向城市中心集中,以便通过相互接近产生和利用集聚效应,同时吸引人口向中心集中以方便获得商品和服务。另一方面,离心力则推动商业和人口向反方向运动,他们在远离中心的地区可以获得低价的土地,并避免积聚带来的拥堵。19世纪,约翰·海因里希·冯·杜能就提出了类似观点,威廉·阿隆索的竞租理论则将其推向完善,认为城市空间中某一区位的功能受其与市中心的距离的影响。沃尔特·克里斯塔勒的中心地理论与之相似,认为城市的特征受其规模和与其他城市距离的影响。

生态学观点同样将城市空间形态视为不同力量相互竞争的结果,但它用生物名词将城市比喻为有机物,并强调竞争和分化的作用。赫伯特·斯宾塞(Herbert Spencer)和埃米尔·涂尔干首次将关于自然界的达尔文主义应用到人类社会,但在城市领域,其开创者则非罗伯特·帕克、欧内斯特·伯吉斯和罗德里克·麦肯齐等所谓芝加哥城市社会学派莫属。该方法认为,交通和通信技术的发展,将个人融入密度不断增大的城市空间的频繁密集的交流中,因而导致对土地和就业等有限资源的争夺。对于整个城市空间而言,当城市向某种活动集中以避免与其他城市的竞争时,同样发生着一场类似的竞争和分化。比如,硅谷是计算机芯片生产的集中地区,但却不生产薯片,只能从其他发展农产品和食品加工的城市进口。尤为重要的是,所有城市都是一个统一城市体系的一部分,既相互交流又相互独立。

批判地理学和新城市社会学则反对经济学和生态学给出的答案,认为这些观点受到决定论的影响,并忽视了权力的结构。马克·戈特迪纳、哈维·莫洛特克和莎伦·祖金关注地方政商精英的作用,以及更大范围内地方权力结构在赋予某些人与其不相称的控制城市空间的权力方面所扮演的角色。而诸如萨斯基亚·萨森等学者则考察了资本主义生产模式在将人分为有产者和无产者并在赋予其不同权力的过程中是如何生产城市空间的,尤其是全球化和新的国际劳动分工对发达国家城市(如纽约、东京和伦敦)和发展中国家城市(如孟买、雅加达和圣保罗)所产生的不同影响。

城市空间的意义

城市空间的复杂性及其形态和生产产生了如下问题:日常生活中人们是如何操纵城市空间的?要回答这个问题,需要区分密切相关的两个概念,即"空间"和"场地"。前者是抽象的,指的是物理位置及其内容,城市地点特指人口密集的位置。当人们赋予其意义和社会重要性的时候,空间就变成了场地。城市和街道就是空间,只要在现实世界中存在物理形态即可;而纽约市和华尔街则是场地,包含着特殊的历史和身份。因此,人们通过赋予意义和改变某些场地的抽象构成来操纵城市空间。

所谓"场地感",指的是某地因为被个体或集体赋予意义而具有的特征或要素。一个社区的酒吧,由于那里人人都熟知你的名字,因此具有一种友好或温暖的场地感。但场地感并不总是正面的,一个工业区的地方感可能是孤独甚至是恐惧。当某人或组织认同某地的意义时,就会产生场地依赖,如所谓纽约人、柏林人。根据真实或想象空间再造的不真实的空间(如加州的迪士尼乐园、罗马尼亚的德库拉古堡),或差别不大的空间(如购物城、机场)往往缺乏地方感,或者具有无场地性。

拥有场地感与人们的周围环境有关,这里的环境不是物理环境,而是社会和文化环境。保持这种归属感需要建构城市空间的意境地图,靠它根据在个体人生经历中的角色和空间位置来把地点组织起来。因此在一个城市人的意境地图中,家庭周围可能会包括商品市场、银行和咖啡店,因为这些往往是日常生活的一部分；但却可能没有火电站和工厂，因为这与其生活关系不大。通过有选择的回忆，这种意境地图使得人们可以有效操控一个高度复杂的城市空间，并对城市空间有着微妙的和特殊的理解。

尽管人们对于某个城市空间的意境地图有所不同，但对共同意义的集体记忆和共享记忆则可以界定微观地理，即城市空间的碎片有着自己可以被识别的身份。比如，通常社区在其居民中间有独特的称谓和信誉；社区可以在城市空间中组织社会、文化和政治活动的模式。与某一物种的栖息地相似，这种微观地理是生态学方法解释城市空间的基本单位，这一方法最著名的案例莫过于芝加哥大学的研究者们对芝加哥第75社区的界定。在某些案例中，社区与一个组织、产物或活动紧密相连，他们的认同也因此被提升为一种"品牌"，即便外乡人也一望即知。诸如巴黎第18行政区、旧金山卡斯特罗区的这类城市空间，不可避免地与波希米亚生活方式、同性恋社区捆绑在一起；而好莱坞和伦敦西区则各自以电影和戏剧闻名于世。随着这类社区越发商业化，或是被其他地区复制，其真实性往往受到挑战，提出了是什么构成真正的城市场地这样的后现代问题。

进一步阅读书目：

- Alonso, William. 1964. *Location and Land Use: Toward a General Theory of Land Rent*. Cambridge, MA: Harvard University Press.
- Gieryn, Thomas F. 2000. "A Space for Place in Sociology." *Annual Review of Sociology* 26: 463–96.
- Gottdiener, Roderick D. 1994. *The Social Production of Urban Space*. 2nd ed. Austin: University of Texas Press.
- McKenzie, Roderick D. 1933. *The Metropolitan Community*. New York: Russell and Russell.
- Molotch, Harvey. 1976. "The City as a Growth Machine: Toward a Political Economy of Place." *American Journal of Sociology* 82: 309–32.
- Sassen, Saskia. 2001. *Global City: New York, London, Tokyo*. 2nd ed. Princeton, NJ: Princeton University Press.
- Whyte, William. 1980. *The Social Life of Small Urban Spaces*. New York: Project for Public Space.
- Zukin, Sharon. 1991. *Landscapes of Power: From Detroit to Disney World*. Berkeley: University of California Press.

(Zachary Neal 文 李文硕 译 王 旭 校)

URBAN STUDIES | 城市研究

社会科学将城市视为社会而非自然的一部分（尽管研究者日益混淆这一点），是具有一定功能的物质空间，是包含着办公楼、邻里和广场等物质结构的社会关系。但作为社会科学的分支，城市学却与经济学、社会学、政治学、历史学、地理学和人类学联系在一起，地位略有尴尬，既不是一个发育成熟的学科，也不是传统的研究领域。就其研究机构和学者队伍而言，城市研究与上述学科是平行的，但却无法进入中心。

随着从农业社会向工业社会转型期间的社会

动荡,城市几乎成了身体与心灵不舒适的代名词。然而,进入1960年代后,城市成了公共无法回避的话题,尤其是在美国。资本主义社会的各种冲突卷土重来,并且集中表现在城市里。在"二战"后的产业调整中,曾经象征现代性的传统制造业中心衰落了。再加上长久以来的种族矛盾,美国陷入危机之中。贫困和种族问题似乎成了大型中心城市的专有病。在20世纪五六十年代,白人房产者逃往郊区,进一步在种族和地理上将美国撕裂开来,并加重了收入和机会的不平等(类似的城市萧条也发生在其他工业资本主义国家如英国、法国、加拿大,但这些问题并没有同时发生,程度也有所缓解)。在这样的危机中,城市问题亟待解决,美国各界呼吁通过立法的方式推进社会改革,并最终在林登·约翰逊总统执政时期(1963—1969)取得了成果。

联邦政府、市政府和塞奇基金会等慈善组织为城市研究提供了大量资金。1950年代末和1960年代,福特基金会出资在部分大学中建立城市研究中心,以便研究内城危机的解决之道。这些研究机构包括1959年在拉特格斯大学成立的城市研究中心,和同年成立的哈佛-麻省理工城市研究联合中心,后者整合了两校的研究项目。宾夕法尼亚大学、耶鲁大学和哥伦比亚大学等机构对研究周边社区的兴趣逐渐升温,常常与政府的城市更新项目合作,也同样尽力行使大学的公民责任。

但城市的复杂性仍然是城市研究者和学者的难题。一方面,研究者必须要集中某个方面,但同时,城市的复杂性常常使得他们顾此失彼。专项研究必须抛下某些方面,但这又使得这类研究失去现实意义。可以肯定的是,传统的学科分类不能很好地用于城市研究。社会学不再关注城市(尽管1920年代产生社会学的芝加哥大学社会学系曾重点研究城市);而政治学也不再像进步时代那样重视城市政府;经济学则完全不再研究城市;在历史学和人类学中,城市也不再是重点,往往只是充当背景。此外,这些学科——也许除了历史学——发现,相对于本学科所关注的话题,城市的复杂性破坏了该学科内部的共识。除了历史学和人类学之外,其他学科对城市中错综复杂的人员和地点非常敏感,这使得它们不再追求为城市研究提供理论模型。即使是研究空间的地理学也只是对区域主义和自然环境的种种特性感兴趣,直到1980年代才开始研究方言的社会空间。但城市研究却从未探讨过这些独特之处,也没有提出理论原则。同时,社会科学也未将城市研究视作自己的一员。

许多专业组织中出现了研究城市的"机构"。1972年,美国人类学协会成立了城市人类学分会(即今天的SUNTA,城市、国家、跨国、全球人类学协会)。次年,美国社会学会成立了社区和城市社会学小组。1986年,城市政治学会正式成为美国政治学学会的分会。尽管研究城市的历史学家长期以来在美国历史学会中非常活跃,但直到1988年才成立城市史协会。几年后,该协会脱离母体学术组织,单独召开学术会议,而直到今天,人类学、社会学和政治学内研究城市的学者也尚未如此。

1960年代,传统社会科学领域内关于城市的专业期刊开始出现。开先河的是《城市事务季刊》(Urban Affairs Quarterly,后来更名为《城市事务评论》Urban Affairs Review),出版于1965年。随后,《城市人类学》(Urban Anthropology)于1972年问世(1985年更名为《城市人类学、文化系统研究与世界经济发展》[Urban Anthropology & Studies of Cultural Systems & World Economic Development])。《城市经济学杂志》(Journal of Urban Economics)、《城市史杂志》(Journal of Urban History)和《城市地理学》(Urban Geography)相继于1974、1975和1980年出版。在社会学中,专业的城市研究刊物《城市与社区》(City & Community)迟至2002年才发行。不过该研究领域还是意识到城市研究的重要性的,早在1972年就曾推出《城市分析与公共管理杂志》(Journal of Urban Analysis and Public Management)。当然,社会工作与城市结缘的历史很长,可以追溯到20世纪初的社区改良运动。该领域的主要刊物《社会科学评论》(Social Science Review)问世于1927年。

通过学会内的分会或小组和专业期刊,社会科学内部的城市研究者共同致力于进入学术中心,促进多视角、多学科的城市研究,在所在学科内部推动对城市的关注。关注城市的研究者、教师和学者,意识到应当在保持城市研究与现存学科友好关系的基础上推动城市研究学科的建立。因此,他们为城市研究引入了自己学科的视角和方法,宣称自己是城市学家,之后才放下了原学科的理论和方法。为此,他们自称是进行跨学科研究,这也成为城市研究的标志。城市研究者意识到,城市是多面的,但不同意将城市的这些多重面相矮化到某一学科门类之下,他们并不认可这样的学术自杀之举。

因此,尽管有了诸多城市研究中心、城市研究的"专门人员"和学术项目,但在许多学院和大学中,这些研究者大多与其原学科保持着密切关系。部分院系将其工作人员从教学和行政岗位中解脱出来,安排到城市研究中。城市研究是传统社会科学的附属物,这与非洲裔美国人研究和妇女研究类似(只有不到12所美国大学设有独立的城市研究本科专业)。后来才有了城市研究的博士项目,城市研究机构才有了独立于传统学科之外的专门研究人员(波特兰州立大学、麻省理工学院和克利夫兰州立大学是3所开设城市研究博士项目的主要大学)。城市研究同样受益于1960年代和1970年代出现的公共政策学院,它们开设相关课程,并培养研究城市问题的专门人才。

缺乏研究综述和经典文本是城市研究的尴尬之处,几乎该领域的所有著作都是社会科学的不同学科学者完成的。罗伯特·帕克1925年的经典著作《城市》和赫伯特·甘斯1962年的名著《城中村民》来自社会学,1973年大卫·哈维的《社会公正与城市》取法地理学,1961年罗伯特·达尔的《谁统治》(Who Governs?)则是政治学名著。或许,对美国城市研究史的研究,最广为人知的是简·雅各布斯的《美国大城市的死与生》。雅各布斯是记者而非学者,这本书更多的是谈论城市区域规划——也就是她不屑的地方——而非传统的社会科学。值得注意的是,上述文本都出现在城市研究早期,尽管该领域已大为扩张,但至今还没有新的经典作品替代或补充它们。

1960年代,随着美国各界对城市研究热情的增加,部分学者和教师在1969年发起成立了大学城市事务研究机构联席会(用"事务"而不用"研究"是含蓄地表达该组织对公共问题的关注)。该会议在波士顿召开,参加者为大学城市项目的主管,目的是提升城市研究的地位,并为学者交流观点提供一个论坛。随后,该组织逐渐扩大,并召开年度会议;首届年会于1971年在华盛顿特区召开。到1970年代末,美国各种学院和大学中约有100个城市研究项目,至少150所大学授予城市研究硕士学位,还有少数大学授予博士学位。1980年,该组织出版了《城市事务杂志》,该刊物不依赖某一学科,因此与上文提及的种种刊物有重要区别。一年后,该组织更名为城市事务研究会,到2008年有60多个机构成员和超过500名个人会员,已成为美国和加拿大城市学者最重要的学术论坛。

尽管城市研究的重心始终是美国,但对城市的关注却并非仅限于美国。实际上,在《城市事务杂志》问世之前的1964和1977年,分别出版了不依赖某一学科的城市研究刊物《城市研究》(Urban Studies)和《城市与区域研究国际杂志》(International Journal of Urban and Regional Research),均为本领域的权威刊物。1964年,格拉斯哥大学推出了《城市研究:城市研究国际杂志》(Urban Studies: An International Journal of Research in Urban Studies),作为城市与区域规划的社会学和经济学研究论坛。随着越来越多的学科和方法进入城市研究,这份期刊也不断扩大。《城市与区域研究国际杂志》则是一众英国、法国和意大利的政治经济学家推动出版的,意在"用激进的方法研究城市问题",是一份以宏观社会为视角,融合实证研究和比较研究的跨学科刊物。

直到1990年代末,才在美国以外的地方出现了类似城市事务研究协会的机构。欧洲城市研究协会成立于1997年,包括来自芬兰、保加利亚、新西兰、土耳其、英国、德国、以色列等国家的机构会员和个人会员。该协会每年召开年会,并于 2008 年推出了名为《城市研究与实践杂志》(*Urban Research and Practice Journal*)的刊物。该协会的成立得益于欧盟对城市问题的关注,尤其是 2004 年成立的欧洲城市知识网络和次年的国际城市研究初级网络(一个青年学者的非正式网络组织)。欧盟成员国中 120 多个大城市的市长组成了"欧洲城市",为该协会提供政治支持。"欧洲城市"与 1932 年成立的美国市长会议相似。

1991 年,瑞士成立了城市研究与行动国际网络组织,以便促进社会和环境领域的城市运动与理论分析和研究之间的交流。该组织为理论学者和行动派提供了互动平台,使他们共享理解当代城市发展的批判方法。其成员广泛参与城市更新项目、城市边缘、社区环境运动、内城劳工市场、提供社会住房的组织等活动。研究成果与地区行动和项目相关,直接受后者启发和影响。该网络每半年召开一次会议,并定期发行出版物。

尽管《城市研究》由格拉斯哥大学城市研究学院发行,但围绕城市的学术研究大多集中在美国。城市研究者大多是社科领域的学者,或为教授城市和地区规划的建筑学学者。在伯明翰、布里斯托、剑桥等地也有城市研究中心,但城市研究能成为独立项目的并不多。不过,城市研究在各大洲的多个国家出现了,不管是依附于某个学科,还是在传统的社会科学之外。在不同国家,城市研究者相继获得了自我认同。在法国,1968 年是关键的一年(正如列斐伏尔在多个访谈中一再提及的那样)。阿姆斯特丹大都市环境研究中心成立于 1993 年,伦敦经济学院也在 1998 年建立了城市研究项目,而柏林科技大学的大都市研究中心则成立于 2004 年。

1964 年,墨西哥学院建立了城市发展与环境人口研究中心,研究墨西哥和拉美的人口和城市化。在智利,1964 年在福特基金会的资助下建立了城市发展跨学科调查委员会,随后天主教大学城市发展跨学科研究中心成立于 1968 年。哥伦比亚也在 1997 年成立了城市研究所。

芬兰的例子尤其值得关注。1968 年,城市和区域研究中心成立,是芬兰多所大学进行跨学科研究和教育的试点。但直到 1998 年,赫尔辛基大学才在城市研究领域设立了专职教授岗位。这些教授的资助来自赫尔辛基大学、赫尔辛基市政府和教育部。起初只有 6 人获得资助,尽管后来更多的人也得到了资助,但这仍未建立起城市研究项目。只有已建制学科如历史、地理和社会政策学才有教授岗位。

除了美国,城市研究大多归类于社会科学和建筑学,缺乏独立的身份。城市研究相对其他学科有自己的特性,并且受美国城市研究的影响很大。

美国学术界通行的实证研究和理论阐释长期主导着城市研究。1990 年代,虽然人文学科对城市的关注挑战了实证研究的方法,但解释与城市相关的现象仍然占据主流。在新兴的文化研究和传统的美国研究领域,学者们转向城市来研究大众文化、种族和族裔、消费以及移民等问题。这类研究大多围绕地区、认同和城市经验的性质三者之间的互动来展开,尤其是研究街头生活中三者的关系。城市研究中洛杉矶学派的崛起反映了该领域的这一文化转向。这一学派主要由地理学家组成,他们将洛杉矶视为 21 世纪城市的典型代表。此外,该学派并不重视新城市社会学的政治经济学研究方法,而是采用了后现代主义的文化视角和具象性研究。洛杉矶学派对建筑环境的兴趣几乎与城市学者对城市设计和建筑的关注同步。实际上,1990 年代以来,城市设计项目在美国流行开来,而这又增强了学术界对城市的热情,并促进了城市的复兴。但这些努力只是城市研究领域内的细枝末节,位于该领域的边缘,并没能改变自 1960 年代以来城市研究的主流。

对城市的关注主要集中在城市问题上,在 1960 年代和现在都是如此,这也是对呼吁"相关研究"的回应。这种对现实相关的要求使得城市研究具有另一种特征,该研究徘徊在传统社会科学之外,与公共政策相关,因此城市研究与城市区域规划、政策分析、公共管理和社会福利有着紧密联系。

围绕城市研究和相关领域的许多文章以及城市事务协会年会中的报告都有明确的政策导向性,其目的或是探索城市问题(如居住隔离),或是试图干预(如社区发展公司),并为如何缓解问题和更好地干预提供建议。传统的社会科学(除了经济学)很少涉足政策,而城市研究则为政府决策提供了参考。简而言之,在学术研究的名义下,城市研究是 20 世纪初中产阶级改革精神的继续。

当然,城市研究并未摆脱社会科学窠臼,这就影响了城市研究的发展。城市研究带有社会科学的理论倾向和方法偏好,因此,从事城市研究的学者几乎没有注意到对其研究领域进行属性定位。"城市研究"很少被理解为一个学科的名称,而其他学科则不然。但城市研究者们似乎满足于与其原学科有所不同,但同时又保持密切关系并且从不发生冲突。当然,这种观察未必正确。维持现状的人或许会义正词严地指出,城市研究并不是要取代原有的学科,而是为研究者们提供了一个将其学术知识用于公众关心话题的机会。城市研究者可以在这一领域采用跨学科的方法研究城市,但在其原学科则难以实现。前者和后者都不需要一个专门的属性认定,其理论可以从其他学科借鉴,而方法则可以混合使用。

而反对意见认为,这样的态度阻碍了城市研究的进一步发展,因为如此一来,研究者无法看到城市的复杂性和真相。如果城市研究的最终目的是要了解某一地区发生的事情并为政府干预和集体行为提供基础,就要拒绝社会科学的理论根基:全球化、去情景化、价值中立和定量研究。简而言之,模仿自然科学的客观与严谨的理论和方法技巧有必要加以扬弃。关注特定的、当地的、常识性的、个案探讨和集体行动的方法似乎更能帮助城市研究解决城市问题。这样一来,城市研究就不再是 20 世纪社会科学这座摩天大楼上的附庸了。

进一步阅读书目:

- Aiken, Michael and Manuel Castells. 1977. "New Trends in Urban Studies: Introduction." *Comparative Urban Research* 4(2-3): 7-10.
- Berry, Mike and Gareth Rees. 1994. "Australian Urban and Regional Research: An Introduction." *International Journal of Urban and Regional Research* 18(4): 549-54.
- Flyvbjerg, Bent. 2001. *Making Social Science Matter*. Cambridge, UK: Cambridge University Press.
- Glass, Ruth. 1989. "Urban Sociology in Great Britain: A Trend Report." pp. 27-50 in *Cliches of Urban Doom and Other Essays*. Oxford, UK: Blackwell.
- Gottdiener, Mark D. and Leslie Budd. 2005. *Key Concepts in Urban Studies*. Thousand Oaks, CA: Sage.
- Hasimoto, Kazutaka. 2002. "Urban Sociology in Japan: The Changing Debates." *International Journal of Urban and Regional Research* 26(4): 726-36.
- Miller, D. W. 2000. "The New Urban Studies." *The Chronicle of Higher Education* 47(50): A15-A16.
- Paddison, Ronan. 2001. "Studying Cities." pp. 1-9 in *Handbook of Urban Studies*, edited by R. Paddison. London: Sage.
- Seekings, Jeremy. 2002. "Introduction: Urban Studies in South Africa after Apartheid." *International Journal of Urban and Regional Research* 24(4): 832-40.
- Topolov, Christian. 1989. "A History of Urban Research: The French Experience since 1965." *International Journal of Urban and Regional Research* 13(4): 625-51.
- Zacks, Stephen. 2004. "Urban Studies." *Metropolis* 24(1): 36, 39.

(Robert A. Beauregard 文 李文硕 译 王 旭 校)

URBAN SYSTEM | 城市体系

城市绝非彼此隔绝的实体,它们通过各种方式来联系彼此。这种关系产生了空间的相互依赖、功能分化和增长,并产生了持续的结构性特征,成为城市体系的特性。通过建构模型和比较,城市体系理论的内涵逐步扩大,从原本的静态解释发展成为动态分析。

历史背景

历史学家和考古学家确认,在公元前 8000 年到公元前 3000 年间,城市体系首先在世界 4 个(或 5 个)区域出现(美索不达米亚-中东、印度河谷、中国华南地区和中美洲)。在所有这些地区,城市都是在农业产生的 3 000 年后出现的。城市聚居区具有尤其独特的社会功能:农村往往依靠其所在地区的资源,发展没有超越当地的生态限制;但城市则不同,即便是那些从农村发展而成的城市,都利用了遥远地区的资源来减少本地区的限制和不确定性。早期城市也是人们将销售剩余农产品所得投资其他活动的场所,在与其他城市的贸易竞争中实现了创新,并产生了一个日益复杂的社会组织。城市不仅利用了本地资源,也利用了其作为网络节点的优势,随着城市控制的网络不断增长,城市本身也在不断膨胀。考古学家告诉我们,古代的定居点系统具有与后来乃至今天的城市一样的结构性财产。

最早提及城市体系的是法国一部百科全书中的"城市"词条。该词条的撰写者是追随圣西门的工程师让·雷诺(Jean Reynaud),他在 1841 年提出了中心地理论的主要标准。但该理论的经典阐述是德国地理学家沃尔特·克里斯塔勒,当时,人们普遍关注作为市场的农村地区的城镇,克里斯塔勒由此受到启发而发展出了中心地理论。但他并没有明确提出城市体系这一概念。直到 1960 年,美国地理学家布莱恩·贝里才正式对多层次的城市体系做了系统论述,他的名言是"城市是城市体系内部的系统"。

中心地理论

中心地理论是试图解释城市规模、数量和空间的理论。该理论认为中心性是城市作为周边地区(用克里斯塔勒的话说,是"补充地区")的商品及服务中心而具有的性质。该理论包括消费者和供应者行为假说,认为前者试图尽量减少获得商品和服务的交通开支,而后者在可以牟利时必然进入市场。该理论假设根据其空间安排和可行性门槛,提供中心商品的机构将位于不同规模和形态的中心位置,其下有 6~7 个亚层。在这一条件下,克里斯塔勒提出了 3 种城市等级模型,分别优化消费者进入市场的方式、交通网络的长度,并遵循无竞争的管理原则。每种空间模型中,两种相继层级的市场规模保持固定比例:遵循市场原则时,这一比例是 3;遵循交通原则时,这一比例是 4;遵循管理原则时,这一比例是 7。

这一理论被应用于多个个案研究中,并被不同时期不同城市的历史证实。尽管销售功能的等级体系被普遍注意到,并与城市规模密切相关,这一比例的规范性却很难明确。中心地理论也被应用在季节性市场和城市内部商业活动的空间组织上。但在后一种案例中,空间规范不能在地形的框架之内理解,而要参考通达措施来界定具体时空。

中心地理论在多个方面受到抨击。批评者攻击其引用几何模型时的不连贯性,尤其是克里斯塔勒忽视了人口集中对当地的影响可以改变其空间同质性,而这种同质性是六角形得以形成的关键。缺乏一致的观察也饱受诟病,换句话说,该理论假定消费者到最近的零售地点购买任何商品的观点是靠不住的：至少在一个高度流动性的社会，消费者选择购物地点的目的是多重的，威胁着小型购物地，并增加了与整个等级体系的联系。与此同时，收入的增加也使得先前匮乏的服务不再重要。此外，随着总人口的75％已居住在城市，建立一种基于城乡关系的城市体系理论已经没有必要。但实际上中心地理论最重要的缺陷在于其不完整，其原因有：(1)该理论忽视了城市的其他专门化功能，进而不能向整个区域人口提供服务(如制造业和旅游业)；(2)克里斯塔勒的理论基本是静态的。

作为数据分配的城市等级

第二种对城市体系中等级分化的解释不同于中心地理论。许多学者注意到，在城市体系内部的不同城市间，规模的差别往往很大(今天这种差别在中等规模的国家是从 1 000 到 100 万人，在人口规模庞大的国家中，这一差别可以达到 1000 万人)。1913 年，弗雷德里希·奥尔巴赫(Friedrich Auerbach)首次提出了城市体系中等级差别的常规形态。1941 年乔治·金斯利·齐普夫(George Kingsley Zipf)将其归纳为"等级规模法则"(rank size-rule)，即某一规模(等同于其等级)之上的城市的数量，是其规模的反向几何级数。齐普夫解释道，这种统计学上的规律性表现了一种均衡，这种均衡产生于集中(市场效率)和分散(自然资源)这两股相反的力量。1931 年，法国统计学家罗伯特·吉布拉特(Robert Gibrat)首次总结了城市规模等级的形成过程，认为这种等级的分配来自人口的增加。在每个人口增长的短暂间歇期，人口数量的增加总是与城市最初的规模成一定比例，并伴有随机波动。对城市体系增长过程的考察显示，吉布拉特的模型只满足了第一近似值，而与城市规模相关的增长率和增长率的暂时自相关之间的系统性联系只有通过构建城市间相互联系的模型才能解释。

功能多样性、专门化和经济周期

城市增长率与创新周期密切相关，而这一周期与城市规模之间存在一种不断变化的联系：在每个周期之初，大城市增长更快，随后增长率渐渐平衡，接着小城市增长更快。这一过程被托斯滕·哈格斯特朗称为创新的等级扩散。大城市较早接受创新的结果，使它们从中获益良多(初始优势)，而这种优势又使其增长率略高于城市和乡镇的总体增长率。当代大都市区研究重新发现了一个过程，当全球化趋势和向信息社会转型产生新的创新周期时，这一过程长期促进了城市体系的活力。小城镇增长率普遍低于平均值，不管是因为创新的相关利益降低，还是因为它们未能接纳创新，都增强了这种等级选择。当考虑到快速交通模式和基础设施时，后一个原因尤为明显。人类通信的链接速度在不断加快，即所谓的时空融合，有力地推动了城市规模之间的差别，同时也在较低层次上拓宽了城市的范围。

除了等级选择的效应，创新还产生了城市体系中的另外一种不对称。有时，确保创新得以应用的资源并不能在任何地点获得，其结果就是由于某些经济活动只能在特定城市中存在，城市之间产生分工。由于繁荣的城市吸引移民和追求利润的投资者，一种新的城市分工通常会促使城市增长率迅速上升。因此，当某些矿产资源可以开采时，就会带动城市的迅猛增长，如英国中部和比利时瓦隆尼亚发现煤矿，加州发现金矿和南非金伯利发现钻石时那样。但推动城市和乡镇崛起和成功的多种区位因素也是地理因素的偶然，那些影响长途贸易路线的因素就是这样，如绵延的河谷和走廊地带、适合航海的河口和港湾、要道交叉口或是不同区域间的枢纽。适于滑雪的山坡和吸引游客的海岸是近期发现的空间集中资源。利用公共资金建造的区域、技术和知识集中地也是投资和城市功能专门化的可能节点，创造出"技术极"(Technopoles)的大型大学就是典型例子。

因此，创新是激发城市活力的必要条件。知识和信息、反思自我和学习与创造的能力是城市发展的动力。无论是在知识和物质方面，还是文化和政治方面，乃至机构和组织方面，城市在促进创新中所扮演的关键角色都为人所熟知。新经济增长理论认为城市是人力资本整合中心和创新孵化器，认为知识在人与企业中的溢出效应是促进增长的必要保障。此外，城市中的创新和知识复位增加了对受过教育的、拥有高技术的、有企业精神的和创新性人才的吸引力，而他们通过集中到城市中心，又进一步产生了知识的溢出效应。

创新和专门化促进了城市体系的活力。由于大城市在创新周期之初拥有增长优势和吸引力，因此在城市体系内广泛传播的创新和专门化有助于增强大城市的相对权重，尽管某些专门化城镇由于独特的区位因素和地方的促进而集中了这两类活动并时常展现出惊人的增长率，但却因缺乏吸收改造能力而阻碍了进一步的增长。

这些不同的进展可能会继续下去，但却不再局限于全国的城市体系，而是融入全球城市体系中。殖民经历引发了持续的城市不平衡，并扰乱了殖民国家城市体系的组织。伴随经济全球化而来的外国投资和经济活动的再分配将会重新产生或强化上述效果。

通过空间交往促进城市共同发展

随着时间的推移，城市体系的规模和形态都发生了变化。即使城市体系仍然保持原有的社会功能，即控制领土和网络，但这种控制的性质已从政治控制变为经济控制。政治控制起初仅限于单个城市，后来向王国或帝国扩散，最终控制了联系多个城市的民族国家。经济控制最初由本地企业行使，并逐渐扩展向全国，最终由跨国公司的行使。单个城市一度利用开发远距离资源的网络来管理城市的发展，但如今，在国家或超国家力量通过城市建立起来的网络中，城市已成为这一网络控制更广泛领土和网络的工具。城市体系是不断进化了，远距离网络连接的城市、统一政治实体内的城市可能会形成这个体系之下的子集。城市体系的总体发展趋势是，通过更频繁和更密集的交流，有越来越多的城市融入体系中，但政治或经济危机会阻碍城市体系的扩张。城市间交往性质的变化和空间扩张的波动增加了明确城市体系的难度。

因此，目前的研究将城市体系理解为不断进化的系统，能够适应人类社会的变化并推动这种变化。城市体系是人类的创造物，但在集体意向中其技术特性并不明显。城市体系能够很好地根据社会变迁调整自己的空间范围。与其他社会系统一样，城市体系也是一个自我组织的、历史性的产物，融合了社会交往的无意行动和自愿行动。城市体系的活力来自其普遍的扩张趋势，这一趋势植根于意在增加象征性权力、可获得资源和其他行动空间的社会实践。在城市中，试图减少阻碍发展的地区不确定性的努力，以及在邻近地区和整个网络探索补充资源的活动推动了这一趋势，这种创新是城市体系不断扩张的动力。于是，城市间交往通过积累，一方面在城市网络中加快了全球化进程，另一方面则通过劳动分工和专门化加强了人类活动的复杂性。该趋势产生了一个重大转折，即城市转型，通过将利用土地发展农业的社区转变为集中、分等级、在性质上各不相同的成系统的城市和乡镇改变了人类的生存方式。这种转变产生了无所不在的城市等级，这种等级从城市间的交往中自然而然地产生出来，但其结构却受制于增长过程的竞争。城市体系与其他复杂系统中要素的规模分配相类似，并受到在地理空间上将人类联系起来的技术手段的影响。

进一步阅读书目：

- Auerbach, F. 1913. "Das Gesetz der Bevolkerungskonzentration." *Petermans Mitteilungen* 59(1): 74–76.
- Berry, B. J. 1964. "Cities as Systems within Systems of Cities." *Papers of the Regional Science Association* 13: 147–63.
- Bourne, L. S., R. Sinclair, and K. Dziewonski, eds. 1984. *Urbanization and Settlement Systems: International Perspectives*. Oxford, UK: Oxford University Press.
- Bretagnolle, A. H. Mathian, D. Pumian, and C. Rozenblat. 2000. "Long-term Dynamics of European Towns and Cities: Toward a Spatial Model of Urban Growth(1200–2000)." *Cybergeo* 131. Retrieved May 15, 2009(http://www.cybergeo.eu/index566.html).
- Bura, S., F. Guerin-Pace, H. Mathian, D. Pumain, and L. Sanders. 1996. "Multi-agent Systems and the Dynamics of a Settlement System." *Geographical Analysis* 2: 161–78.
- Pred, A. 1977. *City Systems in Advanced Economies*. London: Hutchinson.
- Pumain, D., ed. 2006. *Hierarchy in Natural and Social Sciences*. Dordrecht, Netherlands: Kluwer.

(Denise Pumain 文　李文硕 译　王　旭 校)

URBAN THEORY ｜城市理论

当代关于城市和大都市生活的研究中，占据主导的是城市理论的多重意义和定义。一种广义定义认为城市理论是启发性的、敏锐的，能够帮助学者理解城市秩序、变迁和稳定的性质。这样看来，城市理论是一种解释工具，解决了何为城市生活中的"城市"、城市如何组织和变迁等问题。另一个更具分析性的定义认为，城市理论是一系列相互联系的议题，使得关于城市现实的知识、解释和预测系统化。如此一来，城市理论既说明了各种变量间（包括各种非正式因素如何联系起来的说明）的非正式关系，也解释了产生这些关系的机制。第三种观点对规范性提出了批判，认为城市理论是一系列概念和解释工具，用来考察城市权力结构、明确城市不平等现象的因果关系，并厘清城市中社会冲突和抗争的基础。这一批判性的城市理论是以社会问题为中心的，包含强烈的社会正义和平等诉求，重视在城市中的现实(Praxis)，是知识和实践的混合。在这种意义上，对城市知识的理论化背后有强烈的乌托邦愿望，试图揭示城市中的控制和从属，并提供一套方案来缓解社会危机、推动革命性的变革。

并不存在永恒的、静态的和不变的城市理论。城市理论有其独特的时空背景，随着社会运动和社会发展，个体改变着城市和大都市。相应地，城市理论是多元的、复杂的，具有多重维度。本文试图解释城市理论的5个主要构成：本体论、认识论、概念、分析层次和机构-结构关系，并在结论中探讨当前城市理论的地位。

城市本体论

所有的城市理论都认为城市中一定存在或者可能存在某些现象。对于大部分城市理论而言，"城市"是本体论的中心，但却没有具体标准，学者也没有关于"城市"的共识。城市理论通常包括多种术语,如规模、空间和场所,要了解城市是什么样子、城市怎样组织起来、城市如何增长和变化以及城市的未来形态等问题,就需要借助这些术语。但需要注意的是,关于城市空间或规模是外在的还是给定的、是开放的还是密闭的、是长期一致还是塑造形状和范围的复杂结构,城市理论学家们莫衷一是。多种关于城市生态的理论分别倾向于将城市空间视作社会活动发生的环境、背景或容器。部分脱胎于政治经济学范式的城市理论认为,城市空间是大规模社会变迁的产物,而受到城市地理学影响的城市理论则把城市空间等同于规模,并利用空间比喻来解释社会行动和群体行为。城市理论学家多半游离在将空间视作对象和先验力量以及将空间视作物质产物(如建筑环境)和社会交往媒介之间。一种理论对城市现象本体论的认识隐含着对城市的定义。芝加哥学派的早期观点将城市视作有机集合体,由相互依赖和分化的不同部分组成。尽管许多理论认为城市有着明确的空间边界,是可以分析的社会产物,但也有理论认为城市是开发的、缺乏固定形态。近期的理论观点认为,群体冲突和团结所构成的重叠和转移的边界最能够代表人口居住的多层空间,而非有界限的物理空间的形象。

城市认识论

认识论是一系列关于知识的观点和假设。本体论谈论的是城市的性质,认识论则告诉我们这些性质如何转化为知识研究的对象。因此,所有城市理论都有某种认识论观点,包括何为知识、谁能成为认识者以及获取认识的合理途径。当前的城市理论研究中有4种主导的认识论:实证主义、社会建构、立场和后现代主义。

实证主义的认识论认为,知识是累积的、连贯的、理性的。通过使用科学的方法和验证假说,实证主义城市研究力求概括归纳、背景独立,重视因果关系和可预测性。实证主义者认为,自己的分析是客观的、可以验证的,有充分的事实依据,更进一步地理解了城市现实,并解决了经验的和理论上的问题。

社会建构的认识论则回避了城市是先验的、客观的这样一种概念,强调城市发展的方式、城市认同和文化,以及由个体和群体产生、协商和定义的种族族群和阶级。这一认识论的核心,是认为城市现实是紧急的、易变的,是社会归属的产物,是包括内外力量和角色的反射。

立场认识论相信,通过基于阶级、种族或性别从属的社会视角可以理解城市。女性主义立场认识论主张将女性的经验作为城市研究的起点。马克思主义立场认识论则研究了阶级是如何影响工人对知识的概念、认识对象以及对城市的困惑和理解。

在后现代主义城市理论的多种变体中,有3种共有的观点将后现代主义的观点连接起来:(1)拒绝多样、分化和复杂统一的、累加的和普遍的体系;(2)放弃封闭结构、混合意义,不使用不确定、连续、不明确和讽刺的风格;(3)用不同视角、解释学和文化相对主义替代客观性和对真相的追求。

城市概念

城市理论的本体论和认识论利用一系列敏感的概念引导经验研究,包括对数据资源和解释方法的认可。学者们依靠城市概念的术语分析城市现实,明确和解释城市状况。所有的城市理论都包括一套概念来对知识进行区分和归类。概念是城市理论的组成部分并构成城市现实、确定分析的边界,对城市和城市生活的历史背景与物质构成有着至关重要的影响。

概念只有彼此相关时才显示出意义。例如,在马克思等城市理论学家看来,阶级和资本主义代表的一系列复杂的观念能够反映现实。在城市增长引擎理论和城市政权理论看来,城市政治、政治权力和城市经济发展是重要概念。概念有巨大的可塑性。不同的理论中，即使同样的概念也可以体现为完全不同的方式。如女权主义理论将性别视作社会建构力量，而实证主义理论则认为性别是一种解释工具，可以用来论证假说和预测城市变迁。

通过理论，概念可以用来描述、分析、解释和评估。不同的概念提供了分析和解释剥削、异化和歧视等社会进程的导向和框架。因此，研究者会用种族的概念来研究种族居住隔离的因果和持续性以及大都市发展不平衡的理论。反过来，研究者也会利用不同的种族隔离理论来解释种族意义、种族歧视表现的历史变迁。近期的城市理论不同意阶级、种族和性别作为独特和独立的概念，强调这些结构及塑造城市发展中的不平等之间的相互交错关系。尽管社会空间理论和增长引擎理论的分析重点和观点不同，但却使用同样的概念解释强有力的经济力量所扮演的角色，尤其是地产业在建设和发展城市中的作用；用同样的概念解释促进城市发展的政府力量以及象征、意义和文化在塑造城市中的重要性。

分析的层级

大多数城市理论都从特定层次的分析入手来研究城市和城市生活，并对不同层级分析在理论上的重要性及其相互关系做出假设。分析的层级在宏观的全球社会到微观的日常生活和个人意识的整个范围内变化。不同层级的分析可以包括全球、国家、地区、大都市、城市、邻里、小型组织和个人等不同的层次。在全球或曰宏观，与地区或曰微观之间并不存在明确的界限。

像概念一样，只有彼此相关时，分析的层级才有意义和容易理解。因此，学者们用自己的分析来详细说明不同层次的相互联系性和共生性。宏观的城市研究倾向于将城市化放入全球化背景中，并将其分析聚焦于城市地区的内部活力和外部关系。在这种演绎式的理论中，分析者会从全球视角切入，进行总结后再进入低层次的领域进行研究，解释宏观结构和社会进程如何影响了城市现实和生活。微观理论往往(但不绝对)采用归纳法，试图解释如何及在何种条件下微观或曰地区层级会产生宏观影响。

大多数城市学者都不同意方法论的个体主义，即城市和城市现象要根据城市中个人的实际状况做出解释。方法论的个人主义将城市降低到个人或群组的层次上，也就将对城市事件和过程的解释降低到参与者个人的行为及其状况上。正如"区域-全球交互作用"(Local-global Interplay)、"区域-全球关系"(Local‐global Nexus)、全球化等术语和"全球视野、本地行动"这样的说法所表达的那样，城市研究者正在提出新的概念工具来理解全球变迁及其多样化效应和对地方的影响之间的复杂关系。许多学者认同这些社会经济进程和变迁模式，但不同意其形态、影响和周期。

城市理论的机构和结构

人类媒介和社会结构之间的关系大概是城市理论中最重要的一组关系。一方面，几乎所有城市理论都意识到，个人是城市结构和环境的产物，承认人类有能力改变城市的建成环境。另一方面，对于如何解释和理解人类怎样用集体的力量创造城市、城市结构如何塑造和约束了人的行为和意识以及人类怎样联合起来改变城市，不同的城市理论却有着不同的分析方法和假说。

城市研究中有多种对机构与结构及其相互关系的定义。结构可以是一种思维、行动和感觉的方式，也可以是个人和集体行为之外的强制力量。非正式的结构包括标准、价值、信仰和规则，正式结构则包括法律、规范、组织、官僚机构、制度和大范围的社会趋势(如资本主义和全球化)。机构的概念则受到研究者理论动机和倾向的影响。一方面，机构在无反应、习惯、重复和适应现实条件之间变动。另一方面，机构可以指有意行动和反抗行动、有计划的措施和为改变而做出的安排，以及改变城市的对抗性动员。行动是什么和为何重要、群组如何行动、宏观结构和全球进程如何在剥削个体的同时创造新的城市认同,对于这些问题,城市理论给出了各自的答案。

尽管有很大差异,近期的城市工作将结构和能动性抽象为一种空间现象——具有空间特征和空间影响——并考察了不同的空间意义和区位如何确保和约束了社会活动及行为的某种形态。例如,地理学概念贯穿了全球化研究的主要理论阐述,如时空压缩、流动空间、场所空间、去领土化、跨区域和空间。同时,全球化研究者也广泛使用了地理学术语的前缀(亚[sub]、超[supra]、跨[trans]和之间[inter])来解释在空间结构和地缘政治界限之下、之上、之间和之外的突发社会进程。此外,研究城市贫困的学者注意到了空间区位的角色和"邻里效应"在剥夺城市贫民受教育机会和就业、限制其收入以阻挡上升性流动和强化其反社会行为中的作用,他们承认社区环境塑造贫困的观点反映了分析中大量使用地理学术语,以及大量使用空间比喻(积聚效应、空间隔离、隔都区贫困、超级贫困地区)来描述城市贫困的因果关系。这种兴盛的研究与近来将城市空间视作政治斗争目标、人类能动性和认同感组成部分以及行为的促进和制约因素的理论相互吻合。城市空间塑造和决定了个人和群组如何思考和认识自己,促进了个人和集体认同,质疑和强化了种族、阶级、性别、性取向等社会不平等结构。

当前城市理论的状况

当代城市正在经历一场大转折,许多理论都注意到当前的变动和新现象。女权主义理论、批评的种族理论和后现代理论推动了理论和理论模型的日益多样化。开放的、色彩斑斓的理论世界正推动城市理论从几种范式和有限的理论转变为一个主张包容、多元和不确定的新领域。因此,今天的城市理论学者拥有更多的理论选择和工具,甚至不必只选择其中的一种。近来的文化转向、语言转向和话语分析、文本解构,在城市理论界的不同学科学者之间引发了激烈辩论。一方面,在后现代主义、后结构主义和女权主义等理论的冲击下,城市学者研究事实和客观性的观念渐渐解体。另一方面,在经济中心论和研究的推动下,城市研究依然以公理化假说为基础,即相信通过使用专门的方法论、概念和理论而不在调查基础上提出有关现象性质的假设,也可以反映(映射)城市现实(即非预设代表)。因此,许多与大型政府机构合作的城市研究者仍然采用实证主义的方式,相信无须考虑居民的种族、性别、阶级、性取向和宗教信仰等差别也能够得出普遍有效的城市概念。相反,大多数批评的城市学者反对非预设代表,直言这种方法在政治上和哲学上是不可行的。

简短地说,我们现有的是一个城市理论的勇敢新世界,开放、接受质疑而且破碎,存在着多个明显的趋势。首先,随着许多研究者试图在构建综合理论时发起建设性对话和搭建共识,总体理论式的基础宽广的范式正日益被中层理论替代。这一现象表明,未来的理论化工作可能不再"采用"或"应用"一项理论来"推动"一个特殊的范式或视角。这样的观念基于不清楚的想法,即存在着明确定义的理论,而且该理论能够进一步理解城市现实,并解决实际问题。因此,理论的未来预示着其受欢迎程度的下降和政治经济学、城市生态学和新城市社会学等范式的影响力的下降。从新城市社会学的例子来看,并不清楚什么是"新的",因为该理论的许多内容早在 1980 年代甚至此前就出现了。另一方面,中层理论将继续引导经验研究,随着城市的变化而促进更激烈的争论。

其次,理论化将被重新定义成为城市学者提出思考的问题而非结论的实践。理论的发展包括提出更多关键的和主动的问题,并随着研究的进展而不断修正。

最后,理论发展将变得更有弹性,并包括不同的理论观念、概念和启发方法来检验先前未经分析的城市现象,或用新的、原创的方法重新将城市理论化。在这里,城市研究的价值不能根据现实权威性或表述的"真实内容"来评估,而是应该依据描述的丰富性、分析的深度和解释的范围。对今天城市理论的考评是新观念、新洞见的创造,而非推进一项专门的理论视野或范式。这些新的和不同的观念或许会有助于分析和构建理论,并随着更新的观念和看法的出现而被抛弃。

进一步阅读书目:

- Amin, Ash and Nigel Thrift. 2002. *Cities: Reimagining the Urban*. Malden, MA: Blackwell.
- Benko, Georges and Ulf Stroymayer. 1997. *Space and Social Theory: Interpreting Modernity and Postmodernity*. New York: Blackwell.
- Gotham, Kevin Fox. 2001. "Urban Sociology and the Postmodern Challenge." *Humboldt Journal of Social Relations* 26(1-2): 57-79.
- Gotham, Kevin Fox. 2003. "Toward an Understanding of the Spatiality of Urban Poverty: The Urban Poor as Spatial Actors." *International Journal of Urban and Regional Research* 27(3): 723-37.
- Lin, Jan. 2005. *The Urban Sociology Reader*. New York: Routledge.
- Storper, Michael. 2001. "The Poverty of Radical Theory Today: From the False Promises of Marxism to the Mirage of the Cultural Turn." *International Journal of Urban and Regional Research* 25(1): 155-79.
- Tajbakhsh, Kian. 2000. *The Promise of the City: Space, Identity and Politics in Contemporary Social Thought*. Berkeley: University of California Press.

(Kevin Fox Gotham 文 李文硕 译 王 旭 校)

URBAN VILLAGE | 城中村

"城中村民"这一术语与赫伯特·甘斯密切相关,他的同名著作考察了1957年和1958年波士顿西区意大利裔美国人的生活。这一人类学和社会学著作挑战了规划者对贫民窟性质和社会生活的传统看法。甘斯将那里称为城中村,因为他发现新的居民团体试图将其"村庄式的"体系和文化融入全新的城市环境中。

站在更为理想主义的立场上,马吉亚尼(A. Magnaghi)将他的"Il progetto locale"也译作城中村,探讨了在推动城市以可持续的方式发展中,地方性的城市治理的重要性。

然而,"城中村"一词在英国得到城中村组织的推崇而于20世纪80年代末和90年代大行其道。该组织用这一词语来描述这样一种发展:呼吁良好设计、混合利用和能够创造地方和社区感的可持续的城市区域开发。这一概念不仅来自城中村组织(后更名为城中村论坛)的合理性,也来自英国政府为促进住房设计和规划而推出的全国规划政策指南。但随后,政府用其他概念取而代之,尤其是城市复兴和千禧年村庄(Millennium Villages)。

"城中村"这一词语的流行正逢人们日益关注现代城市发展质量之时,尤其是拿现代城市与远久的传统城市进行比较的时候。此外,80年代末90年代初房地产市场的萧条使得致力于发展的专家改变其方法。一部分发展论者、投资人、建筑师和规划者力推城中村的概念,他们在威尔士王子的支持下成立了城中村组织这个非营利性的咨询组织。1992年该组织发布了宣言《城中村——在可持续规模基础上促进城市混合开发的概念》(*Urban Villages: A Concept for Creating Mixed-Use Urban Developments on a Sustainable Scale*)。威尔士王子对建筑、人的价值和社区等有着深入认识,他认为人口规模和审美发展应该首先明确怎样设计"好地方",呼吁回到这样的发展模式上来。

此外,对新旧设计和规划理念的一系列探讨也赋予了城中村合理性。临近和本地之类的观念是城中村的中心理念,反映了1920年代以来的邻里规划观。许多城市中都有类似乡村的地区,这在城市地理学和社会学中反复讨论了数十年,也是城中村概念的推动者所着力强调的。简·雅各布斯的作品和她对多样性和混合利用的关注,对于城中村的支持者而言是至关重要的。这一概念重视社区参与的重要性,以便在邻里中能够存在社区。这样的理念盛行于社区建筑学和城市设计,该理念的支持者同样是城中村的支持者。重视城市设计与英国政府当时的政策相吻合,即城市和乡村质量计划和随后的城市设计运动。这两项政策密切相关,旨在为城市设计投入更多的关注,推动城市已建成地区内重要地块开发中的跨学科合作和公私合作。这项工作利用了英国各地具体案例的经验。同时,相似的开发理念在也在美国推广开来,如交通导向的开发、步行口袋(Pedestrian Pockets,是一种方便行人的道路设计,往往与交通线和公园相连——译者注)建设、新城市主义、传统邻里社区的开发和国际视野的设计思路,都与英国政府的城市政策、规划和发展周期同步。最终,从1980年代末到1990年代初,社会各界对可持续开发的关注越来越多,尽管城中村的概念相对狭小,但对此却功莫大焉。1990年代初,在城市向绿野扩张等建设活动中,人们也在探索明确城中村概念的核心原则,并修正这一概念。各种出版物表明,在英国国内,新的大型居住区的开发需要遵循城中村的理念,人口在3 000到5 000之间,中心有广场,所有的设施可以步行到达,住房类型与租期相混合,零售等多种功能混合,拥有相互连通的道路系统、一个主要学校,并且有良好的城市设计。早期的研究成果建议,这种住宅区的设计应当包括最大限度保护社区的大片相邻土地,并鼓励最大限度的自给自足,尽管这样做的意义是什么尚不清楚。

但许多因素导致这一方法难以为继,包括难以找到新的建筑用地、城中村论坛的人员变动以及人们意识到公共资金应当投入所有的优秀项目的某些方面。英国的再开发组织——"英国伙伴"为符合要求的城市更新项目提供资金,并通过促进灰色地块的合理开发而支持论坛的工作。1990年代中后期以来,该组织关注的中心转移到了将城中村视作再开发工具,由城中村论坛建议和推广符合要求的项目。但论坛很难使用城中村这个名字,因为许多开发项目比普通的住宅区大不了多少。

城中村的重要案例包括多尔切斯特的庞德伯里、曼彻斯特、胡尔摩和安科斯特的更新项目、北安普顿厄普顿的扩展,和南威尔士、尼斯附近柯德·达西(Coed Darcy,原名为兰德达西Llandarcy)的开发。在国际上,"城中村"一词用在不同的环境中,指的是那些遵循与新城市主义理念相同原则的开发模式。

进一步阅读书目:

- Aldous, T. 1992. *Urban Villages: A Concept for Creating Mixed-use Urban Developments on a Sustainable Scale*. London: Urban Village Group.
- Biddulph, M. J., B. Franklin, and M. Tait. 2003. "From Concept to Completion: A Critical Analysis of the Urban Village," *Town Planning Review* 74(2): 165–193.
- Gans, Herbert. 1962. *The Urban Villagers: Group and Class in the Life of Italian-Americans*. New York: The Free Press.

- Jacobs, J. 1961. *The Death and Life of Great American Cities: The Failure of Town Planning*. New York: Random House.
- Magnaghi, A. and D. Kerr. 2005. *The Urban Village: A Charter for Democracy and Local Self-sustainable Development*. London: Zed Books.
- Neal, P. 2003. *Urban Villages and the Making of Communities*. London: Spon.
- Thompson-Fawcett, M. 1996. "The Urbanist Revision of Development," *Urban Design International* 1 (4): 301–322.

(Mike Biddulph, Malcolm Tait, Bridget Franklin 文　李文硕 译　王　旭 校)

UTOPIA ｜乌托邦

乌托邦往往指一个想象中的理想社会。与现实不同，乌托邦位于另一个时空中。这一术语的地理学根基明显来自托马斯·莫尔（Thomas Moore）于1516年出版的同名著作，混合了希腊语中的好地方（eu-topos）和无此地（ou-topos）。《乌托邦》开辟了西方一种新的文学体裁，即用大量细节描绘人类所能实现的最好愿望，这种体裁一直延续到今天，尽管多少发生了变化。莫尔在书中将他的美好愿望置于遥远的地方，那里没有现实中的弊病，只有通过旅行和探访才能发现。

尽管这部经典著作展现了乌托邦的风貌，但对这样一个理想社会却没有统一的定义，无法确定其明确的时间、地点和形态。许多近期的争论说明，像乌托邦这样构思更美好世界的努力有一个比这本书更长的历史，只是构想中的时空条件各不相同。而且这种构想并不仅限于文学作品，其他媒体也有所体现。这类乌托邦想象还包括社会和政治构想以及实现更好生活的理论，包括建设新的空间和社会的正式规划，也不乏要求激进变革的各种开放性呼吁。此外，尽管公认乌托邦在本质上是不存在的，但直到今日仍然有怀着乌托邦梦想试图重建新的社区和定居点的努力和尝试。许多评论家走得更远，尤其是哲学家欧内斯特·布洛克的信徒们，他们相信可以把乌托邦理想融入日常生活，来改变人类的生存方式，以这样的方法创造一个不同的未来。

尽管观点各异，但乌托邦与城市社区有着长期而密切的联系。许多研究者认为，双方的联系至少可以追溯到古希腊，那时的国家被称作波利斯或城邦。自那时起，乌托邦思想就是一个闪闪发光的城市，往往被冠以太阳城、花园城、光辉城市之类的称号。德意志谚语"城市的空气使人自由"就来自中世纪的一项法律，即城市居民享有免于奴役的自由。这句谚语表明，除了代表异化和压迫，城市也具有某种乌托邦特质，象征着启蒙、民主和自由。城市不仅仅被看作理想社会的潜在场所，也被视为推动理想社会的力量。数不清的乌托邦规划、题材和建议都以城市为目标，试图解决时代的问题，并彻底改变其空间和更广泛的社会。乌托邦思想对城市该如何建设、想象、构思和城市生活是什么样子产生了巨大影响，这也是乌托邦在城市研究中引人注目的原因之一。然而，乌托邦对于城市研究的重要性不只这一个原因，因为即使在不明显的案例中，它也引起了对规范承诺的反思，深化了对社会的理解,促进了城市发展,从整体上推动了城市化进程。

城市乌托邦的历史

如果说乌托邦与城市之间有着悠久联系,那么在近几十年间,随着城市乌托邦思想遭遇普遍质疑、幻灭甚至敌意,这种联系似乎受到破坏甚至土崩瓦解。与乌托邦一样,城市乌托邦由于逃避现实而不断被排斥。由于蕴含着危险的集权主义,并试图通过僵化教条的方案解决现代城市问题,乌托邦思想常常被弃之不用。现代与古代之间有着明显的差别,尤其是在19世纪末20世纪初,这种差别的感受尤其强烈。那时兴起了一股乌托邦思潮,试图解决城市问题,人们用一知半解的乌托邦思想应对贫困、疾病、拥挤、卫生条件恶劣和高死亡率等问题。随着城市成为批评和激进改革的目标,乌托邦者引发了围绕城市意象、政策和潜在政府干预的争论。对于他们而言,日益恶化的城市状况是推动城市改革的动力。那时最有影响力的城市乌托邦主义改革无疑是埃比尼泽·霍华德的田园城市,最初于1898年提出,并通过他发起的一场运动得以推广。霍华德本人深受乌托邦文学如爱德华·贝拉米的《回顾》和威廉·莫里斯(William Morris)的《乌有乡消息》的影响。

在20世纪初,在现代主义运动和激进分子的各种运动中,出现了一系列非同寻常的城市乌托邦试验。这类试验给城市开出的药方是矛盾的,包括反对甚至反抗城市现存的形态,相信新的生活方式咫尺可寻。工业化进程和科技进步促使许多艺术家、建筑师和规划者投身现代城市生活的旋涡中,希望为愿意尝试改革的人提供新的空间。在这一过程中,他们试图迎接挑战,并开辟改变当代社会、经济和文化的新路,尤其是平复"一战"和俄国革命带构成派、超现实主义者和鲍豪斯学派等不同群体纷纷提出关于城市空间和建筑的革命性概念。在建筑师和规划师中间发起的现代主义运动对城市主义概念的影响尤为明显,特别是勒·柯布西耶。此人在1920年代和1930年代提出了一系列乌托邦设想,当旨在促进新思维的国际现代建筑协会于1928年成立后,柯布西耶在其中发挥了重要作用。"二战"后,国际现代建筑协会宣布与过去决裂,通过与试图重建基础设施的政府和国家扶助现代化进程的支持者们合作,提出了重建城市的全盘计划,乌托邦思想随之越发流行开来。

从古代起,许多乌托邦主义者就深知有秩序的空间形态的重要性,这样的空间形态可以生成有秩序的、和谐的社会。对于霍华德和柯布西耶等人而言,空间和城市主义实质上是改变社会的方式,使其避免革命性的危险,并建构起更为合理和秩序良好的未来。这类乌托邦构想的重要意义,不仅仅在于其宏大的计划,而且在于他们与其他城市设想和实践的对话中表现出的偏见,这也是在许多城市区域规划和设计史中乌托邦主义者的主要形象。

但正如大卫·平德尔(David Pinder)、利奥尼·桑德考克(Leonie Sandercock)等批评者所说的那样,批评研究的重要任务是破坏乌托邦本身固有的观念、诉求、梦想和恐惧,以便展现出他们是怎样与某些阶级、性别和种族利益集团结合在一起的,告诉世人乌托邦主义者并非他们宣称的那样客观中立。需要考虑的是,他们的秩序是站在何种立场上的秩序,他们用什么样的方法来整肃空间形态,以及身体约束、排斥和控制产生了怎样不同的效果。批评者还应当注意他们如何表达了更宽泛的设想、愿望和焦虑,因为所有的乌托邦设想都反映或部分反映了他们倾向的那种条件和场所。因此,乌托邦设想中所缺乏的——或城市改革的失败之处——与他们的设想一样都能看出乌托邦主义者的偏见。

乌托邦终结之后:批评的视角

近年来明显兴起了后乌托邦和反乌托邦思潮,似乎标志着那些激励乌托邦主义者的激进思想已乏人问津。乌托邦思想的衰落也与许多批评者的观点有关,即20世纪乌托邦主义的种种活动均以失败告终，他们努力的结果甚至是建立了反乌托邦社会。而出现这种灾难性后果，大多是因为乌托邦主义者试图根据自己的理想蓝图重新改造空间和社会。反对的声音大多出现在 20 世纪 60 年代以后，遍布从抗议现代主义城市的异化作用到建筑和规划业的内部反思，也包括后现代主义旗帜下的某些思潮。但在考虑乌托邦的失败时，也应注意任何乌托邦设想的实现不仅需要其形式，也需要具备动员社会支持的能力。正如大卫·哈维所言，与限制性的社会进程（这种社会进程通常包括资本积累和国家）妥协与合作的需求，对基于一定空间形态的乌托邦提出了尖锐挑战，并提出了为何会失败的问题。所谓"乌托邦的终结"也需要质疑，因为尽管这类论调一再出现，当代乌托邦思潮对城市化进程和解决城市问题依然有重要意义，对于自由市场和新自由主义资本主义尤为重要，哈维认为后者的基础正是"乌托邦进程"。通过乌托邦进程，哈维突出了他们所强调的阶级利益和价值。但他同样认为，乌托邦思想是在"乌有"之中，与付诸实践所需要的空间相分离，破坏了其设想中的纯洁和行动中的实践，因而注定是不可能实现的。

因此，区分不同形式的城市乌托邦和乌托邦是必须的。对某些形式的乌托邦的批评和否定不应导致对乌托邦思想的全盘抛弃，因为城市乌托邦是多元的，并且具备不同的功能。它们并非局限于城市区域规划、设计和建筑领域，而是有着广泛的基础，与多种运动和抗争相关。近来，被主流历史记述忽略或排斥的不同的城市乌托邦设想和乌托邦思潮正在重新被发现，包括反对性歧视、种族歧视、同性恋歧视、残疾人歧视和生态退化中产生的乌托邦思想，也包括在想象中、在某些案例中付诸实践的城市乌托邦空间构造。这些乌托邦思想遍布艺术、建筑和文学领域，也包括理论探讨和规划实践，并出现了实践乌托邦理想的社区。许多人发现，他们的根基在于批评现代主义乌托邦的运动中，尽管也呼吁激进改革，但他们本身并未被视作乌托邦主义者。在这方面尤为突出的是作为 20 世纪乌托邦主义者的马克思主义者列斐伏尔和情境主义者等前卫派。在 20 世纪五六十年代，后者批评现代主义者墨守成规和资本主义的社会发展，但同时又坚持有必要彻底改革城市景观和日常生活。通过建构情境和统一城市主义的观念和实践，情境主义者试图瓦解宏大社会磨平一切的特征，并在整体上改变城市的空间和社会状况。例如，50 年代末和 60 年代初，康斯坦特的新巴比伦工程在情境主义者国际联盟的框架内发展起来，并最终超越了这一框架。该工程试图挑战现有的城市概念，并通过提供一种革命性的城市空间形态激发新的设计思路，而非仅仅是一种设计实践。这种新的思路最终将通过居民对社会空间的革命性改造产生出来。

如今这种回归类似工程的兴趣，部分是拓宽对乌托邦思想潜在批评性的理解，并使人们认识到乌托邦可以超越人们熟知的"蓝图"。对于全盘拒绝乌托邦而言，对于影响新自由主义资本主义基础上的主流社会秩序而言，这都是非常重要的。许多批评家已经意识到，现在需要为乌托邦主义的复兴提供基础，并告诉人们除此之外别无他选，哈维就是其中之一。哈维亲自呼吁辩证地或放回具体时空中来理解乌托邦，以便避开他所谓的空间形态乌托邦陷阱，同时也避开社会进程乌托邦的陷阱。这意味着另一种城市化和城市生活，与现实中的不可能性完全不同。其他许多当代学者也从激进社会运动获得了推动乌托邦的动力，其中有些投身于女权主义运动，该运动对于用流畅的、有活力的和对立的术语重新包装乌托邦十分重要，植根于一种判断对错的方法，而没有一个明确的目标。同样重要的是激进的环境主义和全球正义运动，它们的多元要素为坚信可能有一个新世界的批评的乌托邦提供了新的视角。随着多种城市危机和经济危机的到来，相信新自由主义资本主义们将以其当代形态持续下去才是今日的乌托邦即不可能和不现实其他类型的乌托邦倒是越发清晰可见了。

进一步阅读书目：

- Bingaman, Amy, Lise Sanders, and Rebecca Zorach, eds. 2002. *Embodied Utopias: Gender, Social Change and the Modern Metropolis*. London: Routledge.
- Eaton, Ruth. 2001. *Ideal Cities: Utopianism and the (Un) Built Environment*. London: Thames and Hudson.
- Fishman, Robert. 1982. *Urban Utopias in the Twentieth Century: Ebenezer Howard, Frank Lloyd Wright and Le Corbusier*. Cambridge: MIT Press.
- Hall, Peter. 2002. *Cities of Tomorrow: An Intellectual History of Urban Planning and Design in the Twentieth Century*. 3rd ed. Oxford, UK: Blackwell.
- Harvey, David. 2000. *Spaces of Hope*. Edinburgh, UK: Edinburgh University Press.
- Hayden, Dolores. 1982. *The Grand Domestic Revolution: Feminist Designs for American Homes, Neighborhood, and Cities*. Cambridge: MIT Press.
- Lees, Loretta, ed. 2004. *The Emancipatory City? Paradoxes and Possibilities*. London: Sage.
- Miles, Malcolm. 2008. *Urban Utopia: The Built and Social Architectures of Alternative Settlements*. London: Routledge.
- Pinder, David. 2002. "In Defence of Utopian Urbanism: Imagining Cities after the 'End of Utopia'." *Geografiska Amaler* 84B: 229–241.
- Pinder, David. 2005. *Visions of the City: Utopianism, Power and Politics in Twentieth-century Urbanism*. Edinburgh, UK: Edinburgh University Press.
- Sandercock, Leonie. 2003. *Cosmopolis II: Mongrel Cities in the 21st Century*. London: Continuum.

(David Pinder 文　李文硕 译　王　旭 校)

VENICE, ITALY | 意大利威尼斯

意大利威尼斯本身是一个独特的城市，但它也反映了多种城市现象。这座城市的艺术和文化生活历史悠久而丰富，足以写成一部大部头著作，城中建筑的演进也是各种著作必不可少的内容。在人类历史的第2个千年中，威尼斯的政治史引发了多次剧烈争论。在简要介绍威尼斯的历史和独特政治组织后，本词条将关注起城市结构和组织的4个关键方面。本词条从威尼斯成为领导一个贸易帝国和网络的城邦国家开始，试图讨论：(1)探讨该城市的背景；(2)考察这座文艺复兴时期的城市的象征性景观和形象；(3)分析共和国时代城市的社会分化和隔离；(4)观察威尼斯作为一个历史遗迹旅游城市在当代的崛起。

背景和结构

尽管关于威尼斯的形成尚有争议，但大多数研究认为，罗马帝国灭亡后日耳曼人入侵引发的难民潮涌入了后来成为威尼斯礁湖的岛屿中。一般认为，威尼斯共和国成立于公元697年，但对该城发展更重要的是，9世纪早期拜占庭总督和主教都将治所迁到这里，坐落在威尼斯地区的高地上，后来成了该城的市场交易区(rialto)。在12世纪，威尼斯崛起成为地区权力中心，并通过在1204年支持第四次十字军的舰队进一步巩固了地位。作为回报，十字军应威尼斯的要求将君士坦丁堡劫掠一空，而历经劫难的拜占庭帝国再也无力控制东地中海，威尼斯应时而起。

在随后的两个世纪中，威尼斯扩张成为帝国，覆盖了从亚得里亚海到达尔马西亚海岸的广阔区域，控制了包括克里特和塞浦路斯在内的爱奥尼亚群岛。13世纪末，威尼斯已是欧洲最富庶的城市，拥有一支由3 300多艘船只组成的舰队。威尼斯是首批世界城市，组织和维护了东西方贸易网并从中获益。比利时学者亨利·皮雷纳认为，通过贸易网构建的体系打破了封建制度，城市在其中扮演着关键角色；法国学者布罗代尔则分析了城市在全球经济体系形成中的作用。威尼斯无疑可以为他们的观点提供一个注脚。

从16世纪后期开始，威尼斯感受到了来自奥斯曼帝国、意大利其他城市和政权以及法国势力的压力。16世纪末，塞浦路斯易手；18世纪，随着奥地利哈布斯堡王朝的扩张，威尼斯的权力和财富进一步缩水。到18世纪末，威尼斯商人的舰船数量只有其顶峰时的1/10；1796年时，威尼斯的战舰甚至只有个位数。次年，威尼斯成为拿破仑的掌中物，随着和平的到来，它进一步丧失独立并最终成为奥地利的领土。

威尼斯共和国（通常称作西罗尼西玛［La Serenissima］，即威尼斯语中"神圣共和国"的意思）城市的治理有其独特的系统，常被善意地解释为体现城市的民主精神。作为共和国首脑的总督(Doge)必须出身贵族，由贵族组成的大委员会选出。该委员会的部分成员组成执政团(*Signoria*)，另有60名成员组成参议院。共和国主要的统治机构是十人委员会，另有负责安全工作的三人委员会。上述这些机构构成了共和国的统治机器。

威尼斯宣称，这些结构融合了君主制、寡头制和管理上的民主因素，这就促使其自身有城市民主的特点。角色和政治资源的分配依赖于一套明确规定的权利和等级体系。因此，贵族不得参与商业竞争，但能够参加选举，并且有穿戴与其身份相应的丝绸衣服的法律义务。这项规定使得没落的贵族家庭放弃其传统权利，靠出售选票贴补家用；甚至也误导了游客，他们纷纷传言富裕的威尼斯即使乞丐也身穿绸缎。同时，禁止奢侈的法令将等级低下者排除在这类活动之外。卡纳莱托(Canaletto)的《法国驻威尼斯大使递交国书图》(*The Reception of the French Ambassador in Venice*) 用华丽的色彩展示了城市里的种种约束,记录了1459年参议院为了给来访高官留下深刻印象而提高约束标准的举动。

威尼斯是中世纪意大利靠海洋贸易繁荣的共和国之一(还有阿玛尔菲、比萨和热那亚),它们控制了地中海地区的贸易,并与北方的贸易城市如阿姆斯特丹和汉萨同盟的城市遥相呼应。在威尼斯自身生产的多种产品中,丝绸和玻璃最为著名,但威尼斯财富的积累既来自本地产品的销售,也依靠贸易的刺激。要想理解威尼斯,必须将其放入亚欧贸易网中,并将之视作这一贸易网的关键节点。马可·波罗正是从这里出发,沿着丝绸之路到达中国,而威尼斯作为文化交流中心,东西方文化都在其建筑中留下了自己的特色。威尼斯的建筑风格融合了拜占庭等非欧洲地区的文化,它不是那些塔高墙厚的意大利城市,而是伯克(Burke)眼中的东西方信息和商业中心;它是开放的,各种文化都能从中穿过。发达的铸币和兑换业务保证了威尼斯在长途贸易中的节点地位,并促使其成为金融中心,威尼斯货币兑换商所使用的班可(*Banco*)一词直到今天还使用在全世界的银行中。

像许多中世纪城市一样,威尼斯也划分为多个区,即威尼斯人所说的6个塞斯提亚(Sestieri):卡纳雷吉欧(Cannaregio)、圣保罗(San Polo)、杜尔索杜罗(Dorsoduro)、圣十字(Santa Corce)、圣马可(San Marco)和卡斯特隆(Castello)。每个区又包括几个教区。威尼斯的教区结构明显地反映了城市以运河为其主要交通道路的情况。街道不过几英尺宽,蜿蜒曲折,有时穿过或从建筑物下面经过(即所谓的"索托波尔图"[*soto porto*])。教区到社区最初在各个岛屿上形成,随着人口不断增加,岛屿之间的海峡就变成了城中的运河。教区内的广场大多被叫作露天广场(Piazza,这一词语被用于总督官邸和方形会堂前的圣马可露天广场),后来又被叫作坎普(*Campo*),即场地(Field),名称来自群岛中央原本用来放牧和园艺活动的草地。这些坎普成了社区活动的中心,也是教堂和后来的商店等建筑的中心。

岛屿间的运河逐渐被桥梁连接起来,教区间的界线逐渐成为运河的中心线,教区本身也逐渐被称为"entro I ponti",即"桥梁之间",而桥梁则跨越了不同的教区,构成了社会意义上的无人区,只有社会边缘人在那里生存。一些桥成了社区间冲突的固定地点,这些所谓的"拳头之战"围绕着相互竞争的社区对桥的控制权展开,每次发生,都有数千人在楼顶、阳台和船中观看。

象征性景观

这样的城市形态与其空间和社会结构密不可分,象征和代表着威尼斯城市与国家间的特殊关系及其概念。丹尼斯·科斯格罗夫(Denis Cosgrove)将圣马可广场视作经过规划的早期文艺复兴时期的作品,认为可以在城市结构中看到共和国政体的组成要素。那里有穿过神圣(方形会堂)和世俗(广场两侧的官邸回廊)的中轴线,有君主制(总督官邸)、寡头制和共和国的象征,也有大海和陆地的对立物,后者通过将威尼斯与大海相连的年度庆典明显表现出来。这些极富象征性的建筑围绕在总督官邸周围,构成一个巨大的宽三角形,正对着圣马可广场的方形会堂象征着秩序和礼仪,军火库象征着技术,而市场则象征着商业。

对于不同的人和事务,威尼斯的象征性景观为某些地区赋予了突出的意义和重要性。例如,社会和空间的性别化表现在威尼斯的法律审判中。丹尼斯·罗曼诺(Dennis Romano)的研究表明,法律空间既包括对善恶的区分,也包括使用那些对罪犯和受害者含有特殊意义的场所。有时候,惩戒包括直接或间接地免除罪犯的政治权利,即禁止罪犯接近代表政治权利行使空间的圣马可广场。正如1323年十人委员会的一次裁决那样,禁止3名贵族进入圣马可广场和市场,并进一步禁止他们进入梅西埃(The Merceriu)这条主要的商业街,甚至也不能使用连接圣马可广场和市场的道路。犯有欺诈行为的商人,要在市场中公开揭发,例如在1349年的一起案件中,一名冶金匠因为欺骗消费者而被40人委员会判处在冶炼匠人集中的街区公开其姓名和行为,并传播到市场上。当一名妇人要求洗清被诽谤的名誉时,法庭允许她在公众和临近的教区教堂亲自扣押和惩罚诽谤者。这些判例显示出不同社区中的隐性权威和城市不同区域的受众。

社会分化

这样,空间被用来表达社会分化,也强化和巩固了社会隔离。通过妇女在教区、邻里和家中封闭的活动空间,就可以看出威尼斯的社会分化。女性的活动受到双层约束,她们可以去广场,可以去商铺,可以去本地的教堂,也可以承担家务,但一旦离开本教区,她们只能裹着严实的服装,待在遮雨布(*felze*,一种平底船上的雨篷)下面。

这种针对性别的管控和明确空间界限也可以通过威尼斯对流言的关注体现出来,因为城市统治者们十分在意街头的流言蜚语。在威尼斯的象征性地理中,公共演讲只能在圣马可广场,商业消息则集中在市场;城市禁止关于女性的流言在社区中流传。但实际上,关于男性的流言在政治生活中更为重要,甚至有时会引发动荡,尤其是关于 *broglio* 和选举的传闻,为此政府不得不在敏感地区限制言论自由,相对而言,对女性流言的管控并不严格。此外,作为重要的商业中心,信息交换是威尼斯作为一个大市场的重要保障。

对于女性性征的控制也体现出了威尼斯空间使用中的性别化。因此,有身份的妇女从来不去市场,因为这样会破坏道德名声。尽管宗教限制,但那里的货币兑换等同于高利贷,里沃阿尔蒂岛则拥有半官方的红灯区地位。威尼斯政府认为,出现在人流熙熙攘攘的地区的妇女一定是妓女,而卖淫活动有明确的空间界限和社会形象,这是政府将名声好的妇女和臭名昭著的妇女隔离开来的方法。

威尼斯并没有全面禁止卖淫,而是将其作为城市贸易和交通的一部分加以管理,甚至在1358年,威尼斯大委员会宣称,卖淫是"世界不可缺少的内容"。1490年,威尼斯登记在册的妓女超过1.1万,贵族曼宁·萨努多估计,16世纪早期城中妇女有1/10是妓女。即便这一数字有所夸张,仍能看出那时的威尼斯处处可见妓女,而且人们对此问题极为关注。到18世纪,威尼斯是欧洲公认的卖淫和赌博业中心。将普通妇女与妓女在空间上隔开的努力始终绵延不绝,但似乎并未取得成功。

因此,威尼斯要求妓女必须戴黄色面纱,着装也受到严格要求以便将她们与其他妇女区分开来。1606年的一项禁奢法要求:

> 在街上、教堂里、无论哪里都能看到妓女,佩戴珠宝,服饰华丽,和其他人并没有非常明显的区分,结果贵妇人和一般女子总能遇到她们,这真是种耻辱;外国人、本地人都能遇到她们,难分善恶……所以,应该要求妓女不得佩戴或身穿金银饰品和丝织品,不得佩戴项链、珍珠、珠宝或普通戒指,耳朵上和手上都不得佩戴饰品。

贞操也有自己独特的空间界限。威尼斯建立了女修道院,在空间上界定了女性的贞操;威尼斯女性的贞洁是一项公共美德。威尼斯的女修道院并非宗教圣地,贵族的女儿们住在这些隔绝孤立的空间里,以免分割家族遗产,而且她们的性行为可以获得批准,而不会给家族带来羞耻。富人捐钱为贫穷的女子提供住处,居住者不能离开这里,以免影响其精神健康。凡此种种,都是限制、安置和管理那些被认为性征会破坏社会秩序的妇女的空间安排。

如果这种隔绝是以性别画线的,那么最臭名昭彰的隔绝是种族间的隔绝。或许是因为市场上存在广泛的货币借贷活动,在整个共和国时期,威尼斯有大量犹太人口——正是如此,基督徒才不可以从事高利贷。莎士比亚在其《威尼斯商人》中就采用了这种虚伪阴暗的高利贷商人形象。

为了管理犹太人,威尼斯成立了世界上第一个隔都区,1516 年,十人委员会要求犹太人只能居住在诺瓦(即新区),后来又将范围扩大到维基奥(即旧区,形成于 1514 年)和诺威西莫(即最新区,成立于 1633 年),3 个隔都区都在卡纳雷吉欧。上述 3 个社区容纳了大约 5 000 人,其建筑有的高达 9 层,这也是威尼斯人口最密集的地区。当犹太人走出这 3 个地区时,必须戴黄颜色的帽子,类似妓女的装扮。宵禁令对犹太人的约束尤为严格,只有犹太医生和药剂师除外(后来他们的自由也被取消了)。隔都区由基督徒担任门卫,他们的费用由居住其间的犹太人支付。

此外,法律将犹太人与基督徒之间的性行为视作与卖淫一样的身体犯罪,在这两种情境中,威尼斯对这些边缘人群或威胁社会秩序的人有一套社交和空间约束模式。

崛起为旅游城市

卖淫和赌博等受监管的行业的繁荣使威尼斯在 18 世纪成为著名的旅游中心。到 19 世纪,海水浴场的发展进一步巩固了其旅游城市的地位,此时威尼斯的收入,主要靠慕名而来的游客。尽管在文艺复兴早期,威尼斯的人口已达到 12 万,但此时其人口已减少到 6 万(住在城里的人),其中超过 25% 的人口年龄已达 65 岁,而威尼斯的年均游客却有 800 万之多,其中 2/3 驻留不到一天,也就是所谓的"吃了就走的游客"。游客主要在圣马可广场、市场和阿卡德美桥之间的三角地带观光。对当地居民来说,在混乱的人行道上为大批(迷路)游客指路不能不说是种负担,他们也对威尼斯的各种设施造成了压力,引起了当地人对游客不当行为的抱怨——比如游客常常在圣马可"海滩"扔飞盘或者别的什么东西。

同时,街头小贩(很可能不合法)也增加了城市的拥堵,他们走街串巷,穿梭在主要街道上,兜售纪念品等商品(通常也是非法的)。这种居民和游客的不平衡使人们不禁要问,如今城市的主题公园是否已经太多,居民们似乎是在公园里扮演威尼斯人。在向钱看的利益驱动下,针对游客的服务取代了为居民的服务,导致人口进一步流失。广场上布满了露天咖啡馆和接待游客的设施,早已不再是社区活动的中心。

进一步阅读书目:

- Braudel, F. 1992. *Civilization and Capitalism 15th – 18th Century*. Vol. 3, *The Perspective of the World*. Berkeley: University of California Press. (especially Chapter 2 The Belated Rise of Venice, pp. 116 – 35).
- Burke, P. 2000. "Early Modern Venice as a Center of Information and Communication." In *Venice Reconsidered: The History and Civilization of an Italian City-State, 1297 – 1797*, edited by J. Martin and D. Romano. Baltimore: Johns Hopkins University Press.
- Cosgrove, D. 1982. "The Myth and the Stones of Venice: An Historical Geography of a Symbolic Landscape." *Journal of Historical Geography* 8(2): 145 – 69.
- Davis, R. C. and G. Marvin. 2004. *Venice, the Tourist Maze: A Cultural Critique of the World's Most Touristed City*. Berkeley: University of California Press.
- Davis, Robert C. and Benjamin Ravid, eds. 2001. *The Jews of Early Modern Venice*. Baltimore: Johns Hopkins University Press.
- Horodowich, E. 2005. "The Gossiping Tongue: Oral Networks, Public Life and Political Culture in Early Modern Venice." *Renaissance Studies* 19(1): 22 – 45.
- Laven, M. 2004. *Virgins of Venice: Broken Vows and Cloistered Lives in the Renaissance Convent*. London: Penguin.
- Quinn, B. 2007. "Performing Tourism: Venetian Residents in Focus." *Annals of Tourism Research* 34(2): 458 – 76.
- Redford, Bruce. 1996. *Venice and the Grand Tour*. New Haven, CT: Yale University Press.

- Romano, D. 1989. "Gender and the Urban Geography of Renaissance Venice." *Journal of Social History* 23(2): 339–53.

(Mike A. Crang 文 李文硕 译 王 旭 校)

VERANDA | 游廊

在不同的时间、不同的地理条件下都可以看到游廊,这是一种外在的、半开放的建筑。对于主要建筑体来说,游廊是扩展部分,或是间隔的部分。游廊广泛存在于住房和公共建筑中,或是环绕建筑,或是其立面的一部分。还有其他术语描述相同或相似的建筑构成部分,包括门廊(Porch)、柱廊(Portico)、走廊(Piazza)和连廊(Galley)。通过这一系列术语,我们可以看到关于游廊产生的多种假说。

达·伽马在 1498 年的印度之旅中首次记载了游廊。通过达·伽马的记述等材料,可以确定游廊一词已出现在葡萄牙建筑学中。在印度的葡萄牙人可能用游廊一词来指称印度建筑中与之相似的结构,印度人则使用源自梵文和波斯语的类似词语。随着英国殖民者将平房开发成为居住在热带地区的欧洲人的住房时,他们在其中融入了游廊。游廊是行使权力的理想空间,也是执行种族和文化隔离的绝佳场所。游廊一词在 1800 年首次出现在英格兰,5 年后出现在奥地利,而后随着欧洲人远赴重洋攫取利益而推广到全世界。

杰伊·爱德华兹通过研究移民史得出了关于游廊起源的主要理论。在 15 世纪前的西非,建筑物往往建立在台基上,敞开的一侧由立柱支撑。在非洲中部和南部也有类似的建筑。在东非,斯瓦西里人的会堂也是类似的结构。

当地人在这种游廊式的建筑中社交、睡觉和工作。奴隶把这种建筑带到了新大陆,到 17 世纪时,游廊也在那里流行开来。

16 世纪意大利的乡间别墅吸收了古典时代的传统,往往带有凉亭和有山墙的柱廊。相比西非的游廊,凉亭和柱廊往往带有具象目的,它们在欧洲极为流行,或许也影响到殖民地地区游廊的出现。与之相似,向外伸出的屋顶和门廊也出现在葡萄牙和诺曼底,从这里它们又抵达美洲,为当地的建筑提供了现成的参考。通过文化接触地区常有的文化交流,游廊重新返回非洲、南亚和欧洲。

在美国南部,游廊的当代影响或许最为明显,在那里,门廊仍然对文化意象和建筑环境有着巨大影响。由于其独特的物理和心理界限,游廊在日常生活的重要性引起了种族、性别和阶级问题。

进一步阅读书目:

- Donlon, Jocelyn. 2001. *Swinging in Place: Porch Life in Southern Culture*. Chapel Hill: University of North Carolina Press.
- Edwards, Jay. 1989. "The Complex Origins of the American Domestic Pizza-Verandah-Gallery." *Material Culture* 21(2): 2–58.
- King, Anthony. 1984. *The Bungalow: The Production of a Global Culture*. London: Routledge.

(Itohan Osayimwese 文 李文硕 译 王 旭 校)

WALKING CITY | 步行城市

根据不同方法,步行与城市间的关系可以总结成不同的概念。倘若回顾一下城市、社会和文化研究,就能发现城市步行的复杂性和多样性是怎样被书写和实践的。在对步行的多种研究中,有3种重要的主题,包括将城市步行活动作为理解城市和自己的方式,将步行置于公共领域和城市社交衰亡的背景中以及在城市日常生活的多种时空节奏中理解步行。

当代城市主义中的浪荡子

近来的城市理论和研究越发关注步行,或是浪荡子的传统,将其作为理解城市的一种方式。浪荡子的概念源自法国诗人波德莱尔,其核心概念指的是男性个体以孤独的、讽刺的态度在城市公共空间里的游荡和凝望。沃尔特·本雅明在其著作中,通过观察19世纪浪荡子在街头漫步发展出了自己对城市的认识。

由于可以在城市的不同空间中自由流动并观察其多种活动,许多学者认为男性浪荡子象征着步行潜在的解放力量。对许多人而言,关注这些漫游活动可以解读和增加我们对城市的理解。例如,步行是各类艺术家和作家参与城市生活的方式。这种艺术参与活动将步行作为更好的了解城市的途径。这些例子还包括通过街头步行来研究城市的日常活动和居民,或是增强对城市生活的感官和感性认识。大卫·平德尔统计了曾用步行的方式探索城市中多种多样的道路、小巷和空间的艺术家和作家的数量,试图揭示艺术与步行的关系,并探索城市中不为人知的环境。

但将浪荡子作为理解城市的方式也招致许多批评。一种批评观察了被描述为反向特权的事物,认为借由步行者对街头的观察忽视了更广泛的政治和权力背景(参见马考莱[Macauley], 2000年)。

第二种批评认为,将浪荡子作为理解城市的方式具有太强烈的理论倾向。此外,由于浪荡子的步行活动被认为具有高度反射性,并且本身就是一种理论方法,这种方法在多大程度上能够从城市理论的束缚中解放出来仍是值得怀疑的。第三种批评则注意到了性别。浪荡子是通过男性的凝望塑造的,这其中包含着性别偏见,忽视了妇女对城市环境的参与。

步行促进民主

城市步行常常被放在关于城市空间民主性和教化性的讨论中。步行与城市公民身份相关,并且人们漫步在陌生人群中被认为具有解放潜质。1960年代,简·雅各布斯有深远影响的《美国大城市的死与生》问世,强调了街道和人行道对陌生人交往的重要性,以及这种交往在维持城市安全方面的作用。人们争论说,合理使用的街道才是安全的街道,陌生人多的城市社区才是成功的,因为在那里的街道上多了关注的眼睛。

此外,理查德·桑内特在1970年代撰写了关于陌生人在城市公共空间中交往的性质的论著,认为城市社会空间的异质性提供了不可预测的交往,具有民主性和教化功能。法国社会理论家米歇尔·德·塞尔托也认为步行是城市解放的一种方式,扩大了民主的机会,因此,步行可以被视作一种独特的政治活动。他不认为步行者受到城市空间的约束和控制,他相信步行是政治抵抗的方式。对于当权者塑造城市的方式和步行者扰乱城市理性规划的手段,米歇尔·德·塞尔托也做了区分。

居伊·德波的"偏航"概念也将步行视作一种政治抵抗。与浪荡子的步行一样,"偏航"包括围绕和穿过城市的流动,象征着反抗理性、秩序和资本主义城市的政治意义。"再要夜晚"(Reclaim the

Night)之类的活动是步行者政治抵抗的当代案例，夜间在街头步行表达了对妇女不能在夜间独自外出的主流观点的反抗。

但步行的解放潜质和促进民主化的可能却不是直接的、没有问题的。许多关于城市步行的文献都有一定的浪漫主义情结，步行通常被视为一项正面的城市活动，这似乎是不言而喻的。浪漫主义也常常贯穿在城市促进步行的政策中，尤其是在推动健康城市和步行上学、步行工作等活动中。一旦认为城市的物理环境有利于步行，步行的负面效果就自然而然地被遗忘了。

步行者的忧虑正体现了步行的解放潜质的局限性。毋庸置疑，对治安的担忧于城市有巨大影响，对于人们如何步行、在哪里步行、是否应该步行亦然。蕾切尔·潘恩（Rachel Pain）和吉尔·瓦伦丁等人的研究表明，恐惧的地理分布的复杂性常常被政策忽视，但恐惧的地理分布对城市步行的解放潜质的影响却少有关注。

或许对于女性在城市公共空间中经验的研究尤为突出地揭示出了围绕步行及其解放潜质的争论和复杂性。例如，伊丽莎白·威尔逊（Elizabeth Wilson）专门关注了对于妇女而言，城市如何变成了充满机会和兴奋的地方，而非一个令人恐惧的地方。因此，妇女在城市公共空间中既能感受到恐惧，也可以在街头漫步中找到自由。这种围绕城市步行中的恐惧和自由正反映出围绕城市步行的各种矛盾心态。

移动、时间、空间和节奏

然而，需要将步行放在城市日常生活的多种时空节奏中才能理解它的时空节奏，才能理解城市如何从个体和集体的步行活动中产生并塑造之。

对社会和文化景观、实践和物质的基于场所的批评，越来越关注移动性。这种移动性转向挑战了社会科学中的"非移动"研究。提姆·克莱斯威尔等地理学家认为，A 与 B 之间究竟发生了什么和移动性如何被经历和实践，这两方面的结合十分重要。但是，也有针对当前对移动性研究的批评认为，目前的研究过于重视跨国移动和精英的移动，如飞机旅行，而忽视步行等日常生活中的移动。

这种移动性转向的关键特征，是不再关注时间、空间和场景等抽象概念。对后者的研究集中体现在 1960 年代托斯滕·哈格斯特朗对时间地理的研究中，他和同事主要关注的是个体在时空中的移动，将这类移动画在了时空图上。例如，麦克·克朗在研究城市节奏时，批评了哈格斯特朗等时间地理学家们对时间和日常生活的线性理解，关注时空的真实经验及其如何通过时空实践创造出来，不同意早期时间地理学家所提出的人类活动的时空量度/代表。

柯尔斯顿·西蒙森（Kirsten Simonsen）同样认为，应当在与多种暂时性和空间性的关系中理解城市，而不应研究时空的抽象概念。她注意到了列斐伏尔对节奏的分析，主张通过城市节奏来开创对城市的新研究。列斐伏尔认为，节奏从场所、时间和能量支出的相互关系中产生出来。尽管研究者批评列斐伏尔对节奏的研究不完整并且难以理解，但节奏这一概念仍有助于理解步行活动背景中的时间和空间的相互关联性。

进一步阅读书目：

- Benjamin, W. 1983. "Der Flâneur." pp. 524–69 in *Das Passagen Werk*, 2 Bde. Frankfurt: Suhrkamp.
- Benjamin, W. 1997. *Baudelaire: A Lyric Poet in the Era of High Capitalism*. Translated by H. Zohn, London: Verso.
- Crang, M. 2001. "Rhythms of the City: Temporalised Space and Motion." pp. 187–207 in *Timespace: Geographies of Temporality*, edited by J. May and N. Thrift. London: Routledge.
- Cresswell, T. 2006. *On the Move: Mobility in the Modern Western World*. London: Routledge.

- Debord, G. 1967. *La Societe du spectacle*. Paris: Buchet-Chastel.
- de Certeau, M. 1984. *The Practice of Everyday Life*. Berkeley: University of California Press.
- Hägerstrand, T. 1968. *Innovation Diffusion as a Spatial Process*. Chicago: University of Chicago Press.
- Jacobs, J. 1972. *The Death and Life of Great American Cities*. Harmondsworth, UK: Penguin.
- Lefebvre, H. 2004. *Rhythmanalysis: Space, Time, and Everyday Life*. Translated by S. Elden and G. Moore, London: Continuum.
- Macauley, D. 2000. "Walking the Urban Environment: Pedestrian Practices and Peripatetic Politics." pp. 193 – 226 in *Transformations of Urban and Suburban Landscapes: Perspectives from Philosophy, Geography, and Architecture*, edited by G. Backhaus and J. Murangi. Oxford, UK: Lexington Books.
- Pinder, D. 2001. "Ghostly Footsteps: Voices, Memories, and Walks in the City." *Ecumene* 8: 1 – 19.
- Sennett, R. 1977. *The Fall of the Public Man*. Cambridge, UK: Cambridge University Press.
- Simonsen, K. 2004. "Spatially, Temporality, and the Construction of the City." pp. 43 – 62 in *Space Odysseys: Spatiality and Social Relations in the 21st Century*, edited by J. O. Barenholdt and K. Simonsen. Aldershot, UK: Ashgate.
- Wilson, E. 1991. *The Sphinx in the City*, London: Virago.

(Jennie Middleton 文 李文硕 译 王 旭 校)

WASTE ｜ 废弃物

城市社区在运作过程中产生了各种各样的废弃物。如何管理这些废弃物以及管理废弃物的成功与否常常被视作文明的指标——这是城邦的精神，是城市的公民身份。现代城市试图将废弃物掩埋，或尽可能干净利落地将其运到远离城市的地方。这种距离反映的是废弃物的道德标记——浪费的、耻辱性的，并且会使人感觉到周围环境正受其污染。有人认为，废弃物从现实中迅速消失导致了大众和学术界忽视了对废弃物的研究。各种各样的废弃物反映出人类、动物界以及城市生活的工业和社会进程，它们是所有城市经济、文化和社会固有的一部分。本词条试图从4个方面反思城市废弃物，即废弃物的空间、象征、经济学意义和当代废弃物治理的转型。笔者重点关注固体废弃物，而非下水道废物和能源垃圾，也不包括时间和才能等无形废弃物。

通过废弃物来研究城市既有必要又有意义。

废弃物是常识，但仔细思考，废弃物一词满含深意。从总体上看，废弃物意味着资源或机会的损失，但也反映了离开有限系统的暂时性和空间性，即在时间上到达生命尽头，或在空间上逃离到体系之外。无论哪一种含义，废弃物在概念和现实中都与荒地相连，即抛荒或被污染的环境。在这种意识之下是一种传统观念，即废弃物后来会被处理。但这一线性的描述忽视了一种情况下的废弃物在另一种情况下可能会变成资源。同样的，废弃物和资源之间的界线并不模糊。本词条试图利用不同观点提出的不同概念来研究废弃物。

处在边际的废弃物

废弃物是城市进程中的关键环节，尽管其在经济上、象征意义上和地理上都被边缘化了。只要有人口的集中，就会出现废弃物和如何处理废弃物的问题,因此垃圾掩埋场和垃圾站与城市的历史几乎一样长。据说古耶路撒冷欣嫩谷(Gehenna)垃圾焚烧的大火就是《圣经》中地狱大火的来源。这里也成为象征人类牺牲和死亡的地方,用来埋葬那些在空间和象征意义中被驱逐出城市的动物和罪犯的尸体。

城市边缘地区的垃圾场作为荒地一再出现在许多作家笔下的城市中,如查尔斯·狄更斯在《我们共同的朋友》中写道,"萨拉郊区的砖瓦已被烧成灰烬,黄沙埋骨,毛毯破旧,垃圾遍地,野狗厮杀,而种地人只能收获一片荒凉"。

废弃物常常被运送到城市边缘地区处理。因此在中世纪,产生大量废弃物的皮革业和印染业都分布在城市边缘。作为这一传统的继续,许多城市对待废弃物的方式就是把废弃物及其污染品送走。城市固体垃圾引起了广泛关注,通常固体垃圾也就是家庭生活的废弃物(尽管英国家庭生活废弃物只占全国废弃物总量的7%)。伴随着消费品数量的增多以及种类的改变,家庭废弃物数量剧烈增长(比如,家庭供热产生的煤灰下降了,但包装废弃物也大量增加)。随着时间的流逝,许多国家改进了废弃物处理系统,人们不再把固体废物倾倒在开阔空间里,而是将其放入密封的、经过管理的处理站中。这种方式将废弃物密封起来,放入多次开闭的处理室中,减少了废弃物的占地面积,可以保护地下水免受污染。

毋庸置疑,城市政府会将废弃物处理场所安置在城市的边缘地区,是因为一方面可以远离人口,另一方面废弃物处理带来的噪声、恶臭等不良结果也不会影响到本市居民。大型都市集群常常面临无处安置废弃物处理场的难题。将废弃物处理场安置在远离中心的边缘地区也是为了避免空气污染和水污染,因此富裕社区往往根据气流建于污染源的上风向,而污染制造者则试图提高烟囱高度以减少污染的影响。

废弃物尤其是有毒废弃物的空间政治引发了美国的环境正义运动,以一场轰动全美的案件首发其端,即休斯敦的非洲裔美国人房主们控诉啸松垃圾填埋场破坏了他们位于郊区的中产阶级社区。研究表明,废弃物处理场往往接近有色人种居民区。1979年的比恩诉西南垃圾管理公司案(Bean v. Southwestern Waste Management, Inc.)是用民权法案控诉废弃物处理设施涉嫌歧视的案件。种族正义委员会发起了一项广泛调查,得出了题为《有毒废弃物与种族》的报告,将废弃物处理场与该地区的人口特征联系起来。委员会发现,种族是吸引废弃物处理设施的最重要因素,甚至比低价、住房所有类型和收入水平更重要。

作为象征的废弃物

在古代和当代社会中,废弃物与边缘群体的联系都是非常明显的。在人类学的术语中,接近或者与废弃物有联系都有声誉风险。社会中有一系列远离垃圾的物理和象征标记。1984年,人类学家玛丽·道格拉斯(Mary Douglas)在著作中将垃圾和污染的观念与社会空间的分配结合起来,认为垃圾与场所相关,因此具有社会分类和定义功能,决定了某种东西的空间位置:"有垃圾的地方就有一套系统。垃圾是系统化规范和分类的副产品,而规范则包括排除不合适的因素。"

由此得出两种观点:首先,社会规范与分类与物质相关,但不受物质决定。一个社会中的废弃物在另一个时空中可能不再是废弃物。将废弃物当作污染物来排斥常常是有条件的,而且并不总能成功。传统的心理分析称其为厌弃心理——被否认的肮脏秘密不再出现或以其被处理在我们中间留下印记。其次,废弃物是某些社会活动和分类的构成要素。例如,作为构建和维持社会分类的购买和消费活动已广受研究,同样存在与之匹配的剥夺过程。这些进程或许与商品所具有的价值、相对寿命或人的社会经历相关。因此,一个家庭或许会放弃简易床、童车和婴儿车来购买自行车、制服和滑板。不需要的商品也就成了废弃物,但也可以给予还需要它们的人。

依次地,许多物品成了礼物而不是废弃物是因为其所包含的象征意义。人们对废弃物既有道德评判也有审美需要,即判断不同的物品该用何种途径处理,是交给其他人使其进入社会分类、巩固社会关系、发挥新的作用并具备新的身份,还是完全丢弃。获取、利用和抛弃是同一个过程,也是再造社会秩序和门类的一部分。这些不同的处理方法与物品中含有的价值相关。

废弃物和价值

被一些人认为是废弃物的物品在其他人眼中可能还有价值。实际上,拯救废弃物这个比喻已被用来表示废弃物与价值之间的内在联系。狄更斯在《我们共同的朋友》中描写的丰收地有大片垃圾,但却是古尔登·达斯特曼(Golden Dustman)巨大财富的来源,这是小说中的投机经济。沃尔特·本雅明在 1976 年对巴黎的描写中,用拾荒者(Chiffonier)作为揭示现代性的矛盾和不平等的象征:

> 当新的工业进程排拒某些价值时,拾荒者们在城市中大量出现⋯⋯拾荒者为其时代增添了色彩。最早进行贫困调查者的目光集中在他们身上,似乎在无声地询问,人类悲惨的界线在哪里。

本雅明在这里被社会最贫困的部分吸引住了,因为这种贫困似乎属于中世纪,却持续到现代社会。有一个案例既说明了在城市社会恢复价值的可能性,又展示了废弃物的细密进程,即 19 世纪梅修(Mayhew)对伦敦劳工和伦敦穷人的描述。他认为,在伴随极端贫困的大城市中,普遍存在废弃物回收处理的专门分工和能力,而小城镇中却没有劳动的巨大规模和分工。在他对一个贫困的寄宿住房的研究中可以看到大部分废弃物都有价值,他写道:

> 曾经这里住着 9 个人,他们靠从街上捡狗的粪便谋生,每篮粪便大约 5 分。总体上看,一些靠捡骨头为生的人住在这里,他们在街上捡骨头、垃圾、废铁等废弃物,平均每天赚 1 分钱。这里还有些拾荒的人,也有些年轻人,当潮水退去的时候他们钻到水槽里,看看河堤上有没有留下什么有用的东西。

狗的粪便可以用在皮毛硝制中,被称为"提纯器"。实际上,在梅修的记载中,狗的粪便也是有等级的,"干的、富含石灰质的"粪便价格最高,甚至还有专门往狗粪便中添加石灰的非法买卖,以便增加其重量。拾荒者出现在城市研究中表明,我们试图忘记废弃物的价值和工人的不幸——不仅仅生活可怜,而且物质匮乏——但却没有成功。

回收利用和拾荒在今天仍然存在。尤其是在发展中国家,开放的垃圾处理场所仍然是城市贫民寻找有价值废弃物的地方,而这一活动内部存在着高度分工,有出售者,也有收购者。在其他条件下,城镇具备处理废弃物尤其是引进废弃物的优势。在发达国家,废弃消费品中的残余价值催生了城市开采业,即从之前的废弃物堆积场寻找金属;一吨金矿石平均生产 5 克黄金,而一吨废弃的手机可以提炼 150 克黄金,而且还包括 100 千克铜、3000 克银等金属。

城市中的产业代谢强调能源和物资的内循环和交换,凸显了废弃物的转换和回收价值。在这里,废弃物不再被视作寿终正寝的产品,而是产业转换过程中的流失。在物资转换中,废弃物不再仅仅是"终端"问题,而是经济生产的必然产物。因此,城市体系变成了一个包括物资、流动和转换的系统,而废弃物,包括没有价值的副产品在内,将被处理或变成储备物资。然而,一旦遇到机会,废弃物就可能变成物资,并变成相联产品。比如,发电站用完的热水可以被用来给居民供热。如果案例中的发电站通过燃烧废弃物供电,就更有说明性了。这一事例说明废弃物既可以焚毁,也可以转变为资源产生热和光。

废弃物管理

既然处理废弃物的方式是多种多样的,管理废弃物的方法亦然。在不同国家,由于具体条件不同,处理废弃物的优先原则各不相同,因此城市的政策环境也就不一样。在丹麦,政府主张住宅区和供电设施的协同规划和小规模的供电站,通过传统的燃烧方式发电,并利用发电站的废弃物供热。在英国,居民普遍反对用焚烧的方式处理废弃物,而规划结构使得市政府无法发展地区供热系统,所以填埋成了主要的处理方式。从历史上看,处理废弃物的呼声来自对卫生的担忧,而周期性的战争匮乏使得政府倾向于回收利用。

苏斯嘉·吉尔(Zsuzsa Gilles)考察了共产党治下的匈牙利,分析了经济发展不同阶段各主要的废弃物管理方式。例如,在国家社会主义早期,主要的管理方式来自对金属工业副产品回收利用的反思,以这种方式组织经济发展是为了提高效率和减少废弃物,但匈牙利却没能为有毒副产品做好准备,最终这些产品成了储存物资,无法处理。

当代许多西方国家才有的管理方式,是将废弃物处理视作必须解决的问题,强调其再利用的一面,认为废弃物也是一种资源。这种治理机制以不同方式在不同程度上影响了不同国家。对城市而言,这种治理机制或许会影响到废弃物是否应分类集中——这种方式成本高但能发掘更多有价值的资源——或家庭是否有义务对大量的废弃物进行分类。对于市政府而言,废弃物分类与住房密切相关,因为大型的多层住房如果使用共同的垃圾槽,则很难进行集中分类。

这些不同的废弃物处理系统产生了新的理性行为,而且主要依靠它们以不同的方式融入城市生活中。就像匈牙利的例子那样,这些理性行为需要某些类型的实践和物资作为正反面教训。它们也在影响着城市居民的兴起,鼓励人们养成新的习惯(如乱扔垃圾罚款)来改变城市里的垃圾。

进一步阅读书目:

- Benjamin, W. 1976. *Charles Baudelaire: A Lyric Poet in the Era of High Capitalism*. London: Verso.
- Bulkeley, H., M. Watson, and R. Hudson. 2007. "Modes of Governing Municipal Waste." *Environment and Planning A*, 39: 2733-53.
- Collin, R. M. and R. W. Collin. 2005. "Waste and Race: An Introduction to Sustainability and Equity." pp. 139-52 in *Space in America: Theory, History, Culture*, edited by K. Bensch and K. Schmidt. Amsterdam: Rodopi.
- Douglas, M. [1966] 1984. *Purity and Danger: An Analysis of the Concepts of Pollution and Taboo*. London: Routledge.
- Frosch, R. 1996. "Towards the End of Waste: Reflections on a New Economy of Industry." *Daedalus* 125(3): 199-212.
- Gill, K. 2007. "Interlinked Contracts and Social Power: Patronage and Exploitation in India's Waste Recovery Market." *Journal of Development Studies* 43(8): 1448-74.
- Gille, Z. 2007. *From the Cult of Waste to the Trash Heap of History: The Politics of Waste in Socialist and Postsocialist Hungary*. Bloomington: Indiana University Press.
- Gregson, N., A. Metcalfe, and L. Crewe. 2007. "Moving Things Along: The Conduits and Practices of Divestment in Consumption." *Transactions of the Institute of British Geographers* 32(2): 187-200.
- Lupton, E. and J. A. Miller. 1992. *The Bathroom, the Kitchen and the Aesthetics of Waste: A Process of Elimination*. New York: Princeton Architectural Press.
- Mayhew, H. 1861-62. *London Labour and the London Poor*. London: Griffen, Bohn and Company.
- Watson, M. and H. Bulkeley. 2005. "Just Waste? Municipal Waste Management and the Politics of Environmental Justice." *Local Environment* 10(4): 410-26.

(Mike A. Crang 文 李文硕 译 王 旭 校)

WOMEN AND THE CITY | 妇女与城市

自城市出现之日起,就有妇女居住其间,但二者相互塑造对方的方式却随时间而变化。对于妇女而言,城市生活从一开始就带有解放的性质。在城市中,妇女不那么受到关注,可以说城市将她们从乡村的公共视线中解放了出来。工业化时代以来,城市中妇女的命运发生了巨大变化。对于女性而言,安全、住房、经济和环境成了她们在城市中立足的关键。面对日益加重的贫困、不断恶化的设施和环境以及逐渐增多的性别暴力,妇女已经联合起来,并利用其社区资源反抗城市形态、社会和政治政策以及影响她们生活的各种变化。

理解城市转型和妇女力量的一个重要因素是城市中发生的跨国和文化变迁。从 20 世纪 30 年代到 60 年代,伴随着南部非洲裔美国人向北移动,美国城市也发生了变化。以往只有男性和白人妇女才能参加的工作现在向黑人妇女敞开了大门。20 世纪 80 年代以来拉美裔人口的增加是自然增长和移民的双重结果,但同时也促进了城市化进程。对于妇女特别是有色人种妇女而言,发展机遇不平等、环境恶化、住房限制以及妇女安全问题极大地刺激了社区活动的发展,这些活动常常由妇女来领导。

经济发展机会

妇女对于城市在全球市场中的发展与竞争力起着越来越重要的作用,但她们的贡献尚未得到认可,她们的收入也仍然低于男性。在美国,同样的工作,拉美裔妇女挣得 56 美分,非洲裔妇女 62 美分,白人妇女 72 美分,而白人男子可挣得 1 美元。得益于城市的人口密度和多样性,妇女在城市中的机会比农村多,"玻璃天花板"也更高,但妇女要想在经济上进一步独立,仍面临着诸多障碍。

这些不平等影响着城市女性的日常生活,她们试图组织起来,为在城市事务中发挥影响力而抗争。通过教育项目,以及在小企业中非正式的工作或者通过在家中工作获得收入等方法,妇女正在为自己和家庭创造机会。她们在正式工作之余,往往还承担着没有薪酬的家务劳动,如家务活和照顾老幼。

关注城市里环境种族主义中的绿色工作是城市女性为获得经济发展机会而组织起来的路径之一。实践证明,女性组织起来推进城市中的环境正义活动成效卓著。芝加哥的"妇女争取经济正义"旨在支持有色人种妇女的经济独立,后者往往也是暴力活动的受害者。该组织通过开办一系列针对理财常识、家庭暴力、合作发展和经济分析的研讨班,来支持小企业和社会公益企业。参与这类团体的妇女组成合作组织,使用可回收材料制造包装袋,为一家墨西哥的宴饮公司提供有机材料和建造绿色屋顶的植物。

由于加州政府打算在洛杉矶东部社区博尔勒海茨建造一所监狱,洛杉矶妇女便发起成立了洛杉矶圣伊萨博拉母亲组织。成员们积极参与有关其社区的工程项目,包括蓝瑟工程(Lanser Project),圣伊萨博拉母亲组织参与其中阻挡市政府在东洛杉矶修建一座垃圾焚化炉(包括参与阻挡政府在东洛杉矶修建垃圾焚化炉的蓝瑟工程)。此外,还对计划修建的一条输油管道表示了抗议,因为该管道要从东洛杉矶初级中学地下很浅的地方穿过。她们还有导师计划和学术项目,帮助学生接受高等教育,为他们在工作中获取更好的经济机会提供帮助。

纽约市南布朗克斯的马加洛·卡特(Majora Carter)筹集了数百万美元以自下而上地支持再开发。她重视环境正义,关注如何利用环境来提供绿色工作、打造绿色空间,以"让隔都区充满绿色"。

在将经济与环境结合在一起这方面,卡特做出了惊人的贡献。

住房政策和女性贫困化

19世纪末,住房尚无明确管理,随着城市在工业化进程下的迅速扩张,杂乱无章的住房建筑导致了城市拥堵,并出现了许多不合标准的住房。妇女走在了解决穷人住房问题的前列,并发起了社区改良运动。从1929到1949年,汽车和区划法对城市的影响越发强烈,由于把工业、商业和居住等分割成了不同土地的用地类型,郊区化得到了迅速发展。其结果是,贫穷妇女出于经济的考虑而蜗居在城市核心区,而中产阶级妇女则被隔绝在郊区,这两种形式都导致了贫困的女性化。

从1949到1981年,城市更新对贫困社区产生了负面影响,导致贫民被束缚在公共住房里,使他们更进一步地在身体、经济和社会中被隔绝起来。大部分公共住房的租户是单身母亲,她们完全无法独立生存。

从1981到2004年,在全美公共住房中展开了贫穷分散化工程,使得公共住房租户可以利用第8款代金券(Section 8 Voucher,是为低收入租户提供的租房补贴——译者注)在其他社区承租住房。在这一过程中,许多公共住房单元根据"希望6号"的要求被拆除,以建造为可以容纳不同收入者的综合社区。希望6号和第8款代金券为公共住房租客提供了高质量的住房,但却为此支付了巨额补贴。不过这类拥有补贴的住房并没有授予低收入者优先申请权,结果在20世纪90年代末和21世纪初,补贴数额大幅上涨,却没有根据租户的收入来计算租金,而是对中等收入家庭征收了低于市场的利率。以《低收入住房税收减免法》(the Low Income Housing Tax Credit, LIHTC)为例,得到补助的家庭,其收入在地区中位收入的80%~110%之间。从本质上看,通过这样的折扣补贴项目,社区中有了足够的可承担住房,却没有为那些最需要获得补助的人提供可以负担的体面住房。

自2000年以来,可负担住房政策的目的主要是推动低收入者拥有住房所有权。此前的10年中,对低收入家庭提供的次级贷款堪称掠夺,但数额也大幅增长,这导致了取消抵押贷款权和业主自住空房达到了破纪录的数量,而中下层收入的房主和租客则因为自住房屋和租住房屋被收回而深受打击。由于房主和准房主转向租房市场,而与此同时,因抵押贷款权取消而被收回的房子却因无人问津而减少了可租住房的数量,对于租房的需求急剧上升。信贷危机也阻碍了可负担住房的发展,而且有资质的购房者也很难从银行获得贷款。

由于未能解决缺乏可负担住房这个深层问题,未能创造成功的经济和劳动力项目,过去一个世纪中的这3项住房政策——高层公共住房、房租代金券和低收入住房所有权——均以失败告终。住房所有权并不是最终目标,也并非对所有家庭都适合。可负担的体面住房,如《1939年住房法》描述的那样,应当是所有家庭的权利,而且即使住房政策没有租期选择和退出市场,这一目标也能够实现。

女性的安全问题

在20世纪后半期,城市为减少犯罪而对公共领域倍加关注,使用了警察、监视系统或增加有围墙的社区等传统方法。自1980年代以来,"破窗理论"(Broken-Windows Theory)影响到美国的政策制定,认为阻止小型犯罪可以减少重大犯罪的数量。这些举措的缺陷在于只注意了犯罪,而忽视了暴力活动,也没有考虑到性别。犯罪包括所有的非法活动,对犯罪的判断包括定义、背景和这类活动所发生的地区。许多措施重点关注了如何防止毒品交易、他杀、卖淫、抢劫和青少年团伙等犯罪活动,而忽略了其他。在公共场所预防犯罪排除了其他暴力活动,最重要的是,排除了私人领域内的暴力。

从1970年代以来,女权主义者致力于将性别暴力上升为公共话题并努力让公共和私人领域更加安全。同样，在1980年代，加拿大、英国等国家率先采取了保护城市女性安全的新措施，欧洲、拉美和非洲的多个国家紧随其后。这些措施重视社区安全和预防暴力，旨在预防各种形式的犯罪、暴力和安全隐患。将性别融入社区安全分析就能发现，女性和男性对暴力的定义和制止暴力的措施有不同的认识。在加拿大不同的城市，妇女组织和地方政府对女性安全威胁展开了严密检查，其目标在于组成一个组织来确认城市中不安全的地方并给出改进建议。

女权组织支持将威胁女性安全的暴力活动列入市政府的议事日程。地方政府可以通过多种方式阻止威胁妇女的暴力活动，并做出回应。市政府可以在城市区域规划、公园和娱乐设施规划中留意妇女安全问题，也可以提高女性的经济地位，推广经济适用住房，进一步防止保健设施中的性别暴力。

在规划更安全的社区时，城市应当优先选择女性更加依赖的公共交通，并通过区划法促进混合开发，因为土地利用类型的多样化可以避免入夜后街头空空如也。城市可以构造庇护、治疗和授权空间，妇女可以在这类空间中探讨问题并重新定义对自己而言何为安全的空间。

女性有其独有的脆弱性，而且在很大程度妇女低调行事以避免危险，这是要特别注意的，这样，也就把一般犯罪预防和专门针对女性的犯罪之间的关系搞清楚了。因此，探讨将性别放入安全问题的重要性既是一种需要，又是女性的权利，所以应当将针对女性的暴力活动列入城市预防犯罪的政策中去。

在城市中，暴力的问题是多层面的，尽管最重要的是改善公共空间，使其更适合女性。威胁、恐吓、骚扰、性侵犯和强奸，所有的侵犯和侵犯性威胁严重阻碍了妇女在城市中的自由行动。妇女如同少年、老人、残疾人、少数族裔和同性恋者一样，由于本身具有脆弱性，所以很容易成为攻击目标。暴力是全面的，只是因为受害者的年龄、社会集团和族裔而有所不同。暴力活动产生了恐惧感、无助感和不安全感。妇女当然不希望有任何危险，因此这些威胁限制了她们的社会活动。许多大城市妇女即使在本地也没有安全感，而这种威胁由此限制了她们本该享有的快乐和利用公共空间的基本权利。正如索拉雅·斯莫恩（Soraya Smaoun）所说，尽管城市属于居住其中的男男女女，但由于各种暴力活动和公共场所的安全隐患，妇女进入城市生活的渠道是有限的。城市的规划和发展，以及城市生活的方方面面，经常未能考虑到女性的特殊性，以致阻碍了她们行使作为城市公民的正常权力。

进一步阅读书目：

- Andrew, Caroline. 1995. "Getting Women's Issues on the Municipal Agenda: Violence Against Women." pp. 99 - 118 in *Gender in Urban Research*, *Urban Affairs Annual Review*, Vol. 42, edited by Judith A. Garber and Robyne S. Turner. Thousand Oaks, CA: Sage.
- Pardo, Mary. 1998. *Mexican American Women Activists*. Philadelphia: Temple University Press.
- Smaoun, Soraya. 2000. Violence Against Women in Urban Areas: An Analysis of the Problem from a Gender Perspective. Working Paper Series 17, UNCHS, Urban Management Programme, Nairobi.
- Spain, Daphne. 2001. *How the Women Saved the City*. Minneapolis: University of Minnesota Press.
- Whitzman, Carolyn. 2004. "Safer Cities, Gender Mainstreaming, and Human Rights." pp. 23 - 27 in *Report of Valladolid 2004: The Right to Safety and the City*, edited by R. La. Paz et al. Valladolid, Spain: University of Valladolid School of Architecture.
- Whitzman, Carolyn. 2008. *The Handbook of Community Safety, Gender and Violence Prevention*. London: Earthscan.
- Whitzman, Carolyn and Gerde Wekerle. 1995. *Safe Cities: Guidelines for Planning, Design, and Management*. New York: Van Nostrand Reinhold.

● Williams, Rhonda Y. 2004. *The Politics of Public Housing*. Oxford, UK: Oxford University Press.

(Elizabeth L. Sweet 文　李文硕译　王　旭校)

WORLD CITY ｜世界城市

"世界城市"一词首先由帕特里克·盖迪斯用在1915年的《进化中的城市》中来介绍英国之外地区的城市增长和大型城市集群。在该书中，巴黎、柏林和纽约因其持续增长的郊区而备受关注，杜塞尔多夫和匹兹堡等城市也引起了作者的兴趣。

彼得·霍尔在1966年的《世界城市》中赋予该词新的含义。霍尔认为伦敦、巴黎、兰斯塔德（荷兰）、莱茵鲁尔、莫斯科、纽约和东京这7个城市是"世界城市"，它们集中了大量世界最重要的企业。霍尔认为，政治权力和贸易（包括交通、银行业和金融），是将世界城市与其他人口和财富密集地区区分开来的因素。由于1960年代城市研究依然把全国城市体系的形成和发展放在突出位置，因此霍尔实际上首开先河，注意到在世界政治和经济中最有影响力的大都市区。然而，相比世界城市间的联系和竞争，霍尔关注更多的是它们的发展和城市问题。

约翰·弗里德曼的"世界城市假说"（World City Hypothesis，1986）引发了学术界对这一概念的兴趣，如今该文已成为经典。弗里德曼的文章以科恩（R. B. Cohen）、弗里德曼和格茨·伍尔夫（Goetz Wolff）的观点为基础，即把主要城市放在国际劳动分工的范畴之内。弗里德曼认为，应当建立一个将城市化进程与全球经济变迁联系起来的研究框架，世界城市就是全球空间组织、生产和市场的节点，具有大量企业总部、国际金融、全球运输和通信以及高级商业服务并不断扩张，是全球资本集中和积累的主要地区。他以这些标准衡量出30个世界城市并将其划入不同等级，其中第一等包括西欧的伦敦和巴黎、北美的纽约、芝加哥和洛杉矶以及亚洲的东京。

在1995年的《我们站在哪里——世界城市研究10年回顾》中，弗里德曼对其世界城市等级做了微调，只有伦敦、纽约和东京列入第一等。根据经济力量的强弱，在这3个顶级全球金融节点之下，还有迈阿密、洛杉矶、法兰克福、阿姆斯特丹和新加坡等跨国节点，巴黎、苏黎世、墨西哥城、首尔和悉尼等重要的国家节点，以及阪神、西雅图、芝加哥、温哥华、香港、米兰和莱茵鲁尔区等节点。

弗里德曼对世界城市的定义为城市研究界广泛接受，但也有学者认为应做出修订，主张将世界主义文化和移民社区作为世界城市的标准，不过，这对该定义却并无实质影响。尽管弗里德曼的定义及其认定的世界城市在学术界少有异议，但弗里德曼及其信徒的研究方法，即所谓世界城市学派，却饱受争议。

世界城市研究

过去20年中，对经济全球化中城市的理论和实证研究都离不开弗里德曼的世界城市假说。他提出的在全球进程中理解城市变迁的思路激励了许多城市研究者用全球视野研究城市。尽管在20

世纪七八十年代学者们经常将第三世界的城市化放入全球政治和经济变迁的背景中,但在弗里德曼之前,很少有研究者会用全球视野来研究发达地区尤其是北美主要城市的形态和功能。大多数对于城市间关系的早期研究,如中心地分析、城市体系、空间分散和交通网络,都把城市中心放在国家和区域的范围内。

通过将研究对象放入全球视野,弗里德曼的世界城市体系有力地推动了对大都市及其相互联系的理解。如今,越来越多的城市卷入各种不同的全球网络中,如跨国公司的全球生产或市场网络、国际劳工移民以及信息的全球传播网。相应地,城市变迁起因、过程和结果的地理空间比以前更具有跨国特性。迪拜和迈阿密等城市,因促进跨国间人员、资本和文化交流而崛起,而非因其内部因素。

许多世界城市研究者循着弗里德曼的思路继续为全球城市排定座次,以便确定单个城市在全球经济中的影响力,或者至少是对其提出参考。但由于缺乏数据,在全球层面衡量和比对城市的经济力量很难实现。尽管尚不完善,但通过商业服务区位、跨国公司和国际航空网等数据已经建立起基于经验的世界城市等级,不过,也正如批评者所言,这些已有的成果依然缺乏有力的证据支撑。实际上,诸如亚太地区正在形成中的城市网络和城市在全球经济中的等级等全球/区域城市网无须明确的指标就已经深入人心了。但政客和媒体盲目跟风、宣称自己的城市是世界城市,这反而使得世界城市排名的争论更加混乱。

在致力于明确世界城市等级的研究中,许多学者注意到了伦敦、纽约和东京等顶级世界城市内部经济、社会及空间的结构调整。根据萨斯基亚·萨森的研究,这些城市集中了资本主义世界中与其比例不相符的巨大指挥和控制功能,如它们都拥有大量促进全球化的跨国公司总部和高级商业服务。在这类全球性城市中,全球化和城市变迁相互影响,后者并非仅仅是前者的产物。全球化是物理变迁和社会经济变迁的主要力量,这类变迁反过来也会推动乃至决定全球化。同时,随着低薪工作和分配不平等的增多,精英人士和高薪工作也在向世界城市集中。对于顶尖的世界城市而言,社会经济的高度极化也是其特征之一。

质疑和新的发展方向

批评者注意到,世界城市研究集中于对发达国家大都市的研究,对世界其他城市却少有了解。实际上,发达国家的小型城市和几乎所有发展中国家的城市都被忽略了,尽管其中许多城市都已融入全球经济之中。有学者呼吁对更多的城市进行个案研究,以了解伦敦、纽约、东京之外其他城市在全球化过程中的经历。实际上,城市地区经历的变迁是不同的,不同的比较方式促进了对不同条件下城市变迁的比较研究和个案研究。

也有学者批评世界城市研究将城市进行等级分类的方法。尽管研究者提出了世界城市进行分级的标准,但对世界城市间联系的性质和形式却鲜有关注。全球化和世界城市网络正是试图在全球范围内揭示城市间关系变迁的结果,在 1998 年由彼得·泰勒(Peter Taylor)和琼·比维尔斯托克(Jon Beaverstock)在拉夫堡大学成立。该网络建有大规模数据库,称为 GaWC 100,囊括了世界前 100 名商业服务公司的总部和分公司的信息,涉及会计、广告、银行、金融、保险、法律和管理顾问等多个行业。该组织深知这类高级服务企业在促进当代世界经济全球化和联系全球主要城市中发挥着关键作用,其研究者们将这些区域性的数据整合成为全球性的数据库,涉及 315 个世界城市。

这一数据库可以帮助研究者绘制世界城市网络而非等级的地图,在这个网络中,世界城市在跨国经济流动中扮演着节点的角色。尽管 GaWC 的网络分析能否展现出世界城市间的联系仍有争议,但这项研究通过强调世界范围内城市间的相互联系的确增进了我们对世界城市的理解。

围绕上述争议的研究仍在继续并会持续下去,

这将逐渐填补世界城市研究中的空白,并会推进对全球化和城市化相互关系的研究。如今,列出一系列公认的世界城市已不像以前那么难了。批评意见认为世界城市的概念过于狭小,只关注了与全球化紧密相关的少数几个大城市,如今越来越多的个案研究开始关注小城市、前社会主义国家的城市和殖民城市以及新兴世界城市中的少数族裔社区。如今越发能看到,世界城市这个概念可以涵盖许多城市的经历以及城市间的关系,涉及经济、文化和政治等多个系统。

进一步阅读书目:

- Friedmann, John. 1986. "The World City Hypothesis." *Development and Change* 17: 69-83.
- Friedmann, John. 1995. "Where We Stand: A Decade of World City Research." In *World Cities in a World System*, edited by Paul L. Knox and Peter J. Taylor. Cambridge, UK: Cambridge University Press.
- Sassen, Saskia. 1991. *The Global City: New York, London, Tokyo*. Princeton, NJ: Princeton University Press.
- Short, J. R., Y. Kim, M. Kuus, and H. Wells. 1996. "The Dirty Little Secret of World Cities Research: Data Problems in Comparative Analysis." *International Journal of Urban and Regional Research* 20: 697-717.
- Taylor, Peter J. 2004. *World City Network: A Global Urban Analysis*. London: Routledge.

(Yeong-Hyun Kim 文 李文硕 译 王 旭 校)

WORLD-SYSTEMS PERSPECTIVES | 世界体系论

1970年代中期,伊曼纽尔·沃勒斯坦《现代世界体系》(*The Modern World-System*)第1卷的问世,标志着世界体系论(The world-systems perspective, WSP)的诞生。该范式并非由一系列理论构成,而是包括许多在长时段内研究资本主义体系中宏观层面社会变迁的视角。世界体系论与现代化理论针锋相对,并将现代资本主义作为其分析的中心环节。长时段、宽领域和对资本主义体系下结构性不平等再生产的关系性研究是WSP的突出特征。

首先,WSP强调宽领域研究,并将世界体系和民族国家作为研究的基本单位。该范式没有采用现代化理论中连锁性的国家平行进展的观点,而是认为资本积累是一个世界现象,同时发生在多个国家和地区。其次,WSP重视历史连续性和研究长时段内资本主义扩张与收缩周期的重要性。例如,沃勒斯坦将现代资本主义的起源放在16世纪,并研究了随后500年中资本主义的变迁。第三,WSP建立在依附理论之上,后者强调核心国家和边缘国家的相互依赖性,前者接受了这种对资本主义不平衡性的认识,同时认为对边缘国家及地区经济剩余产品的掠夺对于理解核心国家和地区的发展是至关重要的。

本词条试图考察WSP从1970年代中期至今的发展,介绍其主要创始人和研究机构、关注领域和关键概念,继而评论针对WSP的主要批评——包括对沃勒斯坦某些最初表述的学术争论,以及认为1990年代以来世界经济新变化需要重新思考WSP关于核心—边缘关系的等级决定因素的观点。最后一部分将WSP与城市研究联系起来,分析为何这两方面虽然研究路径相似却何以没有交叉,并分析 WSP 的哪些观点可以推进城市研究。

世界体系论的发展

WSP 的主要创始人是一群研究历史社会学和比较社会学的学者,包括伊曼纽尔·沃勒斯坦、乔瓦尼·阿里吉(Giovanni Arrighi)、萨米尔·阿明(Samir Amin)和安德烈·贡德·弗兰克(Andre Gunder Frank)等人。沃勒斯坦的 3 卷本《现代世界体系》分别出版于 1974、1980 和 1989 年,提出了 WSP 的许多关键概念,奠定了这一范式的基础。宾汉姆大学的布罗代尔中心以及沃勒斯坦从 1976—2005 年执教的纽约州立大学有力推动了 WSP 及其刊物《评论》(*Review*, 1977)的发展。1977 年,沃勒斯坦协助美国社会学会成立了世界体系政治经济学研究分会,组织世界体系研究的年会,并吸引了许多不同学科的学者。该领域的另一个重要机构是位于里弗赛德的世界体系研究所,由加州大学的克里斯托弗·蔡斯-登(Christopher Chase-Dunn)发起成立。《世界体系研究杂志》(*Journal of World-Systems Research*, 1995)是世界体系政治经济学研究分会官方刊物,围绕当代世界体系的争论定期组织议题。

世界体系研究的主要领域包括世界经济关系和不平等、资本主义扩张和收缩的趋势与周期、国家间关系和霸权兴衰、史前和后现代的世界体系以及第三世界的发展。1990 年代以来,面对世界经济的新现象,WSP 扩大了研究范围,将跨国家社会运动,全球制造业和服务业的结构调整,气候变化和环境运动,跨国资本家和企业网络,食物商品化、土地权利、失地农民等全球食品问题以及反抗食品不安全的草根运动纳入研究领域。尽管这些议题涉及不同方面,但世界体系研究者认为,政治和社会经济进程应当在世界史的研究范畴内,并从相关视角关注非均衡发展。

沃勒斯坦提出的关键概念包括总体性、世界经济、世界帝国以及核心、半边缘和边缘之间的关系。

沃勒斯坦关心长时段内的社会变迁,并把资本主义世界经济作为分析的基本单位。在他看来,存在着 3 种总趋势或曰历史模式——微型系统、世界经济和世界帝国。微型系统是基于单个文化的部落经济,大部分被现代化和资本主义的发展所吞噬。世界经济和世界帝国都是基于多种文化的世界体系,二者都试图掠夺经济剩余,但所使用的掠夺模式不同:前者依靠不平等的劳动分工和市场交换,后者则依靠国家支持的朝贡系统(如殖民地和帝国之间的关系)。

拿 16 世纪来说,中国是个世界帝国,围绕着一个政治中心运转,由官僚管理,他们可以在中国广袤的领土上执行政策;而欧洲则是世界经济,由一系列相互竞争的实力不等的国家组成,在那里,金融资本对国家政策有着巨大影响。由于掠夺剩余产品具有市场交换和国家间关系的双重特征,所以世界经济和世界帝国间有着高度依赖性。

像世界经济和世界帝国之间存在着明显不同一样,世界体系研究者各自关注着世界体系的政治或经济领域。在政治领域内,研究者关注了国际体系如帝国主义和霸权。在沃勒斯坦看来,帝国主义指的是强大国家控制弱小国家和地区,霸权指的是一个核心国家对其他国家的暂时控制。世界体系学者们考察了霸权的周期、冲突和民族国家体系内的稳定性,以及国际关系的决定因素。他们将资本主义经济体系和国家掠夺经济剩余的能力视作国家间等级体系的决定力量,而军事-政治实力则是维持霸权的第二个重要因素。荷兰、英国和美国都是现代史上的霸权国家,它们能够崛起是因为使用了不同的掠夺剩余产品的方式。

WSP 对经济领域的研究,最重要的成果是总结出了核心、半边缘和边缘关系。在 WSP 看来,资本主义是一个由核心、半边缘和边缘组成的世界经济体系,三者依靠市场连接在一起。核心地区承担着资本密集化生产,边缘地区则是劳动密集型生产。半边缘地区位于两者之间,表现在资本密集程度、劳动者技能和工资水平上。是资本密集还是劳动密集,以及对核心与边缘的定义都随时间变化而变化。例如,纺织业在 18 世纪是资本密集型产业,属于核心地区,但到 20 世纪初就变成了半边缘地区,到 21 世纪初则完全成了劳动密集型的边缘地区。

WSP 非常关注核心和边缘之间的关系,在这里,农产品与工业制成品之间的不平等交换是结构性不平等的决定因素,这种交换实际是对农产品的掠夺。半边缘地区与核心和边缘地区的贸易,是向核心区出口原始材料、向边缘区出口简单制成品。这 3 种地区的定位并非一成不变,同一地区可以是核心,也可能成为边缘。20 世纪,美国和西欧是核心地区,西非是边缘地区,独立后的拉美、韩国、中国和印度是半边缘区。在 20 世纪后半期,许多国家和地区在这一结构中的地位逐渐上升,如 1960 年代的日本、1980 年代的亚洲四小虎(中国的香港、台湾地区,新加坡和韩国)和 1990 年代后的中国和印度。

质疑

对沃勒斯坦的主要批评认为其现代历史的周期不合理,而且他过于强调了社会变迁的外部条件和经济关系。对世界体系研究的整体批评主要可以归纳为两种:一种批评 WSP 将农业掠夺视作结构性不平等中等级地位的决定因素,另一种认为核心、半边缘和边缘的关系不能够解释国家和地区内部的非均衡发展和内部多样性。

关于现代史的周期,沃勒斯坦将 16 世纪视作向资本主义转型的开端,认为农业资本主义与工业资本主义一样重要。但许多历史学家将资本主义的起源归因于前近代的长距离贸易或中世纪的商业创新,并不认为 16 世纪是资本主义发展史上的关键时代。至于沃勒斯坦对关系的思考,批评者认为他在解释社会变迁时只注意到国家间的外部关系,而忽视了国家的内部关系和结构。从马克思主义的视角看,许多学者注意到沃勒斯坦没有在意从下而上的阶级斗争,而从韦伯的观点入手,则有学者批评他过分强调经济关系,却忽视了资本主义下社会变迁的文化因素。

WSP 认为农产品掠夺决定了核心和边缘的关系,即双方存在着工业制成品和农产品的不公平交换。但这种观点无法解释 1970 年代以来世界经济的新变化,如制造业在全球的扩张、新的更为灵活的全球劳动分工、服务业的崛起以及核心国家中全球城市再度集中了决策能力。很明显,农业掠夺不再是 21 世纪决定核心和边缘的关键因素。

WSP 以国家为基本单位的方法也无法解释国家内部的变化,例如产业、区域和城市间的非均衡发展,以及种族和性别导致的碎片化。核心、半边缘和边缘的三分法亦不能解释为何韩国的半导体产业领先全球而其他产业却极为落后;不能解释中国东西部和城乡间的巨大差异;也没有解释顶级全球城市与大量普通城市之间的结构性不平等。

以国家为单位的 WSP 更是无法解释国家内部经济空间的碎片化,如核心国家内部的边缘地区(例如贫困的集中和核心国家全球城市中的唯我独尊的地位)。这些问题要得到解决,必须依靠多尺度的分析视角,既要对超国家层面也要对国家内部层面加以关注,而如此一来,城市研究就凸显出来,它为研究内部多样化和碎片化提供了灵活的方法。

除了上述批评,一个更有力的抨击来自 1990 年代以来全球化研究的崛起。社会科学和人文学科都将全球化视作分析视角和叙述方式,并从全球视野和关联分析的视角研究社会变迁,而这曾经是区分 WSP 和其他视角的标志。因此,随着学术界普遍接受和促进全球化研究,WSP 失去了作为一个范式的独特性,只剩下其历史视角与大多数全球化研究的不同,后者过于看重当代世界经济调整。然而,缺乏明确的研究领域和理论框架,全球化时代的 WSP 正逐渐融入其他研究中。

世界体系论和城市研究

世界体系研究和城市研究在研究资本主义的

非均衡发展时都关注其内部各因素的相互关系,但两者并行发展,极少对话。城市研究者关注城市,而大部分世界体系研究者则以国家为基本单位来研究社会变迁。1990年代以来全球城市研究的崛起部分地冲击了这种国家中心的研究方法。

尽管在研究思路上有着巨大差异,但WSP在某些方面可以应用到全球城市研究中。首先,除了少数例外,大部分全球城市研究强调历史断裂性,只关注当代城市发展。全球城市研究需要借鉴WSP中的历史视角,将当代城市发展放入其历史背景中。

其次,全球城市研究的焦点,或者是纽约、伦敦和东京等位于全球城市等级顶端的少数城市,或者是上海、孟买等新兴经济体中的后起之秀,对其社会空间中的不平等、贫困问题和少数族裔的社会排斥问题进行研究。相比之下,对次一级的全球城市、小城市、正在衰退中的城市等边缘城市还缺乏足够研究。因此,WSP对第三世界的发展和边缘区边缘化的系统性研究可以为全球城市研究所用。

第三,国家在全球城市研究中的角色不明确,对世界体系与世界城市网络之间关系的专门研究仍需继续。世界城市融入全球经济体系的模式在很大程度上依赖并受到国家层面政策的影响。尽管城市研究由于维度多而更为灵活,但城市研究者对国家及亚国家和超国家的相互关系却少有关注。而这些正是世界体系研究的重要内容,如重视历史连续性、边缘和国家,这或许可以纠正全球城市研究中的某些问题,并进一步巩固对城市政治经济学假设的研究,即不平衡的城市发展是世界范围内多层面资本主义发展进程的一部分,这一进程已持续了漫长的历史时期。

进一步阅读书目:

- Arrighi, Giovanni. 2007. *Adams Smith in Beijing: Lineages of the Twentieth-first Century*. London: Verso.
- Chase-Dunn, Christopher. 1989. *Global Formation: Structures of the World-economy*. Cambridge, MA: Blackwell.
- Chase-Dun, Christopher and Thomas D. Hall. 1997. *Rise and Demise: Comparing World Systems*. Boulder, CO: Westview.
- Shannon, Thomas. 1989. *An Introduction to the World-system Perspective*. Boulder, CO: Westview.
- Wallerstein, Immanuel. 1974. *The Modern World-system I: Capitalist Agriculture and the Origins of the European World-economy in the Sixteenth Century*. New York: Academic Press.
- Wallerstein, Immanuel. 1980. *The Modern World-system II: Mercantilism and the Consolidation of the European World Economy, 1600–1750*. New York: Academic Press.
- Wallerstein, Immanuel. 1989. *The Modern World-system III: The Second Great Expansion of the Capitalist World-economy*. New York: Academic Press.
- Wallerstein, Immanuel. 2004. *World-systems Analysis: An Introduction*. Durham, NC: Duke University Press.

(Xuefei Ren 文 李文硕 译 王 旭 校)

WORLD TRADE CENTER (9/11) | 世界贸易中心（"9·11"事件）

在 30 多年间，世贸中心双子塔一直是纽约市天际线的标志。2001 年 9 月 11 日，恐怖分子摧毁了双子塔，这一刻成为决定曼哈顿下城（纽约市第二大办公区、世贸中心所在地）未来发展的关键。州政府提出了这一区域的大规模城市再开发规划，作为对这场悲剧的回应。

世贸中心的动议在 1960 年代初由戴维·洛克菲勒提出，即标准石油公司创始人老约翰·洛克菲勒的孙子。1955 年，洛克菲勒为自己的大通银行买下了下曼哈顿的一大片土地，成为该银行新的全球总部所在地。为了巩固周边地区的房地产市场，他需要在附近追加投资。洛克菲勒联合本地产业界和金融界的精英成立了下城-下曼哈顿协会，促使他们提出了巨大的开发项目，洛克菲勒称之为世界贸易中心。

世贸中心并不是个新概念，在 1930 年代末，威廉·奥尔德里奇（William Aldrich，戴维·洛克菲勒的岳父）就梦想建造一个世贸中心。奥尔德里奇希望世贸中心可以通过贸易促进世界和平，但他的努力最终失败了。批评者认为奥尔德里奇的计划严重高估了世贸中心的价值，声称多数美国大型出口公司不需要租用办公空间，因而无法保证中心有足够的经费建成。相比之下，洛克菲勒的目标更为现实，他认为下曼哈顿威胁到了区域经济发展，而世贸中心可以扭转这一趋势。更重要的是，洛克菲勒说服了纽约和新泽西港务局这一横跨两个州的机构来承担中心的建设。

港务局的参与为世贸中心的建设增添了多重意义，特别是为其提供了资金保证。此外，港务专区还有依法征用土地的权力，可以保证获得建筑用地。但港务专区的参与也引来了许多争议，它将中心选址从下曼哈顿东侧（即如今的南街港口）移到了面积不大、但拥有重要商业社区的西侧。这里建有破败的哈德逊-曼哈顿铁路，是新泽西州政府的巨大负担。港务局的执行局长奥斯丁·托宾将建造世贸中心视作新泽西州政府摆脱财政负担的机会，用收购 H&M 作为支持世贸中心的条件。随后，港务局重建了这条线路，将其改造为如今的 PATH 通勤铁路公司。

该地区是个繁荣的商业社区。当地业主极力反对建造世贸中心的计划，一路控诉至纽约州高等法院，但最终以败诉告终。除了土地使用，山崎实（Minoru Yamasaki）将其打造成 110 层高塔状世界最高建筑的设计也引来争议。尽管公众大声抱怨中心破坏了原来繁荣的社区，并且不满其借口世界商业而霸气地建成世界第一高楼，双子塔最终还是建立起来并成为纽约地标。

世贸中心在"9·11"之前也曾成为恐怖分子的目标。1993 年，一辆满载炸药的汽车在双子塔中间的地下车库爆炸，导致 6 人死亡和 1 000 多人受伤。这次恐怖袭击与一个伊斯兰极端组织有关。尽管世贸中心在这次袭击中并未坍塌，但在 2001 年 9 月 11 日却迎来了另外一场浩劫。这次，恐怖分子驾驶两架商业喷气客机撞毁了双子塔，导致近 3 000 人死亡，受伤人数不可胜数，至今还在原址留有一个约 0.06 平方千米的空地。

世贸中心的双子塔占据了下曼哈顿 30% 的办公空间，也是美国第五大室内零售中心，提供了 5 万多个就业岗位。2007 年，也即"9·11"事件后的第 6 年，才最终决定如何处理中心的基址，即建造标志性的自由塔；近另建了 3 座高层建筑，提供大小为 90 万平方米的 A 类商用办公室空间和 5 万平方米的零售业用地，以此来替代世贸中心原来的办公室和零售空间。此外，这里还建造了遇难市民纪念碑、一个酒店-会议中心、一个大型轨道交通设施和一个文化艺术表演中心。这片土地再开发的目的是保证下曼哈顿有充足的办公空间，并使其成为全市的交通枢纽。

进一步阅读书目：

- Darton, E. 1999. *Divided We Stand: A Biography of New York City's World Trade Center*. New York: Basic Books.
- Gillespie, A. K. 1999. *Twin Towers: The Life of New York City's World Trade Center*. New Burnswick, NJ: Rutgers University Press.
- Glanz, J. and E. Lipton. 2003. *City in the Sky: The Rise and Fall of the World Trade Center*. New York: Times Books.
- Goldberger, P. 2004. *Up from Zero*. New York: Random House.

(Sarah Coffin 文 李文硕 译 王 旭 校)

WREN, SIR CHRISTOPHER | 克里斯托弗·雷恩爵士

尽管因在伦敦大火后提出1666年重建计划而青史留名，但克里斯托弗·雷恩爵士在历史上的地位首先是一位科学家，然后也是最著名的——是一位建筑师。雷恩爵士通过这两个领域影响了现代城市。

1632年，雷恩出生在英格兰一个保守的高级教士家庭，童年凭借其在数学和机械学方面的绝佳天赋扬名在外。他热衷于这两门学科，也喜欢天文学和实验哲学，无论是身为牛津大学伍德汉姆学院的学生，还是成为万灵学院教师，都是如此。25岁那年，雷恩成为伦敦格蕾丝汉姆学院天文学教授，3年后，也就是斯图亚特王朝复辟的1660年，他成为自然哲学和试验哲学皇家学会的创始人之一。在30岁回到牛津成为萨维尔天文学教授前，雷恩已在科学界小有成就，但从此之后他又投身建筑界，从事建筑维护和设计工作，并于1666年制定了伦敦重建规划。1669年他出任测理总监，奠定了他在建筑界的地位。在随后的40年中，雷恩作为国王的御用建筑师设计了许多宫殿、医院、大学建筑和教堂，当然他应私人之邀也做出了很多成就。

在1660年代，尽管已投身到建筑界，但雷恩也与皇家学会中的朋友一起努力解决自伊丽莎白时代以来伦敦面临的拥堵、破败、肮脏和增长失控等问题，并试图解除火灾、疾病和市民骚乱的威胁。1662年5月14日任命的"致力于改革建筑、街道和产权问题，并管理伦敦的出租马车"的皇家委员会，其成员包括雷恩的密友、日记作者、乐器演奏家和皇家学会发起人之一的约翰·伊夫林（John Evelyn），很可能也包括雷恩。此时的伊夫林已经研究了燃煤污染的恶劣效应，以巴黎、罗马和他在10年间走访的其他欧陆城市为模板提出了改革措施。

国王发起这场改革是为了避免伦敦在1665年和1666年所经历的瘟疫和大火之类的灾难，但同样重要的是为复辟的斯图亚特王朝树立新的象征。国王希望伦敦像屋大维治下的罗马一样，经历了王室复辟，"从一座砖造的城市变成大理石造的城市"。大火之后，皇家学会宣布支持查理二世建造"一座新城"的建议，使用更好的材料、更好的设计。

大火过后，皇家学会立刻拿出了重建伦敦的规划，试图解决上述问题。负责起草规划的有3名学会成员，其中就有雷恩和伊夫林，另一位是雷恩的朋友罗伯特·胡克（Robert Hooke）——皇家学会的实验室主任兼格蕾丝汉姆大学几何学教授，他们二人在规划和重建中一起发挥了最大作用。他们都在大火几周后成立的皇家委员会任职，提出了建造更宽街道、砖石建筑和更安全房屋的建议，这些都被写进了《重建法案》（Rebuilding Act）。法案在1667年3月底通过后，胡克开始了长达5年的对伦敦城的调查。在随后的几十年中，雷恩建造了新的海关大厦、翻新了圣保罗大教堂，并建造了大约50座教堂。这其中很多是与胡克合作完成的，正如他们一起为大火后重建一起工作那样。因此，伦敦多少恢复了原来的面貌，雷恩也比他的同代人更多地建造起新的、更现代的城市环境。

进一步阅读书目：

- Bennett, J. A. 1982. *The Mathematical Science of Christopher Wren*. Cambridge, UK: Cambridge University Press.
- Downes, Kerry. 1982. *The Architectural of Wren*. New York: Universe Books.
- Soo, Lydia. 1998. *Wren's "Tracts" on Architecture and Other Writings*. Cambridge, UK: Cambridge University Press.

(Lydia M. Soo 文　李文硕 译　王　旭 校)

ZOÖPOLIS ｜动物城市

动物城市指的是人类、动物与大自然和谐相处的城市。传统的以人类为中心的城市理论和实践存在很多问题，相比之下，动物城市这一城市类型代表了城市理论和研究的转向，即开始考虑动物在城市中的生活、意义及其动因。本词条介绍动物城市和跨物种的城市理论框架，并探讨在这种框架下对动物和城市研究的走向。

动物城市：起源、模型和理论

近来，学术界在全球层面上反思人类与其他物种和环境的关系，这是动物城市这一概念出现的大背景。人们越来越意识到机械化农场和实验室中动物的遭遇、土地开发和掠夺式经济发展对物种的威胁以及有毒废弃物和污染物对环境的破坏，并在几十年前引起了人类对动物命运和环境管理的关注，催生了许多活跃的组织，并有法律上的交锋。这些关注以及社会理论的发展，促使学者们重新思考文化和自然、人类和动物以及城市与自然的边界，并质疑学术界对"动物问题"的偏见，因此出现了大量研究成果，对历史上和当代的人类和人类之外其他动物的关系进行探讨。

动物城市这一模型就是关注城市中动物问题的产物。它起源于对资本主义城市化和当代城市理论的批评，抨击前者忽视了人类之外的其他生命，而后者则只关心以人类为中心的城市化。珍妮弗·沃尔奇（Jennifer Wolch）认为，城市理论的主流术语将"空地"或"荒地"的转变称为"改进"，但实际上土地已不能维护曾经的生物多样性；沃尔奇指责女权主义者、马克思主义者和新古典主义城市理论都忽略了人类之外的其他动物；她认为这些城市化的实践和概念带来了灾难性的后果：不断发展的城市边缘和为满足人类需要而不断扩张的农业工业体系已经威胁到其他物种和整个生态系统，机械化农场对待动物的方式更是堪称残忍。在为人类而建的城市中也可以出现"附属的动物城镇"，那里可以容纳无家可归的野生动物和惹人厌烦的流浪狗。

沃尔奇也批评城市环境主义只关注影响人类的环境问题。即使环境思想包含了动物，也只是将动物作为系统的资源或一部分，或是为了强调生态整体性而缩小动物与人类、动物和非动物之间的差别，从而将其作为一种背景。这些视角很难将人类之外的动物视作客观存在，只是将其作为人类世界的一部分。

恢复动物的客观性是动物城市的核心，要求人类将动物作为经验上的存在。要实现这一点，或许要把人类与动物（重新）放在主体间的相互关系中，在其中可以找到相异与相同之处，甚至可以建立亲属关系，这反过来也会促进基于尊重和照顾的伦理关系。这种状态要求人类将历史主义的本体论放在动物身上——动物对于人类发展的根基作用——以及物种间基于照顾的伦理和从中产生的友谊。沃尔奇注意到，在人类历史的大部分时期，人类对动物既有爱怜，又试图控制它们；既重视人与动物间的差异，也重视双方的共性。所以，大部分野生动物栖息地能得以留存，也并非偶然。能够重塑上述关系的城市就称为"动物城市"。

动物城市模型将人类、动物-环境三者间的和谐关系作为构建更有活力和更公平城市未来的关键。通过将动物（野生的和养殖的）和自然纳入城市空间中，人类就可以明确了解动物的生活，这能够产生基于对动物与自然加以关爱的伦理、实践和政治。这些新的关系或许会改变个体对人类-动物关系以及人类-环境相分离的这种传统观念，并从更深层次上改变政治经济结构、社会关系和习俗等将人与动物和自然隔绝开来的机制,从而阻止人类对非人类的生物施加暴力和破坏。

跨物种的城市理论与动物城市密不可分,这种理论将拓展对人与动物关系的理解,并形成将动物带入城市社会和空间的新议题。更重要的是,珍妮弗·沃尔奇、凯瑟琳·韦斯特（Kathleen West）和托马斯·盖恩斯（Thomas Gaines）等学者认为,基于社会理论的跨物种城市理论（Transspecies Urban Theory）能够使学者们解决城市居民如何和为何对野生动物做出反应以及这对动物来说有何意义的问题;并能回答城市化如何影响了野生动物,城市化实践、人类的态度和行为以及动物的需求如何相互联系并建立起城市野生动物系统,规划、决策和政治斗争怎样保护动物等问题。他们建构的概念框架揭示了人与野生动物相互交往和城市化进程的相互关系,二者均能影响城市野生动物的生存环境。生态变迁推动了跨物种的城市实践,反过来又影响了人与野生动物的相互关系和城市化进程。正如艾丽丝·霍沃卡（Alice Hovorka）所言,这种理论将人与动物关系作为理解城市形态、功能和活力的基础。

动物和城市的视角

对城市与动物的研究已经涵盖了多种主题和不同时段,探索对城市发展、城市文化和社会以及城市生态有重要意义的主题。从整体上看,这些研究表明动物是城市不可分割的一部分。尽管并非所有研究都投入动物城市概念或跨物种城市理论中,但这一框架为动物在城市景观中的研究提供了组织架构。

动物的社会建构和动物在塑造人类和文化认同中所扮演的角色一直是人与动物相互关系研究所关注的话题。史学界已经研究了野生动物尤其是异国动物如何在16世纪以来的城市中成为财富和地位的象征的,如何成为统治者控制国际国内事务的代表。或与花瓶、钻石等一起作为外交礼物,或在笼中院中供人观赏,稀有珍贵的异国动物代表的是主人的地位和国家的地位。异国动物也是受人欢迎的家庭宠物,是博物调查的对象,在城市中心和港口城市日益多见。在古典时代,异国动物往往靠贸易或军事扩张而来,当古代的城市发展引起人们对这类奇珍异兽的兴趣后,它们往往成为笼中宠儿或角斗场中的猛兽。

在19世纪,在欧洲和新世界如澳大利亚,城市居民往往到动物园中观赏动物。现代城市中的动物园,来自启蒙时代理性主义者用科学理解自然的观念,促进了对动物的研究,并且使得科学界以外的大众也可以接触到各种动物。但批评者质疑动物园对观众传达出的关于动物的观念和人与动物的关系,认为这一机构表达的对动物的行为、生物需求和情感生活的认识是有偏颇的。有研究者发现,展示动物实际上展示了人类与动物的不同以及人类对动物的控制。

随着城市地区文化和种族的日益多元化,人类与野生和家养动物的关系也随之变得日益多样化,对待动物的态度和实践时有争议。近来对移民和少数族裔的研究发现,文化和移民经验影响着对待动物的态度:在不同的文化群体中,对动物能否作为食物或宠物、能否参与体育和典礼的判断也不同;对许多移民而言,某些动物可以作为国家纽带和文化根源的象征。有些族裔团体对待动物的做法也被以种族主义的眼光审视对种族主义者以其对待动物的方式作为将其视作"他者"或另类的工具。

城市化极大地改变了动物分布,而反过来,将某些动物排除或纳入城市中有时也会引发城市形态和城市社会的巨大变化。古代和中世纪的圆形城市建有城墙,可以阻挡外敌入侵,同时也可以舒缓对中世纪时期曾占据主导地位的荒野和野兽的恐惧。随着城镇（重新）巩固防御工事,欧洲土地开垦,围猎和捕杀肉食动物围猎以及捕杀食肉动物,野生动物的数量大大减少,家养动物成了城市最常见的动物。数百年后,随着西方城市中生产性动物的减少,城市的功能和环境再度发生变化。在19世纪的城市中,人们不会看到动物尸体,也不会突然遇到野兽,饲养和制造动物相关产品的企业都迁移到了乡下。当代城市中的工农业部门以及城市中的家庭饲养代表了另一种城市空间和经济中的动物现象。土地的再度区划、动物饲养结构的出现以及参与动物和动物产品生产的工人和家庭数量的增多改变了当代城市的形态和生活。保护城市的各种活动试图改变资本主义城市化对野生物种及生态系统的不良影响,采取了诸如维持野生动物走廊和恢复野生植被的措施,这代表了一种新的城市景观变迁,显示出人与动物关系在塑造城市形态和功能中的作用。

学术界对于人-动物-环境关系的反思促进了研究城市野生动物生态系统新方法的发展。在意识到人类主导的景观可以作为重要保护地之后,大多数城市动物研究都突出一种基于保护的生物范式。最近,针对城市普通动物和保护动物的研究都在致力于推动城市动物生态系统研究中的新方法和非实证方法。对于鸟类觅食中鸟类与人类合作的关注揭示了鸟类与鸟类之间以及人与鸟类之间的相互关系如何在城市中为某一种鸟和整个鸟类创造了机会,告诉人们人与动物相互关系的地理分布是城市中动物系统的重要组成部分。其他的研究包括对感知和理解城市动物的不同方式的尝试,以形成一种比现在的野生动物保护实践和立法(它们不了解某些物种的短暂生命,也不清楚物种内部的行为和生态差异)更能接近动物的政治机制。

在某些案例中,城市区域规划和政策也在将城市动物和改善环境纳入体系。研究动物、生态系统和城市设计的学者们已经对关心动物的社区做出了评估,以动物城市和可持续发展的原则考察了城市政策和空间,以便思考如何让城镇更加和谐、人-动物-自然的关系更加平等,以及会面临什么样的困境。对城市中保护性社区的跨物种研究,以及对致力于经济社会环境可持续发展的社区的研究,表明所谓的对动物的关怀仍然存在着对野生动物和家养动物的偏见,并没有挑战与生产性动物的传统关系。生态目标有时会为了经济目的而做出牺牲,只是建构了一个绿色社区的形象却没有真正执行乃至放弃了生态目标,转而支持利益集团所设想的那种经过规划的自然。

对于城市中人与自然关系越来越多的关注表明,更多的专家和研究将动物视作城市社会的一部分,无论在古代还是现代。许多对于动物和城市环境的研究也表现出对社会生态规划的重视在不断增长,说明人们相信人类、人类之外的其他动物和自然的和谐相处是财富、健康以及城市居民生存的关键,对于城市所构筑自然程序和系统的可持续发展也是不可或缺的。

进一步阅读书目:

- Campbell, Michael O'Neal. 2007. "An Animal Geography of Avian Ecology in Galsgow." *Applied Geography* 27: 78-88.
- Hinchliffe, Steve, Matthew B. Kearnes, Monica Degen, and Sarah Whatmore. 2005. "Urban Wild Things: A Cosmopolitical Experiment." *Environment and Planning D: Society and Space* 23: 643-58.
- Hough, Michael. 2004. *Cities and Natural Process: A Basis for Sustainability*. 2nd ed. London: Routledge.
- Hovorka, Alice. 2008. "Transspecies Urban Theory: Chickens in an African City." *Cultural Geographies* 15: 95-117.
- Kalof, Linda. 2007. *Looking at Animals in Human History*. London: Reaktion.
- Philo, Chris and Chris Wilber. 2000. *Animal Spaces, Beastly Places: New Geographies of Human-Animal Relations*. Oxford, UK: Cambridge.
- Whatmore, Sarah and Steve Hinchliffe. 2003. "Living Cities: Making Space for Urban Nature." *Soundings: Journal of Politics and Culture* 22: 137-50.
- Wolch, Jennifer. 2007. "Green Urban Worlds," *Annals of Association of American Geographers* 97: 373-84.

- Wolch, Jennifer and Jody Emel, eds. 1998. *Animal Geographies: Place, Politics, and Identity in the Nature-Culture Borderlands.* London: Verso.
- Wolch, Jennifer R., Kathleen West, and Thomas E. Gaines. 1995. "Transspecies Urban Theory." *Environment and Planning D: Society and Space* 13: 735-60.

(Mona Seymour 文 李文硕 译 王 旭 校)

索 引

说明：索引中的页码均为原书的页码，即本书的边码。——译者

A

Aalto, Alvar（阿尔瓦·阿尔托），2：562
Aas, Amr Ibn Al-（阿鲁姆·伊本·阿斯），1：97 - 98
Abandoibarra（阿班多尔巴拉区），1：76
Abbott, Berenice（贝伦尼斯·艾伯特），2：593
Abbott, Edith（伊迪丝·艾伯特），1：129
Abel, Alfred（阿尔弗雷德·艾贝尔），1：503
Abercrombie, Peter（彼得·艾伯克龙比），*Greater London Plan*（《大伦敦规划》），1：288，2：651
Abjection（厌弃心理），2：961
Aborigines（土著居民），1：280
Abramovitz, Max（马克斯·阿布拉莫维茨），2：562
Abstract space（抽象空间），2：746
Accra, Ghana（阿克拉，加纳共和国），1：350
Ackerman, Frederick（弗雷德里克·阿克曼），1：534
Acropolis（卫城），1：1 - 2，45，45 - 46，48，50
Actividades Contemporanea（journal）（《当代活动》，杂志），2：692
Activism（激进主义），2：740
Adaptation theory（适应理论），2：916 - 917
Addams, Jane（简·亚当斯），1：124，129，176，2：841
Addis Ababa, Ethiopia（埃塞俄比亚的斯亚贝巴），1：168
Adler, Dankmar（丹克马尔·阿德勒），1：124
Adler, Felix（费利克斯·阿德勒），2：673
Adorno, Theodor（西奥多·阿多诺），1：68
Adult entertainment（成人娱乐），亦可参阅：Red-light district（红灯区）、Sex industry（性产业）
Advertising（广告业），2：921
Advocacy planning（群议式规划），1：2 - 6
　critique of（评论），1：3 - 5
　global（全球群议式规划），1：6
　origins（群议式规划起源），1：2
　paradigm of（群议式规划范例），1：2 - 3
　rational comprehensive planning vs.（合理性综合规划对比群议式规划），1：2，3，4，2：604 - 605
　in United States（美国的群议式规划），1：5 - 6
Aerodromes（机场），1：11
Aesthetic tradition of photography（摄影的审美传统），2：590，593
Affordable housing（可负担住房），1：6 - 7，376 - 377，534，亦可参阅：Fair housing（公平住房）、Housing policy（住房政策）
　approaches to（方法），2：737 - 738
　rent control（租金控制），2：658
　tenement reforms（租屋改革），2：802 - 803
Affordances（可负担性），1：250 - 251
Afghanistan（阿富汗），1：42，43，234
Africa（非洲）
　ancient cities（古代城市），1：26
　bungalows（平房），1：91 - 93
African Americans（非洲裔美国人）
　bohemia（波希米亚），1：80
　Chicago（芝加哥的非洲裔美国人），1：124 - 125
　dance music（非洲裔美国人的舞曲），1：222
　Du Bois（杜波依斯），1：237 - 239
　environmental justice（环境正义），1：244 - 245，2：961
　ghettoes（隔都），1：311 - 312
　hip hop（嘻哈文化），1：355 - 357

Los Angeles（洛杉矶），1：466-467，470

National Urban League（全美城市联盟），2：890

northern migration（北部移民），1：124，2：854，913-914

racialized space（种族化空间），2：630-631

riots（骚乱），2：854，878

suburbanization（郊区化），2：783

urban archaeology（城市考古学），2：846-847

urban crisis（城市危机），2：854-855，878

urban policy（城市政策），2：908

After-sprawl（后蔓延），2：768

Agamben, Giorgio（吉奥乔·阿冈本），2：576，695，696

Agarwal, S.（阿加瓦尔），2：662，664

Age, and spaces of difference（差异时空），2：757

Agee, James（詹姆斯·阿吉），*Let Us Now Praise Famous Men*（《现在，让我们赞颂名人》）（with Walker Evans，与沃克·埃文斯合著），2：593

Agency and structure（机构与结构），2：941-942

Agenda 21（《21世纪议程》），1：350，2：790，794

Agglomeration economies（聚集经济），2：840

Agnew, John（约翰·阿格纽），*Place and Politics*（《场所和政治》），2：874

Agora（阿格拉），1：7-10

 Athens（雅典集市广场），1：8，8-10，46

 building types（广场的建筑形式），1：8

 civic buildings（广场的民用房屋），1：9

 commercial activities（广场上的商业活动），1：10

 functions（功能），1：7-8，2：596

 religious buildings and monuments（广场的宗教建筑与遗迹），1：9-10

Agriculture（农业）

 ancient cities（古代城市），1：27

 world-systems perspective（世界体系论），2：971

Agrippa（阿格里帕），1：10

Ahkam al-bunyan（建筑条例），1：402

Ahwahnee Principles（阿瓦尼原则），2：550，573

Airports（机场），1：10-13

 design（机场的设计），1：11-12

 origins（机场的起源），1：11

 significance（机场的重要性），1：10-11

 as systems（机场系统），1：13

transit-oriented development（交通导向的发展），2：822-824

Ajasa, Kitoyi（基托伊·阿雅萨），1：428

Akademgorodok Science City, Russia（俄罗斯新西伯利亚科学城），2：797

Akerman, Chantal（尚塔尔·阿克曼），1：151

Alan Vorhees and Associates（艾伦·佛西斯及其助手），1：103

Albert, Prince（艾伯特亲王），1：538

Alberti, Leon Battista（莱昂·巴蒂斯塔·阿尔贝蒂），1：390，2：657

Albertopolis, London（伦敦阿尔伯特城），1：538

Albrechts, Louis（路易·阿尔布雷切），2：652

Alcohol sales, and nightlife（酒类销售及夜生活），2：564-565

Aldrich, William（威廉·奥尔德里奇），2：973

Alexander, Christopher（克里斯托弗·亚历山大），2：549

 A Pattern Language（《建筑模式语言》），1：250

Alexander III, Pope（教皇亚历山大三世），2：682

Alexander the Great（亚历山大大帝），1：494

Alexandria（亚历山大里亚），1：160

Algeria（阿尔及利亚），1：53

Algiers, Algeria（阿尔及利亚阿尔及尔），1：168，446

Alhambra, Spain（西班牙阿尔罕布拉宫），2：657

Ali, Muhammad (Egyptian ruler)（穆罕默德·阿里，埃及的统治者），1：98

Alienation（异化），2：752-753

Alihan, Missa（米萨·阿里汉），1：128-129

Alinsky, Saul（索尔·阿林斯基），1：13-15，180

 Reveille for Radicals（《激进的号角》），1：14

 Rules for Radicals（《反叛手册》），1：14

Allegheny, Pennsylvania（宾夕法尼亚州阿勒根尼），1：29

Allegory of Good Government（《健全与腐朽政府寓言》），1：15-18

Allen, John（约翰·艾伦），*Geography Matters!*（with Doreen Massey）（《地理不容小觑！》，与多琳·梅西合著），2：874

Alliance for Regional Stewardship（区域管理联盟），2：648

Alligator（film）《大鳄鱼》（电影），2：696

All-inclusive resorts（全包式度假村），2：663

Almshouses（救济院），1：18－19

Alonso, William（威廉·阿隆索），1：19－20，401，2：651，660，929

 Location and Land Use（《区位和土地利用》），1：20

 The Politics of Numbers（with Paul Starr）（《数字政治》，与保罗·斯塔尔合著），1：20

Alphand, Jean-Charles Adolphe（让－查理·阿道夫·阿尔方），2：584

Alpha Ville, Sao Paulo（圣保罗市阿尔法镇），1：228

AlSayyad, Nezer（奈则·奥萨亚德），1：140

Altar of the Twelve Gods, Athens（雅典十二神祭坛），1：10

Althusser, Louis（路易·阿尔都塞），1：115，2：753

Amara West, Egypt（埃及西阿拉玛），1：166

Amarna, Egypt（埃及阿马尔那），1：25，27

Ambolley, Gyedu-Blay（耶都－布雷·埃伯利），1：357

American Anthropology Association（美国人类学协会），2：931

American Association of Geography（美国地理学协会）

 Geography in America（《美国地理学》），2：875

 Geography in America at the Dawn of the 21st Century（《21世纪初的美国地理学》），2：875

American Historical Association（美国历史学会），2：931

American Indians（美国印第安人），亦可参阅：Native Americans（美洲原住民）

American Journal of Sociology（《美国社会学杂志》），1：127，128，311，2：772

American Planning Association（美国规划协会），1：5，334

American Political Science Association（美国政治学协会），2：931

American Psychological Association（APA）（美国心理学协会），2：916，918

American School of Classical Studies（美国古典研究会），1：8

American Sociological Association（美国社会学会），1：128，2：931，970

American Sociological Review（journal）（《美国社会学评论》，杂志），1：128

Americans with Disabilities Act（United States）（美国残疾人法案，美利坚众国），2：812

American Urban History Group（美国城市史研究小组），2：881

Amin, Ash（阿什·阿米），2：652，893，894

 "The Ordinary City"（with Stephen Graham）（《平凡之城》，与斯蒂芬·格拉汉姆合著），2：876

Amin, Samir（萨米尔·阿明），2：970

Amodu Tijani judgment（阿莫杜提贾尼案），1：429

Amsterdam, the Netherlands（荷兰阿姆斯特丹），1：20－24，21

 béguinage（半世俗女修道院），1：66

 capital city（首都城市），1：106

 city planning（城市区域规划），2：692

 drugs（毒品），1：23

 economy（经济），1：21－22

 exopolis（外城），1：262

 history of（荷兰的历史），1：21

 immigration（荷兰的移民），1：22，318

 multicultural city（多元文化城市），1：527

 progressive policies（进步政策），1：22－24

 prostitution（卖淫），1：23

 regional planning（区域规划），2：650

 squatter movements（占地运动），1：23，2：769

 tourism（旅游业），1：21，23

Amsterdam Study Centre for the Metropolitan Environment（阿姆斯特丹大都市环境研究中心），2：933

Amsterdam Treaty（《阿姆斯特丹条约》），2：732

Amusement parks（游乐场），亦可参阅：Themed environments（主题环境）

Anchors（shopping）（市集，购物），2：713

Ancient cities（古代城市），1：24－28，亦可参阅：Acropolis（卫城）、*Agora*（阿格拉）、Athens、Greece（希腊雅典）

 Andes（安第斯山脉），1：25

 archaeological approaches（考古学方法），1：26－28

 China（中国），1：25

conceptual approaches（概念研究）,1：26
Egypt（埃及）,1：25
Indus Valley（印度河谷）,1：25
Mesoamerica（中美洲）,1：26,28
Mesopotamia（美索不达米亚）,1：24-25,28
Southeast Asia（东南亚地区）,1：26
sub-Saharan Africa（撒哈拉以南非洲）,1：26
Ancoats, Manchester（安科斯特,曼彻斯特）,2：945
Anderson, Elijah（以利亚·安德森）,1：129
Anderson, Kay（凯·安德森）,1：131
Vancouver's Chinatown（《温哥华的唐人街》）,1：134
Anderson, Margaret（玛格丽特·安德森）,1：80
Anderson, Perry（佩里·安德森）,1：206
Anderson, Pierce（皮尔斯·安德森）,1：484
Andes（安第斯山脉）,1：25
Andrade, Mario de（马里奥·德·安德拉德）,1：82
Andrade, Oswald de（奥斯瓦尔德·德·安德拉德）,1：82
Andreu, Paul（保罗·安德鲁）,1：12
Andrews, John（约翰·安德鲁斯）,2：694
Angkor（吴哥）,1：26
Anglo-Chinese urban vernacular architecture（英中混合风格的城市建筑）,2：708
Angotti, Tom（汤姆·安戈蒂）,1：5
Anheuser Busch（安海斯·布希）,2：808
Animals（动物）,2：977-980
Annapolis, Maryland（马里兰州安纳波利斯）,1：196
Annexation（吞并）,1：28-30
Anomie（社会的反常状态）,1：172,173
Anthology Film Archives, New York City（纽约经典电影资料馆）,1：151
Anthropology（人类学）,亦可参阅：Urban anthropology（城市人类学）
Anti-Corn Law League（反谷物法同盟）,1：482
Antiurbanism（反城市主义）,2：773,781,796,837,917
Anti-utopias（反乌托邦）,1：391,2：947
Antwerp, Belgium railroad station（安特卫普,比利时火车站）,2：633

Anyang, China（中国安阳）,1：25
Apartheid（种族隔离）,1：30-32
Apollinaire, Guillaume（纪尧姆·阿波利奈尔）,2：581
Appalachian Regional Commission（ARC）（阿巴拉契亚区域委员会）,1：337
Appalachian Trail（阿巴拉契亚小道）,1：534
Appleyard, Donald（唐纳德·阿普尔亚德）,1：478
The View from the Road（with Lynch and Myer）（《道路视图》,与林奇、迈尔合著）,1：476
Aquino, Corazon（科拉松·阿基诺）,1：484
Aragon, Louis（路易斯·阿拉贡）,1：33,69
Arbus, Diane（黛安·阿勃丝）,2：594
Arcade（拱廊）,1：33-35,69
Archaeology in Annapolis（安纳波利斯的考古学）,2：846
Architectural Forum（journal）（《建筑论坛》,杂志）,1：412
Architectural Record（journal）（《建筑实录》,杂志）,1：84
Architectural Review（journal）（《建筑评论》,杂志）,1：438
Architecture（建筑）,1：36-40
airports（机场建筑）,1：12
Bruges（布鲁日）,1：87
caravanserai（商队旅馆）,1：114
Chicago（芝加哥）,1：124-125
cinema（电影院）,1：138
clients（顾客）,1：36
Damascus（大马士革）,1：203-205
Delhi（德里）,1：213-214
discotheques（迪斯科舞厅）,1：223
Florence（佛罗伦萨）,1：276-278
funereal（葬礼）,2：542-543
gendered space（性别化空间）,1：299
heritage designation（遗产称号）,1：352
housing（住房）,1：375
iconicity（形象性）,1：38-40
ideal city（理想城市）,1：390-391
Le Corbusier（勒·柯布西耶）,1：444-446
Moscow（莫斯科）,1：518
New York World's Fair（纽约世界博览会）,2：

561-562
power（权力），1：37-38
practice of（实践），1：36-37
Renaissance city（文艺复兴时期的城市），2：655-657
Rome（罗马），2：675-677
Santa Fe（圣菲），2：681
shophouses（店屋），2：707-708
sociopolitical context（社会政治语境），1：36-40
spectacular（壮观的），1：10,12,75,77-78
Ardalan, Nader（纳德·阿达兰），2：694
Area median income (AMI)（地区收入中值），1：7
Area plans（区域计划），1：161
Arendt, Hannah（汉娜·阿伦特），1：146,2：625
Arensberg, Conrad M.（康拉德·阿伦斯伯格），*Family and Community in Ireland*（with S. T. Kimball）（《爱尔兰的家庭和社区》，与金博尔合著），1：184
Aristotle（亚里士多德），1：46,2：914
Politics（《政治学》），1：390
Arkun, Mohammed（穆罕默德·阿尔昆），"Islam, Urbanism, and Human Existence Today"（"伊斯兰、城市生活与今日人类生存"），1：402
Armenia（亚美尼亚），1：42
Arnold, Matthew（马修·阿诺德），1：396
Arnold of Brescia（布雷西亚的阿诺德），2：676
Arnstein, Sherry（谢莉·安斯汀），1：144
Arrighi, Giovanni（乔瓦尼·阿里吉），2：970
Art（艺术），亦可参阅：Graffiti（涂鸦）、Public art（公共艺术）、Street art（街头艺术）
Artangel Trust（艺术天使信托），2：617
Art Deco buildings, Miami（装饰风格的建筑，迈阿密），1：352
Artists（艺术家），亦可参阅：Creative class（创意阶层）
bohemia（波希米亚），1：79-81
gentrification（绅士化），1：308
loft living（统楼房生活），1：457-459
neighborhood revitalization（邻里复苏），2：545
Santa Fe（圣菲），2：679-681
Asian cities（亚洲城市），1：41-44
contemporary（当代的亚洲城市），1：41-44
economy（亚洲的城市经济），1：42-43
environment（环境）1：44
history of（亚洲城市的历史），1：41
planning and management（亚洲城市的规划与管理），1：44
sacred vs. market（神圣城市与市场城市），1：41
society（社会），1：43-44
urbanization（城市化），1：42
Asian Development Bank（亚洲开发银行），1：43
Asian-Pacific Alliance for Healthy Cities（健康城市亚太同盟），1：350
Asians（亚洲人）
suburbanization（郊区化），2：783
Asphalt (film)（《柏油路》，电影），1：424
Assad, Bashar al-（巴沙尔·阿萨德），1：204
Assad, Hafez al-（哈菲兹·阿萨德），1：204
Asset assessments（资产评估），1：177
Asset-Based Community Development Institute（基于资产的社区发展协会），1：177
Assimilation（同化），1：255-256
Association, forms of（交往的方式），2：892-893，亦可参阅：*Gemeinschaft and Gesellschaft*（礼俗社会和法理社会）
Association for Improving the Care of the Poor（改善穷人状况协会），2：558
Association of Community Organizations for Reform Now (ACORN)（社区改革组织协会），1：15,180
Association of Southeast Asian Nations (ASEAN)（东南亚国家联盟，东盟），2：653
Astor, John Jacob（约翰·雅各·阿斯特），2：560
Astrodome, Houston（休斯敦太空人体育场），2：763
Asylum seekers（难民），1：256
AT&T（美国电话电报公司），2：561
Ataturk, Kemal（凯末尔·阿塔图尔克），1：301
Atchison, Topeka, and Santa Fe Railway Company（艾奇逊-托皮卡-圣菲铁路公司），2：681
Atget, Eugene（尤金·阿捷特），2：592
Athens, Greece（希腊雅典），1：44-50,493-494
Acropolis（雅典卫城），1：1-2,45,45-46,48,50
agora（阿格拉），1：8,8-10

capital city（首都城市），1：104－105
classical（古典时期的雅典），1：45－47，2：887
contemporary（当代雅典），1：49－50
cultural significance（文化重要性），1：46，50
dedications by foreign rulers（外国统治者的献辞），1：10
interwar（两次战争之间的雅典），1：48－49
neoclassical（新古典主义），1：47－48
The Athens Charter（1943）(《1943 年雅典宪章》)，1：446
Athens Charter of 1931 for the Restoration of Historic Monuments（1931 年王政复辟雅典宪章），1：195
Atkinson, Rowland（罗兰·阿特金森），1：308－309，2：667
Atlanta, Georgia（佐治亚州亚特兰大），1：81，187，2：644
Atlantic Monthly（magazine）(《大西洋月刊》，杂志)，2：672
Atmosphere（气候），2：850
Attalos II, king of Pergamon（阿塔鲁斯二世，帕迦马国王），1：10
Auditorium Building, Chicago（芝加哥礼堂大楼），1：124
Auerbach, Friedrich（弗里德里希·奥尔巴赫），2：937
Auge, Marc（马克·奥格），1：63，2：861
Non-places(《无地方》)，2：568－569
Augustine, Saint, *The City of God*（圣奥古斯丁，《上帝之城》)，1：405
Augustus, emperor of Rome（奥古斯都，罗马皇帝），2：675
Aum Shinrikyo（奥姆真理教），2：821
Agustin, Laura（劳拉·奥古斯丁），2：701－702
Austin, Mary（玛丽·奥斯丁），2：679
Australia（澳大利亚）
bungalows（平房），1：92
gentrification（绅士化），1：306
social housing（社会住房），2：736－737
tourism（旅游业），2：819
Australian Council for the New Urbanism（澳大利亚新城市主义委员会），2：552
Australian War Memorial（澳大利亚战争纪念馆），1：103
Austria（奥地利），2：737
Authenticity（真实性），2：807－808，874
Automobiles（汽车）
commuting（通勤），1：417
environmental impact（汽车对环境的影响），1：247－248
impact of（汽车的影响），2：825－827
Los Angeles（洛杉矶），1：95，122，465
Moses's planning（罗伯特·摩西的规划），1：521－523
New York World's Fair（1939）(1939 年纽约世界博览会)，1：523，561－562
Sao Paulo（圣保罗），2：685
Savannah（萨凡纳），2：691
suburbanization（郊区化），1：92，322，441，2：587，781
urban economics（城市经济学），2：867
urban planning（城市区域规划），1：232，521－523，2：587，589，602
Autonomous Region of Muslim Mindanao（棉兰老岛穆斯林自治区），1：486
Autozone Park, Memphis（孟菲斯汽车部落公园），2：764
Avedon, Richard（理查德·阿维顿），2：594
Aydalot, Philippe（菲利普·艾德洛特），2：799
Azerbaijan（阿塞拜疆），1：42
Aztec empire（阿兹特克帝国），1：167，513－514

B

Backdoor debt（秘密债务），2：619
Back offices（后勤部门），2：798
Back of the Yards Neighborhood Council（后街社区委员会），1：14
Back-to-the-city movement（回归城市运动），1：51，378－379，亦可参阅：Downtown revitalization（市中心复兴）、Gentrification（绅士化）、Loft living（统楼房生活）
Back to the Future（film）(《回到未来》，电影)，2：730
Bacon, Edmund（埃德蒙·培根），1：412，2：694
Bacon, Lloyd（劳埃德·培根），*42nd Street*(《42 街》)，1：149

Badaud（爱闲逛的人），1：273
Badham, John（约翰·班德汉姆），*Saturday Night Fever*（《周末夜狂热》），1：222
Bad Radkersburg, Austria（巴德·拉德克尔斯堡，奥地利），1：226
Bailey, Peter（彼得·贝利），2：565
Bakhtin, Mikhail（米哈伊尔·巴赫金），1：221
Baldwin, Ruth Standish（露丝·斯坦迪什·鲍德温），2：890
Ball, John Clement（约翰·克莱门特·鲍尔），2：902
Ball, M.（鲍尔），1：382-383
Ballon, Hillary（希拉里·巴隆），1：411
Baltimore, Maryland（马里兰州巴尔的摩）
　baseball stadium（棒球场），2：764
　convention center（会展中心），1：187
　downtown revitalization（市中心复兴），1：234，2：764
　housing（住房），1：375
　neighborhood revitalization（邻里复苏），2：545
　shopping（购物），2：711
　urban entertainment destinations（城市娱乐地标），2：871
Balzac, Honore de（奥诺雷·德·巴尔扎克），2：579，581
　Un Prince de la Bohème（《波希米亚王》），1：79
Banco Bilbao Vizcaya Argentaria（毕尔巴鄂全球银行，西班牙对外银行），1：78
Bandelier, Adolph（阿道夫·班德利尔），2：679
Banerjee, Tridib（特里迪·班纳吉），1：476
Banfield, Edward（爱德华·班菲尔德），2：917
　Politics, Planning, and the Public Interest (with Marti Meyerson)（《政治、规划与公共利益》，与马丁·迈耶森合著），2：604
Bangalore, India（印度班加罗尔），1：43
Bangkok, Thailand（泰国曼谷），1：42，43，132
Bangladesh（孟加拉国），1：42，43
Banham, Reyner（雷诺·班纳姆），1：438
　Scenes in America Deserta（《美国荒漠景观》），1：439
Banlieue（郊区），1：52-54，281，345，2：588，629，亦可参阅：Favela（贫民区）、Slums（贫民窟）
Bantu Urban Areas Act of 1954 (South Africa)（《1954年班图人城市区域法》，南非），1：31
Barak, Ehud（埃胡德·巴拉克），1：229
Barbaza, Y.（芭芭拉），2：663
Barcelona, Spain（巴塞罗那，西班牙），1：55-59
　city planning（城市区域规划），1：55，2：692-693
　cultural heritage（文化遗产），1：196，354
　Franco opposition（佛朗哥反对派），1：56-57
　General Metropolitan Plan (GMP)（大都市通用规划），1：57
　heritage designation（遗产称号），1：352
　industrialization and expansion（工业化及扩张），1：55
　informational city（信息城市），1：393
　Olympic Games（巴塞罗那奥林匹克运动会），1：57-59
　Porciolismo（博斯奥利斯模式），1：55-56
　post-Franco years（后佛朗哥时代），1：57
　public art（公共艺术），2：617
　urban renewal（城市更新），1：57-59，57-59
Barker, Roger（罗杰·巴克尔），1：250，251
Barnard, John（约翰·巴纳德），2：592
Barnes, Djuna（朱娜·巴恩斯），1：80
Barrio（拉美裔聚居区），1：59-61，228，2：588，亦可参阅：Favela（贫民区）
Barta, Peter（彼得·巴塔），2：900，902
Barthes, Roland（罗兰·巴特），2：919
Basel Missionary Society（巴塞尔传教士会），1：93
Basque Country（巴斯克地区），1：75-78
Bastides（巴斯提德斯），1：490，2：596
Bateau Lavoir, Paris（巴黎洗衣舫），2：580
Bathrooms（盥洗室），亦可参阅：Toilets（厕所）
Battle of Stalingrad（斯大林格勒战役），2：695
Batutah, Ibu（伊本·巴图塔），1：114
Baudelaire, Charles（夏尔·波德莱尔），1：70，79，140，148，2：579，697，919，957
　"The Painter of Modern Life,"（《现代生活中的画家》）1：273
Baudrillard, Jean（让·鲍德里亚），1：94，140，262，440，2：721-722，752，807
Bauhaus（鲍豪斯建筑学派），1：352，2：947
Bauman, Zygmunt（齐格蒙特·鲍曼），1：175，526，2：750

Baumer, Terry（特里·鲍默），1：191
Baumert, Karin（卡琳·鲍默特），1：227
Bavarian planning（巴伐利亚规划），1：47
Bayt arabis（拜依特·阿拉比斯），1：204–205
Bazaar（伊斯兰集市），1：61–65，*62*，亦可参阅：Shopping（购物）、Shopping center（购物中心）
　Arcades（拱廊），1：33
　caravanserai（商队旅馆），1：113
　concept of（概念），1：62
　economic system of（经济体系），1：62–63
　metaphorical uses of（隐喻的使用），1：64–65
　Orientalism and（东方主义和），1：61–62，64
　scholarship on（学识），1：62–63
　social aspects（社会方面），1：63–64
Bean v. Southwestern Waste Management, Inc. (1979)（比恩诉西南垃圾管理公司案，1979年），2：961
Beardsworth, Alan（艾伦·比尔兹沃思），2：808
Beatae（贝尔特），1：66
Beat movement（垮掉的一代），1：80
Beauvoir, Simone de（西蒙·德·波伏娃），1：45，397，2：581
Beaverstock, Jon（琼·比维尔斯托克），2：968
Beckmann, Martin J.（马丁·贝克曼），1：474
Beech, Dave（戴夫·比奇），2：618
Béguinage（半世俗女修道院），1：65–68，*66*，2：570
Behavior, theories of（行为理论），2：*916*，916–917
Behavioral geography（行为地理学），2：873
Behavioral urbanization（行为城市化），2：881，901，亦可参阅：Urban culture（城市文化）
Behavior mapping（行为地图），1：251
Behavior setting theory（行为定势理论），1：251
Behrens, Peter（彼得·贝伦斯），1：444
Beijing, China（中国北京），1：27，41–43，104–105，120
Bel Geddes, Norman（诺曼·贝尔·盖迪斯），2：562
Belgium（比利时），1：65–68
Belgrade（贝尔格莱德），1：*113*
Bell, Colin（科林·贝尔），*Community Studies* (with Howard Newby)（《社区研究》，与霍华德·纽比合著），1：182
Bellamy, Edward（爱德华·贝拉米）
　Equality（《平等》），1：286
　Looking Backward（《回顾》），1：286，2：946
Bellocq, E. J.（贝洛克），2：592
Benedictines（本笃会修士），1：275
Benjamin, Walter（沃尔特·本雅明），1：33，68–70，79，149–150，423，503，2：696，718，728，899，919，957，961
　Arcades Project（拱廊计划），1：69–70，158
　Berlin Childhood Around 1900（《哲学之前的柏林童年》），1：69
　Berlin Chronicle（《柏林记事》），1：69
　One-Way Street（《单行道》），1：68–69
　"The Work of Art in the Age of Its Technological Reproducibility,"（《技术复制时代的艺术作品》）1：70，140
Bennett, Tony（托尼·班尼特），1：536，538
Bentham, Jeremy（杰里米·边沁），2：787
Benton, Gregor（格雷戈尔·本顿），*The Chinese in Europe* (with Frank Pieke)，1：134（《欧洲的中国人》，与弗兰克·皮尔克合著）
Beresford, M. W.（贝雷斯福德），*New Towns of the Middle Ages*（《中世纪的新城镇》），1：490
Berghman, Jos（乔斯·博格曼），2：732，733
Berke, Philip R.（菲利普·伯克），2：793
Berkeley, California（加利福尼亚州伯克利），2：611
Berlin, Germany（德国柏林），1：70–73
　Benjamin on（本雅明），1：69
　capital city（首都城市），1：107
　cinematic urbanism（电影城市主义），1：141
　city users（城市用户），1：164
　dance music（舞曲），1：222
　divided（德国的分裂），1：70–71，226–227
　economy and employment（经济与就业），1：72
　ethnic enclave（族裔聚居区），1：257
　heritage sites（历史遗迹），1：353–354
　housing and land redevelopment（住房和土地再开发），1：71–72
　memory in（记忆），1：159
　multicultural city（多元文化城市），1：527–528
　nightlife（夜生活），2：564

regional planning（区域规划），2：651

reunification（德国的重新统一），1：71-73

socio spatial patterns（社会空间模式），1：72-73

squatter movements（占地运动），2：769

Berlin Academy（柏林科学院），1：397

Berlin wall（柏林墙），1：71，72，164，226-227

Berman, Marshall（马歇尔·伯曼），*All That Is Solid Melts into Air*（一切坚固的事物都烟消云散），1：415

Bernick, Michael（迈克尔·伯尼克），*Transit Villages in the 21st Century*（with Robert Cervero）（《21世纪的交通村》，与罗伯特·瑟夫洛合著），2：550

Bernini, Gianlorenzo（济安劳伦佐·贝尔尼尼），2：674，676

Berry, Brian J. L.（布莱恩·贝里），1：73-75，265，306，2：873，936

Bethnal Green study（贝斯诺·格林研究），1：183-184

Beuys, Joseph（约瑟夫·博伊斯），2：618

Beyle, Henri（亨利·贝尔），笔名Stendhal（司汤达），2：581

Bhadralok（巴德拉罗克），1：421

Bhutan（不丹），1：42

Bid-rent curves（竞租曲线），1：20

Bilbao, Spain（毕尔巴鄂，西班牙），1：75-78

Abandoibarra（阿班多尔巴拉），1：76

economy（经济），1：78

globalization（全球化），1：75-78

Guggenheim Museum（古根海姆博物馆），1：38，75-78，77，538，2：860

historical development（历史演进），1：75-76

Bilbao Ria 2000（毕尔巴鄂瑞亚2000，一家大型的建设项目开发公司），1：76

Binga, Jesse（杰西·宾加），1：124

Biographical stranger（《陌生人传记》），2：772-774

Biotic level（生物层次），2：862-863

Birdsall, S.（伯索尔），*The Megalopolitan Region*（with J. Florin）（《大都市连绵带》，与弗洛林合著），1：498

Bird's-eye views（鸟瞰图），2：591

Birdwhistell, Ray（雷·伯德惠斯特尔），2：773

Birmingham, United Kingdom（英国伯明翰），2：584，821

Bisexual space（双性恋空间），1：292

Bisticci, Vespasiano da（维斯帕夏诺·达·比斯蒂奇），*Life of Duke Federico da Montefeltro*（《斐德列克·达·蒙特费尔特罗公爵的生活》），2：654

Bizzoche（西班牙妇女团体），1：66

Black August Collective（黑色八月组合），1：357

Black Death（黑死病），1：276，2：654

Black social thought（黑人的社会思想），1：252

Blaize, R. B.（R. B. 布莱兹），1：428

Blakely, Edward J.（爱德华·J. 布莱克利），*Fortress America*（with Mary Gail Snyder）（《美国堡垒》，与玛丽·盖尔·斯奈德合著），1：290

Blase attitude（麻木不仁），2：719，773，842，857，885，891，915

Blist's Hill Victorian Town, Shropshire, United Kingdom（布列斯特山维多利亚镇，什罗浦郡，英国），1：361

Bloch, Ernst（厄斯特·布洛赫），1：423，2：718，946

Blockbusting（街区房地产欺诈），1：267

Blocks, city（街区，城市），2：551

Blumer, Herbert（赫伯特·布鲁默），2：626

Boca Raton, Florida（佛罗里达州波卡拉顿），1：334

Boccaccio, Giovanni（乔万尼·薄伽丘），*Decamerone*（《十日谈》），2：654

Body language（肢体语言），2：773-774

Body spacing（身体空间），2：773-774

Bohemian（波希米亚人），1：79-81，399，2：639，亦可参阅：Creative class（创意阶层）

Bohemian Index（波希米亚人指数），1：189

Bolivia（玻利维亚），1：234

Bombay, India（印度孟买），亦可参阅：Mumbai (Bombay)、India（印度孟买）

Bonaparte, Napoleon（拿破仑·波拿巴），亦可参阅：Napoleon Bonaparte（拿破仑·波拿巴）

Bondi, Liz（利兹·邦迪），1：307，2：892

Bonta, Juan Pablo（冉·巴勃罗·布朗塔），*The Interpretation of Architecture*（《建筑诠释》），1：

38

Boomburbs（繁盛郊区），2：587

Booth, Charles（查尔斯·布斯），2：841
  Life and Labour of the People of London（《伦敦人的生活与劳动》），1：237

Borges, Jorge Luis（豪尔赫·路易·博尔赫斯），2：722

Borofsky, Jonathan（乔纳森·博罗夫斯基），2：614 – 615

Bosco, Dom（多姆·博斯克），1：82

Bosses, political（政治老板），2：607

Boston, Massachusetts（马萨诸塞州波士顿）
  annexation（吞并），1：28,29
  city clubs（城市俱乐部），1：156
  city planning（城市区域规划），1：247
  convention centers（会展中心），1：186 – 187
  creative city（创意城市），1：189
  downtown revitalization（市中心复兴），1：232 – 234,2：711
  Emerald Necklace（翡翠项链公园），2：584
  neighborhood revitalization（邻里复苏），2：545
  tenements（租屋），2：801 – 802
  tourism（旅游业），2：820

Boudeville, Jacques（雅克·保德威尔），1：336

Boulder, Colorado（科罗拉多州博尔德），1：334

Bouleuterions（议事厅），1：8,9

Bourdieu, Pierre（皮埃尔·布尔迪厄），1：251,2：749,808

Bourke-White, Margaret（玛格丽特·伯克-怀特），2：593

Bouts, Dirk（德克·鲍茨），1：87

Bove, Osip（奥斯普·波夫），1：518

Boyer, Christine（克里斯廷·博耶），2：808
  The City of Collective Memory（《集体记忆中的城市》），1：160

Brace, Charles Loring（查尔斯·洛林·布雷斯），2：558

Bradford, Yorkshire, United Kingdom（英国约克郡布拉德福德），1：354

Bradley, Tom（汤姆·布拉德利），1：467

Bramante, Donato（多纳托·布拉曼特），1：277,2：674,676

Branding（品牌化）
  cities（品牌城市），1：38,58,351 – 354,2：680 – 682
  neighborhoods（社区），2：930
  theming and（主题和品牌），2：806 – 807
  urban entertainment destinations（城市娱乐地标），2：870
  urban semiotics（城市符号学），2：920 – 921

Branford, Victor（维克多·布莱福德），1：293

Brants, Chrisje（克里斯·布朗茨），1：23

Braque, Georges（乔治·布拉克），2：580

Brashears, Matthew（马修·布莱希尔），1：199

Brasília, Brazil（巴西巴西利亚），1：81 – 83
  heritage designation（遗产称号），1：352
  history of Brazil（巴西的历史），1：81 – 82
  ideal city（理想城市），1：391
  modernism（现代主义），1：81 – 83,108
  public housing（公共住房），1：53
  urban planning（城市区域规划），1：82 – 83

Braudel, Fernand（费尔南·布罗代尔），1：493 – 495,495,2：654,951

Braun, Georg（格奥尔格·布劳恩），1：157

Bravo, Manuel Alvarez（曼纽尔·阿尔瓦雷斯·布拉弗），2：593

Brazil（巴西），2：685 – 686
  favelas（贫民区），1：268 – 272
  globalization（全球化），1：317
  migration to Lagos（移民到拉各斯），1：427
  street children（街童），2：778
  suburbanization（郊区化），2：783

Brecht, Bertolt（贝托尔特·布莱希特），1：68

Brendan Byrne Arena, Meadowlands, New Jersey（布伦达·拜瑞球馆,新泽西州梅多兰兹），2：763

Breton, Andre（安德烈·布勒东），1：33,69,2：581

Bretthauer, Bastian（巴斯蒂安·布雷豪尔），2：566

Brezhnev, Leonid（列昂尼德·勃列日涅夫），1：519

Britain（不列颠），亦可参阅：United Kingdom（联合王国）

colonialism，1：91-92,99-100,168-169, 369-370,420,427-428,2：662,723-724, 788,847（殖民主义）

community studies（社区研究），1：183-184

intellectuals（知识分子），1：396-397

parks（公园），2：582-584

revanchism（复仇主义），2：667

surveillance（监控），2：789

sustainable development（可持续发展），2：792

urban morphology（城市形态学），2：895,897

urban planning（城市区域规划），1：345-346

waste regime（废弃物管理），2：962

British Museum, London（伦敦大英博物馆），1：536-538,537

Broadacre City（广亩城），1：83-86,85

applications（应用），1：86

design features（设计特点），1：84

philosophical foundations（哲学基础），1：84

related designs（相应设计），1：84-85

shortcomings（缺点），1：85

sustainable development（可持续发展），2：791

Brodie, Bernard（伯纳德·布罗迪），2：573

"Broken windows" crime control thesis（"破窗理论"犯罪控制理论），1：326-327,364,2：909, 925-926,965

Bronx River Parkway（布朗克斯河园林大道），1：522

Brooker, Peter（彼得·布鲁克），2：900,902

Modernity and Metropolis（《现代性与大都市》），2：902

Brooklyn, New York（纽约市布鲁克林区），1：30

Brown, Capability（无所不能的布朗），2：582

Brown, Michael（迈克尔·布朗），2：703

Brownfields（棕色地带），2：550,588,715

Browning, Clyde（克莱德·布郎宁），《Population and Urbanized Area Growth in Megalopolis》 1950—1970（《大都市连绵带中人口和城市化地区的增长，1950—1970年》）1：500

Brucken, Carolyn（卡洛琳·伯鲁肯），1：374

Bruegmann, Robert（罗伯特·布鲁格曼），2：783-784

Bruges, Belgium（比利时布鲁日），1：67,86-88, 88,353,2：570

Brundtland Commission on the Environment and Development (1987)（环境与发展布伦特兰委员会1987年），2：790

Brunei Darussalam（文莱达鲁萨兰国），1：42

Brunel, Isambard Kingdom（伊桑巴德·金德姆·布鲁内尔），2：592

Brunelleschi, Filippo（菲利波·布鲁内莱斯基），1：17,2：654-657

Duomo Santa Maria del Fiore, Florence（佛罗伦萨圣母百花大教堂），1：277,2：655,656

Hospital of the Innocents（无辜者的医院），1：277,2：656

Bruni, Leonardo（利奥那多·布鲁尼），1：277

Brunschvig, R.（布朗斯维希），"Urbanisme medieval et droit musulman,"（中世纪城市规划与穆斯林法）1：403

Brunt, P.（布兰特），2：664

Brussels, Belgium（比利时布鲁塞尔），1：256, 318,345

Brussels, Capital of Europe（《布鲁塞尔，欧洲的首都》），1：38

Brutalism（野性主义），1：93,446,2：694

Bryman, Alan（艾伦·布里曼），2：808

Buarque de Hollanda, Sergio（塞尔吉奥·布阿·霍拉），1：82

Bubolz, M. M.（巴布尔兹），1：376

Budapest, Hungary（匈牙利布达佩斯），1：345

Buenos Aires, Argentina（阿根廷布宜诺斯艾利斯），1：88-91

contemporary（当代阿根廷），1：90-91

cultural heritage（文化遗产），1：196

European character of（欧洲特征），1：89

gated communities（门禁社区），1：228

sociospatial patterns（社会空间模式），1：90

urban policy（城市政策），1：89-91

Building codes（建筑法规），1：377,2：802

Building heights（建筑高度），1：232,2：802,804

Building ordinances, Islamic（伊斯兰教的建筑条例），1：402

Built environment, and urban health（建筑环境与城市健康），2：877

Bulger, James（詹姆斯·巴尔杰），2：789

Bullard, Robert（罗伯特·布拉德），*Dumping in*

Dixie(《倾倒在美国南部》),1:245
Bungalow(平房),1:91-93
Bunge, William(威廉·邦奇),1:73
Bunker Hill, Los Angeles(洛杉矶邦克山),1:467-468,2:*589*,590
Bunkers(地堡),1:93-94
Buñuel, Luis(路易·伯内尔),1:503,2:775
Burckhardt, Titus(提图斯·伯克哈特),1:403
Burgess, Ernest(欧内斯特·伯吉斯),1:124,126-129,*128*,198,385,2:630,638,700,863,872,885,895,924,929
 Introduction to the Science of Sociology(with Robert Park)(《社会学导论》,与罗伯特·帕克合著),2:773
Burial(安葬),2:541-543
Burke, P.(伯克),2:952
Burlington, Vermont(佛蒙特州伯灵顿),2:611
Burlington Arcade, London(伦敦伯灵顿拱廊市场),1:33-34
Burnett, Charles(查尔斯·伯内特),1:151
Burnham, Daniel(丹尼尔·伯纳姆),1:107,124,153-155,232,304,484,2:928
Burroughs, William S.(威廉·巴勒斯),1:80
Burrows, Edmund G.(埃德蒙·巴罗斯),*Gotham*(with Mike Wallace)(《哥谭镇》,与迈克·华莱士合著),2:557
Bursa(布尔萨),1:114
Burton, Scott(斯科特·伯顿),2:617
Busch Entertainment(布希娱乐公司),2:808
Buses(公交车),1:94-96
 Los Angeles(洛杉矶),1:467
 research(调查),1:95-96
 social inequalities(社会不平等),1:95
 urban infrastructure(城市基础设施),1:94-95
Bush, George W.(乔治·沃克·布什),1:178,205,364
Businesspersons(商人),1:164-165
Bus rapid transport systems(BRTSs)(快速公共交通运输系统),1:95
Bus Riders Union(BRU)(巴士乘客联盟),1:467
Butler, Judith(朱迪思·巴特勒),1:300,526

C

České Velenice, Czech Republic(捷克共和国),1:226
Caesar, Julius(尤利乌斯·凯撒),1:275,279,2:675
Cafes(咖啡馆),2:581
Cahan, Abraham(亚伯拉罕·卡恩),*Yekl*(《耶克》),1:311
Cairo, Egypt(埃及开罗),1:97-101
 cultural-spatial contexts(文化空间环境),1:100-101
 ethnic enclave(族裔聚居区),1:256
 European conquest(欧洲征服),1:98-99
 globalization(全球化),1:101
 historical development(历史发展),1:97-98
 modernization(现代化),1:98-99
 postcolonial(后殖民时代),1:99-100
 urban planning(城市区域规划),1:98
Calatrava, Santiago(圣地亚哥卡拉特拉瓦),1:49
Calcutta, India(印度加尔各答),亦可参阅:Kolkata(Calcutta), India(印度加尔各答)
Caldeira, Teresa(特蕾莎·卡德里亚),1:290-291
Calder, Alexander(亚历山大·考尔德)
 Fountain of Mercury(《水银喷泉》),2:693
 La Grande Vitesse(《高速》),2:614
Caldwell, Mark(马克·考德威尔),2:566
Calendars(日历),1:256-257
California Department of Public Works(Caltrans)(加州公共工程部)(加州交通局),1:466
Callicrates(卡里克利),1:46
Calthorpe, Peter(彼得·卡尔索普),2:549-551
Calthorpe Associates(卡尔索普联合公司),2:549
Calvino, Italo(伊塔罗·卡尔维诺),*The Invisible Cities*(《看不见的城市》),1:160
Cambio, Arnolfo di(阿诺尔福·迪·坎比奥),1:276-278,2:656
Cambodia(柬埔寨),1:42
Cambridge Controversy in Capital(剑桥资本争论),2:659-660
Cambridge Science Park, United Kingdom(英国剑桥科学园),2:797
Campaign for Sensible Growth(Chicago)(合理增

长运动,芝加哥),2:648
Campanella, Tommaso(托马索·康帕内拉),*The City of the Sun*(《太阳城》),1:390
Campi(广场),2:952,955
Camps(难民营),2:576-577
Camus, Albert(阿尔贝·加缪),2:581
Canada(加拿大),1:226,2:792
Canadian Broadcasting Corporation(加拿大广播公司),1:414
Canadian Department of Foreign Affairs and Trade(加拿大外交贸易部),1:509
Canaletto(卡纳莱托),*The Reception of the French Ambassador in Venice*(《法国驻威尼斯大使递交国书图》),2:951
Canary Wharf, London(伦敦金丝雀码头),1:463
Canberra, Australia(澳大利亚堪培拉),1:102-104,155,249,288
Cancun, Mexico(墨西哥坎昆),2:820
Capital city(首都城市),1:104-109
　　Alexander the Great and(亚历山大大帝),1:494
　　Amsterdam(阿姆斯特丹),1:106
　　Berlin(柏林),1:70-73,107
　　Brasilia(巴西利亚),1:81-83,108
　　Canberra(堪培拉),1:102-104
　　Chandigarh(昌迪加尔),1:108
　　changing role(各国首都的角色转变),1:108
　　London(伦敦),1:108
　　modern(现代的各国首都的发展),1:107-108
　　Moscow(莫斯科),1:107
　　Paris(巴黎),1:106
　　premodern(现代化之前的首都),1:105-107
　　primate city(首位城市),2:609
　　Rome(罗马),1:108,2:677
　　Saint Petersburg(圣彼得堡),1:106,108
　　totalitarianism(极权主义),1:107
　　Venice(威尼斯),1:106
　　Washington, D.C.(华盛顿特区),1:107,108
Capitalism(资本主义),亦可参阅:Capitalist city(资本主义城市)
　　Althusserian theory(阿尔都塞理论),1:115
　　architecture(建筑),1:36-37,39
　　bazaars(伊斯兰集市),1:62-63
　　Benjamin on(本雅明有关资本主义的想法),1:69
　　characteristics(资本主义的特性),1:487
　　disability(残疾),1:220
　　effects(影响),2:885
　　gentrification(绅士化),1:306-307
　　Gesellschaft(法理社会),1:297
　　Harvey on(哈维论资本主义),1:343
　　Lefebvre on(列斐伏尔论资本主义),1:447-451
　　primary circuit(资本的初级循环),2:834
　　production of space(空间生产),2:743-747
　　secondary circuit(资本的二级循环),1:488,2:555,744-745,834
　　tertiary circuit(资本的三级循环),2:834
　　uneven development(非均衡发展),2:745,833-836
　　urban archaeology(城市考古学),2:845
　　urban geography(城市地理学),2:874
　　urban sociology(城市社会学),2:925
　　world-systems perspective(世界体系论),2:969-972
Capitalist city(资本主义城市),1:109-112
　　Castells on(卡斯特),1:115-116
　　globalization(全球化),1:111-112
　　Harvey on(哈维论资本主义城市),1:342-343
　　Marxist view(马克思主义观点),1:487-489
　　theories(理论),1:110-111
Capitalization(资本化),2:809-810
Capital punishment(死刑),2:542
Caracas, Venezuela(委内瑞拉加拉加斯),1:252
Caracol(卡拉科尔),1:26
Caravaggio(卡拉瓦桥),2:676
Caravanserai(商队旅馆),1:112-114,*113*
Carbone, Nicholas(尼古拉斯·卡伯恩),2:611
Carcassonne, France(法国卡尔卡松市),1:360
Carmelites(圣衣会修士),1:276
Carnegie, Andrew(安德鲁·卡内基),1:294
Caro, Robert(罗伯特·卡罗),*The Power Broker*(《权力掮客》),1:415
Carpenter, John(约翰·卡朋特),*Escape from New York*(《纽约大逃亡》),1:141
Carracci, Ludovico(卢多维科·卡拉奇),2:695

Carr Lynch Associates（卡尔·林奇合伙公司），1：478

Cars（汽车），亦可参阅：Automobiles（汽车）

Carson, Rachel（蕾切尔·卡森），*Silent Spring*（《寂静的春天》），2：879

Carter, Jimmy（吉米·卡特），2：621

Carter, Majora（马加洛·卡特），2：964

Casablanca, Morocco（摩洛哥卡萨布兰卡），1：168

Casino cities（赌城），2：806

Cassidy, Neal（尼尔·卡西迪），1：81

Castells, Manuel（曼纽尔·卡斯特），1：110-111，114-118，281，292，314，320，340，2：553，561，587，651，738-739，750，753，759-761，769，925

    The Castells Reader on Cities and Social Theory（《卡斯特城市与社会理论读本》），1：118

    The City and the Grassroots（《城市与乡村》），1：116

    Technopoles of the World（with Peter Hall）（《世界技术极》，与彼得·霍尔合著），2：799-800

    The Urban Question（《都市问题》），1：115-116，329

Castiglione, Baldassare, *The Courtier*（巴尔达萨雷·卡斯蒂利奥奈，《侍臣论》），2：654

Castro district, San Francisco（旧金山卡斯特罗区），1：292，308，2：603

Catastrophe（大灾难），1：119-122

    disasters vs.（灾难与），1：119-120

    displacement（迁居），1：224-225

    resilient cities（弹性城市），1：121-122

    risk to cities（城市风险），1：120-121

    sources of（起源），1：119

    speed and occurrence of（灾难的发生及速度），1：119

Cather, Willa（薇拉·凯瑟），*Death Comes for the Archbishop*（《大主教之死》），2：679

Caulfield, Jon（乔恩·考菲尔德），1：308

Cavafy, Constantine（康斯坦丁·卡瓦菲），1：160

Cavalo, Italo（伊塔洛·卡瓦洛），1：41

Cavendish, Lord（卡文迪什勋爵），1：33-34

Cayton, Horace（霍勒斯·凯顿），*Black Metropolis*（with St. Clair Drake）（《黑人大都市》，与圣克莱尔·德雷克合著），1：311，2：630

CCTV（闭路电视），亦可参阅：Closed circuit television (CCTV)（闭路电视）

CEDDU（El Centro de Estudios Demograficos, Urbanosy Ambientales），El Colegio de Mexico，2：933-934（城市发展与环境人口研究中心，墨西哥学院）

Celebration, Florida（佛罗里达州庆典社区），1：415，2：551

Cemeteries（墓地），2：541-543

Census metropolitan areas (CMAs)（大都市统计区），1：505

Centennial Exposition (Philadelphia, 1876)（费城百年纪念博览会，1876年费城），1：155

Center for Metropolitan Studies, Technical University, Berlin（柏林科技大学大都市研究中心），2：933

Center for Population Studies, Harvard University（哈佛大学人口研究中心），1：19，20

Center for World Indigenous Studies（世界原住民研究中心），1：281

Centerless city（无中心城市），2：796

Centralist mode of regional governance（区域治理的集中化模式），2：648

Central Manchester Development Corporation（曼彻斯特中心开发公司），1：483

Central of Georgia Railway（佐治亚中央铁路），2：690

Central Park, New York City（纽约中央公园），2：558，584，585

Central place theory（中心地理论），1：456，2：873，929，936

Centre for Urban and Regional Studies, Finland（芬兰城市和区域研究中心），2：934

    El Centro de Estudios Demografico, Urbanos y Ambientales (CEDDU), El Colegio de Mexico（墨西哥学院城市发展与环境人口研究中心），2：933-934

Centro Interdisciplinario de Desarrollo Urbano, Pontificia Universidad Catolica（天主教大学城市发展跨学科研究中心），2：934

Century（magazine）（《世纪》杂志），2：672

Cerda Plan（塞尔达规划），1：55

Cervantes Convention Center, St. Louis（圣路易斯

塞万提斯会展中心），1：187

Cervero, Robert（罗伯特·瑟夫洛），*Transit Villages in the 21st Century*（with Michael Bernick）（《21世纪的公共交通社区》，与迈克尔·伯尼克合著），2：550

Chabrol, Claude（克劳德·夏布洛尔），*Les bonnes femmes*（《女人群像》），1：150

Chadwick, Edwin（埃德温·查德威克），2：557，583

Chagall, Marc（马克·夏卡尔），2：614

Chain stores/businesses（连锁店/商业活动），1：232，373-374，520，2：602，710-712

Chakrabarty, Dipesh（迪佩什·查卡拉巴提），1：421

Chalfant, Henry（亨利·查尔芬特），*Subway Art*（with Martha Cooper）（《地铁艺术》，与玛莎·库柏合著），1：326

Champlain, Samuel de（萨缪尔·德·尚普兰），1：352

Chandigarh, India（印度昌迪加尔），1：107-108，446，2：693

Chandler, Harry（哈里·钱德勒），1：465

Chang, Jeff（杰夫·张），1：356

Channeling（通道），2：567

Chaplin, Charlie（查理·卓别林），*Modern Times*（《摩登时代》），1：141，150

Charles II, king of England（查理二世，英格兰国王），2：975

Charleston, South Carolina（南卡罗来纳州查尔斯顿），1：196

Charney, Michael（迈克尔·查尼），1：134

Charter of the New Urbanism（《新城市主义宪章》），2：550

Chartism（宪章运动），1：482

Chase-Dunn, Christopher（克里斯托弗·蔡斯-登），2：970

Chatham Crescent, Savannah（萨凡纳查塔姆新月区），2：691

Chatham Dockyard, England（英格兰查塔姆海军船厂），1：352

Chatterjee, Partha（帕沙·查特吉），1：422

Chatterton, Paul（保罗·查特顿），2：565，566

Chattopadhyay, Swati（斯瓦特·夏拓帕德赫），1：92

Chavez, Cesar（塞萨尔·查韦斯），1：15

Checker, Chubby（查比·查克尔），1：222

Chenal, Pierre（皮埃尔·谢纳尔），*Architecture Today*（《今日建筑》），1：150

Chernick, Howard（霍华德·邱尼克），2：556

Chicago, Illinois（伊利诺伊州芝加哥），1：122-126

 Alinsky and（阿林斯基和），1：13-14

 annexation（吞并），1：28

 architecture（建筑），1：124-125

 bohemia（波希米亚），1：81

 capitalist city（资本主义城市），1：109-110

 city clubs（城市俱乐部），1：156

 city planning（城市区域规划），1：153，154，247，2：928

 contemporary（当代建筑），1：126

 convention centers（会展中心），1：186-188

 dance music（舞曲），1：222

 divided city（分裂的城市），1：228

 downtown revitalization（市中心复兴），1：232，234

 ghettoes（隔都），1：311

 historical development（历史发展），1：122-124

 housing（住房），1：124-125

 immigration（移民），1：123-124，126

 labor issues（劳工问题），1：123-124

 Near North neighborhood（近北社区），2：*869*

 parks（公园），2：584

 public housing（公共住房），1：53

 racial issues（种族问题），1：124-125

 racialization（种族化），2：630-631

 regional governance（区域治理），2：648

 regional planning（区域规划），2：650

 schools（芝加哥学派），1：124

 tourism（旅游业），2：820

 World War II and after（第二次世界大战及战后），1：124-125

Chicago Board of Trade（芝加哥期货交易所），1：123

Chicago Community Trust（芝加哥社区信托基金），2：648

Chicago Metropolis 2000（芝加哥大都市2000），

2：648
Chicago School of Economics（芝加哥经济学派），1：124
Chicago School of Urban Sociology（城市社会学芝加哥学派），1：126－130，亦可参阅 Fordism（福特主义）、Urban ecology (Chicago School)（城市生态学芝加哥学派）
    capitalist city（资本主义城市），1：109－110
    community（社区），1：173，182－183
    concentric zone model（同心圆模式），1：124，127－129，*128*，385，469，2：586－587，630，700，780，863－864，872，895，924
    criticisms and limitations（批评与局限性），1：118，126，128－129，173，385
    environmental psychology（环境心理学），1：250
    exopolis（外城），1：262
    ghettoes（隔都），1：311
    human ecology（人类生态学），1：384－386
    influence of（影响），1：124，128－129，285
    influences on（后果），2：721
    methods and topics（方法和主题），1：127－128，238
    neighborhood social homogeneity（邻里社会同质性），1：265
    origins and founders（起源和创始人），1：126－127，2：842
    placemaking（场所营造），2：601
    sex industry（性产业），2：700
    spatial conceptions（空间概念），2：748
    suburbanization（郊区化），2：782
    technological change（技术变革），1：198
    themed environments（主题环境），2：807
    urban ecology（城市生态学），2：862－865
    urban geography（城市地理学），2：872－873
    urban ontology（城市本体论），2：940
    Wirth's role（沃思的作用），2：885
Chicago Schools of Architecture（芝加哥建筑学派），1：124
Chicago Urban League（芝加哥城市联盟），2：890
Chiffoniers（ragpickers）（《拾荒者》），2：961－962
Childe, V. Gordon（戈登·柴尔德），1：26，130－131，2：887
    Man Makes Himself（《人类创造了自身》），1：130
Children（儿童）
    child labor（童工），2：592
    street children（街童），2：776－779
Children's Aid Society（儿童援助协会），2：558
China（中国）
    ancient cities（古代城市），1：25
    economy（经济），1：42，44
    globalization（全球化），1：317
    historic cities（历史名城），1：359
    Hong Kong（香港），1：369－371
    intellectual life（知性生活），1：397－398
    suburbanization（郊区化），2：783
    urbanization（城市化），1：42
Chinatown（Polanski）（《唐人街》，波兰斯基），1：133，150，465，2：601
Chinatowns（唐人街），1：131－134，*132*
    changing nature of（性质的改变），1：133－134
    geographical imaginaries（地理假象），1：131－132
    immigration（外来移民），1：131－133
    location（位置），1：132－133
    New York City（纽约市），2：603
    perceptions of（观念），1：133
    racialization（种族化），2：629－631
    research（调查研究），1：134
    San Francisco（旧金山），2：631
    spaces of difference（差异空间），2：758
Chirac, Jacques（雅克·希拉克），2：731
Chongqing, China（中国重庆），1：42
Chow, Rey（周蕾），1：131
Christaller, Walter（沃尔特·克里斯塔勒），1：456，2：651，873，929，936
Christianity（基督教），2：887
Christiansen, Flemming（弗莱明·克里斯蒂安森），*Chinatown, Europe*（《欧洲唐人街》），1：134
Christopher Wren（克里斯托弗·雷恩），plan of London（伦敦规划），1：135－137，2：974－975
C. H. U. D.（film）（《地下怪物》电影），2：696
CIAM, 参阅 Congres International d'Architecture Moderne (CIAM)（国际现代建筑协会）
Cicero, Marcus Tullius（马尔库斯·图留斯·西塞

罗),1:279
Cincinnati, Ohio(俄亥俄州辛辛那提),1:288
Los Cinco Pintores("洛斯·西库·平淘斯"),2:679
Cinema boutiques(电影精品店),1:139
Cinema(movie house)(电影院),1:137-139,亦可参阅:City and film(城市与电影)
 audience composition(受众构成),1:137-138,149
 boutiques(精品店),1:139
 mall cinemas(商场电影院),1:138-139,151
 movie palaces(电影艺术宫),1:138
 multiplexes(多银幕影院),1:139,151
 neighborhood movie houses(社区电影院),1:138
 nickelodeons(五分钱娱乐场),1:137-138,149
Cinematic urbanism(电影城市主义),1:139-143,亦可参阅:City and film(城市与电影)
Cinergy Field, Cincinnati(辛辛那提辛纳杰体育场),2:763
Cisneros, Henry(亨利·西斯诺斯),2:550
Cities(城市),亦可参阅:*specific cities*(各个城市)、Ancient cities(古代城市)
Metropolitan; Urban(大都市;城市)
 back-to-the-city movement(回归城市运动),1:51
  branding(品牌化),1:38,58,351-354,2:680-682
  catastrophe risks(大灾难风险),1:120-121
  citizenship(公民身份),1:145-146
  communities and(社区与城市),1:173-174
  crisis(城市危机),2:854-855
  defining(定义),1:242,2:880
  development of(发展),2:866,928-929,937
  distrust of(怀疑),亦可参阅:Antiurbanism(反城市主义)
  external structure(外部结构),2:873
  fragmentation(城市碎片化),1:29,30,227,291,2:586-590,761
  functions(功能),2:935-936
  globalization(全球化),1:317-319
  image of(图像),1:475
  internal structure(内部结构),2:872-873
  Jacobs on(雅各布斯),1:412-416
  largest European(欧洲最大的城市),1:*106,108*,2:*888*
  megacities(巨型城市),1:42
  Mumford(芒福德),1:532-535
  origins(起源),2:887-888,935
  resilient(弹性),1:121-122
  Simmel on(齐美尔),2:718
  sociogeographic transformations(社会地理学转变),2:900-901
  spaces of flows(空间流动),2:760-761
  technological impact(科技影响),2:784
  use patterns(利用方式),1:163-164
  world cities(世界城市),1:43
Cities Programme, London School of Economics(伦敦经济学院城市研究项目),2:933
Citizen participation(公民参与),1:143-144,亦可参阅:Community organizing(社区组织)
 catastrophe planning(大灾难处理方案),1:121
 progressive city(进步城市),2:611-612
Citizenship(公民身份),1:144-147
 Athens(雅典),1:46
 community(社区),1:174
 multicultural cities(多元文化城市),1:528
Cittadella, Italy(意大利奇塔代拉),1:361
City, defined(城市的界定),1:26
City & Community(journal)(《城市与社区》杂志),1:312,2:932
City and film(城市与电影),1:148-152,亦可参阅:Cinema(movie house)(电影院)、Cinematic urbanism(电影城市主义)、Photography and the city(摄影与城市)
 adult films(成人电影),2:640
 art/avant-garde films(艺术/前卫电影),1:151
 Benjamin on(本雅明),1:70
 early modernity(早期现代主义),1:149-150
 film exhibition(电影节),1:151
 future of(未来),1:151-152
 globalization(全球化),1:141-142
 Kracauer on(克拉考尔),1:424
 late modernity(晚期现代性),1:150-151
 Metropolis(大都市),1:502-503
 silent film(默片),1:148-149

studios（工作室），1：149

City and regional planning（城市与区域规划），2：903

City Beautiful movement（城市美化运动），1：152－156
- built legacy（城市美化运动的建筑遗存），1：153－155
- Canberra（堪培拉），1：102
- Chicago World's Fair（芝加哥世界博览会），1：124，153
- cultural legacy（文化遗产），1：155－156
- downtowns（市中心），1：232
- City Beautiful goals（目标），1：153
- historical conditions（历史条件），1：152－153
- influence of City Beautiful movement（城市美化运动的影响），2：549，584，681，691
- influences on City Beautiful movement（对城市美化运动产生影响的思想），1：286
- Jacobs on（雅各布斯），1：414
- Manila（马尼拉），1：154－155，484
- suburbanization（郊区化），2：691
- Washington, D. C.（华盛顿特区），1：107

City club（城市俱乐部），1：156－157

City design（城市设计），1：476－478，亦可参阅：City planning（城市区域规划）、Urban design（城市设计）

City Housing Corporation（城市住房公司），1：534

City limits thesis（城市极限理论），2：644

City Lore, Inc.（话说城市），1：160

City（magazine）(《城市》杂志），1：312

City map（城市地图），1：157，2：727

City novel（城市小说），亦可参阅：Urban novel（城市小说）

City of memory（城市记忆），1：46，70，158－160

City of the Sun（太阳城），2：946

City planning（城市区域规划），1：161－162，亦可参阅：Planning theory（规划理论）、Urban design（城市设计）、Urban planning（城市区域规划）、Zoning（区划）
- Barcelona（巴塞罗那），1：57－59，2：692－693
- Berlin（柏林），1：227
- Chicago World's Fair（芝加哥世界博览会），1：124

City Beautiful movement（城市美化运动），1：152－156
- early town planning（早期的城市区域规划），2：812
- gender equity planning（性别平等规划），1：302－304，2：569－572
- general plans（总体规划），1：304－305
- Haussmann（霍斯曼），1：344－346
- Jacobs on（雅各布斯），1：412－416
- Le Corbusier（勒·柯布西耶），1：445
- London（伦敦），1：135，*136*，137
- Lynch's influence（林奇的影响），1：475
- medieval town design（中世纪城镇设计），1：489－493
- Moscow（莫斯科），1：518－520
- non-sexist city（无性别歧视的城市），1：302－304，2：569－572
- parks（公园），2：585
- placemaking（场所营造），2：602－603
- Savannah（萨凡纳），2：688－692
- Sert（塞尔特），2：692－694
- squares（广场），2：596－599

City-regions（城市区域），1：508－509，511，2：546－547，839－840，亦可参阅：Regionalism（区域主义）

CityStars Mall, Cairo（开罗城市之星商场），1：100－101

City University of New York Graduate Center（纽约城市大学研究生院），1：250

City users（城市用户），1：163－165

City walls（城墙），1：494，2：787，979

City without limits（没有边界的城市），2：768

Civic Amenities Act of 1967 (Britain)(《1967年公民设施法》，英国），1：352

Civic Auditorium, San Francisco（旧金山市政厅），1：186

Civic League (United States)（公民联盟，美国），1：350

Civic modernism（公民现代主义），1：294－295

Civic museums（市民博物馆），1：536－537

Civil Rights Act of 1964 (United States)（1964年美国《民权法案》），1：245

Civil rights movement（民权运动），1：180，244－

245,266,435,2：665,782,908
Civil society（市民团体），2：625,770
Civitates Orbis Terrarum（Cities of the World）（《世界城市》），1：157
Clair, René（勒内·克莱尔），*The Crazy Ray*（《沉睡的巴黎》），1：148
Clapham, David（大卫·克拉潘），1：381,382
Clark, Gordon（戈登·克拉克），1：73
Clarke, Shirley（雪莉·克拉克），*The Cool World*（《冷酷的世界》），1：150
Clark University（克拉克大学），1：127
Class（阶级），亦可参阅：Middle class（中产阶级）、Working class（工人阶级）
 communities organized by（组织社区），1：192
 gentrification（绅士化），1：307
 London（伦敦），1：461-462
 Los Angeles（洛杉矶），1：470
 nickelodeons（五分钱娱乐场），1：137-138
 regime types（政体类型），2：645
 shopping（购物），2：709-710
 spaces of difference（差异空间），2：757
 suburbanization（郊区化），1：442,2：780-782
 urban entertainment destinations（城市娱乐地标），2：870
Classical political economy（古典政治经济学），2：659
Classical social theory（古典社会学理论），2：748
Claudel, Paul（保罗·克洛岱尔），2：581
Clavel, Pierre（皮埃尔·克拉维尔），2：610-611
Clement VII, Pope（教皇克莱门特七世），1：277
Cleveland, Ohio（俄亥俄州克利夫兰），1：153,154,156,186-187,2：611
Cleveland State University（克利夫兰州立大学），2：932
Climate change（气候变化），1：121,2：853
Clinard, Marshall（马歇尔·科里纳德），2：917
Clinton, William (Bill)（威廉·比尔·克林顿），1：245,364,2：621
Cloaca Maxima, Rome（罗马大下水道），2：674,695
Closed circuit television (CCTV)（闭路电视），2：786,789
CNU,亦可参阅：Congress for the New Urbanism (CNU)（新城市主义大会）
Coalition for Creative Non-Violence (CCNV)（非暴力创意联盟），1：363
Coalition for the Homeless（无家可归者联盟），1：363
Coalitions（联盟），2：644
Cocks, Cynthia（辛西娅·考克斯），1：372
Coed Darcy, Neath, South Wales（柯德·达西,尼斯,南威尔士），2：945
Coffeehouses（咖啡屋），1：408-409
Coffee shops（咖啡店），2：805
Cognitive mapping（认知地图），1：251,475
Cohen, M. N.（科恩），1：348
Cohen, R. B.（科恩），2：967
Cohen, Stanley（斯坦利·科恩），2：757
Cola di Rienzi（科拉·第·利恩济），2：676
Cold war（冷战），1：227,281,2：573
Coliseum, New York City（纽约市会展中心），1：186,524
Collective consciousness（集体意识），2：922
Collective rationality（集体理性），1：163
Colombia（哥伦比亚），1：234
Colonial city（殖民城市），1：165-169
 characteristics（特征），1：165-166
 Delhi（德里），1：211-212
 form and function（形式与功能），1：168-169
 gendered space（性别化空间），1：300-301
 history of（历史），1：166-167
 Kolkata（加尔各答），1：420
 Lagos（拉各斯），1：427
 Mumbai（孟买），1：530
 postcolonial（后殖民时期），1：169
 Singapore（新加坡），2：723-724
 theoretical frameworks（理论框架），1：167-168
Colonialism（殖民主义），亦可参阅：Colonial city（殖民城市）、Postcolonialism Asia（后殖民主义的亚洲），1：41
 bungalows（平房），1：91-93
 characteristics（特征），1：165-166
 cultural heritage（文化遗产），1：196
 Kolkata（加尔各答），1：420
 Lagos（拉各斯），1：427-428
 shophouses（店屋），2：708

South Africa（南非），1：31
　surveillance（监控），2：788
　urban archaeology（城市考古学），2：845，847
Colonial Williamsburg（殖民风格的威廉斯堡），1：361，2：681，722
Colonias（墨西哥裔美国人社区），1：59-60
Colter, Mary（玛丽·科尔特），2：681
Columbia, Maryland（马里兰州哥伦比亚），1：288
Columbia University（哥伦比亚大学），1：154，2：930
Columbus, Christopher（克里斯托弗·哥伦布），1：495
Comerica Park, Detroit（底特律卡莫利加公园体育场），2：765
Comité Interdisciplinario de Investigación y Enseñanza del Planeamiento y del Desarrollo Urbano（城市发展与规划，跨学科教学与研究委员会），2：934
Commerce（商业），亦可参阅：Shopping（购物）、Shopping center（购物中心）
　arcades（拱廊），1：33-35
　bazaars（伊斯兰集市），1：61-65
　caravanserai（商队旅馆），1：112-114
　central place theory（中心地理论），2：936
　Chicago（芝加哥），1：122-123
　development of cities（城市发展），2：866
　drugs（毒品），1：234-236
　ethnic entrepreneurship（族裔企业家），1：259
　money（货币），2：719-720
　Venice（威尼斯），2：952
Commercial Club (Chicago)（商业俱乐部，芝加哥），2：648
Commission for Racial Justice（种族正义委员会），2：961
Commission of the European Communities（欧洲经济共同体委员会），2：746
Commission on Recovery, Rebuilding, and Renewal（复苏、重建和更新委员会），2：550
Committee on Improving the Industrial Conditions of Negroes in New York（改善纽约黑人工业状况委员会），2：890
Committee on Urban Conditions among Negroes（黑人城市环境委员会），2：890

Committee to Save the West Village（拯救西村委员会），1：413
Common interest development (CID)（同利开发），1：170
Commonwealth of Local Governments Forum（地方政府论坛协会），2：670
Communication, between strangers（陌生人之间的沟通），2：773-774
Communications technology（通信技术），亦可参阅：Information and communication technologies (ICT)（信息与通信技术）、Technology
Communicative action/rationality（沟通行为/合理性），2：597-598
Communicative planning（沟通规划），2：605-606
Communism（共产主义），1：421
Communitarianism（社群主义），1：174
Community（社区），1：171-175
　city and（城市与社区），1：173-174
　classical formulations（古典构想），1：171-173
　concept of（概念），1：171
　Gemeinschaft（礼俗社会），1：296-298
　human ecology（人类生态学），1：384-386
　ICT and（通信技术与社区），1：198-201
　landscape architecture（景观设计），1：432
　revival of（复苏），1：174-175
　street people（无家可归的人），2：779
　threats to（风险），1：171-172，181
Community associations（社区协会），1：365
Community centers (shopping)（社区活动购物中心），2：713
Community development（社区发展），1：176-178
　economic development vs.（经济发展与），1：176
　intermediaries（中介机构），1：177
　international history（国际史），1：176
　process（进程），1：177
　trends（趋势），1：177-178
　United States（美国），1：176-177
Community Development Block Grants（社区开发综合援助），1：267，2：621
Community development corporations (CDCs)（社区开发公司），1：176-178，2：622
Community Development Society（社区开发协会），1：176

Community garden（社区花园），1：178-179,179

Community informatics（社区信息学），1：178

Community land trusts（社区土地信托），1：434-435

Community organizers（社区组织者），1：14-15

Community organizing（社区组织），1：13-15,178,179-180,亦可参阅：Citizen participation（公民参与）

Community Reinvestment Act of 1977（United States）（美国1977年《社区再投资法》），1：15,267,369,2：643

Community residential facilities（社区住宅设施），亦可参阅：Halfway house（中间形式）

Community studies（社区研究），1：181-185
 American tradition（美国传统），1：182-183
 criticisms and limitations（批评与局限性），1：182,184
 decline of（衰落），1：172,182,183
 Du Bois and（杜波依斯与），1：238
 future of（未来），1：184-185
 origins and development（起源与发展），1：181-182
 working-class communities（工人阶级社区），1：183-184

Commuters（通勤者），1：163-164

Commuting（通勤），亦可参阅：Journey to work（上班旅程）

Competition, of individuals and social groups（竞争，个人及社会团体），2：863-864,929

Comprehensive community development（综合社区开发），1：178

Comprehensive plan（综合规划），亦可参阅：General plan（总体规划）

Comte, Auguste（奥古斯特·孔德），1：294,385

Conant, James Bryant（詹姆斯·布赖恩特·科南特），*The American High School Today*（《今日美国中学》），2：573

Concentric zone model（同心圆模式），1：124,127-129,128,385,469,2：586-587,630,700,780,863-864,872,895,924

Conditions, covenants, and restrictions（CCRs）（条款，契约，及限制条件），1：170

Condominium（分契式公寓），1：185-186

Congrès International d'Architecture Moderne（CIAM）（国际现代建筑协会），1：48,445-446,2：550,692-693,947

Congress for the New Urbanism（CNU）（新城市主义大会），2：549-552,792

Connaught Place, Delhi（德里康诺特广场），1：211-212

Conroy, Maria Manta（玛利亚·曼塔·康罗伊），2：793

Conseco Fieldhouse, Indianapolis（印第安纳波利斯康塞科球馆），2：764

Consensus Organizing Institute（共识组织研究所），1：15

Conservation land trusts（土地保护信托基金），1：434-435

Conservation Master Plan（Singapore）（新加坡总体保护计划），2：725

Conservative housing policy（住房保护政策），1：380-381

Consolidated metropolitan statistical areas（CMSAs）（联合大都市统计区），1：505

Consolidation（合并），1：28

Constant（康斯坦特），亦可参阅：Nieuwenhuys, Constant（康斯坦特·纽文惠斯）

Constantinople（君士坦丁堡），1：494,亦可参阅：Istanbul, Turkey（土耳其伊斯坦布尔）

Constructivism（构成主义），2：946

Contagious Diseases Acts of the 1860s（Britain）（英国19世纪60年代的多个传染病法案），2：701

Context-Sensitive Solutions in Designing Major Urban
 Thoroughfares for Walkable Communities（《步行社区主要城市道路设计的环境敏感性解决方案》），2：550

Conurbation（集合城市），1：295,2：839,882

Convention centers（会展中心），1：186-188

Convention Concerning the Protection of World Cultural and Natural Heritage（世界文化和自然遗产保护大会），1：195

Convention on the Rights of the Child（《儿童权利公约》），2：776,777

Conzen, M. R. G.（康岑），1：490,2：895,897

Cook, Thomas（托马斯·库克），2：819
Co-op City, New York City（纽约市合作社区），1：53
Cooper, Martha（玛莎·库柏），*Subway Art*（with Henry Chalfant）（《地铁艺术》，与亨利·查尔芬特合著），1：326
Cooperation, regime theory and（机制理论与合作），2：644
Cooperative housing (co-ops)（合作住房），1：186，384，2：736，737
Cooperative Movement（合作运动），1：482
Cooperman, Bernard Dov（伯纳德·多夫·库珀曼），1：310
Cooper Square plan（库珀广场规划），1：5
Coors Field, Denver（丹佛库尔斯球场），2：764
Copán（科潘），1：26
Copenhagen, Denmark（丹麦哥本哈根），1：393，416-418，2：769
Coppola, Francis（弗朗西斯·科波拉），*The Conversation*（《对话》），1：150
Corbett, Judy（朱迪·科比特），2：550
Corbett, Michael（迈克尔·科比特），2：550
Cordon sanitaire（隔离区），1：168
Core regions（核心区），2：970-971
Cornell, Ontario（安大略的康奈尔），2：550
Cosgrove, Denis（丹尼斯·科斯格罗夫），2：953
Cosmic city（宇宙城），1：390
Cosmopolitanism（世界大同主义）
 Athens（雅典），1：47，49
 Castells（卡斯特），1：115
 cities（城市），1：504
 heritage sites（历史遗迹），1：352
 Lagos（拉各斯），1：428
 Mediterranean cities（地中海城市），1：493，495
 Mumbai（孟买），1：530-531
 other global cities（其他全球城市），2：575，577-578
 Shanghai（上海），1：42，2：704-705
 urban as（城市的），2：838
Costa, Lucio（卢西奥·科斯塔），1：82，108，391
Council for Canadian Urbanism (CCanU)（加拿大城市区域规划委员会），2：552
Council for European Urbanism (CEU)（欧洲城市主义委员会），2：552
Council housing（公共住房），2：736-737
Council of Europe（欧洲理事会），1：359
Council of Good Government Clubs（好政府俱乐部理事会），2：673
Council of University Institutes for Urban Affairs（大学城市事务研究院委员会），2：932-933
Councils of Governments (COGs)（政府间理事会），2：547
Counterpublic spheres（反公共领域），1：328
Crang, Mike（麦克·克朗），1：50，2：959
Crawford, Margaret（玛格丽特·克劳福德），*Everyday Urbanism*（with John Kaliski）（《日常城市主义》，与约翰·凯利斯基合著），2：552
Creative Cities（创意城市），2：681
Creative class（创意阶层），1：188-189，亦可参阅：Artists（艺术家）、Intellectuals（知识分子）
 Berlin（柏林），1：72
 bohemia（波希米亚），1：81
 informational cities（信息化城市），1：393-394
 Santa Fe（圣菲），2：681
 urban planning（城市区域规划），2：870
Creative Class Index（创意阶层指数），1：189，508
Credit（信用），1：267
Cressey, Paul G.（保罗·克雷西），*The Taxi-Dance Hall*（《出租车舞厅》），1：127-128
Cresswell, Tim（提姆·克莱斯威尔），2：758，959
Crime（犯罪），1：190-193，亦可参阅：Violence（暴力）
 "broken windows" theory（"破窗"理论），1：326-327，364，2：909，925-926，965
 consequences（后果），1：192-193
 defining（定义），1：190
 drug economy（毒品经济），1：234-236
 fear of（恐惧），1：191-192，290-291，2：588，958
 nighttime（夜间），2：564-568
 research（调查），1：190-191
 surveillance（监控），2：788
 urban economics（城市经济学），2：867
 women（妇女），2：965-966
Crime fiction（犯罪小说），2：901
Crinson, Mark（马克·克里松），*Urban Memory*

《城市记忆》),1:159
Crisp, Nicholas(尼古拉斯·克里斯普),2:847
Critical Art Ensemble(批判艺术组合),2:618
Critical geography(批判地理学),2:929
Critical regionalism(批判性区域主义),1:39-40
Critical social theory(批判社会理论),1:252
Critical theory(批判理论),1:422
Crocker, Frankie(弗兰克·克罗克),2:837
Cromer, Lord(克罗默勋爵),1:98
Crosland, Alan(艾伦·克罗斯兰),*The Jazz Singer*(《爵士歌手》),1:149
Crown Fountain, Chicago(芝加哥皇冠喷泉),2:616
Cruising(寻欢),2:698,699
Crystal Palace exhibition (London, 1851)(伦敦水晶宫展览会,1851年),2:819
Cuba(古巴),1:357,427
Cubism(立体派),2:580,593
Cullen, Gordon(戈登·卡伦),2:549
Cultural anthropology(文化人类学),1:181
Cultural capital(文化资本),1:308
Cultural heritage(文化遗产),1:193-198,亦可参阅:Heritage City(遗产城市)、Historic city(历史名城)、World Heritage List(世界遗产名录)
　concept of(概念),1:351
　development(发展),1:195-196
　Florence(佛罗伦萨),1:278
　placemaking(场所营造),2:602
　politics(政治学),1:196
　protection(保护),1:194-195
　stakeholder participation(利益相关者参与),1:196-197
　tourism(旅游业),1:196
　value(价值),1:194
Cultural level(文化水平),2:863
Cultural planning(文化规划),2:606
Cultural stranger(文化陌生人),2:771-772
Culture(文化),亦可参阅:Urban culture(城市文化)
Culture of poverty(贫困文化),2:733,748,843
Cumulative causation(累积因果关系),1:336
Curitiba, Brazil(巴西库里提巴),1:95,350,2:879

Curl, James(詹姆斯·柯尔),*A Celebration of Death*(《死亡庆典》),2:542
Cushing, Frank(弗兰克·库欣),2:679
Cyburbia(网络城市),1:198-201,亦可参阅:Technoburbs(技术郊区)
Cynicism(犬儒主义),2:719

D

Dacey, Michael(迈克尔·达西),1:73
Dada(达达主义),2:726,920
Daguerre, Louis Jacques Mande(路易·雅克·曼德·达盖尔),2:591
Dahl, Robert(罗伯特·达尔),1:454,510,2:644,911
　Who Governs?(《谁统治?》)2:932
Daley, Richard J.(理查德·J.戴利),1:14,125
Daley, Richard M.(理查德·M.戴利),1:126
Dallas, Texas(得克萨斯州达拉斯),1:189
Damascus, Syria(叙利亚大马士革),1:27,203-205
Damiano, Gerard(杰拉德·达米亚诺),*Deep Throat*(《深喉》),1:151
Dance music(舞曲),1:221-223
Darley, John(约翰·达利),2:917
Darlinghurst, Sydney(悉尼达令赫斯特),1:308
Darwin, Charles(查尔斯·达尔文),1:385,2:922
Darwin, Erasmus(伊拉斯谟·达尔文),1:396
Dassin, Jules(朱尔斯·达辛),*The Naked City*(《裸城》),1:150
David, Gerard(杰拉德·大卫),1:87
Davidoff, Paul(保罗·达维多夫),1:2-3,5,2:604-605
Davie, Maurice(莫里斯·大卫),1:128
Davis, Mike(迈克·戴维斯),1:205-207,282,471,489,2:788
　Buda's Wagon(《布达的货车》),1:207
　City of Quartz《水晶之城》,1:205-206
　Ecology of Fear《恐惧的生态学》,1:205-207
　In Praise of Barbarians(《赞美野蛮人》),1:206
　Late Victorian Holocausts(《维多利亚晚期大屠杀》),1:207

Magical Urbanism（《神奇的城市生活》），1：206
  The Monster at Our Door（《门口的怪兽》），1：207
  Planet of Slums（《贫民窟星球》），1：207
  Prisoners of the American Dream（《美国梦的囚徒》），1：206
Davis, Robert（罗伯特·戴维斯），2：549
Davis, Susan（苏珊·戴维斯），2：808
Dawodu, W. A.（达乌度），1：428
De Angelis, Pierre（皮埃尔·德·安吉利斯），1：155
Dear, Michael（迈克尔·迪尔），1：471, 2：875
Death（死亡），2：541-543
Death camps（死亡集中营），2：542
De Beers diamond company（戴比尔斯钻石公司），1：169
Debord, Guy（居伊·德波），2：668-669, 670, 727, 751-753, 958
  The Society of the Spectacle（《景观社会》），1：142, 2：668, 751-752
Debrélaw (France)（法国《德勃雷法》），1：53
Decentralization（去中心化），亦可参阅：Edge city（边缘城市）、Exopolis（外城）、Fragmentation of cities（城市碎片化）
  Canberra（堪培拉），1：103
  downtowns（市中心），1：232
  information and communication technologies（信息通信技术），2：796
  Latin America（拉丁美洲），1：89
  local government（地方政府），1：452-453
  metropolitan regions（大都市地区），1：511
  Mexico City（墨西哥城），1：514-515
  multicentered metropolitan region（多中心的大都市地区），1：322
  regional governance（区域治理），2：647
  suburbanization（郊区化），2：779-780
  technoburbs（技术郊区），2：795-796
  Wright on（赖特），1：84
de Certeau, Michel（米歇尔·德·塞尔托），1：96, 1：208-210, 326, 2：844, 858, 958
  The Practice of Everyday Life（《日常生活实践》），2：568
Decision making（决策），亦可参阅：Will（威尔）

Downs on（唐斯），1：230-231
  governance（治理），1：324
  metropolitan governance（大都市区治理），1：507-508
  urban planning（城市区域规划），2：904-905
  urban use（城市利用），1：163
Declaration on the Rights of Indigenous Peoples (2007)（《土著人民权利宣言》，2007年），1：281
Deconstruction of society-space duality（解构二元社会空间），2：750-751
Deegan, Mary Jo（玛丽·乔·迪根），1：127, 129
Deforestation（采伐森林），1：27
Degas, Edgar（埃德加·德加），2：580
De Haan, Arjan（阿杨·戴艾颜），2：733
Deindustrialization（去工业化），1：210-211, 433
De Lacroix, Auguste（奥古斯特·德·拉克鲁瓦），1：273
Del Castillo, Adelaida R.（阿杰莱达·德尔·卡斯蒂略），1：262
Deleuze, Gilles（吉尔·德勒兹），1：64, 96, 2：721, 784, 788
Delft, Netherlands（荷兰代尔夫特），1：393
Delhi, India（印度德里），1：211-214, 213
  architecture（建筑），1：213-214
  buses（公交车），1：95
  colonialism（殖民主义），1：168, 211-212, 2：657
  divisions in（分类），1：212-213
  Garden City model（田园城市模式），1：288
  before independence（独立前的印度），1：211-212
  after independence（独立后的印度），1：212
  megacity（巨型城市），1：42
  urban planning（城市区域规划），1：211-213
  world city（世界城市），1：43
Deliberative democracy（协商民主），2：597-598
Della Francesca, Piero（皮耶罗·德拉·弗朗西斯卡），1：390, 495, 2：654
  Ideal City（《理想城市》），1：389
Delors, Jacques（雅克·德洛尔），2：732
Deltametropolis（三角洲大都市），2：652
Demil, Benoit（伯努瓦·德莫），1：64
Democracy（民主政治）

Athens（雅典的民主政治），1：46
Central Park（中央公园），2：558
divided cities（分裂的城市），1：227
governance（治理），1：325
local government（地方政府），1：453－454
squares（广场），2：597－598
walking（步行），2：958

Democratic People's Republic of Korea（朝鲜民主主义人民共和国），1：42

Demographics, study of（人口统计资料的研究），1：181，346

Demographic urbanization（人口城市化），2：881

Dene Declaration（《提纳宣言》），1：280

Den Gamle By（《老城博物馆》），Aarhus, Denmark（丹麦奥尔胡斯），1：361

Denmark（丹麦），2：962

Dennis, Norman（诺曼·丹尼斯），*Coal Is Our Life*（《煤炭是我们的生命》），1：184

Density gradient（密度梯度），2：767

Denver, Colorado（科罗拉多州丹佛），1：60，61，156

Department of（部门），亦可参阅：U. S. Department of…（美国部门）

Department of Environment Food and Rural Affairs (Britain)（环境、食品和农村事务部，英国），2：792

Department stores（百货公司），2：710－711

Dependency theory（依附理论），2：969，亦可参阅：Path dependency（路径依赖）

Derby Philosophical Society（德比哲学学会），1：397

Dérive (drift)（漂移），2：920，958

Deroulede, Paul（保罗·德罗勒德），2：666

Derrida, Jacques（雅克·德里达），1：45，2：577

DeSapio, Carmine（卡姆·德萨皮罗），1：413

De Seta, Cesare（切萨雷·德·塞塔），1：160

Design-based Planning for Communities（《基于设计的社区规划》），1：438

Design-bid-build（设计－招标－建筑模式），2：830－831

Detectives（发现者），2：919

Detroit, Michigan（密歇根州底特律），1：433，2：584

Deutches Stadion, Berlin（柏林德意志体育场），2：762

Deutsche, Rosalyn（罗莎琳·多伊奇），2：617

Developer（开发商），1：214－217，2：637，亦可参阅：Land development（土地开发）、Real estate（房地产）

characteristics（特征），1：215
geographic focus（地理重心），1：215
history（历史），1：214－215
market analysis and planning（市场分析和规划），1：216
market/sector specialization（市场/行业专门化），1：215－216
trends（动态），1：216－217
zoning（区划），1：261

Development（发展），亦可参阅：Developer（开发商）、Land development（土地开发）、Uneven development（非均衡发展）、Urban development（城市开发）

Developmental regimes（发展机制），2：645

Development Training Institute（发展培训学院），1：177

De Vere, Edward（爱德华·德·维尔），1：310

Dewey, John（约翰·杜威），1：127，250，478

Dhaka, Bangladesh（孟加拉国达卡），1：42，2：889

Dial (magazine)（《刻度盘》杂志），1：533

Dialogic art（对话的艺术），2：617，618

Diani, M.（黛安妮），2：769

Diasporas（海外犹太人聚居区），1：255－257

Dickens, Charles（查尔斯·狄更斯），1：217－218，2：899，901

Our Mutual Friend（《我们共同的朋友》），2：960，961

Difference（差异），1：448，526，2：756－759

DiGaetano, Alan（艾伦·迪格塔诺），2：608

Diggs Town public housing, Norfolk（诺福克县迪格斯城镇公共住房），2：549

Dikec, Mustafa（穆斯塔法·迪科克），2：670

Dillon's Rule（狄龙法则），1：452

Din, Salah al-（萨拉丁），1：98，204

Diokno, Maria Serena（玛丽亚·瑟瑞娜·迪奥克诺），1：484

Direct Action & Research Training Network（直接

行动与研究培训网络),1:15,180

Disability and the city(残疾与城市),1:218-220,2:812-813

Disability Discrimination Act of 1995 (United Kingdom)(英国《1995年残疾人歧视法》),1:219,2:812

Disability Discrimination Act of 2005 (United Kingdom)(英国《2005残疾人歧视法》),2:812

Disasters(灾难),1:119-120,亦可参阅:Catastrophe(大灾难)

Discotheque(迪斯科舞厅),1:221-223

Discount centers(折扣中心),2:713

Discrimination(歧视)

 gender equity planning(性别平等规划),1:302-304

 housing(住房),1:266-267,2:854-855

 redlining(红线政策),2:642-643 Disease(疾病),2:802,877,亦可参阅:Hygiene(卫生学)、Plague(瘟疫)

Disinvestment(撤资),1:223-224

Disney(迪士尼),2:806,亦可参阅:Walt Disney Company(沃尔特·迪士尼公司)

Disneyfication(迪士尼化),1:134,439,2:552

Disney Institute(迪士尼学院),2:806

Disneyland(迪士尼乐园),1:155,274,2:722,807-808

Disney World(迪士尼世界),2:807-808

Displacement(迁居),1:224-225,308-309,345,2:545

Dissident public art(持不同意见的公共艺术),2:618

Divided cities(分裂的城市),1:225-230,亦可参阅:Segregation(种族隔离)

 Social exclusion(社会排斥)

 Berlin(柏林),1:226-227

 Delhi(德里),1:212-213

 external causes(外部原因),1:226-227

 internal causes(内在原因),1:227-229

 Jerusalem(耶路撒冷),1:229

 Middle East(中东),1:496

 New York City(纽约市),2:561

 spaces of flows(空间流动),2:761

 surveillance(监控),2:788-789

Dizzy Rascal(迪齐·兰斯科尔),1:357

Doblin, Alfred(阿尔弗雷德·德布林),2:899,902

Documentary tradition of photography(传统记录片摄影),2:590,592,593

Documentary writing(纪实文学),2:901

Dogtown and Z-Boys(documentary)(《狗镇少年》,纪录片),2:730

Doherty J. H.(多尔蒂),1:428

Dohrewend, Barbara(芭芭拉·霍希芬德),2:917

Dohrewend, Bruce(布鲁斯·霍希芬德),2:917

Dolgoruki, Yuri(尤里·多尔戈鲁基),1:517

Domiciliary space(住家空间),2:588-589,亦可参阅:Housing(住房)

Dominicans(多米尼加人),1:276

Donald, Bernard(伯纳德·唐纳德),2:900,902

Dondi(东第),1:326

Donnison, D.(唐尼森),1:381

Doré, Gustave(古斯塔夫·多雷),"The Bull's-eye"("靶心")2:564

Dorn, N.(多恩),1:235

Dos Passos, John(约翰·多斯·帕索斯),2:899,902

Douglas, Ann(安·道格拉斯),2:900

Douglas, Mary(玛丽·道格拉斯),2:961

Douglass, William(威廉·道格拉斯),1:437

Dovey, Kim(金·达维),1:37

Downing, Andrew Jackson(安德鲁·杰克逊·唐宁),2:558

Downs, Anthony(安东尼·唐斯),1:230-231

Downs, James(詹姆斯·唐斯),1:231

Downtown-Lower Manhattan Association(市中心-下曼哈顿协会),2:973

Downtown malls(市中心购物中心),2:714,716

Downtown revitalization(市中心复兴),1:231-234,2:711,870,亦可参阅:Back-to-the-city movement(回归城市运动)、Gentrification(绅士化)、Loft living(统楼房生活)、Neighborhood revitalization(邻里复苏)

Downtown shopping areas(市中心购物区),2:711-712

Drake, St. Clair(圣克莱尔·德雷克),Black Metropolis(with Horace Cayton)(《黑人大都

市》，与霍勒斯·凯顿合著），1：311，2：630
Dreiser, Theodore（西奥多·德莱塞），2：775，899，902
Dress codes（着装规范），1：529
Drew, Jane（简·德鲁），1：446
Dreyfuss, Henry（亨利·德雷夫斯），2：562
Drift (dérive)（漂流），2：920, 958
Driver, F.（德瑞弗），1：538
Drug economy（毒品经济），1：234-236
Drugs（毒品），1：23, 192-193
Duany, Andres（安德烈斯·杜安伊），2：550-552
  The Lexicon of the New Urbanism（《新城市主义词典》），2：549
Duany Plater-Zyberk & Company（杜安伊夫妇公司），2：549, 550
Dubai, United Arab Emirates（阿拉伯联合酋长国迪拜），1：393，2：871
Dublin, Ireland（爱尔兰都柏林），1：393
Du Bois, W. E. B.（杜波依斯），1：237-239，2：841, 890
  The Black North（《北方黑人》），1：311
  The Philadelphia Negro（《费城黑人》），1：237-238
Dubuffet, Jean（让·杜布菲），2：614
Duchamp, Marcel（马塞尔·杜尚），1：80
Duhl, L.（杜尔），1：349
Dumbbell tenements（"哑铃式"租屋），2：672, 804
Duncan, Nancy（南希·邓肯），1：300
Duneier, Mitch（米奇·杜内尔），1：129
Durkheim, émile（埃米尔·涂尔干），1：171-172, 190, 385，2：668, 841, 842, 856, 922-923, 929
Durrell, Lawrence（劳伦斯·德雷尔），1：160
Durst development firm（德斯特开发公司），1：215
Dutch East India Company（荷兰东印度公司），1：167
Duyvendak, J. W.（戴文达克），2：667
Dwell-time（驻留时间），2：921
Dystopias（敌托邦），1：391
Dziewonski, Kazimierz（卡齐米日·杰翁斯基），1：474

E

Earth Day（世界地球日），2：879

East End, London（伦敦东区），2：758
Eastern European model of housing policy（东欧模式的住房政策），1：381
East India Company（东印度公司），2：723
East Los Angeles, California（加利福尼亚州东洛杉矶），1：60, 228，2：964
Eastman, Max（马克斯·伊士曼），1：80
Eastman Kodak（伊士曼柯达公司），2：561, 591
Ebbets Field, Brooklyn（布鲁克林埃贝茨球场），2：764
Eco, Umberto（翁贝托·艾柯），2：807, 919
école des Beaux-Arts, Paris（巴黎法国美术学院），1：153
Ecological complex（生态复合体），1：384
Ecology（生态学），亦可参阅：Factorial ecology（因子生态）、Human ecology（人类生态学）、Urban ecology（城市生态学）
Economic development（经济发展），1：176
Economic geography（经济地理学），2：651
Economy（经济），亦可参阅：Capitalism（资本主义）、Commerce（商业）、Labor and employment（劳动力与就业）、Political economy（政治经济学）、Shopping（购物）、Urban economics（城市经济学）
  Amsterdam（阿姆斯特丹），1：21-22
  Asian cities（亚洲城市），1：42-43
  bazaars（伊斯兰集市），1：62-63
  Berlin（柏林），1：72
  Bilbao（毕尔巴鄂），1：78
  creative class（创意阶层），1：188-189
  Downs on（唐斯），1：230-231
  drugs（毒品），1：234-236
  ethnic entrepreneurship（族裔企业家），1：257-260
  globalization（全球化），1：317
  growth poles（增长极），1：336-337
  landscapes of power（权力地标），1：432-434
  local government（地方政府），1：453
  location theory（区位论），1：455-456
  London（伦敦），1：460-462
  Los Angeles（洛杉矶），1：466
  Losch on（洛克），1：472-474
  Mexico City（墨西哥城），1：515-516

nightlife（夜生活），2：564－565
patchwork urban（拼接的城市），2：587－588
primate cities（首要城市），2：609－610
public realm（公共领域），2：625－626
regime theory（机制理论），2：644
regionalism（区域主义），2：547
Shanghai（上海），2：706－707
sustainable development（可持续发展），2：791
technopoles（技术极），2：799－800
Tokyo（东京），2：814－815
tourism（旅游业），2：820
urban design（城市设计），2：860－861
urban economics（城市经济学），1：282－283,2：865－868
urban politics（城市政治学），2：911－912
women（妇女），2：964
Ecotourism（生态旅游），2：819,820
Edge Cities Network（边缘城市网络），1：241
Edge city（边缘城市），1：241－244,2：796,亦可参阅：Exopolis（外城）
　defining（定义），1：241,242
　economy（经济），2：587
　Garreau on（加诺），1：241－242,2：594
　popular culture（大众文化），1：241
　scholarship on（学识），1：242－244
Edge City Collective（边缘城市体），1：241
Edge City Review（journal）（《边缘城市评论》,杂志），1：241
Edge City View（website）（《边缘城市景观》,网站），1：241
Edirne（埃迪尔内），1：114
Edison, Thomas（托马斯·爱迪生），2：593
Edwards, Jay（杰伊·爱德华兹），1：92,2：955
Eger, Hungary（匈牙利埃格尔），1：360
Egypt（埃及），1：25,166
Eiffel Tower, Paris（巴黎埃菲尔铁塔），2：722
Eisenschitz, Aram（阿拉姆·艾森舒兹），2：735
Elagabalus, emperor of Rome（罗马皇帝埃拉加巴卢斯），2：695
Eleko, Eshugbayi（埃舒格巴依·埃莱科），1：428
Elgin, Lord（埃尔金勋爵），1：48
Eliot, George（乔治·艾略特），2：899
Elites（精英）

placemaking（场所营造），2：600－601
power elite theory of politics（权力精英政治理论），2：644
Elkin, Stephen（斯蒂芬·埃尔金），2：643
Ellin, Nan（南·艾琳），*Postmodern Urbanism*（《后现代城市主义》），1：438－439
Ellington, Duke（艾灵顿公爵），"Take the A Train"（《乘A号地铁》）2：785
Elm Hill, Norwich, United Kingdom（艾尔姆山,英国诺威奇市），1：361
El Paso, Texas（德克萨斯州埃尔帕索），1：60,61
Elsheshtawy, Yasser（亚西尔·埃斯塔维），1：43
Emerald Necklace, Boston（波士顿翡翠项链公园），2：584
Eminent domain（征购权），1：225
Empiricism（经验主义）
　Berry（贝里），1：74
　Castells（卡斯特），1：116
　Du Bois（杜波依斯），1：238
　Harvey（哈维），1：341
　urban studies（城市研究），1：110
Employment（就业）,亦可参阅：Labor and employment（劳动力与就业）
Empowerment zones（赋权区），2：621
Enchanted stadiums（迷人的场馆），2：762
Enckendorf, Marie-Luise（pseudonym of Gertrude Simmel）（玛丽-路易·因肯道夫,格特鲁特·齐美尔的化名），2：718
End-of-ideology theories（意识形态终结的理论），1：381
e-Neighbors（网络邻居），1：200
Energy balances（能量平衡），2：850
Energy Probe（能量探测器），1：414
Engels, Friedrich（弗里德里希·恩格斯），1：164,397,482,486－487,2：659,748,782,841,856,874
　The Communist Manifesto（with Karl Marx）（《共产党宣言》,与卡尔·马克思合著），2：833－834
　The Condition of the Working Class in England（《英国工人阶级状况》），1：109,487,2：592,780,884
English Partnerships（英国伙伴），2：945

Enlightenment（启蒙运动），1：396－397
Enterprise Foundation（企业基金会），1：7
Enterprise zones（企业区），2：621
Entrepreneurialism（企业主义）
 architecture（建筑），1：37－40
 Athens（雅典），1：49－50
 Barcelona（巴塞罗那），1：58
 ethnic（少数族裔企业），1：257－260
 Manchester（曼彻斯特），1：482－483
Environment（环境），亦可参阅：Nature（自然）、Sustainable development（可持续发展）
 ancient cities（古代城市），1：27
 Asian cities（亚洲城市），1：44
 awareness movement（觉醒运动），2：879
 city planning（城市区域规划），1：162
 globalization（全球化），2：879
 lawns（草坪），1：442－444
 Mexico City（墨西哥城），1：514
 restorative character of（恢复性特征的），1：253－254
 suburbanization（郊区化），2：783
 urban climate（城市气候），2：848－853
 urban design（城市设计），2：862
 urban health（城市卫生），2：877－878
 urban planning（城市区域规划），2：905－906
 Zoöpolis（动物城市），2：977－980
Environmental Design Research Association（环境设计研究学会），1：250
Environmental equity（环境平等），1：244
Environmental justice（环境正义），1：244－246
 community organizing（社区组织），1：180
 historical roots（历史根源），1：244－245
 litigation strategy（诉讼策略），1：245
 Los Angeles（洛杉矶），1：467
 reconceptualizations（重新概念化），1：246
 urban health（城市卫生），2：877
 waste（废弃物），2：960－961
Environmental meaning and perception（环境的意义与观念），1：251－252
Environmental planning（环境规划），2：903
Environmental policy（环境政策），1：247－249
 future of（未来），1：249
 growth machine（增长引擎），1：331

Hong Kong（香港），1：371
 international（国际的环境政策），1：248－249
 responses to（回应），1：248
 sustainable development（可持续发展），1：248－249
 urban policy（城市政策），1：247－249
Environmental Protection Agency（环境保护署），亦可参阅：U. S. Environmental Protection Agency（美国环境保护署）
Environmental psychology（环境心理学），1：250－254
Environmental racism（环境种族主义），1：244
Environmental stressors（环境压力源），1：252
Environment and Behavior（journal）（《环境与行为》杂志），1：250，254，2：917
Epicenters（震中），2：860
Epistemology（认识论），2：940
Equity planning movement（公平规划运动），1：5
Erechtheion, Athens（雅典伊瑞克提翁神殿），1：1，2
Erie, Steven（史蒂文·伊利），2：608
Esping-Anderson，G.（爱斯平－安德森），1：380，382
Esplanade-Theatres on the Bay, Singapore（新加坡滨海艺术中心），2：725
L'Esprit Nouveau（journal）（《新精神》杂志），1：445
Essen, Germany（德国埃森市），1：354
Ethnic enclave（族裔聚居区），1：255－257
 banlieue（郊区），1：52－54
 Chicago（芝加哥），1：123
 Chinatowns（唐人街），1：131－134
 community（社区），1：174
 formation（形成），1：255
 ghettoes（隔都），1：309－312
 interpretations（解释），1：255－256
 Los Angeles（洛杉矶），1：60
 Manila（马尼拉），1：485－486
 racialization（种族化），2：629－630
 spaces of difference（差异空间），2：757－758
 types（类型），1：256－257
Ethnic entrepreneurship（族裔企业家），1：257－260

concept of（概念），1：257
 contributions of（出资），1：258
 highly-skilled（技术娴熟），1：260
 history of（历史），1：258
 markets（市场），1：259
 opportunities（机遇），1：259-260
 resources（资源），1：258-259
 significance（重要性），1：258
Ethnicity（族裔），亦可参阅：Race（种族）
 Amsterdam（阿姆斯特丹），1：22
 Chinatowns（唐人街），1：131-134
 drugs（毒品），1：236
 Kolkata（加尔各答），1：421
 London（伦敦），1：461
 Los Angeles（洛杉矶），1：470
 redlining（红线政策），2：642-643
 shopping（购物），2：709
 spaces of difference（差异空间），2：757-758
 zoning（区划），1：261
Ethnography（民族志），2：772，840，841，844
Euler, Leonard（伦纳德·欧拉），1：397
Eurocities（欧洲城市），2：933
European Spatial Development Perspective（Commission of the European Communities）（《欧洲空间发展展望》，欧洲经济共同体委员会），2：746
European Urban Knowledge Network（欧洲城市知识网络），2：933
European Urban Research Association（欧洲城市研究协会），2：933
Europe/European Union（欧盟）
 architecture and space（建筑与空间），1：38
 cultural capitals（文化资本），1：88
 deindustrialization（去工业化），1：211
 divided cities（分裂的城市），1：226
 gendered space（性别化空间），2：571-572
 growth management（增长管理），1：334-335
 Healthy Cities movement（健康城市运动），1：348-349
 historic cities（历史名城），1：359
 largest cities（最大的城市），1：106，108，2：888
 public-private partnerships（公私伙伴关系），2：622

 regional governance（区域治理），2：653
 social exclusion（社会排斥），2：731-732
 suburbanization（郊区化），2：783，837
 sustainable development（可持续发展），2：792
 urban planning（城市区域规划），1：20
 urban politics（城市政治），2：912
 urban studies discipline（城市研究学科），2：933-934
Euskadi Ta Askatasuna (ETA)（地区的恐怖组织埃塔），1：76
Evans, Gary（加里·埃文斯），1：252
Evans, Walker（沃克·埃文斯），*Let Us Now Praise Famous Men*（with James Agee）（《让我们来歌颂那些著名的人们》，与詹姆斯·阿吉合著），2：593
Evelyn, John（约翰·伊夫林），1：135，137，2：974-975
Everyday life（日常生活）
 money（财富），2：719-720
 placemaking（场所营造），2：601-602
 production of space（空间生产），2：746-747
 social movements（社会运动），2：739
 urban policy（城市政策），2：908
 urban space（城市空间），2：929-930
Everydayness（平淡无奇），1：447-448
Evolution（演变）
 Geddes and（盖迪斯），1：294-295
 urban systems and（城市体系），2：938
Exclusion（排斥），亦可参阅：Social exclusion（社会排斥）
 housing（住房），1：267
 territorialization（区域化），2：567
Exclusionary zoning（排斥性区划），1：260-261
Execution sites（执行死刑的地点），2：542
Exeter Change, London（伦敦埃克赛特交易所），1：33，34
Exopolis（外城），1：261-262，511，2：722，755，796，亦可参阅：Edge city（边缘城市）
Expressionism（表现主义），2：946
Extension Service, U.S. Department of Agriculture（美国农业部推广服务），1：176
Exurbanization（前城市化），1：86
Exurbia（城市远郊），2：796

F

Face engagements（面对面的活动），2：773

Factorial ecology（因子生态），1：265，2：873

Factory outlets（厂家商品直销店），2：714

Fainstein, Susan（苏珊·法因斯坦），1：23，439

Fair housing（公平住房），1：266-267，亦可参阅：Affordable housing（可负担住房）

Fair Housing Act (FHA) of 1968 (United States)（1968年《公平住房法》美国），1：261，266，2：665，854

Fair Housing Amendments Act (FHAA) of 1988 (United States)（1988年《公平住房修正案》美国），1：266

Les Faisceau（法西斯党），1：446

Faith-based community organizations（以信仰为基础的社区组织），1：15，178

Faludi, Andreas（安德里亚斯·法勒迪），2：604

Family and Kinship in East London（《伦敦东部的家庭和亲属》），1：183

Faneuil Hall, Boston（波士顿法尼尔厅），2：711

Fanselow, Frank S.（弗兰克·范西洛），1：63

Fantasy cities（奇幻城），2：565

Farabi, Abu Nasr al-（阿布·纳赛尔·穆罕默德·法拉比），*The Virtuous City*（德行之城），1：401-402，405

Faris, Ellsworth（埃尔斯沃思·法里斯），1：127

Farmer, Paul（保罗·法默），1：162

Farmers Market, Los Angeles（洛杉矶农贸市场），2：714

Farm Security Administration（农场安全署），2：593

Farrar, Tarikhu（塔瑞库·法勒），1：92

Fashion（时尚），2：720

Faubourg（近郊），1：52

Fava, Silvia（西尔维娅·法瓦），"Suburbanization as a Way of Life"（"作为一种生活方式的郊区化"）2：885

Favela（贫民区），1：268-272

cultural relevance（文化关联），1：269

defining（定义），1：268

emergence（贫民区的出现），1：268

global occurrence（全球事件），1：268

hip hop（嘻哈文化），1：357

housing proposals（住房供给建议书），1：270-271

new generations of（新一代），1：271-272

patchwork urbanism（拼接的城市生活），2：588

perceptions of（观念），1：269-270

policies toward（政策走向），1：270

regularization（合法化），1：271

spatial and social features（空间和社会功能），1：269

structural poverty（结构性贫困），1：270

urbanization（城市化），1：271

Feagin, Joe（乔·费金），2：554

Federació Associacons de Veïns i Veïnes de Barcelona (FAVB)（巴塞罗那社区联盟），1：57

Federal Emergency Management Agency（联邦紧急事务管理署），2：763

Federal Emergency Relief Agency (FERA)（联邦紧急救济署），1：362

Federal government（联邦政府），亦可参阅：Government role（政府角色）

Federal Home Loan Bank Act of 1932 (United States)（美国《1932年联邦住房贷款银行法》），1：368

Federal Housing Administration (FHA)（联邦住房管理局），1：368，2：642

Federal National Mortgage Association (Fannie Mae)（联邦国民抵押贷款协会，房利美），1：368

Federation of Tenants Association (Mumbai)（租户协会联合会，孟买），2：770

FedEx Forum, Memphis（联邦快递广场，孟菲斯市），2：765

Fellig, Arthur (pseudonym: Weegee)（亚瑟·菲列，笔名维加），*Naked City*（《裸城》），2：594

Feminism（女权主义），亦可参阅：Women and the city（妇女与城市）

deconstruction of social space（社会空间解构），2：750-751

gendered space（性别化空间），1：298-302，304

gentrification（绅士化），1：307

Greenwich Village（格林威治村），1：80

participatory methods（参与式方法），1：252

revanchism（复仇主义），2：666

spaces of difference（差异空间），2：756-757

suburbanization（郊区化），2：783

time（时间地理学），2：811

urban geography（城市地理学），2：874-875

urban life（城市生活），2：892

women and the city（妇女与城市），1：292，2：569，571，699

Fenway Park, Boston（波士顿芬威公园），2：762，764

Ferguson, Priscilla（普里西拉·弗格森），2：900

Fernand Braudel Center（费尔南·布罗代尔中心），Binghamton University（宾汉顿大学），2：970

Ferrell, Jeff（杰夫·法瑞尔），1：329

Fes（非斯），1：404

Festival marketplaces（假日市场），2：714，870

Fez, Morocco（摩洛哥非斯），1：168

FHA（联邦住房管理局），亦可参阅：Fair Housing Act (FHA) of 1968 (United States)（1968年《公平住房法》美国）

Fiero Milan（米兰展览中心），1：188

Filarete（费拉雷特），1：390

Film（电影），Kracauer on（克拉考尔论电影），1：424，亦可参阅：City and film（城市与电影）

Film noir（具有悲剧色彩的影片），1：150，2：594

Filtering model, of housing market（过滤模型，住宅区市场），2：868

Finland（芬兰），2：934

Firey, Walter（沃尔特·费雷），"Sentiment and Symbolism as Ecological Variables"（"作为生态变量的情感与象征主义"）1：385

First Amendment, U. S. Constitution（《宪法第一修正案》），2：702

First National People of Color Leadership Summit (Washington, D. C., 1991)（1991年第一届全国有色人种领袖峰会，1991年华盛顿特区），1：245

Fiscal federalism（财政联邦主义），1：453

Fischer, Claude（克劳德·菲舍尔），"Toward a Subculture of Urbanism"（"走向城市主义的亚文化"）2：886

Fischer, Claude（克劳德·菲舍尔），2：893，923-924

The Urban Experience（《城市经验》），2：917

Fishman, Robert（罗伯特·费什曼），2：594，796，894

Fitzgerald, F. Scott（斯科特·菲茨杰拉德），1：80

Five-and-dime stores（五分钱商店），2：710

Flanagan, William（威廉·弗拉纳根），*Urban Sociology*（《城市社会学》），1：243

Flanders（佛兰德斯），1：65-67，86-87

Flâneur（浪荡子），1：70，272-274，2：579-580，592，697-698，919，957-958，亦可参阅：Pedestrians（行人）

Le Flâneur au Salon ou M. Bonhomme（《沙龙里的浪荡子，或随和的人》），1：273

Flaubert, Gustave（古斯塔夫·福楼拜），1：45，2：579，581

Flemish Primitives（弗拉芒原始派），1：87-88

Florence, Italy（意大利佛罗伦萨），1：274-278，276

ancient city（古代城市），1：275

architecture（建筑），1：276-278，2：656

citizenship（公民身份），1：146

city planning（城市区域规划），1：275，278

cultural heritage（文化遗产），1：354

early medieval（中世纪前期的意大利），1：275

late medieval（中世纪后期的意大利），1：275-277

Medici（美蒂奇家族），1：277

nineteenth century（19世纪的意大利），1：278

Renaissance city（文艺复兴时期的城市），2：653-657

seventeenth and eighteenth centuries（17和18世纪的意大利），1：277-278

Siena vs.（锡耶纳与佛罗伦萨），1：15

tourism（旅游业），2：820

twentieth century（20世纪的意大利），1：278

Florida（佛罗里达州），1：334

Florida, Richard（理查德·佛罗里达），1：81，188-189，415，436，508，2：640，699，809，870

Florin, J.（弗洛林），*The Megalopolitan Region* (with S. Birdsall)（《大都市连绵带》，与伯索尔合著）1：498

Fluxists（抽象表现主义艺术家），1：458

Flyvbjerg, Bent（傅以斌），*Rationality and Power*（《理性与权力》），2：606

Focus on the Global South（关注欠发达地区），2：670

Folk-urban continuum（城乡连续体），2：842-843，亦可参阅：Rural vs. urban（乡村与都市）

Foner, Nancy（南希·方纳），2：556

Fontayne, Charles（查尔斯·福特纳），2：592

Food courts（美食广场），2：713

Forbes Field, Pittsburgh（匹兹堡福布斯球场），2：762，764

Forbidden City, China（中国紫禁城），1：228-229

Ford, Henry（亨利·福特），2：825

Forderer, Christof（克里斯托弗·福德尔），2：900

Ford Foundation（福特基金会），2：930，934

Fordism（福特主义），1：75-76，149，281，2：586，685-686，740，743，785，亦可参阅：Industrialization（工业化）、Post-Fordism（后福特主义）

Ford Motor Company（福特汽车公司），2：561

Foreign gated communities（外国人门禁社区）1：192

Forester, John（约翰·福里斯特），2：606

Form-based codes（形态规范），2：549

Form-Based Codes Institute（形态准则协会），2：551

Forst, Germany（德国福斯特），1：226

Forster, E. M.（福斯特），1：64，160

Forster, John（约翰·福斯特），1：217

Forsyth, Ann（安·福西斯），1：303

Fortune（magazine）（《财富》杂志），1：413

42nd Street（Bacon）（《42街》，培根），1：149

Forum（广场），1：8，279-280，2：596，675

Forum, Inglewood, Los Angeles（洛杉矶英格尔伍德广场），2：763

Forum Romanum（古罗马广场），1：279

Foster, Norman（诺曼·福斯特），1：12

Foucault, Michel（米歇尔·福柯），1：64，354-355，2：566，606，695，696，722，755，787，788，844，875

Fourteenth Amendment, U. S. Constitution（美国宪法《第十四修正案》），1：266

Fourth world（第四世界），1：280-282

Fourth World Journal（journal）（《第四世界》杂志），1：281

Fox, Richard G.（理查德·福克斯），1：62-63

Fragmentation, of cities（城市碎片化），1：29，30，227，291，2：586-590，761

France（法国）
  colonialism（殖民主义），1：168
  Garden City model（田园城市模式），1：288
  homeowners associations（房主协会），1：365
  intellectuals（知识分子），1：397
  medieval town design（中世纪城镇设计），1：490
  Metropolitan（大都市区），1：506
  regional economics approach（区域经济学方法），2：651
  social exclusion（社会排斥），2：731-733

Franciscans（圣方济各会修士），1：276

Franco, Francisco（弗朗西斯科·佛朗哥），1：55-57，114

Francophonie（法语区），2：581

Frank, Andre Gunder（安德烈·贡德尔·弗兰克），1：168，2：970

Frankfurt, Germany（德国法兰克福），1：226

Frankfurter Zeitung（newspaper）（《法兰克福日报》，报纸），1：422-423

Frankfurt School（法兰克福学派），1：68，422，2：605，722

Franklin, Benjamin（本杰明·富兰克林），1：396

Fraser, Nancy（南希·弗雷泽），1：227-228，529

Frazier, E. Franklin（富兰克林·弗雷泽），*The Negro Family in Chicago*（《芝加哥黑人家庭》），1：127

Frederick II (the Great), king of Prussia（普鲁士国王腓特烈二世），1：397

Fred Harvey Company（弗雷德·哈维公司），2：681

Free Congress Foundation（自由大会基金会），2：552

Freedlander, Julius（尤利乌斯·弗里德兰德），2：717

Freee（弗里），2：618

Free-rider problem（搭便车问题），2：625，810

Freetown, Sierra Leone（塞拉利昂弗里敦），1：427，428

Freire, Paulo（保罗·弗莱雷），1：252

Fremont, California（加利福尼亚州弗里蒙特），

1:257

French, Marilyn(玛里琳·法兰奇),2:570

French New Wave cinema(法国新浪潮电影),1:150

French Revolution(法国大革命),1:35,52,87,452,2:580

French School of Spatial Economics(法兰西空间经济学派),1:336

Frenkel, Stephen(斯蒂芬·弗伦克尔),2:807

Freud, Sigmund(西格蒙特·弗洛伊德),1:45,158,397,2:571

Die Freudlose Gasse(film)(《悲惨小巷》,电影),1:424

Frick, Dieter(迪特尔·弗里克),1:227

Friedman, David(大卫·弗里德曼),1:490,491

Friedmann, John(约翰·弗里德曼),1:20,313,336,2:605,651,687

"The World City Hypothesis"("世界城市假说")2:967

Fringe belts(边缘地带),2:895-896

Frisbie, Parker(帕克·福瑞斯比),1:386

Fribel, Folker(福克尔·弗勒贝尔),2:835

Froelich, Gustav(古斯塔夫·弗勒里希),1:503

Fry, Maxwell(麦斯维尔·弗里),1:446

Fujisawa, Yuki(藤泽友希), Metro Survive(《逃出地下铁》),1:262

Fujita, Masahisa(藤田昌久),1:282-283

The Spatial Economy(with Krugman and Venables)(《空间经济学》,与克鲁格曼和维纳布尔斯合著),1:283

Full cost accounting(完全成本核算),2:792

Functional urban regions(功能性城市地区),2:839

Furui, Yoshikichi(芳吉古井),2:902

Futura 2000(法特拉2000),1:326

Futurama, New York World's Fair(纽约世界博览会未来世界展示),2:562

Futurism(未来主义),2:946

G

Gaines, Thomas(托马斯·盖恩斯),2:978

Gal, Susan(苏珊·盖尔),1:300

Galapagos Islands(加拉帕戈斯群岛),2:820

Galleries du Bois, Paris(巴黎杜波依斯美术馆),1:33

Galleries du Palais Royale, Paris(巴黎皇家美术馆),1:35

Gallery at Market East, Philadelphia(费城东部市场画廊),1:234

Gama, Vasco da(瓦斯科·达·伽马),2:955

Gamaliel Foundation(甘梅利尔基金会),1:15,180,2:648

Gandy, Matthew(马修·甘迪),2:894

Gane, Mike(迈克·甘恩),1:94

Gans, Herbert(赫伯特·甘斯),1:285-286,2:923

The Levittowners(《莱维敦人》),1:285

Middle American Individualism(《美国中产阶级的个人主义》),1:285

"Urbanism and Suburbanism as Ways of Life,"("作为一种生活方式的城市生活和郊区生活")2:885-886

The Urban Villagers(《城中村民》),1:285,2:843,892,932,943-944

The War against the Poor(《向贫困宣战》),1:286

Garay, Juan de(胡安·德·加雷),1:88

Garden Cities and Town Planning Association(田园城市和城镇规划协会),1:287-288

Garden City(田园城市),,1:286-288,287

Broadacre City compared to(广亩城与田园城市比较),1:85

Cairo(开罗),1:99

Canberra(堪培拉),1:102

community land trusts(社区土地信托),1:435

Hall on(大厅),1:340

history of(历史),1:286-288

influence of(影响),1:286,288,518,533-534,2:549,585,891

Paris(巴黎),1:53

regional planning(区域规划),2:650-651

sustainable development(可持续发展),2:791

urban health(城市卫生),2:878

utopias(乌托邦),2:946

Garden City Association(田园城市协会),1:286-287

Garibaldi, Giuseppe(朱塞佩·加里波第),2:676
Garnier, Charles(查理·加尼叶),1:345
Garreau, Joel(乔尔·加诺),1:241-243,2:594
 Edge City(《边缘城市》),1:241
Gaskell, Elizabeth(伊丽莎白·盖茨克尔),*Mary Barton*(《玛丽·巴顿》),1:482
Gated community(门禁社区),1:289-292,290
 Brazil(巴西),2:686
 crime and(犯罪),1:192
 defining(定义),1:289
 divided city(分裂的城市),1:226,228
 global rise of(全球门禁社区的增长),1:289-291
 Implications(门禁社区带来的影响),1:291-292
 Manila(马尼拉),1:485
 patchwork urbanism(拼接的城市生活),2:588
 production of space(空间生产),2:746
 surveillance(监控),2:789
 types(类型),1:192
Gates Foundation(盖茨基金会),2:771
Gaudi, Antonio(安东尼·高迪),1:352
Gay index(同性恋指数),2:699
Gay space(同性恋空间),1:292-293,2:758
 dance music(歌舞厅),1:222
 Flâneurs(浪荡子),2:698
 gentrification(绅士化),1:307-308
 red-light districts(红灯区),2:641
Geddes, Patrick(帕特里克·盖迪斯),1:288,293-295,532-535,2:571,585,650,653,791,839
 Cities in Evolution(《进化中的城市》),1:294-295,2:966
 City Development(《城市发展》),1:294
 "Civics: As Applied Sociology"("公民学:作为应用社会学")1:294
 The Evolution of Sex(with John Arthur Thomson)(《性的进化》,与约翰·亚瑟·汤姆森合著),1:294
Geertz, Clifford(克利福德·格尔兹),1:63,64
Gehry, Frank(弗兰克·盖里),1:38,75-78,2:860
G8(八国集团),2:670
Gelfand, Alan(艾伦·盖尔芬德),2:729

Gemeinschaft and Gesellschaft(礼俗社会和法理社会),1:171-172,296-298,2:841,857,884,891-892,915
Gender(性别),亦可参阅:Women and the city(妇女与城市)
 citizenship(公民身份),1:145
 city clubs(城市俱乐部),1:156
 flâneur(浪荡子),2:957-958
 gentrification(绅士化),1:307-308
 street children(街童),2:776-777
Gendered space(性别化空间)1:298-302,亦可参阅:Gay space(同性恋空间)、Sex and the city(性与城市)、Women and the city(妇女与城市)
 béguinages(半世俗女修道院),1:65-68
 binarism(二元主义),1:300,301
 gender equity planning(性别平等规划),1:302-304
 hotels(旅馆),1:374
 lawns(草坪),1:442
 non-sexist city(无性别歧视的城市),2:569-572
 non-Western(非西方社会的),1:300-302,496
 public vs. private space(公共空间和私人空间的对比),1:299-300
 eligion(宗教),1:301
 spaces of difference(差异空间),2:756-757
 toilets(厕所),2:812-813
 Venice(威尼斯),2:953-954
 violence(暴力),1:300
Gender equity planning(性别平等规划)1:302-304,亦可参阅:Non-sexist city(无性别歧视的城市)
Gender, Place, and Culture(journal)(《性别、场所和文化》,杂志),1:301
Generalife, Spain(西班牙阿尔罕布拉宫的夏宫),2:657
General Metropolitan Plan(GMP)[Barcelona](大都市区总体规划,巴塞罗那),1:57
General Motors(通用汽车),1:465,2:561,562
General plan(总体规划),1:304-305
 advocacy planning vs.(群议式规划和总体规划的对比),1:2,3,4,2:604-605
 City Beautiful movement(城市美化运动),1:

152-156
    city planning（城市区域规划），1：161-162
    defined（定义），1：304-305
    historical development（总体规划发展史），1：304-305
    legal requirements（总体规划的法定要求），1：305
    phases（总体规划逐步实行的阶段），1：305
    rational-comprehensive theory（有关总体规划的合理的综合性理论），2：604-605
    transportation planning（交通规划），2：828-829
Genesis Park（创世纪公园），2：805
Gent, Joos van（朱斯·范·根特），2：654
Gentrification（绅士化）1：305-309, 亦可参阅：Back-to-the-city movement（回归城市运动）、Downtown revitalization（市中心复兴）、Loft living（统楼房生活）、Neighborhood revitalization（邻里复苏）
    Berlin（柏林），1：72
    Causes（原因），1：306-308
    community and（绅士化和社会），1：173
    concept of（绅士化的概念），1：305-306
    Disinvestment（撤资），1：224
    Displacement（迁居），1：308-309
    London（伦敦），1：462
    patchwork urbanism（拼接的城市生活），2：588
    Shopping（购物），2：712
    studies of（研究），1：306
Geography（地理），亦可参阅：Urban geography（城市地理学）
    Behavioral（城市地理的行为），2：873
    Critical（批评），2：929
    Economic（经济），2：651
    Harvey and（哈维和城市地理），1：341-342
    Humanistic（人文主义），2：873-874
    Time（时代），2：810-811
    uneven development（非均衡发展），2：834-835
    urban economics（城市经济学），2：865-868
GeoJournal（《地理杂志》），2：669
George V, king of England（英格兰国王乔治五世），1：211
Georgia（country）（格鲁吉亚共和国），1：42
Georgia（state）（佐治亚州），1：334
German Society for Sociology（德国社会学协会），2：718
Germany（德国），
    Colonialism（殖民主义），1：93
    growth management（增长管理），1：335
    Intellectuals（知识分子），1：397
    sports stadiums（体育场馆），2：762
    urban morphology（城市形态学），2：895
Germ theory of disease（疾病细菌理论），2：877
Getis, Arthur（阿瑟·格蒂斯），1：73
Getty Foundation（盖蒂基金会），1：195
Ghana（加纳），1：356
Ghetto（隔都），1：309-312, 亦可参阅：*Banlieue*（郊区）、Barrio（拉美裔聚居区）、Ethnic enclave（族裔聚居区）、*Favela*（贫民区）
    Characteristics（特征），1：228
    fourth world（第四世界），1：281
    Racialization（种族化），2：629
    United States（美国），1：311-312，2：588
    Venice（威尼斯），1：310-311，2：629，787，954
Ghiberti, Lorenzo（洛伦佐·吉尔贝蒂），"Gates of Paradise"（"通向天堂之门"），2：656
Ghirardelli Square, San Francisco（旧金山吉拉德利广场），1：233
Ghirardo, Diane（黛安·吉拉度），1：36
Gibbs, Lois（洛伊丝·吉布斯），1：180
Gibrat, Robert（罗伯特·吉布拉特），2：937
Gibson, James（詹姆斯·吉布森），1：250-251
Giddens, Anthony（安东尼·吉登斯），1：165，320，321，2：874，926
Gide, Andre（安德烈·纪德），2：581
Giersch, Herbert（赫伯特·吉尔施），1：474
Gilbert, D.（吉尔伯特），1：538
Gilbert, E. W.（吉尔伯特），2：662
Gilder, Richard Watson（理查德·沃森·吉尔德），2：559
Gilles, Zsuzsa（苏斯嘉·吉尔），2：962
Gilliam, Terry（特里·吉列姆），*Brazil*（《巴西》），1：141，391
Gilloch, Graeme（格雷姆·吉罗切），1：274
Ginsberg, Allen（艾伦·金斯伯格），1：80，81
Giotto（乔托），1：277

Girouard, Mark（马克·格罗伍德），2：837
Giuliani, Rudolph（鲁道夫·朱利安尼），1：364,2：559,666
Gladstone, David（大卫·格莱斯顿），1：372
Glaeser, Edward（爱德华·格莱泽），1：415
Glasgow, Scotland（苏格兰格拉斯哥城），1：210,295,2：584,667
Glass, David（大卫·格拉斯），2：916
Glass, Ruth（鲁丝·格拉斯），1：305,306,462
Glasson, John（约翰·格拉森），2：650
Gleaming the Cube（film）（《危险之至》，电影），2：730
Glezos, Manolis（马诺利斯·格列索斯），1：48
Global asylopolis（全球难民城），1：256
Global chronopolis（全球时间都市），1：256-257
Global city（全球城市），1：313-316,318,亦可参阅：World city（世界城市）
    concept of（概念），1：313,463-464
    epicenters（震中），2：860
    landscapes of power（权力地标），1：434
    nation-states（民族国家），1：314-315
    networks（网络），1：314
    New York City（纽约市），2：560-561
    other global cities（其他全球城市），2：575-578
    path dependence（路径依赖），1：315-316
    Sassen's theory（萨森的理论），2：687-688
    scale（规模），1：313-314
Global Creolopolises（全球克利奥尔城市），1：257
Global ethnopolis（全球种族城市），1：256
Global information system（GIS）（全球信息系统），2：898
Globalization（全球化），1：316-319,亦可参阅：Global city（全球城市）、Other global cities（其他全球城市）、World city（世界城市）
    airports（机场），1：10,12
    Bilbao（毕尔巴鄂），1：75-78
    Cairo（开罗），1：101
    capitalist city（资本主义城市），1：111-112
    cities, impact on（对城市的影响），1：317-319
    colonialism（殖民主义），1：169
    community（社区），1：172,175
    crime（犯罪），1：192-193
    economics（经济），1：317
    environment（环境），2：879
    ethnic enclaves（族裔聚居区），1：255,256
    film（电影），1：141-142
    fourth world（第四世界），1：280-282
    global cities（全球城市），1：313-316
    Global South（全球欠发达地区），1：172-173
    growth machine（增长引擎），1：332
    hip hop（嘻哈文化），1：356
    housing policy（住房政策），1：382,383
    immigration（移民），1：318
    industrialization（工业化），2：835
    intercity competition（城际竞争），2：859-860,910
    landscapes of power（权力地标），1：433-434
    nation-states（民族国家），1：315
    other global cities（其他全球城市），2：575-578
    path dependence（路径依赖），1：315-316
    politics（政治），1：316-317
    pros and cons（全球化的利和弊），1：317
    real estate（房地产），2：744-745
    Sassen on（萨森关于全球化的理论），2：687-688
    Singapore（新加坡），2：725-726
    social exclusion（社会排斥），2：734-735
    spaces of flows（空间流动），2：759-761
    spatial perspective（空间角度），2：942
    standardization（标准化），1：317
    suburbanization（郊区化），2：783
    technology（科技），2：688
    technopoles（技术极），2：799-800
    tourism（旅游业），1：318
    urban policy（城市政策），2：910
    urban politics（城市政治学），2：914
    urban sociolog（城市社会学），2：926
    world-systems perspective（世界体系论），2：969-972
Globalization and World Cities Study Group and Network（GaWC）（全球化与世界城市网络），2：968
Global panethnopolis（全球移民城市），1：256
Global South（全球欠发达地区）
    buses（公交车），1：95
    globalization effects（全球化的影响），1：

172-173
　governance（治理），1：325
　other global cities（其他全球城市），2：575-577
　revanchism（复仇主义），2：667
　squatter movements（占地运动），2：769-770
Global technopolis（全球科技城市），1：257
Global urban studies（全球城市研究），2：972
Global visibility（全球知名度），1：331
Global warming（全球变暖），亦可参阅：Climate change（气候变迁）
Globurbia（全球郊区），2：783
Globurbs（全球郊区），2：783
Glocalization（全球本土化），1：318，2：860，941
Glover, William J.（威廉·格洛弗），1：92
Gmuend, Austria（奥地利, 格蒙德），1：226
Godard, Jean-Luc（让-吕克·戈达尔）
　Alphaville（《阿尔法城》），1：141，150，391
　Two or Three Things I Know about Her（《我知道的关于她的两三件事》），1：150
God Games（上帝游戏），2：717
Goethe, Johann Wolfgang von（约翰·沃尔夫冈·冯·歌德），1：396，2：682
Goetz, Wolff（沃尔夫·格茨），2：687
Goffman, Erving（欧文·高夫曼），1：439，2：772-773
　Behavior in Public Places（《公共场所的行为》），2：773
Goldbeck, Maximilian von, *Die Stadt von Morgen* (with Erich Kotzer)（马克西米利安·冯·高来恩，《城市的明天》，与埃里希·科泽合著），1：150
Goldman, Emma（艾玛·高曼），1：80
Goldstein, Doris（陶瑞丝·戈德斯坦），2：552
Goldway, Ruth（露丝·戈德威），2：611
Goodbun, Jon（乔恩·古登伯），1：438
Goodbye to the Edge City (Preston School of Industry)（《再见了, 边缘城市》，普雷斯顿重金属乐队），1：241
Goonewardena, Kanishka（卡那斯卡·古纳沃德纳），1：526-527
Gorlitz, Germany（德国格尔利茨），1：226
Gormley, Antony（安东尼·戈姆雷），2：617
Gornja, Radgona（拉德戈纳市），1：226

Gorsem, E.（霍尔瑟姆），2：664
Gotham, Kevin Fox（凯文·福克斯·戈瑟姆），2：554，629
Gottdiener, Mark（马克·戈特迪纳），1：319-322，2：554，929
　The City and the Sign（《城市与符号》），1：321
　Las Vegas（《拉斯维加斯》），1：439
　The New Urban Sociology（《新城市社会学》），1：321-322
　Planned Sprawl（《有规划的城市蔓延》），1：320
　Postmodern Semiotics（《后现代符号学》），1：321
　The Social Production of Urban Space（《城市空间的社会生产》），1：320
　The Theming of America（《美国的主题化》），1：321，439，2：806
　Urban Semiotics (with Alexandros Lagopoulos)（马克·戈特迪纳,《城市符号学》与亚历山德罗·拉戈普罗斯合著），2：919
Gottmann, Jean（让·戈特曼），1：505，2：839
　Megalopolis（《大都市连绵带》），1：498，500
　Megalopolis Revisited 25 Years Later（《重访大都市连绵带：25年之后》），1：500
Gough, Jamie（杰米·高夫），2：735
Governance（治理），1：323-325. 亦可参阅：Urban policy（城市政策）
　cross-national variation（跨国变动），1：324-325
　elements（要素），1：324
　metropolitan（大都市区），1：506-509
　origins of term（术语的起源），1：323-324
　regime theory（机制理论），1：324，2：643-645
　regional（区域的），2：548，646-649，794
　sustainable development（可持续发展），2：794
　transit-oriented development（交通导向的发展），2：823-824
　waste（废弃物），2：823-824
Government（政府），亦可参阅：Local government（地方政府）
Government role（政府角色），亦可参阅：City planning（城市区域规划）、Environmental policy（环境政策）、Housing policy（住房政策）、Local government（地方政府）、Urban planning（城市

区域规划）、Urban policy（城市政策）
　　homeownership（私人拥有住房），1：368－369，377
　　Hong Kong（香港），1：370－371
　　housing（住房），1：376－377
　　land development（土地开发），1：429－430
　　public-private partnerships（公私伙伴关系），2：620－623
　　regime theory（机制理论），2：643－644
Graffiti（涂鸦），1：326－329，327，2：630，758，920
Graham, Stephen（斯蒂芬·格拉汉姆），2：590
　　"The Ordinary City"（with Ash Amin）（《平凡之城》，与阿什·阿米合著），2：876
Gramdan movement（格拉姆丹运动），1：435
Grameen Bank（孟加拉乡村银行），1：43
Gramsci, Antonio（安东尼奥·葛兰西），1：497
Granovetter, Mark（马克·格兰诺维特），1：199，285
Grassroots movements（草根运动），1：116，176，178－179，2：761
Gravier, Jean-Francois（让-弗朗索瓦·格拉维埃），*Paris et le désert français*（《巴黎和法国的沙漠》），1：54
Grayfields（灰色地带），2：550，715
Grazian, David（大卫·格雷奇恩），*Blue Chicago*（《蓝色芝加哥》），2：807
Great Depression（大萧条），1：103，124，155，214－215，232，288，321，362，368，375，384，412，436，523，2：593，642，647，711，736
Greater London Authority（大伦敦政府），1：463
Greater London Council（大伦敦议会），1：452，463
Greater London Regional Planning Committee（大伦敦区域规划委员会），2：651
Great Migration（大迁徙），1：124
Great Zimbabwe（大津巴布韦），1：26
Greece（希腊），1：145，381
Greenbelt, Maryland（马里兰州格林贝尔特），1：288
Greendale, Milwaukee, Wisconsin（威斯康星州密尔沃基格林戴尔），1：288
Greene, Richard（理查德·格林），*New Immigrants, Indigenous Poor, and Edge Cities*（《新移民、本土穷人和边缘城市》），1：243

Greenfields（绿色地带），1：242
Green Hills, Cincinnati, Ohio（俄亥俄州辛辛那提格林希尔斯），1：288
Green revolution（绿色革命），1：176
Greenstein, Jack（杰克·格林斯坦），2：655
Greenwich Village, New York City（纽约市格林威治村），1：80，413，2：559，639，641
Gregory the Great, Pope（教皇格列高利一世），2：676
Greimas, Algirdas（阿尔吉达斯·格雷马斯），1：320
Grenade-sur-Garonne, France（法国格勒纳德镇），1：491，492
Grey, Zane（赞恩·格雷），2：681
Grier, E. E.（E. E. 格里尔），1：224
Grier, G.（G. 格里尔），1：224
Griffin, Marion Mahony（马里昂·马奥尼·格里芬），1：102
Griffin, Walter Burley（沃尔特·伯里·格里芬），1：102－103，155
Griffith, D. W.（格里菲思），
　　The Birth of a Nation（《一个国家的诞生》），1：151
　　The Musketeers of Pig Alley（《猪巷火枪手》），1：149
Gris, Juan（胡安·格里斯），2：580
Griscom, John H.（约翰·格里斯科姆），2：557
Gropius, Walter（沃尔特·格罗皮乌斯），2：693，891
Group Areas Act of 1950（South Africa）（南非《1950年集团居住法》），1：31－32
Groupe de Recherche European sur les Milieux Innovateurs（GREMI），（欧洲创新环境研究小组），2：799
Groves, Casey（凯西·格罗夫斯），1：191
Growth machine（增长引擎），1：329－332
　　applications（应用），1：330
　　concept of（概念），1：329－330
　　criticisms of concept（概念的批判），1：331－332
　　cross-national applications（跨国应用），1：330－331
　　global forces（全球力量），1：332
　　smart growth（精明增长），1：334

urban policy（城市政策），2：908
Growth management（增长管理），1：333－335
    criticisms of（对增长管理的批判），1：335
    defining（定义），1：333
    development of（发展），1：333－334
    Europe（欧洲），1：334－335
Growth poles（增长极），1：336－337
Gruen, Victor（维克多·格鲁恩），2：715
Grune, Karl（卡尔·格鲁恩），*The Street*（《街道》），1：150
Guantanamo Bay, Cuba（古巴关塔那摩湾），1：169，2：846
The Guardian（newspaper）（《卫报》，报纸），2：837
Guatemala（危地马拉），2：778
Guattari, Felix（费利克斯·瓜塔里），2：784
Guben, Germany（德国古本），1：226
Guerilla Girls（游击女孩），2：616
Guerrillas, in bureaucracy（官僚队伍中的游击队派），1：4
Guggenheim Museum, Bilbao（毕尔巴鄂古根海姆博物馆），1：38，75－78，77，538，2：860
Gutman, Robert（罗伯特·古特曼），*Architectural Practice*（《建筑实践》），1：36－37
Guys, Constantin（贡斯当·居伊），1：273

H

Haag, Michael（迈克尔·哈格），*Alexandria*（《亚历山大里亚》），1：160
Habermas, Jurgen（尤尔根·哈贝马斯），1：227，252，529，2：597，605－606，625
Habitations à bon marché v（HBM）（经济适用房），1：53
Habitus（习惯），2：808
The Hacienda, Manchester, United Kingdom（英国曼切斯特，庄园），1：222
Hack, Gary（加里·哈克），*Site Planning*（with Kevin Lynch）（《场地规划》，与凯文·林奇合著），1：476
Hacking, Ian（伊恩·哈金），2：696
Hadewijch（哈德维奇），1：67
Hadrian（哈德良，罗马皇帝），1：47
Hägerstrand, Torsten（托斯滕·哈格斯特朗），1：474，2：810－811，937，959
Haggis, Paul（保罗·哈吉斯），*Crash*（《撞车》），1：152
Hahn, James（詹姆斯·哈恩），1：467
Hahn, Kenneth（肯尼思·哈恩），1：467
Haila, Anne（安妮·海拉），2：661
Halfway house（中途之家），1：339－340
Hall, Edward T.（爱德华·霍尔），2：773
    The Hidden Dimension（《隐匿的角度》），1：250
Hall, Peter（彼得·霍尔），1：117，313，340－341，349，415，481
    Cities in Civilization（《文明中的城市》），1：340
    Cities of Tomorrow（《明日之城》），2：650
    Technopoles of the World（with Manuel Castells）（《世界技术极》，与曼纽尔·卡斯特合著），2：799－800
    The World Cities（《世界城市》），2：966－967
Hamburg, Germany（德国汉堡），1：210，359
Hamilton, Bruce（布鲁斯·汉密尔顿），2：810
Hamnett, Chris（克里斯·哈姆内特），1：306，307，461
Hampton, Keith（基思·汉普顿），1：199－201
Hands Across America（跨越美国手牵手），1：364
Haneke, Michael（迈克尔·哈内克），*Caché*（《躲避》），1：152
Hannerz, Ulf（乌尔夫·汉纳斯），2：857
Hannigan, John（约翰·汉尼根），2：565，806
Hanoi, Vietnam（越南河内），1：44
Harappa（哈拉帕），1：25
Harassment, in housing（住房困扰），1：267
Harborplace, Baltimore（巴尔的摩港湾广场），1：234，2：711，871
Harbor Town, Memphis（孟斐斯海港小镇），2：550
Harlem, New York City（纽约哈莱姆），1：256
Harloe, M.（哈罗），1：382－383
Harper's Weekly（magazine）（《哈珀周刊》，杂志），2：672
Harris, Chauncy（昌西·哈里斯），"The Nature of Cities"（with Edward Ullman）（《城市的本性》，与爱德华·乌尔曼合著），2：872，895，924
Harrison, George（乔治·哈里森），2：805
Harrison, Olivia（奥利维亚·哈里森），2：805

Harrison, Wallace（华莱士·哈里森），2：562

Hart-Celler Act of 1965（United States）（美国《1965年哈特-塞勒移民法》），1：470

Hartford, Connecticut（康涅狄格州哈特福德），2：611

Hartley, Marsden（马斯登·哈特利），2：679

Hartman, Chester（切斯特·哈特曼），1：5

Harvard-MIT Joint Center for Urban Studies（哈佛-马萨诸塞理工城市研究联合中心），2：930

Harvey, David（大卫·哈维），1：74，111，116，142，315，320，341－343，469，488，2：553－555，589，598，651，660，669，670，735，744，750，757，834，947－948

 The Condition of Postmodernity（《后现代性的状况》），1：343，2：875

 Consciousness and the Urban Experience（《意识与城市经验》），1：342

 Explanation in Geography（《地理中解释》），1：341－342

 Limits to Capital（《资本的限度》），1：342

 Social Justice and the City（《社会公正与城市》），1：329，342，2：874，932

 Spaces of Hope（《希望的空间》），1：343

Haskell, Douglas（道格拉斯·哈斯凯尔），1：412

Hastie, William（威廉·黑斯蒂），1：518

Hatch, C. Richard（理查德·哈奇），1：5

Häußermann, Hartmut（哈特穆特·豪泽曼），1：227

Haussmann, Baron Georges-Eugène（乔治-欧仁·霍斯曼男爵），1：52，54，106，137，140，153，273，294，342，344－346，391，2：580，584，657，696，788，802，919，928

Hawaii（夏威夷），1：334

Hawk, Tony（托尼·霍克），2：730

Hawley, Amos（阿摩司·霍利），1：346－348，385－386，2：924

 Human Ecology（《人类生态学》），1：385

Hayden, Delores（德洛雷斯·海登），1：299

Hayes, Robert（罗伯特·海耶斯），1：363

Haymarket Affair（Chicago, 1886）（1886年，芝加哥秣市事件），1：123，153

Haynes, George Edmund（乔治·埃德蒙·海恩斯），2：890

Haynes, Todd（托德·海恩斯），*Far from Heaven*（《远离天堂》），1：151

Hazard mitigation plans（减灾方案），1：121－122

Head Start（赢在起跑线），2：855

Healey, Patsy（帕齐·希利），2：606，652

Health（健康），亦可参阅：Hygiene（卫生）、Urban health（城市卫生）

Health of Towns movement（城镇健康运动），1：349

Healthy Cities（健康城市），1：254，348－350，2：877

Healthy Communities（健康社区），1：350

Heathrow, London（伦敦希思罗机场），1：12

Hedonic studies（特征价格法），2：868

Hegemann, Dimitri（迪米特里·赫根曼），1：222

Hegemony（霸权），2：970

Heinrichs, Jurgen（于尔根·海因里希），2：835

Helm, Brigite（布里格特·赫尔姆），1：503

Hemingway, Ernest（欧内斯特·海明威），1：80

Hemyng, Bracebridge（布瑞斯布里奇·海明吉），1：34

Henderson, Charles R.（查尔斯·亨德森），1：127

Henry IV, king of France（法国国王亨利五世），1：135

Hephaisteion, Athens（雅典神庙），1：10

Herc, DJ Kool（库尔·赫尔），1：356

Herdt, Gilbert（吉尔伯特·赫特），*Third Sex, Third Gender*（《第三性，第三性别》），1：301

Heritage City（遗产城市），1：351－354，359，亦可参阅：Cultural heritage（文化遗产）、Historic city（历史名城）

Héritage Montreal of 1975（1975年蒙特利尔的遗产保护地），1：352

Herodotus（希罗多德），*Histories*（《历史》），2：887

Hess, Alan（艾伦·海斯），1：438

Hessel, Franz（弗朗茨·埃塞尔），1：69

Heteronormativity（父权规范），2：698－699，758

Heterotopia（异托邦），1：354－355

Hetherington, Kevin（凯文·赫瑟林顿），2：758

Hewett, Edgar（埃德加·休伊特），2：679

Hewitt, Andy（安迪·休伊特），2：618

Hexagon model of city development（城市发展的

六角形模式),1:474,2:873,936

Hierarchy of needs(需求层次理论),1:376

Highland Park shopping mall, Dallas(达拉斯高地公园购物中心),2:714

Highmore, Ben(本·海默尔),2:900,902

Highway Act of 1956 (United States)(美国《1956年高速公路法》),1:232

Hiller, Ernest T., *The Strike*(欧内斯特·希勒,《罢工》),1:129

Hill stations(山中避暑之地),2:662

Hilton Corporation(希尔顿集团),1:372

Hinchcliffe, Steven(史蒂文·欣奇克利夫),2:894

Hine, Lewis(刘易斯·海恩),2:592
　"Teaching the Young Ideal"("教育年轻人"),2:591

Hines Interests(汉斯公司),1:215

Hip hop(嘻哈文化),1:355-357

Hiplife(嘻哈生活),1:356

Hippias(希庇亚斯),1:46

Hippodamus(希波丹姆),1:46,166

Hiroshima, Japan(日本广岛市),1:357-358,2:573

Hirschmann, Albert(艾伯特·赫斯曼),1:336

Historical literacy(历史素养),2:845

Historic cities(历史名城),1:358-362,亦可参阅：Cultural heritage(文化遗产)、Heritage City(遗产城市)

Historic Ordinance of 1957 (Santa Fe)(《1957年古迹保护条例》,圣菲),2:681

Historic preservation(历史遗迹保护),亦可参阅：Preservation(保护)

Historic Santa Fe Foundation(圣菲历史基金会),2:681

Historic Savannah Foundation(萨凡纳历史基金会),2:691

History(历史),亦可参阅：Urban history(城市史)

Hitler, Adolf(阿道夫·希特勒),1:107,228,503,2:762

Hjelmslev, Louis(路易·叶姆斯列夫),1:320

Hobbes, Thomas(托马斯·霍布斯),1:296

Hobbs, D.(霍布斯),1:236

Hobbs, Dick(迪克·霍布斯),2:566

Hofmannstahl, Hugo von(雨果·冯·霍夫曼斯塔尔),1:397

Hogenberg, Franz(弗朗兹·胡根堡),1:157

Holford, William(威廉·霍尔福德),1:103

Hollands, Robert(罗伯特·霍兰兹),2:565,566

Homelessness(无家可归),1:362-364,376,2:671,673,758,777

Home Mortgage Disclosure Act (HMDA) of 1975 (United States)(1975年《房屋抵押公开法》美国),1:267,2:643

Homeowners associations(房主协会),1:170,365

Homeownership(私人拥有住房),1:366-369
　benefits(利益),1:367-368
　determinants(决定因素),1:367,384
　financing(融资),1:366-367,2:642-643,737
　government role(政府角色),1:368-369,377
　London(伦敦),1:462
　political participation(政治参与),1:368
　private vs. public(私人住房和公共住房),1:384
　public housing(公共住房),2:737-738
　rates(利率),1:366-367,378,383-384
　restrictive covenants(限制性契约),2:665
　tenure(住房所有年限),1:378,383-384
　types(类型),1:366

Homeowners Loan Act of 1933 (United States)(美国《1933年房主贷款法》),1:368

Home Owners Loan Corporation(房主贷款公司),1:368

Home rule movement(自治运动),2:646

Hone, Philip(菲利普·霍恩),2:557

Hong Kong, China(中国香港),1:369-371
　divided cities(分裂的城市),1:226
　economy(经济),1:370
　environmental policy(环境政策),1:371
　government role(政府角色),1:370-371
　history of Hong Kong(香港历史),1:369-370
　One Country, Two Systems(一国两制),1:370
　public housing(公共住房),2:736,738
　urbanization(城市化),1:42,370
　world city(世界城市),1:43

Hong Kong International Airport(香港国际机

场),1：12
Hooke, Robert（罗伯特·胡克）,1：135,2：975
Hoover, Edgar M., Jr.（小埃德加·胡佛）,1：473
HOPE VI（希望工程6号）,2：550,965
Horton Plaza, San Diego（圣迭戈霍顿广场）,2：711
Hotel, motel（旅馆,汽车旅馆）,1：371-374
Hotellings Law（霍特林定律）,2：640
Housing（住房）,1：375-379,亦可参阅：Affordable housing（可负担住房）、Public housing（公共住房）、Social housing（社会住房）
　age of stock（库存房屋的年龄）,1：377,378
　Amsterdam（阿姆斯特丹）,1：22-23
　architecture（建筑）,1：375
　Asian cities（亚洲城市）,1：44
　Athens（雅典）,1：48
　back-to-the-city movement（回归城市运动）,1：378-379
　Berlin（柏林）,1：71-72
　Cairo（开罗）,1：99
　Chicago（芝加哥）,1：124-125
　city planning（城市区域规划）,1：161-162
　condominiums（分契式公寓）,1：185-186
　continuum of（住房的一体化）,1：376
　discrimination（住房歧视）1：266-267,2：854-855
　exclusionary zoning（排斥性区划）,1：260-261
　government role（政府角色）,1：376-377
　Istanbul（伊斯坦布尔）,1：409
　life course needs（生活必需品）,1：376
　loft living（统楼房生活）,1：458-459
　London（伦敦）,1：462-463
　Manila（马尼拉）,1：485
　Moscow（莫斯科）,1：518-519
　Mumbai（孟买）,1：530-532
　New York City（纽约市）,2：558-559
　Paris（巴黎）,1：53
　patchwork urbanism（拼接的城市生活）,2：588-589
　personal and social roles（个人与社会生活）,1：376
　Quality（质量）,1：377
　reforms（改革）,2：802-803
　rent control（房租控制）,2：658
　residential satisfaction（住宅满意程度）,1：377,379
　right to（住房权利）,1：375
　Riis and（里斯和住房）,2：672-673
　Sao Paulo（圣保罗）,2：685
　Savannah（萨凡纳）,2：690
　Shanghai（上海）,2：705-706
　Singapore（新加坡）,2：724
　size（规模）,1：378
　tenements（租屋）,2：801-805
　tenure（住房所有年限）,1：378,383-384
　urban economics（城市经济学）,2：868
　zoning（区划）,1：162,260-261,377
Housing Act of 1937（United States）（美国《1939年住房法》）,2：736
Housing Act of 1949（United States）（美国《1949年住房法》）,1：232,2：855,878
Housing Act of 1954（United States）（美国《1954年住房法》）,2：855
Housing Act of 1959（United States）（美国《1959年住房法》）,2：855
Housing Act of 1961（United States）（美国《1961年住房法》）,2：855
Housing and Town Planning Act of 1919（Britain）（1919年《住房和城市区域规划法》,英国）,2：781
Housing associations（住房协会）,2：737
Housing policy（住房政策）,1：379-383
　categorizing（分类）,1：380-381
　conservative（保守政体）,1：380-381
　convergence approaches（共同性研究）,1：381-383
　definitions（定义）,1：379
　divergence approaches（差异性研究）,1：382-383
　exclusionary zoning（排斥性区划）,1：260-261
　fair housing（公平住房）,1：266-267
　liberal（自由政权）,1：380-381
　objectives（目标）,1：380,383
　social democratic（社会民主）,1：380-381
　urban economics（城市经济学）,2：868

women（妇女），2：964 - 965
Housing subsidies（住房补贴），1：7
Housing tenure（住房所有年限），1：378,383 - 384
Houston, Texas（得克萨斯州休斯敦），1：28, 2：961
Hovorka, Alice（艾丽丝·霍沃卡），2：978
Howard, Ebenezer（埃比尼泽·霍华德），1：53, 85,99,286 - 288,340,435,518,532 - 533,2：585,650,891,946 - 947
　　Garden Cities of Tomorrow（《明日之城》），1：286,533,535
　　Tomorrow（《明日，一条通向真正改革的和平道路》），1：286,288
Howells, William Dean（威廉·迪恩·豪威尔斯），2：559
Howlett, Robert（罗伯特·霍利特），2：592
Hoyt, Homer（霍默·霍伊特），1：243,2：872, 895,924
Hsiao-Hsen（侯孝贤），*Café Lumière*（《咖啡时光》），2：785
Hsinchu Science Park, Taiwan（台湾新竹科学工业园区），2：797
Hubs, global（全球枢纽），2：760
Hudson & Manhattan (H & M) railway（哈德逊-曼哈顿铁路），2：973
Hughes, Howard（霍华德·休斯），1：436
Hugo, Victor（维克多·雨果），2：579
　　Les Miserables（《悲惨世界》），2：696
Hull House, Chicago（芝加哥赫尔会所），1：124, 129,176
Hull House Maps and Papers（《赫尔会所地图和文件集》），1：129,237
Hulme, Manchester（曼彻斯特赫尔姆），2：945
Human, Renee（蕾妮·霍曼），1：96
Human-animal-environment relations（人类与动物的环境关系），2：977 - 980
Humane Borders（"人道边界"），2：577
Human ecology（人类生态学），1：384 - 386,亦可参阅：Urban ecology (Chicago School)（城市生态学（芝加哥学派））
　　Chicago School（芝加哥学派），1：127 - 128,173
　　components（构成要素），1：386
　　environmental psychology（环境心理学），1：250

　　Hawley's influence（霍利的影响），1：346 - 348
　　housing（住房），1：376
　　neo-orthodox（新正统派），1：346 - 348,384 - 386
　　new urban sociology vs.（新城市社会学与人类生态学的对比），2：554
　　traditional approaches（传统的方法），1：385
Humanistic geography（人文主义地理学），2：873 - 874
Human trafficking（贩卖人口），1：192
Hume, David（大卫·休谟），1：396
Hungary（匈牙利），2：962 - 963
Hunt, Henry（亨利·亨特），1：483
Hunt, Richard Morris（理查德·莫里斯·亨特），1：153
Hunter, Albert（阿尔伯特·亨特），1：191
Hunter, Floyd（弗洛伊德·亨特），2：644,911
Hunter v. Pittsburgh (1907)（亨特诉匹兹堡案, 1907年），1：29
Huntington, Henry（亨利·亨廷顿），1：465
Huntington, Samuel（塞缪尔·亨廷顿），1：496
Hurricane Katrina (2005)（卡特里娜飓风, 2005年），1：119,120,224 - 225,2：550 - 551,763
Huston, John（约翰·休斯顿），*The Asphalt Jungle*（《夜阑人未静》），1：150
Hutchinson, Sikivu（司卡沃·哈奇），1：95
Huxley, Aldous（奥尔德斯·赫胥黎），*Brave New World*（《勇敢的新世界》），1：391
Huxley, Thomas（托马斯·赫胥黎），1：294
Huyssen, Andreas（安德里亚斯·胡伊森），1：159
Hygiene（卫生），亦可参阅：Urban health（城市卫生）
　　cemeteries（墓地），2：543
　　Chinatowns（唐人街），1：133
　　gendered space（性别化空间），2：570
　　Haussmann's Paris（霍斯曼巴黎城市区域规划），1：344 - 345
　　New York City（纽约市），2：557 - 558
　　sewers（下水道），2：695 - 697
　　tenements（租屋），2：802,804
　　toilets（厕所），2：811 - 813
Hynes Auditorium, Boston（波士顿海因斯礼堂），1：186

Hypermarkets（巨型超级市场），2：713

I

IBA competitions（IBA 计划），2：549
ICOMOS（国际古迹遗址理事会），亦可参阅：International Council on Monuments and Sites（国际古迹遗址理事会）
Iconicity in architecture（建筑形象）1：38－40
ICT（信息通信技术），亦可参阅：Information and communication technologies（信息通信技术）
Ictinos（伊克蒂诺斯），1：46
Ideal central-place hierarchy（理想的中心位置层次结构），1：473，474
Ideal city（理想城市），1：389－392
 anti-utopias/dystopias（反乌托邦），1：391
 architecture（建筑），1：390－391
 characteristics（特征），1：389－390
 failures（失败），1：391
 Hippodamus（希波丹姆），1：166
 urban planning（城市区域规划），1：390－391
 Utopian tradition（乌托邦传统），1：390
 White City, Chicago World's Fair（芝加哥世界博览会白城），1：124，153，155
Identity（身份）
 cities and memory（城市和记忆），1：159
 formation of（形成），2：626－627
 gender（性别），1：307－308
 gentrification（绅士化），1：307－308
 place（地方认同），1：253
 sexual（性别的），1：307－308，2：758
 shopping（购物），2：709－710
 street children（街童），2：778－779
Ideology（意识形态），1：381－382
Igbo, Braimah（布雷曼·伊格布），1：428
Image production（图像生成），1：142－143
Image studies（影像资料研究），1：475
Immigration（移民）
 Amsterdam（阿姆斯特丹），1：22
 Chicago（芝加哥），1：123－124，126
 Chinatowns（唐人街），1：131－133
 community（社区），1：174
 ethnic enclaves（族裔聚居区），1：255－257
 France（法国），2：581
 globalization（全球化），1：318
 London（伦敦），1：318，461，2：758
 Los Angeles（洛杉矶），1：470
 Moscow（莫斯科），1：318，519
 multicultural cities（多元文化城市），1：525
 Paris（巴黎），1：53－54
 political machines（政治机器），2：607－608
 racialization（种族化），2：629－630
 sociospatial effects（社会空间效应），2：861
 urban politics（城市政治学），2：914
Imperialism（帝国主义），2：970
Imperial Stables, Vienna（维也纳皇家马厩），1：354
Improvisation（即兴创作），1：423
Incrementalism（渐进主义），2：604
Incumbent upgrading（居住提升），2：544
India（印度）
 economy（经济），1：42
 Geddes and（盖迪斯），1：294
 globalization（全球化），1：317
 resorts（度假村），2：662
 suburbanization（郊区化），2：783
 surveillance（监控），2：788
Indian Ocean tsunami (2004)（印度洋海啸，2004年），1：119，225
Individualism（个人主义），1：84，297－298，2：941
Indonesia（印度尼西亚），1：42，43
Industrial Areas Foundation（工业区基金会），1：15，180
Industrialization（工业化），亦可参阅：Fordism（福特主义）
 Asia（亚洲），1：42－43
 Barcelona（巴塞罗那），1：55
 Bilbao（毕尔巴鄂），1：75－76
 deindustrialization（去工业化），1：210－211，433
 discotheques（迪斯科舞厅），1：222
 Geddes on（盖迪斯），1：295
 gendered space（性别化空间），1：299
 globalization（全球化），2：835
 heritage sites（历史遗迹），1：354
 location theory（区位论），1：455－456
 Manchester（曼彻斯特），1：481－482，2：884
 regional governance（区域治理），2：647

Shanghai（上海），2：704，706－707
Tonnies on（滕尼斯），1：297
urban culture（城市健康），2：856
urban development（城市开发），1：109－110
urban health（城市卫生），2：877
urban politics（城市政治学），2：913
Industrial Revolution（工业革命），1：21，130，152，163，167，218，299，319，481，493，495，497，2：661，697，801，856，887，922
Industry clusters（产业集群），2：814－815
Indus Valley（印度河谷），1：25
i-Neighbors（网络邻居），1：200－201
Inequalities（不平衡）
　　buses（公交车），1：95
　　cultural heritage（文化遗产），1：197－198
　　gender equity planning（性别平等规划），1：302－304
　　social vulnerability（社会脆弱性），1：120－121
　　Tokyo（东京），2：816
Influx control（涌入控制），1：31－32
Informational city（信息城市），1：392－395
　　Castells on（卡斯特），1：115－118
　　creative class（创意阶层），1：393－394
　　strategies for successful（成功策略），1：395
　　technology parks（技术园区），1：394－395
　　urban development（城市开发），1：393
Information and communication technologies (ICT)（信息通信技术），亦可参阅：Informational city（信息城市）；Technology（技术）
　　community and（社区和信息通信技术），1：175
　　community development（社区开发），1：178
　　cyburbia（网络城市），1：198－201
　　decentralization（去中心化），2：796
　　everyday impact（日常的影响），2：861
　　neighborhoods（邻里），1：199－201
　　red-light districts threatened by（红灯区受到的威胁），2：641－642
　　shopping（购物），2：712
　　SimCity（模拟城市），2：716－717
　　social networks（社交网络），1：198－199
　　spaces of flows（流动空间），2：760－761
　　technoburbs（技术郊区），2：795－798
　　technopoles（技术极），2：800

visual culture（视觉文化），2：594－595
Inhabitants（居民），1：163－164
Inka empire（印加帝国），1：25，27，167
Innovation, urban system development and（创新，城市体系发展），2：937－938
Innovative milieus（创新环境），1：481，2：797－800
Institute for Applied Autonomy（应用自治研究所），2：618
Institute for Research on World-systems, University of California, Riverside（加州大学河滨分校世界系统研究所），2：970
Institute for Urban History (Sweden)（瑞典城市史研究所），2：881
Institute of Community Studies (United Kingdom)（英国社区研究学院），1：183，2：782
Institute of Development Studies（发展研究所），1：177
Institutional approach to real estate（对房地产的制度研究法），2：636－637
Institutional capacity（机构能力），2：652
Institutional thickness（机构稠密性），2：652
Institutions（机构）
　　social exclusion（社会排斥），2：732－734
　　social problems（社会问题），1：19
Instituto de Estudios Urbanos, Colombia（哥伦比亚城市研究所），2：934
Intellectuals（知识分子），1：395－399，亦可参阅：Creative class（创意阶层）
　　Castells（卡斯特），1：114－115
　　concept of（知识分子的概念），1：395－396
　　current status（目前状况），1：398
　　Enlightenment（启蒙运动），1：396－397
　　future of（知识分子的未来），1：398－399
　　Gans（甘斯），1：285
　　Mumford（芒福德），1：532
　　nineteenth- and twentieth-century（19－20世纪），1：397－398
　　politics（政治），1：397
Interdisciplinary studies（跨学科研究），2：932
Interests（利益）
　　advocacy planning（群议式规划），1：3－4
　　mediation（调解），1：508

International Alliance of Inhabitants（国际人居联盟），2：670

International Amphitheater, Chicago（芝加哥国际圆形剧场），1：186

International Association of Science Parks（国际科学园协会），2：800

International Center for the Study of Preservation and of Cultural Property（国际文化遗产保护和修复研究中心），1：195

International Conference on City Diplomacy (2008)（城市外交国际会议，2008 年），1：455

International Congress of Architects and Technicians of Historic Monuments（历史古迹建筑师及技师国际大会），1：195

International Council for Local Environmental Initiatives（地方环境保护国际委员会），1：249

International Council on Monuments and Sites (ICOMOS)（国际古迹遗址理事会），1：195，352

Internationale situationniste（journal）（《国际情境主义》，期刊），2：753

International Garden City Association（国际田园城市协会），1：288

International Healthy Cities Foundation（国际健康城市基金），1：350

International Housing and Town Planning Federation（国际住房和城镇规划联盟），1：288

International Institute for Sustainable Development (Canada)（加拿大国际可持续发展研究所），2：792

International issues（国际议题）
    community development（社区开发），1：176
    environmental policy（环境政策），1：248–249
    governance（治理），1：324–325
    growth machine（增长引擎），1：330–331
    Haussmann's influence（霍斯曼的影响），1：345
    Healthy Cities movement（健康城市运动），1：350
    Megalopolis（大都市连绵带），1：501–502
    Parks（公园），2：584
    public-private partnerships（公私伙伴关系），2：622
    urban psychology（城市心理学），2：917–918

International Journal of Urban and Regional Research（《城市与区域研究国际杂志》），2：933

International Monetary Fund (IMF)（国际货币基金组织），1：317，2：670，739，757

International Movement for an Imaginist Bauhaus（鲍豪斯国际运动），2：727

International Network for Urban Research and Action (INURA)（城市研究和行动国际网络），2：933

International Regional Science Review（journal）（《国际区域科学评论》，期刊），1：20

International Standards Organization（国际标准组织），1：249

International style（国际风格），1：39，155，233，2：562

Internet（因特网），亦可参阅：Information and communication technologies (ICT)（信息通信技术）

Internment camps（集中营），2：846

Inukshuk sculpture（因努伊特石堆），2：614

Invasion, of neighborhoods（邻里入侵），2：864

Iofán, Boris（鲍里斯·伊万），1：107

Iran（伊朗），1：42，43

Iraq War (2003-present)（伊拉克战争，2003 年至今），1：225

Irish Republican Army（爱尔兰共和军），2：821

Ironbridge, Shropshire, United Kingdom（英国大铁桥，英国什罗浦郡），1：354

Irvine, California（加州大学欧文分校），2：587

Isard, Walter（沃尔特·艾萨德），1：399–401，474，2：651
    General Theory（《一般性理论》），1：400
    Location and Space-Economy（区位与空间经济学），1：400
    Methods of Interregional and Regional Analysis（《跨区域和区域分析方法》），1：400

Ishiguro, Kazuo（石黑一雄），2：902

Ishihara, Shintaro（石原慎太郎），2：817

Isin, Engin（恩金·伊辛），2：577

Islam（伊斯兰教），2：887

Islamic city（伊斯兰城市），1：43，401–405
    Cairo（开罗），1：97–101
    colonial cities（殖民城市），1：166
    gendered space（性别化空间），1：301，496

hotels（旅馆），1：374

Istanbul（伊斯坦布尔），1：405－409

law and Islamic city（法律和伊斯兰城市），1：402－403

Manila（马尼拉），1：485－486

segregation（种族隔离），1：496

Ismail, Khedive（赫迪夫·伊斯梅尔），1：98,100

Israel（以色列），1：229,512

Isserman, Andrew（安德鲁·伊萨曼），1：337

Istanbul, Turkey（土耳其伊斯坦布尔），1：405－409,407

catastrophe（大灾难），1：120

houses（房子），1：409

megacity（巨型城市），1：42

neighborhoods（社区），1：408

postcolonial（后殖民时期），1：43

public places（公共场所），1：408－409

railroad station（火车站），2：632

urban development（城市开发），1：406

urban production/consumption（城市生产/消费），1：406－408

Italy（意大利），1：168

Ivan the Terrible, czar of Russia（俄国沙皇恐怖的伊凡），1：517

Izenour, Steven（史蒂文·艾泽努尔），*Learning from Las Vegas*（with Venturi and Scott Brown）（《向拉斯维加斯学习》，与文图里和丹尼丝·布朗合著），1：140,437－438

J

Jackson, Helen Hunt（海伦·亨特·杰克逊），*Ramona*（《拉蒙纳》），2：601

Jackson, Kenneth T.（肯尼斯·杰克逊），1：411,2：894

Crabgrass Frontier（《马唐草边疆》），1：411

Jackson Plan (Singapore)（杰克逊规划，新加坡），2：724

Jacksonville, Florida（佛罗里达杰克逊维尔），1：28

Jacob, Max（马克斯·雅各布），2：580

Jacob K. Javits Convention Center, New York City（纽约雅各布·贾维茨会议中心），1：187,188

Jacobs, Jane（简·雅各布斯），1：233,412－416,2：694,710,893,928,944

Cities and the Wealth of Nations（《城市和国民财富》），1：413

The Death and Life of Great American Cities（《美国大城市的死与生》），1：412－414,535,2：904,932,958

The Economy of Cities（《城市经济》），1：413

The Question of Separatism（《分离主义问题》），1：414

Jacobs, Robert Hyde（罗伯特·海德·雅各布斯），1：412

Jager, Johannes（约翰尼斯·加戈尔），2：661

Jahn, Helmut（赫尔穆特·雅恩），1：12

Jakarta, Indonesia（印度尼西亚雅加达），1：42,43,120

Jakle, J. A.（杰克尔），*The Motel in America*（《美国的汽车旅馆》），1：373

James, William（威廉·詹姆斯），1：127,250

Jameson, Fredric（弗雷德里克·詹姆逊），1：438

James the Apostle（使徒雅各），2：682－683

Janowitz, Morris（莫里斯·贾诺威茨），1：129

Japan（日本）

economy（经济），1：42,44

public-private partnerships（公私伙伴关系），2：622

red-light districts（红灯区），2：638－639

Technopoles（技术极），2：800

urbanization（城市化），1：42

Jappe, Anselm（安塞姆·雅佩），2：753

Jaray, Tess（苔丝·贾雷），2：617

Jardins du Palais Royal, Paris（巴黎皇宫花园），1：33

The Jazz Singer (Crosland)（《爵士歌手》，克罗斯兰），1：149

Jeanneret, Charles-Edouard（查理·爱德华·让纳雷），亦可参阅：Le Corbusier（勒·柯布西耶）

Jeanneret, Pierre（皮埃尔·让纳雷），1：446

Jefferson, Mark（马克·杰斐逊），2：609－610

Jefferson, Thomas（托马斯·杰斐逊），1：50,84,2：837

Jenney, William LeBaron（威廉·莱伯龙·珍尼），1：124

Jerde, Jon（乔恩·杰德），1：436

Jerusalem（耶路撒冷），1：229，256
Jet aircraft（喷气式飞机），1：11
Jews（犹太人）
    divided cities（分裂的城市），1：228
        ghettoes（隔都），1：309-311，2：787，954
        Istanbul（伊斯坦布尔），1：409
    archetypical stranger（典型的陌生人），2：771
        suburbanization（郊区化），2：783
        Venice（威尼斯），2：954
Johannesburg Summit（2002）（约翰内斯堡峰会，2002年），2：790
John D. and Catherine T. MacArthur Foundation（麦克阿瑟基金会），2：648
John F. Kennedy Airport, New York（肯尼迪机场），1：12
John Hancock Center, Chicago（芝加哥约翰·汉考克中心），1：125
Johns Hopkins University（美国约翰·霍普金斯大学），1：127
Johnson, Charles S.（查尔斯·约翰逊），1：129
Johnson, David（大卫·约翰逊），2：651
Johnson, Louise（路易丝·约翰逊），1：301
Johnson, Lyndon B.（林登·约翰逊），2：854，930
Johnston, Boris（鲍里斯·约翰斯顿），1：463
Johnston, Ron（罗恩·约翰斯顿），2：873
Jolson, Al（艾尔·乔森），1：149
Jones, Matthew（马修·琼斯），2：573
Jordan, Mel（梅尔·乔丹），2：618
Journalism（新闻业），2：901
Journal of Environmental Psychology（《环境心理学杂志》），2：901
Journal of Regional Science（《区域科学杂志》），1：400-401
Journal of the American Institute of Architects（《美国建筑师学会杂志》），1：533
Journal of the American Institute of Planners（《美国规划师学会杂志》），1：2
Journal of Urban Affairs（《城市事务杂志》），2：933
Journal of Urban Analysis and Public Management（《城市分析与公共管理杂志》），2：932
Journal of Urban Economics（《城市经济学杂志》），2：932
Journal of Urban History（《城市史杂志》），2：932
Journal of World-Systems Research（《世界体系研究杂志》），2：970
Journey to work（上班旅程），1：416-418
Joyce, James（詹姆斯·乔尹斯），2：899，902
    Ulysses（《尤利西斯》），1：447
Juarez, Benito（贝尼托·华雷斯区），1：516
Jubayr, Ibn（伊本·祖拜尔），1：204
Judaism（犹太教），2：887
Judd, D.（贾德），1：439
Judd, Dennis（丹尼斯·贾德），2：808
Julius II, Pope（教皇尤里乌斯二世），2：676
Junger, Ernst（厄恩斯特·荣格），1：503
Junior Network for International Urban Studies（国际城市研究初级网络），2：933
Justice（公正），亦可参阅：Environmental justice（环境正义）、Gender equity planning（性别平等规划）

K

Kaiser, Georg（格奥尔格·凯泽），Gas, Metropolis（《煤气与大都会》），1：503
Kaiser Wilhelm Gedachtniskirke, Berlin（柏林夏洛滕堡宫），1：359
Kaliski, John（约翰·凯利斯基），Everyday Urbanism (with Margaret Crawford)（《日常城市主义》，与玛格丽特·克劳福德合著），2：552
Kampung（村落），1：419
Kanak, Alvin（阿尔文·卡纳克），Inukshuk sculpture（因纽特雕塑），2：614
Kantor, Paul（保罗·卡特尔），2：912
Karachi, Pakistan（巴基斯坦卡拉奇），1：42
Karloff, Reed（里德·卡洛夫），2：552
Kasarda, John D.（约翰·卡萨达），1：386
Kassovitz, Mathieu（马修·卡索维茨），Le Haine（《恨》），1：54
Katrina cottages（卡特里娜村舍），2：551
Katz, Peter,（彼得·卡茨），2：550，552
    The New Urbanism（《新城市主义》），2：550
Katznelson, Ira（埃拉·卡兹尼尔森），City Trenches（《城市壕沟》），1：454

Kayquba-d,'Ala-'al-D-n（凯库巴德一世），1：114
Kazakhstan（哈萨克斯坦），1：42，43
Keating, Michael（迈克尔·基廷），2：651
Kechiche, Abdellatif（阿布德拉蒂夫·克希什），*L'Esquive*（《闪躲》），1：54
Kelbaugh, Douglas（道格拉斯·卡巴夫），*A Pedestrian Pocket Book*（《行人手册之书），2：549
Kelley, Robin D. G.（罗宾·凯利），1：356
Kelling, George L.（乔治·克林），1：327
Kelo v. City of New London（2005）（凯洛诉新伦敦市案，2005年），1：225
Kemeny, J.（凯梅尼），1：382
Kendig, Hal（哈尔·肯迪格），*New Life for Old Suburbs*（《旧郊区的新生活》），1：306
Kennedy, John F.（约翰·肯尼迪），1：266，2：855
Kepes, Gyorgy（杰奥格·凯普斯），1：478
Kerner, Otto（奥托·科纳），2：854
Kerner Commission Report（科纳委员会报告），2：854
Kerouac, Jack（杰克·凯鲁亚克），*On the Road*（《在路上》），1：80
Kesey, Ken（肯凯西），1：81
Kester, Grant（格兰特·凯斯特），2：617
Keynes, John Maynard（约翰·梅纳德·凯恩斯），1：336
Khaldun, Ibn（伊本·赫勒敦），1：402-403，405
Muqaddimah（《历史导论》），1：403
Khan, Kublai（忽必烈大汗），1：41
Khan al-Umdan caravanserai, Acre（阿卡商队旅馆），1：114
Khmer empire（高棉帝国），1：26
Khrushchev, Nikita（尼基塔·赫鲁晓夫），1：391，518，2：668
Khrushchevkas（赫鲁晓夫时代），1：391，518
Kiarostami, Abbas（阿拔斯·基亚罗斯塔米），*A Taste of Cherry*（《樱桃的滋味》），1：151
Kiel Auditorium, St. Louis（圣路易斯基尔大礼堂），1：186
Kiel Institute for World Economics（基尔世界经济研究所），1：473
Kimball, S. T.（金博尔），*Family and Community in Ireland*（with Conrad M. Arensberg）（《爱尔兰的家庭和社区》，与康拉德·阿伦斯伯格合著），1：184
King, Anthony（安东尼·金），1：91，92，167，313
King, Martin Luther, Jr.（马丁·路德·金），1：266，2：854
King, Rodney（罗德尼·金），1：467
Kingdome, Seattle（西雅图国王球场露天体育场），2：763
King's Daughters（国王的女儿），2：673
Kingston, Jamaica（牙买加金斯敦），1：166
Kipfer, Stefan（斯蒂芬·凯普弗），1：526-527
Kirk, William（威廉·科克），1：412
Klaassen, Leo H.（利奥·克拉森），1：474
Klein-Rogge, Rudolf（鲁道夫·格连-罗格），1：503
Kleisthenes（克里斯提尼），1：9
Klotz, Volker（沃尔克·克罗茨），2：900
Knight, Valentine（瓦伦丁·奈特），1：135
Knowledge, in planning（规划知识），2：605
Knowledge city（知识城市），亦可参阅：Informational city（信息城市）
Knox, Paul（保罗·诺克斯），2：875
Knuckles, Frankie（弗兰基·纳克鲁斯），1：222
Koch, Ed（爱德·科赫），1：413
Kofman, Eleonore（埃利奥诺·考夫曼），2：667
Kohn, Clyde（克莱德·科恩），*Readings in Urban Geography*（with Harold Mayer）（《城市地理学读本》，与哈罗德·迈耶合著），2：872
Kolkata（Calcutta）, India（印度加尔各答），1：41，42，166，420-422
Komarom, Hungary（匈牙利科马隆），1：226
Kong, Lily（江莉莉），1：134
Koolhaas, Rem（雷·库尔汉斯），*Project on the City*（《城市项目》），1：438
Kostof, Spiro（斯皮罗·库斯托夫），1：390
Kotun, Karimu（卡里穆·科顿），1：428
Kotzer, Erich（埃里希·科策），*Die Stadt von Morgen*（Goldbeck）（《城市的明天》，高来恩），1：150
Kowng, Peter（邝广杰），*The New Chinatown*（《新唐人街》），1：134
Kracauer, Siegfried（西格弗里德·克拉考尔），1：149-150，422-424，2：718

From Caligari to Hitler（《从卡里加利到希特勒》），1：424，503

Jacques Offenbach and the Paris of His Time（《雅克·奥芬巴赫和他那个时代的巴黎》），1：423－424

Das Ornament der Masse（《大众装饰》），1：423

Strassen in Berlin und Anderswo（《柏林以及其他地方的街道》），1：423

Theory of Film（《电影的本性》），1：150，424

Kreye, Otto（奥托·克莱叶），2：835

Krier, Leon（莱昂·克里尔），1：278，2：549

Krugler, David（大卫·克鲁格勒），2：573

Krugman, Paul（保罗·克鲁格曼），*The Spatial Economy*（with Fujita and Venables）（《空间经济学》，与藤田昌久、维纳布斯合著），1：283

Krumholz, Norman（诺曼·克鲁姆霍尔兹），1：5，2：611

Kuala Lumpur, Malaysia（马来西亚吉隆坡），1：43，132，2：587

Kubitschek, Juscelino（儒塞利诺·瓦加斯），1：82

Kubrin, Charis E.（查莉丝·库布林），2：554

Kucinich, Dennis（丹尼斯·库西奇尼），2：611

Kuhn, Thomas（托马斯·库恩），2：793

Kumar, Krishan（克里珊·库玛），1：390

Kureishi, Hanif（哈尼夫·库雷西），1：151，2：902

Kuressaare, Estonia（爱沙尼亚库雷萨雷），1：350

Kusner, Kenneth（肯尼思·库斯纳），*The Making of a Negro Ghetto*（《黑人隔都的形成》），1：312

Kustrin, Germany（德国屈斯特林），1：226

Kyoto, Japan（日本京都），1：41

Kyoto Protocol（《京都议定书》），1：248

Kyrgyzstan（吉尔吉斯斯坦），1：42

L

Labor and employment（劳动力与就业）
　Berlin（柏林），1：72
　Chicago（芝加哥），1：123－124
　deindustrialization（去工业化），1：210－211
　ethnic entrepreneurship（族裔企业家），1：257－260
　hotels（宾馆），1：374
　information age（信息时代），1：117
　journey to work（上班旅程），1：416－418
　Marxist analysis（马克思主义分析），1：487
　tourism（旅游业），2：821
　working-class communities（工人阶级社区），1：183－184
　zoning（区划），1：261

Lacan, Jacques（雅克·拉康），1：208，2：696

Lacasa, Luis（路易·拉卡萨），2：693

Ladd, Brian（布莱恩·莱德），1：159

La Defense, Paris（巴黎拉德芳斯），1：53

Lafitte, Pierre（皮埃尔·拉菲特），2：800

La Fonda Hotel, Santa Fe（圣菲拉方达酒店），2：681

Lagopoulos, Alexandros（亚历山德罗斯·兰格波罗斯），1：320
　Urban Semiotics（with Mark Gottdiener）（《城市符号学》，与马克·戈特迪纳合著），2：919

Lagos, Nigeria（尼日利亚拉各斯），1：427－429，2：889

La Guardia, Fiorello（费奥雷罗·拉瓜迪亚），1：522，523

Laguna West, Sacramento（萨克拉门托西拉古娜），2：549

La Havre, France（法国勒阿弗尔），1：352

Lai, David Chuenyan, *Chinatowns*（黎全恩，《唐人街》），1：134

Lakewood Plan（莱克伍德方案），1：470

Lalonde Report《拉龙德报告》，1：349

Lamartine, Alphonse de（阿方斯·德·拉马丁），2：579

Land development（土地开发），1：429－430，2：822－824，亦可参阅：Developer（开发商）、Real estate（房地产）、Urban development（城市开发）

Landmarks Preservation Commission（地标保护委员会），1：459

Land rent theory（竞租理论），2：659－661

Landscape, sprawl and（景观与城市蔓延），2：768

Landscape architecture（景观设计），1：154，430－432，2：543

Landscapes of power（权力地标），1：432－434，亦可参阅：Power（权力）、Surveillance（监控）

Land tenure rights（土地占有权），1：271

Land trusts（土地信托），1：434－435

Land-use planning（土地利用规划），2：903，亦可参阅：Regional planning（区域规划）

Lang, Fritz（弗里茨·兰格）
    Dr. Mabuse, the Gambler（《赌徒马布斯博士》），1：150
    M（《M》），1：150
    Metropolis（《大都市》），1：141，391，502-503，2：593

Lange, Dorothea（多萝西娅·兰格），2：593-594

Language（语言）
    multicultural cities（多元文化城市），1：528-529
    placemaking（场所营造），2：601-602

Laos（老挝），1：42

Larson, Sarfatti（萨法提·拉森），1：438

Lashkar-e-Toiba（虔诚军），1：532

Laska, Shirley Bradway（雪莉·布拉德韦·拉斯卡），*Back to the City*（with Daphne Spain）（《回归城市》，与达夫妮·斯佩恩合著），1：51

Lasker, Stephanie（斯蒂芬妮·拉斯克），2：703

Las Vegas, Nevada（内华达州拉斯维加斯），1：435-440，437，2：722，808，820，821

Las Vegas Convention Center（拉斯维加斯会议中心），1：187

Latane, Bibb（比布·拉坦尼），2：917

Latin America（拉丁美洲）
    city planning（城市区域规划），2：693-694
    social movements（社会运动），2：739
    squares（广场），2：597

Latina/o culture（拉丁文化）
    barrios（拉美裔聚居区），1：59-61
    dance music（歌舞厅），1：222
    hip hop（嘻哈文化），1：355-357
    suburbanization（郊区化），2：783

Laufenberg, Germany（德国劳芬堡），1：229

Laufenberg, Switzerland（瑞士劳芬堡），1：229

Launhardt, Wilhelm（威廉·劳恩哈特），1：472

Laura Spellman Rockefeller Memorial Fund（劳拉·斯贝尔曼·洛克菲勒纪念基金），1：127

Lavatories（盥洗室），亦可参阅：Toilets（厕所）

Law（法律）
    annexation（吞并），1：29-30
    city planning（城市区域规划），1：162
    general plans（总体规划），1：305
    Islamic city（伊斯兰城市），1：402-403
    skateboarding（滑板运动），2：730-731
    squatter movements（占地运动），2：769-770
    tenements（租屋），2：801-802

Lawn（草坪），1：440-444，441

Law of the Indies of 1573（Spain）（西班牙，《1573年印地法》），2：597，680

Lawrence, D. H.（劳伦斯），2：680

Leadership Council for Metropolitan Open Communities（Chicago）（芝加哥，大都市区开放社区领导委员会），2：648

Leadership in Energy and Environmental Design（Chicago）（芝加哥，能源与环境设计领导组织），1：249

League of Nations（国际联盟），1：445

Leavenworth, Washington（华盛顿莱文沃思），2：807

Lebas, Elizabeth（伊丽莎白·勒巴），2：667

Le Clezio, J. M. G.（勒·克莱齐奥），2：581

Lecocq, Xavier（泽维尔·勒科克），1：64

Le Corbusier（勒·柯布西耶），1：444-446
    Après le Cubisme（with Amedee Ozenfant）（《立体主义之后》，与奥尚方合著），1：445
    Barcelona（巴塞罗那），2：692
    Bogota（波哥大），2：693
    Brasilia（巴西利亚），1：81-82，108
    Buenos Aires（布宜诺斯艾利斯），1：89
    bunkers（地堡），1：93
    Chandigarh（昌迪加尔），1：108，446，2：693
    Chapel of Notre Dame du Haut（朗香教堂），1：446
    Charter of Athens（《雅典宪章》），1：48
    The City of Tomorrow（《明日之城》），2：593
    Dom-Ino（多米诺结构体系），1：445
    early years（早期），1：444-445
    Five Points of a New Architecture（《建筑五要素》），1：445
    gendered space（性别化空间），2：571
    ideal city（理想城市），1：391
    Jacobs on（雅克布斯），1：414
    medieval cities（中世纪城市），1：490
    public housing（公共住房），1：53

The Radiant City（《光辉城市》），1：53
　　Sert and（塞尔特），2：692-693
　　Tsentrosoyuz building（光明社大厦），1：518
　　　　Unite d'habitation（马赛公寓大楼），1：446
　　　　Urbanisme（《城市区域规划》），1：445,490
　　　　Urbanization（城市化），2：891-892
　　urban planning（城市区域规划），1：340,2：904, 947
　　Utopias（乌托邦），2：947
　　　　Vers une Architecture（Towards a New Architecture）(《迈向新建筑》)1：53,445
　　　　Ville Contemporaine（当代城市），1：445
　　　　Ville Radieuse（光辉城市），1：445
　　　　Ledrut, Raymond（雷蒙·莱德雷特），2：919
Lee, Leo Ou-fan（李欧梵），*Shanghai Modern*（《上海摩登》），2：705
Lee, Roger（罗杰·李），2：835
Lee, Spike（斯派克·李），1：151
LEED for Neighborhood Development rating system（绿色建筑协会邻里开发评估系统），2：550
Leeds, Anthony（安东尼·利兹），1：270,2：843
Lees, Loretta（洛蕾塔·利斯），2：892
Lefebvre, Henri（亨利·列斐伏尔），1：111,319-320,322,355,447-451,488,2：553,555,577,598,667-671,726,728,739,742-747,749-750,753-755,892,921,933,948,959
　　Le Droit à la ville（《城市的权力》），2：667-668
　　The Production of Space（《空间的生产》），1：299,2：566,668-669,742,749,899
　　La revolution urbaine（《城市革命》），2：739
　　Left, political（左倾政策），2：753-754
Left Front (Kolkata)（左派阵线，加尔各答），1：421
Legitimacy（合理性），1：507
Lehan, Richard（理查德·利罕），*The City in Literature*（《文学中的城市》），2：900
Leighton, B.（雷顿），2：924
L'Enfant, Pierre Charles（皮埃尔·查尔斯·朗方），1：107,137,154,2：657
Lenoir, Rene（勒内·勒努瓦），2：731
Le Nôtre, André（安德烈·勒·诺特），1：135
Leo X, Pope（教皇利奥十世），1：277

Leo XI, Pope（教皇利奥十一世），1：277
Leontief, W. W.（列惕夫），1：400
Le Pen, Jean-Marie（让-玛丽·勒庞），2：581
Leroy, Mervyn（默文·勒鲁瓦），*Little Caesar*（《小凯撒》），1：149
Lesbian space（女同性恋空间），1：292,307-308, 2：698,758
Leslie, Miriam Florence（米丽亚姆·弗洛伦斯·莱斯利），*California：A Pleasure Trip*（《加利福尼亚：享乐之旅》），2：631
Letchworth, United Kingdom（英国莱奇沃思），1：287
Letterist International（字母主义国际），2：727
Lever, William Hesketh（威廉·海斯凯茨·雷弗），1：287
Levine, Les（莱斯·莱文），2：617
Levine, Mark（马克·莱文），2：871
Levine, Robert V.,（罗伯特·莱文），2：917
Lewin, Kurt（库尔特·勒温），1：250
Lewis, Oscar（奥斯卡·刘易斯），2：843
Lewis v. Bankole (1912) (Nigeria)（刘易斯诉班科尔，1912年，尼日利亚），1：429
Ley, David（大卫·莱伊），1：307,2：875
Liberalism（自由主义），亦可参阅：Neoliberalism（新自由主义）
　　housing policy（住房政策），1：380-381
　　urban planning（城市区域规划），2：906-907
Liberia（利比里亚），1：302
Lichtenstein, Roy（罗伊·李奇登斯坦），2：617
Liege, Belgium（比利时列日），1：350
Life（magazine）(《生活》，杂志)，1：535,2：593,729
Lifestyle centers (shopping)（时尚生活中心,购物），2：713
Lifestyle communities（社区的生活方式），1：192
Light, Ivan（伊凡·莱特），1：258
Lighting（照明），2：563-564,567
Ligue des Patriotes（爱国者联盟），2：666
Lin, Jan, Reconstructing Chinatown（林月,重建唐人街），1：134
Lincoln Center, New York City（纽约市林肯中心），1：524
Lindblom, Charles（查尔斯·林布隆），The Science

of Muddling Through（"渐进决策科学"），2：604

Lindsay, John（约翰·林赛），1：413，2：855

Lipietz, Alain（阿兰·利比兹），2：660

Lipton, Lawrence（劳伦斯·利普顿），1：80

Lissitzky, El（埃尔·利西茨基），1：445

Literary studies, of the urban novel（文学研究，关于城市小说），2：899－902

Literature（文学），亦可参阅：Urban novel（城市小说）

Littérature-Monde（*manifesto*）（世界文学，宣言），2：581

Little Caesar（Leroy）（《小凯撒》，勒鲁瓦），1：149

Little Saigon, Orange County（加利福尼亚州奥兰治县小西贡），2：603

Littlewood, Alan（阿伦·李特尔伍德），1：414

Littoral（利托罗尔），2：618

Livable communities movement（宜居社区运动），1：334

Lived space（生活空间），2：746，899

Liverpool, United Kingdom（英国利物浦），1：352，482，539，2：584

Livingstone, Ken（肯·利文斯通），1：463

Llewellyn, Karl（卡尔·卢埃林），*On the Good, the True, and the Beautiful in Law*（"论法律的真善美"），1：402

Llewellyn Park, New Jersey（新泽西卢埃林公园），2：837

Lloyd, Harold（哈罗德·劳埃德），1：149

Llurdes, J. C.（路德），2：664

Loans（贷款），1：267

Local Agenda（地方议程），1：248

Local Community Research Committee, University of（当地社区研究委员会），1：127
  Chicago（芝加哥），

Local government（地方政府），1：451－455，亦可参阅：Regional governance（区域治理）、Urban policy（城市政策）
  Defined（定义），1：451
  economic aspects（经济方面），1：453
  historical development（历史的发展），1：451－452
  metropolitan governance（大都市区治理），1：506－509
  Politic（政策），1：453－454
  public authorities（公共管理局），2：619－620
  public-private partnerships（公私伙伴关系），2：620－623
  Structures（结构），1：453
  study of（相关研究），1：454－455
  Tiebout Hypothesis（蒂布特假说），2：809－810
  Trends（趋势），1：455
  Types（类型），1：452
  urban economics（城市经济学），2：867－868

Local growth machine（本地的增长引擎），1：330

Local history（地方史），2：882－883

Local Initiatives Support Corporation（支持企业的本地措施），1：7，177

Localist mode of regional governance（区域治理的本地模式），2：648－649

Locational analysis（区位分析），2：873

Locational rent approach（区位租金的方式），2：651

Location decisions（区位的定位），2：866－867

Location theory（区位论），1：20，455－456，2：873

Locus＋（洛卡斯＋），2：618

Loewy, Raymond（雷蒙·洛伊），2：562

Loft living（统楼房生活），1：457－459

Logan, John（约翰·洛根），*Urban Fortunes*（with Harvey Molotch）（《城市财富》，与哈维·莫洛奇合著），1：329，330，332

Loma Prieta earthquake (1989)（1989年旧金山大地震），1：119

London, United Kingdom（英国伦敦），1：460－464
  Arcades（拱廊），1：33－35
  Archaeology（考古学），1：27
  capital city（首都城市），1：108
  Chinatown（唐人街），1：132
  city planning（城市区域规划），1：135，136，137，247，2：651，974－975
  Class（阶级），1：461－462
  density gradient（密度梯度），2：767
  Dickens（狄更斯），1：217－218
  East London（伦敦东区），1：463
  Economy（经济），1：460－462
  Ethnicity（族裔），1：461

Garden City model（田园城市模式），1：288

global city（全球城市），1：318，460，464

history of（历史），1：460

Housing（住房），1：462－463

Immigration（移民），1：318，461，2：758

multicultural city（多元文化的城市），1：527

Nightlife（夜生活），2：563－565

preservation movement（保护运动），1：352

Prostitution（卖淫），1：34－35

red-light districts（红灯区），2：641

Regents Park（摄政公园），2：583

Shopping（购物），2：710

Suburbanization（郊区化），2：780

Tenements（租屋），2：801－802

toll roads（收费公路），1：418

urban archaeology（城市考古学），2：847

urban planning（城市区域规划），1：345

London County Council（伦敦郡议会），2：736

London Missionary Society（伦敦差会），1：31

Long Island，New York（纽约长岛），1：522

Long Island State Park Commission（长岛州立公园委员会），1：522

Lonsway, Brian（布莱恩·朗斯威），2：806

Loo, Chalsa（切尔萨·卢），2：917

Looney Ricks Kiss（卢尼·里克斯·基斯设计公司），2：550

Loos, Adolf（阿道夫·路斯），1：445

Lords of Dogtown (film)（《狗镇之主》，电影），2：730

Lorenzetti, Ambrogio（安布罗焦·洛伦泽蒂）

Allegory of Good Government（《健全与腐朽政府寓言》），1：15－18，2：655

Bad Government and Its Effects（《腐朽政府及其影响》），1：16－18

Los Angeles, California（加利福尼亚州洛杉矶），1：464－468，468

Annexation（吞并），1：29－30

Barrios（拉美裔聚居区），1：60

Bohemia（波希米亚），1：81

Buses（公交车），1：95

catastrophe risk（大灾难风险），1：120

Davis on（戴维斯论），1：206

downtown revitalization（市中心复兴），1：233

economic development（经济发展），1：466

Ethnicity（族裔），1：470

Exopolis（外城），1：261－262

Governance（治理），1：470－471

history of（历史），1：465

Immigration,（移民），1：470

multicultural city（多元文化的城市），1：527－528

patchwork urbanism（拼接的城市生活），2：590

Placemaking（场所营造），2：600－601

Politics（政策），1：466－467

Race（种族），1：466－467，470

Significance（意义），1：122，129，464，472，2：796，875

Surveillance（监控），2：788

urban development（城市开发），1：465－466

urban renaissance（城市复兴），1：467－468

Los Angeles Coliseum（洛杉矶体育馆），2：762

Los Angeles County Metropolitan Transit Authority (MTA/Metro)（洛杉矶县大都市区交通管理局），1：467

Los Angeles School of Urban Studies（城市社会学芝加哥学派），1：468－472

Chicago School vs.（与芝加哥学派做对比），1：126，129

criticisms of（关于对洛杉矶学派批评的声音），1：471

Davis and（戴维斯和洛杉矶学派），1：206

edge citie（边缘城市），1：243－244

emergence of（兴起），1：261，2：875，934

Los Angeles（洛杉矶），1：464，468－472，2：875

Origins（来源），1：468－469

urban geography（城市地理学），2：876

Los Angeles Times (newspaper)（《洛杉矶时报》报纸），2：601

Lösch, August（奥古斯特·勒施），1：472－474

Die räumliche Ordnung der Wirtschaft（《经济的空间秩序》），1：472－474

Loudon, John Claudius（约翰·克劳迪亚斯·劳登），1：247，2：542－543，583

Louisbourg, Nova Scotia（新斯科舍省路易斯堡），1：361

Louisiana Purchase Exposition (St. Louis, 1904)

（路易斯安那购地博览会，圣路易斯，1904 年），2：819

Louisiana Recovery Authority（路易斯安那州复兴管理局），2：550

Louisiana Superdome, New Orleans（路易斯安那州新奥尔良市的"超级穹顶"），2：763

Louis XIV, king of France（法国国王路易十四），1：277，2：657

Louvre, Paris（巴黎卢浮宫），1：536－537

Love Canal Homeowners Association（拉夫运河业主协会），1：180

Low, Martina（玛蒂娜·劳），2：749

Low, Seth（赛斯·洛），1：290

Lowe, S.（劳），1：382

Lowell, Massachusetts（马萨诸塞州洛厄尔），1：354，539

Lower-class opportunity expansion regime（低阶层的机会扩展制度），2：645

Low Income Housing Tax Credit（低收入住房税收抵免），1：7，2：965

Lowther Arcade, London（伦敦劳瑟拱廊），1：33，35

Loy, Mina（米纳·卢瓦），1：80

Lubove, Roy（罗伊·卢波夫），1：153，155

Lucas, Robert（罗伯特·卢卡斯），1：415

Lukacs, Georg（乔治·卢卡奇），1：503，2：718，753

Lukas, Scott（斯科特·卢卡斯），2：808

Lumiere, Auguste（奥古斯特·卢米埃尔），1：148，2：593

Lumiere, Louis（路易·卢米埃尔），2：593

Lummis, Charles F.（查尔斯·卢米斯），2：681

Lunar Society of Birmingham（伯明翰的银月社），1：396

Lund School（隆德学派），2：810

Lutyens, Edwin（埃德温·洛特恩斯），1：211，2：788

Luxury resorts（豪华度假村），2：663

Luzhkov, Yuri M.（尤里·米哈伊洛维奇·卢日科夫），1：519

Lynch, Kevin（凯文·林奇），1：159，233，251，390，474－479，2：873

The Image of the City（《城市意象》），1：250，475，478

Site Planning（《场地规划》），1：476

A Theory of Good City Form（《良好的城市形态理论》），1：476－477

The View from the Road（with Appleyard and Myer）（《道路视图》，与阿普尔亚德、迈尔合著），1：476

Lynd, Robert（罗伯特·林德），*Middletown*（with Helen Lynd）（《中镇》，与海伦·林德合著），1：183

Lyons, Joseph（约瑟夫·里昂），2：564

Lyons, Michal（米哈尔·里昂），1：307

M

Maastricht Treaty（《马斯特里赫特条约》），1：58，2：732

Macau (Macao)（澳门），2：871

Macdonald, Nancy（南希·麦克唐纳），1：328

Machiavelli, Niccolo（尼科洛·马基雅维利），2：606，656－657

The Prince（《君主论》），2：654

Machine city（机械城），1：390

Macionis, John（约翰·麦克尼斯），1：243

MacKaye, Benton（本顿·麦凯），1：534

MacLeod, Gordon（戈登·麦克劳德），1：243，2：667

Madinah（麦地那），1：401－405，496

Madres del Este de Los Angeles Santa Isabel (MELA)，（东洛杉矶拉美裔母亲组织），2：964

Maghrib（马格里布），1：402

Magnaghi, A.（马吉亚尼），2：944

Mahler, Gustav（古斯塔夫·马勒），1：397

Mailer, Norman（诺曼·梅勒），1：80

Maine（缅因州），1：334

Maine, Henry Sumner（亨利·萨姆纳·梅因），2：841，923

Maintenance regimes（维护制度），2：645

Makati Central Business District（马卡迪中央商务区），1：485

Maki, Fumihiko（桢文彦），2：694

Malaysia（马来西亚）
  Economy（经济），1：42
  Globalization（全球化），1：317

Kampungs（村落），1：419
Religion（宗教），1：43
Urbanization（城市化），1：42
Maldives（马尔代夫），1：42
Maliki law（马利基教法），1：403－404，496
Mallarme, Stephane（斯蒂凡·马拉美），2：580
Mall cinemas（商场电影院），1：138－139，151
Malls, shopping（商场，购物），2：711
Malraux, Andre（安德烈·马尔罗），2：581
Manchester, United Kingdom（英国曼彻斯特），1：393，481－483，539，2：584，780，884
Manchester Literary and Philosophical Society（曼彻斯特文学和哲学学会），1：397
Manet, Edouard（爱德华·莫奈），1：79
Manhattan Project（曼哈顿计划），2：573
Manhatta (Sheeler and Strand)（《曼哈顿》，希勒和斯特兰德），1：149
Manila, Philippines（菲律宾马尼拉），1：483－486，505
    city planning（城市区域规划），1：154－155
    Contemporary（当代马尼拉），1：484－485
    history of（马尼拉的历史），1：484
    Megacity（巨型城市），1：42
    Muslim enclaves（穆斯林聚居地），1：485－486
    Urbanization（城市化），1：486
    world city（世界城市），1：43
Mannheim（曼海姆），1：105
Mansfield, Ohio（俄亥俄州曼斯菲尔德），1：233
Manuder, D. A. C.（曼德），1：95
Manuel, George（乔治·曼努埃尔），*The Fourth World* (with Michael Poslum)（《第四世界》，与迈克尔·帕斯鲁姆合著），1：280
Maps（地图），亦可参阅：City map（城市地图），
Marble, Duane（杜安·马布尔），1：73
March, Otto（奥托·马奇），2：762
Marcos, Ferdinand（菲迪南·马科斯），1：484
Marcuse, Herbert（赫伯特·马尔库塞），1：206
Marginality, theory of（边缘理论），1：270
Marginalization, and territorialization（边缘化和区域化），2：567
Marginal man（边缘人），2：772
Maritime Merchant City, Liverpool（海上商业城，利物浦），1：352
Mark Antony（马克·安东尼），1：279
Market-driven mode of regional governance（以市场为导向的区域治理模式），2：649
Markets（市场），亦可参阅：Bazaar（集市）、Commerce（商务）、Shopping（购物）、Shopping center（购物中心）
    public realm（公共领域），2：625－626
    regime theory（机制理论），2：643－644
    urban planning（城市区域规划），2：906－907
Marotta, Vince（文斯·马罗塔），1：526
Marrakesh, Morocco（摩洛哥马拉喀什），1：168
Marshall, T. H.（马歇尔），1：147
Martens, M.，（马顿斯），1：382
Martini, Simone（西蒙·马提尼），*Maestà*（《圣母像》），1：16－17
Martinotti, Guido（圭多·马丁诺蒂），1：160
Marvin, Simon（西蒙·马文），2：590
Marwaris（马尔瓦尔人），1：421
Marx, Burle（布雷·马克斯），1：82
Marx, Karl（卡尔·马克思），1：46，164，397，486－487，494，2：553，636，659，749，856，874
    Capital（《资本论》），2：668，833
    The Communist Manifesto (with Friedrich Engels)（《共产党宣言》，与弗雷德里希·恩格斯合著），2：833－834
Marxism（马克思主义），亦可参阅：Marxism and the City（马克思主义与城市）
    Childe and（柴尔德和马克思主义），1：130
    communicative rationality（沟通理性），2：598
    Davis and（戴维斯和马克思主义），1：205－206
    Gentrification（绅士化），1：306－307
    Harvey and（哈维和马克思主义），1：342－343
    influence of（马克思主义的影响），1：182
    Lefebvre and（列斐伏尔和马克思主义），1：447
    social space（社会空间），2：749
    spaces of difference（差异空间），2：757
    Spectacle（景象），2：752
    urban geography（城市地理学），2：874
    urban sociology（城市社会学），
Marxism and the city（马克思主义与城市），1：486－489
    capitalist city（资本主义城市），1：109－111

Castells（卡斯特），1：115－116
  concentration of capital（资本积累），1：488
  neighborhood revitalization（邻里复苏），2：546
  secondary circuit（二级循环），1：488，2：555
  state role（国家的角色），1：488－489
Maryland（马里兰州），1：334
Masaccio（马萨乔），2：656
Mashpee Commons, Massachusetts（马萨诸塞州马什皮），2：550
Maslow, Abraham（亚伯拉罕·马斯洛），1：376
Massachusetts Association of CDCs（马萨诸塞州疾病预防控制中心协会），1：178
Massachusetts Institute of Technology（麻省理工学院），2：932
Massey, Doreen（多琳·梅西），1：299，2：749，751，835，920
  Geography Matters！（with John Allen）（《地理不容小觑！》，与约翰·艾伦合著），2：874
Massey, Douglas（道格拉斯·梅西），2：893
Mass Transit Act of 1964 (United States)（1964年的《公共交通法案》美国），1：234
Master plan（总体规划），亦可参阅：General plan（总体规划）
Material environment of social groups（社会群体的物质环境），2：747－748
Matilda, Countess（玛蒂尔达，女伯爵），1：275
Maupassant, Guy de（居伊·德·莫泊桑），1：52
Maupertuis, Pierre Louis（皮埃尔·莫佩尔蒂），1：397
Mawson, Thomas（托马斯·莫森），2：585
Maxey, Chester（切斯特·马克赛），1：506
Maximilian I, emperor of Mexico（墨西哥皇帝马克西米连一世），1：513
May 1968 uprisings, Paris（1968年5月的巴黎起义），1：115，208，449，2：581，667－669，728，739，753，933
Maya civilization（玛雅文明），1：26
Mayer, Albert（阿尔伯特·迈耶），1：446
Mayer, Harold（哈罗德·迈耶）*Readings in Urban Geography*（with Clyde Kohn）（《城市地理学读本》，与克莱德·科恩合著），2：872
Mayhew, H.（梅修），*London Labour and the London Poor*（《伦敦劳工和伦敦穷人》），2：961－962
Mazumdar, Radjani（马宗达），1：531
Mazzini, Giuseppe（朱塞佩·马志尼），2：676
Mbara, T. C.（马拉），1：95
McCabe, James D.（詹姆斯·麦凯布），2：639，641
McCann, Eugene（尤金·麦肯恩），2：669
McConatha, Jasmin（贾斯明·麦康纳），1：174
McCormick, Cyrus（塞勒斯·麦考密克），1：123
McCormick Place, Chicago（麦考密克展览中心，芝加哥），1：186，186－187，188
McDonald, Kevin（凯文·麦克唐纳），1：328
McDowell, Linda（琳达·麦克道尔），1：299，2：756
McGee, Terry（特里·麦吉），1：42
McKay, Henry（亨利·麦凯），1：191
McKelvey, Blake（布莱克·麦凯尔维），1：504
McKenzie, Roderick（罗德里克·麦肯齐），1：127，346－347，385，2：929
McKim, Charles F.（查尔斯·麦金），1：154
McLuhan, Marshall（马歇尔·麦克卢恩），1：414，2：722
McMahon, Edward（爱德华·麦克马洪），1：440
McMillan Commission（麦克米兰委员会），1：154
McPherson, Miller（米勒·麦克弗森），1：199，386
Mead, George Herbert（乔治·赫伯特·米德），1：127
Mead, William Rutherford（威廉·卢瑟福·米德），1：154
Mecca（麦加），1：112
Mechanical solidarity（无机联系），2：922－923
Mechtild of Magdeburg（马格德堡的梅西蒂），1：67
Media（媒体）
  Skateboarding（滑板运动），2：730
  Spectacle（景观），2：752
  urban documentation（城市文档），2：901
  urban entertainment destinations（城市娱乐地标），2：869－870
Medici, Alessandro de'（亚历山德罗·德·美蒂奇），1：277
Medici, Cosimo I de（科西莫·德·美蒂奇一世），1：277
Medici, Lorenzo (Il Magnifico) de（洛伦佐·德·

美蒂奇),1:277
Medici family(美蒂奇家族),1:277
Medieval town design(中世纪城镇设计),1:15-16,489-493,492
Mediterranean cities(地中海城市),1:493-497,亦可参阅:individual cities(个体城市)
Meem, John Gaw(约翰·高·米姆),2:681
Mega-Cities Project(巨型城市项目),2:879
Megacity(巨型城市),亦可参阅:Megalopolis(大都市连绵带)、Urban agglomeration(城市群)
Mega-events(大事件),1:49,58,331
Megalopolis(大都市连绵带),亦可参阅:Primate city(首位城市)
 Asia(亚洲),1:42
 Defined(定义),1:505,2:882
 evolution of(进化),2:499,500-501
 Gottmann's work on(戈特曼的作品),2:498,500
 International(国际的),2:501-502
 largest citie(大城市),2:888
 Manila(马尼拉),1:486
 Population(人口),2:499
 sustainable developmen(可持续发展),2:793-794
 United States(美国),2:498-501
 urban agglomeration(城市群),2:839
 urban health(城市健康),2:879
Megamalls(大型购物中心),2:714
Megaprojects, transportation(大型公路交通工程),2:826-827,830
Mehta, Suketu(苏克图·梅赫塔),1:43
Meier, Robert F.(罗伯特·迈耶),1:191
Melbin, Murray(默里·梅尔本),2:566
Melbourne, Australia(澳大利亚墨尔本),1:309,393
Melies, Georges(乔治·梅里爱),1:149
Melting pot(熔炉),1:256,399,526,529
Melville, Herman(赫尔曼·梅尔维尔),*Redburn*(《雷德伯恩》),2:837
Memling, Hans(汉斯·梅姆林),1:87
Memorial Stadium, Austin(奥斯丁纪念体育场),2:762
Memory(记忆),亦可参阅:City of memory(城市记忆),

Memphis, Tennessee(田纳西州孟菲斯),1:28
Mendelssohn, Erich(埃里克·门德尔松),1:503
Menem, Carlos(卡洛斯·梅内姆),1:90
Mental maps(心智地图),2:873,930
Mercantilism,(重商主义),2:913
Merriam, Charles(查尔斯·梅里厄姆),1:127
Merton, Robert(罗伯特·默顿),2:607-608
Mesoamerica(中美洲),1:26,28
Mesopotamia(美索不达米亚),1:24-25,28
Messe Hanover(汉诺威展览馆),1:188
Messe Munich(新慕尼黑展览中心),1:188
Methodological individualism(方法论的个人主义),2:941
Metro(地铁),亦可参阅:Subway(地铁)
Metroon, Athens(雅典自然女神庙),1:9
Metropole(都市酒店),1:166
Metropolis(大都市),1:141,391,502-503,2:593
Metropolis, defined(大都市,定义),2:882
Metropolis(nongovernmental organization)(大都市,非政府组织),2:670
Metropolitan(大都市区),1:504-506,亦可参阅:Cities(城市)、Urban(都市)
Metropolitan Alliance of Churches(Chicago)(大都市区基督教协进联盟,芝加哥),2:648
Metropolitan area(MA)(大都市区),1:505,2:839,882
Metropolitan Board of Health, New York City(纽约市大都市区卫生局),2:558
Metropolitan businesspersons(大都市区的商人),1:164-165
Metropolitan districts(大都市地区),1:504
Metropolitan France(法国大都市),1:506
Metropolitan governance(大都市区治理),1:506-509,2:646-649,651-652,亦可参阅:Local government(地方政府)、Urban policy(城市政策)
Metropolitan(magazine)(《大都会》(杂志),1:506
Metropolitan Magazine(《大都会杂志》),1:506
Metropolitan Manila Development Authority(MMDA)(马尼拉大都会区发展管理局,

MMDA),1:484,505
Metropolitan museums(大都会博物馆),1:538
Metropolitan Planning Council(Chicago)(大都市区规划委员会,芝加哥),2:648
Metropolitan Planning Organizations(MPOs)(大都市区规划组织,MPOS),2:547
Metropolitan region(大都市地区),1:509-512,亦可参阅:Urban ag glomeration(城市群)
Metropolitan statistical are(MSA)(大都市统计区,MSA),1:505
Metrosexuals(都市美型男),1:506
Mexico(墨西哥)
　　Globalization(全球化),1:317
　　Tourism(旅游业),2:819
Mexico City,Mexico(墨西哥墨西哥城),1:512-516,亦可参阅:Teno chtitlan(特诺奇蒂特兰)
　　Archaeology(考古学),1:27
　　catastrophe risk(大灾难风险),1:120
　　earthquake(1985)(地震,1985),1:119,513
　　Economy(经济),1:515-516
　　Environment(环境),1:514
　　gated communities,(门禁社区),1:228
　　Geography(地理),1:513-514
　　history of(历史),1:513
　　Politics(政治),1:515
　　Population(人口),1:516
　　urban planning and administration(城市区域规划和管理),1:514-515
Meyer,Hannes(汉斯·迈耶),1:445
Meyerson,Martin(马丁·迈耶森),*Politics, Planning, and the Public Interest*(with Edward Banfield)(《政治、规划与公共利益》,与爱德华·班菲尔德合著),2:604
M. I. A.(斯里兰卡裔),1:357
Miami-Fort Lauderdale,Florida(佛罗里达州迈阿密-劳德代尔堡),1:121
Miasmatic theory of disease(疾病的瘴气说),2:802
Michelangelo Buonarrotti(米开朗琪罗博纳罗蒂),1:277,2:674,676
Michelozzo(米开罗佐),2:656
Microenterprises(微型企业),1:43

Midan Tahrir,Cairo(开罗解放广场),1:100
Middle class(中产阶级)
　　Gentrification(绅士化),1:307
　　Kolkata(加尔各答),1:421-422
　　London(伦敦),1:462
　　Suburbanization(郊区化),2:781-782
Middle-class progressive regimes(中产阶级进步主义政权),2:645
Middle Exchange,London(伦敦中间交易所),1:33
Mies van der Rohe,Ludwig(路德维希·密斯凡德罗),1:125,503,2:891
Miethe,Terance D.(特伦斯·梅瑟),1:191
Migration,rural-to-urban(迁移,从乡村到城市),2:889
Migreurop(营地地图),2:577
Milan,Italy(意大利米兰),2:882
Miletus(米利都),1:166,493
Milgram,Stanley(斯坦利·米尔格拉姆),2:915-917
　　"The Experience of Living in Cities"("在城市生活的经历"),2:915
Military bunkers(军事地堡),亦可参阅:Bunkers(地堡)
Mill,J. S.(密尔),1:453
Millanes,Jose Munoz(何塞·穆尼奥斯·米兰斯),1:158
Millay,Edna St. Vincent(埃德娜·圣文森特·米莱),1:80
Millennium villages(千禧年村庄),2:944
Mills,Amy(艾米·米尔斯),1:301
Mills,Robert(罗伯特·米尔斯),1:135
Mills,Sara(萨拉·米尔斯),1:300
Mills,Stephen(斯提芬·米尔斯),1:155
Milton Keynes,United Kingdom(米尔顿·凯恩斯,英国),1:85,288
Milwaukee,Wisconsin(威斯康星州密尔沃基市),1:187,288,2:573,584
Minisystems(小体系),2:970
Minotaur(弥诺陶洛斯),2:696
Miossec,J. M.(迈奥赛克),2:664
Miranne,Kristine(克里斯廷·米兰妮),*Gendering the City*(with Alma Young)(《性别

化城市》,与阿尔玛·扬),1:300
Miro, Joan(胡安·米罗),2:614
Mishima, Yukio(三岛由纪夫),2:902
Mission District, San Francisco(旧金山教会区),1:256,308
Mississippi Renewal forum(密西西比更新论坛),2:550
Mitchell, Don(唐·米切尔),2:588,669,758
Mitchell, Katharyne(凯瑟琳·米切尔),1:134
Mitchell, W. J. T.,(米切尔),1:538
Mitchell, Giurgola, and Thorp(米切尔、朱尔格拉和索普),1:103
Mitlin, D.(米特林), *Empowering Squatter Citizen* (with D. Satterthwaite)(《赋权占地公民》,与萨特斯韦特合著),2:770
Mobilities research(迁移率的研究),1:96,2:958-959
Model Cities program(示范城市项目),2:855
Modernity, modernism, and modernization(现代性、现代主义和现代化)
  Airports(机场),1:12
  Athens(雅典),1:48
  Baudelaire and(波德莱尔),1:70
  Brasilia(巴西利亚),1:81-83
  Cairo(开罗),1:98-99
  capital city(首都城市),1:107-108
  cinematic urbanism(电影城市主义),1:140-141
  colonial cities(殖民城市),1:167
  Delhi(德里),1:213-214
  department stores(百货公司),2:710
    Film(电影),1:149-151
    Flâneur(浪荡子),1:272-274
    Geddes and(盖迪斯),1:294-295
  international style(国际风格),1:39,155
  Lefebvre on(列斐伏尔对此的看法),1:447-451
  lighting(街灯),2:563
Money(货币),2:719-720
Moscow(莫斯科),1:518
  new urbanism(新城市主义),2:552
  New York World's Fair (1939)(纽约世界博览会,1939年),2:561-562
  Photography(摄影),2:591-594
  Renaissance city(文艺复兴时期的城市),2:654
  Simmel on(齐美尔对此的看法),2:719-721
  situationist critiques of(情景的批评),2:727
  Streetcars(有轨电车),2:775
  Tonnies on(滕尼斯对此的看法),1:296
  urban culture(城市文化),2:857
  Urbanization(城市化),2:891-892
  urban novel(城市小说),2:899,902
  Waste(废弃物),2:961
Modernization theory(现代化理论),2:969
Mohenjo-daro(摩亨佐-达罗),1:25
Moholy-Nagy, Laszlo(拉斯洛·莫霍利-纳吉),2:593
Moisture(湿度),2:850
Molk, Mohammad Ismaeil Kahn Vakil-ol(穆罕默德·伊斯梅尔·汗·瓦克奥尔·默尔克),1:114
Mollenkopf, John(约翰·莫伦科夫),2:556,561
Molotch, Harvey(哈维·莫洛特克),2:929
  "The City as a Growth Machine"("作为增长引擎的城市"),1:329; *Urban Fortunes* (with John Logan)(《城市财富》,与约翰·洛根合著),1:329,330,332
Moltke, Willo von(威洛·冯·毛奇),2:694
Money, Simmel on(齐美尔论货币),2:719-720,923
Mongolia(蒙古),1:42
Montefeltro, Duke Federico da(斐德列克·达·蒙特费尔特罗公爵),2:654
Monterey, California(加利福尼亚州蒙特里),1:539
Monterrey, Mexico(墨西哥蒙特雷),1:393
Montgomery Ward(蒙哥马利·沃德百货公司),1:123,2:710
Montreal, Quebec(魁北克的蒙特利尔),1:352,393,507,511-512,2:584
Mont St. Michel, France(法国圣米歇尔山),1:361
Monument of the Eponymous Heroes, Athens(以英雄名字命名的纪念碑,雅典),1:9
Monuments(纪念碑),2:602,690
Moore, Eric(埃里克·摩尔),1:428

Morality（道德）
  Catastrophes（大灾难），1：122
  red-light districts（红灯区），2：639
  Sewers（下水道），2：695
  sex industry（性产业），2：700-703
  Youth（青年），2：757
Moran, Thomas（托马斯·莫兰），2：681
More, Thomas（托马斯·莫尔），Utopia（《乌托邦》），1：390，405，2：945
Morgan, J. P.（摩根），2：559，592
Morial, Marc H.（马克·莫里尔），2：890
Morisi, Massimo（马西莫·摩尔西），1：160
Moroder, Giorgio（乔吉奥·莫罗德尔），1：503
Morphogenesis, urban（城市形态生成），2：895-897，928-929
Morrill, Richard（理查德·莫利），1：73
Morris, William（威廉斯·莫里斯），1：194
  News from Nowhere（《乌有乡消息》），2：946
Morris, Earl（厄尔·莫里斯），Housing, Family, and Society（with Mary Winter）（《住房、家庭和社会》，与玛丽·温特合著），1：376
Mortgages（住房抵押贷款），1：366-367，2：642-643，737
Moscone Center, San Francisco（旧金山莫斯康展览中心），1：187
Moscow, Russian Federation（俄罗斯联邦莫斯科），1：517-521
  Architecture（建筑），1：518
  city planning（城市区域规划），1：107，518-520
  Housing（住房），1：518-519
  Immigration（移民），1：318，519
  post-socialist（后社会主义），1：519-521
  pre-revolution（革命前），1：517-518
  Socialist（社会主义者），1：518-519
Moses, Robert（罗伯特·摩西），1：521-525
  Caro on（卡罗对此的看法），1：415
  early years（早年），1：521
  later years（晚年），1：524-525
  New Deal（新政），1：522-523
  New York City（纽约市），1：5，186，413，458，2：560，562
  New York state（纽约州），1：524
  opposition to（反对），1：5，413，415，458，524-525
  power of（权力），1：524
  roadway construction（道路建设），1：522-525
  Significance（意义），1：521
Motel（汽车旅馆），亦可参阅：Hotel（旅馆）、Motel（汽车旅馆）
Moule, Elizabeth（伊丽莎白·莫勒），2：550，552
Mount Laurel（新泽西州月桂山市），1：5，261
Mount Pelee eruption (1902)（培雷火山爆发，1902年），1：119
Movie houses（电影院），亦可参阅：Cinema（电影）
Movie palaces（电影院），1：138
Moynihan, Daniel Patrick（丹尼尔·帕特里克·莫伊尼汉），"The Negro Family"（"黑人家庭"），1：286
Mt. Vernon Ladies Association（弗农山妇女协会），1：194
Mubarak, Hosni（胡斯尼·穆巴拉克），1：99
Muhammad (prophet)（穆罕默德，先知），1：401
Mulholland, Walter（沃尔特·穆赫兰道），1：465
Multicentered metropolitan region (MMR)（多中心大都市区），1：322
Multicultural cities（多元文化城市），1：525-529
  concept of（概念），1：526
  Integration（整合），1：527-529
  narratives of（叙述），1：526-527
  Rome（罗马），1：47
Multiple-nuclei model of city development（城市发展的多核心模式），2：872，895，924
Multiplexes（多银幕影院），1：139，151
Multisited ethnography（多案例民族志），2：843-844
Mumbai (Bombay), India（印度孟买），1：530-532
  catastrophe risk（大灾难风险），1：120
  Colonialism（殖民主义），1：166
  global city（全球城市），1：318
  Megacity（巨型城市），1：42
  Postcolonial（后殖民时代的），1：420
  Revanchism（复仇主义），2：667
  squatter movements（占地运动），2：770
  world city（世界城市），1：43
Mumford, Lewis（刘易斯·芒福德），1：288，293，

390,413,438,532 - 536,2：541,580,650,693,715,838,891,899

The City in History（《城市发展史》），1：535

The Culture of Cities（《城市文化》），1：159,535

The Story of Utopias（《乌托邦的故事》），1：533

Munich, Germany（德国慕尼黑），1：393

Municipal Auditorium, Kansas City（堪萨斯市政礼堂），1：186

Murakami, Haruki（村上春树），2：696

Murger, Henri（亨利·穆杰），*Scènes de la Vie de Bohème*（《波希米亚人的生活情景》），1：79

Murji, K.（穆尔吉），1：235

Murphy, K.（墨菲），1：292

Murray, Colin（科林·穆雷），1：32

Musee D'Orsay, Paris（巴黎奥赛博物馆），1：354

Museum of London Archaeology（伦敦考古博物馆），2：847

Museum of New Mexico/School of American Archaeology（新墨西哥/美国考古学派博物馆），2：679

Museums（博物馆），1：536 - 539

Muskau, Germany（德国慕斯考），1：226

Mussolini, Benito（贝尼托·墨索里尼），1：107,168,2：674,677

Mutually Assured Destruction（MAD）（确保相互毁灭能力），2：573

Muybridge, Eadweard（埃德沃德·迈布里奇），2：573

MV Bill（MV 比尔），1：357

Myanmar（缅甸），1：42

Myer, Jack（杰克·迈尔），*The View from the Road*（with Appleyard and Lynch）（《道路视图》，与阿普尔亚德、林奇合著），1：476

Myrdal, Gunnar（冈萨·米尔达），1：336

Myrtle Beach, South Carolina（南卡罗来纳州美特尔海滩），2：821

N

Naarden, Netherlands（荷兰那顿），1：361

Nadar（pseudonym of Gaspard-Felix Tournachon）（纳达尔，化名加斯帕德-费利克斯·陶纳乔），2：592

Nagasaki, Japan（日本长崎），1：357 - 358

Napoleon Bonaparte（拿破仑·波拿巴），1：82,98,226,518,2：580,676,951

Napoleon III, Emperor（拿破仑三世皇帝），1：344,424,2：584,666

Nash, John（约翰·纳什），1：33,35

Nassau County Coliseum, Uniondale, New York（纽约州尤宁戴尔的拿骚县大体育馆），2：763

Nasser, Gamal Abdel（贾迈勒·阿卜杜·纳赛尔），1：99,160

Nasworthy, Frank（弗兰克·纳斯沃思），2：729

National Capital Development Commission（NCDC）［Australia］（国家首都发展委员会，NCDC，澳大利亚），1：103 - 104

National Charette Institute（全国查特伦协会），2：551

National Child Labor Committee（全国童工委员会），2：592

National Coalition for the Homeless（无家可归者全国联盟），1：364

National Crime Intelligence Service（国家犯罪情报局），1：236

National Endowment for the Arts（国家人文基金会），1：160,2：614

National Gallery, London（国家美术馆，伦敦），1：536

National Housing Act of 1934（United States）（美国1934年《全国住房法》），1：368

National Housing Act of 1949（United States）（美国1949年《全国住房法》），1：375,2：781

National League for the Protection of Colored Women（全国有色人种妇女保护同盟），2：890

National League on Urban Conditions among Negroes（全国城市黑人境况同盟），2：890

National Park Service（国家公园管理局），2：762

National Party（South Africa）（国家党，南非），1：31

National People's Action（全国人民行动），1：15,180

National Roundtable of the Environment and the Economy（Canada）（加拿大环境与经济全国圆桌会议），2：792

National Trust for Historic Preservation（国家历史

遗迹保护信托基金),1:195

National Union of the Homeless(全国无家可归者联盟),1:364

National Urban League (NUL)(全美城市联盟,NUL),2:890

Nations and nationality(国家和国籍)
  Citizenship(公民身份),1:146
  global cities(全球城市),1:314-315
  Nationalism(民族主义),2:846
  nation building(国家建设),2:846

Native Americans(土著美国人),1:280,2:679-681

Natives Land Act of 1913 (South Africa)(南非《1913年原住民土地法》),1:31-32

Native (Urban Areas) Act of 1923 (South Africa)(南非《1923年本地[市区]法》),1:31

Natural areas(自然区),2:863,864

Nature(自然),亦可参阅:Environment(环境)
  society in relation to(与自然有关的社会环境),2:750
  tourism and(旅游业和自然环境),2:818-819
  urban health(城市卫生),2:877-878
  urban space(城市空间),2:928
  zöopolis(动物城市),2:977-980

Nazism(纳粹主义),2:762

Nead,Lynda(琳达·尼德),2:563

Near North neighborhood, Chicago(芝加哥近北社区),2:869

Necropolis(墓地),2:541-543

Needs assessments(需要评估),1:177

Negrig, Antonio(安东尼奥·尼格里格),1:497

Nehru, Jawaharlal(贾瓦哈拉尔·尼赫鲁),1:107-108,213,446

Neighborhood centers (shopping)(邻里中心,购物),2:713

Neighborhood movie houses(邻里电影院),1:138

Neighborhood revitalization(邻里复苏),2:544-546,亦可参阅:Back-to-the-city movement(回归城市运动)、Downtown revitalization(市中心复兴)、Gentrification(绅士化)

Neighborhoods(邻里)
  ICT and(信息和通信技术),1:199-201
  Istanbul(伊斯坦布尔),1:408

Jacobs on(雅各布斯),1:414-415
new urbanism(新城市主义),2:551
social exclusion(社会排斥),2:735
urban ecology(城市生态学),2:864-865
urban space(城市空间),2:930

Neighborhood Unit(邻里单元),1:84

Nelson, Robert(罗伯特·尼尔森),1:365

Neoclassical political economy(新古典主义政治经济学),2:659-660

Neoclassical theories of real estate(新古典主义的房地产理论),2:636

Neoclassicism(新古典主义),1:47-48

Neogothic(新哥特式),1:87

Neoliberalism(新自由主义)
  Athens(雅典),1:49
  Barcelona(巴塞罗那),1:58
  Buenos Aires(布宜诺斯艾利斯),1:90
  Cairo(开罗),1:99
  capitalist city(资本主义城市),1:111-112
  Class(阶级),2:757
  gated communities(门禁社区),1:291
  Gentrification(绅士化),1:309
  metropolitan governance(大都市区治理),1:507
  Revanchism(复仇主义),2:666
  social movements(社会运动),2:741-742
  Surveillance(监控),2:788
  urban policy(城市政策),2:909
  Utopianism(乌托邦主义),2:947

Neo-orthodox human ecology(新正统人类生态学),1:346-348,384-386

Nepal(尼泊尔),1:42

Netherlands(荷兰)
  Béguinages(半世俗女修道院),1:65-67
  Colonialism(荷兰殖民主义),1:167
  growth management(增长管理),1:335
  public housing(公共住房),2:736-737
  regional planning(区域规划),2:652
  Revanchism(复仇主义),2:667
  urban history(城市史),2:881

Netville(内特维尔),1:199-200

Network city(网络城市),2:768

Networked regional governance(网络区域治理),

2：649

Networks, airports as（机场作为网络），1：12

Network society（网络社会），1：115 - 118

Neuf-Brisach, France（法国新布里萨什），1：361

Neuwirth, R.（诺维尔什），2：770

New Amsterdam Theater, New York City（纽约新阿姆斯特丹剧院），2：869

New Babylon（新巴比伦），2：728, 948

New Bouleuterion, Athens（雅典新议事会），1：9

Newby, Howard（霍华德·纽比），*Community Studies* (with Bell)（《社区研究》，与贝尔合著），1：182

New Communism（新共产主义），1：421 - 422

New Communities, Inc.（新社区有限公司），1：435

Newcourt, Richard（理查德·纽科），1：135

New Deal（新政），1：288, 362, 522 - 523, 2：651, 854

New Deal for Cities and Communities in Canada（在加拿大城市和社区新政），1：509

New Delhi, India（印度新德里），亦可参阅：Delhi（德里），India（印度）

New Exchange, London（伦敦新交易所），1：33

New Haven, Connecticut（康涅狄格州纽黑文），1：232, 433, 454, 2：644

New Jersey（新泽西），1：334

New Jersey Supreme Court（新泽西州最高法院），1：261

New-law tenements（执行新规定的租屋），2：804 - 805

New Left（新左派），2：740

New Left Review（journal）（《新左派评论》，杂志），1：206

Newman, Oscar（奥斯卡·纽曼），1：415

Newmeyer, Fred C.（弗雷德·纽迈尔），*Safety Last* (with Sam Taylor)（《最后安全》，与萨姆·泰勒合著），1：149

New Orleans, Louisiana（美国路易斯安那州新奥尔良），1：187, 206, 亦可参阅：Hurricane Katrina (2005)（卡特里娜飓风）

Newport, Gus（格斯·纽波特），2：611

New poverty（新贫穷），2：732

New regionalism（新区域主义），1：506, 2：546 - 548, 651 - 652, 794

New Republic（journal）（《新共和》，杂志），1：533

New Town, St. Charles, Missouri（密苏里州圣查尔斯的新城），2：551

New towns（新城），1：535

New Towns Act of 1946 (Britain)，(1946年《新城镇法》英国)，1：288

New Urban History（新城市史），2：881

New urbanism（新城市主义），2：548 - 552, 588 - 589

  City Beautiful movement（城市美化运动），1：155

  critiques of（批评），2：552

  history of（历史），2：549 - 551, 573

  Jacobs and（雅各布斯对于新城市主义的看法），1：415

  Las Vegas's influence（拉斯维加斯对于新城市主义的影响力），1：438

  Organizations（新城市主义的组织），2：551 - 552

  Simulacra（拟像），2：723

  Suburbanization（郊区化），2：783

  sustainable development（可持续发展），2：792

  urban villages（城中村），2：944 - 945

  values and characteristics（新城市主义的价值观和特点），2：551

New urban sociology（新城市社会学），2：553 - 556

  anti-empiricism（新城市社会学中的反经验主义），1：110

  Castells's influence（卡斯特对新城市社会学的影响），1：115

  future of（新城市社会学的未来），2：555 - 556

  Gottdiener's influence（戈特迪纳对新城市社会学的影响），1：319

  historical development（新城市社会学历史的发展），2：553 - 554

  human ecology vs.（人类生态学与新城市社会学的对比），2：554

  limitations and criticisms（对新城市社会学的限制和批评），1：118, 2：943

  Los Angeles School and（洛杉矶学派和新城市社会学），1：472

  Race（种族），2：554 - 555

  real estate（房地产），2：555

urban ecology vs.（城市生态学和新城市社会学的对比），2：865

urban space（城市空间），2：929

"New woman"（"新女性"），1：503

New York City, New York（纽约州纽约市），2：556－561，560

 annexation and consolidation（吞并和合并），1：28，30

 Bohemia（波希米亚），1：80－81

 catastrophe risk（大灾难风险），1：120，121

 Central Park（中央公园），2：558，584，585

 change in（纽约市的改变），2：557

 city clubs（城市俱乐部），1：156

 convention centers（会展中心），1：186－188

 Crisis（危机），2：855

 dance music（舞蹈音乐），1：222

 demolition and preservation（拆迁和保护），2：557，559－560

 downtown revitalization（市中心复兴），1：232，234

 ethnic enclave（族裔聚居区），1：256

 Garden City model（田园城市模式），1：288

 Gentrification（绅士化），1：308－309

 global city（全球城市），1：318，2：560－561

 Graffiti（涂鸦），1：326

 Immigration（移民），1：318

 intellectual life（知识分子的生活），1：397

 Jacobs and（雅各布斯），1：413

 loft living（统楼房生活），1：457－459，458

 memory in（记忆），1：160

  Metropolis（《大都市》），1：502－503

  Moses and（摩西和纽约市），1：5，186，413，458，521－525，2：560

 multicultural city（多元文化的城市），1：527

 public housing（公共住房），1：53

 red-light districts（红灯区），2：639－641

 Regionalism（区域主义），2：547

 Revanchism（复仇主义），2：666

 Riis and（里斯和纽约市），2：671－673

 sanitary reform（纽约市的卫生改革），2：557－558

 sex industry regulation（纽约市性产业的监管），2：703

 slum housing（贫民窟住房），2：558－559

 Tenements（租屋），2：801－805，803

 Times Square（时报广场），2：869

 Tourism（旅游业），2：819

 urban archaeology（城市考古学），2：846

 World Trade Center（9/11）（世界贸易中心，"9·11"事件），2：973－974

New York City Planning Commission（纽约城市区域规划委员会），1：413，415

New Yorker（magazine）（《纽约客》，杂志），1：533

New York Regional Plan Association（纽约区域规划协会），2：652

New York State Commission on Public Authority Reform（纽约州公共管理局改革委员会），2：620

New York World's Fair（纽约世界博览会，1939—1940年），1：150，523，2：561－562，819

New York World's Fair（纽约世界博览会，1964—1965年），1：525，2：562

New Zealand（新西兰），2：737

Nickelodeons（五分钱娱乐场），1：137－138，149

Nicolay（尼古拉），1：356

Niemeyer, Oscar（奥斯卡·尼迈耶），1：82，108，352，391

Niepce, Nicephore（尼塞福尔·涅普斯），2：591

Nietzsche, Friedrich（弗里德里希·尼采），1：447，2：606

Nieuwenhuys, Constant（康斯坦特·纽文惠斯），2：728，948

Nigeria（尼日利亚），1：429

Nightlife（夜生活），2：562－566

Night space（夜晚空间），2：566－568

Noarlunga, South Australia（南澳大利亚诺伦加），1：350

Nodes, global（全球性节点），2：760

Nolen, John（约翰·诺恩），2：691

Non-place realm（无地方社区），1：63，96，2：568－569，861

Nonprofit housing organizations（非营利住房组织），2：737

Non-sexist city（无性别歧视的城市），2：569－572，亦可参阅：Gender equity planning（性别平等规划）、Gendered space（性别化空间）

alternative strategies（替代策略），2：571－572

women's disadvantages（妇女的劣势），2：569－570

Zoning（区划），2：570－571

Non-Western cultures（非西方文化），亦可参阅：International issues（国际议题）

heritage sites（历史遗迹）1：352

spatial conceptions（空间概念）1：300－302

Nord-Sud（journal）(《由南至北》，杂志)2：581

North American Free Trade Agreement (NAFTA)（北美自由贸易协定，NAFTA），2：653

Northgate Shopping Center, Seattle（西雅图北门购物中心），2：715

North Korea，亦可参阅：Democratic People's Republic of Korea（朝鲜民主主义共和国）

Novels（小说），亦可参阅：Urban novel（城市小说）

Nowicki, Matthew（马修·诺威克），1：446

Nuclear war（核战争），1：357－358，535，2：572－574

Nyers, Peter（彼得·尼尔斯），2：578

Nystuen, John（约翰·尼斯图恩），1：73

O

Oakland, California（加利福尼亚州奥克兰市），1：232

Oates, Wallace（华莱士·奥茨），2：809

Obama, Barack（巴拉克·奥巴马），1：126

Obasa, Orisadipe（奥利萨德普·奥巴萨），1：428

Obscene Publications Act of 1857（England and Wales）(《1857年淫秽出版物法》，英格兰和威尔士)，2：702

Odeions, Athens（雅典阿提库斯音乐场），1：2，10

Office of Economic Opportunity（经济机会办公室），2：855

Office of Environmental Justice（环境正义办公室），1：245

Ogburn, William（威廉·奥格本），1：127

Oglethorpe, James（詹姆斯·奥格尔索普），2：689

O'Keeffe, Georgia（乔治亚·欧姬夫），2：679

Oklahoma City, Oklahoma（俄克拉荷马州俄克拉荷马城），1：28

Old Bouleuterion, Athens（议事室，雅典），1：9

Old cities（古老的城市），1：358－359

Oldenburg, Claes（克拉斯·奥登伯格），2：617

Old law tenements（执行老法规的租屋），2：804

Old Santa Fe Association（老圣菲协会），2：681

Olmsted, Frederick Law, Jr.（小弗雷德里克·劳·奥姆斯特德），1：154

Olmsted, Frederick Law, Sr.（老弗雷德里克·劳·奥姆斯特德），1：153，154，247，430，2：558，584，928

Olympia, Greece（希腊奥林匹亚），2：762

Olympia & York（奥林匹亚和约克），1：215，2：638

Olympic Games（奥林匹克运动会）

Athens（雅典），1：49

Barcelona（巴塞罗那），1：57－59

Berlin（柏林），2：762

London（伦敦），1：463

Mexico City（墨西哥城），1：513

Moscow（莫斯科），1：519

Opium Act（Netherlands）(《鸦片法案》荷兰)，1：23

Opportunity, Journal of Negro Life(《机遇，黑人生活杂志》)，2：890

Orange County, California（加利福尼亚州奥兰治县），2：603，722，755

Oregon（俄勒冈州），1：334

Organic solidarity（有机团结），2：841，922

Organisation for Economic Co-operation and Development (OECD)（经济合作与发展组织），1：511，2：910

Organism model of the city（城市的生物模型），1：390

Organization of organizations（组织的组织），1：14，180

Organization of the Petroleum Exporting Countries (OPEC)（石油输出国组织），2：826

Organization of World Heritage Cities (OWHC)（世界遗产城市组织），1：352

Organizations, Alinsky style of（组织，阿林斯基风格），1：14－15

Orientalism（东方主义），1：61－62，64，2：756

Oriole Park at Camden Yards, Baltimore（巴尔的摩金莺球场），2：764

Orlando, Florida（佛罗里达州奥兰多），1：187

Ortelius, Abraham（亚伯拉罕·奥特里斯），1：157

Osaka-Kobe, Japan（日本大阪-神户），1：42，43

Oslo, Norway（挪威奥斯陆），1：417-418

Osofsky, Gilbert（吉尔伯特·奥索弗斯基），*Harlem*（《哈莱姆》），1：312

Other global cities（其他全球城市），2：575-578，968，亦可参阅：Global city（全球城市）

Otherness（他者）
   bazaars（集市），1：64
   entrepreneurialism（企业主义），1：258
   racialization（种族化），2：630

O'Toole, Randal（兰德尔·奥图尔），2：552

Ottawa, Ontario（安大略省渥太华），1：512

Ottoman Empire（奥斯曼帝国），1：113-114

Outer city（外围城市），2：796

Outlook Tower, Edinburgh（爱丁堡瞭望塔），1：293

Owens, Bill（比尔·欧文斯），*Suburbia*（《郊区》），2：594

Ozenfant, Amedee（阿米迪·奥尚方）
   Après le Cubisme（with Le Corbusier）（《立体主义之后》，与勒·柯布西耶合著），1：445

P

Pacific Electric Red Car Line（太平洋电气红车线路），1：465

Paddington, Sydney（悉尼帕丁顿），1：308

Pahl, Ray（雷·帕尔），2：892

Pain, Rachel（蕾切尔·潘恩），2：958

Painted Stoa (Stoa Poikile), Athens（雅典屋顶的柱廊），1：9

Pakistan（巴基斯坦），1：42，43

Palais de Congres, Paris（巴黎会议大厦商廊），1：188

Palazzo Pubblico, Siena（锡耶纳市政厅），1：15-16

Palenque（帕伦克），1：26

Palestinians（巴勒斯坦人），1：229

Palimpsest, city as（城市作为重构体），1：158

Palladio, Andrea（安德里亚·帕拉迪奥），2：657

Palmanova, Italy（意大利帕尔马诺瓦），1：391

Palmer, Brian（布赖恩·帕尔默），2：566

Palmieri, Matteo（马泰奥·帕尔米耶里），2：656

Pamuk, Orhan（奥尔罕·帕慕克），1：43

Panama City, Panama（巴拿马巴拿马城），1：197

Panathenaic Way, Athens（雅典雅典娜节日大道），1：9-10

Panic selling（恐慌性抛售），1：224，267

Panofski, Wolfgang（沃尔夫冈·潘诺夫斯基），2：573

Panopticon（圆形监狱），2：787

Papacy（教皇权），2：676

Papp, Joseph（约瑟夫·派普），1：525

Parc de La Villette, Paris（巴黎拉维莱特公园），1：354

Parillo, Vincent（文森特·佩若），1：243

Paris, France（法国巴黎），2：579-582
   arcades（拱廊），1：33，35
   banlieue（郊区），1：52-54
   Benjamin on（本雅明），1：69，79
   bohemia（波希米亚），1：79-80
   cafes（咖啡馆），2：581
   capital city（首都城市），1：106
   cinematic urbanism（电影城市主义），1：141
   citizenship（公民身份），1：146
   city planning（城市区域规划），1：135，137，2：652，657，788，928
   density gradient（密度梯度），2：767
   discotheques（迪斯科舞厅），1：221
   display（陈列），2：580-581
   flâneur（浪荡子），1：272-274
   global city（全球城市），1：318
   Harvey on（哈维），1：342
   Haussmann's impact（霍斯曼的影响），1：344-346
   heritage sites（历史遗迹），1：354
   ideal city（理想城市），1：391
   immigration（移民），1：318
   Kracauer on（克拉考尔），1：423-424
   lighting（街灯），2：563
   literature（文学），2：579-580
   May 1968 uprisings（1968年5月起义），1：115，208，449，2：581，667-669，728，739，753，933
   memory in（记忆），1：158

preservation movement（保护运动），1：352
Revanchism（复仇主义），2：665－666
situationists（情境决定论者），2：726－728
Surveillance（监控），2：788
world city（世界城市），2：581－582
Paris Commune（巴黎公社），2：666
Paris Exhibition (1867)（巴黎博览会，1867年），2：819
Paris Exhibition (1900)（巴黎博览会，1900年），2：580
Paris Exhibition (1937)（巴黎博览会，1937年），2：693
Park, Robert（罗伯特·帕克），1：124，126－128，198，238，311，385，398，2：638－639，718，772，842，862，885，890，891，926，929
"The City"（"城市"），2：932
Introduction to the Science of Sociology (with Ernest Burgess)（《社会学导论》，与欧内斯特·伯吉斯合著），2：773
Old World Traits Transplanted (with W. I. Thomas)（《旧大陆习俗的迁徙》，与托马斯合著），1：127
Parker, Robert E.（罗伯特·帕克），1：436
Parks（公园），2：582－585
Central Park（中央公园），2：558
City Beautiful movement（城市美化运动），1：154
Parkways（园林大道），1：522－523
Parsons, William E.（威廉·帕森斯），1：484
Parthenon, Athens（雅典帕特农神庙），1：2，45，45－46，48，50，445
Participant observation（参与观察），2：772，841
Participatory methods（参与式方法），1：252－253
Participatory rural appraisal（参与式农村评估），1：177
Pascal, Julia（朱莉娅·帕斯卡尔），1：310
Pasha, Ibrahim（易卜拉欣·帕夏），1：204
Passage du Caire, Paris（巴黎拱廊），1：33
Passage Feydeau, Paris（巴黎费度拱廊），1：33
Patalas, Enno（恩诺·帕特拉斯），1：503
Patchwork urbanism（拼接的城市生活），2：586－590
PATH commuter rail service（路径通勤铁路服务），2：973
Path dependency（路径依赖），1：315－316，330，亦可参阅：Dependency theory（依附理论）
Patronage（资助），2：607
Pattillo, Mary（玛丽·帕提洛），1：312
Pavement, and urban climate（人行道，城市气候），2：853
Paxton, Joseph（约瑟夫·帕克斯顿），2：584
Peace Science Society（和平学协会），1：401
Pearce, D.（皮尔斯），2：663
Pearse, S. H.（皮尔斯），1：428
Pearson, G.（皮尔森），1：236
Pedestrian pocket（步行口袋），2：549
Pedestrians（行人），亦可参阅：Flâneur（浪荡子）
Barcelona（巴塞罗那），1：56
Brasilia（巴西利亚），1：83
Jacobs and（雅各布斯），1：415
new urbanism（新城市主义），1：155，2：549，551
railroad stations（火车站），2：634－635
Sert and（塞尔特），2：693－694
walking city（步行城市），2：957－959
Pedrosa, Mario（马里奥·佩德罗萨），1：82
Pei, I. M.（贝聿铭），2：694
Penang, Malaysia（马来西亚槟榔屿），1：198
Penn, William（威廉·佩恩），2：846
Peralta, Don Pedro de（唐·佩德罗·德·佩拉尔塔），2：679
Peralta, Stacey（斯泰西·佩拉尔塔），2：729
Percent for Art policies (Britain)（艺术政策的百分比，英国），2：615
Pericles（伯里克利），1：46
Periphery regions（边缘地区），1：166，2：970－971
Perret, Auguste（奥古斯特·佩雷），1：444
Perriand, Charlotte（夏洛特·贝里安），2：693
Perroux, Francois（弗朗索瓦·佩鲁），1：336
Perry, Clarence（克拉伦斯·佩里），1：84
Perry Education Association v. Perry Local Educators' Association (1983)（佩里教育协会诉佩里教育者协会案，1983），2：624
Person-environment fit（人与环境匹配），1：253
Perspective, linear（透视，线性），2：654－657

Peru（秘鲁），1：234

Pétain, Philippe（菲利普·佩顿），1：446

Petaluma, California（加利福尼亚州相塔卢马），1：334

Peter I the Great, czar of Russia（沙皇彼得大帝），1：106，391，518

Peterson, Paul（保罗·彼得森），1：454，2：644
　　City Limits（《城市界限》），2：911-912

Petronas Towers, Kuala Lumpur（双子星塔，吉隆坡），1：125

Phelps, Nigel（奈杰尔·菲尔普斯），1：243

Philadelphia, Pennsylvania（宾夕法尼亚州费城）
　　annexation（吞并），1：28
　　city clubs（城市俱乐部），1：156
　　downtown revitalization（中心城复兴），1：234
　　Du Bois on（杜波依斯），1：237-238
　　graffiti（涂鸦），1：326
　　neighborhood revitalization（邻里复苏），2：545
　　regional governance（区域治理），2：646
　　Regionalism（区域主义），2：546
　　urban archaeology（城市考古学），2：846

Philippines（菲律宾），1：42

Phillips, Patricia（帕特里西娅·菲利普斯），2：617

Philpott, Thomas（托马斯·菲尔波特），*The Making of the Second Ghetto*（《第二波隔都的形成》），1：312

Phoenix, Arizona（亚利桑那州凤凰城），1：28，60，61

Phonte（昂特），1：356

Photography and the city（摄影与城市），2：590-595，亦可参阅：City and film（城市与电影）

Piacentini, Marcello（马赛罗·皮亚琴蒂尼），1：107

Piazza（广场），1：494-495，2：595-599，亦可参阅：Campi（校园）、Squares（广场）

Piazza del Campo, Siena（田野广场，锡耶纳），1：15-16

Piazza San Marco, Venice（威尼斯圣马可广场），2：953

Picasso, Pablo（巴勃罗·毕加索），2：580，614
　　Guernica（《格尔尼卡》），2：693

PICO National Network（微型国家网络组织），1：15，180

Picture palaces（电影院），1：138

Pieke, Frank（弗兰克·皮尔克），*The Chinese in Europe*（with Gregor Benton）（《欧洲的中国人》，与格雷戈尔·本顿合著），1：134

Pierce, Neil（尼尔·皮尔斯），1：502

Pike, Burton（伯顿·派克），*The Image of the City in Modern Literature*（《现代文学中的城市意象》），2：900

Pike, David L.（大卫·派克），2：695

Pilgrimages（朝拜），2：682-683

Pinder, David（大卫·平德尔），2：947，957

Pinkerton National Detective Agency（平克顿全国侦探社），1：123

Pinochet, Augusto（奥古斯托·皮诺切特），2：846

Pinzochere（品佐谢尔），1：66

Pirenne, Henri（亨利·皮雷纳），1：494，2：654，951

Pitt, William（威廉·皮特），1：81-82

Pittsburgh, Pennsylvania（宾夕法尼亚州匹兹堡），1：29，210，232，2：545

Place attachment（场所依恋），1：253

Place identity（场所认同），1：253

Placemaking（场所营造），2：599-603
　　Architecture（建筑），1：38-40
　　conscientious placemaking（有意识的场所营造），2：602-603
　　cultural heritage（文化遗产），2：602
　　elite strategies（精英策略），2：600-601
　　everyday life（日常生活），2：601-602
　　new urbanism（新城市主义），2：792
　　non-place realm（无地方社区），2：568-569
　　Shopping（购物），2：709
　　spaces of places（位置的空间），1：118，314
　　space vs. Place（空间和地方对比），2：600，929
　　sustainable development（可持续发展），2：792
　　types of（类型），2：600
　　urban design（城市设计），2：859-862

Plague（灾祸），1：276，2：654

Plan de Sauvegarde of 1970 (France)（《1970年保护规范》，法国），1：352

Planners for Equal Opportunity（机会均等规划师），1：5

Planners Network（规划师网络），1：5

Planning（规划），亦可参阅：Advocacy planning（群议式规划）、City planning（城市规划）、General plan（总体规划）、Regional planning（区域规划）、Transportation planning（交通规划）、Urban planning（城市区域规划）

Planning theory（规划理论），2：603-606，604
    advocacy planning（群议式规划），2：604-605
    alternative theories（替代理论），2：605-606
    communicative planning（联络性规划），2：605-606
    cultural planning（文化规划），2：606
    gender equity planning（性别平等规划），1：303
    incrementalism（渐进主义），2：604
    planning practice and（和规划实践），2：606
    power（权力），2：606
    rational comprehensive planning（理性综合规划），2：604-605
    strategic planning（战略规划），2：605
    transactive planning（沟通规划），2：605
    types（类型），2：603-604

Plantations（种植园），1：165

Plater-Zyberk, Elizabeth（伊丽莎白·普拉特-兹伊贝克），2：550，552

PLATFORM（工作平台），2：618

Plato（柏拉图），2：721
    Laws（《法律篇》），1：390
    The Republic（《理想国》），1：390，405

Plazas（广场），亦可参阅：Piazza（广场）

Plensa, Jaume, Crown Fountain, Chicago（芝加哥皇冠喷泉，由乔玛·帕兰萨设计），2：616

Plumber and Sanitary Engineer（journal）《管道工和卫生技师》，期刊），2：804

Pluralism（多元主义），亦可参阅：Multicultural cities（多元文化城市）
    advocacy planning（群议式计划），1：3-4
    urban design（城市设计），2：861

Pluralist theory of politics（多元政治理论），2：644

Pocock, David（大卫·波科克），2：892

Poe, Edgar Allan（埃德加·爱伦·坡），2：559
    The Man of the Crowd（《人群中的人》）1：273，2：580

Poggi, Giuseppe（朱塞佩·波吉），1：278

Poland（波兰），1：359

Polanski, Roman（罗曼·波兰斯基），*Chinatown*（《唐人街》），1：133，150，465，2：601

Polanyi, Karl（卡尔·波兰尼），1：433

Police Academy 4（film）《警察学校4》，电影），2：730

Police reports（治安报道），1：190

Policy（政策），亦可参阅：Urban policy（城市政策）

Political economy（政治经济学），亦可参阅：Economy（经济学）、Politics（政治学）、Urban politics（城市政治）
    growth machine（增长引擎），1：329-332
    real estate（房地产），2：636
    rent theory（竞租理论），2：659-661
    uneven development（非均衡发展），2：833-834
    urban archaeology（城市考古学），1：27
    urban geography（城市地理学），2：874
    urban sociology（城市社会学），2：925
    world-systems perspective（世界体系论），2：969-972

Political Economy of the World System（PEWS）（世界体系的政治经济学），2：970

Political machine（政治机器），2：607-609，913

Politics（政治），亦可参阅：Political economy（政治经济学）、Urban politics（城市政治学）
    cultural heritage（文化遗产），1：196
    discourse（论述），1：529
    Downs on（唐斯），1：230
    edge cities（边缘城市），1：242
    exclusion from（排斥），2：576
    globalization（全球化），1：316-317
    homeownership（私人拥有住房），1：368
    intellectuals（知识分子），1：397
    local government（地方政府），1：453-454
    Los Angeles（洛杉矶），1：466-467
    metropolitan regions（大都市地区），1：511-512
    public realm（公共领域），2：624-625
    spectacular（景观），2：753
    squares（广场），2：597-599
    streetcars（有轨电车），2：775
    sustainable development（可持续发展），2：793
    Tokyo（东京），2：817

urban planning（城市区域规划），2：905－906
waste（废弃物），2：960
Pollution（污染），亦可参阅：Waste（废弃物）
Polo, Marco（马可波罗），1：41,113,2：952
Polo Grounds, New York City（纽约市保罗球场），2：762
Pol Pot（波尔布特），2：846
Polsky, Ned（内德·波斯基），1：80
Polycentricity（多中心），2：746,796,838
Polyzoides, Stephanos（斯蒂芬诺斯·波利佐伊迪斯），2：550,552
Pompey（庞培）2：675
Poorhouses（救济院），亦可参阅：Almshouses（救济院）
Poor service quality（服务质量差），1：267
Pope, Albert（艾伯特·波普），1：438
Pope, John Russell（约翰·拉塞尔·波普），1：154
Popes（教皇），2：676
Popov, Gavriil Kh.（加夫里尔·波波夫），1：519
Popular culture（流行文化）
  edge city（边缘城市），1：241
  ghetto（隔都），1：312
  urban/crime fiction（城市/犯罪小说），2：901
  urban culture（城市文化），2：837
Popular tradition of photography（摄影的民间传统），2：590－591,594－595
Population Registration Act of 1950 (South Africa)（南非《1950年人口登记法》），1：31
Population studies（人口研究），1：181,346
Porcioles, José María（何塞·马里亚·波切勒斯），1：56
Porciolismo（波切勒斯模式），1：55－56
Porete, Marguerite（玛格丽特·波蕾特），*Mirror of Simple Souls*（《单纯灵魂镜鉴》），1：67
Porfirio Diaz（波费里奥·迪亚斯），José de la Cruz（），1：513
Pornography（色情文学），1：138,151,2：702－703
Porta（波特），D. D.，2：769
Port Authority of London（伦敦港口管理局），2：619
Port Authority of New York and New Jersey（纽约-新泽西州港务局），2：619,973

Porter（波特），R.，1：349
Porter, William Southgate（威廉·索斯盖特·波特），2：592
Portes, Alejandro（亚历杭德罗·波特斯），1：117
Portland, Oregon（俄勒冈州波特兰），1：156,334
Portland State University（波特兰州立大学），2：932
Portrait photography（人物摄影），2：592
Portugal（葡萄牙），1：167,381,2：684
Positive Black Soul（积极的黑人灵魂），1：356
Positivism（实证主义），2：940
Poslum, Michael（迈克尔·帕斯鲁姆），*The Fourth World*（with George Manuel《第四世界》，与乔治·曼纽尔合著），1：280
Posnock, Ross（罗斯·波斯诺克），1：238
Post, George（乔治·波斯特），1：153
Postcolonialism（后殖民主义）
  Asian cities（亚洲城市），1：43
  Cairo（开罗），1：99－100
  colonial cities（殖民城市），1：169
  cultural heritage（文化遗产），1：196
  flâneur（浪荡子），1：274
  Kolkata（加尔各答），1：420
  Mediterranean cities（地中海城市），1：496－497
Post-Fordism（后福特主义），1：72,76,109,112,316,343,469－470,2：703,734,785,799－800,843
Postindustrialism（后工业主义），2：860,914,920－921
Postmetropolis（后大都市），2：587,722
Postmodernism（后现代主义）
  achitecture（建筑），1：40
  cinematic urbanism（电影城市主义），1：140
  epistemology（认识论），2：940
  Harvey on（哈维论），1：343
  Los Angeles（洛杉矶），1：471
  museums（博物馆），1：538
  new urbanism（新城市主义），2：723
  spectacle（景观），2：752
  urban history（城市史），2：883
  urbanism（城市主义），1：511
  urban novel（城市小说），2：902
  urban semiotics（城市符号学），2：920－921

visual culture（视觉文化），2：594-595

war and the military（战争与军队），1：93-94

Postoccupancy evaluation（事后评价评估），1：253

Poston, Dudley（达德利·波斯顿），1：386

Poststructuralism（后结构主义），2：875，900

Postsuburbanization（后郊区化），2：783-784，901

Posturban city（后城市时代的城市），2：796，901

Pound, Ezra（埃兹拉·庞德），"In a Station of the Metro"（《在地铁车站》）2：785

Poundbury, Cornwall（康沃尔领地的庞德伯里），2：549

Poundbury, Dorchester（多尔切斯特的庞德伯里），2：945

Poverty（贫困），亦可参阅：Slums（贫民区）

 almshouses（救济院），1：18-19

 Athens（雅典），1：48

 Berlin（柏林），1：72

 culture of（文化），2：733，748，843

 documentary photography（纪实摄影），2：593

 effects（效果），2：878

 environmental degradation and（和环境退化），1：248

 favelas（贫民区），1：268-272

 fourth world（第四世界），1：281

 new poverty（新贫穷），2：732

 New York City（纽约市），2：558

 policies（政策），1：19

 Riis and（里斯），2：672-673

 social exclusion and（社会排斥），2：732-734

 underclass（底层阶级），1：286

 urban economics（城市经济学），2：867

 women（妇女），2：964-965

Power（权力），亦可参阅：Landscapes of power（权力地标）

 architecture（建筑），1：37-38

 capital city（首都城市），1：106

 de Certeau on（塞尔托论权力），1：208-210

 governance（治理），1：324

 placemaking（场所营造），2：600-601

 planning theory（规划理论），2：606

 production of space（空间生产），2：746

 regime theory（机制理论），2：643-645

 urban politics（城市政治），2：911

Power centers（shopping）（权力中心，购物），2：713

Power elite theory of politics（政治权力精英理论），2：644

Practical geometries（实用几何体），1：493

Prado, Caio（卡约·普拉多），Jr.，1：82

Pragmatism（实用主义），1：252

Prague, Czech Republic（捷克共和国布拉格），1：196

Prairie School of Architecture（建筑学大平原学派），1：124

Preau（普罗），P.，2：663

Predatory lending（掠夺性贷款），2：643

Pre-law tenements（法规出台前的租屋），2：803

Prendergast, Christopher（克里斯多夫·彭德加斯特），2：580

Preoccupancy evaluation（先入为主评估），1：253

Preservation（保护）

 Bruges（布鲁日），1：87

 city of memory（城市记忆），1：159

 cultural heritage（文化遗产），1：194-195

 downtown revitalization（市中心复兴），1：233

 Florence（佛罗伦萨），1：278

 heritage cities（遗产城市），1：351-354

 historic cities（历史名城），1：359，361

 housing（住房），1：378

 movie palaces（电影院），1：138

 New York City（纽约市），1：412，458，2：557

 placemaking（场所营造），2：602

 Santa Fe（圣菲），2：681

 Savannah（萨凡纳），2：691-692

Pressman, Jeffrey（杰弗里·普雷斯曼），Implementation（with Aaron Wildavsky）《实施》，与亚伦·维达夫斯基合著），2：906

Preston School of Industry（普利斯顿重金属乐队），1：241

Priene, Greece（希腊普南尼），1：8

Priestley（普里斯特利），G.，2：664

Primary circuit of capitalism（资本的初级循环），2：834

Primate city（首位城市），2：609-610

Prince's Foundation for the Built Environment（建成环境亲王基金，INTBAU），2：552

Prisons（监狱），2：542

Pristine states（原始状态），1：24

Privacy（隐私），1：253

Private property（私有财产），亦可参阅：Property（财产）

Private-public partnerships（公私伙伴关系），亦可参阅：Public-Private Partnerships（公私伙伴关系）

Private space（私人空间），1：299-301，442

Privatization（私有化），2：822

Production，urban（城市生产），2：866

Progressive city（进步城市），2：610-612
 challenges for（挑战），2：612
 city clubs（城市俱乐部），1：156-157
 concept of（概念），2：610，612
 participation（参与），2：611-612
 planning（规划），2：611
 principles and characteristics（原则和特性），2：610-611

Progressive movement（进步运动），2：547，610，647，913

Project revenue debt（项目收入的债务），2：619

Property（财产）
 citizenship（公民身份），1：145-146
 common interest developments（同利开发区，CIDs），1：170
 restrictive covenants（限制性契约），2：665
 rights（权利），1：384，429

Propylaia，Athens（雅典卫城山门），1：2

Pro-Skater video game（《专业滑手》，电子游戏），2：730

Prostitution（卖淫），亦可参阅：Red-light district（红灯区）、Sex industry（性产业）

Provisional Irish Republican Army（爱尔兰共和军临时派），2：789

Pruitt-Igoe housing project，St. Louis（圣路易斯普鲁伊特-艾戈住房项目），1：391

Psychoanalysis，and Sewers（精神分析和下水道），2：696-697

Psychogeography（心灵地图），2：920

Psychology（心理学），亦可参阅：Environmental psychology（环境心理学）、Urban psychology（城市心理学）

Ptolemy，Claudius（克劳迪亚斯·托勒密），*Geography*（《地理》），1：157

Public art（公共艺术），2：613-618
 antecedents（前身），2：613
 contemporary practices（当代实践），2：617-618
 issues（问题），2：616-617
 origins（起源），2：614-616
 subways（地铁），2：786

Public Art Forum（公共艺术论坛），2：618

Public Auditorium，Cleveland（克利夫兰公共礼堂），1：186

Public authorities（公共管理局），2：619-620

Public Authorities Accountability Act of 2006 (New York)（2006年《公共管理局责任法》纽约），2：620

Public Authority Governance Advisory Committee (New York)（公共管理局治理咨询委员会，纽约），2：620

Public conveniences（公共厕所），亦可参阅：Toilets（厕所）

The Public Enemy，Wellman（《公敌》，威尔曼），1：149

Public finance（公共财政），2：625-626

Public forum doctrine（公共论坛理论），2：624

Public goods（公共产品），2：625-626

Public health（公众健康），亦可参阅：Hygiene（卫生）、Urban health（城市健康）

Public Health Act of 1875 (Britain)（1875年《公共健康法》英国），2：812

Public Health Act of 1936 (Britain)（1936年《公共健康法》英国），2：812

Public housing（公共住房），亦可参阅：Social housing（社会住房）
 approaches to（途径），2：736-738
 Le Corbusier（勒·柯布西耶），1：53
 Paris（巴黎），1：53-54
 South Africa（南非），1：32
 tenure sector（土地所有权的类型），1：384
 United States（美国），1：7

Public intellectuals（公共知识分子），亦可参阅：Intellectuals（知识分子）

Public interest（公共利益），1：4-5

Public-private partnerships（公私伙伴关系），2：

620-623
 regime theory（机制理论），2：643-645
 regional governance（区域治理），2：646-649
 transportation infrastructure delivery（交通基础设施运输）2：830-831
 urban entertainment destinations（城市娱乐地标）2：868-869
Public realm（公共领域），2：623-627
 agora（阿格拉），1：7-10
 arcades（拱廊），1：33-35
 bazaars（集市），1：61-65
 economic（经济），2：625-626
 gendered space（性别化空间），1：299-300
Islamic culture（伊斯兰文化），1：301
 lawns（草坪），1：442
 political（政治），2：624-625
 sex industry（性产业），2：701
 sexualization of（爱欲化），2：699
 social（社会），2：626-627
 spatial（空间），2：624
 squares（广场），2：595-599
 street children（街童），2：778
Public space（公共空间），2：624
Public sphere（公共领域），2：625
Public toilets（公共厕所），亦可参阅：Toilets（厕所）
Puccini, Giacomo（加科莫·普契尼）*La Bohème*（《波希米亚人》），1：80，2：580
Pueblos（普韦布洛人），2：679
Puerto Rico（波多黎各），1：125
Pullman, George（乔治·普尔曼），1：123
Pullman Palace Car Company（普尔曼火车车厢公司），1：123
Punta Quepos, Costa Rica（哥斯达黎加潘达·科波斯），2：663
Purcell, Mark（马克·珀塞尔），2：669
Purism（纯粹派），1：445
Putnam, Robert（罗伯特·普特南），1：174，199，415，2：625
Pynchon, Thomas（托马斯·品钦）
 Gravity's Rainbow（《万有引力之虹》），1：503
 V.（《V》），2：696

Q

Qayrawan（凯鲁万），1：404
Quadrant Colonnade, London（伦敦摄政街廊柱），1：35
Quality in Town and Country Initiative（United Kingdom）（城镇和乡村质量的倡议，英国），2：944
Quebec City, Quebec（魁北克魁北克市），1：352
Queen Elizabeth II Conference Centre（London）（伊丽莎白二世会议中心，伦敦），1：188
Queer theory（酷儿理论），1：252，2：758
Quincy Market, Boston（波士顿昆西市场），1：233-234
Quinn, James A.（詹姆斯·奎恩），1：346
Quito, Ecuador（厄瓜多尔基多），2：667

R

Race（种族），亦可参阅：Ethnicity（族裔）
 apartheid（种族隔离），1：30-32
 environmental justice（环境正义），1：244-246，2：961
 Los Angeles（洛杉矶），1：466-467，470
 new urban sociology（新城市社会学），2：554-555
 redlining（红线政策），2：642-643
 restrictive covenants（限制性契约），2：665
 suburbanization（郊区化），1：442，2：782，783
 urban crisis（城市危机），2：854-855
 zoning（区划），1：261
Race relations cycle（种族关系循环），1：311
Racialization（种族化），1：310，2：629-631
Racionais MCs（Racionais MCs 乐队），1：357
Radburn, New Jersey（新泽西州雷伯恩），1：85，288，534，2：781
Radiant City（光辉城市），2：946
Radiation, surface（表面辐射），2：850
Rae, Douglas（道格拉斯·瑞伊），1：433
Raento, Pauliina（保林那·雷恩托），1：437
Raffles, Stamford（斯坦福德·莱福士），2：708，723
Ragpickers（拾荒者），2：961-962
Railroad flats（火车式公寓住宅），2：803
Railroad station（火车站），2：631-635，822-824

Railway systems（铁路系统），2：781,825 - 826,837,亦可参阅：Streetcars（有轨电车）、Subway（地铁）

Ramapo, New York（纽约市瑞曼博），1：334

Las Ramblas, Barcelona（巴塞罗那拉布兰大道），1：56

Rand, Ayn, *The Fountainhead*（艾茵·兰德，《源泉》），1：150

Randolph A.,（伦道夫），1：490

Randolph, Bill（比尔·伦道夫），1：306

Randstad, the Netherlands（荷兰兰斯塔德），1：21,335,2：882

Rangoon, Myanmar（缅甸仰光），1：132

Rank-size rule（等级规模法则），2：610,887,937

Raphael（拉斐尔），2：674,676

Rapid rural appraisal（快速农村评估），1：177

Rapp, Isaac H.（艾萨克·拉普），2：681

Rappaport, Erika（埃里卡·拉帕波特），2：564,892

Rapp, Rapp and Hendrickson（拉普-拉普-亨德里克森公司），2：681

Rashid, Harun al-（哈伦·拉希德），1：114

Rationality（合理性）
  collective rationality（团体理性），1：163
  communicative action/rationality（交际行为/理性），2：597 - 598
  comprehensive planning（综合规划），1：2 - 3,4,2：604 - 605,亦可参阅：General plan（总体规划）
  decision making（决策），2：904 - 905

Rawls, John（约翰·罗尔斯），1：477 - 478

Ray, Raka（拉克·雷），1：421

Raymond, Eric（埃里克·雷蒙），1：64

Reagan, Ronald（罗纳德·里根），1：211,330,363,2：547,621

Real estate（房地产），2：636 - 638,亦可参阅：Developer（开发商）、Land development（土地开发）
  asset classification（资产分类），2：637
  developers（开发商），1：214 - 217
  discotheques（迪斯科舞厅），1：222
  disinvestment（撤资），1：223 - 224
  globalization（全球化），2：744 - 745
  land development（土地开发），1：429 - 430
  new urban sociology（新城市社会学），2：555
  participants in（参与），2：637
  production of space（空间生产），2：744 - 745
  spatial scales（空间尺度），2：637 - 638
  theoretical approaches（理论方法），2：636 - 637
  time（时间），2：637

Real Estate Research Council（房地产研究委员会），1：231

Reason（理性），亦可参阅：Rationality（合理性）

Rebuilding Act of 1667 (Britain)（1667年的《重建法案》英国），2：975

Recife, Brazil（巴西累西腓），1：350

Reckless, Walter C.（沃特·雷克利斯），2：639 - 640
  Vice in Chicago（《芝加哥恶习》），1：128

Reclus, Élisée（艾里塞·雷克吕），1：295

Redefining Progress（改进中的进步组织），2：648

Redfield, Robert（罗伯特·雷德菲尔德），1：127,2：842 - 843

Red-light district（红灯区），1：23,2：638 - 642

Redlining（红线政策），2：642 - 643
  disinvestment（撤资），1：224
  opposition to（反对），1：15,267

Redressement Francais（重振法国），1：446

Reed, John（约翰·里德），1：80

Rees, Philip H.（菲利普·里斯），1：265,2：873

Reflectance, surface（表面反射），2：850

Regeneration（再生），1：38

Regents Park, London（摄政公园，伦敦），2：583

Regime theory（机制理论），1：323,324,2：643 - 645,亦可参阅：Urban regime theory（城市机制理论）

Regime types（政体类型），2：645

Regional centers (shopping)（区域中心,购物），2：713

Regional development planning（区域开发规划），1：336 - 337

Regional governance（区域治理），2：646 - 649,亦可参阅：Local government（地方政府）、Metropolitan governance（大都市区治理）、Urban policy（城市政策）
  historical development（历史发展），2：646 - 648

modes（模式），2：648-649

new urbanism（新城市主义），2：548

Regionalism（区域主义），1：295，314，2：546-547，亦可参阅：City-regions（城市区域）、Metropolitan region（大都市地区）、New regionalism（新区域主义）

Regional planning（区域规划），2：649-653，831

Regional Planning Association of America（美国区域规划协会，RPAA），1：286，288，293，534，2：650，892

Regional Plan of New York and Environs (1929)（纽约区域规划，1929年），2：651

Regional science（区域科学），1：20，399-401

Regional Science Association International（国际区域科学学会），1：401

Regional Science Association（区域科学学会，RSA），1：19，400-401

Regulation（管制），亦可参阅：Zoning（区划）

disability（残疾），1：219

environment（环境），1：247

housing（住房），1：377

real estate（房地产），1：216-217

sex industry（性产业），2：700-703

shopping centers（购物中心），2：716

Regulation School（管制学派），1：469

Reid, Anthony（安东尼·里德），1：41

Reid, Donald（唐纳德·里德），2：695

Religion（区域）

Asia（亚洲），1：43

Athenian agora（雅典阿格拉），1：9-10

béguinages（半世俗女修道院），1：65-68

Brasilia（巴西利亚），1：83

gendered space（性别化空间），1：301

metropolitans（大都市区），1：504

spaces of difference（差异空间），2：757-758

Sumerian origins（苏美尔人的起源），2：887

urban archaeology（城市考古学），1：27

Relph, Edward（爱德华·雷尔夫），2：874

Renaissance city（文艺复兴时期的城市），2：653-657

Renoir, Auguste（奥古斯都·雷诺阿），2：580

Renoir, Jean, *Une Partie de Campagne*（让·雷诺阿《乡间一日》），1：52

Rent control（房租控制），2：658

Rent-gap hypothesis（租金差距假说），1：306

Rent theory（竞租理论），2：659-661，895-896

The Report of the Council of Hygiene of the Citizens' Association of New York upon the Sanitary Condition of the City（《市民卫生协会关于城市卫生状况的报告》），2：558

Representations of space（空间表征），2：742-743，745-746，750

Repton（雷普顿），G. S.，1：33

Repton, Humphrey（汉弗莱·雷普顿），2：582

Republic of Korea（大韩民国）

economy（经济），1：42

globalization（全球化），1：317

suburbanization（郊区化），2：783

urbanization（城市化），1：42

Research Triangle Park, North Carolina（三角研究园区，北卡罗来纳州），2：800

Reservation of Separate Amenities Act of 1953 (South Africa)（1935年《恢复独立设施法》，南非），1：31-32

Residential community association（住宅社区协会），亦可参阅：Common interest development（同利开发，CID）

Residential satisfaction（居住环境满意感），1：377，379

Resort（度假村），2：661-664

Reston, Virginia（弗吉尼亚州莱斯顿），1：288

Restorative environments（恢复性环境），1：253-254

Restrictive covenant（限制性契约），1：442，2：665

Restrooms（厕所），亦可参阅：Toilets（厕所）

Retort, organization（反驳组织），2：753

Reuf, Abe（亚伯·雷夫），2：607

Revanchist city（复仇主义者的城市），2：665-667

Revenue bonds（收入债券），2：619

Reverdy, Pierre（皮埃尔·勒韦迪），2：581

Review (journal)（《评论》，期刊），2：970

Revitalization（复兴），亦可参阅：Downtown revitalization（市中心复兴）

Revolution（革命），亦可参阅：French Revolution（法国大革命）、Industrial Revolution（工业革命）、Soviet Revolution（十月革命）

Benjamin on（本雅明论革命），1：69-70
Debord's theory of spectacle and（和德波的景观理论），2：751-753
fear of（恐慌），2：582，672
Lefebvre on social（列斐伏尔关于社会），1：447-450，2：668-670，739，747
situationists and（和环境），2：726-728
urban（城市），1：24，26，130-131，2：887
working class and（工人阶级），1：206，445，449
Reynaud, Jean（让·雷诺），2：936
Rhode Island（罗德岛州），1：334
Rhodes-Livingstone Institute（罗得西亚-利文斯通研究所），2：843
Rhythmanalysis（韵律分析），2：921，959
Ricanne Hadrian Initiative for Community Organizing（里坎尼·哈德利安社区组织协议），1：178
Ricardo, David（大卫·李嘉图），2：659，660
Richardson, Benjamin Ward, *Hygeia: A City of Health*（本雅明·沃德·理查森《健康女神：一个健康城市》），1：286
Rietveld, Gerrit（赫里特·里特费尔德），1：445
Right-to-buy schemes（公共住房低价出售方案），2：738
Right to the city（城市权利），2：577，667-671，740
Riis, Jacob（雅各布·里斯），1：152-153，2：558-559，671-673，841
How the Other Half Lives（《另一半人如何生活》），2：558，592，671-673
Rio de Janeiro, Brazil colonial city（巴西殖民城市里约热内卢），1：166
cultural heritage（文化遗产），1：196
favelas（贫民区），1：269，271-272
gated communities（门禁社区），1：228
Riordan, Richard（理查德·黎奥丹），1：467
Riots（骚乱），2：854，878
Ritzer, George（乔治·瑞泽尔），1：439
Rivette, Jacques（雅克·里维特），*Paris Belongs to Us*（《巴黎属于我们》），1：150
Road pricing（道路收费），1：418，2：831
Robbins, Paul（保罗·罗宾斯），1：444
Robert Moses urban renewal plan（罗伯特·摩西城市更新计划），1：522
Robertson, Cooper（库柏·罗伯森），2：550
Robertson, Jacqueline（杰奎琳·罗布森），2：549
Robert Taylor Homes, Chicago（罗伯特·泰勒之家）（芝加哥），1：53
Robinson, Jennifer（珍妮弗·罗宾逊），*Ordinary Cities*（珍妮弗·罗宾逊《平凡之城》），2：876
Rocha, Candido da（坎迪多·达·罗查），1：428
Rocha, Glauber（格劳贝尔·罗查），*Land in Anguish*（格劳贝尔·罗查《痛苦之地》），1：149
Rockefeller, David（大卫·洛克菲勒），2：973
Rockefeller, John D., Jr.（小约翰·洛克菲勒），2：679
Rockefeller, John D., Sr.（老约翰·洛克菲勒），2：973
Rockefeller, Nelson（纳尔逊·洛克菲勒），1：525
Rockefeller Foundation（洛克菲勒基金会），1：160
Rockstone, Reggie（雷吉·洛克斯顿），1：356
Rodenbach, Georges（乔治·罗登巴赫），*Bruges-la-morte*（（乔治·罗登巴赫）《死寂之城布鲁日》），1：87
Rogers, Ernesto（欧内斯特·罗杰斯），2：693
Role, social（社会角色），2：626
Romano, Dennis（丹尼斯·罗曼诺），2：953
Romanticism（浪漫主义），2：579
Rome, Italy（意大利罗马），1：494，2：674-678
ancient（古代），2：674-675，887
archaeology（考古），1：27
capital city（首都城市），1：104-105，107，108，2：677
citizenship（公民身份），1：145
city planning（城市区域规划），1：135
colonial cities（殖民城市），1：166
fascist（法西斯主义者），2：677
Forum（广场），1：279，2：596，675
medieval（中世纪），2：675-676
multiculturalism（多元文化论），1：47
palimpsest metaphor（重写本隐喻），1：158-159
physical setting（自然环境），2：674
piazza（广场），2：596
present-day（现代），2：677-678
Renaissance and baroque（文艺复兴和巴洛克风格），2：676

St. Peter's Square（圣彼得广场），2：677

urban planning（城市区域规划），1：345

Roofs, and urban climate（屋顶和城市气候），2：853

Room, Graham（格拉汉姆·罗姆），2：731，733

Roosevelt, Franklin Delano（富兰克林·德拉诺·罗斯福），1：288，375，2：620，651

Roosevelt, Theodore（西奥多·罗斯福），2：558–559，673

Rose, Damaris（达默里斯·罗斯），1：307

Rose, Harold（哈罗德·罗斯），1：312

Rose, Julie K.（朱莉·罗斯），1：153

Rose Bowl, Pasadena（玫瑰碗，帕萨迪纳），2：762

Rosler, Martha（玛莎·罗丝勒），2：616

Ross, Andrew（安德鲁·罗斯），*The Celebration Chronicles*（《庆典城编年史》），2：552

Ross, Fred（弗雷德·罗斯），1：15

Rossellini, Roberto（罗伯托·罗西里尼），*Rome, Open City*（《罗马，不设防的城市》），1：150

Rossi, Aldo（奥尔多·罗西），*The Architecture of the City*（《城市建筑》），1：158

Rostopchin, Fyodor（费奥多·罗斯托契），1：518

Rostow, Walter（沃尔特·罗斯托），1：167

Rotella, Carlo（卡洛·罗特拉），2：902

October Cities（《十月之城》），2：900

Roth, Henry（亨利·罗斯），2：775

Rothenburg ob der Tauber, Germany（德国陶伯河上的罗腾堡），1：360

Rothman, Hal（哈尔·罗思曼），1：438，439

Rotival, Maurice（莫里斯·罗蒂瓦尔），1：53

Rouch, Jean（让·鲁什），*Chronicle of a Summer*（《夏日纪事》），1：149

Rouse, James（詹姆斯·罗思），1：233

Rousseau, Jean-Jacques（让-雅克·卢梭），1：396

Route 128, Massachusetts（马萨诸塞州128号公路），2：796，797

Rowe, Colin（科林·罗），2：549

Royal Exchange, London（伦敦皇家交易所），1：33

Royal Opera Arcade, London（伦敦皇家歌剧院拱廊），1：33

Royal Society for Natural and Experimental Philosophy (Britain)（皇家自然和实验哲学学会，英国），2：974–975

Royal Stoa, Athens（雅典皇家柱廊），1：9

Royal Town Planning Institute（皇家城市规划学会），1：303，2：572

Ruburbia（远郊区），2：768

Rudin development firm（鲁丁开发公司），1：215

Ruhr area, Germany（德国鲁尔区），2：882

Ruins（遗址），2：541

Rural vs. urban（遗址和城市），2：842–843，856–857，891

Rurban life（城郊生活），2：768

Rushdie, Salman（萨尔曼·拉什迪），2：902

Rusk, David（大卫·腊斯克），1：28

Cities without Suburbs（《没有郊区的城市》），1：30

Ruskin, John（约翰·拉斯金），1：194，294，396

Russell Sage Foundation（拉塞尔·塞奇基金会），2：556，561，930

Russia（俄罗斯），1：42

Rustem Pasa caravanserai, Edirne（埃迪尔内鲁斯特曼·帕萨商队旅馆），1：114

Ruttmann, Walter（沃尔特·鲁特曼），*Berlin: Symphony of a Great City*（《柏林：城市交响曲》），1：141，149，2：919

Ryder, Andrew（安德鲁·赖德），2：702

S

Saarinen, Eliel（伊利尔·沙里宁），2：693

Sabah, Majed Al（马吉德·阿尔巴沙），1：205

Sacramento, California（加利福尼亚州萨克拉门托），1：61

Sa'd al-Saltaneh caravanserai, Qazvin（加兹温商队旅馆），1：114

Sadat, Anwar Al-（安瓦尔·萨达特），1：99

Saddam City, Baghdad（巴格达萨达姆城），1：353

Safdie, Moshe（莫舍·萨夫迪），2：694

Safeco Field, Seattle（西雅图塞弗水平棒球场），2：764

Sager, Tore（托尔·赛格尔），2：606

Said, Edward（爱德华·萨义德），*Orientalism*（《东方学》），1：167，2：756

Saint Petersburg, Russia（俄罗斯圣彼得堡），1：106，108，318，391，517

Sala, George Augustus（乔治·奥古斯都·萨拉），*Twice Round the Clock*（《夜以继日》），2：563

Sala dei Nove, Palazzo Pubblico, Siena（锡耶纳市政厅九人大厅），1：15-17

Sala del Mappamondo, Palazzo Pubblico, Siena（锡耶纳市政厅世界地图厅），1：16

Salinas de Gortari, Carlos（卡洛斯沙尔林纳斯·戈塔尔），1：515

Salts Mill, Bradford（布拉德福特萨尔茨工厂），1：354

Salutati, Coluccio（科卢乔·萨卢塔蒂），2：653

Salvador, Brazil（巴西萨尔瓦多），1：196

Samaranch, Juan Antonio（胡安·安东尼奥·萨马兰奇），1：58

Sami（萨米），1：280

Sampson, Robert（罗伯特·桑普森），1：191

Samuelson, Paul（保罗·萨缪尔森），2：625

San Antonio, Texas（得克萨斯州圣安东尼奥），1：60

Sandburg, Carl（卡尔·桑德堡），1：123，2：601

Sandercock, Leonie（利奥尼·桑德考克），1：303，2：947

Sanders, Bernard（伯纳德·桑德斯），2：611

San Diego, California（加利福尼亚州圣迭戈），1：61，167，262，2：711

Sandoval-Strausz, Andrew（安德罗·桑多瓦尔-斯特劳斯），1：372

San Francisco, California（加利福尼亚州旧金山）
  Chinatown（唐人街），2：631
  city planning（城市区域规划），1：153
  colonialism（殖民主义），1：167
  convention centers（会展中心），1：186-187
  creative city（创新城市），1：189
  downtown revitalization（市中心复兴），1：233
  ethnic enclave（族群聚居区），1：256
  gay space（同性恋空间），1：292
  gentrification（绅士化），1：308
  neighborhood revitalization（邻里复苏），2：545

Sanitary reform（卫生改革），2：557-558，877，亦可参阅：Hygiene（卫生）、Sewer（下水道）、Waste（废弃物）

San Jose, California（加利福尼亚州圣荷塞），1：28，61

Sansot, Pierre（皮埃尔·桑索特），2：900

Santa Fe, Mexico City（墨西哥城圣菲），1：515

Santa Fe, New Mexico（新墨西哥州圣菲），1：196，2：679-682

Santa Fe Museum of Fine Arts（圣菲美术博物馆），2：681

Santa Fe style（圣菲风格），2：681-682

Santa Monica, California（加利福尼亚州圣莫尼卡），2：611

Santas, Apostolos（阿波斯托罗·桑达斯），1：48

Santiago de Chile, Chile（智利圣地亚哥），1：228

Santiago de Compostela, Spain（西班牙圣地亚哥-德·孔波斯特拉），2：682-683

Santuario de Guadalupe, Santa Fe（圣菲瓜达卢佩教堂），2：680

Sanudo, Marin（曼宁·萨努多），2：953

Sao Paulo, Brazil（巴西圣保罗），1：228，2：683-686，789

Sargent, Joseph, *The Taking of Pelham One Two Three*（约瑟夫·萨金特《骑劫地铁》），2：785

Sarkozy, Nicolas（尼古拉斯·萨科奇），1：54

Sartre, Jean-Paul（让-保罗·萨特），1：397，2：581

Sasaki, Hideo（佐佐木英夫），2：694

Sassen, Saskia（萨斯基亚·萨森），1：307，313，315，415，461，463-464，2：560，575，577，687-688，760，929，967

Satellite city（卫星城），2：796

Satterthwaite（萨特斯韦特），D., *Empowering Squatter Citizen* (with D. Mitlin)（《赋权占地公民》，与米特林合著），2：770

Saturday Night Fever, Badham（班德汉姆《周末夜狂热》），1：222

Saturday Review of Literature (magazine)（《星期六文学评论》，杂志），1：535

Saunders, Peter（彼得·桑德斯），2：892

Saussure, Ferdinand（斐迪南·索绪尔），1：320-321

Savannah, Georgia（乔治·萨凡纳），2：688-692

Savannah College of Art and Design（萨凡纳艺术与设计学院），2：692

Savannah, Florida and Western Railroad（萨凡纳、佛罗里达和西部铁路），2：690

Savitch H. V.,（萨维奇），2：912

Savonarola, Girolamo(吉罗拉摩·萨伏那洛拉), 1: 277
Schaefer, Fred K(弗雷德·舍费尔), 1: 74
Schinkel, Karl Friedrich(卡尔·弗里德里希·欣克尔), 1: 47
Schivelbusch, Wolfgang(沃尔夫冈·希弗尔布施), 2: 563
Schlör, Joachim(约阿希姆·施勒), 2: 563
Schlüter, Otto(奥托·斯卢特), 2: 895
Schmoller, Gustav von(古斯塔夫·冯·施穆勒), 1: 238
Schnitzler, Arthur(阿瑟·施尼茨勒), 1: 397
Schofield, John(约翰·斯科菲尔德), 1: 94
Scholem, Gershom(哥舒姆·舒勒姆), 1: 68
School of Civics and Philanthropy, Chicago(芝加哥公民与慈善学校), 1: 129
Schrager, Ian(伊恩·施拉格), 1: 372
Schulman, Sarah(莎拉·舒尔曼), 2: 902
Schumpeter, Joseph(约瑟夫·熊彼得), 1: 258, 336, 472–473
Schutz, Alfred(阿尔弗雷德·舒尔茨), 2: 771–772
Schuyt C. J. M.,(舒特), 2: 734
Schwartz, Martha(玛莎·施瓦茨), 2: 617
Schwarzbach(斯沃兹巴什), F. S., 1: 218
Science cities(科学城市), 2: 797
Science parks(科技园), 2: 799–800
Scorsese, Martin(马丁·斯科塞斯), *Taxi Driver*(《出租车司机》), 1: 150
Scott, Allen(艾伦·斯科特), 1: 129, 2: 660, 875, 893
Scott, Ridley(雷德利·斯科特)
  Blade Runner(《银翼杀手》), 1: 141, 150, 391, 503
  The Matrix(《黑客帝国》), 1: 391
Scott Brown, Denise(丹尼斯·斯科特·布朗), *Learning from Las Vegas*(with Venturi and Izenour)(《向拉斯维加斯学习》,与文图里、艾泽努尔合著), 1: 140, 437–438
Scribner's (magazine)(《斯克里布纳尔》,杂志), 2: 672
Scully, Vincent(文森特·斯库利), 2: 549, 550
Sculpture in Anhui Garden culture park, Hefei, China(中国安徽省合肥市安徽园林文化公园的雕塑), 2: 615
Sears Roebuck(美国西尔斯罗巴克公司), 1: 123, 2: 710
Sears Tower, Chicago(芝加哥西尔斯大厦), 1: 125
Seaside, Florida(佛罗里达州海滨社区), 1: 415, 2: 549, 552
Seaside Institute(海滨学院), 2: 550
Seattle, Washington(华盛顿州西雅图), 1: 156, 189, 2: 715
Sea World, San Diego(圣迭戈海洋世界), 2: 808
Sebastian, Saint(圣塞巴斯蒂安), 2: 695
Secondary circuit of capital investment(资本投资二次循环), 1: 488, 2: 555, 744–745, 834–835
Sector model(扇形模式),亦可参阅:Star-shaped (sector) development model of city development(城市发展的星形[扇形]发展模型)
Security(安全),亦可参阅:surveillance(监控)
  airports(机场), 1: 10
  bazaars(集市), 1: 64–65
  Cairo(开罗), 1: 100
  Moscow(莫斯科), 1: 519
  railroad stations(火车站), 2: 635
  subways(地铁), 2: 786
  tourism(旅游业), 2: 821
Security zone communities(安全地带社区), 1: 192
Segregation(种族隔离),亦可参阅:Apartheid(种族隔离)、Divided cities(分裂的城市)、Social exclusion(社会排斥)
  Athens(雅典), 1: 48
  barrios(拉美裔聚居区), 1: 59
  Berlin(柏林), 1: 72
  Buenos Aires(布宜诺斯艾利斯), 1: 90
  colonial cities(殖民城市), 1: 168–169
  housing(住房), 1: 266, 2: 746
  Lagos(拉各斯), 1: 428
  Los Angeles(洛杉矶), 1: 466
  multicultural cities(多元文化城市), 1: 528
  Sao Paulo(圣保罗), 2: 685
  Singapore(新加坡), 2: 724
  South Africa(南非), 1: 32
  territorialization(领土化), 2: 567

Unite（联合），2：746

Sekler, Eduard（爱德华·赛克勒），2：694

Selection theory（选择理论），2：917

Self-employment（个体经营），亦可参阅：Entrepreneurialism（企业主义）

Self-report studies（自陈式研究），1：190

Sellier, Henri（亨利·泽利尔），1：53

Semana de Arte Moderna de 1922（1922年现代艺术周），2：684

Sembene, Ousmane（乌斯曼·塞姆班），*Black Girl*（《黑人女孩》）1：149

Semiotics（符号学），亦可参阅：Text（文本），urban space as（城市空间），Urban semiotics（城市符号学）

Semiperiphery regions（半边缘性区域），2：970-971

Sen, Amartya（阿玛蒂亚·森），1：477，2：733-734

Senegal（塞内加尔），1：356

Sennett, Richard（理查德·桑内特），1：310，328，415，2：625，958

Sense of place（地方感），2：602，929-930

Seoul, Republic of Korea（韩国首尔），1：43

September 11, 2001 attacks（2001年911袭击），1：119，187，496，2：556，754，789，821，亦可参阅：World Trade Center（世界贸易中心，9·11事件）

Serra, Richard（理查德·塞拉），2：614
  Tilted Arc（倾斜的弧），2：616

Sert, Josep Lluís（约瑟·路易·塞尔特），1：413，445，2：692-694
  Can Our Cities Survive?（《我们的城市能否存在下去？》）2：693
  "The Human Scale in City Planning,"（《城市区域规划中人的尺度》）2：693

Spanish Pavilion, Paris Exhibition（巴黎世界博览会西班牙馆，1937），2：693

Service-tax packages（服务税），2：809-810，867

Servites（圣母玛利亚会修士），1：276

Sesebi, Egypt（埃及赛赛比），1：166

Settlement house movement（社区改良运动），1：176

Sewell, John（约翰·塞维尔），1：414

Sewer（下水道），2：695-697，亦可参阅：Sanitary reform（卫生改革），Waste（废弃物）

Sex and the city（性与城市），2：697-699，亦可参阅：Gendered space（性别化空间），Sex industry（性产业）
  eroticized space（情色化空间），2：697-698
  geographies of sex（性的地域性），2：699
  non-sexist city（无性别歧视的城市），2：569-572
  red-light districts（红灯区），2：639-642
  research needs（研究需要），2：699
  sexual minorities（性小众），2：698-699
  sexual orientation（性取向），1：292-293
  street children（街童），2：777

Sex industry（性产业），2：700-703
  Amsterdam（阿姆斯特丹），1：23
  Soviet Union（苏联），1：192
  London（伦敦），1：34-35
  red-light districts（红灯区），2：638-642
  regulation（管制），2：700-703
  Southeast Asia（东南亚），1：192
  spatial considerations（空间考虑），2：700-701
  Venice（威尼斯），2：953-954

Sexism（性别歧视），亦可参阅：Non-sexist city（无性别歧视的城市）

Sexual identity（性别认同），2：758

Sforza, Duchess Battista（巴蒂斯塔·斯福尔扎公爵夫人），2：654

Shack/Slum Dwellers International（SDI）movement（贫民窟居民国际化运动），2：770-771

Shah Abbas caravanserai, Sfahan（伊斯法罕沙阿·阿拔斯商队旅馆），1：114

Shahjahan（沙·贾汗），1：211

Shakespeare, William（威廉·莎士比亚），*The Merchant of Venice*（《威尼斯商人》），1：310-311，2：954

Shanghai, China（中国上海），2：704-707，705
  catastrophe risk（大灾难风险），1：120
  culture（文化），2：705，707
  economy（经济），1：42
  economy and industry（经济和产业），2：706-707

history of（历史），2：704－705
informational city（信息城市），1：393
market city（购物之城），1：41
megacity（巨型城市），1：42
transportation（交通），1：44
urban life（城市生活），2：705－706
world city（世界城市），1：43
Shari'a（伊斯兰教法），1：402－403，405，529
Sharman, Jim（吉姆·沙曼），The Rocky Horror Picture Show（《洛基恐怖秀》），1：151
Shatkin, Gavin（加文·沙特金），1：282
Shaw, Clifford S.（克利福德·肖），1：190－191，2：864
　　Delinquency Areas（《少年犯罪区》），1：128
　　The Jackroller（《犯罪团伙》），1：127
Shaw G.，（肖），2：662，805
Sheeler, Charles（查理斯·希勒）
　　"Ford Plant, Detroit"（《底特律的福特工厂》）2：593
　　Manhatta（with Paul Strand）（《曼哈顿》，与保罗·斯特兰德合著），1：149
Shefter, Martin（马丁·舍夫特），2：608
Shelburne, Nova Scotia（新斯科舍谢尔本），1：361
Shields, Rob（罗伯·谢尔兹），2：920
Shiv Sena (India)（湿婆神军党，印度），1：531
Shophouse（店屋），2：707－708
Shopping（购物），2：709－712
　　arcades（拱廊），1：33－35
　　bazaars（集市），1：61－65
　　city users（城市用户），1：163－165
　　gentrification（绅士化），2：712
　　identity（身份），2：709－710
　　placemaking（场所营造），2：709
　　shopping centers（购物中心），2：712－716
　　sociability（社交性），2：710
　　spaces of distribution（空间分布），2：710－711
　　urban entertainment destinations（城市娱乐地标），2：869
Shopping center（购物中心），2：712－716，亦可参阅：Bazaar（集市）
Shopping malls（购物商场），2：711，712，714－716
Siegel, Bugsy（巴格斯·西格尔），1：436
Siem Reap, Cambodia（柬埔寨暹粒市），1：196

Siena, Italy（意大利锡耶纳），1：15－18
Sierra Leone（塞拉利昂），1：427
Sieverts, Thomas（托马斯·西维特），2：652
Sikhs（锡克教），1：529
Silent film（默片），1：148－149
Silicon Alley, New York City（纽约市硅巷），2：798
Silicon Glen, Livingstone, Scotland（苏格兰利文斯顿的硅谷），2：798
Silicon Hills, Austin（奥斯汀硅山），2：798
Silicon Valley, California（加利福尼亚州硅谷），1：394，399，2：796－800，929
Silk Road（丝绸之路），1：112－113
Silva, Luis Inácio "Lula" da（路易·伊纳西奥·卢拉），1：83
Silver, Hilary（赫拉利·西尔韦），2：734
SimCity（模拟城市），2：716－717
Simmel, Georg（格奥尔格·齐美尔），1：108，221，296，385，422，502，2：668，717－721，771－773，811，857，885，891，899，915，923
　　"The Metropolis and Mental Life,"（《大都市与精神生活》）2：718，773，841－842，891
　　The Philosophy of Money（《货币哲学》），2：719
　　Soziologie（《社会学》），2：773
Simmel, Gertrude（pseudonym: Marie-Luise Enckendorf）（格特鲁德·齐美尔笔名：玛丽亚-路易·恩肯多夫），2：718
Simonsen, Kirsten（柯尔斯顿·西蒙森），2：959
Simpson, Mark（马克·辛普森），1：506
Simulacra（拟像），2：721－723，807
Sinan（希南），1：114
Sinclair, Iain（伊恩·辛克莱），2：902
Sinclair, Upton（厄普顿·辛克莱），*The Jungle*（《屠场》），2：592
Singapore（新加坡），2：723－726
　　Architecture（建筑），2：708
　　Chinese immigration（中国移民），1：132
　　city planning（城市区域规划），2：724－725
　　colonialism（殖民主义），1：166，2：723－724
　　conservation（保护），2：725
　　cultural heritage（文化遗产），1：196，539
　　economy（经济），1：42，2：725－726

globalization（全球化），2：725－726

informational city（信息城市），1：393

kampungs（村落），1：419

market city（购物之城），1：41

public housing（公共住房），2：736－738

toll roads（收费公路），1：418

universities（大学），1：44

urbanization（城市化），1：42

urban renewal（城市更新），2：724－725

world city（世界城市），1：43

Sinn, Elizabeth（冼玉仪），1：134

Sistemas Locales para la Salud（当地健康体系，SILOS），1：350

Sitte, Camillo（卡米洛·西特），1：490

Situational theory（情境理论），2：917

Situationist city（情境主义城市），2：726－728

Situationist International（国际情景主义，SI），2：726－728,751

Situationists（环境决定论），1：355,2：668－669,726－728,751－752,920,948

6th of October City, Egypt（埃及十月六日市），1：99－100

Sixtus V, emperor of Rome（罗马皇帝西克斯图五世），1：135

Sjoberg, Gideon（伊德翁·舍贝里），1：41,494

Sjoman, Vilgot（维尔戈特·斯耶曼），*I Am Curious Yellow*（《我的黄之好奇》），1：151

SkateBoarder（magazine）（《滑板者》，杂志），2：728－729

Skateboarding（滑板运动），2：728－731

Skateparks（滑板运动场），2：729

Skidmore & Owings（斯基德莫尔和奥因斯），2：562

Skidmore, Owings and Merrill（SOM 设计公司），1：125

Skid rows（贫民区），2：639

Slater, Tom（汤姆·斯莱特），1：308

Slater（斯莱特），T. R.，1：490

Slavery（奴隶制度），2：845,847

Sloane, Hans（汉斯·斯隆），1：536－537

Slone, Dan（丹·斯隆），2：552

Slumdog Millionaire（《贫民窟的百万富翁》），2：588

Slums（贫民区），亦可参阅：Banlieue（郊区）、Favela（贫民区）、Ghetto（隔都）、Poverty（贫困）、Squatter movements（占地运动）、Tenement（租屋）

clearance of（清理），1：345,380,414,468,482,524－525,2：673,736,737

downtown revitalization（市中心复兴），1：186－187,232

environmental problems（环境问题），1：248

extent of（范围），1：207,489,2：736,889

Haussmann's Paris（霍斯曼的巴黎），1：344－345

New York City（纽约市），1：524－525,2：557－559,671－673

other global cities（其他全球城市），2：575－577

Singapore（新加坡），2：724－725

vice（缺点），2：639

Small, Albion（阿尔比恩·斯莫尔），1：127,128

Smaoun, Soraya（索拉雅·斯莫恩），2：966

SmartCode（《智慧准则》），2：549

SmartCodes（智慧准则），2：550

Smart growth（精明增长），1：162,334,2：550,552,792

Smart Growth America（美国精明增长联盟），2：550,552,648

Smart Growth Network（精明增长网络），2：550,792

Smeeton, George（乔治·斯米顿），*Doings in London*（《伦敦必做之事》），1：34

Smith, Adam（亚当·斯密），2：659

Smith, Al（阿尔·史密斯），1：521－522

Smith M. P.,（M. P. 史密斯），2：761

Smith, Neil（尼尔·史密斯），1：306－308,2：666－667,669,750,835

Smith R. A.,（R. A. 史密斯），2：664

Smith-Lovin, Lynn（林恩·史密斯-洛温），1：199

Smithson, James（詹姆斯·史密森），1：536

Smithsonian, Washington, D. C.（华盛顿特区的史密森学院），1：536

Snyder, Mary Gail（玛丽·盖尔·斯奈德），*Fortress America*（with Edward J. Blakely）（《美国堡垒》，与合著爱德华·J. 布莱克利合著），1：290

Snyder, Mitch（米奇·斯奈德）, 1: 363
Social action（社会行动）, 1: 180
Social City（社会城市）, 2: 650, 653
Social class（社会阶级）, 亦可参阅: Class（阶级）
Social constructionism（社会建构主义）, 2: 940
Social democratic housing policy（社会民主的住房政策）, 1: 380-381
Social exclusion（社会排斥）, 2: 731-735, 亦可参阅: Divided cities（分裂的城市）、Ghetto（隔都）、Segregation（隔离）
 apartheid（种族隔离）, 1: 30-32
 Athens（雅典）, 1: 46
 characteristics（特征）, 2: 733-734
 community（社区）, 1: 173-174
 concept of（概念）, 2: 731-732
 crime（犯罪）, 1: 191-192
 disability（残疾）, 1: 218-220
 divided cities（分裂的城市）, 1: 225-230
 favelas（贫民区）, 1: 268-272
 fourth world（第四世界）, 1: 280-282
 gated communities（门禁社区）, 1: 289-292
 ghettoes（隔都）, 1: 309-312
 global cities（全球城市）, 2: 576
 globalization（全球化）, 2: 734-735
 institutions（制度）, 2: 732-734
 other global cities（其他全球城市）, 2: 575-578
 poverty and（和贫穷）, 2: 732-734
 restrictive covenants（限制性契约）, 2: 665
 skateboarding（滑板运动）, 2: 730-731
 spaces of difference（差异空间）, 2: 756-759
 street children（街童）, 2: 778
 suburbanization（郊区化）, 2: 782
 uneven development（非均衡发展）, 2: 734-735
 zoning（区划）, 1: 260-261
Social Forum of the Americas (Quito, 2004)（美洲国家社会论坛, 基多, 2004 年）, 2: 670
Social geography（社会地理学）, 2: 748
Social housing（社会住房）, 2: 735-738, 亦可参阅: Public housing（公共住房）
 Amsterdam（阿姆斯特丹）, 1: 22-23
 approaches to（方法）, 2: 737-738
 historical development（历史发展）, 2: 736
 London（伦敦）, 1: 462
 public housing as（如公共住房）, 2: 736-737
Social justice（社会公平）, 1: 432
Socially sustainable development（社会可持续发展）, 2: 792-793
Social movements（社会运动）, 2: 738-742
 approaches to（方法）, 2: 738-739
 Castells on（卡斯特）, 1: 116
 community sense in（社区意义）, 1: 174
 fragmentation（城市碎片化）, 2: 741-742
 globalization（全球化）, 1: 315
 urban activism and opposition（城市行为主义和反对）, 2: 740-741
Social networks（社会网络）, 1: 198-199
Social policy（社会政策）, 2: 908-909
Social problems, spatial structure and（空间结构和社会问题）, 2: 864-865
Social production of space（社会空间生产）, 2: 742-747, 亦可参阅: Social space（社会空间）
 architecture（建筑）, 1: 37-38
 capitalism（资本主义）, 2: 743-747
 contradictory effects（矛盾的影响）, 2: 745
 Gottdiener（戈特迪纳）, 1: 319-320
 Lefebvre and（和列斐伏尔）, 1: 448
 power（权力）, 2: 746
 real estate（房地产）, 2: 744-745
 representations of space（空间的表征）, 2: 745-746
 state role（国家角色）, 2: 743-744
Social roles（社会角色）, 2: 626
Social Science Review (journal)（《社会科学评论》, 期刊）, 2: 932
Social space（社会空间）, 2: 626-627, 747-751, 亦可参阅: Urban space（城市空间）
 deconstruction of（解构）, 2: 750-751
 dialectic of society and space（社会和空间的辩证法）, 2: 749-750
 material environment of social groups（社会团体的物质环境）, 2: 747-748
 relations of social positions（社会地位的关系）, 2: 748-749
Social vulnerability（社会脆弱性）, 1: 120-121
Social welfare（社会福利）, 亦可参阅: Welfare（福利）

Society(社会),亦可参阅:Social production of space(社会空间生产)、Social space(社会空间)
  architecture(建筑),1:36-40
  Asian cities(亚洲城市),1:43-44
  bazaars(集市),1:63-64
  Gesellschaft(《社会》),1:296-298
  Lefebvre on(列斐伏尔论),1:449
  space and(空间),2:720-721
  urban archaeology(城市考古学),1:27
Society and Space (journal)(《社会与空间》,期刊),1:129
Society for Urban, National, and Transnational/Global Anthropology(城市、国家、跨国/全球人类学协会,SUNTA),2:931
Society of the spectacle(景观社会),1:142,2:668,670,726-728,751-754
Sociocultural human ecology(社会文化人类生态学),1:384-385
Sociological Society(社会形态学),1:294
Sociology(社会学),亦可参阅:New urban sociology(新城市社会学)、Urban sociology(城市社会学)
Sociosemiotics(社会符号学),1:320-321
Sociospatial perspective(社会空间方法),亦可参阅:Gendered space(性别化空间)、Social production of space(社会空间生产)、Social space(社会空间)
  Berlin(柏林),1:72-73
  Buenos Aires(布宜诺斯艾利斯),1:90
  globalization(全球化),2:942
  Gottdiener and(和戈特迪纳),1:321-322
  new urban sociology(新城市社会学),2:554
  Tokyo(东京),2:816-817
  urban design(城市设计),2:861
  urban ecology(城市生态学),2:863-865
  urban sociology(城市社会学),2:924
  Venice(威尼斯),2:953-954
Sofia, Bulgaria(保加利亚索菲亚),1:350
SoHo, New York City(纽约市苏荷区),1:458-459,2:545
Soja, Edward W.(爱德华·索贾),1:129,243,261,320,469,471,2:587,669,722,750,754-755,875
  "Inside Orange County"(《奥兰治县》)1:262
  "Los Angeles,"(《洛杉矶》)1:261
  Postmetropolis(《后大都市》),2:755,893
  Postmodern Geographies(《后现代地理学》),1:261-262,2:755
  Thirdspace(《第三空间》),1:262,2:755
Sokollu Mehmed Pasha Complex(索克鲁·穆罕默德·帕夏集市),1:114
Soldiers Field, Chicago(芝加哥士兵体育场),2:762
Solomon, Daniel(丹尼尔·所罗门),2:552
Solondz, Todd(托德·索伦兹),Storytelling(《两个故事一个启示》),1:151
Sommer, Robert(罗伯特·索默),2:773
Sontag, M. S.(桑塔格),1:376
Sontag, Susan(苏珊·桑塔格),1:413
Sony Center, Berlin(柏林索尼中心),2:870
Sophia Antipolis, France(法国索菲亚科技园),2:797,800
Sorkin, Michael(迈克尔·索金),2:808
  Variations on a Theme Park(《主题公园的变化》),1:262
Sorokin, Pitrim A.(彼蒂里姆·索罗金),2:748-749
S-O-R theory(条件反射理论),2:917
Sound in the city(城市的声音),2:921
South(索斯),N.,1:235
South Africa(南非),1:30-32,169,301-302
Southeast Asia(东南亚),1:26,192,2:707-708
South Korea(南韩),亦可参阅:Republic of Korea(大韩民国)
South Street Seaport, New York City(纽约市南街港口),1:197-198,234,2:808
Southworth, Michael(迈克尔·索斯沃思),1:476
Soviet Revolution(苏维埃革命),1:518
Soviet Union(苏联),1:20,391,518-519,2:573
Space(空间),亦可参阅:Social production of space(社会空间生产)、Social space(社会空间)、Urban space(城市空间)
  abstract(摘要),2:746
  place vs.(和场所),2:600,929
  Simmel's social theory of(齐美尔的社会学理论),2:720-721

Soja's work on（索贾的影响），2：754-755
Spaces of difference（差异空间），2：756-759，亦可参阅：Social exclusion（社会排斥）
Spaces of flows（空间流动），2：759-761
　　Castells on（卡斯特），1：118
　　global cities（全球化城市），1：314
　　metropolitan regions（大都市地区），1：510
Spaces of places（地域空间），1：118, 314
Spaces of representation（空间表征），2：742-743, 750
Space-time convergence（时空聚合），2：937
Spain（西班牙），1：167, 484, 513
Spain, Daphne（达芙妮·斯佩恩）
　　Back to the City（with Shirley Bradway Laska）《回归城市》，与雪莉布拉德韦·拉斯卡合著），1：51
　　Gendered Spaces（性别化空间），1：299
Spanish Pavilion, Paris Exhibition (1937)（巴黎世博会西班牙馆，1937年），2：693
Spanish Pueblo Revival style（西班牙普韦布洛复兴风格），2：681
Spatial economic theory（空间经济理论），1：472
Spatial planning（空间规划），2：903
Spatial practices（空间实践），2：742, 750
Spatiotemporal fix（时空定位），1：488, 2：744, 834
Spa towns（温泉小镇），2：662-663
Spear, Allan, *Black Chicago*（艾伦·斯皮尔，《芝加哥黑人》），1：312
Spectacle（景观），亦可参阅：*Society of the spectacle*（景观社会）
Spectacular architecture（壮观建筑），1：38
　　airports（机场），1：10, 12
　　Bilbao（毕尔鄂），1：75, 77-78
Speer, Albert（阿尔特·斯皮尔），1：70, 107
Spencer, Herbert（赫伯特·斯宾塞），1：294, 385, 2：929
Spencer（斯宾塞），J. E.，1：41
Spengler, Oswald（奥斯瓦尔德·施宾格勒），*The Decline of the West*（《西方的没落》），1：503
Spicker, Paul（保罗·斯皮克），2：735
Spiethoff, Arthur（阿图尔·施皮霍皮），1：472
Spock, Benjamin（本杰明·斯波克），1：413
Sports stadiums（体育场馆），2：762-766

Spot maps（标点地图），2：864
Sprawl（城市蔓延），2：766-768，亦可参阅：Suburbanization（郊区化）
　　opposition to（反对城市蔓延），1：30
　　shortcomings（城市蔓延的弊病），1：86
　　technoburbs（技术郊区），2：795-798
Squares（广场），2：689-690，亦可参阅：Campi（广场）、Piazza（广场）
Squatter movements（占地运动），2：769-771，亦可参阅：Favela（贫民区）
　　Amsterdam（阿姆斯特丹），1：23
　　Asian cities（亚洲城市），1：44
　　Hong Kong（香港），1：370
　　rights（权利），2：769-770
　　stages of（阶段），2：769
　　variety in（多样性），2：769
Squires, Gregory D.（格列高利·斯奎尔斯），2：554
Sraffa, Pierro（皮埃罗·斯拉法），2：660
Sri Lanka（斯里兰卡），1：42, 44
Srole, Leo（里奥·斯洛尔），2：917
Stack, Carol（卡罗尔·斯塔克），*All Our Kin*（《我们所有的亲戚》），1：183
Stadiums（体育馆），亦可参阅：Sports stadiums（体育场馆）
Stalin, Joseph（约瑟夫·斯大林），1：107, 2：668
Stallybrass, Peter（彼得·斯塔利布拉斯），2：697
Standard City Planning Enabling Act of 1928 (United States)（1928年的《标准城市区域规划授权法》，美国），1：304
Standardization（标准化），1：317, 2：764
Standard metropolitan statistical area (SMSA)（标准大都统计区），1：504
Standpoint epistemologies（认识论立场），2：940
Stapleton, Denver（丹佛斯泰普尔顿），2：550
Starbucks（星巴克），2：805
Starchitects（明星建筑师），1：39
Starr, Ellen Gates（艾伦·盖茨·斯塔尔），1：124, 176
Starr, Paul（保罗·斯塔尔），*The Politics of Numbers*（with William Alonso）（《数字政治》，与威廉·阿隆索合著），1：20
Starr, Ringo（林戈·斯塔尔），2：805

Star-shaped (sector) development model of city development（城市发展的星形［扇形］发展模式）,2：872,895,924
State Council of Parks（州立公园委员会）,1：522
State housing（公房）,2：737
State (nation)（国家）
　　capitalism and the role of（资本主义及其作用）,1：450,488-489
　　global urban studies（全球城市研究）,2：972
　　production of space（空间生产）,2：743-744
　　public realm（公共领域）,2：625
　　Renaissance formation of（文艺复兴时期形成的）,2：654
　　space and（和空间）,2：748
　　squatter movements（占地运动）,2：770-771
　　Tokyo and（和东京）,2：814,817
The State of Black America（National Urban League）（《美国黑人状况》,全美城市联盟）,2：890
States (U.S. governing unit)（州,美国治理单位）
　　citizenship（公民身份）,1：146
　　government（政府）,1：452
　　public authorities（公共管理局）,2：619-620
　　public-private partnerships（公私伙伴关系）,2：620-623
State-Thomas project, Dallas（达拉斯得克萨斯州-托马斯项目）,2：549
Station areas, development around（车站周围的地区开发）,2：822-824
St. Catherine's of Mechelen, Belgium（比利时梅赫伦的圣凯瑟琳）,1：66
Steering（操纵）,1：266-267
Steichen, Edward（爱德华·斯泰肯）,2：592
Stein, Clarence（克拉伦斯·斯坦）,1：85,534
Stein, Gertrude（格特鲁德·斯坦）,1：80,398
Stein, Maurice（莫里斯·斯坦）,*Eclipse of Community*（《社区的衰退》）,1：182
Steinbeck, John（约翰·斯坦贝克）,*The Grapes of Wrath*（《愤怒的葡萄》）,2：593
Steiner, Ralph（拉尔夫·施泰纳）,*The City*（with Willard Van Dyke）（《城市》,与威拉德·范·戴克合著）,1：150
Steinmetz, John（约翰·斯坦梅茨）,1：87

Stendhal（司汤达,亨利·贝尔的笔名［pseudonym of Henri Beyle］）,2：581
Stereoscopes（立体镜）2：592
Stern, Robert（罗伯特·斯特恩）,2：549
St. Gaudens, Augustus（奥古斯都·圣·高登斯）,1：154
Stieglitz, Alfred（阿尔弗雷德·斯蒂格里兹）,1：534
Stieler, Johnnie（约翰尼·斯泰勒）,1：222
Stierle, Karlheinz（卡尔海因茨·施蒂尔勒）,2：900
Stimulus-organism-response (S-O-R) theory（条件反应理论）,2：917
St. Louis（圣路易斯）, Missouri（密苏里州）,1：186-187,233
Stoa（柱廊）,1：9,10,46
Stoa of Attalos, Athens（雅典阿塔罗斯柱廊）,1：10
Stockholm, Sweden（瑞典斯德哥尔摩）,1：393,418
Stoller, Paul（保罗·史托勒）,1：174
Stolper, Wolfgang（沃尔夫冈·斯托普勒）,1：473,474
Stone, Clarence（克拉伦斯·斯通）,1：288,2：643-645
Stonequist, Everett（埃夫雷特·斯通克斯特）,1：398,2：772
Storper, Michael（迈克尔·斯托波）,2：652,893
St. Pancras International station, London（伦敦圣潘克拉斯国际火车站）,2：634
St. Paul, Minnesota（明尼苏达州圣保罗）,1：233
St. Paul's Cathedral, London（伦敦圣保罗大教堂）,1：460
St. Peter's Square, Rome（罗马圣彼得广场）,2：677
Strand, Paul（保罗·斯特兰德）,*Manhatta*（with Charles Sheeler）（《曼哈顿》,与查尔斯·希勒合著）,1：149
Stranger（陌生人）,2：771-774
　　biographical stranger（传记中的陌生人）,2：772-774
　　communication/interaction（交流）,2：773-774
　　crime（犯罪）,1：191-192

cultural stranger（文化陌生人），2：771－772
Simmel on（齐美尔），2：719
Die Strasse（film）（《街道》，电影），1：424
Strategic planning（战略规划），2：605
Strategic spatial planning（空间战略性规划），2：652
Street art（街头艺术），2：920
Streetcars（有轨电车），2：774－775,781,825
Street children（街童），2：776－779
Street films（街头电影），1：424
Street lighting（街灯），2：563－564,567
Stress,environmental（环境重要性），1：252
Strickland,William（威廉·斯特克里兰），2：690
Stringer,Graham（格拉汉姆·斯丁格），1：482
Strip cities（带状城市），2：839
Strip malls（高速公路两旁的购物中心），2：713
Strom,Elizabeth（伊丽莎白·斯特罗姆），1：227
Structural Funds（结构基金），2：732
Structuralism（结构主义），1：115－117,2：874
Structural urbanization（结构城市化），2：881
Structuration theory（结构化理论），2：874
Structure and agency（结构与能动性），2：941－942
Stuart A. McKinney Act of 1987（United States）（美国《1987年斯图尔特·麦金尼法》），1：364
Stuart Florida Redevelopment Master Plan（斯图尔特佛罗里达重建总体规划），2：550
Students Islamic Movement of India（印度伊斯兰教学生运动），1：532
Studies in Geography（journal）（《地理研究》，期刊），1：500
Studio 54,New York City（纽约市54工作室），1：222
Style Wars（documentary）（《风格之战》，纪录片），1：326
Subcultural theory（亚文化理论），2：917
Subcultures（亚文化），2：769,886,920,923－924
Subdivision regulations（分销地块管制），1：162
Sub-Saharan Africa（撒哈拉以南非洲地区），1：26
Subsidies,housing-related（与住房相关的补助金），1：7,2：735,965
Suburban Action Institute（郊区行动协会），1：5
Suburban aspiration（郊区的渴望），2：781－782

Suburbanization（郊区化），2：779－784,亦可参阅：Cyburbia（网络城市）、Edge city（边缘城市）、Exopolis（外城）、Technoburbs（技术郊区）
annexation（吞并），1：30
automobiles（汽车），1：92,322,441,2：587,781
banlieue vs.（郊区），1：52
bungalows（平房），1：92
causes（原因），2：780－781
Chinatowns（唐人街），1：132－133
class（阶级），1：442
consequences（影响），2：781－783
criticisms（批评），2：782－783
environmental impact（环境影响），2：783
history of（历史），2：780－781
information age（信息时代），1：117
Jackson on（杰克逊），1：411
late-twentieth-century（20世纪后期），2：783－784
lawns（草坪），1：441－442
photography（摄影），2：594
planning（规划），2：781,783
race（种族），1：442,2：782,783
Savannah（萨凡纳），2：691
shopping（购物），2：711
sports stadiums（体育场馆），2：763
sprawl（城市蔓延），2：766－768
streetcars（有轨电车），2：775
U.S. vs. European（美国和欧洲），2：837
Wirth's model（沃思模式），2：886
women（妇女），2：782－783
Suburban neurosis（郊区神经官能症），2：782－783
Suburban sprawl（郊区蔓延），亦可参阅：Sprawl（城市蔓延）
Subway（地铁），2：784－786
cultural and social significance（文化和社会意义），2：785－786
downtown revitalization（市中心复兴），1：232
history of（历史），2：784－785,825－826
Moscow（莫斯科），1：518,520
Paris（巴黎），2：580－581
passenger experience（旅客体验），2：785－786
Succession,in neighborhoods（社区更替），2：864

Süleyman the Magnificent（苏莱曼一世），1：114
Sullivan, Louis（路易斯·沙利文），1：124
Sumatra（苏门答腊岛），1：44
Sumer（苏美尔），2：887
Suncombe, Stephen（斯蒂芬·桑科伯），2：754
Sunnyside Gardens, Queens, New York（纽约昆斯的阳光花园），1：288，534
Super-regional centers shopping（城郊购物中心，购物［shopping］），2：714
Superstores（超级市场），2：713
Suq El-Talat, Cairo（开罗苏格埃尔塔拉特），1：101
Surrealism（超现实主义），1：33，68-69，273，2：669，726，946
Surrey Hills, Sydney（悉尼萨里山），1：308
Surveillance（监控），2：786-790
    contemporary（当代），2：788-790
    crime（犯罪），1：191-192
    defining（定义），2：787
    history of（历史），2：787-788
    military（军事），2：789
    railroad stations（火车站），2：635
    residential（住宅），2：746
    subways（地铁），2：786
Sustainable development（可持续发展），2：790-794
    city planning（城市区域规划），1：162
    community development（社区开发），1：176
    cultural heritage（文化遗产），1：198
    future of（未来），2：794
    implementing（实施），2：792-793
    institutionalizing（制度化），2：792
    issues（议题），2：793-794
    social sustainability（社会可持续性），2：792-793
    transportation（交通），2：831-832
    urban design（城市设计），2：862
    urban policy（城市政策），1：248-249
    weak vs. strong sustainability（弱可持续性与强可持续性），2：791
Sustainable Development Strategy (European Union)（可持续发展战略，欧盟），2：792
Suttles, Gerald（杰拉尔德·萨特尔斯），1：129

The Social Order of the Slum（《贫民窟的社会秩序》），1：183
Swarbrooke（斯沃布鲁克），J.，2：664
Sway（斯威），1：357
Sweetser（斯威切尔），F. L.，1：265
Switzerland（瑞士），1：335
SWOT analysis（SWOT分析），1：177
Sydney, Australia（澳大利亚悉尼），1：308，309，527，539
Symbolic interactionism（符号互动论），2：626
Synekism（聚居），2：755
Synopticism（同观监视），2：790
Systems theory（系统理论），1：250，2：904-905，亦可参阅：Urban system（城市体系）、World-systems perspective（世界体系论）

T

Taedok Science Town, South Korea（韩国大德科学城），2：797
Taipei, Taiwan（台湾台北），1：43
Taiwo（塔伊沃），D. C.，1：428
Tajikistan（塔吉克斯坦），1：42
Taj Mahal, India（印度泰姬陵），2：657
Talamone, Italy（意大利塔拉莫内），1：491
Talbot, William Henry Fox（威廉·亨利·福克斯·塔波特），2：591
Talenti, Francesco（弗朗西斯科·塔伦蒂），2：656
Talking Drum（说话鼓），1：356
Tate Modern, London（伦敦泰特美术馆），1：354
Tati, Jacques（雅克·塔蒂），*Playtime*（《游戏时间》），1：141
Taut, Bruno（布鲁诺·陶特），1：503
Taxes（税收）
    Paris（巴黎），1：52
    service-tax packages（服务税），2：809-810
    sustainable transportation（可持续交通），2：831
Tax incentives, for housing construction（用于住宅建设的税收激励），1：7
Taylor, Graham（格雷厄姆·泰勒），1：127，129
Taylor, Peter（彼得·泰勒），1：315-316，2：968
Taylor, Sam（萨姆·泰勒），*Safety Last*（with Fred C. Newmeyer）（《最后安全》，与弗雷德·纽迈尔合著），1：149

Taylor, Stephen（斯蒂芬·泰勒），2：783

Tchaikovsky, Peter（彼得·柴可夫斯基），1：398

Teague, Walter Dorwin（沃尔特·达尔文·蒂格），2：562

Technoburbia（技术郊区），2：594

Technoburbs（技术郊区），2：795-798，亦可参阅：Cyburbia（网络城市）

Technology（技术），亦可参阅：Information and communication technologies（信息通信技术，ICT）
 cities, impact on（对城市的影响），2：784
 creative class（创意阶层），1：188-189
 crime surveillance（犯罪监控），1：191-192
 discotheques（迪斯科舞厅），1：223
 ethnic enclaves（族裔聚居区），1：257
 globalization（全球化），2：688
 sustainable transportation（可持续交通），2：831

Technology parks（技术园区），1：394-395，2：797,799，亦可参阅：Technoburbs（技术郊区）、Technopoles（技术极）

Technopoles（技术极），2：799-800
 Castells on（卡斯特），1：117
 creative class（创意阶层），1：188-189
 ethnic enclaves（族裔聚居区），1：257
 urban specialization（城市分工），2：937

Tel Aviv, Israel（以色列特拉维夫），1：352

Telc, Czech Republic（捷克共和国泰尔齐）1：360

Tell Brak, Mesopotamia（美索不达米亚布拉克山丘），1：24

Templehof, Berlin（柏林腾佩尔霍夫机场），1：12

Temple of Athena Nike, Athens（雅典雅典娜胜利女神庙），1：2

Tenement（租屋），2：801-805,803，亦可参阅：Riis, Jacob（雅各布·里斯）、Slums defined（界定贫民窟），2：801
 historical development（历史发展），2：801
 legislation（立法），2：801-802
 New York City（纽约市），2：803-805
 reform movements（改革运动），2：802-803

Tenement House Act of 1879（New York City）（纽约《1879年租屋法案》），2：804

Tenement House Act of 1901（New York City）（纽约《1901年租屋法案》），2：804

Tenement House Commission（租屋委员会），2：673

Tenements, Riis and（里斯与租屋），2：672-673

Tennessee（田纳西州），1：334

Tennessee Valley Authority（田纳西河流域管理局），2：651

Tenochtitlan（特诺奇蒂特兰），1：26,104-105,167,513,514

Teotihuacan（特奥蒂瓦坎），1：26,27

Teresa, Mother（特蕾莎修女），1：420

Terranuova, Italy（意大利特伦诺瓦），1：491

Territoriality（地域性），1：253

Territorialization（地域化），2：566-567,743

Territorial Revival style（领地复兴风格），2：681

Terrorism（恐怖主义），2：821，亦可参阅：Security（安全）、September 11, 2001 attacks（2001年911恐怖袭击）、World Trade Center（世界贸易中心，"9·11"事件）

Tertiary circuit of capitalism（资本主义的三次循环），2：834

Terumoto, Mori（毛利辉元），1：357

Text, urban space as（作为文本的城市空间），2：858,898,902，亦可参阅：Urban semiotics（城市符号学）

Thabit, Walter（沃尔特·萨比特），1：5

Thadani, Dhiru（迪鲁·撒丹尼），2：552

Thailand（泰国），1：42,317

Thatcher, Margaret（玛格丽特·撒切尔），1：57,340,452,463

Theater of Dionysos, Athens（雅典戴奥尼索斯剧场），1：2

Thematic urban history（主题城市史），2：883

Themed environments（主题环境），1：155，2：722,805-809，亦可参阅：Disneyfication（迪士尼化）、Disneyland（迪士尼）、Urban entertainment destination（城市娱乐地标）

Them!（film）（《他们》，电影），2：696

Thermal properties（热特性），2：850

Thiers, Adolphe（阿道夫·梯也尔），1：52

Third-sector housing（第三部分住房），1：384

Thirdspace（第三空间），2：755

Third world（第三世界），1：280-281,489

Tholos, Athens（雅典圆形建筑），1：9

Thomas, J. Parnell（帕内尔·托马斯），1：466
Thomas, June Manning（琼·曼宁·托马斯），1：5
Thomas（托马斯），W. I.，1：127，129
    Old World Traits Transplanted（with Robert Park）(《旧大陆习俗的迁徙》，与罗伯特·帕克合著)，1：127
Thomson, John（约翰·汤姆森）
    Illustrations of China and Its People（《中国与中国人影像》），2：592
    Street Life in London（《伦敦街头生活》），2：592
Thomson, John Arthur（约翰·亚瑟·汤姆森）
    The Evolution of Sex（《性的进化》），1：294
    Evolution（with Patrick Geddes）(《进化论》，与帕特里克·盖迪斯合著)，1：533
Thoreau, Henry David（亨利·大卫·梭罗），2：818
Thrasher, Frederick（弗雷德里克·思拉舍），1：129
    The Gang（《帮派》），1：127
Thrasher（magazine）(《打谷机》，杂志)，2：729
Three Rivers Stadium, Pittsburgh（匹兹堡三河球场），2：763
Thrift, Nigel（奈杰尔·斯里夫特），2：652，893，894
Thünen, Johann Heinrich von（约翰·海因里希·冯·杜能），1：20，472，2：651，659，929
    Der Isolierte Staat（《孤立国》），1：455-456
Tiebout, Charles（查尔斯·蒂布特），1：506，2：809-810
Tiebout Hypothesis（蒂布特假说），2：809-810
Tijuana, Mexico（墨西哥提华纳），1：262
Tikal（蒂卡尔），1：26
Tiki（提基），2：807
Time（时间）
    cities and（和城市），1：159
    crystallized（凝结），2：761
    day vs. night（白天与黑夜），2：563
    ethnic enclaves and（和族裔聚居区），1：256-257
    real estate and（房地产），2：637
    rhythms in the city（城市的节奏），2：921，959
    spaces of flows and（空间流动），2：761
    time-space compression（时空压缩），2：861
    urban semiotics（城市符号学），2：921
    walking（步行），2：959
Time geography（时间地理学），2：810-811
Time（magazine）(《时代》，杂志)，1：535
Times Square (New York City)（纽约时报广场），2：869
Timor Leste (East Timor)（东帝汶），1：42
Tishman development firm（铁狮门开发公司），1：215
Title deeds（所有权证书），2：769-770
Tiwanaku（蒂瓦纳库），1：25
Tobin, Austin（奥斯丁·托宾），1：523，2：619，973
Tobler, Walter（沃尔·特托卜勒），1：73
Tocqueville, Alexis de（亚力克斯·托克维尔）
    Democracy in America（《论美国的民主》），1：453
Toilets（厕所），2：811-813
Tokyo, Japan（日本东京），2：813-817
    catastrophe risk（大灾难风险），1：120
    culture（文化），2：815-816
    economy（经济），2：814-815
    global city（全球城市），1：318，460
    Healthy Cities movement（健康城市运动），1：350
    innovation（创新），2：815，817
    megacity（巨型城市），1：42
    politics（政治），2：817
    sociospatial organization（社会空间组织），2：816-817
    state role of（国家角色），2：814，817
    terrorism（恐怖主义），2：821
    world city（世界城市），1：43
Toll Brothers（托尔兄弟公司），1：215
Toll roads（收费公路），1：418，2：831
Tolman, Edward（爱德华·托尔曼），1：251，475
Tomorrow's Canberra（《明日堪培拉》），1：103
Tonnies, Ferdinand（斐迪南·滕尼斯），1：171-172，296，385，2：718，841，857，884，891，923
    Community and Society (Gemeinschaft and Gesellschaft)(《礼俗社会和法理社会》)，2：891，915
Tony Hawk's Underground video game（托尼·霍

克的地下世界,电子游戏),2：730
Topalov, Christian (克里斯坦·托波罗夫),2：660
Topophilia (恋地情结),2：874
Toronto, Ontario (安大略多伦多)
 Chinese immigration (中国移民),1：133
 gay district (同性恋区),2：641
 governance (治理),1：505,507-509,512
 Healthy Cities movement (健康城市运动),1：349
 immigration (移民),1：318
 Jacobs and (和雅各布斯),1：413-414
 multicultural city (多元文化城市),1：526,526-528
Toronto City Summit Alliance (多伦多城市峰会联盟),1：508-509
Torres, Rodolfo D. (鲁道夫·托雷斯),1：60
Total institutions (完全机构),1：439
Totalitarianism (极权主义),1：107
Tourism (旅游业),2：818-821
 Amsterdam (阿姆斯特丹)1：21,23
 Bruges (布鲁日),1：86-88
 city users (城市用户),1：163-165
 contemporary (同时代的人),2：819-820
 convention centers (会展中心),1：186-188
 cultural heritage (文化遗产),1：195-196
 dance music (舞曲),1：223
 economy (经济),2：820
 future of (未来),2：821
 ghettoes (隔都),1：310-311
 globalization (全球化),1：318
 growth of (增长),2：818
 heritage sites (遗址),1：354
 historic cities (历史名城),1：361
 history of (历史),2：818-819
 landscapes of power (权力地标),1：434
 Mediterranean cities (地中海城市),1：495
 providers (供应商),2：820-821
 resorts (度假村),2：661-664
 Santa Fe (圣菲),2：681
 themed environments (主题环境),2：805-809
 Venice (威尼斯),2：954-955
Tourism providers (旅游业供应商),2：820-821
Tourist bubbles (旅游罩),2：820
Tournachon, Gaspard-Felix (pseudonym: Nadar)(加斯帕德·菲利克斯·陶纳乔,笔名纳达尔),2：592
Tout (托特),T. F.,1：490
Town and country planning (城乡规划)2：783,903
Town and Country Planning Association (城乡规划协会),1：288
Town planning (城镇规划),亦可参阅：City planning (城市区域规划); Urban planning (城市区域规划)
Town Planning Review (journal)(《城镇规划评论》,期刊),1：130
Townsend, Peter (彼得·汤森),2：732
Trade (贸易),亦可参阅：Commerce (贸易)
Trademarking (商标),亦可参阅：Branding (品牌)
Tradeshow Week 200 (展会周200强),1：187-188
Traditional Neighborhood Development (传统邻里开发,TND),1：438
Train station (火车站),亦可参阅：Railroad station (火车站)
Trammell Crow (全美物业服务),1：215
Trams (有轨电车),亦可参阅：Streetcars (有轨电车)
Transactive planning (交互式规划),2：605
Transglobal diasporic urbanism (环球离散都市生活),1：257
Transition zone (过渡区),2：863
Transit-oriented development (交通导向的发展),1：438,2：822-824
Transnationalism Project (跨国主义项目),2：688
Transportation (交通),2：825-828,亦可参阅：Automobiles (汽车)、Transportation planning (交通规划)
 airports (机场),1：10-13
 automobiles (汽车),2：825-827
 buses (公交车),1：94-96
 central place theory (中心地理论),2：936
 cities, impact on (对城市的影响),2：784
 development of cities (城市开发),2：866
 downtowns (市中心),1：231-232
 edge cities (边缘城市),2：587
 gender and (和性别),2：569-570
 journey to work (上班旅程),1：416-418

Los Angeles（洛杉矶），1：465－467

Moscow（莫斯科），1：520

New York World's Fair（纽约世界博览会，1939年），2：562

planning（规划），2：822－824，826－832

railroad stations（火车站），2：631－635

railways（铁路），2：825－826

regional governance（区域治理），2：647

streetcars（有轨电车），2：774－775

suburbanization（郊区化），2：780－781

subways（地铁），2：784－786

sustainable（可持续的），2：831－832

urban economics（城市经济学），2：867

urban space（城市空间），2：928

Transportation planning（交通规划），2：828－832

 critiques of（评论），2：829

 financing and delivery（融资和配送），2：830－831

 latter-day（近代），2：829－830

 megaprojects（大型项目），2：826－827，830

 supply and demand（供应与需求），2：827－828

 sustainable development（可持续发展），2：831－832

 traditional process（传统进程），2：828－829

 transit-oriented development（交通导向的发展），2：822－824

Transspecies urban theory（跨物种城市理论），2：977－980

Travlou, Penny（潘妮·特拉夫罗），1：50

Treaty of Nanking（《南京条约》，1842年），2：704

Tregoning, Harriet（哈里特·特雷冈宁），2：550

Tresor, Berlin（柏林特雷索尔），1：222

Trialectics of spatiality（空间性的三元辩证），2：755

Triborough Bridge, New York City（纽约市三区大桥），1：523

Trinidad（特立尼达拉岛），1：168－169

Trinity Church, New York City（纽约市三一教堂），2：559

Trolleys（电车），亦可参阅：Streetcars（有轨电车）

Trotsky, Leon（利昂·托洛茨基），2：834

The Truman Show（film）（《楚门的世界》，电影），2：552

Tsukuba Science City, Japan（日本筑波科学城），2：797，800

Tsunami（海啸），亦可参阅：Indian Ocean tsunami（印度洋海啸，2004年）

Tuan, Yi-Fu（段义孚），2：874

Tucson, Arizona（亚利桑那州图森），1：61

Tulun, Ahmad Ibn（艾哈迈德·伊本·图伦），1：98

Tunisia, Morocco（摩洛哥突尼斯），1：403

Turing, Alan（阿兰·图灵），1：398

Turkey（土耳其），1：42，43

Turkmenistan（土库曼斯坦），1：42

Turner, John（约翰·特纳），1：270－271

Tuskegee Institute（塔斯克基学院），2：890

Twain, Mark（马克·吐温），1：203

Tweed, William Marcy "Boss"（城市老板威廉·马西·特威德）2：607

Twist（dance）（扭摆舞，舞蹈），1：222

Tyrwhitt, Jacqueline（杰奎琳·蒂威特），1：413，2：694

Tyson's Corner, Fairfax（费尔法克斯泰森角），2：587

U

Uitermark, Justus（贾斯特斯·尤特马克），2：667，769

Ukeles, Mierle Laderman（米尔勒·拉德曼·尤克里斯），2：616

Ullman, Edward（爱德华·乌尔曼），"The Nature of Cities"（with Chauncy Harris）（《城市的本性》，与昌西·哈里斯合著），2：872，895，924

Umayyad Mosque（倭马亚清真寺），1：204

Underclass（底层阶级），1：286，2：733，748

Underground（地铁），亦可参阅：Subway（地铁）

Underhill, Paco（帕科·昂德希尔），2：716

UN Development Program（联合国开发计划署），1：195

UNESCO（联合国教科文组织），亦可参阅：United Nations Educational, Scientific and Cultural Organization（联合国教育、科学及文化组织）

UNESCO Convention on World Heritage（《联合国教科文组织世界遗产公约》，1972年），1：352

Uneven development（非均衡发展），2：833－836

capitalism（资本主义），2：745
  defined（定义），1：488
  gentrification（绅士化），1：307
  growth poles（增长极），1：336
  social exclusion（社会排斥），2：734-735
  world-systems perspective（世界体系论），2：971
UN-HABITAT World Urban Forum（联合国人居署的世界城市论坛），1：249
Unitary urbanism（单一城市主义），2：727
United Church of Christ（联合基督教会），1：245
United Cities and Local Governments Association（城市和地方政府联合会），2：670
United Farm Workers（农场工人联合会），1：15
United Kingdom（英国），亦可参阅：Britain（英国）
  governance（治理），1：325
  music（音乐），1：357
  resorts（度假村），2：661
  social exclusion（社会排斥），2：732
  social housing（社会住房），2：736-738
  toilets（厕所），2：812-813
  urban villages（城中村），2：944-945
United Nations（联合国），1：176，375，2：571，670，694，738，776，792
United Nations Conference on Environment and Development（Rio de Janeiro, 1992）（联合国环境与发展大会，里约热内卢，1992年），1：248，2：790
United Nations Conference on the Human Environment（Stockholm, 1972）（联合国人类环境会议，斯德哥尔摩，1972年），1：248，2：790
United Nations Educational, Scientific and Cultural Organization（联合国教育、科学及文化组织，UNESCO），1：195，203，352，2：681
United States（美国）
  advocacy planning（群议式规划），1：5-6
  bohemia（波希米亚），1：80-81
  bungalows（平房），1：92
  Canadian border（美加边境），1：226
  community studies（社团研究），1：182-183
  deindustrialization（去工业化），1：210-211
  gentrification（绅士化），1：306
  ghettoes（隔都），1：311-312
  megalopolis（大都市连绵带），1：498，499，500-501
  Philippines（菲律宾裔），1：484
  public housing（公共住房），1：7
  racialized space（种族化空间），2：629
  real estate development（房地产开发），1：214-215
  revanchism（复仇主义），2：666
  segregation（种族隔离），2：746
  social housing（社会住房），2：736-737
  suburbanization（郊区化），2：837
  urban archaeology（城市考古学），2：846-847
  urban morphology（城市形态学），2：895
  urban studies discipline（城市研究学科），2：930-933
Universal Declaration of Human Rights（《世界人权宣言》，1948年），1：375
Universal Exhibition（London, 1851）（万国博览会，伦敦，1851年），1：153
Universal Forum of Cultures（Barcelona, 2004）（全球文化论坛，巴塞罗那，2004年），1：58
University City Walk, Los Angeles（漫步大学城洛杉矶），2：870
University of Chicago（芝加哥大学），1：124，126-127，亦可参阅：Chicago School of Urban Sociology（城市社会学芝加哥学派）
University of Pennsylvania（宾夕法尼亚大学），2：930
Unwin, Raymond（雷蒙德·厄温），1：490
Up and Out of Poverty（脱离贫困），1：364
Upton, Northampton（北安普敦厄普顿），2：945
Uptowns（活动中心），1：242
Uqba b. Nafi's（奥卡巴·纳菲），1：404
Ur（乌尔），2：887
Urban（城市），2：836-838，亦可参阅：Cities（城市）、Metropolitan（大都市区）
  connotations of（内涵），2：837
  defined（定义），1：26，2：836，880
  Lefebvre on（列斐伏尔论），1：447-451
  rural vs.（和乡村），2：842，856-857，891
Urban activism（城市行动主义），2：740
Urban Affairs Association（城市事务协会），2：933，934
Urban Affairs Quarterly (journal)（《城市事务

季刊》，期刊），2：932
Urban Affairs Review（journal）（《城市事务评论》，期刊），2：932
Urban agglomeration（城市群），2：838－840，882，亦可参阅：Megalopolis（大都市连绵带）
Urban anthropology（城市人类学），2：840－844
　　Urban Anthropology（journal）（《城市人类学》，期刊），2：932
Urban Anthropology & Studies of Cultural Systems & *World Economic Development*（journal）（《城市人类学、文化系统研究与世界经济发展》，期刊），2：932
Urban archaeology（城市考古学），2：845－848
　　ancient cities（古代城市），1：26－28
　　Childe's influence（柴尔德的影响），1：130－131
　　colonial cities（殖民城市），1：166
　　London（伦敦），2：847
　　United States（美国），2：846－847
Urban behavior，theories of（城市行为理论），2：916，916－917
Urban biography（城市传记），2：882－883
Urban boundary layer（城市边界层），2：848
Urban canopy layer（城市覆盖层），2：848
Urban climate（城市气候），2：848－853，849，851，852
Urban crisis（城市危机），1：115－116，342，2：854－855，878
Urban culture（城市文化），1：308，2：856－859，883，901，亦可参阅：Behavioral urbanization（行为城市化）、Urban life（城市生活）、Urban novel（城市小说）
Urban Decay（城市衰败），2：837
Urban design（城市设计），2：859－862.，亦可参阅：City planning（城市区域规划）、Urban planning（城市区域规划）
　　Lynch's influence（林奇的影响），1：475－478
　　medieval town design（中世纪城镇设计），1：489－493
　　new urbanism（新城市主义），2：548－552
　　Sert's influence（塞尔特的影响），2：693－694
urban planning（城市区域规划），2：903－904
urban studies（城市研究），2：934
Urban Design Associates（城市设计合伙公司），2：549
Urban Design Campaign（United Kingdom）（城市设计运动，英国），2：944
Urban development（城市开发），亦可参阅：Land development（土地开发）
　　informational cities（信息城市），1：393
　　Istanbul（伊斯坦布尔），1：406
　　landscape architecture（景观建筑），1：431
　　transit-oriented development（交通导向的发展），2：822－824
Urban Development Action Grants（城市开发行动援助），1：233，2：621
Urban ecology（Chicago School）（城市生态学芝加哥学派），1：129，431，2：862－865，亦可参阅：Chicago School of Urban Sociology（城市社会学芝加哥学派）、Human ecology（人类生态学）
　　critiques of（评论），2：865
　　defined（定义），2：862
　　housing（住房），2：868
　　natural areas（自然区），2：864
　　spatial distribution and growth（空间分布与增长），2：863－864
　　spatial structure and social problems（空间结构和社会问题），2：864－865
　　urban geography（城市地理学），2：873
　　urban life（城市生活），2：893－894
　　urban sociology（城市社会学），2：924
Urban economics（城市经济学），2：865－868
　　Alonso and（和阿隆索），1：20
　　crime（犯罪），2：867
　　defined（定义），2：865
　　development of cities（城市发展），2：866
　　Fujita and（和藤田），1：282－283
　　growth poles（增长极），1：336－337
　　local government（地方政府），2：867－868
　　poverty（贫困），2：867
　　spatial structure（空间结构），2：866－867
　　transportation（交通），2：867
Urban entertainment destination（城市娱乐地标），2：868－871
Urban Entertainment District（城市娱乐区，UED），1：439
Urban epistemology（城市认识论），2：940

Urban espoliation（城市掠夺），2：685
Urban ethnography（城市民族志），1：385，423
Urban fields（城市区域），2：839
Urban geography（城市地理学），2：871－876
    analytical（分析），2：872
    behavior mapping（行为映射），2：873－874
    Berry's influence（贝里的影响），1：73－75
    capitalist city（资本主义城市），1：111
    external structure of the city（城市外部结构），2：873
    feminism（女权主义），2：874－875
    future of（未来），2：875
    internal structure of the city（城市内部结构），2：872－873
    political economy（政治经济学），2：874
    postmodernism/poststructuralism（后现代主义/后结构主义），2：875
    urban morphology（城市形态学），2：897－898
Urban Geography（journal）（《城市地理学》，期刊），1：74，2：932
Urban health（城市卫生），2：876－879，亦可参阅：Hygiene（卫生）
Urban heat islands（城市热岛效应），2：850－851，852
Urban history（城市史），2：880－884
    disciplinary growth（学科发展），2：880
    Jackson's influence（杰克逊的影响），1：411
    thematic（主题），2：883
    urban biography（城市传记），2：882－883
    urbanization（城市化），2：881－882
    urban studies vs.（城市研究），2：880
Urban History Association（城市史协会），2：932
Urban housekeeping（城市管家），1：232
Urbanism（城市主义），2：884－886
    ancient cities（古代城市）1：24－28
    new urbanism（新城市主义），2：548－552
    patchwork urbanism（拼接的城市生活），2：586－590
    postmodern（后现代主义），1：511
    simulacra（拟像），2：722－723
    situationist critiques of（对环境决定论的评价），2：727－728
    social effects（社会影响），2：884－886，891－893，923
    spectacle（景观），2：752－753
    unitary（单一的），2：727
Urbanization（城市化），2：886－889
    animal world impact of（对动物世界的影响），2：977－980
    Asian cities（亚洲城市），1：42
    behavioral（行为），2：881，901
    capitalist city（资本主义城市），1：109－112
    catastrophe（大灾难），1：120
    demographic（人口统计学），2：881
    difference（差异），1：448
    empirical approaches（实证研究法），2：887
    environmental impact（环境影响），1：247－248
    favelas（贫民区），1：271
    health and（和健康），1：348－349
    without industrialization（无工业化），2：889
    Manila（马尼拉），1：486
    medieval town design（中世纪城镇设计），1：489－493
    Mediterranean cities（地中海城市），1：495
    origins of cities（城市起源），2：887－888
    research needs（研究需要），2：889
    Shanghai（上海），2：705－706
    structural（结构），2：881
    urban culture（城市文化），2：856
    urban history（城市史），2：881－882
Urbanized areas（城市化地区），2：839
Urban Land（magazine）（《城市土地》，杂志），2：868，870
Urban Land Institute（城市土地研究所），1：232，2：868
Urban landscape（城市景观），亦可参阅：Urban morphology（城市形态学）
Urban League（城市联盟），2：890
Urban life（城市生活），2：891－894，亦可参阅：Urban culture（城市文化）、Urban novel（城市小说）
Urban morphology（城市形态学），2：894－898，亦可参阅：Urban space（城市空间）
    defined（定义），2：894
    morphogenesis（地貌形成），2：895－897，928－929

origins（起源），2：894-895
reorganization（重组），2：896-897
research（研究），2：897-898
surveillance（监控），2：788
Venice（威尼斯），2：952
Urban music（城市音乐），2：837
Urban novel（城市小说），2：899-902
Urban ontology（城市本体论），2：939-940
Urban Outfitters（城市旅行者），2：837
Urban planning（城市区域规划），2：903-907，亦可参阅：Advocacy planning（群议式规划）、City planning（城市区域规划）、Planning theory（规划理论）、Urban design（城市设计）、Zoning（区划）
　Alonso and（阿隆索），1：19-20
　Amsterdam（阿姆斯特丹），1：22-23
　Asian cities（亚洲城市），1：44
　Athens（雅典），1：46-47
　Barcelona（巴塞罗那），1：55-59
　Brasília（巴西利亚），1：82-83
　Cairo（开罗），1：98
　Canberra（堪培拉），1：102
　concept of（概念），2：903
　court capitals（首都），1：105-106
　gender equity planning（性别平等规划），1：302-304，2：569-572
　general plans（总体规划），1：304-305
　globalization（全球化），2：910
　growth management（增长管理），1：333-335
　Haussmann（霍斯曼），1：344-346
　Hong Kong（香港），1：371
　ideal city（理想城市），1：390-391
　management/communicative function of（管理/社交功能），2：906-907
　medieval town design（中世纪城镇设计），1：489-493
　Mexico City（墨西哥城），1：514-515
　new urbanism（新城市主义），2：548-552
　non-sexist city（无性别歧视的城市），1：302-304，2：569-572
　placemaking（场所营造），2：602-603
　politics（政治），2：905-906
　progressive city（进步城市），2：611

railroad stations（火车站），2：633
rational action（理性行为），2：904-905
sustainable development（可持续发展），2：792-793
systems analysis（系统分析），2：904-905
transit-oriented development（交通导向的发展），2：822-824
transportation（交通），2：826-828
urban design（城市设计），2：903-904
Urban policy（城市政策），2：907-910
　Buenos Aires（布宜诺斯艾利斯），1：89-91
　cold war（冷战），2：573
　defining（定义），2：907-908
　environmental policy（环境政策），1：247-249
　neighborhood revitalization（邻里复苏），2：545
　progressive city（进步城市），2：610-612
　public-private partnerships（公私伙伴关系），2：620-623
　regime theory（机制理论），2：643-645
　social policy and（和社会政策），2：908-909
　sustainable development（可持续发展），1：248-249
　welfare（福利），2：909
Urban politics（城市政治学），2：911-914，亦可参阅：Political economy（政治经济学）、Politics（政治学）
　comparative perspectives（比较观点），2：912
　contemporary issues（当代议题），2：911-914
　globalization（全球化），2：914
　historical perspectives（历史观），2：913-914
　immigration（移民），2：914
　memory（记忆），1：159
　power（权力），2：911
　regime theory（机制理论），2：643-645
　spatial conceptions（空间概念），1：507
　theoretical approaches（理论方法），2：911
Urban problematic（城市问题），2：875
Urban production（城市生产），2：866
Urban Programme (Britain)（城市计划，英国），2：909
Urban psychology（城市心理学），2：718-720，914-918
Urban realms（城市领域），2：896

Urban regime theory（城市机制理论），1：454，2：912
Urban renaissance（城市复兴），2：944
Urban renewal/regeneration（城市更新）
 Alonso and（和阿隆索），1：20
 Barcelona（巴塞罗那），1：57-59
 gentrification（绅士化）1：305-309
 Los Angeles（洛杉矶），1：467-468
 Manchester（曼彻斯特），1：481-483
 Moses and（和摩西），1：5，524
 public-private partnerships（公私伙伴关系），2：621
 Singapore（新加坡），2：724-725
 sports stadiums（体育场馆），2：763-764
urban crisis（城市危机），2：855
urban design（城市设计），2：860-861
urban villages（城中村），2：945
Urban Research and Practice Journal（《城市研究与实践杂志》），2：933
Urban revolution（城市革命），1：24，26，130-131，2：887
Urban semiotics（城市符号学），2：918-921，亦可参阅：Text（文本）、Urban space as architecture（城市空间结构），1：38-40
 sociosemiotics（社会符号学），1：321
Urban social movements（城市社会运动），1：116，2：738-742
Urban sociology（城市社会学），2：922-926
 Castells's influence（卡斯特的影响），1：115-118
 contemporary（当代），2：924-926
 globalization（全球化），2：926
 social organization（社会组织），2：922-924
 spatial organization（空间组织），2：924
 Tonnies's influence（滕尼斯的影响），1：296
Urban space（城市空间），2：927-930，亦可参阅：Social space（社会空间）、Space（空间）
Urban specialization（城市分工），2：937-938
Urban sprawl（城市蔓延），亦可参阅：Sprawl（蔓延）
Urban studies（城市研究），2：930-935
 Castells's influence（卡斯特的影响），1：115
 disciplinary growth（学科发展），2：930-935

 Du Bois and（和杜波依斯），1：239
 empiricism（经验主义），1：110
 global（全球），2：972
 medieval town design（中世纪的城镇设计），1：490
 technological change（技术进步），1：198
 urban history vs.（与城市史），2：880
 world-systems perspective（世界体系论），2：972
Urban Studies（journal）（《城市研究》，期刊），2：933
Urban Studies: An International Journal of Research in Urban Studies（《城市研究：城市研究国际杂志》），2：933
Urban Studies Center, Rutgers University（拉特格斯大学城市研究中心），2：930
Urban surfaces（城市表面），2：849-850
Urban surveillance（城市监控），1：191-192
Urban system（城市体系）2：935-939
Urban theory（城市理论），2：939-943
 agency and structure（媒介与结构），2：941-942
 Castells's influence（卡斯特的影响），1：115-118
 concepts（概念），2：940-941
 current status（当前状况），2：942-943
 de Certeau（德·塞尔托），1：208-210
 definitions（定义），2：939
 epistemology（认识论），2：940
 Las Vegas（拉斯维加斯），1：437-439
 levels of analysis（层次分析法），2：941
 ontology（本体论），2：939-940
 zöopolis（动物城市），2：977-980
Urban transition（城市转型），2：938
Urban village（城中村），2：943-945
Urban Villages Forum（城中村论坛），2：945
Urban Villages Group（城中村群），2：944
Urban Villages (Urban Villages Group)（城中村，城中村群），2：944
Urbino, Italy（意大利乌尔比诺），2：654
Uruk, Mesopotamia（美索不达米亚乌鲁克），1：24，27
U. S. Bureau of Oceans, Environment, and Science（美国海事、环境与科学局），2：792

U. S. Census（美国人口普查局），1：19，20
U. S. Department of Agriculture（美国农业部），1：176
U. S. Department of Housing and Urban Development（美国住房与城市发展部，HUD），1：7，266，309，2：550，855
U. S. Department of Justice（美国司法部），1：266
U. S. Environmental Protection Agency（美国环境保护署），1：245，443，2：550，792，879
U. S. General Accounting Office（美国审计局），1：245
U. S. Green Building Council（美国绿色建筑协会，USGBC），2：550
U. S. Supreme Court（美国最高法院），1：161，452，2：624，665
Utopia（乌托邦），2：945－948
    Chicago World's Fair（芝加哥世界博览会），1：153，155
    Geddes and（和盖迪斯），1：294－295
    ideal city（理想城市），1：390
    Mumford on（芒福德），1：533－534，536
    New York World's Fair（纽约世界博览会，1939年），2：562
Uzbekistan（乌兹别克斯坦），1：42

V

Vakil caravanserai, Kerman Province, Iran（伊朗克尔曼省瓦尔基商队旅馆），1：114
Valentine, Gill（吉尔·瓦伦丁），2：758，958
Valenzuela Arce, José Manuel（何塞·曼努埃尔·瓦伦苏拉·阿尔塞），1：262
Valéry, Paul（保罗·瓦莱里），1：140
Valle, Victor M.（维克多·威莱），1：60
Values（价值观）
    advocacy planning（群议式规划），1：3
    cultural heritage（文化遗产），1：194
    heritage cities（遗产城市），1：351－352
    historic cities（历史名城），1：360
Vance, James Jr.（小詹姆斯·万斯），*The Continuing City*（《绵延不断的城市》），2：896
Vancouver, British Columbia（不列颠哥伦比亚温哥华），1：39
Vanderbilt, Cornelius（科尼利厄斯·范德比尔德），2：559
Van der Goes, Hugo（雨果·凡·德·胡斯），1：87
Van der Weyden, Rogier（罗吉尔·凡·德尔·维登），1：87
Van Der Zee, James（詹姆斯·范·德·齐），2：593
Van Dyke, Willard（威拉德·范·戴克），*The City*（《城市》，拉尔夫·施泰纳［Ralph Steiner］），1：150
Van Eesteren, Cor（考尔·凡·伊斯特伦），2：692
Van Eyck, Jan（扬·凡·艾克），1：87
Van Peebles, Melvin（梅尔文·范·皮布尔斯），*Sweet Sweetback's Baadasssss Song*（《甜蜜背后的歌》），1：150
Vaquf（瓦克夫），1：113－114
Vargas, Getúlio（热图里奥·瓦加斯），1：82，2：685
Vasari, Giorgio（乔尔乔·瓦萨里），1：277，278，2：657
Vatican（梵蒂冈），2：676，678
Vaux, Calvert（卡尔弗特·沃克斯），1：430，2：558
Veblen, Thorstein（托尔斯坦·凡勃伦），2：564
Vegetation, and urban climate（城市气候与植物），2：853
Venables, Anthony（安东尼·维纳布尔斯），*The Spatial Economy*（with Fujita and Krugman）（《空间经济学》，与藤田和克鲁格曼合著），1：283
Venice, Italy（意大利威尼斯），2：951－955
    capital city（首都城市），1：106
    city users（城市用户），1：164
    cultural heritage（文化遗产），1：196，354
    gendered space（性别化空间），2：953－954
    ghettoes（隔都），1：310－311，2：629，787，954
    history of（历史），2：951－952
    morphology（形态学），2：952－953
    sociospatial patterns（社会空间模式），2：953－954
    tourism（旅游业），2：820，954－955
Venturi, Robert（罗伯特·文图里），*Learning from Las Vegas*（with Scott Brown and Izenour）

《向拉斯维加斯学习》，与斯科特·布朗和艾泽努尔合著），1：140，437－438

Veranda（游廊），1：91－93，2：955－956

Vergara, Camilo Jose（卡米洛·乔斯·维盖拉），1：411

Vermont（佛蒙特州），1：334

Versailles, France（法国凡尔赛），2：657

Vertov, Dziga（吉加·维尔托夫），*The Man with the Movie Camera*（《持摄影机的人》），1：141，149

Victimization surveys（受害调查研究），1：190－192

Vidor, King（金·维多）
 The Crowd（《乌合之众》），1：149，2：593
 The Fountainhead（《源泉》），1：150

Vienna, Austria（奥地利维也纳），1：196，354，397

Vierra, Carlos（卡洛斯·维埃拉），2：679

Vietnam（越南），1：42

Vietnam War（越南战争），1：413

Villaraigosa, Antonio（安东尼奥·维拉莱戈萨），1：467

Villegas, Ramon（雷蒙·维莱加斯），1：484

Vincent, George E.（乔治·文森特），1：127

Violence（暴力），1：300，2：965－966，亦可参阅：Crime（犯罪）

Viollet-le-Duc, Eugène（欧仁·维莱·勒·杜克），1：194，359－360

Virginia（弗吉尼亚），1：334

Virilio, Paul（保罗·维瑞利奥），1：140
 Bunker Archaeology（《地堡考古学》），1：93－94

Vittorio Emanuele II, king of Italy（意大利国王维托利奥·伊曼纽尔二世），2：676－677

Voltaire, Francois（弗朗索瓦·伏尔泰），1：396

Von Harbou, Thea（蒂亚·冯·哈布），1：503

Vorhees, Alan（艾伦·佛西斯），1：103

W

Wacquant, Lo. c,（卢瓦·华康德）1：54，173，228，2：588
 Urban Outcasts（《城市流浪者》），1：312

Wagner, Robert（罗伯特·瓦格纳），1：413

Wai, Wong Kar（王家卫），*Chung King Express*（《重庆森林》），1：151

Waldinger, Roger（罗杰·沃丁格），1：258

Wales, Charles, prince of（威尔士亲王查尔斯），2：549，552，944

Walker, Richard（理查德·沃克），2：834

Walking city（步行城市），2：957－959，亦可参阅：*Flâneur*（浪荡子）；Pedestrians（行人）

Wallace, Lew（卢·华莱士），*Ben Hur*（《宾虚》），2：679－680

Wallace, Mike（迈克·华莱士），*Gotham*（with Edmund G. Burrows）（《高谭镇》），与埃德蒙·巴罗斯合著），2：557

Wallerstein, Immanuel（伊曼纽尔·沃勒斯坦），1：168，280，2：835，969－971
 The Modern World-System（《现代世界体系》），2：969－970

Walt Disney Company（沃尔特·迪士尼公司），2：551，869，亦可参阅：Disney（迪士尼）

Walton, Judy（朱迪·沃尔顿），2：807

Wang, Wayne（王颖），1：151

War（战争）
 bunkers（地堡），1：93－94
 displacement（迁居），1：225
 divided cities（分裂的城市），1：226

Ward（沃德），J.，2：639

Ward, Kevin（凯文·沃德），1：243

Ware, James E.（詹姆斯·威尔），2：804

Ware, Samuel（塞缪尔·威尔），1：33－35
 The Warehouse, Chicago（芝加哥威尔豪斯舞厅），1：222

Wari（祭品），1：25

Warner, W. Lloyd（劳埃德·沃纳），*Yankee City*（《扬基城》），2：842

War on Drugs（向毒品宣战），1：193

War on Poverty（向贫困宣战），2：843，855，908

Warren County, North Carolina（北卡罗来纳州沃伦县），1：244－245

Warsaw Ghetto Uprising（华沙隔都起义），2：695

Washington（华盛顿），1：334

Washington, Booker T.（布克·华盛顿），1：127

Washington, D.C.（华盛顿特区）
 capital city（首都城市），1：107，108
 city planning（城市区域规划），1：137，153，154，

2：657
cold war（冷战），2：573
creative city（创意城市），1：189
Washington, Harold（哈罗德·华盛顿），1：125，2：611
Washington Convention Center, Washington（华盛顿特区华盛顿会议中心），D. C.，1：187
Washington Nationals（baseball team）（华盛顿国民队,棒球队），2：764-765
Waste（废弃物），2：877，959-963，亦可参阅：Sanitary reform（卫生改革）；Sewer（下水道）
Water Tower Place, Chicago（芝加哥水塔大厦），1：234
Weale, W. H. James（詹姆斯·威尔），1：87
Weber, Alfred（阿尔弗雷德·韦伯），1：472
　über den Standort der Industrien（《工业区位论》），1：456，2：651
Weber, Max（马克斯·韦伯），1：41，296，494，503，2：718，856，891，899，912，922-923
　The City（《城市》），1：242
Weber, Stefan（斯蒂芬·韦伯），1：205
Weegee,（pseudonym of Arthur Fellig）（维加,亚瑟·菲列的笔），Naked City（《裸城》），2：594
Weheliye, Alex（亚历克斯·韦赫利耶），1：356
Weissman, Steve（斯蒂夫·魏斯曼），2：550
Weissmann, Ernest（欧内斯特·魏斯曼），2：693
Welfare（福利），2：736，843，909
Welfare state regimes（福利国家体制），1：380
Wellman, Barry（巴里·威尔曼），2：893，924
Wellman, William（威廉·威尔曼），The Public Enemy（《公敌》），1：149
Welter, Volker（沃尔克·韦尔特），1：294
Welwyn, United Kingdom（英国韦林），1：287
Wenders, Wim（维姆·文德斯），The American Friend（《美国朋友》），1：150
Wertheim, William（威廉·韦特海姆），1：41
West, Kathleen（凯瑟琳·韦斯特），2：978
West Africa（西非），1：301
West Bank（约旦河西岸），1：229
Westchester County, New York（纽约州韦斯特切斯特县），1：522-523
Westmacott, Richard（理查德·威斯特马科特），1：538

West Side Improvement Project（西区改进项目），1：522
West Village Association（西村协会），1：413
Wharton, Annabel（安娜贝尔·沃顿），1：372
Whatmore, Sarah（萨拉·惠特莫尔），2：751，894
Whistler, British Columbia（不列颠哥伦比亚惠斯勒），2：662
Whitaker, Charles Harris（查尔斯·哈里斯·惠特克），1：534
White, Allon（阿兰·怀特），2：697
White, James Martin（詹姆斯·马丁·怀特），1：294
White, Stanford（斯坦福·怀特），1：154
White City, Chicago World's Fair（芝加哥世界博览会白城），1：124，153，155
White City, Tel Aviv（特拉维夫白城），1：352
Whitehand（怀特海德），J. W. R.，2：895-896，898
Whiteread, Rachel（雷切尔·维利特），House（《房子》），2：617
Whittaker Homes（惠特克住房公司），2：551
Whyte, William H.（威廉·怀特），1：413，2：782，892，923，928
　The Social Life of Small Urban Spaces（《小型城市空间的社会生活》），1：251，415
　Street Corner Society（《街角社会》），1：285，2：843
Wicker, Alan（阿伦·威克），1：251
Wiener, Paul Lester（保罗·莱斯特·维纳），2：693，694
Wildavsky, Aaron（亚伦·维达夫斯基），Implementation（with Jeffrey Pressman）（《实施》与杰弗里·普鲁斯特合著），2：906
Wilde, Oscar（奥斯卡·王尔德），1：398
Wilder, Billy（比利·怀尔德），Double Indemnity（《双倍赔偿》），1：150
Wild Style（film）（《狂野派》,电影），1：326，357
Wilhelm II, emperor of Germany（德国皇帝威廉二世），1：107
Will（决心），1：297-298，亦可参阅：Decision making（决策力）
Willemstad, Netherlands（荷兰威廉斯塔德），1：361

Williams（威廉姆斯），A. M. ,2：805
Williams, Raymond（雷蒙德·威廉斯），2：785－786,892
Williams, Sapara（萨帕拉·威廉姆斯），1：428
Williamsburg, Virginia（弗吉尼亚州威廉斯堡），1：361,2：681,722
Willmott（威尔莫特），P. ,2：923
Wills, Jane（简·威尔斯），1：374
Wilson, Chris（克里斯·威尔逊），2：681
Wilson, Edmund（埃德蒙·威尔逊），1：397
Wilson, Elizabeth（伊丽莎白·威尔逊），2：958
Wilson, James Q.（詹姆斯·威尔逊），1：327
Wilson, Thomas C.（托马斯·威尔逊），2：917
Wilson, William Julius（威廉·朱利叶斯·威尔逊），1：129,286
 The Truly Disadvantaged（《真正的弱势群体》），1：312
 When Work Disappears（《当工作消失之时》），1：312
Wine, Robert（罗伯特·温），*The Cabinet of Dr. Caligari*（《卡里加利博士的小屋》），1：150,503
Winner, Michael（迈克尔·温纳），*Death Wish*（《死亡请求》），1：150
Winter, Mary（玛丽·温纳），*Housing, Family, and Society*（with Earl Morris）（《住房、家庭和社会》，与厄尔·莫里斯合著），1：376
Wirth, Louis（路易斯·沃思），1：26,127,129,2：891,899,923
 The Ghetto（《隔都》），1：127,285,311,385
 "*Urbanism as a Way of Life*"（《作为一种生活方式的城市生活》）1：242,2：842,856－859,885－886,891,893,915
Wirth-Nesher, Hanah（哈娜·沃思-内谢尔），2：900,902
Wittgenstein, Ludwig（路德维希·维特根斯坦），1：397
WochenKlausur（沃肯克劳塞），2：618
Wolch, Jennifer（珍妮弗·沃尔奇），2：894,977,978
Wolfe, Tom（汤姆·沃尔夫）
 Bonfire of the Vanities（《虚荣之火》），2：561
 "*Las Vegas*"（《拉斯维加斯》）1：437
Wolff, Goetz（格茨·伍尔夫），2：967

Wolfinger, Raymond（雷蒙·沃费格），2：608
Women and the city（妇女与城市），2：963－966,亦可参阅：Feminism（女权主义）、Sex industry（性产业）
 arcades（拱廊），1：34
 béguinages（半世俗女修道院），1：65－68
 bohemia（波希米亚），1：80
 city clubs（城市俱乐部），1：156
 economic development（经济发展），2：964
 favelas（贫民区），1：269
 Gemeinschaft（礼俗社会），1：297
 gendered space（性别化空间），1：298－302,2：756－757
 gender equity planning（性别平等规划），1：302－304
 hotels（旅馆），1：374
 housing policy（住房政策），2：964－965
 lesbians（女同性恋者），1：292
 "new woman"（"新女性"）1：503
 non-sexist city（无性别歧视的城市），2：569－572
 poverty（贫困），2：964－965
 safety（安全），2：965－966
 shopping（购物），2：709
 suburbanization（郊区化），2：782－783
 toilets（厕所），2：812－813
 urban housekeeping（城市管家），1：232
 Venice（威尼斯），2：953－954
 violence（暴力），1：300
 walking（步行），2：958
Women for Economic Justice（对女性的经济正义），2：964
Women Plan Toronto（多伦多妇女规划），1：303
Women's Christian Temperance Union（女性基督教禁酒同盟，WTCU），1：299
Wonju City, Korea（韩国原州），1：350
Wood（伍德），A. ,1：331
Woodlawn, Chicago（芝加哥伍德劳恩），1：228
 The Woodlawn Organization（伍德劳恩组织，TWO），1：14
Woods, Shadrach（沙德拉·伍兹），2：694
Wordsworth, William（威廉·华兹华斯），1：396,2：818

Working class（工人阶级）
　suburbanization（郊区化），2：781-782
　tenements（租屋），2：801
　working-class communities（工人阶级社区），1：183-184
Working Families Party（工作家庭党），1：15
Works Progress Administration（公共事业振兴署），1：288
World Bank（世界银行），1：176，317，2：670，738，739，757
World（Brundtland）Commission on the Environment and Development（世界［布伦特兰］环境与发展委员会，1987年），2：790
World Charter on the Right to the City（城市权利世界宪章），2：670
World cities theory（世界城市理论），2：876
World city（世界城市），1：43，2：581-582，966-969，亦可参阅：Global city（全球城市）
World Commission on Environment and Development（世界环境与发展委员会，1987年），1：248
World Cultural Heritage sites（世界文化遗产），1：203，205
World Economic Forum（世界经济论坛），2：670
World economies（世界经济），2：970
World empires（世界帝国），2：970
World Health Organization（世界卫生组织，WHO），1：176，348，349
World Heritage Sites（世界遗产名录），1：65，104，195，352，358，2：682
World's Columbian Exposition（Chicago，1893）（1893年芝加哥哥伦比亚世界博览会），1：124，153，155，2：819
World's fairs（世界博览会），亦可参阅：Louisiana Purchase Exposition（St. Louis，1904）（圣路易斯1904年路易斯安那购地博览会）、New York World's Fair，1939—1940（纽约世界博览会，1939—1940年）、New York（纽约）World's Fair（世界博览会，1964—1965年）、World's Columbian Exposition（Chicago，1893）（1893年芝加哥哥伦比亚世界博览会）
World-systems perspective（世界体系论），1：280-281，2：835，969-972

World Trade Center（世界贸易中心，9·11事件），2：973-974，亦可参阅：September 11（9月11日）、2001 attacks（2001年的袭击）
World Trade Organization（世界贸易组织，WTO），1：317，2：670
World Urban Forum（Barcelona，2004）（世界城市论坛，巴塞罗那，2004年），2：670
World Urban Forum（Vancouver，2006）（世界城市论坛，温哥华，2006年），2：670
World War II（第二次世界大战）
　Athens（雅典），1：48-49
　Chicago（芝加哥），1：124-125
Worldwide（世界），the，1：450-451
Wren，Sir Christopher（克里斯托弗·雷恩爵士），1：135-137，460，2：974-975
Wright，Frank Lloyd（弗兰克·劳埃德·赖特），1：83-86，102，124，478，533，534，2：791
Wright，Henry（亨利·赖特），1：288，304，534
Wright，Will（威尔·赖特），2：716
Wrigley Field（Chicago）（箭牌球场，芝加哥），2：762，764
Wyld，William（威廉·怀尔德），2：884

X

X Games（极限运动），2：730

Y

Yale University（耶鲁大学），1：154，2：930
Yamin，Rebecca（丽贝卡·亚明），2：846
Yang，Anand（阿南德·杨），1：63
Yeoh，Brenda（布伦达·扬），1：134，168
Yogyakarta，Indonesia（印度尼西亚日惹），1：41
Young，Alma（阿尔玛·扬），*Gendering the City*（with Kristine Miranne）（《性别化的城市》，与克里斯廷·密拉纳合著），1：300
Young，M.（扬），2：923
Yunus，Mohammad（穆罕默德·尤努斯），1：43

Z

Zamyatin，Yevgeny（叶夫根尼·扎威亚京），*We*（《我们》），1：391
Zangwill，Israel（伊斯雷尔·赞格尔），*Children of the Ghetto*（《隔都的孩子们》），1：311

Zedillo, Ernesto（欧内斯托·塞迪略），1：515
Zeublin, Manuel（曼纽尔·泽伯林），*The Chicago Ghetto*（《芝加哥隔都》），1：311
Zhou, Min（周敏），*Chinatown*（《唐人街》），1：134
Zipf, George（乔治·齐普夫），2：610，937
Zola, Émile（埃米尔·左拉），2：899，902
    Le Ventre de Paris（《巴黎的肚子》），1：273
    L'Oeuvre（《工作的意义》），1：273
Zones in transition（过渡区），2：782
Zoning（区划）
    building heights（楼宇高度），1：232，2：802，804
    exclusionary（排斥），1：260-261
    gender and（和性别），2：570-571
    housing（住房），1：162，260-261，377
    red-light districts（红灯区），2：641
    Savannah（萨凡纳），2：692
    sex industry（性产业），2：702-703
    urban space（城市空间），2：928
Zoöpolis（动物城市），2：977-980
Zoos（动物园），2：979
Zorbaugh, Harvey W.（哈维·佐尔博），*The Gold Coast and the Slum*（《黄金海岸与贫民窟》），1：127，385，2：630
Zuccotti, John（约翰·祖科蒂），1：415
Zukin, Sharon（莎伦·祖金），1：81，308，343，2：624，929
    Landscapes of Power（《权力地标》），1：432-434
Zwischenstadt（间城），2：652

译后记

耶利哥城(Jericho)沉睡在死海北岸已逾万年。这座《圣经》中由逃出埃及的以色列人聚居的城市,早在一万多年前就有人类居住。他们靠耕种、打猎和放牧为生,在城镇周围建起城墙,掘开护城河。一万年后的今天,世界已经是一个城市的世界。从古希腊的城邦,到印度的摩亨佐·达罗,再到明清中国江南富庶的城镇,城市已发生翻天覆地的变化。城市化进程在历史上早已有之,从古至今,城市的数量不断增加,规模也渐次扩大。工业革命之后,城市化与工业化相结合,以迅猛的速度急剧发展,直到今天仍在继续。而进入20世纪下半期后,世界城市化进程进入新一轮的加速阶段,其发展势头前所未有。1950年时,世界城市人口大约7.5亿,到2000年,全球范围内居住在城市中的人口已接近30亿。世界银行的调查表明,截至2003年,世界48%的人口居住在城市,比1991年上升了33%。到2020年,全世界将有41亿人口即总人口的55%居住在城市。世界银行指出,城市发展将是21世纪人类面临的最重大事件。城市的发展历程展现了人类从分散地隔绝在世界各地,到相互交融、遍布全球的全过程;人类也在这一过程中创建了一个自我控制的新社会,并不断创造出新的社会组织和道德伦理。

我们正生活在有史以来规模最大的城市化浪潮中。在过去的半个世纪中,人们从乡村搬入城市,从小城市搬入大城市,同时也从一个国家的城市搬入另一个国家的城市。在这个全球化的新时代中,城市也被赋予新的属性和特征——各种资源在全球范围内流动,超越了国界,城市之间的网络主宰着全球经济文化生活。全球化为城市发展提供了机遇,人与人之间的联系更加方便快捷,通过微信、QQ和电子邮件,分散在世界各地的人们可以轻易地沟通交流;通过社交网络,未曾谋面的陌生人也可以相互进入对方的生活。同时,全球化也为城市提出了挑战,城市之间为获得流动性更强的资源展开竞争,城市要为日益增多的人口提供公共服务、基础设施和安全保障。在机遇与挑战并存之时,城市向何处发展,如何更好地理解城市、让城市生活更为和谐,是摆在所有人面前的问题。

相对于西方发达国家的城市,发展中国家的城市正经历着"野蛮生长"。许多新兴国家的巨型城市,如墨西哥城、圣保罗、加尔各答、马尼拉、迪拜、开罗等,巨大的规模既是其优势所在,也是其沉重负担。复杂的城市环境不仅创造了机会,也带来了压力和危险。高密度的人口和经济活动,消耗了大量资源,也威胁着周围的环境;贫富分化让不同阶层的城市人口的生活别若霄壤,孕育着矛盾和冲突。尽管城市在全世界取得了胜利,但前面的路并不平坦。中国同样如此。自改革开放以来,中国经济在市场化导向的改革中持续高速发展,经济实力迅速增强,已成为推动世界经济发展的重要引擎,在全球经济网络中扮演的角色越来越重要。与此同时,中国的城市也在这一背景下迅速崛起,并且在世界经济中发挥着越来越大的作用。因此,有必要更加全面地认识和理解城市。

对于身在城市中的人来说,城市无疑过于复杂了,而每个人只生活在自己的小圈子里;而即使对那些"不在此山中"的人来说,城市同样充满迷惑,甚至更加难以言说。究竟何为城市?在社会科学看来,城市是社会的一部分,是具有一定功能的物质空间,城市不仅仅包括高楼大厦和邻里社区,也是一系列社会关系的总和。因此,城市是复杂的综合体,在物质层面和观念世界里都占据着属于自己的"空间"。这种复杂的综合性即使对于专业的研究者而言,也是不小的挑战。城市研究作为一门新兴的前沿学科,研究城市的起源、嬗变和现状,并探讨这一过程中的方方面面。城市研究者既要集中某个方面,但同时,城市研究的综合性又常常使得他们顾此失彼。在城市研究的大框架下,城市政治、城市经济、城市史、城市环境乃至城市心理等多个分支领域渐次成型。

因此要了解城市,不但需要经济学了解其经济结构和物质生产,也需要政治学以认识其权力分配和管理体系,还要看到普通人如何在城市中组织自己的生活并从中得出怎样的日常生活经验,这当然就离不开社会学的视角。不但如此,城市也有自己的发展历程——从一个角度来说,每个城市都有自己的独特的经历,区别于其他城市;而从另一个角度而言,城市也有其发展的共性,它们在成长过程中,都曾饱受贫困、混乱和管理乏力的困扰,也都见识了陌生人或多或少地定居在此。因此要理解城市,也离不开历史学的帮助。要全面地认识和理解城市这个机遇与挑战并存、这个历史与现实同在的复杂体,必须而且只能通过多学科交叉来进行,整合人文与社会科学不同领域的学术资源,吸收不同方向的研究方法,以综合性的视角和立体化的维度观察和认识城市。

城市研究也是一个新兴的国际学术热点。工业的发展在19世纪率先推动欧美发达国家开展城市化进程,二战之后,随着民族解放运动浪潮涌向全球和第三世界国家的非殖民化、工业化进程,城市化在全球几乎每一个角落展开。如果说20世纪是城市化的世纪,那么21世纪将是城市的世纪。从20世纪60年代开始,城市益发成为人类无法回避的问题,工业化的种种弊端在城市中暴露无遗,在二战后发达国家的产业结构调整中,曾经象征着现代性的传统制造业城市衰落了,失业、贫困、污染和骚乱在城市中此起彼伏,尤以美国为最。因此,城市研究率先在美国兴起,并很快在其他国家受到重视,即使是发展中国家,也意识到城市在本国经济社会生活中的意义,科技浪潮和经济转型不断调整着城市在国家中的定位,改变其功能。几乎每个国家都有自己的城市研究机构和学者队伍,他们不仅关注本国城市面临的压力和挑战,也在关注其他国家的城市,试图从中总结经验、吸取教训。

本书是一部关于城市研究的百科全书,也是认识城市的阶梯,涵盖了多个不同学科和研究领域,探讨了许多重要理论和概念,在对现有研究状况进行综合的同时,为我们的进一步研究和探索提供指引。城市是一个多学科交叉的研究领域,不同学科的研究者都可以为城市研究做出贡献,从某个方面探索历史进程中的城市变迁,建筑师、规划人员、社会学家、环境保护主义者、政治学家和经济学家尤其如此。本书涉及的范围包括城市政治学、城市经济学、城市社会学、城市人类学、城市地理学乃至城市史,既关注了城市化(Urbanization)即城市地域的扩张,同时也没有忽视对城市主义(Urbanism)的关注;把社会变革、经济、建筑、城市景观乃至不同人群的人生历程融为一个体系,揭示复杂的历史地理过程。更重要的是,本书的撰稿人来自世界各地,既有欧美发达国家的学者,也有拉美、亚洲等发展中国家的研究者。书中经过仔细筛选的参考书目为我们进一步了解城市研究这个范围广阔的领域提供了良好指引。相信有这样一部巨著放在案头,无论是城市研究者还是城市爱好者,都会多一分理解,少一段弯路。

本译文中所提到页码都是原书的页码,即本书的边码,索引中的页码也是指本书的边码,这样做是为了便于读者查找原文。原书词条所用度量衡并不统一,为保证准确性,本书在翻译时并未统一。该书是多人共同协作翻译的,参与者有:王旭、宋丽娟、韩宇、李文硕、王琼颖、李胜、王洋、陆伟芳、王宇翔、罗思东、杨长云、郭九林、钟翡庭、李晶、李素英、严少玲、张晓朦、李素英、倪超、范焱芳、冯瑾、黎云意、李娜、胡婷、柯友会等,每个词条后面标有译者与校对者。要特别感谢厦门大学、上海师范大学特聘教授王旭先生,他不仅翻译、校对,还提出了很多建设性的编译建议,为本书的顺利翻译打下了坚实的根基。要感谢华东师范大学的朱明教授、中国社科院的成一农研究员,他们通读译文,仔细校对,提出很多修改意见,为译文质量奠定了基础。还要感谢三联书店的王秦伟,他购买了该书的中文版权,并提出翻译的一些准则。感谢成华,感谢她的耐心与细致,校出不少问题。

本书为上海市高峰高原世界史学科规划项目,为国家社科基金重大项目"20世纪世界城市化转型研究"(16ZDA139)、"多卷本《西方城市史》"(17ZDA229)阶段性成果。

法国哲学家狄德罗(Denis Diderot,1713-1784年)认为,不同语言结构上的差异性使得翻译在原则上是不可能的,因为一种语言有其独有的境界,翻译过程中这种境界即语言的精髓总是要失掉的。当然这不是为可能存在的翻译不准确寻找借口,只是说明翻译的不易,如果译文中存在问题,当由主译者承担。另一方面,由于该书涉及的知识面比较广泛,加上译者较多,虽然花费很多精力前后多次统校,但难免会存在不足之处,恳请读者不吝赐教,批判指正意见请发:ch68@shnu.edu.cn,便于再版时修订。

陈恒

2019年12月28日

于上海全球城市研究院